Text- und Gesprächslinguistik
Linguistics of Text and Conversation

HSK 16.1

Handbücher zur
Sprach- und Kommunikationswissenschaft

Handbooks of Linguistics
and Communication Science

Manuels de linguistique et
des sciences de communication

Mitbegründet von
Gerold Ungeheuer

Herausgegeben von / Edited by / Edités par
Armin Burkhardt
Hugo Steger
Herbert Ernst Wiegand

Band 16.1

Walter de Gruyter · Berlin · New York
2000

Text- und Gesprächslinguistik
Linguistics of Text and Conversation

Ein internationales Handbuch zeitgenössischer Forschung
An International Handbook of Contemporary Research

Herausgegeben von / Edited by
Klaus Brinker · Gerd Antos
Wolfgang Heinemann · Sven F. Sager

1. Halbband / Volume 1

Walter de Gruyter · Berlin · New York
2000

∞ Gedruckt auf säurefreiem Papier, das die
US-ANSI-Norm über Haltbarkeit erfüllt.

Die Deutsche Bibliothek – CIP-Einheitsaufnahme

Text- und Gesprächslinguistik : ein internationales Handbuch zeitgenössischer Forschung = Linguistics of text and conversation / hrsg. von Klaus Brinker .... – Berlin ; New York : de Gruyter
(Handbücher zur Sprach- und Kommunikationswissenschaft ; Bd. 16)
Halbbd. 1. – (2000)
ISBN 3-11-013559-0

© Copyright 2000 by Walter de Gruyter GmbH & Co. KG, D-10785 Berlin
Dieses Werk einschließlich aller seiner Teile ist urheberrechtlich geschützt. Jede Verwertung außerhalb der engen Grenzen des Urheberrechtsgesetzes ist ohne Zustimmung des Verlages unzulässig und strafbar. Das gilt insbesondere für Vervielfältigungen, Übersetzungen, Mikroverfilmungen und die Einspeicherung und Verarbeitung in elektronischen Systemen.
Printed in Germany
Satz: Arthur Collignon GmbH, Berlin
Druck: Hubert & Co, Göttingen
Buchbinderische Verarbeitung: Lüderitz & Bauer-GmbH, Berlin
Einbandgestaltung und Schutzumschlag: Rudolf Hübler, Berlin

Inhalt / Contents

Vorwort XVII
Preface XXIII

1. Halbband: Textlinguistik
Volume 1: Text Linguistics

I. Forschungsphasen und Forschungsansätze
Research Phases and Research Approaches

1.	Hartwig Kalverkämper, Vorläufer der Textlinguistik: die Rhetorik *(Precursors of Text Linguistics: Rhetorics)*	1
2.	Willy Sanders, Vorläufer der Textlinguistik: die Stilistik *(Precursors of Text Linguistics: Stylistics)*	17
3.	Roland Harweg, Strukturalistische Linguistik und Textanalyse *(Structural Linguistics and Text Analysis)*	28
4.	Hans-Werner Eroms, Der Beitrag der Prager Schule zur Textlinguistik *(The Contribution of The Prague School to Text Linguistics)* . . .	36
5.	Karl N. Renner, Die strukturalistische Erzähltextanalyse *(Structuralist Story Grammar)*	43
6.	Wolfgang Heinemann, Das Isotopiekonzept *(The Concept of Isotopy)*	54
7.	Erich Steiner, Der britische Kontextualismus *(British Contextualism)*	60
8.	Helmuth Feilke, Die pragmatische Wende in der Textlinguistik *(The Pragmatic Turn in Text Linguistics)*	64
9.	Wolfdietrich Hartung, Kommunikationsorientierte und handlungstheoretisch ausgerichtete Ansätze *(Communication Theory and Theory of Action Oriented Approaches)*	83
10.	Udo L. Figge, Die kognitive Wende in der Textlinguistik *(The Cognitive Turn in Text Linguistics)*	96
11.	Gerd Antos, Ansätze zur Erforschung der Textproduktion *(Approaches to Research into Text Production)*	105
12.	Ursula Christmann, Aspekte der Textverarbeitungsforschung *(Aspects of Research into Text Processing)*	113

II. Forschungsregionen
Research Regions

13. Eva Schoenke, Textlinguistik im deutschsprachigen Raum
    (Text Linguistics in the German-Speaking World) 123
14. Wolfgang Thiele, Textlinguistik im englischsprachigen Raum
    (Text Linguistics in the English-Speaking World) 132
15. Nils Erik Enkvist, Text Linguistics in the Nordic Countries
    (Textlinguistik in den nordischen Ländern) 140
16. Marie-Hélène Pérennec, Textlinguistik im romanischen Sprachraum
    (Text Linguistics in the Area of the Romance Languages) 145
17. Jan Mazur, Textlinguistik im slawischen Sprachraum
    (Text Linguistics in the Area of the Slavic Languages) 153

III. Methoden
Methods

18. Klaus Brinker, Textstrukturanalyse *(Text Structure Analysis)* ... 164
19. Klaus Brinker, Textfunktionale Analyse
    (Functional Text Analysis) 175
20. Maximilian Scherner, Kognitionswissenschaftliche Methoden in der Textanalyse
    (Cognitive Methods in the Analysis of Text) 186
21. Ulrich Schmitz, Statistische Methoden in der Textlinguistik
    (Statistical Methods in Text Linguistics) 196
22. Gunter Martens, Methoden der Textkritik und Textedition
    (Methods of Text Criticism and Text Editing) 201
23. Gerhard Kurz, Methoden der Textinterpretation in literaturwissenschaftlicher Perspektive
    (Methods of Text Interpretation from a Literary Studies Perspective) 209
24. Jürgen Kriz, Inhaltsanalyse *(Content Analysis)* 220

IV. Textkonstitution I: Voraussetzungen
Text Constitution I: Prerequisites

25. Wolfgang Heydrich, Logisch-semantische Voraussetzungen: Wahrheitsbedingungen und Kontextveränderung
    (Logical-Semantic Prerequisites: Truth Conditions and Context Change) 226
26. Michael Grabski/Hannes Rieser, Situative Voraussetzungen: Text und Situation
    (Situative Prerequisites: Text and Situation) 235
27. Annelies Häcki Buhofer, Mediale Voraussetzungen: Bedingungen von Schriftlichkeit allgemein
    (Medial Prerequisites: Conditions of the Written in General) 251

28. Hans Strohner, Kognitive Voraussetzungen: Wissenssysteme – Wissensstrukturen – Gedächtnis *(Cognitive Prerequisites: Knowledge-System – Knowledge-Structure – Memory)* 261

V. Textkonstitution II: Grammatische Aspekte
Text Constitution II: Grammatical Aspects

29. Gert Rickheit/Ulrich Schade, Kohärenz und Kohäsion *(Coherence and Cohesion)* 275
30. Angelika Redder, Textdeixis *(Textual Deixis)* 283
31. Ludger Hoffmann, Anapher im Text *(Textual Anaphora)* 295
32. Angelika Linke/Markus Nussbaumer, Rekurrenz *(Recurrence)* 305
33. Gisela Zifonun, Textkonstitutive Funktionen von Tempus, Modus und Genus Verbi *(The Text-Constitutive Function of Tense, Mood and Genus Verbi)* 315
34. Cathrine Fabricius-Hansen, Formen der Konnexion *(Forms of Connexion)* 331

VI. Textkonstitution III: Thematische und pragmatische Aspekte
Text Constitution III: Topical and Pragmatical Aspects

35. Ludger Hoffmann, Thema, Themenentfaltung, Makrostruktur *(Topic, Topic Development, Macro-Structure)* 344
36. Wolfgang Heinemann, Vertextungsmuster Deskription *(Textualisation Pattern Description)* 356
37. Elisabeth Gülich/Heiko Hausendorf, Vertextungsmuster Narration *(Textualisation Pattern Narration)* 369
38. Silke Jahr, Vertextungsmuster Explikation *(Textualisation Pattern Explication)* 385
39. Ekkehard Eggs, Vertextungsmuster Argumentation: Logische Grundlagen *(Textualisation Pattern Argumentation: Logical Foundations)* 397
40. Wolfgang Motsch, Handlungsstrukturen von Texten *(Illocutionary Structures of Texts)* 414
41. Eckard Rolf, Textuelle Grundfunktionen *(Basic Textual Functions)* 422
42. Angelika Linke/Markus Nussbaumer, Konzepte des Impliziten: Präsuppositionen und Implikaturen *(Concepts of the Implicit: Presuppositions and Implicatures)* 435
43. Ulla Fix, Aspekte der Intertextualität *(Aspects of Intertextuality)* 449

VII.	Textkonstitution IV: Textproduktion – Textgestaltung – Textrezeption Text Constitution IV: Textproduction – Textformation – Textreception	
44.	Arne Wrobel, Phasen und Verfahren der Produktion schriftlicher Texte *(Phases and Methods of Production of Written Text)*	458
45.	Ulrich Püschel, Text und Stil *(Text and Style)*	473
46.	Winfried Nöth, Der Zusammenhang von Text und Bild *(The Connection between Text and Image)*	489
47.	Wolfgang Schnotz, Das Verstehen schriftlicher Texte als Prozeß *(The Comprehension of Written Text as a Process)*	497

VIII.	Typologisierung von Texten I: Kriterien Text Typology I: Criteria	
48.	Wolfgang Heinemann, Textsorte – Textmuster – Texttyp *(Text Type – Text Pattern)*	507
49.	Wolfgang Heinemann, Aspekte der Textsortendifferenzierung *(Aspects of the Differentiation of Text Types)*	523
50.	Günter Dammann, Textsorten und literarische Gattungen *(Text Types and Literary Genres)*	546
51.	Dieter Möhn, Textsorten und Wissenstransfer *(Text Types and the Transfer of Knowledge)*	561
52.	Norbert Gutenberg, Mündlich realisierte schriftkonstituierte Textsorten *(Texts Constituted in a Written Form yet Realised in a Spoken Form)*	574
53.	Sven F. Sager, Hypertext und Hypermedia *(Hypertext and Hypermedia)*	587

IX.	Typologisierung von Texten II: Kommunikationsbereiche und ihre konstitutiven Textsorten Text Typology II: Fields of Communication and Their Constitutive Text Types	
54.	Margot Heinemann, Textsorten des Alltags *(Text Types in Everyday Use)*	604
55.	Harald Burger, Textsorten in den Massenmedien *(Text Types in the Mass Media)*	614
56.	Michael Becker-Mrotzek/Maximilian Scherner, Textsorten der Verwaltung *(Text Types in Administration)*	628

57.	Markus Hundt, Textsorten des Bereichs Wirtschaft und Handel *(Text Types in the Fields of Economics and Commerce)*	642
58.	Dietrich Busse, Textsorten des Bereichs Rechtswesen und Justiz *(Text Types in the Fields of Jurisprudence and the Legal System)*	658
59.	Franz Simmler, Textsorten des religiösen und kirchlichen Bereichs *(Text Types in the Fields of Church and Religion)*	676
60.	Michael Becker-Mrotzek, Textsorten des Bereichs Schule *(Text Types in the Field of School)*	690
61.	Margot Heinemann, Textsorten des Bereichs Hochschule und Wissenschaft *(Text Types in the University and the Scientific Fields)*	702
62.	Ingrid Wiese, Textsorten des Bereichs Medizin und Gesundheit *(Text Types in the Fields of Medicine and Health)*	710
63.	Franz Simmler, Textsorten im Bereich des Sports *(Text Types in the Field of Sports)*	718
64.	Josef Klein, Textsorten im Bereich politischer Institutionen *(Text Types in the Field of Political Institutions)*	732
65.	Gerhard Vigener, Textsorten des Militärwesens am Beispiel der Dienstvorschrift *(Text Types in the Field of the Military, Illustrated by the Example of Service Regulations)*	756

X. Textlinguistik und andere Disziplinen
Text Linguistics and Other Disciplines

66.	Wolfgang U. Dressler, Textlinguistik und Semiotik *(Text Linguistics and Semiotics)*	762
67.	Antonio García-Berrio, Textlinguistik und Literaturwissenschaft *(Text Linguistics and Literary Studies)*	772
68.	Geert Keil, Textlinguistik und Philosophie *(Text Linguistics and Philosophy)*	783
69.	Harald Schweizer, Textlinguistik und Theologie *(Text Linguistics and Theology)*	790
70.	Peter Blumenthal, Textlinguistik und Geschichtswissenschaft *(Text Linguistics and Historiography)*	797
71.	Dietrich Busse, Textlinguistik und Rechtswissenschaft *(Text Linguistics and Jurisprudence)*	803
72.	Susanne Günthner/Hubert Knoblauch, Textlinguistik und Sozialwissenschaften *(Text Linguistics and the Social Sciences)*	811

XI. Anwendungsbereiche
Areas of Application

73.	Jürgen Baurmann, Der Einfluß der Textlinguistik auf die Muttersprachendidaktik *(The Influence of Text Linguistics on Native Language Didactics)*	820

74.	Paul R. Portmann-Tselikas, Der Einfluß der Textlinguistik auf die Fremdsprachendidaktik *(The Influence of Text Linguistics on Foreign Language Didactics)*	830
75.	Henrik Nikula, Der Einfluß der Textlinguistik auf Kontrastive Linguistik und Übersetzungswissenschaft *(The Influence of Text Linguistics on Contrastive Linguistics and on Theories of Translation)*	843
76.	Annely Rothkegel, Der Einfluß der Textlinguistik auf die Informatik *(The Influence of Text Linguistics on Information Science)*	847
77.	Brigitte Endres-Niggemeyer, Der Einfluß der Textlinguistik auf Bibliothekswissenschaft und Informationswesen *(The Influence of Text Linguistics on Library Studies and the Information System)*	852
78.	Bernd Ulrich Biere, Der Einfluß der Textlinguistik auf die praktische Verständlichkeitsforschung *(The Influence of Text Linguistics on the Study of Practical Comprehensibility)*	859
79.	Jörg Hennig, Der Einfluß der Textlinguistik auf den Journalismus *(The Influence of Text Linguistics on Journalism)*	870
80.	Albert Bremerich-Vos, Der Einfluß der Textlinguistik auf die Ratgeberliteratur *(The Influence of Text Linguistics on Advice Literature)*	877

2. Halbband: Gesprächslinguistik (Überblick über den vorgesehenen Inhalt)
Volume 2: Conversation Linguistics (Preview of Contents)

XII.	**Forschungsphasen und Forschungsansätze** **Research Phases and Research Approaches**	
81.	Eckard Rolf/Jörg Hagemann, Die Bedeutung der Sprechakttheorie für die Gesprächsforschung *(The Significance of Speech Act Theory for Conversation Linguistics)*	
82.	Johannes Schwitalla, Gesprochene-Sprache-Forschung und ihre Entwicklung zu einer Gesprächsanalyse *(Spoken Language Research and Its Development into a Linguistics of Conversation)*	
83.	Ingwer Paul, Interaktionsforschung/Sozialpsychologie und ihre Bedeutung für die Gesprächsanalyse *(Interactional Research/Social Psychology and Their Significance for Conversation Linguistics)*	

84. John Heritage, Ethno-Sciences and Their Significance for Conversation Linguistics
(Ethnowissenschaften und ihre Bedeutung für die Gesprächsanalyse)
85. Jörg R. Bergmann, Das Konzept der Konversationsanalyse
(The Concept of Conversation Analysis)
86. Jochen Rehbein, Das Konzept der Diskursanalyse
(The Concept of Discourse Analysis)
87. Franz Hundsnurscher, Das Konzept der Dialoggrammatik
(The Concept of Dialogue Grammar)
88. Jacques Moeschler, The Geneva School *(Die Genfer Schule)*
89. Wolfgang Lörscher, Die Britische Schule *(The British School)*
90. Helmut Rehbock, Ansätze und Möglichkeiten einer historischen Gesprächsforschung
(Approaches to and Possibilities of Historical Conversation Linguistics)

XIII. Forschungsregionen / Research Regions

91. Heiko Hausendorf, Gesprächsanalyse im deutschsprachigen Raum
(Conversation Linguistics in the German-Speaking World)
92. Eija Ventola, Discourse Studies in the English-Speaking Countries
(Gesprächsanalyse in den englischsprachigen Ländern)
93. Luise Liefländer-Koistinen, Gesprächsanalyse im Bereich der skandinavischen Sprachen
(Conversation Linguistics in the Region of the Scandinavian Languages)
94. Catherine Kerbrat-Orecchioni, Gesprächslinguistik im Bereich der romanischen Sprachen
(Conversation Linguistics in the Region of the Romance Languages)
95. Zofia Bilut-Homplewicz, Gesprächsanalyse im slawischen Sprachraum
(Conversation Linguistics in the Region of the Slavic Languages)

XIV. Methoden I: Erhebungsverfahren / Methods I: Survey Methods

96. Thomas Spranz-Fogasy/Arnulf Deppermann, Teilnehmende Beobachtung in der Gesprächsanalyse
(Participant Analysis in Conversation Linguistics)
97. Josef Schu, Formen der Elizitation und das Problem der Natürlichkeit von Gesprächen
(Forms of Elicitation and the Problem of the Naturalness of Conversation)

98. Sven F. Sager, Formen und Probleme technischer Dokumentation von Gesprächen
(Forms of and Problems in the Technical Documentation of Conversation)

99. Thomas E. Murray, Ethical and Legal Considerations in the Surreptitious Recording of Conversational Data
(Ethische und juristische Überlegungen bei der verdeckten Aufnahme von Gesprächsmaterial)

XV. Methoden II: Transkription
Methods II: Transcription

100. Angelika Redder, Aufbau und Gestaltung von Transkriptionssystemen
(The Construction and Arrangement of Transcription Systems)

101. Margret Selting, Probleme der Transkription verbalen und paraverbalen/prosodischen Verhaltens
(Problems in the Transcription of Verbal and Para-Verbal/Prosodic Behaviour)

102. Sven F. Sager, Probleme der Transkription nonverbalen Verhaltens
(Problems in the Transcription of Non-Verbal Behaviour)

XVI. Methoden III: Analyse
Methods III: Analysis

103. Elisabeth Gülich, Zum Zusammenhang von alltagsweltlichen und wissenschaftlichen „Methoden"
(On the Connection between Lay and Specialist "Methods")

104. Caja Thimm, Methodische Probleme des Fremdverstehens
(Methodical Problems of Interpretation)

105. Dieter Metzing/Walther Kindt, Strukturbezogene Methoden
(Structurally-Related Methods)

106. Paul Drew, Process Methods *(Prozessuale Methoden)*

XVII. Gesprächskonstitution I: Voraussetzungen
The Constitution of Conversation I: Prerequisites

107. Gisela Klann-Delius, Bedingungen und Möglichkeiten verbaler Kommunikation
(Conditions and Possibilities of Verbal Communication)

108. Peter Auer/Margret Selting, Der Beitrag der Prosodie zur Gesprächsorganisation
(The Contribution of Prosody to Conversational Organization)

109. Sven F. Sager, Bedingungen und Möglichkeiten nonverbaler Kommunikation
(Conditions and Possibilities of Non-Verbal Communication)

110.	Rüdiger Weingarten, Voraussetzungen und Formen technisch realisierter Kommunikation *(Preconditions and Forms of Technically Realised Communication)*
111.	Arnulf Deppermann/Thomas Spranz-Fogasy, Aspekte und Merkmale der Gesprächssituation *(Aspects and Characteristics of the Conversational Situation)*
112.	Frank Liedtke, Relevanz und Relevanzbereiche im Gespräch *(Relevance and Fields of Relevance in Conversation)*
113.	Hans Strohner/Roselore Brose, Die Rolle von Wissenssystemen für die Gestaltung interaktiven Handelns *(The Role of Knowledge Systems for the Realisation of Interactive Behaviour)*
114.	Walther Kindt, Konventionen, Regeln und Maximen in Gesprächen *(Conventions, Rules and Maxims in Conversation)*
115.	Margot Heinemann, Handlungsintention und Handlungsplanung in Gesprächen *(Intentions to Act and The Planning of Action in Conversation)*
116.	Klaus Müller, Probleme der Sinnkonstituierung in Gesprächen *(Problems of the Constitution of Meaning in Conversation)*
XVIII.	**Gesprächskonstitution II: Strukturen** **The Constitution of Conversation II: Structures**
117.	Rainer Rath, Gesprächsschritt und Höreraktivitäten *(Turns and Hearer Signals)*
118.	Helmut Gruber, Die Struktur von Gesprächssequenzen *(The Structure of Conversation Sequences)*
119.	Carmen Spiegel/Thomas Spranz-Fogasy, Aufbau und Abfolge von Gesprächsphasen *(The Construction and Ordering of Conversation Phases)*
120.	Klaus Brinker/Jörg Hagemann, Gesprächssegmentierung nach Themen und Themenprogression *(Conversation Segmentation on the Basis of Topics and Topic Progression)*
121.	Iwar Werlen, Rituelle Muster in Gesprächen *(Ritual Patterns in Conversation)*
122.	Christiane von Stutterheim/Ute Kohlmann, Beschreiben im Gespräch *(Description in Conversation)*
123.	Uta M. Quasthoff, Erzählen als interaktive Gesprächsstruktur *(Narration as an Interactive Conversation Structure)*
124.	Josef Klein, Erklären und Argumentieren als interaktive Gesprächsstrukturen *(Explication and Argumentation as Interactive Conversation Structures)*

XIX. Gesprächskonstitution III: Prozeduren
The Constitution of Conversation III: Procedures

125. Wolfram Bublitz, Formen der Verständnissicherung in Gesprächen
(Forms of Checking for Mutual Comprehension in Conversation)
126. Thomas Kotschi, Formulierungspraxis als Mittel der Gesprächsaufrechterhaltung
(Formulation Practice as a Medium of Conversation Maintenance)
127. Martin Hartung, Formen der Adressiertheit der Rede
(Forms of Address in Talk)
128. Johannes Schwitalla, Beteiligungsrollen im Gespräch
(Participant Roles in Conversation)
129. Liisa Tiittula, Formen der Gesprächssteuerung
(Forms of Conversation Management)
130. Johannes Schwitalla, Konflikte und Verfahren ihrer Bearbeitung
(Conflicts and Conflict Management)
131. Werner Holly, Beziehungsmanagement und Imagearbeit
(The Management of Relations and Face-Work)

XX. Gesprächskonstitution IV: Modalitäten
The Constitution of Conversation IV: Modalities

132. Anne Betten, Gesprächsstile *(Conversation Styles)*
133. Bruce Fraser, The Form and Function of Politeness in Conversation
(Form und Funktion von Höflichkeit im Gespräch)
134. Reinhard Fiehler, Emotionalität im Gespräch
(Emotionality in Conversation)
135. Neal R. Norrick, Jokes and Joking in Conversation
(Witz und Scherz im Gespräch)
136. Bärbel Techtmeier, Form und Funktion von Metakommunikation im Gespräch
(The Form and Function of Meta-Communication in Conversation)

XXI. Gesprächstypologisierung I: Kriterien
Conversation Typology I: Criteria

137. Sven F. Sager, Gesprächssorte – Gesprächstyp – Gesprächsmuster
(Conversation Type – Conversation Pattern)
138. Kirsten Adamzik, Aspekte der Gesprächstypologisierung
(Aspects of Conversation Typology)

XXII. Gesprächstypologisierung II: Kommunikationsbereiche und ihre konstitutiven Gesprächstypen
Conversation Typology II: Fields of Communication and Their Constitutive Conversational Types

139. Wilfried Schütte, Alltagsgespräche *(Everyday Conversation)*
140. Harald Burger, Gespräche in den Massenmedien *(Conversation in the Mass Media)*
141. Michael Becker-Mrotzek, Gespräche in Ämtern und Behörden *(Conversation in the Public Authorities and Administration)*
142. Gisela Brünner, Gespräche in der Wirtschaft *(Conversation in Economics and Commerce)*
143. Ludger Hoffmann, Gespräche im Rechtswesen *(Conversation in Jurisprudence)*
144. Iwar Werlen, Gespräche im kirchlichen Bereich *(Conversation in the Church and Church Institutions)*
145. Wolfgang Sucharowski, Gespräche im schulischen Bereich *(Conversation in School)*
146. Petra Löning, Gespräche in der Medizin *(Conversation in Medicine)*
147. Josef Klein, Gespräche in politischen Institutionen *(Conversation in Political Institutions)*

XXIII. Gesprächstypologisierung III: Sonderformen
Conversation Typology III: Special Forms

148. Wolfgang Hoeppner, Der Mensch-Maschine Dialog *(The Man-Machine Dialogue)*
149. Ernest W. B. Hess-Lüttich/Gesine Lenore Schiewer, Literarische Gesprächsformen *(Literary Forms of Conversation)*
150. Jerzy Żmudski, Gespräche über einen Dolmetscher *(Conversation Mediated by an Interpreter)*

XXIV. Gesprächsanalyse in anderen Disziplinen
Conversation Linguistics in Other Disciplines

151. Ernest W. B. Hess-Lüttich, Gesprächsanalyse in der Literaturwissenschaft *(Conversation Linguistics in Literary Studies)*
152. Brigitte Boothe, Gesprächsanalyse in der Psychologie *(Conversation Linguistics in Psychology)*
153. Wolfgang Sucharowski, Gesprächsanalyse in der Pädagogik *(Conversation Linguistics in Pedagogics)*
154. Graham Button, Conversation Linguistics in Sociology and Cultural Anthropology *(Gesprächsanalyse in der Soziologie und Kulturanthropologie)*

XXV. Anwendungsbereiche
Fields of Application

155. Willis J. Edmondson, Conversational Analysis and Language Teaching
(Gesprächsanalyse und Sprachunterricht)
156. Agnes Speck, Gesprächsanalyse und Therapieformen
(Conversation Linguistics and Forms of Therapy)
157. Reinhard Fiehler, Gesprächsforschung und Kommunikationstraining
(Conversation Linguistics and Communication Training)
158. Werner Holly, Gesprächsanalyse und Verhörtechnik
(Conversation Linguistics, Police Interview Technique and Court Examination/Cross Examination Technique)
159. Gerd Antos, Gesprächsanalyse und Ratgeberliteratur
(Conversation Linguistics and Advice Literature)

XXVI. Register
Indexes

Sachregister *(Subject Index)*

Namenregister *(Index of Names)*

Vorwort

Sprache und Kommunikation begegnen uns täglich in vielfältigen Formen. Das Alltagsverständnis hat diese komplexe Vielfalt in die strenge Dichotomie von „geschriebener" und „gesprochener Kommunikation" aufgegliedert. Die Termini „Text" und „Gespräch", die diese Dichotomie zum Ausdruck bringen, verweisen zunächst auf den medialen Realisierungsmodus der Kommunikation, deuten aber darüber hinaus eine kategoriale Trennung an, die auch wissenschaftstheoretische und methodische Implikationen aufweist.

Während die Textlinguistik in ihren Anfängen den schriftkonstituierten Text wie das mündlich konstituierte Gespräch noch unter den übergreifenden Begriff des „Textes" subsumiert hat, um die grundlegenden Gemeinsamkeiten zu berücksichtigen, wird seit einiger Zeit zunehmend die Verschiedenheit von „Text" und „Gespräch" herausgestellt.

So hat sich seit Anfang der 80er Jahre eine relativ eigenständige linguistische Disziplin entwickelt – die Gesprächslinguistik, die sich mit der Erforschung der mündlich konstituierten und interaktiv realisierten Kommunikation befaßt. Das Gespräch ist in diesem Verständnis der gesamte situativ konstituierte Kommunikationsprozeß, in dem eine Vielfalt von verbalen und nonverbalen Akten von den beteiligten Partnern realisiert wird.

Die Textlinguistik, die gut ein Jahrzehnt zuvor aus der Kritik an einer ausschließlich satzorientierten Linguistik entstanden war, läßt sich demgegenüber auf folgende Form sprachlicher Kommunikation eingrenzen: Sie wird von einer bestimmten Instanz (Einzelperson, Gruppe, Institution etc.) schriftlich konstituiert; Produktion und Rezeption sind nicht interaktiv-gleichzeitig, sondern zeitlich und räumlich versetzt.

Das vorliegende Handbuch folgt dieser theoretischen wie methodischen Zweiteilung linguistisch-kommunikationswissenschaftlicher Gegenstände und unterscheidet daher eine „Text-" von einer „Gesprächslinguistik", wobei grundlegende Gemeinsamkeiten durchaus berücksichtigt werden.

Im Gegensatz zu „*Text*linguistik" ist der Terminus „*Gesprächs*linguistik" nicht unproblematisch. Neben dem Ausdruck „Gespräch" werden in der Forschung Termini wie „Dialog", „Diskurs" oder „Konversation" verwendet. Wir sprechen im vorliegenden Handbuch von „Gespräch", weil wir der Meinung sind, daß damit in weitgehend neutraler und allgemeiner Weise auf das zur Debatte stehende Phänomen interaktiver Kommunikation rekurriert werden kann. Die anderen Termini dagegen sind bereits im Rahmen bestimmter gesprächsanalytischer Konzepte wie etwa der Dialoggrammatik bzw. der Diskurs- oder Konversationsanalyse eingeführt worden und assoziieren dadurch bei ihrer Verwendung immer schon spezifische theoretisch-methodische Implikationen.

Die Komplexität wie die wissenschaftliche Bedeutsamkeit der Gegenstände haben eine Fülle verschiedener analytischer Verfahren, Fragestellungen, erkenntnistheoretischer Zielperspektiven wie methodologischer Reflexionen hervorgebracht. Die Breite der internationalen Forschung läßt es daher als sinnvoll erscheinen, dieses Gebiet in zwei getrennten Halbbänden darzustellen.

Im einzelnen bestehen die Aufgaben des Handbuchs vor allem darin:

- die Forschungsentwicklung und den aktuellen Forschungsstand in der Text- und Gesprächslinguistik auf internationaler Ebene zu repräsentieren;
- die grundlegenden text- und gesprächsbezogenen Methoden zu erläutern und einer kritischen Einschätzung zu unterziehen;
- die wesentlichen Aspekte der Konstitution sowie der Typologisierung von Texten und Gesprächen systematisch darzustellen und an ausgewählten Beispielen zu verdeutlichen;
- die Text- und Gesprächslinguistik mit anderen Disziplinen, die sich in irgendeiner Form mit Texten und Gesprächen befassen, in Beziehung zu setzen, mit dem Ziel, den interdisziplinären Austausch unter den „Textwissenschaften" zu fördern;
- die bisherige Umsetzung von Forschungsergebnissen der Text- und Gesprächslinguistik in bestimmten Praxisfeldern zu dokumentieren und zu evaluieren sowie weitere Anwendungsmöglichkeiten zu eruieren.

Angesichts der Fülle bereits vorliegender und ständig neu entstehender text- und gesprächslinguistischer Programme und Projekte stellt der mit Handbüchern dieser Art verbundene Anspruch auf Vollständigkeit zwar ein anzustrebendes, letztlich aber nicht erreichbares Ideal dar. Das Handbuch erfaßt aber nicht nur die nach Ansicht der Herausgeber wichtigsten Bereiche der Text- und Gesprächslinguistik, sondern es beansprucht darüber hinaus mit seiner Gliederung eine Geschlossenheit im systematischen Sinn.

Das Handbuch wendet sich nicht nur an Sprachwissenschaftler, sondern an alle, die sich in ihrer wissenschaftlichen oder praktischen Tätigkeit mit Problemen der Text- und Gesprächskonstitution befassen, z. B. Literaturwissenschaftler, Philosophen, Theologen, Historiker, Psychologen, Soziologen, Pädagogen, Lektoren, Übersetzer usw.

Aufgrund der internationalen Ausrichtung des Handbuchs hinsichtlich der Thematik sowie der Autoren und Leser sind die Publikationssprachen Deutsch und Englisch.

Die beiden Halbbände des Handbuchs sind so gestaltet, daß sie sich in ihrer Grobgliederung weitgehend entsprechen. Dadurch sollen die bei aller Unterschiedlichkeit bestehenden Zusammenhänge zwischen schriftkonstituierter monologischer und mündlich konstituierter dialogischer Kommunikation deutlicher hervortreten und die Orientierung des Benutzers erleichtert werden. Die mit einer solchen Konzeption verbundenen Überschneidungen bei der Behandlung einiger Themen sind bis zu einem gewissen Grade erhalten geblieben, da auch sie dazu dienen, die Bezüge zwischen den Halbbänden herzustellen.

Die für beide Halbbände gewählte Grundeinteilung versucht, die zentralen Aspekte beider Disziplinen, wie sie gegenwärtig in der internationalen Forschungsdiskussion zum Ausdruck kommen, systematisch zu erfassen.

Kapitel I und II bzw. XII und XIII sind der Forschungsgeschichte und dem aktuellen Forschungsstand gewidmet. Um bei der großen Vielfalt verschiedener Schulen, Richtungen und Ansätze – besonders in der Textlinguistik – ein möglichst umfassendes Bild zu erhalten, werden wichtige Forschungsphasen in längeren Übersichtsartikeln behandelt und darüber hinaus forschungsgeschichtlich besonders produktive Ansätze in eigenen (kürzeren) Artikeln dargestellt.

Kapitel III sowie XIV bis XVI enthalten eine Darstellung der für die beiden Disziplinen jeweils konstitutiven Analysemethoden, und zwar unter einer streng wissenschafts-

systematischen Perspektive — im Unterschied zur wissenschafts*geschichtlichen* Orientierung der Kapitel I und II bzw. XII und XIII.

Im Mittelpunkt des Handbuchs stehen zum einen die Kapitel IV bis VII bzw. XVII bis XX, die sich mit den verschiedenen Aspekten der Text- und Gesprächskonstitution befassen, zum anderen die Kapitel VIII und IX bzw. XXI bis XXIII, die die Typologisierung von Texten und Gesprächen zum Gegenstand haben.

Die Kapitel X und XI bzw. XXIV und XXV runden das Handbuch ab, indem sie über den disziplinären Bereich im engeren Sinne hinausgehen. In Kapitel X bzw. XXIV werden die Text- und die Gesprächslinguistik in den interdisziplinären Rahmen wichtiger textbehandelnder Wissenschaften gestellt; es geht dabei nicht nur um eine allgemeine Erfassung text- bzw. gesprächsbezogener Aktivitäten, sondern auch um die Frage, ob und inwieweit Text- und Gesprächslinguistik für andere Disziplinen, die sich mit Texten und Gesprächen beschäftigen, von Nutzen sind bzw. sein können.

Das jeweils letzte Kapitel (XI bzw. XXV) bezieht sich dann auf Anwendungsaspekte der Text- und Gesprächslinguistik, d. h. auf die Umsetzung von Forschungsergebnissen beider Disziplinen in bestimmten Praxisbereichen.

Im einzelnen kommen den Kapiteln die folgenden Aufgaben zu:

Kapitel I ist der Geschichte der Textlinguistik gewidmet.

Kapitel II bietet kurze Übersichten über die Entwicklung und den Stand der Textlinguistik in bestimmten Regionen. Die Auswahl beschränkt sich auf Sprachregionen (im weitesten Sinn), die eine ausgeprägte textlinguistische Forschung aufweisen. Vollständigkeit kann hier nicht angestrebt werden.

Kapitel III beschäftigt sich mit wichtigen textanalytischen Methoden, die entweder im Rahmen der Textlinguistik entwickelt wurden oder aus anderen Disziplinen stammen und für die Textlinguistik von besonderer Relevanz sind. Die Artikel sind systematisch und nicht historisch konzipiert (im Unterschied zu den Artikeln von Kap. I).

Kapitel IV enthält in Form von umfassenden Artikeln eine systematische Darstellung der wesentlichen Voraussetzungen für die Konstitution von Texten.

Die Kapitel V und VI, in denen die grammatischen, thematischen und pragmatischen Bedingungen der Textkonstitution dargestellt werden, machen den Kern der Konstitutionsthematik aus.

Kapitel VII behandelt dann die Konstitution schriftlicher Texte unter den Aspekten „Textproduktion", „Textgestaltung" und „Textrezeption".

Als weiterer Kernaspekt der Textlinguistik ist das Problem der Typologisierung von Texten anzusehen.

Kapitel VIII geht unter dem Terminus „Kriterien" auf die Grundlagen dieses Fragenkomplexes ein.

Kap. IX bearbeitet die Typologisierungsproblematik unter einer anderen Perspektive, nämlich der Textsorten*beschreibung* (im Unterschied zur Textsorten*abgrenzung* in Kap. VIII). Da es den Rahmen des vorliegenden Bandes bei weitem überschreiten würde, alle gesellschaftlich relevanten Textsorten in Form von Einzelartikeln zu behandeln, werden zentrale Kommunikationsbereiche mit den für sie jeweils konstitutiven Textsorten vorgestellt. Dieses Vorgehen trägt der Verankerung der Textsorten in übergeordneten Handlungszusammenhängen Rechnung, eine isolierte Betrachtung einzelner Textsorten wird dadurch vermieden. Der Terminus „Kommunikationsbereich" bezieht sich dabei auf bestimmte gesellschaftliche Bereiche, für die jeweils spezifische Handlungs- und Bewertungsnormen konstitutiv sind. Kommunikationsbereiche können somit als situativ und sozial definierte „Ensembles" von Textsorten beschrieben werden. Da eine adäquate Typologie von Kommunikationsbereichen in der Forschung bisher nicht vorliegt, ist eine Abgrenzung und Auflistung dieser Bereiche allerdings noch recht vorläufig und unsystematisch. Die Herausgeber sind aber der Meinung, daß die für die schriftliche Kommunikation wesentlichen Kommunikationsbereiche erfaßt sind.

Kapitel X setzt die Textlinguistik in Beziehung zu anderen Wissenschaften, für die die Arbeit an bzw. mit Texten in irgendeiner Weise grundlegend ist. Die Auflistung ist zwar nicht vollständig, erfaßt aber die − nach Auffassung der Herausgeber − wichtigsten textbezogenen Disziplinen. Der Schwerpunkt liegt in diesen Artikeln auf der Explikation des jeweils zugrundeliegenden Textbegriffs sowie spezifischer theoretischer und methodischer Prinzipien im Umgang mit Texten. Der Bezug zur Textlinguistik wird soweit wie möglich hergestellt.

Kapitel XI ist schließlich auf zentrale Anwendungsbereiche der Textlinguistik gerichtet.

Bei der Behandlung der *Gesprächslinguistik* im *zweiten Halbband* wird − wie bereits angedeutet − grundsätzlich in der gleichen Weise vorgegangen wie im ersten Halbband „Textlinguistik".

Kapitel XII und XIII stellen die Geschichte und die regionale Ausbreitung der Gesprächslinguistik dar. Es wird der Frage nachgegangen, wie sich die Gesprächslinguistik aus frühen Konzepten der Linguistik bzw. anderer Disziplinen entwickelt hat, wie sie in verschiedenen Regionen vertreten ist und welche aktuellen Richtungen sich herausgebildet haben. Dabei versteht es sich von selbst, daß der Versuch einer Systematisierung eher dem Ziel einer mehr oder weniger groben Orientierung als einer wirklich trennscharfen Kategorisierung heute vertretener gesprächsanalytischer Richtungen dient. So verstehen sich denn auch die in den Titeln verwendeten Termini wie „Konversationsanalyse", „Diskursanalyse" und „Dialoggrammatik" eher als grobe Annäherung an eine Systematik bzw. als Kondensationspunkte für die verschiedenen durchaus differenzierten Bemühungen um die Analyse dialogisch-mündlicher Kommunikation.

In Kapitel XIV ändert sich − nach den wissenschaftshistorischen wie wissenschaftssoziologischen Aspekten der beiden vorangegangenen Kapitel − die Blickrichtung der Artikel von der metatheoretischen Sichtweise zur Betrachtung des Gegenstands selbst. Dabei geht es zunächst um die wissenschaftliche Dokumentation des Gesprächs. Gegenstand der Betrachtung ist hier die besondere methodische Ausrichtung der Gesprächslinguistik, die, bis auf wenige Ausnahmen wie etwa die Dialoggrammatik, eine primär empirisch-induktive Wissenschaft ist. Die damit verbundenen Verfahren müssen entsprechend detailliert behandelt werden.

Kapitel XV befaßt sich mit dem zweiten großen Problembereich einer empirisch arbeitenden Gesprächslinguistik: der weiteren Aufbereitung der technisch dokumentierten Gespräche. Gesprächsanalyse wird nur möglich, wenn das dokumentierte Material detailliert transkribiert und damit in eine die zeitliche Linearität und Flüchtigkeit fixierende Form übersetzt worden ist. Bei der Konzeption und Anlage solcher Transkriptionen spielen verschiedene Fragen eine Rolle, die in einzelnen Artikeln behandelt werden.

Kapitel XVI schließt die Methodendiskussion ab. Nachdem die Verfahren der Dokumentation und Transkription von Gesprächen erläutert worden sind, werden in diesem Kapitel die grundlegenden Analysemethoden vorgestellt.

Die Kapitel XVII bis XX behandeln die verschiedenen Aspekte der Konstitution von Gesprächen: Voraussetzungen, Strukturen, Prozeduren und Modalitäten. Dieses Problemfeld steht — zusammen mit dem der Typologisierung von Gesprächen — im Mittelpunkt der Gesprächslinguistik.

In Kapitel XVII werden die verschiedenen Möglichkeiten und Bedingungen der Realisierung wie die kognitiven, sozialen und medialen Voraussetzungen von Gesprächen thematisiert.

Kapitel XVIII behandelt die Gesprächsstruktur auf verschiedenen Ebenen. Diese Ebenen bilden Hierarchien, auf denen die analytisch unterscheidbaren Elemente faßbar werden. Eine Gesprächsanalyse hat nun die Aufgabe, die verschiedenen Elemente und Strukturen des Gesprächs im einzelnen aufzudecken, zu benennen sowie zu systematisieren und zu kategorisieren. Bei einer solchen methodischen Perspektive wird das Gespräch nicht sukzessive analytisch abgearbeitet, sondern als Ganzes, als fertiges und abgeschlossenes Produkt betrachtet.

Kapitel XIX stellt dann unter einer anderen methodischen Blickrichtung verschiedene Prozeduren dar, die die Gesprächspartner verwenden, um die Gespräche entstehen zu lassen.

In Kapitel XX geht es um eine weitere wichtige und zentrale Problematik, auf die man durch die besondere interaktiv-thematische Ausrichtung spezieller Gesprächsabschnitte geführt wird: die Modalität. Hierunter wird der jeweilige kommunikativ-intentionale Charakter und Wirkungsstatus der Gesprächsaktivitäten verstanden, mit dem die Partner unterschiedliche kommunikative Absichten realisieren können. Der Stil des Gesprächs, der Grad seiner Ernsthaftigkeit und Bedeutsamkeit wird durch solche Modalitätsmarkierungen festgelegt.

Neben diesen die Konstitution des Gesprächs betreffenden Artikeln, die sich auf die internen Gegebenheiten des Gesprächs beziehen, befaßt sich der nächste größere Problemkomplex mit dem Gespräch als Ganzem und den Möglichkeiten seiner Klassifizierung.

In Kapitel XXI wird zunächst die Problematik der Klassifizierung von Gesprächen allgemein dargestellt.

Kapitel XXII versucht, eine Übersicht über die in der Forschung untersuchten Gesprächstypen — systematisch gegliedert nach verschiedenen Kommunikationsbereichen — zu geben.

Kapitel XXIII behandelt einige Sonderformen von Kommunikation, die schwer in der Klassifikation von Kapitel XXII unterzubringen sind.

Den Abschluß des Bandes bilden Artikel, die verschiedenen interdisziplinären Problemen im Zusammenhang mit der Analyse von Gesprächen gewidmet sind.

In Kapitel XXIV geht es um die Frage, inwieweit Gesprächsanalysen auch in anderen wissenschaftlichen Bereichen eine Rolle spielen, dort praktiziert werden und inwieweit die dabei angewandten theoretisch-methodischen Konzepte für die Gesprächslinguistik interessant sein können.

In Kapitel XXV wird schließlich die Frage behandelt, in welchen gesellschaftlichen Bereichen die Erkenntnisse und Ergebnisse der Gesprächslinguistik angewandt werden können und welchen praktischen Nutzen sie dort haben.

Die Feingliederung der Kapitel in die einzelnen Artikel ist aus dem Inhaltsverzeichnis zu ersehen und braucht hier nicht weiter dargestellt zu werden.

Für die sachliche Richtigkeit und die Qualität der einzelnen Beiträge tragen die jeweiligen Autoren und Autorinnen die Verantwortung. Die Herausgeber haben sich soweit wie möglich um quantitative Ausgewogenheit und formale Einheitlichkeit bemüht. Eine (auch durch die Entstehungszeit des Handbuchs bedingte) Ausnahme bildet lediglich die Rechtschreibung. Hier blieb den Autoren die Entscheidung für die alte oder neue Regelung freigestellt, und die Herausgeber haben sich nach den geäußerten oder erkennbaren Intentionen der Autoren gerichtet. Auf die artikelspezifische Einheitlichkeit wurde dabei natürlich geachtet.

Die Herausgeber möchten an dieser Stelle allen herzlich danken, die am Entstehen des Handbuchs mitgewirkt haben, den Autorinnen und Autoren, den Reihenherausgebern und dem Verlag Walter de Gruyter. Ein besonderer Dank gilt Dagmar Schacht und Jörg Hagemann (beide in Hamburg) für tatkräftige Hilfe bei den vielfältigen redaktionellen Arbeiten.

Die Herausgeber hoffen, daß die Beiträge der gegenwärtigen text- und gesprächslinguistischen Diskussion manche Anregung bieten und das breite Informationsangebot des Handbuchs intensiv genutzt wird.

Im Dezember 1999
Klaus Brinker (Hamburg)
Gerd Antos (Halle)
Wolfgang Heinemann (Leipzig)
Sven F. Sager (Hamburg)

Preface

We encounter language and communication daily in a multitude of forms. Our everyday understanding of language and communication has divided this complex variety of forms into the strict dichotomy of "written" and "spoken" text. The terms "text" and "conversation", which express this dichotomy, indicate not only the medial mode of realisation of the communication, but also a categorial division with its attendant scientific and methodological implications.

Whilst in its early stages text linguistics subsumed written text and forms of oral communication under the general term "text" in order to take account of the fundamental similarities between the two, the differences between "text" and "conversation" have latterly been accorded increasing prominence.

Thus since the beginning of the 80s a relatively independent discipline has developed − conversation linguistics − which is concerned with research into spoken, interactive-cooperatively realised communication. Conversation is, in this understanding of the word, the overall situational communication process, in which a multitude of verbal and non-verbal acts are realised by the co-present participants to the interaction.

Text linguistics, which arose a decade earlier from criticism of an exclusively sentence-level oriented linguistics, may in contrast be delimited in terms of the following form of linguistic communication: it is constituted by a particular instance (individual, group, institution, etc.) in written form; production and reception are not interactively-simultaneous, but are rather temporally and spatially removed.

The handbook follows this theoretical and methodological division of the subjects of linguistic theories of communication and distinguishes, therefore, a "text linguistics" from a "conversation linguistics", but fundamental common features will nevertheless be taken into account.

In contrast to "*Text*linguistik" (text linguistics), the term "*Gesprächs*linguistik" (conversation linguistics) is, in German, not unproblematic. Alongside the term "Gespräch" (conversation), terms such as "Dialog" (dialogue), "Diskurs" (discourse), or "Konversation" (again, conversation) are used. We speak in this handbook of "Gesprächslinguistik"/"conversation linguistics" because we are of the opinion that it is thereby possible to return to a far more neutral and general examination of the phenomenon in question, namely interactive communication. The other terms, in contrast, have already been introduced in the framework of particular analytical concepts for oral communication such as "Dialoggrammatik" (Dialogue Grammar), or "Diskursanalyse" (Discourse Analysis), or "Konversationsanalyse" (Conversation Analysis) and are therefore always associated in their use with specific theoretical and methodological implications.

Both the complexity and the scientific significance of the subjects have given rise to a multitude of analytical methods, issues, epistemiological objectives, and methodological reflections. The breadth of international research therefore renders a presentation of this area in two separate volumes reasonable. Hence volume 1 is devoted to text linguistics; volume 2 to conversation linguistics.

In detail, the principal tasks of the handbook are:

- to represent developments in research and the current state of research in text linguistics and in conversation linguistics at an international level;
- to elucidate the fundamental text-relevant and conversation-relevant methods and to subject them to a critical examination;
- to present systematically and to exemplify essential aspects of the constitution and the typology of text and of conversation;
- to show text linguistics and conversation linguistics in relation to other disciplines which concern themselves in some form with text and with conversation, with the aim of encouraging the interdisciplinary exchange of information between "text-sciences";
- to document and to evaluate the application of research in text linguistics and in conversation linguistics to date in particular fields of practice, and to investigate further areas of application.

In view of the mass of extant and incipient text linguistics and conversation linguistics programmes and projects, the aim of a handbook such as this to provide an exhaustive study is a desirable but, in the final analysis, an unattainable ideal. The handbook, however, does not only concern itself with those areas which the editors consider to be the most important in text linguistics and conversation linguistics but also aspires, in its structure, to being systematically comprehensive.

The handbook is intended not only for linguists but also for all others who are concerned in their daily scientific or practical work with the issues of the constitution of text and of conversation — such as literature specialists, philosophers, theologians, historians, psychologists, sociologists, educationalists, editors, and translators, etc.

In view of the international orientation of the handbook in terms of its subject and of its contributors and readers, the languages of publication are German and English.

The two volumes of the handbook are arranged in a way that they correspond to each other in their overall composition. The intention thereby is to give prominence to the connections between written-monologic and spoken-dialogic communication — despite all dissimilarities between the two — and to facilitate the orientation of the handbook user. The overlaps in the treatment of some themes which arise from such a concept have to some extent been retained, since they too serve to show the connections between the two volumes of the handbook.

The basic division of contents chosen for the two volumes aims to register systematically the central aspects of both disciplines as they are currently expressed in international discussion.

Chapters I and II and chapters XII and XIII are devoted to the history of research and to the current state of research. In order to maintain as comprehensive a picture as possible in the midst of this great variety of schools, trends, and approaches — particularly in the case of text linguistics — important phases in the research will be dealt with in longer overview articles and, in addition to this, approaches which have proved to be particularly productive when viewed from the perspective of the history of research will be dealt with in their own (short) articles.

Chapter III and chapters XIV to XVI contain a presentation of the methods of analysis which are constitutive for each discipline, and do so from a strictly scientific-systematic perspective — this is in contrast to the orientation towards the history of research adopted in chapters I and II and in chapters XII and XIII.

Preface   XXV

The focus of the handbook is formed on one hand by chapters IV to VII and by chapters XVII to XX, which concern themselves with various aspects of the constitution of text and the constitution of conversation respectively, and on the other hand by chapters VIII and IX and by chapters XXI to XXIII, which have as their subject the typology of text and the typology of conversation respectively.

Chapters X and XI and chapters XXIV and XXV round off the two volumes of the handbook by going beyond the purview of the disciplines in their strict sense. In chapter X and in chapter XXIV, text linguistics and conversation linguistics respectively are presented in the interdisciplinary framework of important disciplines which deal with text: the focus here is not only on a general recording of text-related and of conversation-related activities, but also on the issue of if, and if so, in how far, text linguistics and conversation linguistics can be of use to other disciplines which concern themselves with text and with conversation.

The final chapter of each volume (chapters XI and XXV respectively) is concerned with the aspect of applied text linguistics and of applied conversation linguistics, that is, these two final chapters are on the application of the research results of both disciplines in particular areas of practice.

In detail, the individual chapters serve the following purposes:

Chapter I is devoted to the history of text linguistics.

Chapter II gives a short overview of the development and the current state of text linguistics in particular geographical regions. The selection restricts itself to language areas (in the broadest sense) which have distinctive text linguistic research trends. A comprehensive study is not the objective here.

Chapter III concerns itself with important text analysis methods which either have been developed within the bounds of text linguistics or have been developed within other disciplines and are of particular relevance for text linguistics. The articles here are conceived systematically rather than historically (in contrast to the articles in chapter I).

Chapter IV offers, in the form of comprehensive articles, a systematic presentation of the essential prerequisites for the constitution of texts.

Chapters V and VI, which cover the grammatical, topical, and pragmatical conditions for the constitution of texts, define the core of the issue of text constitution.

Chapter VII then deals with the constitution of written texts under the aspects of "text production", "text structuring" and "text reception".

The issue of text typology is to be seen as a further central aspect of text linguistics.

Chapter VIII takes as its theme "criteria" in order to examine the fundamental principles of the typology of texts.

Chapter IX deals with the issue of text typology from another perspective, namely that of text-type *description* (in contrast to the *delimitation* of text types in chapter VIII). Since it would go far beyond the scope of this handbook to deal with all socially relevant text types in the form of individual articles, this work concentrates on the presentation of central fields of communication and on their constitutive text types. This procedure takes into account the basis of the text types in superordinate interactional contexts and an isolated examination of one text type is thus avoided. The term "field of communication" is related to particular social areas for which the specific action and evaluative norms are constitutive. Fields of communication can thus be described as situatively and socially defined "ensembles" of text types. Since an adequate typology of fields of communication has not yet been provided by research the delimitation and listing of these fields is still rather provisorial and unsystematic. The editors are, however, of the opinion that for written communication the principal fields of communication have been recorded.

Chapter X sets text linguistics in relation to other disciplines for which work with or on texts is in some way fundamental. The list is not exhaustive yet comprises, in the opinion of the editors, the most important text-related disciplines. The focus in these articles is on the explanation of the respective underlying text concepts as well as on specific theoretical and methodological principles in dealing with texts. The relation to text linguistics is, as far as possible, established.

Finally, chapter XI is directed towards the central areas of application of text linguistics.

In the treatment of *conversation linguistics in volume 2* the basic procedure will be — as mentioned above — the same as that adopted for "text linguistics" in the first volume.

Chapters XII and XIII introduce the history and the regional spread of conversation linguistics. They investigate, how conversation linguistics developed from other concepts and from sub-disciplines within linguistics, how it has spread in various geographical regions, and what actual trends have emerged. It is self-evident here that the attempt at a systematisation has as its goal a more or less broad orientation rather than a precise categorisation of contemporary trends in conversation linguistics. Thus the terms which are used in the titles such as "conversation analysis", "discourse analysis", and "dialogue grammar" are to be understood rather as a broad approach to a systematisation or as a point of condensation for the various, quite differentiated endeavours towards the analysis of spoken communication.

In chapter XIV the point of view of the articles — following the scientific-historical and the scientific-sociological aspects of the two previous chapters — shifts from the meta-theoretical level to the examination of the subjects themselves. The initial focus is on the scientific documentation of the conversation. The object of the examination here is the particular methodological orientation of conversation linguistics which, apart from a few exceptions such as dialogue grammar, has always been a primarily empirical-inductive discipline. The procedures connected therewith must be discussed in appropriate detail.

Chapter XV concentrates on the second most important issue within an empirically-oriented conversation linguistics: the further processing of technically documented interactions. Conversation linguistics is only possible if the documented material is transcribed in detail and thus translated into a form which fixes its temporal linearity and transitoriness. In the conception and arrangement of such transcriptions a variety of factors plays a role, and it is these factors which are addressed in the individual articles.

Chapter XVI rounds off the methodological discussion. Following the examination of the processes of the documentation and of the transcription of conversation, in this chapter the basic methods of analysis are presented.

Chapters XVII to XX are devoted to the various aspects of the constitution of conversation: prerequisites, structures, procedures and modalities. This issue-complex is – together with the typology of conversation – a central concern of conversation linguistics.

In chapter XVII the various means and conditions for the realisation of conversation, such as the cognitive, social and medial preconditions, are thematised.

Chapter XVIII deals with the structure of conversation on various levels. These levels form hierarchies, on which the analytically differentiated elements are accessible. A conversation linguistics now has the tasks of discovering the various individual elements and structures of the conversation, of naming them, and of systematising and categorizing them. From such a methodological perspective the conversation is not processed successively-analytically but is perceived holistically as a finished and completed product.

Chapter XIX then presents, from a different methodological perspective, the various procedures which participants to an interaction employ in order to allow the conversation to come into being.

In chapter XX the focus is on a further important – and central – issue to which one is led through the particular interactive topic-orientation of special conversation sections: namely, modality. Under this are to be understood the relevant communicative intentional character and effect status of the conversation activities, with which the participants are able to realize various communicative intentions. The style of the conversation, the degree of sincerity and of significance are determined through such modality markings.

Whereas these articles are concerned with the constitution and the internal conditions of conversation, the next large issue-complex deals with conversation as a whole and with the possibilities for its classification.

First, chapter XXI presents the problems of the classification of conversation in general terms.

Chapter XXII essays to give an overview of those conversation types examined in the research – systematically arranged according to various fields of communication.

Chapter XXIII looks at special forms of communication which are difficult to subsume under the classification employed in chapter XXII.

The conclusion of this volume is formed by articles which are devoted to various interdisciplinary problems connected with the analysis of conversation.

In chapter XXIV the concern is in how far the analysis of conversation plays a role in other disciplines, is practised there, and in how far the theoretical-methodological concepts which are applied there might be of interest to conversation linguistics.

Finally, in chapter XXV the questions of in which social fields the findings and results of conversation linguistics can be applied and what practical use they might have there are addressed.

The detailed structure of the chapters can be seen from the table of contents and therefore does not need further explanation at this point.

Responsibilty for the correctness and quality of each article rests with the individual contributors. The editors have tried – as far as possible – to achieve a quantitative balance and formal uniformity among the articles. The only exception, due to the introduction of the German spelling reform during the course of the production of this handbook, is orthography. Here, the authors were free to choose between the old and the new system, and the editors have followed the authors' instructions or indicated intentions. Of course, consistency of spelling in the individual articles is assured.

The editors would like to thank all those who where involved in the making of this handbook, the authors, the editors of the handbook series, and the Walter de Gruyter Publishing House. Our special thanks also go to Dagmar Schacht and Jörg Hagemann (both Hamburg) for their active help in the various editorial stages.

The editors hope that the contributions will stimulate the contemporary discussion in text linguistics and conversation linguistics and that the wide range of information offered in this handbook will be used intensively.

December 1999
Klaus Brinker (Hamburg)
Gerd Antos (Halle)
Wolfgang Heinemann (Leipzig)
Sven F. Sager (Hamburg)

I. Forschungsphasen und Forschungsansätze

1. Vorläufer der Textlinguistik: die Rhetorik

1. Wissenschaftsgeschichte im Blick der Disziplinensystematik: ein Problem der Wissenschaftshistoriographie
2. Kommunikationswissenschaftliche Grundlagen als Disziplinen-Klammer
3. Die antike Rhetorik
4. Die Textlinguistik
5. Antike Rhetorik und Textlinguistik: Beziehungen und Integrationen
6. Modell einer Disziplinen-Konfiguration
7. Literatur (in Auswahl)

1. Wissenschaftsgeschichte im Blick der Disziplinensystematik: ein Problem der Wissenschaftshistoriographie

1.1. Die modernen Wissenschaften spiegeln den Fundus permanenter Erkenntnissuche und Ergebnisfindung. Da sich dabei eine Wissenschaftsgeschichte erstellt, gibt es folglich auch stets „Vorläufer", da Wissenschaft prinzipiell eine kulturhistorisch gewachsene, eine Traditionen- (und Konventionen-)Gemeinschaft von geordneten Wissensbeständen, von Methodendiskussionen und von permanenter kritischer Wertung der Analyse-Instrumentarien repräsentiert, als Grundlage für Kreativität und Fortschritt in Theorie und Praxis. Dieser diachrone Begriff der Vorläuferschaft ist perspektivisch ausgerichtet, indem er etwas Historisches und für die Gegenwart Abgeschlossenes meint: Kontinuität durch Ablösung, was letztlich der Auffassung der Renaissance entspricht, daß der Zusammenhalt wissenschaftlichen 'Fort-Schritts' durch die sukzessive Weitergabe und dabei Vervollkommnung von Kenntnisbeständen geschieht. Dahinter steht zum einen das *translatio*-Modell des kontinuierlichen Kulturtransfers (*translatio artium/sapientiae/studii*), wie auch andererseits die alte Konkurrenz zwischen den *Antiqui* und *Moderni*, die *Querelle des Anciens et des Modernes*, als ein Widerstreit zwischen Vorläufertum und Neuschaffung oder Neubewertung, hier durchscheint (vgl. Merton 1983; Kalverkämper 1983a, 349−353). Ein derartiges auf Sukzession hin angelegtes Fortschrittsmodell, das von 'Paradigmenwechseln' ausgeht, wird heute eher abgelöst durch den kooperativen Begriff der 'Diskurstraditionen', wie er den Geistes-, Sozial- und Kulturwissenschaften eignet.

1.2. Für die beiden Sprach-Disziplinen 'Rhetorik' und 'Textlinguistik' trifft ein derartiger Gesichtspunkt von „Vorläufertum" der Rhetorik so nicht zu (trotz des Titels dieses Artikels); die beiden sind vielmehr durch ein interdisziplinäres, d. h. kooperatives Verhältnis bestimmt, bei dem (i) beide Disziplinen noch aktuell Bestand haben, (ii) sie ihre Relationen zueinander immer wieder neu beachten und (iii) sie sich im Verhältnis zu benachbarten Disziplinen dynamisch in divergente Richtungen weiterentwickeln. Vor diesem Hintergrund läßt sich 'Vorläufer' dann nur im Sinne von 'historisch ältere Disziplin' verstehen; somit geht es dann eigentlich um die Thematik: *Die antike Rhetorik und ihre Wirkungsgeschichte bis in die moderne Textlinguistik*.

1.3. *Wissenschaftstheorie, Disziplinensystematik* und *Wissenschaftsgeschichte* mit ihrer zunehmend wichtigen, weil kulturbewahrenden *Historiographie der Wissenschaften* greifen hier ineinander und bilden eine zentrale Komponente in der mentalitätsgeschichtlichen Tradition der Völker sowie generell in einer übernationalen Kulturgeschichte der Menschheit, hier aber − mit der Rhetorik im Mittelpunkt − speziell des attisch geprägten Abendlandes.

2. Kommunikationswissenschaftliche Grundlagen als Disziplinen-Klammer

2.1. Kommunikativität als relationale Qualität

Die modernen Wissenschaften, die sich mit 'Sprache' unter den jeweilig disziplineigenen Aspekten beschäftigen, legen inzwischen dafür ein komplexes Verständnis zugrunde. Dieser Zuwachs ist nicht selbstverständlich, hat sich das Analyse-Interesse in der Entwicklungsgeschichte der Disziplinen doch zunächst den kleinen, überschaubaren Einheiten (bis hin zur Satz-Grenze) zugewandt. Inzwischen aber ist das Format deutlich erweitert: nämlich, ab den siebziger Jahren (mit der sogen. „kommunikativen Wende"), in die Dimension 'Kommunikation' hinein. Insbesondere durch Soziolinguistik und Pragmalinguistik kamen dabei allerdings Faktoren „neu" in den Blick, deren Vorhandensein und Wirken schon zweitausend Jahre zuvor, nämlich in der antiken Rhetorik, bekannt, analysiert und ganzheitlich beschrieben waren und damals auch gelehrt wurden (Aufbauregeln, Einsatzbedingungen, Typen, Wirkungsweisen u. a.).

Damals wie inzwischen wieder in der modernen Text-, Sprach- und Kommunikations- sowie Kulturwissenschaft spielt die Primatsetzung der Dyade von Sender und Empfänger eine zentrale Rolle, die sich aus *einem* Prinzip ableitet, nämlich dem der Relationalität. Die Relationen des Kommunikationsprozesses beziehen sich auf vier Aspekte (1) bis (4), die verschiedene *Geltungsbereiche* bündeln und ein festes Bedingungsgefüge funktionierender Kommunikationen bilden:

(1) FUNKTIONEN – (2) RAHMEN – (3) KOMPONENTEN – (4) FAKTOREN.

(1) FUNKTIONEN (lat. *fungi* 'dienen zu', 'leisten') stehen bei allem kommunikativen Verhalten prinzipiell am Anfang und dominieren als oberste Ausformungs- (Produzentenseite) und Bestimmungsgröße (Rezipientenseite) das Kommunikat, also die Rede (Sicht der Rhetorik), bzw. den Text (mündliches oder schriftliches Kommunikat aus der Sicht der Textlinguistik).

(2) Der RAHMEN von Kommunikation (vgl. Kalverkämper 1998, insbes. 24–27) ergibt sich durch Bestimmungsgrößen, die das Funktionieren von Texten gewährleisten [(2.a) bis (2.d)]:

(2.a) Die Determination durch die Komplexgröße *Kultur* und (2.b) die insbesondere vom Faktor *Medium* bestimmte Vernetzung kulturspezifischer Kommunikationsformen; (2.c) hierbei speziell die Trennung bzw. Gemeinschaft von sprachlichen und nichtsprachlichen Äußerungsformen [zu (2.b) und (2.c) vgl. Abb. 1.1]; (2.d) die partnerrelevante Kommunikationsgröße ('Gattung') 'Textsorte'.

Für diese Bereiche (2.a) bis (2.d) der Rahmenbedingungen gilt als Maßstab die 'KONVENTION' (grundlegend Lewis 1969).

(3) Als KOMPONENTEN lassen sich zwei Hauptbereiche isolieren: im Kommunikationsablauf „komponieren" (3.a) *pragmatisch* die (i) Kommunikationspartner – Sender (Sprecher, Schreiber) und Empfänger (Hörer, Leser) – und die (ii) Situation, also der jeweils sich auswirkende soziokulturelle Kontext, den Prozeß; und (3.b) *textuell* sind (iii) der sprachliche Text und (iv) alle Formen der Visualisierung (Zeichnung, Abbildung, Photo, Skizze, Diagramm, Graphik etc.) beteiligt, wobei der letzte Punkt außerdem, wenn auch in geringerem Maße, durch andere Sinnenkomponenten (z. B. olfaktorische oder taktile) ergänzt werden kann.

(4) Als FAKTOREN (lat. *facere*, 'machen'), die die Kommunikativität hauptverantwortlich in der Rede bzw. im Text erstellen („machen"), lassen sich jene drei formalen Aspekte anführen, die bereits Aristoteles in seiner *Poetik* für die Dichtung als maßgeblich beschreibt:

(a) *Einheit* (sie wird nicht durch penibles Verfolgen z. B. eines Heldenlebens erreicht, sondern durch Wahl einer in sich geschlossenen, ganzheitlichen Begebenheit, von der alles nicht Zugehörige weggelassen wird; vgl. Kap. 8); (b) *Zusammenhalt* (Zusammenhang wird durch Aufbau- und Ablaufstrategien erzielt: mit Anfang und – schon daraufhin angelegt (Relation!) – einem Ende; ansonsten fände sich nur eine Ansammlung von Einzelszenen); (c) (Angemessener) *Umfang*, der sich aus dem Anliegen der Handlung ergibt und hier ein optimales Verhältnis – also weder zu klein: hektisch, noch zu groß: unübersichtlich – verlangt.

Mit Termini der heutigen Zeit formuliert, verlangt Aristoteles also *Kohärenz* (a'), *Distribution* (b') und *Delimitation* (c') als Mittel, um Kommunikativität – für ihn: dichterische Aussage – zu erreichen. Diese Aspekte vereinigen sich in der grundsätzlichen Erkenntnis, daß Kommunikation, sei sie poetisch/dichterisch, alltäglich oder wissenschaftlich/fachlich, stets auf ein Zusammenwirken von Teilen zu einem Ganzen hin strebt, folglich Kommunikativität prinzipiell aus Teilen-im-Ganzen, aus Teilganzen, erstellt wird (vgl. Gülich/Raible 1977; Kalverkämper 1981a; 1981b).

2.2. Kommunikativität als regelgeleitete Qualität

In der griechisch-römischen Antike hat sich die Erkenntnis herausgeformt, daß man mit Sprache erkennbare und sich wiederholende Wirkung (auf den Partner bzw. das Publikum) erzielen kann. Über den (von der GRAMMATIK festgelegten) „richtigen" Sprachgebrauch hinaus bedurfte es,

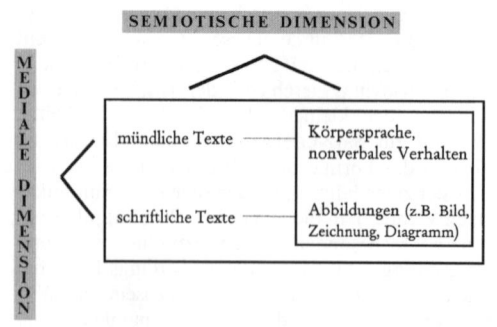

Abb. 1.1: Medialität und Semiose

nicht zuletzt zur Weitergabe jenes Wissens in der schulischen Lehre, bestimmter Regeln und eines Regelsystems, um eben einerseits dichterisch wirkungsvoll und andererseits politisch sowie forensisch und persönlich wirksam Sprache einzusetzen: die Technik (griech. τέχνη *téchne* 'Kunst[fertigkeit]', lat. *ars*) (i) des Dichtens (Erzählen, Wortwahl, Textaufbau, Versmaß u. a.) und (ii) des Redens (s. u. 3.1. u. 3.3.) schuf die herausragenden sprachgestaltenden Disziplinen (i') POETIK und (ii') RHETORIK, die Maßstäbe setzen sollten für Positionen, die ab Mitte der sechziger Jahre des 20. Jhs. wieder „neu entdeckt" und heftig diskutiert wurden und zur Etablierung eines neuartigen linguistischen Selbstverständnisses, nämlich der TEXTLINGUISTIK, führten.

Es handelt sich nunmehr um eine *gezielte Kommunikativität*, die (i) in erster Linie vom Partnerbezug bestimmt wird, und hier speziell von der Wirkung auf den oder die anderen, und die (ii) ihre Effizienz an den praktischen Resultaten dieses jeweiligen Spracheinsatzes mißt, also „evaluativ" angelegt ist. Wirkung und Evaluation sind ohne Regelsystem nicht zu erzielen. Die Regeln und Konventionen dieses Systems sind in der folgenden Kurzdarstellung (s. u. 3.3.) nach jenen Gesichtspunkten ausgewählt, die mit Blick auf die Disziplin 'Textlinguistik' von Belang sind.

3. Die antike Rhetorik

3.1. Soziokulturelle Voraussetzungen

Die Rhetorik der Antike ist zeitlich dem attischen Griechenland nach der archaischen Periode (ca. 1000–600 v. Chr.) zuzuordnen, also ab den ersten Jahrzehnten des 5. Jh. v. Chr. (Zeit der und nach den Perserkriegen der Griechen 492, 480/479, bis 448 v. Chr.). Das ist die klassische Epoche (ca. 500–350 v. Chr.) mit *Sokrates* (470–399), *Platon* (427–347), *Demosthenes* (384–322) und *Aristoteles* (384–322) und dem folgenden Hellenismus (ca. 350–100 v. Chr.). Rhetorik ist entstanden aus den Prinzipien der Demokratie des Altertums, die ein Geschenk des griechischen Geistes an die Menschheit ist; und konsequenterweise ist die rhetorische Kunst im Altertum – als Praxis – auch wieder verfallen mit dem Niedergang der politischen Freiheit am Ende der Römischen Republik (im 1. Jh. v. Chr.) zugunsten von Diktatur und Kaisertum (bis 6. Jh.). In der demokratischen Gesellschaft, und nur in ihr, bestand ein Bewußtsein für gezügelte Macht; es kannte nicht Gesetze, durch die die Macht herrschte (wie in Mesopotamien oder Ägypten), sondern schuf Gesetze, die die Macht beherrschten (vgl. Pichot 1995, 15 f.).

Die Beziehung zu Regeln und deren Wirken auf die Menschen, die sich ebendiese Regeln selber gaben, schuf (i) zum einen die im 5. Jh. aufkommende Kunstprosa mit ihren ästhetischen Gesetzen (die Poesie war viel älter [die Vorsokratiker schrieben schon in Versen]), (ii) zum andern aber prägte sie ein „wissenschaftliches Denken" aus, in dem sich „neben Mythos, Magie und Technik zweifellos auch das Rechts- und Gesellschaftssystem" (Pichot 1995, 16) vermischten.

Der Ort dafür war in Griechenland die αγορά *agorá* ('Versammlung', 'Ort/Zeit/Tätigkeit der Versammlung' [wozu die 'Rede' gehört]), später in römischer Zeit das *forum*, also der öffentliche, erhöhte und umgrenzte Platz, auf dem vor Publikum Reden gehalten wurden.

Dieses regelbewußte Denken ließ dann im Laufe der griechischen Antike ein *theoriegeleitetes* System entstehen:

(i) Es setzte mit der WISSENSCHAFTLICHEN Reflexion ein insbesondere von Platon (427–347 v. Chr.) und seinen philosophischen Dialogen *Gorgias* (ca. 393–388) und *Phaidros* (ca. 365–350). – (ii) Es entwickelte sich, dem öffentlichkeitsbewußten Zeitgeist folgend, in römischer Zeit ab etwa Mitte des 2. Jhs. v. Chr. zur FORENSISCHEN Rhetorik, die mit Marcus Tullius Cicero (106–43 v. Chr.) (*De inventione* [ca. 91–88 v. Chr.], *Rhetorica ad Herennium* [ca. 86–82 v. Chr.], *De oratore* [55 v. Chr.], *Orator* [46 v. Chr.]) zur Vollendung reifte. – (iii) Eine in der lateinischen Bildungstradition beheimatete EDUKATIVE (oder SCHOLASTISCHE) Rhetorik ist mit dem Namen des ersten staatlich (von Kaiser Domitianus) besoldeten Lehrers (der Rhetorik in Rom) verbunden, mit Marcus Fabius Quintilianus (35–96 n. Chr.), der im Rahmen einer in 12 Büchern niedergeschriebenen Rhetoriklehre – *Institutio oratoria* (nach 90 n. Chr.) – neben den Idealen (iii.1) einer perfekt gewählten Sprache und (iii.2) des Erreichens der intendierten Wirkung auch (iii.3) ein allgemein gepflegtes Menschenbild durch Vorbildcharakter des Redners anstrebt und darin an Cicero anknüpft: den *vir bonus*, der sich in der französischen Klassik begrifflich als *honnête homme*, und in der englischen Aufklärung als *gentleman* fortsetzen wird (hierzu z. B. Ueding/Steinbrink 1986, 86–89). Die rhetorischen Qualitäten wurden allerdings bereits im 1. Jh. n. Chr. als schon im Verfall begriffen beklagt (so Tacitus [ca. 55–ca. 120 n. Chr.]), wenngleich die schulisch-theoretische Tradition ungebrochen gepflegt wurde (s. o. Quintilian) und als geistformender Komplex in die Ausbildung der jungen Intellektuellen Eingang gefunden hatte („enzyklopädische Erziehung", s. u.) (vgl. Ueding/Steinbrink 1986, 37–45). – (iv) Die Spätantike ergänzt diese Facetten – (i) bis (iii) – durch die PREDIKATORISCHE Rhetorik, die die hermeneutischen Absichten der Patristik (Verkündigung mit Auslegung der Schrift) ermöglicht.

Die Griechen erfaßten mit εγκύκλιος παιδεία *enkýklios paideía* ('allgemeine Bildung', 'Rundum-Ausbildung'), später die Römer mit *artes liberales* (*artes honestae/humanae/ingenuae*, *bonae* u. a.), jenen [Um-]Kreis von Lehr-Fächern ('en/zyklo/-pädisch'), der sich ab der Spätantike gefestigt in das („naturwissenschaftliche") *Quadrivium* ('Vierweg') der „Zahlenfächer" *Arithmetik*, *Geometrie*, *Astronomie* und *Musik* und in das („geisteswissenschaftliche") *Trivium* ('Dreiweg') der „Wortwissenschaften" *Grammatik*, *Rhetorik* und *Dialektik* einteilte (vgl. mit Literaturangaben Kalverkämper 1998, 4−6).

3.2. Definition der Rhetorik

„Die Rhetorik" läßt sich nicht als monolithische Einheit über die Jahrhunderte festlegen.

Curtius (1938, 135) hat das Schillern des Einheitsbegriffs für die Antike aufgezeigt; Kopperschmidt (1973, 135) erkennt für den heutigen Sprachgebrauch drei Verwendungsweisen (Redetheorie/-lehre, Redekunst, Redefähigkeit), oder Spillner (1977, 94) unterscheidet vier Auffassungen (Technik/Anleitung zur Praxis, Theorie zur Produktion persuasiver Texte, Instrument für Textanalyse, Mittel für Erkenntnis- und Handlungsprozesse).

Sie ist als partnerbezogene Ausdruckskunst auch immer ein mentalitätsgeschichtliches Phänomen, folglich abhängig von den gesellschaftlich herrschenden Einstellungen zur Redekunst (s. u. Abschn. 3.3., Punkt (2.c): 'Gattungen'). Selbst in der Zeit der griechischen und lateinischen Antike wechselten die Aspekte, die die Einschätzungen gewichteten (s. o. 3.1.), gepaart mit Ablehnung bis Zustimmung:

(i) Von Sprachmittel der allumspannenden Ästhetik (Gorgias von Leontinoi [ca. 480−ca. 380 v. Chr.]) über (ii) Instrument der Verführung und Manipulation (eine Art Psychagogik: „Meisterin der Überredung") (Platon [427−347 v. Chr.]: *Gorgias*, auch *Phaidros*-Dialog), hin zur (iii) Trägerin von Bildung (Isokrates [436−338 v. Chr.]) und (iv) Mittel für den Ausbau wissenschaftlicher Strenge (Aristoteles [348−322 v. Chr.]: „Fähigkeit, für jeden Einzelfall das, was glaubhaft gemacht werden kann, ins Auge zu fassen"), und weiter erhöht zu (v) einem individuellen Idealprogramm des Menschen, konzentriert im Redner (Cicero [106−43 v. Chr.]), bis hin zu (vi) moralisierend-edukativen, „scholastischen" Ambitionen (Quintilian [35−96 n. Chr.]: „bene dicendi scientia" 'Wissen[schaft] vom schönen Ausdruck' [s. u.]), die sich dann, in der Patristik nach der Antike (Augustinus [354−430 n. Chr.]), in einer christlichen Verkündigungs- oder Predigtrhetorik (Homiletik) neu ausformt. (Die weiteren „Stationen" von Qualifikationen s. bei Loebbert 1991; auch Göttert 1991, Kap. C).

Wenn es keine zeitenüberdauernde Einheit gibt, dann ist auch kein zeitlos festes System vorhanden; „die Rhetorik" bietet eher mit und zwischen den großen Kulminationspunkten 'Cicero' (1. Jh. v. Chr.) und 'Quintilian' (1. Jh. n. Chr.) einen Kernbestand des Selbstverständnisses, an dem sich auch heute noch die gängigen Begriffe „des Rhetorischen" trotz aller Veränderungen und soziokulturellen Anpassungen weiterhin messen. Dazu gehören:

(a) der prinzipiell bewußt (!) gehaltene Partnerbezug; − (b) die Wirkungsintention und − nicht zu vergessen oder zu vernachlässigen − die Abhängigkeit von Wirkung bzw. Reaktion; − (c) der Einbezug der Situation und ihrer (soziokulturellen) Spezifika in die Produktions- und Rezeptionsprozesse; − (d) die mentale, sprachliche und körperliche Selbstkontrolle des Redners (/Schreibers) durch Regelbeachtung bei der Textproduktion (schon die Termini τέχνη ρητορική *téchne rhetoriké*, lat. *ars oratoria*, *eloquentia* weisen mit dem Etymon griech. ειρειν *eirein*, lat. *orare* 'künden', 'reden', 'erzählen', 'aneinanderreihen' auf ein gehobenes Sprachniveau; − (e) aus Punkt (d) ergibt sich: das (erlernte) Wissen um die relationale Qualität von Kommunikativität (s. o. Abschn. 2.3.): nämlich um (i) Funktionen, (ii) Rahmenbedingungen, (iii) Komponenten und (iv) Faktoren des intentionalen, reaktionsabhängigen Sprechens; hier beweist sich, wie außerordentlich komplex die Rhetorik ausgelegt ist und darin im Grunde eine Kommunikationspraxis und deren Theorie (s. o. Abschn. 2.) in einem darstellt.

Auf den epochen*unabhängigen* Kernbestand bezogen, sind folgende drei Komponenten konstitutiv für den 'Rhetorik'-Begriff:

(A) Das Überzeugen (als [kommunikative] Intention) (griech. πειθώ *peithó*, lat. *persuasio*), was im forensischen und politischen Rahmen allerdings Gefahr laufen kann, die Wahrheit zu verletzen; − (B) die appellative Präsentation des Redeganzen (als eine formal-inhaltliche Gemeinschaft), was ästhetische (wie Schönheit) und funktionale Aspekte (wie Angemessenheit [*aptum*], Zielbezogenheit, Adressatenspezifik, Wirkungsmächtigkeit) verwebt (und darin bis heute eine hohe Aktualität der Textproduktion und Textrezeption bewahrt hat [man denke an Werbung, *Technical Writing*, Sachbuch, Bedienungsanleitungen, Fachwissen-Präsentation für Laien unter *Verständlichkeits*aspekten in/mit den verschiedenen Medien und Textsorten, u. a.]); − und (C) die Beherrschung des Regelwerkes als Kunst (instrumentelles Wissen), was (i) allerdings bis in literarische Umsetzungen (rhetorische Kunstprosa) hinein die Gefahr in sich birgt, daß (i.1) der Wert des Formalen (das 'Wie') über das Inhaltliche (das 'Was') gestellt wird (wogegen sich schon Cato maior [234−149 v. Chr.] mit seiner berühmten Sentenz stellte: *rem tene, verba sequentur* [fragm. 15])

1. Vorläufer der Textlinguistik: die Rhetorik

sowie (i.2) Traditionelles und Routiniertes die Vitalität und Innovation bei den Textprozessen bremsend beeinflussen; (ii) was andererseits aber eine große Wirkungsgeschichte auf die europäische Literatur (vgl. literarische Rhetorik [Lausberg 1960], Stilistik, Poetik, Produktions- und Rezeptionsästhetik) und auf die abendländische Konversations-, Predigt- und Schreib- sowie Redekultur (wie Diskussionen um gesellschaftsrelevante wissenschaftliche Entwicklungen, Debatten der parlamentarischen Demokratie, ideologische Werbung u. a.) ausgeübt hat.

Mit Quintilian (*Institutio oratoria* II 14, 5; II 15, 16) ist die Rhetorik „ars bene dicendi" (II 17, 37) oder „bene dicendi scientia" („Wissen[schaft] vom schönen Ausdruck") (zu *ars – scientia – facultas* als Abfolgeschema s. Lausberg 1960, § 5).

Dieses *bene*, Adverb zu *bonus* 'gut' 'geeignet' 'schön', gilt als rhetorische Tugend (*virtus*) des Redners (*orator*), was sich in Catos Definition vom sittlich guten Redner (*mores oratoris* [Quintilian II 15, 34]), die Cicero übernimmt und der Quintilian folgt, festgesetzt hat: *vir bonus dicendi peritus* (Quintilian XII 1, 1; 'der Redner ist ein aufrechter und im Reden geschickter Mann'), und was auf dessen Werk, seine Rede, als *virtus* übertragen wird (*bona oratio* [Quintilian II 14, 5]): „diese technisch-moralische Doppeldeutung des *bene* ist nur aus der Verteidigung der Rhetorik gegen die Philosophie zu verstehen" (Lausberg 1960, §§ 32; 14, 36).

3.3. Disziplin-Systematik

Die Systematik der Rhetorik ist vor allem (i) an der Wirkung (ii) beim Publikum ausgerichtet (prinzipielle Relationalität [s. o. 2.1.]); so lassen sich auch hier die zugehörigen kommunikativen Geltungsbereiche – also Funktionen (1), Rahmenbedingungen (2), Komponenten (3) und Faktoren (4) – zugrundelegen:

(1) Die FUNKTIONEN beziehen sich in der alten Rhetorik auf die Aufgaben des Redners (*officia oratoris*); er hat zum einen (I.) die intellektuellen Fähigkeiten der Zuhörer anzusprechen, zum anderen aber (II.) die Affekte, die Leidenschaften, die Emotionen aufzurütteln. Die antike Trias dazu bestimmt als Funktionen einerseits (I.') den Appell an die Einsicht, was insbesondere die *Logik* leistet; und andererseits (II.'A.) die Beruhigung, als den Ort des *Ethos*, bzw. (II.'B.) die Erregung (Affekte), als den Ort des *Pathos*.

Aus dieser Dreiheit werden vom Redner verlangt: Er soll, was die Einsicht via Logik (I.") verlangt, belehren (*docere*) [eher informativ], beweisen (*probare*) [argumentativ] und ermahnen (*monere*) [ethisch]). Bei den Leidenschaften (II.) kann der Redner im Bereich des Ethos (II."A.), d. h. bei der Besänftigung, die Zuhörer [zweckgebunden] gewinnen (*conciliare*) oder [zweckfrei] erfreuen (*delectare*; im 18. Jh.: 'ergötzen'); im Bereich des Pathos (II."B.) kann er sie bewegen (*movere*) oder sogar aufstacheln (*concitare*; im 18. Jh.: 'rühren'). Der publikumsbezogene Zweck der Rede wird allerdings nur erreicht, wenn die intellektuellen und die affektiven Mittel – Logik und Gefühl – gemeinsam zum Einsatz kommen.

(2) Die RAHMEN(bedingungen) für die Reden der antiken Rhetorik entsprechen den prinzipiellen Rahmenbedingungen von Kommunikation (s. o. 2.1., Punkt (2): dort (2.a) bis (2.d)):

(2.a) Semiotische Vorentscheidung: sprachliche und nichtsprachliche Äußerungen (s. o. 2.1. Punkt (2.c); Weiteres s. u.); – (2.b) Soziokulturelle Spezifika des Bedarfs und der Ausführung (s. o. 2.1. Punkt (2.a) und (2.b); s. u.); – (2.c) Maßgebende Gattungen als Ordnungskategorien einer interaktiv geregelten Welt (s. o. 2.1. Punkt (2.d); s. u.).

(2.a) SPRACHLICHE UND NICHTSPRACHLICHE ÄUSSERUNGEN: In der rhetorischen Fachliteratur der Antike – so Aristoteles, Cicero, Quintilian u. a. (s. o. 3.1.) (die lateinische Antike bietet hier deutlich mehr als die griechische) – widmen sich die Rhetoren mit starkem Übergewicht dem gesprochenen Text; sie übersehen allerdings nicht, daß eine Rede ohne körperliche Präsenz des Redners und der Zuhörer undenkbar ist und somit ohne eine subtile Beachtung und den Einbezug der geltenden Redesituation mit all ihren Unwägbarkeiten, die vielfach gar nichts mit dem Inhalt der Rede, stark aber mit deren Präsentation zu tun haben, nicht angemessen wirken kann. Deshalb finden sich sporadisch körpersprachliche – Cicero (*De oratore* III, 222) spricht anschaulich von *sermo corporis* 'Gespräch des Körpers' – Beobachtungen und Hinweise als Lehren zu wirkungsunterstreichender, Affekte steuernder und sympathiesichernder Rede. *Pronuntiatio* (sprachliche Ausformung) und *actio* (Fingerhaltung, Gestik, Mimik, Körperhaltung und redebegleitende Bewegungen, Kleidung) gehören zusammen. Zwar nicht ausgefeilt und auch erstaunlich wenig systematisiert, aber doch bewußt und kategoriell erfaßt, markieren die Ausführungen zu den nichtsprachlichen Rahmenbedingungen der Rede den frühen Beginn einer Redepsychologie, Psychagogik, Wirkungsanalyse, Rezeptionsforschung, was bis in den Redeeinsatz von Diktatoren und in die Kommunikationsweisen der modernen Werbung ausgreift (vgl. Kalverkämper 1999).

(2.b) SOZIOKULTURELLE SPEZIFIKA: Die soziokulturellen Rahmenkonstellationen werden mit vier zentralen Fragen (*quaestiones*) nach dem *status* ('Stand' einer Situation, die in der Rede behandelt wird; Hauptproblem) erkundet, die den Verlauf der (Gerichts-) Rede (*genus iudiciale*) bestimmen (*status orationis*; Quintilian III 6). Der Redner stellt sich (I.) die Vermutungsfrage (*status coniecturae*), mit der er die Frage klärt, „ob der Angeklagte es getan hat"; – dann (II.) die Definitionsfrage (*status finitionis*), die beantwortet, „was er getan hat"; – anschließend (III.) die Rechtsfrage (*status qualitatis*), die eine Tat abwägt, ob sie zu Recht vom Angeklagten getan worden ist; – und schließlich (IV.) die Verfahrensfrage (*status translationis*), mit der geprüft wird, ob ein Verfahren überhaupt zulässig ist (Göttert 1991, 19–21; Ueding/Steinbrink 1986, 28 f, 237; Lausberg 1960, §§ 79–138) (s. u. 5.3. Punkt (2)).

(2.c) GATTUNGEN: Die Rhetorik kennt und pflegt in der Tradition der Aristotelischen *Rhetorik* drei Redegattungen (*genera orationis*) (s. Lausberg 1960, §§ 59–65), die sich ganz pragmatisch aufteilen:

(I.) die GERICHTSREDE (griech. δικανικὸν γένος *dikanikòn génos*, lat. *genus iudiciale*) („juristische Rhetorik", die vor Gericht in Anklage und Verteidigung argumentativ und problemgerichtet vorgeht und, um Unrecht und Recht zu finden, dabei Vergangenes traktiert); – (II.) die BERATUNGSREDE (griech. συμβουλευτικὸν γένος *symbouleutikon génos*, lat. *genus deliberativum*, politische Rede) („kommunikative Rhetorik", die in der Versammlung Informationen aufbereitet und Entscheidungen für die Zukunft in den Blick nimmt, dabei Vor- und Nachteile abwägt); – (III.) die LOBREDE (griech. ἐπιδεικτικὸν γένος *epideiktikòn génos*, lat. *genus demonstrativum*, epideiktische Gattung) („ästhetische Rhetorik", bei der im Rahmen des Feierns und der Festlichkeit erfreuende Themen der Gegenwart in ausgesuchter Sprachwahl vorgetragen werden).

(3) Als KOMPONENTEN dienen die Strukturteile einer Rede (*partes orationis*), die in einem dynamischen Prozeß der Texterstellung als Bearbeitungsphasen verstanden werden: als sukzessive Ausarbeitung von Teiltexten des Redeganzen. In der Redepraxis finden sie sich ineinander verwoben; sie haben aber ihre Berechtigung in den Zäsuren der Rhetoriklehre, die dazu ihr berühmtes Fünfstufenschema entwickelt hat. Dieses unterliegt zwei Großbereichen, die die fünf Bearbeitungsphasen unter (modern gesprochen:) semiotischem Blickwinkel aufteilen: (I.) der Bereich der Sach-Inhalte (*res*) oder argumentativ abwägenden, logisch abfolgenden „Gedanken" einerseits; und (II.) der Bereich der sprachlichen Fassung des Sach-Bereichs, also dessen formale Gestaltung durch „Sprache" (*verbum*, plur. *verba*), andererseits.

Diese Trennung (I.) und (II.), die unter modernen sprachwissenschaftlichen und zeichentheoretischen Gesichtspunkten problematisch wirkt, hebt sich gemäß dem Verständnis der Rhetorik im Vertextungsprozeß, in der konkreten Rede, auf. Dort finden sich die zugehörigen fünf Phasen, nachdem sie für die Texterstellung nacheinander durchlaufen worden waren, integriert im Textganzen.

(3.a) Der *res*-Bereich (I) setzt für die Textproduktion mit der Phase der *Auffindung der Gedanken* (*INVENTIO*) ein, die sich für Situation und Redezweck eignen. Als Hilfestellung dazu dienen Frageformeln, wie sie schon aus dem antiken Katalog des Stoikers Hermagoras von Temnos [2. Jh. v. Chr.] bekannt waren und als *circumstantiae partes* (griech. *perístasis*-Lehre) pragmatisch vorgingen: *quis, quid, ubi, quibus auxiliis, cur, quomodo, quando?*. Diese Kette hat sich in der modernen Version der pragmatischen *w*-Fragen tradiert: *wer, was, wo, welche Mittel, warum, wie, wann?*, englisch bekannt als New Rhetoric-Formel von Harold Dwight Lasswell aus den auslaufenden vierziger Jahren: *Who says What In which channel To whom With what effect?*, die auch als Leitformel journalistischer Ethik für gewissenhaftes Recherchieren propagiert wird (Prakke 1965) (vgl. Kalverkämper 1981, 69, 163).

Die Fragen markieren („Stand"-) Orte (griech. τόποι *tópoi*, lat. *loci*), die – als TOPIK – bei der Er- oder Auffindung mit typischen Argumenten (*argumentatio*) helfen sollen (bekannt sind die sogen. „Gemeinplätze", *loci communes*).

Die *loci* sind pragmatisch reich untergliedert, wozu Quintilian (V 10, 23), im Anschluß an Aristoteles, eine differenzierte Topik-Liste vorstellt, deren Argumentationsfragen gleichsam die Welt abtasten: *loci a persona* (von der Person her bestimmt: z. B. Abstammung, Nationalität, Vaterland, Geschlecht, Alter, Körperbeschaffenheit, Schicksal, soziale Stellung, Wesensart, Beruf, Neigungen, Vorgeschichte, Namen [Lausberg 1960, § 376]); und Argumente mit *loci a re* (von der Sache herstammend: z. B. Ähnlichkeit, Ursache, Ort, Zeit, Art und Weise, u. v. a. [Lausberg 1960, §§ 377–399]) (vgl. auch Ueding/Steinbrink 1986, 218–235).

1. Vorläufer der Textlinguistik: die Rhetorik

Zur *inventio* gehören die Aufbauteile (i) *exordium* (Einleitung), *narratio* (Sachverhaltsdarstellung, Schilderung), *argumentatio* (Begründungen), *peroratio* (Schluß) (vgl. Lausberg 1960, §§ 260–442; Ueding/Steinbrink 1986, 240–257) (s. u. 5.3. Punkte (2), (3), (4)).

(3.b) Die nächste Stufe des *res*-Bereichs ist die *Gliederung der aufgefundenen Gedanken* (*DISPOSITIO*). Sie folgt normalerweise (*ordo naturalis*) einer in sich logischen Abfolge von (i) 'Einleitung' mit Publikumsbezug (*exordium*) über (ii) 'Sachverhaltsschilderung' (*narratio*) und (iii) 'Begründung' (*argumentatio*) mit eigenen Beweisen (*confirmatio*) und Zurückweisen von solchen der Gegenpartei (*refutatio*), bis zum (iv) 'Schluß' (*peroratio*), mit dem man zusammenfaßt und publikumswirksam appelliert.

(3.c) Der erste Schritt zum *verba*-Bereich (II) markiert zugleich die wichtigste und anspruchsvollste Phase: nämlich die *sprachliche Gestaltung* dieser gedanklichen Vorarbeiten, die *ELOCUTIO*. Hier finden sich (i) normierende Richtlinien ('Tugenden') der Sprachwahl (*virtutes elocutionis*), zu denen (i.1) die 'Sprachrichtigkeit' (*latinitas*), (i.2) die 'Klarheit' (*perspicuitas*), (i.3) die 'Ausschmückung' (*ornatus*) und (i.4) die 'Angemessenheit' (*aptum*) gehören.

Für den sprachlichen Schmuck – (i.3) – seiner Rede kann der Redner auf reiche Arsenale zurückgreifen. Sie teilen sich nach rhetorischer Tradition auf in (i.3.a) die schmückenden Einzelwörter (*in verbis singulis*): die *Tropen* (*tropi*, sing. *tropus*), griech. τρόπος *trópos* [Quintilian VIII 6, 1; Lausberg 1960, §§ 552–598]), die durch Ersetzung (*immutatio*) des „Eigentlichen" ihre schmückende Funktion ausüben (wichtigste: Metapher, Metonymie, Hyperbel, Emphase, Ironie); und in (i.3.b) die Verbindungen (*in verbis coniunctis*), die Figuren (Schema) (Quintilian IX 1; Lausberg 1960, §§ 600–603), die – wiederum vielfältig klassifiziert (Lausberg 1960, §§ 600–910) – eine künstlerische Veränderung der Normalabfolge bewirken.

(ii) Zur Elokution gehört auch, was die Rhetorik die *Stilebenen* ('Ausdrucksweisen') nennt (*genera dicendi*); zu ihnen entsteht ein dreistufiges Modell – (ii.1) hoher (*genus grande*, 'großartig', 'pathetisch') (ii.2) mittlerer (*genus medium*), (ii.3) schlichter Stil (*genus subtile*) –, denen die sprachlichen Qualitäten – s. o. (i) – als Stilmerkmale zugewiesen werden (vgl. z. B. Ueding/Steinbrink 1986, 211–214. Hier ist der Ort, von dem eine kriteriengestützte STILISTIK ihren Anfang genommen hat, um sich im Laufe der Zeit, spätestens im Barock, als Stiltheorie und als (praktische) Stilanalyse verselbständigt zu haben (worin der formalistische und der ästhetische Keim einer Literaturwissenschaft steckt); sie steht seitdem als dritter Bereich neben Rhetorik und Poetik (vgl. Spillner 1974; Gumbrecht/ Pfeiffer 1986; Stickel 1995; – Ueding/Steinbrink 1986, s. Stichwort).

(3.d) Die vierte Stufe der Textverarbeitung ist das Memorieren der Rede (*MEMORIA*) (Lausberg 1960, §§ 1083–1090), was mit Hilfe bestimmter Mnemotechniken (Gedächtnislehre) erleichtert werden kann. *Res* und *verba*, Gedanken (I.) und sprachliche Fassung als Text (II.) verbinden sich hier, auch schon nach antikem Verständnis (Cicero, Quintilian), im Auswendiglernen (Fundstellen bei Lausberg 1960, § 1083).

(3.e) Die letzte Stufe ist zugleich die Konkretisierung des Textes, als *ars in agendo posita* (Lausberg 1960, § 1091), die Rede in ihrem Vortrag (*PRONUNTIATIO*) und im Erscheinungsbild des Redners (*actio*): *vox* und *corpus*. Verbale und nonverbale, hier speziell körpersprachliche Mittel (*vocis et corporis moderatio*) sollen die Wirksamkeit der Rede unterstützen, zudem bei sensibler Berücksichtigung der Redesituation und Beachtung des Publikums und seiner Reaktionen (s. o. Abschn. (2), Punkt (2.a)).

(4) Als FAKTOREN, die die Kommunikativität eines Textes – der Rede – „machen" (s. o. 2.1. Punkt (4)), gelten (a) *Kohärenz*, (b) *Distribution* und (c) *Delimitation*; die antike Rhetorik hat diese, wenngleich nicht mit solchen wissenschaftlichen Termini, ebenso gesehen und sie aus ihrer Empirie heraus als prägnante Rede-Mittel erkannt, systematisiert und gelehrt (Lausberg 1960). *Einheit*, *Verteilung* und *Begrenzung* gilt sowohl für die Teile wie für das Ganze einer Rede (s. u. 5.2.).

3.4. Phänomenologie der Charakteristika

Die antike Rhetorik weist, wie die vorstehenden Darlegungen (3.1. bis 3.3.) verdeutlichen, einen konsequenten Bezug zur Kommunikation auf; somit könnte sie durchaus der modernen Kommunikationstheorie zur Seite gestellt werden:

(1) Sie verwebt Praxis und Theorie, bestimmt und korrigiert sich aus der Empirie und schafft so eine Theorie der Gesetzmäßigkeiten und ein realitätsnahes Regelwerk, das seinerseits wiederum Lehre für die Praxis und Bewährung in der Anwendung ermöglicht.

(2) Sie ist mit ihrem System an Regeln, ihren Wirkungsgesetzen und Hinweisen gemäß einem konsekutiven Ablauf 'wenn ... dann ...', ihren strukturellen Arsenalen und ihren Analysen von Teilen im komplexen Ganzen (s. u. Punkt (7)) eine

dyadisch funktionierende, also Sender (Redner) und Empfänger (Publikum) mittels Text (Rede) gleichermaßen umspannende und sensibel berücksichtigende, somit: eine grundständig kommunikativ („konstruktivistisch" und „rezeptivistisch") angelegte Disziplin.

(3) Die Rhetorik ist gleichermaßen systemorientiert und sprachverwendungsorientiert. Bei ihr zeigt sich das gegenwärtige Bedingungsverhältnis von Regelsystemen *in absentia* und konkreter Umsetzung *in praesentia* ganz offenkundig. In dieser Gemeinschaft ist die Rhetorik eher eine angewandte denn eine theoretisierende (oder theoretische) Disziplin.

(4) Sie geht aus von einer Verkettung der Reden, prinzipiell also von Dialogizität, was mit der Argumentation, dem Abwägen im jeweiligen (parteilichen) Interesse, zusammenhängt. Vorgängertexte, Aktuellrede, Anschlußtexte, Bezugnahmen auf gehörte und noch zu hörende Reden — hier ist der Ort einer praktizierten Intertextualität.

(5) Die Reden erhalten durch diese verschieden plazierten Optiken unterschiedliche Status: (5.a) sie finden sich (oder werden behandelt, zitiert, verwertet) als faktische Produkte, als statische Texte (in diesem Sinne müssen dann auch die literarisierten, d. h. verschriftlichten Reden — z. B. von Cicero — aufgefaßt werden); — oder aber (5.b) sie entwickeln sich als dynamische (nicht starr ablaufende) Prozesse zwischen Redner und Publikum, dienen also als Angebote zur Reaktion, die ihrerseits Anlaß genug ist (oder sein sollte), die Rede in ihrem Verlauf zu modifizieren, in welche Richtung auch immer (Inhalt, Affekte, Aufbau, Stil o. a.); — oder schließlich (5.c) sie stellen Kulturereignisse dar, als Träger von Einstellungsqualitäten, von soziokulturellen Vorgaben und Erwartungen, von Werten und kollektiven Erfahrungen, Vorwissen und allgemeinen Kenntnissen.

'Rede als' — diese insbesondere zu (5.b) und (5.c) passende relationale (s. o. 2.1.) Formulierung hebt (i) neben der kommunikationswissenschaftlichen Nähe auch (ii) die semiotischen Grundlagen der Rhetorik hervor und bestimmt sie (iii) als eine grundständig pragmatische Disziplin, bei der die soziokulturellen Konstellationen (Kultur, Gesellschaft, Handlungsrahmen, Publikum, Situation, Intentionen) vorrangig Geltung haben und somit die sprachlichen Mittel beherrschen und ihre Auswahl und deren Einsatz bestimmen, und zwar dies, um die eigentliche Bestimmung des Rhetorischen, die Wirkmächtigkeit des Gesagten (s. o. 3.2.), zu gewährleisten.

(6) Für die antike Rhetorik gilt der Text, also die Rede vor dem Publikum, nicht als ein allein sprachliches Phänomen. Auch die Situation als Vortragsort, das Publikum als Zuhörerkulisse, die eingebrachten Wirkungsmittel wie Beweisstücke, Skizzen, Modelle, szenisch-theatralische Präsentationen, ja das körperliche Auftreten der forensisch Agierenden gehören konstitutiv dazu. — (6.a) Dem Gegenstand der Rhetorik ist also die Multimedialität schon im Selbstverständnis rhetorischer Prozeduren eigen. — (6.b) Will man sich ihnen wissenschaftlich nähern, gilt als Zugang die Interdisziplinarität, bei der Linguistik, Pragmatik, Soziologie, Psychologie, Kognitionsforschung, Semiotik, auch Anthropologie gleichsam im Brennpunkt zusammenfinden.

(7) Die antike Rhetorik verfolgt in ihrem System von Einheiten und in ihrem Arsenal von Strukturen (s. o. 3.3. Punkte (2) u. (3)) das Prinzip der Teilganzen: (i) entweder im Prozeß des Aufbaus der Ganzheit (nämlich der 'Rede') durch textuelle Teilganze („Synthese"); (ii) oder im Prozeß des Prüfens der Ganzheit auf ihre Teilganzen hin („Analyse"). Dabei ist stets bewußt, daß der erste Weg die Leistungen des Redners, der zweite die Anstrengungen des Zuhörers beschreibt. Da aber beide im rhetorischen Textprozeß zusammengehören — s. o. Punkt (2) —, sind diese Trennungen eher methodologischer Art und definieren sich innerhalb der *ars rhetorica*.

3.5. Disziplin im Wandel

Das komplexe Format und die alle Lebenskomponenten erfassende Qualität der Rhetorik prädestiniert sie geradezu, in der heutigen Zeit einen eigenen Stellenwert innezuhaben. Dieser bestimmt sich in erster Linie dadurch, daß und wie sie die gesellschaftlichen Bedürfnisse und die kommunikativen Anforderungen des modernen Lebens meistern hilft. Im Gegensatz zur Textlinguistik (s. u. 4.1.) hat die Rhetorik ihren Bezug zur Kommunikationssituation und zu deren Komponenten behalten und spezifisch ausgebaut. In dem Anforderungskatalog und Leistungspotential erweist sich die moderne Rhetorik in der Tradition der antiken Rhetorik als eine interdisziplinäre angewandte Disziplin mit Auswirkungen auf (i) Sprache und Texte sowie auf (ii) Menschenführung und Verhalten. Hier einige über den Rahmen der Antike hinausreichende Aktionsbereiche der heutigen Zeit:

Rhetorik der politischen Umbrüche („Revolutionen"), Rhetorik und Politik; Werbung und Rhetorik; Sprache und Institutionen (Kommunikationsgefälle, Fach- und Wissenschaftssprachen, Expertensprache als Machtfaktor); Rhetorik und Anthropologie; Semiotik und Rhetorik der Körpersprache, dies auch interkulturell und interdisziplinär; Popularisierende Rhetorik-Ratgebung (Breitenwirksamkeit); 'Verständlichkeit' als rhetorische (Text-) Qualität, auch innerhalb der Zielsetzungen des neuartigen Berufsbildes des Technischen Redakteurs (s. u. 5.3. Punkt (7)); Rhetorik als Element von Sprachkultur: Streitkultur, Kommunikationskultur, Bildung, Sprachregister; Stilistik und Rhetorik, z. B. im Rahmen neuer Konzepte von Aufsatzlehre und Schreiben überhaupt; Rhetorik und Gesprochene-Sprache-Forschung; Rhetorik des Bildes (und andere semiotische Beziehungen); Rhetorik und Poetik (Sprachspiele, Konkrete Poesie, Werbung); u. a.

4. Die Textlinguistik

4.1. Disziplin im Übergang

(1) *Zwischen Rhetorik-Tradition und neuen Positionen:* Textlinguistische Forschungen kümmern sich nur äußerst spärlich um die Erkenntnisse der Antike, und ihre Forschungsgeschichte schaut nur selten und dann zu flüchtig auf die Rhetorik-Tradition.

Ausnahmen, in unterschiedlicher Intensität und auch Zielsetzung: Kopperschmidt 1973; Breuer 1974; Spillner 1974; Plett 1975; Junker 1976; Knappe 1976; Weinrich 1976a; Spillner 1977; Heilmann 1978; Plett 1978; Kalverkämper 1981a; 1981b; 1983a; Hantsch/Ostheeren 1982.

Andererseits lassen die Entwicklungen der Textlinguistik, die ab den sechziger Jahren noch eigenständig aufgetreten ist, eine Zukunft seit den beginnenden neunziger Jahren prognostizieren, in der sie nur noch integriert und unter neu erarbeiteten Etiketten erscheint:

(i) (Linguistische) Pragmatik nämlich, aber auch − (ii) Konversationsanalyse, − (iii) Kommunikationswissenschaft (mit starken soziologischen und psychologischen Anteilen des Sprachgebrauchs), − (iv) Medienforschung und − (v) Interkulturelle Linguistik.

(2) *Kreative Umsetzungen im Format der angewandten Rhetorik:* Die Konvergenzen zur Rhetorik sind mit diesen Positionen (i) bis (v) unübersehbar; den fünfen ist das Format der Rhetorik eigen, das auch die Textlinguistik auszeichnet, nämlich die Gemeinschaft von ⟨'Text(ualität)' − 'Kommunikativität' − 'Pragmatik' − 'Kultur'⟩ (vgl. u. 5.3.). Sie verdichten sich in dem Begriff der 'Kommunikationssituation' mit ihren einzelnen Komponenten: nämlich (a) Sender, (b) Empfänger, (c) Gegenstände/Sachverhalte/Handlungszusammenhänge. An diesen orientiert (s. Abb. 1.2., Kopfzeile), hat sich die Textlinguistik bei jenen verschiedenen Ansätzen und For-

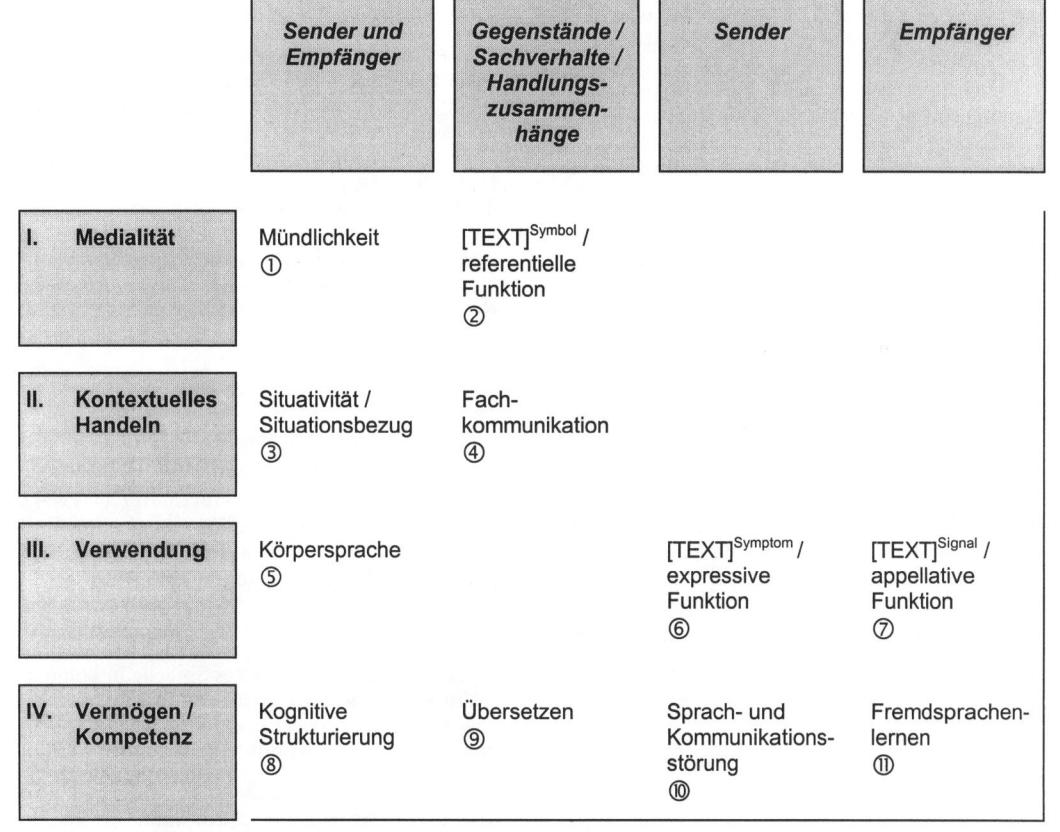

		Sender und Empfänger	Gegenstände / Sachverhalte / Handlungszusammenhänge	Sender	Empfänger
I.	Medialität	Mündlichkeit ①	[TEXT]^{Symbol} / referentielle Funktion ②		
II.	Kontextuelles Handeln	Situativität / Situationsbezug ③	Fachkommunikation ④		
III.	Verwendung	Körpersprache ⑤		[TEXT]^{Symptom} / expressive Funktion ⑥	[TEXT]^{Signal} / appellative Funktion ⑦
IV.	Vermögen / Kompetenz	Kognitive Strukturierung ⑧	Übersetzen ⑨	Sprach- und Kommunikationsstörung ⑩	Fremdsprachenlernen ⑪

Abb. 1.2: Interdisziplinäre Weiterentwicklung und Angewandtheit

schungsbereichen (s. Abb. 1.2., ① bis ⑪; das sind also keine Disziplinen [vgl. u. 5.3.]) prägend ausgewirkt, in denen sie inzwischen aufgegangen ist. Diese ihrerseits gehören großen Sachfeldern an, die unter vier Leitbegriffe (s. Abb. 1.2., (I.) bis (IV.)) fallen können:

(I.) MEDIALITÄT (d. h. entscheidendes Gewicht des Mediums für die Kommunikation): ① *Mündlichkeit/Schriftlichkeit* (Konversations- oder Dialoganalyse) und – ② *Polysemiose/Multimedialität* (Medienwissenschaft, Elektronische Kommunikation, Fachsprachenforschung mit insbesondere der naturwissenschaftlich-technischen Kommunikation, Dokumentation und Technische Redaktion, Semiotik), wobei der *Text als Symbol*, also in seiner referentiellen Funktion, von Interesse ist.

(II.) KONTEXTUELLES HANDELN (d. h. entscheidend ist das sprachliche, situative und sachbezogene Umfeld): ③ der ausdrückliche Bezug auf *Situation* und soziokulturelle Einbettung (Pragmatik) und – ④ die *Fachkommunikation*, deren Selbstverständnis vornehmlich im Bereich der (fachlichen) Handlungszusammenhänge liegt (vgl. Kalverkämper 1998, 1–59).

(III.) VERWENDUNG (d. h. die spezifischen Einsatzweisen und Gebrauchsbedingungen der Texte): ⑤ im direkten Sender-Empfänger-Bezug die *Körpersprache*, an der, über die Rhetorik hinaus, die Komplexwissenschaften Anthropologie und Semiotik besonders interessiert sind (s. u. 5.3. Punkt (10)); – ⑥ der *Text als Symptom*, als senderbezogenes Zeichen, mit vornehmlich expressiver Funktion, was bei der vieldiskutierten Frage der Nationalstile in der *Interkulturellen Kommunikation in Wissenschaft und Wirtschaft* (Interkulturalitätsforschung) eine Rolle spielt (vgl. Hoffmann/Kalverkämper/Wiegand 1998, Kap. XI, u. a. Art. 88); – ⑦ der *Text als Signal*, als empfängerbezogenes Zeichen, mit vornehmlich appellativer Funktion: *Textoptimierung*, *Technische Redaktion*, *Werbung*, *Textmarketing* u. a., worum sich Verständlichkeitsforschung und Technische Redaktion (s. u. 5.3. Punkt (7)) kümmern.

(IV.) VERMÖGEN/KOMPETENZ (d. h. die Fähigkeit, rhetorisch gestaltete Texte in spezifischen Problemsichten, die sich auf die Komponenten der Kommunikationssituation beziehen [s. Kopfzeile des Modells], zu erstellen bzw. zu behandeln): ⑧ die *kognitive Strukturierung* als für Sender (Textproduktion) und Empfänger (Textrezeption) gleichermaßen wichtige Kompetenz: textanalytische Kognitionsforschung, Psycholinguistik; – ⑨ das *Übersetzen*: Translationswissenschaft; – ⑩ die *Sprachstörungen* (Aphasie u. a.) und Probleme der Vertextung (Patholinguistik); – ⑪ das *Fremdsprachenlernen* (linguale, kommunikative, Handlungs- und Kultur[en]-Kompetenz) als eine komplexe Herausforderung an die moderne Didaktik.

4.2. Selbstverständnis und Leistung

Nach Definitionen unter Etiketten wie (i) 'vom Satz zum Text' (*transphrastisch*) oder – in anderer Blickrichtung – 'vom Text zu seinen Einheiten (in ihm und außerhalb von ihm)'; (ii) oder – *textsortenorientiert* – als ⟨'allgemeine Textmodelle' und 'Erzähltextmodelle'⟩; (iii) oder – *objektbezogen* – als ⟨'textextern', 'textintern' und 'kombinatorisch textintern–textextern' bestimmten Linguistik⟩ (vgl. Gülich/Raible 1977; Kalverkämper 1981a; 1981b) hat sich 'Textlinguistik' zu einer inzwischen fest verankerten Methodenposition entwickelt, die die modernen Forschungen des ausgehenden 20. Jhs. bestimmt: Nicht das Einzelelement in seiner methodischen Isolation gilt, sondern in seiner *funktionalen Gemeinschaft* mit anderen (sprachlicher und situativer/pragmatischer Kontext), aus der heraus – den mündlichen oder schriftlichen Texten und ihren Verwendungssituationen – das Einzelelement dann auch entsprechend analysiert (und gelehrt [Didaktik!]) werden muß.

Die Verdienste liegen also (a) zum einen bei den neuen Forschungsresultaten, die, weil sie aus den kommunikativen Zusammenhängen heraus evident waren, bald zum linguistischen Wissensbestand gehörten; – (b) zum andern aber bei der methodologischen Revolutionierung: (b.1) Aufsprengen von (künstlichen) Begrenzungen (Obergrenze des linguistischen Interesses sei der „Satz"); (b.2) ganzheitlicher, integrativer Analyse-Ansatz, der die Sicht auf das funktionierende Ganze, den Text, und seine Teilganze freigab:

Hier ist im Laufe der neunziger Jahre nochmals erweitert worden durch die Ebene der Kultureme (Kulturspezifika) – ein nun wohl nicht mehr zu überbietender Komplexitätszuwachs in kulturelle Dimensionen hinein, darin aber dann auch eine Herausforderung an ein neues Selbstverständnis der Linguistik und ein Überdenken ihrer bisherigen methodischen Möglichkeiten und Analyse-Instrumentarien (Entwicklung zu einer Interdisziplinarität, zu einer Kooperation bei Methoden, Analysen, Resultaten, Bewertungen und Konsequenzen [z. B. Angewandtheit, Praxisbezüge, didaktische Umsetzungen]).

4.3. Disziplinmarkierende Prinzipien

Das Credo dieser integrativen Neusicht auf die alten, isoliert betrachteten Phänomene hatte schon 1964 Peter Hartmann († 1984), neben Harald Weinrich einer der großen Pioniere in Theorie und Praxis der Textlinguistik (vgl. Kalverkämper 1981a; 1981b), programmatisch formuliert.

„Mit 'Text' kann man alles bezeichnen, was an Sprache so vorkommt, daß es Sprache in kommunikativer oder wie immer sozialer, d. h. partnerbezogener Form ist; oder kürzer: Sprache kommt beobachtbar vor in Textform" (Hartmann 1964, 17).

„Noch niemals ist Sprache in anderer Form als in Textform vorgekommen, d. h. in Sprachfunktion geäußert worden" (Hartmann 1964, 17). Der Text ist das „sprachliche Primärzeichen" (Hartmann 1968a, 221). Als solches ist es folglich auch dem Menschen als Sozialwesen am nächsten: die hier gegebenen anthropologischen Implikationen haben zu einer dialogisch (dyadisch, partnerbezogen), kommunikativ, situativ (kontextuell) ausgerichteten, zu einer „leiblichkeitsorientierten" 'Linguistik vom Text-in-Situation-(und-Funktion)' geführt, was methodologisch die Sprache wieder zum Menschen zurückgebracht hat:

(i) Zum einen mit semiotischer Gewichtung als Instruktionslinguistik, bei der ein sprachlicher Handlungsbegriff einbezogen ist (Weinrich 1976a, Kap. I. u. II.; 1982, 14 f; 1993, 18; Näheres s. Kalverkämper 1981a, 55 u. 158); – (ii) zum andern durch die Stärkung einer wissenschaftlichen Beschäftigung mit der Sprachverwendung, dem Gebrauch von Sprache (Sprachverwendungslinguistik, Linguistik der *Parole*, *lingüística del hablar* [Coseriu 1955]) als gleichberechtigt zur strukturalistischen Sicht auf das Sprachsystem (Linguistik der *Langue*). Der damit verbundene außerordentliche Komplexitätszuwachs beim Beschreibungsobjekt zu 'Sprache-in-Funktion' verlangte auch nach einer Ergänzung und interdisziplinären Differenzierung der Analyse-Instrumentarien, woraus sich die (linguistische) Pragmatik entwickelte; – (iii) außerdem in einer anthropologischen Konzeption, bei der der handelnde Mensch als Maß der Kategorien seiner Sprache erkannt und für die Analyse entsprechend berücksichtigt wird (Hartmann 1965; Weinrich 1976b; 1982; 1993); gerade wegen dieser Voraussetzungen scheinen hier günstige Möglichkeiten von Didaktisierungen (Fremdsprachenunterricht) zu liegen.

Das Überwinden reduktiver Linguistik-Konzepte durch eine solche „realistische" Linguistik (Hartmann 1980), die den „Lebensbezug" der Linguistik aufrechterhalten soll, indem (ganz analog zu Anliegen der Rhetorik) die Methoden und Resultate „einsetzbar und nützlich sind für die Bewältigung und Verbesserung außerwissenschaftlicher Bedarfslagen" (Hartmann 1980, 255), ist mit Harald Weinrichs *Textgrammatik* (1982; 1989a; 1993) gelungen. Ausgangspunkt ist die Kommunikation, gefaßt als „Gespräch" (Dyade, Kommunikationspartner, Medium, Situation, Sprachspiel, Text). „Der Text oder genauer der Text-in-der-Situation ist für die Textlinguistik die erste Gegebenheit („primum datum")" (Weinrich 1982, 28).

5. Antike Rhetorik und Textlinguistik: Beziehungen und Integrationen

5.1. Aktualitäten

Seit den mittachtziger und in den neunziger Jahren scheint das Interesse an einer disziplinhistorischen Filiation von Rhetorik und Textlinguistik verblaßt zu sein. In den siebziger Jahren dagegen herrschte reges Interesse, insbesondere (i) in semiotischen und pragmatischen Zusammenhängen (s. o. 4.1.) und (ii) als Ausweis interdisziplinärer Gemeinschaftlichkeit mit literarischen und nichtliterarischen (z. B. werbesprachlichen) Analysen.

Dabei standen allerdings eher Einzelphänomene im Vordergrund, deren Vorhandensein oder Wirkungsweise als gleich oder eben unterschiedlich erkannt und beschrieben wurde. Metaphern, Phasen der Texterstellung (s. o. 3.3. Punkt (3)), Eröffnungs- und Schlußformeln u. a: standen im vergleichenden Blick (vgl. z. B. Breuer 1974; Plett 1971; 1975).

Das Interesse an Rhetorik als solcher war dagegen als Ausgang für vielfältige und weitgreifende Themen der *conditio humana* lebendig und nahm sogar in der modernen kommunikationsorientierten Weltgemeinschaft der Kulturen und Gesellschaften zu (vgl. Koppersschmidt 1990–1991; Ueding/Steinbrink 1986, 157–189; Kalverkämper 1993; 1994) (s. o. 3.5.).

5.2. Strukturen, Prinzipien, Konzepte

Über den Vergleich der Einzelphänomene hinaus lassen sich auch komplexere und somit abstraktere Einheiten betrachten:

(1) Die hierarchisch oberste Einheit ist die Kultur, dementsprechend die KULTUR(EIN)GEBUNDENHEIT der Kommunikation (Partner, Situation, Text). Die antik-rhetorischen Rahmenbedingungen (s. o. 3.1.) (i) des Forums, (ii) der öffentlichen Situation, (iii) der prinzipiell demokratischen Haltung, (iv) der Gemeinschaft, ausgeprägt gegenüber dem Fremden (griech. βάρβαροι *bárbaroi* 'nicht griechisch Redende', 'Stammelnde'), (v) der Einbindung in ein Erziehungsprogramm (*artes liberales*) speziell der Oberschicht (s. o. 3.1.) entsprechen nicht den Konfigurationen der modernen Textlinguistik: diese ist allein am Objekt 'Sprache' und seinen Manifestationsweisen interessiert (s. o. 4.2., 4.3.). Der 'Kultur'-Begriff (vgl. Kalverkämper 1995) ist als methodologische Erweiterung hinzugewonnen (s. o. 2.1. Punkt (2)).

(2) Die Rhetorik hat ihre REDE (*oratio*, griech. λόγος *lógos*) (sie kennt nicht den Terminus 'Text'), mündlich, präsentisch, argumentativ und persuasiv angelegt. Die Textlinguistik hat ihren *Text*, der durch die literarische Tradition kanonisiert und somit eingeschränkt war auf (i) *schriftlich*, (ii) *literarisch*, (iii) *monologisch* und (iv) *abgeschlossen*, weit aufgebrochen, nicht zuletzt über die Erweiterung zu einer Linguistik der Sprachverwendung (s. o. 4.3.), nämlich zu: (i') *mündlich* und *schriftlich*, dabei dann auch *körpersprachlich* und *mit Bild(ern)*, (ii') *literarisch* und *nichtliterarisch/gebrauchs-/zweck-/fachtextuell*, (iii') *monologisch* und *dialogisch*, (iv') *formal-inhaltlich abgeschlossen* und *offen*.

(3) Die Rhetorik unterscheidet in ihrem Lehrgebäude konsequent nach (i) *VERBA SINGULA*, also den Einzelzeichen, als *electio verborum* und somit in modern strukturalistischer Sicht: in der paradigmatischen Dimension; und nach (ii) *VERBA CONIUNCTA*, also den verbundenen Zeichen, als *compositio*, modern: in der syntagmatischen Dimension. Hier treffen sich beide Disziplinen, da die Einzelzeichen als funktionierende Teile im Ganzen angesehen und in ihrer Wirkungsweise eingeschätzt werden.

(4) Das Textganze ist in beiden Disziplinen als etwas hierarchisch Strukturiertes erkannt: die TEXTKONSTITUTION ergibt sich über die Teiltexte. Die Rhetorik bietet hierzu bei den *partes orationis/artis* (s. o. 3.3. Punkt (3)) mit der *dispositio*-Lehre ein System, sogar pragmatisch aufgeteilt nach 'werk-intern' und 'werk-extern' (s. Lausberg 1967, §§ 46–90); die Textlinguistik widmet sich dem unter Etiketten wie 'Makrostruktur', 'Textgliederung', 'Delimitation' (vgl. Kalverkämper 1981a; 1981b). – Die Topik (s. o. 3.3. Punkt (3.a)) bietet Brückenschläge zu dem Begriff der 'Intertextualität' (s. Junker 1976, 381; Kalverkämper 1983a, 354–356), wie er mit der textsemiotischen Sicht der Literaturwissenschaftlerin Julia Kristeva Ende der sechziger Jahre eingeführt ist. – Textdelimitation, Textveränderung, Textbearbeitung (z. B. durch Exkurse oder andere Gattungsrahmen) spielen in der rhetorischen Produktion wie in der textlinguistischen Analyse eine dominante Rolle (Junker 1976, 381 f).

(5) Die funktionale Gemeinschaft rhetorisch wirksamer Einzelelemente und größerer rhetorischer Einheiten ist in der literaturwissenschaftlichen TEXTANALYSE fruchtbar gemacht worden; systematisierender Pionier zu dieser Intellektualisierung poetischer Wirkung, von Literarizität also, ist Heinrich Lausberg. Sein Handbuch (1960) hat die philologische Methode mit den Kategorien der systematischen Rhetorik objektiviert und empirisiert (Babilas 1961). – Der Folgeterminus solchermaßen analysierter literarischer Texte wurde ab den siebziger Jahren die 'Textanalyse' (z. B. Plett 1971; 1975), die, angeregt durch das Format der antiken Rhetorik, auch die Pragmatik als 'Textpragmatik' mit einbezog (z. B. Breuer 1974). – Die Verflechtung von Rhetorik, Linguistik, Literaturwissenschaft, Poetik, auch Semiotik am Objekt 'Text' zu einem interdisziplinären deskriptiven Analyse-Instrumentarium speziell für poetische (bzw. literarische) Texte ist gerade vom Prager Strukturalismus der dreißiger Jahre unter Etiketten wie 'linguistische Poetik' (Kloepfer/Oomen 1970; Oomen 1973; Nikula 1990) durch Forscher wie Roman Jakobson (s. z. B. Jakobson 1974) proklamiert worden (vgl. Kalverkämper 1981a, 96–100, 176–178; Spillner 1974, 104–116). Inzwischen ist es in dem Umkreis eher still geworden, und es scheint stattdessen eine eher anthropologische Ausrichtung der Literaturwissenschaft den notwendigen Stellenwert von Kommunikativität in den literarischen Texten (s. o. 2.1.) erkannt zu haben.

5.3. Entwicklung rhetorischer Systemteile zu textbezogenen Forschungsschwerpunkten oder eigenständigen Disziplinen

Prinzipielle Anknüpfungsmöglichkeiten gibt es aufgrund des weiten und komplexen Formats der Rhetorik – ⟨'Text(ualität)', 'Kommunikativität', 'Pragmatik', 'Kultur'⟩ (s. o. 4.1. Punkt (2)) – für viele Disziplinen (vgl. Kopperschmidt 1990; Kalverkämper 1993). Umgekehrt haben aber auch einzelne Großbereiche der antiken Rhetorik ihr Gewicht für die Kommunikationsprozesse auch außerhalb des rhetorischen Rahmens bewiesen und sind, je nach den wissenschaftlichen Entwicklungen bzw. den gesellschaftlichen Mentalitätslagen, derart in den Blick gerückt, daß sie sich isoliert haben zu textbezogenen Forschungsschwerpunkten, eigenen Fachgebieten oder selbständigen Disziplinen:

(1) Zuerst der Bereich der *genera*, der zwangsläufig zu den GATTUNGEN hinführt (vgl. Hempfer 1973); sie sind in der Textlinguistik üblicherweise als 'Textsorten' geführt, was in bestimmten Differenzierungen begründet ist: die (drei Haupt-) Redegattungen der Rhetorik (s. o. 3.3. Punkt (2.c)) haben in der literarischen Klassifikation (s. o. 2.1. Punkt (2.d)) ihr Korrelat: in den poetischen Gattungen. Diese sind Formen einer Textklassifikation (i) mit *historischer* Dimension, (ii) auf *literarische* Texte bezogen, somit (iii) vornehmlich an *Schriftlichkeit* ausgerichtet, (iv) dabei (mehr oder weniger) *präskriptiv* (normsetzend und somit vorzugsweise autorbezogen), und sie sind (v) einbezogen in die Stellenwerte eines (literarischen Gattungs-) *Systems* (vgl. o. 5.2. Punkt (2)). Mit dem Format der Textlinguistik haben sich aufgrund der komplexen Grundlagen von Kommunikation (s. o. 2.) zu diesen literarischen Gattungsmerkmalen folgende *hinzugesellt* (!) (s. Kalverkämper 1983b): (i') *synchron*; (ii') *nichtliterarische* (nonfiktionale/expositorische/Gebrauchs-/Zweck-) Textsorten; (iii') *mündliche* Kommunikation; (iv') *deskriptive* Ausrichtung; und (v') *textsortentypologisch* (hierzu s. Kalverkämper/Baumann 1996).

Es sei nicht vergessen (s. o. 2.1. Punkt (2.d)), daß hier ein Kernbereich der *literarischen* POETIK liegt; er ist seinerseits stets Wandlungen (sogen. „kleine Gattungen", *genera minora* [Lausberg 1960, § 1242], *genres mineurs* [Nies 1978]) und Erweiterungen (gerade zu nichtfiktionalen „Gattungen", besonders der vielseitigen Fachkommunikation, hin) unterworfen (vgl. Kalverkämper 1996).

(2) Die rhetorische *Status*-Lehre (s. o. 3.3. Punkt (2.b)), die auf Hermagoras von Temnos zurückgeht (2. Hälfte 2. Jh. v. Chr.) (s. o. 3.3. Punkt (3.a)), verhalf dazu, die Rechtsfälle zu systematisieren (Lausberg 1960, §§ 79–138); sie gehört deshalb zur Gliederung der *materia* ('Stoff', 'Redegegenstand') einer Rede (Lausberg 1960, §§ 53–138) und

1. Vorläufer der Textlinguistik: die Rhetorik

in der Redepraxis in den Rahmen der *inventio* der Redeteile (s. o. 3.3. Punkt (3.a)) (Ueding/Steinbrink 1986, 28 f). Sie hat sich neben der Gerichtspraxis auch für andere Gattungen bewährt, so bei den (juristisch affinen!) Konflikten des Dramas (Lausberg 1960, § 96; griech. δρᾶν *dran* 'handeln'). Es liegt somit nahe, daß das Korrelat der Moderne bei den HANDLUNGSLEHREN zu finden ist: Rhetorik und Poetik, insbesondere in der Lehre von den dramatischen Gattungen, als „eine sehr differenzierte und teilweise höchst subtile Handlungstheorie" (Weinrich 1976a, 24) und somit als eine Pragmatik (Fuhrmann 1975).

(3) Der ausgebaute Bereich der *narratio* (als zweiter Teil der *inventio*; s. o. 3.3. Punkt (3.a)) hat in der textbezogenen Sicht der Moderne eine literarisch-textwissenschaftliche Beachtung durch die NARRATIVIK (Narratologie, Erzähltextanalyse) gefunden (hierzu vgl. Gülich/Raible 1977, Kap. III; Kalverkämper 1981a, 119–123, 183 f).

(4) Aus dem vierten Teil der *inventio*, nämlich der *peroratio* ('Schluß') (s. o. 3.3. Punkt (3.a)), hat die *affectus*-Lehre (Lausberg 1960, § 436–439) eine gewisse Selbständigkeit erhalten in der Psychagogik des Werbemanagements und der WIRKUNGSPSYCHOLOGIE im Verhaltenstraining von Führungskräften der Industrie und größerer Unternehmen. Dies hat Konsequenzen bis hin zur Vermarktung von Populärrhetoriken (bei gedruckten Verhaltensratgebern als (oft zweifelhafte) Lebenshilfe (vgl. Ueding/Steinbrink 1986, 184–186; Kalverkämper 1995).

(5) Als zweiter Teil der *partes orationis* (s. o. 3.3. Punkt (3.b)) dient die Lehre von der *dispositio*. Dies ist in der Schultradition, insbesondere seit Mitte des 18. Jhs., traktiert und ausgebaut zur AUFSATZLEHRE, wobei auch die Stilistik der *elocutio* und weitere redewirksame Bestandteile der Rhetorik einbezogen wurden (vgl. Ludwig 1988; Kalverkämper 1991a). — Auch in der (i) medienbezogenen Diskussion um „Textbausteine" für fertige oder halbfertige Texte, die mit spezifischen Lücken am PC abrufbar und bearbeitbar sind, sowie inzwischen in der (ii) multimedialen Gestaltung von Texten („Design", „Layout" u. a.) spielt die Makrostruktur und das Zusammenwirken der Teile im Ganzen und für das Ganze eine wichtige Rolle.

(6) Aus dem dritten Bearbeitungsteil der Rede, der *elocutio* (s. o. 3.3. Punkt (3.c)), hat sich die STILISTIK entwickelt. — Ein wichtiger Bestandteil (neben *Stiltheorie*, *Stilforschung* und *Stilanalyse*; vgl. Spillner 1974; Junker 1977, 533) ist die STILKRITIK, die ihrerseits vorzugsweise auf Kriterien der *elocutio*-Lehre zurückgreift, nämlich auf (i) die Sprachrichtigkeit (*latinitas*), was vorzugsweise grammatikalisch gemeint ist; (ii) die gedankliche und sprachliche Transparenz (*perspicuitas*) als rhetorische Tugend (Quintilian VII 2, 22) (bei Aristoteles „ist sie die zentrale Tugend der λέξις überhaupt" [Lausberg 1960, § 528]); (iii) der sprachliche Schmuck (*ornatus*) im Einzelwort wie im Textverband (Figuren, Komposition, Klauseln); (iv) die Angemessenheit (*aptum*). — Neben die spätestens mit dem 17. Jh. etablierte Literaturkritik hat sich mit solchen (und weiteren) Kriterien seit Mitte der achtziger Jahre auch eine Stilkritik der Wissenschaftssprachen gesellt (Kalverkämper/Weinrich 1986, Kap. II.; Weinrich 1989b; Lit. in Kretzenbacher 1992, Kap. XX) (vgl. u. Punkt (7)).

(7) Der zweite Bereich der *elocutio*-Lehre ist die *perspicuitas* (s. o. 3.3. Punkt (3.c)) (vgl. Lausberg 1960, §§ 528–537). Die Tugend der Transparenz, die der *obscuritas* (höchstens als poetische Lizenz geduldet: „Verfremdung" [Lausberg 1967, §§ 84–90]) entgegensteht, ist unter textueller Sicht (*in verbis coniunctis*) in den späten achtziger Jahren als eine kommunikative Herausforderung durch die gesellschaftlichen Konflikte insbesondere zwischen den arbeitsteiligen Fächern und ihren Fachsprachen sowie in der Fachleute-Laien-Kommunikation in den Blick gerückt. 'VERSTÄNDLICHKEIT' als (i) sozialer Anspruch an eine (ii) vom Autor, der die Fähigkeiten seiner Rezipienten antizipiert, zu leistende und (iii) im Text verankerte kommunikative Qualität (Kalverkämper 1988) ist inzwischen auch ein justiziables Gut geworden. Wegen dieser eminenten gesellschaftlichen Bedeutung bedarf es wissenschaftlicher Analyse durch die Verständlichkeitsforschung, ihrerseits mit eigener Disziplingeschichte (s. Göpferich 1998, Kap. 8) und eines eigenständigen Berufsbildes, nämlich Technische Redaktion (*Technical Writing*), mit inzwischen elaboriertem Instrumentarium (Antos/Krings 1989; Krings 1996; Göpferich 1998), das auch das weite interdisziplinäre Spektrum in Theorie und Praxis als genuin angewandte Wissenschaft offenkundig macht (vgl. Kalverkämper 1998, 12; auch Raible 1978). — Die Diskussion im Umfeld hat zudem auch einen Begriff zum Leben erweckt, der für die antike Rhetorik genauso gilt, aber als solcher aus dem Prager Strukturalismus der dreißiger Jahre stammt, von Harald Weinrich aber in die Moderne umgesetzt worden ist: die SPRACHKULTUR (Weinrich 1985; zum Begriff und seiner Tragweite vgl. auch Kalverkämper 1998, 52 f).

(8) Die Lehre vom *aptum* (*decorum*, *decens*, *conveniens*, *accomodatum*; griech. πρέπον *prépon*; franz. *bienséance*), dem vierten Bereich der *elocutio* (s. o. 3.3. Punkt (3.c)), sieht die „Zweckhaftigkeit" oder Angemessenheit, und diese innerhalb und außerhalb ('pragmatisch') der Rede bzw. des Textes (vgl. Lausberg 1960, §§ 1055–1062; 1967, § 464). Dieser Faktor berücksichtigt also auch die soziokulturellen Umstände mit Sprecher, Publikum, Zeitpunkt und Ort (Lausberg 1960, § 1057; Quintilian XI 1). Hier schließen sich moderne Forschungsbereiche wie TEXTPRAGMATIK, Konversationsanalyse, Konfliktforschung oder (interkulturell ausgerichtete) TRANSLATIONSWISSENSCHAFT an. — Er belegt die Richtigkeit, den inzwischen erreichten Komplexitätsstand begrifflich ganzheitlich zu umreißen mit dem Format 'Sprache-in-Texten-und-Kommunikationssituationen-in-Kultur(einbettung)' (Kalverkämper 1998, 50; vgl. auch Weinrich 1976a).

(9) Die vierte Verarbeitungsphase, das MEMORIEREN von Rede bzw. Text (*memoria*), um es in

geeignet strukturierter (*dispositio*) und wirkender Weise (*pronuntiatio*) vorbringen zu können (s. o. 3.3. Punkt (3.d)), hat in modernen Programmen des Gedächtnistrainings (Mnemotechnik) eine praktische, auch kognitionswissenschaftlich gestützte Umsetzung erfahren. Eine kulturhistorische und interkulturelle Dimension erwächst gerade aus der räumlich konzipierten Gedächtnislehre des Altertums: Erinnern und Vergessen als Themen der Schriftlichkeit und Mündlichkeit, der Kulturgeschichte (Mythen), der Literatur und Philosophie (Haverkamp/Lachmann 1993; Weinrich 1997), der Didaktik (Kuhn 1993), der Kunst (z. B. Denkmal), der Geschichte (z. B. Staatsmemoiren), der Institutionen, der gesellschaftlichen Identitätsschaffung („kulturelles Gedächtnis").

(10) Die *pronuntiatio*, letzte der fünf Bearbeitungsphasen (s. o. 3.3. Punkt (3.e)), wird heute besonders in ihrem Teilbereich der *actio* aufgegriffen von der KÖRPERSPRACHENFORSCHUNG. Hier ist grundlegend Rhetorisches gegeben mit den Komponenten (i) 'Rednerkörper', (ii) 'Publikum', (iii) 'Situation', (iv) 'Kommunikativität' (Redetext, Partnerbezug), (v) 'Wirkung', (vi) 'Dynamik', (vii) 'Kulturspezifika'. − Besonderes Interesse der Moderne für dieses interdisziplinäre Thema kommt aus der Konversations- oder Gesprächsanalyse, überhaupt der Mündlichkeitsforschung (die allerdings die auftretenden Komplexitätsprobleme bei der schriftlichen Notation noch nicht ausreichend bewältigen kann), aus der Translationswissenschaft (interkulturell sensibilisiertes Dolmetschen), aus der Erforschung der interkulturellen Wirtschaftskommunikation, aus der Kulturwissenschaft und der anthropologisch ausgerichteten Literaturwissenschaft, und natürlich aus der Angewandten (oder Praktischen) Rhetorik in Trainings- und Ausbildungsseminaren für Manager u. a. im internationalen Wirtschaftsverkehr (s. Kalverkämper 1991b; 1994; 1995; 1999), was, oft für den Alltag, bis hin zu populärpsychologischen Ratgebern mit Verhaltensrezepten reicht.

6. Modell einer Disziplinen-Konfiguration

Das Verhältnis von Rhetorik und ihren Nachbardisziplinen, zu denen sie eine mehr oder weniger ausgeprägte Affinität innehat, insbesondere zur Textlinguistik, läßt sich in einem Modell darstellen, dessen eine Dimension die Inklusionsbeziehung von *dicere* ('reden') als dem spezifischsten Begriff, dann *texere* ('verweben') und schließlich, am weitesten, *agere* ('handeln') repräsentiert; und dessen zweite Dimension die Qualifikatoren aufnimmt, die die beteiligten Disziplinen selbst liefern: das Evaluative (*bene* 'gut'), das Neutrale ('deskriptiv') und das Normative (*recte*

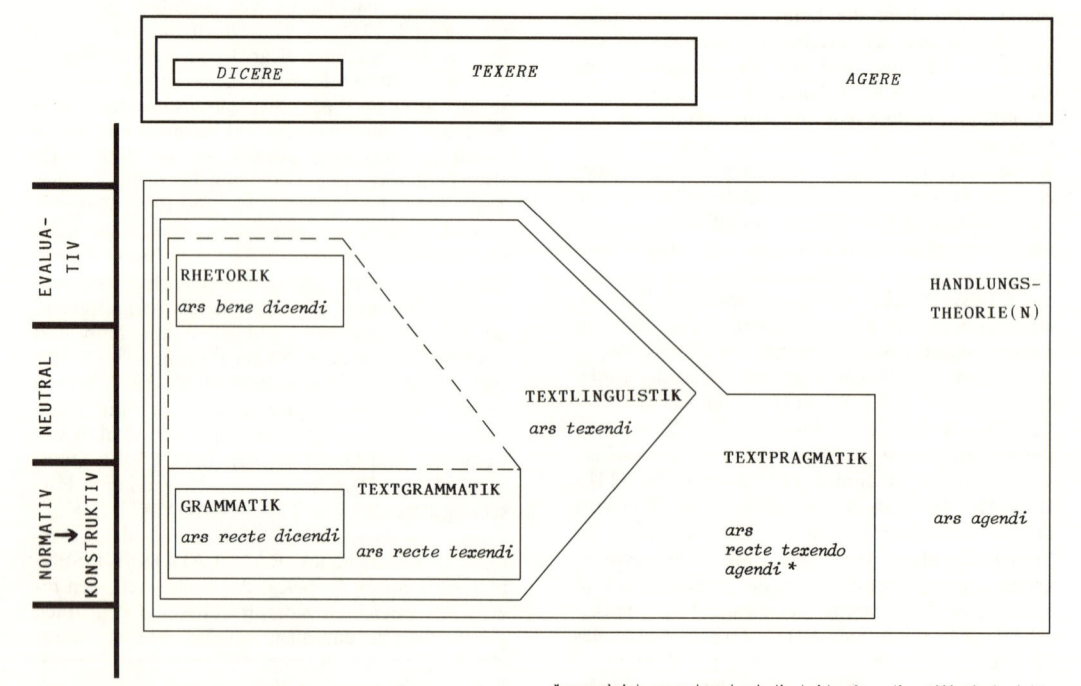

Abb. 1.3: Disziplinen-Konfiguration

* wenngleich zugegeben durch die beiden Gerundia stilistisch nicht brillant, mag die neologistische Bildung hier zur Verdeutlichung des analogen Zusammenhängens der Definitionen gestattet sein.

1. Vorläufer der Textlinguistik: die Rhetorik

'richtig'), das die Grundlage für Weiteraufbau („Konstruktives") in komplexere Einheiten ist. In dieses zweidimensionale Feld lassen sich die Disziplinen gemäß ihrem Selbstverständnis einfügen. Sie erhalten so (über die Inklusionsbeziehung) auch eine hierarchische Zuordnung zueinander (s. Kalverkämper 1983a, 366−368).

7. Literatur (in Auswahl)

Adler, Jeremy/Ernst, Ulrich (1987): Text als Figur. Weinheim.

Antos, Gerd/Krings, Hans P. (eds.) (1989): Textproduktion. Tübingen.

Aristoteles (1976): Poetik. Eingeleitet, übersetzt und erläutert v. Manfred Fuhrmann. München.

Babilas, Wolfgang (1961): Tradition und Interpretation. Gedanken zur philologischen Methode. München.

Breuer, Dieter (1974): Einführung in die pragmatische Texttheorie. München.

Coseriu, Eugenio (1955): Determinación y entorno. Dos problemas de una lingüística del hablar. In: Romanistisches Jahrbuch 7, 29−54.

Curtius, Ernst Robert (1938): Zur Literarästhetik des Mittelalters. I, II, III. In: Zeitschrift für romanische Philologie 58, 1−50, 129−232, 433−479.

− (1948): Europäische Literatur und lateinisches Mittelalter. Bern. − ([11]1993).

Danneberg, Lutz/Niederhauser, Jürg (eds.) (1998): Darstellungsformen der Wissenschaften im Kontrast. Tübingen.

Frank, Barbara (1994): Die Textgestalt als Zeichen. Tübingen.

Fuhrmann, Manfred (1975): Die linguistische Pragmatik und die rhetorische Status-Lehre. In: Weinrich, Harald (ed.): Positionen der Negativität. München, 437−439.

− (1984): Die antike Rhetorik. Eine Einführung. München/Zürich.

Göpferich, Susanne (1998): Interkulturelles *Technical Writing*. Tübingen.

Göttert, Karl-Heinz (1991): Einführung in die Rhetorik. München.

Gülich, Elisabeth/Raible, Wolfgang (1977): Linguistische Textmodelle. München.

Gumbrecht, Hans Ulrich/Pfeiffer, K. Ludwig (eds.) (1986): Stil. Frankfurt/M.

Hantsch, Ingrid/Ostheeren, Klaus (1982): Linguistik und Rhetorik. In: Welte, Werner (ed.): Sprachtheorie und angewandte Linguistik. Tübingen, 87−111.

Hartmann, Peter (1964): Text, Texte, Klassen von Texten. In: Koch, Walter A. (ed.) (1972): Strukturelle Textanalyse. Hildesheim/New York, 1−22.

− (1965): Zur anthropologischen Fundierung von Sprache. In: Schmidt, Siegfried J. (ed.) (1974): Pragmatik I. München, 11−20.

− (1968a): Zum Begriff des sprachlichen Zeichens. In: Zeitschrift für Phonetik, Sprachwissenschaft und Kommunikationsforschung 21, 205−222.

− (1968b): Textlinguistik als neue linguistische Teildisziplin. In: Replik 2, 2−7.

− (1968c): Textlinguistik als linguistische Aufgabe. In: Dressler, Wolfgang (ed.) (1978): Textlinguistik. Darmstadt, 93−106.

− (1971): Texte als linguistisches Objekt. In: Stempel, Wolf-Dieter (ed.): Beiträge zur Textlinguistik. München, 9−29.

− (1980): Das Verhältnis zur Sprache als Thema und Datum einer realistischen Sprachwissenschaft. In: Folia Linguistica 14, 253−282.

Harweg, Roland (1968): Pronomina und Textkonstitution. München. − (2., erg. u. verb. Aufl. 1979).

Haverkamp, Anselm/Lachmann, Renate (eds.) (1993): Memoria. Vergessen und Erinnern. München.

Heilmann, Luigi (1978): Rhetoric, New Rhetoric and Linguistic Theory. In: Folia Linguistica 12, 285−300.

Hempfer, Klaus W. (1973): Gattungstheorie. München.

Hoffmann, Lothar/Kalverkämper, Hartwig/Wiegand, Herbert Ernst (eds.) (1998): Fachsprachen/Languages for Special Purposes. 1. Halbband. Berlin/New York.

Jakobson, Roman (1974): Aufsätze zur Linguistik und Poetik. Hrsg. u. eingeleitet v. Wolfgang Raible. München.

Junker, Hedwig (1976): Rhetorik und Textgrammatik. In: Romanische Forschungen 88, 378−382.

− (1977): Linguistik und Literaturwissenschaft. In: Zeitschrift für romanische Philologie 93, 533−541.

Kalverkämper, Hartwig (1977): Textlinguistik im Deutschunterricht. Zwei Aspekte: Textualität, Tempus. In: Praxis Deutsch 23, 157−163.

− (1978): Textlinguistik der Eigennamen. Stuttgart.

− (1981a): Orientierung zur Textlinguistik. Tübingen.

− (1981b): Der Bestand der Textlinguistik. I, II. In: Deutsche Sprache 9, 224−270 (I), 329−379 (II).

− (1982): Fachsprachen und Textsorten. In: Høedt, Jørgen/Lundquist, Lita/Picht, Heribert/Qvistgaard, Jacques (eds.): Proceedings of the Third European Symposium on Language for Special Purposes 'LSP'. Copenhagen, 105−168.

– (1983a): Antike Rhetorik und Textlinguistik. Die Wissenschaft vom Text in altehrwürdiger Modernität. In: Faust, Manfred/Harweg, Roland/Lehfeldt, Werner/Götz, Wienold (eds.): Allgemeine Sprachwissenschaft, Sprachtypologie und Textlinguistik. Tübingen, 349–372.

– (1983b): Gattungen, Textsorten, Fachsprachen. Textpragmatische Überlegungen zur Klassifikation. In: Hess-Lüttich, Ernest W. B. (ed.): Textproduktion und Textrezeption. Tübingen, 91–103.

– (1983c): Textuelle Fachsprachen-Linguistik als Aufgabe. In: Kreuzer, Helmut/Schlieben-Lange, Brigitte (eds.): Fachsprache und Fachliteratur. Göttingen, 124–166.

– (1984): Fächer und Fachtexte zwischen französischer Klassik und Aufklärung (1650–1750). Habil. Freiburg/Br.

– (1987): Neologismen – Hinterfragung eines linguistischen Konzepts. In: Quaderni di Semantica (Bologna) 8, 311–345.

– (1988): Fachexterne Kommunikation als Maßstab einer Fachsprachen-Hermeneutik. Verständlichkeit kernphysikalischer Fakten in spanischen Zeitungstexten. In: Kalverkämper, Hartwig (ed.): Fachsprachen in der Romania. Tübingen, 151–193.

– (1991a): Lust, Last und Leiden des deutschen Schulaufsatzes. In: Fremdsprachen und Hochschule ('aks' Bochum) 31, 100–118.

– (1991b): Literatur und Körpersprache. In: Poetica. Zeitschrift für Sprach- und Literaturwissenschaft 23, 328–373.

– (1993): Sammelrezension zu Göttert (1991), Kopperschmidt (ed.) (1990/1991), Loebbert (1991). In: Rhetorik. Ein internationales Jahrbuch 12, 169–172.

– (1994): Die Rhetorik des Körpers: Nonverbale Kommunikation in Schlaglichtern. In: Rhetorik. Ein internationales Jahrbuch 13, 131–169.

– (1995): Kultureme erkennen, lehren und lernen – Eine kontrastive und interdisziplinäre Herausforderung an die Forschung und Vermittlungspraxis. In: Fremdsprachen Lehren und Lernen ('FLuL') 24, 138–181.

– (1996): Die Kultur des literarischen wissenschaftlichen Dialogs – aufgezeigt an einem Beispiel aus der italienischen Renaissance (Galilei) und der französischen Aufklärung (Fontenelle). In: Kalverkämper/Baumann (eds.) (1996), 683–745.

– (1998): Fach und Fachwissen. – Rahmenbedingungen für die Fachkommunikation. – Fachsprache und Fachsprachenforschung. – Darstellungsformen und Leistungen schriftlicher Fachkommunikation: diachrone und synchrone Aspekte. In: Hoffmann/Kalverkämper/Wiegand (eds.) (1998), Artikel 1–4, 1–92.

– (1999): Körpersprache. In: Ueding, Gert (ed.): Historisches Wörterbuch der Rhetorik. Bd. 4. Tübingen, 1339–1371.

Kalverkämper, Hartwig/Baumann, Klaus-Dieter (eds.) (1996): Fachliche Textsorten. Tübingen.

Kalverkämper, Hartwig/Weinrich, Harald (eds.) (1986): Deutsch als Wissenschaftssprache. Tübingen.

Kerkhoff, Ingrid (1974): Rhetorik und literaturwissenschaftliche Modelle. In: Schanze, Helmut (ed.): Rhetorik. Frankfurt/M., 180–198.

Kloepfer, Rolf/Oomen, Ursula (1970): Sprachliche Konstituenten moderner Dichtung. Bad Homburg.

Knappe, Karl-Bernhardt (1976): Rhetorik und Pragmatik? Überlegungen zur sprachwissenschaftlichen Rhetorik. In: Weber, Heinrich/Weydt, Harald (eds.): Sprachtheorie und Pragmatik. Tübingen, 255–265.

Kopperschmidt, Josef (1973): Allgemeine Rhetorik. Stuttgart/Berlin/Köln/Mainz. – (^{2}1976).

– (1990): Rhetorik nach dem Ende der Rhetorik. Einleitende Anmerkungen zum heutigen Interesse an Rhetorik. In: Kopperschmidt (ed.) (1990/1991) I., 1–31.

– (ed.) (1990/1991): Rhetorik. Zwei Bände: I.: Rhetorik als Texttheorie. II.: Wirkungsgeschichte der Rhetorik. Darmstadt.

Kretzenbacher, Heinz Leonhard (1992): Wissenschaftssprache. Heidelberg.

Krings, Hans P. (ed.) (1996): Wissenschaftliche Grundlagen der Technischen Kommunikation. Tübingen.

Kuhn, Barbara (1993): Gedächtniskunst im Unterricht. München.

Lachmann, Renate (1977): Rhetorik und kultureller Kontext. In: Plett (ed.) (1977), 167–186.

Lausberg, Heinrich (1960): Handbuch der literarischen Rhetorik. Eine Grundlegung der Literaturwissenschaft. München. – (2., erw. Aufl. München 1973; 3. Aufl., mit einem Vorwort v. Arnold Arens, Stuttgart 1990).

– (1967): Elemente der literarischen Rhetorik. 3., durchges. Aufl. München.

Lewis, David (1969): Convention: A Philosophical Study. Cambridge, Mass.

Loebbert, Michael F. (1991): Rhetorik. Stuttgart.

Ludwig, Otto (1988): Der Schulaufsatz. Seine Geschichte in Deutschland. Berlin/New York.

Merton, Robert K. (1983): Auf den Schultern von Riesen. Frankfurt/M.

Nies, Fritz (ed.) (1978): Genres mineurs. München.

Nikula, Henrik (1990): Warum sind literarische Texte linguistisch interessant? Vaasa.

Oomen, Ursula (1973): Linguistische Grundlagen poetischer Texte. Tübingen.

Pichot, André (1995): Die Geburt der Wissenschaft. Von den Babyloniern zu den frühen Griechen. Frankfurt/M.

Plett, Heinrich F. (1971): Einführung in die rhetorische Textanalyse. Hamburg.

– (1975): Textwissenschaft und Textanalyse. Semiotik, Linguistik, Rhetorik. Heidelberg.

– (ed.) (1977): Rhetorik. Kritische Positionen zum Stand der Forschung. München.

– (1978): Rhetorik, Stilmodelle und moderne Texttheorie. In: Göttingische Gelehrte Anzeigen 230, 272–284.

Prakke, Henk (1965): Die Lasswell-Formel und ihre rhetorischen Ahnen. In: Publizistik 10, 285–291.

Quintilianus, Marcus Fabius: Institutionis oratoriae libri XII („Institutio oratoria"). Ausbildung des Redners. Zwölf Bücher. Hrsg. u. übers. v. Helmut Rahn. 1. Teil (I–VI) Darmstadt 1972. 2. Teil (VII–XII) Darmstadt 1975.

Raible, Wolfgang (1972): Satz und Text. Tübingen.

– (1978): Lange Rede dunkler Sinn. Zur Verständlichkeit von Texten aus der Sicht der Sprachwissenschaft. In: Engel, Ulrich/Grosse, Siegfried (eds.): Grammatik und Deutschunterricht. Düsseldorf, 316–337.

– (1980): Was sind Gattungen? Eine Antwort aus semiotischer und textlinguistischer Sicht. In: Poetica 12, 320–349.

– (1991): Die Semiotik der Textgestalt. Heidelberg.

Schmitter, Peter (ed.) (1987): Zur Theorie und Methode der Geschichtsschreibung der Linguistik. Tübingen.

Spillner, Bernd (1974): Linguistik und Literaturwissenschaft. Stilforschung, Rhetorik, Textlinguistik. Stuttgart/Berlin/Köln/Mainz.

– (1977): Das Interesse der Linguistik an Rhetorik. In: Plett (ed.) (1977), 93–108.

Stickel, Gerhard (ed.) (1995): Stilfragen. Berlin/New York.

Ueding, Gert/Steinbrink, Bernd (1986): Grundriß der Rhetorik. Stuttgart. – (^{3}1994; ^{4}1996).

Weinrich, Harald (1964): Tempus. Besprochene und erzählte Welt. Stuttgart.

– (1966): Linguistik der Lüge. Heidelberg. – (^{5}1974).

– (1972): Textlinguistik für einen kommunikativen Sprachunterricht. In: Freudenstein, Rudolf (ed.): Focus '80. Fremdsprachenunterricht in den siebziger Jahren. Berlin, 28–37.

– (1974): Tempus. Besprochene und erzählte Welt. Stuttgart/Berlin/Köln/Mainz. – (^{3}1977; ^{4}1985; ^{5}1994).

– (1976a): Sprache in Texten. Stuttgart.

– (1976b): Für eine Grammatik mit Augen und Ohren, Händen und Füßen – am Beispiel der Präpositionen. Opladen.

– (1982): Textgrammatik der französischen Sprache. Stuttgart.

– (1985): Wege der Sprachkultur. Stuttgart.

– (1989a): Grammaire textuelle du français. Paris.

– (1989b): Formen der Wissenschaftssprache. In: Jahrbuch 1988 der Akademie der Wissenschaften zu Berlin. Berlin/New York, 119–158.

– (1993): Textgrammatik der deutschen Sprache. Mannheim/Leipzig/Wien/Zürich.

– (1997): Lethe. Kunst und Kritik des Vergessens. 2. Aufl. 1997.

Hartwig Kalverkämper, Berlin
(Deutschland)

2. Vorläufer der Textlinguistik: die Stilistik

1. Vorbemerkung
2. Zur historischen Entwicklung der Stilistik
3. Von der Mikro- zur Makrostilistik
4. Stilistik und Textlinguistik
5. Literatur (in Auswahl)

1. Vorbemerkung

Eine geschlossene Darstellung der Stilistik in geschichtlicher und forschungsgeschichtlicher Perspektive gibt es noch nicht; ein Ansatz zur „Stilgeschichtsschreibung", allerdings mit stil- und aufsatzdidaktischer Akzentuierung, bei U. Abraham (1996). Erste Theoretisierungen liegen zu einer diachronen/historischen Stilistik vor (Pöckl 1980; Fix 1991), speziell auch zum Phänomen des Stilwandels (Neuland 1994; Lerchner 1995); nach wie vor besteht das Problem einer fast ausschließlich literaturorientierten Chronologisierung in Stilepochen und Zeitstilen (Falk 1980; Por/Radnóti 1990). Wissenschaftsgeschichtlich beschränkt sich die Aufarbeitung der Stilistik auf Ansätze und Ausschnitte, z. B. ihre Herausbildung aus der Rhetorik, Stil im Rahmen der Literatur und des Deutschunterrichts oder Arbeiten zur romanistischen Stilforschung; neben herausragenden Gestalten der älteren Stilgeschichte wie Buffon, Goethe, Nietzsche, auch Spitzer u. a. waren es die jeweils herrschenden Stiltheorien, auf die sich besonderes Interesse richtete (Sowinski 1991, 17 ff; Sanders 1995, 12 ff). Der oft rasche Wechsel solcher stilistischen Konzeptionen erklärt sich offenkundig aus ihrem Zusammenhang mit allgemeinen Geistesströmungen, aktuellen Wissenschaftstendenzen, speziell linguistischen Theoriebildungen, Grammatikmodellen und ihren Terminologien. Fast zwangsläufig kam es daher, als Anfang der sechziger Jahre die Textlinguistik zu ihrem spektakulären Siegeszug in der Sprachwissenschaft ansetzte, zur Konfrontation der beiden Textdisziplinen, der neuen und der alten — auf die Formel des Göttinger Germanisten-Kongresses 1985 gebracht: „Textlinguistik contra Stilistik?" (Schöne 1986).

2. Zur historischen Entwicklung der Stilistik

2.1. Am Anfang steht der Stilbegriff. Der lateinische Schreibgriffel *stilus* hatte bekanntlich schon früh seine Bedeutung, auf Schrift und Sprache übertragen, zur „Schreibweise" ausgeweitet. Während des 15. Jhs. gelangte das Fremdwort, wie zuvor schon in anderen europäischen Kultursprachen (*stile, estilo, style* usw.), als *stil* ins Deutsche, wo es den Sinn der charakteristischen Ausdrucks- und Gestaltungsweise, schließlich sogar Geistesart eines Individuums annahm (W. G. Müller 1981, 6 ff; A. Müller 1981; Sauerländer 1983; Gauger 1991; 1995, 187 ff). Ebenso bekannt ist die spätere Übertragung des Begriffs auf Musik, bildende Kunst und Literatur wie auch seine moderne Entwicklung zum „Allerweltswort", das heute ubiquitär in Künsten und Wissenschaften, Technik und Sport, Architektur, Kleidung und Lebensform gilt: Stil „als anthropologische, kulturwissenschaftliche, semiotische oder wie immer zuzuordnende Größe" (Lerchner 1995, 96 f; Gumbrecht/ Pfeiffer 1986; Heinz 1986).

Im Laufe des 18. Jahrhunderts hatte sich das zeitweilig mit *Schreibart* konkurrierende *Stil* (älter auch *Styl*) im Deutschen endgültig durchgesetzt. Nicht von ungefähr gleichzeitig mit dem Niedergang der alten Rhetorik erscheint um die Jahrhundertwende der Begriff 'Stilistik' in der geisteswissenschaftlichen Nomenklatur, ersichtlich vorgebildet im Französischen als Bezeichnung der neuen Lehre vom Stil. War in G. A. Bürgers Göttinger Vorlesungen noch von der „Wissenschaft vom Styl" die Rede (1785/1824), begegnet der Ausdruck *Stylistik* erstmals in einem Fragment des Novalis (1798/99), dann bei L. Aurbacher (1817), Chr. F. Falkmann (1835) u. a., zunächst in engster Verbindung mit der Rhetorik, deren Nachfolge die Stilistik in zunehmender Emanzipation antrat (Campe 1990, 86 f; Linn 1963). Seit dem späteren 19. Jahrhundert vollzog sich ihr Wandel zur eigenständigen sprach- und literaturwissenschaftlichen Disziplin, als die sie sich unter Oberbegriffen wie 'Stilistik, Stilkunde, Stilforschung' in die bekannten, bis heute gültigen Subdisziplinen theoretischer, deskriptiver und normativer Art aufgliederte (Stiltheorie, Stilanalyse, Stillehre).

2.2. Das Ende des „rhetorischen Zeitalters" wird in die zweite Hälfte des 18. Jhs. datiert. Zeitgleich mit einem merklichen Rückgang des rhetorischen Schrifttums führten damals auffallend viele deutschsprachige Lehr- und Handbücher an Stelle des früheren *Rhetorik* oder *Beredsamkeit* das Wort *Stil* in ihrem Titel. In einer schrittweisen Auflösung des rhetorischen Systems wichen die klassischen Vorschriften der Dreistillehre mit ihrem reglementierten Sprachdekor überall einem neuen Ideal, das sich mit der Abkehr von Regelpoetik und Gattungszwängen in der Hinwendung zur Subjektivität eines „natürlichen", künstlerisch freien Persönlichkeitsstils äußerte.

Diese Entwicklung zeigt sich schon bei J. G. Hamann, der 1776 G. L. L. de Buffons berühmten „Discours sur le style" (1753) in deutscher Übersetzung herausgab, wenn er dessen Kernsatz „Der Stil ist der Mensch ganz und gar" in individualstilistischem Sinn missversteht (Trabant 1990, 1992; auch Gauger 1995, 203 ff). Sogar die Sprachautorität der Aufklärung, J. Chr. Adelung, der in seiner zweibändigen Stillehre „Ueber den deutschen Styl" (1785) das ganze Inventar rhetorischer Figuren und Regeln in rationalistischer Systematisierung aufmarschieren lässt und die Stilistik als Lehre vom Ausdruck der Gedanken versteht, beruft sich auf die neue Individualität der Stilauffassung, „daß jeder Mensch seine eigene Schreibart haben müsse" (Sanders 1996b, 347 f). Sein imposantes Lehrgebäude zeichnete sich durch zwei Neuerungen aus, die Schule machten: durch eine grammatikähnliche Strukturierung der Stilis-

2. Vorläufer der Textlinguistik: die Stilistik

tik, gewissermaßen als eine spezielle Art von Sprachlehre, und durch eine Psychologisierung der rhetorischen Figuren und Tropen, die jeweils in ihrer Wirkung auf die Seelenkräfte erklärt werden. Ganz anders, aber nicht weniger folgenreich der Literat K. Ph. Moritz; seine „Vorlesungen über den Stil" (1793/94; veröffentlicht 1808) waren vehement gegen eine dem rhetorischen Regelsystem verhaftete Stilistik gerichtet und wirkten vor allem mit ihrem Individualitätsbegriff, Stil sei „das Eigentümliche, woran man die Schreibart eines jeden wiedererkennt", in die Zukunft.

Adelungs konventionalistische Regelstilistik, wenn diese auch erst in der gekürzten und bearbeiteten Fassung von Th. Heinsius (1800) zu weiterer Verbreitung gelangte, und die Moritz'sche Theorie eines individuell-expressiven Stils können in ihrer Verschiedenheit als frühe Prototypen einer zweisträngigen Entwicklung in der Stilistik der Folgezeit gelten. Der eine Strang etablierte sich, wie es R. Campe (1990, 73 ff) in seinem Überblick über die Jahrzehnte von 1780 bis 1870 skizziert und neuerdings U. Abraham (1996, 36 ff) in akribischer Untersuchung bis auf den heutigen Stand weitergeführt hat, in schulpädagogischen Zusammenhängen, vor allem in Lehrbüchern für Gymnasien, Real- und Bürgerschulen. Methodisch konkretisiert in „Stilübungen", wie sie damals Grammatikunterricht und Aufsatzdidaktik betrieben, führte dieser Weg – unter Voraussetzung einer prinzipiellen Lehrbarkeit von Stil – über feste Schreib- und Darstellungsarten zu den „Stilformen" der normativen Aufsatzlehre unseres Jahrhunderts. Der andere Strang setzte mit Leitbegriffen wie Stil und sprachlicher Ausdruck, Individualität und Originalität den klassisch-literarischen Persönlichkeitsstil fort und mündete – nach Vorläufern wie Th. Mundts „Kunst der deutschen Prosa" (1837) – in die literaturwissenschaftliche Tradition der Stilistik. Diese verbindet sich in der ersten Hälfte des 20. Jhs. vor allem mit Namen von Literaturwissenschaftlern wie R. M. Meyer („Deutsche Stilistik", 1906), E. Elster („Prinzipien der Literaturwissenschaft"; deren zweiter Band „Stilistik", 1911) und E. Winkler („Grundlegung der Stilistik", 1929) bis hin zu dessen Schüler H. Seidler („Allgemeine Stilistik", 1953, ²1963; dazu Seidler 1978, 13 ff; Obermayer 1986). Jedenfalls lässt sich der Aufstieg der Stilistik auf wesentliche Förderung von drei Seiten zurückführen: durch die deutsche Literaturwissenschaft, die Kunstwissenschaft (besonders H. Wöfflins einflussreiches Werk „Kunstgeschichtliche Grundbegriffe", 1915) und durch die romanistische Sprachwissenschaft.

2.3. Für die historisch-vergleichende Sprachwissenschaft des 19. Jhs. stand die Stilistik nicht im Vordergrund des Interesses; immerhin gab sie aber der sich zur gleichen Zeit entwickelnden literarischen Stiluntersuchung und späteren Textinterpretation etwas mit auf den Weg: ihre Methode des Beschreibens und Erklärens, nicht des Vorschreibens und Bewertens. Der Ruhm, die moderne sprachwissenschaftliche Stilistik begründet zu haben, kommt Ch. Bally zu, dem Saussure-Nachfolger in Genf. Er vertrat eine emotional-affektive Stilauffassung und eröffnete eine bedeutende romanistische Tradition, der in Frankreich Gelehrte wie J. Marouzeau, M. Cressot, P. Guiraud u. a. angehörten; in Deutschland waren es E. Wechsler, K. Vossler und vor allem L. Spitzer, dessen Interpretationsmethode des „philologischen Zirkels" es zu einiger Berühmtheit gebracht hat (Craddock 1952; Klesczewski 1969; Hatzfeld 1975; auch Ax 1976). Einen typisch amerikanischen „Neuanfang" setzte die Bloomingtoner Stilkonferenz von 1958 (Sebeok 1960; spätere Veranstaltungen ähnlich programmatischer Art Chatman 1971; Molinié/Cahné 1994); obwohl dort Wissenschaftler der verschiedensten Disziplinen über das Stilphänomen diskutierten, so Anthropologen, Philosophen, Psychologen, Linguisten und Literaturkritiker, ging und geht es – dies eine Gemeinsamkeit der romanistischen und anglo-amerikanischen Stilistik – fast immer um „Stil in der Literatur".

Eine Wende kam seit den sechziger Jahren mit dem Höhenflug der Linguistik, der auch die sprachwissenschaftliche Stilistik – theoretisch wie praktisch (in einer starken Zunahme der Veröffentlichungen) – beflügelte. Stiltheorien wechselten sich in rascher Folge ab: die Selektionstheorie („Stil als Wahl") geradezu als Grundvoraussetzung für das Stilphänomen; die quantifizierenden Verfahren der Stilstatistik, die im Gefolge der Informationstheorie und technischen Fortschritte des Computers aufblühte usw. Die meisten Theorien der Frühphase, so auch speziell M. Riffaterres „Kontrast-im-Kontext"-Modell, lassen sich dem Strukturalismus zuordnen (Taylor 1981). Hingegen verlieh die generative Grammatik, ohne selbst stilistisch sehr wirksam zu sein, der im Kern schon alten Deviationsstilistik neue Impulse, die literaturorientiert Stil als „Abweichung von der Norm" erklärt. Soziologisch fundierte Konzepte sind die britische ‚Registerlinguistik', die eine erwartbar an bestimmte Kommunikationssituationen gebundene, stilistisch relevante Variation im Sprachgebrauch als „Stilregister" beschreibt, und die in Prag entwickelte, namentlich von der Moskauer Germanistin E. Riesel propagierte ‚Funktionale Stilistik', die von einer zweckmäßigen, funktionsgerechten und gesellschaftlich konventionalisierten Verwendung der Sprache in bestimmten Kommunikationsbereichen ausgeht (Sanders 1995, 2 f; Püschel 1991a). In den achtziger Jahren hat sich eine kommunikativ-pragmatische Sicht des Stils durchgesetzt, die Stilstrukturen und Stilfunktionen, Stilnormen, Stilprinzipien, Stilmuster usw. in ihrer Relation zu den Bedingungsfaktoren der Kommunikation und auf sprachpragmatischer Grundlage, d. h. als stilistische Handlungsmuster in Texten und Gesprächen beschreibt — Stil, kurz gesagt, als „holistisches" Textphänomen mit interdisziplinärem Ausgriff in zahlreiche benachbarte Sprachbereiche und dies alles unter dem weiten Dach von Sprachhandlungstheorie und Semiotik (Sandig 1978; 1986; Lerchner 1981; Hoffmann 1987; 1988; Spillner 1995). Kein Zweifel, dass hier zumindest sprachwissenschaftlich der Stilbegriff bis an seine äußersten Komplexitätsgrenzen ausgeschöpft wird.

2.4. Solange es die Stilistik gibt, hat man sich über ihre Einordnung in den Kanon der Wissenschaften Gedanken gemacht. Zuerst fand sie, als Fortsetzung der *elocutio*, ihren Platz in der Reihe Poetik — Rhetorik — Stilistik, so ausdrücklich in den Basler Vorlesungen W. Wackernagels (1836/37). Das erklärt auch, in der Folgezeit, ihre Haupterscheinungsweise als literaturwissenschaftliche Stilistik. Eine neuere Dokumentation von Stiluntersuchungen literarischer Autoren, Werke und Epochen indiziert allein durch ihren Umfang (Sowinski 1991, 182 ff), welch einen großartigen Beitrag die Literaturwissenschaft vor allem in der stilistischen Textinterpretation geleistet hat. Daran änderte sich auch nicht viel durch das Aufkommen einer eigenen sprachwissenschaftlichen Stilistik zu Beginn unseres Jahrhunderts, wohl aber mit der „linguistischen Wende" der sechziger Jahre. Es kam zu einer zeitweise intensiven, nicht immer unproblematischen Zusammenarbeit. Die theoretischen und methodologischen Einflüsse der Linguistik, die in einer namentlich von R. Jakobson propagierten ‚Linguistischen Poetik' gipfelten, wirkten sich derart aus, dass J. Anderegg, der vor Jahren noch die Literaturwissenschaft als „in Fragen der Stilistik lange Zeit allein aktiv und federführend" bezeichnet hatte, ihr jetzt bescheinigt: „Alles deutet darauf hin, dass Stilbegriff und Stiluntersuchung ihre große und gute Zeit hinter sich haben" (Anderegg 1977, 79; 1995, 115). Generell zeigt sich, dass eine klare Abgrenzung von sprach- und literaturwissenschaftlicher Stilforschung — ‚Linguostilistik' vs. ‚Poetostilistik' — in der Praxis kaum möglich ist.

2.5. Eine Sonderentwicklung stellt der heutige präskriptiv-normative Zweig der Stilistik dar. Nachdem die Schul- und Aufsatzstilistik sich weitgehend verselbständigt hatte, kamen im späteren 19. Jh. für bestimmte Sparten des öffentlichen Lebens („Amtsdeutsch" in Behörden und Verwaltung, kaufmännischer Geschäftsverkehr, Journalistensprache usw.), doch auch für den allgemeinen Schreibgebrauch spezielle Stil- und Sprachlehrbücher in Umlauf. Sie begründeten außerhalb der Fachwissenschaft, die sich ja in Deskription übte, und ebenso der sich aufs Schulische beschränkenden Fachdidaktik eine eigene, von „Laien" betriebene und gewöhnlich als „populär" bezeichnete Tradition mit einem spezifischen Schrifttum: Neben Briefstellern als schon älterer Gattung waren es vor allem ‚Antibarbari' zur Bekämpfung von Stil- und Sprachfehlern — am bekanntesten G. Wustmanns „Allerhand Sprachdummheiten" (1891) —, eine vielfältige Ratgeberliteratur in Sprachfragen, ferner Stillehren aller Art, moderne Schreib- und Kommunikationstrainings, auch Redelehren usw. (Nickisch 1975, 187 ff; Antos 1996; Bremerich-Vos 1991). Bei aller Kritik entspricht diese sog. Praktische Stilistik, wie ihr anhaltender großer Erfolg deutlich macht, offenbar einem weit verbreiteten Bedürfnis. Das hat neuerdings zur Erklärung dieses Phänomens im Rahmen einer landläufigen „Laien-Linguistik" geführt, aber auch den Ruf nach einer fachlich fundierten Stildidaktik ausgelöst, die sich den Aufgaben der Stilkritik, Stilbewertung und auch praktischen Stillehre nicht länger entzieht.

3. Von der Mikro- zur Makrostilistik

3.1. Die Ablösung der Rhetorik durch die Stilistik vollzog sich bekanntlich nicht als Totalübernahme, sondern in einer Art Schrumpfung: die Stilistik als „Schwundstufe der Rhetorik" (Asmuth 1991, 24f, 36). Von den fünf klassischen Hauptteilen, die das rhetorische System im Ganzen ausgemacht hatten (*inventio, dispositio, elocutio, memoria, actio*), setzte sich nur die zentrale *elocutio* fort, die Lehre vom sprachlichen Ausdruck, wie sie künftig nahezu gleichbedeutend mit Stil für die sprachliche Darstellung maßgebend wurde. Hatte die Elokutionslehre in Antike und Mittelalter hauptsächlich den Einsatz der rhetorischen Figuren und Tropen geregelt, so stellte sie nun die stilistischen Ausdrucksformen bereit. Allerdings wurde der Kanon der neuen 'Stilfiguren' seither nicht nur stark reduziert und modifiziert, sondern erfuhr damals auch eine tief greifende Sinnveränderung: Sie fungierten nicht mehr als purer Redeschmuck (*ornatus*), sondern standen jetzt im Dienste neu aufkommender Stilprinzipien wie Anschaulichkeit, Natürlichkeit usw. Man hat jene Figuren lange infolge ihrer rhetorischen Herkunft und zwei Jahrtausende langen Verwendung in der abendländischen Dichtungstradition als universale Gestaltungsformen der Rede- und Sprachkunst betrachtet. Aber wie man schon im 19. Jahrhundert den natürlichen Ursprung der Figuren betont findet, beruht das rhetorische System nach H. Seidler (1980, 210) auf konsequenter Sprachreflexion unter dem Gesichtspunkt der Wirkung: „diese Reflexion erfand nichts, sondern richtete sich an den vorgefundenen Redegewohnheiten aus." Das heißt, im Grunde entsprechen die Stilfiguren nur „allgemeinen menschlichen Formulierungstendenzen", die großenteils auch im spontanen Gebrauch des Alltags durchaus geläufig sind (Asmuth/Berg-Ehlers 1978, 121).

Eine weiterführende Perspektive ergab sich, als die in der Sprachwissenschaft schon länger übliche Differenzierung in Mikro- und Makrostrukturen seit 1975 auch auf die Stilistik angewandt wurde: Die Grundfragen des Stils könnten „aus mikro- und makrostilistischer Sicht" angegangen werden; Aufgabe der 'Mikrostilistik' sei es, „die stilistische Leistung der sprachlichen Einheiten aller Ebenen zu erkennen und zu systematisieren" (Riesel/Schendels 1975, 11 f). Was neu Mikrostilistik genannt wird, deckt sich weithin mit den lexikalischen und grammatisch-syntaktischen Aufgabenfeldern der traditionellen Stilistik, deren Hauptbereiche in der Tat und zum Teil bis heute Wort und Satz bilden. Darüber hinaus wurden aber in Rhetorik und Stilistik immer schon größere sprachliche Einheiten als der Satz berücksichtigt. Gewisse Stilfiguren wie Antithesen, Parallelismen, Wiederholungsfiguren, Ironie usw. überschreiten ohnehin den Satzrahmen, sind also „Textfiguren". Zudem hatte die Rhetorik bereits textwirksame Prinzipien (*virtutes*) herausgebildet wie Klarheit, Kürze und vor allem Angemessenheit, das antike *aptum*. Sie zielten in Verbindung mit den Regeln kunstvollen Periodenbaus darauf ab, den Text als einen einheitlichen, geschlossenen Zusammenhang erscheinen zu lassen. Auch die alten *genera dicendi*, die sich modifiziert in der literaturwissenschaftlichen Gattungslehre fortsetzen, stellten übergeordnete, den Text betreffende Aspekte in den Vordergrund.

Diese textuelle Perspektive gilt besonders für die literarische Textinterpretation und die populäre Stillehre. In der Literaturwissenschaft, und dies nicht erst seit den Tagen moderner Texthermeneutik und Rezeptionsästhetik, versteht es sich von selbst, dass bei der Interpretation dichterischer Werke auch dort, wo man von der Mikrostruktur ausgeht, die Makrostruktur stets implizit gegenwärtig ist. Denn der Interpret muss ja – im Gegensatz zum Autor, der vorher schon über das Textganze Bescheid weiß – aus dem Nacheinander der Spracheinheiten sukzessiv den Text verstehen, d. h. seinen Gesamtsinn rekonstituieren. Der literarischen Interpretation entspricht eine 'Rezeptions-Stilistik' mit eigenen Gesetzen, die sich aus den Unterschiedlichkeiten von „aktivem" und „passivem" Stil herleiten (Thieberger 1988, 13 ff). In den Stillehren, die traditionell die klassisch-rhetorischen Rezepte in Anpassung an Zeit und eigene Sprache verwenden, treten zu den grundlegenden Abschnitten über Wort und Satz allgemeinere Gesichtspunkte wie Aufbau, „Tonart", Stilschichten, auch ästhetische Gestaltungsprinzipien, die textorientiert sind, ohne dass allerdings der Text als zentrale Größe in den Blick tritt. Generell lässt sich zusammenfassen, dass für die Rhetorik und in ihrer Nachfolge auch die Stilistik nie Satz und Satzgrenze eine entscheidende Rolle gespielt haben; vielmehr wird stets von Texten (Reden, Werken) ausgegangen, die primär nicht syntaktisch aus Sätzen, sondern kommunikativ aus Äußerungen bestehen (Knape 1994, 1071 f).

3.2. Unter ausdrücklichem Bezug auf die junge Textlinguistik hat der Literaturwissenschaftler B. Asmuth 1974 vor der „Froschperspektive" der traditionellen Sprachstilistik gewarnt, die in ihrer weitgehenden Beschränkung auf Lexik und Syntax die größeren Gestaltungsfaktoren vernachlässige, und er skizzierte literaturorientiert in Grundzügen eine „sprachübergreifende Stilistik" (Asmuth/Berg-Ehlers 1978, 67 ff). Vorausgegangen war 1970 im Stil-Wörterbuch von S. Krahl/J. Kurz (1984, 29 f) der eher tentative Entwurf einer 'Denkstilistik', deren Anliegen es sei, die gedanklichen Komponenten sprachlicher Äußerungen, insbesondere der Textgestaltung, zu erfassen. E. Riesel und E. Schendels propagierten dann den schließlich erfolgreichen Begriff der 'Makrostilistik'; ihr obliege „die Erforschung des Stils als Komplexerscheinung und Organisationsprinzip von Ganzheitsstrukturen" (Riesel/Schendels 1975, 12). Die Erörterung einer Reihe von Einzelerscheinungen wie Darstellungsprinzipien oder Stilzügen eingeschlossen, sind seit den achtziger Jahren zögernd erste Arbeiten zur Theorie, Methodik und Beschreibung genuiner Aufgabengebiete einer solchen 'Textstilistik' erschienen.

Beschränkt die Mikrostilistik sich wie die ältere Stilistik weitgehend auf die sprachlichen Kleinstrukturen, so liegt das eigentlich Neue in der makrostrukturellen Perspektivik, die nun auch die größeren Zusammenhänge der Sprachgestaltung berücksichtigt und von der Grundgröße 'Text' ausgeht. Die Makrostilistik bedeutet daher eine Umkehrung der bisherigen Sicht: Der kritisch beschworenen „Froschperspektive" der Wort- und Satzstilistik wird die „Adlerperspektive" eines Zugriffs auf das Textganze, auf dessen „globale stilistische Eigenschaften und Strukturen" entgegengesetzt (Püschel 1991b, 64). Dieser Perspektivenwechsel folgt der linguistischen Methodenalternative des 'bottom up' und 'top down', derzufolge es auch eine Stilistik „von unten" und eine Stilistik „von oben" gibt (Sandig 1986, 15). Traditionell führte der stilistische Weg immer von den „Bausteinen", Wort und Satz, zum fertigen „Bauwerk", genauer gesagt: zum „Überbau" literarästhetischer Gestaltungsprinzipien. Aber schon bei W. von Humboldt, dem großen Sprachdenker des 19. Jhs., findet sich in aller Klarheit formuliert: „Wenn wir gleich gewöhnt sind, von den Lauten zu den Wörtern und von diesen zur Rede überzugehen, so ist im Gange der Natur die Rede das Erste und Bestimmende. In der Wirklichkeit wird die Rede nicht aus ihr vorangegangenen Wörtern zusammengesetzt, sondern die Wörter gehen umgekehrt aus dem Ganzen der Rede hervor" (Sanders 1996a, 33 f). Das „Ganze der Rede" ist natürlich, modern ausgedrückt, der Text. Grundsätzlich geht es um die Wechselbeziehung zwischen der umfassenden Textorganisation und den sie konstituierenden Einzelelementen, allgemeiner: zwischen dem Ganzen des Textes und seinen Teilen. Die Textproduktion, der die stilistische Theorie nachgeht, setzt also ebenso sehr wie die Textrezeption, die in der konkreten Stilanalyse (Spillner 1984; Püschel 1995) erfolgt, eine strategische Planung voraus, die auf dem Zusammenwirken sachlicher, gedanklicher und sprachlicher Komponenten beruht.

Diese makrostilistische Perspektive ist vor dem Horizont der sich gleichzeitig entwickelnden kommunikativ-pragmatischen Stilauffassung zu sehen. Kommunikativ bedeutet, dass alle Umstände des Kommunikationsprozesses stilistisch in Betracht gezogen werden: Gegenstand und Thema, die Kommunikationspartner mit ihren Prädispositionen, Einstellungen und Erwartungen, Situationen und Kontexte, Intention und Wirkung usw.; pragmatisch besagt, dass der Stil eine wesentliche Eigenschaft unseres sprachlichen Handelns ist, wobei zusätzlich Alltagswissen, Konventionen und der kulturelle Hintergrund von Sprache und Texten einfließen (vgl. 2.3.; Sowinski 1991, 43 ff; Sandig 1995). Die Weite dieses theoretischen Ansatzes macht die vielfältigen Affinitäten zu Sprachpragmatik, Soziolinguistik, Gesprächsanalyse und anderen linguistischen Teilgebieten verständlich, nicht zuletzt auch zur Texttheorie/Textlinguistik, ohne dass die Stilistik deshalb in ihrem Selbstverständnis beeinträchtigt wäre.

3.3. Seitdem Riesel/Schendels (1975, 264 ff) einige „Probleme der Makrostilistik" behandelten, namentlich Kontext, Komposition als innerer und äußerer Textaufbau, die architektonische Funktion sprachstilistischer Mittel usf., erweitert sich der Katalog makrostilistischer Einheiten ständig. B. Asmuth hat Textarten und Darstellungsprinzipien, sach- und sprachübergreifende Darstellungsmittel wie Bauformen, „rhetorische" Ersatz- und Verbindungsfiguren sowie Formen indirekter Darstellung erörtert (Asmuth/Berg-Ehlers 1978, 67 ff). Der schwedische Stilforscher N. E. Enkvist führt als textrelevante Ingredienzien der Rhetorik und Stilistik z. B. die Textorganisation (*dispositio*), Argumentationen, Typen von Kohäsion, Übergänge zwischen Texteinheiten, auch die Thema/Rhema-Struktur der „Funktionalen Satzperspektive" an (Enkvist 1978, 179 f). Im Zusammenhang mit der „Teil-Ganzes-Dialektik" komplexer Sprachstrukturen nennt G. Michel (1986, 5) z. B. Zielhierarchien, Kompositionsstrategien, Topikalisierungsmuster, Titelbildung und Titelfunktionen sowie die Konstituierung von Stilzügen. Für die sprachpragmatisch/handlungstheoretisch begründete Stilistik sind — unter dem Oberbegriff des „Durchführens" oder „Gestaltens" als allgemeinstem Stilmuster — folgende Aufgabenbereiche stilistischen Sprachhandelns zentral: textartenkonstitutive Musterbildungen, d. h. die Realisierung von Textsorten; organisatorische Muster wie besonders Sprecherwechsel, Themenentfaltung und Verständnissicherung; Kontakt- und Beziehungsmuster, also Adressatenbezug, Selbstdarstellung, Imagearbeit usw. (Püschel 1991b, 64f; Sandig 1986a).

Am intensivsten mit dieser Problematik befasst hat sich B. Sowinski (1983b; 1984; 1991). Unter makrostilistischen Elementen versteht er solche textlichen Kategorien, „die oberhalb der Satzebene die Struktur eines Textes variierend beeinflussen", und ihre Zahl ist beeindruckend: mündliche/schriftliche Kommunikationsweise, Stiltypen, Stil- und Darstellungsprinzipien, „stilistische Operationen" oder Stilmuster, Stilzüge, Stilfärbung, Textsorten und Gattungen, Komposition und Bauformen, Darstellungsarten, Redewiedergaben, Erzählstrukturen u. m. (Sowinski 1991, 75ff). Aus diesen äußerst heterogenen Aufzählungen wird ersichtlich, dass solche und weitere Kategorien derzeit noch voll in der Diskussion stehen und weit davon entfernt sind, schon eine kanonische Zusammenstellung von Makrostilistika zu bieten. Ihre Erklärung weist einerseits zurück auf die Rhetorik, insofern die seinerzeit bei der Verselbständigung der *elocutio* entfallenen Bereiche der Stofffindung (*inventio*) und Stoffanordnung (*dispositio*) wieder aufgenommen werden. Andrerseits beziehen sich alle angeführten Kategorien — und darin liegt ihre Modernität gemäß dem textlinguistischen Credo „beyond the sentence" — auf satzübergreifende Einheiten und die größeren Organisationsstrukturen des Textes.

4. Stilistik und Textlinguistik

4.1. Kaum eine textlinguistische Veröffentlichung verzichtet darauf, Ahnenforschung nach den „Textlinguistiken ante litteram" zu betreiben, und das einhellige Ergebnis lautet, dass als Vorläuferdisziplinen der Textlinguistik die Rhetorik und die Stilistik zu betrachten seien (Kalverkämper 1981, 4 ff; Coseriu 1994, 13 ff; Kalverkämper 1983; Scherner 1983). Sah sich H. Kalverkämper zu einem mehr als zweitausendjährigen Brückenschlag zwischen der antiken Rhetorik und heutigen Textlinguistik genötigt, so wird diese von der Stilistik her in ebenso vielen Jahrhunderten, zudem mit direktem Anschluss erreicht. Man könnte sogar — unter angemessener Berücksichtigung der historischen Unterschiede im zugrunde liegenden Textbegriff, in den methodologischen Prämissen und Verfahrensweisen, schließlich auch in den theoretischen Zielsetzungen — von einer chronologisch fixierbaren 'Translatio artium' sprechen: aus der antiken, mittelalterlichen, humanistischen und nachhumanistischen Rhetorik (bis Ende des 18. Jhs.) geht die Stilistik hervor, neben die seit den sechziger Jahren unseres Jahrhunderts die Textlinguistik tritt.

Aber in dieser scheinbaren Kontinuität liegt zugleich das Problem. Trotz gegenwärtig unbestrittener Dominanz der Textlinguistik bestehen Rhetorik und Stilistik ja nicht nur weiter, sondern beide verzeichnen als 'Neue/wissenschaftliche Rhetorik' und linguistisch fundierte Stilistik gerade in jüngster Zeit einen bemerkenswerten Aufschwung. Wie schon für die Rhetorik festgestellt, war auch die Stilistik nicht nur wort- und satzorientiert, sondern insgesamt von einer „neutralen, umfassenden Textorientiertheit" (vgl. 3.1.; Junker 1976, 382; Enkvist 1973, 176 ff). Darüber hinaus hielten sich die strukturalistischen und generativen Grammatikmodelle weitgehend im Rahmen des Satzes, so dass alle übersatzmäßigen Strukturen der Stilistik zufielen: gleichsam als „Fortsetzung der Grammatik mit anderen Mitteln" (Eroms 1983, 245). So gab es vor Aufkommen der modernen Textlinguistik als unmittelbar vorgängige Textdisziplin nur die Stilistik. Der Konflikt lag auf der Hand und äußerte sich in der Befürchtung: „Wird die jahrhundertealte, nie genau bestimmte Stilistik also nun durch die neue, exakter beschreibende Textlinguistik abgelöst?" (Sowinski 1991, 9).

4.2. Folgerichtig bildet das Verhältnis, in dem Textlinguistik und Stilistik zueinander stehen, einen wichtigen Diskussionspunkt in der einschlägigen Literatur. Grundsätzlich lassen sich drei Standpunkte unterscheiden: die Disparitätsthese (sie haben nichts miteinander zu tun), die Identitätsthese (sie fallen zusammen) und eine vermittelnde „Komplementaritäts"these (beide sind im Prinzip eigenständig, ergänzen sich aber gegenseitig). Die völlige, wenn auch interdisziplinär verzahnte Selbständigkeit der Stilistik wird nur in älteren, „vortextlinguistischen" Darstellungen vertreten. Sie soll „genau auf der Grenze zwischen Sprach- und Literaturwissenschaft" die Lücke schließen, die der Ausfall der Rhetorik geschaffen habe (Ullmann 1972, 147); dezidierter noch die – aus dem Jahr 1970 stammende – Formulierung W. Spiewoks, dass „die Stilistik als eigenständige wissenschaftliche Disziplin in der Grenzzone von Sprach- und Literaturwissenschaft" aufzufassen sei (Spiewok 1990, 35 ff). Das eigentliche Problem stellte sich erst in direkter Konfrontation mit der jungen Textlinguistik, die nun auch den Text zu einem Objektbereich der Linguistik machte, so wie er vorher schon lange Gegenstand von Rhetorik, Stilistik und Literaturwissenschaft gewesen war. Demgemäß haben manche Textlinguisten vor allem in der transphrastischen Frühphase die Stilistik ausdrücklich mit dem Studium der Textdimension „über die Satzgrenze hinaus" identifiziert, mit der Konsequenz: "text linguistics would become stylistics, and vice versa" (Enkvist 1978, 174). Stellvertretend hierfür steht die textlinguistische Stil-Definition: „Stil ist die Art und Weise der Konstitution von Texten" (Harweg 1972, 71).

Die Sicht ist mittlerweile differenzierter, damit zwar das Zuordnungsverhältnis komplizierter, aber auch sachgerechter geworden. Eine klare Grundbeziehung zwischen Stilistik und Textlinguistik ergibt sich aus dem ihnen gemeinsamen wissenschaftlichen Gegenstand, eben dem Text; denn Stil gilt, stilistisch wie linguistisch, als eine Eigenschaft von Texten. Dabei hat sich im Verlauf der letzten Jahrzehnte eine Annäherung beider Disziplinen vollzogen, die durch eine „Pragmatisierung der Linguistik" und „Linguistisierung der Stilistik" gekennzeichnet ist (Lerchner 1986, 33 f). Außer Zweifel steht auch, dass die Textlinguistik heute wesentliche Aufgabenbereiche übernommen hat, die herkömmlicherweise in die Zuständigkeit der Stilistik gehörten, „so z. B. Probleme, die die Intention, die Komposition, das Thema, den situativen Kontext, die Wirkung von Texten betreffen" (Fleischer/Michel/Starke 1993, 13 f). Da der traditionellen Stilistik oft ihre intuitiv-subjektive Unschärfe zum Vorwurf gemacht worden ist, bedeutet die neue Verbindung mit linguistischer Methodenstrenge nicht unbedingt einen Nachteil; B. Sandig (1986b, 24) spricht ausdrücklich vom „Nutzen der Textlinguistik für die Stilistik". Beiden fallen aber, trotz ihrer gleichen Ausrichtung auf den Text, durchaus unterschiedliche „Domänen" zu. Es ist ja in den Wissenschaften absolut nichts Ungewöhnliches, dass ein und derselbe Gegenstand unter wechselnden Aspekten behandelt wird.

So herrscht denn heute die vermittelnde Position vor, die Textlinguistik und Stilistik in einem Verhältnis der „Eigenständigkeit bei gleichzeitiger gegenseitiger Ergänzung", der Komplementarität also, sieht (Simmler 1986, 66 f; Enkvist 1978, 176 ff; Lerchner 1986, 32 ff). In den Gegenüberstellungen beider Disziplinen werden zahlreiche unterscheidende Kriterien angeführt: transphrastisch vs. kommunikativ, sprachintern vs. situationsbezogen, strukturbeschreibend vs. sinnbeschreibend, syntaktisch/semantisch vs. pragmatisch, deskriptiv vs. evaluativ usw. Der Unterschied zwischen textlinguistischer Satz- bzw. Satzgrenzenüberschreitung und stilistischem Äußerungsbezug wurde bereits erörtert. Ist die Textlinguistik eo ipso mehr auf die textinternen Zusammenhänge fixiert, liegt der generelle Zweck von Stil darin, Handlungstypen auf „die konkreten Bedürfnisse in der konkreten Situation zuzuschneiden" (Sandig 1986b, 26 f). Dementsprechend geht die textlinguistische Strukturbeschreibung in erster Linie syntaktisch/semantisch vor, sie erfasst das grammatisch Regelhafte der Textkonstitution. Die pragmatisch verfahrende Stilistik operiert hingegen vorwiegend in Variantenspielräumen; sie bemüht sich, „gerade die jeweils charakteristischen sprachlichen Variationen struktureller Einheiten zu beschreiben, auch die Abweichungen von erwarteten Normen und Regeln" (Sowinski 1991, 9 f). Galten Wortwahl und Satzbau schon immer als (mikro)stilistische Charakteristika, bedürfen neuerdings insbesondere makrostilistische Kategorien verstärkter Beachtung. Neben solchen Fällen, wo sich die textlinguistische und die stilistische Perspektive als verschiedene Sehweisen derselben Texterscheinung erklären lassen, gibt es markante Überschneidungen: Die Vertextungsstrategien, schuldidaktisch bekannter unter dem Namen Darstellungsarten, gelten als eine der Schnittstellen zwischen Stiltheorie und Textlinguistik. Stilzüge wie etwa Sachlichkeit, Pathos oder Humor, die durch ein rekurrentes Ensemble spezifischer Ausdrucksmittel zustande kommen, sind nicht nur maßgeblich an der textlinguistischen Kohärenz beteiligt, sondern prägen zugleich die stilistische „Eindruckswirkung" eines Textes. Im Verein mit bestimmten Stilprinzipien wie Klarheit, Folgerichtigkeit und vor allem Angemessenheit erzeugen sie eine textuelle Einheitlichkeit, die linguistischen und stilistischen Anforderungen entspricht. So sind die Ansatzpunkte beider Disziplinen zwar ähnlich, doch auch wieder verschieden; sie bedingen einander nicht, aber sie ergänzen sich, und die Erkenntnisse jeder Disziplin können in der anderen fruchtbar mitverwendet werden (Sowinski 1983a, 122).

4.3. Trotz aller Übereinstimmungen, Schnittstellen und Ergänzungen gibt es einen grundlegenden Unterschied zwischen Textlinguistik und Stilistik, und diese allenthalben registrierte Divergenz liegt darin begründet, dass Stil eine wertende Kategorie ist. Im Gegensatz zur alten *ars recte dicendi*, der Grammatik, und zur neuen *ars texendi*, der Textlinguistik (Kalverkämper 1983, 366 ff), ging es der Stilistik immer schon als *ars bene dicendi* um die „Gutheit" des Ausdrucks: auch wo nur von *Stil* die Rede ist, wird darunter im Allgemeinen „guter Stil" verstanden. Folglich geht es um den zentralen Unterschied von Beschreibung und Bewertung, wie er sich in der zuvor erwähnten Dichotomie „deskriptiv vs. evaluativ" ausdrückt. Fast alle neueren linguistischen Disziplinen, und die Textlinguistik bildet da keine Ausnahme, sind vornehmlich an systembezogenen Regularitäten interessiert, die deskriptiv erfasst werden. Dagegen trifft die Stilistik über diese bloße Richtigkeit hinaus wertende Aussagen über die Sprachqualität und Textwirkung.

Es gehört zu den Sündenfällen der jungen Textlinguistik versucht zu haben, diesen evaluativen, nach nicht immer objektivierbaren Wertungsmaßstäben definierten Begriff der stilistischen 'Gutheit' von Texten durch den der textgrammatischen 'Richtigkeit' zu ersetzen: „Ein stilistisch guter Text ist demzufolge also nichts anderes als ein textgrammatisch richtiger Text" (Harweg 1972, 75 ff). Diese Zielvorstellung ergibt eine rationale, empirisch nachprüfbare „Theorie des guten Stils, verstanden als eine Theorie der richtigen Textbildung". Ihre Exemplifizierung an einem Ausschnitt aus Thomas Manns „Versuch über Schiller" erbrachte tatsächlich eine Reihe textueller „Korrekturen" — müßig zu sagen, dass der Dichter seine Formulierungen wahrscheinlich auktorial verteidigt und Interpreten vom Fach diese gerade als besondere Stilistika gewürdigt hätten. Hier wird deutlich greifbar, was H. W. Eroms (1986, 13) das „Janusgesicht des Stils" nennt: „die kollektiv geforderte Einhaltung und die individuell erwartete Durchbrechung von Normen zur Erzielung einer individuellen Textwirkung", wodurch jede vorhersagbare Regelhaftigkeit textgrammatischer oder welcher Art auch immer hinfällig wird. Es wäre jedoch falsch anzunehmen, dies gelte allein für die hohe Literatur, der die allbekannte „dichterische Freiheit" jederzeit Abweichungen von der Norm gestattet. Vielmehr bietet sich auch im allgemeinen Sprachgebrauch dieselbe Möglichkeit, wenn nur eine bewusste stilistische Absicht sinnvoll umgesetzt wird: Stil als „Absicht, Wahl und Wirkung", so eine griffige Formel B. Sandigs (Spillner 1984, 151). Diese besondere Sprachgestaltung kommt durch eine Mischung stilneutraler und stilistisch markierter Sprachelemente, ja auffälliger Stileffekte zustande. Im Unterschied zu aller systematischen Sprachbeschreibung liegt die Eigenart der Stilistik darin, dass ihr das Regelhafte der Sprache nur als Folie für ihre eigenen Untersuchungsziele dient, dass sie vor allem an charakteristischen Akzentuierungen oder Variationen interessiert ist, dass nicht selten bewusste Durchbrechungen des Regelhaften, eigentlich also „Fehler", den Wert besonderer Stilhaftigkeit haben. Textlinguistik und Stilistik kann man sagen, sind so gleich und verschieden wie die zwei Seiten einer Münze.

Die Komplexität der Sprache hat dazu geführt, sie methodisch in eine Anzahl sprachwissenschaftlicher Sachgebiete aufzuteilen, gewissermaßen additive Sprachausschnitte bzw. Sprachaspekte, denen traditionellerweise grammatische oder anwendungsbezogene Disziplinen zugeordnet sind: Phonetik/Phonologie, Morphologie, Syntax, Semantik – Psycho-, Sozio-, Pragmalinguistik usw. Anders die Stilistik, die einen Querschnitt durch all diese Teilbereiche der Sprache legt, da prinzipiell „jedes Sprachelement vom Buchstaben bis zum Text [...] die Funktion eines Stilmittels übernehmen" kann (Liwerski 1976, 460; Sanders 1996a, 11 ff). Das heißt, Stil umfasst seinerseits Teilaspekte, die es mit den Stilqualitäten von Lautung, Formen, Satzbildung usw. zu tun haben. Das Verhältnis der linguistischen und entsprechenden stilistischen Teilaspekte lässt sich als komplementär bestimmen: Phonetik und Phonologie etwa beschreiben die Sprachlaute, ihre artikulatorischen und akustischen Eigenschaften, ihre systematischen Distinktionen und Funktionen, auch Lautinventare von Sprachen, Phonemsysteme usw. Die Stilistik hingegen untersucht, als spezielle Phonostilistik, die stilhaltige Ausdruckskraft von Lauten und Lautfolgen, besonders in Form von Alliteration, Endreim, Lautsymbolik, Onomatopoie, Rhythmik oder Sprachmelodie, und sie urteilt über die Klangwirkung (z. B. ist das Kompositum *Jetztzeit*, eine Neuprägung Jean Pauls, für den Grammatiker völlig unproblematisch, aus stilistischer Sicht jedoch wegen seiner Konsonantenhäufung ein schon immer kritisiertes „hässliches" Wort). Der hier exemplifizierte Perspektivenwechsel zwischen systematisch-deskriptiver und stilistisch-evaluativer Betrachtung gilt analog für alle anderen Sprachbereiche bis hin zum Text. So wie sich die Gesamtstilistik in Spezialgebiete wie Phonostilistik, Graphostilistik, Morphostilistik usw. aufteilt, existiert also auch eine Textstilistik, die ihre eigenen Domänen hat: Stilzüge beispielsweise als Summierung stilistisch in gleichem Sinne markierter Sprachelemente oder eine auf besondere Wirkung zielende Komposition des inneren Textaufbaus; sogar eine so ausgesprochen textlinguistische Erscheinung wie die Thema/Rhema-Struktur kann in charakteristischer Variation der „thematischen Progression" durchaus stilrelevant sein.

Zusammengefasst: Die Stilistik ist einerseits Nachfolgerin der alten Rhetorik, andrerseits Vorläuferin der modernen Textlinguistik. In Addition der stilistischen Teilaspekte (horizontale Gliederung), die den korrespondierenden textlinguistischen Teilaspekten zugeordnet sind (vertikale Gliederung), präsentiert sich die Stilistik „als Paralleldisziplin, die mit der Textlinguistik in einem Verhältnis fruchtbarer gegenseitiger Ergänzung steht" (Sowinski 1983a, 122): Dabei ist die wichtigste Aufgabe der Textlinguistik die Erfassung genereller regelhafter Zusammenhänge der Textkonstitution, die Stilistik hat es dagegen hauptsächlich mit der Untersuchung bzw. Interpretation der Wahl bestimmter Textkonstituenten und ihrer variierenden Einzelelemente zu tun. Und als Grund-Satz ihrer Verschiedenheit (Abraham 1996, 284): „Texte kann man lesen. Ihren 'Stil' kann man nicht lesen; man muss ihn wahrnehmen."

5. Literatur (in Auswahl)

Abraham, Ulf (1996): StilGestalten. Geschichte und Systematik der Rede vom Stil in der Deutschdidaktik. Tübingen.

Anderegg, Johannes (1977): Literaturwissenschaftliche Stiltheorie. Göttingen.

– (1995): Stil und Stilbegriff in der neueren Literaturwissenschaft. In: Stickel 1995, 115–127.

Antos, Gerd (1996): Laien-Linguistik. Studien zu Sprach- und Kommunikationsproblemen im Alltag. Am Beispiel von Sprachratgebern und Kommunikationstrainings. Tübingen.

Asmuth, Bernhard (1991): Stilprinzipien, alte und neue. Zur Entwicklung der Stilistik aus der Rhetorik. In: Neuland/Bleckwenn 1991, 23–38.

Asmuth, Bernhard/Berg-Ehlers, Luise (1978): Stilistik. 3. Aufl. Opladen.

Ax, Wolfram (1976): Probleme des Sprachstils als Gegenstand der lateinischen Philologie. Hildesheim/New York.

Bremerich-Vos, Albert (1991): Populäre rhetorische Ratgeber. Historisch-systematische Untersuchungen. Tübingen.

Campe, Rüdiger (1990): Die zwei Perioden des Stils. In: Comparatio 2, 73–101.

Chatman, Seymour (ed.) (1971): Literary Style: A Symposium, London/New York.

Coseriu, Eugenio (1994): Textlinguistik. Eine Einführung. Hg. und bearb. von Jörn Albrecht. 3. Aufl. Tübingen/Basel.

Craddock, Sr. Clare Eileen (1952): Style Theories as Found in Stylistic Studies of Romance Scholars (1900–1950). Washington D.C.

Enkvist, Nils Erik (1973): Linguistic Stylistics. The Hague/Paris.

– (1978): Stylistics and Text Linguistics. In: Dressler, Wolfgang U. (ed.): Current Trends in Textlinguistics. Berlin/New York, 174–190.

Eroms, Hans-Werner (1983): Stilistik. In: Gorschenek, Margareta/Rucktäschel, Annamaria (eds.): Kritische Stichwörter zur Sprachdidaktik. München, 235–246.

– (1986): Textlinguistik und Stiltheorie: In: Schöne 1986, 10–21.

Falk, Walter (1980): Stil und Epoche. In: Jahrbuch für Internationale Germanistik 12, H. 2, 98–114.

Fix, Ulla (1991): Vorbemerkungen zu Theorie und Methodologie einer historischen Stilistik. In: Zeitschrift für Germanistik NF 1, 299–310.

Fleischer, Wolfgang/Michel, Georg/Starke, Günter (1996): Stilistik der deutschen Gegenwartssprache. 2. Aufl. Frankfurt a. M./Berlin usw.

Gauger, Hans-Martin (1991): Zur Frage des Stils – etymologisch gesehen. In: Comparatio 2, 3–16.

– (1995): Über Sprache und Stil. München.

Gumbrecht, Hans Ulrich/Pfeiffer, Karl Ludwig (eds.) (1986): Stil. Geschichten und Funktionen eines kulturwissenschaftlichen Diskurselements. Frankfurt a. M.

Harweg, Roland (1972): Stilistik und Textgrammatik. In: LiLi. Zeitschrift für Literaturwissenschaft und Linguistik 2, H. 5, 71−81.

Hatzfeld, Helmut (ed.) (1975): Romanistische Stilforschung. Darmstadt.

Heinz, Rudolf (1986): Stil als geisteswissenschaftliche Kategorie. Problemgeschichtliche Untersuchungen zum Stilbegriff im 19. und 20. Jahrhundert. Würzburg.

Hoffmann, Michael (1987): Zum pragmatischen und operationalen Aspekt der Textkategorie Stil. In: Zeitschrift für Phonetik, Sprachwissenschaft und Kommunikationsforschung 40, 68−81.

− (1988): Kommunikativ orientierte linguistische Konzepte in der Stilistik seit der kommunikativ-pragmatischen Wende. In: Zeitschrift für Germanistik 9, 321−332.

Junker, Hedwig (1976): Rhetorik und Textgrammatik. In: Romanische Forschungen 88, 378−382.

Kalverkämper, Hartwig (1981): Orientierung zur Textlinguistik. Tübingen.

− (1983): Antike Rhetorik und Textlinguistik. Die Wissenschaft vom Text in altehrwürdiger Modernität. In: Faust, Manfred/Harweg, Roland/Lehfeldt, Werner/Wienold, Götz (eds.): Allgemeine Sprachwissenschaft, Sprachtypologie und Textlinguistik. Festschrift für Peter Hartmann. Tübingen, 349−372.

Klesczewski, Reinhard (1969): German Research on Style in the Romance Languages and Literatures. In: Style 3, 102−132.

Knape, Joachim (1994): Elocutio. In: Ueding, Gert (ed.): Historisches Wörterbuch der Rhetorik. Bd. II. Tübingen, 1022−1083.

Krahl, Siegfried/Kurz, Josef (1984): Kleines Wörterbuch der Stilkunde. 6. Aufl. Leipzig.

Lerchner, Gotthard (1981): Stilistisches und Stil. Ansätze für eine kommunikative Stiltheorie. In: Beiträge zur Erforschung der deutschen Sprache 1, 85−109.

− (1986): Stilistische Variation in einer handlungsbezogenen Textkonzeption. In: Schöne 1986, 24−31.

− (1995): Stilwandel. In: Stickel 1995, 94−114.

Linn, Marie-Luise (1963): Studien zur deutschen Rhetorik und Stilistik im 19. Jahrhundert. Marburg.

Liwerski, Ruth (1974): Stil. In: Krywalski, Diether (ed.): Handlexikon zur Literaturwissenschaft. München, 452−461.

Michel, Georg (1986): Text- und Stilnormen als Regeln oder als Modelle? In: Schöne 1986, 3−9.

− (1988): Aktuelle Probleme der Linguostilistik. In: Zeitschrift für Germanistik 9, 291−306.

Molinié, Georges/Cahné, Pierre (eds.) (1994): Qu'est-ce que le style? Paris.

Müller, Arnulf (1981): Stil. Studien zur Begriffsgeschichte im romanisch-deutschen Sprachraum. Erlangen/Nürnberg.

Müller, Wolfgang G. (1981): Topik des Stilbegriffs. Zur Geschichte des Stilverständnisses von der Antike bis zur Gegenwart. Darmstadt.

Neuland, Eva (1994): Jugendsprache und Standardsprache. Zum Wechselverhältnis von Stilwandel und Sprachwandel. In: Zeitschrift für Germanistik NF 4, 78−98.

Neuland, Eva/Bleckwenn, Helga (eds.) (1991): Stil − Stilistik − Stilisierung. Linguistische, literaturwissenschaftliche und didaktische Beiträge zur Stilforschung. Frankfurt a. M./Bern usw.

Nickisch, Reinhard M. G. (1975): Gutes Deutsch? Kritische Studien zu den maßgeblichen praktischen Stillehren der deutschen Gegenwartssprache. Göttingen.

Obermayer, August (1986): Herbert Seidlers Stilbegriff und sein Konzept einer allgemeinen Stilistik als Vorläufer der Textlinguistik. In: Schöne 1986, 49−53.

Pöckl, Wolfgang (1980): Plädoyer für eine diachrone Stilistik. In: Sprachkunst 11, 192−204.

Por, Peter/Radnóti, Sándor (eds.) (1990): Stilepoche: Theorie und Diskussion. Eine interdisziplinäre Anthologie von Winkelmann bis heute. Frankfurt a. M./Bern usw.

Püschel, Ulrich (1991a): Stilistik: Nicht Goldmarie − nicht Pechmarie. Ein Sammelbericht. In: Deutsche Sprache 19, 50−67.

− (1991b): Praktische Stilistiken − Ratgeber für gutes Deutsch? In: Neuland/Bleckwenn 1991, 55−68.

− (1995): Stilpragmatik − Vom praktischen Umgang mit Stil. In: Stickel 1995, 303−328.

Riesel, Elise/Schendels, Eugenie (1975): Deutsche Stilistik. Moskau.

Sanders, Willy (1995): Stil und Stilistik. Studienbibliographien Sprachwissenschaft. Heidelberg.

− (1996a): Gutes Deutsch − besseres Deutsch. Praktische Stillehre der deutschen Gegenwartssprache. 3. Aufl. Darmstadt.

− (1996b): Stil im Wandel. In: Fix, Ulla/Lerchner, Gotthard (eds.): Stil und Stilwandel. Bernhard Sowinski zum 65. Geburtstag gewidmet. Frankfurt a. M./Berlin usw., 345−357.

Sandig, Barbara (1978): Stilistik. Sprachpragmatische Grundlegung der Stilbeschreibung. Berlin/New York.

− (1986a): Stilistik der deutschen Sprache. Berlin/New York.

− (1986b): Vom Nutzen der Textlinguistik für die Stilistik. In: Schöne 1986, 24−31.

– (1995): Tendenzen der linguistischen Stilforschung. In: Stickel 1995, 27–61.

Sauerländer, Willibald (1983): From *stilus* to *style*: Reflections on the fate of a notion. In: Art History 6, 253–270.

Scherner, Maximilian (1983): Zur (Vor-)Geschichte der Textlinguistik aus der Sicht einer 'realistischen' Sprachwissenschaft. In: Faust, Manfred/Harweg, Roland/Lehfeldt, Werner/Wienold, Götz (eds.): Allgemeine Sprachwissenschaft, Sprachtypologie und Textlinguistik. Festschrift für Peter Hartmann. Tübingen, 373–390.

Schöne, Albrecht (ed.) (1986): Textlinguistik contra Stilistik? In: Kontroversen, alte und neue. Akten des VII. Internationalen Germanisten-Kongresses Göttingen 1985. Bd. III. Tübingen, 1–129.

Sebeok, Thomas A. (ed.) (1960): Style in Language. 7. Aufl. 1978. Cambridge, Mass.

Seidler, Herbert (1978): Grundfragen einer Wissenschaft von der Sprachkunst. München.

– (1980): Stil. In: Kanzog, Klaus/Masser, Achim (eds.): Reallexikon der deutschen Literaturgeschichte. Bd. IV. 2. Aufl. Berlin/New York, 199–213.

Simmler, Franz (1986): Syntaktische Strukturen in Kunstmärchen der Romantik. In: Schöne 1986, 66–96.

Sowinski, Bernhard (1983a): Textlinguistik. Eine Einführung. Stuttgart/Berlin usw.

– (1983b): Kategorien der Makrostilistik – eine Übersichtsskizze. In: Germanistische Linguistik 3–4/81, 77–95.

– (1984): Makrostilistische und mikrostilistische Textanalyse: Thomas Manns „Luischen" als Beispiel. In: Spillner 1984, 21–47.

– (1991): Stilistik. Stiltheorien und Stilanalysen. Stuttgart.

Spiewok, Wolfgang (1990): Zu Sprache und Stil. Hg. von Danielle Buschinger. Amiens.

Spillner, Bernd (ed.) (1984): Methoden der Stilanalyse. Tübingen.

– (1995): Stilsemiotik. In: Stickel 1995, 62–93.

Stickel, Gerhard (ed.) (1995): Stilfragen. Jahrbuch 1994 des Instituts für deutsche Sprache. Berlin/New York.

Taylor, Talbot J. (1981): Linguistic Theory and Structural Stylistics. Oxford/New York usw.

Thieberger, Richard (1988): Stilkunde. Bern/Frankfurt a. M. usw.

Trabant, Jürgen (1990): Le style est l'homme même. Quel homme? In: Comparatio 2, 57–72.

– (1992): Die Schäferstunde der Feder: Hamanns Fußnoten zu Buffons *Rede über den Stil*. In: Erzgräber, Willi/Gauger, Hans-Martin (eds.): Stilfragen. Tübingen, 107–128.

Ullmann, Stephen (1972): Sprache und Stil. Aufsätze zur Semantik und Stilistik. Deutsche Fassung von Susanne Koopmann. Tübingen.

Willy Sanders, Bern
(Schweiz)

3. Strukturalistische Linguistik und Textanalyse

1. Satzübergreifende Ansätze in der Hochphase der strukturalistischen Linguistik
2. Die strukturalistische Anfangsphase der Textlinguistik
3. Strukturalistische Untersuchungen in den dominant nichtstrukturalistischen Folgephasen der Textlinguistik
4. Zusammenfassung
5. Literatur (in Auswahl)

1. Satzübergreifende Ansätze in der Hochphase der strukturalistischen Linguistik

Die strukturalistische Linguistik ist jenes linguistische Paradigma, das die Linguistik, vor allem die amerikanische, aber auch diejenige verschiedener europäischer Länder – zu denen allerdings Deutschland nicht gehörte –, von den zwanziger bis in die späten fünfziger Jahre unseres Jahrhunderts beherrscht hat. Charakteristisch für die diversen Schulen dieses Paradigmas ist, dass sie, unbeschadet gravierender Unterschiede in anderer, so vor allem semantikbezüglicher Hinsicht, alle den strukturalistischen Prinzipien der Segmentation und der – anschließenden – Klassifikation sprachlicher Einheiten anhängen. Das Bild, das sie, im Rahmen ihrer Beschreibung der sprachlichen Strukturen, dabei von der Struktur einer Sprache zeichnen, ist das eines aus verschiedenen sprachlichen Ebenen bestehenden hierarchischen Systems. Vereinfacht gesagt, besteht dieses System für die meisten Strukturalisten oder genauer: die meisten Strukturalisten der Hochphase des Strukturalismus aus den Ebenen des Phonems, des Morphems, des Wortes, der Wortgruppe und des Satzes. Der Satz war also, im hierarchischen Aufbau des Sprachsystems, für die meisten dieser Strukturalisten die höchste Ebene — eine These, die, explizit formuliert z. B. von L. Bloomfield (1933, 170), allerdings nicht nur den Strukturalismus, sondern z. B. auch die nachfolgende generative Grammatik kennzeichnet.

Vereinzelt hat es jedoch, unter den Vertretern der Hochphase des Strukturalismus, auch andere Stimmen gegeben. Bereits im Jahre 1943 ist der dänische Strukturalist L. Hjelmslev (1943/1953, 62f) bei der von ihm favorisierten deszendenten Form der Sprachanalyse in einer Vision von gleichsam alle Schranken sprengender Kühnheit von einer sprachlichen Größe ausgegangen, die, begriffen als ein Text von letztlich unbegrenzter, d. h. alles, was in einer Sprache geschrieben und gesagt ist, umfassender Ausdehnung, gleichsam unabsehbar hoch über der Ebene des Satzes liegt. Aber diese seine Vision hat Hjelmslev, wie nicht anders zu erwarten, nur in den knappsten Andeutungen zu skizzieren gewußt, und es liegt auf der Hand, dass, wer, mit Aussicht auf Praktikabilität und Realisierbarkeit, versuchen wollte, den Gegenstandsbereich der Linguistik über die Ebene des Satzes hinaus zu erweitern, in der Ansetzung seiner Ziele wesentlich bescheidener sein musste.

Dies sind, als sie, in den fünfziger Jahren, also bereits in der Spätphase der Blüte des Strukturalismus, diesen Versuch ebenfalls unternahmen, verschiedene amerikanische Linguisten tatsächlich gewesen. Sie haben sich nämlich, vielleicht auch deshalb, weil ihr Ansatz, anders als der Hjelmslevsche, kein deszendenter, sondern ein — von den kleineren zu den größeren Einheiten aufsteigender — aszendenter war, damit begnügt, die Struktur nur solcher übersatzlicher sprachlicher Gebilde in den Blick zu nehmen, deren Ausdehnung nicht über diejenige kürzerer Texte, Gespräche oder Satzfolgen hinausgeht.

Einer dieser Linguisten ist der — in der Nachfolge Bloomfields stehende — Distributionalist Zellig S. Harris gewesen. Er hat, unter dem Begriff der 'discourse analysis', verschiedene kleinere Texte, wissenschaftliche und nichtwissenschaftliche, auf in deren Sätzen wiederkehrende und teilweise erst mit Hilfe von Transformationen als äquivalent erwiesene Satzglieder hin untersucht und die dabei aufgestellten Äquivalenzklassen als eine Beschreibung der Struktur des Textes verstanden (Harris 1952; Harris 1957/1963). Wie im Rahmen des amerikanischen Strukturalismus üblich, hat sich Harris bei diesen Analysen bemüht, auf semantische Daten weitgehend zu verzichten, und damit die Fruchtbarkeit und Aussagekraft seiner Analysen von vornherein ungebührlich eingeschränkt.

Ähnlich zurückhaltend und bescheiden wie Harris in der Ansetzung satzüberschreitender sprachlicher Ebenen ist der — mehr in der Nachfolge Sapirs als derjenigen Bloomfields stehende — amerikanische Linguist K. L. Pike (1954—1960). Zwar unterscheidet er mehr als nur eine solcher Ebenen, nämlich die der Monologe, die von Folgen aus Äußerung und Reaktion und die von Gesprächen, aber ausdehnungsmäßig gehen all diese — im übrigen mündlichen — Einheiten nicht über die von Harris untersuchten Texte hinaus. Davon abgesehen, fehlt bei Pike auch jeglicher Versuch einer Analyse solcher Einheiten.

Etwas konkreter als die entsprechenden Ausführungen von Pike und fruchtbarer als die von Harris sind Ausführungen wie die von Fries (1952, 240ff), W. N. Francis (1958, 409ff) und R. Karlsen (1959). Die Autoren behandeln sprachliche Mittel, die bestimmte Sätze (bei Fries und bei Francis heißen sie 'sequence sentences') mit ihren Vorgängersätzen verknüpfen, aber sie verknüpfen diese ihre Ausführungen (die bei Fries und bei Francis ohnehin nur vergleichsweise knapp sind) nicht mit der Etablierung einer höheren sprachlichen Ebene. Karlsens Untersuchungen — die übrigens schwerpunktmäßig der satzverbindenden Kraft von Ellipsen gewidmet sind — sind allerdings weniger dem Strukturalismus als vielmehr der traditionellen Grammatik verpflichtet.

2. Die strukturalistische Anfangsphase der Textlinguistik

Mitte der sechziger Jahre beginnt sich in Deutschland, als eine eigenständige linguistische Teildisziplin, die sogenannte Textlinguistik zu etablieren. Ihre Anfänge sind strukturalistisch geprägt. Sie versucht, indem sie über die Ebene des Satzes hinausgeht, den Text zu etablieren als eine weitere Ebene in der Hierarchie sprachlicher Einheiten.

Im Jahre 1964 — demselben Jahr, in dem P. Hartmann seinen programmatischen Aufsatz *Text, Texte, Klassen von Texten* (Hartmann 1964) schrieb — erschien in Deutschland H. Weinrichs Buch *Tempus*. Weinrich, einer der frühen deutschen Strukturalisten, untersucht darin die Distribution der Tempora zweier von ihm aufgestellter Tempusgruppen in Texten vorwiegend romanischer Sprachen. Die Tempora selber gehören zwar nicht zu den satzverknüpfenden und damit nicht eigentlich zu den textbildenden Sprachelementen, aber sie kennzeichnen, wenn man Weinrich folgt, unterschiedliche Textsorten oder genauer: Kategorien von solchen, nämlich erzählende und besprechende Texte.

Der Versuch, satzverknüpfende Elemente zu eruieren und damit ein fundamentales – für ihn sogar das fundamentale – Verfahren der Textbildung zu beschreiben, wird in dem – 1962 bis 1964 geschriebenen, aber erst 1968 erschienenen – Buch *Pronomina und Textkonstitution* von R. Harweg (Harweg 1968/1979) unternommen. Das Buch knüpft an einerseits an Hjelmslev (dessen weiten Textbegriff es signifikant einschränkt) und andererseits an Bloomfield. Von diesem übernimmt es das – eng mit dem Konzept der Pronominalität verbundene – Konzept der Substitution, deutet es allerdings auf eine entscheidende Weise um. Ist es bei Bloomfield letztlich ein paradigmatisches Konzept, so wird es hier, wenigstens dominant, zu einem syntagmatischen. Es werden verschiedene Kategorien von syntagmatischen Substitutionsausdrücken – syntagmatische Substituenda oder Textanfangsausdrücke, syntagmatische Substituentia oder Textforsetzungsausdrücke und Ausdrücke, die gegenüber dieser Unterscheidung neutral sind, syntagmatische Substituenda-Substituentia – unterschieden. Syntagmatische Substituenda sind unbestimmte Pronomina oder Adverbien wie *jemand*, *etwas* oder *einmal* und durch einen unbestimmten Artikel oder Grundzahlwörter eingeleitete partikulär verwendete Gattungsnamen wie *ein Mann* oder *zwei Frauen*. Syntagmatische Substituentia sind anaphorische Pronomina oder Adverbien wie *er/sie/es*, *dort* oder *damals* und durch einen bestimmten Artikel oder ein Demonstrativpronomen eingeleitete partikulär verwendete Gattungsnamen wie *der Mann* oder *diese Frau*. Syntagmatische Substituenda-Substituentia schließlich sind Eigennamen, generisch und universell verwendete Gattungsnamen wie *der Mensch* (allgemein), *alle Frauen* oder *jedes Kind* und Deiktika wie *ich*, *hier* oder *jetzt*. Das Prinzip der syntagmatischen Substitution ist ein referenzsemantisches und als solches ein im wesentlichen linksgerichtetes, also ein anaphorisches. Die referentiellen Beziehungen der Substituentia zu den ihnen voraufgehenden Substituenda sind entweder, wie in der Substitutionssequenz *ein Mann : er*, solche der Identität oder, wie in der Substitutionssequenz *ein Auto : der Motor*, solche der Kontiguität. Texte – und darunter werden sowohl schriftliche als auch mündliche Satzfolgen (und im Extremfall Sätze) verstanden – sind, wenn sie, wie es zumeist der Fall ist, aus mehr als einem Satz bestehen, Satzfolgen, die durch solche Substitutionen, teils explizit, teils implizit, teils eindeutig, teils uneindeutig, **ununterbrochen** verkettet sind. Anknüpfend an Termini von K. L. Pike (1954–1960) wird dabei allerdings unterschieden zwischen etischen und emischen Texten und besonders zwischen etischen und emischen Textanfängen. Emische Texte oder Textanfänge sind solche, die textintern und textstrukturell, und das heißt: im wesentlichen durch das Prinzip der syntagmatischen Substitution definiert sind. Etische Texte und Textanfänge demgegenüber sind Texte bzw. Textanfänge, die textextern (im Falle schriftlicher Texte im wesentlichen durch den Titel und im Falle mündlicher Texte durch hinreichend lange, ihnen voraufgehende Sprechpausen) definiert sind. Zumindest im Falle der schriftlichen Texte entsprechen sie damit dem allgemein verbreiteten Verständnis des Begriffes Text. Emische und etische Texte bzw. Textanfänge können zusammenfallen, müssen es aber nicht, und besonders im Falle moderner literarischer Texte tun sie es häufig auch nicht. Syntagmatische Substitutionsbeziehungen werden in dem Buch aber nicht nur für die Erfassung der konstitutiven Struktur von Texten schlechthin, sondern auch für die strukturelle Interpretation einer fundamentalen texttypologischen Unterscheidung, nämlich der zwischen wissenschaftlichen und nichtwissenschaftlichen Texten, herangezogen. Auch die Unterscheidung zwischen mündlichen und schriftlichen Texten wird substitutionell interpretiert.

In einer Reihe von nachfolgenden Aufsätzen hat Harweg das in diesem Buch entwickelte Modell präzisiert und erweitert. Präzisiert hat er es vor allem in Aufsätzen über Textanfänge in geschriebener und in gesprochener Sprache (Harweg 1968a), Vergleichsausdrücke (Harweg 1969a und Harweg 1982), Nachfolgeradjektive (Harweg 1969b), die textologische Rolle der Betonung (Harweg 1971a), monologische und dialogische Textkonstitution (Harweg 1971b), untergeordnete und eingebettete Koreferenz (Harweg 1989) und perspektivisch-substitutionelle

3. Strukturalistische Linguistik und Textanalyse

Unterschiede auf verschiedenen Stufen des Individuums (Harweg 1991). Erweitert hat er jenes Modell demgegenüber in Aufsätzen über Perspektiven einer Großraumtextologie (Harweg 1970), polytope Textkonstitution (Harweg 1969c), Textgabelungen (Harweg 1974) und Wohlgeformtheitsstufen von Texten (Harweg 1975a). Angewandt auf bestimmte Texte und/oder Textsorten ist das Modell, außer in jenem Buch, in den Aufsätzen Harweg 1968b (mit Bezug auf Rundfunknachrichten), Harweg 1968c (mit Bezug auf eine Zeitungsnachricht), Harweg 1975b (mit Bezug auf den Anfang einer Novelle), Harweg 1977 (mit Bezug auf eine Fabel) und Harweg 1983 (mit Bezug auf das Deutsche Bürgerliche Gesetzbuch).

Nicht um die Mechanismen der Verkettung von Sätzen zu Texten, sondern um — lexikalische und prosodische — Signale der Textgliederung geht es der Weinrich-Schülerin E. Gülich in ihrer 1970 erschienenen Schrift *Makrosyntax der Gliederungssignale im gesprochenen Französisch*. Der Begriff der Gliederungssignale umfasst bei ihr aber nicht nur Unterbrechungs-, sondern auch und vor allem Eröffnungs- und Schluss-Signale — eine Tatsache, die ihrerseits zurückzuführen ist auf die Vagheit des zu Grunde gelegten — etischen — Textbegriffs, eines Textbegriffs, in dem offenbar auch Textteilen eine gewisse textuelle Selbständigkeit zuerkannt wird.

Bereits in den sechziger Jahren hatte W. A. Koch verschiedene an strukturalistischen Methoden orientierte textlinguistische Aufsätze geschrieben: Koch 1965, Koch 1966a und Koch 1968. Dabei hatte er in Koch 1965 und Koch 1966a eine — später z. B. von E. Agricola (1969) aufgegriffene — spezielle Art von topikaler Analyse von Texten vorgeschlagen und durchgeführt und in Koch 1968, im Rahmen einer Erörterung der semantischen Hierarchik von Texten, Ebenen wie die von Topik, Thema, Paragraph und Textkern etabliert. Bereits 1966 hatte er auch, methodisch inspiriert durch Z. S. Harris und A. A. Hill, eine kleine Schrift über satzübergreifende Rekurrenzstrukturen speziell in der Poesie (Koch 1966b) veröffentlicht. 1971 erschien dann sein — diese Ansätze in ein umfassendes zweidimensionales System von Schichten und Ebenen integrierendes — Buch *Taxologie des Englischen* (Koch 1971). Darin entwirft Koch u. a. eine Taxologie der von ihm als Plana bezeichneten sprachlichen Ebenen. Diese Taxologie sieht oberhalb des Satzes aber nicht nur die Ebene des — von ihm als Textem bezeichneten — Textes, sondern oberhalb dieser — bei ihm nur monologische Texte enthaltenden — Ebene noch die Ebenen des Bitextems und des N-Textems vor. Kriterium für die Ansetzung dieser Ebenen ist die Anzahl der an der Konstitution eines Textes beteiligten Sprecher. Ein Bitextem ist also ein Dialog, ein N-Textem ein Text mit mehr als zwei Produzenten.

Im selben Jahr wie Kochs Buch erschien, im Anschluß an verschiedene textlinguistische Aufsätze (z. B. Brinkmann 1965; Brinkmann 1966; Brinkmann 1967), die — um ein umfangreiches textlinguistisches Kapitel erweiterte — zweite Auflage von H. Brinkmanns Buch *Die deutsche Sprache*. Das Buch steht zwar nicht auf dem Boden der strukturalistischen Linguistik im engeren Sinne, sondern hat seine Wurzeln vielmehr in der Tradition der mehr inhaltlich orientierten deutschen Sprachwissenschaft, setzt sich aber in seinem umfangreichen Kapitel über die Rede — dies Brinkmanns Terminus für 'Text' — intensiv mit strukturalistisch orientierten Ansätzen der Textanalyse (z. B. mit Harweg 1968/1979) auseinander und dürfte zumindest in bestimmten Teilen — so z. B. in dem Abschnitt „Der Aufbau der Redeeinheiten" — als strukturalistisch im weiteren Sinne eingestuft werden können. Im letzten Abschnitt seines Kapitels über die Rede, dem Abschnitt „Arten der Rede", geht Brinkmann, indem er auch das jeweilige kommunikative Verhalten von Produzent und Rezipient thematisiert, allerdings deutlich über den Bereich des Strukturalistischen hinaus, und was seine Analyse von Textbeispielen angeht, so weist sie immer auch interpretative Züge auf.

Ein Jahr später, 1972, erschien das Buch *Satz und Text* von W. Raible. Raible untersucht darin, im wesentlichen an Versionen eines bestimmten nichtliterarischen Textes aus vier romanischen Sprachen und dem Deutschen, die Funktion der — weit gefaßten — Kategorie des Artikels in Satz und Text, die Rolle von Pronomina und Eigennamen im Rahmen substitutioneller Satzverknüpfungen und das Phänomen von — auch Tempora mit einbeziehenden — textdeiktischen „Textverweisen". Außerdem geht er kurz auf — von kurzen Zusammenfassungen bis zu bloßen Titeln reichende — Textreduktionen ein.

K. Heger hat in verschiedenen Veröffentlichungen der siebziger Jahre, inspiriert durch Gedanken Hjelmslevs, eine über den Satz hinausreichende aszendente Hierarchie von sogenannten Signemrängen, d. h. Zeichenebenen entwickelt und diese verquickt mit einem von Tesnière übernommenen und mit Anleihen bei der Prädikatenlogik formulierten Aktantenmodell. Während er in Heger 1971 in der Entwicklung seiner Hierarchie nur skizzenhaft über die Ebene des Satzes hinausgeht, legt er in Heger 1974, im Zusammenhang mit der Analyse einer Fabel von Thurber, eine recht detaillierte Darstellung der Ränge oberhalb des Satzes vor. Auch die Zahl der Ränge hat sich in Heger 1974 noch erhöht. Es handelt sich, oberhalb der Satzstufe, um nunmehr insgesamt zwölf Ränge. Die Ränge entstehen aus dem jeweils vorhergehenden Rang durch die Addition einer spezifischen Differenz. Die Vielzahl der satztranszendenten Ränge ergibt sich zum Teil daraus, dass sie, ähnlich wie bei Koch 1971, durch eine unterschiedliche Zahl beteiligter Sprecher definiert sind, und zum Teil daraus, dass sie auch unterschiedliche Komplexe verschiedener Texte als Einheiten beherbergen. Bei der Analyse des erwähnten Fabeltextes hat sich allerdings gezeigt, dass die Annahme einer strikten Aufeinanderfolge der Ränge empirisch nicht zu halten war. Heger hat deshalb in einer späteren Schrift (Heger 1976) zwei bestimmte Gruppen von Rängen als — miteinander kombinierbare — Varianten eines jeweils einzigen Ranges reinterpretiert und dabei die Anzahl der satztranszendenten Ränge auf nur noch vier reduziert. In einer der Varianten des nunmehr ersten Ranges oberhalb des Satzes, dem sogenannten Aktantiellen Präsuppositionsgefüge, sollen auch die in Harweg 1968/1979 untersuchten substitutionellen Satzverknüpfungsmechanismen ihren Platz finden. Aufs Ganze gesehen spielen diese im Hegerschen System jedoch eine recht untergeordnete Rolle.

3. Strukturalistische Untersuchungen in den dominant nichtstrukturalistischen Folgephasen der Textlinguistik

Auf die — oft als transphrastisch bezeichnete — strukturalistisch-textinterne Anfangsphase der Textlinguistik folgen in den siebziger und achtziger Jahren dominant nichtstrukturalistisch-textexterne Phasen der Textlinguistik: die dominant pragmatische und die dominant kognitive. Aber auch in diesen dominant nichtstrukturalistischen Phasen erscheinen noch Untersuchungen, die, ganz oder teilweise, dem strukturalistischen Paradigma verpflichtet sind.

Zu diesen Untersuchungen gehören, um die Mitte der siebziger Jahre, u. a. zwei Bücher von E. Werlich: Werlich 1975 und Werlich 1976. Werlich entwirft darin eine Hierarchie von Texttypen, und obwohl er für die Begründung dieser oder zumindest einiger dieser Typen auf kognitive Kategorien rekurriert, geht er bei seinen textlinguistischen Analysen derselben — und auch bei seinen den Text als solchen betreffenden Analysen — im wesentlichen textintern-grammatisch vor, und sein grammatischer Zugriff ist, selbst im Falle seiner bestimmte Texttypen definierenden Basissätze, ein strukturalistisch-oberflächenstruktureller.

1976 erschien auch das Buch *Entpersönlichende Personenerwähnung im modernen französischen Roman* von J. Kahr, ein Buch, das textgrammatische Untersuchungen mit poetologischen vereint. Die textgrammatischen Untersuchungen rekurrieren auf Vorarbeiten von Harweg und Raible und konzentrieren sich, unter Rückgriff auf das Konzept der Substitution, auf die Möglichkeiten der Einführung und Wiedererwähnung von Personen im Roman.

Literarische Texte, diesmal allerdings deutsche und russische, untersucht, unter textsyntaktischen Gesichtspunkten, auch W. Birkenmaier (Birkenmaier 1979). Sein Buch ist der Frage gewidmet, wie die textlinguistisch höchst bedeutsame Opposition zwischen bestimmtem und unbestimmtem Artikel einer Artikelsprache wie der deutschen in einer artikellosen Sprache wie der russischen wiedergegeben werden könne. Sein Ergebnis ist: durch verschiedene Mittel, allerdings Mittel, die in der Regel eine jeweils begrenzte Gültigkeit haben. Eins derselben ist die Wortstellung, ein anderes — um nur zwei zu nennen — Betonung und Intonation. Es sind dies freilich Mittel, von denen in Artikelsprachen, wie z. B. der deutschen, ebenfalls Gebrauch gemacht wird, nur dass sie dort lediglich eine die morphologischen Mittel begleitende Rolle spielen.

Auf die Betonung als textgrammatisch relevanten Faktor geht auch G. Tschauder in seiner 1979 erschienenen Schrift *Existenzsätze* ein. Es ist eine Untersuchung, in der ein Phänomen, das bis dahin fast nur Sprachphilosophen interessiert hatte, auch aus der Sicht der Textlinguistik diskutiert wird. Dabei unterscheidet Tschauder verschiedene Ar-

3. Strukturalistische Linguistik und Textanalyse

ten und Formen von Existenzsätzen und diskutiert deren Grammatikalität.

Wawrzyniak (1980) untersucht, nach Vorstellung verschiedener Textmodelle, eine Reihe von Erscheinungen der Textbildung im Deutschen. Außer auf nominale geht er dabei auch auf verbale Verflechtungsmittel ein. Die letzteren konstituieren allerdings zum Teil (wie schon die Tempusgruppen von Weinrich 1964) eher Texttypen.

Ein bestimmtes Spezialphänomen, nämlich bestimmte Formen der Wortbildung, untersucht, aus textlinguistischer Sicht, C.-P. Herbermann in einem Kapitel seines Buches *Wort, Basis, Lexem* (Herbermann 1981, 284ff). Rekurrierend auf die Substitutionstheorie Harwegs (1968/1979), untersucht er darin komplexe Wortstämme, die, in Texten ad hoc gebildet, als syntagmatische Substituentia fungieren.

Im Jahre 1984 erscheint das Buch *Textsorten* von L. Gobyn. Der Autor prüft darin elf verschiedene textlinguistische Ansätze – die er alle ausführlich beschreibt und kommentiert – im Hinblick auf ihre Verwendbarkeit für eine exemplarische textsortenlinguistische Interpretation (die sein eigentliches Anliegen ist) eines bestimmten Märchens, des Märchens *Dornröschen* der Brüder Grimm. Die verschiedenen Ansätze, die er in diesem Zusammenhang diskutiert, sind – nach seiner Einteilung – textinterne, textexterne und solche, die beides sind. Die – überwiegend – textinternen und damit die am stärksten der strukturalistischen Linguistik verpflichteten Ansätze sind die von Daneš, Harweg, Weinrich und Werlich.

Texttypologischer Natur in einem weiteren Sinne ist die 1986 erschienene Untersuchung *Monolog und Dialog* von P. Canisius. Der Autor untersucht darin die beiden fundamentalen Textstrukturtypen des Monologs und des Dialogs, und zwar einerseits, zurückgreifend u. a. auf Arbeiten von Harweg, Brinkmann, Tesnière und Weinrich, unter strukturellen und andererseits, im Anschluss an Arbeiten von W. A. Koch und J. Piaget, unter genetischen Gesichtspunkten. Er bettet seine textlinguistischen Untersuchungen ein in Überlegungen zu Solitär- und Gemeinschaftshandlungen und betrachtet als Paradigma der letzteren die Spiele.

Im gleichen Jahr wie das Buch von Canisius erschien das Buch *Personalpronomina für Sachen* von H. Thun (Thun 1986). Es behandelt ein Spezialproblem der syntagmatischen Substitution, dasjenige der anaphorischen Verwendung bestimmter Personalpronomina der dritten Person für Sachen, an Stellen aus Texten unterschiedlicher Gattungen in Versionen verschiedener – hauptsächlich romanischer – Sprachen. Einen besonderen Raum nimmt dabei das anaphorisch verwendete Identitätspronomen *derselbe* ein.

Zurückgreifend auf Harweg 1970, erweitert G. Tschauder in seinem 1989 erschienenen Buch *Textverbindungen* das in Harweg 1970 skizzierte und von ihm selber als 'Makrotextologie' bezeichnete Konzept einer Großraumtextologie. Er untersucht die makrotextologische Rolle von Eigennamen und Gattungsnamen und diskutiert auch Zitate als Konstituenten von Makrotexten. Ein besonderes Kapitel widmet er fiktionalen Makrotexten. Die Untersuchung ist im wesentlichen textgrammatisch orientiert, aber auch die pragmatische Dimension bleibt nicht ganz außer Acht.

1993 veröffentlicht H. Weinrich, nachdem er 1982 bereits ein entsprechendes Buch über das Französische veröffentlicht hatte, eine *Textgrammatik der deutschen Sprache*. Das Buch ist, mit seinen Kapiteln über das Verb, das Nomen, das Adjektiv, das Adverb, die Syntax der Junktion und die Wortstellung, zwar schwerpunktmäßig eine Satzgrammatik (lediglich das Kapitel „Syntax des Dialogs" ist genuin textgrammatisch), aber es ist eine Satzgrammatik, die ihre Phänomene von Texten her beschreibt und die in den den abgedruckten Textausschnitten zur Seite gestellten „textgrammatischen Kommentaren" auch häufig textspezifische Erscheinungen behandelt. Das Buch versteht sich – unter anderem – auch als eine pragmatische Grammatik, aber seine Pragmatik ist lediglich eine als adressatenorientiert verlängert zu verstehende Semantik, eine sogenannte Instruktionssemantik. Das Buch gehört damit letztlich durchaus noch ins – mehr textintern orientierte – strukturalistische Paradigma.

In einem Aufsatz über Kontiguitätsanaphern hat E. Greber (1993) eine zentrale Kategorie der syntagmatischen Substitutionstheorie, die Kontiguitätssubstitutionen (Harweg 1968/1979, 192ff), also Beziehungen vom Typus *ein Auto : der Motor*, aufgegriffen. Sie differenziert deren Typologie und weist auf ihre – partiell rhematische – Leistung für den Textfortschritt hin. Zusammen mit interpretativen Identitätsanaphern, besonders solchen, die Satzinhalte wiederaufnehmen, interpretiert sie diese Anaphern als indirekte – und damit seitens des Rezipienten eine gewisse Inferenzleistung erfordernde – Anaphern.

Unter dem Titel *Substitution als Prinzip der Textkonstitution* hat I.-k. Ahn (1993), aufbauend auf dem Harwegschen Substitutionsmodell, versucht, dieses Modell, im Rahmen einer kontrastiven Analyse, auch auf das Koreanische anzuwenden. Sie hat ihre kleinraum- wie großraumtextologischen Ausführungen über das Phänomen der Substitution ergänzt um einen Abschnitt über Deixis und schließt mit Erörterungen von Implikationen für die Übersetzungstheorie.

Eine Reihe strukturalistisch orientierter Beiträge zur Textlinguistik enthält auch die 1994 erschienene Festschrift *Text und Grammatik* für R. Harweg. Darunter befinden sich Aufsätze wie die von H. Zhou über „Koreferenzbeziehung und Textprogression" (Zhou 1994), von C.-P. Herbermann über „Die dritte Person. Pronomina und Definitheit" (Herbermann 1994), von P. Canisius über „Relativpronomina, Personalpronomina, Kongruenz" (Canisius 1994) und von H. Kalverkämper (der dabei auf Kalverkämper 1978 zurückgreift) über „Eigennamen in Texten" (Kalverkämper 1994).

Eine Anwendung der Substitutionstheorie auf eine Erzählung von Thomas Mann, nämlich *Unordnung und frühes Leid*, bietet P. Koniszewski 1994, und Deskriptionssequenzen in dominant narrativen fiktionalen Texten aus dem deutschen, dem englischen und dem französischen Sprachraum behandelt P. Lücking 1995. Der Autor verbindet dabei die Konzepte der Identitäts- und der Kontiguitätssubstitution mit den Konzepten von Thema und Rhema sowie von Vordergrunds- und Hintergrundsperspektivierung.

Strukturalistisch-textlinguistisch orientiert sind auch die von P. Canisius verantworteten Teile in Canisius/Knipf 1996. Canisius geht dabei aus von der Harwegschen Substitutionstheorie, entwickelt diese jedoch, fußend auf vorangegangenen Aufsätzen (u. a. auf Canisius/Sitta 1991), partiell weiter, und zwar unter anderem um das interessante Konzept einer – als Umkehrung der Exophora oder Deixis begriffenen – Esophora. Außerdem versucht er nachzuweisen, dass bestimmte Verwendungsweisen anaphorischer Pronomina im Deutschen, u. a. die in Anfangssätzen personaler Erzählungen, keine „normalen" syntagmatischen Substituentia sind, sondern logophorische Pronomina (im Sinne von Hagège), d. h. drittpersonige Pronomina zitierter Rede, die den Zitierenden bezeichnen.

1999 schließlich ist das umfangreiche Buch *Textgrammatik – gesprochene Sprache – Sprachvergleich: Proformen im gesprochenen Französischen und Deutschen* von M. Schreiber erschienen. Es ist ebenfalls strukturalistisch-transphrastisch orientiert und arbeitet ebenfalls mit dem Konzept der syntagmatischen Substitution.

4. Zusammenfassung

Wie die vorstehende Übersicht zeigt, fällt die Schwerpunktphase der – manchmal auch transphrastisch genannten – strukturalistischen Textlinguistik zusammen mit der – in die zweite Hälfte der sechziger und den Anfang der siebziger Jahre fallenden – Anfangsphase der Textlinguistik. Die Übersicht zeigt jedoch auch, dass textlinguistische Untersuchungen mit strukturalistischem Schwerpunkt oder zumindest strukturalistischer Teilorientierung auch noch in den späteren Entwicklungsphasen der Textlinguistik, der pragmatischen und der kognitiven, erschienen sind. In den Untersuchungen mit lediglich strukturalistischer Teilorientierung steht diese Teilorientierung dann zumeist im Dienste einer übergeordneten anderen Orientierung. Diese wiederum ist jedoch nicht immer eine textlinguistische, etwa eine textlinguistische mit pragmatischer oder kognitiver Orientierung, ja sie ist nicht einmal immer eine linguistische, sie ist bisweilen auch – um nur ein Beispiel zu nennen – eine literaturwissenschaftliche.

5. Literatur (in Auswahl)

Agricola, Erhard (1969): Semantische Relationen im Text und im System. Halle (Saale).

Ahn, In-kyoung (1993): Substitution als Prinzip der Textkonstitution. Eine kontrastive Analyse zwischen Deutsch und Koreanisch. Bochum.

Birkenmaier, Willy (1979): Artikelfunktionen in einer artikellosen Sprache. Studien zur nominalen Determination im Russischen. München.

Bloomfield, Leonard (1933): Language. New York.

Brinkmann, Hennig (1965): Die Konstituierung der Rede. In: Wirkendes Wort 15, 157–172.

– (1966): Der Satz und die Rede. In: Wirkendes Wort 16, 376–390.

– (1967): Die Syntax der Rede. In: Satz und Wort im heutigen Deutsch. Düsseldorf, 74–94.

– (1971): Die deutsche Sprache. Gestalt und Leistung. 2. Auflage. Düsseldorf.

3. Strukturalistische Linguistik und Textanalyse

Canisius, Peter (1986): Monolog und Dialog. Untersuchungen zu strukturellen und genetischen Beziehungen zwischen sprachlichen Solitär- und Gemeinschaftshandlungen. Bochum.

– (1994): Relativpronomina, Personalpronomina, Kongruenz. In: Canisius, P./Herbermann, C.-P./Tschauder, G. (eds.), 133–160.

Canisius, Peter/Herbermann, Clemens-Peter/Tschauder, Gerhard (eds.) (1994): Text und Grammatik. Festschrift für Roland Harweg zum 60. Geburtstag. Bochum.

Canisius, Peter/Knipf, Elisabeth (1996): Textgrammatik. Ein Einführungskurs. Budapest.

Canisius, Peter/Sitta, Georg (1991): Textdeixis. Zum Verhältnis von Deixis, Substitution und Anaphora. In: Klein, E./Pouradier Duteil, F./Wagner, K. H. (eds.): Betriebslinguistik und Linguistikbetrieb. Tübingen, Bd. II, 143–152.

Francis, W. Nelson (1958): The Structure of American English. New York.

Fries, Charles Carpenter (1952): The Structure of English. London.

Gobyn, Luc (1984): Textsorten. Ein Methodenvergleich, illustriert an einem Märchen. Brüssel.

Greber, Erika (1993): Zur Neubestimmung von Kontiguitätsanaphern. In: Sprachwissenschaft 18, 361–405.

Gülich, Elisabeth (1970): Makrosyntax der Gliederungssignale im gesprochenen Französisch. München.

Harris, Zellig S. (1952): Discourse Analysis. In: Language 28, 1–30.

– (1957/1963): Discourse Analysis Reprints. The Hague.

Hartmann, Peter (1964): Text, Texte, Klassen von Texten. In: Bogawus 2, 15–25.

Harweg, Roland (1968/1979): Pronomina und Textkonstitution. 2. Auflage. München.

– (1968a): Textanfänge in geschriebener und in gesprochener Sprache. In: Orbis 17, 343–388.

– (1968b): Die Rundfunknachrichten. Versuch einer texttypologischen Einordnung. In: Poetica 2, 1–14.

– (1968c): Textologische Analyse einer Zeitungsnachricht. In: Replik 2, 8–12.

– (1969a): Bemerkungen zum sogenannten Identitätspronomen *derselbe*. In: Zeitschrift für Dialektologie und Linguistik 36, 269–303.

– (1969b): Nachfolgeradjektive. In: Folia Linguistica 3, 333–347.

– (1969c): Zum textologischen Status von *wieder*. Ein präliminarischer Beitrag zu einer Theorie polytoper Texte. In: Orbis 18, 13–45.

– (1970): Zur Textologie des Vornamens: Perspektiven einer Großraumtextologie. In: Linguistics 61, 12–28.

– (1971a): Die textologische Rolle der Betonung. In: Stempel, Wolf-Dieter (ed.): Beiträge zur Textlinguistik. München, 123–159.

– (1971b): Quelques aspects de la constitution monologique et dialogique de textes. In: Semiotica 4, 127–148.

– (1974): Bifurcations de textes. In: Semiotica 12, 41–59.

– (1975a): Nichttexte, Rudimentärtexte, wohlgeformte Texte. In: Folia Linguistica 7, 371–388.

– (1975b): Präsuppositionen und Rekonstruktion. Zur Erzählsituation in Thomas Manns *Tristan* aus textlinguistischer Sicht. In: Schecker, Michael/Wunderli, Peter (eds.): Textgrammatik. Tübingen, 166–185.

– (1977): James Thurbers „The Lover and His Lass" – textgrammatische Bemerkungen zur Konstitution eines literarischen Textes. In: Van Dijk, Teun A./Petöfi, János S. (eds.): Grammars and Descriptions. Berlin/New York, 226–259.

– (1982): Zur Textologie der postkomparativischen Vergleichsausdrücke. In: Wirkendes Wort 32, 238–249.

– (1983): Textkonstitution im Deutschen Bürgerlichen Gesetzbuch. In: Fachsprache 5, 145–161.

– (1989): Subordinate and Embedded Coreference. In: Conte, Maria-Elisabeth/Petöfi, János S./Sözer, Emel (eds.): Text and Discourse Connectedness. Amsterdam, 65–81.

– (1991): Individuum, Allo-Individuum, Archi-Individuum. Bezeichnung, Perspektivik, Substitution. In: Eimermacher, Karl/Grzybek, Peter (eds.): Zeichen – Text – Kultur. Bochum, 187–212.

Heger, Klaus (1971): Monem, Wort und Satz. Tübingen.

– (1974): Signemränge und Textanalyse. In: Gülich, Elisabeth/Heger, Klaus/Raible, Wolfgang: Linguistische Textanalyse. Überlegungen zur Gliederung von Texten. Hamburg, 1–71.

– (1976): Monem, Wort, Satz und Text. 2. Auflage. Tübingen.

Herbermann, Clemens-Peter (1981): Wort, Basis, Lexem und die Grenze zwischen Lexikon und Grammatik. Eine Untersuchung am Beispiel der Bildung komplexer Substantive. München.

– (1994): Die dritte Person. Pronomina und Definitheit. In: Canisius/Herbermann/Tschauder (eds.), 89–131.

Hjelmslev, Louis (1943/1953): Prolegomena to a Theory of Language. Baltimore.

Kahr, Johanna (1976): Entpersönlichende Personenerwähnung im modernen französischen Roman. Untersuchungen zur Grammatik und Poetik narrativer Texte. Amsterdam.

Kalverkämper, Hartwig (1978): Textlinguistik der Eigennamen. Stuttgart.

— (1994): Eigennamen in Texten. In: Canisius/Herbermann/Tschauder (eds.), 205–238.

Karlsen, Rolf (1959): Studies in the Connection of Clauses in Current English. Zero, Ellipsis and Explicit Form. Bergen.

Koch, Walter A. (1965): Preliminary Sketch of a Semantic Type of Discourse Analysis. In: Linguistics 12, 5–30.

— (1966a): Einige Probleme der Textanalyse. In: Lingua 16, 383–398.

— (1966b): Recurrence and a Three-Modal Approach to Poetry. The Hague, Paris.

— (1968): Problems in the Hierarchization of Text Structures. In: Orbis 17, 309–342.

— (1971): Taxologie des Englischen. Versuch einer einheitlichen Beschreibung der englischen Grammatik und englischer Texte. München.

Koniszewski, Petra (1994): Textkonstitution und Substitution, am Beispiel von Thomas Manns Erzählung „Unordnung und frühes Leid". Frankfurt am Main.

Lücking, Peter (1995): Deskriptionssequenzen in fiktionalen Texten. Bochum.

Pike, Kenneth L. (1954–1960): Language in Relation to a Unified Theory of the Structure of Human Behavior. Part I–III. Glendale, California.

Raible, Wolfgang (1972): Satz und Text. Untersuchungen zu vier romanischen Sprachen. Tübingen.

Schreiber, Michael (1999): Textgrammatik – gesprochene Sprache – Sprachvergleich: Proformen im gesprochenen Französischen und Deutschen. Frankfurt am Main.

Thun, Harald (1986): Personalpronomina für Sachen. Ein Beitrag zur romanischen Syntax und Textlinguistik. Tübingen.

Tschauder, Gerhard (1979): Existenzsätze. Eine textgrammatische Untersuchung vor dem Hintergrund bestimmter Positionen der modernen Sprachphilosophie. München.

— (1989): Textverbindungen. Ansätze zu einer Makrotextologie, auch unter Berücksichtigung fiktionaler Texte. Bochum.

Wawrzyniak, Zdzisław (1980): Einführung in die Textwissenschaft. Probleme der Textbildung im Deutschen. Warszawa.

Weinrich, Harald (1964): Tempus. Besprochene und erzählte Welt. Stuttgart.

— (1982): Textgrammatik der französischen Sprache. Stuttgart.

— (1993): Textgrammatik der deutschen Sprache. Unter Mitarbeit von Maria Thurmair, Eva Breindl, Eva-Maria Willkop. Mannheim/Leipzig/Wien/Zürich.

Werlich, Egon (1975): Typologie der Texte. Entwurf eines textlinguistischen Modells zur Grundlegung einer Textgrammatik. Heidelberg.

— (1976): A Text Grammar of English. Heidelberg.

Zhou, Hengxiang (1994): Koreferenzbeziehung und Textprogression. In: Canisius/Herbermann/Tschauder (eds.), 29–50.

Roland Harweg, Bochum
(Deutschland)

4. Der Beitrag der Prager Schule zur Textlinguistik

1. Der Prager Linguistenkreis und sein Interesse am 'Text'
2. Die Auffassung über Sprache als funktionales System
3. Ältere und neuere textlinguistische Forschungslinien der Prager Linguistik
4. Literatur (in Auswahl)

1. Der Prager Linguistenkreis und sein Interesse am 'Text'

Obwohl in den ersten Publikationen des Prager Linguistenkreises von Text und Textlinguistik nicht explizit gesprochen wird, sind die Anstöße für die sich entwickelnden Forschungsdisziplinen von großer Bedeutung. Sie sind zunächst in dem spezifischen Ansatz der Prager Schule gegenüber den anderen Zentren des sogenannten Strukturalismus begründet: Im Gegensatz zu den eher statischen Konzeptionen de Saussures mit seinen strikten Trennungen von Synchronie und Diachronie betonen V. Mathesius, B. Trnka, B. Havránek, R. Jakobson und dazu N. Trubeckoj, die sich 1926 zum Prager Linguistenkreis (Pražský lingvistický kroužek) zusammenschlossen, von Anfang an den funktionalen und dynamischen Charakter der Sprache, der auch Berührungen und Übergänge zwischen sonst getrennten Bereichen vorsieht, so zwischen der Phonologie und der Morphologie, zwischen der Morphologie und der Syntax und zwischen der Syntax und diese überschreitende Entitäten, wobei das Textuelle eher als Folie in den Blick tritt. Die Erfassung des Satzes in kommunikativer Hinsicht führte zwangsläufig zur Ausarbeitung von Konzeptionen, in denen vor allem der „Ausgangspunkt" für die Strukturierung größerer Komplexe herangezogen wurde.

Gemeinsam mit den anderen Zentren der strukturellen Linguistik ist die Reserve gegenüber den quasi naturwissenschaftlichen Regeln, die die Junggrammatiker aufgestellt hatten, aber auch gegenüber den unklaren Abgrenzungen zur Psychologie, Logik und Soziologie. Die Sprachwissenschaft wird als autonome Wissenschaft begriffen (vgl. Helbig 1974, 51).

Die Betonung der funktionalen Seite der Sprache führte neben den syntagmatischen Konzepten der Funktionalen Satzperspektive (aktuální členění větné) und ihren Nutzungen und Weiterentwicklungen auch zu paradigmatischen Klassifizierungen der Sprachfunktionen schlechthin: dem Unterschied zwischen gesprochener und geschriebener Sprache und der Differenzierung nach den jeweiligen primären Zielsetzungen der Äußerungen, der Viergliederung in Alltags-, Sach-, Wissenschafts- und Dichtersprache. Wie es im syntagmatischen Bereich sodann zur Erstellung von Paradigmen, nämlich zur Konstitution der Typen der „thematischen Progression" kommt, so umgekehrt beim paradigmatisch differenzierenden Vorgehen zu Ausarbeitungen in je speziellen Bereichen, etwa bei der Erforschung der Sprache der schönen Literatur als dem wichtigsten Sektor der Literatursprache, vor allem durch J. Mukařovský. Auch hier sind es wieder „prototypische" Differenzierungen, die für die Unterscheidung von epischer Prosa (Betonung des Inhalts) und Lyrik (Betonung des Ausdrucks) wichtig sind.

In allen diesen Bereichen geben Prager Linguisten in den zwanziger und dreißiger Jahren wichtige Anstöße, die jedoch zum Teil erst später rezipiert werden, in voller Breite erst nach dem zweiten Weltkrieg, und hier vor allem durch eine jüngere tschechische Forschergeneration.

2. Die Auffassung über Sprache als funktionales System

Diese Überschrift trägt der erste Abschnitt der „Thesen des Prager Linguistenkreises zum I. Internationalen Slawistenkongress" (Thesen [1929] 1976). In den ersten Sätzen ist das Programm in komprimierter Form enthalten: „Als Produkt der menschlichen Tätigkeit ist die Sprache wie diese zielgerichtet. Untersucht man die Sprache als Ausdruckstätigkeit oder als Kommunikation, so ist es die Absicht des Sprechers, sich möglichst deutlich, leicht und natürlich auszudrücken. Deshalb muss man den funktionalen Gesichtspunkt bei der linguistischen Analyse berücksichtigen. Unter diesem Gesichtspunkt ist die Sprache ein System von Ausdrucksmitteln, die auf ein bestimmtes Ziel gerichtet sind. Kein sprachliches Faktum ist ohne Berücksichtigung des Systems, zu dem es gehört, zu verstehen" (Thesen [1929] 1976, 43). Hier ist nicht nur der klassische strukturalistische Systemgedanke formuliert, sondern auch ein sehr modern wirkender pragmatischer. Im Folgenden wird darauf abgehoben, dass „die synchronische Analyse der Gegenwartssprache" den besten Zugang biete (44), andererseits könne „die synchronische Beschreibung den Begriff der Entwicklung nicht mehr völlig ausschließen, weil selbst in einem synchronisch betrachteten Ausschnitt immer das Bewusstsein von einem im Schwinden begriffenen Stadium, von einem gegenwärtigen Stadium und von einem sich herausbildenden Stadium vorhanden ist" (45). Der funktionale Gesichtspunkt wird sodann für den lautlichen Aspekt der Sprache, sowie für die Klassifikation der Wörter und deren Verbindung herangezogen. Die grundlegende syntagmatische Handlung sei die Prädikation, wobei die Funktion des grammatischen Subjekts zu berücksichtigen sei: „Am besten tritt die Funktion des Subjekts hervor, wenn man die aktuelle Gliederung des Satzes in Thema und Aussage mit der formalen Gliederung in grammatisches Subjekt und Prädikat vergleicht" (50).

2.1. Thema und Rhema

Damit werden die kurz zuvor von V. Mathesius herausgearbeiteten Unterschiede zwischen dem Tschechischen mit seiner „nichterstarrten Wortfolge" zum Englischen bzw. Französischen benannt, mit denen in der slawischen Sprache Konkurrenzen zwischen Thema und grammatischem Subjekt ausgeschaltet werden können. Das auf die kommunikative „aktuelle" Gliederung des Satzes abgestellte dichotomische Paar wird etwas später mit den Ausdrücken Thema und Rhema belegt (zur Terminologie vgl. Daneš et al. 1974, zur Forschungsgeschichte, zu Vorläufern und parallelen Entwicklungen vgl. Eroms

1986). Deutlich wird jedoch von Anfang an die Funktion des Themas als Ausgangspunkt, „the basis of the utterance or theme ..., i. e. things relatively familiar or most readily available to the speaker as the starting point" (Mathesius [1929] 1983, 127).

So gesehen ist das Thema der diskursiv relevante Term, während die prädikative Aussage den eigentlich syntaktischen Schwerpunkt bildet. Mathesius unterscheidet zunächst „objektive" Wortstellung, d. h. eine solche, bei der der Satz mit dem Thema beginnt, und eine „subjektive", die mit dem Rhema einsetzt. Von daher ergeben sich nicht nur generelle sprachtypologische Bewertungen, sondern auch spezielle stilistische Deutungen über die Variationsmöglichkeiten in den einzelnen Sprachen.

Diese Dichotomisierung stellt in nuce eine Schwerpunktverteilung der syntaktischen und der textuellen Primärinteressen dar: Die Syntax befasst sich stärker mit dem rhematischen, die Textlinguistik mit dem thematischen Material des Satzes. Für die sich entwickelnde Textlinguistik haben die Untersuchungen der thematischen Aspekte des Satzes immer wieder auf diese Grundeinsicht von V. Mathesius zurückgegriffen.

Mathesius (1929) hat mit dem Konzept der Funktionalen Satzperspektive die Unterschiede im Satzbau zwischen dem Englischen und den slawischen Sprachen und auch des Deutschen, das darin eine Mittelstellung einnimmt, beschrieben. Im Englischen ist eine deutliche Tendenz fühlbar, „das Thema der Satzaussage womöglich zum grammatischen Subjekt des Satzes zu machen" (Mathesius 1929, 202). Von daher erklären sich die vielfältigen Passivtypen des Englischen, außer dem persönlichen Passiv Bildeweisen wie *I am told, I have been given the advice*, wo im Deutschen unpersönliche Fügungen stehen *(es ist mir gesagt worden)* oder Konstruktionen wie *everywhere he had crowds hanging on his lips*, Fügungen mit *so see, to feel, to find, to catch (Jack found himself looking out of the window again)*. Auch Ausdrucksweisen wie *I am warm enough (es ist mir warm genug), he is long in coming (es dauert lange, bis er kommt)* gehorchen der Tendenz, thematische Subjekte entstehen zu lassen. Mathesius hat dabei sowohl den Satz als auch die „zusammenhängende Sprache", den Text, im Auge. Denn durch die aufgewiesenen Tendenzen ergibt sich im Englischen vielfach ein gleichförmigerer Textbau als in den genannten anderen Sprachen.

2.2. Funktionalstilistik

In den Thesen zum I. Slawistenkongress wird besonderer Nachdruck auf die funktionale Schichtung der Sprache gelegt. Der Zugriff erfolgt mit Merkmalspaaren wie intellektuelle versus emotionale Sprache, mündliche versus schriftliche Erscheinungsweise, dialogische versus monologische Redetätigkeit (Thesen [1929] 1976, 51−53), mitteilende Sprache und Dichtersprache, erstere untergliedert in praktische und theoretische Sprache (vgl. Horálek 1976, 26) und vor allem eine teilweise in Kreuzklassifikation dazu liegende Dichotomie Volkssprache − Literatursprache. Diese ist „Ausdruck des kulturellen Lebens und der Zivilisation (der wissenschaftlichen, philosophischen und religiösen, der politischen und sozialen, juristischen und administrativen Tätigkeit und der entsprechenden Ergebnisse des Denkens)" (Thesen [1929] 1976, 53 f), dadurch ergebe sich die „Intellektualisierung" des entsprechenden Wortschatzes. Die Dichtersprache nun ist ein hervorgehobenes Gebiet der Literatursprache, von der „Sprache der Mitteilung" ist sie u. a. dadurch abgegrenzt, dass ihr „organisierende[s] Merkmal ... nicht auf das Bezeichnete, sondern auf das Zeichen selbst zielt" (Thesen [1929] 1976, 59).

Diese Aussagen sind der Keim der Funktionalstilistik und der Theorie über die Sprache der schönen Literatur, sie geben aber auch einen Ansatz für die Entwicklung der Beschäftigung mit der Sprachkultur. Havránek unterschied auf dem Gebiet der nichtkünstlerischen Kommunikation zunächst Alltagssprache, Sachsprache und Wissenschaftssprache. Auch auf die journalistische Sprache geht er etwas später ein (Havránek [1932] 1983, 158). Er gibt genauere Bestimmungen, was unter Intellektualisierung zu verstehen sei: die Anpassung des Wortschatzes, in gewisser Hinsicht auch der anderen sprachlichen Ausdrucksmittel an die Erfordernisse klarer und präziser Ausdrucksbedürfnisse; dies gipfele in der Wissenschaftssprache. Auch die anderen Funktionalsprachen sind von dominanten Wirkungsbereichen her bestimmt, die sich in vorherrschenden 'Stilen' zeigen, wobei sich Berührungen mit den Bühlerschen Kategorien ergeben: Im Fachstil dominiert die Darstellung, im Direktivstil die Aufforderung und im emotionalen Stil die Expression. Ein anderer funktionaler Bewertungsmaßstab ergibt sich durch das Kategorienpaar „Automatisierung" und „Deautomatisierung" („foregrounding") (Havránek [1932] 1983, 147−151). Automatisierung meint die

Abschleifung aller denkbaren spracheigenen Werte, so dass allein der intendierte kommunikative Zweck zählt, während bei der Deautomatisierung der Blick auf die Sprachmittel selber gelenkt wird, was nicht nur in poetischer Sprache, sondern etwa auch beim Verfassen von Essays der Fall sei. Dadurch ergeben sich ganz verschiedenartige kommunikative Stile, die jeweils nur auf ihre Funktionen hin beurteilt, nicht aber gegeneinander ausgespielt werden dürften (Havránek [1932] 1983, 151–162). Die vor allem von J. Mukařovský betriebene systematische Erforschung der Dichtersprache nimmt Anstöße des russischen Formalismus auf und diskutiert den Abweichungscharakter der Sprache der schönen Literatur. Aber auch hier dominiert der funktionale Gesichtspunkt, indem die „ästhetische Funktion" gleichsam dialektisch die anderen Funktionen negiert (Horálek 1976, 38).

3. Ältere und neuere textlinguistische Forschungslinien der Prager Linguistik

3.1. Der Textbegriff der Prager Schule

Während die zuletzt angeführten Strömungen den Textbegriff entweder global voraussetzen oder letztlich literaturwissenschaftlich einbinden, sind die Entwicklungen auf dem Gebiet der Funktionalen Satzperspektive genuine Beiträge zur Textlinguistik, wenn auch eher indirekte, mittelbare. Doch konnte J. Vachek, der selber als einer der Hauptvertreter der Prager Schule sich der Erforschung der Spezifik geschriebener Sprache widmete (Vachek 1973) V. Mathesius 1994 mit Recht „as one of the forerunners of modern textological research" bezeichnen (Vachek 1994, 67). Im Besonderen weist er auf Überlegungen zur Gliederung von Texten und zur Themenentfaltung hin. Hier unterscheidet Mathesius zwei Prozeduren, entweder das Basisthema eines Abschnittes Schritt für Schritt zu entfalten oder aber, induktiv, auf eine thematische Zusammenfassung hinzuführen (Vachek 1994, 69). Der zentrale Ansatzpunkt ist mithin auch hier die thematische Fokussierung, hier nun deutlich in textueller Hinsicht (Mathesius 1942).

Zur Klärung des Textbegriffs der Prager Linguistik weist Hausenblas darauf hin, dass man theoretisch zwischen 'Kommunikat' und 'Text' zu unterscheiden habe. Das Kommunikat sei das bloße Resultat der Informationsübermittlung, während Text der „spezifische Strukturcharakter der Kommunikate, ihre 'Textur', die Zusammengehörigkeit, die Verknüpftheit der Bestandteile des Ganzen, der syntagmatische Charakter des Textes (im weiteren Sinne)" sei (Hausenblas 1977, 147). Ganz im Sinne von Mathesius sieht Hausenblas, dass der Text schrittweise „wachse". „Der Text wird durch die Aufeinanderfolge von Elementen gebildet" (Hausenblas 1977, 148), noch wichtiger ist, dass sich dies nicht nur formal zeige, „auch der Sinn des Textes wird sukzessive durch Erweiterung und Veränderung des bisher Mitgeteilten entfaltet" (148). „Diese prozessuale Dynamik stellt eine der Haupteigenschaften der Textstruktur dar" (148). Die inhaltliche Seite des Textes wird konsequenterweise am Begriff des Themas festgemacht. Hausenblas verwirft alle statischen Bestimmungen, etwa Thema als 'Gegenstand' der Mitteilung, als etwas außerhalb des Textes Liegendes. Er betont dagegen seinen dynamischen Charakter, bei dem vom Ausgangspunkt als dem einen Pol eines Textes bis zu seinem anderen Pol, den Kern der Mitteilung, fortgeschritten werde (151).

Während hier der Textbau fast analog zum Aufbau des Satzes gesehen wird, ist die Auffassung, dass nur dem Text ein 'Sinn' zukomme, nämlich „eine situations- und/oder kontextbedingte Bedeutung" (Daneš 1977, 157), konsequent textlinguistisch gedacht. Daneš, der von einer eher semiotischen Perspektive her argumentiert und daher zwischen 'Text' und 'Äußerung' (Kommunikat) nicht trennen will, spricht über den Text als 'Textereignis' und als 'Text in potentia', setzt also die de Saussursche Dichotomie von langue und parole, die Satzebene einschließend, auch für die oberste linguistische Ebene an, nämlich eine virtuell-abstrakte und eine konkret-realisierte Version.

3.2. Die Funktionale Satzperspektive und der Textbau

Daneš betont, „the relevance of functional sentence perspective for the organization of discourse (or text) is beyond doubt" (Daneš 1974, 106). Von den drei relevanten Aspekten der Funktionalen Satzperspektive gehen zwei auf Mathesius zurück, auch in terminologischer Hinsicht: Erstens, die Gliederung des Satzes unter kommunikativen, diskursfunktionalen Gesichtspunkten in die Kategorien 'bekannte' – 'neue' Information (given information – new information). Dabei ist der Ausgangspunkt der Mitteilung (východisko) aus der bekannten Informationsmenge genommen, von ihr geht der Sprecher aus. Dies ist eine Sichtweise, die auf den Informationsausgleich abgestellt ist. Zweitens, die satzorganisierende Kategorisierung, bei der das, worüber im Satz gesprochen wird (základ, téma) dem Bereich gegenübergestellt wird, mit dem der Sprecher etwas über das Thema sagt (jádro, später Rhema). (Im einzelnen und zur terminologischen Klärung vgl. Daneš 1974). Dazu tritt drittens das Konzept des „Kommunikativen Dynamismus" (vgl. 3.3.). Der erste Aspekt betont die kontextuelle Einbindung des Satzes, der zweite seine kommunikative Organisation, der dritte die Skalierung und Relationalisierung seiner Bestandteile unter Thema-Rhema-Gesichtspunkten. Dass beim Thema die Kategorien der Bekanntheit und des Ausgangspunkts zu unterscheiden sind, ist vor allem darin begründet, dass es auch Themata gibt, die nicht bekannte Information vermitteln (Firbas 1964), wenn dies auch die Ausnahme ist. Im Normalfall ist das Thema als bekanntes Element entweder direkt vorerwähnt oder aus dem Kontext oder der Situation ableitbar. In jedem Fall lässt sich sagen, dass dann auch das Thema als Ausgangspunkt, als Element betrachtet, das den Satz eröffnet, diesen mit dem Kontext und der Situation verbindet. Doch ist die Wahl des Themas nicht als bloße Automatik zu verstehen, sondern generell als Auswahl aus einer Fülle von Möglichkeiten (Beneš 1959, 216).

Daher ist der Satzbeginn, auch in seiner realen Topologie, bereits in den ersten Arbeiten der Prager Schule zur Funktionalen Satzperspektive besonders beachtet worden (vgl. Beneš 1959). Dies gilt bis hin zu Ansätzen, die mit semantischen Tiefenstrukturen arbeiten (Sgall/Hajičová/Benešová 1973). Die für die Abgrenzung des Themas und des Rhemas herangezogenen Kriterien sind nicht immer überzeugend, jedenfalls gibt es keine automatisierbare Prozedur. Insbesondere wird der Fragetest kritisiert. Dressler (1974, 91) schlägt statt dessen den „responsiven Auslassungstest" vor, bei dem normalerweise alles bis auf das „rhematisierte" Satzglied ausgelassen werden kann: *Hans hat Maria gesehen. – Wen hat Hans gesehen? – Maria (hat Hans gesehen).* Achtet man auf die Intonationskontur des Satzes, ist das Rhema durch den Betonungsgipfel, den es trägt, auch in schwierigen Fällen zu ermitteln. Allerdings ist oft seine Reichweite problematisch. Das Thema dagegen lässt sich gleichsam immer nur „errechnen". Es steht tendenziell am Satzanfang, als topic, es ist gewöhnlich, aber nicht automatisch Subjekt, es ist unbetont. Diese Nichtfestgelegtheit, die es schwerer als das Rhema bestimmen lassen, machen es andererseits für seine Aufgaben in textueller Hinsicht geeigneter. (Zu den textuellen Bedingungen der Funktionalen Satzperspektive vgl. ferner Dressler 1994.)

3.3. Der „Kommunikative Dynamismus"

Ihren konsequentesten Ausdruck hat die „dynamische" Sichtweise des Satzes, d. h. die Bewertung seiner kontextuellen Einbindung mit allen seinen Teilen im Konzept des 'Kommunikativen Dynamismus' gefunden, das von J. Firbas entwickelt worden ist. Mit dieser Auffassung wird der Tatsache Rechnung getragen, dass in jedem Satz eines Textes ein jeweils neues relatives Gewichtungsverhältnis zwischen den Satzgliedern aufgebaut wird. Dabei werden die grammatischen Kategorien, insbesondere das Subjekt und die Objekte, sowie die Adverbialia danach bewertet, ob sie neu in den Text eingeführt oder wieder aufgenommen werden. Sie werden mit Regularitäten der Wortstellung und der Intonation so verrechnet, dass alle Teile des Satzes auf eine Skala projiziert werden können, auf der sich der Fortgang der Informationsvermittlung erkennen lässt. Diese kontextbezogene kommunikative Qualität des Satzes bezeichnet Firbas als Kommunikativen Dynamismus (CD): „By CD I understand a property of communication, displayed in the course of the development of the information to be conveyed and consisting in advancing this development. By the degree or amount of CD carried by a linguistic element, I understand the relative extent to which the element contributes to the development of the communication, to which, as it were, it 'pushes the communication forward'" (Firbas 1971, 135 f).

Die Interdependenz mit den angeführten grammatischen Kategorien und weiter mit den unterschiedlichen Typen des verbalen Wortschatzes ist der Ausgang für die CD-Bewertung; die jeweils aktuelle, d. h. gültige relative Gewichtung ergibt sich erst im konkreten Satz auf Grund seiner kontextuellen Einbindung. Ausgehen lässt sich von den Fällen, bei denen ein 'bekanntes' Subjekt an der Satzspitze steht und ein 'unbekanntes' Objekt oder Handlungsziel durch das Verb verbunden sind. In diesen Fällen steigt die CD von links nach rechts linear gleichmäßig an. Gleichzeitig lässt sich darin eine Dreiteilung erkennen, bei der das Verb das Verbindende oder Durchgangselement (transition) darstellt. Wortstellung und Intonation sind die klarsten Indikatoren, sie laufen zumeist parallel, es begegnen aber auch Elemente mit dem Intonationsschwerpunkt, dem Rhemagipfel, an der Satzspitze. Auch das Subjekt ist nicht ausnahmslos das Glied mit dem niedrigsten Grad an CD. Die sogenannten Verben des In-Erscheinung-Tretens geben eine gleichsam invertierte CD-Bewertung ab: *Ins Zimmer kam ein Mädchen*. Auch für den Sprachvergleich ist die Erfassung der CD-Werte aufschlussreich. So lassen sich unterschiedliche Anordnungsregularitäten erklären, vor allem für den Satzbeginn. Immer aber ist die Tendenz zu erkennen, eine ideale CD herzustellen, d. h. eine von links nach rechts stetig ansteigende. Damit wird einerseits kognitiv-psychologischen Auffassungen Rechnung getragen, indem zwischen den CD-bewerteten Gliedern ein Fortschreiten, das gleichzeitig das Lösen einer Spannung darstellt, nachgezeichnet wird. Andererseits wird hier deutlich der textuelle Ort des Satzes beachtet, weil jedes Glied des Satzes auf Vorerwähntheit oder Neuheit und dazu stets in einer relativen Skalierung zu bewerten ist. Schließlich ergibt sich von daher eine klare Funktionsbelegung des Themas: Es ist das Glied mit der geringsten CD. Dadurch ist es für den Bau des Textes besonders relevant; die Glieder mit höherer CD bis hin zum Rhemagipfel lassen sich auch von dieser Sichtweise aus primär von ihren satzbezogenen Aufgaben her erfassen.

3.4. Die thematische Progression

Für die Erfassung der Struktur eines Textes in Bezug auf die Verkettung seiner thematischen Elemente hat in den sechziger Jahren, also verhältnismäßig spät, F. Daneš die Themata der aufeinanderfolgenden Sätze als stützendes Gerüst eines Textes erfasst (Daneš 1968; Daneš 1970). Im Sinne sowohl der frühen Prager Linguisten, vor allem aber Firbas' Auffassungen, geht er davon aus, dass das jeweilige Thema der Sätze für den Aufbau des Textes besonders wichtig ist, weil seine „Informationsbelastung" niedrig ist. „In dieser Hinsicht kann jeder Text (und seine Abschnitte) als eine Sequenz von Themen betrachtet werden. Die eigentliche thematische Struktur des Textes besteht dann in der Verkettung und Konnexität der Themen, in ihren Wechselbeziehungen und ihrer Hierarchie, in den Beziehungen zu den Textabschnitten und zum Textganzen, sowie zur Situation" (Daneš 1970, 74). Daneš unterscheidet die folgenden vier Typen, für die hier seine Beispiele etwas vereinfacht beigegeben werden:

(1) Die einfache lineare Progression (oder die Progression mit einer linearen Thematisierung):

Alle Stoffe bestehen aus Atomen. Diese kleinen Teilchen der Materie sind aber noch nicht die letzten Einheiten.

Bei diesem Progressionstyp wird das Rhema der ersten Aussage zum Thema der zweiten usw. Schematisch:

$$T_1 \rightarrow R_1$$
$$\downarrow$$
$$T_2 (= R_1) \rightarrow R_2$$
$$\downarrow$$
$$T_3 (= R_2) \rightarrow R_3$$
$$\vdots$$

Abb. 4.1: Lineare Progression

(2) Der Typus mit durchlaufendem Thema:

Goethe war überzeugt von dem Fortschritt der menschlichen Entwicklung. Er trat für die Erziehung des Menschengeschlechts zur friedlichen Entwicklung ein ... Sein Humanismus ging aus ... Der Dichter nannte sich ...

Hier wird einem konstanten oder leicht aus dem ersten ableitbaren Thema in der Abfolge der Sätze ein jeweils neues Rhema zugewiesen.

$$(T_1 \rightarrow R_1)$$
$$\downarrow$$
$$T_2 (= R_1) \rightarrow R_2$$
$$\downarrow$$
$$T_2 (= R_1) \rightarrow R_3$$
$$\downarrow$$
$$T_2 (= R_1) \rightarrow R_4$$

Abb. 4.2: Durchlaufendes Thema

(3) Die Progression mit abgeleiteten Themen, d. h. von Themen, die von einem 'Hyperthema' abgeleitet sind:

Die sozialistische Republik Rumänien liegt ... Die Bodenfläche des Landes beträgt ... seine Bevölkerungszahl ... Die Staatsgrenze hat eine Gesamtlänge von ...

```
        (T)
      ↙ ↓ ↘
T₁ → R₁
       T₂ → R₂
              T₃ → R₃
```

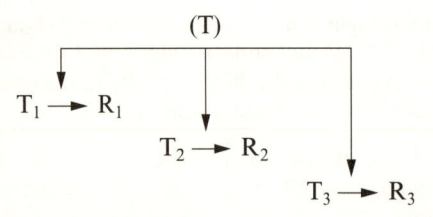

Abb. 4.3: Hyperthema

(4) Die Entwicklung eines gespaltenen Rhemas. Hier wird ein formales oder komplexes Rhema im Textfortgang entfaltet, d. h. das erste Rhema enthält ein potentielles Doppel- oder Mehrfachthema:

Die Lebensfähigkeit ist bei pathogenen Viren sehr unterschiedlich. Poliomyelitisviren sterben bei trockener Luft sofort ab ... bei Grippeviren ist es hingegen umgekehrt.

$$T_1 \rightarrow R_1 (=R_1' + R_1'')$$
$$\downarrow$$
$$T_2' \rightarrow R_2'$$
$$\vdots$$
$$T_2'' \rightarrow R_2''$$

Abb. 4.4: Gespaltenes Rhema

(5) Thematische Progression mit einem thematischen Sprung. Daneš fasst diesen Typ als Progressionskette, bei der ein oder mehrere Glieder ausgelassen sind:

$$T \rightarrow R_1$$
$$\downarrow$$
$$T_2 \rightarrow R_2$$
$$\vdots$$
$$\downarrow \ldots \rightarrow$$
$$\vdots$$
$$\downarrow$$
$$T_4 \rightarrow R_4$$

Abb. 4.5: Thematischer Sprung

Derartige „Sprünge" sind ausnehmend häufig. Spätere Untersuchungen (Eroms 1991; Daniel 1997) haben gerade in diesem Bereich weitere Untertypen ermittelt, die darauf hinweisen, dass die prototypisch einfachsten Progressionsformen (Typ 1 und Typ 2) mit teilweise komplexeren verbunden sind, die in Kohärenz zu einem ermittelbaren Hyperthema stehen und beim Textrezipienten ein mehrdimensionales Verfolgen der thematischen Verkettungen veranlassen. Die Konzeption der thematischen Progression hat sich gerade aus diesem Grunde für die Weiterentwicklung der Textlinguistik als sehr fruchtbar erwiesen.

4. Literatur (in Auswahl)

Beneš, Eduard (1959): Začátek německé věty z hlediska aktuálního členění větného (mit deutscher Zusammenfassung: 'Der Satzbeginn im Deutschen, von der Mitteilungsperspektive her betrachtet'). In: Časopis pro moderní filologii 41, 205–217.

Daneš, František (1968): Typy tematických posloupností v textu. In: Slovo a slovesnost 29, 125–141.

– (1970): Zur linguistischen Analyse der Textstruktur. In: Folia Linguistica 4, 72–78.

– (1974): Functional Sentence Perspective and the Organization of the Text. In: Daneš, František (ed.), 106–128.

– (1977): Zum Status der Textebene. In: Daneš, František/Viewweger, Dieter (eds.): Probleme der Textgrammatik II, Berlin, 153–158.

– et al. (1974): Zur Terminologie der FSP. In: Daneš, František (ed.), 217–222.

– (ed.) (1974): Papers on Functional Sentence Perspective. Prag.

Daniel, Beatrix (1997): Diachrone Untersuchungen zur thematischen Progression in Predigten. Diss. Passau.

Dressler, Wolfgang (1974): Funktionelle Satzperspektive und Texttheorie. In: Daneš, František (ed.), 87–105.

– (1994): Functional Sentence Perspective within a Model of Natural Textlinguistics. In: Čmejrková, Světla/Štícha, František (eds.): The Syntax of Sentence and Text. A Festschrift for František Daneš. Amsterdam/Philadelphia, 91–104.

Eroms, Hans-Werner (1986): Funktionale Satzperspektive. Tübingen.

– (1991): Die funktionale Satzperspektive bei der Textanalyse. In: Brinker, Klaus (ed.): Aspekte der Textlinguistik. Hildesheim/Zürich/New York, 55–72.

Firbas, Jan (1964): On defining the theme in functional sentence analysis. In: Travaux linguistiques de Prague 1, 267–280.

– (1971): On the Concept of Communicative Dynamism in the Theory of Functional Sentence Perspective. In: Sborník prací filosofické fakulty brnenske university A19, 135–144.

Grundlagen der Sprachkultur (1976). Beiträge der Prager Linguistik zur Sprachtheorie und Sprachpflege. Teil 1. Berlin.

Hausenblas, Karel (1977): Zu einigen Grundfragen der Texttheorie. In: Daneš, František/Viehweger, Dieter (eds.): Probleme der Textgrammatik II. Berlin, 147–152.

Havránek, Bohuslav [1932] (1983): The Functional Differentiation of the Standard Language. In: Vachek, Josef/Dušková, Libuše (eds.): Praguiana. Some basic and less known aspects of the Prague linguistic school. Amsterdam/Philadelphia, 143–164.

Helbig, Gerhard (1974): Geschichte der neueren Sprachwissenschaft. Reinbek.

Horálek, Karel (1976): Zur Geschichte der Prager Linguistik und ihrer internationalen Wirkung. In: Grundlagen der Sprachkultur I, 24–42.

Mathesius, Vilém (1929): Zur Satzperspektive im modernen Englisch. In: Archiv für das Studium der neueren Sprachen und Literaturen 84, 202–210.

– (1942): Řeč a sloh (speech and style). In: Havránek, Bohuslav/Mukařovský, Jan: Čtení ojazyce a poesii 1 (Readings in Language and Poetry). Praha: Drůžstevní práce, 11–102.

– [1929] (1983): Functional Linguistics. In: Vachek, Josef/Dušková, Libuše (eds.): Praguiana. Some basic and less known aspects of the Prague linguistic school. Amsterdam/Philadelphia, 121–142.

– (1939): O tak zvaném aktuálním členění větném (= Über die sogenannte Zweiteilung des Satzes). In: Slovo a slovestnost 5, 171–174.

Sgall, Petr/Hajičová, Eva/Benešová, Eva (1973): Topic, Focus, and Generative Semantics. Kronberg.

Thesen des Prager Linguistenkreises zum I. Internationalen Slawistenkongress. [1929] (1976). In: Grundlagen der Sprachkultur I, 43–73.

Vachek, Josef (1973): Written Language. General Problems and Problems of English, The Hague/Paris.

– (1994): Vilém Mathesius as One of the Forerunners of Modern Textological Research. In: Čmejrková, Světla/Štícha, František (eds.): The Syntax of Sentence and Text. A Festschrift for František Daneš. Amsterdam/Philadelphia, 67–71.

Hans-Werner Eroms, Passau
(Deutschland)

5. Die strukturalistische Erzähltextanalyse

1. Forschungsgeschichte und Gegenstand
2. Propp: Morphologie des Märchens
3. Lévi-Strauss: strukturale Mythenforschung
4. Greimas: Aktanten- und Transformationsmodell
5. Bremond: triadisches Handlungsmodell
6. Todorov: Die Grammatik der Erzählung
7. Lotman: Das Ereignis als Grenzüberschreitung
8. Ausblick
9. Literatur (in Auswahl)

1. Forschungsgeschichte und Gegenstand

1.1. Paradigmatische Bedeutung für die strukturalistische Erzähltextanalyse besitzt Vladimir Propps „Morphologie des Märchens", eine Arbeit des Russischen Formalismus. 1928 in Leningrad erschienen, blieb sie bis zu ihrer englischen Ausgabe, 1958, fast unbekannt, gewann danach aber wesentlichen Einfluß auf den französischen Strukturalismus. Denn 1955 hatte Claude Lévi-Strauss seine Methode der Mythenanalyse vorgestellt und dabei ähnliche Wege wie Propp eingeschlagen. Die Diskussion beider Konzepte bestimmt die weitere Forschung, zu nennen sind insbesondere die Arbeiten von Greimas und Bremond. Einen eigenen narrativen Ansatz, der zum Teil ebenfalls auf Propp aufbaut, vertritt Jurij M. Lotman im Rahmen des Sowjetischen Strukturalismus.

Entwickelt Propp eine Handlungslogik, die sich auf die syntagmatische Abfolge der Ereignisse konzentriert, so betont Lévi-Strauss die paradigmatischen Beziehungen zwischen den Ereignissen und die dahinterstehende Thematik. Lotman wiederum analysiert den Ereignisbegriff und stellt ihn in einen Zusammenhang mit der semantischen Struktur des jeweiligen Textes.

1.2. Gegenstand der strukturalistischen Erzähltextanalyse sind alle verbalen und nonverbalen Texte, wie Erzählungen, Romane oder Theaterstücke, Spielfilme und Comics, „von denen angenommen wird, daß sie eine 'Geschichte' erzählen" (van Dijk u. a. 1973, 60). Das Ziel der strukturalistischen Erzähltextanalyse ist es, die narrative Struktur dieser Texte, ihre Intrige bzw. ihren Plot, zu beschreiben und zu erklären. Diese Struktur wird als eine Makrostruktur aufgefaßt, die Texte organisiert und sich in erster Annäherung als eine Menge zeitlich geordneter, kausal aufeinander bezogener Ereignisse verstehen läßt.

Methodisch gemeinsam ist den verschiedenen Theorieansätzen, daß sie die narrative Struktur nicht auf Textoberfläche (discours), sondern auf Tiefenebene (histoire) ansiedeln. Einige Theorieansätze untergliedern die Tiefenebene ihrerseits wiederum nach unterschiedlichen Abstraktionsgraden oder nach Verschiebungen der Ereignisabfolge (Fabel vs. Sujet). Das mit der Ebenendifferenzierung verbundene methodische Problem, wie in klar operationalisierten Schritten von der Textoberfläche ausgehend die Tiefenstruktur zu entwickeln ist, ist allerdings nur ansatzweise gelöst. Einen möglichen Weg skizzieren die Arbeiten Todorovs.

1.3. Forschungsgeschichtlich konzentriert sich die strukturalistische Erzählanalyse zunächst nicht auf Einzeltexte, sondern auf Textkorpora stereotyp aufgebauter Texte wie Märchen oder Mythen. Ihr Ausgangspunkt ist der Vergleich unterschiedlicher Varianten derselben Geschichten, der Vergleich von Varianz und Invarianz. Textvergleiche bleiben eine Domäne der strukturalistischen Erzählanalyse, etwa bei der Dramatisierung epischer Texte oder Literaturverfilmungen. Erfolglos blieben die Bestrebungen, ausgehend von der strukturalistischen Erzählanalyse eine allgemeine Wissenschaft des Narrativen (Narratologie) zu etablieren.

1.4. Die strukturalistische Erzähltextanalyse grenzt sich von der strukturalistischen Textanalyse durch ihren engeren Gegenstandsbereich ab, sie beschränkt sich auf die Untersuchung narrativer Texte. Ansonsten verwendet sie die gleichen Methoden der Oppositions- und Äquivalenzbildung wie die strukturalistische Textanalyse, ist einem ebenso umfassenden Textbegriff und dem gleichen intersubjektiven Erklärungsanspruch verbunden.

Die Konzentration auf narrative Strukturen bildet einen wesentlichen Unterschied gegenüber herkömmlichen Erzähltheorien. Zwar nehmen Fragen des Handlungsaufbaus bereits in der Poetik des Aristoteles breiten Raum ein, doch durch ihre Orientierung am Roman konzentrieren sich diese Theorien auf Probleme der Oberflächengestaltung wie Zeitwiedergabe und Erzählertypologie.

2. Propp: Morphologie des Märchens

2.1. Die entscheidende Neuerung von Vladimir Propp liegt darin, daß für ihn nicht mehr gegenständlich definierte Motive die elementaren Einheiten des Märchens bilden, sondern abstrakte Größen, die er als Funktionen bezeichnet. Hier entwickelt er Ansätze des Russischen Formalismus weiter, insbesondere die Konzeption von Sujet und Motiv bei Veselovskij.

Andererseits orientiert sich Propp noch am Paradigma der historisch-genetischen Märchenforschung, doch kommt bei ihm Synchronie vor Diachronie. Ihm geht es um Klassifikationskriterien, die eine Klärung historischer Fragestellungen erlauben, so wie die Systematik Linnés der Evolutionstheorie Darwins vorangeht. Sein empirisches Ausgangsmaterial ist ein Korpus von 100 russischen Zaubermärchen; sein methodisches Leitbild ist die systematische Botanik, der Titel „Morphologie des Märchens" bezieht sich explizit auf Goethes Untersuchungen über die Morphologie der Pflanzen.

2.2. Propp stützt seine Kritik an der atomistischen Märchenkonzeption Veselovskijs auf die Beobachtung, daß sich Motive in kleinere Einheiten zerlegen lassen und daher nicht als Vergleichsbasis taugen. Eine Märchenanalyse ist für ihn vielmehr nur „auf der Basis der Funktionen der handelnden Personen möglich" (Propp 1975, 26).

So beginnt das eine Märchen damit, daß der Zar dem Burschen einen Adler gibt und dieser den Burschen in ein anderes Reich bringt. Ein anderes Märchen beginnt, indem der Großvater Sutschenko ein Pferd gibt und dieses Sutschenko in ein anderes Reich bringt usw. „Es wechseln die Namen und die entsprechenden Attribute der handelnden Personen, konstant bleiben ihre Aktionen bzw. Funktionen" (Propp 1975, 25). Die Vielgestaltigkeit der Märchen läßt sich so auf eine relativ geringe und begrenzte Zahl konstanter Funktionen zurückführen, wobei Propp den Begriff „Funktion" als „eine Aktion einer handelnden Person ... unter dem Aspekt ihrer Bedeutung für den Gang der Handlung" definiert (Propp 1975, 27).

Die Definition der einzelnen Funktionen richtet sich damit nicht nach der Gestalt der einzelnen Aktionen, sondern nach ihrer Position im Gang der Erzählung. Gleiche Funktionen können in verschiedenen Handlungen Gestalt annehmen, und hinter gleichen Handlungen können sich verschiedene Funktionen verbergen. In einem Fall bekommt der Held Geld geschenkt und kauft sich dafür ein Kätzchen mit übernatürlichen Eigenschaften, womit das Märchen beginnt, während das andere Märchen damit endet, daß der Held für seine Heldentat mit Geld beschenkt wird.

Diese, auf den Handlungsfortgang bezogene Definition setzt voraus, daß die Reihenfolge der Funktionen nicht zufällig ist, sondern daß sie „immer ein und dieselbe" bleibt (Propp 1975, 27). Unerheblich ist dabei, wenn in verschiedenen Märchen einzelne Funktionen fehlen. Denn dies verändert nicht die Abfolge der restlichen Funktionen.

2.3. Insgesamt beobachtet Propp beim russischen Zaubermärchen 31 verschiedene Funktionen, die er kursorisch definiert und mit einem Schlagwort und einem Buchstabensymbol bezeichnet. So hat die Funktion Nr. 8 den Inhalt *Der böse Gegenspieler fügt einem Familienmitglied einen Schaden oder Verlust zu.* Sie trägt den Namen *Schädigung* und wird mit dem Buchstaben A abgekürzt. Zusätzliche Indizes differenzieren die einzelnen Funktionen nochmals nach Gattungen und Arten. Je nach Funktionen läßt sich dann der Handlungsablauf der einzelnen Märchen mit einer bestimmten Formel ausdrücken.

Das Märchen „Frolka, der Stubenhocker" wird z. B. mit dieser Formel wiedergegeben:

$$i\ a^3\ c^1\ A^1\ B^1\ C \uparrow K^1 - S^1\ L^4 \downarrow h^3$$

Sie ist folgendermaßen zu lesen: Der Zar hat drei Töchter (Ausgangssituation, i), die im Garten spazieren gehen (Entfernung, a^3) und sich verspäten (Übertretung eines Verbotes, c^1). Der Drache entführt sie (Schürzung des Knotens, A^1), der Zar ruft zur Hilfe auf (Aufruf, B^1) und die drei Helden ziehen aus (Beginn der Gegenhandlung und Abreise, C↑). Es kommt zu einem dreimaligen Kampf mit dem Drachen und zum Sieg ($K^1 - S^1$). Die Mädchen werden gerettet (Liquidierung des Unglücks, L^4), die Helden kehren zurück (↓) und werden belohnt (h^3).

2.4. Die syntagmatische Abfolge aller 31 Funktionen bildet für Propp das invariante Strukturschema des russischen Zaubermärchens, die einzelnen Märchen stellen dann „eine Kette von Varianten" dar (Propp, 1975, 113). Eine Systematisierung der Varianten ergibt sich durch das Kombinationsmuster der Funktionen. Einige Funktionen treten immer paarweise auf, etwa *Verbot – Verletzung des Verbots* oder *Verhör – Verrat*, andere bilden Gruppen, z. B. der Knoten der Handlung, der aus den Funktionen *Schädigung – Aussendung – Entschluß zu Gegenhandlung – Auszug von zu Hause* (A B C ↑) besteht. Funktionenketten, die mit einer Schädigung (A) beginnen und zur Konfliktlösung führen, bilden eine Sequenz. Ein Märchen kann sich aus mehreren Sequenzen zusammensetzen, die aufeinander folgen oder miteinander verschränkt sind.

2.5. Gelingt es Propp für die Syntagmatik Kriterien der Variantenbildung zu entwickeln, so kann er dies für das Ensemble der handelnden Personen nur in ersten Ansätzen leisten. Er sieht, daß sich die verschiedenen Funktionen auf die Handlungskreise von sieben Personen verteilen, die er typologisch als Gegenspieler, Schenker, Helfer, Zarentochter, Sender, Held und falschen Helden bezeichnet. Diese sieben Figuren sind nach ihm für das Zaubermärchen genauso konstitutiv wie seine 31 Funktionen.

Keine Systematik kann Propp jedoch in den Attributen der Figuren erkennen, die er mit den zusätzlichen Indizes erfaßt. Zwar hat sich ein bestimmter Figurenkanon herausgebildet, so erscheint der Schädiger bevorzugt als Drache, dennoch besteht hier „uneingeschränkte Variationsfreiheit" (Propp 1975, 112).

Hier liegt ein markanter Unterschied zur strukturalistischen Vorgehensweise von Lévi-Strauss, der die Form nicht vom Inhalt trennt. Er bezieht in seine Analyse Namen und Merkmale der Figuren mit ein und erschließt so das Bedeutungssystem, das den Mythos bzw. das Märchen organisiert (vgl. Lévi-Strauss 1960).

3. Lévi-Strauss: strukturale Mythenforschung

3.1. In der von Claude Lévi-Strauss begründeten strukturalen Anthropologie nimmt die Mythenforschung eine zentrale Position ein. Wie seine anderen ethnologischen Arbeiten orientiert sie sich an der Prager phonologischen Schule, insbesondere an Roman Jakobson. Besonders hervorzuheben sind zwei Veröffentlichungen: der Aufsatz „The Structural Study of Myth" (1955), in dem Lévi-Strauss die Methodik der strukturalistischen Mythenanalyse vorstellt, und das epochale Werk der „Mythologiques" (1964–1971), das einer umfassenden Untersuchung der Indianermythen in Süd- und Nordamerika gewidmet ist.

3.2. Mythen sind für Lévi-Strauss weder Träume des Kollektivbewußtseins noch Vergöttlichung historischer Gestalten, sondern Sprachgebilde. Ihre Bedeutung hängt – ähnlich wie bei Propp – nicht an den einzelnen Motiven, sondern an den Beziehungen zwischen diesen Motiven, genau so wie nach den Erkenntnissen der modernen Sprachwissenschaft die Bedeutung von Sprache nicht an den Lauten selbst, sondern an deren Kombinationsmustern hängt.

Zugleich besitzen Mythen eine der Sprache vergleichbare zeitliche Doppelnatur. Wie die gesprochene Sprache sind sie an den unumkehrbaren Gang der Zeit gebunden, denn sie berichten von vergangenen Ereignissen. Da diese Ereignisse aber dauerhafte Sachverhalte begründen, besitzen Mythen wie das System der Sprache zugleich eine ahistorische Dauerstruktur: Seit dem Sündenfall müssen die Menschen sterben.

Allerdings ist für Mythen die Spezifik einer einzelnen Sprache nicht relevant, im Gegensatz zur Dichtung lassen sie sich problemlos übersetzen. Die Substanz eines Mythos liegt somit „weder im Stil noch in der Erzählweise oder der Syntax, sondern in der *Geschichte*, die darin erzählt wird" (Lévi-Strauss 1978, 231). Die „konstitutiven Einheiten" eines Mythos, die Mytheme, sind also auf Satzniveau angesiedelt.

3.3. Exemplarisch stellt Lévi-Strauss seine Analysemethode am Ödipus-Mythos vor. Er notiert zunächst jedes Ereignis mit möglichst kurzen Sätzen auf einzelnen Karteikarten, im zweiten Schritt ordnet er diese zu Gruppen. Die so entstehenden Beziehungsbündel sind für ihn die konstitutiven Einheiten des Mythos. Wegen der zeitlichen Doppelstruktur gleicht nämlich ein Mythos, so die bekannte Metapher von Lévi-Strauss, einer „Orchesterpartitur, die ein verrückter Amateur Seite für Seite in Form einer kontinuierlichen melodischen Reihe übertragen hat" (Lévi-Strauss 1978, 234). Aufgabe der Analyse ist es, zunächst die ursprüngliche Anordnung wieder herzustellen. Für den Ödipus-Mythos ergibt dies folgende Partitur:

Kadmos sucht seine von Zeus entführte Schwester Europa.			
		Kadmos tötet den Drachen.	
	Die Spartoi rotten sich gegenseitig aus.		
			Labdakos (Vater von Laios) = „hinkend" (?)
	Ödipus erschlägt seinen Vater Laios.		Laios (Vater von Ödipus) = „linkisch" (?)
		Ödipus bringt die Sphinx um.	
Ödipus heiratet Jokaste, seine Mutter.			Ödipus = „geschwollener Fuß" (?)
	Eteokles tötet seinen Bruder Polyneikes.		
Antigone beerdigt Polyneikes, ihren Bruder, und übertritt das Verbot.			

Abb. 5.1: Partitur des Ödipus-Mythos (Lévi Strauss 1978, 235)

Beim Erzählen des Mythos wird diese Partitur zeilenweise von links oben nach rechts unten wiedergegeben. Um den Mythos zu verstehen, ist jedoch eine Lektüre nach Spalten nötig, die die Relationen zwischen den vier senkrecht angeordneten, paradigmatischen Beziehungsbündeln aufdeckt.

Die erste Spalte links erfaßt Ereignisse, die Verwandschaftsbeziehungen überbewerten, während in der zweiten Spalte Verwandschaftsbeziehungen unterbewertet werden. Die dritte Spalte berichtet von der Vernichtung autochthoner Ungeheuer, die Namen der vierten Spalte verraten schließlich, daß hier autochthone Figuren versammelt sind. Denn autochthone Figuren haben Schwierigkeiten beim aufrechten Gang, wie die Ethnologie aus vielen Beispielen kennt. Der Verneinung der Autochthonie steht also ihre Bestätigung gegenüber. Damit ergibt sich zwischen den vier Spalten folgende homologe Beziehung, die den Mythos vorantreibt: Die Überbewertung der Blutsverwandtschaft verhält sich zu ihrer Unterbewertung wie die Bemühung, der Autochthonie zu entgehen, zur Unmöglichkeit, dies zu erreichen. „Die Unmöglichkeit, Beziehungsgruppen miteinander in Verbindung zu bringen, ist überwunden (oder, genauer gesagt, ersetzt) durch die Bestätigung, daß zwei einander widersprechende Beziehungen identisch sind, soweit sie beide in sich widersprüchlich sind" (Lévi-Strauss 1978, 237f). Der Ödipus-Mythos drückt auf diese Weise die Aporie einer Gesellschaft aus, die an eine pflanzenartige, autochthone Entstehung der Menschen glaubt und andererseits immer wieder zur Kenntnis nehmen muß, daß zur Entstehung eines Menschen die Vereinigung von Mann und Frau erforderlich ist.

Unterschiedliche Varianten des Ödipus-Mythos ändern nichts an dieser Struktur, sie akzentuieren nur einzelne Elemente. Für Lévi-Strauss ist daher die Suche nach einer authentischen oder ursprünglichen Version des Mythos hinfällig. Jeder Mythos ist für ihn durch die Gesamtheit seiner Fassungen definiert.

3.4. Mythen bilden nach alledem eine Art logisches Werkzeug, das eine Vermittlung zwischen unüberwindlichen Gegensätzen herstellen soll. Sie machen zunächst bestimmte Gegensätze bewußt und versuchen diese schrittweise auszugleichen. Eine entscheidende Rolle spielen hier doppeldeutige Figuren, etwa Götter, die bald gut und bald böse sind, oder die in der Ethnologie bekannte Figur des Trickster, der Betrüger und Heilsbringer in einem ist. Diese Vermittlung der Gegensätze ist in das Klassifikationssystem der jeweiligen Kultur eingebunden. So erscheint in der amerikanischen Mythologie der Trickster meist als Coyote oder Rabe. Als Aasfresser stehen diese Tiere auf der Grenze zwischen Pflanzenfressern und Raubtieren und vermitteln so zwischen Landwirtschaft und Jagd, so wie die Jagd zwischen Bauern und Kriegern vermittelt, wodurch wiederum das Anfangspaar Leben und Tod ersetzt wird.

In solch stufenweisen Vermittlungen ersten, zweiten, dritten Grades usw. entwickelt sich ein Mythos „spiralenförmig", bis seine intellektuelle Kraft verbraucht ist. Jeder Mythos läßt sich so nach Lévi-Strauss auf eine kanonische Beziehung folgenden Typs zurückführen:

$$F_x(a) : F_y(b) \cong F_x(b) : F_{a-1}(y)$$

Wenn a und b zwei Ausdrücke und x und y zwei Funktionen dieser Ausdrücke sind, dann besteht eine Äquivalenzrelation zwischen zwei Situationen, die durch eine Umkehrung der Ausdrücke definiert werden. Dabei gilt, daß ein Ausdruck (a) durch sein Gegenteil (a-1) ersetzt wird und eine Umkehrung zwischen dem Funktionswert und dem Ausdruckswert zweier Elemente erfolgt (vgl. Lévi-Strauss 1978, 251f).

3.5. Erkenntnisziel von Lévi-Strauss sind weniger die narrativen Strukturen der einzelnen Texte als die dahinter stehenden Bedeutungsordnungen. Ihn interessiert weniger der einzelne Mythos als das mythische Denken.

Eindrucksvoll realisiert Lévi-Strauss diesen Entwurf in den vier Bänden seiner „Mythologiques" (1964—1971). Die Untersuchung der Mythen ist hier eingebunden in eine strukturelle Analyse der verschiedenen Sitten und Gebräuche der einzelnen Indianervölker in Süd- und Nordamerika und erhellt so die komplexen Transformationsbeziehungen zwischen den vielfältigen Formen der menschlichen Kultur.

3.6. Eine Modifikation der kanonischen Formel für Zwecke der Textanalyse legen Maranda und Maranda vor:

$$QS : QR :: FS : FR$$

Diese Formel bezeichnet folgende Beziehungen: quasi solution (Quasilösung) verhält sich zu quasi result (Quasiergebnis) wie final solution (endgültige Lösung) zu final result (endgültiges Ergebnis). Ihre empirische Anwendung auf Texte der finnischen Folklore zeigt, daß die Komplexität des Vermittlungsprozesses zwischen den Termen der Ausgangsopposition stark variiert. Neben Texten, in denen auf jede Vermittlung verzichtet wird, stehen

Texte mit erfolgloser und erfolgreicher Vermittlung, die sich wiederum danach unterscheidet, ob die Anfangseinwirkung aufgehoben oder modifiziert wird. Geschichtenerzähler können demnach auf eine hierachische geordnete Struktur von Entscheidungsalternativen zurückgreifen.

4. Greimas: Aktanten- und Transformationsmodell

4.1. Die narrativen Arbeiten von Algirdas Greimas entwickeln eine Synthese der Ansätze von Propp und Lévi-Strauss. Sein Aktantenmodell verbindet Handlungsstruktur und Figurenensemble, seine Überlegungen zur Ereignisabfolge reduzieren die Fülle der 31 Funktionen Propps auf eine überschaubare Größe. Beide Konzepte sind in seinem Entwurf einer strukturalen Semantik verankert, die als textanalytische Semantik eine methodologische Einheit von sprach- und literaturwissenschaftlicher Analyse anstrebt.

4.2. Aktanten sind für Greimas abstrakte Bedeutungseinheiten, die als funktionale Träger von Aktionen auftreten. Die linguistischen Kategorien Subjekt und Objekt fallen für ihn genauso darunter wie die Akteure einer Erzählung, genauer gesagt: die abstrakten Größen, die sich hinter diesen Akteuren verbergen. Ausgehend von den Arbeiten Souriaus über die Figuren des Theaters und von Propps Beobachtungen über die sieben Akteure des Zaubermärchens (vgl. 2.5.) entwickelt Greimas folgendes Modell:

$$\text{Adressant} - \boxed{\text{Objekt}} \rightarrow \text{Adressat}$$
$$\uparrow$$
$$\text{Adjuvant} \rightarrow \boxed{\text{Subjekt}} \leftarrow \text{Opponent}$$

Abb. 5.2: Greimas' Aktantenmodell (Greimas 1971, 165)

Die sechs Aktanten lassen sich drei Kategorien, also drei paradigmatischen Klassen, zuordnen, die durch die drei Modalitäten „wollen", „wissen" und „können" definiert sind. Kennzeichnend für die Kategorie „Subjekt" vs. „Objekt" ist das „Begehren"; in einer Erzählung manifestiert es sich etwa in der Suche des Helden. Die Vermittlung von Wissen, also Kommunikation, ist für die Kategorie „Adressant" vs. „Adressat" bezeichnend. Synkretistische Manifestationen beider Kategorien sind möglich. So z. B. in einer simplen Liebesgeschichte, wo er sie begehrt und sie ihm ihre Liebe mitteilt.

$$\frac{\text{Er}}{\text{Sie}} \cong \frac{\text{Subjekt} + \text{Adressat}}{\text{Objekt} + \text{Adressant}}$$

Abb. 5.3: Anwendungsbeispiel (Greimas 1971, 162)

Die Funktion des Adjuvanten ist es, Hilfe zu bringen und im Sinne des Begehrens zu handeln oder die Kommunikation zu erleichtern. Die Funktion des Opponenten ist es hingegen, dies zu erschweren. Damit vermitteln oder behindern diese beiden Aktanten ein bestimmtes Können.

4.3. Parallel zum Aktantenmodell entwickelt Greimas seine Konzeption des Handlungsverlaufs als Abfolge aufeinander bezogener Transformationen. Diese Transformationen operieren auf den paradigmatischen Relationen, die sich in den bereits von Propp beobachteten syntagmatischen Verknüpfungen einzelner Funktionen manifestieren (vgl. 2.4.).

So manifestiert sich in der Abfolge von Verbot und Übertretung die paradigmatische Relation *Verbot vs. Übertretung*. Das Verbot ist nach Greimas wiederum die negative Transformation der Funktion *Aufforderung des Helden*, die ihrerseits von der dazu reziproken Funktion *Entschluß des Helden*, bzw. *Annahme der Aufforderung* begleitet wird. Zwischen diesen paarweisen Oppositionen ergibt sich – analog zur kanonischen Formel von Lévi-Strauss – folgender Zusammenhang:

$$\frac{\text{Aufforderung}}{\text{Annahme}} \quad vs. \quad \frac{\text{Verbot}}{\text{Übertretung}}$$

Abb. 5.4: Greimas' Konzeption des Handlungsverlaufs (vgl. Greimas 1971, 181)

Diese Struktur läßt sich nun ihrerseits als Oppositionspaar *Etablierung des Kontrakts vs. Bruch des Kontrakts* auffassen.

Demnach wird das Zaubermärchen durch den Bruch eines Vertrags in Gang gesetzt. Homolog dazu sieht Greimas in der letzten Funktion des Proppschen Schemas, der Hochzeit, einen neuen Vertrag, der nach all den Peripetien der Erzählung wieder eine Ordnung herstellt. Hier zeigt sich eine erste Verbindung von Transformations- und Aktantenmodell: Der neue Vertrag wird abgeschlossen, indem der Adressant (Zar) dem Subjekt-Adressaten (Held) das Objekt der Suche (Zarentochter) anbietet.

5. Die strukturalistische Erzähltextanalyse

Diese Endsituation des Märchens ist mit der Ausgangssituation durch die Entfernung des Helden („Alienation") und seine Wiederkehr („Reintegration") sowie durch seine Prüfung verbunden. Hierunter versteht Greimas die Funktionenkette *Aufforderung vs. Annahme − Konfrontation vs. Gelingen − Konsequenzen*, wobei er mit *Konsequenzen* folgende Ereignisse bezeichnet: *Empfang des Adjuvanten − Beseitigung des Mangels − Erkennung des Helden*. Diese drei Ereignisse, die den drei Modalitäten können − wollen − wissen entsprechen, tilgen schrittweise den Schaden, der aus dem Bruch des Vertrages und der Entfernung des Helden entstanden ist.

Auf dieser Abstraktionsebene zeigt sich ein weiterer Zusammenhang von Transformations- und Aktantenmodell. Die drei Konsequenzen entsprechen den drei Modalitäten, die die drei Aktantenkategorien ordnen. Zugleich wird deutlich, daß das Zaubermärchen eine ähnlich vermittelnde Funktion wie der Mythos besitzt: „Die individuelle Freiheit zieht die Alienation nach sich; die Reintegration der Werte muß mit einer Einsetzung der Ordnung, d. h. durch den Verzicht auf diese Freiheit, bezahlt werden" (Greimas 1971, 194).

5. Bremond: triadisches Handlungsmodell

5.1. Claude Bremonds Theorie der Erzählnachricht entwickelt den syntagmatischen Ansatz der Märchenanalyse Propps weiter. Seine Absicht ist es, diesen Ansatz auf alle narrativen Texte auszuweiten, auf Romane und Novellen genauso wie auf Filme und Bühnenstücke. Damit verschiebt sich die Untersuchungsperspektive von der invarianten Struktur eines Textkorpus auf die spezifischen narrativen Strukturen einzelner Texte, auf ihre Erzählnachricht.

5.2. Mit diesem Ziel kollidiert die von Propp vorgestellte finale Definition der Erzähleinheiten. Denn damit ist ein starres Erzählschema vorgegeben, das keine Handlungsalternativen und keine Verzweigungen des Erzählablaufs kennt. Da z. B. Propp die Funktion *Kampf* in Abhängigkeit von der anschließenden Funktion *Sieg* definiert, sind Kämpfe, bei denen der Held eine Niederlage erleidet, per definitionem keine Kämpfe, sondern *Missetaten des Schädigers*. Will man jedoch die Geschichte einer bestimmten Person erzählen, z. B. die Geschichte von Herkules am Scheideweg, ist es unerläßlich, Handlungsalternativen miteinzubeziehen. Hieraus ergibt sich für Bremond, daß die Einheiten einer Erzählung ausgehend vom terminus a quo zu entwickeln sind, der „das Netz der Möglichkeiten spannt, und nicht mehr ausgehend vom terminus ad quem" (Bremond 1972, 193).

Bremonds Analyseverfahren baut nicht auf einzelnen Funktionen auf, sondern auf Funktionssequenzen. Denn diese Sequenzen „sind die eigentlichen 'Fäden' der Intrige ..., die zu verknüpfen, zu verwirren und zu entwirren die Kunst der Erzählung ausmacht" (Bremond 1972, 197).

Diese erzähltechnischen Möglichkeiten basieren auf zwei grundverschiedenen Kohärenzbeziehungen zwischen den einzelnen Funktionen: Es gibt nach Bremond Funktionen, die mit logischer Notwendigkeit miteinander verknüpft sind, während sich andere nur mit einer bestimmten Wahrscheinlichkeit verbinden. So setzt die Kategorie *Rettung* die Kategorien *Intervention eines Beschützers* und *Gefahr* logisch voraus, während sie mit der Kategorie *Dankbarkeitsbekundung* nur mit einer bestimmten Wahrscheinlichkeit verbunden ist.

Die Wahrscheinlichkeitsgruppierungen lassen Umstellungen und Vertauschungen zu, während die anderen strikt fixiert sind. Damit lassen sich die einzelnen Sequenzen wie Fäden miteinander verschlingen. Elemente einer Sequenz werden zwischen die Elemente einer anderen eingeschoben, ohne daß sich innerhalb der einzelnen Sequenzen die Position der jeweiligen Funktionen verschiebt.

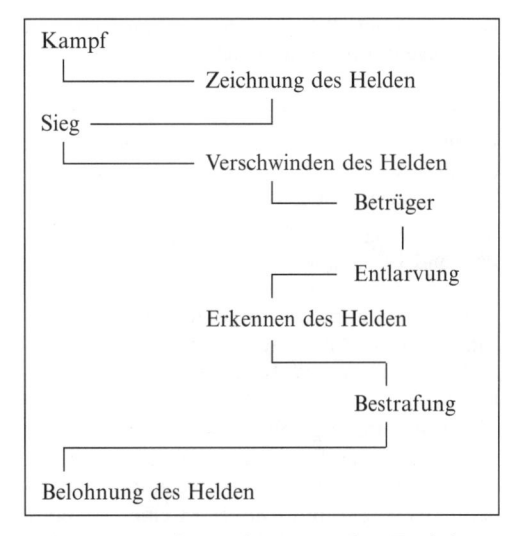

```
Kampf
   └────── Zeichnung des Helden
Sieg ─────
   └────── Verschwinden des Helden
              └────── Betrüger
                         │
                    ┌────── Entlarvung
Erkennen des Helden
   └──────
                    ┌────── Bestrafung
Belohnung des Helden
```

Abb. 5.5: Anordnung der Proppschen Funktionen nach Bremond (vgl. Bremond 1972, 199)

Anders als Propp ordnet also Bremond alle Funktionen nicht auf einer Linie an, sondern verteilt sie auf einzelne Sequenzen, „wie die von jedem Instrument gespielten Noten in einer musikalischen Partitur" (Bremond 1972, 199). Trotz diesere Berufung auf Lévi-Strauss bleibt für ihn die chronologische Reihenfolge wesentlich. Denn ihn interessiert die Erzähltechnik und nicht die atemporale thematische Struktur der Erzählung.

5.3. Um die verschiedenen, miteinander verflochtenen Sequenzen einer Erzählung zu differenzieren, entwickelt Bremond das Modell der Elementarsequenz. Es ist dies jenes Urelement der Erzählung, das keine fremden Komponenten einschließt, andererseits aber alle logisch notwendigen Bestandteile enthält.

Wesentlich für eine Elementarsequenz ist ihr triadischer Aufbau. Sie verbindet die Modalitäten des Ursprungs eines Zeitsegments mit seiner Entwicklung und seinem Abschluß. Zugleich muß es sich dabei um einen gerichteten Prozeß handeln, der auf ein vorher bekanntes Ergebnis oder auf ein vorher bekanntes Ziel zustrebt. Formal läßt sich eine Elementarsequenz als eine Triade aufeinander folgender Dichotomien darstellen:

$$\text{Möglichkeit} \rightarrow \begin{cases} \text{Aktualisierung} & \rightarrow \begin{cases} \text{Erfolg} \\ \text{Mißerfolg} \end{cases} \\ \text{Nichtaktualisierung} & \rightarrow \begin{cases} \text{Erfolg} \\ \text{Mißerfolg} \end{cases} \end{cases}$$

Abb. 5.6: Schema einer Elementarsequenz (vgl. Bremond 1972, 201)

Dieses abstrakte Schema läßt sich dann inhaltlich z. B. folgendermaßen ausfüllen:

Missetat → Sühne/keine S. → Bestrafung/Keine B.
Befehl → Gehorsam/kein G. → Ausführung/keine A.
Gefahr → Schutzmaßnahmen/keine Schutzmaßnahmen → Gefahr beseitigt/nicht beseitigt

Abb. 5.7: Inhaltliche Ausfüllung des Schemas (vgl. Bremond 1972, 201)

Die einzelnen Elementarsequenzen einer Erzählung sind auf verschiedene Weise miteinander verbunden, wobei zwei Verknüpfungen besonders wichtig sind. Bei der Hand-in-Hand-Verbindung bildet das Ergebnis der vorhergehenden Sequenz den Ausgangspunkt der folgenden, bei der Enklave sind zwischen dem Ausgangs- und Endpunkt einer Sequenz eine oder mehrere andere vermittelnde Sequenzen eingeschaltet.

5.4. Die Problematik dieses Modells liegt zum einen in seiner binären Struktur, die immer nur zwei und nicht mehrere Handlungsalternativen zuläßt. Zum zweiten bleibt die inhaltliche Substanz der Erzählsequenzen offen. Da der von Propp vorgeschlagene Katalog auf ein begrenztes Textkorpus bezogen ist, ist er für den universellen Anspruch Bremonds nur bedingt geeignet. Vielmehr liegt die Annahme nahe, daß die Elementarsequenzen „einer kleinen Zahl von wesentlichen Situationen im Leben entsprechen" (Todorov 1972c, 268), etwa den Situationen Betrug, Vertrag, Schutz usw.

Schwierigkeiten bei der praktischen Umsetzung dieses Modells ergeben sich weiterhin durch die inhärente Perspektivenproblematik. Denn dasselbe Ereignis kann gleichermaßen als Erfolg des Missetäters und als Mißerfolg des Helden gewertet werden. Dies legt, wie von Fritz Göttler vorgeschlagen, die Einbeziehung von Handlungslogiken und spieltheoretischen Modellen in die Textanalyse nahe.

6. Todorov: Die Grammatik der Erzählung

Die Erforschung der „starken Analogien zwischen den Kategorien der Sprache und den Kategorien der Erzählung" (Todorov 1972b, 271) steht im Mittelpunkt der narrativen Arbeiten von Tzvetan Todorov, ebenfalls ein Vertreter des französischen Strukturalismus. Seine empirische Basis sind Novellen aus Boccaccios Decamerone, die von illegalen Liebesbeziehungen handeln. Ihre Protagonisten werden aber nicht bestraft, denn sie können die Tat verschleiern oder sie ertappen die sanktionierende Instanz ebenfalls in flagranti. Die Intrigen dieser Novellen gehorchen folgendem Schema:

X verstößt gegen ein Gesetz ⇒
⇒ *Y muß X bestrafen* ⇒
⇒ *X versucht, es zu vermeiden* ⇒
⇒ $\begin{cases} \text{a. } Y \text{ verstößt gegen ein Gesetz} \\ \text{b. } Y \text{ glaubt, daß } X \text{ nicht} \\ \quad \text{gegen das Gesetz verstößt} \end{cases}$ ⇒
⇒ *Y bestraft X nicht*

Anmerkung: ⇒ bedeutet „hat zur Folge"

Abb. 5.8: Schema der Intrigen in Boccacios Novellen (Todorov 1972c, 270)

Das Schema zeigt, daß sich die minimale Einheit der Intrige, die Situation, mit einem Satz wiedergeben läßt. Die Analyse dieses Satzes ergibt die Existenz zweier untergeordneter Einheiten, die den Wortarten entsprechen. Die Handelnden, hier mit X und Y bezeichnet, entsprechen den Nomen, die als Subjekt und Objekt fungieren. Als Prädikate dienen Verben, die Handlungen bezeichnen, durch die Situationen verändert werden. Entsprechend dazu lassen sich Eigenschaften, die Situationen unverändert lassen, mit Adjektiven wiedergeben. Weitere Analogien bestehen bei den Modalitäten der Verben und auf Satzebene.

Die minimale vollständige Intrige selbst läßt sich nach Todorov „als den Weg von einem Gleichgewicht zu einem anderen darstellen" (Todorov 1972b, 273). Der Begriff Gleichgewicht, den er aus der genetischen Psychologie übernimmt, drückt das „Vorhandensein einer dauerhaften, aber dynamischen Beziehung zwischen den Gliedern einer Gesellschaft aus" (Todorov 1972b, 273). Die beiden Gleichgewichtsmomente sind durch eine Periode der Gleichgewichtsstörung getrennt.

Daraus ergeben sich nach Todorov für das Decamerone zwei Handlungsmuster. Im Typ vermiedene Bestrafung wird der ganze Zyklus durchlaufen. Das Anfangsgleichgewicht wird durch die Gesetzesübertretung verletzt, die Bestrafung würde dieses Gleichgewicht wieder herstellen, die vermiedene Bestrafung führt zu einem neuen Gleichgewicht. Der zweite Typ, die Bekehrung, beginnt mit dem Zustand einer Gleichgewichtsstörung. Sie wird durch den charakterlichen Fehler einer Person ausgelöst und im Verlauf der Novelle korrigiert.

7. Lotman: Das Ereignis als Grenzüberschreitung

7.1. Die Überlegungen Jurij M. Lotmans zur Narrativik entwachsen seinem Konzept des Kunstwerks als sekundärem modellbildenden System, d. h. als einem semiotischen System, das nach dem Vorbild der Sprache aufgebaut ist und ein Modell der Welt entwirft. Da hierbei wegen psychologischer Mechanismen räumliche Qualitäten eine zentrale Rolle spielen, gewinnen topologische Relationen wie hoch – niedrig, rechts – links usw. besondere Relevanz. Die Raumstruktur eines Textes wird damit zum Modell der Struktur des Raums der ganzen Welt (vgl. Lotman 1972, 312).

Das wichtigste Merkmal dieses Raumes ist seine Grenze. Sie teilt ihn in zwei disjunkte Teilräume, sie ist unüberschreitbar, und die innere Struktur beider Teile ist verschieden (vgl. Lotman 1972, 327). So gliedert sich der Raum des Zaubermärchens in Haus und Wald. Der Waldrand bildet die Grenze, die Figuren des Waldes können nicht in das Haus eindringen.

Ähnliches beobachtet Lotman in vielen anderen Texten. Er entwickelt nämlich sein Konzept nicht anhand eines spezifischen Korpus, sondern arbeitet mit zahlreichen Beispielen aus der russischen Literatur. Auch greift er immer wieder auf die Ansätze von Veselovskij und Propp zurück.

7.2. Ausgehend von seinem theoretischen Begriff der Grenze definiert Lotman das Ereignis als „die Versetzung einer Figur über die Grenze eines semantischen Feldes" (Lotman 1972, 332). Ereignisse sind nach dieser Definition von der semantischen Struktur des jeweiligen Textes abhängig. Dies erklärt, warum „ein und dieselbe Lebensrealität in verschiedenen Texten den Charakter eines Ereignisses sowohl annehmen wie auch nicht annehmen kann" (Lotman 1972 331). Die Figur, die die Grenze überwindet, ist der Held als Träger der Handlung.

Neben der Grenzüberschreitung kennt Lotman noch die Zerstörung der Grenze, bei der die Struktur des Raumes vernichtet wird. So in Gogols Erzählung „Der Vij", wo es den Ungeheuern des Waldes gelingt, den schützenden Bannkreis niederzureißen (vgl. Lotman 1974, 359).

7.3. Ausgehend vom Ereignis betrachtet Lotman Fabel und Sujet als spezifische Ereignisabfolgen. Dabei beobachtet er zwei Sujettypen: Im einem Fall dringt der Handlungsträger in den Gegenraum ein, die Bewegung kommt dort zum Stillstand und der Held verwandelt sich aus einer beweglichen Figur in eine unbewegliche. Im anderen Fall kehrt der Held in seinen Ausgangsraum zurück.

Neben dieser linearen Verknüpfung von Ereignis und Sujet gibt es noch einen hierarchischen Zusammenhang, jedes Sujet läßt sich zu einem Ereignis verdichten und jedes Ereignis kann zu einem Sujet expandiert werden.

7.4. Die logische Rekonstruktion der Grenzüberschreitungstheorie durch Karl N. Renner interpretiert die Unüberschreitbarkeit der

Grenze als nicht-triviale Teilmengenrelation bzw. in prädikatenlogischer Formulierung als allquantifizierte Implikation, deren Gültigkeit vom jeweiligen Text postuliert wird.

So ist für den klassischen Western die Grenze zwischen Prärie und Stadt bestimmend, die zwei komplementäre Mengen bilden. Diese Grenze trennt die Cowboys von den Bürgern, den rechtsfreien Raum vom Recht. Faßt man die Cowboys als eine nicht-triviale Teilmenge der Objekte in der Prärie auf, so können sie die Grenze nicht überschreiten, da sie an den Raum Prärie gebunden sind. In mengentheoretischer (1) bzw. in prädikatenlogischer Darstellungsform (2) läßt sich diese Relation folgendermaßen ausdrücken:

(1) $\{x \mid \text{COWBOY } x\} \subset \{x \mid \text{IN PRÄRIE } x\}$

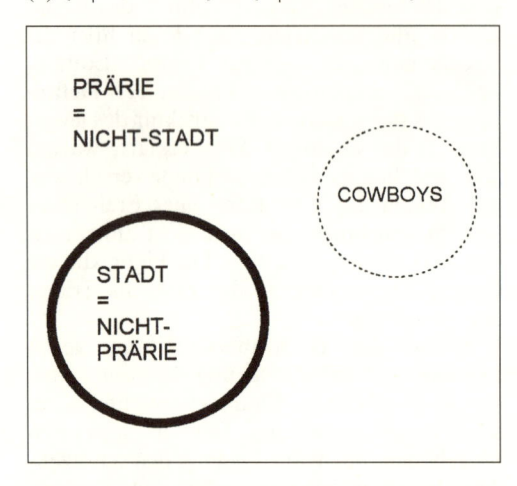

```
PRÄRIE
=
NICHT-STADT
                    COWBOYS

    STADT
      =
    NICHT-
    PRÄRIE
```

Abb. 5.9: Darstellung von (1) als Diagramm (vgl. Renner 1983, 38)

(2) $\Lambda x (\text{COWBOY } x \rightarrow \text{PRÄRIE } x)$

Macht das Diagramm den Zusammenhang von topographischer und semantischer Ordnung anschaulich, so enthüllt die prädikatenlogische Schreibweise den klassifikatorischen Charakter dieser Ordnung. Denn umgangssprachlich ausgedrückt, behauptet der Satz $\Lambda x (\text{COWBOY } x \rightarrow \text{PRÄRIE } x)$ folgenden Zusammenhang: Alle Cowboys sind in der Prärie. Mit ähnlichen Ordnungssätzen läßt sich die weitere semantische Ordnung des Textes entwickeln, etwa daß alle Bürger in der Stadt leben und sich an Recht und Zucht halten. Die Schießerei der Cowboys in der Stadt ist damit gleichermaßen ein Einbruch der Prärie in die Stadt und ein Einbruch des Faustrechts in den Raum des Rechts.

Daß derartige Ordnungszusammenhänge textrelativ sind, zeigt das Beispiel des Italowestern, in dem der rechtsfreie Raum in der Stadt lokalisiert ist und der rechtschaffende Held aus der Prärie auftaucht. Die gleiche topographische Struktur wird semantisch anders ausgefüllt.

7.5. Die Rekonstruktion des Lotmanschen Ereignisbegriffs erfordert weiterhin die Integration der Zeit in dieses narrative Modell. Dazu wird die erzählte Zeit in diskrete Einheiten untergliedert. Die wechselnde Mengenzugehörigkeit einzelner Figuren kann dann zeitpunktabhängig erfaßt werden.

Besitzt nun eine Figur zu einem Zeitpunkt t_i eine Eigenschaft, die einem Ordnungssatz widerspricht, so ist dies ein Ereignis. Je nach Blickpunkt bedeutet dies nämlich, daß sich eine Figur nicht in dem Raum befindet, an den sie gebunden ist, oder daß ihre Eigenschaften die vom Text postulierte Ordnung verletzen.

Die Zerstörung der Grenze, der zweite ereignishafte Vorgang bei Lotman, läßt sich als Ordnungstransformation darstellen. Ein von einer Ordnungsprämisse abhängiger Ordnungssatz wird außer Kraft gesetzt, was die postulierte Ordnung ebenfalls in Frage stellt.

7.6. Die verschiedenen Sujetverläufe lassen sich unter Rückgriff auf das Gleichgewichtsprinzip von Todorov (vgl. 6) systematisieren. Versteht man nämlich Ordnungsverletzungen als Störungen des Gleichgewichts, so ergibt sich für ein Sujet die formale Abfolge „Konsistenz – Inkonsistenz – Konsistenz".

Sujets können also damit einsetzen, daß eine Figur in einen fremden Raum eindringt (Grenzüberschreitung), daß eine Figur Eigenschaften annimmt, durch die sie an einen anderen Raum gebunden ist (Berufung), oder daß sich durch eine Ordnungstransformation die Ordnung so ändert, daß bislang unverfängliche Eigenschaften die neue Ordnung verletzen. Analog dazu lassen sich Sujets beenden, indem – wie von Lotman beschrieben – der Held in seinen Raum zurückkehrt, indem er sich dem Zustand des anderen Raumes anpaßt oder indem eine Ordnungstransformation eine neue Ordnung stiftet.

Damit gewinnt dieses Gleichgewichtsprinzip einen explanativen Charakter, da es theoretische Zusammenhänge zwischen einzelnen Textdaten herstellt, die sich empirisch überprüfen lassen.

7.7. Erfassen die Sujetverläufe Figurenbewegungen relativ zur Grenze, so läßt sich die Figurenbewegung innerhalb der einzelnen Räume durch die Extrempunktregel erklären. Extrempunkte markieren Endpunkte von hierarchischen Strukturen, die in den jeweiligen Räume etabliert sind. Überschreitet eine Figur die Grenze eines semantischen Feldes, so führt sie ihr Weg innerhalb dieses Feldes zu dessen Extrempunkt. Entweder endet dort ihre Bewegung, oder es kommt zu einer Entscheidung, sei es, daß sich die Bewegungsrichtung der Figur ändert und sie in ihren Ausgangsraum zurückkehrt oder daß eine Ordnungstransformation eintritt (vgl. Renner 1986).

Ein typisches Beispiel dafür ist der shoot down im Western. Er wird normalerweise auf der Hauptstraße mitten in der Stadt ausgetragen, einem topographischen Extrempunkt. Immer stehen sich dabei aber die hierarchisch ranghöchsten Protagonisten der beiden Lager gegenüber. Der Ausgang des Schießens fungiert als Ordnungstransformation, denn die Normen des Siegers sind für die ganze Stadt verbindlich.

8. Ausblick

Ob amerikanische Indianermythen, die Epen Homers, oder das aktuelle Kino- und Fernsehprogramm: Geschichten besitzen für jede Gesellschaft eine nicht zu überschätzende Bedeutung. Damit gewinnt die strukturalistische Erzähltextanalyse als elaborierter Ansatzpunkt für eine Theorie des Erzählens ihren besonderen Stellenwert. Daß sich Fragestellungen, die über das reine Funktionieren von Geschichten hinausgehen, mit diesen Ansätzen beantworten lassen, demonstrieren zum einen die einzelnen Forschungsprogramme selbst, zum anderen belegen dies viele Arbeiten, die auf diese Methoden aufbauen (vgl. Kanzog 1976; Wünsch u. a. 1996).

9. Literatur (in Auswahl)

Bremond, Claude (1972): Die Erzählnachricht. In: Ihwe, Jens (ed.): Literaturwissenschaft u. Linguistik. Bd. III. Frankfurt a. M., 177–217.

van Dijk, Teun/Ihwe, Jens/Petöfi, Jànos u. a. (1973): Prolegomena zu einer Theorie des Narrativen. In: Ihwe, Jens (ed.): Literaturwissenschaft und Linguistik. Frankfurt a. M., 51–77.

Göttler, Fritz (1983): Handlungssysteme in H. v. Kleists *Der Findling*. Frankfurt a. M.

Greimas, Algirdas J. (1971): Strukturale Semantik. Methodologische Untersuchungen. Braunschweig.

– (1972): Elemente einer narrativen Grammatik. In: Blumensath, Heinz (ed.): Strukturalismus in der Literaturwissenschaft. Köln, 47–67.

– (1972): Die Struktur der Erzählaktanten. Versuch eines generativen Ansatzes. In: Ihwe, Jens (ed.): Literaturwissenschaft und Linguistik. Bd. III. Frankfurt a. M., 218–238.

– (1972): Zur Interpretationstheorie der mythischen Erzählung. In: Gallas, Helga (ed.): Strukturalismus als interpretatives Verfahren. Darmstadt, 105–162.

Grimm, Petra (1996): Filmnarratologie. Eine Einführung in die Praxis der Interpretation am Beispiel des Werbespots. München.

Ihwe, Jens (1972): linguistik in der literaturwissenschaft. zur entwicklung einer modernen theorie der literaturwissenschaft. München.

Kanzog, Klaus (1976): Erzählstrategie. Eine Einführung in die Normeinübung des Erzählens. Heidelberg.

– (1991): Einführung in die Filmphilologie. München.

Lévi-Strauss, Claude (1971–1976): Mythologica. Bd. I–IV. Frankfurt a. M.

– (1975): Die Struktur und die Form. Reflexionen über ein Werk von V. Propp. In: Propp, Vladimir: Morphologie des Märchens. Frankfurt a. M., 181–213.

– (1978): Die Struktur der Mythen. In: ders.: Strukturale Anthropologie. Frankfurt a. M., 226–254.

Lotman, Jurij M. (1972): Die Struktur literarischer Texte. München.

– (1974): Aufsätze zur Theorie und Methodologie der Literatur und Kultur. Kronberg.

Maranda, Elli K./Maranda, Pierre (1973): Strukturelle Modelle in der Folklore. In: Ihwe, Jens (ed.): Literaturwissenschaft und Linguistik. Frankfurt a. M., 127–215.

Oppitz, Michael (1975): Notwendige Beziehungen. Abriß der strukturalen Anthropologie. Frankfurt a. M.

Propp, Vladimir (1975): Morphologie des Märchens. Frankfurt a. M.

Renner, Karl N. (1983): Der Findling. Eine Erzählung von H. v. Kleist und ein Film von G. Moorse. Prinzipien einer adäquaten Wiedergabe narrativer Strukturen. München.

– (1986): Zu den Brennpunkten des Geschehens. Erweiterung der Grenzüberschreitungstheorie: Die Extrempunktregel. In: diskurs film. Münchner Beiträge zur Filmphilologie 1, 115–130.

Springer, Bernhard (1987): Narrative und optische Strukturen im Bedeutungsaufbau des Spielfilms.

Methodologische Überlegungen entwickelt am Film „Falsche Bewegung" von Peter Handke und Wim Wenders. Tübingen.

Todorov, Tzvetan (1972a): Die Grammatik der Erzählung. In: Gallas, Helga (ed.): Strukturalismus als interpretatives Verfahren. Darmstadt, 57–72.

– (1972b): Die strukturelle Analyse der Erzählung. In: Ihwe, Jens (ed.): Literaturwissenschaft u. Linguistik. Bd. III. Frankfurt a. M., 265–275.

– (1972c): Die Kategorien der literarischen Erzählung. In: Blumensath, Heinz (ed.): Strukturalismus in der Literaturwissenschaft. Köln, 263–294.

Wünsch, Marianne/Decker, Jan-Oliver/Krah, Hans (1996): Das Wertesystem der Familienserien im Fernsehen. Kiel.

Karl N. Renner, Mainz
(Deutschland)

6. Das Isotopiekonzept

1. Grundlegung: Greimas und die strukturelle Semantik
2. Zur Weiterentwicklung des Basiskonzepts
3. Zur 'Aufhebung' des Isotopie-Ansatzes in übergreifenden Modellen
4. Literatur (in Auswahl)

1. Grundlegung: Greimas und die strukturelle Semantik

Das Isotopiekonzept markiert eine wichtige Phase in der Entwicklung der Textlinguistik von strikt strukturell-grammatischen Positionen hin zu einer (noch primär strukturorientierten) Semantik, die sich – zunächst allerdings nur beiläufig – auch auf Textphänomene bezog. Nachdem das Semantische in den 50er Jahren noch als unvereinbar mit dem Anliegen struktureller Sprachanalyse aus der Linguistik verbannt worden war, andererseits aber auch die Unzulänglichkeit und Begrenztheit rein formaler Analysen deutlich wurde, forderten mehr und mehr Linguisten eine exakte, auf neuen Grundsätzen und Methoden aufbauende Bedeutungsforschung, eine *strukturelle Semantik* (Wotjak 1971, 11), die in eine umfassende Sprachtheorie einbezogen werden sollte. Eine herausragende Stellung kam bei diesen Bemühungen französischer Strukturalisten – vor allem Pottier und Greimas – zu, die versuchten, das Funktionieren sprachlicher Formen auf der syntagmatischen Ebene – bei stetem Rückgriff auf Saussure und Hjelmslev (Wiegand 1980, 200) – auch durch semantische Phänomene, durch Bedeutungsstrukturen von Äußerungskomplexen, zu erklären.

Schon 1966 entwickelte Greimas (terminologisch teils auch in Anlehnung an Pottier) ein eigenständiges theoretisches Modell einer 'Semantique structurale', einer systematischen und methodologischen Grundlegung für die Analyse von Elementarstrukturen der Bedeutung. Zwar orientierte er sich dabei methodologisch weitgehend an strukturell-grammatischen Grundpositionen. Doch ging sein Satz- und Textverständnis grundsätzlich über das rein Grammatische hinaus; er wollte nicht „nur ein Appendix der Syntax" (Große 1974a, 97) konstituieren, sondern die Eigenständigkeit semantischer Textstrukturen aufdecken, von Strukturen, die den syntaktischen letzlich vorgeordnet sind. Und die Textganzheiten – hier zeichnet sich mit aller Deutlichkeit ein grundlegender Paradigmenwechsel ab – begriff Greimas als „hierarchische Ensembles von Bedeutungen" (Hyun 1994, 65), also als primär semantisch geprägte Einheiten.

Die Relevanz des Semantischen für die Kennzeichnung von Texten ergab sich für ihn aus Problemen der Textrezeption. Jedes Verstehen von Texten basiert – nach Greimas – darauf, daß Rezipienten bestimmte (über den Text verteilte) Texteinheiten und -elemente als semantisch identisch (oder semantisch zusammengehörig) erfassen; und erst die – semantische – Äquivalenz zwischen einzelnen Textsegmenten bewirkt dann die postulierte Homogenität des Textganzen aus der Sicht des Partners und damit die Adäquatheit jedes Textverstehens. Daher müsse es ein wesentliches Anliegen von Linguisten sein, solche semantischen Korrespondenzen zwischen Textsegmenten, insbesondere von Minimalpaaren und -ketten, zu eruieren und damit deren Rekurrenz – und letztlich auch das 'semantische Netz' eines jeden Textes – mit einem hohen Grad von Exaktheit regelhaft zu explizieren.

Greimas blieb daher auch nicht bei der Beschreibung von Rekurrenzen der Oberflä-

6. Das Isotopiekonzept

chenstrukturen, dem 'univers de la manifestation' stehen; weit wichtiger für sein Konzept erschien ihm das Transparentmachen des 'univers immanent' (1971, 38), von Bedeutungsstrukturen und -zusammenhängen in der langue. Diese 'Doppeltheit der Situierung' der Basiseinheiten des immanenten Universums (der 'Klasseme' und der 'Seme') im 'discours'/Text ebenso wie im System war für Greimas Ansatzpunkt für die Konstitution einer „vagen Parallelität" (Große 1974a, 95) dieser kleinsten (und nicht wahrnehmbaren) semantischen Grundeinheiten und -relationen mit den bekannten Isotopen der Kernphysik und ihrer 'Doppeltheit' der Okkurrenz (chemischer Eigenschaften von Atomen und 'Wirkfaktoren' realer Prozesse einerseits und Grundeinheiten eines physikalischen Systems andererseits, Große 1974a, 95). Greimas übertrug daher auch den Terminus *Isotopie* auf die semantischen Relationen von Textstrukturen. (Er gibt allerdings keine explizite Begründung für diese terminologische Anlehnung.)

Ausgehend von einer Präzisierung des Strukturbegriffs (Große 1974a, 89), entwikkelte Greimas ein relativ umfassendes und differenziertes Modell einer *Isotopiesemantik*, das als Übergangsphase „von der lexikalischen Semantik zur Textsemantik" verstanden werden kann (Geckeler 1978, 2). Der Versuch aber, diesen wichtigen theoretischen Ansatz in nuce zusammenzufassen, stößt auf erhebliche Schwierigkeiten, weil Greimas nicht nur den von ihm erstmals auch auf linguistische Phänomene übertragenen Begriff der 'Isotopie', sondern auch die semantischen Basisbegriffe 'Klassem' und 'Sem' terminologisch nicht immer konsequent — und widerspruchsfrei — handhabt (Große 1974a, 95). Wegen dieser begrifflichen Ambivalenzen wurde dieses theoretische Modell in der Folgezeit in verschiedener Weise — und mit ganz unterschiedlichen Konsequenzen — interpretiert; dennoch soll hier versucht werden, die Kerngedanken dieses Theorieansatzes thesenhaft zusammenzufassen.

(i) Jedes Textverstehen basiert auf dem Erfassen von *semantischen Textzusammenhängen*. Die semantische Ganzheit von Texten ist in sich strukturiert. Obwohl sich Texte aus heterogenen Ganzheiten zusammensetzen, sind sie doch „auf homogenen semantischen Ebenen (d. h. Isotopie-Ebenen) situiert und bilden damit ein Bedeutungsganzes" (Greimas 1971, 45 f).

(ii) Die *semantische Struktur von Texten* manifestiert sich als Relation zwischen unterschiedlichen Textbestandteilen (Greimas 1971, 94). „Ein semantisch ... kohärenter Text weist ... gewisse in den Gesamtrahmen passende und die Erwartungshaltung bestätigende Lexeme auf" (Kalverkämper 1981, 42), die vor allem durch Bedeutungs*beziehungen* miteinander verknüpft sind. Die Bedeutung von Texten erweist sich somit als funktioneller bzw. struktureller Begriff.

(iii) Die *Äquivalenzen* zwischen zwei (oder mehreren) Segmenten eines Textes (insbesondere von minimalen Bedeutungseinheiten, Greimas 1978, 312) konstituieren wesentliche Teile des semantischen Gesamtzusammenhangs des Textes, seiner Isotopie.

(iv) Die Pole für isotope Verkettungen bilden inhaltliche miteinander korrespondierende *Lexeme des Textes*, deren Inhalte funktionelle lexikalische Oppositionen bilden. Das eigentliche semantische Potential liegt aber nur partiell in den lexikalischen Ganzheiten, sondern wird erst durch Dekomposition in kleinere, unter der Zeichenschwelle anzusetzende und miteinander kompatible Einheiten faßbar (Geckeler 1978, 2). „Lexeme, die in einem Teil über ein gemeinsames, rekurrentdominierendes semantisches Merkmal verknüpft sind, konstituieren eine *Isotopieebene*" (Kallmeyer/Klein/Meyer-Hermann et al. 1974, 149).

(v) Semantische Korrespondenzen ergeben sich zunächst — durch Iterativität — auf binär artikulierten *semantischen Achsen*, den „Inhaltselementen eines Textes" (Große 1974b, 10), den *Klassemen*. Greimas (1971, 80, 96 ff) spricht in diesem Zusammenhang von 'syntagmatischer Isotopie', weiter untergliedert in 'einfache' und 'komplexe syntagmatische Isotopie'. Diese „semantischen Kategorien" (Wiegand 1980, 202) sind der Objektsprache inhärent, aber nur außerhalb dieser metasprachlich formulierbar (z. B. als *Belebtheit, Geschlecht, Räumlichkeit* ...).

(vi) Hinzu kommen die Merkmalausprägungen der Lexeme, von Greimas (1971, 17) — im Anschluß an Pottier — *Seme* genannt (die 'Atome' der strukturellen Semantik), die Einzelelemente der einfachen oder mehrfachen Untergliederung einer Achse (z. B. *maskulin/feminin* der Achse *Geschlecht; tief, hoch, lang, kurz, breit* ... der Achse *Räumlichkeit*). Unter der Voraussetzung ihrer Iterativität ergeben sie sich beim „Vorkommen mehrerer gleicher

Klasseme in den paradigmatischen Einheiten, die durch Kommutations- und Ersetzproben ermittelt werden können" (Greimas 1971, 93 ff). Diesen Typ der semiologischen mentalen Ebene (Schmidt 1976, 64), der von semischen Konfigurationen gebildet wird, nennt Greimas (1971, 93 ff) 'paradigmatische Isotopie'. Seme sind in Sem-Systemen organisiert, die sich in den Lexemen synkretisch manifestieren (Wiegand 1980, 202). Sie bilden das Bedeutungsuniversum einer Sprache.

(vii) Durch Konjunktion weniger Seme (aus der Menge eines begrenzten universalen Inventars) werden *Sememe* gebildet, Bedeutungsvarianten virtueller Lexeme. Ein solches „Ensemble von Semen eines Semems" ist gleichfalls durch hierarchische Relationen miteinander verbunden (Greimas 1971, 29). Er unterscheidet dabei zwischen Invarianten Kern-Semen und modifizierenden kontextuellen Semen, aus deren je spezifischer Kombination die kontextuelle Variabilität von Lexemen und die Eröffnung verschiedener Isotopie-Ebenen resultiert (Greimas 1971, 73).

Kontextuelle Synonymie basiert nicht auf Sem-Identität, sondern auf der Gemeinsamkeit eines semantischen Merkmals, das im thematischen Sinnzusammenhang durch die Korrelationen der Partner funktionalisiert wird, indem der Bezug auf denselben Gegenstand hergestellt oder eine gemeinsame Relevanz-Setzung eines Sems für die Sinn-Konstitution des Textes erfolgt (Hyun 1994, 66).

Der Kontext selbst — als Element der kommunikativen Gesamtsituation — bildet dann nur den Rahmen für das Funktionieren dieser semantischen Korrespondenzen (und damit für das Textverstehen). In diesem Zusammenhang kennzeichnet Greimas (1971, 45) den Kontext als „ein System von Kompatibilitäten und Inkompatibilitäten zwischen Sem-Konfigurationen".

(viii) Die Iterativität/Rekurrenz von Basis-Semen in verschiedenen Lexemen desselben Textes gewährleistet dann auch semantische Korrespondenzen im gesamten Text. Und der *Text* selbst — ein „in sich abgeschlossenes Mikro-Universum" (Greimas 1971, 75) — kann dann als „ein System von Kompatibilitäten von verschiedenen Merkmalen der im Text vorhandenen lexikalischen Verträglichkeiten verstanden werden" (Greimas 1971, 45). In diesem Sinne ist die Isotopie eine wesentliche Bedingung für die (textgeleitete) Kohärenz von Texten.

(ix) Die *Isotopie* innerhalb eines Textes sieht Greimas (1971, 79) in der „Permanenz einer hierarchisierten Klassembasis, die dank der Eröffnung von Paradigmen (den klassematischen Kategorien) die Variationen der Manifestationseinheiten erlaubt". Die Rekurrenzen dieser Einheiten tragen zur „Bekräftigung der Isotopie" bei. Ein Text ist daher für Greimas (1971, 34) erst dann homogen und kohärent, wenn die Seme miteinander verbunden sind und denselben Sem-Systemen angehören.

(x) Das *Entdecken der Isotopie-Ebenen* im gleichen Text — und damit schließt sich der Kreis — ist dann die Voraussetzung für Monosemierungen der bivalenten lexikalischen Einheiten und damit die Erfassung des Textsinns.

Als Bedingungen für das Zustandekommen von Isotopien nennt Greimas (1971, 126) — neben dem grundlegenden Prinzip der Äquivalenz — vor allem auch bestimmte Wissenskomponenten bei den Kommunizierenden sowie das je spezifische „kulturelle Gitter" und dessen individuelle Variation, womit auch wesentliche Aspekte des Textverstehens thematisiert werden.

Abschließend sei darauf verwiesen, daß das hier wiedergegebene Konzept der Isotopiesemantik eingebettet ist in ein umfassendes Modell zur Kennzeichnung von generellen semantischen Strukturen und das Bemühen um die Konstitution einer epistemologischen Theorie (s. auch Greimas 1978, 315; zur Anwendung des Theorie-Ansatzes auf literarische Erzähltexte → Art. 5 in diesem Band).

2. Zur Weiterentwicklung des Basiskonzepts

In den 70er Jahren, in denen man „die überragende Rolle von Bedeutungsphänomenen, besonders von solchen im Rahmen des Funktionierens der Sprachen in gesellschaftlichen Zusammenhängen" (Hartmann 1971, I) in der Linguistik mehr und mehr erkannte, wurde auch das Isotopiekonzept von Greimas zum Gegenstand zahlreicher linguistischer Arbeiten. Teils ging es dabei nur um Bestätigung, Interpretation und Anwendung des Konzepts, teils aber wurden auch — bei Beibehaltung des Grundansatzes — Modifikationen in Einzelfragen vorgeschlagen. Auf einige dieser weiterführenden Ansätze sei im Folgenden summarisch verwiesen.

6. Das Isotopiekonzept

Agricola (1972) bezieht sich zwar nicht explizit auf das Isotopiekonzept von Greimas; dennoch sind Konvergenzen zwischen den beiden Modellen unverkennbar. Das betrifft vor allem den Isotopiebegriff selbst (Agricola 1972, 28 f), auch wenn sich Agricola terminologisch stärker an Koch (1966) und seinen 'topics' und Topikketten orientiert. Agricola (1972, 15) strebt eine „vollständige Erfassung und Systematisierung aller Kontextrelationen" an, von denen er die Topik/Isotopie-Relation als grundlegend ansieht, da sie entscheidend sei für das Fortschreiten des Inhalts und die Entfaltung des Textthemas. Hervorhebung verdient vor allem, daß Agricola zahlreiche Arten der Wiederaufnahme von (auf Lexeme bezogenen) Inhaltseinheiten im Text detailliert erfaßt und modelliert.

Auch Rastier (1972) schließt sich eng an das Basismodell von Greimas an, postuliert aber eine Ausweitung dieses Ansatzes von der Inhaltsebene auch auf die Ausdrucksebene. In diesem Sinne modifiziert er auch den Isotopiebegriff (jedes wiederholte Vorkommen einer *sprachlichen* Einheit, Rastier 1974, 153). Diese Iterativität „jedweder Merkmale" demonstriert er am Beispiel einer „isotopischen Textanalyse" von Mallarmés 'Salut'.

Nach wie vor bleibt auch bei Rastier die Semantik die Basis für jede Textgenerierung; aber er differenziert schärfer auch im Rahmen der Inhalts-Isotopien: Neben die tradierte klassematische Isotopie setzt auch er die semiologische Isotopie; aber innerhalb dieser Klasse differenziert er nochmals zwischen einer semantischen (= horizontalen) Isotopie, bei der die Sememe durch mindestens ein identisches Sem miteinander verbunden sind, und einer metaphorischen (= vertikalen) Isotopie. Darunter versteht er jede elementare Isotopie, die zwischen zwei (verschiedenen Feldern angehörenden) Sememen hergestellt wird. Das eigentliche Neue aber besteht in einer 'Isotopie des Ausdrucks', der er lexikalische und syntaktische Äquivalenzen sowie phonetische Spezifika (Assonanzen, Alliterationen, Reime ...) zuordnet (Rastier 1974, 95 ff). Diese 'stilistische Isotopie' bestimmt dann — nach Rastier — die 'Tonlage' eines Textes. Erst eine solche 'Systematik der Isotopien' (im Zusammenspiel mit nichtsprachlichen Situationselementen) bilde dann — nach Rastier — die Basis jeder Textanalyse. Immer dann, wenn ein Text mehrere einander ausschließende Isotopieebenen enthält, seien dann auch verschiedene Lesarten desselben Textes möglich.

Während Rastiers 'Ausweitungsmodell' noch strikt wortsemantisch geprägt ist, geht Große (1971/1974a) einen Schritt weiter. Ausgangspunkt sind auch für ihn 1971 die schon durch Greimas und Rastier bekannten Isotopie-Ebenen; er bemängelt aber, daß syntagmatische und paradigmatische Isotopie bei Greimas nicht deutlich genug geschieden seien (Große 1974a, 95). Zur Ergänzung der Inhaltsbereiche nimmt er daher ein lexikalisches Universum, die Lexie, an, die durch die Kategorien Virtualität (bezogen auf die Konstitution einer Lexie) und Valenz (im Hinblick auf syntaktische und semantische Anschließbarkeiten) charakterisiert wird.

In seinen Überlegungen zu einer Texttheorie 1974 fügt er den genannten Isotopie-Ebenen eine weitere hinzu, die 'propositionale Isotopie', die er als Menge von „Aussagen über ICH/DU/X" kennzeichnet. Hinzu komme noch eine textuelle Einführungsformel für Propositionen, die 'metapropositionale Basis' (z. B. *Ich behaupte, daß X*), die dann die inhaltliche Verknüpfung ganzer Textteile oder Texte festlegen kann (vgl. dazu auch Große 1976). Der Text wird damit als eine Einheit verstanden, „die die wichtigsten Elemente der dominierenden Isotopie-Ebenen" (Große 1974b, 157) — mit den Merkmalen Rekurrenz und Informationsfortschritt — enthält und daher wie eine Partitur gelesen werden kann. Der Zusammenhalt des Textes ergibt sich somit für Große aus dem gemeinsamen thematischen Bezug aller Isotopie-Ebenen. Damit überschreitet Große mit diesem Modell deutlich die Grenzzone einer lexikalisch geprägten Wortsemantik in Richtung einer propositional fundierten Textsemantik.

Eine Art 'Aufhebung' und Vertiefung, zugleich aber auch grundlegende substantielle Kritik des Konzepts einer 'reinen' Isotopiesemantik stellt schließlich der Ansatz Kallmeyers (1974) dar. Wie Greimas und Rastier faßt er Isotopie als „Merkmal-Rekurrenz" (Kallmeyer/Klein/Meyer-Hermann et al. 1974, 147), differenziert zwischen mehreren Isotopie-Ebenen und betrachtet Isotopien als eine wichtige Bedingung für die Kohärenz von Texten.

Andererseits aber verweist er auf die entscheidenden theoretischen Schwachstellen des Konzepts: Isolierte (und relativ autonome) Seme, die nur auf Grund der Hierarchie der Lexemkomponenten als Äquivalenz herstellende Größen fungieren, müssen deutlich abgehoben werden von – für die Text-Isotopie relevanten – Semem/Sem-Gruppierungen, die letztlich erst durch den Textzusammenhang determiniert werden (Hyun 1994, 73). Der Begriff der Merkmaldominanz (im Gegensatz zur Merkmalhierarchie, s. Kallmeyer 1980, 145) sei daher nicht auf isolierte Lexeme anwendbar. Folglich müsse unterschieden werden zwischen der System- und der Textrelevanz von Sememkomponenten.

Als pragmatisch bestimmt erweisen sich auch die unterschiedlichen 'Anschließbarkeiten' der Lexeme sowohl in paradigmatischer (als Wortfeldkompatibilitäten: *Strom – Fluß – Kanal – Bach – Rinnsal*) als auch in syntagmatischer Hinsicht (als 'Solidaritäten' mit Kontextpartnern: *Strom* mit *Meer, Wasser, Gas, Stärke, elektrisch, Netz, Preis* ...). Erst im pragmatischen Kontext erfolgt nach Kallmeyer die Dominanzsetzung eines kontextuellen Merkmals, die Festlegung des Referenzbezugs und damit die Monosemierung eines Lexems im Text (Kallmeyer 1974, 124 ff). Damit kann auch die grundsätzliche semantische Offenheit von Texten erklärt werden. Da es möglich erscheint – bei Einbettung der Isotopiephänomene in pragmatische Zusammenhänge – auch die 'Bedeutung von Texten', zu erfassen, macht Kallmeyer den Isotopie-Begriff zur Grundlage einer semantisch orientierten Textdefinition: „Ein Text läßt sich semantisch als ein Gefüge von 1 bis n Isotopie-Ebenen definieren, wobei sich deren Anzahl nach der Anzahl der im Text dominierenden Merkmale richtet" (Kallmeyer 1980, 147).

3. Zur 'Aufhebung' des Isotopie-Ansatzes in übergreifenden Modellen

Es ist kein Zufall, daß das Konzept einer Isotopie-Semantik – das etwa ein Jahrzehnt lang im Zentrum theoretischer (und zugleich praxisbezogener) Reflexionen in der Linguistik stand (s. Ostheeren 1982; Gerzymich-Arbogast 1998, 595) – mit der Weiterentwicklung semantischer, pragmatischer, textlinguistischer, soziolinguistischer und psycholinguistischer Theorien etwa seit 1980 wieder an die Peripherie wissenschaftlichen Interesses gerückt wurde. Obwohl vielfach dargelegt werden konnte, welche Bedeutung Isotopieketten als Mittel der Textintegration sowohl für Prozesse der Textproduktion als auch für jene des Textverstehens zukommt, hatte sich andererseits aber auch gezeigt, daß die isotopische Vernetzung von Texten zwar eine wesentliche, aber keine zureichende Bedingung darstellt für die Erklärung der Kohärenz und der komplexen Bedeutung von Textganzheiten (Heinemann/Viehweger 1991, 39). Das bloße Vorhandensein von Semrekurrenzen in einer Äußerungsfolge reicht nicht aus, um aus einzelnen Satzfolgen einen Text zu machen; umgekehrt kann Kohärenz auch ohne Merkmalrekurrenz zustandekommen. Außerdem war „der Greimas'sche Begriff der Isotopie nur schwer zu fassen und kaum zu operationalisieren" (Gerzymisch-Arbogast 1998, 596). Wegen dieser substantiellen (und daher auch methodologischen) Begrenztheiten des Modells spielt das Isotopie-Konzept in neueren linguistischen Darstellungen eher eine untergeordnete Rolle, wurde es mehr und mehr integriert in theoretische Modelle übergreifenden Charakters, in denen Interaktions-, Text- oder Verstehenszusammenhänge thematisiert werden. Auf einige – eher periphere – Okkurrenzen des Isotopiekonzepts in diesen Modellen und in Einzeldarstellungen kann hier nur beiläufig verwiesen werden.

Die Integration erfolgte dabei vor allem unter folgenden Aspekten: Satzverknüpfungsrelationen bei gleichzeitiger inhaltlicher Verflechtung (Isenberg 1974; Meyer 1975; Mudersbach 1983); Referenzrelationen in Texten (Vater 1991); Textprogression und Kohärenz (Daneš 1976; Weinrich 1976; Schmeling 1982; Lerchner 1986); Texte als Propositionskomplexe (van Dijk 1972; 1980); Text-Thema (Agricola 1976; 1977; 1979; Lötscher 1987); Textpragmatik (Schmidt 1973; Beaugrande/Dressler 1981; Brinker 1985; Heinemann/Viehweger 1991); Textverstehen (van Dijk 1972; van Dijk/Kintsch 1978; 1983; Scherner 1984).

Die (in der Regel explizit gemachte) Einbettung in die genannten übergreifenden Zusammenhänge führte dazu, daß das Isotopiekonzept zugleich auch als methodisches Instrument für Textanalysen (und für Textgestaltungsprozesse) genutzt wurde. Das betrifft insbesondere die Analyse literarischer Texte und vor allem von Metaphern aus der Sicht einer 'konnotativen Isotopie' (Arrivé 1975; Ostheeren 1982; Haubrichs 1982; Schmeling 1982; Oomen 1993; Hyun 1994; Debatin 1995); Analoges gilt aber auch für Fachtexte allgemein (Wiegand 1987), und speziell für Texte des Rechtswesens (Selle 1990), der Wirtschaft (Gerzymisch-Arbogast

1998), der Journalistik (Thiel/Thoma 1988) und der Translationswissenschaft (Stolze 1982; Gerzymisch-Arbogast 1987).

4. Literatur (in Auswahl)

Agricola, Erhard (1972/1975): Semantische Relationen im Text und im System. Halle.

— (1976): Vom Text zum Thema. In: Daneš, František/Viehweger, Dieter (eds.): Probleme der Textgrammatik. Berlin, 13−28.

— (1977): Text − Textaktanten − Informationskern. In: Daneš, František/Viehweger, Dieter (eds.): Probleme der Textgrammatik II. Berlin, 11−32.

Arrivé, M. (1975): Zu einer Theorie der poly-isotopen Texte. In: Brütting, R./Zimmermann, B. (eds.): Theorie − Literatur − Praxis. Arbeitsbuch zur Literaturtheorie seit 1970. Frankfurt.

Beaugrande, Robert-Alain/Dressler, Wolfgang Ulrich (1981): Einführung in die Textlinguistik. Tübingen.

Brinker, Klaus (1985): Linguistische Textanalyse. Eine Einführung in Grundbegriffe und Methoden. Berlin.

Daneš, František (1976): Zur semantischen und thematischen Struktur des Kommunikats. In: Daneš, František/Viehweger, Dieter (eds.): Probleme der Textgrammatik. Berlin, 29−41.

Debatin, Bernhard (1995): Die Rationalität der Metapher. Berlin/New York.

van Dijk, Teun A. (1972): Some Aspects of Textgrammars. A Study in Theoretical Linguistics. The Hague/Paris.

— (1980): Textwissenschaft. Eine interdisziplinäre Einführung. Tübingen (Original 1978).

van Dijk, Teun A./Kintsch, Walter (1978): Cognitive Psychology and discourse: Recalling and summarizing stories. In: Dressler, Wolfgang Ulrich (ed.): Current trends in textlinguistics. Berlin/New York.

Geckeler, Horst (ed.) (1978): Strukturelle Bedeutungslehre. Darmstadt.

Gerzymisch-Arbogast, Heidrun (1987): Leksemantische Isotopien als Invarianten im Übersetzungsprozeß. In: Albrecht, Jörn et al. (eds.): Translation und interkulturelle Kommunikation. Frankfurt, 75−87.

— (1998): Isotopie in Wirtschaftstexten. In: Hoffmann, Lothar/Kalverkämper, Hartwig/Wiegand, Herbert Ernst (eds.): Fachsprachen. Ein internationales Handbuch zur Fachsprachenforschung und Terminologiewissenschaft. Band 14.1. Berlin/New York, 595−601.

Greimas, Algirdas Julien (1966/1971): Sémantique structurale. Recherche de méthode. Paris. Dt.: Strukturale Semantik. Methodologische Untersuchungen. Braunschweig.

— (1974): Die Isotopie der Rede. In: Kallmeyer, Werner et al. (eds.): Lektürekolleg zur Textlinguistik. Band 2, Reader. Frankfurt, 126−152.

— (1978): Die semantische Struktur. In: Geckeler, Horst (ed.): Strukturelle Bedeutungslehre. Darmstadt, 311−321.

Große, Ernst Ulrich (1971/1974a): Zur Neuorientierung der Semantik bei Greimas. Grundgedanken, Probleme und Vorschläge. In: Zeitschrift für romanische Philologie 87, 359−393. Nachdruck (1974) in Kallmeyer et al. (1974), 87−125.

— (1974b): Texttypen. Linguistik gegenwärtiger Kommunikationsakte. Stuttgart.

— (1976): Text und Kommunikation. Eine linguistische Einführung in die Funktionen der Texte. Stuttgart u. a.

Hartmann, Peter (1971): Texte als linguistisches Objekt. In: Stempel, Wolf-Dieter (ed.): Beiträge zur Textlinguistik. München, 9−29.

Haubrichs, Wolfgang (1982): Der erzählerische Diskurs und seine Strukturen. In: Lämmert, Eberhard (ed.): Erzählforschung. Stuttgart, 1−6.

Heinemann, Wolfgang/Viehweger, Dieter (1991): Textlinguistik. Eine Einführung. Tübingen.

Hyun, Mi Bak (1994): Grundprobleme der strukturalen Textsemantik. Die Reichweite des Isotopiekonzepts von Greimas in Bezug auf literarische Texte. Berlin.

Isenberg, Horst (1974): Texttheorie und Gegenstand der Grammatik. Berlin.

Kallmeyer, Werner/Klein, W./Meyer-Hermann, R./Netzer, K./Siebert, H. J. (eds.) (1974): Lektürekolleg zur Textlinguistik. 2 Bde. Frankfurt.

Kalverkämper, Hartwig (1981): Orientierung zur Textlinguistik. Tübingen.

Koch, W. A. (1966): Einige Probleme der Satzanalyse. In: Lingua 4, 383−398.

Lerchner, Gotthard (1986): Stilistische Variation in einer handlungsbezogenen Textkonzeption. In: Schöne, A. (ed.): Akten des VII. Internationalen Germanisten-Kongresses Göttingen 1985. Tübingen, 32−39.

Lötscher, Andreas (1987): Text und Thema. Tübingen.

Meyer, Paul Georg (1975): Satzverknüpfungsrelationen. Ein Interpretationsmodell für situationsunabhängige Texte. Tübingen.

Mudersbach, Klaus (1983): Leksemantik − eine holatomistische Bedeutungstheorie. In: Conceptus 17, 139−151.

Mudersbach, Klaus/Gerzymisch-Arbogast, Heidrun (1989): Isotopy and Translation. In: Krawutschke, P. (ed.): Translater and Interpreter Training. New York, 147–170.

Oomen, Ursula (1993): Linguistische Grundlagen poetischer Texte. Tübingen.

Ostheeren, Klaus (1982): Zur linguistischen Analyse eines Shakespeare-Texts: Macbeth. In: Ahrens, R. (ed.): Shakespeare – Didaktisches Handbuch, Band 2. München, 447–471.

Rastier, Francois (1972/1974): Systématique des Isotopies. In: Greimas, Algirdas Julien (ed.): Essais de sémiotique poétique. Paris, 80–106. Dt.: Systematik der Isotopien. In: Kallmeyer, Werner et al. (eds.) (1974), 153–190.

– (1981): Le développement du concept d'isotopie. Paris.

– (1987): Sémantique interprétation. Paris, 87–140.

Scherner, Maximilian (1984): Sprache als Text. Ansätze zu einer wissenschaftlich begründeten Theorie des Textverstehens. Tübingen.

Schmeling, Manfred (1982): Semantische Isotopien als Konstituenten des Thematisierungsprozesses in nicht-linearen Erzähltexten. In: Lämmert, Eberhard (ed.): Erzählforschung. Stuttgart, 157–172.

Schmidt, Siegfried Joseph (1973/1976): Texttheorie. Probleme einer Linguistik der sprachlichen Kommunikation. München.

Selle, Sigrid (1990): Zu Makrostrukturen, Isotopieketten und Handlungsanweisungen in französischen Gesetzestexten. In: Hoffmann, Lothar (ed.): Empfehlung, Standard, Norm. Beiträge zur Rationalisierung in der Fachkommunikation. Leipzig, 136–149.

Stolze, Radegundis (1982): Grundlagen der Textübersetzung. Heidelberg.

Thiel, Gisela/Thome, Gisela (1988): Isotopiekonzept, Informationskonzept und Fachsprache. Untersuchung an journalistischen Texten. Hildesheim u. a., 299–331.

Vater, Heinz (1991): Referenzrelationen in Texten. In: Brinker, Klaus (ed.): Aspekte der Textlinguistik. Hildesheim/Zürich/New York, 19–53.

Weinrich, Harald (1976): Sprache in Texten. Stuttgart.

Wiegand, Herbert Ernst (1980): Lexikalische Semantik. In: Althaus, Hans Peter/Henne, Helmut/Wiegand, Herbert Ernst (eds.): Lexikon der Germanistischen Linguistik. 2. Aufl. Tübingen, 199–211.

Wiegand, Ines (1987): Isotopieketten in Fachtexten. In: Hoffmann, Lothar (ed.): Fachsprache – Instrument und Objekt. Leipzig, 144–154.

Wotjak, Gerd (1971): Untersuchungen zur Struktur der Bedeutung. Berlin.

*Wolfgang Heinemann, Leipzig
(Deutschland)*

7. Der Britische Kontextualismus

1. Einordnung in die Geschichte der Text- und Gesprächslinguistik
2. Forschungsphasen und ihr Beitrag zur Systematik
3. Perspektiven: Anwendungskontexte und Entwicklungslinien
4. Literatur (in Auswahl)

Der Britische Kontextualismus (im folgenden BK) stellt eine integrierte Familie von Forschungsansätzen zum Gesamtphänomen Sprache dar, die den Zugang zu ihrem Gegenstand grundsätzlich durch den Diskurs und den Text suchen, gerade deshalb aber eine scharfe Trennung zwischen Kern-, System- oder Satzlinguistik einerseits und Text- und Gesprächslinguistik andererseits nie als notwendig angesehen haben. Die Entwicklung der Systematik dieser Ansätze soll hier von der Perspektive her geschichtlich dargestellt werden.

1. Einordnung in die Geschichte der Text- und Gesprächslinguistik

Was die Bezüge des BK zu den Vorläufern der Textlinguistik in Rhetorik, Stilistik, historisch-vergleichender Sprachwissenschaft und Philologie angeht, so sind diese Bezüge in weiten Bereichen weniger von einem Bruch gekennzeichnet, als dies in den meisten Ausformungen des amerikanischen Strukturalismus und in der rationalistischen Linguistik Chomskyscher Prägung der Fall war und ist: Zwar entwickeln sich die programmatischen Arbeiten Malinowskis und Firths auch aus einer Kritik der *Armchair Philosophy* (Malinowski) bzw. *Antiquarian Philology* (Sweet), aber die entstehende Art von Sprachwissenschaft ist eine, die auf der Wichtigkeit der Einbettung jeder sprachlichen Interaktion im Kontext der Kultur und im Situationskontext besteht. Dadurch ist eine potentielle und in der weiteren Entwicklung auch aktuelle Verbindung zu Ethnographie und Soziologie, aber auch zu Rhetorik und Stilistik gegeben. Ein Gegensatz zur traditionellen Sprachwissenschaft und zur Philologie besteht in so weit, wie diese die Beschränkung auf den literarischen Text und die ungebrochen normierend-abschätzige Sichtweise von Alltagskommunikation, zusammen mit einer einseitig historisch-deskriptiven Methodik, zum Programm erheben. Der BK konstituiert sich aus einer Kritik der hier implizierten Eigenschaften traditioneller Fächer und Methoden, aber auch aus einer Kritik am reduktionistischen und bedeutungsfernen amerikanischen Strukturalismus sowie am Strukturalismus europäischer Prägung dort, wo dieser sich einseitig mentalistisch-rationalistisch gibt. Wichtig und theoriebildend sind andererseits, vor allem für Firth, die Bezüge auf Hjelmslev und auf die frühe Prager Schule, später bei Halliday die Verarbeitung von Einsichten der späteren Prager Schule, in einigen Fragen auch der Tagmemik und Stratifikationsgrammatik, vor allem aber die Auffassungen von Sapir und Whorf zur sprachlichen Relativität, wenn auch nicht in ihren subjektivistischen Pointierungen. Was die strukturalistische Erzähltextanalyse und das Isotopiekonzept angeht, so tauchen die dort behandelten Fragestellungen erst in der neueren Phase der *Systemic Functional Linguistics*, etwa bei Halliday und Hasan, ab den 70er Jahren auf, werden allerdings seitdem systematisch und in beträchtlicher Breite verfolgt. Der BK stand und steht von seiner eher ethnographisch-rhetorischen Grundorientierung her in Opposition zu logikbasierten Zugängen zu sprachlichen Phänomenen, greift allerdings einige der dort behandelten Fragestellungen im Rahmen der eigenen Orientierung durchaus auf. Was nun Entwicklungen wie die pragmatische, oder später die kognitive Wende in der Textlinguistik angeht, so waren und sind solche Entwicklungen aus der Sicht des BK als Neuorientierungen nicht erforderlich: eine separate Pragmatik ist im BK nicht notwendig, da Fragestellungen der Pragmatik von jeher als integraler Bestandteil der Linguistik angesehen wurden. Die kognitive Wende hat ihre Parallele im BK in Hallidays Hinwendung zur Sozio-Semantik seit etwa den späten 60er Jahren, aber diese Semantik wird grundsätzlich als gesellschaftlich, semiotisch und empiristisch verstanden, wie in weiten Teilen der heutigen holistischen Kognitiven Linguistik, im Gegensatz zu einem individuellen, psycho-

logischen und mentalistischen Verständnis, wie etwa in kognitiven Ansätzen der rationalistischen Schulen. Mit den hier implizierten Spezifizierungen gehört der BK zu den eher handlungstheoretischen, kommunikationstheoretischen und empiristischen Ansätzen. Wie viele Ansätze dieser Grundorientierung hat der BK eine etwas stärkere Tendenz zur Erforschung und Modellierung von Textproduktion, als zur Textverarbeitungsforschung, wenngleich letztere durchaus als wichtiger Arbeitsgegenstand begriffen wird.

2. Forschungsphasen und ihr Beitrag zur Systematik

2.1. Quellen des BK

Wesentliche Quellen des Gedankengutes des BK sind in Arbeiten Henry Sweets (Sweet 1891), Philipp Wegeners (Wegener 1885), Alan Gardiners (Gardiner 1932) und besonders Bronislaw Malinowskis (Malinowski 1953) zu sehen (vgl. Steiner 1983) Henry Sweets Propagierung der *Living Philology*, die Ausarbeitung von Grundlagen des Situationsbegriffes sowie in Verbindung damit die Betonung von mehreren Dimensionen der Sprachanalyse in den Arbeiten Wegeners und Gardiners, sowie insbesondere Malinowskis ethnographische Sprachtheorie verbinden sich in den Arbeiten Firths zur ersten umfassenden, wenn auch lückenhaften, Programmatik des BK, und damit zunächst der modernen Linguistik in Großbritannien überhaupt.

2.2. Die Formulierung der Programmatik

Firth beginnt ab etwa 1930 eine rege Lehr- und Publikationstätigkeit, wobei die meisten der wichtigeren Schriften in (Firth 1957) und (Palmer 1968) später veröffentlicht werden. Wie andere Schulengründer legt er den Schwerpunkt seiner Veröffentlichungstätigkeit teilweise auf die Programmatik, ansonsten auf Phonetik und Phonologie. Kennzeichnend für Firth ist aber ein Arbeitsschwerpunkt in der Formulierung eines Konzepts von *Situationskontext* und *Kontext der Kultur* als integralen linguistischen Analyseebenen. Daneben stehen Einzelarbeiten zu Grammatik und Lexis. Von der Methodologie her ist die von Firth entwickelte Linguistik einheitlich (monistisch), insofern als auf allen Analyseebenen Bedeutung als Funktion im Kontext, realisiert in den Beschreibungskategorien *System* und *Struktur*, analysiert wird. Die Methode ist gleichzeitig *polysy-*

stemisch in dem Sinne, daß Systeme wie etwa Konsonanten, Kasus oder Numerus als unterschiedlich strukturiert je nach ihrem Platz im Kontext anderer Systeme angenommen werden.

2.3. Die Ausdifferenzierung

Nach dem Tode Firths finden wir eine Ausdifferenzierung des BK, manchmal auch *London School of Linguistics* genannt, in eine Anzahl von Ansätzen und oft Einzelarbeiten. Abgesehen davon, daß eine Reihe von Sprachwissenschaftlerinnen und Sprachwissenschaftlern in Großbritannien individuell und kritisch Ideen des BK weiterführen (jeweils in Einzelarbeiten Henderson, Palmer, Leech, Robins, Abercrombie, Svartvik u. a.), sind in den weiteren Entwicklungen vielleicht vor allem die Arbeiten um John Sinclair (vgl. Sinclair 1991), und hier besonders die CO-BUILD Wörterbücher und Grammatiken, wichtig geworden. Vielerorts wird in dieser Arbeit eine der interessantesten Richtungen der Sprachwissenschaft Großbritanniens gesehen, vor allem auch wegen der unmittelbaren Bedeutung weit über das rein Fachliche hinaus. Unmittelbar schulenbildend aber wirken zunächst die Arbeiten von Michael Alexander Kirkwood Halliday, denen wir uns im folgenden zuwenden wollen.

2.4. Hallidays Systemisch Funktionale Linguistik (SFL)

Halliday steht nach eigener Aussage in der Tradition Firths, hat daneben allerdings auch Einflüsse der chinesischen Sprachwissenschaft, Hjelmslevs und Whorfs verarbeitet. Die SFL ist heute eine weltweit verbreitete, wenn auch nur lose organisierte, Richtung der Sprachwissenschaft mit eigenen nationalen und internationalen Gesellschaften.

2.4.1. Grammatik und Lexik

Die erste Phase der Arbeit Hallidays (ca. 1956–1966) brachte eine methodologische Ausarbeitung der Grammatik und, in weit geringerem Maße, Lexis (Halliday 1961). Wenn diese Phase in ihrer Satzbasiertheit auch deutlich enger war, als die späteren Phasen mit ihren Schwerpunktsetzungen in den Bereichen Text und Gespräch, so haben sich doch die damals eingeführten methodologischen Kategorien (*Einheit, Klasse, Struktur, System*) durch alle Beschreibungsebenen hinweg sehr stabil erhalten, sind die eingeführten methodologischen Skalen (*Rang, Exponenz, Feinheit*) für das gesamte theoretische Denken auch gerade in der Gegenwart von größter Bedeutung geblieben. Da Grammatik und Lexis eher als unterschiedliche Sichtweisen auf einen gemeinsamen Bereich sprachlicher Form, denn als essentiell verschiedene sprachliche Ebenen verstanden werden, benutzt die SFL häufig den Begriff der Lexiko-Grammatik (lexicogrammar).

2.4.2. Die Funktionen der Sprache und die generalisierten Funktionen der Grammatik (ca. 1966–1976)

Halliday geht hier zunächst von einem Begriff von *Bedeutung als Funktion im Kontext* aus, wie er bei Malinowski und Firth angelegt ist, versucht allerdings, diesen Begriff etwas schärfer und eingeschränkter zu formulieren, als seine Vorgänger (vgl. Halliday 1973). Sein Begriff von *generalisierten, d. h. grammtikalisierten Sprachfunktionen* konkretisiert sich dabei gleichzeitig in einer Reihe von Arbeiten zur Intonation und Lexiko-Grammatik, in deren Rahmen formale Oppositionen systematisch in Bezug gesetzt werden zu ihrer funktionalen Semantik (Halliday 1970a, b). Hier spielen, oft im Hintergrund, die Auffassungen, die Whorf im Zusammenhang seiner grammatischen *cryptotypes* formuliert, eine wichtige Rolle.

2.4.3. Sprache als gesellschaftliches semiotisches System (Orientierung auf Gespräch und Text) (ca. 1976–heute)

In diesen Zusammenhang fällt eine Anzahl von Arbeiten, in denen die Grundlagen einer sprachlich orientierten *social semiotics* gelegt werden (Halliday 1978), (Halliday/Hasan 1989). Abgesehen von den genannten phasenweisen Schwerpunktsetzungen sind immer wieder Arbeiten entstanden, die im Rahmen des SFL-Grundverständnisses den Zugang zur Sprache Ebene für Ebene erlauben: Zur Intonation (Halliday 1970a), Grammatik (Halliday 1994), aber auch (Fawcett 1980) in einer wichtigen eigenen Variante, und Textstruktur (Halliday/Hasan 1976).

3. Perspektiven: Anwendungskontexte und Entwicklungslinien

Der BK hat sich von Beginn an durch eine bewußte Reflexion der Tatsache ausgezeichnet, daß sich theoretische Weiterentwicklungen im Rahmen von, oder im Kontakt mit theoretisch motiviert gewählten Anwendungskontexten vollziehen. Für eine Prognose der weiteren Entwicklung scheinen mir die folgenden besonders wichtig: Der Arbeitskontext um John Sinclair und COBUILD hat sich erfolgreich als langfristiges Vorhaben etabliert, in dessen Rahmen eine Reihe korpusbasierter und von der Orientierung her funktionaler Wörterbücher und Grammatiken entstanden sind bzw. gegenwärtig entstehen. Der funktionale Kernbegriff der *Lexiko-Grammatik* und das Begriffspaar *Kollokation und Kolligation* (lexikalisches und grammatisches Syntagma), erhalten von daher eine geschichtlich bisher einmalige und kritische Unterstützung. Dies hat Auswirkungen nicht nur auf die Tradition des Erstellens von Grammatiken und Wörterbüchern, sondern auf die Methodendiskussion in der Sprachwissenschaft, und insbesondere auch in der SFL. Die SFL selbst hatte schon immer als ein wesentliches Gebiet der theoriegeleiteten Anwendung die Sprachdidaktik (vgl. Halliday u. a. 1964). In dieser Richtung entwickeln sich die Begriffe von Texttypen, Genre, Ideologie, Register. Im Zusammenhang damit, aber als durchaus selbständiger Bereich entwickelt sich eine SFL-basierte Methode der kritischen Diskursanalyse, die ihre Wurzeln in Arbeiten der 60er und 70er Jahre hat, aber gerade in den letzten Jahren an Bedeutung gewinnt (vgl. Hodge/Kress 1988). Hier sucht man den Dialog mit der Soziologie, aber auch mit Elementen der postmodernen und poststrukturalistischen, sowie der marxistischen Kritischen Theorie. Auch eröffnet sich hier der Weg zur Modellierung von nicht-sprachlichen Modi der Kommunikation, wie etwa Musik und Visueller Kommunikation. In allen genannten Bereichen wird der Kernbegriff *des Registers* als organisierender Begriff für den Zusammenhang zwischen Situationskontext und Sprache weiterentwickelt (vgl. Ghadessy 1993). Weiterhin von Wichtigkeit, gerade für die Modellierung von Teilbereichen der Lexiko-Grammatik, sind Arbeiten zur automatischen Analyse und, in weit größerem Umfang, Generierung von Sprache, insofern als in manchen dieser Anwendungen theoretisch interessante und gleichzeitig explizite Fragmente implementiert werden (vgl. Matthiessen/Bateman 1991). Aus diesem Bereich stammen auch einige Formalisierungen von Teilen der SFL. Gerade durch Beschäftigung mit multilingualer Textgenerierung erhält die Arbeit an multilingualen Grammatikfragmenten wichtige Impulse, was innerhalb der Theorie die Auseinandersetzung mit *Generalisierung* und *Abstrahierung* im Rahmen der Architektur des Gesamtmodells deutlich vorantreibt. Ein weiterer fruchtbarer Kontext für Anwendung und Entwicklung von SFL kann, wenn auch noch in bescheidenem Maße, in der Übersetzung gesehen werden (vgl. Hatim/Mason 1990 und eine Reihe weiterer Arbeiten), wobei sich auch im Rahmen der Modellierung des menschlichen Übersetzungsprozesses verstärkt die Frage nach dem Charakter sprachlicher Information und ihrer Sprachgebundenheit oder ihrer Verteiltheit über mehrere Sprachen stellt. Letztlich wird voraussichtlich der Kernbereich der Arbeit an Lexik und Grammatik, sowie an ihren semantischen Schnittstellen zum Diskurs und Text, das vielleicht organisierende Zentrum einer Sprachtheorie bleiben, die zwar Sprache nie anders, als über Diskurs und Text verstanden hat, die aber für die Modellierung der Realisierung von Diskurs auf nichts weniger als auf einer eigenen sozial-semiotisch basierten Lexiko-Grammatik (vgl Halliday/Matthiessen im Druck) besteht – und die diese auch kontinuierlich ausarbeitet und aus ihr einen Großteil ihrer methodischen Substanz bezieht.

4. Literatur (in Auswahl)

Fawcett, Robin P. (1980): Cognitive Linguistics and Social Interaction – Towards an Integrated Model of a Systemic Functional Grammar and the Other Components of a Communicating Mind, volume 3 of Exeter Linguistic Studies. Heidelberg.

Firth, John Rupert (1957): Papers in Linguistics 1934–1951. London.

Gardiner, Alan (1932): The theory of speech and language. London.

Ghadessy, N. (1993): Register Analysis. Theory and Practice. London.

Halliday, Michael A. K. (1961): Categories of the theory of grammar. In: Word 17, 241–292.

– (1970a): A Course in Spoken English: Intonation. Oxford.

– (1970b): Language structure and language function. In: Lyons, John (ed.): New Horizons in Linguistics. Harmondsworth.

– (1973): Explorations in the Functions of Language. London.

– (1978): Language as social semiotic. London.

– (1994): An Introduction to Functional Grammar. London, 2nd edition.

Halliday, Michael A. K./Hasan, Ruqaiya (1976): Cohesion in English. London/New York.

– (1989): Language, Context, and Text: Aspects of Language in a Social Semiotic Perspective. London.

Halliday, Michael A. K./Matthiessen, Christian M. I. M.: Constructing experience through meaning: a language based approach to cognition. London, im Druck.

Halliday, Michael A. K./McIntosh, Angus/Strevens, Peter (1964): The linguistic sciences and language teaching. London.

Hatim, Basil/Mason, Ian (1990): Discourse and the Translator. Language in Social life Series. London.

Hodge, Robert/Kress, Gunther (1988): Social Semiotics. Cambridge, England.

Malinowski, Bronislaw (1953): Coral Gardens and their Magic. New York.

Matthiessen, Christian M. I. M./Bateman, John A. (1991): Text Generation and Systemic-Functional Linguistics: Experiences from English and Japanese. Communication in Artificial Intelligence Series. London.

Palmer, Frank R. (1968): Selected Papers of J. R. Firth 1952–1959. London.

Sinclair, John M. (1991): Corpus, Concordance, Collocation. Oxford.

Steiner, Erich (1983): Die Entwicklung des Britischen Kontextualismus. Heidelberg.

Sweet, Henry (1891): A new English Grammar. Oxford.

Wegener, Philipp (1885): Untersuchungen über die Grundfragen des Sprachlebens. Halle.

Erich Steiner, Saarbrücken (Deutschland)

8. Die pragmatische Wende in der Textlinguistik

1. Vorbemerkungen
2. Historiographische Probleme der „Wende"-Metapher
3. Problemgeschichtliche Einordnung der Wende
4. Zur Konzeption der pragmatischen Wende in der Textlinguistik
5. Die Transformation der Wende: Kritik und Perspektiven
6. Literatur (in Auswahl)

1. Vorbemerkungen

Unter dem Etikett des „pragmatic turn" oder der „pragmatischen Wende" wird eine in den 60er Jahren einsetzende Konvergenz neuer Denkansätze in der Philosophie und Wissenschaftstheorie und beinahe allen Human- und Kulturwissenschaften zusammengefasst, die sich aus sehr heterogenen Strömungen zusammensetzte (vgl. Stachowiak 1993; Verschueren 1995) und in der Linguistik ihre Hauptwirkung ab etwa 1970 entfaltet hat (vgl. Helbig 1988/1990). Gemeinsam ist allen Strömungen die Überzeugung von der sozialen Vermitteltheit wissenschaftlicher Erkenntnis, die Prämisse einer wesentlich sozialen, das heißt durch Handeln und soziale Erfahrung begründeten Konstituenz der zu erklärenden und beschreibenden Gegenstände sowie der Anspruch auf gesellschaftliche Bedeutung und praktische Relevanz der Theoriebildung. Die wesentlichen Triebkräfte und Motive der Wende lagen dabei außerhalb der Disziplinen selbst in der Artikulation gesellschafts- und bildungspolitischer Ansprüche an die Wissenschaft, etwa zur Kompensation sozialer Ungleichheit, zum Abbau von Bildungsschranken, zur Emanzipation und der Erweiterung kommunikativer Partizipationsmöglichkeiten beizutragen (vgl. z. B. Maas/Wunderlich 1972; Hartung 1987).

Die Formulierung „pragmatische Wende in der Textlinguistik" bezeichnet zum einen die Folgen der Anwendung pragmatischen Denkens und pragmatischer Methodik in einem speziellen Teilbereich linguistischer Theoriebildung und Deskription, eben der Textlinguistik (vgl. z. B. Schlieben-Lange 1975/1979, 110 ff; Helbig 1988/1990, 152 ff; Heinemann/Viehweger 1991, 22 ff). Zum andern jedoch wird die von der stärker textgrammatisch orientierten Textlinguistik sich abgrenzende Texttheorie in der Diskussion der 70er Jahre gerade durch die „Wende" zu einem Synonym für eine pragmatisch orientierte Sprachtheorie überhaupt (z. B. Schmidt 1973a). Das heißt, die pragmatische Wende beansprucht ein Aufbrechen etablierter Konzeptualisierungen nicht nur von „Text", sondern qua Text von „Sprache" im Verhältnis zum Sprechen und den Sprechern allgemein. Die Kenntnis sozial bestimmter Handlungszusammenhänge ist Voraussetzung sozialen Handelns. „Die symbolische Bindung von Handlungszusammenhängen ist aber die Leistung der Sprache" (Maas/Wunderlich 1972, 193). Diese auf Sprache insgesamt bezogene pragmatische Perspektive fordert, sprachliche Tatbestände grundsätzlich vom Texthandeln her und im Hinblick auf die Bedingungen seines Gelingens theoretisch zu konzipieren und zu beschreiben.

Eine Darstellung zur textpragmatischen Wende steht damit vor der Alternative, die Aufgabe entweder auf die speziell pragmatisch motivierten Beiträge zum „Text" als (weiterer) linguistischer Beschreibungsebene zu beschränken oder aber das eigentliche Motiv und Movens der „pragmatischen Wende in der Textlinguistik", nämlich den Versuch zur Begründung eines pragmatischen Sprachbegriffs ins Zentrum zu stellen. Für eine dem Forschungsstand adäquate Darstellung und problemgeschichtliche Wertung der „Wende" scheint es sinnvoll, die beiden Gesichtspunkte zu verbinden. Damit wird eine Erörterung zum Begriff der Pragmatik selbst erforderlich, die eine problemgeschichtliche Einordnung der Wende und ihrer Folgen für die Textlinguistik ermöglicht.

In die Formulierung der Themenstellung des Beitrags gehen vielfältig komplexe und in der Diskussion kontrovers thematisierte Voraussetzungen ein. Dies betrifft die Rede von einer „Wende" überhaupt, den zugrunde zu legenden Begriff der Pragmatik wie auch den der Textlinguistik bzw. des Textes. Der Artikel orientiert den Aufbau der Argumentation an dieser Problematik. Im Folgenden werden unter (2) die methodologischen Implikationen des historiographischen Konzepts „Wende" problematisiert. Die Erörterung wird unter (3) auf die jüngere historiographische Einordnung und Bewertung der „pragmatischen Wende" in der Linguistik bezogen. Damit verbunden ist eine Erörterung zum Begriff der Pragmatik. Kapitel (4) diskutiert die Entstehungshintergründe und die Differenzierung textpragmatischer Orientierungen unter primärem Bezug auf die Diskussion im deutschen Sprachbereich. Kapitel (5) schließlich behandelt die Aussichten der Textpragmatik vor dem Hintergrund der Kritik an Hauptorientierungen der Wende in der linguistischen Diskussion.

Hinsichtlich der weitestgehend kanonischen Elemente der Darstellungen zur Entwicklung der textlinguistischen Diskussion fasst sich der Beitrag kurz. Übersichtliche und informative Darstellungen dazu, in denen sich die Entfaltung der textlinguistischen Systematik in der Regel auch an der historischen Entwicklung der Diskussion orientiert, sind gut zugänglich (vgl. Brinker 1973; 1996; Kallmeyer/Meyer-Hermann 1973; Dressler (ed.) 1978a, 1−15; Völzing 1978, 13−33; de Beaugrande/Dressler 1981, 15−31; Helbig 1988/1990, 148−178, Heinemann/Viehweger 1991, 13−85). Da der begriffliche und theoretische Ertrag der pragmatischen Wende in diesem Band in verschiedenen Beiträgen ausführlich zur Sprache kommt, konzentriert sich der Artikel auf eine problemgeschichtliche Darstellung und Einordnung.

2. Historiographische Probleme der „Wende"-Metapher

Konsensbildung in wissenschaftsgeschichtlichen Darstellungen ist ein komplizierter und von Kontroversen getragener Prozess. Initiale Prozesse wissenschaftshistorischer Entwicklungen, Kristallisations- und Kulminationspunkte wie auch Bruchstellen und Wendepunkte sind durch die Historiographie keineswegs im Sinne bloßer Faktensammlung zu dokumentieren; sie werden vielmehr historiographisch konstruiert. Wissenschaftssoziologisch junge Disziplinen wie die linguistische Pragmatik und die Textlinguistik sind in ihrer Entwicklung unmittelbar geprägt vom Versuch, den eigenen Forschungsstandpunkt diskursiv durchzusetzen und über historiographische Deutungsmuster − wie etwa das der „Wende" − verbindlich zu interpretieren. Die Etablierung von Darstellungskonventionen zur Geschichte steht dabei stets in der Spannung zwischen der Diskursgeschichte der Disziplinen einerseits und ihrer wissenschaftlichen Problemgeschichte andererseits (vgl. Knobloch 1996). Was im sozialen System der Wissenschaftskommunikation Anerkennung findet, muss nicht notwendigerweise auch problemgeschichtlich ein Fortschritt sein, und umgekehrt. Der Erfolg theoretischer Innovation wird notwendig zunächst als ein kommunikativer Erfolg manifest, indem etwa gegenüber einer bis dahin vorherrschenden Leitorientierung eine Abgrenzung durchgesetzt wird und autonome Thematisierungen ermöglicht werden. Vor allem darauf ist die Selektivität und Perspektivität der „Wende"-Metapher − auch im Kontext der „pragmatischen Wende" − bezogen. Sie betont die Diskontinuität und den Bruch mit herrschenden Orientierungen und bezieht daraus ihre Wertschätzung. Helbig (1988/1990, 15) macht den auf die spezifische zeitgeschichtliche Diskurskonstellation bezogenen Sinn der Wende-Metaphorik deutlich, wenn er formuliert: „Vor allem unter dem maßgebenden Einfluss des Strukturalismus und der generativen Grammatik entstand der Eindruck einer solchen Umorientierung als 'Wende'", und entsprechend formuliert Hartung in einem Rückblick auf die 70er Jahre: „Man wußte, wogegen man war, aber nicht unbedingt, wofür" (Hartung 1987, 278). Diese Hinweise auf die diskursive Eigendynamik der sprachpragmatischen Wende lassen zunächst offen, wie ihr problemgeschichtlicher Stellenwert einzuschätzen ist.

3. Problemgeschichtliche Einordnung der Wende

3.1. Diskursive Dynamik der Wende

Der unter dem Stichwort „pragmatische Wende" gefasste Wandel setzt den Prozess der wissenschaftlichen Institutionalisierung einer linguistischen Pragmatik in Gang. Die Wende kommt bezogen auf die Textlinguistik/Texttheorie in programmatischen Entwürfen zum Ausdruck (z. B. Hartmann 1968; 1971; Maas/Wunderlich 1972; Schmidt 1973a; Breuer 1974; Kummer 1975), die innerhalb kurzer Zeit in den 70er Jahren zu einem Anstieg einschlägiger Forschungsaktivitäten führen, begleitet von Tagungen, Kongressen und Debatten, denen Diskussionsbände (Stempel (ed.) 1971; Gülich/Raible (eds.) 1972; 1977; Schmidt (ed.) 1976; Petöfi (ed.) 1979), Forschungsberichte und Anthologien (Schmidt (ed.) 1974; Dressler (ed.) 1978a; 1978b) folgen. Nahtlos schließt sich für den Bereich der Pragmatik insgesamt die Gründung entsprechender Zeitschriften an – zuerst des „Journal of Pragmatics" im Jahr 1977 – sowie das Erscheinen einschlägiger Einführungen (bereits Dressler 1972; Kallmeyer et al. 1974; Coseriu 1980/1994; van Dijk 1980; Dressler/de Beaugrande 1981; Brinker 1985; Heinemann/Viehweger 1991; Vater 1992) und Handbücher (van Dijk (ed.) 1984). Im Blick auf diese Entwicklungen beschreiben Heinemann/Viehweger (1991) die Konsequenzen der pragmatischen Wende wie folgt: „Seither rücken in stärkerem Maße Fragen der praktischen Verwendung von Sprachzeichen in konkreten Kommunikationsereignissen ins Zentrum des Interesses, wird die Einbettung sprachlicher Äußerungen in komplexe, übergreifende Zusammenhänge der kommunikativen Tätigkeit postuliert" (Heinemann/Viehweger 1991, 22). Die Einschätzung trifft zu, soweit man sich dabei am wissenschaftlich institutionellen Aufkommen und der Konjunktur der sogenannten „Bindestrich-Linguistik" Sprechakttheorie, Gesprächsanalyse, Soziolinguistik, Psycholinguistik – auch die Textlinguistik wird dazu gezählt – (vgl. Helbig 1988/1990, 148 ff) orientiert. Ein erheblicher Anteil dieser Prosperität der Wende ist dabei gleichursächlich mit der allgemeinen Expansion des Bildungs- und Wissenschaftssystems zu Beginn der 70er Jahre.

3.2. Problemgeschichtliche Ambivalenz

In der Retrospektive ist kritisch zu konstatieren, dass die Geschichte pragmatisch argumentierender Sprachbegriffe in der Sprachtheorie tiefergehende Fundamente gelegt hat, als in der „pragmatischen Wende" selbst zum Tragen kommen. Die Wende bleibt theoretisch und grundbegrifflich hinter Vorleistungen pragmatischen Denkens in der Sprachtheorie zurück, und zwar sowohl im Blick auf den sprachkonstituierenden als auch im Blick auf den sozial konstitutiven Charakter sprachlichen Handelns. Brigitte Nerlich und David D. Clarke fassen die Ergebnisse ihrer Forschungen zur Geschichte der Pragmatik (Nerlich 1995a; 1995b; Nerlich/Clarke 1994; 1996) in einer äußerst skeptischen Wertung des Ertrags der Wende zusammen: „However, in the case of pragmatics, some of the past got lost or forgotten in the excitement of the present. As a result something of the discipline itself was lost, in the same way that individuals can lose their identity by losing their memory" (Nerlich/Clarke 1994, 440).

Die Autoren weisen nach, dass (und aus welchen Gründen) im „so-called pragmatic turn" (Nerlich 1995a, 311) der hinsichtlich der sprachtheoretischen Pragmatiktradition weitestgehend isolierte Diskursstrang der „ordinary language philosophy" (Austin, Grice, Searle) zum Tragen kommt (Nerlich 1995a, 324 ff). Dieser verfehlt bereits bezüglich der Sprechakttheorie i. e. S. die Rezeption einschlägiger Arbeiten, z. B. Adolf Reinachs (Burkhardt 1990; Nerlich/Clarke 1996). Wichtiger im vorliegenden Zusammenhang ist jedoch die nahezu vollständige Vernachlässigung der Arbeiten, die die Kontextualität der Kommunikation, die Bezogenheit sprachlicher Ordnungen auf Kontexte des Handelns und die pragmatisch bestimmte zeichenhafte Materialität der Sprache in den Mittelpunkt stellen. In diesem Sinne bezieht das Pragmatikverständnis der „ordinary language philosophy" weder Grundlegungen der 20er Jahre (z. B. bei Malinowski und Mead) mit ein, noch die vor allem im deutschen Sprachbereich anzusiedelnden sprachpragmatischen Entwürfe (z. B. bei Marty, Wegener und vor allem Bühler), die in der Linguistik Einfluss auch auf die englischsprachige Diskussion der 30er Jahre (z. B. Gardiner, Firth) gewinnen und die Entwicklung des Kontextualismus mit motivieren. Diese historische Unbedarftheit hat Konsequenzen auch für den dadurch etablierten Pragmatikbegriff. Freilich ist zu konzedieren, dass auch der aus heutiger Sicht komplexeste Entwurf zu einem pragmatischen Sprachbegriff ante litteram, Karl Bühlers Sprachtheorie, bestenfalls Ansätze zu einem Begriff von Textualität als eigenständiger Sprachbeschreibungsebene entwickelt und dass ihm ebenso der Zugriff auf den sozialkonstitutiven Charakter des Sprechakts (i. S. performativer Akte) fehlt. Zumindest hinsichtlich des ersten Punkts liegt die Ursache in einer Unterschätzung der durch das Verstehen konstituierten sprachlichen Ordnungen (Ehlich 1989). Nichtsdestoweniger liefert Bühler ein umfassendes Modell für einen ungeteilt pragmatischen Begriff der Sprache „als Kommunikationsmittel mit ausdrücklichem Sprecher-Hörer-Bezug" (Stachowiak 1993, XXVII) und entwickelt hier den frühen Ansatz Philipp Wegeners weiter. Die besondere Leistung dieser Perspektive bestand gerade auch darin, dass sie es ermöglichte, das System pragmatisch zu verstehen.

Im Gegensatz dazu nimmt der Ansatz der „ordinary language philosophy" zwar die pragmatischen Funktionen des Sprachhandelns in den Blick, aber er blendet die pragmatische Funktionalität der Sprache selbst theoretisch und empirisch weitgehend aus (vgl. Verschueren 1995, 6 ff). Bei Austin und Searle bestimmen die konventionellen Formate der Sprechakte − und damit implizit nach wie vor der Satz −, bei Grice die weitgehend zeichenungebundene Intention und die konversationelle Logik der Implikatur den Pragmatikbegriff. Die Pragmatik wird auf einen eng umschriebenen, gegen Syntax und (kontextfreie) Semantik weitgehend abgeschotteten kanonischen Bereich begrenzt, der Deixis, konversationelle Implikatur, Präsupposition, Sprechakte und konversationelle Interaktion (z. B. Levinson 1983/1994) umfasst. Dass sprachliche Selektionen aller Strukturebenen im Text nicht ein bloßes Performanzphänomen sind, sondern auch durch in der Kompetenz verfügbare Text-Kontextbeziehungen qualifiziert sind, kommt nicht als ein pragmatisches Problem in den Blick. Kontext und sprachliche Bedeutung sind in einem pragmatischen Sprachbegriff koevolvierende Einflussgrößen, und zwar potentiell hinsichtlich der Gesamtheit sprachlicher Eigenschaften. Entsprechend kritisch gegenüber einem aktzentrierten Pragmatikbegriff formuliert Verschueren „if ... pragmatics is to be defined as the study of meaning in context, it should study whatever meaning emerges as a result of the contextual use of any linguistic feature (including phonological, morphological, or syntactic ones), whether this feature has a 'semantics' of its own or not" (Verschueren 1995, 11). Erst recht gilt dies freilich auch für die übersatzmäßigen Ordnungen des Textes und des Gesprächs, die über semasiologisch fassbare Zeichenqualitäten komplexe Handlungsschemata in der Kompetenz verfügbar machen. Die Tradition eines die Leistungen des Verstehens in Rechnung stellenden Sprachbegriffs, die Dimension der „Sprache als Text" (Scherner 1984) bleibt in der sprechakttheoretisch dominierten Pragmatik der Wende weitgehend unberücksichtigt.

3.3. Die Dialektik der Wende

Während die „pragmatische Wende" − im Kontext der Texttheorie − zunächst beansprucht, die systemlinguistische Perspektive aufzuheben, kommt es in der Folge tatsächlich zu einer Art Zwei-Reiche-Lehre, in der auf der einen Seite Systemlinguistik, also Grammatik (mit Syntax + wahrheitswertfunktionaler Semantik), und auf der anderen Seite die Pragmatik als Residualkategorie stehen. Mit dieser Entwicklung kommt innerhalb einer linguistischen Pragmatik, die ihr Entstehen wesentlich der − gegen den logischen Positivismus Rudolf Carnaps gewendeten − ordinary-language-philosophy Austins verdankt, tatsächlich Carnaps Pragmatikverständnis der ideal-language-philosophy zum Tragen. Diese Ambivalenz ist bereits 1938 in Morris' Konzeption der Pragmatik angelegt (vgl. Schneider 1993; Verschueren 1995). Syntaktische und semantische Kompetenz einerseits und pragmatische Kompetenz andererseits werden im Diskurs kategorial geschieden. Genau dadurch jedoch wird ein für die Textlinguistik folgenreicher Kunstgriff möglich: In der Gegnerschaft der Wende-Pragmatik zur Aussagenlogik und Satzlinguistik bleibt die Bezugsgröße konstant: Der Satz wird durch die Äußerung ersetzt; die vermeintlich „neue" Handlungsperspektive wird qua Satz auf den Sprech-*Akt* bezogen, – und darauf reduziert. Der Handlungswert des Textes ergibt sich in dieser Sicht als Summe illokutiver Teilhandlungen eines Sprechers, die sprachlich „auf die Sätze des Textes abbildbar" (Motsch 1986, 262) sein sollen (vgl. Kap. 4.3.3.). Damit werden rationalistische Syntax und universalistische Pragmatik versöhnt. Der Erfolg der Wende scheint – entgegen dem historiographischen Augenschein – problemgeschichtlich geradezu dadurch zustande zu kommen, dass ihr Pragmatikbegriff Interessen der generativen Position stützt. „Austin, Wittgenstein, and Grice were hailed as heroes in the 1970s and their insights were quickly integrated into a system-oriented linguistics looking for universal features of language" (Nerlich 1995a, 311).

Diese eigentümliche Gleichsinnigkeit von Grammatik und Pragmatik der Wende führt unmittelbar zu einer letzten Ambivalenz: Im Selbstverständnis der Textlinguistik wird bereits in den 80er Jahren das „Wende"-Modell einer Ablösung der textgrammatischen durch eine handlungstheoretische bzw. texttheoretische Perspektive zurückgeführt und aufgelöst zugunsten eines integrativen Ansatzes (z. B. Heinemann/Viehweger 1991; Brinker 1985; 1996). Der Anspruch auf eine vollständige Assimilation der Textkonstituenz an Kategorien des Handelns ist aufgehoben und in ein nach Beschreibungsebenen differenziertes Modell überführt worden, das wesentlich auch die Gliederung dieses Handbuchs – namentlich in Kapitel V. und VI. – bestimmt. Die Textlinguistik hat sich – so gesehen – als wissenschaftliche Diszplin konsolidiert. Komplementär dazu jedoch steht in einer nach Grammatik & Pragmatik differenzierten Sprachtheorie der Status des Textes – auch und gerade als Folge der „pragmatischen Wende" – zur Disposition, denn die Pragmatik hat keinen systematischen Ort für eine Textlinguistik, die mit der Sprachlichkeit *des Textes* in toto rechnet (vgl. z. B. Motsch 1986 vs. Hartung 1987). Weite Teile der herrschenden Pragmatik – von der Grammatik zu schweigen – geben den Text als eigenständige Kategorie zur Analyse eines sprachlich zeichenhaft integrierten Handelns auf. In der Sicht – des Grammatikers und Historiographen Gerhard Helbig: „Die Textlinguistik hat das Schicksal, von der gleichen wissenschaftsgeschichtlichen Entwicklung (der „kommunikativ-pragmatischen Wende") zugleich hervorgebracht und eingeschränkt bzw. „aufgehoben" zu werden" (Helbig 1988/1990, 157). Das ist die Dialektik der pragmatischen Wende. Diese Dialektik ist allerdings nicht das letzte Wort in der Geschichte der Textlinguistik (vgl. Kap. 5).

4. Zur Konzeption der pragmatischen Wende in der Textlinguistik

4.1. Die Hinwendung der Systemlinguistik zum Text

Der Text ist durchaus auch in systemlinguistischer Perspektive ein Ausgangs- und Zielpunkt der linguistischen Analyse. Im methodologischen Programm seiner „Prolegomena" (zuerst 1943) bestimmt Hjelmslev, der Ausgangspunkt der linguistischen Analyse sei „der noch unanalysierte Text in seiner ungeteilten und absoluten Ganzheit" (vgl. Hjelmslev 1943/1974, 17). Die Analyse soll, ausgehend vom „Text als einer in Komponenten aufgeteilten Klasse" (vgl. ebd.), zur Konstruktion des Systems führen. Die Perspektive und der Zielpunkt systemlinguistischer Zugänge zum Text wird in einer Metapher Hjelmslevs deutlich: „Die erste Aufgabe der Analyse besteht ... darin, eine Teilung des Textverlaufs vorzunehmen. Der Text ist eine Kette, und alle Teile (z. B. Sätze, Wörter, Silben und was man sonst noch nennen will) sind ebenfalls Ketten" (ebd. 34). Die Methode der Textbeschreibung ist die Textanalyse im Sinne einer „fortgesetzten Teilung" (ebd.), wobei sich Hjelmslev explizit gegen den linguistischen Usus wendet, gleich mit einer Teilung der (Satz)Perioden in Sätze zu beginnen und die Behandlung größerer Textteile, Periodenverbindungen usw. anderen Wissenschaften zuzuweisen (vgl. ebd. 96). Trotz dieser Selbstverpflichtung, den Text zum Gegenstand zu machen, kommt Hjelmslevs analytische Perspektive nicht zur Synthese. Zwar ist der Text phänomenologisch eine Ganzheit, aber die Frage, was eigentlich die 'Ketten' auf der Ebene des Textes selbst integriert, stellt Hjelmslev nicht. Der Text ist unentbehrlich als Bezugsgröße für die Ausgliederung einer Hierarchie von Taxemen des Systems, aber genau dadurch kommt er nicht selbst als Komponente des Handelns in den Blick. Die bei Hjelmslev exemplarische Problematik, die sich auch in Harris' (1952) distributioneller „discourse analysis" fortsetzt (vgl. Wunderlich 1976, 294 ff; Völzing 1979, 19 ff), bricht in der systemlinguistischen Perspektive bereits auf, bevor die Entwicklung der Pragmatik den Prozess akzeleriert. Der Versuch, den Text transphrastisch als Satzkette zu bestimmen und deren Kohärenz mit den Konzepten und Methoden der Satzlinguistik zu analysieren, scheitert. Satzgrammatische Merkmale wie Satzgliedstellung (topic-comment-Gliederung), Artikelselektion, Partikelgebrauch, Tempusfolge, Satzmodus, direkte und indirekte Rede, Ellipse, Satzakzent und Intonation, vor allem aber Koreferenz und ana- und kataphorische Pronominalisierung weisen über den Satz hinaus auf den Text als Funktionseinheit. Entsprechende Kataloge von Merkmalen und Kategorien einer Textgrammatik werden erarbeitet (vgl. z. B. Isenberg 1968/1971; Wunderlich 1970; Dressler 1972, 16 ff). Es gelingt aber nicht, mittels der analytisch bestimmten transphrastischen Qualitäten und Einheiten textuelle Kohärenz hinreichend zu fassen, geschweige denn kohärente Texte zu generieren. Das gilt für das syntaktische Konzept pronominaler Verkettung Roland Harwegs (1968) ebenso wie für die bereits strukturalistisch transformationell orientierten Ansätze in der Arbeitsstelle für Strukturelle Grammatik (ASG) in Ost-Berlin (z. B. Isenberg, Heidolph, Steinitz) oder die der generativen Semantik verpflichteten Ansätze im Konstanzer DFG-Projekt zur "Textgrammatik" (vgl. v. Dijk/Ihwe/Petöfi/Rieser 1972). Die insbesondere in der deutschsprachigen Wissenschaftslandschaft forcierte Diskussion führt zu grundsätzlichen Kontroversen (z. B. Schmidt 1973b zu Dressler 1972). Schwierigkeiten zeigen sich in textsyntaktischer und textsemantischer Hinsicht.

Textsyntaktisch führt etwa der Versuch, die koreferente pronominale Wiederaufnahme eines Nominalausdrucks syntaktisch als Transformation dieses Ausdrucks zu behandeln, bei einem Satz wie *the woman who wrote him saw the man who loves her* zu einem infiniten Regress, wenn *her* bzw. *him* jeweils durch den koreferenten Nominalausdruck ersetzt werden. Dieses sogenannte "Bach-Peters-Paradox" durchbricht die Logik einer Rückführung der Substitution auf syntaktische Kategorien und Transformationen (vgl. Bach 1970; Völzing 1979, 32 f).

Das textsemantische Hauptproblem der Erklärung beziehungsweise des Generierens kohärenter Satzfolgen liegt darin, dass die aszendenten Formen der Wiederaufnahme ebenso wie die nichttextualisierten Verstehensvoraussetzungen (Präsuppositionen, Kontiguitätssubstitution etc.) zu ihrem Funktionieren eine jeweils textuell deszendente thematische Selektivität voraussetzen. Dabei begründet erst die in der (Text)Handlung bzw. im Texttyp liegende Perspektivität einer Thematisierung kohärente Präsuppositions- und Erwartungszusammenhänge (vgl. Völzing 1979, 32 ff; Scherner 1984, Kap. 7–9). Die zentrale Rolle des übergreifenden Kohärenz*aspekts* tritt besonders deutlich bei der sogenannten "impliziten" Wiederaufnahme, Konnexion bzw. Themaprogression (vgl. bereits Isenberg 1971; Brinker 1996, 1517 ff) zutage. Teun A. v. Dijks Konzept der "Makrostruktur" von Texten greift dieses Problem zunächst im Rahmen eines generativen Ansatzes auf (v. Dijk 1971/78; 1977; 1980, 41 ff); die resultierende textsemantische Konzeption steht aber bereits auf der Schwelle zu einem deszendent pragmatischen Textbegriff, der die Metaphorik der Text-"Kette" aufgibt (vgl. v. Dijk 1980, 92 ff).

4.2. Philosophischer Kontext der textpragmatischen Wende

Der sprachphilosophische Kontext ist für die Begründung einer linguistischen Texttheorie vor allem bedeutsam, weil die Philosophie gerade nicht den sprachlichen Text zum Ausgangspunkt der Reflexion nimmt, sondern eine pragmatische Basisebene zu begründen sucht, die Textualität selbst erst ermöglicht und fundiert. Nur philosophisch kann der blinde Fleck jeder Sprachtheorie in den Blick kommen. Der philosophische Schlüssel zu einer pragmatischen Theorie des Textes ist zweifellos die Kategorie der Handlung. Schon philosophisch ist dabei jedoch die Extension von "Handlung" problematisch und an der Frage, wie die "Handlung" zur sprachlichen Form in Beziehung zu setzen sei, scheiden sich grundsätzlich divergierende Orientierungen. Die sprachpragmatische Philosophie der 60er und 70er Jahre trägt zur Beantwortung dieser zentralen Frage nahezu nichts bei. Auch eine pragmatische Philosophie des "Textes" hat es nicht gegeben, und so fehlt ein entsprechendes Kapitel in einschlägigen Abhandlungen zur Begriffsgeschichte von "Text" (vgl. Ehlich 1984; Knobloch 1990a, b; Scherner 1997). Gleichwohl können genuin philosophische Leitkonzepte benannt werden, die den Diskurs zur pragmatischen Wende in der Linguistik und Textlinguistik geprägt haben. Dazu gehören: kommunikative Konstitution und Sprach-Apriori der Möglichkeit von Erkenntnis; Doppelstruktur der Rede (illokunär/propositional); Performativität/Handlungscharakter der Äußerung; Konventionalität von Sprechhandlungen; Intentionalität und intentionale Logik der Konversation bzw. Argumentation, Dialogizität, Universalität der Diskursnormen. Der philosophische Kontext lässt sich problemgeschichtlich unter drei zentralen Topoi rekonstruieren: Sie betreffen das Verhältnis (a) von Bedeutung und Begriff, (b) von Aussage und Handlung sowie (c) das Verhältnis der Handelnden selbst zueinander.

(a) Die Grundlegung einer pragmatischen Perspektive in der sprachphilosophischen Semantik geht zurück auf Ludwig Wittgensteins Anregungen zu einer operationalen Bedeutungstheorie. In S. J. Schmidts (1968) philosophischer Habilitationsschrift wird diese Traditionslinie sprachphilosophisch und linguistisch rekonstruiert und in kritischer Absetzung von der sich als nicht-empirische Wissenschaft verstehenden logischen Semantik (Frege, Mill, früher Wittgenstein, Carnap, Tarski, Stegmüller) zum Konzept einer empirischen Textsemantik weiterentwickelt. Bedeutungsfragen werden abgelöst von der in der logischen Semantik vorherrschenden Referenz- und Wahrheitsproblematik − und linguistisch ebenso von der in Deutschland noch dominierenden Wortfeldtheorie − und sie werden pragmatisch an die Bedingungen des Verstehens gekoppelt. Dieses stützt sich qua sprachlicher Struktur intentional auf den situativen Kontext und erzeugt so Bedeutung. Die Pragmatik wird zur Grundlegung der Semantik (vgl. auch Schneider 1975). Das dafür maßgebliche integrative Format wird bei Schmidt (1973a) der Text als eine pragmatisch „geordnete Menge von Anweisungen an Kommunikationspartner" (ebd. 76). Dieser Zugang bleibt in der weiteren Entwicklung der Textlinguistik wichtig für die verstehensorientierte Perspektive, die das Kohärenzproblem in den Vordergrund stellt (vgl. Scherner 1984; 1997).

(b) Parallel zur Etablierung eines pragmatischen Bedeutungsbegriffs in der Sprachphilosophie, der die Tradition der Identifizierung von Bedeutung mit dem begrifflichen Denotat sprachlicher Zeichen kritisiert und den Weg für linguistische Theorien der Text/Kontextbeziehung freimacht, rückt in der Sprechakttheorie der späten 60er Jahre in der Nachfolge von Austins frühem Entwurf bei Searle (1965; 1969) erneut die Kritik an der Fixierung der Sprachphilosophie auf die Proposition bzw. Aussagebedeutung in den Vordergrund. Die Aussage oder Proposition ist für Searle ein pragmatisch inexistentes philosophisches Gebilde. Nur Sprechakte sind pragmatisch real. Propositionen kommen als Teile solcher Akte vor, unterliegen dabei aber stets der Kontrolle durch den illokutionären Akt, der durch bestimmte funktionsanzeigende Mittel − namentlich die sogenannten „performativen Verben" − erkennbar sein soll. Die Analyse wahrheitsfunktionaler Aussagen in der Sprachphilosophie betrifft lediglich die Behauptungen und damit einen sehr eingeschränkten Typ illokutionärer Akte. Erkenntnistheoretisch zentral ist − bereits bei Austin − das Kriterium der Performativität: Das Sprechen bezieht sich nicht qua Proposition auf eine Wirklichkeit, sondern es ist selbst wirklichkeitskonstitutiv, indem es Handlungen vollzieht und Geltungsbedingungen für Sprechakte setzt. Für das Verhältnis zur Linguistik entscheidend ist Searles Bestimmung, der illokutionäre Akt sei „die minimale Einheit der sprachlichen Kommunikation" und zu spezifizieren als „die Produktion des Zeichens für den Satz unter bestimmten Bedingungen" (Searle 1965/1975, 154). Hinsichtlich des Verhältnisses von Pragmatik und Textlinguistik hat Searles Theorie − obwohl zentraler Bezugspunkt nahezu aller einschlägigen Arbeiten der frühen siebziger Jahre − gegensätzliche Entwicklungen zur Folge: Die zitierte Definition des illokutionären Aktes führt einerseits dazu, dass die linguistische Analyse sich im Wesentlichen weiterhin auf das strukturelle Format des Satzes beschränkt. Am Status des Verhältnisses zur Syntax scheiden sich − namentlich im deutschsprachigen Bereich − hier bereits früh divergierende pragmatische Grundorientierungen: Es entwickelt sich einerseits eine eher sprechakttheoretisch-syntaktische Richtung, die der Syntax eine pragmatische Komponente als Filter vorausgehen lässt (z. B. Wunderlich), von der sich andererseits eine eher textsemantisch orientierte Pragmatik abgrenzt (Hartmann, Schmidt, Kummer, v. Dijk, Weinrich), die pragmatische Information als Grundlage der jeweiligen sprachlichen Selektionen selbst sieht (vgl. Schmidt 1973a, 131 ff). Entsprechend kritisiert bereits Schmidt (1973a, 51): „Searle argumentiert ausschließlich satzbezogen, nicht textbezogen, und behandelt folglich das Problem der soziokommunikativen Funktion sprachlicher Äußerungen auf der falschen Ebene". Neben Searle werden die Arbeiten von H. P. Grice (1968; 1975) zu einem wichtigen Impuls für die pragmatische Wende in der Linguistik.

Grice' Schlüsselbegriff ist der der „Intentionalität". Sie bestimmt, was mit einer Äußerung gemeint ist und ist die Voraussetzung für das Verstehen des Nichtgesagten in „konversationellen Implikaturen". Damit lenkt Grice – gewissermaßen kontrapunktisch zu Searles Konventionalismus – die Aufmerksamkeit auf das Problem des intentionalen Gebrauchs und der Erwartbarkeit sozial sinnvoller Inferenzen in der Kommunikation (vgl. Fritz 1982; Vossenkuhl 1982).

(c) Von Bedeutung für die Entwicklung der linguistischen Pragmatik der 70er Jahre sind Habermas' Konzeption einer Universalpragmatik und Apels Transzendentalpragmatik. Habermas legt seine Konzeption auf eine Parallelität zu Chomskys Kompetenztheorie an. Sein Vorschlag zu einer „Theorie der kommunikativen Kompetenz" zielt auf die „Nachkonstruktion des Regelsystems, nach dem wir Situationen möglicher Rede überhaupt hervorbringen oder generieren" (Habermas 1971, 102). Habermas unterscheidet vier universale Klassen von Sprechakten (Konstativa, Repräsentativa, Regulativa, Kommunikativa), die er Typen von Geltungsansprüchen für Äußerungen zuordnet (Wahrheit, Wahrhaftigkeit, Richtigkeit, Verständlichkeit). Zentrales Argument der Theorie, die auf Begründung einer diskursiven Ethik zielt, ist, dass Handelnde in der Kommunikation zwei kontrafaktischen Erwartungen folgen: Nämlich, dass die Befolgung von Regeln oder Normen für Sprechakte grundsätzlich intentional sei (Intentionalitätserwartung) und dass – daraus abgeleitet – diese Normen als legitim akzeptiert sind bzw. prinzipell diskursiv thematisiert und legitimiert werden können (Legitimitätserwartung) (vgl. ebd. 118 f). Damit sind die Sprecher in jedem normenthematisierenden Diskurs genötigt, eine ideale, auf Verständigung und Konsens zielende Sprechsituation zu unterstellen. Die Struktur der kommunikativen Kompetenz ist Habermas zufolge genau auf die Fähigkeit zur Konstruktion dieser Situation bezogen (ebd. 122). Apel kritisiert Habermas' Anlehnung an Chomsky. Er fordert, die grammatische wie die kommunikative Kompetenz als im Sozialisationsprozess koevolvierende Fähigkeiten zu analysieren, wobei der Gesichtspunkt kommunikativer Funktionalität führend sei. In Apels Konzeption steht die erkenntnistheoretische Begründung eines dritten Typs der Philosophie – nach einer Phase der klassischen Ontologie und einer weiteren der Bewusstseinsphilosophie – im Zentrum (vgl. Apel 1993, 48 ff). Dabei stützt er sich vor allem auf Peirce' Semiotik. In der transzendentalsemiotischen Philosophie wird die zeichenvermittelte Beziehung der Handelnden zueinander zur unhintergehbaren Voraussetzung von Identität und Erkenntnis. Das „ich denke" der klassischen Bewußtseinsphilosophie wird zum „ich argumentiere". Text und Texthandeln in einer „Interpretationsgemeinschaft" sind damit epistemologisch konstitutiv und überwinden Korrespondenztheorien der Wahrheit ebenso wie erkenntnistheoretischen Solipsismus. Für Habermas wie für Apel grundlegend ist die intentionale Strukturierung von Argumentationen, für die Toulmins (1958/1974) Theorie das Fundament bildet.

4.3. Linguistischer Kontext der textpragmatischen Wende

4.3.1. Diskursgeschichtlicher Kontext der Philologien

Die Durchsetzung des Textbegriffs der pragmatischen Wende verläuft parallel zu einer grundbegrifflichen Krise der Literaturwissenschaft und übernimmt Hand in Hand mit der Semiotik – zumindest vorübergehend – eine Führungsrolle für den Gesamtbereich der nun so genannten Textwissenschaften. Speziell innerhalb der germanistischen Literaturwissenschaft war spätestens seit dem Germanistentag 1966 eine deutliche Entwicklung zu einem säkularen, an Texthandlungen und -strukturen orientierten Werk-Begriff erkennbar, der dem ideologischen Ballast der „Dichtungs"-Philologie ein neues Gegenstandsverständnis und wissenschaftlich rationale Methoden gegenüberstellte (z. B. Kreuzer/Gunzenhäuser 1965). Das neue Konzept „Text" stand in der Diskussion für das Ziel, den gegenüber der werkzentrierten hermeneutischen Tradition gehegten Ideologieverdacht unter der Führung einer erkenntnis- und handlungstheoretisch reflektierten Theorie der Texte zu überwinden (vgl. Scherner 1997, 134 ff). Die Umorientierung der Literaturwissenschaft ist dabei gleichursächlich mit einer Neuorientierung auch der Literatur selbst auf gesellschaftliche Wirksamkeit hin (vgl. Kreuzer 1973/75). Die Philologien erfassen nunmehr „alle textgebundene Kommunikation als ihren potentiellen Gegenstandsbereich" (ebd. 74), zu dem nicht nur literarische Texte, sondern auch Alltagstexte und nicht primär sprachliche „Texte" (Film, Fernsehen, Werbung) zählen.

Auch in der sprachwissenschaftlichen Diskussion der frühen 70er Jahre gibt es diskursiv einen Bruch mit der Tradition. Die Diskussion setzt der philologischen Tradition der „Grammatik" nicht nur den „Text" als schwer zu integrierende weitere Beschreibungsebene, sondern vor allem den Begriff der „Kompetenz" entgegen. Das gerade erst bekannt werdende, aber schon mit hohem Prestige versehene Konzept Chomskys wird als ein theoretischer Schlüsselbegriff der Wende sogleich rhetorisch von der grammatischen auf die kommunikative Kompetenz übertragen und in dieser rhetorischen Funktion Anfang der 70er Jahre in der Diskussion „breit aufgegriffen" (Ehlich 1993, 318). Dabei liegt das tertium comparationis der beiden begrifflich heterogenen Verwendungen von „Kompetenz" vor allem in den Merkmalen der Universalität und Generativität der Sprach- bzw. Redefähigkeit (vgl. z. B. Habermas 1971; Hartig/Kurz 1971). Beide Merkmale etablieren im Hinblick auf die Tradition der Philologie neue Gesichtspunkte. Hinsichtlich der philologischen Tradition wirken die Wende in der Grammatiktheorie und in der Pragmatik in die gleiche Richtung, auch wenn sie ansonsten getrennte Wege gehen und um den Führungsanspruch konkurrieren.

4.3.2. Leitorientierungen und Gemeinsamkeiten

Die „kommunikative Kompetenz" ist prominentes Beispiel und zugleich zentraler Bezugspunkt eines Ensembles hoch bewerteter Leitorientierungen bzw. Gesichtspunkte, die die textpragmatische Wende prägen: Generativität, Universalität, Kontextualität/Situativität, Prozessualität, Handeln/Intentionalität, Dialogizität. Diese Aspekte werden in divergierenden Konzeptionen begrifflich unterschiedlich bestimmt und gewichtet. Gleichwohl bilden sie die Kristallisationspunkte der Diskussion. Einige Bezüge seien daher knapp herausgestellt. Im Rückblick auf die pragmatische Wende schreibt Brinker (1985, 15): „Die kommunikationsorientierte Textlinguistik entwickelt sich vor dem Hintergrund der linguistischen Pragmatik". Damit wird zutreffend herausgestellt, dass sich die Wende in der Textlinguistik eben nicht als Antwort auf ungelöste Fragen der Textgrammatik ergibt (vgl. Kap. 3.1.), sondern umgekehrt „neue" Fragen der Pragmatik zum Ausgangspunkt für Antworten werden, die auf eine neue Fassung des Textbegriffs selbst zielen. Im Unterschied zur korpus- bzw. produktorientierten und einzelsprachlich rückgebundenen Textgrammatik akzentuiert die Textpragmatik bzw. Texttheorie zunächst die Universalität und Generativität der für Kommunikation vorauszusetzenden sprachlichen Handlungskompetenzen.

(a) Generativität erscheint in der textpragmatischen Wende als Merkmal von Denkansätzen unterschiedlicher Provenienz. In Searles Sprechakttheorie scheint das Merkmal auf im sogenannten Prinzip der Ausdrückbarkeit (1971, 34 ff), das für jeden möglichen illokutionären Akt eine sprachliche Realisierungsoption postuliert. In Habermas' (1971) Konzeption der kommunikativen Kompetenz geht es um die Fähigkeit von Sprechern, prinzipiell unbegrenzt Situationen möglicher Rede und entsprechend pragmatische Bindungseffekte erzeugen zu können. Teun A. van Dijk untersucht in einer von der textgrammatischen Perspektive sich absetzenden Sicht die „Rekonstruktion des Sprachvermögens eines Sprachbenützers, eine potentiell unendliche Anzahl von Texten zu produzieren" (1971, 272), wobei die generative Satzgrammatik als Teil dieser Kompetenz verstanden wird. Entscheidend für die generative Potenz ist bei v. Dijk die Differenz zwischen einer die globale Kohärenz organisierenden semantischen Tiefstruktur (Makrostruktur) und kontingenten Möglichkeiten der Oberflächenorganisation (ebd. 290 ff). S. J. Schmidt (1973a, 159 ff) schlägt ein Texterzeugungsmodell als Teil eines Kommunikationsmodells vor, in dem pragmatische Kohärenzdeterminanten bei der Erzeugung einer Texttiefenstruktur führend sind.

(b) Universalität: Der generative Charakter der Rede- und Textkompetenz kooinzidiert mit ihrer Universalität. Die stets einzelsprachlich rückgebundenen Restriktionen der Textgrammatik sind aufgehoben in universalen sozialen Strukturen des Handelns, etwa des Argumentierens (vgl. Wunderlich 1974; Huth 1975) und in universalen kognitiv-semantischen Strategien des Erzeugens und Prozessierens von Texten. „Die Bildung und erst recht der Verlauf von Texten folgt ... nicht mehr einzelsprachlichen Regelungen, sondern [...] gemeinsam befolgten Textbildungsnormen und zugleich ganz individuell begründbaren Ausdrucksmotivationen" (Hartmann 1971, 19). Die Eigenständigkeit der Textlinguistik als Linguistik des Sinnes und der Ordnung kommunikativer Akte betrifft also universale Fähigkeiten und Texttraditionen.

(c) Kontextualität: Textbildungsnormen, die die von der Satzebene unabhängige Textförmigkeit des Handelns strukturell sichern und sich in funktional zu bestimmenden Textsorten manifestieren, sind in ihrem Funktionieren wesentlich kontextuell determiniert. Man denke exemplarisch etwa an ein einfaches Beispiel wie den Witz als Textsorte, dessen Realisierung spezifische Situationsvariablen und die Antizipation obligatorischer kommunikativer Züge konstitutiv voraussetzt (z. B. Marfurt 1978). Die kommunikative Kompetenz umfasst nicht bloß die Kenntnis suprasyntaktisch operierender sprachlicher Mittel, sondern das Wissen um kontextuelle Konstellationen möglicher Rede. „Redekonstellationstypen" (Steger et al. 1974) oder auch „kommunikative Handlungsspiele" sensu Schmidt (vgl. 1973a, 234) sind keine sprachlich manifestierten Ordnungen, sondern Text-Kontext-Gefüge, in die situative Parameter obligatorisch eingehen. Hier spielt in der pragmatischen Wende K. L. Pikes Tagmemik (1967) eine wichtige Rolle, die fordert: „Linguistic analysis must begin with the composite verbal-nonverbal behavioreme" (1967, 147; vgl. Gülich/Raible 1977, 97 ff). Der Text ist nicht rein sprachlich, geschweige denn schriftlich, zu konzipieren, sondern fungiert als „zweiseitige sprachlich-soziale Struktur" (Schmidt 1973a, 146) und „kommunikative Rahmenfunktion für sprachliche Elemente und Strategien" (ebd.). Kontextuell verbindliche, d. h. an eine Situationstypik gebundene Obligationen verankern die pragmatischen Kriterien der Textsortendefinition auch auf der einzelsprachlichen Ebene der *langue* selbst (vgl. Simmler 1984, 32 ff). Steger et al. (1974) konstruieren die Textsortenunterscheidungen unmittelbar aus sechs zugrunde gelegten Redekonstellationstypen. In umgekehrter Richtung nehmen Gülich/Raible (1975), indem sie von intuitiven Textsortenunterscheidungen ausgehen, eine Zuordnung von externen Merkmalen der Verwendung zu kommunikativen Textfunktionen vor. Die Kontextualität von Äußerungen als Handlungen ist der entscheidende Punkt, der zur Aufgabe der Konzeption der Textlinguistik als Sprachverwendungslinguistik führt, wie sie noch von Hartmann (1971) vorgestellt wird, denn Text und Kontext sind bereits auf der Ebene der Kompetenz vermittelt.

(d) Prozessualität: Texte sind im Unterschied zu ihrer stets sprachlich manifesten Realisierung prinzipiell als Zeichen-in-Funktion (Schmidt 1973a) zu bestimmen. Dabei wird in direkter Wendung gegen Chomskys rationalistisch motivierte Trennung von Kompetenz und Performanz die kommunikative Kompetenz durchgängig unter dem Gesichtspunkt ihrer empirisch bestimmten Aktualgenese und ihres prozessualen Charakters bestimmt (z. B. Searle 1969/1971, 32 ff; Maas/Wunderlich 1972, 90 ff). Es geht nicht um die Kompetenz zur (performativen) Anwendung und sozialen Situierung des sprachlichen Wissens, sondern umgekehrt wird für die „Linguistik als Texttheorie" gefordert, dass ihr Kompetenzbegriff sich auf den Prozess der Konstitution von Texten beziehen müsse. Methodologisch wird daraus gefolgert, dass die Linguistik „ihre Objekte nur aus Kommunikationsintegralen 'ausbetten' kann und sollte" (Schmidt 1973a, 39).

(e) Handeln/Intentionalität. Diese methodologische Maxime reflektiert die Tatsache, dass sich unter der Hand das Objekt der Linguistik selbst verändert, indem Sprache nunmehr unter dem Gesichtspunkt der Einheiten des sozialen Handelns bestimmt wird. Pragmatische, semantische und grammatische Kohärenzkriterien sind im Sinne einer Hierarchie geordnet, in der die Stimmigkeit von Handlung bzw. Kommunikationsintention und Kontext den höchsten Stellenwert hat (vgl. das Referat von Brinker 1996). Entscheidend ist dabei nicht, dass in der Folge etwa der Satz als strukturelles Format in Richtung auf den Text überschritten würde, sondern dass er als Bezugsgröße für eine handlungsorientierte Beschreibung überhaupt zur Disposition steht. „Auch ein Text, der einen einzigen Satz enthält, besteht eigentlich nicht aus diesem Satz als solchem, sondern aus diesem Satz als Ausdruck einer bestimmten situationell bedingten Textfunktion" (Coseriu 1973, 8/9). Unter dieser Perspektive ist auch die Zuordnung des Sprechaktes zum Format des Satzes problematisch (vgl. z. B. die Diskussion zu Kummer in Gülich/Raible 1972, 50 ff; Wunderlich 1976, 296 ff), denn ein Sprechakt kann ausdrucksseitig als Laut, als Wort, als Satz oder auch als Satzfolge realisiert sein. Die Intentionalität des Handelns und *dessen* konventionelle Form entscheiden über das strukturelle Format der Selektionen. Die wichtigste Konsequenz dieser Einsicht ist, dass das Kohärenzkriterium nicht mehr auf die Abfolge von Sätzen, sondern auf Folgen von Handlungen in einem Text-Kontext-Gefüge bezogen wird, wobei diese Handlungen auch auf unterschiedliche Akteure verteilt sein können.

(f) Dialogizität: Es ist dieser letzte Gesichtspunkt, der dazu führt, dass in der pragmatischen Wende nicht mehr der semantisch weitgehend „selbstversorgte" (Bühler) monologische, schriftliche Text, sondern der Diskurs und der Dialog zum herausragenden Exempel für die Bestimmung von „Text" werden. Entsprechend – so schreibt etwa Wunderlich (1976, 295 f) – „verschiebt sich der Schwerpunkt der Untersuchungen von monologischen schriftlichen Texten zu dialogischen und mündlichen 'Texten', die ich allgemein auch Diskurs nennen will". Es gehört zur Dialektik der textpragmatischen Wende, dass genau dieser Punkt, an dem der vielleicht radikalste Schnitt im Verhältnis zur philologischen Texttradition vollzogen wird, im Fortgang der Entwicklung zu einem zentralen Argument gegen den Textbegriff der Wende wird (vgl. Kap. 5).

4.3.3. Zur Divergenz textpragmatischer Orientierungen

Die knapp vorgestellten Leitorientierungen motivieren problemgeschichtlich die diskursive Absetzung der pragmatischen Perspektive von der grammatischen Tradition in der Wende. Dieser Bruch führt zu einer Topik der Perspektiven auf den Text 'vom System her' und 'vom Handeln her', die in der Darstellung unterschiedliche Formulierungen gefunden hat: z. B. Textgrammatik vs. Textpragmatik (Dressler 1972), transphrastischer Ansatz vs. kommunikationsorientierter Ansatz (Kallmeyer/Meyer-Hermann 1973, 221), Textlinguistik vs. Texttheorie (Schmidt 1973a, 129 ff), propositionale vs. kommunikative Textauffassung (Helbig 1988/1990, 167 ff), Erweiterungspostulat vs. Fundierungspostulat (Heinemann/Viehweger 1991, 24 ff). Dabei suggeriert die polarisierende Topik zwar Einheitlichkeit der textpragmatischen Wende, tatsächlich aber, dies zeigte auch schon die philosophische Diskussion, ist damit ein in sich sehr heterogener Konstitutionszusammenhang nur unzulänglich gefasst. Die Heterogenität hat Konsequenzen für die Entwicklung der Wende, die bereits von Beginn an offensichtlich sind. Es ist wenig sinnvoll, hier eine Liste divergierender Positionen zu Einzelpunkten vorzustellen. Statt dessen soll die Beschreibung der Divergenzen auf verschiedene Erkenntnisinteressen und theoretische Motive bezogen werden.

Der Gesichtspunkt der kommunikativen Funktionalität von Texten kommt in Konzeptionen der Wende in einer eher am Begriff des Zeichens und einer eher syntaxnah am Aspekt der Kompositionalität orientierten Denkrichtung zum Tragen. Ist der Text a) „originäres sprachliches Zeichen" (Hartmann) oder b) performative Resultante einer vor allem auf dem Satz als Handlungseinheit aufruhenden Komposition? Davon noch einmal zu unterscheiden sind Ansätze, die c) die Verstehensproblematik und das Zustandekommen thematischer Kohärenz ins Zentrum der Textlinguistik rücken.

Zu (a): Die Zeichenhaftigkeit des Textes wird schon früh in der Frage nach der Konstituenz von Textsorten zum Thema. Zur Sortenfrage äußern sich Vertreter unterschiedlicher textpragmatischer Orientierungen (vgl. Gülich/Raible (eds.) 1972). Eine bedeutende Gruppe versucht, den Text als eigenständige sprachliche Form mit Zeichenqualität (Hartmann, Gülich, Raible, Stempel, Weinrich) zu fassen (vgl. Gülich/Raible 1975; Raible 1980). Für die Zeichenhaftigkeit spricht die konventionelle Prägung von Textsortenunterscheidungen und die Redundanz in der Merkmalsstruktur intuitiver Textsortenkonzepte (vgl. Dimter 1981). Die Textsorte wird als Merkmalskomplexion textinterner (sprachlicher) und textexterner (kommunikativer) Merkmale gesehen, wobei sich bei verschiedenen Textsorten und innerhalb von Textsortenklassen Merkmalsbereiche überlappen und jeweils typische Vertreter von Textklassen benannt werden können. Dabei steht die Narrativik als Paradigma im Mittelpunkt des Interesses. Während die beschriebene Denkrichtung vorwiegend induktiv von gegebenen Textsortenunterscheidungen ausgeht, entwickeln textfunktionale Ansätze ihre Kriterien zur Textsortendifferenzierung deduktiv. Die Textfunktion wird als die im Text ausgedrückte Kommunikationsabsicht des Textproduzenten verstanden (vgl. Brinker 1996, 1522 ff). Bezugspunkte dafür sind etwa Bühlers Organonmodell oder Searles Illokutionstypologie. Auch hier wird der Text als eine Ganzheit gesehen, aus der erst mögliche Satzfunktionen ausgliederbar werden.

Zu (b): Daneben und in Konkurrenz dazu entwickelt sich im Gefolge der Searle'schen Analyse illokutionärer Akte eine Form der Textbetrachtung, die – wie Searle, wesentlich produktions- und sprecherorientiert – versucht, die Struktur von Texten als hierarchische Ordnung von Teilillokutionen einer Textillokution zu analysieren (vgl. Motsch/Viehweger 1981; 1991, 121 ff). Helbig (1988/90, 214) charakterisiert den Ansatz zutreffend, wenn er schreibt: „Der Begriff der Sprachhandlung wird von Sätzen auf Texte übertragen". Der Satz als die sprachliche Form elementarer Teilhandlungen ermöglicht strukturell die Komposition der Texthandlung, wobei zwischen den durch Sätzen realisierten Teilhandlungen „pragmatische Verknüpfungen" (Motsch 1983, 510 ff) bestehen. Diese Richtung favorisiert von Beginn an eine syntaxnahe Konzeption der Textpragmatik, wobei „eine gesetzmäßige Zuordnung von sprachlichen Formen und Illokutionstypen" (Motsch/Viehweger 1991, 116) angenommen wird. Die wichtigsten Vertreter sind in der Frühphase vor allem Wunderlich und später Motsch, Viehweger, Rosengren, Hundsnurscher u. a. Eine wichtige Rolle spielt für diese Diskussion das von Inger Rosengren organisierte Lunder Symposion „Sprache und Pragmatik", das von 1978 bis 1986 insgesamt fünfmal stattfindet. Während in der Anfangszeit das Modell der Illokutionshierarchie noch in sehr verschiedenen Ansätzen genutzt wird, z. B. auch bei Schmidt (1973a), wird die Applikation der Sprechakttheorie für Zwecke der Textanalyse im Fortgang der Entwicklung besonders von generativ-grammatisch orientierten Ansätzen favorisiert. Die Behandlung von Texten als selbst zeichenhaft organisierten Mustern wird abgelehnt und eine Analyse von Texten als „Produkt elementarer Kenntnissysteme" (Motsch/Viehweger 1991, 126) gefordert. Auch eine Erweiterung der Anwendungs-Perspektive für Sprechakttaxonomien auf den Dialog findet statt (Weigand 1989).

Zu (c): Die kommunikative Funktionalität von Texten bezeichnet nur einen der Bezugspunkte für die Differenzierung unterschiedlicher Positionen in der textpragmatischen Wende. Dieser Bezugspunkt ist, namentlich bei den an Searle orientierten Ansätzen, deutlich produktions- bzw. sprecherorientiert. Die Funktion eines Textes wird als Resultat der Intentionalität einer Produktionshandlung gesehen, die den Textsinn artikuliert. Die Seite des Hörers wird kaum berücksichtigt. Demgegenüber entwickeln sich schon früh in der textpragmatischen Wende Ansätze, die das Kohärenzproblem stärker von der Seite der Rezipienten her aufgreifen. Der Akzent liegt hier auf den Voraussetzungen für das Erzeugen einer semantisch-thematischen Kohärenz von Texten. Was braucht die rezeptive Seite, damit ein Text (noch) kohärent erscheinen kann? Von welchen sozialen und vor allem kognitiven Voraussetzungen hängt das Textverstehen ab? Hier ergibt sich eine deutliche höhere Affinität zur Semantik und zum Beitrag semantisch vermittelter Kontextualisierungsleistungen von Rezipienten zur textuellen Kohärenz. Die Geschichte und Systematik dieses Zugangs hat Scherner (1984) aufgearbeitet, der (ebd. 223 ff) deutlich auf das Ungenügen sprechakttheoretischer Ansätze für texttheoretische Fragen hinweist (vgl. bereits Brinker 1973, 30 f). Gleichwohl erlaubt die Perspektive einen Anschluss auch an sprechakttheoretische Kategorien. Während produktionsorientierte Ansätze die satzbezogene Illokutionsanalyse in den Vordergrund stellen, ergibt sich für verstehensorientierte Zugänge ein Schwerpunkt auf der Analyse der Textproposition und ihrer funktionalen Einbettung. Die semantische Integration des Textes wird dabei durch multiple sprachliche Indices (phonologische, lexikalische, grammatische) gestützt und ist pragmatisch vorrangig orientiert an dem Ziel, den Empfänger hinsichtlich der Intention und des Verstehensmodus des Textes zu instruieren. Einflussreiche Zugänge zur Problematik thematischer Kohärenz kommen von der Seite der generativen Semantik (v. Dijk) und aus der vorwiegend mit Bedeutungsfragen sich auseinandersetzenden Philosophie (Schmidt 1973a). Vor allem v. Dijk greift bereits Mitte der 70er Jahre auf Methoden und Ergebnisse der sprachpsychologischen Textforschung zurück und bereitet mit der Unterscheidung von (semantischer) Makrostruktur und (funktionaler) Superstruktur die kognitive Neuorientierung der Textlinguistik vor (vgl. Kintsch/v. Dijk 1978; v. Dijk 1980). In gleicher Weise verstehensorientiert argumentieren schon früh Vertreter aus der textgrammatischen Tradition (vgl. Sitta/Brinker (eds.) 1973; Brinker 1973; Glinz 1977). Der Begriff des Textthemas wird hier in Weiterentwicklung des Strukturfunktionalismus der Prager Schule zum zentralen theoretischen Instrument ausgebaut (vgl. Brinker 1985; Lötscher 1987). Bei Brinker werden funktional − d. h. durch die kommunikative Absicht − bestimmte Typen der thematischen Entfaltung zur Grundlage textueller Kohärenz. Hier wird der Begriff des Themas nicht mehr rein linguistisch, sondern in Bezug auf das Weltwissen und die Handlungsintention gefasst. Die propositionale Kohärenz wird der pragmatischen Funktionalität untergeordnet, die in Analogie zur Searle'schen Illokutionstypologie differenziert und zum Kriterium für die Abteilung von Textsorten wird. Brinker (1985) versucht damit eine konstruktive Integration sehr heterogener Ansätze. Dabei ist es kein Zufall, dass dieser Vorschlag zur Synthese auf den Modellfall der Konstitution *schriftlicher* Texte bezogen und damit an ein prototypisches Textkonzept gebunden wird, das für die Wende zentrale Gesichtspunkte der Neudefinition von „Text" (z. B. Kontextualität, Prozessualität, Dialogizität) gerade nicht in den Mittelpunkt stellt (Brinker 1996).

Mit dem Zustand der Unübersichtlichkeit der eigenen Disziplin gehen ihre Vertreter beim Versuch zu einer Summa der Wende – etwa in Einführungen in die „Textlinguistik" aus den 80er Jahren – sehr verschieden um: Während etwa Klaus Brinker – auf Kosten einer zentralen Intention der Wende, nämlich der Öffnung zum Diskurs – durch die prototypische Konstruktion des Gegenstandes „Text" durchaus eine Synthese verschiedener Ansätze erreicht, bieten de Beaugrande/ Dressler (1981), die den Text als „kommunikatives Ereignis" (ebd. XII) verstehen, in ihrem Syntheseversuch ein Spiegelkabinett texttheoretischer Begriffe an. Sie definieren „Textualität" über ein Ensemble von sieben Kriterien bzw. „konstitutiven Prinzipien" (ebd. 13 f) – die völlig heterogenen Theorietraditionen verpflichtet sind: So verweist das Merkmal der *Kohäsion* auf die Textgrammatik, das Merkmal der *Kohärenz* ist den Zielen der Textsemantik verpflichtet, *Intentionalität* betont vor allem die sprecherseitigen (Sprechakttheorie) Voraussetzungen und die *Akzeptabilität* sowie *Informativität* beziehen sich auf hörerseitige Konditionen des Textverstehens. Schließlich rekurriert *Situationalität* auf die kontextuelle Einbindung und das Kriterium der *Intertextualität* betont die diachrone Dimension einer Textsortentypik. Der Zugang belegt die Vielfalt textlinguistischer und texttheoretischer Untersuchungsansätze der 70er Jahre, aber eine theoretische Synthese wird gar nicht erst angestrebt. Eher repräsentiert diese Einführung schon exemplarisch den theoretisch lockeren Verbund des „discourse analysis"-Kozepts, das zumindest für den anglo-amerikanischen Wissenschaftsbetrieb bis heute gegenüber den Konzepten „text" oder gar „text linguistics" deutlich dominiert. „Textlinguistik" dagegen hat auch heute noch eine europäische, wenn nicht, spezifisch deutsche Konnotation. Die topische Kontinuität der Perspektiven „text as process" und „text as product" (vgl. de Beaugrande 1989) ist in der scientific community auch wissenschaftsgeschichtlich verschiedenen Großräumen und Einflusssphären verpflichtet (vgl. Jörn Albrecht in: Coseriu 1980/ 1994, S. XI; Östman/Virtainen 1995; Antos/ Tietz 1997, XIII). Dabei hängt die theoretische Offenheit bzw. Unverbindlichkeit der „discourse analysis" mit dem institutionell äußerst bunten Feld us-amerikanischer Forschungsinteressen zu „Text" zusammen (vgl. Chafe 1986).

5. Die Transformation der Wende: Kritik und Perspektiven

Die Beurteilung der „Wende-Zeit" der 70er Jahre bot im Rückblick der 80er ein wenig konsistentes Bild. Während etwa für Kalverkämper 1980 „offenkundig bewiesen ... [ist], daß der Textlinguistik die Zukunft gehört" (Kalverkämper 1980, 124), kommt Gerhard Helbig (vgl. Kap. 3.3.) zu dem Schluss, dass es der Disziplin „nicht gelungen ist, die Frage nach ihren fundamentalen Kategorien zu klären und damit die Textlinguistik selbst als eine eigenständige Disziplin vollständig zu legitimieren" (Helbig 1988/90, 157). Solche Wertungen sind stets auch interessegebunden. Nicht weniger gilt dies für die Einschätzung der textlinguistischen Zukunft heute (vgl. Antos/Tietz 1997). Robert de Beaugrande schreibt in seinem Überblick zur Textlinguistik im Handbook of Pragmatics der *International Pragmatics Association* von 1995: „The 1990s look toward a general science of text and discourse" (de Beaugrande 1995, 542). Ist diese Einschätzung – über das institutionelle Interesse der Pragmatik hinaus – gerechtfertigt durch substantielle Fortschritte der linguistischen Pragmatik in den 80er Jahren? Man kann im Rückblick auf die vergangenen 20 Jahre der Nach-Wende-Zeit eine Reihe grundlegender Neuorientierungen feststellen, die großenteils gerade auch aus der Kritik der Wende erwachsen sind. Fast alle substantiellen pragmatischen Neuorientierungen der 80er und frühen 90er Jahre gehen zurück auf Interessenverschiebungen, die mit der Überwindung einer unfruchtbaren Topik des Paradigmenwechsels aus den 70er Jahren zusammenfallen. Das soll an zwei Aspekten exemplarisch gezeigt werden, die zugleich Aufschluss geben über die Logik der Versachlichung, die dem diskursiven Hoch einer „Wende" stets auf dem Fuß folgt.

Diese Versachlichung zeigt sich im Hinblick auf

8. Die pragmatische Wende in der Textlinguistik

- die exemplarische Rolle von Schrift und Schreiben für die Transformation der linguistischen Pragmatik und der Textlinguistik
- sowie das Verhältnis von Text und Kontext und – damit unmittelbar verbunden – den theoretischen Status textuell bestimmter Zeichenhaftigkeit.

(1) Während die pragmatische Wende ihren Gegenstand gegen die philologische Tradition der schriftorientierten Grammatik und Philologie konstituierte, verbindet sich seit Beginn der 80er Jahre ein wesentlicher Erkenntnisschub in der Linguistik mit einer prosperierenden Schriftlichkeits- und Schreibforschung. Die Einsicht in den „written language bias" führt eine neue Leitdifferenz ein, die dazu beiträgt, Aporien in verschiedenen pragmatischen Forschungsbereichen (Soziolinguistik, Psycholinguistik, Textlinguistik) zu klären bzw. zu überwinden. Der Prototyp des Textes ist der medial und konzeptionell *schriftliche* Text der systematisch die von der Sprechakttheorie ins Zentrum gestellte raumzeitlich und dialogisch gebundene Sprechhandlung überschreitet und dafür eine spezifische sprachliche Formalität ausbildet (Coulmas/Ehlich (eds.) 1983); Schlieben-Lange 1983, 138 ff; Ehlich 1984; 1994; Koch/Österreicher 1985; Brinker 1996). „Reden ist Silber, Schreiben ist Gold" überschreibt Florian Coulmas 1985 einen Aufsatz und bringt damit die neue Wertschätzung zum Ausdruck, die die Schriftlichkeit in der Linguistik gewinnt.

Diese Wertschätzung geht zum einen zurück, auf den exemplarischen Status der Erforschung von Rezeption und Produktion schriftlicher Texte im Kontext der sogenannten „kognitiven Wende". Das wissenschaftliche Reden über Texte setzt an zentraler Stelle die Berücksichtigung ihrer *prozeduralen Konstitution* durch Schreiber und Leser – respektive Sprecher und Hörer – voraus. Dabei stehen zunächst primär psychologisch die Rezeptionsseite und die Bedingungen der Erzeugung textueller Kohärenz im Vordergrund (vgl. Kintsch/van Dijk 1978; Rickheit/Strohner 1985). Dies führt vorübergehend zu einer Assimilation textlinguistischer Kategorien an die kognitive Psychologie, die die zeichenhafte Materialität des konkreten Textes in den Hintergrund drängt. Gegenüber diesem Interesse rückt dann zunehmend die *sprachliche Artikulation des Textes* als textkonstitutiver Prozess und als Textqualität in den Brennpunkt der Aufmerksamkeit. Weder eine transphrastische Grammatik in struktureller Hinsicht, weder Themata in textsemantischer Hinsicht, noch eine Illokutionshierarchie in pragmatisch-funktionaler Hinsicht sind hinreichend, um den Text als Text konstituieren zu können. Pragmatisch ausschlaggebend ist die *sprachliche Formulierung* als Form und Resultat problemlösenden Handelns (Antos 1982; Bereiter/Scardamalia 1987). *Textproduktion* etabliert sich – nicht als Subdisziplin einer Textlinguistik – sondern als ein neues Verständnis vom Gegenstand selbst, das die Beschränkung auf die Beschreibungsebene „Text" überwindet und genau dadurch zur weiteren Klärung des Begriffs beiträgt (vgl. Antos 1989; de Beaugrande 1992).

Parallel zu dieser Entwicklung tritt zum anderen namentlich auch für systemlinguistische Erkenntnisinteressen das Verhältnis von Schriftlichkeit und Sprache in den Vordergrund. Dabei stellt sich die Schrift in einem ersten Schritt als Sprachanalyse dar (Coulmas 1981), in einem zweiten Schritt stellt sich heraus, dass das Schriftsystem selbst als sprachlich bzw. als „schriftliche Sprache" verstanden werden kann. Schriftlichkeit führt auch historisch zur Transformation von Sprache, und zwar *auf allen Ebenen* (vgl. Müller 1990; Ludwig 1991; Ehlich 1994; Stetter 1997). Insbesondere auch das Verhältnis von Satz und Text wird einer pragmatischen Klärung zuführbar. Unter den Bedingungen von Schriftlichkeit ändert sich nicht bloß die grammatische Organisation von Sätzen, ganze Bereiche gerade textlinguistisch bedeutsamer sprachlicher Inhaltsformen – etwa das Spektrum der Konjunktionen – bilden sich erst im Gebrauchskontext dekontextualisierter Kommunikation aus (Raible 1992). Damit werden Schriftlichkeit und Schreiben tatsächlich zum Paradigma einer pragmatisch intendierten Sprachanalyse, die allerdings weder den mündlichen Diskurs gegen den schriftlichen Text, noch den „Text als Handlung" gegen das „System" rhetorisch ausspielen muss.

(2) Einen erheblichen Teil ihrer Dynamik hatte die Texttheorie der Wende daraus bezogen, dass sie den „Text in Funktion" zu ihrem Gegenstand erklärte. Die Zeichenhaftigkeit des Textes schien nur abhängig von kontextuellen Handlungsdeterminanten und Konstellationen möglicher Rede bestimmbar. Nun sind aber Kontext und Situation keine vorkommunikativ oder außersprachlich bestimmbaren Größen, die der Textanalyse so-

ziologisch oder konversationsanalytisch vorausgehen könnten. Ein verbindlicher Kontext muss für die Beteiligten selbst erst durch Kommunikation bzw. Interaktion – also durch Zeichengebrauch – festgelegt werden. Ins Zentrum des pragmatischen Interesses rückt daher etwa bei Charles Fillmore und John J. Gumperz (von sehr verschiedenen Seiten kommend) schon Mitte der 70er Jahre die Frage nach einer erstaunlichen Fähigkeit der Sprecher: Welche *sprachliche* Kompetenz ist es, fragt Fillmore (1976, 90), die es einem Sprecher ermöglicht, einer gegebenen sprachlichen Äußerung einen *bestimmten* Kontext des Handelns zuzuordnen? Die Frage führt – vor allem durch Gumperz (1982) vorangetrieben – zur Entwicklung und Begründung des Konzepts der „Kontextualisierung" (Auer/di Luzio (eds.) 1992) und zu einem pragmatischen Verständnis sprachlicher Kompetenz als einer Kontextualisierungskompetenz (Feilke 1994; 1996). Nonverbales und sprachliches Verhalten kontextualisieren Textsortenkonzepte, idiomatisch geprägte Sprechakte, Modalitäten der Interaktion, ebenso das Thema und die Handlungsrollen der Beteiligten. Dies hat in zwei Richtungen Konsequenzen für die Topik der Wende: Erstens: Weil die sprachliche Kompetenz des „sensitive speaker" (Fillmore 1976) eine Kontextualisierungskompetenz ist, können kommunikative Kompetenz und linguistische Kompetenz nicht länger i. S. einer Zwei-Reiche-Lehre (Pragmatik vs. Syntax + Semantik) nebeneinander gestellt werden, wie dies die Wende in weiten Teilen der Pragmatik forderte. Zweitens: Wenn die linguistische Kompetenz des „sensitive speaker" selbst bereits pragmatisch instruiert ist, dann materialisiert sich pragmatische Information nicht erst auf der Ebene des aktualen Textes oder der Sprechhandlung. Sie ist vielmehr zeichenhaft manifest im pragmatischen Mehrwert oder Gebrauchswert von Einheiten *aller* sprachlichen Strukturbereiche. Innerhalb der Textlinguistik wie auch in der Diskursanalyse gibt es eine deutliche Entwicklung zur „Rehabilitierung der sprachlichen Oberfläche (Antos 1989, 13). Phonologische, morphologische, lexikalische und grammatische Selektionen selbst sind bereits in der Kompetenz in unterschiedlichem Maße durch die „Textbereiche" domänenspezifisch geprägt, in denen sie pragmatisch eine Rolle spielen. Mit dieser Sichtweise schließt die neuere Pragmatik explizit an an die Tradition des Britischen Kontextualismus namentlich bei Firth. Ein herausragendes Beispiel dafür ist das erst in jüngster Zeit deutlich werdende Gewicht textrollenindizierter Kollokationen für die Konstruktion textueller Kohärenz (vgl. Sinclair 1991; Rothkegel 1994; Feilke 1996, 156 ff, 242 ff). Aber auch im Bereich der Grammatik steht mit der Untersuchung sogenannter „grammatical constructions" in jüngster Zeit ein Ansatz zur Diskussion, der den pragmatischen und textlinguistischen Mehrwert grammatischer Konstruktionsmuster untersucht (vgl. z. B. Feilke 1994, 315 ff; Fillmore et al. 1988; Lambrecht 1994). Die zeichenhafte Materialisierung textbestimmter sprachlicher Selektionen aller Strukturebenen ermöglicht auch einen neuen Zugang zur Textsortenfrage. Während de Beaugrande/Dressler (1981, 191) meinen, Textsorten unabhängig von Oberflächeneigenschaften bestimmen zu können, zeichnet sich gerade in diesem Punkt heute – auch bei de Beaugrande selbst (vgl. de Beaugrande 1991, 301; 1995) – eine veränderte Sichtweise ab, die der Oberfläche eine wichtige Rolle zuweist. Adamzik (1995) etwa sieht Textsorten als „durchaus unsystematisch, nämlich nach dem jeweiligen kommunikativen Bedarf sich ausbildende Konventionen oder Schemata zur Bildung bestimmter Texte, ... so etwas wie Routineformeln auf der Textebene" (Adamzik 1995, 28). Hier ist auch das in jüngster Zeit gestiegene Interesse an den „kommunikativen Gattungen" der Alltagskommunikation zuzuordnen (Günthner 1995). Es ist klar, dass ein solches Konzept keine trennscharfe Kategorisierung der Texte erlaubt. Dafür aber kommt es Alltags-Textsorten-Konzeptionen sehr nahe, die sich durch Merkmals-Redundanz auszeichnen (vgl. Dimter 1981). Auch Dimter betont bereits die zentrale Rolle von Oberflächenstrukturen für die textbezogene Schemabildung, wenn er feststellt, dass Sprecher/Hörer Textexemplare *ohne Kenntnis des Inhalts und des Verwendungskontexts* allein aufgrund makro- und mikrosyntaktischer Oberflächenmerkmale übereinstimmend bestimmten Textklassenkonzepten zuordnen (Dimter 1981, 126 f). Eine rein funktional deduzierte und trennscharfe Sortengliederung kann die zeichenhaft bestimmte Qualität ihres Gegenstandes gerade nicht fassen. Gegen die universalistischen Intentionen der Wende ergibt sich in diesem Zusammenhang auch eine neue Aufmerksamkeit für die kulturspezifische Prägung des Textsortenwissens (vgl. bereits Schlieben-Lange 1983, 143; Fix 1997).

Neben der Herausforderung der Textlinguistik durch die sich ständig wandelnde Kommunikations-Praxis, liegt ein wichtiges theoretisches Anregungspotential für die Disziplin in der Aufarbeitung des Kontextualisierungspotentials pragmatisch bestimmter sprachlicher Zeichenhaftigkeit aller Strukturebenen.

Hier kann die Textlinguistik vielleicht aus dem Schicksal der Sprechakttheorie lernen. Den „Niedergang der Sprechakttheorie" führt Burkhardt (1990) auf Searles Überschätzung des Sprechakts zurück, namentlich auf dessen Unfähigkeit, die aus philosophischen Gründen satz- und sprecherzentrierte Theorie zu öffnen für ein pragmatisches Sprachverständnis, das auch die sprachlichen Voraussetzungen der Erkennbarkeit von Handlungswerten durch einen Hörer systematisch mitreflektiert. Im Unterschied zur Sprechakttheorie war die Textlinguistik nie „ex cathedra" konzipiert. Das Forschungsinteresse am Text ist vielfältig und entsprechend vielfältig ist auch die Wahrnehmung des Gegenstandes. Was vordergründig als Uneinheitlichkeit der Textlinguistik erscheinen mag, ist damit auch als Chance zu sehen: Nur eine Textlinguistik, die an der theoretischen Integration der vielfältigen sprachlichen Determinanten arbeitet, die die Produktion und das Verstehen von Texten bestimmen, kann zeigen, dass und in welchem Sinne dem Text tatsächlich der Status des „originären sprachlichen Zeichens" (P. Hartmann) zukommt.

6. Literatur (in Auswahl)

Adamzik, Kirsten (1995): Textsorten – Texttypologie. Eine kommentierte Bibliographie. Münster.

Antos, Gerd (1982): Grundlagen einer Theorie des Formulierens. Texterstellung in gesprochener und geschriebener Sprache. Tübingen.

– (1989): Textproduktion: Ein einführender Überblick. In: Antos/Krings (eds.) (1989), 5–57.

Antos, Gerd/Krings, Hans P. (eds.) (1989): Textproduktion. Ein interdisziplinärer Forschungsüberblick. Tübingen.

Antos, Gerd/Tietz, Heike (eds.) (1997): Die Zukunft der Textlinguistik. Traditionen, Transformationen, Trends. Tübingen.

Apel, Karl-Otto (1993): Pragmatische Sprachphilosophie in transzendentalsemiotischer Begründung. In: Stachowiak, H. (ed.): Pragmatik. Handbuch pragmatischen Denkens. Bd. IV. Hamburg, 38–61.

Auer, Peter/di Luzio, Aldo (eds.) (1992): The contextualization of language. Amsterdam/Philadelphia.

Bach, E. (1970): Probleminalization. In: Linguistic Inquiry 1, 121–122.

de Beaugrande, Robert-Alain (1989): From Linguistics to Text Linguistics to Text Production: A Difficult Path. In: Antos/Krings (eds.) (1989), 58–83.

– (1991): Linguistic Theory. The discourse of fundamental works. London/New York.

– (1992): Theory and practice in the design of text production models. In: Krings/Antos (eds.) (1992), 5–44.

– (1995): Text Linguistics. In: Verschueren/Östman/Blommaert (eds.) (1995), 536–544.

de Beaugrande, Robert-Alain/Dressler, Wolfgang (1981): Einführung in die Textlinguistik. Tübingen.

Bereiter, Carl/Scardamalia, Marlene (1987): The psychology of written composition. Hillsdale.

Breuer, Dieter (1974): Einführung in die pragmatische Texttheorie. München.

Brinker, Klaus (1973): Zum Textbegriff in der heutigen Linguistik. In: Sitta, H./Brinker, K. (eds.): Studien zur Texttheorie und zur deutschen Grammatik. Düsseldorf, 9–41.

– (1985): Linguistische Textanalyse. Eine Einführung in Grundbegriffe und Methoden. Berlin.

– (1991): Aspekte der Textlinguistik. Zur Einführung. In: Brinker, K. (ed.): Aspekte der Textlinguistik. Germanistische Linguistik 106/107, Hildesheim et al., 7–17.

– (1996): Die Konstitution schriftlicher Texte. In: Günther, H./Ludwig, O. (eds.): Schrift und Schriftlichkeit. Writing and its use. Bd. II. Berlin/New York, 1515–1526.

Bühler, Karl (1934): Sprachtheorie. Die Darstellungsfunktion der Sprache. Jena [ungekürzter Neudruck, Stuttgart/New York 1982].

Burkhardt, Armin (1990): Speech act theory – the decline of a paradigm. In: Burkhardt, Armin (ed.): Speech Acts, Meaning and Intentions. Critical approaches to the Philosophy of John R. Searle. New York/Berlin, 91–128.

Chafe, W. L. (1986): How we know things about language. A plea for catholicism. In: Tannen, D./Atlatis, J. E. (eds.): Georgetown University Round Table on Language and Linguistics (GURT) 1985. Language and Linguistics: The interdependence of theory, data and application. Washington (D.C.), 214–225.

Coseriu, Eugenio (1973): Die Lage in der Linguistik. Innsbruck.

– (1980/1994): Textlinguistik. Eine Einführung. Tübingen.

Coulmas, Florian (1981): Über Schrift. Frankfurt/M.

– (1985): Reden ist Silber, Schreiben ist Gold. In: Zeitschrift für Literaturwissenschaft und Linguistik 15 (59), 94–112.

Coulmas, Florian/Ehlich, Konrad (eds.) (1983): Writing in focus. Berlin/New York/Amsterdam.

van Dijk, Teun A. (1971/1978): Aspekte einer Textgrammatik. In: Dressler, W. (ed.) (1978): Textlinguistik. Darmstadt, 268–299.

– (1980): Textwissenschaft. München (Amsterdam 1978).

– (ed.) (1984): Handbook of discourse analysis. 4 Bde. London.

van Dijk, Teun A. et al. (1972): Zur Bestimmung narrativer Strukturen auf der Grundlage von Textgrammatiken. Hamburg.

Dimter, Matthias (1981): Textklassenkonzepte heutiger Alltagssprache. Tübingen.

Dressler, Wolfgang (1972): Einführung in die Textlinguistik. Tübingen.

– (1978a): Einleitung. In: Dressler, Wolfgang (ed.): Textlinguistik. Darmstadt, 1–15.

– (ed.) (1978b): Current Trends in Textlinguistics. Berlin/New York.

Ehlich, Konrad (1984): Zum Textbegriff. In: Rothkegel, A./Sandig, B. (eds.): Text – Textsorten – Semantik. Linguistische Modelle und maschinelle Verfahren. Hamburg, 9–25.

– (1989): Deictic Expressions and the Connexity of Text. In: Conte, M. E./Petöfi, J. S./Sözer, E. (eds.): Text and Discourse Connectedness. Amsterdam/Philadelphia, 33–52.

– (1993): Kommunikative Kompetenz. In: Glück, H. (ed.): Lexikon Sprache. Stuttgart, 318.

– (1994): Funktion und Struktur schriftlicher Kommunikation. In: Günther, H./Ludwig, O. (eds.): Schrift und Schriftlichkeit. Writing and Its Use. Bd. I. Berlin/New York, 18–41.

Ehlich, Konrad/Rehbein, Jochen (1972): Zur Konstitution pragmatischer Einheiten in einer Institution: Das Speiserestaurant. In: Wunderlich (ed.) (1972), 209–254.

Feilke, Helmuth (1994): Common sense-Kompetenz. Überlegungen zu einer Theorie des „sympathischen" und „natürlichen" Meinens und Verstehens. Frankfurt/M.

– (1996): Sprache als soziale Gestalt. Ausdruck, Prägung und die Ordnung der sprachlichen Typik. Frankfurt/M.

Fillmore, Charles (1976): Pragmatics and the description of discourse. In: Schmidt, S. J. (ed.): Pragmatik/Pragmatics II. Zur Grundlegung einer expliziten Pragmatik. München, 83–104.

Fillmore, Charles/Kay, Paul/O'Connor, M. C. (1988): Regularity and idiomaticity in grammatical constructions. The case of 'let alone'. In: Language 64, 501–538.

Fix, Ulla (1997): Die erklärende Kraft von Textsorten. Textsortenbeschreibungen als Zugang zu mehrfach strukturiertem – auch kulturellem – Wissen über Texte. Ms. Leipzig.

Franke, Wilhelm (1991): Linguistische Texttypologie. In: Brinker, K. (ed.): Aspekte der Textlinguistik. Germanische Linguistik 106/107. Hildesheim et al., 157–182.

Fritz, Gerd (1982): Kohärenz. Grundfragen der linguistischen Kommunikationsanalyse. Tübingen.

Glinz, Hans (1977): Textanalyse und Verstehenstheorie I. 2. Aufl. Wiesbaden.

Grice, Herbert P. (1968): Utterer's Meaning, Sentence-Meaning, and Word-Meaning. In: Foundations of Language 4, 1–18.

– (1975): Logic and conversation. In: Cole, P./Morgan, J. (eds.): Syntax and Semantics. Vol. 3. New York, 41–58.

Gülich, Elisabeth/Raible, Wolfgang (eds.) (1972): Textsorten. Frankfurt/M.

– (1975): Textsorten-Probleme. In: Linguistische Probleme der Textanalyse. Jahrbuch 1973 des Instituts für deutsche Sprache. Düsseldorf, 144–197.

– (1977): Linguistische Textmodelle. Grundlagen und Möglichkeiten. München.

Günthner, Susanne (1995): Gattungen in der sozialen Praxis. Die Analyse „kommunikativer Gattungen" als Textsorten mündlicher Kommunikation. In: Deutsche Sprache, Jg. 23, H. 3, 193–218.

Gumperz, John J. (1982): Discourse strategies. Cambridge.

Habermas, Jürgen (1971): Vorbereitende Bemerkungen zu einer Theorie der kommunikativen Kompetenz. In: Habermas, J./Luhmann, N. (eds.): Theorie der Gesellschaft oder Sozialtechnologie. Frankfurt/M., 101–141.

Harris, Zellig S. (1952): Discourse Analysis. In: Language 28, 1–30.

Hartig, Matthias/Kurz, Ulrike (1971): Sprache als soziale Kontrolle. Neue Ansätze zur Soziolinguistik. Frankfurt/M.

Hartmann, Peter (1968): Zum Begriff des sprachlichen Zeichens. In: Zeitschrift für Phonetik, Sprachwissenschaft und Kommunikationsforschung 21, 205–222.

– (1971): Texte als linguistisches Objekt. In: Stempel, W. D. (ed.): Textlinguistik. München, 9–30.

Hartung, Wolfdietrich (1987): Kommunikation und Text als Objekte der Linguistik: Möglichkeiten, Wünsche und Wirklichkeit. In: Zeitschrift für Germanistik 3, 275–291.

Harweg, Roland (1968): Pronomina und Textkonstitution. München.

Heinemann, Wolfgang/Viehweger, Dieter (1991): Textlinguistik. Eine Einführung. Tübingen.

Helbig, Gerhard (1988/1990): Entwicklung der Sprachwissenschaft seit 1970. 2. Auflage. Opladen.

Hjelmslev, Louis (1943/1974): Prolegomena zu einer Sprachtheorie. München.

Hundsnurscher, Franz (1986): Theorie und Praxis der Textklassifikation. In: Rosengren, I. (ed.): Sprache und Pragmatik. Lunder Symposion 1984. Stockholm, 75–97.

Huth, Lutz (1975): Argumentationstheorie und Textanalyse. In: Der Deutschunterricht 27/6, 80–111.

Isenberg, Horst (1971): Überlegungen zur Texttheorie. In: Ihwe, Jens (ed.): Literaturwissenschaft und Linguistik. Ergebnisse und Perspektiven. Frankfurt/M., 150–173.

– (1976): Einige Grundbegriffe für eine linguistische Texttheorie. In: Daneš, F./Viehweger, D. (eds.): Probleme der Textgrammatik. Berlin, 47–146.

Kallmeyer, Werner/Meyer-Hermann, Reinhard (1973): Textlinguistik. In: Lexikon der germanistischen Linguistik. Bd. 2. Tübingen, 221–231.

Kallmeyer, Werner et al. (1974): Lektürekolleg zur Textlinguistik. Bd. 1. 4. Aufl. 1986. Königstein/Ts.

Kalverkämper, Hartwig (1981): Orientierung zur Textlinguistik. Tübingen.

Kintsch, Walter/van Dijk, Teun A. (1978): Toward a model of text comprehension and production. In: Psychological Review 85, 363–394.

Knobloch, Clemens (1990a): Zum Status und zur Geschichte des Textbegriffs. Eine Skizze. In: Zeitschrift für Literaturwissenschaft und Linguistik, Jg. 20, Heft 77, 66–86.

– (1990b): Text. In: Sandkühler, H. J. (ed.): Europäische Enzyklopädie zu Philosophie und Wissenschaften. Bd. 4. Hamburg, 571–575.

– (1996): Problemgeschichte und Begriffsgeschichte. In: Brekle, Herbert E./Dobnig-Jülch, Edeltraud/Weiß, Helmut (eds.): A Science in the Making. Münster, 259–273.

Koch, Peter/Oesterreicher, Wulf (1985): Sprache der Nähe – Sprache der Distanz. Mündlichkeit und Schriftlichkeit im Spannungsfeld von Sprachtheorie und Sprachgeschichte. In: Romanistisches Jahrbuch 36, 15–43.

Kreuzer, Helmut (1973/75): Zum Literaturbegriff der sechziger Jahre in der Bundesrepublik Deutschland. In: Kreuzer, Helmut: Veränderungen des Literaturbegriffs. Göttingen, 64–75.

Kreuzer, Helmut/Gunzenhäuser, Rul (eds.) (1965): Mathematik und Dichtung. Versuch zur Frage einer exakten Literaturwissenschaft. München.

Krings, Hans P./Antos, Gerd (eds.) (1992): Textproduktion. Neue Wege der Forschung. Trier.

Kummer, Werner (1975): Grundlagen der Texttheorie. Hamburg.

Lambrecht, Knud (1994): Information structure and sentence form. A theory of topic, focus, and the mental representations of discourse referents. Cambridge.

Levinson, Stephen C. (1983/1994): Pragmatik. 2. Aufl. Tübingen [Cambridge 1983].

Lötscher, Andreas (1987): Text und Thema. Studien zur thematischen Konstituenz von Texten. Tübingen.

Ludwig, Otto (1991): Sprache oder Sprachform? Zu einer Theorie der Schriftlichkeit. In: Zeitschrift für Germanistische Linguistik 19, 274–292.

Maas, Utz/Wunderlich, Dieter (1972): Pragmatik und sprachliches Handeln. Mit einer Kritik am Funkkolleg „Sprache". Frankfurt/M.

Marfurt, Bernhard (1978): Textsorte Witz. Möglichkeiten einer sprachwissenschaftlichen Textsortenbestimmung. Tübingen.

Motsch, Wolfgang (1983): Sprachlich-kommunikative Handlungen. (Kap. 3.4. in: Kleine Enzyklopädie Deutsche Sprache) Leipzig, 489–512.

– (1986): Anforderungen an eine handlungsorientierte Textanalyse. In: Zeitschrift für Germanistik 7/3, 261–282.

Motsch, Wolfgang/Reis, Marga/Rosengren, Inger (1990): Zum Verhältnis von Satz und Text. In: Deutsche Sprache 2, 97–125.

Motsch, Wolfgang/Viehweger, Dieter (1981): Sprachhandlung, Satz und Text. In: Rosengren, I. (ed.): Sprache und Pragmatik. Lunder Symposion 1980, 125–153.

– (1991): Illokutionsstruktur als Komponente einer modularen Textanalyse. In: Brinker, K. (ed.): Aspekte der Textlinguistik. Germanistische Linguistik 106/107. Hildesheim et al., 107–132.

Müller, Karin (1990): „Schreibe, wie Du sprichst!" Eine Maxime im Spannungsfeld von Mündlichkeit und Schriftlichkeit. Eine historische und systematische Untersuchung. Frankfurt/M.

Nerlich, Brigitte (1995a): The 1930s – At the birth of a pragmatic conception of language. In: Historiographica Linguistica XXII 3, 311–334.

Nerlich, Brigitte (1995b): Language and action. German approaches to pragmatics in the 19th and early 20th century. In: Jankowsky, Kurt R. (ed.): History of linguistics 1993. Amsterdam/Philadelphia, 299–309.

Nerlich, Brigitte/Clarke, David D. (1994): Language, action and context. Linguistic pragmatics in Europe and America (1800–1950). In: Journal of Pragmatics 22, 430–463.

– (1996): Language, action and context. The early history of pragmatics in Europe and America 1780–1930. Amsterdam/Philadelphia.

Östman, Jan-Ola/Virtainen Tuija (1995): Discourse Analysis. In: Verschueren/Östman/Blommaert (eds.) (1995), 239–253.

Petöfi, János S. (ed.) (1979): Text vs. Sentence. Basic Questions of Text Linguistics. 2 Bde. Hamburg.

Pike, Kenneth L. (1967): Language in Relation to a Unified Theory of the Structure of Human Behavior. 2nd ed. The Hague/Paris.

Raible, Wolfgang (1980): Was sind Gattungen? Eine Antwort aus semiotischer und textlinguistischer Sicht. In: Poetica 12, 320–349.

– (1992): Junktion. Eine Dimension der Sprache und ihre Realisierungsformen zwischen Aggregation und Integration. Heidelberg.

Rickheit, Gerd/Strohner, Hans (1985): Psycholinguistik der Textverarbeitung. In: Studium Linguistik 17/18, 1–78.

Rothkegel, Annely (1994): Kollokationsbildung und Textbildung. In: Sandig, B. (ed.): Europhras 92. Tendenzen der Phraseologieforschung. Bochum, 499–425.

Scherner, Maximilian (1984): Sprache als Text. Ansätze zu einer sprachwissenschaftlich begründeten Theorie des Textverstehens. Forschungsgeschichte – Problemstellung – Beschreibung. Tübingen.

– (1997): „Text". Untersuchungen zur Begriffsgeschichte. In: Archiv für Begriffsgeschichte. Band XXXIX. Bonn, 103–160.

Schlieben-Lange, Brigitte (1975/1979): Linguistische Pragmatik. 2. überarbeitete Aufl. Stuttgart.

Schmidt, Siegfried J. (1969): Bedeutung und Begriff. Zur Fundierung einer sprachphilosophischen Semantik. Braunschweig.

– (1973a): Texttheorie. Probleme einer Linguistik der sprachlichen Kommunikation. München.

– (1973b): Rezension von Dressler (1972). In: Zeitschrift für germanistische Linguistik 1, 100–102.

– (ed.) (1974): Pragmatik I. Interdisiplinäre Beiträge zur Erforschung der sprachlichen Kommunikation. München.

– (ed.) (1976): Pragmatik II. Pragmatics II. Zur Grundlegung einer expliziten Pragmatik. München.

Schneider, Hans-Julius (1975): Pragmatik als Basis von Semantik und Syntax. Frankfurt/M.

– (1993): Ausprägungen pragmatischen Denkens in der zeitgenössischen Sprachphilosophie. In: Stachowiak, Herbert (ed.): Pragmatik. Hamburg, 1–37.

Searle, John R. (1965/1975): Was ist ein Sprechakt? In: Holzer, H./Steinbacher, K. (eds.) (1975): Sprache und Gesellschaft. Frankfurt/M., 153–187.

– (1969/1971): Sprechakte. Ein sprachphilosophischer Essay. Frankfurt/M.

Simmler, Franz (1984): Zur Fundierung des Text- und Textsortenbegriffs. In: Eroms, H. W. et al. (eds.): Festschrift für Klaus Matzel. Studia Linguistica et Philologica. Heidelberg, 25–50.

Sinclair, John (1991): Corpus, Concordance, Collocation. Oxford.

Sitta, Horst/Brinker, Klaus (eds.) (1973): Studien zur Texttheorie und zur deutschen Grammatik. Festgabe für Hans Glinz zum 60. Geburtstag. Düsseldorf.

Stachowiak, Herbert (1993): Sprache – Zeichen – Form. Einleitendes zum vierten Pragmatik-Band. In: Stachowiak, Herbert (ed.): Pragmatik. Handbuch pragmatischen Denkens. Bd. 4. Hamburg, XVII–LXVII.

– (ed.) (1993): Pragmatik. Handbuch pragmatischen Denkens. Band IV. Sprachphilosophie, Sprachpragmatik und formative Pragmatik. Hamburg.

Steger, Hugo/Deutrich, Helge/Schank, Gerd/Schütz, Eva (1974): Redekonstellation, Redekonstellationstyp, Textexemplar, Textsorte im Rahmen eines Sprachverhaltensmodells. In: Gesprochene Sprache. Jahrbuch 1972 des Instituts für deutsche Sprache. Düsseldorf, 39–97.

Stempel, Wolf-Dieter (ed.) (1971): Beiträge zur Textlinguistik. Darmstadt.

Stetter, Christian (1997): Schrift und Sprache. Frankfurt/M.

Toulmin, Stephen (1958/1974): The uses of argument. Cambridge.

Vater, Heinz (1992): Einführung in die Textlinguistik. München.

Verschueren, Jef (1995): The pragmatic perspective. In: Verschueren/Östman/Blommaert (eds.) (1995), 1–19.

Verschueren, Jef/Östman, Jan-Ola/Blommaert, Jan (eds.) (1995): Handbook of Pragmatics. Manual. Amsterdam/Philadelphia.

Völzing, Paul-Ludwig (1979): Text und Handlung. Zur handlungstheoretischen Basis einer Textwissenschaft. Frankfurt/M.

Vossenkuhl, Wilhelm (1982): Anatomie des Sprachgebrauchs. Über die Regeln, Intentionen und Konventionen menschlicher Verständigung. Stuttgart.

Weigand, Edda (1989): Sprache als Dialog. Sprechakttaxonomie und kommunikative Grammatik. Tübingen.

Weinrich, Harald (1976): Sprache in Texten. Stuttgart.

Wunderlich, Dieter (1970): Die Rolle der Pragmatik in der Linguistik. In: Der Deutschunterricht 22/4, 5–41.

– (ed.) (1972): Linguistische Pragmatik. Frankfurt/M.

– (1974): Grundlagen der Linguistik. Reinbek.

– (1976): Studien zur Sprechakttheorie. Frankfurt/M.

*Helmuth Feilke, Bielefeld
(Deutschland)*

9. Kommunikationsorientierte und handlungstheoretisch ausgerichtete Ansätze

1. Voraussetzungen, Entwicklungen, Begriffliches
2. Ablösungen und Neuorientierungen
3. Handlungstheoretisch begründete Ansätze
4. Im weiteren Sinne kommunikationsorientierte Ansätze
5. Perspektiven
6. Literatur (in Auswahl)

1. Voraussetzungen, Entwicklungen, Begriffliches

Spätestens in der zweiten Hälfte der 60er Jahre setzte in der Linguistik ein neues Interesse an Phänomenen ein, die über die Grenze des (einfachen und zusammengesetzten) Satzes hinausgingen. Dabei ging es allerdings im Grunde noch kaum um Texte, aber der Weg führte zu ihnen. Hauptanliegen war vielmehr, gewisse „Anomalien" zu überwinden, die ein Grammatikmodell bewusst werden ließ, das sich auf den Satz als größte Einheit beschränkte. Der nächste Schritt war die Ausweitung der bislang vornehmlich zeichenorientierten Perspektive auf sprachliche Einheiten zu einer (auch) funktionsorientierten. Beide Perspektiven müssen sich nicht ausschließen, haben aber doch eine Reihe unterschiedlicher Konsequenzen. Dieser Perspektiven-Wechsel war eng mit der sog. pragmatischen Wende verbunden. Vor ihrem Hintergrund wurden Begriffe wie Kommunikation (kommunikationsorientiert) und Handlung (handlungstheoretisch ausgerichtet) zentral.

Die Textlinguistik wird gewöhnlich als eine junge Wissenschaft bezeichnet. Das ist insofern richtig, als sich der disziplinäre Rahmen und die entsprechende Bezeichnung tatsächlich erst Ende der 60er und Anfang der 70er Jahre herausbildeten. Mit bestimmten Aspekten textlinguistischer Phänomene hat man sich natürlich schon sehr viel früher beschäftigt – wenngleich solche Aussagen immer etwas gewagt sind, denn oft wird etwas erst in dem Maße zu einem Problem, zu einer zu lösenden Aufgabe, in dem es formuliert werden kann. Und das setzt eine entsprechende Begrifflichkeit voraus, die einen bestimmten Stand der Ausarbeitung erreicht hat. Jedenfalls finden wir textlinguistische Probleme in einem weiten Sinn in der Rhetorik und in der Stilistik behandelt, wenn diese danach fragen, wie bestimmte Qualitäten der Rede zu erklären sind und was sie bewirken. Auch die Orientierung auf Funktionen komplexer sprachlicher Einheiten hat durchaus ihre Geschichte. Wie wichtig es ist, Hörererwartungen zu berücksichtigen und wie diese von Zwecken und Veranlassungen des Sprechens bestimmt werden, hat beispielsweise schon Wegener (1885) herausgestellt, dem es freilich noch nicht um den Spezialfall Text, sondern um Äußerungen allgemein ging. Eine Annäherung an einen spezielleren Textbegriff und die verschiedenen Ebenen einer wissenschaftlichen Untersuchung finden wir bei Bühler (1982/1934, 48 ff). In seinem Vierfelderschema unterschied er auf der „niederen Formalisierungsstufe" Handlungen und Werke. Die Wissenschaft vom Sprachwerk würde Kategorien für die Erfassung des Einzelnen bereitstellen; er verweist hier auf die Stilistik. Daneben sei eine „Theorie der Sprechhandlung" aufzubauen. Der hier zentrale Handlungsbegriff schließt ein – aktuell präsentes – „Aktionsfeld" ein, das durch „Bedürfnis und Gelegenheit" („innere und äußere Situation") determiniert werde, gleichzeitig aber auch eine historische Komponente, eine „Aktgeschichte", in der festgehalten ist, wie das Auftauchen der Idee zu einer Handlung letztendlich durch ihre Realisierung, das Aussprechen eines Satzes etwa, abgeschlossen wird. Beide Ebenen der wissenschaftlichen Untersuchung, die Wissenschaft vom Sprachwerk wie die Theorie der Sprechhandlung, zielen im Unterschied zur „Gebildelehre", der ältesten Wissenschaft von der Sprache, auf Problemfelder hin, die später in neuen linguistischen Teildisziplinen, u. a. in der Textlinguistik, aufgegriffen wurden. Übrigens ist der von Bühler dabei verwendete Handlungsbegriff mit seinen drei Komponenten – innere und äußere Bedingungen, Prozessualität – weiter und damit in der Anlage reicher als manch jüngeres Konzept von Handlung.

Zwischen den Annäherungen an „textlinguistische" Probleme und dem, was viele Linguisten Ende der 60er Jahre bewegte und unzufrieden machte, lagen oft nur wenige Schritte. Überkommene Begriffs- und Wertsysteme und Forschungsinteressen standen diesen Schritten jedoch entgegen. Die Überwindung der Hemmnisse, das dazu erforderliche Umdenken und die Schaffung neuer disziplinärer Perspektiven wurden später als pragmatische Wende bezeichnet. Der programmatische Kernpunkt dieser Wende, die zeitlich mit den ersten Versuchen des Überschreitens der Satzgrenze fast zusammenfiel, bestand in einer neuen Verortung der Sprache. Seit de Saussure sahen die meisten Linguisten in der Betrachtung der „Sprache an und für sich selbst", also losgelöst von ihrem Eingebettetsein in menschliche Lebenspraxis, den eigentlichen oder einzigen Gegenstand und die Grundlage für Wissenschaftlichkeit. Gerade nach diesen Verbindungen, ja nach der partiellen Identität von Sprache und menschlicher Lebenspraxis sollte nun gefragt werden. Die Ursachen für diesen Wandel im Denken waren vielfältig. Unzufriedenheit mit den von einer starren Gegenstandsbestimmung gezogenen Grenzen des Erkennbaren hat eine wichtige Rolle gespielt. Hinzu kamen Wünsche nach einer breiteren Nutzung linguistischer Erkenntnisse. Man glaubte, Kommunikation optimieren, sie erfolgreicher und durchsichtiger machen zu können, und hoffte, dadurch auch dem Individuum neue Möglichkeiten der Selbstverwirklichung und der sozialen Integration zu schaffen. (Zur pragmatischen Wende vgl. auch Hartung 1991, 24 ff). Ein erstes Denkmodell für das Hinausgehen über bisherige Grenzen der Linguistik fand sich in der Semiotik bzw. in der logischen Semantik. Hier wurden drei Bereiche von Zeichenrelationen unterschieden: Syntax, Semantik und Pragmatik. Die Pragmatik sollte sich mit den Beziehungen zwischen Zeichen und Mensch beschäftigen, entsprach also dem Ausbruch aus der engeren Welt der bloßen Zeichen am ehesten. Von Anfang an gab es jedoch unterschiedliche Deutungen des gegenseitigen Verhältnisses der drei Bereiche, die ihren Niederschlag auch in linguistischen Diskussionen fanden. Es war möglich, insbesondere für die Pragmatik, eine relative Unabhängigkeit anzunehmen. Ebenso konnte man aber von einem Inklusionsverhältnis ausgehen, das dann auch wieder auf zweierlei Art gedeutet werden konnte: Pragmatik als der umfassendste Bereich, der alle andern einschließt, oder Syntax als vorgeordneter oder Kernbereich, der schrittweise über die Semantik zur Pragmatik erweiterbar ist. Später ist − weitgehend zu Recht − kritisiert worden, dass mit der Hinwendung zur Pragmatik nur einzelne Aspekte des Handelns thematisiert wurden und dass die überkommene Sprachauffassung, mit gewissen Ergänzungen, im Grunde weiterbestand (vgl. etwa Ehlich 1987, 280 ff). Die Anlehnung an die pragmatische Begrifflichkeit wurde nicht überall mitgemacht, teilweise wurde sie auch wieder aufgegeben.

Helbig (1986, 157) meint, dass der Textlinguistik ein einheitliches Leitmotiv fehlte. Viehweger (1976, 196) urteilt noch schärfer: zahlreiche textlinguistische Ansätze hätten sich völlig isoliert voneinander entwickelt. Das ist in bestimmten Fällen sicher richtig. Soweit die verschiedenen Ansätze aber mehr als eine Erweiterung der Grammatik wollten, verband sie doch wohl das Bestreben, neue linguistische Fragestellungen aus dem menschlichen Umfeld des Zeichengebrauchs abzuleiten, aus den „Texten in ihrer Funktion", eingeordnet in eine Situation oder einen Handlungszusammenhang. Allerdings wurden dabei unterschiedliche Aspekte in den Vordergrund gestellt, so dass sich die Theorie-Entwürfe z.T. sehr beträchtlich unterschieden. Der Zeichen gebrauchende Mensch lebt in einer sozialen Welt, er ist von ihr geprägt, er verwendet die Sprache in einer bestimmten Situation und mit einem bestimmten Ziel, und er sammelt dabei spezifische Erfahrungen, auf die er in späterer Kommunikation immer wieder zurückgreifen kann. Neben die Betrachtung der Sprache als eines Reservoirs von Mitteln und Möglichkeiten trat die ihres Gebrauchs, der nun aber nicht mehr als bloße Realisierung von bereits Vorhandenem gesehen wurde, sondern als eigenständige menschliche Aktivität, als Handlung oder Tätigkeit, in der etwas Neues geschaffen wurde, als (sprachliche) Kommunikation. Damit wurde ein funktionsorientiertes Herangehen, eine Analyse unter Verwendung nicht nur textinterner, sondern auch textexterner Kriterien, eigentlich erst realisierbar. Gleichzeitig wurde es möglich, Zeichen, insbesondere auch komplexe Zeichen, die bisher nur als Korrelate für eine außersprachliche Wirklichkeit gesehen wurden, nun auch als Handlungsanweisungen für den Kommunikationspartner zu begreifen, als Anweisungen dafür, wie ein Text als Struktur zu verstehen ist, wie ein Wirklichkeitsmodell hergestellt werden kann oder welche Folgehandlungen sich aus dem Gesagten ergeben. Vielen bedeutete all dies nicht einfach eine Ausweitung des Gegenstandes, sondern (zumindest auch) ein Infragestellen herkömmlicher Begriffe, Werte und disziplinärer Grenzziehungen. Das Verhältnis zu den Nachbardisziplinen veränderte sich. Linguisten sahen sich mit neuen Arten von empirischen Daten konfrontiert, die über das bisherige Verständnis von Sprachlichem weit hinausgingen. Wie konnte man mit ihnen umgehen? Wie sollte man mit Begriffen arbeiten, die in ganz anderen Zusammenhängen erklärt wurden? War es nicht besser, sich dann auf das zu beschränken, wofür es sprachliche Ausdrücke oder wenigstens Indikatoren gab? Oder konnte man kommunizierende Individuen so weit in die Theorie integrieren, dass man auch mit dem operierte, was sie normalerweise wissen oder schlussfolgern, wenn sie kommunizieren? Der „neue" Gegenstand wurde außerordentlich komplex. All dies belebte grundlagentheoretische Diskussionen in einer zuvor nicht gekannten Intensität und Strenge.

Es war in dieser Zeit kaum möglich, sich mit Texten linguistisch zu beschäftigen, ohne nicht in der einen oder anderen Weise an diesen Auseinandersetzungen teilzunehmen. Der größere Teil der TextlinguistInnen, zumal in Deutschland, bezog den Gegenstand der Untersuchung auf Bedingungen der Kommunikation und war in irgendeiner Weise handlungs- oder tätigkeitstheoretischen Anregungen verpflichtet. Deshalb waren sehr viele Arbeiten in einem weiten Sinn kommunikationsorientiert. Unterschiede erwuchsen vor allem daraus, ob diese Orientierung als grundsätzliche Herausforderung an die Linguistik begriffen wurde oder ob eher versucht wurde, einzelne Aspekte der kommunikativen Einbettung zur Grundlage eines spezifischen Herangehens auszubauen, also etwa die Situation mit ihren typischen Merkmalen oder bestimmte Handlungsqualitäten. In der bisweilen polemischen Abgrenzung sind später auch − nicht immer sehr treffend − umfassende oder globale und modulare Ansätze einander gegenübergestellt worden. „Kommunikationsorientiert" ist deshalb nur bedingt ein differenzierendes Attribut für einzelne Ansätze. Für die „handlungstheoretische" Ausrichtung gilt diese Einschränkung insofern weniger, als sich die entsprechenden Ansätze meist auf den intentionalen Aspekt des Handelns konzentrierten. Mit gewissen Differenzierungen ist oft, zumindest anfänglich, auch von Tätigkeit oder Tätigkeitstheorie die Rede. Tätigkeit wird verbreitet als der übergeordnete Begriff verstanden. Er wurde eher in sog. globalen als in modularen Ansätzen verwendet. Eine wichtige Quelle hat er in der Tätigkeitstheorie der sowjetischen Psychologie (Vygotskij, A. N. Leont'ev, A. A. Leont'ev, Galperin u. a.), die insbesondere in den frühen 70er Jahren in Deutschland rezipiert wurde. Die handlungstheoretisch ausgerichtete Textlinguistik ist stärker mit der Sprechakttheorie verbunden. Oft ist es aber schwer, die jeweiligen Bezugskonzepte scharf voneinander abzugrenzen. Handlungstheoretische Anregungen wurden auch über die Philosophie, Logik und Soziologie vermittelt.

Für sprachliches Handeln scheint mündliche Kommunikation prototypisch zu sein, während schriftliche Kommunikation eher an etwas Abgeschlossenes, Gegebenes denken lässt, allenfalls an ein Handlungsprodukt. Das hat zur Folge, dass der Handlungscharakter von Texten besonders zu begründen war. Meist wurde von der im Prinzip richtigen Annahme ausgegangen, dass jede Art kommunikativer Aktivität ein Handeln ist. Die dann vorwiegend an schriftlichen Texten oder an Gesprächsaufnahmen entwickelten Begriffe wurden − mit einem gewissen Recht − mehr oder weniger auf den jeweils anderen Bereich ausgedehnt. Dabei wurde dann aber häufig vernachlässigt, dass schriftliche und mündliche Texte, wenn sie auf Grund ihrer Gemeinsamkeiten schon zu einem Oberbegriff zusammengefasst werden können, eine Reihe von Spezifika aufweisen, die auch unterschiedliche Betrachtungsweisen verlangen.

Die folgende eher exemplarische Darstellung einzelner Ansätze versucht, bei aller Schwierigkeit der Auswahl und Abgrenzung, gewissen Schwerpunkten in den dominierenden Interessen gerecht zu werden und gleichzeitig zeitliche Abläufe, soweit dies hier möglich ist, nachzuzeichnen.

2. Ablösungen und Neuorientierungen

Sich dazu zu bekennen, dass auch jenseits des Satzes noch für die Linguistik interessante Probleme zu lösen sind, mag im Nachhinein als nicht erwähnenswerte, weil absolut selbstverständliche Leistung erscheinen. Neue Gedanken sind aber in gewisser Weise immer auf vorgefundene Begriffe angewiesen. In der ersten Hälfte des 20. Jhs. galt ziemlich einhellig die Auffassung, dass der Satz jene Einheit darstellt, die alle grammatischen Regularitäten und damit das in der Linguistik sinnvollerweise Beschreibbare enthält. Auch in der frühen generativen Grammatik lieferte der Satz (S) noch das oberste Symbol aller grammatischen Ableitung. Das ganze 19. Jh. hindurch galt das Hauptinteresse noch nicht einmal dem Satz, sondern eher dem Wort und seiner Morphologie. Um diesen Zustand zu überwinden, war zweierlei notwendig: Erstens mussten Texte als etwas wahrgenommen werden, das im Bereich linguistischer Beschreibungen oder Erklärungen lag. Zweitens musste sich das Bewusstsein entwickeln, dass es erfolgversprechende und auch wissenschaftlich akzeptable Wege der Analyse von Texten gab. In der Zeit um 1970 ist von vielen etwas hervorgehoben worden, das eigentlich selbstverständlich ist, dass nämlich der Text „das originäre sprachliche Zeichen" ist (Hartmann 1971, 10 ff), dass Sprache nur oder „primär texthaft/textförmig vorkommt" (S. J. Schmidt 1974, 33), „daß sprachliche Kommunikation sich stets in Form von Texten vollzieht" (Isenberg 1976, 47) oder dass alle anderen Einheiten als solche gar nicht vorkämen, sondern erst im Text ihren „Sinn" erhielten (Hartmann a. a. O.). Es gab auch die folgerichtige, wenngleich voreilige Annahme, dass Linguistik oder Sprachwissenschaft eigentlich oder eines Tages in einer „Texttheorie" (S. J. Schmidt 1974, 31) oder in einer „Textwissenschaft" (van Dijk 1980, 6) aufgehen könnte. Die in solchen Formulierungen stets enthaltenen problematischen Momente sollen nicht diskutiert werden. Wichtig ist in diesem Zusammenhang, dass hier eine neue Perspektive auf ein Stück Wirklichkeit ihren Ausdruck findet: Etwas, das vorher nicht oder nur sehr undeutlich wahrgenommen wurde, rückt nun in den Vordergrund. Wie aber sollte man sich dem wissenschaftlich nähern? In der zweiten Hälfte der 60er Jahre hatte die Linguistik, zumal in Deutschland, einen Stand erreicht, der sie in die Lage versetzte, Art, Grad und Sicherung ihrer Wissenschaftlichkeit systematisch zu reflektieren. Das hing mit der Rezeption des Strukturalismus sowie dem Ausbau und der wenigstens partiellen Durchsetzung der generativen Grammatik zusammen. Das erreichte Niveau konnte und sollte durch eine Ausweitung der Erkenntnisinteressen auf den Text nicht wieder in Frage gestellt werden. Deshalb kam der methodologisch reflektierenden Begleitung des Entstehens der Textlinguistik und des Übergangs von sprachsystem- zu kommunikationsbezogenen Auffassungen eine besondere Bedeutung zu.

Ein charakteristisches Beispiel dafür ist der Ansatz von Isenberg. In seiner ersten Arbeit zur Texttheorie (Isenberg 1974a/1968) – genauer eigentlich: zur Textgrammatik, denn trotz seiner Bezugnahme auf kommunikative Funktionen und eine künftige Kommunikationstheorie blieb er noch im Rahmen eines, allerdings erweiterten, Grammatikmodells – stellte er die damals noch kritische Frage, ob zur „Domäne der Grammatik", also zum Bereich der für die Grammatik relevanten Fakten, nur der Satz oder auch der Text gehört. Er nannte eine Reihe von empirischen Motivierungen (die bekannten grammatischen Erscheinungen, die sich nur mit Bezug auf den Text befriedigend erklären lassen) für die weitere Auffassung. Die Erzeugung grammatischer Strukturen begann, dem generativen Modell folgend, mit einer Kette, die das TEXT-Symbol enthält und 1-n Sätze dominieren kann. Unter Verwendung von „Textregeln" sollten dann nur solche Satzfolgen erzeugt werden können, die als wohlgeformte Sätze einer Sprache L gelten können. – Später (Isenberg 1974b) stellte er der (bloßen) Satzgrammatik eine „textbezogene Grammatik" gegenüber. Aus prinzipiellen Gründen könne auch diese nicht alle Texteigenschaften erschöpfend erklären, sehr wohl aber bestimmte, die allen Texten eigen sind. Sie hat gewissermaßen Vorarbeit für eine spätere Theorie der sprachlichen Kommunikation zu leisten und müsse deshalb Elemente enthalten, die auf eine solche Theorie hinweisen. Dabei kommt dem Begriff der „kommunikativen Funktion" eine wichtige Bedeutung zu. Kommunikative Funktionen schließen drei Arten von Elementen ein: 1) situative Voraussetzungen, 2) kommunikative Intentionen, 3) angekündigte Erwartungen oder Forderungen. Jedem Satz kommt genau eine kommunikative Funktion zu. Sie definiert einen Teil seiner Tiefenrepräsentation. „Eine (textbezogene) Grammatik als Theorie über den Zeichenaspekt der Sprache beschreibt alle in Texten einer gegebenen natürlichen Sprache möglichen Zuordnungen von kontextbedingten Intentionsstrukturen und Lautstrukturen vom Typ 'Satz'. Die kontextbedingte Intentionsstruktur als Tiefenrepräsentation eines Satzes erfasst die Gesamtheit des von der Morphemfolge des Satzes Signalisierten in bezug auf die kommunikative Leistung des Satzes im Text." (106) Eine solche textbezogene Grammatik soll dann durch weitere Teiltheorien ergänzt werden, in denen die kommunikativen Prinzipien für die Verknüpfung von Sätzen zu kohärenten Folgen und für das Verstehen solcher Verknüpfungen beschrieben werden. Mit den kommunikativen Funktionen als Teilen der Tiefenstruktur von Sätzen sind natürlich noch nicht die kommunizierenden Individuen eingeführt. Darauf hat Ungeheuer (1974, 21 f) schon früh hingewiesen: Kommunikative Textqualitäten würden als quasi-grammatische Eigenschaften behandelt; auch die Einführung pragmatischer Indizes sei „eine andere Sache als die begriffliche Einführung der handelnden Personen selbst in die Theorie" (21); der zu erforschende Sachverhaltsbereich werde ganz unterschiedlich bestimmt. Es ist zweifellos alles andere als eine triviale Frage, wie diese „Einführung der handelnden Personen" bei gleichzeitiger Wahrung einer wie auch immer erweiterten disziplinären linguistischen Spezifik erfolgen soll.

Schließlich ist die Loslösung von bisherigen Auffassungen so weit gefestigt, dass sie nun auch mit Wertungen verbunden wird. Die bisherigen Auffassungen − ausdrücklich auch die auf der Sprechakttheorie basierenden − blieben bei Teilaspekten stehen und würden die Handlungszusammenhänge in der Gesellschaft nicht berücksichtigen (Isenberg 1976, 50 f). Deshalb müsse ihnen eine andere, eine „dynamische Auffassung vom Text" entgegengestellt werden, „nach der die Einheit 'Text' als solche nicht primär durch handlungsunabhängige Relationen und Zusammenhänge, sondern durch Handlungen und Operationen bestimmter Art konstituiert wird." (51) Grundlage dieser Auffassung sei die Betrachtung der Sprache als einer Form menschlicher Tätigkeit. Natürlich sei auch eine andere Textauffassung möglich, diese „entbehrt jedoch nicht eines gewissen Aspekts der Selbsttäuschung" (ebed.), da sie nicht die Bildungsprinzipien von Texten erklären könne und da die Ausklammerung von gesellschaftlicher Legitimität, kommunikativer Funktionalität, Situationsbezogenheit und Intentionalität nicht begründet motivierbar sei. Ihrer Struktur nach schließt diese dynamische Texttheorie mehrere miteinander verbundene Teiltheorien ein, mindestens eine Grammatiktheorie, eine Theorie der sequentiellen Textkonstitution und eine Theorie der Textkomposition (53). Die für jede linguistische Theorie zentrale Laut-Bedeutungs-Zuordnung erfolge nicht kommunikationsindifferent, sondern kommunikationsbezogen, indem für jeden Satz eines Textes bestimmte Bedingungen angegeben werden, unter denen Laut- und Bedeutungsstrukturen miteinander verknüpft werden können. Die Gesamtheit dieser Bedingungen ist bei Isenberg die „kommunikative Funktion". Kommunikative Funktionen beziehen sich mit den in ihnen enthaltenen Elementen in bestimmter Weise auf bereits produzierten und/oder noch zu produzierenden Text, weisen also eine Gerichtetheit auf. Unter dieser Perspektive modifiziert sich die Auffassung von Grammatik. Da sie mit Elementen und Konzepten arbeitet, die nicht von ihr erklärt werden, kann sie nicht mehr als autonom gelten. Sie definiert nicht mehr Laut-Bedeutungs-Zuordnungen, sondern ordnet Lautstrukturen und kontextbedingte Intentionsstrukturen einander wechselseitig zu. Letztere erfassen so jenen Bereich von Intentionen und situativen Bezügen, der sprachlich signalisiert wird. Um diese Zuordnung vornehmen zu können, müsse die Grammatik mindestens über Regeln verfügen, die Wohlgeformtheitsbedingungen für kommunikative Funktionen bestimmen, sowie über Bindungsregeln, die einzelne Bezüge zu Oberflächenstrukturen herstellen. Aufbau und Arbeitsweise solcher Regeln werden in Isenberg (1976) detailliert dargestellt. Die „Einführung der handelnden Personen" erfolgt über Annahmen in Bezug auf mögliche Zusammenhänge zwischen sprachlich Signalisiertem einerseits und situativen Bedingungen, Intentionen und textinternen Ankündigungen andererseits. − Die „dynamische" Auffassung, für die der Text eine primär kommunikations- und handlungsbezogene Einheit und sein Satzcharakter nur ein Aspekt ist, wird der „propositionalen" Auffassung, die den Text in Analogie zum Satz behandelt, gegenübergestellt (Isenberg 1977). Diese Unterscheidung ist in der Linguistik weithin übernommen worden, oft auch mit der Variation propositional vs. kommunikativ − oder eingeschränkt: handlungstheoretisch − oder (später) prozedural. Anfangs ist auch vorgeschlagen worden, die engere, sprachsystembezogene Auffassung als textlinguistisch zu bezeichnen, die weitere, kommunikationsbezogene dagegen als texttheoretisch. Diese Unterscheidung hat sich aber nicht durchgesetzt. Isenberg behandelt beide Auffassungen als Alternative, sie schließen sich gegenseitig oder auch eine dritte Möglichkeit aus (1977, 135 u. a.). Je nach der analytischen Fragestellung könne dem Satz oder dem Text der Primat zukommen. Gehe es jedoch um „die Art und Weise, in der Sprache in der Gesellschaft bzw. in der gesellschaftlichen Kommunikation in Erscheinung tritt, so läßt sich feststellen: Der 'Text' ist die primäre Organisationsform, in der sich menschliche Sprache in der Gesellschaft manifestiert." (144) Da es hier um verschiedene Aspekte geht, ist die Frage nach dem Verhältnis der beiden Auffassungen gelegentlich auch positiver beantwortet worden: sie würden komplementär oder kompatibel sein. Natürlich haben beide ihre „wissenschaftliche Relevanz" (Viehweger 1980, 19), aber es sind eben doch prinzipiell verschiedene Annäherungen an den Text. – Isenbergs Ansatz ist vor allem als ein Modell ausgearbeitet und diskutiert worden. Eigentlich angewandt wurde das Modell weniger. Viehweger sprach rückblickend von einem „methodologischen Dilemma": „Eine Textgrammatik war als Grammatik überfrachtet und als handlungstheoretischer Ersatz überfragt" (1991, 203).

3. Handlungstheoretisch begründete Ansätze

Was unter dem Handlungscharakter des Gebrauchs von Sprache zu verstehen ist, kann durchaus unterschiedlich gesehen, zumindest akzentuiert werden. Vor allem folgende Aspekte sind hervorgehoben worden: 1) Handeln schließt immer ein, dass ein Handelnder etwas erreichen will, dass er ein Ziel hat, dem er sich in bestimmten Schritten zu nähern sucht. Handeln ist also in Bezug auf diese Zielgerichtetheit und entsprechende Gliederungen beschreibbar. 2) Am Handeln sind häufig und am kommunikativen Handeln stets mehrere Personen beteiligt, es ist Interaktion. Diese Interaktion muss koordiniert werden, d. h., die einzelnen Handlungen müssen so gerichtet und terminiert sein, dass jeder Beteiligte seinen spezifischen Anteil am Erreichen eines gemeinsamen Ziels leisten kann. Das gemeinsame Ziel kann im Bereich sprachlicher Verständigung bleiben, es kann aber auch über sich hinausweisen auf die Durchführung aktueller oder künftiger nichtsprachlicher Handlungen. Kommunikative oder sprachliche Handlungen sind also in Bezug auf ihre internen und externen Koordinationsleistungen beschreibbar. Übrigens: Wenn Handlungen interaktiv sind und einem (mehr oder weniger) gemeinsamen Ziel untergeordnet werden, dann schließt dies ein, dass nicht nur die Produktion von Äußerungen Handlungscharakter hat, sondern auch deren rezeptive Verarbeitung. 3) Sprachliches Handeln als eine interindividuelle Aktivität schafft Beziehungen zwischen den Handelnden, eine bestimmte soziale Welt, und es bedient sich bereits geschaffener sozialer Welten samt deren Wirklichkeitskonstruktionen und Sinnzuordnungen. Sprachliches Handeln ist also auch als ein sukzessives Schaffen und Aushandeln von Sinn beschreibbar. – Obwohl diese drei Aspekte des Handelns eng miteinander verbunden sind, ist es doch kaum möglich, sie in einem einzigen Ansatz und gleichzeitig darzustellen. Ebenso problematisch kann aber auch ihre Trennung, also das modulare Herangehen sein. Ein Ansatz, der nur ausgewählte Daten berücksichtigt und den daraus folgenden fragmentarischen Charakter der Theorie nicht ständig reflektiert, erliegt leicht der Gefahr, die Daten falsch zu interpretieren und Theorie-Entwürfe zu erzeugen, die nur schwer mit den Ergebnissen benachbarter Untersuchungsfelder verbindbar sind. (Dies dürfte einer der Gründe für das oft beklagte Nebeneinander von Textlinguistik und Gesprächsanalyse sein, die sich, zumal wenn es um mündliche Kommunikation geht, am ehesten mit dem dritten Aspekt sprachlichen Handelns beschäftigt.) – Handlungstheoretische Ansätze in der Textlinguistik knüpfen vornehmlich, mehr oder weniger kritisch, an die Sprechakttheorie an. Diese hatte (und hat) einen sehr nachhaltigen Einfluss auf die Durchsetzung eines Handlungsverständnisses, das den intentionalen Charakter jedes Handelns hervorhebt. Es geht davon aus, dass mit dem Äußern eines Satzes (oder eines satzwertigen, jedenfalls prädizierenden Ausdrucks) immer etwas beabsichtigt ist. Dies lässt sich als Illokution oder als illokutionärer Akt erfassen und systematisieren. Eine hier anknüpfende Textlinguistik musste also ebenfalls die Beschränkung auf das Satzformat kritisieren und überwinden. Sobald dies geschehen war, konnten Texte als Folgen von (elementaren) Handlungen (oder Illokutionen) beschrieben werden, die auf ein übergeordnetes Ziel gerichtet sind und in ihrer Sequentialität und Gerichtetheit bestimmte (Illokutions-)Strukturen bilden. Am weitesten entwickelt und in Einzeluntersuchungen exemplifiziert wurde diese textlinguistische Erweiterung der Sprechakttheorie in Arbeiten von Motsch und Viehweger sowie der Gruppe um Rosengren, die teilweise auch in einem Projekt miteinander verbunden waren. Die Idee einer Parallelität von Text und Handlung ist aber durchaus weiter verbreitet. Auch van Dijk, in dessen Ansatz eigentlich semantische Begriffe im Mittelpunkt stehen, spricht davon. Eine Makrostruktur könne durch eine globale Intention und ihre Aufgliederung auf Teilhandlungen zusammengehalten werden. Sie sei dann eine „pragmatische Makrostruktur" (1978; 1980, 71 ff).

Wichtige Grundzüge ihres Ansatzes wurden erstmals in Motsch/Viehweger (1981) dargestellt. Ihr Ziel sahen sie darin, „Beziehungen zwischen bestimmten Handlungsfaktoren und Sätzen" (126) zu analysieren und so die Bedingungen zu charakterisieren, unter denen Äußerungen als angemessen gelten können, also als den Handlungsfaktoren, bestimmten Zielen etwa, entsprechend. Anknüpfend an den Kompetenz-Begriff, gingen sie davon aus, dass Sprecher/Hörer eine Kenntnis solcher Zusammenhänge besitzen, dass sie über entsprechende Kenntnissysteme verfügen, darunter auch über solche, die die Bedeutung eines Satzes in einer gegebenen Situation festlegen, insbesondere der Situationen, die durch bestimmte Absichten charakterisierbar sind. Die Verallgemeinerung über diesen Absichten oder „illokutionären Rollen" sind „Handlungstypen". Die Grammatik stellt nicht nur Mittel bereit, mit denen propositionale Inhalte zu repräsentieren sind, sondern auch Mittel, die Handlungsbedingungen repräsentieren. Dazu gehören u. a. Satztypen und Modi, Modalverben, Adverbien und Partikel. Absichten können aber auch erschlossen werden, etwa aus Propositionen. Die „handelnden Personen" sind hier − sowohl über die spezifizierten Kenntnissysteme wie über die Zulassung von nicht notwendig signalbasierten Schlüssen der Teilnehmer − in die Theorie integriert, allerdings noch auf eine sehr allgemeine Weise. − Der Text ist für Motsch/Viehweger eine komplexe Äußerung und wird wie jede Äußerung durch einen Handlungstyp bestimmt. Gleichzeitig sind aber auch mit den einzelnen Sätzen, in die ein Komplex zerfällt, Handlungstypen verbunden, so dass bestimmte Strukturen, „Handlungstyphierarchien", entstehen. Das hat die Konsequenz, dass der Handlungscharakter von Texten auf genau die gleiche Weise klassifiziert wird wie der von Satzäußerungen, nämlich über die möglichen Handlungstypen, und dass das Gesamtziel eines Textes über die Realisierung einer Reihe von Teilzielen erreicht werden kann. Entsprechend gibt es einen „dominierenden Handlungstyp", in Bezug auf den andere Teile eine „subsidiäre Funktion" erfüllen. − Die Kritik an diesem Ansatz und an ähnlichen Versuchen deckte sich in wichtigen Punkten mit der an der Sprechakttheorie, die im Allgemeinen den grundlegenden theoretischen Anknüpfungspunkt darstellt. Die Sprechakttheorie setzt ein einsam und zweckrational handelndes Individuum voraus; die Festlegung möglicher Handlungsziele auf eine kleine Zahl von Handlungstypen (Illokutionen) schränkt die funktionale Erklärung von Texten unnötig ein und ist im Grunde eine Nachwirkung satzzentrierter Betrachtungsweisen; ebenso ist die satzweise Aufgliederung der Intentionalität in Texten zumindest für manche Texte wenig plausibel. Hinzu kommt noch das allgemeine Problem, dass im Grunde nicht Intentionen der Handelnden offengelegt werden, sondern dass die Analysierenden ihnen welche zuschreiben.

Zur gleichen Zeit stellten Koch/Rosengren/Schonebohm (1981) ihren sehr ähnlichen Ansatz vor. Sie unterschieden mit größerer Deutlichkeit drei Analyseebenen: die illokutive, die thematische und die syntaktische (oder sprachliche). Ihr Ziel sahen sie darin, die Beziehungen zwischen den ersten beiden und der dritten Ebene zu beschreiben, wobei die illokutive Ebene als dominierend und die sprachliche Realisierung steuernd begriffen wurde. Zusammen bilden die drei Ebenen die kommunikative Struktur des Textes. Die illokutive Struktur stellt sich als Abfolge von Illokutionen dar. Ihre Beziehungen zueinander spiegeln die Argumentationsstruktur des Senders wider: Illokutionen sollen erklärt, eingeschränkt oder ergänzt werden. Als Handlungseinheit fällt die Illokution nicht mit syntaktischen Einheiten zusammen, ein Satz kann mehr als eine Illokution umfassen, eine Illokution kann aber auch aus mehreren Sätzen bestehen. − Die Unterscheidung mehrerer „Ebenen" war ein wichtiges Mittel, verschiedene Arten von Struktur und von Organisationsprinzipien begrifflich zu fassen. Deshalb wurde die sprachliche oder grammatische Ebene durch über die Sprache hinausweisende Ebenen ergänzt. So nimmt van Dijk (1980) neben der grammatischen eine pragmatische, eine stilistische, eine rhetorische und eine Superstrukturebene an. Viehweger (1983, 157 ff) nimmt eine Zweiteilung in propositionale und aktionale Ebene an, untergliedert letztere aber noch: Illokutionsstrukturebene, metaaktionale und interaktionsbezogene Ebene. (Vgl. zum Ebenen-Problem auch Hartung 1983a und 1987.)

Die Grundzüge beider Ansätze sind in nachfolgenden Arbeiten mehrfach präzisiert, ergänzt und ausgebaut, aber nicht grundsätzlich verändert worden. In Brandt/Koch/Motsch u. a. (1983, 105) heißt es, dass die Legitimität dieses Herangehens an den Text nicht mehr in Frage gestellt werde, dennoch sei man von verlässlichen Aussagen noch ein

Stück entfernt. Vor dem Hintergrund der Zielgerichtetheit sprachlichen Handelns werden für den Text zwei Strukturierungen wichtig, die propositionale und die illokutive Struktur, mit Propositionen und Illokutionen als Basiseinheiten und der hierarchischen Ordnung als grundlegendem Organisationsprinzip. Etwas schnell wird gefolgert, dass die an Illokutionen orientierten Sprachhandlungstypen keine beliebige Ordnung darstellen, sondern den empirischen Zugang zur Organisation der Kenntnisse schaffen würden, über die der Sprecher verfügen muss (114). Dieses Kenntnissystem solle in der wissenschaftlichen Theorie rekonstruiert werden (109). In ähnlicher Weise wird eine Entsprechung zwischen der aus dominierenden und subsidiären Zielen erwachsenden Zielhierarchie, einer Illokutionshierarchie und der in der Psychologie teilweise üblichen Untergliederung der Handlungen in Teilhandlungen oder Operationen gesehen. Das mit einem Text verfolgte dominierende Ziel (gelegentlich kann es auch mehrere geben) kann in einer speziellen Illokution Ausdruck finden, also explizit genannt werden, es ist aber auch möglich, dass es aus subsidiären Illokutionen erschlossen werden muss. Die entstehenden Illokutionsstrukturen können neben dem hierarchischen auch konjunktiven Charakter haben. – Rosengren (1983) hat die Interaktivität der Textstruktur hervorgehoben: Da der Text ein Ergebnis strategischer Überlegungen des Senders ist (wie kann ein Ziel möglichst schnell und effektiv erreicht werden?), spiegelt sich dies auch in der Textstruktur wider. Zugespitzt könne man deshalb sagen, „daß der Empfänger darüber entscheidet, wie der Sender seinen Text strukturiert" (166). In diesem Fall ist es natürlich noch nicht der Empfänger selbst, sondern das Wissen des Senders über mögliche Empfänger-Reaktionen. – Kritische Einwände betrafen auf dieser Stufe der Ausarbeitung der Ansätze insbesondere die Vereinfachungen der kommunikativen und sozialen Bedingungen, unter denen Texte entstehen (vgl. dazu auch Hartung 1983b). Auch das Zustandekommen einer Illokutionshierarchie muss letztlich als ein interaktives Geschehen begriffen werden; was dominierende Illokution in einem Text ist, wird nicht nur durch den Sprecher bestimmt, sondern auch durch die Interpretationsleistung des Adressaten (Gülich/Meyer-Hermann 1983, 253).

Zwei auch schon zuvor thematisierte Punkte erlangten in späteren Jahren zunehmende Bedeutung: 1. Es kommt darauf an, die an der Textbildung beteiligten Kenntnissysteme oder Wissenskomponenten zu rekonstruieren. Dies war schon von Anfang an eins der Grundverständnisse der generativen Grammatik, rückte nun aber in das Umfeld der sog. kognitiven Wende. 2. Die verschiedenen Kenntnissysteme oder Wissenskomponenten haben modularen Charakter, besitzen also eine Eigengesetzlichkeit, sie sind autonom, nicht auf andere Module reduzierbar und können folglich wenigstens bis zu einem gewissen Punkt für sich untersucht werden. Viehweger (1987, 5) weist darauf hin, dass die Kenntnisse, die beim Bilden und Verstehen von Texten Anwendung finden, einen „zentralen Explikationsgegenstand für dynamische Textmodelle bilden". Als solche Kenntnissysteme werden genannt: das sprachliche Wissen, das enzyklopädische Wissen, das Illokutionswissen und das Wissen über Handlungsmuster (später auch als Interaktionswissen zusammengefasst). In seinem Rückblick auf die textlinguistischen Forschungsansätze (Viehweger 1991, 206 ff) bezeichnet er das Konzept Wissen als fundamental für eine textlinguistische Neuorientierung. Auch Motsch/Reis/Rosengren (1990) gehen bei der zusammenfassenden Charakterisierung des theoretischen Rahmens ihres Forschungsprogramms von der Modularität grammatischer und pragmatischer Kenntnissysteme aus. Zwischen ihnen bestehe aber eine systematische Interdependenz, die es zu untersuchen gelte, denn pragmatische Funktionen würden über grammatische Strukturen realisiert und grammatische kämen in der Kommunikation nur als pragmatische vor. Ihr Interesse gilt deshalb der Zuordnung von sprachlicher Form und Illokutionstyp. Zu untersuchen ist, welche Kenntnissysteme an dieser Zuordnung beteiligt sind und wie die grammatischen und pragmatischen Kenntnissysteme untereinander und mit anderen zusammenwirken. Dabei wird betont, dass wir über die Grammatik mehr wissen als über die Pragmatik und dass vom Satz bzw. der Grammatik ausgegangen werde. In den Vordergrund rückt so die Auffassung, dass der Satz ein „kommunikatives Potential" hat, bestimmte Strukturierungen – oder allgemeiner: grammatisch beschreibbare Eigenschaften –, die mit bestimmten „Aktualisierungskontexten" verträglich sind (vgl. damit auch Isenbergs Herangehen an die „Textgrammatik"). Das kommunikative Potential zerfällt in drei Teile, die jeweils bestimmte Äußerungsbedeutungen, Informationsgliederungen und Illokutionen festlegen.

Kandidaten für das Illokutionspotential sind jene grammatischen Strukturen, die für die Satztypen konstitutiv sind, sowie performative Formeln. Kenntnissysteme werden auch für die Textbildung angenommen. Die Grammatik bestimmt die Verkettung von Sätzen in Texten. Sobald Sätze in Texten geäußert werden, erhalten sie eine aktuelle Existenz, werden sie zu sprachlichen Akten, also zu Illokutionen. Über die Kenntnissysteme hinaus, die für das pragmatische Potential des Satzes zuständig sind, werden zwei weitere Arten von Kenntnissystemen angenommen: solche, die für die eigentliche Strukturierung und Formulierung des Textes zuständig sind, und solche, die „prozessuale Aufgaben" (116) wahrnehmen, also Bezüge zum aktuellen Kommunikationsgeschehen herstellen und so auch auf Planung und Strukturierung zurückwirken. Hinzu kommen „außersprachliche" Kenntnissysteme (genannt werden Kommunikationsmaximen, Hintergrund-, Welt- und Situationswissen), die gewährleisten, dass Äußerungen auch dann als kohärent verstanden werden, wenn der Zusammenhang zwischen ihnen weniger explizit gemacht wird. „Texte sind also das Ergebnis einer Hierarchisierung, Sequenzierung und Verkettung von durch Sätze realisierten Äußerungsbedeutungen und Illokutionen" (116). Dabei wirken verschiedene Kenntnissysteme zusammen. Weitere Kenntnissysteme betreffen das Textsortenwissen sowie den Dialog, hier etwa Kenntnisse über den Sprecherwechsel oder über Maximen der Höflichkeit.

Mit den Mitteln der hier besprochenen handlungstheoretischen Ansätze ist ein relativ großer Bereich von Zusammenhängen zwischen Grammatik und Pragmatik untersucht worden, insbesondere Satzmodi und Modalität überhaupt, der Ausdruck von Einstellungen, begründende und folgernde Sätze, Fragesätze (vgl. zuletzt Motsch 1996).

4. Im weiteren Sinne kommunikationsorientierte Ansätze

Ein Überblick stößt hier auf zwei Schwierigkeiten: Erstens erweiterten sich die Untersuchungsgebiete sehr vieler LinguistInnen in der Folge der pragmatischen Wende so, dass Texte mehr oder weniger selbstverständlich in sie eingeschlossen waren; man ging ja davon aus, dass sich Sprache gerade in Texten manifestiert. Zweitens wurde dabei natürlicherweise das nicht-sprachliche Umfeld, also Situation und Handlungszusammenhang, eben die Kommunikation, zum Bezugspunkt der Sprache. Es ist auch schwer, Grenzen gegenüber Ansätzen zu ziehen, die sich nicht als kommunikationsorientiert verstanden, denn eigentlich sind alle Ansätze, auch wenn sie nur die Situation in den Mittelpunkt stellen, gleichzeitig kommunikationsorientiert. Sie unterscheiden sich allenfalls noch von solchen, die außerdem den Prozesscharakter betonen oder sich die Rekonstruktion bestimmter Teilnehmer-Aktivitäten oder -Fähigkeiten zum Ziel stellen. Beispielsweise wird man den sozial-semiotischen Ansatz von Halliday kaum zu den kommunikationsorientierten oder handlungstheoretischen rechnen, dennoch beschreibt er Entstehung und Interpretation von Texten als Prozesse von Entscheidungen der Teilnehmer, als Zuordnungen zwischen sprachlichen Einheiten und Bedeutungspotentialen, die für soziale Situationen typisch sind.

Besonders in den frühen Jahren beriefen sich viele auf die Tätigkeitstheorie der sowjetischen Psychologie und die (vorwiegend psycholinguistischen) Arbeiten A. A. Leont'evs. Die Wirkung dieser Theorie auf die Linguistik lag mehr im programmatischen Entwurf einer integrativen und disziplinübergreifenden Perspektive als in der Fundierung spezifisch ausgerichteter Untersuchungen. Auch der sowjetischen Textlinguistik, die eine breite Tradition hat (Textgrammatik, Einheiten oberhalb des Satzes, Texttypologie, dialogische und künstlerische Texte), lieferte die Tätigkeitstheorie Anregungen, aber es entstand keine eigene tätigkeitstheoretische Richtung in der Textlinguistik. A. A. Leont'ev selbst hat sich relativ wenig zur Textlinguistik geäußert. Seine Unterscheidung zwischen den Texteigenschaften „Verbundenheit" und „Zielgerichtetheit" (vgl. etwa A. A. Leont'ev 1979) ist der von propositionaler und kommunikativer Textauffassung oder in gewissem Sinn auch der von Kohäsion und Kohärenz vergleichbar. Vor dem psycholinguistischen Hintergrund wird der „Produkt"-Charakter des Textes relativiert und dessen Prozesshaftigkeit betont. Primär soll mit dem Äußern eines Textes eine bestimmte Aufgabe gelöst werden. Entsprechend dem von Vygotskij eingeführten Prinzip der Analyse nach Einheiten und nicht nach Elementen kommt es darauf an, den Text nicht als Folge von Elementen (Produkten oder Abstraktionen darüber) zu sehen, sondern als eine dynamische Organisation von Operationen innerhalb immer komplexerer Handlungs-Gebilde. Die Operationen, die schließlich zum Entstehen von Texten führen, gliedern sich in ein „System funktionaler Blöcke" (1979, 27), beginnend mit der Bestimmung des Themas oder der Strategie; der Prozess insgesamt ist nicht vorgegeben, sondern hat schöpferischen Charakter. – Im einzelnen sind in diesem anregenden und lange Zeit einflussreichen Modell viele Punkte offen geblieben. Textlinguistische Untersuchungen, die als unmittelbare Umsetzung verstanden werden können, hat es nicht hervorgebracht, sehr wohl aber psycholinguistische oder gesprächsanalytische, etwa zur „übergeordneten Tätigkeit". – Einfluss auf das Verständnis vom Text hatten auch die Arbeiten Žinkins. Einer seiner Grundgedanken (vgl. etwa Žinkin 1982, 78 ff) war, dass dem Text in der inneren Rede bestimmte „Sinnkondensate" entsprechen, die die Textproduktion steuern bzw. im Ergebnis der Textrezeption aufgebaut werden. In dieser Denktradition steht beispielsweise Jakušin (1983), der sich mit der Frage beschäftigt, wie Inhalte in den Text hineinkommen und wie diese repräsentiert werden. Für ihn ist der Text nur eine Etappe in einem längeren und vielschichtigen Prozess, gekennzeichnet dadurch, dass der Prozess hier für die Beteiligten wahrnehmbar wird. Dabei finden Übergänge von inneren zu äußeren Texten statt und umgekehrt. Eine wichtige Konsequenz ist das auch von anderen Wissenschaftlern hervorgehobene Auseinanderfallen von Autor-Text und Leser-Text. Eine Aufgabe der Kommunikation besteht dann gerade darin, dieses (notwendige) Auseinanderfallen zu kontrollieren.

Einen Ansatz, der sprachliches Handeln ebenfalls umfassend und grundsätzlich versteht und die erforderlichen Begriffe aus dem Handeln selbst abzuleiten sucht, hat Ehlich, teilweise zusammen mit Rehbein, entwickelt. Der Grundgedanke ist, dass sprachliche Handlungen „spezifische Handlungswege für den Eingriff in die Wirklichkeit" bieten und dass sie geeignet sind, „transindividuelles Handeln zu konstituieren" (Ehlich/Rehbein 1979, 249). Die Formen sprachlichen Handelns gründen sich auf: standardisierte (situative) Konstellationen; das Bedürfnis, diese zu verändern, was als Zweck bewusst wird; sowie standardisierte Handlungswege, die Bestandteile eines Beteiligten-Wissens werden und Bewertungen erfahren. Diese auf Abläufe bezogenen Formen sind die „sprachlichen Handlungsmuster". Sie bilden „Potentiale für die Realisierung von Zwecken" (ebenda, 250). Da es in jeder Gesellschaft eine Vielzahl von Zwecken sprachlichen Handelns gibt, haben sich auch entsprechend viele Formen herausgebildet. Ehlich/Rehbein u. a. haben diese Zweckbestimmtheit an Institutionen (z. B. der Schule) untersucht. Wie Bedürfnisse der Kommunizierenden bestimmte Prozeduren oder Teil-Operationen hervorbringen, hat Ehlich vor allem an der Deixis gezeigt (vgl. etwa 1985): Sprachliches Handeln setzt voraus, dass die Beteiligten eine gemeinsame Orientiertheit haben; diese wird, z. B. im Bereich der Wahrnehmung, durch deiktische Ausdrücke geschaffen. Die Einführung solcher Ausdrücke, die deiktische Prozedur, lenkt die Aufmerksamkeit des Rezipienten. Andere Bedürfnisse, etwa des Philosophierens (Ehlich 1983), bedienen sich anderer Prozeduren: Beim Entstehen entsprechender Texte muss egozentrisches Sprechen ins Medium des Schriftlichen umgesetzt werden, gleichzeitig orientiert sich der entstehende Text am Gang des Gedanken ebenso wie an Verstehensbedürfnissen.

In seinen grundsätzlichen Teilen ist dieser Ansatz auf sprachliches Handeln generell gerichtet. Im Unterschied zu vielen anderen hat Ehlich jedoch die Besonderheiten sprachlichen Handelns mit Texten unterschiedlicher Art reflektiert. Sprachliches Handeln realisiert sich nach Ehlich in Diskursen und im Text (vgl. 1986). Erstere vollziehen sich in einer gemeinsamen Sprechsituation. Diese fehle für Texte aber und bereite deshalb einer unmittelbar handlungsbezogenen Betrachtung Schwierigkeiten; der Zusammenhang sei hier zerrissen, die Situation also unvollständig oder zerdehnt (vgl. dazu vor allem 1984). Dies theoretisch zu rekonstruieren, sei „die eigentliche Aufgabe eines linguistischen Textbegriffs innerhalb einer Theorie des sprachlichen Handelns" (1984, 16). Nicht alle Produkte sprachlichen Handelns seien Texte, sondern nur die, die in einer zerdehnten Situation entstanden sind. Die sprachliche Handlung mit ihren drei Dimensionen – Äußerungsakt, propositionaler Akt, illokutiver Akt – bleibt in Texten bestehen, wird aber durch die Herauslösung aus der Situation überfordert. Daraus ergibt sich die besondere Textstruktur. Zweck der Herauslösung und damit des Textes ist die Überlieferung, die Bearbeitung von Gruppenwissen. Die Überformungen können sich verschiedener Mittel bedienen. So entwickeln orale Kulturen eine Vielzahl von Formen mündlicher Texte. Ein anderes Mittel ist die schriftliche Aufzeichnung, die die Überlieferung visuell wahrnehmbar und multiplizierbar macht. Propositionale Inhalte werden in einer neuen, komprimierten Weise darstellbar. Der „illokutiven Dürftigkeit" etwa des Romans steht ein „propositionaler Reichtum" gegenüber, der in mündlichen Texten nicht erreicht werden kann (1984, 22). – Obwohl viel für diese Art einer handlungsbezogenen Textauffassung spricht, ist sie bisher relativ wenig beachtet worden.

Unterschiedliche Auffassungen hat es gelegentlich darüber gegeben, ob der Text ein Produkt oder ein Prozess ist bzw. welches der wichtigere, auch weiteren Erkenntnisfortschritt verheißende Gesichtspunkt ist. Natürlich sind Texte in Prozesse eingeordnet und auf sie bezogen. Sie setzen Prozesse voraus, lösen andere aus und sind selbst nicht auf einmal vollständig da, sondern entstehen schrittweise, sich dabei auch immer wieder verändernd. So sind Spuren des Prozesshaften, des Vorläufigen, der interaktiven Entstehung, in jeder Erscheinungsform von Text deutlich. Man kann den Text aber auch als das Ergebnis einer Formulierungshandlung sehen. Genau genommen, ist das Produzieren von Texten ein Handeln in zweifacher Hinsicht: es wird ein Inhalt dargestellt, und es wird ein Text hergestellt. Dies ist der Kernpunkt des Ansatzes von Antos (1981; 1982). Der Handelnde übernimmt Verantwortung nicht nur für den Inhalt, sondern auch für seine Formulierung. Deshalb kann man einen Text als 'umständlich', 'konfus' usw. charakterisieren (1981, 404). Eine Theorie des Formulierens muss die Formulierungsleistungen aufzeigen und erklären. Antos geht von der Annahme aus, dass Textherstellen ein „sukzessives Lösen von Formulierungsproblemen" ist (414), die daraus entstehen, dass Ziele und Mittel nicht von Anfang klar sind, sondern erst allmählich erarbeitet werden (vgl. Kleists Idee von der „allmählichen Verfertigung der Gedanken beim Reden"). Weil Probleme zu lösen sind, kann das Formulieren 'schwer' sein, und die Texte können unterschiedlich 'gut' oder 'schlecht' ausfallen (415). Ein Formulierungsmodell muss eine Folge von Umformulierungsschritten unterscheiden, die einen unakzeptablen Ausgangstext in einen akzeptablen Zieltext überführen. Unvollkommene Formulierungen sind deshalb keine Fehler, sondern Spuren des Problemlösens (438 f). Methodisch am besten zugänglich wird das Problemlösen dann, wenn mehrere Beteiligte gemeinsam einen Text herstellen und darüber kommunizieren. Da häufig nicht mit Sicherheit anzugeben ist, ob ein Formulierungsresultat endgültig ist, kann man eigentlich „nur vorläufige Endpunkte einer Folge von Umformulierungen" feststellen. „Unter dieser Perspektive erscheint Rezipieren als ein weitergeführtes Formulieren – genauso wie umgekehrt Formulieren als ein antizipiertes Rezipieren zu verstehen ist." (439) Damit wird von einem anderen Punkt aus das Auseinanderfallen von Autor- und Lesertext thematisiert.

In mancher Hinsicht ähnlich sind Untersuchungen von Gülich/Kotschi (1987). Auch sie beschäftigen sich mit den Textherstellungshandlungen, die sie als besonderen Aspekt der handlungsbezogenen Textanalyse – neben der Beschreibung als geordnete Folgen von Sprechakten und als soziale Beziehungen konstituierend – herausstellen (199). Sie verstehen ihren Ansatz konsequenterweise als textlinguistisch und nicht als handlungstheoretisch oder ethnomethodologisch, betonen aber zugleich die interaktive Leistung der Textherstellung. Näher untersucht haben sie Reformulierungshandlungen, also Paraphrasen, Korrekturen und Redebewertungen. Obwohl diese Verfahren in mündlicher Kommunikation Besonderheiten aufweisen, gelten sie im Kern doch auch für schriftliche Kommunikation.

Die Ziele der von W. Schmidt begründeten und über zwei Jahrzehnte entwickelten funktional-kommunikativen Richtung gingen zwar über die Textlinguistik hinaus (angestrebt war eine vor allem in der Schule umsetzbare Sprachtheorie), enthielten aber einen bedeutsamen textlinguistischen Teil und orientierten sich jedenfalls an der Kommunikation und an sprachlichen Handlungen. Ausgangspunkt des Ansatzes war der Begriff der Kommunikationsaufgabe, die aus gesellschaftlichen und individuellen Bedürfnissen entsteht und beim Textproduzenten eine Kommunikationsabsicht erzeugt. Um diese optimal realisieren zu können, entwickelt der Textproduzent einen Kommunikationsplan, der Kommunikationsverfahren als Strukturelemente enthält. Wichtiger theoretischer Bezugspunkt war die Tätigkeitstheorie der sowjetischen Psycholinguistik. Schmidt und seine Mitarbeiter haben versucht, den Operations-Begriff dieser Theorie linguistisch umzusetzen. (Vgl. zum Gesamtansatz W. Schmidt 1981; Michel 1985; zur Kritik vgl. Hartung 1997). Der Text hat in diesem System an zwei Stellen einen wichtigen Platz. Einmal entspricht der Kommunikationsabsicht eine bestimmte Textfunktion. Darauf baut die Einteilung der Texte auf. Je nach der dominierenden Absicht oder Textfunktion werden informierende, aktivierende und klärende Textklassen unterschieden, die sich dann noch in speziellere Typen und Arten aufgliedern. Zum andern wird der Text in seiner Vermittlerfunktion zwischen Produzent und Rezipient wichtig. Dies ist gerade für den Unterricht von Bedeutung und hat eine entsprechende Rezeptionsforschung hervorgebracht. Rückblickend hat Michel (1991, 99 ff) verschiedene aufeinanderfolgende Linien in der funktional-kommunikativen Sprachbetrachtung unterschieden und als letzte eine texttheoretische genannt. Ihr Ziel sollte — über anfangs engere Vorstellungen der Zuordnung von „Sprachmitteln" und funktional-kommunikativen Merkmalen hinausgehend — darin bestehen, Textsorten komplex zu beschreiben, „in ihrer Einheit von Propositionalem und Aktionalem, ... als sprachliche Repräsentation typischer Kommunikationsvorgänge" (100). Damit war eine Annäherung an andere kommunikations- und formulierungstheoretische Ansätze eingeleitet. — In Bezug auf Anspruch und begriffliche Schärfe der funktional-kommunikativen Sprachbetrachtung gab es wiederholt kritische Auseinandersetzungen, die insbesondere in den 80er Jahren zu manchen Modifikationen führten. Dennoch ist dieser Ansatz mit anderen vergleichbar. Er hat eine große Anzahl von Untersuchungen zu funktionalen Eigenschaften von Texten hervorgebracht und in der DDR über längere Zeit die Textauffassung insbesondere bei jenen LinguistInnen mitbestimmt, die in der Lehrerausbildung tätig waren.

5. Perspektiven

Kommunikationsorientierte und handlungstheoretisch ausgerichtete Ansätze hatten, was die Zahl der Veröffentlichungen und der neuen Ideen betrifft, ihre Höhepunkte in der 2. Hälfte der 70er und der 1. Hälfte der 80er Jahre. Während weiter greifende Ansätze oft mehr oder weniger programmatisch blieben und allenfalls einzelne Punkte stärker entwickelten, sind einige der handlungstheoretischen Ansätze detailreicher ausgearbeitet worden. Ihre Schwächen liegen eher in der ungenügenden Verbindbarkeit mit anderen Konzepten und in einer ungenügenden empirischen Plausibilität. An einzelnen textlinguistischen Ansätzen ist wiederholt relativ grundsätzliche Kritik geübt worden. Den umfassenderen, globalen oder holistischen Ansätzen ist vorgeworfen worden, sie würden sich zu sehr von disziplinspezifischen Fragestellungen entfernen, den engeren oder modularen, sie würden komplexe Zusammenhänge ignorieren und eben deshalb nicht genügend plausible Erklärungen liefern können. — Es wäre m. E. falsch, das Überschreiten eines Höhepunktes bereits als Beginn einer wissenschaftlichen Obsoletheit zu deuten. Wenn Fragen, die mit der pragmatischen und später mit der kognitiven Wende aufgeworfen wurden, noch nicht befriedigend beantwortet und angefangene Forschungen noch nicht abgeschlossen sind, kann das immer auch heißen, dass sie unter gegebenen Bedingungen nicht beantwortbar oder abschließbar sind. Verändert haben sich auch Motivationen. Frühere Leitideen sind inzwischen durch neue ergänzt oder ersetzt worden. Die pragmatische Wende wurde durch die kognitive abgelöst. Für die Textlinguistik bedeutete dies u. a., dass sich das Interesse stärker den Prozessen der Textproduktion und -rezeption zuwandte sowie den Wissensbeständen, über die Produzent und Rezipient verfügen müssen. Wachsende Aufmerksamkeit wurde auch der angewandten Forschung und der Umsetzung zuteil, etwa den Texten in den Medien oder der computergestützten Textanalyse. Häufig lassen sich neue Ideen in Vorhandenes integrieren. Manchmal scheint es aber einfacher, gelegentlich vielleicht auch verlockender zu sein, etwas Neues zu beginnen, insbesondere wenn dies durch Veränderungen in der institutionellen Struktur der Wissenschaft oder in den beteiligten Personengruppen nahegelegt wird.

Den kommunikativen Textmodellen im Allgemeinen hat Viehweger (1991, 203 ff) in einem resümierenden Artikel vor allem methodologische Mängel vorgeworfen: es seien keine eigenständigen Kategorien entwickelt worden, die übernommenen wurden nicht gegenstandsspezifisch interpretiert, reduktionistisches Vorgehen hätte dialogische Texte ausgegrenzt. Den Ausweg sah er in einem (neuen) dynamischen Modell, das sich auf die kognitiven Wissenschaften stützt und die in den Prozessen der Textproduktion und -rezeption Anwendung findenden verschiedenartigen Kenntnissysteme untersucht. Mir erscheint die kritische Prämisse nicht ganz zutreffend. Zu bedenken ist auch, dass sich Forschungsinteressen und -bedingungen verändert haben. Große Theorie-Entwürfe und grundlagentheoretische Diskussionen stehen heute offenbar weniger hoch im Kurs. Dies zu bewerten setzte allerdings eine weitere Perspektive als die hier eingenommene voraus.

6. Literatur (in Auswahl)

Antos, Gerd (1981): Formulieren als sprachliches Handeln. Ein Plädoyer für eine produktionsorientierte Textpragmatik. In: Frier, Wolfgang (ed.): Pragmatik. Theorie und Praxis. Amsterdam, 403–440.

– (1982): Grundlagen einer Theorie des Formulierens. Textherstellung in geschriebener und gesprochener Sprache. Tübingen.

Brandt, Margareta/Koch, Wolfgang/Motsch, Wolfgang/Rosengren, Inger/Viehweger, Dieter (1983): Der Einfluß der kommunikativen Strategie auf die Textstruktur – dargestellt am Beispiel des Geschäftsbriefes. In: Rosengren, Inger (ed.): Sprache und Pragmatik. Lunder Symposium 1982. Stockholm, 105–135.

Bühler, Karl (1982): Sprachtheorie. Die Darstellungsfunktion der Sprache. Stuttgart (Erstauflage 1934).

van Dijk, Teun A. (1978): New Developments and Problems in Textlinguistics. In: AILA Bulletin No. 1, 22, 13–26.

– (1980): Textwissenschaft. Eine interdisziplinäre Einführung. München.

Ehlich, Konrad (1983): Denkweise und Schreibstil. Schwierigkeiten in Hegelschen Texten: Phorik. In: Sandig, Barbara (ed.): Germanistische Linguistik 3–4/81, Stilistik, Bd. 1, 159–178.

– (1984): Zum Textbegriff. In: Rothkegel, Annely/Sandig, Barbara (eds.): Text – Textsorten – Semantik. Linguistische Modelle und maschinelle Verfahren. Hamburg, 9–25.

– (1985): Literarische Landschaft und deiktische Prozedur: Eichendorff. In: Schweizer, H. (ed.): Sprache und Raum. Stuttgart, 246–261.

– (1986): Funktional-pragmatische Kommunikationsanalyse – Ziele und Verfahren. In: Hartung, Wolfdietrich (ed.): Untersuchungen zur Kommunikation – Ergebnisse und Perspektiven. Berlin, 15–40.

– (1987): so – Überlegungen zum Verhältnis sprachlicher Formen und sprachlichen Handelns, allgemein und an einem widerspenstigen Beispiel. In: Rosengren, Inger (ed.): Sprache und Pragmatik. Lunder Symposium 1986, Stockholm, 279–298.

Ehlich, Konrad/Rehbein, Jochen (1979): Sprachliche Handlungsmuster. In: Soeffner, Hans-Georg (ed.): Interpretative Verfahren in den Sozialwissenschaften. Stuttgart, 243–274.

Gülich, Elisabeth/Kotschi, Thomas (1987): Reformulierungshandlungen als Mittel der Textkonstitution. Untersuchungen zu französischen Texten aus mündlicher Kommunikation. In: Motsch, Wolfgang (ed.): Satz, Text, sprachliche Handlung. Berlin, 199–268.

Gülich, Elisabeth/Meyer-Hermann, Reinhard (1983): Zum Konzept der Illokutionshierarchie. In: Rosengren, Inger (ed.): Sprache und Pragmatik. Lunder Symposium 1982. Stockholm, 245–261.

Hartmann, Peter (1971): Texte als linguistisches Objekt. In: Stempel, Wolf-Dieter (ed.): Beiträge zur Textlinguistik. München, 9–29.

Hartung, Wolfdietrich (1983a): Strukturebenen und ihre Einheiten in Diskussionstexten. In: Daneš, František/Viehweger, Dieter (eds.): Ebenen der Textstruktur. Berlin, 193–228.

– (1983b): Briefstrategien und Briefstrukturen – oder: Warum schreibt man Briefe? In: Rosengren, Inger (ed.): Sprache und Pragmatik. Lunder Symposium 1982. Stockholm, 215–228.

– (1987): Diskussionstexte: Argumente für eine Systembetrachtung der Textorganisation. In: Rosengren, Inger (ed.): Sprache und Pragmatik. Lunder Symposium 1986. Stockholm, 7–31.

– (1991): Linguistische Zugänge zur sprachlichen Kommunikation. In: Hartung, Wolfdietrich (ed.): Kommunikation und Wissen. Annäherungen an ein interdisziplinäres Forschungsgebiet. Berlin, 13–90.

– (1997): Die „Potsdamer Richtung" im sprachtheoretischen Diskurs der Linguistik in der DDR. In: Siehr, Karl-Heinz/Ehrhardt, Horst/Berner, Elisabeth (eds.): Funktionale Sprachbeschreibung in der DDR zwischen 1960 und 1990. Frankfurt/M., 29–48.

Helbig, Gerhard (1986): Entwicklung der Sprachwissenschaft seit 1970. Leipzig.

Isenberg, Horst (1974a/1968): Überlegungen zur Texttheorie. In: Kallmeyer, Werner u. a. (eds.): Lektürekolleg zur Textlinguistik. Band 2: Reader. Frankfurt am Main, 193–212. (Erstveröffentlichung 1968).

– (1974b): Texttheorie und Gegenstand der Grammatik. Berlin.

– (1976): Einige Grundbegriffe für eine linguistische Texttheorie. In: Daneš, František/Viehweger, Dieter (eds.): Probleme der Textgrammatik. Berlin, 47–145.

– (1977): 'Text' versus 'Satz'. In: Daneš, František/Viehweger, Dieter (eds.): Probleme der Textgrammatik II. Berlin, 119–146.

Jakušin, B. V. (1983): Teoretičeskie i metodologičeskie aspekty obrabotki teksta. In: Lingvističeskie voprosy algoritmičeskoj obrabotki soobščenija. Moskva, 96–112.

Koch, Wolfgang/Rosengren, Inger/Schonebohm, Manfred (1981): Ein pragmatisch orientiertes Textanalyseprogramm. In: Rosengren, Inger (ed.):

Sprache und Pragmatik. Lunder Symposium 1980. Lund, 155−203.

Leont'ev, A. A. (1979): Vyskazyvanie kak predmet lingvistiki, psicholingvistiki i teorii kommunikacii. In: Sintaksis teksta. Moskva, 18−36.

Michel, Georg et al. (1985): Grundfragen der Kommunikationsbefähigung. Leipzig.

− (1991): Probleme der Textanalyse aus funktional-kommunikativer Sicht. In: Linguistische Studien 209. Berlin, 98−107.

Motsch, Wolfgang (ed.) (1996): Ebenen der Textstruktur. Sprachliche und kommunikative Prinzipien. Tübingen.

Motsch, Wolfgang/Reis, Marga/Rosengren, Inger (1990): Zum Verhältnis von Satz und Text. In: Deutsche Sprache, 18. Jg., H. 2, 97−125.

Motsch, Wolfgang/Viehweger, Dieter (1981): Sprachhandlung, Satz und Text. In: Rosengren, Inger (ed.): Sprache und Pragmatik. Lunder Symposium 1980. Lund, 125−153.

Rosengren, Inger (1983): Die Textstruktur als Ergebnis strategischer Überlegungen des Senders. In: Rosengren, Inger (ed.): Sprache und Pragmatik. Lunder Symposium 1982. Stockholm, 157−191.

Schmidt, Siegfried J. (1974): Skizzen zu einer Texttheorie. In: Kallmeyer, Werner u. a. (eds.): Lektürekolleg zur Textlinguistik. Band 2: Reader. Frankfurt am Main, 30−46.

Schmidt, Wilhelm (1981): Funktional-kommunikative Sprachbeschreibung. Eine theoretisch-methodische Grundlegung. Leipzig.

Ungeheuer, Gerold (1974): Aspekte sprachlicher Kommunikation. In: Kallmeyer, Werner u. a. (eds.): Lektürekolleg zur Textlinguistik. Band 2: Reader. Frankfurt am Main, 15−29.

Viehweger, Dieter (1976): Semantische Merkmale und Textstruktur. In: Daneš, František/Viehweger, Dieter (eds.): Probleme der Textgrammatik. Berlin, 195−206.

− (1980): Methodologische Probleme der Textlinguistik. In: Zeitschrift für Germanistik, 1, 6−20.

− (1983): Sprachhandlungsziele von Aufforderungstexten. In: Daneš, František/Viehweger, Dieter (eds.): Ebenen der Textstruktur. Berlin, 152−192.

− (1987): Grundpositionen dynamischer Textmodelle. In: Fleischer, Wolfgang (ed.): Textlinguistik und Stilistik. Berlin, 1−17.

− (1991): Die Vielfalt textlinguistischer Forschungsansätze − methodologisches Dilemma oder notwendiger Pluralismus? In: Linguistische Studien 209. Berlin, 200−211.

Wegener, Philipp (1885): Untersuchungen über die Grundfragen des Sprachlebens. Halle.

Žinkin, I. I. (1982): Reč' kak provodnik informacii. Moskva.

*Wolfdietrich Hartung, Berlin
(Deutschland)*

10. Die kognitive Wende in der Textlinguistik

1. Kognitive Textlinguistik
2. Vorgeschichte
3. Textverstehen
4. Textproduktion
5. Geschichten-Grammatiken
6. Neurolinguistik
7. Perspektiven
8. Literatur (in Auswahl)

1. Kognitive Textlinguistik

Eine Wissenschaft von der Sprache,

− für die Texte die eigentlichen sprachlichen Zeichen sind,
− die Texte in einem Zusammenhang mit Wissen, Denken, Gedächtnis und darüber hinaus mit Wahrnehmung behandelt,
− deren Gegenstände die Prozesse des Verstehens und des Produzierens von Texten sind,
− die diese Prozesse als Prozesse der Informationsverarbeitung betrachtet,
− die in einem interdisziplinären Verbund mit anderen kognitiven Disziplinen steht,
− die sich informatische Konzeptionen zu eigen gemacht hat,

darf als eine voll ausgeprägte kognitive Textlinguistik gelten. Die Herausbildung einer solchen kognitiven Textlinguistik hat um 1970 begonnen, ist aber noch nicht zu einem endgültigen Abschluss gekommen. Die Frage, die den Beginn ihrer Geschichte markiert, war die nach den mentalen Strukturen, die Texten zugrunde liegen.

2. Vorgeschichte

2.1. Textlinguistik und kognitive Psychologie

Eine der beiden wesentlichen Voraussetzungen einer kognitiv orientierten Untersuchung von Texten war, dass Texte überhaupt als linguistische Objekte in den Blick genommen wurden. Sieht man nun einmal von Harris (1952) ab, dessen distributionalistisch-textlinguistischer Ansatz zwar häufiger zitiert, aber kaum je rezipiert wurde (s. Kalverkämper 1981, 9 f), dann lässt sich die Mitte der sechziger Jahre als der Zeitabschnitt bestimmen, zu dem die Linguistik ihr Augenmerk nachhaltig auf den Text zu richten begann (s. Kalverkämper 1981, 14−18), vornehmlich in strukturalistischer Perspektive (→ Art. 3). Der damalige Münsteraner Linguist Peter Hartmann hat diese Wende mit seiner Rede von den Texten als den primären oder den originären sprachlichen Zeichen, in denen Sätze oder Wörter nur als Teilzeichen erscheinen, auf eine Formel gebracht (1968a, 213, 215, 220; 1968b, 100; 1971, 10−12). Die andere wesentliche Voraussetzung waren die kognitive Wende, die die Psychologie in demselben Zeitraum vollzogen hat, insbesondere durch die Konzeption kognitiver Prozesse und kognitiver Strukturen, die aus kognitiven Prozessen hervorgehen (Neisser 1967), und die Definition von kognitiven Vorgängen als Prozessen der Informationsverarbeitung (Lachman/Lachman/Butterfield 1979).

2.2. Textliche Tiefenstrukturen

Die Frage nach Strukturen, die Texten zugrunde liegen, ist auch schon zu früheren Zeiten von verschiedenen Disziplinen gestellt worden. Die beginnende kognitive Textlinguistik hat sich mit diesen Traditionen auseinandergesetzt und auch von ihnen beeinflussen lassen.

2.2.1. Rhetorik und Literaturwissenschaft

Die in der Antike begründete Tradition der Rhetorik sah in der Produktion bestimmter Arten von Texten, nämlich von Reden, einen Ausdruck von Gedanken (*elocutio*), die zuvor im Gedächtnis zu aktivieren (*inventio*) und in einen strukturierten Zusammenhang (*dispositio*) zu bringen waren (Lausberg 1967, 24−27, 42; → Art. 1). Die Literaturwissenschaft hat es schon immer als eine ihrer Aufgaben angesehen, die Bedeutungsstrukturen von Texten zu erschließen. Eine stärkere Systematisierung hat diese Analyse durch den osteuropäischen Formalismus erfahren, besonders nachhaltig durch Propps (1928) funktionale Märchen-Analyse (s. Erlich 1969, 249−251). In Auseinandersetzung mit Propp, aber auch an dependenzgrammatische Formalismen (Tesnière 1959) angelehnt, bestimmte Greimas (1966) narrative Tiefenstrukturen als Folgen von Funktionen, die von Aktanten wahrgenommen werden (→ Art. 5).

2.2.2. Schema-Konzeptionen

In der Psychologie waren Texte als Materialien für Untersuchungen über Lern- und Behaltensleistungen genutzt worden. Einflussreich war vor allem Bartlett, der für ganzheitliche mentale Konstrukte, die das Erinnern, auch das Erinnern textlicher Gehalte, steuern, den Begriff „Schema" von dem Neurologen Henry Head übernommen und präzisiert hatte (1932, insbesondere 197−214; zu einer Reihe von Untersuchungen, die sich mehr oder weniger dieser Richtung zuordnen lassen s. van Dijk/Kintsch 1978, 61−65). Einen ähnlichen Einfluss hatten 30 Jahre später Miller/Galanter/Pribram (1960, insbesondere 16−19) mit ihrer prozeduralen Konzeption des Plans und ihrer repräsentationalen Konzeption des Bildes (*image*). Die Bartlettsche Schema-Konzeption hat seit Ende der sechziger Jahre auch auf Konzeptionen der Wissensrepräsentation in der Künstlichen Intelligenz eingewirkt (Minsky 1975, 213). Besonders wichtig waren Konzeptionen von Repräsentationen, die sowohl bei der Verarbeitung der Wahrnehmung stereotyper Situationen als auch beim Verstehen entsprechender Texte aktiviert werden (vgl. Metzing 1980). Solche Strukturen wurden *scripts* (Schank 1972; Schank/Abelson 1977) oder *frames* (Minsky 1975; Charniak 1976) genannt. Beispiele sind der Minskysche Kindergeburtstagsfeier-Frame und das Schanksche Restaurantbesuch-Script.

2.2.3. Psychologische Semantik

Dass Sprache dem Ausdruck von Gedanken dient, ist ein sprachphilosophischer, rhetorischer und grammatikographischer Topos, der sich bis in die Antike zurückverfolgen lässt (vgl. Figge 1994). Als psychologische Semantik (vgl. Hörmann 1976; Le Ny 1979) lässt sich ein Forschungsansatz bezeichnen, der diesen Topos zu einem Programm erhebt, indem er explizit die Beziehungen zwischen sprachlichen Zeichen und Gedächtnisstrukturen zum Gegenstand seiner Analysen macht. Bei diesen sprachlichen Zeichen handelte es sich zunächst um den Wortschatz und dessen mentale Entsprechung, das „semantische Gedächtnis". Der Begriff des semantischen Gedächtnisses geht auf Quillian (1967; 1968) zurück, der versucht hatte, durch computergestützte Analyse eines englischen Wörterbuchs mentale Konzepte zu identifizieren. Die Gedächtnisstrukturen, die in der Folge angenommen wurden, waren einerseits Konzept-Hierarchien (Collins/Quillian 1969) und Konzept-Netze mit Aktivations-Ausbreitung (Collins/Loftus 1975), andererseits Konzept-Merkmal-Strukturen (Smith/Shoben/Rips 1974). Über die Ebenen der Wörter und der Konzepte gingen Anderson/Bower (1973) hinaus, indem sie Sätze und deren mnemische Grundlagen als Einheiten psychologischer Semantik in den Blick nahmen. Die mnemischen Grundlagen von Sätzen definierten sie, in Gegenposition zum herrschenden Assoziationismus, als propositionale Strukturen, deren Terme Konzepte sind. Das semantische Gedächtnis (vgl. Smith 1978) wurde von Tulving (1972) als Hort des allgemeinen Wissens eines Individuums bestimmt und gegen das episodische Gedächtnis als Hort autobiographisch relevanten Wissens abgegrenzt.

3. Textverstehen

3.1. Linguistischer Ansatz

In die junge textlinguistische Strömung (vgl. 2.1.) reihte sich zu Anfang der siebziger Jahre der Amsterdamer Philologe Teun A. van Dijk (1971; 1972) ein, der nicht nur mit den generativ-linguistischen und ebenso mit den literaturwissenschaftlichen Konzeptionen seiner Zeit gut vertraut, sondern auch interdisziplinär auf die Psychologie ausgerichtet war. Seine frühen Arbeiten setzten zwei wichtige Meilensteine an den Weg zu einer kognitiven Textlinguistik. Zum einen führte er für textliche Tiefenstrukturen den Begriff „Makrostruktur" ein, mit dem er globale, schematische kognitive Strukturen meinte, die er in die Nähe der kognitiven Strukturen Neissers (1967) und der Pläne von Miller/Galanter/Pribram (1960) rückte (1972, 291; vgl. 2.1.). Zu deren Annahme führten ihn psychologische Erwägungen, vor allem dass das menschliche Gedächtnis Texte nicht detailliert zu speichern vermag, Menschen aber trotzdem in der Lage sind, rezipierte Texte wiederzugeben, zusammenzufassen oder zu kommentieren. Die Bildung von Makrostrukturen betrachtete er als die Grundlage von Textrezeption und -produktion (1972, 325), die er als regelgeleitete algorithmische Prozeduren auffasste (1972, 134f). Zum anderen wies er den Makrostrukturen, aber auch den detaillierten Strukturen, die Texten unmittelbar zugrunde liegen und die er Mikrostrukturen nannte, angeregt durch generativ-semantische Ansätze (vor allem wohl Rohrer 1971), einen propositionalen Aufbau aus Prädikaten in Form von szenenartig gefassten Zuständen, Handlungen, Ereignissen und aus Argumenten zu, die er in Anlehnung an Tesnière (1959), Greimas (1966) und Fillmore (1968) als kasusartige Aktanten definierte (1972, 37; vgl. 2.2.1.).

3.2. Psychologische Ansätze

Seit Beginn der siebziger Jahre wurde eine ganze Reihe psychologischer Experimente zu einzelnen Text-Aspekten durchgeführt, die zeigten, dass Sätze in einem Kontext verstanden werden, wobei als Kontext andere Sätze, Bilder oder Überschriften dargeboten wurden, dass die Reihenfolge, in der Sätze dargeboten werden, deren Verständnis beeinflusst, dass Satzfolgen besser behalten werden, wenn sie rekurrente Phrasen enthalten; insbesondere wurde auch die Wirkung von Pronomina, bestimmten Artikeln und Thema-Rhema-Strukturen (*given-new*-Strukturen) untersucht. Bock/Engelkamp (1978) berichteten eingehend über solche Experimente und brachten sie mit einem Übergang von einer Psycholinguistik der Kompetenz, deren Domäne die Satzsyntax war, zu einer Sprachpsychologie der Performanz, die notwendigerweise „texttheoretisch orientiert" (1978, 302) sein musste, in Zusammenhang. Gleichzeitig gewann die Vorstellung an Raum, dass Texten propositionale Strukturen zugrunde liegen. Frederiksen (1975) nahm an, dass Wissen, auch textlich gewonnenes oder auszudrückendes Wissen, im wesentlichen die Form eines semantischen Netzes aus Konzepten (vgl. Simmons 1973) hat, dass jedoch bestimmte Beziehungen nicht als Beziehungen zwischen Konzepten gefasst werden können, sondern nur als Beziehungen zwischen Propositionen, so dass für ihn auch Propositionen Netz-Elemente sein konnten. In Anlehnung an Grimes (vgl. Grimes 1975) ging Meyer (1975) bei ihren Untersuchungen über den Einfluss bestimmter textstruktureller Elemente auf das Behalten von Texten von der Annahme aus, dass Texten eine hierarchische „Inhaltsstruktur" zugrunde liegt, die auf ihren oberen Ebenen aus Propositionen mit rhetorischen Prädikaten (z. B. *Explanation* oder *Setting time*) und auf ihren unteren Ebenen aus Propositionen mit lexikalischen Prädikaten und kasusartigen Argumentstrukturen besteht (23−56).

Besonders einflussreich war jedoch der amerikanische Sprach- und Gedächtnispsychologe Walter Kintsch (1974). Er bestimmte

Sprachpsychologie explizit als eine Unterdisziplin der Kognitionspsychologie; er stellte Sprache, insbesondere Textverarbeitung, in einen Zusammenhang mit Denken und Gedächtnis und betrachtete mentale Strukturen als Ergebnisse mentaler Prozesse (1–3). Den Topos von der Sprache als Mittel zum Ausdruck von Gedanken (vgl. 2.2.3.) griff er auf und präzisierte ihn begrifflich dadurch, dass er zwischen gedanklichen Textbasen einer- und Texten andererseits unterschied (5). Wissen war für ihn propositional repräsentiert, Denken eine Operation mit Propositionen aus (Wort-)Konzepten – eine Auffassung, die er ausdrücklich mit Anderson/Bower (1973) und der psychologisch-semantischen Tradition (vgl. Kintsch 1972 und 2.2.3.) und, auch in Details, mit van Dijk (1972) in Beziehung brachte (1974, 5, 9–35) und durch eine ganze Reihe von Argumenten abzusichern versuchte (1974, 45–102). Eine Textbasis (eine Mikrostruktur in der Terminologie van Dijks) definierte er als eine Liste von durch „und" miteinander verknüpften Propositionen, die dadurch eine hierarchische Struktur bekommt, dass eine Proposition, in der sich ein Argument einer voraufgehenden Proposition wiederholt und die insofern mit ihr in Kohärenz-Beziehung steht, von ihr abhängig gemacht wird; er sah als gedächtnispsychologisch relevant an, dass übergeordnete Propositionen besser behalten werden als abhängige (13–17). Globale Makrostrukturen entstehen nach seiner Auffassung durch rekursive Zusammenfassung von Propositionen-Listen zu Listen von Propositionen-Listen; er bestimmte also eine Makrostruktur als ein hierarchisches Gebilde aus Listen von Propositionen (25–23), bei dessen Bildung allerdings auch Tilgung redundanter Propositionen und Inferenzen eine Rolle spielen. Textverstehen definierte er als einen Abgleich („Assimilation") zwischen Textwissen und allgemeinem Wissen. Der Ansatz von Kintsch ist im Vergleich zu van Dijk (1972) kognitiv-psychologisch expliziter, macht deutlich detailliertere Annahmen über propositionale Textbasen und Makrostrukturen und kann sich vor allem auf eine Reihe von Experimenten stützen (103–242). Allerdings: „The theory lacks a detailed processing component" (1972, 243).

3.3. Interdisziplinärer Ansatz

Es kam bald zu einer Zusammenarbeit zwischen Kintsch und van Dijk (vgl. van Dijk 1995). Erste Zeugnisse waren Kintsch/van Dijk (1975), van Dijk/Kintsch (1978) und besonders ausführlich Kintsch/van Dijk (1978).

Dort wurden dann insbesondere prozedurale Aspekte zur Geltung gebracht:

– Es wurden drei verschiedene, aber parallele und interagierende Prozesse angenommen: Bildung von kohärenten Mikrostrukturen aus Propositionen mit Konzepten als Termen, Reduktion dieser Mikrostrukturen zu kohärenten Makrostrukturen, Textproduktion auf der Basis der Makrostrukturen (363 f).
– Der Verstehensprozesses wurde als zyklische Verarbeitung jeweils relativ kurzer Folgen von Propositionen eines Textes modelliert, in die das Kurzzeitgedächtnis und kurzzeitgedächtnisabhängig unterschiedliche Strategien einbezogen sind; Textverstehen geschieht „on-line" (368–370).
– Es wurden Makroregeln formuliert, deren hierarchisch aufsteigende, zyklische Anwendung zur Bildung von Makrostrukturen als kondensierten Listen von Propositionen führt, und zwar unter der Kontrolle von (z. B. narrativen oder argumentativen) Schemata, die ihrerseits auf die Verstehensziele der Textrezipienten zurückgehen; diese Regeln sind außer der schon erwähnten Tilgungsregel eine Verallgemeinerungsregel, auf Grund deren Folgen von Propositionen durch eine generellere Proposition ersetzt werden können, und eine Konstruktionsregel, die den Ersatz einer Folge von Propositionen durch eine frameartige Proposition gestattet (372 f).

Getestet wurde das Modell durch Experimente mit freier Wiedergabe und Zusammenfassung von Texten. Nach der Einschätzung von Strohner „stellten Kintsch und van Dijk das erste Prozessmodell der Textverarbeitung vor und legten damit den Grundstein für ein ganzes Gebäude von theoretischen und empirischen Studien, die sich an diesem Modell orientierten" (1988, 482). Nach Auffassung der Autoren selber fehlte es dem Modell jedoch noch an einer Komponente, die den Zusammenhang zwischen Textverstehen und allgemeinem Weltwissen fasst (392 f, vgl. auch die Kritik in Bock/Engelkamp 1979).

Diesem Manko halfen van Dijk/Kintsch (1983) durch die Annahme eines Situationsmodells ab, für das sie sich vor allem auch auf Johnson-Lairds Konzeption mentaler Modelle beriefen (s. Johnson-Laird 1983). Ein solches Modell wird als eine Art Schema (vgl. 2.2.2.) im episodischen Gedächtnis (vgl. 2.3.3.) aufgebaut und repräsentiert die gesamten äußeren Umstände, auf die sich ein Text bezieht; es greift aber auch auf ähnliche frühere Situationen und auch auf relevante allgemeine Elemente des semantischen Gedächtnisses zurück. Textverstehen ist in dieser Sicht nicht nur eine Erarbeitung kohärenter Mikro- und Makrostrukturen, sondern auch die Herstellung von Beziehungen zwischen diesen Strukturen und einem Situationsmodell, so dass nicht nur die Bedeutung, sondern auch die Bezeichnung, die Referenz des Textes bewusst wird (11 f, 336−346). Ausserdem haben van Dijk/Kintsch (1983) die prozeduralen Aspekte des Textverstehens dadurch konsequenter gefasst, dass sie das Konzept der Verarbeitungs-Stragegie detailliert erörtern und illustrieren (61−107) und als Leit-Konzept ihres Modells verwenden. Man wird sagen dürfen, dass sich mit diesem Modell eine prozessorientierte kognitive Linguistik eines konstruktiven, wissensbasierten Textverstehens voll etabliert hat. Eine detaillierte Darstellung kognitionspsychologischer Textverarbeitungs-Modelle und ein kritischer Vergleich solcher Modelle mit instruktionspsychologischen Ansätzen finden sich bei Christmann (1989, 35−135; auch → Art. 20; 25).

4. Textproduktion

Die Modelle von Kintsch und von van Dijk waren im wesentlichen Modelle des Textverstehens. Eher ansatzweise sind die beiden Autoren auch auf Strategien der Textproduktion eingegangen, speziell im Hinblick auf die freie Wiedergabe und die Zusammenfassung von rezipierten Texten (Kintsch/van Dijk 1978, 374−376). Wesentliche Konzeptionen auch dieser Ansätze waren die der textlichen Makrostruktur in Form eines Produktions-Plans, die der Mikrostruktur oder Textbasis und die der Makroregeln zum Gewinn von Mikro- aus Makrostrukturen (van Dijk/Kintsch 1983, 261−301). Ein schwer zu bewältigendes Problem für die experimentelle Untersuchung von Textproduktion ist die kontrollierbare Vorgabe einer mentalen Struktur als Ausgangsbasis. Demgegenüber war nun die Künstliche Intelligenz insofern in einer besseren Lage, als sie Wissensrepräsentationen entwerfen und implementieren konnte, um dann auf der Basis solcher Repräsentationen Algorithmen der Textproduktion zu konstruieren und zu implementieren. Simulation von Textproduktion gibt es seit Beginn der siebziger Jahre. Weder zu dieser Zeit (s. Waltz 1982) noch später war es der Künstlichen Intelligenz allerdings möglich, Textverstehen zu simulieren, und zwar weil es keine Algorithmen gibt, die ganze Texte nicht satzweise, sondern als Texte grammatisch analysieren können. Kintsch und van Dijk haben das Problem einer detaillierten grammatischen Analyse von Texten freilich auch umgangen, und zwar durch die Entwicklung von Regeln zur Überführung von Texten in propositionale Strukturen durch die Experimentatoren selber.

Es seien hier drei Textproduktionssysteme skizziert, nämlich das von Davey (1978, auf Arbeiten aus den Jahren 1970−1973 zurückgehend, die explizit auf „using a computer to model the brain and mental processes" gerichtet waren, 1978, 6), das System TEXT von McKeown (1985, auf Arbeiten seit 1980 zurückgehend) und das System NAOS von Novak (1987). Den drei Systemen liegt jeweils eine eingeschränkte Wissens-Domäne zugrunde. Bei dem System von Davey handelt es sich dabei um Züge in dem Spiel Noughts and Crosses", bei TEXT um die Struktur einer Datenbank der amerikanischen Kriegsmarine, bei NAOS um computerisierte Aufnahmen von Verkehrsszenen an einer bestimmten Hamburger Straßenkreuzung. Die drei Systeme geben den Rezipienten Informationen in Textform. Das von Davey kommentiert eine Serie von Spielzügen, TEXT gibt Antworten auf Fragen nach der Struktur der Datenbank, NAOS schildert eine kurze Verkehrsszene. Dabei gehen das System von Davey und NAOS von einem Rezipientenmodell aus, durch das sie ein übergeordnetes Motiv gewinnen, nämlich eindeutige, redundanzfreie Texte zu erzeugen. NAOS geht überdies davon aus, dass die Rezipienten die unveränderlichen Elemente der Szenen kennen und dass sie sich am Ende die Ereignisse einer Szene bildlich vorstellen können sollen. Ein entscheidendes Charakteristikum der drei Systeme ist, dass sie nicht das sind, was Kintsch und van Dijk *on-line* nennen, dass sie ihre Wissensbasis nicht zyklisch abarbeiten, sondern im wesentlichen zunächst eine Makrostruktur erstellen, die anschließend vertextet wird. McKeown unterscheidet dementsprechend zwischen einer „strategischen" und einer „taktischen" Komponente ihres Systems. Im einzelnen kennen die Systeme allerdings zyklische Prozesse. Das System von Davey bildet ein Rezipientenmodell, das es im Laufe der Produktion eines Textes aktualisiert. TEXT modelliert einen Aufmerksamkeits-Fokus, der sich auf den jeweils bereits produzierten Textteil richtet und die Auswahl von Alternativen bei der Produktion folgender Textteile steuert. In dem System von Davey ist die Wissensgrundlage (eine Liste von Spielzügen) identisch mit der textlichen Makrostruktur. Sie steuert selber die textlinguistisch relevanten Prozesse der Grammatik, nämlich die Sequenzierung und Koordination oder Subordination der Sätze, die Einfügung von Konnektoren, die Einfügung bestimmter Artikel und die Pronominalisierung mit Hilfe von *one*, *other*, *same*. TEXT unterscheidet dagegen zwischen der zielgerechten Auswahl von Wissen aus der Datenbank und der Auswahl eines rhetorischen Schemas (vgl. die rhetorischen Strukturen von Mann/Thompson 1988), einer Slot-Struktur, die mit „rhetorischen Prädikaten" (z. B. *identification*, *attributive*, *constituency*, *compare*, *contrast*) gefüllt wird. NAOS unterscheidet entsprechend zwischen der Ereignis-Sequenz einer Szene und einer Folge von Ereignis-Modellen, die die Ereignisse „erkennen" und die eine Referenz-Semantik für Bewegungsverben definieren. NAOS zeichnet sich dadurch aus, dass es räumliche und (expliziter als das System von Davey) zeitliche Strukturen verarbeiten kann, dass es seine Texte in Absätze gliedert (deren Grenzen durch Subjektwechsel bestimmt sind), und vor allem dadurch, dass es an Strukturen anknüpft, die durch die Simulation von Wahrnehmung gewonnen wurden. Insbesondere TEXT hat eine Tradition der Simulation von Textproduktion in Computerlinguistik und Künstlicher Intelligenz begründet, die sich bis heute fortsetzt (→ Art. 76).

5. Geschichten-Grammatiken

5.1. Verstehen

Unter Berufung auf Propp (1928) und in einem Kontext der Künstlichen Intelligenz begründete Rumelhart (1975) eine Tradition der Geschichten-Grammatiken (*story grammars*). Geschichten-Grammatiken sind generative Systeme, deren Ersetzungsregeln die Handlungs-Struktur einfacher Erzählungen entfalten, und zwar weitestgehend unabhängig von deren Inhalt. Sie lassen sich also als sehr allgemeine Erzählungs-Schemata auffassen. Bei Rumelhart lauten beispielsweise die ersten drei Regeln:

— Story → Setting + Episode
— Setting → (States)*
— Episode → Event + Reaction

Rumelhart gab auch eine semantische Interpretation seiner generativen Regeln, durch die Beziehung zwischen den Elementen von Geschichten, vor allem kausale Beziehungen, aber auch temporale Beziehungen und die *und*-Beziehung, gefasst wurden. Außerdem hat er Zusammenfassungs-Regeln formuliert, die auf diesen Beziehungen operieren und deren Ergebnisse zur Bildung von Sätzen mit kausativen Verben oder von subordinativen Satzgefügen führen. Diese Regeln hat er in einem einfachen Experiment überprüft. In dieser Tradition haben Thorndyke (1977) und Mandler/Johnson (1977) generative Geschichten-Grammatiken mit jeweils anderen Regeln entworfen und unter der Annahme experimentell überprüft, dass solche Regelsysteme das Verstehen, das Erinnern und das Zusammenfassen von Erzählungen steuern. Mandler/Johnson nahmen außer Ersetzungs- auch noch Transformationsregeln an, und zwar Tilgungs- und Permutationsregeln. Throndyke zeigte durch Experimente mit zwei unterschiedlich strukturierten Erzählungen und strukturellen Varianten dieser Erzählungen vor allem, dass eine Erzählung bei redundanter Entfaltung ihrer Struktur besser verstanden und behalten wird als bei stärkerer struktureller Verdichtung und dass Propositionen, deren generative Ableitung relativ kurz ist, bei freier Wiedergabe und Zusammenfassung mit höherer Wahrscheinlichkeit auftreten als Propositionen mit relativ langem Ableitungsweg. Mandler/Johnson experimentierten teilweise mit einer Geschichte, die schon Bartlett (1932) eingesetzt hatte, mit dem sie sich auch intensiv auseinandersetzten. Sie zeigten vor allem, dass bei der verzögerten Wiedergabe einer Erzählung andere, vor allem stärker kanonische Regeln angewandt werden können als bei ihrer Rezeption und dass es einige Unterschiede zwischen den Geschichten-Grammatiken von Kindern und denen von Erwachsenen gibt, Geschichten-Grammatiken sich also ontogenetisch entwickeln. Diese Arbeiten haben eine kognitionspsychologische Wende in der Erzählforschung eingeleitet. Zur weiteren Entwicklung und zur Kritik des Geschichten-Grammatik-Ansatzes vgl. Christmann (1989, 78−83) und auch Gülich/Hausendorf (→ Art. 37). Ein Computersystem, das das Verstehen von Erzählungen, insbesondere die Bildung kausaler Beziehungen durch Verarbeitung von Erzählungstexten, simuliert, schildert Sabah (1982; auf eine Dissertation von 1976 zurückgehend).

5.2. Produktion

Ähnlich wie in der allgemeinen Textforschung waren auch in der Erzählforschung die kognitiven Ansätze auf das Verstehen ausgerichtet (vgl. die Arbeiten und die Bibliographien in van Dijk 1980), während die Produktion erzählerischer Texte, wenn auch eher nur ansatzweise und vorübergehend, zu einem Untersuchungsgegenstand der Künstlichen Intelligenz wurde. Das System TALE-SPIN (Meehan 1976), das eine relativ breite Beachtung gefunden hat, erzeugte in der Weise Tierfabeln, dass es von einem Schema ausging, das jeweils eine Fabel-Welt, insbesondere die Figuren, deren Eigenschaften und Ziele, die sozialen Beziehungen zwischen ihnen und kausale Beziehungen, repräsentierte, und dieses Schema dann narrativ „ausspann" und versprachlichte. Diesem System stellte Dehn (1981) ein System gegenüber, das sie unter dem Namen AUTHOR zu entwickeln im Begriffe war. Es enthielt nicht nur narrative Schemata, sondern auch allgemeines Wissen über Ereignisse und Charaktere, simulierte aber vor allem Erzähler-Ziele, die sich während der Ausarbeitung des Schemas dynamisch entfalteten, etwa die Ziele, eine Geschichte plausibel zu machen, sie dramatisch zu gestalten oder mit deskriptiven Details zu versehen, vor allem das Ziel einer kreativen Gestaltung. Insofern lässt sich das System als teilweise *on-line* charakterisieren.

6. Neurolinguistik

Textbezogene Experimente mit Aphasikern wurden seit den frühen siebziger Jahren gemacht (vgl. den Überblick in Kotten 1989). Diese Experimente zielten weitestgehend auf eine Differenzierung verschiedener Arten von Aphasie, im wesentlichen ohne Erfolg. Die grundlegenden Ergebnisse sind schon relativ früh erzielt worden: Aphasien bewirken keine einschneidende Beeinträchtigung des Textverstehens (vgl. etwa Stachowiak/Huber/Poeck u. a. 1977); bei der Textwiedergabe können jedoch Auslassungen wichtiger Informationen vorkommen (vgl. etwa Engel 1977); Aphasiker haben Probleme beim Gebrauch von Pronomina und Konjunktionen (vgl. etwa Gleason/Goodglass/Obler u. a. 1980). Aphasien entstehen durch Verletzungen des Kortex der dominanten (meist der linken) Hirn-Hemisphäre. Daher wurden vorwiegend auch nur Patienten mit Störungen der dominanten Hemisphäre unter textlichen (und natürlich auch unter anderen sprachlichen) Kriterien untersucht. Es zeichnet sich jedoch ab, dass der Kortex der nicht-dominanten (also meist der rechten) Hemisphäre ebenfalls sprachliche Funktionen hat und dass zu diesen Funktionen insbesondere die Verarbeitung von Satzzusammenhängen, von innertextlichen Beziehungen gehört (Gardner/Brownell/Wapner u. a. 1983; Damasio 1992, 537). Diesem Befund scheint jedoch textneurolinguistisch noch nicht nachgegangen worden zu sein.

7. Perspektiven

Die kognitive Wende in der Textlinguistik hat sich hier als eine unter dem Einfluss der Textlinguistik vollzogene Hinwendung der Sprach- und Gedächtnispsychologie zum Text, speziell auch zum narrativen Text, dargestellt, die von der Entwicklung textverarbeitender Systeme in der Künstlichen Intelligenz und der Berücksichtigung textbezogener Symptome in der Aphasiologie begleitet wurde. Das kognitive Prinzip hat aber bisher nicht so integrierend gewirkt, dass es ein textwissenschaftliches Paradigma begründet hätte, dem sich die verschiedenen beteiligten Disziplinen hätten anschliessen können. Insbesondere die Literaturwissenschaft ist von der kognitiven Wende in der Textlinguistik ziemlich unberührt geblieben. Peter Hartmann hat vor 30 Jahren mit seinem Slogan von den Texten als den eigentlichen sprachlichen Zeichen zwei Merkmale hervorgehoben, die ein umfassenderes Paradigma auf jeden Fall kennzeichnen müssen, nämlich dass Linguistik grundsätzlich in textlicher Perspektive zu betreiben ist und dass sie sich den empirisch vorfindlichen Texten zuzuwenden hat.

8. Literatur (in Auswahl)

Anderson, John R./Bower, Gordon H. (1973): Human associative memory. Washington, DC.

Bartlett, Frederic C. (1932): Remembering. A study in experimental and social psychology. Cambridge.

Bock, Michael/Engelkamp, Johannes (1978): Textstrukturen aus sprachpsychologischer Sicht. Teil I: Satz, Satzkontext, Text. In: Folia Linguistica 12, 301–318.

– (1979): Textstrukturen aus sprachpsychologischer Sicht. Teil II: Textmodelle. In: Folia Linguistica 13, 125–144.

Charniak, Eugene (1976): Inference and knowledge, part 2. In: Charniak, Eugene/Wilks, Yorick (eds.): Computational semantics. Amsterdam/New York/Oxford, 129–154.

Christmann, Ursula (1989): Modelle der Textverarbeitung: Textbeschreibung als Textverstehen. Münster.

Collins, Allan M./Loftus, Elizabeth F. (1975): A spreading-activation theory of semantic processing. In: Psychological Review 82, 407–428.

Collins, Allan M./Quillian, M. Ross (1969): Retrieval time from semantic memory. In: Journal of Verbal Learning and Verbal Behavior 8, 240–247.

Damasio, Antonio R. (1992): Aphasia. In: The New England Journal of Medicine 326, 531–539.

Davey, Anthony (1978): Discourse production. A computer model of some aspects of a speaker. Edinburgh.

Dehn, Natalie (1981): Story generation after TALE-SPIN. In: Proceedings of the 7th International Joint Conference on Artificial Intelligence, August 24–28, 1981, Vancouver, B.C., Canada. Bd. 1. Vancouver, 16–18.

van Dijk, Teun A. (1971): Aspekte einer Textgrammatik. In: Dik, Simon C. (ed.): Taalwetenschap in Nederland. Amsterdam, 103–113 (zitiert nach: Dressler (1978), 268–299).

– (1972): Some aspects of text grammars. A study in theoretical linguistics and poetics. The Hague/Paris.

– (ed.) (1980): Story comprehension. In: Poetics 8/1–3, 1–332.

– (1995): On macrostructures, mental models, and other inventions: A brief history of the Kintsch–van Dijk theory. In: Weaver, Charles A./Mannes, Suzanne/Fletcher, Charles R. (eds.): Discourse comprehension. Essays in Honor of Walter Kintsch. Hillsdale, NJ/Hove, UK, 383–410.

van Dijk, Teun A./Kintsch, Walter (1978): Cognitive psychology and discourse: Recalling and summarizing stories. In: Dressler, Wolfgang U. (ed.): Current trends in textlinguistics. Berlin/New York.

– (1983): Strategies of discourse comprehension. New York/London.

Dressler, Wolfgang (ed.) (1978): Textlinguistik. Darmstadt.

Engel, Dorothea (1977): Textexperimente mit Aphasikern. Tübingen.

Erlich, Victor (1969): Russian formalism. History – doctrine. 3. Aufl. The Hague/Paris.

Figge, Udo L. (1994): *Sprache dient zum Ausdruck von Gedanken*. Zur Geschichte einer Formulierung. In: Baum, Richard/Böckle, Klaus/Hausmann, Franz Josef/Lebsanft, Franz (eds.): Lingua et Traditio. Geschichte der Sprachwissenschaft und der neueren Philologien. Festschrift für Hans Helmut Christmann zum 65. Geburtstag. Tübingen, 561–665.

Fillmore, Charles J. (1968): The case for case. In: Bach, Emmon/Harms, Robert T. (eds.): Universals in linguistic theory. London, 1–88.

Frederiksen, Carl H. (1975): Representing logical and semantic structure of knowledge acquired from discourse. In: Cognitive Psychology 7, 371–458.

Gardner, Howard/Brownell, Hiram H./Wapner, Wendy/Michelow, Diane (1983): Missing the point: The role of the right hemisphere in the processing of complex linguistic materials. In: Perecman, Ellen (ed.): Cognitive processing in the right hemisphere. New York, 169–191.

Gleason, Jean Berko/Goodglass, Harold/Obler, Loraine/Green, Eugene/Hyde, Mary R./Weintraub, Sandra (1980): Narrative strategies of aphasic and normal-speaking subjects. In: Journal of Speech and Hearing Research 23, 370–382.

Greimas, Algirdas Julien (1966): Sémantique structurale. Paris.

Grimes, Joseph E. (1975): The thread of discourse. The Hague.

Harris, Zellig S. (1952): Discourse analysis. In: Language 28, 1–30.

Hartmann, Peter (1968a): Zum Begriff des sprachlichen Zeichens. In: Zeitschrift für Phonetik, Sprachwissenschaft und Kommunikationsforschung 21, 205–222.

– (1968b): Textlinguistik als linguistische Aufgabe. In: Schmidt, Siegfried J. (ed.): Konkrete Dichtung, Konkrete Kunst. Karlsruhe, 62–77 (zitiert nach: Dressler (1978), 93–105).

– (1971): Texte als linguistisches Objekt. In: Stempel, Wolf-Dieter (ed.): Beiträge zur Textlinguistik. München, 9–29.

Hörmann, Hans (1976): Meinen und Verstehen. Grundzüge einer psychologischen Semantik. Frankfurt/Main.

Johnson-Laird, Philip H. (1983): Mental models. Towards a cognitive science of language, inference, and consciousness. Cambridge.

Kalverkämper, Hartwig (1981): Orientierung zur Textlinguistik. Tübingen.

Kintsch, Walter (1972): Notes on the structure of semantic memory. In: Tulving/Donaldson (1972), 249–309.

– (1974): The representation of meaning in memory. Hillsdale, NJ.

Kintsch, Walter/van Dijk, Teun A. (1975): Comment on se rappelle et on résume des histoires. In: Langages 40, 98–116.

– (1978): Toward a model of text comprehension and production. In: Psychological Review 85, 363–394.

Kotten, Anneliese (1989): Textproduktion bei Aphasie. In: Antos, Gerd/Krings, Hans P. (eds.):

Textproduktion. Ein interdisziplinärer Forschungsüberblick. Tübingen, 463–482.

Lachmann, Roy/Lachmann, Janet L./Butterfield, Earl C. (1979): Cognitive psychology and information processing: An introduction. Hillsdale, NJ.

Lausberg, Heinrich (1967): Elemente der literarischen Rhetorik. Eine Einführung für Studierende der klassischen, romanischen, englischen und deutschen Philologie. 3. Aufl. München.

Le Ny, Jean-François (1979): La sémantique psychologique. Paris.

Mandler, Jean M./Johnson, Nancy S. (1977): Remembrance of things parsed: Story structure and recall. In: Cognitive Psychology 9, 111–151.

Mann, William C./Thompson, Sandra A. (1988): Rhetorical structure theory: Toward a functional theory of text organization. In: Text 8, 243–281.

McKeown, Kathleen R. (1985): Text generation using discourse strategies and focus constraints to generate natural language text. Cambridge.

Meehan, James R. (1976): The metanovel: Writing stories by computer. Ph. D. Thesis. New Haven, CT.

Metzing, Dieter (ed.) (1980): Frame conceptions and text understanding. Berlin/New York.

Meyer, Bonnie J. F. (1975): The organization of prose and its effects on memory. Amsterdam/Oxford/New York.

Miller, George A./Galanter, Eugene/Pribram, Karl H. (1960): Plans and the structure of behavior. New York.

Minsky, Marvin (1975): A framework for representing knowledge. In: Winston, Patrick Henry (ed.): The psychology of computer vision. New York, 211–277.

Neisser, Ulric (1967): Cognitive psychology. New York.

Novak, Hans-Joachim (1987): Textgenerierung aus visuellen Daten: Beschreibungen von Straßenszenen. Berlin/Heidelberg/New York.

Propp, Vladimir (1928): Morfologija skazki. Leningrad (deutsche Übersetzung nach der 2. Aufl. Moskau 1969: Morphologie des Märchens. München 1972).

Quillian, M. Ross (1967): Word concepts. A theory and simulation of some basic semantic capabilities. In: Behavioral Science 12, 410–430.

– (1968): Semantic memory. In: Minsky, Marvin (ed.): Semantic information processing. Cambridge, MA/London, 227–270.

Rohrer, Christian (1971): Funktionelle Sprachwissenschaft und transformationelle Grammatik. Die Verwandlung von Sätzen zu Satzteilen im Französischen. München.

Rumelhart, David E. (1975): Notes on a schema for stories. In: Bobrow, Daniel G./Collins, Allan (eds.): Representation and understanding. Studies in cognitive science. New York/San Francisco/London, 211–236.

Sabah, Gérard (1982): Un système de compréhension du langage naturel. In: Bulletin de Psychologie 35, 789–797.

Schank, Roger C. (1972): Conceptual dependency. A theory of natural language understanding. In: Cognitive Psychology 3, 552–631.

Schank, Roger C./Abelson, Robert P. (1977): Scripts, plans and understanding. Hillsdale, NJ.

Simmons, Robert F. (1973): Semantic networks. Their computation and use for understanding English sentences. In: Schank, Roger C./Colby, Kenneth Mark (eds.): Computer models of thought and language. San Francisco, 63–113.

Smith, Edward E. (1978): Theories of semantic memory. In: Estes, William K. (ed.): Handbook of learning and cognitive processes. Vol. 6: Linguistic functions in cognitive theory. Hillsdale, NJ, 1–56.

Smith, Edward E./Shoben, Edward J./Rips, Lance J. (1974): Structure and process in semantic memory. A featural model for semantic decisions. In: Psychological Review 81, 214–241.

Stachowiak, Franz-Josef/Huber, Walter/Poeck, Klaus/Kerschensteiner, Max (1977): Text comprehension in aphasia. In: Brain and Language 4, 177–195.

Strohner, Hans (1988): Zentrale Planung oder dezentrale Kooperation? Adaptive Strategien des Textverstehens. In: Linguistische Berichte 118, 481–496.

Tesnière, Lucien (1959): Éléments de syntaxe structurale. Paris.

Thorndyke, Perry W. (1977): Cognitive structures in comprehension and memory of narrative discourse. In: Cognitive Psychology 9, 77–110.

Tulving, Endel (1972): Episodic and semantic memory. In: Tulving/Donaldson (1972), 381–403.

Tulving, Endel/Donaldson, Wayne (eds.) (1972): Organization of memory. New York/London.

Waltz, David L. (1982): The state-of-the-art in natural-language understanding. In: Lehnert, Wendy G./Ringle, Martin H. (eds.): Strategies for natural language processing. Hillsdale, NJ/London, 3–32.

Udo L. Figge, Bochum
(Deutschland)

11. Ansätze zur Erforschung der Textproduktion

1. Einführender Überblick
2. Terminologisches
3. Relevanz der TPF
4. Paradigmen
5. Schreibforschung in Deutschland
6. Literatur (in Auswahl)

1. Einführender Überblick

Die Textproduktionsforschung (TPF) hat durch die in den USA seit den 70er Jahren betriebene Schreibforschung (SF) starke Impulse erhalten, so daß beides vielfach gleichgesetzt wird (vgl. 2). Ohne die Rolle der SF zu schmälern, soll im folgenden gezeigt werden, daß sich die TPF − insbesondere in den 90er Jahren − von der SF zu lösen beginnt, nicht zuletzt durch die Einbeziehung der Mündlichkeit und neuer technischer Medien einerseits und z. T. durch neue Fragestellungen und Anwendungsgebiete (Textproduktion in Institutionen und Berufen) andererseits.

Als Ausgangspunkt der Schreibforschung in den USA wird die Mitte der 70er Jahre in der Bildungspolitik und den Medien heftig diskutierte *literacy crisis* genannt. Hintergrund war die Diagnose vermeintlich mangelnder Schreib- (und Lese-)fertigkeiten bei vielen Schülern und Studierenden (kritisch dazu für den deutschsprachigen Raum: Nussbaumer 1991; Sieber 1994). Auf dem Hintergrund dieses gesellschafts- bzw. bildungspolitischen Problems setzte eine primär pädagogisch und didaktisch orientierte Erforschung der entwicklungsspezifischen, kognitiven und sprachlich-rhetorischen Bedingungen des Schreibens (*composition studies*) ein. Trotz unterschiedlicher Ausgangslagen (z. B. Nordamerika gegenüber Europa), Eigenentwicklungen (Dominanz der Textlinguistik in Europa) und spezifischer Rezeptionstraditionen sowie z. T. sehr heterogener Ansätze lassen sich drei Paradigmen der SF unterscheiden, die zugleich drei Stadien der TPF repräsentieren:

1. *Didaktisches Paradigma (dominant bis 1980)*: Erforschung der Entwicklung der Schreibfähigkeiten im Hinblick auf Konzepte zur Förderung und „Verbesserung" des Schreibens (Feilke 1996; Eigler 1996).
2. *Kognitives Paradigma (dominant ab 1980)*: Zentrale Thesen: 'Schreibunterschiede beruhen auf unterschiedlichen Formen der Informationsverarbeitung' und: 'Formulieren ist Problemlösen' (Molitor-Lübbert 1996 und → Art. 44).
3. *Sozio-kognitives Paradigma (Nystrand; Flower; dominant ab 1990)*: Textproduzieren ist sprachliches, kommunikatives und soziokulturelles Handeln im Kontext von Diskursgemeinschaften.

Das Verhältnis der drei Paradigmen läßt sich als eine erweiternde Transformation von Fragestellungen, Gegenstandsbereichen und Methoden verstehen: Standen als Gegenstandsbereich z. B. anfangs die Schreib*produkte* im Mittelpunkt der Aufmerksamkeit, so stellten die beiden folgenden Paradigmen Schreib*prozesse* in den Mittelpunkt der Analysen.

Mit dem dritten Paradigma löst sich die Schreibforschung allmählich aus dem schulischen/universitären Umfeld und wird zu einer eigenständigen Forschungsrichtung, die mittlerweile auch Aspekte des Schreibens im privaten (Barton/Ivanic 1991) und beruflichen Bereich (Odell/Goswami 1985; Häcki-Buhofer 1985; Spilka 1993; Pogner 1998) erforscht. Hier stehen fachsprachliche, institutionsspezifische und interkulturell-fremdsprachliche Fragestellungen im Vordergrund der Diskussion.

Seit Mitte der 90er Jahre kommt ein verstärktes Interesse an Problemen und Chancen einer *electronic literacy* hinzu (Knorr/Jakobs 1997, 2): Stichworte hierfür sind Hypertext, Informationsmanagement, Erweiterung und Auflösung von Schreib- und Genrekonventionen (Knorr 1998; Jakobs/Knorr/Pogner 1999).

Auch wenn die englischsprachige Schreibforschung die Entwicklung der TPF nachhaltig bestimmt hat, sind spezifische mitteleuropäische Strömungen nicht zu übersehen (Antos 1989; Boscolo 1989; Cmejrková/Daneš/Havlová 1994; Eigler/Jechle 1993; Bergh/Rijlaarsdam 1995).

2. Terminologisches

Die TPF kann als Schnittpunkt von Interessen und Ansätzen verschiedener Disziplinen auf dem Wege zu einem interdisziplinären Arbeitsgebiet aufgefaßt werden. Es handelt sich vor allem um Rhetorik, Stilistik, Erziehungswissenschaften, Didaktik, Psychologie, (Text-)Linguistik, Konversationsanalyse, Übersetzungs- und Medienwissenschaften, Literaturwissenschaften, z. B. „critique génétique". Entsprechend heterogen sind Bezeichnungen, Konzepte und Ziele (Antos 1996).

Zunächst einige terminologische Erläuterungen: Der Begriff der *Textproduktion* (TP) (de Beaugrande 1984; Antos/Krings 1989; Krings/Antos 1992) ist systematisch von dem der *Sprachproduktion* abzugrenzen, sofern er explizit oder implizit auf die Erzeugung phonetischer oder grammatisch korrekter Wörter, Phrasen oder Sätze gerichtet ist (Blanken/Dittmann/Wallesch 1988). Allerdings gibt es unter diesem Begriff auch Ansätze, die die Satzgrenze überschreiten (Hermann/Hoppe-Graff 1989; Herrmann/Grabowski 1994; Grabowski 1995) und der TPF zugerechnet werden können. Als (weiteres) Kriterium für den Unterschied zwischen Sprachproduktionsforschung im engeren Sinne und einer TPF wird genannt: Viele mündlich-rhetorische und schriftliche Texte erfordern ein über die Realisierung der linguistischen Kompetenz (= Sprachproduktion) hinausgehendes (pragmatisches, technisches etc.) Wissen. Die Berücksichtigung und Integration der beim Textproduzieren erforderlichen verschiedenen Wissensbereiche führte zur Auffassung, daß Formulieren als problemlösendes Handeln zu modellieren sei (Molitor-Lübbert 1989; 1996).

Gegen eine generelle terminologische Gleichsetzung von *Schreib- und Textproduktionsforschung* werden vor allem in den 90er Jahren folgende Gründe geltend gemacht:

– Neben konnotativen Verengungen ist *Schreiben* (z. B. im Hinblick auf *Schriftlichkeit*) selbst in hohem Maße explikationsbedürftig (Ludwig 1983).

– Bedingungen, Kontexte, Resultate und Rezeption mündlicher und schriftlicher TP unterscheiden sich deutlich. Außerdem gibt es einen eigenen Schwerpunkt der Erforschung mündlicher TP (Möhle/Raupach 1989; Speck 1995; Stutterheim 1997; → Art. 52).

– Das Zusammenspiel von mündlicher und schriftlicher TP muß mit einem übergreifenden Begriff (wie z. B. *Formulieren*, Antos 1982) bezeichnet werden (Antos 1992; Dausendschön-Gay et al. 1992; Gülich 1994). Entsprechendes gilt für die Einbeziehung von mündlichen Planungs- und Evaluierungsdiskursen beim beruflichen Schreiben (Pogner 1997; 1998).

– In zunehmendem Maße spielen kooperative oder kollektive Formen des arbeitsteiligen Verfassens von Texten in Berufen (z. B. in der Presse, der Administration, der Wirtschaft, der Politik, vgl. Gemert/Woudstra 1997) oder in der Ausbildung („Schreiblabors") eine wichtigere Rolle (zum „kommunikativen Schreiben", vgl. Jechle 1992).

– Daß *Schreiben* und *TP* nicht mehr gleichgesetzt werden können, zeigt sich ferner an den vielfältigen Formen der technologisch basierten TP: Zum einen wächst der Einfluß der visuellen Textgestaltung mit Hilfe von Diagrammen, Bildern etc. (Jakobs 1997a), insbesondere in vielen Fachtexten und im Informationsmanagement (Knorr 1998). Mit der Berücksichtigung von elektronischen Informations- und Wissensspeichern erscheinen ferner fachsprachliche TP-Prozesse zunehmend als eine Folge von Rezeptions-, Produktions- und Re-Produktionsprozessen (Jakobs 1995, 2). Gerade im Hinblick auf die Nutzung neuer Medien wird der Begriff des Schreibens zusätzlich überdehnt: So kann z. B. Krings (1998) am Nachredigieren von Maschinen-Übersetzungen zeigen, wie der Textproduktionsprozeß durch die Vorgabe einer maschinellen Übersetzung entlastet werden kann.

– Schließlich hat sich der Terminus *TP* in den 90er Jahren – häufig sogar als Titelbegriff – in Aufsätzen und einer ganzen Reihe von Büchern durchgesetzt (Eigler et al. 1990; Winter 1992; Günther 1993; Rothkegel 1993; Rau 1994; Speck 1995; Wrobel 1995; Jakobs/Knorr/Molitor-Lübbert 1995; Knorr/Jakobs 1997; Becker-Mrotzek 1997; Stutterheim 1997; Knorr 1998; Jakobs/Knorr/Pogner 1999).

3. Relevanz der TPF

Wie schon am Anfang der klassischen Rhetorik war und ist das Interesse an der TP weitgehend praktisch motiviert:

– TP ist neben den visuellen und mathematischen Repräsentationen die wichtigste Verarbeitungs- und Manifestationsform für die Auffindung, Aneignung, Darstellung, Weitergabe und Speicherung von Wissen (Antos 1997; Jakobs 1999).

– In den globalen Informationsgesellschaften „vermehrt" sich Wissen explosionsartig. Entsprechendes gilt für die Produktion und Reproduktion von Texten (u. a. als Wissenstransfer, Niederhauser 1997; Knorr 1998).

– Aufgrund ökonomischer Entwicklungsprozesse (z. B. Service) und der zunehmenden technischen Vernetzung (PC, Internet, E-

Mail) wächst das Bedürfnis, aber auch der Zwang zur schnellen und vermehrten Kommunikation.

– Immer mehr Berufstätige sind gehalten, Texte nicht nur zu rezipieren, sondern sie selber, z. T. eigenverantwortlich, in der Mutter- oder einer Fremdsprache (mit) zu produzieren.

– Damit wird Formulieren, insbesondere Schreiben, zu einem gesellschaftlichen Problem (nicht nur in der Ausbildung).

– Hinzu kommt in Zukunft das, was *electronic literacy* (Knorr/Jakobs 1997) genannt werden kann.

4. Paradigmen

Da bereits eine Reihe von entsprechenden HSK-Artikeln vorliegen (Antos 1996; Eigler 1996; Feilke 1996; Molitor-Lübbert 1996; → Art. 44), soll in dieser Darstellung der Schwerpunkt auf Ansätze der TPF in den 90er Jahre gelegt werden. Aus dieser Perspektive wird auch ein zusammenfassender Rückblick auf die Entwicklung der TPF versucht, wobei hier naturgemäß die Schreibforschung im Vordergrund steht (vgl. Antos/Pogner 1995, an die sich die folgende Darstellung z. T. anlehnt):

4.1. Didaktisches Paradigma

Dieses Paradigma ist dadurch zu charakterisieren, daß Schreib- und damit Text*produkte* vor allem unter entwicklungspsychologischer Perspektive untersucht werden. Rhetorischen und stilistischen Verfahren nicht unähnlich und teilweise auf sie Bezug nehmend, werden bestimmte Eigenschaften von Schreibprodukten, insbesondere unter evaluativen Aspekten und daraus ableitbaren didaktischen Verbesserungen analysiert. Diese Text*produkt*forschung steht unter der Fragestellung: Wie geht Schreiben – verstanden als die Produktion von semantisch und syntaktisch richtigen sowie thematisch und inhaltlich kohärenten Texten (Feilke 1996; Eigler 1996) – vor sich?

4.2. Das kognitive Paradigma

Die in der traditionellen, der „präskriptiven" Schreibdidaktik vorherrschende Frage, wie Texte als Endprodukte der Bemühungen von Schreibern aussehen sollen, wird Ende der 70er Jahre abgelöst vom Interesse an den Vorgängen, die während der Schreib*prozesse* ablaufen. Die zentrale Fragestellung: Welche Rolle spielt der Produktionsprozeß (und seine Stadien) für das sprachliche Produkt (z. B. in entwicklungsspezifischer Hinsicht)? Mit Hilfe introspektiver Datenerhebungsmethoden (z. B. des „Lauten Denkens", vgl. Krings 1992) rücken die Schreib*prozesse* von Schülern und Studierenden, aber auch die von sogenannten Schreibexperten, in den Mittelpunkt des Interesses. Aufgrund der Basis von Schreibprozeßdaten (Krings 1992) entstehen sehr bald textlinguistisch und psycholinguistisch basierte, parallel oder rekursiv konstruierte Modelle, die die kognitiven Prozesse bei der TP zu beschreiben versuchen (Molitor-Lübbert 1996; → Art. 44).

Schreiben wird im kognitiven Paradigma meist als kognitiver Problemlösungsprozeß modelliert, der auch die „dialektische" Klärung der Ziele (z. B. Intentionen) mit umfassen kann (Antos 1982). Dieser Prozeß zerfällt wiederum in einzelne Teilprozesse wie Planen, Formulieren (Wrobel 1995), Revidieren (Rau 1994), die mehrschichtig, iterativ und rekursiv durchlaufen werden. Die entstehenden (Prä-)Texte schränken dann sukzessive die Möglichkeiten weiterer Optionen für die Schreiber ein. Die Prozeßforschung zeigt u. a., daß Schreibnovizen und -experten Planung, Formulierung und Revision unterschiedlich handhaben (Wrobel 1995).

Ein weiterer Schwerpunkt ist die Erforschung des Zusammenhangs von Wissen und Formulieren (Molitor-Lübbert 1989; Augst/Faigel 1986; McCutchen 1986; Bereiter/Scardamalia 1987; Eigler et al. 1990; Winter 1992). Konkret: Welche Rolle spielt das Schreiben beim Denken? In der *second language production*-Forschung wird diese Frage auf die Rolle der Erstsprache erweitert: 'Welchen Einfluß hat die L1-Sprache auf das Textproduzieren in L2?' (Krings 1989; 1994; Kroll 1990; Wolff 1989).

4.3. Sozio-kognitives Paradigma

4.3.1. Allgemein

Dieser in den 90er Jahren dominierende Ansatz (Nystrand 1989; Flower 1989; 1994) löst sich von der Vorstellung eines „solipsistischen Schreibers" im Sinne des kognitiven Paradigmas. Nicht mehr allein die kognitiven Prozesse des Schreibers stehen im Vordergrund der Modellierung: Das Interesse gilt nun den kulturellen, sozialen, fach-, berufs- oder institutionsbedingten und medialen Rahmenbedingungen des Schreibens und den daraus resultierenden interaktionellen, sprachlichen, rhetorischen und stilistischen Konventionen und Erwartungen. Damit läßt sich die zentrale Aussage des Paradigmas als „Textproduzieren ist soziokulturelles, kognitives und sprachliches Handeln im Kontext von Diskursgemeinschaften" zusammenfassen. Schreibprozesse können danach als spezifische Interaktionen zwischen soziokulturellen, gruppenspezifischen und sprachlichen Kontexten, Konventionen und Erwartungen einerseits und Kognitionen individueller Schreiber andererseits verstanden werden.

Dieser Forschungsansatz betont zum einen den Einfluß unterschiedlicher Vorstellungen von und Erfahrungen mit dem Schreiben aufgrund sozialer und kultureller Herkunft (Adamzik/Antos/Jakobs 1997; Göpferich 1998; Antos/Pogner 1999). Auf dem Gebiet des wissenschaftlichen, technischen und beruflichen Schreibens operiert das Paradigma zum anderen theoretisch und terminologisch auf dem Konzept von „Schreib- bzw. Diskursgemeinschaften". Soziale Netzwerke, Institutionen, Schreib- oder Diskursgemeinschaften, aber auch neue Medien (Hess-Lüttich 1997; Jakobs/Knorr/Pogner 1999) bestimmen, was, wann, wie und wo geschrieben werden kann und darf.

Die kognitive Entwicklung des Individuums vollzieht sich gemäß dieser Sicht als fortlaufende Sozialisation in verschiedenen Diskursgemeinschaften (zu Hause, in der Schule, am Arbeitsplatz, innerhalb einer Wissenschaftsdisziplin), da nur hier die jeweils akzeptierte Art und Weise zu denken, zu sprechen und zu schreiben erlernt wird (Berkenkotter et al. 1989). Neben dieser eindirektionalen Abhängigkeit wird auch die interaktive Beziehung zwischen Diskursgemeinschaft und Individuum herausgestellt. Bei der interaktionistischen Sicht befinden sich Schreiber und Leser in einer reziproken Beziehung, die konstitutiv ist für Inhalt und Form der zu schreibenden Texte. Die Kunst des Schreibens guter Texte besteht vor allem darin, das richtige Verhältnis zwischen dem zu finden, was als bekannt vorausgesetzt werden kann, und dem, was explizit ausgeführt werden muß (Nystrand 1986; 1989; Pogner 1998).

4.3.2. Textproduktion im Beruf

Neuere, vor allem ethnographisch und soziolinguistisch ausgerichtete Studien bemühen sich um die Erforschung des außerschulischen Schreibens (Odell/Goswami 1985; Häcki-Buhofer 1985; Spilka 1993; Flower/Ackermann 1994). Anders als im Ausbildungssektor ist TP in Verwaltung, in Wirtschaft, Technik und Wissenschaft eingebettet in eine Kette von z. T. arbeitsteiligen mündlichen, schriftlichen und nicht-sprachlichen Prozessen. Damit bekommt das Formulieren auch einen anderen Stellenwert als im Ausbildungssektor: Die Fähigkeit, Texte präzise, adäquat, adressatenspezifisch oder justiziabel zu verfassen, kann Auswirkungen auf die technische, administrative etc. Umsetzung von Textinhalten haben oder zu neuen Formen der (z. B. betrieblichen) Kommunikation führen (Gemert/Woudstra 1997; Perrin 1997; Niederhauser 1997; Pogner 1998; Krings 1998; Göpferich 1998).

5. Schreibforschung in Deutschland

5.1. Rezeption des kognitiven Paradigmas

Schreibentwicklung und Didaktik: Ludwig, Baurmann und die *Siegener Gruppe* um Augst und Feilke haben wesentlichen Anteil an der Etablierung der SF in der Linguistik und Didaktik (Baurmann 1992; Baurmann/Weingarten 1995; Feilke/Portmann 1995). Terminologische (Ludwig 1983) und methodische Arbeiten (Baurmann 1989) werden ergänzt um theoretisch motivierte empirische Analysen (etwa über die Schreibentwicklung bei argumentativen Texten, vgl. Augst/Faigel 1986; Feilke 1988).

Textproduktion und Wissen: Dieser Arbeitsschwerpunkt steht im Zentrum der Arbeiten der *Freiburger Gruppe* um Eigler und seine Mitarbeiter (u. a. Jechle, Winter). Daneben hat diese Gruppe – zusammen mit Molitor-Lübbert – die Rezeption des kognitiven Paradigmas im Kontext der *cognitive sciences* vorangetrieben (Eigler et al. 1990; Winter 1992; Eigler 1996; Molitor-Lübbert 1989; 1996).

Empirische Arbeiten zum Formulierungsprozeß: Die empirische Analyse von Planungs-, Formulierungs- und Revisionsprozessen bei Wegbeschreibungen, Geschäftsbriefen und Zusammenfassungen stehen im Mittelpunkt der Arbeiten des *Marburger Projekts* um Keseling (1993), Rau (1994) und Wrobel 1995).

Schreiben in der Fremdsprache: Im Zentrum dieser Rezeption steht die Frage, worin sich Schreibprozesse in einer Fremd- oder Zielsprache (L2) von denen in der Muttersprache (L1) unterscheiden und inwieweit ein Transfer von L1-Scheibfähigkeiten möglich ist (Krings 1989; 1994; Börner 1992; Wolff 1989).

5.2. Ansätze und Rezeption des sozio-kognitiven Paradigmas

Formulieren als Problemlösen und Handeln: Ausgehend von Antos (1982) wird das Zusammenspiel von mündlichen und schriftlichen Formulierungsprozessen einerseits im Hinblick auf eine kognitiv basierte Handlungstheorie des Formulierens untersucht. Andererseits wird in Gülich/Kotschi (1987) dieser Ansatz z. B. für „Reformulierungen" in mündlicher Kommunikation aufgegriffen und auf die Analyse von Formen „konversationeller Schreibinteraktionen" erweitert und präzisiert (Dausendschön-Gray et al. 1992; Gülich 1994).

Schreibentwicklung und Textproduktion: Anknüpfend an den funktional-pragmatischen Ansatz (Ehlich) wird in Becker-Mrotzek (1997) am Beispiel des Schreibens von Bedienungsanleitungen die Schreibentwicklung von Schülern analysiert.

Textproduktion in der Berufs- und Arbeitswelt: Pogner (1998) beschreibt die arbeitsteilige Produktion fremdsprachlicher Texte von Ingenieuren und Technikern bei der Erstellung eines Gutachtens für ein Energiekonzept. Im mitteleuropäischen Bereich hat Pogner mit den „Odense Working Papers in Language and Communication" schon frühzeitig das sozio-kognitive Paradigma bekannt gemacht und damit den sozialen Charakter des (gemeinsamen) Texterstellens unterstrichen (Pogner 1994; 1997). Zur interkulturellen Dimension der beruflichen TP vgl. Göpferich (1998).

Produktion Wissenschaftlicher Texte mit und ohne Computer PROWITEC: Die von der Gruppe um Jakobs und Knorr herausgegebenen vier Sammelbände haben in den späten 90er Jahren die insbesondere medien- und fachsprachenspezifische TPF in Deutschland am profiliertesten bekannt gemacht. Obwohl die wissenschaftliche TP im Vordergrund steht, hat diese Gruppe die technischen, medialen, sozialen und kulturellen Konsequenzen der neuen *electronic literacy* durch Aufsätze, Monographien (Knorr 1998; Jakobs 1999) und Sammelbände bisher am konsequentesten herausgestellt.

5.3. Eigenständige Ansätze

Die *Züricher Gruppe* um Häcki-Buhofer (1985), Portmann (1991; 1997), Nussbaumer (1991), Sieber (1994) u. a. arbeitet ebenso wie der Berner Niederhauser (1997) dezidiert angewandt linguistisch. Charakteristisch für diese Gruppe ist neben einer umfangreichen (kritischen) Rezeption der einschlägigen Forschung eine bewußt fachüberschreitende Verbindung von Schreibforschung, Textlinguistik und Didaktik.

Schreiben als Systemregulation: Die *Mannheimer Gruppe* um Herrmann und Grabowski hat einen eigenständigen psychologisch fundierten Ansatz vorgelegt, der auch Einfluß auf die *Heidelberger Gruppe* um Speck und Stutterheim hat. Im Zentrum dieses sog. Quaestio-Ansatzes steht die Modellierung der TP dergestalt, daß sich der Text einem Prozeß verdankt, der als eine inhaltliche wie strukturelle Antwort auf eine Textfrage, die sog. Quaestio, aufgefaßt werden kann.

Kreatives Schreiben und écriture automatique: Mit der Rezeption des kreativen Schreibens rückt in der Mutter- wie Fremdsprachendidaktik die freie Textproduktion immer mehr in das Blickfeld. Sie dient der individuellen Selbstfindung, manchmal der Selbsttherapie (Scheidt 1990), wird aber auch beim Fremdsprachenlernen (Hornung 1997) sowie dem wissenschaftlichen und beruflichen Schreiben eingesetzt (Werder 1992; Kruse et al. 1999).

6. Literatur (in Auswahl)

Adamzik, Kirsten/Antos, Gerd/Jakobs, Eva-Maria (eds.) (1997): Domänen- und kulturspezifisches Schreiben. Frankfurt/Main.

Antos, Gerd (1982): Grundlagen einer Theorie des Formulierens. Texterstellung in geschriebener und gesprochener Sprache. Tübingen.

– (1989): Textproduktion: Ein einleitender Überblick. In: Antos, Gerd/Krings, Hans P. (eds.), 5–57.

– (1992): Kontrastive Textproduktionsforschung. Mündliches und schriftliches Erzählen bei Kindern. Eine vergleichende Pilotstudie. In: Krings, Hans P./Antos, Gerd (eds.), 193–218.

– (1996): Die Produktion schriftlicher Texte. In: Günther, Hartmut/Ludwig, Otto (eds.), Art. 137.

– (1997): Texte als Konstitutionsformen von Wissen. Thesen zu einer evolutionstheoretischen Begründung der Textlinguistik. In: Antos, Gerd/Tietz, Heike (eds.), 43–64.

Antos, Gerd/Krings, Hans P. (eds.) (1989): Textproduktion. Ein interdisziplinärer Forschungsüberblick. Tübingen.

Antos, Gerd/Pogner, Karl-Heinz (1995): Schreiben. (Studienbibliographien Sprachwissenschaft, 14). Heidelberg.

Antos, Gerd/Pogner, Karl-Heinz (1995): Schreiben. (Studienbibliographien Sprachwissenschaft, 14). Heidelberg.

– (1999): Kultur- und domänengeprägtes Schreiben. In: Wierlacher, Alois (ed.): Handbuch interkulturelle Germanistik (i. Dr.).

Antos, Gerd/Tietz, Heike (eds.) (1997): Die Zukunft der Textlinguistik. Traditionen, Transformationen, Trends. Tübingen.

Augst, Gerhard/Faigel, Peter (1986): Von der Reihung zur Gestaltung. Untersuchungen zur Ontogenese der schriftsprachlichen Fähigkeiten von 13–23 Jahren. Frankfurt/Main.

Barton, David/Ivanic, Roz (eds.) (1991): Writing in the community. Newbury Park, CA.

Baurmann, Jürgen (1989): Empirische Schreibforschung. In: Antos, Gerd/Krings, Hans P. (eds.), 257–277.

– (1992): Schreibforschung und aufsatzunterricht: ein nichtverhältnis oder …? In: Krings, Hans P./Antos, Gerd (eds.), 111–126.

Baurmann, Jürgen/Weingarten, Rüdiger (eds.) (1995): Schreiben: Prozesse, Prozeduren und Produkte. Opladen.

Beaugrande, Robert-Alain de (1984): Text Production. Towards a science of composition. Norwood/NJ.

– (1989): From linguistics to text linguistics to text production: A difficult path. In: Antos, Gerd/Krings, Hans P. (eds.), 5–57.

– (1992): Theory and Practice in the Sign of Text Production Models. In: Krings, Hans P./Antos, Gerd (eds.), 5–44.

Becker-Mrotzek, Michael (1997): Schreibentwicklung und Textproduktion. Der Erwerb der Schreibfertigkeit am Beispiel der Bedienungsanleitung. Opladen.

Bereiter, Carl/Scardamalia, Marlene (1987): The Psychology of Written Composition. Hillsdale, N.J.

Bergh, Huub van den/Rijlaarsdam, Gert (eds.) (1995): Current Trends in Writing Research. Papers from the S.I.G. Writing Conference 1994. Utrecht.

Berkenkotter, Carel/Huckin, Tom/Ackerman John (1989): Social Contexts and Socially Constructed Texts: The Initiation of a Graduate Student into a Writing Research Community (Technical Report 33). University of Berkeley CA (National Center of the Study of Writing).

Blanken, Gerhard/Dittmann, Jürgen/Wallesch, Claus-W. (1988): Sprachproduktionsmodelle. Neuro- und psycholinguistische Theorien der menschlichen Spracherzeugung. Freiburg.

Börner, Wolfgang (1989): Didaktik schriftlicher Textproduktionen in der Fremdsprache. In: Antos, Gerd/Krings, Hans P. (eds.), 348–376.

– (1992): Selbststeuerung durch Schreibmaximen im fremdsprachlichen Schreiben. In: Pogner, Karl-Heinz (ed.): At skrive, schreiben, writing. Beiträge zur Schreibforschung und -didaktik. (Odense Working Papers in Language and Communcation. No. 1). Odense, 67–83.

Boscolo, Pietro (ed.) (1989): Writing: Trends in European Research. Proceedings of the International Workshop on Writing. Padua.

Cmejrková, Svétlana/Daneš, František/Havlová, Eva (eds.) (1994): Writing vs. Speaking. Language, Text, Discourse, Communication. Tübingen.

Dausendschön-Gay, Ulrich/Gülich, Elisabeth/Krafft, Ulrich (1992): Gemeinsam schreiben. Konversationelle Schreibinteraktionen zwischen deutschen und französischen Gesprächspartnern. In: Krings, Hans P./Antos, Gerd (eds.), 219–256.

Eigler, Gunther (1996): Methoden der Textproduktionsforschung. In: Günther, Hartmut/Ludwig, Otto (eds.), Art. 84.

Eigler, Gunther/Jechle, Thomas/Merziger, Gabriele/Winter, Alexander (1990): Wissen und Textproduzieren. Tübingen.

Eigler, Gunther/Jechle, Thomas (eds.) (1993): Writing. Current Trends in European Research. Freiburg.

Feilke, Helmuth (1988): Ordnung und Unordnung in argumentativen Texten. Zur Entwicklung der Fähigkeit, Texte zu strukturieren. In: Der Deutschunterricht 3, 65–81.

– (1996): Die Entwicklung der Schreibfähigkeiten. In: Günther, Hartmut/Ludwig, Otto (eds.), Art. 100.

– (1995): „Weil"-Verknüpfungen in der Schreibentwicklung. Zur Bedeutung 'lernersensitiver' empirischer Struktur-Begriffe. In: Feilke, Helmuth/Portmann, Paul R. (eds.), 40–53.

Feilke, Helmuth/Portmann, Paul R. (eds.) (1995): Schreiben im Umbruch. Beiträge der linguistischen Schreibforschung zur Praxis und Reflexion schulischen Schreibens. Stuttgart.

Flower, Linda S. (1985): Cognition, context, and theory building. In: Colledge Composition and Communication 40/3, 282–311.

– (1994): The Construction of Negotiated Meaning. A Social Cognitive Theory of Writing. Cabondale, Edwardsville IL.

Flower, Linda S./Ackermann, John (1994): Writers at work. Strategies for communication in business and professional settings. Orlando FL.

Gemert, Lisette van/Woudstra, Egbert (1997): Veränderungen beim Schreiben am Arbeitsplatz. Eine Literaturstudie und eine Fallstudie. In: Adamzik, Kirsten/Antos, Gerd/Jakobs, Eva-Maria (eds.), 103–126.

11. Ansätze zur Erforschung der Textproduktion

Göpferich, Susanne (1998): Interkulturelles *Technical Writing*. Fachliches adressatengerecht vermitteln. (FFF; 40). Tübingen.

Grabowski, Joachim (1995): Schreiben als Systemregulation. In: Jakobs, Eva-Maria/Knorr, Dagmar/Molitor-Lübbert, Sylvie (eds.): Wissenschaftliche Textproduktion. Mit und ohne Computer, 11−34.

Gülich, Elisabeth (1994): Formulierungsarbeit im Gespräch. In: Cmejrková, Světlana/Daneš, František/Havlová, Eva (eds.): Writings vs. Speaking. Language, Text, Discourse, Communication. Tübingen, 77−95.

Gülich, Elisabeth/Kotschi, Thomas (1987): Reformulierungshandlungen als Mittel der Textkonstitution. Untersuchungen zu französischen Texten aus mündlicher Kommunikation. In: Motsch, Wolfgang (ed.): Satz, Text, sprachliche Handlung. Berlin, 199−261.

Günther, Hartmut/Ludwig, Otto (eds.) (1994/1996): Schrift und Schriftlichkeit. Berlin (HSK 10.1 u. 10.2.).

Günther, Udo (1993): Texte planen − Texte produzieren. Kognitive Prozesse der schriftlichen Textproduktion. Opladen.

Häcki-Buhofer, Annelies (1985): Schriftlichkeit im Alltag. Theoretische und empirische Aspekte − am Beispiel eines Schweizer Industriebetriebes. Bern.

Herrmann, Theo/Grabowski, Joachim (1994): Sprechen − Psychologie der Sprachproduktion. Heidelberg.

Herrmann, Theo/Hoppe-Graff, Siegfried (1989): Textproduktion. In: Antos, Gerd/Krings, Hans P. (eds.), 146−164.

Hess-Lüttich, Ernest B. (1997): Text, Intertext, Hypertext − Zur Texttheorie der Hypertextualität. In: Klein, Josef/Fix, Ulla (eds.): Textbeziehungen. Linguistische und literaturwissenschaftliche Beiträge zur Intertextualität. Tübingen, 125−148.

Hornung, Antonie (1997): Führen alle Wege nach Rom? Über kulturspezifische Zugangsweisen zu Schreibprozessen. In: Adamzik, Kirsten/Antos, Gerd/Jakobs, Eva-Maria (eds.), 71−99.

Jakobs, Eva-Maria (1995): Text und Quelle. Wissenschaftliche Textproduktion unter dem Aspekt der Nutzung externer Wissensspeicher. In: Jakobs, Eva-Maria/Knorr, Dagmar/Molitor-Lübbert, Sylvie (eds.): Wissenschaftliche Textproduktion. Mit und ohne Computer. Frankfurt/Main, 91−112.

− (1997a): Textproduktionsprozesse in den Wissenschaften. Einleitung und Überblick. In: Jakobs, Eva-Maria/Knorr, Dagmar (eds.): Schreiben in den Wissenschaften. Frankfurt/Main, 1−11.

− (1997b): Textproduktion als domänen- und kulturspezifisches Handeln. Diskutiert am Beispiel wissenschaftlichen Schreibens. In: Adamzik, Kirsten/Antos, Gerd/Jakobs, Eva-Maria (eds.), 9−30.

− (1999): Vom Umgang mit den Texten anderer. Textbezüge im Spannungsfeld produktiver, reproduktiver und rezeptiver Prozesse. Tübingen.

Jakobs, Eva-Maria/Knorr, Dagmar (eds.) (1997): Schreiben in den Wissenschaften. Frankfurt/Main.

Jakobs, Eva-Maria/Knorr, Dagmar/Molitor-Lübbert, Sylvie (eds.) (1995): Wissenschaftliche Textproduktion. Mit und ohne Computer. Frankfurt/Main.

Jakobs, Eva-Maria/Knorr, Dagmar/Pogner, Karl-Heinz (eds.) (1999): Textproduktion. Hypertext, Text, Kontext. Frankfurt/Main.

Jechle, Thomas (1992): Kommunikatives Schreiben. Prozeß und Entwicklung aus der Sicht kognitiver Schreibforschung. Tübingen.

Keseling, Gisbert (1993): Schreibprozeß und Textstruktur. Empirische Untersuchungen zur Produktion von Zusammenfassungen. Tübingen.

Knorr, Dagmar (1997): Verwaltung von Fachtextinformationen. Anforderungen an Nutzer und Hilfssysteme. In: Jakobs, Eva-Maria/Knorr, Dagmar (eds.): Textproduktion in elektronischen Umgebungen. Frankfurt/Main u. a., 67−86.

− (1998): Informationsmanagement für wissenschaftliche Textproduktion. Tübingen.

Knorr, Dagmar/Jakobs, Eva-Maria (1997): Textproduktion in elektronischen Umgebungen. Einleitung und Überblick: In: Knorr, Dagmar/Jakobs Eva-Maria (eds.), 1−7.

− (eds.) (1997): Textproduktion in elektronischen Umgebungen. Frankfurt/Main.

Krings, Hans P. (1989): Schreiben in der Fremdsprache − Prozeßanalysen zum 'vierten skill'. In: Antos, Gerd/Krings, Hans P. (eds.): Textproduktion: Ein interdisziplinärer Forschungsüberblick. Tübingen, 377−436.

− (1992): Schwarze Spuren auf weißem Grund − Fragen, Methoden und Ergebnisse der empirischen Schreibforschung im Überblick. In: Krings, Hans P./Antos, Gerd (eds.): Textproduktion. Neue Wege der Forschung. Trier, 45−110.

− (1994): What do we know about writing process in L2? The state of the art. In: Pogner, Karl-Heinz (ed.), 83−114.

− (1998): Texte reparieren. Empirische Untersuchungen zum Prozeß der Nachredaktion von Maschine-Übersetzungen. Tübingen.

Krings, Hans P./Antos, Gerd (eds.) (1992): Textproduktion. Neue Wege der Forschung. Trier.

Kroll, Barbara (ed.) (1990): Second language writing. Research insights for the classroom. Cambridge.

Kruse, Otto/Jakobs, Eva-Maria/Ruhmann, Gabriela (eds.) (1999): Schlüsselkompetenz Schreiben. Konzepte, Methoden, Projekte für Schreibberatung und Schreibdidaktik an der Hochschule. Neuwied u. a.

Ludwig, Otto (1983): Einige Vorschläge zur Begrifflichkeit und Terminologie von Untersuchungen im Bereich der Schriftlichkeit. In: Günther, Klaus B./Günther Hartmut (eds.): Schrift, Schreiben, Schriftlichkeit. Arbeiten zur Struktur, Funktion und Entwicklung schriftlicher Sprache. Tübingen, 1–16.

McCutchen, Deborah (1986): Domain knowledge and linguistic knowledge in the development of written ability. In: Journal of Memory and Language (25), 431–444.

Möhle, Dorothea/Raupach, Manfred (1989): Prozesse der mündlichen Textproduktion. In: Antos, Gerd/Krings, Hans P. (eds.): Textproduktion: Ein interdisziplinärer Forschungsüberblick. Tübingen, 437–462.

Molitor-Lübbert, Sylvie (1989): Schreiben und Kognition. In: Antos, Gerd/Krings, Hans P. (eds.): Textproduktion: Ein interdisziplinärer Forschungsüberblick. Tübingen, 278–296.

– (1996): Schreiben als mentaler und sprachlicher Prozeß. In: Günther, Hartmut/Ludwig, Otto (eds.): Schrift und Schriftlichkeit. Berlin. HSK 10.2. Art. 85.

Niederhauser, Jürg (1997): Das Schreiben populärwissenschaftlicher Texte als Transfer wissenschaftlicher Texte. In: Jakobs, Eva-Maria/Knorr, Dagmar (eds.): Schreiben in den Wissenschaften. Frankfurt/Main, 107–124.

Nussbaumer, Markus (1991): Was Texte sind und wie sie sein sollen. Ansätze zu einer sprachwissenschaftlichen Begründung eines Kriterienrasters zur Beurteilung von schriftlichen Schülertexten. Tübingen.

Nystrand, Martin (1986): The Structure of Written Communication. Studies in Reciprocity between Writers and Readers. Orlando FL.

– (1989): A Social-Interactive Model of Writing. In: Written Communication 1 (6), 66–85.

Odell, Lee/Goswami, Dixie (eds.) (1985): Writing in nonacademic settings. N.Y.

Perrin, Daniel (1997): Kompressionsfaktor 100: Strategien journalistischer Textproduktion optimieren. In: Adamzik, Kirsten/Antos, Gerd/Jakobs, Eva-Maria (eds.): Domänen- und kulturspezifisches Schreiben. Frankfurt/Main, 167–202.

Pieth, Christa/Adamzik, Kristen (1997): Anleitungen zum Schreiben universitärer Texte in kontrastiver Perspektive. In: Adamzik, Kirsten/Antos, Gerd/Jakobs, Eva-Maria (eds.) (1997): Domänen- und kulturspezifisches Schreiben. Frankfurt/Main, 31–69.

Pogner, Karl-Heinz (ed.) (1994): More about writing. Odense Working Papers in Language and Communication. (No. 6). Odense.

– (1997): Text und Dynamik. Beobachtungen zur Textproduktion an einem technischen Arbeitsplatz. In: Antos, Gerd/Tietz, Heike (eds.): Die Zukunft der Textlinguistik. Traditionen, Transformationen, Trends. Tübingen, 81–96.

– (1998): Schreiben im Beruf als Handeln im Fach. Tübingen.

– (1999): Textproduktion in Diskursgemeinschaften. In: Jakobs, Eva-Maria/Knorr, Dagmar/Pogner, Karl-Heinz (eds.): Textproduktion. Hypertext, Text, Kontext. Frankfurt/Main.

Portmann, Paul R. (1991): Schreiben und Lernen. Grundlagen der fremdsprachlichen Schreibdidaktik. Tübingen.

– (1997): Erarbeitung von Textstrukturen. Zu einigen Verbindungen zwischen Schreibforschung und kognitiver Textlinguistik. In: Antos, Gerd/Tietz, Heike (eds.), 65–80.

Rau, Cornelia (1994): Revisionen beim Schreiben. Zur Bedeutung von Veränderungen in Textproduktionsprozessen. Tübingen.

Rothkegel, Annely (1993): Textualisieren: Theorie und Computermodell der Textproduktion. Frankfurt.

Scheidt, Jürgen von (1990): Kreatives Schreiben. Texte als Wege zu sich selbst und zu anderen. Selbsterfahrung, Therapie, Meditation, Denkwerkzeug, Arbeitshilfe, Abbau von Schreibblockaden. Frankfurt.

Sieber, Peter (eds.) (1994): Sprachfähigkeiten – besser als ihr Ruf und nötiger denn je! Egebnisse und Folgerungen aus einem Forschungsprojekt. Aarau.

Speck, Agnes (1995): Textproduktion im Dialog. Zum Einfluß des Redepartners auf die Textorganisation. Opladen.

Spilka, Rachel (eds.) (1993): Writing in the workplace: New research perspectives. Carbondale/Edwardsville, IL.

Stutterheim, Christiane von (1997): Einige Prinzipien des Textaufbaus. Empirische Untersuchungen zur Produktion mündlicher Texte. Tübingen.

Werder, Lutz von (1992): Kreatives Schreiben in den Wissenschaften. Berlin.

Winter, Alexander (1992): Metakognition beim Textproduzieren. Tübingen.

Wolff, Dieter (1989): Zweitsprachliche und muttersprachliche Textproduktion fortgeschrittener Englischlerner im Vergleich. In: Kettemann, Bernd et al. (eds.): Englisch als Zweitsprache. Tübingen, 353–373.

Wrobel, Arne (1995): Schreiben als Handlung. Überlegungen und Untersuchungen zur Theorie der Textproduktion. Tübingen.

Gerd Antos, Halle
(Deutschland)

12. Aspekte der Textverarbeitungsforschung

1. Vorstrukturierung: die historische Ausgangssituation
2. Sprach- und gedächtnispsychologische Grundlagen der Textverarbeitungsforschung
3. Propositionale Textverarbeitungsmodelle
4. Prozeßmodelle der Textverarbeitung
5. Schematheoretische Ansätze der Textverarbeitung
6. Mentale Modelle
7. Statt eines Ausblicks – ein Rückblick
8. Literatur (in Auswahl)

1. Vorstrukturierung: die historische Ausgangssituation

Der Begriff der Textverarbeitung bezieht sich auf all jene kognitiven Vorgänge, die an der Aufnahme, Transformation, Organisation, Speicherung, Reaktivierung und Reproduktion von Textinformationen beteiligt sind. An der Theoriebildung und Forschung in diesem Bereich sind zwei Disziplinen maßgeblich beteiligt gewesen: Die Linguistik und die Psychologie. Die Verbindung von linguistischen Sprach- und Textmodellen mit psychologischen Vorstellungen über kognitive Verarbeitungsprozesse und deren Überprüfung im Rahmen eines erfahrungswissenschaftlichen Methodenkanons führte zu dem Forschungszweig, der heute als empirische Textverarbeitungsforschung bezeichnet wird und ein Teilgebiet der Kognitionspsychologie darstellt. Mit Kognitionspsychologie ist dabei jene Richtung in der Psychologie gemeint, die das 'Kognitive' (und damit auch die Verarbeitung von Texten) primär in Termini von Informationsverarbeitungsprozessen faßt. Sie beschäftigt sich seit Beginn der 70er Jahre mit den Vorgängen, die dem Verstehen und Behalten komplexen sprachlichen Materials zugrunde liegen. Das Interesse an diesem Forschungsgegenstand ist dabei in Parallelität zur sog. 'Kognitiven Wende' zu sehen, die in den 60er Jahren durch eine Reihe von theoretischen und methodologischen Neuorientierungen innerhalb und außerhalb der Einzelwissenschaft Psychologie eingeleitet wurde. Dazu gehören der Niedergang der bis in die 60er Jahre hinein vorherrschenden behavioralen Forschungstradition mit ihrer völligen Ausblendung internaler Vorgänge, die Auseinandersetzung mit der Chomskyschen Generativen Transformationsgrammatik sowie die Entwicklung der Informationstheorie und das Aufkommen neuer Computertechnologien. Richtungsweisend für die Entwicklung einer kognitionspsychologischen Textverarbeitungsforschung waren vor allem die Befunde der frühen sprach- und gedächtnispsychologischen Forschung zum Wort- und Satzverstehen sowie die aus der Linguistik (speziell der Generativen Semantik) kommenden Kasusgrammatiken zur Beschreibung semantischer Satzstrukturen (Fillmore 1968; Chafe 1970). Als Rahmentheorie wurde (mehr oder minder explizit) die von Bartlett (1932) im Rahmen gedächtnispsychologischer Untersuchungen zur Reproduktion narrativer Texte begründete Konstruktivitätshypothese angesetzt, nach der die Verarbeitung sprachlichen Materials keinen passiven Rezeptionsvorgang, sondern einen konstruktiven Akt der Sinngebung darstellt, bei dem Rezeptienten/innen aktiv auf der Grundlage ihres Wissens von Welt neue Informationen in ihre Wissensstruktur einfügen. Der Verarbeitungsprozeß wird dementsprechend als Interaktion zwischen einem vorgegebenen Text und der Kognitionstruktur des/der Rezipienten/in aufgefaßt (Ballstaedt et al. 1981; Groeben 1982; Christmann 1989; Christmann/Groeben 1996a; 1996b). Kennzeichnend für die kognitionspsychologische Textverarbeitungsforschung ist, daß sie sich in ihren Modellen zunächst auf die Textseite dieses Wechselwirkungsprozesses konzentriert hat und im Zuge ihrer Entwicklung zunehmend die Rezipientenseite (Weltwissen, Vorwissen, Zielsetzungen, Situationswissen etc.) mitberücksichtigt hat (vgl. Christmann 1989; Christmann/Groeben 1999). Damit einher geht die Verwendung von zunehmend komplexeren (im Sinne von bedeutungshaltigeren) Beschreibungs- und Verarbeitungseinheiten (vgl. Groeben 1986), die zugleich auch der Komplexität des Verarbeitungsprozesses eher gerecht werden. Ziel dieses Beitrags ist es, die wichtigsten Etappen dieser Forschungsentwicklung von den sprach- und gedächtnispsychologischen Anfängen bis hin zu den rezenten mentalen Modellen zu skizzieren.

2. Sprach- und gedächtnispsychologische Grundlagen der Textverarbeitungsforschung

Von besonderer Relevanz ist das erstmals von Miller (1956) formulierte Rekodierprinzip, das den Vorgang der Organisation und Integration von Einzelinformationen zu umfassenderen, übergeordneten Einheiten beschreibt und heute als fundamentales Sprachverarbeitungsprinzip angesehen wird (Bock 1978). Danach werden Einzelinformationen wie Ziffern, Buchstaben und Wörter nicht isoliert voneinander verarbeitet, sondern sie werden aufeinander bezogen, gruppiert und zu umfassenderen Gedächtniseinheiten integriert. Gespeichert wird dabei immer der übergeordnete Code (nicht die Einzelinformation), der in der Reproduktionsphase die Funktion eines Abrufreizes übernimmt. Die Gültigkeit dieses Prinzips konnte durch eine Fülle empirischer Untersuchungen belegt werden, und zwar gleichermaßen auf Wort-, Satz- und Textebene (für einen Überblick vgl. Engelkamp 1976; Bredenkamp/Wippich 1977; Bock 1978).

Auf Wortebene erfolgt die Bildung übergeordneter Einheiten auf der Grundlage vorhandener semantischer Relationen des Wortmaterials (z. B. Bildung von Oberbegriffen bei kategorial verbundenen Wörtern). Fehlen solche Relationen im Wortmaterial, dann werden übergeordnete Einheiten nach subjektiven Gesichtspunkten gebildet (subjektive Organisation nach Tulving 1962), d. h. der/die Rezipient/in muß selbst semantische Relationen ('natural language mediators') zwischen den Wörtern herstellen (für eine empirische Überprüfung vgl. Mandler 1967; zusammenfassend: Bredenkamp/Wippich 1977; Bock 1978).

Parallele Organisationsvorgänge spielen sich auch auf Satzebene ab. Satzelemente werden dabei im Verarbeitungsprozeß auf der Grundlage ihrer semantischen Relationen zu sog. propositionalen Einheiten oder Prädikat-Argument-Strukturen rekodiert (Engelkamp 1973; 1976; Bock 1978). Mit dem Konzept der Prädikat-Argument-Struktur wurde für die Sprach- und vor allem für die (spätere) Textpsychologie ein Konzept fruchtbar gemacht, das ursprünglich aus der Linguistik, speziell der Kasus-Grammatik stammt (Fillmore 1968; Chafe 1970). Die semantische Struktur eines Satzes wird in der Kasus-Grammatik als tiefenstrukturelle Relation zwischen einem Prädikat (Zustände, Ereignisse, Eigenschaften) und den von ihm implizierten Argumenten (Objekte, Personen, Sachverhalte) beschrieben. Das Prädikat steht dabei im Zentrum des Satzes und legt die Anzahl der möglichen Argumente fest, die zu ihm in einer besonderen Kasusbeziehung stehen (Fillmore 1978, 24 f; vgl. auch Chafe 1970). Die psychologische Bedeutsamkeit der Prädikat-Argument-Struktur liegt in der Annahme, daß es sich dabei um kognitive Bedeutungsstrukturen handelt, die die Struktur unseres Wissens von Welt repräsentieren (Engelkamp 1976). In der Tat konnte die Verarbeitungsrelevanz propositionaler Bedeutungseinheiten in zahlreichen Untersuchungen empirisch belegt werden (zusammenfassend Bock 1978). Der grundlegende Versuchsgedanke bestand darin, zu zeigen, daß Sätze mit identischer Oberflächenstruktur, aber unterschiedlicher propositionaler Tiefenstruktur in Abhängigkeit von der Art und Anzahl der Propositionen der Tiefenstruktur unterschiedlich gut verarbeitet werden (vgl. Christmann 1989, 44). So konnte beispielsweise sichergestellt werden, daß die Verarbeitungsgüte bei oberflächengleichen Sätzen von der Anzahl der Propositionen der Tiefenstruktur abhängt (Engelkamp 1973), daß bei Sätzen mit gleicher Anzahl von Inhaltswörtern, die Verarbeitungszeit mit der Anzahl der Satzpropositionen steigt (Kintsch/Keenan 1973) und daß die Verarbeitungszeit von der Anzahl der Argumente einer Proposition abhängt (Raue/Engelkamp 1977). Die Bildung einer Prädikat-Instrument-Struktur wird hier als Rekodiervorgang aufgefaßt, wobei das Prädikat bei der Satzverarbeitung die Funktion eines Organisationskerns übernimmt.

Die Verarbeitung von Texten folgt dem gleichen Grundprinzip wie die Verarbeitung von Wörtern und Sätzen mit dem einzigen Unterschied, daß die entscheidenden Rekodiervorgänge die Satzgrenzen überschreiten. Als empirische Belege für solche satzübergreifenden Integrationsprozesse gelten Untersuchungen, die zeigen, daß bei Darbietung einer Zufallsabfolge von Sätzen stets eine schlechtere Behaltensleistung resultiert als bei Darbietung der gleichen Sätze in einer 'natürlichen' textgemäß geordneten Folge (Frase 1969; Schultz/DiVesta 1972; Perlmutter/Royer 1973). Diese satzübergreifenden Rekodierprozesse sind dabei offensichtlich semantisch-relationaler Art (vgl. Bransford/Franks 1971). Die Befunde lassen vermuten, daß Teilkomponenten einer Grundidee wegen der zwischen ihnen bestehenden semantischen Relationen zu einer Gedächtniseinheit integriert werden. Eine textlinguistisch differenziertere Betrachtung solcher satzübergreifenden Rekodier- bzw. Integrationsprozesse unter Zugrundelegung des Konzepts der Prädikat-Argument-Struktur zeigt, daß diese dann besonders gut gelingen, wenn die einzelnen

Propositionen sich auf denselben Referenten beziehen (Manelis/Yekovich 1976). Dieses als Koreferenz bezeichnete Verknüpfungsprinzip, das an der Sprachoberfläche z. B. durch Rekurrenz oder Pronominalisierung realisiert sein kann, ist nach Dressler (1972) das stärkste kohärenzerzeugende Mittel in einem Text und spielt bei den späteren propositionalen Textbeschreibungsmodellen eine dominierende Rolle für die Herausarbeitung der semantischen Textstruktur (s. u. 3.).

Semantische Integration meint in den oben dargestellten Beispielfällen allerdings mehr als die bloße Integration der mitgeteilten Textinformation. Sie bezieht sich auch auf die Integration von Textinformationen mit dem bereits vorhandenen Wissen des/der Rezipienten/in. Bransford und Mitarbeiter konnten in weiteren Untersuchungen zeigen, daß im Verarbeitungsprozeß über den unmittelbar gegebenen semantischen Input hinausgegangen und die sprachliche Information mittels Schlußfolgerungsprozessen mit dem bereits vorhandenen Wissen integriert wird (Bransford et al. 1972; Bransford/Johnson 1972). Die Existenz solcher konstruktiven Schlußfolgerungsprozesse belegen generell Untersuchungen, bei denen Rezipienten/innen sich an mehr erinnern, als sie gehört haben. Die Befunde von Bransford sind auch heute noch von ungebrochener Aktualität für die Textverarbeitungsforschung: Sie belegen zum einen, daß die ursprünglich für die Reproduktionsphase aufgestellte Konstruktivitätshypothese (Bartlett 1932) bereits für die Rezeptionsphase zutrifft; sie verdeutlichen zum anderen, daß im Verarbeitungsvorgang eine semantische Beschreibung von Situationen aufgebaut wird, deren Repräsentation im wesentlichen dem entspricht, was in der neueren Kognitionspsychologie als mentales Modell bezeichnet wird (s. u. 6).

3. Propositionale Textverarbeitungsmodelle

Ausgehend von der empirisch gut gestützten Annahme, daß Propositionen die zentralen Einheiten der Sprachverarbeitung darstellen und daß Propositionsfolgen im Verarbeitungsprozeß integriert und hierarchisch organisiert werden, wurden Mitte der 70er Jahre die ersten propositionalen Verarbeitungsmodelle entwickelt (Kintsch 1974; Meyer 1975). Im Mittelpunkt stand dabei zunächst die Frage nach der objektiven, d. h. intersubjektiv maximal präzisen Beschreibung des textualen Ausgangsmaterials als Kernstück einer empirischen Textpsychologie.

Nach dem Beschreibungsmodell von Kintsch (1974) werden Texte als Listen von Propositionen (s. o. 2.) notiert, die als Textbasis bezeichnet werden. Propositionen gelten als Einheiten der semantischen Tiefenstruktur, die an der Sprachoberfläche unterschiedlich realisiert sein können. Die Beschreibung der semantischen Textstruktur erfolgt in zwei Schritten: Im ersten Schritt wird ein Text in eine Propositionsliste 'übersetzt', im zweiten Schritt wird auf der Grundlage der Kohärenzverhältnisse der Textbasis eine hierarchische Textstruktur erstellt. Zur Transformation eines Textes in eine Propositionsliste bzw. Textbasis wurde ein umfangreiches Regelsystem entwickelt (vgl. das Manual von Turner/Greene 1977), das in der Textverarbeitungsforschung breite Anwendung gefunden hat. Mit Hilfe dieses Regelsystems soll es möglich sein, Textbasen zu erstellen, die eine eindeutige Rekonstruktion der Textbedeutung ermöglichen, d. h. es müssen auch solche Informationen aufgenommen werden, die an der Textoberfläche sprachlich nicht explizit ausgedrückt werden (Kintsch 1974, 11). Ausgehend von dieser expliziten Textbasis wird im nächsten Schritt die Kohärenz der Textstruktur bestimmt und die hierarchische Textstruktur etabliert. Als Kohärenzkriterium gilt dabei das Rekurrenz-Prinzip, nach dem Propositionen dann miteinander verknüpft sind, wenn sie die gleichen Argumente enthalten (Argumentüberlappung) oder wenn eine Proposition als Argument in einer anderen Proposition eingebettet ist. Eine besondere Rolle spielen dabei jene Propositionen, die Argumente enthalten, die in nachfolgenden Propositionen wieder auftreten. Sie gelten im Sinne des Rekodierprinzips als übergeordnete Organisationskerne und sollten bei der satzübergreifenden Verarbeitung besonders gut behalten werden. Die Über-/Unterordnungsverhältnisse von Propositionen werden in der hierarchischen Textstruktur, die auch als Kohärenzgraph dargestellt werden kann, abgebildet. Sie wird nach einer intuitiven Festlegung der sog. Top-Proposition (thematische Propositionen auf höchster Hierarchieebene) rein mechanisch auf der Grundlage des Rekurrenz-Prinzips aufgebaut (zum genauen Verfahren vgl. Kintsch 1974; Turner/Greene 1977; Christmann 1989; Grabowski 1992). Ein alternatives Rekonstruktions- und Notationsmodell hat (Meyer

1975) entwickelt, mit dem sie sich aber gegen das Modell von Kintsch nicht hat durchsetzen können.

Neben einer möglichst objektiven Beschreibung der Textstruktur ist es das Hauptanliegen einer empirischen Textverarbeitungsforschung, den Einfluß spezifischer Merkmale der semantischen Textstruktur auf das Verstehen und Behalten von Textinformationen nachzuweisen. Innerhalb der propositionstheoretischen Modellierung konnte dabei gezeigt werden, daß Propositionen, die einen höheren Grad an Vernetzung mit anderen Textpropositionen aufweisen, besser behalten werden als solche mit niedriger Vernetzung (Kintsch 1974; Manelis 1980), daß die propositionale Dichte eines Textes einen signifikanten Einfluß auf die Lesezeit hat (Kintsch/Keenan 1973) und daß Propositionen, die über das Rekurrenz-Prinzip verbunden sind, schneller gelesen und besser erinnert werden (Manelis/Yekovich 1976; Yekovich/Manelis 1980). Am bedeutsamsten waren dabei jene Untersuchungen, die den Einfluß hierarchischer Strukturvariablen auf die Verarbeitung überprüften. Postuliert wurde, daß hierarchiehohe Propositionen besser behalten als hierarchieniedrige, und zwar deshalb, weil sie Argumente enthalten, die in den nachfolgenden Propositionen wieder aufgenommen werden. Sie haben somit einen hohen integrativen Wert und sollten bei der Textverarbeitung als Organisationskerne wirken (Bock 1978; Christmann 1989). Diese als 'level-effect' bezeichnete Annahme konnte unabhängig von dem zugrunde liegenden Textbeschreibungsmodell empirisch belegt werden (für einen Überblick vgl. Christmann 1989). Hierarchiehohe Propositionen werden unabhängig von der Textposition, in der sie auftreten, besser behalten und weniger schnell vergessen als hierarchieniedrige (z. B. Kintsch et al. 1975; Graesser 1978). Darüber hinaus konnte gezeigt werden, daß Fragen zu übergeordneten Propositionen schneller und besser beantwortet werden als solche zu untergeordneten Propositionen (McKoon 1977; Meyer 1977). Die Verarbeitung eines Textes läßt sich nach diesen Befunden als semantischer und hierarchisch-sequentieller Organisationsprozeß beschreiben (Bock 1978; Groeben 1982).

Diese positive empirische Befundlage darf jedoch nicht darüber hinwegtäuschen, daß die propositionalen Beschreibungsmodelle einige gravierende Schwachstellen aufweisen. Dazu gehört u. a., daß sie dem Anspruch, eine völlig objektive Beschreibung der semantischen Textstruktur liefern zu können (Kintsch/Vipond 1979, 345; van Dijk/Kintsch 1983, 43) nicht gerecht werden (insbesondere nicht bei komplexeren und längeren Texten). Dies hat natürlich Konsequenzen für die Erklärungskraft der Modelle. Außerdem haben sie sich für eine Anwendung außerhalb der Grundlagenforschung als zu aufwendig und unökonomisch erwiesen (vgl. im einzelnen unter Bezug auf die Kriterien der Ökonomie, Objektivität, deskriptive und explanative Validität Christmann 1989).

Zur Beschreibung und Erklärung von Verarbeitungsvorgängen bei längeren Texten wurden daher Ende der 70er Jahre ausgehend von textlinguistischen Modellierungen (van Dijk 1972) sog. Makrostrukturmodelle entwickelt (Kintsch/van Dijk 1978; van Dijk 1980; Graesser 1981), die es erlauben, den Textzusammenhang auf globalerer Ebene abzubilden als Mikropropositionsmodelle. Makrostrukturmodelle gehen davon aus, daß die Textinformationen im Verarbeitungsprozeß durch eine Reihe von Reduktionsoperationen (sog. Makroregeln) auf das Wesentliche verdichtet wird. Van Dijk (1980) unterscheidet vier Makroregeln: Auslassen, Generalisieren, Selegieren und Konstruieren bzw. Integrieren. Diese Regeln sind rekursiv, d. h. sie können wiederholt auf bereits gebildete Makrostrukturen angewendet werden und erlauben es damit, die Textinformation auf unterschiedlichen Globalitätsniveaus abzubilden. Die Anwendung von Makroregeln erfolgt dabei nicht ausschließlich auf der Grundlage des vorgegebenen Textes, sondern immer in Interaktion mit dem Welt- und Vorwissen des/der Rezipienten/in. Entsprechend gelten Makrostrukturen als konstruktive Prozesse der Informationsreduktion. Die Verarbeitungsrelevanz der Makrostrukturbildung wurde durch Untersuchungen belegt, die zeigen, daß Makropropositionen auf Grund ihrer strukturellen Bedeutsamkeit besser behalten und weniger schnell vergessen werden als Mikropropositionen (Kintsch/van Dijk 1978; Beyer 1987). Am deutlichsten tritt dieser Effekt bei längeren Texten und nach längeren Behaltensintervallen auf. Insgesamt werden Makrostrukturmodelle den Besonderheiten der Verarbeitung längerer Texte besser gerecht als Mikropropositionsmodelle; problematisch ist allerdings, daß die unterschiedenen Makroregeln und die ihnen zugrundeliegenden kognitiven Operationen relativ unscharf gefaßt sind.

4. Prozeßmodelle der Textverarbeitung

Während die bislang dargestellten Modelle eher strukturellen Charakter haben, wurden Ende der 70er und in den 80er Jahren auch Modelle entwickelt, die versuchen, den Prozeßaspekt der Verarbeitung stärker zu berücksichtigen. Das erste Prozeßmodell der Textverarbeitung wurde von Kintsch/van Dijk (1978) entwickelt. Es wird als Modell der zyklischen Verarbeitung bezeichnet und stellt eine Weiterentwicklung des strukturellen Propositionsmodells von Kintsch (1974) dar. Die Verarbeitung eines Textes erfolgt danach in aufeinander folgenden Zyklen, wobei jeder Zyklus mehrere Phasen umfaßt, die zum Teil parallel ablaufen. In der ersten Phase wird eine Gruppe von (2–20) Textpropositionen ins Arbeitsgedächtnis eingelesen und auf Kohärenz geprüft; außerdem werden Kohärenzlücken durch Inferenzen geschlossen. In der nächsten Phase werden einige Propositionen aus dem Arbeitsgedächtnis ins Kurzzeitgedächtnis übernommen und zwar diejenigen, die einen hohen strukturellen Wert haben. Nach Kintsch/van Dijk sind dies hierarchiehohe und zuletzt eingelesene Propositionen. Im nächsten Zyklus wird versucht, zwischen einer neu eingelesenen Gruppe von Propositionen und der im Kurzzeitgedächtnis abgelegten Teilstruktur, Kohärenz herzustellen, und der beschriebene Prozeß beginnt von vorne. Gelingt die Kohärenzherstellung nicht, müssen die Kohärenzlücken durch Inferenzen oder sog. Reinstatements (Reaktivierung bereits verarbeiteter und ins Langzeitgedächtnis transferierter Teile) geschlossen werden. Beide Formen der Schließung von Kohärenzlücken sind verarbeitungserschwerend und kosten Zeit. Die wichtigsten, für die Verarbeitung eines Textes relevanten Modellmerkmale sind die Aufnahmekapazität des Arbeitsgedächtnisses, die Speicherkapazität des Kurzzeitgedächtnisses, der Kohärenzgrad der propositionalen Textbasis sowie die Anzahl der Umorganisationen, Inferenzen und Reinstatements zur Schließung von Kohärenzlücken. Auf der Grundlage der Kenntnis dieser Merkmale ist es möglich, sowohl die Lesezeit und die Behaltensleistung vorherzusagen als auch den Schwierigkeitsgrad eines Textes anzugeben (z. B. Kintsch/Vipond 1979). Das Modell kann gleichermaßen Gültigkeit für die Mikro- wie für die Makroverarbeitung beanspruchen (vgl. Miller/Kintsch 1980). Allerdings geben die Modellmerkmale auf Mikroebene bessere Prädiktoren für die Verstehensleistung schlechter Leser ab als Merkmale auf Makroebene, während es sich bei guten Lesern umgekehrt verhält (Vipond 1980).

Genau ein Jahrzehnt später hat Kintsch (1988) ein weiteres Prozeßmodell für die Mikroebene der Verarbeitung entwickelt. Es erhebt den Anspruch, die Interaktion von rezipientenseitigem Weltwissen und Textbedeutung präziser modellieren zu können als bisherige Verarbeitungsmodelle, die nach Kintsch entweder zu unflexibel oder zu allgemein sind, um angeben zu können, welche Vorwissensbereiche aktiviert werden. Das Konstruktions-Integrations-Modell unterscheidet eine Konstruktions- und eine Integrationsphase des Verarbeitungsprozesses, wobei die Wissensaktivierung als datengesteuerter (vom Text ausgehender) Prozeß aufgefaßt wird, durch den auf der Grundlage einfacher Regeln ein relativ umfangreiches Wissensnetzwerk aufgebaut wird, das viele irrelevante Informationen enthält, die in der Integrationsphase aktiviert werden.

5. Schematheoretische Ansätze der Textverarbeitung

Im Unterschied zu propositionalen Modellen fokussieren die ab Mitte der 70er Jahre entwickelten schematheoretischen Ansätze zur Textverarbeitung den Einfluß von Vorwissensstrukturen, Erwartungen und Zielsetzungen auf das Verstehen und Behalten von Texten. Zur Beschreibung der rezipientenseitigen Wissensbestände wird der auf Selz (1913), Piaget (1926) und Bartlett (1932) zurückgehende Begriff des Schemas verwendet. Schemata repräsentieren Wissen über verschiedene Realitätsbereiche (zum Beispiel Bibliotheken, Computer, Autos, Möbel etc.), und zwar auf unterschiedlichen Abstraktionsebenen. Sie bestehen aus Konzepten und deren Interrelationen und sind nach dem Allgemeinheitsgrad ihrer Begriffe hierarchisch organisiert. Schemata weisen Leerstellen auf ('slots'), die durch neue Informationen gefüllt werden können. Der schemagesteuerte Verarbeitungsprozeß wird dabei als Ineinandergreifen von datengeleiteten (bottom-up) und schemageleiteten (top-down) Prozessen aufgefaßt (Frederiksen 1975): Ein neuer Text aktiviert bereits vorhandene Schemata, die ihrerseits wieder Hypothesen und Erwartungen hinsichtlich der neuen Information generieren. Im Verarbeitungsprozeß erfüllen sie zwei wichtige Funktionen: In der Enkodierphase wirken sie als Organisationsraster für die neu aufzunehmenden Informationen, in der Rekodierphase steuern sie auf den Prozeß der Rekonstruktion von Informationen (zusammenfassend Throndyke/Yekovich 1980; Mandl et al. 1987). Die empirische Relevanz von Schemata für die Textverarbeitung wurde in Untersuchungen überprüft, in denen Texte mit ambiguen Inhalten vorgegeben wurden, und zwar einmal mit einer Integrationshilfe (Texttitel, Thema, Bildvorlage), einmal ohne eine solche Hilfe. Die Ergebnisse zeigen, daß bei Vorgabe einer Integrationshilfe eine signifikant bessere Behaltensleistung resultiert. Es wird dabei angenommen, daß Integrationshilfen relevante Schemata aktivieren, die die Interpretation und Organisation der Textinformation erleichtern (zum Beispiel Bransford/Johnson 1972). In die gleiche Richtung wirkt auch die Vorgabe sog. Leseperspektiven: Sie haben einen Einfluß darauf, welche Textelemente als wichtig angesehen werden. Pichert/Anderson (1977) konnten belegen, daß die Wichtigkeit von Textelementen keine unveränderbare Größe darstellt, sondern daß in Abhängigkeit von den durch eine Leseperspektive aktivierten Schemata andere Aspekte wahrgenommen und erinnert werden (vgl. auch Flammer und Tauber 1982). Darüber hinaus liegen Untersuchungen vor, die zeigen, daß schemarelevante Textelemente besser behalten werden als schemairrelevante (Britton et al. 1979), wobei die Stärke dieses Effekts von dem Ausmaß des bereichsspezifischen Vorwissens abhängen dürfte (Spilich et al. 1979).

Die Schematheorie stellt heute einen integrativen Rahmen für eine Fülle von Konzepten zur Beschreibung verschiedener Typen von Wissensstrukturen dar. Dazu gehören u. a. Skripts, die Wissen über routinierte Verhaltens- und typische Ereignisabläufe in stereotypisierten Situationen repräsentieren (vgl. Schank/Abelson 1977; Überblick bei Mandler 1984), 'Thematic Organization Points' (Schank 1982) zur Beschreibung des Zusammenspiels von Zielen und Plänen, 'Plots' (Lehnert 1981), die Wissen über Verhaltensmuster sowie emotionale und affektive Reaktionen von Personen repräsentieren (ausführlich in Abelson/ Black 1986). Dazu gehören nicht zuletzt auch Kategorien- und Regelsysteme zur Generierung narrativer Texte, die sog. story grammars (z. B. Rumelhart 1975; Thorndyke 1977). Sie bestehen aus Ersetzungsregeln, die spezifizieren, aus welchen Konstituenten eine Geschichte besteht (zum Beispiel Thema, Setting, Ereignis, Charaktere etc.) und welche hierarchische und sequentielle Position diese Elemente in der Gesamtstruktur einnehmen. Dabei wird angenommen, daß Erzähltexte unabhängig vom jeweiligen Inhalt so verstanden und behalten werden, wie es in den jeweiligen Grammatiken spezifiziert wird. Die empirische Befundlage ist uneindeutig. Zwar liegen etliche positive Evidenzen dafür vor, daß das Behalten eine Funktion der hierarchischen und sequentiellen Struktur der Konstituenten ist (z. B. Mandler/Johnson 1977; Thorndyke 1977). Aber es gibt auch Ergebnisse, nach denen der semantische Gehalt der Konstituenten, ihre Wichtigkeit und die Art und Anzahl der Relationen zu anderen Textelementen eine bedeutsame Rolle spielt (z. B. Black/Bower 1980; Glowalla 1981). Dies wird dann in jenen Ansätzen berücksichtigt, die Geschichten als Ketten von Problemlösehandlungen auffassen. Als wichtigste Relation gelten hier Ursache und Konsequenz (Trabasso/Sperry 1985). Insgesamt versucht man in der neueren Forschung zum Verstehen von Erzähltexten diese auf einem globaleren Niveau zu beschreiben als in den ursprünglichen Grammatik-Modellen (vgl. Abelson/ Black 1986).

Zusammenfassend läßt sich festhalten, daß die (Wieder-)Entdeckung des Schemabegriffs vor allem darauf aufmerksam gemacht hat, daß das Vorwissen von Rezipienten/innen eine nicht zu vernachlässigende Einflußvariable bei der Verarbeitung von Texten darstellt. Allerdings sind schematheoretische Konzeptionen wegen ihrer begrifflichen Unschärfe häufig massiv kritisiert worden (z. B. Herrmann 1982).

6. Mentale Modelle

Seit den späten 80er Jahren wird die kognitionspsychologische Textverarbeitungsforschung zunehmend von der Theorie mentaler Modelle beherrscht, die eine integrative Berücksichtigung von Text- und Rezipientenseite erlaubt. Im Unterschied zu den Textverarbeitungsmodellen der letzten 20 Jahre geht die Theorie mentaler Modelle davon aus, daß Wissen nicht nur symbolisch in Form von unterschiedlich komplexen Informationseinheiten repräsentiert ist, sondern daß zusätzlich ein internes Modell des im Text beschriebenen Sachverhalts gebildet wird (Johnson-Laird 1983). In einem solchen Modell sind Sachverhalte analog, ganzheitlich und inhaltsspezifisch repräsentiert. Als zentrales Merkmal mentaler Modelle gilt, daß sie anschaulich (im Sinne von vorstellbar) sind und daher die Möglichkeit eröffnen, Prozesse und Handlungen mental zu simulieren (Johnson-Laird 1983). Sie werden in struktureller und funktionaler Analogie zu einem Sachverhalt in der Realität gebildet. Das bedeutet nicht, daß sie den betreffenden Sachverhalt vollständig abbilden müssen, vielmehr kann dieser gegenüber dem Original aspekthaft verkürzt oder elaboriert modelliert sein (Dutke 1994).

Texte werden nach der Theorie mentaler Modelle auf zwei Ebenen repräsentiert: auf der propositionalen Ebene, auf der sie an sprachlichen Strukturen orientiert sind, und auf der Ebene mentaler Modelle, auf der sie den im Text beschriebenen Sachverhalt primär bildlich abbilden. Im Verarbeitungsprozeß greifen beide Ebenen ineinander. Das mentale Modell wird durch die propositionale Repräsentation aktiviert und im Zuge des Verarbeitungsprozesses unter Rückgriff auf Vorwissensbestände sukzessive angereichert, verfeinert und/oder modifiziert. Die propositionale Struktur gilt dabei als Anleitung für die mentale Modellkonstruktion, determiniert sie jedoch nicht vollständig (zusammenfassend: Christmann 1989; Christmann/Groeben 1996b). Die elaborierteste Modellierung des Textverarbeitungsprozesses im Rahmen mentaler Modelle haben van Dijk/Kintsch (1983) mit ihrem Strategiemodell vorgelegt (für alternative Modellierungen vgl. Sanford/Garrod 1981; Gentner 1983; Johnson-Laird 1983). Textverstehen wird hier als strategischer, flexibler Prozeß konzipiert, der vom Rezeptionsziel gesteuert wird und bei dem die Textbedeutung in einem schrittweisen Prozeß (on-line-Annahme) auf der Grundlage von Weltwissen und Erwartungen aufgebaut wird. Das Modell berücksichtigt darüber hinaus auch die Funktion eines Textes im sozialen Kontext sowie die von dem/der Rezipienten/in antizipierte Autorintention (van Dijk/Kintsch 1983, 6 ff). Insgesamt wird postuliert, daß Textrezeptionen, die nicht nur in propositionaler, sondern zusätzlich in Form mentaler Modelle ablaufen, zu einem tieferen Verstehen und einer adäquateren Nutzung der Textinformation führen (Schnotz 1993). Befunde, die die Annahme einer mentalen Modellbildung wahrscheinlich machen, liegen im Bereich der Textverarbeitung insbesondere aus Studien vor, die sich mit der Verarbeitung von räumlichen Gegebenheiten von Texten befassen (z. B. Perrig/ Kintsch 1985; Glenberg/Meyer/Lindem 1987; zusammenfassend Kelter/Kaup 1996). Zwingende Belege für die Bildung mentaler Modelle sind nach Schnotz (1993) allerdings nur schwer zu erbringen. Auf der Grundlage des derzeitigen Forschungsstandes (Überblick: Garnham/Oakhill 1996) scheint es am plausibelsten, davon auszugehen, daß symbolische und analoge Repräsentationsformen einander ergänzende Verarbeitungsweisen darstellen, die für unterschiedliche Aufgaben und Zielsetzungen unterschiedlich gut geeignet sind (vgl. dazu auch das Konzept der Verarbeitungsflexibilität bei Christmann/Groeben 1996a). Die Spezifizierung dieser Aufgaben und Ziele bleibt der weiteren Forschung überantwortet.

7. Statt eines Ausblicks – ein Rückblick

Aus Gründen der wissenschaftshistorischen Gerechtigkeit soll abschließend verdeutlicht werden, daß die in diesem Beitrag skizzierten Prinzipien zur Erklärung von Verarbeitungsvorgängen nicht ausschließlich Errungenschaften der kognitionspsychologischen Textverarbeitungsforschung darstellen, sondern daß einige davon bereits vor der 'kognitiven Wende' in der anwendungsorientierten instruktionspsychologischen Textverarbeitungsforschung der 60er Jahre, speziell der kognitiven Lerntheorie von Ausubel (1963; 1968), zumindest mitenthalten waren.

In der kognitiven Lerntheorie, auch Theorie des sinnvollen Rezeptionslernens genannt, wird die Rezeption eines Textes als aktiver Prozeß der Eingliederung von Textinformationen in die kognitive Struktur der Lernenden aufgefaßt. Damit wird, wie auch in der Kognitionspsychologie, eine kognitiv-konstruktivistische Sichtweise des Verarbeitungsprozesses zugrunde gelegt mit der Konsequenz, daß bereits bei Ausubel (und auch in der Textverständlichkeitsforschung der frühen 70er Jahre; vgl. Groeben 1972; 1978) die Verarbeitung eines Textes als Wechselwirkung zwischen Text und Kognitionsstruktur des/der Rezipienten/in angelegt ist. Die kognitive Struktur konzipiert Ausubel als hierarchisch organisiertes Konzeptgefüge mit den allgemeinsten und inklusivsten Konzepten an der Spitze, die auf jeweils untergeordneteren, spezielleren Konzepten aufbauen. Die Parallele zur Explikation des kognitionspsychologischen Schemabegriffs als ein nach dem Allgemeinheitsgrad von Begriffen hierarchisch organisiertes Konzeptgefüge wird hier überdeutlich. Hinzu kommt, daß inklusive Konzepte im Verarbeitungsprozeß die gleiche Funktion haben wie Schemata: sie wirken als Organisationsraster für die neu aufzunehmende Information. Die Verfügbarkeit inklusiver Konzepte oder Ankerideen wird dabei als wichtigste Bedingung für die Güte des Lernprozesses gesehen und schlägt sich in der Empfehlung nieder, zur Aktivierung relevanter Ankerideen bei der Textgestaltung sog. Advance Organizer' (Vorstrukturierungen) zu verwenden (für eine detaillierte Darstellung vgl. Groeben 1982). Auch die kognitionspsychologischen Konzeptualisierung des Verarbeitungsprozesses als semantischer und hierarchisch-sequentieller Organisationsvorgang ist in der Theorie Ausubels vorweggenommen. Inklusive Konzepte haben ebenso wie hierarchische Propositionen oder Makropositionen im Verarbeitungsprozeß die Funktion eines Organisationskerns (für eine differenzierte Analyse von Konvergenzen und Divergenzen in instruktions- und kognitionspsychologischen Theorieansätzen vgl. Christmann 1989).

Insgesamt läßt sich festhalten, daß einige zentrale Verarbeitungsvorstellungen der neueren Kognitionspsychologie in der älteren Instruktionspsychologie bereits angelegt waren – allerdings nicht in optimal präzisen Explikationen. Ein Verdienst der kognitionspsychologischen Forschung besteht sicherlich darin, daß sie relevante Verarbeitungskonzepte präzisiert und im Rahmen der Grundlagenforschung einer empirisch-experimentellen Überprüfung zugänglich gemacht hat.

8. Literatur (in Auswahl)

Abelson, Robert P./Black, John B. (1986): Introduction. In: Galambos, James/Abelson, Robert/Black, John (eds.): Knowledge structures. Hillsdale, N.J., 1–18.

Ausubel, David P. (1963): The psychology of meaningful verbal learning. New York.

– (1968): Educational psychology: A cognitive view. New York.

Ballstaedt, Steffen P./Mandl, Heinz/Schnotz, Wolfgang/Tergan, Sigmar O. (1981): Texte verstehen, Texte gestalten. München.

Beyer, Reinhard (1987): Psychologische Untersuchungen zur Textverarbeitung unter besonderer Berücksichtigung des Modells von Kintsch und van Dijk (1978). In: Zeitschrift für Psychologie, Supplement 8, 1–80.

Bock, Michael (1978): Wort-, Satz-, Textverarbeitung. Stuttgart.

Bransford, John D./Barclay, Richard R./Franks, Jefferey J. (1972): Sentence memory. A constructive versus interpretative approach. In: Cognitive Psychology 3, 193–209.

Bransford, John D./Franks, Jefferey J. (1971): The abstraction of linguistic ideas. In: Cognitive Psychology 2, 331–350.

Bransford, John D./Johnson, Marcia K. (1972): Contextual prerequisites for understanding: Some investigations of comprehension and recall. In: Journal of Verbal Learning and Verbal Behavior 11, 717–726.

Bredenkamp, Jürgen/Wippich, Werner (1977): Lern- und Gedächtnispsychologie. Bd. II. Stuttgart.

Britton, Bruce K./Meyer, Bonnie J. F./Simpson, Roger/Holdredge, Timothy S./Curry, Cheryl (1979): Effects of the organization in text on memory. Tests of two implications of a selective attention hypothesis. In: Journal of Experimental Psychology: Human Learning and Memory 5, 496–506.

Chafe, Wallace L. (1970): Meaning and the structure of language. Chicago.

Christmann, Ursula (1989): Modelle der Textverarbeitung: Textbeschreibung als Textverstehen. Münster.

Christmann, Ursula/Groeben, Norbert (1996a): Die Rezeption schriftlicher Texte. In: Ludwig, Otto/Günther, Hartmut (eds.): Schrift und Schriftlichkeit. Berlin, 1536–1545.

– (1996b): Textverständnis, Textverständlichkeit – Ein Forschungsüberblick unter Anwendungsperspektive. In: Krings, Hans Peter (ed.): Wissenschaftliche Grundlagen der technischen Kommunikation. Tübingen, 129–190.

– (1999): Psychologie des Lesens. In: Franzmann, Bodo/Hasemann, Klaus/Löffler, Dietrich/Schön, Erich (eds.): Handbuch Lesen. München, 145–223.

van Dijk, Teun A. (1972): Some aspects of text grammars. The Hague.

– (1980): Textwissenschaft. München.

van Dijk, Teun A./Kintsch, Walter (1983): Strategies of discourse comprehension. New York.

Dressler, Wolfgang U. (1972): Einführung in die Textlinguistik. Tübingen.

Dutke, Stephan (1994): Mentale Modelle. Konstrukte des Wissens und Verstehens. Göttingen.

Engelkamp, Johannes (1973): Semantische Strukturen und die Verarbeitung von Sätzen. Bern.

– (1974): Psycholinguistik. München.

– (1976): Satz und Bedeutung. Stuttgart.

Fillmore, Charles J. (1968): The case for case. In: Bach, Emmon/Harms, Robert (eds.): Universals in linguistic theory. New York, 1–88

Flammer, August/Tauber, Marianne (1982): Changing the reader's perspective. In: Flammer, August/Kintsch, Walter (eds.): Discourse processing. Amsterdam, 379–391.

Frederiksen, Carl H. (1975): Representing logical and semantic structure of knowledge acquired from discourse. In: Cognitive Psychology 7, 371–458.

Garnham, Alan/Oakhill, Jane (1996): The mental models theory of Language comprehension. In: Britton, Bruce, K./Graesser, Arthur, C. (eds.): Models of understanding text. Mahwah, N. J., 313–339.

Gentner, Deidre/Stevensen, A. L. (eds.) (1983): Mental models. Hillsdale, N.J.

Glenberg, Arthur M./Meyer, Marion/Lindem, Karen (1987): Mental models contribute to foregrounding during text comprehension. In: Journal of Memory and Language 26, 69–83.

Grabowski, Joachim (1992): Der propositionale Ansatz der Textverständlichkeit: Kohärenz, Interessantheit und Behalten. Münster.

Graesser, Arthur C. (1978): How to catch a fish: The representation and memory of common procedures. In: Discourse Processes 1, 72–89.

Groeben, Norbert (1972/1978): Die Verständlichkeit von Unterrichtstexten. 2. Aufl. Münster.

– (1982): Leserpsychologie I: Textverständnis – Textverständlichkeit. Münster.

– (1986): Handeln, Tun, Verhalten als Einheiten einer verstehend-erklärenden Psychologie. Tübingen.

Herrmann, Theo (1982): Über begriffliche Schwächen kognitivistischer Kognitionstheorien: Begriffsinflation und Akteur-System-Kontamination. In: Sprache und Kognition 1, 3–14.

Johnson-Laird, Philip N. (1983): Mental models. Toward a cognitive science of language, inference, and consciousness. Cambridge.

Kintsch, Walter (1974): The representation of meaning in memory. Hillsdale, N.J.

– (1988): The role of knowledge in discourse comprehension: A construction-integration model. In: Psychological Review 95, 163–182.

Kintsch, Walter/Keenan, Janice (1973): Reading rate and retention as a function of the number of the propositions in the base structure of sentences. In: Cognitive Psychology 5, 257–274.

Kintsch, Walter/Kozminsky, E./Streby, W. J./McKoon, G./Keenan, J. M. (1975): Comprehension and recall of text as a function of content variables. In: Journal of Verbal Learning and Verbal Behavior 14, 196–214.

Kintsch, Walter/van Dijk, Teun A. (1978): Towards a model of text comprehension and production. In: Psychological Review 85/5, 363–394.

Kintsch, Walter/Vipond, Douglas (1979): Reading comprehension and readability in educational practice and psychological theory. In: Nilsson, Lars G. (ed.): Memory processes. Hillsdale, N.J., 329–365.

Lehnert, Wendy G. (1981): Plot units and narrative summarization. In: Cognitive Science 4, 293–331.

Levelt, William J. M. (1993): Lexical selection, or how to bridge the major rift in language processing. In: Beckmann, F./Heyer, G. (eds.): Theorie und Praxis des Lexikons. Berlin, 164–172.

Mandl, Heinz/Friedrich, Helmut, F./Hron, Amelie (1987): Theoretische Ansätze zum Wissenserwerb. Deutsches Institut für Fernstudien an der Universität Tübingen, Forschungsbericht Nr. 41.

Mandler, George (1967): Organization and memory. In: Spence, Kenneth W./Spence, Janet T. (eds.): The psychology of learning and motivation. New York, 327–372.

Mandler, Jean M. (1984): Stories, scripts, and scenes. Hillsdale, N.J.

Mandler, Jean M./Johnson, Nancy S. (1977): Remembrance of things parsed: Story structure and recall. In: Cognitive Psychology 9, 111–151.

Manelis, Leon (1980): Determinations of processing for a propositional structure. In: Memory and Cognition 8, 49–57.

Manelis, Leon/Yekovich, Frank R. (1976): Repetitions of propositional arguments in sentences. In: Journal of Verbal Learning and Verbal Behavior 15, 301–312.

McKoon, Gail (1977): Organization of information in text memory. In: Journal of Verbal Learning and Verbal Behavior 16, 247–260.

Meyer, Bonnie J. F. (1975): The organization of prose and its effects on memory. Amsterdam.

– (1977): The structure of prose: Effects on learning and memory and implications for educational practice. In: Anderson, Robert C./Spiro, Rand J./Montague, William E. (eds.): Schooling and the acquisition of knowledge. Hillsdale, N.J., 179–200.

Miller, George A. (1956): The magical number seven plus or minus two: Some limits on our capacity for processing information. In: Psychological Review 63, 81–97.

Miller, James R./Kintsch, Walter (1980): Readibility and recall of short prose passages: A theoretical analysis. In: Journal of Experimental Psychology: Human Learning and Memory 6, 335–354.

Perlmutter, Jane/Royer, James M. (1973): Organization of prose materials: Stimulus storage and retrieval. In: Canadian Journal of Psychology 27, 200–209.

Perrig, W./Kintsch, Walter (1985): Propositional and situational representations of text. In: Journal of Memory and Language 24, 508–518.

Piaget, Jean (1926/1972): The Language and Thought of the Child. New York (dt.: Sprechen und Denken des Kindes. Düsseldorf).

Pichert, James W./Anderson, Richard C. (1977): Taking different perspectives on a story. In: Journal of Educational Psychology 69, 309–315.

Raue, Burkhardt/Engelkamp, Johannes (1977): Gedächtnispsychologische Aspekte der Verbvalenz. In: Archiv für Psychologie 129, 157–174.

Rumelhart, David E. (1975): Notes on a schema for stories. In: Bobrow, Daniel G./Collins, Allan M. (eds.): Representation and understanding. New York, 237–272.

Sanford, Anthony J./Garrod, Simon C. (1981): Understanding written language: Explorations of comprehension beyond the sentence. New York.

Savin, Harris B./Perchonock, Ellen (1965): Grammatical structure and the immediate recall of English sententes. In: Journal of Verbal Learning and Verbal Behavior 4, 348–353.

Schank, Roger W. (1982): Dynamic memory: A theory of reminding and learning in computers and people. New York.

Schank, Roger C./Abelson, Robert P. (1977): Scripts, plans, and understanding. Hillsdale, N.J.

Schnotz, Wolfgang (1993): Mentale Repräsentationen beim Sprachverstehen. In: Zeitschrift für Psychologie 201, 237–259.

Schultz, Charles B./DiVesta, Francis J. (1972): Effects of passage organization and note taking on the selection of clustering strategies and on recall of textual material. In: Journal of Educational Psychology 63, 244–252.

Selz, Otto (1913): Über die Grenze des geordneten Denkverlaufs. Stuttgart.

Spilich, George J./Vesonder, Gregg T./Chiesi, Harry L./Voss, James F. (1979): Acquisition of domain-related information in relation to high and low domain knowledge. In: Journal of Verbal Learning and Verbal Behavior 18, 257–274.

Thorndyke, Perry W. (1977): Cognitive structures in comprehension and memory of narrative discourse. In: Cognitive Psychology 9, 77–110.

Thorndyke, Perry W./Yekovich, Frank R. (1980): A critique of schema-based theories of human memory. In: Poetics 9, 23–50.

Trabasso, Tom/Sperry, Linda L. (1985): Causal relatedness and importance of story events. In: Journal of Memory and Language 24, 595–611.

Tulving, Endel (1962): Subjective organization in free recall on 'unrelated' word. In: Psychological Review 69, 344–354.

Turner, Althea/Greene, Edith (1977): Construction and use of a propositional text base (Technical Report No. 63. Institute for the Study of Intellectual Behavior, University of Colorado).

Vipond, Douglas (1980): Micro- and macroprocesses in text comprehension. In: Poetics 9, 275–294.

Ursula Christmann, Heidelberg (Deutschland)

II. Forschungsregionen

13. Textlinguistik im deutschsprachigen Raum

1. Vorbemerkungen
2. Entstehung und Entwicklung der Textlinguistik
3. Methoden der Textanalyse
4. Textsortenklassifizierung – Texttypologie
5. Ausweitung und Anwendung der Textlinguistik
6. Textlinguistik in der universitären Lehre
7. Literatur (in Auswahl)

1. Vorbemerkungen

Seit den 60er Jahren entwickelte sich die Textlinguistik zu einer relativ selbstständigen Disziplin und weitete sich zu einem interdisziplinären Forschungsfeld aus. Auch bei ganz verschiedenen Forschungsschwerpunkten stehen außer dem *Text* selbst *Textkohärenz* und *Textsorte* im Mittelpunkt der Untersuchungen; am unterschiedlichen Verständnis dieser textlinguistischen Termini wird die jeweilige Dominanz bestimmter Richtungen in einzelnen Entwicklungsphasen deutlich.

Beeinflusst wurde die Entwicklung der Textlinguistik im deutschsprachigen Raum besonders durch Prager Linguisten (z. B. Daneš 1970). Dies war bedingt durch die Nähe textlinguistischer Überlegungen zu Untersuchungen der Funktionalen Satzperspektive (Firbas 1964) und wurde begünstigt durch die enge Zusammenarbeit von Linguisten des Ostberliner Zentralinstituts für Sprachwissenschaft und des Prager Instituts für tschechische Sprache (vgl. Daneš/Viehweger 1976; 1977; 1983). Wesentlichen Einfluss auf die textlinguistische Forschung im deutschsprachigen Raum nahmen auch die Arbeiten französischer Semantiker (Greimas 1966; Rastier 1972) und Publikationen in englischer oder niederländischer Sprache (z. B. Halliday/Hasan 1976; van Dijk 1972; 1980).

2. Entstehung und Entwicklung der Textlinguistik

Initiativen zur Entwicklung der Textlinguistik gingen von Hartmann (1964; 1968; 1971) und Linguisten seines wissenschaftlichen Umfeldes aus, z. B. Harweg (1968); wesentliche Impulse kamen von ostdeutschen Linguisten (Heidolph 1966; Isenberg 1974; 1976; 1977; Agricola 1969; 1976; Viehweger 1976; 1977). Textlinguistische Forschungszentren entstanden zunächst an den Universitäten Konstanz und Bielefeld und an der Ostberliner Akademie der Wissenschaften.

In der ersten Entwicklungsphase betreffen detaillierte Untersuchungen vor allem die Beziehungen zwischen benachbarten Sätzen bzw. zwischen deren Elementen (Transphrastik, vgl. 2.2.). In den 70er Jahren gewinnen pragmatische Aspekte an Bedeutung (vgl. 2.3.). Untersuchungen globaler Textstrukturen, Analysen von Textganzen und Teiltexten werden in die Forschung einbezogen (vgl. 2.4.). Einflüsse aus den Kognitionswissenschaften bewirken seit Beginn der 80er Jahre, dass Wissensverarbeitung in der Textproduktion und Textrezeption berücksichtigt wird (vgl. 2.5.).

2.1. Entstehung

Der Begriff *Textlinguistik* geht nach Harweg (1974, 111) auf Weinrich zurück: „Linguistik ist Textlinguistik" (Weinrich 1967, 109). Hartmann erklärt 1968 auf einem Kolloquium an der Universität Konstanz, dass der Text als linguistisches Objekt und Textlinguistik als linguistische Aufgabe zu gelten hätten; er betrachtet den Text als das „originäre sprachliche Zeichen" (Hartmann 1971, 10) und nimmt spätere Entwicklungen durch seinen Hinweis vorweg, dass man bei linguistischen Textanalysen zwar vorläufig von den kleineren sprachlichen Einheiten ausgehen, dass sich die Richtung jedoch umkehren werde (ebd. 16). Das Thema des Konstanzer Kolloquiums benennt die in der Anfangsphase dominierende Forschungsrichtung: „Möglichkeiten und Methoden der transphrastischen Analyse" (vgl. Stempel 1971).

2.2. Transphrastik

In seiner für die Entwicklung der Textlinguistik im deutschsprachigen Raum grundlegenden Arbeit (verfasst 1962–1964, ersch.

1968) definiert Harweg *Text* als „ein durch ununterbrochene pronominale Verkettung konstituiertes Nacheinander sprachlicher Einheiten" (Harweg 1968, 148) und erklärt die „syntagmatische Substitution" als transphrastisches Prinzip, das die Vertextung von Sätzen bewirke (ebd. 24 ff). Schwerpunkte der transphrastischen Untersuchungen sind die in Satzsequenzen feststellbaren Relationen zwischen Wörtern und Wortgruppen aufgrund von Referenz- und Kontiguitätsbeziehungen und die Verknüpfungen von Propositionen benachbarter Sätze durch Konnektive. Weinrich nimmt von Anfang an eine Sonderposition ein, da er als Forschungsschwerpunkt nicht den Text selbst, sondern die textuelle Determiniertheit sprachlicher Phänomene wählt, die „Sprache in Texten" (Weinrich 1976; vgl. auch 1993); in dieser Phase weist er die textuell bedingte Artikelselektion (Weinrich 1969) und die textuelle Determiniertheit des Tempusgebrauchs nach (Weinrich 1970).

Der Ausweitung der Untersuchungen von der Satzebene auf die Ebene von Satzsequenzen entsprechen Versuche, satzgrammatische Beschreibungs- und Erklärungsmodelle, z. B. die generative Grammatik, auf Satzfolgen zu übertragen (Heidolph 1966; Petöfi 1971; Isenberg 1974). Petöfi begegnet den Schwierigkeiten bei der Ausdehnung der generativen Grammatik durch die Entwicklung einer spezifischen Texttheorie, der Textstruktur-Weltstruktur-Theorie (Petöfi 1971). 1972 wird in Konstanz ein Kolloquium „Zur Form der textgrammatischen Basis" durchgeführt (vgl. Rüttenauer 1974).

2.3. Die pragmatische Wende: Texte in Funktion

Schon 1968 hatte Schmidt auf die Notwendigkeit einer handlungstheoretischen Fundierung textlinguistischer Untersuchungen hingewiesen (Schmidt 1971, 40 ff). Da semantisch-syntaktische Verknüpfungen benachbarter Sätze nicht mehr als hinreichende Bedingung für Textualität akzeptiert werden, kommt es zu einer Verlagerung der Forschungsschwerpunkte von der Satzsequenzgrammatik zur Textpragmatik (und zur Untersuchung globaler Textstrukturen, vgl. 2.4.).

Oomen, die Texte als gegliederte komplexe Systeme mit Funktion in kontextuellen (außersprachlichen) Systemzusammenhängen auffasst, setzt an die Stelle rein linguistischer Kriterien die „kommunikative Funktion", die den spezifischen Ablauf von Textprozessen lenke (Oomen 1971, 19 ff). Dressler stellt der Textgrammatik die Textpragmatik gegenüber (Dressler 1972, 92 ff). Nach Schmidt ist eine rein linguistische Textdefinition nicht möglich, ein Text müsse über soziokommunikative Kriterien definiert werden (Schmidt 1976, 146), er bestimmt Texte als „Texte-in-Funktion" (Schmidt 1976, 145). Große (1976) untersucht die Funktionen der Texte in der Kommunikation; Isenberg betont die „Handlungsbezogenheit" von Texten (Isenberg 1977, 143 ff). Textlinguistische Modellbildungen und Erklärungen werden nun in der Regel von Handlungstheorien abgeleitet (Schmidt 1976) bzw. systemtheoretisch begründet (Oomen 1971; vgl. auch Strohner/Rickheit 1990).

2.4. Untersuchungen globaler Textstrukturen

Die Verwendung funktionaler Erklärungsansätze führt zu einer starken Ausweitung der textlinguistischen Forschung. Parallel zur zunehmenden Berücksichtigung textpragmatischer Aspekte kommt es zu einer textsemantisch orientierten Verlagerung der Untersuchungen hin zu globalen Textstrukturen. Neben Weiterführungen in der Textsortenklassifizierung (vgl. 4.) wird die *Textgliederung* untersucht (Gülich/Heger/Raible 1974), werden Beziehungen zwischen Text und *Texttitel* ermittelt (Agricola 1979, 21), wird die Unterscheidung von *Textkomposition* und sequentieller *Textkonstitution* betont. Jetzt werden auch die Grundlagen für später intensivierte Untersuchungen des Textthemas gelegt.

Auf der ersten Arbeitstagung „Probleme der Textgrammatik" 1973 in Ostberlin (vgl. Daneš/Viehweger 1976) werden Möglichkeiten gesucht, von der entfalteten Textform zum thematischen Kern des Textes zu gelangen (Agricola 1976, 13). Isenberg unterscheidet bei den Prinzipien der Textbildung den kompositorischen Aufbau der Texte, deren „Wohlkomponiertheit", von der sequentiellen Textkonstitution (Isenberg 1976, 143).

Auf der zweiten Arbeitstagung „Probleme der Textgrammatik" 1975 in Ostberlin, auf der die Textlinguistik theoretisch fundiert werden soll (Daneš/Viehweger 1977, 7), untersucht Agricola die Beziehungen zwischen dem konkreten Text und seinen möglichen Varianten und stellt fest, dass verschiedene Texte dann Paraphrasen voneinander sind, wenn man sie auf denselben „Themenkern" zurückführen kann (Agricola 1977, 13 f). Die zusammenhängende inhaltliche Textprogression erklärt Agricola durch die Verknüpfung der Textaktanten, Elementen der Hauptisotopieketten, an besonders markanten Textstellen; auch er unterscheidet zwischen Textkomposition und Textkonstitution (Agricola 1977, 15 f).

1979 integriert Brinker unterschiedliche Forschungsansätze, indem er den Kohärenzbegriff grammatisch, thematisch und pragmatisch expliziert, nicht in alternativen, sondern in komplementären Explikationen, bei denen der Textpragmatik eine dominierende Rolle zugesprochen wird (Brinker 1979, 7). Als spezifisch textlinguistisch schätzt Brinker die Thematik ein und fasst das Textthema als „Kern des Textinhalts" auf, das in enger Beziehung zur Textintention stehe (Brinker 1979, 9) (vgl. 3.2.).

2.5. Der kognitive Ansatz: Wissensverarbeitung

Untersuchungsergebnisse der Kognitionswissenschaften, bes. der Kognitiven Psychologie, ermöglichen seit Ende der 70er Jahre auch textlinguistische Forschungsrichtungen, in deren Mittelpunkt kognitive Prozesse der *Wissensverarbeitung* bei der Textproduktion und -rezeption stehen. Psycholinguistische Untersuchungen (vgl. Rickheit/Strohner 1985) werden in einigen textlinguistischen Arbeiten berücksichtigt.

Eine relativ frühe, spezifisch textlinguistische Ausarbeitung des *prozeduralen Ansatzes* legen Beaugrande/Dressler 1981 vor. Ihrem primär an den Prozeduren der *Textverarbeitung* orientierten Vorgehen entspricht die Aufstellung verwenderzentrierter Kriterien der Textualität (Intentionalität, Situationalität, Informativität, Akzeptabilität, Intertextualität) neben textzentrierten Kriterien (Kohärenz, Kohäsion) (Beaugrande/Dressler 1981, 8 ff). Die Gegenüberstellung verwenderzentriert – textzentriert entspricht nicht völlig der Dichotomie textextern – textintern, sondern betont die Dominanz der jeweiligen Sichtweise. So ist für Beaugrande/Dressler der dem Text zugrundeliegende Sinnzusammenhang Grundlage der Kohärenz; und Kohärenz ist das Ergebnis kognitiver Prozesse, bei denen durch den Text aktualisiertes (bzw. inferiertes) eigenes Wissen verarbeitet wird, um den Sinnzusammenhang des Textes herzustellen (Beaugrande/Dressler 1981, 88, 114, 118).

Untersuchungen des *Textverstehens* als Prozess der Wissensverarbeitung und konstruktive Leistung der Sinnherstellung (Scherner 1984; Strohner 1990) und der *Textproduktion* (vgl. Antos 1989, 29 ff) werden ergänzt durch Erweiterungen früherer Forschungen unter kognitiven Aspekten, z. B. zu Referenzrelationen in Texten (Vater 1991, 36 ff). Von der kognitiven Semantik gehen Untersuchungen der (texttypspezifischen) textuellen Funktion konzeptueller Metaphern aus (Schoenke 1998).

Nicht nur der Textlinguistik zuzuordnen, jedoch wesentlich für deren Weiterentwicklung sind Arbeitsergebnisse der Forschergruppe „Kohärenz" an der Universität Bielefeld, die interdisziplinär, primär psycholinguistisch arbeitet, als Metatheorie die Systemtheorie wählt und das Ziel verfolgt, „eine neue prozessorientierte Modellierungsperspektive für Kohärenzphänomene zu erarbeiten" (Rickheit 1991, 1; vgl. auch Strohner/Rickheit 1990).

3. Methoden der Textanalyse

Auch die im deutschsprachigen Raum entwickelten Methoden der *Textanalyse* gehen von unterschiedlichen Voraussetzungen (z. B. einem integrativen oder modularen Textverständnis) aus und haben verschiedene Schwerpunkte. Das *Textthema* steht – bei unterschiedlichem Themaverständnis – häufig im Zentrum der Textanalysen. Nur selten wird auch der *Texttitel* in die Untersuchungen einbezogen. (Zu textlinguistischen Analysen von Überschriften vgl. Agricola 1979; Hellwig 1984; Tschauder 1991; Brandt 1991.)

3.1. Thematische Progression

Daneš geht in seinem bereits 1970 vorgestellten Analysemodell von der Thema-Rhema-Gliederung aus und bezieht den Themabegriff auf Satzthemen. Deren Abfolge in benachbarten Sätzen und die Relationen zwischen ihnen in Satzsequenzen klassifiziert Daneš als Typen der *thematischen Progression*, die beim Textaufbau in unterschiedlicher Weise kombiniert werden (Daneš 1970, 74, 78). Umstritten ist, ob die Relationen der Satzthemen in Satzsequenzen eine Identifizierung von „Hyperthemen" in Absätzen (Daneš 1970, 75) und die Ermittlung des Textthemas ermöglichen (vgl. dazu Lötscher 1987, 233 ff). Eine Ausweitung und Differenzierung der Analysen von Daneš nehmen Beneš (1973) und Eroms (1991) vor (→ Art. 4).

3.2. Themenentfaltung

Nach Brinker signalisiert der Text als Ganzes eine erkennbare kommunikative Funktion (Brinker 1985, 17); der Textfunktion entspreche am stärksten das Hauptthema eines Textes, von dem sich die Nebenthemen ableiten lassen (vgl. 52), häufig als Spezifizierungen des Hauptthemas (57). Bei der Analyse des Themas ist eine Orientierung an der Wiederaufnahmestruktur (als grammatischer Trägerstruktur thematischer Zusammenhänge) möglich (40 f, 52). Unter *thematischer Entfaltung* versteht Brinker die gedankliche Ausführung des Themas, die durch kommunikative und situative Faktoren gesteuert wird und in der relationale, logisch-semantisch definierte Katagorien verknüpft bzw. kombiniert werden. In einer Analyse der thematischen Entfaltung sind zunächst der inhaltliche Beitrag der Propositionen zum gesamten Textinhalt und dann die logisch-semantischen Relationen der Teilinhalte/Teilthemen zum Textthema festzustellen (56). Als unterschiedliche Möglichkeiten, ein Thema zu entfalten, führt Brinker die deskriptive, die explikative, die argumentative und die narrative Themenentfaltung an (59 ff; → Art. 18).

3.3. Illokutionsstruktur

Die Analysen von *Illokutionsstrukturen* basieren auf modularem Verständnis, nach dem (relativ autonome) Module der Grammatik und Pragmatik bei der Herstellung von Texten interagieren; das Illokutionswissen wird als selbstständiges Kenntnissystem vom Grammatik- und Weltwissen abgegrenzt (Motsch/Viehweger 1991, 117). Durch Übertragung des Illokutionsbegriffs von der Ebene einzelner Sprechakte auf die Ebene von Sätzen in Texten wird ein mehrschichtiges Textmodell mit einer hierarchisch geordneten Illokutionsstruktur entworfen, nach dem der Erfolg dominierender Illokutionen durch subsidiäre Illokutionen gestützt wird (Motsch/Viehweger 1991, 121 ff; Motsch 1996a, 9 ff); untersucht wird auch die Sequenzierung von Illokutionen (Motsch 1996b; → Art. 40).

3.4. Textthema als defizitäres Objekt

Für Lötscher ist der Text eine Handlung zur Beseitigung eines Defizits (Lötscher 1987, 81 f, 125) und das Textthema ein defizitäres Objekt, dessen Mangel durch die Themenbehandlung behoben werde (83 f). Seinen funktional definierten Themenbegriff (300) wendet Lötscher auf argumentative Texte an, deren Mangel in der nicht vorhandenen Akzeptanz einer Proposition bestehe (83 f). Bei den Analysen der Themenstruktur werden verschiedene Möglichkeiten der Themenverknüpfung beschrieben (149 ff).

3.5. Text als Antwort auf die „Quaestio" des Textes

Nach Klein/von Stutterheim kann ein Text als Antwort auf eine (explizite oder implizite) Frage, die „Quaestio" des Textes, verstanden werden, die dessen globale und lokale Struktur bestimmen (Klein/von Stutterheim 1992, 69 ff). Der Textaufbau unterliege globalen Beschränkungen, die aus der komplexen „Gesamtvorstellung" resultieren (69) und sich auf den Inhalt beziehen, aber auch die Möglichkeiten bei der Wahl sprachlicher Mittel verringern (79). Verschiedene Typen der „referentiellen Bewegung" bestimmen danach als lokale Beschränkungen die Entfaltung der Informationen und sind an der Wahl sprachlicher Mittel erkennbar (69 f).

4. Textsortenklassifizierung – Texttypologie

Im Gegensatz zum stärker theoriebezogenen Terminus *Texttyp* (vgl. Isenberg 1983, 308) bezieht sich der Begriff *Textsorte* auf Gruppen authentischer Texte mit übereinstimmenden Merkmalen. Die Wahl unterschiedlicher Differenzierungskriterien bedingt verschiedene Textsortenklassifizierungen, die sich häufig auf Gebrauchstexte beschränken.

Die Texttypologisierung gilt als Aufgabe der Texttheorie, um – in der Regel handlungstheoretisch fundiert – Modelle und Erklärungen für Textsortendifferenzierungen bereitzustellen. Isenberg, der als Kriterien für die Bewertung von Texttypologien Homogenität, Monotypie, Striktheit und Exhaustivität nennt (Isenberg 1983, 312 ff), bezeichnet die Texttypologisierung als zentrales Problem der Texttheorie, das mit der Erarbeitung eines allgemeingültigen Textbegriffs und der Beschreibung von Textualität in Zusammenhang stehe (Isenberg 1983, 305 f).

4.1. Textinterne – textexterne Klassifizierungskriterien

1972 werden auf einem Kolloquium in Rheda, durchgeführt von der Universität Bielefeld, *textextern* gewonnene Kriterien zur Textsortenklassifizierung *textintern* abgeleiteten (strukturellen) Kriterien gegenübergestellt (vgl. Gülich/Raible 1972). Sandig charakterisiert Gebrauchstextsorten nach zwanzig z. T. textextern, z. T. textintern abgeleiteten Merkmaloppositionen (Sandig 1972, 114 ff; 118: Übersicht) und unterscheidet Textsorten nach den verschiedenen Merkmalkombinationen.

4.2. Klassifizierung nach Basiskriterien

Als *Basiskriterium* für die Klassifizierung von Textsorten wird in der Regel die *Textfunktion* gewählt (Große 1976; Brinker 1985; Rolf 1993; → Art. 41). Unter Textfunktion wird dabei die durch sprachliche Ausdrücke vermittelte, an den Rezipienten gerichtete Instruktion verstanden, wie der Text zu verstehen sei (Große 1976, 15 ff, 26, 68) bzw. die Kommunikationsabsicht des Textverfassers, die im Text mit konventionell geltenden Mitteln realisiert ist (Brinker 1985, 86). Brinker bezeichnet die Textfunktion explizit als „Basiskriterium" für die Differenzierung von „Textsortenklassen" und nimmt Subklassifizierungen unter kontextuellen und strukturellen Kriterien vor (Brinker 1985, 125 ff). Als strukturelle Kriterien gelten die Art des Textthemas und die Form der thematischen Entfaltung, die weitgehend der Textfunktion entspreche (130 f).

4.3. Mehrebenenklassifizierung

In einem die Theorien sprachlichen Handelns, der Grammatik und der Textkomposition integrierenden Modell (Heinemann/Viehweger 1991, 127 f) und ausgehend vom Vorwissen der Kommunikationspartner ordnen Heinemann/Viehweger ihre Texttypologisierung in ein *Mehrebenenmodell*: Funktionstypen, Situationstypen (abgeleitet von situativen Rahmenbedingungen), Verfahrenstypen (im Sinne strategischen Handelns), Textstrukturierungstypen (auf Grund textkompositorischer Entscheidungen) und prototypische Formulierungsmuster (Heinemann/Viehweger 1991, 147 ff). Die primären Textfunktionen gelten hier auch für fiktionale Texte (mit ästhetischen Wirkungen) (149 ff). Obgleich Textformulierungen nicht in eine strikte Musterbildung einzuordnen seien, sondern auch individuell variiert werden, verfügen Kommunikationspartner nach Heinemann/Viehweger über ein Wissen prototypischer Formulierungs- und Stilmerkmale bestimmter Textklassen (164 ff), die als Indikatoren einzelner Textsorten gelten können (167).

4.4. Textmuster in der Textsortenklassifizierung

Bei den früher häufig synonym verwendeten Termini *Textsorte* und *Textmuster* deutet sich eine zunehmende Differenzierung an: Textsorte weist auf Klassifizierungen hin, Textmuster auf Prozesse des (Wieder-)Erkennens und Aktivierens eingeprägter Textkonfigurationen.

Sandig betont schon früh den Zusammenhang von Textsorten und Handlungsmustern (Sandig 1972, 123); Muster versteht sie als komplexe, in sich strukturierte Einheiten und nennt als Beispiele Intonations-, Satz-, Wissens- und Handlungsmuster, Text- und Stilmuster (Sandig 1989, 133).

Auf einem Kolloquium über Textsorten/Textmuster 1990 an der Universität Leipzig differenziert Heinemann globale Textmuster von Textsorten und bezeichnet sie als „textorientierte psychische Potentiale", als „abstrakte Rahmenschemata" (Heinemann 1990, 12 f). Nach Heinemann, für den *Textmusterwissen* prototypisches Wissen ist, spielen die durch bestimmte Interaktionszusammenhänge aktivierten globalen Textmuster eine wesentliche Rolle in den Strategien der Textproduktion und der Textrezeption (Heinemann 1990; 14 f; vgl. auch Antos 1987; Nussbaumer 1991, 283 ff; → Art. 48 u. 49).

5. Ausweitung und Anwendung der Textlinguistik

Textlinguistische Überlegungen werden oft in ein interdisziplinäres Forschungsfeld integriert und für praxisorientierte Anwendungen genutzt, u. a. bei der Analyse von Pressetexten (Lüger 1995; Gruber 1991; Schoenke 1996b), bei soziopsychologischen Untersuchungen der Textplanung (Wodak 1984) oder zum Textverstehen von Hörfunknachrichten (Lutz/Wodak 1987), aber auch für Textsortenbeschreibungen in der forensischen Linguistik (Artmann 1996). Die Erweiterungen textlinguistischer Forschung werden am Beispiel der Fachtextlinguistik besonders deutlich, die Anwendungsmöglichkeiten am Beispiel der Sprachdidaktik.

5.1. Fachtextlinguistik

Die Fachsprachenforschung, deren Untersuchungsbereich sich von der Fachlexik her auf immer größere sprachliche Einheiten bis zum Text ausgedehnt hat, berücksichtigt bes. seit den 80er Jahren textlinguistische Untersuchungsergebnisse (vgl. Hoffmann 1983; 1988). Gläser bezeichnet 1984 auf einer Arbeitstagung an der Universität Leipzig (Thema: „Fachsprachliche Textlinguistik") die Fachtextlinguistik als Erweiterung der Textlinguistik (Gläser 1985, 14). In der Fachtextlinguistik spielen kommunikative Aspekte (wie die

Funktionen der Fachtexte und die Situationen ihrer Verwendung) eine wesentliche Rolle.

Unterscheidungen in der Fachsprachenforschung wie die nach Fachgebieten, nach dem Grad an Fachlichkeit, nach fachinterner, interfachlicher und fachexterner Kommunikation werden durch die textlinguistisch orientierte Entwicklung einer *Fachtextsortenlinguistik* ergänzt (Gläser 1985; Hoffmann 1988; Göpferich 1995). Bei der Differenzierung von *Fachtextsorten* werden z. T. auch kognitive Prozeduren der Wissensverarbeitung berücksichtigt (Baumann 1996, 360 ff).

5.2. Textlinguistik und Sprachdidaktik

Möglichkeiten zur Nutzung textlinguistischer Forschungsergebnisse für eine am Text orientierte Sprachdidaktik bieten sich besonders in den Bereichen der schriftlichen Textproduktion und der Reflexion über Sprache (auf Textebene). Voraussetzung für eine Ausschöpfung der Möglichkeiten wäre allerdings, dass in der Lehrerausbildung grundlegende textlinguistische Kenntnisse vermittelt und die Fähigkeiten zu fachdidaktischen Umsetzungen entwickelt werden, die sich an den Lernbedingungen in der Zielgruppe und den Unterrichtszielen orientieren (vgl. Schoenke 1991, 8 ff, 183 ff).

Im Zusammenhang mit dem Forschungsprojekt „Muttersprachliche Fähigkeiten von Maturanden und Studienanfängern in der Deutschschweiz" 1988—1991 an der Universität Zürich erörtert Nussbaumer textlinguistisch begründete Kriterien zur Beurteilung von Texten, wobei er bes. kognitive Aspekte berücksichtigt (Nussbaumer 1991, 303 ff: „Zürcher Textanalyseraster"). Für die Schreibdidaktik hat sich bei prozessorientiertem Vorgehen, in das außer dem Schreiben selbst auch die Prozesse des Planens, der Vorbereitung und der Überarbeitung einbezogen werden, eine Orientierung am prozeduralen Ansatz der Textlinguistik (vgl. 2.5.) als nützlich erwiesen (Schoenke 1991, 133 ff, 139 ff).

Im deutschsprachigen Raum wird in den Lehrplänen für das Fach Deutsch bisher nur in Österreich (Lehrpläne 1985/1989) auch Textgrammatik als Unterrichtsgegenstand genannt (vgl. Blüml 1992, 132 ff: textgrammatische Übungen). Trotzdem werden auch außerhalb Österreichs in einigen Sprachbüchern Übungen auf Textebene angeboten (vgl. z. B. Kreye/Roth/Schmidt u. a. 1979—1996; Schoenke 1991, 106 ff: Übersicht über entsprechende Übungstypen).

In die Didaktik des Faches Deutsch als Fremdsprache (DaF) lassen sich textlinguistische Überlegungen leichter integrieren als in die Didaktik der Primärsprache, da die bewusste Aneignung expliziten Sprachwissens im Fremdsprachenunterricht eine größere Rolle spielt. Übungsmaterial für den DaF-Unterricht wird in der Gegenwart häufig auf die Textebene ausgedehnt (vgl. Häussermann/Pipho 1996). Für die schriftliche Textproduktion hält Portmann die Vermittlung textbezogener Kenntnisse (z. B. über Textaufbaumuster und kohärenzerzeugende Techniken) für notwendig, eine Beschränkung auf textlinguistisch orientierte Übungen bei der Vorbereitung auf die Textproduktion jedoch für nicht ausreichend (Portmann 1991, 469 ff, 384 ff). Wichtigste Aufgabe der Schreibdidaktik sei nicht die Einübung bestimmter Lösungsformen, sondern die Unterstützung bei der Arbeit des Problemlösens (404 ff). Textverfasser sollten auf der Grundlage ihres Wissens um die eigenen Kenntnisse selbst ihre Aktivitäten beim Schreiben steuern (Portmann 1991, 407 ff).

In der Sprachdidaktik insgesamt lässt sich — wie in der Fachtextlinguistik und parallel zur Entwicklung in der Textlinguistik — eine Tendenz feststellen, zunächst vorhandene Beschränkungen auf transphrastische Phänomene abzulösen durch Prioritätensetzung bei kommunikativ-funktionalen und kognitiven Aspekten. Auswirkungen auf die alltägliche Unterrichtspraxis sind vereinzelt festzustellen.

6. Textlinguistik in der universitären Lehre

Das Angebot an textlinguistischen Lehrveranstaltungen zeigt große Unterschiede: an vielen Universitäten werden sporadisch einzelne Seminare mit ganz verschiedenen textlinguistischen Themen angeboten, an manchen Universitäten fehlt dieses Angebot ganz; und an einigen Universitäten entwickelte sich — oft im Zusammenhang mit textlinguistischen Forschungsvorhaben — ein größeres Angebot an textlinguistischen Lehrveranstaltungen. Mitte der 70er Jahre wurden z. B. an den Universitäten Konstanz und Bielefeld bes. viele Seminare mit textlinguistischen Inhalten durchgeführt, in der Gegenwart ist das Angebot an den Universitäten Hamburg, Leipzig, Jena und Bielefeld bes. groß. Doch auch dort bestehen große Unterschiede in der Wahl der einzelnen Veranstaltungsthemen: an den Universitäten Leipzig und Jena werden in jedem Semester in mehreren Parallelveranstaltungen systematisch Einführungen in die Textlinguistik gegeben (und manchmal durch Seminare mit weiteren textlinguistischen Themen ergänzt); an den Universitäten Hamburg und Bielefeld dagegen sind die Themen der textlinguistischen Lehrveranstaltungen breit gefächert.

Die Komplexität des Lehrgegenstands Textlinguistik – z. T. Handlungstheorien, systemtheoretische Überlegungen und Untersuchungsergebnisse der Kognitionswissenschaften integrierend – eröffnet viele Möglichkeiten für spätere Anwendungen in verschiedenen beruflichen und Forschungszusammenhängen; diese Komplexität erschwert jedoch auch eine hochschuldidaktisch angemessene Vermittlung an Studierende mit unterschiedlichen Studienzielen.

7. Literatur (in Auswahl)

Agricola, Erhard (1969): Semantische Relationen im Text und im System. Halle.

– (1976): Vom Text zum Thema. In: Daneš, František/Viehweger, Dieter (eds.), 13–27.

– (1977): Text – Textaktanten – Informationskern. In: Daneš, František/Viehweger, Dieter (eds.), 11–32.

– (1979): Textstruktur, Textanalyse, Informationskern. Leipzig.

Antos, Gerd (1987): Textmusterwissen. Beschreibungsprobleme am Beispiel von Grußworten. In: Engelkamp, Johannes/Lorenz, Kuno/Sandig, Barbara (eds.): Wissensrepräsentation und Wissensaustausch. St. Ingbert, 157–189.

– (1989): Textproduktion: Ein einleitender Überblick. In: Antos, Gerd/Krings, Hans P. (eds.): Textproduktion. Ein interdisziplinärer Forschungsüberblick. Tübingen, 5–57.

Artmann, Peter (1996): Tätertexte – eine linguistische Analyse der Textsorten *Erpresserbrief* und *Drohbrief*. München.

Baumann, Klaus-Dieter (1996): Fachtextsorten und Kognition – Erweiterungsangebote an die Fachsprachenforschung. In: Kalverkämper, Hartwig/Baumann, Klaus-Dieter (eds.): Fachliche Textsorten: Komponenten – Relationen – Strategien. Tübingen, 355–388.

de Beaugrande, Robert-Alain/Dressler, Wolfgang U. (1981): Einführung in die Textlinguistik. Tübingen.

Beneš, Eduard (1973): Thema-Rhema-Gliederung und Textlinguistik. In: Sitta, Horst/Brinker, Klaus (eds.): Studien zur Texttheorie und zur deutschen Grammatik. Festschrift für Hans Glinz zum 60. Geburtstag. Düsseldorf, 42–62.

Blüml, Karl (1992): Textgrammatik für die Schule. Wien.

Brandt, Wolfgang (1991): Zeitungssprache heute: Überschriften. Eine Stichprobe. In: Brinker, Klaus (ed.): Germanistische Textlinguistik 106–107: Aspekte der Textlinguistik. Hildesheim/Zürich/New York, 213–244.

Brinker, Klaus (1979): Zur Gegenstandsbestimmung und Aufgabenstellung der Textlinguistik. In: Petöfi, János S. (ed.): Text vs Sentence. Basic Questions of Text Linguistics. First Part. Hamburg, 3–12.

– (1983): Textfunktionen. Ansätze zu ihrer Beschreibung. In: Zeitschrift für germanistische Linguistik 11, 127–148.

– (1985): Linguistische Textanalyse. Eine Einführung in Grundbegriffe und Methoden. 1. Aufl. Berlin.

– (1994): Zum Zusammenhang von Textfunktion und thematischer Einstellung am Beispiel eines Zeitungskommentars. In: Moilanen, Markku/Tiittula, Liisa (eds.): Überredung in der Presse. Texte, Strategien, Analysen. Berlin/New York, 35–44.

Daneš, František (1970): Zur linguistischen Analyse der Textstruktur. In: Folia Linguistica IV, 72–78.

Daneš, František/Viehweger, Dieter (eds.) (1976): Probleme der Textgrammatik. Berlin.

– (eds.) (1977): Probleme der Textgrammatik II. Berlin.

– (eds.) (1983): Ebenen der Textstruktur. Berlin.

van Dijk, Teun A. (1972): Some Aspects of Text Grammars. The Hague/Paris.

– (1980): Textwissenschaft. Eine interdisziplinäre Einführung. Tübingen (niederländisch 1978).

Dressler, Wolfgang U. (1972): Einführung in die Textlinguistik. Tübingen.

– (1989): Semiotische Parameter einer textlinguistischen Natürlichkeitstheorie. Wien.

Eroms, Hans-Werner (1991): Die funktionale Satzperspektive bei der Textanalyse. In: Brinker, Klaus (ed.): Germanistische Linguistik 106–107. Aspekte der Textlinguistik. Hildesheim/Zürich/New York, 55–72.

Firbas, Jan (1964): On Defining the Theme in Functional Sentence Analysis. In: Travaux Linguistiques de Prague 1, 267–280.

Gläser, Rosemarie (1985): Standortbestimmung einer Fachtextlinguistik. In: Gläser, Rosemarie (ed.): Fachsprachliche Textlinguistik. Berlin, 2–19.

Göpferich, Susanne (1995): Textsorten in Naturwissenschaften und Technik: Pragmatische Typologie – Kontrastierung – Translation. Tübingen.

Greimas, Algirdas Julien (1966): Sémantique structurale. Paris.

Große, Ernst U. (1976): Text und Kommunikation. Eine linguistische Einführung in die Funktionen der Texte. Stuttgart.

Gruber, Helmut (1991): Antisemitismus im Mediendiskurs. Die Affäre „Waldheim" in der Tagespresse. Wiesbaden.

Gruber, Helmut/Dressler, Wolfgang U. (Mskr. o. J.): Textlinguistische Forschungen in Österreich. Wien.

Gülich, Elisabeth/Heger, Klaus/Raible, Wolfgang (1974): Linguistische Textanalyse. Überlegungen zur Gliederung von Texten. Hamburg.

Gülich, Elisabeth/Raible, Wolfgang (eds.) (1972): Textsorten. Differenzierungskriterien aus linguistischer Sicht. Frankfurt.

Halliday, Michael Alexander Kirkwood/Hasan, Ruqaiya (1976): Cohesion in English. London.

Hartmann, Peter (1964): Text, Texte, Klassen von Texten. In: Bogawus 2, 15−25.

− (1968): Textlinguistik als neue linguistische Teildisziplin. In: Replik 2, 2−7.

− (1971): Texte als linguistisches Objekt. In: Stempel, Wolf-Dieter (ed.), 9−29.

Hartmann, Peter/Rieser, Hannes (eds.) (1974): Angewandte Textlinguistik. Hamburg.

Harweg, Roland (1968): Pronomina und Textkonstitution. 1. Aufl. München.

− (1971): Die textologische Bedeutung der Betonung. In: Stempel, Wolf-Dieter (ed.), 123−159.

− (1974): Textlinguistik. In: Koch, Walter A. (ed.): Perspektiven der Textlinguistik II. Stuttgart, 88−116.

Häussermann, Ulrich/Pipho, Hans-Eberhard (1996): Aufgaben-Handbuch Deutsch als Fremdsprache: Abriß einer Aufgaben- und Übungstypologie. München.

Heidolph, Karl-Erich (1966): Kontextbeziehungen zwischen Sätzen in einer generativen Grammatik. In: Kybernetika 2, 274−281.

Heinemann, Wolfgang (1990): Textsorten/Textmuster − ein Problemaufriß. In: Mackeldey, Roger (ed.): Textsorten/Textmuster in der Sprech- und Schriftkommunikation. Festschrift zum 65. Geburtstag von Wolfgang Heinemann. Leipzig, 8−16.

Heinemann, Wolfgang/Viehweger, Dieter (1991): Textlinguistik. Eine Einführung. Tübingen.

Hellwig, Peter (1984): Titulus oder Über den Zusammenhang von Titeln und Texten. Titel sind ein Schlüssel zur Textkonstitution. In: Zeitschrift für germanistische Linguistik 12, 1−20.

Hoffmann, Lothar (1983): Fachtextlinguistik. In: Fachsprache 5, 57−68.

− (1988): Vom Fachtext zur Fachtextsorte. In: Hoffmann, Lothar (ed.): Vom Fachwort zum Fachtext. Beiträge zur Angewandten Linguistik. Tübingen, 131−144.

Isenberg, Horst (1974): Überlegungen zur Texttheorie. In: Kallmeyer, Werner/Klein, Wolfgang/Meyer-Hermann, Reinhard u. a. (eds.): Lektürekolleg zur Textlinguistik. Bd. 2. Frankfurt, 193−212.

− (1976): Einige Grundbegriffe für eine linguistische Texttheorie. In: Daneš, František/Viehweger, Dieter (eds.), 47−145.

− (1977): 'Text' versus 'Satz'. In: Daneš, František/Viehweger, Dieter (eds.), 119−146.

− (1983): Grundfragen der Texttypologie. In: Daneš, František/Viehweger, Dieter (eds.), 303−342.

Kalverkämper, Hartwig (1981): Orientierung zur Textlinguistik. Tübingen.

Klein, Wolfgang/von Stutterheim, Christiane (1992): Textstruktur und referentielle Bewegung. In: Zeitschrift für Literaturwissenschaft und Linguistik 86, 67−92.

Kreye, Horst/Roth, Leo/Schmidt, Hans-Jochim u. a. (1979−1996): Sprachbuch Deutsch. Braunschweig.

Lötscher, Andreas (1987): Text und Thema. Studien zur thematischen Konstituenz von Texten. Tübingen.

Lüger, Heinz-Helmut (1995): Pressesprache. 2. Aufl. Tübingen.

Lutz, Benedikt/Wodak, Ruth (1987): Information für Informierte. Linguistische Studien zu Verständlichkeit und Verstehen von Hörfunknachrichten. Wien.

Motsch, Wolfgang (1996a): Ebenen der Textstruktur. Begründung eines Forschungsprogramms. In: Motsch, Wolfgang (ed.): Ebenen der Textstruktur: sprachliche und kommunikative Prinzipien. Tübingen, 3−33.

− (1996b): Zur Sequenzierung von Illokutionen. In: Motsch, Wolfgang (ed.): Ebenen der Textstruktur: sprachliche und kommunikative Prinzipien. Tübingen, 189−208.

Motsch, Wolfgang/Viehweger, Dieter (1991): Illokutionsstruktur als Komponente einer modularen Textanalyse. In: Brinker, Klaus (ed.): Germanistische Linguistik 106−107: Aspekte der Textlinguistik. Hildesheim/Zürich/New York, 107−132.

Nussbaumer, Markus (1991): Was Texte sind und wie sie sein sollen. Ansätze zu einer sprachwissenschaftlichen Begründung eines Kriterienrasters zur Beurteilung von schriftlichen Schülertexten. Tübingen.

Oomen, Ursula (1971): Systemtheorie der Texte. In: Folia Linguistica V, 12−34.

Petöfi, János S. (1971): Transformationsgrammatiken und eine ko-textuelle Texttheorie. Grundfragen und Konzeptionen. Frankfurt.

Portmann, Paul R. (1991): Schreiben und Lernen: Grundlagen der fremdsprachlichen Schreibdidaktik. Tübingen.

Rastier, François (1972): Systématique de Isotopies. In: Greimas, Algirdas Julien (ed.): Essais de sémiotique poétique. Paris, 80−105.

Rickheit, Gert (1991): Kohärenzprozesse: Modellierung von Sprachverarbeitung in Texten und Diskursen. Opladen.

Rickheit, Gert/Strohner, Hans (1985): Psycholinguistik der Textverarbeitung. In: Studium Linguistik 17/18, 1−78.

Rolf, Eckard (1993): Die Funktionen der Gebrauchstextsorten. Berlin/New York.

Rüttenauer, Martin (ed.) (1974): Textlinguistik und Pragmatik. Hamburg.

Sandig, Barbara (1972): Zur Differenzierung gebrauchssprachlicher Textsorten im Deutschen. In: Gülich, Elisabeth/Raible, Wolfgang (eds.), 113−124.

− (1989): Stilistische Mustermischungen in der Gebrauchssprache. In: Zeitschrift für Germanistik 10/2, 133−155.

Scherner, Maximilian (1984): Sprache als Text. Ansätze zu einer sprachwissenschaftlich begründeten Theorie des Textverstehens. Tübingen.

Schmidt, Siegfried J. (1971): 'Text' und 'Geschichte' als Fundierungskategorien. Sprachphilosophische Grundlagen einer transphrastischen Analyse. In: Stempel, Wolf-Dieter (ed.), 31−52.

− (1976): Texttheorie. Probleme einer Linguistik der sprachlichen Kommunikation. 2. Aufl. München.

Schoenke, Eva (1991): Didaktik sprachlichen Handelns. Tübingen.

− (1996a): Textlinguistik. Glossar. 3. Aufl. Bremen.

− (1996b): Titel und Themenentfaltung in Wirtschaftskommentaren. In: Schoenke, Eva (ed.): Wirtschaftskommentare: textlinguistische Analysen − kontrastive Untersuchungen. Bremen, 11−52.

− (1998): Texttypspezifische Metaphorik? In: Boeder, Wilfried/Schröder, Christoph/Wagner, Karl Heinz u. a. (eds.): Sprache in Raum und Zeit. In memoriam Johannes Bechert. Bd. 2: Beiträge zur empirischen Sprachwissenschaft. Tübingen, 197−209.

Stempel, Wolf-Dieter (ed.) (1971): Beiträge zur Textlinguistik. München.

Strohner, Hans (1990): Textverstehen: Kognitive und kommunikative Grundlagen der Sprachverarbeitung. Opladen.

Strohner, Hans/Rickheit, Gert (1990): Kognitive, kommunikative und sprachliche Zusammenhänge. Eine systemtheoretische Konzeption linguistischer Kohärenz. In: Linguistische Berichte 125, 3−23.

Tschauder, Gerhard (1991): Überschrift und Text − Überschrift als Text. Aspekte der Rezeption. In: Folia Linguistica XXV, 295−317.

Vater, Heinz (1991): Referenzrelationen in Texten. In: Brinker, Klaus (ed.): Germanistische Linguistik 106−107: Aspekte der Textlinguistik. Hildesheim/Zürich/New York, 19−53.

Viehweger, Dieter (1976): Semantische Merkmale und Textstruktur. In: Daneš, František/Viehweger, Dieter (eds.), 195−206.

− (1977): Zur semantischen Struktur des Textes. In: Daneš, František/Viehweger, Dieter (eds.), 103−117.

Weinrich, Harald (1967): Syntax als Dialektik (Bochumer Diskussion). In: Poetica 1, 109−126.

− (1969): Textlinguistik: Zur Syntax des Artikels in der deutschen Sprache. In: Jahrbuch für Internationale Germanistik 1, 61−74.

− (1970): Zur Linguistik der Tempusübergänge. In: Linguistik und Didaktik 1, 222−227.

− (1976): Sprache in Texten. Stuttgart.

− (1993): Textgrammatik der deutschen Sprache. Mannheim u. a.

Wodak, Ruth (1984): „Normal − abweichend − gestört?" Die soziopsychologische Theorie der Textplanung. In: Dressler, Wolfgang U./Wodak, Ruth (eds.): Normale und abweichende Texte. Hamburg, 165−197.

Reihen zur Textlinguistik:

Pädagogische Hochschule Dresden (ed.): Textlinguistik. (1970−1988: 14 Bd.). Dresden.

Petöfi, János S. (ed.): Research in Text Theory/Untersuchungen zur Texttheorie. (1977−1996: 23 Bd.). Berlin/New York/Paris.

Petöfi, János S./Rieser, Hannes (eds.): Papiere zur Textlinguistik. (1972−1996: 71 Bd.). Hamburg.

Eva Schoenke, Bremen
(Deutschland)

14. Textlinguistik im englischsprachigen Raum

1. Vorbemerkung
2. Allgemeines
3. Richtungen der Textbeschreibung
4. Anwendungen
5. Literatur (in Auswahl)

1. Vorbemerkung

Textlinguistik wird im englischsprachigen Raum häufig als Teil von Diskurslinguistik bzw. Diskursanalyse verstanden. Dies ist darin begründet, dass die Prozesse und Ergebnisse sprachlicher Kommunikation in der britischen und US-amerikanischen Linguistik, die als prägend für den hier abzuhandelnden Gegenstand angesehen werden können, weitgehend in einen soziolinguistischen und funktionalen Rahmen gestellt werden. Daraus ergibt sich die Konsequenz, das Diskurshafte sprachlicher Kommunikation in den Vordergrund zu rücken und somit auch die schriftliche Kommunikation in diesen weiteren Zusammenhang einzuordnen. Den interaktiven Charakter auch des (schriftlichen) Textes haben aus unterschiedlicher Perspektive z. B. Widdowson (1979, 176), Nystrand et al. (1986, 39; 41), McCarthy (1991, 27) und Coulthard (1994, 4 f) hervorgehoben. Daher sind Zugänge zur Beschreibung schriftlicher Kommunikate häufig durch ein Theorie- und Methodeninventar gekennzeichnet, das für die mündliche Kommunikation entwickelt worden ist. Dies begründet, warum im Folgenden gelegentlich auch auf Beschreibungsverfahren eingegangen wird, die primär der Analyse von Dialogen dienen. Die stark soziolinguistische und funktionale Orientierung der britischen Diskursanalyse führt in manchen Fällen zu einer so nicht gerechtfertigten Abgrenzung von einer kontinentaleuropäischen (angeblich strukturalistischen) Textlinguistik (vgl. Watts 1994, 41 f).

Der Artikel wird zunächst einige allgemeine Prinzipien der Textlinguistik im englischsprachigen Raum wiedergeben (vgl. 2.) und sich dann der Darstellung von Richtungen der Textbeschreibung widmen (vgl. 3.). Dabei müssen − der Methodenvielfalt bei der Gegenstandsbeschreibung geschuldet − Überschneidungen im forschungsmethodologischen Zugang in Kauf genommen werden. In einzelnen Fällen kommt es daher auch vor, dass ein Linguist der einen oder auch anderen Richtung zugeordnet werden kann bzw. mehrfach Erwähnung findet. Im letzten Abschnitt wird auf Anwendungsgebiete der Textlinguistik eingegangen (vgl. 4.). Die Gliederung des Artikels folgt damit in wesentlichen Teilen einer von Graustein (1984) praktizierten Darstellung. Auf eine weitere regionale Untergliederung der textlinguistischen Arbeit wird in der Regel verzichtet, weil zum einen die linguistischen Trends primär zu beachten sind und zum anderen eine regionale Ansiedlung vieler Textlinguisten aufgrund der globalen Mobilität der Wissenschaft und ihrer Wissenschaftler häufig schwierig ist.

2. Allgemeines

Wie in den Vorbemerkungen bereits angeklungen, basiert die Textlinguistik nicht auf einer konsistenten und umfassenden Theorie und Methodologie. Dies ist nicht nur auf die Konkurrenz linguistischer Schulen und die Komplexität des Gegenstandes zurückzuführen, sondern auch auf eine ausgeprägte Zweckorientiertheit, die gerade für die Textlinguistik im englischsprachigen Raum typisch ist (vgl. 4.). Die Textlinguistik verfügt über einen variantenreichen Apparat von Kategorien und Beschreibungsprinzipien, der grundlegend für die etablierten Richtungen der linguistischen Forschung ist (vgl. 3.). Arbeiten, die die Situation im englischsprachigen Raum und z. T. darüber hinaus in wesentlichen Gesichtspunkten reflektieren und dabei verschiedene Konzepte der Textlinguistik vorstellen, sind die Monografien bzw. Sammelbände von Coulthard (1977; 1994), Brown/Yule (1983), Stubbs (1983; 1996) und de Beaugrande/Dressler (1981).

Coulthard (1977) ist ein Repräsentant der in Birmingham entwickelten Schule der Textlinguistik, die in der Tradition von Firth und dessen sozialer Einbettung von Sprache in die kommunikative Interaktion steht und die den theoretischen Rahmen der nach Firth von Halliday ausgearbeiteten systemischen Grammatik nutzt. Im Anschluß an gemeinsame Untersuchungen mit Sinclair (Sinclair/Coulthard 1975) sowie an Brazils (1975) Arbeit zur Intonation beschreibt der Autor die sequentielle und hierarchische Organisation von Unterrichtsgesprächen in ihrer funktionalen und besonders strukturellen Dimension. Die Einheit, in der die Lehrer-Schüler-Interaktion vollzogen wird, ist der *Redewechsel/Austausch* (*exchange*), ein „Gefäß, in dem 'Ideen' übermittelt werden" (Watts 1994, 48). Diese zentrale Einheit des Dialogs findet ihre Parallelität in der Beschreibung des schriftlichen Textes (vgl. 3.). Die Interpretation der Bedeutung des Diskurses und seiner Einheiten bleibt bei Coulthard (1977) auf interaktionale Merkmale beschränkt. Auch wird die Übertragbarkeit des Modells auf weniger ritualisierte und institutionalisierte Interaktionstypen häufig bezweifelt (vgl. Watts 1994, 48).

Brown/Yule (1983), die kein eigenes Beschreibungsverfahren präsentieren, unterscheiden die transaktionale (Ausdruck des Inhalts) und interaktionale (Ausdruck der sozialen Haltungen) Funktion der Sprache. Sie verzichten auf eine systematische Beschreibung der Semantik sowie der sprachlichen Mittel zum Ausdruck der Bedeutung und konzentrieren sich auf Probleme der Referenz, Kohärenz und Relevanz. Die Autoren nutzen Referenz für „that function whereby speakers indicate, via the use of linguistic expression, the entities they are talking about" (Brown/Yule 1983, 206). Der Textproduzent – und nicht der Text – referiert auf etwas, worüber kommuniziert wird. Relevanz determiniert das Thema des Textes; für Kohärenz wird die Kenntnis von Standardstrukturen, die über den Satz hinausführen (z. B. Intonation und Proformen), als wesentlich betrachtet.

Stubbs (1983) folgt in einigen Aspekten der in Birmingham entwickelten Schule der Diskursanalyse, hebt aber noch deutlicher die Situation, in der Sprache verwendet wird, hervor. So zeigt er z. B. auf, wie sich die sozialen Rollen bzw. Aktivitäten der Kommunikationspartner in der Diskursstruktur reflektieren. Darüber hinaus gibt der Autor einen nützlichen Überblick über wesentliche soziolinguistische Ansätze zur Diskursanalyse, einschließlich des ethnografischen Forschungszugangs, und befasst sich auswahlhaft mit Strukturen, die der Realisierung der Diskurskohäsion dienen. Seine Monografie zur Text- und Korpusanalyse (Stubbs 1996) schließt inhaltlich an die frühere Publikation an und stellt damit auch seine Herangehensweise in die von Firth begründete Tradition und die von Halliday etablierte Schule. Von ihm ausgewählte Fragestellungen (z. B. zu Texttypen, kulturellen Schlüsselwörtern, Kollokationen, zum Verhältnis zwischen Syntax und Pragmatik) werden vor dem Hintergrund der Analyse von Computercorpora erörtert (vgl. den Untertitel „Computer-assisted studies of language and culture"). Diese deutliche Anbindung der textlinguistischen und linguistischen Arbeit überhaupt an „the use of real language in written and spoken discourse, both across corpora of data, and with reference to the functions of language in social institutions" (Stubbs 1993, 1) geht u. a. auf das einflussreiche Wirken von Sinclair und Mitarbeitern zurück, die in Theorie und Praxis datenbezogene Beschreibungen des Englischen (*evidence*) fundiert und realisiert haben und in diesem Kontext auch eine Pionierrolle in der computergestützten textlinguistischen Arbeit im englischsprachigen Raum begründeten. Unter den heute vorliegenden und für verschiedene linguistische, besonders auch textlinguistische Zwecke häufig genutzten Textkorpora des Englischen seien nur beispielhaft das Lancaster–Oslo/Bergen Corpus (LOB) für das Britische Englisch und das Brown University Corpus of American English erwähnt.

Die oben skizzierten Herangehensweisen sind inhaltlich u. a. in Australien aufgenommen worden und widerspiegeln gegenwärtige Projekte der (allerdings weitgehend mündlichen) Diskursanalyse. Dabei spielen die Entwicklung der Sprachkompetenz von Vorschulkindern, das Unterrichtsgespräch und die Analyse verschiedener Konversationssituationen eine besondere Rolle (vgl. Clyne/Slade 1994).

Die Einführung in die Textlinguistik von de Beaugrande/Dressler (1981), die partiell auf de Beaugrande (1980) aufbaut, soll hier nur knapp erwähnt werden, weil sie eine der Arbeiten ist, die richtungsweisend für die Grundlagen und die Entwicklung der Textlinguistik insgesamt ist. Dabei ist allerdings auffällig, dass diese Publikationen in der im engeren Sinne britischen Diskursanalyse weniger Aufmerksamkeit gefunden haben als in der globalen Rezeption. de Beaugrande/Dressler (1981) argumentieren für eine operationale bzw. prozedurale Textlinguistik, die Texte als aktuelle Systeme betrachtet und damit nicht der von de Saussure begründeten Tradition der Unterrrscheidung von *langue* und *parole* folgt. Insofern liegt diese Arbeit im Trend einer oben (vgl. 1.) skizzierten Diskursanalyse, die solche Unterscheidungen generell zurückweist und stattdessen die soziale Einbettung der Sprache in die kommunikative Interaktion stark beachtet. Texte werden in ihrer Funktion in der menschlichen Interaktion betrachtet und müssen, dem folgend,

Standards der Textualität (Kohäsion, Kohärenz, Intentionalität, Akzeptabilität, Informativität, Situationalität und Intertextualität) entsprechen.

3. Richtungen der Textbeschreibung

Die im Folgenden dargestellten Richtungen der Textbeschreibung reflektieren Trends der linguistischen Forschung, die für das zu bearbeitende Gebiet typisch sind. Dabei sind allerdings im Rahmen von Generalisierungen partielle Überlappungen in den folgenden Bereichen nicht auszuschließen.

Die pragmalinguistische Richtung der Textforschung im englischsprachigen Raum wird durch die in Birmingham entwickelte textlinguistische Schule geprägt. Daran schließt die Analyse auch des schriftlichen Textes an. Beispielhaft sind hier Bolívar (1994) und Coulthard (1994) zu erwähnen. Bolívar (1994) beschreibt für den Leitartikel eine dem Gesprächswechsel angenäherte Dreiteilung der zentralen Textstruktur. Diese Triade „shares similarities with the exchange in that it consists of up to three elements of structure and constitutes the minimal unit of interaction in written text" (Bolívar 1994, 276). Die Autorin folgt der philosophisch begründeten Sprechakttheorie und beschreibt den Gesprächswechsel als „three fundamental turns (Tn) calles lead (L), follow (F) and valuate (V)" (Bolívar 1994, 279), die mit anderen Triaden kombiniert werden können. Coulthard (1994) führt am Beispiel einer Instruktion Merkmale der linguistischen Analyse und Bewertung eines schriftlichen Textes an und zeigt überzeugend, dass die in diesem Falle nicht angemessene Vertextung von einer unangemessenen Vorstellung des potentiellen Lesers ausgeht. Die von ihm vorgeschlagenen rhetorischen Strukturen, die „his/her non-linear message in a comprehensible linear form" (Coulthard 1994, 7) illustrieren, sind Ausweis einer pragmalinguistischen Sichtweise schriftlicher Texte und ihrer textlinguistischen Beschreibung. Bolívar (1994) und Coulthard (1994) leisten im Zusammenhang mit ihrer Herangehensweise auch einen Beitrag zur Beschreibung der globalen Informationsstruktur von Texten. Wichtige Vorläufer dieser Arbeit zur Darstellung der Informationsstruktur, die z.T. vorrangig satzorientiert sind, sind u. a. Winter (1976; 1982; 1986), Hutchins (1977), Selinker et al. (1978), Hoey (1979) und Sopher (1979). Die zuletzt genannten Autoren berücksichtigen allerdings kaum textexterne Faktoren und begrenzen die Beschreibung der sprachlichen Mittel weitgehend auf die Darstellung von Signalen zum Ausdruck der Informationsstruktur.

In der pragmalinguistischen Tradition der Textbeschreibung sind auch Nystrand et al. zu sehen, die schriftliche Kommunikation als „pact of discourse" (1986, 41) betrachten. Sie heben ihre „means-end view of language production" hervor, d. h. „successful communication requires speakers' finding expressions that appropriately effect their purposes" (Nystrand et al. 1986, 41). Auch der geschriebene Text sei ein Vertrag (hier) zwischen Schreiber und Leser, der daher den Griceschen Maximen der Kommunikation, besonders dem Prinzip der Kooperation, zu folgen habe. Diese Interpretation von Sprache als sozialer Handlung, bei der die Effekte, die beim Rezipienten erreicht werden sollen, im Vordergrund stehen, befinden sich daher auch in der Tradition der sprachphilosophischen Ansätze von Austin und Searle.

Der stärker soziolinguistische Zugang zur textlinguistischen Forschung, der ebenfalls unter wesentlicher Beeinflussung der Analyse mündlicher Kommunikation (vgl. Stubbs 1983) ethnomethodologisch und auch ethnografisch (vgl. Garfinkel; Gumperz; Hymes; Schegloff; Sacks; van Dijk in jüngeren Arbeiten u. a.) geprägt ist, wird — für den schriftlichen Text — u. a. durch eine Genre-bezogene Herangehensweise von Swales (1990) vertreten. Swales, der eine Vermittlerrolle zwischen einer US-amerikanischen praxisorientierten Kompositionslehre und einer fachsprachlichen Arbeit in Großbritannien zu versuchen spielt, will „the general value of genre analysis as a means of studying spoken and written discourse for applied ends" (1990, 1) demonstrieren. Ihm geht es um die Betrachtung der Rollen, die Texte in bestimmten Umgebungen spielen. Als Schlüsselbegriffe etabliert er die *Diskursgemeinschaft*, das *Genre* und die *sprachlernbezogene Aufgabe*: „Discourse communities are sociorhetorical networks that form in order to work towards sets of common goals. One of the characteristics that established members of these discourse communities possess is familiarity with the particular genres that are used in the communicative furtherance of those sets of goals. In consequence, genres are the properties of discourse communities; that is to say, genres belong to discourse communities, not to individuals, other kinds of grouping or to wider speech communities. Genres themselves are classes of communicative events which typically possess features of stability, name recognition and so on. Genre-type communicative events (and perhaps others) consist of texts themselves (spoken, written, or a combination) plus encoding and decoding procedures as moderated by genre-related aspects of text-role and text-environment" (Swales 1990, 9).

In den Kontext der Forschungen zur Kognitiven Psychologie bzw. Künstlichen Intelligenz, die sich im Zusammenhang mit größeren sprachlichen Einheiten die Aneignung, Speicherung und Nutzung von Wissensbeständen bzw. die Realisierung von Zielorientierungen beim Rezipienten zum Gegenstand der wissenschaftlichen Arbeit gemacht haben, ist van Dijks Monografie (1980) zu den Makrostrukturen und Superstrukturen des Textes einzuordnen. Sie versucht linguistische, psychologische und kognitive Aspekte der Textbeschreibung zu kombinieren. Die Funktionen der Makrostrukturen van Dijks bestehen darin, komplexe Informationen zu verarbeiten. Die Makroregeln, die diese Funktionen erfüllen sollen, sind Tilgungen, Generalisierungen etc. von Mikropropositionen des Textes. Die Superstrukturen sind eine Art Schema, die die Etablierung von narrativen, argumentativen u. a. Strukturen (Texttypen) erlauben. Auch Arbeiten zu anderen Mustern der zielorientierten Wissensspeicherung und -verarbeitung (frames/roles/scripts; scenarios) gehören in diesen Rahmen der textlinguistischen Arbeit im englischsprachigen Raum (vgl. Minsky 1975; Schank/Abelson 1977; Sanford/Garrod 1981; Johnson-Laird 1983).

Schließlich sind Arbeiten zu erwähnen, die den Zugang zur Textbeschreibung stärker unter dem Gesichtspunkt von Textoberflächensignalen suchen. In diesem Zusammenhang spielt die Monografie zur Kohärenz und Kohäsion im Englischen von Halliday und Hasan (1976) eine besondere Rolle. Sie geht von einer linearen Textbeschreibung aus (d. h. ohne Berücksichtigung der hierarchischen Strukturierung des Textes), gibt aber eine innerhalb des Satzes und über den Satz hinausgehende Beschreibung des inhaltlichen Zusammenhangs der Teile des Diskurses. Kohärenzbeziehungen sind Relationen, bei denen die Interpretation „of some element in the discourse is dependent of that of another" (Halliday/Hasan 1976, 4). Der Kohärenz werden typische sprachliche Mittel zu deren Ausdruck zugewiesen (z. B. grammatische Mittel wie Pronomen, Substitution, Ellipse, aber auch lexikalische Mittel). Als sehr einflussreich hat sich auch die Beschreibung semantischer Relationen wie Ursache und Wirkung oder Kontrast von Mann/Thompson (1986; 1988) erwiesen, die von rhetorischen Relationen zwischen Informationsblöcken ausgehen, den Zugang zu den Relationen aber über sprachliche Mittel zwischen den Informationsblöcken (und nicht auch innerhalb der Blöcke) finden. Eine Reihe von Forschungen, die den Weg zur Textanalyse über Oberflächensignale verfolgen, hat Hoey (z. B. 1979; 1983; 1991; 1994; 1997) vorgelegt. Hoey geht in seinen Arbeiten von verwobenen Sätzen aus, die ein Netzwerk des Textes darstellen (und einer strikten Hierarchisierung der Textstruktur vorzuziehen seien) und durch verschiedene Mittel der Versprachlichung realisiert werden (vgl. Hoey 1991, 92f). Die *Situation* schließt textexterne und Interaktionsmerkmale, die *Form* die Syntax und die *Substanz* die Phonologie/Phonetik ein, wobei die Lexik und der Text zwischen diesen vermitteln: „In short, lexis, like text, may be seen as mediating between, and to some degree overlapping with, syntax and morphology" (Hoey 1991, 208). Wenn auch dieser theoretische Ansatz, die Lexik auf den Rang des Textes zu erheben, problematisch erscheint, so ist doch festzustellen, dass seine subtilen Arbeiten zur Rolle der Lexik im englischen Text eine Fülle von Details und Zusammenhängen aufdecken, die von weiterführenden Forschungen auf diesem Gebiet nicht übersehen werden können. In diesem Zusammenhang ist auch die experimentelle Arbeit von Hoey (1997) zu erwähnen, in der er mit Hilfe von Probanden nachweist, wie durch Veränderungen der Verwendung von lexikalischen und z. T. auch grammatischen Mitteln, die mit dem Sprachsystem konform sind, die Absatzgestaltung eines ursprünglich authentischen Textes manipuliert werden kann.

Auf anderer Ebene als bisher dargestellt liegen Arbeiten zur Texttypologie. Eine sehr begrenzte Auswahl von Typologisierungsangeboten, die terminologisch nicht immer einheitlich sind, soll Richtungen andeuten. Sie alle repräsentieren allerdings komplexe Klassifikationen bzw. Klassifikationssysteme, was angesichts der Schwierigkeiten einer Typologisierung nicht überraschen kann.

Eine texttypologische Arbeit, die zwar nicht im englischen Sprachraum entstanden ist, für die anglistische textlinguistische Forschung insgesamt aber eine wichtige Rolle spielt, ist die von Werlich (1983) vorgelegte taxonomische Klassifizierung von Texten. Der *Texttyp* „is an idealized norm of distinctive text structuring which serves as a deep structural matrix of rules and elements for the encoder when responding linguistically to specific aspects of his experience" (Werlich 1983, 39). Auf dieser Grundlage unterscheidet er die Typen Beschreibung, Exposition, Narration, Argumentation und Instruktion, die in Textsorten (text forms) untergliedert werden. Die *Argumentation* z. B. ist der Texttyp, „in which the encoder proposes relations between concepts of phenomena. The encoder makes his propositions in explicit or implicit opposition to deviant or alternative propositions" (Werlich 1983, 40). Argumentative Textsorten sind z. B. der Zeitungskommentar und der wissenschaftliche Kommentar. Diese Erläuterungen zeigen bereits, dass (auch) bei dieser Klassifizierung Mischtypen und Mischsorten in Kauf genommen werden müssen. Dennoch ist sie wegen ihrer Überschaubarkeit und der Anbindung an typische sprachliche Mittel eine praktikable Grundlage für die textlinguistische Arbeit (vgl. Graustein/Thiele 1987).

Eine anders geartete Darstellung und daraus resultierende Klassifizierung nimmt Biber (1988) vor. Er beschreibt computergestützt Ähnlichkeiten und Unterschiede geschriebener und gesprochener Genres der LOB- und LUND-Corpora. Er untersucht die Häufigkeit von etwa 60 lexikalischen und syntaktischen Merkmalen und vergleicht diese mit Hilfe von Clusteranalysen. Auf dieser Grundlage stellt er Gruppierungen von Kommunikaten fest, häufig aber auch Überlappungen. Dennoch findet er wichtige Unterschiede zwischen typisch Geschriebenem und typisch Gesprochenem.

Swales (1981; 1990) vermittelt Erkenntnisse zur Genreanalyse in der Wissenschaftssprache. Er stellt typische Informationsblöcke in Texten vor und zeigt, dass lexikalische und syntaktische Merkmale (Unterschiede) an unterschiedliche Genres bzw. häufig an funktional unterschiedliche Teile eines wissenschaftlichen Textes (z. B. Artikels) gebunden sind, etwa Abstract, Einleitung, Hauptteil und Schlussfolgerung.

Im Zusammenhang mit texttypologischen Forschungen bzw. kontrastiven Arbeiten zu ausgewählten Texttypen und -sorten nehmen auch im englischsprachigen Raum Arbeiten zu, die sich Fragen der interkulturellen Kommunikation widmen. In diesem Zusammenhang wird aus Gründen der Wissenschaftstradition häufig auf Kaplan Bezug genommen. Kaplan (1966, 15) nahm für unterschiedliche Sprachen bzw. Sprachengruppen (Englisch, Semitisch, Orientalisch, Romanisch, Russisch) unterschiedliche Formen der Textentwicklung bzw. Textstruktur an, die kulturell begründet seien. Dabei schrieb er dem Englischen Linearität (verstanden im Sinne von Geradlinigkeit) der Argumentationsführung zu, die in dieser Form in den anderen Typen nicht vorhanden sei. Clyne (z. B. 1987) schließt an Kaplan an und betrachtet den englischen Fachtext – im Unterschied zum deutschen Fachtext, der eine Art Mischform verschiedener Typen darstelle – ebenfalls als linear (vgl. hierzu die ausführliche Diskussion bei Oldenburg 1992, 28 ff). Y. Kachru (1995) betrachtet argumentative Textstrukturen und geht von kulturell bedingten Unterschieden zwischen verwandten Texttypen aus. So postuliert sie einen Texttyp *deliberative* in Hindi, der zwar der Argumentation entspreche, aber in der Struktur anders sei, da in einem argumentativen Text das Ziel darin bestünde, dass die im Text dargestellte Ansicht richtig sei und alle anderen Meinungen falsch. „In the deliberative text, however, the points in favor as well as those opposed to a particular position are put forward [...], and the decision as to which one of the positions presented is right or wrong is left to the reader" (Y. Kachru 1995, 27).

Es ist anzunehmen, dass auch in Zukunft interkulturell begründete texttypologisch angelegte kontrastive Untersuchungen gerade englischer Texte wegen ihrer Rolle in der globalen Kommunikation anwachsen werden.

4. Anwendungen

Mit dem zuletzt Dargelegten ist bereits ein wichtiger Anwendungsaspekt der textlinguistischen Forschung berührt worden. Dies gilt nicht nur deshalb, weil texttypologische Arbeiten generell Anwendungen unterliegender theoretischer und methodologischer Konzepte sind. Der Anwendungsaspekt betrifft auch die Zwecksetzungen, die hinter den typologischen Versuchen stehen (vgl. z. B. Swales 1981; 1990 sowie die Forschungen zur interkulturellen Kommunikation).

Unter den Anwendungsfeldern der Textlinguistik im englischsprachigen Raum sind vor allem Untersuchungen und Interpretationen literarischer Texte, kontrastive Analysen, die textlinguistische bzw. textlinguistisch orientierte Beschreibung des Kommunikationsbereiches der Fachsprachen (Englisch for Specific Purposes/English Special Languages) und der fremdsprachliche Unterricht zu erwähnen. Aus Umfangsgründen können diese Bereiche nur äußerst skizzenhaft behandelt und an Beispielen illustriert werden.

Zu den textlinguistischen Arbeiten, die sich mit literarischen Texten beschäftigen, gehören u. a. die stilistischen Studien von Sinclair (1965; 1968) und Leech/Short (1981) sowie die Überlegungen zu einer Verbindung von textlinguistisch orientierter literarischer Analyse mit der Vermittlung der Literatur (Widdowson 1975). Hoey/Winter (1982) illustrieren Möglichkeiten der Anwendung eines Analysemodells der Informationsstrukturierung auf zwei Reden von Brutus und Marko Antonio in Julius Cäsar von Shakespeare. Mit Hilfe textsemantischer Verfahren untersucht Crombie (1983) Auszüge aus Raymond Chandlers Kriminalliteratur und unterscheidet dabei die Burleske, die Parodie und die Paradoxie.

Kontrastive Analysen sind im allgemeinen Voraussetzung der oben (vgl. 3.) erwähnten texttypologischen Arbeiten im Zusammenhang mit Fragestellungen zur interkulturellen Kommunikation. Dass eine kontrastiv angelegte Textlinguistik ein wichtiger Weg zur Überwindung einer eng verstandenen Systemlinguistik ist, wird von James (1980) unterstrichen, der über den Satz hinausgehende Einheiten im sozio-kulturellen Rahmen betrachtet. Houghton/Hoey (1983) heben die Rolle rhetorischer Strukturen bei der Herausarbeitung von Sprachkontrasten hervor.

Die fachsprachliche Forschung ist zum einen Resultat einer allgemeinen Orientierung der Textlinguistik auf praktische Bedürfnisse, zum anderen hat sie sich zu einem wichtigen Gebiet der englischen Textlinguistik, die auf einen spezifischen Kommunikationsbereich gerichtet ist, überhaupt entwickelt. Einen Gesamtüberblick, der textlinguistische Fragen prominent einschließt und zugleich auch andere linguistische Disziplinen einbezieht, ist die zu englischen Fachsprachen von Sager/Dungworth/McDonald (1980) erarbeitete Monografie. U. a. ordnet sie die Fachsprachen in die Grundfunktionen von Sprache ein, schließt textexterne Faktoren (Situation, Handlungsziel, Kommunikationsteilnehmer) in die Darstellung ein und beschreibt für die fachsprachliche Kommunikation wichtige Texttypen bzw. Genres unter Berücksichtigung (neben textlinguistischen) von syntagmatischen, lexikalischen und anderen Aspekten. In den Kontext der fachsprachlichen Forschung gehören auch die oben (vgl. 3.) erwähnten Arbeiten von Swales (1981; 1990) sowie die Monografie von Trimble (1985). Mit Fragen der Gestaltung wissenschaftlicher Artikel oder Abstracts befassen sich u. a. Mitchell (1968) und Cleveland/Cleveland (1983).

Die bisherigen Ausführungen haben bereits angedeutet, dass unter den Zwecksetzungen, die für die textlinguistische Arbeit im englischsprachigen Raum bestimmend waren und sind, der Sprachunterricht die determinierende Komponente ist. Das gilt für den muttersprachlichen und mehr noch für den fremdsprachlichen Unterricht. Dies ist historisch begründet in dem Bedarf an Lehrmaterialien und an der Ausbildung von Lehrern für die Erfordernisse eines (ehemaligen) Kolonialreiches und gewinnt heute eine noch viel größere Bedeutung wegen der wachsenden Rolle des Englischen als internationales Kommunikationsmittel. Die Ausrichtung des fremdsprachlichen Unterrichts auf die kommunikativen Bedürfnisse der potentiellen Nutzer ergab sich zwingend aus diesem Bedingungsgefüge. Damit war und ist die Textlinguistik als linguistische Disziplin, die sich der primären Organisationsweise der Sprache (dem Text bzw. dem Gespräch) widmet, besonders für solche praktischen Bedürfnisse in die Pflicht genommen. Entsprechend umfangreich und vielfältig sind daher auch die kaum überblickbaren Publikationen, die für unterschiedliche Zielgruppen, Kompetenzstufen, die Entwicklung verschiedener Fähigkeiten und Fertigkeiten usw. erarbeitet wurden. Die Breite und Vielfalt der Arbeiten soll durch einige stichpunktartige Erwähnungen zumindest angedeutet werden. Crombie (1982) z. B. demonstriert die Anwendung eines theoretischen Konzepts semantischer Relationen auf die Anwendung des Englischen als Fremdsprache allgemein. Jarvis (1983) schließt an Swales (1981) an und entwickelt Überlegungen, wie der Schreiber beim Abfassen eines Artikels funktional determinierte Schritte auswählt, die den potentiellen Leser berücksichtigen. Cook (1989) legt ein Lehrbuch vor, das die theoretische Vermittlung diskurs- und textlinguistischer Grundlagen mit deren pädagogischer Vertiefung und praktischen Anwendung für das Lehren und Lernen des mündlichen und schriftlichen Gebrauchs der Sprache verknüpft. Widdowson (1979), der selbst an der Erarbeitung von sprachpraktischen Lehrbüchern beteiligt war, vermittelt unter dem Gesichtspunkt einer Angewandten Sprachwissenschaft theoretische Grundlagen der Diskurs- und Textbeschreibung und auf die Anwendung bezogene Übungsmodelle sowie darauf basierende Beispiele. Dabei ordnet er den Text in seinen sozialen Kontext ein, bezieht auch nicht-sprachliche Mittel in die Darstellung ein und verbindet die Realisierung von Texttypen mit typischen sprachlichen Mitteln. Ein gesondertes Kapitel (Widdowson 1979, 173 ff) ist der Vermittlung von Lesestrategien gewidmet. B. Kachru (1982) setzt sich mit der speziellen Situation der Kommunikation unter Nicht-Muttersprachlern des Englischen auseinander und verweist auf die Dekontextualisierung des Englischen von muttersprachlichen Varianten. Was für den einen Sprecher/Schreiber als Abweichung betrachtet werden könnte, ist für einen anderen Sprachbenutzer ein gelungener kommunikativer Akt. B. Kachru illustriert dies u. a. an Todesanzeigen, Briefen und an wissenschaftlichen Texten. Damit werden Fragen der interkulturellen Kommunikation (wieder) in den Vordergrund gerückt.

5. Literatur (in Auswahl)

de Beaugrande, Robert (1980): Text, discourse, and process. Toward a multidisciplinary science of text. London.

de Beaugrande, Robert/Dressler, Wolfgang (1981): Introduction to text linguistics. London/New York.

Biber, Douglas (1988): Variation across speech and writing. Cambridge u. a.

Bolívar, Adriana (1994): The structure of newspaper editorials. In: Coulthard, Malcolm (ed.): Advances in written text analysis. London/New York, 276–294.

Brazil, David (1975): Discourse intonation. Discourse analysis monographs 1. University of Birmingham. English language research. Mimeo.

Brown, Gillian/Yule George (1983): Discourse analysis. Cambridge.

Cleveland, Donald/Cleveland, Anna (1983): Introduction to indexing and abstracting. Littleton/Colorado.

Clyne, Michael (1987): Cultural differences in the organization of academic texts. In: Journal of Pragmatics 11, 211–241.

Clyne, Michael/Slade, Diana (1994): Spoken discourse studies in Australia. In: AILA Scientific commission 4. Discourse analysis. Newsletter 1, 9–20.

Cook, Guy (1989): Discourse. Oxford u. a.

Coulthard, Malcolm (1977): An introduction to discourse analysis. London.

– (ed.) (1994): Advances in written text analysis. London/New York.

– (1994): On analysing and evaluating written text. In: Coulthard, Malcolm (ed.), 1–11.

Crombie, Winifred (1982): The application of some recent research in text semantics to the teaching of English as a foreign language. In: The British Journal of Language Teaching 1, 47–50.

– (1983): Raymond Chandler – burlesque, parody, paradox: The application of some descriptive categories from text semantics to extracts from Raymond Chandler's detective fiction. In: Language and Style 2, 151–163.

van Dijk, Teun (1980): Macrostructures. Hillsdale.

Graustein, Gottfried (1984): Episodes in English textlinguistics. In: Zeitschrift für Anglistik und Amerikanistik 32 (Heft 1), 101–113; (Heft 3), 197–210.

Graustein, Gottfried/Thiele, Wolfgang (1987): Properties of English texts. Leipzig.

Halliday, M. A. K./Hasan, Ruqaiya (1976): Cohesion in English. London.

Hoey, Michael (1979): Signalling in discourse structure. Birmingham. Discourse analysis monograph no. 6.

– (1983): On the surface of discourse. London.

– (1991): Patterns of lexis in text. Oxford u. a.

– (1994): Signalling in discourse: a functional analysis of a common discourse pattern in written and spoken English. In: Coulthard, Malcolm (ed.): Advances in written text analysis. London/New York, 26–45.

– (1997): The interaction of textual and lexical factors in the identification of textual boundaries. In: Reinhardt, Mechthild/Thiele, Wolfgang (eds.): Grammar and text in synchrony and diachrony. In Honour of Gottfried Graustein. Frankfurt am Main, 141–167.

Hoey, Michael/Winter, Eugene (1982): „Believe me for mine honour". In: Language and Style 4, 315–339.

Houghton, Hugh/Hoey, Michael (1982): Contrastive rhetorics. In: Annual Reviews of Applied Linguistics III, 2–22.

Hutchins, W. John (1977): On the structure of scientific texts. In: University of East Anglia Papers 5, 18–39.

James, Carl (1980): Contrastive analysis. London.

Jarvis, Jennifer (1983): An ESP teacher's guide to functional analysis. In: ESP Journal, 101–112.

Johnson-Laird, Philip N. (1983): Mental models. London.

Kachru, Braj (1982): Meaning in deviation: Toward understanding non-native texts. In: Kachru, Braj (ed.): The other tongue. English across cultures. London.

Kachru, Yamuna (1995): Contrastive rhetoric in World Englishes. In: English Today 41, 21–31.

Kaplan, Robert B. (1966): Cultural throught patterns in intercultural education. In: Language Learning 16, 1–20.

Leech, Geoffrey/Short, Mick (1981): Style in fiction. A linguistic introduction to English fictional prose. London.

Mann, William C./Thompson, Sandra A. (1986): Relational processes in discourse. In: Discourse Processes 9/1, 57–90.

− (1988): Rhetorical structure theory: towards a functional theory of text organization. In: Text 8.3, 243–281.

McCarthy, Michael (1991): Discourse analysis for language teachers. Cambridge u. a.

Minsky, Marvin (1975): A framework for representing knowledge. In: Winston, P. H. (ed.): The psychology of computer vision. New York.

Mitchell, John H. (1968): Writing for technical and professional journals. New York.

Nystrand, Martin et al. (1986): The structure of written communication. Studies in reciprocity between writers and readers. Orlando u. a.

Oldenburg, Hermann (1992): Angewandte Fachtextlinguistik. 'Conclusions' und Zusammenfassungen. Tübingen.

Sager, Juan C./Dungworth, David/McDonald, Peter F. (1980): English special languages. Principles and practice in science and technology. Wiesbaden.

Sanford, Anthony J./Garrod, Simon C. (1981): Understanding written language. Chichester.

Schank, Roger C./Abelson, Roger P. (1977): Scripts, plans, goals, and understanding. Hillsdale.

Selinker, L. et al. (1978): Rhetorical function-shifts in EST discourse. In: TESOL Quarterly 3, 311–320.

Sinclair, John McH. (1965): When is a poem like a sunset? In: A Review of English Literature 6/2, 76–91.

− (1968): A technique of stylistic description. In: Language and Style 1, 215–242.

Sinclair, John McH./Coulthard, Malcolm (1975): Towards an analysis of discourse. The English used by teachers and pupils. Oxford.

Sopher, H. (1979): Discourse analysis: the hierarchic structure of meaning content. In: Journal of Literary Semantics VIII/2, 100–108.

Stubbs, Michael (1983): Discourse analysis. The sociolinguistic analysis of natural language. Oxford.

− (1993): British traditions in text analysis. In: Baker, Mona/Francis, Gill/Tognini-Bonelli, Elena (eds.): Text and technology. In honour of John Sinclair. Philadelphia/Amsterdam, 1–33.

− (1996): Text and corpus analysis. Computer-assisted studies of language and culture. Oxford.

Swales, John (1981): Aspects of article introductions. Aston ESP Research Reports No. 1. Birmingham.

− (1990): Genre analysis. English in academic and research settings. Cambridge u. a.

Trimble, Louis (1985): English for science and technology. A discourse approach. Cambridge.

Watts, Richard J. (1994): Diskursanalyse in Großbritannien. In: Ehlich, Konrad (ed.): Diskursanalyse in Europa. Frankfurt am Main u. a., 41–61.

Werlich, Egon (1983): A text grammar of English. 2., durchges. u. erg. Aufl. Heidelberg.

Widdowson, Henry (1975): Stylistics and the teaching of literature. London.

− (1979): Explorations in applied linguistics. Oxford.

Winter, Eugene (1976): Fundamentals of information structure. Hatfield. Mimeo.

− (1982): Towards a contextual grammar of English. London u. a.

− (1986): Clause relations as information structure: two basic text structures in English. In: Coulthard, Malcolm (ed.): Talking about text: studies presented to David Brazil on his retirement. Discourse Analysis Monograph No. 13. University of Birmingham, 88–108.

Wolfgang Thiele, Leipzig
(Deutschland)

15. Text Linguistics in the Nordic Countries

1. Introduction
2. Denmark
3. Finland
4. Norway
5. Sweden
6. Internordic activities
7. Conclusion
8. Literature (selected)

1. Introduction

The Nordic countries – here Denmark, Finland, Norway, and Sweden – differ in academic traditions, not least in linguistics. Therefore in a regional survey they are best dealt with one by one. References will be in the nature of examples with no claims on completeness.

2. Denmark

2.1. 'Text' was a central term in Louis Hjelmslev's theory (Hjelmslev 1966, 7, 17, 21), though neither he nor his followers went on to study actual texts. In Denmark in the 1970's and 1980's literary theorists have been influenced by international currents and interested in text, for instance Peter Brask and Jørgen Dines Johansen.

2.2. Better known among linguists is Ole Togeby's massive *Prakst* (Togeby 1993), an attempt at a pragmatic text theory and published as a Copenhagen dissertation. Togeby's 'pentagrammatical' approach deals with a wide range of subjects from grammar via speech acts and cultural background to schizophrenic and aphatic language. The examples are mainly from, and in, Danish.

2.3. Teachers of communication in a foreign language have been increasingly sensitized to discoursal macrostructures. Two of the text linguists in the Copenhagen Business School are Lita Lundquist in French and Anne Marie Bülow-Møller in English. In addition to her own work (e.g. Lundquist 1980; 1983), Lundquist has furthered contacts between Nordic and francophone students of discourse. Bülow-Møller's *Omnibus* (Bülow-Møller 1989) is a pedagogically oriented survey of current theories with sample applications. She has taken part in Nordtext (see below, 6.1.), and her papers deal with transfer problems, comparing for instance fronting in English with left dislocation in Danish as devices controlling the information flow through texts. She has also been interested in pragmatics. Another example of a Danish text linguist working in a business school is Henning Nolke of Aarhus, who has published papers on information structure and contrastive text linguistics.

3. Finland

3.1. In 1974 the Academy of Finland gave a three-year research chair to Nils Erik Enkvist of the Swedish-language Åbo Akademi University to continue his work on text (e.g. Enkvist 1974). He published a textbook in Finnish (Enkvist 1975) and set up a Text Linguistics Research Group to organize conferences, offer research facilities to scholars from Finland and abroad, and publish reports (such as Enkvist/Kohonen 1976; Enkvist 1982). In 1975, Kay Wikberg published a monograph on yes–no questions and answers in Shakespeare, partly inspired by Holger Thesleff's study of yes and no in Plautus and Terence (Thesleff 1960). The core members of Enkvist's first group – Erik Andersson, Auli Hakulinen, Fred Karlsson, Viljo Kohonen, Jan-Ola Östman – all now have professorships in linguistic subjects. In 1984 Enkvist moved into a personal chair and led another research group, whose work can be exemplified with Tuija Virtanen's book on textual factors in adverbial placement in English (Virtanen 1992) and Martina Björklund's study of textual structures in Chekhov (Björklund 1993).

3.2. In Fennistics, Auli Hakulinen and coworkers in Helsinki have pioneered the text-linguistic study of corpora of authentic conversational Finnish. This is of particular interest because colloquial Finnish differs from the written standard not only in rhetorical patterns and pragmatic particles, but also in basic morphology (e.g. Hakulinen 1989). A more classic textual and syntactic problem, that of Finnish word order, was studied by Maria Vilkuna (Vilkuna 1989).

3.3. If we define discourse as text described in its situational context, we can say that the expansion from text as such into discourse and interaction was accelerated by linguists returning to Finland from study and research abroad. Partly trained in the U.K. were Heikki Nyyssönen, Liisa Lautamatti, Liisa Korpimies (later Löfman; Korpimies 1983), and Anna Mauranen. From Australia came Eija Ventola (Ventola 1987); from Germany, Liisa Tiittula (Tiittula 1993); from Russia, Martina Björklund. The list could be continued. Several visiting professors and foreign lectors have promoted the study of text and discourse, often starting out from applications in courses on composition.

3.4. Such practical needs have directed attention to contrastive and intercultural rhetoric, one of the favourite subjects of Finland's applied linguists (e.g. Lehtonen 1993 and several symposium volumes of AFinLA, the Finnish Association for Applied Linguistics: Sajavaara et al. 1991; Löfman et al. 1993; Laurinen/Luukka 1994; Muikku-Werner et al. 1995). More directly concerned with translation are studies such as those by Sonja Tirkkonen-Condit (Tirkkonen-Condit 1985). Academic rhetoric has been dealt with by Eija Ventola and Anna Mauranen (Ventola/Mauranen 1990; Mauranen 1993). Anja Piirainen-Marsch represents those who apply concepts from conversation analysis to language learning (Piirainen-Marsh 1995); Sauli Takala, Anneli Vähäpassi and Anneli Kauppinen have studied school composition. Like Wikberg, Korpimies and Björklund, Ann-Marie Londén has worked on literary discourse (Londén 1989). Lauri Carlson's study of dialogue is in another tradition: its starting-point is Hintikka's Wittgenstein-inspired game-theoretical semantics (Carlson 1983).

3.5. Such selected examples show that Finland's rich academic infrastructure has given a solid base for studies of text and discourse. In addition to language departments in universities and schools of economics, the numerous university language centres and schools of international communication (which train translators and interpreters) all stimulate further work in this area.

4. Norway

4.1. Bernt Fossestøl published the final version of his dissertation in 1978 (Fossestøl 1978). To meet obvious needs of the time, his approach was wide: he discusses text as structure and as process, rhetorical patterns, linearization, pragmatics, connective mechanisms, information structure, presupposition and implication, and time relations. His pioneering activities as Professor of Norwegian in Oslo were cut short by his untimely death.

4.2. In addition to theory and method, Lars Sigfred Evensen of Trondheim has focussed on concrete applications of text linguistics to the learning and teaching of languages, including evaluation and testing. Nordskriv, one of the spin-offs of the Nordtext Group (see below, 6.1.), has looked into writing problems of language learners on the basis of corpora of authentic data from the Nordic countries. Another project is DEVEL, Developing Written Language Competence. Trondheim has hosted several relevant conferences (e.g. Fretheim et al. 1992).

4.3. Wenche Vagle, Margareth Sandvik and Jan Svennevig have produced two widely used textbooks (Vagle et al. 1993; 1995). The former introduces text linguistics and pragmatics, the latter being a set of applications. Kjell Lars Berge's monograph (Berge 1990) deals with the diachrony of text norms. He too has stimulated postgraduate research, first in Trondheim and then in Oslo. Among the many subjects under research in Norway are academic writing (Frøydis Hertzberg and students in Oslo), text norms on internet, the nature of hypertext, and the structure of disaster reports.

4.4. The foreign-language departments of Norway's universities have made many contributions to the study of text and discourse. In English, Eva Sivertsen of Trondheim, well-known pioneer in applied linguistics, supervises theses, for instance on cohesive links in quality versus popular newspapers in the U.S. In Oslo, Kay Wikberg has written many papers on topic, theme, text typology, and procedural discourse. In Bergen, Anna-Brita Stenström (cf. below, 5.4.) has followed up her Lund dissertation with a book on spoken interaction (Stenström 1994). In French, Kjersti Fløttum, now of Bergen, continues her work on text, summarizing and précis writing. And in German, Wolfgang Feigs of Trondheim has developed didactically oriented approaches to text. Beyond linguistics in the strictest sense are the relevant writings of Ragnar Rommetveit, the Oslo psychologist.

5. Sweden

5.1. In Stockholm, Bengt Sigurd and his collaborators began experimenting with text in the early 1970's (e.g. Sigurd et al. 1977). Margareta Westman (Westman 1981) and Gunnel Källgren (Källgren 1979) have continued work on text. Beside Kent Larsson's Uppsala survey of models and methods in text linguistics (Larsson 1978), Källgren's book has remained one of the fundamental contributions to Swedish studies of text and discourse. Källgren and co-workers have participated in a number of projects, some with practical applications, and they have been sensitive to textual parameters in studies not expressly devoted to text. Östen Dahl, Sigurd's successor, has also documented a long-term interest in text, starting from information structure (Dahl 1970). He has promoted the study of text comprehension in man and machine.

5.2. Gothenburg, Dahl's former university, is another major centre of discourse studies, especially of interaction. Jens Allwood has written on communication as human cooperation (Allwood 1976), and there are related studies by several others, for instance Richard Hirsch (Hirsch 1989). The Gothenburg spectrum has included for instance data-and-corpus-based studies of turn-taking (Nivre and Richthoff 1988), cohesion in language acquisition (Strömqvist et al. 1989), and a number of studies, often published in house series, of the clash and interaction of cultures in communication. Some have explored topical problems such as the safety of immigrant workers on the shop floor.

5.3. A third prominent centre, beside the linguistics departments of Stockholm and Gothenburg, is the Department of Communication of the University of Linköping, directed by Per Linell. Authentic spoken impromptu dialogue has been one of the favourite objects. Data have been taken from the courtroom (Adelswärd 1988; Jönsson 1988), police interrogation, job interviews, school situations, language lessons, computer-mediated communication, and so on (e.g. Gustavsson 1988, Severinsson-Eklundh 1986). The insistence on authentic dialogue has stimulated the setting-up of theoretical frames and models for conversation analysis (e.g. Linell 1982; Linell/Gustavsson (1987).

5.4. In Lund, Jan Svartvik of the English department edited the classic London-Lund Corpus of Spoken English, together with his mentor Lord Quirk of Bloomsbury (Svartvik 1990). Data from the corpus were used for a number of studies (e.g. Stenström 1984; Thavenius 1983; Oreström 1983). Inger Rosengren, also of Lund, ran a Swedish-German pragmalinguistics project, which cemented Swedish-German collaboration (Rosengren 1979—1986). At Uppsala, the Slavic Papers contain reports on coherence (de Kaminski and Lavén 1981), text comprehension (Lönngren 1981), and contrastive Polish-Swedish text linguistics (Maciejewski 1982). The highly productive FUMS Group studies modern Swedish and many of its approximately 200 publications include observations on text and discourse. One of the prominent group members is Britt-Louise Gunnarsson, who made her name with a study of comprehension of legal text (Gunnarsson 1982). Siv Strömqvist has devoted her efforts to paragraph structure (Strömqvist 1987). There are several linguists in different departments whose work touches upon text, in English at Uppsala for instance Ingegärd Bäcklund.

6. Internordic activities

6.1. One of the inter-Nordic symposia at Åbo Akademi University, Finland, in 1984, resulted in the foundation of an informal contact organization named Nordtext. Its leader is now Lars Sigfred Evensen of Trondheim. Nordtext conferences have taken place in Norway twice (1985), Sweden (1986; 1995), Denmark (1988) and Finland (1990), and members have met at various other conferences as well. There are some collections of Nordtext papers (Evensen 1986; 1996; Lindeberg et al. 1992) but many have been scattered into various journals. Nordskriv, conceived and led by Evensen and financed with inter-Nordic funds, has been Nordtext's most ambitious project so far (see above, 4.2.).

6.2. A considerable number of Nordic and international conferences on text have been organized over the years in addition to those mentioned above. Sometimes the scope has been general and wide (e.g. Rønhovd 1981; Nyyssönen et al. 1988; Wårvik et al. 1996), sometimes more specific (e.g. Enkvist 1982; Aijmer et al. 1996).

7. Conclusion

7.1. In the Nordic countries, as elsewhere, the domain has expanded from the study of textual parameters in syntax and from intersentential cohesion to coherence, contextualized discourse, pragmatics, rhetoric, and human interaction. During the past quarter century, simplistic arguments based on self-generated examples have given way to authentic data, often from well organized corpora even of impromptu dialogue and conversation. As linguists have increasingly understood that the form of individual sentences is governed by their function in a discoursal and interactional context, the borderline between sentence linguistics and text-and-discourse linguistics has begun to disappear. By temperament, Nordic text linguists have been empiricists rather than builders of abstract ontological theories.

7.2. An overall characteristic of the Nordic scene has been the interest in application, necessary in small countries whose life depends on foreign-language communication. As communicative success is not only a matter of grammaticality but also very much of rhetorical patterning, stylistic appropriateness and fluency, familiarity with discoursal macropatterns in the target languages, and their contrasts with those of the mother tongue, have become a primary concern of language learning. An example is a recent Finnish manual produced by text linguists for writers of grant proposals in English (Connor et al. 1995). Here grammatical 'correctness' is mentioned only in passing, the emphasis being solidly on contrastive rhetoric.

8. Literature (selected)

Adelswärd, Viveka (1988): Styles of Success. On Impression Management as Collaborative Action in Job Interviews. Linköping.

Aijmer, Karin/Altenberg, Bengt/Johansson, Mats (eds.) (1996): Languages in Contrast. Papers from a Symposium on Text-Based Cross-Linguistic Studies. Lund.

Allwood, Jens (1976): Linguistic Communication as Action and Cooperation. Gothenburg.

Anttila, Raimo/Lehiste, Ilse/Wande, Erling (1996): Fennistic Research in Finland in the Beginning of the Nineties. Helsinki.

Aronsson, Karin/Linell, Per (1991): Framgång och motgång i dialoger. Linköping.

Berge, Kjell Lars (1990): Tekstnormers diakroni. Oslo.

Björklund, Martina (1993): Narrative Strategies in Chechov's The Steppe. Cohesion, Grounding, and Point of View. Åbo.

Bülow-Møller, Anne Marie (1989): The Textlinguistic Omnibus. Copenhagen.

Carlson, Lauri (1983): Dialogue Games. Dordrecht et al.

Connor, Ulla et al. (1995): Tehokkaita EU-projektiehdotuksia (Effective grant proposals for the EU). Helsinki.

Dahl, Östen (1969). Topic and Comment. Gothenburg.

Enkvist, Nils Erik (1974): Några textlingvistiska grundfrågor. In: Teleman, Ulf/Hultman, Tor (eds.): Språket i bruk. Lund, 176—296.

— (1975): Tekstilingvistiikan peruskäsitteitä (Basic Concepts in Text Linguistics). Helsinki.

— (ed.) (1982): Impromptu Speech: A Symposium. Åbo.

Enkvist, Nils Erik/Kohonen, Viljo (eds.) (1976): Reports on Text Linguistics. Approaches to Word Order. Åbo.

Evensen, Lars Sigfred (ed.) (1986): Nordic Research in Text Linguistics and Discourse Analysis. Papers from the first NORDTEXT symposium. Trondheim.

— (ed.) (1996): The Role of Theory in Applied Discourse Analysis. International Journal of Applied Linguistics 6, 3—79.

Fossestøl, Bernt (1980): Tekst og tekststruktur. Oslo.

Fretheim, Thorstein/Evensen, Lars Sigfred/Sivertsen, Eva (eds.) (1993): Tekst i kontekst. Oslo.

Gunnarsson, Britt-Louise (1982): Lagtexters begriplighet. Uppsala.

Gustavsson, Lennart (1988): Language Taught and Language Used. Dialogue Processes in Dyadic Lessons of Swedish as a Second Language Compared with Non-Didactic Conversations. Linköping.

Hakulinen, Auli (1986): Text Linguistics in Finland. In: Charolles, M. et al.: Research in Test Connexity and Text Coherence. Papiere zur Textlinguistik. Hamburg, 325—345.

— (ed.) (1989): Suomalaisen keskustelun keinoja (Patterns in Finnish Conversation). Helsinki.

Hirsch, Richard (1989): Argumentation, Information and Interaction. Gothenburg.

Hjelmslev, Louis (1966): Omkring Sprogteoriens Grundlæggelse. Copenhagen.

Horne, Merle (1987): Towards a Discourse-Based Model of English Sentence Intonation. Lund.

Jönsson, Linda (1988): On Being Heard in Court Trials and Police Interrogations. Linköping.

Källgren, Gunnel (1979): Innehåll i text. Lund.

de Kaminski, Jerzy/Lavén, Gösta (eds.) (1981): Textkoherens. Uppsala.

Koch, W./Platzack, Christer/Tottie, Gunnel (eds.) (1982): Tekststrategier i tal och skrift. Stockholm.

Korpimies, Liisa (1983): A Linguistic Approach to the Analysis of a Dramatic Text. A Study in Discourse Analysis and Cohesion with Special Reference to The Birthday Party by Harold Pinter. Jyväskylä.

Larsson, Kent (1978): Modeller och metoder i textlingvistiken. Lund.

Laurinen, Leena/Luukka, Minna-Riitta (eds.) (1994): Puhekulttuurit ja kielten oppiminen (Oral Cultures and Language Learning). AFinLA Yearbook 52. Jyväskylä.

Lehtonen, Jaakko (ed.) (1993): Kulttuurien kohtaaminen (The Clash of Cultures). Jyväskylä.

Lindeberg, Ann-Charlotte/Enkvist, Nils Erik/Wikberg, Kay (eds.) (1992): Nordic Research on Text and Discourse. Nordtext Symposium 1990. Åbo.

Linell, Per (1982): Modeller och metaforer för kommunikation. Linköping.

– (1987): Initiativ och respons om dialogens dynamik. Linköping.

– (ed.) (1994): Text and Talk in Professional Contexts. International Conference on Discourse and the Professions. Uppsala 1992. Swedish Association for Applied Linguistics.

Londén, Anne-Marie (1989): Litterärt talspråk. Helsingfors.

Löfman, Liisa/Kurki-Suonio, Liisa/Pellinen, Silja/Lehtonen, Jari (eds.) (1993): The Competent Intercultural Communicator. AFinLA Yearbook 1993. Tampere.

Lönngren, Lennart (ed.) (1981): Textförståelse och textrepresentation. Uppsala.

Lundquist, Lita (1980): La cohérence textuelle. Copenhague.

– (1983): L'analyse textuelle. Copenhague.

Maciejewski, W. (1982): Podstawy polsko-szwedskiej kontrastywnej Lingwistyki tekstu. Uppsala Slavic Papers 7. Uppsala.

Mauranen, Anna (1993): Cultural Differences in Academic Rhetoric. Frankfurt am Main et al.

Muikku-Werner, Pirkko/Julkunen, Kyösti (eds.) (1995): Kielten väliset kontaktit (Interlanguage Contacts). AFinLA Yearbook. Jyväskylä.

Näslund, Harry (1991): Referens och koherens i svenska facktexter. Uppsala.

Nivre, Joakim/Richthoff, Ulla (1988): Återkoppling och turtagning i två typer av samtal. Gothenburg.

Nyyssönen, Heikki/Kuure, L./Kärkkäinen, E./Raudaskoski, P. (eds.) (1988): Proceedings from the 2nd Finnish Seminar on Discourse Analysis, Oulu, September 27−28, 1988. Oulu.

Oreström, Bengt (1983): Turn-Taking in English Conversation. Lund.

Östman, Jan-Ola (1981): 'You know': A Discourse-Functional Approach. Amsterdam.

Piirainen-Marsh, Arja (1995): Face in Second-Language Conversation. Jyväskylä.

Rønhovd, Jarle (ed.) (1982): Tekst og kommunikasjon. Trondheim.

Rosengren, Inger (ed.) (1979−1986): Arbeitsberichte des Projekts Sprache und Pragmatik. Lund.

Sajavaara, Kari/Marsh, David/Keto, Tellervo (eds.) (1991): Communication and Discourse Across Cultures and Languages. AFinLA Yearbook. Jyväskylä.

Severinsson-Eklundh, Karin (1986): Dialogue Processes in Computer-Mediated Communication. Linköping.

Sigurd, Bengt/Källgren, Gunnel/Westman, Margareta (1977): Tre experiment med text. Stockholm.

Stenström, Anna-Brita (1984): Questions and Responses in English Conversation. Lund.

– (1994): An Introduction to Spoken Interaction. Cambridge.

Strömquist, Siv (1987): Styckevis och helt. Malmö.

Svartvik, Jan (ed.) (1990): The London-Lund Corpus of Spoken English. Lund.

Thavenius, Cecilia (1983): Referential Pronouns in English Conversation. Lund.

Thesleff, Holger (1960): Yes and No in Plautus and Terence. Helsingfors.

Tiittula, Liisa (1993): Metadiskurs. Explizite Strukturierungsmittel im mündlichen Diskurs. Hamburg.

– (1994): Kulttuurit kohtaavat (Cultures Clash). Helsinki.

Tirkkonen-Condit, Sonja (1985): Argumentative Text Structure and Translation. Jyväskylä.

Togeby, Ole (1993): Prakst. Pragmatisk Tekstteori. Aarhus.

Vagle, Wenche/Sandvik, Margaretha/Svennevig, Jan (1993): Tekst og kontekst. Oslo.

– (1995): Teilnærminger til tekst: modeller for språklig tekstanalyse. Oslo.

Ventola, Eija (1987): The Structure of Social Interaction. A Systemic Approach to the Semiotics of Service Encounters. London.

Ventola, Eija/Mauranen, Anna (1990): Tutkijat ja englanniksi kirjoittaminen (Researchers and Reporting in English). Helsinki.

Vilkuna, Maria (1989): Free Word Order in Finnish. Its Syntax and Discourse Functions. Helsinki.

Virtanen, Tuija (1992): Discourse Functions of Adverbial Placement in English. Åbo.

Westman, Margareta (1981): Text och textanalys ur språkvetenskapligt perspectiv. Stockholm.

Wikberg, Kay (1975): Yes-No Questions and Answers in Shakespeare's Plays. A Study in Text Linguistics. Åbo.

Wårvik, Brita/Tanskanen, Sanna-Kaisa/Hiltunen, Risto (eds.) (1995): Organization in Discourse. Turku.

Yli-Jokipii, Hilkka (1994): Requests in Professional Discourse: A Cross-Cultural Study of British, American and Finnish Business Writing. Helsinki.

Nils Erik Enkvist, Helsinki
(Finnland)

16. Textlinguistik im romanischen Sprachraum

1. Zum Standort der Textlinguistik in der Romania
2. Zur Definition und Strukturierung des Textes
3. Texttypologien
4. Lokale Analysen der Kohäsion (Anaphern und Tempora)
5. Kohärenz und Textgestaltung
6. Literatur (in Auswahl)

1. Zum Standort der Textlinguistik in der Romania

Im Gegensatz zum deutsch- oder englischsprachigen Raum scheint die Textlinguistik in der Romania Schwierigkeiten zu haben, sich als eigenständige Disziplin zu etablieren. Davon zeugen mehrere Fakten:
− Es gibt keine einheitliche Bezeichnung für das Fach: ob man man von 'grammaire du texte', 'linguistique du texte', 'linguistique textuelle', 'linguistica testuale', 'textologie', 'lingüística textual', 'pragmatique textuelle', 'pragmática textual' spricht − die Ansichten und Zielsetzungen sind recht verschieden. Stati (1990, 11) verwendet sogar das deutsche Wort 'Textlinguistik'.
− Im *Bulletin analytique de linguistique française*, das jedes Halbjahr alle Neuerscheinungen registriert und kommentiert, gibt es keine besondere Rubrik für Textlinguistik. Textlinguistische Publikationen werden unter *Stilistik*, *Soziolinguistik* besprochen. Genauso steht es mit dem *Dictionnaire encyclopédique de Pragmatique* von Moeschler/Reboul (1994), wo die Begriffe *Text* und *Textlinguistik* im Register nicht erwähnt werden, wohl deshalb, weil sie unter dem Begriff 'Diskursanalyse' subsumiert werden. Die Abgrenzung beider Begriffe wird ohnehin selten problematisiert, wenn man von einigen wenigen Autoren absieht.
− Viele namhafte Linguisten sind gegenüber der Textlinguistik ausgesprochen skeptisch, so z. B. Molino (1990, 161), der kategorisch behauptet, es könne keine allgemeine Theorie des Diskurses oder des Textes geben.

Dieser Tatbestand erklärt sich durch vielfache Gründe. Zunächst muss sich die Textlinguistik von benachbarten Wissenschaften wie Semiotik, Rhetorik, Argumentationstheorie, Pragmatik, Diskursanalyse, Stilistik, Hermeneutik und Literaturwissenschaft durch eigene Zielsetzungen und Methoden abgrenzen können, letztere aber als Hilfsmittel erkennen. Da, wo diese Wissenschaften stark ausgeprägt sind − so z. B. die Semiotik in Frankreich mit Greimas, Barthes, und in Italien mit Eco, oder die Pragmatik mit Roulet (Genfer Schule) und Ducrot (Frankreich) − kommt der Textlinguistik wenig Raum zu, oder aber sie wird einfach von der anderen Fachrichtung einverleibt. Dabei wird die notwendige Interdisziplinarität in der Textlinguistik oft betont, so z. B. Lamiquiz (1978, 13), Rastier (1989, 6), Adam (1990, 25 ff) oder auch Maingueneau (1993, 18).

Zweitens ist die Rezeption der fachgründenden Literatur (Petöfi 1971; van Dijk 1972; Schmidt 1973; de Beaugrande/Dressler 1981, usw.) auch sehr unterschiedlich verteilt. Wenn die Schweizer aufgrund ihrer Mehrsprachigkeit Zugang zu aller Literatur haben, sind deutsche Arbeiten in Frankreich so gut wie unbekannt, in Italien dafür dank den Bemühungen von Conte und Stati mehr verbreitet. Spanien hingegen zeichnet sich durch die größte Übersetzungstätigkeit aus: sowohl die deutschen textlinguistischen als auch die französischen pragmatischen Arbeiten sind bald nach ihrem Erscheinen übersetzt worden. Die Produktion jedes Landes spiegelt diese meist zufälligen Einflüsse wider.

Schließlich wird der Begriff 'Text' doch noch oft mit literarischem Text gleichgesetzt, so dass der Unterschied zwischen literarischer und linguistischer Analyse schwer erfassbar wird. Das ist besonders der Fall für die Arbeiten von Garcia Berrio (1978; 1981; 1988), der sich fast ausschließlich mit Liebeslyrik beschäftigt. Rastier (1989, 8) bekennt sich auch eindeutig zum literarischen Text.

Jedoch gibt es in Frankreich, Italien, Spanien und in der Schweiz eine ganze Reihe von Arbeiten, die sich mit Textlinguistik befassen, wenn sie sich auch nicht alle um eine umfassende Texttheorie bemühen. Eine Ausnahme stellt der schweizerische Linguist Jean-Michel Adam dar, der seit etwa zwanzig Jahren eine originelle Texttheorie entwickelt hat und in Lausanne eine sehr aktive Forschungsgruppe leitet. Deshalb wird hier ausführlicher über ihn referiert, besonders in den Abschnitten 2. und 3., die globale Aspekte einer Texttheorie berücksichtigen. Dann sollten einige grundlegende Arbeiten dargestellt werden, die spezifische Aspekte der Textlinguistik behandeln, insbesondere die anaphorischen Ketten (4) und die Argumentation in Texten (5). Die anschließende Bibliographie wird auch weitere Linguisten erwähnen, die hier zu kurz gekommen wären. Um ohnehin unvermeidliche Wiederholungen in Grenzen zu halten, wird nicht über jedes Land der Romania einzeln berichtet, sondern vielmehr eine thematische Anordnung bevorzugt, wobei einige Teilbereiche der Textlinguistik leider unerwähnt bleiben müssen.

2. Zur Definition und Strukturierung des Textes

Darüber, was ein Text ist, gehen die Meinungen seit eh und je auseinander. Wie schon erwähnt, ist es also manchmal schwierig, zwischen Textlinguistik und Diskursanalyse zu unterscheiden. Mainguenau (1995) definiert die Diskursanalyse als die Wissenschaft, welche die Verankerung eines bestimmten Äußerungsmodus in einem sozialen Ort beschreibt. Gleichermaßen hatte schon Rastier (1989, 40) behauptet, Diskurs entfalte sich in verschiedenen Genres (etwa Gedicht, Roman, Predigt, Gebet, Inserat, usw. ...), die den sozialen Praktiken innerhalb eines Feldes entsprechen, wobei das Genre den Text mit dem Diskurs verbinde. Daraus erhellt, dass – zumindest für viele französische Semantiker – der Text unter die Kategorie 'Diskurs' fällt und pragmatisch erfasst wird.

Wie die meisten Textlinguisten in Frankreich und in der französischsprachigen Schweiz ist Adam stark von Benveniste und Bally beeinflusst, die beide als Gründer der 'Theorie der Äußerung und des Äußerungsaktes' gelten können. Schon 1932 hat Bally im Satz zwei Ebenen der Analyse unterschieden: das *dictum*, d. h. den Inhalt der Aussage, und den *modus*, der die Subjektivität des Sprechers ausdrückt. Damit hat er späteren pragmatischen Arbeiten den Weg gebahnt. Adam, der für eine Pragmatik des Textes plädiert, beruft sich aber auch auf Bachtin (1984) und Eco (1979). Die in Adam (1990) entwickelte Theorie wird in Adam (1992) einigermaßen revidiert und durch eine Texttypologie ergänzt. Adam (1990, 23) versteht den Text als ein abstraktes Produkt, das dadurch entsteht, dass man den sozialen Kontext, d. h. die Produktionsbedingungen des Diskurses ausklammert. Textlinguistik soll sich also damit begnügen, die linguistischen Voraussetzungen der Interpretation zu bestimmen. Diese Ansicht teilt er mit vielen, u. a. Fuchs (1985, 22) und Rastier (1989, 18). Dabei übernimmt er Ecos Grundthese, dass der Leser/Hörer mit Relevanzerwartungen an den Text herangeht, und er entwickelt demnach eine leserzentrierte Theorie des Textes. Die vielen aufeinanderfolgenden Definitionen des Textes, die er Schritt für Schritt erarbeitet, streichen folgende Eigenschaften heraus: Ein Text besteht aus Satzfolgen, aus Sequenzen von gebundenen Äußerungen, die zielgerichtet zusammengefügt sind (1990, 49). Im Gegensatz zu Charolles (1988, 6–10), der vier Ebenen der Textorganisation unterscheidet, gibt es im Modell von Adam sechs Ebenen der Textualität, die aufeinander bezogen sind:

– Die Ketten (*chaînes de liage*) beziehen sich auf alle Kohäsions- und Kohärenzerscheinungen. Damit werden sowohl lokale Verbindungen (Anapher und Koreferenz) gemeint, als auch Präsuppositionen und Inferenzen.
– Der semantische Raum (*espace sémantique*) umfasst einige besondere pragmatische Komponenten (Sprecherverantwortung und Polyphonie im Sinne Ducrots, siehe unten 5.3.).

– Die Ebene der textuellen Gliederung bezieht sich auf die manifeste Aufteilung des Textes in Absätze, Kapitel usw. Die augenscheinliche Gliederung des Textes soll den Leser unter anderem auf die Textsorte (Sonett, Zeitung, Gebrauchsanweisung, usw.) aufmerksam machen.

– Die vierte Ebene, die der Periode, arbeitet den rhetorischen Begriff der Periode um, indem damit 'Pakete' (*paquets de propositions*), d. h. gebundene Mengen von Sätzen gemeint sind, die explizit im Text durch besondere Zeichen (Organisatoren, Konnektoren) als zusammengehörend gekennzeichnet sind.

– Über diese Ebene hinaus konstituiert die Sequenz (*séquence*) im Textmodell von Adam die grundsätzliche Ebene der Textorganisation. Die Sequenz wird durch ein hierarchisches Netz von Relationen gebildet, sie ist eine relativ autonome Einheit, die vom Leser/Hörer als solche erkannt wird. Ein Text setzt sich zusammen aus einer Menge von Sequenzen gleichen oder verschiedenen Typs. Damit stimmt er mit Roulets (1981) Definition des Gesprächstextes als 'hierarchische Folge von Sequenzen' überein.

– Die sechste Ebene wird als pragmatische bzw. konfigurationelle Dimension definiert. Damit bezieht sich Adam zugleich auf Ricœur (1986) und Bachtin, die beide auf das Ganzheitliche des zusammengefügten Textes hingewiesen haben. Auf dieser Ebene treffen drei Komponenten zusammen:

a) die referenz-semantische Komponente – womit gemeint wird, dass der Text allmählich eine eigene Diskurswelt konstruiert, die durch einen Titel zusammengefasst werden kann.

b) die Äußerungskomponente analysiert die verschiedenen Verankerungen der Aussage innerhalb des Textes.

c) und schließlich die argumentative Richtung des Textes, die ihn als Diskursakt etabliert – wobei die argumentative Richtung auch für fiktionale Texte relevant ist.

Jede Textanalyse soll in erster Linie die Verbindung zwischen den letzten zwei Ebenen, die einander bestimmen, an den Tag legen. Die Erfassung der Textsequenzen dient vor allem dem Erkennen der Textabsicht, die wiederum die Interpretation der verschiedenen Sequenzen bedingt.

Adam nennt seine Theorie auch deshalb sequentiell, weil die Sequenz als Zwischenstufe zwischen Proposition und Text dessen Zuweisung zu einem bestimmten Texttyp entscheidet. Indem Adam die Sequenzen typologisiert und nicht die Texte, ermöglicht er damit eine lockerere Handhabung der Typologie.

3. Texttypologien

Viele Typologien begnügen sich damit, die herkömmlichen literarischen Gattungen zu übernehmen und zu verfeinern. So geht Huerta Calvo (1983) von vier Grundkategorien (lyrisch, episch, dramatisch, didaktisch) aus, die er dann weiter unterteilt. So verfährt auch García Berrio (1978), der das Sonett der klassischen Liebeslyrik nach Form und Thematik subklassifiziert. Wenn sie nicht direkt von den literarischen Genres übernommen werden, basieren die meisten aktuellen linguistischen Texttypologien auf pragmatischen Textfunktionen, wie sie z. B. in Werlich (1975) dargestellt sind. So diejenige Mortara Garavellis (1988), der die fünf Typen von Werlich (deskriptiv, narrativ, expositiv, argumentativ, präskriptiv) um einen weiteren ergänzt: der optative Texttyp, der durch Wünsche, Verwünschungen, magische Formeln, Gebete, usw. aktualisiert wird.

Einen interessanten Versuch stellt die Typologie Albaladejos (1986, 58–59) dar, der, aufbauend auf Petöfis Textstruktur-Weltstruktur-Theorie, die Texte nach ihrer Zugehörigkeit zu einem Weltmodell klassifiziert. Er unterscheidet also drei Texttypen, je nachdem ob sie eine wirklichkeitsgetreue Welt (*mundo de lo verdadero*) darstellen, eine fiktive, aber wirklichkeitsähnliche Welt (*mundo de lo ficcional verosímil*) oder schließlich eine ganz fiktive Welt (*mundo de lo ficcional no verosímil*). Eine solche Typologie hat allerdings den Nachteil, dass sie keine formalen Kriterien einbezieht und somit schwer zu handhaben ist.

Rastier (1989) zeigt die Ineffizienz strikter Kategorisierungen und definiert den Text als Interaktion von vier Komponenten: die Thematik, die Dialektik (womit er die zeitliche Folge von Zuständen, Prozessen und Sachverhalten meint), die Dialogik (die alle semantischen Modalitäten umfasst) und die Taktik (die die lineare Abfolge der semantischen Einheiten beschreibt). Die Texttypen hängen dann von Zahl und Typus der Interaktionen zwischen allen vier Komponenten ab. Der *haïku* z. B. wird definiert durch die Interaktion zwischen seiner Form und seiner Thematik (Rastier, 1989, 108).

Adam (1992) verzichtet lieber auf eine eigentliche Texttypologie, da Texte selten einem einzigen Typ angehören. Da er die Sequenz als Grundelement des Textes definiert hat, etabliert er Sequenzentypen. Ein Text gehört dann zu einem besonderen Typ, wenn die meisten Sequenzen des Textes diesem Typ zuzuschreiben sind. Dass er nur fünf Sequenztypen unterscheidet, mag verwundern. Sie werden aber prototypisch definiert, vermögen weitere Typen einzubeziehen und erübrigen somit größere Aufzählungen, wie sie bei den meisten Typologien üblich sind.

a) die narrative Sequenz muss sechs Elemente aufweisen: eine Reihe von Ereignissen, eine thematische Einheit (mindestens ein handelndes Subjekt), veränderte Prädikationen, eine fortschreitende Handlung (Anfangssituation – Veränderung und Endzustand), die Einbeziehung der Ereignisse in Kausalzusammenhänge durch die narrative Instanz und schließlich eine explizite oder implizite Wertung der Geschichte.

b) die deskriptive Sequenz unterscheidet sich von der vorigen vor allem dadurch, dass darin die Reihenfolge der Operationen nicht geordnet ist. Adam nennt vier deskriptive Prozeduren (bzw. Makrooperationen).

In diese Kategorie reiht er die sonst prozedural oder instruktionell genannten Texte ein. Für ihn sind z. B. Rezepte nur besondere Aktualisierungen des deskriptiven Typs.

c) die argumentative Sequenz basiert auf dem argumentativen Schema von Toulmin und wird prototypisch so definiert: Ausgangspunkt ist die explizite oder implizite vorige These (des Gegners), auf welche die Angabe der Daten folgt, die dank Stützung und Inferenzen den Schluss herbeiziehen.

d) Die sog. explikative Sequenz hat mit expositiven oder auch informativen Texten, wie sie in manchen Arbeiten (Combettes/Tomassone 1988) vorkommen, nichts zu tun. Für Adam besteht ein informativer Text aus Verbindungen von deskriptiven und explikativen Sequenzen, wird also als gemischter Typ angesehen. Exposition behandelt das Wie eines Sachverhalts, während Explikation nach dem Warum fragt. Die prototypische explikative Sequenz erfolgt in vier Schritten: Anfangsschema, dann Problemstellung in Form einer Warum-Frage, dann explikative Antwort, dann bewertender Schluss.

e) der letzte Sequenztyp wird als dialogal bezeichnet. Für Adam ist Dialog nicht mit Gespräch gleichzusetzen, und er versteht die dialogale Sequenz nicht in dem Sinne der Konversationsanalyse, selbst wenn er verschiedene Arbeiten dieser Richtung berücksichtigt, vor allem Kerbrat-Orecchioni (1990, 197), deren Definition er übernimmt: Ein Gespräch sei ein kollektiv produzierter Text. Die Basis-Einheit ist der Austausch, als Minimalpaar von Sätzen verstanden.

Abschließend bemerkt Adam, dass die verschiedenen Typen von Sequenzen zwar 'fuzzy' Kategorien darstellen, die aber der Komplexität eines Textes gerecht werden.

4. Lokale Analysen der Kohäsion (Anaphern und Tempora)

Bevor über einzelne Arbeiten berichtet wird, muss darauf hingewiesen werden, dass die drei Termini *Kohäsion*, *Kohärenz* und *Konnexität* keineswegs einheitlich verwendet werden. Die Unterscheidung zwischen Kohäsion und Kohärenz, wie sie bei de Beaugrande/Dressler (1981) geprägt wurde, ist nicht überall üblich und wurde mehrmals um ein drittes Konzept (Konnexität) erweitert. Bei Chico Rico (1985/6; 1987) umfasst der Terminus 'coherencia' beide Bedeutungen von Kohäsion und Kohärenz. Für Adam (1990, 109–112) verweist Konnexität auf die grammatischen Beziehungen innerhalb des Satzes und des Textes. Nominalisierungen, Ellipsen, Koreferenz, anaphorische Ketten, Temporafolgen sind alle Erscheinungen, die unter diesen Begriff fallen. Kohäsion hingegen ist für ihn ein semantischer Prozess, der durch Isotopieketten gewährleistet wird. Kohärenz wiederum ist keine linguistische Eigenschaft der Äußerungen, sondern entsteht erst durch die interpretative Aktivität des Hörer/Lesers. Diese Auffassung entspricht mehr oder weniger derjenigen Contes (1988).

Über die kohärenzstiftende Funktion der Tempora in erzählenden Texten sind nach Weinrichs *Tempus* viele Arbeiten erschienen. Eine besondere Nennung verdient Vuillaume (1990), der überzeugend zeigt, wie bei französischen erzählenden Texten des 19. Jhs. der Leseprozess als zweite Referenzzeit fungiert.

Von allen Mitteln der Konnexität bilden vor allem die anaphorischen Ketten ein beliebtes Thema in allen Ländern der Romania. Da hier nicht über alle Autoren referiert werden kann, sollen nur einige Arbeiten exemplarisch vorgestellt werden.

4.1. Chico Rico (1985/6; 1987) untersucht die textstrukturierende Funktion des Artikels. Ausgehend von Weinrichs Darstellung des französischen Artikels als Instruktion an den

Hörer/Leser, zeigt er die kotextuellen Bedingungen des Gebrauchs des definiten Artikels im Spanischen auf. Er zählt acht verschiedene sprachliche Kotexte, die den definiten Artikel hervorrufen. Dieser ist eine Instruktion an den Leser, den Linkskontext zu berücksichtigen, während der unbestimmte Artikel seine Aufmerksamkeit nach rechts lenkt. Der Nullartikel seinerseits verweist ihn auf seine lexikologischen bzw. enzyklopädischen Kenntnisse. Damit trägt der spanische Artikel zur Textkohäsion bei (Chico Rico verwendet allerdings den Terminus 'coherencia').

4.2. Die Verteilung des französischen bestimmten Artikels und des Demonstrativartikels in anaphorischen Ketten.

Corblin (1985; 1995) und Kleiber (1986; 1989; 1990) haben sich wiederholt mit dem Problem der Wiederaufnahme von Nominalgruppen in Texten befasst. Je nach Kontext und Sprechsituation fällt die Wahl entweder auf den definiten Artikel oder auf den Demonstrativartikel. Corblin hat gezeigt, dass im Französischen der bestimmte Artikel in manchen Satzfolgen ausgeschlossen ist, der Demonstrativartikel also obligatorisch. Er erklärt diesen Umstand dadurch, dass beide Artikel textuell kontrastiv gebraucht werden.

Diese Interpretation wird von Kleiber (1986) wiederaufgenommen und modifiziert. Dazu führt er das Konzept der Evaluationsumstände (*circonstances d'évaluation*) der definiten NG in die Analyse ein. Die Evaluationsumstände sind die Voraussetzungen für die Wahrheitsbestimmung einer NG.

Beim bestimmten Artikel wird der Referent der NG indirekt gefasst, innerhalb vorgesetzter Evaluationsumstände (1986, 176), die vom ersten Satz gegeben werden, und der Satz mit der definiten anaphorischen NG muss als kohärente Folge des vorigen erscheinen.

(1) *Il était une fois un prince très malheureux malgré son beau château. Le prince ne pouvait pas avoir de fils.*

Der Demonstrativartikel hingegen erfasst den Referenten direkt, ohne Bezug auf besondere Evaluationsumstände. Der zweite Satz konstituiert einen neuen Evaluationsrahmen, in dem der Referent als herausragend (*salient*) hingestellt wird.

(2) *Un avion s'est écrasé hier. Cet avion relie habituellement Miami à New-York.*

Diese Interpretation erklärt auch, warum der demonstrative Artikel bei der assoziativen Anapher ausgeschlossen ist. Hier wird der zweite Referent innerhalb der Evaluationsumstände der ersten NG erfasst.

(3) *Paul entra dans une maison. Le toit était abîmé.*

Das Konzept der Evaluationsumstände ist jedoch wiederholt kritisiert worden, vor allem weil es als logisches Konzept der Komplexität der natürlichen Sprache nicht gerecht wird. Kleiber (1990, 208−220) setzt sich ausführlich damit auseinander und verbindet dieses Konzept einerseits mit der Existenzpräsupposition des definiten Artikels, andererseits mit der Theorie der möglichen Welten. Die relevanten Evaluationsumstände ergeben sich aus der jeweiligen Redesituation und dem gemeinsamen Wissen der Beteiligten.

4.3. In Italien beschäftigt sich Maria-Elisabeth Conte seit langen Jahren mit Anapherproblemen und hat mehrere wichtige Aufsätze über dieses Thema verfasst, in denen sie die Ausdrucksmittel der Anapher im Italienischen, Deutschen, Französischen und Englischen vergleicht.

Conte (1990a) nimmt die Diskussion in Corblin und Kleiber wieder auf und führt das wichtige Konzept der empathischen Anapher ein. In Anlehnung an Kuno und Lyons zeigt sie, wie Pronomina nicht nur auf Referenten hinweisen, sondern auch Informationen liefern über die Gefühle des Sprechers, z. B. wenn neutrale Pronomina auf Menschen referieren, oder wenn ein Pronomen wie *quello* Verachtung beinhaltet. Diese These illustriert sie mit Beispielen aus Werken von Henry James, Flaubert und Kafka.

In Conte (1990b) untersucht sie anaphorische Pronomina, für die keine Referenzidentität zwischen Pronomen und Antezedens besteht. Sie unterteilt sie in drei Gruppen:
− anaphorische Pronomina, deren Vorgänger referentiell, aber nicht-koreferentiell sind.
− anaphorische Pronomina, deren Vorgänger nicht-referentiell und somit a fortiori nicht-koreferentiell sind.
− anaphorische Pronomina, die keinen Vorgänger im Text haben.

Nach dieser Analyse zeigt sie, dass das Antezedens nicht der einzige Faktor ist, um den Referenten eines Pronomens auszumachen. Andere kotextuelle Fakten sind hier von Bedeutung. Dem Pronomen schließlich kommt die wichtigste Rolle zu, indem es manchmal sogar seinem Antezedens die textuelle Existenz verschafft.

In Conte 1996 befasst sie sich mit den Demonstrativpronomina *questo* und *quello* und ihren unterschiedlichen Verwendungen. Sie zeigt, dass die Distanz im spatialen oder diskursiven Bereich für ihre Verwendung zwar relevant ist, aber auch die emotionale Distanz. Anschließend diskutiert sie Ducrots Behauptung, der Demonstrativartikel sei gleichbedeutend mit dem definiten. Der Demonstrativartikel kann anaphorisch nur in praesentia gebraucht werden, d. h. im Kontext einer expliziten Erwähnung des Referenten. Deswegen kann er im Falle der assoziativen Anapher nicht vorkommen, wie schon Kleiber (1986) gezeigt hatte.

5. Kohärenz und Textgestaltung

Viele Linguisten sind der Ansicht, Textlinguistik sollte mit der Beschreibung minimaler Ketten von etwa zwei Äußerungen ansetzen. So meint Stati (1990, 12), die Analyse des Transphrastischen müsse zur Erklärung des Gestaltungsprozesses von Texten führen, indem sie die Verkettung von Äußerungen untersucht. In dieser Richtung arbeiten auch die französischen Linguisten Anscombre und Ducrot, die seit ungefähr 25 Jahren eine eigene Theorie der Textkohärenz entwickelt haben.

Obwohl Anscombre und Ducrot sich selber bestimmt nicht als Textlinguisten bezeichnen würden, haben ihre Arbeiten einen immensen Einfluss auf alle textlinguistischen Forschungen ausgeübt, sowohl in Frankreich als auch in der Schweiz, da sie mit der Genfer pragmatischen Schule (Roulet) in engem Kontakt stehen. Ducrot ist derjenige, der im frankophonen Bereich die Theorien Searles einführte und wiederaufnahm. In *Dire et ne pas dire* (1972) trifft er eine erste Unterscheidung zwischen linguistisch fundierten Präsuppositionen und rhetorischen Unterstellungen. Aber erst die Zusammenarbeit mit Anscombre lässt die 'Theorie der Argumentation in der Sprache' entstehen. Für beide gilt die These, dass alles Sprechen gleich Argumentieren sei. In zahlreichen Publikationen haben beide einen begrifflichen Apparat ausgearbeitet, von dem hier nur drei zentrale Konzepte dargestellt werden.

5.1. Sprechen = Argumentieren

Dass jeder Text argumentativ orientiert sei, ist in der Textlinguistik wohl überall anerkannt. Dasselbe gilt aber − nach Anscombre und Ducrot − für die bloße Äußerung. Jede Äußerung ist argumentativ ausgerichtet und gestaltet, wobei sie die folgende Äußerung präselegiert. Es gibt also in dieser Theorie keine isolierten Äußerungen, insofern als jede Äußerung Ausdruck einer diskursiven Strategie ist. Für Anscombre und Ducrot ist die argumentative Kraft einer Äußerung nicht aus dem Kontext herauszurekonstruieren, sondern linguistisch in der Äußerung selber verankert. Es gibt also eine Wechselwirkung zwischen einem Argument und einem Schluss, weil die Form beider sie gegenseitig determiniert. Dieser Hypothese zufolge analysieren sie eine Reihe von Konnektoren und Adverbien, unter anderem die Negation. In *Les Mots du discours* zeigen sie, dass Adverbien wie *peu* und *un peu* sich durch die möglichen folgenden Äußerungen unterscheiden.

(4) *Il a peu bu / il a un peu bu*

legen jeweils den Schluss nahe, dass er fahren bzw. nicht fahren darf.

Ihre Interpretation des Konnektors *mais* hat viele Arbeiten beeinflusst. Für sie blokkiert in einer Äußerungsfolge *p, mais q, mais* eine mögliche Inferenz der Proposition p und bewirkt somit eine Umorientierung der Argumentation.

5.2. Argumentative Skalen und Topoi

Da jede Äußerung einen bestimmten argumentativen Zweck verfolgt, kann man also jede als Argument ansehen. Ein Argument kennzeichnet sich durch dreierlei:
− Erstens hängt sein Argumentationswert von dem Bewertungssystem des Sprechers ab. Dieser Wert ist strengstens vom Wahrheitswert der assertiven Äußerung zu unterscheiden, wie etwa aus dem Gebrauch der französischen 'Umkehrungs-Partikel' *justement* erhellt.
− Zweitens rangieren alle gleichgerichteten, d. h. auf den selben Schluss abzielenden Argumente auf einer Wertskala. Normalerweise werden die Argumente in der Reihenfolge des zunehmenden Argumentationswerts gebraucht. Die Orientierung der Wertskala wird durch die Negation umgekehrt, was der rhetorischen Figur der Litotes sehr oft zugrundeliegt. Folglich gehört die Skalarität zur Definition des Arguments.
− Schließlich wird der argumentative Wert eines Arguments meistens einer allgemeinhin angenommenen *doxa* zugeschrieben: Ducrot und Anscombre nehmen bei Aristoteles den Topos-Begriff wieder auf, um diese zwingende Meinung zu kennzeichnen. Da für sie

Argumentationswert und Sinn nicht zu trennen sind, können sie also behaupten, der Sinn einer Äußerung sei die Gesamtheit der Topoi, die sie zu verwenden erlaubt, sobald sie geäußert wird (Anscombre 1991, 139).

Auf diesen theoretischen Ansichten beruht ihre Beschreibung vieler Konnektoren und Textoperatoren wie *même, du moins, ne que*, usw.

5.3. Das Konzept der Polyphonie

Das Konzept der Polyphonie hat Ducrot Bachtin entlehnt und schon 1980 zum Angelpunkt seiner Theorie der *Enonciation* gemacht. Für Ducrot bedeutet *énonciation* nicht den Äußerungsakt als illokutiven Akt, sondern das bloße Vorkommen einer Äußerung. Indem ein Sprecher eine Äußerung zustande bringt, stellt er das Ereignishafte dieser Äußerung zur Schau.

Der Ursprung dieser Analyse liegt in der Annahme, bzw. Feststellung, dass der Sprecher als Konstrukt der Linguisten im Gegensatz zur allgemein geltenden Meinung keine einheitliche Figur darstellt. Hier beruft sich Ducrot ausdrücklich auf Bachtin, der in seinem Aufsatz *Das Wort im Roman* auf sogenannte hybride Konstruktionen hingewiesen hatte.

Es gibt nämlich Fälle, wo der Sprecher in seinen Diskurs Wörter, Ausdrücke einspannt, für die er offensichtlich die Verantwortung nicht übernehmen will oder kann. Es ist, als ob der Sprecher seinen Redebeitrag als Dialog zwischen mehreren Stimmen inszenierte. Diese Stimmen, die dem Sprecher nicht gehören, nennt Ducrot *énonciateurs*, also Äußernde: Der Sprecher, der für die Äußerung verantwortlich sei, verleihe durch diese Äußerung anderen Äußernden eine sprachliche Existenz, deren Ansichten und Stellungnahmen er inszeniere.

Diese Theatermetapher spielt in der Theorie Ducrots eine zentrale Rolle. Der Sinn einer Äußerung beschreibt das Vorkommen der Äußerung als die Auseinandersetzung zwischen mehreren Ansichten, die nebeneinander gelten oder einander überlagern oder einander antworten (1989, 178). Der Sprecher fungiert also als Regisseur, der das Spiel der verschiedenen Stimmen regelt, ob er sich mit dem einen oder dem anderen Äußernden identifiziert, ob er der eigenen oder einer fremden Stimme die dominierende Rolle zuschreibt. Diese strategische Regiearbeit dient immer dem Zweck der eigenen Argumentation.

Dieses Konzept der Polyphonie illustriert er an einigen Beispielen. Aus Platzgründen kann hier nur über wenige referiert werden.

Die negativen Sätze bieten ein gutes Anwendungsfeld für die Theorie der Polyphonie. Nach Ducrot enthält jede negative Äußerung neben der Ablehnung eines bestimmten Inhalts auch die Möglichkeit bzw. die Wirklichkeit der positiven Äußerung. Die negative Äußerung erlaubt, dass zwei entgegengesetzte Stimmen simultan zum Ausdruck kommen. Wenn ich einem Hörer sage: *X kann das nicht gemacht haben*, so klingt in dieser Äußerung mit: *X hat das gemacht*, das dem Hörer bzw. dem Volksmund zugeschrieben wird.

Die Verwendung der französischen Konjunktion *puisque* illustriert vielleicht am besten, was Polyphonie ist. In einer Sequenz *p, puisque q*, wird das Argument q einem anderen Äußernden als dem Sprecher unterstellt, meistens dem Hörer. Somit zwingt der Sprecher den Hörer, den Schluss zu akzeptieren, indem er das Argument als die Wiederaufnahme einer seiner vorigen Äußerungen hinstellt. Das erklärt laut Ducrot (1980, 48), warum *puisque* in einer Argumentation *ad absurdum* gebraucht werden kann. Der Sprecher tut, als ob er den Standpunkt seines Gegners für einen Augenblick übernehmen wollte.

Auf die gleiche Weise kann jede ironische Sequenz interpretiert werden als das Zusammenprallen in einer Äußerung von zwei gegensätzlichen Stimmen. Die ironische Äußerung wird vom Sprecher nicht verantwortet, er schiebt sozusagen die Verantwortung für die betreffende Äußerung einem anderen Äußernden in die Schuhe, wobei dieser zweite Äußernde meist der Hörer ist. Jedoch muss die absurde Äußerung nicht unbedingt einem identifizierbaren Äußernden zugeschrieben werden. Ducrot (1984, 213) zeigt, dass Humor sich eben dadurch kennzeichnet, dass der lächerliche Äußernde keine spezifische Identität besitzt. Indem der Sprecher eine Äußerung zustande bringt, deren Standpunkte keinem bestimmten Äußernden entsprechen, beweist er somit die eigene Distanz zum Gesagten. Leider können hier aus Platzgründen keine literarischen Beispiele angeführt werden, die selbstverständlich einen weiten Kontext benötigen. Es sei nur zum Schluss darauf hingewiesen, dass das Konzept der Polyphonie viel breiter anwendbar ist als das verwandte des 'Standpunkts', wie es die Literaturwissenschaftler gebrauchen.

6. Literatur (in Auswahl)

Adam, Jean-Michel (1985): Le texte narratif. Paris.

– (1990): Eléments de linguistique textuelle. Liège.

– (1991): Langue et littérature. Paris.

– (1992): Les textes. Types et prototypes. Paris.

Albaladejo, Tomás (1986a): Teoría de los mundos posibles y macroestructura narrativa. Alicante.

– (1986b): Semántica de la ficcíon literaria. La ficcíon realista. Valladolid.

Anscombre, Jean-Claude (1991): Dynamique du sens et scalarité. In: Lempereur, Alain (ed.): L'argumentation. Liège, 123–146.

Anscrombre, Jean-Claude/Ducrot, Oswald (1983): L'argumentation dans la langue. Bruxelles.

Aullón de Haro, Pedro (1983): Introducción a la crítica literaria actual. Madrid.

Bakhtine, Michael (1984): Esthétique de la création verbale. Paris.

Bobes Naves, Maria del Carmen (1991): Comentario semiológico de textos narrativos. Oviedo.

– (1992): El diálogo: estudio pragmático, lingüístico y literario. Madrid.

Charolles, Michel (1988a): Les plans d'organisation textuelle: périodes, chaînes, portées et séquences. In: Pratiques 57. Metz, 3–13.

– (1988b): Les études sur la cohérence, la cohésion et la connexité textuelle depuis la fin des années 1960. In: Modèles linguistiques 10/2, 45–66.

Chico Rico, Franciso (1985/1986): El articulo en la dinámica del texto literario, ELUA 3, 87–111.

– (1987): Pragmática y construcción literaria: discurso retórico y discurso narrativeo. Alicante.

Combettes, Bernard (1983): Pour une grammaire textuelle: la progression thématique. Bruxelles.

Combettes, Bernard/Tomassone, R. (1988): Le texte informatif, aspects linguistiques. Bruxelles.

Conte, Maria-Elisabeth (ed.) (1977): La linguistica testuale. Milano.

– (1986): Coerenza, interpretazione, reinterpretazione. In: Lingua e stile 21, 357–372.

– (1988): Condizioni di coerenza. Ricerche di linguistica testuale. Firenze.

– (1990a): Anaphore, prédication, empathie. In: Charolles M./Fischer S./Jager J. (eds.): Le discours. Nancy, 215–225.

– (1990b): Pronominale Anaphern im Text. In: Revista di linguistica 2,1, 141–154.

– (1996): Dimostrativi nel testo: tra continuità e discontinuità referenziale. In: Linguae e stile 31, 135–144.

Conte, Maria-Elisabeth/Petöfi János S./Sözer, Emel (eds.) (1988): Text and Discourse Connectedness. Amsterdam.

Corblin, Francis (1985): Anaphore et interprétation des segments nominaux. Paris.

– (1995): Les formes de reprise dans le discours. Anaphores et chaînes de référence. Rennes.

– (ed.) (1996): Sémantiques du discours. Langages 123.

Còveri, Lorenzo (ed.) (1984): Linguistica testuale. Atti del XV Congresso internazionale di Studi. Roma.

Ducrot, Oswald (1972): Dire et ne pas dire. Paris.

– (1980a): Les échelles argumentatives. Paris.

– et al. (1980b): Les mots du discours. Paris.

– (1984): Le Dire et le Dit. Paris.

– (1989): Logique, Structure, Enonciation. Paris.

Eco, Umberto (1979): Lector in fabula. Milano.

Fauconnier, Georges (1984): Espaces mentaux. Aspects de la construction du sens dans les langues naturelles. Paris.

Fuchs, Catherine (ed.) (1988): Aspects de l'ambiguïté et de la paraphrase dans les langues naturelles. Berne.

García Berrio, Antonio (1978a): Situacíon de la teoría textual. In: Petöfi/García Berrio (eds.): Lingüística del texto y crítica literaria. Madrid, 53–98.

– (1978b): Lingüística del texto y tipología lírica. In: Petöfi/García Berrio (eds.): Lingüístico del texto y crítica literaria. Madrid, 309–366.

García Berrio, Antonio/Albaladejo, Tómas (1988): Compositional Structure. In: Petöfi, János S. (ed.): Text and Discourse Constitution. Empirical Aspects. Theoretical Approaches. Berlin/New-York, 170–211.

Gislimberti, Silvio (1988): Coesione testuale. Un analisi contrastiva di commenti della stampa quotidiana. Wilhelmsfeld.

Kerbrat-Orecchioni, Catherine (1990): Les interactions verbales. Paris.

Kleiber Georges (1986): Adjectif démonstratif et article défini en anaphore fidèle. In: David, Jean/Kleiber, Georges (eds.): Déterminants: syntaxe et sémantique. Paris, 169–186.

– (1989): Reprise(s): travaux sur les processus référentiels anaphoriques. Anaphore et deixis, 1. Strasbourg.

– (1990): Marqueurs référentiels et processus interprétatifs: pour une approche 'plus sémantique'. In: Cahiers de linguistique française 11, 241–258.

Kleiber, Georges/Tyvaert, Jean-Emmanuel (eds.) (1990): L'anaphore et ses domaines. Paris.

Lamiquiz, Vidal (1978): Sistema lingüístico y texto literario. Sevilla.

– (1982): Produccíon lingüística del texto. Sevilla.

– (1994): El enunciado textual. Análisis lingüístico del discurso. Barcelona.

Lozano, Jorge (1993): Análisis del discurso: hacia una semiótica de la interacción textual. Madrid.

Maingueneau, Dominique (1990): Pragmatique pour le discours littéraire. Paris.

– (1991): L'analyse du discours – Introduction aux lectures de l'archive. Paris.

– (1993): Le contexte de l'œuvre littéraire. Paris.

– (ed.) (1995): Les analyses du discours en France. Langages 117.

Moeschler, Jacques (1985): Argumentation et conversation. Paris.

Moeschler, Jacques/Reboul, Anne (1994): Dictionnaire encyclopédique de Pragmatique. Paris.

Moeschler, Jacques et al. (1994): Langage et pertinence. Référence temporelle, anaphore, connecteurs et lexique. Nancy.

Molino, Jean (1990): Thèses sur le langage, le discours, la littérature et le symbolisme. In: Zeitschrift für Französische Sprache und Literatur C, 154–167.

– (1994): Pour une théorie sémiologique du style. In: Molinié, Georges/Cahné, Pierre (eds.): Qu'est-ce que le style? Paris, 213–261.

Mortara Garavelli, Bice (1974): Aspetti e problemi della linguistica testuale. Torino.

– (1979): Il filo del discorso. Torino.

– (1988): Tipologia dei testi. In: Holtus, Günter et al. (eds.): Lexikon der romanistischen Linguistik, Band IV. Tübingen, 157–168.

Petöfi, János S./García Berrio, Antonio (1978): Lingüística del texto y crítica literaria. Madrid.

Rastier, François (1989): Sens et textualité. Paris.

– (1994): Le problème du style pour la sémantique du texte. In: Molinié, Georges/Cahné, Pierre (eds.): Qu'est-ce que le style? Paris, 263–282.

Reboul, Anne (1990): Rhétorique de l'anaphore. In: Kleiber, Georges/Tyvaert, Jean-Emmanuel (eds.): L'anaphore et ses domaines. Paris, 279–300.

Ricœur, Paul (1986): Du texte à l'action. Essai d'herméneutique. Paris.

Roulet, Eddy et al. (1985): L'articulation du discours en français contemporain. Berne.

Slatka, Denis (1985): Grammaire de texte: synonymie et paraphrase. In: Fuchs, Catherine (ed.): Aspects de l'ambiguïté et de la paraphrase dans les langues naturelles. Berne, 123–140.

Stati, Sorin (1986): Cinque miti della parola. Lezioni di lessicologia testuale. Bologna.

– (1990): Le transphrastique. Paris.

Tonfoni, Graziella (1983): Dalla linguistica del testo alla teoria testuale. Milano.

Vanoye F. (1991): Scénarios modèles, modèles de scénarios. Paris.

Vuillaume, Marcel (1990): Grammaire temporelle des récits. Paris.

Marie-Hélène Pérennec, Lyon
(Frankreich)

17. Textlinguistik im slawischen Sprachraum

1. Zum Terminus „Textlinguistik"
2. Die Anfänge der Textlinguistik im slawischen Sprachraum
3. Textlinguistische Basiskonzepte
4. Der Text als Spracheinheit
5. Elemente der Textstruktur
6. Kohäsion und Kohärenz
7. Texttypologie
8. Aktuelle Tendenzen der textlinguistischen Forschung
9. Literatur (in Auswahl)

Der vorliegende Beitrag kann nur als Versuch gewertet werden, Probleme der Textlinguistik in den slawischen Sprachgebieten vergleichend zu behandeln. Aufgrund der Literaturfülle zu dieser Thematik in den einzelnen Ländern, einer großen Anzahl von Arbeiten, die mit der Textlinguistik de facto nur sehr lokker verbunden sind, und des oft schwierigen Zugangs zu veröffentlichten wissenschaftlichen Ergebnissen sowie des vorgegebenen Umfangs der Darstellung kann irgendeine Form von Vollständigkeit weder angestrebt noch erreicht werden.

Im slawischen Sprachraum gibt es außer der Prager Schule keine andere textlinguistische Schule im engeren Sinne. Aus diesem Grunde wird die Übersicht nicht nach einzelnen Ländern und Schulen, sondern nach inhaltlichen Kriterien vorgenommen. Auf die

Leistungen der Textlinguistik in Tschechien und in der Slowakei wird nur andeutungsweise verwiesen, weil sie im Kap. 8 detailliert dargestellt werden.

1. Zum Terminus „Textlinguistik"

Der Terminus Textlinguistik wird in den slawischen Ländern nicht einheitlich definiert. Für die Kennzeichnung dieses Zweiges der Sprachwissenschaft werden verschiedene Termini verwendet: Texttheorie, Textologie, sprachwissenschaftliche Textologie, Textlinguistik, Diskursgrammatik, transphrastische Linguistik, Textgrammatik, Textwissenschaft. Entsprechend reichen die Begriffsinhalte vom literarischen Text bis hin zu Gebrauchstexten, Diskursen und der maschinellen Textverarbeitung (s. Daneš (ed.) 1974; Wawrzyniak 1980; Jelitte 1984; Dimitrova/Karshakova 1992; Dobrzyńska 1993; Čarkić 1997; Bartmiński 1998; Lazebnik 1998).

2. Die Anfänge der Textlinguistik im slawischen Sprachraum

Die Anfänge der slawischen Textlinguistik sehen einige Forscher schon im 18. und 19. Jh. Dabei werden Namen von Wissenschaftlern erwähnt wie Lomonosov, Vostokov, Buslaev, Potebnia, Peškovskij, Šachmatov, die in ihren Arbeiten die Notwendigkeit aufzeigten, bei der grammatischen Analyse über den Satz hinauszugehen und transphrastische Einheiten einzusetzen, wobei auch auf die Bedeutung von Rhythmus und Intonation Gewicht gelegt wurde, besonders im Bereich der Poetik (s. Jelitte 1976, 1984).

Noch in den 40er und 50er Jahren wurde hauptsächlich auf der Ebene von Sätzen und direkten logisch-syntaktischen Satzverknüpfungen operiert. Im Zentrum stand dabei die Rolle einzelner Konjunktionen im Prozeß der Bildung gedanklich abgeschlossener Ganzheiten sowie die Rolle prosodisch syntaktischer Elemente bei ihrer Interpretation (s. Mazur 1986).

Die eigentliche Grundlage für die moderne Textlinguistik, nicht nur im slawischen Gebiet, lieferten die Überlegungen von Wissenschaftlern der Prager Schule, insbesondere von Mathesius, Daneš, Firbas, Beneš und Sgall (s. Gülich/Raible 1977; Beneš/Vachek 1971; Beneš 1973). Weniger beachtet wurden bis heute die Darlegungen über transphrastische Einheiten von Ingarden (1931), der den Text als eine Sammlung von Sätzen und deren Beziehungen zueinander betrachtet, sowie von Bachtin, der bereits in den 30er Jahren die Schaffung einer Metalinguistik forderte, eines wissenschaftlichen Bereichs, der sich mit der Textproblematik beschäftigen sollte. Besonders wichtig war die von Mathesius 1929/1939 erarbeitete linguistische Darstellung der Beziehungen zwischen Gedanken- und Wortfolge. Anknüpfend an die Beobachtungen deutscher Junggrammatiker (Paul, von Gabelentz, insbesondere Ammann) legte Mathesius im Satz zwei Kommunikationspole fest: Das Satzthema als die satzgründende, eine bestimmte Erwartung beim Rezipienten auslösende Einheit (*vychodisko, základ vypovědi*), und den Aussagekern (*jádro výpovědi*), wobei er die Thema-Kern-Reihenfolge für objektiv, den Kern-Thema-Ablauf dagegen für subjektiv hielt. Auf diese Weise unterschied Mathesius zwischen einer formal-grammatischen und einer kommunikativen Satzgliederung, wobei er auch auf Unterschiede zwischen dem abstrakten Schema und seiner Realisierung in der konkreten Äußerung aufmerksam machte. Diese Methode der Analyse, die von Mathesius als „aktuální členění větné (aktuelle Satzgliederung) bezeichnet wurde, verbreitete sich im Laufe der Zeit auch in anderen slawischen Ländern.

Bei der Thema-Rhema-Bestimmung wurden sowohl interne als auch externe Kriterien (satz- und text- bzw. kontextbezogen) berücksichtigt. Unter einer kontextbezogenen Information versteht man eine Information, die sowohl aus dem vorangegangenen Text als auch aus einer Situation resultiert. Dafür prägte Mirowicz den Terminus „Konsituation" (1949).

Die Tatsache, daß in den terminologischen Wörterbüchern von Maruzo (1960) und Gołąb/Heinz/Polański (1970) Begriffe fehlen, die die Terminologie aus dem Bereich der funktionalen Satzperspektive betreffen, zeigt deutlich, wie weit die übrigen slawischen Länder bis in die 70er Jahre im Vergleich zu Tschechien und der Slowakei in bezug auf die Erforschung textlinguistischer Probleme zurücklagen. In den 60er Jahren begegnen in der tschechischen und slowakischen Linguistik neue Arbeiten, die die Theorie von Mathesius modifizierten, vervollständigten und weiterführten: die Konzeption der drei Ebenen in der Sprachbeschreibung (Daneš/Dokulil 1958; Daneš 1977), die Theorie der kommunikativen Dynamik von Firbas (1961; 1971; 1978), das Modell der thematischen

Progression von Daneš (1968; 1970; 1974) sowie das Konzept der kontextuellen Verknüpfung und der funktional-generativen Beschreibung von Sgall und der um ihn versammelten Forschergruppe (s. Sgall 1967; 1974; Sgall/Hajičová/Benešová 1973).

3. Textlinguistische Basiskonzepte

3.1. Grammatisch und semantisch geprägte Basiskonzepte

Die wesentlich grammatisch geprägten Definitionen bezeichnen den Text als eine hierarchische Struktur, die aus linguistischen Konstituenten besteht und imstande ist, kommunikative Funktionen zu erfüllen. Dabei wurde hauptsächlich der lineare Charakter der Textstruktur hervorgehoben.

Die Verknüpfung der Einzelemente wird inhaltlich durch die thematische Übereinstimmung sowie durch die Wiederholbarkeit bestimmter semantischer Elemente ausgewiesen, auf formaler Ebene durch einen bestimmten grammatischen Bau. Diese Verbindungen bilden eine organisierte Ganzheit, wobei die später folgenden Elemente nur vor dem Hintergrund der vorangehenden Einheiten bzw. im Rahmen der ganzen Struktur interpretiert werden können. Als Beispiel einer solchen grammatisch-semantischen Textstrukturanalyse wird von Daneš das Modell der thematischen Progression entwickelt, in dem der Charakter des nachfolgenden Elements aus dem vorangehenden Element abgeleitet wird.

Dabei wird auch die Rolle von lexikalischen Isotopieketten sowie der Proposition für die Textzusammenhänge hervorgehoben (s. Hajičova 1975; Sgall/Hajičova/Buřanova 1980; Moskalskaja 1981; Bogusławski 1983; Jelitte 1984; Daneš 1985).

3.2. Pragmatisch-kommunikativ orientierte Basiskonzepte

Als wichtige Neuheit wird die von Firbas (1971) entwickelte Theorie der kommunikativen Dynamik angesehen, in der der Autor auf das Vorhandensein verschiedener Elemente im Text hinweist, deren kommunikative Relevanz von der Position im Satz abhängig ist.

Weitere Untersuchungen betonen die Mehrdimensionalität der Textstruktur und zeigen, daß der Text nur äußerlich die Struktur der linearen Satzfolge zu haben scheint, innerlich dagegen eine Reihe von Relationen aufweist, die aus der Dynamik seiner Bestandteile resultieren, welche miteinander verknüpfte vertikale hierarchische Strukturen bilden. Es zeigte sich, daß der Text und seine Struktur von der Intention des Senders und von der kommunikativen Situation abhängen (s. Moskalskaja 1981; Daneš 1985; Mazur 1986; 1989; Żmudzki 1990; Baranov 1993; Luzina 1996).

Ausgehend von dem von A. A. Leontev und A. N. Leontev ausgearbeiteten Begriff der menschlichen Tätigkeit, die auch das Sprechen und die Sprachhandlungen umfaßt, wurde die Kommunikation „nicht nur als Prozeß der Informationsübertragung (...) verstanden (...), sondern auch als eine spezielle Form der Tätigkeit" (Heinemann/Viehweger 1991, 62).

Der dynamische Charakter eines Textes, der auch mit Hilfe von Sprechakten beschrieben werden kann und der als ein von der Intention, vom Ziel und von der Situation abhängiger Prozeß betrachtet wird, wurde vor allem in den Arbeiten betont, die die Translation betreffen (s. Bosák 1990; Baranov 1993; 1995; Żmudzki 1996).

4. Der Text als Spracheinheit

In Tschechien, in der Slowakei und in den Ländern der ehemaligen Sowjetunion, jüngst auch in Polen, wurde das Problem diskutiert, ob der Text als Einheit des Sprachsystems angesehen werden kann.

Schon Daneš plazierte die Äußerung als kleinste Kommunikationseinheit auf die Ebene der langue, obwohl er sie nicht mit der langue im Sinne von de Saussure gleichsetzte. Auf die Ebene der parole plazierte er dagegen die von äußeren Geschehnissen beeinflußten Textphänomene. Eine höhere Abstraktion stellte das Satzschema dar, für dessen Erweiterung Hausenblas (1977) und Moskalskaja (1981) eine getrennte Textebene forderten. Zu den Wegbereitern in dieser Hinsicht gehörten auch die Folkloristen, die dieser spezifischen Textform aufgrund des Universalcharakters und der Beständigkeit der Struktur vieler Folkloregattungen im Gegensatz zur Individualität und Variabilität anderer Texte den Status einer ontologischen Spracheinheit verliehen. Der Text wurde nun auch als System definiert, als abstrakte Einheit mit den Merkmalen Kohäsion, Kohärenz, Informativität und Referenz. Laut Skubalanka (1989) besitzt der Text seine eigene Organisation auf grammatisch-semantischer Basis, außerdem eine eigene semantisch-lexikalische Struktur (s. auch Matveeva 1997).

Die Betrachtung des Textes als System setzt die Existenz einer hierarchischen Struktur auch der Ebenen im Sprachsystem voraus. Der Text, der den Charakter eines Zeichens hat, stellt danach die höchste Ebene dieses Systems dar und weist den höchsten Grad an syntaktischer und semantischer Komplexität auf. Die tiefer plazierten Ebenen haben einen entsprechend niedrigeren Komplexitätsgrad, die unterste Ebene wird nach Daneš als Null-Ebene bestimmt. Der Text verfügt über einzigartige Möglichkeiten der Verknüpfung einzelner Bestandteile, ihrer Delimitation sowie über eine einzigartige Struktur, die sich aus diesen Bestandteilen und den Relationen zwischen ihnen ergibt.

Als Gegenargument zu Konzeptionen dieser Art wurde angeführt, daß ein so verstandener Text nicht das Kriterium der Wiederholbarkeit erfüllt, das für sprachliche Systemzeichen typisch ist (Trošina 1987). Eine Ausnahme bilden hier die klischeehaften Folkloretexte sowie die Gebrauchstexte, vielleicht aber auch einige Texte der schöngeistigen Literatur. Die übrigen Texte dagegen, die Individualcharakter aufweisen, bleiben außerhalb der Reichweite dieses Modells. Gerade auf die klischeehaften folkloristischen Texte stützt sich Bartmiński (1992) in seiner Einstufung des Textes als Einheit des Sprachsystems, indem er seine Aufmerksamkeit auf die Reproduktion der Texte in einer bestimmten Kommunikationssituation lenkt. Der Text kann jedoch aufgrund des Individualcharakters sehr vieler Textexemplare nicht als dauerhaft und wiederholbar gelten und somit nicht als Teil des Sprachsystems betrachtet werden (s. Krivonosov 1986; Bachtin 1979).

In den Arbeiten, in denen der Text als System auf der Kommunikationsebene betrachtet wird, stellt man den Text als auf zweifache Weise organisierte Struktur dar: in bezug auf seine Bestandteile und ihre Beziehungen zueinander, also in bezug auf die Textorganisation und in bezug auf das Zusammenwirken der Elemente, die die Kohärenz des Textes sichern (s. Trošina 1987).

Auf der einen Seite handelt es sich hier um eine für die einzelnen Texte spezifische Verknüpfung ihrer Bestandteile, andererseits um grammatische, semantische und pragmatische Kohärenz (s. Boniecka 1984; 1997; Matveeva 1990; Mazur 1990; Wojtak 1990; Żmudzki 1990; 1996; Baranov 1993; 1995; Razdziewska 1993). Es stellt sich heraus, daß Regeln für den Textaufbau existieren, die sich nicht auf der Sprachebene (langue) beschreiben lassen, was in der Notwendigkeit der Einführung „externer und interner" Textualitätskriterien deutlich wird (s. Gülich/Raible 1977).

5. Elemente der Textstruktur

Traditionell wird die Textstruktur in der Mehrheit der Arbeiten mit dem Modell der thematischen Progression von Daneš oder mit dem Schema der Makro- und Mikrostruktur von van Dijk erklärt.

Termini wie Äußerung, Satzperiode, Phrase, Superphrase, transphrastische Einheit, Texteinheit, thematische Einheit oder Mikrotext stehen oft gleichberechtigt „für eine über den Satz hinausgehende grammatisch und semantisch in sich geschlossene Einheit" (Jelitte 1984). Sehr wichtig für diese Terminologie ist das Problem der Entstehung von derartigen Einheiten sowie ihrer Platz- und Funktionsbestimmung in der Textstruktur. Zu den bei der Festlegung einer transphrastischen Texteinheit am häufigsten berücksichtigten Elementen gehören ihr eigenes Mikrothema, spezifische grammatische und lexikalische Signale (Tempus, Modus, Wiederholungs-, Substitutions-, Nominations- und Prädikationstypen) sowie ihr formeller Abschluß (Wort-, Interpunktions- und Intonationssignale der Textkonstitution).

Das alles impliziert den kommunikativen und referenziellen Charakter einer solchen Einheit. Eine Einheit dieser Art kann eine Reihe von Sätzen umfassen, die miteinander grammatisch und semantisch kohärent verknüpft sind und eine Unterscheidung von gleichartigen Einheiten erlauben. Sie kann aber auch aus einem einzigen autosemantischen Satz bestehen, der vor dem Hintergrund einer bestimmten Situation interpretiert wird (s. Mazur 1986; Trošina 1987; Baranov 1993; Radzievśka 1993; Šatikov 1994). Von Interesse ist der Standpunkt von Moskalskaja (1981), die die Makro- und Mikrostrukturen als Grundeinheiten eines Textes ansieht. Die Gesamtheit eines Textes wird Makrostruktur genannt. Ihr kleinstes, hierarchisch am niedrigsten angesiedeltes Element ist der Mikrotext, der auch aus nur einem autosemantischen Satz bestehen kann (vgl. Trošina 1987).

Als weiteres Diskussionsproblem wird die Betrachtung des Absatzes als hierarchische Einheit der Textstruktur angesprochen. Eine Texteinheit, die ein bestimmtes Mikrothema behandelt, kann sich über mehrere Absätze erstrecken (s. dazu Trošina 1984; 1987). Außer der graphischen Markierung hat der Absatz eher syntaktisch-stilistischen als kommunikativ-semantischen Charakter (s. Gajda 1983; Jelitte, 1984; Plotnikov 1992).

6. Kohäsion und Kohärenz

In der slawischen Textlinguistik wird zwischen Kohäsion und Kohärenz selten eine klare Grenze gezogen. Am häufigsten trifft man diese Unterscheidung in der Textlinguistik der Länder der ehemaligen Sowjetunion, wo diese Termini als Elemente der Textualität betrachtet und als svjaznost (Kohäsion) und celnost (Kohärenz) bezeichnet werden (vgl. Toršina 1987). Die Kohäsion betrachtet man als ein Phänomen der Oberflächenstruktur, die Kohärenz dagegen als ein semantisch-kommunikatives Phänomen. In diesem Sinne wird der Terminus Kohäsion in den Kategorien der Textstruktur, der Terminus Kohärenz dagegen als semantischer Zusammenhang verstanden. Dabei wird betont, daß die Kohärenz sowohl auf der horizontalen als auch auf der vertikalen Ebene des Textes realisiert wird, wobei in den umgangssprachlichen Texten der lineare Aspekt, in den literarischen Texten dagegen der vertikale überwiegt.

Die Problematik der Textkohärenz in ihrer ganzen Komplexität mit Berücksichtigung einzelner sprachlicher und außersprachlicher Elemente ist ein besonders häufig diskutiertes Thema der slawischen Textlinguistik. Als die Kohärenz des Textes sichernde Merkmale werden dabei u. a. folgende Faktoren betrachtet: die thematische Progression (Pronominalisierung, Substitution, Wiederholung, Art der Wiederaufnahme), die Homogenität der grammatischen Formen und Strukturen, stilistische Mittel (Metaphern, Symbole, poetische Assoziation, Reim und Rhythmus), die sprachliche Weltsicht, Konnexionsformen (vgl. Mayenowa (ed.) 1971; 1974; 1976; Daneš 1974b; Jelitte 1978; Boniecka 1983; Dobrzyńska 1983; Belinskaja 1988; Dimitrova/Karshakova 1992; Čarkić 1997).

7. Texttypologie

Die von Linguisten des slawischen Sprachraums erarbeiteten Texttypologien wurden u. a. von den theoretischen Grundsätzen der Prager Schule beeinflußt. Sie knüpfen an die Typologie der Funktionalstile an und werden meistens mit diesen gleichgesetzt. Im tschechischen und slowakischen Gebiet belegen das nachdrücklich die Arbeiten von Mistrik (1973) und Hausenblas (1978). Mistrik führte u. a. auch die Begriffe 'Genre' und 'Form' ein, wobei er 'Genre' als Naturform der Poesie (Epik, Lyrik und Dramatik) oder aber als einzelne Form wie Roman, Erzählung, Tragödie versteht.

Den Terminus 'Genre' benutzt auch Bachtin (1979), der die Gattungen mit Texttypen gleichsetzt, die unterschiedliche Kommunikationsabsichten verwirklichen. Er verbindet mit diesem Begriff typische nicht individuelle Formen der Äußerung, die bestimmten Bereichen menschlichen Handelns entsprechen. Der so verstandene Begriff 'Genre' nähert sich von der semantischen, nicht aber von der strukturell-formalen Seite der in der westlichen Linguistik bekannten Typologie von Gebrauchstexten. Mistrik und Bachtin stimmen in der Akzentuierung der Funktionen (wissenschaftlich, technisch, publizistisch, alltäglich) einzelner Gattungen mit den Funktionalstilen der Funktionalstilistik überein. Bachtin gliedert die Genres in primäre (einfache) Texte, die in der direkten Kommunikation realisiert werden, und sekundäre (komplexe) Texte, wie Romane, Dramen, wissenschaftliche und publizistische, die aus der höheren Entwicklung der geistigen Kultur resultieren. Die auf die Konzeption von Bachtin gestützte Typologie wurde von A. Wierzbicka (1983) weiterentwickelt (s. auch Dobrzyńska 1992).

Die meisten Arbeiten des slawischen Sprachraums basieren auf den Errungenschaften der Prager Schule, und die Texttypologien werden daher unter den Aspekt der Stiltypologien untersucht. In bezug auf die sowjetische Forschung stellt Trošina (1984) fest, daß die Texttypologie von der Tatsache beeinflußt wird, daß sowjetische Stilistikforscher die Begriffe Text und Stil einander annähern, man kann sogar sagen, gleichsetzen.

Überlegungen dieser Art wurden zusätzlich durch stilistische Konzeptionen von E. Riesel (1975) unterstützt, die folgende Abhängigkeitshierarchien festlegte:

Funktionalstile
↓
Stile der Gattungen
↓
Stile der Texttypen

Wie zu erkennen ist, setzt die Texttypologie in den Arbeiten der Linguisten des slawischen

Sprachgebiets die Plazierung einzelner Typen im Rahmen der Funktionalstile voraus. Deshalb wird auch von einer Typologie der alltäglichen, wissenschaftlichen, literarischen, publizistischen, amtlichen Texte unter Berücksichtigung ihrer Varianten im Rahmen dieser Stile sowie ihrer funktionalen und strukturellen Eigenschaften gesprochen (s. z. B. die Arbeiten im Band Medvedeva/Trošina 1984; Zilbert 1986; Dimitrova/Karshakova 1992).

Zu den schon bekannten Auffassungen fügte S. Gajda (1993) linguistisch-pragmatische Aspekte hinzu und entwickelte eine Theorie, in der eine Gattung als sprachlich-kulturelle Konvention definiert wird. Dabei stützt er sich auf den Begriff des Gattungsmusters, der dem Genre von Bachtin naheliegt. Der Autor stellte aber keine komplexe Typologie dar, sondern bleibt bei der Beschreibung ihrer allgemeinen Grundsätze.

Ähnlich wie in den Feststellungen von Gajda und Bachtin wird das Problem der Texttypologie von Dobrzyńska (1993) behandelt, die ebenso wie andere Autoren (s. z. B. Awdiejew/Labocha/Rudek 1980; Skubalanka 1989) kein Modell einer komplexen Texttypologie entworfen hat.

Als Mangel der dargestellten Theorien im slawischen Gebiet ist das Fehlen präziser Definitionen anzusehen, die die einzelnen Elemente der Texttypologie (Texttyp, -sorte, -gattung, -variante) sowie die Exemplifizierung der beschriebenen theoretischen Grundsätze betreffen.

In den letzten Jahren läßt sich in der polnischen Textlinguistik Interesse für manche Typen von Gebrauchstexten erkennen (s. z. B. Data 1989; J. Mazur 1990; Wojtak 1990, 1996; M. Mazur 1997). Es handelt sich jedoch um analytische Ausführungen, die sich vorwiegend auf die theoretischen Grundsätze von B. Sandig (1983) stützen. Bis heute fehlen in allen Ländern des slawischen Sprachraums komplexe Arbeiten zur modernen Texttypologie.

8. Aktuelle Tendenzen der textlinguistischen Forschung

Die gegenwärtige Textlinguistik im slawischen Sprachraum gibt in bezug auf Errungenschaften der Forschung kein geschlossenes Bild ab. In den meisten Ländern ist bis heute noch kein einheitliches Instrumentarium mit einer theoretisch-terminologischen Grundlage vorhanden. Die Ursache dafür liegt darin, daß die Textlinguistik vor allem von einzelnen Personen betrieben wird und diese wiederum nur einzelne Themen bearbeiten; dadurch kommt keine systematische, koordinierte, auf längere Perspektive ausgelegte Forschung zustande. Deshalb werden bestimmte Probleme von vielen gründlich behandelt (z. B. die Textkohärenz), andere dagegen vernachlässigt (z. B. die Texttypologie).

Die Textlinguistik in Tschechien und der Slowakei, die sich große Verdienste um die Entwicklung dieser Disziplin erworben hat, vertieft weiterhin Forschungen in den von ihr initiierten Bereichen (vgl. Daneš 1995; Hrbáček 1994; Müllerová 1994; Červenka 1996; Hausenblas 1996; Hoffmanová 1996; Šticha 1996). Dynamisch entwickelt sich die Textlinguistik auch in Rußland, an die Forscher aus der Ukraine Anschluß zu halten versuchen (s. Tekst 1996; Lazebnik 1998).

Die slawische Forschung konzentriert sich gegenwärtig auf drei Aspekte:
− eine kommunikative Texttheorie mit Betonung der Textbildung in bestimmten Situationen, die das Ziel der Kommunikation und den Empfängertyp berücksichtigt;
− die Erforschung des Textes als Sprechtätigkeit, die Beschreibung ihrer Typen und ihrer spezifischen Funktion;
− die Berücksichtigung von Elementen der kognitiven Linguistik im Prozeß der Produktion (Kodierung) und Rezeption (Dekodierung) des Textes.

Dazu gehören folgende Schwerpunktgebiete: Translation und interkulturelle Kommunikation, Fremdsprachenunterricht und die Kommunikation in Schule und Hochschule, die sprachliche Weltsicht, Gebrauchstexte, Fach- und alltägliche Kommunikation, Kommunikation der Medien und Politik, maschinelle Textverarbeitung.

Im Bereich der Translation wird die Rolle der Intention des Senders in der Strategie der Textproduktion unter Berücksichtigung der spezifischen Kommunikationssituation hervorgehoben. Unterschiede, die im Bereich der Textkodierung beim Simultan- und Konsekutivdolmetschen auftreten, werden herausgearbeitet und unter dem Aspekt der Textrezeption durch die Empfänger analysiert. Probleme beim Transfer von sprachlich und kulturell spezifischen Texten sowie die Rolle von Stichwörtern bei verschiedenen Textoperationen während des Dolmetschens werden hervorgehoben (s. Kommisarov 1980; Minjar-Belorucev 1980; Grucza 1981; 1992; Švejcer

1988; Wawrzyniak 1991; Lewicki R. 1993; Pieńkos 1993; Żmudzki 1995; Aktualnye 1996; Filipowicz-Rudek/Konieczna-Twardzikowa 1996; Jazyk 1996; Pisarska-Tomaszkiewicz 1996; Tekst 1996; Lipgart 1998). In den neuesten Arbeiten werden mentale Operationen beim Prozeß der Kodierung und Dekodierung des Textes analysiert und in Form eines kognitiven Modells dargestellt (s. Żmudzki 1995).

Die Problematik der Äquivalenz einzelner Wörter, Strukturen und phraseologischer Verbindungen, ihrer semantischen Referenz und ihres Einflusses auf die Textproduktion und -rezeption wird auch in den Arbeiten der interkulturellen Kommunikation behandelt. Darin sind auch Abhandlungen über die Spezifik der Sprechtätigkeit in den einzelnen Kommunikationsakten, die häufig rituellen Charakter haben, z. B. Ausdrücke der Höflichkeit, der Begrüßung, des Abschieds enthalten. Außerdem wird die Rolle der „Kultureme" als besonderer Texteinheiten und ihre Bedeutung für die interkulturelle Kommunikation betont (vgl. Akišina/Formanovskaja 1978; Tomiczek 1983; Żmudzki 1983; 1991; Formanovskaja 1987; Vannikov 1988; Savić 1989; Bajburin/Toporko 1990; Ożóg 1990; Anusiewicz/Marcjanik 1992; Zgółkowie H. T. 1994; Lysakova/Matveeva/Orlova 1995; Ustin 1995a; Jazyk 1996; Kaškurevič/Rybovlev 1996; Tekst 1996; Wojtak 1996; Krasnych 1997).

Im Bereich des Fremdsprachenunterrichts und der Kommunikation in der Schule werden folgende Themen behandelt: Ausführung einzelner Sprechtätigkeiten unter dem Aspekt der Strategie und Form der Textbildung in bezug auf das Ziel des Senders und das Verhalten des Empfängers; Besonderheiten von Produktion und Rezeption von Texten, die aus sprachlichen und kulturellen Unterschieden hervorgehen.

Eng mit der Translation und der interkulturellen Kommunikation verbunden sind Forschungen unter dem Aspekt der gesellschaftlich, kulturell und sprachlich differenzierten Weltsicht. Es handelt sich nicht nur um spezifische lexikalische und phraseologische Ausdrücke, sondern auch um die Verwendung bestimmter Textformen und -strukturen bei der Darstellung der wirklichen und phantastischen Weltsicht sowohl bei Erwachsenen als auch bei Kindern. Besondere Aufmerksamkeit wird den Texten der modernen Musik geschenkt unter dem Aspekt des Konflikts zwischen der Welt der Jugendlichen und der Erwachsenen und der daraus resultierenden Opposition Wir — Ihr (s. Bartmiński 1990; Zgółkowa 1990; Porayski-Pomsta 1991; Puzynina 1992; Tokarski 1993; Lazebnik 1995; 1998; Lewicki/Tokarski 1995; Tekst 1996; Černuchina 1997; Kategorizacija 1997; XII. Meždunarodnyj 1997).

Die Gebrauchstexte, insbesondere die der Werbung, werden in den letzten Jahren immer häufiger erforscht. Im Vordergrund steht die Erforschung der Überzeugungsfunktion in Werbetexten, Heiratsanzeigen und Predigten sowie der Rolle der sprachlichen und außersprachlichen Elemente (graphische Gestaltung, Komposition). Sehr wichtig sind auch Untersuchungen der Textmuster einzelner Gebrauchstextarten (z. B. Brief, Antrag, Referat, Beipackzettel, Heiratsanzeige, Todesanzeige, s. Kałkowska 1982; Mazur 1990; Wojtak 1990; 1996; Galasiński 1992; Borisova et al. 1995; Jazyk 1995; Lewicki/Tokarski 1995; Maksimov 1984; Popović 1995; Bralczyk 1996; Tekst 1996; Zdunkiewicz-Jedynak 1996; Baranov 1997; Gubaeva 1997; Krasnych/Bulgakova 1997).

Weiterhin wird das alltägliche Gespräch und seine Textstruktur erforscht (s. Zemskaja 1981; 1983; 1987; 1996; Mazur 1986; Lapteva 1990; Żydek-Bednarczuk 1994; Sirotinina 1997). Immer mehr Aufmerksamkeit wird auf die Fachkommunikation gelenkt, ihre Struktur, Funktion und Textbesonderheiten. Besonderes Interesse gilt der wissenschaftlichen Kommunikation. Das ist verständlich, da es sich bei diesen Untersuchungen um eine modifizierte Weiterführung traditioneller Forschungen des wissenschaftlichen Funktionalstils handelt (s. Gajda 1982; 1983; 1990; Grjazmuchina 1985; Orlova 1988; Kožina 1989; 1996; Vorobeva/Zajcev 1995; Tekst 1996; Čarkić 1997; Kožina/Kotjurova 1997; Salimovskij 1997).

Langsam wächst das Interesse an der Erforschung der Kommunikation der Medien, insbesondere des Fernsehens, sowie der politischen Kommunikation. Ähnlich wie im Falle des sprachlichen Weltbildes wird der Erforschung der textuellen Ausdrucksweise für die Bewertung verschiedener Sprachhandlungen große Aufmerksamkeit entgegengebracht (s. Majdanova 1984; 1987; Bralczyk 1987; Pisarek 1987; 1990; Cockiewicz/Śliwiński 1989; Głowiński 1990; Anusiewicz/Siciński 1994; Konkov 1995; Tekst 1996; Solganik 1997).

Besonders in Rußland unternehmen Textlinguisten weiterführende Forschungen über die maschinelle Übersetzung. Diese Forschungen, die eine lange Tradition haben (Marčuk 1983; Meždunarodnyj 1983; Šwejcer 1988), profitieren von den neuesten Erkenntnissen der Computerlinguistik. Sie konzentrieren sich auf die Modellierung der menschlichen Sprechtätigkeit, auf die Beschreibung der Rollen des semantischen Netzes bei der Textverarbeitung, auf die optimale Kodierung der grammatischen und semantischen Daten sowie auf die Bildung von Datenbanken für verschiedene Texttypen (s. Gindin/ Leonteva 1987).

9. Literatur (in Auswahl)

Abramowicz, M./Bartmiński, J. (eds.) (1989): Tekst ustny — Texte oral. Struktura i pragmatyka. Problemy Systematyki. Ustność w literaturze. Wrocław.

Aktualyne (1996): Aktualnye problemy prepodavanija perevoda i inostrannych jazykov v lingvističeskom vuze. Sbornik naučnych trudov. Moskva.

Anusiewicz, J./Marcjanik, N. (eds.) (1992): Język a kultura. Bd. 6. Polska etykieta językowa. Wrocław.

Anusiewicz, J./Siciński, B. (eds.) (1994): Język a kultura. Bd. 11. Język polityki a współczesna kultura polityczna. Wrocław.

Awdiejew, A./Labocha, J./Rudek, K. (1980): O typologii tekstów języka mówionego. In: Polonica 6.

Bachtin, M. M. (1975): Voprosy literatury i estetiki. Moskva.

— (1979): Estetika slovesnogo tvorčestva. Moskva.

Bajburin, A. K./Toporko, A. L. (1990): U istotov etiketa. Leningrad.

Baranov, A. G. (1993): Funkcionalno-pragmatičeskaja koncepcija teksta. Rostov na Donu.

— (1995): Dinamičeskie tendencii v issledovanii teksta. In: Stylistyka IV, 54—69.

— (1997): Kogniotipičnost žanra. In: Stylistyka VI. Opole, 331—343.

Bartmiński, J. (ed.) (1990): Językowy obraz świata. Lublin.

— (1992): Tekst folkloru jako przedmiot folklorystyki. In: Problemy metodologiczne współczesnego literaturoznawstwa. Bd. 2. Kraków.

— (ed.) (1993): Encyklopedia kultury polskiej XX wieku. Bd. 2. Współczesny język polski. Wrocław.

— (1998): Tekst jako przedmiot tekstologii lingwistycznej. In: Bartmiński, J./Boniecka, B. (eds.): Tekst. Problemy teoretyczne. Lublin, 9—25.

Beneš, E. (1973): Thema-Rhema-Gliederung und Textlinguistik. In: Studien zur Theorie und zur deutschen Grammatik. Festausgabe für Hans Glinz. Düsseldorf, 42—62.

Beneš, E./Vachek, J. (1971a): Einleitung: Die Prager Schule — Erbe und Gegenwart. In: Beneš/Vachek (1971b), IV—XXVI.

— (1971b): Stilistik und Soziolinguistik. Beiträge der Prager Schule zur strukturellen Sprachbetrachtung und Spracherziehung. Berlin.

Bogusławski, A. (1983): Słowo o zdaniu i tekście. In: Dobrzyńska/Janus (ed.) (1983), 7—31.

Boniecka, B. (1983): Pole gramatyczne jako czynnik spójności tekstu dialogowego. In: Dobrzyńska/ Janus (ed.), 231—245.

— (1997): O pojęciu tekstu. In: Rittel, T./Ożdżyński, J. (ed.), 21—30.

Borisova, I. N. (1997): Celnost razgovornogo teksta v svete kategorialnych sopostavlenij. In: Stylistyka VI. Opole, 371—386.

Borisova, I. N. et al. (eds.) (1995): Živaja reč uralskogo goroda. Teksty. Ekaterinburg.

Bosák, J. (ed.) (1990): Dynamické tendencie v jazykovej komunikacii. Bratislava.

Bralczyk, J. (1987): O języku propagandy politycznej lat siedemdziesiątych. Uppsala.

— (1996): Język na sprzedaż. Warszawa.

Cockiewicz, W./Śliwiński, W. (1989): Właściwości składniowo-stylistyczne języka telewizji polskiej na materiale list frekwencyjnych. Warszawa/Kraków.

Čarkić, M. (1997): Serbskaja lingvistika teksta. In: Stylistyka VI, 541—564.

Červenka, M. (1996): Four dimensions of literary work. In: Prague Linguistic Circle. Bd. 2. Amsterdam/Philadelphia, 295—305.

Dahl, Ö. (ed.) (1974): Topic and comment, contextual boundness and focus. Hamburg.

Daneš, F. (1968): Typy tematických poslopnosti v textu (na materiale českého textu odborného). In: Slovo a Slovesnost 29, 125—141.

— (1970): Zur linguistischen Analyse der Textstruktur. In: Folia Linguistica 4, 72—78.

— (1974a): Funktional sentence perspektive and the organisation of the text. In: Daneš (ed.) (1974b), 106—128.

— (ed.) (1974b): Papers on functional sentence perspective. Prague.

— (1977): Zum Status der Textebene. In: Studia Grammatica XVIII. Berlin.

— (1985): Věta a text. Praha.

— (1995): A static view and a dynamic view on Text and Discourse. In: Prague Linguistic Circle Bd. 1. Amsterdam/Philadelphia, 185—199.

Daneš, F./Dokulil, M. (1958): K tzv. významové a mluvnické stavbě věty. In: O vědeckém poznáni soudobých jazyků. Praha, 231—246.

Data, K. (1989): Struktura tekstu listowego. In: Język Polski, Heft 3—5.

Dimitrova, S./Karshakova, R. (1992): Bulgarian Text Linguistics. Present State and Prospects, 9–41.

Dobrzyńska, T. (1983): Metafora a spójność tekstu. In: Dobrzyńska/Janus (ed.); 281–301.

– (ed.) (1992): Typy tekstów. Warszawa.

– (1993): Tekst. In: Bartmiński (ed.), 283–304.

Dobrzyńska, T./Janus, E. (eds.) (1983): Tekst i zdanie. Zbiór studiów. Wrocław.

Filipowicz-Rudek, M./Konieczna-Twardzikowa, J. (eds.) (1996): Między oryginałem a przekładem. Bd. 2. Przekład, jego tworzenie się i wpływ. Kraców.

Firbas, J. (1961): On the communicative value of the modern English finite verb. In: Brno Studies in English 3, 79–104.

– (1971): On the concept of communicative dynamism in the theory of functional sentence perspective. In: Sbornik praci filosofické fakulty brnenské university, A 19, 135–144.

– (1978): K problematyce tématu výpovědi. In: Mayenowa (ed.), 29–46.

Formanovskaja, N. I. (1987): Russkij rečevoj etiket: lingvističeskij i metodičeskij aspekty. Moskva.

Gajda, S. (1982): Podstawy badań stylistycznych nad językiem naukowym. Warszawa.

– (1983): Wypowiedzenie a akapit we współczesnym tekście naukowym. In: Prace Naukowe Studium Praktycznej Nauki Języków Obcych Politechniki Wrocławskiej. Nr. 16/18, 3–11.

– (1990): Współczesna polszczyzna naukowa. Język czy żargon. Opole.

– (1993): Gatunkowe wzorce wypowiedzi. In: Bartmiński (ed.), 245–258.

Galasiński, D. (1992): Chwalenie się jako perswazyjny akt mowy. Kraków.

Gindin, S. I./Leonteva, N. I. (1987): Problema analiza i sinteza celogo teksta v sistemach mašinnogo perevoda i dialogovych sistemach. Moskva.

Głowiński, M. (1990): Nowomowa po polsku. Warszawa.

Gołąb, Z./Heinz, A./Polański, K. (1970): Słownik terminologii językoznawczej. Warszawa.

Grucza, F. (ed.) (1981): Glottodydaktyka a translatoryka. Warszawa.

– (ed.) (1992): Język, kultura – kompetencja kulturowa. Warszawa.

Gubaeva, T. V. (1997): Oficialno-delovaja reč.: Stilističeskie issledovania poslednich desjatiletij. In: Stylistyka VI. Opole, 173–184.

Gülich, E./Raible, W. (1977): Linguistische Textmodelle. München.

Hajičova, E. (1975): Negace a presupozice ve významové stavbě věty. Praha.

Hausenblas, K. (1977a): Zu einigen Grundfragen der Texttheorie. In: Studia Grammatica XVIII. Berlin.

– (1977b): O různých přistupech k výkladu věty a jevů styčných. In: Slovo a Slovesnost 38, 43–50.

– (1978): Vystavba jazykovych projevu a styl. Praha.

– (1996): Od tvaru k smyslu textu. Stylistycke reflexe a interpretace. Praha.

Heinemann, W./Viehveger, D. (1991): Textlinguistik. Eine Einführung. Tübingen.

Hoffmanová, J. (1996): The structure of the semantic Context of Time in various text types. In: Prague Linguistic Circle. Bd. 2. Amsterdam/Philadelphia, 319–330.

Hrbáček, J. (1994): Nárys textové syntaxe spisovne češtiny. Praha.

Ingarden, R. (1931): Das literarische Kunstwerk. Halle (Saale).

Jazyk (1995): Jazyk i stil processualnych dokumentov. Volgograd.

– (1996): Jazyk. Poetika. Perevod. Sbornik naučnych trudov. Moskva.

Jelitte, H. (ed.) (1976): Sovjetrussische Textlinguistik. Teil 1. Themen und Methoden. Teil 2. Übersetzte Originalbeiträge. Frankfurt/M.

– (1978): Formen der Textkohärenz im Russischen. Eine Einführung. Grossen-Linden.

– (1984): Sovjetische Textlinguistik. In: Jachnov, H. (ed.): Handbuch des Russisten. Wiesbaden, 280–309.

Kaškurevič, L. G./Rybovlev, N. R. (1996): Rečevoj etiket. Variativnost sociolingvističeskich modelej v polskom i russkom jazykach. Moskva.

Kamenskaja, O. L. (1990): Tekst i komunikacija. Moskva.

Kategorizacija (1997): Kategorizacja mira: prostranstvo i vremja. Moskva.

Komissarov, V. N. (1980): Lingvistika perevoda. Moskva.

Konkov, V. I. (1995): Rečevaja struktura gazetnogo teksta. Sankt Petersburg.

Kožina, M. N. (1989): O funkcionalnych semantikostilističeskich kategorijach v aspekte kommunikativnoj teorii jazyka. Raznovidnosti i žanry naučoj prozy. Moskva.

– (1995): Celyj tekst kak objekt stilistiki teksta. In: Stylistyka IV, 33–53.

– (1997): Puti razvitija stilistiki russkogo jazyka vo vtoroj polovinie XX v. In: Stylistyka VI. Opole, 9–49.

Kožina, M. N./Kotjurova, M. P. (1997): Izučenie naučnogo funkcionalnogo stilja vo vtoroj polovinie XX v. In: Stylistyka VI. Opole, 145–171.

Krasnych, V. V./Bulgakova, L. N. (1997): Skaži mne kakaja u tebja reklama, i ja skažu kto ty. (Kratkij obzor nekotorych aspektov rossijskoj polititčeskoj reklamy.) In: Funkcionalnye Issledovanija. Bd. 4, 155−165.

Kuznecov, A. M. (ed.) (1987): Teoretičeskie problemy sovetskogo jazykoznanija. Moskva.

Lapteva, O. A. (1990): Živaja russkaja reč s teleekrana. Seged.

Lazebnik, Ju. S. (1995): Model mira: poezija. Kiev.

− (1998): Lingvistika teksta v Ukraine (Tipposkript).

Lewicki, A. M./Tokarski, R. (eds.) (1995): Kreowanie świata w tekstach. Lublin.

Lewicki, R. (1993): Konotacja obcości w przekładzie. Lublin.

Lipgart, A. A. (1998): Teorija i praktika perevoda: lingvodidaktika i lingvopoetika. In: Funkcionalnye issledovanija. Sbornik statej po lingwistike. Vyp. 6. Moskva, 172−180.

Luzina, L. G. (1996): Razpredelenie informacii v tekste. Moskva.

Lysakova, I. P./Matveeva, T. N./Orlova, M. M. (1995): Russkij jazyk v situacijach. Sankt-Petersburg.

Majdanova, L. M. (1984): Celnost i svjaznost gazetnogo teksta. Sverdlovsk.

− (1987): Struktura i kompozicija gazetnogo teksta. Krasnojarsk.

Maruzo, Ž. (1960): Slovar lingvističeskich terminow. Moskva.

Matveeva, T. V. (1990): Funkcionalnye stili v aspekte tekstovych kategorij. Sverdlovsk.

− (1997): Stilistika tekstovych kategorij. In: Stylistyka VI. Opole, 185−195.

Mayenowa, M. R. (ed.) (1971): O spójności tekstu. Wrocław.

− (ed.) (1974): Tekst i język. Problemy semantyczne. Wrocław.

− (ed.) (1976): Semantyka tekstu i języka. Wrocław.

Mazur, J. (1986): Organizacja tekstu potocznego. Na przykładzie języka polskiego i rosyjskiego. Lublin.

− (1989): Semantische und kommunikative Organisation der gesprochenen Mitteilung. In: Abramowicz/Bartmiński (eds.), 33−56.

− (1990): Styl i tekst w aspekcie pragmatycznym. In: Socjolingwistyka 9, 71−86.

Mazur, M. (1997): Packungsbeilage als Textmuster. In: Lubelskie Materiały Neofilologiczne. Nr. 21, 193−216.

Medvedeva, S. Ju./Trošina, N. N. (eds.) (1984): Problemy tipologii teksta. Moskva.

XII Meždunarodnyj (1997): XII Meždunarodnyj simpozium po psicholingvistike i teorii komunikacii „Jazykove soznanie i obraz mira". Moskva.

Minjar-Beloručev, R. K. (1980): Obščaja teorija perevoda i ustnyj perevod. Moskva.

Mirowicz, A. (1949): Z Zagadnień struktury zdania (wskaźniki językowe konsytuacji): In: Biuletyn Polskiego Towarzystwa Językoznawczego 9, 57−71.

Mistrik, J. (1973): Exakte Typologie von Texten. München.

Moskalskaja, O. I. (1981): Grammatika teksta. Moskva.

Müllerová, O. (1994): Mluvený text a jeho syntaktická vystavba. Praha.

Myrkin, V. Ja. (1976): Tekst, podtekst i kontekst. In: Voprosy Jazykoznanija 2.

Orlova, L. V. (1988): Struktura sverchfrazovogo edinstva v naučnych tekstax. Kiev.

Ożóg, K. (1990): Zwroty grzecznościowe współczesnej polszczyzny mówionej. Warszawa/Kraków.

Pieńkos, J. (1993): Przekład i tłumacz we współczesnym świecie. Aspekty lingwistyczne i pozalingwistyczne. Warszawa.

Pisarek, W. (1987): Język polski w prasie radiu i telewizji. In: Urbańczyk, S. (ed.): Słowo piękne i prawdziwe. Warszawa, 158−168.

− (1990): Polszczyzna we współczesnej prasie. In: Dubisz, S. (ed.): Język − Kultura − Społeczeństwo. Warszawa.

Pisarska, A./Tomaszkiewicz, T. (1996): Współczesne tendencje przekładoznawcze. Poznań.

Plotnikov, B. A. (1992): Semiotika teksta. Paragrafemika. Minsk.

Popović, L. (1995): Diskursnye markery v pistolnom diskurse ukrainskogo i serbskogo jazykov. In: Lingwistika na teksta, 169−180.

Porayski-Pomsta, J. (ed.) (1991): Zagadnienia komunikacji językowej dzieci i młodzieży. Warszawa.

Puzynina, J. (ed.) (1991): Język a kultura. Bd. 3, Wartości w języku i w tekście. Wrocław.

Razdzievśka, T. V. (1993): Tekst jak zasib komunikacii. Kyiv.

Riesel, E. (1975): Grundsatzfragen der Funktionalstilistik. In: Linguistische Probleme der Textanalyse. Düsseldorf.

Salimovskij, V. A. (1997): Funcionalno-smyslovoe i stilistiko-rečevoe varirovanie naučnogo teksta. In: Stylistyka VI, 285−300.

Sandig, B. (1983): Textsortenbeschreibung unter dem Gesichtspunkt einer linguistischen Pragmatik. In: Textsorten und literarische Gattungen. Dokumentation des Germanistentages in Hamburg 1979. Berlin, 91−102.

Savić, S. (1993): Diskurs analiza. Novy Sad.

Sgall, P. (1967): Functional sentence perspective in a generative description. In: Prague Studies in Mathematical Linguistic 2, 203−225.

− (1974): Focus and contextual boundness. In: Dahl (ed.) (1974), 25−51.

Sgall, P./Hajičová, E./Benešová, E. (1973): Topic, focus and generative semantics. Kronberg.

− (1980): Aktuálni členěni věty v češtině. Praha.

Sirotinina, O. B. (1997): Izučenie razgovornoj reči kak odna iz problem russkoj stilistiki. In: Stylistyka VI, 137−144.

Skubalanka, T. (1989): Kategorialne ukształtowanie tekstów potocznych. In: Abramowicz/Bartmiński (eds.), 17−39.

Solganik, G. Ja. (1997): Izučenie gazetno-publicističeskogo stilja v SSSR (Rosii) v 50-90-e gg. XX v. In: Stylistyka VI. Opole, 87−111.

Šafikov, S. G. (ed.) (1994): Jazykovye edinicy v tekste. Ufa.

Šticha, F. (1996): On impliciteness in language and discourse: A contrastive view. In: Prague Linguistic Circle. Bd. 2. Amsterdam/Philadelphia, 331−346.

Švejcer, A. D. (ed.) (1988): Tekst i perevod. Moskva.

Tekst (1996): Tekst: problemy i perspektivy. Aspekty izučenija v celjach prepodavanija russkogo jazyka kak inostarnnogo. Moskva.

Tomiczek, E. (1983): System adresatywny współczesnego języka polskiego i niemieckiego. Socjolingwistyczne studium konfrontatywne. Wrocław.

Trošina, N. N. (1984): Problemy funcionalno-stilističeskoj tipologii teksta. In: Medvedeva/Trošina (eds.), 35−56.

− (1987): Problemy teorii teksta. In: Kuznecow (ed.), 117−139.

− (1991): Pragmastiličeskij kontekst i vosprijatie teksta. In: Kuznecow (ed.), 82−92.

Vorobeva, N. M./Zajcev, A. E. (1995): Naučnyj stil reči. Moskva.

Wawrzyniak, Z. (1980): Einführung in die Textwissenschaft. Warszawa.

− (1991): Praktyczne aspekty translacji literackiej na przykładzie języków niemieckiego i angielskiego. Warszawa.

Wierzbicka, A. (1983): Genry mowy. In: Dobrzyńska/Janus (eds.), 125−137.

Wojtak, M. (1990): Z problematyki opisu stylu tekstów użytkowych na podstawie analizy ogłoszeń matrymonialnych. In: Poradnik jęcykowy. Heft 2.

− (1996): Stylistyczne wymiary sprawności komunikacyjnej Polaków ze Wschodu. In: Stylistyka V. Opole, 52−62.

Zdunkiewicz-Jedynak, D. (1996): Językowe środki perswazji w kazaniu. Kraków.

Zemskaja, E. A. (ed.) (1981): Russkaja razgovornaja reč. Obščie voprosy. Slovoobrazovanie. Sintaksis. Moskva.

− (ed.) (1983): Russkaja razgovornaja reč. Fonetika. Morfologija. Leksika. Žest. Moskva.

− (ed.) (1987): Russkaja razgovornaja reč.: lingvističeskij analiz i problemy obučenija. Moskva.

− (ed.) (1996): Russkij jazyk konca XX stoletija (1985−1995). Moskva.

Zgółkowa, H. (1990): Świat w dziecięcych słowach. Poznań.

Zgółkowie, H. T. (1994): Językowy savoir-vivre. Poznań.

Zilbert, B. A. (1986): Problemy klassifikacii tekstov massovoj informacii (obzor). In: Izvestija AN SSSR. Nr. 1.

Żmudzki, J. (1983): Die Anrede und ihre Formen als Sprechakt eines bestimmten Typs. In: Ziebart, H. (ed.): Germanistisches Jahrbuch DDR-VRP. Warszawa.

− (1990): Dynamika tekstu a jego struktura. In: Dobrzyńska (ed.), 145−155.

− (1991): Zum Problem der bilingualen Äquivalenz lexikalischer Einheiten (polnisch-deutsch). Lublin.

− (1995): Konsekutivdolmetschen. Handlungen − Operationen − Strategien. Lublin.

Żydek-Bednarczuk, U. (1994): Struktura tekstu rozmowy potocznej. Katowice.

Jan Mazur, Lublin
(Polen)

III. Methoden

18. Textstrukturanalyse

1. Ebenen der Textstrukturanalyse
2. Textstrukturanalyse auf der grammatischen Ebene
3. Textstrukturanalyse auf der thematischen Ebene
4. Textstrukturanalyse auf der pragmatischen Ebene
5. Literatur (in Auswahl)

Die linguistische Textstrukturanalyse wird in theoretisch-begrifflicher wie methodischer Hinsicht durch die Textlinguistik bestimmt. Die Entwicklung der Textlinguistik von einer sprachsystematisch ausgerichteten zu einer pragmatisch orientierten linguistischen Teildisziplin (mit zunehmend kognitionswissenschaftlicher Fundierung) läßt sich besonders deutlich an den verschiedenen Explikationen des Begriffs der Textstruktur festmachen. So können vor allem grammatische (syntaktisch-semantische), thematische und pragmatische (handlungstheoretisch orientierte) Explikationsweisen unterschieden werden. Es ist nun nicht die Aufgabe des vorliegenden Artikels, den Weg der Textlinguistik in seinen einzelnen Etappen nachzuzeichnen (dazu vor allem → Art. 3, 8, 9, 10); es soll vielmehr ein möglichst konsistenter sprachtheoretischer Bezugsrahmen geschaffen werden, der auf einer Differenzierung verschiedener strukturbezogener Analyseebenen beruht und der es erlaubt, unterschiedliche Strukturkonzepte systematisch zu ordnen.

Gegenstand der Textstrukturanalyse ist in erster Linie der schriftkonstituierte monologische Text, wobei die nicht-literarischen Texte, die sog. Gebrauchstexte (vgl. Dimter 1981, 35), im Vordergrund stehen. Für den mündlich konstituierten dialogischen Text gelten − bedingt durch den Sprecherwechsel − z. T. ganz andere Konstitutions- und Strukturbedingungen (vgl. Franck 1980, 44 ff; Brinker/Sager 1996, 9 ff).

1. Ebenen der Textstrukturanalyse

Bei der Erstellung des sprachtheoretischen Bezugsrahmens wird der Textbegriff der handlungstheoretisch orientierten Textlinguistik zugrundegelegt, die den Text − vor dem Hintergrund der Sprechakttheorie (J. L. Austin; J. R. Searle) − als komplexe sprachliche Handlung definiert (s. u. Abschnitt 4). Der für die Sprechakttheorie konstitutive Begriff des Sprechakts und seine Aufgliederung in verschiedene Teilakte (etwa in einen illokutionären Akt, einen propositionalen Akt und einen Äußerungsakt bei Searle) kann die theoretisch-begriffliche Basis für die analytische Unterscheidung von drei Ebenen der Textbeschreibung bilden (vgl. im einzelnen Brinker 1997), der kommunikativ-pragmatischen, der thematischen und der grammatischen Beschreibungsebene (vgl. auch das von Motsch 1996, 3 ff entwickelte Modell der Textstruktur, das ebenfalls Ebenen der Grammatik, Semantik und Pragmatik vorsieht; eine spezifisch thematische Ebene wird allerdings nicht angenommen).

Es ist deutlich, daß der illokutionäre Akt Searles der kommunikativ-pragmatischen Ebene zuzuordnen ist; während der propositionale Akt auf der thematischen Ebene und der Äußerungsakt auf der grammatischen Ebene erfaßt wird. Die Ebenen der Textbeschreibung sind allerdings umfassender definiert als die Unterscheidungen Searles, die sich nur auf einfache sprachliche Handlungen (im Umfang eines sog. vollständigen Satzes) beziehen.

Die Textstrukturanalyse besteht nun in einer systematischen Beschreibung des spezifischen Zusammenhangs („Kohärenz") zwischen Textkonstituenten auf den unterschiedenen Ebenen:

− zwischen Sätzen (und ihren Komponenten) auf der grammatischen Ebene;
− zwischen thematischen Einheiten (Propositionen, Themen) auf der thematischen Ebene;
− zwischen sprachlichen Handlungen („illokutiven Einheiten") auf der pragmatischen Ebene.

Auf jeder der angenommenen sprachtheoretischen Ebenen wird die Textstruktur nur unter bestimmten Gesichtspunkten analysiert, von anderen Aspekten aber abstrahiert.

Bei der Analyse sind die Beschreibungsebenen genau zu unterscheiden, nicht aber voneinander zu isolieren; zwischen ihnen bestehen vielmehr enge Zusammenhänge, deren Untersuchung ebenfalls Aufgabe der Textstrukturanalyse ist. Besonders zu beachten ist dabei die „dienende" Rolle der sprachlichen Mittel (grammatische Ebene); sie müssen in ihrer indikatorischen Funktion für die jeweiligen kommunikativen Ziele und Inhalte eines Textes (pragmatische und thematische Ebene) gesehen und beschrieben werden.

2. Textstrukturanalyse auf der grammatischen Ebene (am Beispiel der Wiederaufnahmestruktur)

Die grammatische Explikation des Strukturbegriffs ist charakteristisch für die erste Phase der Textlinguistik. Der Text wird als „eine kohärente Folge von Sätzen" definiert (Isenberg 1970, 1; vgl. auch Steinitz 1968, 247; 1969, 146; Dressler 1970, 64 ff; Daneš 1970, 72; Harweg 1968, 11 u. a.). Zentral in dieser Definition sind die beiden Begriffe „Satz" und „Kohärenz". Der Satz gilt als die Struktureinheit des Textes; er wird in begrifflicher Hinsicht aber zumeist nicht näher bestimmt. Für textgrammatische Untersuchungen hat sich die folgende an die Dependenz- bzw. Valenzgrammatik L. Tesnières (1959) anknüpfende Satzdefinition als besonders tragfähig erwiesen: Die sprachliche Einheit „Satz" konstituiert sich aus einem Verb (Prädikat) als dem strukturellen Zentrum und einer Reihe von Satzgliedpositionen (Subjekt, Objekte, Adverbialbestimmungen usw.), die jeweils in bestimmten syntaktisch-semantischen Abhängigkeitsrelationen zum „tragenden" Verb stehen. Sätze können danach als einfache Sätze oder als Teilsätze (z. B. Haupt- und Nebensätze in sog. Satzgefügen) realisiert sein. Im Unterschied zu dieser grammatischen Satzdefinition soll das Stückchen Text, das durch Punkt, Frage- oder Ausrufezeichen und darauffolgende Großschreibung als eine relativ selbständige Einheit markiert ist (alltagssprachlicher Satzbegriff), als „Segment" bezeichnet werden (vgl. Brinker 1997, 22 ff). Ein Segment kann somit aus einem oder mehreren Sätzen (im grammatischen Sinn) bestehen. Grundlegend ist nun der Begriff der Textkohärenz. Er wird in dieser Etappe der Textlinguistik rein grammatisch gefaßt und bezieht sich auf die syntaktisch-semantischen Relationen zwischen Sätzen bzw. zwischen sprachlichen Einheiten (Wörtern, Wortgruppen usw.) in aufeinanderfolgenden Sätzen eines Textes. Unter den verschiedenen sprachlichen Phänomenen, die in diesem Zusammenhang angeführt werden (Formen der Wiederholung und Wiederaufnahme; Tempusfolge bzw. Tempuskontinuität; Koordination und Subordination von Sätzen usw.), wird den Referenzbeziehungen zwischen Sätzen eine besonders wichtige Bedeutung für die Kohärenz und Konstitution des Textes zugesprochen (vgl. etwa Steinitz 1968; Harweg 1968; Isenberg 1968; 1970; Conte 1986; Vater 1991 u. v. a.). Dieser Bereich, der bereits in den Anfängen der Textlinguistik im Zentrum der Forschung stand (vgl. Brinker 1971) und der bis heute eine nicht unbedeutende Rolle in der textlinguistischen Diskussion spielt (vgl. z. B. den Sammelband von Heydrich/Petöfi 1986 oder Vater 1991), erscheint in der Literatur u. a. auch unter den Termini „Pro-Fortführung" (Steinitz 1968), „syntagmatische Substitution" (Harweg 1968), „Koreferenz" (Isenberg 1970), „Relation der Verweisung" (Kallmeyer et al. 1974), „Wiederaufnahmerelation" (Brinker 1973). Am umfassendsten ist dieses Vertextungsprinzip in seinen unterschiedlichen Formen von R. Harweg untersucht worden (1968 et pass. sowie → Art. 3), der darauf sogar seinen Textbegriff gründet, wenn er Text definiert als „ein durch ununterbrochene pronominale Verkettung [= „syntagmatische Substitution"] konstituiertes Nacheinander sprachlicher Einheiten" (1968, 148). Das Prinzip der Wiederaufnahme – wie es im folgenden genannt werden soll – ist zwar nicht das einzige Mittel der syntaktisch-semantischen Verknüpfung von Sätzen zu Texten (→ Art. 33, 34); es ist aber als besonders grundlegend für die grammatische Struktur des Textes anzusehen.

Dieses textkonstitutive Prinzip soll nun in seiner strukturbildenden Funktion an einem Textbeispiel verdeutlicht werden.

(1) Mutiges Urteil
Von REINER POSSEKEL

(1) Eine Richterin beim Amtsgericht in Mettmann hat ein mutiges Urteil gesprochen. (2) Sie lehnte die Klage eines 18jährigen Gymnasiasten ab, der von zu Hause weggezogen war und von seinen Eltern monatlich 200 Mark Unterhalt forderte. (3) Der junge Mann hatte sich darüber beklagt, daß seine Eltern ihn nicht aufgeklärt, mit ihm nicht über den Kommunismus diskutiert und seiner Freundin Hausverbot erteilt hätten. (4) Trotzdem, so meinte die Richterin, könne dem jungen Mann zugemutet werden, weiter-

hin im Elternhaus wohnen zu bleiben und Toleranz aufzubringen.
(5) Das Urteil wird in vielen Familien heiße Diskussionen auslösen. (6) Das ist gut so. (7) Manche Töchter und manche Söhne sehen offenbar in dem seit Anfang vergangenen Jahres gültigen Volljährigkeitsgesetz nur ihre Rechte. (8) Dieses Gesetz billigt ihnen zu, schon im Alter von 18 Jahren gegen den Willen der Eltern zu heiraten, die Schule zu verlassen oder Verträge abzuschließen. (9) Doch mehr Rechte bedeuten auch mehr Pflichten und mehr Verantwortung.
(10) Die Richterin in Mettmann hat dem jungen Volljährigen hinter die Ohren geschrieben, daß die neue Regelung kein Freifahrtschein für ein vogelfreies Leben ist. (11) Nach wie vor gilt es, Rücksicht auf Eltern und Geschwister zu nehmen.
(12) Die neue Volljährigkeitsregelung ist eine Herausforderung an beide Generationen. (13) Sicher werden auch einige Eltern lernen müssen, ihre nun erwachsenen Söhne oder Töchter nicht mehr wie Kinder zu behandeln. (14) Aber von jungen Leuten, die körperlich und geistig früher reif sind, muß man auch erwarten können, daß sie entsprechend früher verantwortungsbewußt und rücksichtsvoll sind.

(aus: Hamburger Abendblatt v. 27. 2. 1976, S. 2)

Vereinfacht gesprochen läßt sich zwischen expliziter und impliziter Wiederaufnahme unterscheiden (vgl. Brinker 1973; 1997). Die explizite Wiederaufnahme besteht in der Referenzidentität bestimmter sprachlicher Ausdrücke in aufeinanderfolgenden Sätzen eines Textes. Ein bestimmter Ausdruck (z. B. ein Lexem oder eine Lexemverbindung) wird durch einen oder mehrere Ausdrücke in den nachfolgenden Sätzen des Textes in Referenzidentität wiederaufgenommen. Der Begriff „Referenzidentität" besagt, daß sich der wiederaufgenommene Ausdruck (er soll Bezugsausdruck B heißen) und der wiederaufnehmende Ausdruck (W) auf das gleiche außersprachliche Objekt (den sog. Referenzträger) beziehen (z. B. auf Personen, Gegenstände, Sachverhalte, Ereignisse, Handlungen, Vorstellungen usw.). Explizite Wiederaufnahmen liegen z. B. zwischen folgenden Ausdrücken vor: *ein Mann – er; ein Auto – das Fahrzeug; in Berlin – dort.*

Im vorliegenden Text finden sich für die Relation der expliziten Wiederaufnahme viele Beispiele (vgl. dazu auch Abb. 18.1), etwa:

Segment 1/2/4/10:   *eine Richterin beim Amtsgericht in M.* (B1) – *sie* (W1) – *die Richterin* (W1) – *die Richterin in M.* (W1)

Segment 2/3/4/10:   *ein 18jähriger Gymnasiast* (B3) – *der junge Mann* (W3) – *der junge Mann* (W3) – *der junge Volljährige* (W3)

Segment 7/8/10/12: *das Volljährigkeitsgesetz* (B5) – *dieses Gesetz* (W5) – *die neue Regelung* (W5) – *die neue Volljährigkeitsregelung* (W5)

Segment 7/9:   *ihre Rechte* (B6) – *mehr Rechte* (W6)

usw.

Es wird deutlich, daß der durch ein Substantiv benannte Referenzträger (Bezugsausdruck B) in folgender Weise wiederaufgenommen werden kann:

(a) durch Wiederholung desselben Substantivs (z. B. *Rechte* in Segment 9)
(b) durch ein bestimmtes Pronomen (z. B. *sie* in Segment 2)
Die Ausdrücke, die aufgrund ihres minimalen Bedeutungsinhalts ausschließlich dazu dienen, andere sprachliche Einheiten referenzidentisch wiederaufzunehmen, werden Pro-Formen genannt (vgl. Dressler 1973, 25 f; Vater 1975, 20 ff; Beaugrande/Dressler 1981, 64 ff). Das sind vor allem Pronomen und Adverbien.
(c) durch ein oder mehrere andere Substantive bzw. substantivische Wortgruppen (z. B. *der junge Mann* in Segment 3), die in der Regel besondere semantische Bedingungen erfüllen müssen (sog. Oberbegriffe zu den Bezugsausdrücken – vgl. Steinitz 1968; Brinker 1997, 30 f). Das erste Vorkommen des Referenzträgers zeigt sich in der Neueinführung eines Substantivs mit dem Merkmal „nicht bekannt" (z. B. *eine Richterin*). Dieses Merkmal bewirkt in der Regel die Wahl des unbestimmten Artikels *ein*. Bei der Wiederaufnahme des Referenzträgers durch dasselbe oder ein anderes Substantiv tragen diese das Merkmal „bekannt" (durch Vorerwähntheit gegeben), was mit der verbindlichen Wahl des bestimmten Artikels (z. B. *der junge Mann*) verbunden ist.

Im Gegensatz zur expliziten Wiederaufnahme ist die implizite Wiederaufnahme dadurch charakterisiert, daß zwischen dem wiederaufnehmenden Ausdruck (in der Regel ein Substantiv oder eine substantivische Wortgruppe) und dem wiederaufgenommenen Ausdruck (dem Bezugsausdruck) keine Referenzidentität vorliegt. Beide Ausdrücke beziehen sich auf verschiedene Referenzträger, d. h., es wird von verschiedenen Gegenständen und dergleichen gesprochen; zwischen diesen bestehen aber bestimmte, in der

18. Textstrukturanalyse

Sprachkompetenz verankerte semantische Beziehungen, von denen die Teil-von-Relation die wichtigste ist (vgl. z. B. *eine Stadt – der Bahnhof; ein Haus – die Tür; ein Krankenhaus – der Chefarzt*). Ein Zwischensatz wie *Dort gab es einen Bahnhof* bzw. *eine Tür* bzw. *einen Chefarzt* entfällt (vgl. Harweg 1968, 195), weil mit der Einführung von *Stadt* usw. für den Sprachteilhaber auch die Bekanntheit von *Bahnhof* usw. gegeben ist. Im vorliegenden Text finden sich einige Beispiele für die implizite Wiederaufnahme, etwa:

Segment 1/2: *ein mutiges Urteil* (B2) – *die Klage* (W2)

Segment 5/7/11: *in vielen Familien* (B4) – *manche Töchter und manche Söhne* (W4) – *Eltern und Geschwister* (W4)

Solche Bedeutungsbeziehungen werden in der Forschung unter dem Terminus „semantische Kontiguität" (begriffliche Nähe) zusammengefaßt (vgl. dazu Dressler 1973, 38 f; insbesondere aber Harweg 1968, 192 ff, der logisch, ontologisch, kulturell und situationell begründete Kontiguitätsverhältnisse zwischen Ausdrücken in aufeinanderfolgenden Sätzen eines Textes unterscheidet). Weitere Einzelheiten zum Prinzip der Wiederaufnahme sowie andere Mittel grammatischer Textverknüpfung brauchen hier nicht behandelt zu werden (dazu ausführlich → Art. 30–34).

Die zentralen Wiederaufnahmeverhältnisse des Beispieltextes (bezogen auf den nominalen Bereich) können auch schematisch dargestellt werden (s. Abb. 18.1; vgl. auch Brinker 1997, 39).

Erläuterungen:

Das Strukturschema beschränkt sich auf die Bezugsausdrücke, die mehr als einmal wiederaufgenommen werden. Das sind:
B1 = *eine Richterin beim Amtsgericht in M.*
B2 = *ein mutiges Urteil*
B3 = *ein 18jähriger Gymnasiast*
B4 = *in vielen Familien*
B5 = *das Volljährigkeitsgesetz*
B6 = *beide Generationen*
Implizite Wiederaufnahmen sind in Klammern gesetzt. B6 (Segment 12) teilt sich zwar unmittelbar im W6' (*einige Eltern*) und W6" (*ihre nun erwachsenen Söhne oder Töchter*). Es wird aber auch über W4 (in Segment 7) und W4 (in Segment 11) eine indirekte Wiederaufnahmebeziehung zwischen B4 und W6'/W6" hergestellt (im Schema angedeutet durch die gestrichelte Pfeillinie).

Segment/Wiederaufnahmerelationen

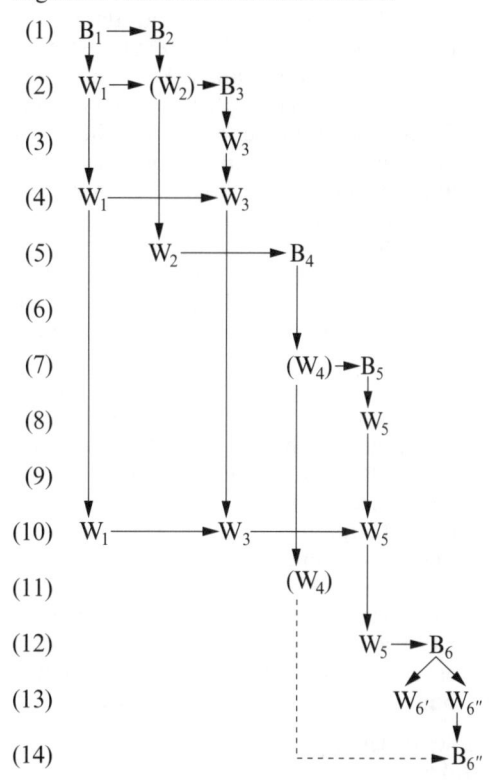

(1) $B_1 \rightarrow B_2$
(2) $W_1 \rightarrow (W_2) \rightarrow B_3$
(3) W_3
(4) $W_1 \rightarrow W_3$
(5) $W_2 \rightarrow B_4$
(6)
(7) $(W_4) \rightarrow B_5$
(8) W_5
(9)
(10) $W_1 \rightarrow W_3 \rightarrow W_5$
(11) (W_4)
(12) $W_5 \rightarrow B_6$
(13) W_6' W_6''
(14) $\rightarrow B_6''$

Abb. 18.1: Schematische Darstellung der Wiederaufnahmestruktur

Das Schema repräsentiert die (nominale) Wiederaufnahmestruktur, die einen wesentlichen Teil der grammatischen Verknüpfungsstruktur des Textes ausmacht.

Eine solche Strukturbeschreibung läßt vor allem folgendes erkennen:

– Die Sätze eines Textes sind häufig durchgehend nach dem Prinzip der Wiederaufnahme miteinander verknüpft. Es ist allerdings zu beachten, daß die grammatischen Formen der Vertextung – selbst unter Berücksichtigung von impliziten semantischen Verknüpfungen (wie etwa Harwegs Kontiguitätssubstitutionen) – keine zwingenden Bedingungen dafür liefern, daß eine Folge von Sätzen als kohärent interpretiert, d. h. als Text verstanden wird. Das Problem der Textkohärenz ist letztlich nicht durch die grammatischen Verknüpfungsverfahren zu erklären. Die in der Textkompetenz des Sprachteilhabers verankerten Prinzipien der syntaktisch-semantischen Textverknüpfung erzeugen für sich genommen keine Kohärenz, wenn sie auch das Textverstehen und damit die Herstellung von Kohärenz unterstützen und steuern (vgl. auch Koeppel 1993, 57 ff). Textkohärenz ist ein komplexes Phänomen, das unter grammatischen, thematischen, kommunikativ-pragmatischen und vor allem auch kognitiven Aspekten betrachtet werden muß (vgl. dazu Brinker 1998).

- In der Häufigkeit der verschiedenen Wiederaufnahmen des Textes manifestieren sich die zentralen Textgegenstände bzw. Referenzträger (vgl. auch Figge 1971, 172). Im vorliegenden Text handelt es sich dabei zunächst um die Richterin (B1), den 18jährigen Gymnasiasten (B2) und das Urteil (B3). Im zweiten Textabschnitt tritt der Gegenstand „Urteil" zurück, und neue Textgegenstände werden eingeführt (die Familie und vor allem das Volljährigkeitsgesetz). Im Strukturschema ist diese Modifikation in den Wiederaufnahmeverhältnissen (ab Segment 5 bzw. 7) deutlich erkennbar, sie verweist auf eine Verschiebung in der thematischen Perspektive.

Es wird deutlich, daß die Wiederaufnahmestruktur als Trägerstruktur für die thematischen Zusammenhänge des Textes fungiert; sie drückt − verallgemeinernd gesprochen − die thematische Progression und Orientierung des Textes aus. Wenn auch zwischen Wiederaufnahmestruktur und thematischer Gliederung prinzipiell keine 1:1-Beziehung angenommen werden darf, so stellt die Analyse der Wiederaufnahmerelationen vielfach doch eine gute Voraussetzung für die Beschreibung der thematischen Textstruktur dar. Allerdings sind Analysen dieser Art bisher nicht systematisch durchgeführt worden. Sie dürften sich bei umfangreichen Texten in dieser Form auch als zu aufwendig und zu differenziert erweisen. Um hier weiterzukommen, ist der übergeordnete Begriff des Textthemas einzuführen, der auf einer anderen Ebene der Strukturbeschreibung lokalisiert ist.

3. Textstrukturanalyse auf der thematischen Ebene

Die thematisch ausgerichtete Textstrukturanalyse bezieht sich auf den semantisch-kognitiven Zusammenhang, der in dem Text zwischen den in den Sätzen ausgedrückten Sachverhalten (Propositionen) hergestellt wird

und der auf unser „thematisches Weltbild" verweist (vgl. Fritz 1982, 219).

Grundlegend für Analyse der thematischen Textstruktur ist der Begriff des Textthemas, der innerhalb der Textlinguistik in verschiedenen Fassungen vorliegt (vgl. etwa Lötscher 1987). Zu nennen sind hier inbesondere die Thema-Rhema-Analyse, das Modell der Makro- und Superstrukturen sowie das Konzept der Themenentfaltung (dazu auch → Art. 35).

3.1. Thema-Rhema-Analyse

Die textbezogene Thema-Rhema-Analyse geht auf den Versuch des Prager Linguisten F. Daneš zurück, das Prinzip der „Funktionalen Satzperspektive" auf den Text zu übertragen, indem er die Textstruktur als eine „Sequenz von Themen" darstellt und verschiedene Typen der „thematischen Progression" herausarbeitet (vgl. Daneš 1970, 72 ff). Der Ansatz braucht hier nicht im einzelnen behandelt zu werden (→ Art. 4 und 35); er wirft m. E. sowohl in textanalytischer als auch in sprachtheoretischer Hinsicht eine Reihe von kritischen Fragen auf, etwa zur Abgrenzung von Thema und Rhema (vgl. auch Gülich/Raible 1977, 83) oder zum Status des Thema-Begriffs, der semantische und kommunikativ-pragmatische Kriterien miteinander vermischt (Thema als Basis der Aussage vs. Thema als bekannte Information). Insgesamt gesehen ist die Strukturbeschreibung zu sehr der Textoberfläche verhaftet (vgl. dazu die Musteranalyse zu Brechts Text „Herrn K.s Lieblingstier" in Gülich/Raible 1977, 84); die Analyse der Thema-Rhema-Gliederung eines Textes führt kaum über das hinaus, was nicht auch durch eine Beschreibung nach dem Prinzip der Wiederaufnahme erfaßt wird. Die Konzeption erscheint somit als nicht geeignet, die Textstruktur als ein Gefüge von logisch-semantischen Relationen zwischen den Propositionen darzustellen (vgl. dazu Brinker 1997, 48 ff).

3.2. Analyse von Makro- und Superstrukturen

Ein anderer Thema-Begriff ist kennzeichnend für das von T. A. van Dijk im Rahmen der Erzähltextanalyse entwickelte Konzept der „Makrostruktur" von Texten (vgl. van Dijk 1972; 1977; 1980a; 1980b; dazu Brinker 1973; Gülich/Raible 1977, 250 ff; → Art. 35). Die semantische Texttiefenstruktur oder Makrostruktur repräsentiert nach van Dijk die „globale Bedeutung" des Textes. Sie wird durch

Verfahren der paraphrasierenden Reduktion gewonnen: Aus den Propositionen des konkreten Textes leitet van Dijk sog. Makropropositionen ab, indem er eine Reihe von Operationen anwendet, die er Makroregeln nennt. Im einzelnen handelt es sich dabei um folgende Verfahren: „Auslassen", „Selektieren", „Generalisieren" und „Konstruieren oder Integrieren" (Ersetzen). Das Ergebnis der Regelanwendung ist eine Textzusammenfassung, ein Resümee, das als direkte Verbalisierung der Makrostruktur aufgefaßt wird. Das Textthema ist nach van Dijk (1980a, 50) nun nichts anderes als eine „Makroproposition auf einem bestimmten Abstraktionsniveau", es muß im Text nicht explizit genannt werden. Wenn das doch der Fall ist, wird vom „Themawort" (Schlüsselwort) oder „Themasatz" gesprochen.

Van Dijks Ansatz ist von verschiedenen Seiten kritisiert worden (z. B. von Gülich/ Raible 1977, 272 ff; Quasthoff 1980, 39 ff). In methodischer Hinsicht bleibt vor allem unklar, wie die Anwendung der Makroregeln im einzelnen zu erfolgen hat, um zur Makrostruktur des betreffenden Textes zu gelangen (zu Unklarheiten bei der Anwendung vgl. die Beispielanalyse in Gülich/Raible 1977, 274 f). Außer den Makrostrukturen nimmt van Dijk noch sog. Superstrukturen an. Unter einer Superstruktur (z. B. Erzählung oder Argumentation) versteht er „eine Art abstraktes Schema, das die globale Ordnung des Textes festlegt und das aus einer Reihe von Kategorien besteht, deren Kombinationsmöglichkeiten auf konventionellen Regeln beruhen" (van Dijk 1980a, 131). Die Superstrukturen werden als „elementare Basisstrukturen" aufgefaßt und — in Anlehnung an die Strukturbäume („phrasemarkers") der generativen Transformationsgrammatik — als hierarchisch geordnete kategoriale Baumdiagramme dargestellt (van Dijk 1980a, 131 ff), wobei kritisch anzumerken ist, daß diese Präsentation wohl eine zu feste Ordnung der Kategorien impliziert. Was nun den Zusammenhang zwischen Super- und Makrostrukturen betrifft, bemerkt van Dijk dazu lediglich, daß die Superstruktur „eine Art Textform" bilde, „deren Gegenstand, Thema, d. h.: Makrostruktur, der Textinhalt" sei (van Dijk 1980a, 128). In kognitiver Hinsicht, d. h. unter dem Aspekt der Text- und Informationsverarbeitung, werden die Superstrukturen als Produktions- und Interpretationsschema für Texte betrachtet (vgl. van Dijk 1980a, 186f).

3.3. Themenentfaltung und Themenstruktur

Auch das Konzept der Themenentfaltung (vgl. Brinker 1979; 1980; 1988; 1997) basiert — wie die Konzeption van Dijks — auf der Annahme einer semantisch-thematischen Textbasis. „Thema" wird als Kern des Textinhalts definiert, wobei der Terminus „Textinhalt" den auf einen oder mehrere Gegenstände (Personen, Sachverhalte, Ereignisse, Handlungen, Vorstellungen usw.) bezogenen Gedankengang des Textes bezeichnet. Das Textthema (als Inhaltskern) bezieht sich nicht nur auf den kommunikativen Hauptgegenstand eines Textes (den dominierenden Referenzträger), sondern umfaßt auch das, was im Text „in nuce" über diesen zentralen Gegenstand ausgesagt wird, d. h. den Grund- oder Leitgedanken eines Textes. Ein solcher Thema-Begriff entspricht auch unserem Alltagskonzept von „Thema" (vgl. etwa die Wendungen *über ein Thema diskutieren, das Thema verfehlen, vom Thema abkommen*). Das Textthema ist entweder in einem Textsegment realisiert, oder es muß erst aus dem Textinhalt abstrahiert werden, indem der Analysierende den Gesamtinhalt auf eine „knappe Formel" bringt. Dabei ist zu beachten, daß die Wahl der Abstraktionsebene für die Themenrepräsentation wesentlich vom jeweiligen Untersuchungsziel abhängt. Ob das Thema nun in nominaler Fassung oder als Proposition in der Form des sog. Aussagesatzes (der einen Referenz- und einen Prädikationsteil enthält) formuliert wird, ist nicht generell festzulegen, sondern textsortenspezifisch zu entscheiden. Im Unterschied zu van Dijks Konzeption (Makroregeln) beruht die analytische Bestimmung des Themas primär auf interpretativen Verfahren. Man muß sich darüber im klaren sein, daß es keine „mechanische Prozedur" geben kann, die nach endlich vielen Schritten sozusagen automatisch zur „richtigen" Themenformulierung führt. Die Bestimmung des Themas ist vielmehr abhängig von dem Gesamtverständnis, das der jeweilige Leser von dem Text gewinnt. Dieses Gesamtverständnis ist entscheidend durch die kommunikative Intention bestimmt, die der Hörer/Leser beim Sprecher/Schreiber vermutet. Wenn somit auch grundsätzlich keine formalen Operationen angegeben werden können, deren korrekte Anwendung eine adäquate Themenbestimmung garantiert, so lassen sich doch einige Prinzipien formulieren, an denen sich die Themenanalyse orientieren kann. Es handelt sich dabei zunächst um das bereits behandelte Wiederaufnahmeprinzip, das besagt, daß bei der analytischen Bestimmung des Themas von den zentralen Textgegenständen ausgegangen werden kann, wie sie sich sprachlich in den nominalen und pronominalen Wiederaufnahmen manifestieren. Da – wie bereits ausgeführt – das Thema den kommunikativen Hauptgegenständen übergeordnet ist, kann die Analyse der Wiederaufnahmeverhältnisse lediglich Hinweise auf die Themenstruktur geben (vgl. Brinker 1997, 44 ff).

Ein Text enthält nun in der Regel mehrere Themen, die allerdings jeweils einen unterschiedlichen thematischen Stellenwert besitzen, so daß eine Art Themenhierarchie entsteht. Eine Differenzierung zwischen dem Hauptthema und den Nebenthemen kann mit Hilfe der beiden folgenden Prinzipien erfolgen (vgl. Brinker 1980, 139 f; 1997, 56 ff):

(a) das Ableitbarkeitsprinzip

Als Hauptthema des Textes ist das Thema zu betrachten, aus dem sich die anderen Themen am überzeugendsten (bezogen auf das jeweilige Textverständnis) 'ableiten' lassen (nicht im logisch-deduktiven Sinn).

(b) das Kompatibilitätsprinzip

Da sich Thema und kommunikative Funktion bis zu einem gewissen Grade gegenseitig bedingen (in etwa vergleichbar mit dem Verhältnis von illokutivem und propositionalem Akt in der Sprechakttheorie), gilt als Hauptthema des Textes das Thema, das sich am besten mit der aufgrund einer pragmatischen Analyse ermittelten Textfunktion (→ Art. 19, 41) verträgt.

Diese Prinzipien lassen sich an Textbeispiel (1) folgendermaßen verdeutlichen:
Unter dem Aspekt der „Ableitung" ist festzustellen, daß die dominierenden Referenzträger „Richterin", „Gymnasiast" und „Urteil" in einen Bewertungszusammenhang gebracht werden, dem sich auch die Textgegenstände „Familien" und „Volljährigkeitsgesetz" subsumieren lassen. Als Textthema ergibt sich dann die These:

Das Urteil, das eine Richterin in M. über die Klage eines Gymnasiasten gesprochen hat, ist ein mutiges Urteil.

Diese Thesenformulierung ist auch mit dem appellativen Charakter des Textes durchaus kompatibel.

Appellelemente sind z. B. der in Segment 14 ausgesprochene moralische Appell an die Jugendlichen oder die metaphorischen Wendungen in Segment 10. Sie lassen erkennen, daß es dem Kommentator primär darum geht, daß der Leser seine Bewertung des Sachverhalts übernimmt (also nicht nur um Meinungskundgabe, sondern vor allem auch um Meinungsbeeinflussung). In kontextueller Hinsicht ist der Text als Zeitungskommentar auf einen Bericht bezogen (mit der Schlagzeile: „Ein Gymnasiast klagte gegen seine Eltern – und verlor").

Das Ableitbarkeitsprinzip basiert auf der Auffassung, daß der Textinhalt (die 'Gesamtinformation' eines Textes) das Ergebnis eines 'Ableitungsprozesses' darstellt, nämlich das Resultat der Entfaltung eines Themas (Inhaltskern, 'Grundinformation') zum Gesamtinhalt des Textes. Der Begriff „thematische Entfaltung" meint die gedankliche Ausführung des Themas. Da die Themenentfaltung wesentlich durch kommunikative und situative Faktoren gesteuert wird, sind grundsätzlich verschiedene Möglichkeiten der Entfaltung eines Themas gegeben.

Die Entfaltung des Themas zum Gesamtinhalt des Textes kann als Verknüpfung bzw. Kombination relationaler, logisch-semantisch definierter Kategorien beschrieben werden, welche die internen Beziehungen der in den einzelnen Textteilen (Überschrift, Abschnitten, Sätzen usw.) ausgedrückten Teilinhalte bzw. Teilthemen zum thematischen Kern des Textes (dem Textthema) angeben (z. B. Situierung, Spezifizierung, Begründung usw.).

In der Sprachgemeinschaft haben sich eine Reihe von Grundformen thematischer Entfaltung herausgebildet, von denen wohl die deskriptive (beschreibende), die narrative (erzählende), die explikative (erklärende) und die argumentative (begründende) Entfaltung eines Themas zum Textinhalt die wichtigsten sind (vgl. dazu im einzelnen Brinker 1997, 63 ff; → Art. 36–39). Diese Formen, für die jeweils bestimmte semantisch-thematische Kategorien bzw. Verbindungen von Kategorien (im oben umschriebenen Sinn) charakteristisch sind und die in den konkreten Texten in vielfältigen Ausprägungen und Kombinationen erscheinen können, bestimmen die thematische Struktur der Texte. Je nachdem, welche Grundform dominiert, kann von einer primär deskriptiven, narrativen, explikativen oder argumentativen Textstruktur gesprochen werden. Das Textbeispiel (1) weist eine argumentative Themenentfaltung auf. Seine Struktur kann schematisch folgendermaßen verdeutlicht werden. Die Darstellungsform knüpft an das von St. Toulmin (1958) entwickelte Argumentationsschema an (das in einigen Punkten modifiziert wurde – vgl. dazu Brinker 1997, 72 ff).

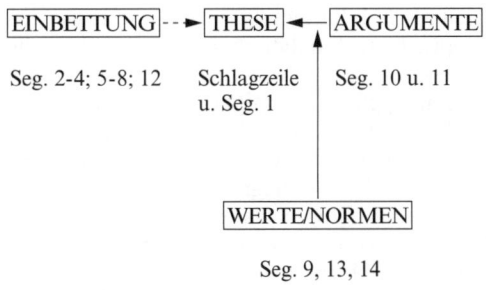

```
┌──────────┐     ┌─────┐     ┌──────────┐
│EINBETTUNG│----▶│THESE│◀────│ARGUMENTE │
└──────────┘     └─────┘     └──────────┘
Seg. 2-4; 5-8; 12  Schlagzeile   Seg. 10 u. 11
                   u. Seg. 1
                        │
                        │
                  ┌───────────┐
                  │WERTE/NORMEN│
                  └───────────┘
                   Seg. 9, 13, 14
```

----▶ situiert   ◀──── stützt (im logischen Sinn)

Abb. 18.2: Schematische Darstellung der Argumentationsstruktur

Der Kommentator begründet seine These, die das Textthema repräsentiert, durch zwei Argumente:

– Das Urteil macht deutlich, daß das (neue) Volljährigkeitsgesetz *kein Freifahrtschein für ein vogelfreies Leben ist* (Seg. 10).
– Das Urteil macht deutlich, daß es *nach wie vor gilt (...), Rücksicht auf Eltern und Geschwister zu nehmen* (Seg. 11).

Der Pfeil symbolisiert die Beziehung zwischen den Argumenten und der These, zu deren Stützung sie angegeben werden. Der Schritt von den Argumenten zur These wird legitimiert durch die in den Segmenten 9, 13 und 14 enthaltenen Wert- bzw. Normvorstellungen (wobei in Segment 13 eine leichte Einschränkung der in Segment 14 formulierten Norm ausgedrückt wird). Diese Aussagen sind Teil der Wertbasis, die der Autor mit seinen Lesern zu teilen glaubt und auf der die gesamte Argumentation letztlich beruht. Zur Einbettung sind die Segmente zu zählen, die den Anlaß des Kommentars nennen, die die Nachrichtengrundlage schaffen (also zwischen Bericht und Kommentar vermitteln) und die die These (und auch die Argumente) in einen bestimmten Kontext einordnen.

Im vorliegenden Text enthalten die Segmente 2–4 Informationen zum Urteil und die Segmente 7/8 Erläuterungen zum Volljährigkeitsgesetz (die Segmente 5/6 und 12 leisten dabei die thematische Überleitung). In logischer Hinsicht steht die Einbettung zwar in einer lockeren Beziehung zur These und zu den Argumenten; sie restringiert durch die kontextuelle Einordnung (Situierung) aber die Argumentationsmöglichkeiten und erhält so indirekt ebenfalls eine die Argumentation 'stützende' Funktion.

Die Grundformen der Themenentfaltung gehören zum Alltagswissen der Sprachteilhaber; sie geben den Kommunizierenden mehr oder weniger feste Orientierungen für die thematische Konstitution von Texten. Allerdings bedürfen die Zusammenhänge zwischen thematischen Textstrukturen und bestimmten Wissens- und Kenntnissystemen noch der weiteren Untersuchung (vgl. zu den kognitiven Aspekten der Textanalyse → Art. 10–12 sowie 20 und 28).

4. Textstrukturanalyse auf der pragmatischen Ebene

Unter dem Einfluß der sozio-kommunikativen Orientierung der Linguistik, die Anfang der 70er Jahre einsetzt, entwickelt sich auch die Textlinguistik zu einer pragmatisch ausgerichteten linguistischen Disziplin (→ Art. 8). Der Text wird – ausgehend von der innerhalb der angelsächsischen Sprachphilosophie entstandenen Sprechakttheorie (Austin; Searle) – nicht mehr als grammatisch verknüpfte Satzfolge definiert, sondern als (komplexe) sprachliche Handlung, mit der der Sprecher oder Schreiber eine bestimmte kommunikative Beziehung zum Hörer oder Leser herzustellen versucht (vgl. Schmidt 1973, 149 ff; Sandig 1978, 69 f, 99 ff, 157 f; van Dijk 1980a, 90 ff; 1980b, 184 ff; Rosengren 1980, 275 ff u. a.). Die pragmatische bzw. handlungstheoretische Perspektive ist konstitutiv für verschiedene textlinguistische Forschungsansätze.

Zu nennen sind hier vor allem die Illokutionsstrukturanalyse (vgl. Motsch/Viehweger 1981; 1991; Brandt et al. 1983; Rosengren 1987; Brandt/Rosengren 1992; Motsch 1986; 1987; 1996 u. a. sowie → Art. 40) und das textfunktionale Analysekonzept (Große 1976; Brinker 1983; 1997 u. a. sowie → Art. 19, 41). Eine ausgesprochen pragmatische bzw. handlungstheoretisch ausgerichtete Explikation des Begriffs der Textstruktur ist allerdings nur für das Illokutionsstrukturkonzept charakteristisch, das – im Unterschied zum textfunktionalen Analysekonzept – eine interne Handlungsstruktur des Textes postuliert. Ausgehend von der Prämisse, daß sich Texte in elementare Illokutionen gliedern lassen (Motsch 1996, 16), wird der Text als hierarchisch strukturierte Abfolge von elementaren illokutiven Handlungen definiert und die Textstruktur als „Illokutionsstruktur", d. h. als Hierarchie von Sprechakttypen, dargestellt. Die einfache illokutive Handlung, die in direkter Beziehung aus den sog. Satzmodi

(Deklarativ-, Interrogativ-, Imperativsatz) abgeleitet wird (vgl. dazu im einzelnen Motsch/Pasch 1987), gilt als Grundeinheit für die Textkonstitution. Es wird eine dominierende illokutive Handlung angenommen, die das Globalziel des Textes bezeichnet und die durch die anderen Handlungen („subsidiäre Illokutionen" genannt) gestützt wird. Das kann an dem folgenden (einfachen) Beispiel verdeutlicht werden:

(2) *Du bist sehr erkältet. Geh doch bitte zum Arzt. Er hat seine Praxis ganz in der Nähe. Kennst du sie?*

Es liegt die Handlungsfolge „Feststellung−Bitte−Feststellung−Frage" vor. Dominierender Handlungstyp ist die Bitte; sie wird durch die erste Feststellung begründet und durch die zweite spezifiziert, d. h. im Hinblick auf ihre Erfüllbarkeit durch den Angesprochenen genauer bestimmt: Die Fragehandlung ist dann auf die zweite Feststellung bezogen.

Die Analyse der Illokutionsstruktur eines Textes besteht also darin, die (elementaren) illokutiven Handlungen zu segmentieren und die Relationen zwischen diesen Handlungen, etwa bestimmte Arten von Stützungsbeziehungen (vgl. Motsch 1987, 60), zu ermitteln. Das führt dann zu einer auch schematisch repräsentierbaren Illokutionshierarchie, in der sich die Handlungsstruktur des Textes manifestiert (vgl. Brandt et al. 1983, 112; Motsch 1996, 26).

Das folgende Schema gibt die Illokutionsstruktur von Textbeispiel (2) wieder:

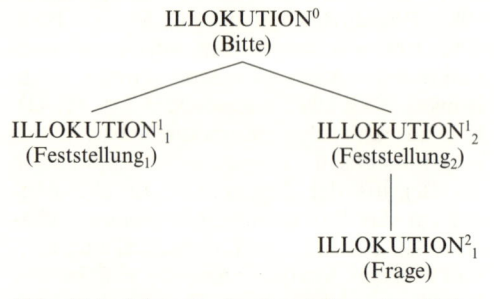

$$\text{ILLOKUTION}^0$$
$$\text{(Bitte)}$$

$$\text{ILLOKUTION}^1_1 \quad \text{ILLOKUTION}^1_2$$
$$\text{(Feststellung}_1) \quad \text{(Feststellung}_2)$$

$$\text{ILLOKUTION}^2_1$$
$$\text{(Frage)}$$

Abb. 18.3: Schematische Darstellung der Illokutionsstruktur

Das Illokutionsstrukturkonzept wirft eine Reihe von kritischen Fragen auf (vgl. Brinker 1997, 90 ff), etwa zum Zusammenhang von Illokutionsstruktur und syntaktischer wie thematischer Struktur des Textes, aber auch zum Verhältnis von Illokutionsstruktur und textueller Gesamtfunktion (das nicht prinzipiell als 1 : 1-Beziehung vorausgesetzt werden kann). In textanalytischer Hinsicht führt die Segmentierung eines Textes in elementare Handlungen zu mannigfachen Abgrenzungs- und Klassifikationsproblemen. Das liegt letztlich darin begründet, daß Sätze, die in die Ganzheit „Text" integriert sind, in der Regel keine unmittelbare Handlungsqualität besitzen; sie erfüllen dann vielmehr bestimmte textinterne Funktionen, vor allem im Hinblick auf den thematischen Aufbau des Textes (Situierungs-, Spezifizierungs-, Begründungsfunktion usw.). Der textfunktionale Analyseansatz (wie er von Brinker vertreten wird) schreibt deshalb dem Text als Ganzem einen Handlungscharakter in Form von textuellen Grundfunktionen zu (vgl. Brinker 1983; 1997 sowie → Art. 19) und versucht − wie in Abschn. 3.3. dargestellt wurde − die Textstruktur primär als thematische Struktur vor dem Hintergrund bestimmter Grundformen der Themenentfaltung zu beschreiben. Ob und inwieweit die beiden behandelten textanalytischen Forschungspositionen aufeinander bezogen werden können, wäre noch genauer zu untersuchen.

Abschließend ist festzuhalten, daß es vor dem sprachtheoretischen Hintergrund des skizzierten Ebenenmodells (s. o. Abschn. 1) als durchaus möglich erscheint, strukturbezogene Analyseansätze unterschiedlicher Entwicklungsphasen der Textlinguistik als komplementäre Konzeptionen zu erfassen und zu einem strukturanalytischen Gesamtkonzept zu verbinden.

5. Literatur (in Auswahl)

Agricola, Erhard (1979): Textstruktur, Textanalyse, Informationskern. Leipzig.

Altmann, Gabriel (1988): Wiederholungen in Texten. Bochum.

Antos, Gerd/Tietz, Heike (eds.) (1997): Die Zukunft der Textlinguistik. Traditionen, Transformationen, Trends. Tübingen.

Apresjan, Ju D. (1971): Ideen und Methoden der modernen strukturellen Linguistik. Kurzer Abriß. München.

Austin, John L. (1962): How to do things with words. Oxford. [Deutsche Übersetzung: Zur Theorie der Sprechakte. Stuttgart 1972.]

Baumann, Hans-Heinrich (1970): Der deutsche Artikel in grammatischer und textgrammatischer Sicht. Zu Harald Weinrichs Beitrag. In: Jahrbuch für Internationale Germanistik 2/1, 145−154.

Beaugrande, Robert-Alain de/Dressler, Wolfgang U. (1981): Einführung in die Textlinguistik. Tübingen.

Bellert, Irena (1970): On a Condition of the Coherence of Texts. In: Semiotica 2, 335–363.

Brandt, Margareta/Koch, Wolfgang/Motsch, Wolfgang et al. (1983): Der Einfluß der kommunikativen Strategie auf die Textstruktur – dargestellt am Beispiel des Geschäftsbriefes. In: Rosengren, Inger (ed.): Sprache und Pragmatik. Lunder Symposium 1982. Stockholm, 105–135.

Brandt, Margareta/Rosengren, Inger (1992): Zur Illokutionsstruktur von Texten. In: Zeitschrift für Literaturwissenschaft und Linguistik (LiLi) 22, Heft 86: Textlinguistik, 9–51.

Brinker, Klaus (1971): Aufgaben und Methoden der Textlinguistik. Kritischer Überblick über den Forschungsstand einer neuen linguistischen Teildisziplin. In: Wirkendes Wort 21, 217–237.

– (1973): Zum Textbegriff in der heutigen Linguistik. In: Sitta, Horst/Brinker, Klaus (eds.): Studien zur Texttheorie und zur deutschen Grammatik. Festgabe für Hans Glinz zum 60. Geburtstag. Düsseldorf, 9–41.

– (1977): Modelle und Methoden der strukturalistischen Syntax. Stuttgart.

– (1979): Zur Gegenstandsbestimmung und Aufgabenstellung der Textlinguistik. In: Petöfi (1979), 3–12.

– (1980): Textthematik als spezifisch textlinguistischer Forschungsbereich. In: Kühlwein, Wolfgang/ Raasch, Albert (eds.): Sprache und Verstehen. Kongreßberichte der 10. Jahrestagung der Gesellschaft für Angewandte Linguistik GAL, Mainz 1979. Bd. II. Tübingen, 138–141.

– (1983): Textfunktionen. Ansätze zu ihrer Beschreibung. In: Zeitschrift für germanistische Linguistik 11, 127–148.

– (1988): Thematische Muster und ihre Realisierung in Talkshowgesprächen. In: Zeitschrift für germanistische Linguistik 16, 26–45.

– (ed.) (1991): Aspekte der Textlinguistik. Hildesheim/Zürich/New York.

– (1993): Textlinguistik. Heidelberg. (= Studienbibliographien Sprachwissenschaft, 7.)

– (1996): Die Konstitution schriftlicher Texte. In: Günther, Hartmut/Ludwig, Otto (eds.): Schrift und Schriftlichkeit. Bd. 2. Art. 136. Berlin/New York, 1515–1526.

– (1997): Linguistische Textanalyse. Eine Einführung in Grundbegriffe und Methoden. 4. Aufl. Berlin. [1. Aufl. 1985.]

– (1998): Aspekte der Textkohärenz am Beispiel einer Rundfunkpredigt. In: Donhauser, Karin/Eichinger, Ludwig M. (eds.): Deutsche Grammatik – Thema in Variationen. Festschrift für Hans-Werner Eroms. Heidelberg, 191–202.

Brinker Klaus/Sager, Sven F. (1996): Linguistische Gesprächsanalyse. 2. Aufl. Berlin.

Buscha, Joachim (1988): Satzverknüpfung durch Konjunktionen. In: Der Deutschunterricht 40/6, 53–64.

Conte, Maria-Elisabeth (1986): Textreferenten und Typen anaphorischer Wiederaufnahme. In: Heydrich/Petöfi (1986), 1–15.

Daneš, František (1970): Zur linguistischen Analyse der Textstruktur. In: Folia Linguistica 4, 72–78.

Dijk, Teun A. van (1972): Some Aspects of Text Grammars. A Study in Theoretical Linguistics and Poetics. The Hague/Paris.

– (1977): Text and Context. Explorations in the Semantics and Pragmatics of Discourse. London/ New York.

– (1980a): Textwissenschaft. Eine interdisziplinäre Einführung. Tübingen. [Original 1978.]

– (1980b): Macrostructures. An Interdisciplinary Study of Global Structures in Discourse, Interaction, and Cognition. Hillsdale, N. J.

Dimter, Matthias (1981): Textklassenkonzepte heutiger Alltagssprache. Kommunikationssituation, Textfunktion und Textinhalt als Kategorien alltagssprachlicher Textklassifikation. Tübingen.

Dressler, Wolfgang U. (1970): Modelle und Methoden der Textsyntax. In: Folia Linguistica 4, 64–70.

– (1973): Einführung in die Textlinguistik. Tübingen.

Eroms, Hans-Werner (1991): Die funktionale Satzperspektive bei der Textanalyse. In: Brinker (1991), 55–72.

Figge, Udo L. (1971): Syntagmatik, Distribution und Text. In: Stempel, Wolf-Dieter (ed.): Beiträge zur Textlinguistik. München, 161–181.

Franck, Dorothea (1980): Grammatik und Konversation. Königstein.

Fritz, Gerd (1982): Kohärenz. Grundfragen der linguistischen Kommunikationsanalyse. Tübingen.

Gernsbacher, Morton Ann/Givón, Talmy (eds.) (1995): Coherence in Spontaneous Text. Amsterdam/Philadelphia.

Greimas, Algirdas Julien (1966): Sémantique structurale. Recherche de méthode. Paris. [Deutsche Übersetzung 1971.]

Große, Ernst Ulrich (1976): Text und Kommunikation. Eine linguistische Einführung in die Funktionen der Texte. Stuttgart.

Gülich, Elisabeth/Raible, Wolfgang (1977): Linguistische Textmodelle. Grundlagen und Möglichkeiten. München.

Halliday, Michael A. K./Hasan, Ruqaiya (1976): Cohesion in English. London.

Harris, Zellig S. (1952): Discourse Analysis. In: Language 28, 1−30.

Harweg, Roland (1968): Pronomina und Textkonstitution. München. [2. Aufl. 1979.]

− (1978): Substitutional Text Linguistics. In: Dressler, Wolfgang U. (ed.): Current Trends in Textlinguistics. Berlin/New York, 247−260.

− (1986): Wiederholung lexikalischer Elemente und Textkonstitution. In: Heydrich/Petöfi (1986), 16−41.

Heinemann, Wolfgang/Viehweger, Dieter (1991): Textlinguistik. Eine Einführung. Tübingen.

Heydrich, Wolfgang/Petöfi, János S. (eds.) (1986): Aspekte der Konnexität und Kohärenz von Texten. Hamburg.

Isačenko, Aleksandr V. (1965): Kontextbedingte Ellipse und Pronominalisierung im Deutschen. In: Beiträge zur Sprachwissenschaft, Volkskunde und Literaturforschung. Berlin, 163−174.

Isenberg, Horst (1968): Überlegungen zur Texttheorie. In: Kallmeyer/Klein/Meyer-Hermann et al. (1974). Bd. 2, 193−212.

− (1970): Der Begriff „Text" in der Sprachtheorie. ASG-Bericht Nr. 8. Berlin.

Kallmeyer, Werner/Klein, Wolfgang/Meyer-Hermann, Reinhard et al. (eds.) (1974): Lektürekolleg zur Textlinguistik. Bd. 1: Einführung. Bd. 2: Reader. Kronberg/Ts.

Kalverkämper, Hartwig (1981): Orientierung zur Textlinguistik. Tübingen.

Koeppel, Rolf (1993): Satzbezogene Verweisformen. Tübingen.

Kotschi, Thomas (1996): Textkonstitutionsstruktur und Informationsstruktur. In: Motsch (1996), 245−271.

Lötscher, Andreas (1987): Text und Thema. Studien zur thematischen Konstituenz von Texten. Tübingen.

Moskalskaja, Olga Ivanovna (1984): Textgrammatik. Leipzig. [Original 1981.]

Motsch, Wolfgang (1986): Anforderungen an eine handlungsorientierte Textanalyse. In: Zeitschrift für Germanistik 7, 261−282.

− (1987): Zur Illokutionsstruktur von Feststellungstexten. In: Zeitschrift für Phonetik, Sprachwissenschaft und Kommunikationsforschung 40, 45−67.

− (ed.) (1996): Ebenen der Textstruktur. Sprachliche und kommunikative Prinzipien. Tübingen.

Motsch, Wolfgang/Pasch, Renate (1987): Illokutive Handlungen. In: Motsch, Wolfgang (ed.): Satz, Text, sprachliche Handlung. Berlin, 11−79.

Motsch, Wolfgang/Viehweger, Dieter (1981): Sprachhandlung, Satz und Text. In: Rosengren, Inger (ed.): Sprache und Pragmatik. Lunder Symposium 1980. Malmö, 125−153.

− (1991): Illokutionsstruktur als Komponente einer modularen Textanalyse. In: Brinker (1991), 107−132.

Nickel, Gerhard (1968): Kontextuelle Beziehungen zwischen Sätzen im Englischen. In: Praxis des Neusprachlichen Unterrichts 15, 15−25.

Nussbaumer, Markus (1991): Was Texte sind und wie sie sein sollen. Ansätze zu einer sprachwissenschaftlichen Begründung eines Kriterienrasters zur Beurteilung von schriftlichen Schülertexten. Tübingen.

Petöfi, János S. (ed.) (1979): Text vs Sentence. Basic Questions of Textlinguistics. 2 Bde. Hamburg.

Quasthoff, Uta M. (1980): Erzählen in Gesprächen. Tübingen.

Rickheit, Gert (ed.) (1991): Kohärenzprozesse. Modellierung von Sprachverarbeitung in Texten und Diskursen. Opladen.

Rickheit, Gert/Strohner, Hans (1993): Grundlagen der kognitiven Sprachverarbeitung. Tübingen.

Rolf, Eckard (1993): Die Funktionen der Gebrauchstextsorten. Berlin/New York.

Rosengren, Inger (1980): Texttheorie. In: Althaus, Hans P./Henne, Helmut/Wiegand, Herbert E. (eds.): Lexikon der Germanistischen Linguistik. 2. Aufl. Tübingen, 275−286.

− (1987): Hierarchisierung und Sequenzierung von Illokutionen: zwei interdependente Strukturierungsprinzipien bei der Textproduktion. In: Zeitschrift für Phonetik, Sprachwissenschaft und Kommunikationsforschung 40, 28−44.

Sandig, Barbara (1978): Stilistik. Sprachpragmatische Grundlegung der Stilbeschreibung. Berlin/New York.

Schmidt, Siegfried J. (1973): Texttheorie − Probleme einer Linguistik der sprachlichen Kommunikation. München. [2. Aufl. 1976.]

Searle, John R. (1969): Speech Acts. An Essay in the Philosophy of Language. Cambridge. [Deutsche Übersetzung: Sprechakte. Ein sprachphilosophischer Essay. Frankfurt 1971.]

− (1975): A Taxonomy of Illocutionary Acts. In: Searle, John R. (1979): Expression and Meaning. Studies in the Theory of Speech Acts. Cambridge, 1−29. [Deutsche Übersetzung: Eine Taxonomie illokutionärer Akte. In: Searle, John R.: Ausdruck und Bedeutung. Untersuchungen zur Sprechakttheorie. Frankfurt 1982, 17−50.]

Steinitz, Renate (1968): Nominale Pro-Formen. In: Kallmeyer/Klein/Meyer-Hermann et al. (1974). Bd. 2, 246−265.

− (1969): Adverbialsyntax. Berlin.

Tesnière, Lucien (1959): Eléments de syntaxe structurale. Paris.

Toulmin, Stephen (1958): The Uses of Argument. Cambridge. [Deutsche Übersetzung: Der Gebrauch von Argumenten. Kronberg 1975.]

Vater, Heinz (1975): Pro-Formen des Deutschen. In: Schecker, Michael/Wunderli, Peter (eds.): Textgrammatik. Beiträge zum Problem der Textualität. Tübingen, 20−42.

− (1991): Referenzrelationen in Texten. In: Brinker (1991), 19−54.

Weinrich, Harald (1969): Textlinguistik: Zur Syntax des Artikels in der deutschen Sprache. In: Jahrbuch für Internationale Germanistik 1, 61−74.

− (1970): Zur Textlinguistik der Tempusübergänge. In: Linguistik und Didaktik 1, 222−227.

− (1972): Die Textpartitur als heuristische Methode. In: Der Deutschunterricht 24/4, 43−60.

− (1993): Textgrammatik der deutschen Sprache. Mannheim/Leipzig u. a.

Wunderlich, Dieter (1976): Studien zur Sprechakttheorie. Frankfurt/M.

Klaus Brinker, Hamburg (Deutschland)

19. Textfunktionale Analyse

1. Textlinguistische Einordnung
2. Der Begriff der Textfunktion
3. Methoden zur Bestimmung der Textfunktion
4. Textfunktion − Textstruktur − Textstrategie
5. Literatur (in Auswahl)

1. Textlinguistische Einordnung

Die textfunktionale Analyse basiert in theoretisch-begrifflicher Hinsicht auf dem kommunikations- bzw. handlungstheoretisch orientierten Forschungsansatz, der seit der sog. pragmatischen Wende in der Linguistik zu Beginn der 70er Jahre auch die Wissenschaftssituation der Textlinguistik bestimmt (→ Art. 8). Der Text wird nicht mehr als isoliertes sprachliches Gebilde im strukturalistischen Sinn betrachtet − wie in den Anfängen der Textlinguistik (→ Art. 3 und 18) −, sondern vor dem Hintergrund der innerhalb der angelsächsischen Sprachphilosophie entstandenen Sprechakttheorie (Austin; Searle) als eine komplexe sprachliche Handlung bestimmt, die in eine konkrete Kommunikationssituation eingebettet ist und für die eine bestimmte kommunikative Funktion konstitutiv ist. In der kommunikativen Funktion, die der Text innerhalb eines Kommunikationsprozesses erhält, sieht die pragmatisch ausgerichtete Textlinguistik letztlich die Kohärenz des Textes begründet. Diese dominierende Kommunikationsfunktion wird auch als Textfunktion bezeichnet (vgl. Brinker 1997, 81 ff).

Die Aufgabe des vorliegenden Artikels besteht nun nicht darin, einen wissenschaftshistorischen Überblick über sprach- und textfunktionale Konzepte zu geben (→ Art. 41); es geht vielmehr primär um eine systematische Darstellung und Diskussion bisher entwickelter textanalytischer Verfahren zur Bestimmung der kommunikativen Funktion von Texten. Es soll dabei insbesondere auch die Frage behandelt werden, welche konventionell geltenden und damit zur Textkompetenz des Sprachteilhabers gehörenden textuellen und kontextuellen, sprachlichen und nichtsprachlichen Faktoren das Verstehen von textuellen kommunikativen Funktionen steuern. Dazu muß aber zuerst der Begriff der Textfunktion näher geklärt werden (→ auch Art. 41).

2. Der Begriff der Textfunktion

Unter „Funktion" wird im allgemeinen die Aufgabe einer Person, eines Organs oder eines Gegenstandes innerhalb eines Ganzen verstanden. So spricht man z. B. von der Funktion des Herzens, des Bürgermeisters, einer Romangestalt (vgl. Große 1976, 25f). Wenn man von dieser allgemeinsprachlichen Verwendung des Ausdrucks „Funktion" ausgeht, kann der Terminus „Textfunktion" zunächst charakterisiert werden als der Sinn bzw. Zweck, den ein Text im Rahmen einer Kommunikationssituation erfüllt. Diese noch recht vorläufige Bestimmung läßt sich dann unter Anknüpfung an den textfunktionalen Ansatz von E. U. Große (1976) weiter präzisieren, indem die Textfunktion als die im Text mit bestimmten, konventionell geltenden, d. h. in der Kommunikationsgemeinschaft verbindlich festgelegten Mitteln ausgedrückte Kommunikationsabsicht des Textproduzenten oder − allgemeiner ausgedrückt − des

Emittenten (d. h. des Autors, Herausgebers, Auftraggebers u. dergl. – vgl. Glinz 1977, 17) definiert wird (vgl. Brinker 1983; 1997, 93 f.). Es handelt sich also um die Absicht, die der Adressat erkennen soll, sozusagen um die Anweisung des Emittenten an den Adressaten, als was dieser den Text insgesamt auffassen soll, z. B. als informierenden oder appellierenden Text (vgl. Große 1976, 26). Die Textfunktion ist von der „wahren Absicht" des Emittenten zu unterscheiden. Die wahre Absicht, die „geheime Intention" (ebd., 68 f.), kann zwar der Textfunktion entsprechen; sie muß aber nicht mit ihr übereinstimmen. Außerdem ist die Textfunktion von der Wirkung abzugrenzen, die der Text auf den Adressaten ausübt (vgl. auch ebd., 69 ff).

Für die Bestimmung der Textfunktion ist allein entscheidend, was der Textproduzent zu erkennen geben will, indem er sich auf bestimmte Regeln (Konventionen) sprachlicher und kommunikativer Art bezieht (vgl. Brinker 1983, 131 ff).

Diese Definition der Textfunktion entspricht weitgehend dem sprechakttheoretischen Begriff des illokutiven Akts, indem sie den intentionalen und den konventionellen Aspekt sprachlicher Handlungen in ähnlicher Weise miteinander verknüpft. Wie der illokutive Akt den Handlungscharakter einer Äußerung festlegt, so bestimmt die Textfunktion den Kommunikationsmodus des Textes.

Unter sprechakttheoretischen Aspekten können nun die folgenden fünf textuellen Grundfunktionen aufgestellt werden:

– die Informationsfunktion

Der Emittent gibt dem Adressaten zu verstehen, daß er ihm ein Wissen vermitteln, ihn über etwas informieren will. Textsorten mit informativer Grundfunktion sind Nachricht (Zeitung, Rundfunk, Fernsehen), Bericht und Beschreibung mit ihren verschiedenen Unterklassen, Untersuchungsbefund, Sachbuch, Gutachten, Rezension usw.

– die Appellfunktion

Der Emittent gibt dem Adressaten zu verstehen, daß er ihn dazu bewegen will, eine bestimmte Einstellung einer Sache gegenüber einzunehmen (Meinungsbeeinflussung) und/oder eine bestimmte Handlung zu vollziehen (Verhaltensbeeinflussung). Textsorten mit appellativer Grundfunktion sind Werbeanzeige, Propagandatext, (Zeitungs-, Rundfunk-, Fernseh-)Kommentar, Arbeitsanleitung, Gebrauchsanweisung, Rezept, Gesetzestext, Gesuch, Antrag, Bittschrift, Predigt usw.

– die Obligationsfunktion

Der Emittent gibt dem Adressaten zu verstehen, daß er sich ihm gegenüber dazu verpflichtet, eine bestimmte Handlung zu vollziehen. Textsorten mit (selbst-)verpflichtender Grundfunktion sind Vertrag, (schriftliche) Vereinbarung, Garantieschein, Gelübde, Gelöbnis, Angebot usw.

– die Kontaktfunktion

Der Emittent gibt dem Adressaten zu verstehen, daß es ihm um die personale Beziehung zum Adressaten geht (um Herstellung, Erhaltung, Beendigung des persönlichen Kontakts). Die Kontaktfunktion ist besonders charakteristisch für die sog. Partizipationstexte (wie Gratulations- und Kondolenzbrief bzw. -karte), in denen der Emittent seine Anteilnahme (seine Mit-Freude, seine Mit-Trauer usw.) mit dem Adressaten zum Ausdruck bringt (vgl. dazu Große 1976, 33). Auch die Ansichts- bzw. Urlaubskarte und andere Formen des Kontaktbriefs (z. B. Liebesbrief, Abschiedsbrief) können hier angeführt werden.

– die Deklarationsfunktion

Der Emittent gibt dem Rezipienten zu verstehen, daß der Text eine neue Realität schafft, d. h. daß die (erfolgreiche) Äußerung des Textes die Einführung eines bestimmten institutionellen Faktums bedeutet. Die deklarative Textfunktion ist charakteristisch für die Textsorten Ernennungsurkunde, Testament, Schuldspruch, Bevollmächtigung, Bescheinigung usw.

Diese (in Brinker 1983 und 1997 entwickelte) Klassifikation von Textfunktionen knüpft zwar an die Illokutionstypologie Searles (1975) an, beruht aber (im Unterschied zu Searle) auf einem einheitlichen Kriterium, und zwar auf der Art des kommunikativen Kontakts, den der Emittent mit dem Text dem Adressaten gegenüber zum Ausdruck bringt. Eine solche Klassifikation ist insofern homogener als die Searlesche Illokutionstypologie, als die Kategorien „Repräsentativ" und „Expressiv" bei Searle primär aufgrund verschiedener Referenzarten definiert und somit nicht deutlich genug auf das interaktive Moment bezogen sind (vgl. dazu im einzelnen Brinker 1997, 100 ff).

Von dieser (interaktiv ausgerichteten) Konzeption geht auch Rolf (1993) aus, modifiziert aber vor dem Hintergrund von Searle/Vanderveken (1985) die definitorischen Bestimmungen zu einigen Funktionstypen (insbesondere zur Appell- und zur Kontaktfunktion) und übernimmt Searles Bezeichnungen für die Illokutionsklassen (assertiv, direktiv, kommissiv, expressiv, deklarativ; vgl. Rolf 1993, 65 ff; → Art. 41).

Das textfunktionale Konzept beruht auf der Annahme, daß der Kommunikationsmodus des Textes insgesamt in der Regel nur durch eine Funktion bestimmt wird (dominierende Kommunikationsfunktion oder Textfunktion), wenn auch für einen Text durchaus mehrere Funktionen (sog. Zusatzfunktionen) charakteristisch sein können, z. B. die Kontaktfunktion im Geschäftsbrief mit dominanter Obligationsfunktion (Auftragsbestätigung mit Dank für den Auftrag – vgl. Brinker 1997, 99).

Es stellt sich nun die Frage, wie die Textfunktion in konkreten Texten textanalytisch zu ermitteln ist.

3. Methoden zur Bestimmung der Textfunktion

In der textlinguistischen Forschungsliteratur gibt es verschiedene Ansätze, die in mehr oder weniger expliziter Form auf Kriterien zur textanalytischen Bestimmung von Textfunktionen eingehen. Zu nennen sind hier vor allem die Illokutionsstrukturanalyse, der textfunktionale Ansatz Großes (1976) sowie das Indikatorenkonzept Brinkers (1983; 1997). Es handelt sich dabei um Konzeptionen, die nicht gänzlich als alternativ, sondern – zumindest teilweise – auch als komplementär zu betrachten sind. Sie sollen im folgenden charakterisiert und an Beispielen verdeutlicht werden.

3.1. Textfunktion und Illokutionsstruktur

Das Illokutionsstrukturkonzept (vgl. Brandt et al. 1983; Motsch 1987; Brandt/Rosengren 1992; Motsch 1996; → Art. 18, 40) definiert den Text als hierarchisch strukturierte Abfolge von elementaren sprachlichen Handlungen („illokutive Handlungen" genannt); es wird also eine dominierende Handlung angenommen, die durch subsidiäre Handlungen gestützt wird. Die dominierende illokutive Handlung bezeichnet dann das Gesamtziel bzw. die kommunikative Gesamtfunktion des Textes.

Das Illokutionsstrukturkonzept wirft eine Reihe von kritischen Fragen auf. Seitens des textfunktionalen Ansatzes (wie ihn Brinker vertritt) wird vor allem kritisiert (vgl. Brinker 1997, 90 ff; → Art. 18), daß den einzelnen Sätzen bzw. Propositionen des Textes bestimmte illokutive Rollen zugeschrieben werden und die Textfunktion dann von den einzelnen illokutiven Typen her aufzubauen versucht wird. Sind die Sätze in die Ganzheit „Text" integriert – so lautet der Einwand –, besitzen sie zumeist keine unmittelbare Handlungsqualität, sondern erfüllen bestimmte textinterne Funktionen im Hinblick auf den thematischen Aufbau des Textes (Situierung, Spezifizierung, Begründung usw.). Der Handlungscharakter komme nur dem Text als Ganzem zu („holistische Position"; vgl. Rolf → Art. 41). Abgesehen von dem problematischen Zuordnungsverfahren (Satz → illokutive Handlung) ist auch der unterstellte (direkte) Zusammenhang von Illokutionsstruktur und Textfunktion nicht grundsätzlich gegeben. Das kann exemplarisch an dem folgenden Werbetext verdeutlicht werden:

(1) *Wenn Sie weder Artischocken noch französische Mädchen noch Aperitifs noch eine gewisse Ambiance mögen, dann ist es völlig gleichgültig, welche Fluglinie Sie fliegen.*
Denn technisch perfekt sind alle heutzutage.
Im Namen aller Fluglinien.
Ihre Air France.

(aus: Der Spiegel v. 16. 10. 1972)

Eine Analyse nach dem Illokutionsstrukturkonzept würde zu dem Ergebnis führen, daß der Text außer der Grußformel mit dem Namen der Fluggesellschaft nur Behauptungshandlungen realisiert. Der dominierende Sprechhandlungstyp wäre somit der Illokutionsklasse der Repräsentative bzw. Assertive zuzuordnen, die auf die Informationsfunktion verweist.

Damit ist die Textfunktion aber offensichtlich nicht zutreffend charakterisiert; der Text wird vielmehr eindeutig als (indirekter) Appell des Emittenten an den Adressaten verstanden, die Fluglinie positiv einzuschätzen und daraus die entsprechenden Handlungskonsequenzen zu ziehen, d. h. mit der Air France zu fliegen (Meinungs- und Verhaltensbeeinflussung). Das bedeutet aber, daß die durch den dominierenden Sprechhandlungstyp („Behauptung") signalisierte Textfunktion („Informationsfunktion") nicht der tatsächlichen Textfunktion („Appellfunktion") entspricht. Um erklären zu können, worauf der Appellcharakter, der dem Text intuitiv zugeschrieben wird, eigentlich beruht, ist anzunehmen, daß für die Textfunktion unterschiedliche Kriterien sowohl innertextlicher als auch außertextlicher (kontextueller) Art konstitutiv sein müssen.

3.2. Komponenten der Textfunktion

Ein Katalog von Kriterien, der es ermöglichen soll, die dominante Funktion eines Textes bzw. Texttyps zu ermitteln, ist zuerst von E. U. Große (1976) entwickelt worden. Großes Hauptkriterium lautet, daß sich die Textfunktion an dem im Text „überwiegenden Typus semantischer Sätze" (Große 1976, 72, 116) erkennen lasse.

Ein „semantischer Satz" besteht nach Große aus einer „metapropositionalen Basis" und einer „Proposition" (vgl. ebd., 14 ff). Mit dem Ausdruck einer metapropositionalen Basis instruiere der Emittent den Adressanten, wie er die Proposition auffassen solle. Große führt sechs Typen auf, die er als eine „geschlossene Klasse" betrachtet (vgl. ebd., 45 ff): (1) „wirklich" (ICH ASS), (2) „realisierbar" (ICH APT), (3) „vielleicht möglich" (ICH POSS), (4) „notwendig" (ICH NEC), (5) „(vom Sender) gewollt" (ICH VOL), (6) „(vom Sender) positiv ... oder negativ gewertet" (ICH AEST). Die Propositionen klassifiziert er nach dem Subjekt des *daß*-Satzes; er erhält so drei Propositionstypen: die ICH-, die DU- und die X-Proposition (vgl. ebd., 17). Durch Kombination der Propositionstypen mit den metapropositionalen Basen gewinnt er dann die Typen semantischer Sätze, auf die die Textfunktionen bezogen werden.

So zeige z. B. ein häufiges Vorkommen des Typs ICH ASS: X--- (eine mögliche Paraphrase: *Es ist der Fall, daß ...*) an, daß die Textfunktion „Informationstransfer" dominant sei; überwiege aber der Typ ICH VOL: DU--- (z. B. zu paraphrasieren mit : *Ich will, daß du/ihr/Sie* ...), so herrsche die Textfunktion „Aufforderung" vor (vgl. ebd., 57 f). Große sieht allerdings, daß die Häufigkeit eines bestimmten Typs semantischer Sätze nicht immer eindeutiger Indikator für eine bestimmte Textfunktion ist. So könne z. B. in Texten, denen wir intuitiv einen appellativen Charakter zusprechen (z. B. in Werbetexten), durchaus der Typ ICH ASS: X--- überwiegen. Große führt deshalb als weitere Dominanzkriterien den „Appellfaktor", das „Präsignal" und die „Handlungsregeln" ein. Der Appellfaktor soll sich sprachlich in einer „besonderen Häufigkeit wertender Wörter und Wendungen" sowie in der „Häufigkeit rhetorischer Figuren" ausdrücken (ebd., 18). Er verleiht − so Große − den Sätzen eine „persuasive Bedeutung" (Textfunktion: „Aufforderung"). Nur durch die Einführung des Appellfaktors sei es möglich, „viele dominant werbende (persuasive) Texte von dominant sachinformierenden Texten" zu unterscheiden (ebd., 18 f). Als „Präsignale" fungieren vorangehende Titel oder „Gattungsbezeichnungen" wie „Gesetz", „Satzung", „Kochbuch" usw. (ebd., 20, 72). „Die Präsignale haben ... eine nicht zu unterschätzende Bedeutung, weil sie den Empfänger sogleich über die Funktion ... des Textes orientieren" (ebd., 21). Schließlich nennt Große noch die „Handlungsregeln" (ebd., 22 ff); sie werden als „soziale Regeln" bestimmt, die „überpersonal, intersubjektiv in der Gruppe und/oder Gesellschaft" gelten. „Im Zweifelsfall wird die Textfunktion erst durch ... nur von der Pragmatik erfaßbare Handlungsregeln vollständig bestimmt und verstehbar" (ebd., 24). Große geht auf diese Regeln aber nicht weiter ein, da er von ihnen bei der Bestimmung der Textfunktion eines konkreten schriftlichen Textes „im Normalfall" (ebd., 25) abstrahieren zu können glaubt.

Die aufgeführten Kriterien gelten als die Komponenten der Textfunktion; sie werden in der folgenden Konstituentenformel zusammengefaßt (vgl. ebd., 28 f, 116):

Textfunktion = (+/− Handlungsregeln) (+/− Präsignal) (+/− Appellfaktor) + metapropositionale Basis + Propositionstyp (die Voranstellung soll jeweils Überordnung bedeuten).

Problematisch an Großes Ansatz zur Operationalisierung der Textfunktion ist vor allem die quantitativ-statistische Fassung des Dominanzbegriffs; sie drückt sich darin aus, daß bereits die Vorkommenshäufigkeit bestimmter Typen semantischer Sätze oder bewertender Textelemente als ein grundlegender Indikator für dominante Textfunktionen angesehen wird. Ein solcher Ansatz führt aber leicht zu einer isolierenden Betrachtung einzelner Ausdrücke ohne Berücksichtigung ihres textuellen Zusammenhangs. Das gilt insbesondere für die Konzeption des Appellfaktors. Ein häufiges Vorkommen (positiv oder negativ) bewertender sprachlicher Formen ist nicht immer ein Indiz für die appellative (persuasive) Textfunktion. Auch in Texten mit dominant informativer oder kontaktspezifischer Funktion (etwa in Rezensionen oder Danksagungen) sind sprachliche Bewertungen und rhetorische Figuren durchaus nicht selten (vgl. Brinker 1983, 135; Dimter 1981, 25). Die bloße Häufigkeit sprachlicher Einheiten und Strukturen ist somit kein geeignetes Kriterium zur Bestimmung von Textfunktionen; eine solche Betrachtungsweise operiert zu sehr an der Textoberfläche.

Außerdem ist noch anzumerken, daß Große dem Situations- bzw. Handlungszusammenhang zu wenig Beachtung schenkt. Texte stehen immer in einem konkreten Kommunikationsprozeß, in dem Emittent und Adressat mit ihren sozialen und situativen Voraussetzungen und Beziehungen die wichtigsten Faktoren darstellen. Es sind deshalb vor allem auch kontextuelle Merkmale bei der Analyse von Textfunktionen zu berücksichtigen, wenn auch noch nicht auf eine ausgearbeitete Situationstypologie zurückgegriffen werden kann.

3.3. Indikatoren der Textfunktion

Allgemein gesprochen sind Indikatoren sprachliche und nichtsprachliche Merkmale von Texten, die direkt oder indirekt auf bestimmte Kategorien und kategoriale Zusammenhänge hinweisen, diese sozusagen anzeigen. Das gilt auch für die Indikatoren der Textfunktion, um die es in diesem Artikel vor allem geht.

Im Unterschied zu Großes Ansatz knüpft das textfunktionale Indikatorenkonzept (vgl. Brinker 1997, 97 ff) an die *Illokutionsindikatoren der Sprechakttheorie* an. Es handelt sich dabei um konventionell geltende sprachliche bzw. grammatische Mittel, die − wenn auch nicht immer eindeutig − dazu dienen, den Typ einer sprachlichen Handlung anzuzeigen (vgl. Searle 1969/1971, 49 f; Wunderlich 1972, 15 ff; insbesondere Sökeland 1980, Kap. 4). Aufgeführt werden vor allem:

− die sog. explizit performative Formel (z. B. *Ich verspreche dir (hiermit), daß ...*)
− der Satztyp (etwa Frage-, Aufforderungs- und Aussagesatz der traditionellen Grammatik) und das Satzmuster (Satzbauplan, der die grundlegenden grammatischen Informationen wie Modus, Tempus, Numerus, Person usw. enthält). So signalisiert z. B. eine Satzstruktur, die ein Pronomen der 1. Person als Subjekt und ein Prädikat im Futur aufweist (z. B. *Ich werde kommen*), eine Ankündigung oder eine Struktur mit einem Pronomen der 2. Person als Subjekt und einem Prädikat mit dem Modalverb *sollen* im Konjunktiv II (z. B. *Du solltest kommen*) eine Aufforderung.
− sog. Abtönungspartikel (z. B. *aber, doch, bloß, nur, ja, mal*) und Modalwörter (z. B. *bestimmt, hoffentlich, möglicherweise, zweifellos*).
− der propositionale Gehalt, der in der Regel aber nicht kontextunabhängig eine bestimmte illokutive Rolle bezeichnen kann.

So signalisiert die Äußerung *Wir werden morgen wiederkommen* vom Satzmuster her eine Ankündigung. Ob sie darüber hinaus eine Drohung oder ein Versprechen darstellt, ergibt sich aus dem propositionalen Gehalt in Verbindung mit dem Kontext (etwa aus dem Rollenverhältnis zwischen Sprecher und Angesprochenem sowie aus der Bedeutung der Proposition im Hinblick auf diese Beziehung).

Für die gesprochene Sprache wäre vor allem noch auf die prosodischen Merkmale (Intonation, Akzent, ggf. Sprechtempo usw.) hinzuweisen.

Diese und andere handlungsanzeigenden sprachlichen Mittel werden „Indikatoren des Sprechhandlungstyps" oder „Illokutionsindikatoren" genannt. Zwischen ihnen bestehen häufig bestimmte Dominanzrelationen (vgl. dazu im einzelnen Sökeland 1980, 76 ff). So sind z. B. bestimmte Partikeln für die kommunikative Funktion (die sog. illokutive Rolle) einer Äußerung ausschlaggebender als der realisierte Satztyp (vgl. etwa die Äußerungen *kannst du das Fenster zumachen* und *kannst du denn nicht das Fenster zumachen*). Im ersten Beispiel indiziert die Spitzenstellung des Finitums eine Fragehandlung; das zweite Beispiel zeigt, daß die Partikeln *denn* und *nicht* der Äußerung deutlich einen Aufforderungscharakter verleihen; sie sind über den Satztyp (sog. Fragesatz) dominant. W. Sökeland (1980, Kap. 4, bes. 76 ff) kommt deshalb hinsichtlich der Dominanzverhältnisse bei elementaren Sprechhandlungen zu dem allgemeinen Ergebnis: Partikeln, prosodische Merkmale und propositionaler Gehalt sind stärkere sprachliche Indikatoren (Sökeland nennt sie „Sekundärindikatoren") als die explizit performative Formel und der Satztyp bzw. das Satzmuster (von Sökeland als „Basisindikatoren" bezeichnet); die Sekundärindikatoren dominieren die Basisindikatoren und zeigen im Falle einer Indikatorenkonkurrenz die tatsächliche illokutive Rolle einer Äußerung an.

Nun ist − wie gesagt − jede sprachliche Handlung in einen Handlungs- bzw. Situationszusammenhang eingebettet; es sind deshalb auch Kontextindikatoren zu berücksichtigen (z. B. das jeweilige Rollenverhältnis, der institutionelle Rahmen, das Hintergrundwissen usw.). In vielen Fällen kann sogar nur aufgrund kontextueller Informationen entschieden werden, welche „tatsächliche" Illokution überhaupt vorliegt. Das bedeutet aber, daß letztlich die kontextuellen Indikatoren über die sprachlichen dominant sind.

Eine Übertragung dieses für einfache sprachliche Handlungen geltenden Indikatorenkonzepts auf Texte führt zwar zu komplexeren Bestimmungen, ist aber grundsätzlich möglich, so daß in Analogie zu den Illokutionsindikatoren der Sprechakttheorie von *Indikatoren der Textfunktion* gesprochen werden kann.

Es liegt in der Forschung noch keine Zusammenstellung möglicher Indikatoren für die verschiedenen textuellen Grundfunktionen (s. Abschn. 2) vor, so daß hier nur die Nennung einiger Beispiele möglich ist.

Es sind zunächst textuelle und kontextuelle Indikatoren zu unterscheiden, die jeweils sprachlicher und nichtsprachlicher Art sein können. *Textuelle* Indikatoren sind − neben den bereits erwähnen grammatischen Einheiten und Strukturen (sog. explizit performative Formeln und äquivalente Satzmuster, Modi, bestimmte Adverbien und Partikelwörter usw.) − vor allem auch die Art des Textthemas, die Auswahl und Anordnung der Teilthemen (oft nur durch Textvergleich als Indikator erkennbar − etwa in Zeitungsberichten), die Wahl des thematischen Entfaltungsmusters (deskriptiv, narrativ, argumentativ usw.) sowie die sprachlich-stilistische Ausformung der Themen und Muster.

Eine wichtige Rolle spielt in diesem Zusammenhang die *thematische Einstellung*, d. h. die Einstellung des Emittenten zum Textinhalt, insbesondere zum Textthema.

Der Terminus „thematische Einstellung" knüpft an den Begriff der propositionalen Einstellung in der Sprechakttheorie an (vgl. etwa Wunderlich 1976, 73 f; v. Polenz 1985, 212 ff). Es lassen sich verschiedene Formen oder Typen unterscheiden. So kann sich der Emittent z. B. über die Wahrheit oder Wahrscheinlichkeit des Textinhalts äußern (*wissen, glauben, zweifeln*) und den Sicherheitsgrad seines Wissens angeben (*tatsächlich, bestimmt, vielleicht* − epistemische/doxastische Einstellung); er kann seine (positive und negative) Wertung (*für gut halten, schlecht finden* − evaluative Einstellung), den Grad seines Interesses (*wünschen, wollen, vorziehen, hoffen, für notwendig halten* − motivationale/präferentielle/intentionale/exspektative/normative Einstellung) oder seine psychische Haltung gegenüber dem Textinhalt bzw. dem Textthema signalisieren (*bedauern, erfreut sein* − emotive Einstellung).

Für die Textanalyse ist nun die evaluative Einstellung von besonderer Bedeutung; sie ist implizit auch in anderen thematischen Einstellungen enthalten (z. B. in den verschiedenen Formen der interessebezogenen Einstellung oder in der emotiven Einstellung). Die evaluative Einstellung ist als die zentrale Kategorie für die Analyse von textuellen Bewertungen zu betrachten (vgl. Brinker 1994, 35 ff).

Was die Beziehungen zwischen Textfunktion und thematischer Einstellung betrifft, kann man annehmen, daß Textfunktionen und thematische Einstellungen insofern aufeinander bezogen sind, als sich bestimmte Einstellungen mit bestimmten Textfunktionen leichter (oder schwerer) verbinden lassen als mit anderen. Diese Zusammenhänge sind allerdings im einzelnen noch nicht erforscht. Man darf aber nicht davon ausgehen, daß zwischen Textfunktionen und thematischen Einstellungen prinzipiell ein 1:1-Verhältnis besteht. Die thematische Einstellung ist zumeist kein eindeutiger Indikator der Textfunktion; sie beeinflußt aber die Ausprägung der Textfunktion. Das heißt konkret: Die sprachlichen Formen und Strukturen, mit denen der Emittent − explizit oder implizit − seine thematische Einstellung ausdrückt, dienen oft dazu, die Textfunktion zu präzisieren (Beispiel: Die Appellfunktion wird näher als „Bitte" bestimmt, etwa bei einem Bittbrief oder einem Gesuch) oder zu modifizieren (Beispiel: Die Informationsfunktion wird zur indirekt realisierten Appellfunktion, etwa bei Werbeanzeigen). Die thematische Einstellung kann also als ein funktionspräzisierender bzw. funktionsmodifizierender Indikator bezeichnet werden (vgl. auch unten die Analyse zu Text 2).

Zu den textuellen Indikatoren sind außerdem bestimmte nichtsprachliche Mittel zu rechnen, wie z. B. graphische bzw. bildliche Darstellungen (etwa in Werbeanzeigen oder Bedienungsanleitungen).

Die *kontextuellen* Indikatoren betreffen schließlich einerseits die Einordnung des Textes in umfassendere sprachliche Zusammenhänge (etwa bei Zeitungstexten in bestimmte Rubriken mit entsprechenden Überschriften), andererseits die mediale und situative Einbettung und den institutionellen Rahmen des Textes (etwa die Zuordnung zu einer Kommunikationsform wie Brief, Zeitungstext, Plakat, Buch usw. sowie die Zugehörigkeit zu einer Textsorte und zu einem Text- bzw. Kommunikationsbereich).

Der Terminus „Textbereich" bezieht sich auf bestimmte gesellschaftliche Bereiche und Institutionen, für die jeweils spezifische Handlungs- und Bewertungsnormen konstitutiv sind. Textbereiche können als situativ und sozial definierte „Ensembles" von Textsorten beschrieben werden. Textsorten lassen sich also bestimmten Textbereichen zuordnen und sind primär aufgrund kommunikativ-funktionaler Kriterien voneinander abgrenzbar (vgl. dazu Brinker 1993, 5).

Der Kontext ist – wie bei einfachen Sprechhandlungen (s. o.) – letztlich ausschlaggebend für die kommunikativ-funktionale Interpretation eines Textes. Das kann recht gut an Textbeispiel (1) verdeutlicht werden: Der Text unterscheidet sich z. B. vom redaktionellen Teil des Mediums „Zeitschrift" (also den Artikeln) durch eine besondere graphische Gestalt (das sog. Layout), ist also nicht in eine für diese Kommunikationsform spezifische Einheit (Sparte, Rubrik o. ä.) eingebettet. Bereits aufgrund dieses Merkmals und anderer kontextueller Merkmale (z. B. des sog. Hintergrundwissens über den Referenzträger „Air France") wird der Text dem Text- bzw. Kommunikationsbereich „Wirtschaftswerbung" zugeordnet, kurz: als Exemplar der Textsorte „Werbeanzeige" identifiziert. Da der Rezipient aus seiner Alltagserfahrung weiß, daß Werbeanzeigen letztlich das Ziel verfolgen, die angepriesene Ware auch zu verkaufen (hier: den Rezipienten zur Benutzung der Fluglinie „Air France" zu veranlassen), braucht eine direkte Kaufaufforderung gar nicht ausgesprochen zu werden (vgl. auch Große 1976, 19).

Ergänzend soll noch angemerkt werden, daß zwischen stilistisch markierten und stilistisch unmarkierten Indikatoren unterschieden werden kann. Stilistisch markiert ist z. B. die Verwendung bestimmter Stilfiguren; aber auch andere sprachliche Mittel können in bestimmten Kontexten stilistisch markiert sein (vgl. etwa das Kontrastprinzip bei Riffaterre 1973). Stilistische Markierung hat häufig eine indikatorische Funktion, indem sie die thematische Einstellung des Emittenten ausdrückt, die wiederum auf die Textfunktion hinweist, wenn auch – wie gesagt – nicht immer eindeutig.

Die Zusammenhänge zwischen den verschiedenen Typen von Indikatoren sollen nun an dem folgenden Zeitungskommentar verdeutlicht werden:

(2) *BILD-Kommentar*

[1]Der Lotse geht von Bord
[2]Von Herbert Kremp

[3]Mehr als die Lebenshälfte der Republik, ein gutes Drittel des eigenen Lebensalters war er Minister in Bonn. [4]Dauerliebling des (befragten) Publikums war er noch dazu. [5]Am Ende des 18. Außenminister-Jahres tritt er zurück. [6]Zum Faktotum in den Sielen will Hans-Dietrich Genscher nicht werden.

[7]Zwei Leistungen stechen im langen Amtsleben hervor. [8]Die politische „Wende" 1982, die dem Staat neue Impulse gab. [9]Und die hartnäckigen Verhandlungen im Dienste der Einheit und Westorientierung Deutschlands. [10]Der Höhepunkt des Mühens verband sich mit einem gesundheitlichen Einbruch. [11]Daß er weitermachte, kennzeichnet ihn als tapferen Mann.

[12]Manches, auf das Genscher baute, ist verschwunden: die stabile Ordnung in ganz Europa, Gorbatschow und Schewardnadse, Teile des Friedens und das Gleichmaß der eigenen deutschen Entwicklung. [13]Er hat nicht alles vorausgesehen, er hat sich auch geirrt. [14]Geht der Lotse von Bord, weil die Planken schwanken?

(aus BILD v. 28. 4. 1992, S. 2)

Der Text wird durch kontextuelle Mittel eindeutig der Textsorte „Zeitungskommentar" zugeordnet (durch die für Kommentare übliche Plazierung auf Seite 2 der Zeitung, durch die Rubrik-Bezeichnung „BILD-Kommentar", durch die Autornennung und durch das für Kommentare in der BILD-Zeitung übliche graphische Layout). Es handelt sich dabei um kontextuelle Indikatoren der Textfunktion, die aber nicht eindeutig sind. Nach unserem Textsortenwissen können Zeitungskommentare nicht nur eine Informationsfunktion haben (sog. Meinungskundgabe), sondern darüber hinaus auch eine Appellfunktion (Meinungsbeeinflussung) zum Ausdruck bringen – zumindest in indirekter Form. Auf den vorliegenden Text bezogen, lautet also die Frage: Ist der Text in textfunktionaler Hinsicht als dominant informativ oder als dominant appellativ einzustufen? Das soll durch die weitere Analyse geklärt werden.

Die Analyse geht – methodisch gesehen – am besten von der thematischen Textstruktur aus, die ein wesentliches Bindeglied zwischen grammatischer Verknüpfungsstruktur und kommunikativer Funktion eines Textes darstellt (→ Art. 18). Als Kern- oder Hauptthema läßt sich „Genschers Rücktritt" ausmachen (Überschrift, Segment 5 und implizit in 14). Das ließe sich auch durch eine Beschreibung der Wiederaufnahmestruktur stützen (was im Rahmen dieses Artikels aber nicht explizit dargestellt werden kann; → Art. 18). Das Hauptthema wird durch vier Unterthemen spezifiziert:

– die Person Genschers (3/4; 10/11; 13)
– besondere Leistungen Genschers als Politiker (7–9)
– (mögliche) Rücktrittsmotive Genschers (6; 14)
– die derzeitige politische Lage (12)

Schematisch zusammengefaßt ergibt sich die folgende Themenhierarchie:

```
                    Genschers Rücktritt
                        (1; 5; 14)
           ┌──────────┬─────┴──────┬──────────────┐
        Person     Leistungen  Rücktrittsmotive  politische Lage
    (3/4; 10/11; 13)  (7–9)       (6; 14)           (12)
           └──────────────────────┘
```

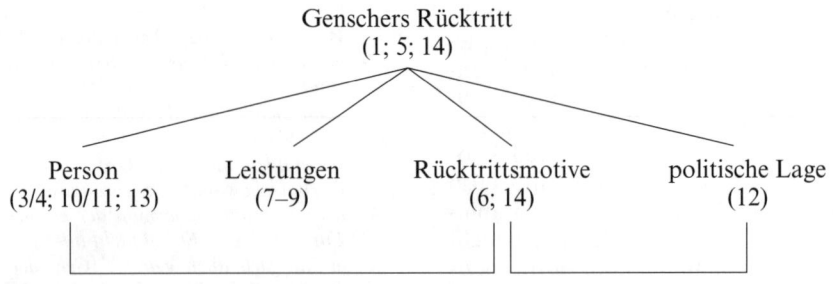

Abb. 19.1: Schematische Darstellung der Themenstruktur

Die Themenentfaltung kann als dominant deskriptiv (d. h. nach dem Prinzip der thematischen Spezifizierung vorgehend) gekennzeichnet werden, wenn auch argumentative Ansätze erkennbar sind. So findet sich im ersten Abschnitt die thesenartige Formulierung *Zum Faktotum in den Sielen will Hans-Dietrich Genscher nicht werden* (6); es fehlen aber die Argumente. Eher könnte noch der letzte Abschnitt (12–14) als zumindest implizit argumentativ interpretiert werden (wenn man den abschließenden Fragesatz als rhetorische Frage versteht und damit als These, die durch die vorhergehenden Propositionen gestüzt wird).

Der nächste Analyseschritt besteht darin, die sprachlich-stilistische Ausformung der Themen und der Themenentfaltung auf ihre indikatorischen Funktionen hin zu untersuchen. Eine besondere Bedeutung kommt dabei den diversen Einstellungsbekundungen des Emittenten zu, die aber nicht einfach aufzulisten sind. Als methodisches Grundprinzip gilt vielmehr, daß diese Elemente auf die thematische Textstruktur (Makrostruktur) bezogen und von ihrer Position in der Makrostruktur her in ihrer jeweiligen thematischen und funktionalen Relevanz bestimmt werden müssen.

Dadurch, daß das Thema „Genschers Rücktritt" durch die Wahl der Metapher des von Bord gehenden Lotsen ausgedrückt wird (Überschrift und Segment 14), wird eine negative evaluative Einstellung zum Ausdruck gebracht (Konnotation: mangelndes Verantwortungsbewußtsein). Diese Einstellung steht in einem gewissen Gegensatz zu der Formulierung (6), die ja durch die negative Konnotation des Ausdrucks *Faktotum in den Sielen* Genschers Schritt als durchaus vernünftige Entscheidung darstellt. Im ersten Abschnitt kann außerdem in dem in Klammern gesetzten Attribut *befragt* (4) eine indirekte Negativbewertung zur Person Genschers gesehen werden. Im zweiten Abschnitt wird dann im Zusammenhang mit dem gesundheitlichen Einbruch wieder eine positive evaluative Einstellung zur Person Genschers ausgedrückt, indem Genscher als *tapferer Mann* (11) bezeichnet wird. Im dritten Abschnitt findet sich dagegen wieder eine eher negative Beurteilung Genschers, indem als Rücktrittsmotiv nahegelegt wird, Genscher sei das politische Betätigungsfeld zu *schwankend* (14), also zu unsicher, zu unberechenbar geworden. Hier könnte man einen gewissen Widerspruch zur Kennzeichnung Genschers als eines tapferen Mannes sehen. Die Negativ-Bewertung wird nicht zuletzt signalisiert durch die Wiederaufnahme und Weiterführung der Lotsen-Metapher (das Bild des Lotsen, der von Bord geht, weil die Planken schwanken, impliziert wohl auch das Merkmal „Feigheit").

Das Teilthema „Rücktrittsmotive" wird zweimal in metaphorischer Form angesprochen: im ersten Abschnitt mit einer positiven evaluativen Einstellung, im letzten Abschnitt mit einer negativen Bewertung (die indirekt, in Form einer rhetorischen Frage realisiert wird). Dieses Teilthema gibt auch die thematische Perspektive ab, unter der das Hauptthema („Rücktritt") primär gesehen wird. Auswahl und Ausgestaltung der Teilthemen (insbesondere von 1 und 4) werden weitgehend durch diese Perspektive bestimmt (s. die Klammern in Abb. 19.1).

Was die Art der thematischen Einstellung insgesamt betrifft, so ist zwar – wie aufgezeigt wurde – ein Wechsel zwischen positiver und negativer evaluativer Einstellung zu konstatieren (daraus erklärt sich auch der „zwiespältige Charakter", den Informanten dem Text zugeschrieben haben). Ausschlaggebend ist aber wohl zum einen die Wahl der Lotsenmetapher für die Formulierung des Hauptthemas (es handelt sich um einen textuellen sprachlichen Indikator für die thematische Einstellung) und zum andern die Plazierung dieser Metapher (als Überschrift und am Textende; es handelt sich um einen textuellen nichtsprachlichen Indikator für die thematische Einstellung), so daß die Gesamteinschätzung des Rücktritts bzw. des Rücktrittsmotivs eher als negative Evaluierung einzustufen ist.

Die thematische Einstellung selbst ist gerade aufgrund ihrer stilistisch markierten Realisationsform wiederum ein deutlicher Indikator der Textfunktion, und zwar ein funktionsmodifizierender Indikator. Diese Bestimmung kann folgendermaßen expliziert werden: Von der Textoberfläche her wird die (nicht explizit signalisierte) Informationsfunktion als Textfunktion nahegelegt; die Abbildung des Emittenten (in Form eines Paßfotos in der rechten oberen Ecke des Textes) kann als ein textueller nichtsprachlicher Indikator der Informationsfunktion (mit der Bedeutung „Meinungskundgabe des Herbert Kremp") interpretiert werden. Durch die aufgewiesene thematische Einstellung wird nun die Informationsfunktion (als „Basisfunktion") zur indirekt signalisierten Appellfunktion (im Sinne von Meinungsbeeinflussung) verändert. Gerade dieses Verfahren weist den Text als persuasiven Text aus. Die Analyse macht deutlich, daß die thematische Einstellung (vor allem die evaluative) als ein grundlegender Indikator für die Textfunktion zu betrachten ist.

Unter Anknüpfung an die Diskussion über die Unterscheidung von direkten und indirekten Sprechakten in der Sprechakttheorie (vgl. Sökeland 1980, Kap. 4) können hinsichtlich der Signalisierung der Textfunktion die beiden folgenden Möglichkeiten unterschieden werden:

(a) die direkte Signalisierung
Sie liegt vor, wenn die Textfunktion durch bestimmte sprachliche Formen und Strukturen („Basisindikatoren") explizit indiziert wird und die besprochenen stilistischen, thematischen und kontextuellen Kriterien mit diesen „Basisindikatoren" harmonisieren, d. h. sie unterstützen und verstärken (Beispiel: eine Meldung in einer Rundfunk-Nachrichtensendung).
(b) die indirekte Signalisierung
Sie ist dadurch gekennzeichnet, daß entweder gar keine expliziten sprachlichen Indikatoren vorhanden sind oder daß ein Verhältnis der Konkurrenz bzw. der Diskrepanz zwischen den verschiedenen Indikatorengruppen (den Basis- und den Sekundärindikatoren) besteht (vgl. Beispieltext 1 und 2). Es ist dann eine andere, von der „Basisfunktion" verschiedene Textfunktion für den Text charakteristisch, die letztlich durch den Kontext bestimmt wird.

Mit Ausnahme der Deklarationsfunktion können prinzipiell wohl alle Textfunktionen auch indirekt ausgedrückt werden; es scheint hier aber textsortenspezifische Restriktionen zu geben. So ist z. B. in Werbeanzeigen die Textfunktion häufig indirekt realisiert, während eine solche Möglichkeit für Bedienungsanleitungen offenbar nicht besteht. Hier wären genauere Untersuchungen notwendig.

Abschließend läßt sich zur Indikatorenproblematik feststellen, daß es eine wichtige Aufgabe künftiger textlinguistischer Forschung ist, die Indikatoren bzw. Indikatorengruppen für die textuellen Grundfunktionen im einzelnen zu bestimmen und sie − differenziert nach Textsorten und Text- bzw. Kommunikationsbereichen − hinsichtlich ihrer Aussagekraft zu gewichten.

4. Textfunktion − Textstruktur − Textstrategie

Als grundlegend für die linguistische Textanalyse wird allgemein die Unterscheidung von Funktion und Struktur betrachtet. Das bedeutet aber nicht, daß Textfunktion und Textstruktur völlig isoliert voneinander zu untersuchen sind; zwischen ihnen bestehen vielmehr enge Zusammenhänge, deren Beschreibung ebenfalls Aufgabe der Textlinguistik ist. Allgemein läßt sich sagen, daß die Textfunktion − zusammen mit gewissen situativen und medialen Gegebenheiten − die Textstruktur, d. h. die Gestaltung des Textes in grammatischer und thematischer Hinsicht, regelhaft bestimmt (vgl. Brinker 1997, 121 ff). Allerdings sind die Bedingungsverhältnisse im einzelnen noch zu wenig erforscht, um bereits Regeln aufstellen zu können.

Hier kann nun der Begriff der Textstrategie weiterführen; er ist m. E. geeignet, zumindest einige Zusammenhänge zwischen Textfunktion und Textstruktur analytisch zu erfassen.

Unter „Strategie" wird im allgemeinen ein Plan zur optimalen Verwirklichung einer Absicht bzw. eines Ziels verstanden (vgl. etwa Schmidt/Harnisch 1971, 99 ff; Wagner 1978, 159 f; Hannappel/Melenk 1979, 19 ff; Brinker 1986, 335; Enkvist 1987, 24 f). Nun werden

Ziele und Intentionen zumeist nicht direkt geäußert; sie können in der Regel nur hypothetisch bestimmt werden. Aus diesem Grund lassen sich auch Sprecher- oder Autorstrategien (verstanden als Ziel-Mittel-Relationen) textanalytisch kaum rekonstruieren (es sei denn, es wären zusätzliche außertextliche Informationen vorhanden).

Dieses Problem stellt sich nicht, wenn der Strategiebegriff auf die Textfunktion bezogen wird, da sie – im Unterschied zur Intention (s. o. Abschn. 2) – textanalytisch erfaßbar ist. Diese auf die Textfunktion ausgerichtete Strategie soll in Abgrenzung von der Sprecher- bzw. Autorstrategie „Textstrategie" genannt werden. Die Textstrategie kann der Autorstrategie entsprechen (wenn Textfunktion und Intention übereinstimmen) oder sich von ihr unterscheiden (wenn Textfunktion und Intention nicht übereinstimmen). Die Textstrategie ist dann als Mittel der Autorstrategie zu interpretieren.

Die Textstrategie stellt ein Selektionsprinzip dar, das Auswahl, Anordnung und sprachlich-stilistische Ausformung der Strukturelemente und Teilstrukturen in thematischer wie grammatischer und lexikalischer Hinsicht bestimmt, und zwar so, daß die Textfunktion optimal, d. h. möglichst wirkungsvoll in einer bestimmten Kommunikationssituation (insbesondere hinsichtlich des angestrebten Adressatenbezugs), signalisiert wird. Es ist wohl davon auszugehen, daß die konkreten Textstrategien bis zu einem gewissen Grad auf konventionalisierten (textsortenspezischen) Verfahrensmustern basieren, die als „textstrategische Muster" zur Textbildungskompetenz der Sprachteilhaber gehören.

Man könnte nun annehmen, daß die direkte Signalisierung der Textfunktion auch die optimalste sei. Eine solche Auffassung entspricht aber nicht der kommunikativen Realität. Vielmehr werden in vielen Kommunikationssituationen indirekte Formen der Signalisierung den direkten vorgezogen. Insbesondere die Werbung arbeitet oft mit einer indirekten Signalisierung der Textfunktion. Das strategische Prinzip scheint hier geradezu darin zu bestehen, die tatsächliche Textfunktion mit Hilfe indirekter Verfahren noch wirkungsvoller zum Ausdruck zu bringen (als dies in direkter Perspektive überhaupt möglich wäre).

Ein besonders deutlicher Beleg für diese Auffassung ist Text (1): Es werden hier zwei Ebenen etabliert, eine „vordergründige" und eine „hintergründige", die in einer bestimmten Weise aufeinander bezogen werden. Auf der vordergründigen Ebene (sozusagen der expliziten Textebene) ist eine argumentative Themenentfaltung (→ Art. 18) realisiert, die unterstellt, daß der Text darauf abziele, die These *Es ist gleichgültig, welche Fluglinie Sie fliegen* zu begründen (mit dem Argument: *Alle Fluglinien sind technisch perfekt heutzutage*). Die erste Proposition (*Wenn Sie weder Artischocken noch französische Mädchen noch Aperitifs noch eine gewisse Ambiance mögen*) fungiert in diesem Argumentationszusammenhang als Ausnahmebedingung, die Umstände angibt, unter denen der Übergang von den Argumenten zur These (Konklusion) nicht gestattet ist (explizit: Es sei denn: *Sie mögen Artischocken …*). Normen und Werte als Stützung der Argumentation sind nicht explizit, lassen sich aber leicht rekonstruieren (etwa technische Perfektion als Grundvoraussetzung für das Fliegen, was auch in den geltenden Sicherheitsbestimmungen o. ä. zum Ausdruck kommt).

Der Text gibt sich geradezu als Anti-Werbung, indem das Werbeobjekt „Air France" mit der Konkurrenz gleichgestellt wird (die Formel *Im Namen aller Fluglinien* ist Ausdruck einer scheinbaren Aufhebung des Konkurrenzprinzips). Das unterscheidende Merkmal (die besondere Note, die exklusive Atmosphäre der Air France) wird argumentationslogisch nur in Form einer Ausnahmebedingung eingeführt (die in der Regel nicht gilt). Die Indirektheit ist also darin begründet, daß sich der Text explizit als für alle Fluglinien sprechend ausgibt, implizit aber eine sublime Form von Werbung für die Air France darstellt.

Damit ist die hintergründige Ebene angesprochen, die durch den impliziten Bereich des Wissens (vor allem des Textsortenwissens) konstituiert wird und auf der der Rezipient dem Text – trotz des hohen Grades an Indirektheit – die Appellfunktion als die tatsächliche kommunikative Funktion zuschreibt (s. auch o. Abschn. 3.1. u. 3.3.). Dieses textfunktionale Verständnis wird noch dadurch unterstützt, daß in der Alltagswelt – im Unterschied zur Logik – Konditionalaussagen mit verneintem Antecedens in der Regel umkehrbar sind. Das heißt: Das erste Textsegment ist nach alltagssprachlichem Verständnis ohne weiteres transformierbar in die Aussage: „Wenn Sie Artischocken … mögen, dann ist es *nicht* völlig gleichgültig, welche Fluglinie Sie fliegen". Nur in dieser Lesart, die zwar nicht in formal-logischer, wohl aber in kommunikationssemantischer Hinsicht von der ersten Proposition präsupponiert wird, kann der intendierte Bezug zur werbenden Fluggesellschaft hergestellt werden.

Die Textstrategie besteht also darin, einen Gegensatz zwischen ausgedrückter Textfunktion (Informationsfunktion) und tatsächlicher Textfunktion (Appellfunktion) aufzubauen, der im Wissen aufgelöst wird und auf diese Weise das als Ausnahmebedingung formulierte Bedürfnis des Adressaten nach Exklusivität und persönlicher Zuwendung (vgl. *Ihre Air France*) in optimaler Weise freisetzt. Diese Strategie ist Teil einer Werbestrategie, die einen bestimmten (anspruchsvollen) Adressatenkreis („Spiegel"-Leser) in einer Zeit der Überflutung mit Werbung auf originelle Weise anzusprechen versucht.

Ingesamt gesehen erscheint es sinnvoll, den textlinguistischen Grundkategorien „Textfunktion" und „Textstruktur" eine weitere hinzuzufügen, die Textstrategie; sie macht es möglich, den Zusammenhang von Struktur und Funktion unter dem Aspekt der optimalen Realisierung der Textfunktion zu erfassen. Die Beschreibung der Textstrategie stellt somit ein wesentliches Bindeglied dar zwischen der strukturellen und der kommunikativ-funktionalen Analyse von Texten.

5. Literatur (in Auswahl)

Antos, Gerd/Tietz, Heike (eds.) (1997): Die Zukunft der Textlinguistik. Traditionen, Transformationen, Trends. Tübingen.

Austin, John L. (1962): How to do things with words. Oxford. [Deutsche Übersetzung: Zur Theorie der Sprechakte. Stuttgart 1972.]

Beaugrande, Robert-Alain de/Dressler, Wolfgang U. (1981): Einführung in die Textlinguistik. Tübingen.

Brandt, Margareta/Koch, Wolfgang/Motsch, Wolfgang et al. (1983): Der Einfluß der kommunikativen Strategie auf die Textstruktur − dargestellt am Beispiel des Geschäftsbriefes. In: Rosengren, Inger (ed.): Sprache und Pragmatik. Lunder Symposium 1982. Stockholm, 105−135.

Brandt, Margareta/Rosengren, Inger (1992): Zur Illokutionsstruktur von Texten. In: Zeitschrift für Literaturwissenschaft und Linguistik (LiLi) 22, Heft 86: Textlinguistik, 9−51.

Brinker, Klaus (1980): Zur logischen Analyse von natürlich-sprachlichen Argumenten. In: Ballweg, Joachim/Glinz, Hans (eds.): Grammatik und Logik. Jahrbuch 1979 des Instituts für deutsche Sprache. Düsseldorf, 53−71.

− (1983): Textfunktionen. Ansätze zu ihrer Beschreibung. In: Zeitschrift für germanistische Linguistik 11, 127−148.

− (1986): Strategisches Handeln in Gesprächen. In: Narr, Brigitte/Wittje, Hartwig (eds.): Spracherwerb und Mehrsprachigkeit. Festschrift für Els Oksaar. Tübingen, 335−342.

− (ed.) (1991): Aspekte der Textlinguistik. Hildesheim/Zürich/New York.

− (1993): Textlinguistik. Heidelberg. (= Studienbibliographien Sprachwissenschaft, 7.)

− (1994): Zum Zusammenhang von Textfunktion und thematischer Einstellung am Beispiel eines Zeitungskommentars. In: Moilanen, Markku/Tiittula, Liisa (eds.): Überredung in der Presse. Texte, Strategien, Analysen. Berlin/New York, 35−44.

− (1996): Die Konstitution schriftlicher Texte. In: Günther, Hartmut/Ludwig, Otto (eds.): Schrift und Schriftlichkeit. Bd. 2. Art. 136. Berlin/New York, 1515−1526.

− (1997): Linguistische Textanalyse. Eine Einführung in Grundbegriffe und Methoden. 4. Aufl. Berlin. [1. Aufl. 1985.]

− (1998): Aspekte der Textkohärenz am Beispiel einer Rundfunkpredigt. In: Donhauser, Karin/Eichinger, Ludwig M. (eds.): Deutsche Grammatik − Thema in Variationen. Festschrift für Hans-Werner Eroms. Heidelberg, 191−202.

Bühler, Karl (1934): Sprachtheorie. Die Darstellungsfunktion der Sprache. Jena.

Busse, Dietrich (1992): Textinterpretation. Sprachtheoretische Grundlagen einer explikativen Semantik. Opladen.

Busse, Winfried (1975): Funktionen und Funktion der Sprache. In: Schlieben-Lange, Brigitte (ed.): Sprachtheorie. Hamburg, 207−240.

Dijk, Teun A. van (1980): Textwissenschaft. Eine interdisziplinäre Einführung. Tübingen. [Original 1978.]

Dimter, Matthias (1981): Textklassenkonzepte heutiger Alltagssprache. Kommunikationssituation, Textfunktion und Textinhalt als Kategorien alltagssprachlicher Textklassifikation. Tübingen.

Enkvist, Nils Erik (1987): A Note Towards the Definition of Text Strategy. In: Zeitschrift f. Phonetik, Sprachwissenschaft und Kommunikationsforschung 40, 19−27.

Ermert, Karl (1979): Briefsorten. Untersuchungen zu Theorie und Empirie der Textklassifikation. Tübingen.

Glinz, Hans (1977): Textanalyse und Verstehenstheorie I. 2. Aufl. Wiesbaden.

Große, Ernst Ulrich (1976): Text und Kommunikation. Eine linguistische Einführung in die Funktionen der Texte. Stuttgart.

Gülich, Elisabeth/Raible, Wolfgang (1977): Linguistische Textmodelle. Grundlagen und Möglichkeiten. München.

Hannappel, Hans/Melenk, Hartmut (1979): Alltagssprache. München.

Heinemann, Wolfgang/Viehweger, Dieter (1991): Textlinguistik. Eine Einführung. Tübingen.

Isenberg, Horst (1970): Der Begriff „Text" in der Sprachtheorie. ASG-Bericht Nr. 8. Berlin.

Kallmeyer, Werner/Klein, Wolfgang/Meyer-Hermann, Reinhard et al. (eds.) (1974): Lektürekolleg zur Textlinguistik. Bd. 1: Einführung. Bd. 2: Reader. Kronberg/Ts.

Kalverkämper, Hartwig (1981): Orientierung zur Textlinguistik. Tübingen.

Motsch, Wolfgang (1987): Zur Illokutionsstruktur von Feststellungstexten. In: Zeitschrift für Phonetik, Sprachwissenschaft und Kommunikationsforschung 40, 45−67.

− (ed.) (1996): Ebenen der Textstruktur. Sprachliche und kommunikative Prinzipien. Tübingen.

Polenz, Peter von (1985): Deutsche Satzsemantik. Grundbegriffe des Zwischen-den-Zeilen-Lesens. Berlin.

Presch, Gunter (1991): Widersprüche zwischen textfunktionen als ein ausgangspunkt sozialgeschichtlicher pragmalinguistik. In: Busse, Dietrich (ed.): Diachrone Semantik und Pragmatik. Untersuchungen zur Erklärung und Beschreibung des Sprachwandels. Tübingen, 83−100.

Riffaterre, Michael (1973): Strukturale Stilistik. München. [Franz. Original 1971.]

Rolf, Eckard (1993): Die Funktionen der Gebrauchstextsorten. Berlin/New York.

Schmidt, Wilhelm/Harnisch, Hanna (1971): Pragmatische Aspekte der Steuerung von Kommunikationsvorgängen. In: Textlinguistik 2. Beiträge der Pädagogischen Hochschule Dresden, 99−119.

Searle, John R. (1969/71): Speech Acts. An Essay in the Philosophy of Language. Cambridge 1969. [Zitiert nach der dt. Übersetzung: Sprechakte. Ein sprachphilosophischer Essay. Frankfurt 1971.]

− (1975): A Taxonomy of Illocutionary Acts. In: Searle, John R. (1979): Expression and Meaning. Studies in the Theory of Speech Acts. Cambridge, 1−29. [Deutsche Übersetzung: Eine Taxonomie illokutionärer Akte. In: Searle, John R.: Ausdruck und Bedeutung. Untersuchungen zur Sprechakttheorie. Frankfurt 1982, 17−50.]

Searle, John R./Vanderveken, Daniel (1985): Foundations of Illocutionary Logic. Cambridge.

Sökeland, Werner (1980): Indirektheit von Sprechhandlungen. Eine linguistische Untersuchung. Tübingen.

Toulmin, Stephen (1958): The Uses of Argument. Cambridge. [Deutsche Übersetzung: Der Gebrauch von Argumenten. Kronberg 1975.]

Wagner, Klaus R. (1978): Sprechplanung. Empirie, Theorie und Didaktik der Sprecherstrategien. Frankfurt/M.

Wunderlich, Dieter (1972): Zur Konventionalität von Sprechhandlungen. In: Wunderlich, Dieter (ed.): Linguistische Pragmatik. Frankfurt/M., 11−58.

− (1976): Studien zur Sprechakttheorie. Frankfurt/M.

Klaus Brinker, Hamburg (Deutschland)

20. Kognitionswissenschaftliche Methoden in der Textanalyse

1. Kognition und Textualität
2. Kognitionspsychologische Ansätze
3. Kognitionsorientierte Texttheorie
4. Literatur (in Auswahl)

1. Kognition und Textualität

Die Frage nach dem Zusammenhang zwischen Textanalyse und der dabei möglichen Verwendung kognitionswissenschaftlicher Beschreibungsmethoden führt in den zentralen Bereich textlinguistischer Forschung. Während man in der Frühphase der Textlinguistik davon ausging, dass das entscheidende Kriterium für die Texthaftigkeit/Textualität eines sprachlichen Gebildes mit Hilfe eines einzigen einheitlichen Prinzips erfassbar sei, hat sich diese Hypothese in der Folgezeit als immer weniger haltbar erwiesen. Exemplarisch lässt sich das an der Veränderung der Begriffsinhalte derjenigen Fachtermini verdeutlichen, die zur Bezeichnung dieses zentralen Textualitätskriteriums verwendet werden: *Kohäsion* und *Kohärenz*. Beide Termini fungieren zunächst als Äquivalente für diesen einen Begriffsinhalt. Bei Dressler (1971, 16) stehen beide Termini unterschiedslos nebeneinander, während Halliday/Hasan (1976) ausschließlich den Terminus „Kohäsion" („cohesion") gebrauchen. Unter dieser begrifflichen Bestimmung werden dann solche textuellen Phänomene wie Substitution, Ellipsenbildung und auch Referenzidentität zusammengefasst. Wie Vater (1992, 35 u. 42) gezeigt hat, liegt hier jedoch eine Vermischung zweier Ebenen vor, denn Referenzidentität (Koreferenz) sei sowohl durch pronominale Substitution als auch durch Rekurrenz oder elliptische Ausdrucksweise realisierbar. Diese Klarstellung hat zur Konsequenz, dass die Annahme eines einheitlichen umfassenden Textualitätsprinzips aufzugeben ist zugunsten der Annahme von mindestens zwei differenten Prinzipien. Vater unterscheidet beide (nach Beaugrande/Dressler 1981) mit Hilfe der „alten" Termini, die damit jedoch einen anderen begrifflichen Gehalt bekommen. Als „Kohäsion" werden ausschließlich „grammatische Relationen" zwischen textuellen Einheiten zusammengefasst, während „Kohärenz" als eine Relation begriffen wird, die den sprachtranszendenten rein kognitiven Sinnzusammenhang betrifft, der zwischen den kognitiven Korrelaten herstellbar ist, die durch die verstehende Verarbeitung der textuellen Kette in der Kognition eines Rezipienten evoziert werden. Bei dieser Differenzierung ist wichtig, dass „Kohärenz" die Kohäsionsbeziehungen dominiert. „Kohäsion" ist zum einen kein notwendiges Textualitätskriterium, zum anderen fungiert sie lediglich als Indikator für mögliche Kohärenzbezüge. Daraus folgt, dass Kohärenz auf der kognitiven Ebene als das entscheidende Kriterium für Textualität anzusehen ist. Die Einsicht in die Notwendigkeit der Einbeziehung der Dimension der Kognition in die Textanalyse, die manchmal als *kognitive Wende* der Textlinguistik gewertet wird, macht es erforderlich, für die Analyse dieser neu in den Blick gerückten Zusammenhänge auch Begrifflichkeiten und Methoden zu entwickeln, die eine textwissenschaftliche Bearbeitung dieser translinguistischen Domäne ermöglichen. Damit nach dem bisher Dargelegten keine Missverständnisse entstehen, muss betont werden, dass damit nicht die Methoden einer „kognitiven Linguistik" (vgl. Schwarz 1992), soweit sie sich ausschließlich auf die Erforschung der Sprachkenntnis als eines Teiles der menschlichen Kognition bezieht, gemeint sein können. In diesem Beitrag geht es demgegenüber um solche Forschungsansätze, die den zentralen Bereich texttheoretischer Forschung, nämlich die kognitive Dimension von Textualität, zu erfassen suchen. Solche Methoden sind vor allem im Rahmen des Forschungsparadigmas der 'cognitive science' und hier insbesondere innerhalb der Kognitionspsychologie entwickelt worden (vgl. 2.). Von hier aus sind wichtige Impulse auf die texttheoretische Forschung ausgegangen (vgl. 3.). Darüber hinaus sind auch Ansätze aus der am *Sinn*-Begriff orientierten (vgl. 3.3.) und aus der systemtheoretisch-konstruktivistischen Kommunikations- und Verstehenstheorie einzubeziehen (vgl. 3.4.), für die die kognitive Dimension von Textualität als zentraler Forschungsbereich gilt.

2. Kognitionspsychologische Ansätze

2.1. Propositionale Textrepräsentation

Während sich die linguistische Textforschung langehin ausschließlich oder primär auf die sprachsystematisch bedingten Regularitäten der Textkonstitution (Konkatenationsphänomene aller Art) bezieht und die Dimension des Kognitiven allenfalls punktuell (z. B. über *Präsuppositionen* oder *Kontiguitäten*) oder global (über Begriffe wie *Wirklichkeitsmodell, komplexe Voraussetzungssituation, Horizont* u. a.) als „nichttextualisierte Verstehensvoraussetzungen" in die Textanalyse einbezieht (vgl. Scherner 1984, 162 ff), widmet sich die psycholinguistische und sprachpsychologische Forschung nach ihrer Ablösung vom Behaviorismus auf ganzer Breite der Erforschung des in der Kognition ablaufenden Textverstehens bzw. der kognitiven Textverarbeitung. Der Entwicklungsgang dieser kognitionspsychologischen Verstehensforschung kann hier nicht nachgezeichnet werden (vgl. dazu Hörmann 1967; Schnotz 1994; Knobloch 1994; Sucharowski 1996). Statt dessen soll hier ein Durchblick gegeben werden, der das Gemeinsame der verschiedenen Ansätze bündelt und aus sprachwissenschaftlicher Sicht einzuordnen sucht.

Kognitionspsychologische Modelle des Textverstehens (z. B. Ballstaedt u. a. 1981; Groeben 1982, 15 ff; van Dijk/Kintsch 1983; Engelkamp 1984, 31 ff) gehen von der Grundfigur der Interaktion textgeleiteter (bottom up) und wissensgeleiteter (top down) Prozesse aus, deren Ergebnis, die mentale Repräsentation der Bedeutung des aufgenommenen Textes, mit dem *Verstehen* identifiziert wird. Die perzeptiv einlaufenden *Informationen (input)* werden dazu simultan auf mehreren analytisch unterscheidbaren Ebenen verarbeitet, und zwar subsemantisch, semantisch-syntaktisch, elaborativ und reduktiv.

Außerdem wird eine zyklische, d. h. eine der Kapazität des Arbeitsgedächtnisses entsprechende Verarbeitungsmodalität in sequentiellen „Portionen" angenommen. Der Verstehensprozess kann danach analytisch als ein Ablauf beschrieben werden, der von der Graphemerkennung über die Wort- und Satzerkennung (Phrases, Sentences) zu den nurmehr kognitiv definierten Ebenen der Erfassung der Satzinhalte und ihrer Verknüpfung (propositionale Mikrostruktur) sowie zur Erfassung des Gesamtgehaltes (propositionale Makrostruktur) führt, wobei gleichzeitig eine Zuordnung des kognitiven Gesamtgehaltes zu einer „Superstruktur", d. h. zu einer bestimmten Textsorte bzw. literarischen Gattung stattfindet. Das für alle diese Operationen notwendige *Wissen* ist mit dem Gedächtnis gegeben, das als ein Speicher modelliert wird, der aus einem Netzwerk von gegenseitig füreinander zugänglichen Wissenselementen (*Konzepten*) oder aus einer Integration komplexer Wissensstrukturen besteht. Die zuletzt genannte Modellvariante hat sich mit ihrer Annahme bestimmter Integrationsformen von „Wissen" („Wissensmuster") weithin durchgesetzt. Dabei werden *Frames* (statische Muster, z. B. der „Auto"-Frame), *Skripts* (Ablaufmuster wie z. B. das „Restaurantbesuch"-Skript) und *Plans* (zielgerichtete Musterkonstellationen) unterschieden oder unter dem allgemeinen Begriff *Schema* (nach Bartlett 1932) zusammengefasst. Diese *Schemata* werden vor allem über Inferenzen und Elaborationen bei der Kohärenzherstellung zwischen den Mikropropositionen wie auch bei der Erstellung des makropropositionalen Textkondensats im Rahmen einer Superstruktur wirksam. Insgesamt ergibt sich so ein umfassendes und differenziertes Modell des Textverstehens. Das Zentrum dieses Modells bildet die propositionale Verarbeitung. An dem hier zugrundeliegenden Propositionsbegriff setzt aber auch die linguistische Kritik an: so wird z. B. das methodisch nicht operationalisierbare Verfahren der Propositionsbildung bemängelt, das trotz der Übernahme des Propositionsbegriffs aus der Prädikatenlogik jede formale Strenge vermissen lasse und lediglich zu subjektiven Paraphrasen des Textes führe. Da diese Propositionen außerdem lediglich kognitive Gehalte im engeren Sinne repräsentierten, erfasse dieses Analyseverfahren nur „Teilaspekte" des komplexen Textverstehens, „Illokutionen, indirekte Akte, Ironie, Metaphern usw." blieben unberücksichtigt (Heringer 1990, 51).

Darüber hinaus darf trotz der Verwendung linguistischer Termini nicht übersehen werden, dass viele Kognitionspsychologen einen gegenüber der Linguistik reduktiven Sprachbegriff zugrundelegen. Wenn die „Proposition", die als Grundeinheit des Verstehens gilt (Engelkamp 1984, 35), eine Verknüpfung von mindestens zwei „Konzepten" zu einer „Sinneinheit" (Schnotz 1988, 300) darstellt und diese „Konzepte" ihrerseits den gesamten kognitiven Gehalt repräsentieren, der durch ein „Wort" mit seinen „graphischen (Schrift) und phonetischen (Sprechsprache) Merkmalen" vertreten wird (Ballstaedt u. a. 1981, 23; vgl. Engelkamp 1984, 34), dann wird deutlich, dass hier nur die Wortform mit ihren grammatischen Eigenschaften als sprachlich angesehen wird, während der Wortinhalt (die langue-wertige Wortbedeutung) dem Gesamtbereich des Mentalen zugewiesen wird. Entsprechend enthält das mentale *Lexikon* nicht die Wörter einer Sprache mit ihrer Ausdrucks- und ihrer Inhaltsseite, sondern lediglich die Wortformen, also ausdrucksseitige *Formative*. Der Sprachbegriff bleibt hier mithin auf die sprachlichen Formen eingeschränkt, während alles Semantische im nicht weiter differenzierten Bereich des Mentalen/ Kognitiven aufgeht, so dass die Grenze zwischen *Sprache* und *Kognition* an einer Stelle verläuft, an der sie in linguistischer Sicht üblicherweise nicht zu vermuten ist. Das ist vom Linguisten zu beachten, wenn er sich mit kognitionspsychologischen Textanalyseverfahren beschäftigt. Denn der Ansatz beim sprachlichen *Input* besagt dann nicht, dass es sich um ein sprachnahes Textanalyseverfahren handelt.

2.2. Mentale Modellkonstruktion

Der Ausbau der propositional orientierten Verstehensmodelle führt in der Folgezeit zu einer immer weitergehenden Ablösung der Modellierung des Textverstehens von der sprachlichen Textstruktur. So nehmen van Dijk/Kintsch (1983), Johnson-Laird (1983) und Just/Carpenter (1980; 1987) bei aller prinzipiellen Unterschiedlichkeit ihrer Ansätze zusätzlich zur propositionalen Textrepräsentation (der „Textbasis") ein „Situationsmodell", ein „mentales Modell" oder eine „referentielle Textrepräsentation" an. Diese zusätzliche Verarbeitungsebene stellt die Umwandlung der an der sprachlichen Oberfläche orientierten Propositionsstruktur „in ein gänzlich sprachfreies mentales Modell des im Text beschriebenen Sachverhalts"

(Schnotz 1988, 306) dar. Noch einen Schritt weiter gehen Marslen-Wilson/Tyler (1980a und b), Sanford/Garrod (1981) und Strohner (1990), indem sie ohne die Zwischenstufe der propositionalen Repräsentation den unmittelbaren Aufbau eines „Diskursmodells", eines „Szenarios" oder eines „Diskursweltmodells" ansetzen. Mit diesen Termini meinen die Autoren annähernd das Gleiche: ein solches mentales Modell stellt eine analoge kognitive Repräsentation der im Text mitgeteilten Sachverhalte dar. Eine derartige Modellkonstruktion wird aus psychologischer Sicht im Gegensatz zu einer propositional vermittelten als „realistischer" angesehen, weil ein Rezipient beim Sprach- oder Textverstehen mental unmittelbar bei der mitgeteilten Sache und nicht bei der vermittelnden sprachlichen Vertextung sei. Außerdem wird übereinstimmend hervorgehoben, dass in einem solchen Modell die Kohärenzherstellung im kontinuierlichen und simultanen Zusammenwirken der mentalen Modellkonstruktion mit den Schemata, Frames und Skripts des im Langzeitgedächtnis gespeicherten Sachwissens besser erfasst werde als beim Ansatz einer Kohärenzlückenfüllung durch lediglich punktuelle Hinzuziehung usueller oder elaborativer Inferenzen. Problematisch, weil ungeklärt, bleibe in dieser Konzeption allerdings der Zusammenhang zwischen dem angenommenen mentalen Modell und den ebenfalls „realistischen", d. h. der Realität der Textverarbeitung entsprechenden reduktiven oder kondensierenden Verarbeitungsprozessen, die zum Aufbau von „Makrostrukturen" (i. S. van Dijks) führen, sowie das Zusammenspiel der mentalen Sachverhaltsrepräsentation mit der „Superstruktur", d. h. der jeweiligen Form/Gattung/Sorte des vorliegenden Textes (vgl. Schnotz 1988).

3. Kognitionsorientierte Texttheorie

3.1. Prozedural-semantische Ansätze

Dieser auf psychologischer Seite festzustellenden Entfernung von der sprachlichen Struktur des Textes korrespondiert auf sprachwissenschaftlicher Seite eine Gegenbewegung, die versucht, die sprachliche Struktur eines Textes mit seiner im Verstehensprozess sich herausbildenden kognitiven Struktur zu vermitteln. Ein solcher Ansatz ist zuerst von Beaugrande/Dressler (1981) vorgestellt worden und kann daher mit Recht als Meilenstein für die *kognitive Wende* in der Textlinguistik angesehen werden. Zur Begründung ihrer Ausrichtung an der Dimension des Kognitiven geben die Autoren zahlreiche Hinweise. Unter anderem richten sie den Blick auf den Prozess der Textproduktion, der in den Phasen der „Planung", „Ideation" und „Entwicklung" noch nicht an Ausdrücke einer natürlichen Sprache gebunden zu sein brauche (Beaugrande/Dressler 1981, 43). Selbst in der abschließenden sprachlichen Linearisierung entspreche dem kognitiven Zusammenhang keine durchgehende Verbalisierung. So würden insbesondere Kausal-, Zeit- und Koreferenzbezüge oft nicht durch sprachliche Mittel im Text selbst signalisiert, sondern müssen erst vom Rezipienten kognitiv realisiert werden (Beaugrande/Dressler 1981, 5 ff). Von solchen Beobachtungen der textuellen Phänomenalität ausgehend, entwickeln die Autoren die plausible Hypothese, dass die Textualität insgesamt nicht als sprachstruktureller, sondern auf einer tieferen Ebene als kognitiver Zusammenhang anzusehen ist. Diese einem Text zugrunde liegende kognitive Gesamtkonstellation bezeichnen die Autoren mit dem Begriff *Textwelt*. Das damit Gemeinte entspricht dem, was die Kognitionspsychologen als „mentales Modell" eines Textes bezeichnen (2.2.). Beaugrande/Dressler (1981, 5) übernehmen auch grundlegende Beschreibungsbegriffe aus der psychologischen Verstehensforschung, z. B. den Grundbegriff „Konzept" (verstanden als eine bestimmte „Wissenskonstellation") und den Begriff der „Relation" (verstanden als „Bindeglied" zwischen textevozierten „Konzepten"). Die „Textwelt" basiert also auf einer Konstellation von „Konzepten" und zwischen ihnen vermittelnden „Relationen". Das Prinzip, das den inneren Zusammenhang dieser kognitiven Konstellation bedingt, heißt bei Beaugrande/Dressler „Kohärenz". Um nun die Brücke zwischen dem sprachlichen Text und der mentalen Textwelt zu schlagen, beziehen sich Beaugrande/Dressler (1981, 88) auf grundlegende Begriffe der linguistischen Semantik, auf die Unterscheidung zwischen „Bedeutung" („meaning" als Bedeutungspotential eines sprachlichen Ausdrucks) und „Sinn" („sense" als „aktuelle Bedeutung" eines sprachlichen Ausdrucks). Der „Sinn" ist danach „das Wissen, das tatsächlich durch die Ausdrücke innerhalb eines Textes übermittelt wird". Der textuelle „Gesamtsinn" besteht also in der „Sinnkontinuität innerhalb des Wissens [...], das durch die Ausdrücke des Textes aktiviert wird" (Beaugrande/Dressler 1981, 88). Diese Sinnkonkretion wird durch den Zugriff auf Konzepte (d. h. allgemeine Begriffe) und Relationen zwischen diesen Konzepten ermöglicht. Insofern meint der Begriff „Textwelt" die aus Anlass der Rezeption eines Textes über die Semantik der sprachlichen Ausdrücke vermittelte Sinnkonkretion, deren sprachliche Bedingtheit in den „mentalen Modellen" der Psychologen nicht mehr fassbar ist. (Eine vergleichbare linguistische Modellbildung ist bei Figge 1989a, b u. 1994 erkennbar.)

3.1.1. Referentielle Vernetzung

Eine weiterführende Differenzierung dieser Konzeption der kohärenzbedingten Sinnkontinuität findet sich bei H. Vater (1992, 109 ff). Er schließt an den bei Beaugrande/Dressler (1981, 116 f) nicht weiter ausgearbeiteten Begriff der „Referenz" an; im Unterschied zu zahlreichen älteren und neueren Begriffsbestimmungen nimmt er folgende drei wesentlichen Aspekte für seinen Referenzbegriff in Anspruch: (a) „Referenz" ist nicht am isolierten einzelnen Sprachausdruck festzumachen, sondern „Referenzbeziehungen" sind „erst durch den textuellen Zusammenhang" zu erfassen. (b) „Referenz" ist „ein semantisch-kognitives Phänomen". Damit schließt sich Vater an Jackendoff (1983) an, für den mit sprachlichen Ausdrücken nicht auf Außersprachliches im Bereich der realen oder einer möglichen Welt referiert wird, sondern prinzipiell auf Entitäten in einer innerhalb der Kognition „projizierten Welt". Auf diese Weise lösen sich auch die üblichen Beschreibungsschwierigkeiten des „Referierens" mittels Abstrakta, indefiniter Kennzeichnungen u. a. auf. (c) Es gibt nicht nur bestimmte sprachliche Ausdrücke zum Referieren (z. B. Nominalphrasen), sondern prinzipiell werden auch alle anderen Phrasen (Präpositional-, Adjektiv-, Verbphrasen und auch ganze Sätze) zum „Referieren" verwendet. Damit ist auch die von der Sprechakttheorie etablierte Dichotomie von „Referenz" und „Prädikation" im Rahmen eines „propositionalen Aktes" obsolet. Auf der Basis dieser Annahmen unterscheidet Vater in seiner „Referenz"-Typologie „Ereignisreferenz", „Zeitreferenz", „Ortsreferenz" und „Gegenstandsreferenz" und entwickelt so ein Instrumentarium für die Beschreibung des einem Text kognitiv entsprechenden Geflechtes von Referenzbeziehungen. So wird deutlich, „daß mit der Referenzstruktur ein zentraler Bestandteil der Text-Kohärenz" (Vater 1992, 137) erfassbar und beschreibbar ist.

Ein vergleichbarer Ansatz ist unter dem Titel „referentielle Bewegung in Texten" (Klein/ von Stutterheim 1987 u. 1991) vorgestellt worden. Auch in diesem Entwurf wird deutlich, dass „Referenzbeziehungen" auf der kognitiven Ebene der Textverarbeitung angesiedelt sind. Insgesamt wird damit ersichtlich, dass mit Beschreibungen dieser Art ein spezifischer Teil des auf „Sinnkontinuität" beruhenden kognitiven Korrelates eines Textes transparent gemacht werden kann.

3.1.2. Hintergründige Bedeutungsschichten

Freilich betrifft die „Referenz" nur die deskriptive Seite der Bedeutung (i. S. von Lyons 1977, 50 f). Aspekte der expressiven oder der sozialen Bedeutung sprachlicher Ausdrücke sind damit noch nicht erfasst. Ein diesbezüglicher Differenzierungsversuch findet sich im Rahmen einer Darstellung der Satzsemantik bei P. von Polenz (1985), der alle diese weiteren Bedeutungsaspekte unter der Bezeichnung „hintergründige Satzinhalte" zusammenfasst. In Anlehnung an die dort vorgeschlagenen Bedeutungsschichten lässt sich der kognitive Gesamtprozess des Textverstehens auf semantischer Ebene wie folgt zusammenfassen (vgl. Scherner 1986; Linke/ Nussbaumer 1988): Das Textverstehen beruht einerseits auf der „Kenntnis der Sprache", andererseits auf „außersprachlichem Wissen". Die sprachbedingten Bedeutungsschichten lassen sich in „Bedeutetes" und „Mitbedeutetes" differenzieren, während in der außersprachlich-kognitiven Dimension das „Gemeinte", das „Mitgemeinte" und das „Mitzuverstehende" zu unterscheiden sind. Gleichzeitig wird darüber hinaus bei jedem Textverstehensprozess auch weiteres Hintergrundwissen aktiviert („supplementäres Verstehen", vgl. Scherner 1986, 102), das auf sprachlicher Seite nach „semantischen Präsuppositionen" und „Implikationen", auf kognitiver Ebene nach „pragmatischen Präsuppositionen" und „stillen Folgerungen" unterschieden werden kann (von Polenz 1985, 307 ff). Die Integration all dieser Schichten der textuellen Bedeutung in ein Gesamtmodell sowie die Beschreibung ihrer Verknüpfung mit textuellen „Superstrukturen" (i. S. van Dijks) stehen noch aus.

3.2. Kompetenztheoretische Ansätze

Sofern kompetenztheoretische, d. h. auf der generativen Sprachtheorie Chomskyscher Prägung basierende Ansätze in text- und verstehenstheoretischer Perspektive weiterentwickelt werden, können sie sich nicht mehr auf die Erforschung der Eigengesetzlichkeiten des als „Grammatik" bezeichneten „sprachlichen Wissens" (Grewendorf/Hamm/Sternefeld 1987) beschränken, sondern sie müssen weitere kognitive Dimensionen in die textbezogene Modellbildung einbeziehen. Entsprechend der zugrundegelegten Modularitätshypothese werden komplementär zum Modul „sprachliches Wissen" i. e. S. weitere mit ihm interagierende, ebenfalls als Module gedachte Wissensbereiche angesetzt. So wird die von Chomsky ([dt.] 1981, 64 f u. 225) verwendete Unterscheidung der Module „grammatische Kompetenz", „pragmatische Kompetenz" und „konzeptuelles System" von Bierwisch (1981 u. 1987; vgl. 1979) in verstehenstheoretischer Perspektive auf eine Drei-Stufen-Semantik abgebildet, innerhalb derer die Folge „Satzbedeutung" (auch: „wörtliche Bedeutung"), „Äußerungsbedeutung" und „kommunikativer Sinn" angesetzt wird. Dieser Vorschlag, der das Zusammenspiel von sprachlichem mit kognitiv-außersprachlichem Wissen bei der verstehensbedingenden textuellen Kohärenzbildung beschreibt, ist in der Folgezeit in mehrfacher Hinsicht weitergedacht worden. So geht Viehweger (1989) der Frage nach, welche „Kenntnissysteme" bei der Textinterpretation wirksam sind und kommt zu folgender Wissenstypologie: (a) „Language knowledge", (b) „Knowledge of the real world", (c) „Illocutionary knowledge", (d) „Pattern- or schema-knowledge", (e) „Knowledge of conversational principles" (zur Diskussion vgl. Conte 1989; Scherner 1994). Bemerkenswert ist, dass sich bei Motsch (1996, 13) eine dichotomische Typologie findet, in der nurmehr das System der „Grammatik" und das „konzeptuelle System", in das das „Handlungssystem" integriert ist, unterschieden werden. Unabhängig davon, welche und wie viele „Kenntnissysteme" angesetzt werden, stellt sich immer die grundlegende Frage nach der Modulautonomie, z. B. hinsichtlich der empirischen Verstehensrealität, dass Nominalkomposita, obwohl sie zum System des „sprachlichen Wissens" gehören, nur unter Hinzuziehung von „konzeptuellem Wissen" dekodierbar sind. Vor diesem Hintergrund entwickeln Motsch/Reis/Rosengren (1990) folgende differenzierte Skalierung für die Interaktion der für die Textanalyse notwendigen Wissenssysteme. Zum „sprachlichen Wissen" i. e. S. gehören das „grammatische Kenntnissystem" mit den Submodulen des syntaktischen, semantischen, phonologischen, morphologischen und lexikalischen Systems. Das „sprachliche Wissen" i. w. S. umfasst das „System der Interaktionskenntnisse" („Illokutionswissen") sowie „textstrukturierendes Systemwissen" und das „Textsortenwissen". Zum nicht-sprachlichen, aber sprachrelevanten Wissen wird das „konzeptuelle System" (Alltagswissen, Schlussprozesswissen, Gricesche Maximen) gerechnet (vgl. Scherner 1991). Die Kritik hieran macht vor allem geltend, dass diese Typologie sich auf die Erfassung der rationalen Aspekte der Kognition beschränkt und die ebenfalls mental wirksamen Textverstehensfaktoren des „Wertens" (z. B. der immer wirksamen Evaluation der lebenspraktischen Relevanz eines „Textes") und des „Affektiv-Emotionalen" (vgl. Schmidt 1986, 92; Conte 1991; Scherner 1994) ausgeblendet bleiben.

Auf einer anderen Ebene liegt die Frage, wie eng man den Bereich des „sprachlichen Wissens", d. h. des sprachlichen Kenntnissystems i. e. S. abstecken soll. Gegen die Annahme einer rein auf abstrakte Strukturmuster reduzierten virtuellen Existenz von „Sätzen", wie sie von den Vertretern des Generativismus mit ihrer Identifizierung von „Sprachwissen" und „Grammatik" vorgenommen wird (vgl. Grewendorf/Hamm/Sternefeld 1987), wenden sich zunehmend andere kompetenztheoretische Ansätze, die eine Revision dieses letztlich im Erbe des Strukturalismus wurzelnden reduktiven Sprachbegriffs zugunsten eines umfassenderen Begriffs von „Sprache" fordern. So entwickelt Feilke (1994) das Konzept einer „Common sense-Kompetenz", innerhalb derer die „idiomatische" Prägung vertexteter Sprache auf die idiomatische Ordnung des „sprachlichen Wissens" zurückgeführt wird. Danach erhalten Formulierungen ihren „kommunikativen Äußerungssinn" nicht über die Komplettierung der abstrakten „Satzbedeutung" durch die Hinzuziehung weiteren außersprachlichen Wissens aus dem „konzeptuellen System" sowie aus dem „Handlungssystem", sondern der gemeinte „kommunikative Sinn" ist Feilke (1994, 332 ff) zufolge bereits in der idiomatischen Prägung, d. h. in der durch den Gebrauch festgeschriebenen Selektion und Kombination der Ausdrücke eines Ausdrucksarrangements enthalten. Hierin zeigt sich einerseits das Bestreben, den Begriff der „Sprachkenntnis" aus seiner strukturalistischen Enge herauszuführen, andererseits spiegelt sich hier eine Entwicklung, die heute in der Einnahme der gegensätzlichen Positionen eines Modularismus oder eines Holismus (vgl. Schwarz 1992, 44 ff) ihre deutlichste Ausprägung gefunden hat.

3.3. Sinnorientierte Ansätze

Im Unterschied zu kompetenztheoretischen Ansätzen, die von der Seite der Sprachkenntnis ausgehen und die sprachtranszendente kognitive Dimension als Ergänzung der primär sprachlich geprägten Textbedeutung ansehen, kehren sinnorientierte Ansätze dieses Verhältnis geradezu um. Die kognitive Sinnbildung, durch die die Lebenswelt als kohärente Sinnstruktur begreifbar wird, ist die primäre Ebene; die vertexteten sprachlichen Mittel sind die Auxiliarelemente zum Erreichen dieses Ziels. Ein solcher Ansatz ist Kennzeichen der kommunikationsorientierten Sprachauffassung, die sich insbesondere in der europäischen Wissenschaftstradition als Unter- und Gegenströmung zum herrschenden Paradigma des Strukturalismus manifestiert (vgl. Eschbach 1984; Scherner 1984, 34 ff; Knobloch 1994, 179 ff).

Bei aller Unterschiedlichkeit im Detail lassen sich die tragenden Grundzüge einer Orientierung an der Ebene des *Sinnes* wie folgt zusammenfassen: Die landläufige, die Alltagspraxis und auch die wissenschaftliche Exegese vieler Hermeneuten bestimmende Annahme, dass ein Text seinen „Sinn" enthält, wird als vordergründige Metaphorik („Transport"-, „Container-", „Gefäßmetapher" unter der Leitvorstellung von „Sinnentnahme" und „Sinnübermittlung") entlarvt. Gleichzeitig wird die Annahme, dass der Text sein „objektives" Verstehen determiniere, wie es z. B. eine „Linguistik des Sinnes" propagiert (Coseriu 1980; vgl. Scherner 1984, 209 f), mit dem Hinweis auf die Polyvalenz insbesondere literarischer Texte abgelehnt. Statt dessen wird Verstehen als subjektabhängiger, intentionaler und aktiver Prozess der Sinnkonstruktion aufgefasst, dessen Ergebnis demzufolge nur von gradueller Effizienz sein kann. Basis für die Sinnerstellung ist (nach Hörmann 1967) das anthropologisch gegebene Prinzip der „Sinnkonstanz", das in Analogie zu den anderen Wahrnehmungs- und Deutungsprinzipien wie der Größen-, Form-, Farb- und Dingkonstanz operiert. Vom *Text* als gegebener Menge materialer Wahrnehmungsdaten (z. B. dem Buch im Regal) ist der *Text-in-Operation*, d. h. der Text im Währendstadium seiner verarbeitenden Rezeption, zu unterscheiden. Die vertexteten sprachlichen Mittel fungieren dabei nicht als „Repräsentatoren", sondern als in der Sprachkenntnis gründende abstraktive „Anweisungen" („Instruktionen", „Steuerungssignale") an den Rezipienten, sich auf der Basis ihrer kognitiven Verarbeitung „Sinn" zu erstellen. Sie haben nicht den Status deterministischer „Steuerungssignale", sondern operieren lediglich als „Impulse" oder „Auslöser" kognitiver Eigenaktivität des Rezipienten. Das „Textexemplar" als lineare sprachliche Vertextung ist danach nicht Repräsentation, sondern lediglich „Spur" des Gedachten (vgl. Scherner 1994). Für die diesem „Leitseil" (Bühler) folgende Sinnkonkretion reicht die Sprachkenntnis (einer oder mehrerer Einzelsprachen) nicht aus, auch nicht die darüber hinausgehende, von der philologisch-hermeneutischen Tradition geforderte Berücksichtigung von „Situation" und „Kontext". Von der Vagheit dieser Begriffe einmal abgesehen, erweist es sich vielmehr als notwendig, den jeweiligen biochronen Erfahrungs-/Erinnerungs-/Wissenshintergrund des Textverarbeiters mit in die Analyse des Verstehens einzubeziehen. Für diesen kognitiven Einflussfaktor der nichttextualisierten Verstehensvoraussetzungen sind zahlreiche begriffliche Prägungen vorgeschlagen worden, die unterschiedlichen theoretischen Ansätzen entstammen, aber insgesamt auf die Erfassung des gleichen kognitiven Faktors abzielen, z. B. die „komplexe Voraussetzungssituation", die „individuelle Welttheorie", das „Hinterland des Textes", das „Wirklichkeitsmodell", die „persönliche Weltstrukturierung" u. a. m. (vgl. Scherner 1984, 162 ff). Wenn man den Basisaspekt der Subjektdependenz des Verstehens ernst nimmt, ergibt sich die Konsequenz, die einzelnen Verstehensfaktoren an die Person des Rezipienten als „Diskursinstanz" zu binden und entsprechend von deren „Horizont" auszugehen. Verstehen als Sinnerstellung wird dann modellierbar als kognitiver Prozess der Relationsbildung zwischen einem wahrgenommenen „Textelement" und den als seine Umfelder fungierenden Bereichen des jeweiligen „Sprachbesitzes", der (möglicherweise gegebenen) außersprachlichen Wahrnehmungs-„Situation", dem verbalisierten Vor- und Folge-„Kontext" sowie dem jeweiligen individuellen „Horizont". Die „Horizont"-Kategorie (Scherner 1974) erweist sich damit als das komplexeste Umfeld, das alle Wissensstrukturen vom Schema-, Frame-(etc.)Format sowie insgesamt die 'Weltkenntnis' bzw. das „gemeinsam geteilte Wissen" umfasst und daher auch in der Textstruktur wirksam ist: die Thema-Rhema-(Given-New-)Struktur als Grundprinzip der Vertextung (vgl. Scherner 1984) ist danach nicht syntaktisch, sondern kognitiv zu fundieren. Auch die in der Vertextung zusammenwirkenden steuernden Basishandlungen „Nomination" und „Prädikation" finden ihre Erklärung nicht auf der Ebene der Sprachstruktur (Satzsyntax), sondern auf der kognitiven Ebene der Verankerung von Mitzuteilendem im gemeinsam geteilten Wissen (vgl. dazu Knobloch 1994, 188 ff). Dieser Ansatz bei der Ebene des Sinnes als „Leitebene" des Textverstehens wird zunehmend auch in der psycholinguistischen Verstehensforschung favorisiert (vgl. Knobloch 1994, 201 f).

3.4. Systemtheoretisch konstruktivistische Ansätze

Während die bisher skizzierten Ansätze explizit oder implizit davon ausgehen, dass vertextete Sprache kognitive Gehalte exteriorisiert, die umgekehrt bei der Textrezeption mehr oder weniger identisch wieder interiorisiert werden, lässt sich in jüngster Zeit verstärkt eine Denkrichtung ausmachen, die solche Vorstellungen insgesamt als zu einfach ansieht, weil das eigentliche Basisproblem, die Geschlossenheit des individuellen Bewusstseins, in all diesen Ansätzen unanalysiert bleibe und daher nicht in die Modellbildungen einbezogen sei. Ein früher Vertreter dieser im Schnittfeld mehrerer Disziplinen anzutreffenden Denkrichtung ist G. Ungeheuer, der aus kommunikationswissenschaftlicher Sicht den Begriff der „individuellen Welttheorie" (1974, 30) einführt. Er besagt im Kern, dass jedes Individuum eine monadische Größe mit einem nur ihm selbst introspektiv zugänglichen Bewusstseinsstrom ist, so dass eine auf herkömmliche Zeichentheorie gestützte Vorstellung von gelingender Kommunikation i. S. des Erreichens kognitiver Identität von vornherein ausgeschlossen wird (vgl. dazu Scherner 1984, 174 f und Juchem 1989, 59 ff). Die Anmutung von gelungener Kommunikation ist danach lediglich eine wechselseitige Unterstellung der Kommunikationsteilnehmer. In die gleiche Richtung zielt aus linguistisch-semantischer Perspektive H.-J. Heringer, der sprachliches Verstehen nicht als Herstellung eines kognitiven Überlappungsbereiches, sondern als eine „Turmstruktur" wechselseitiger Unterstellungen begreift, insofern jeder Partner nur über seinen eigenen Wissensbereich und über die Annahmen, die er vom Wissen seines Partners hat, verfügt (1990, 52 f).

Radikalisiert wird dieses Denkmodell in der Systemtheorie des Soziologen N. Luhmann. Er geht von der These aus, dass „Kommunikation unwahrscheinlich" sei, weil die kognitiven Bereiche von Kommunikationspartnern „black boxes" füreinander seien. Um zu erklären, worin dann Kommunikation besteht, greift er die Tradition der Gegenüberstellung von „Denken" und „Sprechen" auf, indem er beide, „Kommunikation" und „Bewusstsein", als „verschiedenartige, getrennt operierende selbstreferentielle Systeme" begreift, deren Zusammenspiel er mit Hilfe des (von Maturana übernommenen) Begriffs der „strukturellen Koppelung" beschreibt (1990, 29 ff).

Diese sehr abstrakt bleibenden Theorieelemente werden von S. J. Schmidt im Rahmen einer empirischen Literatur- und Medienwissenschaft und vor dem Hintergrund der Erkenntnistheorie des radikalen Konstruktivismus auf textverstehenstheoretische Fragestellungen hin perspektiviert. Schmidt (1992 u. 1994) übernimmt (in modifizierter Form) die systemtheoretische Unterscheidung Luhmanns in die beiden Systeme „Kommunikation" und „Kognition" und setzt als Instrumente ihrer „strukturellen Koppelung" „Medienangebote" aller Art, insbesondere auch „Texte" an. Die Frage, wie „Texte" zwischen beiden Systemen" vermitteln, beantwortet er mit der Gegenüberstellung zweier Reihen von Analysebegriffen, die jeweils einem der beiden „Systeme" zugeordnet sind:

```
           ┌─ strukturelle Koppelung ─┐

soziale Systeme              kognitive Systeme
      │                            │
Kommunikationen               Kognitionen
      │                            │
Verstehen                    Kommunikat-
                             bildungsprozeß
      │                            │
Bedeutung                    Kommunikat
           └─── Medienangebote ────┘
```

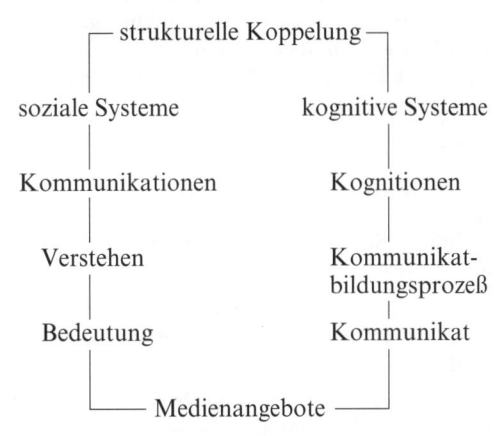

Abb. 20.1: (Schmidt 1992, 315; 1994, 155)

Ein „Text" als materiales Wahrnehmungsangebot (und insofern als Spezifikation möglicher Medienangebote) koppelt die Systeme

„Kommunikation" und „Kognition" insofern, als er durch seine perzeptive Aufnahme in der „black box" des kognitiven Bereichs des Rezipienten den subjekt-abhängigen und nur introspektiv nachvollziehbaren Prozess der Bildung eines „Kommunikates" initiiert. Das Ergebnis dieses kognitiven Verarbeitungsprozesses, das „Kommunikat", gilt für den Textrezipienten in verschiedenen Gradabstufungen dann als gelungen, wenn es sich als für ihn kohärent, emotional befriedigend und lebenspraktisch relevant erweist. Der Begriff „Verstehen", der traditionell für diese kognitiven Operationen verwendet wird, wird demgegenüber als Beschreibungsbegriff auf der Seite der „Kommunikation" angesetzt, weil die Differenz Verstehen−Missverstehen in der individuellen Kognition nicht greift. Auf der Ebene des sozialen Systems kann die Kommunikatbildung jedoch zu kommunikativen „Anschlusshandlungen" führen, innerhalb derer Kommunikationspartner einem Text auf Grund von geteiltem sozialem Wissen „Bedeutungen" „konsensuell zuordnen (können). [ ] 'Verstehen' heißt − mit dieser Unterscheidung beobachtet − 'bedeutungsgerecht kommunizieren' und nicht: das vom Sprecher Gemeinte erfassen" (Schmidt 1992, 314; 1994, 140). Der Text fungiert demnach als Kopplungsfaktor von „Kognition" und „Kommunikation", weil er „sowohl zur Synthetisierung von Kognition wie von Kommunikation benutzt werden kann" (Schmidt 1992, 314). Setzt man diese, hier nur rudimentär skizzierte Konzeption vergleichend zu den bisher dargestellten Ansätzen in Beziehung, ist die Einschätzung nicht von der Hand zu weisen, dass es sich hier um den bislang reflektiertesten Zugang zum Problem der Textualität handelt.

4. Literatur (in Auswahl)

Ballstaedt, Steffen-Peter u. a. (1981): Texte verstehen, Texte gestalten. München.

Bartlett, Frederic Charles (1932): Remembering. A study in experimental and social psychology. Cambridge.

Beaugrande, Robert-Alain de/Dressler, Wolfgang Ulrich (1981): Einführung in die Textlinguistik. Tübingen.

Bierwisch, Manfred (1979): Wörtliche Bedeutung − eine pragmatische Gretchenfrage. In: Grewendorf, Günther (ed.): Sprechakttheorie und Semantik. Frankfurt/Main, 119−148.

− (1981): Die Integration autonomer Systeme − Überlegungen zur kognitiven Linguistik (Manuskript).

− (1987): Linguistik als kognitive Wissenschaft − Erläuterungen zu einem Forschungsprogramm. In: Zeitschrift für Germanistik 8, 645−667.

Chomsky, Noam (1981): Regeln und Repräsentationen. Frankfurt/Main.

Conte, Maria-Elisabeth (1991): Empathie als Kohärenzfaktor. In: Folia Linguistica 25, 219−228.

Coseriu, Eugenio (1980): Textlinguistik. Eine Einführung. Herausgegeben und bearbeitet von Jörn Albrecht. Tübingen.

van Dijk, Teun A./Kintsch, Walter (1983): Strategies of discourse comprehension. New York.

Dressler, Wolfgang (1971): Einführung in die Textlinguistik. Tübingen.

Engelkamp, Johannes (1984): Verstehen als Informationsverarbeitung. In: Engelkamp, Johannes (ed.): Psychologische Aspekte des Verstehens. Berlin, 31−53.

Eschbach, Achim (ed.) (1984): Bühler-Studien. 2 Bde. Frankfurt/Main.

Feilke, Helmuth (1994): Common sense-Kompetenz. Überlegungen zu einer Theorie des „sympathischen" und „natürlichen" Meinens und Verstehens. Frankfurt/Main.

Figge, Udo L. (1989a): Gedächtnis, Wissen, Denken, Sprache. In: Becker, Barbara (ed.): Zur Terminologie in der Kognitionsforschung. Sankt Augustin, 27−38.

− (1989b): Gedächtnis, Lexikon, Text. In: Antos, Gerd/Krings, Hans P. (ed.): Textproduktion. Ein interdisziplinärer Forschungsüberblick. Tübingen, 126−145.

− (1994): Kognitive Grundlagen textlicher Kohärenz. In: Canisius, Peter/Herbermann, Clemens-Peter/Tschauder, Gerhard (eds.): Text und Grammatik. Festschrift für Roland Harweg. Bochum, 1−28.

Grewendorf, Günther/Hamm, Fritz/Sternefeld, Wolfgang (1987): Sprachliches Wissen. Eine Einführung in moderne Theorien der grammatischen Beschreibung. Frankfurt/Main.

Groeben, Norbert (1982): Leserpsychologie. Textverständnis − Textverständlichkeit. Münster.

Halliday, Michael K./Hasan, Ruqaiya (1976): Cohesion in English. London.

Heringer, Hans-Jürgen (1990): Verstehen − eine wahrhaft interdisziplinäre Angelegenheit. In: Sprache und Literatur in Wissenschaft und Unterricht 21, Heft 66, 47−61.

Hörmann, Hans (1967): Psychologie der Sprache. Berlin.

Jackendoff, Ray (1983): Semantics and Cognition. Cambridge (Mass.)/London.

Johnson-Laird, Philip N. (1983): Mental models. Towards a cognitive science of language, inference, and conciousness. Cambridge.

Juchem, Johann G. (1989): Konstruktion und Unterstellung. Ein kommunikationstheoretischer Versuch. Münster.

Just, Marcel A./Carpenter, Patricia A. (1980): A theory in reading: From eye fixations to comprehension. In: Psychological Review 87, 329–354.

Klein, Wolfgang/Stutterheim, Christiane von (1987): Quaestio und referentielle Bewegung in Erzählungen. In: Linguistische Berichte 109, 163–183.

– (1991): Text structure and referential movement. In: Rosengren, Inger (ed.): Sprache und Pragmatik. Lund, 1–32.

Knobloch, Clemens (1994): Sprache und Sprechtätigkeit. Sprachpsychologische Konzepte. Tübingen.

Linke, Angelika/Nussbaumer, Markus (1988): Kohärenz durch 'Präsuppositionen'. In: Der Deutschunterricht 40, Heft 6, 29–52.

Luhmann, Niklas (1990): Die Wissenschaft der Gesellschaft. Frankfurt/Main.

Lyons, John (1977): Semantics I und II. Cambridge.

Marslen-Wilson, William/Tyler, Lorrain K. (1980a): The temporal structure of spoken language understanding. In: Cognition 8, 1–71.

– (1980b): Towards a psychological basis for a theory of anaphora. In: Kreimann, Jody/Ojeda, Almerindo (eds.): Papers from the parasession on pronoms and anaphora. Chicago, 258–286.

Motsch, Wolfgang (1996): Ebenen der Textstruktur. Begründung eines Forschungsprogramms. In: Motsch, Wolfgang (ed.): Ebenen der Textstruktur. Sprachliche und kommunikative Prinzipien. Tübingen, 3–33.

Motsch, Wolfgang/Reis, Marga/Rosengren, Inger (1990): Zum Verhältnis von Satz und Text. In: Deutsche Sprache 18, 97–125.

Polenz, Peter von (1985): Deutsche Satzsemantik. Grundbegriffe des Zwischen-den-Zeilen-Lesens. Berlin.

Sanford, Anthony, J./Garrod, Simon C. (1981): Understanding written language. Chichester.

Scherner, Maximilian (1974): Horizont. In: Ritter, Joachim (ed.): Historisches Wörterbuch der Philosophie. Bd. 3. Basel, 1202–1206.

– (1984): Sprache als Text. Ansätze zu einer sprachwissenschaftlich begründeten Theorie des Textverstehens. Forschungsgeschichte–Problemstellung–Beschreibung. Tübingen.

– (1986): Nützt die Grammatik der Textinterpretation? Zum Aufbau einer Verstehensgrammatik für den Deutschunterricht. In: Der Deutschunterricht 38, 86–103.

– (1991): Der „Horizont" – ein sprachliches „Kenntnissystem"? In: Harweg, Roland/Kishitani, Shoko/Scherner, Maximilian (eds.): Die deutsche Sprache – Gestalt und Leistung. H. Brinkmann in der Diskussion. Münster, 229–251.

– (1994): Textverstehen als „Spurenlesen" – Zur texttheoretischen Tragweite dieser Metapher. In: Canisius, Peter/Herbermann, Clemens-Peter/Tschauder, Gerhard (eds.): Text und Grammatik. Festschrift für R. Harweg zum 60. Geburtstag. Bochum, 317–340.

Schmidt, Siegfried J. (1986): Texte verstehen – Texte interpretieren. In: Eschbach, Achim (ed.): Perspektiven des Verstehens. Bochum, 75–97.

– (1992): Über die Rolle von Selbstorganisation beim Sprachverstehen. In: Krohn, Wolfgang/Küppers, Günter (eds.): Emergenz. Die Entstehung von Ordnung, Organisation und Bedeutung. Frankfurt/Main, 293–333.

– (1994): Kognitive Autonomie und soziale Orientierung. Konstruktivistische Bemerkungen zum Zusammenhang von Kognition, Kommunikation, Medien und Kultur. Frankfurt/Main.

Schnotz, Wolfgang (1988): Textverstehen als Aufbau mentaler Modelle. In: Mandl, Heinz/Spada, Hans (eds.): Wissenspsychologie. München/Weinheim, 299–330.

– (1994): Aufbau von Wissensstrukturen. Untersuchungen zur Kohärenzbildung beim Wissenserwerb mit Texten. Weinheim.

Schwarz, Monika (1992): Einführung in die kognitive Linguistik. Tübingen.

Strohner, Hans (1990): Textverstehen. Kognitive und kommunikative Grundlagen der Sprachverarbeitung. Opladen.

Sucharowski, Wolfgang (1996): Sprache und Kognition. Neue Perspektiven in der Sprachwissenschaft. Opladen.

Ungeheuer, Gerold (1974): Was heißt „Verständigung durch Sprechen"? In: Gesprochene Sprache. Jahrbuch des Instituts für deutsche Sprache 1972. Düsseldorf, 7–37.

Vater, Heinz (1992): Einführung in die Textlinguistik. München.

Viehweger, Dieter (1989): Coherence – Interaction of Moduls. In: Heydrich, Wolfgang/Neubauer, Fritz/Petöfi, János S./Sözer, Emel (eds.): Connexity and Coherence. Analysis of Text and Discourse. Berlin/New York, 256–274.

Maximilian Scherner, Münster
(Deutschland)

21. Statistische Methoden in der Textlinguistik

1. Motive der Textstatistik
2. Aufgaben der Textstatistik
3. Anwendungsbereiche in Beispielen
4. Statistische Methoden und wissenschaftliche Theoriebildung
5. Ausblick: Sprache und Text
6. Literatur (in Auswahl)

1. Motive der Textstatistik

„Wo Sinn ist", meint Wittgenstein (1960, 339 = § 98), „muß vollkommene Ordnung sein", auch noch „im vagsten Satze". Das könnte man dann auch für den Signifikanten annehmen. Daher rührt das linguistische Motiv der Textstatistik: gibt es quantitative Eigenschaften der Ordnung von Texten? Ein zweites, verwandtes Motiv sucht Anwendungsbereiche der Mathematik jenseits der Natur in Erzeugnissen menschlichen Geistes. Ein drittes Motiv dient konkreten Anwendungen wie Autorenerkennung, Stilanalysen, Textoptimierung (z. B. durch Verständlichkeitsmessung) und Fremdsprachenlernen (z. B. durch Grundwortschatzbestimmung und Textauswahl). Alle drei Beweggründe setzen auch Untersuchungen über statistische Eigenschaften von Sprache als System und Sprachen als Systemen in Gang. Die folgende Darstellung gilt aber nicht der Sprachstatistik in diesem Sinne (vgl. Scholfield 1991), sondern der statistischen Untersuchung einzelner Texte und Textcorpora, auch wenn die statistischen Verfahren (Altmann 1995a; Gordesch 1991; Rietveld/van Hout 1993; Kurzdarstellungen Kauffer 1994; Schlobinski 1996, 87–167) und viele mathematische Konzepte (Piotrowski et al. 1985; 1990) grundsätzlich die gleichen sind. (Ein kompaktes Handbuch der quantitativen Linguistik liefert Tešitelová 1992, eine umfassende Bibliographie Köhler 1995).

2. Aufgaben der Textstatistik

Textstatistik untersucht alle quantifizierbaren Eigenschaften von Texten, um sie zu charakterisieren, untereinander zu vergleichen und zu klassifizieren, auf historische, geographische, soziale oder psychologische Entstehungsbedingungen zu schließen und um Gesetze zu entdecken, die die Konstruktion von Texten steuern.

Sie beginnt mit der Definition und Zählung quantifizierbarer Einheiten von Texten. Solche rein deskriptiven Verfahren führen zu Häufigkeitstabellen (insbesondere Häufigkeitswörterbüchern) und statistischen Kenngrößen wie Mittelwerten und Indizes (z. B. Busemanns 1925 Aktionsquotient als Verhältnis von Adjektivanzahl zu Verbanzahl). Darüber hinaus verfolgt sie analytische Ansprüche und sucht eine „verborgene Ordnung" (Arens 1965) in Texten: sie spürt Wiederholungen (Altmann 1988) und überhaupt Mustern und Gleichförmigkeiten im Auftreten exakt definierter sprachlicher Einheiten nach. Wenn „speech is a series of nearly impossible events" (Geffroy et al. 1973, 129), so untersucht Textstatistik Wahrscheinlichkeiten in der Konstruktion von Texten in der Annahme, daß kommunikationstheoretische, anthropologische, psychologische, syntaktische, semantische und/oder pragmatische Gründe Abweichungen von völliger Zufallsverteilung erzwingen, und sei es nur um einer praktikablen Erzeugung und zugleich Reduktion von Komplexität willen. Dabei geht es um die Erfassung von Trends, Tendenzen, Häufigkeitsverteilungen, stochastischen Abhängigkeiten, Korrelationen zwischen verschiedenen textinternen und textexternen Variablen und möglicherweise universellen Gesetzmäßigkeiten.

Mit Hilfe deskriptiver statistischer Verfahren werden also quantitative Eigenschaften von Texten bestimmt. Analytische Methoden bauen darauf auf und dienen dazu, Zusammenspiel, Konkurrenz und Entwicklung mehrerer Faktoren bzw. Merkmale beim Zustandekommen von Texten zu beschreiben und sprachliche Erzeugnisse auch als Ergebnis selbstregulierender Schemata und Prozesse zu verstehen (programmatisch Hřebíček/Altmann 1993). Textstatistik insgesamt (1) zählt Textelemente aus und errechnet statistische Kennwerte von Texten, (2) mißt syntaktische und lexikalische Homogenität einzelner Texte oder einer Gruppe von Texten, (3) identifiziert Brüche innerhalb von Texten (sei es aufgrund besonderer Kreativität, Themen- oder Textsortenwechsels, schlechten Stils oder der Beteiligung verschiedener Autoren), (4) vergleicht Texte hinsichtlich quantifizierbarer Eigenschaften (z. B. um Stile, Epochen, Autoren oder Textsorten zu unterscheiden), (5) beschreibt probabilistische Charakteristika von Sprachnormen sowie Abweichungen bzw. Merkmale sprachlicher Varietäten (z. B. Fachsprachen, Soziolekte), Idiolekte oder einzelner Texte), (6) mißt und vergleicht lexikalische Reichhaltigkeit von Texten (z. B. durch Bestimmung der Anzahl verschiedener Wörter im Verhältnis zur Gesamtzahl der Wörter (type-token-ratio)), (7) mißt Verständlichkeit von Texten, soweit diese quantifiziert werden kann (vgl. Ballstaedt/Mandl 1988; Hřebíček/Altmann (eds.) 1993, 215–252), (8) beschreibt die allmähliche Entfaltung neuer Information in Texten (vgl. Wildgen 1993), (9) untersucht die lineare Präsentation nicht-linearen Wissens in Texten und (10) sucht allgemeine Eigenschaften, Unterschiede und Gesetzmäßigkeiten in Klassen aller Art von Texten (z. B. mündlich vs. schriftlich, Nachricht vs. Kommentar, Epik vs. Dramatik, Mittelalter vs. Moderne, Dialekt vs. Hochsprache) sowie (11) in „Text" überhaupt. (Einen gut verständlichen Querschnitt durch verschiedenartige Fragen und Methoden auf hohem Niveau bietet Tuldava 1995.)

3. Anwendungsbereiche in Beispielen

Textstatistische Verfahren können die Behandlung klassischer geisteswissenschaftlicher Gegenstände, soweit sie quantifizierbar sind, auf eine verläßliche empirische Grundlage stellen. Dazu zählen beispielsweise die Metrik (Grotjahn 1979) und die Entscheidung über die ggf. strittige Frage, von welchem oder welchen Autoren ein Text stammt (Wickmann 1989).

Statistik eröffnet aber auch neue, sonst nicht gestellte Fragen. Viele, vor allem die älteren, textstatistischen Arbeiten begnügen sich mit rein deskriptiven Verfahren, zählen also Elemente aus (z. B. die bei Harkin 1957 und Billmeier/Krallmann 1969 genannten, so etwa Krallmann 1966; Meier 1967) und erstellen etwa Häufigkeitswörterbücher (z. B. Ruoff 1981). Unerläßlich sind textstatistische Verfahren bei der Analyse und ggf. auch Konstruktion großer Textcorpora (vgl. Bergenholtz/Schaeder 1979; Leech 1991; Stubbs 1996).

Oft werden sowohl einzelne Texte als auch ganze Textcorpora als samples für vermutete Gesetzmäßigkeiten im sprachlichen System (und teilweise auch allgemeineren Gegebenheiten) statistisch untersucht (z. B. Brainerd 1971; Grotjahn 1982; Herdan 1966; Schmidt 1996). Das gilt insbesondere für das Zipfsche Gesetz (wegen des Grundprinzips des geringsten Kraftaufwandes ist das Produkt aus Häufigkeits-Rangplatz und Verwendungshäufigkeit von Wörtern in Texten stets konstant; Zipf 1932; 1935; Guiter/Arapov 1982) und die Menzerathsche Hypothese (je größer ein sprachliches Ganzes, desto kleiner seine Teile; Menzerath 1954; Altmann/Schwibbe 1989; Hřebíček 1995). Häufig verfolgt werden auch lexikographische (Menzerath 1954; Hellmann 1984) und stilistische Fragestellungen (Überblick bei Hoffmann/Piotrowski 1979, 148–156; später Pieper 1979). Brainerds Untersuchung des Artikelgebrauchs als Stilindikator (1972) ist ein kleines, aber sehr typisches Beispiel.

Seltener, aber meist sehr ergiebig, sind analytisch-statistische Untersuchungen zur Eigenart einzelner Texte (Orlov u. a. 1982), zu semantischen Relationen in Texten (Skorochod'ko 1981, 120–185), zur dynamischen Entwicklung von Merkmalen im Verlauf eines Textes (z. B. Entropie und Wiederholungsrate) (Köhler/Galle 1993), zu Entwicklungslinien in der Schreibweise eines einzelnen Autors (Laffal 1997), zu langfristigen Entwicklungen im Vokabular und damit verbundenen spezifischen Einstellungsänderungen in der Bevölkerung (z. B. Fortier/Keen 1997). Und schließlich können statistische Textuntersuchungen auch dazu beitragen, die Leistungsfähigkeit von Programmen zur maschinellen Erzeugung oder Analyse natürlichsprachlicher Texte zu verbessern (vgl. z. B. Walker/Moore 1997).

4. Statistische Methoden und wissenschaftliche Theoriebildung

Mit statistischen Methoden können nur quantifizierbare Eigenschaften von Texten erfaßt werden. „Information" beispielsweise als Maß für die Unwahrscheinlichkeit des Auftretens eines Elements kann gemessen werden, „Sinn" aber nicht. Damit ist die grundsätzliche Frage nach der besonderen Leistung menschlicher Sprache aufgeworfen.

(„Die Form der Zahl und des Zählens ist daher das eigentliche Bindeglied, an welchem man sich den Zusammenhang zwischen sprachlichem und wissenschaftlichem Denken, wie den charakteristischen Gegensatz zwischen beiden am deutlichsten vergegenwärtigen kann" Cassirer 1953/1954, Bd. 3, 399).

Die Beziehungen zwischen quantitativen, symbolorientierten, strukturellen und hermeneutischen Zugangsweisen sind aufgrund gerne sich abkapselnder Schulbildungen noch nicht genügend diskutiert worden (für die beiden erstgenannten vgl. Klavans/Resnik 1996).

Während, um ein Beispiel zu nennen, die traditionelle Stilistik stark auf subjektive Urteilskraft baut, untersucht die quantitative Stilistik zähl- und also objektivierbare stilistische Merkmale. Ob und in welcher Weise beide Seiten voneinander profitieren können, ist kaum hinreichend konkret bedacht worden.

„Der quantitative Ansatz vermag zwar aufzudekken, wie sich ein Einzelwerk oder auch eine verwandte Gruppe von Texten zu Sprach-, Textgruppen- oder auch Epochennormen verhält, die Interpretation der Übereinstimmung oder der Abweichung von diesen Normen in Richtung auf ein Versagen des Autors, die gesetzte Normierung zu erreichen oder eher in Richtung auf einen Erfolg, beispielsweise einen Innovationseffekt erzielt zu haben, wird Aufgabe der qualitativen Stilistik bleiben. Die quantitative Analyse schmälert also in keiner Weise eine traditionell ausgerichtete Literaturbetrachtung oder Literaturkritik. Sie liefert ihr vielmehr Werkzeug und Daten, um ihre qualitativen Aussagen empirisch zu belegen" (Pieper 1979, 125).

In der Regel führen diejenigen Untersuchungen am weitesten, die ihre statistischen Analysen aus einem größeren Reflexionszusammenhang begründen. Statistik ihrerseits zwingt zur Formulierung überprüfbarer Aussagen und wirkt dadurch disziplinierend, aber auch belebend auf wissenschaftliche Begriffsbildung und Methodik. Einerseits dient sie der Überprüfung vorab formulierter Hypothesen (z. B. über den Vergleich einzelner Texte oder Stichproben untereinander, über das Verhältnis von Stichprobe und Grundgesamtheit, über das Verhältnis von beobachteten Daten und theoretischer Funktion oder Verteilung); und sie erlaubt die Vorhersage nicht beobachteter aufgrund von beobachteten Daten, die Überprüfung der Qualität einer Stichprobe sowie den Vergleich verschiedener Klassifikationen (z. B. von Textsorten) untereinander. Andererseits erfüllt sie aber auch eine heuristische Funktion und lädt zur Formulierung sonst vielleicht gar nicht erdachter Hypothesen ein, nämlich wenn (oft überraschende) Korrelationen zwischen Variablen aufgefunden werden (z. B. durch Faktorenanalyse oder pfadanalytische Verfahren).

Freilich stehen alle textstatistischen Untersuchungen vier Schwierigkeiten gegenüber.

(1) Trivialerweise hängt das Ergebnis der Arbeit stark von der Definition der untersuchten Texteinheiten ab. Für Phoneme und Buchstaben, für Silben und Morpheme, für Lemmata und Wortformen, für Syntagmen und Phrasen, für Sätze und Redeeinheiten (turns) gelten nicht unbedingt ähnliche Verteilungen oder Gesetzmäßigkeiten. Es ist aber nicht leicht, die untersuchten Texteinheiten exakt zu definieren. (Selbst bei der einfachsten Definition von 'Wort' als Buchstabenfolge zwischen Leerräumen können unterschiedliche Zählungen zustande kommen. Für viele linguistische Kategorien, z. B. Wortarten, gibt es keine hinreichend genaue – intersubjektiv verläßliche – intensionale Definition). Und noch schwerer ist es oft, eine präzise Definition zu finden, die auch für die Fragestellung taugt. (Beispielsweise sollten trennbare Verben in inhaltsorientierten Untersuchungen als ein Wort aufgefaßt werden. Oder vorgängige Textsortenunterscheidungen erfassen die charakteristische Zusammensetzung des untersuchten Corpus nicht.) Deshalb sind ähnliche Untersuchungen nicht ohne weiteres miteinander vergleichbar; und die Einzelfallbeschreibung kann nicht immer für einen größeren Bereich oder für allgemeinere Aussagen fruchtbar gemacht werden.

(2) Die untersuchten Textelemente (z. B. Wörter) – im Gegensatz zu einigen ihnen äußerlich zukommenden Eigenschaften (z. B. Wortlänge: Verhältnisskala; Position im Satz oder Text: Ordinalskala) – werden auf einer Nominalskala gemessen. Dafür können aber in der deskriptiven Statistik nur die am wenigsten informationshaltigen Parameter (Modus für die Lage, Häufigkeitsverteilung für die Streuung und Kontingenzkoeffizient für die Korrelation) und in der analytischen Statistik nur einige wenige Schätz- und Entscheidungsverfahren verwendet werden.

(3) Fast alle statistischen Verfahren und die meisten Modelle wurden im Rahmen natur- und sozialwissenschaftlicher Fragestellungen entwickelt. Sie passen nicht ohne weiteres zum Gegenstand Sprache und laden bei textlinguistischer Übertragung zu Fehlern ein. Verglichen mit anderen statistisch orientierten Wissenschaftszweigen steht Textstatistik erst am Anfang ihrer Entwicklung. Viele Untersuchungen orientieren sich an dem, was statistisch leicht möglich ist. Es ist nicht immer einfach, das angemessene Verfahren und das passende mathematische Modell für eine genuin textwissenschaftliche Fragestellung zu finden.

„Which methods should be applied in order to grasp processes which present themselves as time series, stochastic and chaotic sequences? Does the text have its own mathematics that has not been discovered as yet?" (Altmann 1995b, V)

(4) Es ist nicht leicht, von der Beschreibung einer Reihe einzelner Merkmale zu einer erkenntnisträchtigen allgemeineren Charakterisierung des Textes oder Textcorpus bzw. von der Beschreibung eines einzelnen Textes oder Textcorpus zur Entdeckung allgemeiner Gesetze zu kommen. Beim derzeitigen Stand der Textstatistik stehen verfahrenstechnischer Aufwand und wissenschaftlicher (auch verallgemeinerbarer theoretischer) Ertrag oft nur in einem unbefriedigenden Verhältnis (vgl. Schmitz 1983).

All das spricht nicht etwa gegen, sondern für Einsatz und Weiterentwicklung statistischer Methoden in der Textlinguistik. Man muß sich nur ihrer teils aktuellen, teils prinzipiellen Grenzen bewußt sein.

5. Ausblick: Sprache und Text

In mathematischer Hinsicht können Texte als Ergebnisse stochastischer, dynamischer, nichtrekursiver, nicht-stationärer, offener und zielsuchender Prozesse betrachtet werden (vgl. Altmann/Grotjahn 1988, 1026 f; Hřebíček 1993). „Der Zusammenhang zwischen der strukturellen Unvollkommenheit des Systems 'Sprache' und seiner Wandlungsfähigkeit zum Ausdruck aller möglichen Gedanken läßt sich erst im Rahmen der mathematischen Chaosforschung erkennen" (Bluhme 1988, 6). Wenn dies gelänge, könnte eine quantitativ orientierte Text- und Sprachbetrachtung dazu beitragen, die künstliche Unterscheidung von Regel und Anwendung, von System und Gebrauch zu überwinden und vielmehr „die Sprache" in der Gesamtheit „des jedesmaligen Sprechens" zu sehen (vgl. Humboldt 1963, 418). Auf diese Weise könnten textstatistische Untersuchungen auch helfen, sprachgeschichtliche Tendenzen (vgl. Embleton 1986) „als notwendige unbeabsichtigte Konsequenz individueller Handlungen auszuweisen, die unter bestimmten ökologischen Bedingungen nach bestimmten Handlungsmaximen vollzogen worden sind" (Keller 1990, 199).

Freilich bewährt sich Textstatistik nur im mühseligen Alltag handwerklich sorgfältiger Einzeluntersuchungen. Dabei sollte jeweils eine theoretisch wohldurchdachte Fragestellung Datenerhebung, -auswertung und -interpretation bis ins einzelne leiten. Sonst versinkt man in unübersichtlichen Zahlengräbern von geringem Erkenntniswert (z. B. Rohrmann 1974), weil auch bei noch so objektiven Verfahren „die Vernunft nur das einsieht, was sie selbst nach ihrem Entwurfe hervorbringt" (Kant 1956, 23 = B XIII).

6. Literatur (in Auswahl)

Altmann, Gabriel (1988): Wiederholungen in Texten. Bochum.

— (1995a): Statistik für Linguisten [1980]. Trier.

— (1995b): Preface. In: Tuldava (1995), I−VII.

Altmann, Gabriel/Grotjahn, Rüdiger (1988): Linguistische Meßverfahren. In: Ammon, Ulrich/Dittmar, Norbert/Mattheier, Klaus J. (eds.): Sociolinguistics. Soziolinguistik. An International Handbook of the Science of Language and Society. 2. Halbband. Berlin/New York, 1026−1039.

Altmann, Gabriel/Schwibbe, Michael H. (1989): Das Menzerathsche Gesetz in informationsverarbeitenden Systemen. Hildesheim/Zürich/New York.

Arens, Hans (1965): Verborgene Ordnung. Die Beziehungen zwischen Satzlänge und Wortlänge in deutscher Erzählprosa vom Barock bis heute. Düsseldorf.

Ballstaedt, Steffen-Peter/Mandl, Heinz (1988): The Assessment of Comprehensibility. In: Ammon, Ulrich/Dittmar, Norbert/Mattheier, Klaus J. (eds.): Sociolinguistics. Soziolinguistik. An International Handbook of the Science of Language and Society. 2. Halbband. Berlin/New York, 1039−1052.

Bergenholtz, Henning/Schaeder, Burkhard (eds.) (1979): Empirische Textwissenschaft. Aufbau und Auswertung von Textcorpora. Königstein/Ts.

Billmeier, G./Krallmann, D. (1969): Bibliographie zur statistischen Linguistik. Hamburg (Forschungsbericht 69/3 des Instituts für Kommunikationsforschung und Phonetik der Universität Bonn).

Bluhme, Hermann (1988): Zur Einleitung: Linguistik ohne Maß und Zahl? In: ders. (ed.): Beiträge zur quantitativen Linguistik. Gedächtniskolloquium für Eberhard Zwirner. Tübingen, 5−8.

Brainerd, Barron (1971): Introduction to the mathematics of language study. New York.

— (1972): Article use as an indicator of style among English-language authors. In: Jäger, Siegfried (ed.): Linguistik und Statistik. Braunschweig, 11−32.

Busemann, Adolf (1925): Die Sprache der Jugend als Ausdruck der Entwicklungsrhythmik. Jena.

Cassirer, Ernst (1953/1954): Philosophie der symbolischen Formen [1923−1929]. 3 Bde. 2. Aufl. Darmstadt.

Embleton, Sheila M. (1986): Statistics in historical linguistics. Bochum.

Fortier, Paul A./Keen, Kevin J. (1997): Change Points: Ageing and Content Words in a Large Data-base. In: Literary and Linguistic Computing 12, 14−22.

Geffroy, Annie /Lafon, P./Seidel, Gill/Tournier, M. (1973): Lexicometric analysis of co-occurrences. In: Aitken, A. J./Bailey, R. W./Hamilton-Smith, N. (eds.): The Computer and Literary Studies. Edinburgh, 113−133.

Gordesch, Johannes (1991): Statistische Datenverarbeitung in der Textanalyse. Berlin: Freie Universität, Institut für Soziologie.

Grotjahn, Rüdiger (1979): Linguistische und statistische Methoden in Metrik und Textwissenschaft. Bochum.

− (1982): Ein statistisches Modell für die Verteilung der Wortlänge. In: Zeitschrift für Sprachwissenschaft 1, 44−75.

Guiter, H./Arapov, M. V. (eds.) (1982): Studies on Zipf's Law. Bochum.

Harkin, Duncan (1957): The History of Word Counts. In: Babel 3, 113−124.

Hellmann, Manfred W. (eds.) (1984): Ost-West-Wortschatzvergleiche. Maschinell gestützte Untersuchungen zum Vokabular von Zeitungstexten aus der BRD und der DDR. Tübingen.

Herdan, Gustav (1966): The Advanced Theory of Language as Choice and Chance. Berlin/Heidelberg/New York.

Hoffmann, L./Piotrowski, R. G. (1979): Beiträge zur Sprachstatistik. Leipzig.

Hřebíček, Luděk (1993): Text as a strategic process. In: Hřebíček/Altmann (eds.), 136−150.

− (1995): Text Levels. Language Constructs, Constituents, and the Menzerath-Altmann Law. Trier.

Hřebíček, Luděk/Altmann, Gabriel (1993): Prospect of text linguistics. In: Hřebíček/Altmann (eds.), 1−28.

− (eds.) (1993): Quantitative Text Analysis. Trier.

Humboldt, Wilhelm von (1963): Ueber die Verschiedenheit des menschlichen Sprachbaues und ihren Einfluss auf die geistige Entwicklung des Menschengeschlechts [1830−1835]. In: ders.: Werke in fünf Bänden (ed. Andres Flitner/Klaus Giel), Bd. III: Schriften zur Sprachphilosophie. Darmstadt, 368−756.

Kant, Immanuel (1956): Kritik der reinen Vernunft [1781]. (= Werke, ed. Wilhelm Weischedel, Bd. II). Wiesbaden.

Kauffer, Maurice (1994): The linguistique et la statistique. In: Nouveaux Cahiers d'allemand 12, no. 1, 55−91.

Keller, Rudi (1990): Sprachwandel. Von der unsichtbaren Hand in der Sprache. Tübingen.

Klavans, Judith/Resnik, Philip (eds.) (1996): The Balancing Act. Combining Symbolic and Statistical Approaches to Language. Cambridge/MA.

Köhler, Reinhard (with the assistance of Christiane Hoffmann) (1995): Bibliography of Quantitative Linguistics (Bibliographie der quantitativen Linguistik; Bibliografija po kvantitativnoj lingvistike). Amsterdam/Philadelphia.

Köhler, Reinhard/Galle, Matthias (1993): Dynamic aspects of text characteristics. In: Hřebíček, Luděk/Altmann, Gabriel (eds.): Quantitative Text Analysis. Trier, 46−53.

Krallmann, Dieter (1966): Statistische Methoden in der stilistischen Textanalyse. Phil. Diss. Bonn.

Laffal, Julius (1997): Union and Separation in Edgar Allan Poe. In: Literary and Linguistic Computing 12, 1−13.

Leech, Geoffrey (1991): The state of the art in corpus linguistics. In: Aijmer, Karin/Altenberg, Bengt (eds.): English Corpus Linguistics. Studies in Honour of Jan Svartvik. London, 8−29.

Meier, Helmut (1967): Deutsche Sprachstatistik. 2 Bde. [1964]. 2. Aufl. Hildesheim.

Menzerath, Paul (1954): Die Architektonik des deutschen Wortschatzes. Bonn.

Orlov, Ju. K./Boroda, M. G./Nadarejšvili, I. Š. (1982): Sprache, Text, Kunst. Quantitative Analysen. Bochum.

Pieper, Ursula (1979): Über die Aussagekraft statistischer Methoden für die linguistische Stilanalyse. Tübingen.

Piotrowski, R. G./Bektaev, K. B./Piotrowskaja, A. A. (1985): Mathematische Linguistik. Bochum.

Piotrowski, R./Lesohin, M./Lukjanenkov, K. (1990): Introduction of Elements of Mathematics to Linguistics. Bochum.

Rietveld, Toni/van Hout, Roeland (1993): Statistical Techniques for the Study of Language and Language Behavior. Berlin/New York.

Rohrmann, Bernd (1974): Psychometrische und textstatistische Studien zu syntaktischen Variablen. Hamburg.

Ruoff, Arno (1981): Häufigkeitswörterbuch gesprochener Sprache: gesondert nach Wortarten, alphabetisch, rückläufig alphabetisch und nach Häufigkeit geordnet. Tübingen.

Schlobinski, Peter (1996): Empirische Sprachwissenschaft. Opladen.

Schmidt, Peter (ed.) (1996): Issues in General Linguistic Theory and The Theory of Word Length. Trier.

Schmitz, Ulrich (1983): Zählen und Erzählen − Zur Anwendung statistischer Verfahren in der Textlinguistik. In: Zeitschrift für Sprachwissenschaft 2, 132−143.

Scholfield, Phil (1991): Statistics in linguistics. In: Annual Review of Anthropology 20, 377–393.

Skorochod'ko, E. F. (1981): Semantische Relationen in der Lexik und in Texten. Bochum.

Stubbs, Michael (1996): Text and Corpus Analysis. Computer-assisted Studies of Language and Culture. Oxford.

Těšitelová, Marie (1992): Quantitative linguistics. Amsterdam, Philadelphia.

Tuldava, Juhan (1995): Methods in Quantitative Linguistics. Trier.

Walker, Marilyn A./Moore, Johanna D. (1997): Empirical Studies in Discourse. In: Computational Linguistics 23, 1–12.

Wickmann, Dieter (1989): Computergestützte Philologie: Bestimmung der Echtheit und Datierung von Texten. In: Bátori, István/Lenders, Winfried/Putschke, Wolfgang (eds.): Computational Linguistics. Computerlinguistik. Ein internationales Handbuch zur computergestützten Sprachforschung und ihrer [sic] Anwendungen. Berlin/New York, 528–534.

Wildgen, Wolfgang (1993): The distribution of imaginistic information in oral narratives. A model and its application to thematic continuity. In: Hřebíček, Luděk/Altmann, Gabriel (eds.): Quantitative Text Analysis. Trier, 175–199.

Wittgenstein, Ludwig (1960): Philosophische Untersuchungen [1953]. In: ders.: Schriften 1. Frankfurt/M., 279–544.

Zipf, George Kingsley (1932): Selected Studies of the Principle of Relative Frequency in Language. Cambridge (Mass.).

– (1935): The Psycho-Biology of Language. Cambridge (Mass.).

Ulrich Schmitz, Essen
(Deutschland)

22. Methoden der Textkritik und Textedition

1. Der Textbegriff in der Editionsphilologie
2. Methoden der Edition antiker und mittelalterlicher Texte
3. Methoden der Edition neuerer deutscher Texte
4. Literatur (in Auswahl)

1. Der Textbegriff in der Editionsphilologie

Früher als in anderen Disziplinen rückte im Bereich der Editionsphilologie der Begriff *Text* in den Horizont wissenschaftlich systematischer Betrachtung. Erste Dokumente einer ernsthaften textkritischen Tätigkeit sind aus der alexandrinischen Philologenschule des dritten und zweiten vorchristlichen Jhs. überliefert. Vor mehr als 500 Jahren bestimmte der italienische Textkritiker Giovanni Lamola seine Aufgabe, in Editionen den „ursprünglichen Text vollständig wiederherzustellen" („omnia secundum priorem textum restituere"), und stellte damit als erster die *Konstitution von Texten* in das Zentrum seiner editionstheoretischen Überlegungen. Dennoch blieb der Begriff selbst für lange Zeit kein Gegenstand näherer Reflexion.

Erst die im 20. Jh. einsetzende Neubesinnung der Aufgaben und Ziele einer Edition brachte die Notwendigkeit mit sich, nun auch den editorischen Begriff *Text* im einzelnen zu klären. Die bis heute nicht abgeschlossene Diskussion ist allerdings überaus kontrovers. Danach zeichnen sich – entsprechend dem unterschiedlichen Selbstverständnis der Editionsphilologen – verschiedene Richtungen ab, den Begriff definitorisch einzugrenzen. So stehen sich zum einen Auffassungen, die den Text (1) als eine intentionale Sprachgestalt sehen, die nicht überliefert ist oder in dieser Form niemals existiert hat und die daher erst vom Editor *hergestellt* („konstituiert") werden muß, anderen Verständnisweisen gegenüber, die Text (2) allein als bereits bestehendes Faktum zulassen, das vom Textherausgeber *festzustellen* und zu dokumentieren ist. Verschiedenartige Textbegriffe ergeben sich vor allem durch die Frage, ob zu einem Werk überlieferte Varianten (3) als solche zum Text des Werkes gehören, in ihrer Gesamtheit also den Text des Werkes bilden, oder ob sie demgegenüber (4) als Abweichungen zum edierten Text jeweils einen eigenen gesonderten Text begründen. Bei der letztgenannten Verständnisweise wird Text als ein einheitliches, in sich abgeschlossenes Sprachgebilde und damit als etwas Feststehendes aufgefaßt. Der hier zugrunde liegende Textbegriff schließt sich noch weitgehend dem alltagssprachlichen Wortgebrauch an und kommt jener Richtung der Textlinguistik nahe, die den Text als „strukturierte, thematisch abgeschlossene Grundeinheit der sprachlichen Kommunikation" (Conrad 1985, 246; ähnlich auch Brinker 1992, 17) begreift. Er orientiert sich am 'normalen' Leserverhalten, das von der Lektüre eines Werkes der Literatur in einer festliegenden und einheitlichen Gestalt ausgeht und im Nacheinander der einzelnen Bedeutungselemente den Sinn des Textes aufbaut. Varianten – wenn sie denn überhaupt wahrgenommen werden – dienen diesem Leser allenfalls als Hilfsmittel der Bedeutungskonstitution, zur Kontrolle, zur Bestätigung oder auch Differenzierung des eigenen Sinnentwurfs. Editorisch gehören sie deshalb nicht zum (edierten) Text, sondern als Zusatzinformation – wie Sacherläuterung, Kommentar, bibliographische Hinweise – in den editorischen 'Apparat'. Textbegriff (3) macht sich demgegenüber die Erkenntnis zu eigen, daß Text nicht etwas in sich Ruhendes, etwas ein für alle Mal Abgeschlossenes ist, sondern als ein dynamisches Gebilde aufgefaßt werden muß, das sich in steter Veränderung befindet. Diese Konzeption geht zum einen davon aus, daß der Prozeß des Lesens nicht – wie in Begriff (4) – dem Text äußerlich ist, sondern ihn allererst konstituiert, beruft sich zum anderen darauf, daß die verschiedenen Stadien, die ein Werk innerhalb seiner Entstehung und Bearbeitung durch seinen Autor durchläuft, zu einem und demselben Text gehören, verschiedene Fassungen *eines* Textes darstellen. Nicht ein einzelner, „abgeschlossener, ein für alle Zeit gültiger Text" (Scheibe 1982, 9), sondern die „Summe" aller Textzustände, die ein Werk während seiner Bearbeitung durch den Autor erreicht, „macht den Text eines Werkes aus" (Scheibe 1984, 207).

2. Methoden der Edition antiker und mittelalterlicher Texte

2.1. Aufgabenstellung

Werke der Antike und des Mittelalters sind nur in wenigen Ausnahmefällen im vom Autor stammenden Original oder in einer von ihm gebilligten Fassung überliefert. Zumeist sind es sehr viel später entstandene Abschriften von Abschriften, die unsere Kenntnis der antiken und mittelalterlichen Literatur begründen. So sahen es Editoren seit jeher als ihre Aufgabe an, neben der Sicherung der Überlieferung das Überlieferte selbst kritisch zu überprüfen und das 'Echte' von 'Unechtem' zu scheiden. Die Rückgewinnung der ursprünglichen, authentischen Textgestalt, Entstellungen des originalen Wortlauts zu erkennen, zu beseitigen oder doch zumindest zu bezeichnen, war für lange Zeit das vornehmste Ziel editorischer Tätigkeit.

2.2. Die 'Lachmannsche Methode'

Die *Textkritik*, die mit dieser Zielsetzung ihre Methoden entwickelte, war eindeutig dem Textbegriff (1) verpflichtet: Der authentische Text war als Faktum nicht mehr zu greifen; er mußte unter Aufwendung allen philologischen Scharfsinns und aller historischer Kenntnisse vom Editor erst hergestellt werden. Dazu mußten zunächst möglichst alle überlieferten Textzeugen gesammelt und miteinander verglichen werden, um mit Hilfe von „Leit-" und „Trennfehlern" ihr Abhängigkeitsverhältnis zu klären und in einem „Stemma" festzuhalten. Auf dieser Grundlage konnte – so Karl Lachmann – das „einzig richtige Gesetz" einer authentischen Textkonstitution erfüllt werden, nämlich „aus einer hinreichenden Menge von guten Handschriften einen allen diesen zum Grunde liegenden Text dar[zu]stellen, der entweder der ursprüngliche selbst seyn oder ihm doch sehr nahe kommen muss" (Lachmann 1876, 82). Schon Lachmann war sich darüber im Klaren, daß auf diesem Wege der „recensio" freilich das Original kaum jemals zu erreichen sei; doch zumindest die Rekonstruktion des „Archetypus", d. h. des gemeinsamen Ursprungs aller überlieferten Textzeugen, erschien ihm möglich und ebenso die „emendatio", die Korrektur von offensichtlichen Fehlern im rekonstruierten Archetypus. Der auf diese Weise tendenziell von allen Korruptelen und Überfremdungen der Überlieferung bereinigte und zudem in der Graphie normalisierte Wortlaut wurde dem Leser als „kritischer Text" geboten. Editorische Eingriffe in die überlieferte Textgestalt sowie Varianten, die zur Textkonstitution herangezogen wurden, gegebenenfalls auch sinntragende Abweichungen gegenüber dem edierten Text, die sich in der handschriftlichen Textüberlieferung fanden, die der Herausgeber jedoch als nicht zum originalen Text gehörig zählte, wurden punktuell zu der jeweiligen Stelle (Lemma) im Apparat aufgelistet. Die hier verzeichneten „Lesarten" hatten vor allem die Aufgabe, die vom Editor bei seiner Rekonstruktion des Textes getroffenen Entscheidungen zu rechtfertigen und überprüfbar zu machen.

2.3. Das editorische Prinzip der Leithandschrift

Erst im Laufe des 20. Jhs. hat sich allmählich die Einsicht durchgesetzt, daß die notwendigen Bedingungen zur Anwendung der Lachmannschen Methode – zumindest im Bereich der Überlieferung deutscher Texte des Mittelalters – zumeist nicht vorliegen: Schon die eindeutige Feststellung des zeitlichen Verlaufs der abschriftlichen Überlieferung und ihrer Deszendenz in einem Stemma bereitete in vielen Fällen unüberwindliche Schwierigkeiten. Oftmals ist mit einer Mischung („Kontamination") verschiedener Überlieferungsstränge zu rechnen, die im Ausnahmefall bis auf unterschiedliche Fassungen des Autortextes selbst zurückgehen können: vielfach kann beim Kopisten nicht einmal das Interesse an einer Bewahrung des Originals vorausgesetzt werden; nicht Fehlleistungen, sondern eigenschöpferische Eingriffe oder auch Aktualisierungen des Schreibers können Veränderungen gegenüber dem verlorenen Ausgangstext begründen, die einen korrigierenden Eingriff des Herausgebers auf der Grundlage seines „Iudiciums" höchst fragwürdig machen. So ist bei den überaus häufig begegnenden gleichwertigen Varianten innerhalb der Überlieferung, den sog. „Präsumtivvarianten", kaum mehr zu entscheiden, welche die autornähere ist. Und zudem ist bei vielen mittelalterlichen Werken, die vornehmlich aus einer mündlichen Überlieferung hervorgegangen sind, nicht mit Notwendigkeit ein einheitliches Original anzunehmen, das Gegenstand einer Rekonstruktion sein könnte.

Aus all diesen Gründen setzte sich in jüngster Zeit mehr und mehr eine Abkehr von den Lachmannschen Grundsätzen und eine Hinwendung zu überlieferungsnäheren Editionsformen durch. Dazu gehören vor allem Textausgaben, die einer „Leithandschrift" folgen. Der Herausgeber übt gegenüber dieser in einer einzelnen Handschrift bezeugten Textgestalt, die als besonderes zuverlässig einzuschätzen ist und dem angenommenen authentischen Text möglichst nahe kommen soll, größte Zurückhaltung. Es geht ihm nicht mehr um Rekonstruktion eines nicht überlieferten Archetyps oder gar des Originals, sondern um die Dokumentation einer „Existenzform des Textes" (Bein 1990, 30); nur in wenigen gut begründbaren Einzelfällen (etwa durch Rückgriff auf Quellen oder auf eine zuverlässige Parallelüberlieferung) wird er vom Wortlaut der Leithandschrift abweichen.

2.4. Das überlieferungskritische und textgeschichtliche Modell der mediävistischen Edition

Ist bei der Edition nach dem Leithandschriften-Prinzip eine Ausrichtung an der erschlossenen Autorgestalt zumindest in der Auswahl des zugrunde gelegten Textzeugen und bei seiner kritischen Überarbeitung noch maßgebend, so finden wir im „überlieferungskritischen" Modell der mediävistischen Edition eine Hinwendung zur historisch bedingten Gestalt eines Textes: Das jeweils in einem Textzeugen dokumentierte historische Verständnis eines Werkes interessierte, der „textus receptus"; die Authentizität des Textes war nicht mehr gebunden an eine – bei vielen Werken ohnehin nicht mehr eindeutig auszumachende – Autorperson, sondern an die Geschichtlichkeit der jeweiligen Bearbeitung einer Vorlage. Schon bei den kritischen Ausgaben, die sich an einer Leithandschrift orientierten, war eine Öffnung des Textbegriffes (1) hin zu Textauffassungen, die den Text als ein Faktum der dokumentierten Überlieferung verstanden [Textbegriff (2)] zu beobachten. In der überlieferungskritischen (und in der ihr verwandten textgeschichtlichen) Edition begegnet nun vielfach der Verzicht auf die Vorstellung eines „festen" Textes zugunsten einer offenen, „dynamischen" Textqualität und somit ein Textverständnis, das dem Textbegriff (3) nahekommt: Die unterschiedlichen Fassungen, die ein Text im Verlaufe seiner eigenen Geschichte annahm, wurden nicht mehr als Entstellungen eines (verlorenen) Originals, sondern als Zeugnisse seiner Offenheit und Veränderbarkeit gesehen. Die möglichst genaue Wiedergabe des in einer Handschrift dokumentierten historischen Zustand – bis hin zum unveränderten, „diplomatischen" Abdruck der handschriftlich vorliegenden Textstufe – war ebenso Folge der veränderten editionstheoretischen Einstellung wie die synoptische Gegenüberstellung verschiedener Redaktionen eines Textes. Der „Apparat" hatte zwar noch immer die Aufgabe, von der Überlieferung abweichende Textkonstitutionen zu begründen, vor allem sollte er jedoch „das gesamte Redaktionsfeld des Denkmals" (Ruh 1978, 36) erschließen. Das kann er freilich nur dann leisten, wenn die punktuelle Verzeichnung der Varianten aufgegeben wird zugunsten einer Darstellungsweise, die den historischen Prozeß der Textveränderung insgesamt greifbar machen könnte. Diese bereits nach 1970 belegbaren editorischen Konzepte erhielten in jüngster Zeit eine nachhaltige Stützung durch die Forderungen der „new philology", die auf dem Boden des Poststrukturalismus eine neue texttheoretische Fundierung der Edition einklagte.

3. Methoden der Edition neuerer deutscher Texte

3.1. Die veränderte Ausgangssituation der Textüberlieferung

Mit der Einführung des Druckes mit beweglichen Lettern in der zweiten Hälfte des 15. Jhs. veränderte sich die Überlieferung von literarischen Texten einschneidend. Waren bis dahin Texte vorwiegend durch autorfremde Abschriften verbreitet, so wurden nunmehr gedruckte Veröffentlichungen, die vom Verfasser selbst veranlaßt und zum Teil auch kontrolliert worden waren, für die Textgeschichte maßgebend. Zudem sind aus den letzten Jahrhunderten zunehmend Autographen erhalten, zu denen in jüngster Zeit vielfach Typoskripte, Schallaufzeichnungen, elektronisch gespeicherte Datenträger usf. hinzukommen, die auf den Verfasser der Texte selbst zurückgehen. Wir haben es somit in der Neuzeit vorwiegend mit einer Überlieferung von *autorisierten* Texten zu tun, wenn wir zum einen unter Autorisation formal-juristisch die ausdrückliche Billigung eines Druckes oder einer anderen Art der Vervielfältigung durch den Autor verstehen, zum anderen aber auch als autorisiert im weiteren Sinne alle Textzeugen ansehen müssen, die der Autor selbst hergestellt hat. Und selbst im Fall der nichtautorisierten Textüberlieferung — beispielsweise durch Abschriften fremder Hand oder durch postume Drucke — stammen die relevanten Textzeugen zumindest aus der unmittelbaren zeitlichen Nachbarschaft des Ursprungstextes.

3.2. Editionstypen

Um den veränderten Bedingungen der neuzeitlichen Textüberlieferung und zugleich den vielfältigen Bedürfnissen der allgemeinen Leserschaft wie auch speziell der Wissenschaften zu genügen, entwickelte sich in den vergangenen 150 Jahren eine breit gefächerte Palette unterschiedlicher *Editionstypen*, die sich insbesondere in der Art der Textaufbereitung unterscheiden. Dem höchsten Anspruch an Wissenschaftlichkeit sucht im Bereich der neueren Literatur die *historisch-kritische Ausgabe* (HKA) nachzukommen. Sie ist auf eine Dokumentation des Gesamtwerks eines Autors, bei Teilausgaben zumindest des gesamten zu einem Teilbereich des Œuvre (Werk, Werkgruppe) überlieferten Materials ausgerichtet. Sie verfährt dabei *historisch*, indem sie einerseits die intendierte Authentizität der hier abgedruckten Texte, ihre originale Gestalt, als ein geschichtliches Faktum begreift und andererseits die Geschichte der Texte selbst, deren Entstehung und Genese, zum Gegenstand des Edierens macht. Sie verfährt *kritisch*, indem sie die Überlieferung auf Autorisation und Authentizität hin untersucht und Textfehler sowie vom Autor nicht gebilligte Texteingriffe feststellt. Vollständigkeit der Textdokumentation — in der Regel jedoch unter Ausschluß der Textveränderungen, die nicht auf den Autor selbst zurückgehen — und genaue Begründung der editorischen Entscheidungen gehören zu den unabdingbaren Anforderungen, denen eine historisch-kritische Ausgabe genügen muß. Auch die *kritische Ausgabe* sucht auf Originaltexte zurückzugehen. Unter dieser Bezeichnung laufen die meisten wissenschaftlich gearbeiteten Ausgaben frühneuzeitlicher deutscher Literatur; aber auch Editionen neuerer Literatur, die nicht dem vollen Anspruch auf Vollständigkeit genügen, dennoch aber eine nach allen Regeln der Textkritik hergestellte Textgestalt bieten, tragen diese Bezeichnung. Auch *Studienausgaben* bemühen sich vielfach um eine eigene kritisch erarbeitete Textkonstitution der zumeist in Auswahl gebotenen Werke oder übernehmen zumindest kritisch überprüfte Texte bereits vorliegender wissenschaftlicher Editionen. Durch Kommentare, Materialien suchen sie zudem die nötigen Grundlagen für eine vertiefte Beschäftigung mit den Texten zu bieten. Demgegenüber beschränken sich *Leseausgaben* (auch *Volksausgaben*) auf die bloße Wiedergabe von Texten einzelner Werke, allenfalls ergänzt durch knappe Erläuterungen und in die Deutung einführende Vor- bzw. Nachworte. Bislang zumeist Stiefkind editorisch reflektierter Tätigkeit läßt sich in jüngster Zeit gerade auch für Leseausgaben eine Tendenz feststellen, die Aufbereitung der in ihnen wiedergegebenen Texte von einem wissenschaftlichen Anspruch nicht abzukoppeln und für ihre Herstellung und Kommentierung größtmögliche Sorgfalt aufzuwenden. So hat sich selbst in zahlreichen Leseausgaben neuerer deutscher Literatur die Einsicht durchgesetzt, daß Wortlaut, Interpunktion und Orthographie literarischer Texte in der authentischen Gestalt, d. h. ohne normalisierende und modernisierende Eingriffe des Herausgebers, abgedruckt werden müssen.

3.3. Textkritik

Im einzelnen änderten sich die Aufgaben und Verfahren der *Textkritik* gravierend gegenüber den Editionspraktiken der Altphilologie und der Mediävistik. Galt dort noch weitgehend die Rekonstruktion des ursprünglichen Autortextes oder zumindest die Annäherung an das verlorene Original als höchstes Ziel editorischer Tätigkeit, ging es bei den neueren Autoren nunmehr vornehmlich um Auswahl und Kontrolle autorisierter Textzeugen. Zwar garantiert die Autorisation keinesfalls eine Fehlerfreiheit der Texte; übersehene Schreib- und Druckversehen, Normierungen von Interpunktion und Orthographie durch den Verlag bis hin zu Eingriffen durch Lektoren und Zensurbehörden können die vom Autor zunächst vorgesehene Textgestalt verändert haben. So galten denn auch für die Editionen neuerer Literatur zunächst die in der klassischen Philologie entwickelten Zielsetzungen der rekonstruierenden Textkritik, nämlich die Herstellung einer ursprünglichen Textgestalt, die hinter der entstellten Form der Überlieferung vermutet wurde − allerdings mit dem gravierenden Unterschied, daß es nunmehr zumeist vom Autor hergestellte oder von ihm in Auftrag gegebene Texte waren, in die der Herausgeber einzugreifen hatte. Nicht der (verlorene) Autortext war Gegenstand der editorischen Rekonstruktion, sondern die im Textzeugen nicht voll realisierte Autorintention. Diese Differenz in der grundlegenden Aufgabenstellung führte letztendlich dazu, daß sich die neuphilologische Textkritik entschiedener als in der Mediävistik von der Vorstellung eines editorischen Textes als eines vom Editor herzustellenden Konstruktes [Textbegriff (1)] löste: Die Entwicklung der neuphilologischen Textkritik lief darauf hinaus, Text als ein historisch zu begreifendes und zu dokumentierendes Faktum [Textbegriff (2)] zu verstehen. Die Einsicht, daß eine ursprüngliche Autorintention kaum jemals letztgültig ermittelt werden kann, immer der subjektgebundenen Intuition des Herausgebers anheim gegeben ist, ließ die Berufung auf den Willen des Verfassers mehr und mehr in den Hintergrund treten. Zwar galt für die Textkritik auch weiterhin das Ziel, Entstellungen in der Drucküberlieferung herauszufinden und zu beseitigen, doch der Begriff des zu korrigierenden „Textfehlers" wurde auf wenige eindeutige Fälle eingeschränkt: Als Kriterium des Textfehlers wurde allein noch anerkannt, „daß er im Zusammenhang seines Kontextes keinen Sinn *zuläßt*" (Zeller 1971, 70). Kontrovers blieb allerdings, ob die vom Editor vorgeschlagene Konjektur im „edierten Text" selbst erscheinen solle, oder ob dort die fehlerhafte Stelle nur zu markieren und die Korrektur allein im Apparat zu notieren sei. Einig war man sich hingegen, daß in allen anderen Fällen, so etwa bei Sachirrtümern oder bei Inkonsequenzen der Namensgebung, der autorisierte Text und selbst autornahe nichtautorisierte Überlieferungsweisen unangetastet bleiben müssen. Es wurde nicht mehr als Aufgabe eines Herausgebers angesehen, einen vermutlich vom Autor intendierten, von ihm aber nicht ausgeführten Text zu konstituieren. Aus diesem Grund neigt heute auch die Edition nachgelassener, d. h. vom Autor nicht zur Veröffentlichung vorbereiteter Werke und Schriften dazu, diese Texte in der − unter Umständen fehlerhaften − Gestalt zu dokumentieren, wie sie der Verfasser selbst hinterlassen hat: Hand- oder maschinenschriftlich überlieferte Notizen, Entwürfe, Fragmente sollten stets mit allen Kennzeichen ihrer Unfertigkeit ediert werden.

3.4. Das traditionelle Muster der Edition

3.4.1. Das von der klassischen und mediävistischen Philologie übernommene Editionsmodell, das die Überlieferung eines Werks oder einer Schrift zweigeteilt − einmal in der Form des „edierten Textes", zum anderen in den Notierungen des „Apparates" − dem Leser präsentiert, galt auch für die editorische Aufbereitung der neueren deutschen Literatur lange Zeit unangefochten. Für den *edierten Text* hatte der Herausgeber aus der Überlieferung eine Textfassung auszuwählen, die ihm für das jeweilige Werk als repräsentativ erschien. Das war zunächst − entsprechend der anfänglichen Hochschätzung der Autorintention − die „Fassung letzter Hand", die für die Editoren des 19. und frühen 20. Jhs. letztgültig den Willen des Verfassers dokumentierte. Auf dieser Grundlage wurde beispielsweise die Weimarer Sophien-Ausgabe der Werke Goethes (1887−1919) erarbeitet: Der letzte Wille des Autors galt für die Auswahl und Anordnung der edierten Texte als maßgebend, was die Herausgeber freilich nicht davon abhielt, rekonstruierend und normierend in den in dieser Form überlieferten Textbestand einzugreifen. Der veränderte Textbegriff, der sich dann im Laufe des

20. Jhs. weitgehend durchsetzte, führte in der Textkonstitution zu einer mehr historisch orientierten Vorgehensweise. Vom Autor verworfene frühere Fassungen eines Textes zogen das Interesse der Herausgeber auf sich. Weil man die geforderte Authentizität nicht mehr allein auf den Autorwillen fixierte, sondern nunmehr als geschichtlich verstand, plädierten viele Editoren für das „Prinzip der frühen Hand": Im autorisierten Erstdruck (oder noch besser in der vom Autor gelieferten Druckvorlage für den Erstdruck) präsentiere sich die Textintention, die die Ausarbeitung des Werkes bestimmte, reiner und unmittelbarer als in Bearbeitungen, die ein Autor zu späterer Zeit vorgenommen hatte (vgl. Scheibe 1971, 35). Bei stark voneinander abweichenden Textfassungen tendierte man nunmehr − nicht zuletzt aus Gründen der prinzipiellen Gleichwertigkeit aller überlieferten Textgestalten − dazu, ein Werk in mehrfacher Gestalt − wenn möglich in synoptischer Gegenüberstellung − abzudrucken.

3.4.2. Der den Editionen beigegebene *Apparat* hatte von alters her die Aufgabe, alle diejenigen Teile der Werküberlieferung, die nicht in die Konstitution des „edierten Textes" eingegangen waren, zu dokumentieren. Nach dem Muster der altphilologischen und mediävistischen Edition verzeichnete man zunächst auch im neuphilologischen Bereich die in der Überlieferung bezeugten Abweichungen vom „edierten Text" punktuell in der Form des „Lemmaapparates". Erst relativ spät setzte sich die Einsicht durch, daß die überlieferten Varianten und abweichenden Fassungen neuzeitlicher Texte anders zu behandeln seien als die „Lesarten" in der antiken und mittelalterlichen Überlieferung. Hatte man es dort mit Veränderungen zu tun, die ein Text erst nach seiner Entstehung im Laufe der Geschichte seiner nichtautorisierten Vervielfältigung (mündliche Tradierung, Abschriften, Drucke) erfuhr, so gehen die relevanten Varianten neuzeitlicher Texte auf die Autoren selbst zurück; es handelt sich hier also vornehmlich um „Entstehungs"- bzw. „Autorvarianten" (im Unterschied zu den Überlieferungs- bzw. „Fremdvarianten", die die Tradierung antiker und mittelalterlicher Texte kennzeichnen). Da die Mitteilung der Autorvarianten nun nicht mehr die Funktion hat, den „edierten Text" zu begründen, sondern einen Einblick in den Entstehungsprozeß eines Textes und in die geschichtlichen Bedingungen seiner Veränderung zu geben, setzte sich die Einstellung durch, daß an die Stelle der punktuellen ‚atomisierenden' Lesartenverzeichnung der klassischen Edition eine genetische Darstellung treten müsse, die dem hier gebotenen Variantenmaterial die ihm gebührende Geltung und Lesbarkeit verschaffe.

3.5. Die textgenetische Edition

Prinzipiell ist die genetische Darbietung der überlieferten Texte nicht an eine bestimmte Editionsform gebunden. Auch das zuvor beschriebene klassische Editionsmodell kann durchaus im Apparat textgenetische Informationen aufnehmen. So bewegen sich denn auch die ersten Versuche, Varianten als Zeugnisse des Entstehungsprozesses darzustellen, im Rahmen der Zweiteilung von „ediertem Text" und „Apparat". Noch die Stuttgarter Hölderlin-Ausgabe (1943−1985), die gemeinhin als ein Paradigmenwechsel in der modernen Editionsphilologie begriffen wird, bleibt diesem Muster verpflichtet. Ihr Herausgeber, Friedrich Beißner, bezeichnet als Ziel seiner Apparatgestaltung, „das Werden des einzelnen Gedichts bei letztmöglicher Vollständigkeit doch leicht überschaubar darzustellen" (Beißner 1943, 24). Doch bei aller Bemühung dem Leser „ein klares Bild der Entwicklung [...] vom ersten Keim bis zur vollendeten Gestalt" (ebd. 27) zu vermitteln, bleibt die Darstellung auf die als „endgültig" verstandene Textfassung des „edierten Textes" ausgerichtet. Letztendlich ist die Übersichtlichkeit seiner genetischen Darstellung, die vielgerühmte Lesbarkeit der Varianten, nichts anderes als eine Reduktion der ursprünglichen handschriftlichen Komplexität auf jene Momente, die für die Herausarbeitung der vorgeblich teleologisch verlaufenden Bewegung der Textentstehung dienlich sein können. Das „idealisierte Lesartenwachstum" bedeutet nicht mehr Darstellung und Wiedergabe der handschriftlichen Verhältnisse, sondern bloße Konstruktion im Hinblick auf ein „Werden" des Textes, dessen Ziel in der (vom Herausgeber schon immer interpretierten) Intention des Autors von vornherein beschlossen liegt. Hinter der Zweiteilung des traditionellen Editionsmodells wird in diesem Fall die Kollision eines doppelten Textverständnisses sichtbar: Während der „edierte Text" im Sinne des Textbegriffes (4) als etwas Feststehendes und Endgültiges dargeboten wird, liegt dem genetisch abgewandelten „Apparat" die dynamische Qualität des Textbegriffes (3) zugrunde. Die Stuttgarter Hölderlin-Ausgabe nähert in ihrer teleologischen Dichtungsauffassung beide Begriffe einander an mit der Konsequenz, daß die textgenetische Darstellung ihre Eigenständigkeit aufgeben muß zugunsten einer Konstitution eines letztgültigen Textes.

Der eigentliche Durchbruch zur textgenetischen Edition gelang Hans Zeller mit seiner Ausgabe der Gedichte Conrad Ferdinand Meyers (1963—1996). Hinter der traditionellen Zweiteilung von „ediertem Text" und „Apparat", die auch den Rahmen dieser Edition bildet, wird nicht — wie im Falle Beißners — eine Angleichung der beiden Textbegriffe sichtbar, sondern eine produktive Spannung zwischen Genese und dem Produkt der Genese, zwischen der Dynamik der Textentstehung und der Statik des veröffentlichten Textes. Jedes Textelement innerhalb der Textgenese ist so dargestellt, daß es sowohl „paradigmatisch" in der Zuordnung zu einer Werkstelle wie auch „syntagmatisch" im Schichtenzusammenhang der Sätze und Sinngefüge zu lesen ist. Grundlage dieses Editionskonzeptes ist die Einsicht in die prinzipielle Gleichwertigkeit aller Stadien, die ein Werk während seiner Entstehung durchläuft. Die einzelnen Textstufen sind nicht mehr auf das Endprodukt — auf die Gestalt in der von Meyer selbst zusammengestellten Sammlung der „Gedichte" — ausgerichtet, sondern zeigen sich in der Darstellung der Textzusammenhänge als selbständige Einheiten innerhalb des Prozesses, in dem die verschiedenen Variationsformen eines Gedichtes von der ersten Niederschrift bis hin zur letztgültigen Druckfassung sich herausbilden. Von dieser Konzeption einer textgenetischen Edition war es nur ein Schritt, den traditionellen Rahmen der zweigestuften Edition zu verlassen. Die Edition der Gedichte Georg Heyms „in genetischer Darstellung" (1993) verzichtet programmatisch auf den „edierten Text". Damit wird in dieser Ausgabe die traditionelle Trennung von „Text" und „Apparat" aufgegeben. Schon mit dieser prinzipiellen Entscheidung soll in der Anlage der Edition dokumentiert werden, daß die Gedichttexte Georg Heyms, die nur zu einem kleineren Teil eine vom Autor sanktionierte Druckgestalt erreichten, höchst instabile Gebilde darstellen, im steten Umbildungsprozeß begriffen sind und in dieser Tendenz zur fortwährenden Veränderbarkeit ihren eigentlich poetischen Charakter gewinnen. Sie präsentieren somit den Typus des dynamisch offenen Dichtertextes. Eine festumrissene Teleologie der Textbildung ist hier ebensowenig auszumachen wie die Möglichkeit, ihnen widerspruchsfreie 'feststellende' Deutungen zuzuweisen.

Neuland in der Konzeption einer textgenetischen Edition betritt auch D. E. Sattler mit seiner Frankfurter Hölderlin-Ausgabe, wenn er sich entscheidet, jeden Text Hölderlins in vierfacher Weise wiederzugeben — (1) als Faksimile der Handschrift, (2) als differenzierte typographische Umschrift des Textzeugen, (3) als genetisch interpretierten Textzusammenhang in Form der „linearen Textdarstellung" und schließlich (4) als „konstituierten" (bzw. „emendierten" oder auch „unemendierten") Text. Damit hat das Zellersche Editionsprinzip der Trennung von Befund und (editorischer) Deutung (vgl. Zeller 1971) seine konsequenteste Ausprägung gefunden: Ist noch die Faksimilewiedergabe weitgehend frei von Eingriffen des Herausgebers, so steigt von der typographischen Umschrift über die chronologisch-genetische Strukturierung des überlieferten Textbestandes bis hin zur Herausstellung eines „konstituierten Textes" sukzessive der deutungsabhängige Anteil der Edition. Dabei hat die Dokumentation des Befundes weniger die Aufgabe, die Entscheidungen des Herausgebers kontrollierbar zu machen; sie will vielmehr dem Leser die materialen und textuellen Konstellationen, die der Dichter bei der Niederschrift und Überarbeitung seiner Texte vor sich hatte, möglichst unentstellt vorführen.

3.6. Die Faksimile-Edition

Sattlers Hölderlin-Ausgabe markiert bereits den Übergang zu einem editorischen Modell, das in jüngster Zeit zunehmend an Bedeutung gewonnen hat: Die *Faksimile-Ausgabe*. Die Einsicht, daß gerade auch die textgenetische Edition bei Autoren wie Celan und Kafka an ihre Grenzen stößt, führt zur Frage, ob man nicht ganz das Konzept einer textgenetisch strukturierten Ausgabe aufgeben und sich auf die reine Dokumentation, auf die Präsentation des Materials in Faksimiles und Umschriften zurückziehen sollte. In der Tat scheint die neueste Entwicklung innerhalb der germanistischen Edition — zumindest in einzelnen programmatisch als (post)modern vorgestellten Projekten — weg von der editorischen Interpretation zu gehen und sich allein die authentische Wiedergabe der Originale als Ziel zu setzen. Jüngstes Beispiel ist die seit 1995 erscheinende „Franz Kafka-Ausgabe", die nunmehr völlig unretouchiert die Texte des Prager Dichters präsentiert. Im Zentrum dieser Edition stehen die Reproduktionen der Handschriften; in ihnen hat der Leser die Chance, ganz im Sinn der in Frankreich entwickelten „critique génétique" Spuren einer eigenen Sprache der „écriture" wahrzunehmen, die ergänzend oder auch gegenläufig die Informationen der niedergeschriebenen Texte begleitet. Neue Dimensionen eines Textbegriffs werden hier sichtbar, die ihn einfügen in eine „langue en acte", in eine Sprache als Aktivität. Dennoch bleibt zu fragen, ob der Rückzug auf eine reine Faksimile-Edition generell die Lösung aller editorischen Probleme bringen kann. Denn zur notwendigen Dokumentation des Befundes muß in einer sinnvollen Edition die zeitlich gliedernde, Zusammenhänge konstituierende und einzelne Phasen voneinander abhebende editorische Deutung hinzutreten, solange sie nicht in bloße Spekulation einmündet.

4. Literatur (in Auswahl)

Bein, Thomas (1990): Textkritik. Eine Einführung in Grundlagen der Edition altdeutscher Dichtung. Göppingen.

Beißner, Friedrich (1942): Bedingungen und Möglichkeiten der Stuttgarter Ausgabe. In: Frey, Theophil (ed.): Die Stuttgarter Hölderlin-Ausgabe. Stuttgart, 18–30.

Brinker, Klaus (1992): Linguistische Textanalyse. 3. Aufl. Berlin.

Conrad, Rudi (ed.) (1985): Lexikon sprachwissenschaftlicher Termini. Leipzig.

Fromm, Hans (1995): Zur Geschichte der Textkritik und Edition mittelhochdeutscher Texte. In: Harsch-Niemeyer, Robert (ed.): Beiträge zur Methodengeschichte der neueren Philologien. Tübingen, 63–90.

Goethe, Johann Wolfgang (1887–1919): Werke. Hg. im Auftrage der Großherzogin Sophie von Sachsen. Weimar.

Heym, Georg (1993): Gedichte 1910–1912. Historisch-kritische Ausgabe aller Texte in genetischer Darstellung. (Dammann, Günter/Martens, Gunter/ Schneider, Karl Ludwig. eds.). Tübingen.

Hölderlin, Friedrich (1943–1985): Sämtliche Werke. Stuttgarter Ausgabe. (Beißner, Friedrich. ed.). Stuttgart.

– (1975 ff): Sämtliche Werke. Frankfurter Ausgabe. (Sattler, Dietrich E. ed.). Frankfurt/M.

Kafka, Franz (1995 ff): Historisch-kritische Ausgabe sämtlicher Handschriften, Drucke und Typoskripte. (Reuß, Roland/Staengle, Peter. eds.). Basel/Frankfurt/M.

Kanzog, Klaus (1991): Einführung in die Editionsphilologie der neueren deutschen Literatur. Berlin.

Lachmann, Karl (1876): Kleine Schriften. Hrsg. von Karl Mühlenhoff. Berlin.

Martens, Gunter (1971): Textdynamik und Edition. In: Martens, Gunter/Zeller, Hans (eds.): Texte und Varianten. München, 165–202.

– (1989): Was ist ein Text? Ansätze zur Bestimmung eines Leitbegriffs der Textphilologie. In: Poetica 21, 1–25.

Meyer, Conrad Ferdinand (1963–1996): Sämtliche Werke. Bd. 1–8: Gedichte. (Zeller, Hans. ed.). Bern.

Rüdiger, Horst (1961): Die Wiederentdeckung der antiken Literatur im Zeitalter der Renaissance. In: Hunger, Herbert/Stegmüller, Otto (eds.): Geschichte der Textüberlieferung der antiken und mittelalterlichen Literatur. Bd. I. Zürich, 511–580.

Ruh, Kurt (1975): Votum für eine überlieferungskritische Editionspraxis. In: Hödl, Ludwig/Wuttke, Dieter (eds.): probleme der edition mittel- und neulateinischer Texte. Boppard, 35–40.

Scheibe, Siegfried (1971). Zu einigen Grundprinzipien einer historisch-kritischen Ausgabe. In: Martens, Gunter/Zeller, Hans (eds.): Texte und Varianten. München, 1–44.

– (1982): Zum editorischen Problem des Textes. In: Zeitschrift für deutsche Philologie 101. Sonderheft: Probleme neugermanistischer Edition, 12–29.

– (1984): Ein notwendiger Brief. [Replik auf eine Kritik Friedrich Dieckmanns.] In: Sinn und Form 36, 205–210.

– (1991): Editorische Grundmodelle. In: Scheibe, Siegfried/Laufer, Christel (eds.): Zu Werk und Text. Berlin, 23–48.

Schnell, Rüdiger (1997): Was ist neu an der 'New Philology'? In: Gleßgen, Martin-Dietrich/Lebsanft, Franz (eds.): Alte und neue Philologie. Tübingen, 61–95.

Stackmann, Karl (1964): Mittelalterliche Texte als Aufgabe. In: Foerste, William/Borck, Karl Heinz (eds.): Festschrift für Jost Trier zum 70. Geburtstag. Köln/Graz, 240–267.

– (1993): Die Edition – Königsweg der Philologie? In: Bergmann, Rolf/Gärtner, Kurt (eds.): Methoden und Probleme der Edition mittelalterlicher deutscher Texte. Tübingen, 1–18.

Zeller, Hans (1971): Befund und Deutung. In: Martens, Gunter/Zeller, Hans (eds.): Texte und Varianten. München, 45–89.

Zeller, Hans/Martens, Gunter (eds.) (1998): Textgenetische Edition. Tübingen.

*Gunter Martens, Hamburg
(Deutschland)*

23. Methoden der Textinterpretation in literaturwissenschaftlicher Perspektive

1. Vorbemerkung
2. Text als Leitbegriff
3. Textbegriffe
4. Literatur (in Auswahl)

1. Vorbemerkung

In der literaturwissenschaftlichen texttheoretischen Diskussion seit 1970 wurde die Frage nach Methoden der Interpretation eng verknüpft mit der Frage nach dem Status des Textes selbst, ja sie erschien gegenüber dieser Frage als sekundär. Eine Version des Textverständnisses negiert sogar die Möglichkeit einer Interpretation, für sie ist der Begriff der Interpretation obsolet. Daher orientiert sich dieser Überblick vornehmlich an der Diskussion des Textbegriffes.

Überblickt man die literaturwissenschaftliche Diskussion zum Textbegriff in den letzten drei Jahrzehnten, so könnte man sie überschreiben mit: Vom Werk zum Text, vom geschlossenen zum offenen Text, vom Text in der Kultur zur Kultur als Text. Die theoretische Diskussion wird damit nicht schlecht getroffen (als jüngste ausführliche Übersicht über die Geschichte der modernen literaturwissenschaftlichen Theorien vgl. Selden 1995).

Sogleich muß eingewandt werden, daß die Entgegensetzung „geschlossener Text" und „offener Text" nicht haltbar ist. Jeder Text setzt zu seinem Verständnis Sprach- und Weltwissen voraus, das über ihn hinausgeht. Insofern ist jeder Text offen. In der interpretativen Praxis wurden Texte immer in Kontexten behandelt. Schon wenn der Name seines Autors vorkommt, wird ein Kontext gesetzt. Schon wenn ich einen Text als ein Gedicht wahrnehme, wird der Kontext einer Gattungsgeschichte gesetzt. In der Theorie der sog. „werkimmanenten Interpretation" wurde diese Überschreitung des Textes ausdrücklich formuliert. Für Emil Staiger, dem Hauptvertreter dieser Richtung, kam es sogar barem „Hochmut" gleich, sich beim Erklären von Sprachkunstwerken auf den Text beschränken zu wollen (Staiger 1955).

Wenn es keinen geschlossenen Text gibt, so gibt es auch nicht einfach einen „offenen" oder „entgrenzten" Text. Jeder Text hat *als* Text eine Struktur, eine Identifizierbarkeit, die es ermöglicht, über ihn als Text zu reden. Wir nehmen diesen bestimmten Text z. B. *als* unfesten oder *als* veränderlichen wahr. Texte sind zugleich bestimmt und offen. Wir können uns identifizierend auf einen Text beziehen und offen lassen, was und wie der Text bedeutet.

2. Text als Leitbegriff

Der Begriff des Textes steigt im Übergang von den 60er Jahren zu den 70er Jahren dieses Jhs. international zu einem Leitbegriff in der Sprach- und Literaturwissenschaft auf. In der Literaturwissenschaft löst der Begriff des Textes tendenziell den Begriff des Werkes ab. Nur noch selten wird offensiv am Werkbegriff festgehalten. So versucht Stierle mit guten Gründen, eine für Dichtung konstitutive „Dialektik" von „Text als Handlung" und „Text als Werk" zu formulieren (Stierle 1981, 537–546; zur Diskussion der Konkurrenz von Werk und Text vgl. Sandor 1979; zur Ablösung des Werkbegriffs durch den Textbegriff vgl. Knobloch 1990, 77 ff). Gegenüber dem durch seine Tradition ideologisch aufgeladenen Werkbegriff (zu seiner Geschichte vgl. Thierse 1990) konnotiert der Begriff des Textes keine ästhetische Wertung, sondern eine wertneutrale, wissenschaftliche Sachlichkeit. Diese Konnotation hatte in der Semiotik, Informationstheorie und experimentellen Poesie der 60er Jahre schon zu einer Privilegierung des Textbegriffs geführt, z. B. in Max Benses „theorie der texte" (1962) und in den poetischen „texten" von Franz Mon, Eugen Gomringer, Reinhard Döhl, Gerhard Rühm und Helmut Heißenbüttel (11 „Textbücher" 1960–1987).

Der neue Textbegriff entspricht auch dem Programm einer Ausweitung des Gegenstandsbereichs der Literaturwissenschaft (Kreuzer 1975). Zu ihren Gegenständen zählen nun hohe und niedere, ästhetische und nichtästhetische Texte. Nichtästhetische Texte werden jetzt „Gebrauchstexte" oder „expositorische Texte" genannt. Tendenziell wird auch der Begriff der Gattung ersetzt durch den der „Textart" oder „Textsorte" (vgl. z. B. das Thema des Germanistentages Hamburg 1979 „Textsorten und literarische Gattungen", hg. v. Vorstand der Vereinigung der deutschen Hochschulgermanisten, Berlin 1983; zur linguistischen Diskussion vgl. Gülich/Raible 1972; Brinker 1992, 126 ff). Konstatiert werden „Spannungen" zwischen der „Textsortenlehre" und einer am „Zusammenspiel von Tradition und Wandel orientierten historischen Gattungslehre" und eine fruchtbare „Konvergenz von sprach- und literaturwissenschaftlichen Ansätzen" (Lämmert 1977, VI). Da prinzipiell alle Texte als Texte auch unter den Gegenstandsbereich der Sprachwissenschaft fallen, kommt es im Zeichen des Textbegriffs wieder zu einer Annäherung von Sprach- und Literaturwissenschaft, die Ende der 60er Jahre noch programmatisch getrennt wurden. Im Zeichen dieser Annäherung wird auf hermeneutische Implikationen der linguistischen Texttheorie aufmerksam gemacht und auf die Analysepotentiale der Rhetorik verwiesen. Die Kohärenz eines Textes z. B. läßt sich nicht allein aus lexikalischen und grammatischen Strukturen ableiten, sondern wird auch fundiert durch die Sinn- und Sachdimension des Textes (Kurz 1977; Klein/Nassen 1979). Einführungen in die Analyse literarischer Texte, die nach 1970 geschrieben werden, suchen die von der Stilistik und Rhetorik ausgehenden (vgl. die Zusammenstellung rhetorischer Formen bei Lausberg 1960) traditionellen literaturwissenschaftlichen Analyseprozeduren mit semiotischen und linguistischen Modellen zu verbinden bzw. sie nach diesen Modellen zu reformulieren. Dabei wird Text in der Regel als zusammengehörige, isolierbare Gruppe von Sprachzeichen verstanden, unabhängig von ihrer mündlichen oder schriftlichen Realisierung, und, im Hinblick auf die kommunikative Funktion, als Einheit einer Sprachhandlung (vgl. z. B. Glinz 1973; 1978; Link 1974; Breuer 1974; Plett 1975; Bernáth/Csuri/Kanyó 1975; Titzmann 1977; Schulte-Sasse/Werner 1977; Lerchner 1984; Keller/Hafner 1986; Schwarz/Linke/Michel/Williams 1988. Die Jahresangaben beziehen sich jeweils auf die 1. Aufl. Zum Paradigma des Handlungsbegriffs vgl. auch Schmidt 1973; Stierle 1975.). In einigen Positionen der Texttheorie wurde schon um 1970 der Umfang des Textbegriffs über die Bedeutung 'Form schriftlich fixierter Sprache' oder 'Einheit einer Sprachhandlung' hinaus auf visuelle Formen (Fotografie, Filme, Theater) ausgedehnt (vgl. z. B. Lotman 1972; Wienold 1972; repräsentativ: Arnold/Sinemus 1973).

3. Textbegriffe

3.1. Philologischer Textbegriff

In der Literaturwissenschaft hatte der Textbegriff zuvor eine philologische Bedeutung. Seit der alexandrinischen Philologenschule des zweiten vorchristlichen Jhs. bedeutete Text die Form schriftlicher Überlieferung. Überlieferungsträger („Zeugen") sind die Handschrift, später auch der Druck. Korrelat des Textes ist der Kommentar. Der Text ist sowohl kommentarbedürftig als auch kommentarwürdig. Kein Text versteht sich von selbst. Schriftlich fixierte, von der unmittelbaren Sprechsituation und personalen Vermittlung abgelöste Äußerungen, d. h. Texte, werden interpretationsbedürftig (vgl. Ricœur 1970; Ehlich 1983). Sie werden zugleich 'dichter' und vieldeutig(er), weil aus dem Text nun gewonnen werden muß, was an Kontext(en) fehlt. Die Interpretation sucht die bedeutungssichernde Sprechsituation zu ersetzen (Assmann 1995, 9 ff). Die (tendenzielle) Ablösung des Textes von seiner Ursprungssituation hat eine hermeneutische Konsequenz. Sie entmächtigt den Autor und ermächtigt den Leser: Der Autor ist nicht der Herr über die Bedeutung eines Textes. Die Intention eines Autors bleibt zwar ein unumgänglicher Maßstab der Interpretation, aber sie geht nicht der Interpretation voraus, sondern ergibt sich erst aus ihr. Sie wird in einer Mischung aus textexternen Interpretationen (Briefe, Tagebücher, epochale Zusammenhänge usw.) und einer Interpretation der textinternen Intentionalität rekonstruiert. Insofern hat jeder Text viele Väter (Raible 1983). Doch interpretiert man einen Text nicht, wie es beliebt, sondern so, wie man meint, daß der Autor will, daß man den Text interpretiere (vgl. Sartre 1958, 28 ff; Strube 1992; Eco 1994; Kurz 1999; zur Funktion der „interpretative communities" wie Universität, Forschergemeinschaft, Schule, Literatursystem usw. Fish 1980; zur sprechakttheoretischen Diskussion von Intentionalität vgl. jetzt Busse 1992, 18 ff). Verbreitete Formulierungen wie: das Verstehen sei ein „Zusammenspiel von Text und Leser" (Iser 1976, 175), sind ungenau. Der Text als Text ist 'immer schon' ein verstandener Text. Das Zusammenspiel vollzieht sich zwischen einer Interpretation, die wir 'immer schon' geleistet haben und (vorläufig) gelten lassen, die uns z. B. wirkungsgeschichtlich vorgegeben ist, und einer neuen, bewußt verfahrenden Interpretation. Da die Geltung eines Textes seine Genesis übertrifft und der Autor eine notwendige, aber auch aus dem Text gewonnene Instanz ist, kann und soll (tendenziell) die Interpretation einen Autor besser verstehen als dieser sich selbst. Diese Maxime findet sich schon bei Plato formuliert (Apologie 2a−c), sie wird dann von Montaigne, Friedrich

Schlegel und Schleiermacher wiederholt (vgl. Gadamer 1965, 172 ff; Frank 1977, 358 ff).

Erst im Horizont dieser philologischen Auslegungskultur erhielt der Textbegriff seine Evidenz (Stillers 1988; Assmann 1995). Aufgabe der Philologie als Textkritik war es, aus dem Gang der Überlieferung den ursprünglichen Text möglichst authentisch wiederherzustellen. Die Abweichungen innerhalb der Überlieferung wurden als „Lesarten" eines einheitlichen und in sich geschlossenen Textes bewertet. Diesem 'statischen' Textbegriff ist in der editionswissenschaftlichen Diskussion seit den 70er Jahren ein 'dynamischer' Textbegriff gegenübergestellt worden. Alle von der Überlieferung dokumentierten Veränderungen gehören zum Text. Text wird verstanden als „Komplex aller zu einem Werk gehörenden Fassungen und Abweichungen" (Martens 1989, 3; vgl. Maurer 1984). Mittelalterliche Texte sind z. B. unfeste Texte. Sie sind nicht zuerst fixiert und dann nachträglich verändert worden. Der Text ist von Anfang an veränderlich (Bumke 1996). Eine gute Edition soll den Text in seiner Veränderung und in seiner Fixierung zugleich dokumentieren.

Die technischen Möglichkeiten und das Medium des Computers haben Auswirkungen auf den Textbegriff. So wird als „Hypertext" (→ Art. 53) die Möglichkeit diskutiert, Texte variabel zu verbinden, ohne einen Text zu privilegieren (vgl. z. B. Morgan 1991). Andererseits wird es ebenfalls Auswirkungen auf den Textbegriff haben, daß mit Texten, die mit dem Computer hergestellt werden, Varianten kaum noch überliefert werden.

3.1.1. Text und Bild

Die Aufmerksamkeit auf die Form und die Medialität der Überlieferung von Texten (vgl. z. B. Ong 1982; Giesecke 1991) hat auch zu neuen Erkenntnissen über den Zusammenhang von Text und Bild, Schreiben und Malen geführt. Der Text ist nicht nur ein Träger und Speicher von Bedeutungen, sondern zeigt sich auch als eine Textfläche, als anschauliche Figuration. In mittelalterlichen und neuzeitlichen Manuskripten kommt es zu einer Kongruenz und Konkurrenz von Text und Bild (grundlegend: Wenzel 1995). Der Text tendiert zum Bild, das Bild zum Text. Die Bildhaftigkeit der Initialen in mittelalterlichen Handschriften ist nur ein hervorragendes Beispiel. Die Textur von Schrift und Bild hat auch eine mnemotechnische Aufgabe. Sie soll das Gedächtnis stützen, entlasten, sie soll speichern.

Selbstverständlich ergeben sich in der Neuzeit Text-Bild-Zusammenhänge. Ein Beispiel wäre das Druckbild der Gedichte von Stefan George, andere das barocke Figurengedicht und das Druckbild in der konkreten Poesie. Hier kann das Druckbild eines Gedichts zugleich als eine pikturale Repräsentation intendiert sein. In der modernen Lyrik hat die spezifische Verteilung der schwarzen Buchstaben auf dem Weiß des Papiers eine ästhetische Funktion. Seit dem Mittelalter werden in Büchern Illustrationen als Veranschaulichungen, auch in der Funktion eines anschaulichen Kommentars, verwendet. Im 19. Jh. konnten noch alle Gattungen, einschließlich der Lyrik, mit Illustrationen versehen werden. Im 20. Jh. markiert das Vorkommen oder Nichtvorkommen von Illustrationen geradezu den Unterschied von 'hoher' und 'niederer' Literatur. Hohe Literatur wird nicht oder nur selten illustriert, Unterhaltungsliteratur wird häufig, Kinder- und Jugendliteratur fast immer illustriert (vgl. allgemein Muckenhaupt 1986; Harms 1990; 1991; Gross 1994). Die Frage nach dem Zusammenhang von Textualität, Medialität und Gedächtnisspeicherung hat in den letzten Jahren zu interessanten und produktiven Untersuchungen geführt (vgl. auch Assmann 1983; Lachmann 1990; Haverkamp/Lachmann 1991; 1993; Wenzel 1995).

3.2. Text als System: Lotmans Theorie des literarischen Textes

Eine wichtige Rolle in der literaturwissenschaftlichen Diskussion zum Textbegriff seit den 70er Jahren spielen die Arbeiten des Literaturwissenschaftlers und Semiotikers J. M. Lotman (vgl. Lotman 1972; 1974; 1975; zur Position Lotmans in der russischen Literaturtheorie vgl. Städtke 1996). Lotmans Theorie stellt eine originelle Fortentwicklung des Strukturalismus de Saussures, des russischen Formalismus und des Prager Strukturalismus dar. Dabei postuliert Lotman einen weiten Textbegriff. Der künstlerische Text umfaßt verbale, pikturale und musikalische 'Texte'. Kunst wird beschrieben als eine sekundäre, auf der natürlichen Sprache aufbauende Sprache, das Kunstwerk als ein „Text" in dieser Sprache und als ein „Modell von Welt" (Lotman 1972, 22 ff). Als ein „sekundäres modellbildendes System" (Lotman 1972, 22; dieser Begriff geht auf Hjelmslev zurück) ist jeder künstlerische Text Teil eines „extratextuellen Bezugssystems" (Lotman 1972, 81 ff) wie z. B. der Sprache und Literatur einer Gemeinschaft, einer Gattung, einer Epoche und erfüllt in der gesellschaftlichen Kommunikation eine bestimmte Kulturfunktion. Nach Lotman ist der Text 1. explizit, d. h. er realisiert ein System (so wie bei de Saussure die parole die langue realisiert), 2. begrenzt, und 3. strukturiert, wobei die Struktur des künstlerischen Textes auf der Struktur der natürlichen Sprache aufbaut. Die Struktur wird gebildet von einem hierarchischen System von Relationen. Der Text kann daher definiert werden als eine strukturierte Abfolge von Zeichen zwischen zwei äußeren Grenzen. Nach dem strukturalistischen Modell liegt die Bedeutung eines Textelements in seiner Möglichkeit, mit anderen Textelementen und mit dem Ganzen des Textes *und* mit extratextuellen Elementen eine Relation zu stiften.

Das System der Relationen kann auf zwei Typen von Relationen zurückgeführt werden: auf das Prinzip der Wiederholung und das Prinzip der Kombination. Nach dem Prinzip der Wiederholung werden alle Elemente eines Textes als Äquivalente behandelt. Dieses Prinzip bedeutet keine Gleichförmigkeit, sondern verbindet notwendig Gleichstellungen und Gegenüberstellungen. Im Verschiedenen wird Ähnliches, im Ähnlichen Verschiedenes aufgedeckt. Was in der natürlichen Sprache verschieden ist, kann in der sekundären künstlerischen Sprache gleichgesetzt werden. Der Reim z. B. bezieht phonetisch ähnliche und semantisch verschiedene Wörter aufeinander, der Rhythmus setzt semantisch verschiedene Wörter intonatorisch gleich.

Das zweite Konstruktionsprinzip ist das der Kombination von benachbarten Textelementen, z. B. in der Identifizierungsleistung der Metapher. Die Analyse des Textes endet jedoch nicht mit der Analyse seiner Struktur, sondern umfaßt die Analyse der Funktion in der kultursemiotischen Praxis (der „Semiosphäre") seiner Epoche: „die gleichzeitige Einbeziehung des künstlerischen Textes in viele sich gegenseitig überschneidende textexterne Strukturen, die gleichzeitige Zugehörigkeit jedes Textelements zu vielen Segmenten der textimmanenten Struktur – all das macht das Kunstwerk zum Träger vieler außerordentlich komplex untereinander korrelierender Bedeutungen" (Lotman 1972, 424).

3.3. Entgrenzungen des Textes

3.3.1. Text als écriture

Bezeichnend für die Umorientierung vom 'fixierten' zum 'fließenden' Text in der Diskussion der späten 60er und 70er Jahre ist der emphatische Begriff der „écriture", der Schrift oder des Schreibens, in der französischen Texttheorie im Umkreis der Zeitschrift „Tel Quel" und der Poetik des Nouveau Roman. Dieser Begriff soll den Text als Prozeß und Bewegung bestimmen. Demgegenüber erscheint der Begriff des Werkes („l'œuvre") als ein Oberflächenphänomen (vgl. die kritische Darstellung in Brütting 1976). Diese französische Diskussion muß vor dem Hintergrund der schulischen Übung der explication de texte verstanden werden. Von ihr setzt sie sich polemisch ab. In der explication de texte wird der Text nach mehr oder weniger festen Regeln (allgemeines Thema, Aufbau, sprachliche Form, literarische Form, Intention, Entstehung, Wirkung, Bewertung) erklärt. Dabei geht die explication de texte von der Voraussetzung aus, daß es zwischen Autor und Leser keinen unüberbrückbaren hermeneutischen Abstand gibt.

3.3.2. Text als Intertextualität

Wie der Begriff der écriture soll der Begriff der Intertextualität (→ Art. 43) die Vorstellung eines geschlossenen, monadischen Textes auflösen. Nach dieser Konzeption bildet die Tradition einen unendlichen Text, dessen Teile die einzelnen Texte sind. Jeder Text ist ein pluraler Text, er ist ein Bündel möglicher Beziehungen auf andere, prinzipiell unendlich viele Texte. Andere charakteristische Metaphern für die Intertextualität des Textes sind neben Bündel Mosaik, Knoten, Netz, Galaxie, Kreuzung.

Der Begriff der Intertextualität geht auf die Texttheorie von Julia Kristeva zurück (Kristeva 1969). Sie stellt den Text als prinzipiell mehrdeutiges Gebilde der (vermeintlich) begrifflich bestimmten Normalsprache gegenüber. Hinter ihm steht nicht die Intention einer Subjektivität, er ist kein Ausdruck einer Subjektivität, wie sie gegen die Praktik der explication de texte schreibt. Sie charakterisiert den Text als ein „mosaïque de citations, tout texte est absorption et transformation d'un autre texte. A la place de la notion d'intersubjectivité s'installe celle d'intertextualité" (Kristeva 1969, 146). Man sieht, das vertriebene Subjekt kehrt wieder in der Subjektivierung des Textes. In dieser Form machte das Konzept der Intertextualität im Poststrukturalismus und im Umkreis des Dekonstruktivismus Karriere (vgl. z. B. Barthes 1970; 1973). Kristeva selbst hat später den Begriff der Intertextualität, offenbar weil doch zu unspezifisch, ersetzt durch den Begriff der Transposition (Kristeva 1974).

3.3.2.1. Die Texttheorie Bachtins

Kristeva hatte den Begriff der Intertextualität formuliert im Anschluß an die sehr verkürzt rezipierte Sprachtheorie de Saussures, wonach der Sinn eines Zeichens nur in seiner Differenz zu anderen (potentiell allen) Zeichen liege, und im Anschluß an die stark umgedeutete ästhetische Theorie Michael M. Bachtins. Bachtins Theorie war für die Ausbildung und Diskussion des Intertextualitätskonzepts überhaupt von großer Bedeutung. Bachtin hatte seine Theorie in den 20er Jahren entwickelt und in den folgenden Jahrzehnten in Studien zu Dostoevskij, Rabelais, zur menippeischen Satire, zum Karneval und zum Roman historisch entfaltet (Bachtin 1969; 1971; 1979; vgl. dazu Broich/Pfister 1985, 1 ff). Nach Bachtin bestimmen die Prinzipien der Monologizität (korreliert mit Vereinheitlichung, Autorität, Hierarchie, Zentralisation, Dogma) und der Dialogizität (korreliert mit Differenzierung, Dezentralisation, Vielfalt, Mehrstimmigkeit) die Gesellschaft, die Sprache und die Literatur. Auf diesen Begriff der Dialogizität berief sich Kristeva. Monologisch verfährt nach Bachtin die Lyrik (zur Kritik vgl. Lachmann 1982, S. 1 ff), dialogisch der neuzeitliche Roman. Er bewahrt das subversive Potential des Karnevals und der Satire. Es ist diese ideologiekritische Brisanz, mit der Bachtin das Prinzip der Dialogizität ausstattete, die Ende der 60er Jahre in Paris die Poststrukturalisten faszinierte.

Die interne Redevielfalt und Polyperspektivität des Romans wird gebildet aus der Stimme des Erzählers und den Stimmen der Erzählfiguren: „Das Wort einer solchen Rede ist das zweistimmige Wort. Es drückt gleichzeitig zwei verschiedene Intentionen aus: die direkte Intention der sprechenden Person und die gebrochene des Autors" (Bachtin 1979, 213). Idealtypisch faßt der Roman mit seiner Mehrstimmigkeit die Stimmen seiner Epoche zusammen.

Der mehrstimmige, in diesem Sinne dialogische Roman wiederholt die allgemeine Spracherfahrung, daß das Wort kein „Ding" ist, „sondern das ewig bewegte, sich ewig verändernde Medium des dialogischen Umgangs. Ein einzelnes Bewußtsein, eine einzelne Stimme ist ihm niemals genug. Das Leben des Wortes besteht im Übergang von Mund zu Mund, von Kontext zu Kontext, von Kollektiv zu Kollektiv, von Generation zu Generation." Jedes Mitglied einer Sprachgemeinschaft „empfängt das Wort von einer fremden Stimme, angefüllt mit dieser fremden Stimme. In seinem Kontext kommt das Wort aus einem anderen Kontext, durchwirkt von fremden Sinngebungen. Sein eigener Gedanke findet das Wort bereits besiedelt" (Bachtin 1969, 129 f).

Im Unterschied zu seiner poststrukturalistischen Rezeption zielt Bachtins Konzept der Dialogizität auf die Mehrstimmigkeit, auf den „Redeverkehr" innerhalb eines einzelnen Textes. Dieser Redeverkehr reicht von offenen über verborgene bis zu zerstreuten Reden. Es handelt sich um ein intratextuelles Konzept, die intertextuelle Beziehung auf andere Texte erscheint demgegenüber als sekundär. Als Text versteht Bachtin dabei „jeglichen kohärenten Zeichenkomplex". Jeder Text ist, wiederum anders als in seiner poststrukturalistischen Rezeption, an ein Subjekt gebunden. Er ist eine „Aussage", d. h. eine Realisierung einer Intention. Das Subjekt, das seine Intention im Text realisiert, kann der reale Autor sein, kann aber auch eine fiktive Instanz als Autor sein. Entscheidend ist die Instanz einer Subjektivität, allgemein die Situation des Textes in historischen und gesellschaftlichen Zusammenhängen. Bachtins „Textologie" ist eine hermeneutische Theorie. Das Verstehen des Textes wird dabei als Dialog zweier „Subjekte" beschrieben: zwischen dem Text und seinem Autor und dem reagierenden, fragenden und erwidernden „Kontext", den der Interpret schafft (Bachtin 1990 mit wichtigen Erläuterungen der Übersetzer).

3.3.2.2. Stand der Intertextualitätsdiskussion

In der gegenwärtigen Diskussion lassen sich zwei Positionen unterscheiden: das poststrukturalistische oder dekonstruktivistische Modell einer universellen Intertextualität, demzufolge alle Textualität Intertextualität ist. Dieses Modell hat die methodische Schwierigkeit, daß es in der Analyse nicht operationalisierbar ist. Und das strukturalistische und hermeneutische Modell, demzufolge Intertextualität als eine intendierte oder unintendierte, jedenfalls relevante, markierte Beziehung zwischen bestimmten Texten oder Textsorten bzw. Gattungsmustern begriffen wird. Solche markierten Beziehungen sind z. B. Anspielung, Zitat, Parodie, Satire, Kontrafaktur, Paraphrase, Plagiat, Übersetzung (vgl. Lachmann 1982; Schmid/Stempel 1983; Broich/Pfister 1985; Plett 1991; Kühlmann/Neuber 1994; zur Bibliographie: Hebel 1989). Ein anspruchs- und eindrucksvoller Versuch, Formen der Intertextualität zu systematiren, liegt in Genette (1982) vor. Als Oberbegriff für all das, was einen Text in eine manifeste oder geheimere Beziehung zu anderen Texten bringt, dient ihm der Begriff der Transtextualität. Er umfaßt fünf Unterbegriffe: die Intertextualität (als die Kopräsenz zweier oder mehrerer Texte, z. B. im Zitat), die Paratextualität (als die Beziehung zwischen Titel, Motto, Vorwort usw. zum Text, vgl. dazu auch Genettes Monographie 1987), die Metatextualität (als die kritische, kommentierende, erklärende Bezugnahme eines Textes zu einem anderen, z. B. eine Interpretation), die Hypertextualität (als die Beziehung eines Textes zu einem anderen, den er notwendig voraussetzt, z. B. die Imitation, der Fortsetzungsroman, „Ulysses" von James Joyce setzt notwendig die „Odyssee" voraus), schließlich die Architextualität (als die Beziehung eines Textes auf seine Gattung).

Eine Richtung der feministischen Literaturwissenschaft, in der 'Weiblichkeit' als eine ästhetische Kategorie der Moderne postuliert wird, ist neben dem Dekonstruktivismus von der Intertextualitätsdiskussion im Ausgang von Kristeva inspiriert. Weiblichkeit wird, wie der Text bei Kristeva, als Ort des Anderen, Entgleitenden, sich Überschreitenden gefaßt. Der Text der Moderne fällt demnach zusammen mit dem weiblichen Text (vgl. die kritische Diskussion dieser Konzepte bei Osinski 1992).

3.3.3. Text als Dekonstruktion

Die Entgrenzung des Textes, der im „texte général" (Derrida 1973, 310) immer neue Verbindungen herstellt, die Eliminierung eines Subjekts als intentionaler Instanz, damit die Konzeption einer subjektlosen Produktivität des Textes, bilden Grundvoraussetzungen des Poststrukturalismus und des Dekonstruktivismus (vgl. z. B. die positive Darstellung von Culler 1983; dt. 1988; die kritische von Zima 1994). Nicht zuletzt beruht dessen, wegen seiner problematischen Voraussetzungen und Widersprüche höchst erstaunliche, Karriere auf der Faszination einer Rhetorik der Subversion. (So konnte der Dekonstruktivismus in Deutschland auch als eine Nachfolgetheorie der Kritischen Theorie attraktiv werden). Kennzeichnend für den Dekonstruktivismus ist sein Interesse an der Differenz, an Brüchen und Widersprüchen, am Marginalen, an der Umkehr von Ordnungen, an selbstreferentiellen und selbstdekonstruktiven Beziehungen. Auch bei Derrida, auf den der Begriff des Dekonstruktivismus zurückgeht, steht am Anfang eine Verabsolutierung der Lehre von der Differentialität der Zeichen. Da jedes Zeichen immer nur in der Differenz zu anderen Zeichen besteht, ergibt sich nie eine Präsenz und Identität des Zeichens. Analoges gilt für den Text. Der Sinn eines Textes ist daher immer zerstreut (Derrida 1967; 1967). In der Arbeit an Texten setzt Derrida allerdings die Identifizierbarkeit von Texten als Texten, Zeichen als Zeichen voraus. In der Auseinandersetzung mit dem Sprachphilosophen Searle gibt er eine relative Konstanz der Zeichen und Texte auch zu. Jeder Text subvertiert nach Derrida seine Auslegung, jeder Text dekonstruiert sich selbst, er ist ein „Bruch als Bezug" (Derrida 1984, 58). Die Kategorie einer Einheit, einer Kohärenz oder Intentionalität des Textes unterliegt einem Logozentrismusverdacht. Ein literarischer Text ist dadurch ausgezeichnet, daß er „simultaneously asserts and denies the authority of its own rhetorical mode" (de Man 1979, 17). In jedem literarischen Text komme es zu einer „aporia" (de Man) zwischen Rhetorik und Referenz. Die Interpretation des Textes vollzieht in ihrer Dekonstruktion des Textes nur dessen Selbstdekonstruktion nach. Eine solche These hat zur Voraussetzung, daß von der kommunikativen Situation des Sprechens und Verstehens abgesehen und Bedeutung mit Referenz gleichgesetzt wird – was außer im Dekonstruktivismus von niemand mehr behauptet wird. Die Lehre, daß jeder (literarische) Text die Unmöglichkeit aller Interpretation demonstriere, behandelt den Text nach dem Modell heiliger Texte (vgl. Habermas' Kritik an Derrida: Habermas 1985).

Einige Vertreter des Dekonstruktivismus gebrauchen für das sich dem Verstehen Entziehende am Text den mehr als problematischen Begriff der „Materialität". Wenn z. B. Wellbery (1996, 132) Materialität definiert als „Auflösung der sinntragenden Differenzen durch das Medium, dem sich diese einschreiben", dann bedeutet Materialität mehr als Materialität (vgl. auch Gumbrecht/Pfeiffer 1988; zu einem sinnvollen Begriff von Textmaterialität vgl. Gross 1994).

3.3.4. Dekonstruktivistische und hermeneutische Texttheorie

Weithin ist die poststrukturalistische oder dekonstruktive Konzeption eines entgrenzten, sich selbst widersprechenden und sich entgleitenden Textes als Anti-Hermeneutik formuliert und rezipiert worden. Die Hermeneutik wurde festgelegt auf die Methode einer Reduktion von Vieldeutigkeit auf Eindeutigkeit, auf eine Glättung von Widersprüchen oder auf eine Referenz auf vorgegebene Realität (beispielhaft Lehmann 1979; jetzt z. B. Wellbery 1996). Deswegen wird auch nicht von Interpretation, sondern von Lektüre geredet – als ob Lektüre nicht selbst eine (eingeschliffene, deswegen unauffällig gewordene) Interpretation wäre (vgl. zum Lesen Aust 1986; Gross 1994). Dieses anti-hermeneutische Programm ist nur als Theoriepolitik erklärbar. In der interpretatorischen Praxis der Poststrukturalisten und Dekonstruktivisten läßt sich indessen zeigen, daß sie von fixierbaren Texten und von Intentionen (die schon mit dem Namen eines Autors ins Spiel kommen) ausgehen. Das Konzept des Textes z. B. bei Barthes (Barthes 1973) schwankt zwischen einem Text, den der Leser in einem freien Spiel selbst schreibt, und einem Text, an dessen Vorgaben der Leser sich halten muß (zur Kritik vgl. schon Hempfer 1976).

Tatsächlich kann der Poststrukturalismus oder der Dekonstruktivismus als eine Radikalisierung hermeneutischer Konzepte verstanden werden, gerade in der Insistenz auf Vieldeutigkeiten, Sinnbrüchen und Sinndifferenzen. Von Schleiermacher über Wilhelm von Humboldt bis zu Gadamer lehrt die Hermeneutik, daß eine Transparenz des Textsinns und eine Methodensicherheit nicht zu haben ist. Es gab denn auch Versuche, Poststrukturalismus, Dekonstruktivismus und Hermeneutik zu verbinden. Vor allem hat Frank sich in mehreren Arbeiten zum Ziel gesetzt, diesen „Konflikt" zu überwinden (vgl. Frank 1977; 1983).

Exemplarisch für die Differenzen von Dekonstruktivismus und Hermeneutik ist eine Diskussion zwischen Derrida und Gadamer über das, was ein Text ist. Für Gadamer sind Text und Interpretation komplementäre Begriffe. Der Text ist einerseits ein „Zwischenprodukt, eine Phase im Verständigungsgeschehen, die als solche gewiß auch eine bestimmte Abstraktion einschließt, nämlich die Isolierung und Fixierung eben dieser Phase", andererseits ist diese Abstraktion gegenüber der Frage nach dem, „was eigentlich dasteht", als ein „Bezugspunkt" gerechtfertigt (Gadamer 1984, 34 f). Derrida setzt dagegen, daß Text nur als „Bruch des Bezuges, der Bruch als Bezug gewissermaßen, eine Aufhebung aller Vermittlung" gedacht werden könne (Derrida 1984, 58). Wenn freilich der Bruch auch *als* Bezug gelten soll, dann kann nicht von der „Aufhebung" aller Vermittlung geredet werden, außer im mehrfachen Sinne von Aufhebung, wie ihn Hegel gebrauchte. Dann aber ist die Differenz zur Hermeneutik sehr gering. In seinem Vermittlungsversuch macht Frank im Lichte der modernen theoretischen Diskussion die Position Schleiermachers stark. Für Schleiermacher ist die Interpretation eine „Kunst", weil es zwar Regeln der Interpretation gibt, aber keine (Meta-)Regeln für die Anwendung dieser Regeln auf gegebene Texte. Diese Anwendung fällt unter die konstruktive, „divinatorische" Fähigkeit des Interpreten. Sie steuert den Analyseprozeß (vgl. auch Ricœur 1970). Sie klärt sich allerdings und gewinnt ihre methodische Kontur erst durch die strukturale, Schleiermacher nennt sie „grammatische", Analyse. Gleichwohl bleibt die methodische Sicherheit der Interpretation prinzipiell hypothetisch, aber nicht beliebig (vgl. Gadamer 1965, 321 ff). Über ihre Geltungsansprüche kann mit Gründen gestritten werden.

Der definitorische Sinnentwurf und die strukturale Analyse implizieren die Unterstellung einer Textkohärenz. Die Rede von Brüchen und Differenzen setzt notwendig Kohärenzunterstellungen voraus. Textkohärenz läßt auch Sprünge und Brüche zu, wie das Beispiel moderner Lyrik lehrt. Nur geben wir uns mit dem Konstatieren von Sprüngen und Brüchen nicht zufrieden, sondern fragen nach ihrer möglichen thematischen, also auch kohärenzbildenden Funktion (zur Kategorie der Textkohärenz vgl. Fritz 1982; Brinker 1992; → Art. 18; wichtig auch der Begriff der Sinnkonstanz bei Hörmann 1976). Kohärenz und Vieldeutigkeit eines Textes widersprechen sich nicht, sondern verhalten sich komplementär. Durch die Unterstellung von Kohärenz wird ein Text auch vieldeutig, durch Vieldeutigkeit wird ein Text auch kohärent (vgl. Japp 1977, 65 ff; Kurz 1999).

Schleiermachers Interpretationsregeln (vgl. Scholtz 1995, 113 ff) lassen sich zusammenfassen als: ein Text wird verstanden, wenn die Funktion seiner Elemente und wenn die Funktion des Textes verstanden wird. Um diese Funktionen zu verstehen, müssen die einzelnen Elemente und der Text auf je relevante Kontexte bezogen werden, auf Kontexte im Text, auf den Text als Kontext, auf den Kontext des Textes. Interpretieren ist wesentlich kontextualisieren. Das Verhältnis von Element und Kontext wird bekanntlich als „hermeneutischer Zirkel" diskutiert (vgl. Gadamer 1965, 270 ff; Kuhlmann 1975, 165 ff; Frank 1977, 305 ff; Stierle 1985; Danneberg

1995; zum Ansatz, den 'hermeneutischen Zirkel' als Verfahren von Inferenzen, d. h. hypothetischen Schlüssen, zu reformulieren vgl. Busse 1992, 190 ff; zur Kritik Gerke 1996).

Wenn einen Text interpretieren heißt, ihn als Element eines Kontextes interpretieren, dann heißt dies auch, daß der Text als Text in der Interpretation immer überschritten wird, wie schon der „werkimmanenten Interpretation" bewußt war. Auch Gadamers Konzept der Wirkungsgeschichte eines Textes als Bedingung und Medium seines Verstehens (Gadamer 1965, 305 ff) und der ihm folgende Ansatz der Rezeptionstheorie (Iser 1970; Jauß 1982) implizieren einen 'offenen', sich selbst überschreitenden Text. Die Einheit des Textes, eine triviale Feststellung, ist relativ, nämlich relativ zu Kontexten (vgl. dazu auch Fuhrmann/Jauß/Pannenberg 1981).

Es ist sinnvoll, von Methoden, d. h. systematischen Verfahren des Interpretierens zu reden, es ist nicht sinnvoll, von Methoden des Verstehens zu reden, u. a. deswegen, weil die Methode als systematisches Verfahren auf Verstehen zielt *und* schon „divinatorisches" Verstehen voraussetzt (vgl. auch Heringer 1990). Im Gebrauch des Ausdrucks „Methoden der Interpretation" wird weniger eine Verschiedenheit von Verfahren gemeint – diese sind in der Interpretationspraxis nicht sehr verschieden –, sondern eine Verschiedenheit von Kontexten (vgl. Weimar 1996; Fohrmann 1997). Interpretationen unterscheiden sich vor allem in der Wahl relevanter Kontexte für den Text. Eine wählt die Gesellschaft als relevanten Kontext, eine den Diskurs der Macht oder der Geschlechter, eine das Universum der Texte, eine die Kultur, eine den Autor oder das Unbewußte, eine den Erwartungshorizont des zeitgenössischen Publikums, zu dem der Text in eine dialogische Beziehung gebracht wird, eine, wie der Dekonstruktivismus, den Sinn als Kontext, der stets subvertiert wird. Alle kommen sie darin überein, daß sie relevante Kontexte suchen (vgl. als Überblick Kurz 1986; Newton 1990; Strube 1993, 67–96).

Formuliert man die Methoden der Interpretation literarischer Texte in allgemeine Interpretationsregeln um, so könnte man sie auf vier elementare Interpretationsregeln zurückführen:

1. Suche den relevanten Kontext für den Text.
2. Unterstelle für den Text eine Kohärenz und eine Struktur (gerade, um seine Brüche zu zeigen.)

Diese beiden Regeln sind noch nicht literaturspezifisch. Die beiden folgenden entsprechen der Einstellung auf einen literarischen Text:

3. Unterstelle, daß prinzipiell alles im Text von Bedeutung sein kann, nicht nur Absätze, Sätze, Wörter, sondern auch Silben, einzelne Phoneme (z. B. im Reim, in Alliterationen), Klänge, sogar die Form der Drucktypen, das Weiß des Papiers.
4. Unterstelle, daß der Text vieldeutig ist/sein kann und entwickle aus ihm so viel Bedeutung wie nach dem formalen und semantischen Potential des Textes möglich (Prinzip der Vieldeutigkeit, vgl. Kurz 1999).

Nach dieser Regel werden die Elemente des Textes in semantisch perspektivierende Beziehungen gebracht, die sie mit Bedeutungen aufladen.

Da die Wahl der Kontexte und die Perspektivierungen der Elemente abhängen von „divinatorischen" Einstellungen und Fragen, bleibt jede Interpretation vorläufig.

3.3.5. Text und Diskurs

Im Gefolge der Diskursanalyse von Michel Foucault hat der Begriff des Diskurses – den es in der Linguistik etwa bei Peirce, Harris und Mead vorher schon gab und der in der Philosophie, etwa bei Habermas und Apel, anders verwendet wird – in den letzten Jahren geradezu einen Verwendungssog ausgeübt (vgl. Foucault 1966; 1971; 1973; 1974; zur ersten Phase der literaturwissenschaftlichen Diskussion in Deutschland vgl. Kittler/Turk 1977; zur Weiterentwicklung Link 1983, dessen Anwendung die methodisch anspruchsvollste darstellt; Fohrmann/Müller 1988; zur Kritik an Foucaults Diskursbegriff vgl. Habermas 1985; Frank 1988; Kurz 1988). Foucault versteht, summarisch zusammengefaßt, unter Diskurs eine Ordnung, die Reden, institutionelle Einrichtungen und intellektuelle Techniken umgreift und deren Funktion vor allem in der Kontrolle sozialer und natürlicher Prozesse besteht. Mit dem Dekonstruktivismus teilt Foucault die antihermeneutische Verabschiedung der Kategorien des Sinns, der Subjektivität und der Intentionalität. Foucault hat dabei aber, entgegen seiner Rezeption, nicht die Kategorie des Autors verabschiedet. Er fragt vielmehr nach der „Funktion Autor" in der Welt der Diskurse (Foucault 1974).

Solche Diskurse legen fest, was als Autor, Intention und was als Text oder Werk oder

Literatur gilt. Texte gelten dabei als „zusammengesetzte und künstlich zum Abschluß gebrachte disperse Einheiten" (Fohrmann/Müller 1988, 16), als Erzeugnisse und Funktionen in Macht-Wissen-Formationen. Auch der Diskursbegriff führt zu einer Entgrenzung des Textbegriffs. Seine relative Einheit gilt als Ergebnis von Machthandlungen.

3.3.6. Texte in Kulturen, Kultur als Text

In den letzten Jahren ist das Programm formuliert worden, die Literaturwissenschaft zu einer Kulturwissenschaft auszuweiten und Kultur als einen entzifferbaren, vielschichtigen Text aufzufassen (vgl. z. B. Neumann 1995; Bachmann-Medick 1996; Böhme/Scherpe 1996). Dieser Entwicklung in Deutschland ist der amerikanische New Historicism mit seiner Rede von der „poetics of culture" (Greenblatt 1987) vorausgegangen. Die „poetics of culture" untersucht die „Zirkulation" zwischen unterschiedlichen Diskursen einer Gesellschaft, z. B. Kunst und Politik. Diesem Ansatz ist die Kultursemiotik Lotmans (Lotman 1974) verwandt. Er läßt sich auch verbinden mit der verstehenden Soziologie in der Tradition Max Webers (vgl. z. B. Soeffner 1989). Überhaupt spielt der New Historicism weithin Fragestellungen in der europäischen Diskussion der 60er und 70er Jahre neu durch (vgl. Jauß 1994, 304 ff). Literarischen Texten vergleichbar, wird Kultur verstanden als Resultat von Selbstinszenierungs- und Selbstauslegungsprozessen. Literarische Texte fungieren dabei als kulturelle Handlungen (vgl. z. B. auch Braungart 1996 zu Literatur als Ritual, und Müller 1996 zum Zusammenhang von 'Aufführung' und Schrift im Mittelalter), als Medien, in denen im Spannungsfeld von Macht und Interessen „soziale Energien" (Greenblatt) zirkulieren. Texte, geschriebene oder gesprochene, bilden dann eine Ordnung innerhalb komplexer Zeichenordnungen.

Eine solche Anthropologisierung oder Ethnologisierung der Literaturwissenschaft hatte sich schon länger abgezeichnet. Schon Roland Barthes hatte die Lebenswelt – Mythen Mode, Maschinen, Werbung, Architektur, Eß- und Sexualgewohnheiten – als semiotische Elemente einer Kultur, d. h. die Kultur als Text, gelesen und verstanden (vgl. z. B. Barthes 1964; 1981). In dieser Richtung kommt es wieder zu einer Verknüpfung von Semiotik und Hermeneutik (Neumann 1995). Gewiß würde ein solches Programm die Literaturwissenschaft allein überfordern. Dieses Programm nötigt zu interdisziplinären Untersuchungen.

4. Literatur (in Auswahl)

Arnold, Heinz Ludwig/Sinemus, Volker (eds.) (1973): Grundzüge der Literatur- und Sprachwissenschaft. Bd. 1: Literaturwissenschaft. München.

Assmann, Jan (1995): Text und Kommentar. In: Assmann, Jan/Gladigow, Burkhard (eds.): Text und Kommentar. München, 9–34.

Aust, Hugo (1986): Lesen und Interpretieren. In: Sprache und Literatur 17, H. 1, 31–46.

Bachmann-Medick, Doris (ed.) (1996): Kultur als Text. Frankfurt a. M.

Bachtin, Michail (1969): Literatur und Karneval. München.

– (1971): Probleme der Poetik Dostojevskijs. München.

– (1979): Die Ästhetik des Wortes. Ed. Grübel, Rainer. Frankfurt a. M.

– (1990): Das Problem des Textes in der Linguistik, Philologie und in anderen Humanwissenschaften. In: Poetica 22, 436–487.

Barthes, Roland (1957): Mythologies. Paris.

– (1970): S/Z. Paris.

– (1970): L'Empire des Signes. Paris.

– (1973): Le Plaisir du texte. Paris.

Benráth, Arpád/Csuri, Karoly/Kanyó, Zoltán (1975): Texttheorie und Interpretation. Kronberg/Ts.

Böhme, Hartmut/Scherpe, Klaus R. (eds.) (1996): Literatur und Kulturwissenschaften. Reinbek.

Braungart, Wolfgang (1996): Ritual und Literatur. Tübingen.

Breuer, Dieter (1974): Einführung in die pragmatische Texttheorie. München.

Brinker, Klaus (1992): Linguistische Textanalyse. 3. Aufl. Berlin.

Broich, Ulrich/Pfister, Manfred (eds.) (1985): Intertextualität. Tübingen.

Brütting, Richard (1976): „écriture" und „texte". Die französische Literaturtheorie „nach dem Strukturalismus". Bonn.

Bumke, Joachim (1996): Der unfeste Text. Überlieferungen zur Überlieferungsgeschichte und Textkritik der höfischen Epik im 13. Jh. In: Müller, Jan-Dirk (ed.): 'Aufführung' und 'Schrift' in Mittelalter und Früher Neuzeit. Stuttgart, 118–129.

Busse, Dietrich (1992): Textinterpretation. Opladen.

Culler, Jonathan (1988): Dekonstruktion. Reinbek.

Danneberg, Lutz (1995): Die Historiographie des hermeneutischen Zirkels: „fake" and „fiction" eines Behauptungsdiskurses. In: Zeitschrift für Germanistik 5, Heft 3, 611–624.

Derrida, Jacques (1973): Ècarts. Paris.

– (1967): L'écriture et la différance. Paris.

– (1967): De la grammatologie. Paris.

– (1984): Guter Wille zur Macht (I). In: Forget, Philippe (ed.): Text und Interpretation. München, 56–58.

Eco, Umberto (1984): Zwischen Autor und Text. München.

Ehlich, Konrad (1983): Text und sprachliches Handeln. Die Entstehung von Texten aus dem Bedürfnis nach Überlieferung. In: Assmann, Aleida u. Jan/Hardmeier, Christof (eds.): Schrift und Gedächtnis. München, 24–44.

Fish, Stanley (1980): Is there a text in this class? The authority of interpretive communities. Cambridge/Mass.

Fohrmann, Jürgen (1997): Textzugänge. Über Text und Kontext. In: Scientia Poetica 1, 207–223.

Fohrmann, Jürgen/Müller, Harro (eds.) (1988): Diskurstheorien und Literaturwissenschaft. Frankfurt a. M.

Foucault, Michel (1966): Les mots et les choses. Paris.

– (1971): L'ordre du discours. Paris.

– (1974): Schriften zur Literatur. München.

Frank, Manfred (1977): Das individuelle Allgemeine. Textstrukturierung und Textinterpretation nach Schleiermacher. Frankfurt a. M.

– (1983): Was ist Neostrukturalismus? Frankfurt a. M.

Fritz, Gerd (1982): Kohärenz. Tübingen.

Fuhrmann, Manfred/Jauß, Hans Robert/Pannenberg, Wolfhart (eds.) (1981): Text und Applikation. Frankfurt a. M.

Gadamer, Hans-Georg (1965): Wahrheit und Methode. 2. Aufl. Tübingen.

– (1984): Text und Interpretation. In: Forget, Philippe (ed.): Text und Interpretation. München, 24–55.

Genette, Gérard (1982): Palimpseste. Paris.

– (1987): Paratexte. Paris.

Gerke, Ernst-Otto (1996): Verstehen heißt Schlüsse ziehen. In: Danneberg, Lutz/Vollhardt, Friedrich (eds.): Wie international ist die Literaturwissenschaft? Stuttgart, 205–242.

Giesecke, Michael (1991): Der Buchdruck in der frühen Neuzeit. Frankfurt a. M.

Glinz, Hans (1973/1978): Textanalyse und Verstehenstheorie. 2 Bde. Frankfurt a. M.

Greenblatt, Stephen J. (1987): Learning to curse. New York.

Gross, Sabine (1994): Lese-Zeichen. Kognition, Medium und Materialität im Leseprozeß. Darmstadt.

Gülich, Elisabeth/Raible, Wolfgang (eds.) (1972): Textsorten. Frankfurt a. M.

Gumbrecht, Hans Ulrich/Pfeiffer, K. Ludwig (eds.) (1988): Materialität der Kommunikation. Frankfurt a. M.

Habermas, Jürgen (1985): Der philosophische Diskurs der Moderne. Frankfurt a. M.

Harms, Wolfgang (ed.) (1990): Text und Bild, Bild und Text. Stuttgart.

– u. a. (eds.) (1991): Bildhafte Rede im Mittelalter und früher Neuzeit. Tübingen.

Harris, Wendell V. (1988): Interpretive Acts. In Search of Meaning. Oxford.

Haverkamp, Anselm/Lachmann, Renate (eds.) (1991): Gedächtniskunst. Frankfurt a. M.

– (1993): Memoria. Vergessen und Erinnern. München.

Hebel, Udo J. (1989): Intertextuality, Allusion and Quotation. An international bibliography of critical studies. New York.

Hempfer, Klaus W. (1976): Poststrukturale Texttheorie und narrative Praxis. München.

Heringer, Hans Jürgen (1990): Verstehen – eine wahrhaft interdisziplinäre Angelegenheit. In: Sprache und Literatur 21, H. 2, 47–61.

Hörmann, Hans (1976): Meinen und Verstehen. Frankfurt a. M.

Iser, Wolfgang (1970): Die Appellstruktur der Texte – Unbestimmtheit als Wirkungsbedingung literarischer Prosa. Konstanz.

– (1976): Der Akt des Lesens. München.

Japp, Uwe (1977): Hermeneutik. München.

Jauß, Hans Robert (1982): Ästhetische Erfahrung und literarische Hermeneutik. Frankfurt a. M.

– (1994): Wege des Verstehens. München.

Keller, Otto/Hafner, Heinz (1986): Arbeitsbuch zur Textanalyse. München.

Kittler, Friedrich/Turk, Horst (eds.) (1977): Urszenen. Literaturwissenschaft als Diskursanalyse und Diskurskritik. Frankfurt a. M.

Klein, Wolfgang/Nassen, Ulrich (1979): Textlinguistik und Texthermeneutik. In: Nassen, Ulrich (ed.): Texthermeneutik. Aktualität, Geschichte, Kritik. Paderborn, 23–36.

Knobloch, Clemens (1990): Zum Status und zur Geschichte des Textbegriffs. In: LiLi. Zeitschrift für Literaturwissenschaft und Linguistik 20, 66–87.

Kreuzer, Helmut (1975): Veränderungen des Literaturbegriffs. Göttingen.

Kristeva, Julia (1969): Séméiotiké, Recherches pour une sémanalyse. Paris.

– (1974): La révolution du langage poétique. Paris.

Kühlmann, Wilhelm/Neuber, Wolfgang (eds.) (1994): Intertextualität in der Frühen Neuzeit. Frankfurt a. M.

Kuhlmann, Wolfgang (1975): Reflexion und kommunikative Erfahrung. Frankfurt a. M.

Kurz, Gerhard (1977): Hermeneutische Aspekte der Textlinguistik. In: Archiv für das Studium der neueren Sprachen und Literaturen 129, 262–280.

– (ed.) (1986): Interpretation. Sprache und Literatur 17, H. 1.

– (1988): Fragen und Probleme der gegenwärtigen hermeneutischen Reflexion. In: Oellers, Norbert (ed.): Germanistik und Deutschunterricht im Zeitalter der Technologie. Bd. 1. Tübingen, 21–42.

– (1999): Macharten. Über Rhythmus, Reim, Stil und Vieldeutigkeit. Göttingen.

Lachmann, Renate (ed.) (1982): Dialogizität. München.

– (1990): Gedächtnis und Literatur. Frankfurt a. M.

Lämmert, Eberhard (1977): Einführung in: Hinck, Walter (ed.): Textsortenlehre–Gattungsgeschichte. Heidelberg, V–VII.

Lausberg, Heinrich (1960): Handbuch der literarischen Rhetorik. München.

Lehmann, Hans-Thies (1979): Das Subjekt als Schrift. In: Merkur 33, 665–677.

Lerchner, Gotthard (1984): Sprachform von Dichtung. Berlin und Weimar.

Link, Jürgen (1974): Literaturwissenschaftliche Grundbegriffe. München.

– (1983): Elementare Literatur und generative Diskursanalyse. München.

Lotmann, Jurij M. (1972): Die Struktur literarischer Texte. München.

– (1974): Aufsätze zur Theorie und Methodologie der Literatur und Kultur. Ed. Eimermacher, Karl. Kronberg/Ts.

– (1975): Die Analyse des poetischen Textes. Kronberg/Ts.

Man, Paul de (1979): Allegories of Reading. New Haven.

Martens, Günter (1989): Was ist ein Text? In: Poetica 21, 1–25.

Maurer, Karl (1984): Textkritik und Interpretation. In: Poetica 16, 325–355.

Morgan, Paul (1991): Hypertext and the literary document. In: Journal of Documentation 47, 373–388.

Muckenhaupt, Manfred (1986): Text und Bild. Tübingen.

Neumann, Gerhard (1995): Die Zirkulation der sozialen Energien abbilden. Literaturwissenschaft als Kulturwissenschaft: die konfligierenden Bedeutungsmuster und die Lebenswelt. In: Frankfurter Rundschau 21. 2. 1995, 12.

Newton, Ken (1990): Interpreting the text. New York.

Ong, Walter J. (1982): Orality and Literacy. The Technologizing of the Word. London.

Osinski, Jutta (1992): Das Dilemma feministischer Literaturwissenschaft zwischen Theorie und sozialem Postulat. In: Sprache und Literatur 23, H. 2, 2–12.

Plett, Heinrich F. (1975): Textwissenschaft und Textanalyse. Heidelberg.

– (ed.) (1991): Intertextuality. Berlin/New York.

Raible, Wolfgang (1983): Vom Text und seinen vielen Vätern oder: Hermeneutik als Korrelat der Schriftkultur. In: Assmann, Aleida u. Jan/Hardmeier, Christof (eds.): Schrift und Gedächtnis. München, 20–23.

Ricœur, Paul (1970): Qu'est-ce qu'un Texte? In: Bubner, Rüdiger/Cramer, Konrad/Wiehl, Reiner (eds.): Hermeneutik und Dialektik. Bd. 2. Tübingen, 181–200.

Sandor, Andras (1979): Text und Werk. Forschungslage und Versuch eines literaturwissenschaftlichen Modells. In: Deutsche Vierteljahresschrift für Literaturwissenschaft und Geistesgeschichte 53, 479–511.

Sartre, Jean-Paul (1958): Was ist Literatur? Reinbek.

Schmid, Wolf/Stempel, Wolf-Dieter (eds.) (1983): Dialog der Texte. Wien.

Schmidt, Siegfried J. (1973): Texttheorie. München.

Scholtz, Gunter (1995): Ethik und Hermeneutik. Schleiermachers Grundlegung der Geisteswissenschaften. Frankfurt a. M.

Schulte-Sasse, Jochen/Werner, Renate (1977): Einführung in die Literaturwissenschaft. München.

Schwarz, Alexander/Linke, Angelika/Michel, Paul/Scholz Williams, Gerhild (1988): Alte Texte lesen. Bern.

Selden, Raman (ed.) (1995): The Cambridge History of Literary Criticism. Bd. 8: From Formalism to Poststructuralism. Cambridge.

Soeffner, Hans-Georg (1989): Auslegung des Alltags – der Alltag der Auslegung. Frankfurt a. M.

Städtke, Klaus (1996): Russische Interpretationstheorien: Konstellationen ihrer internationalen Rezeption. In: Danneberg, Lutz/Vollhardt, Friedrich (eds.): Wie international ist die Literaturwissenschaft. Stuttgart, 362–373.

Staiger, Emil (1955): Kunst der Interpretation. Zürich.

Stierle, Karlheinz (1975): Text als Handlung. München.

– (1981): Werk und Intertextualität. In: Stierle, Karlheinz/Warning, Rainer (eds.): Das Gespräch. München, 139–150.

– (1985): Für eine Öffnung des hermeneutischen Zirkels. In: Poetica 17, 340–354.

Stillers, Rainer (1988): Humanistische Deutung. Studien zu Kommentar und Literaturtheorie in der italienischen Renaissance. Düsseldorf.

Strube, Werner (1992): Über Kriterien der Beurteilung von Textinterpretationen. In: Danneberg, Lutz/Vollhardt, Friedrich (eds.): Vom Umgang mit Literatur und Literaturgeschichte. Stuttgart, 185–207.

– (1993): Analytische Philosophie der Literaturwissenschaft. Paderborn.

Thierse, Wolfgang (1990): „Das Ganze aber ist das, was Anfang, Mitte und Ende hat". Problemgeschichtliche Beobachtungen zur Geschichte des Werkbegriffs. In: Weimarer Beiträge 36, 240–264.

Titzmann, Michael (1977): Strukturale Textanalyse. München.

Weimar, Klaus (1996): Text, Interpretation, Methode. In: Danneberg, Lutz/Vollhardt, Friedrich (eds.) (1996): Wie international ist die Literaturwissenschaft? Stuttgart, 110–122.

Wellbery, David (1996): Interpretation versus Lesen. In: Danneberg, Lutz/Vollhardt, Friedrich (eds.) (1996): Wie international ist die Literaturwissenschaft. Stuttgart, 123–138.

Wellek, René/Warren, Austin (1948): Theory of Literature. New York.

Wenzel, Horst (1995): Hören und Sehen. Schrift und Bild. Kultur und Gedächtnis im Mittelalter. München.

Wienold, Götz (1972): Semiotik der Literatur. Frankfurt a. M.

Zima, Peter V. (1994): Die Dekonstruktion. Bern.

Gerhard Kurz, Gießen
(Deutschland)

24. Inhaltsanalyse

1. Allgemeines
2. Quantitativ versus qualitativ – eine jahrzehntelange Kontroverse
3. Kriterien und Vorgehensweisen der qualitativen Inhaltsanalyse
4. Kriterien und Vorgehensweisen der quantitativen Inhaltsanalyse
5. Literatur (in Auswahl)

1. Allgemeines

Der Begriff der Inhaltsanalyse (engl.: content analysis) – auch: Dokumentenanalyse, Aussagenanalyse – ist eine Sammelbezeichnung für sehr unterschiedliche theoretische Konzeptionen und Vorgehensweisen, deren Gemeinsamkeit darin besteht, daß manifest gewordene Kommunikationsprozesse zum Gegenstand der Analyse erhoben werden. Gemeint sind damit Texte von Massenmedien wie Zeitungen, Zeitschriften, Bücher oder Werbebroschüren; des weiteren Briefe, Verträge und textliche oder verschriftete Dokumente aller Art, wozu z. B. auch Aufzeichnungen und (ggf. transkribierte) Mitschnitte aus Psychotherapie-Sitzungen gehören; ebenso im Rahmen qualitativer sozialwissenschaftlicher Forschung erhobenes (und ggf. verschriftetes) Material, wie z. B. Fragebogenantworten, Texte aus freien Interviews oder Beobachtungsprotokolle. Prinzipiell kann Inhaltsanalyse auch auf weniger textorientierte Produkte wie Filme, Musiksendungen usw. ausgedehnt werden (in diesem Beitrag soll aber die Textanalyse im Zentrum stehen). Ziel der Analyse ist letztlich, anhand des Textes Aufschlüsse über den sozialen Kontext zu gewinnen, in dem dieser Text entstand und seine Bedeutung entfaltet hat. Diese letzte Kennzeichnung und Zielsetzung grenzt die Inhaltsanalyse wohl auch am deutlichsten von den anderen, im Abschnitt IV behandelten Methoden ab – wobei es selbstverständlich in den konkreten Anwendungsbereichen Überschneidungen mit anderen Methoden der Textanalyse gibt. Eines der wichtigsten Probleme ist die Bedeutungsrekonstruktion: Dem Forscher liegt mit dem Untersuchungsmaterial (z. B. Zeitungstext) nur der konservierte Teil eines Kommunikationsprozesses vor. Wie alle sozialen Prozesse war diese Kommunikation aber durch gegenseitige Erwartungserwartungen vor dem Hintergrund gemeinsam geteilter (oder als geteilt vermuteter) Kontextbezüge bestimmt. So ist z. B. für die Wortfolge: *Frische Brise aus dem Osten* entscheidend, ob sie im Kontext von Wetterberichten, politischer Nachrichten oder Wirtschaftsberichten (z. B. über Handelsentwicklung) steht. Zudem haben rund 43% aller Wortformen der deutschen Sprache mehrere Bedeutungen (Homographen), und die Verwendung von Metaphern erfordert zusätzlich die Einbeziehung größerer Kontexte zum Verständnis einer bestimmten Passage.

Um mit dem Text etwas anfangen zu können, muß der Inhaltsanalytiker somit Hypothesen über den Kommunikationsprozeß anstellen, dem sie entstammt. Er muß sich dabei Gedanken über die Kodierungs- und Dekodierungsregeln in diesem sozialen Prozeß machen, und sich u. a. fragen: Was wird mit *Osten* bezeichnet (denotative Bedeutung), welche Assoziationen und Gefühle schwingen mit (konnotative Bedeutung), welches Bedeutungsverständnis wird beim „Leser" vorausgesetzt oder soll erzeugt werden (beispielsweise nutzen unseriöse Vertragstexte den Effekt aus, daß durch geschickte Kontextwahl der Kunde einen anderen Sinn wahrnimmt als „wortwörtlich" dort steht).

Im Zusammenhang dieser Fragen ist zu beachten, daß die einzelnen Teilmengen der Gesellschaft über unterschiedliche Dekodierungsregeln verfügen. Je enger die kulturelle Nähe zwischen dem Inhaltsanalytiker und dem Text ist, desto eher werden die eben genannten Hypothesen sinnvoll und haltbar sein. Inhaltsanalyse muß also – entgegen einem weit verbreiteten, auf Berelson (1952) zurückgehenden Verständnis – immer auch qualitative, d. h. letztlich subjektive, impressionistische Elemente enthalten, wenn sie der Komplexität von Kommunikationen gerecht werden will. Hier liegen auch die Probleme einer am Computer durchgeführten Inhaltsanalyse, die trotz gewisser Fortschritte bisher nur sehr bedingt die kontextuellen Bedingungen der Texte berücksichtigen kann.

2. Quantitativ versus qualitativ – eine jahrzehntelange Kontroverse

Die Diskussion der Inhaltsanalyse war in den 50er und 60er Jahren durch eine Kontroverse belastet, bei der es um Aspekte wie „latent" versus „manifest" bzw. „qualitativ" versus „quantitativ" ging. Diese Kontroverse ist zwar inzwischen abgeklungen, jedoch sind immer noch zwei deutlich unterschiedliche methodologische Grundpositionen und Vorgehensweisen zu verzeichnen: Lasswell (1949) und Berelson (1952) stehen für eine Auffassung, daß es vor allem um die „objektive, systematische und quantitative Beschreibung manifester Inhalte" gehe (→ Art. 21). Dabei wird unter „manifest" jene Bedeutung verstanden, die einem Wort (oder Textteil) „üblicherweise" von einem bestimmten Sprachkreis beigemessen wird – und zwar unabhängig von den Absichten des Autors, den Wirkungen auf spezifische Empfänger, deren Erwartungen und den übrigen Besonderheiten des historisch-geographisch determinierten Kommunikationsprozesses. Die radikale Überspitzung Berelsons, unter manifestem Inhalt wären die „black marks on white" zu verstehen, wurde zwar bald relativiert. Doch findet sich z. B. noch bei Schulz (1971) die Forderung, die Kodierer sollten sich „strikt an die operationalen Definitionen ... halten; sie müssen eine subjektive Interpretation latenter Inhalte, das ‚Zwischen-den-Zeilen-Lesen' vermeiden".

Bereits 1952 stellte Kracauer drei zentrale Argumente der Gegenposition dar: (a) Die Erfassung isolierter, manifester Kategorien berücksichtige nicht die komplexen Beziehungen, in denen die Textdaten zueinander stehen; die Quantifizierung verringere somit oft die Genauigkeit statt sie zu erhöhen; (b) einzigartige Merkmale würden bei der rein quantitativen Analyse übersehen, latente Bedeutungen der multiplen Konnotationen mißachtet; (c) eine Fokussierung auf die Häufigkeiten verfehle eher, die Struktur des Textes als Ganzes, seine Gestalt und wesentlichen Züge freizulegen und den heuristischen Ertrag eines offenen Zugangs zu nutzen; aber oft finde man „im Vorübergehen" genau das, was man vergeblich suchte.

Heute werden die Gegensätze „qualitativ-quantitativ" bzw. (oft damit verbunden) „latent-manifest" nicht mehr so kontrovers sondern als gegenseitige Ergänzungen gesehen: Einerseits setzt selbst die Auszählung von Kategorien ein Verstehen voraus, das über „manifeste" Inhalte auf Elementebene hinausgeht (schon wegen der o. a. Homographen), andererseits lassen sich ggf. auch qualitativ gewonnene Beschreibungen oder gar Kategorien quantifizieren. Gleichwohl bleibt der Unterschied insofern relevant, als manche Vorgehensweisen (wie z. B. Quotienten von Kategorienhäufigkeiten oder die Kontingenzanalyse) sehr schnell von möglichst weitgehend operational definierten Kategorisierungen ausgehend zu quantitativen Aussagen voranschreiten, während andere durch eher offene Suchschemata eine hohe Verständnis- und Analysekompetenz der Kodierer voraussetzen, sich dabei an Idealtypen orientieren (die ggf. sogar erst im Zuge der Analyse konstruiert werden) und erst in einem weiteren Schritt ggf. zu quantitativen Gesamtaussagen der bereits bedeutsamen Teilergebnisse kommen. Auch diese letzteren Vorgehensweisen, die eine hohe, eher ganzheitliche Interpretationskompetenz der Inhaltsanalytiker voraussetzen, können durchaus systematisch erfolgen, sind intersubjektiv diskutierbar und führen bei kompetenten aber unterschiedlichen Forschern durchaus zu angemessenen Übereinstimmungen (d. h. sind reliabel), wie z. B. ihr verbreiteter Einsatz im Bereich der qualitativen Psychotherapieforschung belegt (vgl. z. B. Faller/Frommer 1994; Frommer 1996). Besonders wenn man berücksichtigt, daß Objektivität nicht in der Eliminierung letztlich persönlicher Entscheidungen bestehen kann, sondern nur in deren Explikation, brauchen primär interpretativ und qualitativ ausgelegte Inhaltsanalysen die Frage der Objektivität und intersubjektiven Gültigkeit keineswegs zu scheuen.

3. Kriterien und Vorgehensweisen der qualitativen Inhaltsanalyse

Nach Mayring (1988) liegt der besondere Vorzug der qualitativen Inhaltsanalyse darin, daß sie streng methodisch kontrolliert das Material schrittweise analysiert, das Material dabei in Einheiten zerlegt und diese nacheinander bearbeitet, „ohne in vorschnelle Quantifizierungen abzurutschen" (vgl. das unten beschriebene Ablaufschema). Lamnek (1989) arbeitet vier zentrale Merkmale heraus, durch die sich das qualitative Vorgehen besonders auszeichne, nämlich (a) *Offenheit*: im Sinne einer angewandten Phänomenologie entwickeln sich die Interpretationen aus dem Material selbst und sind möglichst wenig durch wissenschaftlich oder alltagsweltliches Vorwissen vorab eingeschränkt; (b) *Kommunikativität*: da soziale Wirklichkeit stets durch Kommunikation entsteht, muß und vermag die qualitative Inhaltsanalyse explikativ die Bedeutungszuschreibungen der Akteure aus dem Material herausfiltern; (c) *Naturalistizität*: dies bezieht sich einerseits auf die typischen Text-Materialien, die oft Interviews, Gruppendiskussionen oder anderen alltagsweltlichen Kommunikationen entstammen, andererseits auf die Analyse selbst, da die Kommunikationsinhalte aus solchen Situationen durch die Kommunizierenden quasi natürlich „vordefiniert" und „vorinterpretiert" sind – Untersuchungsfeld ist somit nach Lamnek 1988 (S. 41) „die natürliche Welt, die mit naturalistischen Methoden erfaßt und beschrieben werden soll" – (d) *Interpretativität*: dieser Aspekt bezieht sich auf die Auswertungsphase, in der es nicht um die Falsifikation vorab formulierter Hypothesen geht, sondern um die interpretative Gewinnung solcher Hypothesen auf der Basis des Materials.

Andere qualitative Inhaltsanalytiker fordern allerdings durchaus, daß in einem Kategoriensystem die Analyseaspekte vorher theoriegeleitet festgelegt werden. Bereits Ritsert (1972) betonte diese Theoriegeleitetheit, indem er eine Fundierung der Inhaltsanalyse als empirische Ideologiekritik im Rahmen der „kritischen Theorie" der Frankfurter Schule entwickelte. Spöhring (1989) merkt dazu – wie auch zur eng an Ritsert orientierten Entwicklung der qualitativen Inhaltsanalyse bei Rust (1980/1981) – kritisch an, daß allzu viele Fragen offen blieben, wie die Analyse konkret vor sich gehen solle.

Unterschiedliche Lehrbuchautoren sind sich daher darin einig, daß die Konzepte qualitativer Inhaltsanalyse von Mayring (1988) methodisch und begrifflich am tragfähigsten ausgearbeitet wurden. Dieser entwickelte ein allgemeines Ablaufschema aus neun Stufen, die sukzessive bei jeder Anwendung der Inhaltsanalyse durchlaufen werden: *Stufe 1:* Festlegung des Materials, Auswahl der zu analysierenden Ausschnitte; *Stufe 2:* Erfassung, Darstellung und Analyse der Entstehungssituation und deren soziokulturellen Rahmens; *Stufe 3:* formale Charakterisierung des Materials, z. B. Informationen über die Faktoren einer Transkription; *Stufe 4:* Richtung der Analyse, d. h. ob z. B. das Thema des Textes oder die Befindlichkeit des Kommunikators im Fokus der Betrachtung steht; *Stufe 5:* theoriegeleitete Differenzierung der Fragestellung, d. h. Einbettung der Forschungsfrage und Unterfragestellungen in die theoretische Diskussion zum Untersuchungsgegenstand; *Stufe 6:* Bestimmung der Analysetechnik, wobei Mayring zwischen den drei Grundformen unterscheidet, nämlich (a) Zusammenfassung, bei der das Material unter Erhaltung der wesentlichen Inhalte reduziert wird, (b) Explikation, bei der zu fraglichen Textteilen zusätzliches Material gesucht wird, das die Textstelle erläutert, erklärt und ausdeutet, sowie (c) Strukturierung, bei der bestimmte Aspekte aus dem Material herausgefiltert, geordnet oder aufgrund bestimmter Kategorien eingeschätzt wird; *Stufe 7:* Definition der Analyseeinheit, wobei es um die weitergehende Auswahl der Textteile geht, die letztlich ausgewertet werden, sowie um die Festlegung der Kategorien als Merkmale des Textes; *Stufe 8:* Analyse des Materials gemäß der in Stufe 6 gewählten Vorgehensweise; *Stufe 9:* Interpretation der Ergebnisse in Richtung der Hauptfragestellung.

4. Kriterien und Vorgehensweisen der quantitativen Inhaltsanalyse

Ein zentrales Anliegen der quantitativen Inhaltsanalyse ist es, bestimmte Eigenschaften von und Beziehungen zwischen Textteilen (z. B. Wörtern, Sätzen) möglichst isomorph (d. h. strukturgleich) auf Zahlen abzubilden, die dann mit Hilfe statistischer Modelle weiterverarbeitet werden können (→ Art. 21). Dabei geht es dann um Reduktion, übersichtliche Zusammenfassung, Schlüsse von Stichproben auf größere Textmengen, denen diese entstammen, sowie darum, mit Hilfe komplexer Analysemodelle Beziehungsstrukturen aufzudecken, die dem Verstand wegen seiner Kapazitätsbegrenzung ohne Hilfsmittel eher verborgen blieben.

Mit diesem theoretischen Zuwachs an Möglichkeiten geht aber auch ein faktischer Mangel einher. Es muß konstatiert werden, daß in zahlreichen Modellen und konkreten Untersuchungen die verwendeten Zahlen eben nicht die Textstrukturen so angemessen abbilden können bzw. faktisch abgebildet haben, daß die weitere statistische Analyse zu inhaltlich begründeten Ergebnissen führt(e). Die Wahrscheinlichkeit, daß Zufallsstrukturen der *Vorgehensweise* als „Ergebnisse" erscheinen (sog. Artefakte), ist dann hoch. Dies wurde für zahlreiche Ansätze und konkrete Analysen, auch in der literaturwissenschaftlich orientierten Inhaltsanalyse gezeigt (z. B. Kriz 1981; 1983; Lisch/Kriz 1978).

4.1. Kategorien

Bereits Berelson (1952) hatte betont: „Content analysis stands or falls by its categories". Die Relevanz eines Kategoriensystems für die Güte einer Untersuchung ist auch heute noch unumstritten. Einerseits spiegelt sich die inhaltlich-theoretische Konzeption in den Kategorien wider, d. h. Antworten auf Fragen wie: Was soll untersucht werden, welche bedeutsamen Einheiten werden erwartet, welche Zuordnung der Kategorien zu den zentralen Konzepten der inhaltlichen Fachdiskussion liegt vor? Andererseits müssen die Kategorien vielfältigen methodischen Anforderungen genügen: Sie müssen klar definiert und möglichst treffend operationalisiert sein, sie sollen ferner eindeutig und dennoch gut handhabbar sein. Selbst bei namentlicher Aufzählung aller Elemente in Wörterbüchern (wie sie z. B. für computerorientierte Kategorisierungen typisch ist), ist aufgrund der Homographen Eindeutigkeit keineswegs sichergestellt. Solche Wörterbücher sind zudem recht unhandlich. Kurz und übersichtlich sind dagegen Systeme, bei denen die Kategorien nur mit einem Oberbegriff gekennzeichnet werden. Diese sind auch am unmittelbarsten mit inhaltlichen Theorien verknüpfbar, aber die Eindeutigkeit der Kodierungen ist eher fraglich. Daher ist eine Mischung oft praktikabel: Der Rahmen einer Kategorie wird allgemein und ggf. in Bezug und Abgrenzung zu anderen Kategorien beschrieben, zusätzlich werden einige typische Beispiele gegeben.

4.2. Zuverlässigkeit (Reliabilität)

Hierunter wird – in Übereinstimmung mit Test- und Meßkriterien in unterschiedlichen empirischen Wissenschaften – das Ausmaß verstanden, mit dem ein Instrument unter gleichen Bedingungen die gleichen Ergebnisse produziert. Im Rahmen der Inhaltsanalyse wird dies üblicherweise als Gütemaß für das Kategoriensystem und die Kodiererschulung derart verstanden, daß der relative Anteil übereinstimmender Kodierungen möglichst hoch sein sollte. Bei zwei Kodierern wäre ein solches Maß z. B.: $Z = 2Ü/(k_1+k_2)$, wobei Ü die Anzahl übereinstimmender Kodierungen, k_1 und k_2 die Anzahl der Kodierungen von Kodierer 1 bzw. 2 bedeuten.

Lisch/Kriz (1978), die auch weitere Berechnungsformeln und deren formale Probleme diskutieren, haben dagegen eingewendet, daß diese Sichtweise von Zuverlässigkeit viel zu eng sei. Denn selbst eine perfekte Reproduzierbarkeit der Kodierungen – z. B. durch ein perfektes Wörterbuch gesteuertes Computerprogramm – garantiert keineswegs die Zuverlässigkeit der inhaltlichen Ergebnisse. In Übereinstimmung mit der Split-half-Technik der Testtheorie sollte man daher zusätzlich das Analyse-Material in zwei Hälften teilen und die für beide Hälften durchgeführten Analyseergebnisse miteinander vergleichen. Die übliche Form der Zuverlässigkeitsmessung setzt zudem voraus, daß *eine* Kodierentscheidung die korrekte ist, womit das Verstehens-Spektrum eines bestimmten Textteils auf nur eine Form reduziert wird. Es wäre aber durchaus auch sinnvoll, daß gerade die Reaktions*verteilung* in der Sozialgemeinschaft interessant ist; und diese wäre dann zuverlässig zu reproduzieren. Hierfür müßten aber andere formale Vorgehensweisen entwickelt werden.

4.3. Gültigkeit (Validität)

Dieses Konzept quantifiziert, wie gut die Ergebnisse den realen Sachverhalt repräsentieren. Hier gibt es in den empirischen Wissenschaften unterschiedliche Teilkonzepte: So thematisiert und mißt u. a. (a) *inhaltliche Validität* (content validity), wie gut die ausgewählten Indikatoren das gewünschte Material beschreiben, (b) *Parallelenvalidität* (concurrent validity) die Übereinstimmung mit anderen, bisher als gültig akzeptierten Ergebnissen, (c) *Prognosevalidität* (predictive validity) die Güte der Vorhersagbarkeit aufgrund dieser Ergebnisse, (d) *Konstruktvalidität* (construct validity) die Konsistenz zu den relevanten theoretischen Konstrukten. Die Vielfalt dieser Teilkonzepte macht deutlich, daß die formale Messung weitaus weniger standardisiert ist, als die der Reliabilität. Validität ist somit eher ein Aspekt des rationalen Diskurses der Forscher als eine einfach anzuwendende Methode.

4.4. Modelle

Die konkrete Vorgehensweise ist in einer größeren Anzahl unterschiedlicher „Modelle" operational und formal definiert. Diese reichen von einfachen Auszählungen und Quotientenbildungen von bestimmten syntaktischen und/oder semantischen Kategorien bis hin zu aufwendigen Kodier-, Bewertungs- und Berechnungsverfahren. Zu den ersten gehören z. B. der „Type-Token-Ratio" (TTR), als Quotient der Anzahl verschiedener Wörter (types) zur Gesamtzahl der Wörter (tokens), der „Discomfort-Relief-Quotient" (DRQ), als Quotient der Anzahl jener Wörter, die unangenehme Gefühle ausdrücken, zu allen Gefühls-Wörtern oder der „Aktionsquotient" (AQ), als Quotient der Anzahl von Verben zur Anzahl von Adjektiven. Selbst solche einfachen Maße erreichen erstaunliche Aussagekraft, so vermag der AQ unterschiedliche Textgattungen brauchbar zu differenzieren (z. B. Märchen: 4,11; klassische Prosa: 2,50; moderne Prosa: 2,35; Naturwissenschaften: 1,13; Geisteswissenschaften: 1,03 − oder im „Faust": Faust: 2,8; Mephisto: 3,6; Gretchen: 5,2).

Zu den aufwendigeren Modellen gehören z. B. die „Kontigenzanalyse" (Osgood 1957), bei der das gemeinsame Auftreten von Kategorien in Textabschnitten (z. B. Absätzen) mit wahrscheinlichkeitstheoretischen Erwartungen verglichen und über Signifikanztests gar gegenüber zufälliger Abweichung abgesichert wird. Noch aufwendiger ist z. B. die „Bewertungsanalyse" (Osgood et al. 1959), bei der kategorisierte „Einstellungsobjekte" und Bindeglieder (Konnektoren wie *und*, *ist*, *hat zu tun mit*) aus den zuvor in einfache Standardsätze transformierten Texten herausgesucht, von Kodierern einzeln bewertet und dann in einem komplizierten Verfahren die Gesamtbewertungen berechnet werden (Darstellungen dieser und zahlreicher anderer Modelle z. B. in Lisch/Kriz 1978; Merten 1995). Allerdings sind die operationalen und formalen Prozeduren mit Vorsicht zu behandeln, weil viele leicht zu Forschungsartefakten führen können. Oft sind weder die notwendigen Meßbedingungen erfüllt, noch bilden die formalen Operationen in jedem Falle das ab, was die „Verfahren" angeblich erfassen sollen (umfangreiche Kritik in Lisch/Kriz 1978; Kriz 1981; 1983).

5. Literatur (in Auswahl)

Berelson, Bernard (1952): Content Analysis in Communication Research. New York.

Faller, Hans/Frommer, Jörg (eds.) (1994): Qualitative Psychotherapieforschung. Grundlagen und Methoden. Heidelberg.

Frommer, Jörg (1996): Qualitative Diagnostikforschung. Inhaltsanalytische Untersuchungen zum psychotherapeutischen Erstgespräch. Berlin.

Kracauer, Siegfried (1952): The Challenge of Qualitative Content Analysis. Public Opinion Quarterly 16, 631−642.

Kriz, Jürgen (1981): Methodenkritik empirischer Sozialforschung. Eine Problemanalyse sozialwissenschaftlicher Forschungspraxis. Stuttgart.

− (1983): Messprobleme einer literaturwissenschaftlich orientierten Inhaltsanalyse. In: Siegener Periodicum zur Internationalen Empirischen Literaturwissenschaft (SPIEL) 2, 235−261.

Lamnek, Siegfried (1988/89): Qualitative Sozialforschung. Bd. 1: Methodologie, Bd. 2: Methoden und Techniken. Weinheim.

Lasswell, Harold D. (1949): Language of Politics. Cambridge.

Lisch, Ralf/Kriz, Jürgen (1978): Grundlagen und Modelle der Inhaltsanalyse. Bestandsaufnahme und Kritik. Reinbek.

Mayring, Philipp (1988): Qualitative Inhaltsanalyse. 2. Aufl. Weinheim.

– (1990): Einführung in die qualitative Sozialforschung. Weinheim.

Merten, Klaus (1995): Inhaltsanalyse. 2. Aufl. Opladen.

Ritsert, Jürgen (1972): Inhaltsanalyse und Ideologiekritik. Frankfurt/M.

Rust, Holger (1981): Methoden und Probleme der Inhaltsanalyse. Tübingen.

Schulz, Winfried (1971): Inhaltsanalyse. In: Noelle-Neumann, E./Schulz, W. (eds.): Publizistik. Frankfurt/M., 51–65.

Spöhring, Walter (1989): Qualitative Sozialforschung. Stuttgart.

Jürgen Kriz, Osnabrück
(Deutschland)

IV. Textkonstitution I: Voraussetzungen

25. Logisch-semantische Voraussetzungen: Wahrheitsbedingungen und Kontextveränderung

1. Einleitung: Analogisten vs. Anomalisten
2. Formale Syntax
3. Formale Semantik
4. Formale Pragmatik und Texttheorie
5. Dynamische Semantik
6. Schlußbemerkung
7. Literatur (in Auswahl)

1. Einleitung: Analogisten vs. Anomalisten

Der seit der Spätantike ausgetragene Streit zwischen Analogisten und Anomalisten (vgl. Steinthal 1890; Norden 1890; Mette 1952; Barwick 1957) fand in der Sprach- und Grammatiktheorie der nachfolgenden Epochen bis hin zur Gegenwart immer wieder Fortsetzungen und Neuauflagen – freilich mit charakteristischen Verschiebungen der Positionen und Argumentationsbestände.

Die anomalistische Position sieht in der Sprache im Grundsatz einen naturwüchsigen Gegenstand *sui generis*, dessen vielfach sich entwickelnder Ausprägung die wissenschaftliche Betrachtung sich beschreibend, ordnend, klassifizierend, sozusagen mit Geschmack für das Besondere und Unvorhergesehene anzunähern habe, daher also gewissermaßen im Sinne eines verstehenden Nachvollzugs und ohne Anspruch auf strikt vereinnahmende Erklärung, nomologische Subsumtion oder Voraussage. Dagegen steht die analogistische Position, die vom regelhaften und systematischen Charakter der Sprache ausgeht, weil Sprachen wesentlich konventionell konstituiert seien und/oder letztlich in ihrem Aufbau im Logos einer in muster- und gesetzeshafter Ordnung verfaßten Realität gründeten und darum generalisierenden und erschöpfenden Erklärungen im Prinzip zugänglich seien.

In der Gegenwart artikuliert sich der altüberlieferte Streit kaum mehr als ontologischer Dissens zum Wesen der Sprache, sondern tritt im Gewande unterschiedlicher methodologischer Orientierungen auf. Zum einen geht es um die Frage, inwieweit es legitim sei, die breite Vielfalt sprachlicher Phänomene und disparater Daten (und damit den Anspruch *deskriptiver* Adäquatheit) auszublenden zugunsten der Aufdeckung von „tiefen", auch auf rigorosen Idealisierungen und Einschränkungen der Theoriebildung beruhenden universellen Prinzipien und Regularitäten (also zugunsten des Ziels *explanativer* Adäquatheit). (Siehe hierzu etwa Chomsky 1972; 1975; 1986a). Zum anderen ist die Anwendung formaler Verfahren im Rahmen der Sprachwissenschaft (vgl. Partee/ter Meulen/ Wall 1990) noch immer nicht unumstritten, wenn sie auch in den letzten Jahrzehnten nicht nur in den Bereichen Phonetik/Phonologie und Morphologie ihren (bereits seit Mitte des letzten Jhs. wohletablierten) Rang behaupten konnten, sondern die Theoriebildung insbesondere auch in den Bereichen Syntax, Semantik und Pragmatik zunehmend bestimmt haben.

So ist es weniger ein grundsätzlicher Zweifel an der Einlösbarkeit hoher technischer Standards als vielmehr der Befund einer gewissen Kärglichkeit im empirischen Ertrag und der Verdacht einer Unangemessenheit gegenüber dem vortheoretisch gefaßten Gegenstandsbereich natürlicher Sprachen, die etwa Seuren (1985) bestimmen, wenn er – nicht ohne polemisches Brio – eine aktuelle Variante der „anomalistischen" Position formuliert:

[...] a serious defect in present-day linguistics [...] seems to be largely the result of an alarming lack of sensitivity with regard to the great natural richness of language. What is all too often found is a single-minded passion for either sweeping grammatical generalizations (meant to be universal), or well-ironed formal semantic systems. [...N]atural language is treated as a playground for builders of formal systems to try out various new formalisms. (Seuren 1985, 1 f)

Dezidiert methodologisch hält Chomsky in dem folgenden Zitat dagegen, dessen an der Theorie formaler Sprachen orientiertes Programm sprachwissenschaftlicher Theoriebildung als moderne Variante der „analogistischen" Position gedeutet werden kann:

Precisely constructed models for linguistic structure can play an important role, both negative and positive, in the process of discovery itself. By pushing a precise but inadequate formulation to an unacceptable conclusion, we can often expose the exact source of this inadequacy and, consequently, gain a deeper understanding of the linguistic data. I think that some […] linguists […] have failed to recognize the productive potential in the method of rigorously stating a proposed theory and applying it strictly to linguistic material with no attempt to avoid unacceptable conclusions by *ad hoc* adjustments or loose formulations. (Chomsky 1957, 5)

Das Chomsky-Zitat geht den Bemerkungen von Seuren zeitlich weit voran, was zeigt, daß – erstens – der Typus der Einwendungen Seurens gegen formale linguistische Verfahren bereits 1957 gängige Münze war und – zweitens – sich auch durch den Hinweis auf die methodologischen Meriten einer Theoriebildung nicht aus der Welt hat schaffen lassen, die empirisch unakzeptable Resultate in aller Unzweideutigkeit zutage zu fördern erlaubt. Implizit reagiert Seuren nämlich auch auf Chomskys Generative Grammatik, wenn er die Formulierung universeller Prinzipien als empirisch schlecht fundierte „sweeping generalizations" denunziert.

2. Formale Syntax

Die Generative Syntax war vielleicht der wichtigste Strang, der sprachwissenschaftliche Traditionszusammenhänge eingeflochten hat in das Bündel der in der ersten Hälfte dieses Jahrhunderts sich ungeheuer beschleunigt und wirkmächtig entwickelnden Neuansätze zu Logik, Sprachphilosophie und zur Theorie formaler Systeme.

Theoretischer Anknüpfungspunkt waren zunächst einmal Chomskys eigene Untersuchungen zum (syntaktischen) Ausdrucksreichtum von Sprachen und Grammatiken generell (s. Chomsky 1963; auch Levelt 1974). In der sogenannten Chomsky-Hierarchie sind verschiedene Typen möglicher Sprachen (d. h. hier Mengen maximaler Morphemverkettungen) angeordnet und bezüglich ihres Ausdrucksreichtums vergleichbar gemacht. Die Hierarchie reicht vom Typ von Sprachen, deren Umfang allein schon durch endliche Auflistung, bis zum Typ von Sprachen, deren Umfang nicht einmal mehr durch Turingmaschinen umreißbar ist. Eine kritische Grenzlinie trennt entscheidbare von nicht entscheidbaren Sprachen. Nur für jene läßt sich die Frage, ob eine gegebene Morphemverkettung zu ihren Sätzen gehört, mit einem abbrechenden Verfahren beantworten. Die zentrale theoretische Frage der ersten Phase der Entwicklung der generativen Theorie (bis hinein in die 70er Jahre) betraf insbesondere die Stellung des Sprachtyps natürlicher Sprachen innerhalb der Hierarchie. Die Überlegungen zum grammatiktheoretischen Format waren in dieser ersten Phase am Muster induktiver Definitionen von Satzmengen orientiert – gewissermaßen an Bestimmungen *von innen*: Verboten (nicht wohlgeformt) ist alles, was nicht erlaubt (als wohlgeformt ausgezeichnet) ist!

Aus Gründen, die hier nicht erörtert werden, hat sich diese Orientierung der generativen Theorie Anfang der 80er Jahre verschoben. An die Stelle der positiven Auszeichnung maximaler Morphemverkettungen im Rahmen eines geschlossenen und einheitlich konzipierten Regelsystems tritt eine Schar weitgehend unabhängiger grammatischer Prinzipien und Module, die sich bezüglich der Wohlgeformtheit ihres *outputs* wechselseitig Restriktionen auferlegen und jeweils universal-grammatischen Status beanspruchen. (Zu nennen sind hier – weil in verschiedenen Schulen rekurrent – etwa die X-Bar- und die Bindungs-Theorie. Vgl. neben Chomsky 1981; 1986b; Stechow/Sternefeld 1988; Fanselow/Felix 1987; Horrocks 1987; Sells 1985; auch etwa Pollard/Sag 1994). Die Module und Prinzipien sind parametrisiert: Die Belegung der Parameter erlaubt die einzelsprachliche Ausgestaltung universalgrammatischer Vorgaben. Damit gilt für Grammatiken natürlicher Sprachen nicht mehr das Muster einer induktiven Definition maximaler Morphemverkettungen. Vielmehr ergeben sich aus der Grammatik *Ausschluß*bedingungen für nicht-wohlgeformte Verkettungen. Die Bestimmung des Grammatischen erfolgt gewissermaßen *von außen*: Erlaubt (wohlgeformt) ist alles, was nicht verboten (als nicht-wohlgeformt ausgeschlossen) ist! Mit dieser Neuorientierung der Syntaxtheorie verliert die Frage nach der Stellung des Typs der natürlichen in der Hierarchie der formalen Sprachen aber an Gewicht: Die generative Syntaxtheorie hat sich von ihrem theoretischen Ausgangspunkt im

Bereich der Theorie der formalen Sprachen emanzipiert, ohne freilich grundsätzlich hinter die durch sie gesetzten formalen Standards zurückzufallen.

Neben der generativen Syntax steht im Fokus der Seurenschen Polemik vor allem aber noch ein anderes linguistisches Arbeitsfeld, das sich 1957 noch kaum entwickelt hatte: die formale Semantik.

3. Formale Semantik

War es im Falle der Syntax die Theorie der formalen Sprachen, Grammatiken und Automaten, die den Punkt darstellte, an dem die sprachwissenschaftliche Tradition ihre Anknüpfung an die formal fortgeschrittene Sprachtheorie des Jhs. finden konnte, so empfahl sich im Falle der Semantik die Modelltheorie als Einstieg, die in der Theorie der formalen Systeme bedeutungstheoretisch das Paradigma bildet. Man kann die Modelltheorie als Ausarbeitung des Wittgensteinschen Diktums (Tractatus 4.024) auffassen: „Einen Satz verstehen, heißt, wissen was der Fall ist, wenn er wahr ist" (Wittgenstein 1963, 36). Sie studiert die Variation von Gegenstandsbereichen, über die sich mit Sätzen (einer bestimmten Sprache) zutreffende Aussagen machen lassen, bzw.: sie spezifiziert systematisch Bedingungen, unter denen Sätze wahr sind. Für Tarski (1935; 1956) stand das Studium der Begriffe der 'Wahrheit' und 'Folgerung' für die *formalisierten* Sprachen von Logik und Mathematik im Vordergrund, aber die Idee läßt sich als Grundkonzept einer Bedeutungstheorie auch für natürliche Sprachen ausbauen. (Hierzu insbesondere Davidson 1984; auch Chierchia/McConnell-Ginet 1990; Larson/Segal 1995.) Das will ich kurz verdeutlichen.

3.1. Formale Semantik für die Prädikatenlogik

Man betrachte die prädikatenlogischen Formeln

(1) Lx_1, x_2
(2) $\exists x_3 (Bx_3 \wedge Kx_1, x_3)$
(3) $\forall x_3 (Bx_3 \rightarrow Kx_1, x_3)$
(4) $\exists x_1 ((Sx_1 \wedge \forall x_3 (Bx_3 \rightarrow Kx_1, x_3)) \wedge Lx_1, x_2)$
(5) $\forall x_1 ((Sx_1 \wedge \exists x_3 (Bx_3 \wedge Kx_1, x_3)) \rightarrow Lx_1, x_2)$
(6) $\forall x_1 ((Sx_1 \wedge \forall x_3 (Bx_3 \rightarrow Kx_1, x_3)) \rightarrow Lx_1, x_1)$

Die modelltheoretische Semantik ordnet diesen Ausdrücken in einem rekursiven Verfahren semantische Werte zu, die Wahrheitsbedingungen induzieren, und macht die Folgerungsbeziehung definierbar.

Denken wir uns ein Modell $\mathcal{M}$ beliebig als einen Gegenstandsbereich $\mathcal{U}_\mathcal{M}$ mit zwei Teilklassen seiner Objekte (**S** und **B**) sowie zwei zweistelligen Relationen zwischen ihnen (**L** und **K**). **S**, **B**, **L** und **K** dienen als Interpretation (semantische Werte) der Konstanten S, B, L und K. $\mathcal{U}_\mathcal{M}$ soll nicht-leer, im übrigen aber frei wählbar sein. Daher gibt es für die Interpretation der Konstanten keinerlei weitere Beschränkungen. Der semantische Wert $[\![\phi]\!]$ einer Formel ϕ ergibt sich kompositorisch aus ihrem Aufbau und den semantischen Werten der in ihr vorkommenden Konstanten. $[\![\phi]\!]$ ist eine Menge von Sequenzen aus Objekten des Gegenstandsbereichs $\mathcal{U}_\mathcal{M}$. Eine solche Sequenz σ kann man als 'Verweisregel' auffassen: ihre i-ten Position σ_i ist das Objekt, auf das (ihr zufolge) die Variable x_i verweist. (Wenn **X** eine Teilmenge von $\mathcal{U}_\mathcal{M}$ ist, nenne ich σ' eine **X**$_i$-Variante zu σ, falls σ' von σ allenfalls darin abweicht, daß σ'_i Element von **X** ist.)

Eine Sequenz σ ist z. B. Element von $[\![(1)]\!]$, gdw. σ_1 zu σ_2 in der Relation **L** steht. $[\![(1)]\!]$ zeichnet somit Verweisregeln für x_1 und x_2 auf Relata von **L** aus.

σ ist Element von $[\![(2)]\!]$ (bzw. $[\![(3)]\!]$), gdw. für irgendeine (bzw. jede) **B**$_3$-Variante σ' zu σ gilt, daß σ'_1 in der Relation **K** zu σ'_3 steht. Damit werden Verweisregeln für x_1 auf solche Objekte ausgezeichnet, die zu irgendeinem (bzw. jedem) Gegenstand aus **B** in der Relation **K** stehen.

σ ist Element von $[\![(4)]\!]$ (bzw. $[\![(5)]\!]$), gdw. irgendeine (bzw. jede) **S**$_1$-Variante σ' zu σ, die Element von $[\![(3)]\!]$ (bzw. $[\![(2)]\!]$) ist, auch Element von $[\![(1)]\!]$ ist. Somit werden Verweise von x_2 auf solche Objekte ausgezeichnet, zu denen irgendein (bzw. jeder) Gegenstand aus **S** in der Relation **L** steht, der seinerseits zu jedem (bzw. irgendeinem) Objekt aus **B** in der Relation **K** steht.

σ ist Element von $[\![(6)]\!]$, gdw. für jede **S**$_1$-Variante σ' zu σ, die Element von $[\![(3)]\!]$ ist, gilt, daß σ'_1 zu sich selbst in der Relation **L** steht.

Wie man sich klarmacht, umfaßt $[\![(6)]\!]$ entweder alle Sequenzen von Objekten des Gegenstandsbereichs oder aber keine: je nachdem, ob in $\mathcal{U}_\mathcal{M}$ jeder Gegenstand aus **S**, der zu jedem Gegenstand aus **B** in der Relation **K** steht, zu sich selbst in der Relation **L** steht oder ob es einen gibt, für den das nicht gilt.

Eine Formel heißt *wahr* (bzw. *falsch*) in $\mathcal{M}$ relativ zu einer Sequenz σ, falls σ Element (bzw. kein Element) ihres Wertes ist. Sie heißt *wahr* (bzw. *falsch*) *simpliciter*, falls jede (bzw. keine) Sequenz von Objekten aus $\mathcal{U}_M$ Element ihres Wertes ist. Eine Formel *folgt* aus einer (oder mehreren) Formeln, wenn diese nur in solchen Modellen allesamt wahr sind, in denen auch jene wahr ist.

3.2. Formale Semantik für natürliche Sprachen

Um die Übertragbarkeit des Verfahrens auf natürliche Sprachen zu veranschaulichen, betrachten wir:

(1') *Er liebt sie.*
[s[NPer_1][VP[V$liebt$][NPsie_2]]]

(2') *Er kauft ein Buch.*
[s[NP[Detein][N$Buch$]]$_3$[s[NPer_1][VP[V$kauft$] [NP$\emptyset_3$]]]]

(3') *Er kauft jedes Buch.*
[s[NP[Det$jedes$][N$Buch$]]$_3$[s[NPer_1][VP[V$kauft$] [NP$\emptyset_3$]]]]

(4') *Ein Student, der jedes Buch kauft, liebt sie.*
[s[NP[Detein][N[N$Student$][RS[NP[RPrder]]$_1$ [s[NP[Det$jedes$][N$Buch$]]$_3$[s[NP$\emptyset_1$][VP[V$kauft$] [NP$\emptyset_3$]]]]]]]]$_1$[s[NP$\emptyset_1$][VP[V$liebt$][NPsie_2]]]]

(5') *Jeder Student, der ein Buch kauft, liebt sie.*
[s[NP[Det$jeder$][N[N$Student$][RS[NP[RPrder]]$_1$ [s[NP[Detein][N$Buch$]]$_3$[s[NP$\emptyset_1$][VP[V$kauft$] [NP$\emptyset_3$]]]]]]]]$_1$[s[NP$\emptyset_1$][VP[V$liebt$][NPsie_2]]]]

(6') *Jeder Student, der jedes Buch kauft, liebt sich.*
[s[NP[Det$jeder$][N[N$Student$][RS[NP[RPrder]]$_1$ [s[NP[Det$jedes$][N$Buch$]]$_3$[s[NP$\emptyset_1$][VP[V$kauft$] [NP$\emptyset_3$]]]]]]]]$_1$[s[NP$\emptyset_1$][VP[V$liebt$][NP$sich_1$]]]]

Die mit den Klammerausdrücken gegebene syntaktische Strukturinformation (Anhebung komplexer NPen und des Relativpronomens – jeweils unter Zurücklassung einer koindizierten Spur, die im Falle der Relativpronomen mit einer dominierenden NP koinzidiert ist) ist hier nur so weit ausgeführt, daß sie als Eingabe für die kompositorische Spezifikation von Wahrheitsbedingungen hinreichen. Durch Beschränkung der Koindizierung lassen sich bestimmte Strukturen bereits syntaktisch (im Rahmen der Bindungstheorie) ausschließen:

(7) *[Jeder Student]$_i$ liebt [sich$_j$]* (für i≠j)
(8) *[Jeder Student]$_i$ liebt [ihn$_j$]* (für i=j)

Ich nehme wieder ein Modell der oben beschriebenen Art an und bezeichne die Menge der Sequenzen mit der i-ten Positionen aus **X** mit: $\mathbf{X}_i$ (d. h. $\mathbf{X}_i = \{\sigma' \mid \sigma'_i \in \mathbf{X}\}$). Dafür daß σ' von σ allenfalls in der i-Position abweicht, schreibe ich: $\sigma' \approx_i \sigma$. Ich deute ⟦*student*⟧ als **S** und ⟦*buch*⟧ als **B**, ⟦*kauft*⟧ (bzw. ⟦*liebt*⟧) als Funktion, die jeden Gegenstand auf die Menge der Objekte abbildet, die zu ihm in der Relation **K** (bzw. **L**) stehen. ⟦α_i⟧ (für $\alpha = er, sie, ihn, es, sich$ und $\emptyset$) ist eine Funktion, die jede Sequenz σ auf σ_i abbildet. (Ich schreibe generell ⟦...⟧$^\sigma$ für ⟦...⟧(σ).) ⟦*ein*⟧$_i$ und ⟦*jeder*⟧$_i$ (bzw. ⟦*jedes*⟧$_i$) sind Funktionen, die (für jeden Index i) Sequenzmengen auf Funktionen von Sequenzmengen in Sequenzmengen abbilden – und zwar: ⟦*ein*⟧$_i$ (Σ) (Σ') = $\{\sigma \mid$ für ein $\sigma' \approx_i \sigma$: $\sigma' \in \Sigma \cap \Sigma'\}$ und ⟦*jeder/s*⟧$_i$ (Σ) (Σ') = $\{\sigma \mid$ für alle $\sigma' \approx_i \sigma$ mit $\sigma' \in \Sigma$: $\sigma' \in \Sigma'\}$. Nicht-verzweigende Strukturen erben den Wert ihrer Töchter: ⟦[$_X$Y]⟧=⟦Y⟧ (für X =V, N, NP und Det). Die Werte der verzweigenden Strukturen erhält man rekursiv: ⟦[$_{VP}$V NP]⟧$^\sigma$ als ⟦V⟧(⟦NP⟧$^\sigma$), ⟦[$_S$NP VP]⟧ als $\{\sigma \mid$ ⟦NP⟧$^\sigma \in$ ⟦VP⟧$^\sigma\}$, ⟦[$_{RS}$NP$_i$S]⟧ als ⟦S⟧, ⟦[$_N$N RS]⟧$_i$ als ⟦N⟧$_i \cap$ ⟦RS⟧, ⟦[$_{NP}$Det N]$_i$⟧ als ⟦Det⟧$_i$(⟦N⟧$_i$) und ⟦[$_S$NP$_i$S]⟧ als ⟦NP$_i$⟧(⟦S⟧).

Wie sich zeigen läßt, bestimmt diese Interpretation für (1')–(6') in strikt kompositorischer Weise dieselben Wahrheitsbedingungen wie die prädikatenlogische Interpretation der Formeln (1)–(6). Man kann diese also als logische Repräsentationen für jene ansehen. Auch die Begriffe der Wahrheit (in einem Modell) – relativ zu einer Sequenz wie auch *simpliciter* – und der Begriff der Folgerung übertragen sich zwanglos.

Nicht zuletzt dieser Umstand legitimiert das Forschungsprogramm, die zunächst für formale Sprachen entwickelten Methoden modelltheoretischer Deutung auch auf natürliche Sprachen zu übertragen: das traditionell eher diffuse Feld der linguistischen Bedeutungslehre wird mit einer klaren theoretischen Konzeption verknüpft und explizit und methodisch kontrolliert entfaltet. Vor allem die Arbeiten Montagues (1974) (vgl. auch Lewis 1970; Cresswell 1973) stehen für das (sogar noch weitergehende) Projekt, natürliche und formale Sprachen im einheitlichen syntaktisch-semantischen Rahmen einer „Universal Grammar" darstellbar zu machen.

Freilich ist die Reichweite der seinerzeit von Montague betrachteten sprachlichen Phänomene (mehr noch natürlich die des Beispiels oben) äußerst beschränkt. Sicher hat die Forschung in den vergangenen Jahrzehnten eine Fülle von Phänomenen in den skizzierten, zunächst am Ausdrucksreichtum der Prädikatenlogik orientierten, Rahmen einzupassen vermocht (Koordination und Hypotaxe; Tempus, Numerus und Aspekt; Negation und Quantifikation; Definitheit und Indefinitheit; Modalität und adverbiale Modifikation; Indexikalität, Deixis und Anaphora; Vagheit und Generizität; u. a. m.). Dennoch blieben Vorbehalte bestehen, ob das logisch-semantische Paradigma – mit der Methodologie einer sukzessiven Erweiterung der betrachteten sprachlichen Fragmente – nicht prinzipiell in zumindest zweierlei Hinsicht gegenüber dem empirischen Reichtum des sprachwissenschaftlichen Gegenstandsbereichs defizitär bleibe. Diese Hinsichten betreffen zum einen die *Breiten*dimension, d. h. die Reichweite des Ansatzes bezüglich der Oppositionen Ausdruck vs. Äußerung, Sagen vs. Meinen, System vs. Verwendung, Satz vs. Text und zum anderen die *Tiefen*dimension, will sagen die Frage, ob die bedeutungstheoretische Grundkonzeption (Semantik als kompositorische Theorie der Wahrheitsbedingungen) den Facettenreichtum der Inhaltsseite natürlicher Sprachen ausschöpfe.

4. Formale Pragmatik und Texttheorie

4.1. Die Dimension der Breite

Die Wahl von Objektsequenzen als semantische Werte von Sätzen und die Relativierung des Wahrheitsbegriffs auf Sequenzen markieren bereits einen Anschlußpunkt der Theorie der Äußerungsbedeutung an die kompositorische Satz-Semantik. Objektsequenzen lassen sich nämlich recht natürlich als Verweisungsregeln (für freie – d. h. durch koindizierte NPen nicht c-kommandierte – Pronomina) deuten, und der deiktische Aspekt einer Äußerung ist plausibel als eine Äquivalenzklasse solcher Regeln interpretierbar. Eine *Äußerung* von (1') wäre z. B. hiernach wahr *simpliciter*, wenn ihr deiktischer Aspekt durch eine Sequenz bestimmt ist, *relativ zu der Satz* (1') wahr ist. Mithilfe von Sequenzen ist auch Indexikalität traktierbar (vgl. Kaplan 1989; Zimmermann 1991). Die Interpretation von Ausdrücken wie *ich, hier, jetzt*, oder auch der Tempora läßt sich an fixe Positionen in Sequenzen koppeln (vgl. Larson/Segal 1995, 215 ff), die durch den indexikalischen Aspekt einer Äußerung gefüllt werden. Das erlaubt (etwa für den Satz *Ich bin jetzt hier*) den *character* (d. h. den sprachlichen Inhalt: „Der Sprecher ist im Zeitraum der Äußerung am Ort der Äußerung") zu unterscheiden vom *content* (d. h. dem sachlichen Gehalt: „W. H. ist am 2. 7. 1998 um 16 h im 'Café unter den Linden', HH, Juliusstr.").

Natürlich sind mit der Integration deiktischer und indexikalischer Ausdrücke noch nicht alle Aspekte der Kontextabhängigkeit von Sätzen in den Blick genommen. So können Äußerungen situationsabhängig Voraussetzungen machen und Unterstellungen transportieren, die ihren deskriptiven Gehalt überschreiten. Es ist ja z. B. sehr die Frage, ob etwa die Genusinformation der Pronomen *er* und *sie* in (1')–(5') zum *character* und/oder *content* der Sätze/Äußerungen gehört, etwa also in ihre Wahrheitsbedingungen eingeht oder bereits (vgl. Larson/Segal 1995, 213 f) eine zusätzliche Dimension sprachlicher Informativität markiert, die gegenüber dem Bereich des Mitgeteilten *sensu stricto* im Modus von Unterstellung und stillschweigender Voraussetzung zwar miteinbezogen wird, aber abgeschattet bleibt (Petöfi/Frank 1973; Oh/Dinneen 1979). Zudem kann man sich mit Äußerungen auf anderes beziehen, als der eng konventionalisierte sprachliche Sinn (bei gegebenen Umständen) bestimmt (Donnellan 1966; Kripke 1977), und auch mehr (oder weniger, bzw. einfach anderes) *meinen* als man *sagt* (Grice 1990; Levinson 1983), ohne daß dies unbedingt als bloße Fehlleistung jenseits von Regularitäten zu verbuchen wäre, die der interaktive Prozeß sprachlichen Verstehens und kommunikativer Verständigung ausprägt. Eine weitere Dimension der Informativität von Äußerungen stellt nun gerade diesen Verständigungscharakter von Sprache in den Vordergrund. Neben ihrem deskriptiven Gehalt – sei er nun strikt wahrheitskonditional erfaßt oder (zusätzlich noch) in anderer Weise kodiert – haben Äußerungen eine *performative* Dimension: sie treten als Sprechakte auf, bilden Muster und Sequenzen von aufeinander bezogenen sprachlichen Akten aus (Searle 1969; 1979; Wunderlich 1976), und sind insgesamt Bestandteil koordinativer und kooperativer Handlungszusammenhänge. Aber nicht nur auf der Ebene der Äußerungen, die Diskurse konstituieren, ist mit übergreifender Sequenz- und Musterbildung zu rechnen, sondern auch auf der Ebene der Ausdrücke selbst gibt es oberhalb von Sätzen kohäsive Strukturen, die als Texte eine eigenständige Ebene bilden (vgl. Lohmann 1987; 1989). – Dies sind Perspektiven, unter der die Frage der Erweiter- bzw. Ergänzbarkeit des Paradigmas der modelltheoretischen Semantik zu stellen ist. An Ansätzen zur Formalisierung der angesprochenen Problemfelder 'Präsuppositionen', 'Implikaturen', 'Sprechakte' sowie 'Text-, Diskurs- und Handlungstheorie' besteht kein Mangel (vgl. Stalnaker 1974; Gazdar 1979; Soames 1989; Vanderveken 1990/91; Cohen/Morgan/Pollack 1990). Weniger klar ist das Format einer integrativen Theorie, in die diese Ansätze eingehen. Eine Reihe von Theorientwürfen hat in den 70er und 80er Jahren daher (gewissermaßen in Umkehrung der Methodologie der sukzessiven Fragmenterweiterung) die Frage des globalen Theoriedesigns in den Vordergrund gestellt. Es galt die formale Skizze einer textologischen Topographie zu entwerfen, in der sich semiotische, logische, linguistische, auch poetologische Einzelfragen verorten und zueinander ins Verhältnis setzen lassen (Kummer 1975; Gülich/Raible 1977; de Beaugrande 1980; van Dijk 1980; Petöfi 1990; 1991).

4.2. Die Dimension der Tiefe

Die Wahl semantischer Werte hat für die modelltheoretische Semantik vor allem einen technischen Aspekt: sie sollen in kompositorischer Weise unter Vorgabe syntaktischer Struktur intuitiv angemessene Wahrheitsbedingungen für Sätze (bzw. deren Äußerungen) induzieren. In dem extensionalen Miniaturausschnitt des Deutschen, den ich oben vorgestellt habe, reichen hierfür bereits Objekte zusammen mit Mengen, Relationen und (Mengen aus) Sequenzen von Objekten hin. Wie bekannt, verändert sich das Bild, sobald syntaktisch etwa temporale oder modale Adverbien (z. B.: *künftig, notwendigerweise*), nicht-wahrheitsfunktionale Konjunktionen (z. B. *wenn—dann*) oder auch Verben mit Komplementsätzen (wie *glauben*) hinzukommen. Dann gilt es, Intensionen einzubeziehen. Hierfür liegen Konstruktionen unterschiedlicher Feinkörnigkeit vor. Semantische Werte von Ausdrücken können in Verfolg einer von Carnap (1947) über Kripke (1963) zu Montaque (1974) führenden Tradition (grobkörnig) relativ zu sog. möglichen Welten genommen werden oder (feinkörniger) strukturiert als Tupel der semantischen Werte ihrer Konstituenten. (Hierzu: Russell 1917; Carnap 1947; Lewis 1970; Kaplan 1975; Cresswell 1985). Welcher dieser Wege im einzelnen erfolgversprechender ist (und wo ihre Probleme liegen), wird hier nicht erörtert. Grundsätzlicher ist schließlich das Bedenken, ob das Ziel der Zuordnung von Wahrheitsbedingungen (unter Verwendung welcher semantischen Werte für welche Ausdrücke/Äußerungen auch immer) überhaupt allein schon das Feld der Semantik für natürliche Sprachen zureichend umreißt. Gerade im Hinblick auf die oben im Abschnitt 4.1. angesprochenen Phänomenbereiche stellt sich die Frage, welchen Ort eine Theorie der Wahrheitsbedingungen (als klassisches Feld der modelltheoretischen Semantik) im Gesamtensemble einer die Behandlung von Texten und Diskursen umgreifenden Bedeutungstheorie für natürliche Sprachen beanspruchen kann. Gazdar (1979) geht von der Hypothese einer grundsätzlichen Isolierbarkeit wahrheitskonditionaler Fragen im Rahmen einer umfassenden Bedeutungstheorie aus, woraus sich für ihn die Gleichung: PRAGMATIK = BEDEUTUNG (i. w. S.) − WAHRHEITSBEDINGUNGEN ergibt. Er (Gazdar 1979, 161 ff) nennt freilich selbst eine Reihe von Argumenten, die für eine Interaktion zwischen wahrheitskonditionalen und (im Sinne der Gleichung) pragmatischen Anteilen der Bedeutung im weiteren Sinne sprechen und insofern Zweifel begründen, ob die wahrheitskonditionale Semantik für sich einen wohlabgegrenzten Beitrag zur Bedeutungstheorie *in toto* wird leisten können. Hier sei nur Kamp (1979) erwähnt, der im Anschluß an Lewis (1979) argumentiert, daß die Wahrheitsbedingungen für komplexe Erlaubnisse wie *You may take an apple or a pear* nicht unabhängig von den pragmatischen − nämlich zugelassene Handlungsoptionen verändernden − Effekten von Äußerungen wie *You may take an apple* und *You may take a pear* formuliert werden können. − Neuere Konzeptionen der formalen Semantik wie die Situationssemantik (Barwise/Perry 1983), die File-Change-Semantik (Heim 1982) oder die Diskursrepräsentationstheorie (Kamp 1981; Kamp 1991; Kamp/Reyle 1993) streben daher reichere Konzeptionen an, in denen situative, kontextverändernde und anderweitig pragmatische Aspekte mit dem deskriptiven Moment einer Semantik der Wahrheitsbedingungen inniger verknüpft sind.

Wohlbemerkt: der Ausgangspunkt der modelltheoretischen Semantik − eine kompositorische Theorie von Wahrheitsbedingungen für Sätze − wird nicht fallengelassen, nur eingeholt in ein insgesamt reicheres Bild. Wie im Falle der neueren Syntaxtheorie, die die Aufgabe der Spezifikation von Wohlgeformtheitsbedingungen in den Rahmen einer Konzeption parametrisierter Prinzipiensysteme eingebettet hat, hat sich auch die formale Semantik natürlicher Sprachen − unter Wahrung technischer Standards − ein Stück weit von ihrem Ausgangspunkt emanzipiert.

5. Dynamische Semantik

Einer der Akzente, der in neueren Semantikkonzeptionen gesetzt wird, liegt auf dem Aspekt der Dynamik. Die Bedeutung von

Äußerungen wird als Potential gefaßt, situative Kontexte zu verändern. In Variation Wittgensteins ließe sich formulieren: „Einen Satz verstehen, heißt, wissen was passiert, wenn er geäußert wird (die *systematischen* Effekte kennen, die seine Äußerung hat)." Diese Perspektivverschiebung ist insbesondere für die Behandlung von Ausdrücken und Äußerungen oberhalb der Satzebene (in Texten und Diskursen) einschlägig. – Ich möchte den allgemeinen Punkt wieder anhand des Miniaturausschnitts des Deutschen erläutern, der schon oben (Abschnitt 3) zur Veranschaulichung des modelltheoretischen Verfahrens als solchem diente. Dabei soll auch deutlich werden, daß grundsätzliche konzeptuelle Neuorientierungen formal in konservativer Weise (unter Bewahrung bisheriger Resultate) und technisch mitunter durch bloß geringfügige Verschiebungen erreichbar sind. (Zu frühen dynamischen Ansätzen in der Bundesrepublik vgl. auch Ballmer 1978; Wildgen 1979.)

Eines der Phänomene, bei deren Analyse sich die dynamische Perspektive insbesondere bewährt, betrifft den anaphorischen Bezug innerhalb und zwischen Sätzen. Es dürfte klar sein, daß eine semantische Theorie, die Wahrheitsbedingungen für Einzelsätze spezifiziert, von sich aus nichts zu den anaphorischen Beschränkungen zwischen Sätzen zu sagen hat:

(9) [*Ein Student*]$_1$ *liebt sie*$_3$. *Er*$_1$ *kauft* [*jedes Buch*]$_2$
(10) [*Jeder Student*]$_1$ *liebt sie*$_3$. **Er*$_1$ *kauft* [*ein Buch*]$_2$

Die dynamische Perspektive legt nun nahe, die Satzfolge (9) so zu betrachten, daß der semantische Wert des ersten Satzes den aktuellen Kontext so verändert, daß der deiktische Aspekt des resultierenden Kontexts Verweise von *er*$_1$ auf einen bestimmten Studenten favorisiert (nämlich einen, von dem im ersten Satz gesagt wird, er liebe sie). Das hat den Effekt, daß die SubjektsNP des ersten Satzes das Subjektpronomen des zweiten Satzes semantisch binden kann, obwohl jene dieses natürlich nicht c-kommandiert. – Es ist interessant, daß die durch (9) und (10) exemplifizierte Beschränkung *zwischen* Sätzen eine Entsprechung auch *innerhalb* von Sätzen hat, die in der logisch-sprachphilosophischen Literatur seit langem als Problem der Eselssätze (Geach 1972; Evans 1980) bekannt ist. (Diese Zusammenhänge sind in der Linguistik von Karttunen (1976), später von Kamp (1981);

Heim (1982) und Seuren (1985) aufgegriffen worden.) Man betrachte:

(11) *Ein Student, der jedes Buch kauft, liebt es.*
*[$_S$[$_{NP}$[$_{Det}$*ein*][$_N$[$_N$*Student*][$_{RS}$[$_{NP}$[$_{RPr}$*der*]]$_1$ [$_S$[$_{NP}$[$_{Det}$*jedes*][$_N$*Buch*]]$_3$[$_S$[$_{NP}$Ø$_1$][$_{VP}$[$_V$*kauft*] [$_{NP}$Ø$_3$]]]]]]]$_1$[$_S$[$_{NP}$Ø$_1$][$_{VP}$[$_V$*liebt*][$_{NP}$*es*$_3$]]]]

(12) *Jeder Student, der ein Buch kauft, liebt es.*
[$_S$[$_{NP}$[$_{Det}$*jeder*][$_N$[$_N$*Student*][$_{RS}$[$_{NP}$[$_{RPr}$*der*]]$_1$ [$_S$[$_{NP}$[$_{Det}$*ein*][$_N$*Buch*]]$_3$[$_S$[$_{NP}$Ø$_1$][$_{VP}$[$_V$*kauft*] [$_{NP}$Ø$_3$]]]]]]]$_1$[$_S$[$_{NP}$Ø$_1$][$_{VP}$[$_V$*liebt*][$_{NP}$*es*$_3$]]]]

Offenbar kann in (11) – in Übereinstimmung mit der Bindungstheorie – die ObjektNP des Relativsatzes das Objektpronomen des Matrixsatzes nicht binden, da sie es nicht c-kommandiert. Wohl aber in (12)! Während nun (11') die Wahrheitsbedingungen von (11) korrekt wiedergibt (x_3 liegt trotz Koindizierung nicht im Skopus des All-Quantors), erfaßt (12') die Wahrheitsbedingungen von (12) alles andere als korrekt: x_3 liegt nicht im Skopus des Existenz-Quantors:

(11') $\exists x_1((Sx_1 \land \forall x_3(Bx_3 \to Kx_1,x_3)) \land Lx_1,x_3)$
(12') $\forall x_1((Sx_1 \land \exists x_3(Bx_3 \land Kx_1,x_3)) \to Lx_1,x_3)$

Nicht daß sich die Wahrheitsbedingungen von (12) prädikatenlogisch nicht ausdrücken ließen:

(12'') $\forall x_1 \forall x_3((Sx_1 \land Bx_3 \land Kx_1,x_3) \to Lx_1,x_3)$.

(Ich nehme (12) hier in der Lesart „*Jeder Student liebt jedes Buch, das er kauft*", nicht als „*Jeder Student, der ein Buch kauft, liebt eins der Bücher, die er kauft*" oder „*Es gibt ein Buch, das jeder Student liebt, der es kauft*".) Das Problem ist nur, daß eine kompositorische Semantik wie die, die ich für (1)−(8) angegeben habe, inadäquaterweise (12') als Wahrheitsbedingungen für (12) angibt, nicht aber (12''). Offenbar verhalten sich die Determinatoren *jeder*/*s* und *ein* verschieden. Die folgende (geringfügig revidierte) Semantik trägt genau diesem Aspekt Rechnung. Sie implementiert die Idee von Satzbedeutungen als Kontextveränderungspotentialen: Werte von Sätzen werden nicht mehr als *Mengen* von Objektsequenzen gefaßt, sondern als *Relationen* zwischen Objektsequenzen, die die Kontextveränderung partiell als Veränderung ihrer deiktischen Aspekte modellieren (vgl. hierzu Groenendijk/Stockhof 1990; 1991; Chierchia 1995).

Gegeben sei ein Modell wie gehabt. Die Deutung der unverzweigten Strukturen bleibt unverändert – bis auf die Determinatoren, deren Werte ich nunmehr wie folgt bestimme. (Σ und Σ' stehen jetzt für Relationen zwischen Sequenzen. Ihre Komposition notiere ich mit $\Sigma \cdot \Sigma' = \{\langle\tau,\sigma\rangle \mid$ für ein $\sigma': \langle\tau,\sigma'\rangle \in \Sigma$ und $\langle\sigma',\sigma\rangle \in \Sigma'\}$. Entsprechend interpretiere ich $\mathbf{X}_i$ so: $\mathbf{X}_i = \{\langle\sigma,\sigma\rangle \mid \sigma_i \in \mathbf{X}\}$.) — $[\![ein]\!]_i(\Sigma)(\Sigma') = \{\langle\tau,\sigma\rangle \mid$ für ein $\sigma' \approx_i \tau: \langle\sigma',\sigma\rangle \in \Sigma \cdot \Sigma'\}$, $[\![jeder/s]\!]_1(\Sigma)(\Sigma') = \{\langle\tau,\tau\rangle \mid$ für alle $\sigma' \approx_i \tau$ und σ'' mit $\langle\sigma', \sigma''\rangle \in \Sigma$ gibt es ein σ mit $\langle\sigma'',\sigma\rangle \in \Sigma'.\}$ — Die Werte für verzweigende Strukturen erhält man jetzt so: $[\![_{VP}V\,NP]\!]^\sigma$ als $[\![V]\!]([\![NP]\!]^\sigma)$, $[\![_SNP\,VP]\!]$ als $\{\langle\sigma,\sigma\rangle \mid [\![NP]\!]^\sigma \in [\![VP]\!]^\sigma\}$, $[\![_{RS}NP_iS]\!]$ als $[\![S]\!]$, $[\![_N N\,RS]\!]_i$ als $[\![N]\!]_i \cdot [\![RS]\!]$, $[\![_{NP}Det\,N]\!]_i$ als $[\![Det]\!]_i([\![N]\!]_i)$ und $[\![_SNP_i\,S]\!]$ als $[\![NP_i]\!]([\![S]\!])$.

Wahrheit bleibt auch bei der modifizierten Deutung definierbar: Ein Satz ist wahr (in $\mathcal{M}$) *relativ zu* einer *Sequenz* σ, falls es eine Sequenz τ gibt, so daß $\langle\sigma,\tau\rangle$ Element seines Wertes ist, und wahr *simpliciter*, falls er relativ zu jeder Sequenz wahr ist. Insofern geht gegenüber dem ersten Ansatz nichts verloren.

Der dynamische Ansatz löst aber das Problem der Beispiele (9) und (10) sowie (11) und (12). Deutet man nämlich die Konkatenation von Sätzen als Komposition ihrer Werte, ergibt sich, daß eine Äußerung von (9) wahr ist, falls auf ein x (z. B. ein Mädchen) verwiesen wird, das von einem Studenten, der jedes Buch kauft, geliebt wird, während (10) Kontexte auszeichnet, in denen zum einen auf ein x verwiesen wird, das jeder Student liebt, und zum anderen auf ein y, das ein Buch kauft: Die Semantik sagt damit voraus, daß in (9), nicht aber in (10), eine anaphorische Anknüpfung für das Pronomen *er* an die komplexe NP im ersten Satz möglich ist.

Ähnlich ergibt sich, daß es für (11) keine Lesart mit anaphorischer Anknüpfung von *es* an *jedes Buch*, wohl aber für (12) eine mit anaphorischer Anknüpfung von *es* an *ein Buch* gibt. Tatsächlich erhält (12) im dynamischen Ansatz Wahrheitsbedingungen, die mit (12'') äquivalent sind.

Diese Resultate, die hier nicht im Detail hergeleitet werden, verdanken sich natürlich neben der grundsätzlichen Umorientierung bei der Wahl semantischer Werte für Sätze wesentlich der unterschiedlichen Interpretation der Determinatoren *ein* und *jeder/s*, bei kategorial einheitlicher Behandlung (vgl. dagegen Heim 1982).

6. Schlußbemerkung

Denkbar, daß ein Anomalist angesichts der zuletzt vorgestellten Ergebnisse erneut geneigt ist, eine Diskrepanz zwischen deskriptivem Ertrag und technischem Aufwand zu monieren. Aber man täusche sich nicht: Es ist bis vor gar nicht langer Zeit utopisch gewesen, die vorgestellten Daten schlüssig in einem kohärenten theoretischen Rahmen zu erklären. Ihre Beachtung verdankt sich freilich (vorerst als Spitze des dynamischen Eisbergs) einer sehr grundsätzlichen sprachtheoretischen Reorientierung, zu deren Fundierung logisch-semantische Ansätze gerade aufgrund ihrer „Kleinschrittigkeit" und Präzision beitragen: Ein wissenschaftliches Verständnis von Sprache als Medium der Etablierung, Modifikation und Fortentwicklung informativer Bestände, individueller epistemischer Haltungen und gruppenspezifischer Handlungsorientierungen scheint näherzurücken.

7. Literatur (in Auswahl)

Ballmer, Thomas T. (1978): Logical Grammar with special consideration of Topics in Context Change. Amsterdam/New York/London.

Barwick, K. (1957): Probleme der stoischen Sprachlehre und Rhetorik. Abhandlungen der Sächsischen Akademie der Wissenschaften zu Leipzig. Philologisch-historische Klasse, 49, 3. Berlin.

Barwise, John/Perry, John (1983): Situations and Attitudes. Cambridge (Mass.)/London.

Beaugrande, Robert de (1980): Text, Discourse, and Process. Towards a Multidisciplinary Science of Texts. Norwood (New Jersey).

Carnap, Rudolf (1947): Meaning and Necessity: A Study in semantics and Modal Logic. Chicago.

Chierchia, Gennaro (1995): Dynamics of Meaning. Anaphora, Presupposition, and the Theory of Grammar. Chicago/London.

Chierchia, Gennaro/McConnell-Ginet, Sally (1990): Meaning and Grammar. Cambridge (Mass.)/London.

Chomsky, Noam (1957): Syntactic Structures. The Hague.

— (1963): Formal Properties of Grammars. In: Luce, R. D./Busch, R. R./Galanter, E. (eds.): Handbook of Mathematical Psychology II. New York, 323—418.

— (1972): Language and Mind. New York.

— (1975): Reflections on Language. New York.

— (1981): Lectures on Government and Binding. Dordrecht.

— (1986a): Knowledge of Language: Its Nature, Origin, and Use. New York.

— (1986b): Barriers. Cambridge.

Cohen, P./Morgan, J./Pollack, M. E. (1990): Intentions in Communications. Cambridge.

Cresswell, Max J. (1973): Logics and Languages. London.

– (1985): Structures Meanings. The Semantics of Propositional Attitudes. Cambridge (Mass.).

Davidson, Donald (1984): Inquiries into Truth and Interpretation. Oxford.

Donnellan, Keith (1966): Reference and Definite Descriptions. Philosophical Review 75, 281–304.

Evans, Gareth (1980): Pronouns. Linguistic Inquiry 11, 337–362.

Fanselow, Gisbert/Felix, Sascha (1987): Sprachtheorie (2 Bde.). Tübingen.

Gazdar, Gerald (1979): Pragmatics, Implicatures, Presupposition, and Logical Form. New York/San Francisco/London.

Geach, Peter T. (1972): Logic Matters. Oxford.

Grice, Paul (1990): Studies in the Ways of Words. Cambridge (Mass.)/London.

Groenendijk, Jeroen/Stockhof, Martin (1990): Dynamic Montague Grammar. In: Kálmán, L. et al. (eds.): Proceedings of the Second Symposium on Logic and Language. Budapest.

– (1991): Dynamic Predicate Logic. Linguistics and Philosophy 14, 39–100.

Gülich, Elisabeth/Raible, Wolfgang (1977): Linguistische Textmodelle. München.

Heim, Irene (1982): The Semantics of Definite and Indefinite Noun Phrases. Ph. D., Univ. of Mass., Amherst, veröffentlicht 1989. New York.

Horrocks, Geoffrey (1987): Generative Grammar. London/New York.

Kamp, Hans (1978): Semantics versus Pragmatics. In: Guenthner, Franz/Schmidt, Siegfried J. (eds.): Formal Semantics and Pragmatics for Natural Languages. Dordrecht, 255–287.

– (1981): A Theory of Truth and Semantic Representation. In: Groenendijk, Jeroen/Janssen, T./Stockhof, Martin (eds.): Truth, Interpretation, and Information. Dordrecht, 1–41.

– (1991): Prolegomena to a Structural Account of Belief and Other Attitudes. In: Anderson, C. A./Owens, J. (eds.): Propositional Attitudes: The Role of Content in Logic, Language and Mind. Stanford, 27–90.

Kamp, Hans/Reyle, Uwe (1993): From Discourse to Logic. Dordrecht.

Kaplan, David (1975): How to Russell a Frege-Church. Journal of Philosophy 72, 716–726.

– (1989): Demonstratives & Afterthoughts. In: Almog, J. et al. (eds.): Themes from Kaplan. Oxford, 483–613.

Karttunen, Lauri (1976): Discourse Referents. In: McCawley, James (ed.): Notes from the Linguistic Underground. New York, 363–385.

Kripke, Saul A. (1963): Semantical Considerations on Modal Logic. Acta Philosophica Fennica 16, 83–94.

– (1977): Speaker Reference and Semantic Reference. In: French, P./Uehling, T. Jr./Wettstein, H. (eds.): Contemporary Perspectives in the Philosophy of Language. Minneapolis, 6–27.

Kummer, Werner (1975): Grundlagen der Texttheorie. Zur handlungstheoretischen Begründung einer materialistischen Sprachwissenschaft. Reinbek.

Larson, Richard/Segal, Gabriel (1995): Knowledge of Meaning. An Introduction to Semantic Theory. Cambridge (Mass.)/London.

Levelt, W. J. M. (1974): Formal Grammars in Linguistics and Psychology (3 Bde). The Hague.

Levinson, Stephen C. (1983): Pragmatics. Cambridge.

Lewis, David (1970): General Semantics. Synthese 22, 18–67; wiederabgedruckt in: ders. (1983): Philosophical Papers I, 189–232. Oxford.

– (1979): A Problem about Permission. In: Saarinen, E./Hilpinen, R./Niiniluoto, I./Provence Hintikka, M. (eds.): Essays in Honour of Jaakko Hintikka. Dordrecht, 163–175.

Lohmann, Patricia (1987): Connectedness of Texts: A Bibliographical Survey. In: Petöfi, Janos S. (ed.): Text and Discourse Constitution. Empirical Aspects, Theoretical Approaches. Berlin/New York, 478–501.

– (1989): Connectedness of Texts: A Bibliographical Survey. (Part II). In: Heydrich, Wolfgang/Neubauer, Fritz/Petöfi, Janos S./Sözer, Emel (eds.): Connexity and Coherence. Analysis of Text and Discourse. Berlin/New York, 383–396.

Mette, H. J. (1952): Parateresis. Untersuchungen zur Sprachtheorie des Krates von Pergamon. Halle.

Montague, Richard (1974): Formal Philosophy. Selected Papers of Richard Montague, ed. Thomason, R. H. New Haven/London.

Norden, E. (1890): Die antike Kunstprosa. Vom VI. Jh. v. Chr. bis in die Zeit der Renaissance. 2 Bde. Leipzig.

Oh, Ch.-K./Dinneen, D. A. (eds.) (1979): Presupposition. New York/San Francisco/London.

Partee, Barbara/ter Meulen, Alice/Wall, Robert (1990): Mathematical Methods in Linguistics. Dordrecht/Boston/London.

Petöfi, Janos S. (1990): Language as a written medium. In: Collinge, N. E.: An Encyclopaedia of Language. London/New York, 207–243.

– (1991): Towards a Semiotic Theory of the Human Communication (Text Linguistics – Semiotic Textology). Szeged.

Petöfi, Janos S./Frank, Dorothea (eds.) (1973): Präsuppositionen in Philosophie und Linguistik/Presuppositions in Philosophy and Linguistics. Frankfurt.

Pollard, Carl/Sag, Ivan A. (1994): Head-Driven Phrase Structure Grammar. Chicago/London.

Russell, Bertrand (1917): Knowledge by Acquaintance and Knowledge by Description. In: Russell, Bertrand: Mysticism and Logic, 152–167; wiederabgedruckt in: Salmon, N./Soames, S. (eds.) (1988): Propositions and Attitudes. Oxford, 16–32.

Searle, John (1969): Speech Acts. Cambridge.

– (1979): Expression and Meaning. Cambridge.

Sells, Peter (1985): Lectures on Contemporary Syntactic Theories. An Introduction to Government-Binding Theory, Generalized Phrase Structure Grammar, and Lexical-Functional Grammar. Stanford.

Seuren, Peter A. M. (1985): Discourse Semantics. Oxford.

Soames, Scott (1989): Presuppositions. In: Gabbay, Dov/Guenthner, Franz (eds.): Handbook of Philosophical Logic. Bd. 4. Dordrecht, 553–616.

Stalnaker, Robert (1974): Pragmatic Presuppositions. In: Munitz, M./Unger, P. (eds.): Semantics and Philosophy. New York, 197–214.

Stechow, Arnim v./Sternefeld, Wolfgang (1988): Bausteine syntaktischen Wissens. Ein Lehrbuch der Generativen Grammatik. Opladen.

Steinthal, H. (1890): Geschichte der Sprachwissenschaft bei den Griechen und Römern, mit besonderer Rücksicht auf die Logik. Nachdruck 1961. Hildesheim.

Tarski, Alfred (1935): Der Wahrheitsbegriff in den formalisierten Sprachen. Studia Philosophica 1, 261–404 (poln. in Trav. Varsovie, Cl. III, 34, 1933); wiederabgedruckt in: Berka, Karel/Kreiser, Lothar (1973): Logik-Texte. Kommentierte Auswahl zur Geschichte der modernen Logik. Berlin.

– (1956): Logic, Semantics, Metamathematics. Oxford.

van Dijk, Teun A. (1980): Textwissenschaft. Eine interdisziplinäre Einführung. München.

Vanderveken, Daniel (1990/91): Meaning and Speech Acts. 2 Bde. Cambridge.

Wildgen, Wolfgang (1979): Verständigungsdynamik: Bausteine für ein dynamisches Sprachmodell. Regensburg.

Wittgenstein, Ludwig (1921): Tractatus logico-philosophicus. Oswalds Annalen der Naturphilosophie. (1963, Frankfurt a. M.).

Wunderlich, Dieter (1976): Studien zur Sprechakttheorie. Frankfurt a. M.

Zimmermann, Thomas E. (1991): Kontexttheorie. In: Stechow, Arnim v./Wunderlich, Dieter (eds.): Semantik. Ein internationales Handbuch der zeitgenössischen Forschung. Berlin, 156–229.

Wolfgang Heydrich, Hamburg/Bielefeld (Deutschland)

26. Situative Voraussetzungen: Text und Situation

1. Text- und Diskurslinguistik: Archäologie der Zukunft der Vergangenheit
2. Konturen eines gelobten Landes
3. Eine Diskursrepräsentation für Text A
4. Deixis und Referenz im perzeptuellen Kontext
5. Die Modellierung mentaler Zustände
6. Situationen
7. Propositionen
8. Diskursrollen
9. Aufrechterhaltung und Neubelegung von Diskursrollen
10. Repräsentationen
11. Rückblick
12. Literatur (in Auswahl)

1. Text- und Diskurslinguistik: Archäologie der Zukunft der Vergangenheit

Aus der Sicht der 90er Jahre wird die semantische Beschreibung von Diskursen oft mit der Diskursrepräsentationstheorie (DRT) und ähnlichen Paradigmen wie *file change semantics* oder Varianten der dynamischen Semantik identifiziert (vgl. dazu Chierchia 1995 für einen Überblick). Hier soll einleitend von einer Form der Diskursbeschreibung die Rede sein, die zeitlich vor oder methodologisch außerhalb von diesen, eher logisch und sprachphilosophisch motivierten Richtungen liegt.

Die Beschreibung von Texten und Diskursen mit sprachwissenschaftlich basierten Methoden, zu Referenzzwecken hier *Text- und Diskurslinguistik* genannt, hatten ihren ersten Höhepunkt in den 70er und frühen 80er Jahren. Wissenschaftler aus verschiedenen methodologischen Ansätzen ordneten sich in diese Richtung ein. Ein Beispiel dafür ist ein 1977 in der programmatischen Reihe *Research in Text Theory* (herausgegeben von J. S. Petöfi 1988) edierter Sammelband, *Current Trends in Textlinguistics* (Dressler 1977). Er vereinigt Beiträge, die sich der Semiotik (Nöth; Petöfi), der strukturellen Grammatik (Harweg; Prince), der Psycholinguistik (van Dijk; Kintsch), der Ethnomethodologie (Schegloff), der empirischen Pragmatik (Levinson), der Theorie fiktionaler Texte (Wienold), der Stilistik (Enkvist), der funktionalen Linguistik der Prager Schule (Palek) sowie der funktionalen Sprachbeschreibung (Hasan) zuordnen lassen. Diese Autoren einte, daß sie den geschriebenen oder gesprochenen Text als kleinste selbständige Einheit der Sprache auffaßten, von der satzinterne Strukturen wie pronominale Anaphern, Tempora oder Diskurspartikeln abhängig sind.

Aus heutiger Sicht kann man zwei Dinge zur Text- und Diskurslinguistik in diesem Sinne bemerken: Die methodologisch verschiedenen Formen der Beschreibung von Texten haben sich nicht zu einem repräsentativen Paradigma zusammengefügt, in dem Kern- und Randbereiche, etwa Syntax vs. Textrhetorik, verortbar gewesen wären. Auch blieben die Beiträger im wesentlichen im Rahmen ihrer angestammten Methodologien und arbeiteten eher an deren weiterer Entwicklung als an einer *ab ovo*-Systematik der Text- und Diskurslinguistik. Dieses wird aus weiteren Bänden der Reihe *Research in Text Theory* deutlich. Geht man davon aus, daß in den 70er und 80er Jahren Generative Grammatik und Montague-Grammatik die vorherrschenden Paradigmen einer theoretisch orientierten Linguistik waren, dann fällt auf, daß die genannten Vertreter einer Text- oder Diskurslinguistik dazu komplementäre Bereiche, Teilgebiete oder Anwendungsgebiete der Linguistik repräsentierten und heute auch eher als Vertreter dieser verschiedenen Paradigmen gelten. Die Text- und Diskurslinguistik läßt sich somit mehr als Manifestation von paradigmengebundenen Interessen *sui generis* auffassen und weniger als *per se* wohldefiniertes Forschungsgebiet.

Nun war der methodologische Ansatz „Texte schaffen ihre eigenen *constraints!*" zweifellos einleuchtend und das Interesse an Text- und Diskursfragen breit gestreut. Somit hätte sich daraus durch Spezialisierung und Reduktion sehr wohl ein eigener profilierter Bereich entwickeln können. Dazu kam es jedoch nicht. Die heute dominierenden Ansätze in der Sprachbeschreibung sind Varianten der Generativen Grammatik, semantisch Nachfolger der Kategorialgrammatik, und definieren kein Gebiet „Text- und Diskurslinguistik". Diese Bezeichnung wird heute nicht mit einem festen Paradigma identifiziert. Dies ist unter anderem auf die folgenden Probleme zurückzuführen: Die Text- und Diskurslinguistik hatte keinen von ihren Verfechtern allgemein akzeptierten Anschlußpunkt

(1) zu den damals dominierenden Richtungen der formalen Syntax und Semantik,
(2) zu der sich entwickelnden empirischen und formalen Pragmatik,
(3) zur kognitiven Interpretation von Repräsentationen.

Darüber hinaus vertrat die Text- und Diskurslinguistik

(4) einen eher konservativen, an schriftsprachlich fixierten und monologisch produzierten Texten ausgerichteten Sprachbegriff.

Das 1. Problem zog zwei Dinge nach sich: Grundlegende Fragen einer Textsyntax wie Generierung oder Analyse von Satzfolgen konnten nicht mit dem Anspruch allgemeiner Lösungen etabliert werden. Sodann wurden im Bereich der Semantik weder theoretische Fragen wie die der Kompositionalität von Bedeutungen in Diskursen systematisch bearbeitet noch effektive Lösungen für praktische Fragen, z. B. das Problem der Anaphernauflösung, sicherlich ein zentrales Explikandum einer Text- und Diskurslinguistik, in Angriff genommen.

Das 2. Problem hatte zur Folge, daß die Situiertheit von Texten und Diskursen nicht in den Blick geriet und deshalb bestimmte semantische Phänomene wie indexikalische oder deiktische Ausdrücke (*ich*, *hier*, *jetzt* bzw. *der da*, *dort drüben*) nicht behandelt werden konnten. Dies gilt in modifizierter Form auch für Eigenschaften von Diskursen wie Präsuppositionen.

Das 3. Problem betrifft die Frage, wie mentale Repräsentationen regelgeleitet aus vorliegender sprachlicher Information erzeugt werden können, eine Frage, mit der psycholinguistisch orientierte Ansätze nicht befaßt werden. Es ist heute klarer im Blick, als es zwischen 1970 und 1980 sein konnte, und sei hier, der Einfachheit halber, am Problem des Verstehens von Diskursen erörtert: Im Verstehenskontext ergibt sich die Frage „Welche Auswirkungen hat das Verstehen von (Teilen von) Diskursen auf die Überzeugungen von Adressaten?" und als Konsequenz davon „Wie entstehen komplexe Überzeugungen als Folge des Nacheinanders von Äußerungen im Diskurs, die ihrerseits sukzessive wahrgenommen werden?" Damit ist das komplexe Repräsentationsproblem verknüpft: Wie repräsentiert man Überzeugungen auf eine Art und Weise, die sich deutlich und begründet unterscheidet von einer der üblichen Formen der Darstellung des Gehalts von Sätzen oder Satzfolgen? Propositionen betrachtet man sicherlich als Objekte, die sich ontologisch von Überzeugungen unterscheiden.

Das 4. Problem verhinderte eine kontinuierliche Auseinandersetzung der Text- und Diskurslinguistik mit der ethnomethodologisch orientierten Diskursanalyse und – allgemeiner – mit Formen der Dialoglinguistik. Dies hatte zur Konsequenz, daß z. B. die Rolle von nonverbalen Handlungen wie Augenbewegungen, Körperdeixis oder Zeigeprozessen nicht in die Konstitution von Diskursbedeutungen einbezogen werden konnte. Die Marginalisierung dialogischer Sprache in der frühen Text- und Diskurslinguistik verhinderte auch eine frühzeitige Rezeption der neuen Sprechakttheorie aus der KI und damit verwandter Themen; zu nennen sind hier die Analyse von Mustern des *turn-taking*, Sprecherintentionen, wechselseitige Annahmen von Sprechern, *Common Ground*, Selbstreferenz und damit im Zusammenhang stehende Konzepte wie Koordination und Kooperation. Vereinzelt gab es Versuche, an aktuelle Forschungstraditionen anzuschließen, wie in van Dijks *Text and Context* (1977), dem damals vielleicht modernsten Ansatz, oder mit den beiden Sammelbänden *Words, Worlds and Contexts* (Eikmeyer/Rieser 1981) und *Dynamic Semantics* (Ballmer 1985). Für die Text- und Diskursanalyse insgesamt blieb dies jedoch relativ folgenlos. Etwas verkürzt kann man sagen, daß die Text- und Diskursanalyse ein sehr progressives Methodenbewußtsein hatte, aber über noch keine entsprechenden Technologien verfügte. Nichtsdestotrotz hatte sie ein wichtiges Verdienst. Es bestand u. a. darin, daß sie

(1) eine integrative Perspektive vertrat,
(2) die Kontinuität zu älteren Forschungstraditionen wie zum europäischen Strukturalismus, zu Phänomenologie und Hermeneutik, zur Linguistik der Prager Schule und zum gesamten Bereich der traditionellen Philologien herstellte,
(3) ein Problembewußtsein für „suprasententiale" Muster schaffte,
(4) Anwenderprobleme zu reflektieren vermochte.

2. Konturen eines gelobten Landes

Die Beziehungsprobleme der Text- und Diskursanalyse, wie sie hier didaktisch vereinfacht und etwas pointiert dargestellt werden, lassen sich positiv wenden und als Desiderata an eine Beschreibung von Diskursen, eine Diskurstheorie, formulieren. Diese sollte

(1) an Standards der formalen Syntax und Semantik anschließen,
(2) an Fragestellungen der empirischen und formalen Pragmatik anknüpfen,
(3) Repräsentationsmechanismen für die kognitive Interpretation von Gehalten liefern,
(4) natürliche Dialoge mit ihren Begleiterscheinungen wie Wechsel der Redebeiträge *(turns)*, *mutuality* und Koordination einbeziehen.

Der Anschluß an Standards der formalen Syntax und Semantik eröffnet die Möglichkeit, den Bereich der Diskursbeschreibung in die aktuelle Diskussion darüber einzubetten, welche Formate für für die syntaktische Analyse von Äußerungen im Diskurs zu verwenden sind, wie z. B. *Generalized Phrase Structure Grammar* (*GPSG*, Gazdar u. a. 1985), *Head Driven Phrase Structure Grammar* (*HPSG*, Pollard/Sag 1987; 1994) und Varianten der Kategorialgrammatik. Insbesondere muß auch darüber entschieden werden, welcher syntaktischen „Trägerstruktur" die diskursorientierte Semantik aufzuprägen ist. Darüber hinaus müssen übliche semantische Fragestellungen wie semantische Relationen, Präsuppositionen und Folgerungen oder die Semantik von Temporal- und Lokalangaben auch im Rahmen einer Diskurstheorie behandelt werden. Für bestimmte semantische Probleme, wie die Bestimmung der Präsuppositionen liefert der Diskurs eine bessere Voraussetzung als isolierte Äußerungen, selbst wenn diese kontextualisiert sind. Für den zweiten Punkt sind Überlegungen relevant wie „Welches sind die Bedingungen für Deixis und Indexikalität, und wie sieht die Repräsentation solcher Strukturen aus?" Eine geeignete Repräsentation für kognitive Gehalte erlaubt es, an Forschungen im Bereich der kognitiven Psychologie oder der epistemischen Logik anzuschließen. Das vierte Desiderat schließlich stellt den Zusammenhang zu Sprachtheorien her, die verwendungsorientiert sind, wie etwa Koordinationsansätze, die, von historischen Vorläufern abgesehen, allesamt auf Lewis (1969) zurückgehen.

Auch zum gegenwärtigen Zeitpunkt zeichnet sich kein Paradigma ab, das (1) bis (4) klaglos erfüllen könnte. Für (1) bis (3) gibt es jedoch eine Theorie, welche auf die genannten Bedingungen eingeht. Es handelt sich um die DRT in den Versionen Kamp/Reyle (1993) und Kamp (1990). Wie die DRT benützt werden kann, um (1) bis (3) zu erfassen, soll im folgenden in groben Zügen anhand verschiedener Situationen erläutert werden, in denen ein Diskurs produziert wird. Damit schneiden wir auch das in diesem Artikel zentrale Thema der „situativen Voraussetzungen" an.

Situation (i) mit Text A:
(A1) *Ein Student arbeitet in der Bibliothek.*
(A2) *Er heißt Karl.*
(A3) *Er ist müde.*

Hier geht es zunächst darum, wie in klassischen Ansätzen zur Textlinguistik auch, Syntax und Semantik des Textes zu repräsentieren. Insbesondere sollen dabei Intuitionen bzgl. der Texthaftigkeit von Text A berücksichtigt werden, die sich auf die Abfolge der Sätze und deren anaphorische Verknüpfung beziehen, d. h. den indefiniten Ausdruck *Ein Student*, der durch *Er* wiederaufgenommen wird. Nicht wohlgeformt wäre dagegen die folgende Variante A':

(A1') *Er heißt Karl.*
(A2') *Ein Student arbeitet in der Bibliothek.*
(A3') *Er ist müde.*

Bei Situation (i) wird vom Sprecher abstrahiert. Der Adressat wird dagegen implizit dadurch einbezogen, daß die syntaktische und semantische Verarbeitung von Text A inkrementell geschieht. Unberücksichtigt bleiben dabei die mentalen Zustände des Adressaten.

Da der Sprecher nicht mitmodelliert wird, können auch dessen mentale Zustände keinen Eingang in die Beschreibung finden. Ebensowenig wird hier die textkonstitutive Funktion von Tempus und Modus behandelt, obwohl das mit Hilfe von Kamp/Reyle (1993) durchaus möglich wäre. Offensichtlich ist folgende Variante von A, A″, auch nicht wohlgeformt. Darin zeigt sich die Relevanz von Tempus und Modus in der Textkonstitution:

(A1″) *Ein Student würde in der Bibliothek gearbeitet haben.*
(A2″) *Er hieße Karl.*
(A3″) *Er war müde gewesen.*

Nun wenden wir uns der Situation (ii) mit Text B zu, in der, als sozusagen nächstem Schritt unserer methodologischen Evolution, neben den Objekten auch die Agenten selbst in den Blick treten, wenn auch noch auf moderate Art und Weise.

Situation (ii) mit Text B:
Agent H(ans): (B1) *Dieser Student arbeitet in der Bibliothek.*
(B2) *Er heißt Karl.*
(B3) *Er ist müde.*
Agent P(eter): Hört Hs Ausführungen interessiert, aber wortlos zu.

Agent P kann in der Situation den fraglichen Studenten identifizieren, etwa durch eine Zeigegeste von H. P sieht, wie H, den Studenten. Er kann sich somit eine eigenständige Überzeugung über dessen Anwesenheit bilden. Darüber hinaus, so sind die Regeln unseres Sprachspiels, möge P jedoch nichts über den Studenten wissen, insbesondere nicht, wo er arbeite, wie er heiße oder wie er sich fühle. Daß er in der Bibliothek arbeitet, Karl heißt und müde ist, gewinnt P somit als zusätzliche Information einzig aufgrund der Äußerungen von H. Die neue Information verändert Ps Wissen über die Welt. Information wird somit von P in der Situation aufgenommen (nicht nur H, sondern die ganze Situation funktioniert infolgedessen als Informationsquelle!), verarbeitet und in sein 'mentales Modell' (Johnson-Laird 1983) der Situation integriert.

Situation (iii) mit Text C:
Agent H: (C1) *Ein Student arbeitet in der Bibliothek.*
Agent P: (C2) *Er heißt Karl.*
Agent H: (C3) *Er ist müde.*

Situation (iii) unterscheidet sich von Situation (ii) dadurch, daß H und P komplementäre Information über Karl haben und diese in einem Diskurs akkumulieren. Hier bekommen beide Agenten neue Information hinzu. Eine weitgehende Annäherung an natürliche Dialogverläufe, wie sie in der ethnolinguistischen Diskursanalyse untersucht werden, bildet Situation (iv):

Situation (iv) mit Text D:
Agent H: (D1) *Dieser Student*
Agent P: (D2) *arbeitet in der Bibliothek.*
(D3) *Er heißt, er heißt ...*
Agent H: (D4) *Karl. Karl heißt er, Karl.*
Agent P: (D5) *Ja, Karl. Er ist müde.*

Was hier wie eine „Ernst-Jandl-Version" eines Sprachvorkommens aussieht, ist durchaus nach üblichen Mustern natürlicher Dialoge gebaut: H und P produzieren gemeinsam einen Text. Jeder steuert die Information bei, die er *on-line* einbringen kann. Zuerst rekurriert P auf sein Wissen über den Studenten und zeigt damit gleichzeitig an, daß er und H auf denselben Redegegenstand „Student in der Situation" hin koordiniert sind. P findet nun den Namen des Studenten nicht. H hilft durch eine Fremdreparatur aus. P bestätigt den Inhalt der Fremdreparatur mit *Ja, Karl.* und bringt weitere Information ein. In D werden somit zwei Dinge koordiniert produziert, der Diskurs und die Überzeugungen, die sich daran anschließen lassen.

Situationen (iii) und (iv) sind im Rahmen der gängigen Varianten von DRT nicht beschreibbar. Die Stärke der DRT liegt im Erfassen von Situationen wie (i) und (ii). Es bestehen jedoch Chancen für eine Erweiterung des DRT-Formalismus auf Situationen wie (iii). Situationen wie die in (iv) können partiell im Rahmen von Paradigmen erfaßt werden, die auf die Modellierung von Koordination abzielen. Eine vollständige Beschreibung von (iv) ist in diesen jedoch auch nicht möglich, man kann aber eine partielle anhand der verschiedenen Angaben zu *turn-taking*, Selbst- und Fremdreparaturen, *CommonGround* oder *mutuality* in Clark (1996) anfertigen bzw. die dort angegebene Literatur zu Rate ziehen. Sie wird also in einem strengeren Sinne nicht paradigmatisch „absicherbar" sein.

3. Eine Diskursrepräsentation für Text A

Die DRT ist eine Theorie, die es erlaubt, Folgen von Sätzen aus natürlichen Sprachen in Diskursrepräsentationen (DRSen) zu übersetzen. Die Verarbeitung der Folge von Sätzen geht Satz für Satz vor sich. Für den Anfangssatz wird eine DRS (K1) konstruiert. Die Verarbeitung des nächsten Satzes liefert semantische Informationen, die in (K1) integriert wird. So wird die jeweils aktuelle DRS schrittweise erweitert. Dieser Prozeß der DRS-Konstruktion basiert auf einer Theorie der syntaktischen Form. Die in Kamp/Reyle (1993) dafür verwandte Syntax ist an die *GPSG* angelehnt. Jede andere, ähnlich ausdrucksstarke Syntax würde jedoch auch hinreichen. Die Interpretation eines hinzukommenden Satzes basiert auf zwei Strukturen, eben derjenigen des aktuellen Satzes und der DRS, welche die Repräsentation seiner Vorgängersätze, i.e. seines voraufgehenden Diskurskontextes, enthält. Somit wird ein wesentliches Ziel der Text- und Diskurslinguistik, die Kontextualisierung sprachlicher Vorgängerinformation, eingelöst. Die Übersetzung von Sätzen in DRSen und die Kumulation von Information erfolgt über einen Konstruktionsalgorithmus. Eine syntaktische Repräsentation für (A1) kann wie folgt aussehen:

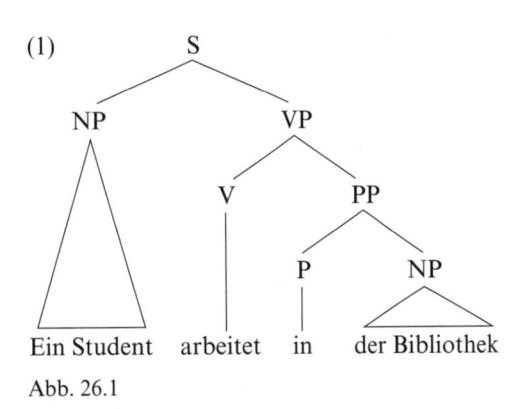

(1)
```
                    S
                   / \
                  NP  VP
                 /|\  / \
                / | \ V  PP
               /  |  \|  /\
                     |  P  NP
                     |  |  /|\
        Ein Student arbeitet in der Bibliothek
```
Abb. 26.1

Der Konstruktionsprozeß beginnt mit einer leeren DRS, in diese wird die logische Form von (1) inkorporiert. DRSen bestehen aus einem Paar, einer Menge von Diskursreferenten (DRen) und einer Menge von Bedingungen. Intuitiv sind DRen Repräsentationen der Objekte, über die der Text spricht. Bedingungen beziehen sich auf die Eigenschaften von DRen oder Relationen zwischen ihnen. In Situation (i) geht es um einen Studenten, um eine spezifische Bibliothek und die Relation *arbeiten-in*, die zwischen dem Studenten und der Bibliothek besteht. DRen werden durch Variablen wie $x, y, z \ldots$ repräsentiert, DRSen durch Kästchen dargestellt. Sie haben eine Kopfleiste, in der die DRen stehen. Darunter werden die Bedingungen aufgelistet.

(DRS)

Diskursreferenten
Bedingungen

Abb. 26.2

Der Konstruktionsalgorithmus, der (1) in eine DRS übersetzt, muß NP-Regeln sowie Regeln für die Verarbeitung des Verbs V und der Präposition P enthalten. Die Übersetzung von Sätzen in DRSen geschieht inkrementell. Angenommen, die NP *Ein Student* liefert den DRen x sowie die Bedingung *[student](x)* und die NP *der Bibliothek* den DRen y sowie die Bedingung *die Bibliothek (y)*. Außerdem erzeuge der Konstruktionsalgorithmus die folgende Bedingung:

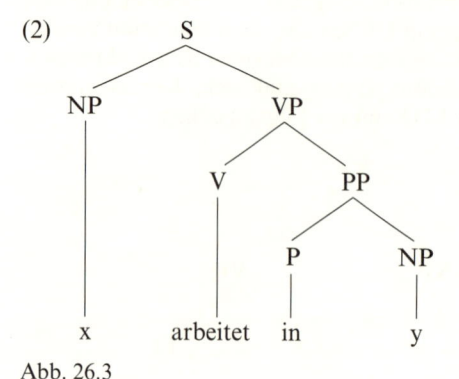

(2)
```
        S
       / \
     NP   VP
      |   / \
      |  V   PP
      |  |  /  \
      |  |  P   NP
      |  |  |   |
      x arbeitet in y
```
Abb. 26.3

Sie wird nach mehreren Reduktionsschritten auf die Bedingung *arbeitet-in(x,y)* abgebildet. Dann erhalten wir die DRS (K1).

(K1)

$x\ y$
[student] (x)
die Bibliothek (y)
arbeitet-in (x, y)

Abb. 26.4

Die Äußerung (A2) enthält eine pronominale NP *Er* und eine NP mit dem Eigennamen *Karl*. *Er* führe einen DRen z und *Karl* einen DRen u in (K1) ein. Die DRT-Pronominalisierungsregel sieht nun vor, daß wir einen für z zugänglichen, grammatisch kongruenten DRen suchen (x ist der einzige Kandidat dafür) und sodann eine Bedingung $z = x$ festlegen. Wir machen nun die Annahme, daß z heißt *Karl* als $u = z$ und *Karl*, wie in DRT üblich, als *Karl(u)* repräsentiert werden kann. Somit erhalten wir die DRS (K2), bestehend aus (K1) plus der hinzugefügten Information. Die Äußerung (A3) liefert uns einen neuen Diskursreferenten v für *Er*, der analog behandelt wird wie z in (K2), sowie eine Bedingung *müde(v)*. Somit hat (K3) die Form in der Abbildung:

(K2)

$x\ y\ z\ u$
[student] (x)
die Bibliothek (y)
arbeitet-in (x, y)
$z = x$
$u = z$
Karl(u)

(K3)

$x\ y\ z\ u\ v$
[student] (x)
die Bibliothek (y)
arbeitet-in (x, y)
$z = x$
$u = z$
Karl(u)
$v = u$
müde(v)

Abb. 26.5

Die DRS (K3) repräsentiert nun den gesamten Gehalt von Text A. DRSen haben Wahrheitsbedingungen, und man kann festlegen, unter welchen Bedingungen etwa (K3) wahr ist. Auf diesen Aspekt der Einbettung von DRSen in Modelle können wir hier nicht weiter eingehen (vgl. dazu Kamp/Reyle 1993, 108–141).

4. Deixis und Referenz im perzeptuellen Kontext

Der Unterschied zwischen den Situationen (i) und (ii) besteht darin, daß (ii) die Agenten H und P einbezieht und die Verwendung eines deiktischen Ausdrucks *Dieser Student* zuläßt. Die Äußerung *Dieser Student* kann durch eine Zeigegeste von H begleitet sein. Wir müssen uns mit der Frage auseinandersetzen, wie die mentale Reaktion der Agenten H und P auf die Situation, in der sie ihrer Ansicht nach sind, zu erfassen ist. Die Erörterung dieser Frage wollen wir jedoch noch etwas zurückstellen und uns zuerst mit der Behandlung der Deixis im Rahmen der DRT befassen.

Bislang können wir mit indefinit eingeführten DRen operieren, indem wir davon ausgehen, daß sie in eine leere Anfangs-DRS K0 gelangen. Situation (ii) verlangt nach einer komplexeren Modellierung. Die Grundfrage ist dabei: Welche Konstellation von Informationszuständen erlaubt es nun, eine deiktische NP zu verwenden, und welches sind dabei die Auswirkungen auf die Konstruktion einer DRS? Die Deixis hängt offensichtlich von der Salienz eines Objekts im Kontext ab. Diese Kontextinformation kann, ebenso wie die Art ihrer Verfügbarkeit, durch eine DRS abgebildet werden. M. a. W., man beginnt nicht mit einer leeren DRS, sondern mit einer, die den Kontext der (nachfolgenden) Interpretation für die Äußerung (B1) bildet:

(B1) *Dieser Student arbeitet in der Bibliothek.*

Eine DRS, die das leistet, nennen wir *Kontext-DRS*. Die Kontext-DRS enthält einen DRen x für das saliente Objekt a im Kontext, nämlich den Studenten, sowie eine Reihe von deskriptiven Bedingungen $V_1(x), ..., V_n(x)$, die einzigen, aufgrund welcher Kontextinformation das Objekt bestimmt ist. Der direkte, nicht-deskriptive Bezug von x zu a wird durch eine formale Bedingung *Anch[x]* dargestellt. Die deskriptiven Bedingungen für die Verankerung von x stehen unter *Anch[x]* in einer ankerfreien DRS. *Anch[x]* wird auch „formaler Anker" genannt. Somit erhalten wir die abgebildete Kontext-DRS (K0).

(K0)

x
Anch [x]
$V_1(x)$
.
.
.
$V_n(x)$

Abb. 26.6

In der Situation (ii) ist der Diskursreferent x direkt auf das Objekt a, den Studenten in der Situation bezogen. Dieser Bezug wird durch einen sog. *externen Anker* dargestellt. Externe Anker sind Mengen von Paaren, bestehend aus jeweils einem DRen und dem Objekt, das den DRen verankert, in unserem Fall $\{\langle x,a\rangle\}$. Für (B1) ergibt sich, wenn wir *Dieser Student* analog zur Kennzeichnung *die Bibliothek* behandeln, die DRS (K4).

Die Gleichung $x = y$ zeigt nun an, daß der deiktisch eingeführte DR y analog zu einem anaphorisch eingeführten DRen behandelt wird. Insgesamt bekommen wir folgendes Bild: Der Interpretationskontext für (K4), (K0) enthält einen formal verankerten DRen

(K4)

$x\ y\ z$
Anch [x]
$V_1(x)$
.
.
.
$V_n(x)$
$x = y$
dieser Student (y)
die Bibliothek (z)
arbeitet-in (y, z)

$\{\langle x, a\rangle\}$

Abb. 26.7

x. $V_1(x),..., V_n(x)$ sind dann z. B. perzeptuell basierte deskriptive Bedingungen für x. An diese Information schließt y in (K4) quasi anaphorisch an. (B2) und (B3) werden für die neue Situation analog zu (A2) und (A3) repräsentiert.

5. Die Modellierung mentaler Zustände

Intuitiv sieht Situation (ii) so aus: H hat eine Überzeugung (engl. *belief*) über a, nämlich die, daß er Student ist, in der Bibliothek arbeitet, Karl heißt und müde ist. In der Terminologie der Sprechakttheorie ausgedrückt, erlaubt ihm erst diese komplexe Überzeugung, eine Folge von Sprechakten auszuführen. Wäre dem nicht so, so wären auf seiten Hs notwendige Bedingungen für eine ernsthafte Durchführung der Sprechakte nicht erfüllt.

a ist für den Agenten P auf dieselbe Art und Weise zugänglich wie für H. Wir nehmen der Einfachheit halber an, daß die internen und die externen Verankerungen auf seiten von P und H gleich sind. P unterscheidet sich jedoch darin von H, daß er sich neue Überzeugungen *via* Hs Äußerungen bildet, nämlich die, daß a in der Bibliothek arbeitet, Karl heißt und müde ist. Außerdem bildet P sich die Überzeugung, daß es Hs Überzeugung ist, daß a in der Bibliothek arbeitet, Karl heißt und müde ist.

Nach dem bisher Gesagten müssen wir nun zwei Objekte unterscheiden: zum einen Überzeugungen *per se*, also mentale Zustände, und zum anderen Überzeugungsberichte, d. h. Behauptungen, welche die Überzeugungen Dritter betreffen. Überzeugungen *per se* werden durch ein Paar ⟨B, K⟩ ausgedrückt. B ist der Modus-Anzeiger für Überzeugungen, und K_i gibt den Gehalt der Überzeugung in Form einer intern verankerten DRS an. DRSen bilden die Gegenstände von Überzeugungen ab. Die Tatsache, daß K_i, lax ausgedrückt, *im Skopus von B* steht, hat Auswirkungen auf das rationale Verhalten von dem, dessen Überzeugung K_i ist. Dagegen bedeutet *Bel(x, K_i)* die Aussage, daß jemand *x* eine Überzeugung hat, deren Gehalt durch die DRS K_i bestimmt ist. Solche Überzeugungsberichte können Bedingungen in Überzeugungen sein.

5.1. Überzeugungen über Situationen als Ursache von Textproduktion

Falls Agent H in Situation (ii) ernsthaft kommuniziert, muß er glauben, was er sagt. Das bedeutet, daß der Gehalt seiner Überzeugung den Gehalt der DRS (K4) einschließt. Wir erhalten die formal verankerte Überzeugung (B^H.1) für H, die auch extern verankert ist. (Der obere Index H oder P an B zeigt an, um wessen Überzeugung es sich jeweils handelt.)

Aufgrund seiner externen Verankerung bezieht sich Hs Überzeugung in der Situation (ii) auf etwas (*de re*), nämlich auf *a*. H weiß in der Situation (ii) bereits um die

(B^H.1)

$$\left\langle B^H, \quad \boxed{\begin{array}{l} x\ y\ z\ u\ v \\ \hline Anch\ [x] \\ V_1(x) \\ \cdot \\ \cdot \\ \cdot \\ V_n(x) \\ x = y \\ dieser\ Student\ (y) \\ die\ Bibliothek\ (z) \\ arbeitet\text{-}in\ (y, z) \\ u = y \\ Karl\ (u) \\ v = u \\ müde\ (v) \end{array}} \right\rangle$$

$\{\langle x, a\rangle\}$

Abb. 26.8

Gehalte, die er für seinen Adressaten P verbalisieren will. Dies wird so abgebildet, daß (B^H.1) *input* ist für einen (hier nicht behandelten) Verbalisierungsalgorithmus, dessen *output* schließlich Text B in der Situation (ii) darstellt.

5.2. Überzeugungstransfer: Die soziale Dimension von Überzeugungen

In einem nächsten Schritt wird jetzt sowohl das Bilden von Überzeugungen aufgrund einer Äußerung auf der Seite des Adressaten modelliert als auch die Tatsache, daß der Adressat dem Sprecher eine Überzeugung zuschreibt.

Wir waren von der Annahme ausgegangen, daß P dieselben Wahrnehmungsbedingungen in Situation (ii) hat wie H. P hat somit unabhängigen Zugang zu *a*. Der Interpretationskontext bzgl. (B1) ist für P und H derselbe, wenn man von der visuellen Perspektive absieht, was wir hier durchweg tun wollen. Nach Hs Äußerung von (B1) kann P eine Überzeugung unterhalten, welche die Information erfaßt, wie sie in (B^P.1) dargestellt ist.

(B^P.1)

$$\left\langle B^P, \quad \boxed{\begin{array}{l} x\ y\ z \\ \hline Anch\ [x] \\ V_1(x) \\ \cdot \\ \cdot \\ \cdot \\ V_n(x) \\ x = y \\ dieser\ Student\ (y) \\ die\ Bibliothek\ (z) \\ arbeitet\text{-}in\ (y, z) \end{array}} \right\rangle$$

$\{\langle x, a\rangle\}$

Abb. 26.9

(B^P.1) reicht aber nach Hs Produktion von (B1) noch nicht aus, denn P hat auch die Überzeugung, daß der andere Agent, führen wir ihn aus der Sicht Ps als er_2 ein, eine Überzeugung hat, die mit der seinen strukturell identisch ist. Somit sieht Ps Überzeugung fürs erste so aus, wie in (B^P.2) dargestellt. Ps Verankerung $\{\langle x,a\rangle\}$ entspricht unseren Annahmen über die Zugänglichkeit des Interpretationskontexts für ihn. Die Repräsentation (B^P.2) von Ps Überzeugung löst noch nicht das Problem, daß P intendiert, daß seine und die eingebettete Überzeugung für er_2 sich auf dieselben Dinge beziehen. So etwas erreicht Kamp (1990) durch eine Verwendung von *internal links*, Paaren von Diskursreferenten, die

26. Situative Voraussetzungen: Text und Situation 243

(B^P.2)

$$\langle B^P, \begin{array}{|ll|} \hline x_2\ y_2\ z_2\ er_2\ p & \\ & p: \\ Anch\ [x_2] & \begin{array}{|l|} \hline x_4\ y_4\ z_4 \\ \\ Anch\ [x_4] \\ Vl(x_4) \\ . \\ . \\ . \\ Vn(x_4) \\ \\ y_4 = x_4 \\ dieser\ Student\ (y_4) \\ die\ Bibliothek\ (z_4) \\ arbeitet\text{-}in\ (y_4, z_4) \\ \hline \end{array} \\ V_l(x_2) & \\ . & \\ . & \\ V_n(x_2) & \\ y_2 = x_2 & \\ dieser\ Student\ (y_2) & \\ die\ Bibliothek\ (z_2) & \\ arbeitet\text{-}in\ (y_2, z_2) & \\ & \\ Bel(er_2, p) & \\ \hline \end{array} \rangle$$

$$\{\langle x_2, a \rangle\}$$

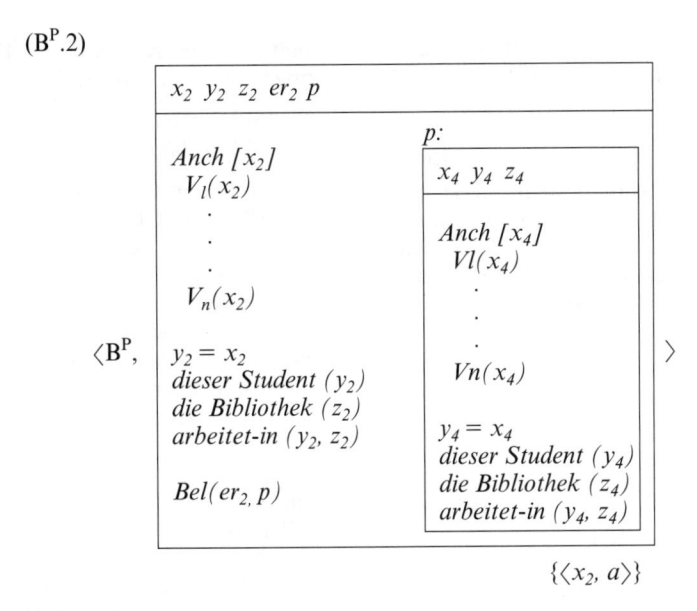

Abb. 26.10

anzeigen, daß zwei Diskursreferenten dieselben Objekte repräsentieren. Die *internal links* im Zusammenhang mit (B^P.2) sind

$$\langle x_2, x_4 \rangle \langle y_2, y_4 \rangle \langle z_2, z_4 \rangle.$$

Falls P selbst keinen Zugang zu *a* hätte, somit nicht über interne und externe Anker verfügte, würde ihm durch *internal links* die Möglichkeit eröffnet, sich die Referenz seiner mentalen Gehalte, repräsentiert als DRen, von H zu „borgen". Dadurch kann die soziale Dimension von Überzeugungen berücksichtigt werden. Somit erhalten wir als verbesserte Version der Überzeugung von P (B^P.3), hier in einer abgekürzten Version.

(B^P.3)

$$\langle B^P, \begin{array}{|l|} \hline x_2\ y_2\ z_2\ er_2\ p \\ \\ \dots\dots\dots\ \langle x_2, x_4 \rangle\langle y_2, y_4 \rangle\langle z_2, z_4 \rangle \\ \dots\dots\dots \\ \dots\dots\dots\ p: \dots\dots \\ \\ Bel(er_2, p) \\ \hline \end{array} \rangle$$

$$\{\langle x_2, a \rangle\}$$

Abb. 26.11

5.3. Geteilte Information, *Mutuality, Common Ground*

Bislang sind wir davon ausgegangen, daß sich P bei der semantischen Bewertung seiner Diskursreferenten auf H „verläßt". Häufig läuft Kommunikation zwischen Agenten tatsächlich auf diese Art und Weise ab, insbesondere dann, wenn nur einer von ihnen Zugang zu dem Bereich hat, von dem die Rede ist. Erzählungen und Berichte über die eigene Person sind häufig von dieser Art. Die Überzeugungen, die sich der andere Agent bilden kann, hängen dann nur von den Überzeugungen desjenigen Agenten ab, dem der relevante Bereich zugänglich ist. Oft tritt aber der Fall auf, wo es zu einer wechselseitigen Abhängigkeit von Überzeugungen kommt, wo also die Überzeugungen eines Agenten dann zutreffen, wenn auch diejenigen des anderen gelten. In solchen Situationen sind die Agenten der Meinung, daß ihre Diskursreferenten verzahnt sind, in dem Sinne, daß die Überzeugung des einen genau dann zutrifft, wenn dies auch von der Überzeugung des anderen gilt. Diese Art der wechselseitigen Verbindlichkeit von Diskursreferenten für Agenten nennt Kamp *Teilen der (relevanten) DRen*. Aussagen über geteilte Diskursreferenten werden *von außen* durch *external links*, gemacht. Dies schlägt sich in der Repräsentation so nieder, daß die Paare geteilter Diskursreferenten außerhalb der DRSen angeordnet sind. In (B^H.1 & B^P.2) wird dies durch die zwischen den Boxen B^H.1 und B^P.2 angeordnete Zeile $\langle x_1, x_2 \rangle \langle y_1, y_2 \rangle \langle z_1, z_2 \rangle$ erreicht.

Was wir hier ausgedrückt haben, ist in etwa: Aus externer Sicht besteht für H und P eine selbstauferlegte Verpflichtung, sich mit bestimmten Segmenten von mentalen Zuständen (repräsentiert durch DRen) auf dieselben Dinge der Welt zu beziehen. Es liegt geteilte Information vor.

(B^H.1 & B^P.2)

$$\boxed{B^H.1}$$
$$\{\langle x_1, a \rangle\}$$

$$\langle x_1, x_2 \rangle \langle y_1, y_2 \rangle \langle z_1, z_2 \rangle$$

$$\boxed{B^H.2}$$
$$\{\langle x_2, a \rangle\}$$

Abb. 26.12

Mit der externen Notation ist gleichwohl eine wichtige Sache noch nicht erfaßt, nämlich die, daß die an der Kommunikation beteiligten Agenten H und P *glauben*, daß sie DRen, Überzeugungen und Information teilen. Damit man das kann, muß angezeigt werden,

(a) welcher Gehalt geteilt wird,
(b) welche DRen im geteilten Gehalt aufscheinen und
(c) wer es ist, der Gehalt und DRen teilt.

P muß wie H von sich selbst der Auffassung sein, daß er Gehalt und DRen mit seinem Gegenüber teilt. Wir beziehen uns auf das jeweilige Selbst mit i_H bzw. i_P und auf das Gegenüber mit er_1 bzw. er_2. er_1 ist das Gegenüber von H und er_2 das Gegenüber von P, somit ist er_1 = P und er_2 = H. Das Geteiltsein der Komponenten wird durch ein *Shared*-Prädikat mit entsprechenden Argumenten ausgedrückt. Die Argumente repräsentieren das, was geteilt wird. Es wird angenommen, daß der jeweilige Agent für das jeweilige *er* sowohl einen internen als auch einen externen Anker besitzt:

(Sh)   *Shared (D, i_P, er_2): K*

(Sh) besagt von P und H: *Ich* (i_P = Peter) teile mit dem da (er_2 = Hans) den Gehalt K sowie die darin auftretenden Diskursreferenten *D*. Sowohl die Überzeugung von H als auch die Überzeugung von P muß ein entsprechendes *Shared*-Prädikat enthalten:

(Sh^P)   *Shared (D, i_P, er_2): K*
(Sh^H)   *Shared (D, i_H, er_1): K.*

Für P erhalten wir jetzt, d. h. nach der Äußerung (B1), die Überzeugung (B^P.4; s. S. 245). Eine analoge Überzeugung erhalten wir für H, die wir hier nicht weiter darstellen. Wichtig ist, daß folgender *constraint* zwischen *external links* und *Shared*-Prädikaten besteht: keine *external links* ohne *Shared*-Prädikate.

Wir können nun über die Überzeugungen, die sich die Agenten gebildet haben, ein kurzes Fazit ziehen. H hatte die Überzeugung, daß der in der Situation anwesende Student *a* in der Bibliothek arbeitet. Dies führte zur Äußerung (B1). Daraufhin konnte sich P die Überzeugungen bilden, daß *a* in der Bibliothek arbeitet, H diese Überzeugung hat (cf. *Bel(er_2,p)*) und daß er und H mentale Gehalte teilen (cf. *Shared (D, i_P, er_2): K*). H wiederum glaubt, daß P die Überzeugung hat, daß *a* in der Bibliothek arbeite (aufgrund seiner eigenen Äußerung), sowie, daß er und P bestimmte Gehalte teilten (cf. *Shared (D, i_H, er_1): K*). Dadurch gelingt es in Ansätzen, wechselseitige Annahmen (*mutuality*) und das, was für beide Agenten als verbindliche Information gilt (*Common Ground*), zu modellieren. Man kann dies als einen ersten Schritt in der Kommunikation betrachten.

Die folgenden beiden Äußerungen (B2) und (B3) werden verarbeitet, indem auf analoge Art und Weise komplexe mentale Zustände aufgebaut werden.

6. Situationen

Mentale Zustände hatten bis hierher eine Doppelrolle: sie repräsentierten den inhaltlichen Beitrag von Diskursäußerungen, somit einen Aspekt von deren Bedeutung; gleichzeitig lieferten sie 'situative Voraussetzungen' für diese Äußerungen, etwa bei der Verwendung von Anaphern.

Die Skizze der äußeren Bedingungen für die Realisation der Texte A bis C zeigt, daß weitere Information, die außerhalb von Agenten vorhanden ist, zu den situativen Voraussetzungen beiträgt. Externe Anker wie in (B^H.1) können als Mittel zur Orientiertheit von Agenten in spezifischen Umgebungen gesehen werden. Für letztere wurde oben informell der Begriff *Situation* verwendet. Er wird in der Situationstheorie als theoretischer Term verwendet.

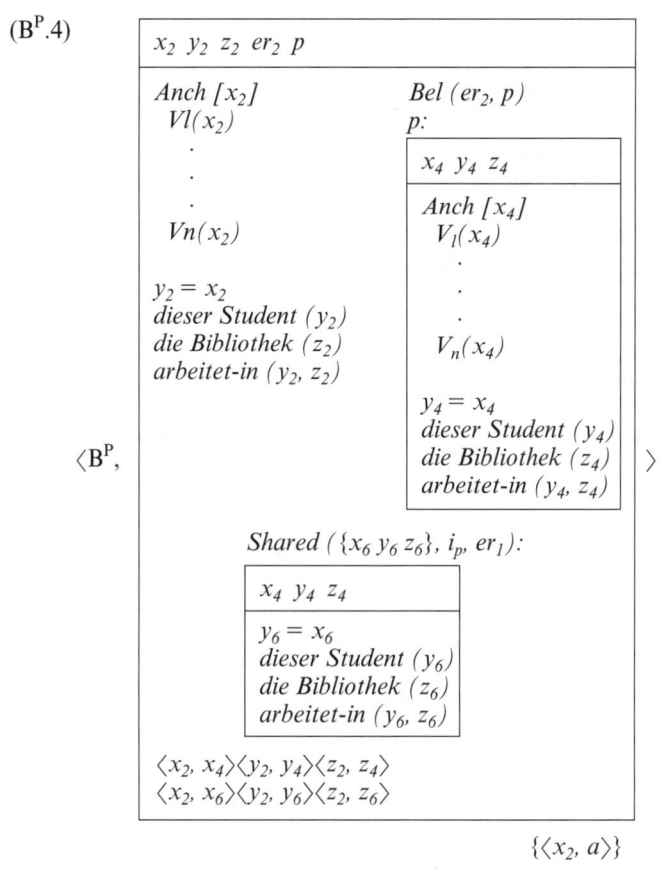

26. Situative Voraussetzungen: Text und Situation   245

(B^P.4)

$$\langle B^P, \quad \begin{array}{|l|} \hline x_2 \ y_2 \ z_2 \ er_2 \ p \\ \hline \begin{array}{ll} Anch\ [x_2] & Bel\ (er_2,\ p) \\ V_1(x_2) & p: \\ \quad . & \\ \quad . & \begin{array}{|l|} \hline x_4 \ y_4 \ z_4 \\ \hline Anch\ [x_4] \\ V_1(x_4) \\ \quad . \\ \quad . \\ V_n(x_4) \\ \\ y_4 = x_4 \\ dieser\ Student\ (y_4) \\ die\ Bibliothek\ (z_4) \\ arbeitet\text{-}in\ (y_4,\ z_4) \\ \hline \end{array} \\ V_n(x_2) & \\ y_2 = x_2 & \\ dieser\ Student\ (y_2) & \\ die\ Bibliothek\ (z_2) & \\ arbeitet\text{-}in\ (y_2,\ z_2) & \end{array} \\ \\ Shared\ (\{x_6\ y_6\ z_6\},\ i_p,\ er_1): \\ \begin{array}{|l|} \hline x_4 \ y_4 \ z_4 \\ \hline y_6 = x_6 \\ dieser\ Student\ (y_6) \\ die\ Bibliothek\ (z_6) \\ arbeitet\text{-}in\ (y_6,\ z_6) \\ \hline \end{array} \\ \langle x_2,\ x_4\rangle\langle y_2,\ y_4\rangle\langle z_2,\ z_4\rangle \\ \langle x_2,\ x_6\rangle\langle y_2,\ y_6\rangle\langle z_2,\ z_6\rangle \\ \hline \end{array} \quad \rangle$$

$$\{\langle x_2,\ a\rangle\}$$

Abb. 26.13

Mit ihm lassen sich situative Voraussetzungen von Äußerungen als (Konfigurationen von) Situationen explizieren. Auch mentale Zustände lassen sich als solche Konfigurationen deuten; sie erhalten durch ihre 'Stückelung' nach Situationen eine interne Struktur.

Wir wollen uns im folgenden um die Konstruktion von fokussierter Information in mentalen Zuständen kümmern. Eine Vereinfachung, die wir gegenüber der bisherigen Darstellung vornehmen, besteht darin, daß mentale Zustände einzelner Diskurspartizipanten nicht unterschieden werden.

Charakteristisch für Situationen ist ihre *Partialität*: Sie sind im allgemeinen nicht informativ in bezug auf *alle* vorstellbaren inhaltlichen Gesichtspunkte (*issues*), nach denen sie untersucht werden können. Wir verstehen ein *Fakt* als eine − positive oder negative − Antwort, die eine Situation in bezug auf ein *issue* gibt (Barwise 1989), und modellieren *issues* als partiale Funktionen. Für die Argumente (Situationen), für die sie definiert sind, liefern *issues* entweder ein positives oder ein negatives Fakt.

Sei f_σ ein solches *issue*. Wir können den Wert eines *issues* f_σ für eine Situation s mit $+ \sigma$ (verkürzt: σ) angeben, wenn s das *issue* positiv beantwortet, mit $- \sigma$, wenn s das *issue* negativ beantwortet. Situationen sind in dem Sinn *partial*, daß sie für viele *issues* keinen Wert hergeben.

Diese Eigenschaft von Situationen hat eine Entsprechung in ihrer Diskriminierung durch Agenten. Fakten haben eine *individuierende Funktion*; für einen Agenten sind zwei Situationen s und s' nicht unterscheidbar, wenn er über kein *issue* verfügt, das für die beiden Situationen einen unterschiedlichen Wert ergibt. Es ist eine solche kognitive Deutung von Situationen (vgl. Devlin 1991), die es nahelegt, mentale Zustände als agenteninterne Situationen zu interpretieren. Eine Situation, auf die die Aufmerksamkeit eines Agenten gerichtet ist, bezeichnen wir mit *Fokussituation*.

Zu sagen, daß eine Klassifikation (von Situationen durch Fakten) *kohärent* ist, heißt, daß eine Situation s nicht zugleich ein Fakt σ und seine Negation − σ unterstützt. Zwar wird bestimmten Einstellungen von Agenten (Glauben, Träumen) zugestanden, daß in ihnen Situationen nicht-kohärent klassifiziert werden (Muskens 1995); für den vorliegenden Zweck wird hier von dieser Komplexität abgesehen, vielmehr davon ausgegangen, daß die Vermeidung von Inkohärenz ein wichtiges Moment der Dynamik der Textverarbeitung ist. Um dies darzustellen, wird als nächstes ein auf Situationen basierter Begriff der *Proposition* benötigt. Auch dieser wird − wie auch weitere im folgenden eingeführte Konzepte − der Situationstheorie entnommen (Barwise 1989; Barwise/Cooper 1993; Cooper 1991a; 1991b; Devlin 1991).

7. Propositionen

Die Aussage, daß eine Situation s ein Fakt σ hergibt oder *unterstützt*, hat in der Situationstheorie den Status einer *Proposition*, d. h. eines Objektes, das wahr oder falsch ist. (Darin sind Propositionen von Fakten verschieden.) Zur Angabe dieser und anderer semantischer Objekte wird hier die aus DRSen entwickelte 'Extended Kamp Notation' (EKN) benutzt. Sie trägt der 'Stückelung' von Information nach Situationen Rechnung. Die Proposition, das s σ unterstützt, wird in ihr repräsentiert wie in (3a); die Klassifikation einer Situation s durch mehrere Fakten ist repräsentiert in (3b):

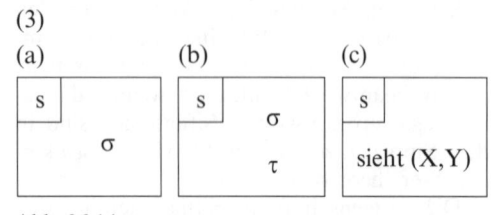

(3)

(a)   (b)   (c)

s		s		s	
σ		σ τ		sieht (X,Y)	

Abb. 26.14

In (3c) unterstützt s ein spezifisches Fakt; die Argumente der Relation sind mit Parametern X und Y belegt. Die EKN-Notation erlaubt es, zwischen assertierter und vorausgesetzter Information zu unterscheiden. Die Proposition in (4) ist wie die in (3c), macht jedoch zur Zuweisung eines Wahrheitswertes für die assertierte Proposition die Voraussetzung, daß die Proposition in dem Kasten rechts vom senkrechten Doppelstrich (*Bedingungsrahmen*) wahr ist.

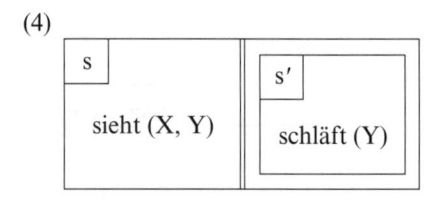

(4)

s	s'
sieht (X, Y)	schläft (Y)

Abb. 26.15

Diese Proposition (*daß Y in s' schläft*) ist als Einschränkung auf die Belegung des Parameters Y im *sieht*-Fakt zu interpretieren.

8. Diskursrollen

Es lassen sich nun EKN-Objekte herstellen, die DRSen in wichtigen Hinsichten semantisch entsprechen, zusätzlich aber Information zur Situierung von Fakten enthalten. In EKN wird z. B. die durch (A1) ausgedrückte Proposition repräsentiert wie in:

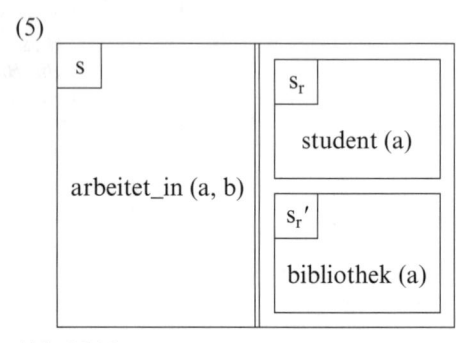

(5)

s	s$_r$
	student (a)
arbeitet_in (a, b)	s$_r$'
	bibliothek (a)

Abb. 26.16

Die Deutung der beiden Nominalphrasen wird hier als präsupponierte Information gekennzeichnet. Die entsprechenden Eigenschaften von a und b gelten in den Rekurssituationen (*resource situations*) s$_r$ bzw. s$_r$'.

(5) hat den Status einer Proposition. Es ist einer DRS insofern unähnlich, als an ihm nicht der Vorrat an verfügbaren Diskursreferenten ablesbar ist. Durch Abstraktion (vgl. Gawron/Peters 1990; Devlin 1991) aus (5) läßt sich jedoch ein mehrstelliger Typ definieren.

(6) teilt mit einer DRS die Eigenschaft, daß es (durch die Angabe von Diskursrollen) Parameter spezifiziert, die belegt werden müssen, damit eine zugrundeliegende Proposition (d. h. (5)) einen Wahrheitswert bekommen kann. Eine weitere Adaption an DRSen wird erreicht, wenn für solche Typen inkrementelle Erweiterung durch hinzukommende Textinformation definiert wird (Cooper 1993;

(6)

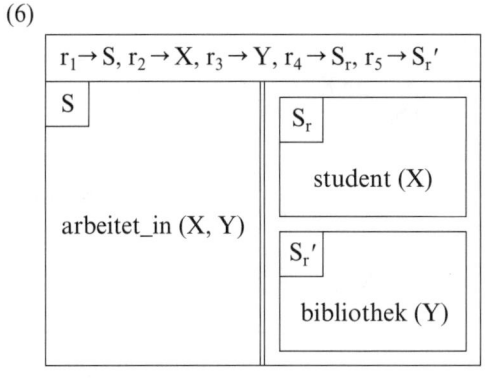

$r_1 \to S, r_2 \to X, r_3 \to Y, r_4 \to S_r, r_5 \to S_r{'}$

S	
	S_r
	student (X)
arbeitet_in (X, Y)	$S_r{'}$
	bibliothek (Y)

Abb. 26.17

Glasbey 1994). Dies geschieht durch ihre sukzessive Verschmelzug (*merging*) zu komplexeren Typen. Folgende wichtige Prinzipien steuern den Aufbau von komplexeren Typen:

(1) Durch hinzukommende Information in Form von Fakten und deren Einschränkungen wird die innere Proposition des gegebenen Typs weiter aufgefüllt, solange keine Inkohärenz eintritt.

(2) Kommt Information hinzu, die Inkohärenz bewirkt, ist eine neue Proposition zu definieren.

(3) Wissen über anaphorische Zusammenhänge regelt die Unifikation von Argumentrollen der zu verknüpfenden Typen. Unifikation von Argumentrollen resultiert in ihrer Belegung durch den gleichen Parameter.

(4) Enthalten die zu verknüpfenden Typen Einschränkungen auf Parameter, gelten diese für den ganzen neu entstandenen Typ.

Diese Prinzipien werden unten in Abschnitt 10. illustriert.

9. Aufrechterhaltung und Neubelegung von Diskursrollen

Die Fokussituation wird bei einer Verknüpfung von Typen entweder mit weiterer Information aufgefüllt, oder sie wird abgelöst, wenn hinzukommende Information eine neue Fokussituation erzwingt. Ein wichtiges Moment für diese Strukturierung von Textkohärenz besteht in verschiedenen Sorten von *Fokus* (Sanford/Garrod 1981; Garrod/Sanford 1990), für den im folgenden ein Beispiel vorgeführt wird. Wir fassen diese Information technisch als solche auf, die eine individuierende Aufgabe für die Fokussituation leistet und die wegen ihrer Zugehörigkeit zum semantischen Hintergrund von Äußerungen im Einschränkungsrahmen von Propositionen zu repräsentieren ist.

Die Auswahl der Fokussituation ist ein wichtiger Teil der 'Ausrichtung des Blicks' eines Adressaten auf den dargestellten Inhalt. Wir konzentrieren uns hier auf den Unterschied zwischen zwei Möglichkeiten, die ein Agent (Sprecher) bei einer Äußerung hat: die Beibehaltung des Blicks auf eine Fokussituation oder seine Änderung.

Diese Möglichkeiten beruhen, ganz grob, darauf, daß Äußerungen Propositionen liefern, deren Fakten situations-individuierende Funktion haben. Eine Änderung der Fokussituation s wird durch eine Äußerung u dann herbeigeführt, wenn die Deutung von u für s zu einer Inkohärenz führt. Es ist dann eine von s verschiedene Fokussituation s' anzunehmen. Im anderen Fall wird der Blick auf diese Fokussituation beibehalten.

Eine solche Darstellung wird erst einsichtig, wenn die Information, die zu Inkohärenz bezüglich der aktualen Fokussituation führt, weiter präzisiert wird.

Die Texte in (7) und (8) bieten ein Beispiel für die zwei genannten Möglichkeiten:

(7) (a) *Eva ordnet ein Buch ein.*
    (b) *Karl gefällt die Farbe,*
(8) (a) *Eva ordnet ein Buch ein.*
    (b) *Karls Federmappe hat die gleiche Farbe/ ?die Farbe.*

(7b) referiert auf eine Eigenschaft eines Objektes, das im rhematischen Teil von (7a) eingeführt wurde. Das Objekt muß zum Zeitpunkt der Äußerung von (7b) präsent sein, damit die Verarbeitung der NP mit dem relationalen Nomen *die Farbe* möglich ist. In (7a) und (7b) belegt das genannte Buch eine Diskursrolle, die 'fokussiertes Objekt' genannt werden kann. Der Text in (8) beginnt mit dem gleichen Satz: man beachte im (b)-Satz den von Glasbey (1994) beobachteten Akzeptabilitätskontrast zwischen den angegebenen Determiner-Phrasen. Eine Erklärung für die Defizienz der einfachen Kennzeichnung *die Farbe* an dieser Stelle ist, daß nur die Determiner-Konstruktion *der/die/das gleiche X* imstande ist, die *erneute* Belegung der gleichen Diskursrolle ('fokussiertes Objekt') auszudrücken, die wegen der beiden verschiedenen Objekte (Buch, Federmappe) notwendig ist.

Der Unterschied zwischen den beiden Konstruktionen in (8b) kann als Markiertheit von referentiellen Mitteln gesehen werden, mit denen im vorliegenden Kontext der Wechsel einer Fokussituation kontrolliert wird. Im folgenden Abschnitt modellieren wir im EKN-Format das Resultat der Einflußnahme auf den impliziten Fokus mit referentiellen Mitteln.

10. Repräsentationen

Die Beibehaltung der Belegung einer Diskursrolle wie in der Sequenz von Äußerungen in (7) kontrastiert mit einem Wechsel der Belegung in (8). Die Deutung von (7a) läßt sich repräsentieren durch (9a), einen Typ, der 5 Rollen spezifiziert, die bei einer konkreten Äußerung von (7a) zu verankern sind. Die Deutung des unbestimmten Artikels in der NP *ein Buch* bleibt, wie oben, unberücksichtigt.

(9a)

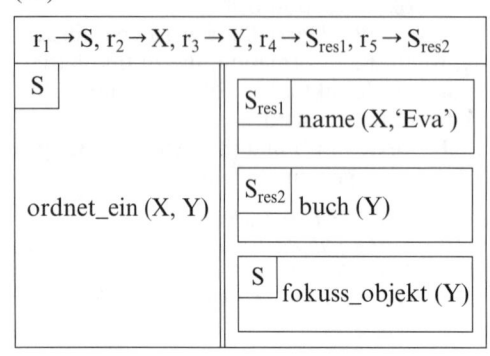

$r_1 \to S, r_2 \to X, r_3 \to Y, r_4 \to S_{res1}, r_5 \to S_{res2}$

S		
	S_{res1}	name (X,'Eva')
ordnet_ein (X, Y)	S_{res2}	buch (Y)
	S	fokuss_objekt (Y)

Abb. 26.18

Die isolierte Deutung der Äußerung (7b) definiert einen Typ mit 6 Argumentrollen, von denen einige mit den Argumentrollen der Deutung von (7a) unifiziert werden müssen. Zunächst erhält man (9b). Die Deutung für die Sequenz (7a) + (7b) ist dann ein Typ, der durch *merging* der Typen (9a) und (9b) entsteht, vgl. (10).

Bei der Verschmelzung sind gleiche Rollen ('im Gesamtgeschehen') zu identifizieren. Das ist einmal mit r_3 und r_{11} der Fall; es handelt sich in (7b) um die Farbe des in (7a) erwähnten Buches (Y), das auch in der Äußerung (7b) das fokussierte Objekt bleibt. Eine weitere Unifikation findet in bezug auf die intendierte Situation statt. S kann ohne das Auftreten von Inkohärenz um die Fakten von S' erweitert werden.

In der Sequenz (8a) + (8b) findet ein Wechsel des fokussierten Objektes statt. (8a)

(9b)

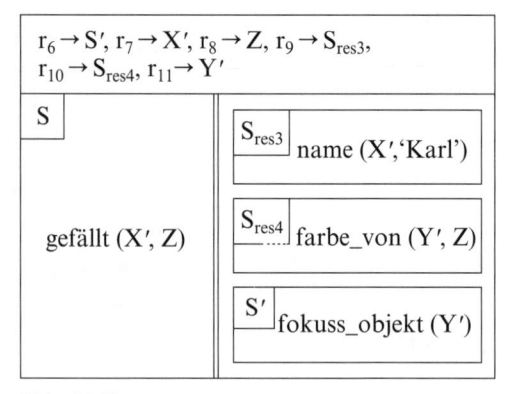

$r_6 \to S', r_7 \to X', r_8 \to Z, r_9 \to S_{res3},$ $r_{10} \to S_{res4}, r_{11} \to Y'$

S		
	S_{res3}	name (X','Karl')
gefällt (X', Z)	S_{res4}	farbe_von (Y', Z)
	S'	fokuss_objekt (Y')

Abb. 26.19

(10)

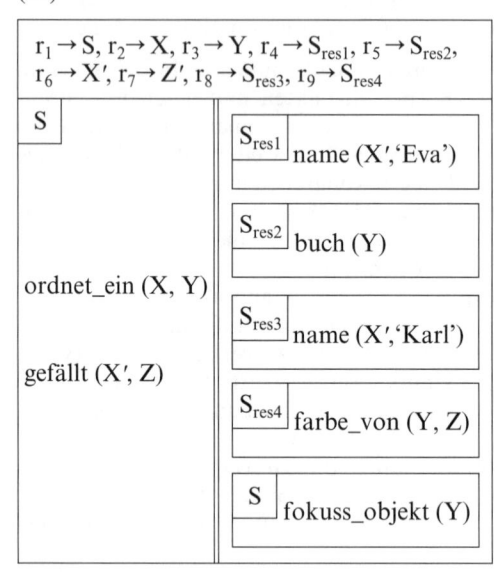

$r_1 \to S, r_2 \to X, r_3 \to Y, r_4 \to S_{res1}, r_5 \to S_{res2},$ $r_6 \to X', r_7 \to Z', r_8 \to S_{res3}, r_9 \to S_{res4}$

S		
	S_{res1}	name (X','Eva')
ordnet_ein (X, Y)	S_{res2}	buch (Y)
	S_{res3}	name (X','Karl')
gefällt (X', Z)	S_{res4}	farbe_von (Y, Z)
	S	fokuss_objekt (Y)

Abb. 26.20

ist, wie (7a), zu deuten als (9a). Für (8b) ergibt sich als Deutung ein 7stelliger Typ, in dessen Bedingungsrahmen ein neues fokussiertes Objekt (die Federmappe, Y') behaup-

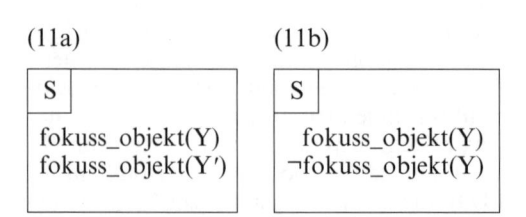

(11a)

S
fokuss_objekt(Y) fokuss_objekt(Y')

(11b)

S
fokuss_objekt(Y) ¬fokuss_objekt(Y)

Abb. 26.21

tet wird. Es kann nicht mit Y in (10) unifiziert werden.

Zu beachten ist, daß die Diskursrolle 'fokussiertes Objekt' in einer Situation unik definiert ist. Diese Bedingung ergibt, daß eine Proposition wie (11a) zu einer Inkohärenz führt. Bei verschiedenen Y, Y′ folgt aus (11a) die Proposition (11b), die zu vermeiden ist. Die Deutung für die Sequenz in (8) ist (12):

Objekte sind nur ein Aspekt des in Texten explizit gemachten und sich relativ schnell ändernden Fokus (Sanford/Garrod 1981). In ter Meulen (1995) wird Aufrechterhaltung und Veränderung des in Textäußerungen fokussierten Zeitintervalls dargestellt. Der Aspekttyp (*hole*, *filter* and *plug*) einer gegebenen Textäußerung bestimmt, ob die nachfolgende Äußerung zum gegebenen Zeitintervall Information beitragen kann (*hole*, *filter*) oder nicht (*plug*). Noch andere Fokusdimensionen sind denkbar.

11. Rückblick

Wir wollen jetzt einhalten und sehen, welche unsere Desiderate aus Abschnitt 2. oben wir erfüllen konnten. Wir haben Desiderat 1 unter Bezug auf den Konstruktionsalgorithmus der DRT und die formale Sprache der DRSen und EKN-Objekte, soweit hier möglich, eingelöst. Im Zusammenhang mit 2. haben wir gezeigt, wie deiktische Ausdrücke behandelt werden können und skizziert, wie die Steuerung von implizitem Fokus mit referentiellen Mitteln zu modellieren ist. Ferner (3.) haben wir so ausführlich wie möglich dargestellt, wie man mentale Zustände von Agenten im Diskurs repräsentieren kann. Auf eine Behandlung von Punkt 4. haben wir uns hier jedoch nicht eingelassen.

Die empirische Ausgangsbasis für die Darstellung der 'Einbettung' von Texten in Situationen bildeten Diskurse. Deswegen wurde

(12)

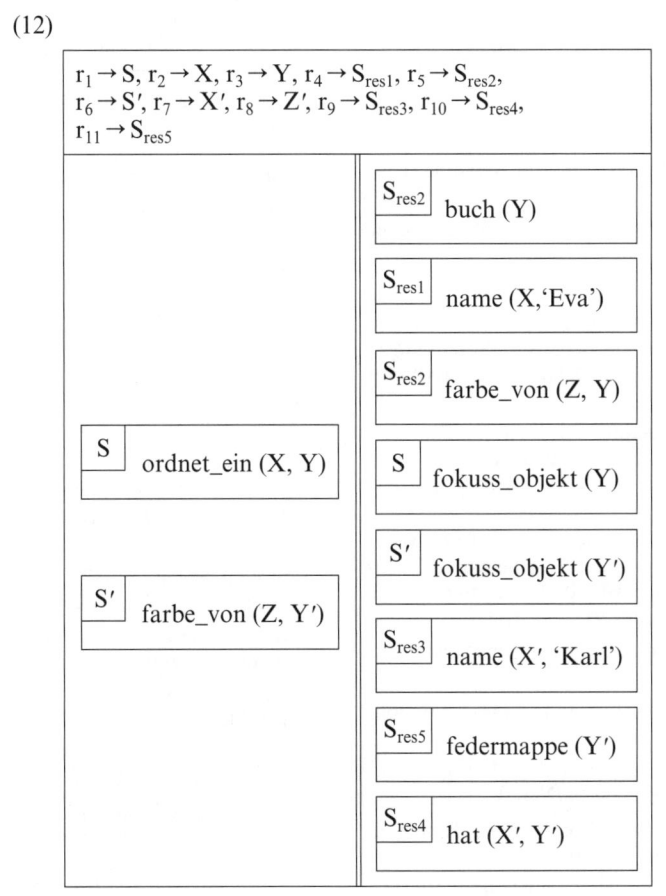

$r_1 \to S, r_2 \to X, r_3 \to Y, r_4 \to S_{res1}, r_5 \to S_{res2},$
$r_6 \to S', r_7 \to X', r_8 \to Z', r_9 \to S_{res3}, r_{10} \to S_{res4},$
$r_{11} \to S_{res5}$

S_{res2}	buch (Y)
S_{res1}	name (X, 'Eva')
S_{res2}	farbe_von (Z, Y)
S	ordnet_ein (X, Y)	S	fokuss_objekt (Y)
S′	fokuss_objekt (Y′)
S_{res3}	name (X′, 'Karl')
S′	farbe_von (Z, Y′)	S_{res5}	federmappe (Y′)
S_{res4}	hat (X′, Y′)

Abb. 26.22

auf eine DRT-Tradition Bezug genommen, welche die Entwicklung des Gehalts von mentalen Zuständen der am Diskurs beteiligten Agenten erfassen kann. Zur Darstellung der Rolle, die Situationen für den impliziten Fokus in Texten spielen, wurden anschließend 'monologische' Texte betrachtet. Auch diese werden im Rahmen der DRT erforscht. Untersucht werden u. a. die Restriktionen für das Aneinanderfügen von Sätzen in Texten (vgl. Asher 1993; Lascarides/Asher 1993). Arbeiten dieser Art sind auch für längere Beiträge eines Sprechers in einem Dialog relevant.

12. Literatur (in Auswahl)

Asher, N. (1993): Reference to Abstract Objects in Discourse. Dordrecht.

Ballmer, T. T. (1985): Dynamic Semantics. Berlin/New York.

Barwise, J. (1989): Situations, Facts, and True Propositions. In: Barwise, J.: The Situation in Logic. Stanford, 221–254.

Barwise, J./Cooper, R. (1993): Extended Kamp Notation: A Graphical Notation for Situation Theory. In: Aczel, P. u. a. (eds.): Situation Theory and its Applications. Vol. 3. Stanford, 29–54.

Barwise, J./Perry, J. (1983): Situations and Attitudes. Cambridge/Mass.

Chierchia, G. (1995): Dynamics of Meaning. Chicago/London.

Clark, H. H. (ed.) (1992): Arenas of Language Use. Chicago.

– (1996): Using Language. Cambridge.

Cooper, R. (1991a): A working person's guide to situation theory. In: Hansen, S. L./Sörensen, F. (eds.): Semantic Representation and Interpretation. Frederiksberg.

– (1991b): Three Lectures on Situation Theoretic Grammar. In: Filgueiras, M. u. a. (eds.): Natural Language Processing. EAIA '90. Proceedings. Berlin, 101–140.

– (1993): Towards a general semantic framework. In: Cooper, R. (ed.): Integrating Semantic Theories. Dyana-2. Esprit Basic Research Project 6852. Deliverable R2.1.A., 51–97.

Devlin, K. (1991): Logic and Information. Cambridge.

Dijk, T. A. van (1977): Text and Context. London/New York.

Dijk, T. A. van/Petöfi, J. S. (eds.) (1977): Grammars and Descriptions. Berlin/New York.

Dressler, W. U. (ed.) (1977): Current Trends in Textlinguistics. Berlin/New York.

Eikmeyer, H. J./Rieser, H. (eds.) (1981): Worlds, Words and Contexts. Berlin/New York.

Garrod, S. C./Stanford, A. J. (1990): Referential processes in reading: Focussing on roles and individuals. In: Balota, D. A. u. a. (eds.): Comprehension Processes in Reading. Hillsdale, N. J., 465–486.

Gawron, J. M./Peters, S. (1990): Anaphora and Quantification in Situation Semantics. Stanford.

Gazdar, G. u. a. (1985): Generalized Phrase Structure Grammar. Oxford.

Glasbey, S. (1994): Event Structure in Natural Language Discourse. Ph. D. Thesis. Universität Edinburg.

Johnson-Laird, P. N. (1983): Mental Models. Cambridge.

Kamp, H. (1981): A Theory of Truth and Semantic Representation. In: Groenendijk, G. u. a. (eds.): Formal Methods in the Study of Language. Amsterdam, 277–332.

– (1990): Prolegomena to a Structural Theory of Belief and Other Attitudes. In: Anderson, A. C./Owens, J. (eds.): Propositional Attitudes. Stanford, 27–90.

Kamp, H./Reyle, U. (1993): From Discourse to Logic. Dordrecht.

Kamp, H./Rohrer, C. (1983): Tense in texts. In: Bäuerle, R. u. a. (eds.): Meaning, Use, and the Interpretation of Language. Berlin, 250–269.

Kaplan, D. (1977): Demonstratives. An Essay on the Semantics, Logics, Metaphysics and Epistemology of Demonstratives and Other Indexicals. Ms. UCI-A. In: Almog, J. u. a. (eds.) (1989): Themes from Kaplan. London, 483–563.

Lascarides, A./Asher, N. (1993): Temporal Interpretation, Discourse Relations and Commonsense Entailment. In: Linguistics and Philosophy 16, 437–493.

Lewis, D. K. (1969): Convention. A Philosophical Study. Cambridge, Mass.

ter Meulen, A. (1995): Representing Time in Natural Language. The Dynamic Interpretation of Tense and Aspect. Cambridge, Mass.

Mourelatos, A. P. D. (1978): Events, Processes, and States. In: Linguistics and Philosophy 2, 415–434.

Muskens, R. (1995): Meaning and Partiality. Stanford.

Petöfi, J. S. (ed.) (1988): Text and Discourse Constitution. Berlin/New York.

Pollard, C./Sag, I. (1987): Information-Based Syntax and Semantics. Stanford.

– (1994): Head-Driven Phrase Structure Grammar. Chicago.

Sanford, A. J./Garrod, S. C. (1981): Understanding Written Language. Chich./New York.

Sperber, D./Wilson, D. (1986): Relevance. Communication and Cognition. Oxford.

Michael Grabski, Berlin (Deutschland)
Hannes Rieser, Bielefeld (Deutschland)

27. Mediale Voraussetzungen: Bedingungen von Schriftlichkeit allgemein

1. Einleitung
2. Das Medium
3. Einzelne Aspekte des Mediums
4. Schriftlichkeit
5. Literatur (in Auswahl)

1. Einleitung

Eine Forschungsübersicht über die medialen Voraussetzungen der Schriftlichkeit kann zwar von weitgehend unproblematisierten Meinungen über die Voraussetzungen der Schriftlichkeit ausgehen, jedoch nicht die gesicherten deskriptiven Aussagen machen, die man von der Darstellung von Voraussetzungen bzw. Bedingungen erwartet. Das liegt einerseits am Konzept des Mediums und seiner verschiedenen terminologischen Fassungen, die widersprüchliche Tendenzen in bezug auf die dem Medium zugeschriebene Bedeutung zeigen, andererseits aber auch an demjenigen von Schriftlichkeit. Der Begriff des Mediums ist bisher nicht als linguistischer Fachbegriff konzipiert (vgl. 2.). Das Konzept von Schriftlichkeit erfasst vor allem in der älteren Forschungsliteratur tendenziell homogenisierte oder prototypisch stark eingeengte Phänomene, in jedem Fall aber enthält es einen Bias zugunsten kulturell als bedeutsam empfundener schriftlicher Texte und vernachlässigt Texte alltäglicher Schriftlichkeit, so dass aus dieser Sicht die Wirkung des Mediums stärker erscheint, als sie ist. Anderseits wird aus der Perspektive der neueren Forschungsentwicklung die Bedeutung des Mediums zunehmend in den Hintergrund gedrängt. Währenddem die als notwendige Folge des Mediums interpretierte Wirkung in einer ersten linguistischen Forschungsphase sowie ausserhalb der Linguistik eher überschätzt wurde, wird die Bedeutung der möglichen Mediumsfolgen bzw. des gesellschaftlichen Umgangs damit heute teilweise eher unterschätzt (vgl. 4.).

Nicht nur der Begriff des Mediums muss geklärt werden, auch der Begriff der Schriftlichkeit ist zu definieren: Er umfasst die gesellschaftlichen Traditionen und Funktionen des Schreibens, also die Bedeutung, die das Schreiben für die Gesellschaft und ihre Mitglieder in einer historischen Perspektive hat. Er umfasst weiter die Merkmale und Charakteristik geschriebener Texte, ihre Textkonstitution und die Bindung an die Schriftsprache unter dem Gesichtspunkt des sprachlichen Systems ebenso wie die individuellen Schreibprozesse. Der Begriff ist dementsprechend abstrakt und komplex. Relevante Forschungsliteratur befasst sich daher oft nur mit einem Aspekt der Schriftlichkeit, wie z. B. geschriebener Sprache unter strukturellen, textsyntaktischen Gesichtspunkten. Schriftlichkeit wird im allgemeinen komplementär zur Mündlichkeit wahrgenommen und deshalb im Vergleich mit und in Abgrenzung von dieser definiert und charakterisiert. Innerhalb der Forschungsgeschichte der Linguistik wird Schriftlichkeit zunächst unter der Perspektive der Schrift und ihrer (mangelhaften) Abbildung der gesprochenen Sprache gesehen. Ausserhalb der Linguistik gilt die Schrift vergleichsweise früh als Bedingung der Möglichkeit der schriftzentrierten westlichen Kulturen (vgl. Havelock 1982). In den letzten 15–20 Jahren sind aber innerhalb der Linguistik eine ganze Reihe von Dimensionen der Schriftlichkeit erarbeitet worden, deren Bezug zum Medium zu charakterisieren ist.

Voraussetzungen bzw. Bedingungen beziehen sich auf das Allgemeine, das mit Schriftlichkeit verbunden ist, soweit sie medial bestimmt ist bzw. als medial bestimmt gesehen wird. Diese medial bestimmten Aspekte der Schriftlichkeit sollen im folgenden hinsichtlich Tradition, Funktion, Textmerkmalen und individuellen Schreibprozessen behandelt werden.

Allgemein gibt es in bezug auf das Medium eine starke Tendenz, es in seiner Charakteristik und mit seinen Auswirkungen für grundsätzlich stabil gegeben zu halten und zu den unverändert und unveränderlichen Gegebenheiten des Mediums auch Aspekte zu zählen, die sich historisch herausgebildet, tradiert und auch schon erneuert haben. Aus solchen vermeintlichen Gegebenheiten erscheinen Entwicklungen wie diejenige zur „unsichtbaren" elektrischen, im Computer „versteckten" Schrift (Giese 1993) als paradox, währenddem es sich in Tat und Wahrheit um eine neue Sprachpraxis handelt, die den Umgang mit den medialen Voraussetzungen der Schriftlichkeit mitverändert und damit auch Aspekte des Mediums, die für stabil gehalten wurden, wie die dauerhafte Sichtbarkeit der Schriftlichkeit.

Welche Eigenschaften der Schriftlichkeit sind es, die auf das Medium im oben genannten ersten Sinne von vermittelndem Element zurückgeführt werden (vgl. 3.)? Um diese Frage beantworten zu können, muss das Konzept des Mediums bzw. müssen zunächst die verschiedenen Konzepte des Mediums aus den oft wenig ausführlichen und expliziten Ausführungen zur Bedeutung des Mediums isoliert werden (vgl. 2.).

2. Das Medium

Diejenige Charakteristik, von der man zunächst annimmt, dass sie die Schriftlichkeit auszeichnet und von der Mündlichkeit unterscheidet, sucht man im allgemeinen im *Medium* bzw. spricht von „medialen" Voraussetzungen der Schriftlichkeit (bzw. auch der Mündlichkeit), die damit als medial unterschiedene Kommunikationsformen erscheinen.

Das Medium gilt damit als offenkundigster Unterschied und durchgängiges Merkmal, unabhängig von allen Variationen innerhalb der medial unterschiedenen Kommunikationsweisen (vgl. Klein 1985). Ob eine Äusserung gesprochen oder aufgeschrieben wird, ist auch methodisch leicht zu operationalisieren und festzustellen.

Alltagsweltliche ebenso wie wissenschaftliche Theorien der Schriftlichkeit gehen zunächst davon aus, dass das besondere Medium für besondere Funktionen geeignet ist, die die Ausbildung besonderer Formen erfordern, so zum Beispiel in einem neueren Aufsatz auch Betten (1995), wonach beispielsweise „die stilistisch besonders relevanten Unterschiede in der syntaktischen Struktur gesprochener und geschriebener Spracherzeugnisse medial bedingt und daher notwendig" (Betten 1995, 258) sind (vgl. 3.).

Die Prüfung und Diskussion dieser oft impliziten Annahme, die durch die neuere Forschung nicht mehr vorbehaltlos vertreten wird, setzt voraus, dass man das vermittelnde Element, das Medium der Schriftlichkeit charakterisiert und definiert.

In krassem Gegensatz allerdings zu der Bedeutung, die dem Medium damit zugewiesen wird, ist der Begriff des Mediums nicht als linguistischer Fachterminus definiert. In linguistischen Lexika findet man ihn (in der hier gemeinten Bedeutung) nicht (vgl. Lewandowski 1976; Lexikon der Germanistischen Linguistik 1980; Bussmann 1983; Metzler-Lexikon Sprache 1993). Im grossen Duden (1994) sind verschiedene bildungssprachliche Gebrauchsweisen angegeben, darunter

(1) *vermittelndes Element* mit den Beispielen *das Medium der Sprache, das Medium der Musik* und

(2) drei Teilaspekte der Bedeutung *organisatorisch – technischer Apparat, Hilfsmittel, Kommunikationsmittel*.

Der zweite Gebrauch von Medium muss vom ersten deutlich unterschieden werden und ist hier nicht gemeint, obwohl eine Beziehung zwischen den beiden Bedeutungen besteht: In bezug auf das Medium *Buch* sind die beiden Bedeutungen von Medium sehr nahe beieinander und werden dementsprechend oft auch unzulässig vermischt, weil das Medium Buch in kulturell besonders prominenter und folgenreicher Weise von dem Medium der Schriftlichkeit Gebrauch macht. Allgemein werden Schriftlichkeit und Mündlichkeit heute oft im Zusammenhang mit Medium im Sinne der technischen Kommunikationsmittel untersucht, und ich werde mich im folgenden auch verschiedentlich auf solche Untersuchungen beziehen (vgl. Biere/Hoberg 1996).

Ob eine Äusserung aufgeschrieben wird oder nicht, ist einfach festzustellen und zu unterscheiden. Die Unterscheidung ist von elementarer Bedeutung und wird terminologisch u. a. durch den Begriff des Mediums gefasst.

Zwar erfährt man aus den Lexika nichts weiter über den hier interessierenden Begriff des Mediums, aber aus der Literatur geht folgendes über die Einbettung und Abgrenzung des Begriffs sowie über seine verschiedenen terminologischen Fassungen hervor:

2.1. Das Medium als Kanal

Den Begriff des *Kanals* hat die Sprachwissenschaft aus der Informationstheorie (vgl. Shannon/Weaver 1949) bezogen, wo er in metaphorischer Weise die physikalischen Einrichtungen oder Gegebenheiten bezeichnet, die der Informationsübertragung dienen bzw. auch dazu benutzt werden können, wie z. B. Schallwellen (vgl. z. B. Metzler-Lexikon Sprache 1993). Unter der Perspektive des Kanals sind drei Dimensionen der Informationsübertragung mit Hilfe von physikalischen Gegebenheiten zu unterscheiden:

- die Körperorgane des Senders, die die entsprechenden Signale hervorbringen
- die Rezeptororgane des Empfängers
- physikalische Phänomene wie Bewegungen, Töne.

Der optisch-visuelle Kanal wird einerseits für paraverbale und nonverbale Aspekte der mündlichen Kommunikation ausgenützt sowie andererseits vor allem für die normalerweise visuell erfassbare (bei der Brailleschrift aber taktile) Kodierung sprachlicher Information mit Hilfe der Schrift. Als Vorteile der schriftlichen Kommunikationsform unter der Perspektive des Kanals werden genannt:

- Eine Beeinträchtigung durch Störgeräusche ist ausgeschaltet,
- Information wird über lange Zeiträume hinweg aufbewahrt und kann weitergegeben werden sowie
- bei der Planung und Produktion sowie bei der Wahrnehmung und Rezeption fällt der einschränkende Zeitfaktor weitgehend weg, bzw. es besteht die Möglichkeit, dass die Einschränkung weniger ausgeprägt ist.

Dieses Konzept des Mediums wird terminologisch auch als Modalität aufgefasst; Modalität nicht im traditionellen fachsprachlichen Sinn der Linguistik als Verhältnis des Sprechers zur Aussage bzw. zur Realität, sondern im bildungssprachlichen Sinn der Art und Weise, der Einzelheit der Ausführung, fachextern beeinflusst vielleicht vom Fachterminus der Philosophie, der das Wie des Seins meint (vgl. Duden 1994).

Der Terminus der *Modalität*, der als solcher zwar gebraucht wird, aber in Nachschlagewerken auch nicht zu finden ist, ist – in dieser Bedeutung – wohl im Zusammenhang mit den Kanalmodellen der Kommunikation in die Sprachwissenschaft gelangt. Es werden als Modalitäten – analog zu den Kanälen – unterschieden: der optisch-visuelle, der akustisch-auditive, der kinesisch-taktile und der chemisch-olfaktorische Bereich (LGL 1980, 271) (vgl. jedoch den Begriff von *Modalität* als Konzeption in Kap. 4). Neben *Modalität* ist auch von *Substanz* die Rede (vgl. Lyons 1971, 65).

Medium in diesem Sinne als Kanal bzw. Übertragungsweg über verschiedene physikalische Trägermedien und die Kanäle der verschiedenen Sinne hat als Gegenstand der Reflexion eine respektable Tradition (vgl. Herder 1989/1772, der das Sehen, Tasten und Hören hinsichtlich der Eignung für Sprachübermittlung analysiert (1. Teil 3. Abschnitt)).

Wenn das Medium lediglich als Kanal aufgefasst wird, wird es oft als Situationsaspekt gesehen, und es werden andere Elemente der Situation dem Kanal bzw. dem Medium nebengeordnet. So erscheinen bei Sandig (1986) der Kanal (visuell, auditiv, visuell und auditiv), das Medium (im Sinne von z. B. Massenmedien, vgl. Duden 1994, 2. Bedeutung) und die Institution als die drei Aspekte der Situation. In diesem Handbuch wird das Medium neben die Situation gestellt (→ Art. 26).

2.2. Das Medium *Schrift* (bzw. *geformter Schall*)

Ebenso häufig findet man aber eine Konzeption von Medium, die eine Abhängigkeit der Situationsspezifik vom Medium impliziert: Das ist im allgemeinen dann der Fall, wenn als Medium bzw. Modalität konkreter und spezifischer die Schrift bzw. der geformte Schall aufgefasst werden. Klein (1985), Söll (1985) und ihre Nachfolger Koch/Oesterreicher (zuletzt 1994) sprechen vom graphischen und phonischen Medium der Realisierung sprachlicher Äusserungen. Die Schreib- bzw. Sprechsituation kann als wesentlich durch die Schrift bzw. den geformten Schall geprägt aufgefasst werden. Dafür wird allerdings typisierend die Schrift im Gegensatz zum geformten Schall als nichtflüchtiges Medium gedacht, bei dem die Sinnesorgane nicht gleichzeitig und unmittelbar als Sender und Empfänger auftreten, so dass die KommunikationsteilnehmerInnen Raum und Zeit der Kommunikation nicht teilen. Demgegenüber ist darauf hinzuweisen, dass es auch schnell vergängliche Schriften gibt und dauerhafte gesprochene Sprache sowie unmittelbare und mittelbare Kommunikationssituationen beim Gebrauch von gesprochener und geschriebener Sprache. Von solchen Differenzierungen wird aber im Zusammenhang mit dieser Vorstellung von Medium abgesehen.

Wenn die Schrift (und nicht der Übermittlungskanal) als Medium aufgefasst wird, nähert sich seine Konzeption der fachsprachlichen Bedeutung von „technischem Hilfsmittel" (vgl. auch den Untertitel von Ong (1982) *Orality and Literacy. The Technologizing of the Word*). Das führt zu einer weiteren, offeneren Konzeption von Medium, zu der oft auch verschiedene historische Gebrauchsweisen des Mediums gerechnet werden, die nicht notwendig mit dem Medium verbunden sind.

Unter dieser Perspektive werden allgemein mindestens die folgenden zwei Unterschiede der Medien *Schrift – geformter Schall* genannt:

(1) Sinnesmodalität,
(2) Dauerhaftigkeit.

Fast beiläufig weist Klein (1985, 16) in einer Fussnote auf einen dritten Unterschied hin: Die Schrift ist räumlich, der Schall zeitlich strukturiert bzw. die Schrift erlaubt es, eine zeitliche Ordnung in eine räumliche zu übertragen. (Zur kognitiven Bedeutung der eindimensionalen Zeitreihe vgl. Bischof 1987).

Sowohl aus den Unterschieden der sinnlichen Übermittlung als auch aus der relativen Dauerhaftigkeit der Schrift werden weitreichende Folgerungen abgeleitet, die zumindest mittelbar auf das Medium zurückgeführt werden: So gilt die Dauerhaftigkeit als die Bedingung der Möglichkeit der Schriftkultur. Flüchtige visuelle Kommunikation – wie z. B. die Gebärdensprache der Gehörlosen – könnte demnach „unmöglich" eine den Schriftkulturen vergleichbare Entwicklung zur Folge (gehabt) haben (vgl. Klein 1985, 16; s. auch Havelock 1963; Goody 1981).

Ong (1982) paraphrasiert in seiner einflussreichen Grundlagenstudie *literacy* als *vision* bzw. *orality* als *sound*, ordnet der *vision* das Konzept von *exteriority* (Äusserlichkeit), dem *sound* das Konzept der Innerlichkeit zu und leitet daraus weitreichende Folgerungen ab, wie diejenige, dass das Konzept des Tones die Menschen im Bewusstsein näher zusammenbringt, währenddem das Konzept der Sichtbarkeit Trennung, Klarheit und Bestimmtheit zur Folge hat (vgl. unter 4. vor allem den sprachlichen Ausdruck davon unter Explizitheit) (vgl. Ong 1982). Aus der Sicht der Mündlichkeit kritisieren Scollon/Scollon (1995) daran, dass schon die zugrundeliegende Opposition *vision-sound* nicht zutreffend konzipiert ist, weil die Mündlichkeit wesentlich mehrkanalig und keineswegs nur über *sound* funktioniert und demzufolge auch die Schlussfolgerung nicht zutreffend sein kann.

Als weitere Besonderheiten des Mediums der Schrift im Unterschied zu dem des Schalls werden aufgeführt:

(3) Situationsabhängigkeit der geschriebenen Sprache bzw. unterschiedlicher Grad der Situationsgebundenheit. Demnach erlaubt das Medium der Schrift eine gewisse Loslösung vom hic et nunc der Rede, die Schriftlichkeit ist deshalb weniger situationsgebunden.

(4) Produktionszeit und Produktionsort auf der einen Seite und Rezeptionszeit und Rezeptionsort auf der anderen Seite fallen in vielen Fällen auseinander und sind dann typischerweise durch Asynchronizität und Atopizität gekennzeichnet.

(5) Das Medium erlaubt, das kulturelle und soziale Wissen einer Gemeinschaft zu externalisieren. Das Wissen dehnt sich aus, wird objektiviert (sozialer Aspekt).

(6) Das Medium erlaubt es ausschliesslich seinen Benützern, komplexere kognitive Prozesse mit Hilfe von ausgelagerten, schriftlichen Zwischenstücken zu vollziehen (psychologischer Aspekt).

Die Unterschiede (Pkt. 3–6) werden mehr oder weniger explizit auf das Medium zurückgeführt, gehen aber zumindest teilweise auf den Gebrauch, den wir davon machen, zurück. Dafür nur zwei Beispiele: Situationsunabhängiger ist die geschriebene Sprache, weil unsere Schreibmaterialien dauerhafter sind als die unaufgezeichnete gesprochene Sprache. Die Qualität der Schreibmaterialien ist aber kein wesentlicher Bestandteil der Schriftlichkeit: Auch in den Sand kann man schreiben. Mehr Verarbeitungszeit ist mit Schriftlichkeit verbunden, weil und solange man von Hand und damit bei weitem nicht so schnell schreibt, wie man spricht, und die (veränderbare) Praxis gilt, dass das Geschriebene erst an die Adressaten übermittelt wird, wenn der geschriebene Text abgeschlossen und überarbeitet worden ist.

3. Einzelne Aspekte des Mediums

Das Medium wird im folgenden hinsichtlich Funktion, Tradition, Produktionsprozess und Textmerkmalen näher bestimmt.

3.1. Funktion

Als primäre Funktion des Mediums der Schriftlichkeit gilt vielen Sprachphilosophen und Sprachtheoretikern die Wiedergabe der Abbildung des eigentlichen Mediums, der Phoneme (vgl. z. B. Osthoff 1883; Paul 1880; de Saussure 1967 etc. In: Häcki Buhofer 1985, 66 ff). Unter dieser Perspektive gilt die Schriftlichkeit als abgeleitetes sekundäres Repräsentationssystem und als in vielen Hinsichten defizitär. Die Abbildung der gesprochenen Sprache ist aber nur der Ausgangspunkt der mehrheitlich phonographischen Alphabetschriften, nicht jedoch ihr Ziel. Die

Tradition des Gebrauchs, der von der Schrift im Laufe der Geschichte gemacht worden ist, zeigt, dass Schriftlichkeit nicht nur unter dieser Perspektive zu sehen ist.

Unter Funktionen des Mediums wird im übrigen sehr Verschiedenartiges verstanden (vgl. Häcki Buhofer 1985). Coulmas (1981) beispielsweise spricht von zwei Hauptfunktionen der Schrift: die Überführung der Sprache aus der auditiven in die visuelle Domäne sowie die Speicherung sprachlicher Information und deren Verfügbarmachen für exakte Wiederholung, also eine medial gefasste und eine archivarische Funktion. In kommunikativer Hinsicht sind die Funktionen der Schriftlichkeit kaum zu beschränken oder auf eine Grundfunktion zurückzuführen und auch nicht klar gegenüber denjenigen des Sprechens abzusetzen (vgl. Häcki Buhofer 1985, 91).

Der Ausdrucksreichtum der geschriebenen Sprache ist nicht einfach nur eingeschränkt gegenüber der gesprochenen Sprache, die über paraverbale Mittel verfügt und mit nonverbalen Ausdrucksformen normalerweise verbunden ist, sondern sie hat auch Ausdrucksmittel, die jene nicht hat. Sie werden im allgemeinen reduktionistisch nur als Kompensationen interpretiert und gehen auf eine sekundäre Betrachtungsweise der Schriftlichkeit zurück.

3.2. Tradition

Das Medium der Schriftlichkeit weist eine Tradition mit sich wandelnden Entwicklungen auf. Im engeren Sinne als Kanal ebenso wie im umfassenderen Sinne der Schrift ist der historische Aspekt der Gebrauch, der vom Medium gemacht wird.

Das Schreiben hat zu Beginn seiner geschichtlichen Entwicklung zunächst eine Verdoppelung der Kommunikationsmittel bedeutet. Man konnte schriftlich äussern, was vorher mündlich geäussert worden war. Die Verwendungsweisen der Schrift waren aber schon im alten Mesopotamien relativ weit gefächert. Das Schreiben wurde zur Aufzeichnung von Informationen für den künftigen Gebrauch (Administration, Recht, Annalen etc.), zur Vermittlung von Informationen auf der synchronen Ebene (Briefe, Erlasse, Bekanntmachungen etc.) und für die Kommunikation mit den Göttern (heilige Texte, Amulette etc.) verwendet (Goody 1981, 36). Durch die ganze Kulturgeschichte hindurch können auch spezifische Gebrauchsweisen des Mediums verfolgt werden, die nicht literarischen, philosophischen oder wissenschaftlichen Zwecken dienen, wie beispielsweise das Erstellen von Listen (seit 1300 a. Chr. – vgl. Ong 1982, 123; Coulmas 1992). Wenn es Funktionen für Schriftlichkeit gibt, die mündlich nie genutzt werden, so bedeutet das, dass das Medium nicht grundsätzlich unter der Perspektive der Abbildung (der gesprochenen Sprache) zu betrachten ist.

Eine wichtige Teil-Tradition mit einer geschichtlichen Entwicklung und Veränderung ist die Nutzung des Mediums für das zunächst geschriebene und seit dem 15. Jh. gedruckte Buch, das in der oben aufgeführten metonymischen zweiten Bedeutung, ein Medium ist: Vom Medium in diesem Sinne handelt McLuhans (1968) zugespitztes Diktum: „The medium is the message." Das würde bedeuten, dass das Medium die Nachricht wesentlich prägt, dass auch der Inhalt durch die Form mitgegeben ist. McLuhans weitere Thesen sind, dass das Medium des Buchdrucks den technischen zivilisatorischen Fortschritt der Neuzeit ermöglicht habe – allerdings um den Preis *linearer* und und *monokausaler* Verengung. Linear hangle sich das Auge des Lesers an den Buchstaben der gedruckten Zeile und dem Gedankenduktus des Autors entlang. Monokausal sei der Vorgang des Lesens, weil es den Leser zum einseitigen Rezipienten degradiere (vgl. auch Klostermann 1997, 41; Giesecke 1992). Demgegenüber gilt die aktuelle Internet-Nutzung als gesteuert durch das aktive Prinzip der Selektion: Stets muss der Leser eine Auswahl treffen, oft zappt er sich seine Lesetexte erst zusammen und bastelt sich einen einmaligen Text, den man nicht rekonstruieren kann. Der Lektürevorgang verändert sich damit wesentlich durch das Ordnungsprinzip der Links (vgl. Schmitz 1995).

Solche Erfahrungen und Theorien zeigen, dass der Umgang mit dem Medium der Schriftlichkeit nicht einfach gegeben ist, sondern sich anhand einer historischen Gebrauchsweise – wie sie das Buch oder die Gegebenheiten des Internets darstellen – herausbildet und auch wieder verändert.

Die konkrete Auffassung aber, wonach ein neues Medium wie das Buch oder das Fernsehen das sprachliche Produkt wesentlich determiniert, ist zwar weit verbreitet, vor allem in der populären Fachliteratur: Sie ist aber dennoch falsch. So behauptet Postmann (1983, 84), der Telegraph habe „mit einem Schlag Zeit und Raum als Dimensionen menschlicher Kommunikation" beseitigt und damit die Mitteilung in einem Masse „entkörperlicht", „das weit über die Körperlosigkeit des geschriebenen und gedruckten Wortes hinausging. Er versetzte uns in eine Welt der Gleichzeitigkeit und Augenblicklichkeit, die den menschlichen Erfahrungsraum sprengte. Damit schaffte er auch Stil und Individualität als Bestandteile von Kommunikation ab. Von Anfang an wurden telegraphische Botschaften in einer rituellen Sprache, einem Niemandsjargon übermittelt." Demgegenüber ist festzuhalten: Kein Medium – kein vermittelndes Element und kein technisches Hilfsmittel – hat die Macht bzw. die determinierende Kraft, „Stil und Individualität als Bestandteile von Kommunikation" abzuschaffen oder ähnlich weitreichende Effekte zu erzwingen (vgl. Häcki Buhofer 1985, 85).

Einen Beleg dafür bietet gerade die Geschichte des Telegramms bzw. des sogenannten „Telegramm-Stils". Die bei Burger (1990, 18 ff) behandelten Texte belegen, dass das neue Medium nicht unmittelbar und nicht zwingend Veränderungen der kommunikativen und stilistischen Praktiken zur Folge hatte. In den Anfängen wurden nämlich telegraphisch übermittelte Texte zwar als „Telegramme" übermittelt und unterschieden sich auch von sonstigen Zeitungstexten durch ihre Kürze, aber sie waren gerade nicht elliptisch abgefasst, sondern ganz nach den Regeln der damals auch ausserhalb dieser Textsorte üblichen Texte formuliert. Was uns heute für den „Telegramm-Stil" als typisch erscheint, ist das Produkt eines langsamen historischen Prozesses.

Dieser Effekt ist im übrigen charakteristisch für die Medienentwicklung im 20. Jh.: Die neuen Massenmedien haben zunächst immer mit den Formen der älteren gearbeitet: So stellten die Anfänge des Radios abgelesene Zeitungstexte dar, und die Anfänge des Fernsehens entsprachen bebildertem Radio (vgl. Burger 1990).

3.3. Die individuellen Produktions- und Verarbeitungsprozesse beim Schreiben und Lesen

Schreiben und Lesen haben gegenüber dem Sprechen und Zuhören unterschiedliche kognitive Produktions- und Verarbeitungsprozesse, die teilweise auf bestimmte Eigenschaften des Mediums zurückgeführt werden können (vgl. auch Klein 1985, 16).

Unter der Perspektive des Mediums gilt das Schreiben als langsamer und daher geplanter Prozess. Darauf wiederum werden besser strukturierte und kohärentere Texte zurückgeführt, die komplexer aufgebaut werden, und in mehreren Arbeitsgängen konzipiert, überarbeitet und korrigiert werden können. Die Komplexität einer schriftlichen Aufgabe kann höher sein als die einer mündlichen, muss es aber nicht, wenn die angestrebte Textsorte mündlich und schriftlich dieselbe ist wie beispielsweise bei Erzählungen.

Planung und Korrekturen sind historisch entstandene Aspekte des Schreibprozesses, die das Medium gut ermöglicht, aber nicht notwendigerweise zur Folge hat. Näher an den Wirkungen des Mediums – aber ebenfalls beruhend auf der Langsamkeit der Produktion, die mit dem manuellen Schreiben (mit einem Stift oder auf einer Tastatur) zusammenhängt und insofern akzidentiell ist, als man auch diktierend schreiben kann – ist der Aspekt des Ökonomischen. Geschriebene Texte sind im allgemeinen ökonomischer, es wird quantitativ weniger verbaler Aufwand getrieben, d. h. sie enthalten weniger Füllwörter, Wiederholungen, Paraphrasen etc.

Schreibprozeduren (im Sinne von beispielsweise Baurmann/Weingarten 1995, 16 f) sind in dieser Hinsicht an die historische Realisierung des Mediums gebunden. Für das Lesen gilt Entsprechendes.

3.4. Textmerkmale

Es kann durchaus begründet erwartet werden, dass die unterschiedlichen Traditionen und Funktionen der Medien und unterschiedliche Produktionsprozesse zu spezifischen Textmerkmalen führen. Es stellt sich aber die methodische Frage, wie diese Erwartung geprüft werden kann und die entsprechenden Merkmale identifiziert werden können. Unterschiede können auf das Medium zurückgeführt werden, sofern man alle nicht-medialen Faktoren konstant hält und so zu vergleichbaren Kommunikationsformen kommt. Sandig (1986, 269) weist explizit auf die Möglichkeit der empirischen Bestimmung der Kanalwirkung hin: durch die Methode des Vergleichens (z. B. von Fussballreportagen zum selben Spiel im Rundfunk, im Fernsehen und in Zeitungsberichten). Sie präsentiert einige linguistische Untersuchungen, in denen gleiche Textsorten in mündlicher und schriftlicher Realisierung miteinander verglichen werden. Der Hinweis auf die gleichen Textsorten ist nicht selbstverständlich. Oft werden in der Forschung die Charakteristika von Schriftlichkeit und Mündlichkeit aus dem Vergleich des mündlichen Gesprächs mit dem schriftlichen Aufsatz oder Leitartikel hergeleitet und insofern Äpfel mit Birnen verglichen, was zur Festlegung von vielen Unterschieden führt, die fälschlicherweise dem Medium zugeordnet werden.

Insgesamt ist festzuhalten, dass die methodisch reflektierte Bestimmung des Faktors Medium in seinen verschiedenen Aspekten (Funktion, Tradition, Verarbeitungsprozesse und Textmerkmale) und die Beantwortung der Frage, inwiefern diese nämlich notwendig und hinreichend sind für die Folgen, die dem Medium zugeschrieben werden, oft unterbleiben − angesichts der Wirklichkeit und Wirkungsmächtigkeit der Geschichte der Schriftlichkeit und ihrem offensichtlichen Zusammenhang mit den sogenannten „Schrift"-Kulturen. Die kulturgeschichtliche Entwicklung wird in vereinfachter Sichtweise ganz auf das Medium zurückgeführt. Ansatzpunkte für eine methodische Reflexion böte die theoretische Berücksichtigung von leicht zugänglichen Beobachtungen, wie denjenigen, dass auch gesprochene Sprache mit Hilfe von Tonbandgeräten konserviert werden kann, dass die Konzentration auf phonographische Schriften eine europazentrische Beschränkung darstellt, dass es „untypische" schriftliche Erzeugnisse gibt wie persönliche Briefe etc.

4. Schriftlichkeit

Nach der Auffassung der frühen Forschung gehören zur Schriftlichkeit bestimmte sprachliche Formen, die wiederum in einem je spezifischen Verhältnis zur Schreibsituation stehen. Die Situation ihrerseits hängt nach damals weitverbreiteter und auch heute noch vertretener Auffassung mit der spezifischen Funktion und den Besonderheiten des Mediums zusammen (vgl. Häcki Buhofer 1985, 185).

Die Merkmale der Schriftlichkeit werden in einer ersten Phase der Forschungsgeschichte bis 1985 im allgemeinen mehr oder weniger explizit ausschliesslich aus dem Medium abgeleitet. Dabei wird dem Medium eine einheitliche Vorstellung von Schriftlichkeit zugeordnet, die sich aber tatsächlich historisch entwickelt hat und nicht als universal aufgefasst werden kann und deshalb eine Einschränkung der möglichen und historisch auftretenden Arten von Schriftlichkeit darstellt. In der jüngeren Forschungsgeschichte ist bewusst geworden, dass das Medium die Einheitlichkeit der Konzeptionen von Mündlichkeit und Schriftlichkeit nicht erzeugen und gewährleisten kann. Deshalb wird zusätzlich der Faktor der schriftlichen (und mündlichen) Konzeption eingeführt.

Unter der Perspektive des Mediums gilt Schriftlichkeit als bestimmt durch:

(1) Einwegigkeit, deshalb Monologizität

(2) Reduktion der para- und nichtverbalen Kommunikationsmöglichkeiten, deshalb syntaktische und lexikalische sowie textlinguistische Kompensation

(3) Wegfallen des unmittelbaren pragmatischen Kontextes, was weitere verbale Kompensationen nach sich zieht.

In bezug auf alle drei Punkte wird etwa zusammenfassend von den pragmatischen Defiziten der Schriftlichkeit gesprochen. Diese Auffassung findet sich schon bei Behaghel (1968 [1886]). (Zur notwendigen Differenzierung dieser Auffassung vgl. Häcki Buhofer 1985.)

Weil die Rückkoppelungsmöglichkeiten die ausser- und paraverbalen Kommunikationsmöglichkeiten und der Ausser-Rede-Kontext im Falle von geschriebenen Texten fehlen, sollen geschriebene Texte grundsätzlich expliziter, also wortreicher, ausführlicher und damit tendenziell situationsunabhängig oder situationslos sein.

Allerdings können auch nichtmediale, historisch veränderliche Gründe für Explizitheit angeführt werden: So leitet Giesecke (1983) die notwendige Explizitheit von Fachtexten aus den Anforderungen ab, die an ein Kommunikationsmedium in Sozialsystemen mit anonymen, indirekten Rollenbeziehungen gestellt werden. Giesecke, der solche Veränderungen am Beispiel des Rezepts studiert, ist der Auffassung, dass fachsprachliche Texte heute als Folge anonymer indirekter Rollenbeziehungen wesentlich expliziter und kohärenter sind (vgl. Giesecke 1983, 175).

Aus der Perspektive des Mediums werden die Spezifika der schriftlichen Kommunikationssituation als Mängel, als Defizite betrachtet, die durch grössere sprachliche Anstrengungen kompensiert werden müssen, die dafür aber auch die grössere kulturgeschichtliche Leistung darstellen.

Die folgenden Spezifika der Schriftkultur sind als Aspekte historischer Entwicklungen aufzufassen, die mit dem Schriftmedium möglich wurden, sich aber nicht notwendig damit ergeben haben.

Der kulturgeschichtliche Fortschritt besteht in der Ausformulierung bislang deiktischer und ostentativer Akte, die eine Form der Wissensverarbeitung losgelöst von der Erfahrung des fachlich Handelnden ermöglicht. Dazu kommt, dass die Permanenz der Schrift die alte Art der Erfahrungstradition und Gedächtniskunst überflüssig macht und eine Dynamisierung der Akkumulation und Vervielfachung von Wissen bewirkt (vgl. Schlieben-Lange/Kreuzer 1983, 13).

Neben der (textstrukturell erfassbaren) Explizitheit und der Möglichkeit der Externalisierung von Wissen ist aus der Perspektive der individuellen Text- und Wissensproduktion die schriftlich mögliche Auslagerung kognitiver Zwischenresultate von Bedeutung, die für komplexere Gedanken- und Textgebäude genutzt werden können. Weiter gilt auch die Abkehr von der Formelhaftigkeit als mögliche Auswirkung des Mediums auf den Text, weil die Funktion der Formel, nämlich besonders gut memorierbar zu sein, bei der schriftlichen Ausdrucksweise nicht mehr notwendig ist. Schliesslich wird der Wirklichkeit des Geschriebenen bzw. Gedruckten ein stärkerer Realitätsgehalt zugesprochen. Ein schriftliches Zeugnis beweist nach heutiger Auffassung mehr als ein mündliches. Dass diese Merkmale der heutigen Vorstellung von Schriftlichkeit aber zum grössten Teil nicht einfach auf das Medium zurückgeführt werden können, zeigt sich daran, dass sie eine Geschichte haben. So ist z. B. der stärkere Wirklichkeitsgehalt der Schriftlichkeit im Mittelalter noch nicht generell nachweisbar. Eine Studie über den Gebrauch der Schriftlichkeit für praktische administrative Zwecke im England des 11. und 12. Jhs. zeigt, dass Dokumente zu der Zeit nicht ohne weiteres Vertrauen einflössten: Zeugen galten als glaubwürdiger als Texte, weil sie veranlasst werden konnten, ihre Aussagen zu verteidigen (vgl. Ong 1982, 96).

Weil nicht alle schriftlichen Texte und nicht nur schriftliche Texte pragmatische Defizite kompensieren müssen (auch Verträge oder Reden sind relativ situationsunabhängig, und persönliche Briefe sind keineswegs situationsunabhängig, das Telefon ist eine kanaldefiziente, pragmatisch dekontextualisierte Form der Mündlichkeit), sind einheitliche Schriftlichkeitsvorstellungen Konzeptionen, die sich auf ganz bestimmte Produkte der Schreibtätigkeit (bzw. Sprechtätigkeit) beziehen und damit ihren Gegenstandsbereich homogenisieren, so dass die typisierende Gegenüberstellung von geschriebener und gesprochener Sprache erst möglich wird. (Die frühe Mündlichkeitsforschung ist denselben Weg der Homogenisierung gegangen. Die Forschung zur gesprochenen Sprache der 60er und 70er Jahre grenzt nicht aufgezeichnete, nicht vorbedachte, nicht gebundene und „normale", „korrekte" Sprache als „eigentliche" gesprochene Sprache aus; vgl. Steger 1967).

Seit die Schriftlichkeitsforschung (und die Mündlichkeitsforschung) sich umfassender mit ihrem Gegenstandsbereich befassen, wird immer wieder festgestellt, dass der Bereich des Aufgeschriebenen (nicht anders als der des Gesprochenen) offensichtlich mehr Unterscheidungen umfasst und weitere Unterscheidungen notwendig werden, dass das Medium also nicht einen so starken Einfluss haben kann, dass die darauf basierenden Sprachprozesse und -produkte gleichermassen geprägt werden (vgl. u. a. Klein 1985, 14).

Wenn diese Nichteinheitlichkeit eine theoretische Entsprechung erhalten soll, muss mindestens eine zweite Dimension der Beschreibung eingeführt werden, die die Heterogenität des Gegenstandsbereichs strukturiert.

Die Forschung hat seit 1985 immer wieder diese Notwendigkeiten der Differenzierung des Mediums gesehen und angefangen zu unterscheiden zwischen der Realisierung des Mediums und einer Dimension der Konzeption oder Modalität etc., die auch zur Feststellung von Kontinua führt (vgl. für die Romanistik Söll 1985; Koch/Oesterreicher 1985; in der germanistischen Forschung Häcki Buhofer 1985).

Koch/Oesterreicher (1994) unterscheiden das Medium (die Realisierung sprachlicher Äusserungen phonisch oder graphisch) von der Konzeption, die sie paraphrasieren als Duktus, Modalität der Äusserungen sowie verwendete Varietäten: schriftlich konzipiert heisst demnach (wie gehabt): nicht spontan, vorbereitet etc. Problematisch daran ist die Interpretation des Mediums als „blosse" unbedeutende, weil folgenlose Realisierung (vgl. auch terminologisch so bei Söll 1985).

Die rein mediale Umsetzung vom phonischen ins graphische Medium bezeichnen Koch/Oesterreicher (1994) als Verschriftung. Ihr steht die Verschriftlichung gegenüber, die die rein konzeptionellen Verschiebungen in Richtung Schriftlichkeit meint (ebd., 587).

Die konzeptionelle Schriftlichkeit wird auf die Kommunikationssituationen zurückgeführt. Dazu gehören auch Parameter der raumzeitlichen Nähe oder Distanz der Kommunikationspartner. Dem Schriftlichkeitspol entsprechen die Parameterwerte 'raumzeitliche Distanz', 'öffentlich', 'fremde Partner', 'emotionslos', 'situations- und handlungsentbunden', 'wenig Referenz auf origo', 'keine Kooperationsmöglichkeit seitens des Rezipienten', 'monologisch', 'reflektiert-geplant', 'fixes Thema' usw. „Ausgehend von 'raumzeitlicher Nähe/Distanz' lässt sich metaphorisch auch von 'sozialer', 'emotionaler', 'referentieller' Nähe und Distanz sprechen", „die keinerlei mediale Assoziationen mehr" wekken (ebd., 588). Damit wird der theoretische Stellenwert des Mediums durch denjenigen der Konzeption ersetzt anstatt um diese Dimension erweitert. Damit wird die Chance auf eine Neubestimmung des Konzepts der Schriftlichkeit weitgehend vergeben, indem die Homogenität der Schriftlichkeit unter den alten Kriterien erhalten bleibt. Die Charakterisierung der Schriftlichkeit wird nicht – wie es notwendig wäre – differenziert, sondern nur auf den Faktor der Konzeption statt denjenigen des Mediums zurückgeführt. Die Typisierung der geschriebenen Sprache hält fest an der geschriebenen Sprache der Distanz (vgl. auch Betten 1995).

Währenddem die Trennung der Aspekte Medium und Konzeption zu begrüssen ist, entspricht die Fassung des konzeptionellen Schriftlichkeitspols der alten Kombination von Merkmalen, die auch unter der Perspektive des Mediums miteinander verbunden worden sind, und leistet daher keinen Beitrag zur Erfassung der Vielfältigkeit des Schriftlichen und Mündlichen.

Das Medium bzw. seine Wirkung ist also – entsprechend dem heutigen Forschungsstand – nicht mehr die Konstante in der Vielzahl der theoretischen Ansätze.

Das gilt nicht nur für die Schriftlichkeit, sondern auch für die Mündlichkeit: Die verborgene Konstante der Mündlichkeit ist nach Quasthoff (1996), die sich damit auf Scollon/ Scollon (1995) bezieht, der körperliche Charakter von Mündlichkeit als konstantes Element in der ansonsten kaum übersehbaren Heterogenität des Forschungsfeldes. Auch aus der Perspektive der Forschung zur gesprochenen Sprache hat sich nämlich die polarisierende Sicht, die die Charakteristika der Mündlichkeit in phonozentrisch verengter Perspektive nur auf das Medium zurückführt, zuweilen als irritierend erwiesen. Um die Phonozentrik und Logozentrik des Konzepts von Mündlichkeit zu überwinden, schlagen Scollon/Scollon (1995) vor, *Orality* durch *Somatic Communication* (körperbasierte Kommunikation) zu ersetzen. Auf diese Weise wird Schriftlichkeit als nicht körpergebundene Kommunikation bestimmt. Zur Körperbindung gehört auch der Umgang mit Emotionen.

In schriftlicher Kommunikation könnten die Textproduzenten sich – nach Quasthoff – weitgehend frei entschliessen, bis zu welchem Grad sie die Emotionen, die sie beim Schreiben haben, kommunizieren, indem sie sie etwa in Worte fassen (vgl. Quasthoff 1996, 18). Als Ausnahme nennt Quasthoff hier die körpergebundenste Art schriftlicher Äusserung, nämlich die Handschrift. Der freien Entscheidung steht allerdings die Beobachtung gegenüber, dass starke vor allem negative Emotionen leichter schriftlich als mündlich geäussert werden und werden können. Wer sicher sein will, dass er seine negativen Emotionen in einer gewissen Ausführlichkeit los werden kann und nicht vorzeitig unterbrochen werden möchte, formuliert sie schriftlich (vgl. Häcki Buhofer 1994).

Soweit geschäftliche Schriftlichkeit heute wirklich emotionslos daherkommt, steht auch dahinter eine geschichtliche Entwicklung und keine Auswirkung des Mediums oder der Konzeption: Es hat historische Phasen der affektvollen Geschäftskorrespondenz gegeben (vgl. Häcki Buhofer 1994, 621 f).

Gegenüber der polaren Vorstellung von schriftlicher und mündlicher Konzeption sind die verschiedenen geschichtlichen und aktuellen Gebrauchsweisen von Schriftlichkeit in Erinnerung zu rufen, die sich mündlicher Strategien bedienen. Darunter fallen hoch- und spätmittelalterliche Erzähltexte, die mündliche Elemente enthalten. Betten (1995, 263) bringt sie mit der Hörrezeption in Verbindung und erklärt sie damit, dass mit Sprachmitteln der Nähe gearbeitet werde, weil „die Rezeptionsbedingungen dieser schriftlich konzipierten Literatur ja weitgehend die der mündlichen Kommunikation" seien.

Als mündliche Techniken in der Schriftlichkeit (allerdings fälschlicherweise als „Wiederaufleben" angesichts der durchgehenden Tradition verschiedenartiger schriftlicher Texte mit mündlichkeitsnahen Merkmalen) werden auch die Fax- und E-Mail-Übermittlungen interpretiert (vgl. Schlieben-Lange/Kreuzer 1983; Günther/Wyss 1996).

Zusammenfassend ist also festzuhalten, dass die Effekte des Mediums in einer forschungsgeschichtlich früheren Phase zur Erklärung eines grossen bis sehr grossen Teils der Merkmale der Schriftlichkeit herangezogen wurden, was natürlich einfacher zu bewerkstelligen war, wenn die Konzeption der Schriftlichkeit homogen gedacht wurde. In einer zweiten Forschungsphase wurden die Auswirkungen des Mediums eher zurückgenommen zugunsten der Konzeption bzw. des Duktus von Schriftlichkeit, die bzw. der als Faktor neben das Medium gestellt und diesem gegenüber stärker gewichtet wird, im übrigen aber die Schriftlichkeit ebenso homogen erscheinen lässt wie vormals das Medium. Bei angemessener Berücksichtigung von Gegebenheiten, die nicht diesen vereinfachten Bildern entsprechen, zeigt sich, dass wesentliche Effekte des fälschlicherweise ahistorisch unveränderlich gedachten Mediums tatsächlich mit der historischen Nutzung des Mediums zusammenhängen: So prägt u. a. die mittelalterliche Literaturrezeption (des Vorlesens) – und nicht nur das Medium der Schrift an sich – die Schriftlichkeit der dafür bestimmten Texte, ebenso wie der informelle Gebrauch, den man von Fax und E-Mail machen kann, die entsprechenden Texte in ihrer strukturellen Charakteristik beeinflusst.

5. Literatur (in Auswahl)

Baurmann, Jürgen/Weingarten, Rüdiger (eds.) (1995): Schreiben: Prozesse, Prozeduren und Produkte. Opladen.

Behaghel, Otto (1968): Die Deutsche Sprache. 14. Aufl. Halle. (Erstausgabe 1886).

Betten, Anne (1995): Stilphänomene der Mündlichkeit und Schriftlichkeit im Wandel. In: Stickel, Gerhard (ed.): Stilfragen. Berlin, 257–279.

Biere, Bernd Ulrich/Hoberg, Rudolf (eds.) (1996): Mündlichkeit und Schriftlichkeit im Fernsehen. Tübingen.

Bischof, Norbert (1987): Zur Stammesgeschichte der menschlichen Kognition. In: Schweizerische Zeitschrift für Psychologie 46, 77–90.

Burger, Harald (1990): Sprache der Massenmedien. 2. Aufl. Berlin.

Bussmann, Hadumod (1983): Lexikon der Sprachwissenschaft. Stuttgart.

Coulmas, Florian (1981): Über Schrift. Frankfurt a. M.

– (1992): Die Wirtschaft mit der Sprache. Eine sprachsoziologische Studie. Frankfurt a. M.

Duden (1994): Das grosse Wörterbuch der deutschen Sprache. Mannheim.

Giese, Heinz W. (1993): Von der sichtbaren Sprache zur unsichtbaren Schrift. Auswirkungen moderner Sprach-Schrift-Verarbeitungstechnologien auf den alltäglichen Schreibprozess. In: Baurmann, Jürgen/Günther, Hartmut/Knoop, Ulrich (eds.): homo scribens. Perspektiven der Schriftlichkeitsforschung. Tübingen, 113–139.

Giesecke, Michael (1983): Überlegungen zur sozialen Funktion und zur Struktur handschriftlicher Rezepte im Mittelalter. In: Zeitschrift für Literaturwissenschaft und Linguistik 51/52, 167–184.

– (1992): Sinnenwandel, Sprachwandel, Kulturwandel. Studien zur Vorgeschichte der Informationsgesellschaft. Frankfurt a. M.

Goody, Jack (1981): Einleitung. In: Goody, Jack (ed.): Literalität in traditionellen Gesellschaften. Frankfurt a. M., 7–43.

Günther, Ulla/Wyss, Eva Lia (1996): E-mail-Briefe – eine neue Textsorte zwischen Mündlichkeit und Schriftlichkeit. In: Hess-Lüttich, Ernest W. B./Holly, Werner/Püschel, Ulrich (eds.): Textstrukturen im Medienwandel. Frankfurt a. M., 61–86.

Häcki Buhofer, Annelies (1985): Schriftlichkeit im Alltag. Theoretische und empirische Aspekte – am Beispiel eines Schweizer Industriebetriebs. Bern.

– (1993): Sachlichkeit, Zwänge und Emotionen als Charakteristika der schriftlichen Kommunikation im Versandhandel. In: Darski, Józef/Vetulani, Zygmunt (eds.): Sprache–Kommunikation–Informatik. Akten des 26. Linguistischen Kolloquiums Poznań 1991. Bd. 1. Tübingen, 63–72.

– (1994): Schriftlichkeit im Handel. In: Günther, Hartmut/Ludwig, Otto (eds.): Schrift und Schriftlichkeit. Berlin, 1. Hb., 619–628.

Havelock, Eric (1982): The Literate Revolution in Greece and Its Cultural Consequences. Princeton/New Jersey.

Herder, Johann Gottfried (1989): Abhandlung über den Ursprung der Sprache. Stuttgart. (Erstausgabe 1772).

Klein, Wolfgang (1985): Gesprochene Sprache – geschriebene Sprache. In: Zeitschrift für Literaturwissenschaft und Linguistik 59, 9–35.

Klostermann, Vittorio (1997): Wissenschaft im Netz? Warum Vernetzung kein Ersatz ist für Publikation. In: Neue Zürcher Zeitung 35, 41.

Koch, Peter/Oesterreicher, Wulf (1985): Sprache der Nähe – Sprache der Distanz. Mündlichkeit und Schriftlichkeit im Spannungsfeld von Sprachtheorie und Sprachgeschichte. In: Romanisches Jahrbuch 36, 15–43.

– (1994): Schriftlichkeit und Sprache. In: Günther, Hartmut/Ludwig, Otto (eds.): Schrift und Schriftlichkeit. 1. Hb. Berlin, 587–604.

Lewandowski, Theodor (1976): Linguistisches Wörterbuch. 2. Aufl. Heidelberg.

Lexikon der Germanistischen Linguistik (1980). Ed. von Althaus, Hans Peter/Henne, Helmut/Wiegand, Herbert Ernst. 2. Aufl. Tübingen.

Lyons, John (1971): Einführung in die moderne Linguistik. München.

McLuhan, Herbert Marshall (1968): Die Gutenberg-Galaxis. Das Ende des Buchzeitalters. Düsseldorf.

Metzler – Lexikon Sprache (1993). Ed. von Glück, Helmut. Stuttgart.

Ong, Walter (1982): Orality and Literacy. The Technologizing of the Word. London.

Quasthoff, Uta (1996): Mündliche Kommunikation als körperliche Kommunikation. In: Biere, Bernd Ulrich/Hoberg, Rudolf (eds.) (1996), 9–28.

Sandig, Barbara (1986): Stilistik der deutschen Sprache. Berlin.

Schlieben-Lange, Brigitte/Kreuzer, Helmut (1983): Probleme und Perspektiven der Fachsprachen- und Fachliteraturforschung. Zur Einleitung. In: Zeitschrift für Literaturwissenschaft und Linguistik 51/52, 7–26.

Schmitz, Ulrich (ed.) (1995): Neue Medien. Oldenburg.

Schneider, Wolf (1987). Deutsch für Kenner. Die neue Stilkunde. München.

Scollon, Ron/Scollon, Suzanne (1995): Somatic Communication: How Useful is 'Orality' for the Characterization of Speech Events and Cultures? In: Quasthoff, Uta (ed.): Aspects of Oral Communication. Berlin, 19–29.

Shannon, Claude E./Weaver, Warren (1949): The mathematical theory of communication. Urbana.

Söll, Ludwig (1985): Gesprochenes und geschriebenes Französisch. 3. Aufl. Berlin.

Steger, Hugo (1967): Gesprochene Sprache. Zu ihrer Typik und Terminologie. In: Moser, Hugo (ed.): Satz und Wort im heutigen Deutsch. Düsseldorf, 259–291.

Annelies Häcki Buhofer, Basel (Schweiz)

28. Kognitive Voraussetzungen: Wissenssysteme–Wissensstrukturen–Gedächtnis

1. Einleitung
2. Wissenssysteme
3. Wissensstrukturen
4. Gedächtnis
5. Perspektiven
6. Literatur (in Auswahl)

1. Einleitung

Texte und Gespräche sind das Resultat kognitiver Prozesse der sie produzierenden und rezipierenden Menschen. Diese Behauptung ist in weiten Kreisen der Linguistik unumstritten und führt zu einer Arbeitsteilung kognitiv und kommunikativ orientierter Forschung, bei der die eine Seite die individuelle Produkterstellung und -verwendung, die andere Seite das Produkt selbst untersucht. Diese auf den ersten Blick plausible disziplinäre Revierabgrenzung mag auf viele menschliche Tätigkeiten und deren Produkte zutreffen. Bei der Sprache ist die Sachlage jedoch komplizierter. Hier lässt sich das Produkt nicht so ohne weiteres vom Produktionsprozess getrennt untersuchen. Vielmehr sind die Produkte der sprachlichen Tätigkeit, wie zum Beispiel Texte und Gespräche, nicht bloß Einheiten auf der kommunikativen Ebene, sondern konstituieren diese mit Hilfe ihrer kognitiven Eigenschaften. Die scheinbar isolierten Produkte kognitiver Prozesse sind selbst wieder kognitive Prozesse und können von dieser Qualität nicht losgelöst betrachtet werden. Diese Tatsache kognitiver Verankerung von Text und Gespräch können auch Tonbänder und Videokassetten nicht beseitigen, deren Aufnahmen ja selbst wiederum nur über kognitive Prozesse ausgewertet werden können.

Die Textlinguistik muss deshalb die kognitive Forschung nicht nur als Akzidenz, sondern als Essenz ihrer Unternehmung akzeptieren, will sie nicht Gefahr laufen, in einem ontologisch unbefestigten Gelände schlecht fundierte Theoriegebäude zu errichten (Strohner 1990; Rickheit/Strohner 1993). Die Relation zwischen Kognition und Text ist nicht nur die Beziehung zwischen Prozess und Produkt, sondern auch eine solche zwischen verschiedenen Teilprozessen in einer kognitiven und kommunikativen Gesamtheit. Dies bedeutet nicht, dass Texte auf kognitive Prozesse reduziert werden dürfen. Texte besitzen eigenständige Realitäten sowohl auf der kognitiven als auch auf der kommunikativen Ebene (siehe Gülich im 2. Halbband). Es kommt jedoch darauf an, die gegenseitigen Abhängigkeiten zwischen diesen Ebenen theoretisch und empirisch exakt zu analysieren. Der damit verbundene Forschungsbedarf ist erst in Ansätzen erkannt und bearbeitet (Schwarz 1992; Rickheit/Strohner 1993; Habel/Kanngießer/Rickheit 1996; Sucharowski 1996).

Im nun folgenden Überblick wird zunächst der für die kognitive Forschung zentrale Begriff des Wissenssystems eingeführt; anschließend werden seine einzelnen Wissensstrukturen sowie die damit verbundenen Gedächtnisprozesse ausführlicher behandelt.

2. Wissenssysteme

Um die kognitiven Grundlagen der Sprache behandeln zu können, müssen die Subjekte der Kognition analysiert werden. Diese Subjekte sind die kognitiven Systeme oder Wissenssysteme. Der Wissensbegriff seinerseits setzt den Informationsbegriff voraus. Deshalb soll zunächst dieser Begriff expliziert werden.

Der Begriff der *Information* ist zweifellos eines der wichtigsten Konzepte nicht nur in der Kognitionswissenschaft, sondern auch in der Öffentlichkeit, wird durch ihn doch eine Charakterisierung der heutigen und mehr noch der zukünftigen Gesellschaft ermöglicht (Scheidgen/Strittmatter/Tack 1990). Ein Vorschlag dazu, was als Information zu verstehen sei, wurde von Shannon/Weaver (1949) im Rahmen ihrer Analyse der technischen Nachrichtenübermittlung entwickelt. Demzufolge ist Information die Unwahrscheinlichkeit eines Ereignisses und wird in bit gemessen. Die Maßeinheit *bit*, mit der die Speicherkapazität von Computern angegeben wird, bezieht sich auf den negativen dualen Logarithmus der Wahrscheinlichkeit eines Ereignisses. So besitzt zum Beispiel der duale Logarithmus eines Ereignisses mit der Wahrscheinlichkeit ⅛ den Wert -3, und die Information dieses Ereignisses ist infolgedessen 3 bit.

So wichtig dieser *probabilistische Informationsbegriff* für die Informationstechnologie ist, so beschränkt ist er in seiner Anwendung auf die menschliche Kognition. Obwohl beispielsweise beim Würfelspiel jede gewürfelte Zahl die gleiche Menge von bit besitzt, eröffnen doch die einzelnen Zahlen ganz unterschiedliche Spielmöglichkeiten. Was dem probabilistischen Informationsbegriff fehlt, ist der Hinweischarakter der für Lebewesen bedeutsamen Information (Küppers 1986). Ein solcher *semantischer* Informationsbegriff wurde – neben anderen – von dem Philosophen Fred Dretske (1981) vorgeschlagen. Demzufolge ist Information diejenige Eigenschaft eines Objekts, die auf ein anderes Objekt verweist. So trägt die Spur im Schnee Information über den Hasen, der vorbeigehoppelt ist, und das Klingeln des Telefons informiert uns darüber, dass jemand mit uns sprechen möchte. Informationstragende Objekte werden gewöhnlich *Zeichen* genannt; entsprechend ihrer Entstehung werden natürliche und künstliche Zeichen unterschieden (von Eckardt 1993).

Das für die Informationsverarbeitung zuständige Zentralnervensystem des Menschen ist ein äußerst komplexes Organ, das speziell dafür eingerichtet ist, Information über die Umwelt und sich selbst zu verarbeiten. Dies ist die Voraussetzung dafür, die Welt verstehen und sinnvoll in ihr handeln zu können. Solche Systeme werden häufig als *kognitive Systeme* bezeichnet (Strohner 1995). Es ist offensichtlich, dass diejenige Information in kognitiven Systemen besonders wichtig ist, die auf Objekte und Ereignisse unserer Welt verweist und uns deshalb als Handlungsorientierung dienen kann. Ein solcher Typ kognitiver Information ist das *Wissen* (Dretske 1981; Gilbert 1991). Dementsprechend können solche kognitiven Systeme, die zur Erzeugung von Wissen fähig sind, als *Wissenssysteme* bezeichnet werden. In den folgenden Abschnitten werden die Wissenssysteme in ihren wesentlichen Dimensionen genauer beschrieben. Hierzu gehören vor allem die Dimensionen ihres Aufbaus, ihrer Dynamik und ihrer Entstehung.

2.1. Der Aufbau von Wissenssystemen

Obwohl alle Teildisziplinen der *Kognitionswissenschaft* sich mit der Erforschung von Wissenssystemen beschäftigen, ist ihr funktionaler Aufbau bei weitem noch nicht geklärt. Je nach den oft ungeklärten Vorannahmen, die in einer bestimmten Forschungsrichtung vorherrschen, werden Wissenssysteme in unterschiedlicher Weise konzeptualisiert (→ Art. 10). Wie bei der Erforschung vieler anderer schwer fassbarer Gegenstände werden auch hier auf der Grundlage bereits besser bekannter Objekte *Analogien* und *Metaphern* gebildet, die das Begreifen des Neuen erleichtern sollen (Gentner/Grudin 1985). Drei der bei der Analyse kognitiver Systeme besonders stark diskutierten Metaphern sind die Computermetapher, die Gehirnmetapher und in jüngerer Zeit auch die Ökosystemmetapher.

2.1.1. Computermetapher

Die Computermetapher geht von der Annahme aus, dass kognitive Systeme ähnlich funktionieren wie Computer (Pylyshyn 1984; Newell 1990; Thorpe/Turner 1993). Damit steht diese Metapher in einer Tradition, bei der die jeweils neueste technische Erfahrung zur Erklärung der menschlichen Kognition herhalten musste. Uhrwerke und Dampfmaschinen gehören hier zu den bekanntesten Beispielen.

Gewöhnlich bezieht sich die Computermetapher auf die klassische Architektur digitaler Rechenautomaten, die sogenannte Von-Neumann-Architektur, die nach dem amerikanischen Mathematiker John von Neumann benannt ist. Diese Architektur umfasst zwei wichtige innere Teile des Computers. Der eine Teil ist ein zentrales Steuerwerk (*Central Processing Unit*, *CPU*), der die einzelnen Befehle der Programmiersprache in einzeln ausführbare Operationen zerlegt und sequentiell ausführt. Der andere Teil ist der Arbeitsspeicher, in dem Daten und Befehle gesichert und nach Bedarf vom zentralen Steuerwerk abgerufen werden. Daten sind Ziffern, Buchstaben und sonstige symbolische Zeichen (siehe Abb. 28.1).

Die Vorteile der Computermetapher sind die damit verbundene Überschaubarkeit und Klarheit der Konzeptualisierung kognitiver Systeme sowie die Möglichkeit der Formalisierung der kognitiven Prozesse. Ihre Nachteile sind jedoch so groß, dass sich zumindest verbal die meisten Forscherinnen und Forscher von ihr verabschiedet haben. Die Hinweise darauf, dass die Kognition von Lebewesen ganz anders funktioniert als ein Von-Neumann-Computer, können nicht mehr übergangen werden (Oaksford/Chater 1991; Clancey 1993). Weder reagieren Lebewesen nur auf Symbole, noch ist ihre Kognition von einer zentralen Instanz gesteuert, noch läuft sie sequentiell durch Abarbeitung von Regeln ab. Vielmehr ist es so, dass Lebewesen Symbole erst auf der Basis nichtsymbolischer Information entwickeln und dass sie diese nahezu über das ganze Zentralnervensystem verteilt zeitlich partiell verarbeiten. Diese gravierenden Unterschiede zwischen Computer und Lebewesen ließen es in den letzten Jahren als immer notwendiger erscheinen, adäquatere Metaphern der Kognition heranzuziehen.

2.1.2. Gehirnmetapher

Die Gehirnmetapher der Kognition folgt der Einsicht, dass die Kognition von Lebewesen im Wesentlichen ein Produkt des Gehirns ist. Dementsprechend müsste mehr Wissen über das Gehirn auch mehr Wissen über die Kognition erbringen. Diese Überlegung hat mit dazu beigetragen, das letzte Jahrzehnt dieses

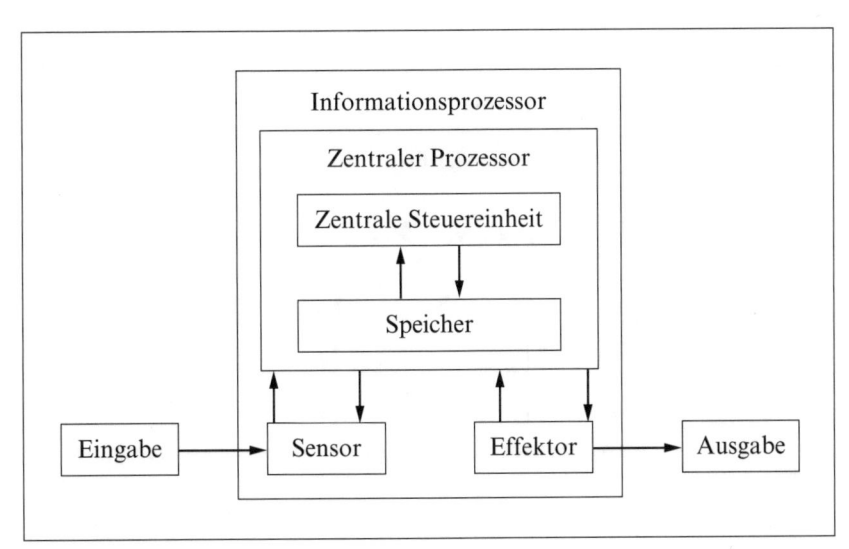

Abb. 28.1: Computermetapher der Wissenssysteme

Jahrtausends als die „Dekade des Gehirns" auszurufen. Mit neuen Methoden der Untersuchung des lebenden Gehirns ausgestattet, machten sich überall auf der Welt Forscherinnen und Forscher daran, die Geheimnisse der neuronalen Prozesse von Wahrnehmung, Gedächtnis und Handlung aufzudecken, und haben dabei äußerst interessante Befunde zusammengetragen (Pöppel 1993).

Die Forschungen zeigten immer deutlicher, dass das Zentralnervensystem des Menschen mit seinen Milliarden von Neuronen als ein äußerst eng geknüpftes Netzwerk gesehen werden kann. In diesem neuronalen Netz gibt es zwar gewisse Zentren für bestimmte kognitive Funktionen, aber je komplexer diese Funktionen werden, desto mehr wächst auch die Zahl ihrer Verbindungen zu den Nachbarregionen. Die Rede von einem *modularen Aufbau* der Kognition ist dann zu vage für eine Verwendung in der konkreten Forschungstätigkeit, wenn nicht die autonomen *und* die interaktiven Anteile der Module spezifiziert werden, denn ein modularer Aufbau schließt weder eine hochgradig interaktive noch eine autonome Wirkungsweise aus (Schmidt 1993; Zilles 1994).

Die Modellierung der neuronalen Netzwerke wurde von den verschiedenen Ansätzen des *Konnektionismus* übernommen, die sich seit dem Beginn der achtziger Jahre inzwischen zu einem Kerngebiet der Kognitionswissenschaft entwickelt haben (Feldman/Ballard 1982; Rumelhart/McClelland 1986). Bei aller Verschiedenheit der einzelnen Modelle stimmen sie darüber überein, dass die Kognition auf Aktivierungsausbreitung im neuronalen Netz beruht. Die Aktivierung ereignet sich zeitlich parallel bei sehr vielen Einheiten und kann sowohl Erregungs- als auch Hemmungsprozesse umfassen. Die Aktivierung der einzelnen Einheiten wird mit Aktivierungsfunktionen berechnet, die sowohl den jeweiligen Zustand der Einheit als auch ihren Input berücksichtigen. Dieser Input wird über Verbindungen geführt, die in ihrer Leitfähigkeit variabel sind. Diese Variabilität ermöglicht es, die die Informationsverarbeitung begleitenden Lernprozesse in eleganter Weise zu modellieren. Wenn man bedenkt, in welcher Weise die menschliche Kognition von Lernprozessen abhängig ist, dann wird offenkundig, dass mit dem Konnektionismus ein leistungsfähiges Modellierungsinstrument vorliegt (siehe Abb. 28.2).

So einleuchtend die Argumente, die auf der Basis der Gehirnmetapher vorgetragen werden, auch sind, so können sie doch bei umfassender Analyse der menschlichen Kognition nicht darüber hinwegtäuschen, dass sie nur einen Teil davon abdecken. Was durch die Gehirnmetapher nicht erfasst wird, ist der Bereich der Kognition außerhalb des Gehirns (Clark/Lutz 1992; Beer 1995). Die Informationen, die im Gehirn verarbeitet werden, stammen zu einem großen Teil aus dessen Umwelt, das heißt aus Bereichen, die mit dem Gehirn in einem funktionalen Zusammenhang stehen. Eine umfassende Konzeption der Kognition muss deshalb nicht nur

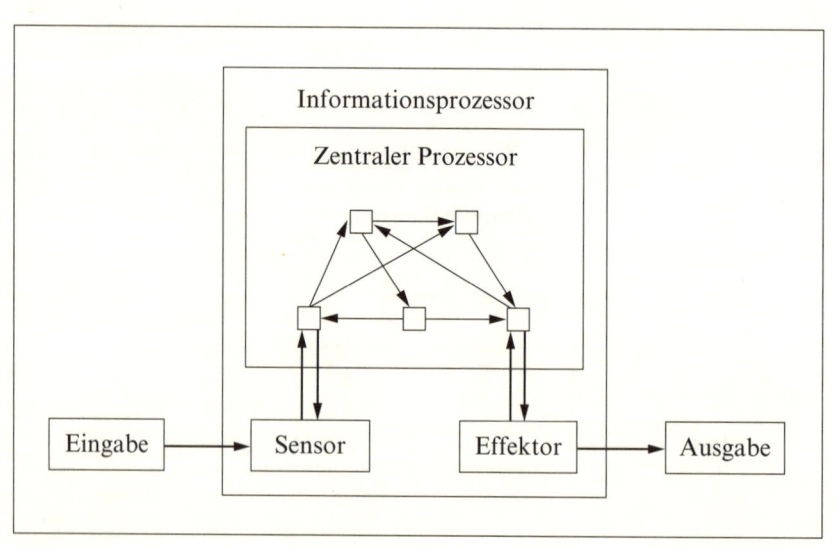

Abb. 28.2: Gehirnmetapher der Wissenssysteme

das Gehirn, sondern auch dessen Umwelt berücksichtigen.

2.1.3. Ökosystemmetapher

Die Ökosystemmetapher geht von der Annahme aus, dass bei der Untersuchung der Kognition die Interaktion zwischen Lebewesen und Umwelt im Vordergrund stehen sollte. Aus diesem Grund greift sie auf das Konzept des Ökosystems der Biologie zurück, das gerade diese Interaktion analysiert. Im Unterschied zu vielen Ökosystemuntersuchungen in der Biologie wird in der kognitiven Ökosystemmetapher allerdings der Informationsaustausch zwischen Lebewesen und Umwelt fokussiert (Bem/Keijzer 1996). Das bedeutet nicht, dass die in der Biologie diskutierten Aspekte von Stoffwechsel und Energiehaushalt dabei übertragen werden (siehe Abb. 28.3).

Die kognitive Umwelt kann, entsprechend der Umwelt inner- und außerhalb des Ökosystems, in einen inneren und einen äußeren Bereich eingeteilt werden:

– Die innere Umwelt umfasst die zur Zeit im Zentrum der Aufmerksamkeit stehenden Objekte der Informationsverarbeitung. Diese Objekte bilden mit dem Lebewesen zusammen ein kognitives Ökosystem, dessen Grenzen fließend sind und jederzeit verschoben werden können. Im Fall der Sprachverarbeitung ist die innere Umwelt der Text, der gerade produktiv oder rezeptiv verarbeitet wird.

– Die äußere Umwelt umfasst alle weiteren Objekte, die in sensorischer oder motorischer Hinsicht in funktionaler Verbindung mit dem Lebewesen stehen und dadurch die Kognition beeinflussen. Meist wird dieser umfassende Teil der Umwelt als Situation bezeichnet. Bei der Sprachverarbeitung gehören hierzu nicht zuletzt die Kommunikationspartner.

Die Ökosystemmetapher ist eine wichtige Erweiterung der Gehirnmetapher um die Umwelt des Gehirns. Erst auf dieser Basis ist es möglich, die Situiertheit der Kognition aufzuzeigen und durch Situationsveränderung Lernprozesse zu induzieren. Damit ist es möglich, theoretische Überlegungen zur Kognition mit Bemühungen um ihre Veränderungen zu verknüpfen, die in den meisten Fällen über die Umwelt hervorgerufen werden. Diese Verbindbarkeit von Theorie und Praxis ist ein nicht zu unterschätzender Vorzug der Ökosystemmetapher (Neisser 1994; Lemke 1995).

Auf der Basis der Ökosystemmetapher kann auch eine Analyse der Wissensstrukturen vorgenommen werden, die nicht strukturalistisch verkürzt, sondern die funktionalen Relationen des Wissens mit einbezieht (siehe Abschnitt 3.).

2.2. Die Dynamik von Wissenssystemen

Wissenssysteme sind nicht statisch, sondern zu großen Teilen hochgradig dynamisch. Die Dynamik von Wissenssystemen umfasst de-

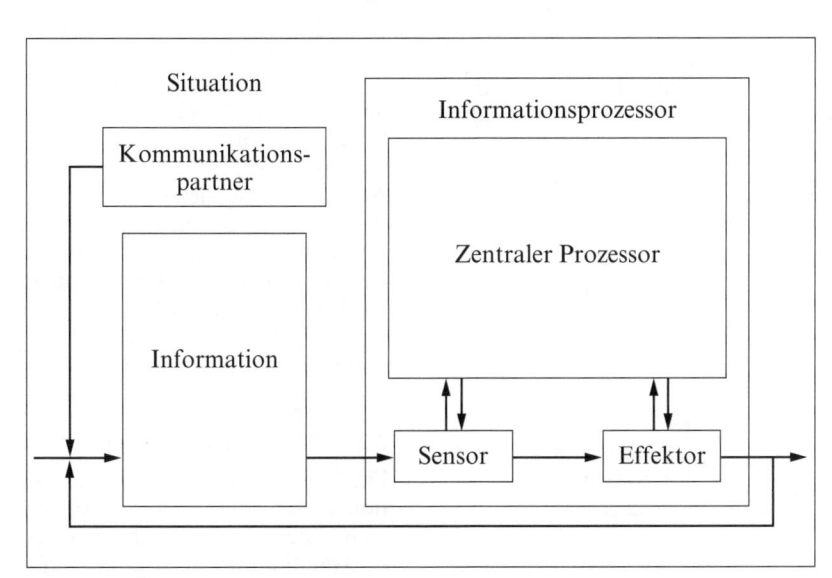

Abb. 28.3: Ökosystemmetapher der Wissenssysteme

ren Veränderungen in der Zeit. Noch mehr als die im letzten Abschnitt diskutierte Situiertheit der Sprachverarbeitung ist es deren Dynamik, die in vielen textlinguistischen Untersuchungen häufig zu kurz kommt. Die kognitive Forschung hat gezeigt, dass selbst in kurzen Texten die einzelnen Wörter, Phrasen und Sätze unterschiedlich stark aktiviert sind und auf sie unterschiedlich schnell zugegriffen werden kann (Gernsbacher 1990). Dennoch werden in vielen textlinguistischen Studien Aussagen über Textpassagen und Textstrukturen gemacht. Zu fragen ist, welche kognitive oder kommunikative Realität solche Aussagen außer der introspektiven Selbsttäuschung der Untersucherin oder des Untersuchers besitzen. Die Textlinguistik ist bei mangelnder Berücksichtigung der internen Dynamik von Texten in der Gefahr, Artefakte ihres Gegenstandes zu konstruieren, um diese dann oft genauso kunstvollen wie nutzlosen Analysen zu unterziehen.

Die Umsetzung der kognitiven Textdynamik geschieht durch das Arbeitsgedächtnis, auf das in Abschnitt 4.1. eingegangen wird. Kognitive Analysen sind sich zwar des hohen Stellenwerts der Textdynamik bewusst, dennoch gibt es nach wie vor große Unsicherheiten über deren Konzeptualisierung. Wie im Bereich des Aufbaus von Wissenssystemen gibt es auch hinsichtlich der dynamischen Dimension Auseinandersetzungen über die heuristisch fruchtbarste Rahmenkonzeption. Wichtige, in Konkurrenz zueinander stehende Metaphern sind die Steuerungsmetapher, die Regelungsmetapher und die Handlungsmetapher.

2.2.1. Steuerungsmetapher

Die Steuerungsmetapher beschreibt die Wissensverarbeitung vor dem Hintergrund der Computermetapher als eine Sequenz konditionaler Wenn-dann-Einheiten: Wenn die Bedingung A vorliegt, dann tritt die Folge B auf (siehe Abb. 28.4).

Ein Beispiel für eine solche Analyse ist die Annahme, dass bei der Sprachproduktion zunächst eine konzeptuelle und dann eine phonologische Analyse vorgenommen wird. Besonders beliebt ist die Steuerungsmetapher in weiten Teilen der Künstlichen-Intelligenz-Forschung, wo die Dynamik kognitiver Prozesse mit Hilfe sogenannter Produktionssysteme, die auf Wenn-dann-Dependenzen beruhen, analysiert wurde (Newell 1980; Opwis/Spada 1994).

Der große Vorteil der Steuerungsmetapher besteht darin, auf ihrer Basis einfache Hypothesen über die Dynamik der Sprachverarbeitung machen zu können, die sich vortrefflich für die experimentelle Überprüfung eignen. Ihr Nachteil ist, dass diese Hypothesen in den meisten Fällen zu einfach sind, um die kognitive und kommunikative Komplexität der menschlichen Sprachverarbeitung voll abbilden zu können (Graesser 1993).

2.2.2. Regelungsmetapher

So wie die Steuerungsmetapher sich auf den dynamischen Aspekt der Computermetapher bezieht, deckt die Regelungsmetapher den dynamischen Aspekt der Gehirnmetapher ab. Neuronale Netzwerke sind in mannigfaltiger Weise mit rekursiven Verbindungen ausgestattet, so dass lokale und globale Regelkreise entstehen (siehe Abb. 28.5). Mit Hilfe der Regelungsdynamik ergeben sich vielfältige Möglichkeiten, die menschliche Sprachverarbeitung zu modellieren (McClelland 1993).

Trotz der großen Möglichkeiten von Regelungsmodellen ist zu befürchten, dass von ihnen nicht alle Aspekte der Dynamik menschlicher Kognition erfasst werden können (Kurthen 1992). Wie sollen solche zentralen Aspekte menschlicher Kognition wie Intentionalität, Selbstreferenz und nicht zuletzt Bewusstsein in die Analyse miteinbezogen werden? Es könnte sich herausstellen, dass hierfür die klassischen Regelungsmodelle nicht ausreichen und Zuflucht bei einer noch umfassenderen Metapher genommen werden muss.

2.2.3. Handlungsmetapher

Die komplexeste und bis jetzt in der Kognitionswissenschaft wenig in Anspruch genommene Metapher menschlicher Kognition ist die Handlungsmetapher. Sie geht von der Annahme aus, dass ein Großteil der menschli-

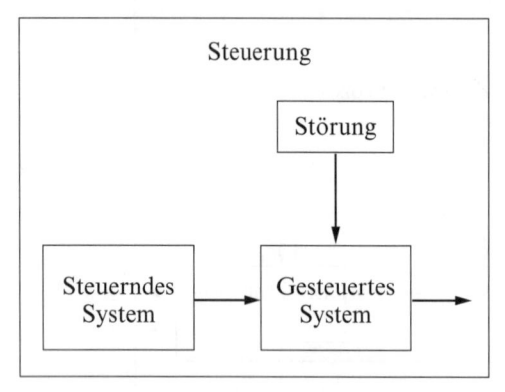

Abb. 28.4: Steuerungsmetapher der Wissensverarbeitung

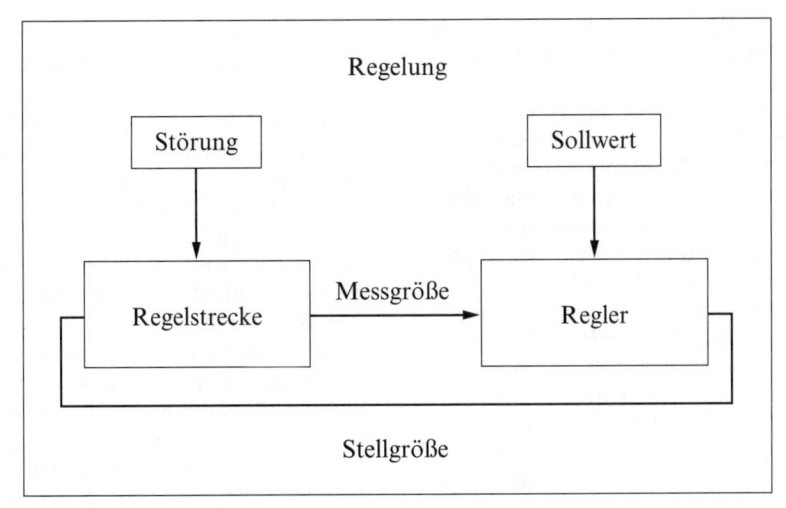

Abb. 28.5: Regelungsmetapher der Wissensverarbeitung

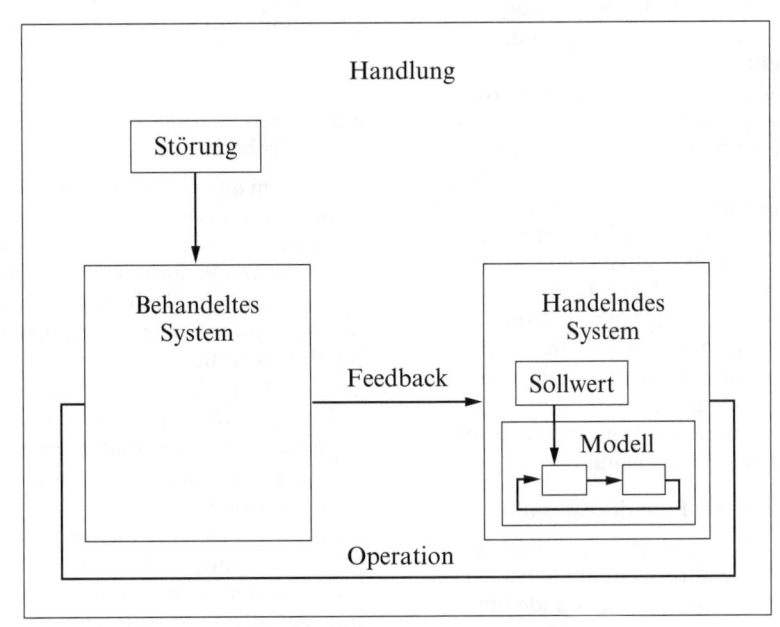

Abb. 28.6: Handlungsmetapher der Wissensverarbeitung

chen Kognitionsprozesse wie motorische Handlungen zielorientiert abläuft. Nach dieser Überzeugung entstehen komplexe Kognitionen im Wesentlichen durch Internalisierung externen Verhaltens. Da dieses Verhalten beim Menschen in der Regel von Zielen bestimmt wird, trifft dies auch auf die davon abgeleiteten kognitiven Prozesse zu (siehe Abb. 28.6).

Um mit Handlungen externe Ziele erreichen zu können, ist es hilfreich, die hierfür nötigen Operationen vorher schon einmal mental durchzuspielen und erst dann in die Tat umzusetzen. Bei diesem inneren Probehandeln ist Wissen über die Relation zwischen dem handelnden Subjekt und dem behandelten Objekt und damit nicht nur über fremdreferentielle, sondern auch selbstreferentielle Beziehungen zu aktivieren. Besonders effektiv scheinen diese Vorbereitungen dann zu sein, wenn sie mit elaborierten mentalen Modellen der Welt, zeitlichen Planungen und Kontrollprozessen, die Bewusstsein produzieren können, verbunden sind (Funke 1992; Pollack 1992).

Sprachliches Handeln gehört zu den komplexesten Verhaltensweisen von Menschen. In vielen Fällen ist der Kommunikationsbedarf so vielschichtig und mehrdimensional, dass gleichzeitig mehrere Ziele angestrebt werden müssen, die sich ab und zu sogar widersprechen können. Sprachliches Handeln wird dann zu einem sogenannten „Mehrfachhandeln" (Fuhrer 1984; Dörner/Preußler 1990). Die enge Verzahnung zwischen dem Kommunikationsbedarf aus der Umwelt einerseits und dem sprachlichen Handeln andererseits macht die Nähe der Handlungsmetapher zu ökologischen Ansätzen in der Kognitionswissenschaft deutlich.

2.3. Die Entstehung von Wissenssystemen

Eine spezielle Dynamikkategorie liegt dann vor, wenn Wissenssysteme fähig sind, Informationen nicht nur zu verarbeiten, sondern auch die Resultate dieser Verarbeitung für die Lösung späterer Aufgaben fruchtbar einzusetzen. Das Mittel hierfür ist das *Langzeitgedächtnis*, auf das in Abschnitt 4.2. ausführlicher eingegangen wird. Auf seiner Basis sind kognitive Lernprozesse und damit auch die Entstehung neuer Wissenssysteme möglich. Auf der Grundlage welcher Konzeptualisierung allerdings das Langzeitgedächtnis theoretisch gefasst werden soll, ist umstritten. In der kognitionswissenschaftlichen Diskussion stehen sich die Metaphern der Fremdorganisation, der Selbstorganisation und des kooperativen Problemlösens gegenüber.

2.3.1. Metapher der Fremdorganisation

Die einfachste Vorstellung vom menschlichen Gedächtnis ist die, dass es in ähnlicher Weise entsteht wie die meisten Gegenstände um uns herum, nämlich durch Fremdorganisation. Die von außen kommenden Informationen werden nach dieser Vorstellung gespeichert, ganz so, wie das Korn des Getreidefeldes in der Scheune oder die Daten auf der Festplatte des Computers aufbewahrt werden.

Die Konzeptualisierung des Gedächtnisses als Speicher passt zur allgemeinen Überzeugung im Alltagswissen, dass Neues nicht aus sich selbst heraus, sondern durch die Formung von außen geschaffen wird. Dass das menschliche Gedächtnis nur zu einem geringen Teil so arbeitet, zeigen die neueren Forschungsergebnisse immer deutlicher (siehe Abschnitt 4.2.).

2.3.2. Metapher der Selbstorganisation

Der radikale Gegenentwurf gegen die Fremdorganisation ist die Selbstorganisation. Wie neue Arten von Lebewesen durch Genmutation selbstorganisiert entstehen, so ist nach dieser Konzeption auch die menschliche Welt von externen Einwirkungen weitgehend unabhängig (Kampis 1991; Stadler/Kruse 1992). Die interne Welt bildet eine eigene Realität, die nicht einfach die Verlängerung der externen Welt darstellt.

Der in den letzten Jahren nahezu modisch gewordene radikale Konstruktivismus behauptet, dass die Kognition ein Produkt der inhärenten mentalen Aktivität kognitiver Systeme sei (Maturana 1982; Diettrich 1994). Die Tatsache, dass viele dieser Systeme dennoch in hervorragender Weise an ihre Umwelt angepasst sind, wird durch die strukturelle Kopplung erklärt, die sich im Laufe der Evolution durch das Verhaltens-Feedback herausgebildet hat (Shepard 1994).

2.3.3. Metapher des kooperativen Problemlösens

Die beiden allzu radikalen Lösungen des Entstehungsproblems, die Fremd- und die Selbstorganisation, werden durch die Metapher des kooperativen Problemlösens aufgefangen und in einen der Komplexität menschlicher Kognition Rechnung tragenden Kompromiss eingebunden (Strohner 1995). Nach dieser Überlegung wirken, ähnlich wie beim Problemlösen in Gruppen, die verschiedenen Komponenten kognitiver Systeme zusammen, um Gedächtniseffekte zu erzielen. Sowohl die aufgenommene Information und die situativen Rahmenbedingungen als auch die internen Bedingungen kognitiver Systeme wirken dabei zusammen. Unter den internen Bedingungen sind vor allem motivationale und emotionale Prozesse an der Gedächtnisbildung beteiligt.

3. Wissensstrukturen

Menschen verarbeiten sprachliche und nichtsprachliche Informationen in all ihren kognitiven Aspekten. Eine Analyse dieser Aspekte zeigt, dass sich sensomotorische, syntaktische, semantische und pragmatische Informationstypen unterscheiden lassen. Für jeden dieser Informationstypen gibt es im kognitiven System des Menschen eigene Wissensstrukturen.

3.1. Kognitive Sensomotorik

Um externe Informationen in die Wissensverarbeitung einzubringen, bedarf es kognitiver Subsysteme, die diese Scharnierfunktion erfüllen. Die für die Sprache relevanten sensomotorischen Subsysteme des Sprechens, Hörens, Schreibens und Lesens funktionieren jedoch nicht nur als Transporteure der Sprachinformation nach außen oder nach innen. Sie verarbeiten auch diese Information in nicht geringem Maß (Stone/Van Orden 1994). Wichtige Teilprozesse dieser Verarbeitung sind die Selektion des Inputs und Outputs sowie die Relevanzdifferenzierung der Information nach Fokus, Vordergrund und Hintergrund (Rickheit/Habel 1995).

3.2. Kognitive Syntax

Die kognitive Syntax wird durch die Zusammenfassung gewisser Informationsinstanzen zu Kategorien verschiedener Abstraktionsniveaus und deren Sequenzierung bestimmt. Bei einer Wohlgeformtheit der Sequenzen wird oft von *Kohäsion* gesprochen (→ Art. 29).

In der Kognitiven Linguistik ist nach wie vor umstritten, inwieweit die sprachliche Syntax eine autonome Wissensstruktur darstellt. Viele experimentelle Evidenzen laufen auf eine sogenannte „schwache Interaktivität" hinaus, nach der zwar die Syntax eine gewisse Eigenständigkeit besitzt, bei der Sprachverarbeitung aber so schnell wie möglich mit den anderen Wissensstrukturen interagiert, um ein optimales Verarbeitungsresultat erzielen zu können (Mitchell 1994). Meistens wird die Güte dieses Resultats vor allem durch die Pragmatik und Semantik und erst in zweiter Linie durch die Syntax bestimmt (MacWhinney 1987).

3.3. Kognitive Semantik

Die kognitive Semantik verbindet die sprachliche Information mit dem Weltwissen und stellt so die Bedeutung eines Textes her. Sie ist die komplexeste Wissensstruktur und setzt sich aus den drei Substrukturen Konzept, Referenz und Komposition zusammen:

– *Konzept*
  Den lexikalischen Einheiten des Textes sind konzeptuelle Einheiten zugeordnet. Da diese Zuordnung weder bei der Produktion noch bei der Rezeption wegen lexikalischer Ambiguitäten, Polysemien, Metonymien und Vagheiten unproblematisch ist, eröffnet sich hier ein riesiges Feld für Problem-

lösungen durch kognitive Prozesse (Mangold-Allwinn 1993).

– *Referenz*
  Ein weiteres semantisches Problem tut sich dadurch auf, dass die Konzepte oft nur ungenügend ihren Bezug zur externen Welt definieren. Hieraus ergeben sich Referenz- und Koreferenzprobleme nicht nur für Nomina und Pronomina, sondern auch für viele andere Konzeptbereiche (Rinck/Bower 1995).

– *Komposition*
  Schließlich müssen die einzelnen Konzepte mittels ihrer semantischen Kompositionalität zu einer kohärenten Wissensstruktur verknüpft werden. Dieses Problem der Textkohärenz kann meist nur dann zufriedenstellend gelöst werden, wenn alle Bereiche des Welt- und Kommunikationswissens mit Hilfe von Inferenzen für die Sprachverarbeitung eingesetzt werden (→ Art. 29). In welchem Ausmaß und wann dies geschieht, ist ein aktueller Streitpunkt der kognitiven Sprachverarbeitungsforschung (→ Art. 47).

3.4. Kognitive Pragmatik

Informationstheoretisch kann die Pragmatik als derjenige Teil der Semantik bezeichnet werden, der in kommunikativen Prozessen Informationen über den Kommunikationspartner und die Kommunikationssituation verarbeitet.

Da diese Partner natürlich auch die Semantik mitbestimmen, ergibt sich hieraus eine enge Verbindung der kognitiven Verarbeitung dieser beiden Wissensstrukturen (Clark 1994; Herrmann/Grabowski 1994). Das Resultat dieser Verarbeitung trägt zum kommunikativen Sinn des Textes bei. Einer der anschaulichsten empirischen Belege hierfür ist die Verarbeitung von Ironie, für die eine überaus subtile Abstimmung zwischen Text, Partner und Situation notwendig ist (Kumon-Nakamura/Glucksberg/Brown 1995).

4. Gedächtnis

Der Gedächtnisbegriff ist eine Sammelbezeichnung für sehr unterschiedliche kognitive Prozesse (Radvansky/Wyer 1994). Zum einen bezieht er sich auf die Prozesse im Rahmen der Verarbeitung einer komplexen Informationseinheit. Diese sollen hier unter dem Begriff *Arbeitsgedächtnis* diskutiert werden.

Zum anderen meint er die Entstehung langfristig andauernden Wissens in Lernprozessen. Dies soll als *Langzeitgedächtnis* bezeichnet werden.

4.1. Arbeitsgedächtnis

Die Funktion des Arbeitsgedächtnisses ist es, gewisse Informations- und Wissenskomponenten so lange aktiv zu halten, bis die Kohärenzbildung und die Sinnkonstitution abgeschlossen sind (siehe Abschnitt 2.2.). Die Dauer dieser Aktivität liegt mit großen interindividuellen Schwankungen bei etwa zwei einfachen Sätzen. Es ist evident, wie gut sich zum Beispiel die Bildung koreferentieller Verknüpfungen in der Umgangssprache diesen kognitiven Rahmenbedingungen angepasst haben.

Eine der bekanntesten Theorien des Arbeitsgedächtnisses stammt von Baddeley (1986; 1992) und umfasst die folgenden Komponenten:

- eine phonologische Komponente, die vor allem für die Verarbeitung von Sprache zuständig ist,
- eine visuelle Komponente, die Informationen über Objekte und Lokalisationen verarbeitet,
- eine zentrale Kontrolle, mit deren Hilfe die Aufmerksamkeit selektiv auf gewisse Informationsbereiche gerichtet wird.

Wie neuere Studien zeigen, lässt sich der verbale Teil des Arbeitsgedächtnisses weiter in zwei Subkomponenten gliedern, von denen eine für die Speicherung neuer Information und die andere für das Wiederauffrischen (*rehearsal*) der Gedächtnisspuren sorgt (Awh et al. 1996). Baddeley spricht im Zusammenhang mit dem zweiten Subsystem vom „articulatory loop", mit dem durch Aktivierungen der mit der Artikulation verbundenen Gehirnregion die Gedächtnisspuren reaktiviert werden können.

Das Arbeitsgedächtnis beschäftigt sich nicht nur mit der perzeptuellen Information der wahrgenommenen Objekte, sondern auch mit ihrem semantischen und pragmatischen Gehalt. So reagiert es in unterschiedlicher Weise auf eigene und andere Gesprächsbeiträge (Beinstein Miller/de Winstanley/Carey 1996) sowie auf bereits bekannte und neue Wörter (Gabrieli et al. 1996).

Die interindividuellen Unterschiede des Arbeitsgedächtnisses haben erheblichen Anteil an der Varianz der Verstehensleistungen in einer bestimmten Population. Personen mit einer größeren Kapazität des Arbeitsgedächtnisses können einen längeren Textausschnitt für die aktuelle Wortverarbeitung bereithalten als Personen mit einer geringen Kapazität und haben deshalb Vorteile vor allem bei schwierigeren Texten (Conway/Engle 1996).

Der amerikanische Textpsychologe Walter Kintsch und der niederländische Textlinguist Teun van Dijk haben 1978 das erste Modell der Funktionsweise des Arbeitsgedächtnisses beim Textverstehen vorgelegt. Im Rahmen ihrer propositionalen Theorie legen sie den Umfang des Puffers, der die bereits verarbeitete Textinformation bereithält, auf einige wenige Propositionen fest. Das Arbeitsgedächtnis greift auf diesen Puffer zu und versucht die darin befindlichen Propositionen mit den aktuell zur Verarbeitung anstehenden Propositionen zu verknüpfen. Gelingt diese Verknüpfung nicht, müssen zusätzliche Such- und Inferenzprozesse gestartet werden.

Kintsch (1988) baute dieses einfache und in seiner Eleganz noch keineswegs überholte Modell dadurch aus, dass er die Rolle des Weltwissens stärker ins Spiel brachte. Zunächst wird in der Konstruktionsphase das gesamte Wissenspotential über die angesprochenen Sachverhalte zur Verfügung gestellt, danach wird in der Integrationsphase dieses Wissen auf ein notwendiges Maß reduziert, um eine kohärente Textstruktur zu erhalten. Auf diese Weise wird inkrementell die mentale Textrepräsentation aufgebaut (Gernsbacher 1990; Sichelschmidt/Günther/Rickheit 1992).

4.2. Langzeitgedächtnis

Nachdem das Arbeitsgedächtnis nach der Verarbeitung einer bestimmten Information sich neuen Aufgaben zugewendet hat, verbleibt ein gewisser Teil dieser Information im Langzeitgedächtnis (Engelkamp/Zimmer 1994). Die Funktion des Langzeitgedächtnisses ist es, das Wissen kognitiver Systeme zu erweitern und damit Lernprozesse zu ermöglichen (siehe Abschnitt 2.3.).

Es ist eine der nicht nur theoretisch, sondern auch in praktischer Hinsicht interessantesten Fragen der Kognitionswissenschaft, welche Faktoren es sind, die das Langzeitgedächtnis beeinflussen. Die moderne Gedächtnispsychologie hat hierzu in den letzten Jahren wesentliche Beiträge geleistet (Oesterreich 1994; Bahrick/Hall/Berger 1996; Neisser et al. 1996).

Eine bereits klassische Einteilung des Langzeitgedächtnisses ist die in ein sogenanntes „semantisches" und in ein „episodisches" Gedächtnis. Der in diesem Kontext unglückliche Begriff „semantisch" meint denjenigen Teil des Wissens, der sich in der Regel nur wenig auf singuläre Erfahrungen bezieht, wie zum Beispiel lexikalisches, enzyklopädisches und schematisches Wissen. Das episodische Gedächtnis dagegen bezieht sich auf bestimmte raumzeitliche Erfahrungen mit den Objekten der Welt. Bei der Textverarbeitung interagieren beide Wissensbereiche in vielfältiger und erst in Ansätzen erforschter Weise (Whitney/Budd/Bramucci et al. 1995).

Dass das Langzeitgedächtnis keinesfalls ein Speicher ist, in dem Information abgelegt und gegebenenfalls aus ihm wieder abgerufen wird, sondern ein äußerst dynamisches kognitives Sytem, belegen inzwischen eine Vielzahl gut kontrollierter Studien (Koriat/Goldsmith 1996). So zeigten Beyer/Guthke/Pekrul (1996), dass nahe liegende Inferenzen aus Texten bei einem Wiedererkennungstest häufiger akzeptiert wurden als nichtzutreffende Aussagen. Zudem war der Akzeptanzgrad der Inferenzen vom Typ ihrer semantischen Beziehung zum Text abhängig: Inferenzen über Handlungsträger und Instrumente wurden eher mit dem Originaltext verwechselt als Handlungsfolgen. Dieser Befund ist ein weiterer Hinweis darauf, dass Inferenzen bei der Textverarbeitung in selektiver und systematischer Weise konstruiert werden (Klix 1992; McKoon/Ratcliff 1992; Graesser/Singer/Trabasso 1994; Singer 1994).

5. Perspektiven

Aus kognitiver Sicht hat die Textlinguistik zwar schon erhebliche Fortschritte zu verzeichnen, sie ist aber noch weit entfernt von einer Wissenschaft, die ihre zentrale Aufgabe für die sich entwickelnde Informationsgesellschaft erfüllt. Die *Informationsgesellschaft* mit ihren Subsystemen der Bildung und der Kommunikation in Schule, Verwaltung und Industrie braucht eine Textlinguistik, die Antworten zu geben vermag auf die immer wichtiger werdenden Fragen, wie Texte erworben, produziert, übermittelt und rezipiert werden. Hinzu kommen die vielfältigen Fragen, die sich aus der Integration von Texten in die *Neuen Medien* und in *multimediale Systeme* ergeben. Die Forschung hierzu darf nicht wie bisher weitgehend linguistikfernen Disziplinen überlassen bleiben, sondern muss im Rahmen kognitionswissenschaftlicher Kooperation mit diesen Disziplinen entscheidend von der Linguistik mitgetragen werden. Aus dieser neuen Problemorientierung wird eine Textlinguistik entstehen, in der viele akademische Fragestellungen, die heute noch im Vordergrund stehen, in den Hintergrund rücken und dafür praxorientierte Sichtweisen die Richtung angeben (Sawyer 1991).

Die Perspektiven einer kognitiv fundierten Textlinguistik in den nächsten Jahren sind in theoretischer, methodologischer und praktischer Hinsicht zu sehen:

– *Theorie*
 Die Einsicht, dass Texte kognitiv vermittelte Entitäten sind, sollte die Forscherinnen und Forscher auf dem Gebiet der Textlinguistik dazu bewegen, kognitiv adäquate Theorien anzustreben. Die Kriterien hierfür müssen von allen Disziplinen der Kognitionswissenschaft gemeinsam erarbeitet werden.

– *Methodologie*
 Für die Konstruktion kognitiv adäquater Theorien bedarf es eines methodischen Instrumentariums, das weit über das der herkömmlichen Textlinguistik hinausgeht und vor allem auch experimentell kontrollierte Untersuchungen umfasst. Nicht zuletzt sind hier auch die in der heutigen Textlinguistik noch ungenutzten Möglichkeiten der Computersimulation zu erproben.

– *Praxis*
 Spätestens bei dem Versuch, textlinguistische Erkenntnisse in der Praxis anzuwenden, wird die Notwendigkeit evident, auch kognitive Faktoren zu berücksichtigen. Deshalb die Vorhersage: Je mehr sich die Textlinguistik an praktischen Anwendungen orientiert, umso kognitiver wird sie auch.

Die Vision einer umfassenden, kognitiv und damit auch kommunikativ orientierten Textlinguistik kann zur Enwicklung einer Linguistik beitragen, die einen wichtigen Beitrag für die vielfältigen Kommunikationsaufgaben der modernen Informationsgesellschaft zu erbringen imstande ist.

6. Literatur (in Auswahl)

Awh, Edward/Jonided, John/Smith, Edward E./Schumacher, Eric H./Koeppe, Robert A./Katz, Stewart (1996): Dissociation of storage and rehearsal in verbal working memory. Evidence from positron emission tomography. In: Psychological Science 7, 25–31.

Baddeley, Alan D. (1986): Working memory. Oxford.

– (1992): Is working memory working? The fifteenth Bartlett Lecture. In: The Quarterly Journal of Experimental Psychology 44A, 1–31.

Bahrick, Harry P./Hall, Lynda K./Berger, Stephanie A. (1996): Accuracy and distortion in memory for high school grades. In: Psychological Science 7, 265–271.

Beer, Randall D. (1995): A dynamical systems perspective on agent-environment interaction. In: Artificial Intelligence 72, 173–215.

Beinstein Miller, Judi/de Winstanley, Patricia/Carey, Pandora (1996): Memory for conversation. In: Memory 4, 615–631.

Bem, Sacha/Keijzer, Fred (1996): Recent changes in the concept of cognition. In: Theory & Psychology 6, 449–469.

Beyer, Reinhard/Guthke, Thomas/Pekrul, Uwe (1996): Repräsentation von Textwissen im menschlichen Gedächtnis. In: Zeitschrift für Psychologie 204, 199–232.

Clancey, William J. (1993): Situated action: A neuropsychological interpretation response to Vera and Simon. In: Cognitive Science 17, 87–116.

Clark, Andy/Lutz, Rudi (eds.) (1992): Connectionism in context. New York.

Clark, Herbert H. (1994): Discourse in production. In: Gernsbacher, Morton Ann (ed.): Handbook of psycholinguistics. San Diego, CA, 985–1021.

Conway, Andrew R./Engle, Randall W. (1996): Individual differences in working memory capacity. More evidence for a general capacity theory. In: Memory 4, 577–590.

Diettrich, Olaf (1994): Kognitive und kommunikative Entwicklung in realitätsfreier Darstellung. In: Kognitionswissenschaft 4, 57–74.

Dörner, Dietrich/Preußler, Walburga (1990): Die Kontrolle eines einfachen ökologischen Systems. In: Sprache & Kognition 9, 205–217.

Dretske, Fred (1981): Knowledge and the flow of information. Cambridge/MA.

Eckardt, Barbara von (1993): What is cognitive science? Cambridge, MA.

Engelkamp, Johannes/Zimmer, Hubert D. (1994): The human memory: A multi-modal approach. Göttingen.

Feldman, Jerry A./Ballard, Dana H. (1982): Connectionist models and their properties. In: Cognitive Science 6, 205–254.

Fuhrer, Urs (1984): Mehrfachhandeln in dynamischen Umfeldern. Göttingen.

Funke, Joachim (1992): Wissen über dynamische Systeme. Erwerb, Repräsentation und Anwendung. Berlin.

Gabrieli, John D. E./Desmond, John E./Dem, Jonathan B./Wagner, Anthony D./Stone, Maria V./Vaidya, Chandan J./Glover, Gary H. (1996): Functional magnetic resonance imaging of semantic memory processes in the frontal lobes. In: Psychological Science 7, 278–283.

Gentner, Dedre/Grudin, Jonathan (1985): The evolution of mental metaphors in psychology. A 90-year retrospective. In: American Psychologist 40, 181–192.

Gernsbacher, Morton Ann (1990): Language comprehension as structure building. Hillsdale, NJ.

Gilbert, Daniel T. (1991): How mental systems believe. In: American Psychologist 46, 107–119.

Graesser, Arthur C. (1993): Knowledge representations and cognitive procedures. In: Strube, Gerhard/Wender, Karl F. (eds.): The cognitive psychology of knowledge. Amsterdam, 387–400.

Graesser, Arthur C./Singer, Murray/Trabasso, Tom (1994): Constructing inferences during narrative text comprehension. In: Psychological Review 101, 371–395.

Habel, Christopher/Kanngießer, Siegfried/Rickheit, Gert (eds.) (1996): Perspektiven der Kognitiven Linguistik. Opladen.

Herrmann, Theo/Grabowski, Jürgen (1994): Sprechen. Psychologie der Sprachproduktion. Heidelberg.

Kampis, George (1991): Self-modifying systems in biology and cognitive science. Oxford.

Kintsch, Walter (1988): The role of knowledge in discourse comprehension. A construction-integration model. In: Psychological Review 95, 163–182.

Kintsch, Walter/van Dijk, Teun A. (1978): Toward a model of text comprehension and production. In: Psychological Review 85, 363–394.

Klix, Friedhart (1992): Die Natur des Verstandes. Göttingen.

Koriat, Asher/Goldsmith, Morris (1996): Memory metaphors and the real-life/laboratory controversy. Correspondence versus storehouse conceptions of memory. In: Behavioral and Brain Sciences 19, 167–228.

Küppers, Bernd-Olaf (1986): Der Ursprung biologischer Information. Zur Naturphilolosophie der Lebensentstehung. München.

Kumon-Nakamura, Sachi/Glucksberg, Sam/Brown, Mary (1995): How about another piece of pie. The allusional pretense theory of irony. In: Journal of Experimental Psychology: General 124, 3–21.

Kurthen, Martin (1992): Neurosemantik. Grundlagen einer praxiologischen Kognitiven Neurowissenschaft. Stuttgart.

Lemke, Jay L. (1995): Textual politics. Discourse and social dynamics. London.

MacWhinney, Brian (1987): The competition model. In: MacWhinney, Brian (ed.): Mechanisms of language acquisition. Hillsdale, NJ, 249–308.

Mangold-Allwinn, Roland (1993): Flexible Konzepte. Modelle, Experimente, Simulationen. Frankfurt am Main.

Maturana, Humberto R. (1982): Erkennen. Die Organisation und Verkörperung von Wirklichkeit. Braunschweig.

McClelland, James L. (1993): Toward a theory of information processing in graded, random, and interactive networks. In: Meyer, D. E./Kornblum, S. (eds.): Attention and performance XIV. Synergies in experimental psychology, artificial intelligence, and cognitive neuroscience. Cambridge, MA, 655–688.

McKoon, Gail/Ratcliff, Roger (1992): Inference during reading. In: Psychological Review 99, 440–466.

Mitchell, Don C. (1994): Sentence parsing. In: Gernsbacher, Morton Ann (ed.): Handbook of psycholinguistics. San Diego, CA, 375–409.

Neisser, Ulric (1994): Multiple systems. A new approach to cognitive theory. In: European Journal of Cognitive Psychology 6, 225–241.

Neisser, Ulric/Winograd, Eugene/Bergman, Erik T./Schreiber, Charles A./Palmer, Stephen E./Weldon, Mary S. (1996): Remembering the earthquake. Direct experience vs. hearing the news. In: Memory 4, 337–357.

Newell, Allen (1980): Physical symbol systems. In: Cognitive Science 4, 135–183.

– (1990): Unified theories of cognition. Cambridge, MA.

Oaksford, Mike/Chater, Nick (1991): Against logicist cognitive science. In: Mind & Language 6, 1–38.

Oesterreich, Rainer (1994): Gebrauch des Gedächtnisses beim Handeln. Ein theoretisches Modell. In: Sprache & Kognition 13, 26–40.

Opwis, Klaus/Spada, Hans (1994): Modellierung mit Hilfe wissensbasierter Systeme. In: Herrmann, Theo/Tack, Werner H. (eds.): Methodologische Grundlagen der Psychologie. Göttingen, 199–248.

Pöppel, Ernst (1993): Lust und Schmerz. Vom Ursprung der Welt im Gehirn. Berlin.

Pollack, Martha E. (1992): The uses of plans. In: Artificial Intelligence 57, 43–68.

Pylyshyn, Zenon (1984): Computation and cognition. Towards a foundation for cognitive science. Cambridge, MA.

Radvansky, Gabriel A./Wyer, Robert S. (1994): Memory. In: Ramachandran, V. S. (ed.): Encyclopedia of human behavior. San Diego, CA, 137–148.

Rickheit, Gert/Habel, Christopher (eds.) (1995): Focus and coherence in discourse processing. Berlin.

Rickheit, Gert/Strohner, Hans (1993): Grundlagen der kognitiven Sprachverarbeitung. Tübingen.

Rinck, Mike/Bower, Gordon H. (1995): Anaphora resolution and the focus of attention in situation models. In: Journal of Memory and Language 14, 110–131.

Rumelhart, David E./McClelland, James L. (1986): Parallel distributed processing. Explorations in the microstructure of cognition. Vol. 1: Foundations. Cambridge, MA.

Sawyer, Mary H. (1991): A review of research in revising instructional text. In: Journal of Reading Behavior 23, 307–333.

Scheidgen, Helmut/Strittmatter, Peter/Tack, Werner H. (eds.) (1990): Information ist noch kein Wissen. Weinheim.

Schmidt, Robert F. (ed.) (1993): Neuro- und Sinnesphysiologie. Berlin.

Schwarz, Monika (1992): Einführung in die Kognitive Linguistik. Tübingen.

Shannon, Claude E./Weaver, Warren (1949): The mathematical theory of communication. Urbana.

Shepard, Roger N. (1994): Perceptual-cognitive universals as reflections of the world. In: Psychonomic Bulletin & Review 1, 2–28.

Sichelschmidt, Lorenz/Günther, Udo/Rickheit, Gert (1992): Input Wort. Befunde zur inkrementellen Textverarbeitung. In: Zeitschrift für Literaturwissenschaft und Linguistik 86, 116–141.

Singer, Murray (1994): Discourse inference processes. In: Gernsbacher, Morton Ann (ed.): Handbook of psycholinguistics. San Diego, CA, 479–515.

Stadler, Michael/Kruse, Peter (1992): Zur Emergenz psychischer Qualitäten. In: Krohn, W./Küppers, G. (eds.): Emergenz. Die Entstehung von Ordnung, Organisation und Bedeutung. Frankfurt am Main, 134–160.

Stone, Gregory O./Van Orden, Guy C. (1994): Building a resonance framework for word recognition using design and system principles. In: Journal of Experimental Psychology. Human Perception and Performance 20, 1248–1268.

Strohner, Hans (1990): Textverstehen. Kognitive und kommunikative Grundlagen der Sprachverarbeitung. Opladen.

– (1995): Kognitive Systeme. Eine Einführung in die Kognitionswissenschaft. Opladen.

Sucharowski, Wolfgang (1996): Sprachen und Kognition. Neuere Perspektiven in der Sprachwissenschaft. Opladen.

Thorpe, Pamela K./Turner, Marilyn L. (1993): Influence of cognitive science in the development of production systems. In: American Journal of Psychology 106, 101–119.

Whitney, Paul/Budd, Desiree/Bramucci, Robert S./Crane, Robert S. (1995): On babies, bath water, and schemata. A reconsideration of top-down processes in comprehension. In: Discourse Processes 20, 135–166.

Zilles, Karl (1994): Vom Seelenorgan zum neuronalen System. Historische und gegenwärtige Konzepte zur Lokalisation von Hirnfunktionen. In: Fedrowitz, J./Matejovski, D./Kaiser, G. (eds.): Neuroworlds. Gehirn–Geist–Kultur. Frankfurt am Main.

Hans Strohner, Bielefeld
(Deutschland)

V. Textkonstitution II: Grammatische Aspekte

29. Kohärenz und Kohäsion

1. Kohärenz und Kohäsion als intuitive Begriffe
2. Kohärenz und Kohäsion als linguistisch fundierte Begriffe
3. Die psycholinguistische Perspektive auf Kohäsion und Kohärenz
4. Die Dimensionen von Kohärenz und Kohäsion
5. Literatur (in Auswahl)

Die Begriffe der Kohäsion und der Kohärenz sind traditionell Begriffe der Textlinguistik. Kohärenz und Kohäsion werden dabei als inhärente Eigenschaften von wohl ausgearbeiteten Texten verstanden. In der neueren Forschung ist aber diese traditionelle Sichtweise in zweierlei Hinsicht ergänzt worden (Gernsbacher/Givón 1995; Rickheit 1991). Zum einen wird auch gesprochene Sprache auf Kohärenz und Kohäsion hin untersucht, und zum anderen wird zur Definition der Begriffe nicht mehr nur noch der Text bzw. die Äußerung herangezogen. Statt dessen werden die sprachverarbeitenden kognitiven Prozesse, also die Prozesse der Sprachproduktion und der Sprachrezeption, für die Klärung der Begriffe hinzugezogen.

An dieser Stelle soll sowohl auf die ursprünglichen Begriffsdefinitionen als auch auf beide Ergänzungen eingegangen werden. Dabei ist jedoch zu beachten, daß die Klärung der Begriffe „Kohärenz" und „Kohäsion" grundsätzlich schon allein deshalb mit Problemen verbunden ist, weil diese Begriffe ebenso wie die mit ihnen verwandten Begriffe wie „Konnexität" oder „Textualität" in den unterschiedlichen Abhandlungen in unterschiedlicher Weise Gebrauch finden und sie sich in ihrer Denotation je nach Autor vielfach überschneiden. Ein erstes Ziel der nachfolgenden Ausführungen wird es daher sein, eine Abgrenzung zwischen Kohäsion und Kohärenz vorzunehmen.

Als Ausgangspunkt der gesamten Darstellung und insbesondere als Ausgangspunkt dieser Abgrenzung sollen zunächst Kohärenz und Kohäsion als intuitive Begriffe aufgefaßt und erläutert werden. Darauf aufbauend kann dann eine linguistische Begriffserklärung im traditionellen Sinne geleistet werden; eine Begriffserklärung, die also auf linguistische Merkmale des jeweils vorliegenden Textes Bezug nimmt. Eine Vervollständigung der Begriffserklärung wird daran anschließend durch eine Änderung der Perspektive, nämlich durch die Berücksichtigung des kommunikativen Aspektes von Texten und Äußerungen und durch eine eher psycholinguistische Sichtweise auf die Begriffe geleistet. Aus der Darstellung der Begriffe ergibt sich schließlich eine Diskussion der Dimensionen, anhand derer Kohärenz und Kohäsion zu betrachten sind.

1. Kohärenz und Kohäsion als intuitive Begriffe

Der intuitive Begriff von Kohärenz bezieht sich auf Merkmale des „inhaltlichen" Zusammenhängens, die einen Text und auch einen Diskurs von einer unzusammenhängenden Folge von Satzteilen, Sätzen, Äußerungsteilen oder Einzeläußerungen unterscheiden. Im Vergleich dazu bezieht sich der intuitive Kohäsionsbegriff auf Merkmale des „grammatischen" Zusammenhangs. Zu diesen „grammatischen" Merkmalen werden etwa Pronominalisierungen und das Auftreten von Konjunktionen gezählt, aber auch phonologische, morphologische oder lexikalische Phänomene, die einen Zusammenhang zwischen Text- oder Äußerungsteilen herstellen. Diese Unterscheidung kann mit einem Beispiel verdeutlicht werden:

(1) *Sie trug den Kopf im Kleid vor sich. Wie ein Känguruh sah sie aus.*
(2) *Die Sonne schien blutrot über dem Horizont. Wie ein Känguruh sah sie aus.*
(3) *Judith trug den Kopf im Kleid vor sich, welches sie dafür eigens wie einen Beutel hochgefaltet hatte. Wie ein Känguruh sah sie aus.*

(4) *Die Posten dösen. Wie ein Känguruh sah sie aus.*

Text 1 gibt die beiden letzten Sätze aus Borcherts „Das Känguruh" wieder. Die Kohäsion zwischen diesen beiden Sätzen entsteht in erster Linie über die beiden Vorkommen von *sie*, die zusammen mit der Kongruenz der Verben eine referentielle Identität zwischen den jeweiligen Subjekten nahelegen. Die so gegebene Kohäsion wird unterstrichen und bestätigt durch die Kohärenz, die sich dadurch ergibt, daß das Bild der im ersten Satz genannten weiblichen Person (durch das Tragen eines Kopfes im Kleid) mit dem Bild eines Känguruhs in Beziehung gesetzt werden kann.

Text 2 zeigt dieselben Kohäsionsmittel wie Text 1, ist aber nicht kohärent, weil es nicht (allenfalls durch das Bereitstellen eines speziell konstruierten entsprechenden Kontextes) gelingt, das Bild der im ersten Satz des Textes beschriebenen Sonne auf das Aussehen eines Känguruhs zu beziehen.

Text 3 zeigt eine gegenüber Text 1 noch verstärkte Kohäsion und auch eine verstärkte Kohärenz. Die Verstärkung der Kohäsion ergibt sich daraus, daß beide Vorkommen des Personalpronomens *sie* anaphorisch auf die Subjektsnominalphase des ersten Satzes bezogen werden können, welche durch den Eigennamen *Judith* gebildet wird. Die Verstärkung der Kohärenz resultiert aus der durch den Relativsatz gegebenen Erläuterung, wobei insbesondere das Nomen *Beutel* die Konstruktion der homomorphen Relation zwischen dem Bild, das die mit *Judith* benannte Person abgibt, und dem Bild eines Känguruhs erleichtert. Des weiteren wirkt sich auch für die Kohärenz der Gebrauch des Eigennamens – im Vergleich zum Gebrauch des Personalpronomens in Text 1 – förderlich aus. Dies liegt jedoch nicht daran, daß – wie im Fall der verstärkten Kohärenz – irgendein Eigenname dem Gebrauch des Pronomens vorzuziehen wäre, sondern an dem speziell gewählten Eigennamen und seinen besonderen Konnotationen.

Text 4 schließlich ist weder kohäsiv noch kohärent. Die Kohäsion fehlt, weil sich kein phonologischer, morphologischer oder syntaktischer Zusammenhang zwischen den beiden Sätzen herstellen läßt: die Nominalphase des ersten Satzes steht im Plural, die des zweiten Satzes steht im Singular; sogar im Tempus unterscheiden sich beide Sätze. Die Kohärenz fehlt, weil sich ähnlich wie im Fall von Text 2 kein inhaltlicher Zusammenhang herstellen läßt.

Aus der Betrachtung der Beispielsätze lassen sich mehrere Schlußfolgerungen ableiten. Zum ersten gibt es für die linguistische Fundierung von „Kohäsion" offensichtlichere Kriterien als für die Fundierung von „Kohärenz", da der Aspekt des „Inhalts" formal schwieriger zu fassen ist als phonologische, morphologische und syntaktische Aspekte. Zum zweiten hat sich gezeigt, daß beide Begriffe als graduierbar anzusehen sind. Die Zunahme an Kohärenz vom ersten zum dritten Text, die als Beispiel dieser Kontinuierlichkeit angesehen werden muß, verdeutlicht darüber hinaus, und dies kann als dritter Punkt angemerkt werden, daß ein Maximum an Kohärenz keineswegs das Optimum an sprachlicher Eloquenz ist.

2. Kohärenz und Kohäsion als linguistisch fundierte Begriffe

Um eine linguistische Fundierung der Begriffe „Kohärenz" und „Kohäsion" zu leisten und um anzugeben, in welchen Fällen Texte oder Äußerungen in einem linguistischen Sinn als kohärenz bzw. kohäsiv angesehen werden können, bedarf es einer Rückführung der Begriffe auf linguistische Merkmale. Wie die Ausführungen zu einem intuitiven Verständnis von Kohärenz und Kohäsion gezeigt haben, ist diese Rückbindung für den Begriff der Kohäsion in einfacherer Weise leistbar, so daß zunächst darauf eingegangen werden soll.

2.1. Die linguistische Fundierung des Kohäsionsbegriffs

Die linguistische Fundierung der Kohäsion ergibt sich daraus, daß Kohäsion als Zusammenhang von Text- oder Äußerungsteilen angesehen werden kann, wobei dieser Zusammenhang über solche linguistische Merkmale vermittelt wird, die der Phonologie, der Morphologie oder der Syntax zuzurechnen sind. Zur Illustration dieser Definition seien im folgenden Beispiele solcher linguistischen Merkmale angegeben:

Zu den phonologischen Merkmalen, die einen Zusammenhang zwischen Textteilen herstellen, zählen in erster Linie die Mittel der Lyrik etwa in der Form von Reimen und Betonungsmustern. Häufiger aber sind die linguistischen Merkmale, die Kohäsion vermitteln, im Grenzbereich zwischen Morphologie und Syntax zu finden. Ein erstes Merkmal ist das Tempus, in dem die zu betrachtenden Text- bzw. Äußerungsteile stehen. Sofern nicht besondere formale oder inhaltliche Gesichtspunkte, wie etwa der Beginn oder das Ende eines Anteils von direkter Rede, ausdrücklich den Wechsel im Tempus unterstützen oder gar erzwingen, ist die Übereinstimmung im Tempus für die beiden Text- oder Äußerungsteile, die auf Zusammenhang überprüft werden sollen, für eine Kohäsion notwendig. „Tempus" ist ein syntaktisches Merkmal, wird aber vermittelt über ein entsprechendes Morph und ist deshalb als Merkmal im Grenzbereich zwischen Syntax und Morphologie zu betrachten. Als typische kohäsionsvermittelnde Merkmale, die der Syntax zuzurechnen sind und die einen formalen Zusammenhang zwischen Text- bzw. Äußerungsteilen herstellen, gelten Anaphora, Substitutionen, Ellipsen, Konjunktionen und Wiederholungen von Lexikonelementen (Halliday/Hasan 1976; Reinhart 1980), wobei insbesondere Anaphora, Substitutionen und lexikalische Wiederholungen Referenzidentitäten anzeigen, die die Zusammenhänge ausmachen. In den ersten drei Beispieltexten kann etwa das *sie* im zweiten Satz anaphorisch aufgefaßt werden, so daß ein kohäsiver Zusammenhang entsteht, wohingegen solches für den vierten Beispieltext nicht gelingt.

2.2. Die linguistische Fundierung des Kohärenzbegriffs

Die linguistische Fundierung des Kohärenzbegriffes erweist sich gegenüber derjenigen des Kohäsionsbegriffs als problematischer. Ein erstes Problemfeld bildet die Abgrenzung des Begriffs. Dabei ist relativ leicht zu vermeiden, daß der Kohärenzbegriff zu eng gefaßt wird, wodurch sich eine Gleichsetzung von Kohärenz und Kohäsion ergeben würde. Dieser Problematik kann durch eine Definition von Kohäsion, wie sie etwa im vorangegangenen Abschnitt vorgestellt wurde, entgegen gewirkt werden.

Ein größeres Problem besteht darin, daß der Kohärenzbegriff so allgemein gehalten wird, daß sein sprachlicher Charakter verloren geht. In einem solchen Fall würde Kohärenz also als außersprachliches Phänomen (miß-)verstanden. Solches kann zum einen dann geschehen, wenn Kohärenz auf die Sachverhalte bezogen wird, die durch einen Text oder eine Äußerung behandelt werden. Von dieser Art sind die etwa die Definitionsversuche von Dry, der Kohärenz als „conceptual linkage" (1985, 484) auffaßt, und von Hatakeyama, Petöfi und Sözer, die Kohärenz verstehen als „relations between the states-of-affairs which are expressed in the text" (1985, 58).

Zum anderen kann Kohärenz auch so auf die kognitiven Prozesse der Sprachproduktion und der Sprachrezeption bezogen werden, daß dabei der Aspekt, daß es sich um kognitive Prozesse handelt, überbetont und der sprachliche Aspekt unterbetont wird. In diesem Fall ergibt sich ein nicht mehr linguistisch, sondern psychologisch fundierter Kohärenzbegriff, wie aus folgendem Zitat deutlich wird: „The idea of coherence in text itself is meaningless. A text can only facilitate an interpretation to good or poor extents. Unless one abandons its everyday connotations altogether, notions of theme and relevance have to be introduced, and those are psychological notions" (Sanford/Moxey 1995, 183).

Auf die möglichen positiven Einflüsse einer psycholinguistischen Sichtweise wird im folgenden Hauptabschnitt noch näher einzugehen sein. Insgesamt aber muß betont werden, daß Kohärenz sich auf Texte und Äußerungen und damit auf sprachliche Entitäten bezieht, so daß der Kohärenzbegriff linguistisch zu erklären ist, wobei eine Rückführung von Kohärenz auf Kohäsion mit der zusätzlichen Annahme, daß das, was Kohärenz von Kohäsion unterscheidet, eben nicht linguistisch faßbar ist, wenig hilfreich ist. Ebensowenig kann die Fundierung des Kohärenzbegriffes natürlich dadurch geleistet werden, daß Kohärenz als inhärente Eigenschaft von Texten postuliert wird, daß also die Kohärenz gewissermaßen Texte von Nichttexten unterscheidet. Ein solcher Ansatz resultiert notwendigerweise in einer zirkulären Definition, wie sie etwa bei Bókay (1985, 415) gefunden werden kann: „An expression is coherent if it is text, and if it is coherent it can be called text."

Linguistische Fundierungen von Kohärenz, die die genannten Probleme (zum Teil) vermeiden, lassen sich jeweils einem von drei aufeinander aufbauenden Ansätzen und damit jeweils einer von drei Phasen zuordnen (Viehweger 1989, 256−258), die als *textgrammatische*, als *semantisch-thematische* und als *pragmatisch-funktionale* Phase bezeichnet werden können.

Der *textgrammatische Ansatz* geht zurück auf Harris (1952). Kohärenz wird dabei verstanden als Texteigenschaft, die dann vorliegt, wenn bestimmte semantische Merkmale in der Form von denotationsidentischen Phrasen wiederholt auftreten. Eine Definition des Kohärenzbegriffes in dieser Art greift jedoch zu kurz, da zum einen semantisch begründete Zusammenhänge wie etwa der Zusammenhang, der in Beispieltext (3) auf der Grundlage der Begriffe *Beutel* und *Känguruh* gebildet werden kann, unberücksichtigt bleiben und zum anderen allein durch die Aneinanderreihung identischer Nominalphrasen (evtl. ergänzt durch einige „passende" Personalpronomen) Kohärenz vorgetäuscht werden kann, obwohl ein inhaltlicher Zusammenhang fehlt (Bierwisch 1965). Ein dies demonstrierender Text findet sich etwa bei van der Velde (1989, 190; vgl. auch Schade et al. 1991, 10): „The trock plicked the drock. Then the drock flintered the pluppy ploop. Then the pluppy ploop doozed the plippy plip. After all they were plimpy."

Im *semantisch-thematischen* Ansatz werden die Probleme des textgrammatischen Ansatzes berücksichtigt, indem für den zu definierenden inhaltlichen Zusammenhang auf semantische Faktoren verwiesen wird. Als prominentes Beispiel für diesen Ansatz gilt die Arbeit von Halliday und Hasan, die jedoch — und hier zeigt sich besonders deutlich und exemplarisch das terminologische Problem in bezug auf Kohärenz und Kohäsion — Kohärenz mit dem Ausdruck „cohesion" bezeichnen: „The concept of cohesion is a semantic one; it refers to relations of meaning that exist within the text, and that define it as a text" (Halliday/Hasan 1976, 5).

Ein anderes Beispiel für den semantisch-thematischen Ansatz liefert van Dijk (1980). Nach dieser Arbeit ist ein Text kohärent, wenn sich jede seiner Propositionen unter die Makroproposition, die das Textthema repräsentiert, unterordnen läßt. In der Textlinguistik unterscheidet man zwischen linearen oder besser gesagt lokalen Textstrukturen und der globalen, der übergeordneten Struktur eines Textes (van Dijk 1972), und zu dieser Unterscheidung korrespondiert eine Unterscheidung in globale und lokale Kohärenz. Van Dijks Ansatz bezieht sich auf die globale Textstruktur in der Form der Makroproposition und definiert entsprechend einen globalen Kohärenzbegriff. Zabrucky (1994) spricht in diesem Zusammenhang auch von „factual coherence". Die lokale Dimension von Kohärenz, also der inhaltliche Zusammenhang zweier aufeinanderfolgender Textteile, bleibt davon unberührt und muß zur Vervollständigung eines umfassenden Kohärenzbegriffes noch hinzugefügt werden.

Die Berücksichtigung der lokalen Dimension von Kohärenz erzwingt eine Vergrößerung der zu betrachtenden Menge an Propositionen. Es genügt nicht, allein die durch den Text gegebenen Propositionen auf ihr Verhältnis zueinander zu betrachten. Der Zusammenhang zwischen zwei Textteilen ergibt sich häufig erst aus einer Proposition, die aufgrund der beiden Teile und aufgrund von Weltwissen, Diskurswissen etc. inferiert wird. Die entscheidende Proposition in Beispieltext (3) etwa, die unter Hinzunahme von Weltwissen abgeleitet werden kann und die den Zusammenhang zwischen den beiden Sätzen des Beispieltextes herstellt, besagt, daß Känguruhs Beuteltiere sind und somit einen *Beutel* haben. Um die entsprechend notwendigen Propositionen zur Verfügung zu haben, berücksichtigt Bellert (1970), ein weiterer Vertreter eines semantisch fundierten Kohärenzbegriffs, die Menge aller Propositionen, die sich mittels aussagen- und prädikatenlogischer Schlußregeln, Bedeutungspostulaten und auf Weltwissen beruhenden „induktiven" Regeln herleiten lassen, um den Zusammenhang zwischen Textteilen und damit deren Kohärenz zu überprüfen. Das Problem bei einem solchen Ansatz ist allerdings, daß die Menge der abgeleiteten Propositionen nicht begrenzt bleibt. Letztlich kann dann zwischen beliebigen Textteilen ein Zusammenhang und damit Kohärenz nachgewiesen werden.

Der *pragmatisch-funktionale* Ansatz behandelt insbesondere auch die Fundierung der lokalen Kohärenz. Hobbs (1979; Hobbs/Agar 1985) etwa definiert sogenannte „Kohärenzrelationen" und nennt die Aufeinanderfolge von Textteilen kohärent, sofern zwischen ihnen eine der definierten Relationen besteht. Eine solche Relation ist etwa „elaboration", die dann besteht, wenn der nachfolgende Textteil eine Aussage des vorangehenden weiter ausführt. Hobbs Arbeiten sind dem pragmatisch-funktionalen Ansatz zuzurechnen, da Hobbs seine Kohärenzrelationen aufgrund kommunikativer Funktionen definiert. Im Fall der „elaboration" können unterschiedliche Funktionen grundlegend sein, etwa die Vermeidung eines Mißverständnisses bzw. das Auflösen einer Mehrdeutigkeit oder die Vermittlung von Wissen zu einem zuvor eingeführten Diskursobjekt.

Insgesamt zeigt sich für den Versuch, den Kohärenzbegriff rein linguistisch, das heißt lediglich unter Bezug auf den vorliegenden Text bzw. die vorliegende Äußerung, definieren zu wollen, daß ein semantisch-thematischer Ansatz eine Definition von globaler

Kohärenz zuläßt (van Dijk 1977), wohingegen Definitionen lokaler Kohärenz mit dem Problem behaftet sind, daß die Menge der zu betrachtenden Propositionen im Rahmen dieses Ansatzes nicht festgelegt werden kann, so daß entweder relevante Propositionen unbeachtet bleiben oder daß die Menge der Propositionen unangemessen groß wird (Bellert 1970). Auch ein pragmatisch-funktionaler Ansatz kann diese Schwierigkeit nicht überwinden, da die Probleme lediglich in die Definition von sogenannten Kohärenzrelationen verlagert werden. Die psycholinguistische Sichtweise von Kohärenz und Kohäsion, wie sie im folgenden kurz vorgestellt wird, kann jedoch helfen, auch das Problem der Definition lokaler Kohärenz zu lösen.

3. Die psycholinguistische Perspektive auf Kohäsion und Kohärenz

Die psycholinguistische Sichtweise auf Kohäsion und Kohärenz zeichnet sich dadurch aus, daß Kohäsion und Kohärenz nicht mehr allein als textinhärente Eigenschaften angesehen werden. Dies gilt insbesondere für die Kohärenz: „Coherence is not an inherent property of a written or spoken text" (Gernsbacher/Givón 1995, vi). Statt dessen werden die beiden Begriffe in bezug auf die kognitiven Prozesse der Sprachproduktion und der Sprachrezeption definiert: „Coherence is a property of what emerges during speech production and comprehension" (ebd.).

Die psycholinguistische Perspektive hat gegenüber der traditionellen Sichtweise von Kohärenz und Kohäsion als textinhärente Merkmale einige Vorteile: In theoretischer Hinsicht kann die Definition der Begriffe auf eine systemtheoretische Basis gestellt werden (Schade et al. 1991; Rickheit/Strohner 1992). Für die ablaufenden kognitiven Prozesse, den Produktionsprozeß bzw. den Rezeptionsprozeß, wird dabei angenommen, daß sie auf einem entsprechenden System, dem Produktionssystem bzw. dem Rezeptionssystem, ablaufen. Erreichen diese Systeme einen stabilen Zustand, so kann man Kohäsion bzw. Kohärenz konstatieren. Für die Sprachproduktion bedeutet dies in bezug auf Kohärenz, daß eine produzierte Äußerung bzw. ein produzierter Text nach Ansicht des Produzierenden inhaltlich wohlgeformt ist, so daß insbesondere der Hörer bzw. der Leser die Intention des Produzierenden erkennen kann. In bezug auf Kohäsion ist entsprechend die Produktion nach Ansicht des Produzierenden in syntaktischer, morphologischer und phonotaktischer Hinsicht wohlgeformt. Besteht im Produktionssystem kein stabiler Zustand, so ergibt sich darauf für den Produzierenden die Notwendigkeit, durch weitere Produktionen, evtl. in der Form von Reparaturen (s. Eikmeyer et al. 1995), den stabilen Zustand herzustellen. Ein instabiler (inkohärenter) Zustand des Produktionssystems kann etwa dann vorliegen, wenn das Partnermodell nahelegt, der Hörer bzw. der Leser könne die Produktion (noch) nicht in der gewünschten Form interpretieren. Für die Rezeption bedeutet die systemtheoretische Fundierung von Kohärenz und Kohäsion, daß es im negativen Fall dem Hörer bzw. dem Leser nicht gelingt, die betreffende Äußerung bzw. den betreffenden Textteil in die Repräsentation des zuvor Rezipierten einzugliedern. Sind die Hindernisse dafür phonologischer, morphologischer oder syntaktischer Art, liegt ein Kohäsionsproblem, sind sie inhaltlicher Art, liegt ein Kohärenzproblem vor.

Auch für das Problem der ausufernden Menge von zu betrachtenden Propositionen zur Definition eines lokalen Kohärenzbegriffes liefert die psycholinguistische Perspektive eine Lösung. In dem Sprachrezeptionsmodell von Kintsch (1988, 166 ff) beispielsweise wird die Menge der durch den Text direkt gegebenen Propositionen durch Assoziations- und Inferenzverfahren um weitere Propositionen erweitert. Diese Erweiterung erfolgt aber kontrolliert in einem semantischen Netz, wobei über die Einschwingverfahren ein stabiler Zustand erreicht wird – wie bereits ausgeführt, ist dies das systemtheoretische Äquivalent zur Kohärenz. Dies erfolgt durch einen Prozeß, der in endlicher (kurzer) Zeit abbricht, so daß die Erweiterungsmenge überschau- und handhabbar bleibt. Wie Kintsch (1995) zeigt, bezieht sein Modell auch die Kohäsion mit ein: Entsteht der stabile Zustand im semantischen Netz durch die Erweiterung der propositionalen Basis aufgrund inhaltlicher, also lexikalisch motivierter Inferenzen, zeigt dies die Wirkung der Textkohärenz; entsteht er aufgrund syntaktisch motivierter Inferenzen, zeigt dies die Wirkung der Kohäsion.

Die psycholinguistische Sichtweise auf Kohäsion und Kohärenz hat außer den genannten theoretischen auch einen einfachen praktischen Vorteil: der Grad an Kohäsion bzw. der Grad an Kohärenz von Texten und Äußerungen wird – wenigstens indirekt – meßbar. Man kann Versuchspersonen unter kontrollierten Bedingungen Texte bzw. Äußerungen darbieten, so daß über die Messung von Reaktionszeiten festgestellt werden kann, welche sprachlichen Mittel kohäsions- bzw. kohärenzfördernd wirken und das Verstehen insgesamt erleichtern (bzw. erschweren) (s. etwa Rickheit/Günther/Sichelschmidt 1992; van den Broek 1994). Diese Messung von Kohäsion und Kohärenz verdeutlicht aber nicht nur die Vorzüge einer psycholinguistischen Sichtweise, sie zeigt auch, daß das linguistische Element bei der Begriffsbildung von Kohäsion und Kohärenz nicht verloren gehen darf, denn es sind Variationen im Text bzw. in den gegebenen Äußerungen, also Variationen in den linguistischen Elementen, die die unterschiedlichen Reaktionszeiten hervorrufen. Die schon zitierte Ansicht von Sanford und Moxey (1995, 183), Kohärenz sei als rein psychologisches Phänomen zu begreifen, schießt also über das Ziel hinaus.

4. Die Dimensionen von Kohärenz und Kohäsion

In diesem Abschnitt sollen die wichtigsten Aspekte der Begriffe Kohäsion und Kohärenz noch einmal zusammenfassend angesprochen und diskutiert werden. Als Aufhänger dieser Diskussion dienen dabei sieben Thesen, mit denen Givón (1995) seinen Ansatz zum Verständnis von „coherence" vorstellt, und die nahezu alle wesentlichen Aspekte anführen, unter denen die Begriffe Kohäsion und Kohärenz diskutiert werden sollten.

Auch die Unterscheidung zwischen Kohäsion und Kohärenz, so wie sie hier getroffen wurde, kann auf eine dieser Thesen Givóns – die These (f) (ebd., 60 sowie 103f, Abschnitt 7.2.) – bezogen werden. Givón unterscheidet mit Blick auf Kintsch (1995) eine lexikalisch bestimmte Kohärenz („vocabulary-guided coherence") von einer strukturgeleiteten Kohärenz („grammar-cued" coherence). Entsprechend dieser Unterscheidung wird Information über die Kohärenzstruktur eines Textes (bzw. einer Äußerung) über zwei unabhängige Prozesse vermittelt, über wissensbasierte Inferenzen auf der Grundlage der verwendeten lexikalischen Einheiten und über strukturbasierte Inferenzen auf der Grundlage der verwendeten syntaktischen, morphologischen und phonologischen Einheiten. Diese von Givón und Kintsch vorgenommene Unterscheidung entspricht der Differenzierung zwischen Kohäsion und Kohärenz, wie sie hier dargelegt wurde.

4.1. Graduierbarkeit

Für Givón ist „coherence" in seinem Sinne, also sowohl Kohärenz als auch Kohäsion in dem hier vertretenen Sinne, ein komplexes Phänomen. Ein Text oder eine Äußerung kann demnach erst dann kohäsiv bzw. kohärent genannt werden, wenn er in mehrfacher Hinsicht Kohärenzeigenschaften erfüllt, wobei sich im positiven Fall Kohäsion und Kohärenz als eine Art emergentes „Epiphänomen" einstellt bzw. im negativen Fall nicht einstellt. Diese Einschätzung wird hier nicht geteilt. Zwar sind sowohl Kohäsion als auch Kohärenz sicherlich als komplexe Phänomene anzusehen, beiden Begriffen ist aber eine Graduierbarkeit zu eigen. Kohäsion und Kohärenz werden angesehen als ein Zusammenhängen von Textteilen bzw. Äußerungsteilen, das über linguistische Einheiten, im Fall der Kohäsion über phonologische, morphologische und syntaktische Einheiten und im Fall der Kohärenz über lexikalisch-semantische Einheiten, vermittelt wird. Dabei nimmt der Grad an Kohäsion bzw. Kohärenz zu, wenn auch diese Anteile zunehmen. Die Frage, ob der jeweilige Grad an Kohäsion bzw. Kohärenz ausreicht, damit ein Text bzw. eine Äußerung an sich als kohäsiv bzw. als kohärent bezeichnet werden kann, ist, um in diesem Punkt auf Givóns These Bezug zu nehmen, eine Frage des Diskurses.

4.2. Texteigenschaft vs. Prozeßeigenschaft

Givóns „methodologisches Leitmotiv", eigentlich das Leitmotiv fast aller psycholinguistisch orientierter Forschung in diesem Gebiet, besagt, daß Kohäsion und Kohärenz letztlich keine Eigenschaft des Textes, sondern Eigenschaften der beteiligten kognitiven Prozesse innerhalb der gegebenen Diskurssituation seien. Die mit dieser These angesprochene Dimension betrifft den Bereich, in dem die Begriffe „Kohäsion" und „Kohärenz" Anwendung finden. In der klassischen Linguistik beziehen sich die Begriffe auf Eigenschaften des Textes, in der Psycholinguistik auf Eigenschaften kognitiver Prozesse. Allerdings bedeuten beide Sichtweisen eine Verkürzung: Werden die Begriffe auf Texteigenschaften bezogen, tritt der kommunikative Charakter von Texten und Äußerungen zu sehr in den Hintergrund, werden die Begriffe auf Prozeßeigenschaften bezogen, bleibt zu schnell außer acht, daß es sich bei den Prozessen um sprachverarbeitende, also um ganz spezifische Prozesse handelt, die sich ihrerseits auf linguistische Eigenheiten gründen. Für eine umfassende Grundlegung der Begriffe genügt also die Beschränkung auf eine der beiden Sichtweisen nicht; beide sollten in Ergänzung zueinander eingenommen und ausgewertet werden.

Die Thesen, die Givón unter seinen Gliederungspunkten (c) und (d) aufführt, sind nur dann relevant, wenn man von einer primär psycholinguistischen Sichtweise auf die Begriffe Kohäsion und Kohärenz ausgeht. Werden Kohärenz und Kohäsion durch Eigenschaften von Sprachverarbeitungsprozessen festgelegt, so ist notwendigerweise zu unterscheiden, ob von einem Sprachproduktionsprozeß oder von einem Sprachrezeptionsprozeß ausgegangen wird. Diese einfache aber doch wichtige Feststellung ist der Inhalt von Givóns These (d). Nach These (c), und auch das ist unstrittig, ist ebenfalls zu beachten, daß bei einem Gespräch die Rollen des Sprechers und des Hörers wechseln, so daß Kohäsion und Kohärenz in einem Wechselspiel und einem Aushandlungsprozeß zwischen den Beteiligten entstehen. So muß beispielsweise jeder der am Gespräch Beteiligten Vorgaben des Gegenübers, etwa spezifische Benennungen von Objekten, beachten und darauf Bezug nehmen. Nur so kann es gelingen, daß die eigenen Äußerungen in dem Zusammenhang mit den Äußerungen anderer Gesprächsteilnehmer stehen, der das Gespräch als kohäsiv bzw. als kohärent kennzeichnet.

4.3. Das Medium

Eine wichtige Dimension für die Begriffe betrifft das Medium. Es ist wichtig zu unterscheiden, ob die Kohärenz bzw. die Kohäsion eines Textes oder ob die Kohärenz bzw. die Kohäsion einer Äußerung zu untersuchen ist. Nach Givón (1995, 60) sollte der Untersuchung anhand von Äußerungen der Vorrang eingeräumt werden. Diese Haltung entspringt einer psycholinguistischen Sichtweise, die die Betrachtung von Kohärenz mit der Untersuchung der kognitiven Prozesse koppelt, wobei der Prozeß der Sprachproduktion zumeist in seiner Form als Sprechen (s. Levelt 1989) untersucht wird. Anderersets kann die psycholinguistische Diskussion von Kohärenz aber auch mit der Untersuchung des Schreibens und des Lesens verbunden werden (siehe etwa Sanford/Moxey 1995; Traxler/Gernsbacher 1995): Givóns These von der Vorrangigkeit der Untersuchung von Äußerungen gegenüber der Untersuchung von (geschriebenen) Texten ist allerdings als Reaktion auf die Diskussionen des Kohärenzbegriffes durch die klassische Linguistik zu sehen, die sich fast ausschließlich auf schriftliche Texte bezieht. Notwendig ist aber eine gleichberechtigte Betrachtung bezüglich der Medien, zumal die Betrachtung der gesprochenen Sprache die Untersuchungen zu den Begriffen Kohäsion und Kohärenz insofern befruchtet, als auch die Wiederherstellung von Kohäsion und Kohärenz, etwa durch Reparaturen (vgl. Levelt 1983), in Störungsfällen zum Thema gemacht werden kann (Eikmeyer et al. 1995).

4.4. Lokal vs. global

Ein wichtiger Aspekt von Kohäsion und Kohärenz ist die bereits zur Sprache gekommene Unterscheidung zwischen globalen und lokalen Zusammenhängen, die globale oder lokale Kohärenz bzw. Kohäsion definieren. Liegen globale Zusammenhänge vor, beziehen sich alle Text- bzw. Äußerungsteile auf ein gemeinsames globales Thema. In diesem Fall ist jedoch ein Zusammenhang der einzelnen Teile untereinander nicht gewährleistet. Bestehen dagegen lokale Zusammenhänge, sind aufeinanderfolgende Teile miteinander verknüpft; ein Bezug aller Teile auf ein gemeinsames Thema aber muß nicht bestehen. Über eine Art freies Assoziieren können in diesem Fall Themenwechsel erfolgen, die lokal nicht oder nur sehr schwer aufzeigbar sind. Sowohl für Kohärenz als auch für Kohäsion ist das Vorliegen beider Ausprägungen, global **und** lokal, zu fordern.

4.5. Kunstreiche Sprachverwendung

Eine weitere Dimension, die bereits in der intuitiven Begriffsbildung aufgrund der diskutierten Beispiele angerissen wurde und die über Givóns Thesen hinausgeht, ist das Verhältnis von Kohärenz und Kohäsion zu einem elaborierten Sprachgebrauch. Im Vergleich der Beispieltexte (1) und (3) zeigte sich, daß ein Maximum an Kohäsion und Kohärenz nicht mit einer besonders elaborierten Sprachverwendung einhergeht. Durch die Einfügung des Lexikonelements *Beutel* in den Text (3) wurde gegenüber Text (1) eine Kohärenzsteigerung bewirkt, weil damit eine Hilfe bereitgestellt wurde, vom ersten Satz des Textes ausgehend einen Zusammenhang zu dem Ausdruck *Känguruh* des zweiten Satzes zu konstruieren. Fehlt wie in Text (1) das unterstützende Lexikonelement *Beutel*, so wird der Leser zu einer größeren Leistung genötigt, um den Zusammenhang zwischen den Sätzen des Textes nachzuvollziehen. Daß der Leser solches versucht, liegt darin begründet, daß er gemäß des Griceschen Leitsatzes *Sei kooperativ!* (Grice 1975) davon ausgehen kann, daß ein solcher Zusammenhang existiert. Der Aufbau oder besser gesagt das Nachvollziehen des Zusammenhangs gelingt nicht auf dem direkten Weg und erfordert somit eine gewisse geistige Anstrengung. Damit werden dann aber Gefühle des Erfolgs und der Überraschung beim Rezipienten freigesetzt. Durch das Hervorbringen dieser Gefühle, eventuell sogar über die Nutzung von Inkohärenz (Ironie, Metaphern), werden also Motivation und Interesse beim Rezipienten geweckt bzw. erhalten (Attardo/Raskin 1991). Ein geringeres Maß an Kohärenz und Kohäsion bzw. ein geeigneter Bruch derselben kann also intentional eingesetzt werden und eine kunstreiche Sprachverwendung kennzeichnen.

5. Literatur (in Auswahl)

Attardo, S./Raskin, V. (1991): Script theory revis(it)ed: Joke similarity and joke representation model. In: Humor 4, 293–347.

Bellert, I. (1970): On a condition of the coherence of texts. In: Semiotica 2, 335–363.

Bierwisch, M. (1965): Rezension zu Harris, Discourse Analysis. In: Linguistics 13, 61–73.

Bókay, A. (1985): Text and coherence in a psychoanalytical theory of jokes. In: Sözer, E. (ed.): Text Connexity, Text Coherence: Aspects, Methods, Results. Hamburg, 414–438.

Borchert, W. (1972): Das Känguruh. In: Borchert, W.: Das Gesamtwerk. Hamburg, 213–216.

Broek, P. van den (1994): Comprehension and memory of narrative texts: Inferences and coherence. In: Gernsbacher, M. A. (ed.): Handbook of Psycholinguistics. San Diego, 539–588.

Dijk, T. A. van (1972): Some Aspects of Text Grammar. Den Haag.

– (1977): Text and Context. Explorations in the Semantics and Pragmatics of Discourse. London/New York.

– (1980): Textwissenschaft. Eine interdisziplinäre Einführung. Tübingen.

Dry, H. A. (1985): Approaches to coherence in natural and literary narrative. In: Sözer, E. (ed.): Text Connexity, Text Coherence: Aspects, Methods, Results. Hamburg, 484–499.

Eikmeyer, H.-J./Kindt, W./Laubenstein, U./Lisken, S./Rieser, H./Schade, U. (1995): Coherence regained. In: Rickheit, G./Habel, C. (eds.): Focus and Coherence in Discourse Processing. Berlin, 115–142.

Gernsbacher, M. A./Givón, T. (eds.) (1995a): Coherence in Spontaneous Text. Amsterdam.

– (1995b): Introduction: Coherence as a mental entity. In: Gernsbacher, M. A./Givón, T. (eds.) (1995a), VII–X.

Givón, T. (1995): Coherence in text vs. coherence in mind. In: Gernsbacher, M. A./Givón, T. (eds.) (1995a), 59–115.

Grice, H. P. (1975): Logic and Conversation. In: Cole, P./Morgan, J. L. (eds.): Syntax and Semantics 3: Speech Acts. New York, 41–58.

Halliday, M. A. K./Hasan, R. (1976): Cohesion in English. London.

Harris, Z. S. (1952): Discourse analysis. In: Language 28, 1–30.

Hatakeyama, K./Petöfi, J. S./Sözer, E. (1985): Text, connexity, cohesion, coherence. In: Sözer, E. (ed.): Text Connexity, Text Coherence: Aspects, Methods, Results. Hamburg, 36–105.

Hobbs, J. R. (1979): Coherence and coreference. In: Cognitive Science 3, 67–90.

– (1983): Why is discourse coherent? In: Neubauer, F. (ed.): Coherence in Natural Language Texts. Hamburg, 29–70.

Hobbs, J. R./Agar, M. H. (1985): The coherence of incoherent discourse. In: Journal of Language and Social Psychology 4, 213–232.

Kintsch, W. (1988): The role of knowledge in discourse comprehension. In: Psychological Review 95, 163–182.

– (1995): How readers construct situation models for stories: The role of syntactic cues and causal inferences. In: Gernsbacher, M. A./Givón, T. (eds.) (1995a), 130–160.

Levelt, W. J. M. (1983): Monitoring and self-repair in speech. In: Cognition 14, 41–104.

– (1989): Speaking: From Intention to Articulation. Cambridge, MA.

Reinhart, T. (1980): Conditions for text coherence. In: Poetics Today 1 (4), 166–180.

Rickheit, G. (ed.) (1991): Kohärenzprozesse. Opladen.

Rickheit, G./Günther, U./Sichelschmidt, L. (1992): Coherence and coordination in written text: Reading time studies. In: Stein, D. (ed.): Cooperating with Written Texts. Berlin, 103–127.

Rickheit, G./Strohner, H. (1992): Toward a cognitive theory of linguistic coherence. In: Theoretical Linguistics 18, 209–237.

Sanford, A. J./Moxey, L. M. (1995): Aspects of coherence in written language: A psychological perspective. In: Gernsbacher, M. A./Givón, T. (eds.) (1995a), 161–187.

Schade, U./Langer, H./Rutz, H./Sichelschmidt, L. (1991): Kohärenz als Prozeß. In: Rickheit, G. (ed.) (1991), 7–58.

Traxler, M. J./Gernsbacher, M. A. (1995): Improving coherence in written communication. In: Gernsbacher, M. A./Givón, T. (eds.) (1995a), 189–214.

van der Velde, R. G. (1989): Man, verbal text, inferencing, and coherence. In: Heydrich, W./Neubauer, F./Petöfi, J. S./Sözer, E. (eds.): Connexity and Coherence. Berlin, 174–217.

Viehweger, D. (1989): Coherence: Interaction of modules. In: Heydrich, W./Neubauer, F./Petöfi, J. S./Sözer, E. (eds.): Connexity and Coherence. Berlin, 256–274.

Zabrucky, K. (1994): The role of factual coherence in discourse comprehension. In: Discourse Processes 9, 197–220.

Gert Rickheit, Bielefeld (Deutschland)
Ulrich Schade, Bielefeld (Deutschland)

30. Textdeixis

1. Sprachtheoretische Grundlagen
2. Deixis
3. Von der Rededeixis zur Textdeixis
4. Literatur (in Auswahl)

1. Sprachtheoretische Grundlagen

Der Begriff *Textdeixis* setzt sich aus zwei Kategorien zusammen, über die ihrerseits innerhalb der sprachwissenschaftlichen Diskussion keineswegs verbindliche Klarheit herrscht: *Text* und *Deixis*. Eine Klärung des Begriffs *Textdeixis* hat also die Aufgabe, die divergenten Grundannahmen so weit aufzudecken, daß die differenten Bestimmungen in sich jeweils nachvollziehbar werden. Im wesentlichen erweisen sich zwei fundamental verschiedene Sprachauffassungen als für die Argumentationsstränge zur Textdeixis relevant.

(a) Für *semiotische Sprachauffassungen* ist das Zeichen eine sprachliche Basiskategorie. Die Kappung einer Rekonstruktion seiner Genese als Zeichen hat zur Konsequenz, daß erst mit der Frage nach der jeweiligen Zeichenbedeutung sukzessive einzelne Reduktionsmomente bearbeitet, d. h. tendenziell rückgängig gemacht werden. So im Konzept der 'Sprechakt-' oder 'Illokutionsbedeutung' und nicht zuletzt im von Peirce entdeckten und durch Morris (1938) interaktionistisch propagierten Begriff der 'Indexikalität'. Als indexikalische Zeichen gelten solche, die ihre Bedeutung in Abhängigkeit von der Sprechsituation gewinnen. *Deiktische Ausdrücke* — in lateinischer, durchaus „sprechender" Terminologie u. a. *Demonstrativa* — sind indexikalische Zeichen par excellence (vgl. Wunderlich 1971). Sie stellen insofern eine theoretische Herausforderung dar.

(b) Schon 1934 überwand der Psychologe Karl Bühler für diese Ausdrucksgruppe die selbstverständlich zeichenzentrierte Bedeutungsanalyse. Er erkannte, daß mit diesen verbalen Zeichen eine Handlung vollzogen wird, nämlich ein *sprachliches Zeigen*. Damit war eine Revolution vom semiotischen hin zum *handlungszentrierten Sprachbegriff* vollzogen — allerdings erst für einen Teilbereich der sprachlichen Ausdrucksmittel. Es sollte zwanzig Jahre dauern, ehe der Sprachphilosoph Austin eine Theorie von Sprache als Handlungsform insgesamt formulierte — und ein weiteres Dutzend Jahre, ehe die linguistische Rezeption in Europa beide Erkenntnisse produktiv aufnahm und im Rahmen der funktionalen Pragmatik zu systematisieren begann. Abgesehen von Fillmore (1971; 1975) setzt die Rezeption Bühlers im angelsächsischen Raum — trotz dessen Exiltätigkeit in den USA — erst mit der 1990 erfolgten Übersetzung seiner Sprachtheorie ein.

2. Deixis

Ähnlich wie der Sprachbegriff weist auch der Textbegriff unterschiedliche theoretische Fassungen auf. Von der kritischen Weiterentwicklung Saussures, dessen Basiseinheit allein das Zeichen darstellt, zur zentralen Funktionseinheit *Text* (Weinrich), von satztranszendierenden Textkonzeptionen (Brinker, Hartmann, Heger, Scherner, Viehweger) hin zur interaktionsbezogenen Gleichsetzung mit der Einheit *Diskurs/Gespräch* (Kallmeyer, Gülich, Raible) reichen die eher semiotisch basierten Konzepte, denen die Ableitung von *Text* aus der primären Großform sprachlichen Handelns, dem *Diskurs*, funktional-pragmatisch gegenübersteht (Ehlich).

Analog finden sich nebeneinander die Konstatierung der Existenz einer *Textdeixis* und/oder *Diskursdeixis* und das Abstreiten einer wirklichen deiktischen Leistung der nämlichen Ausdrücke im Text sowie (mit Bühler) die Behauptung einer anderen, nämlich *anaphorischen Deixis*, wodurch sich wiederum die Abgrenzungsfrage hin zur *Anapher* stellt (→ Art. 31). Mit der jeweiligen Bestimmung variiert denn auch die Reichweite der ausdrucksmäßigen Erstreckung, d. h. der Ein- oder Ausgrenzung der sprachlichen Mittel.

Diese Forschungssituation erfordert eine Übersicht über Deixisbestimmungen allgemein, ehe Textdeixis als spezifischer Modus des Zeigens darzulegen ist.

2.1. Semiotische Indexikalität

Die um 1900 in der Philosophie entwickelte indexikalische Auffassung von (heute so genannter) Deixis betrifft primär eine logische Fassung des Repräsentationsproblems zwischen (einzelnem) Zeichen und Welt bzw. einem Element davon. Im Sinne von Peirce beruht die Zeichenfunktion eines Index-Zeichens auf einer kontingenten, jedoch existentiellen Verknüpfung von Repräsentation und faktischem Objekt, im besonderen auf einer semiotischen Manifestation des Kontextes. Während Peirce diese Repräsentationsform eingebunden sieht in den Erkenntnisprozeß von Wirklichkeit und seine Zeichentheorie als Kritik der cartesianischen Introspektion und in der Tradition Kants als Versuch einer Bedingungsanalyse von Erkenntnis entfaltet, verkürzt die Rezeption seine Indices zumeist auf eine Zeichenklassifikation (vgl. Stetter 1983).

Burks (1948/49) bindet die Betrachtung an Fragen der Bedeutungsanalyse von sentences. Demnach haben indexikalische Zeichen eine Bedeutung, die allerdings abhängig ist von ihrer raum-zeitlichen Lokalisierung. Diese Charakteristik wird von ihm semiotisch als Differenz zwischen symbolischer type-Bedeutung und indexikalischer token-Bedeutung aufgeschlüsselt. Die mathematisierende Logik auf der Basis von Russell (1940), demzufolge Deiktika „egocentric particles" darstellen, und Reichenbach (1947), der indexikalische Referenzen (besonders auf Zeit) durch raffiniertere Segmentierungen zu berechnen sucht, befördert wissenschaftsgeschichtlich eine cartesianische Reifizierung der Semiotik.

Eine logische Behandlung, welche die indexikalischen Ausdrücke in ihrem Produktionszusammenhang von Äußerungen betrachtet und kontextfreie, lediglich statement-bezogene Semantik von kontextabhängiger Pragmatik differenziert, bietet Bar-Hillel (1954; 1963). Er unterzieht den Versuch der Eliminierung von Idexikalität durch logische Relationsbestimmungen und Kontextbeschreibungen bei Russell, Reichenbach und Castañeda einer scharfen Kritik: „[...] it should be borne in mind that a context-description might be more specific than the context which the producer might have had 'in his mind' " (Bar-Hillel 1954, 371). Dem semantischen Referenz-Begriff stellt er seinen pragmatischen Funktionsbegriff gegenüber, so daß die für Indexikalität konstatierte „Vagheit" der Referenz gerade als sprecherseitig angemessen gilt. Bar-Hillel konstatiert sogar eine tendenzielle Unvermeidbarkeit „indexikalischer Kommunikation". (Anknüpfend an Davidson und Wittgenstein führt Wyller (1994) Vergleichbares für „indexikalische Gedanken" aus.) Die gewonnene Dignität indexikalischer Ausdrücke bleibt allerdings kommunikativ abstrakt.

2.2. Sprachliches Zeigen

Bühler gelingt eine erste systematische Bestimmung der *Sprechsituation*, wenn er in seinen drei Figurierungen des an Platon angelehnten Organonmodells von Sprache bzw. sprachlichem Zeichen (Bühler 1934, § 2) den „einen" „dem andern" „etwas mitteilen" bzw. einfach „sprechen" läßt „über die Dinge" bzw. „Gegenstände und Sachverhalte" – sozusagen face-to-face in einem gemeinsamen „Wahrnehmungsfeld" (ebd., 124) und unter Rücksicht der als autonom erkannten und in ihrer komplexen „psychophysischen" Ganzheit berücksichtigten Beteiligten.

Dies ist die Basis, welche als das „volle[n] Modell des Sprechverkehrs" theoretisch dahingehend spezifiziert wird, daß das „konkrete Sprechereignis [...] eine komplexe menschliche Handlung" darstellt, die als „soziale[s] Geschehen" notwendigerweise zwei funktional (in ihrer „Rolle") bestimmte Aktanten voraussetzt (ebd., 79). So gelingt Bühler in Kap. II die Erkenntnis der *Handlungs-Bedeutung* von Ausdrücken wie *ich* und *du* sowie *hier* und *dort*, *jetzt* und *damals*: Sie *zeigen (verweisen)* – auf den Sprecher als Sprecher bzw. den Hörer als Adressaten der Äußerung in der Sprechsituation, auf den Sprechort und die Sprechzeit, nah bzw. fern. Dabei knüpft Bühler an scharfsinnige Beschreibungen der demonstrativen Funktion bei Windisch, Wegener, Wackernagel, Paul und insbesondere Brugmann (1940) an; ja er greift bis auf entsprechende Beobachtungen zu den Pronomina bei Apollonios Dyskolos zurück. Seine Erkenntnis geht jedoch insofern über sie hinaus, als er anstelle einer unsystematischen ontologischen eine systematische sprachpsychologische Zweckbestimmung ausführt: Im elementaren Fall vollzieht der Sprecher mittels *Zeigwort* für den Hörer ein *sprachliches Zeigen* in der *Sprechsituation* als dem *Zeigfeld*. Der elementare, einfache Modus des Zeigens geschieht mithin *ad oculos et ad aures*. Dadurch erreicht der Sprecher beim Hörer eine „Orientierung im Bereich der Situationsumstände" (Bühler 1934, 106), welche gegebenenfalls, aber keineswegs notwendig, durch weitere, nicht-sprachliche Zeighilfen ergänzt werden kann. Die kommunikative Orientierung — sie bleibt in allen nicht-handlungstheoretischen Rezeptionen ausgeblendet — erfolgt gemäß Bühler koordiniert durch die Sprechsituation selbst, deren Nullpunkt oder *Origo* die Dimensionen Sprecher—Sprechort—Sprechzeit bilden, welche sich sprachlich in die Zeigwörter *ich — hier — jetzt* umsetzen. Die Unhintergehbarkeit einer „subjektiven Orientierung" für alle „Verkehrspartner" sprachlicher Kommunikation (ebd., 102 f) ist systematisch zu verstehen und nicht dezisionistisch oder psychoanalytisch, wie dies im Vorwurf von Sprecherzentriertheit oder Egozentrik bei Klein (1978) — hierin Lyons (1975) folgend — geschieht. Die Forderung von Weinrich (1988) und mit ihm Liu (1992) nach der kommunikativen Dyade als Origo verkennt, daß Zeigwörter eine mit dem Sprecher gemeinsame Orientierung beim Hörer erst herstellen müssen.

Sprachtheoretisch trifft Bühler (1934, 80 f) eine fundamentale Unterscheidung zwischen *Zeigwörtern*, griech. *deiktischen Ausdrücken*, und *Nennwörtern*, *symbolischen Ausdrücken*, die ihre Bedeutung in seinen beiden 'Feldern' der Sprache gewinnen, *Zeigfeld* und *Symbolfeld*. Für die symbolischen Ausdrücke (ebd., Kap. III) verbleibt Bühler allerdings bei einer semiotischen Bedeutungsanalyse und fällt so gleichsam hinter seine eigene sprachtheoretische Revolution zurück. Allein für die deiktischen Ausdrücke erkennt er, daß die Bedeutung sprachlicher Mittel in einer kommunikativen Handlung, hier dem *hörerorientierenden Zeigen*, besteht. Als Ausdrucks- und Wahrnehmungspsychologe gelingt ihm dies besonders für den grundlegenden, konkreten Fall des Zeigens „im gemeinsamen Wahrnehmungsraum", partiell auch für solches im „Phantasieraum", wie es einmal heißt (ebd., 125 f). Das, worauf gezeigt wird, die „Zeigobjekte" (ebd.) sind Elemente der einfachen Sprechsituation, bei *der* oder *dieser* insbesondere ihre wahrnehmbaren Anteile. Ansatzweise beginnt Bühler in § 8.1 eine Übertragung auf einen zweiten Zeige-Modus, das *Zeigen am Phantasma*, wie es für Erzählungen, Märchen etc. charakteristisch ist. Gleichnishaft versucht er, drei Formen der Origo-'Versetzung' zu scheiden (ebd., 134 f). Die Ausführungen bleiben noch unsystematisch, allerdings durchgehend an die Orientierungsfunktion gebunden. Für den dritten Zeige-Modus fällt Bühler hingegen innerhalb seiner Deixis Analysen von einer handlungstheoretischen in eine semiotische Bestimmung zurück und prägt den — wie sich handlungsanalytisch nachweisen läßt, widersprüchlichen — Begriff von der *anaphorischen Deixis* in Texten. Die Problematik von 'Textdeixis' ist bereits hier angelegt (vgl. 3.2.).

2.3. Sprachliches Zeigen, re-semiotisiert

Bühlers Analyse der Zeigwörter wurde auf weiten Strecken reduktionistisch rezipiert. Dies gilt schon für die Begrifflichkeit. Zwar ist es seit der zweiten Auflage von Bühlers „Sprachtheorie" 1965 üblich geworden, anstelle der Indexikalität vom 'Zeigen' oder — meist unterminologisch — 'Verweisen' zu reden sowie die Kategorien 'Deixis' funktionsbezogen und 'Deiktikon' wortbezogen zu verwenden (z. B. Heger 1965; Fillmore 1971; Wunderlich 1971; Lyons 1975; Braunmüller 1977; Harweg 1978; Rauh 1978; Herbermann 1988; Fuchs 1993; Blühdorn 1993; einen guten Überblick enthält Krenn 1985), doch geschieht dies weitgehend ohne die fundamentale Wortarten- und Semantik-Kritik, die in Bühlers Entdeckung angelegt ist. Theoretisch konsequent spricht dagegen Ehlich (1979) (wie Brugmann und auch Bühler) für das sprachliche Ausdrucksmittel von *Deixis*, im Plural von *Deixeis*.

Die Re-Semiotisierung von Deixis sieht von drei Erkenntnismomenten Bühlers ab: von der Orientierungsleistung zwischen S und H, von ihrer nicht allein physischen, sondern psychischen Beteiligung als Aktanten in der Sprechsituation und von der systematischen Verankerung des Zeigfelds in der Sprechsituation.

Wird das Zeigen zwecks Hörerorientierung nicht als Bedeutung der Zeigwörter begriffen, da Handlungsbedeutungen theoretisch nicht vorgesehen sind, so scheint die situationsabhängige Bedeutung von deiktischen Ausdrücken auch noch nach Bühlers Analyse einer Erklärung zu harren – und zwar im semiotischen Sinne der Referenz. Dazu werden im wesentlichen zwei Lösungen angeboten: einerseits die Zuschreibung einer semiotischen Doppelfunktion, andererseits ein Identifizierungsverfahren des zeigend denotierten Objektes. Eine Doppelfunktion behauptet bereits Burks (1948/49) (vgl. 2.1.). Fillmore (1972) scheidet den elementaren „gestual use" vom „symbolic use" im 'discourse'; Rauh (1978; 1983) führt diesen Gedanken weiter, indem sie einen „lexikalischen Bedeutungsanteil" differenziert, der jedoch stärker die Nähe-Ferne-Differenz sowie die deiktischen Dimensionen (v. a. Personal-, Temporal-, Lokal-Deixis) betrifft; Fuchs (1993) fordert die Trennung von konzeptueller und referentieller Bedeutungsebene, um so designative und deiktische Komponenten eines Zeichens erkennbar zu machen.

„Denotationsfähigkeit der Deiktika" machen auch Sennholz (1985) und Diewald (1991) geltend. Sie knüpfen damit an semiotische Textanalysen an, welche die Spezifika der „Referenz" deiktischer Ausdrücke vermittelt über das (im traditionellen Terminus 'Pronomen' bereits angelegte) Konzept der Substitution oder 'Pro'-Formen zu klären versuchen (vgl. 3.2.). Harweg (1968; 1978; 1990) formuliert dies referenzsemantisch in einer „Substititionstheorie" aus und scheidet eine „exogene" (einer Texteinheit nicht eigene, insofern herausweisende) von einer „endogenen Textdeixis" – terminologisch der Trennung von „exophorischer" (aus der Sprache in die Welt referierender) und „endophorischer" (textintern referierender) Deixis bei Halliday/Hasan (1976) vergleichbar; Braunmüller (1977) plädiert für eine einheitliche „Theorie des Referierens", die Deixis und Anaphorik einschließt, Herbermann (1988) spricht von „modi referentiae"; Kallmeyer et al. (1971) machen gegen das Substitutionsprinzip konnektierende koreferentielle Beziehungen geltend; Conte (1981) betont die Kosignifikanz der Textdeixis.

Subtiler und stärker in der Linie der Bühlerschen Erkenntnisse argumentiert Vater (1991), wenn er unter Bezug auf die „kognitive Wende" der gängigen reifizierenden Referenz- und Pro-Konzeption eine Absage erteilt und auch für die Deixis einen im Sinne Jackendoffs „konzeptuell" verankerten 'Referenten' (lat. präzise wäre vom 'Relat' zu reden) erkennt. Damit kritisiert er ausdrücklich die wortbezogene Argumentation von Halliday/Hasan und geht zugleich über die intensionale Logik mit Blick auf Demonstrativa (z. B. Kaplan 1978) hinaus. Des weiteren verschiebt er die Deixisbestimmung nicht allein auf die Referenzproblematik, sondern betont den charakteristischen „Bezug auf Gegebenheiten der Sprechsituation".

Den Weg einer geradezu physikalischen Berechnung des deiktischen Referenten wählen demgegenüber solche Linguisten, die von der – nicht zuletzt mit Kant – als grundlegend betrachteten Kategorie des Raumes ausgehen und das Zeigfeld konkretistisch behandeln, dies Verfahren sodann per analogiam (gegen Kant) auf die abstrakte Kategorie der Zeit einerseits und metaphorisch auf den Modus des Zeigens am Phantasma andererseits ausdehnen. Genannt seien vor allem Forschungen im Kontext des Max-Planck-Instituts in Nijmegen (Klein 1978; Weissenborn/Klein 1982; Weissenborn 1985; Jarvella/Klein 1982; Ehrich 1983; 1992 und nicht zuletzt Fillmore 1972, 1982; eine Bibliographie bieten Schreuder Peters et al. 1992). Die im kritischen Gestus an Bühler gestellten Fragen von Klein (1978) dürften an dessen Erkenntnissen vorbeigehen, wenn in cartesianischer Weise ein Identifikationsproblem des deiktischen Objekts (als Denotat) und ein geometrisch-mathematisches (Re-)Konstruktionsproblem des Zeigfeldes als dimensionierten, möglicherweise metrisierten Koordinatensystems hervorgehoben werden. Die bereits von Bühler (1934, 103 f) kritisierten Präsuppositionen der Logiker (Eindeutigkeit sprachlicher Symbole und Zuordnungskonstanz) sowie die von Bar-Hillel (1954) zuerkannte Funktionalität der Vagheit indexikalischer Ausdrücke bleiben undiskutiert. Ehrich (1992) greift schließlich – in explizit „eklektizistischer" Weise – auf Reichenbachs Berechnungsverfahren für Zeitreferenzen zurück und überträgt sie auf Raumreferenzen.

Abgesehen wird weitgehend auch von der sprechsituativen Bindung des Bühlerschen Origo-Begriffs, so daß es nicht mehr um den spezifischen sprechsituativen Nullpunkt ('Origo'), sondern stattdessen nomenklatorisch nivellierend – besonders in den Max-Planck-Forschungen sowie der „deictic shift theory" (vgl. Duchan et al. 1995) – um einen irgendgearteten Nullpunkt einer Koordination geht. Topomnestik bei z. B. *vorn/hinten, links/rechts, oben/unten* (vgl. im unspezifischen Übertragungsprozeß bereits Bühler 1934, § 9; sprachkontrastiv z. B. Hill 1982; als für 'Texte' funktionale Para-Deixis Graefen 1997) und andere Bezugsrelationen werden umstandslos mit der deiktischen, sprechsituativen Origobindung zusammen betrachtet. Das führt als perspektivische Relationalität bis zur Expandierung von Deiktika auf mood als attitude-Ausdruck (vgl. Brecht 1974), (Lokal-)Präpositionen (vgl. Schmauks 1991), Präpositionalphrasen wie *von einer Ecke zur anderen* (vgl. Ehrich 1992), Betonung (vgl. Canisius 1987), „versteckt indexikalische Ausdrücke" (vgl. Richter 1988; Haas-Spohn 1995) und Interjektionen (vgl. Wilkins 1992).

2.4. Sprachliches Zeigen, Fortsetzung

Die von Bühler entdeckte Handlungs-Bedeutung, das *Zeigen*, hat nach Ehlichs Systematisierung (1979) nicht die Komplexität einer (Sprech-)Handlung, sondern ist von elementarer Qualität, nämlich eine durch das Mittel der Deixis vollzogene *deiktische (zeigende) Prozedur*. Eine *Prozedur* stellt die kleinste Einheit sprachlichen Handelns dar und ihr Vollzug somit die handlungs-theoretische Bedeutung einfacher sprachlicher Ausdrucksmittel (im Überblick vgl. Ehlich 1991). Die deiktische Prozedur besteht – ganz im Sinne von Bühler – sprecherseitig in einer Neu-Fokussierung der Aufmerksamkeit auf ein Verweisobjekt, hörerseitig in der Übernahme dieser Neufokussierung mit dem Ergebnis einer gleichgerichteten Orientierung von S und H. Insofern trägt die deiktische Prozedur zur grundlegenden Kooperation beim Verständigungshandeln zwischen S und H bei. (Aus biologischer Sicht bestimmt Cheang (1990) das organische Pendant von Deixis als dezentrierte Wahrnehmung zwecks Lokation statt zentrierter Wahrnehmung zwecks Identifikation). Wie jedes sprachliche Handeln wird auch die deiktische Prozedur vermittelt über den Präsuppositionsbestand und das Wissen von S und H vollzogen. Dem Mentalen kommt in der Handlungstheorie von Sprache ein systematischer Stellenwert zu, und zwar als dialektische Widerspiegelung Π der außersprachlichen Wirklichkeit P – im Unterschied zur wahrnehmungsbasierten und analogisch aufgefaßten Projektion der kognitiven Linguistik, auf die sich z. B. die Deixisdiskussion von Vater (1991) und Segal (1995) bezieht. Die für die Deixis am Phantasma bei Bühler diskutierte gemeinsame Vororientiertheit von S und H als Grundlage für eine gelingende neue Orientierung kann so – der Hegelschen Instabilität sinnlicher Gewißheit gemäß (cf. „Das Diese und das Meinen" in der Phänomenologie des Geistes) – bereits für die Erklärung funktionierenden Zeigens im Sprechzeitraum (als spezifischem Wahrnehmungsraum) herangezogen werden. Deixeis sind also Ausdrucksmittel zwecks sprachlichen Zeigens im Sinne einer deiktischen Prozedur, nicht einer irgendwie gearteten konkreten, z. B. gestischen, Tätigkeit. Genausowenig wird Bühlers Kategorie des Zeigfeldes konkretistisch aufgefaßt. Vielmehr handelt es sich um einen *Verweisraum* im abstrakten Sinne, der systematisch durch die Sprechsituation (vgl. 2.2.) konstituiert wird. Was dem Ausdruckspsychologen Bühler als elementarer Fall des sprachlichen Zeigens erscheint, läßt sich sprechhandlungsanalytisch begründen: Der *Sprech-Zeit-Raum* bildet den einfachen, allerdings nur partiell sinnlich wahrnehmbaren Verweisraum für die deiktische Prozedur. Seine Verweisobjekte sind – im vorgeführten mental vermittelten Sinne, nicht zuletzt mit Blick auf Temporaldeixis, aber auch z. B. auf Erstreckungsfragen von Lokaldeixis oder pluralische Sprecherdeixis – die *sprachlich Handelnden* S und H, der *Ort* und die *Zeit* der sprachlichen Handlung sowie, im philosophisch unspezifischen Sinne, *Objekte* der Wirklichkeit und ihre Eigenschaften oder *Aspekte*. Insofern leiten sich auch die *Dimensionen der Deixis* aus der Sprechsituation ab. (Die elementaren Deixeis des Deutschen, das trotz zunehmender Abstraktheit der Dimensionen fast durchgehend nach Nähe und Ferne differenziert, präsentiert die Graphik bei Ehlich 1987, 291). Je nach deiktischer Dimension sind die Verweisobjekte typisiert, was meist abkürzend in die Deixischarakterisierung eingeht: *Personaldeixis, Ortsdeixis* (*Lokal-*) inkl. *Richtungsdeixis, Objektdeixis, Aspektdeixis, Zeitdeixis* (*Temporal-*). Als Sonderformen spricht Ehlich noch die zu Formeln erstarrten Formen einer „Deixis ins Leere" an: *dies und das, so und so, ..., oder so*. Die Objektdeixeis werden, außer bei Rauh (1978) und in der neuen IdS-Grammatik (Zifonun/Hoffmann/Strecker 1997), aufgrund der Tendenz zur Hypostasierung der Raumdimension und der konkretistischen Origo-Auslegung für das Zeigfeld zumeist nicht an eine eigene Dimension des Verweisraums gebunden, sondern den Lokaldeixeis subsumiert.

Anhand seiner empirisch basierten Analyse des umfangreichen Textkorpus des biblischen Hebräisch gelingt Ehlich (1979) die systematische Entfaltung einer handlungsanalytischen Deixistheorie, welche zugleich als allgemeiner theoretischer Vorschlag und als Beitrag zu einer sprachkontrastiven Analyse verstanden werden kann.

Die gleichen sprachlichen Ausdrucksmittel, die der elementaren deiktischen Neufokussierung eines Verweisobjektes im *Sprechzeitraum* dienen, werden verwendet, wenn das sprachliche Handeln selbst − in Form von Äußerungsverkettungen (ohne turn-Wechsel; 'Rede') oder Äußerungssequenzen (mit turn-Wechsel) − das Verweisobjekt bildet. Folgt man dem Prinzip der Einheitlichkeit eines Ausdrucks, erweist sich diese Verwendung als deiktischer Verweis auf einer systematisch abstrakten Stufe. Die Bindung an die Sprechsituation bleibt erhalten, indem eine Sprechhandlung stets ebenfalls Teil dieser Situation ist. Ehlich bestimmt (1979, § 5) die Dimensionen des Äußerungsaktes, des propositionalen Aktes und des illokutiven Aktes als eigene Verweisobjekte deiktischer Prozeduren, die der Rede als solcher systematisch inhärent sind. Die Rede bildet somit einen eigenen, abstrakten Verweisraum, den *Rederaum*.

3. Von der Rededeixis zur Textdeixis

Die zeitliche Erstreckung von Sprechhandlungen bzw. Rede hat zur Konsequenz, daß die deiktische Prozedur auf zurückliegende (geäußerte) oder aber auch auf vorausliegende (zu äußernde) Verweisobjekte des Rederaums gerichtet sein kann. Hierfür zieht Ehlich die von der Phorik her geläufigen griechischen (vertikalen) Qualifizierungen 'ana' (= aufwärts) und 'kata' (= abwärts) heran und differenziert so für den Rederaum − wie dann auch für den Textraum − *Anadeixis* und *Katadeixis*. Für deiktische Prozeduren im Rederaum schlägt Ehlich abkürzend den Terminus *Rededeixis* vor. (Mit Bezug auf den Terminus 'Diskurs' (s. u.), der Sprechhandlungs-Verkettungen und -Sequenzen umfaßt, könnte man gleichermaßen von *Diskursraum* und *Diskursdeixis* sprechen).

3.1. Handlungstheoretisches Konzept von Textdeixis und seine Perspektiven

Nicht zuletzt Deixisanalysen lassen die systematische Differenz von Diskurs und Text erkennbar werden (vgl. Ehlich 1979, § 6 und rein textanalytisch 1982). Die Kopräsenz von S und H verbürgt eine Einheitlichkeit der Sprechsituation; die unter diesen Bedingungen realisierten sprachlichen Handlungen, terminologisch als komplexe Handlungseinheit *Diskurs* gefaßt, haben entsprechende sprachliche Kennzeichen. Sind S und H nicht kopräsent, entfällt der gemeinsame Sprechzeitraum als potentielles Bezugsfeld sinnlicher Gewißheit. Die Einheitlichkeit der Sprechsituation bricht auf; stattdessen sind eine sprecher- und eine hörerseitige Situation zu differenzieren, gleichsam als zwei Hälften. Die zu kommunizierenden Sprechhandlungen werden von der Sprechsituation ihrer Produktion (sprecherseitigen Äußerung) entbunden und erst mit der Rezeption durch den Hörer an dessen Situation wieder gebunden. Mithin ist kommunikativ eine diatopisch und diachronisch *zerdehnte Sprechsituation* zu überbrücken. Sprechhandlungen, die dies zu leisten imstande sind, heißen *Text*. Texte können mündlich (z. B. Epen, Übermittlungen durch Boten) oder schriftlich sein; der sprachliche Modus ist nicht distinktiv gegenüber dem Diskurs. Einem Text ist also ein innerer Widerspruch inhärent: Ein Text ist situationsentbunden, indem er insgesamt eine zerdehnte Sprechsituation überbrückt; er wird aber in einen neuen Sprechhandlungszusammenhang gestellt, sobald er eine (konkret beliebig häufige) Rezeption erfährt, woraus sich Supplementierungsmöglichkeiten ergeben. Kann angesichts derartiger Widersprüchlichkeit im Text sprachlich gezeigt werden? Ehlich weist nach, daß deiktische Prozeduren im Text als *contradictio in re* (1982) zwar risikoreich sind und − besonders in wissenschaftlichen Texten (1992) − tendenziell sparsamer verwendet werden. Gleichwohl sind dieselben Deixeis wie in Sprechzeitraum und Rederaum nutzbar − ja sie können eigene Verweisobjekte in den Fokus rücken. Der Text selbst bildet in seiner spezifischen Überbrückung der zerdehnten Sprechsituationen einen abgeleiteten, tendenziell verallgemeinerten Verweisraum, den *Textraum* (vgl. Ehlich 1979, 435 f). Potentielle Verweisobjekte sind zunächst − wie im Rederaum − die textkonstitutiven, verketteten Sprechhandlungen mit ihren drei Dimensionen. (Hoffmann differenziert in der IdS-Grammatik mit Ehlich Rede- und Textdeixis, konzipiert den deiktischen Verweis auf Illokutionen jedoch als eigenen Deixistyp; vgl. Zifonun/Hoffmann/Strecker 1997, Kap. C4). Spezifische Verweisobjekte werden durch die Aktualisierung des Textes im Prozeß der Rezeption, verlaufe sie diatopisch und diachronisch hörend oder lesend, gewonnen. *Jetzt will ich die textdeiktischen Verweisobjekte nä-*

her ausführen oder *Hier sollen die Dimensionen des Textraumes verdeutlicht werden* können für den vorliegenden Text Beispiele solcher spezifischer *Textdeixis* bieten: *jetzt* zeigt in der zeitlichen Dimension des Leseprozesses, mit dem der Rezipient das betreffende Textelement aktualisiert, d. h. verstehend an seine Hälfte der Sprechsituation rückbindet, nicht im konkretistischen Sinne des Blicks auf die Uhr; *hier* zeigt auf den Ort im rezeptiv entfalteten Textwissen. Insofern hat der Textraum eine eigene zeitliche und örtliche Dimension, die in der Spezifik von Text (versus Diskurs) begründet ist. Nähe und Ferne können auch im Text differenziert werden, wobei die textuellen Einheiten (Absätze, Kapitel etc.) von verschiedener Reichweite sind und über das Textwissen des Lesers — zuweilen durch entsprechende nennende Prozeduren in Kombination mit den deiktischen unterstützt (*in diesem Kapitel*) — aktualisiert werden. (Syntaktisch sind adverbiale, nominale/substantivische oder attributive/adjektivische/determinierende Deixisverwendungen möglich — wie auch in den anderen Verweisräumen.) Durch ihre Neufokussierung der Aufmerksamkeit des Rezipienten leisten Textdeixis einen besonderen Beitrag zur Textgliederung — vor allem textstrukturell und propositional.

Ehlich (1979; 1983) hebt Formen der 'Rahmendeixis' in genealogischen Listen sowie deiktisch gestaltete Ein- und Ausleitungsformeln hervor. Solchen Makrogliederungen stehen Mikrogliederungen durch deiktische Prozeduren zur Seite, die nicht weniger komplex sein müssen. Beispielsweise stellt eine ganze Argumentationsstruktur, die in einem Zeitungsartikel durch die propositionalen Gehalte im Leserwissen aufgebaut wird, das Verweisobjekt von textdeiktischem *das* dar (vgl. Ehlich 1989). Eine detaillierte empirische Analyse deiktischer (und phorischer) Prozeduren in der Textart Wissenschaftlicher Artikel hat Graefen (1997) anhand eines umfangreichen deutschsprachigen Korpus verschiedener Disziplinen vorgelegt. Die textorganisatorische Leistung der Personaldeixis wird textartspezifisch auf die Sprecherdeixis eingeschränkt und auf „textdisponierende" Sprechhandlungen oder „eristische" Passagen konzentriert; die pluralische Personaldeixis *wir* bleibt häufig vage. Die für das Deutsche charakteristische Beteiligung der Deixis am „Strukturausbau der Sprache" (Redder 1990, 248) wird nach Graefen reich genutzt, sowohl in Form des para-operativen, nebensatzeinleitenden *da* als auch in Form von „zusammengesetzten Verweiswörtern" (Rehbein 1995), besonders auf aspektdeiktischer (*somit, sofern* etc.) und lokaldeiktischer Basis (*dabei, daher, damit* etc.). Deiktisch funktionalisierte Symbolfeldausdrücke, also *Para-Deixis* aufgrund von Feldtransposition, wie *oben, unten, (im) folgend(en),* werden generell besonders im Textraum funktional; in Wissenschaftlichen Artikeln treten Paradeixis wie *bald, bislang, gegenwärtig, vorläufig, vorliegend* etc. hinzu. Interessant sind des weiteren die Verteilungen der Deixis in Wissenschaftlichen Artikeln auf die unterschiedlichen Verweisräume (s. Tabelle bei Graefen 1997, 278).

Ein anderer Verweisraum, den Ehlich (1979, § 7.4), bezugnehmend auf Bühlers Deixis im Phantasma, aus einer konstitutiven Qualität von Rede und Text ableitet, wird im Wissenschaftlichen Artikel zweckmäßigerweise kaum genutzt: der *Vorstellungsraum.* Insbesondere sprachliche Mittel des Symbolfeldes können beim Rezipienten von Rede bzw. Diskurs oder Text ein Wissens- und Assoziationspotential evozieren, das Bühler mit 'Phantasie' oder 'Einbildungskraft' bezeichnet; weniger ästhetisch bezogen läßt sich von 'Vorstellung' sprechen. (Sie kann im Sonderfall auch imaginativ durch sinnliche Wahrnehmung evoziert werden; systematisiert geschieht dies mittels graphischer Darstellungen von Wirklichkeit wie Landkarten etc.; Klein (1978) nimmt solche kartographischen Projektionsverfahren zum Anlaß für die Ausdifferenzierung einer „analogischen Deixis"). Vor allem literarische Texte sind gleichsam darauf angelegt, rezeptiv nicht dem Propositionalen des Textraums verhaftet zu bleiben, sondern es zu übersteigen. In einem derart evozierten mentalen Raum, dem Vorstellungsraum eben, kann ebenfalls deiktisch verwiesen werden (zu einem komplexen, geradezu verwirrenden Textausschnitt von Thomas Bernhard s. Ehlich 1982). Anhand mehrerer Deixisanalysen in literarischen Texten Eichendorffs ermittelt Ehlich (1985; 1987; 1997) dessen reichen Einsatz von Deixis im Vorstellungsraum als Basis der unmittelbar leserinvolvierenden ästhetischen Wirkung und damit als Eichendorffs Stilprinzip, welches er als 'Zeigen' dem symbolisch basierten Prinzip 'Sehen' bei Goethe exemplarisch gegenüberstellt (1992b). Von literaturwissenschaftlicher Seite her greift Krusche die handlungstheoretische Deixisanalyse als zentrales Vermittlungsmoment für kulturübergreifendes Verstehen literarischer Texte auf —

am Beispiel von Kellers „Pankratz" (1992) und Gedichten von Eich, Celan, Bachmann (1995) − und macht die deiktisch gewonnene „Anschaulichkeit der Texte" zur Grundlage seiner Theorie der Interkulturellen Hermeneutik (in Vorb.; skizziert 1996). Riedner (1996) ermittelt anhand ihrer Deixisanalysen eines Romans von Kronauer wesentliche Kennzeichen einer modernen literarischen Ästhetik.

3.2. Semiotisches Konzept von Textdeixis und seine Herausforderungen

Bühler versteht seine knappen Ausführungen zum „anaphorischen Gebrauch der Zeigwörter", soweit sie dieselben Ausdrucksmittel betreffen wie für seine beiden anderen Modi des Zeigens, als Reinterpretation der klassischen Phänomene von sprachlicher Wiederaufnahme (→ Art. 32), die seit der Rhetorik als 'Anapher' bezeichnet werden. Insofern behält er die sprachpsychologische Bestimmung eines Zeigens und einer Schauensanforderung an H zunächst (in Bühler 1934, § 8 von Kap. II) bei − eben dies greift Weinrich (1988) instruktionssemantisch auf. Gezeigt wird laut Bühler auf „in der Rede Behandeltes", auf Elemente des „unmittelbaren Gedächtnisses", denn: „Psychologisch betrachtet setzt jeder anaphorische Gedanke der Zeigwörter das eine voraus, daß Sender und Empfänger den Redeabfluß als Ganzes vor sich haben, auf dessen Teile man zurück- und vorgreifen kann" (Bühler 1934, 121 f). Die Verweisobjekte sind mithin sprachlich, nämlich durch Rede vermittelte mentale Größen (Lyons 1975 verortet die „referents" dementsprechend im „universe of discourse".) Handlungsanalytisch gesprochen: Bühler zieht verbalisierte π-Elemente bzw. verstandene propositionale Teile als Verweisobjekte in Betracht. Die Grenzziehung gegenüber der Deixis ad oculos und am Phantasma beruht darauf, daß das Zeigen nicht mehr metaphorisch vom äußeren auf das innere Auge wahrnehmungsbasiert werden kann, sondern nunmehr unausweichlich als mentaler Prozeß des sprachlichen Handelns, hier speziell bei der inhaltlichen Sprachverarbeitung, zur Geltung kommt. Stillschweigend scheint Bühler die Kopräsenz von S und H während der „Rede" zu unterstellen. Dabei spricht er unterminologisch von Rede, was theoriegeschichtlich nicht verwundert. Insofern wird die Anbindung an die Sprechsituation und ihre Origo für ihn hier nicht zum Problem. Aus handlungsanalytischer Sicht könnte man sagen:

Bühler erkennt im Deixiskapitel mit dem „anaphorischen Zeigen" ansatzweise und avant la lettre den Verweis auf propositionale Elemente des gegenüber dem Sprechzeitraum abstrakten Rederaums, also bestimmte Formen der Rededeixis. Das Rück- und Vorgreifen versucht er irreführenderweise mit den griechischen Termini 'anaphorisch' und 'kataphorisch' insgesamt zu erfassen, obgleich die Phorik als qualitativ eigene, operative Prozedur der Fokuskontinuierung ausgewiesen werden kann (→ Art. 31). Weinrich (1988; 1994) und Bethke (1989) verkürzen ähnlich und dehnen diese Interpretation auf das Artikelsystem aus; Krenn (1985) erkennt zwar auf empirischer Basis durchaus die Differenz einer „starken Fokussierung" ('Demonstrativverweis') und einer „schwachen Fokussierung" ('Kontinuitätsverweis'), interpretiert aber beides als Verweisinstruktion. Weil Bühler eine systematische Differenz von Rede bzw. Diskurs einerseits und Text andererseits nicht sieht, kann er auch die inhärente Widersprüchlichkeit einer Textdeixis nicht erkennen.

Dies gilt ebenfalls für die späteren semiotischen Auffassungen von Textdeixis als Deixis mit Bezug auf größere sprachliche Zeichenketten. Lediglich in der frühen, auf einem literarischen Korpus basierten Untersuchung von Rauh (1978) wird − nicht zuletzt in Kritik an der strikt wahrnehmungszentrierten, insofern Temporaldeixeis sowie alle nicht ad oculos et aures erfolgenden Zeigemodi ausschließenden Auffassung von Hamburger (1968) − das Problem der Bedeutungsidentität deiktischer Ausdrücke in „situationsgelösten Äußerungen" diskutiert und die Verlagerung des Zeigfeldes in den sprachlichen Kontext mittels einer hypersentence-Analyse syntaktisch darzustellen versucht.

Terminologisch finden wir im Anschluß an Fillmores 'discourse deixis' (1971) z. B. bei Braunmüller (1977), Ehrich (1992) und, auf „gesprochene Texte" bezogen, bei Schmauks (1991) den Ausdruck 'Rededeixis' neben dem der 'Textdeixis' für die nämlichen Phänomene bei Harweg (1968; 1990), Rauh (1978), Conte (1981), Herbermann (1988), Vater (1991) sowie bei Schmauks für „geschriebene Texte".

Für die Klärung des Phänomens „Textdeixis" zeitigt die Verselbständigung eines semiotischen Begriffs von Zeigen als Referieren im Sinne einer Bezugnahme oder einer Denotation eigene Probleme. Bühlers Bezug auf π-Elemente in § 8 wird nicht rezipiert; stattdessen greift die textlinguistische Deixisdiskussion primär auf seine selbstreduktiven, semiotischen Ausführungen (Kap. IV) im Anschluß an das Kapitel zum Symbolfeld zurück. Dort heißt es: „Unser Ergebnis lautet, der *Kontext selbst werde zum Zeigfeld erhoben* in der Anaphora" und „Anders aber werden die Dinge in dem Augenblick, wo an Stelle des sachlichen Zeigens ein *syntaktisches* Zeigen vorliegt" (Bühler 1934, 386/388), Bühler betrachtet die Verweisobjekte nicht mehr, wie oben hinsichtlich des „Redeflusses" zitiert, als von mentaler Art, sondern rein sprachlicher Qualität: „Mit einem Wort: sie [die alten Zeigzeichen] stehen immer noch da im Kontexte, aber ihre Arme und Pfeile weisen *nicht mehr direkt auf Dinge*, die man mit den Augen im Blickfeld suchen soll und findet, sondern sie deuten auf Kontextstellen und Kontextstücke hin, wo man findet, was am Platze des Zeigzeichens selbst nicht geboten werden kann" (ebd., 390). Der Bezug auf den generalisierten Aktanten 'man' befördert zudem die Absehung von den Fragen, wie denn der Kontext plötzlich zum Zeigfeld erhoben werden kann; welche sprechsituative Bindung, auch an die hier-jetzt-ich-Origo, systematisch vorliegt. Die Zeigepotenz wird den Zeichen inskribiert, der Feldbegriff ambig. Bühler verwendet in Kap. IV 'Zeigfeld' nicht − im Sinne seiner Zweifelderlehre − abstrakt sprachtheoretisch, sondern metaphorisch konkretisierend für den 'Kontext', der so nicht als ein Verweisraum abgeleitet, sondern behauptet wird.

Während die kognitivistische Referenztheorie mentale, kurz: π-Elemente (vgl. 2.4.) als Referenten und somit als mögliche deiktische Verweisobjekte zuläßt (Vater 1991), spitzt sich im übrigen die fundamentale Frage darauf zu, ob sprachliche Elemente als solche, also p-Elemente, Referenten von Deiktika sein können oder ob es sich notwendigerweise um P-Elemente, Elemente von außersprachlicher Wirklichkeitsqualität, handeln muß.

Eine strikt reifizierende Konzeption entwickelt Harweg (1968; 1978; 1990). Text wird als Ding eigener Art, geradezu materialistisch aufgefaßt und der „realen Welt" (mit entsprechender „Weltdeixis") gegenüber zentral gestellt, so daß sich eine text-zentrierte Innen-Außensicht mit der Möglichkeit endogener und exogener Deixis ergibt (vgl. 2.3.). „Textdeixis ist demgemäß jene Form von Deixis, bei der die bezeichneten Örter textuelle Örter, d. h. Örter innerhalb von Texten oder Texte, ja Textmengen als ganze sind" (Harweg 1990, 177). Sprache in Form von Einzeltexten, Textteilen oder Textmengen erhält bei Harweg einen ontologischen Status nach Art von P und kann so Denotate eines ontologischen statt funktionalen Referenzbegriffs bieten. (G. Sitta 1991 führt diese Ontologisierung für die „fiktionale Welt" weiter, so daß auch sie durch eine einzige Versetzung vom Äußerungsort des Autors in den Äußerungsort von Erzähler, Figur oder „Ich" auf der „Referenzebene" im übrigen gleichermaßen deiktische Bezeichnung erlaubt.) Insbesondere für den schriftlichen Text in seiner „spatiotemporalen Einzigartigkeit" konzipiert Harweg einen *materiellen* „Textraum" (1990, 184). *Hier* und *jetzt* gelten ihm in ihrer Verwendung als Textdeiktika daher nur noch „etymologisch" als Lokal- versus Temporaldeiktikon, funktional jedoch als äquivalent, indem sie materialiter Textstellen bezeichnen. Konsequenterweise macht auch der Text selbst seine ontologische Existenz und semiotische Kraft geltend und bietet so Anlaß für „Textautodeixis" wie *dieser* in *dieser Aufsatz*, während eine pluralische Sprecherdeixis wie *unser* zwischen „Textgemeinschaftsdeiktikon" und „Weltdeiktikon" schwankt (ebd., 186/199). Harweg und, ihm folgend und die Differenz zur Anapher profilierend, Sennholz (1985) sowie Tschauder (1990) ordnen der Textdeixis sprachliche, im Text vorfindliche Denotate zu; insofern fungiert Textdeixis „metatextuell", wie auch Conte (1981) kritisch gegen Fillmore einwendet.

Conte und ebenso Rauh (1978) behalten allerdings den Rezipienten im Auge und nehmen nicht die schriftzentrierte Materialität eines Textes zum Ausgangspunkt ihrer Überlegungen. Wenn sie Textdeixis als auf sprachliche Elemente zeigend konzipieren, so gehen sie m. E. von deren sprachlicher Wirklichkeit p aus. Conte argumentiert zudem im Sinne von Weinrich instruktions-semantisch. Kritisch gegenüber einer syntaktischen Auffassung von Textdeixis, wie substituierende und pro(-nominalisierende) Sichtweisen dies nahelegen, betonen Rauh (1978; 1983) und Vater (1991) die syntaktische Unbestimmtheit der textdeiktischen Verweise und können so beispielsweise eigene Genuscharakteristika bei objektdeiktischen Verweisen wahrnehmen.

Für die detaillierte Behandlung von Rededeixis und Textdeixis wären freilich empirische Studien erforderlich, die leider noch immer höchst selten sind. Neben genannten

Korpusanalysen von Rauh sowie Ehlich, Graefen, Krusche und Riedner haben Ullmer-Ehrich (1982) und Wunderlich/Reinelt (1982) zunächst noch die Tradition der Linguistischen Pragmatik auch methodisch fortgesetzt und authentische Wohnraum- bzw. Wegbeschreibungen deiktisch untersucht; dann werden Korpusanalysen vereinzelt, einerseits in historisch orientierten Beiträgen (z. B. Rösler 1983; Grosse 1994), andererseits in gegenwartsbezogenen Studien durchgeführt. Zu nennen wären etwa Auer (1981; 1988), der aus Konversationsanalysen eine allgemeine Reparaturqualität von „deiktischen Artikelformen" abzuleiten sucht; Kurzon (1985), der textdeiktische Phänomene anhand seines Korpus als typisch für wissenschaftliche und juristische Texte ansieht; Waszink (1988), der Deixisanalysen bei Gogol für veränderte ästhetische und zugleich literaturtheoretische Einordnungen nutzt; Diewald (1991), die Textsorten anhand von Deixisvorkommen zu unterscheiden versucht; Liu (1992) mit seiner Untersuchung von Patentschriften; Schmauks (1991) durch die Heranziehung von authentischen Beispielen der Mensch-Maschine-Kommunikation; Wienold (1994) mit Bezug auf Lyrik und schließlich Fries (1994), der auf die Grenzen einer elektronischen Thesaurierung stößt und erkennt, daß der differenzierte Deixisgebrauch qua Computerauszählung nicht erfaßbar ist.

Die Darlegungen mußten sich im Rahmen dieses Artikels auf das Deutsche und z. T. Englische beschränken. Zwar existiert ein einigermaßen breites Spektrum von Deixisbeschreibungen zu typologisch entfernteren Sprachen – man beachte z. B. den Sammelband von Weissenborn/Klein (1982), die Artikel von Heger (1965), Denny (1982), Malotki (1982), Anderson/Keenan (1985) sowie die Monographien von Ehlich (1979) zum Hebräischen, Kryk (1987) zum Polnischen im Vergleich zum Englischen, Rasoloson (1994) zum Madagassischen im Vergleich zum Französischen und Englischen sowie Perkins (1992) aus kulturanthropologischer Sicht. Dominant sind zumeist Diskussionen über Nähe-Ferne-Differenzen. Eine gemeinsame theoretische Basis und also systematische Übersicht steht leider noch aus.

4. Literatur (in Auswahl)

Anderson, Stephen/Keenan, Edward (1985): Deixis. In: Shopen, Timothy (ed.): Language typology and syntactic description. Vol. III. Cambridge, 259–308.

Auer, J. C. Peter (1981): Zur indexikalitätsmarkierenden Funktion der demonstrativen Artikelform in deutschen Konversationen. In: Hindelang, Götz/ Zillig, Werner (eds.): Sprache: Verstehen und Handeln. Tübingen, 301–311.

– (1988): On Deixis and Displacement. In: Folia Linguistica XXII, 263–292.

Bar-Hillel, Yoshua (1954): Indexical Expressions. In: Mind LXIII, 359–379.

– (1963): Can Indexical Sentences Stand in Logical Relations? In: Philosophical Studies 14, 87–90.

Bethke, Inge (1989): *der, die, das* als Pronomen. München.

Blühdorn, Hardarik (1993): Deixis und Deiktika in der deutschen Gegenwartssprache. In: Deutsche Sprache 21, 44–62.

Braunmüller, Kurt (1977): Referenz und Pronominalisierung. Zu den Deiktika und Proformen des Deutschen. Tübingen.

Brecht, Richard D. (1974): Deixis in Embedded Structures. In: Foundations of Language 11, 489–518.

Brugmann, Karl (1904): Demonstrativpronomina der indogermanischen Sprachen. Leipzig.

Bühler, Karl (1934; 1965²): Sprachtheorie. Jena/ Stuttgart.

Burks, A. W. (1948/49): Icon, Index, and Symbol. In: Philosophy and Phenomenological Research 9, 673–689.

Canisius, Peter (ed.) (1987): Perspektivität in Sprache und Text. Bochum.

Cheang, Kiseang (1990): Semantik der Deixis. Opladen.

Conte, Maria-E. (1981): Textdeixis und Anapher. In: Kodikas 3, 121–132.

Denny, J. Peter (1982): Semantics of the Inuktitut (Eskimo) Spatial Deictics. In: IJAL 48, 359–384.

Diewald, Gabriele (1991): Deixis und Textsorten im Deutschen. Tübingen.

Duchan, Judith F. et al. (eds.) (1995): Deixis in Narrative. Hillsdale.

Ehlich, Konrad (1979): Verwendungen der Deixis beim sprachlichen Handeln. 2 Bde. Frankfurt/M.

– (1982): Deiktische und phorische Prozeduren beim literarischen Erzählen. In: Lämmert, Eberhard (ed.): Erzählforschung. Stuttgart, 112–129.

– (1983): Denkweise und Schreibstil. Schwierigkeiten in Hegelschen Texten: Phorik. In: Sandig, Barbara (ed.): Stilistik, Bd. I: Probleme der Stilistik. Hildesheim, 159–178.

– (1985): Literarische Landschaft und deiktische Prozedur. In: Schweizer, Harro (ed.): Sprache und Raum. Stuttgart, 246–261.

– (1987): *so*. In: Rosengren, Inger (ed.): Sprache und Pragmatik. Stockholm, 279–298.

– (1989): Deictic Expressions and the Connexity of Text. In: Conte, Maria et al. (eds.): Text Cohesion and Discourse Connectedness. Amsterdam, 33–52.

– (1991): Funktional-pragmatische Kommunikationsanalyse – Ziele und Verfahren. In: Flader, Dieter (ed.): Verbale Interaktion. Stuttgart, 127–143.

– (1992a): Scientific texts and deictic structures. In: Stein, Dieter (ed.): Cooperating with Written Texts. Berlin, 201–229.

– (1992b): 'Literarische Schreibprodukte'. In: Kohrt, Manfred/Wrobel, Arne (eds.): Schreibprozesse–Schreibprodukte. Festschrift für Gisbert Keseling. Hildesheim, 55–89.

– (1997): Linguistisches Feld und poetischer Fall: Eichendorffs *Lockung*. In: ders. (ed.): Eichendorffs Inkognito. Wiesbaden, 163–194.

Ehrich, Veronika (1983): *Da* im System der lokalen Demonstrativadverbien des Deutschen. In: Zeitschrift für Sprachwissenschaft 2, 197–219.

– (1992): Hier und Jetzt. Tübingen.

Fillmore, Charles (1971): Toward a Theory of Deixis. In: PCCLLK Papers 3/4, 218–242.

– (1972): Ansätze zu einer Theorie der Deixis. In: Kiefer, Ferenc (ed.): Semantik und generative Grammatik. Frankfurt/M., 147–174.

– (1975): Santa Cruz Lectures on Deixis 1971. Repro Bloomington: Indiana University Linguistics Club.

– (1982): Toward a Descriptive Framework for Spatial Deixis. In: Jarvella, Robert/Klein, Wolfgang (eds.): Speech, Place, and Action. Chichester, 31–59.

Fries, Udo (1994): Text Deixis in Early Modern English. In: Kastovsky, Dieter (ed.): Studies in Early Modern English. Berlin.

Fuchs, Anna (1993): Remarks on Deixis. Heidelberg.

Graefen, Gabriele (1997): Der Wissenschaftliche Artikel. Frankfurt/M.

Grosse, Siegfried (1994): Zum Gebrauch des bestimmten Artikels als Anapher in mittelhochdeutschen Texten. In: Canisius, Peter et al. (eds.): Text und Grammatik. Festschrift für Roland Harweg zum 60. Geburtstag. Bochum, 161–171.

Haas-Spohn, Ulrike (1995): Versteckte Indexikalität und subjektive Bedeutung. Berlin.

Halliday, M. A. K./Hasan, Ruqaiya (1976): Cohesion in English. London.

Hamburger, Käthe (1968): Die Logik der Dichtung. 2. Aufl. Stuttgart.

Harweg, Roland (1968): Textologische Implikationen der Richtungsopposition *kommen* vs. *gehen*. In: Folia Linguistica II, 195–221.

– (1978): Deixis und variable Referenz. In: Zeitschrift für Phonetik, Sprachwissenschaft und Kommunikationsforschung 31, 132–142.

– (1990): Studien zur Deixis. Bochum.

Heger, Klaus (1965): Personale Deixis und grammatische Person. In: Zeitschrift für Romanische Philologie 81, 76–97.

Herbermann, Clemens-P. (1988): Modi referentiae. Heidelberg.

Hill, Clifford (1982): Up/down, front/back, left/right. A Constrastive Study of Hausa and English. In: Weissenborn, Jürgen/Klein, Wolfgang (eds.) (1982), 13–42.

Jarvella, Robert/Klein, Wolfgang (eds.) (1982): Speech, Place, and Action. Chichester.

Kallmeyer, Werner et al. (1971): Lektürekolleg zur Textlinguistik. Frankfurt/M.

Kaplan, David (1978): On the Logic of Demonstratives. In: Journal of Philosophical Logic 8, 81–98.

Klein, Wolfgang (1978): Wo ist hier? In: Linguistische Berichte 58, 18–40.

Krenn, Monika (1985): Probleme der Diskursanalyse im Englischen. Tübingen.

Krusche, Dietrich (1992): Text-Deixis als Rezeptionsbedingung. In: Jahrbuch Deutsch als Fremdsprache 18, 402–413.

– (1995): Leseerfahrung und Lesergespräch. München.

– (1996): Zeigen und Nennen als Dimensionen ästhetischer Wirkung. In: Jahrbuch Deutsch als Fremdsprache 22, 221–240.

Kryk, Barbara (1987): On Deixis in English and Polish. Frankfurt/M.

Kurzon, D. (1985): Signposts for the Reader: A Corpus-Based Study of Text Deixis. In: Text 5, 187–200.

Liu, Yongdong (1992): Fachsprachliche Zeige- und Verweisungsstrukturen in Patentschriften. München.

Lyons, John (1975): Deixis as a source of reference. In: Keenan, Edward (ed.): Formal Semantics of Natural Language. Cambridge, 61–83.

Malotki, Eckehart (1982): Hopi Person Deixis. In: Weissenborn, Jürgen/Klein, Wolfgang (eds.) (1982), 223–252.

Morris, Charles W. (1938): Foundations of the Theory of Signs. Chicago.

Perkins, Revere D. (1992): Deixis, Grammar, and Culture. Amsterdam.

Rasoloson, Janie N. (1994): Interjektionen im Kontrast: am Beispiel der deutschen, madagassischen, englischen und französischen Sprache. Frankfurt/M.

Rauh, Gisa (1978): Linguistische Beschreibung deiktischer Komplexität in narrativen Texten. Tübingen.

– (ed.) (1983): Essays on Deixis. Tübingen.

Redder, Angelika (1990): Grammatiktheorie und sprachliches Handeln: *denn* und *da*. Tübingen.

Rehbein, Jochen (1995): Über zusammengesetzte Verweiswörter und ihre Rolle in argumentierender Rede. In: Wohlrapp, Harald (ed.): Wege der Argumentationsforschung. Stuttgart, 25–67.

Reichenbach, Hans (1947 = ND 1966): Elements of Symbolic Logic. New York.

Richter, Heide (1988): Indexikalität. Ihre Behandlung in Philosophie und Sprachwissenschaft. Tübingen.

Riedner, Ursula R. (1996): Sprachliche Felder und literarische Wirkung. München.

Rösler, Wolfgang (1983): Über Deixis und einige Aspekte mündlichen und schriftlichen Stils in antiker Lyrik. In: Würzburger Jahrbücher für die Altertumswissenschaft, NF 9, 7–28.

Russel, Bertrand (1940): An Inquiry into Meaning and Truth. London.

Schmauks, Dagmar (1991): Deixis in der Mensch-Maschine-Kommunikation. Tübingen.

Schreuder Peters, Misja et al. (1992): A Bibliography on Space, Deixis, and Related Topics, with Index. Cognitive Anthropology Research at the Max Planck Institute for Psycholinguistics. Working Paper No. 15.

Segal, Erwin (1995): Narrative Comprehension and the Role of Deictic Shift Theory. In: Duchan, Judith F. et al. (eds.) (1995), 3–17.

Sennholz, Klaus (1985): Grundzüge der Deixis. Bochum.

Sitta, Georg (1991): Deixis am Phantasma. Versuch einer Neubestimmung. Bochum.

Stetter, Christian (1983): Peirces semiotische Schemata. In: Eschbach, Achim/Trabant, Jürgen (eds.): History of Semiotics. Amsterdam, 277–310.

Tschauder, Gerhard (1990): Anaphorik, Deixis und Metadeixis. In: Zeitschrift für Phonetik, Sprachwissenschaft und Kommunikationsforschung 43, 731–747.

Ullmer-Ehrich, Veronika (1982): The Structure of Living Space Descriptions. In: Jarvella/Klein (eds.) (1982), 219–249.

Vater, Heinz (1991): Einführung in die Raumlinguistik. Hürth/Köln.

Waszink, Paul M. (1988): „Such things happen in the world." Deixis in three short stories by N. V. Gogol. Amsterdam.

Weinrich, Harald (1988): Über Sprache, Leib und Gedächtnis. In: Gumbrecht, Hans U./Pfeiffer, Ludwig (eds.): Materialität der Kommunikation. Frankfurt/M., 80–93.

– (1994): Textgrammatik der deutschen Sprache. Mannheim.

Weissenborn, Jürgen (1985): Makroräume in der kognitiven und sprachlichen Entwicklung des Kindes. In: Schweizer, Harro (ed.): Sprache und Raum. Stuttgart, 209–244.

Weissenborn, Jürgen/Klein, Wolfgang (eds.) (1982): Here and There. Cross-linguistic Studies on Deixis and Demonstration. Amsterdam.

Wienold, Götz (1994): Referenz und Deixis in Gedichten: Georg Trakl, *Am Mönchsberg* und Volker Braun, *Lokaltermin*. In: Canisius, Peter et al. (eds.): Text und Grammatik. Festschrift für Roland Harweg zum 60. Geburtstag. Bochum, 291–306.

Wilkins, David P. (1992): Interjections as Deictics. In: Journal of Pragmatics 18, 119–158.

Wunderlich, Dieter (1971): Pragmatik, Sprechsituation, Deixis. In: Zeitschrift für Literaturwissenschaft und Linguistik I/II, 153–190.

Wunderlich, Dieter/Reinelt, Rudolf (1982): How to Get There from Here. In: Jarvella/Klein (eds.) (1982), 183–201.

Wyller, Truls (1994): Indexikalische Gedanken. Über den Gegenstandsbezug in der raumzeitlichen Erkenntnis. Freiburg.

Zifonun, Gisela/Hoffmann, Ludger/Strecker, Bruno (1997): Grammatik der deutschen Sprache. Band 1–3. Berlin.

Angelika Redder, München
(Deutschland)

31. Anapher im Text

1. Phorische Ausdrucksklassen und phorische Prozedur
2. Zur Kategoriengeschichte der Anapher
3. Phorik im Satz
4. Anapher im Text
5. Kataphorik
6. Phorik als Textkonstituens?
7. Literatur (in Auswahl)

1. Phorische Ausdrucksklassen und phorische Prozedur

Im etablierten System der Wortarten, das auf die griechisch-lateinische Tradition zurückzuführen ist, nimmt die *Anapher₁* (*er/sie/es; he/ she/it* ...) eine eigentümliche Position ein. Sie steht als Wortart in Konkurrenz zur umfassenderen Kategorie des Personalpronomens und ist funktional bestimmt wie etwa Konjunktion, Abtönungs-, Negations- und Gradpartikel oder Interjektion, die jeweils in unterschiedlicher Hinsicht querliegen zum System der klassischen Wortarten. Daneben bezeichnet *Anapher₂* in der klassischen Rhetorik eine Wiederholungsfigur (s. Abschnitt 2.). Anaphern₁ dienen überwiegend der thematischen Fortführung von im Text oder Diskurs schon eingeführten oder sonst präsenten Gegenständen oder Sachverhalten. Eine Genusdifferenzierung zeigt das Formenparadigma im Deutschen (anders als etwa das Französische) nur im Singular. Hinsichtlich Genus und Numerus werden Anaphern ggf. vom zugehörigen Vorgänger-Ausdruck regiert, so dass der jeweilige thematische Zusammenhang deutlich markiert und gegenüber anderen möglichen differenziert wird. Eine solche Markierung ist im Singularbereich von besonderer Relevanz.

In der Subjektfunktion regiert die Anapher in vielen Sprachen die Kategorie Person (3. Person) des finiten Verbs im Satz, hinsichtlich des Numerus besteht Kongruenz. Ein Phrasenausbau ist nur begrenzt möglich, im Deutschen etwa in Nachstellung durch dislozierbare Determinative (*sie beide, sie alle*), Appositionen (*sie, Grafikerin aus Leidenschaft*) und Relativsätze.

Die Form des Neutrums (*es*) hat Zusatzverwendungen, die weder phorisch sind noch Verweisfunktion haben. Sie tritt beispielsweise als semantisch leeres, rein formales Subjekt obligatorisch bei bestimmten Verben auf (*Es donnert, es gibt aber kein Gewitter*). Bei wenigen Verben findet sich *es* als gleichermaßen semantisch leeres, formales Akkusativkomplement (*Sie hat es ihm angetan*). Das Korrelat-*es* kookurriert mit einem Termsatz (*Es ist gut, dass es regnet. Sie findet es gut, dass es regnet*). Das expletive *es* realisiert das Vorfeld in Aussagesätzen (*Es dürstete ihn, es lockte ein kühles Bier*).

Das *Reflexivum* erlaubt den satzinternen Rückbezug auf einen verbalisierten Gegenstand, im Deutschen auf den mit dem Subjekt, dem Akkusativ-Komplement oder (selten) dem Dativkomplement ausgedrückten Gegenstand (*Er warnt ihn vor sich*). Die Form des Reflexivums ist *sich* für alle drei Genera, die Kasus Dativ und Akkusativ im Singular und Plural. Die Formen der Persondeixis verweisen so eindeutig, dass es für sie spezielle Reflexivformen nicht gibt. In anderen Sprachen findet sich eine Reflexivmarkierung durch ein Verbaffix (z. B. russisch *-sja*). Bei Reflexivverben ist der Rückbezug (Subjekt-Objekt-Kontinuität der Orientierung) Teil der Prädikatsbedeutung.

Das Reflexivum kann bei bestimmten Verb-Konstruktionen als reziprok verstanden werden (*Petra und Claus lieben sich*); das *Reziprokum* (*einander, each other, one another*) ist auf diese Funktion festgelegt. Rein funktionale Bestimmungen führen leicht zu Abgrenzungsproblemen gegenüber funktionsäquivalenten Mitteln anderer Kategorien. Schon deshalb empfiehlt sich die Unterscheidung zwischen *Verfahren oder „Prozeduren"* (Ehlich) als Handlungseinheiten unterer Ebene und den *Mitteln der Realisierung* wie Intonation, Elementen von Wortarten etc. Somit sind zu differenzieren Anapher₁, Reflexivum und Reziprokum und *phorische Prozedur* als „operatives" (die Sprachverarbeitung organisierendes, vgl. Ehlich 1996) Verfahren, mit dem eingeführte Gegenstände oder Sachverhalte in der Orientierung präsent gehalten oder zu bestimmende antizipiert werden. Auch eine definite Nominalphrase kann phorisch verwendet sein (*eine Frau > die Frau*). Die phorische Prozedur dient der Themafortführung, aber auch der Verbalisierung satzinterner Rekurrenz.

2. Zur Kategoriengeschichte der Anapher

Bereits die Bezeichnung *Anapher* (ἀναφορά) enthält eine funktionale Bestimmung: griech. *anapherein* (ἀναφέρειν) bedeutet 'zurückbringen, zurückbeziehen, herausholen, hervorholen'. Mit dem Ursprungsverb deckt sich semantisch partiell das lateinische *referre* 'zurücktragen, erwidern, zurückwenden, (Geist/Augen/Tätigkeit) auf etwas hinlenken, wiederholen; überbringen, melden, berichten; eintragen, verrechnen'; daraus hat sich (unter dem Einfluss des Englischen) der verallgemeinerte Terminus 'Referenz' (Bezugnahme auf Gegenstände allgemein, nicht nur auf Gegebenes oder Eingeführtes, einschl. deiktischen Verweisens) gebildet. Ursprünglich sind Phorik wie Referenz aber Bedeutungen wie 'Weiterführung, Wiederholung, Aktualisierung' gemeinsam. (So dass ein Gebrauch wie „Anaphoric Reference" (Sternefeld 1993) nicht unproblematisch ist.)

Eine grundlegende Lesart findet sich bis heute in der rhetorischen Tradition, in der als *Anapher*₂ eine Wiederholungsfigur des Typs [[a−x] [a−y]], eine Repetition in der Anfangsposition (das Pendant in der Endposition heißt *Epipher* ('Zugabe'): [[x−a] [y−a]]) bezeichnet wird:

(1) *Und wir, wir wollten nicht deutlich sehen und **wir wollten** auch nicht deutlich gesehen werden.*
(J. Roth, Die Kapuzinergruft)

Dies formale Verfahren ist nicht an eine bestimmte Ausdrucksklasse gebunden. Wiederholt werden können Konjunktoren (*et ... et*), Adverbien (*bald ... bald*), Substantive etc., aber auch ganze Phrasen oder Sätze, schließlich metrische Einheiten wie Verse oder Versteile. Das rein formal gesehene Verfahren ist eines der urtümlichsten zur Rhythmisierung und zur Erzeugung memorierbarer und damit mündlich überlieferbarer Texte, und es dient poetischer Eindringlichkeit wie auch der graduellen Steigerung im Rahmen parteilicher Rede (rhetor. *amplificatio*). Die wiederholten Elemente können gleich sein; sie können phonetisch identisch sein, sich aber funktional-semantisch („*a rose is a rose is a rose ...*" (*Stein*)) oder durch die Aktualisierung unterschiedlicher Bedeutungen aufgrund von Polysemie oder Homonymie unterscheiden; schließlich kann auch die Ausdrucksgestalt (phonetisch, graphetisch, morphologisch) variiert sein (z. B. Wechsel zwischen -*que* und *et*).

Die von der Rhetorik in komplexer Ausdifferenzierung aufgewiesenen Figuren der Wiederholung mit unterschiedlichen Graden der Variation gehören zu den zentralen Mitteln der Textkonstitution im Bereich poetischer oder argumentativer Rede. Ihr Vorkommen bildet allerdings weder eine notwendige noch eine hinreichende Bedingung von Textualität. Literaturwissenschaftliche wie linguistische Poetik, Phonologie und Morphologie sind Bezugsdisziplinen für dieses Phänomen.

Das funktionale Merkmal des Rückbezugs wird bereits in der Antike auf Wortarten übertragen, die den Gehalt eines Vorgängerausdrucks „wieder hervorholen". Dies betrifft die stoische Kategorie des *Arthrons* ('Gelenkwort'), das für die Integration in übergeordnete Zusammenhänge sorgt. Für die Stoiker fallen Artikel (bei ihnen „unbestimmter Artikel") und Pronomen (erscheint als „bestimmter" oder als „deiktischer Artikel") in einer Kategorie zusammen. Apollonios Dyskolos zufolge waren die Gründe dafür formale Gemeinsamkeiten (Lautform, fehlender Vokativ der 1./3. Person etc.) sowie die Möglichkeit anaphorischen Gebrauchs. Er kritisiert diese Ineinssetzung und unterscheidet − wie schon Dionysius Thrax − den Artikel, der mit einem Kasusträger vorkommt, vom Pronomen, das für ein Nomen substituiert wird. Werden Artikel anaphorisch verwendet, sind sie genauso „bestimmt" wie die Pronomina. Pronomina werden nicht nur phorisch verwendet. In bestimmten Fällen ist eine Rück-Ersetzung durch den Ausgangsausdruck salva veritate nicht möglich, solche Fälle wurden auch schon in der Stoa im Rahmen der Diskussion der logischen Struktur von Aussagen thematisiert, etwa dieser:

(2) *Wenn jemand Kaffee bestellt, muss er/jemand ihn bezahlen.*

Ferner nimmt Apollonius Interrogativum, Indefinitum und Relativum aus der Klasse der Arthra heraus und ordnet sie den Substantiven zu.

Funktionsüberschneidungen und Formübereinstimmungen in manchen Sprachen haben auch später noch zu kategorialen Zusammenlegungen von Artikel und Pronomen (im deutschen Sprachraum als „Begleiter und Stellvertreter") geführt. Damit ergibt sich allerdings eine funktionale Heterogenität, insofern phorische neben deiktische Ausdrücke treten. In der Tradition wurde immer wieder (so schon bei den Stoikern) das deiktische oder das personale Moment auf alle entsprechenden Ausdrücke übertragen (vgl. etwa K. F. Becker im 19. Jh.).

An Brugmann anknüpfend hat Bühler (1934) die Kategorie Deixis als eigenständige im Rahmen seiner „Zweifelderlehre" funktional ausdifferenziert. Um den textuellen Vor- und Rückbezug zu erfassen, der von altersher als anaphorisch bezeichnet wurde, spricht er von anaphorischer Verwendung deiktischer Ausdrücke wie *dieser* oder *jener*: Der Kontext wird zum Zeigfeld, gezeigt wird nicht auf die Dinge, sondern auf ihre Verbalisierungen. Dass aber diese Ausdrücke auf Text- oder Diskurselemente in einer Weise zeigen können, wie genuin phorische dies nicht vermögen, insofern etwa die Abfolge in der linearen Kette relevant ist, haben Bühler und viele Nachfolger nicht gesehen. Zu selbstverständlich war und ist offenbar die traditionell unterstellte Einheit der Pronomina. Immerhin verortet Bühler den Phänomenbereich in der „Formenwelt der Mehrsatz-Einheiten" (1934, 386).

Phorik wurde nun nicht nur funktional gesehen, sondern in der *Anapher*$_1$ auch als eigene Formklasse etabliert. Dies ist ein Schritt weg vom Paradigma der Personalpronomina. Zu deutlich waren die internen Unterschiede: Universalität, Personcharakter und Diskursverankerung sowie fehlendes Genus der ersten und zweiten Person; Kontextabhängigkeit, Sachbezug neben Personbezug und funktionsadaptierte Genusdifferenzierung bei der dritten Person. Der Sprachvergleich zeigt, dass es sich um die dritte Person handelt, wenn ein Glied des Paradigmas fehlt. Indoeuropäische Sprachen mit ausgebautem Personsystem oder gar obligatorischer Realisierung geben da — wie so oft — ein verzerrtes Bild. Im Blick auf die Tradition erschien eine solche Neukonstitution vielen gewagt: Sie beließen es bei den herkömmlichen Pronomina und wiesen den Formen der dritten Person die anaphorische (so schon Behaghel) oder eine referentielle Funktion zu (so Weinrich (1993), der von „Referenz-Pronomina" spricht); eine andere Lösung wählt Brinkmann, der die Pronomina als „Umrißwörter" kategorisiert, „die ihre Bestimmtheit durch die Situation, den Horizont oder die Redefolge empfangen, wobei mit Übergängen zu rechnen ist" (1971, 743). Heidolph u. a. (1981) („Grundzüge") sprechen pleonastisch von „Stellvertreter-Pronomina".

Die wechselvolle Begriffsgeschichte der Anapher ist hier nicht im Detail zu verfolgen, zumal eine genaue historische Aufarbeitung aussteht. Deutlich ist jedenfalls die funktionale Fundierung, die einerseits in einer spezifischen Redefigur — unabhängig von ihrer kategorialen Füllung — liegt und andererseits in der Entwicklung der Funktionalität einer Ausdrucksklasse zu sehen ist: als schrittweise Ausgrenzung der phorischen im Unterschied zur deiktischen Funktion des stoischen Arthrons bzw. von Pronomina und Artikeln.

3. Phorik im Satz

Hier geht es um satzinterne Bezüge wie in

(3a) *[Tanja]$_1$ wäscht [sich]$_1$.*
(3b) *[Tanja]$_1$ wäscht [sie]$_2$/*[sie]$_1$.*
(4a) *[Die Gruppen]$_1$ bekämpfen [einander]$_1$.*
(4b) *[Die Gruppen]$_1$ bekämpfen [sie]$_2$/*[sie]$_1$.*
(5) *[Hans]$_1$, erwartet, dass Bruno [ihn]$_{1/2}$ besucht.*
(6) *[Hans]$_1$ verspricht, [sich]$_1$/[ihn]$_2$ zu rasieren.*
(7) *[Mary]$_1$ seems [t$_1$] to be happy.*
(8a) *Dass [er]$_1$ gewinnt, glaubt [Peter]$_1$ nicht.*
(8b) **[Er]$_1$ glaubt nicht, dass [Peter]$_1$ gewinnt.*
(9) *Vor [uns]$_1$ sahen [wir]$_1$ [eine Schlange]$_2$ [sich]$_2$ häuten.*
(10a) *[Jeder]$_1$ verspricht der Firma, dass [er]$_1$ fleißig arbeitet.*
(10b) **[Jeder]$_1$ wurde eingestellt, und [er]$_1$ arbeitete fleißig.*
(11a) *In [Peters]$_1$ Familie ist [er]$_2$ willkommen.*
(11b) *In [Peters]$_1$ Familie ist [er]$_1$ das Genie.*
(12) *[Sie]$_1$ sah [ihn]$_2$, bevor [der Einbrecher]$_2$ über die neue Mauer entschwand.*

Die Beispiele zeigen, dass Ausdrücke wie *sich* und *einander* satzinterne Bezüge haben müssen, während *er, sie* unter bestimmten Bedingungen (vgl. etwa den Quantifikationsfall (10)) satzextern oder genauer: außerhalb der Elementarproposition ihren Bezugspunkt haben, und das Possessivum *sein, ihr* flexibel beziehbar ist. Dass syntaktische Bedingungen allein nicht reichen, vielmehr propositionale Strukturen in ihrer komplexen Realisierung heranzuziehen sind, zeigen Fälle wie (11b; 8b versus 12).

In der von Chomsky begründeten Syntaxforschung werden seit etwa 30 Jahren die Relationen zwischen den indizierten Ausdrücken als Beschränkungen für eine Pronominalisierung diskutiert (vgl. u. a. Reinhart 1983; 1991; Chomsky/Lasnik 1993; Sternefeld 1993). Dazu wurde das Konzept der Bindung in Analogie zur Quantorenlogik entwickelt. Die Pronomina in (3a) und (4a) müssen innerhalb ihres Satzes Antezedenten haben, die in (3b) und (4b) finden ihre Antezedenten im weiteren Kontext, das Pronomen in (5) kann das Subjekt des Hauptsatzes oder einen satzexternen Ausdruck als Bezugsausdruck haben. Als *Anaphern*$_3$ gelten in der generativen Syntax solche Pronomina, die wie logische Variablen stets lokal unmittelbar gebunden sein müssen. Dies sind das (im Englischen genus- und persondifferenzierte) Reflexivum und das Reziprokum, ferner leere Kategorien bzw. Spuren (*t* in 7). Beispiel (6) zeigt, dass es zwischen Personalia und Anaphern bezugskomplementäre Positionierungen gibt. Die Frage der Generativisten ist nun, wann und in welcher Domäne eine solche Bindung (un)zulässig ist.

Die Beschränkung wird zunächst mithilfe des über Strukturbäume (im X-Bar-Format) definierten „c-Kommandos" definiert (in dieser speziellen Fassung auch als „m-Kommando" bezeichnet): Die niedrigste maximale Projektion (Phrasenkategorie), die α dominiert, dominiert auch β, und α und β dominieren einander nicht. (B1) Ein Antezedent (Bezugsausdruck) bindet ein Reflexivum (*sich*) oder ein Reziprokum (*einander*), wenn er sie c-kommandiert und Referenzidentität (Koreferenz, Bezug auf denselben Gegenstand) besteht. Sie wird in identischen Indizes notiert („coindexation"). Die für die Bindung relevante Domäne ist der minimale S- oder NP-Knoten, der die Anapher und ihr Regens enthält („governing category"). In dem Satz *Jan$_i$ spricht mit Lisa über sich$_i$* kann *sich* nur durch *Jan* gebunden sein, denn nur *Jan*, nicht aber *Lisa* c-kommandiert *sich*. Auf weitere Ausarbeitungen der Theorie ist hier nicht einzugehen. Anknüpfend an Bosch (1983), der von „syntaktisch gebundenen Anaphern" spricht und damit auch Fälle wie (13) einschließt, lässt sich die Beschränkung so fassen:

(B2) Syntaktisch gebundene Anapher und Reflexivum müssen als Teil eines komplexen Prädikatsausdrucks gelten können, relativ zu dem die kontrollierende Nominal- oder Protermphrase als Argumentausdruck (einer entsprechenden Prädikat-Argument-Struktur) zu interpretieren ist.

(13) *[Peter]$_1$ glaubt, [er]$_1$ habe eine Theorie über Anaphern.*
(14) *Peter empfiehlt [ihm]$_1$ [sich]$_1$.*
(15) *Er verwies [Hanna]$_1$ auf [sich]$_1$/*[ihr]$_1$.*

Im folgenden Beispiel gehört die Präpositionalphrase nicht zum Prädikatsausdruck bzw. ist „frei", so dass ihr Kopf kein Reflexivum enthalten kann:

(16) *Der Vertreter schloss den Vertrag mit [Hanna]$_1$ bei [ihr]$_1$/*[sich]$_1$.*

Als Erklärung für die Bezugsmöglichkeit in Sätzen wie (12) bietet sich an, dass der zweite Teilsatz tendenziell eher als eigenständige Thema-Rhema-Einheit (und dann nicht mit syntaktisch gebundener Anapher) gelten kann; dazu kann man sich die Teile z. B. durch eine längere Pause getrennt vorstellen.

Wenn man davon ausgeht, dass einem Satz die Synthese funktional divergenter Einheiten zugrundeliegt (Hoffmann 1996), so liegt nahe, dass Rekurrenz der Mittel (*Hanna wäscht Hanna*) nicht Identität des Bestimmten anzeigt; jede explizit nicht-minimale Gegenstandsbestimmung wird als Bestimmung eines neuen Gegenstands verstanden (→ Art. 35).

Im Sprachenvergleich zeigt sich, dass die strukturellen Beziehungen zwischen Anapher und Antezedent durchaus variieren (vgl. Keenan 1992):
(a) Nicht universell ist die unmarkierte Abfolge Antezedent vor Anapher, die im deutschen oder englischen Kernsatz nur im Kontrastfall umgedreht wird (*Himself Peter likes*): In VSO-Sprachen wie Madagassisch oder Tzotzil geht die Anapher dem Bezugsausdruck voran, in Sprachen wie Bengali (SOV) sind beide Abfolgen möglich.
(b) Keenan zufolge ist für manche Sprachen (Toba Batak, Madegassisch) auch die dem c-Kommando zugrundeliegende Konstituentenbildung problematisch, insofern sie voraussetzt, dass transitives Verb und Anapher eine Konstituente bilden und das Antezedens extern steht. Hier scheint auch der umgekehrte Fall anzutreffen zu sein, „where an anaphor asymmetrically commands its antecendent" (ebd., 19). Wenn dem so ist, ergeben sich Schwierigkeiten für eine spezifische konfigurationelle Herangehensweise, nicht aber etwa für logisch-semantische Ansätze.
(Zu Anaphern in den Sprachen der Welt vgl. auch die Beiträge in Wiesemann 1986.)

4. Anapher$_1$ im Text

Während Diskurse/Gespräche durch Sequenzierung von Handlungen – verbunden mit Sprecherwechsel – gekennzeichnet sind, ist für Texte die Verkettung von Handlungen typisch. Diese Verkettung schlägt durch auf die mit Sprechhandlungen konzipierten Sachverhalte und die in ihrem Mittelpunkt stehenden Gegenstände. Diese Sachverhalte müssen als Teile eines größeren Ganzen – etwa als Folge von gewichteten und bewerteten Ereignissen (Narration), als Kette von Begründungen/Plausibilisierungen einer These (Argumentation), als imaginative Aneinanderreihung äußerer Eigenschaften eines Objektes (Beschreibung) – gelten können, um auf dieser Folie den Text *kohärent* erscheinen zu lassen. Ein Problem, das sich schon für die Grammatik der Koordination stellt, wo denn auch von einer „gemeinsamen Einordnungsinstanz" (Lang) oder „funktionaler Äquivalenz" (Hoffmann 1997a) als Bedingung die Rede ist. Funktionale Äquivalenz bezieht die Handlungsebene ein, ohne die eine Bestimmung von Textualität nicht auskommt. Die Interpretationsfolie kann sich daraus ergeben, dass einer Reihe von Gegenständen dasselbe Prädikat zugeordnet wird wie z. B. in Genealogien:

(17) *Salomo zeugte Rehabeam, Reahabeam zeugte Abija, Abija zeugte Asa* ... (Mt 1,7)

Häufiger ist die Abfolge identischer Gegenstände in der Rolle des Subjekt- oder Objektarguments. Es wäre sehr aufwendig, müssten die Gegenstände jedesmal neu von den Rezipienten bestimmt werden. Variation im Bereich nominaler Prädikatsausdrücke (*der alte Mann – der Genosse*) kann Rezipienten glauben machen, ein neuer Gegenstand werde eingeführt. Ein Eigenname lässt nach vorhandener kognitiver Adresse suchen. Eine genuine Anapher (*er/sie/es*) führt Rezipienten zu einer Suche im aktuellen oder allgemein zugänglichen Wissensspeicher. Sie besagt, dass dort etwas zu finden ist, was zusammen mit dem jeweiligen Prädikat und seinen übrigen Argumenten einen im Gesamtrahmen von Text oder Diskurs sinnvollen Gedanken ergibt. Vorgängige Gegenstandsbestimmungen hält das phorische Verfahren weiter in Kraft, ferner oft auch ihre Position im linearen Aufbau und die Art der Ereignis- bzw. Zustandsbeteiligung (etwa als Agens), so dass sich eine konstante Struktur ergibt, die vom informationell Neuen nurmehr zu überschreiben ist. Somit vermag die Anapher zugleich eine Fortsetzung in der Sachverhaltskette zu indizieren, während Neubestimmungen den Abschluss einer Kette markieren.

Wenn in der semantischen Struktur eines Satzes das Prädikat die wichtige Information enthält, sorgen Subjekt- oder Objekt-Argumente für Kontinuität. Am Anfang steht dann nicht, wie oft behauptet (Fox, Harweg u. a.), eine formale Einheit, etwa eine Nominalphrase, sondern eine Gegenstandsorientierung, die auf unterschiedliche Weisen zustandekommen kann. Mit einem Eigennamen, wenn einer verfügbar oder einzuführen ist (*Da meldete sich ein Student namens Konrad Kunze*), über eine Charakteristik (*eine Frau aus Paderborn*) oder durch eine Anknüpfung an Fokussiertes oder (in einem spezifischen Rahmen) Gewusstes (*Schau dir das an. Sie haben schon wieder eine Oberleitung zerstört*). Eindringlich hat Ehlich (1979; 1983) auf den Kontinuitätsaspekt hingewiesen: „Anaphern" seien sprachliche Einheiten, die innerhalb eines Textes, einer Rede oder Sprechhandlungssequenz oder innerhalb einer Sprechhandlung einen Rückbezug auf propositionale Elemente herstellen, die vorgängig bei S und H fokussiert sind und deren vorgängige Fokussiertheit bei H S bekannt ist, und die so eine Kontinuität der Fokussierung signalisieren" (1983, 96). (*Fokussierung* ist hier eher im Sinne von Orientierung, nicht – wie sonst oft – als Gewichtung zu verstehen.) Aus konversationsanalytischer Sicht formuliert Fox, der Sprecher zeige mit einem Pronomen an, „that the preceding sequence has not been closed down" (1987, 18).

Nach meiner Auffassung ist die Kontinuität der Anapher im Text oder Diskurs eine Kontinuität des Themas, des Gegenstands oder Sachverhalts, von dem fortlaufend die Rede ist (→ Art. 35; Hoffmann 1997b). Redegegenstände unterscheiden sich von Objekten der Realität.

(18a) *[Hans]$_1$ möchte [einen Laser-Fernseher]$_2$ kaufen, und [er]$_1$ will [ihn]$_2$ Hanna schenken /$^{??}$und [er]$_2$ hat ein tolles Bild.*

(18b) *[Hans]$_1$ möchte [einen Laser-Fernseher]$_2$, [der]$_2$ ein tolles Bild hat, kaufen.*

Die Fortführung mit einer Anapher ist, wenn es einen entsprechenden Gegestand noch nicht gibt, nur im modalisierten Fall unproblematisch, alternativ bietet sich ein Relativsatz an (18b); analog sind Fälle von Existenzbestreitung oder inkonsistenter Glaubenswelten:

(19) *[Einen Computer]$_1$ hat sie noch nicht. $^{??}$[Er]$_1$ ist sehr leistungsfähig.*

(20) *Ich bezweifle, dass Lisa [einen Computer]$_1$ besitzt. $^{??}$[Er]$_1$ ist sehr leistungsfähig.*

Eine Identität als Redegegenstand setzt nicht Identität in der Welt voraus, dies zeigen die „pronouns of laziness":

(21) *Peter hat [sein Glas Wein]$_1$ ausgetrunken, Hans hat [es]$_1$ stehenlassen.*

Über den Gegenstand oder Gedanken werden durch die Rhemata sukzessiv neue Informationen gegeben. Dieser Wissensaufbau schränkt zusammen mit der sequentiellen Position der Äußerung zugleich die Interpretationsmöglichkeiten ein, wenn eine Anapher wirklich einmal mehrfach beziehbar scheint, was in authentischen Texten viel seltener vorkommt als in linguistischen Beispielsätzen:

(22) ... *fiel [ihm]₁ ein, dass [er]₁ morgen [den Zahnarzt]₂ ohne weiteres töten könnte, etwa mit einem Messer. [Der Zahnarzt]₂ hatte einen weißen vollen Hals. Aber [er]₁ konnte [ihn]₂ auch nicht töten.*
(Brecht, Prosa Bd. 1)

(22′) ... *mit einem Messer. [Er]₂ hatte einen weißen vollen Hals* ...

Als Interpretationsstrategie für Anaphern ist anzusetzen:
(B3.1.) Suche einen präsenten Gegenstand, auf den das aktuelle Rhema passt, der lokal noch nicht fortgeführt wurde und dessen Ausdruck im Verhältnis zu einem geeigneten Vorgängerausdruck genus- und numeruskompatibel ist.
(B3.2.) Im Falle mehrfacher Beziehbarkeit berücksichtige den thematischen Stand und prüfe, ob eines der folgenden Kriterien erfüllt ist:
(a) Der potentielle Bezugsausdruck ist parallel konstruiert (Stellung, Subjekt-/Objektfunktion).
(b) Der potentielle Bezugsausdruck zeigt eine lokal vergleichbare Ereignis- oder Zustandsbeteiligung (als Agens, Patiens etc.).
(c) Der Gewichtungsstatus von potentiellem Bezugsausdruck und Anapher ist unterschiedlich: Der Bezugsausdruck ist hervorgehoben, während die Anapher ein Hintergrundelement verbalisiert, oder er ist nicht-kontrastiert, während die Anapher kontrastiv hervorgehoben erscheint.
(d) Der potentielle Bezug wäre mit einem äquivalenten Mittel nicht eindeutiger herzustellen (Opposition von Mitteln der Themafortführung, → Art. 35). Schließlich kann es sein, daß erst die Fortsetzung entscheidet

(23) *[Er]_{th1} betrachtete [die wenigen Frauen, die zwischen [den Männern]₃ an den Tischen saßen]_{+th2}. [Er]_{th1} sah [sie]_{th2} an und versuchte sich vorzustellen, [er]_{th1} schliefe mit [ihnen]_{th2}. (...), aber [die Frauen]_{th2} gefielen [ihm]_{th1} alle nicht.*
(Chr. Hein, Der Tangospieler)

Wird etwa eine Handlungskette dargestellt, so erstreckt sich die Phorik am ehesten auf den Aktanten, in einer Beschreibung auf das beschriebene Objekt etc., aber möglich ist auch ein Fokusschwenk i. S. von (c). Die strukturellen Indizien sind interpretationslei-

tend, sie bilden keinen Mechanismus. Entscheidend ist die Einpassung des zugehörigen Prädikats in den Interpretationsrahmen des Textes.

(24) *Dann, eine Woche später, erfuhr [Cándido]₁, dass [Teófilo Aguadulce]₂ nach Tepotzlán kommen würde, um [seinen kranken Großvater]₃ zu besuchen, und als [er]₂ um zwölf über die Plaza ging, wartete [Cándido]₁ schon auf [ihn]₂.*
(T. C. Boyle, América)

Im Beispiel hat [er]₂ zunächst drei Bezugsmöglichkeiten im Blick auf die Genus- und Numeruskompatibilität; auf die erste scheint das Prädikat zu passen, und sie ist konstruktiv parallel (Subjekt, Position so weit vorn wie möglich). Die Parallelität gilt aber auch für die zweite Bezugsmöglichkeit (Agens) im eingebetteten Satz, deren Prädikat zudem noch semantisch parallel ist (Handlungsverb). Dies spricht für die zweite Bezugsmöglichkeit, die durch die Fortsetzung dann bestätigt wird (Warten und Gehen überlappen sich zeitlich nicht ohne weiteres).

Die dritte Möglichkeit ist konstruktiv unwahrscheinlich, passt nicht gut in den Interpretationsrahmen (man erwartet nicht unbedingt, dass Kranke über Plätze gehen), und schließlich wäre in diesem Fall die Anadeixis *der* eindeutiger gewesen (Opposition äquivalenter Mittel als Indiz):

(24′) *..., und als [der]₃ um zwölf über die Plaza ging, wartete [Cándido]₁ schon auf [ihn]₂.*

Parallelität ist wichtiger als Distanz in der linearen Kette. Die Distanz ist entscheidend für den Zugriff der *reorientierenden* Deixis (zur Deixis auch → Art. 30), mit der die Kette sukzessiv und 'rückwärts' abgearbeitet wird:

(25) *[Recherche]₁ und [Sichtung]₂ sind wichtiger als [Grundlagenforschung]₃. Auf jeden Fall haben [sie]_{1+2} [dieser]₃ voranzugehen.*
(P. Mulser, Die Welt ist unser Bild von ihr)

Phorik ohne Antezedent ist nicht selten. Sie macht sich die Minimalsemantik der Anapher (Genus, Numerus) zunutze und lässt den Gegenstand über Zahl (Individuum, Kollektiv) und möglicherweise Geschlecht hinaus (zunächst) eigenschaftslos:

(26) *Nirgends ein Ort*
[Die jüngeren]₁ werfen [ihn]₂ zu Boden, es ist ein Jagdspiel. [Er]₂ kommt los, weil [er]₂ greller schreit. Wenn [er]₂ umringt bleibt, stoßen [sie]₁ [ihn]₂ mit Holzstöcken ...
(H. J. Schädlich, Versuchte Nähe, Nirgend ein Ort (Textanfang)

Wer dies liest, wird in eine ablaufende Geschichte unmittelbar hineingenommen. Ein anderer Fall liegt vor, wenn ein handlungsfähiges Kollektiv nicht charakterisiert werden soll oder kann:

(27) *Ja, das können [sie]! Ozonlöcher machen. Flüchtlingsheime anzünden. Haschisch verbieten ...*
(taz hamburg 10. 12. 94, 34)

In Fällen des Typs (27) ist aufgrund gemeinsamen Wissens die gemeinte Gruppe häufig zu erschließen; wird sie als unmittelbar gegeben oder fokussierbar betrachtet, finden wir die Orientierung mit einer Deixis wie *die*.

Schließlich kann der Antezedent eine Menge verbalisieren, die nur partiell (oft kontrastierend) fortgeführt wird:

(28) *[Das Brautpaar]₁₊₂ kam aus der Kirche. [Er]₂ strahlte.*

Bereits Karttunen (1972) hat sich Gedanken gemacht über die „Lebensspanne" von Textreferenten. Zwischen Anapher und Bezugsausdruck kann durchaus ein Satz intervenieren, manchmal sogar zwei oder drei, in sehr seltenen Fällen noch mehr. In vielen Textarten scheint − nach Fox (1987) − die Distanz eher minimal, in schriftlichen Erzählungen und in pragmatisch und inhaltlich klar strukturierten Diskursen scheint sie größer sein zu können; dies wäre empirisch genauer zu untersuchen, denn die von Fox herangezogenen grammatischen und inhaltsorientierten Kriterien überlappen sich in ihren Beispielanalysen sehr oft.

(29) *Auch im Kommunalwahlkampf läßt [ihn]₁ Europa nicht los. Sicher, man müsse Weitblick und langen Atem haben, um zwischen der mühseligen Kleinarbeit im Europaparlament und den politischen Auswirkungen in den Mitgliedsländern die Brücke zu schlagen. Aber Beispiele gebe es genug: Rüstungskonversionsprogramm, KZ-Gedenkstätten, Asylpolitik − alles mit europäischem Geld. Gerade eben hat [ihn]₁ eine junge Frau aus Frankreich besucht ...*
(taz hamburg 11. 6. 99, 13)

Das Distanzproblem hat zu empirischen Untersuchungen der „topic continuity" durch Givòn (1983) geführt; Ausgangspunkt war die Annahme, die Wahl phorischer Mittel sei distanzabhängig. Dies ist als Basis allerdings zu einfach.

Der Übergang zu einer *phorischen Nominalphrase* erfolgt, wenn der Gegenstand bei den Rezipienten nicht mehr präsent bzw. mangelnde Präsenz zu erwarten ist und kein Name zu verwenden ist. Dies gilt, wenn ein materialreicher inhaltlicher Abstecher die Spanne zu groß macht, ferner bei separierten, im Themenaufbau eigenständigen oder einen thematischen Seitenstrang bildenden Sachverhalten.

(30) *[Knochen]₁ sind die tragenden Säulen des Körpers. [Sie]₁ sind das Gerüst, in dessen Schutz die inneren Organe und das Gehirn arbeiten. Über Gelenke und Sehnen sind [die Knochen]₁ mit den Muskeln so verbunden, dass Bewegung möglich ist. Zusätzlich sind [die Knochen]₁ ein riesiger Kalzium- und Phosphatspeicher.*
(Kursbuch Gesundheit)

Eine phorische Kette kann durch eine Nominalphrase abgeschlossen und so als thematisch beendet markiert werden (vgl. Fox 1987).

Solange aber Präsenz gegeben ist und kein inhaltlicher Bruch (Übergang innerhalb der Textstruktur, z. B. zwischen Beschreibung und Erzählung) erfolgt, kann eine Anapher eingesetzt werden. Fox spricht hier davon, dass eine übergreifende rhetorische Struktur Kontrollfunktion ausübe, auch wenn es sich um strukturell untergeordnete Propositionen handele. Ein Beispiel ist:
„(1) Leonard saw these as a „series of psychological curtains which one interposed between oneself and the outside world of 'other people.' "
(2) It was all part of the process of growing up and also a means of self-concealment and self-defense.
(3) Particularly valuable in this process was *his* learning of a peculiar ecstasy which comes from *„feeling* the mind work smoothly and imaginatively upon difficult and complicated problems." (*A House of Lions*, p. 25)
The structure of this passage follows.

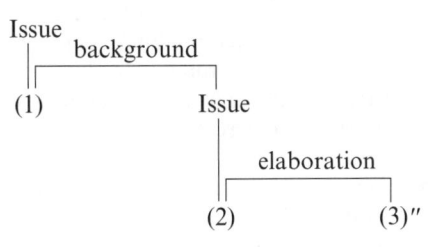

```
Issue
|―――――――――――|
            background
|―――――|
(1)       Issue
          |―――――――|
               elaboration
          |―――――|
          (2)   (3)"
```

(Fox 1987, 99 f)

Weitere Modellierungen phorischer Prozesse finden sich im Bereich der KI-Forschung i. w. S. (Sidner 1979; 1983; Webber 1979; Maes 1991) sowie in der logischen Semantik in Gestalt der Kampschen Diskursrepräsentationstheorie (vgl. Kamp/Reyle 1993). Letztere kann hier nur grob skizziert werden.

Jeder Text/Diskurs enthält eine Diskursrepräsentation mit dem Universum aller Referenten, von denen in ihm die Rede ist. Jeder neue Satz erweitert die bestehende Repräsentationsstruktur um ein Prädikat bzw. eine Relation sowie möglicherweise um neue Referenten.

(31) *Hans besitzt ein Rennrad. Es fasziniert ihn.*

```
x y

Hans (x)
Rennrad (y)
x besitzt y
```

```
x y u v

Hans (x)
Rennrad (y)
x besitzt y
u = y
v = x
u fasziniert v
```

Abb. 31.1: Schematische Darstellung von Beispiel (31)

Es wird ein Individuum x eingeführt, das den Namen *Hans* trägt, und eines (y), das zur Klasse der Rennräder gehört; beide werden zunächst durch eine Besitzrelation, dann durch die Relation der Faszination verknüpft. Für die Repräsentation lassen sich dann Wahrheitsbedingungen formulieren: Es muss zwei Individuen x und y geben, so dass x y besitzt und y x fasziniert etc. Anaphern stehen nun nicht – wie in der Tradition meist angenommen – in Beziehung zu Vorgänger-NPs, sondern zu Diskursreferenten des Modells, und Beschränkungen werden über ihre Zugänglichkeit formuliert. Einerseits wird die Wahl von grammatischen Faktoren wie Kongruenz (Genus, Numerus) gesteuert, vor allem aber durch Welt- und Situationswissen. Der Zugang einer Anapher ist blockiert, wenn der entsprechende Diskursreferent in einer subordinierten Diskursrepräsentation eingeführt wurde, wie sie etwa für Negationsfälle angesetzt wird:

(32) *[Einen Computer]₁ besitzt Lisa nicht. *Lisa mag [ihn]₁.*

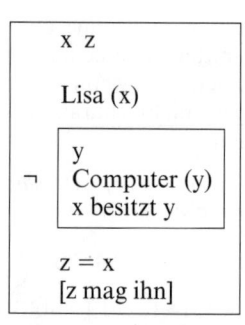

```
x z

Lisa (x)

¬  y
   Computer (y)
   x besitzt y

z = x
[z mag ihn]
```

Abb. 31.2: Schematische Darstellung von Beispiel (32)

Hingegen wäre phorische Zugänglichkeit gegeben in

(33) *Lisa besitzt [einen Computer]₁. Sie mag [ihn]₁ nicht.*

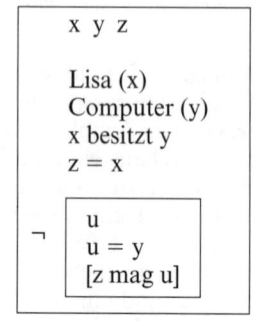

```
x y z

Lisa (x)
Computer (y)
x besitzt y
z = x

¬  u
   u = y
   [z mag u]
```

Abb. 31.3: Schematische Darstellung von Beispiel (33)

(Zu syntaktischen und semantischen Details vgl. Kamp/Reyle 1993.)

5. Kataphorik

In der Tradition wird gelegentlich eine *Kataphor* mit folgendem Bezugsausdruck von der Anapher mit vorhergehendem unterschieden.

(34) *Er ging in sein Haus und erwartete [sie]₁ dort. [Gabrièle]₁, still und allein, betrat das Zimmer.* (H. Mann, Die Vollendung des Königs Henri Quatre)

Meist liegt Rechtsanbindung („Rechtsversetzung") vor, d. h. der Bezugsausdruck steht im rechten Außenfeld des Satzes. Weiterhin gilt für das Deutsche:
– der kataphorische Ausdruck kongruiert mit dem Bezugsausdruck im Kasus und Numerus und ist genuskompatibel;
– der rechtsangebundene Ausdruck ist durch eine Pause bzw. schriftlich durch Komma oder Doppelpunkt getrennt; ein Teilsatz darf nicht intervenieren.

(35) *[Sie]₁ kam spät, [seine neue Freundin]₁.*

Das Verfahren ist von der Richtungsumkehrung abgesehen identisch mit dem anaphorischen, und spezifische Ausdrucksklassen sind nicht ausgebildet. Daher scheint es sinnvoll, von *kataphorischem Gebrauch*, nicht aber von einer Klasse oder gar Wortart 'Katapher' zu reden.

6. Phorik als Textkonstituens?

Erscheint der *Text* im etymologischen Sinn als 'Gewebe', 'Geflecht' (lat. *textura, textus*), so liegt es nahe, die phorische Verkettung von Sätzen zum Definiens eines Textes zu machen. Schon im Strukturalismus wurden satzübergreifende Distributionsanalysen unternommen, um die Form eines Textes durch die Interrelationen seiner Elemente (Morpheme, Morphemfolgen) herauszuarbeiten (Harris 1952); der Versuch ist am Fehlen eines brauchbaren Textkonzeptes und einer Reflexion des interpretativen Charakters der Verfahrensweise gescheitert. Einen Versuch zur Überwindung der Satzgrenzen, um übergreifende Phänomene zu erklären, hat Steinitz (1968) vorgelegt. Ihr Modell nominaler *Proformen* war als Vorarbeit für eine Texttheorie gedacht, mit der die (generative) Satzgrammatik fortentwickelt werden sollte. Steinitz versucht, die Möglichkeiten und Beschränkungen der Wiederaufnahme mit Mengen semantischer Merkmale zu beschreiben. Die einführende Nominalphrase hat den maximalen Merkmalbestand und charakterisiert maximal; Proformen können mit denselben oder weniger Merkmalen − i. S. einer Obermenge − auskommen, Pronomina verfügen über einen Minimalbestand. Übergänge wie der zwischen *Fahrer > Mann > er* lassen sich so zwar beschreiben, nicht aber solche zwischen *eine Kneipe > dieser völlig heruntergekommene baufällige Schuppen*. Das Merkmalsmodell erweist sich als zu einfach, um den komplexen Fortsetzungsbeziehungen gerecht werden zu können; gleichwohl geht die Autorin einen wichtigen Schritt über klassische Substitutionsverfahren hinaus und verdeutlicht die Notwendigkeit einer semantischen Explikation auf zureichender theoretischer Basis.

Eher formal setzt Harweg (1968) an: Ein Text ist ein durch „ununterbrochene pronominale Verkettung konstituiertes Nacheinander sprachlicher Einheiten" (ebd., 148). „Substitution" nennt er die pronominale (Pronomen im weitesten Sinne, einschl. NP) Ersetzung, die im Fall der Anapher *er/sie/es* auf der syntagmatischen wie (virtuell) auf der paradigmatischen Ebene erfolgt. Alle Glieder der Kette ersetzen nur das erste Substituendum, so dass schon Ketten wie *Hanna > das Mädchen > es*, vor allem aber Verschiebungen über hinzukommende nominale Prädikatsausdrücke zum Problem werden. Enthält ein Satz nur ein Substituendum (*Es war einmal ein Fischer*), so delimitiert er − als Anfangssatz − den Text, während Sätze mit Substituentien immer fortgesetzt werden können. Ein formales Abschlusskriterium gibt es demnach nicht.

Dass das Postulat der Referenzidentität fraglich ist, haben schon oben Beispiele gezeigt. Im übrigen sind leicht Fälle akzeptabler Texte ohne pronominale Verkettung zu finden, deren Kohärenz sich auf einem funktionalen Interpretationshintergrund ergibt, ferner Texte mit perfekter Verkettung, die pragmatisch nicht akzeptabel erscheinen. Harweg hat sein Modell zwar später durch die Annahme von Makrostrukturen wie auch eines Sprecher-Hörer-Modells erweitert, räumt aber der Substitution einen Vorrang ein, der problematisch erscheint, besonders, wo er normative Züge gewinnt.

Abschließend ist festzustellen, dass Phorik ein wichtiges, aber kein hinreichendes Moment der Textkonstitution darstellt. Um dem Gewebecharakter von Texten gerecht zu werden, muss eine Vielzahl von Beziehungen zwischen den benachbarten Einheiten einbezogen werden. Viele von ihnen sind sprachlich nicht explizit. Daher ist eine ausgearbeitete Theorie der Makrostruktur bzw. des sprachlichen Handelns als Fundierung erforderlich.

7. Literatur (in Auswahl)

Behaghel, Otto (1923): Deutsche Syntax. Bd. I−IV. Heidelberg.

Bosch, Peter (1983): Agreement and Anaphora. London/New York.

Brinkmann, Hennig (1971): Die deutsche Sprache. Düsseldorf.

Brugmann, Karl (1904): Die Demonstrativpronomen der indogermanischen Sprachen. Berichte über die Verhandlungen der Königlich Sächsischen Gesellschaft der Wissenschaft zu Leipzig. Philologisch-Historische Klasse 22, H. 6.

Bühler, Karl (1934): Sprachtheorie. Jena.

Chomsky, Noam/Lasnik, Howard (1993): The Theory of Principles and Parameters. In: Jacobs,

Joachim et al. (eds.): Syntax. HSK 9.1. Berlin, 506–569.

Conte, Maria-Elisabeth (1986): Textreferenten und Typen anaphorischer Wiederaufnahme. In: Heydrich, Wolfgang/Petöfi, János S. (eds.): Aspekte der Konnexität und Kohärenz von Texten. Hamburg, 1–15.

Ehlich, Konrad (1979): Verwendungen der Deixis beim sprachlichen Handeln. Bern.

– (1982): Deiktische und phorische Prozeduren beim Erzählen. In: Lämmert, Eberhard (ed.): Erzählforschung. Stuttgart, 112–129.

– (1983): Deixis und Anapher. In: Rauh, Gisa (ed.): Essays on Deixis. Tübingen, 79–99.

– (1996): Funktional-pragmatische Kommunikationsanalyse. In: Hoffmann, Ludger (ed.): Sprachwissenschaft. Berlin, 183–203 (zuerst in: Linguistische Studien A 149, 15–40).

Fox, Barbara (1987): Discourse structure and anaphora. Cambridge.

Givón, T. (1983): Syntax. Vol. 1. Amsterdam.

Harris, Zellig, S. (1952): Discourse Analysis. In: Language 28, 1–30.

Harweg, Roland (1968): Pronomina und Textkonstitution. München.

Heidolph, Karl E. et al. (1981): Grundzüge einer deutschen Grammatik. Berlin.

Hinds, John (ed.) (1978): Anaphora in Discourse. Edmonton.

Hoffmann, Ludger (1996): Satz. In: Deutsche Sprache 3, 193–223.

– (1997a): Koordination. In: Zifonun/Hoffmann/Strecker et al. (1997), 2359–2447.

– (1997b): Thema und thematische Organisation. In: Zifonun/Hoffmann/Strecker et al. (1997), 507–594.

Kamp, Hans/Reyle, Uwe (1993): From Discourse to Logic. Dordrecht.

Karttunen, Lauri (1972): Textreferenten. In: Kiefer, Ferenc (ed.): Semantik und Generative Grammatik I. Frankfurt, 175–199.

Keenan, Edward L. (1992): Anaphora Invariants and Language Variation. In: THINK 1, Dec, 13–37.

Maes, Fons (1991): Nominal Anaphors and the Coherence of Discourse. PhD Tilburg University.

– (1992): The Contribution of Nominal Anaphors to the Coherence of Discourse. In: THINK 1, Dec, 38–45.

Pause, Peter (1991): Anapher im Text. In: v. Stechow, Arnim/Wunderlich, Dieter (eds.): Semantik, HSK 6. Berlin, 548–559.

Reinhard, Tanya (1983): Anaphora and Semantic Interpretation. Chicago.

– (1991): Pronouns. In: v. Stechow, Arnim/Wunderlich, Dieter (eds.): Semantik. HSK 6. Berlin, 535–547.

Schmidt, Rudolf T. (1979): Die Grammatik der Stoiker. Braunschweig.

Sidner, Candace Lee (1979): Towards a Computational Theory of Definite Anaphora Comprehension in English Discourse. PhD Thesis. MIT.

– (1983): Focussing in the Comprehension of Definite Anaphora. In: Brady, M. et al. (eds.): Computational Models of Discourse. Cambridge, 267–330.

Steinitz, Renate (1968/1974): Nominale Proformen. In: Kallmeyer, Werner et al. (eds.): Lektürekolleg zur Textlinguistik. Band 2: Reader. Frankfurt, 246–266.

Sternefeld, Wolfgang (1993): Anaphoric Reference. In: Jacobs, Joachim et al. (eds.): Syntax. HSK 9.1. Berlin, 940–965.

Webber, Bonnie Lynn (1979): A Formal Approach to Discourse Anaphora. New York.

Weinrich, Harald (1993): Textgrammatik der deutschen Sprache. Mannheim.

Wiese, Bernd (1983): Anaphora by Pronouns. In: Linguistics 21, 373–417.

Wiesemann, Ursula (ed.) (1986): Pronominal Systems. Tübingen.

Zifonun, Gisela/Hoffmann, Ludger/Strecker, Bruno et al. (1997): Grammatik der deutschen Sprache. Berlin.

Ludger Hoffmann, Dortmund
(Deutschland)

32. Rekurrenz

1. Rekurrenz und Textualität
2. Verweisung, Referenz, Artikelselektion
3. Erscheinungsformen von Rekurrenz
4. Kommunikative und stilistische Zusatzfunktionen von Rekurrenz
5. Literatur (in Auswahl)

1. Rekurrenz und Textualität

Seit sich die Linguistik für den Text als sprachliche Struktureinheit zu interessieren begann und sich dabei vor die Aufgabe gestellt sah, theoretisch zu rekonstruieren, was einen Text zu einem Text macht (Textualität), spielt der Begriff der *Rekurrenz* eine zentrale Rolle. *Rekurrenz* kommt von lat. recurrere, was so viel heißt wie *zurücklaufen*, dann aber auch *wiederkehren, sich wiederholen* und auch *auf Zurückliegendes Bezug nehmen, verweisen*; diese Bedeutung hat auch das engl. *to recur* bzw. *recurrence*, welches dem textlinguistischen Begriff direkt zu Grunde liegen dürfte.

Mit *Rekurrenz* ist also in erster Annäherung das Phänomen der Wiederholung, des Rückverweisens bzw. des Ersetzens gemeint. Die satzverknüpfende bzw. textkonstituierende Potenz solcher 'Wiederholung' macht z. B. bereits Irene Nye in ihrer Dissertation von 1912 zum Gegenstand ihrer Arbeit über „Sentence Connection. Illustrated Chiefly from Livy" − eine genuin textlinguistische Studie lange vor der Etablierung der Textlinguistik als einem eigenständigen Forschungsbereich. Als 'Urschrift' einer sich mit dem Phänomen der Wiederholung auseinandersetzenden Textlinguistik gilt gemeinhin Z. S. Harris' „Discourse analysis" von 1952, und auch R. Harweg sieht in seiner grundlegenden Arbeit „Pronomina und Textkonstitution" die „syntagmatische Substitution" als zentrales Textbildungsmittel an und definiert entsprechend den Text als „ein durch ununterbrochene pronominale Verkettung konstituiertes Nacheinander sprachlicher Einheiten" (1968, 148). Einen Einblick in die Genealogie textlinguistischer Forschung bietet Dressler (1978).

So sehr in der textlinguistischen Forschung Konsens darüber besteht, dass zumindest mit Blick auf längere Texte „eine notwendige (obwohl offensichtlich nicht hinreichende) Bedingung für die Kohärenz [...] die Wiederholung ist" (Bellert 1974, 216), so verschieden stellt sich das Phänomen der Rekurrenz bei genauerem Zusehen dar. In grober Vereinfachung kann man für die ältere Textlinguistik behaupten, dass sie die Rekurrenz vor allem in der Wiederkehr bestimmter Ausdruckselemente und in der über die Einzelsatzgrenzen hinausgreifenden Verweisung von Ausdruckselementen aufeinander dingfest zu machen suchte (Rekurrenz als Kohäsionsphänomen). In der jüngeren Textlinguistik, in der sich der Textbegriff immer stärker von der Ausdrucksseite auf die Bedeutungs- und Funktionsseite verlagerte und in der die Verstehensleistung des Rezipienten eine immer fundamentalere Rolle spielt, gewinnt der Begriff der Rekurrenz stärker inhaltliche Aspekte: Rekurrenz als Abfolge von Elementen, die einem gemeinsamen gedanklichen Konzept angehören (Rekurrenz als Kohärenzphänomen; zu *Kohäsion* und *Kohärenz* → Art. 29). Im Rahmen dieser Entwicklung ist auch zu beobachten, dass der Terminus *Rekurrenz* (oder seine Quasi-Äquivalente *Rückverweisung, Ersetzung*) immer seltener im Zentrum linguistischer Arbeiten steht (wie etwa noch bei Harweg 1968; Bellert 1974; Halliday/Hasan 1976) und auch als textlinguistischer Arbeitsbegriff zunehmend obsolet zu werden scheint: Das mit diesem Begriff verbundene Konzept diffundiert zunehmend in die verschiedenen Ausprägungen des Kohärenzkonzepts. Weniger mit Blick auf die textkonstitutiven, sondern vor allem auf die rhetorischen Effekte hat sich für Phänomene der Wiederholung schon immer die klassische Rhetorik interessiert (vgl. Abschnitt 4.).

Die nachfolgende Darstellung ist nicht der Forschungsgeschichte verpflichtet, sondern versucht einen systematischen Aufriss der Rekurrenzproblematik in drei Schritten: Der Begriff der Rekurrenz wird in Beziehung gesetzt zu wichtigen Nachbarbegriffen (Abschnitt 2). Anschließend werden verschiedene Erscheinungsformen von Rekurrenz dargestellt (Abschnitt 3). Schließlich soll in knapper Auswahl auf einige markante Funktionen unterschiedlicher Erscheinungsformen der Rekurrenz eingegangen werden (Abschnitt 4).

2. Verweisung, Referenz, Artikelselektion

Als prototypischer Kern des Rekurrenzbegriffs kann das textuelle Phänomen gelten, dass etwas, das einmal im Text aufgetreten ist

(*Über die Straße ging ein* Mann), in nachfolgenden Sätzen wieder auftritt: sei es mit gleichem Wortmaterial (*Im fahlen Licht des Mondes war zu erkennen, dass der* Mann *einen dunklen Hut trug*) oder mit anderem Wortmaterial (*Die Schritte des* nächtlichen Spaziergängers *klangen hohl auf dem alten Kopfsteinpflaster*) oder mit reinen Ersatzwörtern (*An der Ecke vor der Kneipe blieb* er *kurz stehen*). An diesem Beispiel wird ersichtlich, dass die Rekurrenz nicht einfach aufgeht in der schlichten Wiederholung von identischen Wörtern. Entscheidend ist vielmehr, dass etwas, was durch bestimmte Ausdrücke gesagt, benannt, eingeführt worden ist, später – durch gleiche, ähnliche, andere Ausdrücke – wiederum gesagt, benannt und damit wieder aufgenommen wird. In dieser Wiederaufnahme trifft sich der Begriff der Rekurrenz mit anderen Begriffen, von denen er kaum zu trennen ist: Es sind dies die Begriffe (*Rück-*)*Verweis* und *Koreferenz*. Für unsere folgenden Ausführungen ist es mit Blick auf diese Begriffe wichtig, dass es nie die Ausdrücke selber sind, die zurückverweisen bzw. referieren, sondern dass es immer Sprecher und Hörer sind, die Ausdrücke als rückverweisende oder als referierende gebrauchen bzw. als solche interpretieren. Im Aspekt des (Rück-)Verweisens finden wir eine spezifische Form von Verweisung, von Zeigen auf das sprachliche Umfeld eines Ausdrucks, so dass man auch von *Textdeixis* spricht (→ Art. 30). Dabei beschränkt sich das Verweisen im Text nicht auf die inhaltsleeren Zeigewörter (deiktische Ausdrücke) wie Pronomen oder gewisse Adverben, obwohl auch solche bloßen Verweiswörter bei dem mit Rekurrenz benannten textuellen Phänomen eine prominente Rolle spielen, so dass sich hier ein enger Zusammenhang ergibt zum Thema der Anapher (→ Art. 31).

Referenz ist ein Begriff aus der Semantik (vgl. Wimmer 1979) und wird dort definiert als Bezug eines sprachlichen Ausdruckes auf ein Objekt (Referenzobjekt) in der außersprachlichen Welt. *Koreferenz* würde dann bedeuten, dass zwei oder mehrere aufeinanderfolgende sprachliche Ausdrücke auf dasselbe außersprachliche Objekt Bezug nehmen/verweisen/referieren. Für die Belange der Textlinguistik und insbesondere für eine Explikation der Rekurrenz ist ein solcher Referenzbegriff in mehrerlei Hinsicht zu eng. Einmal ist der Begriff der außersprachlichen Welt zu hinterfragen. In neueren Modellen wird der 'Zielort' der Referenz als Konzeptsystem unseres Bewusstseins modelliert, als 'Welt im Kopf'. Referenz in diesem Verständnis wäre dann der Verweis auf die mentalen Konzepte, die wir uns von der Welt machen – von der Welt der Gegenstände ebenso wie von der Welt der abstrakten Konzepte (hierher gehörten dann etwa 'Liebe', 'Adjektiv', 'Entscheidung' etc.). Damit ergibt sich zum andern eine Erweiterung mit Blick auf die 'Dinge', auf die überhaupt referiert werden kann – und damit auch eine Erweiterung der sprachlichen Ausdrucksmittel, denen Referenzpotenz zukommt. Letztere wird prototypischerweise an Nominalphrasen festgemacht. In der Satzfolge: *Meine Lehrerin hat mir über meinen letzten Aufsatz sehr viel Nettes gesagt. Das Lob hat mich sehr gefreut* erweisen sich jedoch *hat sehr viel Nettes gesagt* und *Lob* ebenfalls als koreferent, was als Beleg dafür interpretiert werden kann, dass es auf der Ebene der gedanklichen Konzepte keinen Unterschied macht, ob es sich um ein Konzept eines materiellen 'Dings', eines abstrakten Konzeptes oder eines Vorgangs, eines Ereignisses handelt (vgl. zu dieser Ausweitung des Referenzbegriffs Jackendoff 1983; Vater 1991). Diese *Konzeptualisierung* des Referenzbegriffs führt dazu, dass auch der Begriff der Koreferenz flexibler wird in dem Sinn, dass mehr Phänomene, bei denen intuitiv von einer Wiederaufnahme, von einem Rückbezug gesprochen werden kann, unter den Begriff der Koreferenz gefasst werden können. Koreferent wären dann etwa auch *Familie* und *Bruder* im folgenden Beispiel: *Die* Familie *meiner Freundin ist furchtbar. Nur der* Bruder *ist nett*, insofern das Referenzkonzept von *Bruder* eng vernetzt ist mit dem Referenzkonzept von *Familie*. Wir verwenden hier bewusst die Metapher des *Netzes*, um deutlich zu machen, dass Koreferenz im Text nicht zurückführbar ist darauf, dass einzelne rekurrente Textelemente auf wohldefinierte Elemente außerhalb des Textes (auf Entitäten einer 'Welt im Kopf') verweisen, sondern dass die Kohärenz eines Textes so lange gewährleistet ist, als ein Rezipient die im Text auftretenden Elemente in einen hinlänglich eng vernetzten Bereich von benachbarten Konzepten einordnen kann: in einen gemeinsamen Einordnungsrahmen. Rekurrent ist in diesen Fällen – genau genommen – dieser gemeinsame Einordnungsrahmen als ein gemeinsames Drittes. Hiermit setzen wir einen weiten Rekurrenzbegriff an, der sowohl die „explizite" als auch die „implizite Wiederaufnahme" im Sinne von Brinker (1997, 27 ff) umfasst. (Eine Auflistung der wenig einheitlichen Terminologie zur Differenzierung unterschiedlicher Formen von Rekurrenz, von Verweisen, von Wiederaufnahme findet sich in Brinker 1996, 1516 f.)

Wie aus den obigen Beispielen zum Teil bereits deutlich geworden ist, spielt in Artikelsprachen wie dem Deutschen die Verwendung von unbestimmtem (indefinitem) oder bestimmtem (definitem) Artikel eine wichtige Rolle bei der Referenzfixierung; es ergibt sich deshalb ein enger Zusammenhang des Rekurrenzthemas mit textlinguistischen Aspekten der Artikelwahl. Der *bestimmte Artikel* (unter Einschluss von Possessivpronomen, Demonstrativpronomen etc., vgl. Weinrich 1993, 432 f) übernimmt in einer Vielzahl von Fällen die Funktion einer Anweisung an den Textrezipienten, im vorhergegangenen Text nach entsprechenden Bezugsstellen zu suchen (*ein Mann ... der Mann; die Familie meiner Freundin ... der Bruder*). H. Weinrich (1993, 407) spricht deshalb auch von „anaphorischem Artikel". Neben dieser textdeiktischen Form der Anaphorik kommen dem bestimmten Artikel aber noch weitere Funktionen der Referenzfixierung zu. Er steht auch dann, wenn die entsprechende referenzielle Fixierung ad hoc in der jeweiligen Nominalphrase selbst geleistet wird (Die *Familie meiner Freundin ist furchtbar;* Der *Raubüberfall auf die Fraumünsterpost in Zürich ist aufgeklärt*), wenn sie durch den Rückgriff auf (aktuelle, episodische oder allgemeine, enzyklopädische) außertextliche Wissensbestände möglich ist (Die *Beatles gehören zur Musikgeschichte des 20. Jhs.; Weißt du was Neues von* dem *Unglück?*) oder durch das Wissen um die Einmaligkeit der entsprechenden 'Dinge in der Welt' garantiert ist (*der Mond, die Alpen* etc.). Ganz allgemein lässt sich also sagen: Der bestimmte Artikel signalisiert in erster Linie die Herstellbarkeit von Referenz in der aktuellen Diskurswelt – es ist Aufgabe des Textrezipienten herauszufinden, ob dies einen Rückverweis auf ein bereits eingeführtes Textelement impliziert oder nicht.

Der *unbestimmte* (bei Weinrich „kataphorische") Artikel dagegen führt neue Textelemente und damit 'Dinge' in die Diskurswelt ein, die dann im Folgenden wieder aufgegriffen werden können (*Es war einmal ein König, der hatte eine Tochter, die war wunderschön*). Ein unbestimmter Artikel kann deshalb als Signal für den Beginn einer Rekurrenzkette interpretiert werden. Man hat in der Textlinguistik versucht, über den Artikelgebrauch Textgrenzen zu definieren; Textanfänge müssten sich dann durch eine Häufung von unbestimmten Artikeln auszeichnen (vgl. etwa Dressler 1973, 57 f; zur Bestimmung von Textanfängen generell Harweg 1968, 150 f). Auf den Einzelfall muss diese Hypothese jedoch nicht zutreffen, was sich bereits aus den oben dargestellten Funktionen des bestimmten Artikels erklären lässt. (Zur textlinguistischen Relevanz der Artikelselektion vgl. grundlegend Weinrich 1969, programmatische Überlegungen auch schon Isenberg 1968.)

3. Erscheinungsformen von Rekurrenz

3.1. Rekurrenz von ausschließlich Ausdrucksseitigem

Es gibt Fälle, wo Ausdrucksseitiges rekurrent ist, ohne dass auch Inhaltsseitiges rekurriert und ohne dass Koreferenz vorliegt. Dazu gehört die Rekurrenz prosodisch-rhythmischer (Takt, Metrum) sowie lautlicher bzw. graphematischer Elemente oder Muster (Endreim, Alliteration, Stabreim). Dasselbe gilt für Rekurrenz auffälliger syntaktischer Muster (Parallelismus, Chiasmus). Solche rein ausdrucksseitige Rekurrenz trägt (auch) zur Stiftung von textuellem Zusammenhalt bei, ihr Haupteffekt ist jedoch ein rhetorischer (vgl. Abschnitt 4.). Auch in Fällen, in denen die Auswahl spezifischer grammatischer Kategorien als markiert erscheint, kann es zu einem zusätzlichen Kohärenzeffekt kommen: So kann z. B. die auffällige Häufung gleicher Wortarten oder die Häufung von Superlativen, Diminutiven etc. (ohne Koreferenz) einen Text oder eine Textpassage als in stilistischer Hinsicht kohärent erscheinen lassen.

3.2. Rekurrenz von (auch) Inhaltsseitigem

Unter dieser Rubrik unterscheiden wir verschiedene Formen von Rekurrenz, die sich alle durch Koreferenz im oben definierten weiten Verständnis auszeichnen. Diese reicht von der engen, 'prototypischen' Koreferenz, bei der zwei oder mehr Aspekte sich in einem identischen Referenzpunkt treffen, also sozusagen 'Protagonisten' der 'Welt-Seite' rekurrieren, bis zur Koreferenz im weitesten Sinn, bei der hinter nicht koreferenten Protagonisten ein konzeptuelles Netz, ein gemeinsamer Einordnungsrahmen, also gewissermassen die Kulissen rekurrieren. Die Rekurrenz von Inhaltsseitigem (Koreferenz) kann in allen diesen Fällen mit der Rekurrenz von Ausdrucksseitigem verbunden sein, sie muss es aber nicht. Und: Von der ausdrucksseitigen Form kann nicht direkt auf die Inhaltsseite geschlossen werden. So korreliert z. B. die Wiederholung identischen Wortmaterials nicht zwingend mit Koreferenz im engen Sinn.

Die vielfältigen Erscheinungsformen inhaltsseitiger Rekurrenz lassen sich in folgenden zehn Typen bündeln:

3.2.1. Rekurrenz von Wortmaterial

Die (integrale) Wiederholung von Ausdrücken (Wörtern/Phrasen) kann entweder mit enger Koreferenz einhergehen, z. B. *Über die Straße ging ein* Mann. *Im fahlen Licht des Mondes war zu erkennen, dass der* Mann *einen dunklen Hut trug* oder mit weiter Koreferenz: *Meine* Mutter *nervt mich mit ihrer Überprotektivität. Mit deiner* Mutter *hast du's einfacher, die ist lockerer. Aber als* Mutter *hat man es wahrscheinlich auch nicht immer einfach mit den Töchtern.* Dasselbe gilt auch für die in der Literatur (de Beaugrande/Dressler 1981, 60) als „partielle Rekurrenz" apostrophierten Fälle der Wiederholung von Ausdrücken in abgewandelter morphosyntaktischer Form (vgl. die rhetorische Figur des Polyptoton), also etwa die Wiederholung des Wortstammes in veränderter Flexion oder in Derivations- oder Kompositionsformen. Enge Koreferenz kann etwa gegeben sein bei einer Abfolge von *Hund−Riesenhund−Hundes−Leithund−Hundetier*; Wiederholung von Wortmaterial in veränderter Wortart (*Mutter−mütterlich−bemuttern*) ist wohl stets nur mit Koreferenz im weiteren Sinn verbunden.

3.2.2. Ellipse

Eine 'negative' Form von Wiederholung von Wortmaterial stellt die Ellipse dar. Bei Ellipsen handelt es sich um Einsparungen identischer und koreferentieller Satzteile; die ausdrucksseitige Rekurrenz realisiert sich in Form eines 'strukturellen Loches', in welches eine weggelassene syntaktische Konstituente unter Rückgriff auf die entsprechende Konstituente der vorausgegangenen Parallelkonstruktion eingefügt werden kann bzw. im Verstehen automatisch eingefügt wird: *Rainer fährt demnächst nach Berlin. Hans auch.* (Strukturell 'schräge' Ellipsen wie in: *Ich fahre demnächst nach Berlin. Hans auch* entsprechen partieller Rekurrenz.)

3.2.3. Substitution

Von Substitution spricht man in jenen Fällen, in denen bei Koreferenz im engeren Sinne ausdrucksseitige Variation gegeben ist. Ein Ausdruck ersetzt den anderen, wir haben ein Verhältnis des 'Statteinander' (im Gegensatz zum 'Nacheinander', vgl. Harweg 1968, 192 f; dazu dann auch im Folgenden 3.2.6. und 3.2.10.). Die Möglichkeiten für ausdrucksseitige Substitution bei Referenzidentität sind sehr vielfältig. Sie können, müssen aber nicht sprachsystematisch gestützt (konventionalisiert) sein; eine Grenzziehung ist hier schwierig. Sprachsystematische Stützung des Substitutionsverhältnisses liegt z. B. dann vor, wenn zwischen dem aufgenommenen Ausdruck (dem Substituendum) und dem aufnehmenden Ausdruck (dem Substituens) eine semantische Relation besteht, die die beiden Ausdrücke auch außerhalb des aktuellen sprachlichen und außersprachlichen Kontextes als im weitesten Sinne 'austauschbar' erscheinen lässt. Dies ist etwa der Fall bei Synonymie (*Sie betrat das* Zimmer. *Der* Raum *war leer*), bei bedeutungsgleichen konventionalisierten Metaphern bzw. idiomatischen Ausdrücken (*Polizist−Hüter der Ordnung*) und bei Hyponymie (*Hund−Tier*). Auch Fälle wie: *Ich wusste nicht, wohin die* Teller *und* Tassen *gehören. Da hab ich die* Sachen *einfach stehen lassen* gehören hierher. Bei Ausdrücken wie *Sachen* (weitere Beispiele wären: *Leute, Zeug, Ding, Geschichte* etc.) handelt es sich um 'unsystematische' Oberbegriffe, die zum Substituens sehr unterschiedlicher (aber nicht beliebiger) Substituenda werden können. Diese „general nouns" (Halliday/Hasan 1976, 274 f) sind semantisch weitgehend leer, sie rücken deshalb sehr in die Nähe der Anaphern, mit denen sie auch den starken Verweischarakter teilen.

Was die Substitution durch Hyperonyme anbelangt, wird in der textlinguistischen Literatur meist darauf hingewiesen, dass im Normalfall nur die Substitution eines Unterbegriffs durch einen (merkmalsärmeren) Oberbegriff möglich ist (Steinitz 1974, 250; Brinker 1997, 31). In spezifischen Sprachhandlungsfunktionen wie bei: *Schau mal die Blumen! So schöne Rosen!* oder: *Unsere Nachbarn haben sich ein Haustier angeschafft. Die Katze gefällt mir sehr*, wo mit dem zweiten Satz eine nachträgliche genauere Bestimmung bzw. eine Fokussierung vorgenommen wird, scheint aber auch das umgekehrte Substitutionsverhältnis möglich.

Außerdem existieren auch für die Substitution eines Unterbegriffs durch einen Oberbegriff Restriktionen. So ist z. B. die Verwendung des Oberbegriffs *Säugetier* im zweiten Satz der Satzfolge: *Über die Straße rannte ein Dackel. Das Säugetier kam keifend auf mich zu* insofern inakzeptabel, als die Wahl des Terminus *Säugetier* mit einem Registerwechsel verbunden ist, der im gegebenen Kontext keinen Sinn macht (vgl. für weiterführende Überlegungen auch Steinitz 1974, 256).

In all den Fällen, wo zwischen Substituens und Substituendum *keine* konventionalisierte sprachsystematische (semantische) Relation besteht, stützt sich das Substitutionsverhältnis (und damit auch die Interpretation der daran beteiligten sprachlichen Ausdrücke als koreferent) auf ein Wissen um singuläre Gegebenheiten. Das kann ein kollektives (kultur- und zeitspezifisches) 'Welt'-Wissen sein: *der gegenwärtige Papst – Johannes Paul II – Karol Wojtyla* oder aber ein nur von den Interaktionspartnern geteiltes partikuläres Wissen: *deine kleine Schwester – die Wasserratte*, allenfalls auch nur ein aus den faktischen Gegebenheiten der konkreten Kommunikationssituation von den Interaktionspartnern ad hoc abgeleitetes Wissen: *Der Barkeeper ist aber nett – Ja, der Rotschopf ist mir auch schon angenehm aufgefallen* (Dialog am Tresen einer Bar).

Die in einem konkreten Text vorliegenden Substitutionsverhältnisse zeigen auf, welche Koreferenzmöglichkeiten und damit auch welche dahinter stehenden Wissensbestände einem Textproduzenten und seiner Zeit im Wortsinn 'selbstverständlich' sind bzw. waren: Unter diesem Aspekt erscheinen historische Texte als Dokumente des kulturellen Gedächtnisses einer Gesellschaft.

3.2.4. Paraphrase, Labelling

Eine spezifische Form der Substitution stellt das sogenannte *Labelling* dar (vgl. etwa Francis 1994). Zwei Beispiele: *Am Bürkliplatz ist heute morgen ein Bus mit der Straßenbahn zusammengestoßen. Der Unfall hielt den ganzen Verkehr auf. – Vor der jugoslawischen Botschaft hatten sich gestern 300 Kosovo-Albaner versammelt, die anschließend mit Transparenten durch die Innenstadt zogen. Die Demonstration war vom Stadtrat bewilligt worden.* Hier sind *Unfall* und *Demonstration* jeweils koreferent mit dem Inhalt der vorausgegangenen Proposition. Dass ein Rezipient diese (durch den bestimmten Artikel signalisierte) Koreferenz nicht nur erkennen, sondern auch inhaltlich nachvollziehen kann, ist in diesem Fall nicht nur eine Frage des Weltwissens, sondern auch des Sprachwissens (d. h. er muss wissen, dass man den unbeabsichtigten Zusammenstoß von zwei Fahrzeugen als *Unfall* bezeichnet oder zumindest so bezeichnen kann und dass die im zweiten Beispiel beschriebenen Tätigkeiten einer Gruppe von Menschen den Tatbestand erfüllen, den man als *Demonstration* bezeichnet). Mit der Wahl eines spezifischen Labels wird das Ereignis, auf welches mit diesem Ausdruck referiert wird, in einer ganz bestimmten Art und Weise zusammenfassend charakterisiert. Wie groß die Auswahl an unterschiedlichen Labels ist, hängt vom jeweiligen Ereignis bzw. von den im Lexikon dafür zur Verfügung stehenden Ausdrücken ab: An Stelle von *Unfall* lässt sich im obigen Beispiel nur schwerlich ein anderes Label einsetzen, an Stelle von *Demonstration* könnte man jedoch auch *Manifestation, Umzug, Protestmarsch* etc. wählen und das im ersten Satz geschilderte Ereignis damit in einem je unterschiedlichen Licht erscheinen lassen (vgl. hierzu auch die Ausführungen zu 'Nebenbeiprädikationen' in Abschnitt 4.). Die Substitution durch Labelling ist der durch General nouns ähnlich, hat jedoch stärker etikettierenden Charakter. Beide Rekurrenzformen können nicht nur anaphorisch, sondern auch kataphorisch eingesetzt werden, wie dies die kataphorische Wendung des obigen Beispiels zeigen kann: *Am Bürkliplatz hat heute morgen ein Unfall den ganzen Verkehr blockiert. Ein Bus war mit einem Straßenbahnwagen zusammengestoßen.* (Vgl. hierzu auch Zifonun/Hoffmann/Strecker 1997, 587 f, die als die textuelle Funktion von Erscheinungen wie General nouns and Labelling die der „changierenden Themafortführung" herausheben.)

3.2.5. Proform/Anapher

In gewisser Hinsicht bilden Proformen bzw. Anaphern (wir verwenden die Ausdrücke hier synonym) den Endpunkt einer Skala von Ersetzungsmöglichkeiten, an deren anderem Ende der Ersatz eines Ausdrucks durch einen semantisch gehaltvollen anderen steht. Demgegenüber ist die Anapher ein Ersatz eines Ausdrucks durch einen semantisch weitgehend leeren, der nur in bestimmten grammatischen Merkmalen (Genus, Numerus) mit seinem Bezugsausdruck kongruiert: *Der Mann ging über die Brücke. In der Mitte blieb er stehen und schaute ins Wasser.* Zu den Proformen gehören prototypischerweise – wie in unserem Beispiel – die Pronomen, es können aber auch Adverben (*dort, da* etc.) und Pronominaladverben (*wobei, darauf, womit* etc.) sowie Demonstrativpronomen (*dieser, der* etc.) als Proformen verwendet werden. Als Bezugselemente können sprachliche Einheiten unterschiedlicher Größe auftreten: Es kann sich dabei um Wörter, Wortgruppen, Einzelsätze oder auch ganze Satzgruppen (Textabschnitte) handeln; manche Proformen können sowohl rückverweisend (anaphorisch) als auch vorverweisend (kataphorisch) eingesetzt werden. Da Proformen per Definition semantisch weit gehend reduziert sind, beziehen sie ihre referenzielle Potenz über den 'Umweg' des Textverweises (Textdeixis). D. h. sie wirken als eine Art 'Suchanweisung', und erst wenn diese Suche (anaphorisch oder kataphorisch) erfolgreich beendet ist, d. h. wenn klar ist, auf welches andere Textelement eine Proform verweist, ist über dieses Textelement der Referenzbezug (und damit eine 'inhaltliche Füllung' der Proform) gesichert. Der Umstand, dass Anaphern für ihre referenzielle Funktion so stark auf die textuelle Umgebung angewiesen sind, macht sie gleichzeitig zu prototypischen Kohäsionselementen. Es zeigt sich allerdings auf den zweiten Blick, dass auch die Wiederaufnahme mittels Proformen nicht nur über die morphosyntaktische Ebene läuft. Dies wird deutlich an einem Beispiel wie: *Auf der Brücke stand* ein kostümiertes Paar. Sie *hielten sich eng umschlungen.* Er *trug* ein Gewand, *wie sie auf Renaissancegemälden abgebildet sind*, in dem *Paar* und *Sie* bzw. *Gewand* und *sie* in morphologischer Hinsicht nicht kongruieren; hingegen kongruiert auf semantischer Ebene das Plural-Merkmal der beiden *sie* mit einer impliziten Mehrzahl sowohl in dem von *Paar* aufgerufenen Konzept einer 'Zweiheit' als auch in dem vom syntaktischen Muster *ein Gewand, wie* aufgerufenen generischen Konzept von Gewändern (vgl. etwa Eisenberg 1994, 197; Zifonun/Hoffmann/Strecker 1997, 546f).

Die sprachwissenschaftliche Beschäftigung mit Anaphern hat eine lange und breite Tradition auch vor und außerhalb textlinguistischer Fragestellungen; die Formen und Funktionen der Anapher *im Text* sind deshalb in → Art. 31 gesondert aufgearbeitet.

3.2.6. Rekurrenz
 mit sprachsystematischer Stützung

Wie unter 3.2.3. erläutert, kann die ausdrucksseitige Rekurrenz von semantisch eng verwandten Ausdrücken (namentlich Synonymen, Hypo-/Hyperonymen, konversen Ausdrücken) mit enger Koreferenz einhergehen: In diesen Fällen haben wir es mit Substitution zu tun. Semantisch eng verwandte Ausdrücke können aber auch mit Koreferenz im weiteren Sinn korrelieren: Wir haben es dann nicht mehr mit Substitution, sondern mit der Rekurrenz eines Themas zu tun (vgl. → Art. 35). So können Begriffe aus einem Wortfeld (*Stuhl, Tisch, Liege, Schrank*), kontradiktorische Ausdrücke (*Werktage, Sonn- und Feiertage*) oder konverse Ausdrücke (*Aufstieg, Abstieg*), die im Text nacheinander auftreten (und nicht statteinander stehen können, vgl. 3.2.3.), die – jeweils spezifische – Ausfaltung eines bestimmten Themas signalisieren (Beschreibung der neuen Wohnungseinrichtung, Öffnungszeiten des Bahnschalters, Erzählung von einer Bergwanderung). Hier kann man die berechtigte Frage stellen, ob solche Zusammengehörigkeiten von Wörtern ihren Grund einfach darin haben, dass wir sie (durch kulturelle Konventionen gestützt) mit demselben Skript oder Frame (Weltwissen) in Verbindung bringen (vgl. Abschnitt 2.). Konkret müsste man also fragen, ob *Stuhl – Tisch – Liege – Schrank ...* nicht einfach ein Referenz-Ensemble bilden. Oder ist es berechtigt, hier von einem 'Wortfeld' der Einrichtungsgegenstände zu sprechen und damit zu behaupten, diese Wörter würden auf einer vom Weltwissen zu unterscheidenden Ebene der Semantik zusammengehören? Jedenfalls sieht man *Stuhl – Tisch – Liege – Schrank* die Zusammengehörigkeit nicht ohne weiteres an, dies im Unterschied zu *Aufstieg – Abstieg*, wo die kompositionale Struktur als Hinweis auf Teilidentität (bei spezifischer Differenz) gedeutet werden kann.

3.2.7. Rekurrenz von semantischen
 Merkmalen (Isotopie)

Bei Wörtern, deren Bedeutungen über semantische Relationen miteinander verbunden sind, wie wir sie unter 3.2.6. diskutiert haben (Synonymie, Antonymie etc.) kann man – aus der Perspektive der Merkmalssemantik – auch von einer Rekurrenz semantischer Merkmale sprechen (*Stuhl – Tisch – Liege – Schrank*: Rekurrenz des Merkmals 'zur Einrichtung von Zimmern gehörig'). Das Isotopiekonzept von A. Greimas (1971), das auf dem Konzept der Merkmalssemantik aufbaut, geht hier sogar noch weiter: Zur Konstitution einer Isotopieebene können in diesem Konzept auch Lexeme beitragen, die – als isolierte Wortpaare betrachtet – nicht zwangsläufig in eine semantische Verbindung miteinander gebracht würden. Man müsste sich dies – vereinfacht gesprochen – so vorstellen, dass bei solchen Lexemen erst auf Grund der textuellen Nähe zu eindeutigeren

Fällen ein an sich peripheres semantisches Merkmal ins Bedeutungszentrum gerückt wird bzw. dass – in einer Art semantischem Dominoeffekt – das für eine bereits konstituierte Isotopieebene entscheidende Merkmal auch Lexemen zugeordnet wird, denen es, in isolierter Betrachtung der entsprechenden Lexeme, nicht zukommen würde. Solche Rekurrenzen auf der Ebene der semantischen Merkmale wurden v. a. für die Sinnkonstitution in literarischen Texten als bedeutsam erachtet (vgl. hierzu ausführlicher → Art. 6). Man kann das Konzept der Isotopie verstehen als den Versuch, weite Koreferenz der Semantik einzelner Wörter anzulasten und auf diese Weise textuelle Beziehungen semantisch zu erklären, die man in jüngeren kognitivistischen Ansätzen eher unter Rückgriff auf das Weltwissen bzw. auf konzeptuelle Einordnungsrahmen erfassen würde.

3.2.8. Rekurrenz von grammatischen Kategorien mit Koreferenz

Die Rekurrenz von grammatischen Kategorien ist unvermeidbar, da es sich dabei um geschlossene Klassen handelt. Aus eben diesem Grund leistet grammatische Rekurrenz nicht notwendig einen eigenständigen Beitrag zur Textkohärenz. Ein gewisser Kohärenzeffekt kann sich jedoch ergeben, wenn durch eine Reihung von gleichem Tempus oder Modus eine bestimmte Zeitebene oder eine mögliche Welt gegenüber der dominanten Zeitebene oder der dominanten Textwelt herausgehoben wird. So kann durch rekurrenten Konjunktiv I eine Textpassage als (distanzierende) Wiedergabe der Rede eines anderen markiert oder durch die Verwendung von Plusquamperfekt eine Textpassage als 'Vorgeschehen' einer erzählten Geschichte herausgehoben werden. Die Rekurrenz einer grammatischen Kategorie kann insofern mit Koreferenz verbunden sein, als damit z. B. auf die gleiche Zeitebene bzw. auf die gleiche mögliche Welt referiert werden kann (vgl. Weinrich 1971; zur Koreferenz von grammatischen Kategorien vgl. Langer 1995, 92 f; Vater 1991, 33).

3.2.9. Rekurrenz von Implizitem

In der Satzfolge: *Anna ist es gelungen, ihren Porsche zu verkaufen. Ihre Bemühungen hatten Erfolg* ist die definite Kennzeichnung *Ihre Bemühungen* trotz des Fehlens eines entsprechenden Antezedens akzeptabel, weil der Ausdruck *es ist ihr (nicht) gelungen, zu p* präsupponiert, dass Anna *sich bemüht hat, zu p* (bzw. dass sie *versucht hat, zu p* bzw. dass sie sich *angestrengt hat, zu p*). Es ist hier die Präsupposition, die als Antezedens dient, welches dann in expliziter und definiter Form (*Ihre Bemühungen*) wieder aufgenommen wird (vgl. hierzu auch → Art. 42).

3.2.10. Rekurrenz von Einordnungsrahmen

Diesen Typus von Rekurrenz kann die folgende Satzreihe illustrieren: *Vor unserem Haus parkte ein Lastwagen. Der Fahrer war verschwunden, hatte aber den Motor laufen lassen. Die Auspuffgase verqualmten die ganze Straße.* Die Rekurrenzen in diesem Beispiel zeichnen sich dadurch aus, dass sich das, was koreferent ist, nicht auf ein und denselben Referenzpunkt in der 'Welt' bezieht, sondern auf einen gleichen 'Weltausschnitt' (Frame, Script) bzw. einen inhaltlichen, thematischen Einordnungsrahmen. Und das heißt auch: Die sprachlichen Ausdrücke, die das Rekurrenzverhältnis konstituieren (*Lastwagen, parken, Fahrer, Motor, Auspuffgase, Straße*), können nicht statteinander, sondern nur nacheinander stehen (vgl. 3.2.3.). Von den unter 3.2.6. genannten Fällen unterscheiden sich die Fälle dieses Typs dadurch, dass die rekurrenten Ausdrücke auch in keinerlei semantischen Relationen zueinander stehen – auch wenn in der älteren Forschung in diesem Zusammenhang der Begriff der „semantischen Kontiguität" (der semantischen Nähe) bemüht wurde (so schon Harweg 1968, 195). Vater (1991, 31) spricht mit Blick auf solche Kohärenzformen davon, dass „die Referenten der [...] NPs konzeptuell miteinander in einer Relation stehen".

Wie es die Metapher des Rahmens bereits nahelegt, stecken solche Einordnungsrahmen einen bestimmten Bereich ab, wobei die Grenzen zwar fließend, aber nicht beliebig sind (und nur deshalb sind solche Rahmen als Basis von Rekurrenzphänomenen geeignet). Wenn wir den letzten Satz der obigen Satzreihe umformen zu: *Die Auspuffgase verqualmten die ganze Wäsche*, so ist die Irritation, die der bestimmte Artikel bei *Wäsche* auslöst, ein Hinweis darauf, dass dieses Textelement aus dem Einordnungsrahmen herausfällt, der stereotyperweise durch die Elemente *Lastwagen, parken* etc. aktiviert wird. Die definite Markierung des Ausdrucks verlangt deshalb eine referentielle Fixierung wie etwa in: *Die Auspuffgase verqualmten die ganze Wäsche, die im Hof aufgehängt war.*

Fazit: Die Kognitivierung und Konzeptualisierung des Referenzbegriffs, die wir in Abschnitt 2. dargelegt haben, hat uns im vorliegenden Abschnitt 3.2. die Möglichkeit eröffnet, unterschiedliche Phänomene, bei denen intuitiv von einer Wiederaufnahme bzw. von Koreferenz gesprochen werden kann, unter den gemeinsamen Begriff der Rekurrenz zu fassen. Die unterschiedlichen Rekurrenztypen, die dabei zusammenkamen, sind nicht trennscharf, weil die Typologie sich an sehr unterschiedlichen und wechselnden Kriterien orientiert. Diese Kriterien seien im Folgenden in einer zusammenfassenden Übersicht nochmals herausgestellt:

(a) Enge vs. weite Koreferenz: Liegt enge, punktuelle Koreferenz auf ein wohldefiniertes Element der außersprachlichen Welt vor und rekurriert damit dieser gemeinsame Referenzpunkt? Oder liegt weite Koreferenz vor, d. h. Bezugnahme auf einen gemeinsamen Einordnungsrahmen, auf ein Netz von benachbarten Konzepten und damit Rekurrenz eines gemeinsamen Dritten?

(b) Lexikalische vs. grammatische Rekurrenz: Lässt sich die Koreferenz am verwendeten Wortmaterial festmachen oder an grammatischen Kategorien bzw. Strukturen?

(c) Semantisch volles vs. semantisch leeres Wiederaufnahmeelement: Ist der Ausdruck, der mit einem Antezedens koreferent ist, semantisch gehaltvoll oder aber mehr oder minder semantisch leer bzw. auf grammatische Merkmale reduziert (General nouns, Anaphern)?

(d) Systematisch-konventionelle vs. situativ-akzidenzielle Abstützung von Koreferenz: Beruht die Koreferenz auf einem konventionalisierten Zusammenhang (der Semantik oder des Weltwissens, vgl. dazu den nächsten Punkt (e)) oder aber wird die Koreferenz aus der Äußerungssituation heraus und für diese Situation ad hoc konstituiert?

(e) Sprachwissen vs. Weltwissen: Ist die systematisch-konventionelle Stützung der Koreferenz im Sprachwissen (Semantik) oder im Weltwissen angesiedelt? (Vorausgesetzt, die Unterscheidung lässt sich theoretisch halten.)

(f) Explizites vs. implizites Antezedens: Nimmt der wiederaufnehmende Ausdruck ein im Text manifestes Antezedens wieder auf oder ein im Text 'nur' präsupponiertes bzw. impliziertes? (Diese Frage stellt sich nur bei enger Koreferenz. Bei weiter Koreferenz haben wir es nicht mit Antezedentien zu tun; in diesen Fällen rekurriert jeweils ein gemeinsames Drittes.)

4. Kommunikative und stilistische Zusatzfunktionen von Rekurrenz

Rekurrenz im Text ist konstitutiv für Kohärenz — unter textlinguistischer Perspektive liegt die Hauptfunktion von Rekurrenzphänomenen in ihrem vertextenden Potential. Daneben und sozusagen in einem Aufwasch bietet die Vielfalt ausdrucksseitiger und inhaltsseitiger Rekurrenzformen wichtige Möglichkeiten zur Erzielung 'überschießender' Effekte.

4.1. Nebenbei-Prädikation

Ein solcher überschießender Effekt ist die Nebenbei-Prädikation. Sie ist in einer Substitutionsreihe wie der folgenden gegeben: *Martina Hingis — das Schweizer Tennis-Ass — die anstellige Werbeträgerin — die junge Werbe-Millionärin.* Hier wird die nominale Rekurrenz zur multiplen Prädikation über das Referenzobjekt. Anders formuliert: Die Identifikations- bzw. Klassifikationsfunktion der nominalen Bezugnahme wird 'unterfüttert' mit versteckten Prädikationen. Je eindeutiger, punktueller oder enger die Koreferenz von Textelementen ist, desto offener sind die Möglichkeiten solcher Variation auf der Ausdrucksseite. Mit Peter von Polenz könnte man sagen, dass man mit nominalen Ausdrücken grundsätzlich immer gleichzeitig zwei verschiedene Funktionen erfüllen kann oder muss: (a) referieren; (b) prädizieren (vgl. von Polenz 1988, 109 ff). Insbesondere dann, wenn die Referenz (und mit ihr eine mögliche Koreferenz) hinlänglich klar ist, kann die Funktion der Prädikation auch strategisch genutzt werden. Variation im Bezugsausdruck kann dann dazu eingesetzt werden, „um Hintergrund- oder Nebenbei-Informationen zu geben, um die Vielfalt von Rollen und Aspekten anzudeuten oder um Stellungnahmen, Einschätzungen und Bewertungen nebenbei anzubringen" (von Polenz 1988, 143; vgl. auch Zifonun/Hoffmann/Strecker 1997, 590). Solche versteckten, „mitbehaupteten" Prädikationen tragen außerdem dazu bei, einen Text relativ 'dicht' zu machen: Referenz und Prädikation werden mit einer Klappe geschlagen. Es ist von daher nicht verwunderlich, dass diese Form der variierenden nominalen Rekurrenz in Medientexten häufig zu finden ist.

Der Nebenbei-Effekt, der in erster Linie dadurch entsteht, dass bloße Wiederholung auf der Referenzebene (Referenzidentität, unveränderte Extension) verbunden wird mit

Variation bzw. zusätzlicher Bedeutung auf der semantischen Ebene (veränderte Intension), wird dadurch verstärkt, dass die neue Information in diesen Fällen nicht rhematisch, sondern thematisch eingeführt wird. Rekurrenz durch Substitution bildet deshalb eine besonders geeignete strukturelle Basis für konnotative Effekte, vgl. etwa die unterschiedlichen Möglichkeiten der konnotativen Aufladung des Substituendums *Alice Schwarzer* durch unterschiedliche Substituentia, also etwa: *die Herausgeberin der Zeitschrift „Emma"/die deutsche Vorzeigefeministin/die deutsche Emanze vom Dienst/das männerhassende Rapunzel im Kölner Stadtturm.*

Auch der in Abschnitt 3.2.4. bereits angesprochene Spezialfall von Substitution durch Labelling kann mit Nebenbei-Prädikationen verbunden sein (Francis 1994, 100 spricht von "classifying cultural experience in stereotypical ways").

Bezogen auf die Bühlerschen Sprachfunktionen von *Ausdruck, Appell und Darstellung* lassen sich die Nebenbei-Prädikationen mal eher der Darstellung, der Information über die Sache (Beispiel *Martina Hingis*) zuordnen, mal eher dem Ausdruck, d. h. der Kundgabe von Einstellungen und Wertungen, eventuell auch der selbstdarstellenden Demonstration von Eloquenz und sprachlichem Witz des Sprechers oder Schreibers (hierzu Beispiel *Alice Schwarzer*). Demonstriert wird manchmal auch ein exquisites Welt- bzw. Sprachwissen, indem man z. B. Substitutionen wagt, denen nur die Gebildetsten zu folgen vermögen. Sowohl starke Wertungen wie auch auffällige sprachliche Selbstdarstellungen haben zudem immer auch Appell-Funktion; der Sprecher kann mit geschickt gewählten Nebenbei-Prädikationen auf elegante Weise sowohl für seine Einstellungen wie für sich selbst werben.

4.2. Rhetorisch-poetische Funktionen

Die Rekurrenz von Ausdrucksseitigem – von Rhythmus, von Intonationskurven, von Wortmaterial, von syntaktischen Strukturen – kann in synästhetischer Absicht genutzt werden zur ikonischen Abbildung inhaltlicher Momente wie etwa Endlosigkeit, Monotonie (*er läuft und läuft und läuft; es war grau, grau, grau!*) sowie zur Steigerung und Überhöhung einer Aussage bzw. als Mittel der beschwörenden Zuwendung zum Gesprächspartner: *Da hat sich kein Lehrer, da hat sich kein Rektor, da hat sich niemand drum gekümmert* (vgl. zum Einsatz solcher Rekurrenzen gerade in der gesprochenen Sprache Schwitalla 1997, 120 ff; dort findet sich auch das letztgenannte Beispiel). Die klassische Rhetorik kennt reichhaltige Differenzierungen dieser Figur (Lausberg 1990, bes. § 608–664). In den späten 60er und frühen 70er Jahren wurde im Kontext der damaligen Bemühungen, Linguistik für literaturwissenschaftliche Fragestellungen fruchtbar zu machen, diesen Phänomenen erhöhte Aufmerksamkeit gezollt, nicht zuletzt in der Nachfolge der grundlegenden Arbeiten von Roman Jakobson (Jakobson 1974; vgl. auch Ihwe 1971 f; Plett 1975).

4.3. Memorierungsfunktion

Die Wiederholung von Elementen und Strukturen hat v. a. in oralen Kulturen nicht nur rhetorisch-ästhetische, sondern auch sehr gebrauchspraktische mnemotechnische Funktionen: Sie erleichtert die Wiedererkennbarkeit und – damit zusammenhängend – die Memorierbarkeit von Texten. Hierher gehören Wiederholungen im lautlich-rhythmischen Bereich (Metrum/Reim), Wiederholung von stereotypen Wendungen etc.

4.4. Textsortenspezifik

Wie die vorausgehenden Abschnitte zum Teil schon gezeigt haben, sind bestimmte Rekurrenzformen typisch bzw. konstitutiv für bestimmte Textsorten (→ Artikel 54–65). So zeichnen sich wissenschaftliche Texte, Verwaltungstexte, juristische Texte dadurch aus, dass mit Blick auf die zentrale Terminologie ausdrucksseitige Variation unüblich ist: Die Wiederholung identischer oder teilidentischer Lexeme/Lexemgruppen ist hier die Regel (und entspricht zumindest zum Teil dem Versuch, auf diese Weise sowohl semantische als auch referenzielle Eindeutigkeit herzustellen). Demgegenüber wurde in der traditionellen Stilistik des schulischen Deutschunterrichts die Ausdrucksvariation zur Norm erhoben, und man darf vermutlich davon ausgehen, dass – vor allem in darstellenden/erzählenden Texten – Substitution von den meisten Sprachbenutzern als ästhetisch befriedigend empfunden wird. Rein ausdrucksseitige Rekurrenzformen wie Metrum, Reim, Rekurrenz auffälliger syntaktischer Muster etc. sind traditionellerweise ein Charakteristikum literarischer sowie religiös-zeremonieller Textsorten, werden in der sprachlichen Gegenwart aber auch immer stärker zum sprachlichen Markenzeichen von Werbetexten. Solche Rekurrenzformen tragen zur formalen

Auffälligkeit, zum Schmuck, zur Memorierbarkeit eines Textes bei. Sie wurden in der klassischen Rhetorik beschrieben und gelehrt und zeichnen die rhetorisch durchgestaltete Rede, den durchgestalteten Text aus, finden sich aber auch als sprachspielerische Elemente in der Alltagsrede.

Über die Charakterisierung spezifischer Textsorten hinaus sind gewisse Rekurrenzformen typisch für gesprochene bzw. geschriebene Sprache. Während in gesprochener Sprache die geringe Planungszeit sowie die Flüchtigkeit des (vorhergegangenen) Oberflächentextes beinahe zwangsläufig dazu führen, dass es zu wortidentischen Rekurrenzen, zu häufiger Verwendung von General nouns oder auch zu 'schrägen' Substitutionen kommt (vgl. auch de Beaugrande/Dressler 1981, 58), eröffnet die größere Planungszeit beim Verfassen von schriftlichen Texten sowie die Permanenz des entstehenden Textes die Möglichkeit variationsreicherer und überlegterer Rekurrenz.

Unterschiedliche Ausnutzung des Repertoires von Rekurrenzformen zeichnet auch öffentlichen gegenüber privatem Sprachgebrauch aus: Je privater ein Text oder eine Kommunikation, umso eher können Rekurrenzen über nicht-konventionalisierte Beziehungen laufen, umso mehr idiosynkratische Koreferenzen sind möglich.

4.5 Gesprächsstrukturierende und -organisierende Funktionen

Die grundsätzliche textkonstitutive Funktion von Rekurrenz schließlich ist nicht auf monologische Texte beschränkt, sondern gilt ebenso für dialogische Texte; hier erstreckt sie sich über die Grenzen der einzelnen Gesprächsbeiträge hinweg (vgl. etwa Linke 1985, 158 ff). Neben der rein kohärenzstiftenden Funktion können Rekurrenzformen in diesen Fällen zusätzliche gesprächsstrukturierende und -organisierende Funktion übernehmen. So kann ein Sprecher einzelne Ausdrücke bzw. Wortfolgen eines Gesprächspartners wiederholen, um klarzustellen, woran er mit seinem eigenen Gesprächsbeitrag anschließt, was er zurückweist, was er modifizieren möchte etc. (vgl. de Beaugrande/ Dressler 1981, 58 f). In ähnlicher Weise kann die (mehrfache) Wiederholung von Ausdrucksseitigem (Wörter, Phrasen) dazu eingesetzt werden, nach einem Unterbrechungsversuch oder nach einer bereits erfolgten Unterbrechung den Anschluss an den unterbrochenen Gesprächsbeitrag wieder herzustellen (ganz ähnlich auch die Anschlussfunktion innerhalb eines monologischen Textes nach einem Exkurs bzw. einer Parenthese). Auch das von Schwitalla (1992, 83 ff) so genannte „chorische" bzw. „fugale" Sprechen, das dem Ausdruck gleicher Überzeugung, guten Einvernehmens, gleicher Einstellung dient, lebt vom Mit- oder Nebeneinander gleicher oder fast gleicher Formulierungen (auch: Intonationskurven) verschiedener Sprecher.

Schließlich kann die Substitutionsform des Labelling in Gesprächen (wie auch in monologischen Texten) metakommunikativ eingesetzt, also etwa zusammenfassend oder kommentierend verwendet werden, um an eigene Gesprächsbeiträge oder an diejenigen anderer Gesprächspartner anzuschließen: *Mein Einwand ist mir wichtig, weil ... − Ich kann die Bedenken meines Vorredners nicht nachvollziehen.*

5. Literatur (in Auswahl)

Beaugrande, Robert-Alain de/Dressler, Wolfgang Ulrich (1981): Einführung in die Textlinguistik. Tübingen.

Bellert, Irena (1974): Über eine Bedingung für die Kohärenz von Texten. In: Kallmeyer, Werner u. a. (eds.): Lektürekolleg zur Textlinguistik. Bd. 2: Reader. Frankfurt a. M., 213−245.

Brinker, Klaus (1996): Die Konstitution schriftlicher Texte. In: Günther, Hartmut/Ludwig, Otto (eds.): Schrift und Schriftlichkeit. Ein interdisziplinäres Handbuch. 2. Halbbd. Berlin/New York, 1515−1526.

− (1997): Linguistische Textanalyse. Eine Einführung in Grundbegriffe und Methoden. 4., durchges. u. erg. Aufl. Berlin.

Dressler, Wolfgang (1973): Einführung in die Textlinguistik. 2. Aufl. Tübingen.

− (ed.) (1978): Textlinguistik. Darmstadt.

Eisenberg, Peter (1994): Grundriß der deutschen Grammatik. 3., überarb. Aufl. Stuttgart/Weimar.

Francis, Gill (1994): Labelling Discourse: an Aspect of Nominal-group Lexical Cohesion. In: Coulthard, Malcolm (ed.): Advances in Written Text Analysis. London/New York, 83−101.

Greimas, Algirdas (1971): Strukturale Semantik. Braunschweig. [Sémantique structurale, Paris 1966]

Halliday, M. A. K./Hasan, Ruqauiya (1976): Cohesion in English. London.

Harris, Zellig S. (1952): Discourse analysis. In: Language 28, 1−30. Wieder abgedruckt in: Dressler, Wolfgang (ed.) (1978), 27−78.

Harweg, Roland (1968): Pronomina und Textkonstitution. München.

– (1986): Wiederholung lexikalischer Elemente und Textkonstitution. In: Heydrich, Wolfgang/Petöfi, János S. (eds.): Aspekte der Konnexität und Kohärenz von Texten. Hamburg, 16–41.

Ihwe, Jens (ed.) (1971 f): Literaturwissenschaft und Linguistik. Frankfurt a. M.

Isenberg, Horst (1968): Überlegungen zur Texttheorie. In: ASG-Berichte 2. Wieder abgedruckt in: Ihwe, Jens (ed.) (1971), Bd. 1, 155–172.

Jackendoff, Ray (1983): Semantics and Cognition. Cambridge, Mass.

Jakobson, Roman (1974): Aufsätze zur Linguistik und Poetik. Herausgegeben von Wolfgang Raible. München.

Langer, Gudrun (1995): Textkohärenz und Textspezifität: textgrammatische Untersuchung zu den Gebrauchstextsorten Klappentext, Patienteninformation, Garantieerklärung und Kochrezept. Frankfurt a. M.

Lausberg, Heinrich (1990): Handbuch der literarischen Rhetorik. 3. Aufl. Stuttgart.

Linke, Angelika (1985): Gespräche im Fernsehen. Eine diskursanalytische Untersuchung. Bern etc.

Nye, Irene (1912): Sentence Connection. Illustrated Chiefly from Livy. Diss. New Haven, Yale University. In Auszügen wieder abgedruckt in: Dressler, Wolfgang (ed.) (1978), 15–23.

Plett, Heinrich (1975): Textwissenschaft und Textanalyse. Heidelberg.

Polenz, Peter von (1988): Deutsche Satzsemantik. Grundbegriffe des Zwischen-den-Zeilen-Lesens. 2. Aufl. Berlin/New York.

Schwitalla, Johannes (1992): Über einige Weisen des gemeinsamen Sprechens. In: Zeitschrift für Sprachwissenschaft 11, 68–98.

– (1997): Gesprochenes Deutsch. Eine Einführung. Berlin.

Steinitz, Renate (1974): Nominale Pro-Formen. In: Kallmeyer, Werner u. a. (eds.): Lektürekolleg zur Textlinguistik. Bd. 2: Reader. Frankfurt a. M., 246–265.

Vater, Heinz (1991): Referenzrelationen in Texten. In: Brinker, Klaus (ed.): Aspekte der Textlinguistik. Hildesheim etc., 19–54.

Weinrich, Harald (1969): Textlinguistik. Zur Syntax des Artikels in der deutschen Sprache. In: Jahrbuch für internationale Germanistik 1, 61–74.

– (1971): Tempus: Besprochene und erzählte Welt. 2., völlig neu bearb. Aufl. Stuttgart.

– (1993): Textgrammatik der deutschen Sprache. Mannheim etc.

Wimmer, Rainer (1979): Referenzsemantik. Tübingen.

Zifonun, Gisela/Hoffmann, Ludger/Strecker, Bruno (1997): Grammatik der deutschen Sprache. 3 Bde. Berlin/New York.

Angelika Linke, Zürich (Schweiz)
Markus Nussbaumer, Zürich (Schweiz)

33. Textkonstitutive Funktionen von Tempus, Modus und Genus Verbi

1. Gemeinsamkeiten von Tempus, Modus und Genus Verbi
2. Textuell determinierte Zeitreferentialität
3. Textstrukturierende Funktion von Tempora
4. Modus im Text
5. Textfunktionen beim Genus Verbi
6. Literatur (in Auswahl)

1. Gemeinsamkeiten von Tempus, Modus und Genus Verbi

Bei Tempus, Modus und Genus Verbi handelt es sich um von der Verbmorphologie oder von analytischen Hilfsverbformen getragene Kategorisierungen im verbalen Paradigma (im Sinne von Eisenberg 1994, 108). Ihre (referenz)semantische Gemeinsamkeit ist ex negativo zu bestimmen: Sie leisten keinen Beitrag zum Ausdruck des Prädikats (im logischen Sinne); d. h. in allen Tempora, allen Modi und beiden Genera Verbi wird dasselbe Prädikat/Charakteristikum ausgedrückt, z. B. das Prädikat 'arbeiten', das von einem Argument zu einer Proposition ergänzt werden kann. Tempus und Modus sind darüber hinaus durch eine referentielle ('zeitreferentielle' versus 'weltreferentielle') Funktion verbunden: Die Tempora situieren oder lokalisieren die Proposition im Zeitablauf, liefern also, eventuell im Verbund mit anderen sprachlichen Mitteln, ein oder mehrere Zeitintervall(e), relativ zu denen die Proposition wahr sein muß, wenn die entsprechende Äußerung des tempushaltigen Satzes wahr sein soll. Die Modi tragen dazu bei, die Proposition in einer „Welt" zu lokalisieren; sie signalisieren also, ob die Proposition bezogen auf die gegenwärtige, vergangene oder zukünftige wirkliche Welt interpretiert werden soll oder nur auf eine "mögliche Welt", wie wir sie zum Beispiel in unseren Hoffnungen, Befürchtungen, Wünschen und Plänen konzipieren.

Die Genera Verbi (Aktiv, Passiv, ggf. Medium) werden nicht referentiell – auch nicht in dem erweiterten Sinne – interpretiert. Die Genera Verbi stellen grammatikalisierte Möglichkeiten für die unterschiedliche Perspektivierung identischer Sachverhalte/Propositionen bereit. Das Passiv als markiertere Form erzeugt gegenüber dem Aktiv einen Prädikatausdruck, dessen Argumente – durch „Promovierung" des direkten Objekts transitiver Verben im Vorgangs- und Zustands-Passiv bzw. des Dativobjekts beim Rezipientenpassiv und „Degradierung" des Subjekts zur fakultativen Präpositionalphrase – restrukturiert und potentiell reduziert sind. Stellt man in Rechnung, daß die lineare Ordnung der Argumentausdrücke deren grammatische Funktion als Subjekt und (direktes/indirektes) Objekt usw. (partiell und im Grad der linearen Fixierung grammatischer Relationen einzelsprachenabhängig) reflektiert und daß andererseits die lineare Ordnung ein wesentliches Moment der textorientierten Strukturierung von Sätzen ist, so zeigt sich die unmittelbare textfunktionale Relevanz der Genera Verbi. Bei Tempus und Modus haben wir dagegen zwischen zwei textbezogenen Aspekten grundsätzlich zu unterscheiden: (a) dem Zusammenhang zwischen der referentiellen Funktion von Tempus/Modus und dem Text/der Textstruktur und (b) dem Zusammenhang zwischen der Wahl von – als grundsätzlich zeitreferentiell/weltreferentiell gleichwertig – eingeschätzten Tempora zum Zwecke der Textgestaltung. (a) und (b) verweisen auf unterschiedliche Determinationsrichtungen und Analyseinteressen. Bei (a) sind Tempora und Modi – je nach Sehweise – Indizien oder Mittel der Textkohärenz mit einer primären Determination vom – als kohärent gesetzten – Text auf die daraus ableitbare zeitreferentielle Festlegung von Textsätzen. Der Text steht im Dienst der Referenzfunktion. Bei (b) hingegen geht die Determination von den Tempora/Modi in Richtung des Textes: Tempora und Modi werden im Dienst des Gesamttextes gesehen.

2. Textuell determinierte Zeitreferentialität

Leitfrage: Wie erfahren wir, wann etwas geschah, ohne daß jeder Textsatz uns das explizit sagt?

2.1. Zeitliche Kohärenz von Ereignissen

In Texten oder Diskursen ist in der Regel nicht von Ereignissen (auch: Sachverhalte oder Situationen) die Rede, die willkürlich entlang der Zeitachse verteilt sind. Textkohärenz beruht zumindest teilweise auf der *Kohärenz* der Ereignisse, auf die der Text oder Diskurs Bezug nimmt. Die Kohärenz der Ereignisse wiederum beruht teilweise auf einer Relation der Zugänglichkeit zwischen der zeitlichen Situierung der einzelnen Ereignisse. Zeitreferentiell zugänglich füreinander sind insbesondere Ereignisse, die

(A) sich miteinander überlappen (gleichzeitig geschehen) 'Muster der Überlappung'

(1) *A stand vor dem Schaufenster. Die Waren sahen verlockend aus. Er preßte die Lippen aufeinander, seine Wangen waren gerötet.*

(B) einander unmittelbar zeitlich nachfolgen 'Muster der Sequenzierung'

(2) *An der Balkontür kratzte der Kater. Ich machte auf, und Turbo legte mir eine Maus vor die Füße. Ich bedankte mich und ging zu Bett.* (Schlink/Popp, Selbs Justiz)

(C) innerhalb desselben (festgelegten) Zeitintervalls geschehen (ohne sich notwendigerweise zu überlappen) 'Muster der Inklusion'

(3) *Im Jahre 1547 starb Heinrich VIII, wurde Johann Fischart, deutscher Satiriker und Polemiker, geboren und übernahm Michelangelo die Bauleitung der Peterskirche in Rom.*

Diese speziellen Formen der zeitreferentiellen Zugänglichkeit beruhen auf Grundtatsachen der Wahrnehmung von Zeit als sequentieller Ordnung und als Kookkurrenz. Beruht die Anordnung von Textsätzen auf einem dieser drei Grundmuster, insbesondere aber auf dem Muster der Sequenzierung, so ergeben sich quasi natürliche Beziehungen zwischen textexterner und textimmanenter Struktur, es kommt zu einer „Synchronisierung von Textzeit und Aktzeit" (Weinrich 1985, 57 ff). Andernfalls (bei mittelbarer, in der Richtung und der Größe des „Zwischenintervalls" nach nicht beschränkter Sequenzierung) ist jedoch eine Ereigniskohärenz nicht ausgeschlossen. Auch zeitlich disparate Ereignisse können kohärent sein,

– wenn sie z. B. als unterschiedliche Instanzen desselben Ereignistyps erscheinen:

(4) *Letztes Jahr war Hanna in Marocco. Wir werden auch einmal nach Nordafrika fahren. Sabeth hörte zu, wenn ich von meinen Erfahrungen redete, (...).* (Frisch, Homo faber)

— wenn sie mit anderen zeitlich distanten Ereignissen Parallelen aufweisen oder auch deutlich kontrastieren oder wenn dieselben Gegenstände aus größerem zeitlichem Abstand betrachtet werden:

(5) *Am Fuße der Alpen, bei Locarno im oberen Italien,* befand *sich ein altes, einem Marchese gehöriges Schloß, das man* jetzt, *wenn man vom St. Gotthard kommt, in Schutt und Trümmern liegen* sieht*(: ...)* (Kleist, Das Bettelweib von Locarno)

In diesen Fällen resultiert die Kohärenz weniger aus einer kognitiven Grundtatsache wie der Zeiterfahrung als aus spezifisch gesetzten interpretativen (inhaltlichen) Zusammenhängen zwischen Ereignissen. Die Eigenschaft der zeitlichen Zugänglichkeit oder Nicht-Zugänglichkeit zwischen den im Text genannten Ereignissen/Sachverhalten korreliert ihrerseits mit den Textsorten oder Textmustern, denen der Text zuzuordnen ist, bzw. genauer noch mit den Handlungsstrukturen von abgrenzbaren Teilen des jeweiligen Textes: Narrationen oder narrative Teilstrukturen von Texten sind prinzipiell, aber nicht ausschließlich, nach dem Muster der zeitlichen Zugänglichkeit unter (B), der Folgebeziehung, angelegt, ähnliches gilt auch für Instruktionen; Beschreibungen (Schilderungen) hingegen nach dem Muster der zeitlichen Zugänglichkeit (A), Überlappung. Argumentative Texte hingegen sind nicht per se auf temporale Zugänglichkeit/Kohärenz zwischen den Sachverhalten angelegt.

2.2. Temporale Verbundenheit von Textsätzen

Von der zeitreferentiellen Zugänglichkeit von Ereignissen in einem Text ist die *temporale Verbundenheit* der Textsätze zu trennen. Sie liegt dann vor, wenn die temporale Interpretation nicht-erster Sätze in einem Text auf Elementen von Vorgängersätzen in diesem Text aufbaut (vgl. Nerbonne 1985; Fabricius-Hansen 1991, 739). Andernfalls spricht man von *temporal freien* Textsätzen. Zeitreferentielle Zugänglichkeit und temporale Verbundenheit sind prinzipiell voneinander unabhängig: Auf zeitreferentiell in hohem Maße füreinander zugängliche, zum Beispiel sich miteinander überlappende Ereignisse kann auch in temporal freien Textsätzen Bezug genommen werden, etwa durch Wiederholung einer entsprechenden absoluten Zeitangabe wie *im Jahre 1547* bei Beispiel (3). Umgekehrt können zeitreferentiell füreinander wenig zugängliche Ereignisse ohne weiteres Gegenstand temporal verbundener Textsätze sein, etwa vermittelt über eine relative (dependente) Zeitangabe wie *2000 Jahre später.* Dennoch können wir von einer gewissen Korrelation ausgehen:

These 1: Auf zeitreferentiell für einander in hohem Maße zugängliche Ereignisse wird präferiert mit temporal verbundenen Textsätzen Bezug genommen. Temporal freie Textsätze sind hier pragmatisch/stilistisch speziell markiert.

Zu unterscheiden ist zwischen explizit und implizit temporal verbundenen Textsätzen. Explizite Verbindung liegt vor, wenn ein Ausdruck oder ein sprachliches Mittel notwendig temporale Verbundenheit induziert. Explizite Signalisierung ist stets mit einer Benennung der zeitreferentiellen Beziehung zwischen den Ereignissen (Überlappung, Sequenzierung, Inklusion) verbunden. Dies ist der Fall

(a) bei der Verwendung von *dependenten* Temporaladverbien oder -adverbialen (Unterscheidung zwischen deiktischen, dependenten und flexiblen Temporaladverbien zurückgehend auf Smith 1980; vgl. auch Ehrich 1985; 1992; Zifonun/Hoffmann/Strecker 1997, Kapitel E2.3) wie *da, dabei, gleichzeitig, währenddessen* (Überlappung, Inklusion) *dann, darauf, hierauf, einen Augenblick/zwei Tage später* (Sequenzierung).

(b) auf der Stufe von Ober-Untersatz-Relationen beim Gebrauch von *temporalen Konjunktionen* wie *als, während, indem, seit* (Überlappung), *bevor, ehe, nachdem, sobald* (Sequenzierung) usw.

Wichtig ist im Hinblick auf (a) und (b) auch die Unterscheidung zwischen „Episoden- und Iterationsmerkmalen", also Signalen für zeitliche Einmaligkeit wie *als, eines Tages* versus Signalen für zeitliche Wiederholung wie *manchmal, wenn* (vgl. Gülich/Raible 1974, 90).

(c) beim Gebrauch von *relativen* Tempora primär zum Ausdruck von asynchronisierter Sequenzierung (im Deutschen: Plusquamperfekt, partiell Futur II; im Französischen: Plus-que-parfait, Passé antérieur, Futur antérieur).

Dagegen sind die übrigen Tempora (des Deutschen wie anderer Sprachen) keine expliziten Mittel zur Stiftung temporaler Verbundenheit (auf dieser Ebene). Fehlt hier ein dependentes Temporaladverbiale, so liegt ein aufgrund unterschiedlicher Prinzipien beschränkter temporaler Interpretationsspielraum vor. So kann einerseits in zwei benachbarten Textsätzen dasselbe Tempus (z. B. Präsens) sowohl bei temporaler Verbundenheit als auch bei temporaler Freiheit zwischen den Textsätzen auftreten, andererseits aber auch dasselbe Tempus (z. B. Präsens) zur Signalisierung unterschiedlicher Typen von zeitreferentieller Zugänglichkeit. (Die z. T. sehr komplexen Beziehungen zwischen den Tempora von Teilsätzen eines Textsatzes – Stichwörter 'Tempus in abhängigen Sätzen', 'Consecutio temporum' – werden aus Platzgründen nicht behandelt; vgl. u. a. Fabricius-Hansen 1991, Abschnitt 5.4.).

These 2: (Nicht-erste) Textsätze, in denen keine expliziten Mittel der temporalen Verbundenheit und keine Mittel zur absoluten Zeitreferenz auftreten, sind als implizit temporal verbunden zu interpretieren. Die in ihnen verwendeten Tempora signalisieren eine der Formen zeitreferentieller Zugänglichkeit zwischen den Ereignissen.

2.2.1. Tempusmorpheme als Anaphern

Häufig (vor allem in den Arbeiten Ende der 70er bis Mitte der 80er Jahre) wurde, anstatt von temporaler Verbundenheit zwischen Textsätzen zu sprechen, das Konzept der Anapher aus dem Bereich nominaler Referenz auf den Bereich temporaler Referenz übertragen (vgl. Partee 1973; 1984; zu einem weiten Begriff temporaler Anapher vgl. Hinrichs 1986). Tempusmorpheme verhielten sich demnach partiell wie Personalpronomina, indem sie auf bereits im vorausgehenden Kontext etablierte Referenten zurückverweisen. Bei pronominaler Anapher (→ Art. 31) ermöglicht ein nominaler Ausdruck als 'Antezedens' (generativ: „bindendes" Element) durch Benennung (als Namen) oder durch Kennzeichnung (als definite oder indefinite Nominalphrase) die Referenz auf Individuen oder Ensembles von Individuen; diese Referenz bleibt für die Wiederbezugnahme durch anaphorische Pronomina (generativ: „gebundenes" Element) im weiteren Text oder Diskurs präsent.

2.2.1.1. Anaphorische Tempusinterpretation in isolierten Sätzen

Unbestritten zunächst ist, daß Tempora zurückgebunden sind an die Äußerungszeit/Sprechzeit, die für die jeweils aktuelle Satzverwendung Gültigkeit hat (unterschiedliche zeitliche Lokalisierung für den Satz *Ich bin sehr glücklich*, geäußert z. B. am 17. Juni 1973 gegenüber 24. Dezember 1997). Insofern sind die Tempora grundsätzlich – direkt oder indirekt – *deiktisch fundiert*. Die Annahme, Tempora legten allein aufgrund dieser deiktischen Fundierung unbestimmte (indefinite) Ereigniszeiten für die Proposition fest, etwa in dem Sinne, daß das Präsens im Deutschen auf eine mit der Sprechzeit überlappende Ereigniszeit verweise, das Präteritum (und das Perfekt) auf eine (irgendeine) der Sprechzeit vorausgehende Ereigniszeit oder das Futur auf irgendeine der Sprechzeit nachfolgende Ereigniszeit, erwies sich als zu kurz gegriffen. Die Bestimmung der zeitreferentiellen Funktion von Tempora durch den Zugriff auf (indefinite) Ereigniszeiten konfligiert u. a. mit der Interpretation von negierten Sätzen, in denen Tempora als durch das Verbmorphem ausgedrückte Kategorien ebenfalls obligatorisch vorkommen. Bei *Hans arbeitete gestern nicht* wird gerade in Abrede gestellt, daß es innerhalb des durch *gestern* abgesteckten Rahmens ein Zeitintervall gibt, relativ zu dem die Proposition 'Hans arbeiten' wahr wird. Von der Bezugnahme auf eine Ereigniszeit kann hier also ebensowenig die Rede sein wie etwa von Referenten für die Ausdrücke *nichts* oder *niemand*. Dieses Problem wird vermieden, wenn (so bei Bäuerle 1977; 1979 mit Anschluß an Reichenbach 1947) Betrachtzeiten („Referenzzeiten") als die *definiten* Referenten der Tempora eingeführt werden. Tempora referieren dann auf eine „ganz bestimmte Zeit, die entweder aus dem linguistischen oder aus dem extralinguistischen Situationskontext hervorgeht" (Bäuerle 1979, 10). Der sprachliche Kontext liefert also im Beispiel mit *gestern* die definite Betrachtzeit, auf die das Tempus innerhalb desselben Satzes anaphorisch verweist, die jedoch die nur indefinit zu assertierende Ereigniszeit nur umgreift bzw. sich mit ihr nur überlappt, ohne mit ihr identisch zu sein. In *Hans arbeitete nicht* ist nach dieser Analyse eine extralinguistisch situationell zu erschließende – jedoch ebenfalls definite – Betrachtzeit wiederum referenzidentisch mit dem anaphorisch zu verstehenden Tempus. (Man beachte, daß eine sprachliche Anaphernrelation nur dann postuliert werden kann, wenn eine „Tiefenstruktur" angesetzt ist, in der die extralinguistisch erschlossene Betrachtzeit als Temporaladverbiale verbalisiert ist, vgl. Grewendorf 1982.) Durch diese Analyse wird das oben skizzierte Negationsdilemma vermieden: Anstatt auf Ereigniszeiten von „Ereignissen", die es gar nicht gibt, zu verweisen, verweisen Tempora in negierten Sätzen nun auf definite Betrachtzeiten, innerhalb derer es keine Teilintervalle gibt, an denen ein entsprechendes Ereignis stattgefunden hätte.

Hans arbeitete gestern.

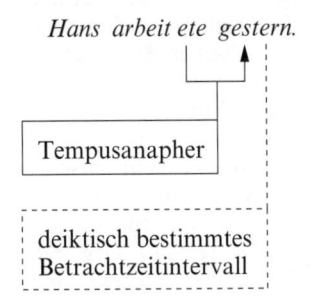

```
┌─────────────────┐
│ Tempusanapher   │
└─────────────────┘
┌─────────────────────┐
│ deiktisch bestimmtes │
│ Betrachtzeitintervall│
└─────────────────────┘
```

Abb. 33.1: Schematische Darstellung der Analyse

Die Annahme, Tempora verweisen anaphorisch auf satzintern (explizit oder implizit) bestimmbare Betrachtzeitintervalle, erweist sich jedoch wiederum z. B. angesichts von *Hans arbeitete heute (nicht)* als zu vereinfacht. Denn offenbar sind aufgrund der Tempusinterpretation (im Beispiel Vorzeitigkeit zur Sprechzeit) aus der mit dem Tempus gemeinten Betrachtzeit bestimmte Teilintervalle der durch das Temporaladverbiale denotierten Betrachtzeit ausgeschlossen, im Beispiel alle Intervalle, die nicht vor der Sprechzeit abgeschlossen sind.

Daraus geht hervor, daß temporaladverbiale Betrachtzeit und tempusrelevante Betrachtzeit nicht in einem Verhältnis der Identität, sondern der Überlappung stehen (zu den damit verbundenen Problemen der Skopoi beider Betrachtzeiten vgl. Fabricius-Hansen 1991, Abschnitt 4.4.3.). Für die temporale Interpretation von Sätzen insgesamt bedeutet dies, daß Tempora in Abhängigkeit von einer Orientierungszeit (Generalisierung des Konzeptes der Sprechzeit, vgl. Ballweg 1988) Betrachtzeiten bereitstellen, die mit satzintern durch Temporaladverbialia bereitgestellten Betrachtungszeiten überlappen müssen, und die sich ihrerseits mit der Ereigniszeit der Proposition überlappen. (Die auf Reichenbach (1947) zurückgehende Trias Sprechzeit – Betrachtzeit – Ereigniszeit findet sich auch in Kleins (1994) Unterscheidungen zwischen „time of utterance" – „topic time" und „time of situation" wieder.) Damit hat sich bereits im satzinternen Bereich die Annahme einer anaphorischen Tempusinterpretation als zu eng erwiesen.

2.2.1.2. Anaphorische Tempusinterpretation in Texten

Faßt man die inhaltliche/faktenbezogene Seite eines Textes oder Diskurses modelltheoretisch auf als strukturierte Folge von partiellen Zuständen einer sich verändernden („dynamischen") „Welt", in der Individuen in bestimmten – möglicherweise mit der Zeit wechselnden – Beziehungen zueinander stehen, bestimmte Handlungen vollziehen usw., so übernehmen in einer – den Verstehensprozeß des Hörers modellierenden – Repräsentation dieses Modells, wie sie Kamps „Discourse representation system" (DRS) vorlegt (vgl. Kamp 1984), sogenannte 'Diskursitäten' die Funktion eindeutiger Marken für die jeweils zu unterscheidenden im Diskursverlauf auftretenden außersprachlichen Referenten. Nominale Anapher beruht grundsätzlich auf Identität, d. h. also auf der Übernahme einer bereits eingeführten Diskursentität für die Repräsentation neuer Sachverhalte. Dieses Modell ist für das Tempus scheinbar leicht übertragbar, wenn ein Textsatz TS_i deiktisch (*heute, morgen*) oder absolut (*am 25. Mai 1987*) ein Zeitintervall einführt und die folgenden Textsätze TS_j (j > i), ohne ein neues Zeitintervall zu spezifizieren, sich auf „dasselbe" Zeitintervall beziehen. (Strenggenommen müssen jeweils Paare von aufeinanderfolgenden Textsätzen verglichen werden; vereinfachend können ganze Textsatzgruppen jeweils zu TS_i oder TS_j zusammengefaßt werden.) Bei genauerer Analyse verbietet sich jedoch eine direkte Analogie von nominaler Anapher und temporaler „Anapher": Die zahlreichen im Rahmen von DRS entstandenen Arbeiten zum Tempus im – nahezu ausschließlich narrativen – Text nehmen daher auch zahlreiche Modifikationen und Präzisierungen vor, ohne daß trotz der Fülle der einbezogenen empirischen Fallunterscheidungen bisher eine rein formale Rekonstruktion der textuellen Zeitreferenz möglich geworden wäre. Zu konsultieren sind dazu z. B. die Sammelbände Lo Cascio/Vet (1986); Vet/Vetters (1994); daneben Kamp/Rohrer (1983); Hinrichs (1986); sowie kritisch dazu Dowty (1986). Verwandt sind Fabricius-Hansen (1986) (mit besonderer Betonung der vom Kontext gelieferten Kotextzeit und der auf kozeitliche Verankerung und Lizensierung in der Sequenz angewiesenen Tempusverwendungen des Präteritums und des historischen Präsens im Deutschen) und der auf der dynamischen Prädikatenlogik von Groenendijk/Stokhof (1987) beruhende Ansatz von Ballweg (in Zifonun/Hoffmann/Strecker 1997, Kapitel F1). Behandelt werden neben dem Deutschen und Englischen, Niederländisch sowie (mit Berücksichtigung der

Aspektdifferenzierung in der Vergangenheit) Französisch und Italienisch; Schopf (1984) bezieht am Beispiel moderner englischsprachiger literarischer Erzähltexte erlebte Rede und inneren Monolog mit ein.

Die wesentlichen (Problem-)Punkte sind:
(i) Tempusmorpheme sind im eigentlichen Sinne keine Verweisausdrücke. Rückverweis auf Betrachtzeiten erfolgt durch nominale (*an diesem Tag*) oder adverbiale Verweisausdrücke (*da, dann*). Tempusidentität – z. B. die Wahl des Präteritum – kommt zusätzlich hinzu.
(ii) Temporaladverbialia wie *am 23. Mai 1997* verweisen nicht auf die *Ereigniszeit* (Aktzeit, das Wahrheitsintervall) der durch den entsprechenden Textsatz (genauer den tempuslosen Restsatz) ausgedrückten Proposition, sondern auf ein in der Regel mit der Ereigniszeit nur überlappendes (größeres) Zeitintervall, die *Betrachtzeit*, die – nach Abschnitt 2.2.1.1. – durch das Tempus von TS_i noch weiter eingeschränkt sein kann. Es ist dann vor allem zu klären, ob der Rückverweis durch das Tempus sich auf die Betrachtzeit t_b oder die effektive Ereigniszeit t_e der Proposition von TS_i bezieht. Wenn (a) Tempora in folgenden Teilsätzen einen Rückverweis auf Betrachtzeiten enthalten, ist, selbst wenn wir Identität mit dem Antezedens ansetzen, nur eine Betrachtzeitidentität gegeben, nicht jedoch eine Ereigniszeitidentität. Wenn dagegen (b) Tempora einen Rückverweis auf effektive Ereigniszeiten enthalten, kann nur davon die Rede sein, daß das anaphorische Tempus die Ereigniszeit von TS_i als Betrachtzeit wieder aufnimmt – eine Übernahme als Ereigniszeit wäre in jedem Fall zu stark. In Texten und Diskursen kommen eindeutig beide Formen der Rückbindung vor: Die Rückbindung nur an eine Betrachtzeit repräsentiert im allgemeinen eine weniger starke Kohärenz, ist ungewöhnlicher und entspricht dem Muster der Inklusion (Muster C von Abschnitt 2.1.). Wir stellen es zunächst zurück (vgl. iv) und wenden uns der Rückbindung über Ereigniszeiten zu:
(iii) Auch die aus (iib) folgende Annahme der Identität zwischen der Ereigniszeit t_e von TS_i und der Betrachtzeit t_b von TS_j ist – selbst bei *identischen* Tempora – zu stark. Vielmehr sind (mindestens) folgende zwei Fälle zu unterscheiden:
(iii.1) Die Ereigniszeit t_e von TS_i dient als Betrachtzeit t_b von TS_j ('während TS_i der Fall ist, ist TS_j der Fall', Muster A): Dies trifft in der Regel dann zu, wenn die aufeinanderfolgenden Textsätze Ereignisse mit durchgängig imperfektiver (atelischer) Aspektualität (Zustände, Aktivitäten) bezeichnen oder aber Ereignisse mit jeweils verschiedener imperfektiver oder perfektiver (telischer; Handlungen, Vorgänge) Aspektualität, bzw. wenn sie (vgl. Abschnitt 3.1.) ein perfektives Ereignis auf dem Hintergrund imperfektiver Ereignisse reliefgebend abheben. Dabei ist nicht entscheidend, ob das imperfektive grundierende Ereignis oder das perfektive Vordergrundereignis im jeweils vorangehenden Textsatz dargestellt ist (zur Berücksichtigung von Aspektualität im Rahmen von DRS vgl. Caenepeel/Moens 1994):

(a) TS_i, im Beispiel Satz (6a), bezeichnet ein Ereignis mit perfektiver Aspektualität (mit Grenzen), TS_j, im Beispiel Satz (6b) bis (6d), dagegen ein Ereignis/eine Folge von Ereignissen in imperfektiver Aspektualität.

(6) (a) *Im Jahre 1878 machte sich der einundzwanzigjährige Bostoner Architekt Francis H. Bacon zusammen mit seinem Freund Clarke auf, um Griechenland und die Türkei zu bereisen.* (b) *Clarke arbeitete an einer Geschichte der deutschen Architektur, und* (c) *Bacon wollte die Zeichnungen dazu liefern.* (d) *Außer einem kleinen Zuschuß besaßen sie jeder fünfhundert ersparte Dollar.* (Fabricius-Hansen 1986, 362)

(b) TS_i, im Beispiel Satz (7a) bis (7d), bezeichnen Ereignisse mit imperfektiver Aspektualität, TS_j, im Beispiel Satz (7e), dagegen ein Ereignis/eine Folge von Ereignissen in perfektiver Aspektualität.

(7) (a) *die häuser waren weiss und blau. manchmal gelb. nie rot.* (b) *der brunnen stand mitten im dorf.* (c) *im haus nummer zwölf wohnte eine witwe mit sechs buben, deren mann zwei tage nach der hochzeit gestorben war.* (d) *der pfarrer hatte ein kleines steckenpferd, von dem jeder wusste, jedoch niemand sprach.* (e) *grosse unruhe erzeugte indes ein fremder, der eines tages ins dorf kam und anscheinend nichts vorhatte als hier zu bleiben.* (Achleitner, Der mann ohne schnurrbart)

Problematisierung: Ein imperfektives Ereignis, das als Ergebnis eines perfektiven zu betrachten ist, muß *nach* diesem situiert werden, nicht überlappend (vgl. Dowty 1986, 59):

(8) *This time she was pushed out of the frightening fifth dimension with a sudden immediate jerk. There she was, herself again, standing with Calvin beside her.*

(iii.2.) Die Ereigniszeit t_e von TS_i dient als Basis für die Einführung einer neuen auf t_e

folgenden Betrachtzeit t_b für TS_j ('nachdem TS_i der Fall ist, ist TS_j der Fall', Muster B): Dies trifft in der Regel dann zu, wenn aufeinanderfolgende Textsätze jeweils telische Ereignisse mit perfektiver Aspektualität denotieren. Als Beispiel vgl. (2) in Abschnitt 2.1.

Mit diesem „Weiterschieben" der Betrachtzeit (vgl. aber Zifonun/Hoffmann/Strecker 1997, 1719; Fabricius-Hansen 1986: der Ereigniszeit) sind erhebliche theoretische Probleme verknüpft: Die Annahme, es handle sich bei dem neuen Betrachtzeitintervall um ein definites, jeweils das unmittelbar folgende, ist abzulehnen. Die Spanne zwischen den sequenzierten Ereignissen bleibt grundsätzlich auf der tempussemantischen Ebene offen; sie hängt von der dem jeweiligen Erzählstil oder -duktus geschuldeten Ereignisdichte ab. Das „Weiterschieben" der Betrachtzeit im Falle telischer Ereignisse ist nur dann zu erwarten, wenn die jeweiligen Handlungsbeteiligten identisch sind.

Problematisierung: Die umgekehrte (asynchrone) Anordnung 'textuelle Präsentation des späteren Ereignisses vor (in TS_i) dem früheren (in TS_j)' verweist auf nicht-narrative („besprechende" im Sinne von Abschnitt 3.1.) Teiltexte mit TS_j im Status einer Begründung/Erläuterung für TS_i; dieser Wechsel im Diskurstyp ist sprachmittelbezogen nicht immer leicht erkennbar (vgl. Caenepeel/Moens 1994, 7 ff):

(9) *Anna verließ mich. Sie verliebte sich in einen anderen Mann.*

Außerdem können zwei (oder mehr) telische Ereignisse auch im Verhältnis der Inklusion, meist zum in TS_i genannten Ereignis stehen (vgl. Kamp/Rohrer 1983, 260):

(10) *Letztes Jahr wanderten wir in den Vogesen. Am ersten Tag stiegen wir auf den Climont, am zweiten ...*

Die Rückbindung über die Ereigniszeit von Textsätzen zeigt, daß die beiden Muster der Überlappung und der Sequenzierung als Grundlage für die Typen (iii.1.) und (iii.2.) eng zusammengehörig sind. Die Unterscheidung zwischen ihnen beruht auf der unterschiedlichen Aspektualität der Ereignisbeschreibungen.

(iv) Die Betrachtzeit t_b von TS_i wird als Betrachtzeit an TS_j weitergegeben. Ist keine Kontinuität der Ereignisbeteiligten festzustellen, liegt also eine Neuthematisierung vor, oder thematisiert die entsprechende Textpassage insgesamt unterschiedliche Gegenstände oder Sachverhalte, indem sie z. B. einen panoramaartigen Querschnitt oder Überblick über Ereignisse gibt, so wird die Ereigniszeit weder sistiert noch fortgeschrieben. In diesem Fall haben wir es mit dem geringere Kohärenz anzeigenden Muster der Inklusion zu tun: Hier findet in der Tat nur eine Rückbindung über Betrachtzeiten statt, vgl. Beispiel (3).

3. Textstrukturierende Funktion von Tempora

Leitfrage: Warum wird in einem Textsatz ein bestimmtes Tempus gewählt?
Gesichtspunkte der globalen Tempuswahl in einem Text (Welches Tempus überwiegt?) sind zu unterscheiden von solchen der lokalen Tempuswahl. Erstere verweisen auf gattungs- und textsortenspezifische Zusammenhänge bzw. die mit ihnen verbundenen Bedingungen von Textproduktion und -rezeption, letztere auf die makro- und mikrostrukturelle Gliederung des Textes selbst. Grundgedanke der lokalen Steuerung ist die Annahme, daß bestimmte sprachliche Signale, darunter auch der Tempuswechsel – mit der Wahl aus einer Menge zeitreferentiell äquivalenter Möglichkeiten – Anhaltspunkte für die Gliederung von Texten in Subtexte liefern (vgl. Gülich/Raible 1974). Auch die textstrukturierende Funktion von Tempora ist an das System einer Einzelsprache gebunden; darüber hinaus jedoch wirken kultur- und epochenspezifische sowie gattungs- und textsortengebundene Formen der Konzeptualisierung und Präsentation von Ereignissen und Zeitstrukturen prägend; vgl. dazu die Überlegungen in Blumenthal (1986) zum partiellen Abrücken vom Prinzip der linearen Strukturierung und der Ereignishaftigkeit in franz. narrativen Texten der Gegenwartsliteratur.

3.1. Die Tempustheorie von Harald Weinrich

Besondere Bedeutung kommt der textbezogenen Tempustheorie von H. Weinrich zu (Weinrich 1985, 1. Aufl. 1964; mit veränderter Terminologie auch Weinrich 1982; 1993). Er geht von folgenden drei Grundunterscheidungen aus:
– *Sprechhaltung* mit der Alternative Erzählen – Besprechen bzw. erzählende und besprechende Tempora,
– *Sprechperspektive* mit den Möglichkeiten nachgeholte Information – Nullstufe – vorweggenommene Information,

– *Reliefgebung*: Hintergrund–Vordergrund.
Weinrich vertritt die These der Dominanz jeweils einer der beiden Tempusgruppen in einem Text (bzw. Textabschnitt): Zu den erzählenden Tempora gehören Präteritum, Plusquamperfekt, Konditional und Konditional II, zu den besprechenden Tempora Präsens, Perfekt, Futur und Futur II, in direkter Korrelation mit einer durch sie signalisierten „Sprechhaltung" jeweils des „entspannten" und „gespannten" Redens. Diesen sind jeweils (durch Einzelanalysen und durch statistische Untersuchungen untermauert) die literarischen Gattungen zugeordnet (vgl. auch Hamburger 1987): Novelle und Roman weisen ein Übergewicht der erzählenden Tempusgruppe auf; Lyrik, Drama, biographisches Essay, literarische Kritik, Abhandlung usw. zeigen eher ein Übergewicht der besprechenden Tempusgruppe. Sprechhaltungsabhängigkeit korreliere – in dieser krassen Form später abgeschwächt – mit mangelnder Zeitreferentialität: Tempora sind nach Weinrich „indifferent gegenüber unserer Zeit" (Weinrich 1985, 46). Beispiele: Präteritum für die utopische Zukunft in Orwells „Nineteen eighty-four", Märchen („erzählte Welt"; vgl. auch Klein 1994, 133 ff). Diese systemlinguistisch provokante These (zur Kritik u. a. Thieroff 1992) ist dahingehend zu präzisieren, daß den Tempora ein festgelegtes Verhältnis zur Sprechzeit, also die deiktisch-außertextliche Komponente der Zeitreferentialität abgesprochen wird. Die textimmanente zeitliche Relation des relativen Vorher-Nachher wird im Rahmen der *Sprechperspektive* anerkannt. Textzeit (Achse des mündlichen oder schriftlichen Textes in seinem Verlauf) und Ereigniszeit können „synchronisiert" sein oder nicht (Weinrich 1985, 57): Präsens und Präteritum bzw. im Franz. Présent und Imparfait + Passé simple sind jeweils Null-Stellen in den beiden Tempusgruppen, sie signalisieren eine Nicht-Thematisierung des Verhältnisses – z. B. unproblematischen Gleichlauf – von Textzeit und Ereigniszeit. Perfekt und Plusquamperfekt (Passé composé/Plus-que-parfait + Passé antérieur) sind „Tempora der Rückschau" (nachgeholte Information), Futur (bzw. im Franz. Futur/Conditionnel) ist Tempus der Vorausschau (vorweggenommene Information). Der Kontrast zwischen Imparfait/Plus-que-parfait und Passé simple/Passé antérieur wird nicht als (rein satzbezogen zu wertender) Aspektunterschied gefaßt, sondern in der Funktion der *Reliefgebung* (Weinrich 1985, 93): Imparfait ist „Tempus des Hintergrunds", Passé simple ist „Tempus des Vordergrunds". Das Mischungsverhältnis zwischen Hintergrund- und Vordergrundtempora liegt im Ermessen des Erzählers, etwa: hurtiger Erzählstil Voltaires (Überwiegen des Passé simple) gegenüber der im Imparfait erzählenden Prosa des 19. Jhs. Vgl. dazu auch die detaillierte Darstellung zum Beispiel eines Ausschnitts aus Stendhals „Chartreuse de Parme" in Glinz (1994; 143 ff) („Beiläufigkeit" der im Imparfait geschilderten Ereignisse, „Zentralität" der im Passé simple geschilderten Ereignisse). Die Aspektunterscheidung der romanischen Sprachen als verbmorphologisches Mittel der Reliefgebung in den Erzähltempora steht im Deutschen (Englischen, anderen Sprachen) nicht zur Verfügung. Weinrichs Einschätzung, im Deutschen übernehme die Verbletztstellung im Nebensatz die Funktion der Signalisierung des Erzählhintergrundes, ist zu undifferenziert: In Spaltsätzen (vgl. Zifonun/Hoffmann/Strecker 1997, Kapitel C6, 2.1.5.) muß die Nebensatzinformation dem Vordergrund zugerechnet werden. Es handelt sich um spezielle Stilmittel der Fokussierung:

(11) *Es war am Fronleichnamsfeste, und die feierliche Prozession der Nonnen (...) nahm eben ihren Anfang, als die unglückliche Josephe, bei dem Anklange der Glocken, in Mutterwehen auf den Stufen der Kathedrale niedersank. (...) und kaum war sie aus den Wochen erstanden, als ihr schon, auf Befehl des Erzbischofs, der geschärfteste Prozeß gemacht ward.* (Kleist, Das Erdbeben in Chili)

Für die Textstruktur sind insbesondere die *Tempus-Übergänge* von Bedeutung: Gleiche Übergänge (Identität in allen drei Grundunterscheidungen zwischen den Textsätzen, 'Rekurrenz') sind ein besonders frequentes Mittel der Textkohäsion. Ungleiche Übergänge ersten Grades (Änderung in einer der Grundunterscheidungen) und zweiten Grades (Änderung in zwei Grundunterscheidungen, 'Tempusmetapher') markieren textuelle Einschnitte oder den Übergang zu einem neuen Teiltext: So kennzeichne in der älteren Novellistik (Boccaccio), in der mit der Rahmenerzählung eine explizite Brücke zwischen besprochener (Rahmen) und erzählter Welt vorliege, der Novelleneinsatz/-schluß im Passato remoto den Übergang zu der Rahmengeschichte, nicht etwa zu einem erzählerischen Hintergrund (hier: Imperfetto) (vgl. auch: *fuit*-Einsatz versus *erat*-Einsatz im mittelalterlichen Erzählen). Der Schluß von Goethes „Werther" zeige mit dem Wechsel vom Präteritum zum Perfekt einen scharfen Übergang auf von erzählendem zu besprechendem Tempus (Sprechhaltung) und von Nullstufe zu Rückschau (Sprechperspektive). Dagegen weise die große realistische Romanliteratur mit ihrem Verzicht auf moralisierende Rahmengebung und besprechende Kommentierung zugunsten soziologischer Hintergrunddarstellung fast ausschließlich Erzähltempora auf.

Problematisch ist u. a. angesichts der Zugehörigkeit des Präsens zu den besprechenden Tempora die Verwendung des Präsens als Erzähltempus, bei Weinrich erklärt durch eine „gespannte" Erzählhaltung. Zu einer Kritik und dem Versuch einer Typologie präsentischen Erzählens (als „Generaltempus" mit den Erklärungsansätzen 'Vergegenwärtigung', 'filmische Wiedergabe', 'Protokoll' und als „alternierendes Tempus" mit den postulierten Funktionen 'Spannungstempus', 'Perspektivenwechsel') vgl. Tschauder (1991).

3.2. Neuere Arbeiten zu geschriebenen Texten und zum Tempus im Diskurs

Marschall (1995) zeigt anhand der statistischen Auswertung eines Korpus primär von Zeitungstexten unterschiedlicher Textsorten (Agenturmeldungen, Lokalnachrichten), daß Tempora in den Hauptsätzen eines (Teil-)Textes nach bestimmten Mustern — geordnet gemäß den sich überschneidenden Faktoren „Textkonstitution" (im Anschluß an Weinrich bestimmt) und „Textstrukturierung" — verteilt sind. Gegenläufig zu den Weinrichschen Tempusgruppen gehörten unter dem Gesichtspunkt der Textstrukturierung einfache Tempora (Präsens und Präteritum) einerseits und zusammengesetzte Tempora (Perfekt und Plusquamperfekt) andererseits zusammen: Letztere böten durch die notwendige Anknüpfung an eine Orientierungszeit im Sinne von Ballweg (1988) die Möglichkeit, Sachverhalte neu zu verankern. Perfekt und Plusquamperfekt sind also Tempora, die besonders dazu geeignet sind, den Beginn neuer Teiltexte zu markieren: Das Perfekt führt, im einfachen Fall, von der Sprechzeit als Orientierungszeit in die Vergangenheit dieser Orientierungszeit und stellt so die Verankerung im Jetzt des Sprechers her. In nicht-ersten Textsätzen kann hingegen auch in Texten mit einem zugrundeliegenden „zugänglichen Weltmodell" (Reden über die 'wirkliche Welt', vgl. auch 'nicht-entfernt' versus 'entfernt' in Thieroff 1992) zum Präteritum übergangen werden. (Dies erklärt die häufig beobachtete Tatsache, daß in isolierten Einzelsätzen und außerhalb von Erzähltexten in ersten Textsätzen das Präteritum hochgradig markiert ist.) Nachrichtentexte in Zeitungen haben daher in der Regel folgende Tempus-Abfolge:

- erster Teiltext: Perfekt (Teiltextsatz 1) – Präteritum (Teiltextsätze 2 bis n)
- nicht-erster Teiltext: Plusquamperfekt (Teiltextsatz 1) – Präteritum (Teiltextsatz 2 bis n)

Die Ergebnisse sind nicht — nicht einmal bei Textsortenvergleichbarkeit — auf andere Sprachen übertragbar. So ist etwa in französischen Nachrichtentexten nach Blumenthal (1986) neuerdings eine durchgängige Setzung des Passé composé als Tempus „mit dem größten Mitteilungswert" zu beobachten. Übergreifende vergleichende Darstellungen zur textstrukturierenden Funktion von Tempora, etwa für den Bereich der europäischen Sprachen (vgl. entsprechendes zum Tempussystem mit Thieroff/Ballweg 1994), stehen noch aus.

Beim mündlichen Erzählen spielt der nicht nur im süddeutschen Raum zu beobachtende „Präteritumschwund", der Ersatz synthetischer Erzähltempora durch analytische wie das Perfekt (Passé composé, Passato remoto), eine Rolle, daneben vor allem der narrative Gebrauch des Präsens. Auf dem Hintergrund von Labov (1976/1978) grenzt Quasthoff (1980, 225 ff) das „szenische Präsens" in konversationellen Erzählungen vom „historischen Präsens" schriftsprachlicher Texte (mit dem stilistischen Effekt der Profilierung von Einzelereignissen) ab: Es sei nur möglich, wo „das Handlungs-/Ereigniskontinuum der Geschichte in Kleinsteinheiten zerlegt, 'atomisiert' wird (227) und markiere — im Sinne einer Vordergrundsetzung, vergleichbar mit einem Aspektwechsel — im Bereich der Komplikation des Handlungsplans („überraschender Bruch") bei hohem Detailliertheitsgrad den Kern oder Punkt der Erzählung (als „unerhörte Begebenheit"). Es diene dem „Nacherleben in der Gegenwart" (Quasthoff 1980, 241) und im Hinblick auf den Erzähler den Funktionen der „Selbstdarstellung" und „Entlastung".

4. Modus im Text

Während die Kategorisierung Tempus eine in den Sprachen der Welt sehr weit verbreitete, wenn auch nicht universale, Kategorisierung ist, sind Modusdifferenzierungen (sieht man von der Aufzeichnung des Imperativs ab) weniger weit verbreitet und weniger klar grammatikalisiert. Der Imperativ nimmt als 'Halbmodus' — er ist von allen weiteren verbalen Kategorisierungen in der Regel nur mit dem Numerus verbindbar — eine Sonderstellung ein. Viele europäische Sprachen haben im Zuge der Sprachentwicklung die im Indoeuropäischen vorhandenen Modusdifferenzierungen im Bereich der Vollmodi aufgegeben, wie etwa die skandinavischen Sprachen, Englisch und Niederländisch. Die germanischen (nur Deutsch, Isländisch, Jiddisch), romanischen und slawischen Sprachen, die im Bereich der Vollmodi differenzieren, weisen heute eine binäre Opposition zwischen Indikativ und Nicht-Indikativ (Konjunktiv/Subjunktiv) auf, während die alten europäischen und außereuropäischen Sprachen weitere Modi aufweisen, z. B. Optativ, Desiderativ, Dubitativ. In den romanischen Sprachen ist die Setzung des Konjunktivs weitgehend zum Zeichen der Redewiedergabe in abhängigen Sätzen grammatikalisiert. In der geschriebenen Sprache des Neuhochdeutschen ist der Gebrauch des Konjunktivs leicht rückläufig (vgl. Schöne 1982, 18). Empirisch orientierte Arbeiten zu den Modi im Deutschen sind: zum Imperativ Donhauser (1986), zum Konjunktiv in der geschriebenen und in der gesprochenen deutschen Standardsprache Jäger (1971) und Bausch (1979); zu einzelnen Aspekten des Konjunktivgebrauchs Kaufmann (1972: Modalität; 1976: Redeerwähnung).

In semantischer Perspektive kann der Modus im Anschluß an Palmer (1986) zunächst als grammatischer Ausdruck ('Grammatikalisierung') der semantischen Kategorisierung Modalität betrachtet werden. Modalität ist jedoch kein scharf umrissenes Konzept. Zum einen wird Modalität als „opinion or attitude of the speaker" (Palmer 1986, 2) dem pragmatischen Bereich der Sprechereinstellungen zugeordnet, zum anderen wird Modalität mit den modallogischen Konzepten der Notwendigkeit und Möglichkeit in Verbindung gebracht. Eine vermittelnde Funktion hat das Konzept der 'Redehintergründe' (Kratzer 1978; Zifonun/Hoffmann/Strecker 1997), also vom Sprecher eingebrachte Voraussetzungen, auf deren Folie anstehende Sachverhalte/Propositionen als möglich, notwendig (oder faktisch) zu bewerten sind. Mindestens zwei Typen von Redehintergründen/Arten von Modalität werden unterschieden: epistemische und deontische (Lyons 1977, Bd. 2), in grammatischer Literatur oft auch repräsentiert durch die Paare 'subjektiv' — 'objektiv' oder 'inferentiell' — 'nicht-inferentiell'. Epistemische Modalität ist auf Wissenshintergründe bezogen, deontische auf solche „containing an element of will" (Palmer 1986, 26); man vergleiche auch die weitere Aufspaltung deontischer Modalität in 'agent-oriented' und 'speaker-oriented' in den typologischen Ansätzen von Bybee und Dahl (z. B.: Bybee 1995). Der Imperativ kann mit einer speziellen Spielart deontischer/agens-orientierter Modalität in Verbindung gebracht werden: Er charakterisiert ein Handlungskonzept, das nach dem Willen des Sprechers durch den Adressaten zu verwirklichen ist.

Der Imperativ ist mit seiner Funktion der unmittelbaren adressatenbezogenen Handlungssteuerung mit „seinem besonderen Anweisungscharakter" (Weinrich 1976, 118) im allgemeinen dem mündlichen Diskurs (Instruktionen, Beratungen) und Textarten wie Privatbrief vorbehalten. Er setzt im Vergleich zu konkurrierenden sprachlichen Mitteln (Modalverben, modaler Infinitiv usw.), zumindest wenn ohne kontextualisierende Mittel wie (Abtönungs-)Partikeln gebraucht, in der Regel ein Autoritätsverhältnis zwischen Sprecher und Adressat voraus.

Indikativ und Konjunktiv können nicht einfach als 'Wirklichkeitsmodus' und 'Möglichkeitsmodus' kontrastiert werden, eher schon als *Standardmodus* und *markierter Modus* mit Brechung des Weltbezugs. Im Vergleich zum Indikativ ist der Konjunktiv im Deutschen auf zwei *Kontextsorten* (vgl. Zifonun/Hoffmann/Strecker 1997, Kapitel F2) eingeschränkt, Modalitätskontexte und Indirektheitskontexte. In anderen europäischen Sprachen steht der Konjunktiv nicht für Modalitätskontexte zur Verfügung; Irrealität/Potentialität wird z. B. in Konditionalgefügen, durch indikativische und/oder als 'Konditionalis' speziell gekennzeichnete Entferntheitskategorien ausgedrückt (vgl. Thieroff 1994). Den beiden im Deutschen durch den Konjunktiv ausgedrückten Kontextsorten ist gemeinsam, daß der unmittelbare Geltungsanspruch, der im Standardfall für (assertierte) Propositionen aufgeworfen wird, außer Kraft gesetzt ist. In Modalitätskontexten wird der Geltungsbezug für die „wirkliche Welt" aufgehoben; die Proposition ist als „nicht faktisch" (Irrealis) aufzufassen oder als „nur möglich" (Potentialis). In Indirektheitskontexten wird die Geltungs„garantie" für die

Proposition von Seiten des aktualen Sprechers aufgehoben: Der Sprecher übernimmt für das in indirekter Rede Wiedergegebene keine Gewähr. Dies ist besonders relevant in der öffentlichen Kommunikation und ihrer massenmedialen Vermittlung (vgl. dazu Dieckmann 1985), für die häufig Mischtexte aus direktem Zitat und indirekter Redewiedergabe typisch sind.

Hohe Frequenz und differenzierter Gebrauch von Konjunktivformen können auch auf eine besondere „Physiognomik des Stils" (Schöne 1982, 38) hinweisen, wie sie Schöne für Georg Christoph Lichtenbergs Sudelbücher nachweist.

Ein Fall, bei dem sich Indirektheit und Modalität vermischen, ist die „Wiedergabe" von nur Gedachtem (vgl. (13)). Beispiele:

(12) *„Wir sind Ukrainer", sagt Boris Polonski. Aber unter Rubrik fünf in den Inlandspässen ist die Nationalität vermerkt: „jüdisch". Seine Großeltern sprachen noch jiddisch und aßen koscher. Seiner Generation jedoch* sei *die Beziehung zum jüdischen Glauben in der atheistischen Sowjetunion ausgetrieben worden.* (Zeit, 25. 7. 1997, 14)

(13) *Er [Egon Krenz, G. Z.] meint offenbar, daß nur autorisierte Komplizen des von ihm vertretenen Systems ihn und seinesgleichen* hätten *aburteilen dürfen oder freisprechen müssen.* (Zeit, 25. 7. 1997, 1)

(14) *Ein Jahr vor der nächsten Kommunalwahl (...) so rechtfertige Diestel den Dolchstoß,* hätten *sich die Dissidenten nur „wie Schiffbrüchige verhalten, die sich vor dem Ertrinken retten."* (Spiegel 30/1997, 35)

Man beachte, daß auf der Ebene der sprachlichen Mittel die Kontextsorten nicht scharf getrennt sind: im Deutschen wird häufig auch ohne zusätzliche Modalität auf den Konjunktiv II (Präteritum, Plusquamperfekt, analytische *würde*-Form) in Indirektheitskontexten zurückgegriffen, vor allem wenn keine modusdistinkte Form im Konjunktiv I (Präsens, Perfekt) vorliegt, vgl. (14). Wichtig ist aber auch, daß bei geeigneter expliziter Signalisierung (referatanzeigende Ausdrücke) in abhängigen (*daß-*)Sätzen auch der Indikativ mit Nicht-Faktizität und insbesondere Indirektheit vereinbar ist. Dies gilt vor allem für alltagssprachliche Text- und Diskursformen, in denen Konjunktiv I kaum gebraucht wird (vgl. Bausch 1979). Schwierig ist es daher, allein aufgrund des Modusgebrauchs zwischen der Wiedergabe von Gesichertem (vorzugsweise Indikativ), Unverbürgtem (ggf. Konjunktiv I) und Zweifelhaftem (ggf. Konjunktiv II) zu unterscheiden; zu dieser Funktionsüberlagerung bei den deutschen Vollmodi vgl. auch Fabricius-Hansen (1997); zum Konjunktiv als sogenanntes Distanzierungsmerkmal Zifonun (1993).

Modalitätskontexte sind nicht eindeutig an bestimmte textuelle Rahmen gebunden, sie konstituieren gewissermaßen — sprachmittelbezogen über den Konjunktiv hinaus nicht besonders zu kennzeichnende — Inseln kontrafaktischen/potentialen Argumentierens (mit Subformen wie kontrafaktischem Konditionale, Exzeptivgefügen). Auch Modalitätskontexte können individualstilistisch als Ausdruck des „Möglichkeitsdenkens" (Lichtenberg im „Geist der Aufklärung", Musils „Mann ohne Eigenschaften", vgl. Schöne 1982) besondere Bedeutung gewinnen. Indirektheitskontexte hingegen müssen anders als Modalitätskontexte durch geeignete sprachliche Mittel (Verba und Nomina dicendi, referatanzeigende Nebensätze oder Einschübe wie etwa *wie die Washington Post berichtet, so ein Präsidentenberater*) eröffnet werden. Im Satzverbund mit der Referatanzeige kann in TS$_i$ die zusätzliche Markierung durch den Konjunktiv unterbleiben, dagegen ist in selbständigen Folgesätzen TS$_j$, wenn der Indirektheitskopus erhalten bleiben soll, der Konjunktiv unverzichtbar. Kontexte indirekter Redewiedergabe unterscheiden sich — über das Merkmal des Verbmodus hinaus — z. B. durch eine auf 'Situationsentbindung' zurückzuführende Verschiebung der deiktischen Bezüge erheblich vom direkten Zitat; insbesondere hebt die indirekte Rede auf die Wiedergabe des propositionalen Gehalts (de dicto oder nur de re) ab, während das Zitat auf eine „szenische Vergegenwärtigung" der originalen Äußerungssituation abhebe (vgl. Brünner 1991); zur Verankerung der Zeitbezüge im indirekten Referat vgl. Fabricius/Hansen (1989) und Zifonun/Hoffmann/Strekker (1997, Kapitel F2, 3.5.). Eine speziell literarische Mischform (vor allem im Hinblick auf die Verankerung der deiktischen Bezüge und den Tempusgebrauch) stellt die „erlebte Rede", „das erlebte Denken" dar, vgl. Roncador (1988).

5. Textfunktionen beim Genus Verbi

5.1. Allgemeines

Wie beim Modus stehen sich beim Genus Verbi eine unmarkierte und eine markierte Kategorie gegenüber: Das Aktiv ist das —

hier nicht eigens zu thematisierende – verbale Standardgenus, das Passiv – im Deutschen mit den Varianten *werden*-, *sein*- und *bekommen*-Passiv bzw. Vorgangs-, Zustands- und Rezipientenpassiv, außerdem mit eigener semantischer Komponente modales Passiv (*sein* + Infinitiv mit *zu*) – ist die morphologisch und funktional markiertere Form. Die Genera Verbi gehören mit Antipassiv-, Reflexiv-, Kausativ-, Resultativ- und Medialkonstruktionen zu den *Diathesen*, „grammatischen Zuständen des Verbs", bei denen „bei im wesentlichen gleicher Grundbedeutung des Verbs die Zahl der syntaktischen Argument-Positionen reduziert oder erweitert wird" bzw. „die Argumente auf einen verschiedenen phrasalen Rahmen abgebildet werden" (Wunderlich 1993, 730). Generell kann somit das Passiv nach Keenan (1985, 243) zunächst tentativ als in zahlreichen Sprachen der Welt bezeugte „foregrounding and backgrounding operation" eingeordnet werden. Zu unterscheiden ist zwischen den textbezogenen Aspekten der *Argumentreduktion* und der *Argumentrestrukturierung*.

5.2. Argumentreduktion

Bei Argumentreduktion wird ein semantisch impliziertes, jedoch nicht eigens zu thematisierendes Argument (Subjekt der Aktivkonstruktion in der Rolle des Agens oder Kausators) im Passiv nicht genannt. Dies ist beim deutschen *werden*-Passiv im allgemeinen (nach Brinker 1971 zu 84% in den Texten des Mannheimer Korpus I), im *sein*-Passiv fast ausschließlich der Fall. Zur funktionalen Analyse der Argumentreduktion im Deutschen vgl. Schoenthal (1976; 1987) und Pape-Müller (1980). Textuell relevant ist vor allem, ob der nicht thematisierte Gegenstand im weiteren Kontext genannt wird oder nicht.
(i) Der Agens/Kausator ist im Kontext nicht genannt.

Die Nennung eines an den Textereignissen beteiligten Agens oder Kausators kann unterbleiben, wenn dieser aus dem aktualisierbaren Wissen abrufbar ist, z. B. bei Prädikationen über grundsätzlich bestimmten Akteuren vorbehaltenes institutionelles Handeln, etwa bei Verben wie *verhaften, beschlagnahmen, sicherstellen, konfirmieren, promovieren*. In adressatenbezogenen Textsorten wie Gebrauchsanweisungen, Kochbüchern, Spielregeln (Anweisungstexte), aber auch Gesetzestexten, Verwaltungsvorschriften, Erlassen, Geschäftsordnungen bleibt der aus dem jeweiligen Bindungscharakter des Textes erkennbare gemeinte Adressat als potentiell Handelnder ungenannt. Auch in allgemeingültigen Aussagen (beliebige Akteure) ist die Nennung nicht notwendig.

Anders ist die Argumentreduktion bei Unbekanntheit, Irrelevanz – dies vor allem im unpersönlichen Passiv ohne jegliche Nennung von Ereignisbeteiligten, bei Perspektivierung des Ereignisses als pure Aktivität (unpersönliches Passiv intransitiver Verben), z. B. *Es wurde getanzt und gesungen* – vor allem aber bei intendierter Anonymisierung des Akteurs oder der Akteure einzuschätzen. Letzere, die „Täterverschweigung" oder „beabsichtigte Vagheit" (Polenz 1985, 184), ist vor allem in Textsorten des öffentlichen Sprachgebrauchs, wenn Verantwortlichkeit für politisches Handeln verschleiert werden soll, Gegenstand der Sprachkritik (vgl. Polenz 1985; Zifonun 1993).

Die sprachkritische Relevanz der Argumentreduktion – ebenso wie der Argumentrestrukturierung – ist jedoch nur im jeweiligen Gebrauchskontext von Passivformen entscheidbar; eine generelle Systemkritik am Passiv als zu vermeidende „täterabgewandte Perspektive" ist unangemessen.
(ii) Der Akteur/Kausator ist im Kontext genannt.

Hier wird im Gegensatz zu (i) nicht an allgemeines Sachwissen, sondern an aktuelles Text- oder Diskurswissen angeknüpft: Eine im vorausgehenden, gelegentlich auch im nachfolgenden Kontext genannte Entität (meist Person oder Personengruppe) ist nicht eigens mehr verbalisierter Akteur des Passivsatzes. Es handelt sich dabei in der Regel um implizite Themakontinuität, bei der der (noch) thematische Gegenstand als weniger relevant gegenüber neuer rhematischer Information in den Hintergrund gerückt, defokussiert wird. Eine Auffassung als „Ellipse", Weglassung des degradierten Präpositivkomplementes (*von/durch*-Phrase), ist fragwürdig, da eine Restitution des sprachlichen Materials im Vergleich zur Argumentreduktion in skopus-sensitiven Fällen nicht unbedingt wahrheitswerterhaltend verläuft. Es ist von einer Operation im Text- oder Diskurswissen auszugehen, nicht von einer Tilgungsoperation auf der Ebene der sprachlichen Repräsentation. Als Beispiel soll ein Spiegel-Artikel dienen, Text-Thema sind Wiedergutmachungsleistungen für Nazi-Opfer in Osteuropa, übergreifender thematischer Akteur ist die Regierung der Bundesrepublik Deutschland. In den zahlreichen passivischen Teilsätzen wird dieser in der Regel nicht mehr verbalisiert; man vergleiche zwei Textsätze:

(15) *Mehr als 90% der Wiedergutmachung (...) wurden an im weitesten Sinne deutsche NS-Opfer gezahlt. (...) 500 Millionen Mark wurden 1991 für die Stiftung zur deutsch-polnischen Aussöhnung bereitgestellt.* (Spiegel 30/1997, 40)

Die markiertere Abfolge, bei der argumentreduzierte Passivsätze den Textsätzen mit Nennung des ausgesparten Akteurs vorangehen, ist – z. T. unter Ellipse des Passivhilfsverbs – speziellen Textformen wie etwa 'Artikelschlagzeile–Artikeltext' vorbehalten:

(16) *Bei Dessous gespart* [Schlagzeile] *Für Oberbekleidung gibt die Dame statistisch 1600 DM im Jahr aus* [Untertitel] (Rhein-Neckar-Zeitung, 22. 7. 1997, 12)

5.3. Argumentrestrukturierung

Von skopussensitiven Fällen abgesehen – *Alle kauften ein Buch* ist nicht notwendigerweise äquivalent mit *Ein Buch wurde von allen gekauft* – bieten Aktiv und Passiv, wenn Argumentreduktion unterbleibt, jeweils komplementäre Möglichkeiten zur syntaktischen Umsetzung und Linearisierung ein- und derselben Proposition. Die Wahl wird u. a. von der Thema-Rhema-Struktur (im Sinne von Art. 35 in diesem Band) im Verbund mit der Hintergrund-Vordergrund-Struktur (Fokusstruktur, ausgedrückt durch eine intonatorische und eine lineare Komponente) gesteuert. Entscheidend sind folgende Zusammenhänge zwischen grammatischer Funktion, Linearisierung und Fokussierung (vgl. Eroms 1978; 1986; 1987; Zifonun/Hoffmann/Strecker 1997 Kapitel F3 sowie C2 und E4):
(i) Die Fokusstruktur von Sätzen steht in ihrer linearen Komponente unter dem Leitprinzip 'Hintergrundinformation geht Vordergrundinformation voraus'. Ihr ist das Unterprinzip 'Thematisches vor Rhematischem' zuzuordnen. (Thematische) Hintergrundinformation findet sich im Deutschen *vor* der sogenannten „Mittelfeldachse". Im Verb-Zweit-Aussagesatz ist die Vorfeldposition die bevorzugte Position für thematische Information.
(ii) Die intonatorische Komponente der Fokusstruktur konvergiert im unmarkierten Fall mit der linearen Komponente (kommunikativ unmarkierte Struktur). Der (Haupt-)Gewichtungsakzent liegt dann ebenfalls im Bereich des Mittelfeldendes oder beim Verb in der rechten Satzklammer (als Träger des „kompositionalen Gewichtungsakzentes" des Prädikataudrucks). Zum Zwecke spezieller Vordergrundsetzung können jedoch auch andere Stellungseinheiten intonatorisch hervorgehoben werden („lokaler Gewichtungsakzent"), insbesondere auch das Vorfeld oder Einheiten vor der Mittelfeldachse. In diesem Fall divergieren die lineare und die intonatorische Komponente („kommunikativ markierte Struktur"), die intonatorische überschreibt die lineare.
(iii) Das in der Regel belebte Subjekt des Aktivsatzes geht in der grammatisch determinierten Folge (bei allen Verbstellungstypen) den übrigen Komplementen voraus; dabei außerdem bei nicht-pronominaler Belegung: belebtes Dativ vor unbelebtem Akkusativkomplement; als degradiertes Präpositivkomplement folgt der entsprechende Ausdruck – grammatisch determiniert – den anderen Komplementen im Passivsatz am Mittelfeldende nach. Das Passivsubjekt des *werden*-Passivs (= Akkusativkomplement des Aktivsatzes) bzw. des *bekommen*-Passivs (= Dativkomplement des Aktivsatzes) kommt daher grammatisch determiniert im Vorfeld oder im vorderen Bereich des Mittelfelds zu stehen.

Aus (i) bis (iii) ergibt sich: Grammatisch determinierte und kommunikativ unmarkierte Struktur kommen in Aktiv und Passiv jeweils unter *komplementären* Bedingungen zur Deckung: im Aktiv, wenn das Aktivsubjekt (thematisches) Hintergrundelement ist und potentielle weitere Komplemente dem Hintergrund oder dem (rhematischen oder neu thematisierenden) Vordergrundbereich angehören; im Passiv, wenn das Passivsubjekt (= Akkusativkomplement des Aktivs) thematisches Hintergrundelement ist und das degradierte Präpositivkomplement (= Aktivsubjekt) zum Vordergrundbereich gehört. Daraus ergibt sich der zentrale textbezogene Verwendungstyp für das Passiv (= iv). Allerdings kann sowohl von der grammatisch determinierten Folge abgewichen werden (Subjekt [nach anderen Komplementen] nach der Mittelfeldachse) als auch eine kommunikativ markierte Struktur (z. B. mit intonatorisch fokussiertem Subjekt im Vorfeld) erzeugt werden. Diese weniger zentralen textbezogenen Verwendungstypen für das Passiv fasse ich unter (v) zusammen.
(iv) zentraler textbezogener Verwendungstyp für Passiv: thematisches Passivsubjekt

Das thematische Subjekt (oft anaphorisches Personalpronomen) findet sich – ohne Gewichtungsakzent – im Vorfeld (vgl. (16a),

(17), (19) mit *bekommen*-Passiv) oder (z. B. bei Vorfeldbesetzung durch ein situierendes oder konnektives Adverbial) im vorderen Bereich des Mittelfelds (vgl. (16c), mit *sein*-Passiv). Das degradierte Präpositivkomplement (Aktivsubjekt) findet sich, falls überhaupt vorhanden, im Schwerpunktbereich des Mittelfelds (vgl. (17)), im Nachfeld (vgl. 16c, f)) oder — mit Gewichtungsakzent — im Vorfeld (18):

(16) (a) *Ich sah aber ein solches Fest im großen Fußballstadion von La Paz.* (b) *Symbolisch soll es darstellen [den Kampf zwischen Gut und Böse]*+th1. (c) *Und zwar ist [das Gute]*th1.1 *versinnbildlicht durch [zwei Erzengel]*+th2 *(...)* (d) *[Jeder Erzengel]*th2 *hat aus Karton ein Paar Flügelchen in weiß oder rosa am Rücken hängen.* (e) *In der Hand schwingen [sie]*th2 *ein Holzschwert und ein Schild, um die Mächte [des Bösen]*th1.2 *abzuwehren.* (f) *[Das Böse]*th1.2 *wird repräsentiert durch [die Teufel]*+th3. (Freiburger Korpus, Text XAB, 2)

(17) *[Dieser Zusammenhang zwischen dem Signal: Hier wird Kriminalität nicht verfolgt, und der schnellen Verbreitung von Kriminalität]*th *[wurde auch durch spätere Untersuchungen bestätigt]*rh. (Rhein-Neckar-Zeitung, 23. 7. 1997, 2)

(18) *Also gerade von [studentischer Seite]*rh *sind ja gerade [diese Richtlinien]*th *immer wieder angegriffen worden.* (Freiburger Korpus, Text XFD, 8)

(19) [Textthema: Fußfesseln für Delinquenten] *In den Vereinigten Staaten ist [der Hausarrest]*th1 *längst Bestandteil des Strafvollzugs. [Jugendliche, Untersuchungshäftlinge, Freigänger oder jene, deren Strafen zur Bewährung ausgesetzt wurden,]*th1.1 *bekommen dort die Manschette verpaßt.* (Rhein-Neckar-Zeitung 23. 7. 1997, 12)

Besonders bemerkenswert ist dabei die Vorfeldsetzung des Subjekts, die einen thematischen Anschluß von minimaler Distanz erlaubt; es kommt zu einem „Gleichlauf" von Thema, Subjekt und Topik (Vorfeldeinheit) (Eroms 1987, 75); dieser Typ ist in 50—70% aller Passivkonstruktionen vertreten. Zumindest dieser zentrale Typ ist vom Deutschen auf beliebige subjektprominente Sprachen, die über ein Passiv verfügen, übertragbar.

(v) weniger zentraler Typ: Passivsubjekt als Teil des Vordergrunds

Das Passivsubjekt ist als neu zu thematisierender Gegenstand oder allgemeine relevante Informationseinheit im hinteren Mittelfeld (20), gegebenenfalls unter Vorfeldbesetzung durch ein expletives *es* (21), oder — mit Gewichtungsakzent — im Vorfeld (22) positioniert:

(20) [Textthema: Schimpfen in Österreich] *Worüber ganz Europa sich empört, ist des gelernten Österreichers täglich Brot: Wo immer er mit seinesgleichen zusammensitzt, wird geschimpft, daß sich die Balken biegen. (...) Beschimpft werden [beliebige gerade von der Tischrunde abwesende Personen]*+th1. (Zeit, 18. 7. 1997, 53)

(21) *Es wurden die dollsten Gerüchte verbreitet.* (Freiburger Korpus, Text XAS, 22)

(22) *Auch [die Steuerreform]*v *wird kaum noch mit größerer Gerechtigkeit oder Vereinfachung begründet.* (Spiegel 10/1997, 27)

Die genannten informationsstrukturell relevanten Textfunktionen können durch textstilistische Gesichtspunkte ergänzt werden, die z. B. unter den Gesichtspunkten Strukturidentität und Ökonomie die Wahl der Passivkonstruktion begünstigen (vgl. dazu Eroms 1978; Zifonun/Hoffmann/Strecker 1997, Kapitel F3, 6.).

Der Aspekt der informationsstrukturell und damit textuell relevanten Argumentstrukturierung bei den Diathesen ist zu unterscheiden vom eher rollensemantischen ('kognitiven') Aspekt: Wird dem Passiv aufgrund der Tatsache, daß hier der unbelebte Ereignisbeteiligte ('Patiens') als ranghöchstes Komplement, also als Subjekt kodiert wird, im Aktiv dagegen der Akteur oder Kausator, die Perspektivierung 'vom Patiens' bzw. 'vom Geschehen her' zugeschrieben (Werlen 1987, 210 spricht von Fokussierung des Patiens), so wird 'Perspektive' im Sinne 'sprachlicher Ereignisinterpretation' verstanden. Deren Ansatzpunkt, im Passiv also das Patiens, das Geschehen, ist im Regelfall (siehe Muster (iv)) dem informationellen Schwerpunkt (Fokus) polar entgegengesetzt (vgl. Zifonun 1992). Bei der Wahl zwischen den Diathesen im Zuge der Textproduktion dürften beide Aspekte, der kognitiv-interpretatorische, vor allem aber der informationsstrukturierende in Abhängigkeit von der jeweiligen Textintention ihre Rolle spielen: Beide Aspekte sind daher auch bei Rezeption und Analyse wahrzunehmen.

6. Literatur (in Auswahl)

Ballweg, Joachim (1988): Die Semantik der deutschen Tempusformen. Düsseldorf.

Bäuerle, Rainer (1977): Tempus und Temporaladverb. In: Linguistische Berichte 50, 51—57.

— (1979): Temporale Deixis — temporale Frage. Tübingen.

Bäuerle, Rainer/Schwarze, Christoph/Stechow, Arnim v. (eds.) (1983): Meaning, Use, and Interpretation of Language. Berlin.

Bausch, Karl-Heinz (1979): Modalität und Konjunktivgebrauch in der gesprochenen deutschen Standardsprache. Sprachsystem, Sprachvariation und Sprachwandel im heutigen Deutsch. Teil 1. München.

Blumenthal, Peter (1986): Vergangenheitstempora, Textstrukturierung und Zeitverständnis in der französischen Sprachgeschichte. Stuttgart (= ZfSL, Beiheft 12).

Brinker, Klaus (1971): Das Passiv im heutigen Deutsch. Form und Funktion. München/Düsseldorf.

Brünner, Gisela (1991): Redewiedergabe in Gesprächen. In: Deutsche Sprache 19, 1–15.

Bybee, Joan (1995): Modality in Grammar and Discourse. An Introductory Essay. In: Bybee, Joan/Fleischmann, Suzanne (eds.): Modality in Grammar and Discourse. Amsterdam, 1–14.

Caenepeel, Mimo/Moens, Marc (1994): Temporal structure and discourse structure. In: Vet, Co/Vetters, Carl (eds.) (1994), 5–20.

Centre de Recherche en Linguistique Germanique (ed.) (1987): Das Passiv im Deutschen. Akten des Kolloquiums über das Passiv im Deutschen, Nizza 1986. Tübingen.

Dieckmann, Walther (1985): Konkurrierender Sprachgebrauch in Redeerwähnungen der Presseberichterstattung. In: Wirkendes Wort 35, 309–328.

Donhauser, Karin (1986): Der Imperativ im Deutschen. Studien zur Syntax und Semantik des deutschen Modussystems. Hamburg.

Dowty, David (1986): The effects of aspectual class on the temporal structure of discourse: semantics or pragmatics? In: Linguistics and Philosophy 9, 37–61.

Ehrich, Veronika (1985): Zur Linguistik und Psycholinguistik der sekundären Raumdeixis. In: Schweizer, Harro (ed.): Sprache und Raum. Psychologische und linguistische Aspekte der Aneignung und Verarbeitung von Räumlichkeit. Stuttgart, 130–161.

– (1992): Hier und jetzt. Tübingen.

Eisenberg, Peter (1994): Grundriß der deutschen Grammatik. 3. Aufl. Stuttgart.

Eroms, Hans-Werner (1978): Zur Konversation der Dativphrasen. In: Sprachwissenschaft 3, 357–405.

– (1986): Funktionale Satzperspektive. Tübingen.

– (1987): Passiv und Passivfunktion im Rahmen einer Dependenzgrammatik. In: Centre de Recherche en Linguistique Germanique (ed.) (1987), 73–95.

Fabricius-Hansen, Cathrine (1986): Tempus fugit. Düsseldorf.

– (1989): Tempus im indirekten Referat. In: Abraham, Werner/Janssen, Theo (eds.): Tempus–Aspekt–Modus. Tübingen, 155–183.

– (1991): Tempus. In: Stechow, Arnim v./Wunderlich, Dieter (eds.): Semantik. Ein internationales Handbuch der zeitgenössischen Forschung. Berlin, 722–748.

– (1997): Der Konjunktiv als Problem des Deutschen als Fremdsprache. In: Germanistische Linguistik 136, 13–36.

Glinz, Hans (1994): Grammatiken im Vergleich. Deutsch–Französisch–Englisch–Latein. Tübingen.

Grewendorf, Günter (1982): Deixis und Anaphorik im deutschen Tempus. In: Papiere zur Linguistik 26, 47–83.

Groenendijk, Jeroen/Stokhof, Martin (1987): Dynamic Predicate Logic. In: Linguistics and Philosophy 14, 39–100.

Gülich, Elisabeth/Raible, Wolfgang (1974): Überlegungen zu einer makrostrukturellen Textanalyse: J. Thurber, The Lover and his Lass. In: Gülich, Elisabeth/Heger, Klaus/Raible, Wolfgang (eds.): Linguistische Textanalyse: Überlegungen zur Gliederung von Texten. Hamburg, 73–126.

Hamburger, Käte (1987): Die Logik der Dichtung. Stuttgart (1. Aufl. 1957).

Hinrichs, Erhard (1986): Temporal anaphora in discourses of English. In: Linguistics and Philosophy 9, 37–61.

Jäger, Siegfried (1971): Der Konjunktiv in der deutschen Sprache der Gegenwart. München/Düsseldorf.

Kamp, Hans (1984): A Theory of Truth and Semantic Representation. In: Groenendijk, Jeroen/Janssen, Theo/Stokhof, Martin (eds.): Truth, Interpretation, and Information. Dordrecht, 1–43.

Kamp, Hans/Rohrer, Christian (1983): Tense in texts. In: Bäuerle, Rainer/Schwarze, Christoph/Stechow, Arnim v. (eds.) (1983), 250–269.

Kaufmann, Gerhard (1972): Das konjunktivische Bedingungsgefüge im heutigen Deutsch. Tübingen.

– (1976): Die indirekte Rede und mit ihr konkurrierende Formen der Redeerwähnung. München.

Keenan, Edward L. (1985): Passive in the world's languages. In: Shopen, Timothy (ed.): Language typology and syntactic description. Vol I. Cambridge/Mass., 243–281.

Klein, Wolfgang (1994): Time in Language. London/New York.

Kratzer, Angelika (1978): Semantik der Rede. Kontexttheorie – Modalwörter – Konditionalsätze. Kronberg/Ts.

Labov, William (ed.) (1976/1978): Sprache im sozialen Kontext. Bd. I/II. Kronberg/Ts.

Lo Cascio, Vincenzo/Vet, Co. (eds.) (1986): Temporal Structure in Sentence and Discourse. Dordrecht.

Lyons, John (1977): Semantics. 2 Vol. Cambridge.

Marschall, Matthias (1995): Textfunktionen der deutschen Tempora. Genève.

Nerbonne, John (1985): German Temporal Semantics: Three-dimensional Tense Logic and a GPSG Fragment. Ann Arbor, Michigan (Microfilm).

Palmer, Frank R. (1986): Mood and Modality. Cambridge.

Pape-Müller, Sabine (1980): Textfunktionen des Passivs. Untersuchungen zur Verwendung von grammatisch-lexikalischen Passivformen. Tübingen.

Partee, Barbara (1973): Some Structural Analogies Between Tenses and Pronouns in English. In: Journal of Philosophy 70, 601–609.

– (1984): Nominal and Temporal Anaphora. In: Linguistics and Philosophy 7, 243–286.

Polenz, Peter v. (1985): Deutsche Satzsemantik. Grundbegriffe des Zwischen-den-Zeilen-Lesens. Berlin.

Quasthoff, Uta (1980): Erzählen in Gesprächen. Tübingen.

Reichenbach, Hans (1947): Elements of Symbolic Logic. New York.

Rohrer, Christian (ed.) (1980): Time, Tense, and Quantifiers. Proceedings of the Stuttgart Conference on the Logic of Tense and Quantification. Tübingen.

Roncador, Manfred v. (1988): Zwischen direkter und indirekter Rede. Nichtwörtliche direkte Rede, erlebte Rede, logophorische Konstruktionen und Verwandtes. Tübingen.

Schöne, Albrecht (1982): Aufklärung aus dem Geist der Experimentalphysik. Lichtenbergsche Konjunktive. München.

Schoenthal, Gisela (1976): Das Passiv in der deutschen Standardsprache. Darstellung in der neueren Grammatiktheorie und Verwendung in Texten gesprochener Sprache. München.

– (1987): Kontextsemantische Analysen zum Passivgebrauch im heutigen Deutsch. Zur Mitteilungsperspektive im Passivsatz. In: Centre de Recherche en Linguistique Germanique (ed.) (1987), 161–179.

Schopf, Alfred (1984): Das Verzeitungssystem des Englischen und seine Textfunktionen. Tübingen.

Smith, Carlota (1980): Temporal Structures in Discourse. In: Rohrer, Christian (ed.) (1980), 355–374.

Thieroff, Rolf (1992): Das finite Verb im Deutschen. Tempus–Modus–Distanz. Tübingen.

– (1994): Inherent Verb Categories and Categorizations in European Languages. In: Thieroff, Rolf/Ballweg, Joachim (eds.), 3–45.

Thieroff, Rolf/Ballweg, Joachim (eds.) (1994): Tense Systems in European Languages. Tübingen.

Tschauder, Gerhard (1991): Das Präsens – ein Erzähltempus. In: Harweg, Roland/Kishitani, Shoko/Scherner, Maximilian (eds.): „Die deutsche Sprache – Gestalt und Leistung". Hennig Brinkmann in der Diskussion. München, 109–134.

Vet, Co/Vetters, Carl (eds.) (1994): Tense and Aspect in Discourse. Berlin/New York.

Weinrich, Harald (1976): Sprache in Texten. Stuttgart.

– (1982): Textgrammatik der französischen Sprache. Stuttgart.

– (1985): Tempus. Besprochene und erzählte Welt. 4. Aufl. Stuttgart (1. Aufl. 1964).

– (1993): Textgrammatik der deutschen Sprache. Mannheim.

Werlen, Iwar (1987): Das Passiv als Verfahren der Fokussierung. In: Cahiers Ferdinand de Saussure 41, 205–216.

Wunderlich, Dieter (1993): Diathesen. In: Jacobs, Joachim u. a. (eds.): Syntax. Ein internationales Handbuch zeitgenössischer Forschung. 1. Halbbd. Berlin, 730–747.

Zifonun, Gisela (1992): Das Passiv im Deutschen: Agenten, Blockaden und (De-)Gradierungen. In: Hoffmann, Ludger (ed.): Deutsche Syntax. Ansichten und Aussichten. Berlin/New York, 250–275.

– (1993): Sprachkritische Momente in der Grammatik. In: Heringer, Hans Jürgen/Stötzel, Georg (eds.): Sprachgeschichte und Sprachkritik. Festschrift für Peter von Polenz zum 65. Geburtstag. Berlin/New York, 266–290.

Zifonun, Gisela/Hoffmann, Ludger/Strecker, Bruno u. a. (1997): Grammatik der deutschen Sprache. 3. Bd. Berlin/New York.

*Gisela Zifonun, Mannheim
(Deutschland)*

34. Formen der Konnexion

1. Konnexion und 'clause combining'
2. Explizite Konnexion
3. Implizite Konnexion
4. Konnexion in diskursstruktureller Perspektive
5. Literatur (in Auswahl)

1. Konnexion und 'clause combining'

Unter dem Begriff 'Konnexion' werden im textlinguistischen Zusammenhang Relationen zwischen Satzinhalten i. w. S. subsumiert, die Textkohärenz stiften bzw. sich u. a. wegen der Forderung nach Textkohärenz erschließen lassen. Der Begriff deckt sich teilweise mit dem in gewissen anglo-amerikanischen Beschreibungsansätzen geläufigen Begriff Diskursrelation oder rhetorische Relation. Eine typische Konnexion ist z. B. die kausale Verknüpfung zwischen (Teil-)Sätzen, die in (1a, c, e−g) (vgl. Hartmann 1984) durch das jeweils kursivierte Wort explizit signalisiert wird (explizite Konnexion) und die wir als LeserInnen automatisch auch für (1d) ansetzen, obwohl sie dort unausgedrückt bleibt (implizite Konnexion).

(1a) *Fritz hat Schulden. Deswegen nimmt er einen Kredit auf.*
(1b) *Fritz nimmt einen Kredit auf. Er hat* (nämlich) *Schulden.*
(1c) *Fritz nimmt einen Kredit auf, denn er hat Schulden.*
(1d) *Fritz hat Schulden, er nimmt einen Kredit auf.*
(1e) *Da Fritz Schulden hat, nimmt er einen Kredit auf.*
(1f) *Fritz nimmt,* weil *er Schulden hat, einen Kredit auf.*
(1g) *Fritz nimmt einen Kredit auf,* weil *er Schulden hat.*
(1h) *Fritz hat Schulden* und *nimmt einen Kredit auf.*

Sprachliche Ausdrücke, wie *deswegen, nämlich, denn* und *weil,* die eine explizit konnexionsstiftende Funktion haben, werden Konnektive (Konnektoren) genannt. Darunter fallen teils die koordinierenden und subordinierenden Konjunktionen der traditionellen Grammatik (grammatische Konnektive), teils andere flexionslose Wörter (Konjunktionaladverbien, Adverbien, Partikeln) (lexikalische Konnektive). Im typischen, in (1a−g) veranschaulichten Fall verknüpfen Konnektive syntaktisch gesehen finite Sätze, und die Konnexion besteht zwischen Satzinhalten − Propositionen (van Dijk/Kintsch 1983, 109 ff).

Verknüpfungen unterhalb der Ebene des Satzes oder der Verbalphrase bleiben hier unberücksichtigt.

Unser Thema fällt teilweise in den Bereich dessen, was seit einigen Jahren als 'clause combining' bezeichnet wird: die Verknüpfung von Sätzen u. ä. zu komplexeren Einheiten. Dabei bilden Sequenzen 'selbständiger', durch Punkt getrennter Sätze (Satzfolgen) wie (1a−b) und nebengeordnete, nur durch Komma verknüpfte Satzreihen wie (1d) Extreme auf einer Skala der paratakischen Verknüpfung, dazwischen liegt die Verknüpfung mit Semikolon oder Doppelpunkt. Und eine Satzreihe wie (1d) unterscheidet sich andererseits nicht grundsätzlich, sondern nur noch graduell, durch ihre Stellung innerhalb des 'clause linkage'-Kontinuums, von einem aus 'Hauptsatz' und untergeordnetem 'Nebensatz' bestehenden Satzgefüge wie (1e−g). Das Kontinuum des 'clause linkage' kommt durch die Interaktion verschiedener, teilweise voneinander abhängiger Parameter zustande (Lehmann 1988). Relevant sind hier vor allem die folgenden (s2 sei ein Satz oder ein satzäquivalentes Syntagma und S1 dessen Nachbar- oder Trägersatz).

(i) Grad der Autonomie von S1 und s2
Am einen Ende dieser Skala steht die Aneinanderreihung zweier autonomer Sätze (Parataxe) wie (1d), am anderen Ende die hierarchische Herunterstufung von s2 zu einer wohldefinierten Konstituente (Subjekt, Objekt, Adverbial etc) innerhalb von S1, d. h. die vollständige Integration von s2 in S1 wie in (1e) − die maximale Hypotaxe. Dazwischen befinden sich u. a. Konstruktionen mit kataphorischem oder resumptivem Korrelat in S1 (2.2.) und Verknüpfungen wie (2), bei denen s2 zwar formal als abhängig gekennzeichnet, aber wenigstens positionell nicht voll in S1 inkorporiert und auch nicht korrelativ in S1 vertreten ist; eher lose an S1 adjungiert sind auch Partizipialkonstruktionen wie in (3).

(2a) *Fliegen ist viel schöner als Autofahren,* nur daß man noch mehr aufpassen muß.
(2b) *Es regnete gestern,* so daß wir zu Hause bleiben mußten.
(2c) Selbst wenn sie nicht alle gekommen sind, *wir können mit dem Besuch zufrieden sein.*
(3a) Having told a few bad jokes, *Harvey proceeded to introduce the speaker.* (Thompson/Longacre 1985, 20)

(3b) *Franco lavora* cantando una bella canzone.
(Pusch 1980)
'Franco arbeitet singend ein schönes Lied'

Neben parataktischen Konstruktionen bilden Verknüpfungen, bei denen s2 semantisch als Adverbial relativ zu S1 dient oder in noch lockererer Weise an S1 adjungiert ist, den Kern unseres Gegenstandsbereichs.

(ii) Grad der Sententialität von s2
Das Kontinuum der 'Desententialisierung' geht vom vollständigen finiten Satz mit eigenem illokutionärem Potential über finite und infinite Verbalphrasen in nominaler Funktion bis zur eindeutig nominalen Realisierung wie im Fall *Fritz nimmt wegen Schulden einen Kredit auf*, wo wir es nicht mehr mit einem genuin komplexen Satz zu tun haben. Von den nicht-finiten Realisierungsformen werden hier nur infinite Verbalphrasen berücksichtigt.

(iii) Explizitheit der Verknüpfung
Es handelt sich hier um eine Skala zwischen maximaler Explizitheit (Syndese) und minimaler Explizitheit (Asyndese). Lehmann (1988) faßt den Syndese-Begriff sehr weit, indem er lexikalische und grammatische Konnektive in unserem Sinne in der mittleren bis unteren Hälfte dieser Skala ansiedelt, während 'anaphoric subordinate clauses' das Maximum an explizitem 'linking' (mit dem Vor-Kontext) vertreten (vgl. (4), wo der adverbiale Nebensatz den Inhalt des Vorgängersatzes wiederaufnimmt (vgl. 4.).

(4) He chopped the trees. When he had chopped them, *he shaped them.* (Thompson/Longacre 1985, 213)

Enger verstanden wird der Ausdruck Syndese für die mit grammatischen Konnektiven ausgedrückte Verknüpfung zweier Nachbarsätze reserviert, die einen Sonderfall der expliziten Konnexion darstellt. Asyndese kann dann wiederum mit mehr oder weniger expliziter oder impliziter Konnexion verbunden sein, je nachdem, in welchem Ausmaß der inhaltliche Zusammenhang zwischen S1 und s2 durch lexikalische Mittel präzisiert wird; vgl. (4) mit (6a) und (7a). Die Explizitheitsdimension der Verknüpfung ist textlinguistisch zentral.

Die funktionale Unterordnung von Sätzen ist in vielen Sprachen mit besonderen formalen Eigenschaften der betreffenden Sätze korreliert. Auf Hypotaxe spezialisierte Satztypen (sog. Nebensatztypen) seien abhängig genannt. Es gibt jedoch auch funktional selbständige Sätze mit den Kennzeichen abhängiger Sätze und umgekehrt. Dieser Umstand ist mit verantwortlich für Schwankungen und Unklarheiten mit Bezug auf den im folgenden weitgehend vermiedenen Begriff Subordination (Peyer 1997). Der Terminus Koordination wird hier als Bezeichnung für spezifische Formen der syndetischen Parataxe (s. unten) verwendet.

2. Explizite Konnexion

2.1. Abgrenzung und syntaktische Eigenschaften von Konnektiven

In den Beispielen unter (5) enthält der zweite Satz (s2) eine Konstituente, die sich auf einen Diskursreferenten — eine Person (4a, c), einen Ort (4b), eine Zeit (4b), eine Eigenschaft (4c), ein Ereignis (4d), eine Proposition (4e) oder eine Tatsache (4f) — bezieht, der dem Vorgängersatz (S1) zu entnehmen ist. Die beiden Sätze sind m. a. W. durch anaphorische Beziehungen kohäsiv verbunden.

(5a) *The professor hired* an assistent. She *had written a dissertation on discourse comprehension.* (van Dijk/Kintsch 1983)
(5b) Mitte Juli *waren* in Roskilde *Tausende von Jugendlichen* versammelt. Zu der Zeit *fand* dort *das jährliche Jazz-Festival statt.*
(5c) Wolfgangs *Vater war* ein guter Komiker. Er *ist es* auch selber.
(5d) Mary was fired *after all.* It *happened last week.*
(5e) 'Mary was fired last week.' 'That *can't be true.'*
(5f) 'Mary was fired last week'. 'That *doesn't surprise me.'*

Rekurrenzerscheinungen (Anaphorik i. w. S.) werden generell in Art. 32 behandelt. Der Konnexionsbegriff ist enger zu verstehen: Eine anaphorische Beziehung zwischen zwei Sätzen ist nach unserem Verständnis nur unter folgenden Bedingungen konnexionsstiftend:

(i) Der aktuelle Diskursreferent ist von der abstrakten Sorte, die mit der Bedeutung von Sätzen oder Satzverwendungen korreliert ist (Ereignis, Sachverhalt, Proposition, Tatsache etc.), dementsprechend wird er als Antezedens durch einen Satz, einen Satznukleus oder eine Verbalphrase eingeführt bzw. er ist auf der Basis eines Satzes etc. zu konstruieren.
(ii) Die Anapher dient als Adverbial oder Kern eines Adverbials, d. h. als Kern einer dem Verb, der Verbalphrase oder dem Satz adjungierten Konstituente.

Damit scheiden (5a−f) als Beispiele für explizite Konnexionsbeziehungen aus, wenn wir von der Diskurspartikel *auch* in (5c) absehen.

(5a, c) erfüllen keine der beiden Bedingungen. (5b) nur die zweite und (5d–f) nur die erste. Einschlägig sind hingegen (6a–d):

(6a) He chopped the trees. *After that* he shaped them.
(6b) Fritz war *an seinem Geburtstag* krank. *Trotz seiner Krankheit* ging er in die Oper.
(6c) Fritz ist krank geworden. *Aus dem Grunde* müssen wir auf die geplante Reise verzichten.
(6d) Anna kommt nur, wenn das Wetter gut wird. *Unter der Bedingung* mache ich auch mit.

Hier werden tatsächlich zwei Propositionen — die vom dem kursivierten Teil des S1 ausgedrückte und die von s2 minus unterstrichenes Adverbial ausgedrückte — in Beziehung zueinander gesetzt, ohne daß die eine Argumentfunktion unter dem Prädikat der anderen hat; die betreffende Relation wird dabei durch die Präposition spezifiziert, die den kursivierten anaphorischen Ausdruck in S2 regiert.

Der Schritt von solchen phrasalen Konnektiven zu lexikalischen Konnektiven in Form von konnektivischen Pronominal- und Konjunktionaladverbien (Konnektivadverbien) mit mehr oder weniger transparentem anaphorischen oder deiktischem Ursprung (7) ist nur ein gradueller (vgl. Parameter (iii) in Abschnitt 1.).

(7a) He chopped the trees. *Then* he shaped them.
(7b) *Laß* uns eine Weile lesen. *Nachher* gehen wir baden.
(7c) Fritz wurde *an seinem Geburtstag* krank. *Trotzdem/Dennoch* ging er in die Oper.
(7d) Fritz ist krank geworden. *Deshalb/Deswegen/Folglich/Somit* müssen wir auf die geplante Reise verzichten.
(7e) Anna kommt nur, wenn das Wetter gut wird. *Dann* mache ich auch mit.

Zu den lexikalischen Konnektiven sind auch Partikeln wie *jedoch, aber, gleichfalls, auch, sowieso, sogar, nicht einmal* zu rechnen, die im Unterschied zu den Adverbien nicht in Topikposition erscheinen können. Grammatische Konnektive (Konjunktionen, Subjunktionen) sind stellungsfest und bilden als stärker grammatikalisierte Einheiten im Unterschied zu den lexikalischen Konnektiven eine verhältnismäßig geschlossene Klasse. (Siehe Lang (1991) für eine ausführlichere syntaktische Taxonomie der Konnektive und Fritsche (1981), Heringer (1988) für umfassende Bestandsaufnahmen deutscher Konnektive.)

2.2. Semantische Typen

Konnektive unterscheiden sich im Hinblick auf die inhaltliche Relation, die sie zwischen s2 (dem Satz mit dem Konnektiv) und S1 (dem Bezugssatz) etablieren oder voraussetzen. Es werden im allgemeinen wenigstens folgende grammatisch ausgedrückte Relationstypen angesetzt: koordinative Relationen im weiteren Sinne (*und, auch*) sowie konzessive (*obwohl, dennoch*), kausale (*weil, deshalb*), konditionale (*wenn, gegebenenfalls*), temporale (*als, danach*) und modal-instrumentale (*indem, dabei*) Verknüpfungen. Zu den kausalen im weiteren Sinne werden oft finale (*damit, um ... zu*) und auch konsekutive (*so daß*) Verknüpfungen gerechnet, und kausale (i. w. S.) und konzessive Konnektive werden ihrerseits u. U. zusammenfassend als konklusiv bezeichnet. Hinzu kommen andere weniger zentrale Konnexionstypen, für die sich keine einheitliche Terminologie eingebürgert hat. Typische nebenordnende Konjunktionen drücken koordinative Relationen aus, während typische unterordnende Konjunktionen für die anderen Konnexionstypen reserviert sind. Ausnahmen gibt es jedoch in beiden Richtungen. Im folgenden werden, ausgehend von Standardkonjunktionen des Deutschen, die wichtigsten Relationstypen kurz besprochen.

2.2.1. 'Koordinative' (additive, disjunktive, adversative) Verknüpfungen

Prototypische koordinierende Konjunktionen setzen eine Relation der Parallelität bei gleichzeitiger semantischer Differenz zwischen den Konjunkten voraus bzw. induzieren eine solche Relation. Sie geben die Anweisung, eine die Konjunktbedeutungen subsumierende „begriffliche Einordnungsinstanz" (Lang 1991, 605), eine Art gemeinsames Topik zu abstrahieren. Für Satzkonjunkte bedeutet dies, daß sie im Normalfall den gleichen Satztyp vertreten und vor allem semantisch so weit parallel strukturiert sein müssen, daß sie sich als Instanzierungen einer gemeinsamen Einordnungsinstanz interpretieren lassen. So erklärt sich etwa, daß (8b) im Unterschied zu (8a) leicht komisch (inkohärent) wirkt: (8a) ist eine angemessene Antwort auf eine Frage wie „Was machen die Kinder?", während sich bei (8b) nicht so leicht ein gemeinsamer Nenner abstrahieren läßt.

(8a) *Anna ist ins Kino gegangen,* und/aber *Fritz macht Hausaufgaben.*
(8b) *Anna ist ins Kino gegangen,* und/aber *Fritz ist 14 Jahre alt.*

Die semantischen Unterschiede zwischen den einzelnen Konjunktionen betreffen die Relationen zwischen den differenzierenden Bestandteilen (D1, D2) der Konjunktbedeutungen, einschließlich deren Polarität: Am neutralsten ist die sog. kopulative oder additive *und*-Verknüpfung, die an sich lediglich Verträglichkeit von D1 und D2 verlangt; bei der adversativen Verknüpfung muß außerdem ein Kontrast zwischen ihnen bestehen bzw. konstruierbar sein, sie müssen zu einander widersprechenden Schlüssen berechtigen (*aber*, engl. *but*, franz. *mais*), wenn sie nicht direkt unverträglich sind (vgl. *sondern*), und bei der 'inklusiven' disjunktiven Verknüpfung (*oder*) werden D1 und D2 als Alternativen dargestellt.

Den koordinierenden Konjunktionen verwandt sind lexikalische Konnektive — überwiegend Partikeln — mit additiver, substitutiver, adversativer oder spezifizierender Funktion wie *auch, gleichfalls, (nicht) einmal, sogar, überhaupt, und zwar, vielmehr*, engl. *too, either, neither, even*; auch *aber* gehört hierher. Diese Konnektive stellen strengere Bedingungen an die Parallelität von S1, S2 und an das Verhältnis zwischen D1 und D2 als die klassische koordinierende Konjunktion *und*; vgl. (9) und (10). Und einige von ihnen verlangen oder induzieren eine skalare Relation oder eine Spezifizierungsrelation zwischen D1 und D2 (Sæbø 1988); vgl. (11), (12).

(9a) *Anna ist ins Kino gegangen, und Fritz ist* (auch) *ins Kino gegangen.*
(9b) *Anna ist ins Kino gegangen. Fritz ist* auch *ins Kino gegangen.*
(10a) *Anna ist ins Kino gegangen* und *Fritz macht Hausaufgaben.*
(10b) *??Anna ist ins Kino gegangen. Fritz macht* auch *Hausaufgaben.*
(11a) *Fritz hat sein Zimmer aufgeräumt. Er hat so-* gar *Hausaufgaben gemacht.*
(11b) *Fritz hat sein Zimmer aufgeräumt. Seine Hausaufgaben hat er* aber nicht *gemacht.*
(12a) *Gisela ist nach Norwegen eingeladen. Und* zwar *wird sie in Oslo und Bergen vortragen.*
(12b) *Gisela ist nach Norwegen eingeladen. Sie wird* aber nicht *in Oslo und Bergen vortragen.*

Koordinative Beziehungen (i. w. S.) können auch durch unterordnende Konjunktionen etabliert werden. Beispiele sind adversatives *während, indessen* und die additive norw. Subjunktion *samt at, samt daß* (13). Es handelt sich um schwach subordinative Verknüpfungen (s. unten).

(13) *Ved ulykken på Bergensbanen omkom 18 mennesker,* samt at *bortimot 100 ble ganske hardt skadd.*
    'Beim Unfall auf der Bergensbahn kamen 18 Menschen ums Leben, samt/nebst daß *etwa 100 ziemlich schwer verletzt wurden.*'

Satzbedeutungen lassen sich als virtuell komplexe Propositionsstrukturen der Form O_1 (... (O_m (... ($P(a_1, ..., a_n)$) ...)) ...) auffassen, wo das verbale Prädikat P mit seinen Argumenten $a_1, ..., a_n$ den propositionalen Kern, den Nukleus, bildet, auf den diverse Operatoren ($O_1, ..., O_m$) angewandt werden, wobei temporale Operatoren im Skopus von modalen und diese im Skopus von u. a. mit dem Satztyp korrelierten illokutiven Operatoren stehen, die den Illokutionstyp, das illokutive Potential des Satzes, bestimmen und den weitesten Skopus aufweisen. Subjunktionen unterscheiden sich nun voneinander im Hinblick darauf, (i) an welcher Stelle in der hierarchischen Propositionsstruktur des Matrixsatzes (S1) sie jeweils anknüpfen (können), (ii) welche semantische Relation sie zwischen den verknüpften Propositionen etablieren und (iii) welchen Status diese Relation und die Teilsatzpropositionen in der Bedeutung des komplexen Satzes jeweils haben, d. h. inwieweit sie zum assertierten oder eher zum präsuppositionalen Teil der Satzbedeutung gehören.

Mit den unter (i) und (iii) genannten Faktoren hängt die Fokussierbarkeit der subjunktional ausgedrückten Relation zusammen: Wenn diese zum Assertionsteil gehört, kann sie auch erfragt und, je nach der Tiefe der Einbettung, im Skopus von Modaloperatoren, Negation und Fokuspartikeln wie *nur, erst* etc. stehen. Diese Eigenschaft kennzeichnet vor allem konditionale und temporale Verknüpfungen sowie die kanonische kausale Verknüpfung.

(14a) *Präsident Jelzin blieb beim Besuch in Irland* nicht *im Flugzeug liegen, weil er betrunken war,* sondern *weil er einen Kollaps gehabt hatte.*
(14b) *Präsident Jelzin blieb* wahrscheinlich *im Flugzeug liegen, weil er betrunken war.*
(14c) *Blieb Präsident Jelzin im Flugzeug liegen, weil er betrunken war?*

Fokussierbare Verknüpfungen sind im Dt. z. T. auch korrelatfähig in dem Sinne, daß s2 bei Nachstellung durch ein der Subjunktion entsprechendes Konnektivadverb innerhalb (im 'Mittelfeld' von) S1 kataphorisch 'vertreten' sein kann (15) — ein Konstruktionstyp, der zweifelsohne mit der Linksdirektionalität (Verb-letzt-Eigenschaft) des Deutschen korreliert ist.

(15a) *Präsident Jelzin blieb beim Besuch in Irland* nicht deshalb *im Flugzeug liegen, weil er betrunken war,* sondern *weil er einen Kollaps gehabt hatte.*

(15b) *Eines haben sie gelernt — die alte pedantische Regel der Diplomaten nämlich, daß Gipfeltreffen* nur *dann zum Erfolg werden, wenn ihr Erfolg schon vorher feststeht.* (Peyer 1997, 75)

Kataphorische Korrelatkonstruktionen sind von resumptiven Korrelatkonstruktionen vom Typ *wenn ..., dann/so ...,* engl. *if ... then ...* zu unterscheiden, die eine teilweise andere funktionale Erklärung haben und im Hinblick auf Vorkommensmöglichkeit und lexikalische Realisierung des Korrelats auch anderen Regularitäten unterliegen (Redder 1987). Wenn s2 semantisch nicht in S1 integriert ist, kann u. U. auch der in (16c) veranschaulichte Konstruktionstyp vorkommen, wo s2 ohne Korrelat in S1 auch in syntaktisch-topologischer Hinsicht vollständig unintegriert bleibt (König/Auwera 1988).

(16a) *Wenn ich es offen sagen darf, halte ich das für einen Schwindel.*
(16b) *Wenn ich es offen sagen darf,* so *halte ich das für einen Schwindel.*
(16c) *Wenn ich es offen sagen darf — ich halte das für einen Schwindel.*

2.2.2. Konzessive Verknüpfungen

Die durch Subjunktionen wie *obwohl, wenngleich, wenn ... auch,* engl. *although* etablierte konzessive Verknüpfung (König 1991 mit weiteren Hinweisen) ist nicht fokussierbar, und die Wahrheit eines deklarativen Konzessivgefüges hängt ausschließlich von der Wahrheit der Teilsatzpropositionen (p1, p2) ab; die 'Konzession' an sich — daß ein Sachverhalt vom Typ p2 normalerweise das Gegenteil eines Sachverhalts vom Typ p1 impliziert — bleibt präsupponiert. Die Bedeutung eines typischen Konzessivgefüges wie (17) läßt sich dann annäherungsweise wie in (17') wiedergeben, wo der Präsuppositionsteil der Satzbedeutung in Spitzklammern steht.

(17a) *Obwohl Fritz große Schulden hat, nimmt er keinen Kredit auf.*
(17b) *Nimmt Fritz keinen Kredit auf, obwohl er große Schulden hat?*
(17') *(i) Fritz nimmt keinen Kredit auf./Nimmt Fritz keinen Kredit auf? (ii) Fritz hat große Schulden. (iii) ⟨ Wenn Fritz/man große Schulden hat, nimmt er/man normalerweise einen Kredit auf ⟩.*

Die unterordnende konzessive Verknüpfung steht der nebenordnenden adversativen semantisch deutlich nahe — die beiden Verknüpfungsarten scheinen u. U. austauschbar und werden oft auch gemeinsam behandelt (Lang 1991; König 1991). Konzessive Subjunktionen stellen jedoch keine Gleichartigkeitsbedingungen an die verknüpften Sätze, und s2 ist semantisch heruntergestuft oder reduziert in dem Sinne, daß die Nebensatzproposition (p2) unabhängig von dem am Matrixsatz markierten Illokutionstyp logisch impliziert oder vielleicht eher präsupponiert wird, dem illokutiven Operator also unzugänglich ist, ohne jedoch einen eigenen Satzmodus aufzuweisen. — Den konzessiven Konjunktionen stehen diverse konzessive Adverbien oder Partikeln (*dennoch, trotzdem, gleichwohl, allerdings*; engl. *nevertheless, even so, though, ...*) zur Seite, zwischen denen z. T. subtile Bedeutungsdifferenzen bestehen und die sich aus den eben genannten Gründen in der Praxis oft kaum von adversativen Konnektiven unterscheiden lassen. — Konzessive Konnexionen kommen vor allem in argumentativen Texttypen häufig vor.

2.2.3. Kausale Verknüpfungen i. w. S.

Die Bedeutung eines prototypischen, mit der Subjunktion *weil,* engl. *because* gebildeten kausalen Satzgefüges 'S1, *weil* s2' wie (18) läßt sich am angemessensten wie in (18') wiedergeben (Sæbø 1991).

(18) *Fritz nimmt einen Kredit auf,* weil *er Schulden hat.*
(18') *(i) Fritz nimmt einen Kredit auf und (ii) er hat Schulden und (iii) wenn er keine Schulden hätte, würde er — ceteris paribus — keinen Kredit aufnehmen.*

Dabei gehört die Kausalrelation selber zum Assertionsteil der komplexen Proposition; sie ist im Unterschied zur konzessiven Konnexion fokussierbar, und nur *weil*-Sätze taugen als Antworten auf 'Warum?'-Fragen.

(19) *Warum nimmt Fritz einen Kredit auf? — 'Weil er Schulden hat.'*

Dadurch unterscheiden sich dt. *weil,* engl. *because* etc. von Subjunktionen wie dt. *da,* engl. *since,* dän./norw. *da,* die eine Verknüpfung außer- oder oberhalb der Reichweite solcher Operatoren etablieren, wobei ein Konditional der Form 'wenn p2, (dann) p1' präsupponiert wird (20). Ähnlich funktionieren die sog. nebenordnenden Kausalkonjunktionen *denn,* franz. *car,* nur gehören in diesem Fall beide Teilsatzpropositionen — wie bei der *und*-Verknüpfung — zum assertierten Bestandteil der Verknüpfung (21), während p2 im *da*-Satzgefüge eher präsupponiert und auf jeden Fall in der Gewichtung heruntergestuft erscheint.

(20) *Da Fritz Schulden hat (*und* nicht *da er ein Haus bauen* will*), nimmt er einen Kredit auf.*

(21) *Fritz nimmt einen Kredit auf,* denn er hat Schulden.

Die drei verschiedenen (Typen von) Kausalkonjunktionen haben demnach im Textzusammenhang recht verschiedene Funktionen zu erfüllen (Pasch 1983; Redder 1990; Rudolph 1981; Dahl 1995): Mit *weil*-Gefügen werden in erster Linie kausale Erklärungen gegeben, während *da*- und *denn*-Verknüpfungen vor allem für Begründungen in argumentativen Zusammenhängen dienen; dabei bezieht sich der *da*-Satz auf einen bekannten Sachverhalt (p2) als (partikuläre) Prämisse, während die *denn*-Verknüpfung diese als p2 neu 'setzt' oder nachliefert; und das All-Konditional, das zusammen mit der Prämisse den Schluß inszeniert, ist wie bei den konzessiven Verknüpfungen kontextbedingt aus den beiden Teilsätzen herzuleiten.

Finale Verknüpfungen (*damit, um ... zu*) lassen sich am ehesten auf *weil*-Kausale zurückführen, nur ist als Ursache nicht einfach der p2-Sachverhalt zu verstehen, sondern der Sachverhalt, daß ein Agens — im Defaultfall das Subjekt des Matrixsatzes — p2 will (Sæbø 1991).

Konsekutive Verknüpfungen mit *so daß*, sind wie *da*-Verknüpfungen schwach subordinativ, und wie bei *denn* gehören beide Teilpropositionen p1 und p2 zum Assertionsteil der komplexen Satzbedeutung. Es handelt sich um eine Art Umkehrung der *denn*-Verknüpfung: p2 wird assertiert als Schlußfolgerung aus einer allgemeinen, präsupponierten Prämisse 'wenn p1', dann p2'' und der explizit assertierten partikulären Prämisse 'p1'; vgl. (22') als Paraphrasierung von (22).

(22) *Fritz hat Schulden, so daß er einen Kredit aufnehmen muß.*
(22') *(i) Fritz hat Schulden. (ii) ⟨ Wenn man Schulden hat, muß man einen Kredit aufnehmen. ⟩: (iii) Fritz muß einen Kredit aufnehmen.*

Der Schluß, daß p2, ist jedoch nur dann gültig, wenn p1 zutrifft. Die Assertion von p2 wird deshalb außer Kraft gesetzt, wenn S1 einen markierten Satzmodus aufweist oder ein Modaladverb enthält (23a). Und das unterscheidet Konsekutivsätze von sog. weiterführenden Kausalsätzen mit *weshalb, weswegen*, die als nicht-restriktive Relativsatz-Entsprechungen von Verknüpfungen mit *deshalb, deswegen* zu bewerten sind und dementsprechend einen deklarativen S1 voraussetzen (23b).

(23a) *Hat Fritz Schulden,* so daß er einen Kredit aufnehmen muß?
(23b) **Hat Fritz Schulden,* weshalb er einen Kredit aufnimmt?

Von den vielen im weiteren Sinne kausalen, subtil verschiedenen lexikalischen Konnektiven entsprechen die Pronominaladverbien *deshalb, deswegen* der *weil*- und der *damit*-Verknüpfung, die Partikel *nämlich* entspricht *denn*, und die Adverbien *folglich, somit, also* stehen u. a. *so daß* zur Seite.

(24) *Fritz will seine Schulden loswerden. Deshalb nimmt er einen Kredit auf.*
(24') *Fritz hat Schulden. Weil er Schulden hat/Weil es sich so verhält, nimmt er einen Kredit auf.*
(25a) *Fritz hat Schulden. Er muß somit einen Kredit aufnehmen.*
(25b) *Es hat aufgehört zu regnen. Wir können also gehen.*

Kausal- und Finalkonnektive können auch in sog. sprechakt- oder äußerungsbegründender Funktion, d. h. auf der illokutiven Ebene, verwendet werden. Der Sprecher stützt in dem Fall mit s2 eine mit S1 gemachte Behauptung, indem er Evidenz für deren Wahrheit liefert (26), oder er begründet den mit der Äußerung von S1 vollzogenen Sprechakt (z. B. Frage, Aufforderung, Mitteilung) (27).

(26) *Ich wohne in der Polargegend,* denn wenn ich an mein Fenster trete, so sehe ich nichts als weiße ruhige Flächen, die der Nacht als Piedestal dienen. *(Musil)*
(27a) *Hat Fritz Schulden? Er hat nämlich wieder einen Kredit aufgenommen.*
(27b) Just to keep you busy: *Get me a cup of coffee, please.*
(27c) Damit du es endlich verstehst: *Ich will dich nicht mehr sehen.*

2.2.4. Konditionale und temporale Verknüpfungen

Konditionalsätze und Temporalsätze sind Beispiele prototypischer adverbialer Subordiniation; sie werden semantisch eindeutig in den Matrixsatz integriert und sind fokussierbar, wenn auch nicht alle im gleichen Ausmaß. Temporalsätze (dt. *wenn, als, nachdem, bevor, während, indem, seit(dem) bis,* engl. *when, after, before, since, as, while, until*) sind im Normalfall als ereignis- oder sachverhaltsrelative Zeitadverbiale in den Matrixsatz (S1) eingebettet und spezifizieren die zeitliche Lokalisierung bzw. Ausdehnung des S1-Geschehens relativ zu dem s2-Geschehen. Den temporalen Konjunktionen stehen Konnektivadverbien wie *nachher, vorher, danach, dann, so lange, seitdem* zur Seite.

Konditionale Subjunktionen wie *wenn, falls*, engl. *if* und entsprechende Konnektivadverbien wie *dann, gegebenenfalls, sonst, andernfalls; then, otherwise*, knüpfen oberhalb der temporalen Operatoren des Matrixsatzes an und interagieren mit Modalverben und Modus im Matrixsatz. Assertiert wird dabei nur die (eventuell kontrafaktische) Konditionalbeziehung selber; der Wahrheitswert der Teilsatzpropositionen p1 und p2 bleibt an sich offen, oder es wird (im kontrafaktischen Konditional) unterstellt, daß p1 und p2 nicht zutreffen. Konditionalgefüge sind deshalb schlecht verträglich mit Kontexten, welche die in den Teilsätzen beschriebenen Sachverhalte explizit oder implizit als faktisch hinstellen; vgl. (28) und (29).

(28a) *Maybe I'll be back at five o'clock. If I am, I'll call you.*
(28b) *I'll be back at five o'clock.* *If I am, I'll call you.*
(29a) *Fritz hat seine Hausaufgaben nicht gemacht. Hätte er sie gemacht, könnte er jetzt ins Kino gehen.*
(29b) *Fritz hat seine Hausaufgaben gemacht.* *Hätte er sie gemacht, könnte er jetzt ins Kino gehen.*

Unter den hier behandelten Konnektiven verdienen Subjunktionen des Typs dt. *wenn, als*, engl. *when*, dän. *når, da* und ihr adverbiales Gegenstück dt. *dann*, engl. *then*, dän. *så* besonderes Interesse, weil die Beziehung, die sie als sog. temporale Konnektive zwischen S1 und s2 etablieren, zeitlich wenig spezifisch und ohnehin von nicht ausschließlich temporaler Art ist: Sie scheinen zu verlangen, daß das S1-Geschehen sich als Teil des s2-Geschehens auffassen läßt oder durch 'consequentiality', eine lockere Relation der Verursachung oder Ermöglichung, mit dem s2-Geschehen verbunden ist (Sandström 1993). Daß zwischen dieser Art temporaler Verknüpfung und der rein konditionalen Relation eine enge Affinität besteht, zeigt der Umstand, daß ein und dasselbe Konnektiv beide Bereiche abdecken kann, wie wir u. a. bei dt. *wenn, dann* und engl. *then* beobachten können.

(30a) *Mary will be back at seven o'clock. Then we'll have dinner.*
(30b) *Maybe mary won't be back this night. Then her mother will be worried.*

Auch konditionale Beziehungen können auf der illokutionären Ebene statt auf der propositionalen gestiftet werden (König/Auwera 1988).

2.2.5. Modal-instrumentale Verknüpfungen

Zur Kategorie der modal-instrumentalen oder modal-instrumental verwendbaren Konnektive gehören etwa dt. *indem*, engl. *by* + *ing*-Phrase, dän. *idet, ved at* + Infinitivphrase, Konnektivadverbien wie dt. *dabei, damit, so*, engl. *thereby, thus*, dän. *derved, således* und auch dt. *wobei* als quasi-unterordnendes Gegenstück von *dabei* (31)−(34).

(31a) *Er versucht den Drang zu sublimieren,* indem *er heiratet.*
(31b) *He tries to sublimate the urge* by *getting married.*
(32a) *Er heiratet. So versucht er, den Drang zu sublimieren.*
(33a) *Sie beugt sich vor, um ihre Zigarette in dem schweren Keramikaschenbecher auf dem Boden auszudrücken.* Dabei *streift sie mit dem Arm sein Knie.*
(33b) *Sie beugt sich vor, um ihre Zigarette in dem schweren Keramikaschenbecher auf dem Boden auszudrücken,* wobei *sie mit dem Arm sein Knie streift.*
(34) *Er grübelte vergnügliche Stunden lang über Interpunktionsprobleme nach. Gerecht und unbarmherzig merzte er das Passivum aus. Die Anstrengung des Tippens zog ihm die Mundwinkel herab, so daß kein Mensch vermutet hätte, wie gut er sich* dabei *unterhielt.*

Nach Pusch (1980, 94 ff) dienen instrumentale *indem*-Sätze dazu, bei mehr oder weniger 'methodenneutralen', abstrakten Handlungsbeschreibungen im Matrixsatz (S1), die 'Methode' zu spezifizieren, die zur Realisierung der S1-Handlung dient (31a). Demnach beschreiben Matrix- und *indem*-Sätze lediglich verschiedene Aspekte ein- und desselben komplexen Ereignisses; der Nebensatz füllt eine 'Methoden'-Lücke in der semantischen Repräsentation des Matrixsatzes und spezifiziert insofern das S1-Ereignis. Ein *wobei*-Satz beschreibt demgegenüber im typischen Fall einen 'Begleitumstand' des S1-Geschehens − einen Vorgang, der zur selben Zeit und im selben Raum wie dieses stattfindet und auch in anderer Hinsicht in einem natürlichen Zusammenhang damit steht, aber dennoch ein eigenständiges, unabhängiges Ereignis darstellt. *Dabei* entspricht teils *wobei* (33a−b), aber anscheinend auch einer (topikalisierten) *indem*-Variante ('indem p1, p2' = 'p1, wobei p2') (33c).

(33c) Indem *sie sich vorbeugte ..., streifte sie mit dem Arm sein Knie.*

Konnektive der hier besprochenen Art sind wenig erforscht. Ein Grund mag sein, daß sie Konnexionen von subtiler, schwer beschreibbarer Art etablieren, die sich erst im Rahmen einer gut entwickelten, differenzierten Ereignissemantik angemessen explizieren lassen. Hinzu kommt, daß gerade diese Konnexionen in vielen Sprachen – u. a. im Engl. – weitgehend unausgedrückt bleiben. So handelt es sich bei (33a) und (34) um Übersetzungen, deren englische Vorlagen (33')–(34') kein entsprechendes Konnektiv enthalten. Die Kategorie ist außerdem schwer abgrenzbar; *indem* überschneidet sich teilweise mit *dadurch daß*, das jedoch einen breiteren Anwendungsbereich (als echtes Kausalkonnektiv) aufweist; und *dabei, wobei* und *indem* stehen wegen der inhärenten Gleichzeitigkeitsbedingung den temporalen Konnektiven *als/ wenn* und *wie* sehr nahe.

(33') *She leans over to stub out her cigarette in the heavy ceramic ashtray on the floor.* Her arm touches his knee.

(34') *He spent pleasurable hours dithering over questions of punctuation. Righteously, mercilessly, he weeded out the passive voice. The effort of typing made the corners of his mouth turn down, so that no one could have guessed* how much he was enjoying himself.

Wie bereits erwähnt, lassen sich nicht alle Konnektive einem der bis hierin behandelten, ohnehin nicht ganz einheitlichen Relationstypen zuordnen; ganz ausgeklammert wurden hier z. B. Konnektive des expliziten Vergleichs, einschließlich der im Textzusammenhang wichtigen metatextuellen Ausdrücke vom Typ *wie oben erwähnt* und *also* (35).

(35) Ich saß 1936, aus Wien gekommen, verzweifelt in einer Atelierwohnung an der Münchener Peripherie. *Nach Deutschland war ich gekommen, um dort einen Verleger zu finden. Meine bisherigen in Wien hatten ihre Tätigkeit eingestellt. Der eine von ihnen hieß Dr. Ungar. Er spielt heute im USA-Verlagsbuchhandel eine höchst ehrenvolle Rolle. Dies habe ich vor kurzem erst von meiner Freude erfahren. Ich saß* also *in der Nähe von München und hatte nach wenigen Wochen bereits ein Bild des literarischen Deutschlands von 1936.* (Heimito von Doderer)

Die einschlägige Literatur bietet denn auch recht verschiedene Konnexionstaxonomien an, von sehr differenzierten Klassifizierungen (Halliday/Hasan 1976; Fritsche 1981) bis zu Versuchen, mit vier Grundtypen auszukommen (Rudolph 1988). Solange präzise Explikationen fehlen, bleiben scharfe Kategorisierungen jedoch willkürlich. Jede Klassifizierung führt außerdem für viele Konnektive zwangsläufig zur Annahme mehrfacher Klassenzugehörigkeit und damit Polysemie (vgl. *wenn, während* und *indem*). Erklärungen für belegbare Affinitäten zwischen Konnexionstypen zu finden und ein Beschreibungsverfahren zu entwickeln, das ohne die theoretisch wenig befriedigende Polysemieannahme auskommt und das interpretative Zusammenspiel von Konnektiv und Kontext stärker fokussiert, stellen dringlichere Desiderate dar als eine 'endgültige' Klassifizierung der Konnexionen.

Konnektive stellen aufgrund ihrer Bedeutung mehr oder weniger spezifische semantische Bedingen an S1 und s2. Verknüpfte Sätze, die die betreffenden Restriktionen von sich aus nicht eindeutig erfüllen, müssen semantisch präzisiert oder pragmatisch angepaßt werden, um die Interpretation zu retten (vgl. Dahl/Hellman 1995, 81; Asher 1993, 225 ff). Der Umstand, daß die Interpretation des relevanten Kontexts eines Konnektivs stark von der Bedeutung des Konnektivs selber in Interaktion mit dem Hintergrundwissen abhängt, erklärt die ungeheure Wichtigkeit der Konnektive als kohärenzstiftende und diskursstrukturierende Elemente – als Mittel zur Steuerung des Verstehensprozesses. So schreibt Blakemore (1992) im Rahmen der Relevanztheorie Konnektiven die Funktion zu, die Menge der durch s2 im Kontext von S1 zugelassenen Implikaturen zu restringieren, wobei „the implicatures of an utterance include those contextual assumptions which the hearer has to supply in order to preserve her assumption that the utterance is consistent with the principle of relevance". Andererseits kann der aktuelle Kontext zusammen mit dem allgemeinen Hintergrundwissen den Bedeutungsspielraum eines semantisch unterspezifizierten Konnektivs einschränken und das Konnektiv so auf eine bestimmte 'Lesart' oder Interpretation festlegen. Der konstruktive Aspekt der Interpretation manifestiert sich deutlich in den sprechaktorientierten, auf illokutive Erfolgsbedingungen bezogenen Verwendungen konzessiver, kausaler und konditionaler Konnektive.

3. Implizite Konnexion

Die konstruktive Interaktion von Satzbedeutungen, sprachlichem Kontext und Hintergrundwissen spielt für die Interpretation einer Satzverknüpfung eine noch größere Rolle, wenn der inhaltliche Zusammenhang zwischen den verknüpften Sätzen nicht durch ein Konnektiv deutlich gemacht bzw. restringiert wird. Syntaktisch gesehen kann es sich dabei um die Juxtaposition zweier, voneinander unabhängiger Sätze (S1 + S2) ohne Konnektive oder um die asyndetische hypotaktische Adjungierung einer Partizipialphrase o. dgl. (s2) an einen Matrixsatz (S1) handeln. Dazwischen liegt sog. 'verb chaining' (Thompson/Longacre 1985, 240), das hier unberücksichtigt bleibt.

Zwischen parataktisch aneinandergereihten Sätzen ohne Konnektive läßt sich u. U. je nach Kontext, Texttyp, Textthema und Bedeutung der Einzelsätze ein impliziter temporaler, kausaler oder instrumental-modaler Zusammenhang etablieren. So wird man für (36) ein dem Nacheinander der Sätze entsprechendes zeitliches Nacheinander der beschriebenen Sachverhalte ansetzen (vgl. 'als p1, p2' und 'p1, dann p2'). In (37) lassen sich die beiden Propositionen in jeweils unterschiedlicher Weise in ein kausales Schema einordnen: S2 beschreibt in (37a) eine Folge des S1-Sachverhalts; in (b) wird das S2-Geschehen umgekehrt als Ursache des S1-Sachverhalts verstanden, so daß S2 eine Erklärung für den S1-Sachverhalt nachliefert; und in (c) bringt S2 eine Begründung für die mit S1 gestellte und als indirekte Aufforderung zu interpretierende Frage. In (38) liefert S2 eine Spezifizierung oder Elaborierung des S1-Sachverhaltes oder er beschreibt einen Begleitumstand desselben (vgl. 'p1, und zwar p2', 'p1, indem p2', p1, dabei p2'). Und schließlich wird man, wenn nichts Spezifischeres naheliegt, oft eine koordinative (additive oder eventuell adversative) Konnexion zwischen S1 und S2 annehmen, sie also nach dem Muster koordinativer (nicht-disjunktiver) Verknüpfungen deuten (39).

(36a) *Eins der Telefone klingelte. Korn ging ran.*
(36b) *Finally, the baby burped. His mother sighed with relief.* (Sandström 1993, 56)
(36c) *Max switched off the light. It was pitch dark around him.*
(37a) *In diesem Sommer hat es wochenlang geregnet. Die Flüsse sind über die Ufer getreten.* (vgl. *deshalb, so daß*)
(37b) *Peter konnte den Film nicht sehen. Sein Volvo hatte Reifenpanne.* (vgl. *nämlich, denn*)
(37c) *Do we have any spare diapers? John has eaten a real lot of chocolate.* (Dahl 1995, 252) (vgl. *because*)
(38a) *Meine Schwester hilft mir bei der Arbeit. Sie macht die ganze Statistik.*
(38b) *Langsam füllte sich der Versammlungsraum. In Grüppchen trudelten die Besprechungsteilnehmer ein, suchten unsicher nach einem passend erscheinenden Platz und quetschten sich durch die enggestellten Stuhlreihen dorthin.*
(38c) *Gestern traf das Parlament zusammen. Die Abgeordneten berieten über drei neue Gesetzesentwürfe.*
(38d) *Langsam drehte Mahlmann ihm sein Gesicht zu. Seine Augen leuchteten.*
(39a) *Es ist dunkel geworden. Es nieselt. Die Geschäfte haben ihre Rolläden heruntergelassen.*
(39b) *Er füllte drei Ordner. Es half nichts.* (vgl. *jedoch*)
(39c) *Wegener nickte nicht mal. Er ließ sich ohne ein Wort auf einen der freien Drehstühle fallen.* (vgl. *vielmehr, sondern*)

Temporale Beziehungen sind nun deutlich auf einer tieferen Ebene angesiedelt als die anderen erwähnten Konnexionstypen: Sie schließen diese nicht aus, sondern können durch sie überlagert werden. Bei dem in (36) veranschaulichten narrativen Nacheinander handelt es sich um die narrative Grundrelation der 'consequentuality (vgl. 2.2.4.), die auch die kausale Ursache-Folge-Relation mit einbefaßt; die beiden Sätze könnten auch koordinativ verknüpft sein ('p1 und p2'). Die in (38) vorliegende Elaborierungs- oder Begleitumstandsrelation setzt Gleichzeitigkeit zwischen den beiden Sachverhalten voraus. Und eine kontraikonische zeitliche Relation zwischen S1- und S2-Ereignis geht gern mit einer Umkehrung der Kausalbeziehung einher, so daß S2 eine Erklärung für den S1-Sachverhalt liefert (40).

(40a) *Die Flüsse werden über die Ufer treten. Es hat wochenlang geregnet.* (vgl. *nämlich, denn*)
(40b) *Suddenly, it was pitch dark around Max. Someone had switched off the light.*

Adjungierte infinite Verbalphrasen wie *ing*-Adjunkte im Engl. und 'gerundio'-Konstruktionen im Ital. weisen trotz der hypotaktischen Verknüpfungsart einen ähnlich breiten Deutungsspielraum auf wie die asyndetische Aneinanderreihung finiter Sätze (41). Bei Modalisierung des Trägersatzes (S1) erlaubt die Konstruktion u. U. sogar eine konditionale Interpretation, was für parataktisch verbundene Sätze ohne explizite Konnektive nicht in Frage kommt (41d). Als infinite Verbalphrase ist s2 für die interpretative Vervollständigung zu einer Proposition von S1 abhängig und kann dabei auch unter den Skopus modaler Operatoren in S1 fallen.

(41a) *Lying on the beach, John smokes cigars.* (temporal)
(41b) *Having settled this question, we can start writing.* (temporal/kausal)
(41c) *Being a businessman, John will fool anyone.* (kausal)

(41d) Wearing that new outfit, *John will fool anyone.* (temporal/konditional)

Satzinitiale infinite Adjunkte entsprechen vorwiegend typischen vorangestellten — temporalen, kausalen oder konditionalen — Adverbialsätzen (41)–(42).

(42a) Vedendoci, *Carlo cominiciò a controllarsi.*
 'Uns sehend begann Karl sich zu beherrschen.'
(42b) In Richtung Innenstadt fahrend, *biegt man an der Kreuzung links ab.*

Bei finalen *ing*-Adjunkten mit kausativem Prädikat kann der Matrixsatz s1 die von diesem Prädikat vorausgesetzte verursachende Handlung spezifizieren, deren Ergebnis in s2 beschrieben wird (43) (Behrens 1997).

(43a) *High water swamped pleasure boats,* sinking several and carrying others into the Bay of Biscay.
(43b) *[DNA is shaped like two intertwined helices.] During cell division these unzip,* splitting the molecule along its length into two separate helices.

In anderen Fällen muß s2 als instrumentale oder modale Elaboration (Spezifizierung) von S1 verstanden werden, entsprechend einem subordinierten Satz mit *indem* oder *dadurch daß* im Deutschen, oder es liegt die schwächere Relation des Begleitumstandes vor, entsprechend dt. *dabei, wobei* (44) (ebd.).

(44a) *They defaced the two poster girls,* spray-painting a down-turned mouth on one, and adding a wrinkled brow to the other.
(44b) *He walked slowly along the rows of testle tables,* admiring the merciless French housework at work.

Italienische 'gerundio'-Konstruktionen verhalten sich wie die englischen *ing*-Konstruktionen (Pusch 1980), während die Anwendung von Partizipialkonstruktionen in den (anderen) germanischen Sprachen strengeren Restriktionen unterliegt. Vor allem scheinen die kausale und die instrumental-elaborierende Funktion ungeläufig. Die Tatsache, daß *ing-* und 'gerundio'-Konstruktionen sich oft nicht analog übersetzen lassen, machen übersetzungsorientierte Untersuchungen zur Semantik und Pragmatik solcher Konstruktionen zweckmäßig (Pusch 1980; Behrens 1997).

4. Konnexion in diskursstruktureller Perspektive

Implizite Konnexionsbeziehungen zwischen Nachbarsätzen kommen ausschließlich durch Inferenz von seiten der Leser zustande und werden ausgelöst durch die oft kohäsiv nahegelegte Annahme, daß S2 im Kontext von S1 und dessen Vorkontext relevant ist, bzw. durch das Bedürfnis, einen sinnvollen Zusammenhang (Kohärenz) zwischen den beiden Sätzen herzustellen, sei es allein mit Bezug auf die beschriebenen Sachverhalte oder auf einer höheren handlungsbezogenen (illokutionären) Ebene. Die Menge möglicher sinnvoller Zusammenhänge zwischen Sätzen oder Textteilen erschöpft sich nicht mit den oben veranschaulichten Relationen, die eine Untermenge der explizit ausdrückbaren Konnexionsbeziehungen ausmachen. Inferierbare oder explizit ausgedrückte Beziehungen dieser Art werden oft unter den Begriff Diskursrelation oder rhetorische Relation subsumiert (Mathiessen/Thompson 1988; Mann 1992; Asher 1993). Den recht verschiedenen Ansätzen ist die Vorstellung gemeinsam, daß Texte als hierarchisch organisierte Gruppen von (Diskurs-)Einheiten verstanden werden und daß sich diese (Diskurs-)Struktur durch zweistellige Diskursrelationen bzw. rhetorische Relationen konstituiert. Diskursrelationen sind nach Mann/Mathiessen/Thompson (1992) i.e.S. rhetorisch, d. h. funktional bedingt: Sie lassen sich bestimmen „in terms of the purpose of the writer, the writer's assumptions about the reader and certain propositional patterns in the subject matter of the text" und „reflect the writer's options of organization and presentation" (ebd., 45). Die meisten Relationen sind asymmetrisch, insofern eine der beiden Diskurseinheiten zur Realisierung der zentralen Ziele des Autors dient, während die andere eher eine Ergänzungs- oder Stützfunktion hat. Solche Nukleus-Satellit-Relationen umfassen u. a. die oben veranschaulichten Relationen 'Elaboration', 'Explanation', 'Circumstance', aber auch Relationen wie 'Purpose', 'Background', 'Motivation'. Hinzu kommen multinukleare Relationen wie 'Contrast', 'List' oder 'Sequence', deren Relata hierarchisch gleichrangig und insofern nach Asher (1993, 256 ff) als Elaborationen eines gemeinsamen Topiks zu verstehen sind. So sind der zweite und der dritte Satz in (45) durch die 'List'-Relation (Mann/Mathiessen/Thompson) oder 'Continuation'-Relation (Asher) verbunden, und die so etablierte Diskurseinheit elaboriert als Satellit (Mann/Mathiessen/Thompson) oder subordinierte Diskurseinheit (Asher) den als Nukleus bzw. Topik dienenden Einleitungssatz.

(45a) *Sånga-Såby-Kursgår, Sweden, will be the site of the 1969 International Conference on Computational Linguistics, September 1–4.*

(45b) *It is expected that some 250 linguists will attend from Asia, West-Europe.*
(45c) *The Conference will be concerned with the application of mathematical and computer techniques to the study of natural language [...].*
(nach Mann/Thompson 1988, 288)

Asher (1993) unterscheidet seinerseits 'Coherence'-Relationen wie 'Time', 'Cause', die auf der Sachverhaltsebene bestehen, von rhetorischen Relationen im eigentlichen Sinne. Unter diese umfassendere Kategorie fallen strukturelle Relationen wie 'Elaboration', 'Continuation', 'Parallel' und 'Contrast', die ausschließlich von semantischen und strukturellen Eigenschaften der Relata abhängen, und nicht-strukturelle Relationen wie 'Explanation' und 'Background'. Leider sind die verschiedenen Ansätze zur Typologisierung von Diskursrelationen wegen Unterschiede des weiteren theoretischen Rahmens und Unterbestimmtheit zentraler Begriffe schwer vergleichbar und z. T. auch nicht leicht praktizierbar.

Die Struktur eines Textes kommt u. a. in der Portionierung, Sequenzierung und relativen Gewichtung der im Text dargebotenen Information zum Ausdruck und wird bestimmt durch das übergeordnete Topik oder Thema des Textes – die Gesamtvorstellung oder Quaestio (Klein/Stutterheim 1992) –, durch das vom Autor verfolgte übergeordnete kommunikative Ziel und durch strategische (rhetorische) Überlegungen des Autors, der ja die Möglichkeit der Leser, den intendierten Sinn effizient zu rekonstruieren, und damit auch die Verarbeitbarkeit des Textes zu berücksichtigen hat. Unter diesem Aspekt sollen abschließend die parataktische Verknüpfung (vor allem verbunden mit lexikalischen Konnektiven) und die hypotaktische Verknüpfung als Alternativen der Textgestaltung miteinander verglichen werden.

Die maximal parataktische, höchstens durch ein lexikalisches Konnektiv signalisierte Verknüpfung ermöglicht eine grundsätzlich inkrementelle Informationsstruktur auf der hier relevanten Ebene – eine Struktur, die dem „one-chunk-per-clause-constraint" (Givón) mit Bezug auf Informationen über interpropositionale Relationen nahekommt, ohne daß die syntaktische Komplexität der einzelnen, in selbständigen, sukzessiven Schritten zu verarbeitenden Sätze sich erhöht. Wir sehen das deutlich in einem Fall wie (46): Das Konnektiv *dann* in S2 enthält wie die meisten Konnektivadverbien sowohl eine anaphorische als auch eine relationale Bedeutungskomponente und erteilt die Anweisung, dem Vorkontext ein passendes propositionales Argument für die relationale Bedeutung zu entnehmen, deren zweites Argument S2 (minus Konnektiv) selber hergibt. Es läßt sich deshalb in einen durch die entsprechende Subjunktion eingeleiteten, auf der Basis von S1 konstruierbaren untergeordneten Adverbialsatz 'expandieren', so daß der dadurch entstehende komplexe Satz S2* im gegebenen, S1 inkludierenden Kontext mit S2 wenigstens in einer Lesart äquivalent ist. Die Satzfolge S1 + S2* vermittelt die gleiche Information wie S1 + S2 unter der gegebenen Interpretation, und zwar in gleich portionierter Weise, nur eben umständlicher. Der topikalisierte Adverbialsatz dient im Sinne von Lehmann (1988) als maximal expliziter Ausdruck der zwischen dem Matrixsatz und dem Vorkontext bestehenden Konnexion und ist als Alternative zum lexikalischen Konnektiv vor allem dann aktuell, wenn nicht wie in (46) an den unmittelbar vorausgehenden Satz, sondern an weiter zurückliegende Teile des Texte oder an eine größere Texteinheit angeknüpft wird.

(46a) *Richtiger wäre es gewesen, mit Volldampf in das Hindernis hineinzurasen* – dann *wäre zwar der Bug abgeknautscht worden, die „Titanic" aber schwimmfähig geblieben.* (Peyer 1997, 76)
(46b) *Richtiger wäre es gewesen, mit Volldampf in das Hindernis hineinzurasen* – wenn man mit Volldampf in das Hindernis hineingerast wäre,/Wenn man das getan hätte, *wäre zwar der Bug abgeknautscht worden, die „Titanic" aber schwimmfähig geblieben.*

Die leichtere Prozessierbarkeit der parataktischen Struktur wird allerdings u. U. durch eine stärkere Unterbestimmtheit der Gesamtinterpretation erkauft (van Dijk/Kintsch 1983, 144). Denn der Bezug von lexikalischen Konnektiven als abstrakten Anaphern ist nicht immer so eindeutig rekonstruierbar wie in (46); und noch größer ist der Interpretationsspielraum bei impliziter Konnexion.

(46b) und (47) veranschaulichen eine typische Variante hypotaktischer Verknüpfung: Der untergeordnete Satz ist initial (topikalisiert) und stellt ein 'link' zum Vorkontext dar, indem er bekannte oder nahegelegte Information aufgreift und, eventuell ergänzt, in den durch die Subjunktion bereitgestellten relationalen Rahmen einordnet; vor dem so bereitgestellten Hintergrund ist dann der fokusierte Matrixsatz zu interpretieren, dessen Information in die Hauptstruktur des Textes integriert wird. Hinreichende Eindeutigkeit des Bezugs vorausgesetzt, läßt sich der Nebensatz, eventuell mit einem gewissen Informationsverlust, auf ein lexikalisches Konnektiv reduzieren.

(47a) *Er [Autor] bekam eine Lungenentzündung. Drei Tage lang stand sein Leben auf der Kippe.* Als sich der Zustand allmählich besserte, *begann er, noch im Krankenhaus, seine Gedanken aufzuschreiben: [...]* (Peyer 1997, 236)
(47b) *Er bekam eine Lungenentzündung. Drei Tage lang stand sein Leben auf der Kippe.* Dann *begann er, noch im Krankenhaus, seine Gedanken aufzuschreiben: [...]*

Ist die Nebensatzinformation bei Topikalisierung des Nebensatzes nicht aus dem Vorkontext erschließbar oder im Hintergrundwissen präsent, so muß sie durch den Leser als vorausgesetzt abkommodiert werden; sie steht auf jeden Fall selber nicht zur Debatte. Die hypotaktische Struktur ermöglicht es somit, Information sozusagen unter der Hand, unter Verletzung des Inkrementalitätsprinzips, einzuschmuggeln.

Eine zweite hypotaktische Variante liegt vor, wenn der Matrixsatz umgekehrt Bekanntes oder Nahegelegtes aufgreift und die konnektive Beziehung selber im Fokus steht, wobei die Nebensatzinformation meistens auch neu ist. Bei einer entsprechenden parataktischen Verknüpfung müßte der Trägersatz ausgelassen oder reduziert werden.

(48a) *NN hat erst mit 50 Jahren geheiratet. Sie hat so lange gewartet,* weil sie eben ihre Freiheit haben wollte.
(48b) *NN hat erst mit 50 Jahren geheiratet.* Sie wollte eben *(so lange)* ihre Freiheit haben.

Eine dritte Spielart finden wir, wenn Matrix- und Nebensatz beide − typisch bei finaler Stellung des Nebensatzes − ohne Fokussierung der konnektiven Relation neue Information einführen. Auch dann hat der Nebensatz meistens Satellitenstatus im Sinne von Mann/Mathiessen/Thompson (1992): Es ist im Normalfall der Matrixsatz, „whose function most nearly represents the function of the text span" und insofern in die Hauptstruktur des Textes integriert ist; der untergeordnete Satz ist in der Informationsgewichtung heruntergestuft, gehört zu einer Nebenstruktur (Hintergrund, Kommentar, Erklärung u. dgl.) und läßt sich deshalb leichter auslassen, ohne daß dies die Struktur des Textes wesentlich beeinträchtigt; die Information geht jedoch dabei verloren. Seine Umwandlung in einen selbständigen Satz wird sich eher störend auf die Informationsstruktur auswirken.

(49a) *Den neuen Blitzzug AVE durften die Cordobesen anfangs gar nicht benutzen,* obwohl es *ihre Stadt wegen zweier Niveauübergänge mit 20 Stundenkilometern durchschleicht. Nach monatelangem Protestgeheul läßt man die wenigen, die ihn sich leisten können, nun doch einsteigen.* (Peyer 1997, 129)
(49b) *Den neuen Blitzzug AVE durften die Cordobesen anfangs gar nicht benutzen. Nach monatelangem Protestgeheul läßt man die wenigen, die ihn sich leisten können, nun doch einsteigen.*

Eher untypisch sind im eigentlichen Sinne weiterführende Nebensätze, die ihrer formalen Abhängigkeit zum Trotz wie selbständige Sätze in die Hauptstruktur des Textes eingegliedert sind (Brandt 1990; Peyer 1997).

(50a) *Nur rund um die Kirche ist der Baugrund stabil. Das beschränkt das Wachstumspotential von Innerthal enorm,* weshalb die Bevölkerungszahl seit 1938 kontinuierlich zurückging. *Ein Tiefpunkt wurde 1980 mit 149 Einwohnern erreicht.* (Peyer 1997, 148)
(50b) Deshalb *ging die Bevölkerungszahl seit 1938 kontinuierlich zurück. Ein Tiefpunkt wurde 1980 mit 149 Einwohnern erreicht.*

Konnexionen wurden in diesem Artikel aus Platzgründen weitgehend anhand von isolierten Satzgefügen bzw. Satzpaaren diskutiert − ein übliches und für die semantische Klassifizierung der lexikalischen und grammatischen Konnektive auch sinnvolles Vorgehen. Es sei jedoch abschließend betont, daß Konnexionen auch zwischen größeren Texteinheiten und zwischen nicht benachbarten Sätzen bestehen können. Und Konstruktionsalternativen wie (1a−h), die auf einer abstrakten semantischen Ebene wenigstens partiell äquivalent erscheinen, erhalten erst auf der Ebene des vollen Textes, d. h. unter Einbeziehung des Vor- und Nachkontextes, ihre funktionale Begründung als Formulierungsmöglichkeiten, die jeweils verschiedene informationsstrukturelle Bedingungen an ihren Kontext stellen und den Interpretationsspielraum des Textrezipienten in jeweils verschiedener Weise beschränken.

5. Literatur (in Auswahl)

Asher, Nicholas (1993): Reference to Abstract Objects in Discourse. Dordrecht.

Behrens, Bergljot (1997): Semantic and Pragmatic Approaches to the Interpretation of Free Adjuncts, and their Translation into Norwegian. Ph. D. Thesis. Dept. of Linguistics, University of Oslo.

Blakemore, Diane (1992): Understanding Utterances. Oxford.

Brandt, Margareta (1990): Weiterführende Nebensätze. Stockholm.

Dahl, Östen (1995): Causality in Discourse. In: Rickheit, Gert/Habel, Christopher (eds.): Focus and Coherence in Discourse Processing. Berlin/New York, 251–260.

Dahl, Östen/Hellmann, Christian (1995): What happens when we use an anaphor? In: Moen, Inger et al. (eds.): Papers from the XVth Scandinavian Conference of Linguistics. Oslo, 79–86.

Dijk, Teun A. van/Kintsch, Walter (1983): Strategies of Text Comprehension. San Diego.

Fritsche, Johannes (ed.) (1981): Konnektivausdrücke–Konnektiveinheiten. Grundelemente der semantischen Struktur von Texten I. Hamburg, 25–99.

Haiman, John/Thompson, Sandra D. (eds.) (1988): Clause Combining in grammar and discourse. Amsterdam.

Halliday, Michael A. K./Hasan, Ruqaiya (1976): Cohesion in English. London.

Hartmann, Dietrich (1984): Reliefgebung: Informationsvordergrund und Informationshintergrund in Texten als Problem von Textlinguistik und Stilistik. In: Wirkendes Wort 94, 305–322.

Heringer, Hans-Jürgen (1988): Lesen lehren lernen. Tübingen.

Klein, Wolfgang/von Stutterheim, Christiane (1992): Textstruktur und referentielle Bewegung. In: Zeitschrift für Literaturwissenschaft und Linguistik 22/Heft 86, 67–92.

König, Ekkehard (1991): Konzessive Konjunktionen. In: von Stechow, Arnim/Wunderlich, Dieter (eds.): Semantik/Semantics. HSK 6. Berlin, 731–739.

König, Ekkehard/van der Auwera, Johan (1988): Clause integration in German and Dutch conditionals, concessive conditionals, and concessives. In: Haiman/Thompson (1988), 101–134.

Lang, Ewald (1991): Koordinierende Konjunktionen. In: von Stechow, Arnim/Wunderlich, Dieter (eds.): Semantik/Semantics. HSK 6. Berlin, 597–623.

Lehmann, Christian (1988): Towards a typology of clause linkage. In: Haiman/Thompson (1988), 181–226.

Longacre, Robert E. (1985): Sentences as combinations of clauses. In: Shopen, Timothy (ed.): Language typology and syntactic description. Vol. 2. Complex constructions. Cambridge, 235–286.

Mann, William C./Mathiessen, Christian M. I./Thompson, Sandra A. (1992): Rhetorical structure theory and text analysis. In: Mann, William C./Thompson, Sandra A. (eds.): Discourse Description. Diverse linguistic analyses of a fund-raising text. Amsterdam, 39–78.

Mann, William C./Thompson, Sandra A. (1988): Rhetorical structure theory: Toward a functional theory of text organization. In: Text 8, 243–281.

Mathiessen, Christian M. I./Thompson, Sandra A. (1988): The structure of discourse and 'subordination'. In: Haiman/Thompson (1988), 313–329.

Pasch, Renate (1983): Die Kausalkonjunktionen *da*, *denn* und *weil*: drei Konjunktionen – drei lexikalische Klassen. In: Deutsch als Fremdsprache 20, 332–337.

Peyer, Ann (1997): Satzverknüpfung – syntaktische und textpragmatische Aspekte. Tübingen.

Pusch, Luise (1980): Kontrastive Untersuchungen zum italienischen 'gerundio': Instrumental- und Modalsätze und das Problem der Individuierung von Ereignissen. Tübingen.

Redder, Angelika (1987): *wenn ... so*. Zur Korrelatfunktion von *so*. In: Rosengren, Inger (ed.): Sprache und Pragmatik. Lunder Symposium 1986. Stockholm, 315–326.

– (1990): Grammatiktheorie und sprachliches Handeln: „denn" und „da". Tübingen.

Rudolph, Elisabeth (1981): Zur Problematik der Konnektive des kausalen Bereichs. In: Fritsche (1981), 146–244.

– (1988): Connective Relations – Connective Expressions – Connective Structures. In: Petöfi, Janos S. (ed.): Text and Discourse Constitution. Empirical Aspects, Theoretical Approaches. Berlin/New York, 97–133.

Sandström, Görel (1993): WHEN-clauses and the temporal interpretation of narrative discourse. DGL-UUM-R-34. University of Umeå.

Sæbø, Kjell Johan (1988): A Model for discourse Particles. LILOG-REPORT 31. IBM Deutschland GMBH. Stuttgart.

– (1991): Causal and Purposive Clauses. In: von Stechow, Arnim/Wunderlich, Dieter (eds.): Semantik/Semantics. HSK 6. Berlin, 623–631.

Thompson, Sandra A./Longacre, Robert E. (1985): Adverbial Clauses. In: Shopen, Timothy (ed.): Language typology and syntactic description. Vol. 2. Complex constructions. Cambridge, 171–234.

Cathrine Fabricius-Hansen, Oslo
(Norwegen)

VI. Textkonstitution III: Thematische und pragmatische Aspekte

35. Thema, Themenentfaltung, Makrostruktur

1. Vorbemerkung zur Begrifflichkeit
2. Thema und Rhema in der linguistischen Diskussion
3. Anforderungen an ein Thema-Konzept
4. Thema und Rhema
5. Thematisierung
6. Themenentfaltung
7. Literatur (in Auswahl)

1. Vorbemerkung zur Begrifflichkeit

Texte haben Themen. Sie handeln von etwas. Manche Themen interessieren uns, und wenn wir über sie etwas hören oder lesen können, tun wir das. So etwa kann man für den Alltag den Zusammenhang von Text und Thema illustrieren. Der Rhemabegriff hingegen hat kein Gegenstück im Alltag ausgebildet. Er stammt aus der antiken Philosophie (Platon, Aristoteles) und Grammatik (Stoa). Das *Rhema* ('Gesagtes, Ausspruch, Wort, Phrase, Satz', NT: 'Lehre') erscheint als Gegenbegriff zum *Onoma* ('Name') bzw. zum *Hypokeimenon* ('Vorliegendes, Zugrundeliegendes, Untergeordnetes'). Das zunächst funktional-semantisch fundierte Begriffspaar Hypokeimenon–Rhema (bzw. die Opposition Hypokeimenon–Kategoroumenon) wurde dann als *Subjekt–Prädikat* aufgenommen und in der lateinischen Fassung weitergeführt, gelegentlich in formzentrierter Engführung. In der Sprachwissenschaft finden sich unterschiedliche, z. T. vom Alltag weit entfernte Themabegriffe. Von einem Konsens kann keine Rede sein, ähnlich wie im Fall des Satz- oder des Wortbegriffs. Das bedeutet: Grundsätzliche theoretische Fragen sind betroffen, und an der Begriffsgeschichte führt kein Weg vorbei. Vor allem aber: Gesucht ist eine Theorie, die das Alltagsverständnis aufnimmt und zugleich eine wissenschaftlich fruchtbare Explikation liefert.

Im englischen Sprachraum sind die Begriffspaare *topic–comment*, *topic–focus* anzutreffen; gelegentlich wurden sie ins Deutsche importiert. *Topic* bezieht sich auf Diskurs- und spezieller Argumentationsgegenstände und zeigt Spuren seiner Herkunft aus der Rhetorik seit Aristoteles (*Topos* bezeichnet dort ein Element aus dem Fundus gemeinsamen Wissens, der als gedankliches Potential für das Begründen, Bewerten und die komplementären Verstehensprozesse bereitsteht). Das topic bildet als Gewusstes die Folie, auf der gedankliche Expansion und Kritik (comment) oder konzentriertes Erfassen (focus) möglich sind. Die optische Metaphorik findet sich auch in den Paaren *focus–background*, *foreground–background*, die stärker auf eine relationierende kommunikative Gewichtung abheben. Die hier nur angedeuteten begrifflichen Anteile finden sich alle in der Thema-Rhema-Diskussion wieder.

2. Thema und Rhema in der linguistischen Diskussion

Die Thema-Rhema-Diskussion ist vergleichsweise jung. Sachlich speist sie sich aus Überlegungen der Junggrammatiker, die grammatischen Kategorien wie Subjekt und Prädikat ein sprachpsychologisches Fundament zu geben suchten. So ist für Hermann Paul in Anknüpfung an Georg v. d. Gabelentz das psychologische Subjekt „das, worüber der Sprechende den Hörenden denken lassen, worauf er seine Aufmerksamkeit hinleiten will, das psychologische Prädikat dasjenige, was er darüber denken soll" (Paul 1920, 125). Nicht alle Satzelemente gehen in der Unterscheidung auf. Das psychologische Prädikat ist bedeutsamer und sprachlich hervorgehoben (Akzent, Stellung). In der Antwort *Jan verreist* auf die Frage *Wer verreist?* ist *Jan* grammatisches Subjekt, aber psychologisches Prädikat. Das Passiv beinhaltet die Möglichkeit, aus einem grammatischen Subjekt (Aktant, ungewichtet) ein psychologisches Prädikat (gewichtet) zu machen. Bereits der Einsatz von

Fragetests, der später eine große Rolle spielte, geht auf Paul zurück.

Die Einführung des Begriffspaars Thema–Rhema für diese Phänomene nimmt in einem pragmatischen Rahmen Ammann (1928) vor. Er bezeichnet den „Gegenstand der Mitteilung" als „Thema", „das Neue, was ich dem Hörer über das Thema zu sagen habe" belegt er „mit dem (scheinbaren) Reimwort Rhema" (153). Dies sei unproblematisch, „da der antike Gegensatz ὄνομα – ῥήμα uns nur in der lateinischen Übersetzung geläufig ist" (ebd.). Allerdings mag das Zusammenzwingen eines diskurs-/textbezogenen mit einem satzorientierten Konzept für einige Konfusionen der Diskussion verantwortlich sein. Noch heute stehen sich satzfixierte (z. B. Abraham 1992) und textbezogene (z. B. Lötscher 1987) Theorien unvermittelt gegenüber. Ammann hat eine grammatische Verankerung nicht versucht. Das Begriffspaar konstituiert die „Mitteilung", deren Handlungszweck er im Rahmen des „sprachlichen Verkehrs" als Ausgleich unterschiedlicher Wissensbestände zu bestimmen sucht.

Vilém Mathesius hat nicht nur die Prager Schule begründet, sondern auch (1929) das Konzept der „Funktionalen Satzperspektive" eingeführt und damit eigentlich erst die bis heute anhaltenden Diskussionen ausgelöst (zur Prager Schule → Art. 4). Er sucht spezifische Passivierungen des Englischen wie in *I was told* durch die Tendenz zu erklären, Thema und grammatisches Subjekt in Deckung zu bringen. An Paul anknüpfend konzipiert er eine „sentence perspective" als Gliederung in „Satzthema" und „Mitteilungskern". Dieses Gliederungsprinzip schlägt sich in der Basiswortfolge („objektive Abfolge") als Anordnung 'Thema vor Kern' nieder, während die Umkehrung („subjektive Abfolge") markiert ist. Wortstellung, Diathese, Akzentuierung etc. erscheinen somit als einzelsprachliche Mittel zur Realisierung einer universellen sprachpsychologisch fundierten Informationsstruktur. Die zunächst eher intuitive Bestimmung von Thema und Rhema über die Relevanz expliziert Mathesius in einem anderen Aufsatz desselben Jahres stärker sprachpsychologisch, bezogen auf eine Gliederung des Satzes in zwei Teile: „Der erste von ihnen ist der Teil, der etwas verhältnismäßig Neues ausdrückt und in dem das konzentriert ist, was man in dem Satz behauptet. Dieser Teil des Satzes wird manchmal als psychologisches Prädikat bezeichnet, wir aber bezeichnen ihn lieber als Mitteilungskern, um ihn von dem grammatischen Prädikat deutlicher zu unterscheiden, mit dem er nicht immer zusammenfällt. Der zweite Teil des Satzes enthält die Basis der Mitteilung oder das Thema, nach der älteren Terminologie das psychologische Subjekt, d. h. die verhältnismäßig bekannten oder auf der Hand liegenden Dinge, von denen der Sprecher ausgeht" (Mathesius 1929/1971, 6 f).

Auf dieser Traditionsgrundlage lassen sich die sehr unterschiedlichen Themakonzepte der Folgezeit verstehen, die entweder eines der genannten Bestimmungsstücke zur Grundlage machen oder mehrere zusammenwerfen, so dass in der Anwendung oft nicht klar ist, welches den Ausschlag gibt. Dazu folgt ein knapper Überblick.

2.1. Identifikation mit einem sprachlichen Mittel (formorientiertes Konzept)

Grammatiker haben nach dem Vorbild von Mathesius immer wieder versucht, Teile des Satzes als Thema oder Rhema zu klassifizieren; das Oppositionspaar diente also als Strukturierungsmittel für die sprachliche Oberfläche. Ausdrücke in Funktion sind Thema bzw. Rhema. Eine Variante davon macht das Thema an einer Position in der linearen Abfolge bzw. in einer konfigurationellen Repräsentation fest:

(i) der 'Topikposition' im Vorfeld bzw. im generativen Rahmen in der SPEC COMP-Position (topic); so hat bereits Chomsky (1965, 221) das Satztopic definiert als the „leftmost NP immediately dominated by S in the surface structure, and the Comment-of-the Sentence as the rest of the string."

(ii) der Position der Linksanbindung („left dislocation" wie in *Lisa, I like her*), so Halliday (1967/1968), Dik (1978), oder beider Außenpositionen, so Gundel: „A constituent C is the syntactic topic of some sentence S, if C is immediately dominated by S and C is adjoined to the left or right of some sentence S', which is also immediately dominated by S" (1985, 86). Es fragt sich: Wenn (unterschiedliche) Mittel als Thema gelten, was ist dann die ihnen gemeinsame, die definierende Funktion? Die Identifikation mit einer Ausdruckseinheit schließt jedes Verständnis im Sinne von „aboutness" und damit das Alltagsverständnis aus, denn wir reden über vorgestellte oder wirkliche Dinge, nicht bloß über sprachliche Ausdrücke.

2.2. Identifikation mit einem Wissensstatus (sprachpsychologisches Konzept)

In diese Richtung gehen die zahlreichen Konzepte, für die das Thema die aus Kontext, Situation, Langzeitwissen bekannte, alte Information, das Rhema die neue, in das Rezipientenwissen einzuführende beinhaltet. Chafe präzisiert: „Given (or old) Information is that knowledge which the speaker assumes to be in the consciousness of the adressee at the time of the utterance" (1976, 28). Nun gibt es vielerlei, was den meisten bekannt ist – die Sonne, ihre Einkünfte oder Schulden, ihre Verwandten, die aktuelle Jahreszeit – ist dies, wenn es versprachlicht wird, damit immer Thema? Das Problem liegt also in der fehlenden Unterscheidung zwischen dem, was jemand langfristig oder lebenslang kennt, dem, was zu bestimmten Zeitpunkten gewusst wird, und dem, was jeweils als aktuelles text- oder diskursbedingtes Wissen zu unterstellen ist. Wenn in einigen Sprachen alle unmittelbar im Wissen zugänglichen Individuen mit einem definiten Artikel markiert sind, berechtigt dies nicht dazu, alle Fälle in einem Konzept zu vermischen. Tatsächlich führt dies zu großen Anwendungsschwierigkeiten, wie man an vielen ausgeführten Thema-/Rhema-Theorien sehen kann.

2.3. Identifikation mit einem Textinhalt als Prädikat-Argumentstruktur oder Kondensat (semantisches Konzept)

Das Thema erscheint als Mitteilungsgegenstand eines Satzes, als Ausgangspunkt („point of departure"), über den etwas gesagt wird. Diese Konzeption setzt die eigentlich sprachpsychologische des logischen Subjekts/Prädikats auf der logisch-semantischen Ebene fort und liegt auf der Linie des antiken Rhemabegriffs. Simple Sätze wie *Katzen fangen Mäuse* bereiten dann Schwierigkeiten, wenn wir nicht auf den Subjektbegriff bzw. grammatische Merkmale von Einzelsprachen rekurrieren wollen und die Einschränkung auf die Satzdomäne akzeptieren. (Ohnehin verdankt sich dieses Konzept wohl einem Subjektbegriff, der formal und nicht semantisch aufgefasst ist.) Und was gehört dann zum Rhema? Manche Autoren fügen Elemente des Satzrahmens wie etwa adverbial ausgedrückte situative Bestandteile oder die Manifestationen der Emittenten/Rezipienten dem Themabereich hinzu. Wahrscheinlich ist dies ein Transfer des Bekanntheitskonzepts. Doch wie steht es mit Graffiti oder anonymen Flugschriften? Welchen Existenzstatus hat, was nicht ausgedrückt wird?

Das bekannteste Modell dieser Art hat Daneš (1970) entwickelt: „In fast jeder Aussage unterscheidet man das, worüber etwas mitgeteilt wird (das THEMA) und das, was darüber mitgeteilt wird (das RHEMA, die Aussage im eigenen, engeren Sinne)" (72f). Besonders einflussreich waren die von ihm unterschiedenen Typen „thematischer Progressionen":

(a) „Einfache lineare Progression": das Rhema (genauer: ein Teil des Rhemas) einer Äußerung wird Thema der Folgeäußerung:

(1) *Sein jüngster Angriff [galt [der Bundesärztekammer]$_1$]$_{rh}$. [Die Kammer]$_{th\,1}$ erwägt, die Sterbehilferichtlinien aus der Schweiz zu übernehmen.*
(taz 28. 11. 96, 11)

(b) „Durchlaufendes Thema"

(2) *[Professor Dr. Dr. Klaus Dörner]$_{th\,1}$ ist 63 und hat beschlossen, seinen Abschied zu nehmen. (...) Niemand zwingt [ihn]$_{th\,1}$ zu gehen. [Er]$_{th\,1}$ hat es sich selbst verordnet.*
(taz 28. 11. 96, 11)

(c) „Progression mit abgeleiteten Themen": ein Hyperthema erscheint zerlegt in Unterthemen:

(3) Hyperthema: *[Die Sinnesorgane]$_{th\,1}$ [Unser Auge, das einen Gegenstand betrachtet,]$_{th\,1.1}$ wird von den Lichtstrahlen gereizt ... Beim Hören treffen Schallwellen auf [unser Ohr]$_{th\,1.2}$ ...*
(Linder/Hübler, Biologie des Menschen)

(d) „Gespaltenes Rhema": Das Rhema (genauer: ein Rhemateil) wird in mehrere Teilthemen zerlegt, die separat bearbeitet werden:

(4) *Das Gebiß des Erwachsenen [besteht aus [32 Zähnen]$_1$]$_{rh}$ ... [Die vorn stehenden meißelförmigen Schneidezähne]$_{th\,1'}$ schneiden die Nahrung ab. (...) Bei dieser Tätigkeit werden sie von [den kegelförmigen Eckzähnen]$_{th\,1''}$ unterstützt. Das Zermalmen besorgen [die Backenzähne]$_{th\,1'''}$.*
(Linder/Hübler, Biologie des Menschen)

(e) „Thematischer Sprung": Ein thematisches Element (genauer: eine Thema-Rhema-Einheit) wird weggelassen. Daneš gibt kein Beispiel, meint aber wohl Übergänge wie zwischen *Auto* und *Lenkrad*, *Hemd* und *Kragen* etc.

(Eine vergleichbare Typologie findet sich auch im Abschnitt 6.)

Auf die Gewinnung eines Textthemas hebt das Konzept der „Makrostruktur" ab, wie es van Dijk (1980) entwickelt hat. Das Thema ist für ihn eine Makroposition, die durch Abstraktionsverfahren aus den Propositionen eines Textes gewonnen wird. Eine explizite Nennung („Themawort", „Themasatz") ist nicht erforderlich. Das Thema wird durch „Makroregeln" – eine Art semantischer Transformationen – aus den Textpropositionen abgeleitet. Solche Makroregeln sind:

– Auslassen kontextuell nicht benötigter Informationen (*Das schöne Kleid > Das Kleid*);
– Selektieren als Streichen erschließbarer (recoverable) Information (*Verreisen* impliziert *Abfahren* und *Ankommen*, so dass entsprechende Information, wo nicht kontextuell wichtig, entfallen kann);
– Generalisieren als Ersatz einer Reihe von Propositionen durch eine von ihnen implizierte abstrakte Proposition (*Hunde kamen, Katzen kamen > Tiere kamen*);
– Konstruieren/Integrieren als Zusammenfassung von Propositionen zu einer größeren Einheit.

Diese reduktiven Verfahren beruhen sämtlich auf Implikationen verschiedener Art und führen zu einem thematischen Abstrakt, das kognitiv-empirische Realität besitzen soll. Ein solches Abstrakt steht für das, wovon der Text handelt, und rekonstruiert so das Textthema. Insofern liegt ein interessantes, alltagsorientiertes Konzept vor, dessen konkrete Ausarbeitung allerdings viele Fragen offenlässt (so stützen sich die Reduktionen – das gilt besonders für das Auslassen und Konstruieren – auf problematische Intuitionen, die Makroregeln sind nicht trennscharf unterschieden und auch nicht vollständig angegeben), vor allem hinsichtlich der beanspruchten Logik. Zur Illustration einer Generalisierung:

(5) *In Holland beherrscht das „Bunkerdrama von Vught" seit drei Wochen die Schlagzeilen der Zeitungen.*

wird zu

(5a) *In Holland ist man empört.*
(vgl. van Dijk 1980, 64).

Das Konzept von Brinker (1992) ist durchaus verwandt, stützt sich aber nicht auf mechanische, sondern auf interpretative Verfahren. Das Thema erscheint als „Kern des Textinhalts, wobei der Terminus ‚Textinhalt' den auf einen oder mehrere Gegenstände (d. h. Personen, Sachverhalte, Ereignisse, Handlungen, Vorstellungen usw.) bezogenen Gedankengang eines Textes bezeichnet" (1992, 55). Dieses Thema gewinnt man durch paraphrasierende Reduktionen, wo es nicht schon explizit gemacht ist (z. B. durch eine Überschrift). Sie beruhen auf dem „Wiederaufnahmeprinzip" (die Themenbestimmung lässt sich von Formen der Wiederaufnahme leiten), dem „Ableitbarkeitsprinzip" (das Hauptthema erlaubt die plausible Ableitung der Nebenthemen) und dem „Kompatibilitätsprinzip" (Thema und Textfunktion bedingen einander). Besonders weiterführend und entwicklungsfähig erscheint das letzte Prinzip, denkt man etwa an die Rolle von Fragen in der Thema-Rhema-Diskussion. Brinker macht die Prinzipien fruchtbar in seinem Konzept der „Themenentfaltung", die über den Beitrag einzelner Propositionen(folgen) zum Textgehalt und das Verhältnis der thematischen zu einer abstrakt-logischen Struktur im Wissen ermittelt wird. Zu den wichtigsten sprachlichen „Grundformen thematischer Entfaltung" zählt Brinker die „deskriptive (beschreibende), die narrative (erzählende), die explikative (erklärende) und die argumentative (begründende)" (63). Sie können in spezifischen Kombinationen vorkommen, wobei üblicherweise eine Grundform im Zentrum steht. In exemplarischen Analysen von Gebrauchstexten verdeutlicht Brinker die Verbindung der Thema- mit der Funktions- wie mit der Textsortenbestimmung.

In diesen Zusammenhang ist auch das Konzept der „referentiellen Bewegung" (Klein/v. Stutterheim 1991) einzuordnen, insofern es davon ausgeht, dass Texten als Äußerungsfolgen eine zu übermittelnde „Gesamtvorstellung" als komplexe kognitive Struktur zugrundeliegt. Der Zusammenhang der einzelnen Äußerungen lässt sich für viele Typen – etwa Narration, Argumentation, Deskription – als die zugrundeliegende „Quaestio" explizieren. Art und Zweck der Gesamtvorstellung sowie die Quaestio wirken als Beschränkungen der Textorganisation. Im Narrationstyp liefert die Frage: „What happened (to you) at this time at this place?" (3) die Beschränkung auf eine temporal organisierte Ereignisstruktur mit Teilrestriktionen wie etwa dem Ansatz bei der Ausgangssituation, dem Prinzip der linear-chronologischen Abfolge oder der Adjazenz von Evaluationen und Bezugsereignissen. Das strukturell Erforderte (etwa das „narrative skeleton") steht im Vordergrund („foreground"), das zusätzlich einbettende, kommentierende, interaktionsbezogene, abschweifende Material im Hintergrund („background") des Textes. Ein Element der Gesamtvorstellung wird jeweils in den Äußerungen versprachlicht, wobei die Form lokalen Beschränkungen der referentiellen Bewegung unterliegt. In ihrer Hauptlinie beschränkt eine Narration den Fokus auf singuläre, reale Ereignisse in einem definiten Zeitintervall, als Topikbedingung ergibt sich die Projektion der chronologischen Abfolge. Was dem nicht entspricht, also außerhalb der temporalen Sequenz liegt, generische Information liefert etc., bildet eine Seitenlinie. Klein/v. Stutterheim illustrieren, wie man sich innerhalb dieses Rahmens die referentielle Bewegung (Zeit, Ort, Umstände, Teilnehmer, Prädikation, Modalität) von Proposition zu Proposition vorstellen kann. Das semantisch fundierte Konzept (mit Anschlussstellen zu neueren Tempustheorien) wurde mittlerweile auf mehrere Textarten angewandt. Offen bleibt, wie man methodisch gesichert zur Quaestio gelangt.

2.4. Identifikation mit der Gewichtung (informationelles Konzept)

Für viele Ansätze steht die informationelle Relevanz im Zentrum. Jede Äußerung hat einen Informationsschwerpunkt, der in der Regel im Prädikatsbereich liegt, und eine Umgebung, die dazu die Folie, den Hintergrund bildet. Erforderlich ist damit eine handlungsorientierte, Sprecher/Schreiber und Rezipienten einbeziehende Konzeption. Sie ist nicht unbedingt kompatibel mit 2.2.: unabhängig vom Wissensstatus kann etwas relevant sein oder auch nicht, z. B. wenn Bekanntes mit Bekanntem auf der Folie eines Prädikats kontrastiert wird. Bezieht man Mittel wie den Akzent ein, sieht man, dass es mehrere Gipfel geben kann. So ist denn auch von Firbas das graduierende Konzept der „kommunikativen Dynamik" (CD) entwickelt worden:
„By the degree of CD carried by a sentence element, I understand the extent to which the sentence element contributes to the further development of the communication" (Firbas 1975, 3).

Das Thema ist das Satzelement mit der niedrigsten Dynamik, insofern es einen bekannten, dem Kontext zu entnehmenden Informationsgehalt hat, das Rhema hat die höchste Dynamik. Auch dieses Konzept lässt sich grammatisch umsetzen: es sind Mittel ausgeprägt, mit denen der Gewichtungsstatus indiziert werden kann, z. B. die Satzakzentuierung, graphische Auszeichnungen, Position eines Ausdrucks innerhalb einer Phrase oder im Verhältnis zu anderen im Satz, lexikalische Mittel wie etwa die Negationspartikel oder die Gradpartikel mit ihrem jeweiligen Skopus bzw. ihrer Hervorhebungsdomäne (vgl. zur Gewichtung: Hoffmann 1999b). In Sprachen wie dem Deutschen entspricht die Abfolge im Satz weitgehend aufsteigender Dynamik. Abgesehen von der schwierigen Applikation des Firbas'schen Konzepts fragt sich, ob hier nicht unterschiedliche Organisationsprinzipien der Äußerung ineinanderlaufen, die im Bereich der sprachlichen Form verschieden ausgeprägt sind (z. B. Artikelwahl versus Akzentuierung). In der Wahrnehmung tritt in den Vordergrund, was zugleich bekannt und wichtig ist, sodann das, was neu und wichtig ist. Erst eine Trennung der Bereiche erlaubt Korrelationen. Dann erscheint die thematische Struktur als ein Moment in der Gewichtungsstruktur der Äußerung. Gewichtung überlagert Thematizität.

Zu klären bleibt im vorgestellten Modell auch das Verhältnis zu kommunikativen Handlungen wie zur mentalen Seite.

2.5. Kombinationsmodelle

Verschiedene Ansätze versuchen, die Kriterien zu kombinieren. In den „Grundzügen" verbindet Haftka 1981 das Paar bekannt/nicht bekannt mit dem Paar nicht neu/neu und kommt so zu sich überschneidenden Thema- und Rhemabereichen. Bekanntes etwa kann in seinem Kontext Neuigkeitswert haben und rhematisch sein, so *Irak* und *die Sowjetunion* in ihrem Beispiel:

(6) *Irak hat in der Sowjetunion zwei weitere Trawler bestellt.*

Bekanntheit orientiert sich hier also am Wissensstatus allgemein, nicht an der lokalen Etabliertheit.

Solche Überschneidungen werden aber in der Literatur zurecht kritisiert (Eroms 1986, 45; Schlobinski 1992, 88 ff), da nur die Dichotomie die Konzeption rettet.

Eroms (1986; 1992) entwickelt ein differenziertes Modell, das den Ausgangspunkt eines Satzes, von dem her das Rhema „aufgerollt" wird, als Thema begreift. Das der Aussage insgesamt zugrundeliegende Satzglied nennt er „thematische Basis"; zu ihr treten nach ihrem Mitteilungswert (im Sinne des unter 2.4. skizzierten Modells der kommunikativen Dynamik) gestaffelte thematische Glieder, darunter Elemente des situativen Rahmens (Zeit, Ort, Aktanten). Auch der rhematische Bereich wird − ansetzend beim Verb − gestaffelt. Diese Struktur wird dann in ihrer Verankerung in der Topologie, Akzentuierung, Diathese, Artikelwahl etc. im Satzzusammenhang analysiert. Eroms differenziert sein Modell noch aus, indem er die „Schichtungen" unterhalb der Satzgliedebene zu erfassen sucht und sich dabei der bekannten Methode explikativer Paraphrasen bedient (attributive Adjektive werden als kondensierte Relativsatzstruktur expliziert, der dann eine spezifische Thema-Rhema-Struktur zu unterlegen ist usw.). Dass eine solche Strukturierung nach der Informationshierarchie lückenlos „aufgeht" und alle Satzelemente erfasst, sieht der Autor selbst skeptisch (1986, 56).

3. Anforderungen an ein Thema-Konzept

Alle vorgestellten Versionen buchstabieren einseitig Bestandteile der traditionellen Ansätze aus, ohne das zu erfassen, was der Intuition durchaus zugänglich ist. Sie zeigen eine große Distanz zur Alltagskonzeption des Themas, die nicht Ausdrücke (2.1.), (Un-)Gewichtetes (2.4.) oder eventuell auch unmanifestiertes Wissen (2.2.) meint, vor allem aber nicht auf die Satzdomäne festgelegt ist (2.1., 2.3.).

Viele der skizzierten Ansätze arbeiten mit isolierten, in der Regel selbsterfundenen Beispielsätzen nach Art der Grammatiker. Sie zielen auf ein grammatisches Konzept, das zugleich Probleme wie die Serialisierung, die Akzentuierung, die Wahl des Artikels bzw. phorischer Ausdrucksarten erklären soll, und dies auf der Basis eines intuitiven Zuordnungsverfahrens für Sätze. Wie aber ist kontextfrei zu entscheiden, was etwa Thema ist in dem Satz

(7) *In letzter Zeit schließen Vermieter häufig befristete Mietverträge.*
(taz hamburg 2. 10. 96, 20)

Vorausgehen könnte etwa

(8) *Früher legten Vermieter meist den Standardmietvertrag vor.*

Und folgen könnte

(9) *Davon versprechen sie sich eine angemessene Dauer des Mietverhältnisses.*

Tatsächlich bildet das Beispiel einen Textanfangssatz und wird fortgesetzt mit

(10) *Diese haben für die MieterInnen den Vorteil, daß während der Laufzeit der Befristung der Vermieter keine ordentliche Kündigung (...) geltend machen kann. Der Nachteil einer solchen Regelung ist jedoch ...*
(taz hamburg 2. 10. 96, 20)

Worum es geht – Zeitmietverträge –, erschließt sich erst im Textzusammenhang. Daher wird oft das bewährte Verfahren gewählt, mögliche Kontexte selbst zu schaffen, indem zu dem betreffenden Satz eine passende Frage gebildet wird. Dies erscheint zunächst plausibel, sind doch Fragen Mittel, Gewusstes und Nicht-Gewusstes kenntlich zu machen, um spezifische Informationen zu erhalten. Das markierte Nicht-Gewusste bildet dann das Informationszentrum im Antwort-Satz. Allerdings liegt diese spezifische Wissensstrukturierung der Fragebildung voraus, erst wenn jemand sie vorgenommen und das Partnerwissen angemessen eingeschätzt hat, kann er die Frage bilden. Nicht die Frage, sondern die Wissensrekonstruktion liefert also die thematische Strukturierung; die Formierung der Frage kann nur als explikative Paraphrase auf der Basis der rekonstruierten Wissensstruktur dienen. (Klein/v. Stutterheim 1991; Hellwig 1984 u. a. haben aus dem Fragetest der Prager Schule eine Methode zur Aufdeckung der Textstruktur gemacht.)

Somit ergibt sich als erste Anforderung an einen angemessenen Themabegriff:
(i) Das Thema ist eine Kategorie der Text- bzw. Diskursebene und muss satzübergreifend verankert werden.

Dies entspricht auch dem Alltagskonzept. Das Thema ist die zentrale Größe der Konzeption. Das Rhema, für das ein Alltagskonzept fehlt, ist dann komplementär einzuführen, so dass gilt:
(ii) Thema und Rhema sind auf ein und derselben funktionalen Dimension einander zugeordnet.

Dies entspricht einer seit Ammann verbreiteten Praxis, ist aber nicht zwingend. Die Konzeption von Haftka (1981) lässt Thema und Rhema auf unterschiedlichen Dimensionen operieren und setzt sie in ein korrelatives Verhältnis. Andere Konzeptionen führen definitorisch verschiedene Dimensionen zusammen, etwa aboutness und Gewichtung. Da die Mittel für diese Funktionskomplexe divergieren, empfiehlt sich allerdings eine klare Trennung. Paare wie 'Topik−Fokus' zeigen die begriffliche Konfundierung. Wenn es so ist, dass das Gewichtete zugleich thematisch und das Ungewichtete rhematisch sein kann, gilt
(iii) Thema und Gewichtung (Vordergrund/ Hintergrund) bilden unterschiedliche Funktionskomplexe.

Wenn wir das Thema mit einem sprachlichen Mittel (Position, initiale Nominalphrase etc.) identifizieren, erhalten wir eine grammatische Kategorie ohne inhaltliche Substanz. Was vorgeschlagen wurde, kann unterschiedliche Funktionen haben, denken wir z. B. an den linksangebundenen Vokativ als aufmerksamkeitssteuernde Anrede. Laden wir die Kategorisierung der Mittel von vornherein funktional-semantisch (etwa: NP mit dem geringstem Informationswert), so besteht die Gefahr, dass wir nicht das ganze Potential erfassen. Auch aus unabhängigen Gründen sollte als Anforderung gelten:

(iv) Thema und Rhema als funktional-semantische Einheiten sind von ihrer Realisierung, dem thematischen/rhematischen Ausdruck, strikt zu unterscheiden.

Der Ausdruck wird lokal − als Teil eines Satzes oder als selbständige kommunikative Einheit − bestimmt, die thematische/rhematische Funktion ergibt sich aus dem Verständnis des Text- oder Redezusammenhangs. Folgt man den Überlegungen der neueren Pragmatik und funktionalen Grammatik, so muss die Analyse Form und Funktion in ihrer wechselseitigen Abhängigkeit behandeln und darf nicht − wie es etwa in interaktionssoziologischen Ansätzen geschieht − von unabhängig gewonnenen Funktionen wie etwa der 'Fokussierung' ausgehen.

(v) Form und Funktion interagieren.

Relevante kommunikative Funktionen sind solche, für die spezifische Formen ausgeprägt sind. Formen sind in einen Mittelzusammenhang einzuordnen, der als Realisierung eines Funktionskomplexes zu analysieren ist. Ein Verdienst der Thema-Diskussion ist zweifellos, dass anderenorts (im Gefolge spezifischer Arten des Strukturalismus und des Behaviorismus) über Bord geworfene sprachpsychologische Fundierungen erhalten geblieben sind, die von einer sich auf Bühler beziehenden Pragmatik dann wieder zentral gestellt worden sind. Macht man allerdings Kategorien wie den Wissensstatus (Bekanntheit etwa) zum alleinigen Definiens, führt dies zu einem sehr weiten Konzept, dessen linguistischer Nutzen − die Beispiele zeigen es − fraglich ist, vor allem, wenn verschiedene Dimensionen (Bekanntheit, Relevanz) vermischt sind und nicht zwischen den Wissensquellen differenziert wird. Als Anforderung bleibt:

(vi) Ein funktional-semantisches Themakonzept bedarf sprachpsychologischer Verankerung.

4. Thema und Rhema

Ein Themakonzept, das den im vorigen Abschnitt genannten Anforderungen gerecht wird, sei nun skizziert (Alternativen sind selbstverständlich denkbar; letztlich müssen sie sich empirisch bewähren).

(a) Das *Thema* ist der kommunikativ konstituierte Gegenstand oder Sachverhalt, von dem in einem Text/Textteil oder Diskurs/Diskursteil fortlaufend die Rede ist.

Das, wovon die Rede ist, ist den Aktanten präsent oder als präsent zu erwarten. Es muss zuvor verbalisiert sein oder sich im aktuellen Aufmerksamkeitsbereich befinden und bildet einen Bereich kontinuierlicher Orientierung. Die Kontinuität wird durch sprachliche Ausdrücke (*thematische Ausdrücke*) hergestellt, wenn nicht das Thema mitverstanden werden kann und (aufgrund grammatischer Regularitäten) nicht verbalisiert werden muss. Dies ist der Fall der Analepse wie in

(11) *Sie haben [sie]$_{th}$ ja bloß angenommen un [ ] is nicht Ihr eigen Fleisch und Blut ...*
(Th. Fontane, Irrungen−Wirrungen)

(Zur Analepse versus Ellipse vgl. Hoffmann 1999a).

Beispielanalysen zeigen, dass das Thema nicht mechanisch bestimmt werden kann, sondern nur interpretativ auf der Folie gemeinsamen Wissens. Dieses Wissen erstreckt sich auf die Eigenschaften eines Gegenstandes, die zu seiner Bestimmung (über nominale Prädikatsausdrücke) genutzt werden können (*Buddenbrooks − (Thomas Manns erster) Roman − dicker Wälzer*), ferner auf Zusammenhänge zwischen Bild- und Sachbereichen, die für metaphorische oder metonymische Sprachverwendungen und Ausdrucksvariationen (*Brüssel − Europäische Kommission*) relevant sind. Einen verallgemeinerten Themabegriff bietet die Thematizitätsbedingung:

(b) Wenn über einen Gegenstand oder Sachverhalt X etwas gesagt wird, so ist damit zugleich etwas über ein Thema th$_n$ gesagt.

Damit sind auch Fälle zu erfassen, in denen über einen Gegenstand etwas gesagt wird, indem über seine Teile etwas gesagt wird, d. h. ein Thema über Subthemen bearbeitet wird. Ausgangspunkt ist aber der Fall des *konstanten Themas*: ein und derselbe kommunikativ konstituierte Gegenstand oder Sachverhalt wird fortgeführt. Konstante Themen bilden den roten Faden von Text- oder Diskurseinheiten. Sprachlich ist dafür das Mittel der Anapher in seiner typischen Verwendung ausgeprägt (für Einzelheiten und Differenzierungen → Art. 31).

Identität eines Redegegenstands impliziert nicht Identität in der Realität (als res). Dies gilt auch für anaphorische Fortführung:

(12) *Sie hat [ihren Computer]$_{th}$ zerlegt und [ihn]$_{th}$ dann verkauft: [die Festplatte]$_{th\,1.1}$ an Heinz, [die CPU]$_{1.2}$ an Inga, ...*

Im folgenden Fall allerdings kann auch eine Identität als Redegegenstand im Sinne der Thematizitätsbedingung kaum angenommen werden, es handelt sich um eine assoziative Themenentwicklung (s. unten 6.2 (d)):

(13) *Käthe zog zwischen Berlin und Potsdam schon [die gelben Vorhänge]$_1$ vor ihr Coupéfenster, um Schutz gegen die beständig stärker werdende Blendung zu haben, am Luisenufer aber waren an demselben Tag [keine Vorhänge]$_{1'}$ herabgelassen ...*
(Th. Fontane, Irrungen−Wirrungen)
(13') *... am Luisenufer aber waren [sie]$_{1'}$ an demselben Tag herabgelassen ...*

Hingegen kann das folgende Beispiel so interpretiert werden, dass sich ein einheitlicher Redegegenstand ergibt, nämlich die sozialistisch eingestellten Arbeiter bzw. ihre Repräsentanten:

(14) *Die Wahlen in Paris sind doch zu bürgerlich ausgefallen, [die Arbeiter]$_{th}$, wo [sie]$_{th}$ Spezialdidaten aufstellten, fielen durch. (...) In Preußen würden [sie]$_{th}$ fortschwätzen, wenn der alte Bismarck [ihnen]$_{th}$ nicht den Riegel vorgeschoben.*
(Marx an Engels, 10. 6. 1863 (K. Marx/F. Engels, Der Briefwechsel, Bd. 3, 144))

Die Thematizität eines Ausdrucks stellt sich immer erst rückblickend heraus, indem das Gesagte mit zuvor Gesagtem oder Gegenständen durchgängiger Orientierung in Verbindung gebracht wird. Eine erste Vorkommensstelle bildet allenfalls ein Potential für thematische Fortsetzungen; isoliert von der Umgebung und vom aufgebauten gemeinsamen Wissen lässt sich ein Thema nicht bestimmen. Komplementär zu diesem Themakonzept und in Anknüpfung an die ursprüngliche Bedeutung ergibt sich für das Rhema:
(c) Das *Rhema* ist das, was lokal über ein Thema gesagt wird.

Ein sprachlicher Ausdruck wird rhematisch verwendet, wenn damit ein Beitrag zur Konstitution des Rhemas geleistet wird. Ein bestimmter Redegegenstand lässt bestimmte Rhemata erwarten. Rhematische Eigenschaften können aber durchaus die Identität des Gegenstands als Sache (res) tangieren:

(15) *Der Schnee schmolz.*

5. Thematisierung

Durch einen (unselbständigen) Akt der Thematisierung kann etwas erstmalig oder erneut zum Thema gemacht und dann fortgeführt werden. Gerade in Texten werden Themen aber auch ohne explizite Markierung − en passant − eingeführt. Grundsätzlich gilt dies etwa für den Autor/Erzähler als Thema. Ist kein Determinativ vorhanden, z. B. bei Eigennamen, wird die Thematisierung allenfalls durch die Stellung (im Deutschen: Vorfeld oder Mittelfeld) deutlich.

(16) *[Die Amme]$_{+th\,1}$ hatte die Schuld. − Was half es, daß als der erste Verdacht entstand, [Frau Konsul Friedemann]$_{+th\,2}$ [ihr]$_{th\,1}$ ernstlich zuredete, solches Laster zu unterdrücken? Was half es, daß [sie]$_{th\,2}$ [ihr]$_{th\,1}$ außer dem nahrhaften Bier ein Glas Rotwein täglich verabreichte?*
(Th. Mann, Der kleine Herr Friedemann, Anfang)
(17) *[Ich]$_{+th}$ gestehe, daß mich die Reden dieses sonderbaren Herren ganz und gar verwirrten, und [ich]$_{th}$ fürchtete ...*
(Th. Mann, Enttäuschung, Anfang)
(18) *Hier ist ['Einfried']$_{+th'}$, das Sanatorium! Weiß und geradlinig liegt [es]$_{th'}$ ...*
(Th. Mann, Tristan, Anfang)

Der Einstieg kann sogar phorisch sein:

(19) *[Seine]$_{+th}$ Geburt war unordentlich, darum liebte [er]$_{th}$ leidenschaftlich Ordnung ...*
(Th. Mann, Das Gesetz, Anfang)

Explizitere Formen sind in der Mündlichkeit häufiger, aber auch schriftlich zu finden (vgl. zu Details im Deutschen: Hoffmann 1997, 513−534). Deutlich ist die linksangebundene Thematisierungsformel, das Thema wird im Satz anaphorisch oder im Vorfeld anadeiktisch fortgeführt.

(20) *Was [Fräulein von Osterloh]$_{+th}$ betrifft, so steht [sie]$_{th}$ mit unermüdlicher Hingabe dem Haushalt vor. Mein Gott, wie tätig [sie]$_{th}$, treppauf und treppab, (...) eilt.*
(Th. Mann, Tristan)

Diese Form dient vor allem der Rethematisierung nach Digressionen. Dies gilt auch für den linksangebundenen Thematisierungsausdruck („Linksversetzung"), realisiert als Phrase oder Nebensatz vor dem Vorfeld von Verbzweitsätzen (im Deutschen), wobei das Thema durch eine (ggf. genus- und numeruskongruente) Anadeixis − *der/die/das, da, so* etc. − im Vorfeld fortgeführt wird.

(21) *[Die großen]$_{+th}$, [das]$_{th}$ sind die achtzehnjährige und braunäugige Ingrid (...) und Bert, blond und siebzehnjährig, der (...) Kellner werden will ...*
(Th. Mann, Unordnung und frühes Leid)

Zwischen Vorfeld und Linksanbindung liegt eine Parenthesennische. Die fehlt beim freien Thematisierungsausdruck („freies Thema"), bei dem mit Anapher, phorischer Nominalphrase oder anadeiktisch fortgeführt wird:

(22) *[Gabriële d'Estrées]₊ₜₕ, er wußte wohl, daß [sie]ₜₕ praktischen Ratschlägen, nicht aber ihrem Herzen gefolgt war.*
(H. Mann, Die Vollendung des Königs Henri Quatre)

Zu nennen sind ferner Existenzausdrücke (*Es war einmal [ein X]₊ₜₕ*), Cleftsätze (*Es war [Hans]₊ₜₕ, [der]ₜₕ ...*), Pseudocleftsätze (*[Was sie brauchte]₊ₜₕ, [das]ₜₕ war ...*). Schließlich wird stets mit Fragen, oft auch mit Ankündigungen bzw. verwandten Sprachhandlungsmustern ein Sachverhalt thematisiert: Die Frage *Wer ist gekommen?* macht den Sachverhalt, dass jemand gekommen ist, zum Thema und rhematisiert den Aktanten.

6. Themenentfaltung

6.1. Themafortführung

Inhaltliche Progression besteht darin, dass über Themen rhematische Informationen angehäuft und systematisch ins Wissen integriert werden. Die Themen markieren gewissermaßen die Stellen, an denen neue Information abgelegt wird. Dies geschieht im einfachsten Fall so, dass die Synthese von Subjekt und Prädikat im Satz (vgl. Hoffmann 1996) der Thema-Rhema-Gliederung entspricht:

(23) *[Der Hund]_Thema [schnappte den Knochen]_Rhema.*

Ein Rhema kann auch mehreren Themen zugeordnet sein:

(24) *[Hans]ₜₕ₁ und [Franz]ₜₕ₂ [gingen ins Kino]ᵣₕ.*

Eine Thema-Rhema-Einheit besteht aus einem oder mehreren Themen und einem ihnen zugeordneten Rhema. Das Vorhandensein mehrerer Rhemata impliziert also die Annahme mehrerer Thema-Rhema-Einheiten.

Mit dem (unselbständigen) Akt der Themafortführung werden Hörer/Leser kontinuierlich auf einen spezifischen Gegenstand oder Sachverhalt orientiert. Die Rhemata lassen sich in einen übergeordneten thematischen Zusammenhang integrieren. Nur ein konstantes Thema kann mit einer Anapher wie *er/sie/es* oder einer Anadeixis wie *die/der/das* fortgeführt werden. Identität nicht nur als Redegegenstand, sondern auch in der beanspruchten (realen, fiktiven) Welt wird vorausgesetzt, wenn mittels Eigennamen fortgeführt wird.

Die Themafortführung ist im einfachsten Fall durch Rekurrenz der Form bzw. des nominalen Prädikats gekennzeichnet:

sie > sie; ein/der Mann > der Mann; Hans > Hans.

Hat eine Eigenschaft den Zugang schon einmal verschafft, kann sie ein weiteres Mal herangezogen werden, wobei die Identität der Form und nicht die Kenntnis der Eigenschaften des Gegenstands entscheidend ist. (Zur nominalen Rekurrenz vgl. Harweg 1986 sowie → Art. 32).

Die changierende Fortführung nutzt andere Eigenschaften des Gegenstands, identifiziert ihn auf anderem Wege (x gehört auch zu den Gegenständen mit der Eigenschaft E') und kann rhematische Information einlagern:

(25) *Doch dann begannen [die Unterweltler]ₜₕ₁ in [den Nahkämpfern]ₜₕ₂ „qualifizierte Fachkräfte für besondere Aufgaben zu sehen" ... Obwohl selbst gefährliche Aufträge oft nur mit 300 Mark bezahlt werden, fanden [die Herren des Rotlichts]ₜₕ₁ unter [den Thaiboxern]ₜₕ₂ willige Hilfstruppen.*
(Der Spiegel 42/1996, 104)

Die Besonderheit des deiktischen Zugriffs, der auf Verbalisierungen reorientiert, linear die Kette zurückverfolgend, zeigt sich daran, dass die Abfolge *das > das* (Anadeixis > Anadeixis) in der Schriftlichkeit selten ist, da sie spezifische Gewichtungsverhältnisse (Kontrast etc.) voraussetzt:

(26) *Und [Ihr lieber Mann]₊ₜₕ! Was sagte denn [der]ₜₕ eigentlich dazu? [Der]ₜₕ muß doch nachgerade bei Puten und Fasanen eine feine Nase gekriegt haben.*
(Th. Fontane, Stine)

Die Rezipienten müssen den Bezugsausdruck im Rückgriff erst aufsuchen, während sie durch eine Anapher thematische Kontinuität signalisiert bekommen (→ Art. 31). Die Differenz zeigen die präferierten Bezüge in

(27) *Der Muskel arbeitet nicht von allein, sondern muß durch [einen Reiz]₊ₜₕ dazu veranlaßt werden. [Dieser]ₜₕ wird ihm in der Regel durch einen Nerv zugeführt.*
(Linder/Hübler, Biologie des Menschen, 32)

(28) *[Der Muskel]ₜₕ arbeitet nicht von allein, sondern muß durch einen Reiz dazu veranlaßt werden. [Er]ₜₕ wird ihm in der Regel durch einen Nerv zugeführt.*

Offenbar ist die Abfolge prinzipiengeleitet. Prinzipien der Themafortführung sind:
(TFF1) Jede Äußerung gilt als Beitrag zum Thema der Vorgängeräußerung(en), solange kein Themenwechsel angezeigt ist.
(TFF2) Solange die Rhemata einen Gesamtzusammenhang bilden (temporale Ereignisfolge im Erzählen; Abschreiten einer äußeren Oberfläche im Beschreiben; Sequenzierung

einer Argumentationskette etc.), gilt: Thematische Ausdrücke minimieren den Aufwand an Gegenstands-/Sachverhaltsbestimmung oder sie führen über ein nominales Prädikat ein komprimiertes Rhema ein, wenn das Thema identifizierbar ist. Richtungswechsel in der thematischen Gesamtstruktur führen in der Regel zu erhöhtem Bestimmungsaufwand bzw. größerer Spezifität, damit die Konstanz des Gegenstands/Sachverhalts nachvollziehbar bleibt.

(TFF3) Der deskriptive Gehalt eines thematischen Ausdrucks muss mit dem deskriptiven Gehalt des rhematischen Ausdrucks verträglich sein, so dass die Identität des Themas gewahrt bleibt, und sollte sich nicht mit ihm überschneiden.

Was schon eingeführt oder fortgeführt wurde, bleibt präsent, solange seine Position nicht neu besetzt ist (TFF1). Den Grenzfall bildet die Analepse: es findet keine Verbalisierung statt, weil klar ist, was an der betreffenden Position zu bestimmen wäre.

Die Präferenz für Anaphern ergibt sich aus (TFF2), solange nicht Variation oder Komprimierung eines Rhemas oder Separierung von Thema-Rhema-Einheiten beabsichtigt sind. Der Übergang von Anaphern zu Eigennamen oder definiten Kennzeichnungen ist üblicherweise von einem Aufmerksamkeitsschwenk, einer textuellen Zäsur oder dem Erfordernis, die referentiellen Verhältnisse zu klären (Bezugsambiguität), begleitet.

(29) *[Tadzio]$_{th}$ ging hinter den Seinen, [er]$_{th}$ ließ der Pflegerin und den nonnenähnlichen Schwestern in der Enge gewöhnlich den Vortritt ...*
(Th. Mann, Tod in Venedig)
(30) *[Tadzio]$_{th}$ ging hinter den Seinen, [Tadzio]$_{th}$ ließ der Pflegerin und den nonnenähnlichen Schwestern in der Enge gewöhnlich den Vortritt ...*
(31) *[Er]$_{th}$ ging hinter den Seinen, [Tadzio]$_{th}$ ließ der Pflegerin und den nonnenähnlichen Schwestern in der Enge gewöhnlich den Vortritt ...*
(32) *Eine Tochter, schon Gattin, war [ihm]$_{th}$ geblieben. Einen Sohn hatte [er]$_{th}$ nie besessen. [Gustav von Aschenbach]$_{th}$ war etwas unter Mittelgröße, brünett, rasiert.*
(Th. Mann, Tod in Venedig)

Definite Kennzeichnungen werden eingesetzt, um einen Gegenstand über eine Auswahl seiner Eigenschaften identifizierbar zu machen. Dies Verfahren ist aufwendiger als die Nennung eines Namens, wenn einer vorhanden und bekannt ist. Eigenschaften können immer auch Eigenschaften anderer als der gemeinten Gegenstände sein; Namen sind individuenbezogen, auch wenn es Namen gibt, die nicht nur einem Gegenstand zugewiesen sind. Daher pflegen Namen definiten Kennzeichnungen – vor allem an Identifizierungsstellen – vorauszugehen:

(33) *[Gustav Aschenbach]$_{th}$ (...) hatte an einem Frühlingsnachmittag (..) einen weiten Spaziergang unternommen. Überreizt von der schwierigen (...) Arbeit der Vormittagsstunden hatte [der Schriftsteller]$_{th}$ dem Fortschwingen des produzierenden Triebwerkes in seinem Inneren ...*
(Th. Mann, Tod in Venedig)
(34) *[Der Schriftsteller]$_{th}$ (...) hatte an einem Frühlingsnachmittag (..) einen weiten Spaziergang unternommen. Überreizt von der schwierigen (...) Arbeit der Vormittagsstunden hatte [Gustav Aschenbach]$_{th}$ ...*

Das Minimierungsprinzip führt schließlich zu einer Abfolge spezifischerer vor unspezifischeren Kennzeichnungen, da sonst auf einen neuen Gegenstand zu schließen wäre:

(35) *[Madame aus der Schweiz]$_{th}$ war eine calvinistische Pfarrerswitwe ... [Madame]$_{th}$ war ganz schwarz und weiß: ihr Häubchen war weiß und schwarz ihr Kleid.*
(Th. Mann, Königliche Hoheit)
(36) *[Madame]$_{th}$ war eine calvinistische Pfarrerswitwe ... [Madame aus der Schweiz]$_{th}$ war ganz schwarz und weiß: ihr Häubchen war weiß und schwarz ihr Kleid.*

Das folgende Beispiel zeigt die Anlagerung von Zusatzinformationen (i. S. eines komprimierten Rhemas) an die unspezifischere Kennzeichnung:

(37) *Es ist erschreckend, wenn plötzlich [der Fasan]$_{th}$ aus dem Dickicht bricht ... Klappernd und polternd, unter angstvoll entrüstetem Geschrei und Gegacker, erhebt sich [der große, rostrote, langbefiederte Vogel]$_{th}$ ...*
(Th. Mann, Herr und Hund)

Zusammenfassend ergeben sich Hierarchien von Mitteln, die den unmarkierten Fall der Themafortführung bilden:
Eigenname > Kennzeichnung > Anapher
spezifischere > unspezif. Kennzeichnung
Anadeixis > Anapher

6.2. Themenentwicklung

Die Themenentwicklung ist nicht umstandslos mit der Thematisierung zu identifizieren. Es handelt sich um einen unselbständigen Akt, mit dem von einem Thema Th_1 zu Themen $Th_2 ... Th_n$ übergegangen wird, die sich von ihm unterscheiden, aber mit ihm verknüpft sind oder wenigstens in einen gemeinsamen Rahmen einzuordnen sind.

Wir unterscheiden die folgenden Grundtypen der Themenentwicklung (vgl. auch Abschnitt 2.3 sowie Daneš 1970):

(a) Themensplitting:
Von einem Thema, das mehrere, individuierbare Gegenstände oder Sachverhalte umfasst, wird zu einem dieser Gegenstände übergegangen. Dazu stehen spezifische Ausdruckspaare zur Verfügung, im Deutschen vor allem: *die eine – die andere; er – sie; der – der; das erste – das zweite – ...; einer – ein weiterer*. Möglich ist auch eine Weiterführung, die sich semantischer Relationen bedient: *die Eltern – der Vater, die Mutter; das Ehepaar – die Ehefrau, der Ehemann; Geschwister – die Schwester, der Bruder* etc. Oder es wird auf die Namen zurückgegriffen:

(38) *Szene, wo [sie]$_{th\,1+2}$ auf dem Baum sitzen, [Tristan]$_{th\,1}$ und [Isolde]$_{th\,2}$ ihre Schatten bemerken ... [Das Paar]$_{th\,1+2}$ ist wieder ungestört.*
(Th. Mann, Tristan)

(b) Themensubsumtion
Im zu (a) komplementären Fall (vgl. Beispiel (38), letzter Satz) werden zwei oder mehr Themen zu einem Thema gebündelt. Dazu muss ihnen etwas gemeinsam sein, linguistisch gesprochen: sie müssen unter ein Prädikat fallen können. Sprachlich markieren dies pluralische Anaphern und Anadeiktika, Quantifikativa, quantifizierende Determinative und Zahladjektive: *sie, die(se), beide, alle, jeder, die zwei* etc. Häufig ist die Pluralbildung eines rekurrenten Nomens, wobei die Relationen Hyponomie oder Superonymie zugrunde liegen können: *die eine Frau, die andere Frau – die Frauen; die Kuh, der Ochse – die Rinder.*

(c) Themenkomposition
Ein Thema kann über Subthemen bearbeitet werden, die es konstituieren. Die Übergänge entsprechen Thematisierungen, erfolgen aber in der Regel en passant. Als sprachliche Mittel sind neben nominalen Prädikatsausdrücken Possessivum, possessives Determinativ, Genitivattribut und Verwendung morphologischer Kompositionen zu nennen, vgl. *das Buch – sein Einband/der Inhalt des Buches/der Buchtitel.*

(39) *[Die Herzmuskulatur]$_{th\,1}$ zeigt Eigentümlichkeiten der glatten Muskulatur und der quergestreiften Muskulatur. [Die Kerne]$_{+\,th\,1'}$ liegen in der Mitte der Fasern, welche miteinander verbunden sind. [Das einer Zelle entsprechende Gebiet]$_{+\,th\,1''}$ wird durch besondere Glanzstreifen abgegrenzt. [Die Fasern]$_{+\,th\,1'''}$ zeigen Querstreifung ...*
(A. Faller, Der Körper des Menschen)

(d) Themenassoziation
Zwischen altem und neuem Thema besteht auf der Sach-, Inhalts- oder Formebene eine Gemeinsamkeit, ohne dass die Thematizitätsbedingung gilt. Die Gemeinsamkeit generell zu fassen, ist schwierig. Sie kann u. a. in der Zugehörigkeit zu einer Konstellation der Wirklichkeit (z. B. Szene, lokale Nähe), zu einer biologisch oder sozial definierten Art oder in Besitzverhältnissen begründet sein. Geht es um Vergleichsgesichtspunkte, finden sich oft deiktische Ausdrücke: *ein Kunstwerk – so eines, ein solches, so etwas, das gleiche ...* Weiterhin werden possessive Formen (Determinativ, Genitivattribut) sowie über Sinnrelationen verbundene Ausdrücke eingesetzt. Das folgende Beispiel zeigt eine bei *ich* ansetzende assoziative Kette (neben weiteren thematischen Relationen, die für eine Kohärenz sorgen, und Konnexions- bzw. Konstitutionsmitteln wie dem Erzähltempus (dazu: → Art. 33, 34)):

(40) *Er erkennt es sofort, was [ich]$_{th}$ im Sinne habe, den Jagdgrund oder die Welt, wenn [ich]$_{th}$ aus der Haustür trete. Er springt auf von der Fußmatte, darauf er, unter dem schützenden Portalbogen, [mein Ausgehen]$_{+\,th'}$ herangewartet hat. Er springt auf, und in demselben Augenblick sieht er, wohin [meine Absichten]$_{+\,th''}$ gehen: [meine Kleidung]$_{+\,th'''}$ verrät es ihm, [der Stock, den ich trage]$_{+\,th''''}$, auch wohl [meine Miene]$_{+\,th''''}$ und [Haltung]$_{+\,th''''}$, [der Blick, den ich kalt und beschäftigt über ihn hinschweifen lasse oder ihm auffordernd zuwende]$_{+\,th''''''}$.*
(Th. Mann, Herr und Hund)

(e) Themenreihung
Hier liegt ein Themenwechsel vor, bei dem die Gegenstandsbestimmung Gemeinsamkeiten zu vorhergehenden Verbalisierungen nicht erkennen lässt. Gleichwohl kann ein textueller Zusammenhang bestehen, etwa im Fall des Kontrastes:

(41) *[Lisa] hat Linsen gegessen, [Jan] Süßigkeiten.*

Selbstverständlich können weitere Zusammenhänge im Wissen bzw. kontextuell verankert sein, etwa dass Jan und Lisa befreundet sind. Eine sprachlich markierte Themenentwicklung zeigt dann

(41') *[Lisa] hat Linsen gegessen, [ihr Freund] Süßigkeiten.*

7. Literatur (in Auswahl)

Abraham, Werner (1992): Überlegungen zur satzgrammatischen Begründung der Diskursfunktionen *Thema* und *Rhema*. In: Folia Linguistica 26, 197–231.

Allerton, David J. (1978): The Notion of 'Giveness' and its Relations to Presupposition and Theme. In: Lingua 44, 133−168.

Ammann, Hermann (1928): Die menschliche Rede II. Lahr. (Reprint Darmstadt 1962²).

Beneš, Eduard (1973): Thema-Rhema-Gliederung und Textlinguistik. In: Sitta, Horst/Brinker, Klaus (eds.): Studien zur Texttheorie und zur deutschen Grammatik. Düsseldorf, 42−62.

Boost, Karl (1955): Neue Untersuchungen zum Wesen und zur Struktur des deutschen Satzes. Berlin.

Brinker, Klaus (1992): Linguistische Textanalyse. 3. Aufl. Berlin.

Chafe, Wallace L. (1974): Language and Consciousness. In: Language 50.1, 111−133.

− (1976): Giveness, contrastiveness, definiteness, subjects and topics. In: Li, Charles (ed.): Subject and Topic. London/New York, 25−55.

Chomsky, Noam (1965): Aspects of the Theory of Syntax. Cambridge.

Daneš, František (1970): Zur linguistischen Analyse der Textstruktur. In: Folia Linguistica 4, 72−78 (wieder in: Hoffmann, Ludger (ed.) (1996): Sprachwissenschaft. Berlin, 591−598).

− (ed.) (1974): Papers on Functional Sentence Perspective. Prag.

van Dijk, Teun (1980): Textwissenschaft. München.

Dik, Simon C. (1978): Functional Grammar. Dordrecht.

− (1989): The Theory of Functional Grammar Part I: The Structure of the Clause. Dordrecht.

Drach, Erich (1937): Grundgedanken der deutschen Satzlehre. Frankfurt.

Eroms, Hans Werner (1986): Funktionale Satzperspektive. Tübingen.

− (1992): Thema-Rhema-Schichtungen und Setzungen. In: Folia Linguistica XXVI/1−2, 3−18.

− (1994): Die Schichtung des Satzes und der Streit der Grammatiker. In: Sprachwissenschaft 19, 1−21.

Firbas, Jan (1971): On the concept of communicative dynamism in the theory of functional sentence perspective. In: Sborník prací filosfické faculty brňskè university A 19, 135−144.

− (1975): On the thematic and the non-thematic section of the sentence. In: Ringbom, Håkan (ed.): Style and Text. Studies Presented to Nils Erik Enkvist. Stockholm, 317−334.

v. d. Gabelentz, Georg (1901/1972): Die Sprachwissenschaft. Tübingen.

Gobyn, Luc (1984): Textsorten. Brüssel.

Gülich, Elisabeth/Raible, Wolfgang (1977): Linguistische Textmodelle. München.

Gundel, Jeanette K. (1985): Shared Knowledge and Topicality. In: Journal of Pragmatics 9.1, 83−107.

Haftka, Brigitte (1981): Reihenfolgebeziehungen im Satz (Topologie). In: Heidolph, Karl Erich et al.: Grundzüge einer deutschen Grammatik. Berlin, 702−764.

Halliday, M. A. K. (1967/1968): Notes on Transitivity and Theme in English. In: Journal of Linguistics 3, 37−81, 199−244; 4, 179−215.

Halliday, M. A. K./Hasan, Ruqaiya (1976): Cohesion in English. London/New York.

Harweg, Roland (1986): Wiederholung lexikalischer Elemente und Textkonstitution. In: Heydrich, Wolfgang/Petöfi, János S. (eds.): Aspekte der Konnexität und Kohärenz von Texten. Hamburg, 16−41.

Hellwig, Peter (1984): Grundlagen einer Theorie des Textzusammenhangs. In: Rothkegel, Annely/Sandig, Barbara (eds.): Text − Textsorten − Semantik. Hamburg, 51−79.

Hoffmann, Ludger (1999a): Ellipse und Analepse. In: Redder, Angelika/Rehbein, Jochen (eds.): Grammatik und mentale Prozesse. Tübingen, 69−90.

− (1996): Satz. In: Deutsche Sprache 3, 193−223.

− (1997): Thema und thematische Organisation. In: Zifonun/Hoffmann/Strecker (1997), 507−594.

− (1999b): Zur Grammatik der kommunikativen Gewichtung. In: Rehbein, Jochen (ed.): Das Spektrum der funktionalen Pragmatik (im Druck).

Jacobs, Joachim (1984): Funktionale Satzperspektive und Illokutionssemantik. In: Linguistische Berichte 91, 25−57.

Klein, Wolfgang/von Stutterheim, Christiane (1991): Text structure and referential movement. In: Sprache und Pragmatik 22, 1−32.

Lötscher, Andreas (1987): Text und Thema. Tübingen.

Lutz, Luise (1981): Zum Thema 'Thema'. Hamburg.

Mathesius, Vilém (1929): Zur Satzperspektive im modernen Englisch. In: Archiv für das Studium der neueren Sprachen und Literaturen 155, 200−210.

− (1929/1971): Die Funktionale Linguistik. In: Beneš, Eduard/Vachek, Josef (eds.): Stilistik und Soziolinguistik. Berlin, 1−18.

Paul, Hermann (1920): Prinzipien der Sprachgeschichte. 5. Aufl. Tübingen.

Prince, Ellen (1981): Toward a Taxonomy of Given−New Information. In: Cole, Peter (ed.): Radical Pragmatics. London, 223−255.

Schlobinski, Peter (1992): Funktionale Grammatik und Sprachbeschreibung. Opladen.

Sgall, Petr/Hajičová, Eva/Benešová, Eva (1973): Topic, focus and generative semantics. Kronberg.

Sgall, Petr/Hajičová, Eva/Panevová, Jana (1986): The Meaning of the Sentence in Its Semantic and Pragmatic Aspects. Dordrecht.

Zemb, Jean Marie (1972): Satz—Wort—Rede. Freiburg.

Zifonun, Gisela/Hoffmann, Ludger/Strecker, Bruno (1997): Grammatik der deutschen Sprache. Berlin/New York.

Ludger Hoffmann, Dortmund (Deutschland)

36. Vertextungsmuster Deskription

1. Globale Textmuster — Strategiemuster — Vertextungsmuster
2. Das Vertextungsmuster Deskription Komponenten — Geltung — Basismodelle
3. Deskription und kommunikative Praxis: prototypische Bereiche und Textsorten
4. Didaktische Implikationen
5. Literatur (in Auswahl)

1. Globale Textmuster — Strategiemuster — Vertextungsmuster

Das Formativ *Muster* spielt — zumindest seit der 'kognitiven Wende' — auch in linguistischen Arbeiten eine immer größere Rolle. Allerdings wird die Bezeichnung weitgehend undifferenziert gebraucht, vor allem im Sinne der Alltagssprache als Synonym zu *Modell* verstanden („die wesentlichen Merkmale, Beziehungen, Funktionen einer Sache abbildendes Objekt", Kempcke 1984, 800). Bezogen auf Sprachhandlungen (und deren Generierung/Rezeption) erlaubt ein so weit gefaßtes Begriffsverständnis die Bildung unterschiedlichster linguistischer Muster: *Intonations-, Wortbildungs-, Satz-, Text-, Handlungs-, Sprachhandlungs-, Gesprächs-, Aufforderungs-, Anweisungs-, Erzähl-, Berichts-, Wissens-* und *Stilmuster*, um nur die besonders häufig gebrauchten Komposita zu nennen; in den letzten Jahren wurde diese Reihung durch *Vertextungs-* und *Strategiemuster* ergänzt (dazu zusammenfassend Heinemann, → Art. 48 in diesem Band).

All diese Muster werden verstanden als Ergebnisse von Abstraktionsprozessen, ausgehend von den jeweiligen konkreten linguistischen Basiseinheiten; und sie erlauben wiederum Rückschlüsse auf analoge Eigenschaften von entsprechenden konkreten Objekten. Diese Muster sind aber zugleich auch zu begreifen als kognitive/mentale Modelle für die Konstitution bzw. das Rezipieren der entsprechenden linguistischen Einheiten, insofern können sie alle unter dem Sammelbegriff *Wissensmuster* (als Repräsentationen von Wissenszusammenhängen für alle Bereiche gespeicherter, stereotyp organisierter und abrufbarer kommunikativer Erfahrungen der Kommunizierenden) subsumiert werden. Die einzelnen linguistischen Mustertypen aber unterscheiden sich grundlegend voneinander in Abhängigkeit von der jeweiligen Bezugsebene: Eine Teilmenge von ihnen erfaßt komplexe Interaktionszusammenhänge und — in Verbindung damit — globale Textganzheiten. Zu ihnen gehören vor allem *globale Text-, Strategie- und Vertextungsmuster*. Andere Muster, die auf Sätze (oder Teilbereiche von Sätzen) referieren — z. B. die *Intonationsmuster*, aber auch zahlreiche andere *Strukturierungs- und Formulierungsmuster* —, können als *Text-Teilmuster* zusammengefaßt und von den — hier interessierenden — hierarchisch übergeordneten Musterkomplexen abgehoben werden.

Offen ist die Frage der Abgrenzung der auf Textganzheiten bezogenen Mustertypen voneinander. Im Anschluß an die von Heinemann (→ Art. 48 in diesem Band) gegebene Charakteristik von *globalen Textmustern* (als idealtypische Interaktions-/Handlungsschemata auf relativ hoher Abstraktionsstufe mit den Komponenten prozedurale Prägung, Mehrebenenbezug, Repetivität, Vagheit sowie Flexibilität und Variabilität) wären *Strategiemuster* als Teilschemata der umgreifenderen globalen Textmuster zu fassen. Und *Vertextungsmuster* schließlich können vor diesem Hintergrund wiederum als Teilkomponenten von Textstrategien verstanden werden.

Das Zusammenspiel dieser drei Wissensmuster läßt sich wie folgt verdeutlichen: Ausgehend von einem — durch eine Quaestio einer konkreten Interaktion bedingten — Ziel des Handelnden zur Lösung einer bestimmten kommunikativen Aufgabe (Kohlmann 1992, 96), das immanenter Orientierungspunkt bleibt beim Vollzug aller kognitiven und praktischen Handlungen der Individuen, aktiviert der Kommunizierende zunächst ein globales Interaktionsmuster und im Zusammenhang damit einen globalen Aktionsplan mit einem Grobentwurf jenes Textes, der zur Erreichung des Ziels als erfolgversprechend angesehen werden kann. Dieser allgemeinste *Textmuster*rahmen, der neben Textrahmenstrukturen und stereotypen Formulierungsspezifika vor allem auch die grundlegenden Faktoren der pragmatischen Einbindung des Textes umfaßt, impliziert auch eine auf erfolgreichem spezifischem Handeln basierende – Verfahrenskomponente; daher wird mit dem Textmuster zugleich auch ein lineares Handlungsprogramm aktiviert.

Prozesse der Textherstellung (und der Textinterpretation) verlaufen aber keineswegs geradlinig als einfache Abfolge von Zielorientierung (erwünschtem Zustand), Mittelanwendung und Zielerreichung (realisiertem Zustand). Vielmehr werden in der Regel – außer bei Routine-Handlungen – vielfältige Auswahl- und Entscheidungsprozesse notwendig, die zu einer „Vor-Organisation einer komplexen Handlung" führen (Rehbein 1977, 162) und die wiederum mit dem Sammelbegriff 'Strategie' umschrieben werden können.

Ein solches detailliertes Spezialwissen über

(1) strategische Prinzipien/Maximen,
(2) Basisstrategien zur Erreichung weitgesteckter Ziele in typischen Situationen sowie
(3) Teilstrategien mit bestimmten differenzierenden Einzelverfahren

darf daher als wesentliche Wissenskomponente, als Wissen über *Strategiemuster*, bei allen Kommunizierenden angenommen werden (Heinemann 1989, 186). Strategien können daher als Resultate „einer Kette von – in der Regel bewußt ablaufenden – Auswahl- und Entscheidungsoperationen" betrachtet werden, durch die Schritte und Mittel markiert werden zur optimalen Lösung einer Kommunikationsaufgabe (Heinemann/Viehweger 1991, 214). Diese kognitiven Aktivitäten der globalen Textplanung betreffen den Aufbau des Gesamttextes, dessen Subgliederung sowie die Gewichtung und Proportionierung der einzelnen Textteile. Und sie beziehen sich stets sowohl auf das *Was* der Expansion des Text-Themas als auch auf das *Wie* der aus den dominierenden strategischen Maximen abzuleitenden Grobselektion der sprachlichen Mittel.

Ein Strategieverständnis, das auf bloße 'Verhaltenstechniken mit Instrumentalcharakter' beschränkt ist (Hannappel/Melenk 1979, 19), greift daher offenkundig zu kurz, da Strategien – im Gegensatz zu den allgemeineren Textmustern – stets auf grundlegende Ziele (und Teilziele) konkreter Individuen oder Gruppen gerichtet sind und Optionen von Handlungsabfolgen zur Textproduktion ebenso einschließen wie solche zur möglichst effektiven Rezeption von Texten. Daraus folgt auch, daß Strategien nicht strikt regelhaft fixiert werden können, sondern vielmehr probabilistisch durch Präferenzen, das Favorisieren einer bestimmten Alternative in einer konkreten interaktiven Konstellation.

Globale Strategiemuster sind auch die Basis für die Entscheidung eines Textproduzenten für eine bestimmte Grundform der strukturellen und sprachlichen Gestaltung eines Textes (unter bestimmten situativen Bedingungen), eben für die Vertextung des jeweiligen Sprecher-Anliegens. Solche *Vertextungsmuster* können als Teilkomponenten von umfassenderen Strategien gefaßt werden, als Ensembles von Verfahren zur Textherstellung und zur Textdarstellung im engeren Sinne. Entscheidungen darüber, ob eine Bitte in einem Antrag zu begründen ist oder nicht, ob über Handlungsabläufe berichtet oder ob sich wiederholende Teilprozesse beschrieben werden sollen, sind daher als strategische Entscheidungen zu werten (ebenso wie die die strategischen Grundverfahren modifizierenden taktischen Einzelverfahren – etwa das Aufwerten oder Abwerten von Personen und/ oder Sachen, das Ignorieren oder Verschleiern von Ereignissen, das bewußte Vereinfachen oder Verkomplizieren von Sachverhalten oder Problemen; dazu Wagner 1978; Heinemann/Viehweger 1991, 221 ff; hierher zu stellen sind auch die von de Beaugrande/ Dressler 1981, 180 ff genannten 12 'Strategien'.

Erst jene Gruppe von Selektions- und Entscheidungsprozessen, die *nach* solchen grundlegenden strategischen Entscheidungen noch für die Textproduktion notwendig werden, wird in der Fachliteratur vielfach als Teilkomponente von Strategien abgehoben und – als 'Strategievarianten' oder eben als besondere '*Vertextungsmuster*' – gekennzeichnet (→ Art. 37, 38, 39 in diesem Band). Als strategische Varianten auf niederer hierarchischer Ebene, der Ebene der lokalen Textstrukturierung bilden sie die Grundlage für Prozesse der Sequenzierung von illokutiven und propositionalen Einheiten und deren Strukturierung zu Teiltexten/Teiltexteinheiten, immer verknüpft mit Formulierungs- und Verbalisierungsprozessen.

Sie sind gerichtet auf
(i) das *Darstellen* des Textes, dazu gehört

- die Auswahl, Aktivierung und Bewertung bestimmter Einheiten und Muster des Sachwissens aus dem kognitiven Speicher, die nach Meinung des Textproduzenten am besten zur Kennzeichnung der in Frage stehenden Sachverhalte im Sinne des jeweiligen Ziels geeignet sind;
- die Ordnung dieser Einheiten nach ihrer logischen Zusammengehörigkeit;
- die simultane Bereitstellung von geeigneten Mustern und Mitteln zu deren sprachlicher Repräsentation und das Operieren mit diesen Mitteln im Sinne der — auch grammatischen — Satz- und Textorganisation.

Man könnte hier auch von der logisch geprägten Basis der Textkonstitution sprechen.

(ii) das *Herstellen* des Textes, das zugleich die Sicherung des Textverstehens (durch den/die Rezipienten) einschließt. Ein logisch geordneter und kohärenter Text ist ja keineswegs schon Garant für dessen Effizienz in einem bestimmten interaktionalen Kontext. Bei der Herstellung des Textes muß daher der Textproduzent insbesondere auch die jeweilige pragmatische Konstellation berücksichtigen (dazu Antos 1984, 182 ff; Heinemann/Viehweger 1991, 214 ff; Gülich/Kotschi 1987, 207: Einerseits stellt der Textproduzent „einen Text bzw. Textteil her, zum anderen stellt er damit eine Sache in einer bestimmten selektiven Art und Weise dar." Zu Textformulierungshandlungen Antos 1984).

Zur Abgrenzung der hier apostrophierten *Vertextungsmuster*/Textstrukturierungsmuster von verwandten Begriffen kann zunächst auf übergreifende Strategien — und damit allgemeinere, und hierarchisch auf höherer Stufe stehende — von Textmustern deutlich abgehobene — Konzepte verwiesen werden: 'Konversationsmaximen' (Grice 1968), 'Kommunkationsmaximen' (Heinemann/Viehweger 1991, 165 f), aber auch ethisch-moralische Prinzipien ('Knigge-Regeln') sowie 'Nettiketten' (Storrer/Waldenburger 1998, 63 ff). Schwieriger ist die Abhebung von — auf gleicher Hierarchiestufe stehenden — Verfahrensmustern: So gibt es nicht nur das Vertextungsmuster *Deskription*/Beschreiben, sondern auch die 'Darstellungsart Beschreibung' (als Grundtyp der Aufsatzlehre in den Schulen, s. Beinlich 1966, 357; Lange/Neumann/Ziesemis 1990, 228 ff; Eggerer 1990, 108 ff; Heinemann 1975, 278 ff) und das 'Kommunikationsverfahren Beschreibung' (als Basisverfahren der Funktional-kommunikativen Sprachbeschreibung, Schmidt 1981, 89 ff; Michel 1985, 30 ff). Gewiß, der Identität der Formative entspricht auch eine partielle Übereinstimmung der damit apostrophierten Inhalte. Die semantischen und funktionalen Unterschiede zwischen den drei genannten 'Beschreibungen' resultieren aus den zugrundeliegenden Basismodellen: Während das Konzept der 'Darstellungsarten'/'Darstellungsformen' als didaktisches Modell entwickelt wurde und in seiner Geltung ausschließlich auf den Bereich von Schüleraufsätzen beschränkt ist (nur bei Heinemann 1975, 268 ff, werden sie als allgemeine Formulierungsmuster gekennzeichnet), ist der Geltungsbereich der 'Kommunikationsverfahren' (als Textgestaltungsverfahren) auch auf nichtdidaktische Texte ausgeweitet. Allerdings ist die Auflistung der postulierten Einzelverfahren — da sie in der Regel nur als ad-hoc-Einheiten eruiert und gekennzeichnet wurden — nicht stringent: 'Beweisen', 'Widerlegen' und 'Schlußfolgern' werden als je eigene Kommunikationsverfahren neben dem 'Argumentieren' und dem 'Erörtern' eingeführt, und das 'Beschreiben' steht auf gleicher Stufe neben dem 'Zusammenfassen'. Das Vertextungsmuster 'Deskription' ist dagegen psycholinguistisch und textlinguistisch-pragmatisch fundiert und wird als generelles Konzept, als prozedurale Strategiekomponente zur Textkonstitution verstanden (dazu s. Kap. 2).

In der textlinguistischen Fachliteratur werden im allgemeinen drei grundlegende Vertextungsmuster (wenngleich auch nicht immer mit derselben Bezeichnung) voneinander abgehoben: *Narration, Deskription, Argumentation* (→ Art. 37, 39 in diesem Band). Zu diesem Grundkanon treten in einzelnen Arbeiten — oft mit unterschiedlicher Charakterisierung — weitere Vertextungsmuster hinzu: *Explikation* (→ Art. 38 in diesem Band), *Exposition, Instruktion* (zusammen mit den Grundtypen als 'fünf globale Textformen' bezeichnet bei Werlich 1975, 44 ff). Nicht ganz stringent erscheinen Reihungen von 'Superstrukturen' bei van Dijk 1980, 128 ff, da hier neben narrative und argumentative Textstrukturen (und „andere Texttypen") auch *wissenschaftliche Abhandlungen* gestellt werden. Ähnliche Erweiterungen der Reihung der Grundtypen finden sich auch bei de Beaugrande/Dressler 1981, 190 ff, wenn sie — außer deskriptiven, narrativen und argumentativen Strukturtypen — auch *literarische, wissenschaftliche* und *didaktische Texte* als besondere Typen der Strukturierung von Texten kennzeichnen.

2. Das Vertextungsmuster Deskription Komponenten — Geltung — Basismodelle

Im Fokus der folgenden Darlegungen steht ausschließlich das Vertextungsmuster *Deskription*/Beschreibung (und damit zusammenhängende Fragen). Probleme, die mit der alltagssprachlichen Verwendung des Lexems 'Beschreiben' im Sinne von generalisierendem oder übertragenem 'Erzählen' oder 'Berichten' (z. B. *Das spottet jeder Beschreibung!*) zusammenhängen, werden daher nicht aufgegriffen.

In der *Fachliteratur* ist das *Beschreiben* — das Darstellen von Objekten „durch mündliches, schriftliches Aufzählen der Merkmale, Kennzeichen und Besonderheiten" (Kempcke 1984, 166) — im Anschluß an die antike Moduslehre (Lausberg 1967) vor allem von der Muttersprachdidaktik thematisiert und als grundlegende Form des Darstellens in ein 'System der Darstellungsarten' integriert worden:

	objektiv	subjektiv
Gegenstand	*Beschreibung*	*Schilderung*
Vorgang	*Bericht*	*Erzählung*
Problem	*Erörterung*	

Abb. 36.1: Darstellungsarten (Hujer 1963, 244; s. Heinemann 1975, 274)

In diesem Modell (und auch in weiterführenden didaktisch orientierten Darstellungen, s. Heinemann 1975, 277 ff) wird das Beschreiben durch zwei Dimensionen charakterisiert: bezogen auf die Relation Schreiber:darzustellendes Objekt als *objektiv* geprägte Darstellungsform; im Hinblick auf das der Darstellung zugrundeliegende Objekt als *auf Gegenstände bezogen* (in späteren Arbeiten, Schmidt 1981, 192 ff; Michel 1986, 64 f; Lange/Neumann/Ziesemis 1990, 230 ff; Schoenke 1991, 167 ff wurden auch 'auf Vorgänge bezogene Darstellungen' als 'Vorgangsbeschreibungen' diesem Basisverfahren zugeordnet). In diesem Rahmen ist das 'Beschreiben' zu einer festen Größe eines jeden Muttersprach- (und Fremdsprachen-)unterrichts geworden (Eggerer 1990, 108 ff; Buttler/Buttler 1995).

Aus linguistischer Sicht bearbeitet wurde das 'Beschreiben' zunächst in der *Funktionalstilistik*. Schon bei Riesel (1963, 438 ff) finden sich Verweise auf Schreibtechniken des 'Amtsstils' und des 'Stils der Wissenschaft'. Systemhaft ausgebaut wurde dieser Ansatz im Rahmen der *'Funktional-kommunikativen Sprachbeschreibung'*, in deren Zentrum die Merkmal-Kennzeichnung der — auch über rein informative Texte hinausreichenden — *Kommunikationsverfahren* stand (Michel 1985, 11). Sie wurden — noch sehr allgemein — als „elementare Einheiten der sprachlich-kommunikativen Tätigkeit", als „geistig-sprachliche Operationen" gekennzeichnet (ebd. 30), die mit dem Ziel der Verbesserung der Kommunikationsbefähigung der Individuen systematisch trainiert werden sollten. Als *deskriptive Verfahren* (ein Sammelbegriff, der das Berichten, Beschreiben, Referieren, Feststellen, Erzählen, Schildern u. a. einschließt) werden in diesem Modell alle Kommunikationsverfahren zusammengefaßt, „die auf die Übermittlung von Erkenntnisresultaten orientiert" sind (ebd. 35 f, 92). Das *Beschreiben* selbst wird folglich als eine besondere Form der Deskription markiert, „als die sachbetonte, adäquate Darstellung eines Lebewesens, unbelebten Dings, eines Vorgangs oder Zustands" (ebd. 91). Das In-Beziehung-Setzen der Merkmale der einzelnen Kommunikationsverfahren — und damit die Abgrenzung dieser operativen Verfahren voneinander — wurde allerdings im Rahmen der FKS theoretisch nicht zureichend abgesichert, so daß dieser Ansatz in der weiteren Forschung — nicht zuletzt wegen der in sich widersprüchlichen Klassifikation — kaum wieder aufgegriffen wurde.

Aus *textlinguistischer Sicht* wurden für das — immer noch vieldeutige — 'Beschreiben' vor allem die Modelle von Werlich (1975) und van Dijk (1980) relevant. Werlich hatte mit primärem Bezug auf einen 'kontextuellen Fokus' fünf grundlegende Texttypen/Sequenzierungstypen („idealtypische Normen für die Textstrukturierung", 1975, 39) voneinander abgehoben. Der kontextuelle Fokus für deskriptive Texte ist danach spatial ausgerichtet, auf 'faktische Erscheinungen im Raum'; er manifestiere sich in einem bestimmten

'Textidiom', in phänomenregistrierenden Sätzen bei Dominanz von lokalen Sequenzformen. Hervorhebung verdient dieses Modell nicht nur wegen der pragmatischen Fundierung und des expliziten kognitiven Bezugs, sondern auch wegen des Versuchs, regelhafte Korrespondenzen zwischen den textkonstituierenden Rahmenbedingungen und der konkreten Textgestalt auf der Strukturierungs- und der Formulierungsebene herzustellen. Auch wenn eindeutige Zuordnungen von Textexemplaren zu diesen fünf Grundtypen nur begrenzt möglich sind (Hundsnurscher 1984, 86), so erwies sich doch dieser Versuch einer theoretischen Fundierung des 'Deskriptiven' für weiterführende Untersuchungen als besonders ergiebig.

Auch die 'Superstrukturen' von van Dijk (1980) lassen sich als semantisch und kognitiv fundierte Komplementärtypen der Werlichschen Sequenzierungsmodelle auffassen, zumindest für narrative und argumentative Strukturen, für die van Dijk spezifische Baumdiagramme entwickelt (1980, 142, 147). Deskriptive Texte werden dagegen nur in einem Rahmenkapitel über „andere Texttypen" (1980, 152) eher beiläufig und summarisch erwähnt. — Erwähnung verdient in diesem Zusammenhang, daß der Werlichsche Typ der Deskription in der textlinguistischen Fachliteratur immer wieder (wenngleich unter unterschiedlichen Aspekten) aufgegriffen und expliziert wird: von de Beaugrande/Dressler (1981, 190 unter kognitivem Aspekt); von Brinker (1988, 59 ff als „Grundform der thematischen Entfaltung"; von Heinemann/Viehweger (1991, 244) als strategisches Textstrukturierungsmuster; von Lötscher (1991), Bergmann (1995) und Lücking (1995) mit dem Blick auf analytische Prozeduren und Textinterpretationen. Und aus der Sicht der Beschreibung einzelner Anwendungsbereiche und Textsorten des deskriptiven Typs sei verwiesen auf Bungarten (1981), Carrol (1993), Göpferich (1995), Maaß (1996), Inhetveen/Kötter (1996), Rahlf (1998).

Von außerordentlicher Bedeutung für die Kennzeichnung des Phänomens Deskription aber erwiesen sich auch *psychologische* Arbeiten über das Wahrnehmen und sprachliche Darstellen von Raumkonstellationen. Hervorhebung verdient in diesem Zusammenhang die 'Psychologie der Objektbenennung' (Herrmann/Deutsch 1976), die Untersuchung über 'Objektreferenzen in Instruktionen und Beschreibungen' (Kohlmann 1992; weitergeführt in Kohlmann 1996) und vor allem das Projekt über das 'Sprechen im Raum', über 'Ankereffekt und Richtungseffekt' (Herrmann u. a. 1995).

Im folgenden soll nun versucht werden — in einer Art Zusammenschau der oben skizzierten Ergebnisse der Forschungen unterschiedlicher Disziplinen —, die konstitutiven *Komponenten* und *Merkmale* des Vertextungsmusters *Deskription* zusammenzufassen. (Dabei konzentrieren wir uns allerdings im Sinne des strategischen Gesamtansatzes ausschließlich auf die Prozeduren der Textgestaltung.)

Vertextungsmuster — als Teilkomponenten von Strategien der Handelnden — können als Ergebnis erfolgreicher kommunikativer Erfahrungen, als spezifische Engramm-Komplexe angesehen werden, die als — individuell unterschiedliche — Potentiale für Textgestaltungsaufgaben einer bestimmten Art bei konkreten Interaktionsanlässen sukzessive aktiviert werden. Ausgangspunkt für solche Abrufprozesse (dazu Klimesch 1988) ist in der Regel eine bestimmte Quaestio, eine 'Kommunikationsaufgabe', (die als „explizit oder implizit gestellte Frage" verstanden wird, „die inhaltlich und strukturell Vorgaben für den Aufbau des Textes enthält", Kohlmann 1992, 96).

Und diese Quaestio wird nicht nur zum Stimulus für bestimmte Intentionen des Handelnden, sondern durch sie wird zugleich auch eine bestimmte Art und die Richtung des Handelns programmiert (Herrmann u. a. 1995, 1). Diese Richtung ist — bei Deskriptionsaufgaben — auf eine Raumkonstellation festgelegt (Werlich 1975); hinzu kommt auf Grund der Kommunikationsaufgabe ein Interesse des Handelnden, bestimmte Bereiche und/oder Objekte des Raums einem/mehreren Partnern gegenüber detailliert und ohne persönliche Anteilnahme oder Stellungnahme so (vor allem sprachlich) zu kennzeichnen, daß der Partner die selektierten Objektkomponenten (möglichst mühelos) identifizieren und sie von anderen Objekten unterscheiden kann (Eggerer 1990, 108; Heinemann/Viehweger 1991, 278).

Dieses Ziel kann der Textproduzent nur erreichen, wenn er sich bei der Textherstellung und -darstellung von spezifischen *Kommunikations-Maximen* leiten läßt:
(i) Er muß sich nicht nur bei der Informationsauswahl (der referentiellen Besetzung) und der Informationsverknüpfung (der referentiellen Bewegung) — so Kohlmann 1992,

93 —, sondern auch bei der Textgestaltung i. e. S. vollkommen auf den je spezifischen Objektbereich und einzelne im Hinblick auf die Quaestio ausgewählten Objekte konzentrieren und daher alle subjektiven Eindrücke/ Einstellungen dem zu kennzeichnenden Gegenstand und dem Partner gegenüber zurückhalten (Maxime Sachlichkeit/Unpersönlichkeit, s. Heinemann 1974, 59). Diese Maxime ist für eine große Gruppe von Textsorten relevant und schließt unmittelbare sprachliche Konsequenzen ein: das Präferieren von Passivkonstruktionen, von unpersönlichen Ausdrücken etc.

(ii) Dieses Postulat impliziert auch, daß der zu konstituierende Text so informativ wie möglich, aber nicht informativer als nötig sein sollte (Maxime der Informativität und der Relevanz, vgl. Grice 1975, 46 ff), d. h., daß sich der Textproduzent auf das konzentriert, was aus der Sicht des Rezipienten als „noch-nicht-gewußt-aber-zum-Thema-gehörig" (Storrer/Waldenburger 1998, 69) und „subjektiv wichtig" eingeschätzt werden kann.

(iii) Das Objekt selbst aber — und das darf als ein wesentliches Spezifikum von Deskriptionen angesehen werden — sollte der Textproduzent (dem Ziel entsprechend) durch Auswahl und Anordnung bestimmter Lexeme (die auf das Objekt referieren können, Schwarz 1992, 169) kennzeichnen, und zwar so detailliert (und bei wissenschaftlichen Texten zusätzlich so exakt) wie möglich und — mit Blick auf den Rezipienten — wie nötig (Maxime: Konkretheit und Detailliertheit, Heinemann 1974, 60).

(iv) Auswahl und Anordnung der Informationen aber müssen zugleich auch situations- und vor allem adressatenorientiert vorgenommen werden. Entscheidend für die Effizienz der Darstellung ist ja, daß der Partner in einer — vom Textproduzenten gewünschten — Weise auf den Text reagiert. Das aber setzt voraus, daß er ihn verstanden und verarbeitet hat. Daher muß der Text antizipierend so gestaltet werden, daß er nicht nur logisch stringent und klar geordnet/gegliedert, sondern vor allem auch für den jeweiligen Rezipienten/die Rezipientengruppe verständlich ist: Maxime Verständlichkeit, aus der sich auch zahlreiche sprachliche Konsequenzen im Sinne der Verständigungssicherung ergeben (Rickheit/Strohner 1993, 244; Schwarz 1992, 171).

Aus solchen Maximen ergibt sich für die Gestaltung von deskriptiven Texten — wie schon angedeutet — eine Reihe sprach*praktischer Konsequenzen*, da die Maximen als strategische Leitlinien für die Textformulierung fungieren. Wichtig ist vor allem, daß die zu beschreibenden Objekte durch exakte sprachliche (oder bildhafte) Angaben über Größen-, Formen- und Lagebeziehungen möglichst umfassend charakterisiert werden. Nicht minder relevant ist es, daß die Informationsverknüpfung (in der Form der Sequenzierung sprachlicher Elementareinheiten) eine dem jeweiligen Zweck der Darstellung angemessene Reihenfolge ausweist. In Abhängigkeit von Situation und Partnerwissen kann sich diese Beschreibungsabfolge als ein summarisches, reihendes Nebeneinander, ein von einem bestimmten Punkt ausgehendes beschreibendes Fortschreiten (Wittmers 1977, 217), ein logisches Auseinander-Abgeleitetsein oder ein chronologisches Nacheinander erweisen. Lötscher (1991, 81 ff) expliziert solche „Selektions- und Linearisierungsstragegien in deskriptiven Texten" (im Anschluß an Herrmann 1995, 205): beim Sequenzieren nach der Gegenstandsstruktur (bei atemporalen Phänomenen wie Objekten, Personen) kommt es weniger auf die Reihenfolge der Elemente an als vielmehr darauf, daß ein einmal gewähltes Prinzip konsequent durchgehalten wird (s. auch Ballstaedt u. a. 1981, 164); allerdings muß stets ein Element mit nur einem Nachbarn als Ausgangspunkt gewählt werden. (Die Beschreibung einer Pflanze kann z. B. aszendent von der Wurzel ausgehend erfolgen oder deszendent mit den Blüten/Blättern beginnen, nicht aber in der 'Mitte' einsetzen.) Bei allen temporal geprägten Beschreibungsobjekten wird die Objektstruktur ohnehin ikonisch zur Zeitlichkeit des Textproduzenten linearisiert. Aber auch jeder Raum kann temporal strukturiert werden, indem man ihn bei der Beschreibung 'durchwandert' — als Begehung oder als Blickwanderung (zur Technik von Raumbeschreibungen s. Linde/Labov 1975). Bei mehrdimensionalen Strukturen (und komplexeren Netzwerken, Levelt 1982, 207 ff) kann das 'Wanderungsprinzip gleichfalls angewandt werden in der Form von 'Gabelungs-' bzw. 'Abzweigungsstrukturen'. Als wesentliches Basisprinzip für Beschreibungen gilt ferner das Ausgehen vom Ganzen, vom Allgemeineren oder für wichtig Gehaltenen, an das sich dann sekundär die Kennzeichnung von Teilen oder Details anschließt. (Doch sind auch Umkehrungen in Sonderfällen denkbar und sinnvoll, Heinemann/Viehweger 1991, 280). Oder aber —

und das darf als ein besonderer Kunstgriff gelten – der Verfasser löst das Nebeneinander der Einzelteile oder Elemente von Gegenständen und Zuständen in ein Nacheinander auf (Heinemann 1975, 282). Schließlich ist nochmals auf Lötscher (1991, 94 f) zu verweisen: Ergänzend dazu nennt er noch eine Grundregel, daß nämlich bei der Beschreibung von Situationselementen subjektive Relevanz- und/oder Empathiefaktoren primär fokussiert werden sollten. Generell gilt, daß ein Text immer dann thematisch gut organisiert ist, wenn der jeweilige Partner dem Dargelegten gut folgen kann. In diesem Sinne kann jedes Beschreiben als eine Form des Erklärens gekennzeichnet werden; und metaphorisch läßt sich Deskriptions-Handeln dann umschreiben als „ein Zeichnen mit sprachlichen Mitteln" (Heinemann/Viehweger 1991, 279 ff).

Formulierungsspezifika für die Gesamtheit deskriptiver Texte sind nicht als feste Regeln faßbar, bestenfalls können Präferenzen vorgegeben werden. Dazu gehören:
– Einfachsätze und überschaubare Satzgefüge (vor allem mit Relativsätzen), insbesondere „phänomen-registrierende Sätze" (Große 1976) oder „qualitätsattribuierende bzw. expositorische Sätze" (Werlich 1975, 25) mit Zustandsverben oder verbalen Zustandsformen: *zu X gehört ..., X befindet sich ..., enthält ..., besteht aus ..., liegt ..., X bildet mit Y ... Z ..., zeigt ...*. Bei diesen Sätzen ist zudem die durchgehende Verwendung des Präsens charakteristisch, die die Allgemeingültigkeit der Aussagen unterstreicht. Abweichungen davon sind die Ausnahme, wenn bestimmte Merkmale zum Zeitpunkt der Fixierung des Textes nicht mehr vorhanden oder gültig sind.

Als typisch für Sätze in deskriptiven Texten dürfen auch – aus den dargelegten Gründen – unpersönliche Satzkonstruktionen und Formen des Zustandspassivs gelten: *man unterscheidet ..., man benutzt X ..., man bezeichnet X als ..., X ist gefüllt mit Y ..., die X sind eingekittet in Y ...*.
– Attribuierungen zur Präzisierung von Gegenstandsbezeichnungen, sowohl adjektivischer als auch substantivischer Prägung: *der etwa 2 Meter hohe und 3 Meter dicke Ballon ..., der durch Längsrippen verstärkte Gleitboden ..., die heizbare Kabine für die zu befördernde Fracht ...*. Aus diesen Attribuierungen resultiert der relativ hohe Anteil von Adjektiven in deskriptiven Texten (8–12% des Gesamtwortbestandes).

– objektpräzisierende und spezifizierende verbale und nichtsprachliche Mittel: eine relativ große Anzahl von Realienbezeichnungen und Fachausdrücken/Termini, die der Detailliertheit und Exaktheit der Darstellung dienen: *der Nocken ..., die Saugseite ..., die Brennweitenabstufung ...*.

Lagebezeichnungen und Maßangaben aller Art: *am linken unteren Ende von X ..., zwischen den beiden Spanten ..., im Hintergrund von X links ..., eine Kugel aus X von 20 cm Durchmesser würde 10,5 Kilogramm wiegen ...*.

(bildhafte) Vergleiche stehen im Dienste der Konkretheit/Anschaulichkeit und damit der besseren Verständlichkeit: *vergleichbar etwa einem Fingerhut ..., wie das Cockpit eines Kleinflugzeugs ...*.

Skizzen, Schemata, Fotos zur – zusätzlichen – Verdeutlichung von Lagebeziehungen ....

Strittig ist in den einschlägigen Arbeiten die Frage des *Geltungsbereichs* des 'Deskriptiven'. Ein sehr weites Begriffsverständnis im Sinne einer Identifikation mit dem 'Informativen' (Große 1976; Schoenke 1991, 152) orientiert sich vor allem an allgemeinen Funktionen von Texten, nicht an spezifischen Verfahrensmustern.

Eindeutig bestimmt werden kann dagegen ein solches prozedurales Vertextungsmodell bei einlinigem Referenzbezug auf Objekte, Gegenstände und Personen (s. Lücking 1995, 22; bei Michel 1986, 65 wird dieser „semiotisch-textologisch homogene Bereich" charakterisiert durch die Merkmale *sachbetont, merkmalcharakterisierend, statisch* und *lokal situiert*).

Der größte Teil didaktischer – aber auch linguistischer – Arbeiten bezieht in den Bereich des Deskriptiven auch die Kennzeichnung von stereotyp sich wiederholenden Prozessen, von nichtevaluativen Prädikaten, Propositionen etc. (Lumer 1990, 590) ein. Damit wird der Geltungsbereich des Begriffs ausgeweitet auch auf normative, sich immer in gleicher Weise wiederholende Prozesse und Ereignisse – im didaktischen Bereich als 'Vorgangsbeschreibungen' gekennzeichnet. Das Konstitutionsprinzip dieser Einheiten ist daher nicht logisch-systematisierend, sondern chronologisch, bezogen auf typische, wiederholbare (oder sich wiederholende) Prozesse und Ereignisse (Heinemann/Viehweger 1991, 281). Aber die Art der Kennzeichnung, das 'Malen mit sprachlichen Mitteln', entspricht im wesentlichen doch dem Beschreiben von

Objekten. Michel (1986, 65) nennt in diesem Zusammenhang als verfahrenskonstitutive Merkmale der Vorgangsbeschreibung *sachbetont*, *prozessual-dynamisch* und *verallgemeinernd*.

Bei der Subklassifizierung der beiden Grundtypen deskriptiver Texte werden voneinander abgehoben: Die Beschreibung von Gegenständen i. e. S., von Personen, Tieren, Pflanzen, Bildern wird als 'Gegenstandsbeschreibung' oder 'Deskription i. e. S.' zusammengefaßt; und die analoge Kennzeichnung von sich wiederholenden Prozessen (von 'Vorgängen') bezieht sich u. a. auf Bedienungs-, Reparatur-, Spiel- und Arbeitsanleitungen/-anweisungen, von Koch- und Backvorgängen, von Versuchen und Wegemarkierungen, wobei stets die einzelnen Phasen des jeweiligen Vorgangs auch sprachlich detailliert gekennzeichnet werden.

Bei einer solchen 'weiten' Auffassung des Deskriptiven stellt sich aber sogleich die Frage nach der Abgrenzung von anderen − gleichfalls prozessualen − Vertextungsmustern. Relativ leicht abhebbar ist das Deskriptive von der *Narration*, da bei dieser Form der Textstrukturierung (s. von Dijk 1980, 140 ff, → Art. 37 in diesem Band) das gleichfalls chronologische Aufbauprinzip subjektiv (und in der Regel zugleich auch emotional) − immer mit dem Blick auf den Partner − geprägt ist.

Setzt man dagegen − neben dem Prinzip der chronologischen Textkonstitution − das Fehlen von Subjektivität und Expressivität als grundlegende Bezugsgröße und Basiskriterium für die Differenzierung von Vertextungsmustern an, dann müßte man wohl konsequenterweise auch das *Berichten* den primär deskriptiven Verfahren zuordnen. Dagegen läßt sich anführen, daß die der Darstellung zugrundeliegenden Ereignisse beim Berichten sachlich und in ihrer Einmaligkeit (einschließlich der interaktionalen Begleitumstände) chronologisch verbalisiert werden, bei jeder Form des Beschreibens von Prozessen aber die sich stereotyp wiederholenden − und im Prinzip gleichbleibenden − Einzelphasen des Prozesses ins Zentrum der Darstellung gerückt werden. Die situativen Begleitumstände des jeweiligen konkreten Ereignisses aber, die bei jedem Bericht wechseln, sind für das Beschreiben nahezu irrelevant (Eggerer 1990, 92). Erwähnung verdient, daß einige Autoren (Wittmers 1977, 225 ff) das Berichten als zeitlich geprägten Grundtyp ansehen, dem dann das Erzählen als subjektive Variante (des Berichtens) zugeordnet wird.

Beim *Argumentieren* wiederum wird das Seiende nicht einfach objekt- oder prozeßbezogen − mit oder ohne Evaluation − gekennzeichnet, sondern dabei wird ein Wirklichkeitsausschnitt vom Darstellenden kritisch geprüft und von anderen Seinzuständen − durch logisch geprägtes Erörtern des Für und Wider − abgehoben (dazu Heinemann 1975, 289; van Dijk 1980, 144 ff; Eggerer 1990, 218 ff; → Art. 39 in diesem Band).

3. Deskription und kommunikative Praxis: prototypische Bereiche und Textsorten

In der kommunikativen Praxis nahezu aller kommunikativen Bereiche ist das deskriptive Vertextungsmuster von besonderer Relevanz für spezifische kommunikative Aufgaben. Allerdings darf nicht übersehen werden, daß dieser Typ der Textherstellung keineswegs immer in 'reiner' Form vorkommt, mit den prototypischen Merkmalen, die in Kap. 2 gekennzeichnet wurden. Vielmehr ist gerade für dieses Sequenzierungsmuster charakteristisch, daß es nur in Ausnahmefällen zur Konstitution von ganzheitlichen Texten verwendet wird, sondern vielmehr vor allem − mit anderen Textgestaltungsverfahren vernetzt, meist in subordinierter Funktion − der Erzeugung von Teiltexteinheiten dient. Als typisches Beispiel für solche 'Mischformen' bei der Textgestaltung darf die Textsorte Reportage angesehen werden, die ja im Regelfall aus narrativen, deskriptiven und argumentativen Sequenzen besteht (Werlich 1975, 72). Da es in diesem Rahmen nicht möglich ist, die vielfältigen Okkurrenzen und Erscheinungsformen des Vertextungsmusters Deskription auch nur annähernd exhaustiv darzulegen, konzentrieren sich die folgenden Darlegungen exemplarisch auf Textvorkommen, die dominant deskriptiv geprägt sind.

Es gibt eine Fülle kommunikativer Aufgaben, die vom Textproduzenten mit Notwendigkeit fordern, Objekte bzw. Vorgänge im oben genannten Sinn − bezogen auf einen bestimmten Rezipientenkreis − detailliert und mit relativ strikter Sequenzierung zu 'beschreiben'. Das gilt auch für die mündliche Alltagskommunikation, wenn beispielsweise im Gespräch eine andere Person vom Partner identifiziert werden soll. Eine solche *Personenbeschreibung* kann natürlich in unterschiedlichen Graden der Detailliertheit gegeben werden; in bestimmten Situationen reichen schon charakteristische Einzelmerkmale zur angestrebten Identifizierung aus. Bei Suchmeldungen in den Medien oder bei 'Steckbriefen' – aber auch bei 'Stellengesuchen' und 'Kontaktanzeigen' – dagegen ist der Grad der möglichen Merkmalhaftigkeit oft entscheidend für die Erreichung des – mit der Personenidentifizierung oder Personenvorstellung verbundenen – Ziels (Eggerer 1990, 145 f).

Analoges gilt für *Gegenstandsbeschreibungen i. e. S.* Eine solche detaillierte Kennzeichnung von Objekten wird notwendig bei Verlust eines für eine Person wichtigen Gegenstands, den der Betroffene wiedererlangen möchte. Er kann dann das Objekt – Freunden oder Passanten gegenüber – mündlich 'beschreiben'; größere Aussicht auf Erfolg aber hat eine 'Verlustmeldung'/'Verlustanzeige' in den lokalen Medien – mit den sprachlichen Spezifika *elliptische Konstruktionen, reihende Merkmalskennzeichnung und -hervorhebung* mit unterschiedlichen – vor allem *nominalen sprachlichen Mitteln*. In diese Reihe von dominant deskriptiven Textsorten des Alltags i. w. S. mit dem Ziel der Objektidentifizierung sind auch Gegenstandsbeschreibungen beim Einkauf (beispielsweise eines vom Partner nicht ohne weiteres identifizierbaren Ersatzteils), 'Fundanzeigen', Suchmeldungen für Tiere ('entlaufen') sowie 'Wegbeschreibungen' (Beschreibung bestimmter Abschnitte eines Wegs und geeigneter Objekte, die dem Partner eine Zielorientierung erlauben, Maaß 1996, 1) einzuordnen.

Schon bei diesen einfachsten Beispielen wird deutlich, daß deskriptive Textstrukturen zwar die Kerninformation von komplexen Texten enthalten, im Grunde aber nicht für sich allein stehen können. Hinzu treten fast immer sprachliche Reflexe des jeweiligen interaktionalen (insbesondere institutionellen) Rahmens als Komplemente: Bei einer 'Verlustanzeige' muß der Textproduzent (wenigstens in textuellen Formeln) zumindest noch das eigentliche Anliegen sowie seine Erreichbarkeit signalisieren.

Andere Objektbeschreibungen sind stärker institutionell geprägt. Zu ihnen sind vor allem 'Verkaufs'- und 'Kaufanzeigen' zu rechnen (zum Kauf/Verkauf von Autos, Waschmaschinen, Computern ... vgl. van Dijk 1980). Sie enthalten auch deskriptive Elemente, allerdings in der Regel nicht als systematische Beschreibungen, sondern eher als – auf Wesentliches aus der Sicht des Käufers bzw. Verkäufers orientierte – hervorhebende Merkmalreihungen. Auch *Bildbeschreibungen* (in Ausstellungskatalogen und Kunstdarstellungen, s. Ketelsen 1990), *Gebäude- und Raumbeschreibungen* (für kunsthistorische Zuordnungen, vielfach aber auch im kommerziellen Verkehr als Grundlage für das Zustandekommen entsprechender Geschäftsabschlüsse) sind hierher zu stellen.

Einen Sonderfall deskriptiver Texte stellen *Textbeschreibungen* dar. Als materialisierte Resultate kognitiver und kommunikativer Prozesse bilden Texte gleichfalls Beschreibungsobjekte. Hierher zu stellen sind die Textsorten 'Inhaltsangabe' (auch als Schüleraufsatz), das 'Abstract' eines wissenschaftlichen Vortrags, der 'Klappentext' als Publikatonsbeschreibung sowie alle Formen linguistischer Beschreibung i. e. S. (zum Unterschied von Textinterpretationen). Und auch in Rezensionen sind Beschreibungsteile des zugrundeliegenden Textes als Basiseinheiten unumgänglich; allerdings sind diese hier aufs engste verknüpft mit entsprechenden Passagen der Textbewertung (Ripfel 1998).

Dominant deskriptive – auf *wiederholbare Prozesse* gerichtete – Texte sind in der kommunikativen Praxis (gemessen an der Anzahl der dafür relevanten Textsorten) weniger frequentiert als bei objektbezogenen Deskriptionen. Im wesentlichen handelt es sich dabei um Anleitungen zur Herstellung von Produkten nach immer gleichem Modus (verwiesen sei in diesem Zusammenahng auf *Kochrezepte* (Dimter 1981, 99; Glaser 1996) und *Patentschriften* (Gläser 1998b) sowie auf Anleitungen zur Aufstellung bzw. zum Zusammenfügen von Bauteilen aller Art, z. B. von Schrankwandelementen). Die zweite große Gruppe bilden Anleitungen zur Bedienung von Geräten (Hoffmann 1998b; Hensel 1987). Charakteristisch für beide Grundtypen ist die Kombination von deskriptiven Spezifika i. e. S. und prozessualen Abläufen mit dem Merkmal Repetitivität bei Dominanz der 'Vorgangs'-Charakteristika. Als Textsorten in diesem Bereich fungieren z. B. Artikel aus 'Werkstatt-Handbüchern', 'Software-Manuals' sowie 'Arbeitsplatz'- und 'Stellenbeschreibungen' (als Anforderungsprofile für bestimmte Berufsgruppen, s. Golombek 1998; Haeseler 1997; Seel 1995), aber auch Fachzeitschriftenartikel (mit prominent deskriptiver Orientierung) und 'Versuchsbeschreibungen'.

Auf die große Gruppe von Textsorten, die zwar nach anderen Vertextungsgrundmustern konstituiert wurden, aber einzelne deskriptive

Teilstrukturen oder Textteile aufweisen, kann hier nur eher beiläufig verwiesen werden. Da das einfache Beschreiben (von Objekten) als Merkmal-Komplexion des Benennens verstanden werden kann, darf man davon ausgehen, daß deskriptive Textteile nahezu in allen Textsorten (und Textexemplaren) begegnen, überwiegend allerdings in Texten der Schriftkommunikation, da ja den Kommunizierenden in face-to-face-Situationen neben Mimik und Gestik auch nichtsprachliche Mittel zur Merkmalkennzeichnung von Objekten und Prozessen zur Verfügung stehen.

Wichtige Teilfunktionen – Konkretisierung und Veranschaulichung, teils auch Erklärung von komplizierten Sachverhalten und damit Stützfunktion für andere Basis-Textfunktionen – kommen Elementen des deskriptiven Vertextungsmusters u. a. in Texten des Rechtswesens und der Printmedien sowie der Kommunikationsbereiche Wissenschaft und Bildung zu. Generell kann man alle Fachsprachen „unter deskriptiv-empirischem Aspekt" sehen (Bungarten 1981, 29). Ausgewiesen wurde das Zusammenwirken unterschiedlicher Textgestaltungsmuster u. a. in folgenden Textsorten: Abkommen (Rothkegel 1984); Anordnung (Viehweger 1984); Beipackzettel von Medikamenten (Schuldt 1998); Erlaß (Selle 1998); Gesetz (Ludger Hoffmann 1998); Lehrbuchtexte (Schellenberg 1994); Pressenachricht (Sandig 1973; Hennig/Huth 1975; Simmler 1984); Protokoll (Kretzenbacher 1998); Verordnung (Selle 1998); Vertrag (Lothar Hoffmann 1998a); wissenschaftlicher Zeitschriftenartikel (Gläser 1998a).

Auch in fiktionalen Texten werden vielfach „Konfigurationen sinnlich wahrnehmbarer Entitäten" (Lücking 1995, 27), also deskriptive Elemente, in die Darstellung menschlicher Konflikte als Rahmenstrukturen oder Kontrastmittel integriert. Das 'malende Beschreiben', das immer wieder „akkumuliert und summiert" und „lexikalische Listen" präferiert (Scherpe 1994, 5), verstärkt die sinnliche Wahrnehmung des Lesers, macht ihn aufmerksam auf die Natur, die Landschaften und die Menschen (insbesondere auf das Körperliche) und hat somit auch wichtige ästhetische (Teil-)funktionen.

4. Didaktische Implikationen

Das Vertextungsmuster 'Deskription' stellt – in all seiner Variabltät und Vielfalt – eine fundamentale Komponente der kommunikativen Kompetenz der Individuen dar. Als grundlegendes Textgestaltungsmuster muß es daher auch unter didaktischen Aspekten bei der Vermittlung und Erweiterung der kommunikativen Kompetenz der Kommunizierenden eine wesentliche Rolle spielen.

Zum Problem dabei aber wird die Heterogenität dessen, was in der Fachliteratur als 'Deskription' ausgewiesen wird, ebenso aber auch die unterschiedliche Relevanz deskriptiver Aspekte (oder Teilaspekte) für die Konstitution von Texten einer bestimmten Struktur mit einer spezifischen kommunikativen Funktion.

Als nur sehr bedingt geeignet zur Entwicklung von kommunikativen Fähigkeiten, hier insbesondere des Beschreibens, hat sich der traditionelle Aufsatzunterricht der Schulen auf der Basis der Darstellungsarten erwiesen. Für Schüler ist gerade der Beschreibungsaufsatz ein besonderes Problem und daher mit Insuffizienzvorstellungen verbunden. Als Ursache dafür läßt sich anführen, daß der Unterricht im 'Beschreiben' in der Regel losgelöst von praktischen kommunikativen Aufgaben erfolgt. Damit verknüpft ist die Verkennung der Rolle von Textgestaltungsmustern für die praktische Kommunikation. Ausgangspunkt für didaktische Überlegungen (und die didaktische Praxis) ist vielfach ein abstraktes Beschreibungs-Schema, dessen allgemeine Merkmale als absolute kommunikative 'Norm' verstanden und damit zur obligatio für Lernende gemacht werden. Jedes Abweichen von dieser Erwartungsvorstellung, jedes 'Nicht-Abarbeiten' des abstrakten Gesamtmodells wird daher als Fehler bzw. mit einer entsprechenden Bewertung geahndet.

Aus dieser unbefriedigenden Gesamtsituation ergeben sich *Konsequenzen* für das praktische *didaktische Umgehen* mit Vertextungsmustern allgemein und im besonderen mit dem des Beschreibens. Grundlage für jede Form der Textgestaltung im Aufsatzunterricht (aber auch in der face-to-face-Kommunikation) sollte ein realer – oder simulierter – *praktischer kommunikativer Anlaß* sein: der Verlust oder das Finden eines Gegenstands; der geplante Verkauf des Fahrrads; ein 'Neuer' in der Klasse, der über den Schulweg, die Straße, den Heimatort genau informiert werden soll; die Klärung der Frage, wie man eine Küche besonders praktisch einrichten kann, das Identifizieren von Personen (Mitschülern/Lehrern ...) mit Hilfe von Merkmalangaben des Äußeren, später auch von Eigenschaften und Verhaltensspezifika ... Ein solches Vorgehen fördert nicht nur die Motivation der Lernenden, sondern führt vor allem auch zur Integration des abstrakten Beschreibungs-Verfahrens in konkrete kommunikative Situationen und damit zur textsortenspezifischen Darstellung. Die Auswahl der (dominant deskriptiv geprägten) Textsorten und die Reihenfolge ihrer didaktischen Erarbeitung muß natürlich allgemeinen didaktischen Überlegungen folgen (Göpferich 1997, 163).

Im Zusammenhang damit müssen auch neue *Bewertungsmaßstäbe* gelten: Eine Beschreibung mit relativ wenigen Merkmalangaben kann in einer bestimmten Situation kommunikativ durchaus zureichend – und daher auch als Aufsatz 'zufriedenstellend' – sein; zu fragen wäre dann nur noch, auf welche Weise Beschreibungen unter anderen kommunikativen Bedingungen durch Merkmalanreicherung effektiv gestaltet werden können.

Voraussetzung für das systematische 'Training' von Objektbeschreibungen ist das bewußte und gezielte Wahrnehmen von – für den jeweiligen Beschreibungszweck – relevanten Gegenständen und Einzelmerkmalen. Die eigentliche Schwierigkeit für Lernende aber besteht in der adäquaten und präzisen Benennung von Objekten und ihren Teilen. Zu ihrer Überwindung sind ständige Übungen zur Wortschatzerweiterung notwendig. Für Beschreibungsaufgaben aber sind Probleme einer systematischen Merkmalergänzung und -präzisierung entscheidend, teils durch unterschiedliche Formen der Attribuierung, teils durch sprachliche Kennzeichnung von Situationalisierung (*an der linken oberen Ecke ...*).

Bei der Vielfalt möglicher Strategien im Hinblick auf die Sequenzierung von Objektbeschreibungen (Lötscher 1991) empfiehlt sich aus didaktischer Sicht zunächst die Fixierung auf eine zu präferierende Basisstrategie (z. B. vom Ganzen zu den Teilen fortschreitend). Erst wenn ein solches Basismuster gefestigt ist, sollten auch Varianten eingeführt und trainiert werden (bei immanenter Wiederholung der Basisstrategie).

Analoges gilt für die Vermittlung und Erweiterung der kommunikativen Kompetenz zur Konstitution von 'Vorgangsbeschreibungen'. Primär für die Einführung sind auch dabei wieder reale oder simulierte Anlässe (*Reparatur eines Fahrradschlauchs, Auswechslung einer Druckerpatrone, Übertragung eines Textes von der Festplatte auf eine Diskette, Installation einer Lautsprecheranlage* – jeweils als Information für in diesen Fragen unerfahrene Partner) und damit textsortenspezifische Einbindungen in konkrete Interaktionen. Allerdings stehen hier nicht Objektmerkmale, sondern einzelne Phasen des jeweiligen – jederzeit wiederholbaren – Prozesses im Zentrum des Wahrnehmungs- und Benennungstrainings. Dabei ist – je nach Partnerwissen und -fähigkeiten – zu differenzieren, ob eine Handlung/ein Vorgang nur allgemein benannt oder durch zusätzliche – vor allem verbale – Prozeßmerkmale zu kennzeichnen ist. Die – in der Regel – ikonische Sequenzierung der Elementareinheiten stellt dagegen bei Vorgangsbeschreibungen kein besonderes didaktisches Problem dar. Erwähnung verdient noch, daß Bedienungsanleitungen der kommunikativen Praxis vielfach ihrer kommunikativen Funktion nicht gerecht werden, da sie entweder un- (oder schwer) verständlich sind oder aber den vom Benutzer nachzuvollziehenden Vorgang nur lückenhaft oder logisch unzureichend beschreiben (Göpferich 1997, 179). Hier bieten sich dem Unterricht vielfältige Möglichkeiten zur Optimierung dieser deskriptiven Texte (und zur zusätzlichen Motivierung der Lernenden).

Abschließend sei darauf verwiesen, daß das 'Beschreiben' als Vertextungsverfahren auch im Unterricht nicht als abstrakte und absolute Größe – und als didaktischer Selbstzweck – verstanden werden darf. Alle Formen der Deskription sind – in Abhängigkeit von Situation und Textsorte – vielfältig modifizierbar. Standardtypen bilden daher eher die Ausnahme; und die in der kommunikativen Praxis immer wieder begegnenden 'Mischformen' erweisen sich oft effektiver als die 'reinen' Vertextungstypen. Dieser 'Besonderheit' der Vertextungsmuster muß auch der Unterricht Rechnung tragen.

5. Literatur (in Auswahl)

Antos, Gerd (1984): Textuelle Planbildung. Ein Beitrag zu einer Textlinguistik zwischen Kognitionspsychologie und Handlungstheorie. In: Rosengren, Inger (ed.): Sprache und Pragmatik. Lunder Symposium 1984. Malmö, 169–205.

Ballstaedt, Steffen Peter/Mandl, Heinz/Schnotz, Wolfgang/Tergan, Sigmar O. (1981): Texte verstehen, Texte gestalten. München.

de Beaugrande, Robert-Alain/Dressler, Wolfgang Ulrich (1981): Einführung in die Textlinguistik. Tübingen.

Beinlich, A. (1966): Handbuch des Deutschunterrichts. 4. Aufl. Emsdetten.

Bergmann, Anka (1995): Merkmalzuschreibung in Texten. Zu Grundlagen und Sprachmitteln ihrer Konstituierung. Frankfurt/Berlin/Bern.

Brinker, Klaus (1988): Linguistische Textanalyse. 2. Aufl. Berlin.

Bungarten, Theo (1981): Wissenschaft, Sprache und Gesellschaft. In: Bungarten, Theo (ed.): Wissenschaftssprache. Beiträge zur Methodologie, theoretischen Fundierung und Deskription. München, 14–53.

Buttler, Anke/Buttler, Carl (1995): Die Beschreibung. Arbeitsbuch. Donauwörth.

Carrol, Mary (1993): Keeping Spatial Concepts on Track in Textproduction. A comparative Analysis of the Concept Path in Descriptions and Instructions in German. Arbeiten aus dem Sonderforschungsbereich Sprache und Situation. Heidelberg/Mannheim.

van Dijk, Teun (1980): Textwissenschaft. Eine interdisziplinäre Einführung. München.

Dimter, Matthias (1981): Textklassenkonzepte heutiger Alltagssprache. Kommunikationssituation, Textfunktion und Textinhalt als Kategorien alltagssprachlicher Textklassifikation. Tübingen.

Eggerer, Wilhelm (1990): Das europäische Haus. Lese- und Aufsatzbuch. München.

Glaser, Elvira (1996): Die textuelle Struktur handschriftlicher und gedruckter Kochrezepte im Wandel. Zur Sprachgeschichte einer Textsorte. In: Große, Rudolf/Wellmann, Hans (eds.): Textarten im Sprachwandel – nach der Erfindung des Buchdrucks. Heidelberg, 225–249.

Gläser, Rosemarie (1998a): Der wissenschaftliche Zeitschriftenaufsatz. In: Hoffmann, Lothar/Kalverkämper, Hartwig/Wiegand, Herbert Ernst (eds.): Fachsprachen. Ein internationales Handbuch zur Fachsprachenforschung. Berlin/New York, 482–487.

– (1998b): Die Patentschrift. In: Hoffmann, Lothar/Kalverkämper, Hartwig/Wiegand, Herbert Ernst (eds.): Fachsprachen. Berlin/New York, 556–561.

Göpferich, Susanne (1995): Textsorten in Naturwissenschaft und Technik. Tübingen.

Golombek, Günter (1998): Stellenbeschreibungen für den Pflegedienst: Anforderungsprofile in Krankenhäusern und Reha-Kliniken. Stuttgart/Köln.

Grice, H. Paul (1968): The logic of conversation. Berkeley.

– (1975): Logic and conversation. In: Cole, P./Morgan, J. (eds.): Syntax and Semantic III. Speech Acts. New York, 41–58.

Große, Ernst Ulrich (1976): Text und Kommunikation. Eine linguistische Einführung in die Funktionen der Texte. Stuttgart/Berlin/Köln/Mainz.

Gülich, Elisabeth/Kotschi, Thomas (1987): Reformulierungshandlungen als Mittel der Textkonstitution. Untersuchungen zu französischen Texten aus mündlicher Kommunikation. In: Motsch, Wolfgang (ed.): Satz, Text, sprachliche Handlung. Berlin, 199–261.

Haeseler, Irmgard (1997): Stellenbeschreibung für Einrichtungen der Altenpflege. Hannover.

Hannappel, Hans/Melenk, Hartmut (1979): Alltagssprache. Semantische Grundbegriffe und Analysebeispiele. München.

Heinemann, Wolfgang (1974): Zur Klassifikation von Stilzügen. In: Linguistische Arbeitsberichte (LAB) 10/1974. Leipzig, 57–61.

– (1975): Das Problem der Darstellungsarten. In: Fleischer, Wolfgang/Michel, Georg (eds.): Stilistik der deutschen Gegenwartssprache. Leipzig, 268–300.

– (1989): Komponenten und Funktionen globaler Textmuster. In: Pätzold, Margita/Lindemann, Petra (eds.): Internationale Kommunikationstagung 1989 in Wulkow. Berlin, 182–191.

Heinemann, Wolfgang/Viehweger, Dieter (1991): Textlinguistik. Eine Einführung. Tübingen.

Hennig, Jörg/Huth, Lutz (1975): Kommunikation als Problem der Linguistik. Göttingen.

Hensel, Cornelia (1987): Produktbegleitende Texte – der Versuch einer Analyse unter illokutivem Aspekt. Leipzig.

Herrmann, Theo (1985): Allgemeine Sprachpsychologie. Grundlagen und Probleme. 2. Aufl. München.

Herrmann, Theo/Deutsch, Werner (1976): Psychologie der Objektbenennung. Bern/Stuttgart/Wien.

Herrmann, Theo/Schweizer, Karin/Buhl, Heike Maria/Janzen, Gabriele (1995): Ankereffekt und Richtungseffekt. Arbeiten der Forschungsgruppe Sprache und Kognition. Mannheim.

Hoffmann, Lothar (1998a): Verträge. In: Hoffmann, Lothar/Kalverkämper, Hartwig/Wiegand, Herbert Ernst (eds.): Fachsprachen. Ein internationales Handbuch zur Fachsprachenforschung. Berlin/New York, 533–539.

– (1998b): Das fachinterne Gutachten zu wissenschaftlichen Arbeiten. In: Hoffmann, Lothar/Kalverkämper, Hartwig/Wiegand, Herbert Ernst (eds.): Fachsprachen. Berlin/New York, 500–504.

Hoffmann, Ludger (1998): Das Gesetz. In: Hoffmann, Lothar/Kalverkämper, Hartwig/Wiegand, Herbert Ernst (eds.): Fachsprachen. Berlin/New York, 522–528.

Hujer, Doris (1963): Das System der Darstellungsarten und seine Bedeutung für den sprachlichen Ausdruck. In: Deutschunterricht (Berlin) 16, 242–263.

Hundsnurscher, Franz (1984): Theorie und Praxis der Textklassifikation. In: Rosengren, Inger (ed.):

Sprache und Pragmatik. Lunder Symposium 1984. Malmö, 75−97.

Inhetveen, Rüdiger/Kötter, Rudolf (eds.) (1996): Betrachten − Beobachten − Beschreiben. Beschreibungen in Kultur- und Naturwissenschaften. München.

Kempcke, Günter (ed.) (1984): Handwörterbuch der deutschen Gegenwartssprache. Berlin.

Ketelsen, Thomas (1990): Künstlerviten, Inventare, Kataloge. Zur Geschichte der kunsthistorischen Praxis. Ammersbeck/Hamburg.

Klimesch, Wolfgang (1988): Struktur und Aktivierung des Gedächtnisses. Bern.

Kohlmann, Ute (1992): Objektreferenzen in Instruktionen und Beschreibungen. In: Klein, Wolfgang (ed.): Textlinguistik. Zeitschrift für Literaturwissenschaft und Linguistik, Heft 22, 93−115.

− (1996): Selbstkorrekturen in Beschreibungen, Instruktionen und Erzählungen. Arbeiten aus dem Sonderforschungsbereich 'Sprache und Situation'. Heidelberg/Mannheim.

Kretzenbacher, Heinz L. (1992): Wissenschaftssprache. Heidelberg.

− (1998): Abstract und Protokoll. In: Hoffmann, Lothar/Kalverkämper, Hartwig/Wiegand, Herbert Ernst (eds.): Fachsprachen. Ein internationales Handbuch zur Fachsprachenforschung. Berlin/NY, 493−499.

Lange, Günter/Neumann, Karl/Ziesemis, Werner (1990): Taschenbuch des Deutschunterrichts. Band 1. Grundlagen. Sprachdidaktik. Mediendidaktik. Hohengehren.

Lausberg, H. (1967): Elemente der literarischen Rhetorik. München.

Levelt, Wilhelm J. M. (1982): Linearization in describing spatial networks. In: Peters, Stanley/Saarinen, Esa (eds.): Process, beliefs and question. Dordrecht etc., 199−220.

Linde, C./Labov, W. (1975): Spatial Networks as a Site for the Study of Language and Thought. In: Language 51, 924−939.

Lötscher, Andreas (1991): Thematische Textorganisation in deskriptiven Texten als Selektions- und Linearisierungsproblem. In: Brinker, Klaus (ed.): Aspekte der Textlinguistik. Hildesheim/Zürich/New York, 73−106.

Lücking, Peter (1995): Deskriptionssequenzen in fiktionalen Texten. Bochum.

Lumer, Christoph (1990): Normativ − deskriptiv − faktisch. In: Sandkühler, Jörg (ed.): Europäische Enzyklopädie zu Philosophie und Wissenschaften. Band 3. Hamburg, 588−592.

Maaß, Wolfgang (1996): Von visuellen Daten zu inkrementellen Wegbeschreibungen in dreidimensionalen Umgebungen: Das Modell eines kognitiven Agenten. Saarbrücken.

Michel, Georg (1985): Grundfragen der Kommunikationsbefähigung. Leipzig.

− (1986): Sprachliche Kommunikation. Einführung und Übungen. Leipzig.

Oomen, Ingelore (1977): Determination bei generischen, definiten und indefiniten Beschreibungen im Deutschen. Tübingen.

Rahlf, Thomas (1998): Deskription und Inferenz. Methodologische Konzepte in der Statistik und Ökonomie. Köln.

Rehbein, Jochen (1977): Komplexes Handeln. Elemente zur Handlungstheorie der Sprache. Stuttgart.

Rickheit, Gert/Strohner, Hans (1993): Grundlagen der kognitiven Sprachverarbeitung. Modelle, Methoden, Ergebnisse. Tübingen.

Riesel, Elise (1963): Stilistik der deutschen Sprache. Moskau.

Ripfel, Martha (1998): Die wissenschaftliche Rezension. In: Hoffmann, Lothar/Kalverkämper, Hartwig/Wiegand, Herbert Ernst (eds.): Fachsprachen. Berlin/New York, 488−492.

Rothkegel, Annely (1984): Sprachhandlungstypen in interaktionsregelnden Texten − Texthandlungen in Abkommen. In: Rosengren, Inger (ed.): Sprache und Pragmatik. Lunder Symposium 1984. Malmö, 255−278.

Sandig, Barbara (1973): Beispiele pragmalinguistischer Textanalyse (Wahlaufruf, familiäres Gespräch, Zeitungsnachricht). In: Der Deutschunterricht 25,1, 5−23.

Schellenberg, Wilhelm (1994): Strategien, Muster, Formulierungen der Zusammenfassung in Lehrbuchtexten. In: Schellenberg, Wilhelm (ed.): Untersuchungen zur Strategie der Sprachgestaltung ausgewählter Fachtextsorten aus Gegenwart und Neuzeit. Erfurt, 39−77.

Scherpe, Klaus R. (1994): Beschreiben, nicht erzählen. Beispiele zu einer ästhetischen Opposition von Döblin und Musil bis zu Darstellungen des Holocaust. Berlin.

Schmidt, Wilhelm et al. (eds.) (1981): Funktionalkommunikative Sprachbeschreibung. Theoretisch-methodische Grundlegung. Leipzig.

Schoenke, Eva (1991): Didaktik sprachlichen Handelns. Überlegungen zum Sprachunterricht in der Sekundarstufe I. Tübingen.

Schwarz, Monika (1992): Einführung in die kognitive Linguistik. Tübingen.

Seel, Gertrud (1995): Stellenbeschreibungen für die Pflege im Krankenhaus. Hannnover.

Selle, Sigrid (1998): Erlaß, Verordnung, Dekret. In: Hoffmann, Lothar/Kalverkämper, Hartwig/Wiegand, Herbert Ernst (eds.): Fachsprachen. Berlin/New York, 529−532.

Storrer, Angelika/Waldenburger, Sandra (1998): Zwischen Grice und Knigge. Die Nettiketten im Internet. In: Strohner, Hans/Sichelschmidt, Lorenz/Hielscher, Martina (eds.): Medium Sprache. Frankfurt/Berlin/Bern, 63–78.

Viehweger, Dieter (1984): Illokutionsstruktur von Anordnungstexten. In: Rosengren, Inger (ed.): Sprache und Pragmatik. Lunder Symposium 1984. Malmö, 279–292.

Wagner, Klaus R. (1978): Sprechplanung. Empirie, Theorie und Didaktik der Sprecherstrategien. Frankfurt.

Werlich, Egon (1975): Typologie der Texte. Entwurf eines textlinguistischen Modells zur Grundlegung einer Textgrammatik. Heidelberg.

Wittmers, Edith (1977): Zu einigen Aspekten der Textkonstitution als Beitrag zur Methodologie der Erfassung des Zusammenhangs sprachlicher Darstellungen. In: Daneš, František/Viehweger, Dieter (eds.): Probleme der Textgrammatik II. Berlin, 213–235.

Wolfgang Heinemann, Leipzig
(Deutschland)

37. Vertextungsmuster Narration

1. Narration als Gegenstand linguistischer Forschung
2. Narrationsspezifische Aufgaben
3. Ausblick: Erzählen im interdisziplinären Gespräch
4. Literatur (in Auswahl)

1. Narration als Gegenstand linguistischer Forschung

1.1. Erzählen als eine Grundform von Kommunikation

Etwas erzählen? Aber ich weiß nichts. Gut, also ich werde etwas erzählen. Einmal, es ist schon zwei Jahre her, habe ich ein Eisenbahnunglück mitgemacht, – alle Einzelheiten stehen mir klar vor Augen. Es war keines vom ersten Range, keine allgemeine Harmonika mit „unkenntlichen Massen" und so weiter, das nicht. Aber es war doch ein ganz richtiges Eisenbahnunglück mit Zubehör und obendrein zu nächtlicher Stunde. Nicht jeder hat das erlebt, und darum will ich es zum besten geben.

So beginnt Thomas Manns Erzählung „Das Eisenbahnunglück". Der Erzähler lenkt die Aufmerksamkeit des Lesers zunächst auf das Erzählen als kommunikative Aktivität und erst dann auf die Geschichte. Das Erzählen der Geschichte wird als Antwort auf eine Frage oder Aufforderung präsentiert (vgl. Klein/von Stutterheim 1992) und erscheint damit eingebettet in ein Gespräch. Es verbindet ein zurückliegendes Ereignis mit einer aktuellen Situation; die Diskontinuität zwischen beiden wird durch *einmal, es ist schon zwei Jahre her* markiert. Damit sind zwei wesentliche Aspekte für die Bestimmung des Erzählens genannt: Erzählen ist eine kommunikative und eine rekonstruktive Tätigkeit. Die Voraussetzung für die Rekonstruktion des zurückliegenden Ereignisses ist, dass der Erzähler sich daran erinnert: *alle Einzelheiten stehen mir klar vor Augen*; insofern ist Erzählen auch eine mentale Tätigkeit:

„Erzählen ist eine anthropologisch universelle Kulturpraxis der Zeitdeutung, und die ganze Fülle der Vergegenwärtigung der Vergangenheit, die wir 'Geschichte' als mentale Tätigkeit nennen, läßt sich kategorial als Erzählen charakterisieren" (Rüsen 1996, 1).

In den verschiedensten Kulturen und Epochen sind dem Erzählen wesentliche gesellschaftliche Aufgaben zugeschrieben worden:

„Göttergeschichten, Heldengeschichten, die Schöpfungsgeschichte machen darauf aufmerksam, daß Kulturen ihre ältesten Weisheiten nicht säuberlich geordnet, sondern als Erzählungen übermitteln. Seit alters hören Menschengemeinschaften, die über den Kosmos oder über sich selbst Bescheid wissen wollen, gerne auf Erzähler, denn Erzähler vermögen eher als alle, die in einer entfalteten Kultur ihren einzelnen Beschäftigungen nachgehen, kollektive Erfahrungen zu sammeln und zu einer Geschichte zu ordnen" (Lämmert 1982a, VIII).

Erzählen als eine Verarbeitungsleistung wird damit in einen weiten historisch-anthropologischen und kulturellen Kommunikationszusammenhang gestellt; es kann geradezu konstitutiv für soziale und kulturelle Identität sein. Erzählen und Erzählungen sind nicht nur und nicht in erster Linie Gegenstand der Linguistik – das machen diese Zitate deutlich, zum einen dadurch, dass sie das Erzählen in den Kontext anderer Disziplinen stellen, zum anderen indem sie auf die Relevanz des Erzählens als eine allgemeine menschliche

Praxis hinweisen. Diese Alltäglichkeit und Allgegenwart des Erzählens werden typischerweise auch am Anfang linguistischer Untersuchungen über das Erzählen evoziert (vgl. z. B. Adam 1987, 9; Laforest 1996, 9; Boueke et al. 1995, 13; Hausendorf/Quasthoff 1996, 10). Dabei wird 'Erzählen' in einem sehr umfassenden Sinne verstanden, der unabhängig ist vom Medium (schriftlich oder mündlich, face-to-face oder medial vermittelt) und vom Kontext (alltägliche Interaktion oder Literatur), unabhängig vor allem auch von der speziellen Form, in der erzählt wird (der Gattung oder der Textsorte). Erzählen gilt als eine Grundform; in verschiedenen Ansätzen zur Unterscheidung von Texttypen, Textsorten oder Textmustern gehört das narrative Muster — meist neben dem argumentativen, dem deskriptiven und dem explikativen — zu den fundamentalen Mustern (vgl. z. B. Heinemann/Viehweger 1991 und die in Virtanen 1992 besprochenen Ansätze) oder zu den 'Prototypen' (vgl. Stempel 1986; Virtanen 1992; Adam 1992). Angesichts der Vielfalt narrativer Darstellungsformen muss eine linguistische Definition des Erzählens also einerseits allgemein genug sein, um diesen Formen Rechnung zu tragen, andererseits muss sie spezifisch genug sein, um das Muster insgesamt von anderen abzugrenzen.

Diese Schwierigkeit hängt — wie Ehlich (1983, 128 ff) gezeigt hat — mit der Semantik des Ausdrucks 'erzählen' zusammen, der sowohl als 'Architerm' für ein ganzes Wortfeld fungiert ('erzählen 1') als auch in Opposition zu anderen Ausdrücken aus diesem Wortfeld steht: 'berichten', 'schildern', 'darstellen', 'mitteilen' u. a. — ('erzählen 2'). Mit derselben „systematischen Ambivalenz" (Ehlich 1983, 130) sehen sich Heinemann/Viehweger (1991, Kap. 5.3.4.3) konfrontiert, wenn sie „narrative Strukturierungsmuster" im Unterschied zu „deskriptiven" und „argumentativen" beschreiben wollen: Sie nehmen ein „strategisches Grundverfahren der NARRATION" an, das dann in unterschiedliche Strukturierungsmuster 'NARR I' und 'NARR II' differenziert wird (1991, 238).

Im Folgenden soll versucht werden, von dem allgemeinen und umfassenden Begriff im Sinne von Ehlichs Architerm 'erzählen 1' oder von dem Grundverfahren der 'NARRATION' im Sinne von Heinemann/Viehweger auszugehen und die damit verbundenen kommunikativen Aufgaben zu beschreiben (Abschnitt 2.) und auf dieser Grundlage über mögliche Differenzierungen nachzudenken (Abschnitt 3.). Zuvor soll kurz auf den Forschungsstand in der linguistischen Erzählforschung eingegangen werden.

1.2. Perspektiven
der linguistischen Erzählforschung

Lange Zeit war „das theoretische Bemühen um das Erzählen weitgehend geprägt von dem Bild, das die Literaturwissenschaft für das Erzählen entwickelt hat" (Ehlich 1983, 131). Durch das Aufkommen des literarischen Erzählens wurde das Erzählen „professionalisiert", und verlor als „nicht-professionelle Tätigkeit" an Bedeutung (Ehlich 1983, 131/132). Auch in der Forschung richtete sich das Interesse — vor allem im Strukturalismus und in der Textlinguistik — zunächst auf literarische Erzählungen (ein deutliches Beispiel bieten etwa die 3 Bände von Haubrichs 1976; 1977; 1978). Erst mit der Entwicklung der linguistischen Pragmatik und der Gesprächsanalyse traten auch alltägliche Erzählungen ins Blickfeld (vgl. dazu Quasthoff im 2. Halbband „Gesprächslinguistik"). Dabei wurde alltägliches Erzählen im wesentlichen mit mündlichem Erzählen gleichgesetzt; schriftliche Alltagserzählungen, wie sie z. B. in Briefen, Tagebüchern, Aufzeichnungen von Träumen, Reiseberichten oder in Zeitungsartikeln verschiedener Art vorkommen, sind bislang weitgehend vernachlässigt worden (vgl. aber Gülich 1980; Sandig 1986, 177; Adam 1992, Kap. 2, die Beispiele aus Zeitungen verwenden). Gleichwohl ist die linguistische Erzählforschung, so wie sie sich in den rund 20 Jahren seit der umfassenden Bestandsaufnahme von Haubrichs (1976; 1977; 1978) entwickelt hat, so umfangreich und vielfältig, dass ein detaillierter Forschungsbericht in diesem Rahmen nicht geleistet werden kann. Er ist im übrigen auch deshalb verzichtbar, weil eine Reihe neuerer Berichte vorliegen (z. B. Hausendorf/Quasthoff 1996, Kap. 2; Boueke et al. 1995, Kap. 2 und 3.1; Laforest/Vincent 1996; Bres 1994; ältere Forschungsberichte: Gülich/Raible 1977, Teil 3; Gülich/Quasthoff 1985; Adam 1987). Im Folgenden sollen daher nur die wichtigsten Forschungsperspektiven skizziert (1.2.1.–1.2.3.) und die sich daraus ergebenden Kriterien für die Bestimmung des Narrativen (1.3.) diskutiert werden.

An dem eingangs zitierten Erzählanfang von Thomas Manns „Eisenbahnunglück" lassen sich drei Perspektiven illustrieren, unter denen Erzählen analysiert werden kann: (1) die Perspektive auf die Interaktion, in der ein Erzähler einem Zuhörer etwas erzählt (durch die Wahl des Textanfangs deutet der Autor die Einbettung in einen – hier natürlich auch narrativ vermittelten – Interaktionszusammenhang an), (2) die auf den Erzähltext, d. h. hier: einerseits die ganze Erzählung von Thomas Mann, andererseits die Binnenerzählung, die mit der Markierung zeitlicher Diskontinuität zur Erzählsituation durch *Einmal, es ist schon zwei Jahre her* beginnt, und (3) die Perspektive auf die Geschichte, nämlich das (erinnerte) Eisenbahnunglück. Die unterschiedliche Gewichtung dieser Perspektiven schlägt sich in verschiedenen Forschungsrichtungen nieder.

1.2.1. Interaktion

Die Perspektive der Interaktion zwischen Erzähler und Zuhörer spielt in der Forschung seit der Entwicklung der linguistischen Pragmatik mit der Entdeckung des alltäglichen Erzählens als Forschungsgegenstand (also etwa seit Quasthoff 1980 und Ehlich 1980; vgl. ansatzweise auch Gülich 1976) eine wichtige Rolle. Da diese Forschungsarbeiten, die sich im wesentlichen auf mündliches Erzählen beziehen, ausführlich von Quasthoff (im 2. Halbband „Gesprächslinguistik") referiert werden (vgl. auch Hausendorf/Quasthoff 1996, Abschnitt 2.3.3. zum „dialogorientierten Ansatz"), sollen sie hier nicht eigens thematisiert werden. Die interaktive Perspektive spielt aber im Zusammenhang mit bestimmten Definitionskriterien eine Rolle (s. Abschnitt 1.3.) und wird hier auch für die Darstellung der narrationsspezifischen Aufgaben eingenommen (s. Abschnitt 2.).

1.2.2. Erzähltext

Die Perspektive auf den – aus dem Interaktionszusammenhang herausgelösten – Erzähltext bestimmt vor allem die – im weitesten Sinne – textlinguistisch geprägte Forschung. Um die Fülle textlinguistischer Beiträge zum Erzählen zu ordnen, lassen sich vereinfachend zwei Zugänge unterscheiden: der Zugang von einzelnen sprachlichen Phänomenen aus, die wesentlich zur Konstitution von Erzählungen beitragen, und der Zugang von einer Gesamtstruktur aus. Exemplarisch für den ersten Zugang ist Weinrichs Untersuchung zum Tempus (Weinrich 1964), in der die Beschreibung des Tempusgebrauchs in Texten zu einer neuen Konzeption von Tempus führt, nämlich der Unterscheidung zwischen Tempora der „besprochenen" und der „erzählten Welt". Im oben zitierten Beispiel von Thomas Mann beginnt die Erzählung mit Besprechtempora und geht mit *Es war ...* zu Erzähltempora über. In einer „Textgrammatik" ist solchen erzählspezifischen Funktionen sprachlicher Formen Rechnung zu tragen (vgl. Weinrich 1993, Kap. 3.1). Ähnlich geht Harweg (1968) vor, wenn er aufgrund der verschiedenen Formen pronominaler Substitution Textanfangs- und Textfortsetzungssätze von Erzähltexten unterscheidet. In Gülich/Raible (1979) bilden Gliederungselemente den Ausgangspunkt, deren hierarchische Anordnung die Beschreibung der Abfolge von Teiltexten im Sinne einer erzählspezifischen Makrostruktur ermöglicht. Insofern wird hier eine Verbindung zwischen einzelnen sprachlichen Elementen und einer Gesamtstruktur hergestellt.

Für den Zugang von der Globalstruktur aus steht vor allem der Ansatz von Labov/ Waletzky (1967) bzw. Labov (1972), der in der Folgezeit als derart grundlegend für die Analyse nicht nur mündlicher (wie bei den Autoren selbst), sondern auch schriftlicher Erzählungen angesehen wurde, dass er nicht nur in unzähligen Arbeiten wieder aufgenommen, sondern 30 Jahre später in einem Jubiläumsband noch einmal eigens gewürdigt wurde (vgl. Bamberg 1997).

Die Globalstruktur besteht nach Labov/ Waletzky (1967) aus 'Orientierung', 'Komplikation', 'Auflösung', 'Evaluation' und 'Coda'; in Labov (1972) wird ein 'Abstract' am Anfang hinzugefügt, und die 'Evaluation' wird aus der strengen sequentiellen Abfolge herausgenommen und eher als die Funktion bestimmter sprachlicher Mittel gesehen, die an verschiedenen Stellen der Erzählung lokalisiert sein kann.

In Thomas Manns „Eisenbahnunglück" folgt auf den zu Beginn zitierten Anfang ein – für mündliches Erzählen typisches – Abstract, das eine Reihe evaluativer Elemente enthält. Die 'Orientierung' folgt im nächsten Absatz, in dem die Ausgangssituation geschildert wird: *Ich fuhr damals nach Dresden, eingeladen von Förderern der Literatur. Eine Kunst- und Virtuosenfahrt also ...* Die Situation, die dem durch Titel und 'Abstract' angekündigten und somit erwartbaren Eisenbahnunglück vorausgeht, wird in der Erzählung sehr ausführlich geschildert: Die Reise verläuft zunächst ohne besondere Probleme, die auf ein Unglück hindeuten könnten. Der Erzähler beschreibt schließlich, wie er sich in seinem Schlafwagenabteil zur Ruhe begeben will:

O große Neuzeit! denke ich. Man legt sich in dieses Bett wie zu Hause, es bebt ein wenig die Nacht hindurch, und das hat zur Folge, daß man am Morgen in Dresden ist. Ich nahm meine Handtasche aus dem Netz, um etwas Toilette zu machen. Mit ausgestreckten Armen hielt ich sie über meinem Kopfe. In diesem Augenblick geschieht das Eisenbahnunglück. Ich weiß es wie heute. Es gab einen Stoß, – aber mit 'Stoß' ist wenig gesagt.

Die 'Komplikation' wird also eingeleitet durch eine teilweise Wiederaufnahme des 'Abstract'; ihr Beginn wird signalisiert durch eine Zeitangabe (*in diesem Augenblick*), ein 'Episodensignal' (im Sinne von Gülich/Raible 1979) und den Tempuswechsel vom Präteritum zum Präsens. Evaluative Elemente sind erkennbar beispielsweise in der Wiedergabe der Gedanken des Erzählers vor dem Unglück, im Kommentar zu dem Wort *Stoß* und im folgenden Text in vielen expressiven Ausdrücken (z. B. *Ein in sich abscheulich krachender Stoß, Totenstille im Schlafwagen*, Interjektionen wie *Halt! Halt! Halt!* und *Hilfe!*). Demgegenüber ist die 'Auflösung' denkbar kurz, die Unglücksschilderung endet mit der Rückkehr zur Normalität:

In Hof war es fünf Uhr und hell. Dort gab es Frühstück, und dort nahm ein Schnellzug mich auf, der mich und das Meine mit dreistündiger Verspätung nach Dresden brachte.

Die abschließende 'Coda' führt in die anfangs evozierte Gesprächssituation zurück: *Ja, das war das Eisenbahnunglück, das ich erlebte (…)*. Mit dem Modell von Labov wurde in der Folgezeit in verschiedener Weise weitergearbeitet, einerseits z. B. von van Dijk (z. B. 1976; 1980), der die wesentlichen Kategorien beibehält, sie aber weiter differenziert und eine hierarchische Ordnung an die Stelle der einfachen linearen Abfolge setzt, andererseits z. B. von Gülich/Raible (1979), die die – von Labov selbst nicht weiter beachtete – Markierung der Übergänge (z. B. durch 'Episodensignale', Tempuswechsel u. ä.) und die Abgrenzungen zwischen den aufeinanderfolgenden 'Teiltexten' mit einer Systematik der Textgliederung deutlich machen. Während bei van Dijk die Kategorien von Labov als Elemente eines abstrakten Schemas erscheinen, das er 'Superstruktur' nennt und durch 'semantische Makrostrukturen' ergänzt (vgl. van Dijk 1980, bes. 128 ff; eine Darstellung früherer Ansätze van Dijks geben Gülich/Raible 1977, 250 ff), beziehen Gülich/Raible den Begriff 'Makrostruktur' auf die Textoberfläche und gehen davon aus, dass der Hörer/Leser diese Makrostruktur an der formalen Abgrenzung der Teiltexte erkennt.

1.2.3. Geschichte

Mit den Konzepten „Superstruktur" und „Makrostruktur" knüpft van Dijk nicht nur an Labovs Globalstruktur an, sondern auch an frühere strukturalistische Ansätze (vgl. dazu Gülich/Raible 1977, Teil III; → Art. 35), die sich durch die Wahl der dritten der oben genannten Perspektiven auszeichnen, nämlich der der 'Geschichte'. Die Analyse des Erzähltexts („discours") tritt in strukturalistischen Arbeiten zurück, das Interesse richtet sich auf das zugrunde liegende Handlungssubstrat („histoire"). Die Frage, wie man vom Text zum Handlungssubstrat kommt, wird in strukturalistischen Arbeiten nicht gestellt. Van Dijk (1980, 45 ff) hingegen beantwortet sie durch die Formulierung sogenannter „Makroregeln" wie z. B. 'Auslassen', 'Selektieren' und 'Generalisieren'. Durch die Konzeption solcher Makroregeln lenkt van Dijk die Aufmerksamkeit nicht nur auf die Geschichte, sondern auch auf die Verarbeitung der in der Geschichte enthaltenen Informationen. Dieser Aspekt findet sich auch bei Quasthoff (1980, 48 ff), die unter 'Geschichte' nicht mehr das Handlungssubstrat versteht, sondern das, was als 'kognitive Geschichte' in der Erinnerung des Erzählers an das ursprüngliche Geschehen bewahrt ist. Daraus hat sich für die Erzählforschung ein neuer 'kognitiver' Ansatz entwickelt (vgl. Hausendorf/Quasthoff 1996, Kap. 2.3.2), der vor allem in der Tradition der „story grammar" ausgearbeitet wurde. Insbesondere in der Erzählerwerbsforschung richtet sich die Aufmerksamkeit sehr dezidiert auf solche kognitiven Schemata (vgl. dazu ausführlich Boueke et al. 1995, bes. Kap. 2.6; s. auch Quasthoff im 2. Halbband „Gesprächslinguistik", Abschn. 5). Das Konzept der 'Geschichte' spielt eine zentrale Rolle im Modell von Boueke et al., die das Erzählen einer 'Geschichte' mit etwas Außergewöhnlichem, Unerwarteten vom Erzählen im allgemeinen unterscheiden (1995, 14 ff, 75 ff). Ihr Modell nimmt aber auch strukturalistische und vor allem textlinguistische Anregungen auf, so dass – insbesondere durch den textlinguistisch verstandenen Begriff der 'Markierung' (Ereignisstruktur- und Affekt-Markierungen, vgl. 1995, 77) – 'Geschichte' und Erzähltext aufeinander bezogen sind. Wenn eine Erzählung jedoch nur unter bestimmten Bedingungen wie etwa Ungewöhnlichkeit als 'Geschichte' gilt, dann werden gegenüber einem umfassenden Begriff von Erzählen, wie er hier bisher zugrunde gelegt wurde, schon Einschränkungen deutlich. Entsprechend lässt sich zeigen, dass die meisten Kriterien, die für die Definition von Erzählen formuliert worden sind, sich letztlich nur auf bestimmte Typen des Erzählens beziehen.

1.3. Definitionskriterien

Die verschiedenen Perspektiven, unter denen das Erzählen betrachtet wird, bringen auch unterschiedliche Akzentuierungen der grundlegenden Kriterien mit sich, die zur Bestimmung von 'Erzählen' herangezogen werden. Solche Kriterien sind verschiedentlich formuliert worden (vgl. z. B. Gülich/Quasthoff 1985, 170 ff; Adam 1992, 46 ff; Bres 1994, 73 ff; Ducrot/Schaeffer 1995, 193 f; Laforest/Vincent 1996, 17 ff). Sie werden allerdings häufig nur aufgezählt, nicht systematisch abgeleitet und sind daher relativ heterogen. Eine Ausnahme bildet Kindt (1997), der auch über grundlegende Aspekte des Definierens und über die Teilnehmer- und Theorieabhängigkeit der Erzähldefinition nachdenkt. Er schränkt die Gültigkeit seiner Definition allerdings auf nichtliterarisches Erzählen in einer vereinfachten dialogischen Konstellation (d. h. zwischen zwei Teilnehmern) ein. Wir wollen im Folgenden in Orientierung an Kindt versuchen, Kriterien zu formulieren, die für Erzählen in einem umfassenden Sinne gelten (der dem 'erzählen 1' von Ehlich entspricht, s. Abschnitt 1.1.; vgl. auch die Theorie des narrativen Diskurses in Ricœur 1980) und zu denen sich Spezifizierungen für bestimmte Untertypen (im Sinne von Ehlichs 'erzählen 2') angeben lassen.

1.3.1. Allgemeine Definitionskriterien

Eine 'Erzählung' ist die in Form einer Diskurseinheit realisierte verbale Rekonstruktion eines Ablaufs realer oder fiktiver Handlungen oder Ereignisse, die im Verhältnis zum Zeitpunkt des Erzählens zurückliegen oder zumindest (wie z. B. in Zukunftsromanen) als zurückliegend dargestellt werden. Erzählungen gehören damit zu den 'rekonstruktiven Gattungen' (Luckmann 1986). Diese Definition enthält drei wesentliche Kriterien, die eine im allgemeinen klare Abgrenzung des Erzählens und der Erzählung von anderen Aktivitätstypen bzw. Textsorten oder Vertextungsmustern erlauben: verbale Rekonstruktion, Diskurseinheit und Handlungen/Ereignisse.

Verbale Rekonstruktion bedeutet eine Einschränkung gegenüber bestimmten Auffassungen in der 'Narratologie' strukturalistischer Prägung (vgl. dazu den Übersichtsartikel in Ducrot/Schaeffer 1995, 191 ff und Onega/García Landa 1996), insofern damit bildliche Rekonstruktionen (etwa in Filmen, Comics, Photos usw.) ausgeschlossen werden.

Mit dem Kriterium der 'Diskurseinheit' (vgl. Quasthoff 1980, 29 f; Hausendorf/Quasthoff 1996, 21 f; Kindt 1997, Abschn. 2.3) werden vor allem die folgenden Präzisierungen ermöglicht:

− Eine Erzählung ist eine komplexe Einheit, die mehr als einen Satz umfasst (vgl. schon Labov/Waletzky 1967, 105). Für Quasthoff (1983, bes. 56 ff) liegt in dieser Komplexität der Unterschied zur 'Mitteilung', die auf Satzebene realisiert ist.

− Eine Erzählung ist als Einheit abgrenzbar innerhalb der Interaktion oder − in schriftlicher Kommunikation − des umgebenden Textes; dies wird durch bestimmte Signale zumindest am Erzählanfang (Ankündigungsformeln, Titel u. ä.) deutlich.

− Die Erzählung wird im Wesentlichen von einem Erzähler produziert; d. h. ungeachtet der in mündlicher Kommunikation zentralen Bedeutung des Zuhörers gibt es einen 'primären Sprecher' (vgl. Quasthoff 1990; Kindt 1997, 2.4) bzw. einen dominanten Produzenten als Träger der Erzählaktivität. Das ist für schriftliche Erzählungen im allgemeinen selbstverständlich; in mündlicher Kommunikation wird die Erzählung durch dieses Kriterium abgegrenzt von anderen Techniken der (u. U. interaktiven) Rekonstruktion vergangener Ereignisse (z. B. durch Frage und Antwort, vgl. dazu Gülich 1994, wo die verbale Rekonstruktion als eine kommunikative Aufgabe und das Erzählen als eine (alltagsweltliche) Methode neben anderen zur Lösung dieser Aufgabe aufgefasst wird).

Mit dem Bezug zu Handlungen, Ereignissen oder Geschehen (vgl. Kindt 1997, 2.5) wird auf die 'Geschichte' (s. Abschnitt 1.1.) verwiesen; dabei wird häufig noch präzisiert, dass die Handlungsträger menschliche oder zumindest belebte Wesen sind bzw. (wie z. B. Pflanzen oder Gegenstände in der Fabel) als solche dargestellt werden. Die Erzählung wird dadurch abgegrenzt von Beschreibungen beispielsweise von Landschaften oder Räumen (zum Ereignisbegriff vgl. Koselleck/Stempel 1973, bes. die Beiträge von Jauss, 554 ff und Koselleck, 560 ff; zur Abgrenzung zwischen Erzählung und Beschreibung vgl. z. B. Stempel 1973).

1.3.2. Spezifizierende Kriterien

Wenn die genannten Kriterien in dieser sehr allgemeinen Formulierung für die Definition von mündlichen und schriftlichen, literarischen und alltäglichen Erzählungen gelten können, führt schon der Versuch, den Ereignis- oder Handlungsablauf näher zu bestimmen, notwendig zur Differenzierung verschiedener Typen von Erzählungen: Das Kriterium der Singularität des Ereignisses, das häufig angeführt wird (vgl. z. B. Laforest/Vincent 1996, 17), schließt z. B. biographische Erzählungen, Chroniken oder Romane (im Unterschied zu Novellen oder Kurzgeschichten) aus.

Das Kriterium der 'Erzählwürdigkeit' des Ereignisses bzw. der Geschichte ist in der Erzählforschung besonders intensiv diskutiert worden (vgl. dazu ausführlich Kindt 1997, Abschn. 2.5). Der Gedanke, dass allein die Rekapitulation aufeinanderfolgender Handlungen oder Ereignisse nicht ausreicht, ist im Grunde schon in strukturalistischen Ansätzen zu finden, z. B. wenn Todorov (1973) neben die Sukzession als zweites Prinzip des Erzählens die Transformation stellt (vgl. Gülich/Raible 1977, 229 ff). In der neueren linguistischen Erzählforschung beruft man sich im allgemeinen auf Labov, der die 'Evaluation' der Erzählung an das bindet, was er „the point of the narrative" nennt (1972, 366), d. h. das, was die Ereignisse 'erzählenswert' („reportable") macht (ebd., 370; vgl. dazu auch Labov 1982, 227 ff; van Dijk 1976, 286 ff). ErzählforscherInnen haben immer wieder versucht, dieses Kriterium zu präzisieren:

– Quasthoff (1980, bes. 52 ff) rekurriert auf das Konzept des 'Planbruchs' (der Gegensatz zwischen einem Handlungsplan und den – unerwarteten – Schwierigkeiten seiner Realisierung ist der Kernpunkt für die Speicherung als 'kognitive' Geschichte).

– Ehlich (1983, 140 ff) sieht das Wesentliche der Erzählstruktur im 'Unerwarteten': Ein Erlebnis wird erzählenswert durch die Divergenzerfahrung zwischen Ereignis und vorgängigem Wissen (ebd., 141).

– Boueke et al. (1995, bes. 80 ff) arbeiten mit dem Begriff der 'Diskontinuität' von Ereignisfolgen („die Etablierung eines – die 'Erzählwürdigkeit' begründenden – 'Bruchs' der eigentlich zu erwartenden Ereignisverläufe" ist eine Voraussetzung dafür, dass ein Text als 'Geschichte' gilt, ebd., 75).

– Kindt (1997, Abschnitt 2.5) sieht „mindestens ein sozial relevantes außergewöhnliches Ereignis" als Definitionsbedingung an.

– Vincent (1996) führt drei 'Grade' von Erzählwürdigkeit ein (einen außergewöhnlichen, einen banalen und einen mittleren Grad), die auf drei Komponenten der Erzählung bezogen werden: auf die Ereignisse selbst, auf die Ergebnisse, zu denen diese geführt haben, auf die Evaluierung der Ereignisse durch den Erzähler.

Mit dem Kriterium der Erzählwürdigkeit hängt das der Emotionalität eng zusammen (vgl. ausführlich Boueke et al. 1995, 92 ff, wo dieses Kriterium eine zentrale Rolle bei der Definition der 'Geschichte' spielt). Relevanzsetzungen des Erzählers ergeben sich weniger aus den Ereignissen selbst als aus den damit verbundenen Emotionen und Bewertungen. Dazu gehören auch die Reaktionen des Rezipienten; für Ehlich (1983, 141) z. B. ist das Erstaunen die subjektive Erfahrungsweise des Unerwarteten. Das Vorhandensein oder Fehlen von Emotionalität wird im allgemeinen als Kriterium für die Unterscheidung zwischen Erzählung und Bericht angenommen (vgl. bes. Rehbein 1980; 1984; Sandig 1986, 183 ff; Kindt 1997, 2.6; vgl. auch Quasthoff 1983, 57, für die die direkte Rede ein deutliches Unterscheidungskriterium zwischen Erzählung und Bericht ist).

Emotionalität kommt also mit Hilfe verschiedener sprachlicher Formen zum Ausdruck, so dass Erzählwürdigkeit (auch erst) beim Erzählen bzw. durch das Erzählen selbst hergestellt wird (s. auch Abschnitt 2.4.). Entsprechend spielen sprachliche Gestaltungsmittel in mündlichen und schriftlichen, alltäglichen (vgl. Gülich 1980; Kallmeyer 1981) ebenso wie in literarischen Erzählungen eine wichtige Rolle bei der Vermittlung der Ereignisqualität als singulär, erzählenswert bzw. ungewöhnlich und emotional. Sie lassen sich jedoch schwerlich so allgemein formulieren, dass sie für alle Typen von Erzählungen zutreffen.

1.3.3. Fazit

Definitionskriterien für Erzählungen im allgemeinsten Sinne lassen sich nur auf einer relativ abstrakten Ebene angeben. Sobald man versucht, sie zu konkretisieren oder zu präzisieren, führen sie zur Unterscheidung verschiedener Formen des Erzählens. Insofern ließen sie sich als Differenzierungskriterien für eine empirisch fundierte Typologie narrativer Gattungen benutzen, die allerdings in der linguistischen Erzählforschung noch ein Desiderat darstellt (s. dazu Abschnitt 3.). Das Gesagte gilt für inhaltliche ebenso wie für formale Kriterien. Um systematisch in einem einheitlichen Rahmen sowohl allgemeingültige als auch gattungsspezifische Kriterien zu entwickeln, ist ein Modell erforderlich, das es erlaubt, Gemeinsamkeiten und Unterschiede auf verschiedenen Ebenen zu beschreiben. Wir greifen dazu im Folgenden den konversationsanalytischen Ansatz von Hausendorf/ Quasthoff (1996) auf, in dem das Erzählen (und Zuhören) als ein Lösen bzw. Bearbeiten spezifischer Aufgaben ('Jobs') konzeptualisiert wird (vgl. dazu auch Quasthoff im 2. Halbband „Gesprächslinguistik"). Da die überwiegende Mehrzahl der Weiterentwicklungen erzähltheoretischer Ansätze in den 80er und 90er Jahren durch Analysen mündlicher Erzählungen motiviert ist (vgl. schon Labov/Waletzky 1967; Quasthoff 1980; Bres 1993; 1994; Boueke et al. 1995; Hausendorf/ Quasthoff 1996; Laforest 1996; Bonu 1998), erscheint es uns lohnend, die Ergebnisse und Perspektiven dieser Forschungen für eine Mündlichkeit und Schriftlichkeit übergreifende Erzählkonzeption zu nutzen.

2. Narrationsspezifische Aufgaben

Anders als im Beschreibungsansatz von Hausendorf/Quasthoff (1996), in dem die Aufgaben von vornherein auf die mündliche Erzähl- und Zuhörsituation zugeschnitten werden, sollen diese Aufgaben im folgenden unabhängig von der medialen Konstituiertheit mit allgemeiner Geltung expliziert werden. Dazu sind einige Erläuterungen notwendig, die unser Verständnis übergreifender kommunikativer Aufgaben betreffen (s. Abschnitt 2.1.). Im Anschluß daran werden die einzelnen Aufgaben dann erläutert und illustriert (s. Abschnitte 2.2.–2.6.).

2.1. Kommunikative Aufgaben beim Erzählen

Bei Hausendorf/Quasthoff (1996) werden die narrationsspezifischen Aufgaben nicht sprecher- oder hörerbezogen formuliert, sondern als interaktive Aufgaben begriffen, die in und mit Interaktion zu bearbeiten sind. Daraus folgt, dass die Aufgaben jeweils so bestimmt werden, dass zunächst offenbleiben kann, von wem und wie diese Aufgaben bearbeitet und erfüllt werden. Diese Konzeption hat u. a. einige Konsequenzen für die Beachtung und Beschreibung dessen, was die Rolle des Zuhörens in Gesprächen ausmacht (vgl. dazu Quasthoff im 2. Halbband „Gesprächslinguistik"). Wir wollen diese Aspekte hier nicht weiter verfolgen, weil sie offensichtlich auf den Fall der mündlichen Erzählung zugeschnitten sind.

Zu fragen wäre aber wohl, ob die Vorstellung einer sprecher- und hörerübergeordneten Gegenstandsebene der Interaktion nicht mit Gewinn für die einer schreiber- und leserübergeordneten Gegenstandsebene der Kommunikation fruchtbar gemacht werden kann. Dies hat weitreichende theoretische Konsequenzen für den Kommunikationsbegriff, die wir hier nicht diskutieren können (vgl. dazu z. B. den Kommunikationsbegriff der neueren soziologischen Systemtheorie: Luhmann 1997, Kap. 1). Unmittelbar relevant für unser Vorhaben sind demgegenüber die methodologischen Konsequenzen einer solchen Annahme: Geht man davon aus, dass die narrationsspezifischen Aufgaben in und mit Kommunikation bearbeitet und gelöst werden, muss und kann man diese Aufgaben anhand der sprachlichen Erscheinungsformen dieser Kommunikation, also anhand der Texte im engeren Sinne, rekonstruieren und vice versa konkrete Textelemente und -strukturen als Formen und Mittel ihrer Bearbeitung und Lösung nachweisen. Evidenz für die Explikation der narrationsspezifischen Aufgaben muss also zunächst aus der empirischen Textanalyse selbst gewonnen werden.

Dieses Verständnis von Aufgaben unterscheidet sich wesentlich vom – häufiger anzutreffenden – Begriff der „Strategien" der Textproduktion und -rezeption, weil mit letzterem in der Regel auf mentale bzw. kognitive Planungs-, Entscheidungs- und Auswahlprozesse abgehoben wird (vgl. z. B. die Diskussion bei Heinemann/Viehweger 1991, 214ff), während der Begriff der Aufgaben, so wie wir ihn verstehen, auf eine soziale Realität sui generis verweist, die eigenständige Regel- und Gesetzmäßigkeiten aufweist. Diese soziale Realität wird im Rekurs auf kognitive bzw. mentale Prozesse der Textproduktion und -rezeption zwangsläufig verfehlt. Diese Konzeptualisierung führt entsprechend zu einer weitgehenden Beschränkung auf das, was hör- und sichtbar – im Falle des schriftlichen Erzählens: auf das, was sicht- und insbesondere lesbar ist. Die Textoberfläche bildet so gesehen den Fluchtpunkt, an dem sich die Angemessenheit und die Fruchtbarkeit der ermittelten Aufgaben bewähren müssen.

Es folgt aus diesem Gegenstandsverständnis, dass die Bestimmung dessen, was eine Erzählung ist und ausmacht, sich nicht nur für (linguistische) Beobachter stellt, sondern auch für die Kommunikationsteilnehmer selbst: In und mit Kommunikation muss deutlich gemacht werden, dass eine Erzählung im Gang ist, wenn diese Orientierung für die Kommunikation selbst von Bedeutung sein soll. Die für Erzählungen konstitutiven Merkmale (s. Abschnitt 1.3.) haben deshalb in den narrationsspezifischen Aufgaben ihre gegenstandsorientierte Entsprechung.

Die Aufgaben, von denen wir im folgenden mit Hausendorf/Quasthoff (1996) ausgehen, lauten: Darstellen von Inhalts- und/ oder Formrelevanz, Thematisieren, Elaborieren/Dramatisieren, Abschließen, Überleiten. Quasthoff (im 2. Halbband „Gesprächslinguistik") stellt diese Aufgaben in ihrem Zuschnitt für die Interaktion, also für das mündliche Erzählen vor, so dass wir uns im Folgenden auf die allgemeine, mündliche und schriftliche Konstituiertheit übergreifende Bedeutung konzentrieren können. Illustriert wird diese Bedeutung an Beispielen schriftlich-literarischen Erzählens und (Zu)Lesens: an einigen Erzählungen von Guy de Maupassant, an denen sich anschaulich zeigen lässt, wie die narrationsspezifischen Aufgaben einerseits im Medium von Schrift und Druck bearbeitet werden, darüber hinaus aber zusätzlich in ihrer mündlichen Konstituiertheit vorgeführt werden. Dabei konzentrieren wir uns auf die Beschreibungsebene der Aufgaben, ohne die Ebenen der Mittel und Formen systematisch auszufüllen.

2.2. Darstellen von Inhalts- und/oder Formrelevanz

Erzählungen fallen nicht aus dem Himmel, sondern werden kommunikativ vorbereitet, so dass sie an vorausgehende Kommunikationsereignisse anschließen und anknüpfen können. In und mit Kommunikation wird in der Regel ein Hintergrund etabliert, auf dem sich die Erzählung entwickeln kann. Dazu gibt es, vereinfachend gesagt, zwei Möglichkeiten: Zum einen kann ein inhaltlich über das temporale, lokale und personale Umfeld des zu erzählenden Ereignisses definiertes Thema als Gegenstand der Kommunikation etabliert werden. Zum anderen kann das Interesse auch auf die Form des Erzählens — losgelöst von bestimmten Gegenständen — gelenkt werden, so dass eine nachfolgende Erzählung an die solchermaßen eingeführte 'Formrelevanz' anschließen kann. Ein gutes Beispiel für die Darstellung von Formrelevanz liefert der Anfang der o. bereits ausschnitthaft wiedergegebenen Erzählung von Thomas Mann: *Etwas erzählen? Aber ich weiß nichts. Gut, also ich werde etwas erzählen. Einmal, ...* — diese Worte evozieren einen Gesprächszusammenhang, in dem das Erzählen als eine bestimmte Form von Kommunikation im Mittelpunkt steht. Erst aus dem — nachgestellten — Zugzwang zum Erzählen erwächst die dann folgende Geschichte über das „Eisenbahnunglück". In der Erzählung „Der Morin — das Schwein" leitet Guy de Maupassant die 'eigentliche' Erzählung im Rahmen der Darstellung von Inhaltsrelevanz ein:

„Hör mal, lieber Freund", sagte ich zu Labarbe, „eben hast du wieder so bedeutsam die vier Worte ausgesprochen: 'der Morin — das Schwein'! Ja, zum Deibel noch mal, warum höre ich nie etwas anderes über den Mann als nur immer und immer wieder diese Redensart: der Morin — das Schwein, der Morin — das Schwein?"

In dieser (nachgestellten) Szene greift einer der Gesprächspartner die (wiederkehrende und betonte) Nennung einer „Redensart" auf — was der (fiktive) Gesprächspartner dann seinerseits aufnehmen und als Auslöser für die Notwendigkeit einer Erzählung verwenden kann:

Labarbe — heute ist er längst unter die würdevollen Volksvertreter und Parlamentarier gegangen — starrte mich groß an aus seinen Nachtkatzenaugen: „Was? Aus La Rochelle willst du sein und kennst die Geschichte von Morin noch nicht?"
(Guy de Maupassant, Pariser Abenteuer)

Mit der schriftlichen Reinszenierung der Vorbereitung einer mündlichen Erzählung beginnt so Maupassants 'eigene' Erzählung (über eine Erzählung) — ein Kompensieren der Tatsache, dass sich Maupassants Erzählung gerade nicht so gleichermaßen urwüchsig wie von selbst aus einer alltäglichen Gesprächssituation heraus ergibt, wie er sie skizziert. Der Maupassantsche Erzähltext ist vielmehr, wenn wir ihn heute z. B. in einem Sammelband vorfinden und zu lesen beginnen, in voraussetzungsreicher Weise eingebettet und vorbereitet durch eine vorgreifende Darstellung von Inhalts- und Formrelevanz, deren sicht- und greifbare Spuren wir im Buch selbst und seiner Deklaration wie selbstverständlich vorfinden und aufnehmen: So kann unsere Lektüre anschließen an eine Fülle von Hintergrundwissen, das sich mit dem Autor, der Edition seiner Werke und der Selbstbeschreibungen auf dem Deckblatt („Pariser Abenteuer und andere Erzählungen") verbinden lässt – alles das, was im weitesten Sinne greif- und sichtbar wird, bevor wir überhaupt den Titel und den ersten Satz der eingangs zitierten Erzählung zu lesen beginnen. Dabei stellt die Art der 'Aufmachung' des Bandes in ihrer Hervorhebung des Eigennamens des Autors (Fettdruck, Größe des Schrifttyps) und in dem Hinweis auf eine Sammlung von „Erzählungen" in erster Linie die Formrelevanz der sich anschließenden Texte heraus: Autorschaft und Genre/Gattung, nicht die konkreten Inhalte der Erzählungen, erscheinen als die Quellen der Relevanz, an die die abgedruckten Erzählungen wie selbstverständlich anschließen – offensichtlich ohne dass der Autor diesen Prozess der 'Vorbereitung' beeinflussen, geschweige denn steuern könnte. Für die posthume Herausgabe der Erzählungen in deutscher Übersetzung, auf die wir uns hier beziehen, ist das trivial. Es gilt aber genauso für die zeitgenössische Veröffentlichung der Erzählungen in großen Pariser Zeitungen, dass die Vorbereitung der Erzählung auf massenmedialen Formen der Inszenierung von Inhalts- und/oder Formrelevanz beruht, die einsetzen, bevor die erste Zeile gelesen werden kann. Was der Autor allerdings tun kann, ist die Suggestion einer Erzählvorbereitung innerhalb der Erzählung selbst – und Maupassant ist offensichtlich ein Meister darin, diese Suggestion mit den Mitteln der reinszenierenden Nachbildung mündlicher Erzähl- und Zuhörsituationen zu erreichen.

So muss man nicht lange suchen, um nachgestellte mündliche Darstellungen von Inhalts- und Formrelevanz in den Erzählungen des Autors aufzuspüren. Arrangement und Vielfalt dieser Nachstellungen lassen Maupassant fast wie einen Vorläufer moderner empirischer Untersuchungen zu mündlichem Erzählen und Zuhören erscheinen, insofern hier wie dort der Einbettung des Erzählens und Zuhörens im Gespräch besondere Aufmerksamkeit zukommt.

Haben wir oben ein Beispiel zitiert, in dem die Relevanz der nachfolgenden Erzählung über die Etablierung eines bestimmten Gesprächsgegenstandes hergeleitet wird (*der Morin – das Schwein*), ist es in der „Friedhofsbesuche" genannten Erzählung (im gleichen Band) die Rede- und Erzählkunst einer bestimmten Person, die Erzählen und Zuhören unmittelbar anschlussfähig werden lässt, technischer gesprochen also die Darstellung von Formrelevanz. Wir finden die Einführung des mündlichen Erzählers hier eingebettet in die Skizze einer Art 'Herrenabend'. Einer dieser Herren ist der genannte *Joseph de Bardon*, bei dem die *Freunde*

mit Sicherheit darauf rechnen konnten, daß er jedesmal eine seiner Geschichten bereit hatte, und er kam ins Erzählen, ohne daß man darum erst große Worte machen mußte. Wenn er die Ellenbogen auf den Tisch stützte, wenn neben dem Teller noch ein halbgefülltes Glas Kognak stand und eine vom Duft des heißen Kaffees getränkte Wolke feinen Tabakrauches ihn umgab, dann war er in seinem Element … Jetzt blies er zwei kräftige Rauchwolken vor sich hin und ließ dazwischen fallen: „Da habe ich neulich etwas Merkwürdiges erlebt." Sofort erklang wie aus einem Munde: „Erzählen!"

Nicht der Inhalt der Erzählung, sondern die Form bzw. der Modus des Erzählens selbst, macht in dieser Reinszenierung einer mündlichen Erzähl- und Zuhörsituation die Anschlussfähigkeit und Erwartbarkeit des Erzählens aus.

Manches spricht dafür, dass diese erzählerische Aufwertung der für mündliches Erzählen und Zuhören typischen Situationen, die die Eigentümlichkeit (und Schönheit) viele der Maupassantschen Arbeiten auszeichnet, nicht zufällig in einer Zeit geschieht, in der die außerhalb der Erzählung liegende, massenmediale Darstellung von Form- und Inhaltsrelevanz der nicht nur geschriebenen, sondern eben auch gedruckten Erzählungen (hier vor allem im Kontext des Mediums 'Zeitung') die (vom Autor heraufbeschworene) mündliche Erzähl- und Zuhörsituation mehr und mehr verdrängt, wenn nicht sogar als Medium der Erfahrungsweitergabe entwertet (vgl. dazu den viel zitierten Essay über den „Erzähler" von Walter Benjamin: Benjamin 1977).

Offenbar ist jedenfalls, dass im schriftlich-literarischen Erzählen (und Zu-lesen) massenmedial konstituierte Erscheinungsformen der Inszenierung von Form- und Inhaltsrelevanz an die Stelle der für mündliche Erzähl- und Zuhörsituationen typischen Vorbereitungen treten. Nicht anders allerdings als in der Analyse mündlichen Erzählens verlangt es auch in der des schriftlichen Erzählens eine besondere Aufmerksamkeit für die (hör- bzw. lesbare) Umgebung (bzw. den Rahmen) der eigentlichen Erzählung, wenn man diese Mittel und Formen der Darstellung von Inhalts- und/oder Formrelevanz berücksichtigen und erfassen will.

2.3. Thematisieren

Im Unterschied zur Darstellung von Form- und/oder Inhaltsrelevanz, mit der Erzählen und Zuhören bzw. (Zu)Lesen vorbereitet wird, meint die Aufgabe des Thematisierens die Eröffnung der narrativen Diskurseinheit: Mit der Thematisierung des fraglichen Ereignisses wird die nachfolgende Erzählung nicht länger nur anschlussfähig, sondern hochgradig erwartbar. Im Gespräch bezeichnet die Thematisierung deshalb in der Regel einen Umschlagspunkt, mit dem sich die Kommunikationsteilnehmer aufzeigen, dass eine 'größere Sendung' in Form einer Erzählung 'unterwegs' ist. Prinzipiell nicht anders verhält es sich beim schriftlichen (und gedruckten) Erzählen. Auch hier gibt es lesbare Erscheinungsformen an der Oberfläche des Textes, die die nachfolgende Erzählung nicht nur vorbereiten, sondern eröffnen, und die das für diese Aufgabe des Thematisierens in Schrift und Druck herausragende Mittel realisieren: die in der Regel schon textkosmetisch herausgehobene „Überschrift" bzw. der „Aufmacher".

Nicht anders als in der Mündlichkeit zeichnet sich das Thematisieren auch in diesem für Schrift und Druck typischen Fall durch die Kookkurrenz gleich mehrerer Strukturierungs- bzw. Gliederungssignale aus. In der Schrift sind das, wenn wir wieder das Beispiel der Erzählungen von Maupassant in der o. zitierten Ausgabe aufgreifen, Phänomene wie Schriftgröße, Versalien, Fettdruck, Seitensprung und Zeilensprung, die uns sogleich die besondere Relevanz der Überschrift unübersehbar vor Augen führen. Im Mündlichen sind es in der Regel verschiedene prosodische Phänomene wie Sprechtempo, Tonhöhe, Lautstärke und Rhythmus, mit der die Thematisierungsäußerung als solche kenntlich und (unüber)hörbar gemacht wird. Gerade das vermehrte Auftauchen verschiedener Strukturierungshinweise zeigt in diesen Fällen an, dass sich der Hörer oder Leser auf ein konversationelles bzw. textuelles „big package" (Couper-Kuhlen) einstellen muss, das über das Hören des nächsten Turns bzw. das Lesen des nächsten Satzes hinaus ausstrahlt. Auch die Überschrift im Text bezeichnet einen kommunikativen Umschlagspunkt, insofern von ihr geradezu ein Sog in die Lektüre der nachfolgenden Erzählung ausgeht. Nicht anders als das für mündliche Erzählungen so typische „Abstract" (Labov) signalisiert auch die Überschrift einen globalen Zugzwang: der Leser muss sich auf eine längere Lektüre einstellen.

Aus dieser Charakteristik des Thematisierens ergibt sich zugleich der besondere Stellenwert, den die Überschrift hat: Damit sich der Leser auf eine längere Lektüre einstellt, muss der Titel einerseits Aufmerksamkeit auf sich ziehen (dazu die schon graphische Hervorhebung) und andererseits für den Zeitvorschuss werben.

So ist die Erzählung, wenn wir die erste Zeile zu lesen beginnen, sowohl vorbereitet (Darstellung von Inhalts- und/oder Formrelevanz: s. Abschnitt 2.2.) als auch bereits eröffnet. Natürlich hindert das in keiner Weise daran, dass der Autor – die bereits erfolgte Vorbereitung und Eröffnung der Erzählung gleichsam ignorierend – Inhalts- und/oder Formrelevanz darstellt und weitere Thematisierungen anschließt, den Erzählbeginn im Sinne des Elaborierens und Dramatisierens des Ereignisses also verzögert und hinausschiebt. Es scheint im Gegenteil geradezu eine Spezifik des schriftlich-literarischen Erzählens zu sein, auf diese Weise eine Art Verdopplung und Vervielfachung der Abarbeitung der narrationsspezifischen Aufgaben zu vollziehen, so dass die Aufmerksamkeit des Lesers mehr und mehr auf den Akt des schriftlich-literarischen Erzählens selbst gelenkt wird (man denke nur an den *raunenden Beschwörer des Imperfekts*, als den sich der Erzähler in Thomas Manns „Zauberberg" in einem „Vorsatz" eigens einführt).

Bei Maupassant spielt sich diese Vervielfachung der Bearbeitung der Aufgaben des Vorbereitens und Thematisierens häufig – wie schon beschrieben – in der Reinszenierung mündlichen Erzählens und Zuhörens ab. Typischerweise enthalten diese Erzählungen deshalb neben ihrer (schriftlichen) Überschrift gewissermaßen als Pendant eine (nacherzählte) mündliche Erzählankündigung, mit der die Aufgabe des Thematisierens in der Erzählung selbst noch einmal bearbeitet und gelöst wird (ähnlich wie bei Thomas Mann, wenn der schon in der Überschrift angekündigte Inhalt der Erzählung auch in der Erzählung selbst noch einmal angekündigt wird: *Einmal, es ist schon zwei Jahre her, habe ich ein Eisenbahnunglück mitgemacht, – alle Einzelheiten stehen mir klar vor Augen.*).

Was? Aus La Rochelle willst Du sein und kennst die Geschichte vom Morin noch nicht?!, lässt Maupassant den von ihm eingeführten mündlichen Erzähler in der Erzählung „Der Morin – das Schwein" ausrufen. Und in den „Friedhofsbesuchen" ist es jener *Weltmann* und *scharfsinnige Kopf* namens *Joseph de*

Bardon, der seine prospektive Zuhörerschaft mit der Bemerkung *Da habe ich neulich etwas Merkwürdiges erlebt* in seinen Bann zieht und damit – nach der obligatorischen Erzählaufforderung durch die Zuhörer – die 'Binnenerzählung' eröffnet. In der Erzählung „Der Einbrecher" ist es nur diese für das Thematisieren im mündlichen Erzählen und Zuhören typische Zugfolge von Darstellung von Ungewöhnlichkeit bzw. Erlebnishaftigkeit und Bestätigung und Erzählaufforderung, die unvermittelt am Anfang steht: *Und wenn ich euch sage, so was glaubt mir ja doch kein Mensch!* – *Ach was! Heraus mit der Geschichte!*.

Die wenigen Beispiele zeigen, wie die der ersten Zeile des Erzähltextes immer schon vorausgehende Bearbeitung der Aufgaben der Darstellung von Inhalts- und/oder Formrelevanz und der sich daran anschließenden Thematisierung offenbar Zeit und Raum dafür eröffnet, mit genau diesen erzählstrukturellen Anforderungen in Form ihrer Reinszenierung, ihrer metanarrativen Darstellung und Kommentierung, ihrer Persiflage ... umzugehen. Anders gesagt: Entlastet von ihrer strukturellen Bedeutung, die Erzählung vorzubereiten und zu eröffnen, gewinnen die eingesetzten Mittel eine poetische, weil auf sich selbst bezogene Bedeutung, wie sie für das literarische Erzählen charakteristisch, für das mündliche Stegreiferzählen dagegen eher selten ist.

2.4. Elaborieren und Dramatisieren

Mit Elaborieren und Dramatisieren sind die klassischen narrationsspezifischen Aufgaben bezeichnet, das fragliche Ereignis rekonstruierend darzustellen und wiederzugeben. Die Differenzierung in zwei Aufgaben bringt zum Ausdruck, dass es grundsätzlich zwei Möglichkeiten der Ereignisrekonstruktion gibt: das Muster des Berichtes einerseits, das der szenischen Erzählung andererseits. Im Fall des Berichts ist die Perspektive vereinfacht gesagt die der (zusammenfassenden) Rückschau aus der Sicht der Gesprächssituation, im Fall der szenischen Erzählung ist es die Erlebnisperspektive eines an der Geschichte Beteiligten, die in eine Art Wiederaufführung („replaying" im Sinne Goffmans) des Geschehens einmündet (Hausendorf/Quasthoff 1996, 22 f). Gemäß dieser in der Erzählforschung gut etablierten Unterscheidung (s. Abschnitt 1.3.) zeichnen sich Elaborieren und Dramatisieren durch jeweils eigene Mittel und Formen aus. Zum Dramatisieren gehören so typischerweise das historische Präsens, die direkte Rede sowie Lexikalisierungen der Wahrnehmungs- und Erlebnisperspektive. Häufig zeigt sich der Unterschied zwischen Elaborieren und Dramatisieren bereits in der Abwicklung der Thematisierung. In dem Maße, wie die Thematisierung mit der Darstellung der Ungewöhnlichkeit eines Ereignisses im Rahmen der Thematisierung (z. B. im Titel bzw. der Überschrift) herausgehoben und unterstrichen wird, ist eine Dramatisierung des Geschehens erwartbar und anschlussfähig. Das Dramatisieren löst dann gewissermaßen die bei der Eröffnung der Erzählung angekündigte 'reportability' des Geschehens sukzessive ein. Auf diese Weise wird die Erzählbarkeit tatsächlich beim Erzählen selbst hergestellt bzw. reproduziert.

Das Wecken und Einlösen (oder auch: Nichteinlösen) von Lesererwartungen in puncto Erzählbarkeit ließe sich anhand literarischer Erzählungen vielfach illustrieren und beschreiben. Offenbar konnten sich unter den spezifischen medialen Bedingungen des modernen literarischen Erzählens und Zuhörens geradezu eigene Erzählformen und -gattungen entwickeln und ausdifferenzieren, wenn man etwa an die Maupassantschen „Novellen" denkt, deren Erzählbarkeit in vielen Fällen eben aus der Ungewöhnlichkeit des fraglichen Ereignisses resultiert, die der Autor auf vielfache Weise suggeriert und einlöst.

Nicht zufällig findet man in neueren literarischen Erzählungen einen vielfältig gebrochenen Umgang mit diesen narrationsspezifischen Erwartbarkeiten. So überschreibt Franz Hohler etwa eine Erzählung mit dem Titel „Erlebnis" (in dem Band „Ein eigenartiger Tag", Darmstadt 1979), um in dem folgenden Bericht über das Abholen der Ehefrau von der Autofähre dem Leser alles Erlebnishafte an diesem Geschehen vorzuenthalten. Stattdessen werden verschiedenste alltägliche Wahrnehmungen auf dem Weg zur Autofähre dokumentiert und aneinandergereiht:

Gerne wäre ich bei der Ankunft der Fähre schon am Ufer gestanden und hätte gewartet, aber bevor ich den Landeplatz erreichte, kam mir meine Frau entgegengefahren. Als ich ihr winkte, hielt sie an, und ich stieg ein.

Mündlich als 'Erlebnis' angekündigt und erzählt, hätte eine solche Geschichte das Labovsche „so what" zu erwarten, mit dem der Zuhörer typischerweise seinen Unmut über das Ausbleiben der angekündigten (und versprochenen!) Erzählbarkeit zum Ausdruck bringt.

2.5. Abschließen

Ähnlich wie das Erzählen und Zuhören bzw. (Zu)Lesen nicht aus dem Himmel fällt, hört es in der Regel auch nicht abrupt und unvermittelt auf. Vielmehr wird der Abschluss der Erzählung innerhalb der Erzählung selbst kenntlich gemacht. Das Abschließen ist insofern das Pendant zum Thematisieren.

Für das Abschließen stehen eine Reihe von Mitteln zur Verfügung, die in der Erzählforschung seit langem Beachtung gefunden haben. Im Mittelpunkt des Interesses standen dabei in der Regel semantisch bestimmte Mittel, mit denen ein inhaltlicher Abschluss des Erzählten und Gelesenen bzw. Gehörten erreicht wird, z. B. durch die 'Auflösung' (s. Abschnitt 1.2.):

In Hof war es fünf Uhr und hell. Dort gab es Frühstück, und dort nahm ein Schnellzug mich auf, der mich und das Meine mit dreistündiger Verspätung nach Dresden brachte.

Mit diesen – lapidaren – Worten löst Thomas Mann die durch das *Eisenbahnunglück* aufgetretene Komplikation auf und zeigt uns gleichzeitig, dass die Erzählung als abgeschlossen gelten kann.

Weniger beachtet scheinen demgegenüber diejenigen Mittel und Formen, die weniger auf die semantische als vielmehr auf die strukturelle Bedeutung des Abschließens hinweisen: im Mündlichen z. B. Pausen bzw. Schweigen, im Schriftlichen z. B. Leerzeilen und Seitenumbruch. Des Weiteren gehören hierhin auch Hinweise darauf, 'alles gesagt' bzw. '(auf)geschrieben' zu haben (vgl. Hausendorf/Quasthoff 1996, 145 f) und speziell in schriftlich-gedruckten Erzählungen eigene Lexikalisierungen des Abschlusses: Ende. Wie schon beim Eröffnen findet man auch hier häufig eine Mehrfachverwendung von Strukturierungsmitteln wie etwa semantischer Abschluss („Ergebnis"), Pause bzw. Leerzeile und Lexikalisierungen, die anzeigen, dass eine großräumigere konversationelle bzw. textuelle Einheit beendet ist.

Im Medium der literarischen Erzählung kommt es auch beim Abschließen häufig zu einer Verdopplung in der Bearbeitung der narrativen Aufgaben. Maupassant bedient sich dazu – nicht anders als beim Darstellen von Inhalts- und/oder Formrelevanz und Thematisieren – der Nachbildung mündlichen Erzählens und Zuhörens. Das Abschließen wird also nicht nur dem im Medium des Drucks üblichen Mittel des Seitenumbruchs, das den Abschluss der Erzählung schon beim ersten Blick auf die Seite ersichtlich und überdies unübersehbar macht, anheimgestellt, sondern als solches zuvor auch noch eigens in der Erzählung selbst fokussiert, und zwar – wie schon erwähnt – im Medium der Mündlichkeit:

Die Erzählung „Der Einbrecher" endet damit, dass ein Einbrecher bzw. „Eindringling", nachdem man ihn dingfest gemacht, gefesselt und geknebelt hat, wieder befreit, zum geselligen Trinken eingeladen und schließlich am nächsten Morgen in allseitigem Einvernehmen verabschiedet und aus dem Haus geleitet wird:

Da gab es ein gegenseitiges Händeschütteln, und Sorieul leuchtete ihm hinaus bis auf den Flur und rief ihm im Treppenhaus noch nach: 'Gut Obacht geben! Stufe vor der Haustür unten!'

Diese Darstellung der Abschiedsszene stellt den inhaltlichen Abschluss der – wiedergegebenen mündlichen – Erzählung dar, also eines der Mittel des Abschließens. Die Erzählung Maupassants ist damit gleichwohl (noch) nicht beendet:

Rings um den Erzähler brach helles Gelächter los. Er stand auf, zündete sich seine Pfeife wieder an und schloß schmunzelnd, indem er sich vor uns aufpflanzte: 'Ja – und das Allerulkigste an der ganzen Geschichte – sie ist tatsächlich passiert!'

In dieser Sequenz, die wieder zur Rahmenerzählung zurückkehrt, sind weitere, für mündliches Erzählen und Zuhören charakteristische Mittel des Abschließens zur Schau gestellt: die Abschlussevaluation in Form des Lachens der Zuhörer, die zeigen, dass sie das Gehörte angemessen würdigen sowie nonverbale Aktivitäten wie das Aufstehen und Pfeifeanzünden, die in sehr sinnfälliger Weise die strukturelle Bedeutung des Erzählabschlusses hervorheben. (Die zuletzt wiedergegebene Äußerung des Erzählers (*Ja – und das Allerulkigste* ...) stellt dann schon ein typisches Mittel des Überleitens vom Erzählen und Zuhören zum turn-by-turn talk dar (s. Abschnitt 2.6.).

Interessant ist nicht nur, dass die schriftlich-literarische Erzählung hier offenbar zu einem Schauplatz der Vorführung mündlicher Erzähl- und Zuhörregularitäten wird. Bemerkenswert scheint auch, dass damit die Aufmerksamkeit des Lesers von den in Schrift und Druck üblichen Mitteln des Abschließens (etwa dem Seitenumbruch) systematisch abgelenkt wird: nicht die Medialität des schriftlich-literarischen Erzählens, sondern die des mündlich-alltäglichen ist es, die bei Maupassant in dieser und anderen Erzählungen ins Rampenlicht gestellt wird.

2.6. Überleiten

In mündlichen Erzähl- und Zuhörsituationen bezeichnet das Überleiten die Aufgabe, den Übergang von der Erzählwelt zur Sprechsituation und – damit einhergehend – den Übergang vom Erzählen und Zuhören zum turn-by-turn talk zu gestalten. Allgemeiner und ohne den Bezug auf die für das Mündliche charakteristischen Bedingungen formuliert, leistet das Überleiten die Einbettung der narrativen Einheit in die sich anschließende Kommunikation. Dies kann, wie im Gespräch, die Fortsetzung der Unterhaltung sein, dies kann aber auch, wie z. B. bei der Lektüre einer Erzählung in einer Tageszeitung, die Fortsetzung der Zeitungslektüre sein. Im Medium von Schrift und Druck wird man dabei davon ausgehen dürfen, dass Abschließen und Überleiten oftmals zusammenfallen: so wie im Gespräch ein längeres Schweigen sowohl das Abschließen als auch das Überleiten realisieren kann, können auch druck- und satzspezifische Mittel wie Seitenumbruch, Rahmung, Schrifttyp- und größenwechsel abschließen und überleiten zugleich. Natürlich können beide Aufgaben auch durch eigene Mittel und hintereinander bearbeitet werden. Die speziell in Taschenbüchern häufig anzutreffenden Werbehinweise auf weitere Bücher und Schriften des Autors, die auf weiteren Seiten nach Beendigung der Erzählung abgedruckt sind, kommen beispielsweise als Überleitungen in Betracht, weil sie eine unmittelbare Anschlusskommunikation darstellen, die auf mehrfache Weise an die Erzählung (nicht nur im Wortsinne) 'angebunden' sind, zugleich aber auch eine eigenständige und andersartige Form der Lektüre konstituieren.

Das Überleiten stellt das Pendant zur Darstellung von Inahlts- und/oder Formrelevanz dar. Insofern verwundert es nicht, dass sich auch bei dieser Aufgabe besonders deutlich zeigt, was für alle der genannten Aufgaben gilt: dass sie nicht auf etwas abzielen, was der Autor allein bzw. der mündliche Erzähler allein zu bewerkstelligen hat, sondern auf genuin kommunikative Anforderungen, die in und mit Kommunikation gelöst werden. Ob und in welchem Maße Autor bzw. Erzähler auf diese Kommunikation Einfluss und Kontrolle haben oder nicht, ist demgegenüber eine andere Frage. Im Falle des Überleitens – speziell im Medium des gedruckten Erzählens und Lesens – ist es offenkundig, dass dem Autor Einfluss und Kontrolle über die empirische Lösung des Problems vollständig entzogen sein können.

Wir haben schon darauf hingewiesen, dass dieser speziell mit der Verbreitung massenmedial wirksamer Printmedien einhergehende Einfluß- und Kontrollverlust nicht selten dadurch kompensiert zu werden scheint, dass Erzähler (und Leser) die druckeigenen Mittel des Darstellens von Form- und/oder Inhaltsrelevanz und Thematisierens dadurch entwerten bzw. außerhalb der Aufmerksamkeit belassen, dass diese Aufgaben in der Erzählung selbst, also wenn man so will redundant bzw. auf andere Weise noch einmal bearbeitet werden. Nicht anders verhält es sich beim Abschließen und Überleiten, wenn man etwa an das Ende der o. wiedergegebenen Erzählung „Der Einbrecher" denkt, in der diese Aufgaben im Medium des Mündlichen sorgfältig und detailgenau re-inszeniert werden (s. Abschnitt 2.5.).

Spuren von dieser Reinszenierung mündlicher Überleitungen finden sich auch in Thomas Manns Erzählung, wenn der Autor die Geschichte mit einer über das erzählte Ereignis hinausreichenden Abwägung der Wahrscheinlichkeit weiterer Erlebnisse der geschilderten Art ausklingen lässt:

Ja, das war das Eisenbahnunglück, das ich erlebte. Einmal mußte es ja wohl sein. Und obgleich die Logiker Einwände machen, glaube ich nun doch gute Chancen zu haben, daß mir sobald nicht wieder dergleichen begegnet.

Die vorausgegangenen Bemerkungen machen vielleicht deutlich, dass es tatsächlich möglich und analytisch fruchtbar ist, von allgemeinen Aufgaben beim Erzählen auszugehen, die sich sowohl im Mündlichen als auch im Schriftlichen prinzipiell gleichartig stellen. Auf den weiteren Beschreibungsebenen der Mittel und Formen lässt sich dann zeigen, dass und wie die Verfahren und Möglichkeiten der Aufgabenerledigung sich je nach medialer Realisierung unterscheiden. Auch wenn diese medialen Besonderheiten hier nur exemplarisch angedeutet wurden, dürfte einleuchten, dass die mediale Spezifik auf der Ebene der konkreten Formen am ausgeprägtesten ist.

Als ein für das Elaborieren und Dramatisieren überaus typisches Mittel zeigt demgegenüber die Redewiedergabe, dass es auf der Beschreibungsebene der Mittel durchaus medial wohl mehr oder weniger unabhängige, übergreifende Verfahren der Aufgabenerledigung gibt (vgl. Gülich 1990 am Beispiel der Wiedergabe von Gesprächen bei Proust).

Schließlich hat die übergreifende Analyse mündlichen und schriftlichen Erzählens gezeigt, dass auch in der — kommunikativ gewissermaßen redundanten — Mehrfachbearbeitung der erzählstrukturellen Aufgaben ein Charakteristikum der schriftlich-gedruckten, insbesondere literarischen Erzählung liegt, mit dem der Akt des Erzählens (und Zuhörens bzw. Lesens) selbst in den Blickpunkt der Aufmerksamkeit gerät.

3. Ausblick: Erzählen im interdisziplinären Gespräch

Die Konzeption von allgemeinen Aufgaben des Erzählens (und Zuhörens bzw. Lesens) (s. o. 2) erlaubt es, alle möglichen Erscheinungsformen der Narration — unabhängig von ihrer medialen Konstituiertheit und ihrer formalen Gestaltung, aber auch unabhängig von Situation und Kontext — unter einem einheitlichen Blickwinkel zu erfassen und zu analysieren. Auf den Beschreibungsebenen der Mittel und der Formen, die zur Lösung der Aufgaben jeweils situations- und kontextspezifisch realisiert werden, wären dann die wiederkehrenden regelmäßigen Muster der Aufgabenerledigung im Sinne narrativer bzw. 'rekonstruktiver' Gattungen (Luckmann 1986 überträgt den Gattungsbegriff auch in alltagsweltliche Kontexte) empirisch zu ermitteln. Hier könnte also ein Ansatz zu einer übergreifenden Typologie von Erzählungen liegen. Eine solche Typologie erscheint uns in mehrfacher Hinsicht als ein dringliches Desiderat der neueren Erzählforschung.

Kriterien zur Bestimmung literarisch-schriftlicher und alltäglich-mündlicher Erzählungen und die daraus hervorgegangenen narrativen Gattungslehren bzw. Textsortenbeschreibungen sind bislang nur selten und kaum systematisch aufeinander bezogen worden (Ansätze dazu finden sich in Hinck 1977 und in Lämmert 1982; Raible 1980 befasst sich ausdrücklich aus textlinguistischer Sicht mit der Frage literarischer Gattungen).

Neuere linguistische Arbeiten zur Systematisierung mündlichen Erzählens und Zuhörens greifen vielfach auf die Bestimmung unterschiedlicher Funktionen des Erzählens zurück (vgl. zur Systematisierung z. B. Quasthoff 1980, 146 ff; Rath 1982), ohne dass im einzelnen geklärt wäre, wie sich die Bestimmung der Funktionen jeweils zu den Inhalten und Themen der Erzählungen und zu ihrer jeweiligen kontextuell-situativen Einbettung verhält. Eine Ausnahme bildet Ehlichs Versuch, übergreifende Funktionen für literarisches und alltägliches Erzählen zu beschreiben (1983, 134 ff). Im Allgemeinen findet man in der linguistischen Erzählforschung eher thematische Einteilungen wie sie auch zum Alltagswissen der Kommunikationsteilnehmer gehören, die z. B. von Liebesgeschichten, Reiseberichten oder Krankheitsgeschichten sprechen. Von Linguisten werden solche Einteilungen zum einen zu praktischen Zwecken vorgenommen, d. h. um die untersuchten Corpora zu benennen, z. B. Lebensgeschichte (Kokemohr/Koller 1994), Biographisches Erzählen (Rehbein 1982), Traumerzählungen (Hanke 1992), zum anderen werden sie aber auch als Differenzierungskriterien auf höherem Abstraktionsniveau formuliert — etwa in Rehbeins Unterscheidung zwischen Glücksgeschichten, Siegesgeschichten, Erzählungen merkwürdiger Begebenheiten und Leidensgeschichten (1980, 66 ff). Erzählungen in institutionellen Zusammenhängen sind im Rahmen der Entwicklung der linguistischen Pragmatik vielfach Forschungsgegenstand gewesen. Einen Eindruck davon vermitteln die Beiträge in Ehlich (1980), z. B. zum Erzählen in der Sozialberatung (Rehbein), in der Krankenhausvisite (Bliesener), in therapeutischen Kontexten (Wodak-Leodolter, Flader/Giesecke), in der Schule (Hurrelmann, Klein; vgl. dazu auch Ehlich (1984). Französische Beispiele für Erzählungen in verschiedenen Settings finden sich in Bres (1994); zu Erzählungen in einem übergeordneten Handlungsschema vgl. Gülich (1980).

Diese vielfältigen Situationen und Kontexte des Erzählens weisen darauf hin, dass Erzählen und Zuhören nicht nur Gegenstand der Linguistik und der Literaturwissenschaft ist, sondern gerade in der neueren Forschung ein interdisziplinärer Gegenstand. So wird das Erzählen z. B. in den Sozialwissenschaften als eine Methode der Datengewinnung genutzt (vgl. etwa die von Schütze (1976) entwickelte Technik des 'narrativen Interviews' oder zur 'oral history'-Forschung Niethammer/Trapp 1980).

Die postulierte Entwicklung einer übergreifenden Typologie narrativer Gattungen scheint uns auch deshalb ein unabdingbares

Desiderat, weil der linguistischen Erzählforschung daran gelegen sein muss, diese und andere interdisziplinäre Weiterentwicklungen aufzugreifen und davon zu profitieren. Die ersten Schritte zu einem interdisziplinären Dialog (im Sinne von Gülich/Quasthoff 1986) sind bereits getan worden: In verschiedenen Disziplinen sind Anregungen aus der linguistischen Erzählforschung in die Bearbeitung jeweils spezifischer Fragestellungen aufgenommen worden. Eindrucksvolle Beispiele dafür sind etwa die soziologischen Untersuchungen zu Lebensgeschichten von Schütze (z. B. 1994), die Analysen alttestamentlicher Erzählungen von Hardmeier (1990), das Modell für die Analyse von Erzählungen in der Therapie von Boothe (1994) oder die Überlegungen zum historischen Erzählen von Rüsen (1996).

Dagegen werden Anregungen aus anderen Disziplinen in der linguistischen Erzählforschung bislang erst ansatzweise aufgenommen, beispielsweise in der Nutzung des literaturwissenschaftlichen Begriffs der Fiktion für Alltagserzählungen (Stempel 1980; 1986, 212 f; Bange 1986). Damit sind die Möglichkeiten aber zweifellos noch nicht ausgeschöpft. So sind z. B. Rüsens Überlegungen zur 'Sinnbildung' (1996) so grundlegend, dass sie zweifellos auch für alltägliches Erzählen fruchtbar zu machen wären. Ähnliches gilt für die "Identifikationspotentiale und Vergegenwärtigungsaspekte von Erzählungen aus zweiter Hand" bei Hardmeier (1990, Abschn. 2.2.5) und für die „biographische Arbeit" bei Schütze (1994). Schließlich bietet etwa auch Boothes Analyseprogramm, das „die in der Story verpackte emotionale Konflikthaftigkeit durch die Analyse zu rekonstruieren sucht" (1994, 8), zahlreiche Anknüpfungspunkte für die linguistische Erzählforschung.

Das interdisziplinäre Gespräch, das sich damit geradezu aufdrängt, wird sich aber wohl nur dann als fruchtbar erweisen, wenn der Stellenwert der Einzelaspekte aus anderen Disziplinen für die linguistische Konzeptualisierung des Erzählens deutlich wird, so dass der Gesamtentwurf einer Typologie narrativer Gattungen/Textsorten mit Hilfe von Ergebnissen aus anderen Disziplinen ausgefüllt werden könnte.

Erst im interdisziplinären Gespräch wird man letztlich der Komplexität des Erzählens gerecht werden können, die über das Bearbeiten narrationsspezifischer Aufgaben hinausgeht, sei es im Sinne der „allmähliche Verfertigung einer inneren Welt" (Boothe 1994, 8), sei es im Sinne einer „anthropologisch-universellen Kulturpraxis der Zeitdeutung" (Rüsen 1996, 1).

4. Literatur (in Auswahl)

Adam, Jean-Michel (1987): Le récit. 2. Aufl. Paris.

– (1992): Les textes: types et prototypes. Récit, Description, Argumentation, Explication et Dialogue. Paris.

Bamberg, Michael (ed.) (1997): Oral versions of personal experience: Three decades of narrative analysis. Special issue of the Journal of Narrative and Life History 7, 1–4.

Bange, Pierre (1986): Fiktion im Gespräch. In: Kallmeyer, Werner (ed.): Kommunikationstypologie. Handlungsmuster, Textsorten, Situationstypen. Düsseldorf, 117–153.

Benjamin, Walter (ed.) (1977): Der Erzähler. Betrachtungen zum Werk Nikolai Lesskows. In: Illuminationen. Ausgewählte Schriften. Frankfurt/M., 385–410.

Bonu, Bruno (1998): Narration et interaction. In: Degoutte, J.-P. (ed.): Les figures du sujet en sciences humaines: motifs de rupture. Paris, 29–60.

Boothe, Brigitte (1994): Der Patient als Erzähler in der Psychotherapie. Göttingen/Zürich.

Boueke, Dietrich/Schülein, Frieder/Büscher, Hartmut/Terhorst, Evamaria/Wolf, Dagmar (1995): Wie Kinder erzählen. Untersuchungen zur Erzähltheorie und zur Entwicklung narrativer Fähigkeiten. München.

Bres, Jacques (1993): Récit oral et production d'identité sociale. Langue et Praxis. Montpellier.

– (1994): La narrativité. Louvain.

– (ed.) (1994): Le récit oral suivi de Questions de narrativité. Montpellier.

van Dijk, Teun A. (1976): Philosophy of action and theory of narrative. In: Poetics 5, 287–338.

– (1980): Textwissenschaft. Eine interdisziplinäre Einführung. München.

Ducrot, Oswald/Schaeffer, Jean-Marie (eds.) (1995): Nouveau dictionnaire encyclopédique des sciences du langage. Paris.

Ehlich, Konrad (ed.) (1980): Erzählen im Alltag. Frankfurt/M.

– (1983): Alltägliches Erzählen. In: Sanders, Willy/Wegenast, Klaus (eds.): Erzählen für Kinder – Erzählen von Gott. Stuttgart.

– (1984): Erzählen in der Schule. Tübingen.

Gülich, Elisabeth (1976): Ansätze zu einer kommunikationsorientierten Erzähltextanalyse (am Beispiel mündlicher und schriftlicher Erzähltexte). In: Haubrichs (ed.), 224–256.

– (1980): Konventionelle Muster und kommunikative Funktionen von Alltagserzählungen. In: Ehlich (ed.), 335–384.

– (1990): Erzählte Gespräche in Marcel Prousts „Un Amour de Swann". In: Zeitschrift für französische Sprache und Literatur 100, 89–108.

– (1994): Récit conversationnel et reconstruction interactive d'un événement. In: Trognon, Alain/Dausenschön-Gay, Ulrich/Krafft, Ulrich u. a. (eds.): La construction interactive du quotidien. Nancy, 155–177.

Gülich, Elisabeth/Quasthoff, Uta M. (1985): Narrative Analysis. In: van Dijk, Teun A. (ed.): Handbook of Discourse Analysis. Vol. 2: Dimensions of Discourse. London, 169–197.

– (eds.) (1986): Narrative Analysis: An interdisciplinary dialogue. In: Poetics, vol. 15 (1/2).

– (1986a): Story-telling in conversation. Cognitive and interactive aspects. In: Gülich/Quasthoff (eds.), 217–241.

Gülich, Elisabeth/Raible, Wolfgang (1977): Linguistische Textmodelle. Grundlagen und Möglichkeiten. München.

– (1979): Überlegungen zu einer makrostrukturellen Textanalyse: J. Thurber, The lover and his lass. In: Gülich, Elisabeth/Heger, Klaus/Raible, Wolfgang: Linguistische Textanalyse. Überlegungen zur Gliederung von Texten. Hamburg, 2. Aufl., 73–126.

Hanke, Michael (ed.) (1992): Traumerzählungen in Gesprächen. Beiträge zu einer Hermeneutischen Konferenz. In: Kodikas/Code: Ars Semeiotica. An International Journal of Semiotics 15, No 3/4.

Hardmeier, Christof (1990): Prophetie im Streit vor dem Untergang Judas. Erzählkommunikative Studien der Jesaja- und Jeremiaerzählungen. II Reg 18–20 und Jer 37–40. Berlin/New York.

Harweg, Roland (1968): Textanfänge in geschriebener und in gesprochener Sprache. In: Orbis 17, 343–388.

Haubrichs, Wolfgang (ed.) (1976, 1977, 1978): Erzählforschung 1, 2, 3. Zeitschrift für Literaturwissenschaft und Linguistik (LiLi), Beihefte 4, 6, 8.

Hausendorf, Heiko/Quasthoff, Uta M. (1996): Sprachentwicklung und Interaktion. Eine linguistische Studie zum Erwerb von Diskursfähigkeiten. Opladen.

Heinemann, Wolfgang/Viehweger, Dieter (1991): Textlinguistik. Eine Einführung. Tübingen.

Hinck, Walter (ed.) (1977): Textsortenlehre – Gattungsgeschichte. Heidelberg.

Kallmeyer, Werner (1981): Gestaltungsorientiertheit in Alltagserzählungen. In: Kloepfer, Rolf/Janetzke-Dillner, Gisela (eds.): Erzählung und Erzählforschung im 20. Jh. Stuttgart, 409–429.

Kindt, Walther (1997): Diskursmodellierung am Beispiel des Erzählens im Deutschen. In: Kindt, Walther/Paletta, Joachim: Kommunikationsstruktur und Kommunikationsdynamik. Unveröffentlichtes Manuskript. Bielefeld.

Klein, Wolfgang/von Stutterheim, Christiane (1992): Textstruktur und referentielle Bewegung. In: Zeitschrift für Literaturwissenschaft und Linguistik 86, 93–115.

Kokemohr, Rainer/Koller, Hans-Christoph (eds.) (1994): Lebensgeschichte als Text. Zur biographischen Artikulation problematischer Bildungsprozesse. Weinheim, 13–60.

Koselleck, Reinhart/Stempel, Wolf-Dieter (eds.) (1973): Geschichte – Ereignis und Erzählung. München.

Labov, William (1972): The transformation of experience in narrative syntax. In: Labov, William: Language in the inner city. Studies in the Black English Vernacular. Philadelphia, 354–396.

– (1982): Speech actions and reactions in personal narrative. In: Tannen, Deborah (ed.): Analyzing Discourse: Text and Talk. Georgetown, 219–247.

Labov, William/Waletzky, Joshua (1967): Narrative analysis: oral versions of personal experience. Deutsche Übersetzung: Erzählanalyse. Mündliche Versionen persönlicher Erfahrung. In: Ihwe, Jens (ed.) (1973): Literaturwissenschaft und Linguistik. Eine Auswahl. Texte zur Theorie der Literaturwissenschaft, Bd. 2. Frankfurt, 78–126; auch in Bamberg (ed.) (1997), 3–38.

Laforest, Marty (ed.) (1996): Autour de la narration. Québec.

Laforest, Marty/Vincent, Diane (1996): Du récit littéraire à la narration quotidienne. In: Laforest (ed.), 13–28.

Lämmert, Eberhard (ed.) (1982): Erzählforschung. Ein Symposium. Stuttgart.

– (1982a): Einleitung. In: Lämmert (ed.), VII–XVI.

Luckmann, Thomas (1986): Grundformen der gesellschaftlichen Vermittlung des Wissens: kommunikative Gattungen. In: Kölner Zeitschrift für Soziologie und Sozialpsychologie, Sonderheft 27: Kultur und Gesellschaft, 191–211.

Luhmann, Niklas (1997): Die Gesellschaft der Gesellschaft. Erster Teilband. Frankfurt/M.

Maury-Rouan, Claire/Vion, Robert (1994): Raconter sa souffrance: Gestion interactive de la tension narrative. In: Bres (ed.), 215–226.

Niethammer, Lutz/Trapp, W. (eds.) (1980): Lebenserfahrung und kollektives Gedächtnis. Die Praxis der „Oral History". Frankfurt/M.

Onega, Susana/García Landa, José Angel (eds.) (1996): Narratology. An introduction. London/New York.

Quasthoff, Uta M. (1980): Erzählen in Gesprächen. Linguistische Untersuchungen zu Strukturen und Funktionen am Beispiel einer Kommunikationsform des Alltags. Tübingen.

− (1983): Kindliches Erzählen. Zum Zusammenhang von erzählendem Diskursmuster und Zuhöreraktivitäten. In: Boueke, Dietrich/Klein, Wolfgang (eds.): Untersuchungen zur Dialogfähigkeit von Kindern. Tübingen, 45−74.

− (1990): Das Prinzip des primären Sprechers, das Zuständigkeitsprinzip und das Verantwortungsprinzip. Zum Verhältnis von „Alltag" und „Institution" am Beispiel der Verteilung des Rederechts in Arzt-Patient-Interaktionen. In: Ehlich, Konrad/Koerfer, Armin/Redder, Angelika/Weingarten, Rüdiger (eds.): Medizinische und therapeutische Kommunikation. Opladen, 66−81.

Raible, Wolfgang (1980): Was sind Gattungen? Eine Antwort aus semiotischer und textlinguistischer Sicht. In: Poetica 12, 320−349.

Rath, Rainer (1982): Erzählfunktionen und Erzählankündigungen in Alltagsdialogen. In: Lämmert (ed.), 33−50.

Rehbein, Jochen (1980): Sequentielles Erzählen − Erzählstrukturen von Immigranten bei Sozialberatungen in England. In: Ehlich (ed.), 64−108.

− (1982): Biographisches Erzählen. In: Lämmert (ed.), 51−73.

− (1984): Beschreiben, Berichten und Erzählen. In: Ehlich (ed.), 68−124.

Ricœur, Paul (1980): Pour une théorie du discours narratif. In: Tiffeneau, Dorian (ed.): La narrativité. Paris, 3−47.

Rüsen, Jörn (1996): Historische Sinnbildung durch Erzählen. In: Internationale Schulbuchforschung 18, 1−42.

Sandig, Barbara (1986): Stilistik der deutschen Sprache. Berlin/New York.

Schütze, Fritz (1976): Zur Hervorlockung und Analyse thematisch relevanter Geschichten im Rahmen soziologischer Feldforschung − dargestellt an einem Projekt zur Erfassung Kommunaler Machtstrukturen. In: Arbeitsgruppe Bielefelder Soziologen (ed.): Kommunikative Sozialforschung. München, 159−260.

− (1994): Das Paradoxe in Felix' Leben als Ausdruck eines „wilden" Wandlungsprozesses. In: Kokemohr/Koller (eds.), 13−60.

Stempel, Wolf-Dieter (1973): Erzählung, Beschreibung und der historische Diskurs. In: Koselleck/Stempel (eds.), 325−346.

− (1980): Alltagsfiktion. In: Ehlich (ed.), 385−402.

− (1986): Everyday Narrative as a Prototype. In: Poetics 15, 203−216.

Todorov, Tzvetan (1973): Die zwei Prinzipien des Erzählens. In: Neue Hefte für Philosophie 4, 123−139.

Vincent, Diane (1996): La racontabilité du quotidien. In: Laforest (ed.), 29−45.

Virtanen, Tuija (1992): Issues of text typology: Narrative − a 'basic' type of text? In: Text 12 (2), 293−310.

Weinrich, Harald (1964): Tempus, Besprochene und erzählte Welt. Stuttgart. [4. Aufl. 1985].

− (1993): Textgrammatik der deutschen Sprache. Duden. Mannheim/Leipzig u. a.

Elisabeth Gülich, Bielefeld (Deutschland)
Heiko Hausendorf, Bielefeld (Deutschland)

38. Vertextungsmuster Explikation

1. Zur Begriffsbestimmung von 'Erklärung' und 'Erklärungstext'
2. Die explikative Themenentfaltung
3. Explikation auf mikrostruktureller Ebene
4. Explikation auf makrostruktureller Ebene
5. Schlussfolgerungen für die Textproduktion
6. Literatur (in Auswahl)

1. Zur Begriffsbestimmung von 'Erklärung' und 'Erklärungstext'

1.1. Charakterisierung explikativ verfahrender Texte

Bei der Erklärung von Ereignissen, Objekten, Zuständen und Sachverhalten bedient sich ein Verfasser je nach Inhalt seiner Mitteilung, seiner Intention und dem Adressaten bestimmter Muster der Vertextung. Explikative Vertextungsmuster treten sehr verbreitet im alltagssprachlichen Bereich auf, spielen aber eine besondere Rolle im fachsprachlichen und wissenschaftssprachlichen Bereich, um Wissen zu vermitteln.

Die Wissenschaftstheorie hat sich schon frühzeitig damit befasst, was unter einer Erklärung zu verstehen ist. Als Erklärung bezeichnet man die Aufdeckung des Wesens von Objekten und Fakten sowie ihr theoretisches Durchdringen (Kondakow 1983, 149). Das Modell von C. G. Hempel und P. Oppenheim kann als Grundlage für wissenschaftliche Erklärungen angesehen werden (vgl. Stegmüller

1978, 449 ff). Wissenschaftliche Erklärungen sind dadurch gekennzeichnet, dass ein Sachverhalt, das Explanandum, aus anderen Sachverhalten, das Explanans, logisch abgeleitet wird, d. h. das Explanandum als das zu Erklärende wird durch das Explanans, das Erklärende, charakterisiert. Das Explanans besteht aus zwei Arten von Aussagen:
− Singuläre Aussagen, die die Anfangs- oder Randbedingungen angeben;
− Gesetzesaussagen, die allgemeine Gesetzmäßigkeiten bestimmen.
In einem explikativ verfahrenden Text wird das Explanandum durch das Thema repräsentiert. Man spricht von einem Erklärungstext, wenn die Einteilung in Explanandum und Explanans erkennbar oder rekonstruierbar ist (Brinker 1992, 69).

Zum Vertextungsmuster der Explikation existiert nur wenig spezifische Literatur. In diesem Beitrag werden allgemeine textlinguistische Konzepte zur Charakterisierung explikativ verfahrender Texte angewendet und dabei eine Differenzierung danach vorgenommen, ob Erklärungen vorrangig auf mikrostruktureller Ebene oder makrostruktureller Ebene des Textes erfolgen. Ausgangspunkt der Darstellung bildet der Aufsatz von Lang (1976), der eingehend die Klasse der Erklärungstexte behandelt.

Mit Lang ist das wichtigste Merkmal von Erklärungstexten die Vermittlung eines erklärenden Zusammenhangs, der in Abhängigkeit von dem kommunikativen Gefüge und den Zielsetzungen verschiedene Realisierungsformen hat. Folgende Ziele komplexer Äußerungen werden von Lang (1976, 149) zu den Zielen von Erklärungstexten gezählt:
− eine ausgeführte oder beabsichtigte Handlung zu rechtfertigen
− eine Wissensbehauptung zu begründen oder zu widerlegen
− einen Wunsch, Befehl etc. zu motivieren
− das Eintreten oder Ausbleiben eines Ereignisses, eines Zustandes oder einer Situation auf andere Ereignisse, Zustände oder Situationen zurückzuführen
− zwischen bestimmten Erscheinungen einen Abhängigkeitszusammenhang herzustellen und einsichtig zu machen usw.
Die Aufzählung zeigt, dass der Begriff 'Erklärungstext' recht weit gefasst wird und eine Reihe von sprachlichen Handlungen einschließt, die auch in anderen Vertextungsmustern dominant auftreten. Daher ist es weder möglich noch sinnvoll, das Vertextungsmuster der Explikation scharf von anderen Mustern der Vertextung zu trennen. Umfangreiche Texte werden außerdem häufig einzelne Vertextungsmuster als Teilelemente des gesamten Textes realisieren. Zur Eingrenzung dessen, was unter einem Erklärungstext zu verstehen ist, formuliert Lang 4 Merkmale, die hier in verkürzter Form wiedergegeben werden (Lang 1976, 149 ff):

(1) Ein erklärender Zusammenhang kann nur zwischen propositionalen Gebilden hergestellt werden. Ein Erklärungstext muss als Minimum zwei Propositionen in expliziter oder rekonstruierbarer Form enthalten.

(2) Ein erklärender Zusammenhang kann zwischen Propositionen nur hergestellt werden, wenn sie in eine logische Folgebeziehung gebracht werden können, als deren Belegung Zusammenhänge im Denotatsbereich dieser Propositionen fungieren. Aus der sprachlichen Struktur des Textes muss eine solche Folgebeziehung interpretatorisch ermittelt werden können.

(3) Ein erklärender Zusammenhang zwischen Propositionen bedarf der Einbettung in eine Gesamtmitteilung, die in ihrer sprachlichen Struktur Komponenten enthalten muss, deren Rolle in der Kenntlichmachung eines Appells an die Einsehbarkeit des in den Beziehungen zwischen den Propositionen abgebildeten Zusammenhangs im Denotatsbereich besteht.

(4) In einem erklärenden Zusammenhang zwischen Propositionen muss eine Unterscheidung zwischen einem Repräsentanten des zu erklärenden Gegebenen, dem Explanandum, und den anderen Propositionen, die der Erklärung dienen, dem Explanans, getroffen werden können, d. h. es muss unterscheidbar sein, was erklärt werden soll und was erklärend ist, wobei letzteres als Gegebenes fungieren muss und daher sprachlich nicht konditional sein darf.

Resümierend wird für Erklärungstexte festgestellt, dass der kognitive Inhalt ein erklärender Zusammenhang ist, seine kommunikative Funktion in der Herstellung und Vermittlung dieses Zusammenhangs besteht, seine Struktureigenschaften dadurch determiniert sind und dass Erklärungstexte eine pragmatische Zwecksetzung erfüllen. Die von Lang getroffene Charakterisierung der Erklärungstexte bringt deutlich zum Ausdruck, dass derartige Texte unter einer Reihe von verchiedenen Aspekten zu diskutieren sind. Eine genauere Differenzierung ist erforderlich, um die Klasse der Erklärungstexte detaillierter zu beschreiben. Es werden bei der

Darstellung der Erklärungstexte und den mit diesen Texten verbundenen explikativen Vertextungsmustern nicht nur die Ergebnisse aktueller linguistischer Forschung, sondern auch Erkenntnisse der Kognitionsforschung eingehen. Da Erklärungstexte in ausgeprägter Weise durch das Zusammenwirken von außersprachlichen Faktoren und sprachlichen Charakteristika gekennzeichnet sind, soll zunächst auf die Begriffe Sachverhaltsstruktur und Sprachstruktur einerseits, propositionale Ebene und funktionale Ebene der Texte andererseits näher eingegangen werden.

1.2. Sachverhaltsstruktur und Sprachstruktur

In dem Merkmal (2) unterscheidet Lang zwischen Propositionen eines Textes, die in eine logische Folgebeziehung gebracht werden können, und der sprachlichen Struktur eines Textes, aus der eine solche Folgebeziehung interpretiert werden kann. Die Ermittlung der Folgebeziehung kann sich dabei ausschließlich auf die Kenntnis von Sachzusammenhängen gründen oder allein durch sprachliche Mittel wie Konjunktionen, Adverbien, syntaktische Abfolge u. a. bewerkstelligt werden. Sehr häufig sei aber das Zusammentreffen beider Faktoren, die Kenntnis von Sachzusammenhängen und die linguistische Instruktion. Die genannten zwei Faktoren deuten an, dass zwischen verschiedenen Arten von Texten unterschieden werden muss, in denen Erklärungen gegeben werden. So wird man im alltagssprachlichen Bereich oftmals Texte antreffen, die ausgewählte Folgebeziehungen thematisieren oder Sachverhalte in erklärende Zusammenhänge bringen, die sich aus einer Zwecksetzung ergeben. In diesen Texten, für den Durchschnittssprecher bestimmt, werden die Propositionen durch geeignete sprachliche Verknüpfungsmittel explizit miteinander verbunden, die es dem Leser einsichtig machen, dass Sachverhalte in einem bestimmten Zusammenhang stehen. Dies trifft insbesondere zu, wenn die Sachzusammenhänge an sich keine Disposition aufweisen, nach der man die Propositionen in eine natürliche Folgebeziehung einordnen könnte. Sprachliche Ausdrücke dienen dann der Erfüllung einer Zwecksetzung und sind insofern notwendiger Bestandteil eines Erklärungstextes. Kennzeichnend für die thematisierten Sachverhaltszusammenhänge des alltagssprachlichen Bereichs ist, dass sie häufig einfach strukturiert und semantisch wenig verdichtet sind.

Die Texte oder entsprechende Abschnitte, die erklärende Zusammenhänge beinhalten, können sehr kurz sein. Das von Lang analysierte Beispiel, auf das in Abschnitt 3 noch eingegangen wird, besteht aus einem bzw. zwei Sätzen. Die Analyse bewegt sich auf der mikrostrukturellen Ebene.

Von den alltagssprachlichen Erklärungstexten abzusetzen sind jedoch fachsprachliche oder wissenschaftssprachliche Texte. Diese Texte haben nicht nur das Ziel zu informieren, sondern sollen vor allem Wissen vermitteln. Die wissensvermittelnde Funktion dominiert speziell in Texten, die im Bereich der Lehre auf allen Ausbildungsstufen verwendet werden, aber auch in Fachzeitschriftenartikeln, Monografien, Enzyklopädien und populärwissenschaftlichen Aufsätzen. Mit abnehmendem Fachsprachlichkeitsgrad geht eine Vergrößerung des Adressatenkreises einher und damit auch eine größere Inhomogenität der Texte (Göpferich 1995, 143), so dass das Vertextungsmuster der Explikation häufig nur als Textbaustein auftritt. Erklärungstexte, insbesondere wenn sie in der wissenschaftssprachlichen Kommunikation auftreten oder wissensvermittelnden Charakter tragen, umfassen normalerweise eine größere Zahl von Sätzen. Für umfangreiche Texte ist es daher relevant und notwendig, auch die Makrostruktur zu berücksichtigen. Das Explanans besteht nicht nur aus einer oder zwei, sondern aus einer Vielzahl von Propositionen. Häufig müssen beispielsweise bestimmte Voraussetzungen geklärt werden, es existieren mehrere Begründungen für einen Sachverhalt, ein Zustand/Vorgang ist auf verschiedene Zustände, Zusammenhänge zurückzuführen. Bei semantisch sehr verdichteten Sachverhalten bilden Erklärungen in Abhängigkeit von den Wissensvoraussetzungen des Rezipienten eine Hierarchie von Erklärungen. Erst eine Reihe von Aussagen, über einen längeren Textabschnitt oder mehrere Textabschnitte verteilt, liefert die Erklärung für ein Explanandum. Die semantische Makrostruktur eines solchen Textes organisiert die Textaussagen, so dass die Analyse der makrostrukturellen Ebene wichtige Einsichten in die Struktur des Erklärungstextes liefert. Der Textzusammenhang ist nicht mehr nur durch solche sprachlichen Indikatoren wie Konjunktionen, Adverbien etc. gegeben, sondern die textuelle Organisation von Inhaltselementen bestimmt die Struktur des Textes. Wichtige theoretische Ansätze dazu sind u. a. bei van Dijk (1980, 41 ff),

Hellwig (1984, 73 f), Leinfellner (1992, 185) und Rothkegel (1993, 74 ff) zu finden. Unter lerntheoretischen Gesichtspunkten ist das kognitionspsychologische Konzept der Makrostrukturen für Erklärungstexte außerdem von Bedeutung, da in diesen Texten Wissen vermittelt wird, das vom Rezipienten nicht nur verstanden, sondern auch behalten werden soll. Experimentelle Untersuchungen belegen, dass bei umfangreichen Studientexten durch den Aufbau semantischer Makrostrukturen im Gedächtnis eine effektive Speicherung von Textinformationen möglich ist (u. a. Ballstaedt/Mandl/Schnotz u. a. 1981, 69; Jonassen/Beissner/Yacci 1993, 102).

Erklärungen auf der mikrostrukturellen und makrostrukturellen Ebene sind sowohl in alltagssprachlichen als auch in wissenschaftssprachlichen sowie wissensvermittelnden Erklärungstexten anzutreffen. Jedoch ist anzunehmen, dass Erklärungen auf mikrostruktureller Ebene in Texten des Alltags eine größere Rolle spielen, da die Sachverhaltszusammenhänge semantisch einfacher strukturiert sind. Dagegen liegen in den semantisch sehr komplexen wissenschaftssprachlichen und wissensvermittelnden Texten Erklärungen vorrangig auf makrostruktureller Ebene, die die mikrostrukturelle Ebene natürlich einschließt. Aus pragmatischen Gründen, um typische Erscheinungen von Erklärungstexten zu charakterisieren, wird eine Unterscheidung in Erklärungstexte auf mikrostruktureller Ebene (vorrangig dem alltagssprachlichen Kommunikationsbereich zuzuordnen) und auf makrostruktureller Ebene (vorrangig dem wissenschaftssprachlichen/wissensvermittelnden Kommunikationsbereich zuzuordnen) vorgenommen. In beiden Kommunikationsbereichen sind bestimmte Merkmale von Erklärungstexten jeweils tendenziell als typisch anzusehen. Da Erklärungstexte besonders in den Bereichen, in denen Wissen vermittelt wird, von herausragender Bedeutung sind, wird im Folgenden nur von wissensvermittelnden Texten gesprochen. Eine scharfe Trennung beider Kommunikationsbereiche ist jedoch nicht möglich, da es auch in der alltagssprachlichen Kommunikation wissensvermittelnde Texte gibt.

Für wissensvermittelnde Texte ist weiterhin charakteristisch, dass ihnen normalerweise eine außersprachliche Sachverhaltsstruktur zugrunde liegt. Die kommunizierten außersprachlichen Sachverhalte haben eine bestimmte sachlogische Struktur, die sich der Produzent eines jeweiligen Textes zu eigen gemacht hat. Der Erklärungstext kann als linguistische Realisierung des Wissensmodells des Textautors, das sich in der thematischen Textstruktur manifestiert, beschrieben werden. Man kann mit Rothkegel (1993, 21) auch von einem Textwissen sprechen, das die Schnittstelle zwischen dem Objektwissen und dem Sprachwissen darstellt. Das Textwissen verbindet Objektstrukturierungen im Hinblick auf kommunikative Ziele mit sprachlichen Strukturen der Lexik und Syntax. Die Besonderheit von Texten, die Sachwissen behandeln, besteht darin, dass der innere logische Zusammenhang der außersprachlichen Sachverhaltsstruktur den Zusammenhang im Text dominiert und die Sequenzierung der textbildenden Aussagen bestimmt (u. a. van Dijk 1980, 36). Die Ordnung im Denotatsbereich determiniert die Verteilungsfolge der Sachverhalte im Text. Beispielsweise bestimmt die Kausalfolge in der Struktur der Sachverhalte die Verteilungsfolge von Ursache–Wirkung, Grund–Folge und Zweck–Mittel, und die hierarchische Ordnung der Objekte determiniert die Erwähnungsfolge dieser Objekte im Text wie Ganzes–Teil, Obermenge–Untermenge, Gesamtmenge–Teilmenge–Element (vgl. Lang 1976, 178; Augst/Faigel 1986, 110 ff). Hoffmann (1988, 558) vertritt die Auffassung, dass sich letztlich die Absicht des Textverfassers der inneren Logik des im Text behandelten Gegenstandes unterzuordnen habe. Dennoch sind selbst bei der Vertextung wissenschaftlicher Sachverhalte die kommunikativen Bedingungen nicht zu vernachlässigen, die vor allem mit dem Begriff der Adressatenspezifik verbunden sind. Die sich im Text widerspiegelnde Ordnung einer außersprachlichen Sachverhaltsstruktur bedarf in wissensvermittelnden Texten nicht unbedingt expliziter sprachlicher Indikatoren. Aussage (3) bei Lang ist für derartige Erklärungstexte keine notwendige Bedingung. Die Verknüpfung der Objekte im Denotatsbereich der Texte ergibt sich aus der Sachverhaltsstruktur dieser Objekte, der Zusammenhang wird nicht erst durch sprachliche Indikatoren wie Konjunktionen, Adverbien, Modalwörter etc. etabliert.

Für das Verstehen und die Interpretation von Erklärungstexten spielt der Umfang und die Tiefe des Sachwissens eine entscheidende Rolle. Hinsichtlich des Rezipienten kann in wissensvermittelnden Texten Sachwissen einer bestimmten Stufe vorausgesetzt werden. Solche Wissenseinheiten sind in Form von Schemata/Frames im Gedächtnis des Textrezipienten verankert. Nach den Vorstellungen kognitionspsychologischer Modelle werden beim Lesen durch das Textangebot Wissensschemata (Frames) aktiviert, auf die der Leser beim Rezipieren und Verstehen zurückgreift (u. a. Rickheit/Strohner 1985, 13). Die Informationen des Textes werden in bestehende Wissensschemata des Lesers integriert und kognitiv entsprechende Verknüpfungen hergestellt. Dabei werden infolge des Hintergrundwissens Schlussfolgerungen zwischen den Propositionen des Textes gezogen, die als Inferenzen bezeichnet werden. Die sprachliche Form des Textes muss lediglich so abgefasst sein, dass solche Inferenzen möglich sind. Durch aktivierte Frames stellt der Textrezipient demzufolge auch ohne sprachliche Indikatoren Sachverhaltszusammenhänge her. Wie weit zur Verständnissicherung implizite Verknüpfungen jedoch sprachlich explizit gemacht werden sollten, hängt in erster Linie von den Adressaten des Textes ab. Fragen, die mit diesem Problemkreis zusammenhängen, sind nicht nur für wissensvermittelnde Texte, sondern auch für alltagssprachliche Erklärungstexte relevant.

1.3. Zusammenwirken von propositionaler und funktionaler Ebene

Jeder Text wird nicht nur durch seine inhaltlichen Aussagen bestimmt, sondern übt gleichzeitig eine Funktion innerhalb einer kommunikativen Situation aus. Generell werden drei Ebenen des Textes unterschieden: die funktional-illokutive Ebene (Handlungsstruktur), die inhaltlich-propositionale Ebene (Inhaltsstruktur) und die sprachlich-ausdrucksseitige Ebene (Nussbaumer 1991, 158). Während bei Sandig (1987, 116) die Handlungsstruktur als Trägerstruktur für den Inhalt gesehen wird, fassen Brandt/Rosengren (1991a, 122) die Inhaltsstruktur und die Handlungsstruktur als 'zwei Seiten einer Münze' auf, die ihrerseits zusammenwirken. Diese Autoren nehmen für die Handlungsstruktur die Illokution als Basiseinheit an, für die Informationsstruktur die Informationseinheit. Wichtig in diesem Zusammenhang ist, dass die Informationsstruktur zwei Dimensionen aufweist, eine globale und eine lokale, die über die Informationseinheit als Grundelement der Informationsgliederung miteinander in Beziehung stehen (Brandt/Rosengren 1991b, 4). Diese Unterscheidung entspricht der Differenzierung in eine mikrostrukturelle und makrostrukturelle Untersuchungsebene von Erklärungstexten.

Eine Charakterisierung von Texten sollte generell alle drei eingangs genannten Ebenen des Textes berücksichtigen. Die funktional-illokutive und die inhaltlich-propositionale Ebene werden in der sprachlichen Ausdrucksseite des Textes kommunikativ verfügbar. Jedoch können die konstitutiven Merkmale unterschiedlich dominant sein. Bei der Charakterisierung von alltagssprachlichen und wissensvermittelnden Texten ist zu berücksichtigen, ob die Texte stärker durch die funktional-illokutive oder die inhaltlich-propositionale Ebene geprägt sind. Nach der bisher geführten Diskussion hinsichtlich der Dominanz der außersprachlichen Sachverhaltsstruktur auf die Vertextung eines Explanandum wird die inhaltlich-propositionale Ebene vorrangig die wissensvermittelnden Texte dominieren. Aber auch diese Texte sind durch eine Handlungsstruktur geprägt, in die das kommunikative Umfeld wie die Partner, der Ort der Kommunikation usw. eingeht. Es wurde bereits darauf hingewiesen, dass in der Handlungsstruktur im Besonderen die Situation des Adressaten ihren Ausdruck findet. So ist vom Vorwissen des Adressaten der zahlenmäßige Umfang der Definitionen und Beispielgebungen, die erläuternden Zusätze, Ausführungen zu Teilthemen, die Häufigkeit von Wiederholungen mit jeweils unterschiedlichem Akzent, das Klären von Bedingungen, Voraussetzungen, Zuständen etc. abhängig.

Stärker als in Texten der wissenschaftssprachlichen Kommunikation wird in Erklärungstexten der alltagssprachlichen Kommunikation neben dem Inhalt die Handlungsstruktur einen bedeutenden Einfluss auf die Textstruktur ausüben. Mit Bayer (1981, 28 ff) können soziale Erklärungshandlungen als sprachliche Hinweise auf Ableitungsmöglichkeiten für zunächst problematische Aussagen angesehen werden. Für Alltagserklärungen stehen sogenannte Gesetzesaussagen gewöhnlich nicht abstrakt und allgemein, sondern als Verallgemeinerung von Alltagserfahrungen zur Verfügung. Auf der Grundlage des gleichen Wissensinhalts können Textverfasser sehr verschiedene Ziele und Absichten verfolgen, bestimmte Verknüpfungen der Erklärung präferieren, andere unterlassen. Im Gegensatz zu Texten, in denen der Sachzusammenhang durch die thematisierten Objekte vorgegeben ist, können die Folgebeziehungen durch die Textverfasser konstruiert werden, um bestimmte Aussagen für den Leser einsehbar zu machen. Sprachliche Ausdrücke werden als Appelle an den Adressaten verwendet, damit er die angebotene Ableitungsmöglichkeit für das zu erklärende Phänomen akzeptiert (Bayer 1981, 36). Alltagserklärungen orientieren sich an Plausibilitätskriterien, die stark mit den jeweiligen Situationen variieren. Hierbei ist nicht mehr die logische Ableitbarkeit des zu erklärenden Sachverhalts eine notwendige Bedingung, sondern eher die Verknüpfbarkeit mit bereits akzeptierten Alltagserfahrungen und -kenntnissen. Bayer (1981, 40) unterscheidet daher bei der Analyse von Erklärungen nicht nur zwischen Explanandum und Explanans, sondern nimmt noch den Begriff des Erklärungsstandards hinzu, in den eine bestimmte Art der Verknüpfung von Explanandum und Explanans eingeht.

2. Die explikative Themenentfaltung

Zwischen den Einzelheiten eines Textes bestehen thematische Zusammenhänge, Teilthemen werden miteinander verknüpft und bilden thematische Strukturen. Das Text-Thema ist dabei das übergreifende Baumuster, das die gesamte Gestalt des Textes betrifft (vgl. Heinemann/Viehweger 1991, 46). In der thematischen Struktur von Texten, die durch Grundformen der Themenentfaltung determiniert wird, spiegelt sich die Informationsstruktur von Texten wider. Mit Brinker (1992, 60) kann die Entfaltung eines Themas zum Gesamtinhalt des Textes als Verknüpfung relationaler, logisch-semantischer Kategorien beschrieben werden, die die internen Beziehungen der Teilthemen zum thematischen Kern des Textes, dem Textthema angeben. Die verschiedenen Teilthemen eines Textes sind durch inhaltliche Beziehungen, die z. B. kausaler, instrumentaler, politischer Art sein können, miteinander verbunden (Fritz 1982, 214). Es existieren nicht nur eine große Zahl, sondern auch sehr heterogene Vorstellungen über thematische Strukturen von Texten. Dies hängt mit der Vielfalt von Textfunktionen und Textsorten zusammen (vgl. Lötscher 1987, 144f).

Bei Hellwig (1984, 65) wird der Begriff Thema als die Struktur eines inhaltlichen Zusammenhangs im Text verstanden, der sich durch Textfragen erfassen lässt. Die thematische Verknüpfung der Aussagen erfolgt dadurch, dass jede Äußerung in einem Text durch eine kontextbedingte Frage im Anschluss an die vorhergehende Äußerung bestimmt ist. Dabei können die Textfragen so formuliert werden, dass sie zugleich als Vorgaben für den Aufbau des neuen Informationszusammenhangs fungieren. Ein Textthema ist jeweils durch die Bildung eines neuen Zusammenhangs charakterisiert. Globale Strukturen des Textinhaltes – die dabei auf die Satzebene zurückreichen – gestatten eine hierarchisch geordnete Struktur des Textes. Auf das Konzept von Hellwig soll im Folgenden noch zurückgegriffen werden.

Die Entfaltung eines Themas wird nicht nur durch den zu vertextenden Inhalt, sondern auch durch kommunikative sowie situative Faktoren gesteuert. Bestimmte Muster der thematischen Entfaltung korrelieren mit der Text-Gesamtfunktion. Nach der Grundform der Themenentfaltung werden von Brinker (1992, 63) deskriptive, narrative, explikative und argumentative Texte unterschieden. In explikativ verfahrenden Texten dominiert das explikative Verknüpfungsmuster und gibt dem Text seine Gesamtprägung, auch wenn ein explikativer Text argumentative, deskriptive u. a. Teile enthalten kann. Gerade wissensvermittelnde Texte sind meist nicht einheitlich, sondern durch weitere komplexe Teil-Illokutionen wie Beweis, Beschreibung, Schlussfolgerung u. a. gekennzeichnet. Beispielsweise ist die Explikation häufig in das komplexe Verfahren des Argumentierens integriert. Van Dijk (1980, 150f) beispielsweise fasst die wissenschaftliche Abhandlung als eine besondere Variante der Argumentation auf. In dem von ihm angeführten Beispiel ist die Erklärung Teilelement eines Untersuchungsberichtes und durch das Zuammenwirken von Hypothesen, Voraussagen und Folgerungen etc. bestimmt. Aber auch für Texte des alltagssprachlichen Bereichs gilt, dass das explikative Muster nur ein Verknüpfungsmuster neben anderen ist.

In explikativen Texten tritt ein Explanandum als thematische Aussage auf, das durch andere Aussagen, das Explanans, erklärt wird. In Zuordnung dieser Begriffe zur textuellen Dimension kann man das Explanandum als ein Thema im Sinne von Hellwig auffassen, das durch eine Verknüpfungsrelation mit dem Explanans als folgendem Thema verbunden ist. Nach der Theorie von Hellwig ist der Textzusammenhang durch implizite Fragen gegeben, die ein Leser unausgesprochen an den Text stellt. Bezogen auf das explikative Vertextungsmuster lässt sich das Explanandum als eine implizite Frage auffassen, die durch das Explanans 'beantwortet', expliziert wird. Das Explanans kann gegebenenfalls selbst wieder zum Explanandum werden, das seinerseits erklärungsbedürftig ist, so dass hierarchische Themenstrukturen in Texten entstehen.

3. Explikation auf mikrostruktureller Ebene

Für eine Reihe speziell von alltagssprachlichen Texten liegen Erklärungen zu Objekten, Ereignissen, Zuständen auf der mikrostrukturellen Textebene. Für einen alltagssprachlichen Text soll an einem Beispiel das explikative Vertextungsmuster nach Brinker (1992, 71 f) wiedergegeben werden.

Wenn Sie bei Gewitter im Bett liegen
Abendblatt-Leser H. K., Reinbek: (1) Sie schrieben kürzlich etwas über Blitzschutz. (2) Meine Frage: Was passiert mir im französischen Bett, wenn der Stecker des Radios Kontakt hat und der Blitz einschlägt? (3) Kann ich durch die Sprungfedern der Matratze einen Schlag bekommen? –
(4) Innerstädtische Stromnetze sind gegen Blitzschlag ausreichend geschützt. (5) Auf dem flachen Lande gilt, wenn man ganz sichergehen will, noch immer die alte Regel, alle Elektroanschlüsse aus den Steckdosen zu nehmen.
(6) Wir hoffen, daß Ihnen nichts passiert, wenn Sie im Bett liegen, Radio hören und der Blitz einschlägt. (7) Denn zwischen dem Radio und den Sprungfedern der Matratze kann nur dann eine Verbindung erfolgen, wenn ein elektrischer Leiter vorhanden ist.

Im 1. Teil, den Sätzen 1–3, wird die Frage eines Lesers formuliert. Die Frage wird in Satz 6 und 7 beantwortet. In Anwendung des erwähnten Erklärungsschemas nach Hempel-Oppenheim gelangt man zu folgender Struktur:
Explanans: – *Singuläre Aussagen*
– Die Person X liegt im Bett auf einer Sprungfedernkernmatratze.
– Die Person X hört Radio.
– Zwischen Radio und Sprungfedern ist kein elektrischer Leiter vorhanden.
– Der Blitz schlägt ein.
– *Gesetzesaussagen*
– Zwischen dem Radio und den Sprungfedern kann nur dann eine Verbindung erfolgen, wenn ein elektrischer Leiter vorhanden ist.
Explanandum:
– Die Person bekommt keinen Schlag.
Die Sätze 4 und 5 stehen nicht in direkter Beziehung zum Explanandum, sondern enthalten Informationen zur Absicherung des Stromnetzes gegen Blitzschlag in der Stadt und auf dem Land. Lang (1976, 152 ff) analysiert kurze Erklärungstexte des alltagssprachlichen Bereichs, in denen er besonders die sprachliche Ausdrucksseite teilweise unter Berücksichtigung funktionaler Aspekte behandelt. Er gibt als Beispiel folgende Erklärungstexte (vgl. auch Nussbaumer 1991, 187 ff):

(a) *Die Heizungsrohre sind geplatzt, weil es heute nacht Frost gegeben hat und (weil) die Glaswatteverkleidung für die Heizungsanlage nicht geliefert worden ist.*
(b) *Der Frost von heute nacht hat wegen der fehlenden Glaswatteverkleidung die Heizungsrohre im Keller zum Platzen gebracht.*

Beide Beispiele erfüllen die in Abschnitt 1 erwähnten Merkmale (1) bis (4), sie enthalten die geforderten Indikatoren und erfüllen den Appell an die Einsicht in die besagten Zusammenhänge. In den Beispielen (c) und (d) dagegen sind nicht mehr alle Kriterien von (1) bis (4) erfüllt, weshalb ihnen nicht der Status von Erklärungstexten zugesprochen wird.

(c) *Heute nacht Frost. Heizungsrohre im Keller geplatzt. Keine Glaswatteverkleidung.*
(d) *Wenn es heute nacht Frost gibt und wenn die Glaswatteverkleidung für die Heizungsanlage nicht geliefert wird, dann werden die Heizungsrohre im Keller platzen.*

Nach Lang entspricht in (c) die kausale Interpretation ausschließlich der Kenntnis empirischer Zusammenhänge, die allerdings insofern durch syntaktische Strukturen gestützt wird, da die Herstellung dieser Interpretation nicht durch sprachliche Determinanten behindert wird. Bedingung (3) und (4) seien jedoch überhaupt nicht erfüllt, da kein Indikator für den Appell an die Einsicht und keine erkennbare Einteilung in Explanandum und Explanans zu ersehen sei. Im Beispiel (d) ist der Sachzusammenhang durch *wenn ... dann* in eine logische Folgebeziehung eingeordnet, aber der kausale Zusammenhang muss ebenfalls aus der Sachkenntnis erschlossen werden. Wie bei (c) fehlt wiederum der sprachliche Indikator für den Appell an die Einsicht in die formulierten Sachzusammenhänge. Außerdem sei kein Indiz vorhanden, dass einer der Sachverhalte als gegeben betrachtet wird, die Denotate existierten nicht in einer aktuellen Welt, sondern in einer möglichen Welt, was gegen (4) verstößt. Lang arbeitet weiterhin heraus, dass als Explanandum auch eine Behauptung für einen Sachverhalt stehen kann, wie im Satz (e):

(e) *Es hat Frost gegeben, denn die Heizungsrohre sind geplatzt.*

In diesem Beispiel wird keine kausale Erklärung gegeben, sondern eine auf Sachzusammenhängen fußende Begründung für eine Annahme *es hat Frost gegeben* geliefert.

Als explizite sprachliche Verknüpfungsmittel für Propositionen werden Konjunktionen, Adverbien, Präpositionen und Modalwörter genannt. Kausalbeziehungen im weitesten Sinne werden durch *weil, da, denn, darum, deshalb, folglich, infolge, also, nämlich, mithin, somit* etc. markiert. Derartige sprachliche Ausdrücke stehen für den Appell an die Einsicht in die formulierten Sachzusammenhänge. Die Notwendigkeit sprachlicher Indikatoren für das erklärende Vertextungsmuster wurde bereits in Frage gestellt (vgl. u. a. auch Beck 1988, 14 f). Verwiesen sei nochmals auf in Schemata/Frames organisiertes Hintergrundwissen, durch das im gegebenen Kontext auf eine sprachliche Explizierung von Verknüpfungsmitteln verzichtet werden kann.

4. Explikation auf makrostruktureller Ebene

Typisch für wissensvermittelnde Texte ist, dass *komplexe* Sachverhalte dem Leser nahegebracht werden sollen. Bei Texten, die im Bereich der Ausbildung verwendet werden, sind die Rezipienten Lerner, die die Textinformationen kognitiv so verarbeiten müssen, dass sie in der Lage sind, diese auch zu behalten und Schlussfolgerungen aus dem Gelernten zu ziehen. Unter diesem Aspekt ist es relevant, die makrostrukturelle Ebene von Erklärungstexten besonders in den Vordergrund der Untersuchung zu stellen. (Diese Ebene schließt natürlich die mikrostrukturelle Ebene ein. Letztere wurde in Abschnitt 3. behandelt und soll an dieser Stelle nicht mehr zur Diskussion stehen.) Bei der Rezeption längerer Texte laufen im Gedächtnis des Lerners reduktive Prozesse ab, durch die die Textinformationen auf das Wesentliche verdichtet werden. Wie gedächtnispsychologische Studien belegen, kommt der Makrostruktur eine dominierende Rolle für das Verstehen und Behalten der Textinformationen zu, zumal unter dem Gesichtspunkt, dass nicht die syntaktische Struktur von Sätzen, sondern nur der semantische Gehalt gespeichert wird (u. a. van Dijk 1980, 183; Friedrich 1995, 69).

In einer Makrostrukturtheorie werden vorrangig die logisch-semantischen und gleichzeitig hierarchisch aufeinander bezogenen Zustands- und Ereigniskonzepte als Basis einer Textstrukturierung angesehen. Die Expansion des Themas auf der inhaltlichen Textebene, die unmittelbar mit den Erklärungen zu einem Sachverhalt, dem Explanandum, verbunden sind, ist Gegenstand der Untersuchung. Für komplexe Sachverhalte ist charakteristisch, dass das Explanandum nicht nur 'Fragen' im Sinne von Hellwig evoziert, die jeweils durch eine Antwort gedeckt werden, sondern auf eine Textfrage mehrere Aussagen möglich und bei Sachverhaltsklärungen auch nötig sind, um den Sachzusammenhang angemessen zu erklären (vgl. Klein/Stutterheim 1991, 3).

Das Explanandum in derartigen Texten findet seinen sprachlichen Ausdruck gewöhnlich in Form von Fachwörtern bzw. Fachtermini, die das semantische Konzentrat eines mehr oder weniger umfangreichen Wissensbereichs darstellen. Solche Fachwörter sind als maximal kondensierte Texte aufzufassen, die paradigmatisch hinter diesen Fachwörtern stehen (Kalverkämper 1987, 655). Das heißt, sie stellen verdichtete Sachverhaltsaussagen dar, die einen sehr komplexen Charakter haben. In den Fachwörtern sind die semantischen Merkmale als System organisiert, in welchem sich die vielfältigen Zusammenhänge zwischen Objekten und Sachverhalten reflektieren. Bei der Vertextung dieser sprachlichen Ausdrücke sind die verdichteten Merkmalkombinationen aufzulösen und in anderen Lexemen mit einem weniger hohen Verdichtungsgrad an Information wieder zu versprachlichen (vgl. Jahr 1993, 16). Durch diese Auflösung werden die internen Strukturbeziehungen der semantischen Komponentenbündel aufgedeckt sowie der Zusammenhang zwischen Referenzobjekten verdeutlicht. In Erklärungstexten erfolgt durch die Auflösung der Merkmalbündel von Fachwörtern also eine semantische Expansion des Explanandum. Diese Merkmalbündel bilden Schlüsselbegriffe des Explanans, die vor allem auf der makrostrukturellen Ebene des Textes miteinander netzartig verflochten sind. Die makrostrukturellen Bezüge zwischen Explanandum und Explanans sollen an dem folgendem Textbeispiel demonstriert werden (vgl. Jahr 1996, 125 ff).

Waldsterben
Das Waldsterben stellt ein neues Ereignis dar, das den Wald in seiner Gesamtheit bedroht. Aus der Ent-

38. Vertextungsmuster Explikation

fernung fallen erkrankte Fichten hauptsächlich durch schüttere, durchsichtige Kronen auf. Sie verlieren die ältesten Nadeljahrgänge vorzeitig, so daß die Krone beginnt, sich von innen her zu lichten. Oft sieht man den Schaft der Bäume bis in die oberste Krone durchscheinen. Gesunde Fichten dagegen sind in der Regel so dicht benadelt, daß man im Kronenbereich den Stamm selten und dann nur teilweise sieht.

Schreitet die Krankheit weiter fort, so dehnen sich die Nadelverluste *mehr und mehr auf die jüngeren Jahrgänge aus. Auch junge Triebe werden dann schütter und lückig. Die Bäume sehen verschlissen, ausgefranst und zerrupft aus. Jüngere Nadeln bleiben oft kurz, und es fehlt ihnen das frische, dunkle Grün. An einigen alten Fichten beobachtet man im Herbst als zusätzliches Symptom oft eine rasche Rotverfärbung der älteren Nadeljahrgänge. Die verfärbten Nadeln fallen bis zum nächsten Frühjahr ab, während die anderen Nadeln meist grün und vital bleiben. Im Herbst 1983 wurde diese Erscheinung im Bayrischen Wald auch an Jungfichten beobachtet.*

Ein charakteristisches Schadbild ist die gehäufte Bildung von Ersatztrieben. *Darunter versteht man kleine, mit frischgrünen Nadeln besetzte Austriebe, die sich stets an der Zweigoberseite bilden. Sie treiben aus ruhenden Knospen an Jahrestriebgrenzen aus und orientieren sich in den ersten Jahren schräg nach oben. Diese Triebbildung entsteht wahrscheinlich nach reduzierter Stoffproduktion und stellt eine Notreaktion dar.*

In Verbindung mit Kronenschäden treten bei erkrankten Fichten hohe Feinwurzelverluste *auf. Zwar sterben auch bei gesunden Bäumen jahreszeitlich- und witterungsbedingt ständig Feinwurzeln ab, diese werden jedoch sogleich wieder ersetzt. Gerade die Fähigkeit, Feinwurzeln neu zu bilden, ist bei kranken Fichten stark verringert. Außer vielen abgestorbenen Gewebeteilen (Nekrosen) und Verzweigungsanomalien sind oft keulenförmig verdickte sog. Wurzelstörpunkte zu finden. Darüber hinaus fehlen entweder weitgehend die an gesunden Feinwurzelenden gehäuft vorkommenden Pilzkolonien, oder diese sind inaktiv und gealtert. Die Lebensgemeinschaft zwischen Baum und Pilz erhöht die Leistungsfähigkeit der Wurzel um ein vielfaches. Wurzeln ohne diese „Mykorrhiza" genannten Pilzgeflechte sind hingegen nicht mehr in der Lage, dem Eindringen von parasitischen Pilzen ausreichend zu widerstehen, die von den Feinwurzeln her die Schwach- und Grobwurzeln besiedeln. Da solche Absterbe-Erscheinungen in erster Linie das Tiefwurzelsystem betreffen, erhöht sich für erkrankte Fichten die Gefahr, vom Sturm geworfen oder durch Trockenstreß geschädigt zu werden. In jedem Fall wird durch eine verminderte Leistung des Wurzelsystems die Nährstoff- und Wasserversorgung beeinträchtigt.*
(aus: P. Schütt: Der Wald stirbt an Streß. Frankfurt/M. 1988, 31)

In diesem Text stellt *Waldsterben* das Explanandum dar. Es ist gleichzeitig als semantisches Konzentrat des Textinhalts Thema des Textes und damit als Makroproposition der höchsten Hierarchiestufe aufzufassen. Will man erklären, was dieser sprachliche Ausdruck bzw. der dahinterstehende Begriffsinhalt bedeutet, gilt es, die semantischen Komponentenbündel zu explizieren, die die Bedeutung des Lexems ausmachen.

Es ist zweckmäßig, zwischen der intensionalen und extensionalen Bedeutung zu unterscheiden. Mit seiner extensionalen Bedeutung referiert der sprachliche Ausdruck auf die Klasse der Bäume, in diesem Text speziell auf die Fichte. Die intensionale Bedeutung wird durch die Bedeutungseinheiten: *Kronenverlichtung, Blattschäden, Ersatztriebe* und *Wurzelschäden* auf einer sehr globalen Ebene erfasst. Da im Text das Phänomen des Waldsterbens am Beispiel der Fichte expliziert wird, treten hier nicht in jedem Fall die das Waldsterben in einer verallgemeinernden Form beschreibenden Ausdrücke auf, sondern die Ausdrücke beziehen sich auf das Einzelobjekt Fichte. Die nicht kursiv gesetzten Ausdrücke stellen eine Spezifizierung der globalen Inhaltselemente für das extensionale Objekt Fichte dar. (Beispielsweise ist der allgemeine Begriff *Blattschäden* durch *Nadelverluste* spezifiziert.) Dabei ist zu erwähnen, dass der Text einem Buch entnommen wurde, das insgesamt dem Waldsterben gewidmet ist. Am Anfang des Buches (S. 16) wird bereits gesagt, dass alle Bäume unter dem gleichen Syndrom leiden.

Die sprachlichen Ausdrücke für die Kernseme 'erklären' zunächst auf einer sehr globalen Ebene das Explanandum und bilden somit das Explanans eines zu erklärenden Sachverhalts. Die objektsprachlichen Ausdrücke, die den Inhalt der Kernseme repräsentieren, sind normalerweise Makropropositionen. Diese fassen den Inhalt von Teiltexten global zusammen und bilden die Teilthemen von Texteinheiten. In klar strukturierten Texten sind diese Teileinheiten auch optisch durch Absätze, Abschnitte o. ä. im Text markiert. Das trifft für den Text über das Waldsterben zu. Jeweils zu Beginn eines neuen Abschnittes findet man im ersten Satz einen ein Kernsem repräsentierenden Ausdruck. In Übernahme des valenztheoretischen Modells könnte man *Waldsterben* als Valenzträger betrachten, der semantische Komponenten enthält, die für die Valenz selbst wichtig sind (vgl. Jahr 1993, 98 ff). Die Komponentenstrukturen des Valenzträgers werden in linguistische Einheiten überführt, die auf der Ebene der Sprache als sprachliche Ausdrücke im Text erscheinen können. Dieser Ansatz übernimmt Vorstellungen von Valenzstrukturen aus der Linguistik (u. a. Wotjak 1991, 8 f), aus der Kognitionspsychologie (u. a. Norman/Rumelhart 1978, 76 ff) und der künstlichen Intelligenz-Forschung (u. a. Leinfellner 1992, 192). Nach Leinfellner verfügen Substantive über semantische Kasus, die mit Valenzstrukturen zusammenfallen, die die semantischen Zusammenhänge innerhalb des Textes konstituieren (vgl. auch das Konzept der Textrollen bei Rothkegel 1993, 65). In Jahr (1993, 117) wird von einer Valenz auf textueller Ebene gesprochen, über die der Textzusammenhang hergestellt wird.

Die Kernsembegriffe bilden nach dem Thema die hierarchiehöchsten Einheiten des Textes, von denen über logisch-semantische Beziehungen weitere Bedeutungseinheiten ausgehen, die ebenfalls dem Explanans zuzuordnen sind, da sie den Sachverhaltszusammenhang genauer erklären. Für den obigen Text gehen vom Kernsembegriff *Wurzelschäden* die in Abb. 38.1 dargestellten Einheiten aus.

Jeder der gegebenenfalls versprachlichten Kernsembegriffe oder deren Spezifizierung determiniert weitere sprachliche Elemente, die inhaltlich mit dem jeweiligen Kernsembegriff eine thematische Einheit bilden. Die sprachlichen Ausdrücke solch einer thematischen Einheit konstituieren einen Teiltext und sind Träger der Hauptinformationen des Textes, die über bestimmte logisch-semantische Relationen wie vor allem die der Kausalität, Konsekutivität und Finalität miteinander verbunden sind, wobei diese Relationen nicht durch sprachliche Indikatoren realisiert sein müssen. Für die Teiltexte gilt, dass sie jeweils ein relativ eigenständiges Thema haben, das letztlich in Abhängigkeit vom Gesamtthema entfaltet wird. Während die Kernsembegriffe unmittelbar zur inhärenten Bedeutung des Explanandum gehören, stehen die weiteren Bedeutungseinheiten eines Teiltextes nur noch in indirekter Beziehung zur Bedeutung des Explanandum. Die Vermittlung ist über die Bedeutung der Kernsembegriffe bzw. ihrer entsprechenden Spezifizierung gegeben. Die inhaltliche Strukturierung der Teiltexte, z. B. welche Themen in welcher Tiefe vom Textverfasser angesprochen werden, unterliegt zu einem gewissen Grade der Perspektive des jeweiligen Autors, insbesondere seiner Kommunikationsabsicht. Dennoch ist er in wissensvermittelnden Texten an eine Reihe von Inhaltselementen, die ihm aus dem faktisch bestehenden Sachverhaltszusammenhang vorgegeben sind, gebunden, sofern er diese bei seinen Adressaten nicht voraussetzen kann. Bestimmte tragende Inhaltseinheiten gehören als Hauptinformationen zur Erklärung eines Explanandum. Typisch für viele Erklärungstexte ist, dass in die Teiltexte Erläuterungen eingebettet sind, die die Sachverhaltszusammenhänge an der Klasse der Referenzobjekte demonstrieren oder anhand ganz konkreter Einzelobjekte beschreiben. Dieser Fall liegt im hier untersuchten Text vor.

Waldsterben
(Kronenverlichtung, Blattschäden, Ersatztriebe, Wurzelschäden)

↓ modal

Wurzelschäden

↙ ↓ ↘ kausal

Feinwurzelverluste | Wurzelstörpunkte | fehlende Mykorrhiza

↓ modal | | ↓ konsekutiv

- verringerte Neubildung
- abgestorbene Gewebe (Nekrosen)

Eindringen parasitärer Pilze

↓ konsekutiv

Entwurzelung

↓ konsekutiv

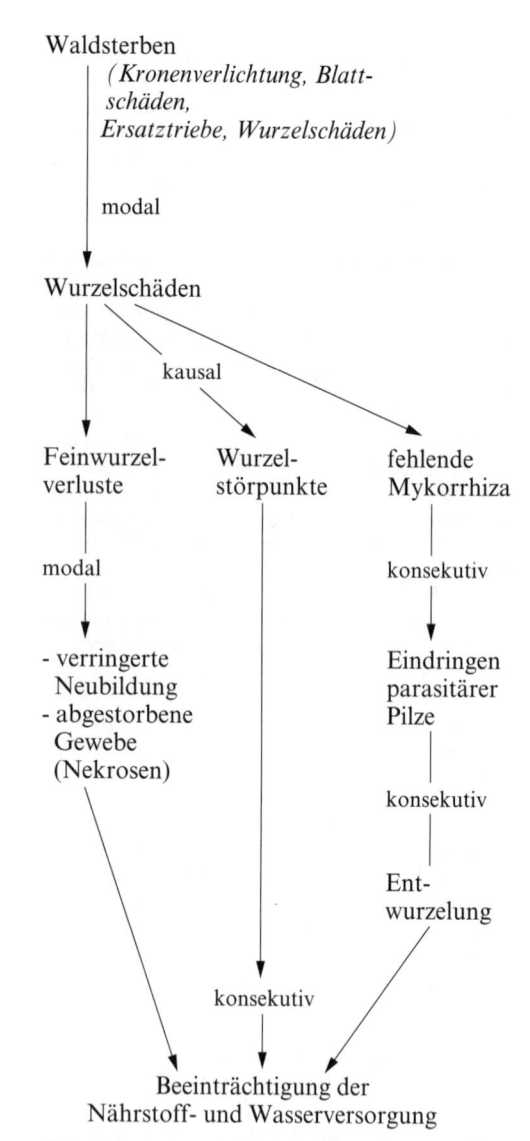

Beeinträchtigung der Nährstoff- und Wasserversorgung

Abb. 38.1: Sprachliche Ausdrücke, die zur thematischen Einheit des Kernsembegriffes *Wurzelschäden* gehören

Die durch die implizit logische Ordnung der Sachverhaltszusammenhänge determinierte hierarchische Strukturierung von Erklärungstexten spielt für das Verstehen und Behalten von Informationen eine entscheidende Rolle, da sich solch eine hierarchische Struktur entsprechend den Annahmen der Kognitionsforschung in der kognitiven Wissensstruktur eines Textrezipienten niederschlägt.

5. Schlussfolgerungen für die Textproduktion

Die Textsorten Lehrbuch, Enzyklopädie sowie Zeitschriftenaufsatz, aber auch andere explikativ verfahrende Texte, zielen auf die Vermittlung von Wissen. Die Gesamtfunktion der Texte dient dem Wissenstransfer. Bereits Lang (1976, 177) erwähnt, dass die Akzeptabilität eines Erklärungstextes als Mitteilung den allgemeinen Kriterien der Kommunikation unterliegt: die Mitteilung muss verstehbar sowie relevant sein und hat unnötigen Aufwand bei der Produktion und Rezeption des Textes zu vermeiden.

Kalverkämper (1988, 161 ff) entwickelte für fachsprachliche Texte einen hermeneutischen Ansatz, der davon ausgeht, dass der Textverfasser die Möglichkeiten der Sinnerfassung bei seinen Rezipienten vorweg bedenken muss und entsprechend sprachlich sowie textuell zu berücksichtigen hat. Vom Autor wird erwartet, dass er sich auf seine Adressaten einstellt, was bedeutet, angemessen und verständnissichernd zu schreiben. Der Autor eines Erklärungstextes hat die Texte so abzufassen, dass den Textrezipienten das Verstehen und Behalten der Textinformationen erleichtert wird. Er sollte ihm Verständnishilfen geben, indem er mittels Rückverweisungen, Neuformulierungen, in Detailfragen weiteren explizierenden Zusätzen etc. den Textinhalt leichter rezipierbar macht. Auch die Auswahl und Kombination der sprachlichen Mittel muss so erfolgen, dass sie der Kommunikationssituation angemessen sind. Unter Verständlichkeitsperspektive ist der thematischen Strukturierung besondere Aufmerksamkeit zu widmen. Wie Groeben (1982) in seinem Ansatz zum Textverstehen zeigt und eine große Zahl experimenteller Befunde belegen, kommt dem Faktor der inhaltlichen Gliederung/kognitiven Strukturierung das größte Gewicht hinsichtlich der Verständlichkeit und dem Verstehen von Texten zu. Positiv auf die kognitive Textverarbeitung wirkt sich aus, wenn eine der sachlichen Strukturierung des Sachverhalts entsprechende Anordnung der Informationseinheiten bei der Entfaltung des Themas eingehalten wird (vgl. Schnotz 1988, 322). Für wissensvermittelnde Texte sollte sich die innere Logik des Sachverhaltszusammenhangs auch in der textuellen Darstellung der thematisierten Objekte wiederfinden, wobei das Ausmaß der Abbildung sachlogischer Beziehungen auf der textuellen Ebene vom Fach und den dort behandelten Gegenständen abhängt. Zur Verständnissicherung gehört daher ein klarer Aufbau der Globalstruktur. Wie im letzten Kapitel dargestellt, konstituieren die Kernsembegriffe mit weiteren sachspezifischen Ausdrücken, die über logisch-semantische Relationen verbunden sind, eine Untereinheit des komplexen Textinhalts. Alle diese thematisch zusammengehörenden Bedeutungseinheiten sollten im Sinne eines kontinuierlichen und verständlichen Textaufbaus innerhalb eines Textabschnittes oder Teiltextes auftreten. Besondere Aufmerksamkeit ist der Vertextung der Ursache-Wirkung-Relation zu widmen. Experimentelle Untersuchungen (u. a. Maichle 1992, 173) zeigen, dass bei der Identifikation von Kausalbeziehungen die größten Schwierigkeiten auftreten. Lernern bereitete es Mühe, zwischen dem Bedingungs- und dem Konsequenzteil zu differenzieren. Der Textverfasser hat zu entscheiden, in welchem Ausmaß er logisch-semantische Beziehungen zwischen Informationseinheiten implizit lässt oder aber sprachlich explizit macht.

Weiterhin muss der Autor bedenken, wieviel Vorwissen er beim Leser voraussetzen kann, und danach den Umfang und die Tiefe seiner sich auf das Vorwissen beziehenden Erklärungen festlegen. Die gesamte Darstellung muss so erfolgen, dass die im Text vermittelten Wissensinhalte in die bereits bestehende Wissensstruktur des Rezipienten integriert werden können. In jedem Fall muss der Aufbau einer kohärenten Wissensstruktur im Gedächtnis des Lesers angestrebt werden. In diesem Zusammenhang ist zu erwähnen, dass das Textverstehen erleichtert wird, wenn Erklärungstexte mit grafischen Elementen angereichert werden. Grafiken, Bilder, Abbildungen verbessern das Verstehen dadurch, dass die Bildung mentaler Modelle gefördert wird. Der Leser ist dann leichter in der Lage, ganzheitliche, anschauliche Vorstellungen zu entwickeln (u. a. Stegu 1989, 33). Insgesamt sollte der Autor seinen Text unter didaktischen Prinzipien verfassen, um den Verstehensprozess beim Rezipienten zu erleichtern. Kalverkämper (1988, 163 ff) spricht von einer textimpliziten Didaktik, die mit Blick auf den Rezipienten entsprechende Erklärungen zu den Sachverhaltsdarstellungen zu geben hat.

6. Literatur (in Auswahl)

Augst, Gerhard/Faigel, Peter (1986): Von der Reihung zur Gestaltung. Untersuchungen zur Ontogenese der schriftsprachlichen Fähigkeiten von 15–23 Jahren. Frankfurt u. a.

Ballstaedt, Steffen P./Mandel, Heinz/Schnotz, Wolfgang/Tergan, Sigmar-Olaf (1981): Texte verstehen – Texte gestalten. München/Wien/Baltimore.

Bayer, Klaus (1981): Einige Aspekte des Sprachhandelns 'Erklären'. In: Deutsche Sprache 9, 25–43.

Beck, Götz (1988): Funktionale Textmuster und die Formen ihrer Verknüpfung. In: Der Deutschunterricht 40, 6–27.

Brandt, Margareta/Rosengren, Inger (1991a): Handlungsstruktur und Informationsstruktur – zwei Seiten einer Münze? In: Sprache und Pragmatik 24, 120–139.

– (1991b): Zur Handlungsstruktur des Textes. In: Sprache und Pragmatik 24, 3–45.

Brinker, Klaus (1992): Linguistische Textanalyse. Einführung in Grundbegriffe und Methoden. 3. Aufl. Berlin.

van Dijk, Teun A. (1980): Textwissenschaft. Eine interdisziplinäre Einführung. Tübingen.

Friedrich, Helmut Felix (1995): Training und Transfer reduktiv-organisierender Strategien für das Lernen mit Texten. Münster.

Fritz, Gerd (1982): Kohärenz. Grundfragen der linguistischen Kommunikationsanalyse. Tübingen.

Göpferich, Susanne (1995): Textsorten in Naturwissenschaften und Technik. Pragmatische Typologie – Kontrastierung – Translation. Tübingen.

Groeben, Norbert (1982): Leserpsychologie: Textverständnis – Textverständlichkeit. Münster.

Heinemann, Wolfgang/Viehweger, Dieter (1991): Textlinguistik. Eine Einführung. Tübingen.

Hellwig, Peter (1984): Grundzüge einer Theorie des Textzusammenhangs. In: Rothkegel, Annely/Sandig, Barbara (eds.): Text, Textsorten, Semantik. Linguistische Modelle und maschinelle Verfahren. Hamburg, 51–79.

Hoffmann, Lothar (1988): Makrostruktur und Kohärenz als Fachtextsortenmerkmale. In: Wiss. Zeitschrift der Universität Leipzig. Gesellschaftswiss. Reihe 37, 552–565.

Jahr, Silke (1993): Das Fachwort in der kognitiven und sprachlichen Repräsentation. Essen.

– (1996): Das Verstehen von Fachtexten. Rezeption – Kognition – Applikation. Tübingen.

Jonassen, David H./Beissner, Katharine/Yacci, Michael (1993): Structural knowledge. Technique for representing, conveying, and acquiring structural knowledge. Hillsdale, N. J.

Kalverkämper, Hartwig (1987): Vom Terminus zum Text. In: Sprissler, Manfred (ed.): Standpunkte der Fachsprachenforschung. Tübingen, 39–78.

– (1988): Fachexterne Kommunikation als Maßstab einer Fachsprachen-Hermeneutik: Verständlichkeit kernphysikalischer Fakten in spanischen Zeitungstexten. In: Kalverkämper, Hartwig (ed.): Fachsprachen in der Romania. Tübingen.

Klein, Wolfgang/von Stutterheim, Christiane (1991): Text structure and referential movement. In: Sprache und Pragmatik 22, 1–32.

Kondakow, Nikolai Iwanowitsch (1983): Wörterbuch der Logik. Leipzig.

Lang, Ewald (1976): Erklärungstexte. In: Daneš, František/Viehweger, Dieter (eds.): Probleme der Textgrammatik. Berlin, 147–182.

Leinfellner, Elisabeth (1992): Semantische Netze und Textzusammenhang. Frankfurt u. a.

Lötscher, Andreas (1987): Text und Thema. Studien zur thematischen Konstituenz von Texten. Tübingen.

Maichle, Ulla (1992): Zur Trainierbarkeit des Textverstehens und des schlußfolgernden Denkens im medizinisch-naturwissenschaftlichen Bereich. In: Mandl, Heinz/Friedrich, Helmut Felix (eds.): Lern- und Denkstrategien. Analyse und Intervention. Göttingen/Toronto/Zürich, 167–191.

Norman, Donald A./Rumelhart, David E. (1978): Strukturen des Wissens. Stuttgart.

Nussbaumer, Markus (1991): Was Texte sind und wie sie sein sollen. Ansätze zu einer sprachwissenschaftlichen Begründung eines Kriterienrasters zur Beurteilung von schriftlichen Schülertexten. Tübingen.

Rickheit, Gert/Strohner, Hans (1985): Psycholinguistik der Textverarbeitung. In: Studium Linguistik 17/18, 1–78.

Rothkegel, Annely (1993): Textualisieren. Theorie und Computermodell. Frankfurt u. a.

Sandig, Barbara (1987): Textwissen. Beschreibungsmöglichkeiten und Realisierungen von Textmustern am Beispiel der Richtigstellung. In: Engelkamp, Johannes/Lorenz, Kuno/Sandig, Barbara (eds.): Wissensrepräsentation und Wissensaustausch. St. Ingbert, 115–155.

Schnotz, Walter (1988): Textverstehen als Aufbau mentaler Modelle. In: Mandl, Heinz/Spada, Hans (eds.): Wissenspsychologie. Eine Einführung. München/Weinheim, 299−330.

Stegmüller, Wolfgang (1978): Hauptströmungen der Gegenwartsphilosophie. Bd. I. 6. Aufl. Stuttgart.

Stegu, Michael (1989): Text und Bild in der Fachkommunikation. In: Dressler, Wolfgang U./Wodak, Ruth (eds.): Fachsprache und Kommunikation. Experten im sprachlichen Umgang mit Laien. Wien, 30−46.

Wotjak, Gerd (1991): Zum kommunikativen Potential lexikalischer Einheiten. In: Deutsch als Fremdsprache 28, 14−24.

*Silke Jahr, Greifswald
(Deutschland)*

39. Vertextungsmuster Argumentation: Logische Grundlagen

1. Zur Logik der Argumentation
2. Zur Sprache der Argumentation
3. Literatur (in Auswahl)

1. Zur Logik der Argumentation

Bevor man über das Vertextungsmuster *Argumentation* reden kann, muss ein Konsens darüber, was Argumentieren ist, gegeben sein. Dies ist nicht der Fall. Da sich vor allem in der germanistischen Linguistik ein recht vager Begriff von *argumentatio* durchgesetzt hat, kann hier nur der Versuch unternommen werden, einige in einer langen Tradition erworbene Erkenntnisse (Wahrheiten?) in Erinnerung zu rufen und die sich daraus ergebenden Konsequenzen für eine wissenschaftliche Textlinguistik zu skizzieren. Deshalb bleiben in Nachfolge von Apel/Habermas zur Bestimmung der Normen rationalen Argumentierens entwickelte Ansätze (vgl. Eemeren/Grootendorst 1992, 208 ff; Eemeren/Grootendorst/Kienpointner 1995) ausgeklammert, ebenso wie die klugen und bedenkenswerten Überlegungen zur empirischen Überprüfung von ethischen Bewertungen der (Un-)Integrität von Argumentationen von Christmann/Schreier/Groeben (1996).

1.1. Was heißt argumentieren?

1.1.1. Argumentieren heißt nicht Begründen

In der germanistischen Linguistik wird fast durchgängig nicht zwischen Ursache/Folge-Beziehungen und Argument/Konklusions-Beziehungen unterschieden. Ein Indiz für diese Gleichsetzung ist, dass *weil* genauso wie *denn* oder *da* als argumentativer Konnektor behandelt wird (vgl. u. a. Völzing 1979; Klein 1987; Moilanen 1996; Dietrich/Peter 1996). So ist für Dietrich/Peter (1996, 12) nicht nur die in (1) durch *weil* eingeleitete Antwort ein Argument, sondern auch der ganze Satz (2):

(1) Warum *soll ich gegen Brasilien Libero spielen?* Weil *du mit dem Sturm von denen am besten zurechtkommst.*

(2) Wegen *der zwei Airbags ist der neue VW Passat noch sicherer.*

Nach Dietrich/Peter ist (2) sogar ein Satz mit drei Argumenten:

„Soweit mit (2) zu verstehen gegeben wird: *Sie (= der Adressat) sollen den VW Passat kaufen, weil er neu ist, weil er zwei Airbags hat und weil er sicherer ist*, bildet (2) einen Satz mit drei Argumenten" (ebd., 18).

Die genannten Punkte mögen vielleicht für einen Adressaten hinreichende Gründe sein, um sich einen VW Passat zu kaufen, in keinem Fall aber werden sie in (2) als Argumente vorgebracht; (2) ist vielmehr ein Behauptungssatz, in dem durch die Präpositionalphrase *wegen der zwei Airbags* ein Grund für die noch größere Sicherheit des neuen VW Passat vorgebracht wird. Durch die Beschreibung von (2) als 'Satz mit drei Argumenten' lassen sich nun offenbar Begründungen wie (1) und (2) nicht mehr von Argumenten wie (2a)−(2c) unterscheiden:

(2a) *Der neue VW Passat ist noch sicherer,* da *er zwei Airbags hat.*
(2b) *Der neue VW Passat ist noch sicherer,* denn *er hat zwei Airbags.*
(2c) *Der neue VW Passat hat zwei Airbags,* deshalb *ist er noch sicherer.*

Diese drei Beispiele machen weiter deutlich, dass durch die weite Fassung des Phänomens 'Argumentation' auch der Unterschied zwischen Argument und Konklusion verwischt wird − in allen drei Fällen ist ja die Tatsache, dass der neue VW Passat zwei Airbags hat, ein Argument für die Konklusion, dass er damit sicherer geworden ist. Damit liegt (2a)–(2c) folgende Struktur zu Grunde:

Gp	*Wenn ein Auto zwei Airbags hat, ist es sicherer (als ein Auto mit einem Airbag)*	$p \to q$
Sp	*Der neue VW Passat hat zwei Airbags*	p_1
K	*Also ist der neue VW Passat sicherer (als der alte, der nur einen Airbag hatte)*	q_1

(Gp = generische Prämisse; SP = spezifisch-partikuläre/singuläre Prämisse; K = Konklusion; p_1/q_1 = singuläre Sachverhalte)

Hier ist Sp eine spezifisch-partikuläre Prämisse, da von der Spezies (bzw. der Autoart oder dem Autotyp) *der neue VW Passat* die Rede ist. Ein Argument mit singulärer Prämisse wäre: *Da Peters Auto zwei Airbags hat, ist es sicherer als meines* (Sp steht somit für singuläre und partikuläre Prämissen).

In einem Kontext, in dem es um die Bewertung der Frage geht, ob der neue VW Passat ein besonders sicheres Auto ist, könnte jedes der Argumente (2a)–(2c) vorgebracht werden. In dem von Dietrich/Peter analysierten Werbekontext erhalten diese Argumente eine zusätzliche Funktion, nämlich die, die Adressaten zum Kauf eines bestimmten VW Passat zu bringen. Um das am Beispiel (2c) zu verdeutlichen:

1.1.2. Argumentationsarten – die argumentative Quaestio

Offenbar äußert man Argumente nur, wenn ein Problem vorliegt, d. h. wenn etwas umstritten ist. Das ist eine alte Erkenntnis der Rhetorik und Dialektik. Ein Problem liegt auch dann vor, wenn ein Gesprächsteilnehmer der Ansicht ist, dass etwas schon Entschiedenes nicht richtig entschieden worden ist. Ausgangspunkt einer Argumentation ist somit immer etwas Strittiges, ein Dissens. In einer prototypischen Dissens-Situation bringt einer der beiden Gesprächsteilnehmer, der Proponent, ein Argument für eine These T vor, die vom Opponenten durch den Nachweis, dass nicht-T zutrifft, widerlegt wird.

Argumente sind sprachliche Handlungen, die erlauben, von etwas explizit oder implizit – den Prämissen – Gesetztem auf etwas anderes als das Gesetzte – die Konklusion – zu schließen. Argumente beziehen sich auf drei Wissens- bzw. Seinsbereiche: (i) das Seiende, (ii) das Sein-Sollende; (iii) das Gute und das Schöne (vgl. Eggs 1994; 1996a; Abb. 39.2).

Der Unterschied zwischen diesen drei Argumentationsarten sei durch die Beispiele (3a)–(3c) verdeutlicht.

A_e ---- Wenn ein Auto zwei Airbags hat, ist es sicherer.
Der neue VW Passat hat zwei Airbags.

(2c) Der neue VW Passat hat zwei Airbags, deshalb ist er noch sicherer.

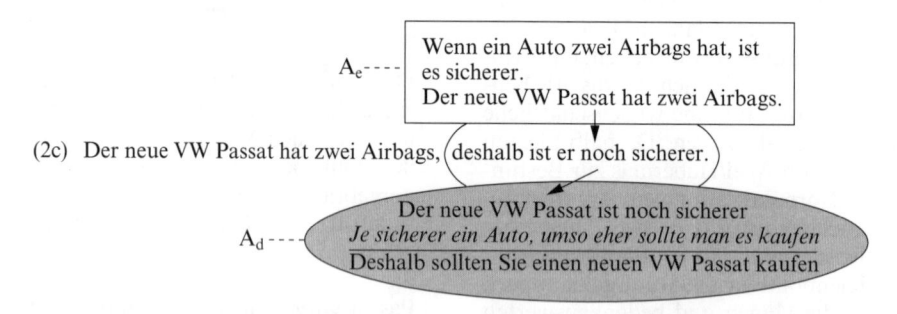

A_d ---- Der neue VW Passat ist noch sicherer
Je sicherer ein Auto, umso eher sollte man es kaufen
Deshalb sollten Sie einen neuen VW Passat kaufen

Abb. 39.1: Verdeutlichung der kontextuellen Funktion von Argumenten an Beispiel (2c)

Argumente wie A_d, die argumentativ die Durchführung einer bestimmten singulären Handlung anraten oder abraten, bezeichne ich als deontische Argumente; Argumente wie A_e hingegen, die zeigen wollen, dass eine Sache oder eine Handlung positiv oder negativ zu bewerten ist, bezeichne ich als ethisch-ästhetische Argumente. (2c) kann somit in einem Werbekontext als ein komplexes deontisches Argument fungieren, 'komplex' deshalb, weil die spezifische Prämisse (*Der neue VW Passat ist noch sicherer*) zusätzlich aus einem ethisch-ästhetischen Argument abgeleitet wird.

(3a) Problem: *Ist Frank krank oder nicht?* (epistemisch)
Proponent: *Frank ist krank, da er nicht arbeitet.*
Opponent: *Frank ist nicht krank, ich habe ihn nämlich gerade eben gesehen.*

(3b) Problem: *Sollen wir im Hotel X essen oder nicht?* (deontisch)
Proponent: *Wir sollten im Hotel X essen, da man da sehr gut isst.*
Opponent: *Wir sollten nicht im Hotel X essen, da es zu teuer ist.*

(3c) Problem: *Soll man heute noch studieren?* (ethisch-ästhetisch)

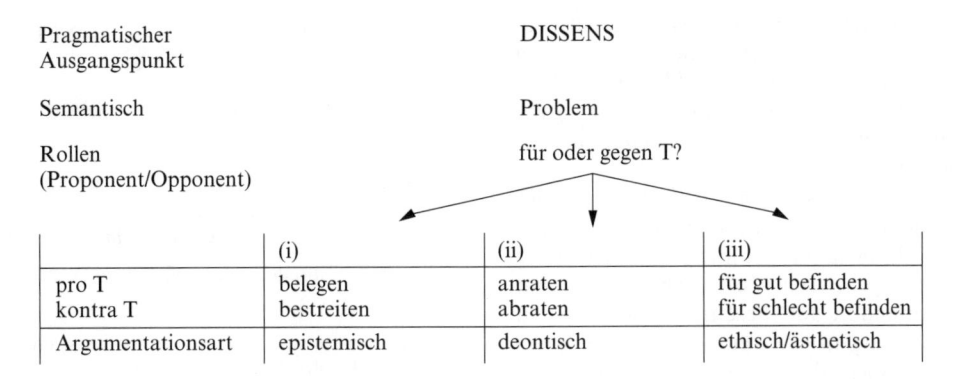

39. Vertextungsmuster Argumentation: Logische Grundlagen

```
Pragmatischer              DISSENS
Ausgangspunkt

Semantisch                 Problem

Rollen                     für oder gegen T?
(Proponent/Opponent)
```

	(i)	(ii)	(iii)
pro T	belegen	anraten	für gut befinden
kontra T	bestreiten	abraten	für schlecht befinden
Argumentationsart	epistemisch	deontisch	ethisch/ästhetisch

(i)   T ist der Fall/T ist nicht der Fall
(ii) Wir sollten T tun/Wir sollten T unterlassen
(iii) T ist gut (schön)/T ist schlecht (hässlich)

Abb. 39.2: Übersicht über Argumentationsarten

Proponent: Natürlich. *Das bringt ja immer noch eine größere Anerkennung.*
Opponent: Nein. *Man hat ja inzwischen als Akademiker kaum noch Berufschancen.*

Jeder Argumentation liegt somit ein Problem zu Grunde, das als alternative Entscheidungsfrage formuliert werden kann: *Für oder gegen T?* Deshalb darf die argumentative *Quaestio* nicht im Sinne von Klein/Stutterheim (1992) verstanden werden. Für Klein/Stutterheim stellt jeder Text eine Antwort auf eine bestimmte Frage dar — so antwortet etwa eine Erläuterung der eigenen Zukunftspläne auf eine Frage wie *Wie stellst du dir die Zukunft vor?* oder eine Wegbeschreibung auf *Können Sie mir sagen, wo das Goethehaus ist?* oder auch eine Urteilskritik auf die Frage *Warum ist der Richterspruch unbegründet?* So berechtigt diese These ist, dass jeder Text auf eine *Quaestio* antwortet, die angeführten *Quaestiones* sind allesamt W-Fragen (also Fragen nach dem Wer, Wen, Wie, Womit, Wo, Wann, Warum) und können somit gerade nicht argumentativen Texten zu Grunde gelegt werden (zu den *quaestiones* bzw. *status* in der antiken Rhetorik vgl. Lausberg 1973; Martin 1974).

Im Gegensatz zu Rechtsfällen, die prinzipiell durch das alternative Entweder–Oder bestimmt sind (*Schuldig oder Nicht-schuldig?*) und nur in der Strafzumessung ein Mehr oder Weniger zulassen, impliziert in allen übrigen Fällen die Pro/Kontra-Alternative keinesfalls, dass These und Gegenthese immer kontradiktorisch sind. Wir selbst haben am Beispiel eines längeren populärwissenschaftlichen Textes gezeigt, dass man gegen eine These wie *Die wirtschaftliche Lage der Wochenzeitungen ist zufriedenstellend* (T) durchaus eine Gegenthese wie *Die wirtschaftliche Lage der Wochenzeitungen ist* fast *zufriedenstellend* (non-T) argumentativ vertreten kann (vgl. Eggs 1996a, 626 ff). Dieses breite Modulationsfeld von Gegenthesen sei durch die beiden Antonyme *schön–hässlich* verdeutlicht:

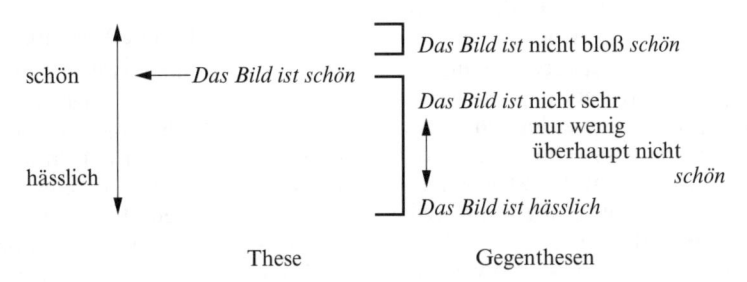

```
       ↑
schön  ←— Das Bild ist schön ——⌉ Das Bild ist nicht bloß schön
                                ⌡
                                ⌉ Das Bild ist nicht sehr
                                ↑     nur wenig
                                ↓     überhaupt nicht
hässlich                              schön
       ↓                        ⌡ Das Bild ist hässlich

          These              Gegenthesen
```

Abb. 39.3: Verdeutlichung des Modulationsfeldes von Gegenthesen

Entsprechend groß ist das Modulationsfeld bei epistemischen Argumenten: *Peter hat wahrscheinlich das Buch gestohlen* (T) — *Peter hat* nicht bloß *wahrscheinlich, sondern* ganz bestimmt *das Buch gestohlen/Peter hat das Buch wahrscheinlich* nicht *gestohlen.*

Aus textlinguistischer Sicht folgt aus der Tatsache, dass jeder Argumentation notwendig ein Problem zu Grunde liegt, dass dieses im vorhergehenden Text explizit benannt oder zumindest aus diesem erschließbar sein muss. Der eigentlich argumentative Teil eines Textes versucht dann, eine Problemlösung im Sinne des *Pro* oder *Kontra* zu geben. Da argumentative Texte als Ganzes eine Antwort auf ein Problem darstellen, können sie nur aus ihrer jeweiligen Argumentationsstruktur erklärt werden. Dies bleibt bei Ansätzen, die auch diesen Texttyp aus seiner Illokutionsstruktur zu erklären suchen, unberücksichtigt (vgl. Brandt/Rosengren 1992; kritisch Moilanen 1996).

1.2. Implikationen, Schlussverfahren und Schlussregeln

Neben der fehlenden Trennung von Begründungen und Argumentationen ist gerade für die neuere linguistische Diskussion die Gleichsetzung von Implikation und Schlussregel kennzeichnend. Die Konsequenz einer generischen Aussage wird so mit der Konklusion eines Arguments gleichgesetzt (vgl. Klein 1980; Klein 1987; Moilanen 1996; Dietrich/Peter 1996; Motsch 1996b).

1.2.1. Deduktive Schlussverfahren

Gp	*Wenn es regnet, wird die Straße nass*	wenn p, dann q
Sp	*Es hat geregnet*	p_1
K	*Also ist die Straße nass*	q_1

Der Vordersatz in der generischen Prämisse — die je nach Wissenschaftskontext auch als *Implikation, Gesetz(esaussage)* oder *Meinung* bezeichnet wird — heißt in logisch-argumentativen Kontexten das *Antezedens*, der Nachsatz die *Konsequenz*. Die Konsequenz ist nicht mit der Konklusion zu verwechseln, da nur letztere argumentativ erschlossen wird. Ein deduktiver Schluss kann a) logisch stringent und b) notwendig wahr sein. Abduktionen sind logisch nicht-stringent. Strikte Deduktionen sind deshalb notwendig wahr, weil sie nicht nur logisch stringent sind, sondern auch ihre generische Prämisse notwendig wahr ist.

```
              DEDUKTIVE ARGUMENTE
              /              \
      logisch stringent    nicht-stringent
       /         \                |
   Strikte    Plausible        Abduktion
  Deduktion   Deduktion
(Syllogismus) (Eikos-Argument) (Indiz-Argument)
```

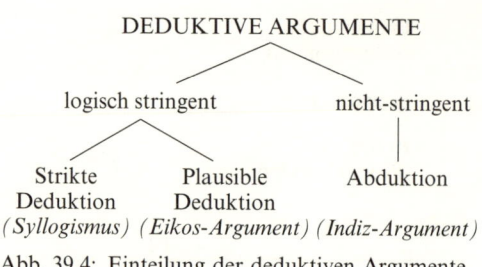

Abb. 39.4: Einteilung der deduktiven Argumente

(In Klammern sind die Termini der klassischen Logik und Rhetorik aufgeführt; gr. *eikos* bedeutet 'wahrscheinlich, plausibel'; der Ausdruck 'Abduktion' ist von C. S. Peirce (1839—1914); statt 'Indiz-Argument' findet man in der Tradition auch die Bezeichnungen 'Argument aus dem Indiz' bzw. 'Argument aus dem (nicht-notwendigen) Zeichen'.)

Ein Beispiel für eine Abduktion ist:

(4) *Wenn man Fieber hat, atmet man schnell. Peter atmet schnell.* Also *hat er* (wohl/ganz sicher/wahrscheinlich/bestimmt) *Fieber.*

Abduktionen können auch als plausible Hypothesen beschrieben werden. So kann man für ein Indiz oder ein Symptom wie *Peter atmet schnell* verschiedene 'Ursachen' bzw. 'Vordersätze' ins Auge fassen:

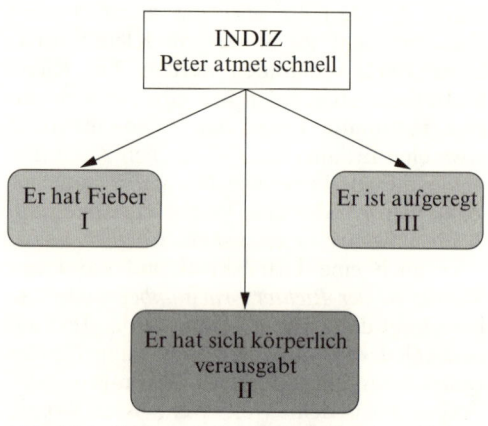

```
         INDIZ
   Peter atmet schnell
    /      |      \
Er hat   Er hat sich   Er ist
Fieber   körperlich    aufgeregt
  I      verausgabt     III
          II
```

Abb. 39.5: Schematische Darstellung einer Abduktion (Beispiel 4)

1.2.2. Das induktive Verfahren

Induktionen sind vollständig und logisch stringent, wenn sie allen Elementen einer Menge das gleiche Prädikat zuordnen. In diesem äußerst seltenen Fall spricht man von einer strikten Induktion. Selbst die induktiven Generalisierungen der Naturwissenschaften, die zu Naturgesetzen führen, können sich niemals auf alle Einzelfälle stützen. Von hier aus erklärt sich das Popper'sche Falsifikationskriterium, das besagt, dass Naturgesetze nie verifiziert, sondern immer nur falsifiziert werden können. Auch die alltagsweltlichen Generalisierungen stützen sich nie auf alle Einzelfälle. Dem Alltagsverstand genügen viele, oft nur einige, manchmal nur ein Fall, um eine Generalisierung vorzunehmen:

(5a) Lärchen *verlieren im Herbst ihre Nadeln.*
(5b) Tiger *jagen gern nachts an Flussläufen.*
(5c) Amerikaner *lieben die Freiheit.*
(5d) Der Ire *trinkt Whisky.*
(5e) Ein Mann *weint nicht.*

Alle Generalisierungen (5a)–(5e) beruhen auf unvollständigen Induktionen. Da sie einer Spezies oder Art jeweils eine typische Eigenschaft oder Verhaltensweise zuschreiben, bezeichne ich sie als *Typisierungen*. Typisierungen können als generische Prämissen in deduktiven Argumenten fungieren. Die gleiche Funktion können auch generische Sachverhaltszusammenhänge haben, in denen mindestens zwei Sachverhalte miteinander verknüpft werden:

(6a) Wenn *es regnet, wird die Straße nass* $p \to q$
(6b) Ohne *Fleiß kein Preis* (= Wenn *man nicht fleißig ist, hat man keinen Erfolg*)
(6c) *Sport hält gesund* (= Wenn *man Sport treibt, bleibt man gesund*)

All diesen generischen Aussagen liegt folgende logische Struktur zu Grunde:

⟨*Wenn der Sachverhalt p vorliegt, dann liegt normalerweise auch der Sachverhalt q vor*⟩, also '$p \to q$'.

Neben der strikten Induktion und der nur wahrscheinlichen Induktion (hin zu Typisierungen oder Meinungen) kann man die Illustration und das *Paradeigma* unterscheiden. Bei der Illustration setzt man zunächst das Generische und belegt dies im Nachhinein durch nachgereichte Einzelfälle. Die Illustration ist somit eine textstrukturelle Variante der Induktion. Bei der Induktion geht der Proponent jedoch davon aus, dass dem Hörer die generische Typisierung oder Meinung noch nicht bekannt ist; bei der Illustration ist dagegen auch der Fall denkbar, dass dem Hörer das Generische schon bekannt ist und ihm somit lediglich 'bildhaft' noch einmal vor Augen geführt wird.

Beim *Paradeigma* dagegen (vgl. Eggs 1994, 45 ff) geht man von einem einzigen Fall aus und schließt, indem man implizit generalisiert, wieder auf Einzelnes. Dafür ein Beispiel aus der traditionellen Rhetorik:

(7) – *Dionys will für seinen Schutz eine Leibwache.*

– *Wir sollten sie ihm nicht geben! Hat nicht auch Peisistrates in einer vergleichbaren Situation nach* einer *Leibwache verlangt und wurde er dann nicht zum Tyrannen?*

Diese rhetorische Frage verweist auf einen Präzedenzfall, der hinreicht, um auf eine identische Intention zu schließen. Das Generische (etwa: ⟨*diejenigen, die in einer vergleichbaren Situation wie Peisistrates und Dionys eine Leibwache verlangen, wollen zu Tyrannen werden*⟩) bleibt implizit.

Eine weitere Form der Induktion ist die Analogie. Sie unterscheidet sich von den bisherigen Formen dadurch, dass (i) die verglichenen Fälle heterogenen Wirklichkeits- und Erfahrungsbereichen angehören, wobei (ii) Ausgangspunkt nicht Einzelfälle bilden, sondern für bestimmte Spezies typische Gegebenheiten.

(8) *Wenn Tablettensüchtige mildernde Umstände erhalten, dann sollte dies auch für Alkoholiker gelten, beide sind nämlich im Straßenverkehr gleich unzurechnungsfähig.*

Gp *Tablettensüchtige sind am Steuer genauso unzurechnungsfähig wie Alkoholiker*
Sp *Tablettensüchtige erhalten mildernde Umstände*
K *Also sollten* auch *Alkoholiker mildernde Umstände erhalten*

Analogie a pari

In der ersten generischen Prämisse Gp werden die heterogenen Erfahrungsbereichen zugehörenden Tablettensüchtigen und Alkoholiker hinsichtlich eines gemeinsamen Merkmals verglichen. In der spezifischen Prämisse wird festgestellt, dass Tablettensüchtige bei Verkehrsdelikten eine besondere, positive Behandlung erfahren. Die Konklusion wird dann durch die Anwendung der Gerechtigkeitsregel oder die a pari-Schlussregel ⟨*Gleiches soll gleich behandelt werden*⟩ legitimiert (vgl. Perelman/Olbrechts-Tyteca 1970, 499 ff).

Wenn man Gründe hat, zwei vergleichbare Sachverhalte als in wesentlichen Hinsichten nicht identisch zu bestimmen, wird man einen *e contrario*-Schluss wie etwa im folgenden Beispiel vorbringen:

(9) *In 'wilder Ehe' lebende Partner sollten nicht die gleichen Rechte wie die in einer richtigen Ehe lebenden Partner erhalten. Eine 'wilde Ehe' ist ja nicht nur unmoralisch, sondern garantiert auch keinerlei langfristigen und konstanten Rahmen, der gerade für die Kindererziehung unbedingt erforderlich ist.*

1.2.3. Implikation, Schlussregel, Argumentationsschema

Damit lässt sich der Unterschied zwischen Implikationen und Schlussregeln recht leicht klären. Man muss nämlich in ein deduktives Argument nur die verwendete Schlussregel — z. B. den *Modus Ponens* — an die gleiche Stelle wie die gerade verdeutlichte *a pari*-Schlussregel eintragen, um den Unterschied zwischen Implikation und Schlussregel zu verdeutlichen:

Gp	*Wenn es regnet, wird die Straße nass*	Modus Ponens
Sp	*Es hat in Berlin geregnet*	
K	*Also ist da die Straße nass*	

Die generische Prämisse drückt hier offenbar eine Implikationsbeziehung zwischen dem Sachverhalt 'Regen' (p) und dem Sachverhalt 'Nasse Straße' (q) aus — eben *wenn p, dann q (p → q)*. Öhlschläger (1979, 61 ff) hat zu Recht darauf hingewiesen, dass die Konditionalverknüpfungen in keinem Fall als Aussagen über logische Folgebeziehungen missverstanden werden dürfen. So schwer dies auch fallen mag: Der mit einer Implikation behauptete generische (und 'innige') Zusammenhang zwischen einem Antezedens und einer Konsequenz legitimiert *per se* keinerlei logische Schlussfolgerung — genausowenig wie etwa die generische Prämisse in obigem Analogieschluss dies erlauben würde. Diese logische Legitimation des Übergangs von Prämissen aus einer Konklusion liefert im gegebenen Argument allein der *Modus Ponens*, den wir jetzt wie folgt formulieren können:

⟨*Wenn eine generische Implikation 'Wenn p, dann q' gegeben ist, und wenn ein bestimmtes p_a der Fall ist, dann kann man auch auf das Vorliegen eines bestimmten q_a schließen*⟩

Die logische Bündigkeit dieser Regel kann innerhalb der Aussagenlogik aus einem aussagenlogischen Gesetz begründet werden (vgl. etwa Klaus 1965, 84 ff): Gleichgültig, welche der beiden Wahrheitswerte (wahr/falsch) man nämlich in der Aussagenverbindung

$[(p → q) ∧ p] → q$

für p und q einsetzt, das Ergebnis wird immer wahr sein.

Warum ist diese Tradition in Vergessenheit geraten oder aufgegeben worden? Vermutlich hat die Tatsache, dass viele Alltagsargumente die Form eines Konditionals haben, in dem nur die spezifische Prämisse mit oder ohne Konklusion formuliert wird, dazu geführt, dass die von Klein vorgenommene Reduktion der Fülle der Argumentationen auf das 'Basiskonditional' — mit den „Termini 'Antecedens', 'Consequens' und 'regelhafte Beziehung' für die drei Konstituenten eines Schlusses" (Klein 1987, 127) — eine so große Verbreitung gefunden hat. Man kann diese Auffassung leicht widerlegen, indem man Gegenbeispiele wie den obigen *a pari*-Schluss zitiert oder den folgenden *a fortiori*-Schluss beibringt:

(10) *Wenn Meyer schon seinen Vater geschlagen hat, dann dürfte er doch auch seinen Nachbarn geschlagen haben!*

Diesen Schluss wollen wir durch folgendes Schema veranschaulichen:

Gp	'*Seinen eigenen Vater schlagen' (p) ist weniger wahrscheinlich als 'seinen Nachbarn schlagen' (q)*	a fortiori
Sp	*Meyer hat bekanntlich seinen Vater geschlagen*	
K	*Also hat er wahrscheinlich* auch *seinen Nachbarn geschlagen*	

Die hier ausgespielte Schlussregel vom 'Weniger auf das Mehr' (*a minore ad maius*) ist:

⟨*Wenn 'p weniger wahrscheinlich ist als q' und wenn das weniger wahrscheinliche p_a der Fall ist, dann kann man auch auf das Vorliegen des mehr wahrscheinlichen q_a schließen*⟩

Auch hier legitimiert eine Schlussregel, vom Vorliegen eines singulären Faktums unter Rückgriff auf eine generische Prämisse auf das Vorliegen eines anderen Faktums zu schließen. Allgemein gilt somit für deduktive Argumente: Die Folgerung von einer spezifischen Prämisse (partikulär oder singulär) auf eine Konklusion wird (i) durch eine generische Prämisse und (ii) eine Schlussregel gewährleistet. Um diese Bewegung zu verdeutlichen, markieren wir die singulären Prämissen durch ein Subskript (p_1, q_1). Jede generische Prämisse — gleichgültig, ob Typisierung oder Implikation — ist ein Modell der Wirklichkeit, die Menge dieser generischen Aussagen bildet das Plausibilitätssystem oder die 'Topik' einer Sprachgemeinschaft.

Mit dieser These, dass in allen Argumenten (außer dem Schluss aus der Alternative) Singuläres und Generisches — bei der Deduktion eine der Prämissen, bei der Induktion die Konklusion — im Spiel ist, verlassen wir freilich das in sich geschlossene System der modernen Aussagenlogik, in der dieser Unterschied bei der Ableitung aussagenlogischer Schlussregeln nicht gemacht wird (dies gilt auch für neuere Versuche, die Aussagenlogik über alternative singuläre Sachverhaltskonstellationen zu rekonstruieren (vgl. Johnson-Laird 1983; Johnson-Laird/Byrne/Schaeken 1992). Der Schluss aus der Alternative bildet deshalb eine Ausnahme, weil er von Singulärem auf Singuläres schließt:

(11) *Müller und Meier geben zu, den Raubüberfall, bei dem ein Kassierer mit einem Schuss tödlich verletzt wurde, begangen zu haben. Wenn Meier tatsächlich nicht in Frage kommt, muss Müller den Todesschuss abgegeben haben.*

Die hier zu Grunde liegende Schlussregel ist:

⟨*Wenn für eine Handlung zwei Täter in Frage kommen und nur einer die Handlung begangen haben kann, und wenn einer die Tat nicht begangen hat, dann kann man schließen, dass der andere sie begangen hat.*⟩

Dass der *Modus Ponens* sogar das Verstehen bestimmter Äußerungen steuert, können die beiden folgenden Sätze verdeutlichen:

(12) Larsen$_1$ hat mehr als *vierzig Stimmen bekommen*, also wird der Ostfriese$_1$ *neuer Präsident unseres Vereins*.
(13) Larsen$_1$ hat nicht einmal *vierzig Stimmen bekommen*, also wird der Ostfriese$_2$ *neuer Präsident unseres Vereins*.

Warum sind in (12) *Larsen* und *der Ostfriese* korreferent, nicht aber in (13)? Offenbar gilt für diesen Verein die Implikation ⟨*Wer mehr als vierzig Stimmen erhält, ist gewählt*⟩. In (12) ergibt die Anwendung des *Modus Ponens*, dass Larsen gewählt ist, und somit 'Ostfriese' mit 'Larsen' korreferent ist. In (13) hingegen liegt keine Korreferenzialität vor, weil mit dem *Modus Tollens* geschlossen werden muss, dass Larsen *nicht* gewählt wurde (vgl. Eggs 1994, 26 ff; 41 ff). Lundquist (1993) hat versucht, (9) durch den 'komplexen Topos' mit zwei Personen ⟨*Je weniger Stimmen X erhält, umso mehr Chancen hat Y zu gewinnen*⟩ zu erklären (kritisch dazu Eggs 1994, 41 ff). Dieser 'Topos' erfüllt nicht die essenzielle Bedingung jedes spezifischen Topos: zwischen Antezedens und Konsequenz muss ein sachlicher Zusammenhang bestehen. Deshalb haben wohl Jarvella/Lundquist/Hyönä (1995, 7) diese Erklärung durch die These ersetzt, den beiden Sätzen lägen die folgenden konversen graduierbaren Topoi zu Grunde:

(12a) ⟨The more *votes one gets*, the more *likely one is to win.*⟩

(13a) ⟨The less *votes one gets*, the less *likely one is to win.*⟩

Die Autoren greifen hier auf die von Anscombre und Ducrot (vgl. Anscombre/Ducrot 1983; Ducrot 1988) vertretene These zurück, dass allein graduierbare Topoi für die sprachliche Argumentation relevant seien. Dies trifft sicher für viele graduierbare Topoi zu, nicht aber für den hier diskutierten Fall, in dem die beiden 'scale topoi' (12a) und (13a) deshalb falsch sind, weil bei Wahlen eben der absolute Topos ⟨*Wer mindestens die erforderlichen Stimmen erhält, wird gewinnen*⟩ gilt. Über diesem Limit gewinnt man mit mehr Stimmen nicht 'mehr'. Damit haben wir unsere Kritik an Anscombre und Ducrot schon vorweggenommen. Durch die Reduktion des Topischen auf den graduierbaren Topos werden alle anderen Formen des Generischen und des sinnvollen Schließens und Argumentierens ausgeblendet: Bewertungen, Präferenztopoi, gemeinsame Topoi und plausible Schlussregeln wie Analogie- oder *a fortiori*-Schlüsse. Hinzu kommt, dass es eine Fülle von spezifischen Topoi gibt, die nicht graduierbar sind: So wird man, wenn zwei Tabletten täglich für die Heilung notwendig sind, nicht den Topos ⟨*Je mehr Tabletten, um so gesünder*⟩ anwenden wollen. Auch für das von Anscombre und Ducrot gegebene Standardbeispiel ⟨*Je mehr man arbeitet, um so erfolgreicher ist man*⟩ gibt es offensichtlich die Grenze des Zuviel, ab der dieser Topos nicht mehr gilt.

Dennoch gilt festzuhalten, dass die Betonung der linguistischen Bedeutung graduierbarer Topoi zu einer Fülle gerade auch für das Verstehen argumentativer Textstrukturen relevanter Einsichten geführt hat: so etwa die Unterscheidung in eine koorientierte und eine antiorientierte Argumentation, die – das ist hier der wesentliche Gesichtspunkt – sprachlich fixiert sind. Allein diese Unterscheidung ermöglicht u. a. eine genaue Beschreibung der Bedeutungen von *peu* (*wenig*) und *un peu* (*ein wenig, etwas*):

(14) *Peter wird die Prüfung bestimmt bestehen* (K). *Gestern hat er ein wenig* (A_1) *und heute sogar ziemlich viel gearbeitet* (A_2).
(15) *Peter besteht die Prüfung bestimmt nicht* (non-K). *Gestern hat er wenig* (A_3) *und heute sogar überhaupt nicht gearbeitet* (A_4).

Hier ist das jeweils zuletzt genannte Argument ein stärkeres Argument für die Konklusion als das jeweils zuerst angeführte. Die unterschiedlichen von *wenig/ein wenig* sprachlich markierten *visées argumentatives* (Argumentationsrichtungen) seien durch folgendes Schema verdeutlicht:

gewendet werden können (so kann man mit dem spezifischen Topos *Regen macht die Straßen nass* keine Schlüsse in der Mathema-

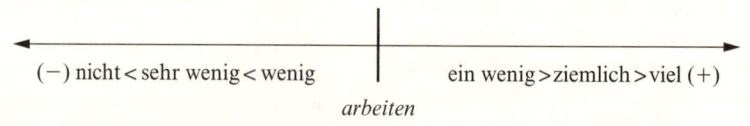

```
(−) nicht < sehr wenig < wenig        ein wenig > ziemlich > viel (+)
                          arbeiten
```

Abb. 39.6: Schematische Darstellung der Argumentationsrichtungen

Diese argumentative Antiorientierung erklärt, dass Sätze wie *Er hat wenig gearbeitet, deshalb wird er die Prüfung bestehen* oder *Peter hat ein wenig gearbeitet, aber er wird die Prüfung bestehen* ungewöhnlich sind − was auch dadurch verstärkt wird, dass *deshalb* koorientierte, *aber* hingegen antiorientierte Argumentationen einleitet. So wichtig diese Analysen sind, sie können gerade jene Fälle, in denen nicht nach dem *Modus Ponens* oder dem *Modus Tollens* geschlossen wird, nicht erklären (vgl. Eggs 1994, 70 ff). Damit gelten für diese Theorie von Anscombre und Ducrot

tik vollziehen); gemeinsam sind die Schlussregeln deshalb, weil sie in allen Gattungen der öffentlichen Rede angewendet werden können. Von hier aus überrascht es, dass Pater das Toulminsche Argumentationsschema auf die Aristotelische Topik und Rhetorik anwendet (zur Kritik Eggs 1984, 403 ff). Das Schema von Toulmin, das weite Verbreitung fand und immer noch findet (Völzing 1979, 34 ff; Eemeren/Grootendorst/Kruiger 1984, 162 ff; Kopperschmidt 1989, 130 ff; Brinker 1992, 72 ff) stellt ja nichts anderes als ein anderes Arrangement des *Modus Ponens* dar:

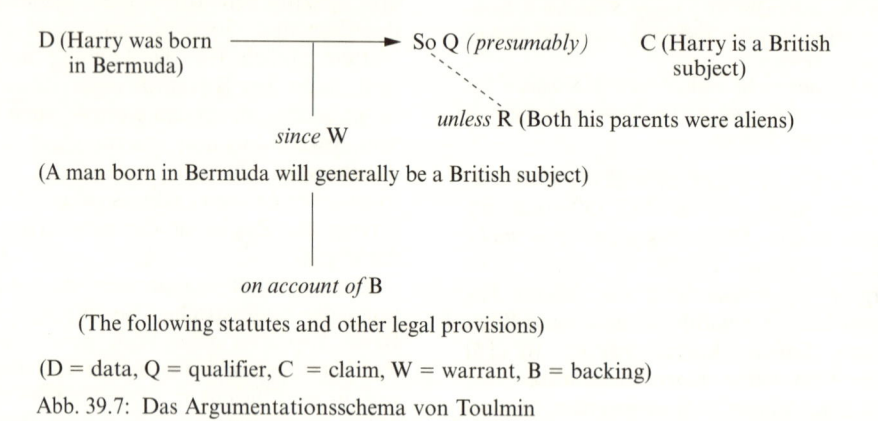

```
D (Harry was born ─────────► So Q (presumably)    C (Harry is a British
   in Bermuda)             │                           subject)
                           │
                           │           unless R (Both his parents were aliens)
         since W
(A man born in Bermuda will generally be a British subject)
                           │
                           │
                  on account of B
        (The following statutes and other legal provisions)
```

(D = data, Q = qualifier, C = claim, W = warrant, B = backing)

Abb. 39.7: Das Argumentationsschema von Toulmin

die gleichen Einwände wie für die Reduktion der Argumentation auf das Bikonditional bei Klein (1987).

Wie gezeigt, werden Argumentationen nicht bloß durch Schlussregeln, sondern auch durch die generischen Prämissen legitimiert. Die Unterscheidung dieser beiden Elemente findet sich zum ersten Mal in der Rhetorik von Aristoteles und wird dort als Unterschied zwischen spezifischen Topoi (= generische Prämisse) und gemeinsamen Topoi (= bestimmt) (vgl. Pater 1965, 119 ff; Eggs 1984, 342 ff). Ein Topos ist immer ein allgemeiner Satz bzw. eine allgemeine Regel, spezifisch meint hier, dass diese Topoi nur auf spezifische Wissens- oder Gegenstandsbereiche an-

Man kann dieses Schema offenbar leicht in die syllogistische Form bringen:

Gp *A man born in Bermuda will generally be a British subject*
Sp *Harry was born in Bermuda*
K   So − *presumably* − *Harry is a British subject*

Dass in komplexen Argumentationen auch oft die generischen Prämissen argumentativ erschlossen und 'abgestützt' (*backing*) werden müssen, war auch der traditionellen Rhetorik bekannt (vgl. Kiepenpointner 1992, Sp. 891 ff; Eggs 1992, Sp. 934 ff). Abstützungen sind somit keine besonders zu unterscheidenden Aspekte innerhalb einer Argumentation, sondern eben zusätzliche Argumente, die dann beigebracht werden, wenn kein Konsens unterstellt werden kann (vgl. Öhlschläger 1979, 86 ff).

Doch ein genauerer Blick auf dieses Toulminsche Schema zeigt, dass es nicht nur Altes neu arrangiert, sondern den wesentlichen Teil der traditionellen Schlusslehre weglässt: die Schlussregeln bzw. die gemeinsamen Topoi. Diese Schlussregeln – die Deduktion, die Induktion, die Illustration oder auch die weniger stringenten Verfahren *a pari, e contrario* oder *a fortiori* bilden zusammen mit den unterschiedenen Argumentationstypen und Widerlegungsformen zugleich auch die zentralen Vertextungsmuster von argumentativen Texten. Bis in die Renaissance lernte man sogar das richtige Disputieren mit Hilfe von Topoi-Katalogen. Die wichtigsten neben den schon genannten Verfahren sind (vgl. Kienpointner 1986; Eggs 1992; Ottmers 1996, 86 ff) die Topoi aus der *Definition*, aus der *Divisio* (Zerlegen in Arten), aus der *Partitio* (Zerlegen in Teile), aus der *Handlungsalternative* und vor allem die *ad absurdum-* und die *ad hominem-*Techniken. Die letztgenannte Technik (Walton 1985; Eggs 1994, 92 ff; 207 ff) zeigt einen Bruch zwischen Wort und Tat oder eine Inkonsequenz im Handeln des Opponenten auf (vgl. 2.2.2.).

1.2.4. Werttopoi

Neben der bisher behandelten epistemischen Topik muss die axiologische Topik unterschieden werden – sie steuert unsere ethisch-ästhetischen und deontischen Argumentationen. Obwohl diese Werttopik im Alltag, in Politik und Wissenschaftsorganisation mindestens genauso relevant für unsere Entscheidungen wie epistemisches Argumentieren ist, ist sie – wenn sie überhaupt zur Kenntnis genommen wird – noch nicht systematisch entwickelt. Dass diese Wertlogik selbst textsyntaktische Auswirkungen hat, zeigt sich in der Umstellung von (16a):

(16a) *Das Restaurant ist sehr teuer* (−), dafür aber *isst man da ausgezeichnet* (+).

(16b) *In diesem Restaurant isst man ausgezeichnet* (+), dafür aber *ist es sehr teuer* (−).

(16a) kann offensichtlich in einem Kontext wie *Sollen wir in diesem Restaurant essen?* als Argument für und (16b) als deontisches Argument gegen den Besuch des Restaurants fungieren. Der Grund ist darin zu suchen, dass bei solchen kompensatorischen Argumenten immer der Wert des letztgenannten Sachverhaltes dominiert. Diese Dominanz wird letztlich nur textlinguistisch hergestellt (vgl. Eggs 1994, 21)!

Warum können wir solchen Sachverhalten recht problemlos Werte zuordnen? Offenbar verfügen wir über allgemeine Wertprinzipien wie z. B.

T_p (t) ⟨*Je teurer eine Sache, um so eher meiden wir sie*⟩

T_p (s) ⟨*Je seltener eine Sache, um so mehr erstreben wir sie*⟩

oder einfacher formuliert: ⟨*Teures meiden wir*⟩ und ⟨*Seltenes ist erstrebenswert*⟩. Diese allgemeinen Prinzipien werden gemeinhin als Präferenztopoi (T_p) bezeichnet. Welchen Status haben diese Topoi? Für Perelman/Olbrechts-Tyteca (1970), die im Gegensatz zu Aristoteles und der ganzen rhetorisch-dialektischen Tradition nur die Wertprinzipien als Topoi bezeichnen, bilden diese „les prémisses les plus générales" (113), mit denen wir unsere Entscheidungen rechtfertigen. Damit bleibt jedoch die Frage ungeklärt, ob es sich um spezifische oder gemeinsame Topoi handelt. Diese Frage ist auch bei Aristoteles ungelöst (vgl. Eggs 1984, 356 ff; 394 ff). In Eggs (1994, 67 ff) habe ich Wertaussagen wie T_p(t) und T_p(s) neben den spezifischen und den gemeinsamen als besondere Gruppe von Topoi unterschieden. Geht man freilich einen Schritt weiter und zerlegt diese Sätze, so ergibt sich eine verblüffend einfache Lösung:

Gp *Je teurer eine Sache, umso schlechter*
Sp *Dieses Restaurant ist sehr teuer* (−) $T_{präf}$
K *Deshalb sollten wir es meiden*
(*und da nicht essen*)

Der Präferenztopos $T_{präf}$ lässt sich einfach formulieren:

$T_{präf}$ ⟨*Wenn eine Sache gut ist, erstreben wir sie, wenn sie schlecht ist, meiden wir sie*⟩

Allein dieser allgemeinste Präferenztopos gewährleistet offenbar, dass aus einer generischen Bewertung (hier G_p) und einem negativ zu bewertenden Sachverhalt (hier Sp) auf die deontische Konklusion K gefolgert werden kann. Wir müssen deshalb unsere obige Analyse des Arguments A_d (vgl. 1.1.1.) präzisieren und schreiben:

Gp *Je sicherer ein Auto, umso besser*
Sp *Der neue VW Passat ist noch sicherer* (+) $T_{präf}$
K *Deshalb sollten Sie einen kaufen*

Die spezifischen Topoi in diesen praktischen Argumenten bezeichne ich als Bewertungen.

Die in Perleman/Olbrechts-Tyteca (1970, 155 ff) behandelten 'lieux du préférable' ('Gemeinplätze/Topoi des Vorzuziehenden') sind allesamt Bewertungen: So die Quantitätstopoi (z. B. ⟨*Was in allen Situationen verwendet werden kann, ist besser als das nur für bestimmte Zwecke Taugliche*⟩), die Qualitätstopoi (z. B. *Das schwieriger zu Erwerbende ist besser als das leichter zu Erwerbende*) und andere Bewertungstopoi (die sich auf die Überlegenheit der Prinzipien, der Gesetze, des Früheren oder Späteren, des Abstrakten oder Konkreten usw. stützen (vgl. ebd., 125 ff). Ein Großteil dieser Bewertungstopoi findet sich schon bei Aristoteles im III. Buch der *Topik* und im 6. und 7. Kapitel des ersten Buchs der *Rhetorik*. Neben absoluten Bewertungen − wie *Gut ist, was uns selbst gehört* (Rhetorik 1363a 27) oder *Gut ist, was vernünftige Leute oder Experten wählen* (Topik 116a 14) − finden sich relative Bewertungen wie *Philosophieren ist besser als Arbeiten* (Topik 118a 10) oder

⟨*Wenn von zwei Dingen a und b das Ding a einem dritten Ding c, das als besonders wertvoll gilt, ähnlicher ist, dann ist a wertvoller als b*⟩ (Topik 117b 12)

Aus dem letzten Topos lässt sich etwa folgendes Argument bilden:

(17) *Peter ist ein viel besserer Popmusiker als Klaus, da seine Musik fast schon das Niveau der Beatles erreicht.*

Bei ethisch-ästhetischen Argumentationen kann man oft auch den Gegentopos formulieren (*Das Alte ist gut* vs. *Das Neue ist gut* − *Gut ist das leicht zu Erwerbende* vs. *Gut ist das Schwierige*). Dies erklärt, dass man − je nach Topos und Gesichtspunkt − eine der beiden Argumentationen vollziehen kann:

(18a) *Ich studiere lieber Spanisch als Chinesisch. Das ist mir doch zu schwer.*
(18b) *Ich weiß, Chinesisch ist sehr schwer. Das ist für mich eine Herausforderung. Deshalb studiere ich es auch.*

Eine detaillierte Analyse dieser Bewertungen steht immer noch aus. Diese Analyse wird nicht nur klären müssen, warum absolute Bewertungen prinzipiell als relative Bewertungen formuliert werden können (z. B. *Was Experten vorschlagen, ist besser als das, was Laien meinen*), sondern auch, in welchen Problemsituationen diese eingesetzt und − vor allem − mit welchen Textmustern sie realisiert werden (vgl. dazu Elhadad 1995, der im Rahmen der KI ein kleines Textgenerationsmodell für ethische Bewertungen entwirft).

1.2.5. Widerlegungen: Gegenargumente und Einwände

Schon bei Aristoteles war die Untersuchung der beiden Formen der Widerlegung wesentlicher Bestandteil der Rhetorik und Dialektik (vgl. Eggs 1984, 268 ff; zur Geschichte Hamblin 1970): Ein Gegenargument erschließt in seiner Konklusion das Gegenteil der These des Gegners, ein Einwand zeigt hingegen, dass die Argumentation des Gegners selbst falsch ist (entweder durch den Nachweis, dass eine der Prämissen unhaltbar ist, oder durch den Nachweis, dass die verwendete Schlussregel nicht stringent oder im gegebenen Fall nicht anwendbar ist). Widerlegungen sind nicht nur pragmatisch, sondern gerade auch textlinguistisch interessant: Wie werden die verschiedenen Arten der Widerlegung textstrukturell organisiert? Über welche syntaktischen Mittel verfügen die einzelnen Sprachen, um bestimmte Widerlegungen auszudrücken? So kann man etwa im Deutschen eine Widerlegung durch *aber* und/oder *doch*, durch *als dass* (nur bei graduierten Argumenten) oder auch durch einen 'irrealen Konditionalsatz' markieren (zum folgenden Eggs 1994, 36 ff; Eggs 1996b):

(19) P: *Peter besteht bestimmt die Prüfung.*
O: − *Aber der hat sich* (doch) *nicht vorbereitet!*
− *Der hat sich* (doch) *zu wenig vorbereitet, als dass er die Prüfung bestehen könnte!*
− *Deine Vermutung* wäre *richtig, wenn er sich vorbereitet* hätte.

Im Gegensatz zum Sprecherwechsel voraussetzenden *doch* kann *aber* auch monologisch verwendet werden: *Peter hat sich sehr gut vorbereitet* (p), *er hat aber die Prüfung nicht bestanden* (non-q) − hier dient *aber* offenbar dazu, den Gesprächspartner von einer plausiblen Schlussfolgerung (*also hat Peter die Prüfung bestanden* (q)) abzuhalten. Im letzten Beispiel könnte *aber* durch *dennoch* oder *trotzdem* ergänzt bzw. ersetzt werden; beides wäre bei einer indirekten Zurückweisung wie (19a) nicht möglich:

(19a) *Peter hat sich sehr gut vorbereitet* (p), *er war aber* (*dennoch/trotzdem) *während der Prüfung zu aufgeregt* (r). [→ *also hat er die Prüfung nicht bestanden* (non-q)].

Da in dieser epistemischen Zurückweisung gezeigt wird, dass eine zur Alltagstopik gehörende Implikation im gegebenen Fall nicht greift, kann man hier von einer anti-implikativen Verwendung von *aber* sprechen. Doch auch in Sätzen wie:

(19b) *Peter ist nicht sehr intelligent* (−), (dafür) aber (*dennoch/trotzdem) *sehr charmant* (+).

sind *dennoch* oder *trotzdem* ausgeschlossen. Dies deshalb, weil (19b) ein evaluatives Argument ist, in dem ein negativer Wert durch einen positiven kompensiert wird. Statt des kompensatorischen *aber* könnten hier auch Konstruktionen wie *zwar ... (dafür) aber* oder *einerseits ... andererseits* (*aber*) verwendet werden. Die Tatsache, dass diese Konstruktionen in der anti-implikativen Struktur (15a) nicht möglich sind, kann hier die These belegen, dass die oben unterschiedenen Argumentationsarten grammatikalisiert sind − noch allgemeiner: Jede Sprache verfügt über Konnektoren, Partikeln oder Konstruktionsformen, um bestimmte Argumentationsarten oder -typen, aber auch bestimmte Widerlegungsformen zu markieren. Das sei noch am anti-legitimativen (bzw. anti-konklusiven) *aber* verdeutlicht:

(19c) *Nach Keynes sorgen öffentliche Investitionen für einen Wirtschaftsaufschwung,* in Wirklichkeit (aber) *führen sie oft zu Inflationen.*

In diesem Gegenargument wird gezeigt, dass die Auffassung oder Theorie Keynes nicht gerechtfertigt bzw. nicht legitimiert ist. Genau besehen, geht es hier (wie etwa auch in: *Er gilt als guter Vater,* in Wirklichkeit aber *schlägt er seine Frau und seine Kinder*) um die Problematisierung von geltenden Meinungen oder auch von Geltungsansprüchen, kurz: Es geht um den Aufweis eines Scheins, dem das wirkliche Sein entgegengesetzt wird. Dass diese anti-legitimative Argumentation nicht nur für die Alltagsargumentation wesentlich ist, sondern auch als makrostrukturelles Vertextungsmuster fungieren kann, bedarf wohl nicht der besonderen Begründung (vgl. Perelman/Olbrechts-Tyteca 1970, 556 ff; Eggs 1996b).

2. Zur Sprache der Argumentation

2.1. Argumentation und Textsyntax

2.1.1. Kausativa/Konsekutiva vs. Deduktiva/Konklusiva

Damit können wir die in 1.1. getroffene Unterscheidung zwischen Begründungen und Argumenten wieder aufgreifen und fragen, wie diese beiden Arten von Rede- und Textmustern sprachlich realisiert werden können. Der fundamentale Unterschied zwischen dem deskriptiven *weil* und den argumentativen Konnektoren *da, denn* und *also* (vgl. zum Französischen Barbault 1975) lässt sich im von Dietrich/Peter (1996) angeführten Beispiel leicht aufzeigen:

(1) *Warum soll ich gegen Brasilien Libero spielen?* Weil *du mit dem Sturm von denen am besten zurechtkommst.*

In der Replik kann offenbar *weil* weder durch *denn* noch durch *da* ersetzt werden − auf 'Quaestiones' nach dem Grund für das Vorliegen eines Sachverhalts kann somit nur *weil* verwendet werden. Nur *weil* kann zudem durch epistemische Operatoren modifiziert werden:

(20) *Petra heiratet Klaus,* möglicherweise (*deshalb*) weil/*da *sie ihn liebt*
**denn sie liebt ihn*

In Berichtigungen wie:

(21) *Petra heiratet Klaus* nicht, weil *er reich ist.*

hat *weil* zwei Bedeutungen: a) Petra heiratet Klaus *nicht* (= semantische Negation) und b) Petra *heiratet* Klaus ... aber *nicht*, weil er reich ist (sondern weil sie ihn liebt) (= pragmatische Negation). Auch in diesen Kontexten sind *denn* und *da* ausgeschlossen, da die Negation ihrer Vordersätze immer semantisch zu verstehen ist − das ist eine Folge ihrer argumentativen Bedeutung. Dies erklärt auch, dass bei Zurückweisungen wie:

(22) *Petra heiratet Klaus,* weil *er reich ist*/denn *er ist reich. − Das stimmt doch nicht!*

im Falle von *denn* immer der letztgenannte Sachverhalt in Frage gestellt wird, während *weil* auch hier doppeldeutig ist, da auch der behauptete Grund gemeint sein kann. Wodurch unterscheiden sich *da* und *denn*? Der *denn*-Teilsatz muss immer nachgestellt, der *da*-Teilsatz kann auch vorangestellt werden. Mit *da* wird zudem ein dem Hörer bekanntes oder ein als bekannt unterstelltes Argument eingeleitet, während mit *denn* oder *nämlich* ein dem Hörer bis dahin unbekannter Sachverhalt markiert wird, der als Argument für das vorher Gesagte dienen kann. Deshalb wäre in einer Situation, in der der Angesprochene nicht weiß, dass er bleich aussieht, nur (23) völlig korrekt:

(23) *Du solltest unbedingt zum Arzt gehen, du bist* nämlich/ja *ganz bleich.*
(24) *Du solltest unbedingt zum Arzt gehen,* ??*da du ja ganz bleich bist.*

Berücksichtigt man noch, dass das Konklusiv *also* im Gegensatz zu den Deduktiva *denn/da* die Konklusion einleitet, erhält man folgendes Schaubild:

Argumentative Konnektoren	Konklusion	Nachstellung	dem H bekannt
da (ja)	puisque since	–	±	+
denn nämlich (ja) (doch)	car for	–	+	–
also deshalb folglich	donc thus	+	+	–
fehlt ø	comme as	–	–	+

Abb. 39.8: Übersicht über argumentative Konnektoren

Ich habe die französischen und englischen argumentativen Konnektoren hinzugefügt, um zu zeigen, dass das Deutsche kein Äquivalent zu den immer vorangestellten, Prämissen einleitenden Deduktiva *comme* und *as* hat. Ob ein Konnektor eine Konklusion einleitet oder nicht, ist eine logische, ob der vom Konnektor eingeleitete Satz nachgestellt wird, ist eine (text-)syntaktische und ob dieser dem Hörer bekannt ist oder nicht, ist eine pragmatische Frage. Allein in diesem Spannungsfeld zwischen Logik, (Text-)Syntax und Pragmatik lassen sich Konnektoren, Partikeln, aber auch argumentative Texte analysieren. Deshalb behaupten wir nicht, dass die entsprechenden Konnektoren der verschiedenen Sprachen völlig funktionsäquivalent sind. Auch im Deutschen sind etwa *also* und *deshalb* nicht völlig äquivalent: so kann ja *deshalb* auch deskriptiv verwendet werden: *Er musste wohl* deshalb *zum Arzt, weil er ganz bleich aussah*; *deshalb* kann zudem nur an das explizit Gesagte anschließen, während *also* auch aus dem Implizierten folgern kann (darum ist im folgenden Dialog *deshalb* nicht möglich: A: *Es zieht!* – B: *Du willst* also (*deshalb), dass ich das das Fenster schließe?*). Und die *deshalb* vorangehenden Argumente müssen schließlich – im Gegensatz zu den mit den Partikeln *doch* oder *eigentlich* markierten Folgerungen – immer koorientiert sein. Aus diesen Unterscheidungen folgt, dass jeder argumentative Konnektor eine spezifische Argumentationskonstellation markiert. Da auch bestimmte Partikeln (*auch, bloß, doch, eben, eigentlich, endlich, lediglich, recht, schon* etc.) solche Argumentationskonstellationen markieren können, ist eine systematische Analyse ihres argumentativen Funktions- und Vertextungspotenzials immer noch ein Forschungsdesiderat.

2.1.2. Hypothetische Argumente

Ich habe bisher ausschließlich 'reale' Argumente behandelt, in denen der Sprecher für die Wahrheit aller Prämissen einsteht. Man kann auch argumentieren, indem man die Wahrheit einer Prämisse nur hypothetisch annimmt:

(25) *Wenn die Temperaturen gestern in Hamburg wirklich* unter −5° C lagen, dann *dürfte* es dort auch geschneit haben.

Hypothetische Argumente dürfen nicht mit 'Konditionalsätzen' wie

(26) *Wenn (Falls) du unterschreibst, bekommst du dein Geld zurück.*

gleichgesetzt werden, da nur in diesem Fall die Realisierung der im Vordersatz genannten hypothetischen Annahme Bedingung für die Realisierung der im Nachsatz genannten Handlung ist. Deshalb darf der Satz

(27) *Wenn sein Zug Verspätung hatte, wird er sein Flugzeug nicht mehr kriegen.*

nicht – wie Eisenberg (1994, 522) meint – „ausschließlich konditional gelesen" werden, da in ihm eben ein hypothetisches Argument vollzogen wird.

Hypothetische Argumente sind aber auch nicht mit generischen Sätzen wie (28a) oder mit Voraussagen über ein singuläres Ereignis wie (28b) zu verwechseln:

(28a) *Wenn Peter gesund ist, dann schaut er abends bei seiner Mutter vorbei.*
(28b) *Morgen abend, wenn Peter gesund sein wird, wird er bei seiner Mutter vorbeischauen.*

Wodurch unterscheiden sich hypothetische Argumente von diesen Verwendungen des Subjunktors *wenn*? Nehmen wir dazu den Satz

(29) *Wenn Peter* wirklich *gesund ist, dann schaut er bestimmt* noch heute Abend bei seiner Mutter vorbei.

Da dieser Satz durch *Falls p_1...*, *Angenommen, dass p_1...* oder *Wenn es wirklich zutrifft, dass p_1...* paraphrasiert werden kann, ergibt sich folgende argumentative Struktur (vgl. Eggs 1979, 426 ff):

Gp	Wenn Peter gesund ist, schaut er abends bei seiner Mutter vorbei	$p \to q$
[Sp]	Falls *es zutrifft, dass Peter jetzt gesund ist*	$[p_1]$
K	Wird er heute Abend bei seiner Mutter vorbeischauen	q_1

Der argumentative Charakter dieser Art von hypothetischen Sätzen kann durch epistemische Operatoren oder 'qualifiers' (Toulmin) wie *bestimmt, sicher, offensichtlich* usw. oder durch das konjekturale Futur im Hauptsatz (das notwendig im Antezedens ausgeschlossen ist) unterstrichen werden. Diese Andeutungen mögen hier genügen. Betont sei jedoch, dass statt der singulären Prämisse wie in den bisherigen Beispielen auch eine generische Prämisse bloß hypothetisch gesetzt sein kann:

(30) *Wenn Linksparteien vor allem die Interessen der Arbeiter vertreten, ist die SPD keine Linkspartei mehr.*

Die kognitive und pragmatische Funktion von hypothetischen Argumenten besteht offensichtlich darin, dass sie rationales Argumentieren ermöglichen, ohne dass man für die Wahrheit aller Prämissen einstehen muss.

Wie hypothetische Argumente geschickt ausgespielt werden können, mag das folgende Beispiel eines Werbetextes der Air France verdeutlichen:

(31a) *Wenn Sie weder Artischocken noch französische Mädchen noch Aperitifs noch eine gewisse Ambiance mögen, dann ist es völlig gleichgültig, welche Fluglinie Sie fliegen.*
(31b) *Denn technisch perfekt sind alle heutzutage.*
(31c) *Im Namen aller Fluglinien.*
(31d) *Ihre Air France.* (Beispiel aus Brinker 1980)

Das in (31a) vorgebrachte hypothetische Argument, in dem nach der Schlussregel der Kontraposition (T_{cpos}) geschlossen wird, sei vereinfacht durch folgendes Schema wiedergegeben:

Gp	*Wenn man das Besondere liebt, dann fliegt man mit einer Fluglinie, die etwas Besonderes anbietet*
[Sp]	*Wenn Sie das Besondere nicht wünschen*
K	*Dann brauchen Sie auch nicht mit einer bestimmten Linie, die das Besondere bietet, zu fliegen*

T_{cpos}

Diese Konklusion wird dann durch das *denn*-Argument (31b) noch zusätzlich abgestützt. Das Beispiel zeigt zudem sehr schön, welche pragmatische Funktion hypothetische Argumente haben können: Die bloß hypothetische Formulierung (31a) ermöglicht dem angesprochenen 'Noch-Nicht-Air-France-Kunden' offenbar, in Anbetracht der negativen Konsequenzen sein Verhalten zu verändern und mit Air France zu fliegen, belegt er dadurch doch zugleich, dass er das Besondere wünscht. Das sei durch die folgende Paraphrase umschrieben (der in eckige Klammern gesetzte Teil ist implizit):

P: *Ich fliege mit jeder Fluglinie (also nicht unbedingt mit Air France (−T))*
O: *Unter der Voraussetzung, dass man das Besondere nicht liebt, ist das ein legitimes Verhalten. Hinzu kommt, dass dieses Verhalten auch dadurch legitimiert wird, dass alle Fluglinien heutzutage ja technisch perfekt sind.*
[Freilich (Sie sollten bedenken)]: *Wenn Sie nicht mit einer bestimmten Fluglinie, die das Besondere anbietet, fliegen, dann bringen Sie damit auch zum Ausdruck, dass Sie* nicht *das Besondere (wie z. B. Artischocken, französische Mädchen und eine gewisse Ambiance) mögen. Wenn Sie diese Konsequenz vermeiden wollen, brauchen Sie nur mit Air France zu fliegen (T), damit zeigen Sie nämlich, dass Sie das Besondere wünschen*]

2.2. Argumentation und Textstruktur

2.2.1. Argumentation und inferenzielle Prozesse des Verstehens

In der neueren Forschung ist von verschiedenen Seiten (Velde 1989; Graesser/Bower 1990; Graesser/Kreuz 1993; Dahl 1995; Hellman 1995) gezeigt worden, dass das Verstehen von Texten komplexe inferenzielle Prozesse voraussetzt. Dies gilt nicht nur für die relativ genau untersuchten textphorischen Mittel (Anapher, Katapher), sondern auch für kaum untersuchte Bereiche wie etwa die Konstruktion von Affekten oder Charakteren in einer Erzählung. Um bestimmten körperlichen Zuständen, Handlungen, Gesten oder Äußerungen eines Protagonisten einen bestimmten Affekt (Zorn, Entrüstung, Scham) zuschreiben zu können, muss der Leser eine Fülle von deduktiven und abduktiven Schlüssen vollziehen, die nur möglich sind, wenn er eine Theorie über die Affekte hat (*Wenn eine Situation des Typs T vorliegt, und ein Protagonist x sich in dieser so und so verhält, dann liegt ein Affekt des Typs A vor* [= deduktiv]/*X ist wütend, da er die Symptome/Zeichen $Z_1 \ldots Z_n$ zeigt* [= abduktiv]).

Ich gehe davon aus, dass die Logik dieser inferenziellen Verstehensprozesse mit der Logik der expliziten Vertextung von Inferenzen in argumentativen Texten identisch ist. So hat etwa Brinker (1992, 37) gezeigt, dass bei der assoziativen (oder impliziten) Anapher zwischen dem anaphorischen Ausdruck und seiner Bezugsphrase unterschiedliche Kontiguitätsverhältnisse vorliegen können: logisch (*eine Niederlage: der Sieg*), ontologisch (*ein Blitz: der Donner*), kulturell (*eine Straßenbahn: der Schaffner*). Diese Unterschiede kann man auch argumentationslogisch fassen, indem man korrelative Begriffe (32), Inklusion (33), Typisierung (34) und Implikation (35) unterscheidet:

(32) *Das war sicher eine schwere* Frage. *Dennoch kam* die Antwort unerwartet schnell. (vgl. *Niederlage: Sieg*)
(33) *Er ging ins* Haus. *Aus dem Schlafzimmer strömte ein seltsamer Geruch der Verwesung.* (vgl. *Straßenbahn: Schaffner*)
(34) *Wir kamen in das muffige Zimmer des* Deutschen. Die Bierflaschen *waren noch halbvoll.* // *Die alte Dame lag tot auf dem Bett.* Das Messer *steckte in ihrem Rücken.*
(35) *Er näherte sich dem Ofen. Die Hitze wurde immer unerträglicher.* (vgl. *Blitz: Donner*)

Um den Bezug zwischen beiden herstellen zu können, muss man offenbar über eine Reihe von 'Stereotypen' verfügen, die einem ermöglichen, ein *bridging* (Clark 1977; Matsui 1993), also eine Art 'inferenziellen Brückenschlag' vorzunehmen. In Frankreich hat diese Frage zu einer intensiven Diskussion zwischen Gegnern der *bridging*- bzw. Stereotypentheorie (vor allem Charolles 1990) und Vertretern einer 'vermittelten' Stereotypentheorie (vor allem Kleiber 1990; 1993) geführt. Ich selbst habe versucht nachzuweisen, dass der von beiden Kontrahenten nicht problematisierte Konsens, nämlich ausschließlich von Erzähltexten auszugehen, zu Gegensätzen geführt hat, die sich leicht auflösen lassen (vgl. Eggs 1994, 173 ff). So kann man etwa die Tatsache, dass in (37) im Gegensatz zu (36) nur der Demonstrativartikel möglich ist:

(36) *Gestern stürzte* ein *Flugzeug ab.* Das/Dieses *Flugzeug kam von Miami.*
(37) *Gestern stürzte* ein *Flugzeug ab.* Dieses (*Das) *Flugzeug verbindet normalerweise Miami mit New York.*

nicht mehr mit der Theorie, dass der bestimmte Artikel auf ein schon fokussiertes Element, der Demonstrativartikel hingegen auf ein noch nicht fokussiertes Element verweist (vgl. Ehlich 1983), erklären: In (37) kann das schon fokussierte Element ja nicht durch *das* wiederaufgenommen werden. Hier bietet sich eine einfache Lösung an, wenn man die Tatsache berücksichtigt, dass es sich in (36) um eine Standarderzählung handelt, während in (37) der zweite − aus dem Erzählfluss herausgehobene − Satz dem Texttyp Erklären zuzuordnen ist. Daraus folgt: Der Demonstrativartikel kann in Erzähltexten, wenn ihm eine generische Aussage folgt, den Übergang zum Texttyp Erklären oder auch Argumentieren markieren.

Nun lassen sich inferenzielle Prozesse des Verstehens und explizite Organisierung von Argumenten nicht immer eindeutig trennen. Das zeigen ja schon Sätze wie

(13) Larsen$_1$ hat nicht einmal *vierzig Stimmen bekommen, also wird* der Ostfriese$_2$ *neuer Präsident unseres Vereins,*

in denen Verstehen und Argumentieren eng verzahnt sind. Auch anaphorische Prozesse können argumentativ werden. Das sei am Beispiel der Verallgemeinerung (vgl. Drescher 1992) in Texten illustriert. Wir unterscheiden mit Vigner (1991) drei Formen:

(i) *Generalisierung*
− das Leben von Otto Müller; das Leben eines Arbeiters; das Leben des Arbeiters; das Arbeiterleben (grammatikalisch)
− Stuhl, Sessel, Hocker → *Sitzgelegenheit* (lexikalisch)
− Novalis, Schlegel, Tieck → *deutsche Romantiker* (enzyklopädisch)
− Der Maurer X hat einen Ford; ebenso der Schreiner Y und der Installateur Z → *Der deutsche Handwerker fährt Ford* (lexikalisch; induktiv)

(ii) *Globalisierung*
− Kochherd, Tisch, Stühle, Geschirr → *Küche* (Aggregat)
− Landwirtschaft, Viehzucht, Fischfang → *Primärsektor* (Ensemble)
− Einkaufen, Ausstellen, Kunden beraten → *Verkauf* (Sequenz)

(iii) *Konzeptualisierung*
− X verdient viel Geld, Y wenig und Z sehr wenig → *Starke Einkommensschwankungen*
− A hat heute morgen still vor sich hingeweint; mittags hat sie sich eingeschlossen; und jetzt hat sie schon wieder eine Beruhigungspille genommen → *Depression*

Das letzte Beispiel geht wie die Generalisierung *Der deutsche Handwerker fährt Ford* induktiv vor. Freilich besteht der wesentliche Unterschied darin, dass hier die Einzelbeobachtungen gleichzeitig auf den Begriff gebracht werden. Mit dem Begriff der *Konzeptualisierung* haben wir ein zentrales, von der rhetorisch-dialektischen Argumentationstheorie nicht gesehenes argumentatives Verfahren umschrieben. Ein schönes Beispiel mit einem alltagsweltlichen Gemeinplatz findet sich in einem Spiegel-Bericht zu Mayer-Vorfelder:

(38) *Das verstünden die nicht, sagt er: sein Faible, das gediegene biedermeierliche Mobiliar seines Amtszimmers im Gartenflügel des Stuttgarter Neuen Schlosses mit Bildern der Moderne zu kontrastieren. Ein bisschen theatralisch erhebt der Finanzminister Baden-Württembergs, den jedermann MV nennen darf, seinen Kunstverstand ins Grundsätzliche. „Es sind doch diese* Spannungsfelder, *die die Dinge am Leben halten, alle Dinge"* (Der Spiegel 49, 1996).

2.2.2. Argumentative Texte

Aus unseren Ausführungen folgt, dass Argumente notwendig Texte sind, da sie zumindest zwei Sätze logisch verknüpfen. Schon ein einziger Satz, wenn mit diesem eindeutig eine Konklusion konversationell impliziert ist, kann somit einen argumentativen Text bilden. Auch Sätze wie:

(39) Die *spinnen doch,* diese *Italiener!*

sind argumentative Texte. Mit solchen Sätzen reagiert man offenbar auf ein singuläres Ereignis, in dem ein bestimmter Italiener (etwa im Fernsehen ein Fußballspieler) sich eben entsprechend dem vom Sprecher unterstellten Topos verhält. Da er diese seine vorgängige Meinung im konkreten Verhalten eines Italieners bestätigt sieht, wird in (39) das Argumentationsschema der Illustration realisiert (vgl. Eggs 1994, 169 ff).

Dass dieses Argumentationsschema der Illustration gerade auch in wissenschaftlichen Texten sehr häufig verwendet wird, haben wir in Eggs (1996a) gezeigt. Daneben finden sich in naturwissenschaftlichen Texten die Induktion und natürlich vor allem mit der Deduktion verbundene Muster wie die Divisio, die Abduktion oder die Definition. In der Regel sind diese wissenschaftlichen Argumentationen vielschichtig (insofern mehrere Neben- und Unterargumente mit der Hauptargumentation verschachtelt und verzahnt sein können), nie aber mehrsträngig, d. h. sie verfolgen nie mehrere Argumentationsziele. Mehrsträngigkeit ist bei politischen Texten − Rede eines Politikers, aber auch Zeitungskommentar eines Journalisten − besonders häufig zu finden (vgl. Eggs 1996b). Oft wird ein Argumentationsstrang auch über das lexikalische Assoziationspotenzial der verwendeten Wörter hergestellt. Ein Aufzeigen dieser Strukturen verlangt nicht nur eine genaue Analyse der Argumentationsstruktur, sondern auch der Mittel der Textstrukturierung (Textkonnektoren, Textreferenz), der Inhaltsstrukturierung (Konnektoren, Partikeln, assoziative und reflexive Anaphern, Generalisierung, Konzeptualisierungen) und der Sprachstruktur (Syntax, Konstruktionsfiguren, Wortwahl).

Da diese Analysen zuviel Platz in Anspruch nähmen, beschränke ich mich hier auf die schematische Analyse eines verkürzten Kommentars zum Verhalten des Tennisspielers Boris Becker.

(40) *(I) Na dann: schöne Bescherung! Boris Becker hat dem Deutschen Tennis-Bund ein ganz persönliches Weihnachtsgeschenk gemacht. [...] Der deutsche Tennis-Star hat keine Lust auf den Daviscup. [...] Becker hat frühzeitig für klare Fronten gesorgt. (II) Und hat er nicht recht, wenn er behauptet, dass (III) es auf Sand bessere Spieler gibt als ihn? Er will wieder die Nummer eins werden. Um dieses Ziel zu erreichen, braucht er alle Kraft und Konzentration. Daviscup-Termine auf Sand passen nicht in diesen Fahrplan zur Weltranglistenspitze. [...]*
(IV) Becker hat mit seiner Absage die Argumente auf seiner Seite. (V) Er sollte auch in anderer Hinsicht konsequent sein: Wenn Becker nicht im Daviscup spielt, wäre es ehrlich, auch auf Millionen für eine Arbeit zu verzichten, die er nicht verrichtet. (VI) Er könnte das Geld zum Beispiel spenden. Weihnachten wäre dazu eine prima Gelegenheit (H. Rehberg, Hannoversche Allgemeine Zeitung, 24. 12. 1996; Nummern von uns).

Dieser Text inszeniert auf originelle Weise das *ad hominem*-Schema. Das wird im zweiten Absatz explizit gesagt. Der Autor verstärkt seine Argumentation sogar noch durch das abschließende an Becker gerichtete deontische Argument. Originell ist diese Inszenierung, weil der Autor den dieser Argumentation immanenten Vorwurf einer logischen Inkonsequenz gerade dadurch verstärkt, dass er im ersten Abschnitt Becker argumentativ 'aufbaut'. Der Text hat somit drei Teile: I−IV, V, VI, die ich abschließend durch das folgende Schaubild veranschaulichen möchte (nur die Blöcke III−V sind näher analysiert):

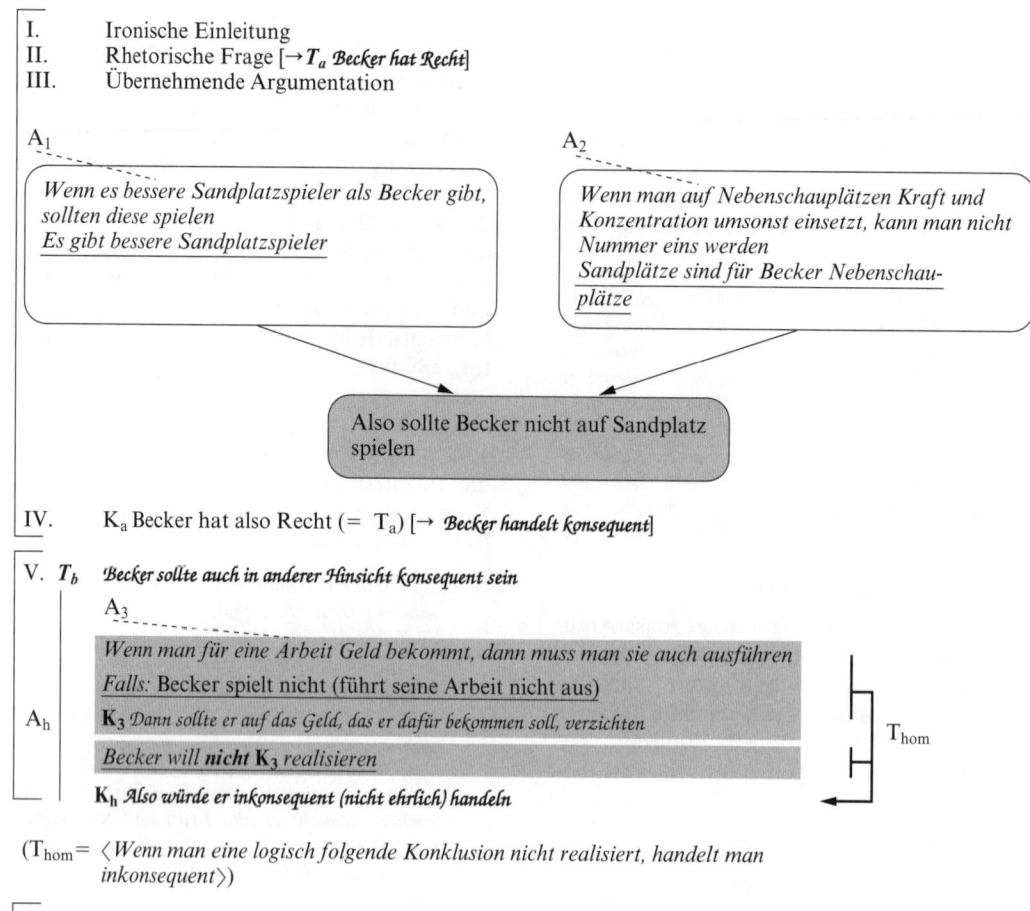

I. Ironische Einleitung
II. Rhetorische Frage [→ T_a *Becker hat Recht*]
III. Übernehmende Argumentation

A_1
Wenn es bessere Sandplatzspieler als Becker gibt, sollten diese spielen
Es gibt bessere Sandplatzspieler

A_2
Wenn man auf Nebenschauplätzen Kraft und Konzentration umsonst einsetzt, kann man nicht Nummer eins werden
Sandplätze sind für Becker Nebenschauplätze

Also sollte Becker nicht auf Sandplatz spielen

IV. K_a Becker hat also Recht (= T_a) [→ *Becker handelt konsequent*]

V. T_b *Becker sollte auch in anderer Hinsicht konsequent sein*

A_3
Wenn man für eine Arbeit Geld bekommt, dann muss man sie auch ausführen
Falls: Becker spielt nicht (führt seine Arbeit nicht aus)

A_h K_3 *Dann sollte er auf das Geld, das er dafür bekommen soll, verzichten*

*Becker will **nicht** K_3 realisieren*

K_h *Also würde er inkonsequent (nicht ehrlich) handeln*

T_{hom}

(T_{hom} = ⟨*Wenn man eine logisch folgende Konklusion nicht realisiert, handelt man inkonsequent*⟩)

VI. Vorschlag, das Geld jetzt, da gerade Weihnachten ist, zu spenden

Abb. 39.9: Verdeutlichung des argumentativen Aufbaus von Textbeispiel (40)

3. Literatur (in Auswahl)

Anscombre, Jean-Claude/Ducrot, Oswald (1983): Argumentation dans la langue. Bruxelles.

Barbault, Marie-Claire et al. (= Groupe λ-l) (1975): Car, parce que, puisque. In: Revue Romane 10, 248–280.

Brandt, Margareta/Rosengren, Inger (1992): Zur Illokutionsstruktur von Texten. In: Zeitschrift für Literaturwissenschaft und Linguistik 22, 9–51.

Brinker, Klaus (1980): Zur logischen Analyse von natürlich-sprachlichen Argumenten. In: Ballweg, Joachim/Glinz, Hans (eds.): Grammatik und Logik. Jahrbuch 1979 des Instituts für deutsche Sprache. Düsseldorf, 53–71.

– (1992): Linguistische Textanalyse. 3. Aufl. Berlin.

Charolles, Michel (1990): L'anaphore associative. Problèmes de délimitation. In: Verbum XIII, 3, 119–148.

Christmann, Ursula/Schreier, Margrit/Groeben, Norbert (1996): War das Absicht? Indikatoren subjektiver Intentionalitätszustände bei der ethischen Bewertung von Argumentationsbeiträgen. In: Zeitschrift für Literaturwissenschaft und Linguistik 101, 70–113.

Clark, Herbert H. (1977): Bridging. In: Johnson-Laird, Philip N./Wason, Peter C. (eds.): Thinking: Readings in cognitive science. Cambridge, 411–420.

Dahl, Östen (1995): Causality in Discourse. In: Rickheit/Habel (1995), 251–260.

Dietrich, Rainer/Peter, Kerstin (1996): Zum Aufbau von argumentativen Texten – am Beispiel Werbung. In: Linguistische Berichte 161, 3–36.

Drescher, Martina (1992): Verallgemeinerungen als Verfahren der Textkonstitution. Stuttgart.

Ducrot, Oswald (1988): Topoi et formes topiques. In: Bulletin de linguistique française 22, 1–14.

Eemeren, Frans H. van/Grootendorst, Rob (1992): Argumentation, communication, fallacies. Hillsdale.

Eemeren, Frans H. van/Grootendorst, Rob/Kienpointner, Manfred (1995): Normen rationaler Argumentation und Komplikationen ihrer Anwendung und Befolgung. In: Deutsche Sprache 1, 30–38.

Eemeren, Frans H. van/Grootendorst, Rob/Kruiger, Tjark (1984): The Study of Argumentation. New York.

Eggs, Ekkehard (1979): Argumente mit 'wenn ...'. In: Weydt, Harald (ed.): Die Partikeln der deutschen Sprache. Berlin, 417–433.

– (1984): Die Rhetorik des Aristoteles. Frankfurt/M.

– (1992): Argumentation. In: Ueding, Gert (ed.). Bd. I (1992), Sp. 914–991.

– (1993): L'actualité du débat sur les topoi dans la rhétorique et la dialectique traditionnelles. In: Plantin (1993), 393–409.

– (1994): Grammaire du discours argumentatif. Paris.

– (1996a): Strukturen der Argumentation in Fachtexten. In: Kalverkämper, Hartwig/Baumann, Klaus-Dieter (eds.): Fachliche Textsorten. Komponenten – Relationen – Strategien. Tübingen, 618–636.

– (1996b): Formen des Argumentierens in Zeitungskommentaren – Manipulation durch mehrsträngig-assoziatives Argumentieren? In: Hess-Lüttich, Ernest W. B./Holly, Werner/Püschel, Ulrich (eds.): Textstrukturen im Medienwandel. Frankfurt/M., 179–209.

Ehlich, Konrad (1983): Deixis und Anapher. In: Rauh, Gisa (ed.): Essays on Deixis. Tübingen. 79–99.

Eisenberg, Peter (1994): Grundriß der deutschen Grammatik. Stuttgart.

Elhadad, Michael (1995): Using argumentation in text generation. In: Journal of Pragmatics 24, 189–220.

Graesser, Arthur C./Bower, Gordon H. (eds.) (1990): Inferences and Text Comprehension. New York.

Graesser, Arthur C./Kreuz, Roger J. (1993): A Theory of Inference Generation During Text Comprehension. In: Discourse Processes 16, 145–160.

Hamblin, Charles L. (1970): Fallacies. London.

Hellman, Christina (1995): The notion of Coherence in Discourse. In: Rickheit/Habel (1995), 190–202.

Jarvella, Robert J./Lundquist, Lita/Hyönä, Jukka (1995): Text, Topos, and Mental Models. In: Discourse Processes 20, 1–28.

Johnson-Laird, Philip N. (1983): Mental Models. Cambridge.

Johnson-Laird, Philip N./Byrne, Ruth M. J./Schaeken, Walter (1992): Propositional Reasoning by Model. In: Psychological Review 99, 418–439.

Kienpointner, Manfred (1986): Topische Sequenzen in argumentativen Dialogen. In: Zeitschrift für germanistische Linguistik 14, 321–355.

– (1992): Argument. In: Ueding, Gert (ed.). Bd. I (1992), Sp. 889–904.

Klaus, Georg (1965): Moderne Logik. 4. Aufl. Berlin.

Kleiber, Georges (1990): Sur l'anaphore associative: article défini et adjectif démonstratif. In: Rivista di Linguistica 2, 155–175.

– (1993): L'anaphore associative roule-t-elle ou non sur des stéréotypes? In: Plantin (1993), 355–371.

Klein, Josef (1987): Die konklusiven Sprechhandlungen. Tübingen.

Klein, Wolfgang (1980): Argumentation und Argument. In: Zeitschrift für Literaturwissenschaft und Linguistik 38/39, 9–57.

Klein, Wolfgang/Stutterheim, Christiane von (1987): Quaestio und referentielle Bewegung in Erzählungen. In: Linguistische Berichte 109, 163–183.

– (1992): Textstruktur und referentielle Bewegung. In: Zeitschrift für Literaturwissenschaft und Linguistik 86, 67–92.

Kopperschmidt, Josef (1989): Methodik der Argumentationsanalyse. Stuttgart-Bad Cannstatt.

Lausberg, Heinrich (1973): Handbuch der literarischen Rhetorik. I und II. 2. Aufl. München.

Lundquist, Lita (1993): Topos et thème dans l'interprétation textuelle: Une étude psycholinguistique. In: Plantin (1993), 249–259.

Martin, Josef (1974): Antike Rhetorik. München.

Matsui, Tomoko (1993): Bridging reference and the notions of 'topic' and 'focus'. In: Lingua 90, 49–68.

Moilanen, Markku (1996): Zur kommunikativ-funktionalen Interpretation von persuasiven monologischen Texten. In: Motsch (1996a), 165–188.

Motsch, Wolfgang (ed.) (1996a): Ebenen der Textstruktur. Tübingen.

– (1996b): Zur Sequenzierung von Illokutionen. In: Motsch (1996a), 189–208.

Öhlschläger, Günther (1979): Linguistische Überlegungen zu einer Theorie der Argumentation. Tübingen.

Ottmers, Clemens (1996): Rhetorik. Stuttgart.

Pater, Wilhelm A. de (1965): Les Topiques d'Aristote et la dialectique platonicienne. Fribourg.

Perelman, Chaïm/Olbrechts-Tyteca, Lucie (1970): Traité de l'Argumentation. Bruxelles.

Plantin, Christian (ed.) (1993): Lieux communs, topoi, stéréotypes, clichés. Paris.

Rickheit, Gert/Habel, Christoper (eds.) (1995): Focus and Coherence in Discourse Processing. Berlin.

Toulmin, Stephen E. (1958): The Uses of Argument. Cambridge.

Ueding, Gert (ed.) (1992 ff): Historisches Wörterbuch der Rhetorik. I (1992), II (1994), III (1996). Tübingen.

Velde, Roger G. van de (1989): The Role of Inferences in Text Organization. In: Conte, Maria-Elisabeth/Petöfi, János S./Sözer, Emel (eds.): Text and Discourse Connectedness. Amsterdam, 543−562.

Vigner, Gérard (1991): Réduction de l'information et généralisation: aspects cognitifs et linguistiques de l'activité de résumé. In: Pratiques 72, 33−54.

Völzing, Paul-Ludwig (1979): Begründen, Erklären, Argumentieren. Heidelberg.

Walton, Douglas (1985): Arguer's Position. Westport.

*Ekkehard Eggs, Hannover
(Deutschland)*

40. Handlungsstrukturen von Texten

1. Sprachliche Texte als Handlungen
2. Der Gricesche Beitrag zu einer Theorie sprachlicher Handlungen
3. K-Intentionen, soziale Situationen, Illokutionstypen
4. Sprachliche Äußerungen in Illokutionen
5. Illokutionsstruktur eines Beispieltextes
6. Literatur (in Auswahl)

1. Sprachliche Texte als Handlungen

Handlungen sind Aktivitäten, mit denen ein Aktor in einer gegebenen Situation die Absicht verfolgt, einen bestimmten Zielzustand herbeizuführen. Rationales Verhalten vorausgesetzt, muss die Aktivität ein geeignetes Mittel sein, den angestrebten Zustand zu erreichen. Wie von Wright (1977, 83 ff) gezeigt hat, können die meisten Handlungen als Mittel zur Veränderung von Weltzuständen betrachtet werden. *Kommunikative Handlungen* sind dadurch ausgezeichnet, dass die Aktivität das Äußern einer Zeichenkette ist. Zielzustände sind Bewusstseinszustände von Adressaten. Kommunikative Handlungen beruhen auf der Möglichkeit, mit Hilfe von Zeichenstrukturen das Bewusstsein anderer Menschen zu beeinflussen. Ein Zeichenproduzent vermag durch die Übermittlung von Informationen das Bewusstsein eines Adressaten zu verändern.

Sprachliche Handlungen sind ein Spezialfall kommunikativer Handlungen: die kommunikativen Ziele werden mit Hilfe sprachlicher Äußerungen, d. h. durch das Äußern sprachlicher Texte angestrebt. Aus dem Rationalitätsprinzip für Handlungen ergibt sich, dass die Beschaffenheit von Texten in entscheidendem Maße durch Handlungsbedingungen geprägt sein muss.

Dies sind sehr allgemeine Überlegungen, die viele Linguisten dazu geführt haben, den Handlungshintergrund in die Textanalyse einzuschließen. Wichtige theoretische Voraussetzungen für diese Betrachtungsweise konnten den sprachphilosophischen Sprechakttheorien entnommen werden, die durch Arbeiten von Austin (1962/1972 dt.) und Searle (1969/1971 dt.) angeregt wurden. Auch die kommunikativ orientierte Bedeutungstheorie von Grice (vgl. Meggle 1977; 1980) hat die Entwicklung linguistischer Handlungstheorien wesentlich gefördert.

Die gegenwärtige linguistische Forschungssituation ist durch ein breites Spektrum von theoretischen Ansätzen gekennzeichnet. Es lassen sich zwei grundsätzlich verschiedene Vorgehensweisen unterscheiden. Die eine ist durch Versuche geprägt, Struktureigenschaften von Texten verschiedenen Ebenen zuzuordnen. Die Gesamtstruktur eines Textes ist nach diesen Auffassungen durch die Prinzipien und Regeln dieser Ebenen sowie durch deren Funktion in einem Globalmodell der Textstruktur determiniert (vgl. Brandt/Rosengren 1992; Motsch 1992). Die andere orientiert sich an methodologischen Grundsätzen der Ethnomethodologie, sie betont den globalen Charakter des Hintergrundes, der bei der Analyse ausgewählter Phänomene zu berücksichtigen ist. Diesen Zugang findet man besonders in Textanalysen, die im Rahmen der Dialogforschungen durchgeführt werden.

In diesem Artikel werden die Grundbegriffe und -fragestellungen einer handlungsorientierten Textanalyse herausgestellt. Dabei wird ein Mehrebenen-Modell favorisiert. In der theoretischen Tradition, die hier verfolgt wird, werden die folgenden idealisierenden Annahmen vorausgesetzt:

(1) Sprecher verhalten sich rational. Das bedeutet insbesondere: sie formulieren ihre Texte unter idealen Bedingungen so, dass sie geeignete Mittel zur Erreichung des kommunikativen Ziels sind.
(2) Texte sind Produkte eines mit einer kommunikativen Absicht vollzogenen Kommunikationsversuchs. Gefragt wird nach den Prinzipien, Regeln, Strategien, Schlussstrukturen, die möglichen Texten zugrunde liegen. Jeder authentische Text ist eine Ausprägung dieser generellen Strukturbedingungen. Die Spezifik der Prozesse, die beim Formulieren oder Rezipieren von Texten ablaufen, geht in den hier herausgestellten Begriff sprachlichen Handelns nicht direkt ein. Mit anderen Worten, es wird zwischen *Textkompetenz* und *Textperformanz* unterschieden. Die Beschreibung der Textperformanz setzt eine Theorie der Textkompetenz voraus.
(3) Ebenso wie die Beschreibung der Grammatik einer Sprache von abweichenden bis unkorrekten Sätzen absieht, muss auch die Textanalyse misslungene Texte oder Textabschnitte ausgliedern. Nicht jeder Textverfasser kann in jeder Situation optimale Texte verfassen. Die tatsächliche Textkompetenz von Sprechern kann mehr oder weniger weit von den idealen Bedingungen abweichen. Grundsätzlich ist jedoch zu verlangen, dass die idealisierte Beschreibung der Textkompetenz es ermöglichen muss, Eigenschaften von authentischen Texten zu beschreiben.
(4) Für literarische Texte gelten besondere Regeln, die auch Abweichungen von den Regeln für Gebrauchstexte einschließen (vgl. Rolf 1993). Eine Theorie für literarische Texte setzt eine Theorie für Gebrauchstexte voraus.

2. Der Gricesche Beitrag zu einer Theorie sprachlicher Handlungen

Mit mehreren Vorschlägen zur Bestimmung des Begriffs 'non-natural meaning' oder 'utterer's meaning' (Sprecherbedeutung) hat Grice wichtige Grundlagen für die Präzisierung kommunikativer Kategorien geschaffen. Wie Meggle (1980) gezeigt hat, charakterisiert der Vorschlag von Grice die Grundbedingungen für den Kommunikationsversuch (K-Versuch) eines Sprechers. Die Kernidee dieses Vorschlags kann wie folgt wiedergegeben werden:

Ein Sprecher (S) unternimmt einen K-Versuch gdw. folgende Bedingungen gelten:
S äußert einen Ausdruck a mit der Absicht:
(1) ein Hörer (H) möge eine Reaktion (r) zeigen.
(2) H erkennt (1),
(3) H erkennt (1) ist mindestens ein Grund für H r zu vollziehen.

Diese Begriffsbestimmung behandelt das Erkennen der primären Absicht des Sprechers, d. h. von (1) in der angeführten Definition, als eine wesentliche Voraussetzung dafür, dass der Hörer zur Bereitschaft gebracht werden kann, diese Absicht zu erfüllen. Die nur aus der Warte der Sprecherintentionen formulierte Definition lässt die Bedingungen offen, die zusätzlich die Bereitschaft des Hörers beeinflussen, die gewünschte Reaktion zu vollziehen. Die Entscheidung des Hörers, die vom Sprecher intendierte Reaktion zu vollziehen, hängt außer vom Verstehen der Absicht des Sprechers auch von individuellen Interessen des Hörers sowie von Parametern der sozialen Situation ab, die für die Befolgung der Sprecherabsicht maßgebend sind. Grice verfolgt semantische Fragestellungen und beschränkt sich deshalb auf das Verstehen der Sprecherabsicht. Eine umfassendere Definition des Begriffs K-Versuch muss alle weiteren Bedingungen für den Erfolg von K-Versuchen berücksichtigen.

3. K-Intentionen, soziale Situationen, Illokutionstypen

Sprachliche Handlungen verfolgen das Ziel, das Bewusstsein von Kommunikationspartnern zu verändern, temporär oder langfristig. Solche Bewusstseinsveränderungen können auch die Grundlage für tatsächliche Handlungen oder Handlungsdispositionen der Partner sein. Unter *Bewusstsein* wollen wir ganz allgemein ein komplexes dynamisches System von konzeptuellen Repräsentationen für Sachverhalte verstehen. *Konzeptuelle Repräsentationen* sind mentale Strukturen, die durch das universelle *konzeptuelle System* determiniert sind (vgl. Jackendorff 1991). Die Dynamik des Systems resultiert aus Veränderungen, die durch neue Erfahrungen, interne Reflexion und interindividuellen Austausch bewirkt werden.

Bewusstseinseinheiten, konzeptuelle Repräsentationen, können als *intentionale Zustände* der Form E:INT(p) charakterisiert werden. E steht für einen Einstellungsträger, INT für einen intentionalen Modus und p für eine Sachverhaltsrepräsentation. *Intentionale Modi* geben an, welche Geltung einem vorgestellten Sachverhalt in der Welt zukommt (vgl. Searle 1983; 1986 zur Beschreibung der Modi).

In unserem Zusammenhang sind vor allem drei Typen von intentionalen Modi von Interesse: epistemische, voluntative und inferentielle. Mit *epistemischen Modi* ist die Annahme verbunden, dass p einen Sachverhalt beschreibt, der tatsächlich oder mit n-Wahrscheinlichkeit in der Welt existiert. Mit *voluntativen Modi* wird p einem Sachverhalt zugeordnet, der in der Welt möglich ist und einen exponierten Wert für den Intentionsträger E hat. *Inferentielle Modi* ordnen p Sachverhalte zu, die auf Grund von Gesetzen oder Normen in der (sozialen) Welt möglich oder notwendig sind.

Wir wollen die primäre Absicht des Sprechers in einem K-Versuch als mit einer Äußerung verbundene kommunikative Intention (K-Intention) bezeichnen. K-Intentionen können dann als spezielle intentionale Zustände des Sprechers beschrieben werden:

S : WOLLEN (H : INT (p))

Diese Repräsentation bringt zum Ausdruck, dass ein Sprecher mit einer sprachlichen Äußerung die voluntative Intention verbindet, der Hörer möge eine zu präzisierende Einstellung zu einem Sachverhalt haben.

Auf der Grundlage dieser Begriffe kann ein K-Versuch in folgender Weise reformuliert werden:

S unternimmt einen **K-Versuch** gdw. S äußert eine Zeichenkette *u* mit der K-Intention K-INT und es gelten die Bedingungen:
(i) S äußert *u* mit der Äußerungsbedeutung *ä*,
(ii) H erkennt K-INT aufgrund von *ä*,
(iii) Es ist eine soziale Situation gegeben, die die Befolgung von K-INT durch H deontisch möglich oder notwendig macht,
(iv) H ist subjektiv fähig, K-INT zu befolgen.

Im Unterschied zu Grice wird die Existenz eines Zeichensystems, wir wollen spezieller von der Existenz einer natürlichen Sprache ausgehen, vorausgesetzt, das den Kommunikationspartnern die Möglichkeit bietet, Äußerungen so zu formulieren, dass die K-Intention aus der Bedeutung dieser Äußerung rekonstruiert werden kann. Die Verstehensbedingung (i) ist an die Bedeutung der Äußerung gebunden. Ferner werden soziale Bedingungen für das Akzeptieren des Ziels eines K-Versuchs sowie die subjektive Fähigkeit des Hörers, der K-Intention zu entsprechen, in die Begriffsbestimmung einbezogen.

K-Intentionen können nach den Zielen, d. h. nach den vom Sprecher angestrebten intentionalen Zuständen des Hörers differenziert werden. Wir betrachten INT (p) in K-Intentionen als eine Variable für die intentionalen Zustände GLAUBEN (p) bzw. WOLLEN (p), wobei der erstere einen epistemischen und der zweite einen voluntativen Modus enthält. Auch Grice (1979, 21) unterscheidet zwei Grundtypen von intendierbaren Wirkungen sprachlicher Handlungen.

Weitere Untergliederungen ergeben sich, wenn man p spezifiziert. p_{obj} soll auf Sachverhalte der objektiven Welt bezogen sein, p_{stip} beschreibt stipulierbare Sachverhalte der sozialen Welt, etwa: eine Sitzung einberufen, jemanden einstellen oder entlassen, ein Kind taufen, Maße oder Gewichte festlegen, und p_{wert} repräsentiert Wertsachverhalte, d. h. die Zuordnung von Wertprädikaten, wie gut, schlecht, nützlich, vernünftig, unvernünftig, richtig, falsch, zu Dingen und Sachverhalten. Wir erhalten auf diese Weise folgende Typologie:

K-Intentionen

H:GLAUBEN (p)　　　　H:WOLLEN (p)
Mitteilungen　　　　　　Aufforderungen

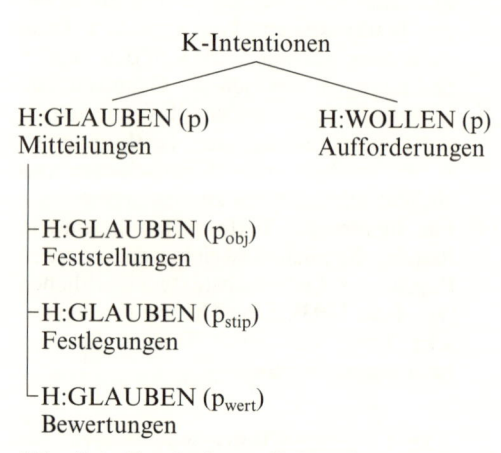

─H:GLAUBEN (p_{obj})
　Feststellungen

─H:GLAUBEN (p_{stip})
　Festlegungen

─H:GLAUBEN (p_{wert})
　Bewertungen

Abb. 40.1: Typologie von K-Intentionen

Bei Aufforderungen scheint es keine Gründe zu geben, p zu differenzieren. *Versprechen* können als Spezialfall von Feststellungen behandelt werden: der Hörer soll wissen, dass der Sprecher eine Handlung vollziehen wird, für die er eine bestimmte Verpflichtung übernimmt. Der eigentliche Unterschied zur bloßen Mitteilung einer Handlungsabsicht besteht darin, dass eine besondere soziale Situation vorausgesetzt wird. *Fragen* können als Problemfeststellungen analysiert werden. Als Repräsentationsform des Ziels kann gelten

H : GLAUBEN (OFFEN (p))

Offen drückt aus, daß p kein epistemischer Modus zugewiesen werden kann, weil entweder p oder non-p zutreffen kann, bzw. weil p eine spezifizierungsbedürftige Konstituente enthält. Der Status einer Frage ergibt sich aus sehr allgemeinen Koordinations- und Kommunikationsmaximen, aus denen folgt, dass das Zu-Erkennen-Geben eines Problems den Wunsch impliziert, der Partner möge zu einer Lösung beitragen.

Die hier vorgeschlagene Typologie von K-Intentionen weist Ähnlichkeiten mit der Sprechaktklassifizierung von Searle auf. Den Feststellungen entsprechen repräsentative Sprechakte, den Festlegungen deklarative, den Bewertungen expressive und den Aufforderungen direktive.

Wir bezeichnen nun *Illokutionen* als sprachliche Texte, deren Äußerungsbedeutung mit einer K-Intention korrespondiert. Die Klassifizierung von K-Intentionen lässt sich dann direkt auf die Klassifizierung von Illokutionen anwenden. Es sei hervorgehoben, dass diese Untergliederung von Illokutionen ohne spezielle sprachliche Kategorien auskommt. Auch die weiteren Möglichkeiten einer Subklassifizierung durch die Einbeziehung sozialer Strukturen, die den Erfolg von K-Intentionen beeinflussen (vgl. Motsch 1995, 150 ff) sind unabhängig von sprachlichen Kategorien. Beispiele für eine solche Untergliederung sind Illokutionstypen wie Befehle, Weisungen, Anordnungen, Bitten, Ratschläge u. a. Illokutionstypen ergeben sich aus allgemeinen Prinzipien für intentionale Zustände, für kommunikatives Handeln und für soziale Interaktion. Sprachliche Äußerungen gehen zwar als notwendiger Bestandteil in Illokutionen ein, ihre spezifische Form hat jedoch keinen Einfluss auf die Definition von Illokutionstypen.

4. Sprachliche Äußerungen in Illokutionen

Für die sprachliche Äußerung in einer Illokution gilt nur generell, dass sie geeignet sein muss, die K-Intention zu erkennen. Das Erkennen der K-Intention ist eine notwendige Bedingung für den Erfolg eines K-Versuchs. Neben dieser Verstehensbedingung gelten Bedingungen für das Akzeptieren der Absicht des Sprechers. Auch die subjektive Fähigkeit des Hörers, das gewünschte Ziel eines K-Versuchs herbeizuführen, gehört zu den Bedingungen für den Erfolg eines K-Versuchs. Alle drei Arten von Bedingungen prägen die sprachliche Äußerung einer Illokution.

Um diesen Einfluss genauer darstellen zu können, muss der Begriff *sprachliche Äußerung* analysiert werden. Sprachliche Äußerungen sind mehr oder weniger komplexe sprachliche Strukturen, die durch die K-Intention eines K-Versuchs zu einer Einheit zusammengeschlossen werden. Wir wollen solche Einheiten *Sprechertexte* oder ganz einfach *Texte* nennen. *Dialoge* können dann als Konglomerate von Texten mehrerer Sprecher betrachtet werden.

Eine Beschreibung der Komplexität von Texten ist die genuine Aufgabe einer Texttheorie. Wir dürfen davon ausgehen, dass die Grammatik einer Sprache einen Teil der Strukturaspekte von Texten dieser Sprache beschreibt, der zwar nicht ausreicht, um alle Aspekte dieser Struktur zu erfassen, aber dennoch eine fundamentale Rolle spielt. Zunächst ist die Frage zu beantworten, welche elementaren Einheiten die Grundlage für komplexe Texte bilden. Das sind, nach den vorausgehenden Festlegungen, grammatische Strukturen, die als Äußerung in einem K-Versuch auftreten können. Solche *äußerungsfähigen* grammatischen Ausdrücke sind in erster Linie Sätze, aber auch bestimmte elliptische und formelhafte Ausdrücke gehören dazu. Die Grammatik einer Sprache soll so beschaffen sein, dass sie äußerungsfähige Ausdrücke determiniert und ihnen eine Satzbedeutung zuordnet. *Satzbedeutungen* sind stark verallgemeinerte semantische Repräsentationen, die Sätzen unabhängig von den spezifischen Eigenschaften des aktuellen Verwendungskontextes zukommen. Die meisten Semantiktheorien gehen davon aus, dass die Satzbedeutung sich kompositional aus der Bedeutung der lexikalischen Einheiten und z. T. syntaxgesteuerten Regeln für die Verknüpfung dieser Einheiten ergibt.

Da Texte K-Versuche voraussetzen, muss eine auf die Grammatik beschränkte Analyse selbst in den Fällen unzulänglich sein, in denen die Illokution mit einem Satz zusammenfällt. Texte setzen Bedeutungsbeschreibungen voraus, die alle Informationen einschließen, die in einer gegebenen kommunikativen Situation relevant sind. Man muss deshalb eine Ebene – oder ein Kenntnissystem – annehmen, das grammatischen Ausdrücken mit Satzbedeutungen in Abhängigkeit von Kenntnissen über die Sachverhalte, die Gegenstand der Kommunikation sind, in Abhängigkeit vom sprachlichen Kontext und in Abhängigkeit von der Analyse der sozialen Situation, in die ein K-Versuch einzuordnen ist, *Äußerungsbedeutungen* zuordnet. Wichtige Aspekte dieses Systems sind u. a. die Fixierung der aktuellen Referenz, die Monosemierung mehrdeutiger Sätze, die Anreicherung der lexikalischen Kernbedeutungen durch Weltwissen, die Verwendung von Implikaturen, die indirekte Information und Umdeutungen ermöglichen, d. h. Bedeutungsaspekte, die als *kommunikative Semantik* oder *Pragmatik* untersucht werden (vgl. Levinson 1983). Äußerungsbedeutungen enthalten viel umfangreichere Informationen als Satzbedeutungen.

Satzbedeutungen umfassen sowohl Informationen über Sachverhalte als auch solche, die sich auf den kommunikativen Hintergrund beziehen. Grammatiken natürlicher Sprachen sind somit auf die Charakterisierung von K-Intentionen vorbereitet. Sie enthalten Mittel wie Satzmodi, epistemische und voluntative Adverbien, Modalverben, Modalpartikeln und performative Verben zur Kennzeichnung von Illokutionstypen. Solche Mittel bieten die Möglichkeit, sprachliche Äußerungen zu bilden, die Aspekte der kommunikativen Situation kennzeichnen. Eine semantische Analyse dieser kommunikationsbezogenen grammatischen Mittel fällt jedoch nicht mit einer systematischen Analyse des Handlungshintergrundes von Illokutionen zusammen. Die Bedeutung kommunikationsbezogener grammatischer Kategorien ist häufig heterogen und weist einzelsprachliche Besonderheiten auf. Sie erfasst darüber hinaus Handlungsaspekte nur in sehr verallgemeinerter Form. So kann z. B. der spezielle Illokutionstyp, in den eine konkrete Illokution einzuordnen ist, nicht allein durch die grammatische Form abgesichert werden. Die aktuelle Interpretation bedarf der Ergänzung durch in der gegebenen Situation relevante Kommunikations- und Interaktionskenntnisse. Vorschläge über den genaueren Zusammenhang zwischen Illokutionstypen und grammatischen Kategorien werden diskutiert von Motsch/Pasch (1987); Brandt/Rosengren/Zimmermann (1989); Pasch (1990); Motsch (1996b).

Wir fassen zusammen: Satzbedeutungen charakterisieren Sachverhalte und Aspekte sprachlichen Handelns. Auf dieser Grundlage können Äußerungsbedeutungen festgelegt werden, die alle für das Verständnis und die Akzeptanz einer K-Intention relevanten Informationen ergänzen. Natürliche Sprachen verfügen somit über ein kommunikatives Potential, das es ermöglicht, sehr differenzierte K-Intentionen auszudrücken.

Äußerungsfähige grammatische Ausdrücke sind mögliche elementare Illokutionen. Texte können jedoch weit komplexere sprachliche Gebilde sein. Wie kommt diese Komplexität zustande? Die allgemeine Antwort lautet: durch Kohärenzbeziehungen zwischen elementaren Einheiten.

Solche Kohärenzbeziehungen lassen sich in mindestens drei Ebenen untergliedern (vgl. Motsch 1996b):

(1) Die Ebene der semantischen Verknüpfung.
(2) Die Ebene der verständnisorientierten Textverarbeitung.
(3) Die Ebene der Illokutionsstruktur.

Zur Ebene der *semantischen Verknüpfung* sind semantische Beziehungen zwischen elementaren Äußerungen zu rechnen, die auch im Satzrahmen anzunehmen sind: asyndetische Verknüpfung, Verknüpfung durch deiktische Adverbien, Koreferenz und Referenzbewegung, frames u. a. Muster der semantischen Komplexbildung.

Zur Ebene der verständnisorientierten Textbearbeitung gehören Prinzipien und Muster, die es ermöglichen, einen *Bearbeitungsausdruck* durch Ausdrücke zu ergänzen, die ihn *erläutern, erklären, exemplifizieren, generalisieren* (vgl. Gülich/Kotschi 1996; Drescher 1996; Rolf 1996). Eine solche Bearbeitung von Textpassagen dient dazu, dem Hörer das Verständnis des Textes zu erleichtern, d. h. sie beruht auf vermuteten Schwierigkeiten des Hörers bei der Perzeption des Textes.

Die Ebene der *Illokutionsstruktur* beruht auf der Möglichkeit, das Akzeptieren der K-Intention eines K-Versuchs zu untermauern, indem auf Aspekte der Handlungssituation hingewiesen wird, die wichtige Erfolgsbedingungen für den Illokutionstyp erfüllen, dem der K-Versuch zuzuordnen ist. Das Akzeptieren der K-Intention wird durch eine Folge von subsidiären Äußerungen gestützt. Hinweise auf Illokutionsstrukturen in Texten findet man zuerst bei van Dijk (1980) und bei Searle (1980). Van Dijk unterscheidet *main* speech acts von *subsidiary speech acts*, Searle *global* von *subsidiary speech acts*. Das Konzept wurde ausführlicher ausgearbeitet von Brandt u. a. (1983); Motsch/Pasch (1987); Motsch/Viehweger (1991); Brandt/Rosengren (1992).

In den angeführten Arbeiten wird angenommen, dass Texte in elementare Illokutionen zerfallen. Das sprachliche Format elementarer Illokutionen ist umstritten. Als sicher gilt jedoch, dass nicht nur vollständige Sätze und äußerungsfähige elliptische Ausdrücke elementare Illokutionen bilden können, sondern auch Satzkonstituenten, die einen eigenen Informationswert aufweisen. Die elementaren Illokutionen eines Textes können nach Prinzipien der Illokutionsstruktur in Illokutionshierarchien eingeordnet werden. Eine *Illokutionshierarchie* besteht aus einer dominierenden Illokution, die durch eine oder mehrere subsidiäre Illokutionen gestützt wird. In den meisten Fällen entspricht der Stützung eine Begründung. So kann ein Sprecher, der eine Behauptung aufstellt, Informationen angeben, die die Behauptung begründen. Er liefert Argumente für seine Behauptung. Oder ein Sprecher, der eine Bitte äußert, kann annehmen, dass der Hörer erst motiviert werden muss, die mit der Bitte verbundene Handlung zu vollziehen. Er könnte z. B. folgenden Text formulieren:

(a) *Ich habe heute schrecklich viel zu tun. Könntest Du den Brief beim Hauptpostamt abgeben. Du fährst doch dort vorbei. Du würdest mir einen großen Gefallen tun.*

Eine Äußerung wie (a) setzt eine Situation voraus, in der es dem Hörer freigestellt ist, die Aufforderung zu befolgen und in der sich der Sprecher nicht sicher ist, ob es ihm gelingen wird, den Hörer zu der von ihm gewünschten Handlung zu motivieren. Falls der Hörer auf Grund der sozialen Situation verpflichtet ist, die Aufforderung zu befolgen, kann auf subsidiäre Illokutionen verzichtet werden oder sie haben eher erläuternden Charakter. Eine wichtige Funktion können subsidiäre Illokutionen auch für die Erhaltung guter Kooperationsbeziehungen zwischen den Kommunikationspartnern haben. Vgl. dazu den folgenden Beispieltext:

(b) *Der Brief muß morgen in Köln sein. Bringen Sie ihn doch gleich zum Hauptpostamt. Vielen Dank.*

Die Komplexbildung in Texten beruht einerseits auf Verknüpfungen, die es gestatten, komplexe Sachverhalte zu charakterisieren. Zum anderen ist sie durch Erfolgsbedingungen für sprachliches Handeln motiviert: verständnisorientierte Textbearbeitungen berücksichtigen den Rezeptionsprozess des Hörers, Illokutionsstrukturen die Hintergründe, die für das Akzeptieren der erwarteten Hörerreaktion maßgeblich sind.

Neben den hier beschriebenen lokalen Textstrukturen, die jeweils elementare Äußerungen verknüpfen, sind globale Strukturen zu berücksichtigen. *Globale Textstrukturen* sind Kompositionsmuster für bestimmte Textsorten, wie Erzählungen, Gebrauchsanweisungen, Bewerbungsschreiben, Geschäftsbriefe usw. In diesem Zusammenhang werden in der Literatur zwei Problemkreise diskutiert: auf welche allgemeinen Grundlagen sind Kompositionsmuster für Textsorten zurückzuführen? sowie: in welchem Zusammenhang stehen globale und lokale Textstrukturen? Viele Vorschläge räumen illokutiven Kategorien in beiden Bereichen eine fundierende Rolle ein (vgl. Isenberg 1983; Rolf 1993, 165 ff).

Die Textgestaltung wird weiterhin durch Strategien für die Wahl zwischen semantisch ähnlichen sprachlichen Mitteln beeinflusst. Diese Wahl kann durch stilistische Maßstäbe beeinflusst sein, durch Urteile über die Verstehensleistungen und das Interesse des Hörers oder − besonders bei indirekter Ausdrucksweise − durch Rücksichten auf Empfindlichkeiten des Hörers.

5. Illokutionsstruktur eines Beispieltextes

Die Analyse eines Beispieltextes soll die allgemeinen Annahmen über Textstrukturen verdeutlichen (vgl. Motsch 1996c, 191 ff):

(1) *Als Anlage übersenden wir Ihnen die Werkstattzeichnung W.*
(2) *Wir bitten Sie, die Vorprüfung dieser Zeichnung nach schwedischen Vorschriften für A-Behälter durchzuführen.*
(3) *Die Fertigung der A-Behälter erfolgt bei Firma Z in Deutschland.*
(4) *Die Abnahme wird durch den deutschen TÜV durchgeführt.*
(5) *Beide Behälter sind für die Firma F in Schweden bestimmt.*
(6) *Die Auslieferung soll am ... erfolgen.*
(7a) *In Anbetracht der kurzen Lieferzeit*
(7b) *bitten wir um Terminangabe, wann wir die vorgeprüften Zeichnungen erhalten.*
(8) *Im voraus besten Dank für Ihre Bemühungen.*

Der angeführte Text zerfällt in folgende elementaren Illokutionen (nach der von Motsch 1987b vorgeschlagenen Typologie): INF(ormation) (1) BITTE (2) INF (3) INF (4) INF (5) INF (6) KONST(atierung) (7a) BITTE (7b) DANK (8).

Außer Satz (7) sind alle Sätze des Textes die sprachliche Grundlage für Illokutionen. Der 7. Satz ist als eine Bitte zu verstehen, die durch ein Adverbial begründet wird. Dieses Adverbial hebt einen Sachverhalt hervor (die Lieferzeit ist sehr kurz), hat also einen eigenständigen Informationswert. Deshalb wird (7a) als selbständige elementare Äußerung analysiert. Für die Briefpartner ist evident, daß (7a) aus (6) folgt, d. h. eine Konstatierung ist, die weder über etwas Neues informiert noch etwas behauptet. (7a) ist ein Argument, das die BITTE (7b) stützt.

INF (1) und DANK (8) sind Komponenten der Globalstruktur des Brieftextes. Muster für Geschäftsbriefe enthalten neben Vorschriften für den Briefkopf und die Grußformel Informationen über das Thema, den Betreff des Kerntextes. INF (1) verweist auf eine Zeichnung, die den Gegenstand des Kerntextes bildet. DANK (8) ist eine für Geschäftsbriefe typische Höflichkeitsgeste.

Der Kerntext (2) – (7b) enthält zwei Bitten, und eine Reihe von Illokutionen, deren Zusammenhang in der knappen sprachlichen Formulierung nicht ausgedrückt ist. Das volle Verständnis des Textes setzt eine Ermittlung der Äußerungsbedeutungen der Sätze sowie der im aktuellen Kontext zwischen ihnen bestehenden Beziehungen voraus. Zu ergänzen sind u. a. Kenntnisse über A-Behälter, die Funktion von technischen Zeichnungen, Prüfvorschriften, Institutionen, die solche Prüfungen vornehmen, normale Produktionszeiten für A-Behälter. Auf der Grundlage dieser Kenntnisse können dann auch Schlüsse gezogen werden, etwa ob bis zum Liefertermin viel oder wenig Zeit für die Produktion bleibt.

Wichtig für die Äußerungsbedeutung sind auch Kenntnisse über die Sozialbeziehungen der Briefpartner. Man kann z. B. annehmen, dass Sender und Empfänger in einer Geschäftsbeziehung stehen, die Handlungen, wie sie BITTE (2) anspricht, einschließt; dass der Empfänger des Briefes eine Kompetenz besitzt, über die der Sender nicht verfügt; dass der Sender häufig oder seltener Aufträge erteilt; dass er gut oder weniger gut bezahlt.

Eine Verständigung setzt voraus, dass die Kenntnisse zum gemeinsamen Wissen der Partner gehören. In der angenommenen Situation kann man davon ausgehen, dass alle Bedingungen für den Erfolg der BITTE (2) erfüllt sind: der Hörer ist in der Lage, die K-Intention zu erkennen; der Sender hat eine positive Motivation; die Bereitschaft des Adressaten zu erreichen ist unproblematisch; der Adressat kann die Bitte nur mit besonderen Gründen ablehnen; er ist in der Lage, Handlungen, wie sie die Bitte spezifiziert, auszuführen.

Offen bleibt aber der Zeitpunkt, zu dem die gewünschte Handlung ausgeführt sein soll. Man darf annehmen, dass BITTE (2) eher im Rahmen der Routinebeziehungen der Partner liegt, während BITTE (7b) ein besonderes Anliegen des Senders ausdrückt, dessen Erfüllung nicht selbstverständlich ist. Er formuliert seinen Text deshalb so, dass die Dringlichkeit des Termins zum Ausdruck kommt. Er tut das, indem er BITTE (7b) durch KONST (7a) stützt. KONST (7a) wiederum kann als eine Folgerung gedeutet werden, die durch INF (6) und damit verbundene Weltkenntnisse über die Produktionszeit für A-Behälter ausgelöst wird.

Die Informationen (3), (4) und (5) sind auf die Bitte (2) bezogen. Der Briefschreiber hält es für angebracht, dem Empfänger zu erklären, weshalb eine Vorprüfung nach schwedischen Vorschriften erforderlich ist. Diese in BITTE (2) enthaltene Prämisse wird durch INF (5) und weitere Kenntnisse begründet. (Es muss nach schwedischen Vorschriften geprüft werden, weil die Behälter für eine schwedische Firma bestimmt sind und weil es dafür gesetzliche Regeln gibt.)

Die Informationen (3) und (4) stehen in einem vergleichbaren Zusammenhang (die Behälter werden in Deutschland hergestellt und müssen deshalb – nach gesetzlichen Bestimmungen – vom TÜV geprüft werden). Da (5) kaum Einfluss auf die Akzeptierung der Bitte (2) nimmt, deuten wir die Beziehung zwischen (5) und (2) als Erklärung, d. h. als eine verstehensorientierte Bearbeitung. Der Sprecher will dem Hörer lediglich Hintergrundwissen vermitteln, er argumentiert nicht für seine Bitte. Das gilt auch für die Beziehung zwischen (3) und (4). Die Informationen (3) und (5) sind durch eine adversative Beziehung miteinander verbunden, d. h. durch eine semantische Verknüpfung (die Behälter werden in Deutschland produziert *aber* in Schweden eingesetzt).

BITTE (7b) kann als eine zeitliche Spezifizierung von BITTE (2) analysiert werden,

d. h. zwischen (2) und (7b) besteht eine semantische Beziehung.

Diese Analyse lässt sich durch folgendes Strukturschema erfassen:

```
Globalstruktur:        lokale Strukturen:
EINLEITUNG             INF (1)
                     ┌─ BITTE (2)
                     │ ┌ INF (3)
                     │ ├ erklärt
                     │ ├ INF (4)
                     │ ├ aber
KERNTEXT             │ ├ INF (5)
                     │ └ erklärt
                     │ ┌ INF (6)
                     │ ├ deshalb
                     │ ├ KONST (7a)
                     │ ├ deshalb
                     │ ├ BITTE (7b)
                     └ └ spezifiziert
SCHLUSS                DANK (8)
```

Abb. 40.2: Schematische Darstellung der Illokutionsstruktur des Beispieltextes

Das Schema zeigt, dass die Komplexität des Textes durch die Globalstruktur Einleitung–Kerntext–Schluss sowie durch lokale Strukturen bestimmt ist, die semantische Verknüpfungen (*aber*, *spezifiziert*), Verknüpfungen auf der Ebene der verständnisorientierten Bearbeitung (*erklärt*) sowie illokutive Verknüpfungen (*deshalb*) einschließen.

6. Literatur (in Auswahl)

Austin, J. L. (1962/1972 dt.): Theorie der Sprechakte. Stuttgart.

Boyd, J./Ferrara, A. (eds.) (1980): Speech Act Theory: Ten Years later. Special Issue of Versus 27/27. Bonpiani.

Brandt, M./Koch, W./Motsch, W./Rosengren, I./Viehweger, D. (1983): Der Einfluß der Kommunikationsstrategie auf die Textstrukturen. In: Rosengren (ed.) (1983), 105–135.

Brandt, M./Reis, M./Rosengren, I./Zimmermann, I. (1992): Satztyp, Satzmodus und Illokution. In: Rosengren (ed.) (1992/1993), 1–90.

Brandt, M./Rosengren, I. (1992): Zur Illokutionsstruktur von Texten. In: Zeitschrift für Literaturwissenschaft und Linguistik 22, 9–51.

Brandt, M./Rosengren, I./Zimmerman, I. (1989): Satzmodus, Modalität und Performativität. In: Sprache und Pragmatik 13. Stockholm, 1–42.

van Dijk, T. A. (1980): The Semantics and Pragmatics of Functional Coherence in Discourse. In: Boyd/Ferrara (eds.) (1980), 49–65.

Drescher, M. (1996): Textkonstitutive Verfahren und ihr Ort in der Handlungsstruktur des Textes. In: Motsch (ed.) (1996a), 81–102.

Grice, H. P. (1979): Sprecher-Bedeutung, Satz-Bedeutung, Wortbedeutung. In: Meggle (ed.) (1979), 85–111.

Gülich, E./Kotschi, Th. (1996): Textherstellungsverfahren in mündlicher Kommunikation. In: Motsch (ed.) (1996a), 37–80.

Isenberg, H. (1983): Grundlagen der Texttypologie. In: Linguistische Studien des ZISW 112. Berlin, 303–342.

Jackendoff, R. (1991): Semantics Structures. 2nd printing. Cambridge (Mass.).

Levinson, St. (1983): Pragmatics. Cambridge.

Liedtke, F. (ed.) (1995): Implikaturen. Grammatische und pragmatische Analysen. Tübingen.

Meggle, G. (ed.) (1977): Analytische Handlungstheorie. Band 1–2. Frankfurt/M.

– (ed.) (1979): Handlung, Kommunikation, Bedeutung. Frankfurt/M.

– (ed.) (1980): Grundbegriffe der Kommunikation. Berlin.

Motsch, W. (ed.) (1987a): Satz, Text, sprachliche Handlung. Berlin.

– (1987b): Zur Illokutionsstruktur von Feststellungstexten. In: Zeitschrift für Phonetik, Sprachwissenschaft und Kommunikationsforschung 40, 45–67.

– (1992): Überlegungen zur Architektur der Textkompetenz. In: Zeitschrift für Literaturwissenschaft und Linguistik 22, 52–66.

– (1995): Illokutionstypen, Implikaturen und sprachliche Äußerungen. In: Liedtke (ed.) (1995), 143–163.

– (ed.) (1996a): Ebenen der Textstruktur. Sprachliche und kommunikative Prinzipien. Tübingen.

– (1996b): Ebenen der Textstruktur. Begründung eines Forschungsprogramms. In: Motsch (ed.) (1996a), 3–33.

– (1996c): Zur Sequenzierung von Illokutionen. In: Motsch (ed.) (1996a), 189–208.

Motsch, W./Pasch, R. (1987): Illokutive Handlungen. In: Motsch (ed.) (1987a), 11–80.

Motsch, W./Viehweger, D. (1991): Illokutionsstruktur als Komponente einer modularen Textanalyse. In: Germanistische Linguistik Heft 106–107, 107–132.

Pasch, R. (1990): Satzmodus. Versuch einer Begriffsbestimmung. In: Zeitschrift für Phonetik, Sprachwissenschaft und Kommunikationsforschung 43, 92–110.

Posner, H. (ed.) (1977): G. H. von Wright: Handlung, Norm und Intention. Berlin.

Rolf, E. (1993): Die Funktionen der Gebrauchstextsorten. Berlin.

– (1996): Beobachtungen an Erläuterungen. In: Motsch (ed.) (1996a), 103–120.

Rosengren, I. (ed.) (1983): Sprache und Pragmatik. Lunder Symposium 1982. Stockholm.

– (ed.) (1992/1993): Satz und Illokution. Bd. 1 1992; Bd. 2 1993. Tübingen.

Searle, J. R. (1969/1971 dt.): Sprechakte. Frankfurt/M.

– (1980): Interview with J. R. Searle. In: Boyd/Ferrara (eds.) (1980), 17–27.

– (1983): Intentionality. Cambridge.

– (1986): Geist, Hirn und Wissen. Frankfurt/M.

von Wright, G. H. (1977): Handlungslogik. In: Posner (ed.) (1977), 105–118.

Wolfgang Motsch, Lüchow-Altkalen (Deutschland)

41. Textuelle Grundfunktionen

1. Der Begriff der Textfunktion
2. Holistische vs. analytische Zuschreibung von Textfunktionen
3. Die Bestimmungen kommunikativer Funktionen
4. Literatur (in Auswahl)

1. Der Begriff der Textfunktion

In der pragmatisch ausgerichteten Literatur zur Textlinguistik wird die Auffassung vertreten, daß Texte, zumal Gebrauchstexte, einem zentralen Anliegen eines Textproduzenten dienen. Ein Text erfüllt als Ganzer eine bestimmte Funktion, er dient einem bestimmten Zweck. Die Funktion, der ein Text als Ganzer dient, kann als seine textuelle Grundfunktion bezeichnet werden. Textuelle Grundfunktionen sind diejenigen Funktionen, in denen sich das eigentliche Anliegen des Textproduzenten manifestiert.

Textuelle Grundfunktionen, das sind die kommunikativen – oder vielleicht sollte man besser sagen: Handlungs-Funktionen von Texten. Diese Funktionen können mit Brinker (1992, 82) als Textfunktionen bezeichnet werden (→ Art. 19). Die Textfunktion ist diejenige Funktion, um derentwillen ein Text erstellt wird, sie bezeichnet den Zweck, dem er dienen, der mit ihm erreicht werden soll. „Der Terminus 'Textfunktion' bezeichnet die im Text mit bestimmten, konventionell geltenden, d. h. in der Kommunikationsgemeinschaft verbindlich festgelegten Mitteln ausgedrückte Kommunikationsabsicht des Emittenten. Es handelt sich also um die Absicht des Emittenten, die der Rezipient erkennen soll, sozusagen um die Anweisung (Instruktion) des Emittenten an den Rezipienten, als was dieser den Text insgesamt auffassen soll, z. B. als informativen oder als appellativen Text. [...] Diese Definition der Textfunktion entspricht weitgehend dem sprechakttheoretischen Begriff des illokutiven Akts, indem sie den intentionalen und konventionellen Aspekt sprachlicher Handlungen in ähnlicher Weise miteinander verknüpft. Wie der illokutive Akt den Handlungscharakter einer Äußerung festlegt, so bestimmt die Textfunktion den Kommunikationsmodus des Textes, d. h. die mit dem Text vom Emittenten dem Rezipienten gegenüber ausgedrückte Art des kommunikativen Kontakts" (ebd., 93).

Die Textfunktion bezeichnet die *ausgedrückte* oder *zum Ausdruck gebrachte* Kommunikations- bzw. Handlungsabsicht. Mit der 'wahren Absicht' des Textproduzenten muß sie nicht zusammenfallen: „Die wahre Absicht [...] kann der Textfunktion entsprechen; sie muß aber nicht mit ihr übereinstimmen" (ebd., 93 f). „Die Textfunktion ist außerdem von der Wirkung abzugrenzen, die der Text auf den Rezipienten ausübt" (ebd., 94). Im Unterschied zur Textfunktion ist die Textwirkung, ob beabsichtigt oder nicht, „nicht konventionalisiert" (ebd.).

Mit Bezug auf Gebrauchstexte ist davon auszugehen, daß diesen ein Handlungscharakter zuzuschreiben ist. Wer einen Gebrauchstext produziert und emittiert, *handelt*; wer einen Gebrauchstext produziert und emittiert, verfolgt ein bestimmtes Ziel, der Text dient der Erreichung eines bestimmten Zwecks.

Brinker vertritt bezüglich des Handlungscharakters eines Textes einen holistischen Standpunkt, wenn er sagt: „Der Handlungscharakter kommt dem Text als Ganzem zu und wird durch die Textfunktion bezeichnet" (ebd., 92). Mit dieser Auffassung scheint der Begriff der Textfunktion, der sich bei Coseriu findet, prima facie *nicht* vereinbar zu sein. Coseriu versteht unter Textfunktion Sprechakte (oder Illokutionen). Die von Coseriu (1980, 45) aufgeführten Beispiele (Aufforderung, Erwiderung, Bitte, Befehl, Feststellung, Erklärung etc.) jedenfalls legen genau dies nahe. Vollkommen unvereinbar sind die Auffassungen Brinkers und Coserius allerdings nicht. Im Gegenteil: sie wären sogar mehr oder weniger gleichzusetzen unter der Voraussetzung, daß sich sollte nachweisen lassen, daß die jeweilige Textfunktion, die einem Text als Ganzem zukommt, gleichzeitig einem einzelnen Satz als der dominierenden Äußerungseinheit eines Textes zuzuschreiben ist. Von den Vertretern einer illokutionär ausgerichteten Textanalyse wird genau dies angenommen (vgl. 2.).

Der Kosmos der Gebrauchstexte enthält, andersartigen Erwartungen zum Trotz, nur vergleichsweise wenige Textsorten, die mehrere kommunikative Funktionen und mithin mehrere Textfunktionen haben. *Gebrauchsinformationen* (das, was auf den sogenannten Beipackzetteln von Medikamenten steht) sind Beispiele für solche Texte, für Texte, bezüglich derer diskutiert wird, ob sie sowohl direktiv (bzw. appellativ oder instruktiv) als auch informativ – und in diesem Sinne bifunktional sind (vgl. Rolf 1993, 237f). In der Regel verhält es sich mit den Gebrauchstexten jedoch so, daß sie, was ihren Handlungszweck anbelangt, unifunktional sind.

Ein *Kochrezept*, eine *Verwaltungsvorschrift*, eine *Einladung*, ein *Heiratsgesuch*, eine *Bedienungsanleitung* – Textsorten wie diese sind Artefakte: sie sind zur Erfüllung eines ganz bestimmten Zwecks hergestellt und ihnen kann – im Sinne von Searle (1995) – eine Handlungsfunktion ('agentive function') zugeschrieben werden. Mit den obigen Textsorten verhält es sich so wie mit anderen Artefakten: sie können grundsätzlich auch zu *anderen* Zwecken verwendet werden. „An object manufactured to perform one agentive function can be used to perform another" (Searle 1995, 20). Die obigen Textsorten können zum Beispiel als bloße Informationsquelle genutzt werden. An ihrer eigentlichen, ihrer primären Textfunktion: an ihrem direktiven Charakter ändert das jedoch nichts.

Die in der Regel in handlungsbezogener Hinsicht festzustellende Unifunktionalität der Gebrauchstexte schließt nicht aus, daß solche Texte nichtsdestotrotz mehrere Funktionen haben. Das können zum einen Funktionen sein, die auf einer anderen Ebene als die Textfunktionen anzusiedeln sind; letzteres gilt zum Beispiel für Sprachfunktionen (die von den Kommunikations- bzw. Handlungsfunktionen, als die die Textfunktionen anzusehen sind, unterschieden werden müssen). Zum anderen können es Funktionen sein, die der Textfunktion hierarchisch untergeordnet sind.

Normalerweise hat ein Textproduzent (er ist mit dem Textemittenten gewöhnlich personalidentisch) nur *ein* Anliegen; das Problem aber, vor dem er steht, ist prinzipiell komplexer Art. Das Problem, vor dem ein Textproduzent steht, läßt sich zunächst einmal negativ bestimmen: Durch die bloße Äußerung eines einzelnen Satzes läßt sich das Ziel, welches er verfolgt, *nicht* erreichen. Man könnte auch sagen, daß sich das von einem Textproduzenten verfolgte Ziel durch den alleinigen Vollzug eines einzelnen Sprechakts grundsätzlich *nicht* erreichen läßt.

Es gehört zu den Charakteristika eines Problems, das durch die Produktion eines Textes angegangen wird, daß es die vorherige Erfüllung bestimmter Bedingungen voraussetzt. Das heißt, der Textproduzent muß, um sein eigentliches Anliegen erreichen zu können, Sorge dafür tragen, daß die Voraussetzungen dieses Anliegens erfüllt sind bzw. werden. In handlungstheoretisch ausgerichteten Textbetrachtungen hat sich dafür die Auffassung etabliert, daß von seiten des Textproduzenten *Teil*ziele verfolgt werden müssen, damit sein eigentliches Ziel erreicht werden kann. Das Ziel des Textproduzenten läßt sich in eine Reihe von Teilzielen aufspalten, Ziel und Teilziele stehen in einem hierarchischen Verhältnis. Für den Fall, daß ein Textproduzent mehrere, einander nebengeordnete (Haupt-)Ziele mit der Produktion eines Textes verfolgt, sind mehrere Zielhierarchien abzuarbeiten.

2. Holistische vs. analytische Zuschreibung von Textfunktionen

Ist die textuelle Grundfunktion einem Text, der sie als Ganzer erfüllt, nur als Ganzem, also holistisch zuzuschreiben? Oder lassen sich in einem Text Einheiten, Äußerungseinheiten, identifizieren, die als Träger der textuellen Grundfunktion des Textes anzusehen sind? Ist ein Text ein vornehmlich propositional bestimmtes Gebilde, ein Gebilde, das, in Erfüllung einer bestimmten Funktion, eine Reihe von Propositionen miteinander verknüpft, oder ist ein Text ein – auch oder sogar vornehmlich – illokutionär bestimmtes Gebilde, ein Gebilde, dessen Einheiten auch in illokutionärer Hinsicht charakterisierbar sind? Von den Befürwortern und Gegnern einer illokutionär ausgerichteten Textanalyse werden Fragen wie diese unterschiedlich beantwortet.

Die Befürworter einer illokutionär ausgerichteten Textanalyse, z. B. Vertreter des Forschungsprogramms „Sprache und Pragmatik" (Motsch, Rosengren und andere), gehen von der Existenz sogenannter Illokutionsstrukturen aus. Sie nehmen an, daß ein Text durch eine hierarchisch strukturierte Abfolge illokutiver Handlungen konstituiert ist, „wobei in der Regel eine bestimmte illokutive Handlung die übrigen dominiert; diese bezeichnet dann das Gesamtziel des Textes. Die anderen illokutiven Handlungen dienen dazu, diese dominierende illokutive Handlung zu stützen, d. h. ihren Erfolg zu sichern; sie werden subsidiäre Illokutionen genannt" (Brinker 1992, 90). Ähnlicher Auffassung sind auch die Vertreter des 'Genfer Modells' der Diskursanalyse (Roulet u. a.) (vgl. Drescher/Kotschi 1988).

Dem Illokutionsstrukturkonzept zufolge geht es bei der Analyse eines Textes darum, diesen in „die illokutiven Handlungen zu segmentieren und die Relationen zwischen diesen Handlungen, etwa bestimmte Arten von Stützungsbeziehungen, zu ermitteln. Das führt dann zu einer auch schematisch repräsentierbaren Illokutionshierarchie, in der sich die Handlungsstruktur des Textes manifestiert" (Brinker 1992, 91).

Die entscheidende Frage, die von den Befürwortern einer illokutionär ausgerichteten Textanalyse anders als von deren Gegnern beantwortet wird, ist, ob den einzelnen Äußerungseinheiten bzw. Sätzen, aus denen ein Text beteht, eine illokutive Qualität zugeschrieben werden kann. Die Befürworter einer illokutionär ausgerichteten Textanalyse gehen davon aus, daß die illokutive Qualität eines Satzes morphosyntaktisch (durch Verbmodus, Verbstellung, Satztyp, Satzmuster etc.) und prosodisch (durch (Satz-)Intonation, Akzent etc.) *indiziert* ist (vgl. Motsch/Pasch 1987, 45; aber z. B. auch Sökeland 1980).

Brinker (1992, 92) macht demgegenüber geltend, „daß man Sätzen im Grunde nur bei einer isolierten Betrachtung eine illokutive Rolle zuordnen kann. Sind sie in die Ganzheit 'Text' integriert, besitzen sie zumeist keine unmittelbare Handlungsqualität; sie erfüllen vielmehr bestimmte textinterne Funktionen, vor allem im Hinblick auf den thematischen Aufbau des Textes (Begründungs-, Spezifizierungsfunktion usw.)." Von textinternen Funktionen wird sowohl bei den Befürwortern als auch bei den Gegnern einer illokutionären Textanalyse gesprochen. Die textinternen (Begründungs- bzw. Spezifizierungs-)Funktionen, von denen bei Brinker die Rede ist, werden von diesem, wegen ihrer Ausrichtung auf den thematischen Textaufbau, semantisch aufgefaßt (→ Art. 18). Es scheint in der Tat so zu sein, als hinge die Entscheidung über die Möglichkeit einer illokutionären Textanalyse von der Beantwortung der Frage ab, ob *Begründungen* und *Spezifizierungen* etc. als semantische oder pragmatische Gegebenheiten anzusehen sind. Die Vertreter der illokutionären Textanalyse sind der letzteren Auffassung. Ihnen zufolge sind Begründungen etc. subsidiäre Illokutionen.

Die dabei in Anspruch genommene Indizierungstheorie der Illokutionen kann durch den bloßen Hinweis darauf, daß zwischen Satzstrukturen und Illokutionen ein Eins-zu-Eins-Verhältnis prinzipiell nicht besteht, nicht ad absurdum geführt werden. Coseriu scheint das zu versuchen, wenn er auf bestimmte einzelsprachliche Funktionen hinweist, „die zwar auf den Text hin orientiert sind, die jedoch wiederum nicht einfach mit der Textfunktion [d. h. einer Illokution] identifiziert werden dürfen, die sie ausdrücken. Als Beispiel hierfür möge das Verhältnis zwischen der einzelsprachlichen Funktion *Interrogativsatz* und der Textfunktion *Frage* dienen. Mit einem Interrogativsatz wird in der Regel eine Frage ausgedrückt, aber nicht notwendigerweise" (Coseriu 1980, 46). Im Rahmen der Bemühungen um die Erforschung des Zusammenhangs zwischen Satz und Illokution ist dies natürlich berücksichtigt worden, und es kann inzwischen vergleichsweise klar dargelegt werden, aufgrund welcher Merkmale welcher Satz in welcher Weise illokutiv interpretiert werden kann. Für eine illokutionäre Textanalyse sind die entsprechenden Forschungsergebnisse (s. vor allem die Beiträge in Rosengren 1992/1993) durchaus ermutigend.

3. Die Bestimmungen kommunikativer Funktionen

3.1. Die Funktionsbestimmungen bei Bühler und Jakobson

Wenn von Kommunikations- bzw. Sprachfunktionen die Rede ist, wird bevorzugt Bühlers Organonmodell der Sprache bzw. dessen Erweiterung durch Jakobson ins Spiel gebracht. Was dabei zumeist übersehen oder zumindest nicht hinreichend beachtet wird, ist der Umstand, daß diese Modelle Funktionen benennen, die gleichzeitig, wenn auch in unterschiedlichem Grade, erfüllt sind. Diese Modelle sind also nicht so zu verstehen, als würden sie verschiedene, einander ausschließende Arten von Funktionen benennen. Im Gegenteil: die drei von Bühler unterschiedenen semantischen Funktionen des Sprachzeichens ebenso wie die sechs von Jakobson unterschiedenen Sprachfunktionen sind für alle Sprachereignisse gleichermaßen konstitutiv; es ist lediglich so, daß jeweils eine der unterschiedenen Funktionen gegenüber den jeweiligen anderen dominiert.

Bühler zufolge hat ein Sprachzeichen die folgenden drei semantischen Funktionen: „Es ist *Symbol* kraft seiner Zuordnung zu Gegenständen und Sachverhalten, *Symptom* (Anzeichen, Indicium) kraft seiner Abhängigkeit vom Sender, dessen Innerlichkeit es ausdrückt, und *Signal* kraft seines Appells an den Hörer, dessen äußeres oder inneres Verhalten es steuert wie andere Verkehrszeichen" (Bühler 1978, 28). Zur Verdeutlichung und unter Bezugnahme auf eine eigene frühere Arbeit fügt Bühler die beiden folgenden Aussagen hinzu: „'Dreifach ist die Leistung der menschlichen Sprache, Kundgabe, Auslösung und Darstellung'. Heute bevorzuge ich die Termini: *Ausdruck*, *Appell* und *Darstellung*" (ebd.).

Eine Einsicht von Kainz wiederaufgreifend, macht Coseriu geltend, „daß es sich bei Bühlers Funktionen nicht einfach um Funktionen des sprachlichen Zeichens handelt, sondern um Funktionen des Zeichens in seiner Verwendung, um Funktionen von Redeakten, nicht von Zeichen" (Coseriu 1980, 65). Nach Coseriu verhält es sich, genauer gesagt, so: „'Kundgabe' (Ausdruck) und 'Auslösung' (Appell) sind [...] Funktionen des Zeichens in seiner Verwendung, Funktionen des Redeaktes" (ebd., 67). Die 'Darstellung' aber „ist eine Funktion des virtuellen Zeichens" (ebd.). „Es besteht somit ein Niveauunterschied zwischen *Symptomen* und *Signalen* einerseits und *Symbolen* andererseits: Erstere funktionieren nur im Redeakt, letztere gehen dem Redeakt idealiter voraus" (ebd.).

Jakobson unterscheidet die folgenden sechs Sprach- bzw. Kommunikationsfunktionen: er spricht von der *referentiellen*, der *emotiven*, der *konativen*, der *phatischen*, der *metasprachlichen* und der *poetischen* Funktion. Die ersten drei Funktionen entsprechen Bühlers Funktionen: die referentielle der Darstellungsfunktion, die emotive der Ausdrucks- und die konative der Appellfunktion. Die phatische Funktion bezieht sich auf das Moment des *Kontakts*, der zwischen Kommunikationspartnern aufgenommen, aufrechterhalten (oder aufgehoben) werden kann; die metasprachliche Funktion beinhaltet eine Bezugnahme auf den Sprach*kode*; die poetische Funktion beinhaltet eine Bezugnahme auf die zu übermittelnde *Botschaft* (vgl. Jakobson 1979, 88 ff).

Daß auch Jakobsons Unterscheidung nicht als Typologie von Sprachfunktionen zu verstehen ist, hebt Nöth in der folgenden Weise hervor; er sagt: „Wesentlich für Jakobsons Funktionsmodell ist [...], daß diese sechs Funktionen sich keineswegs gegenseitig ausschließen, sondern nebeneinander in einer Kommunikation bestehen können. Dabei *dominiert* im allgemeinen eine Funktion, während eine oder mehrere andere Funktionen *sekundär* sind. Es handelt sich also nicht um Typen der Zeichenverwendung, sondern um Aspekte des Zeichengebrauchs" (Nöth 1985, 160). Die letzteren beiden Feststellungen lassen sich auf Bühlers Modell übertragen, auch dieses Modell unterscheidet nicht Zeichenverwendungstypen, sondern Zeichengebrauchsaspekte – Aspekte (des Zeichengebrauchs), die, wenn auch in unterschiedlicher Dominanz, dennoch gleichermaßen gegeben sind. Dieser Umstand macht die Modelle Bühlers und Jakobsons grundsätzlich ungeeignet für eine an verschiedenen, einander ausschließenden Funktionen interessierte Typologie, wie sie hinsichtlich der textuellen Grundfunktionen erforderlich ist.

3.2. Die Funktionsbestimmungen bei Morris

Das mit den Modellen von Bühler und Jakobson einhergehende Problem der Anführung von Funktionen, die einander nicht ausschließen, sondern, wenn auch mit verschiedener Gewichtung, gleichzeitig erfüllt sind, ist mit der von Morris vorgenommenen Unterscheidung unterschiedlicher *Gebrauchsarten* von Zeichen *nicht* gegeben.

Morris unterscheidet vier Gebrauchsarten bzw. Funktionen von Zeichen: die *informative*, die *valuative*, die *inzitive* und die *systemische* (vgl. Morris 1981, 182 ff). Die informative Zeichenverwendung soll Überzeugungen, die valuative soll „ein erwünschtes Vorzugsverhalten" (ebd., 190) gegenüber etwas anderem herbeiführen; die inzitive Zeichenverwendung soll „bestimmen, wie der Zeicheninterpret im Hinblick auf etwas handeln soll" (ebd., 190); die systemische Zeichenverwendung zielt darauf ab, „das durch andere Zeichen hervorgerufene Verhalten zu systematisieren" (ebd., 192), „d. h. die Interpretanten von anderen Zeichen zu organisieren" (ebd., 193).

Überzeugungen (1), Werthaltungen bzw. Verhaltensweisen, in denen sich Werthaltungen manifestieren (b), Handlungen (c) und Verhaltenssystematisierungen (d) — das sind die von Morris ins Auge gefaßten Effekte, um deren Herbeiführung es beim Zeichengebrauch geht.

Eine ähnliche Auffassung vertritt auch Dimter. Dimter unterscheidet drei Arten mentaler Zustände: Wissen, Werten und Wollen. Er geht davon aus, daß „Sprechen, also die Äußerung von Texten" (Dimter 1981, 52), dazu dient, Handlungen zu koordinieren; das aber sei nur möglich über die Beeinflussung anderer, genauer gesagt, über die „Beeinflussung des mentalen Zustands des Interaktionspartners" (ebd., 53). Die von Dimter angeführten mentalen Zustände entsprechen den von ihm unterschiedenen Textfunktionen.

Was immer die Vor- oder Nachteile solcher Funktionstypologien im einzelnen sein mögen, eins steht fest: sie zeichnen ein relativ verengtes Bild von den Sprachfunktionen — und das nicht zuletzt wegen der dominierenden Orientierung an der Unterscheidung zwischen Tatsachen(aussagen) und Wert(aussag)en.

3.3. Die Funktionsbestimmungen bei Austin und Searle

In Gestalt seiner „Taxonomie illokutionärer Akte" unterscheidet Searle fünf Klassen von Sprechakt(typ)en: assertive, direktive, kommissive, expressive und deklarative. Das Hauptmerkmal der einzelnen Klassen ist der jeweilige Witz bzw. Zweck, der mit den einzelnen Elementen der Klassen angestrebt wird.

Searle, der seine Klassifikation in Auseinandersetzung mit der Klassifikation Austins entwickelt, ist von diesem in einer weiteren wichtigen Hinsicht beeinflußt.

Austin, im Hinblick auf den Gebrauch von Sätzen selbst von 'Funktionen' sprechend (s. Austin 1975, 99), unterscheidet drei Arten von Wirkungen, die mit einem illokutionären — im Gegensatz zu einem perlokutionären — Akt verbunden sind: Erstens muß die Bedeutung und die Kraft der geäußerten Lokution verstanden werden; Austin nennt das „securing of *uptake*" (Austin 1975, 117). Zweitens tritt ein illokutionärer Akt in einer bestimmten, von der Herbeiführung von Folgen zu unterscheidenden Weise in Kraft bzw. wird er in einer bestimmten Weise wirksam („'takes effect'" (ebd.)). Drittens lädt ein illokutionärer Akt zu einer Antwort oder irgendeinem andersartigen Folgeverhalten ein.

Die erste Wirkungsart (daß ein illokutionärer Akt verstanden werden muß, damit man von ihm sagen kann, er sei auch vollzogen worden) ergibt sich aus dem Umstand, daß Austin seinen Betrachtungen solch einen Begriff wie den des Kommunikationsversuchs (vgl. dazu Meggle 1997) *nicht* zugrunde legt. Austin begründet seine Auffassung mit dem Hinweis, man könne nicht sagen, man habe jemanden gewarnt, ohne daß dieser hört, was man sage. Diese Begründung ist fragwürdig. Denn in gewisser Weise kann man, wenn man einen entsprechenden Kommunikationsversuch gestartet hat, durchaus sagen, man habe den Hörer gewarnt, man hatte nur keinen Erfolg.

Die zweite Wirkungsart (das von der Herbeiführung von Folgen zu unterscheidende Wirksam-Werden eines illokutionären Akts) entspringt einer offenbar einseitigen Sicht auf institutionelle Tatsachen: auf Tatsachen, wie sie beispielsweise in Gestalt von Schiffstaufen geschaffen werden. Institutionelle Tatsachen sind von natürlichen Tatsachen zwar zu unterscheiden (vgl. Searle 1971, 78 ff); ob aber wirklich Folgen (von Ereignissen) im Sinne einer Herbeiführung von Veränderungen im natürlichen Lauf der Ereignisse aus dem Bereich der illokutionären Wirkungen grundsätzlich ausgeschlossen werden können, ist eine andere Frage.

Was die dritte Wirkungsart (die Einladung zu einer Antwort oder einem andersartigen Folgeverhalten) anbelangt, so trifft Austin die interessante Feststellung, daß solche, in Aktionen des Angesprochenen bestehenden Folgen trivialerweise nicht zur ersten Wirkungsart, also nicht zu dem vom Sprecher vollzogenen Akt, gerechnet werden können.

Handlungslogisch gesehen hätte Austin Gleiches auch schon von der ersten der drei von ihm benannten Wirkungsarten (dem Verstehen) sagen müssen.

Searle vertritt, wenn er von der Wirkung illokutionärer Akte spricht, eine ähnliche Position wie Austin. Searle spricht von illokutionären Effekten. Er sagt: „Die menschliche Kommunikation zeigt einige auffallende Eigenschaften, durch die sie sich von den meisten anderen Arten menschlichen Verhaltens unterscheidet. Eine ihrer ungewöhnlichsten Eigenschaften ist die folgende: Wenn ich versuche, jemandem etwas zu sagen, so ist mir das (vorausgesetzt, daß bestimmte Bedingungen erfüllt sind) in dem Augenblick gelungen, in dem der andere erkennt, daß ich ihm etwas zu sagen versuche. Wenn er nicht erkennt, daß ich ihm etwas zu sagen versuche, so ist es mir nicht wirklich gelungen, ihm zu sagen, was ich ihm sagen wollte. Beim Vollzug illokutionärer Akte gelingt uns, was wir zu tun versuchen, wenn unser Zuhörer erkennt, was wir zu tun versuchen. Aber die 'Wirkung' auf Seiten des Zuhörers besteht nicht in einer Überzeugung oder einer Reaktion, sondern einfach in dem Verstehen der Äußerung des Sprechers. Diese Wirkung meinte ich, als ich von illokutionären Effekten sprach" (Searle 1971, 74). Unterscheidet man nun aber zwischen dem Gelingen und dem Erfolgreichsein, dann kann man sagen, daß der Sprecher den Akt realisiert, den Versuch unternommen haben kann, ohne erfolgreich zu sein. Der Versuch als solcher kann gelingen, das heißt defektfrei vollzogen werden, ohne erfolgreich zu sein.

Mit der bei Searle zu beobachtenden Reduktion der Wirkung illokutionärer Akte auf den illokutionären Effekt des Verstehens könnte die Eigentümlichkeit zusammenhängen, die der Bestimmung der Zwecke der von ihm unterschiedenen Sprechaktklassen anhaftet. Die Zweckbestimmungen, die Searle für die Klassen der assertiven, direktiven, kommissiven, expressiven und deklarativen Sprechakte gibt, können als Funktionsbestimmungen kommunikativen Handelns aufgefaßt werden. Dabei ist zu beachten, daß die von Searle gegebenen Bestimmungen dieser Funktionen (Zwecke) allesamt Sprecher-seitiger Art sind: sie beinhalten durchgängig nur solche Effekte, die durch den Vollzug illokutionärer Akte auf seiten des Sprechers gegeben sind. Diesen Sprecher-seitigen Effekten entspricht auf seiten des Hörers als alleinige Wirkung das Verstehen.

Nach Searle gibt es − als vorrangiges Bestimmungsmerkmal der fünf von ihm unterschiedenen Sprechaktklassen − fünf verschiedene Zwecke bzw. Funktionen kommunikativen Handelns.

Der assertive (oder repräsentationale) Zweck bzw. die assertive Funktion „ist es, den Sprecher [...] darauf festzulegen, daß etwas der Fall ist, daß die zum Ausdruck gebrachte Proposition wahr ist" (Searle 1982, 31).

Der direktive Zweck bzw. die direktive Funktion „besteht darin, daß sie Versuche des Sprechers sind, den Hörer dazu zu bekommen, daß er etwas tut" (ebd., 32).

Der kommissive Zweck bzw. die kommissive Funktion „ist es, den Sprecher [...] auf ein bestimmtes Verhalten festzulegen" (ebd., 33).

Der expressive Zweck bzw. die expressive Funktion „ist es, den in der Aufrichtigkeitsbedingung angegebenen psychischen Zustand zum Ausdruck zu bringen, der auf eine im propositionalen Gehalt aufgeführte Sachlage gerichtet ist" (ebd., 34).

Der deklarative Zweck bzw. die deklarative Funktion ist bei Searle (1982) nicht explizit bestimmt; bei Searle/Vanderveken (1985, 37) jedoch findet sich eine Bestimmung, der zufolge diese Funktion darin besteht, daß die Welt verändert wird − dadurch, daß etwas Entsprechendes gesagt wird.

Wie oben bemerkt, beinhalten die Zweckangaben Searles Sprecher-seitige Effekte. Jedenfalls gilt das für die ersten vier Zweckformulierungen: einen über das Verstehen hinausgehenden Hörer-seitigen Effekt oder so etwas wie ein interaktives bzw. interpersonales Moment beinhalten sie nicht. Bei der Angabe des Deklarationszwecks, bei der von einer Veränderung der Welt die Rede ist, verhält es sich anders. Das stellt auch Brinker fest, wenn er sagt: „Lediglich die Deklarative sind unter dem Aspekt der interpersonalen Beziehung insofern als Sonderfall zu betrachten, als sie primär auf eine Veränderung der Welt gerichtet sind" (Brinker 1992, 104, Anm. 72).

3.4. Die Funktionsbestimmungen bei Brinker

Die Nichtberücksichtigung von über das Verstehen hinausgehenden Hörer-seitigen Effekten versucht Brinker durch die Fokussierung des interaktiven Moments zu überwinden. Bei der Angabe der von ihm unterschiedenen textuellen Grundfunktionen orientiert er sich an der Illokutionstypologie Searles; dessen Kategorien jedoch werden bis auf die Kategorie 'Deklarativ' allesamt ersetzt: die Kategorien 'Repräsentativ' ('Assertiv') und 'Expressiv' werden, da sie „nicht deutlich genug auf das interaktive Moment bezogen sind" (Brinker 1992, 104), durch die Kategorien 'Informationsfunktion' und 'Kontaktfunktion' ersetzt, die Kategorien 'Direktiv' und 'Kommissiv' durch die Kategorien 'Appellfunktion' resp. 'Obligationsfunktion'.

Unter Berücksichtigung des kommunikativ-funktionalen Aspekts der interpersonalen Beziehung gelangt Brinker mithin zu den folgenden textuellen Grundfunktionen: Informationsfunktion, Appellfunktion, Obligationsfunktion, Kontaktfunktion, Deklarationsfunktion (vgl. ebd.). Diese Aufstellung ergänzend, fügt Brinker in einer Anmerkung hinzu: „Zu ergänzen wäre noch die sog. poetische (ästhetische) Funktion, die in literarischen Texten dominiert und primär Gegenstand literaturwissenschaftlicher Untersuchungen ist" (ebd.). In der fünften Auflage der Duden-Grammatik findet sich, als sechste Textfunktion, eine „Unterhaltungsfunktion (ästhetische Funktion)" (Duden, 810) angeführt. Auf eine Bestimmung dieser Funktion wird allerdings (vorsichtshalber?) verzichtet. Gesagt wird lediglich folgendes: „Texte, die Unterhaltungsfunktion haben, zeigen oft ein besonderes Verhältnis zur Realität (sie sind oft fiktional) und stehen grundsätzlich unter dem Anspruch, dem Hörer oder Leser einen ästhetischen Reiz zu bieten. Hierher gehört der Bereich der Literatur in einem sehr weiten Sinn" (ebd., 811).

Die Informationsfunktion ist nach Brinker gegeben, wenn der Emittent eines Textes dem Rezipienten zu verstehen gibt, „daß er ihm ein Wissen vermitteln, ihn über etwas informieren will" (Brinker 1992, 98). Die Informationsfunktion kann durch die folgende Paraphrase explizit gemacht werden: „Ich (der Emittent) informiere dich (den Rezipienten) über den Sachverhalt X (Textinhalt)" (ebd.).

Die Informationsfunktion ist die Textfunktion von *Berichten* aller Art, von *Nachrichten*, *Beschreibungen*, *Erklärungen* (einer bestimmten Art), *Schilderungen*, *Bilanzen*, *Bescheiden* und vielen anderen Textsorten (vgl. auch Rolf 1993, 172 ff). Wichtig ist, daß sich die informative Textfunktion „auch mit der 'evaluativen' Einstellung [...] verbinden" (Brinker 1992, 106) kann. Letzteres kommt beispielsweise in den Textsorten *Gutachten* und *Rezension* zum Tragen, also in Textsorten, die zugleich sachbetont als auch meinungsbetont sind (vgl. ebd., 107).

Die Appellfunktion ist nach Brinker gegeben, wenn der Emittent dem Rezipienten zu verstehen gibt, „daß er ihn dazu bewegen will, eine bestimmte Einstellung einer Sache gegenüber einzunehmen (Meinungsbeeinflussung) und/oder eine bestimmte Handlung zu vollziehen (Verhaltensbeeinflussung)" (ebd., 108). Die Appellfunktion läßt sich durch die folgende Paraphrase explizit machen: „Ich (der Emittent) fordere dich (den Rezipienten) auf, die Einstellung (Meinung) X zu übernehmen/die Handlung X zu vollziehen" (ebd.).

Die Appellfunktion ist die Textfunktion von *Gebrauchsanweisungen*, *Rezepten*, *Gesetzestexten*, *Gesuchen*, *Anträgen*, *Vorschriften*, *Erlassen*, *Verfügungen*, *Rechnungen*, *Resolutionen*, *Einladungen* und einer Vielzahl anderer Textsorten (vgl. auch Rolf 1993, 223 ff).

Auch die appellative Textfunktion läßt sich Brinker zufolge mit einer evaluativen Einstellung verbinden. In solchen Fällen geht es dem Textemittenten nicht nur um eine „reine Meinungskundgabe, sondern er intendiert zugleich, daß der Rezipient seine Sichtweise, seine (positive oder negative) Bewertung des Sachverhalts übernimmt (und sich entsprechend verhält)" (Brinker 1992, 112).

Die Obligationsfunktion ist nach Brinker gegeben, wenn der Emittent dem Rezipienten zu verstehen gibt, „daß er sich ihm gegenüber dazu verpflichtet, eine bestimmte Handlung zu vollziehen" (Brinker 1992, 116). Die Obligationsfunktion läßt sich durch die folgende Paraphrase explizit machen: „Ich (der Emittent) verpflichte mich (dem Rezipienten gegenüber), die Handlung X zu tun" (ebd., 117).

Die Obligationsfunktion ist die Textfunktion von *Verträgen* aller Art, von *Abkommen*, *Gelübden*, *Garantien*, *Angeboten*, *Konzessionen*, *Genehmigungen*, *Lizenzen* und vielen anderen Textsorten (vgl. auch Rolf 1993, 262 ff).

Die Kontaktfunktion ist gegeben, wenn der Emittent dem Rezipienten zu verstehen gibt, „daß es ihm um die personale Beziehung zum Rezipienten geht (insbesondere um die Herstellung und Erhaltung des persönlichen Kontakts)" (Brinker 1992, 118). Die Kontaktfunktion könnte explizit gemacht werden durch die folgende Paraphrase: „Ich (der Emittent) möchte eine/die persönliche Beziehung zu dir (dem Rezipienten) herstellen/aufrechterhalten."

Die Kontaktfunktion ist die Textfunktion von *Grußadressen*, *Begrüßungsansprachen*, *Gra*-

tulationsschreiben, Kondolenzkarten, Beileidstelegrammen, Danksagungen, Komplimenten und vielen anderen Textsorten (vgl. auch Rolf 1993, 277 ff).

Die Deklarationsfunktion ist nach Brinker gegeben, wenn der Emittent dem Rezipienten zu verstehen gibt, „daß der Text eine neue Realität schafft, daß die (erfolgreiche) Äußerung des Textes die Einführung eines bestimmten Faktums bedeutet" (Brinker 1992, 119). Die Deklarationsfunktion läßt sich durch die folgende Paraphrase explizit machen: „Ich (der Emittent) bewirke hiermit, daß X als Y gilt" (ebd.).

Die Deklarationsfunktion ist die Textfunktion von *Vollmachten, Ernennungsurkunden, Bescheinigungen, Zeugnissen, Bestätigungen,* verschiedenen Arten bestimmter *Erklärungen* und vielen anderen Textsorten (vgl. auch Rolf 1993, 291 ff).

Wie oben bemerkt, sind Brinkers Substitutionen der Searleschen Bezeichnungen durch den Umstand motiviert, daß letztere den erforderlichen interaktiven Sinn vermissen lassen. Diese Motivation und die damit einhergehende Kritik ist, wie in 3.5. noch verdeutlicht werden wird, angemessen und berechtigt. Es fragt sich jedoch, ob die von Brinker vorgebrachten Bezeichnungen frei von Problemen sind. Dem ist nicht so; eins steht dennoch fest: es handelt sich nicht um sachliche Probleme, sondern nur um Probleme, die durch die jeweiligen Bezeichnungen aufgeworfen werden. Diese Bezeichnungsprobleme betreffen die Kategorien 'Appellfunktion', 'Obligationsfunktion' und 'Kontaktfunktion', also die an Stelle der Bezeichnungen 'direktiv', 'kommissiv' und 'expressiv' gesetzten Funktionskategorien. Die Deklarationsfunktion entspricht, wie bereits bemerkt, auch namentlich den Deklarativa Searles. Und der Vorschlag, an die Stelle der Repräsentativa bzw. Assertiva die Informationsfunktion zu setzen, erscheint als durchaus diskutabel. Die anderen drei der von Brinker benannten Funktionsbezeichnungen aber sind mit Problemen verbunden, mit Problemen unterschiedlicher Art.

'Appelle' sind in puncto 'Durchsetzungsmodus des verfolgten Anliegens' vergleichsweise schwach − zu schwach jedenfalls, um die Funktion beispielsweise eines Gesetzestextes, eines Antrags, einer Bedienungsanleitung, einer Parkvorschrift, einer Verfügung, eines Verbots, eines Auftrags, eines Haftbefehls, eines Einberufungsbescheids, eines Runderlasses und vieler anderer Textsorten benennen zu können. Der relativ umfangreichen Gruppe der *bindenden* (direktiven) Textsorten (s. dazu Rolf 1993, 224 ff) kann man nicht gerecht werden, wenn man deren jeweilige Textfunktion als Appellfunktion bezeichnet. Gerade die bindende Kraft dieser Textsorten könnte nicht erklärt werden, wenn es lediglich Appelle wären, die mit ihnen ausgesprochen würden.

Appelle werden ausgesprochen in Situationen, in denen auf seiten des oder der Sprecher weder Macht noch Autorität noch sonst irgendeine Art von Druckmittel gegeben ist. Die relative Schwäche des Begriffs 'Appell' geht schon aus dessen Verwendung bei Bühler hervor, der dieses Wort im Sinne von dtsch. 'ansprechen' versteht und darauf hinweist, daß es, „wie heute jeder weiß, einen sex appeal [gibt], neben welchem der *speech appeal* mir als ebenso greifbare Tatsache erscheint" (Bühler 1978, 29).

Das Problem, welches mit der Verwendung der Bezeichnung 'Obligationsfunktion' einhergeht, ist anderer Art: es weist nicht den bei Brinker intendierten interaktiven Sinn auf, es betont zu sehr den Sprecher-seitigen Aspekt der (Selbst-)Verpflichtung. Ein interaktiver Sinn aber ist erst mit der Benennung eines Hörer-seitigen Effekts gegeben (vgl. 3.5.).

Die Malinowskis bzw. Jakobsons phatischer Funktion nachempfundene Kontaktfunktion, der zufolge es dem Textemittenten um die personale Beziehung zum Textrezipienten geht, ist in der Tat die Funktion einer bestimmten Gruppe von Textsorten. Diese Gruppe jedoch ist erstens nicht sehr umfangreich, zweitens ist sie einer *größeren* Gruppe von Textsorten zuzuordnen: und zwar den expressiven Textsorten (vgl. 3.5.). Der interaktive Sinn der letzteren besteht nicht nur darin, daß mit ihnen Gefühle zum Ausdruck gebracht werden, wie Searle annimmt, der interaktive Sinn besteht auch darin, daß mit ihnen, in stabilisierender oder destabilisierender Absicht, auf den Gefühlshaushalt des Rezipienten einzuwirken versucht wird. Das aber kann man letztlich auch von der vergleichsweise kleinen, der Kontaktpflege dienenden Gruppe von Textsorten sagen, zu denen z. B. Begrüßungsansprachen, Grußadressen und Kartengrüße gehören (vgl. Rolf 1993, 279 ff).

3.5. Eine Erweiterung der sprechakttheoretischen Funktionsbestimmungen

Brinkers Kritik an den Bestimmungen der Kategorien, die Searle seinem Klassifikationsvorschlag zugrunde legt, ist berechtigt: Die Searleschen Bestimmungen lassen in der

Tat den interaktiven Sinn vermissen, der sowohl mit dem Vollzug von Sprechakten als auch mit der Emission von Gebrauchstextsorten einhergeht. Wenn im folgenden dennoch erneut auf Searles Kategorien zurückgegriffen wird, dann geschieht das nicht aufgrund sachlicher Differenzen gegenüber Brinkers Vorschlag, sondern allein deshalb, weil Brinkers Ersatzkategorien die oben (in 3.4.) erwähnten Probleme mit sich bringen. Zwischen Brinkers Funktionskategorien und den im folgenden vorzustellenden modifizierten Funktionskategorien Searles besteht also kein Unterschied im Geiste, sondern nur dem Buchstaben nach. Die von Brinker ins Spiel gebrachten textuellen Grundfunktionen und die nun anzuführenden können infolgedessen als äquivalent bezeichnet werden.

Mit dem illokutionären Zweck eines illokutionären Aktes ist ein Faktum benannt: dasjenige Faktum, auf dessen Schaffung der defektfreie Vollzug des jeweiligen illokutionären Aktes hinausläuft. Wer beispielsweise ein Versprechen gibt, übernimmt die Verpflichtung zur Ausführung einer speziellen zukünftigen Handlung. Dadurch, daß er das Versprechen gibt, ist er auf die Ausführung der versprochenen Handlung festgelegt. Wer einen anderen um etwas bittet oder zum Adressaten einer Aufforderung macht, versucht ihn zur Ausführung einer zukünftigen Handlung zu bewegen. Dadurch, daß die Bitte bzw. die Aufforderung ausgesprochen ist, ist der Versuch, den anderen zur Ausführung der jeweiligen zukünftigen Handlung zu bewegen, realisiert. In der Schaffung solcher Fakten wie, daß der Sprecher auf die Ausführung einer bestimmten zukünftigen Handlung festgelegt ist bzw. daß ein Versuch, den Adressaten zur Ausführung einer bestimmten Handlung zu bewegen, unternommen worden ist, besteht die Essenz illokutionärer Akte – das, worauf deren Vollzüge im wesentlichen hinauslaufen (vgl. Searle/Vanderveken 1985). Solche Fakten entsprechen dem Inhalt dessen, was in der Terminologie von Searle (1971, 96f) als wesentliche Regel für den Gebrauch des Mittels bezeichnet wird, das die illokutionäre Rolle (einer Äußerung) anzeigt.

Um zu verdeutlichen, worin der (illokutionäre) Zweck eines illokutionären Aktes im wesentlichen besteht, heben Searle/Vanderveken (1985, 14) hervor, daß eine Person mit dem Vollzug eines Sprechakts, beispielsweise dem eines Versprechens, im wirklichen Leben alle möglichen Arten anderer Zwecke bzw. Ziele verfolgen kann: sie kann das Gespräch aufrechterhalten, sie kann den Hörer in Sicherheit wiegen wollen, sie kann den Versuch machen, klug zu erscheinen usw.; keines dieser Ziele jedoch gehört zum Wesen des Versprechens. Zum Wesen eines Versprechens gehört, daß sich der Sprecher mit Notwendigkeit darauf festlegt, etwas Bestimmtes zu tun. Letzteres (auf eine bestimmte zukünftige Handlung festgelegt zu sein) ist eine interne Eigenschaft eines Versprechens. Andere Ziele zu haben ist sozusagen Privatsache, keines solcher anderen Ziele ist eine interne Eigenschaft der Tatsache, daß die gemachte Äußerung ein Versprechen ist.

Bei Searle/Vanderveken ist der illokutionäre Zweck als ein *Sprecher-seitiges* Faktum konzipiert. Die Tatsache, daß der Sprecher, wenn er einen assertiven Sprechakt vollzogen hat, gesagt hat, wie es sich mit bestimmten Dingen in der außersprachlichen Welt verhält; die Tatsache, daß der Sprecher, wenn er einen kommissiven Sprechakt vollzogen hat, auf die Ausführung einer zukünftigen Handlung festgelegt ist; die Tatsache, daß der Sprecher, wenn er einen direktiven Sprechakt vollzogen hat, den Versuch unternommen hat, den Hörer zur Ausführung einer bestimmten Handlung zu bewegen; die Tatsache, daß der Sprecher, wenn er einen deklarativen Sprechakt vollzogen hat, die Welt der institutionellen Tatsachen verändert hat; oder die Tatsache, daß der Sprecher, wenn er einen expressiven Sprechakt vollzogen hat, einem bestimmten Gefühl, einer bestimmten emotionalen Einstellung Ausdruck verliehen hat (vgl. ebd., 37f) – das alles sind Fakten, die den Sprecher betreffen, das alles sind Umstände, in denen der Sprecher als ein konstitutiver Bestandteil vorkommt und die ihm insofern zuzuschreiben sind. Von möglichen Wirkungen der Sprecheräußerung auf den Hörer ist in diesen Bestimmungen nicht die Rede.

Der illokutionäre Zweck ist durch das charakterisiert, was der Sprecher tut oder getan hat, wenn er einen Sprechakt vollzieht bzw. vollzogen hat. Man könnte auch sagen, daß der illokutionäre Zweck durch das Handlungs*ergebnis* bestimmt wird. Von dem Ergebnis einer Handlung aber können deren Wirkungen unterschieden werden. Von Wright erläutert diesen Unterschied, indem er sagt: „Es ist zweckmäßig, zwischen dem *Tun* und dem *Herbeiführen* von etwas zu unterscheiden [...]. Dadurch, daß wir gewisse Dinge *tun*, führen wir andere herbei. Ein Beispiel: Dadurch, daß wir ein Fenster öffnen, lassen wir frische Luft in das Zimmer (führen eine Luftzirkulation herbei) oder senken die Temperatur oder führen einen Zustand herbei, in dem sich eine im Zimmer befindliche Person unwohl fühlt, zu niesen anfängt oder sich eventuell erkältet. Was wir so herbeiführen, sind die Wirkungen unserer Handlung. Das, was wir tun, ist die Ursache dieser Wirkungen. Die Ursache werde ich auch das *Ergebnis* und die Wirkungen die *Folgen* unserer Handlung nennen" (von Wright 1974, 68 f). Gerade aus dem Umstand, daß der illokutionäre Zweck bei Searle/Vanderveken durch das Handlungsergebnis charakterisiert ist, ergibt sich, daß er durch das bestimmt wird, was der Sprecher tut oder getan hat. Denn: „Das, was getan wurde, ist das Ergebnis einer Handlung; das, was herbeigeführt wird, ist die Folge einer Handlung" (von Wright 1974, 69).

Daß der illokutionäre Zweck bei Searle/ Vanderveken in der Tat durch das Handlungsergebnis charakterisiert ist, läßt sich durch den folgenden Hinweis erhärten. Von Wright (1974, 70) stellt fest: „Zwischen einer Handlung und ihrem Ergebnis besteht ein innerer Zusammenhang, also ein logischer und kein kausaler (äußerer). Wenn das Ergebnis nicht zustande kommt, ist die Handlung nicht vollzogen worden. Das Ergebnis ist ein 'wesentlicher' Teil der Handlung selbst." Wenn Searle/Vanderveken sagen, der illokutionäre Zweck eines illokutionären Aktes sei derjenige Zweck, der *wesentlich* ist dafür, daß der Akt ein Akt des realisierten Akttyps ist; und wenn sie den illokutionären Zweck zu einer akttyp*internen* Eigenschaft erklären, dann ist letztlich genau das gemeint, was von Wright ganz allgemein unter Bezugnahme auf das *Ergebnis* einer Handlung sagt.

Die Frage, die sich an dieser Stelle aufdrängt, ist: Kann das Ergebnis einer Handlung mit der ihr zugrundeliegenden Intention bzw. mit dem vom Handelnden angestrebten Zweck identifiziert werden? Daß sich diese Frage aufdrängt, liegt unter anderem daran, daß Searle/Vanderveken, wie oben gesehen, im Rahmen ihrer dem illokutionären Zweck beispielsweise eines Versprechens gewidmeten Bemerkungen, also bei der Bestimmung dessen, was für ein Versprechen wesentlich ist, auf andere mögliche Zwecke und Ziele („purposes and aims" (Searle/Vanderveken 1985, 14)) eines Sprechers zu sprechen kommen. Sie stellen den illokutionären Zweck mithin mit solchen *anderen* Zwecken und Zielen in *einen* Zusammenhang. Also: Ist es das Ergebnis einer Handlung, um derentwillen sie vollzogen wird? Ist es das Ergebnis einer Handlung, das herbeizuführen von seiten des Handelnden gewollt wird?

Von der vorangehenden ist die letztere Frage unbedingt zu unterscheiden. Diese Frage muß bejaht werden: Wer an der Herbeiführung bestimmter Wirkungen, wer an einer bestimmten Folge seiner Handlung interessiert ist, muß auch das Ergebnis wollen, das als eine Ursache dieser Wirkung, d. h. der Folge, anzusehen ist.

Die erstere Frage jedoch — die Frage nach der Möglichkeit, Handlungsergebnis und Handlungszweck, das Tun und das Herbeiführen, zu identifizieren — scheint verneint werden zu müssen. Handlungen werden nicht hinsichtlich eines Tuns, sondern im Hinblick auf ein Herbeiführen vollzogen — nicht hinsichtlich der Ergebnisse, sondern im Hinblick auf deren Wirkungen, d. h. hinsichtlich bestimmter Folgen. Der Handelnde hat z. B. die Absicht, das Zimmer zu lüften. Das ist die Veränderung, um deren Herbeiführung es ihm geht. Das Öffnen des Fensters — das, was er tut, um diese Wirkung herbeizuführen —, ist zwar auch etwas, „was der Handelnde *zu tun intendiert*" (von Wright 1974, 87); das Ergebnis dieses Tuns (daß das Fenster geöffnet *ist*) ist aber nur Mittel zum (eigentlichen) Zweck (daß das Zimmer gelüftet wird).

Zu welchem Zweck beispielsweise *bittet* der eine den anderen, ihm Geld zu leihen? (a) *Um den Versuch zu machen*, den anderen zur Verleihung des Geldbetrags zu bewegen, oder einfach (b) um den anderen zur Verleihung des Geldbetrags zu bewegen? Nach Searle/Vanderveken wäre die obige Frage unter Bezugnahme auf das zu beantworten, was der Sprecher tut, also in Gestalt der (a)-Version. Und so geschieht es bei Searle/Vanderveken auch: In der Bestimmung des Zwecks direktiver Sprechakte ist davon die Rede, daß der Sprecher einen *Versuch* startet: „The *directive* point is to try to get other people to do things" (Searle/Vanderveken 1985, 37). Nebenbei bemerkt: Legt man die Betonung auf *Versuch*, dann ist dem Vorwurf, „here the 'illocutionary point' is a perlocutionary purpose" (Alston 1991, 79), mit einer gewissen Vorsicht zu begegnen. Der Zweck der oben erwähnten Bitte also besteht darin, daß der Sprecher den Versuch unternimmt, den anderen zur Verleihung des anvisierten Geldbetrags zu bewegen. In diesem Versuch besteht das Ergebnis dessen, was der Sprecher tut. Muß die obige Frage aber nicht — zumindest auch — in Gestalt der (b)-Version beantwortet werden, also unter Bezugnahme auf etwas, wovon man annehmen kann, daß es der Sprecher — dadurch, daß er einen entsprechenden Versuch startet — herbeizuführen beabsichtigt: die in der Verleihung des anvisierten Geldbetrags bestehende Wirkung des Versuchs?

Wenn es sich so verhalten sollte, daß der illokutionäre Zweck — zumindest auch — in Gestalt von (b)-Versionen zu charakterisieren ist, dann ist zu fragen, in welcher Weise die bei Searle/Vanderveken vorgenommenen Bestimmungen des illokutionären Zwecks zu ergänzen sind.

Wie bereits angedeutet, unterscheiden Searle/Vanderveken fünf illokutionäre Zwecke: den assertiven, den kommissiven, den direktiven, den deklarativen und den expressiven illokutionären Zweck. Unter Einbeziehung der das jeweilige Handlungsergebnis bezeichnenden Bestimmungen bei Searle/Vanderveken (1985, 37) seien hier auch die — als mitbeabsichtigt zu unterstellenden — Folgen benannt, die anzusehen sind als Wirkungen der Handlungsergebnisse (als ihren Ursachen): „Die Folgen einer Handlung sind [...] Wirkungen des Ergebnisses dieser Handlung" (von Wright 1974, 87).

Wegen der Handlungsfreiheit des Adressaten ist das Eintreten solcher Folgen allerdings nicht (kausal) garantiert. Austin hat, wie in 3.3. bemerkt, darauf aufmerksam gemacht, daß illokutionäre Akte in einer Weise wirksam werden bzw. in Kraft treten ('take effect'), die von dem Hervorbringen von Folgen zu unterscheiden sei: „The illocutionary act 'takes effect' in certain ways, as distinguished from producing consequences in the sense of bringing about states of affairs in the 'normal' way, i.e. changes in the natural course of events" (Austin 1975, 117). Das (in dieser Weise charakterisierte) In-Kraft-Treten illokutionärer Akte schließt das Eintreten und In-Rechnung-Stellen von Folgen (der zu benennenden Art) jedoch nicht aus. Reiss bezeichnet solche — auch als 'außersprachliche Wirkungen' aufzufassenden — 'Folgen' als *intendierte perlokutionäre Effekte*. Hinsichtlich der Unterscheidung zwischen illokutionären und perlokutionären Effekten aber sagt sie, diese sei „artificial and over-refined in excluding the intended 'extra-linguistic' effects from the representation of an illocutionary act" (Reiss 1985, 41).

Der oben erwähnten emotionalen Stabilisierung bzw. Destabilisierung liegt die Annahme zugrunde, daß die emotionale Ge-

Art des illokutionären Zwecks	Ergebnisaspekt (Sprecher-seitig)	Folgeaspekt (Hörer-seitig)
assertiv	Sagen, wie es sich verhält	Anerkennung des Wahrheitsanspruchs
kommissiv	Sich auf die Ausführung einer zukünftigen Handlung festlegen	Erwartung eines zukünftigen (Sprecher-)Verhaltens
direktiv	Den Versuch unternehmen, den anderen zur Ausführung einer zukünftigen Handlung zu bewegen	Beabsichtigung eines zukünftigen (Hörer-)Verhaltens
deklarativ	Die Welt (dem Gesagten entsprechend) verändern	Unterstellung einer institutionellen Wirklichkeit
expressiv	Gefühle ausdrücken	Emotionale Stabilisierung bzw. Destabilisierung

Abb. 41.1: Schematische Übersicht über die modifizierten Funktionskategorien Searles

samtlage des Adressaten durch das in Gestalt expressiver Sprechakte realisierte Zum-Ausdruck-Bringen von Gefühlen stabilisiert oder destabilisiert wird bzw. werden kann. Emotionsbezogene Stabilisierungsversuche führen zum emotionalen Gleichgewicht hin, emotionsbezogene Destabilisierungsversuche, gewöhnlich in der Absicht unternommen, eine Verhaltensänderung herbeizuführen, führen vom emotionalen Gleichgewicht weg — und erfüllen dadurch eine für Verhaltensänderungen entscheidende Voraussetzung (vgl. Rolf 1993, 75 f).

Der Ergebnisaspekt des illokutionären Zwecks und der Folgeaspekt des illokutionären Zwecks, sie sind voneinander zu unterscheiden. Der Ergebnisaspekt stellt eine Sprecher-seitige Tatsache dar, der Folgeaspekt eine Hörer-seitige. Daß der Folgeaspekt eine Hörer-seitige Angelegenheit ist, läßt ihn allerdings nicht vollkommen außerhalb dessen liegen, was unter die Handlungsabsicht des Sprechers zu subsumieren ist. Die Frage nach dem Handlungsgrund, die für die Erfassung der Handlungsabsicht entscheidende Frage nach dem Warum der Handlung, kann nur dann in einer befriedigenden Weise beantwortet werden, wenn eine auf seiten des Hörers anvisierte Wirkung des vom Sprecher Gesagten benannt wird. Die bloße Benennung des Handlungsergebnisses reicht dazu nicht aus.

Eine Betrachtung, die den Handlungscharakter der Sprechakte und Textsorten ernst nimmt, kann sich mit der bloßen Erfassung ihres *Kommunikations*charakters nicht zufriedengeben. Der Begriff der Kommunikation ist, was den Wirkungsaspekt betrifft, weniger umfangreich als der Begriff der Handlung. Der intendierte Effekt der Kommunikation besteht im Verstehen: „the intention to communicate is to produce understanding in the hearer" (Searle 1991, 84). Diese Auffassung wird nicht nur von Searle, sondern z. B. auch von Luhmann vertreten, der sagt: „Wenn wir sagen, daß Kommunikation eine Zustandsänderung des Adressaten bezweckt und bewirkt, so ist damit nur das Verstehen ihres Sinnes gemeint. […] Auf Annahme oder Ablehnung und auf weitere Reaktion kommt es daher beim Kommunikations*begriff* nicht an" (Luhmann 1984, 203 f.). „Andernfalls wäre eine abgelehnte Kommunikation gar keine Kommunikation, wäre also Ablehnung von Kommunikation gar nicht möglich. Das wäre aber eine höchst unrealistische Begriffsbildung. Kommunikation zeichnet sich gerade dadurch aus, daß sie eine Situation für Annahme bzw. Ablehnung *öffnet*" (ebd., 204, Anm. 18). Der Handlungsbegriff hingegen, auch der des kommunikativen Handelns, umfaßt mehr: Wer kommunikativ handelt, bezweckt (und bewirkt) in der Regel mehr als verstanden zu werden. Wer kommunikativ handelt, hat normalerweise *instrumentelle* Absichten.

Ulkan versucht diesem Umstand durch die Unterscheidung zweier Arten von Kommunikationsabsichten und zweier Auffassungen von Handlung gerecht zu werden. Sie unterscheidet zwischen „kommunikativen Absichten einerseits und den bei einem Kommunikationsversuch vielleicht auch noch verfolgten nicht-kommunikativen Absichten (wie man auch sagen könnte: *bloß instrumentellen Absichten*) andererseits" (Ulkan 1992, 33). „Kommunikative Absichten sind stets Kommunikations-Absichten, aber nicht umgekehrt; von den Kommunikations-Absichten sind wiederum genau diejenigen Absichten bloß instrumentelle, die keine kommunikativen Absichten sind" (ebd., 34). Entsprechend kann unterschieden werden „zwischen Kommunikations-Zielen und kommunikativen Zielen als den Inhalten der eben unterschiedenen Absichten" (ebd.).

„Ebenso müssen wir […] strikt zwischen der Handlung *als* einer kommunikativen Handlung und *als* einer (sehr viel mehr Ziele umfassenden) instrumentellen Handlung unterscheiden" (ebd.). „Der kommunikative Erfolg beinhaltet noch nicht den instrumentellen, wenngleich zum instrumentellen Erfolg der kommunikative hinzugehört; denn als instrumentelle Handlung ist die betreffende Handlung nur dann erfolgreich, wenn sie *alle* ihre Ziele erreicht hat" (ebd.).

Dem instrumentellen Aspekt von Sprechakten und Textsorten entspricht der oben hervorgehobene Folgeaspekt, der vom Ergebnisaspekt des illokutionären Zwecks strikt zu unterscheiden ist. Durch den Ergebnisaspekt des illokutionären Zwecks werden die − von den *Gelingens*bedingungen des zugehörigen illokutionären Aktes zu unterscheidenden − *Erfüllungs*bedingungen festgelegt, durch den Folgeaspekt des illokutionären Zwecks werden die *Erfolgs*bedingungen illokutionärer Akte festgelegt.

Die Gelingensbedingungen beziehen sich auf den ganzen Akttyp, auf F(P). Die Erfüllungsbedingungen beziehen sich auf den propositionalen Gehalt P. Als Erfolgsbedingungen können Bedingungen bezeichnet werden, die sich auf den Illokutionsaspekt F beziehen (vgl. Rolf 1997, 15 ff). Der „Begriff des Erfolgreichseins von Sprechakten ist nicht mit dem Begriff des *Gelingens* oder *Glückens* eines Sprechaktes im Sinne von Austin und Searle zu verwechseln. Erfolgreichsein ist ein Prädikat für Sprechakte, über dessen Anwendbarkeit die Nachgeschichte dieses Sprechaktes entscheidet" (Wunderlich 1976, 58). „Ein Sprechakt ist letzten Endes genau dann *erfolgreich*, wenn die durch ihn eingeführten Interaktionsbedingungen im weiteren Ablauf der Interaktion erfüllt werden" (ebd.). Ein „Sprechakt ist erfolgreich, wenn sein Zweck erfüllt ist" (ebd., 27). Die Gelingens-, die Erfüllungs- und die Erfolgsbedingungen, sie können divergieren (vgl. Rolf 1997, 21 ff).

Die oben benannten Folgeaspekte des illokutionären Zwecks sind samt und sonders intentionaler Art. Intentionale Zustände (wie die Beabsichtigung oder die Erwartung einer zukünftigen Handlung) haben − ebenso wie Sprechakte − Erfüllungsbedingungen (vgl.

Searle 1987, 26 f). Es ist aber nicht nur so, daß die Erfüllungsbedingungen eines Sprechakts und die Erfüllungsbedingungen des mit dem Vollzug eines solchen Aktes zum Ausdruck gebrachten intentionalen (Sprecher-)Zustands identisch sind (vgl. ebd., 27); identisch mit den Erfüllungsbedingungen illokutionärer Akte sind auch die Erfüllungsbedingungen des durch einen solchen Akt auf seiten des Adressaten herbeigeführten — mithin Hörer-seitigen — intentionalen Zustands: Die *Beabsichtigung* einer zukünftigen Handlung (durch den Hörer) ist erfüllt, wenn diese Handlung vollzogen wird, und ebenso ist die (Hörer-seitige) *Erwartung* einer zukünftigen (Sprecher-)Handlung erfüllt, wenn diese Handlung vollzogen wird. Die Erfüllungsbedingungen illokutionärer Akte sind identisch mit den Erfüllungsbedingungen ihrer Erfolgsbedingungen, das heißt des Folgeaspekts des illokutionären Zwecks.

Als Folgeaspekt des illokutionären Zwecks einer Aufforderung bzw. eines Befehls ist hier genannt worden: die *Beabsichtigung* eines zukünftigen (Hörer-)Verhaltens. „Natürlich ist das Ziel des Sprechers […] *letztlich* eine Handlung. Fälle, in denen die unmittelbare Reaktion in einer Handlung besteht, lassen sich jedoch als spezielle Fälle des Zustandekommens einer Absicht behandeln — der Absicht nämlich, mit der der Hörer handelt. Imperative verlangen stets nach einer *intentionalen* Handlung" (Grice 1993, 37; vgl. auch Rolf 1994, 55). Eine solche absichtliche Handlung aber „ist einfach die Erfüllungsbedingung einer Absicht" (Searle 1987, 109): die Erfüllungsbedingung des (oben benannten) Folgeaspekts des illokutionären Zwecks. Man kann davon ausgehen, „daß ein enger Zusammenhang zwischen absichtlichen Handlungen und dem besteht, was man Menschen befehlen kann. Denn wenn man Befehle gibt, befiehlt man ja Menschen, absichtliche Handlungen zu vollziehen; man kann nur Dinge befehlen, die absichtlich getan werden können" (ebd., 110). Insofern ist die als Folgeaspekt des illokutionären Zwecks eines Direktivs anzusehende *Beabsichtigung* eines zukünftigen (Hörer-)Verhaltens genau dann erfüllt, wenn die Erfüllungsbedingung des Direktivs erfüllt ist: nämlich dann, wenn er befolgt wird.

Ähnlich verhält es sich mit der *Erwartung* eines zukünftigen (Sprecher-)Verhaltens als dem Folgeaspekt des illokutionären Zwecks eines Kommissivs: Auch hier ist der Folgeaspekt, d. h. die Erwartung, genau dann erfüllt, wenn die Erfüllungsbedingung des Kommissivs erfüllt ist: nämlich dann, wenn der Kommissiv eingehalten wird.

Nicht anders bei den Assertiva: Die *Anerkennung des* mit einem Assertiv erhobenen *Wahrheitsanspruchs* erfolgt zu Recht — das Gesagte wird zu Recht für wahr gehalten —, und der Folgeaspekt des assertiven Zwecks ist in diesem Sinne erfüllt, wenn das Gesagte wahr, wenn die Erfüllungsbedingungen des Assertivs erfüllt sind.

Nicht nur die Funktionen der Sprechakte — auch die Funktionen der Gebrauchstextsorten können unter Rückgriff auf die oben erwähnten Kategorien 'assertiv', 'kommissiv', 'direktiv', 'deklarativ' und 'expressiv' benannt werden (vgl. Rolf 1993). Diese Kategorien stellen die Menge der textuellen Grundfunktionen dar. Wenn sie in dem obigen, den Folgeaspekt mitberücksichtigenden Sinn verstanden werden, dann erfüllen sie den von Brinker zu Recht reklamierten interaktiven Sinn. Der Sache nach entsprechen die erweiterten sprechakttheoretischen Funktionsbezeichnungen den von Brinker vorgeschlagenen Bezeichnungen für die textuellen Grundfunktionen.

4. Literatur (in Auswahl)

Alston, William P. (1991): Searle on Illocutionary Acts. In: Lepore/Van Gulick (1991), 57−80.

Austin, John L. (1975): How To Do Things with Words. Second Edition. Oxford.

Brinker, Klaus (1992): Linguistische Textanalyse. Eine Einführung in Grundbegriffe und Methoden. 3., durchgesehene und erweiterte Auflage. Berlin. [1. Aufl. 1985].

Bühler, Karl (1978): Sprachtheorie. Die Darstellungsfunktion der Sprache. Berlin.

Coseriu, Eugenio (1980): Textlinguistik. Eine Einführung. Tübingen.

Dimter, Matthias (1981): Textklassenkonzepte heutiger Alltagssprache. Kommunikationssituation, Textfunktion und Textinhalt als Kategorien alltagssprachlicher Textklassifikation. Tübingen.

Drescher, Martina/Kotschi, Thomas (1988): Das 'Genfer Modell'. Diskussion eines Ansatzes zur Diskursanalyse am Beispiel der Analyse eines Beratungsgesprächs. In: Sprache und Pragmatik 8, 1−42.

Duden. Grammatik der deutschen Gegenwartssprache. 5., völlig neu bearbeitete und erweiterte Auflage 1995. Mannheim.

Grice, H. Paul (1993): Sprecher-Bedeutung und Intentionen. In: Meggle, Georg (ed.): Handlung,

Kommunikation, Bedeutung. Frankfurt/Main, 16−51.

Jakobson, Roman (1979): Linguistik und Poetik. In: Jakobson, Roman: Poetik. Ausgewählte Aufsätze 1921−1971. Frankfurt/Main, 83−121.

Lepore, Ernest/Van Gulick, Robert (eds.) (1991): John Searle and His Critics. Oxford.

Luhmann, Niklas (1984): Soziale Systeme. Grundriß einer allgemeinen Theorie. Frankfurt/Main.

Meggle, Georg (1997): Grundbegriffe der Kommunikation. 2., aktualisierte Auflage. Berlin.

Morris, Charles W. (1981): Zeichen, Sprache und Verhalten. Berlin.

Motsch, Wolfgang/Pasch, Renate (1987): Illokutive Handlungen. In: Motsch, Wolfgang (ed.): Satz, Text, sprachliche Handlung. Berlin, 11−79.

Nöth, Winfried (1985): Handbuch der Semiotik. Stuttgart.

Reiss, Nina (1985): Speech Act Taxonomy As A Tool For Ethnographic Description: An Analysis Based on Videotapes of Continuous Behavior in two New York Households. Amsterdam.

Rolf, Eckard (1993): Die Funktionen der Gebrauchstextsorten. Berlin.

− (1994): Sagen und Meinen. Paul Grices Theorie der Konversations-Implikaturen. Opladen.

− (1997): Illokutionäre Kräfte. Grundbegriffe der Illokutionslogik. Opladen.

Rosengren, Inger (ed.) (1992/1993): Satz und Illokution. 2 Bde. Tübingen.

Searle, John R. (1971): Sprechakte. Ein sprachphilosophischer Essay. Frankfurt/Main.

− (1982): Eine Taxonomie illokutionärer Akte. In: Searle, John R.: Ausdruck und Bedeutung. Untersuchungen zur Sprechakttheorie. Frankfurt/Main, 17−50.

− (1987): Intentionalität. Eine Abhandlung zur Philosophie des Geistes. Frankfurt/Main.

− (1991): Response: Meaning, Intentionality, and Speech Acts. In: Lepore/Van Gulick (1991), 81−102.

− (1995): The Construction of Social Reality. London.

Searle, John R./Vanderveken, D. (1985): Foundations of illocutionary logic. Cambridge.

Sökeland, Werner (1980): Indirektheit von Sprechhandlungen. Eine linguistische Untersuchung. Tübingen.

Ulkan, Maria (1992): Zur Klassifikation von Sprechakten. Eine grundlagentheoretische Fallstudie. Tübingen.

von Wright, Georg Henrik (1974): Erklären und Verstehen. Frankfurt/Main.

Wunderlich, Dieter (1976): Studien zur Sprechakttheorie. Frankfurt/Main.

Eckard Rolf, Münster
(Deutschland)

42. Konzepte des Impliziten: Präsuppositionen und Implikaturen

1. Einleitung
2. Implizites I (konventionell fest)
3. Implizites II (verwendungsvariabel)
4. Implizitheit und Sprachhandeln
5. Literatur (in Auswahl)

1. Einleitung

Texte − so ein in der Textlinguistik verbreitetes Bild (z. B. von Polenz 1980, 133) − sind wie Eisberge: Nur ein kleiner Teil davon ragt über die Wasseroberfläche, der größte Teil aber ist darunter verborgen, nicht unmittelbar evident und doch da. Wer so spricht, spricht nicht vom Text als einem sprachlichen Ausdruck, sondern vielmehr vom Text als Sinnkomplex. Vom Text als Sinnkomplex also sei nur ein kleiner Teil an der Oberfläche sichtbar. Nennen wir dies den *expliziten* Teil. Der größere Teil des Textsinns liege unter der Oberfläche verborgen, sei *implizit*. Dieses Implizite ist das Thema dieses Beitrages.

Woher rührt dieses Bild vom Eisberg mit dem sichtbaren und dem unsichtbaren Bedeutungsteil? Die Grundfrage jeder Kommunikationstheorie ist die Frage: Wie hängen das Gemeinte, das Gesagte (oder der Text) und das Verstandene zusammen? Noch genereller gefragt: Ist Verständigung wirklich möglich? Und wenn ja: Warum ist sie möglich? Gemäß einer nach wie vor sehr etablierten Konzeption (sowohl innerhalb der Sprachwissenschaft wie auch in der „Laienlinguistik") sagt man sich: Wenn einer einem andern mit Hilfe sprachlicher Zeichen 'etwas zu verstehen geben kann', dann liegt das daran, daß die sprachlichen Zeichen, die Wörter und Sätze, etwas bedeuten, eine konventionelle, feste, verwendungsinvariable Bedeutung mit sich tragen. Diese zu eruieren und zu beschreiben ist Geschäft der *Semantik*. Die Annahme, dass Sprachzeichen eine konventionelle, feste Bedeutung haben, ist die Basis für die Erklärung von Verständigung, von Kommunikation.

Dabei ist man sich klar darüber, dass diese konventionelle, feste Bedeutung nur ein Teil ist dessen, was man mit einem Text meint, und nur ein Teil dessen, was man versteht, wenn man einen Text versteht. Wenn man einen Text versteht, versteht man mehr, und man versteht etwas anderes als einfach die Bedeutung der sprachlichen Zeichen. Man kann von einem 'kommunikativen Mehrwert' der Äußerung oder des Textes gegenüber der konventionellen, festen Bedeutung sprechen. So gibt es eine Erklärungslücke zwischen der angenommenen festen Bedeutung der Sprachzeichen, die den Text konstituieren, und dem Textsinn. Konzepte, die diese Lücke theoretisch zu schließen versuchen, rechnet man gewöhnlich zur *Pragmatik*.

In diesem Lichte betrachtet ist das Verstehen einer Äußerung, eines Textes ein zusammengesetzter Vorgang: Einerseits steckt darin ein mehr oder weniger mechanisches 'Dekodieren' der konventionellen, festen, verwendungsinvariablen Bedeutung der Zeichen. Andererseits besteht das Verstehen aber auch darin, dass der Rezipient abduktive Schlüsse zieht (Keller 1995, 132 ff), Hypothesen über einen möglichen Sinn bildet, und dies auf der Basis der verwendeten Zeichen und ihrer festen Bedeutung, aber auch auf der Basis der Verwendungssituation, des Kontextes, der Kenntnis über die Sprecherin usw. Und dies alles unter Verwendung von *Sprachwissen*, aber vor allem auch von *Weltwissen* und *Handlungswissen*. Im Bild vom Textsinn als Eisberg gefasst: Der kleine Teil, der über die Wasseroberfläche ragt, der für alle unmittelbar evident ist, das wäre die konventionelle, feste Bedeutung der verwendeten Sprachzeichen. All das, was für die umfassende Deutung der Äußerung, des Textes an zusätzlicher Interpretationsleistung, an zusätzlichen Inferenzen aufgewendet werden muss, das wäre der größere Teil des Eisberges unter der Oberfläche.

Dies könnte eine mögliche Fassung sein des Unterschieds von Explizitem und Implizitem. Sie deckt sich mit der verbreiteten Unterscheidung von Semantik und Pragmatik. Erwähnt werden muss, dass es Positionen in der Semantik gibt, die eine solche Unterscheidung rundweg ablehnen. Diese Positionen beruhen vor allem auf der Sprachphilosophie des späten Ludwig Wittgenstein und der mit diesem Namen verknüpften sogenannten „Gebrauchstheorie der Bedeutung" (Heringer 1977; Busse 1992). Diese Positionen gestehen zwar zu, dass sprachliche Zeichen nach Konventionen gebraucht werden, doch begründen solche Konventionen nach ihrer Ansicht keine klaren Grenzen zwischen einer konventionellen, festen Bedeutung und weiteren Sinnkomponenten, die darüber hinausgehen. Zeichengebrauch ist vielmehr immer nur mehr oder weniger konventionell, und die Zeichen selber sind immer nur mehr oder weniger konventionalisiert. Eine Semantik, die eine konventionelle, feste Bedeutung zum Ausgangspunkt einer Erklärung von Verständigung mittels Zeichen nimmt, sitzt — so die Sicht dieser Position — einem Phantom auf.

Für die Zwecke des vorliegenden Artikels soll die eingeführte Unterscheidung dennoch aufrechterhalten bleiben — vorab aus heuristischen, methodischen Gründen. Die Einwände der Gebrauchstheorie der Bedeutung sollten allerdings stets die Frage im Hintergrund präsent halten: Macht die Unterscheidung von Explizitem und Implizitem einen Sinn? Und: Lässt sie sich über die bloße Intuition hinaus theoretisch erhärten?

Hier wird das Begriffspaar explizit/implizit allerdings zunächst nicht verwendet für die eingeführte Unterscheidung von konventioneller, fester, verwendungsinvariabler Bedeutung vs. verwendungsvariabler Bedeutung. Diese soll vielmehr mit der ebenfalls verbreiteten Terminologie von *wörtlicher* Bedeutung versus *nichtwörtlicher* Bedeutung gefasst werden. Dabei wird „wörtliche" Bedeutung hier im Sinne einer konventionell festen, kontextinvarianten Bedeutung gebraucht und damit nicht — wie es manchmal anzutreffen ist — in Opposition zu „übertragener" Bedeutung. Diese Opposition kann man allerdings als einen Sonderfall der hier gemeinten Problematik einer Differenz von Bedeutung und kommunikativem Sinn verstehen: Die übertragene Bedeutung (Metapher, Metonymie u. a.) ist ein Sinn einer Äußerung, in dem die wörtliche Bedeutung nur noch in modifizierter Form, d. h. nicht so sehr als ausgedeutete denn als umgedeutete aufgehoben ist (vgl. 2.4.).

Die Termini des Expliziten und Impliziten sollen hier vorerst eine zweite Unterscheidung fassen, die für gewöhnlich zunächst innerhalb der „wörtlichen" Bedeutung gemacht wird. Es wird nämlich behauptet, dass Teile davon ausdrücklich (explizit) und andere dagegen nicht ausdrücklich (implizit) seien. So wird etwa gesagt, dass die Ausdrücke *es gelingt mir* und *es gelingt mir nicht* beide einen gemeinsamen, identischen Bedeutungsbestandteil hätten, nämlich: „ich bemühe mich". Dieser Bedeutungsteil sei zwar mitgesagt, aber nicht ausdrücklich, vielmehr versteckt, verborgen, ohne Stimme, stumm. Implizit eben.

Eine dritte Variante, Explizites und Implizites zu unterscheiden, geht auf Grice zurück. Hier wird das Explizite (was gesagt ist) identifiziert mit dem wahrheitskonditionalen Bedeutungsteil. Das Implizite (was impliziert ist) ist dagegen das, was an Bedeutung über das Wahrheitskonditionale hinausgeht.

In einem weiteren Schritt kann nun die Behauptung aufgestellt werden: Alles Nichtwörtliche, alle verwendungsabhängigen Bedeutungsteile oder Sinnbestandteile einer Äußerung, eines Textes sind implizit in dem Sinne, wie das „ich bemühe mich" implizit ist: Sie haben keinen unmittelbaren Ausdruck, keine Stimme, sie sind stumm, und doch sind sie da. Das ist zwar nicht ganz richtig, aber doch weitgehend, und soll aus Gründen der Ordnung vorläufig so gelten. Korrekturen werden weiter unten folgen.

Damit ist die Ordnung der Dinge erreicht, die im Schema 42.1 grafisch zum Ausdruck kommt: Man kann zweierlei Implizites unterscheiden: solches, das zur konventionellen, festen, wörtlichen Bedeutung gehört, und solches, das zum Nichtwörtlichen gehört. Beides findet nicht unmittelbaren Ausdruck. Beides ist stumm und doch da. Beides bildet jenen größeren Teil des Eisbergs (Textsinns), der unter der Wasseroberfläche ist.

2. Implizites I (konventionell fest)

Unter Rückgriff auf die im Schema 42.1 eingeführte Ordnung der Begriffe geht es in diesem Abschnitt um Implizites, das üblicherweise zum konventionell festen Bedeutungsgehalt von Zeichen, zu ihrer „wörtlichen" Bedeutung also, gerechnet wird und damit in das Untersuchungsfeld der Semantik gehört (Implizites I).

2.1. Semantische Präsuppositionen

Die Literatur über Präsuppositionen in der Logik und Sprachphilosophie sowie in natürlichen Sprachen ist immens groß und längst nur noch von Spezialisten überschaubar. Es stehen auch sehr viele Einführungs- und Übersichtsdarstellungen zur Verfügung: Astroh (1995); Moeschler/Reboul (1994); Seuren (1991); Grewendorf/Hamm/Sternefeld (1987); Pinkal (1985); Levinson (1990); Lyons (1983); Oh/Dinneen (1979); Reis (1977); Kempson (1975); Petöfi/Franck (1973).

Die Problematik, für die der Terminus Präsupposition steht, wurde bereits in der mittel-

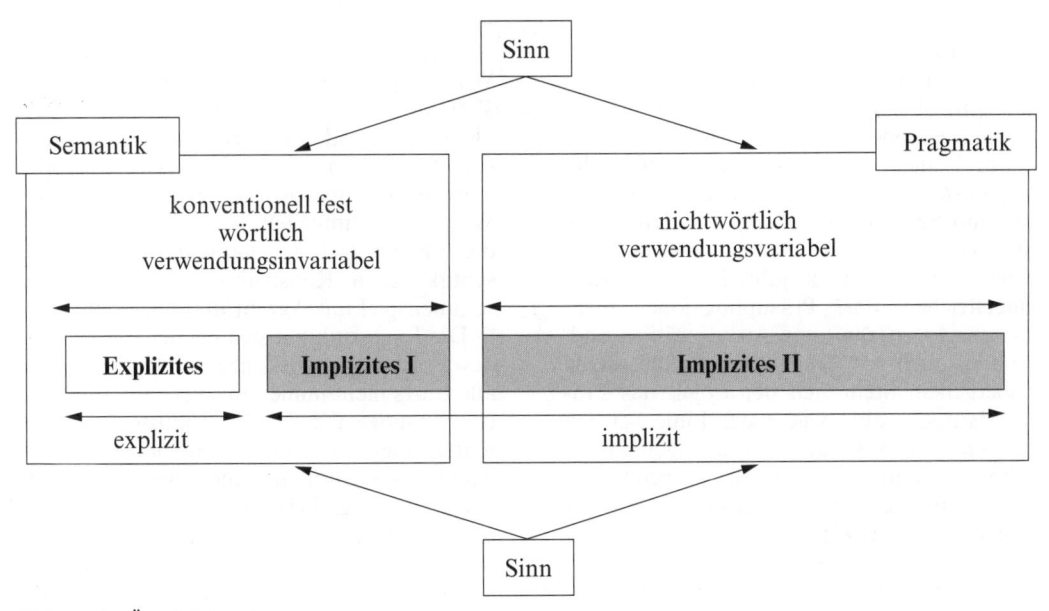

Abb. 42.1: Überblicksschema

alterlichen Logik (Seuren 1991, 287), wenn nicht gar schon früher diskutiert. Seit dem Ende des letzten Jhs. ist das Konzept zunächst in der modernen Logik herausgearbeitet (Frege, Russell u. a.; vgl. Levinson 1990, 171 ff) und von dort in den 70er Jahren in die Linguistik importiert worden. Hier wurde das Konzept zu einem der meistdiskutierten, namentlich als Prüfstein moderner Grammatiktheorien und Katalysator der Diskussionen um die Abgrenzung zwischen Semantik und Pragmatik.

Die klassische Präsuppositionsproblematik in der Logik stellt sich bei den referierenden Ausdrücken, bei Eigennamen, definiten Kennzeichnungen. Wie steht es um den Wahrheitswert des Satzes *Der König von Frankreich hat eine Glatze* — so fragt die Logik — in einem Zeitpunkt, in dem es keinen König von Frankreich gibt? Die Logik hat darauf verschiedene kontroverse Antworten geliefert. Sie sind für uns weniger interessant als das Phänomen, das die Probleme hervorruft: Einerseits behauptet der Satz nämlich etwas explizit: „dass der König von Frankreich eine Glatze hat". Andererseits setzt der Satz etwas voraus: „dass es einen König von Frankreich gibt". Nur dann kann man den Satz sinnvoll verwenden.

Diese Voraussetzung nun ist bei der Negation des Satzes genauso gegeben: *Der König von Frankreich hat keine Glatze* setzt voraus, dass es einen König von Frankreich gibt. Das führt auf die klassische Definition: *Präsupposition* ist eine mit einem Satz verknüpfte Voraussetzung (oder eine aus einem Satz ableitbare Folgerung), die gleicherweise für den nichtnegierten wie auch für den negierten Satz gilt. Man spricht vom *Negationstest*, der Präsuppositionen erkennen lässt.

Ein ähnliches Definitionskriterium ist der *Fragetest*, beruhend auf der Einsicht, dass auch im Satz *Hat der König von Frankreich eine Glatze?* vorausgesetzt ist, dass es einen König von Frankreich gibt. Damit sei auch unterstrichen, dass Präsuppositionen nicht nur eine Eigenschaft von Aussagesätzen sind, sondern auch mit Frage- oder Befehlssätzen einhergehen. Stellt sich der Logik das Präsuppositionsproblem in erster Linie bei den referierenden Ausdrücken (v. a. Eigennamen, definiten Kennzeichnungen), so zeigte die Übernahme des Konzepts in die Theorie natürlichsprachlicher Bedeutung, dass es hier noch eine ganze Reihe weiterer ähnlicher Phänomene gibt, nämlich Voraussetzungen oder Folgerungen aus Sätzen, die mit diesen Sätzen stillschweigend einhergehen und insbesondere von der Negation unbetroffen bleiben. Man sagt, dass es jeweils ganz bestimmte Wörter oder Konstruktionen seien, die die Präsupposition „auslösen", sog. *Präsuppositionsauslöser* (engl. „trigger"), womit auch der Umstand unterstrichen wird, dass Präsuppositionen mit bestimmten Ausdrücken konventionell fest verbunden sind. Mit der Zeit hat die Forschung ganze Listen solcher Ausdruckstypen zusammengetragen. Sie finden sich beispielsweise bei Grewendorf/Hamm/Sternefeld (1987, 421 ff) oder Levinson (1990, 169 ff) aufgeführt und diskutiert. Wir begnügen uns hier mit ein paar illustrativen Beispielen:

— Es gibt Konstruktionen, die die Faktizität dessen präsupponieren, was in ihrem Komplementsatz steht. So präsupponiert *ich bedaure (nicht), dass p* die Faktizität von p, ebenso *ich bin (nicht) überrascht, dass p* oder *sie weiß (nicht), dass p* u. a.

— Mit *es ist mir (nicht) gelungen, zu p* ist präsupponiert, dass ich mich bemüht habe, zu p oder dass ich versucht habe, zu p. In dieser Weise enthalten viele verbale Ausdrücke präsuppositive Bedeutungsbestandteile.

— *David hat (nicht) Ehebruch begangen* präsupponiert „David ist verheiratet", *X verteidigt Y* präsupponiert „Y wird angegriffen" oder „angeklagt".

— *X ist (nicht) gekommen* präsupponiert „X war zu einem früheren Zeitpunkt nicht da". Hier spielen Tempus und Aktionsart eine maßgebliche Rolle.

— *Es war (nicht) KARL, der Whisky geschmuggelt hat* präsupponiert, dass „jemand Whisky geschmuggelt hat", *Karl hat auch WHISKY geschmuggelt* präsupponiert, dass „Karl noch anderes geschmuggelt hat", *Karl hat AUCH Whisky geschmuggelt* präsupponiert, dass „außer Karl noch jemand anderes Whisky geschmuggelt hat". Hier zeigt sich die präsuppositionsschaffende Potenz von syntaktischen Konstruktionen, oft im Zusammenspiel mit Akzent und Partikeln.

Die Linguistik hat sich bei der Übernahme des Präsuppositionskonzepts aus der Logik allerdings nicht immer an solche relativ strengen Kriterien wie den Negationstest u. a. gehalten, sondern den Begriff manchmal bereitwillig ausgedehnt auf alles, was mit einem Ausdruck irgendwie mitgesagt, mitgemeint, mitzuverstehen sein kann. Der Präsuppositionsbegriff wurde dadurch bei einzelnen Autoren zu einem allgemeinen Begriff für den Hintergrund, vor dem eine Äußerung gemacht und verstanden wird, für das Konglomerat an Voraussetzungen, die in ihre Interpretation eingehen (vgl. 3.1.: „pragmatische Präsuppositionen"). Bei dieser Ausweitung mitgeholfen haben sicher zwei Umstände: Einmal kennt die englische Allgemeinsprache das Verb *to presuppose* für ebendieses allgemeine und vage Voraussetzen. Zum andern – und theoretisch gewichtiger – hat sich in der linguistischen Präsuppositionsdiskussion die Frage bis heute nicht geklärt, ob Präsuppositionen von der oben illustrierten Art tatsächlich verwendungsinvariabel, damit konventionell fest sind, oder ob sie nicht doch kontextsensitiv und damit eine Form von „pragmatischen Inferenzen" (Levinson 1990) sind (und damit eigentlich zu unserem Impliziten II gehören). Damit verbunden ist auch der Streit darum, welches Reden das angemessene ist: „Der Satz x präsupponiert y" (so haben wir es oben formuliert) oder „Wer den Satz x äußert, präsupponiert y"? Ist die Präsupposition also eine Eigenschaft von Sätzen oder Produkt der Konstellation von Satzgebrauch, Situation, Intention (von Äußerungen also)?

Mit dieser Frage entscheidet sich auch, ob es richtig ist, Präsuppositionen, wie es oft geschieht, namentlich von den „konversationellen Implikaturen" (vgl. 3.2.) zu unterscheiden über Merkmale wie Löschbarkeit/Aufhebbarkeit und Ablösbarkeit: Präsuppositionen seien, so wird oft behauptet, nicht *löschbar/aufhebbar* (engl. cancellable), d. h. nicht explizit negierbar, es sei denn um den Preis eines Widerspruchs: Wenn A sagt: *Sie ist zurückgekommen* und B zurückfragt: *War sie denn weg?*, würde A mit der Antwort: *Nein, sie war nicht weg* sich in einen Widerspruch zu seiner ersten Aussage bringen. Darin zeige sich der Umstand, dass Präsuppositionen eben zum konventionell festen Bedeutungsgehalt von Ausdrücken gehören.

2.2. Implikationen

Nicht zu verwechseln mit den Präsuppositionen sind die *Implikationen* oder logischen Folgerungen (engl. *entailment*) eines Ausdrucks, welche wiederum nicht zu verwechseln sind mit den Implikaturen (vgl. 3.2.). Unter die Implikationen wird gefasst, was mit einem Ausdruck mitgesagt ist, aus ihm logisch gefolgert werden kann, aber durch die Negierung des Ausdrucks (dies eben im Unterschied zu den Präsuppositionen) ebenfalls negiert wird oder zumindest nicht notwendig davon unbetroffen bleibt.

Das Konzept der Implikation stammt ebenfalls aus der Logik, und der Begriff hat daneben eine weite und vage alltagssprachliche Verwendung. Im Unterschied zur Logik, die beliebige Ausdrücke zueinander in ein implikatives Verhältnis bringen kann, basieren natürlichsprachliche Implikationen auf der Semantik der Ausdrücke oder – je nach semantischer Theorie – auf dem Weltwissen, auf Konzeptuellem, das man mit den Ausdrücken in Verbindung bringt.

Ein klassisches Beispiel (von J. L. Austin): *Die Katze liegt auf der Matte* impliziert, dass die Matte unter der Katze ist. Die Implikation läuft – in diesem Fall an die Wortsemantik gebunden – über die semantische Beziehung zwischen den zwei Relationen „auf" und „unter". Es gehört zu unserem semantischen Wissen (bzw. zum entsprechenden Weltwissen), dass eine „auf"-Relation immer eine entsprechende „unter"-Relation impliziert. Ein anderes Beispiel ist die „verkaufen"-Relation, die eine entsprechende „kaufen"-Relation impliziert.

Ein besonderes Phänomen von Implikationen zeigt sich bei bestimmten Verben, die die Faktizität oder Nichtfaktizität der von ihnen abhängigen Proposition implizieren. Diese Implikationsphänomene sind nicht zu verwechseln mit den weiter oben gezeigten Präsuppositionsverhältnissen, die zum Teil bei denselben Verben auftreten, wie das folgende Beispiel zeigt: *es ist mir gelungen, zu p* präsupponiert „ich habe mich bemüht, zu p"; dieselbe Präsupposition gilt auch für die Negation des Satzes. *Es ist mir gelungen, zu p* impliziert die Faktizität von p, die Negation dieses Satzes impliziert hingegen die Nichtfaktizität von p.

2.3. Konnotatives, Affektives, Deontisches

Das Konzept der *Konnotation* steht in der Linguistik seit Bloomfield reichlich vage für alles, was von einem Wort über den begrifflichen Kern (*Denotation*) seiner Bedeutung hinaus an emotionalen, wertenden, stilistischen Aspekten mitbedeutet wird. Im Unterschied zur Denotation werden die Konnotationen gerne dem impliziten Bedeutungsteil zugerechnet. Darüber kann man allerdings streiten. Als weiteres Problem kommt hinzu, dass Konnotationen konventionell vorgegeben sein können, aber auch usuell-okkasionell aufgebaut und kontextuell abhängig oder auch nur vorübergehend einem Wort zugeschlagen werden können. Zudem fasst man auch individuelle *Assoziationen* unter das Stichwort Konnotation.

Neuere Konzeptionen binden Konnotationen an die *Reflexivität von Ausdrücken*, und das heißt: Im selben Maß, in dem bestimmte kommunikative Kontexte bestimmte Ausdrücke erwartbarer machen als andere, evozieren – konnotieren – bestimmte Ausdrücke wieder diese Gebrauchszusammenhänge (Maas 1985; Feilke 1996). Eine ähnliche Denkfigur findet sich im Konzept der *Kontextualisierung* von J. Gumperz (1982; einschlägig dazu Auer/Di Luzio 1992).

Wenn z. B. die Personenbezeichnung *Asylant* (Wengeler 1993) wiederholt in negativ wertenden Kontexten bzw. in Wortzusammenstellungen erscheint, die die Anwesenheit der so bezeichneten Menschen als unerwünscht oder gar bedrohlich erscheinen lassen, so heften sich diese Kontexte dem Ausdruck an in dem Sinne, dass jede weitere Verwendung des Ausdrucks immer auch auf seine usuellen Gebrauchsbedingungen (hier das negative, abschätzige Sprechen über Asylsuchende) verweist. Insofern solche kommunikativen Praktiken für eine Sprachgemeinschaft habituell sind, sind es die entsprechenden konnotativen Effekte ebenfalls – sie erhalten im Sinne von H. Feilke „idiomatische Qualität" (Feilke 1996, 160). Solche konnotativen Effekte sind nicht notwendigerweise an Wörter gebunden, sie treten auch auf als semiotische Markierungen von syntaktischen Konstruktionen (vgl. etwa *der Jude X*) oder auch von Wortbildungsmustern (vgl. die Diskussion darüber, ob die abwertende Konnotation von *Asylant* nicht in erster Linie vom Suffix *-ant* herrührt).

Die kontextualisierende Potenz von Ausdrücken bzw. ihre gebrauchspraktische Markiertheit ist es auch, welche die Sprache zum Ort des kollektiven Gedächtnisses einer Sprachgemeinschaft macht. Dies lässt sich in besonders augenfälliger Form an Beispielen aus dem Lexikon der „Lingua Tertii Imperii" zeigen, andererseits wird gerade in diesem Kontext auch deutlich, wie sich Wörter und Redewendungen mit zunehmender historischer Distanz zu den entsprechenden Prägesituationen wieder 'entladen' können bzw. für nachgeborene Sprecher und Sprecherinnen nicht mehr dieselben Konnotationen implizieren wie für Zeitgenossen.

Als eine Ausweitung wie auch Präzisierung des Konzepts der Konnotation können die von F. Hermanns (1995; daraus auch die folgenden Beispiele) entwickelten Kategorien des *Affektiven* und *Deontischen* betrachtet werden. Affektive Bedeutungskomponenten zeigen sich besonders deutlich in Ausdrücken wie *niedlich* (*Ist die niedlich!*), *Schatz* (*Der ist ein Schatz!*), *arm* (*Der arme Mensch!*), deontische Bedeutungskomponenten in Ausdrücken wie *Ungeziefer*, *schuldig* oder auch *gefährlich*. Das heißt z. B., dass ein Hörer einer Äußerung wie *Ach ist die niedlich!* das Entzücken, das der Anblick einer kleinen Katze beim Sprecher auslöst, zwar deutlich 'entnehmen' kann, dass der Sprecher aber weder diese Emotion noch die Katze als ihren Auslöser explizit benennt (was er z. B. täte, wenn er sagen würde: *Der Anblick dieses Kätzchens löst in mir ein Gefühl des Entzückens aus*). Ähnliches gilt für die deontische Potenz von Ausdrücken: *Ungeziefer* impliziert, dass die mit diesem Ausdruck bezeichneten Tiere „zu vernichtende" sind, die Bezeichnung eines Menschen als *schuldig* impliziert, dass er bestraft werden sollte, und der illokutiv-warnende Charakter der Äußerung *Das ist gefährlich* lässt sich zwar einerseits über Implikaturen erklären (vgl. 3.2.), andererseits kann man hier aber auch argumentieren, dass der Ausdruck *gefährlich* alleine schon eine Handlungsaufforderung impliziert – dass man nämlich den damit bezeichneten Gegenstand oder Sachverhalt mit Vorsicht behandeln soll (ein *gefährlicher Hund* also folglich ein Hund ist, vor dem man sich in Acht nehmen muss).

Textlinguistisch relevant werden konnotative, affektive oder deontische Komponenten dort, wo in Texten anaphorisch an ebendiese angeknüpft werden kann (*Was heißt hier „Das musst du erst mal hinterfragen"? Lass mich mit solchen 68er-Vokabeln in Ruhe.*) oder wo diese Komponenten implizit zur argumentativen Kohärenz beitragen (*Du kannst da nicht reinfahren – das ist eine Einbahnstraße*). Das Wort *Einbahnstraße* impliziert die deontische Komponente: „Darf nur in einer Richtung befahren werden".

2.4. Nebenbei-Prädikationen

Es hat mit der Unklarheit dessen zu tun, was man mit Implizitheit im Unterschied zu Explizitheit meint, wenn man manchmal auch Fälle wie die folgenden als Fälle impliziten Sprechens, gar als Fälle von Präsuppositionen anführt: *Ich war gestern mit meiner Enkelin im Kino. Das kleine Biest hat mir doch tatsächlich ...* Von Implizitheit kann hier nur insofern gesprochen werden, als wir es mit einer Prädikation zu tun haben („meine Enkelin ist ein kleines Biest"), die neben der eigentlichen Prädikation des Satzes hergeht. Dies ist insofern nicht implizit, als es offen ausgesprochen wird, wenn auch nur 'nebenbei'.

Textstrukturell sind solche Nebenbei-Prädikationen vor allem deshalb interessant, weil durch sie neue Information thematisch eingeführt wird, anstatt, wie üblich, rhematisch – was sich als eine Form von sprachlicher Ökonomie interpretieren lässt. In der Nebenbei-Prädikation von Konnotationen (vgl. 2.3.) ist es außerdem möglich, neben der dominierenden Diskurswelt (z. B. politische Berichterstattung) zusätzliche Diskurswelten zu eröffnen, deren weitere Entfaltung textstrukturell nicht gefordert ist, die aber nicht ohne kommunikativen Effekt bleiben (*Die neugewählte Außenministerin, eine auffallend elegant gekleidete Mittvierzigerin, wird nächste Woche ...*).

3. Implizites II (verwendungsvariabel)

In Orientierung an der in der Einleitung entwickelten Ordnung der Begriffe (vgl. Abb. 42.1) gehört zum „Impliziten II", was sprachlichen Zeichen in Abhängigkeit von den Umständen ihrer Verwendung zukommt, was also mit situativen Faktoren steht oder fällt, insofern nicht zur konventionell festen Bedeutung (Semantik) gerechnet wird, sondern als Gegenstand der *Pragmatik* gilt.

3.1. Pragmatische Präsuppositionen – vorausgesetztes Welt- und Handlungswissen

Wer sich sprachlich äußert, tut dies immer auf der Basis eines umfassenden und weitverzweigten Konglomerats von Welt- und Handlungswissen, und er setzt ein ähnliches, in entscheidenden Punkten überwiegend gleiches solches Welt- und Handlungswissen beim Rezipienten voraus. Und tatsächlich versteht der Rezipient sprachliche Äußerungen nur auf der Basis eines solchen Wissenskonglomerats. Nur mit einem solchen 'Reisegepäck' ist es möglich, dass wir Kommunikation täglich neu wagen und dass wir darin, bei allen kommunikativen 'Unfällen', die es auch gibt, auch immer wieder erfolgreich sind.

Es gibt Verwendungen des Begriffs Präsupposition, die dieses ganze weite und vielgestaltige 'Reisegepäck' für die Kommunikation „Präsupposition" nennen. Dies tun z. B. Heinemann/Viehweger (1991, 51), wenn sie Präsuppositionen die „kommunikativen Voraussetzungen für das Produzieren und vor allem das Verstehen von Texten" nennen. Man handelt sich auf diese Weise einen sehr vagen Präsuppositionsbegriff ein (vgl. z. B.

die Kritik von Seuren 1991, 287 mit Verweis auf weitere Literatur), der Probleme allenfalls benennt, aber nicht erklärt. Immerhin wird aber deutlich, dass die traditionellen Konzepte der Semantik in verschiedener Hinsicht erweitert werden müssen, wenn man die Lücke zwischen festen Zeichenbedeutungen und dem kommunikativen Sinn von Äußerungen schließen will.

3.1.1. Kognitivistische Ansätze

Gewisse Differenzierungen und Präzisierungen bringen kognitivistische Ansätze (→ Art. 10, 20 und 28), die versuchen, Ordnung in das vage Konzept des Weltwissens zu bringen. In ihnen wird etwa unterschieden zwischen Wissen über Episodisch-Einzelnes und Wissen über Regulär-Normales und zwischen Wissen über Statisches und Wissen über Dynamisch-Handlungsorientiertes. Zur Benennung dieser unterschiedlichen Wissenstypen stehen verschiedene Bezeichnungen zur Verfügung, die allerdings oft nicht trennscharf verwendet werden, zumal sie zum Teil aus unterschiedlichen Theoriezusammenhängen stammen: So spricht man von *Frames* (Rahmen) mit Blick auf Wissen über Statisches, von *Scripts* (Drehbüchern) oder *Stories* mit Blick auf Wissen über Handlungs- oder Ereignisabläufe. Der Terminus *Schema* wird häufig als Oberbegriff für Wissen über Regulär-Normales verwendet und steht damit also in Opposition zu Wissen über Episodisch-Einzelnes.

Solche Frames, Scripts, Stories – solches Schemawissen – bilden eine sehr allgemeine Wissensbasis für stärker kommunikationsbezogene Wissensbestände: das Wissen darum, wie einzelne kommunikative Handlungen im Kontext komplexerer Abläufe adäquat realisiert werden (*Sprachhandlungswissen*; → Art. 9 und 40) und das Wissen darum, nach welchen Mustern Texte als eine Form komplexer Sprachhandlungen gebaut und gestaltet werden (*Textmusterwissen*; → Art. 48).

Alle bisher genannten Wissensbestände liefern die Grundlage für (sehr oft unbewusste, automatisierte) Entscheidungen (für deduktive praktische Schlüsse; Keller 1995, 141) in Sprachhandlungsprozessen: Was sage ich, was sage ich nicht (weil es 'eh klar' ist)? Wie sage ich es? Was sage ich zuerst, und was dann? Solches Wissen entlastet die einzelne Handlung von der Last individueller ad-hoc-Entscheidungen, es reduziert – in der Perspektive des Handelnden – Komplexität, indem es das Spektrum möglicher Handlungsalternativen auf einige wenige 'übliche' ('richtige') einengt.

Dieser Ausschluss von Handlungsalternativen und die Reduktion auf bewährte Muster bietet zugleich eine erhöhte Gewähr dafür, dass das kommunikative Handeln von Interaktionspartnern verstanden wird, und erleichtert ihnen damit auch das 'Mitspielen'. In diesem Sinn ist solches Wissen ein eminent soziales Wissen: es ist – in einem gewissen Ausmaß – von allen geteiltes Wissen, und es ist zugleich die Basis für Sozialität.

Das sei mit dem Konzept der *Kontextualisierung* (vgl. 2.3.) kurz illustriert: Es macht einen deutlichen Unterschied, ob ich eine Sitzung eröffne mit den Worten: *Meine Damen und Herren, ich eröffne hiermit unsere heutige Sitzung. In den zwei Stunden, die uns zur Verfügung stehen, sollten wir folgende Punkte erledigen ...* oder mit den Worten: *Also, liebe Leute, wir haben ja nicht allzuviel Zeit und sollten heute irgendwie ...* Die unterschiedliche Sprachmittelwahl *kontextualisiert* hier ganz unterschiedlich, d. h. deklariert verschiedene Situationstypen und wirkt dadurch einschränkend auf die weiteren eigenen Handlungen wie die Handlungen der Mitbeteiligten, beschränkt auch die Interpretationen des künftigen kommunikativen Geschehens.

Solches soziales Wissen fungiert im Verstehen als Basis für Konstruktionsprozesse (Wiedererkennen, Einordnen, Ergänzen, Erweitern) im oben eingeführten Sinn abduktiver Schlüsse. Dabei sind solche Wissensbestände allerdings nicht unveränderlich, sondern können und müssen sich im Verstehensprozess zum Teil verändern, damit Verstehen gelingen kann – dann wird gelernt. Wir haben es mit einer Interaktion von (Vor-)Wissen, Input aus der aktuellen Handlungssituation und dem Verständigungsbedürfnis der Interagierenden zu tun.

Akzeptiert man einmal diesen sehr weiten Begriff der pragmatischen Präsuppositionen, so bleibt das Problem, was eigentlich gemeint ist, wenn man sagt, dass ein bestimmter Text (oder jemand mit einem bestimmten Text) pragmatische Präsuppositionen mache: Ist damit das gesamte Wissen gemeint, über welches der Textproduzent zum Zeitpunkt der Produktion des Textes verfügt? Ist (nur) das Wissen gemeint, das er beim Rezipienten für dessen Verstehen voraussetzt? Oder hebt der Begriff der pragmatischen Präsupposition gar nicht (nur) auf solche Wissensbestände ab, sondern zielt vielmehr auf deren Produkte, d. h. auf einzelne Ergänzungen, Monosemierungen, Umdeutungen, die ein Produzent oder Rezipient als Ableitungen aus solchem Wissen 'herstellt'?

3.1.2. Intertextualität

Das in der Literaturwissenschaft entwickelte Konzept der Intertextualität lässt sich in gewisser Weise verstehen als eine Art Parallelentwicklung zur linguistischen Diskussion um pragmatische Präsuppositionen (vgl. Linke/Nussbaumer 1997; → Art. 43). In diesem Konzept wird – in grober Annäherung – behauptet, dass ein einzelner Text stets eingebunden ist in ein Netz von andern Texten, zu denen er – wenn man objektivistisch reden will – in vielfältigsten Beziehungen steht oder zu denen – weniger objektivistisch – der Produzent ihn in der Produktion bewusst oder unbewusst, implizit oder explizit (über Zitate, Anspielungen u. a.) in Beziehung setzt und zu denen ihn der Rezipient wiederum in Beziehung setzen muss, wenn er ihn verstehen will – wobei der Rezipient auch 'gegen' den Text lesen kann, d. h. Bezüge sehen und setzen kann, die vom Autor bzw. der Autorin nicht notwendig intendiert waren. Intertextualität meint mit andern Worten, dass ein Text nie ohne Rücksichten auf andere Texte produziert und verstanden werden kann. Wenn man – in Radikalisierung des Intertextualitätskonzeptes – die gesamte „Kultur als Text" versteht (Bachmann-Medick 1996), so ist die Nähe des Intertextualitätskonzeptes zum Konzept der pragmatischen Präsuppositionen offensichtlich.

3.1.3. Aussparungen u. ä.

Aus einer ganz anderen, stärker sprachwissenschaftlichen (auch sprachkritischen) Ecke kommt ein mit den pragmatischen Präsuppositionen in Zusammenhang zu bringendes Konzept, das sich durch die Stichworte *Ellipse*, *Aussparung*, *Offenlassen*, *Vagheit* charakterisieren lässt (vgl. z. B. von Polenz 1985, 24 ff; Engel 1988, 100). Gemeint sind damit nicht realisierte Valenzstellen oder nicht realisierte Akteure einer durch ein Konzept aufgerufenen „Szene". Dabei gibt es die 'harmlosen' Fälle (z. B. die klassischen Ellipsen), in denen das Weggelassene problemlos aus dem sprachlichen Kontext ergänzt werden kann. Von pragmatischen Präsuppositionen spricht man hier kaum. Anders ist dies in Fällen, in denen es weniger um Weglassen als vielmehr um Offenlassen geht und in denen eine Ergänzung für ein umfassenderes Verstehen zwar nötig wäre, syntaktisch aber nicht zwingend und inhaltlich nicht eindeutig ist. Ein Beispiel für solches Offenlassen sind verfassungsrechtliche Bestimmungen wie *Eigentum verpflichtet* (wen zu was?) oder *Das Recht auf Ehe ist gewährleistet* (von wem und für wen gewährleistet?). Bekanntlich ist die Passivkonstruktion eine Möglichkeit, eine Valenzstelle nicht füllen zu müssen. Unter die Aussparungen fällt auch der Subjektschub. Solche Textlücken, die für gewisse Kommunikationsbereiche sehr typisch sind, werden im Verstehensprozess pragmatisch, d. h. unter Beizug von Vorwissen, gefüllt. In vielen Fällen sind wir als Rezipienten aber auch mit vagem Verstehen zufrieden.

3.1.4. Lexikalisch-semantische Vagheit und Ambiguität

Lexikalisch-semantisch bedingte Vagheit betrifft z. B. Wörter wie *groß*, *Gewicht*, *viel*, bei deren Verwendung man stets auf einen implizierten Maßstab rekurriert, der sehr verschieden sein kann. In einer sprachlichen Umgebung (Kontext) und vor dem Hintergrund einer bestimmten Verwendungssituation rezipiert, werden diese Ausdrücke ausgedeutet — vom Rezipienten wohlverstanden, und auf der genannten Basis von Vorwissen und Vorannahmen. Insofern kann man auch hier behaupten, diese Maßstäbe (die Ausdeutungsbasis) oder das Resultat der Ausdeutung seien 'präsupponiert' oder 'impliziert'. Im Satz *In der Dorfkirche drängten sich viele Menschen* rekurriert *viele* auf einen andern Maßstab als im Satz *Auf dem Roten Platz in Moskau drängten sich viele Menschen*; im ersten Fall meint *viele* vielleicht „hundert", im zweiten vielleicht „hunderttausend".

Neben der Vagheit natürlichsprachlicher Ausdrücke gibt es auch Formen von *Mehrdeutigkeit* oder *Ambiguität*, die pragmatisch aufgelöst, disambiguiert werden, so dass man sagen kann, die eindeutige Lesart sei 'präsupponiert'. Dies gilt etwa für den Ausdruck *Zeitung*, den ein Rezipient im Kontext *Die Zeitung lag auf dem Tisch* als auf den dinglichen Gegenstand, das Druckerzeugnis referierend ausdeutet, hingegen im Satz *Sie arbeitete bei der hiesigen Zeitung* als auf ein Unternehmen, eine Institution referierend versteht (zu Vagheit und Ambiguität vgl. Pinkal 1991; zur Vagheit von Quantifizierungen mit *viel*, *wenig* etc. vgl. Oomen 1977).

3.1.5. Argumentation

Noch einmal aus einem anderen Kontext stammen Überlegungen zur textkonstituierenden Potenz von Argumentationen, und zwar ebenfalls unter Rückgriff auf nicht explizierte Wissensbestände. Seit den grundlegenden Arbeiten von Toulmin (1996) und Perelman/Olbrechts-Tyteca (1992) ist es wieder ins allgemeine Bewusstsein getreten, dass sich Argumentation im Alltag, aber auch in Wissenschaft, Politik, Recht usw. von streng logischen Deduktionen oder Beweisführungen unter anderem dadurch unterscheidet, dass die Schlussfiguren, minimal aus Obersatz, Untersatz und Konklusion bestehend, nicht maximal explizit ausformuliert sind, sondern dass insbesondere die „Schlussregel" („warrant" bei Toulmin), die den Übergang zwischen den zwei andern Sätzen oder Propositionen überhaupt ermöglicht, normalerweise implizit bleibt. Natürliche Argumentation ist also regelmäßig implizit; wer argumentiert, 'präsupponiert' für gewöhnlich die Schlussregeln und setzt beim Kommunikationspartner voraus, dass dieser sie von sich aus ergänzen kann (zur modernen Argumentationstheorie vgl. z. B. Kopperschmidt 1989; → auch Art. 39).

3.2. Konversationsmaximen und konversationelle Implikaturen

Die Literatur zu Grices ungeheuer folgenreicher Theorie ist Legion. An guten Einführungs- und Überblicksdarstellungen mangelt es nicht: Rolf (1997; 1994); Liedtke (1995); Astroh (1995); Lakoff (1995); Moeschler/Reboul (1994); Kemmerling (1991); Grewendorf/Hamm/Sternefeld (1987); Levinson (1990); Lyons (1983).

Während der reichlich vage Sammelbegriff der pragmatischen Präsuppositionen eher auf die Wissensbestände abhebt, die dem Produzenten wie dem Rezipienten im kommunikativen Handeln zur Verfügung stehen und stehen müssen, fokussiert das Konzept der *Konversationsmaximen* und der mit ihnen verbundenen *konversationellen Implikaturen*, das H. Paul Grice (1975/1993) entwickelt hat, ergänzend dazu die Frage, wann, warum und wie diese Wissensbestände in der Kommunikation zum Einsatz kommen. Man könnte die pragmatischen Präsuppositionen die materiale Basis für Schlussprozesse im Verstehen nennen und im Unterschied dazu die Grice'sche Konzeption der Konversationsmaximen die formale Basis für solche Schlussprozesse, gewissermaßen einen Motor, der Schlussprozesse in Gang setzt, deren Ergebnis konversationelle Implikaturen sind.

Die Theorie der Konversationsmaximen und der konversationellen Implikaturen hat in erster Linie Gespräche im Blick, doch lässt sie sich ausweiten auch auf monologische Texte. *Implikaturen* heißen bei Grice alle Sinnelemente einer Äußerung, die über den wahrheitskonditionalen Teil hinausgehen. Um die Differenz zu ähnlichen Konzepten des Impliziten zu markieren, hat Grice die Kunstwörter *Implikatur* (*implicature*) und *implikatieren* (*to implicate*) geschaffen. Innerhalb der Implikaturen unterscheidet Grice die *konventionellen* (verwendungsinvariablen, konventionell fest mit Ausdrücken verbundenen) von den *konversationellen* (verwendungsvariablen, kontextsensitiven) Implikaturen. Letztere sind von der Forschung sehr stark aufgegriffen und diskutiert worden (erstere decken sich z. T. mit den Präsuppositionen; vgl. 2.1.).

Obwohl nicht ganz eindeutig, lässt sich doch in etwa sagen, dass Grice mit einer *Implikatur* eine Schlussfolgerung meint, die ein Sprecher beim Hörer auslösen möchte. Nicht jede hörerseitige Inferenz ist also eine Implikatur, sondern nur die intendierten, die kommunizierten sind es. Oft wird das Konzept jedoch aus der Perspektive der Hörerin verwendet für sämtliche effektiven Schlussprozesse, die die Hörerin auf Grund einer Äußerung macht. Beginnen wir mit einem Beispiel:

A: *Was ist Susanne eigentlich für ein Jahrgang?* –
B: *Ihre Diss ist, glaube ich, 1987 erschienen.*

Wer sich in der akademischen Welt nicht auskennt, wird diese Äußerungsfolge inkohärent finden; er könnte geneigt sein, die 'Antwort' von B als nichtresponsiv und ihr Sprachhandeln demnach als unkooperativ zu werten. Wir wollen einmal annehmen, dass A sich in der akademischen Welt etwas auskennt. Dann kann er die Äußerung von B etwa so interpretieren: „B weiß Susannes Jahrgang nicht (sonst würde sie es mir sagen). Sie weiß jedoch mit einiger Sicherheit das Jahr der Publikation von Susannes Dissertation. Wer sich in der akademischen Welt etwas auskennt, weiß, dass bei normalen Uni-Karrieren die Dissertation ungefähr mit dem 30. Lebensjahr abgeschlossen wird. B kennt sich hierin aus, und sie weiß auch, dass ich mich hier auskenne. Also sagt sie mir das, um mir ein Indiz zu geben, aus dem ich auf den ungefähren Jahrgang von Susanne schließen kann." – Man kann mit guten Gründen annehmen, dass B mit ihrer Äußerung diesen Schlussprozess in A auslösen wollte und also sagen, dieser Schlussprozess sei Bs konversationelle Implikatur, die sie mit ihrer Äußerung mitmeinte.

Wie erklärt nun Grice dieses Schlussverfahren? Für Grice ist menschliche Kommunikation im Kern dem Prinzip der Kooperation verpflichtet: ohne Kooperation keine Kommunikation. Das *Kooperationsprinzip* lautet:

„Mache deinen Gesprächsbeitrag jeweils so, wie es von dem akzeptierten Zweck oder der akzeptierten Richtung des Gesprächs, an dem du teilnimmst, gerade verlangt wird" (1993, 248). Diese Grundmaxime entfaltet Grice in Anlehnung an Kant in die vier Konversationsmaximen der *Quantität* (Mache deinen Beitrag so informativ wie – für die gegebenen Gesprächszwecke – nötig! Mache deinen Beitrag nicht informativer als nötig!), der *Qualität* (Sage nichts, was du für falsch hältst! Sage nichts, wofür dir angemessene Gründe fehlen!), der *Relation* (Sei relevant!) und der *Modalität* (Formuliere klar und geordnet!).

Diese Maximen sind konstitutiv für menschliche Kommunikation. Für Grice gehört es zum ganz normalen kommunikativen Handeln, dass man mit seinen Äußerungen permanent darauf baut, dass der Rezipient auf der Basis dieser Maximen Schlüsse zieht. Wer sagt *Ich habe drei Kinder*, dem darf man unterstellen, dass er die Wahrheit sagt und tatsächlich drei Kinder hat (Maxime der Qualität), dass er genau drei Kinder hat und nicht etwa fünf (Maxime der Quantität), dass er mit *Kinder* wirkliche Kinder meint und nicht Hunde oder Hobbys o. Ä., die man manchmal metaphorisch auch *Kinder* nennt (Maxime der Modalität) usw.

Interessanter (und entsprechend intensiver diskutiert) sind jedoch diejenigen Fälle, in denen Maximen scheinbar verletzt sind (siehe obiges Bsp., das in der Relevanzmaxime verletzt scheint). Grice spricht davon, dass man durch scheinbare Verletzungen der Maximen die Maximen für ganz besondere Schlussprozesse *ausbeuten* kann. Das funktioniert deshalb, weil Rezipienten normalerweise eher bereit sind, Äußerungen durch Schlussprozesse aus- und umzudeuten als anzunehmen, die Maximen seien tatsächlich verletzt. Insofern sind die Maximen ein ganz starker Motor für Inferenzen.

Man hat diese Maximen wiederholt als moralische Aufforderungen missverstanden und demzufolge durch eine Reihe weiterer gesprächsethischer Grundsätze erweitern wollen. (Schon Grice deutet an, dass er seine vier Maximen nicht unbedingt für erschöpfend hält.) Eine gesprächsethische Deutung findet sich z. B. bei von Polenz (1985, 311). Die Maximen haben aber bei Grice einen andern Status (Keller 1995, 205). Insofern ist die Bezeichnung *Maximen* irreführend, weil sie den Schluss nahelegt, man könnte sich an diese Maximen halten oder auch nicht. Genau dies ist jedoch nicht möglich: Die Maximen sind gewissermaßen apriorische, unhintergehbare Bedingungen des Funktionierens und Deutens von Kommunikation.

Die Grice-Rezeption diskutiert die Frage, ob die Rückführung der Maximen auf das Grundprinzip der Kooperativität den Kern der Sache trifft. So gibt es Kommunikationssituationen, in denen zwar die Maximen ihre Gültigkeit haben, die man aber dennoch nur schwer als Situationen *kooperativen* kommunikativen Handelns bezeichnen möchte, etwa wenn die Gesprächspartner vollständig divergierende Absichten haben und entsprechend konträre Ziele verfolgen. Eine solche Infragestellung des Grundprinzips der Kooperativität beruht jedoch vermutlich auf einem Missverständnis. Das Grice'sche Prinzip darf nicht inhaltlich und damit ethisch aufladbar, sondern muss strukturell verstanden werden. Keller (1995, 207 ff) hält demgegenüber zwar die vier Konversationsmaximen aufrecht, stellt sie aber − in kritischer Auseinandersetzung mit dem viel beachteten ähnlichen Versuch von Sperber/Wilson (1995) und statt dessen Kasher (1976) folgend − nicht auf das Grundprinzip der Kooperativität, sondern auf das der *Rationalität* (das bei Grice stellenweise bereits anklingt). Keller formuliert es − aus der Rezipientenperspektive − so: „Betrachte die Gesprächsbeiträge deiner Gesprächspartner als rationale Handlungen" (Keller 1995, 209). Keller zeigt zudem auf, dass die vier Maximen von Grice nur erschöpfend sind, was die informative Seite von Äußerungen, ihre Repräsentativität und Persuasivität anbelangt. Darüber hinaus verfolgen Sprecherinnen und Sprecher mit ihren Äußerungen aber auch soziale (Image- und Beziehungspflege) und ästhetische Ziele. Aus diesen folgen weitere Maximen, und mit ihnen erst kann man auch Phänomene wie indirektes Sprechen, spielerisches Sprechen usw. als rationales sprachliches Handeln erklären.

3.3. Illokution und Perlokution; Inhalts- und Beziehungsaspekt; Darstellung, Ausdruck, Appell

Die *Sprechakttheorie* (Austin 1979; Searle 1971) hat uns (nicht als erste, aber nachhaltig) gelehrt, dass sich die Bedeutung von Äußerungen nicht im Referieren auf und Prädizieren über Sachverhalte oder gedankliche Gebilde (im „propositionalen Gehalt", in der Deskription von Welt) erschöpft, sondern dass die Bedeutung von Äußerungen in erster Linie in einer sozialen Handlung besteht, die mittels der Äußerung realisiert wird. Eine Äußerung machen heißt etwas mitteilen, etwas erfragen, heißt auffordern, Kontakt herstellen, sich verpflichten usw. Schon in der Sprachtheorie von Karl Bühler (1982) hat die einzelne Äußerung neben dem Aspekt der „Darstellung" immer auch den Aspekt des „Ausdrucks", der subjektiven Kundgabe, und den Aspekt der partnerbezogenen Ansprache, des „Appells". Dergleichen Differenzierungen sind etwa in der alten Rhetorik längst vorgedacht und finden sich auch mehr oder weniger deutlich popularisiert bei andern Autoren (zu solchen Popularisierungen vgl. Bremerich-Vos 1991; Antos 1996).

Die Sprechakttheorie, die alle Äußerungen als performative, d. h. als handlungswertige, betrachtet, hat die Unterscheidung von „explizit performativen" und „primär performativen" (implizit performativen) Äußerungen eingeführt. Explizit performativ wäre eine Äußerung wie *ich behaupte, dass sie lügt*, das primär performative Pendant dazu *sie lügt*. Die nicht explizit performativen Äußerungen erachtet die Sprechakttheorie als die entwicklungsgeschichtlich ursprünglicheren (darum „primär") und als die statistisch überwiegenden. Daraus folgt, dass bei einem Großteil aller Äußerungen ein ganz wesentlicher Aspekt ihres kommunikativen Sinnes implizit ist, nämlich der Handlungswert der Äußerung − sprechakttheoretisch: die *Illokution* −, und dass dieser demzufolge in der Rezeption aus der Äußerung selbst, den Umständen ihres Vorkommens und auf der Basis von Welt- und Handlungswissen abduktiv erschlossen werden muss. Das mag mit ein Grund dafür sein, dass Sprachreflexion immer wieder dazu neigt, den Aspekt der Welt-Repräsentation, der Darstellung zu verabsolutieren.

Expliziten Niederschlag in der Äußerung findet der Handlungsaspekt in den *Illokutionsindikatoren* − das sind Grammatikalisierungen oder Lexikalisierungen solcher Handlungsaspekte, z. B. performative Verben, Partikeln, Satzart (Aufforderungssatz, Fragesatz), Modus (Imperativ) etc. Die Sprechakttheorie hat überdies mit dem Konzept des „indirekten Sprechaktes" auch den Fall reflektiert, wo Illokutionsindikatoren eine Illokution X signalisieren, eine Interpretation der Äußerung jedoch zum Resultat kommt, dass eine Illokution Y gemeint sein muss. Die ausdrückliche Illokution muss also nicht die gemeinte und zu verstehende sein. Dies zeigt einmal mehr, dass Kommunikation kein mechanischer Prozess des En- und Dekodierens ist, sondern ein Andeuten mit Zeichen und ein konstruktives, inferenzielles Ausdeuten von Zeichen.

4. Implizitheit und Sprachhandeln

Überkommene und überholte Vorstellungen von Kommunikation prägen eine Sicht der Dinge, in der Explizitheit die Regel ist und Implizitheit die Ausnahme, gar eine Abweichung, fehlerhaft, des manipulativen, strategischen, verdeckten Sprachgebrauchs verdächtig. Die voraufgegangenen Ausführungen sollten deutlich machen, dass Implizitheit gewisser Aspekte von Bedeutung (i. w. S.) durchaus die Regel ist und deren Explizitheit, wenn sie denn überhaupt möglich ist, die Ausnahme. Den radikalen Schritt, die Unterscheidung von Explizitheit und Implizitheit überhaupt aufzugeben, haben wir dennoch nicht gemacht.

Die Einsicht, dass Kommunikation in ganz normaler Weise implizit ist, implizite Aspekte hat, verhindert nicht die Möglichkeit und macht es nicht sinnlos, kommunikative Handlungen oder Ereignisse zu platzieren auf einer Skala kleinerer oder größerer Implizitheit, kleinerer oder größerer Abstützung auf pragmatische Präsuppositionen, mehr oder minder häufiger anscheinender Verletzung von Konversationsmaximen usw. Dies hängt auch zusammen mit den unterschiedlichen Funktionen, die man der Implizitheit zuschreiben kann.

4.1. Funktionen des Impliziten

Welche Funktionen implizites Sprechen jeweils hat, ist nicht grundsätzlich bestimmbar und kann nur am jeweiligen Einzelfall genau interpretiert werden. Wir gehen im Folgenden auf die wichtigsten Funktionen ganz knapp ein; dabei sollte deutlich werden, dass sich diese Funktionen im konkreten Fall auch überlagern können:

– *Ökonomie*: Hier geht es um die Minimierung des sprachlichen Aufwandes, des Textmaterials, es geht um eine kommunikative Kosten-Nutzen-Rechnung, die deshalb auch eine Art Grundfunktion impliziten Sprechens bildet.

– *Ästhetik/Selbstdarstellung*: Implizites Sprechen kann dazu dienen, ästhetische oder sprachspielerische Effekte zu erzeugen und so auf eine spezifisch textuelle Weise Esprit zu demonstrieren. Solches Sprechen dient damit (auch) der Selbstdarstellung des Sprechers.

– *Signalisierung gemeinsamer Gruppenzugehörigkeit* bzw. von Vertraulichkeit durch (allenfalls demonstratives) Rekurrieren auf gemeinsames Vorwissen, durch Nicht-Aussprechen, Andeuten etc. (eine Form von Kontextualisierung).

– *Andeutung, Anspielung, Insinuation* (engl. *innuendo, invited inferences* u. a.): Implizierende Rede in der Absicht, etwas zu sagen, ohne auf die impliziten Redeteile behaftbar zu sein. Das geschieht oftmals in der Absicht, Negatives über andere Menschen in die Welt zu setzen, aber auch, wenn es z. B. darum geht, tabuisierte Themen anzusprechen.

– *Formen der negativen Höflichkeit*: Implizites bzw. offen lassendes Sprechen ist eine grundlegende Form der „vermeidenden" Höflichkeit („negative politeness" i. S. v. Brown/Levinson 1987), welche zumindest für die westlichen Mittelschichtskulturen als dominante Strategie höflichen Verhaltens betrachtet werden kann. „Vermeidend" ist solches Sprechen insofern, als der Sprecher all das implizit lässt, was seiner Äußerung den (expliziten) Charakter eines „face-threatening-acts" geben könnte, und das heißt: was seine Äußerung für die Rezipientin unangenehm machen könnte, etwa weil sie ihr soziales Selbst- bzw. Fremdbild bedroht oder ihre Handlungsfreiheit in irgendeiner Form einschränkt.

– *Formen der Ironie*: Hier haben wir es mit einem Parallelfall zur Funktion der negativen Höflichkeit zu tun: Auch ironisches Sprechen verdeckt die Interpretation einer sprachlichen Handlung als „face-threatening", allerdings nicht immer in schonender, sondern oftmals in bloßstellender, immer jedoch in einer die Eloquenz des Sprechers herausstellenden Absicht.

– *Fallen-Stellen, Unterbuttern, Überrumpeln*: Hier geht es darum, den Rezipienten zu einer Reaktion zu bringen, die zeigt, dass er etwas (vom Sprecher Impliziertes) übernommen hat, auf das er – im Nachhinein – von diesem behaftet werden kann. Hierher gehören z. B. Fragen vom Typus *Wann haben Sie aufgehört, Ihre Frau zu schlagen?* oder *Was machen Sie in der Drogenszene?* In die gleiche 'Ecke' gehören Suggestivfragen, die die gewünschte Antwort suggerieren und also in gewisser Weise implizit vorwegnehmen: *Wollten Sie nicht ganz einfach, dass B nichts merkt von ihren Transaktionen?*

– *Vorläufigkeiten*: Hierher gehören Formulierungen, die bewusst nicht maximal explizit und präzis sind, weil die jeweiligen Sprecherinnen und Sprecher zum gegebenen Zeitpunkt gar nicht explizit sein können oder nicht sein wollen. Dies betrifft z. B. die bereits zitierte Verfassungsnorm: *Das Recht auf Ehe ist gewährleistet.* (Wer gewährleistet? Wem ist sie gewährleistet?) Aus ähnlichen Gründen finden wir solches vorläufiges Sprechen auch in Texten der wissenschaftlichen Theoriebildung.

Viele der in dieser (offenen) Aufzählung genannten Formen impliziten bzw. implizierenden Sprechens sind Gegenstand der Sprachkritik (vgl. von Polenz 1985 zum „Zwischen-den-Zeilen-Lesen"), da sie — wie deutlich geworden ist — zum Teil tatsächlich, zum Teil zumindest scheinbar kommunikationsethischen Prinzipien wie Offenheit, Direktheit, Ehrlichkeit zuwiderlaufen.

4.2. Implizitheit und Textsortenspezifik

Wir haben gesehen: Alle Texte sind notwendigerweise implizit, wobei das jeweilige Maß von Implizitheit von verschiedenen (kontextuellen) Faktoren abhängt und, wie oben ausgeführt, auch verschiedene Funktionen erfüllt. In dem Maß, in dem diese Funktionen von Textsorte zu Textsorte unterschiedlich dominant sind, variieren die Textsorten auch im Ausmaß ihrer Explizitheit bzw. Implizitheit. Und das heißt auch: Implizitheit ist ein textsortenspezifisches Merkmal. Allerdings: Das Ausmaß der Implizitheit einer bestimmten Textsorte hängt nicht nur von ihrer kommunikativen Funktion ab, sondern ist auch eine Frage der Zuschreibung durch die Rezipienten im Rahmen einer für die jeweilige Textsorte bestimmenden Rezeptionstradition. So gilt beispielsweise:
— für *literarische*, insbesondere *lyrische Texte*, dass — in unserem heutigen Verständnis — dem Rezipienten erlaubt, ja geradezu geboten ist, das manifeste Sprachmaterial als Anstoß für Weiterdenken, Darüberhinausdenken, An-anderes-Denken etc. zu nehmen;
— für *Gesetzestexte*, dass in diesen Texten alles maximal explizit formuliert ist und für Interpretation nur ein kleiner oder gar kein Spielraum bleibt (diese Texte sind in der Rechtsgeschichte auch wiederholt mit einem Interpretationsverbot belegt worden);
— für *Zeitungsberichte*, dass sie sich in hohem Maß auf episodisches Wissen abstützen — was die Lektüre von Zeitungen schon nur des Vorjahres schwierig und oft unergiebig macht;
— für *Arbeitszeugnisse*, dass sie grundsätzlich explizit nur Positives über den Arbeitnehmer sagen, dass sie aber dabei einem eigentlichen Code folgen, dessen Kenntnis erlaubt, auch Negatives aus den explizit positiven Formulierungen herauszulesen;
— für viele *Werbetexte*, dass sie — heute — so implizit als möglich zu sein haben, kaum etwas über das Produkt und seine Eigenschaften sagen und nicht direkt zum Kauf auffordern — hier wird die ästhetisch-stilistische Funktion von Implizitheit gerne bis an die Grenze des Nicht-mehr-Verstehen-Könnens ausgereizt.

5. Literatur (in Auswahl)

Antos, Gerd (1996): Laien-Linguistik: Studien zu Sprach- und Kommunikationsproblemen im Alltag: Am Beispiel von Sprachratgebern und Kommunikationstrainings. Tübingen.

Astroh, Michael (1995): Präsupposition und Implikatur. In: Dascal, Marcelo et al. (eds.): Sprachphilosophie. Ein internationales Handbuch zeitgenössischer Forschung. 2. Halbbd. Berlin, 1391–1407.

Auer, Peter/di Luzio, Aldo (eds.) (1992): The Contextualization of Language. Amsterdam/Philadelphia.

Austin, John L. (1979): Zur Theorie der Sprechakte. 2. Aufl. Stuttgart.

Bachmann-Medick, Doris (ed.) (1996): Kultur als Text. Die anthropologische Wende in der Literaturwissenschaft. Frankfurt/M.

Bremerich-Vos, Albert (1991): Populäre rhetorische Ratgeber. Historisch-systematische Untersuchungen. Tübingen.

Brown, Penelope/Levinson, Stephen C. (1987): Politeness. Some universals in language use. Cambridge.

Bühler, Karl (1982): Sprachtheorie. Die Darstellungsfunktion der Sprache. Stuttgart/New York. [¹1934].

Busse, Dietrich (1992): Textinterpretation. Sprachtheoretische Grundlagen einer explikativen Semantik. Opladen.

Engel, Ulrich (1988): Deutsche Grammatik. Heidelberg.

Feilke, Helmuth (1996): Sprache als soziale Gestalt. Ausdruck, Prägung und die Ordnung der sprachlichen Typik. Frankfurt/M.

Grewendorf, Günther/Hamm, Fritz/Sternefeld, Wolfgang (1987): Sprachliches Wissen. Eine Einführung in moderne Theorien der grammatischen Beschreibung. Frankfurt/M.

Grice, H. Paul (1993): Logik und Konversation. In: Meggle, Georg (ed.): Handlung, Kommunikation, Bedeutung. 2. Aufl. Frankfurt/M., 243–265. [¹1975].

Gumperz, John (1982): Discourse strategies. Cambridge.

Heinemann, Wolfgang/Viehweger, Dieter (1991): Textlinguistik. Eine Einführung. Tübingen.

Heringer, Hans Jürgen (1977): Einführung in die praktische Semantik. Heidelberg.

Hermanns, Fritz (1995): Kognition, Emotion, Intention. Dimensionen lexikalischer Semantik. In: Harras, Gisela (ed.): Die Ordnung der Wörter: kognitive und lexikalische Strukturen. Berlin/New York, 138−179.

Kasher, Asa (1976): Conversational maxims and rationality. In: Kasher, Asa (ed.): Language in focus. Dordrecht, 197−216.

Keller, Rudi (1995): Zeichentheorie. Tübingen/Basel.

Kemmerling, Andreas (1991): Implikatur. In: Stechow, Arnim von/Wunderlich, Dieter (eds.): Semantik. Ein internationales Handbuch der zeitgenössischen Forschung. Berlin/New York, 319−333.

Kempson, Ruth (1975): Presupposition and the delimitation of semantics. Cambridge.

Kopperschmidt, Josef (1989): Methodik der Argumentationsanalyse. Stuttgart/Bad Cannstatt.

Lakoff, Robin Tolmach (1995): Conversational Implicature. In: Verschueren, Jef et al. (eds.): Handbook of Pragmatics. Amsterdam/Philadelphia.

Levinson, Stephen C. (1990): Pragmatik. Tübingen. [^{1}1983].

Liedtke, Frank (ed.) (1995): Implikaturen. Grammatische und pragmatische Analysen. Tübingen.

Linke, Angelika/Nussbaumer, Markus (1988): Kohärenz durch „Präsuppositionen". In: Der Deutschunterricht 40/6, 29−51.

− (1997): Intertextualität. Linguistische Bemerkungen zu einem literaturwissenschaftlichen Textkonzept. In: Antos, Gerd/Tietz, Heike (eds.): Die Zukunft der Textlinguistik. Traditionen, Transformationen, Trends. Tübingen, 109−126.

Lyons, John (1983): Semantik. München. [^{1}1977].

Maas, Utz (1985): Konnotation. In: Januschek, Franz (ed.): Politische Sprachwissenschaft. Zur Analyse von Sprache als kultureller Praxis. Opladen, 71−97.

Moeschler, Jacques/Reboul, Anne (1994): Dictionnaire encyclopédique de pragmatique. Paris.

Oh, Choon-Kyu/Dinneen, David A. (eds.) (1979): Presupposition. New York.

Oomen, Ingelore (1977): Determination bei generischen, definiten und indefiniten Beschreibungen im Deutschen. Tübingen.

Perelman, Chaïm/Olbrechts-Tyteca, Lucie (1992): Traité de l'argumentation. La nouvelle rhétorique. 5ème éd. Bruxelles. [^{1}1958].

Petöfi, Janos S./Franck, Dorothea (eds.) (1973): Präsuppositionen in Philosophie und Linguistik. Frankfurt/M.

Pinkal, Manfred (1985): Neuere Theorien der Präsupposition. In: Studium Linguistik 17/18, 114−126.

− (1991): Vagheit und Ambiguität. In: Stechow, Arnim v./Wunderlich, Dieter (eds.): Semantik. Ein internationales Handbuch der zeitgenössischen Forschung. Berlin/New York, 250−269.

Polenz, Peter von (1980): Möglichkeiten satzsemantischer Textanalyse. In: Zeitschrift für germanistische Linguistik 8, 133−153.

− (1985): Satzsemantik. Grundbegriffe des Zwischen-den-Zeilen-Lesens. Berlin.

Reis, Marga (1977): Präsuppositionen und Syntax. Tübingen.

Rolf, Eckard (1994): Sagen und Meinen. Paul Grices Theorie der Konversationsimplikaturen. Opladen.

− (ed.) (1997): Pragmatik. Implikaturen und Sprechakte. Opladen.

Searle, John R. (1971): Sprechakte. Ein sprachphilosophischer Essay. Frankfurt/M.

Seuren, Pieter A. M. (1991): Präsuppositionen. In: Stechow, Arnim v./Wunderlich, Dieter (eds.): Semantik. Ein internationales Handbuch der zeitgenössischen Forschung. Berlin/New York, 286−318.

Sperber, Dan/Wilson, Deirdre (1995): Relevance. Communication and cognition. 2nd ed. Oxford. [^{1}1986].

Toulmin, Stephen (1996): Der Gebrauch von Argumenten. Weinheim. [^{1}1958].

Wengeler, Martin (1993): „Asylantenfluten" im „Einwanderungsland Deutschland" − Brisante Wörter in der Asyldiskussion. In: Sprache und Literatur 72, 2−30.

Angelika Linke, Zürich (Schweiz)
Markus Nussbaumer, Zürich (Schweiz)

43. Aspekte der Intertextualität

1. Begriff der Intertextualität und Intertextualitätskonzepte
2. Taxonomien
3. Funktionszuschreibungen
4. Intertextualität unter medialem Aspekt
5. Resümee
6. Literatur (in Auswahl)

1. Begriff der Intertextualität und Intertextualitätskonzepte

1.1. Ausgangsbegriff

Der Gedanke, dass Texte sich immer auf Texte beziehen (müssen), liegt allen Auffassungen von Intertextualität zugrunde. Jeder Text wird vom Produzenten wie vom Rezipienten mit Bezug auf Textwissen und Texterfahrung, d. h. vor dem Hintergrund zuvor produzierter und rezipierter Texte, in der Kontinuität des jeweiligen Umgangs mit Texten wahrgenommen. Streng genommen hat man nur den allerersten Text, den man in seinem Leben als Text erfahren hat, ohne intertextuellen Bezug erlebt. Generell gilt, dass es unmöglich ist, außerhalb der Welt der Texte und unabhängig von ihr zu kommunizieren.

Hinzu kommt die speziellere Erfahrung des Sprachteilnehmers, dass es bei diesem generellen Textbezug nicht bleiben muss. Ein konkreter Text, ein Textexemplar kann sich auch – formal oder inhaltlich – auf andere Textexemplare beziehen, indem er Inhalts- oder Formelemente von Vortexten oder auch beides aufgreift bzw. auf Folgetexte verweist. Und unbewusst oder bewusst greift jeder Sprachteilnehmer, wenn er es mit Texten zu tun hat, auch auf sein Wissen über Textmuster zurück, bezieht sich also auf kulturell geregelte Konventionen des Schreibens und Sprechens und stellt jeweils intertextuelle Text-Textmuster-Beziehungen her. Selbst wenn er die Muster bricht, stellt er, sofern er dies nicht aus Unkenntnis, sondern bewusst tut, eine Text-Textmusterbeziehung her. Mit drei Typen intertextueller Beziehungen haben wir es also zu tun: Text-Textwelt-Beziehung, Text-Text-Beziehung und Text-Textmuster-Beziehung.

1.2. Vorläufer

Vorstellungen von dieser Art sind freilich nicht erst mit der Herausbildung und Diskussion der Kategorie der Intertextualität entstanden. In solchen Zusammenhängen wird schon seit der Antike gedacht. Lausberg (1990, 546) nennt mit Bezug auf Quintilian die *imitatio* „das aktive Ergebnis der wiederholten Lektüre", das sich auf *res* und *verba* beziehe. Die *imitatio*, verstanden als „kreative Nachahmung ... exemplarischer Vorbilder und Beispiele" (Ottmers 1996, 8), bedarf der Überbietung, um, so Lausberg (1990, 547), „wenigstens die Qualität des Musters zu erreichen". Sowohl Text-Text-Bezüge als auch Text-Textmuster-Bezüge werden hier angesprochen.

Die Gattungstheorie kommt, auch wenn sie das Phänomen nicht benennt, ohne die Beachtung intertextueller Beziehungen nicht aus. Spätestens dann nicht, wenn es um Gattungen/Formen/Textsorten mit „Sekundärcharakter" (Lamping 1991, 291) wie Cento, Collage, Montage, Reproduktion, Parodie, Travestie, Pastiche, Adaption und auch wenn es um intermedial vermittelte Textbeziehungen im Fall der Kontrafaktur geht, um Texte also, deren wesentliches konstituierendes Element per definitionem eine reale Text-Text-Beziehung ist. Aber schon die Existenz von Gattungen/Formen/Textmustern selbst ist als intertextuelles Phänomen zu begreifen – als Text-Textmuster-Beziehung, die alle Texte, die demselben Muster folgen, über dieses Muster zueinander in Beziehung setzt. Motivgeschichtliche Untersuchungen und Toposforschung sind an dieser Stelle auch zu nennen. Die Stilistik hat mit Intertextualität insofern zu tun, als gelegentlich Textsorten mit „Sekundärcharakter" wie Parodie, Travestie (*imitatio verba* und *imitatio res*) u. a. in den Beschreibungskanon einer Stilistik aufgenommen werden. Vor allem aber gehört das Phänomen der Intertextualität in den Beschreibungszusammenhang der Stilforschung, seit sie Textsorten- und Bereichs-/Funktionsstile, also Musterhaftes und die Brüche und Mischungen von Musterhaftem in Textexemplaren (Sandig 1989; 1991) untersucht und sich damit auf die Text-Textmuster-Beziehung einlässt.

Betrachtet man die Beziehung, die Textexemplare über ein gemeinsames Textmuster zueinander haben, als Relation intertextueller Art, dann sind auch alle Arten praktischer Anleitungsliteratur zur Textherstellung wie Komplimentenbücher, Stillehrbücher, Briefsteller, Redensammlungen, Ratgeber für das Schreiben von Bewerbungen u. ä. (unbeabsichtigte und indirekte) Beschreibungen intertextueller Beziehungen.

1.3. Semiotische/literaturwissenschaftliche Konzepte

Die Auseinandersetzung mit dem Phänomen der Intertextualität findet sich zuerst im Umfeld der Beschäftigung mit künstlerischen Texten. Sie wurde und wird (anfangs eher theorieorientiert und gegenwärtig eher textbezogen) von der Literaturwissenschaft unter semiotischen, psychoanalytischen, philosophischen Aspekten betrieben als eine sich auf strukturalistische und poststrukturalistische Positionen beziehende Auseinandersetzung. Die Sprachwissenschaft zieht erst spät nach, dann freilich mit einem anders angelegten Begriff von Intertextualität und der – allerdings kaum genutzten – Möglichkeit, auch Sachtexte einzubeziehen. Ob als Gegenstand der literarische/ästhetische oder der Sachtext im Blick ist, ist von gewichtigen Folgen für den Begriff von Text, den man sich im Rahmen von Intertextualitätskonzepten macht: Entgrenzung, Auflösung des Textes in Produzenten- und Rezipientenleistung auf der einen Seite, Text als relativ autonomes und konturiertes Gebilde auf der anderen Seite. Die Beschreibung von Intertextualität und ihre theoretische Fundierung muss jeweils anders ausfallen. Vorweggenommen sei hier, dass die Festlegung: literarischer Text = ästhetischer Text in einer Text-Textwelt-Beziehung und Sachtext = nichtästhetischer Text, für den eine Text-Text- oder Text-Textmuster-Beziehung in Frage kommt, zu einseitig ist und dem differenzierten Phänomen der Intertextualität eines Textexemplars oft nicht gerecht wird. Sachtexte können, so z. B. in der Werbung, ästhetische Qualitäten haben, durch Vagheit und Offenheit gekennzeichnet und daher in starkem Maße auf die Leistung des Rezipienten angewiesen sein. Ohnehin kann Intertextualität nur mit Blick auf den Rezipienten betrachtet werden. Von seinem Wissen hängt ab, ob intertextuelle Potentiale des Textes zum Leben erweckt werden. Ebensowenig kann Intertextualität, wenn man von der allgemeinsten Vorstellung von Textwelt – alles ist ein Text, und alles steht miteinander in Beziehung – absieht, aber auch ohne den Bezug auf den jeweils in Rede stehenden Text erfasst werden, der in seiner Materialität und in seinem Inhalt ein Potential an Intertextualität anbietet.

Der Begriff 'Intertextualität' wurde von Julia Kristeva 1967 eingeführt. Es ist die allgemeinste Vorstellung von Intertextualität, die die bulgarische, seit 1965 in Paris lebende Literaturwissenschaftlerin, Semiotikerin und Psychoanalytikerin formuliert hat. Sie knüpft an Michael Bachtins Vorstellung von der Dialogizität der Texte an. Sprache ist für Bachtin mit Ideologie angefüllt (vgl. Kowalski 1986, 524). Die einheitliche Sprache, der affirmative, widerspruchsfreie Gebrauch von Sprache und Gattungen dient der ideologischen Zentralisierung, der Bestätigung von Tradition und Autorität. Bachtin bezieht dies auf die monologisierenden Genres der Lyrik und Dramatik. Im Roman dagegen entdeckt er Polyphonie, Uneinheitlichkeit, Vielfalt sozialer Stimmen, die offene Auseinandersetzung divergierender Standpunkte, die zur Sprache kommen und daher herrschaftsfeindlich und ideologiekritisch wirken können. Er entdeckt den Dialog als Basis schöpferischen Denkens. Dialogische Beziehungen, ob sie „zwischen ganzen Äußerungen" (Bachtin 1990, 105), zwischen der individuellen Vielfalt der Stimmen, zwischen sozialen Redeweisen und Stilen bestehen oder gegenüber der eigenen Äußerung – dann nämlich, wenn wir „mit einem inneren Einwand reden" (ebd.) –, geben immer einer anderen als der eigenen, einer fremden Stimme Raum. In Bachtins Theorie dominiert demnach der auf das Innertextuelle, auf Beziehungen innerhalb des Textes gerichtete Blick, daneben sieht er aber auch die intertextuelle Beziehung der Texte zum „allgemeinen Diskurs der Zeit" (Broich/Pfister 1985, 5). An die Destruktion des Monologismus knüpft Kristeva an. Sie unterminiert den traditionellen Textbegriff. Intertextualität ist für sie zunächst einmal der Umstand, dass ein Zeichen sich niemals auf einen Sinn festlegen lässt, sondern in jeweils anderen Relationen jeweils eine andere Sinndeutung erfahren kann. Im Anschluss an Bachtins Denken, das sich gegen die Starrheit des sozialistischen Realismus richtet, wendet sie sich zugleich, beeinflusst von Marxschem und Freudschem Gedankengut, gegen die Autonomie des (bürgerlichen) Individuums als Leser und gegen die Abgeschlossenheit des Textes. Sie entgrenzt den Textbegriff, indem sie Texte als Mosaike von Zitaten bestimmt oder – anders gesagt – feststellt, dass alle Texte miteinander in Zusammenhang stehen. So ist Intertextualität mit Textualität immer schon gegeben und jeder Text ist zugleich ein Intertext. Sie löst die Grenzen des Textbegriffes noch weiter auf, indem sie nicht nur sprachliche Texte, sondern Äußerungsformen aller kulturellen Systeme und Codes in ihre Vorstellung von Text einbezieht. Alle diese Äußerungsformen gelten ihr als Texte und müssen als solche gelesen werden: der sprachliche Text ebenso wie z. B. die Grammatik des Karnevals. Die Entgrenzung geht so weit, dass der Unterschied zwischen Gesellschaft und Sprache aufgehoben wird und auch Gesellschaft wie sprachliche Äußerungen als Text gelesen werden muss. In diesem Zusammenhang eines poststrukturalistischen, extrem offenen Intertextualitätskonzeptes sind auch Barthes (der Text als „Echokammer"), Grivel (das Universum des Textes), Riffaterre (Intertextualität als Rezeptionsstrategie) zu sehen.

Dem entgrenzten Text- und Intertextualitätsbegriff stehen Versuche gegenüber, das Phänomen einzugrenzen, die Autonomie des (literarischen) Textes nicht völlig aufzugeben und Intertextualität als im Text materialisierten, konkreten Bezug zwischen Texten oder zwischen Texten und ihren Mustern zu beschreiben.

Hier ist vor allem Genette zu nennen, mit seinem in „Palimpsestes" (1982) unternommenen Versuch, alle Erscheinungsweisen von 'Transtextualität' – dies der übergreifende Begriff für Text-Text- und Text-Textmuster-Beziehungen – zu erfassen. Stärker eingrenzende Auffassungen finden sich bei deutschen, dem Strukturalismus und der Rezeptionsästhetik verpflichteten Autoren wie z. B. bei Kloepfer (beschränkt auf referentielle Intertextualität), Stierle (nur deskriptiv zu erfassende Intertextualität), Zima (textsoziologisch bestimmte Intertextualität im Fokus). Lachmann (1984) unterscheidet zwischen text-ontologischer und text-deskriptiver Intertextualität, zwischen Intertextualität als der generellen Eigenschaft von Texten – Text-Textwelt-Beziehung – und der am Text jeweils materiell bzw. semantisch nachweisbaren Text-Text-Beziehung bzw. Text-Textmuster-Beziehung. Pfister (1985) unternimmt den Versuch einer Vermittlung zwischen dem globalen und dem eingegrenzten Intertextualitätsbegriff, die sich nach seiner Auffassung nicht ausschließen, sondern nur unterschiedliche Ausprägungen desselben Phänomens sind. Globale Intertextualität schließt die Fälle engerer, intensiver Intertextualität als ihren prägnanten Kernbereich ein.

1.4. Linguistische Konzepte

Das Sachregister der Studienbibliographie Textlinguistik (Brinker 1993) enthält das Stichwort 'Intertextualität' nicht. Ebenso fehlt es in den meisten sprachwissenschaftlichen Nachschlagewerken mit Ausnahme eines knappen Artikels im Metzler-Lexikon Sprache 1993. In Adamziks (1995) kommentierter Bibliographie „Textsorten – Texttypologie" werden einige wenige Arbeiten zum Stichwort 'Intertextualität' angeführt, in denen Intertextualität jedoch jeweils nur als Erklärungshintergrund, nicht als eigentlicher Gegenstand thematisiert wird.

Mit diesem Überblick ist eine Situation zutreffend charakterisiert: Die Sprachwissenschaft kann mit dem Intertextualitätsbegriff der Literaturwissenschaft, wie sie meint, nichts anfangen. Vornehmlich stößt sie sich, wie allenthalben zu lesen ist, an der Weite, an dem „Schillernden" des Begriffs. Diese Vorstellung ist schon zum alltagsweltlichen Topos geworden, auf den sich beziehend man den Sinn der Beschäftigung mit Intertextualität in Frage stellt. Einen eigenen, auf ihre Bedürfnisse hin zugeschnittenen Begriff hat die Sprachwissenschaft lange Zeit nicht im Blick gehabt und nicht zu etablieren versucht, obwohl z. B. der Pfistersche Skalierungsversuch, wenn auch aus literaturwissenschaftlicher Perspektive entwickelt, bereits eine gute Grundlage für linguistische Überlegungen geboten hätte. Allenfalls gab es knappe Hinweise, von denen der von de Beaugrande/ Dressler (1981) noch der ausführlichste und brauchbarste ist, wenn er auch sehr eingeschränkt bleibt. Als letztes von sieben Kriterien der *Textualität (Kohäsion, Kohärenz, Intentionalität, Akzeptabilität, Informativität, Situationalität)* wird *Intertextualität* genannt, wobei überwiegend die Text-Textmusterbeziehung im Blick ist, aber auch die Text-Text-Beziehung unter dem Stichwort 'Anspielung' berücksichtigt wird. Scherner (1984) bezieht sich über seine Darstellung von *Vortext, Textexemplar* und *Folgetext* hinaus auf die Textsortenbezogenheit, wie sie de Beaugrande und Dressler beschreiben. Heinemann und Viehweger (1991) referieren die Kriterien der Textualität lediglich.

In diesem Kontext ist die „textologisch" = textwissenschaftlich angelegte, neben Linguistik auch Literaturwissenschaft, Semiotik und Kognitionspsychologie einbeziehende Arbeit von Holthuis (1993) ein entscheidender Schritt voran. Obwohl auch sie sich, wie es der allgemeinen Praxis entspricht, nur mit literarischen Texten beschäftigt und damit einen umfangreichen Untersuchungsgegenstand, den der Sachtexte, vernachlässigt, sind ihre Ergebnisse von weitreichender, über ihr Untersuchungsfeld hinausgehender Bedeutung. Sie strebt ein „operationalisierbares Intertextualitätskonzept" (ebd.) an und will „die Formen konkreter Bezüge zwischen Texten" (ebd.) bestimmen, dabei „den Leser und seine Rolle bei der Erfassung und Verarbeitung intertextueller Bezüge" (ebd., V) berücksichtigend. Es geht ihr um ein Konzept, mit dem man Erscheinungsformen der Intertextualität prototypisch erfassen, mit dem man Texte nach ihren intertextuellen Beziehungen und Bedeutungskonstitutionen tatsächlich beschreiben und mit dem man bei allem dezidierten Bezug auf den Text den Rezipienten ernstnehmen kann als jemanden, ohne den Intertextualität nicht zustande käme. Ausgangspunkt sind zwei Gedanken: 1. Im Text sind Intertextualitätssignale angelegt, der Text verfügt demzufolge über eine „intertextuelle Disposition". 2. Intertextuelle Wertigkeit wird erst durch die von den intertextuellen Signalen gelenkten „Textverarbeitungsstrategien" gewonnen, die abhängig sind von „Interpretationshypothesen und -zielsetzungen des Rezipienten sowie spezifischen intertextuellen Wissensbeständen" (Holthuis 1993, 32). Es soll vermittelt werden zwischen Aspekten des Textes, der materiellen Dimension, und Aspekten der Textverarbeitung, der relationalen Dimension. Dem Text mit seiner semiotischen Disposition wird ein Stellenwert wiedergegeben, den er in der poststrukturalistischen Intertextualitätsdiskussion verloren hatte, ohne dass dabei die Rolle des Lesers als Konstrukteur einer intertextuell bestimmten Textwelt vernachlässigt würde. Faktoren, die auf diesen Prozess wirken, werden beschrieben: 1. statische Faktoren wie Interpretationstypen und Wissenssysteme, 2. dynamische Faktoren, nämlich Textverarbeitungsstrategien, zu denen an erster Stelle das Intertextualisieren gehört, das Erkennen intertextueller Faktoren und deren Integration in eine Textweltkonstruktion.

Linguistische Arbeiten zur Intertextualität sind auch nach Holthuis nur spärlich erschienen. Heinemann (1997), Linke/Nussbaumer (1997) widmen sich dem Thema aus der theoretischen Perspektive. Heinemann plädiert für eine Einengung des Terminus 'Intertextualität' auf Text-Textsorten-Beziehungen. Die Text-Text-Beziehung sei mit dem Terminus 'Referenz' längst erfasst und darüber hinausgehende universelle Text-Textwelt-Beziehungen seien so allgemein, dass sie vernachlässigt werden könnten. Linke und Nussbaumer werfen einen linguistischen Blick auf eben dieses allgemeine literaturwissenschaftliche Konzept, zu dessen Vorstellungen die Auflösung des Einzeltextes, die Entbindung des Textes aus Intentions-, Funktions-, und anderen Handlungszusammenhängen gehört, und stellen ihm das kritische Argument gegenüber, dass die strukturelle und soziale Bedingtheit von Sprache, also auch von Texten, die überindividuelle Verbindlichkeit sprachlichen Miteinanderhandelns aus dem Diskurs nicht ausgeblendet werden könne. Mit der linguistischen Sicht richtete sich − zögernd − der Blick auch auf nichtliterarische Texte. Neuere Arbeiten zur Intertextualität (vgl. Klein/Fix 1997) greifen das Problem intertextueller Beziehungen von Sachtexten auf, u. a. am Beispiel politischer Texte (Steyer 1997), am Beispiel von Werbetexten (Jakobs 1997), von jugendkulturellen Textsorten (Androutsopoulos 1997) und von Pressetexten (Rößler 1997). Die Erschließung dieses Gebietes von Intertextualität ist von nicht zu unterschätzender Bedeutung, da Intertextualität für Alltagstexte wie Werbe-, Anzeigen- und Pressetexte mittlerweile zu einem konstitutiven Element, fast zu einem „Normalfall" geworden ist.

2. Taxonomien

Immer wieder findet man in der Intertextualitätsdiskussion mehr oder weniger ausgebaute Versuche, Spielarten, Erscheinungsweisen, Sorten von Intertextualität zu unterscheiden. Zum Beispiel differenziert Lachmann (1984, 134) zwischen „Verfahren wie Einlagerung fremder Texte oder Textelemente in den aktuellen Text (als Zitat, Allusion, Reminiszenz etc.) oder Kreuzung und Übereinanderschaltung einer Vielzahl fremder Texte ... oder die Wieder- und 'Gegen'-Schrift eines bekannten Textes als Replik, Kontrafaktur, Parodie etc. ...".

Genettes (1982) viel beachteter Versuch, Textbeziehungen zu differenzieren, setzt beim Begriff der *Transtextualität* (s. o.) an, der aufgefächert wird in: *Intertextualität* = erkennbare Präsenz eines Textes in einem anderen; *Paratextualität* = den Text begleitende Textsorten; *Metatextualität* = kommentierende Bezugnahme eines Textes auf einen Prätext; *Hypertextualität* = ein Text als die Folie eines anderen; *Architextualität* = Bezug auf Texttraditionen. (Auf die daran anschließenden Subkategorisierungen kann hier nicht näher eingegangen werden.)

Pfister (1985) entwickelt einen Vorschlag, der der Tatsache, dass globale und engere (textbezogene) Intertextualität Ausprägungen desselben Phänomens sind (vgl. 1.3.), gerecht wird. Für die Beschreibung und Skalierung von Intertextualität, freilich nur als Spezifikum literarischer Texte, schlägt Pfister folgende Kriterien vor: *Referentialität* = Grad der Thematisierung des einen Textes durch einen anderen; *Kommunikativität* = Grad der Bewusstheit des intertextuellen Bezugs beim Produzenten wie beim Rezipienten, Grad der Intentionalität und Deutlichkeit der Markierung im Text; *Autoreflexivität* = Grad der Reflektiertheit von Intertextualität in einem Text; *Strukturalität* = Grad, in dem ein Prätext die Struktur des Folgetextes beeinflusst; *Selektivität* = Grad der Prägnanz des intertextuellen Bezugs; *Dialogizität* = Grad der semantischen und ideologischen Spannung zum Vortext. Diese qualitativen Merkmale werden durch quantitative ergänzt: die Dichte und Häufigkeit der intertextuellen Bezüge; die Zahl und Verteilung der Prätexte, auf die Bezug genommen wird.

Die Kriterien sind, so Pfister, nicht als „Meßdaten" zu verstehen, sondern als „heuristische Konstrukte zur typologischen Differenzierung unterschiedlicher intertextueller Bezüge" (Pfister 1985, 30). In diesem Sinne angewendet, erweisen sie sich als sehr hilfreich. Vergleichbare Herangehensweisen finden sich in jüngster Zeit in Arbeiten, die sich die Anwendung der Kategorie auf den konkreten Einzelfall, auf die Analyse konkreter Textbeziehungen vorgenommen haben: z. B. die Analyse historischer Texte und Textbeziehungen (Kühlmann/Neuber 1994), die Betrachtung der Moderne in der deutschen Literatur des 20. Jhs. (Fues 1995) oder die Untersuchung der intertextuellen Geprägtheit von Gattungen, z. B. parodistischer Texte (Müller 1994) bzw. die Analyse von Beziehungen innerhalb eines Werkes (Heising 1996).

Holthuis (1993, 40 ff) stellt, anknüpfend an Petöfi/Olivi (1988), eine höchst differenzierte Taxonomie vor, wobei sie sich auf Intertextualität im engeren Sinne und auf Beziehungen zwischen verbalen Objekten beschränkt, Beziehungen zu Objekten anderer semiotischer Kodes (Musik, Bild) also vernachlässigt. Zu ihrer Taxonomie gehören: *Auto-Intertextualität* = Bezüge zwischen Texten eines Autors; *Hetero-Intertextualität* = Bezüge zwischen Texten mehrerer Autoren; *Pseudo-Intertextualität* = signalisierte, aber nicht rekonstruierbare Bezüge; *ästhetische Intertextualität* = Bezüge zwischen literarischen und nichtliterarischen Texten; *nichtästhetische Intertextualität* = Bezüge zwischen nichtliterarischen Texten oder zwischen nichtliterarischen Texten und literarischen Bezugstexten. Die daran anschließende und für ihr Konzept grundlegende Dichotomie ist die zwischen den beiden Globaltypen *typologische* und *referentielle* Intertextualität. Mit *typologischer* Intertextualität sind die Beziehungen gemeint, die Textexemplare zu Gattungen, Genres, Mustern, sog. *Systemtexten* haben. Im Blick ist also der Bezug auf kanonisierte Eigenschaften von Texten. Ihr Vorschlag, die Beziehungen vom realen Text (token) zum Textmuster (type) als einen Globaltyp von Intertextualität anzusetzen, eröffnet theoretische und methodische Perspektiven für das Erfassen alltagstextlicher Intertextualität, die stark von der Text-Textmuster-Bezogenheit, weniger von der Text-Text-Bezogenheit geprägt ist. Der Globaltyp *referentielle* Intertextualität steht bisher im Zentrum der Aufmerksamkeit. Holthuis beschreibt die möglichen Verfahren von Text-Text-Beziehungen systematisch. Ausführlich erörtert werden Zitat, Paraphrase, Reproduktion, Collage, Parodie (*Referenzen in präsentia*) und Allusion (*Referenzen in absentia*). Referentielle Beziehungen werden weiter unterschieden in *homo-lingual* und *hetero-lingual*, in *partiell* und *total*, in *diskursiv* und *metadiskursiv*, typologische in *funktional* und *system-immanent*. Alles basiert auf einem Schema von Bezugsebenen und Einbettungstypen, dass es ermöglicht, die Arten von Referenzen klar zu charakterisieren, aber auch Modifikationen und Abwandlungen einzuordnen. Es wird ein Kategoriensystem vorgestellt, mit dem man wesentliche Erscheinungsformen von Intertextualität, nicht nur der literarischen, gut erfassen kann. Dieser Taxonomie ist bisher im Bereich der Linguistik keine andere entgegengestellt worden.

3. Funktionszuschreibungen

Mit Hinweis auf den historischen Charakter von Funktionen der Intertextualität legt Schulte-Middelich (1985) ein differenziertes Konzept zur Funktionsbestimmung intertextueller Bezüge vor, das auf einer Ebene spielerische, einzel-zweckgerichtete, gesamt-zweckgerichtete, auf einer zweiten Ebene affirmative, neutrale und kritische Wirkungsstrategien ansetzt, auf einer dritten Sinnerweiterung, Sinnkonstitution und Sinnkontrastierung, und schließlich auf der vierten Ebene Kritik an der Form, Kritik an der Thematik und Kritik an Form und Thematik. Plett (1991) ordnet Funktionen kulturellen Epochen zu, affirmative Intertextualität der Klassik, negierende Intertextualität der Romantik, relativierende Intertextualität der Moderne und Postmoderne. Sachtexte sind − folgerichtig, da ihre intertextuellen Bezüge bisher kein Thema waren, − in diese Funktionsbestimmungen nicht einbezogen. Eine Beschreibung der durchaus differenzierten Funktionen von Intertextualität in Sachtexten steht noch aus. Eine grobe Unterscheidung ist nach folgenden Funktionen möglich: Typologische Intertextualität im Sinne von Textmusterbezogenheit dient vor allem der unaufwendigen und störungsfreien Gestaltung von Kommunikation. Zur Kompetenz aller Beteiligten gehört die Kenntnis auch der Textmuster. Typologische Intertextualität im Sinne von Mustermischungen und Textmusterbrüchen, im Sinne eines Ausbruchs aus der Konventionalität der Zeichen führt zu einem verfremdeten Blick auf den Text, verführt überhaupt erst dazu, ihn wahrzunehmen, eine Funktion, die in einer Welt der Fülle an Texten, auch Sachtexten, immer mehr an Bedeutung gewinnt. Referentielle Intertextualität kann in dieser Funktion auch genutzt werden. Ihre Hauptfunktion ist aber vorwiegend die, einen sachbezogenen (affirmativen, negierenden oder relativierenden) Bezug zu Vortexten (z. B. *Rezension*), Texten-in-Relationen (z. B. *Vorwort* und *Monographie*) oder Prätexten (z. B. *Abstract*) herzustellen.

4. Intertextualität unter medialem Aspekt

4.1. Verbale Intertextualität

Während weite Auffassungen von Intertextualität (Text-Textwelt-Beziehung, vgl. Kristeva 1967) weit über Sprachliches hinausgehen und im extremen Fall die Welt als Text betrachten, konzentrieren sich engere Intertextualitätsauffassungen, die von „nachweisbaren" Bezügen zwischen sprachlichen Texten (Text-Text-Beziehung und Text-Textmuster-Beziehung, vgl. Holthuis 1993) ausgehen, auf verbale Phänomene. Auch da gibt es Fragestellungen genug, z. B. die Frage nach den Arten von Bezügen, die innerhalb typologischer und referentieller Intertextualität existieren. Was typologische Intertextualität angeht, kann die Frage zum einen mit der Beschreibung von Gattungen, Genres, Textsorten beantwortet werden; denn so viele Textsorten existieren, so viele Arten typologischer Beziehungen zwischen Einzeltexten und ihren Mustern kann man annehmen. Zum anderen kann eine Antwort mit dem Verweis auf das spielerische, abwandelnde, musterbrechende Umgehen mit Textsorten als auch einer Art typologischer Intertextualität gegeben werden (vgl. Fix 1997). Bezüge innerhalb referentieller Intertextualität können, Holthuis folgend, u. a. erfasst werden durch die Beschreibung von Textsorten mit „Sekundärcharakter" (vgl. 1.2.), durch die Unterscheidung zwischen texttiefenstrukturellen Referenzen (semantische Bezüge, prototypisches Beispiel *Allusion*) und textoberflächenstrukturellen Referenzen (materiell organisierte Bezüge, prototypisches Beispiel *Zitat*), durch die Frage nach dem Umfang der Bezüge − von partiell bis total − und durch die Differenzierung nach monolingualer Intertextualität (innerhalb einer Sprache) und heterolingualer Intertextualität (zwischen mehreren Sprachen, *Übersetzung*). Eine andere, im Bereich verbaler Intertextualität relevante Frage ist die nach der Markierung intertextueller Referenzen (vgl. Broich/Pfister 1985; Holthuis 1993). Im Falle intendierter Intertextualität lässt sich unterscheiden nach expliziten Markierungen (gekennzeichnet als Übernahme), quasi-expliziten Markierungen (unvollständige Markierung von Übernahmen) und impliziten Markierungen (aus der Disposition des Textes zu erschließender Bezug). Je nach Art der Markierung wird der Rezeptionsvorgang mehr oder weniger geregelt und damit mehr oder weniger ambigue sein. Eine umfassende Beschreibung der Markierungsmöglichkeiten steht noch aus.

4.2. Intermediale Intertextualität

Strittig und von der jeweiligen Textdefinition abhängig ist die Frage, ob man bei formalen oder thematischen Beziehungen, die Artefakte verschiedener Künste zueinander haben können, von Intertextualität sprechen kann.

Zander (1985) macht einen Intertextualitätsbegriff von mittlerer Allgemeinheit, enger als der Kristevas, weiter als ein rein sprachgebundener, zur Bedingung und nennt als Möglichkeiten intermedialer Beziehungen u. a. sprachlicher Text − Bühneninszenierung, sprachlicher Text − Verfilmung, sprachlicher Text − Komposition, Text − bildnerische Umsetzung. Es bleibt die Frage, ob die Übernahme eines Sprachtextes in ein anderes Medium noch als Text-Text-Bezug zu bewerten ist. Diese Frage, ursprünglich im Hinblick auf künstlerische Äußerungen gestellt, kann durchaus auch Sachtexte betreffen. (So sind Werbetexte gegenwärtig stark geprägt von Bildzitaten, z. B. erscheinen Leonardo da Vincis Abendmahl und sein Bildnis der Mona Lisa in abgewandelter Form als Werbung für Kleidung und Bier.) Die Antwort darauf liegt in einem semiotischen Ansatz und einem daraus hervorgehenden weiten Begriff des 'Textes einer Kultur', wie ihn Posner (1991) entwickelt. Für ihn ist jedes Zeichengebilde, das intendiert und mit einer Funktion versehen ist und das auf Zeichenkonventionen einer Kultur beruht, ein (semiotischer) Text. Die Beziehungen so verstandener Texte von verschiedener Medialität, aber übereinstimmenden Kriterien ihrer Textualität können als intertextuell gewertet werden (vgl. Fix 1996).

4.3. Neue Perspektiven

Neben *Intertextualität* begegnen verwandte Begriffe wie *Intermedialität*, *Hypertext*, *Interaktivität* − Folge der Möglichkeit digitaler Codierung von Texten −, alle in inhaltlicher Nähe zum Begriff der Intertextualität, alle aber Ausdruck neuer Sehweisen auf Texte (neuer Art), auf Textbeziehungen (neuer Art) und neuer Möglichkeiten des Umgangs damit. *Intermedialität* bezieht sich auf multimediale Kommunikation. *Hypertext* meint das Ergebnis dieser Art intermedialen Handelns, den holistischen Text, der ein Verbund sein kann von digital gespeichertem Sprachtext mit Bildern, Tonmaterial, Filmen, Graphiken u. ä., also mit Texten anderer semiotischer Kodes (vgl. Hess-Lüttich 1997). *Interaktivität* wird verstanden als praktizierbare Intertextualität: Auf Abruf bereitgehaltene Texte und Verknüpfungsstrukturen können jederzeit realisiert und jederzeit neu verknüpft werden (vgl. Sager 1997). Abzugrenzen von Intertextualität ist der Begriff der *Interdiskursivität* (vgl. Link 1986), der das Zusammenwirken institutionell geregelter, an Macht gebundener Redeweisen einer Gesellschaft meint.

5. Resümee

Vorschläge aus jüngster Zeit, die für die Linguistik einen engen Intertextualitätsbegriff anmahnen (nur Text-Text- und Text-Textsorte-Beziehungen, bei Heinemann 1997 sogar nur Text-Textsorte-Beziehung) greifen zu kurz. Sie haben nur eine Seite, den methodischen Nutzen (Brauchbarkeit für Analysen) im Blick. Wenn man die andere Seite in den Blick nehmen und theoretisch an das Phänomen Text herangehen, wenn man sich mit Textualität auseinandersetzen will und gar vorhat, semiotische Textbeziehungen zu betrachten, dann braucht man den Blick auf Text-Textwelt-Beziehungen (alles ist Text). Beides sollte im Bewusstsein sein: Erstens: Alles ist Text und steht miteinander in Beziehung. Zweitens: Texte stehen in konkret fassbaren Bezügen zu anderen Texten und zu Textmustern. Und drittens sollte man sich dessen bewusst sein, dass sich mit den Möglichkeiten digitaler Kodierung neue Begriffe von Text und von Intertextualität herausgebildet haben, an denen man bei der Diskussion von Textualität und Intertextualität nicht mehr vorbeigehen kann.

6. Literatur (in Auswahl)

Adamzik, Kirsten (1995): Textsorten − Texttypologie. Eine kommentierte Bibliographie. Münster.

Androutsopoulos, Ioannis (1997): Intertextualität in jugendkulturellen Textsorten. In: Klein/Fix (1997), 339−372.

Antos, Gerd/Tietz, Heike (eds.) (1997): Die Zukunft der Textlinguistik. Tübingen.

Bachtin, Michail M. (1986): Untersuchungen zur Poetik und Theorie des Romans. Berlin/Weimar.

− (1990): Literatur und Karneval. Zur Romantheorie und Lachkultur. Frankfurt am Main.

Barthes, Roland (1978): Roland Barthes: Über mich selbst. München.

de Beaugrande, Robert-Alain/Dressler, Wolfgang Ulrich (1981): Einführung in die Textlinguistik. Tübingen.

Brinker, Klaus (1993): Textlinguistik. Heidelberg. (Studienbibliographien Sprachwissenschaft, Bd. 7).

Broich, Ulrich/Pfister, Manfred (eds.) (1985): Intertextualität. Formen, Funktionen, anglistische Fallstudien. Tübingen.

Ette, Ottmar (1985): Intertextualität. Ein Forschungsbericht mit literatursoziologischen Anmerkungen. In: Romanistische Zeitschrift für Literaturgeschichte 9, Heft 3/4, 497−522.

Fix, Ulla (1996): Textstil und KontextStile. Stil in der Kommunikation als umfassende Semiose von Sprachlichem, Parasprachlichem und Außersprachlichem. In: Fix, Ulla/Lerchner, Gotthard (eds.) (1996): Stil und Stilwandel. Frankfurt am Main/Berlin/Bern, 111−132.

− (1997): Kanon und Auflösung des Kanons. Typologische Intertextualität − ein 'postmodernes' Stilmittel? In: Antos/Tietz (1997), 97−108.

Fues, Wolfram Malte (1995): Text als Intertext. Zur Moderne in der deutschen Literatur des 20. Jhs. Heidelberg.

Genette, Gérard (1982): Palimpsestes. La littérature au second degré. Paris.

Grivel, Charles (1982): Thèses préparatoires sur les intertextes. In: Lachmann (1982), 237−248.

Heinemann, Wolfgang (1997): Zur Eingrenzung des Intertextualitätsbegriffes aus textlinguistischer Sicht. In: Klein/Fix (1997), 21−37.

Heinemann, Wolfgang/Viehweger, Dieter (1991): Textlinguistik. Eine Einführung. Tübingen.

Heising, Bärbel (1996): „Briefe voller Zitate aus dem Vergessen": Intertextualität im Werk Wolfgang Hilbigs. Frankfurt am Main/Berlin/Bern.

Hess-Lüttich, Ernest W. B. (1997): Text, Intertext, Hypertext. Zur Texttheorie der Hypertextualität. In: Klein/Fix (1997), 125−148.

Holthuis, Susanne (1993): Intertextualität. Aspekte einer rezeptionsorientierten Konzeption. Tübingen.

Jäger, Siegfried (1991): Text- und Diskursanalyse. Dortmund.

Jakobs, Eva (1994): Intertextualität in der Printmedienwerbung. In: Spillner, Bernd (ed.): Fachkommunikation. Kongreßbeiträge zur 24. Jahrestagung der GAL. Frankfurt am Main, 188−189.

Klein, Josef/Fix, Ulla (eds.) (1997): Textbeziehungen. Linguistische und literaturwissenschaftliche Beiträge zur Intertextualität. Tübingen.

Kloepfer, Rolf (1975): Poetik und Linguistik. München.

Kowalski, Edward (1986): Michail Bachtins Begriff der Dialoghaftigkeit. Genese und Tradition einer künstlerischen Denkform. In: Bachtin (1986), 509−534.

Kretzenbacher, Heinz Leonhard (1990): Rekapitulation: Textstrategien der Zusammenfassung von wissenschaftlichen Fachtexten. Tübingen.

Kristeva, Julia (1967): Bachtine, le mot, le dialogue et le roman. In: Critique 23, 438−465.

− (1977): Semiologie − kritische Wissenschaft und/oder Wissenschaftskritik. In: Zima, Peter V. (ed.): Textsemiotik als Ideologiekritik. Frankfurt am Main, 35−53.

Kühlmann, Wilhelm/Neuber, Wolfgang (eds.) (1994): Intertextualität in der Frühen Neuzeit: Studien zu ihren theoretischen und praktischen Perspektiven. Frankfurt am Main/Berlin/Bern.

Lachmann, Renate (ed.) (1982): Dialogizität. München.

− (1984): Ebenen des Intertextualitätsbegriffes. In: Stierle/Warning (1984), 133−138.

Lamping, Dieter (1991): Die Parodie. In: Knörrich, Otto (ed.): Formen der Literatur. 2. Aufl. Stuttgart, 290−296.

Lausberg, Heinrich (1990): Handbuch der literarischen Rhetorik. Eine Grundlegung der Literaturwissenschaft. 3. Aufl. Stuttgart.

Link, Jürgen (1986): Noch einmal: Diskurs. Interdiskurs. Macht. In: kultuRRevolution 11, 4−7.

Linke, Angelika/Nussbaumer, Markus (1997): Intertextualität. Linguistische Bemerkungen zu einem literaturwissenschaftlichen Textkonzept. In: Antos/Tietz (1997), 109−126.

Metzler-Lexikon Sprache. Hrsg. v. Helmut Glück, Stuttgart/Weimar 1993.

Müller, Beate (1994): Komische Intertextualität. Die literarische Parodie. Trier.

Ottmers, Clemens (1996): Rhetorik. Stuttgart.

Petöfi, Janos S./Olivi, Terry (eds.) (1988): Von der verbalen Konstitution zur symbolischen Bedeutung. Hamburg.

Pfister, Manfred (1985): Konzepte der Intertextualität. In: Broich/Pfister (1985), 1−30.

Plett, Heinrich F. (ed.) (1991): Intertextuality. Berlin/New York.

Posner, Roland (1991): Kultur als Zeichensystem. Zur semiotischen Explikation kulturwissenschaftlicher Grundbegriffe. In: Assmann, Aleida/Harth, Dietrich (eds.): Kultur als Lebenswelt und Dokument. Frankfurt am Main, 37−74.

Riffaterre, Michael (1979): Le syllepse intertuelle. In: Poetique 40, 476−501.

Rößler, Elke (1997): Intertextualität in Zeitungstexten − ein rezeptionsorientierter Zugang. In: Klein/Fix (1997), 235−255.

Sager, Sven (1997): Intertextualität und die Interaktivität von Hypertexten. In: Klein/Fix (1997), 109−123.

Sandig, Barbara (1989): Stilistische Mustermischungen in der Gebrauchssprache. In: Zeitschrift für Germanistik 10, H. 2, 133−150.

− (1991): Literarische Mustermischungen: Formen und Funktionen. In: Werner, Hans-Georg/Müske, Eberhard (eds.): Strukturuntersuchung und Interpretation künstlerischer Texte. Halle/Saale, 128−151.

Scherner, Maximilian (1984): Sprache als Text: Ansätze zu einer sprachwissenschaftlich begründeten Theorie des Textverstehens. Forschungsgeschichte. Problemstellung. Beschreibung. Tübingen.

Schmid, Wolfgang/Stempel, Wolf-Dieter (eds.) (1983): Dialog der Texte. Hamburger Kolloquium zur Intertextualität. Wien.

Schulte-Middelich, Bernd (1985): Funktionen intertextueller Textkonstitution. In: Broich/Pfister (1985), 197−242.

Steyer, Kathrin (1997): Irgendwie hängt alles mit allem zusammen − Grenzen und Möglichkeiten einer linguistischen Kategorie 'Intertextualität'. In: Klein/Fix (1997), 83−106.

Stierle, Karlheinz (1984): Werk und Intertextualität. In: Stierle/Warning (1984), 139–150.

Stierle, Karlheinz/Warning, Rainer (eds.) (1984): Das Gespräch. München.

Still, Judith/Worton, Michael (eds.) (1992): Intertextuality. Theories and practices. Manchester/New York.

Zander, Horst (1985): Intertextualität und Medienwechsel. In: Broich/Pfister (1985), 178–196.

Zima, Peter V. (1980): Textsoziologie. Stuttgart.

Ulla Fix, Leipzig
(Deutschland)

VII. Textkonstitution IV: Textproduktion – Textgestaltung – Textrezeption

44. Phasen und Verfahren der Produktion schriftlicher Texte

1. Situative Bedingungen der Textproduktion
2. Methoden und Modelle der Schreibforschung
3. Globale Planung
4. Formulieren
5. Inskribieren: Der Realzeitverlauf von Schreibprozessen
6. Revidieren
7. Produktionsphasen
8. Probleme und Perspektiven
9. Literatur (in Auswahl)

1. Situative Bedingungen der Textproduktion

Das Verfassen schriftlicher Texte (im folgenden kurz Textproduktion oder auch Schreiben genannt) ist ein komplexer Handlungsprozeß, der eine Vielzahl kognitiver, sprachlicher und sozial-kommunikativer Anforderungen stellt. Diese Anforderungen lassen sich allgemein aus der Natur des Schreibens als Element einer „zerdehnten Sprechsituation" (Ehlich 1983) ableiten, in der Kommunikation nicht unmittelbar und interaktiv, sondern mittelbar, eben über Texte, hergestellt wird. Die Spezifik textvermittelter Kommunikation manifestiert sich für die Situationsbeteiligten (Schreiber und Leser) und die situationsvermittelnde Instanz des Textes in den besonderen Strukturformen von Textproduktion, Text und Textrezeption.

Für den Prozeß der Textproduktion lassen sich analytisch zwei Aufgabenkomplexe differenzieren:

– in seinem Verlauf müssen sprachliche Äußerungen aus dem unmittelbaren Zusammenhang ihrer Entstehung herausgelöst werden;
– sie müssen zugleich auf zukünftige, meist heterogene und durch eine Menge anonymer Leser bestimmte Rezeptionskontexte zugeschnitten werden.

Aus der besonderen Belastung des Schreibens durch die Merkmale der Kommunikationssituation ergibt sich zugleich auch eine spezifische Entlastung des Schreibenden von den Zwängen unmittelbarer Interaktion. Insbesondere die zeitliche Entlastung und die relative Eigenständigkeit von Schreibprozeß, Schreibprodukt und Rezeptionsprozeß ermöglichen ein erhöhtes Maß an Planung, Kontrolle und Revision konzeptueller, sprachlicher oder kommunikativ-funktionaler Dimensionen des Schreibens. Hieraus ergeben sich Konsequenzen sowohl für die Natur des Schreibprozesses als auch für seine wissenschaftliche Analyse. Innerhalb des Gesamtzusammenhanges schriftlicher Kommunikation gewinnt der Schreibprozeß eine eigenständige und von anderen Komponenten der Situation abgelöste Realität. Diese ist als isolierte, individuelle und in hohem Maße von mentalen Aktivitäten geprägte Handlung der wissenschaftlichen Beobachtung nur schwer zugänglich.

2. Methoden und Modelle der Schreibforschung

2.1. Methoden

Analysen der für den Schreibprozeß konstitutiven Aktivitäten und ihres Zusammenhanges untereinander beruhen im wesentlichen auf zwei unterschiedlichen methodischen Zugängen (vgl. im Überblick Krings 1992):

– der unmittelbaren Beobachtung der äußeren Merkmale des Prozesses. Hierzu gehören etwa sein zeitlicher Ablauf, die für komplexe Produktionsprozesse beobachtbaren Handlungsphasen oder die sich in ihrem Verlauf oder im Text selbst manifestierenden „Spuren" des Prozesses in Form von Zwischenprodukten, Revisionen oder Korrekturen;
– der Rekonstruktion der nicht unmittelbar beobachtbaren, mentalen Dimensionen des Prozesses durch die Analyse experi-

mentell exothetisierten Wissens der Textproduzenten. Dies geschieht vornehmlich durch die Methode des lauten Denkens (*think-aloud*), durch nachträgliche Interviews oder kooperatives Schreiben und Formulieren.

2.2. Das kognitive Schreibmodell

Auf der Grundlage dieser Analysen ist eine Reihe von Modellen vorgeschlagen worden, die grundlegende Komponenten des Schreibprozesses repräsentieren. Im Gegensatz zu früheren Vorschlägen, die von einer linearen Abfolge einzelner Phasen ausgehen (Rohman 1965), wird der Schreibprozeß in neueren Modellen als rekursiv geregeltes (Hayes/Flower 1980), teilweise parallel verlaufendes (de Beaugrande 1984) oder reflexiv gekoppeltes (Molitor 1984) Zusammenwirken einzelner Komponenten oder Stufen betrachtet.

Am bekanntesten und für die Forschung am folgenreichsten ist das formal an Modellen der Problemlösetheorie (Newell/Simon 1972) orientierte kognitive Schreibmodell von Hayes/Flower (1980). Es soll hier beispielhaft und als systematisierende Folie für die Erörterung einzelner Komponenten des Schreibprozesses skizziert werden.

Der Textproduktionsprozeß ist innerhalb dieses Modells lediglich eine Teilkomponente, die mit zwei externen Komponenten in Zusammenhang steht: über die Aufgabenumgebung gehen Faktoren wie Thema, Adressaten und Motivationen des Schreibenden sowie der im Verlauf des Schreibens produzierte Text in den Schreibprozeß ein, über das Langzeitgedächtnis kann auf schreibrelevantes Wissen verschiedenen Typs zurückgegriffen werden.

Der Kern des Textproduktionsprozesses besteht aus den drei Komponenten Planung, Übersetzung und Überprüfung, die zum Teil wiederum Subkomponenten enthalten und deren Zusammenwirken durch eine Steuerungseinheit, den Monitor, geregelt wird.

In der Planungskomponente wird zunächst schreibrelevantes Wissen unterschiedlichen Typs erzeugt und organisiert. Erzeugung und Organisation werden dabei durch die vom Schreiber verfolgten Ziele determiniert. Resultat der Planung und damit Input für den Formulierungsprozeß ist eine Hierarchie von Plänen, die die mit dem Text verfolgten Ziele, inhaltliche Strukturen des Textes sowie Typen und Abfolgen der zu ihrer Realisierung notwendigen Aktivitäten spezifizieren.

In der Übersetzungskomponente werden die derart vororganisierten Informationen in schriftsprachliche Äußerungen transformiert.

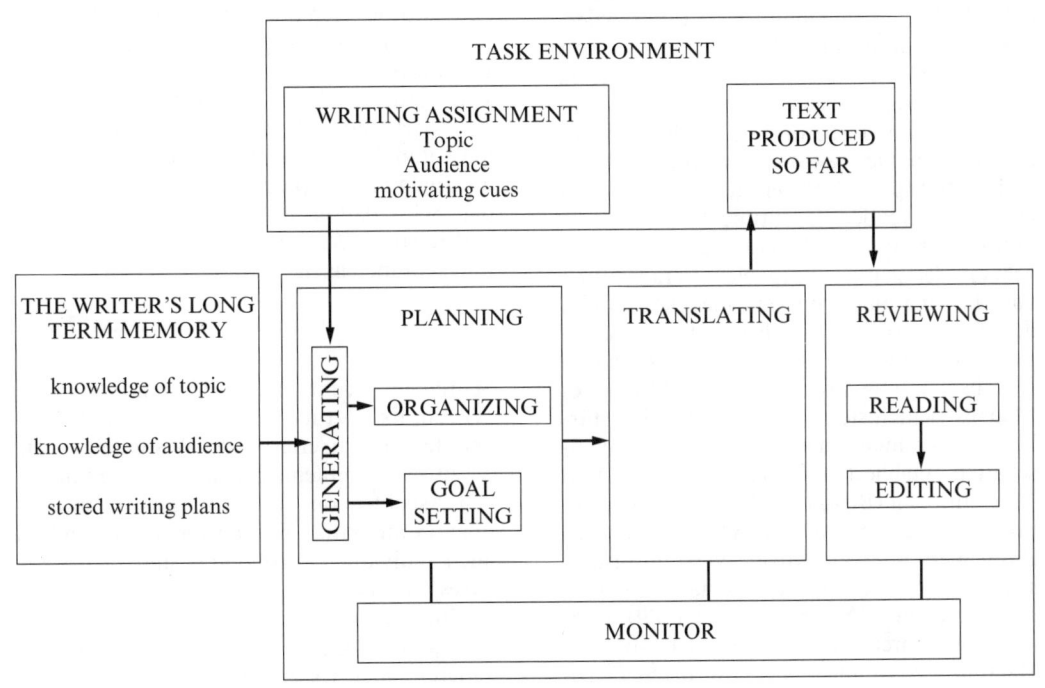

Abb. 44.1: Das kognitive Modell des Schreibens (Hayes/Flower 1980)

Übersetzung wird dabei als Auswahl und Zuordnung propositionaler Gefüge und syntaktischer Muster zu entsprechenden Schreibplänen beschrieben. Die Zuordnungsregeln sind rekursiv und beinhalten zudem Kontrollmechanismen, die eine sukzessive und erfolgreiche Bearbeitung einzelner Formulierungen steuern.

Der Überprüfungsprozeß vollzieht sich schließlich als Lesen des produzierten Textes und seine eventuelle Korrektur. Für die interaktive Konzeption des Modells ist die Komponente der Überprüfung insofern zentral, als sie die Möglichkeit des Rücksprungs in vorgelagerte Stadien oder auch deren Einbettung enthält. Der Überprüfungsprozeß kann mithin andere Aktivitäten unterbrechen oder sie als eingebettete Subkomponenten enthalten. Unter welchen Bedingungen die einzelnen Teilprozesse jeweils eingeleitet, unterbrochen oder auch verschachtelt werden, wird durch die Kontroll- und Steuerungsinstanz des Monitors geregelt.

2.3. Ergänzungen und Alternativen

Das kognitive Modell des Schreibens hat eine Reihe von Ergänzungen, Akzentuierungen und auch konkurrierende Konzeptionen angeregt. So plädiert Ludwig (1983) für eine stärkere Einbeziehung motivationaler Grundlagen und motorischer Aktivitäten in den Kernbereich des Modells. Cooper/Matsuhashi (1983) schlagen eine linguistisch differenziertere Betrachtung der Transformation von Textplänen in Textäußerungen vor. Molitors (1984) Konzeption eines reflexiven Schreibmodells betont insbesondere die Rückkopplungsbeziehungen zwischen textproduktiven und textrezeptiven Aktivitäten und die daraus resultierende Bedeutung von Evaluationsprozessen für das Schreiben. Die Möglichkeit der zeitlich parallelen Verarbeitung von Informationen auf verschiedenen Stufen des Prozesses berücksichtigt das *parallelstage* Modell von de Beaugrande (1984). Gegen die einseitig kognitive Ausrichtung des Modells richten sich Einwände, die eine stärkere Wirksamkeit der von Diskursgemeinschaften etablierten sozialen Regeln und Konventionen (Bizzell 1982) für den Schreibprozeß annehmen, ihn als von allgemeinen Problemen intersubjektiver Verständnisherstellung geprägte Form der sozialen Interaktion betrachten (Nystrand 1986; 1989), oder aber den Schreibprozeß verstärkt in sozialen Handlungszusammenhängen verorten (Wrobel 1995; Ludwig 1995).

Trotz dieser Ergänzungen und Einwände kann das kognitive Modell des Schreibens nach wie vor als Heuristik für das Verständnis der für den Kernbereich des Textproduktionsprozesses konstitutiven Teilhandlungskomplexe dienen. Insofern erfolgt die hier gewählte Darstellung der Phasen und Verfahren der Textproduktion im wesentlichen in Anlehnung an die Teilkomponenten des kognitiven Modells.

3. Globale Planung

Planen ist eine Form der Lösung komplexer Handlungsprobleme durch Vorausstrukturierung. Während spontanes Miteinander-Sprechen im allgemeinen nur wenig Planung ermöglicht und erfordert, sind schriftliche Texte aufgrund ihrer sozial-kommunikativen Funktionen in besonderem Maße planungsbedürftig, aufgrund ihrer Entstehungssituation aber auch in besonderer Weise planbar (Ochs 1979). Diese Planung bezieht sich auf die mit einem Text intendierten kommunikativen Ziele, seine Inhalte und deren sprachliche Realisierungen sowie die Organisation des Schreibhandlungsprozesses selbst. Solche globalen Vorstellungen der Ziele, Inhalte und Formen des Schreibens, die im folgenden als Diskursplan bezeichnet werden sollen, werden in seinem Verlauf sicher nicht für jede neu zu produzierende Äußerung gebildet. Sie liegen vielmehr zu Beginn des Formulierungs- und Inskriptionsprozesses mehr oder weniger vor, werden in deren Verlauf modifiziert, differenziert und z. T. auch neu gebildet. Ausmaß und Form der Planbildung sind dabei abhängig vom Typ der jeweils zu bewältigenden Schreibaufgabe und den dem Schreiber verfügbaren Wissensressourcen und Handlungskompetenzen.

3.1. Die Aktualisierung und Organisation von Wissen

Schreiben beruht in besonderem Maße auf Wissen. Es setzt nicht nur das kulturell überlieferte und zu erlernende Wissen über die spezifischen sprachlichen und kommunikativen Aspekte von Texten voraus (Orthographie, Grammatik, Textmuster usw.), sondern auch individuell verfügbares und prozedierbares „Weltwissen". In einigen Formen der Textproduktion kann dieses Wissen unmittelbar externen Quellen entstammen (z. B. das Zitieren oder Exzerpieren im Falle wissenschaftlicher Textproduktion, vgl. Jakobs

1997), zumeist ist es jedoch in der internen Quelle des Langzeitgedächtnisses repräsentiert. Die möglichen Formen dieser Repräsentation sind in der Forschung umstritten: vorgeschlagen wurden eher sprachnahe Konzepte wie etwa propositionale Strukturen (Kintsch 1977) oder semantische Netzwerke (Norman/Rumelhart 1978), bildhaft-analoge Repräsentationsformen wie mentale Modelle (Johnson-Laird 1983) oder auch Frames, Schemata und Skripts als Formen der Organisation größerer Wissensbereiche (Rumelhart/Ortony 1977; Schank/Abelson 1977).

Wie auch immer repräsentiert – für den Textproduktionsprozeß muß Wissen zunächst aktualisiert und in globaler Form organisiert werden. Für die Suche und Auswahl von aufgabenspezifischem Wissen fungieren die in Diskursplänen repräsentierten allgemeinen Vorstellungen bezüglich der Ziele, des Themas oder der Adressaten als Suchanweisungen. Der Suchprozeß läßt sich als Folge dynamischer Zyklen auffassen, in der gefundene Informationen selbst wieder in die Suchanweisung integriert werden und diese spezifizieren und modifizieren. Erfolg der Suche und die Quantität und Qualität der so aufgefundenen Informationen werden durch den Grad ihrer Dichte und Vernetzung, die Angemessenheit und Flexibilität der Suchanweisung sowie den Typ der Suche determiniert. Diese kann automatisiert-assoziativ (Raaijmakers/Shiffrin 1981) oder auch systematisch-strategisch (van Dijk/Kintsch 1983) verlaufen.

Die Organisation von Wissen umfaßt die Prozesse der Linearisierung und der Segmentierung. Für die Sprachproduktion allgemein unterscheidet Levelt (1989) grundsätzlich zwischen inhalts- und prozeßorientierten Linearisierungsverfahren. Inhaltsorientierte Linearisierung ist dann möglich, wenn Strukturen des Wissens eine inhärente natürliche Ordnung haben. Dies ist etwa für temporale Folgen von Ereignissen, kausale Verkettungen von Handlungen oder die lokalen Verknüpfungen der Orte einer Wegbeschreibung der Fall. Nicht-natürlich geordnete Wissensgehalte (z. B. Beschreibungen von Objekten und Sachverhalten, die Logik einer Argumentation) erfordern artifizielle Linearisierungsverfahren, die normalerweise schwieriger zu realisieren sind (vom Allgemeinen zum Besonderen, vom Ganzen zum Teil, von oben nach unten usw.). Allerdings können beide Formen der Linearisierung von anderen Organisationsprinzipien überlagert und modifiziert werden. Abweichungen von den genannten basalen Ordnungsprinzipien sind gerade für komplexe Kommunikationshandlungen wie das Schreiben häufig. Zentral für diese sekundäre Organisation sind kognitive Faktoren wie individuelle Perspektiven, Meinungen oder Bewertungen oder auch pragmatische Erwägungen wie Relevanzgesichtspunkte, Aspekte der Effektivität, Ästhetik oder Kooperativität (van Dijk/Kintsch 1983).

Schreiben setzt zwar holistische Vorstellungen über die Prinzipien der Organisation des zu produzierenden Textes voraus, diese müssen jedoch im Produktionsprozeß sukzessive und unter der Bedingung eines beschränkten Kurzzeitgedächtnisses realisiert werden. Insofern muß schreibrelevantes Wissen auch unter dem Aspekt seiner Formulierbarkeit organisiert werden, d. h. im Hinblick auf die für den Formulierungsprozeß spezifischen Erfordernisse und Beschränkungen. Dies geschieht im wesentlichen durch die Segmentierung von Wissen in größere „Portionen" (*chunks*), die als Hintergrund für die jeweils aktuell fokussierten Planungsaktivitäten bereitgehalten werden und diese determinieren. Die Formen der Organisation von Wissen, die aus den Bedingungen der Notwendigkeit seiner Formulierung resultieren, sind in der Verbalisierungstheorie von Chafe (z. B. 1977), allerdings weitgehend an Formen der spontan-mündlichen Sprachproduktion, detailliert ausgearbeitet worden. Während sich dort die Organisation von Wissen am jeweiligen Zweck der Kommunikation orientiert und ad hoc vollzieht, begünstigen die spezifischen Bedingungen der Textproduktion längerfristige, repetitive und insgesamt systematisch-strategisch orientierte Verfahren der Bildung solcher Fokus-Hintergrund-Beziehungen.

Solche systematisch-strategischen Formen der Suche und der Organisation sind für viele Arten der Textproduktion erforderlich und werden durch das Schreiben z. T. erst möglich. Denn schriftliche Kommunikation erfordert eine spezifische Perspektive auf Formen des Wissens. Während es in spontaner mündlicher Kommunikation unter dem Aspekt seiner situativen Funktionalität und Angemessenheit prozediert wird, dominieren im Rahmen der Produktion von Texten seine „kontextfreien" Eigenschaften wie Evidenz, Wahrheit oder logische Kohärenz (Chafe 1985). Schreiben fördert und ermöglicht so die Loslösung von Wissen aus den unmittelbaren Kontexten seiner Verwendung und ist die Bedingung der Möglichkeit kontextentlasteter Reflexion. Hinzu kommt, daß Ergebnisse der Wissenssuche auch selbst verschriftlicht und damit verobjektivierter Gegenstand kritisch-distanzierter Betrachtung werden können (z. B. in Form von Stichworten, Materialsammlungen, Gliederungen). Schreiben hat deshalb nicht nur Wissen zur Grundlage, es wirkt seinerseits auf Möglichkeiten der Aktualisierung und Organisation von Wissen zurück. Hierin liegt seine epistemische Funktion (Eigler 1985; Eigler/Jechle/Merzinger u. a. 1990).

3.2. Textmusterwissen

Die Aktualisierung und Organisation von Wissen wird in vielen Fällen dadurch erleichtert, daß auf standardisierte Lösungen zurückgegriffen werden kann. Von zentraler Bedeutung ist hier die Kenntnis von Textmustern, die im Laufe der historischen Entwicklung zur Lösung relevanter und häufig wiederkehrender Formen der schriftlichen Kommunikation entwickelt worden sind. Textmuster repräsentieren in allgemeiner Form nicht nur die verschiedensten sozialen Handlungszwecke und Situationseigenschaften, sie stellen auch Handlungsmittel in Form von Informationen über konventionelle hierarchische oder sequentielle Ordnungen oder sprachliche Realisierungsmuster bereit (Sandig 1997). Textmuster können insofern als bereits differenzierte Such- und Organisationsanweisungen fungieren, die Orientierungsrahmen für die je individuelle Textplanung vorgeben und sie in besonderer Weise effektivieren: sie repräsentieren bereits aufeinander bezogenes inhaltliches, soziales und sprachliches Wissen und erlauben damit eine Planung, die relevante Planungsebenen integriert.

3.3. Die Entwicklung von Planungskompetenz

Die Interaktion und notwendige Integration verschiedener Planungsebenen bildet eine der Hauptschwierigkeiten bei der (Makro)planung von Texten. Verschiedene Studien weisen darauf hin, daß unerfahrene Schreiber relativ wenig Zeit auf Planungsaktivitäten verwenden und insbesondere die rezipientenorientiert-kommunikative Planungsdimension vernachlässigen (Beach 1976; Flower 1979). Erfahrene Schreiber nutzen hingegen die Zeitentlastung des Schreibens effektiver, indem sie z. B. pragmatische und inhaltliche Anforderungen der Schreibaufgabe länger reflektieren und differenziertere Planstrukturen entwickeln (Carey/Flower/Hayes u. a. 1989). Verschiedene Planungskompetenzen werden zudem in unterschiedlicher Weise erworben. Unter entwicklungspsychologischen Gesichtspunkten beschreibt Bereiter (1980) deren Erwerb als sukzessive Integration von Fähigkeitskomplexen, denen verschiedene Schreibstrategien entsprechen. Vom regelgeleiteten (*performative writing*) über das leserbezogene (*communicative writing*) und das kritische Schreiben (*unified wirting*) kann sich diese Kompetenz im Idealfall bis zu einer Stufe entwickeln, auf der sie im Schreibprozeß selbst erkenntnisbildend wird (*epistemic writing*). Kompetentes Schreiben setzt allerdings diese Fähigkeiten nicht nur voraus, es ist selbst das Mittel, sie zu erwerben, zu entwickeln und auszuformen. Insofern sind die der Textplanung inhärenten Möglichkeiten immer auch Anforderungen, denen nur auf der Grundlage entsprechender Fähigkeiten und Praxis entsprochen werden kann.

4. Formulieren

Der für eine Theorie der Textproduktion zentrale Aktivitätskomplex des Formulierens ist bislang nur unzureichend erforscht. Ein Grund dafür besteht darin, daß der Formulierungsprozeß als Schnittstelle zwischen kognitiven und sprachlichen Strukturen für die mit Problemen der Textproduktion befaßten Disziplinen jeweils ein Randphänomen ist. Gegenstand der Kognitionswissenschaften sind Formen der kognitiven Organisation, die vor dem Formulieren liegen. Das Geschäft der Sprachwissenschaften beginnt hingegen erst dort, wo sprachliche Strukturen greifbar werden – also nach der Artikulation oder Vertextung (Wrobel 1997).

4.1. Modelle des Formulierens: Versprachlichen vs. Bearbeiten

Entsprechend lehnen sich die kognitiv orientierten Modelle des Schreibens hinsichtlich ihrer Konzeption des Formulierungsprozesses eng an die im Rahmen psycholinguistischer Forschungen entwickelten allgemeinen Modelle der Sprachproduktion an (z. B. Herrmann 1985; Levelt 1989). Formulieren wird hier als Prozeß des Versprachlichens aufgefaßt; als weitgehend unproblematische, automatisierte und offensichtlich nicht weiter untersuchenswerte „Übersetzung" kognitiver Gehalte in sprachliche Äußerungen (vgl. das Modell von Hayes/Flower 1980, Kap. 2.1).

Die Spezifik des Formulierens als Produktion schriftlicher Texte wird jedoch in diesen Konzeptionen nicht angemessen berücksichtigt.

Im Gegensatz dazu betrachten sprachwissenschaftliche Ansätze wie etwa Antos (1982; 1984) den Formulierungsprozeß als insbesondere für innovative Formen der Hervorbringung mündlicher und schriftlicher Äußerungen konstitutive, problemlösungsorientierte Leistung. Die Erzeugung von Formulierungen wird als bewußter Prozeß der verständigungsorientierten Bearbeitung und Umformulierung von Ausgangstexten zu Zieltexten verstanden, in dem sukzessive globale oder lokale Formulierungsprobleme und Kommunikationsbarrieren verschiedenen Typs abgebaut werden. In der mündlichen Kommunikation wird diese Formulierungsarbeit interaktiv gesteuert und hinterläßt je nach Formulierungsaktivität verschiedenartige „Spuren" (Gülich 1994). Bei der Produktion schriftlicher Texte wird für die Rekonstruktion solcher Formulierungsaktivitäten meist auf die Methode des kooperativen Formulierens zurückgegriffen (Antos 1982; Dausendschön-Gay/Gülich/Krafft 1992). Keseling (1993) berücksichtigt in seinem Versuch der Rekonstruktion von Formulierungsprozessen der Textart „Zusammenfassung" sowohl den Aspekt der Versprachlichung als auch den der Bearbeitung, indem er Neuformulieren und Umformulieren als grundlegende Aktivitätstypen mit teilweise eigener Struktur unterscheidet. Während Umformulierungen auf der Basis oberflächenstrukturell orientierter Veränderungen von Primärtexten entstehen, sind Neuformulierungen im Falle von Zusammenfassungen Produkte der Analyse ihrer konzeptuellen Strukturen. Ähnlich plädiert Wrobel (1995) für eine Theorie des Formulierens, die sowohl allgemeine Prinzipien sprachproduktiver Leistungen als auch die spezifischen Anforderungen der Produktion schriftlicher Texte berücksichtigt. Schriftliches Formulieren ist demnach nicht nur im Hinblick auf Differenzen bei der Bearbeitung bereits produzierter sprachlicher Äußerungen zu analysieren, sondern auch unter dem Aspekt der Verschiedenartigkeit des für spontan mündlichen und schriftlichen Formulierens relevanten Inputs. Im Falle schriftlichen Formulierens besteht dieser aus Wissen, das für den spezifischen Kontext schriftlicher Kommunikation bereits präfiguriert ist und als Folge benannter, temporär gebildeter „Konzepte" (Wrobel 1995, 171 ff) in den Formulierungsprozeß eingeht. In ähnlichem Sinne spricht Keseling (1993, 69 ff) von „Skripteinheiten" als Basis von Formulierungsaktivitäten.

4.2. Formulierungsverfahren

Unabhängig von seinen jeweiligen Ausgangspunkten hat der Formulierungsprozeß prinzipiell drei Anforderungen zu erfüllen (vgl. Sandig 1997):

- in ihm müssen die mit einem Text jeweils individuell verfolgten inhaltlichen und kommunikativen Ziele sprachlich realisiert werden;
- diese Ziele und ihre sprachlichen Realisierungen müssen auf ein Textmuster bezogen werden, dessen Struktur ihnen einen spezifischen sozialen Sinn verleiht. In bezug auf den Formulierungsprozeß machen Textmuster hier z. T. sehr detaillierte Vorgaben, die die individuelle Auswahl von Formulierungen einschränken. Sandig (1997) benennt am Beispiel von wissenschaftlichen Texten z. B. globale Formulierungsvorgaben wie Hoch- und Schriftsprache und domänenspezifische Stile, aber auch prototypische Formulierungsmuster wie Kollokationen, stereotype Textkonstitutive oder Gliederungssignale. Keseling (1993) nennt allein für die Textart Zusammenfassung mehr als sechzig solcher formelhafter Wendungen;
- der zu formulierende Text muß schließlich den allgemeinen Regeln der Textkonstitution entsprechen, wie sie im Rahmen der Textlinguistik expliziert worden sind (Textkohärenz und Textkohäsion, Prinzipien der Konnektivität, Themenentfaltung, Grammatik usw.). In der Perspektive des Produktionsprozesses beschreibt Rothkegel (1993) solche textkonstitutiven Regeln als Prinzipien des Textualisierens.

Die genannten Anforderungen werden in Abhängigkeit von der jeweiligen Schreibaufgabe, dem Ausmaß und der Art der vorgängigen Makroplanung und den aktuell-lokalen Bedingungen des Formulierungsprozesses in unterschiedlicher Weise wirksam. Der Formulierungsprozeß ist mithin nicht homogen im Sinne einer „Übersetzung" kognitiver Gehalte in sprachliche Äußerungen, sondern besteht aus einem Komplex von Aktivitäten, die jeweils lokal aufgabenspezifisch eingesetzt werden. Daraus erklären sich z. B. die besonderen Schwierigkeiten der Formulierung erster Sätze eines Textes (Keseling 1984), die deshalb einen besonderen Formulierungsaufwand erfordern, weil sie ohne Beschränkungen durch vorgängige Textsegmente formuliert werden müssen. Der je lokal aufgabenspezifische Formulierungsaufwand manifestiert sich auch in den Formen der zeitlichen Verzögerungen, die während der Phase der Niederschrift (Inskription) auftreten (vgl. Kap. 5.).

Spezifisch für den Prozeß schriftlichen Formulierens ist die schrittweise Bearbeitung von Formulierungsproblemen in einer eigenständigen Produktionsstufe, auf der zunächst „Prätexte" erzeugt werden (Witte 1987; Wrobel 1992; 1995; Rau 1994). Prätexte sind sprachliche, aber noch nicht schriftlich realisierte Vorstufen des zu produzierenden Textes, die im Formulierungsprozeß tentativ gebildet, erprobt, den globalen oder lokalen Formulierungsanforderungen angepaßt und schließlich zu inskriptionsfähigen Textäußerungen ausgeformt werden. Der Mechanismus der Veränderung von Prätexten ist dabei den auf der Basis manifester Textäußerungen operierenden Verfahren des Revidierens ähnlich (vgl. Kap. 6.). Tentativ erzeugte Prätexte werden hinsichtlich ihrer Angemessenheit der durch Ziele, Textmuster und allgemeine Regeln der Textkonstitution vorgegebenen Beschränkungen bewertet, akzeptiert oder in einer oder mehreren Dimensionen solange verändert, bis eine akzeptable Formulierung erzeugt worden ist. Unter Umständen werden Formulierungsversuche auch abgebrochen oder Formulierungsvorgaben derart verändert, daß die Phasen der konzeptuellen Planung bzw. Neuformulierung erneut durchlaufen werden müssen. Die Feststellung einer nicht-adäquaten Prätextformulierung erfolgt in der Regel nicht im Sinne einer reflektierten Diagnose, sondern vollzieht sich als intuitiv begründetes „Verwerfen" einer Variante und der Produktion neuer Alternativen. In diesem Zusammenhang spielen die in den Formulierungsprozeß integrierten Rezeptionsaktivitäten des vorgängig produzierten Textes eine besondere Rolle. Das (vielfach laute) Lesen ist oftmals nicht nur an der Erzeugung von Prätextformulierungen beteiligt, weil bestimmte Fortsetzungsmöglichkeiten nahegelegt oder ausgeschlossen werden, es dient auch der Anpassung von Prätexten an bislang nur vage zu bestimmende Textmerkmale wie z. B. der besonderen „Klangstruktur" einer Textart (Keseling 1988a).

Die Annahme einer für die Produktion schriftlicher Texte spezifischen Produktionsstufe, auf der Prätexte erzeugt und umformuliert werden, hat für die Modellierung des Gesamtproduktionsprozesses Konsequenzen. Die Untersuchungen zum Revidieren von Rau (1994) zeigen, daß die textgenerative und textverändernde Kraft von Revisionen vor allem auf der Stufe von Prätexten wirksam wird, einmal inskribierter Text hingegen nur selten tiefgreifend revidiert wird. Witte (1985) plädiert deshalb dafür, den Revisionsprozeß nicht als eigenständige und mehr oder weniger nachgeordnete Komponente des Schreibprozesses aufzufassen, sondern ihn näher an allgemeine Verfahren der Textplanung zu binden. Die bislang vorliegenden Einsichten in die Funktionsweise von Formulierungsprozessen machen auf jeden Fall deutlich, daß sowohl seine Modellierung als bloße „Übersetzung" von kognitiven Plänen in sprachliche Äußerungen als auch die Auffassung von Formulieren als sprachbasierte Bearbeitung einseitig und inadäquat ist. Insofern muß die Interaktion der für den Schreibprozeß konstitutiven Teilkomponenten neu überdacht werden.

5. Inskribieren: Der Realzeitverlauf von Schreibprozessen

Die Vielfältigkeit und die komplexe Interaktion der für das Schreiben konstitutiven Teilprozesse manifestieren sich auf der Ebene des konkret beobachtbaren Schreibvorganges (Inskription) in seinem zeitlichen Aufwand und seiner Diskontinuität. Der Schreibvorgang hat eine spezifische zeitliche Verlaufsstruktur, die ihn insgesamt von anderen Formen der Sprachproduktion unterscheidet, die aber zugleich auch von diversen Faktoren der jeweils zu bewältigenden Schreibaufgabe determiniert wird. Untersuchungen zum Realzeitverlauf des Schreibens sind deshalb unter dem Gesichtspunkt seiner Unterschiede zum „Sprechen" (van de Water/Monti/Kirchner u. a. 1987; Weingarten 1995) bzw. anderen Formen der Sprachproduktion (Horowitz/Berkowitz 1964; Blass/Siegman 1975; Gould 1980) sowie seiner Indikatorfunktion für die jeweils aufgabenspezifisch zu erbringenden Planungserfordernisse beim Schreiben durchgeführt worden (Matsuhashi 1981; 1982; Günther 1993). Aufgrund der Unterschiedlichkeit der jeweils analysierten Produktionsprozesse, der verwendeten methodischen Verfahren und der allgemeinen Problematik kontrastierender Vergleiche von „Sprechen" und „Schreiben" kommen diese Untersuchungen hinsichtlich der absoluten Werte zeitlicher Parameter allerdings meist nicht zu einheitlichen Ergebnissen. Deshalb soll auf derartige Angaben hier verzichtet werden.

„Schreiben" ist insgesamt erheblich langsamer als „Sprechen". Dieser erhöhte Zeitbedarf beim Schreiben ist nicht nur durch die Langsamkeit der beteiligten motorischen Aktivitäten bedingt, sondern vor allem durch die Länge und den höheren Anteil von Pausen. Schreibpausen sind zudem in weitgehend anderer Weise verteilt als beim Sprechen. Während sie dort vornehmlich in syntaktischen Positionen auftreten, findet sich ein Großteil der Pausen beim Schreiben innerhalb von Teilsätzen (clauses) – zwischen oder sogar in Wörtern (vgl. Wrobel 1988). Ausmaß und Verteilung von Schreibpausen deuten darauf hin, daß die allgemeinen Planungserfordernisse beim Sprechen sich von denen des Schreibens beträchtlich unterscheiden. Schreibplanung ist kognitiv verhältnismäßig aufwendiger, weniger nach syntaktischen Kriterien strukturiert und deshalb wesentlich kleinschrittiger (van de Water/Monti/Kirchner u. a. 1987; Weingarten 1995). Allerdings scheint der Grad der Unterschiedlichkeit zwischen Sprechen und Schreiben in Abhängigkeit von der jeweils produzierten Textart zu variieren. So fand Keseling (1995) durchaus Ähnlichkeiten in der Pausenstruktur mündlich und schriftlich produzierter Wegbeschreibungen. Insbesondere textmustertypische Intonationskonturen haben Effekte auf das Ausmaß und die Position von Schreib- bzw. Sprechpausen (Keseling 1992).

Schreiben unterscheidet sich nicht nur insgesamt von Sprechen, auch zwischen einzelnen Formen der schriftlichen Textproduktion bestehen beträchtliche Unterschiede hinsichtlich des Zeitaufwandes und der zeitlichen Organisation. Diese werden durch zwei Faktoren determiniert: vom Schwierigkeitsgrad des zu produzierenden Textes und der Komplexität des jeweils geplanten Textsegmentes. Abstrakte Textarten wie etwa generalisierende Texte erfordern mehr Zeit und Planungsaufwand als einfache, etwa beschreibende Textarten. Die Pausen vor komplexen Textsegmenten wie Absätzen oder Sätzen sind im Durchschnitt wesentlich länger als die innerhalb von Sätzen (Matsuhasi 1981). Zwischen beiden Faktoren bestehen zudem Wechselwirkungen. So treten unverhältnismäßig lange Pausen bei der Produktion generalisierender Texte vornehmlich an Absatz- oder Satzgrenzen auf, bei beschreibenden Texten hingegen innerhalb von Sätzen (Matsuhashi 1982). Dies wird damit erklärt, daß unterschiedliche Textarten Zugriffe auf Gedächtniskapazitäten verschiedener Art erfordern: bei beschreibenden Texten auf das leicht verfügbare episodische Gedächtnis, bei generalisierenden Texten auf das schwieriger zu aktualisierende und zu organisierende semantische Gedächtnis. Indikatoren für die sich in langen Pausen manifestierenden komplexen Planungsanforderungen sind darüber hinaus auch nonverbale Aktivitäten wie Blickorientierungen und Positionsänderungen der Schreibhand (Matsuhasi 1982). Wrobel (1995) unterscheidet deshalb zwischen komplexen Pausen, die zumeist in syntaktischer Position stehen und mehrdimensionale Planungsaufgaben indizieren, und einfachen Pausen, die innerhalb von Sätzen jeweils lokale Planungserfordernisse anzeigen. Längere Pausen innerhalb von Teilsätzen treten dabei durchaus auf. Ihre Positionen und ihre Funktionen werden z. T. durch Planungsfehler (Wrobel 1995), z. T. auch aus dem unterschiedlichen Planungsaufwand erklärt, den die Verknüpfung von textmustertypischen Routineformeln und „neuen" Informationen erfordert (Keseling 1987). Andere Autoren bewerten gerade diese Pausen als Beleg dafür, daß die Prozesse der Schreibplanung und der Inskription eine jeweils eigenständige zeitliche Verlaufsform haben, Schreibplanung sich mithin unabhängig von oberflächenstrukturell zu bestimmenden Segmenten des produzierten Textes vollzieht (Flower/Hayes 1981).

Aus Untersuchungen des Realzeitverlaufes von Schreibprozessen ist insgesamt nur sehr schwer auf das Ausmaß und die Form der sich in zeitlichen Phänomenen manifestierenden kognitiven Prozesse zu schließen. Gleichwohl haben sich solche Analysen als fruchtbar erwiesen, weil sie einerseits modelltheoretische Überlegungen anregen, zugleich aber auch als empirische Prüfungsinstanz für Hypothesen über die den Textproduktionsprozeß konstituierenden mentalen Aktivitäten fungieren können. Insbesondere die Unterschiede der zeitlichen Verläufe bei der Produktion von Textarten lassen darauf schließen, daß die einzelnen Komponenten der vorliegenden Textproduktionsmodelle und ihr Zusammenhang untereinander textartspezifisch differenzierter ausgearbeitet werden müssen, als dies bislang geschehen ist.

6. Revidieren

Im Gegensatz zur unmittelbar mündlichen Sprachproduktion mit ihrer linear irreversiblen Struktur bietet das Schreiben extensive

Möglichkeiten der Revision und Korrektur bereits formulierten und inskribierten Textes. Diese Möglichkeiten der Überarbeitung und Korrektur werden deshalb vielfach als wichtigstes Differenzierungsmerkmal von Sprechen und Schreiben betrachtet, kompetentes Schreiben insgesamt als revidierendes Schreiben definiert („Writing is Rewriting", Murray 1978; vgl. z. B. auch Augst 1988).

6.1. Revidieren als Retranskription

Obwohl die einschlägigen Modelle des Schreibprozesses stets den Aspekt der prozessuralen Einbettung von Revisionsaktivitäten in den Gesamtprozeß der Textproduktion betonen, sind viele der vorliegenden Analysen zu Formen und Funktionen von Revisionen produktorientiert. Revidieren wird als lediglich letzte, empirisch greifbare Stufe der Textproduktion betrachtet, auf der produzierte Textelemente im Sinne einer Retranskription verändert werden. Entscheidend hierfür ist die Möglichkeit der Distanzierung des Schreibers von seinem Text, auf deren Grundlage Dissonanzen zwischen produzierten Textäußerungen und mentalen Repräsentationen verschiedener Ebenen (Orthographie, Grammatik, Stil, Ziele usw.) festgestellt werden können (Sommers 1980; Nold 1981). Drei Subaktivitäten sind für den Revisionsprozeß konstitutiv: Dissonanzen müssen zunächst entdeckt werden, sie müssen sodann zielorientiert identifiziert und schließlich mit geeigneten Mitteln korrigiert werden (Bartlett 1982).

Typen von Revisionen lassen sich hinsichtlich ihrer Formen und des Grades ihrer textverändernden „Tiefe" klassifizieren. Faigley/Witte (1981) unterscheiden etwa oberflächenorientierte, bedeutungserhaltende und tiefenstrukturelle, lokal oder global bedeutungsverändernde Revisionen (vgl. auch Baurmann/Ludwig 1985). Revidiert wird dabei etwa durch Hinzufügung, Tilgung, Umstellung oder Integration lexikalischer, syntaktischer oder semantischer Textelemente.

Auf der Basis derartiger oder ähnlicher Taxonomien sind eine Reihe von Analysen zur Frage der Entwicklung von Revisionsfähigkeiten (Shaughnessy 1977; Bartlett 1982) oder der Unterschiede zwischen Schreibexperten und -novizen durchgeführt worden. Schreibexperten unterscheiden sich demnach signifikant von unerfahreren Schreibern: Sie nehmen häufiger bedeutungsverändernde Revisionen vor (Faigley/Witte 1981) und verfügen insgesamt über komplexere subjektive Revisionstheorien, in denen die textverändernden und textentwickelnden Aspekte des Revidierens betont werden (Bridwell 1980; Sommers 1980). Ausmaß und Formen revidierender Aktivitäten scheinen allerdings nicht allein von der Verfügbarkeit über derartige Revisionsstrategien determiniert zu werden. Generelle kognitive Strategien spielen hier ebenso eine Rolle (Fayol 1991) wie allgemeines Textwissen (Piolat/Roussey/Guercin 1989), spezifische Textproduktionsmittel (Daiute 1986; Bridwell-Bowles/Johnson/Brehe 1987) oder

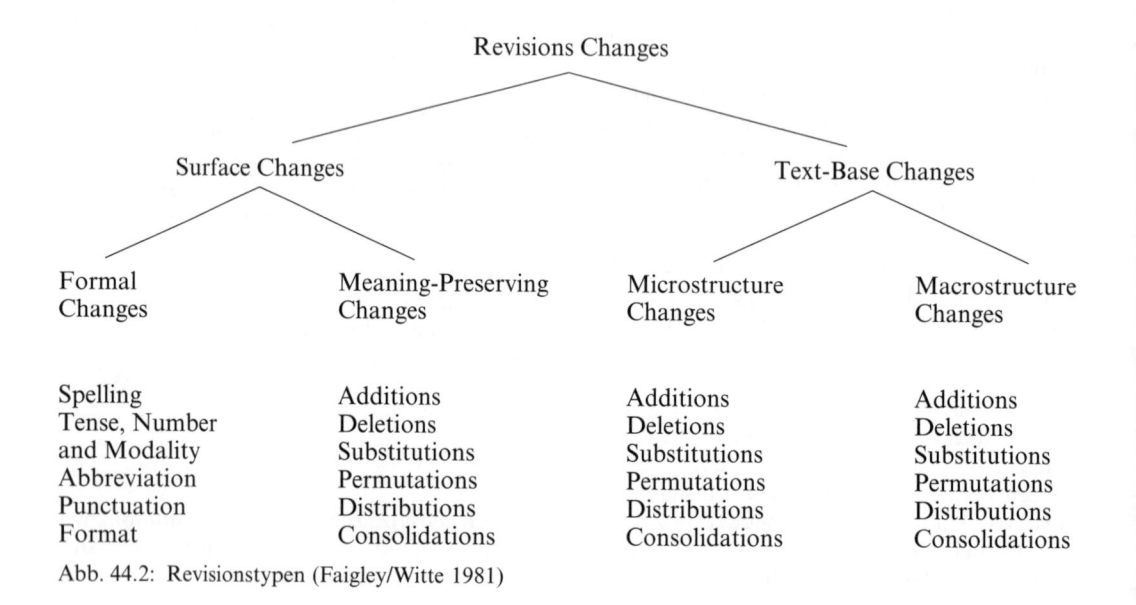

	Revisions Changes		
Surface Changes		Text-Base Changes	
Formal Changes	Meaning-Preserving Changes	Microstructure Changes	Macrostructure Changes
Spelling	Additions	Additions	Additions
Tense, Number	Deletions	Deletions	Deletions
and Modality	Substitutions	Substitutions	Substitutions
Abbreviation	Permutations	Permutations	Permutations
Punctuation	Distributions	Distributions	Distributions
Format	Consolidations	Consolidations	Consolidations

Abb. 44.2: Revisionstypen (Faigley/Witte 1981)

auch der Typ des jeweils zu produzierenden Textes (Matsuhashi 1987). Häufigkeit, Typ und Inhalt von Revisionen variieren zudem in Abhängigkeit von der Position ihres Auftretens im Inskriptionsprozeß. Zumindest bei einfachen Gebrauchstexten wie Beschreibungen oder Geschäftsbriefen besteht der weitaus größte Teil der Revisionen aus einfachen Additionen, Deletionen oder Substitutionen, die unmittelbar nach der Inskription eines als defekt oder unangemessen identifizierten Textsegmentes auftreten (vgl. ausführlich Rau 1994). Diese Textrevisionen, wie Rau (1994) sie zusammenfassend nennt, beschränken sich weitgehend auf oberflächenorientierte Korrekturen und haben deshalb nur sehr geringe textverändernde Effekte. Einmal formulierter und inskribierter Text ist insofern relativ änderungsresistent (Becker-Mrotzek 1992).

6.2. Revidieren und Formulierungsprozeß

Die weitgehende Überschätzung der textverändernden Kraft von Revisioinen, die nach der Inskription erfolgen, hat dazu geführt, daß neuere Konzepte den Revisionsprozeß im Rahmen von Formulierungsaktivitäten situieren: als spezifischen Typ des Formulierens durch Umformulieren, der sich weitgehend auf der Basis von Prätexten vollzieht (vgl. Kap. 4.2.). Revidieren ist derjenige Teilkomplex von Aktivitäten, mit dem im Formulierungsprozeß mental oder sprachlich repräsentierte Äußerungen unter dem Aspekt der text- oder prätextkonservierenden Veränderung umformuliert werden. Neuformulieren ist hin-

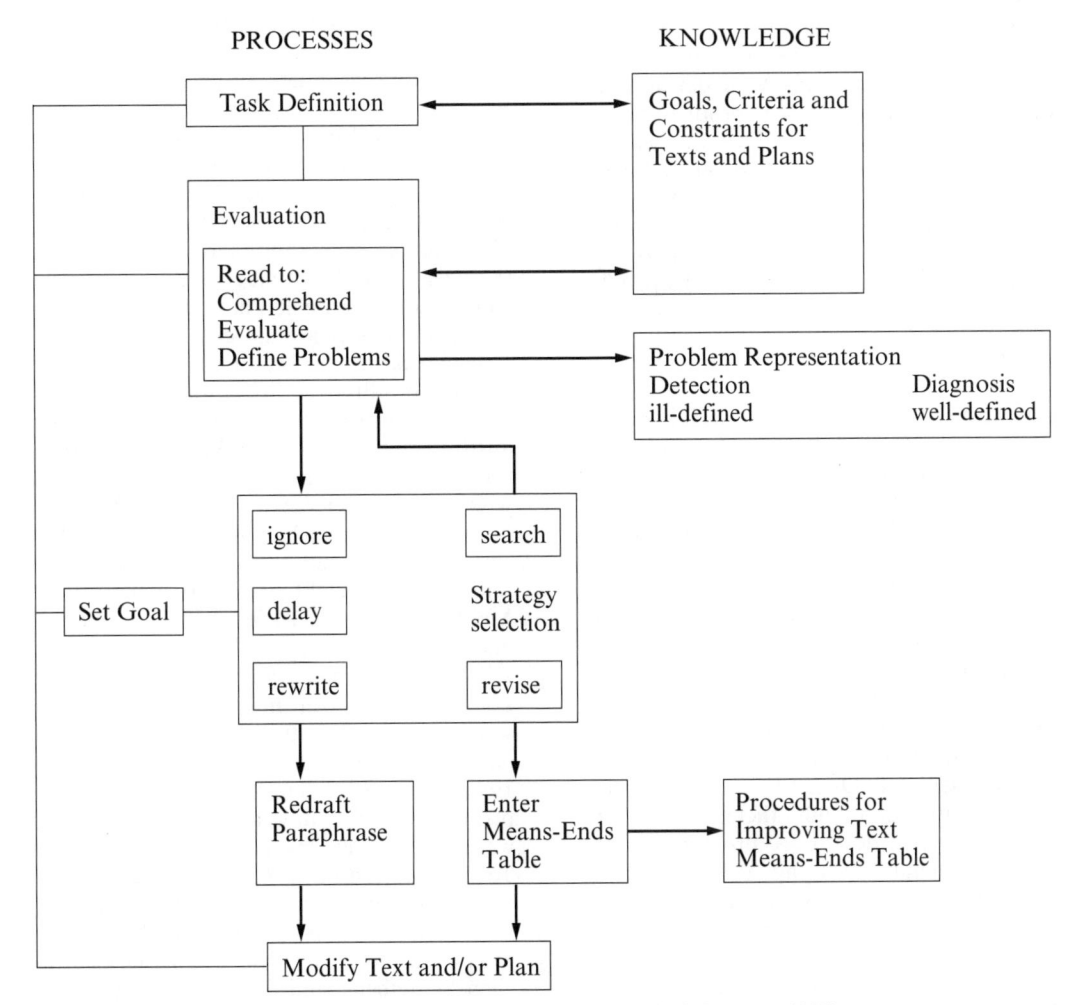

Abb. 44.3: Das kognitive Modell des Revidierens (Hayes/Flower/Schriver u.a. 1987)

gegen eine alternative, mehr in allgemeinen Prozessen der textproduktiven Versprachlichung zu verankernde Formulierungsstrategie. Im Revisionsmodell von Hayes/Flower/Schriver u. a. (1987) ist eine derartige Anbindung des Revisionsprozesses an Formulierungsaktivitäten vorgesehen, indem es zwischen Revidieren und Neuformulieren als alternativen Strategien unterscheidet (s. Abb. 44.3). Zudem kann sich der Revisionsprozeß sowohl auf manifesten Text als auch auf mentale Textrepräsentationen beziehen (vgl. auch Flower/Hayes/Carey u. a. 1986).

Rau (1994) hat detailiert die unterschiedlichen Verfahren von Text- und Prätextrevisionen untersucht und insbesondere auch verschiedene Typen von Prätextrevisionen klassifiziert. Sie kommt zu dem Ergebnis, daß die verschiedenen Aktivitäten des Revidierens als zentrale Verfahren der Formulierungsplanung aufzufassen sind. Dies gilt jedenfalls dann, wenn man Revidieren nicht nur als „Korrektur", sondern als Veränderung relevanter Merkmale der zu produzierenden Textäußerungen definiert. Diese Ergebnisse bestätigen mithin die Annahme einer für die Produktion schriftlicher Texte spezifischen Produktionsstufe, auf der im Prozeß des Versprachlichens gleichermaßen Formulierungen generiert und revidiert werden (vgl. Kap. 4.2.).

7. Produktionsphasen

Die für den Textproduktionsprozeß konstitutiven Aktivitäten der Planung, Formulierung und Revision manifestieren sich bei einfachen Formen des Schreibens lediglich in der jeweils spezifischen zeitlichen Verlaufsstruktur des Inskriptionsprozesses. In komplexen Formen der Textproduktion treten diese Aktivitätskomplexe aber oftmals als dissoziierte und relativ eigenständige Produktionsphasen auf, deren interne Organisation und Zusammenhang untereinander entweder durch die Natur der Schreibaufgabe vorgegeben ist oder durch gesonderte Planungsverfahren hergestellt werden muß. Diese Planung bezieht sich nicht unmittelbar auf inhaltliche oder sprachliche Strukturen des zu produzierenden Textes, sondern auf Typen und Abfolgen der zur Realisierung des Schreibprozesses notwendigen, vielfach auch nichtsprachlichen Teilhandlungen. Die im engeren Sinne für die Produktion von Texten konstitutiven Textherstellungshandlungen (Antos 1982) des Planens und Formulierens sind in diesem Fall in andere Handlungskomplexe eingebettet, die in den Schreibprozeß eingelagert oder ihm vor- oder nachgeordnet sind und diesen affizieren. Die Formen und Verläufe derartiger Produktionsphasen sind außerordentlich vielfältig und werden primär durch den Typ der jeweils zu bewältigenden Produktionsaufgabe determiniert. Auch ihr zeitlicher Umfang variiert aufgaben- und personenspezifisch (Molitor 1985).

In der bisherigen, theoretisch dem kognitiven Paradigma verpflichteten und empirisch am Modell des expositorischen Schreibens orientierten Schreibforschung ist dies bislang kaum berücksichtigt worden. Insofern mangelt es an Analysen, die komplexe Formen der Textproduktion ganzheitlich beschreiben und den Zusammenhang und die Interdependenz einzelner Produktionsphasen modellieren.

Daß Textproduktion oftmals mehr ist als die Versprachlichung mentaler Konstrukte, zeigt sich insbesondere an jenen Formen des Schreibens, die selbst Texte zur Grundlage haben. Sie sind seit neuerem Gegenstand der Schreibforschung und vergleichsweise gut untersucht (vgl. z. B. Spivey 1990; Flower/Stein/Ackerman u. a. 1990; Jakobs 1997). So setzt die Produktion rekapitulierender Textarten (Kretzenbacher 1990) wie etwa Zusammenfassungen zumindest eine Phase des Lesens voraus. Diese Lesephase hat eine spezifische interne Struktur, die Merkmale textrezeptiver und textproduktiver Sprachprozesse enthält (vgl. Bracewell/Frederiksen/Frederiksen 1982; ausführlich Keseling 1993; Wrobel 1995). Weit komplexer noch sind Formen der Produktion wissenschaftlicher Texte. Einzelne Produktionsphasen können hier mehrere Jahre in Anspruch nehmen und aus vielfältigen und verschachtelten Teilaktivitäten bestehen (vgl. Molitor 1985). Als Reflex auf diese Problematik existieren insbesondere für das wissenschaftliche Schreiben Schreibdidaktiken, die konventionelle Formen, Funktionen und Zusammenhänge derartiger Produktionsphasen darstellen (vgl. z. B. Schenk 1988; Kruse 1993; Björk/Räisänen 1997). Viele Schreibprozesse sind allerdings auch intern komplex, weil sie sehr unterschiedliche Formen der Textproduktion mit jeweils relativ eigenständigen Produktionsverfahren erfordern, die insgesamt erst den Gesamtproduktionsprozeß konstituieren. Im Falle des wissenschaftlichen Schreibens sind dies etwa Formen wie Exzerpieren, Zitieren, Paraphrasieren oder

Referieren, die auf je eigene Weise textkonstitutiv wirksam sind (vgl. ausführlich Jakobs 1999). Ihre spezifischen Aktivitätsstrukturen und Funktionen im Prozeß der Textproduktion werden von den bisher vorliegenden, an Formen des expositorischen Schreibens orientierten Modellen des Schreibens nur unzureichend erfaßt.

8. Probleme und Perspektiven

Die bisher dargestellten Phasen und Verfahren der Produktion schriftlicher Texte haben sich im wesentlichen an einem einfachen Modell orientiert, das zu Beginn der Schreibprozeßforschung entwickelt worden ist und vornehmlich die kognitiven Aktivitäten kompetenter Schreiber beim Verfassen expositorischer Texte nachzuzeichnen versucht. Dieses „kognitive Modell des Schreibens" hat die Schreibforschung außerordentlich inspiriert, obwohl es in seiner Reichweite beschränkt ist und einige Unzulänglichkeiten enthält, auf die wir an einigen Stellen hingewiesen haben. Mittlerweile hat sich der Interessenbereich der Schreibforschung zugleich erweitert und spezialisiert. Forschungsfelder sind etwa die Produktion instruktiver, rekapitulierender, komplexer oder literarischer Textarten (vgl. z. B. Gréssillon 1995); in den Blick gerückt sind auch kommunikative Funktionen des Schreibens (z. B. Jechle 1992), seine Veränderungen durch die Möglichkeiten moderner Textverarbeitungsprogramme oder auch die Rekonstruktion und praktische Behebung von Schreibstörungen (z. B. Keseling 1988b). Im Zuge dieser Entwicklungen ist zu erwarten, daß auch die theoretischen Grundlagen der Schreibforschung ausgebaut, detailliert und zum Teil neu bestimmt werden. Von zentraler Bedeutung ist dabei die Klärung von drei Problembereichen, die innerhalb der kognitiv orientierten Schreibprozeßforschung nur unzureichend berücksichtigt worden sind (vgl. Wrobel 1995, 200). Sie betreffen

- den Zusammenhang zwischen Aktivitäten der Textproduktion und ihren Ergebnissen, den Strukturen von Texten;
- das Zusammenspiel textproduktiver und textrezeptiver Handlungen im Schreibprozeß;
- die generelle und je aufgabenspezifische Determination textproduktiven Handelns durch Formen textvermittelter Kommunikation.

Die Klärung dieser Problemstellungen setzt voraus, daß die Schreibforschung Ergebnisse der Textlinguistik, der Rezeptionsforschung und der Diskursanalyse für die Rekonstruktion textproduktiver Prozesse fruchtbar macht. Denn Schreiben ist mehr als ein individueller Akt der „Spracherzeugung". Es ist komplexes kommunikatives Handeln mit spezifischen Zwecken, Zielen, Handlungsformen und Ergebnissen, die insgesamt und auf je eigene Weise in den Textherstellungsprozeß eingehen.

9. Literatur (in Auswahl)

Antos, Gerd (1982): Grundlagen einer Theorie des Formulierens. Texterstellung in geschriebener und gesprochener Sprache. Tübingen.

− (1984): Textuelle Planbildung − Ein Beitrag zu einer Textlinguistik zwischen Kognitionspsychologie und Handlungstheorie. In: Rosengren, Inger (ed.): Sprache und Pragmatik. Lunder Symposium 1984. Stockholm, 169−206.

Augst, Gerhardt (1988): Schreiben als Überarbeiten − „Writing is rewriting" oder „Hilfe! Wie kann ich den Nippel durch die Lasche ziehen?" In: Der Deutschunterricht 40, 51−62.

Bartlett, Elsa J. (1982): Learning to revise: Some component processes. In: Nystrand, Martin (ed.): What writers know: The language, process, and structure of written discourse. New York/London u. a., 345−364.

Baurmann, Jürgen/Ludwig, Otto (1985): Texte überarbeiten. Zur Theorie und Praxis von Revisionen. In: Boueke, Dietrich/Hopster, Norbert (eds.): Schreiben − Schreiben lernen. Rolf Sanner zum 65. Geburtstag. Tübingen, 254−276.

Beach, Richard (1976): Self-evaluation strategies of extensive revisers and non-revisers. In: College Composition and Communication 27, 160−164.

de Beaugrande, Robert A. (1984): Text production: Toward a science of composition. Norwood, N. J.

Becker-Mrotzek, Michael (1992): Wie entsteht eine Bedienungsanleitung. Eine empirisch-systematische Rekonstruktion des Schreibprozesses. In: Krings, Hans Peter/Antos, Gerd (eds.): Textproduktion. Neue Wege der Forschung. Trier, 257−280.

Bereiter, Carl (1980): Development in writing. In: Gregg, Lee W./Steinberg, Erwin R. (eds.): Cognitive processes in writing. Hillsdale/New York, 73−96.

Bizzell, Patricia (1982): Cognition, convention, and certainty: What we need to know about writing. In: Pre/Text 3, 213−244.

Björk, Lennart/Räisänen, Christine (1997): Academic Writing. A University Writing Course. (2. ed.), Lund.

Blass, Thomas/Siegman, Aron W. (1975): A psycholinguistic comparison of speech, dictation, and writing. In: Language & Speech 18, 20–34.

Bracewell, Robert J./Frederiksen, Carl H./Frederiksen, Janet D. (1982): Cognitive processes in composing and comprehending discourse. In: Educational Psychologist 17, 146–164.

Bridwell, Lillian (1980): Revising strategies in twelfth grade students' transactional writing. In: Research in the Teaching of English 14, 197–222.

Bridwell-Bowles, Lillian/Johnson, Parker/Brehe, Steven (1987): Composing and computers: Case studies of experienced writers. In: Matsuhashi, Ann (ed.): Writing in real time. Modelling production processes. Norwood, N. J., 81–107.

Carey, Linda/Flower, Linda/Hayes, John R./Schriver, Karen/Haas, Christina (1989): Differences in writer's initial task representation. Center for the Study of Writing. Technical Report Nr. 35. Berkeley/Pittsburgh.

Chafe, Wallace L. (1977): Creativity in verbalisation and its implications for the nature of stored knowledge. In: Freddle, Roy O. (ed.): Discourse production and comprehension. Norwood, N. J., 41–55.

– (1985): Linguistic differences produced by differences between speaking and writing. In: Olson, David, R./Torrance, Nancy/Hilidyard, Angela (eds.): Literacy, language, and learning: The nature and consequences of reading and writing. Cambridge u. a., 105–123.

Cooper, Charles R./Matsuhashi, Ann (1983): A theory of the writing process. In: Martlew, Margaret (ed.): The psychology of written language. Developmental and educational perspectives. Chichester, 3–39.

Daiute, Colette (1986): Physical and cognitive factors in revising: Insights from studies with computers. In: Research in the Teaching of English 20, 141–159.

Dausendschön-Gay, Ulrich/Gülich, Elisabeth/Krafft, Ullrich (1992): Gemeinsam schreiben. Konversationelle Schreibinteraktionen zwischen deutschen und französischen Gesprächspartnern. In: Krings, Hans Peter/Antos, Gerd (eds.) (1992): Textproduktion. Neue Wege der Forschung. Trier, 219–255.

van Dijk, Teun A./Kintsch, Walter (1983): Strategies of discourse comprehension. New York/London u. a.

Ehlich, Konrad (1983): Text und sprachliches Handeln. Die Entstehung von Texten aus dem Bedürfnis nach Überlieferung. In: Assmann, Jan/Assmann, Aleida/Hardmeier, Christof (eds.): Schrift und Gedächtnis. Beiträge zu einer Archäologie der literarischen Kommunikation. München, 24–44.

Eigler, Gunther (1985): Textverarbeiten und Textproduzieren. Entwicklungstendenzen angewandter kognitiver Wissenschaft. In: Unterrichtswissenschaft 4, 301–318.

Eigler, Gunther/Jechle, Thomas/Merzinger, Gabriele/Winter, Alexander (1990): Wissen und Textproduzieren. Tübingen.

Faigley, Lester/Witte, Stephen (1981): Analyzing revision. In: College Composition and Communication 32, 400–414.

Fayol, Michel (1991): From sentence production to text production: Investigating fundamental processes. In: European Journal of Psychology of Education VI, 101–119.

Flower, Linda (1979): Writer-based prose: A cognitive basis for problems in writing. In: College English 41, 19–37.

Flower, Linda/Hayes, John R. (1981): The pregnant pause. An inquiry into the nature of planing. In: Research in the Teaching of English 15, 229–243.

Flower, Linda/Hayes, John R./Carey, Linda/Schriver, Karen/Stratman, James F. (1986): Detection, diagnosis, and the strategies of revision. In: College Composition and Communication 1, 37, 16–55.

Flower, Linda/Stein, Victoria/Ackerman, John/Kantz, Margaret J./McCormick, Kathleen/Peck, Wayne C. (1990): Reading to write. Exploring a cognitive and social process. New York/Oxford.

Gould, John D. (1980): Experiments on composing letters: Some facts, some myths, and some observations. In: Gregg, Lee W./Steinberg, Erwin R. (eds.): Cognitive processes in writing. Hillsdale, N. J., 97–128.

Gréssillon, Almuth (1995): Über die allmähliche Verfertigung von Texten beim Schreiben. In: Raible, Wolfgang (ed.): Kulturelle Perspektiven auf Schrift und Schreibprozesse. Elf Aufsätze zum Thema Mündlichkeit und Schriftlichkeit. Tübingen, 1–36.

Gülich, Elisabeth (1994): Formulierungsarbeit im Gespräch. In: Cmejrková, Svétlana/Daneš, František/Havlová, Eva (eds.): Writing vs. Speaking. Language, Text, Discourse, Communication. Proceedings of the Conference held at the Academy of Sciences of the Czech Republic, Prague, October 14–16, 1992. Tübingen, 77–95.

Günther, Udo (1993): Texte planen – Texte produzieren. Kognitive Prozesse der schriftlichen Textproduktion. Opladen.

Hayes, John R./Flower, Linda (1980): Identifying the organisation of writing processes. In: Gregg, Lee W./Steinberg, Erwin R. (eds.): Cognitive processes in writing. Hillsdale, N. J., 3–30.

Hayes, John R./Flower, Linda/Schriver, Karen A./Stratman, James F./Carey, Linda (1987): Cognitive processes in revision. In: Rosenberg, Sheldon (ed.): Advances in applied psycholinguistics, Vol. II: Reading, writing, and language learning. Cambridge/New York u. a., 176–240.

Herrmann, Theo (1985): Allgemeine Sprachpsychologie. Grundlagen und Probleme. München/Wien/Baltimore.

Horowitz, Milton/Berkowitz, Alan (1964): Structural advantage of the mechanism of spoken expression as a factor in differences in spoken and written expression. In: Perceptual & Motor Skills 19, 619–625.

Jakobs, Eva-Maria (1999): Textvernetzung in den Wissenschaften. Zitat und Verweis als Ergebnis rezeptiven, reproduktiven und produktiven Handelns. Tübingen.

– (1997): Lesen und Textproduzieren. Source reading als typisches Merkmal wissenschaftlicher Textproduktion. In: Jakobs, Eva-Maria/Knorr, Dagmar (eds.): Schreiben in den Wissenschaften. Frankfurt a. M., 75–90.

Jechle, Thomas (1992): Kommunikatives Schreiben. Prozeß und Entwicklung aus der Sicht der kognitiven Schreibforschung. Tübingen.

Johnson-Laird, Philip N. (1983): Mental Models. Towards a cognitive science of language, inference, and consciousness. Cambridge.

Keseling, Gisbert (1984): Konzepte und ihre Realisierung beim Verfassen von Summaries. In: Osnabrücker Beiträge zur Sprachtheorie (OBST) 26, 129–158.

– (1987): Zur Produktion syntaktischer Strukturen in schriftlichen Texten, am Beispiel von Summaries und Wegbeschreibungen. In: Rosengren, Inger (ed.): Sprache und Pragmatik. Lunder Symposium 1986. Stockholm, 105–118.

– (1988a): Textmuster und Klangstrukturen als Grundlage von Bewertungen beim Schreiben. In: Brandt, Wolfgang (ed.): Sprache in Vergangenheit und Gegenwart. Beiträge aus dem Institut für Germanistische Sprachwissenschaft der Philipps-Universität Marburg. Marburg, 219–236.

– (1988b): Kreative Schreibseminare als Mittel zu Analyse und Bearbeitung von Schreibstörungen. In: Rau, Hans Arnold (ed.): Kreatives Schreiben an wissenschaftlichen Hochschulen. Berichte, Funktionen, Perspektiven. Tübingen, 59–78.

– (1992): Pause and intonation contours in written and oral discourse. In: Stein, Dieter (ed.): Cooperating with written texts. The pragmatics and comprehension of written texts. Berlin/New York, 31–66.

– (1993): Schreibprozeß und Textstruktur. Empirische Untersuchungen zur Produktion von Zusammenfassungen. Tübingen.

– (1995): Pausen und Pausenorte in schriftlichen Wegbeschreibungen. In: Baurmann, Jürgen/Weingarten, Rüdiger (eds.): Schreiben. Prozesse, Prozeduren und Produkte. Opladen, 201–219.

Kintsch, Walter (1977): Memory and cognition. New York/London.

Kretzenbacher, Heinz L. (1990): Rekapitulationen. Textstrategien der Zusammenfassung von wissenschaftlichen Fachtexten. Tübingen.

Krings, Hans Peter (1992): Schwarze Spuren auf Weißem Grund – Fragen, Methoden und Ergebnisse der empirischen Schreibprozeßforschung im Überblick. In: Krings, Hans Peter/Antos, Gerd (eds.): Textproduktion. Neue Wege der Forschung. Trier, 45–110.

Kruse, Otto (1993): Keine Angst vor dem leeren Blatt. Ohne Schreibblockaden durchs Studium. Frankf./M.

Levelt, Willem J. M. (1989): Speaking. From intention to articulation. Cambridge/London.

Ludwig, Otto (1983): Einige Gedanken zu einer Theorie des Schreibens. In: Grosse, Siegfried (ed.): Schriftsprachlichkeit. Düsseldorf, 37–73.

– (1995): Integriertes und nicht-integriertes Schreiben. Zu einer Theorie des Schreibens: eine Skizze. In: Baurmann, Jürgen/Weingarten, Rüdiger (eds.): Schreiben. Prozesse, Prozeduren und Produkte. Opladen, 273–287.

Matsuhashi, Ann (1981): Pausing and planning: The tempo of written discourse production. In: Research in the Teaching of English 16, 113–134.

– (1982): Explorations in the real-time production of written discourse. In: Nystrand, Martin (ed.): What writers know: The language, process, and structure of written discourse. New York, 269–290.

– (1987): Revising the plan and altering the text. In: Matsuhashi, Ann (ed.): Writing in real-time. Modelling production processes. Norwood, N. J., 197–223.

Molitor, Sylvie (1984): Kognitive Prozesse beim Schreiben. Deutsches Institut für Fernstudien. Forschungsbericht 31. Tübingen.

– (1985): Personen- und aufgabenspezifische Schreibstrategien. Fünf Fallstudien. In: Unterrichtswissenschaft 13, 334–394.

Murray, Donald D. (1978): Internal revision: A process of discovery. In: Cooper, Charles R./Odell, Lee (eds.): Research on composing: Points of departure. Urbana, Il., 85–103.

Newell, Allen/Simon, Herbert E. (1972): Human problem solving. Englewood Cliffs, N. J.

Nold, Ellen W. (1981): Revising. In: Frederiksen, Carl/Dominic, Joseph F. (eds.): Writing: The nature, development, and teaching of written communication. Vol. 2. Hillsdale, N. J., 67–79.

Norman, Donald A./Rumelhart, David E. (& LNR-group) (1978): Strukturen des Wissens. Wege der Kognitionsforschung. Stuttgart (engl. 1975).

Nystrand, Martin (1986): The structure of written communication. Studies in reciprocity between writers and readers. Orlando.

– (1989): A social-interactive model of writing. In: Written Communication 6, 66–85.

Ochs, Elinor (1979): Planned and unplanned discourse. In: Givon, Talmy (ed.): Syntax and semantics. Vol. 12: Discourse and syntax. San Diego u. a., 51–80.

Piolat, Annie/Roussey, J. Y./Guercin, F. (1989): Text revising strategies. In: Boscolo, Pietro (ed.): Writing: Trends in European research. Proceedings of the international workshop on writing (Padova, Italy, 3–4 Dec. 1988). Padova, 12–20.

Raaijmakers, Jeroen G./Shiffrin, Richard M. (1981): Search of associative memory. In: Psychological Review 88, 93–134.

Rau, Cornelia (1994): Revisionen beim Schreiben. Zur Bedeutung von Veränderungen in Textproduktionsprozessen. Tübingen.

Rohman, David G. (1965): Pre-writing: The stage of discovery in the writing process. In: College Composition and Communication 16, 106–112.

Rothkegel, Annely (1993): Textualisieren. Theorie und Computermodell der Textproduktion. Frankfurt a. M./Berlin/Bern u. a.

Rumelhart, David/Ortony, Andrew (1977): The representation of knowledge in memory. In: Anderson, Richard/Spiro, Rand/Montague, William (eds.): Schooling and the acquisition of knowledge. Hillsdale, N. J., 99–135.

Sandig, Barbara (1997): Formulieren und Textmuster. Am Beispiel von Wissenschaftstexten. In: Jakobs, Eva-Maria/Knorr, Dagmar (eds.): Schreiben in den Wissenschaften. Frankfurt a. M., 25–44.

Schank, Roger/Abelson, Robert (1977): Scripts, plans, goals, and understanding. Hillsdale, N. J.

Schenk, Mary J. (1988): Read, write, revise. A guide to academic writing. New York.

Shaughnessy, Minna P. (1977): Errors and expectations. New York.

Sommers, Nancy (1980): Revision strategies of student writers and experienced adult writers. In: College Composition and Communication 31, 378–388.

Spivey, Nancy N. (1990): Transforming texts. In: Written Communication 2, 7, 256–287.

van de Water, Donna A./Monti, Laura A./Kirchner, Paul B./O'Connell, Daniel C. (1987): Speaking and writing: Comparisons of two psycholinguistic siblings. In: Bulletin of the Psychonomic Society 25, 99–102.

Weingarten, Rüdiger (1995): Syntax im Prozeß des Schreibens und Sprechens. In: Baurmann, Jürgen/Weingarten, Rüdiger (eds.): Schreiben. Prozesse, Prozeduren und Produkte. Opladen, 220–242.

Witte, Stephen P. (1985): Revising, composing theory, and research design. In: Freedman, Sarah W. (ed.): The acquisition of written language: Response and revision. Norwood, N. J., 250–284.

– (1987): Pre-text and composing. In: College Composition and Communication 4, 38, 397–425.

Wrobel, Arne (1988): Pausen und Planungsprozesse. Realzeitverläufe beim Verfassen von Summaries, Wegbeschreibungen und Geschäftsbriefen. In: Brandt, Wolfgang (ed.): Sprache in Vergangenheit und Gegenwart. Beiträge aus dem Institut für Germanistische Sprachwissenschaft der Philipps-Universität Marburg. Marburg, 196–207.

– (1992): Revisionen und Formulierungsprozeß. In: Kohrt, Manfred/Wrobel, Arne (eds.): Schreibprozesse – Schreibprodukte. Festschrift für Gisbert Keseling. Hildesheim/Zürich/New York, 361–385.

– (1995): Schreiben als Handlung. Überlegungen und Untersuchungen zur Theorie der Textproduktion. Tübingen.

– (1997): Zur Modellierung von Formulierungsprozessen. In: Jakobs, Eva-Maria/Knorr, Dagmar (eds.): Schreiben in den Wissenschaften. Frankfurt a. M., 15–24.

Arne Wrobel, Marburg
(Deutschland)

45. Text und Stil

1. Der Text in verschiedenen Stilistiktraditionen
2. Textlinguistik und Stil
3. Textaspekte in der Handlungs-Stilistik
4. Textlinguistik oder Diskurs-/Dialoganalyse oder Stilistik?
5. Literatur (in Auswahl)

1. Der Text in verschiedenen Stilistiktraditionen

Während sprachwissenschaftliche Teildisziplinen wie Phonologie, Lexikologie oder Syntax über einigermaßen fest umrissene Objektbereiche verfügen, gilt das nicht in gleicher Weise für die Stilistik. Was Gegenstand der Stilistik ist, hängt in einem starken Maß davon ab, in welchen theoretischen Kontext das jeweilige stiltheoretische Konzept eingebettet ist. Wie ein Blick in die Geschichte der Stilistik zeigt, ist es keineswegs selbstverständlich, Stil als eine Eigenschaft zu behandeln, die dem Text als Ganzes zukommt. Diese Vernachlässigung, ja geradezu Ausklammerung der Textebene findet sich in ganz besonderer Weise, wenn auch nicht ausschließlich in solchen stilistischen Ansätzen, die sprachwissenschaftlich fundiert oder beeinflusst sind. Zugespitzt lässt sich für die in der sprachwissenschaftlichen Tradition stehende Stilistik sagen, dass für sie der Objektbereich mit der Trias von Laut, Wort und Satz hinreichend beschrieben ist. Text und Stil stehen also für die sprachwissenschaftliche Stilistik weithin in einem Nicht-Verhältnis. Das gilt für die verschiedensten theoretischen Kontexte der Stilistik: die positivistische Sprachwissenschaft wie die idealistische Philologie, den sprachwissenschaftlichen Strukturalismus in seinen verschiedenen Spielarten, mit Einschränkungen auch für die bis in die zwanziger Jahre zurückreichenden funktionalen/frühpragmatischen Ansätze. Aber selbst da, wo Stil als Textkategorie erkannt wird, kann es de facto zu einem Nicht-Verhältnis kommen, wenn die Rolle des Stils für den Text nicht weiter reflektiert wird und außerdem ganz in sprachwissenschaftlich-stilistischer Manier vor allem Erscheinungen bis zur Satzgrenze thematisiert werden. Exemplarisch findet sich das in den „Positionen einer Linguostilistik" von Herbert Peukert, wo Stil zwar als „inhärente, konstitutive, integrierende, nicht wegzudenkende Eigenschaft der organisierten sprachlichen Äußerung, eines 'Textes'" charakterisiert wird (Peukert 1977, 39), textstilistische Qualitäten aber nicht weiter konkretisiert werden. An diesem grundsätzlichen Befund ändert auch nichts die Beobachtung, dass es in der sprachwissenschaftlich orientierten Stilistik durchaus auch Richtungen gegeben hat, in denen Text und Stil nicht nur explizit in einen Zusammenhang gestellt, sondern diese Beziehungen auch weiter ausgeführt wurden, so zum Beispiel von Elise Riesel, die schon in ihrer „Stilistik der deutschen Sprache" von 1959 „Einige Stilfragen des Großzusammenhangs" thematisiert. Bezeichnend für diese Position ist die Einbeziehung literaturwissenschaftlicher Erkenntnisse, wie dies auch in dem ausgesprochen einflussreichen „Kleinen Wörterbuch der Stilkunde" von Siegfried Krahl und Josef Kurz (1975 [1970]) geschehen ist. Erst mit dem Entstehen der Textlinguistik im Verlauf der sechziger Jahre beginnt sich die sprachwissenschaftliche Stilistik intensiver mit dem Text zu beschäftigen, was in der sprachpragmatisch-handlungstheoretisch fundierten Stilistik oder Handlungs-Stilistik eine konsequente Fortsetzung findet. Damit ist eine „Fehlentwicklung früherer Stilistik" korrigiert, bei der eine wesentliche Eigenschaft von Stil außer Acht gelassen worden ist: „Stil ist stets textbezogen und kann als solcher nur in größeren Texteinheiten erkannt werden" (Sowinski 1991, 72). Die Vernachlässigung des Textes ist zwar für einen Großteil der sprachwissenschaftlichen Tradition der Stilistik charakteristisch, gilt aber keineswegs für die Stilistik generell. Ganz im Gegenteil wird in der rhetorischen und literaturwissenschaftlichen Tradition der Stilistik der Text vielfach mit in die Betrachtung einbezogen, wenn er nicht sogar eine zentrale Rolle spielt (Coseriu 1981, 9 ff).

1.1. Die rhetorische Tradition

Auch wenn die Rhetorik keine eigenständige Lehre vom Stil kennt, bildet die Beschäftigung mit ihm von Anfang an eine ihrer wesentlichen Aufgaben. Den Rahmen bildet dabei der Text, denn die Rhetorik ist ursprünglich eine Rede-Lehre, die sich später auch anderen Textformen zuwendet wie 'Predigt', 'Brief' oder literarischen Formen wie 'Gedicht'. Gegenstand sind Muster der Textorganisation, die in der *dispositio* behandelt werden, und Muster für Teiltexte, die *partes orationis* wie *prooemium, narratio, argumentatio* und *peroratio*. Speziell die *elocutio*, die die *verba* oder die sprachliche Gestaltung zum Gegenstand hat, handelt in dreierlei Weise vom Stil: von den *virtutes elocutionis* oder Stilprinzipien, den *figurae elocutionis* oder Stilfiguren und den *genera elocutionis* oder Stilarten. Die *genera dicendi*, die Arten der Rede, bieten den Rahmen für die Wahl der Stilart und damit für die Nutzung der Stilfiguren.

Als sich die Stilistik in der zweiten Hälfte des 18. Jhs. als eigenständige Disziplin aus dem System der Rhetorik herauslöst, bedeutet das praktisch eine Verselbständigung der *elocutio*-Lehre. Wie Klaus Weimar (1989, 54 f) dargelegt hat, verändert sich die „Deutsche Rhetorik" als universitäre Disziplin dergestalt, dass nicht mehr gleichermaßen theoretisches Sprachwissen und praktische Sprachbeherrschung vermittelt, sondern nur noch praktische Übungen geboten werden. Dieser Entwicklung trägt man terminologisch mit der Bezeichnung „teutscher Styl" Rechnung. Inhaltlich bedeutet sie, dass sich der Gegenstandsbereich der Übungen auf die *elocutio* verkürzt, wobei jedoch die *genera dicendi* weiter behandelt werden. Johann Christoph Adelungs einflussreiche Abhandlung „Ueber den Deutschen Styl" von 1785 kann exemplarisch für die sich von der Rhetorik ablösende Regelstilistik stehen. Dabei weist Adelung der Rhetorik die Aufgabe zu, „die Gedanken auf eine zweckmäßige und wirksame Art [zu] erfinden und an[zu]ordnen", während es die „Lehre vom Style oder der Schreibart" „mit dem zweckmäßigen, schönen Ausdruck zu thun hat" (Adelung 1785, 25). Nicht verloren gegangen ist bei dieser Aufgabenverteilung der Bezug zum Text, wie besonders der zweite Teil der Abhandlung zeigt. Hier beschäftigt sich Adelung mit den Arten des Stils, die, wie schon die *genera elocutionis*, den Text betreffen, und er behandelt im Abschnitt über „Verschiedene Arten des Styles nach der äußern Form" als spezielle Textformen die 'Rede', die 'Briefe' und die 'feyerliche Rede'.

Die Regelstilistik Adelungscher Prägung wirkt bis weit ins 19. Jh. hinein, vielleicht lässt sich sogar sagen, dass sie ihre Fortsetzung in den vielfältigen Spielarten der Ratgeberliteratur gefunden hat, die als 'praktische Stilistik' etikettiert werden kann. Auch wenn sich in diesen Ratgebern die stilistischen Ratschläge häufig auf Wort- und Satzprobleme konzentrieren, lebt in ihnen der Gedanke fort, dass Text und Stil zusammengehören. So geht es beispielsweise Eduard Engel wie Ludwig Reiners um eine Kunstlehre der deutschen Prosa, d. h. um den guten Stil von Gebrauchstexten. Ausdrücklich thematisiert Engel Textstilistisches in den Kapiteln „Aufbau", „Ton" und „Stilgattungen" (Engel 1922 [1912]), während sich Ludwig Reiners in seiner „Stilkunst" an verschiedenen Stellen typischen Stilen widmet wie dem „Papierstil" oder den Stilschichten (Reiners 1976 [1943], 190 ff; 288 ff) sowie in seiner „Stilfibel" die Textarten 'Schulaufsatz', 'Privatbrief' und 'Geschäftsbrief' behandelt (Reiners 1974 [1951], 224 ff). Ganz auf die Wahl der sprachlichen Mittel bis zur Satzgrenze konzentriert sich dagegen Georg Möller, wobei er allerdings den Schreibenden rät, immer die „spezifische[n] Aufgaben im Gesamtsystem der Darstellungsformen" im Auge zu behalten (Möller 1970, 23).

1.2. Die literaturwissenschaftliche Tradition

Praktisch zeitgleich mit der normativ-präskriptiven Regelstilistik Adelungscher Prägung entsteht eine empirisch-deskriptive Stilistik, für die der Name von Karl Philipp Moritz (1800 [1793]) steht. Moritz sieht im Stil das „Eigenthümliche", das Individuelle, das nur in den Texten selbst aufgefunden werden kann. Die empirische Hinwendung zum Text macht diesen zum Bezugsrahmen für die Stilanalyse, was sich darin zeigt, dass Moritz häufiger ganze Briefe als Beispielmaterial heranzieht. Doch bleibt dieser Bezugsrahmen eher implizit. Die Abwendung von der Regelstilistik und die Hinwendung zu einer empirisch-deskriptiven Stilistik verstärkt sich im Laufe des 19. Jhs. zusehends, woran einerseits die Wissenschaftsvorstellungen der sich etablierenden historisch-vergleichenden Sprachwissenschaft wesentlichen Anteil haben (vgl. Linn 1963, 55; 59) und andererseits die Auffassung von der Individualität der Dichtung und ihrer Schöpfer, wie sie für die sich etablierende akademische Literaturbeschäftigung bestimmend ist. Eine bemerkenswerte Position nimmt in dieser Entwicklung Wilhelm Scherer ein, der zwar als Prototyp des positivistischen Literaturwissenschaftlers gilt, aber dennoch für die Beschäftigung mit der „dichterischen Hervorbringung" ein modern anmutendes Forschungsprogramm skizziert: Diese „Hervorbringung [...] ist vollständig zu beschreiben in ihrem Hergang, in ihren Ergebnissen, in ihren Wirkungen"

(Scherer 1888, 65). Es geht also um einen Zusammenhang von Produktions-, Produkt- und Rezeptionsanalyse. Was nun den Objektbereich der Stilistik betrifft, so wendet sich Scherer gegen die von ihm als traditionell apostrophierte selektive Behandlung des Stils, bei der nur einige rhetorische oder poetische Mittel herangezogen werden. Statt dessen propagiert er einen integralen Stilbegriff:

es muss die ganze folge vom stoff bis zur inneren und äusseren form, von dem rohen stoff, der überhaupt in den gesichtskreis des dichters fällt, von der auswahl aus diesem stoffe, von der besonderen auffassung bis zur besonderen einkleidung, zur wahl der dichtungsgattung, zu den sprachlichen und metrischen mitteln, mit einem Worte: der gesammte dichterische process, durchlaufen und überall die eigenart aufgesucht und nachgewiesen werden (Scherer 1884, 308).

Mit seiner Einbeziehung des Textes erweitert Scherer jedoch nicht einfach additiv den Bereich dessen, was stilistisch relevant sein soll, sondern er liefert auch ein Kriterium, mit dem das Stilistische in eine einheitliche Perspektive gerückt wird: Es ist der dichterische Prozess, in den alles einfließt, was der Dichter tut, um sein Werk hervorzubringen.

Ähnlich wie Scherer geht es Richard M. Meyer in seiner Stilistik um, „knapp ausgedrückt, die Lehre von der kunstmäßigen Anwendung der fertigen Rede (ihrer Elemente und ihrer umgestaltenden Faktoren)" (Meyer 1913 [1906], 4). Seine Stil-Systematik bezieht er dabei aus der Auffassung, dass die Stilistik „im letzten Sinne nichts anderes als eine *vergleichende* Syntax, d. h. Lehre von den normalen Gestaltungen der syntaktischen Möglichkeiten" ist (ebd., 3f). Dennoch endet bei ihm die Beschäftigung mit dem Stil nicht an der Satzgrenze, sondern auch der Text wird mit in die Betrachtung einbezogen. Für Meyer ist die Stilistik „am Aufbau der Sprache selbst" orientiert, „indem wir von den Worten zum Satz, zum Periodenbau, zum Gesamtcharakter der Rede stufenweise aufsteigen" (ebd., 5). Auf diese Weise führt die Stilistik bis zu den „Arten der Prosa", für die eine Art Textsortentypologie entworfen wird. Ermöglicht wird diese explizite Einbeziehung des Textes durch die Überzeugung: „Auch das größte Stück menschlicher Rede, auch das umfangreichste Buch ist schließlich, wenn es nur einheitlich ist, nichts anderes als ein unendlich ausgedehnter Satz" (ebd., 166). Einen nachhaltigen Impuls, den Text als Rahmen für Stil zu betrachten, erfährt die Literaturwissenschaft durch die Kunstgeschichte.

Oskar Walzel (1917), der im Anschluss an Heinrich Wölfflin (1915) für eine „Wechselseitige Erhellung der Künste" plädiert, nimmt die „dichterischen Gestaltungsmöglichkeiten" in den Blick, indem er die Baukunst mit der Dichtkunst verknüpft. Für das Bauen ist wie die Dichtung von Relevanz:

die Anordnung der einzelnen Teile, deren Verhältnis zueinander, die Art der Verknüpfung und der Scheidung der Teile, die Bedeutung, die ein einzelner Teil als bloßes Zierstück hat, die Bearbeitung des einzelnen Teiles, seine stärkere oder schwächere Betonung im Rahmen des Ganzen, die größere oder geringere Bewegtheit, die ihm erteilt wird, entweder ein fast ebener Ablauf oder ein fühlbarer Wechsel von Auf- und Absteigen (Walzel 1917, 72).

Der Bau einer Dichtung, das heißt ihre Komposition, von der die künstlerische Wirkung ausgeht, zeugt vom künstlerischen Gestalten des Dichters. Diesem Bau ist nachzuspüren, indem Inhalt und Form, „Gehalt und Gestalt" herausgearbeitet werden (vgl. auch Salm 1970, 60). Der 'Bau' ist für Walzel aber in gleicher Weise stilistisch relevant wie beispielsweise der Rhythmus, wie seine metaphorisch als „niedere Mathematik" und „höhere Mathematik" bezeichnete Aufteilung der zu berücksichtigenden sprachlichen Erscheinungen zeigt. Die niedere Mathematik betrifft Metrik und Stilistik, die sich auf die „einfachsten Verknüpfungen der Wörter" beschränkt, während die „höhere Mathematik der Form" die „Gestalt von Dichtungen", die „Züge seiner [= des Dramas] Gestalt" betreffen (Walzel 1957 [1923], 185). Zwar reserviert Walzel den Terminus *Stilistik* für Erscheinungen unterhalb der Satzgrenze, wie jedoch die Metaphern von der niederen und höheren Mathematik zeigen, betrachtet er die verschiedenen Bereiche unterhalb und oberhalb der Satzgrenze nicht isoliert voneinander, sondern zielt auf eine Differenzierung, die mittlerweile terminologisch schärfer als Mikro- und Makrostilistik gefasst wird.

Wie schon für die Rhetorik kann auch für Walzel in Anspruch genommen werden, dass er sich unabhängig vom gewählten Etikett mit Stil beschäftigt, und zwar ebenfalls im Hinblick auf das Textganze. Wolfgang Kayser (1948) hat dann 'Stil' explizit zu einer zentralen Kategorie erhoben, mit der alle Erscheinungen vom Laut bis zum Text in eine einheitliche Perspektive gerückt werden:

Bei der Nennung und Beschreibung der sprachlichen Formen waren verschiedene Schichten gesondert worden: die Lautung, die Schichten des Wortes, der Wortgruppen, der Wortstellung und des Satzbaues, der übersatzmäßigen Formen, und schließlich hatten sich Darbietungsformen, Gehalt, Rhythmus und Aufbau als stiltragend erwiesen (Kayser 1948, 300).

Zwar beziehen sich die angeführten Literaturwissenschaftler naturgemäß auf das dichterische Werk, aber in ihren Positionen scheint ein Gesichtspunkt auf, der nicht nur auf Texte jeder Art zutrifft, sondern auch mit einer gewissen Zwangsläufigkeit zu einer umfassenden, die sprachlichen Erscheinungen aller Ebenen integrierenden Auffassung von Stil führt. Stil wird von ihnen nämlich als eine „Konstitutionskategorie" betrachtet (Heinz 1986, 9). Damit ist gemeint, dass mit dem Stilbegriff ein Gegenstandsbereich konstituiert wird, der alles umfasst, was an einer „dichterischen Hervorbringung" (Scherer) – oder allgemeiner gesagt: an einer sprachlichen Handlung – Artefakt ist. Demnach kann alles, was speziell an einem Werk der Dichtkunst oder generell an einem Text beliebiger Art Artefakt ist, was speziell im „dichterischen Prozess" oder generell im Sprachhandeln hervorgebracht wird, als stilistisch relevant betrachtet werden – ganz gleichgültig, ob es sich dabei um lokale oder globale, mikro- oder makrostrukturelle Erscheinungen handelt.

1.3. Die sprachwissenschaftliche Tradition

1.3.1. Mikro- und Makrostilistik

Auch wenn wiederholt betont wurde, dass die traditionelle sprachwissenschaftliche Stilistik den Text lange Zeit nicht in ihre Überlegungen miteinbezogen habe, so gilt das vor allen Dingen von den strukturalistisch beeinflussten Konzepten von Stil. Daneben findet sich jedoch auch in der sprachwissenschaftlichen Stilistik eine Sichtweise auf Stil, bei der über die Satzgrenze hinaus geblickt worden ist. Exemplarisch dafür steht Elise Riesel, die schon in ihrer „Stilistik der deutschen Sprache" von 1959 einen ganzen Abschnitt „Einigen Stilfragen des Großzusammenhangs" gewidmet hat (Riesel 1959, 185 ff). Riesel hat in ihrer Darstellung ganz verschiedenartige Ansätze aufgenommen und miteinander verknüpft; dazu gehören auch Arbeiten aus der Tradition der literaturwissenschaftlichen Stilistik mit ihrem selbstverständlichen Bezug auf den Text. Dies zeigt sich in aller Deutlichkeit in der Bibliographie (ebd., 460 f), in der Namen erscheinen wie Ernst Elster, Richard M. Meyer, Oskar Walzel, Wolfgang Kayser, Herbert Seidler oder Emil Staiger. Dieser zumindest implizite Einfluss wirkt weiter, auch wenn die „einseitig-ästhetisch orientierte" Betrachtungsweise der Literaturwissenschaft von Riesel später explizit abgelehnt wird (Riesel 1971, 357) und wenn weiterhin – speziell gemünzt auf die Vertreter hermeneutischer Ansätze – konstatiert wird, dass diese Art von Literaturwissenschaft der „marxistisch-leninistischen Sprachstilistik [...] keine verwertbaren Erkenntnisse zu bieten" vermag (Fleischer/Michel u. a. 1975, 30). Als Fragen des „Großzusammenhangs" behandelt Riesel die Redegestaltung, Anredeformen und Höflichkeitsperiphrasen, das Sprachporträt und die architektonische Funktion sprachstilistischer Mittel.

In den siebziger Jahren finden textstilistische Fragestellungen verstärkte Aufmerksamkeit in der Stilistikdiskussion, wie vor allem die Stilistiken von Fleischer/Michel u. a. (1975, Kap. 5 und 6) und Asmuth/Berg-Ehlers (1974, Kap. II) zeigen. Weniger ausgeprägt ist diese Tendenz in den Arbeiten von Willy Sanders, doch widmet Sanders (1973) einen Abschnitt dem „Stil im Rahmen des Textes". In der Neubearbeitung von Riesels „Stilistik der deutschen Sprache" (Riesel 1959), die unter dem Titel „Deutsche Stilistik" (Riesel/Schendels 1975) erschienen ist, heißt der entsprechende Abschnitt „Einige Probleme der Makrostilistik". Nicht nur die Terminologie hat sich geändert, sondern auch die Liste der Probleme. Gegenüber Riesel (1959) sind hinzugekommen Abschnitte über die „Komposition als Zusammenwirken des inneren und äußeren Textaufbaus", die Darstellungsarten, die Erzählperspektive und als exemplarische Beschreibung eines Funktionalstils der „Stil der Wissenschaft" (vgl. auch den Überblick über makrostilistische Kategorien bei Sowinski 1983b, 82 ff). Für die Rieselsche Betrachtungsweise ist nun kennzeichnend, dass sich das Stilistische sowohl im sprachlichen Detail als auch im Textganzen manifestiert, auch wenn mit der Unterscheidung von Mikro- und Makrostilistik leicht suggeriert wird, dass es zwei Arten der Stilistik gebe. Dies spricht beispielsweise aus der Bemerkung Sowinskis, dass sich „neben der konventionellen Mikrostilistik [...] eine Makrostilistik als Komplementärdisziplin notwendig" erweise (Sowinski 1991, 73). Riesel/Schendels haben aber ausdrücklich eine solche Trennung ausgeschlossen, da für sie stets „die Wechselbeziehung zwischen dem Ganzen und seinen Teilen" beachtet werden muss

(Riesel/Schendels 1975, 12). Auch hier steht die literaturwissenschaftliche Tradition im Hintergrund, vertreten zum Beispiel durch den Philologen Leo Spitzer, dessen Überlegungen zur Stilanalyse auf dem „hermeneutischen Zirkel" basieren (Spitzer 1969 [1948], 29 ff), oder durch Emil Staiger, demzufolge in der Interpretation nachzuweisen ist, „wie alles im Ganzen und wie das Ganze zum Einzelnen stimmt" (Staiger 1961 [1951], 15).

1.3.2. Komposition und Stil

Um einen Rahmen für die makrostilistischen Erscheinungen zu schaffen, ziehen Riesel/Schendels (1975, 265) den Begriff der Komposition heran, die sie als „Zusammenwirken des inneren und äußeren Textaufbaus" bestimmen. Der innere Aufbau ist in der „stofflichen Organisation" gegeben, die sich beispielsweise in texttypischen Strukturen manifestiert wie der Abfolge von 'Problemstellung', 'Beweisführung' und 'Schlussfolgerung' in wissenschaftlichen Texten. Der äußere Aufbau zeigt sich in der „Gliederung der Gesamtstruktur" wie beispielsweise den Struktureinheiten 'Absatz', 'Abschnitt', 'Kapitel' und 'Teil' in der künstlerischen Prosa und Sachprosa. Ergänzend zur stofflichen Organisation und Gliederung der Gesamtstruktur führen Riesel/Schendels noch die Darbietungsform ein, die sie als Bindeglied zwischen dem inneren und äußeren Aufbau betrachten, also als die Instanz, die deren „Zusammenwirken" gewährleistet. *Darbietungsform* benutzen Riesel/Schendels als Sammelbezeichnung für die Darstellungsarten, deren Einordnung unter die textstilistischen Phänomene von Wolfgang Heinemann näher begründet wird (Fleischer/Michel u. a. 1975, 268 ff).

Der Begriff der Komposition zielt nicht nur auf das Textganze, sondern bezieht sich auf Texte jeder Art. Die Erzählperspektive, das Sprachporträt und die Rededarstellung werden dagegen als spezifische Techniken des literarischen Erzählens behandelt, wobei die Erzählperspektive den Text als Ganzes prägt, während Sprachporträt und Rededarstellung Teilstrukturen betreffen. Unabhängig davon, ob sich diese Erscheinungen auf das Textganze beziehen oder nur Teilstrukturen, rechnen sie Krahl/Kurz zu dem Bereich, den sie als Denkstil bezeichnet haben. 'Denkstil' bildet dabei eine „Hilfsbezeichnung für die Form der gedanklichen Komponente sprachlicher Äußerungen, in Abgrenzung von der sprachlichen Aussageweise" (Krahl/Kurz 1975 [1970], 30 f), wobei der Denkstil die Disposition, Komposition und Gedankenführung betrifft, aber auch die Anschaulichkeit, Statik, Dynamik usw. der Darstellung sowie die Dichte, Präzision usw. in der Verwendung „gedanklicher Figuren". Gemeinsam ist allen der Denkstilistik zuzurechnenden Erscheinungen, dass sie sich nicht unmittelbar auf einzelne ausdrucksseitige Erscheinungen, eine „sprachliche Aussageweise", beziehen lassen. Asmuth/Berg-Ehlers (1974, 66 f) sprechen deshalb auch von „sprachübergreifender Stilistik".

Nicht nur die ausdrückliche Berücksichtigung von Techniken des literarischen Erzählens, sondern die Ausführungen zur Makrostilistik insgesamt sind noch einmal ein deutlicher Hinweis darauf, dass hier in einer sich als sprachwissenschaftlich fundiert verstehenden Stilistik starke Einflüsse vor allem solcher literaturwissenschaftlicher Richtungen wirken, die sich mit „Bauformen des Erzählens" (Lämmert 1955), „Typischen Formen des Romans" (Stanzel 1964) oder allgemeiner dem „Erzähltechnischen" (Sengle 1980, 971) beschäftigen.

1.3.3. Typischer Stil als Texteigenschaft

Unter den bei Riesel/Schendels behandelten makrostilistischen Erscheinungen hat die Kategorie des Funktionalstils die längste Geschichte. Als typischer und konventioneller Stil reiht er sich ein in die Klasse von Stilen, die aufgrund typischer Stilmittel gebildet werden. Die stilistischen Eigenschaften, die solche Stiltypen konstituieren, betreffen aber den ganzen Text oder zumindest ganze Textteile. Neben dem Funktional- oder Bereichsstil stehen traditionellerweise der Individual- oder Persönlichkeitsstil (Lerchner 1980, 51) und der Epochen- oder Zeitstil. Die soziolinguistische Diskussion seit den sechziger Jahren hat darüber hinaus zur Kategorie des Gruppenstils geführt, die textlinguistische Diskussion seit den siebziger Jahren zum Textsortenstil. Zumindest im Prinzip weist jeder Text stilistische Eigenschaften auf, die es erlauben, ihn mit diesen Stiltypen zu charakterisieren (Fleischer/Michel/Starke 1993, 30). Allerdings sind diese Stiltypen unterschiedlich konkret ausgearbeitet im Hinblick darauf, was die in ihnen vereinigten Stilmittel für das Textganze leisten. So wird beispielsweise im Hinblick auf den Epochen- oder Zeitstil gesagt, dass er durch lexikalische Einheiten und syntaktische Muster geprägt sei, die in einer bestimmten literarischen Epoche oder in einem bestimmten Zeitraum typisch waren. Dabei lässt sich nicht immer leicht entscheiden, welche dieser Mittel wirklich für eine Epoche stilbildend sind und was dem distanzierten Blick einfach nur historisch erscheint (vgl. Sowinski 1991, 78). Es ist zudem kritisch zu fragen, ob der Epochen- oder Zeitstil nicht einfach eine hochgradige Abstraktion darstellt, die auf einer Auswahl sprachlicher Erscheinungen mit Wiedererkennungswert beruht (vgl. zu den verschiedenen Konzepten von „period style" Weissenberger 1971). Ob diese sprachlichen Erscheinungen aber dergestalt einen Zusammenhang bilden, dass sie eine prägende Stileigenschaft der Texte einer Epoche bilden, bleibt unklar. Teilweise anders gelagert ist der Fall des Individual- oder Persönlichkeitsstils. Einerseits ist unbestritten, daß es individuelle, für eine Person typische Sprachverwendungsweisen gibt, die ihren Texten ein bestimmtes Gepräge verleihen. Deshalb ist es auch zumindest bei manchen Autoren möglich, ihnen Texte aufgrund stilistischer Merkmale zuzuordnen; ebenso erlaubt es ein ausgeprägter Individualstil, Autoren zu parodieren. Andererseits bleibt im Einzelfall jedoch zu entscheiden, ob sich individuelle Eigenschaften der Texte einer Person zu einem typischen Stil verdichten oder ob es mehr oder weniger häufig vorkommende isolierte Merkmale „mit besonderer Signalwirkung" sind (Fleischer/Michel/Starke 1993, 43). Anders verhält es sich mit dem Funktional- oder Bereichsstil. Für ihn sind die den Text bestimmenden Stileigenschaften nicht nur behauptet, sondern auch empirisch gefüllt worden – wenigstens bis zu einem gewissen Grad. Schon in dem frühpragmatischen Ansatz der Prager Theorie der Schriftsprache werden für die funktionalen Sprachen (Havránek 1976 [1932], 127 f) charakteristische, d. h. genormte Komplexe von sprachlichen Mitteln genannt. Diese noch sehr allgemein gehaltenen stilistischen Eigenschaften betreffen den Grad der Einheitlichkeit der semantischen Ebene, das Verhältnis der lexikalischen Einheiten zum ausgedrückten Inhalt und die Vollständigkeit der Äußerung. Beim Konzept der funktionalen Stile, für das beispielhaft der Name Elise Riesel stehen kann, geht es um typische mikrostilistische Erscheinungen, deren Auftreten miteinander den Text insgesamt prägt. Die Funktionalstile sind durch Stilzüge näher spezifiziert, die eine „gesetzmäßig geordnete Gesamtheit lexischer, grammatischer und phonetischer Mittel" darstellen (Riesel 1959, 9) oder „als stilprägende und stilnormende Wesensmerkmale [...] ein Mikrosystem von Ausdrucksmitteln aller Ebenen" bedingen (Riesel/Schendels 1975, 293).

Die für den Funktional- oder Bereichsstil wesentliche Kategorie des Stilzugs steht in einer literaturwissenschaftlichen Tradition, die zurückreicht bis in die geistesgeschichtliche Betrachtungsweise – vertreten beispielsweise durch Fritz Strich (1962 [1922]) – oder bis zum Gestalttheoretiker Oskar Walzel (1917; 1957 [1923]). Die Brücke geschlagen hätte dann Wilhelm Schneider (1968 [1931]), für den die „Ausdruckswerte der deutschen Sprache" nicht an isoliert stehende Stilmittel gebunden sind, sondern den ganzen (literarischen) Text typisieren:

Hat man in der Wortwahl eines Dichters eine besondere Stileigentümlichkeit, einen bestimmten Ausdruckswert entdeckt, so darf man sicher sein, auch in der Wortverbindung oder im Satzbau oder im Wortklang oder im Rhythmus denselben Ausdruckswert wiederzufinden (Schneider 1968 [1931], 7).

Ausdrücklich von Stilzug spricht dann Wolfgang Kayser, wenn es um die sprachlichen Erscheinungen geht, „die um ihrer Häufigkeit willen kennzeichnend sind für den Aufbau des Werkes als einer Ganzheit" (Kayser 1948, 100). Abgelöst von ihrer Einbindung in die Funktionalstiltheorie und befreit von der Beschränkung auf literarische Werke spielt die Kategorie des Stilzugs eine konstitutive Rolle, wenn Stil explizit als texttheoretische Kategorie gefasst wird (z. B. Heinemann 1974; Fleischer/Michel u. a. 1975, 63). Der Stilzug wird dann als „Vermittlungsinstanz zwischen Stilelement und Stil eines Textes" angesehen (Lerchner 1976, 257). Trotz oder gerade wegen dieser zentralen Stellung bleibt eine „Diskussion über das Problem 'Stilzug' erforderlich" (Riesel 1975), zumal erst nach einer abschließenden Klärung die Frage nach der genauen Anzahl, der Klassifikation und der Hierarchie der Stilzüge beantwortet werden kann. Gegen diese Erwartung steht allerdings die skeptische Auffassung, nach der eine „strenge Systematisierung von Stilzügen" kaum möglich erscheint (Fleischer/Michel u. a. 1975, 64). Begründet wird diese Einschätzung mit der Vielfalt sprachstilistischer Möglichkeiten, die allenfalls eine Annäherung an ein System von Stilzügen zulasse. Für diese Skepsis spricht auch die Tatsache, dass manche der Stilzüge zwar eine lange Geschichte haben, sich aber ein konsistentes System nicht herauskristallisiert hat. Die Stilzüge haben ihre Vorläufer in den Stilprinzipien oder Stileigenschaften der Rhetorik und leben z. B. bei Adelung (1785) als 'Klarheit und Deutlichkeit', 'Präzision', 'Wohlklang' oder 'Lebhaftigkeit' weiter. Allerdings unterscheiden sich diese Stilprinzipien, die auch in der praktischen Stilistik eine zentrale Rolle spielen (vgl. Nickisch 1975), von den Stilzügen dadurch, dass sie als die positiven, den Stil eines Textes auszeichnenden Eigenschaften absolut gesetzt werden, während die Stilzüge in Form von Gegensatzpaaren Pole bezeichnen, zwischen denen sich die Stileigenschaften eines Textes bewegen (vgl. Heinemann 1974, 58). Die Praxis, Oppositionen der Art 'knapp−breit', 'klar−verschwommen' oder 'statisch−dynamisch' zu bilden, geht zurück auf die höchst folgenreichen „Kunstgeschichtlichen Grundbegriffe" des Kunsthistorikers Heinrich Wölfflin (1915), von dem sie Oskar Walzel in die Literaturwissenschaft übernommen hat.

Typische Stile, seien sie textsortenspezifisch oder spezifisch für ganze Kommunikationsbereiche, zeichnen sich durch Merkmale aus, die sich auf den Ebenen von Laut, Wort und Satz bewegen. Das gilt auch von einem Stil, der typisch für einen Einzeltext ist. Das Typische dieser Stile ergibt sich daraus, dass immer wieder sprachliche Mittel mit gleichen Eigenschaften verwendet werden, so dass der Text ein bestimmtes stilistisches Gepräge erhält. Beispiele dafür sind der sogenannte Nominal- und Verbalstil, aber auch die signifikante Nutzung von Parataxe oder Hypotaxe. Die typische Verwendung grammatisch-syntaktischer Mittel führt zu typischen Stileigenschaften. So hat beispielsweise Ohmann (1964) mit dem Instrumentarium der generativen Grammatik die charakteristische Verwendung bestimmter Transformationen bei William Faulkner, Ernest Hemingway und Henry James herausgearbeitet, „that transformational patterns constitute a significant part of what the sensitive reader perceives as style" (Ohmann 1964, 438).

2. Textlinguistik und Stil

In neueren Darstellungen zur Textlinguistik wird der Kategorie 'Stil' in der Regel ein hoher Stellenwert zuerkannt. Dabei wird fraglos vorausgesetzt, dass dem Text Stil eignet; es werden auch einzelne Hinweise gegeben, in welcher Weise sich Stil im Text manifestieren kann. Eine Entfaltung der Rolle, die der Stil für den Text spielt, wird jedoch nicht geboten. Statt dessen verweist man diese Aufgabe in der Regel an die Stilistik zurück (z. B. van Dijk 1980, 96, Anm. 1; Heinemann/Viehweger 1991, 256). Damit wird eher implizit zwischen Textlinguistik und Stilistik eine Grenze gezogen, wie sie traditionellerweise auch zwischen Lexikologie und Grammatik einerseits und Stilistik andererseits gesehen wird. Nach dieser Aufgabenverteilung behandeln Lexikologie und Grammatik die sprachlichen Mittel systematisch, während die Stilistik sich damit beschäftigt, wie diese sprachlichen Mittel gebraucht werden (können). Analog dazu kommt dann der Textlinguistik die Aufgabe zu, die Konstitution von Texten und die allgemeinen Prinzipien des Textbaus oder der „Textbildung" (Hartmann (1972 [1964], 9) zu erforschen, während die Stilistik untersucht, wie von den Mitteln der Textkonstitution und den Textbauprinzipien Gebrauch gemacht werden (kann) (Sowinski 1983a, 122); es geht nach Peter Hartmann in der Stilistik (und der Rhetorik) um die „textformenden Konstituenten" oder die „Möglichkeiten der Textmodifikation" (Hartmann 1972 [1964], 9). Die Voraussetzung dafür besteht mit Nils Erik Enkvist darin, dass jede sprachliche Eigenschaft prinzipiell als „style marker" funktionieren kann: „Thus any textual mechanism can yield potential style markers" (Enkvist 1978, 176). Die Stilistik macht dann „über die bloße Richtigkeit von Texten hinaus Aussagen über ihre Effektivität, ihr Gelungensein" (Eroms 1986, 21). Mit einer solchen prinzipiellen Aufgabenverteilung ist jedoch noch nichts Abschließendes über das genauere Verhältnis von Text und Stil gesagt, da die Qualität des als stilistisch Betrachteten von den texttheoretischen Prämissen nicht unabhängig ist. Außerdem spielt der Blick auf den Stil keineswegs in allen textlinguistischen Richtungen eine Rolle, und selbst in Richtungen, in denen die Kategorie des Stils berücksichtigt wird, wird sie nicht durchgängig in die Überlegungen miteinbzogen. Es scheint so, dass die Textlinguistik sich im Hinblick auf Stilfragen eher zurückgehalten hat. Dies wird deutlich, wenn man die Rolle von Stil in verschiedenen Textkonzeptionen überprüft, wobei Enkvist (1987, 20f) den Leitfaden abgeben kann.

2.1. Satzbasierte Textkonzepte/ Textgrammatik

Wie schon festgestellt, galt in der Sprachwissenschaft der Satz lange Zeit hindurch als die größte sprachliche Einheit. Nach Ansicht von

Dressler (1972, 6) und de Beaugrande/Dressler (1981, 17) wurden dagegen die übersatzmäßigen Beziehungen dem Bereich der Stilistik zugewiesen. Weit verbreitet war diese Auffassung von einer Stilistik, die oberhalb der Satzgrenze operiert, jedoch nicht. Sie bedeutet nämlich eine Verschiebung des Objektbereichs der Stilistik, während die Initiativen, Text und Stil explizit miteinander in Beziehung zu setzen, eher auf eine Erweiterung des traditionellen Gegenstandsbereichs von 'Laut', 'Wort' und 'Satz' hinauslaufen. Dennoch gab es den Vorschlag, das Stilistische oberhalb der Satzgrenze anzusiedeln, so bei Archibald A. Hill:

[...] stylistics concerns all those relationships among linguistic entities which are statable, or may be statable, in terms of wider spans than those which fall within the limits of the sentence (Hill 1958, 406).

Diesen Gedanken hat dann Roland Harweg wieder aufgenommen, wenn er postuliert: „Stil ist die Art und Weise der Konstitution von Texten" (Harweg 1972, 71). Im Hintergrund dieses Diktums steht Harwegs textgrammatisches Konzept von der Textkonstitution durch Pronomina (Harweg 1979 [1968]) – ein Konzept, das für Harweg die Möglichkeit bietet, eines der schwierigsten Probleme der Stilistik zu lösen, nämlich die Frage zu beantworten, was guter Stil sei. Zu diesem Zweck werden guter Stil und textgrammatische Richtigkeit gleichgesetzt: „Ein stilistisch guter Text ist demzufolge also nichts anderes als ein textgrammatischer richter Text [...]" (ebd., 75). Ebenfalls unmittelbaren Bezug auf Hill nimmt William O. Hendricks (1976) und verbindet dessen Auffassung vom Gegenstand der Stilistik explizit mit der *discourse analysis*:

However, in recent years there has been a growing conviction that bona fide grammatical relations do exist beyond the sentence. The area of research known as 'discourse analysis' – or, more typically in the European literature, 'text linguistics' – can be generally defined in the way that Hill defines stylistics (Hendricks 1976, 31).

Auch in diskursanalytischen Arbeiten wird die Brücke von der Textgrammatik zur Stilistik geschlagen wie von M. A. K. Halliday und Ruqaiya Hasan (1976). Allerdings resultiert für sie Stil nicht unmittelbar aus der Art der Kohäsion stiftenden Satzverknüpfung, sondern sie führen neben der Kohäsion einen zweiten textkonstitutiven Faktor ein, das Register:

A text is a passage of discourse which is coherent in these two regards: it is coherent with respect to the context of situation, and therefore consistent in register; and it is coherent with respect to itself, and therefore cohesive (Halliday/Hasan 1976, 23).

Mit Register sind alle diejenigen stilistischen Eigenschaften eines Textes zusammengefasst, die durch den situationalen Kontext bestimmt werden. Darunter fallen auch genre- oder textsortenspezifische Stilcharakteristika.

Ein schon sehr frühes und insgesamt folgenloses Beispiel für die Ausdehnung der Stilistik auf satzübergreifende Strukturen findet sich in Richard M. Meyers „Deutscher Stilistik" (1913 [1906]), in der Meyer in zwei Kapiteln die „Satzverbindung in formeller und inhaltlicher Hinsicht" behandelt. Die Idee, über die traditionell als stilistisch betrachteten Mittel hinaus auch die Formen der satzübergreifenden Beziehungen aus stilistischer Perspektive zu beleuchten, wird offenbar erst in den sechziger Jahren wieder aufgenommen. Dafür stehen beispielsweise die Untersuchungen zu „Problemy sintaksičeskoj stilistiki" von Tamara Silman (1974 [1967]). Silman analysiert das „stilistische System" einiger deutscher Autoren, wobei sie dieses System durch den „Grad von Autosemantie und Synsemantie des Satzes" bestimmt sieht (ebd., 28), d. h. durch den Grad und die Formen der Satzverflechtung. Mit dieser Betrachtungsweise steht Silman in der sowjetischen Sprachwissenschaft der sechziger Jahre keineswegs allein. Außerdem stellt sie sich in eine Tradition, die über Karl Boost bis Karl Bühler zurückreicht. Wenn sie Boosts These aufnimmt, der Satz sei keine selbständige Einheit der Rede, sondern Element einer größeren Einheit, „Satzgemeinschaft" genannt (Boost 1949, 7), so tut sie dies in dem Bewusstsein, dass diese These als Antwort auf Karl Bühlers Frage gedacht war:

Die Schöpfer des Wortes *Text* dachten an Gewebe; doch weiß ich nicht genau, was sie vom Gewebe auf das Sprachliche spezifisch übertragen wollten (Bühler 1965 [1934], 385).

Auch die textlinguistischen Ansätze, die in der Sprachwissenschaft der DDR seit etwa der Mitte der sechziger Jahre entwickelt werden, haben von Anfang an eine stilistische Perspektive. Davon zeugt beispielsweise Günter Starkes Darstellung der „Satz- und Textverflechtung" in der „Stilistik der deutschen Gegenwartssprache" (Fleischer/Michel u. a. 1975, 190–209). Darüber hinaus wird Stil jetzt als eine textlinguistische Kategorie und die Stilistik als textlinguistische Disziplin bestimmt (ebd., 37).

2.2. Propositionsbasierte Textkonzepte

Als Vertreter dieser Richtung kann exemplarisch Teun van Dijk genannt werden, der für die Beschreibung von Texten drei Strukturbereiche vorsieht (van Dijk 1980). Den Ausgangspunkt bildet dabei die Text-Makrostruktur, die aus einer Hierarchie von Propositionen besteht. Den zweiten Bereich bilden die stilistischen Strukturen und den dritten die rhetorischen. Obwohl van Dijk einen engen Zusammenhang zwischen Stilistik und Rhetorik konzediert, nimmt er doch eine Trennung vor, weil er systematische Unterschiede in Gegenstand und Zielsetzung beider erkennt (ebd., 112). Das Stilistische betrifft charakteristische Formen des Sprachgebrauchs, die in Kategorien und Regeln von Grammatik und Pragmatik beschreibbar sind (ebd., 113). Es stützt sich auf den Laut, das Wort, den Satz und die Satzfolge. Auch das Rhetorische hat seinen Platz im „Satz und Sequenzrahmen"; daneben umfasst es aber auch globale Strukturen, von van Dijk als Superstrukturen bezeichnet, die die Ordnung der Textteile betreffen und in den *partes orationis* der Rhetorik ihre Vorläufer haben. Das Motiv, diese beiden Bereiche voneinander zu trennen, besteht in unterschiedlichen Funktionszuweisungen. Das Stilistische bezieht sich auf die „Haltung" des Sprechers, sein Maßstab ist die Adäquatheit; das Rhetorische bezieht sich auf die „kommunikativen Absichten" des Sprechers, sein Merkmal ist die „(optimale) Effektivität":

> Während die Stilistik daher in grammatischer Hinsicht unterschiedliche Sprachformen zur Geltung bringt und in Zusammenhänge mit Eigenschaften des stilistischen Kontextes einbringt, wie Haltung, Einstellung, Charakter und soziale Faktoren, wird die Rhetorik darüber hinaus auch andere Strukturen als charakteristische erkennen lassen und eher auf das qualitative Element gerichtet sein, aufgrund dessen der Text *optimal* wirksam ist [...] (van Dijk 1980, 113).

So wie sich die propositionale Textstruktur aus Mikro- und Makropropositionen aufbaut, umfassen die stilistische und rhetorische Struktur mikro- und makrostrukturelle Erscheinungen.

2.3. Kognitionsbasierte Textkonzepte

In der kognitiv ausgerichteten Linguistik werden Texte als Resultate mentaler Prozesse verstanden, die aus den Kenntnissen und Erfahrungen der Sprachhandelnden gespeist werden. Ausgehend von der Annahme, dass das Wissen, über das die Sprachhandelnden verfügen, nicht aus isolierten Bruchstücken, sondern aus zusammenhängenden Einheiten besteht, besteht eine Aufgabe der kognitiven Linguistik darin, die Organisation dieses Wissens genauer zu beschreiben. Zu diesem Zweck wurden im Anschluss an die kognitive Psychologie Typen von „globalen Mustern" oder Wissensrepertoires angenommen, zu denen Frames, Schemata und Skripts gehören (de Beaugrande/Dressler 1981, 95 f). Während sich bei einzelnen propositionsbasierten Textkonzepten eine Berücksichtigung des Stilistischen schon in der Modellbildung findet, ist dies bei den kognitionsbasierten nicht der Fall. Sie strahlen aber auf die Stilistik-Diskussion aus, in der besonders das Frame-Konzept genutzt wird. So zeigt Rehbein (1983, 25 ff) anhand eines Zeitungskommentars, wie mit spezifischen stilistischen Mitteln Elemente verschiedener „Wissensdomänen" miteinander verknüpft werden, so dass „mentale Leserprozeduren" ausgelöst werden. Auch Sandig (1986a, 198) nutzt das Konzept des Frames oder Wissensrahmens. Um ein Thema auszugestalten, werden in der Regel mehrere Wissensrahmen miteinander verknüpft, wobei diese Verknüpfung konventionell assoziativ oder frei kombiniert sein kann. Daraus ergibt sich dann die stilistisch gestaltete „Alltäglichkeit" oder „Besonderheit" des Themas.

2.4. Kommunikationsbasierte Textkonzepte

Die kommunikationsorientierte Textlinguistik entwickelte sich im Kontext einer sprachpragmatisch-handlungstheoretischen Betrachtungsweise (Brinker 1985, 15), bei der die kommunikative Funktion von Texten im Fokus des Interesses steht. Dabei bildet die Textsorte oder das Textmuster eine Basiskategorie. Solche Textsorten oder -muster sind konventionelle, komplexe Handlungsmuster, die als Rahmen genutzt werden können für die Beschreibung typischer Stileigenschaften und ihrer kommunikativen Leistung (Sanders 1977, Kap. Textsortenstil; Püschel 1982). Textmusterstile (aber auch die Muster von Gesprächen) sind im Hinblick auf ihre Realisierung in unterschiedlichem Maß rigide, d. h. sie bieten mehr oder weniger weite Spielräume. Diese Spielräume können individuell genutzt werden (z. B. Sandig 1978, 156 ff; Sandig 1987; Antos 1986; 1987; Kühn 1995; Fix 1996), sie können aber auch charakteristische Varianten darstellen, die beispielsweise eine medienspezifische Ausprägung aufweisen (Sandig 1978, 108 ff; 142 ff).

3. Textaspekte in der Handlungs-Stilistik

Die skizzierten Typen von Textmodellen haben laut Enkvist trotz aller Unterschiedlichkeiten nicht den Status von Tortenstücken, sondern ihr Verhältnis zueinander ist eher als Puppe in der Puppe zu beschreiben:

> Interactional models show how people behave, and perhaps to some extent why; when people know what they ought to do, they can begin extracting things to say, as modelled by cognitive text models; when they have extracted what they want to say, they go on to textualize it as explicated in predication-based model, to produce a text with cohesion markers such those described in a sentence-based text model (Enkvist 1987, 21).

Vergleichbares ist auch über eine Stilistik zu sagen, die ihren Stilbegriff in einem sprachpragmatisch-handlungstheoretischen Rahmen entwickelt. Diese Handlungs-Stilistik hat zum Gegenstand Sprachkommunikationen jeder Art, seien es mündliche oder schriftliche Einweg-Kommunikationen und Interaktionen. Für sie ist also nicht nur das Verhältnis vom schriftlichen Text, sondern auch vom mündlichen Text und Stil relevant. So behandeln beispielsweise Sandig/Selting (1997) unter dem Label *discourse styles* sowohl *text linguistic stylistics* als auch *interactional stylistics*. Eine solche Stilistik beschäftigt sich naturgemäß mit der Struktur von komplexen sprachlichen Handlungen oder Texten, was die Einbeziehung von Satz, Wort und Laut keineswegs ausschließt; ganz im Gegenteil, sie erfasst und integriert, was bei „der bisherigen unbefriedigenden linguistischen Atomisierung der Stilstruktur" nicht zusammengehalten werden konnte (Sandig 1986a, 213). Nur auf diese Weise kann sie ihrem Gegenstand, dem hochkomplexen Phänomen der Sprachverwendung, gerecht werden. Je nachdem ob bei dem Umgang mit den komplexen sprachlichen Handlungen oder Texten die Frosch- oder Adlerperspektive eingenommen wird, kommen ausgehend vom mikrostilistischen Detail bottom up umfassendere Strukturen in den Blick oder ausgehend vom makrostilistischen Komplex top down einfachere Strukturen. So lassen sich mikrostilistische und makrostilistische Erscheinungen systematisch aufeinander beziehen.

Neben dem Rückgriff auf die Untersuchung stilistischer Erscheinungen auf den verschiedenen Sprachebenen vermag die Handlungs-Stilistik zudem explizit an Traditionen der Stilistik anzuknüpfen, in denen das „rhetorische Erbe" als Anleitung zum wirkungsvollen Reden und Schreiben nie ganz verloren gegangen ist. Denn in der Handlungs-Stilistik kommt die Frage systematisch in den Blick, was Stil leistet, sei es im Hinblick auf die Gestaltung der sprachlichen Handlungen oder der Texte, sei es im Hinblick auf die Adressaten sprachlicher Handlungen oder Texte. Zurückgegriffen werden kann auf die Rhetorik selbst, auf die sich aus ihr entwickelte Regelstilistik bis hin zu praktischen Stilistik, die verschiedensten literaturwissenschaftlichen Ansätze und das frühpragmatische Konzept der Prager Schule mit seinen Ausläufern in Form der Theorie der funktionalen Stile. Umgekehrt kann eine so orientierte Stilistik etwas zurückgeben an die Beschäftigung mit Literatur (s. z. B. Wellmann 1993; Fix/Wellmann 1997).

Vor allem unter Analysegesichtspunkten bietet die Handlungs-Stilistik ein umfassendes und flexibles Beschreibungs-Instrumentarium, das es erlaubt, die vielfältigen Aspekte komplexer sprachlicher Handlungen oder Texte zu erfassen (Sandig 1986a, Kap. 2; Fix 1991; Püschel 1995). Auf Grund ihrer empirischen Ausrichtung erlaubt sie es weiterhin, die kulturellen Kontexte, in denen die sprachlichen Handlungen oder Texte verankert sind, problemlos in die Betrachtung miteinzubeziehen.

Den Ansatzpunkt der Handlungs-Stilistik bildet die Feststellung, dass Menschen entlang bestimmter gesellschaftlicher Zwecke kommunizieren, für die sich mehr oder weniger feste Muster herausgebildet haben (Holly 1992, 21). Diese Muster, die als Textsorten, Textmuster oder Genres Gegenstand der Sprach- wie der Literaturwissenschaft sind, bieten den Rahmen für die Beschäftigung mit globalen stilistischen Erscheinungen oder den Makrostrukturen. Um die Komplexität des sprachlichen Handelns einigermaßen erfassen zu können, ist es sinnvoll, bei der Analyse der Textmuster von verschiedenen Aufgabenfeldern auszugehen. Zugleich bilden die Textmuster den Rahmen für die Beschreibung von Mustern des Fortführens. Mit diesem Muster sind alle Verfahren gemeint, die dazu dienen, lokale stilistische Erscheinungen oder Mikrostrukturen so miteinander zu kombinieren oder zu verknüpfen, dass komplexere Strukturen entstehen.

3.1. Die Aufgabenfelder des sprachlichen Handelns

Wenn Menschen nach Textmustern sprachlich handeln, dann lässt sich diese komplexe Aktivität in drei Aufgabenfelder gliedern: (1) die textsortenkonstitutiven Muster, (2) die Organisationsmuster und (3) die Kontakt- und Beziehungsmuster.

3.1.1. Textsortenkonstitutive Muster

Die textsortenkonstitutiven Muster (Holly/Kühn/Püschel 1986, 45 ff; 94 ff), Teiltextmuster (Sandig 1978, 81 f) oder auch wesentlichen Texthandlungen (von Polenz 1985, 328 ff) bilden den Kernbereich, denn von ihnen wird ein Textmuster überhaupt erst konstituiert; sie bestimmen die Handlungsstruktur von Texten. Neben den konstitutiven Mustern finden sich noch typische Muster, die einerseits in einer ganzen Gruppe von Textsorten anzutreffen sind, andererseits aber in ihrer Realisierung fakultativ sind wie beispielsweise das Proömium in Reden. Stilistisch relevant ist grundsätzlich die Art, wie die konstitutiven Muster realisiert sind, so zum Beispiel ob es sich um minimale oder maximale Realisierungen handelt. Spezieller ist dagegen die Frage, ob alle konstitutiven Muster realisiert sind, und wenn nicht, welche ausgespart wurden. Dies ist beispielsweise für Anzeigenwerbung und Werbeplakate untersucht worden (vgl. von Polenz 1985, 198 ff; Sandig 1986a, 173 ff). In vielen Textsorten ist die Abfolge der konstitutiven Muster festgelegt; so wird z. B. im Kochrezept begonnen mit dem Nennen der Zutaten, dann wird die Zubereitung beschrieben und möglicherweise mit einem Vorschlag für das Servieren geschlossen. Bei anderen Textsorten ist eine solche Sequenzierung nicht vorgegeben wie beispielsweise bei den schon genannten Werbeanzeigen oder aber den Neujahrsansprachen der Bundeskanzler, in denen das Erinnern an Vergangenes und dessen positive Bewertung, das Voraussagen von Zukünftigem und dessen positive Bewertung und die Solidarisierungshandlungen keineswegs ein striktes Nacheinander bilden (Püschel 1993, 313 f). Weiterhin lassen sich Abweichungen von Textmustern beobachten, bei denen zu prüfen ist, ob es sich um defektive Texte handelt oder nicht (Püschel 1985, 15 ff; Sandig 1986a, 184 ff), und Mischung von Textmustern (Sandig 1986a, 186 ff; Sandig 1989). Musterabweichungen und -mischungen sind gebräuchliche Mittel in der Literatur, aber keineswegs nur dort anzutreffen.

3.1.2. Organisationsmuster

Diese Muster betreffen im Wesentlichen die vier Bereiche: Sprecherwechselorganisation, Gliederung und Strukturierung, Themenentfaltung/Sachverhaltsdarstellung und Verständnissicherung. Zwangsläufig globaler Natur ist die Themenbehandlung/Sachverhaltsdarstellung, während Strukturierung und Verständnissicherung eher lokalen Charakter haben. Sprechwechselorganisation und Gliederung sind zwar ebenfalls lokaler Natur, betreffen aber auch den ganzen Text, da sie wiederholt auftreten und sich durch den Text hindurchziehen. Sie sind deshalb nach dem Muster 'Fortführen' (s. 3.2.) zu beschreiben. Zu den Mustern der Themenentfaltung/Sachverhaltsdarstellung gehören 'Erzählen', 'Berichten', 'Beschreiben' und 'Erörtern'; Brinker (1985) unterscheidet deskriptive, explikative und argumentative Themenentfaltung. Diese Muster sind wiederum komplex, da sie aus einer Reihe von Teilmustern bestehen, die für Erzählen und Erörtern/Argumentieren bisher am intensivsten untersucht sind. Stilistisch relevant ist die Sequenzierung der Teilmuster (Sandig 1986a, 202 ff) wie beispielsweise die Einhaltung der Chronologie beim Erzählen oder Berichten (Püschel 1993); schon die Rhetorik hat zwischen dem *ordo naturalis* und dem *ordo artificialis* unterschieden. Die Realisierung eines Musters kann auch textmusterspezifisch ausgeprägt sein. So unterscheiden sich zum Beispiel die informationsbetonten journalistischen Darstellungsarten 'Meldung', 'Ereignisbericht', 'Hintergrundbericht' und 'Reportage' in der Art, wie das Muster 'Berichten' genutzt wird (vgl. Bucher 1986, 79 f).

3.1.3. Kontakt- und Beziehungsmuster

Diese Muster gehören insofern zum Vorbereich des sprachlichen Handelns, als sie die Voraussetzungen dafür schaffen, dass die Kommunikation nach Textmustern überhaupt stattfinden kann. Die Beziehungsgestaltung oder Imagearbeit (Holly 1979; Sager 1981; Adamzik 1984) ist eine Aufgabe, die einerseits immer wieder lokal geleistet werden muss und andererseits die ganze Kommunikation begleitet. Deshalb sind typische Formen der Beziehungsgestaltung oder Beziehungsstile unter dem Stichwort des Fortführens zu behandeln.

3.2. Das Muster 'Fortführen'

Mikrostilistische Erscheinungen besitzen zuerst einmal lokalen Charakter, sie sind aber nicht auf das Lokale beschränkt, sondern können überlokale, ja sogar globale Auswirkungen haben. Damit bekommen sie auch prägende Kraft für einen Textabschnitt oder einen ganzen Text. Das wird bewirkt, indem der Gebrauch bestimmter mikrostilistischer Mittel fortgeführt wird. Mit dem Muster 'Fortführen' werden also im Text „stilistische Zusammenhänge hergestellt" (Sandig 1978, 88). Formen des Fortführens sind in der Hauptsache 'Wiederholen' und 'Variieren' (Sandig 1978, 88 ff), aber auch 'Abweichen' (Püschel 1985). Systematisch für sein Konzept einer strukturalistischen, textbezogenen Stilistik hat Michael Riffaterre das Zusammenspiel von Wiederholen und Abweichen genutzt (Riffaterre 1973). Speziell bei der Analyse literarischer Texte, vor allem auch von Lyrik, hat dieses Zusammenspiel als Stilbruch schon immer eine große Rolle gespielt. Insofern ist die „Abweichungsstilistik" ein textorientiertes Stilkonzept.

Eine notwendige Modifizierung von Fortführen bedeutet die Feststellung, dass nicht jede Art der Wiederholung auch eine stilistisch relevante Form des Fortführens bildet. So sind solche sprachlichen Erscheinungen ausgenommen, die gezwungenermaßen wiederholt verwendet werden, weil sie in der Struktur einer Sprache angelegt sind (Enkvist 1964, 16 ff; Brinkmann 1983, 72 f). Unter diesem Aspekt lässt sich beispielsweise Roman Jakobsons „Zwei-Achsen-Prinzip" kritisieren (Holenstein 1975). Als Kernpunkt dieses Konzeptes, das bis in den russischen Formalismus zurückreicht, gilt, dass ein Text durch eine Vielzahl von Parallelismen strukturiert ist, die durch die Projektion paradigmatischer Relationen auf die syntagmatische Ebene bewirkt werden (Posner 1969, 31−37). In der berühmten Analyse von Baudelaires „Les chats", die Roman Jakobson gemeinsam mit Claude Lévi-Strauss vorgelegt hat (Jakobson/Lévi-Strauss 1969), werden auf höchst subtile Weise eine Fülle solcher Parallelismen aufgedeckt. Bei dieser quasi mechanischen Verfahrensweise gelingt es den Analysierenden jedoch nicht, die Gesamtheit der aufgefundenen Parallelismen in ihrer stilistischen Relevanz plausibel zu machen, also im handlungsstilistischen Sinne als Realisationen des Musters Fortführen zu erklären (vgl. Riffaterre 1973, Kap. 11; Posner 1969, 42−46; Püschel 1983, 112).

Besonders hilfreich ist das Muster 'Fortführen' bei der Beschäftigung mit typischen oder konventionellen Stilen, da es über impressionistische Beschreibungen hinaus die konkrete Erfassung von Stilzügen erlaubt (s. Abschnitt 1.3.3.). Genutzt wurde das Muster 'Fortführen' schon immer dann, wenn von der Einheitlichkeit oder Uneinheitlichkeit von Stil gesprochen wurde, wenn es also um *'stylistic coherence'* geht (van Dijk/Kintsch 1983, 17). Geradezu klassisch ist der Nominalstil, bei dem das syntaktische Muster der Nominalisierung wiederholt wird, und der Variationsstil, bei dem vor allem, aber keineswegs ausschließlich, lexikalische Elemente variiert werden. Die stilistische Nutzung der textgrammatischen Mittel ist hier ebenfalls zu nennen (s. Abschnitt 2.1.). In den ganz anders gearteten Bereichen von Reim, Vers und Rhythmus finden sich die Mittel und Möglichkeiten des Fortführens sogar systematisch erfasst.

Aspekte von Stiltypen, die auch als Stilzüge gefasst werden können, lassen sich für die Beziehungsgestaltung vor allem in Gesprächen herausarbeiten (Sandig 1986a, 239 ff). So unterscheidet Holly (1983) einen Distanz- und Nähestil im therapeutischen Gespräch und Sandig (1983) einen duzentrierten und ichzentrierten Stil in unterschiedlichen Gesprächsarten, während sich Deborah Tannen mit dem Gesprächsstil von Freunden beschäftigt (Tannen 1984). In der schriftlichen Einwegkommunikation ist die Beziehungsgestaltung traditionellerweise für die Fach- und Wissenschaftssprachen thematisiert worden mit ihrer weit verbreiteten Vermeidungsstrategie, den Schreiber explizit zu nennen oder Adressaten direkt anzusprechen (z. B. von Polenz 1981). Pointiert gefasst hat diese Haltung Ludwig Reiners im „Geheimnis des deutschen Gelehrtenstils: sie verachten die Form, weil sie den Leser verachten. Dem Gegenstand schulden sie Gründlichkeit, dem Leser schulden sie gar nichts" (Reiners 1976 [1943], 34 f). Ein Teilaspekt der Beziehungsgestaltung besteht in der Selbstdarstellung, die mit einem ad hoc erzeugten individuellen/persönlichen Stil bewirkt werden kann, mit dem sich Sprachhandelnde vom stilistisch Erwartbaren absetzen (Sandig 1986a, 214 ff). Auch die Art der Adressatenberücksichtigung wirkt sich stilistisch aus (ebd., 227 ff). Das gilt ganz besonders für das Gespräch:

Die Orientierung am jeweiligen Hörer in der Wahl der Formulierung ist das wichtigste Stilprinzip interaktiven Sprachgebrauchs (Franck 1984, 128).

Mit Formen des Fortführens auf dem Felde des Organisatorischen hat sich vorwiegend die Gesprächsanalyse beschäftigt, wobei

Sprecherwechselorganisation und Themenbehandlung im Vordergrund stehen (Holly/ Kühn/Püschel 1986, Kap. 5.3; 7; Kotthoff 1991). Weitere Aspekte, die an das stilistische Fortführen geknüpft sind, bietet der Sammelband „Stil und Stilisierung" (Hinnenkamp/ Selting 1989).

Dass Fortführen durch Wiederholen, Variieren und Abweichen auf lokale Phänomene beschränkt bleiben kann, sich also nicht durch den ganzen Text oder größere Textteile hindurchziehen muss, spielt traditionellerweise in der Rhetorik eine Rolle. Denn mit solchen lokalen Formen des Fortführens hat sich schon immer die Figurenlehre beschäftigt, für deren Einteilungen auch die Abweichung, Wiederholung und Variation herangezogen werden. Ebenfalls genutzt werden diese Kriterien in der jüngeren „linguistischen Poetik" (vgl. u. a. Lausberg 1973; Plett 1973; 1975; Küper 1976; Frédéric 1984; Besch 1989).

4. Textlinguistik oder Diskurs-/ Dialoganalyse oder Stilistik?

Während bis in die siebziger Jahre wiederholt die Frage gestellt wurde, ob und wie die Stilistik eine eigenständige Disziplin, möglicherweise in Form einer Koexistenz von literaturwissenschaftlicher und sprachwissenschaftlicher Stilistik, darstellt, verschob sich mit der Entfaltung der Textlinguistik diese Frage, denn nun geht es um das Verhältnis von Textlinguistik und Stilistik. Die Antworten sind unterschiedlich ausgefallen. So hält es beispielsweise Georg Michel für angemessen, „die Stilistik als Teildisziplin der Textlinguistik zu verstehen" (Michel 1986, 6), mit der Begründung, dass die Gegenstandsbereiche von Text- und Stillinguistik in einem Inklusionsverhältnis stünden. Der Rekurs auf den Gegenstandsbereich ist für Hans-Werner Eroms dagegen kein Argument für eine Einordnung der Stilistik in die Textlinguistik. Er spricht dezidiert von zwei wissenschaftlichen Disziplinen, auch wenn diese eng verwandt seien und sich zudem mit demselben Gegenstandsbereich beschäftigen würden. Statt dessen hebt er Trennendes hervor, wie zum Beispiel, dass die Stilistik mit ihrer alten Tradition seit jeher evaluativ gewesen sei, die jüngere Textlinguistik dagegen deskriptiv (Eroms 1986, 10). Anknüpfend an eine schon länger vertretene Position (z. B. Gray 1969), der zufolge alle relevanten Probleme auch ohne Rekurs auf die Kategorie des Stils behandelt werden könnten, beharrt Enkvist darauf, dass sich der Spieß auch umdrehen lässt:

> Of course, the student of style can turn such an argument the other way round. He can say that stylistics is his main business, and text and discourse linguistics are his servants and handmaidens. The job of the text and discourse linguist is simply to provide him, the student of style, with tools and with assistance (Enkvist 1987, 23).

Genau die Position der Textlinguistik als Magd der Stilistik vertritt Sandig, wenn sie vom „Nutzen der Textlinguistik für die Stilistik" handelt (Sandig 1986b, 24). Damit ist der Kreis der Positionen einmal exemplarisch abgeschritten; es bleibt der Eindruck von Beliebigkeit, auch wenn die unterschiedlichen Auffassungen argumentativ vertreten werden. Tatsächlich verbirgt sich hinter solchen Positionsbestimmungen weniger ein wissenschaftliches als ein wissenschaftssoziologisches und -politisches Problem; es geht um das Abstecken von Claims oder das Austragen von Hahnenkämpfen (Aust 1986, 22). Dennoch brauchen solche Antagonismen nicht das letzte Wort zu sein, da sich die Fragestellung sehr wohl differenzierter angehen lässt, indem die Ebene der sprachwissenschaftlichen (Teil-) Disziplinen und der sprachlichen Gegenstände auseinandergehalten werden:

> Als Folge der allgemeinen methodologischen Überlegungen [...] sei unterschieden zwischen stilistischen Sachverhalten als objektiven Phänomenen der Sprachkommunikation und stilkundlichen Beschreibungen bzw. der Disziplin der Stilistik. Nur der objektive Sachverhalt stilistischer Variation in der Ausführung sprachlicher Handlungen kann texttheoretischen Beschreibungskonzepten inkorporiert werden, nicht die Stilistik der Textlinguistik (Lerchner 1986, 35).

Die theoretischen Konzepte schlucken sich nicht gegenseitig, sondern ihr Blick auf die erfassten Phänomene verengt oder weitet sich. Geht man von der Ebene der Gegenstände aus, dann lässt sich mit Aust zugespitzt sagen, dass Text und Stil zwar nicht identisch sind, sich aber auch nicht voneinander trennen lassen; „mit dem einen ist das andere gegeben" (Aust 1986, 23). Wenn Text und Stil dennoch voneinander unterscheidbar sind und mit dieser Unterscheidbarkeit verschiedenartige theoretische Konzepte verbunden sein können, dann berührt das nicht die Einheit des Gegenstandes:

> Die Verschiedenheit von Text und Stil gründet nicht in einem Unterschied der Gegenstände, son-

dern in einem Unterschied der Fragestellungen (Aust 1986, 239).

Die unterschiedlichen Perspektiven können dann zu der schon erwähnten Aufgabenverteilung zwischen Textlinguistik und Stilistik führen (s. Abschnitt 2.). Dabei kann die Inkorporation stilistischer Eigenschaften in die texttheoretisch orientierte Betrachtungsweise und umgekehrt die Inkorporation von textuellen Erscheinungen in die stiltheoretisch orientierte Betrachtungsweise zu einer Verwischung, wenn nicht sogar Auflösung der Grenzen zwischen den Disziplinen führen. Unbeschadet dessen sieht man im Stilistiklager mit der Stilperspektive einen unschätzbaren Vorteil verbunden: Der Stilbegriff besitzt nämlich integrative Kraft und erlaubt einen ganzheitlichen oder holistischen Zugriff (Selting/Hinnenkamp 1989, 7; Sandig 1990; Fix 1992), wie er sich in verschiedenen sprachwissenschaftlichen Richtungen abzeichnet. Deshalb plädiert Holly (1992, 16) sogar dafür, ohne Unterschied von Diskurs-, Text- und Dialoganalyse zu sprechen, denen noch die Stilanalyse hinzuzufügen wäre. Allerdings findet die Ausweitung des Stilistischen nicht ungeteilte Zustimmung, da sie aus Kritikersicht „zu einer Hypertrophie sprachstilistischer Fragestellungen" führt (Michel 1988, 551). Wie auch immer sich die zukünftige Forschung dazu stellt, an dem von Nils Erik Enkvist lapidar konstatierten Faktum wird sie nicht vorbeikommen: „Stylistics can never be the same after the rise of discourse linguistics" (Enkvist 1987, 21).

5. Literatur (in Auswahl)

Adamzik, Kirsten (1984): Sprachliches Handeln und sozialer Kontakt. Zur Integration der Kategorie 'Beziehungsaspekt' in eine sprechakttheoretische Beschreibung des Deutschen. Tübingen.

Adelung, Johann Christoph (1785): Ueber den Deutschen Styl. Berlin.

Antos, Gerd (1986): Zur Stilistik von Grußworten. In: Zeitschrift für Germanistische Linguistik 14, 50–81.

Asmuth, Bernhard/Berg-Ehlers, Luise (1974): Stilistik. Düsseldorf.

Aust, Hugo (1986): Textlinguistik contra Stilistik? In: Weiss, Walter/Wiegand, Herbert Ernst/Reis, Marga (eds.): Textlinguistik contra Stilistik? Wortschatz und Wörterbuch. Grammatische oder pragmatische Organisation der Rede? Tübingen, 22–23.

Beaugrande, Robert-Alain de/Dressler, Wolfgang Ulrich (1981): Einführung in die Textlinguistik. Tübingen.

Besch, Elmar (1989): Wiederholung und Variation. Untersuchung ihrer stilistischen Funktionen in der deutschen Gegenwartssprache. Frankfurt u. a.

Boost, Karl (1949): Der deutsche Satz. Die Satzverflechtung. In: Deutschunterricht 2/3, 7–15.

Brinker, Klaus (1985): Linguistische Textanalyse. Eine Einführung in Grundbegriffe und Methoden. Berlin.

Brinkmann, Henning (1983): Wiederholung als Gestaltung in Sprache und als Wiederverwendung. In: Wirkendes Wort 33, 71–93.

Bucher, Hans-Jürgen (1986): Pressekommunikation. Tübingen.

Bühler, Karl (1965 [1934]): Sprachtheorie. Die Darstellungsfunktion der Sprache. Stuttgart.

Coseriu, Eugenio (1981): Textlinguistik. Eine Einführung. Tübingen.

Dijk, Teun A. van (1980): Textwissenschaft. Eine interdisziplinäre Einführung. Tübingen.

Dijk, Teun A. van/Kintsch, Walter (1983): Strategies of Discourse Comprehension. New York u. a.

Dressler, Wolfgang (1972): Einführung in die Textlinguistik. Tübingen.

Engel, Eduard (1922 [1912]): Deutsche Stilkunst. 3., umgearb. und verm. Aufl. Leipzig.

Enkvist, Nils Erik (1964): On Defining Style. In: Enkvist, Nils Erik/Spencer, John/Gregory, Michael J. (eds.): Linguistic and Style. Oxford, 1–56.

– (1978): Stylistics and Text Linguistics. In: Dressler, Wolfgang U. (ed.): Current Trends in Textlinguistics. Berlin/New York, 174–190.

– (1987): What Happened to Stylistics? In: Fries, Udo (ed.): The Structure of Texts. Tübingen, 11–28.

Eroms, Hans-Werner (1986): Textlinguistik und Stiltheorie. In: Weiss, Walter/Wiegand, Herbert Ernst/Reis, Marga (eds.): Textlinguistik contra Stilistik? Wortschatz und Wörterbuch. Grammatische oder pragmatische Organisation der Rede? Tübingen, 10–21.

Fix, Ulla (1991): Stilistische Textanalyse – immer ein Vergleich? Das Gemeinsame von Methoden der Stilanalyse – das Gemeinsame von Stilbegriffen. In: Brinker, Klaus (ed.): Aspekte der Textlinguistik. Hildesheim/Zürich/New York, 133–156.

– (1992): Stil als komplexes Zeichen im Wandel. Überlegungen zu einem erweiterten Stilbegriff. In: Zeitschrift für germanistische Linguistik 20, 193–209.

– (1996): Textstil und KonTextstile. Stil in der Kommunikation als umfassende Semiose von Sprachlichem, Parasprachlichem und Außersprachlichem. In: Fix, Ulla/Lerchner, Gotthard (eds.): Stil und Stilwandel. Bernhard Sowinski zum 65. Geburtstag gewidmet. Frankfurt u. a., 111–132.

Fix, Ulla/Wellmann, Hans (eds.) (1997): Stile, Stilprägungen, Stilgeschichte. Über Epochen-, Gattungs- und Autorenstile. Sprachliche Analysen und didaktische Aspekte. Heidelberg.

Fleischer, Wolfgang/Michel, Georg u. a. (1975): Stilistik der deutschen Gegenwartssprache. Leipzig.

Fleischer, Wolfgang/Michel, Georg/Starke, Günter (1993): Stilistik der deutschen Gegenwartssprache. Frankfurt/Berlin/Bern.

Franck, Dorothea (1984): Stil und Interaktion. In: Spillner, Bernd (ed.): Methoden der Stilanalyse. Tübingen, 121–135.

Frédéric, Madeleine (1984): La répétition et ses structures dans l'œuvre poétique de Saint-John Perse. Paris.

Gray, Bennison (1969): Style: The Problem and its Solution. The Hague/Paris.

Halliday, M. A. K./Hasan, Ruqaiya (1976): Cohesion in English. London.

Hartmann, Peter (1972 [1964]): Text, Texte, Klassen von Texten. In: Koch, Walter A. (ed.) (1972): Strukturelle Textanalyse − Analyse du Récit − Discourse Analysis. Hildesheim/New York, 1–22.

Harweg, Roland (1972): Stilistik und Textgrammatik. In: Linguistik und Literaturwissenschaft 2.5, 71–81.

− (1979 [1968]): Pronomina und Textkonstitution. 2., verb. und erw. Aufl. München.

Havránek, Bohuslav (1976 [1932]): Die Aufgaben der Literatursprache und der Sprachkultur. In: Scharnhorst, Jürgen/Ising, Erika (eds.) (1976): Grundlagen der Sprachkultur. Beiträge der Prager Linguistik zur Sprachtheorie und Sprachpflege. Teil I. Berlin, 102–141.

Heinemann, Wolfgang (1974): Zur Klassifizierung von Stilzügen. In: Linguistische Arbeitsberichte. Mitteilungsblatt der Sektion theoretische und angewandte Sprachwissenschaft der Karl-Marx-Universität Leipzig 10, 57–61.

Heinemann, Wolfgang/Viehweger, Dieter (1991): Textlinguistik. Eine Einführung. Tübingen.

Heinz, Rudolf (1986): Stil als geisteswissenschaftliche Kategorie. Problemgeschichtliche Untersuchungen zum Stilbegriff im 19. und 20. Jh. Würzburg.

Hendricks, William O. (1976): Grammars of Style and Styles of Grammar. Amsterdam/New York/Oxford.

Hill, Archibald A. (1958): Introduction to Linguistic Structures. From Sound to Sentence in English. New York u. a.

Hinnenkamp, Volker/Selting, Margret (eds.) (1989): Stil und Stilisierung. Arbeiten zur interpretativen Soziolinguistik. Tübingen.

Holenstein, Elmar (1975): Roman Jakobsons phänomenologischer Strukturalismus. Frankfurt a. M.

Holly, Werner (1979): Imagearbeit in Gesprächen. Zur linguistischen Beschreibung des Beziehungsaspekts. Tübingen.

− (1983): „Die Mutter ist wie alt?" Befragungstechniken und Beziehungsstile eines Psychotherapeuten in Zweitinterviews. In: Sandig, Barbara (ed.): Stilistik II. Gesprächsstile. Hildesheim/Zürich/New York, 102–147.

− (1992): Holistische Dialoganalyse. Anmerkungen zur „Methode" pragmatischer Textanalyse. In: Stati, Sorin/Weigand, Edda (eds.): Methoden der Dialoganalyse. Tübingen, 15–40.

Holly, Werner/Kühn, Peter/Püschel, Ulrich (1986): Politische Fernsehdiskussionen. Zur medienspezifischen Inszenierung von Propaganda als Diskussion. Tübingen.

Jakobson, Roman/Lévi-Strauss, Claude (1969): „Les Chats" von Charles Baudelaire. In: Sprache im technischen Zeitalter 29, 2–19.

Kayser, Wolfgang (1948): Das sprachliche Kunstwerk. Eine Einführung in die Literaturwissenschaft. Bern/München.

Kotthoff, Helga (1991): Interaktionsstilistische Unterschiede im Gesprächsverhalten der Geschlechter: Unterbrechungen und Themenkontrolle als Stilmittel. In: Neuland, Eva/Bleckwenn, Helga (eds.): Stil − Stilistik − Stilisierung. Linguistische, literaturwissenschaftliche und didaktische Beiträge zur Stilforschung. Frankfurt u. a., 55–68.

Krahl, Siegfried/Kurz, Josef (1975 [1970]): Kleines Wörterbuch der Stilkunde. 3., durchges. Aufl. Leipzig.

Kühn, Ingrid (1995): Alltagssprachliche Textsortenstile. In: Stickel, Gerhard (ed.): Stilfragen. Berlin/New York, 329–354.

Küper, Christoph (1976): Linguistische Poetik. Stuttgart u. a.

Lämmert, Eberhard (1955): Bauformen des Erzählens. Stuttgart.

Lausberg, Heinrich (1973): Handbuch der literarischen Rhetorik. Eine Grundlage der Literaturwissenschaft. 2., durch einen Nachtrag verm. Aufl. 2 Bde. München.

Lerchner, Gotthard (1976): Stilzüge unter semasiologischem Aspekt. In: Deutsch als Fremdsprache 13, 257–262.

− (1980): Individualstil und gesellschaftliche Sprechtätigkeit. In: Zeitschrift für Phonetik, Sprachwissenschaft und Kommunikationsforschung 33, 48–55.

− (1986): Stilistische Variation in einer handlungsbezogenen Textkonzeption. In: Weiss, Walter/Wiegand, Herbert Ernst/Reis, Marga (eds.): Textlinguistik contra Stilistik? Wortschatz und Wörterbuch. Grammatische oder pragmatische Organisation der Rede? Tübingen, 32–39.

Linn, Marie-Luise (1963): Studien zur deutschen Rhetorik und Stilistik im 19. Jahrhundert. Marburg.

Meyer, Richard M. (1913 [1906]): Deutsche Stilistik. 2., verb. und verm. Aufl. München.

Michel, Georg (1986): Text- und Stilnormen als Regeln oder als Modell? In: Weiss, Walter/Wiegand, Herbert Ernst/Reis, Marga (eds.): Textlinguistik contra Stilistik? Wortschatz und Wörterbuch. Grammatische oder pragmatische Organisation der Rede? Tübingen, 3–9.

– (1988): Zum stilistischen Aspekt von Texten. In: Neuphilologische Mitteilungen 89, 547–558.

Möller, Georg (1970): Praktische Stillehre. Leipzig.

Moritz, Karl Philipp (1800 [1793]): Vorlesungen über den Styl oder praktische Anweisung zu einer guten Schreibart in Beispielen aus den vorzüglichsten Schriftstellern. Erster Theil. Neue Aufl. Braunschweig.

Nickisch, Reinhard M. G. (1975): Gutes Deutsch? Kritische Studien zu den maßgeblichen praktischen Stillehren der deutschen Gegenwartssprache. Göttingen.

Ohmann, Richard (1964): Generative Grammars and the Concept of Literary Style. In: Word 20, 423–439.

Peukert, Herbert (1977): Positionen einer Linguostilistik. Berlin.

Plett, Heinrich F. (1973): Einführung in die rhetorische Textanalyse. 2., durchges. Aufl. Hamburg.

– (1975): Textwissenschaft und Textanalyse. Semiotik, Linguistik, Rhetorik. Heidelberg.

Polenz, Peter von (1981): Über die Jargonisierung von Wissenschaftssprache und wider die Deagentivierung. In: Bungarten, Theo (ed.): Wissenschaftssprache. Beiträge zur Methodologie, theoretischen Fundierung und Deskription. München, 85–110.

– (1985): Deutsche Satzsemantik. Grundbegriffe des Zwischen-den-Zeilen-Lesens. Berlin/New York.

Posner, Roland (1969): Strukturalismus in der Gedichtinterpretation. Textdeskription und Rezeptionsanalyse am Beispiel von Baudelaires „Les Chats". In: Sprache im technischen Zeitalter 29, 27–58.

Püschel, Ulrich (1982): Die Bedeutung von Textsortenstilen. In: Zeitschrift für Germanistische Linguistik 10, 28–37.

– (1983): Stilanalyse als Stilverstehen. In: Sandig, Barbara (ed.): Stilistik. Bd. 1: Probleme der Stilistik. Hildesheim/Zürich/New York, 97–126.

– (1985): Das Stilmuster „Abweichen". Sprachpragmatische Überlegungen zur Abweichungsstilistik. In: Sprache und Literatur in Wissenschaft und Unterricht 55, 9–24.

– (1993): Stilanalyse als interpretatives Verfahren. Stifters Ur- und Studien-Mappe als Beispiel. In: Wirkendes Wort 43, 68–81.

– (1995): Stilpragmatik – Vom praktischen Umgang mit Stil. In: Stickel, Gerhard (ed.): Stilfragen. Berlin/New York, 303–328.

Rehbein, Jochen (1983): Zur pragmatischen Rolle des „Stils". In: Sandig, Barbara (ed.): Stilistik I: Probleme der Stilistik. Hildesheim/Zürich/New York, 21–48.

Reiners, Ludwig (1974 [1951]): Stilfibel. Der sichere Weg zum guten Deutsch. München.

– (1976 [1943]): Stilkunst. Ein Lehrbuch deutscher Prosa. 109.–117. Tausend der Gesamtaufl. München.

Riesel, Elise (1959): Stilistik der deutschen Sprache. Moskau.

– (1971): Stil und Gesellschaft. In: Lange, Victor/Roloff, Hans-Gert (eds.): Dichtung. Sprache. Gesellschaft. Akten des IV. Internationalen Germanisten-Kongresses 1970 in Princeton. Frankfurt a. M., 357–365.

– (1975): Diskussion über das Problem „Stilzug" erforderlich. Kritische und selbstkritische Betrachtungen. In: Sprachpflege 1, 1–5.

Riesel, Elise/Schendels, Eugenie I. (1975): Deutsche Stilistik. Moskau.

Riffaterre, Michael (1973): Strukturale Stilistik. München.

Sager, Sven F. (1981): Sprache und Beziehung. Linguistische Untersuchungen zum Zusammenhang von sprachlicher Kommunikation und zwischenmenschlicher Beziehung. Tübingen.

Salm, Peter (1970): Drei Richtungen in der Literaturwissenschaft. Scherer – Walzel – Staiger. Tübingen.

Sanders, Willy (1973): Linguistische Stiltheorie. Probleme, Prinzipien und moderne Perspektiven des Sprachstils. Göttingen.

– (1977): Linguistische Stilistik. Grundzüge der Stilanalyse sprachlicher Kommunikation. Göttingen.

Sandig, Barbara (1978): Stilistik. Sprachpragmatische Grundlegung der Stilbeschreibung. Berlin/New York.

– (1983): Zwei Gruppen von Gesprächsstilen: Ichzentrierter versus duzentrierter Partnerbezug. In: Sandig, Barbara (ed.): Stilistik II: Gesprächsstile. Hildesheim/Zürich/New York, 147–197.

– (1986a): Stilistik der deutschen Sprache. Berlin/New York.

– (1986b): Vom Nutzen der Textlinguistik für die Stilistik. In: Weiss, Walter/Wiegand, Herbert Ernst/Reis, Marga (eds.): Textlinguistik contra Stilistik? Wortschatz und Wörterbuch. Grammatische oder pragmatische Organisation der Rede? Tübingen, 24−31.

− (1987): Beschreibungsmöglichkeiten und Realisierungen von Textmustern am Beispiel der Richtigstellung. In: Engelkamp, Johannes/Lorenz, Kuno/Sandig, Barbara (eds.): Wissensrepräsentation und Wissensaustausch. St. Ingbert, 115−155.

− (1989): Stilistische Mustermischungen in der Gebrauchssprache. In: Zeitschrift für Germanistik 10, 133−150.

− (1990): Holistic Linguistics as a Perspective for the Nineties. In: Text 10, 91−95.

Sandig, Barbara/Selting, Margret (1997): Discourse Styles. In: Dijk, Teun H. van (ed.): Discourse as Structure and Process. Discourse Studies: A Multidisciplinary Introduction. Vol. 1. London/New Delhi, 138−156.

Scherer, Wilhelm (1884): Rezension zu Wilmanns Walther-Ausgabe. In: Anzeiger für deutsches Alterthum und deutsche Litteratur 10, 305−312.

− (1888): Poetik. Berlin.

Schneider, Wilhelm (1968 [1931]): Ausdruckswerte der deutschen Sprache. Eine Stilkunde. Darmstadt.

Selting, Margret/Hinnenkamp, Volker (1989): Einleitung: Stil und Stilisierung in der interpretativen Soziolinguistik. In: Hinnenkamp/Selting (1989), 1−23.

Sengle, Friedrich (1980): Biedermeierzeit. Deutsche Literatur im Spannungsfeld zwischen Restauration und Revolution 1815−1848. Bd. III: Die Dichter. Stuttgart.

Silman, Tamara (1974): Probleme der Textlinguistik. Einführung und exemplarische Analyse. Heidelberg.

Sowinski, Bernhard (1983a): Textlinguistik. Eine Einführung. Stuttgart u. a.

− (1983b): Kategorien der Makrostilistik − eine Übersichtsskizze. In: Sandig, Barbara (ed.): Stilistik. Bd. 1: Probleme der Stilistik. Hildesheim/Zürich/New York, 77−95.

− (1991): Stilistik. Stiltheorien und Stilanalysen. Stuttgart.

Spitzer, Leo (1969 [1948]): Sprachwissenschaft und Literaturwissenschaft. In: Spitzer, Leo: Texterklärungen. Aufsätze zur europäischen Literatur. München, 7−33.

Staiger, Emil (1961 [1951]): Die Kunst der Interpretation. In: Staiger, Emil: Die Kunst der Interpretation. Studien zur deutschen Literaturgeschichte. 3. Aufl. Zürich, 9−33.

Stanzel, Friedrich (1964): Typische Formen des Romans. Göttingen.

Strich, Fritz (1962 [1922]): Deutsche Klassik und Romantik oder Vollendung und Unendlichkeit. 5. Aufl. Bern/München.

Tannen, Deborah (1984): Conversational Style. Analyzing Talk among Friends. Norwood/New Jersey.

Walzel, Oskar (1917): Wechselseitige Erhellung der Künste. Ein Beitrag zur Würdigung kunstgeschichtlicher Begriffe. Berlin.

− (1957 [1923]): Gehalt und Gestalt im Kunstwerk des Dichters. 2., unveränderte Aufl. Darmstadt.

Weimar, Klaus (1989): Geschichte der deutschen Literaturwissenschaft bis zum Ende des 19. Jhs. München.

Weissenberger, Klaus (1971): The Problem of Period Style. In: Strelka, Joseph (ed.): Patterns of Literary Style. University Park, Pennsylvania/London, 226−264.

Wellmann, Hans (ed.) (1993): Grammatik, Wortschatz und Bauformen der Poesie in der stilistischen Analyse ausgewählter Texte. Heidelberg.

Wölfflin, Heinrich (1915): Kunstgeschichtliche Grundbegriffe. Das Problem der Stilentwicklung in der neueren Kunst. München.

Ulrich Püschel, Trier
(Deutschland)

46. Der Zusammenhang von Text und Bild

1. Bilder und Texte
2. Bild-Text-Beziehungen
3. Indexikalische Verweisrelationen
4. Intermediale Text-Bild-Beziehungen
5. Literatur (in Auswahl)

1. Bilder und Texte

Die Beziehungen zwischen Bildern und Sprache sind vielfältig. In alltäglicher Kommunikation wird das akustische Medium der gesprochenen Sprache durch das visuelle Medium der nonverbalen Kommunikation, durch Gesten oder Mimik ergänzt. In dieser prototypischen Kommunikationssituation ist eine wesentliche Komplementarität des Visuellen und Akustischen zu erkennen. Bilder in Pressefotos, Film oder Fernsehen zeigen, wie sich das akustisch Verbale durch das visuell Nonverbale ergänzen, aber Bilder repräsentieren nicht nur den nonverbalen Aspekt der zwischenmenschlichen Kommunikation, sondern auch die visuellen Aspekte von Gegenständen, Sachverhalten und Ereignissen im Umfeld und jenseits von Kommunikationssituationen. Die komplexen Beziehungen zwischen Bildern und Sprache werden wohl am deutlichsten, wenn man die bewegten Bilder von Film und Fernsehen in ihrem sprachlichen Kontext untersucht. Der folgende Artikel beschränkt sich jedoch auf statische (stehende) Bilder im Kontext von schriftlichen Texten, zumal der Prototyp des Bildes das statische Bild ist, und unter Text häufig nur der geschriebene oder gedruckte Text verstanden wird.

Zu den Beziehungen zwischen Bildern und Texten gehört auch die Rolle der mentalen Bilder und allgemeiner das Thema der Ikonizität in der Sprache (Nöth 1990b), das allerdings in diesem Artikel nicht erörtert werden kann. Betrachten wir zunächst die vielfältigen Gemeinsamkeiten, Unterschiede und die diversen Formen des Nebeneinanders von Bildern und schriftlichen Texten.

1.1. Gemeinsamkeiten und Unterschiede

Ebenso wie der geschriebene oder gedruckte Text ist das statische Bild ein komplexes visuelles Zeichen, dessen Zeichenträger eines zweidimensionalen Mediums, der Bild- oder der Schreibfläche, bedarf. Während sich die akustischen Zeichen der Lautsprache und auch der Musik linear manifestieren und wesentlich auf die Dimension der Zeit angewiesen sind, erstreckt sich die Materialität der Bilder und der geschriebenen Texte (vgl. Nöth 1996) nicht nur in die Zweidimensionalität der Fläche, sondern, im Falle von Texten als Bücher und bei Bildern in Bildbänden, auch auf den dreidimensionalen Raum.

1.1.1. Kognitive Verarbeitungen

Hinter den medialen Gemeinsamkeiten von Bildern und Texten verbergen sich wesentliche kognitive und semiotische Unterschiede. Nur das Bild ist ein genuin zweidimensionales Medium. Seine Elemente nehmen wir simultan und holistisch wahr, auch wenn unsere Aufmerksamkeit nicht sofort auf alle Details gleichermaßen gerichtet sein kann. Selbst die Produktion eines Bildes kann, wie etwa bei der Fotografie, ein simultaner Prozeß sein. Der geschriebene Text hingegen wird wie die gesprochene Sprache linear produziert und sukzessiv rezipiert. Hinter der Zweidimensionalität der Schreibfläche verbirgt sich die Linearität der Zeichen, und sie repräsentiert die Linearität der Lautsprache.

Bilder und Sprache unterscheiden sich in ihrer kognitiven Verarbeitung (Molitor et al. 1989; Holicki 1993, 54ff). Dominant bei der Verarbeitung von Bildinformationen ist die rechte Gehirnhälfte. Sie ist auch die Instanz für die Verarbeitung von Emotionen. Bei der Sprachverarbeitung dominiert die linke Hemisphäre, die ansonsten stärker die Prozesse des analytischen und rationalen Denkens steuert. Auch die Gedächtnisleistung ist für Bild- und Sprachinformation unterschiedlich. Bilder werden schneller als sprachliche Texte rezipiert, haben größeren Aufmerksamkeitswert, und ihre Information bleibt länger im Gedächtnis (vgl. Schnitzer 1994, 64). Ferner können wir Bezeichnungen für Objekte besser auf der Grundlage von Bildern als von Wörtern behalten und uns Wörter für konkrete Gegenstände besser als Wörter für Abstrakta merken (Engelkamp 1981, 291).

1.1.2. Semiotische Struktur

Der Struktur des sprachlichen Textes liegt das Prinzip der zweifachen Gliederung zugrunde: Die bedeutungstragenden Einheiten, die Wörter, bestehen aus bedeutungsleeren Minimaleinheiten, den Phonemen bzw. Graphemen. Bilder hingegen lassen sich nicht auf vergleichbare Weise in bedeutungsleere Minimaleinheiten zerlegen. Zumindest gibt es kein den Buchstaben (oder Phonemen) vergleichbares begrenztes Inventar an Minimaleinheiten der Bilder (vgl. Santaella/Nöth 1998).

Das Prinzip der Repräsentation durch Bilder ist die Analogie, die Ähnlichkeit zwischen Zeichen und Bezeichnetem. Das Bild ist somit der Prototyp des ikonischen Zeichens. Sprachliche Zeichen hingegen weisen eine arbiträre Beziehung zwischen dem Zeichenträger und dem Bezeichneten auf. Wörter und alphabetische Buchstaben sind prototypisch symbolische Zeichen (im Sinne von Peirce; vgl. Nöth 1990a; 1999).

1.2. Semiotisches Potential

Neben den medialen Unterschieden und ihren Auswirkungen auf die Prozesse von Produktion und Rezeption gibt es Unterschiede, die das semiotische Potential von Bildern und Texten betreffen, d. h. die Möglichkeiten und Grenzen, durch Bilder oder Texte Ideen, Gedanken oder Sachverhalte darzustellen (Muckenhaupt 1986, 31 ff; Hupka 1989, 216 ff; Burger 1990, 300 ff):

(1) *Raum und Zeit:* Bilder eignen sich besser zur Repräsentation des Räumlich-Visuellen. Karten und Grundrisse lassen sich schlecht verbalisieren. Sprache kann Zeitpunkte, -räume und -verläufe besser darstellen. Das statische Bild ist im wesentlichen atemporal, und selbst im Film ist das Potential zur Zeitdarstellung (z. B. durch Zeitsprünge) begrenzt.

(2) *Visuelles und Nichtvisuelles:* Bilder repräsentieren im wesentlichen Visuelles. Sprache kann die Eindrücke aller Sinneswahrnehmungen beschreiben, nicht nur visuelle, sondern auch akustische, olfaktorische, thermische oder taktile Sinneseindrücke. Benveniste (1969) hat in diesem Zusammenhang hervorgehoben, daß Sprache das einzige Zeichensystem ist, durch das alle anderen Zeichen repräsentiert werden können. Sprache ist in dieser Hinsicht gegenüber den Bildern überlegen: Alle Bilder können durch Sprache (in Bildbeschreibungen) repräsentiert werden, aber nicht alles sprachlich Repräsentierte kann durch Bilder visualisiert werden.

(3) *Konkret – Abstrakt:* Gegenständliche Bilder und Sprache repräsentieren Konkretes. Abstraktes kann in Form von Bildern nur indirekt gezeigt werden (z. B. in Emblemen). Sprache kann sowohl Konkretes als auch Abstraktes repräsentieren.

(4) *Einzelnes und Allgemeines:* Sieht man einmal von Piktogrammen ab, so zeigen die gegenständlichen Bilder nur Einzelexemplare von Klassen, nur Individuen, nie die Klasse von Gegenständen allgemein. Sprache hingegen kann sowohl Einzelnes wie Allgemeines bezeichnen.

(5) *Selbstreflexivität und Metaierung:* Die Möglichkeiten, Bilder auf Bilder zu beziehen, sind beschränkt. Es gibt sie z. B. in Darstellungen von Spiegelungen (vgl. Alessandria 1996). Eine Theorie der Bilder in Form von Bildern ist allerdings undenkbar. Nur in der Sprache gibt es sowohl Selbstbezüglichkeit als auch die Metasprache.

(6) *Negation, Affirmation, Kausalität:* Ohne Sprache können Bilder nichts negieren. Kausale und andere logische Beziehungen können nicht bildlich repräsentiert werden. Auch können Bilder eigentlich nichts behaupten und folglich auch nicht wirklich lügen (Nöth 1997). Auch andere Sprachhandlungen können nicht durch Bilder ersetzt werden, etwa Fragen, Aufforderungen, Versprechen u. a. m.

(7) *Informationsmenge:* Bilder vermitteln in der gleichen Wahrnehmungszeit mehr Information als verbale Texte (vgl. Hupka 1989, 225 und das Schlagwort 'Bilder sagen mehr als tausend Worte').

1.3. Zur Offenheit von Bild und Text

Im Vergleich zur Sprache gilt die Semantik des Bildes in besonderem Maße als *vieldeutig* (Barthes 1964, 39; Sullerot 1964, 280; Bardin 1975, 99; Moles 1978, 25; Muckenhaupt 1986, 63 ff; Hupka 1989, 63 ff). Bilder haben den Charakter einer *offenen* Botschaft (Marin 1971, 26; Brög 1978; Sauerbier 1978, 43). Diesen Gedanken hat Wittgenstein (1953, § 22) durch folgendes Beispiel hervorgehoben, mit dem er auf die Vielzahl möglicher kommunikativer Handlungen hinwies, zu denen ein einziges Bild genutzt werden kann:

„Denken wir uns ein Bild, einen Boxer in bestimmter Kampfstellung darstellend. Dieses Bild kann nun dazu gebraucht werden, um jemand mitzuteilen, wie er stehen, sich halten soll; oder, wie er sich nicht halten soll; oder, wie ein bestimmter Mann dort und dort gestanden hat; oder etc. etc. Man könnte dieses Bild (chemisch gesprochen) ein Satzradikal nennen."

Allerdings ist wichtig anzumerken, daß das Prinzip der semantischen Offenheit prinzipiell nicht nur auf Bilder beschränkt ist. Auch Sätze und Texte sind nicht weniger offene Botschaften, da sie viele Deutungen zulassen und zu ganz verschiedenen Sprachhandlungen, z. B. Behauptungen, Aufforderungen oder Fragen verwendet werden können. Für den Zusammenhang von Bild und Text bedeutet nun diese Offenheit von Text und Bild, daß Bilder „potentiell unendlich deutbar und insofern mit unendlich vielen möglichen Texten 'unterlegt'" werden können, daß aber auch „Texte potentiell unendlich viele Visualisierungen ermöglichen, da die Reihe der Individuen einer Klasse, die durch einen alltagssprachlichen Begriff bezeichnet wird, in der Regel nicht abschließbar (aufzählbar) ist" (Burger 1990, 300 f).

2. Bild-Text-Beziehungen

Welches sind nun die Zusammenhänge zwischen Bildern im Kontext von Texten? Das Thema 'Bild und Text' ist Gegenstand zahlreicher Monographien (Thibault-Laulan 1971; Schapiro 1973; Sauerbier 1985; Muckenhaupt 1986; Hupka 1989; Kibédi Varga 1989; Schmidt 1992; Holicki 1993; Schnitzer 1994; Hartmann 1995). Es ist Thema von Sammelbänden (Harms 1990; Montadon 1990; Dirscher 1993; Morrison/Krobb 1997) und einer speziellen Zeitschrift (*Word and Image* 1 [1985]ff). Zur Beziehung von Bild und Text im Rahmen der semiotischen Analyse von Werbung siehe auch Binder (1975), Spillner (1982), Schöberle (1984), Langner (1985) und Schmitt (1986). Allgemeine und grundsätzliche Fragen der semiotischen Beziehungen zwischen Bild und Text erörtern auch Burger (1990, 289–320), Titzmann (1990) und Rutschky (1993).

Bild und Text sind also in vielerlei Hinsicht komplementär. Was dem Bild fehlt, kann durch den verbalen Text ergänzt werden. Der Überlegenheit des Bildes bei der Repräsentation von konkreten Objekten im Raum steht die Überlegenheit des Textes bei der Repräsentation von Zeit und Kausalität sowie abstrakter Gedanken und Sachverhalte gegenüber. Die Komplementarität von Texten und Bildern wird vor allem im Nebeneinander von Wort und Bild deutlich: Bilder illustrieren Texte, Texte kommentieren Bilder. Mal ist dabei die Information des Textes wichtiger, mal dominiert die Information des Bildes.

2.1. Typologien der Text-Bild-Beziehungen

Die Zusammenhänge zwischen Text und Bild können nach sehr verschiedenen Gesichtspunkten klassifiziert werden: Unter syntaktischen Gesichtspunkten gibt es Typologien, die die Formen des räumlichen Nebeneinanders von Text und Bild untersuchen (s. u. 2.6.). Unter pragmatischen Gesichtspunkten wird nach den Formen der Bezugnahme, des Zeigens, vom Text zum Bild und vom Bild zum Text gefragt (s. u. 3.). Unter semantischen Gesichtspunkten geht es um den Beitrag des einen für das andere Medium im Rahmen einer Gesamtbotschaft: Redundanz, Komplementarität und Mehrdeutigkeit (Ballstaedt/Mandl/Schnotz et al. 1981, 237) sowie Kontradiktion (s. u. 2.2.–2.5.) sind einige der semantischen Hauptklassen der Text-Bild-Beziehungen. Dominanz- und Dependenzbeziehungen zwischen Text und Bild werden teils nach allgemein semiotischen Gesichtspunkten (Welches Medium ist leistungsfähiger? s. o. 1.2.), teils nach konkreten medienpsychologischen und -pädagogischen Fragestellungen erörtert (Welches Medium dominiert in einer bestimmten Botschaft, und welches sind die Konsequenzen für das Verstehen oder Behalten von Informationen?). Häufig werden diese Fragen jedoch allein aus der Perspektive der Sprache (logozentrisch)

betrachtet, etwa von Barthes (1964), wenn er argumentiert, die Botschaft des Bildes sei zu offen und bedarf des sprachlichen Begleittextes, bevor sie interpretiert werden kann. Das Bild komme ohne Text nicht aus; es bestehe eine Beziehung der Dependenz zwischen Bild und Text. Es muß jedoch nicht nur untersucht werden, was das Bild zum Verständnis von Texten beiträgt, sondern auch, wie Texte das Verstehen von Bildern steuern (Molitor et al. 1989, 14ff).

2.2. Redundanz

Besonders die Frage nach der Redundanz in der Text-Bild-Beziehung wird gern logozentrisch gestellt. Barthes (1964, 38) fragt z. B.: „Ist das Bild ein bloßes Duplikat bestimmter Informationen, die der Text enthält, und somit ein Phänomen der Redundanz, oder fügt der Text dem Bild neue Informationen hinzu?" Statt von Redundanz spricht Kalverkämper (1993, 207) von der Unterwertigkeit eines Bildes, das „bloß textergänzend" ist.

Bilder, die in bezug auf den Text redundant sind, tragen zwar nichts zum besseren Verständnis des Textes bei, aber sie können wegen der zweifachen Kodierung der Botschaft zu einer besseren Behaltensleistung führen (Eberleh 1990, 74). Wenn allerdings die Bilder eine bloß dekorative Funktion haben und somit vom Inhalt des Textes wegführen, können sie auch die Behaltensleistung verringern (Molitor et al. 1989, 17).

Zur Frage nach Notwendigkeit oder Redundanz von Bildern im Zusammenhang von Texten haben sich auch viele Schriftsteller geäußert, die das Für und Wider von Illustrationen in Romanen und anderen literarischen Werken thematisieren (Dirscherl 1993; Miller 1993). Die Erweiterung der Literaturwissenschaft durch medienwissenschaftliche Aspekte hat auch zu einer neuen Bewertung der Text-Bild-Beziehung in der Literatur geführt: „Das neue Interesse an Illustrationen in Romanen des 19. Jh.", so Miller (1993, 59), „ist ein gutes Beispiel für W. Benjamins These [...], daß Reproduktionsmittel aus neuen Technologien die Art und Weise verändern, mit der wir Kunstwerke der Vergangenheit betrachten. Wir leben in einer visuellen und multimedialen Zeit [...]. Und dies hat vielleicht auch zu der Einsicht geführt, daß Romane des 19. Jh. ebenfalls zwei Arten von Zeichen miteinander verknüpfen."

2.3. Dominanz

Den Fall der Dominanz in der Bild-Text-Beziehung beschreibt Kalverkämper (1993, 207) als eine Überwertigkeit des Bildes gegenüber dem Text, wobei das Bild informativer ist als der Text. Burger (1990, 297f) unterscheidet zwischen Bild- und Textdominanz und versteht unter „dominant" die für „Kommunikator und Rezipienten wichtigste, interessantere Information" bzw. diejenige Information, die allein ohne die andere verständlich ist.

Bilddominanz findet sich z. B. in Kunstbildbänden, in der Werbung oder bei Portraitfotos mit Namensunterschrift. Auch enzyklopädische Illustrationen sind bilddominant, wenn ohne das Bild eine Vorstellung von der bezeichneten Sache nur schwer zu gewinnen ist. Textdominanz besteht, wenn das Bild nur illustrierende, dekorative oder didaktische Funktionen erfüllt oder wenn es als Grafik oder Schaubild zur Visualisierung abstrakter Textinhalte dient.

2.4. Komplementarität

Als komplementär kann mit Molitor et al. (1989, 21) eine Text-Bild-Beziehung definiert werden, bei der „beide Informationsquellen notwendig sind, um die Gesamtbedeutung der Text-Bild-Kombination zu verstehen (d. h., der Text hat Lücken, die vom Bild geschlossen werden und umgekehrt)". Die Ergänzung kann dabei natürlich einen geringeren oder einen größeren Umfang haben, so daß sich Überschneidungen mit den Kriterien der Dominanz oder Dependenz ergeben.

Eine komplementäre Ergänzung von Text und Bild besteht häufig darin, daß Bild und Text sich in ihrem medienspezifischen Potential ergänzen: Das Bild informiert auf andere Weise als der Text, indem es sprachlich nur schwer Darstellbares zeigt (hierzu: Titzmann 1990, 380). Spillner (1982, 96) beschreibt die Komplementarität von Text und Bild als eine *wechselseitige Determination*. Barthes (1964, 44) definiert diese Komplementarität mit dem Begriff Relais wie folgt: „Die Wörter sind hier zusammen mit den Bildern Fragmente eines allgemeineren Syntagmas, und die Einheit der Botschaft verwirklicht sich auf einer höheren Ebene."

Die so definierte Komplementarität von Bild und Text findet sich etwa zwischen Bildern und ihren erklärenden oder kommentierenden Bildunterschriften (Legenden), bei enzyklopädischen Texten, die einer Illustration durch Fotos oder Zeichnungen bedürfen, oder bei Pressefotos, die uns zeigen, wie ein Politiker oder der Schauplatz einer Demonstration aussieht, über welche der Text berichtet. Die Beziehung zwischen Redner (im Bild) und Rede (im Text) ist eine typische derartige Form der Text-Bild-Komplementarität. Das statische Bild kann die Rede nicht darstellen, denn eine solche Darstellung bedarf der Dimension der Zeit. Von der Rede kann das Bild allenfalls die Artikulation eines einzigen Phonems durch die Lippenstellung des Redners zeigen. Anderseits kann keine noch so genaue Beschreibung im Text eine genaue Vorstellung davon vermitteln, wie der Redner nun aussieht.

Das Nebeneinander von Text und Bild resultiert aber nicht immer nur aus einer bloßen Summe zweier unterschiedlicher und sich ergänzender Botschaften. Aus dem Nebeneinander kann sich auch eine holistische Neuinterpretation der Gesamtbotschaft ergeben (vgl. Bardin 1975, 111). Das Bild kann durch den Begleittext plötzlich in neuem Licht gesehen werden, oder aus dem überraschenden Nebeneinander von Text und Bild ergibt sich eine völlig neue Gesamtinformation.

Die Komplementarität zwischen Text und Bild ist manchmal eine Relation zwischen drei Konstituenten. In der Presse steht das illustrierende Bild z. B. einerseits in Beziehung zu seiner Legende, anderseits zum Text des Artikels: „Die Legende kommentiert das Bild, das allein nicht richtig verständlich ist. Das Bild [...] kommentiert den Text, und in einigen Fällen kommentiert das Bild sogar seine eigene Legende", stellt Moles (1978, 22) fest. Ein literarisches Genre mit einer typisch dreiteiligen Text-Bild-Konstellation ist das Emblem. Das Bild (*pictura*) hat eine kurze Überschrift, ein Motto oder eine Devise (*inscriptio*). Unter dem Bild folgt dann der epigrammartige erklärende Text, oft in poetischer Form (*subscriptio*).

2.5. Diskrepanz und Kontradiktion

Weniger typisch sind die Text-Bild-Relationen der *Diskrepanz* oder sogar *Kontradiktion* (vgl. Rokem 1986; Eberleh 1990, 74). Diskrepanz ist das eigentlich zusammenhanglose Nebeneinander von Text und Bild. Diese Konstellation kann auch auf einem zufälligen Nebeneinander beruhen, wobei die Zufälligkeit vom Betrachter jedoch nicht erkannt wird. Im Bemühen, die vermeintliche Text-Bild-Botschaft zu verstehen, kann der Betrachter des zunächst diskrepant Erscheinenden jedoch überraschende Zusammenhänge entdecken. Unbeabsichtigt bzw. fehlerhaft diskrepant sind ferner alle Formen der mißglückten Bild-Text-Kombinationen, bei denen es dem Betrachter nicht gelingt, den Text mit dem Bild so zu verbinden, wie es vom Produzenten der Botschaft intendiert ist. Eine besondere Variante der Diskrepanz ist das Bilderrätsel des Typs 'Was ist das?' Ein Betrachter hat hier die Aufgabe, das Referenzobjekt eines fotografischen Bildes (zumeist in Großaufnahme) zu finden. Hier liegt die Diskrepanz in der überraschenden Feststellung, daß es zwischen Text und Bild eine nicht leicht erkennbare Beziehung geben muß.

Im Falle der Kontradiktion vermittelt das Bild einen Inhalt, der dem Text widerspricht. Prototyp eines solchen Widerspruchs ist die Ironie, wie sie in Karikaturen, Bilderwitzen oder auch in der Werbung systematisch als Stilmittel genutzt wird. Ein Sonderfall eines solchen Widerspruchs ist die Lüge, bei der der Text den Inhalt des Bildes zu verfälschen sucht (vgl. Nöth 1997). Eine berühmte semiotische Untersuchung einer besonderen Text-Bild-Kontradiktion ist Foucaults (1968) Studie zu René Magrittes berühmten Bildern des Typs „Ceci n'est pas une pipe", bei denen das Bild ein Objekt, wie z. B. eine Pfeife, zeigt, während der Text darunter das Gegenteil behauptet, nämlich: 'Dies ist keine Pfeife'.

2.6. Räumliche Zusammenhänge

Nach syntaktischen Gesichtspunkten lassen sich die Text-Bild-Beziehungen hinsichtlich ihrer räumlichen Beziehungen in der Bild- bzw. Schreibfläche klassifizieren. Pfister (1993, 322) unterscheidet in diesem Sinn die folgenden Fälle: (1) Text und Bild sind räumlich (und zumeist auch zeitlich) getrennt, z. B. ein Gedicht über ein (älteres) Gemälde; (2) Text und Bild stehen nebeneinander im Kontext eines Werkes, z. B. bei den Emblemata (s. o. 2.4.); (3) Text und Bild gehen räumlich ineinander über, wobei der Text (3a) indexikalisch in das Bild hineinreicht, (3b) als Gegenstand der bildlichen Darstellung (z. B. eines geöffneten Buches) vorkommt oder (3c) in das Bild hineingeschrieben ist und somit zum 'Wortbild' wird.

Auch Kibédi Varga (1989, 39–42) schlägt eine syntaktische Typologie der Wort-Bild-Beziehungen vor. Seine drei Typen sind: (1) *Koexistenz*: Wort und Schrift erscheinen in einem gemeinsamen Bildrahmen; das Wort ist in das Bild hineingeschrieben. (2) *Interreferenz*: Das schriftliche Wort und das Bild sind räumlich voneinander getrennt, erscheinen aber auf der gleichen Druckseite (z. B. in Textillustrationen oder Bildern mit Textkommentar). (3) *Koreferenz*: Wort und Bild erscheinen auf der gleichen Druckseite, referieren aber unabhängig voneinander auf die Welt. Als weitere Möglichkeit der räumlichen Relation zwischen Text und Bild ist der Fall der *Selbstreferentialität* zu berücksichtigen. Sie kommt etwa in der visuellen Poesie vor, z. B. wenn Robert Herricks Gedicht über den Altar typografisch in einem Schriftbild gedruckt ist, das den Umriß eines Altars zeigt (s. u. 4.).

Neben den auf Simultaneität beruhenden Formen der Text-Bild-Relation unterscheidet Kibédi Varga auch noch zwei Hauptformen des Nacheinanders in der Beziehung zwischen Wort und Bild: (1) das Bild, dem das Wort vorangeht, er nennt es *Illustration* (z. B. Gemälde, die sich auf die Bibel beziehen); (2) der Text, der dem Bild folgt (z. B. Gedichte, die sich auf berühmte Gemälde beziehen; sie heißen *Ekphrasis* oder Bildgedicht).

3. Indexikalische Verweisrelationen

Barthes (1964, 44; vgl. auch Bassy 1974) unterscheidet als zweite Hauptform der gegenseitigen Bezugnahme zwischen Text und Bild neben dem Relais (s. o. 2.4.) die *Verankerung*. Bei ihr „lenkt der Text den Leser durch die Signifkate des Bildes und veranlaßt ihn, einige zu beachten, andere außer acht zu lassen. [... Dies] steuert den Leser auf eine im voraus ausgewählte Bedeutung hin." Mit der Verankerung meint Barthes eine Form der indexikalischen Bezugnahme zwischen Text und Bild. Der Text hat eine Selektionsfunktion, indem er die Aufmerksamkeit des Betrachters auf bestimmte Elemente des Bildes lenkt. Er steuert die Interpretation des Bildes. Die sprachlichen Mittel des Bezugs auf das Bild sind deiktische Wörter ('*Hier* sehen wir ...' oder '*Dieser* Keller war sein Gefängnis'). Nichtsprachliche Mittel des Zeigens auf Bildelemente sind etwa Pfeile oder die Kontiguität von Schrift und Bildelement. Diese Kontiguität hat oft die Funktion einer *Benennung* oder *Etikettierung* (vgl. Goodman 1968; Muckenhaupt 1986, 48): Das Wort bezeichnet den Namen der im Bild gezeigten Sache oder Person, z. B. der Name unter dem Foto dessen, der den Namen trägt. Auch hier kann der indexikalische Aspekt zusätzlich durch deiktische Wörter verstärkt werden, z. B. „*Ceci* est une pipe" (s. o. 2.5.). Die Beziehung des indexikalischen Verweises ist eine komplementäre, denn Text und Bild sind jeweils notwendig aufeinander bezogen.

4. Intermediale Text-Bild-Beziehungen

Als intermedial möchte ich Text-Bild-Beziehungen beschreiben, die aus Übergängen zwischen schriftlichen Texten und Bildern bestehen (vgl. Schmauks 1995). Zwischen Bild und Text finden Transformationen und Substitutionen statt: aus Bildern werden Texte, aus Texten Bilder.

Die älteste Form der intermedialen Text-Bild-Beziehung findet sich in der Evolution der Schrift vom Bild über die Bilderschrift zu den ideographischen Schriften. Im Kontext der alphabetischen Schrift gibt es in unserer Zeit die Substitution von Wörtern durch Bilder, z. B. bei der Verwendung von Piktogrammen in Texten, etwa dem Telefon- oder Bettensymbol in Hotel- oder Reiseprospekten oder den Smiley-Piktogrammen des Typs :-) im Internet. Auch in Werbetexten ist die kreative Substitution von Wörtern durch Bilder ein beliebtes Stilmittel (Rohen 1981; Spillner 1982, 93 f; Muckenhaupt 1986, 41 ff). Komplexere Übergänge vom Bild zum verbalen Werbetext finden bei den visuellen Metaphern (Forceville 1995) bzw. Puns (Stöckl 1992) statt. Während in diesen Fällen der Übergang vom Bild zum Text im wesentlichen auf die Ebene des Wortes beschränkt bleibt, steht beim Bilderrätsel (Rebus) das Bild für einen ganzen Text (nämlich die verbale Antwort auf das visuelle Rätsel). Außer in Rätseln finden sich Bild-Text-Substitutionen auch in Geheimschriften (vgl. Schmauks 1995; 1997).

Nicht nur Bilder können zu Elementen eines Schrifttextes werden, sondern es können auch Texte zu Bildern werden. Die Transformation von Texten zu Bildern ist am bekanntesten aus der Bilderlyrik vom Barock bis zur visuellen Poesie des 20. Jh. (vgl. Adler/Ernst 1987), aber sie erfreut sich auch in der Werbung einer gewissen Beliebtheit. Hier wird aus der typographischen Gestalt des Textes ein Bild, das mit dem Inhalt des Textthemas korrespondiert, es substituiert oder ergänzt. Nur auf die Ebene des Graphems beschränkt ist die intermediale Transformation von Buchstaben zu Bildern. Zur Funktion von Bildbuchstaben in literarischen Texten siehe Schabert (1993).

Viele Aspekte der intermedialen Text-Bild-Beziehung finden sich ferner in den Bild-Text-Relationen bei den Comics (vgl. Nöth 1990a) und in der Malerei. Die Malerei hat in ihrer Geschichte zahlreiche Transformationen der Text-Bild-Relation erlebt, deren vorläufiger Höhepunkt mit der künstlerischen Avantgarde dieses Jahrhunderts erreicht wurde (Marin 1970; Schapiro 1973; Faust 1977; Steiner 1982; Pfister 1993).

5. Literatur (in Auswahl)

Adler, Jeremy/Ernst, Ulrich (1987): Text als Figur. Visuelle Poesie von der Antike bis zur Moderne. Weinheim.

Alessandria, Jorge (1996): Imagen y metaimagen. Buenos Aires.

Ballstaedt, Steffen-Peter/Mandl, Heinz/Schnotz, Wolfgang et al. (1981): Texte verstehen, Texte gestalten. München.

Bardin, Laurence (1975): Le texte et l'image. In: Communication et langages 26, 98–112.

Barthes, Roland (1964): Rhétorique de l'image. In: Communications 4, 40–51.

Bassy, Alain-Marie (1974): Du texte à l'illustration. Pour une sémiologie des étapes. In: Semiotica 11, 297–334.

Benveniste, Emile (1969): Sémiologie de la langue. In: Semiotica 1, 1–12, 127–135.

Binder, Harald (1975): Zum Verhältnis von verbaler und visueller Kommunikation in Werbebildern. In: Linguistik und Didaktik 21, 85–102.

Brög, Hans (1978): Einige Aspekte zur Bild-Text-Korrelation. In: Arbeitsgruppe Semiotik (ed.): Die Einheit der semiotischen Dimensionen. Tübingen, 11–26.

Burger, Harald (1990): Sprache der Massenmedien. 2. Aufl. Berlin.

Dirscherl, Klaus (ed.) (1993): Bild und Text im Dialog. Passau.

Eberleh, Edmund (1990): Komplementarität von Text und Bild. In: Becker, Thomas et al. (eds.): Sprache und Technik. Aachen, 67–89.

Engelkamp, Johannes (1981): Experimentelle Psychosemiotik. In: Zeitschrift für Semiotik 3, 289–293.

Faust, Wolfgang Max (1977): Bilder werden Worte. München.

Forceville, Charles (1995): Pictorial metaphor. London.

Foucault, Michel (1968): Ceci n'est pas une pipe. In: Cahiers du chemin 4, 78–105. – Dt.: Dies ist keine Pfeife. Frankfurt a. M. 1983.

Goodman, Nelson (1968): Languages of art. Indianapolis. – Dt.: Sprachen der Kunst. Frankfurt a. M. 1973.

Harms, Wolfgang (ed.) (1990): Text und Bild, Bild und Text. Stuttgart.

Hartmann, Thomas (1995): Transfer-Effekte. Der Einfluß von Fotos auf die Wirksamkeit nachfolgender Texte. Frankfurt a. M.

Holicki, Sabine (1993): Pressefotos und Pressetext im Wirkungsvergleich. München.

Hupka, Werner (1989): Wort und Bild. Tübingen.

Kalverkämper, Hartwig (1993): Die Symbiose von Text und Bild in den Wissenschaften. In: Titzmann, Michael (ed.): Zeichen(theorie) und Praxis. Passau, 199–226.

Kibédi Varga, Aron (1989): Criteria for describing word-and-image relations. In: Poetics Today 10.1, 31–53.

Langner, Paul Werner (1985): Strukturelle Analyse verbal-visueller Textkonstitution in der Anzeigenwerbung. Frankfurt a. M.

Marin, Louis (1970): La description de l'image. Communications 15, 186–206.

– (1971): Eléments pour une sémiologie picturale. In: Marin, L.: Etudes sémiologiques. Paris, 17–43.

Miller, Hillis J. (1993): Illustration: Die Spur der Zeichen in Kunst, Kritik und Kultur. Konstanz.

Moles, Abraham A. (1978): L'image et le texte. In: Communication et langages 38, 17–29.

Molitor, Sylvie/Ballstaedt, Steffen-Peter/Mandl, Heinz (1989): Problems in knowledge acquisition from texts and pictures. In: Mandl, Heinz/Levin, Ivel R. (eds.): Knowledge acquisition from text and pictures. Amsterdam, 3–35.

Montadon, Alain (ed.) (1990): Iconotextes. Paris.

Morrison, Jeff/Krobb, Florian (eds.) (1997): Text into image. Image into text. Amsterdam.

Muckenhaupt, Manfred (1986): Text und Bild. Tübingen.

Nöth, Winfried (1990a): Handbook of semiotics. Bloomington.

– (1990b): The semiotic potential for iconicity in spoken and written language. In: Kodikas/Code 13, 191–209.

– (1996): The (meta-)textual space. In: Pütz, Martin/Dirven, René (eds.): The construal of space in language and thought. Berlin, 599–612.

– (1997): Can pictures lie? In: Nöth, W. (ed.): Semiotics of the media. Berlin, 133–146.

– (1999): Handbuch der Semiotik. Stuttgart.

Pfister, Manfred (1993): The dialogue of text and image. In: Dirscherl, Klaus (ed.): Bild und Text im Dialog. Passau, 321–343.

Rohen, Helena (1981): Bilder statt Wörter. In: Zeitschrift für germanistische Linguistik 9, 308–325.

Rokem, Freddie (1986): The death of the apple or contradictions between the visual and verbal. In: Deely, John (ed.): Semiotics 1985. Lanham, 139–148.

Rutschky, Michael (1993): Foto mit Unterschrift. In: Naumann, Barbara (ed.): Vom Doppelleben der Bilder. Bildmedien und ihre Texte. München, 51–66.

Santaella, Lucia/Nöth, Winfried (1998): Imagem. Cognição, semiótica, mídia. São Paulo.

Sauerbier, Samson Dietrich (1978): Wörter bildlich/Bilder wörtlich. In: Arbeitsgruppe Semiotik (ed.): Die Einheit der semiotischen Dimensionen. Tübingen, 27–94.

– (1985): Wörter, Bilder und Sachen. Heidelberg.

Schabert, Ina (1993): Buchstäblicher Doppelsinn. Bildbuchstaben und Text. Passau.

Schapiro, Meyer (1973): Words and pictures. The Hague.

Schmauks, Dagmar (1995): Übergänge zwischen Text und Bild. In: S. European Journal for Semiotic Studies 7, 653–667.

– (1997): Schweigende Texte – sprechende Bilder. In: Czap, H. N./Ohly, H. P./Pribbenow, S. (eds.): Herausforderungen an die Wissensorganisation. Würzburg, 3–12.

Schmidt, Karl-Heinrich (1992): Texte und Bilder in maschinellen Modellbildungen. Tübingen.

Schmitt, Roland (1986): Texte und Bildrezeption bei TV-Werbespots. Frankfurt a. M.

Schnitzer, Johannes (1994): Wort und Bild: Die Rezeption semiotisch komplexer Texte. Wien.

Schöberle, Wolfgang (1984): Argumentieren – Bewerten – Manipulieren. Heidelberg.

Spillner, Bernd (1982): Stilanalyse semiotisch komplexer Texte. In: Kodikas/Code 4/5, 91–106.

Steiner, Wendy (1982): The colors of rhetoric. Problems in the relation between modern literature and painting. Chicago.

Stöckl, Hartmut (1992): Der 'picture relation type' [...] Einbettungs- und Verknüpfungsbeziehungen von Bild und Text. In: Papiere zur Linguistik 4.6, 49–61.

Sullerot, Evelyne (1964): De la lecture de l'image. In: Terre d'images 4/5, 279–283.

Thibault-Laulan, Anne-Marie (1971): Le langage de l'image. Paris.

Titzmann, Michael (1990): Theoretisch-methodologische Probleme einer Semiotik der Text-Bild-Relationen. In: Harms, Wolfgang (ed.): Text und Bild, Bild und Text. Stuttgart, 368–384.

Wittgenstein, Ludwig (1953): Philosophische Untersuchungen – Philosophical investigations. Oxford.

Winfried Nöth, Kassel
(Deutschland)

47. Das Verstehen schriftlicher Texte als Prozeß

1. Textverstehen als angeleitete mentale Konstruktion
2. Repräsentationsebenen beim Textverstehen
3. Inferenzen
4. Textgeleitete Verarbeitungssteuerung
5. Lesergeleitete Verarbeitungssteuerung
6. Kognitive Mechanismen des Textverstehens
7. Ausblick
8. Literatur (in Auswahl)

1. Textverstehen als angeleitete mentale Konstruktion

Ein Text ist ein Kommunikationsinstrument, mit dem ein Autor einem Leser eine Mitteilung über einen Sachverhalt macht (vgl. Bühler 1934). Der Autor versucht dabei, das Bewußtsein des Lesers mittels sprachlicher Formulierungen so zu steuern, daß der Leser versteht, was der Autor meint, indem der Leser eine mentale Repräsentation konstruiert, die der des Autors entspricht (Hörmann 1976). Das Gelingen dieser Kommunikation erfordert, daß der Autor bestimmte pragmatische Kooperationsprinzipien einhält, die zugleich vom Leser implizit als gültig angenommen werden (Clark 1993; Grice 1975). Hierzu gehört beispielsweise, daß an vorhandenes Wissen angeknüpft wird, daß bereits bekannte und neue Information jeweils als solche gekennzeichnet werden, daß Themenwechsel signalisiert werden, daß über den dargestellten Sachverhalt zutreffende Aussagen gemacht werden, usw. Die Kommunikationspartner sind sich der Wirksamkeit dieser Kooperationsprinzipien meist nicht bewußt. Für bestimmte Textsorten haben sich konventionalisierte, für die Realisierung bestimmter Mitteilungsintentionen besonders funktionale Darstellungsstrukturen herausgebildet. Die Kommunikation zwischen Autor und Leser wird wesentlich erleichtert, wenn der Autor solchen Darstellungsstrukturen folgt (Mandler 1978; Stein/Glenn 1979; Yekovich/Thorndyke 1981).

Ein Text unterscheidet sich von einer beliebigen Aneinanderreihung von Sätzen durch seine Kohärenz. D. h.: Die in den Textsätzen ausgedrückten Fakten sind in einer epistemisch möglichen Welt kombinierbar und miteinander konditional verknüpft (van Dijk/Kintsch 1983). Textverstehen ist insofern ein Prozeß der mentalen Kohärenzbildung. Dabei kann man zwischen lokaler und globaler Kohärenzbildung unterscheiden. Bei der lokalen Kohärenzbildung werden semantische Zusammenhänge zwischen den unmittelbar aufeinanderfolgenden Sätzen, bei der globalen Kohärenzbildung semantische Zusammenhänge zwischen größeren Textabschnitten mental rekonstruiert. Grundsätzlich versuchen Leser, beide Arten der Kohärenzbildung vorzunehmen. Wenn jedoch der Text wenig kohärent und der Leser wenig motiviert ist oder eine geringe Arbeitsgedächtnisspanne besitzt, so werden die Bemühungen um globale Kohärenzbildung reduziert (Albrecht/O'Brien 1993; Myers/O'Brien/Albrecht u. a. 1994; Graesser/Singer/Trabasso 1994; Hess/Foss/Carroll 1995; Hakala/O'Brien 1995). Häufig gelingt deshalb Lesern nur die lokale Kohärenzbildung, während die übergeordneten Zusammenhänge nicht ins Blickfeld kommen (Cook/Mayer 1988).

2. Repräsentationsebenen beim Textverstehen

Psychologische Theorieansätze zum Textverstehen gehen davon aus, daß beim Lesen eines Texts multiple mentale Repräsentationen konstruiert werden (van Dijk/Kintsch 1983; Nystrand 1986; Biber 1988). Dabei lassen sich folgende Repräsentationsebenen unterscheiden, die zugleich als Ebenen der Textverarbeitung angesehen werden können: (a) die Ebene der Textoberfläche, (b) die Ebene der Textbasis, (c) die Ebene des referentiellen mentalen Modells, (d) die Kommunikationsebene und (e) die Genreebene. Die Ebene der Textoberfläche repräsentiert die gesamte sprachliche Information des Texts, also Formulierungen, syntaktische Konstruktionen usw. Die Ebene der Textbasis repräsentiert den semantischen Gehalt des Texts in Form von Propositionen. Bei diesen Propositionen handelt es sich um komplexe Symbole, die den Gegenstand des Texts beschreiben. Das referentielle Modell ist eine ganzheitliche mentale Repräsentation des im Text dargestellten Sachverhalts (bzw. des darin beschriebenen Referenten), die anhand der Textbasis und des sachbezogenen Weltwissens konstruiert wird. Die Kommunikationsebene bezieht sich auf den pragmatischen kommunikativen Kontext, in den der Text eingebettet ist. Hierzu gehört die Identifikation der vom Autor verfolgten Kommunikationsabsicht und die Identifikation des Agenten der Kommunikation. Bei narrativen Texten bleibt der Agent der Kommunikation meist als unsichtbarer Beobachter des Geschehens implizit. Manchmal tritt er jedoch auch – z. B. als Ich-Erzähler – explizit hervor. Die Genreebene bezieht sich auf die Textsorte und die entsprechende Textfunktion, z. B. des Erzählens, des Beschreibens, des Erklärens, des Überzeugens, des Unterhaltens usw.

Die Forschung zum Textverstehen konzentrierte sich bisher vor allem auf die Beschaffenheit der Textbasis und des referentiellen Modells. Die Textbasis besteht aus Propositionen, die einer bestimmten Gegebenheit ein bestimmtes Attribut zuschreiben oder durch die zwischen verschiedenen Gegebenheiten bestimmte Relationen spezifiziert werden. Die Propositionen besitzen eine Prädikat-Argument-Struktur. Zustandsprädikate werden an der Textoberfläche meist durch Adjektive, Prozeß- und Aktionsprädikate durch Verben signalisiert. Die Propositionsargumente werden an der Textoberfläche durch Nominalphrasen ausgedrückt. Die semantischen Rollen dieser Argumente (wie z. B. Agent, Objekt, Rezipient usw.) werden durch Präpositionen, Artikelflexionen usw. signalisiert (Chafe 1994). Frühere Forschungsansätze gingen davon aus, daß beim Verstehen eines Texts zunächst die wörtliche Bedeutung und dann – sofern diese unplausibel erscheint – die intendierte Bedeutung propositional enkodiert wird (Clark/Lucy 1975). Neuere Untersuchungen haben allerdings gezeigt, daß die intendierte Bedeutung ebenso schnell wie die wörtliche Bedeutung erfaßt wird und nicht von einer unplausiblen wörtlichen Bedeutung abhängt (Gibbs 1994).

Hinsichtlich der Ebene der referentiellen Modelle wurden verschiedene Theorien formuliert, die von der gemeinsamen Annahme ausgehen, daß beim Verstehen eines Texts eine ganzheitliche mentale Repräsentation des dargestellten Sachverhalts konstruiert wird. Sanford und Garrod (1981) bezeichnen diese Repräsentationen als Szenarien. Sie verstehen unter einem Szenarium eine holistische Repräsentation einer komplexen Situation inklusive der partizipierenden Personen, deren Rollen und Handlungen. Die kognitive Verarbeitung eines Texts besteht dieser Sichtweise zufolge in der Aktivierung und sukzessiven Elaboration von Szenarien. Van Dijk und Kintsch (1983) bezeichnen das vom Leser konstruierte referentielle Modell als Situationsmodell. Sie nehmen an, daß ein solches Modell anhand der Textbasis und anhand des beim Leser vorhandenen Vorwissens konstruiert wird. Nach Johnson-Laird (1983) handelt es sich bei einem mentalen Modell um ein hypothetisches Quasi-Objekt mit Eigenschaften, die den zu repräsentierenden Eigenschaften des dargestellten Sachverhalts analog sind. Grundsätzlich ermöglicht ein Text die Konstruktion einer Vielzahl von mentalen Modellen, die dem Sinngehalt des Texts gleichermaßen Rechnung tragen. Der Leser konstruiert jedoch normalerweise nur ein Modell von hoher Typikalität (Walker/Yekovich 1984; Greenspan 1986). Werden beim Textverstehen aufgrund unterschiedlicher Vorerfahrungen der Leser oder aufgrund unterschiedlicher Kontexte unterschiedliche Vorwissensbestände aktiviert, so kann ein und derselbe Text zur Konstruktion unterschiedlicher Modelle und damit zu unterschiedlichen Interpretationen führen (Anderson/Reynolds/Schallert u. a. 1977; Hörmann 1981).

Verschiedene experimentelle Untersuchungen wurden mit dem Ziel durchgeführt, die theoretische Differenzierung zwischen Textoberfläche, Textbasis und referentiellem Modell empirisch zu untermauern. Dabei wurden nach dem Lesen eines Texts zu verschiedenen Zeitpunkten verschiedene Testsätze vorgelegt, bei denen die Probanden entscheiden mußten, ob diese im Text vorgekommen waren oder nicht. Die Testsätze waren Originalsätze, Paraphrasen, zutreffende Inferenzen und falsche Inferenzen. Es zeigte sich, daß je nachdem, auf welcher der drei Repräsentationsebenen zwischen Originalsatz und Testsatz Unterschiede bestanden, Verwechslungen häufiger oder seltener auftraten. Dabei scheint die mentale Repräsentation der Textoberfläche einem besonders raschen Verfall unterworfen zu sein. Die propositionale Textbasis wird langsamer vergessen, und die geringste Vergessensrate findet sich auf der Ebene des referentiellen Modells (Dellarosa 1983; Fletcher 1984a; Kintsch/Welsch/Schmalhofer u. a. 1990; Schmalhofer/Glavanov 1986; Weaver/Kintsch 1987).

Die propositionale Textbasis und das referentielle Modell dürften jeweils unterschiedlichen Zwecken dienen. Es ist anzunehmen, daß die Konstruktion der Textbasis einen geringeren Verarbeitungsaufwand erfordert, auch für das Speichern vager bzw. schwer verständlicher Aussagen geeignet ist, viel von der Struktur des Texts bewahrt und insofern gut für die Wiedergabe des betreffenden Sinngehalts geeignet ist. Vom referentiellen mentalen Modell hingegen wird angenommen, daß es einen höheren Verarbeitungsaufwand erfordert und besonders für jene Prozesse geeignet ist, die man gewöhnlich als Inferenzen bezeichnet. Wiedergaben fallen hingegen weniger genau aus, weil die Struktur der Sprachäußerung hier nicht bewahrt wird und eine Wiedergabe deshalb als freie Beschreibung des betreffenden Modells stattfinden muß. Einige neuere Untersuchungen haben gezeigt, daß lexikalische und syntaktische Informationen beim Textverstehen auch unmittelbar als Hinweise für die mentale Modellkonstruktion verwendet werden können, womit die Existenz einer eigenen propositionalen Textbasis in Frage gestellt wird (Givón 1992; Perfetti/Britt 1995). Befunden von McNamara/Kintsch/Songer u. a. (1996) zufolge führt ein hochgradig kohärenter Text bei Lesern mit geringerem Vorwissen sowohl zu besseren Wiedergaben als auch zu besseren Leistungen bei der Beantwortung von Fragen, in denen das anhand des Texts erworbene Wissen anzuwenden ist, als ein weniger kohärenter Text. Bei Lesern mit hohem Vorwissen hingegen führt ein hochgradig kohärenter Text zwar zu besseren Wiedergabeleistungen, jedoch zu geringeren Leistungen bei der Beantwortung von Fragen als ein Text mit gewissen Kohärenzlücken. Die Autoren vermuten, daß eine geringere Textkohärenz Lernende mit hohem Vorwissen daran hindert, den Text zu oberflächlich zu verarbeiten und ihr referentielles Modell nicht hinreichend zu elaborieren.

3. Inferenzen

Die Konstruktion der oben beschriebenen Repräsentationsebenen erfordert nicht nur sprachliche Kompetenz, sondern auch inhaltsspezifisches Weltwissen, da der Autor eines Texts vieles wegläßt, was vom Leser leicht selbständig ergänzt werden kann. Insofern sind Inferenzen ein integraler Bestandteil des Textverstehens (Rickheit/Strohner 1985). Dabei können je nach mentaler Repräsentationsebene unterschiedliche Inferenzmechanismen angenommen werden. Inferenzen anhand einer propositionalen Repräsentation erfolgen mit Hilfe von Symbolverarbeitungsregeln, die mittels sog. Bedeutungspostulate von vorhandenen Propositionen ausgehend neue Propositionen generieren. Die Existenz solcher symbolbasierten Inferenzregeln erscheint allerdings insofern fraglich, als sich deren Anwendungsbedingungen oft nur schwer definieren lassen (Johnson-Laird 1983). Inferenzen anhand eines referentiellen Modells bestehen hingegen in der Manipulation des Modells und dem Ablesen der gesuchten Information. Dabei sind zwar Konstruktions- und Ableseprozesse erforderlich, die regelgeleitet ablaufen. Es werden jedoch keine logischen Schlußregeln benötigt, so daß sich das Problem der Spezifikation von Anwendungsbedingungen dieser Regeln nicht stellt. Garrod (1985) spricht deshalb hier von Pseudoinferenzen. Hinsichtlich des Umfangs der beim Textverstehen gezogenen Inferenzen existieren unterschiedliche theoretische Positionen. Nach der von McKoon und Ratcliff (1992) vertretenen minimalistischen Hypothese werden nur die kausalen Antezedenzen von im Text beschriebenen Ereignissen inferiert, wenn diese Inferenzen für die lokale Kohärenzbildung erforderlich sind. Graesser, Singer und Trabasso (1994) hingegen nehmen in ihrer sog. konstruktionistischen Hypothese an, daß beim Lesen eines Texts drei Arten von Inferenzen vollzogen werden: (1) Inferenzen, die die Verstehensziele des Lesers betreffen, (2) Inferenzen, die das Auftreten eines Ereignisses oder einer Aktion erklären, und (3) Infernezen, die auf lokaler oder globaler Ebene Kohärenz im referentiellen mentalen Modell herstellen. Graesser, Millis und Zwaan (1997) vertreten die Auffassung, daß diese Hypothesen für jeweils unterschiedliche Bedingungen gültig sind. Demnach trifft die minimalistische Hypothese dann zu, wenn sehr schnell gelesen wird, der Text nicht global kohärent ist und der Leser wenig Hintergrundwissen hat. Die konstruktionistische Hypothese wird dann als gültig angesehen, wenn zum Zweck des Vergnügens oder des Wissenserwerbs mit vergleichsweise geringer Geschwindigkeit gelesen wird, wenn der Text global kohärent ist und wenn der Leser hinreichend Hintergrundwissen besitzt.

4. Textgeleitete Verarbeitungssteuerung

Angesichts der begrenzten kognitiven Verarbeitungskapazität können sich jeweils nur Teile der Information auf den verschiedenen Repräsentationsebenen im Fokus der Aufmerksamkeit befinden (Chafe 1976). Der Leser muß wissen, wovon im Augenblick die Rede ist, um seine Aufmerksamkeit auf den gerade relevanten Teil der mentalen Repräsentation zu richten, das entsprechende Vorwissen zu aktivieren und im Falle eines Themenwechsels den Fokus entsprechend verschieben zu können (Chafe 1994; Gernsbacher 1990; Givón 1992; Grosz/Sidner 1986). Die hierzu erforderlichen Steuerungssignale werden jeweils durch Topic-Angaben vermittelt. In jedem Satz und jedem größeren Textsegment kann man zwei Informationskomponenten unterscheiden: den *Topic* und den *Comment.* Der Topic gibt an, worüber etwas ausgesagt wird; der Comment gibt an, was darüber ausgesagt wird (Halliday 1970). Der Leser identifiziert jeweils die Topic-Angabe, vergleicht sie mit dem bisher fokussierten Referenten und behält je nach Übereinstimmung oder Nichtübereinstimmung den Fokus bei oder sucht innerhalb der mentalen Repräsentation nach einem neuen Referenten. Dabei wird dem Leser signalisiert, ob ein Topic-Wechsel stattgefunden hat, ob eine kleine oder große Fokus-Verschiebung notwendig ist, wo der neue Topic zu suchen ist und anhand welcher Merkmale dieser identifiziert werden kann. Beispielsweise kann der Topic eines Satzes durch syntaktische Mittel unterschiedlich stark markiert sein (Givón 1983; 1992). Dabei signalisiert der Grad der Markiertheit dem Leser die Größe der erforderlichen Fokus-Verschiebung. Eine geringe Markiertheit wird vom Leser als Hinweis darauf interpretiert, daß der bisherige Topic beibehalten wurde. Eine starke Markiertheit wird als Indiz gewertet, daß ein Topic-Wechsel stattgefunden hat (Fletcher 1984a; 1985). Wird eine neue Entität eingeführt, so wird dies durch eine hinreichend spezifizierte Nominalphrase mit einem unbestimmten Artikel signalisiert. Auf eine bereits eingeführte Entität, die sich aber nicht mehr im Fokus der Aufmerksamkeit befindet, wird durch ein Nomen mit einem bestimmten Artikel Bezug genommen. Befindet sich die Entität noch im Fokus der Aufmerksamkeit, so kann hierfür ein entsprechendes Pronomen verwendet werden (Sanford/Garrod 1982).

Die als Anaphora, d. h. zur Bezugnahme auf eine bereits eingeführte Entität verwendeten Worte und Phrasen können als Suchanweisungen nach der betreffenden Entität aufgefaßt werden. Beispielsweise wird durch ein singulares Pronomen signalisiert, daß der Referent zuvor explizit an der Sprachoberfläche genannt wurde, daß er sich noch innerhalb des aktuellen Aufmerksamkeitsfokus befindet und anhand von Geschlecht und Numerus eindeutig identifiziert werden kann (Marslen-Wilson/Levy/Tyler 1982; van Dijk/Kintsch 1983). Plurale Pronomen nehmen auf komplexe Referenten Bezug, wobei allerdings nur bestimmte Entitäten zu komplexen Referenten kombiniert werden können. Eschenbach/Habel/Herweg u. a. (1990) sehen als Voraussetzung für die Bildung komplexer Referenten eine gemeinsame Assoziationsbasis. Demnach sind solche Entitäten miteinander kombinierbar, die der gleichen ontologischen Kategorie angehören und zwischen denen eine erfahrungsbedingte konzeptuelle Verknüpfung besteht. Im Vergleich zu einem Pronomen stellt ein Nomen bzw. eine Nominalphrase einen wesentlich ausführlicheren „Steckbrief" des zu suchenden Referenten bereit. Dabei bieten eine Rekurrenz − also die Wiederholung eines bereits zuvor verwendeten Nomens (z. B. *Hubschrauber*) − oder ein entsprechendes Synonym (z. B. *Helikopter*) eine reichhaltigere Beschreibung des Referenten als eine lexikalische Generalisierung (z. B. *Fluggerät*). Im Falle der Verwendung eines Synonyms wird der Bezug auf den gemeinten Referenten erst auf der Ebene der propositionalen Repräsentation erkennbar, während dieser Bezug im Falle einer Rekurrenz bereits an der Sprachoberfläche signalisiert wird.

Die verschiedenen Suchparameter müssen jeweils aufeinander abgestimmt sein: Je größer die erforderliche Fokus-Verschiebung bzw. je größer der Suchbereich ist, in dem der Referent zu finden ist, und je mehr der darin enthaltenen Entitäten dem Referenten ähnlich sind, desto reichhaltiger muß die Beschreibung des Referenten sein, um diesen ohne Schwierigkeiten finden zu können. Die Beschreibung des Referenten muß jedoch keineswegs möglichst ausführlich sein. Sie muß lediglich so reichhaltig sein, daß dieser problemlos identifiziert werden kann (vgl. Gernsbacher 1990).

Die Steuerung der Aufmerksamkeit des Lesers durch den Autor entspricht jeweils einer bestimmten thematischen Abfolge der Darstellung. Die mentale Kohärenzbildung wird durch eine thematisch kontinuierliche Darstellung wesentlich unterstützt. Thematische Kontinuität kann dabei sowohl in räumlicher, zeitlicher, kausaler und intentionaler Hinsicht als auch im Hinblick auf die an einem Geschehen teilnehmenden Personen bestehen. Eine Diskontinuität unter einem oder mehreren dieser Gesichtspunkte erschwert jeweils die kognitive Verarbeitung (Zwaan/Magliano/Graesser 1995).

5. Lesergeleitete Verarbeitungssteuerung

Textverstehen ist ein intentionaler, zielorientierter Prozeß. Individuen sind z. B. in der Lage, einen Text unter verschiedenen Perspektiven zu lesen und ihre kognitive Verarbeitung an erwartete künftige Anforderungen anzupassen (Anderson/Pichert 1978; McConkie/Rayner 1974; Pichert/Anderson 1977). Entsprechend ihrer jeweiligen Intentionen setzen Leser unterschiedliche Verarbeitungsstrategien ein. Diese Verarbeitungsstrategien sind mentale Programme, die die Abfolge und Gesichtung der einzelnen Verarbeitungsprozesse beeinflussen, um den Erwerb, das Einprägen sowie den Abruf und die Anwendung von Wissen zu verbessern (van Dijk/Kintsch 1983). Mikrostrategien richten sich auf das Verstehen der aufeinanderfolgenden Textaussagen und deren semantische Verknüpfung. Makrostrategien hingegen richten sich auf das Herausarbeiten der Hauptideen eines Texts (Levin 1982; Meyer 1984). Makrostrategien werden, verglichen mit Mikrostrategien, in der individuellen Lerngeschichte relativ spät erworben (Bartlett 1978; Meyer/Brandt/Bluth 1978). Eine andere Differenzierungsmöglichkeit ist die zwischen Behaltens- und Verstehensstrategien. Bei Behaltensstrategien konzentriert sich die Verarbeitung auf die Bildung einer propositionalen Repräsentation, da eine Wiedergabe des Texts hier relativ genau ausfällt. Bei Verstehensstrategien hingegen steht die Bildung eines mentalen Modells im Vordergrund, da so eine bessere Grundlage für die Beantwortung von Verständnisfragen oder die Anwendung des Gelernten geschaffen wird. Auch werden beim Lesen verschiedener Textsorten unterschiedliche Verarbeitungsstrategien eingesetzt. Während beispielsweise bei der Verarbeitung von literarischen Texten die mentale Repräsentation der Oberflächenstruktur besser enkodiert wird, liegt bei der Verarbeitung von expositorischen Texten und Zeitungen der Hauptakzent auf der Enkodierung des referentiellen mentalen Modells (Zwaan 1994).

Damit es zu einer flexiblen adaptiven Textverarbeitung kommt, müssen die verfügbaren Verarbeitungsstrategien situations- und anforderungsgerecht ausgewählt, koordiniert und in ihrer Ausführung überwacht werden. Die metakognitive Überwachung des Textverstehens basiert auf einem flexiblen Wechselspiel metakognitiven Wissens mit individuellen Verarbeitungszielen, metakognitiven Erfahrungen und Strategien. Dabei kommen metakognitive Kontrollprozesse zur Anwendung, die auf die Prüfung, Bewertung und Steuerung der eigenen Verarbeitung gerichtet sind (Brown/Armbruster/Baker 1986; vgl. Flavell 1979). Die metakognitive Verarbeitungsregulation geschieht normalerweise weitgehend automatisiert. Nur wenn Verstehensprobleme auftauchen, die mit den automatisierten Prozessen nicht bewältigt werden können, wird sie zum Gegenstand bewußter Reflexion und Kontrolle (vgl. Forrest-Pressley/MacKinnon/Waller 1985). Defizite in der metakognitiven Verarbeitungsregulation können dadurch bedingt sein, daß bestimmte Überwachungsprozeduren fehlen oder nicht zur Anwendung kommen und der Lernende somit nicht zu differenzierteren Metakognitionen gelangt. Das allgemeine metakognitive Wissen kann zu gering sein, um die vorhandenen Metakognitionen adäquat auszuwerten und die verfügbaren Strategien situationsadäquat einzusetzen. Es können auch bestimmte Verarbeitungsstrategien fehlen, zu wenig geübt sein oder einfach deshalb nicht zur Anwendung kommen, weil die Überwachung und Steuerung der Verarbeitung nicht adäquat koordiniert sind. Mängel in der Verarbeitungsregulation können außerdem durch inadäquate Verstehensstandards bedingt sein (Baker 1985). Selbst relativ routinierte Leser merken oft nicht, daß sie einen Text nicht hinreichend verstehen (Glenberg/Wilkinson/Epstein 1982).

6. Kognitive Mechanismen des Textverstehens

Prozesse des Textverstehens basieren auf einer Vielzahl kognitiver Funktionen, zu denen u. a. Wahrnehmung, Lernen, Gedächtnis, Denken und Problemlösen gehören. Dementsprechend wird versucht, Theorien des Textverstehens in allgemeine Theorien der menschlichen Kognition zu integrieren. Ein sehr einflußreicher Theorieansatz ist dabei die sog. Schematheorie. Sie geht davon aus, daß das allgemeine Weltwissen eines Individuums in Form hierarchisch organisierter kognitiver Schemata gespeichert ist. Bei diesen Schemata handelt es sich um mentale Datenstrukturen, die bisherige Erfahrungen verallgemeinern und typische Zusammenhänge eines Realitätsbereichs repräsentieren (Anderson/Pearson 1984; Brewer/Nakamura 1984). Textverstehen basiert diesem Theorieansatz zufolge auf einem Wechselspiel von auf- und absteigenden Schemaaktivierungen, das durch die vorliegende Textinformation angeregt wird und bei dem sich eine bestimmte Konfiguration aktivierter Schemata herausbildet, die als beste Interpretation des Texts gilt. Dabei fungieren die hierarchisch übergeordneten Schemata als ideelles Gerüst, unter das die einzelnen Textinformationen subsumiert werden. Die Schemata einer solchen Konfiguration stützen einander wechselseitig in ihrer Aktivierung, während konkurrierende Schemata gehemmt werden. Kintsch und van Dijk (1978) haben in einem Modell der kognitiven Textverarbeitung versucht zu beschreiben, wie beim Textverstehen die anhand kognitiver Schemata konstruierten Mikro- und Makropropositionen vom Leser zu einem kohärenten Ganzen verknüpft werden. Infolge der begrenzten kognitiven Verarbeitungskapazität erfolgt die Kohärenzbildung in mehreren Zyklen. In jedem Zyklus wird eine bestimmte Anzahl von Propositionen ins Arbeitsgedächtnis eingelesen und anhand bestimmter Kohärenzkriterien zu einem sog. Kohärenzgraphen verknüpft. Ein Teil des Arbeitsgedächtnisses fungiert als Kurzzeitspeicher, in dem eine bestimmte Anzahl der bisher verarbeiteten Propositionen aufbewahrt und zum nächsten Zyklus mitgetragen wird, um so eine Verknüpfung der neuen Propositionen mit dem bisher Gelesenen zu erleichtern. Die Verarbeitung verläuft leicht und flüssig, wenn eine neue Proposition unmittelbar mit einer alten Proposition im Kurzzeitspeicher verknüpft werden kann. Sie wird schwieriger, wenn sich der betreffende Anknüpfungspunkt nicht mehr im Kurzzeitspeicher befindet, da dann eine Suche im Langzeitgedächtnis erforderlich wird. Noch schwieriger wird die Verarbeitung, wenn es für eine neue Proposition weder im Kurzzeitspeicher noch im Langzeitgedächtnis eine direkte Anknüpfungsmöglichkeit gibt, da in diesem Fall Inferenzen gezogen werden müssen: Der Leser muß unter Rückgriff auf sein Vorwissen zusätzliche Propositionen generieren, um die betreffende Kohärenzlücke zu schließen. Britton und Gulgoz (1991) fanden, daß die Revision technischer expositorischer Texte mit Hilfe dieses Modells zu weit höheren Lernerfolgen führte als eine Revision durch professionelle Autoren.

Ein anderer Ansatz der kognitiven Modellierung von Textverstehensprozessen besteht in der der Verwendung von Produktionssystemen. Das für die Verarbeitung relevante prozedurale Wissen ist hier in Form von sog. Produktionsregeln (Bedingungs-Aktions-Verknüpfungen) gespeichert. Wenn der Inhalt des Arbeitsgedächtnisses mit dem Bedingungsteil einer Produktionsregel übereinstimmt, wird der jeweilige Aktionsteil ausgeführt (Anderson 1983). In ihrem als Produktionssystem konzipierten CAPS/READER-Modell gehen Just und Carpenter (1992) davon aus, daß die für die Textverarbeitung relevanten kognitiven Prozeduren in Form von Produktionsregeln für die Informationsaufnahme, die Enkodierung von Wortbildern und Wortbedeutungen, die Bestimmung semantisch-syntaktischer Wortfunktionen und die semantische Verknüpfung von Phrasen gespeichert sind und daß darüber hinaus durch zielspezifische Produktionsregeln auch unterschiedlichen Verarbeitungsstrategien Rechnung getragen werden kann (vgl. Thibadeau/Just/Carpenter 1982).

Die Produktionen kommunizieren miteinander über ein Arbeitsgedächtnis. Die Verarbeitung folgt deshalb keinem festgelegten Plan. Vielmehr bestimmt das System jeweils selbst seine Verarbeitungssequenz ad hoc, indem dem Arbeitsgedächtnis durch die Anwendung von Produktionen neue Informationen hinzugefügt werden, was wiederum die Anwendung weiterer Produktionen ermöglicht usw. Die Prozesse der Wortenkodierung, der Bestimmung semantisch-syntaktischer Wortfunktionen und der Verknüpfung von Phrasen bilden deshalb keine starr aufeinanderfolgenden Verarbeitungsstufen, sondern beeinflussen einander ständig wechselseitig, indem „höhere" Prozesse auf „niedrigere" Einfluß nehmen und umgekehrt. Die Autoren gelangen mit Hilfe dieses Modells zu relativ guten Vorhersagen von Augenbewegungsdaten beim Lesen in Abhängigkeit von den Eigenschaften des Texts sowie den individuellen Zielsetzungen des Lesers.

Konnektionistische Ansätze wenden gegen die Theorie kognitiver Schemata und die Modellierung kognitiver Prozesse mit Hilfe von Produktionssystemen ein, die Regelhaftigkeit kognitiver Prozesse ginge nicht auf die Wirkung von Verarbeitungsregeln zurück, sondern sei lediglich das äußere Erscheinungsbild des Funktionierens sog. neuronaler Netzwerke. Ein solches Netzwerk besteht aus einer großen Zahl einfacher Verarbeitungseinheiten – den Netzwerkknoten – die miteinander über gewichtete Verbindungen kommunizieren (vgl. Feldman/Ballard 1982). Jede dieser Verarbeitungseinheiten befindet sich zu einem bestimmten Zeitpunkt in einem bestimmten Aktivationszustand und beeinflußt über exzitatorische und inhibitorische Verbindungen den Aktivationszustand anderer Einheiten. Die Struktur des Netzwerks entspricht einem Gefüge möglicher Hypothesen über die jweils vorliegenden Informationen. Stützt eine Hypothese eine andere Hypothese, so ist der entsprechende Knoten mit dem anderen Knoten exzitatorisch verknüpft; widerspricht eine Hypothese einer anderen Hypothese, so bestehen zwischen den betreffenden Knoten inhibitorische Verbindungen. Die kognitive Verarbeitung besteht hier im Prinzip darin, daß sich das Netzwerk durch ein Wechselspiel von aktivierenden und hemmenden Einflüssen zwischen den verschiedenen Netzwerkknoten auf einen bestimmten Aktivationszustand einschwingt, der am besten zur jeweiligen Eingabe paßt.

Ein konnektionistisches Modell zum Verstehen von natürlichsprachlichen Sätzen haben Waltz und Pollack (1985) entwickelt. Das Modell besteht aus einem Netzwerk mit Knoten für lexikalische und syntaktische Merkmale eines Satzes sowie Knoten für unterschiedliche Kontexte. Aufgrund der Interaktion dieser Verarbeitungseinheiten ist das Modell in der Lage, anfängliche Fehlinterpretationen von Sätzen zu korrigieren, grammatische wie ungrammatische Äußerungen zu verstehen und mehrdeutige Sätze kontextabhängig zu interpretieren. Ebenfalls auf konnektionistischen Verarbeitungsprinzipien basiert das Konstruktions-Integrations-Modell von Kintsch (1988). Diesem Modell zufolge durchläuft die Verarbeitung der Sätze eines Texts jeweils eine Konstruktions- und eine Integrationsphase. In der Konstruktionsphase werden dem Arbeitsgedächtnis aufgrund assoziativer Aktivationsausbreitung rasch neue Knoten hinzugefügt, welche teils zur Oberflächenstruktur, teils zur Textbasis und teils zum referentiellen Situationsmodell gehören, und mit dem bisherigen Inhalt des Arbeitsgedächtnisses kombiniert. Sobald eine gewisse Zahl von Knoten aktiviert ist, beginnt die Integrationsphase. Grundlage dieser Integration ist ein aus den aktivierten Knoten bestehendes konnektionistisches Netzwerk. In diesem Netzwerk bestehen sowohl unter den Oberflächenstrukturknoten, den Textbasisknoten und den Situationsmodellknoten als auch zwischen den Knoten verschiedener Verarbeitungsebenen exzitatorische und inhibitorische Verbindungen. In der Integrationsphase schwingt sich das Netzwerk auf einen stabilen Aktivationszustand ein, der als Interpretation der vorliegenden Textinformation gilt. Beim Lesen wird der Aktivationszustand des Netzwerks anhand der neu aufgenommenen Textinformation ständig aktualisiert.

7. Ausblick

Eine systematische psychologische Erforschung des Textverstehens wird erst seit ca. 25 Jahren durchgeführt. Inzwischen wurden sowohl eine Fülle empirischer Befunde erhoben als auch relativ sophistizierte Modelle der kognitiven Verarbeitung von Texten entwickelt, die sich sowohl in theoretischer wie in praktischer Hinsicht als bedeutsam erwiesen haben (vgl. Schnotz 1994). Dabei wurden die empirischen Untersuchungen zum Teil mit natürlichen Texten und zum Teil mit eher artifiziellen, speziell für experimentelle Zwecke hergestellten Texten − von Graesser, Millis und Zwaan (1997) als „Textoide" bezeichnet − durchgeführt. Bei der Verwendung der einen oder der anderen Art des Textmaterials gehen Gewinne hinsichtlich der ökologischen Validität jeweils auf Kosten der experimentellen Kontrolle von Texteigenschaften und umgekehrt. Nach Graesser/Millis/Zwaan (1997) sollte die Forschung zum Textverstehen versuchen, ihre theoretischen Modelle sowohl durch Befunde aus Untersuchungen in ökologisch validen Settings mit natürlichen Texten als auch durch Befunde aus Experimenten mit artifiziellen, nach kontrollierten Gesichtspunkten konstruierten Texten abzusichern.

Angesichts neuerer Entwicklungen in der Kognitions- und Sprachpsychologie, der Linguistik und der Künstliche-Intelligenz-Forschung bietet sich im Bereich des Textverstehens eine multidisziplinäre Kooperation an. Psychologische Konzepte und Ansätze der Künstliche-Intelligenz-Forschung haben inzwischen Eingang in die Linguistik gefunden, während umgekehrt linguistische Analysen Anregungen für die psychologische Theorienbildung liefern. Ein Beispiel für die Fruchtbarkeit einer solchen integrativen Vorgehensweise bietet etwa die kognitive Linguistik. Hier werden mentale Strukturen und Prozesse erforscht, die ein Individuum befähigen, natürliche Sprachen zu beherrschen (Felix/Kanngießer/Rickheit 1990). Dabei werden nicht nur strukturelle Eigenschaften der Sprache unter dem Aspekt des Spracherwerbs und der Sprachverarbeitung analysiert.

Die Analyse sprachlicher Strukturen und deren Verwendung wird auch als eine spezifische Art des Zugangs zur Struktur und Funktionsweise des menschlichen kognitiven Systems angesehen.

8. Literatur (in Auswahl)

Albrecht, Jason/O'Brien, Edward (1993): Updating a mental model. Maintaining both local and global coherence. In: Journal of Experimental Psychology: Learning, Memory, and Cognition 19, 1061–1070.

Anderson, John (1983): The architecture of cognition. Cambridge.

Anderson, Richard/Pearson, David (1984): A schema-theoretic view of basic processes in reading comprehension. In: Pearson, David (ed.): Handbook of reading research. New York/London, 255–291.

Anderson, Richard/Pichert, James (1978): Recall of previously unrecallable information following a shift in perspective. In: Journal of Verbal Learning and Verbal Behavior 17, 1–12.

Anderson, Richard/Reynolds, Ralph/Schallert, Diane/Goetz, Ernest (1977): Frameworks for comprehending discourse. In: American Educational Research Journal 14, 367–381.

Baker, Linda (1985): Differences in the standards used by college students to evaluate their comprehension of expository prose. In: Reading Research Quarterly 20, 297–313.

Bartlett, Brendan (1978): Top-level structure as an organizational strategy for recall of classroom text. Tempe.

Brewer, William/Nakamura, Glenn (1984): The nature and functions of schemas. In: Wyer, R. S./Srull, T. K. (eds.): Handbook of social cognition. Vol. 1. Hillsdale, NJ.

Britton, Bruce/Gulgoz, S. (1991): Using Kintsch's computational model to improve instructional text. Effects of repairing inference calls on recall and cognitive structures. In: Journal of Educational Psychology 83, 329–345.

Brown, Ann/Armbruster, Bonnie/Baker, Linda (1986): The role of metacognition in reading and studying. In: Orasanu, Judith (ed.): Reading comprehension. From research to practice. Hillsdale, 49–75.

Bühler, Karl (1934): Sprachtheorie. Jena.

Chafe, Wallace (1976): Giveness, contrastiveness, definiteness, subjects, and topics. In: Li, C. N. (ed.): Subject and Topic. New York, 25–55.

– (1994): Discourse, Consciousness, and Time. Chicago.

Clark, Herbert (1993): Arenas of Language Use. Chicago.

Clark, Herbert/Lucy, P. (1975): Understanding what is meant from what is said. A study in conversationally conveyed requests. In: Journal of Verbal Learning and Verbal Behavior 14, 56–72.

Cook, Linda/Mayer, Richard (1988): Teaching readers about the structure of scientific text. In: Journal of Educational Psychology 80, 448–456.

Dellarosa, D. (1983): The role of comprehension processes and analogical reasoning in the development of problem-solving expertise. Colorado.

Dijk, Teun A. van/Kintsch, Walter (1983): Strategies of discourse comprehension. New York.

Eschenbach, Carola/Habel, Cristopher/Herweg, Michael/Rehkämper, Klaus (1990): Restriktionen für plurale Diskursanaphern. In: Felix/Kanngießer/Rickheit (1990), 37–69.

Feldman, Jerome/Ballard, D. H. (1982): Connectionist models and their properties. In: Cognitive Science 6, 205–254.

Felix, Sascha/Kanngießer, Siegfried/Rickheit, Gert (eds.) (1990): Sprache und Wissen. Opladen.

Flavell, John (1979): Metacognition and cognitive monitoring. A new area of cognitive-developmental inquiry. In: American Psychologist 34, 906–911.

Fletcher, Charles (1984a): Markedness and topic continuity in discourse processing. In: Journal of Verbal Learning and Verbal Behavior 23, 487–493.

– (1984b): Surface forms, textbases, and situation models. Recognition memory for three types of textual information. Unpublished manuscript. University of Colorado.

– (1985): The functional role of markedness in topic identification. In: Text 5, 23–37.

Forrest-Pressley, D. L./MacKinnon, G. E./Waller, T. G. (eds.) (1985): Metacognition, cognition, and human performance. Vol. 1: Theoretical perspectives. New York.

Garrod, Simon (1985): Incremental pragmatic interpretation versus occasional inferencing during fluent reading. In: Rickheit/Strohner (1985), 161–181.

Gernsbacher, Morton Ann (1990): Language Comprehension as Structure Building. Hillsdale, NJ.

Gibbs, Raymond (1994): The Poetics of Mind. Cambridge.

Givón, T. (ed.) (1983): Topic continuity in discourse. A quantitative cross-language study. Amsterdam.

– (1992): The grammar of referential coherence as mental processing instructions. In: Linguistics 30, 5–55.

Glenberg, Arthur/Wilkinson, Alex/Epstein, William (1982): The illusion of knowing. Failure in the self-assessment of comprehension. In: Memory & Cognition 10, 597−602.

Graesser, Arthur/Millis, Keith/Zwaan, Rolf (1997): Discourse Comprehension. In: Annual Review of Psychology 48, 163−189.

Graesser, Arthur/Singer, Murray/Trabasso, Tom (1994): Constructing inferences during narrative text comprehension. In: Psychological Review 101, 371−395.

Greenspan, Steven (1986): Semantic flexibility and referential specifity of concrete nouns. In: Journal of Memory and Language 25, 539−557.

Grice, Paul (1975): Logic and conversation. In: Cole, Peter/Morgan, Jerry (eds.): Syntax and Semantics. Speech Acts Vol. 3. San Diego, 41−58.

Grosz, B. J./Sidner, Candace (1986): Attention, intentions, and the structure of discourse. In: Comput. Linguist 12, 175−204.

Hakala, C. M./O'Brien, Edward (1995): Strategies for resolving coherence breaks in reading. In: Discourse Processes 20, 167−186.

Halliday, Michael (1970): Language structure and language function. In: Lyons, J. (ed.): New Horizons in linguistics. Baltimore, 140−165.

Hess, D. J./Foss, Donald/Carroll, P. (1995): Effects of global and local context on lexical processing during language comprehension. In: Journal of Experimental Psychology 124, 62−82.

Hörmann, Hans (1976): Meinen und Verstehen. Frankfurt/Main.

− (1981): Einführung in die Psycholinguistik. Darmstadt.

Johnson-Laird, Phillip (1983): Mental models. Towards a cognitive science of language, inference, and consciousness. Cambridge.

Just, Marcel/Carpenter, Patricia (1992): A capacity theory of comprehension. Individual differences in working memory. In: Psychological Review 99, 122−149.

Kintsch, Walter (1988): The role of knowledge in discourse comprehension. A constructive-integration model. In: Psychological Review 95, 163−182.

Kintsch, Walter/Dijk, Teun van (1978): Toward a model of text comprehension and production. In: Psychological Review 85, 363−394.

Kintsch, Walter/Welsch, David/Schmalhofer, Franz/Zimny, Susan (1990): Sentence memory. A theoretical analysis. In: Journal of Memory and Language 29, 133−159.

Levin, Joel (1982): Pictures as prose-learning devices. In: Flammer, August/Kintsch, Walter (eds.): Discourse processing. Amsterdam, 412−444.

Mandler, Jeane (1978): A code in the node. The use of a story schema in retrieval. In: Discourse Processes 1, 14−35.

Marslen-Wilson, W. D./Levy, E./Tyler, L. K. (1982): Producing interpretable discourse. The establishment and maintenance of reference. In: Jarvalla, Robert/Klein, Wolfgang (eds.): Speech, place and action. Chichester, 339−378.

McConkie, George/Rayner, Keith (1974): Investigation of reading strategies. I. Manipulating strategies through payoff conditions. In: Journal of Reading Behavior 6, 9−18.

McKoon, Gail/Ratcliff, Roger (1992): Inference during reading. In: Psychological Review 99, 440−466.

McNamara, D. S./Kintsch, Eileen/Songer, N. B. u. a. (1996): Are good texts always better? Interactions of text coherence, background knowledge and levels of understanding in learning from text. In: Cognition and Instruction 14, 1−43.

Meyer, Bonnie (1984): Text dimensions and cognitive processing. In: Mandl, Heinz/Stein, Nancy/Trabasso, Tom (eds.): Learning and understanding from text. Hillsdale, 3−51.

Meyer, Bonnie/Brandt, D. M./Bluth, G. J. (1978): Use of author's textual schema. Key for ninth-graders' comprehension. Paper presented at the annual conference of the American Educational Research Association. Toronto.

Myers, Jerome/O'Brien, Edward/Albrecht, Jason u. a. (1994): Maintaining global coherence during reading. In: Journal of Experimental Psychology: Learning, Memory, and Cognition 20, 876−886.

Perfetti, Charles/Britt, Anne (1995): Where do propositions come from? In: Weaver, Charles/Mannes, Suzanne/Fletcher, Charles (eds.): Discourse Comprehension. Essays in Honor of Walter Kintsch. Hillsdale, 11−34.

Pichert, James/Anderson, Richard (1977): Taking different perspectives on a story. In: Journal of Educational Psychology 69, 309−315.

Rickheit, Gert/Strohner, Hans (eds.) (1985): Inferences in text processing. Amsterdam.

Sanford, Anthony/Garrod, Simon (1981): Understanding written language: Exploration of comprehension beyond the sentence. New York.

− (1982): Towards a psychological model of written discourse comprehension. In: Le Ny, Jean-Francois/Kintsch, Walter (eds.): Language and comprehension. Amsterdam, 147−155.

Schmalhofer, Franz/Glavanov, Doris (1986): Three components of understanding a programmer's manual. Verbatim, propositional, and situational representations. In: Journal of Memory and Language 25, 279−294.

Schnotz, Wolfgang (1994): Aufbau von Wissensstrukturen. Weinheim.

Stein, Nancy/Glenn, Christine (1979): An analysis of story comprehension in elementary school children. In: Freedle, Roy (ed.): New directions in discourse processing. Norwood NJ, 53–120.

Thibadeau, Robert/Just, Marcel/Carpenter, Patricia (1982): A model of the time course and content of reading. In: Cognitive Science 6, 157–204.

Walker, Carol/Yekovich, Frank (1984): Script-based inferences. Effects of text and knowledge variables on recognition memory. In: Journal of Verbal Learning and Verbal Behavior 23, 357–370.

Waltz, D. L./Pollack, J. B. (1985): Massively parallel parsing. A strongly interactive model of natural language interpretation. In: Cognitive Science 9, 51–74.

Weaver III, Charles/Kintsch, Wolfgang (1987): Reconstruction in the recall of prose. In: Text 7, 165–180.

Yekovich, Frank/Thorndyke, Perry (1981): An evaluation of alternate functional models of narrative schemata. In: Journal of Verbal Learning and Verbal Behavior 20, 454–469.

Zwaan, Rolf (1994): Effects of genre expectations on text comprehension. In: Journal of Experimental Psychology: Learning, Memory, and Cognition 20, 920–933.

Zwaan, Rolf/Magliano, Joseph/Graesser, Arthur (1995): Dimensions of situation model construction in narrative comprehension. In: Journal of Experimental Psychology: Learning, Memory, and Cognition 21, 386–397.

Wolfgang Schnotz, Landau
(Deutschland)

VIII. Typologisierung von Texten I: Kriterien

48. Textsorte – Textmuster – Texttyp

1. Textsorten im Alltag
2. Linguistische Modelle zur Kennzeichnung von Textsorten
3. Approximative Bestimmung von Textsorten – ein Resümee
4. Textsorten und Textmuster
5. Texttypen / Typologisierungsaspekte
6. Literatur (in Auswahl)

1. Textsorten im Alltag

Mit Textsorten(namen) gehen die Sprecher alltäglich um (Lux 1981, 14): Sie sind in der Lage, Texte unterschiedlicher Art (*Rezept, Rechnung, Kontaktanzeige, Nachricht, Wetterbericht, Bußgeldbescheid* ...) zu identifizieren und situativ wie sozial angemessen auf sie zu reagieren; ebenso können sie in der Regel aber auch Texte einer bestimmten Sorte adäquat produzieren (ohne dabei stets auf dieselben syntaktsichen Strukturen und lexikalischen Belegungen zu rekurrieren) und damit kommunikative Aufgaben lösen.

Textsorten gehören daher zum Alltag (und zum Alltagswissen) der Kommunzierenden; sie haben etwas „intuitiv ungemein Einleuchtendes" (Sitta 1973, 64). Bei allem, was usuell im Alltag (dazu Heinemann, Margot → Art. 54) – aber auch bei der beruflichen Spezialisierung – getan wird, operieren die Kommunizierenden mit Textsorten(namen), mit Bezeichnungen für bestimmte Mengen von Texten, die im Alltagssprachgebrauch zum Zwecke der schnelleren Orientierung mit leicht handhabbaren Etiketten versehen werden. Dabei haben die meisten Sprecher kaum Schwierigkeiten im naiven Umgang mit solchen Phänomenen (Heinemann/Viehweger 1991, 129; Nussbaumer 1991, 283 ff); allerdings muß diese Feststellung auf hochfrequente und hochstandardisierte Textsorten eingeschränkt werden.

Alle Kommunizierenden verfügen über zahlreiche kommunikative Erfahrungen, und aus ihnen resultiert ein zumindest vages und komplexes Wissen über Arten des jeweils angemessenen Kommunizierens, das die Handelnden auch zum einfachen deiktischen Benennen und unreflektierten Rezipieren von Textsorten befähigt. Für eine Abgrenzung von anderen Textsorten oder gar die Interiorisierung einzelner Merkmale dieser Komplexe besteht für die Individuen in der Regel weder Veranlassung noch Notwendigkeit.

Das zunächst vage Textsortenwissen wird dann – vor allem für kommunikativ besonders relevante Textsorten / aber auch für literarische und journalistische Textgattungen / durch die Schule, andere Bildungseinrichtungen und eigene Erfahrung in Alltag und Beruf mehr oder minder systematisch aufgefüllt und erweitert. Bezeichnenderweise haben Sprecher (vor allem Jugendliche) nach einer Lernphase auch kaum Probleme im Umgang mit neuen Textsorten (E-Mail, Hypertext). Allgemein gilt: Je umfangreicher und spezialisierter dieses Wissen ist, desto schneller und effektiver können die Individuen kommunikativ handeln; denn dieses Wissen über Textsorten bildet gleichsam den „allgemeinen Orientierungsrahmen" für Prozesse der Textproduktion und des Textverstehens (Heinemann 1991, 14).

2. Linguistische Modelle zur Kennzeichnung von Textsorten

2.1. Zum Gegenstand wissenschaftlicher Reflexionen wurde das KONZEPT TEXTSORTE (Adamzik 1995b, 11) ansatzweise in der Soziologie (Deseriev 1987; Hymes 1987; Weingarten 1994) und als Teilkomplex von umfassenderen Schema- und Script-Konzeptionen in der Kognitiven Psychologie (dazu Figge → Art. 10). Im Zentrum der wissenschaftlichen Bemühungen zur Kennzeichnung dieses Phänomens aber standen und stehen textlinguistisch fundierte Arbeiten.

Schon seit alters hatte es Versuche zur Eingrenzung der faktisch unendlichen Menge von Texten (des 'Textuniversums', Dimter

1981, 8) gegeben. Erinnert sei nur an die verschiedenen Klassen der Gerichtsreden in der antiken Rhetorik, an die Differenzierung ästhetisch geprägter Texte (die Gattungslehre in der Literaturwissenschaft), die Kennzeichnung unterschiedlicher Sorten von Texten in den Bereichen des Rechtswesens, der Publizistik und der Didaktik.

Eine systematische und – zumindest partiell – theoriebezogene Behandlung der Textsortenproblematik aber setzte erst mit der Herausbildung einer 'Wissenschaft vom Text' ein. Mit der 'pragmatischen Wende' rückten nicht nur Fragen nach dem Wesen und dem Funktionieren von Texten ins Zentrum wissenschaftlichen Interesses; damit verknüpft waren von Anfang an auch Bestrebungen zur detaillierten Erfassung und Beschreibung bestimmter Klassen von Textexemplaren und im Zusammenhang damit zum systematischen Eruieren von Gemeinsamkeiten und Unterschieden zwischen verschiedenen 'Sorten' von Texten. Die Beobachtung, daß bestimmte Textstrukturen und -formulierungen zur Bewältigung spezifischer kommunikativer Aufgaben in bestimmten Textexemplaren immer wieder begegneten, andere dagegen grundsätzlich auszuschließen waren, bildete die Basis für die Grundannahme, daß solche Rekurrenzen nicht zufällig, sondern regelhaft bedingt sind, daß man folglich auch von der grundsätzlichen Textsortengeprägtheit aller Texte sprechen kann. (De Beaugrande/Dressler 1981, 188 führten für dieses textuelle Basismerkmal den Terminus 'Intertextualität' ein; dazu auch Brinker 1988, 128.)

2.2. Die Untersuchung der mit dieser generellen Textsortengeprägtheit aller Texte verbundenen Probleme wird als grundlegende AUFGABE einer speziellen TEXTSORTEN-LINGUISTIK angesehen. Im Kern geht es dabei darum,

– das prätheoretische Alltagsverständnis von Textsorten zu explizieren (Vater 1992, 159),
– den Begriff 'Textsorte' zu definieren und relevante Konstituenten herauszuarbeiten,
– die unterschiedliche Verwendung sprachlicher Signale bei bestimmten kommunikativen Aufgaben, d. h. das Funktionieren einzelner Textsorten unter unterschiedlichen Konditionen zu beschreiben,
– die regelhaften (?) Beziehungen zwischen einzelnen Textsorten zu erfassen und auf dieser Grundlage Typologien von Textsorten aufzustellen,
– didaktische Empfehlungen für das Umgehen mit praxisrelevanten Textsorten sowie für die sukzessive systematische Erweiterung und Vertiefung des Textsortenwissens unterschiedlicher Rezipientengruppen zu entwickeln.

Das Problemfeld einer solchen Textsortenlinguistik ist außerordentlich vielschichtig und weit gespannt:

– Es reicht von konkreten linguistischen Befunden über textuelle Strukturtypen, soziale, situative und funktionale Spezifika bis hin zu kognitiven Prozeduren der Individuen. (Es umspannt damit im Grunde das weite Feld einer passiven und aktiven Textsortenkompetenz.)
– Es umfaßt heterogene Texteinheiten
   von unterschiedlichem Umfang, unterschiedlicher Frequenz und Spezifizierung (unterschiedlichen Graden der Standardisierung, Nussbaumer 1991, 259);
   von unterschiedlichem thematischem Inhalt und Umfang (*Telegramm und Roman, wissenschaftliche und Alltagstexte, pragmatische und fiktionale Texte, narrative und deskriptive Einheiten* ...). Damit verknüpft sind Fragen der Abgrenzung von Textsorten;
   mit teils völlig unterschiedlichen lexikalischen und grammatischen Belegungen als Ausdruck der Variabilität und grundsätzlichen Offenheit der Textgestaltung;
   von unterschiedlichem Abstraktionsgrad (auf einem Kriterium oder mehreren Kriterien basierend);
   in vielschichtiger hierarchischer Abstufung (*Schrifttext, Rechtstext, Gesetz, Verordnung, Landgerichtsurteil, Aktennotiz*);
   von unterschiedlicher historischer und pragmatischer Relevanz (Textsorten sind einem steten Wandel unterworfen; *Kochrezept – Homepage*);
   von unterschiedlichem Geltungsgrad (universelle Geltung oder mit einzelsprachlicher/gruppenspezifischer Differenzierung).
– Das Problemfeld ist unmittelbar verknüpft mit einer Vielzahl kognitiver Aktivitäten der Individuen:
   Zuordnungsoperationen;
   lokale und globale Speicherungs- und Aktivierungsprozesse (bezogen auf Kollokationsmuster, Satzmuster, Stilmuster, Schemata, Scripts ...); daraus resultieren unterschiedliche Grade der Aneignung und Beherrschung von Schemata (nur passives Textmusterverständnis bei bestimmten

Textsorten; aktive /teilautomatisierte/ Textmusteranwendung bei anderen).
– Außer diesen gegenstandsbedingten Problemen ergeben sich bei der Kennzeichnung von Textsorten vor allem auch terminologische Schwierigkeiten. In der Fachliteratur werden oft dieselben Sachverhalte und Relationen mit unterschiedlichen Etiketten versehen. Nahezu als Synonyme zum Terminus 'Textsorte' treten z. B. auf: *Textklasse, Textart, Texttyp, Textform, Textmuster, Äußerungssorte, Kommunikationssorte* (Rolf 1993, 43).

Damit läßt sich zusammenfassend festhalten: Der Problemkreis 'Textsorte' erweist sich als ein Schnittpunkt unterschiedlicher Fragestellungen sprachlicher, sozialer und kognitiver Art. Vagheit und Unschärfe des Begriffs, ja die „Fast-Beliebigkeit", mit der häufig die Anzahl potentieller Textsorten, relevante Kriterien und Merkmale sowie Überlappungen postulierter Textsorten fixiert werden, finden vor diesem Hintergrund eine vorläufige Erklärung.

2.3. Trotz dieser Ausgangssituation hat es nicht an Versuchen gefehlt, das Begriffsfeld einzugrenzen und bei der Kennzeichnung von einzelnen Textsorten wie auch bei der begrifflichen Fassung des Konzepts 'Textsorte' einen höheren Grad an Erklärungsadäquatheit zu erreichen. Versucht man aber, aus der Vielzahl textsortenspezifischer Einzeldarstellungen (dazu im Überblick Adamzik 1995a) und aus den drei Kolloquien zu dieser Thematik (Gülich/Raible 1972; Kallmeyer 1986; Mackeldey 1991) ein Resümee abzuleiten, dann zeigt sich, daß sich das Maß an GEMEINSAMKEITEN IN DEN ARBEITEN zur Textsortenproblematik eher bescheiden ausnimmt. Es ist zunächst reduziert auf die Feststellung, daß alle Textexemplare Repräsentanten einer bestimmten Textsorte sind. Aber das ist letztlich ein Merkmal von Textualität (de Beaugrande/Dressler 1981, 188; Brinker 1988, 118; Nussbaumer 1991, 256), kein Textsortenspezifikum. So bleibt im Grunde nur die alte Formel von Peter Hartmann (1964, 23): Textsorten sind „Mengen von Texten mit bestimmten gemeinsamen Eigenschaften". Oder in der späteren Version (1971, 22): Textsorten sind „Teilmengen von Texten, die sich durch bestimmte relevante gemeinsame Merkmale beschreiben und von anderen Teilmengen abgrenzen lassen".

Dieser Minimalkonsens – die Gemeinsamkeit von Eigenschaften, die es erlauben, eine Menge von Texten als Klasse, als „Textsorte" zu kennzeichnen, ist allerdings von so hoher Abstraktionsstufe, daß er zwar auf alle Formen der Textsortenkonstitution anwendbar ist, doch erlaubt er keine Aussagen über unterschiedliche Arten und Spezifika von Textsorten, und es muß eingeräumt werden, daß bei diesem Allgemeinheitsgrad auch die Konstitution unsinniger – und nicht mit dem Alltagsverständnis von Textsorten kompatibler – Textklassen möglich ist (*die Summe aller Textexemplare, die mit A anfangen; die im DIN-A-4-Format ausgedruckt sind ...*).

2.4. Der SPEZIFIZIERUNG dieser „Unbekannten" in Hartmanns Formel (der Gemeinsamkeiten zwischen einer Menge von Textexemplaren) galt daher das Interesse vieler Linguisten. Wichtig wurden vor allem Untersuchungen, die – meist im Anschluß an theoretische Basismodelle – um eine theoretische Fundierung im Sinne einer Kennzeichnung von systemhaften Relationen zwischen unterschiedlichen 'Komponenten' von Textsorten bemüht waren. Diese Arbeiten sind zwar im Zusammenhang mit Problemen der Textsortendifferenzierung und der Textklassifikation entwickelt worden (dazu im Detail Heinemann → Art. 49); durch die unterschiedliche Akzentuierung solcher Gemeinsamkeiten wurden zugleich aber auch Akzente gesetzt für unterschiedliche Fixierungen des Begriffs Textsorte.

Dabei lassen sich 4 Grundkonzepte voneinander abheben:

2.4.1. Ausgehend von einem GRAMMATISCH-strukturalistischen Textverständnis wird auch der Terminus 'Textsorte' ausschließlich auf der Basis von sprachlichen Indizes und Relationen bestimmt (Harweg 1968; Weinrich 1972; Mistrik 1973). Textsorten werden in diesen Modellen (wenn überhaupt definiert) als ausschließlich oder dominant formale und strukturelle Einheiten verstanden, die nach bestimmten – von einer Textgrammatik zu liefernden – Merkmalen bzw. Merkmalbündeln voneinander abzugrenzen sind. Diese Merkmale werden als klassenindizierende Signale verstanden. Ein Zusammenhang dieser sprachlichen Merkmale mit Textexterna wird zwar grundsätzlich eingeräumt, aber wegen „mangelnder Linguistizität" (Ermert 1979, 41) nicht berücksichtigt. Daraus resultiert auch die Selbstbeschränkung auf sogenannte emische Texte.

Solche strikt formbezogene Modelle für die Charakterisierung von Textsorten greifen offenkundig zu kurz: Linguistische Merkmale wie die Komplexität von Sätzen, der jeweilige Nomen-Verb-Quotient, bestimmte Substitutionstypen oder Deiktika können beispielsweise bei Pressenachrichten oder Verträgen nahezu kongruent sein, obwohl die jeweiligen konkreten Textexemplare nach dem Alltagsverständnis unterschiedlichen Textsorten zugeordnet werden müßten. Die nur statistisch-formale Merkmalerhebung als Definiens reicht offensichtlich nicht zur allgemeinen Bestimmung von Textsorten und ihrer Unterscheidung aus. Daher gingen auch die Modelle von Sandig (1972) und Gülich/Raible (1975) über dieses strikt formbezogene Textsortenverständnis hinaus, indem auch textexterne Faktoren für die Charakterisierung der − als Merkmalbündel gekennzeichneten − Textsorten herangezogen wurden. Wegen der eher zufälligen Selektion und Bestimmung von Merkmalen (und der kleinen Anzahl der ausgewählten Textsorten) erwies sich das Sandigsche Modell für eine Textklassifikation als nur bedingt geeignet; für die Textsortendeterminierung aber weist dieser Ansatz über das rein Textimmanente hinaus.

2.4.2. Von Textstrukturen geht auch ein anderer Grundansatz aus. Hier erfolgen die Textsortenzuordnungsprozesse aber nicht nur auf der Basis von Oberflächensignalen, sondern über die mit diesen verbundenen Bedeutungskomplexe. Dieses semantisch-inhaltliche oder THEMA-MODELL (Franke 1991, 162) für die Textsortenbestimmung zeigt sich in verschiedenen Ausprägungen.

Die regelhaften Reihenfolgebeziehungen zwischen Sätzen in komplexen Texten, bestimmte Sequenzierungen also, werden semantisch gedeutet und als Ausdruck bestimmter „idealtypischer Normen für die Textstrukturierung" (Werlich 1975, 39) bestimmter „Texttypen" gefaßt. Dabei werden deskriptive, narrative, expositorische, argumentative und instruierende Texttypen unterschieden (Werlich 1975 − bei ihm abgeleitet über einen „kontextuellen Fokus"). (Ähnliche Zusammenstellungen von Sequenzierungstypen mit analogen semantischen Implikationen finden sich bei de Beaugrande/Dressler 1981, 190 ff; Bhatia 1993, 231.) Van Dijk (1980, 128) bezieht diese Sequenzierungstypen auf (propositional verstandene) Makro- und Superstrukturen. Allerdings werden mit Hilfe solcher Sequenzierungstypen (die wohl als Strategietypen verstanden werden können; Heinemann/Viehweger 1991) auch nur Teilmengen von Texten erfaßt (vgl. selbst van Dijk 1980, 152).

Textsorten werden aber auch unmittelbar als semantische Basiseinheiten (als Komplexe semantischer Bausteine) bestimmt. Ausgehend vom jeweiligen Textthema (dem „Hyper-Thema') reflektieren Textstrukturen nach diesem Modellansatz (Henne/Rehbock 1982; Brinker 1988, 56; Portmann → Art. 74) unterschiedliche Grade und Formen der 'Entfaltung' des Themas. In anderen Arbeiten wiederum erfolgt eine Bündelung von Texten (und Textsorten) unter thematischem Aspekt: Texte und Textsorten der Politik, der Wirtschaft, der Wissenschaft usw. Dimter (1981) schließlich stellt das Inhaltlich-Semantische als einen wesentlichen (wenngleich untergeordneten) Aspekt neben situative und funktionale Determinantien zur Kennzeichnung von Textsorten, betont aber, daß dieser Gesichtspunkt in stärkerem Maße für die Subklassifizierung von Textsorten (für die Ausdifferenzierung von Textsortenvarianten) von Bedeutung sei, nicht so sehr für die Charakterisierung des globalen Textmusters als Ganzheit.

Mit diesem Typ von „themengebundenen Interaktionsformen" (Schütze 1987, 161) wurde die Bedeutung des Semantischen für die Kennzeichnung von Textsorten hervorgehoben; auch eröffneten sich nun mit Ansätzen dieser Art bessere Möglichkeiten, um den Spielraum für die formalsprachliche Ausgestaltung von Textmustern zu verdeutlichen, auch, um Textsorten unter semantischen Aspekten ordnend zusammenzufassen. Gerade textklassifizierende Versuche dieser Art aber machten zugleich auch deutlich, daß die Textsortenkennzeichnung nicht auf inhaltliche Aspekte reduziert werden kann (Franke 1991, 165).

2.4.3. Eine grundlegende Ausweitung der bis dahin strikt textbezogenen Ansätze erfolgte unter explizitem Einfluß der 'pragmatischen Wende'. Der Nachweis, daß das Textsortenverstehen (und -produzieren) wesentlich von − den syntaktisch-semantischen Strukturen vorgeordneten (Hempfer 1977, 7) − Parametern der Situation geprägt wird, wurde (verabsolutierend) zur Basisthese für „SITUATIONS-MODELLE" zur Kennzeichnung von Textsorten: „Die Faktoren der kommunikativen Situation bestimmen die Textsorte" (u. a. Diewald 1991, 278). Aus solchen Einsichten ergab sich das Postulat, „die Bedingungen zu erfassen, die den intentionsgerechten und erfolgreichen Gebrauch von sprachlichen Äußerungen in natürlichen Kommunikationen gewährleisten" (Schwarz 1985, 43).

Ausgehend von soziologischen Bestimmungen des 'Situativen' (z. B. Schütze 1987, 158: „Orientierungsrahmen bezogen auf die Ereigniskonstellation") versuchten auch Linguisten, das Situativ-Pragmatische (aber aus betont linguistischer Sicht) in allgemeinen Situationstypologien zu erfassen (z. B. Hempfer 1977, 16), die allerdings wegen ihrer Allgemeinheit für die Textsortendifferenzierung nur bedingt genutzt werden konnten.

Wichtiger für Textsortenbestimmungen wurden Arbeiten, in denen einzelne Aspekte des 'Situativen' im Hinblick auf ihren Einfluß auf die Textgestaltung im Rahmen eines bestimmten Textmusters untersucht wurden. Hervorhebung verdienen dabei die folgenden Komponenten:
- das Medium - der Kanal (Dimter 1981) / die Kommunikationsrichtung (Diewald 1991);
- der Handlungsbereich (Brinker 1988, 128 ff) / die Umgebungssituation (Hartung 1983, 360); sinnlich wahrnehmbare Handlungsfelder (Schwarz 1985, 43); Redekonstellationstypen (auf Texte der Sprechkommunikation beschränkt - Steger u. a. 1974; 1983): Bezogen auf die Konstituenten Partner (deren Anzahl, Bekanntheitsgrad, soziale Beziehung - Ermert 1979, 83; Dimter 1981; Lux 1981, 159) sowie die Faktoren TEMP und LOC (Gülich/Raible 1975; Ermert 1979, 86);
- (ausgeweitet auf gesellschaftlich-kommunikative Rahmenstrukturen) der Verwendungsbereich / der Kommunikationsbereich / die Institution: thematisiert schon in der Funktionalstilistik (Riesel 1963; Fleischer/Michel 1975); später bezogen auf die Bereiche Massenmedien, Hochschule und Wissenschaft, Justiz, Bildungswesen, Medizin usw. (Techtmeier 1984, 60; Eigenwald 1974; Heinemann/Viehweger 1991 u. a.).

Welche dieser objektiven Gegebenheiten des situativen Rahmens aber für ein konkretes Kommunikationsereignis relevant werden, ist weitgehend abhängig vom jeweiligen Situationswissen und der Einschätzung der konkreten Situation durch die Kommunizierenden. Dieses „implizite Wissen über das, was 'man' wann, wo, mit wem tut, reden oder verabreden kann oder nicht kann" (Soeffner 1986, 76), dieses „Rahmungswissen", diese „Organisationsprinzipien für bestimmte Erfahrungen" (Goffman 1977, 19) bilden gleichsam Interpretationsleitlinien sowohl für die Beziehungen der Interagierenden zum sinnlich gegebenen Umfeld als auch zu den Partnern. „Die Reproduktion sozialer Ordnung ... vollzieht sich als jeweils pragmatische Neuinszenierung eines Handlungs- und damit Wirklichkeitsausschnittes, dem durch die Inszenierung jeweils ein spezifischer Wirklichkeitsakzent ... zugewiesen wird" (Soeffner 1986, 83). Die dabei aktivierten variablen Wissenstypen (bezogen auf situative Faktoren) erweisen sich somit als „Baumaterialien sozialen Handelns" (Soeffner 1986, 87), als wesentliche Elemente von Textmustern (Heinemann/Viehweger 1991). Doch darf dabei nicht übersehen werden, daß damit nur die conditiones für das sprachliche Handeln erfaßt werden, nicht das Handeln mit bestimmten Texten selbst.

2.4.4. Einen besonders breiten Raum bei der Kennzeichnung von Textsorten nehmen Ansätze ein, die das kommunikative Funktionieren von Texten als grundlegendes Textsortenkonstituens ansehen, da Texte ja immer nur produziert werden, wenn Sprecher bei Partnern etwas bewirken wollen (Veränderungen in ihren Einstellungen, in ihrem Kenntnisstand und nicht zuletzt in daraus resultierenden Handlungen). Diese FUNKTIONS-MODELLE (Franke 1991) sind teils aus dem Kommunikationsmodell Bühlers abgeleitet, teils gehen sie auf Leont'evs Tätigkeitsmodell (1975a/b), vor allem aber auf sprechakttheoretische Grundlagen (insbesondere Searles Taxonomie) zurück.

Zum Problem wird bei diesen Ansätzen vor allem die Frage, wie der Begriff 'Funktion' gefaßt werden soll. Syntaktisch-semantische 'Funktionen' sind in diesem Zusammenhang natürlich auszuschließen, da sie sich nicht - oder bestenfalls partiell - auf Textganzheiten beziehen. Auch Arbeiten, die Prinzipien der strategischen Gestaltung komplexer Gesamttexte eruieren (Narration, Deskription usw.) und gelegentlich auch als funktionale Ansätze charakterisiert werden (de Beaugrande/Dressler 1981; Werlich 1975), erfassen nur Teilaspekte des Funktionierens von Texten und werden daher nicht den hier apostrophierten 'Funktionsmodellen' zugeordnet.

Eine allgemeine Umschreibung von 'Funktion' geben de Beaugrande/Dressler (1981, 190 ff: *... ein Beitrag der Texte zur Interaktion*), was wohl annähernd gleichgesetzt werden kann mit dem *kommunikativen Effekt*, der Wirkung, dem Ertrag von Texthandlungen auf den Partner und/oder auf das soziale Umfeld (von Polenz 1988, 328; Adamzik 1998). Der weitaus größte Teil der Linguisten aber setzt den Funktionsbegriff gleich mit der *Absicht*, dem *Ziel*, der *Intention* des/der Textproduzenten (Große 1976; Schmidt 1980, 79; Dimter 1981, 52; Hundsnurscher 1984, 87; Brinker 1985, 86: „Der Terminus 'Textfunktion' bezeichnet die im Text mit bestimmten, konventionell geltenden, d. h. in der Kommunikationsgemeinschaft verbindlich festgelegten Mitteln ausgedrückte Kommunikations*absicht* des Emittenten") oder dem *Zweck* des Handelns mit Texten („Die Vielfalt sprachlichen Handelns ergibt sich aus der Vielfalt gesellschaftlicher Zwecke", Ehlich 1986, 68).

Die Reduzierung des Funktionsbegriffs auf die Intention des Textproduzenten wird gelegentlich explizit aufgehoben durch die Einbeziehung des Partners, sei es in der Form der postulierten generellen Empfänger-Orientiertheit der Textgestaltung (einer „Instruktion an den Empfänger über den für den jeweiligen Text vom Sender erwünschten Verstehensmodus", Große 1976, 28) oder einer Sprecher-Annahme über die potentielle Reaktion des Partners (Gülich 1986, 26; Isenberg 1974).

In einigen Modellen wird auch eine theoretische Fundierung des Intentionsmodells angestrebt. Nur vereinzelt knüpfen Linguisten an den psycholinguistischen Tätigkeitsbegriff Leont'evs (1975a und b) an (Hartung 1983, 354). Weit häufiger bezieht man sich auf sprechakttheoretische Grundbegriffe (zur Intentionsproblematik grundlegend Searle 1983, 175) und versteht Textsorten als Teilklassen von umfassenderen Sprachhandlungstypen, als Elemente einer Sammelklasse von dominierenden Textillokutionen (Hundsnurscher 1984; Brinker 1985). Auch wenn Texte keine Handlungen im ontologischen Sinne darstellen, sondern nur Produkte von Handlungen (Rolf 1993, 35), so darf doch das Herstellen von Texten sprechakttheoretisch gedeutet und auf Basistypen von Sprechakten (Searle 1983, 175 f; Searle/Vanderveken 1985, 12/52) bezogen werden. Im Sinne dieses Theoriemodells ergibt sich die Funktion von Texten „aus der dominierenden Illokution, d. h. aus der der dominierenden Äußerungseinheit zugeschriebenen Illokution" (Rolf 1993, 147; auch Motsch 1987).

Nicht übersehen werden darf bei den zuletzt genannten sprechakttheoretisch fundierten Modellen, daß hier nicht konkrete Texte (und Textsorten) zum Ausgangspunkt der Darstellung gemacht werden, sondern vielmehr Basishandlungen/Illokutionen, die sich – hypothetisch – in jedem Einzeltext nachweisen lassen, so daß Textsorten letztlich in diesem Verständnis auf sehr vage Komplexionen von typischen Illokutionen reduziert werden. Daher fragt Burkhart (1986, 396) wohl nicht zu Unrecht, ob das nicht zu einseitig sei, ob sich die Textfunktion nicht „weit eher aus der Summe der verwendeten Propositionen als aus illokutiven Strukturen" ergibt. Offen bleibt beim illokutiven Verständnis von Textsorten auch die Frage nach der Anzahl solcher Basishandlungen und deren Abgrenzung voneinander (Diewald 1991, 316).

Angesichts einer solchen – verwirrenden – Vielfalt und Uneinheitlichkeit von Textsortenbeschreibungen mit je unterschiedlicher Basis und Akzentuierung (dem „Dilemma" der Textklassifikation) hatte Isenberg (1978, 572), gefordert, die Phänomene Texttyp und Textsorte endlich auf eine wissenschaftliche Basis zu stellen und ihrer Darstellung einheitliche, theoretisch fundierte Kriterien zugrundezulegen.

Als solche wertete er Homogenität (eine einheitliche Typologisierungsbasis für alle in einer Textklasse zusammengefaßten Einheiten), Monotypie (nach der kein Text mehreren Typen/Sorten zugleich zuordenbar sein darf), Striktheit (wenn es im Geltungsbereich eines Texttyps keinen typologisch ambiguen Text gibt) und Exhaustivität (das Postulat, daß alle virtuell auftretenden Texte von der Typologisierung erfaßt sein müssen).

Diese – im einzelnen fundierten – Postulate erwiesen sich aber in ihrer Komplexität für die Textklassifikation und die Textsortenbestimmung als inadäquat, da sie nicht gleichzeitig erfüllbar und auf zu definierende Textklassen beziehbar sind (Heinemann/Viehweger 1991, 142). Die Homogenität als Basiskriterium ist nur in sehr begrenztem Maße mit dem Alltagsverständnis von Textsorten kompatibel; Analoges gilt auch für die Kriterien Monotypie und Striktheit; hinzu kommt, daß Einzeltextsorten in unterschiedliche kontextuelle und funktionale Zusammenhänge (und damit in unterschiedliche hierarchische Bezugssysteme) eingebettet werden können. Und die Forderung nach Exhaustivität – bezogen etwa auf die Gesamtmenge der zu klassifizierenden Texte – ist wohl von vornherein als illusionär einzustufen. Daher konnte auch das von Isenberg (1984) entwickelte Typologisierungsmodell (das auf die Korrelation zwischen je einem globalen Bewertungskriterium und „fundamentalen Interaktionszielen" (1984, 266) gerichtet ist und 6 Basistypen voneinander abhebt) die hochgespannten Erwartungen der Textlinguisten nicht erfüllen. In nuce stellt auch dieser Ansatz wiederum ein eindimensionales – allerdings über sprechakttheoretische Ansätze hinausgehendes – Funktionsmodell zur Textsortendifferenzierung dar.

2.5. Offenkundig – und das zeigt nicht zuletzt auch die kommunikative Praxis – ist das Phänomen Textsorte doch nicht eindimensional zu fixieren, lassen sich unterschiedliche Textsorten auf der Basis eines einzigen Kriteriums nicht widerspruchsfrei voneinander abgrenzen. Daher wurde in MEHR-EBENEN-MODELLEN (Heinemann/Viehweger 1991, 145 ff; Ermert 1979; Dimter 1981; Gobyn 1984; Gülich 1986; Gläser 1990; Nussbaumer 1991) die These vertreten, daß das Wissen der Kommunizierenden über Textsorten „durch multidimensionale Zuordnungen von prototypischen Repräsentationen auf unterschiedlichen Ebenen ... zustandekommt" (Heinemann/Viehweger 1991, 147). Für die Konstituierung von Textsorten ist daher – nach dieser Grundannahme – das Zusammenspiel von Parametern unterschiedlicher Ebenen (wenn auch von Textsorte zu Textsorte in unterschiedlichem Grade und mit unterschiedlicher Fokussierung) relevant. Mehrdimensionale Modelle können folglich als eine Art Summierung von Ansätzen mit jeweils nur einem dominanten Basiskriterium, als „Aufhebung" im Hegelschen Sinne verstanden werden, die sowohl Integration als auch Weiterführung der Basiskonzepte impliziert. (Details zu den Mehrebenenmodellen s. Heinemann → Art. 49.)

3. Approximative Bestimmung von Textsorten – ein Resümee

Natürlich ist es bei der Diskussion um den Begriff Textsorte weder möglich noch sinnvoll, eine einheitliche 'Nomenklatur' im Sinne einer präskriptiven, theoretisch fundierten Setzung vorzugeben. Andererseits kann sich die Darstellung auch nicht auf eine bloße Summierung unterschiedlicher Positionen zur Textsortenproblematik beschränken, da dann ein in sich widersprüchliches Begriffsfeld konstituiert würde, mit dem in der Praxis kaum operiert werden könnte. Vielmehr soll hier versucht werden – ausgehend vom Alltagsverständnis von Textsorten und bezogen auf Gemeinsamkeiten und Divergenzen vorliegender Textbeschreibungsansätze – das Konzept Textsorte durch die Fixierung von Konstanten auf einen Kernbereich einzugrenzen, der in den Randzonen dennoch offen bleibt für eine flexible Handhabung des Begriffs.

In die Bestimmung des Begriffs gehen offenbar – nach weitgehendem Konsens – die folgenden Aspekte ein:
(a) Textsorten erweisen sich als eine begrenzte *Menge von Textexemplaren* mit spezifischen Gemeinsamkeiten.
(b) Die Gemeinsamkeiten von Textexemplaren einer Textsorte sind auf *mehrere Ebenen* zugleich bezogen:

– auf die äußere Textgestalt / das Layout;
– auf charakteristische Struktur- und Formulierungsbesonderheiten / die Sprachmittelkonfiguration (Nussbaumer 1991, 257);
– inhaltlich-thematische Aspekte;
– situative Bedingungen (einschließlich des Kommunikationsmediums / des Kanals;
– kommunikative Funktionen.

Spezifika aus allen Ebenen sind aufeinander bezogen und bedingen sich wechselseitig; sie bilden eine je charakteristische Ganzheit, den holistischen Merkmalskomplex einer Textsorte. (Bei Beschränkung auf ein dominierendes Merkmal – wie etwa bei Diewald (1991) oder Rolf (1993) – werden dagegen immer nur einzelne Aspekte des komplexen Gesamtphänomens erfaßt, nicht die Ganzheit selbst.) Daß die Merkmale unterschiedlicher Ebenen miteinander korrelieren, wird heute kaum noch in Frage gestellt; strittig ist dagegen, ob sie in systemhaften Beziehungen zueinander stehen oder nicht. Erwähnung verdient schließlich, daß den einzelnen Ebenen bei verschiedenen Textsorten unterschiedliches Gewicht zukommen kann; in den meisten Fällen aber darf von einer Dominanz der kommunikativen Funktion ausgegangen werden.

Von untergeordneter Bedeutung ist es nun, in welcher Weise diese Basisebenen in Einzelmodellen zusammengefaßt werden: Ob man von drei Basisebenen ausgeht / sprachlicher Text, Situation, Funktion / (und die restlichen Bezugsebenen als implizit mitgesetzt versteht) oder zu einem Vier-Ebenen-Modell durch Differenzierung der Sprachebene gelangt oder aber in einem Fünf- oder Sechs-Ebenen-Modell die relative Eigenständigkeit der Inhalts- bzw. Layout-Elemente betont, ist zwar für Fragen der Text-Klassifikation relevant, nicht aber – immer ein holistisches Textsortenverständnis vorausgesetzt – für die Kennzeichnung des Konzepts Textsorte.

Probleme des Bewertens von Texten und von Strategien zur Herstellung von Texten (vgl. Heinemann/Viehweger 1991) werden hier nicht als eigene Ebenen gesetzt, da sie als (notwendige) Teilaspekte anderer Ebenen in die allgemeine Kennzeichnung von Textsorten integriert werden können.

(c) Im Hinblick auf die Aufgliederung der Ebenen in Bereiche, *Komponenten und Merkmale* (Komponentialitätsthese, nach der Entitäten prinzipiell aus elementaren Bausteinen konstituiert werden, Heinemann/Viehweger 1991, 135) gehen die Auffassungen der Textlinguisten zwar terminologisch auseinander, doch erweisen sie sich im Hinblick auf ihre Substanz wenigstens grob kompatibel.

Darstellbar sind diese je spezifischen Ausprägungen auf den einzelnen Ebenen durch komplexe Merkmalbündel (Heinemann/Viehweger 1991; „je typische Komplexionen" nach Ermert 1979). Da diese Merkmalbündel letztlich als interiorisierte Resultate kommunikativer Erfahrungen zu verstehen sind, handelt es sich dabei nicht um starre, unveränderbare Komplexe, sondern um kognitive und kotextuelle Variablen.

(d) Textsorten unterscheiden sich – nach dem Alltagsverständnis – von anderen Textklassen u. a. dadurch, daß die sie konstituierenden Gemeinsamkeiten an mehrere Kriterien gebunden sind im Gegensatz etwa zu Textgroßklassen, die auf der Basis einer geringen Anzahl von Kriterien aktiviert werden. Bei Textsorten handelt es sich also um Textmengen *auf niederer Abstraktionsstufe* (z. B. *Arztrezept, Wetterbericht*). Geht man von solchen spezifischen Textmengen als Basiseinheiten aus, dann sind diese nach unten von – meist durch zusätzliche inhaltliche Merkmale geprägten – Subklassen, den Textsortenvarianten, abzuheben (*Reisewetterbericht, Biowetterbericht*). Für die Bündelung von Textsorten zu übergeordneten, auf hierarchisch höherer Ebene stehenden Textsortenklassen gilt dann die Grundregel, daß eine jeweils höhere Abstraktionsstufe mit Notwendigkeit zu einer Reduzierung des Begriffsinhalts bei gleichzeitiger Ausweitung des Geltungsbereichs führt.

Schematisch:

```
              Textsortenklasse
            /       |       \
    Textsorte   Textsorte   Textsorte
                /      \
        Textsorten-    Textsorten-
         variante       variante
```

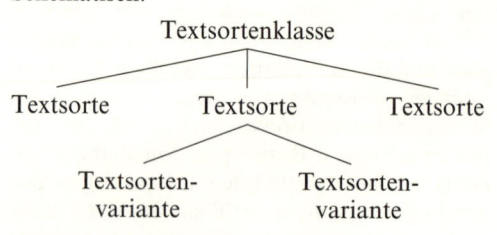

Abb. 48.1: Hierarchische Stufung von Textklassen (Zu Problemen der Textsortendifferenzierung s. Heinemann → Art. 49)

(e) Auch wenn Texte immer individuell gebildet werden, so ist doch die Art ihrer Konstitution nicht arbiträr, sondern gebunden an Konventionen bestimmter Sprachgemeinschaften. Diese Konventionen basieren auf Erfahrungen der Kommunizierenden; sie stellen gleichsam kondensierte Basismerkmale erfolgreichen kommunikativen Tuns dar. Textsorten werden in diesem Sinne durch *prototypische Raster* konstituiert, die den Handelnden einen relativ weiten Spielraum für die praktische und sprachliche Ausgestaltung eines bestimmten Musters lassen. Daher sind auch die Grenzen zwischen einzelnen Textsorten (zumindest partiell) eher fließend, ist der Gesamtbestand an Textsorten für eine Sprachgemeinschaft nicht exakt festlegbar, bilden die Textsorten eher offene Reihen, die – in Abhängigkeit von spezifischen kommunikativen Aufgaben – auch Mehrfachzuordnungen zulassen. Ablesbar ist diese Ambiguität von Textsorten an unterschiedlichen Graden der Frequentierung, der Musterdetailliertheit und des historischen Werdens; sie reflektieren wiederum aus der Sicht der Kommunizierenden unterschiedliche Grade des aktiven oder nur passiven Umgehens mit einzelnen Textsorten.

(f) Mit den genannten Spezifika korrespondiert auch die Frage nach dem *Geltungsbereich* dieser Phänomene. Vielfach wird der Terminus 'Textsorte' nur für Gebrauchstexte der Schriftkommunikation verwendet (die umfangreichste Darstellung bietet Rolf 1993).

Bewußt ausgegrenzt aus diesem Geltungsbereich wurden Texte der Sprechkommunikation, insbesondere Gespräche. Sie faßte man lange Zeit nur als komplexe Ganzheiten und – schon wegen der fehlenden gemeinsamen Intention der Partner sowie wegen weiterer funktionaler und situativer Spezifika – als eigenständige Klasse. Für die erst in neueren Arbeiten ausgegliederten Textphänomene auf niederer Abstraktionsstufe wird heute häufiger in Analogie der Terminus 'Gesprächssorte' verwendet.

Ebenso ausgeschlossen vom Geltungsbereich des Terminus 'Textsorte' ist das weite Feld literarischer Texte. Fast durchgehend hält die Literaturwissenschaft an den tradierten „Naturformen der Dichtung" (Goethe-Werke, 1898, VII, 117), den Gattungen (und Genres), als typologischen Grundbegriffen fest. Zugleich gilt dieser Terminus auch für literarische historische Dichtungsformen sowie Konventionen (Hincke 1977, 10). Gelegentlich wird auch eine Ausweitung des Gattungsbegriffs auf „literarisch-soziale Institutionen" versucht (Vosskamp 1977, 27); andere Arbeiten bemühen sich um die Herausarbeitung von Korrespondenzen zwischen literarischen Gattungen und Sprachfunktionen (Müller-Dyes 1996). Von besonderem Interesse in diesem Zusammenhang aber ist die Kennzeichnung von literarischen Gebrauchstexten als Textsorten (Wasmeier 1975, 4ff).

Angesichts dieser Ausgangslage erscheint es logisch – und praktisch – sinnvoll und notwendig, terminologische Voraussetzungen für die Vergleichbarkeit von Texten (und Textsorten) in allen Kommunikationsbereichen zu schaffen (dazu schon Kalverkämper 1983, 111). Als eine Option dafür (und ein Desiderat) könnte die generelle Verwendung des Terminus „Textsorte" für alle vergleichbaren Text-Phänomene in allen Verwendungssphären angesehen werden.

Da Textsorten kondensierte Reflexe kommunikativer Aufgaben darstellen, darf man auch von der universellen Geltung zahlreicher Basistextsorten ausgehen, variiert und modifiziert in der praktischen Ausgestaltung durch gesellschaftliche und kulturelle Spezifika einzelner Regionen oder Kulturen (vgl. Gülich/Raible 1977, 53).

(g) Verwiesen werden soll abschließend noch auf eine eher periphere Frage, die aber nicht unwesentlich zur „Verunsicherung" der Textsortenlinguistik (Heinemann 1991, 8) beigetragen hat: das terminologische Problem der Bezeichnung des Gegenstandsbereichs. In der Fachliteratur begegnet für das Konzept 'Textsorte' (in der Regel ohne jede Kommentierung) eine Vielzahl von Formativen, die teils synonym verwendet werden, teils aber auch auf andere Begriffsinhalte verweisen: *Textklasse, Texttyp, Textsortenklasse, Textart, Textmuster, Handlungsmuster, Kommunikationsart, Kommunikationsform, Redekonstellationstyp, Textvariante, Routine-Handlung, Textgattung, Textschema, Textentfaltungsmuster, Textbildungsmuster, struktureller Prototyp, Genre*, um nur die wichtigsten im deutschsprachigen Bereich zu nennen.

Gerade im Hinblick auf diese Vielfalt (und Vieldeutigkeit) von Bezeichnungen wird die Einheitlichkeit ihrer Verwendung zu einem dringlichen Postulat für die Textsortenlinguistik. Zu einer ersten Annäherung an dieses Ziel könnten folgende Überlegungen beitragen:

– Das Formativ *Textklasse* könnte als „unspezifische Lesart" (Adamzik 1995, 14) von Textmengen, also nur noch als verallgemeinernder Oberbegriff für alle beliebigen Gruppierungen von Texten verwendet werden.

– Der Terminus *Textmuster* wäre als kognitive idealtypische Größe von den stets auf konkrete Texte bezogenen 'Textsorten' abzuheben (s. Abschnitt 4).

– Die Ausdrücke *Textsortenklasse* und *Texttyp* sollten (ebenso wie das Etikett *Textsortenvariante*) der Kennzeichnung der hierarchischen Differenzierung von Textklassen vorbehalten bleiben (s. Heinemann → Art. 49).

– Die Bezeichnungen *Gattung* und *Genre* könnten (allerdings stets unmittelbar bezogen auf entsprechende Einheiten der Textsortenskala) auf die Charakterisierung ästhetisch geprägter Texte beschränkt bleiben.

– Auf alle anderen Bezeichnungen und Umschreibungen könnte man in diesem Umfeld verzichten, da sie teils einfach nicht usuell geworden oder schlecht handhabbar sind (*Textart, themengebundene Routine-Handlung*), teils weil sie übergreifende, über die Textsorten hinausreichende Phänomene (*Kommunikationart*) oder Mittel kennzeichnen, die für Vertextungsprozesse relevant sind (*Register*).

In jedem Falle aber bleibt festzuhalten, daß der strikte Gebrauch von Termini (möglichst ohne Umschreibungen) zu einer conditio sine qua non wissenschaftlicher Darstellung – auch bezogen auf Textsorten – werden sollte. (Eine Zusammenschau all dieser Aspekte bei der Kennzeichnung von Textsorten in der Form einer verbalen Begriffsumschreibung wird im Anschluß an den folgenden Abschnitt, nach der Charakterisierung des Verhältnisses von Textsorte und Textmuster versucht.)

4. Textsorten und Textmuster

In zahlreichen Definitionen des Begriffs 'Textsorte' ist zugleich auch immer wieder von 'Textmustern' die Rede. Gelegentlich werden beide Begriffe ad hoc als Synonyme verwendet („Textmuster / auch Textsorten /", Sandig 1986, 173); häufiger fungiert das Formativ *Muster* (auf Texte bezogen) als prädizierende Bestimmung des Textsortenbegriffs: „Textsorten sind historisch gewordene, konventionalisierte, normhaft wirkende *Muster* sprachlichen Handelns" (Ermert 1979, 42; ähnlich Brinker 1991, 10; Rolf 1993, 129).

Diese Handhabung der Begriffe erscheint zunächst plausibel, lassen sich doch Textsorten in der Tat als musterhafte Vorgaben für die Textgestaltung verstehen; auch handelt es sich bei beiden Begriffen um kognitive Phänomene, um „Klassen geistiger Erfahrung" (Hörmann 1977, 172), die aus Abstraktionsprozessen hervorgegangen sind.

Und doch liegt hier wohl eher eine vorschnelle Identifikation vor. Im Alltagsverständnis sind Textsorten stets an konkrete Textexemplare gebunden, die − bei aller Merkmalkonformität in wesentlichen Punkten − doch meist auch atypische Merkmale aufweisen können. Der Ausdruck *Textmuster* dagegen wird (wenn er denn in der Alltagskommunikation überhaupt vorkommt) als etwas Idealtypisches verstanden, als abstraktes Modell, in dem atypische Elemente keinen Platz haben. In der Erwartung der Kommunizierenden enthalten daher Textsorten immer mehr als das abstrakte Muster, sie sind also mit dem Modell nicht identisch.

Von diesen Beobachtungen ausgehend, ist zu fragen, ob die beiden Formative nicht auch in der Textlinguistik zur Bedeutungsdifferenzierung genutzt werden können. Problematisch wird dieses Vorhaben allerdings, weil die Bezeichnung MUSTER heute zu einer Art Modewort geworden ist, das Eingang gefunden hat auch in zahlreiche wissenschaftliche Konzepte, ohne daß allerdings Begriffsinhalt und -umfang genauer fixiert wurden. Da begegnen *Satz-* und *Wortbildungsmuster* (Daneš 1978, 7), *Aufforderungs-, Anweisungs-, Berichts-* und *Erzählmuster* (Franke 1987, 268; Sandig 1986, 45 ff), *Handlungs-* und *Sprachhandlungsmuster* (Rehbein 1977; Ehlich/Rehbein 1979; Sandig 1986, 45; Franke 1987, 264), *Intonations-* und *Stilmuster* sowie nicht zuletzt auch *Gesprächs-* und *Textmuster* (Michel 1990; Sandig 1986, 173, 194).

Sandig (1989, 133 ff) hat versucht, sechs Grundtypen solcher Muster zusammenzustellen: Intonations-, Satz-, Wissens-, Handlungs-, Text- und Stilmuster. Statt einer solchen einfachen Reihung von Mustertypen plädieren wir für eine hierarchische Abstufung: *Wissensmuster* als Oberbegriff für alle Repräsentationen von Wissenszusammenhängen, für alle Bereiche von gespeicherten, stereotyp organisierten und abrufbaren Erfahrungen der Kommunizierenden (vom Engramm eines Dreiecks oder eines Buchstabens bis hin zu komplexen Interaktionsmustern reichend); *Textmuster* können dann als Teilaspekte von Interaktionsmustern verstanden werden, nämlich als Muster zur Herstellung und Wiedererkennung von Textganzheiten; und in einer 3. Gruppe lassen sich dann alle anderen oben genannten Mustertypen (ergänzt durch verschiedene Formulierungs- und Strukturierungsmuster, s. Gülich 1980, 335) im Sinne von − in Textmuster integrierte − *Textteilmustern* zusammenfassen. Der Terminus 'Textmuster' bleibt dann nur jener Teilmenge des Interaktionswissens vorbehalten, das auf die Konstitution (oder Identifizierung) von Interaktionseinheiten − und damit verknüpft: auf Textganzheiten gerichtet ist (globale Textmuster im Gegensatz etwa zu lokalen Textteilmustern).

Eine genauere Kennzeichnung dieser globalen Textmuster aber stößt auf Schwierigkeiten. Verfahren zum Nachweis komplexer Muster sind noch wenig entwickelt. Im Grunde kann man nur aus dem − mehr oder minder stereotypen − Verhalten von Kommunizierenden bei bestimmten Aufgabenstellungen in typischen Situationen Rückschlüsse ableiten auf Inhalte und Umfang individuellen Textmusterwissens, dem man aber dennoch − da es gesellschaftlich geprägt ist − wenigstens partiell intersubjektive Geltung zusprechen kann.

Auffallend ist es, daß der Terminus 'Textmuster' in der psychologischen und psycholinguistischen Literatur eher gemieden wird. Das Interesse richtet sich in diesen Disziplinen vor allem auf das Entstehen und Verarbeiten von elementaren (Flächen)-Strukturmustern, aber auch einfachen Ablaufmustern (slots) des Handelns (Ehlich/Rehbein 1979, 246; Nothdurft 1986, 94). Dagegen gibt es offenkundig Vorbehalte, ja eine Art Skepsis gegenüber komplexen Speicherungs- und Verarbeitungsprozessen (Strohner 1989, 490 f) in der Annahme, daß möglicherweise nur einzelne textuelle Versatzstücke und prozedurale Abläufe gespeichert werden, nicht aber komplexe Muster in ihrer Ganzheit.

Dem ist entgegenzuhalten, daß Textverstehensprozesse − ebenso wie Prozesse der Textproduktion − in der Regel ganzheitlich ausgerichtet sind. So wird das Erkennen eines

Teilelements vielfach schon mit der Identifikation eines globalen Musters verknüpft; und das Faktum, daß Kommunizierende bei sich wiederholenden Aufgaben in analogen Situationen immer wieder in derselben Weise spezifische Texte bilden, ist doch nur erklärbar, weil die Handelnden schon bestimmte Komplexvorstellungen von dem haben, was sie bewältigen sollen, ein Wissen über wesentliche Merkmale ihres Gesamtverhaltens, auch des zu produzierenden Textes, eben ein Textmusterwissen.

Dieses — auf komplexe Interaktionsereignisse bezogene — Textmuster-Konzept korrespondiert mit grundlegenden Speicherungs- und Verarbeitungstheorien der kognitiven Psychologie: mit dem *frame-Konzept* (hier bezogen auf Textstruktur-, aber auch Situationsrahmen), der *Schema-Theorie* — da ja nicht alle, sondern nur stereotype Charakteristika von Ereignismengen im Textmuster repräsentiert werden, s. Rumelhart (1975, 80); auch van Dijk/Kintsch hatten schon (1983, 236) die *schematic-nature* von prototypischen kommunikativen Repräsentationen betont —, und mit den *script-Modellen* (Schank 1972; Schank/Abelson 1977), da Textmuster als „Rollenbücher" für interaktionales Handeln verstanden werden können, die nicht nur auf das 'Textuelle' i.e. S. bezogen sind, sondern ebenso auch das situative Umfeld, die sozialen Rollen der Kommunizierenden sowie Einstellungen und charakteristische Aktivitäten einschließen. Daher könnte man Textmuster auch als Teilmengen von *mentalen Modellen* verstehen (s. Johnson-Laird 1983), als Modelle von spezifischen Typen interaktionaler Handlungszusammenhänge (Heinemann/Viehweger 1991, 129).

Textmuster bilden sich sukzessive — auf Grund individueller kommunikativer Erfahrungen und gesellschaftlicher Lernprozesse — aus: Vor allem jene Ablauf- und Strukturmuster von Kommunikationsereignissen werden von den Kommunizierenden als Erfahrung gespeichert und behalten, die sich bei der Lösung bestimmter Aufgaben als erfolgreich erwiesen haben (Luckmann 1992, 141). Solche Textmuster fungieren als allgemeine Orientierungsrahmen für das kommunikative Handeln der Individuen, sie stellen gleichsam „Potentiale für die Realisierung von Zwecken" dar (Ehlich/Rehbein 1979, 250). In einem engeren Sinne — bezogen auf Textproduktionsprozesse — werden sie auch als „Textbildungsmuster" gefaßt (Gläser 1990). In bestimmten Situationen — ausgelöst durch spezifische kommunikative Aufgaben — werden entsprechende Engramm-Komplexe aktiviert und wirken als Stimuli für die Auslösung zahlreicher kognitiver Prozeduren zur Herstellung eines Textes (oder eines Textkomplexes), der dem Textmuster im Normalfall — trotz vielfältiger Auffüllungsvarianten — in seiner Basisstruktur entspricht. Insofern können Textmuster als Steuerungsgrößen für Textproduktionsprozesse verstanden werden. Und die konkreten Textexemplare einer bestimmten Art, einer Textsorte also, fungieren dann als Repräsentationen des ihnen zugrundeliegenden Textmusters.

Auch bei der Textrezeption aktiviert der Handelnde zunächst auf der Grundlage der Kognizierung von Situationen und Partner (Heinemann/Viehweger 1991) ein Textmuster, das seine Texterwartung determiniert. Ein solches Schemawissen bildet daher nach Kintsch/van Dijk (1978) auch die Grundlage für das Verstehen von Texten. Die Besonderheit der Textrezeption aber besteht darin, daß der Partner dabei den aktuellen Text mit seiner Texterwartung vergleichen — und ihn dann einer bestimmten Textsorte zuordnen — muß.

Die Fähigkeit zum Umgehen mit solchen Interaktionsmustern, zur Herstellung von Texten einer bestimmten Textsorte und zur Identifizierung solcher Muster in konkreten Texten kann *Textsortenkompetenz* genannt werden (Gläser 1986, 7; Heinemann 1989a). Dabei handelt es sich aber nicht um eine feste Bewußtseinsgröße. Das Textmusterwissen ist nicht holistisch kondensiert ständig präsent; es wird vielmehr — unter bestimmten interaktionalen Voraussetzungen — von einem Wissenskern ausgehend (Heinemann 1989a) — durch Assoziationen, Inferenz- und Schlußoperationen sukzessive aufgebaut und — je nach Situation — in unterschiedlichem Umfang und mit unterschiedlichen Akzenten aktiviert. Daher ist das Textmusterwissen grundsätzlich prozedural geprägt.

Weitere Spezifika von Textmustern resultieren aus den genannten Basiseigenschaften kognitiver Muster:
— Multidimensionalität / Komponentialität (Heinemann/Viehweger 1991, 147), die Konstitution des Musters als ein „Ensemble" von Komponenten aus mehreren Ebenen (Ehlich/Rehbein 1979, 272) als Basis für Verfahrens- und Strategieentscheidungen (Heinemann 1989b);
— Repetitivität (Ehlich/Rehbein 1979, 260), bezogen vor allem auf das „Kernwissen"

(Heinemann 1989a), erkennbar an stereotypen Handlungen, Formen und Formeln;
– Vagheit (de Beaugrande/Dressler 1981, 193) als Reflex der Mannigfaltigkeit der Kommunikationsbedingungen;
– Flexibilität und Variabilität (Heinemann 1989a) im Hinblick auf „Leerstellen" von Teilmustern und deren Ausfüllung: Textmuster müssen daher nicht strikt 'abgearbeitet' werden, auch musterabweichende Realisierungen und Mustermischungen sind möglich.

Abschließend soll versucht werden, das wechselseitige Aufeinanderbezogensein der Begriffe Textmuster und Textsorte thesenhaft zu fixieren:

(a) *Textmuster* sind komplexe kognitive Muster für die Lösung spezifischer kommunikativer Aufgaben, einschließlich der Herstellung von Texten. Sie dürfen als Teilmenge des Interaktionswissens der Kommunizierenden verstanden werden.

(b) Das Interaktionswissen basiert auf kommunikativen Erfahrungen der Handelnden (und gesellschaftlichen Lernprozessen). Charakteristische Handlungsabfolgen erfolgreicher kommunikativer Akte werden von den Individuen – durch fortschreitende Abstraktionsprozesse – in der Form von Engramm-Komplexen als idealtypische *Muster/Schemata* (unterschiedlichen Umfangs und unterschiedlicher Qualität) auf relativ hoher Abstraktionsstufe gespeichert. In ihrer Summe konstituieren diese je spezifischen Muster ein allgemeines Wissen über unterschiedliche Textbildungsprozesse und Textklassen (als Resultate von Textkonstitutionsprozessen).

(c) Textmuster sind prozedural geprägt; sie werden sukzessive assoziativ-inferentiell als Orientierungsrahmen für erfolgreiches kommunikatives Handeln unter sich wiederholenden interaktionalen Bedingungen aktiviert (und prägen die Erwartungshaltung der Individuen in analogen kommunikativen Situationen, vgl. Kintsch/van Dijk 1978). Sie fungieren vor allem als Muster für das Handeln der Individuen unter bestimmten kommunkativen Bedingungen – und damit für die Produktion je spezifischer Texte (als „Gußformen der Textkonstitution", Adamzik 1995b, 28).

(d) Textmuster erweisen sich primär als Handlungsmuster (Sandig 1986, 45; als „Bausteine sozialen Handelns", Soeffner 1986, 83; als „Strategiemuster", Heinemann 1989b), gerichtet auf ein Interaktionsfeld/Textsortenfeld, aber zugleich auch immer bezogen auf alle für die Textkonstitution relevanten Ebenen (sie schließen Intentions-, Situations- und Partnermuster ein sowie stereotype Parameter von Textstrukturierungen und Textformulierungen). Diese Multidimensionalität prägt sich aus als Bündelung von Merkmaltypen aller Typologisierungsebenen mit unterschiedlicher Prominenz.

Textmuster haben prototypischen Charakter, sie sind nur auf stereotype Charakteristika des Handelns, „kommunikative Routinen" (Adamzik 1995b, 28) beschränkt. Als weitere Wesensmerkmale von *Textmustern* gelten Repetitivität, Vagheit sowie Flexibilität und Variabilität.

(e) *Textsorten* werden allgemein als Sammelbegriff verstanden für eine finite Menge von
– durch Übereinstimmung bestimmter textkonstitutiver Merkmale gekennzeichneten –
virtuellen Textexemplaren.

(f) Die Zuordnung eines konkreten Textexemplars zu einer *Textsorte* erfolgt auf der Basis des Wiedererkennens/Identifizierens von Grundkomponenten eines idealtypischen Textmusters (und weiterer Spezifika) als konstitutive Basisstruktur eben dieses Textexemplars. Textsorten erweisen sich so als Repräsentationsformen eines Textmusters auf niederer Abstraktionsstufe.

(g) Das *Textsortenwissen* wird primär durch sprachliche Strukturen und -inhalte einer Menge von konkreten Textexemplaren geprägt (Nussbaumer 1991, 263; Adamzik 1995b, 27; Christmann → Art. 12). Sie bilden die text- (und sprach-)geleitete Basis (den Kern) dieser Wissensmenge und können daher auch an diesen Daten festgemacht werden. Dieses Textsortenwissen umfaßt darüber hinaus auch Konstituenten der situativen und funktionalen Generierung von Texten. (Das Strukturmusterwissen impliziert auch ein Wissen über das Wer, Wann, Wo des Gebrauchs von Textexemplaren; s. Adamzik 1995b, 27.) Darstellbar ist das Wissen über Textsorten durch Merkmalbündel, die als interiorisierte Resultate kommunikativer Erfahrungen gelten dürfen und bezogen sind auf alle textkonstitutiven Ebenen und Komponenten.

(h) Im einzelnen läßt sich das *Textsortenwissen* durch die folgenden Merkmale kennzeichnen:
– Bezogenheit auf eine – durch spezifische Gemeinsamkeiten geprägte – Textmenge aus allen Kommunikationsbereichen;
– prototypischer Charakter;
– niedrige Abstraktionsstufe;

– Dominanz sprachlicher und struktureller Merkmale, potentiell auch atypische Elemente enthaltend;
– Vagheit, Ambiguität;
– Variabilität.

(i) Elemente des Textsortenwissens gehen (als Resultate von Abstraktionsprozessen) als allgemeines Klassifikationswissen in das idealtypische Textmusterwissen ein. Von Textsorten kann man auf Textmuster schließen; andererseits sind Muster Voraussetzung für Zuordnungsprozesse.

(j) Aus der Relevanz des Textmuster- und Textsortenwissens für die Effektivierung von Kommunikationsprozessen ergeben sich auch didaktische Implikationen zur systematischen Festigung und sukzessiven Ausweitung der kommunikativen Kompetenz für jeweils spezifische Anwendungsbereiche.

Verbale Kurzfassungen der beiden Begriffe: *Textmuster* sind Teilmengen des Interaktionswissens der Kommunizierenden. Sie fungieren als gesellschaftlich determinierte, von Individuen interiorisierte konventionelle Schemata/Muster, die auf komplexe Interaktions- und Textganzheiten bezogen sind. Sie basieren auf kommunikativen Erfahrungen der Individuen und werden als Orientierungsraster zur Auslösung kognitiver Prozesse der Herstellung von Texten einer bestimmten Klasse mit dem Ziel der Lösung spezifischer kommunikativer Aufgaben aktiviert.

Der Terminus *Textsorte* wird als Sammelbegriff verwendet für eine finite Menge von Textexemplaren mit spezifischen Gemeinsamkeiten. Textsorten werden durch Zuordnungsoperationen einer Menge invarianter stereotyper Parameter auf niederer Abstraktionsebene zu konkreten Texten konstituiert. Diese Merkmale sind aufeinander bezogen und bilden je charakteristische komplexe Ganzheiten (Merkmalbündel), wobei die sprachlich-strukturellen Merkmale – bei pragmatischer Einbettung – dominieren. Textsorten strukturieren das kommunikative Handlungsfeld / Textsortenfeld im Sinne von steuernden Orientierungshilfen.

5. Texttypen / Typologisierungsaspekte

Das Formativ *Typ* ist in den Fachsprachen nahezu aller Wissenschaftsdisziplinen (aber auch im Alltag) außerordentlich weit verbreitet, allgemein als „Mittel der Ordnung, Klassifikation und Periodisierung in einem bestimmten Bereich der Wirklichkeit", in einem spezielleren Sinne in der Bedeutung „einer Grundform, einer dominierenden Position, eines als objektive Einheit gedachten Gattungscharakters, insbesondere jedoch eines Repräsentanten für das Allgemeine ..." (Havelka 1990, 624). Unter diesem Aspekt werden Typen von Viren ebenso voneinander abgehoben wie Vegetationstypen, soziologische (und statistische) Typen (*der Renaissancemensch, der typische Bürokrat*) ebenso wie Typen von Sprachen, von Illokutionen, von Einstellungen oder von semantischen Einheiten. Auf die Uneinheitlichkeit des Begriffs und seine schillernde Verwendung hat schon Wundt (1880; nach Havelka 1990, 624) verwiesen.

Auch mit Bezug auf Texte (*Texttyp*) ist die Bezeichnung in der Textlinguistik (aber auch in anderen vor allem sprachwissenschaftlichen Disziplinen) hoch frequentiert, leider keineswegs immer bezogen auf dieselben Referenzobjekte. Es erscheint daher wenig sinnvoll, hier eine auch nur annähernd exhaustive Auflistung von Belegen (mit unterschiedlichen Begriffsinhalten) zu versuchen, da die Problematik bei der Textsortendifferenzierung / Texttypologisierung im Art. 49 wieder aufgegriffen wird. Die folgende Darstellung beschränkt sich daher nur auf die knappe Kennzeichnung von Grundformen der Verwendung dieses 'Terminus'.

– Am häufigsten begegnet das Formativ *Texttyp* in einer allgemeinen unspezifischen Art als Sammelbegriff für eine beliebige Menge von Texten, als Synonym für das – gleichfalls unspezifische – Lexem Textklasse, unabhängig von der jeweiligen Hierarchiestufe. (Große 1974, 256 bezeichnete beispielsweise die Großklasse geschriebener Texte als besonderen Texttyp.)

– Eher unreflektiert wird die Bezeichnung *Texttyp* aber auch mit Textklassen niederer Abstraktionsstufe gleichgesetzt, mit den Textsorten also (Große 1974, 257 f; Conrad 1985, 248). In solchen Kontexten werden dann 'Textklassen' als höchststufige Klassifikationsbegriffe gefaßt, als „elementare Funktionen", als „bestimmte Riten des Sprechens und Schreibens" (Große 1974, 258).

– Explizit abgegrenzt von Textsorten – aber auf gleicher hierarchischer Stufe stehend – werden *Texttypen* (u. a. bei Zimmermann 1978, 63) als „Klassen von Textstrukturen ohne pragmatische Situierung" (im Gegensatz zu den grundsätzlich pragmatisch geprägten Textsorten). Solche Texttypen entsprechen weitgehend den – primär situativ geprägten – Rahmentypen von Kommunikation, den Kommunikationsformen (Ermert 1979, 59; Diewald 1991).

– Wieder ein anderes Texttyp-Verständnis ergibt sich, wenn der Begriff als Oberbegriff von Textsorten gefaßt wird: „Textsorten sind spezifische Untermuster von Texttypen" (Franke 1987, 268). Texttypen sind dann als Bündelungen von 'Textsortenklassen', und diese wiederum als Komplexionen von Textsorten zu verstehen.

– Als Texttypen werden aber auch Einzelaspekte von Textsorten gekennzeichnet, vor allem „idealtypische Normen der Textstrukturierung" (Werlich 1975, 39), also *Vertextungsmuster*, bezogen auf allgemeine Grundformen sprachlichen Handelns: Narration, Deskription, Exposition, Argumentation, Instruktion (ebda, 44 ff; ähnlich de Beaugrande/Dressler 1981, 190 ff).

– Einen Sonderfall der Verwendung des Terminus Texttyp stellen Versuche dar, Textsorten und Texttypen als Basisformen unterschiedlicher Klassifikationssysteme zu kennzeichnen (Isenberg 1978, 565; 1983, 308). Der Terminus Texttyp wird hier als theoriebezogene Erscheinungsform gekennzeichnet (im Gegensatz zur alltagssprachlich geformten 'Textsorte'), eingebettet in eine systematische Klassifizierung von Texten mit Hilfe universeller wissenschaftlicher Kriterien (vgl. Dimter 1981, 31; Heinemann/Viehweger 1991, 144). Texttypen dieser Art sind nach unten offen, also defektiv, da einer solchen Klassifikation oft die empirisch abgesicherte Basis fehlt. Sie sind folglich der Gefahr „bloßer Deduktivität" ausgesetzt (Rolf 1993, 47).

– Als 'Restklasse' bei der Verwendung des Formativs Texttyp sollen hier Belege zusammengestellt werden, die zwar auf unterschiedliche Objekte referieren, aber stets als jeweils *hierarchisch höchste Stufe* einer beliebigen Menge von Texten/Teiltexten oder Textteilen (auch Teilaspekten von Texten) eingruppiert werden.

Sie sind bezogen auf jene je spezifische Einheit, die die Zusammenfassung unterschiedlicher Elemente und Mengen im Sinne einer – alle Teilformen umfassenden – Ganzheit erlaubt. Man könnte hier auch von einer gemeinsamen Einordnungsinstanz (= GEI) sprechen (→ Art. 49). Als Bezugsgrößen fungieren dabei gemeinsame soziale Situationen (Steger 1983), formale (Rieser 1973, 1) oder inhaltliche Aspekte (Reiss 1971; 1976); aber auch funktional und institutionell geprägte Parameter (dazu Heinemann → Art. 49). Es ist zu erwarten, daß gerade diese 'Restklasse' – nicht zuletzt wegen der Flexibilität – bei der weiteren Diskussion um Texttypen favorisiert werden wird.

6. Literatur (in Auswahl)

Adamzik, Kirsten (1995a): Textsorten – Texttypologie. Eine kommentierte Bibliographie. Münster.

– (1995b): Aspekte und Perspektiven der Textsortenlinguistik. In: Adamzik, Kirsten (1995a), 11–40.

de Beaugrande, Robert-Alain/Dressler, Wolfgang Ulrich (1981): Einführung in die Textlinguistik. Tübingen.

Bhatia, Vijay K. (1993): Analysing Genre. Language Use in Professional Settings. London.

Brinker, Klaus (1988): Linguistische Textanalyse. 2. Aufl. Berlin.

– (ed.) (1991): Aspekte der Textlinguistik. Hildesheim.

Burkhart, Armin (1986): Soziale Akte, Sprechakte und Textillokutionen. A. Reinachs Rechtsphilosophie und die moderne Linguistik. Tübingen.

Christmann, Ursula (1989): Modelle der Textverarbeitung. Textbeschreibung als Textverstehen. Münster.

Conrad, Rudi (ed.) (1985): Lexikon sprachwissenschaftlicher Termini. Leipzig.

Daneš, František (1978): Satzglieder und Satzmuster. In: Helbig, Gerhard (ed.): Beiträge zu Problemen der Satzglieder. Leipzig, 7–28.

Dešeriev, Junus D. (1987): Wechselbeziehungen zwischen Soziologie, Linguistik und Soziolinguistik. In: Ammon, Ulrich/Dittmar, Norbert/Mattheier, Klaus (eds.): Soziolinguistik. Berlin/New York, 1–8.

Diewald, Gabriele Maria (1991): Deixis und Textsorten im Deutschen. Tübingen.

van Dijk, Teun A. (1980): Textwissenschaft. Eine interdisziplinäre Einführung. München.

van Dijk, Teun A./Kintsch, Walter (1983): Strategies of discourse comprehension. New York.

Dimter, Matthias (1981): Textklassenkonzepte heutiger Alltagssprache. Kommunikationssituation, Textfunktion und Textinhalt als Kategorien alltagssprachlicher Textklassifikation. Tübingen.

Ehlich, Konrad (1986): Die Entwicklung von Kommunikationstypologien und die Formbestimmtheit sprachlichen Handelns. In: Kallmeyer, Werner (ed.): Kommunikationstypologie. Handlungsmuster, Textsorten, Situationstypen. Jahrbuch 1985 des IdS. Düsseldorf, 47–72.

Ehlich, Konrad/Rehbein, Jochen (1979): Sprachliche Handlungsmuster. In: Soeffner, Hans Georg (ed.): Interpretative Verfahren in den Sozialwissenschaften. Stuttgart, 243—274.

Eigenwald, Rolf (1974): Textanalytik. München.

Ermert, Karl (1979): Briefsorten. Untersuchungen zu Theorie und Empirie der Textklassifikation. Tübingen.

Fleischer, Wolfgang/Michel, Georg (eds.) (1975): Stilistik der deutschen Gegenwartssprache. Leipzig.

Franke, Wilhelm (1987): Texttypen — Textsorten — Textexemplare. Ein Ansatz zu ihrer Klassifizierung und Beschreibung. In: Zeitschrift für Germanistische Linguistik 15, 263—281.

— (1991): Linguistische Texttypologie. In: Brinker, Klaus (ed.) (1991), 157—182.

Gläser, Rosemarie (1990): Fachtextsorten im Englischen. Tübingen.

Gobyn, Luc (1984): Textsorten. Ein Methodenvergleich, illustriert an einem Märchen. Brüssel.

Goffman, Erving (1977): Rahmen-Analyse. Ein Versuch über die Organisation von Alltagserfahrungen. Frankfurt.

Große, Ernst Ulrich (1974): Texttypen. Linguistik gegenwärtiger Kommunikationsakte. Stuttgart.

— (1976): Text und Kommunikation. Eine Einführung in die Funktionen der Texte. Stuttgart.

Gülich, Elisabeth (1980): Konventionelle Muster und kommunikative Funktionen von Alltagserzählungen. In: Ehlich, Konrad (ed.): Erzählen im Alltag. Frankfurt, 335—384.

— (1986): Textsorten in der Kommunikationspraxis. In: Kallmeyer, Werner (ed.): Kommunikationstypologie. Handlungsmuster — Textsorten — Situationstypen. Jahrbuch 1985 des IdS. Düsseldorf, 15—46.

Gülich, Elisabeth/Raible, Wolfgang (eds.) (1972): Textsorten. Differenzierungskriterien aus linguistischer Sicht. Frankfurt.

— (1975): Textsorten — Probleme. In: Linguistische Probleme der Textanalyse. Jahrbuch 1973 des IdS. Düsseldorf, 144—197.

— (1977): Linguistische Textmodelle. München.

Hartmann, Peter (1964): Text, Texte, Klassen von Texten. In: Bogawus 2, 15—25.

— (1971): Texte als linguistisches Objekt. In: Stempel, Wolf-Dieter (ed.): Beiträge zur Textlinguistik. München, 9—30.

Hartung, Wolf-Dietrich (1983): Sprache und Kommunikation. In: Fleischer, Wolfgang/Hartung, Wolf-Dietrich/Schildt, Joachim/Suchsland, Peter (eds.): Kleine Enzyklopädie Deutsche Sprache. Leipzig, 345—381.

Harweg, Roland (1968): Pronomina und Textkonstitution. München.

— (1977): James Thurbers 'The Lover and his Loss' — Textgrammatische Bemerkungen zur Konstitution eines literarischen Textes. In: Van Dijk, Teun A./Petöfi, Janoš S. (eds.): Grammars and Descriptions. Berlin/NY, 226—259.

Havelka, Milos (1990): Typologie/Typus. In: Sandkühler, Hans Jörg (ed.): Europäische Enzyklopädie zu Philosophie und Wissen. Hamburg, 624—626.

Heinemann, Wolfgang (1989a): Komponenten und Funktionen globaler Textmuster. In: Pätzold, Margita/Lindemann, Petra (eds.): Kommunikationstagung 1989. Internationale Arbeitstagung in Wulkow, 18.—20. 4. 1989. Berlin, 182—191.

— (1989b): Textmuster und Strategien. Vortrag auf der Textlinguistik-Konferenz Greifswald September 1989.

— (1991): Textsorten/Textmuster — ein Problemaufriß. In: Mackeldey, Roger (ed.) (1991), 8—16.

Heinemann, Wolfgang/Viehweger, Dieter (1991): Textlinguistik. Eine Einführung. Tübingen.

Hempfer, Klaus W. (1977): Zur pragmatischen Fundierung der Texttypologie. In: Hinck, Walter (ed.): Textsortenlehre — Gattungsgeschichte. Heidelberg, 1—26.

Henne, Helmut/Rehbock, Helmut (1982): Einführung in die Gesprächsanalyse. 2. Aufl. Berlin/New York.

Hinck, Walter (1977): Vorwort. In: Hinck, Walter (ed.): Textsortenlehre — Gattungsgeschichte. Heidelberg, IX—XIII.

Hörmann, Hans (1977): Psychologie der Sprache. 2. Aufl. Berlin/Heidelberg.

Hundsnurscher, Franz (1984): Theorie und Praxis der Textklassifizierung. In: Rosengren, Inger (ed.): Sprache und Pragmatik. Lunder Symposium 1984. Malmö, 75—97.

Isenberg, Horst (1974): Texttheorie und Gegenstand der Grammatik. Berlin.

— (1978): Probleme der Texttypologie. Variation und Determination von Texttypen. In: Wiss. Zeitschrift der Karl-Marx-Universität Leipzig, 565—579.

— (1983): Grundfragen der Texttypologie. In: Daneš, František/Viehweger, Dieter (eds.): Ebenen der Textstruktur. Berlin, 303—343.

— (1984): Texttypen als Interaktionstypen. In: Zeitschrift für Germanistik 5, 261—270.

Johnson-Laird, Philip H. (1983): Mental models. Towards a cognitive science of language, inference, and consciousness. Cambridge.

Kallmeyer, Werner (ed.) (1986): Kommunikationstypologie. Handlungsmuster — Textsorten — Situationstypen. Jahrbuch 1985 des IdS. Düsseldorf.

Kalverkämper, Hartwig (1983): Gattungen — Textsorten — Fachsprachen. Textpragmatische Überlegungen zur Klassifikation. In: Hess-Lüttich, Ernest

W. (ed.): Textproduktion/Textrezeption. Tübingen, 91–104.

Kintsch, Walter/van Dijk, Teun A. (1978): Towards a model of text comprehension and production. In: Psychological Review 85/5, 363–394.

Leont'ev, Alexej A. (1975a): Psycholinguistische Einheiten und die Erzeugung sprachlicher Äußerungen. Berlin.

– (1975b): Zur Psychologie der sprachlich-kommunikativen Einflußnahme. In: Schwarz, Christiane u. a. (eds.): Probleme der Psycholinguistik. Berlin.

Luckmann, Thomas (1992): Theorie des sozialen Handelns. Berlin/New York.

Lux, Friedemann (1981): Text, Situation, Textsorte. Probleme der Textsortenanalyse, dargestellt am Beispiel der Registerlinguistik mit einem Ausblick auf eine adäquate Theorie. Tübingen.

Mackeldey, Roger (ed.) (1991): Textsorten – Textmuster in der Sprech- und Schriftkommunikation. Leipzig.

Michel, Gerhard (1990): Textmuster und Stilmuster. In: Bahner, Werner/Schildt, Joachim/Viehweger, Dieter (eds.): Proceedings. XIV. Internationaler Linguistenkongreß. Berlin, 2178–2180.

Mistrik, Josef (1973): Exakte Typologie von Texten. München.

Motsch, Wolfgang (1987): Zur Illokutionsstruktur von Feststellungstexten. In: ZPSK 40, 45–67.

Müller-Dyes, Klaus (1996): Gattungsfragen. In: Arnold, Heinz Ludwig/Detering, Heinrich (eds.): Grundzüge der Literaturwissenschaft. München, 323–348.

Nothdurft, Werner (1986): Das Muster im Kopf? Zur Rolle von Wissen und Denken bei der Konstitution interaktiver Muster. In: Kallmeyer (ed.) (1986), 92–116.

Nussbaumer, Markus (1991): Was Texte sind und wie sie sein sollen. Ansätze zu einer sprachwissenschaftlichen Begründung eines Kriterienrasters zur Beurteilung von schriftlichen Schülertexten. Tübingen.

von Polenz, Peter (1988): Deutsche Satzsemantik. Grundbegriffe des Zwischen-den-Zeilen-Lesens. Berlin.

Rehbein, Jochen (1977): Komplexes Handeln. Elemente zur Handlungstheorie der Sprache. Stuttgart.

Reiss, Katharina (1971): Möglichkeiten und Grenzen der Übersetzungskritik. München.

– (1976): Texttyp und Übersetzungsmethode. Kronberg.

Riesel, Elise (1963): Stilistik der deutschen Sprache. Moskau.

Rieser, Hannes (1973): Probleme der Textgrammatik. In: Folia Linguistica VI, 28–46.

– (1978): On the development of text grammar. In: Dressler, Wolfgang Ulrich (ed.): Textlinguistik. Darmstadt, 6–20.

Rolf, Eckard (1993): Die Funktionen der Gebrauchstextsorten. Berlin/New York.

Rumelhart, David E. (1975): Notes on a schema for stories. In: Bobrow, Daniel G./Collins, Allan M. (eds.): Representation and understanding. New York, 237–272.

Sandig, Barbara (1972): Zur Differenzierung gebrauchssprachlicher Textsorten im Deutschen. In: Gülich/Raible (eds.) (1972), 113–124.

– (1986): Stilistik der deutschen Sprache. Berlin/New York.

– (1989): Stilistische Mustermischungen in der Gebrauchssprache. In: Zeitschrift für Germanistik 10, 133–150.

Schank, Roger C. (1972): Conceptual dependency. A Theory of natural language understanding. In: Cognitive Psychology 3, 552–631.

Schank, Roger C./Abelson, Roger P. (1977): Scripts, plans goals and understanding. Hillsdale.

Schmidt, Wilhelm (1980): Thesen zur Beschreibung und Einteilung von Texten. In: Brünner Beiträge zur Germanistik und Nordistik II, 77–89.

Schütze, Fritz (1987): Situation. In: Ammon, Ulrich/Dittmar, Norbert/Mattheier, Klaus J. (eds.): Soziolinguistik. Berlin/New York, 157–164.

Schwarz, Christiane (1985): Bedingungen der sprachlichen Kommunikation. Berlin.

Searle, John R. (1976): A classification of illocutionary acts. In: Language in Society 5,1, 1–23.

– (1983): Intentionality. An essay in the philosophy of mind. Cambridge.

Searle, John R./Vanderveken, Daniel (1985): Foundations of illocutionary Logic. Cambridge.

Sitta, Horst (1973): Kritische Überlegungen zur Textsortenlehre. In: Sitta, Horst/Brinker, Klaus (eds.): Studien zur Texttheorie und zur deutschen Grammatik. Düsseldorf, 63–72.

Soeffner, Hans-Georg (1986): Handlung – Szene – Inszenierung. Zur Problematik des Rahmen-Konzepts bei der Analyse von Interaktionsprozessen. In: Kallmeyer (ed.) (1986), 73–91.

Steger, Hugo (1983): Über Textsorten und andere Textklassen. In: Textsorten und literarische Gattungen. Dokumentation des Germanistentages in Hamburg 1979. Berlin, 25–67.

Steger, Hugo/Deutrich, Helge/Schank, Gerd/Schütz, Eva (eds.) (1974): Redekonstellation, Redekonstellationstyp, Textexemplar, Textsorte im Rahmen eines Sprachverhaltensmodells. In: Gesprochene Sprache. Jahrbuch 1972 des IdS. 2. Aufl. Düsseldorf, 39–97.

Strohner, Hans (1989): Zentrale Planung oder dezentrale Kooperation? Adaptive Strategien des Textverstehens. In: Linguistische Berichte 118, 481—496.

Techtmeier, Bärbel (1984): Das Gespräch. Funktionen, Normen und Strukturen. Berlin.

Vater, Heinz (1992): Einführung in die Textlinguistik. München.

Vosskamp, Wilhelm (1977): Gattungen als literarisch-soziale Institutionen. In: Hinck, Walter (ed.): Textsortenlehre — Gattungsgeschichte. Heidelberg, 27—44.

Wasmeier, Peter (1975): Formen literarischer Gebrauchstexte. Freiburg/Basel/Wien.

Weinrich, Harald (1972): Thesen zur Textsortenlinguistik. In: Gülich/Raible (eds.) (1972), 160—169.

Werlich, Egon (1975): Typologie der Texte. Entwurf eines textlinguistischen Modells zur Grundlegung einer Textgrammatik. Heidelberg.

Zimmermann, Klaus (1978): Erkundungen zur Texttypologie mit einem Ausblick auf die Nutzung einer Typologie für eine Corpustheorie. Tübingen.

Wolfgang Heinemann, Leipzig
(Deutschland)

49. Aspekte der Textsortendifferenzierung

1. Textsortenkonstitution, Textsortendifferenzierung, Textklassifikation
2. Tradierte und empirische Ansätze zur Klassifizierung von Texten
3. Sequenzierungs- und Inhaltsmodelle
4. Textklassifikation unter dominant pragmatischen Aspekten: Situations- und Funktionsmodelle
5. Mehrebenen-Modelle
6. Textklassifikation und kommunikative Praxis
7. Literatur (in Auswahl)

1. Textsortenkonstitution, Textsortendifferenzierung, Textklassifikation

Die folgenden Darlegungen gehen von einem — im Art. 48 in diesem Band erörterten — offenen *Textsorten-* und *Textmuster-Verständnis* aus. Textsorten werden als sprachliche Manifestationen von — auf Textganzheiten bezogenen — kognitiven Mustern gefaßt (als finite Mengen von — durch Übereinstimmung bestimmter Merkmale gekennzeichneten — Textexemplaren), die sich zur Erreichung spezifischer Interaktionsziele als effektiv erwiesen haben. Sie werden daher nicht nur durch textinterne Merkmale der Textformulierung und der Textstrukturierung (mittelbar auch des Textinhalts) bestimmt; sie erweisen sich gleichermaßen immer auch geprägt als prototypische Repräsentationen bestimmter Kon-Texte (im weiteren Sinne) und grundlegender kommunikativer Funktionen. Beschreibbar sind Textsorten/Textmuster daher als — holistisch aufeinander bezogene und einander bedingende — Merkmal-/Komponenten-Bündelungen, die sich auf Textklassen niederer Abstraktionsstufe beziehen. In ihrer — nicht exakt festlegbaren — Gesamtheit bilden Textsorten kein in sich geschlossenes System, sondern eher offene Reihen, die — in Abhängigkeit von aktuellen kommunikativen und kognitiven Aufgaben — auch Mehrfachzuordnungen zulassen. (Am Rande sei angemerkt, daß sich die folgenden Darlegungen nur auf Textsorten der Schriftkommunikation beziehen.)

Dieses Textsortenverständnis wird hier zunächst als Basis angesehen für die *Konstitution* von *Textsorten* (im Sinne der kognitiven Zusammenfassung von Textexemplaren) auf der Grundlage von textuellen und situativ-/funktionalen Gemeinsamkeiten, von 'textbildenden', identifizierenden universellen Konstituenten im Sinne von Hartmann (1964, 19). Diese begriffliche Fixierung bildet aber zugleich auch den Ansatzpunkt für jede Form der *Textsortendifferenzierung* (auf der Grundlage von 'textformenden' distinktiven Konstituenten; Hartmann 1964, 19). Im Grunde handelt es sich dabei um zwei Seiten derselben Sache: Indem Textexemplare aufgrund ihrer Übereinstimmung zu Textklassen einer bestimmten Ebene, eben zu 'Textsorten' zusammengefaßt werden, bieten sie zugleich auch die Basis für ihre Abgrenzung voneinander auf Grund von Nicht-Übereinstimmungen, für Textsorten-Differenzierungen. Dabei zeigen sich teils grundlegende Unterschiede und minimale Berührungspunkte (wenn dabei bestimmte Basiskriterien betroffen sind); teils unterscheiden sich Textsorten aber nur in wenigen – für die Konstitution einer bestimmten Textsorte eher peripheren – Merkmalen, so daß sich ein bestimmter Grad von Zusammengehörigkeit von zwei oder mehreren Textsorten – auf höherer Abstraktionsebene – ergibt, eine Nähe dieser Textsorten in einem hypothetischen System. Und damit erweist sich jede Form der Textsorten-Differenzierung zugleich auch als Ansatzpunkt für eine potentielle *Text-Klassifikation* (und wenn man von Textsorten als Basiseinheiten ausgeht, für eine *Textsortenklassifikation*).

Diese 'Summa' erweckt den Anschein, als sei das Phänomen 'Textsorten-Differenzierung' relativ unproblematisch und schnell lösbar, etwa auf der Grundlage einer – statistisch abgesicherten – tabellarischen Auflistung von Textsorten-Merkmalen mit entsprechenden Plus-/Minus-Eintragungen für jede einzelne Textsorte (wie das etwa von Sandig 1972 im Ansatz vorgeschlagen wurde). Auf einer solchen – allerdings um eine Vielzahl von Textsorten (und Kriterien) erweiterten – Grundlage könnte eigentlich die Konstituion von immer größeren Textklassen und das hierarchische In-Beziehung-Setzen dieser Einheiten in einem System hypothetisch auf rein technische Operationen beschränkt werden.

Einer solchen ad-hoc-Klassifzierung stehen jedoch zahlreiche *Probleme* entgegen. Sie ergeben sich teils schon aus den *Prämissen* und den damit verbundenen Vagheiten des Textsorten-Begriffs. Streng genommen sind ja Textsorten kein linguistisches Phänomen im engeren Sinne. Im Grunde handelt es sich um eine komplexe Problematik mit kognitiven, linguistischen und sozialen Aspekten. Für die Lösung bestimmter kommunikativer Aufgaben haben die Individuen zahlreiche – Erfolg versprechende – globale Textmuster (in unterschiedlicher Anzahl und Qualität) gespeichert (→ Art. 48), die in entsprechenden Situationen aktiviert und verbalisiert werden. Wegen des individuellen Charakters der Musterspeicherung darf die Menge solcher globaler Textmuster zunächst als infinit angesehen werden. Andererseits erweisen sich Art und Inhalt solcher kommunikativer Aufgaben (zumindest bei Basisfunktionen in bestimmten Gesellschaften) als weitgehend kongruent, so daß sich folglich auch eine gewisse Similarität (nicht Identität!) der Lösungsmuster (und der aus ihnen resultierenden Textexemplare) ergibt. Die Menge solcher – wegen ihrer gesellschaftlichen Relevanz in der Regel auch hochfrequentierten –

Basismuster und Textsorten ist daher durchaus begrenzt, wenngleich – wegen Vagheit und Variabilität von Mustern und sprachlichen Repräsentationen – nicht strikt erfaßbar. Schon unter diesem Aspekt sind Textklassifikationen mit Notwendigkeit lückenhaft und defektiv.

Die Problematik jeder Textklassifikation ergibt sich aber auch – nun unter linguistischen Aspekten i. e. S. – aus den *Objekten* (den Repräsentationen von Textmustern) selbst. Es handelt sich dabei um Texteinheiten von ausgeprägter Heterogenität, bezogen auf Umfang, Frequenz und Standardisierung, auf Textinhalt, Themenentfaltung und Textstrukturierung, mit völlig unterschiedlichen lexikalischen und grammatischen Belegungen. Wie die daraus resultierenden sprachlichen Merkmale und Komponenten aber zu erfassen und welche von ihnen als Differenzierungskriterien für eine Textklassifikation anzusetzen (und bei der Kennzeichnung einzelner Textsorten im Hinblick auf andere Merkmale als dominant oder subordiniert zu gewichten) sind, ist ebenso umstritten wie die Frage nach der Einbeziehung sprachexterner Faktoren, die zur Erklärung der grundsätzlichen situativen Geprägtheit und Funktion von Textsorten herangezogen werden könnten.

Nicht zuletzt aber sind Textklassifikationen abhängig von *Zielen und Interessen* jener Linguisten, Psychologen oder Soziologen, die sich um eine solche Klassifikation – in welchem Umfang auch immer – bemühen. Dabei können grundsätzliche theoretische Überlegungen (etwa die Integration einer Klassifikation in ein umfassendes theoretisches Gesamtmodell; vgl. Rolf 1993), aber auch systemorientierte (Oomen 1972) oder einfach praktische Erwägungen (z. B. die Anwendbarkeit von Klassifikationen im Fremdsprachenunterricht) eine Rolle spielen. Vor allem wegen der Heterogenität der Ziele findet dann auch das nahezu beliebige Umgehen der 'Klassifikatoren' mit Termini für die zu kennzeichnenden Objektklassen im Bereich der Sozial-, Sprach- und Kognitionswissenschaften eine vorläufige (wenngleich keineswegs befriedigende) Erklärung.

Damit aber ist evident, daß jeder Versuch, die unendliche Vielfalt von Texten zu ordnen, die Menge von Textexemplaren transparent und überschaubar – und zugleich besser handhabbar – zu machen, sich als außerordentlich diffizile Aufgabe erweist, die von vornherein keine 'universellen' oder 'absoluten Lösungen' zuläßt, sondern immer gesehen werden muß vor dem Hintergrund der jeweils determinierenden Faktoren einer Klassifikation.

2. Tradierte und empirische Ansätze zur Klassifizierung von Texten

Schon seit alters hat es Bemühungen gegeben, die unendliche Vielfalt von Texten vor allem im Hinblick auf praktische Zwecke zu ordnen und auf eine besser überschaubare Menge von Grundtypen zurückzuführen, „um auf diese Weise die kommunikative Praxis und letztlich auch gesellschaftliche Beziehungen und Strukturen durchschaubarer zu machen" (Heinemann/Viehweger 1991, 145). Das betrifft verschiedene Klassen von Gerichtsreden und belletristischen Texten (mit ihren Gattungen bzw. Genres) schon in der Antike; hinzu kamen religiös (und später kirchlich) geprägte Textklassen. Die immer schneller fortschreitende Differenzierung der Gesellschaft fand dann auch in immer neuen Textklassenbildungen und -differenzierungen ihren Niederschlag, in *tradierten (Groß-) Textklassen* der Technik, der Wissenschaft oder der Politik ebenso wie im Bank- und Finanzwesen, in der Verwaltung und vor allem auch in den Massenmedien.

Gemeinsam ist diesen praxisbezogenen ad-hoc-Textklassen, daß es sich immer nur um Rahmen-Setzungen handelte, um die Konstituierung von Text-Großbereichen, denen man dann — je nach kommunikativem Bedarf — bestimmte Einzeltexte zuordnen konnte. Subklassifikationen oder gar das hierarchische In-Beziehung-Setzen der dabei apostrophierten Einheiten untereinander im Sinne einer Typologie sind kaum erkennbar; und die Differenzierung beruht im wesentlichen auf nur einem Basiskriterium. Nicht oder kaum hinterfragt wurden daher auch Formen der sprachlichen Ausgestaltung solcher Text-Großklassen.

Mit der Herausbildung einer 'Wissenschaft vom Text' richtete sich das Interesse vor allem von Linguisten in zunehmendem Maße nicht mehr primär auf solche Groß-Klassen von Texten, sondern auf die — für das praktische Handeln der Kommunizierenden relevanten — Textklassen niederer Abstraktionsstufe, die *Textsorten*, die als Basiseinheiten jeglichen Kommunizierens gelten dürfen. Erst auf dieser Stufe ist auch die Merkmalhaftigkeit von Textklassen so ausgeprägt, daß Differenzierungsprozesse verifizierbar werden. Mit dieser Grundorientierung beginnt auch die Herausbildung einer relativ eigenständigen wissenschaftlichen Teildisziplin, der Textsortenlinguistik.

Bei der Dominanz grammatischer Theorie-Ansätze zu Beginn der 70er Jahre (und damit korrespondierend einem primär grammatisch geprägten Textverständnis) lag es zunächst nahe, einzelne sprachlich-grammatische Indices (und deren Rekurrenzen) sowie grammatisch ausweisbare Relationen zwischen textuellen Basiselementen zum Ausgangspunkt von Differenzierungen des 'Textuniversums' zu machen. Dieser — strikt auf Sprachstrukturen und Sprachsignale bezogene Grundsatz — wird in der Fachliteratur (u. a. Bucher 1986; Franke 1991, 164) auch 'Signaltheorie' genannt (da den linguistischen Daten Signalwerte für bestimmte kommunikative Handlungen zugesprochen werden). In Anlehnung daran sollen die auf sprachinterne Faktoren bezogenen Klassifizierungsansätze im folgenden als SIGNAL-ANSÄTZE zusammengefaßt werden. Erwähnung verdient in diesem Zusammenhang, daß Textsorten zwar die empirische Grundlage für die Konstitution solcher Modelle abgeben, aber nur in Ausnahmefällen auch das eigentliche Objekt der Beschreibung bilden. Im Zentrum der Darstellung stehen vielmehr in der Regel Kohärenzfragen; daher werden Textdifferenzierungen meist nur auf die Opposition Vorkommen vs. Nichtvorkommen spezifischer sprachlicher Daten (und deren Kombination) beschränkt. Erwähnt werden können in diesem Rahmen nur jene Modelle, die als prototypisch für einen bestimmten Grundansatz oder als eine Art 'Innovations-Schub' für Textklassifikationen schlechthin gelten können.

Bei Roland *Harweg* (1968) standen die Pronomina (und andere Pro-Formen) auch im Zentrum einer groben Textdifferenzierung. Weil pronominale Verkettungen nach seiner Substitutionstheorie nicht nur die Basis für die Verknüpfung von Sätzen abgeben, sondern darüber hinaus auch die Einheitlichkeit des Textzusammenhangs bzw. der Konstitution von Texten gewährleisten, leitete Harweg aus der Theorie der syntagmatischen Substitution auch eine texttypologische Opposition ab, die Differenzierung von 'etischen' (im Hinblick auf die Delimitation uneindeutigen, weil sprachextern bestimmten) und 'emischen' (strikt formal-sprachstrukturell geprägten) Texten. Texte mit vorwiegend eindimensionaler syntagmatischer Substitution erweisen sich − nach Harweg (1968, 323 f) − als 'wissenschaftliche Texte'; solche mit dominant zweidimensionaler Substitution faßt er als Großklasse 'nichtwissenschaftliche Texte' zusammen. Daß er sich − auch bei der detaillierten Kennzeichnung einzelner Textsorten in der Form der Merkmalkombination (Harweg 1968) − nur jenen Texten zuwendet, die durch ein 'formal-linguistisches Definiens' (1968, 147) bestimmt sind, ergibt sich mit Konsequenz aus seinem theoretischen Grundansatz.

Auch Harald *Weinrich* (1969; 1972; 1976) geht es primär um die Aufdeckung von Kohärenzzusammenhängen in Texten und Probleme der Partner-Steuerung mit Hilfe grammatischer Mittel (durch die 'Setzung' von Artikeln und Tempus-Morphemen). Erst sekundär gelangt Weinrich (z. B. bei der Charakterisierung von Tempussignalen) auch zu groben Textdifferenzierungen: Beim Auftreten von Tempus-Formen des Präsens, des Perfekts sowie des Futurs handele es sich um 'besprechende' Tempora und folglich um 'besprechende' Texte, die vom Rezipienten eine Haltung der 'Gespanntheit' fordern, während die 'erzählenden' Tempora (Präteritum, Plusquamperfekt, Konditional) − mithin Erzähl-Texte in ihrer Gesamtheit − eine entspannte Grundhaltung des Rezipienten implizieren. Als „heuristische Methode" zur analytischen Kennzeichnung von Einzeltexten (und mittelbar auch zur Textklassen-Identifikation) empfahl Weinrich (1972) die zusammenfassende Darstellung unterschiedlicher Steuerungs-Signale (Tempus, Modus, Genus, Person, Affirmation, Negation etc.) in der Form von „Textpartituren". Doch sind auch aus solchen systematisierten Merkmalkonstellationen nur sehr begrenzte Informationen für die Zugehörigkeit einzelner konkreter Texte zu bestimmten Textklassen zu entnehmen; die miteinander vernetzten Sprachdaten können jedoch durchaus bestimmte Teilbereiche von Textklassifikationen abdecken.

Einen Schritt weiter im Sinne einer Systematisierung von induktiven grammatikzentrierten Verfahren zur Differenzierung von Texten geht *Mistriks* „Exakte Typologie von Texten" (1973). Er strebte mit Hilfe exakter (d. h. mathematischer und quantitativer) Methoden die „Identifizierung eigenartiger individueller Elemente" und „grundlegender Formen" von Texten als Repräsentanten einer bestimmten Textsorte an (1973, 11). Dieser Ansatz einer strikt formelhaft-mathematischen Charakterisierung von Textexemplaren (vor allem über die Eruierung von Frequenzen und Distributionen aller wesentlichen lexikalischen und grammatischen Einheiten) kann aber nicht − wie im Titel angekündigt − zu einer Typologie von Texten führen. Zwar können auf diese Weise Aussagen über Vorkommen und Distribution von Einzelelementen in ausgewählten Texten gemacht werden; doch sind die daraus abgeleiteten statistischen Summen und Formeln nicht textsortenspezifisch, da beispielsweise die Komplexität von Sätzen in Nachrichtentexten u. U. denselben Wert haben kann wie in einer wissenschaftlichen Abhandlung. Offen bleibt daher bei diesem Vorgehen, *warum* lexikalische und grammatische Spezifika in bestimmten Frequenzen und Distributionen in einigen Texten auftreten, in anderen dagegen nicht. Hinzu kommt, daß Mistrik bei seinen Analysen bereits von präsupponierten Textklassen (wissenschaftlichen, publizistischen, administrativen, umgangssprachlichen, ästhetisch geprägten − mit gattungsspezifischen Subklassen −) ausgeht und ihnen erst sekundär bestimmte Distributions- und andere Befunde zuordnet.

In seinen frühen Arbeiten hat auch Horst *Isenberg* (1968; 1974) versucht, Prinzipien für eine Textklassifikation auf der Basis sprachlicher Daten aufzustellen, nun aber nicht auf statistischer Basis, sondern vor dem Hintergrund einer − postulierten − grammatisch geprägten Texttheorie. Dabei ging es ihm − in Analogie zu Satzgrammatiken − um die Aufstellung von Regeln zur Generierung von Texten. Bei dieser Erweiterung der 'Domäne der Grammatik' müssen − nach Isenberg − alle Sätze eines Textes bestimmte Wohlgeformtheits- und Wohlkomponiertheits-Bedingungen erfüllen (1974, 20). Bestimmte Eigenschaften von sentientiellen Textkonstituenten seien aber (1974, 13) nur für bestimmte Arten von Texten relevant, seien also wesentlich zur Erklärung bestimmter 'Texttypen' wie *Sage, Märchen, Erzählung, Gebrauchsanweisung* etc. Texte mit einem spezifischen Kompositionsschema für die Textgenerierung (= „komponierende Texte", 1974, 13 f) werden so von „nichtkomponierenden Texten" (ohne einheitlichen Kompositionsplan, z. B. mündliche Dialoge) abgehoben. Diese „texttypologisch-kommunikativen Kompositionseigenschaften" − bezogen auf „Makrostrukturen" von Texten − werden durch weitere Eigenschaften (*ästhetische, relative Vollständigkeit*) ergänzt (und auch an Beispielen expliziert). Sie werden jedoch von Isenberg nur als Ansatzpunkte für die Ausweitung einer hypothetischen Texttheorie auch auf texttypologische Fragestellungen verstanden (und können daher nicht als Basis für eine Texttypologie in nuce gesehen weden). Beiläufig sei erwähnt, daß Isenberg schon in diesem noch streng grammatisch konzipierten Theorie-Modell den Generierungsprozessen von Textsätzen pragmatische 'Regeln' (zur Explikation von kommunikativen Funktionen/Intentionen und von situativen Voraussetzungen; 1974, 57 ff) voranstellt. Dieser Grundansatz wurde in Isenbergs – pragmatisch orientiertem – 'Kontextmodell' von 1976 und 1977 (dazu Heinemann/Viehweger 1991, 51 ff) systematisch ausgebaut.

Den prominentesten (am häufigsten rezipierten und „am besten ausgearbeiteten Klassifikationsvorschlag", Heinemann/Viehweger 1991, 135) aus den Anfangsjahren der Textlinguistik stellt fraglos das Modell von Barbara *Sandig* (1972) dar. Sie ging von der Komponentialitätsthese aus, nach der sprachliche Einheiten – und folglich auch Textsorten – grundsätzlich aus elementaren, diskreten Bausteinen konstituiert werden. Textsorten waren

für sie daher je unterschiedliche, spezifische Kombinationen von elementaren Merkmalen. Basiskomponenten waren auch in diesem Modell sprachinterne Merkmale; daher ist dieser Vorschlag (noch) zu den Signal-Modellen zu stellen. Das Besondere dieser merkmalorientierten Textklassifikation aber besteht darin, daß nun auch allgemeine Kommunikationsbedingungen, Handlungsbedingungen und Präsignale unterschiedlicher Art als distinktive Merkmale – und damit als Kriterien für Textsortenzuordnungsprozesse – in die Textsorten-Merkmalmatrix (s. Abb. 49.1) aufgenommen werden. Damit stützt Sandig die Hypothese, daß Kriterien unterschiedlicher Art zur Aufstellung einer Taxonomie von Texten herangezogen werden können/müssen. Gerade dieses Faktum vermag die ungewöhnliche Resonanz dieses Modells zu erklären, da in diesem Ansatz Grundannahmen sowohl von pragmatischen als auch von Mehrebenen-Modellen gleichsam vorweggenommen werden.

Dennoch ist auch auf Begrenztheiten dieses Modells zu verweisen. Sandig legt ihrer Analyse nur 18 eher zufällig ausgewählte und

Sandig (1972)

	gesprochen	spontan	monologisch	dialogische Textform	räumlicher Kontakt	zeitlicher Kontakt	akustischer Kontakt	Form des Textanfangs	Form des Textendes	weitgehend festgelegter Textaufbau	Thema festgelegt	1per	2per	3per	Imperativformen	Tempusformen	ökonomische Formen	Redundanz	Nichtsprachliches	Gleichberechtigte Kommunikationspartner
Interview	+	±	–	–	±	+	+	+	±	±	–	+	±	+	±	±	±	±	±	+	–
Brief	–	±	±	–	–	–	–	+	+	–	±	+	+	+	±	±	±	±	±	+	±
Telefongespräch	+	±	–	–	–	+	+	+	+	–	±	+	+	±	±	±	±	±	±	+
Gesetzestext	–	–	+	–	–	–	–	+	+	–	+	–	–	+	–	–	–	–	–	+	–
Arztrezept	–	–	+	–	–	–	–	+	+	+	+	–	+	–	–	–	–	+	+	–
Kochrezept	±	–	+	–	±	±	±	+	–	+	+	–	±	–	±	–	±	±	–	–
Wetterbericht	±	–	+	–	–	+	±	+	+	–	+	–	–	+	–	+	–	±	±	–
Traueranzeige	–	–	+	–	–	–	–	+	+	+	+	±	–	+	–	–	–	±	±	±
Vorlesung(sstunde)	+	±	+	–	+	+	+	+	±	–	+	±	±	+	–	±	±	–	±	±	–
Vorlesungsmitschrift	–	–	+	–	–	–	–	+	+	–	+	–	–	+	–	–	+	–	±	+
Reklame	±	±	±	±	±	±	±	±	±	–	±	±	±	±	±	±	±	±	±	±	–
Stelleninserat	–	–	+	–	–	–	–	+	+	+	+	±	±	±	–	±	±	–	±	–
Rundfunknachrichten	+	–	+	–	–	+	+	+	+	–	+	–	–	+	–	–	–	±	–	–
Zeitungsnachricht	–	–	+	–	–	–	–	+	+	–	+	–	–	+	–	–	–	+	–	–
Telegramm	–	–	+	–	–	–	–	+	+	–	+	±	+	±	–	+	+	–	+	±
Gebrauchsanweisung	–	–	+	–	–	–	–	±	–	+	+	–	±	–	±	–	±	±	±	–
Diskussion	+	±	–	±	±	+	+	+	+	–	+	+	+	+	±	±	+	–	±	+
familiäres Gespräch	+	+	–	±	+	+	+	±	±	–	–	+	+	+	±	±	±	±	±	+

Abb. 49.1: Textsortendifferenzierung bei Sandig (1972)

intuitiv angenommene Textsorten zugrunde (ohne die zahlreichen Modifikationen fast aller Textsorten zu beachten); insofern kann den so ermittelten Ergebnissen von vornherein nur begrenzte Signifikanz zukommen. Auch die textuellen Merkmale sind willkürlich 'gesetzt' (vgl. Hundsnurscher 1984, 87) und stehen eher gleichwertig nebeneinander (wobei die 'Textexterna' nicht nur quantitativ unterrepräsentiert sind (5 von 20) — dazu fehlen so wichtige Merkmale wie kommunikative Funktion bzw. Intention), sondern auch in ihrer Rolle für die Konstituierung einer Textsorte nicht zureichend gewichtet werden. Da auch die selektierten Textsorten nicht miteinander in Beziehung gesetzt — und damit Ansätze einer Textklassifikation ausgespart — werden, bleibt dieser Taxonomie-Ansatz im Grunde nur ein methodisches Modell, ein Stimulus, aus den hier gegebenen Koordinaten durch Einbeziehung einer immer größeren Anzahl von Merkmalen sukzessive Textklassen (und Subklassen) zu konstituieren. Sandig ist sich der Begrenztheit ihres Ansatzes auch bewußt und verweist darauf, daß mit Hilfe solcher Merkmalmatrizen nur „sehr grobe Textcharakteristika", jedoch nicht die interne Struktur einer Textsorte (und damit die Basis für eine Textklassifikation) erfaßt werden kann (1972, 122; vgl. ergänzend dazu die Aufstellung einer ad-hoc-Merkmal-*Hierarchie* bei Jacobson 1975).

Auch die Arbeiten von *Gülich/Raible* (1972; 1974; zumindest partiell auch 1975) sind noch zu den Signal-Modellen zu stellen. 1972 ging es vor allem um Kritik an bisherigen Textsortenkennzeichnungen, die in der Regel nur von theoretischen Konzepten ausgingen, nicht aber von den Textexemplaren selbst. 1974 wurden Prinzipien einer makrostrukturellen Textanalyse beschrieben, und 1975 flossen diese Überlegungen ein in ein — noch immer dominant grammatisch geprägtes — Text- und Textsortenbeschreibungsmodell. Auch wenn hier versucht wurde, eine Systematik der textexternen Merkmale (*sprachliche Grundfunktionen, Typen des Kommunikationsprozesses, Gegenstände und Sachverhalte, gemeinsame kommunikative Situationen, kommunikative Richtung*) in das Modell zu integrieren, so blieben doch die textinternen Merkmale entscheidend (Adamzik 1995a, 113). Hervorhebung verdient, daß die Autoren zwischen 'Textsorten' i. e. S. (heute wohl deutlicher als 'Textmuster' zu fassen) und 'Textmanifestationen', den konkreten Erscheinungsformen der Texte, unterscheiden. Ebenso wichtig für die weitere Entwicklung der Textsortenlinguistik ist erstmals die Abhebung von — dominant situativ und nicht funktional geprägten — 'Kommunikationsarten' (heute meist 'Kommunikationsformen' genannt) von den eigentlichen 'Textsorten'/'Textmanifestationen' (mit grundsätzlich funktionaler Prägung). Gülich/Raible (1975, 194) betonen, daß für die Kennzeichnung solcher Textsorten die Makrostrukturen entscheidend sind. Allerdings werden auch hier konkrete Textsorten intuitiv vorausgesetzt (*Roman, Novelle, Interview, Verhör*); und da diese Rahmentypen insbesondere als Exempla zur Kennzeichnung allgemeiner Wesensmerkmale von Textsorten verstanden werden, spielen Fragen einer Textklassifikation nur eine periphere Rolle. In Ansätzen erkennbar sind taxonomische Differenzierungen in diesem Modell bei Problemen der Kopräsenz (der Gemeinsamkeit der Umgebungssituation) der Partner (*face-to-face-Kommunikation, Aufzeichnungskommunikation, Telekommunikation*) und bei der Kennzeichnung unterschiedlicher Typen von Kommunikationsereignissen (*alltägliche Kommunikation, öffentliche und/oder rechtliche Kommunikation, wissenschaftliche Kommunikation, literarische Kommunikation*).

Zusammenfassend zu den Signal-Ansätzen darf festgehalten werden, daß die Autoren primär um eine allgemeine kategoriale Textsorten-Kennzeichnung in Termini distinktiver (vor allem grammatisch geprägter) Merkmale bemüht sind; dabei wird ein Zusammenhang dieser sprachlichen Merkmale mit Textexterna zwar grundsätzlich eingeräumt (teils sogar explizit ausgewiesen), aber wegen „mangelnder Linguistizität" (Ermert 1979, 41) nicht oder nur peripher berücksichtigt. Einzelne Textsorten erscheinen aus dieser Sicht als „Amalgamierungen [vor allem textinterner] Merkmale und Merkmalkombinationen" (Heinemann/Viehweger 1991, 137). Offen bleibt, wie solche Merkmale eruiert werden können, welchen Status sie haben, in welchem Verhältnis sie zu anderen Merkmalen oder Merkmalkomplexen stehen. Dasselbe gilt für das Verhältnis solcher Textsorten-Merkmale zu Handlungs- und Situations-/Kontext-Faktoren. Die auf dieser Basis formulierten ersten Ansätze zum In-Beziehungs-Setzen solcher Merkmale und ganzer Textklassen können daher nur als Vorformen von Textklassendifferenzierungen, als methodische Modelle zur Erarbeitung von Analysekategorien gesehen werden (s. Adamzik

1995b, 37); eine systemhafte Klassifikation/ Teilklassifikation von Texten wird in keiner der hier subsumierten Arbeiten erreicht (und ist auf dieser Basis wohl auch nur bedingt erreichbar).

3. Sequenzierungs- und Inhaltsmodelle

Von Textinterna – genauer – Textstrukturen – geht auch dieser Modell-Typ zur Textsortendifferenzierung aus. Hier erfolgen die Textsortenzuordnungsprozesse aber nicht auf der Basis einzelner Oberflächensignale und deren Bündelung, sondern auf der Grundlage komplexer Textstrukturen und den mit ihnen verknüpften Bedeutungen. Im Rahmen dieser Grundorientierung lassen sich mehrere Ausprägungen voneinander abheben.

Als Differenzierungskriterien wurden zunächst die regelhaften Reihenfolgebeziehungen der Konstituenten innerhalb von Einzelsätzen, und auf dieser Grundlage vor allem Regeln der Verknüpfung von Einzelsätzen zu Textganzheiten angesehen. Bei der summarischen Auswertung entsprechender Analysen zeigten sich dann bei komplexen Texten charakteristische Sequenzierungen, die semantisch gedeutet und als Ausdruck „idealtypischer Normen für die Textstrukturierung", als bestimmte „Texttypen" (Werlich 1975, 39) gefaßt wurden. Für jeden einzelnen dieser Sequenzierungstypen wollte *Werlich* zugleich auch charakteristische Aktualisierungsformen (*Sequenzinitiatoren, Signale, Sequenzterminatoren*) als Textkonstituenten regelhaft ausweisen. Deren Selektion durch Sprecher bei der Textproduktion sei – so Werlich – weitgehend determiniert durch den situativen Kontext, der wiederum am jeweiligen 'kontextuellen Fokus' (= relevante Teilmenge situativer Faktoren) als Steuerungsgröße identifizierbar werde. Dieser 'kontextuelle Fokus' sei daher auch die Basis für die Textklassifikation; ihm entspreche ein 'Texttyp', und damit korrespondiere wiederum ein 'Textidiom' (s. Abb. 49.2).

Werlich nimmt an, daß ein Text vom Textproduzenten – ausgehend von einer thematischen Textbasis (= „als Texteröffnung wählbare Struktureinheit") – sukzessive (aber mit Notwendigkeit) nach einem der hier dargestellten Sequenzierungsmuster sequentiell – und im gleichen Textidiom – entfaltet wird, wobei jeweils eine Sequenzierungsform als dominant anzusehen ist. Diesen typologi-

kontextueller Fokus	Texttyp	Textidiom
– spatial/Raum	*deskriptiv*	phänomenregistrierende Sätze
– temporal/Zeit	*narrativ*	handlungsaufzeichnende Sätze
– Zerlegung/ Zusammensetzung von Konzepten	*expositorisch*	phänomenidentifizierende oder -verknüpfende Sätze
– Beziehungen zu Konzepten oder Aussagen der Sprecher	*argumentativ*	qualitäts-attribuierende Sätze
– künftiges Verhalten von Sprecher/Hörer betreffend	*instruktiv*	handlungsfordernde Sätze

Abb. 49.2: Texttypen nach Werlich (1975) – schematisch

schen Grundansatz baute Werlich zu einem komplexen Gesamtmodell des Kommunizierens aus (schematische Darstellung Werlich 1975, 71). Dabei werden den Texttypen *subjektive* und *objektive Textformen* zugeordnet (spezifische Gruppen von Textbausteinen, die detailliert nach sieben Kriterien erfaßt werden und im Grunde Sprecher-Einstellungen und die Sprecher-Perspektive markieren, s. 1975, 44); diese wiederum werden durch *Textformvarianten* („konventionalisierte Abwandlungen einer dominanten Textform" (1975, 28), gemeint sind Textsorten) in Gestalt konkreter *Textexemplare* repräsentiert. So kann beispielsweise der kontextuelle Fokus 'spatial' die objektive Textform in der Ausprägung einer technischen Beschreibung implizieren oder sich in der subjektiven Textform einer Schilderung (einer impressionistischen Beschreibung) niederschlagen. – Auch Probleme von *Textgruppen* (fiktionale und nichtfiktionale Texte) und *Teiltexten* werden in diesem Komplexmodell thematisiert. Methodologischer Ausgangspunkt für die Konstitution aller Einheiten aber bleiben bei Werlich immer die „Faktoren der Textoberfläche" (1975, 116; → Art. 3).

Auch wenn diese Klassifikation (die in bezug auf die Textidioms detailliert ausgearbeitet ist) im Hinblick auf die theoretische Fundierung in einzelnen Punkten hinterfragt werden müßte (die Rückführung der 'Texttypen' auf „angeborene Kategorisierungsprozesse der menschlichen Erkenntnis, also auf innere biologische Faktoren" erscheint doch zumindest mißverständlich), wenn der Gesamtansatz in der Praxis nur eingeschränkt — bezogen auf komplexe Texte — anwendbar sein dürfte (außerdem treten die fünf grundlegenden Texttypen oft nicht in 'reiner Form', sondern miteinander kombiniert als Mischtypen auf), wenn eindeutige Zuordnungen von Textexemplaren zu den grundlegenden Texttypen bei diesem 'Ansatz von oben' nur bedingt möglich sind (Hundsnurscher 1984, 86), so stellt doch dieser Vorschlag ein in sich geschlossenes (und homogenes) Klassifizierungsmodell dar, das in der Fachliteratur zu Recht immer wieder (teils mit Modifikationen oder Ergänzungen) aufgegriffen, teils auch in umfassendere Modelle integriert wurde: van Dijk 1980; Beaugrande/Dressler 1981; Brinker 1985; Mortava-Garavelli 1988; Adam 1992; Bhatia 1993, 231; → Art. 36, 37, 38, 39.

Textstrukturierungen („globale Strukturen, die den Typ eines Textes kennzeichnen") werden bei *van Dijk* (1980, 128) als Reflexe von propositional verstandenen semantischen Textinhaltseinheiten gefaßt. *Superstrukturen* sind in diesem Textbeschreibungsansatz Textformen, deren Gegenstand das jeweilige Textthema, d. h. die *Makrostruktur*, der *Textinhalt* ist (ebd.), „eine Art abstraktes Schema, das die globale Ordnung eines Textes festlegt" (1980, 131). Als Basistypen für solche 'Superstrukturen' ('Textsortenklassen' bzw. teils auch einfach 'Textsorten') nennt auch van Dijk *narrative* und *argumentative Strukturen*, die er in ihrem grundlegenden Aufbau detailliert kennzeichnet (und auch als Diagramme darstellt, s. 1980, 142, 147). Daneben versucht er eine analoge Tiefenstruktur von *wissenschaftlichen Abhandlungen* zu entwickeln (1980, 150 ff), erkennt dabei aber offenbar, daß man mit dem Sequenzierungsmodell allein nicht alle 'Superstrukturen'/Textsorten zureichend kennzeichnen kann und beschränkt sich daher nur noch auf die bloße Auflistung „anderer Texttypen": *Gespräche, institutionell geprägte Texte, Gesetze, Verordnungen, Verträge* und weitere 22 willkürlich herausgegriffene Einzeltextsorten (1980, 154). Daher bleibt sein anregendes Buch im Hinblick auf die Textklassifizierung letztlich leider ein Torso.

Andere — (u. a. auch) auf Textinhalte bezogene — Arbeiten gehen bei Textanalysen vom jeweiligen Text-Thema ('Hyper-Thema') aus und reflektieren unterschiedliche Grade und Formen der 'Entfaltung' des Themas (Henne/Rehbock 1982; Brinker 1985; → Art. 35). Als Grundformen thematischer Entfaltung werden auch dabei Typen voneinander abgehoben, die mit dem Werlichschen Basiskonzept korrespondieren (z. B. *deskriptive, argumentative* und *explikative Themenentfaltung* bei Brinker 1997, 63 ff).

Verwiesen sei noch auf eine relativ große Zahl von Textbeschreibungen, bei denen eine Bündelung von — heterogen strukturierten — Texten (und Textsorten) unter thematisch-inhaltlichem Aspekt erfolgt: Texte und Textsorten der Wirtschaft, der Politik, der Wissenschaft usw. → Art. 54—65). Exemplarisch seien hier die klassifikatorischen Studien von Roloff (1982) und Hundsnurscher (1986) zu Textsorten der Presse sowie Klein (1991; → Art. 64) zu Textsorten der Politik erwähnt.

Eher beiläufig sei schon an dieser Stelle auch auf *Dimter* (1981) verwiesen, da er in seinen Textsorten-Untersuchungen auch dem Inhaltlich-Semantischen einen wesentlichen (wenngleich untergeordneten) Stellenwert (neben situativen und funktionalen Bestimmungsgrößen) zur Kennzeichnung von Textsorten einräumt. Er betont jedoch, daß dieser Gesichtspunkt vor allem für die Subklassifizierung von Textsorten (für die Abhebung von 'Textsortenvarianten') von Bedeutung sei. (Zu Dimters Textklassifikationsmodell s. Kap. 5.)

Die unterschiedlichen Spielarten inhalts- und themenbezogener Modelle verdeutlichen ohne Frage die Relevanz textthematischer/ textsemantischer Aspekte für die Textklassifikation schlechthin; andererseits aber ist nicht zu übersehen, daß Textklassifikationen nicht auf semantisch-inhaltliche Fragestellungen reduziert werden können (Franke 1991, 165).

4. Textklassifikation unter dominant pragmatischen Aspekten: Situations- und Funktionsmodelle

Schon bei den Signal-Modellen war — offenkundig unter dem Einfluß der 'pragmatischen Wende' — eine Tendenz zur expliziten Einbeziehung sprachexterner Faktoren bei der Kennzeichnung von Textsorten (und Textklassifikationen) deutlich geworden. Seit der Mitte der 70er Jahre wurden nun zunehmend Modelle entwickelt, die einzelne Aspekte dieser Sprachexterna nicht nur als eine Komponente zur Identifikation von

Textsorten betrachteten, sondern sie zum Ausgangs- und Zielpunkt, zur dominanten Basis homogener Text-Taxonomien machten. Diesem Fokuswechsel lag die Einsicht zugrunde, daß das Textsorten-Verstehen (und -produzieren) wesentlich von den — den syntaktisch-semantischen Strukturen vorgeordneten (Hempfer 1977, 7) — Parametern der Situation i. w. S. bzw. der kommunikativen Funktion geprägt wird. Diese pragmatische Determiniertheit wurde daher nun zum Grundzug aller Situations- und Funktionsmodelle, unabhängig davon, ob die jeweiligen Ausgangsdaten empirisch eruiert oder deduktiv (meist theoriebezogen) 'gesetzt' wurden.

„Die Faktoren der kommunikativen Situation bestimmten die Textsorte." Diese These Diewalds (1991, 278) darf als eine Art Credo für alle SITUATIONs-Modelle gelten (Terminus in Anlehnung an Franke 1991, 166 ff). Nach anfänglicher Skepsis gegenüber der Möglichkeit, das situative Umfeld des Kommunizierens (ohne ein detailliertes soziologisches Situationsmodell) überhaupt erfassen zu können (s. Sitta 1973, 65), wurde später — gerade auch von soziologischer Seite — dringlich postuliert, „die Bedingungen zu erfassen, die den intentionsgerechten und erfolgreichen Gebrauch von sprachlichen Äußerungen in natürlichen Kommunikationen gewährleisten" (Schwarz 1985, 43). Schließlich sei die Situation die conditio sine qua non jeglichen Kommunizierens. Wie aber könnte ein sehr allgemeiner soziologischer Situationsbegriff (vgl. dazu Schütze 1987, 158: „Orientierungsrahmen bezogen auf die Ereigniskonstellation") für die Besonderheiten kommunikativen Handelns gefaßt und spezifiziert werden?

Hempfer (1977, 16) hat als einer von wenigen Linguisten versucht, in Anlehnung an soziologische Konzepte eine allgemeine Situationstypologie — aber aus betont linguistischer Sicht — zu entwickeln. Sein (formalisiertes) Schichtenmodell geht von einer Basisschicht aus, zu der er die Relation zwischen den Partnern und die situative Grundstruktur — die „Fundierungskategorie für eine Texttheorie" (1977, 21) mit fünf Komponenten — rechnet. Aus dieser Basisschicht werden durch Transformationen konstative, berichtende und performative 'Subtypen' abgeleitet und spezifiziert. Damit versucht Hempfer, sprechakttheoretische Grundtypen (und sekundär auch sprachliche Äußerungen) mit situativen Faktoren in regelhafte Beziehungen zu bringen. Allerdings kann das Modell — nicht zuletzt wegen der intendierten Universalität und einem entsprechend hohen Grad von Abstraktheit — nur sehr bedingt zu groben Textklassifikationen herangezogen werden.

In der Frage, welche Faktoren des Kommunizierens als *situative* Elemente i. e. S. einzustufen sind, gehen die Meinungen von Soziologen und Linguisten auseinander. Schon Bühler (1934/1982, 79 ff) hatte ja das Situative auf die einfache Kurzformel gebracht: *hic — nunc — ego — origo*. Hymes (1973/1988, 355 ff) wiederum war bemüht, den Situationsbegriff möglichst weit zu fassen. Daher bezog er zusätzlich auch den institutionellen Rahmen, die sozialen Beziehungen zwischen den Partnern, deren Einstellungen zueinander und zum Gegenstand des Kommunizierens ebenso ein wie die (Vor-)Kenntnisse der Partner, deren Kommunikationsrepertoire und das Text-Thema. Und in der Ethno-Linguistik (Schütze 1987, 160 ff) wurden schließlich auch typisierte Interaktionsanlässe und Texterwartungen der Partner dem situativen 'Orientierungsrahmen' zugeordnet.

In Textklassifikationen (auch in nicht dominant situativ geprägten Modellen) werden jeweils einige dieser dem 'Situativen' zugeordneten Faktoren in unterschiedlicher Weise gebündelt, gewichtet und — wiederum verschieden — benannt. Daher sind gerade diese Teilaspekte von Textklassifikationen (nicht zuletzt auch wegen unterschiedlicher Bezeichnungen) nur schwer aufeinander beziehbar und miteinander vergleichbar. Da die anzustrebende Komparabilität aber nur bei einem engeren Situationsverständnis erreichbar sein dürfte, reduzieren wir die verwirrende Vielfalt situativer Parameter („die Gesamtheit der äußeren Umstände, auf die sich ein Text bezieht"; → Art. 6) auf die folgenden vier Hauptgruppen von Komponenten, die dann auch in fast allen Situationsmodellen — wenngleich mit unterschiedlicher Spezifizierung, Gewichtung sowie substantieller und terminologischer Nuancierung — in die jeweilige Taxonomie involviert sind (vgl. dazu die „Systematik der textexternen Merkmale" — unter Einschluß der situativen Komponenten — bei Gülich/Raible 1975, 151; s. auch Gobyn 1984, 32 ff; Heinemann/Viehweger 1991, 153):

(i) LOC und TEMP (das räumliche und zeitliche Umfeld von Kommunikationsereignissen); die Kopräsenz der Partner (oder deren Fehlen); das nichtsprachliche und sprachliche Handeln der Partner: *die Umgebungssituation*

(Hartung 1983b, 360) / *sinnlich wahrnehmbare Handlungsfelder* (Schwarz 1985, 43) / *der Redekonstellationstyp* (Steger u. a. 1974; 1983); auch *der Handlungsbereich* (Brinker 1988, 128); *die Tätigkeitssituation* (Schwarz 1985, 43).

(ii) die Partnerkonstellation (Anzahl, sozialer Status und kommunikative Rolle der Partner, Bekanntheitsgrad). Vgl. dazu die detaillierte Subklassifikation bei Ermert (1979, 83; auch Dimter 1981; Lux 1981, 159).

(iii) das Medium / der Kanal / die Kommunikationsrichtung (Diewald 1991). Die damit gegebene Basisdifferenzierung − teils auch verknüpft mit Selektionsprozessen für unterschiedliche Register (vgl. Nussbaumer 1991, 272) − liegt allen übergreifenden Klassifikationen zugrunde.

(iv) gesellschaftlich-kommunikative Rahmenstrukturen: *der Kommunikationsbereich* (Heinemann/Viehweger 1991, 155); *der Gesprächsbereich* (Henne/Rehbock 1982, 29), *der Tätigkeitsbereich* (Eigenwald 1974; Techtmeier 1984, 57 ff); *der Anwendungsbereich* (Riesel 1963; Fleischer/Michel 1975); *die Institution* (Ehlich 1980). Hierher zu stellen wäre auch der Öffentlichkeitsgrad des Kommunizierens (Gülich/Raible 1975).

Einige charakteristische − auf einer Kombination dieser Basis-Koordinaten beruhenden − dominant (oder zumindest partiell) situativ geprägten Textklassifikationen seien im folgenden − mit Bezug auf den jeweils fokussierten Aspekt − aufgelistet (in chronologischer Abfolge):

Eigenwalds Modell (1974) konzentriert sich (unter Hervorhebung stilistischer Aspekte) auf die Differenzierung von fünf Tätigkeitsbereichen (*Zeitungstext, ökonomischer Text, politischer Text, juristischer Text, wissenschaftlicher Text*). Diesen 'Texttypen' werden exemplarisch einige Textsorten (für juristische Texte z. B. *Anwaltsbrief, Gesetzestext, Gerichtsurteil, Vertragstext*) zugeordnet. Allerdings ergibt sich daraus kein stringentes Modell der Textklassifikation (es handelt sich eher um zufällige Auswahl- und Zuordnungsprozesse).

Gleichfalls um die Fokussierung von *Anwendungsbereichen* von Texten und daraus abzuleitende stilistische Konsequenzen geht es bei den Ansätzen der *Funktionalstilistik* (schon Riesel 1963; systematisiert in der Form eines Algorithmus bei *Fleischer/Michel* 1975).

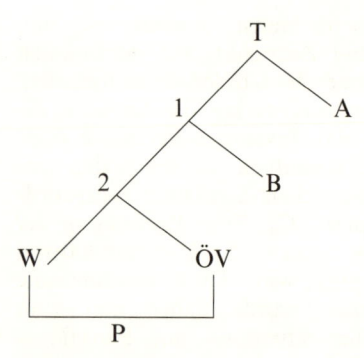

Abb. 49.3: Funktionalstilistische Textklassifikation

Durch Ja-Nein-Entscheidungen werden aus der Gesamtmenge von Texten sukzessive ausgegliedert: A = *Alltagstexte* (über das Kriterium 'Ungezwungenheit', 'Spontaneität'). Aus der Restmenge der verbleibenden 'ausgefeilten' (= bewußt gestalteten) Texte sind die ästhetisch geprägten besonders abgehoben (Funktionalstil B = *Belletristik*). Und die dann noch verbleibende Textmenge der Sachtexte läßt sich über das Kriterium der Verhaltenssteuerung in 'informierende' (Funktionalstil W = *Wissenschaft*) und 'verhaltenssteuernde' (Funktionalstil ÖV = *öffentlicher Verkehr*) differenzieren. Nach Riesel ist darüber hinaus noch ein fünfter eigenständiger Funktionalstil, der der *Publizistik* = P (der Elemente aller anderen Funktionalstile in sich aufnehmen kann) auszugrenzen. Auch mit diesem − leicht handhabbaren − Modell wird aber nur ein Rahmen für die Zuordnung von Texten (und Textsorten) geschaffen; die intendierte Kennzeichnung fester Zuordnungsbeziehungen zwischen spezifischen Textstrukturen und Formulierungen einerseits und den Anwendungsbereichen aber kann auf diese Weise nicht erreicht werden.

Auch die 'Brieftypologie' *Ermerts* (1979) ist wesentlich situativ geprägt. Im Anschluß an die schon bei Gülich/Raible (1975) angeregte Abhebung der primär situativ determinierten Textklassen ('Kommunikationsarten') von den auch funktional bestimmten 'Textsorten' legte Ermert eine detaillierte Beschreibung der 'Kommunikationsform Brief' (1979, 59 ff) − bei Akzentuierung der oben genannten situativen Basiskomponenten (sogar unter Einschluß von 'Beförderungsmodalitäten') − vor. Diese Differenzierung des 'Situativen' nach Ermert wurde zu Recht auch bei umfangreicheren Textklassifikationen als 'Modell' immer wieder herangezogen (vgl. u. a. Dimter 1981, dazu Kap. 5; Rothkegel 1984, 257; Brinker 1985; Diewald 1991).

Als Situations-Modell par excellence, als Plädoyer für eine dominant situative Textsortenbestimmung, kann die Arbeit von *Diewald* (1991) angesehen werden. Die Situation sei – nach Diewald – gleichsam die „conditio sine qua non" für jeden Versuch einer Kennzeichnung von Texten und Textsorten, da Situatives „die faktischen Möglichkeiten der Textproduktion festlegt" (1991, 274). Zwar gebe es eine unendliche Menge von kommunikativen Situationen, doch lasse sich daraus über „relevante Merkmale" der Situation – das System der Deixis (weil das Auftreten oder Fehlen von Deiktika in einem Text die kommunikative Situation reflektiere, in der der Text produziert wurde, 1991, 2) – eine begrenzte Menge von 'Situationstypen' ableiten. Daraus wiederum folgert Diewald, daß „alle Texte, die in einem solchen Situationstyp produziert werden, ... ungeachtet ihrer individuellen Besonderheiten derselben Textsorte" angehören (1991, 1). Daher auch seien Textsorten „Grundmuster von Texten, die in Abhängigkeit vom Grundmuster einer Situation entstehen."

Auf der Basis von drei *Merkmalachsen* [DIALOGISCH], [FACE-TO-FACE], [MÜNDLICH] und ihren situativen Merkmalausprägungen gelangt Diewald zur Konstitution von fünf *Grundtextsorten* (die im Grunde den 'Kommunikationsformen' älterer Modelle entsprechen): *Dialog, Telefongespräch, Brief, mündlicher Monolog, schriftlicher Monolog*. Sie korrespondieren wiederum – nach Diewald – mit „fünf Faktoren der außersprachlichen Umwelt": Raum, Zeit, Partner, Gegenstand, Faktizität der Sachverhalte (1991, 144). Und so reicht ihre Folgerungskette von fünf Dimensionen der Deiktika zu den fünf Situationstypen i. e. S. und von da weiter zu den fünf 'Grundtextsorten'. Jeder Text könne daher „aufgrund der in ihm auftretenden Deiktika einer der fünf Grundtextsorten zugeordnet werden" (1991, 4).

Auf eine weitere Differenzierung dieser situativen Rahmentypen verzichtet Diewald (obwohl sie deren Notwendigkeit einräumt; 1991, 5). Sie würde sich ergeben aus Merkmalausprägungen der anderen Ebenen der Redekonstellation (Handlungsbereich, Textfunktion und Thema), denn sie alle „operieren erst auf den Grundtextsorten" (1991, 4). So beschränkt sich das Modell auf den Ausweis dieser situativ geprägten Rahmentypen, die als Basis für jede weitere Textdifferenzierung (die Ausgliederung der 'eigentlichen' Textsorten) angesehen werden. Außer Detailproblemen muß wohl auch der theoretische Grundansatz hinterfragt werden, da Diewald nicht von soziologischen Fragestellungen ausgeht, sondern über sprachliche Indikatoren auf soziologische Konstellationen schließt.

Situationsmodelle (denen auch Helbig 1975; Lux 1981; Rothkegel 1984; Schwarz 1985 zugeordnet werden können) verifizieren die generelle Determiniertheit von Texten und Textsorten durch die Fokussierung unterschiedlicher situativer Teilaspekte. Welche dieser objektitiven Gegebenheiten aber für ein konkretes Kommunikationsereignis relevant werden, ist auch abhängig von Situationswissen und der Einschätzung der konkreten Situation durch die Kommunizierenden. Diese impliziten Kenntnisse „über das, was 'man' wann, wo, mit wem tut, reden oder verabreden kann oder nicht kann" (Soeffner 1986, 76), diese „Organisationsprinzipien für bestimmte Erfahrungen" (Goffman 1977, 19) bilden gleichsam Interpretationsleitlinien sowohl für die Beziehungen der Interagierenden zum sinnlich gegebenen Umfeld als auch zu den Partnern. Dabei erweisen sich diese – in den Modellen apostrophierten – variablen situativen 'Wissenstypen' als „Baumaterialien sozialen Handelns" (Soeffner 1986, 87), als wesentliche Elemente von Kommunikations- und Textmustern (Heinemann/Viehweger 1991). Sie sind relevant für die Konstitution von allgemeinen Rahmenbedingungen und daraus ableitbaren Kommunikations- und Texttypen; nach 'unten' aber – in Richtung der 'eigentlichen' Textsorten – sind sie offen und bedürfen (auch im Hinblick auf Klassifikationen) der Spezifizierung.

Als FUNKTIONS-Modelle (Franke 1991) kann man eine relativ große Zahl von Textbeschreibungs- und -klassifikationsansätzen bezeichnen, die das kommunikative Funktionieren von Texten als grundlegendes Text- und Textsortenkonstituens ansehen. Diese Basisthese ist plausibel, da ja Texte grundsätzlich immer nur dann produziert werden, wenn Sprecher bei Partnern etwas bewirken wollen. Diese Modelle gehen vor allem auf drei Quellen zurück: auf das Kommunikationsmodell Bühlers (1934), das – psychologisch orientierte Tätigkeitsmodell Leontjews (1975) und die Sprechakttheorie (insbesondere Searles Taxonomie 1975).

Zum Problem wird bei diesen Ansätzen die Frage nach Inhalt und Umfang des Begriffs 'Funktion'. Syntaktisch-semantische 'Funktionen' sind für Texttaxonomien nur peripher relevant (da sie sich nicht auf Textganzheiten beziehen) und können daher für Textklassifikationen vernachlässigt werden. Ebenso auszuschließen sind n. u. A. Modelle, die Prinzipien der strategischen Gestaltung komplexer Texte modellieren (Narration, Deskription ...), auch wenn sie gelegentlich 'funktional' genannt werden (Werlich 1975; Beaugrande/Dressler 1981). Vgl. dazu unter 3.

Von Beaugrande/Dressler (1981, 190 ff) wird der Funktionsbegriff zunächst sehr allgemein gekennzeichnet als „... ein Beitrag der Texte zur Interaktion"; diese Umschreibung ist wohl annähernd identisch mit dem *kommunikativen Effekt*, mit der Wirkung von Texthandlungen auf den Partner und/oder das soziale Umfeld (von Polenz 1988, 328). — Für den weitaus größten Teil der Linguisten aber ist 'Funktion' identisch mit der *Absicht*, dem *Ziel/Zweck*, der *Intention* des Textproduzenten (Große 1976; Schmidt 1980, 79; Dimter 1981, 52; Hundsnurscher 1984, 87; Brinker 1985, 86; Ehlich 1986b, 68). Einen Schritt weiter gehen Linguisten, wenn sie dem Begriff auch die generelle Empfänger-Orientiertheit der Textgestaltung zuordnen (Textfunktion als „Instruktion an den Empfänger über den für den jeweiligen Text erwünschten Verstehensmodus"; Große 1976, 28) oder die Sprecher-Annahme über die potentielle Reaktion des Partners (Gülich 1986, 26; Isenberg 1974).

Darüber hinaus wird in einigen Modellen auch eine theoretische Fundierung der allgemeinen Intentions-Hypothese angestrebt. Nur in wenigen Fällen bezieht man sich dabei auf den psycholinguistischen Tätigkeitsbegriff Leont'evs (Hartung 1983b, 354). Weitaus häufiger knüpfen Klassifikationsansätze an sprechakttheoretische Grundbegriffe an (Searle 1983, 175 f; Searle/Vanderveken 1985, 12) und postulieren, daß sich die Funktion „aus der dominierenden Textillokution, d. h. der der dominierenden Äußerungseinheit zugeschriebenen Illokution" ergibt (Rolf 1993, 147; vgl. Hundsnurscher 1984; Brinker 1985; Koerfer 1994; → Art. 48).

Noch weniger Konsens besteht bei den 'Textklassifikatoren' in der Frage, wie viele und welche Einzelfunktionen aus dieser zunächst homogenen Klassifikationsbasis abgeleitet werden können. Im Hinblick auf die Anzahl solcher 'Subfunktionen' beschränken sich Schmidt (1980, 85) und Reiss (1976) auf jeweils drei Grundfunktionen (*Informieren, Klären, Aktivieren*) bzw. (*informativ, expressiv, operativ*); die sprechakttheoretisch orientierten Ansätze halten sich (im allgemeinen) an die vorgegebene Fünf-Zahl; wieder andere (Große 1976) setzen acht Funktionsklassen an (darunter auch eine Übergangsklasse mit 'Doppelfunktion').

Als eine Art approximative 'Summa' aus den in den verschiedenen Funktionsmodellen apostrophierten Teilfunktionen ergäbe sich die folgende Reihung: *informieren / mitteilen / sachinformierend handeln / behaupten / assertieren / darstellen / referentiell handeln / feststellen / festlegen / theoretisch erkennen; auffordern / aktivieren / inzitiv handeln / direktiv handeln / veranlassen / stimulieren / mobilisieren / appellieren / instruieren / anweisen / steuern / initiieren / Handlungen vorbereiten / Handlungen regeln / operativ handeln / empraktisch handeln; lehren / belehren / überzeugen / didaktisch handeln / meinungsbildend handeln / explizieren /; klären / fragen / Informationen ermitteln; versprechen / kommissiv handeln / obligat handeln; kontaktieren; expressiv handeln / emphatisch handeln / affektentladend handeln / emotional bewegen / valuativ handeln /; deklarativ handeln / sprachlich handeln mit sozialer Konsequenz / konstitutiv handeln; sich selbst darstellen / sich ausdrüken / kundgeben / Gruppen indizieren; ästhetisch wirken / poetisch informieren / literarisch handeln / fiktional handeln; metakommunikativ handeln; normierend handeln / interaktionsregelnd handeln; reagieren; werten / bewerten ...*

Schon diese — unvollständige — Auflistung von verschiedenen Teilfunktionen (hier vereinheitlichend verbal gefaßt), die in unterschiedlicher Kombination in den Einzeldarstellungen nachweisbar sind, läßt die Heterogenität der zahllosen Funktionsmodelle deutlich werden. Teils sind solche Teilfunktionen nahezu beliebig aneinandergereiht (u. a. Stocker 1977); die meisten Klassifizierungsansätze dagegen sind systemhaft geprägt (und vielfach auch theoriebezogen). Da es in diesem Rahmen nicht möglich ist, alle funktional geprägten Modelle im einzelnen vorzustellen, beschränkt sich die folgende Darlegung auf die skizzenhafte Kennzeichnung einiger typischer Ansätze.

Die erste fundierte funktionale Typologie im deutschsprachigen Raum legte Ernst Ulrich *Große* (1976) vor. Sein Verdienst besteht zweifellos darin, daß er eine — formalisierte — Begriffsbestimmung von 'Funktion' und eine linguistische Charakterisierung der einzelnen 'Funktionstypen' versucht. Er knüpft dabei explizit an Bühlers drei Grundfunktionen an und ergänzt diese auf Grund linguistischer Kriterien durch die „fundamentale" Kontaktfunktion (1976, 35) und weitere —

aus seiner Sicht deutlich voneinander abgehobene — Funktionen.

Textklasse	Textfunktion	Beispiele
1. sachinformierende Texte	Informationstransfer	Nachricht, wiss. Texte
2. auffordernde Texte	Aufforderungen	Gesuch, Werbung
3. selbstdarstellende Texte	Kundgabe	Tagebuch, Biographie
4. Kontakt-Texte	Kontakt-Funktion	Glückwunsch
5. normative Texte	normative Funktion	Gesetze, Verträge
6. gruppenindizierende T.	gruppenindizierende Funktion	Gruppenlieder
7. poetische T.	poet. Funktion	Roman, Komödie
8. Übergangsklasse	Doppel-Funktion	Gesetze (normative und informierende Funktion)

Abb. 49.4: Textfunktionen nach Große (1976)

Diese 'Texttypen' „ergeben sich und sind notwendig zu der Interaktion" (1974, 254). Sie sind — nach Große — hierarchisch abgestuft und regelhaft — von 'Propositionstypen' bis zu 'Handlungsregeln' — (auch mit einer Reihe von Subklassen) bestimmbar. Eingeschränkt wird das Erklärungspotential dieses detailliert ausgearbeiteten Modells allerdings u. a. auch durch die Ambivalenz des Kriteriums 'dominante Funktion' (s. Heinemann/ Viehweger 1991, 139). Dennoch darf dieser Vorschlag als grundlegender — und bis heute in vielen Detailfragen anregender — Ansatz zur Klassifikation von Texten gelten.

An Bühlers Basisfunktionen (wenngleich teils modifiziert oder reduziert) knüpfen in der Mitte der 70er Jahre auch andere Taxonomien an (u. a. Jacobson 1975; Kern 1976; Schmidt 1980; 1981). Angesichts der großen Zahl und verwirrenden Vielfalt heterogener Textklassifikationsvorschläge (des „Dilemmas" der Texttypologie) forderte *Isenberg* (1978, 566) eine — wissenschaftlichen Standards genügende und universell anwendbare — theoretische Fundierung der Typologisierung von Texten. Seinen Postulaten (*Homogenität* — eine einheitliche Typologisierungsbasis für alle in einer Textklasse zusammengefaßten Einheiten; *Monotypie* — Ausschluß der Möglichkeit mehrfacher Zuordnung von Textexemplaren zu Textklassen/Texttypen; *Striktheit* — Ausschluß der Möglichkeit typologisch ambiguer Texte im Geltungsbereich eines Texttyps; *Exhaustivität* — Geltung der Typologie für alle in ihrem Bereich auftretenden Texte) aber konnte — nach Einschätzung Isenbergs — keiner der bis dahin vorgelegten 'prätheoretischen Klassifizierungsvorschläge' gerecht werden. Auch den Funktionsmodellen hielt Isenberg fehlende strikte Homogenität vor und postulierte in einem Erstentwurf zu einem eigenen Modellvorschlag (Isenberg 1984, 261 ff) den Ausbau einer allgemeinen Kommunikationstypologie. Aus den Grundbedingungen für erfolgreiche Interaktion (*Wahrheit, Aufrichtigkeit, Sachgerichtetheit, Sinnhaftigkeit, Echtheit* und *Engagiertheit*) leitete er 'fundamentale Interaktionsziele' (*Erzielung eines sozialen Erkenntnisgewinns, Gestaltung zwischenmenschlicher Beziehungen, Bewältigung einer Sachproblematik, Entfaltung der sozialen Fantasie, Vollzug religiöser Daseinsbewältigung, Erzielung eines gemeinschaftlichen Lustgewinns*) und ihnen entsprechende Texttypen (= Interaktionstypen) ab: *gnosogene, kopersonale, ergotrope, kalogene, religiotrope* und *ludophile Texte*, wobei er annahm, daß jedem Text ein solches 'fundamentales Interaktionsziel' entspreche. Mit diesen seien bei den Kommunizierenden — nach Isenberg — „globale Bewertungskriterien" (z. B. *X ist schön, spannend, aufregend, ergreifend ...* für 'ästhetische Funktionalität') verbunden; und diese Korrelation betrachtet er schließlich als homogene Typologisierungsbasis für ein noch zu entwickelndes universelles Klassifikationsmodell. Dieser Entwurf rückt neue Bereiche ins Blickfeld der 'Klassifikatoren' (*ludophile Texte*), gibt auch methodisch neue Anstöße, bietet aber nur bedingt einen Ansatz für eine systemhafte Klassifikation von Texten und bleibt zu allgemein und vage, als daß von ihm wesentliche Impulse für weitere Textklassen-Modellierungen hätten ausgehen können (vgl. auch Adamzik 1995b, 19).

Während Isenberg die 'Interaktionstypen' als theoretische Konstrukte in einem originären Theorie-Ansatz verstand, versuchten andere Linguisten (u. a. Rosengren 1979; Motsch/ Viehweger 1981; Hundsnurscher 1986; Motsch 1987; Brinker 1985; Franke 1991; Rolf 1993), im Anschluß an Grundpositionen der Sprechakttheorie zu einer theoretischen Fundierung der Textklassifikation zu gelangen. Ausgehend von der Basis-Annahme, daß nicht nur Sätze, sondern auch Texte systematisch aus Grundklassen illokutiver Handlungen abgeleitet werden können, wurden auch Textsorten als spezifisch organisierte „illokutive Handlungskomplexe" (Motsch 1986, 274) aufgefaßt. Die je spezifische Hierarchie dominierender und subsidiärer illokutiver Einzel-Handlungen erlaube daher auch Rückschlüsse auf die Zuordnung von Textexemplaren zu bestimmten Textklassen (vgl. das Modell der Illokutionshierarchie, Motsch/Viehweger 1981). Problematisch aber bleibt, wieviele und welche 'illocutionary points' bei einer Taxonomie als Basiseinheiten anzusetzen sind (ob man mit Lux 1981, 33, eine „Total-Typologie" anstreben könne oder nur die Erfassung und Systematisierung von Textklassen eines bestimmten Bereichs).

Schon *Brinker*s Funktions-Modell (1985) war an den fünf Sprechaktklassen Searles orientiert; er modifizierte aber diesen Grundansatz, indem er zusätzlich auch auf kontextuelle und strukturelle Kriterien zurückgriff (weil eine Typologisierungsbasis nach seiner Ansicht „nicht nur homogen, sondern auch akzeptabel sein" müsse, 1985, 145). Daher finden sich bei ihm die folgenden 'Textsortenklassen': *Informationstexte* (bei Searle 'Repräsentiva'), *Appell-, Obligations-, Kontakttexte* (statt 'Expressiva') und *Deklarations-Texte*. Brinker verzichtet allerdings in seiner Anleitung zu einer 'Linguistischen Textanalyse' auf eine detailliertere Subklassifikation.

Rolf (1993) stützt sich — obwohl explizit auch an Brinker anknüpfend — wieder unmittelbar auf die Searlesche Illokutionsdifferenzierung; auch in der theoretischen Begründung (1993, 68ff) folgt er strikt sprechakttheoretischen Argumentationsketten (auch Searle/Vanderveken 1985). Rolfs Verdienst besteht vor allem darin, daß er — erstmals — eine konsequente und sich immer weiter verzweigende Subklassifizierung der großen illokutiven Texttypen (*Assertiva, Direktiva, Kommissiva, Expressiva, Deklarativa*) bis hin zu zahllosen Einzeltextsorten vornimmt. Bei den *Direktiva* beispielsweise führt eine direkte Linie zu den 'bindenden Direktiva', den 'bei Kontrollgewalt auf seiten des Textproduzenten bindenden Direktiva' bis zu den 'verhaltensbereichsbezogenen' Einzel-Textsorten wie *Dienstordnung, Kleiderordnung, Satzung, Staatsverfassung* etc. Einige dieser Textsorten werden exemplarisch (und detailliert mit ihrer Position im Rahmen der Gesamtklassifikation) interpretiert. Erwähnung verdient ferner, daß Rolf versucht, das illokutive Funktionsmodell von der Textstruktur- und Formulierungsbasis her regelhaft 'anzureichern', daraus also einen funktional-strukturellen Ansatz zu machen (1993, 17ff). Auch wenn Rolf (1993, 65) ausdrücklich betont, daß die Sprechaktheorie „am ehesten geeignet ist, ... eine Grundlage bereitzustellen für eine Klassifikation von Textsorten", so sind doch andererseits auch grundsätzliche Beschränktheiten und Einseitigkeiten nicht übersehbar. Auf die Gefahr, daß solche Ansätze bei einer „sprecherperspektivischen Verkürzung" steckenbleiben, hatte schon Franke (1991, 172) hingewiesen (vgl. auch Gülich/Raible 1975). Noch wichtiger erscheint bei den sprechakttheoretisch fundierten Modellen, daß hier nicht konkrete Texte (und Textsorten) zum Ausgangspunkt der Darstellung gemacht werden, sondern vielmehr hypothetische und satzzentrierte Basishandlungen/Illokutionen, so daß Textsorten in diesem Verständnis auf sehr vage Komplexionen von typischen (dominierenden) Illokutionen reduziert werden (dazu kritisch Burkhart 1986, 396). Offen bleibt bei diesem Grundansatz auch die Frage nach der Anzahl solcher Basishandlungen und deren Abgrenzung voneinander (Diewald 1991, 316) sowie dem Verhältnis von Einzelillokutionen und Textillokution (Brinker 1985, 90).

5. Mehrebenen-Modelle

Die außergewöhnliche Vielfalt und Heterogenität der auch quantitativ kaum noch überschaubaren Versuche, das Phänomen der Textsortendifferenzierung/Textklassifikation systematisch und regelhaft zu erfassen, machte mehr und mehr deutlich, daß das Problem doch nicht eindimensional lösbar ist. Im Grunde waren bisher ja immer wieder nur Kategoriensysteme konstruiert worden, die dann dem Material appliziert wurden, wobei sich dann das Material letztlich als „überschießend und durch die Systeme nicht zähmbar" (Ehlich 1986b, 58) erwies. Auch die — im einzelnen wohl begründeten — Postulate Isenbergs (1978, 572ff) für die Aufstellung einer wissenschaftlich fundierten Texttypologie zeigten sich in der Praxis als nicht gleichzeitig erfüll- und auf zu definierende Textklassen beziehbar (Heinemann/Viehweger 1991, 142; → Art. 48).

Daher sollte nun — nach einer Phase der deutlichen Verunsicherung (Heinemann 1991, 8) — eruiert werden, ob nicht (im bewußten Gegensatz zu Isenberg) das Wissen der Kommunizierenden über Textsorten „durch multidimensionale Zuordnungen von prototypischen Repräsentationen auf unterschiedlichen Ebenen ... zustandekommt" (Heinemann/Viehweger 1991, 147). Da das Zusammenspiel von Parametern unterschiedlicher Ebenen (wenn auch von Textsorte zu Textsorte in unterschiedlichem Grade und mit unterschiedlicher Fokussierung) nach dieser Grundannahme für die Konstitution von Textsorten (und Textsortenklassen) relevant ist, bemühte man sich seit dem Ende der 80er Jahre verstärkt um die Modellierung solcher Mehrdimensionalität.

Erste – eher intuitive – Ansätze für die Berücksichtigung mehrerer Klassifizierungsaspekte hatte es schon vorher gegeben: Harweg (1977) plädierte für Mehrfachzuordnungen desselben Textes; Ermert (1979) kennzeichnete Textsorten in seiner fundierten Brieftypologie als „Bündel von zusammen auftretenden Eigenschaften" (1979, 175 ff) auf fünf Hierarchie-Ebenen (*Handlungsdimension und Intention; thematische Orientierung, situative Dimension, sprachlich-strukturelle Dimension, formale Dimension*); Dimter (1981) untersuchte, in welchem Grade Texte (mit ihrer äußeren Textgestalt) von den Grundkategorien – den Bereichen *kommunikative Situation*, *Textfunktion* und *Textinhalt* – geprägt sind, wodurch zugleich stets spezifische mentale Veränderungen beim Partner im Hinblick auf sein *Wissen*, *Werten* und *Wollen* (1981, 54 ff) bewirkt werden; und auch Gülich (1986) nahm – empirisch von der Rekonstruktion des „für die kommunikative Praxis relevanten Alltagswissens" der Kommunizierenden über Textsorten ausgehend (1986, 19) – unterschiedliche Typisierungs-Ebenen (*Formulierungsvorschriften, Textinhalt, situativer Adressatenbezug, Textfunktion*) an.

Diese Ansätze fanden jedoch – nicht zuletzt wegen Isenbergs Postulation nach einer wissenschaftlichen Fundierung der Texttypologie und der damit verbundenen rigiden Kritik an bisher vorgelegten 'präwissenschaftlichen' Modellen – wenig Widerhall. Erst um 1990 erschienen weitere textlinguistische Arbeiten (*Gläser* 1990; *Nussbaumer* 1991; *Heinemann/Viehweger* 1991), die an die oben genannten Klassifizierungskonzepte anknüpften und sie zugleich weiter entwickelten.

Damit verbunden war eine fundamentale Kritik der Isenbergschen Forderungen: (i) Eine homogene Klassifizierungsbasis sei zwar ein berechtigtes theoretisches Postulat für abstrakte Typologien, führe aber nicht zu Klassifikationen, die mit der Alltagspraxis der Kommunizierenden korrespondieren. Für die Erfassung aller typologisch relevanten Eigenschaften von Texten reiche folglich eine nur auf einem Basiskriterium beruhende Typologie nicht aus. (ii) Textmuster und ihnen entsprechende Textsorten (*Kochrezept, Wetterbericht* ...) können – wie andere Alltagskonzepte auch (*Apfel, Rose* ...) – unterschiedlichen Bezugssystemen zugeordnet werden; das Postulat der Monotypie von Textklassifikationen müsse folglich aufgegeben werden. (iii) Auch an der Forderung nach Striktheit der Texttypologie lasse sich nicht festhalten, da sich Textmuster/Textsorten wegen ihrer Vagheit und Flexibilität (→ Art. 48) nicht in strikte idealtypische 1 : 1-Typologien involvieren lassen. (iv) Und die Forderung nach Exhaustivität einer Texttypologie erweise sich – auch wegen der permanenten Veränderbarkeit von Textmustern/Textsorten – als realitätsfern und illusionär.

Die deutlich auf praktische Anwendbarkeit orientierten Gegenpositionen der *Mehrebenen-Modelle* zu Problemen einer Textklassifikation (nur darauf beschränkt sich diese Darstellung; → Art. 48 für eine detaillierte Kennzeichnung der Basisbegriffe 'Textmuster' und 'Textsorte') lassen sich – gleichfalls thesenhaft – durch die folgenden grundlegenden *Prinzipien* charakterisieren:

(i) *Kompatibilität mit Textmustern/Textsorten des Alltags*

Jede Typologie (auch eine Klassifikation mit nur geringem Geltungsbereich) sollte an das konventionelle Alltagswissen der Kommunizierenden über Textsorten anknüpfen, mit ihm kompatibel, zumindest darauf beziehbar sein (da dieses Textmusterwissen des Alltags kondensierte Erfahrungen der Handelnden bei der erfolgreichen Bewältigung kommunikativer Aufgaben reflektiert; vgl. Gülich 1986; Brinker 1997, 128: Die Typologisierungsbasis müsse „auch akzeptabel sein", d. h. sie muß zu Unterscheidungen führen, die „das intuitive Wissen der Sprachteilnehmer bestätigen sollen, diesem zumindest nicht widersprechen").

(ii) *Komponentialität/Multidimensionalität*

Textsorten als distinktive Einheiten (Simmler 1993, 355), als Klassen von niederer Abstraktionsebene (Adamzik 1995b, 26) erweisen sich als prototypische Repräsentationsformen von Interaktionsmustern/globalen Textmustern/kommunikativen Gattungen (Günthner 1995, 193 ff). Die Konstitution solcher Muster erfolgt als kontemporäres Zusammenspiel von Merkmaltypen und Komponenten *mehrerer Typisierungsebenen* als Basis für Verfahrens- und Strategie-Entscheidungen (Heinemann 1989), als Merkmalbündel, als 'Ensemble' relevanter integrierter Eigenschaften von Textganzheiten (Heinemann/ Viehweger 1991, 145 ff; → Art. 48). Globale Textmuster schließen Intentions-, Situations- und Partner-Muster ebenso ein wie stereotype Parameter von Textstrukturierungen und Textformulierungen. Auch wenn die sprachexternen Komponenten bei jeder Textklassenkonstitution zunächst dominant sind (Heinemann/Viehweger 1991, 137), so bilden doch die sprachlichen Oberflächenmuster und -komponenten die eigentliche Substanz globaler Textmuster. In Abhängigkeit von unterschiedlichen Zwecken können daher auch verschiedene Fokussierungen und Gewichtungen der Komponenten von Typisierungsebenen vorgenommen werden (Nussbaumer 1991, 259). Textklassifikationen sollten daher grundsätzlich von solchen komplexen integrativen Ganzheiten ausgehen (und nicht von isolierten Einzelphänomenen).

(iii) *Flexibilität / multiple Zuordnungspotentiale*

Textsorten sind untereinander und mit Textklassen anderer Hierarchiestufen vernetzt. Da sie sich als prinzipiell variier- und veränderbar erweisen, sind auch die Relationen zwischen ihnen nicht einlinig und können daher auch nicht eineindeutig im Sinne der Logik in einem mathematisch organisierten System dargestellt werden. Von den Kommunizierenden aber sind Textmuster/Textsorten (und darauf beruhende Textklassifikationen/ Teilklassifikationen) als Orientierungsrahmen kommunikativen Handelns *flexibel* einsetzbar. Je nach kommunikativen Zwecken bilden sie eher offene Reihen und können unterschiedlichen Bezugsgrößen (gemeinsamen Einordnungsinstanzen = GEI) zugeordnet werden (vgl. dazu Abschn. 6). Textklassifikationen sollten daher *prinzipiell offen* sein für Optionen solcher Mehrfachzuordnungen von Texten und Textsorten (Heinemann/Viehweger 1991, 146).

In diesem Sinne können Mehrebenen-Modelle zunächst als eine Art Summierung von relevanten eindimensionalen Klassifikationsansätzen verstanden werden; zugleich aber stellen sie auch eine neue qualitas dar im Hegelschen Sinne, die sowohl die Integration als auch die Weiterführung der genannten Basiskonzepte impliziert. (Zu den Konsequenzen aus diesen typologischen Postulaten s. 6.)

6. Textklassifikation und kommunikative Praxis

Über die Notwendigkeit der Differenzierung und Klassifizierung (auch) von Texten besteht heute in der soziologischen und linguistischen Forschung ein weitgehender Konsens. Diese „fundamentale Aktivität" (Kalverkämper 1983, 96) — so wird vielfach festgestellt — sei „für unsere Kommunikationspraxis und für die Strukturierung des sozialen Lebens von zentraler Bedeutung" (Kallmeyer 1986, 7). Die Einordnung von Texten in übergreifende interaktionale und typologische Zusammenhänge mache kommunikative (und mittelbar auch gesellschaftliche) Prozesse für die Kommunizierenden transparenter und effektiver (Heinemann/Viehweger 1991, 145), da dieses — über die 'reine Information' hinausgehende — „Mehr an Signalisation" (Kalverkämper 1983, 92) sowohl Textproduktion als auch Textrezeption wie ein Filter vorstrukturiere und damit selektierend und reduzierend als 'Orientierungshilfe' ordne.

Zum Problem wird dieses — in der praktischen Kommunikation immer (wenngleich von Fall zu Fall in unterschiedlicher Weise) funktionierende — Einordnen und Klassifizieren von Texten und Textsorten, wenn es explizit gemacht und in der Form von 'Ordnungen' dargestellt werden soll. Anders als in der Logik oder in den Naturwissenschaften (s. Rolf 1993, 52 f) sind schon die Basiseinheiten des Objektbereichs — Texte und Textklassen — (da primär kognitiv bestimmt) nur vage festlegbar (Textsorten sind „durchaus unsystematisch"; Adamzik 1995b, 28; vgl. Beaugrande 1991, 174). Umso mehr muß auch das In-Beziehung-Setzen solcher — weder von der Anzahl noch von der Ausgestaltung her definiten — Einheiten zwangsläufig auf Schwierigkeiten stoßen. Zwar können größere oder geringere Nähe (bzw. Ferne) dieser Einheiten eruiert und beschrieben werden; problematisch aber und damit zu einem „theoretischen Konstrukt" (Adamzik 1995b) wird jeder Versuch, die hier apostrophierten Relationen in ein in sich geschlossenes, exhaustives und widerspruchsfreies System zu bringen.

Gerade Postulate dieser Art aber sind als das eigentliche 'Dilemma' der Texttypologie (wenn denn überhaupt davon die Rede sein kann) anzusehen (Isenberg 1978; vgl. Dimter 1981, 6; Kalverkämper 1983, 82). Aufgabe von Textklassifikationen aber sollten weniger Theorie- oder System-Explikationen sein, sondern vielmehr Modellierungen realer Gegebenheiten des Kommunizierens. Denn in der kommunikativen Praxis wird ein umfassendes, universelles Textklassen-System offenkundig gar nicht gebraucht; es wäre auch „weder praktisch noch theoretisch nützlich" (Adamzik 1995b, 39). Vielmehr dominieren bei praktischen Interaktionsprozessen einfachste ad-hoc-Zusammenstellungen von Texten und Textklassen zu kleinen Gruppen (immer in Abhängigkeit von den Bedürfnissen und Zwecken konkreter Interaktionsereignisse); oder es werden bestimmten Großklassen von Texten/Texttypen (→ Art. 48) Einzeltexte bzw. Textsorten zugeordnet. Eher die Ausnahme sind komplexere systemhaft und hierarchisch durchorganisierte Reihungen von Textklassen unterschiedlichen Abstraktionsgrads, 'Typologien i. e. S.', „Sortierungen" nach Adamzik (1995b, 32). Festzuhalten bleibt, daß die in der Praxis so gut 'funktionierenden' Textklassenkonglomerate immer als Mittel und Ergebnisse integriert sind in konkrete Interaktionsereignisse, daß für die Art der jeweiligen Reihung von Textklassen der je spezifische Zweck der Handelnden (nicht irgendein 'Vollendungswert' eines Systems oder einer Theorie) ausschlaggebend ist. Daher können bei entsprechendem 'Bedarf' auch jederzeit andere Fokussierungen und Gewichtungen von Komponenten desselben Gegenstandsbereichs vorgenommen werden, sind 'Umordnungen' von systemhaften Reihungen durchaus usuell.

Das allgemeinste *Ziel* von Textklassifikationen besteht daher nicht in der Aufstellung eines stringenten und abgeschlossenen Systems, sondern darin, eine bestimmte Teilmenge von Textexemplaren − immer mit dem Blick auf bestimmte Zwecke und die Bezogenheit auf andere Textmengen − überschaubarer zu machen, weil dann spezielle sprachliche und nichtsprachliche Routinen zum Tragen kommen, die die Handelnden bei ihren kommunikativen Aktivitäten entlasten. Letztlich ist das Ziel jeder Textsortendarstellung „nicht irgendeine Typologisierung, sondern die Beschreibung spezieller Routinen" (Adamzik 1995b, 28).

Spezielle Zwecke können unterschiedlicher Art sein. Sie reichen von technisch-praktischen Aufgaben (etwa der Ordnung von Buchtexten in Bibliotheken oder in der Privatbibliothek; dabei entstehen allerdings − trotz Exhaustivität und Monotypie − keine linguistischen Klassifikationen) über Dokumentationen bis zu vielfältigen didaktischen Zielsetzungen (Mustervermittlung und Mustereinbettung zur Konstituierung bzw. Erweiterung der Sprachkompetenz im Muttersprach- und Fremdsprachenunterricht). Hinzu kommen mannigfaltige theoretische (hier: linguistische) Zwecke: die Modellierung von Textklassentypologien zur Erarbeitung von Analysekategorien aus der Sicht bestimmter linguistischer Theorien, wobei in der Regel (Beispiel Isenberg 1984) eine Beschränkung auf nur ein Differenzierungskriterium auf hoher Abstraktionsebene erfolgt (vgl. Adamzik 1995b, 38 f). Seltener gehen theoretisch orientierte Typologien über solche Rahmenansätze hinaus und bieten strikt hierarchisierte und systematisierte Übersichten (d. h. Typologien i. e. S.) über die Strukturierungsmöglichkeiten eines umfassenderen Gegenstandsbereichs bis hinunter zu Textsortenvarianten (Beispiel Rolf 1993 zu Gebrauchstexten).

Die Typisierungen in der Praxis selbst lassen sich als sukzessive Handlungsabfolgen, als Prozesse, kennzeichnen. Ausgehend von einer Grobidentifikation eines Textmusters (etwa einer *Fußballreportage*, auf der Basis von Präsignalen und anderen Indikatoren) über den gezielten Ausschluß aller nicht damit korrespondierenden Bereiche (*aller Nicht-Sport-Texte*) und damit der Eingrenzung des Zuordnungspotentials, der inferierenden Einbeziehung anderer Formen des Berichtens und des Mediums (*Presse, Journalistik*) bis zum hierarchischen In-Beziehung-Setzen der global (und mit vielen Leerstellen) selektierten Einheiten in der Form hierarchischer Ketten. So entsteht ein begrenztes − in Ansätzen hierarchisch gestuftes − Textsortenfeld (das auch *Schrifttexte* als Großklasse impliziert). Völlig irrelevant ist dabei, in welcher Beziehung die *Fußballreportage* zu einer *Kleinanzeige*, zum *Wetterbericht* oder zu einer *wissenschaftlichen Arbeit* steht.

Entscheidend für die Zusammenstellung von Textreihungen und -klassifikationen ist − neben dem Zweck solcher Textsorten-Komplexionen − der jeweilige Bezugsbereich des In-Beziehung-Setzens, die allen miteinander verknüpften Einheiten *gemeinsame Einordnungs-Instanz* (= GEI), auch 'gemeinsame Integrationsinstanz' (Hyún 1994, 57) oder 'funktionale semantische Äquivalenz' (Viehweger 1977). Geht man von Textsorten als Ausgangsgrößen von Reihungen und Typisierungen aus, dann fungiert in der Regel die für eine konkrete Textreihung/Klassifikation jeweils höchste hierarchische Ebene (auch als 'Texttyp' bezeichnet, → Art. 48) als Bezugs- und Einordnungsinstanz. Die Textsorte *Wetterbericht* kann beispielsweise (die schriftliche Materialisierung vorausgesetzt) bei bestimmten kommunikativen Anlässen auf die GEI *Schrifttexte* bezogen werden, in anderen Fällen kann eine Zuordnung und Kennzeichnung derselben Textsorte zur Klasse der *Pressetexte* zweckmäßig sein; und ebenso denkbar sind bei bestimmten interaktionalen Voraussetzungen Charakterisierungen des *Wetterberichts* mit Bezug auf die Großklassen *Informationstexte* oder (für Meteorologen) *Fachtexte*. Mit leichten Modifikationen kann ein *Wetterbericht* sogar eine Deutung als *Gedicht* zulassen (Bienek 1969, 25).

Generell gilt auch hier: Je größer der Geltungsbereich einer Klassifikation ist (je höher also die jeweilige GEI gesetzt wird), desto geringer ist die Anzahl der Kriterien, aufgrund derer die dabei zusammengefaßten Textklassen miteinander korrelieren. Zwischen den jeweiligen 'Texttyp', die GEI (beim genannten Beispiel also *Pressetexte* oder *Informationstexte* oder *journalistische Texte* usw.) und die Basistextsorten (hier: *Wetterbericht*) treten in der Regel eine oder mehrere verbindende (teils auch sytemhaft-logische) Zwischeninstanzen, die hier generalisierend 'Textsortenklassen' unterschiedlichen Grades genannt werden sollen. Bei den Kommunizierenden rücken diese Zwischenglieder nur selten über die Schwelle des Bewußtseins; sie werden vielfach als nur implizit 'mitgesetzt' verstanden. Der Versuch, solche 'links' für systemhafte Klassifikationen explizit zu machen, stellt daher auch ein diffiziles Problem jeder Texttypisierung dar (vgl. Rolf 1993).

Im folgenden soll versucht werden, unterschiedliche *Typen* und *Sorten* von *Textreihungen* und *Klassifikationen* der kommunikativen (und linguistischen) Praxis − wenigstens in erster Annäherung − zusammenfassend darzustellen.

Ad-hoc-Zusammenstellungen weniger Textsorten sind in der kommunikativen Praxis gang und gäbe (*Sage und Märchen; Bewerbung mit Lebenslauf* ...). Auch umfangreichere Textsortengruppierungen (*Antrag auf Baugenehmigung* mit vollständigen Unterlagen: *Lageplan, Baubeschreibung, Bauzeichnungen, Finanzierungsplan, Kaufvertrag* ...) folgen in der Regel praktischen Anlässen.

Im Gegensatz zu solchen nicht oder wenig strukturierten Reihungen (Textsorteninventaren) sind Texttypisierungen aller Art gekennzeichnet durch das systemhafte In-Beziehung-Setzen distinktiver Einheiten auf mehreren hierarchischen Ebenen. Auch wenn hypothetisch zahllose Zuordnungen von Textsorten zu nahezu beliebigen (auch irrelevanten oder gar sinnlosen) Einordnungsinstanzen vorgenommen werden können, so lassen sich doch für die Zwecke einer sinnvollen und praxisrelevanten Klassifikation auf der Basis solcher GEI die folgenden Haupttypen voneinander abheben.

(i) Klassifikation auf der Basis ausschließlich *formaler Merkmale*: Textsorten mit dominant elliptischen Konstruktionen, mit ICH-Performativa (vgl. Große 1974, 60 ff), mit formelhafter Prägung (so z. B. Gülich 1990).

(ii) Zuordnungen auf der Grundlage der typischen *Textstrukturierung/Sequenzierung* komplexer Texte (Texte mit Initialteil eines bestimmten Typs ...), oft verbunden mit semantischen Interpretationen (Vertextungstyp Narration, Deskription ...; vgl. Werlich 1975; van Dijk 1980).

(iii) *Textinhalte* als Basiskriterium: Texte und Textsorten der Politik (Klein 1991; → Art. 64), der Wirtschaft (Gerzymich-Arbogast 1998), der Wissenschaft (Ehlich 1998; Gläser 1998; Hoffmann 1998) usw. Hierher zu stellen sind auch Klassifikationen auf der Basis von Gemeinsamkeiten des Textthemas und unterschiedlichen Typen seiner Entfaltung, der Informationsverteilung in Texten (vgl. dazu Dimter 1981; Brinker 1997, 139). Als besonderer übergreifender Aspekt einer inhaltlich geprägten Textklassifikation darf die Fachlichkeit angesehen werden (Kalverkämper 1983; Hoffmann 1987; Gläser 1990; vor allem Hoffmann/Kalverkämper/Wiegand 1998). Für Textsorten des Teilbereichs Naturwissenschaft und Technik stellte Göpferich (1998, 549) ein detailliertes Subklassifikationsschema zusammen.

(iv) Zuordnungen auf der Basis *situativer Kriterien*. Für Grobdifferenzierungen (*face-to-face-Kommunikation, Schriftkommunikation, Tele-Kommunikation*) reicht oft die Heranziehung von Faktoren der Umgebungssituation und des medialen Rahmens aus (s. Gülich/Raible 1975, 153).

Weitaus wichtiger für situativ geprägte Texttypisierungen ist das Bezugnehmen auf die Rahmen-Einordnungsinstanz 'Kommunikationsbereich' (eine Textgroßklasse aus Alltags- und institutioneller Kommunikation, wobei Institutionen als relativ autonome gesellschaftliche Teilbereiche gefaßt werden; Weingarten 1994, 575). Auffallend ist, daß einige dieser Kommunikationsbereiche nicht oder nur peripher zum Gegenstand klassifikatorischer Bemühungen wurden (*militärische Einrichtungen, Dienstleistungen, Religion und Kirchen* etc.), während für andere sehr detaillierte Spezifizierungen vorliegen (*Rechtswesen*: Busse 1992; Engberg 1993; *Verwaltung*: Rehbein 1998; Knoop 1998; *Medien*: Roloff 1982; Hundsnurscher 1984, 96; s. Abb. 49.5; Lüger 1995, 77 ff etc.).

Im Anschluß an Ermerts 'Kommunikationsformen' (1979) postulierte Diewald (1991) primär situativ geprägte 'Grundtextsorten', die den Rahmen für die Konstitution der eigentlichen, funktional determinierten praktischen Textsorten darstellen (vgl. dazu auch Gülich/Raible 1977; Hundsnurscher 1984; Brinker 1997).

(v) Ausgangspunkt für *funktionsorientierte Zuordnungen* ist all das, was die Handelnden unter bestimmten interaktiven Bedingungen zur Erreichung spezifischer kommunikativer Ziele typischerweise tun. Klassifikationsansätze dieses Typs greifen daher mittelbar oder direkt auf allgemeine Funktionsbestimmungen oder aber auf die Sprechakttheorie zurück. Umstritten ist dabei, ob man das – auf der Grundlage von Sätzen und ihren Illokutionen entwickelte – sprechakttheoretische Modell ohne Modifikationen auf komplexe Texte übertragen kann oder nicht. (Vor allem in dieser Hinsicht unterscheiden sich Funktionstypologien voneinander. Hinzu kommt die schon erörterte unterschiedliche Fassung der Einordnungsinstanz 'Funktion'.) Als Prototypen solcher Textklassifikationen mit dominant funktionaler Einordnungsinstanz dürfen Große (1976), Brinker (1985) und Rolf (1993) gelten. – Erwähnung verdient in diesem Zusammenhang noch die Sonderstellung ästhetisch geprägter Texte, die von der Literaturwissenschaft bei im Grunde gleichfalls funktionaler Einordnungsinstanz im Sinne tradierter literaturwissenschaftlicher Gattungen und Genres (nicht als Textsorten) typisiert werden (vgl. dazu Hinck 1977, X; Kalverkämper 1983, 98).

(vi) Eine komplexe mehrdimensionale Einordnungsinstanz ist schließlich der zentrale Bezugspunkt von *Mehrebenen-Modellen*. Damit werden aber nicht nur Textganzheiten (und ihnen entsprechende Klassen) als Ausgangsgrößen für die Bestimmung von Beschreibungsdimensionen (Adamzik 1995b, 38) fixiert, sondern zugleich auch Variabilität und Vielfalt von Zuordnungsmöglichkeiten im Ansatz vorprogrammiert. Das erlaubt nicht zuletzt auch die Kennzeichnung der grundsätzlichen dialogischen Geprägtheit aller Textsorten (initiierende und reaktive Textaspekte und Textsorten) sowie die Beschreibung des Zusammenwirkens von Textsortenkomplexen in geregelten Kommunikationsabläufen (Klein 1991; Rehbein 1998). Insofern stellen Mehrebenen-Ansätze keine disjunktiven Kontrastmodelle zu eindimensionalen Konzepten dar, sondern können eher als übergreifende integrative Ansätze gekennzeichnet werden. Trotz bestimmter Beschränktheiten (im Hinblick auf Systemhaftigkeit und Regelhaftigkeit der Darstellung) darf angenommen werden, daß die prinzipielle Offenheit dieses Typisierungsansatzes (Heinemann/Viehweger 1991) das Funktionieren zahlreicher Klassifizierungsprozeduren der kommunikativen Praxis mit einem relativ hohen Grad an Adäquatheit abbildet (vgl. Gläser 1990, 58 ff).

Als eine Art 'Summa' werden abschließend nochmals einige Grundpositionen in der Form von Thesen zusammengefaßt, die bei der dringlich notwendigen weiteren Erörterung von Textsorten- und Texttypisierungsproblemen eine Rolle spielen könnten:

(i) Textsorten als 'objektive Typen sozialen Handelns' (Soeffner 1986, 17 f) sind wegen der Vagheit und Variabilität der durch sie repräsentierten kommunikativen Muster/Textmuster nach Anzahl und Umfang nicht exakt festlegbar.

(ii) Identifizierung und Abgrenzung der Textsorten voneinander ('Textsorten-Differenzierungen') erfolgen in der praktischen Kommunikation im jeweils notwendigen Umfang. Der Versuch einer soziologisch-linguistischen Beschreibung auf der Basis von Merkmalbündeln muß auf Kernbereiche beschränkt bleiben.

(iii) Textsorten stehen untereinander und mit Textklassen anderer Abstraktionsebenen in vielfältigen – teils auch hierarchischen – Beziehungen. Textsorten-Reihungen und Text-Typisierungen (bei denen sich immer nur begrenzte Teilbereiche als systemhaft ausgestaltet erweisen) sind für praktische Kommunikationsprozesse von großer Bedeutung. Sie werden determiniert durch je spezifische Zwecke (kommunikative Aufgaben) und sind orientiert an vielfältigen – jeweils pragma-

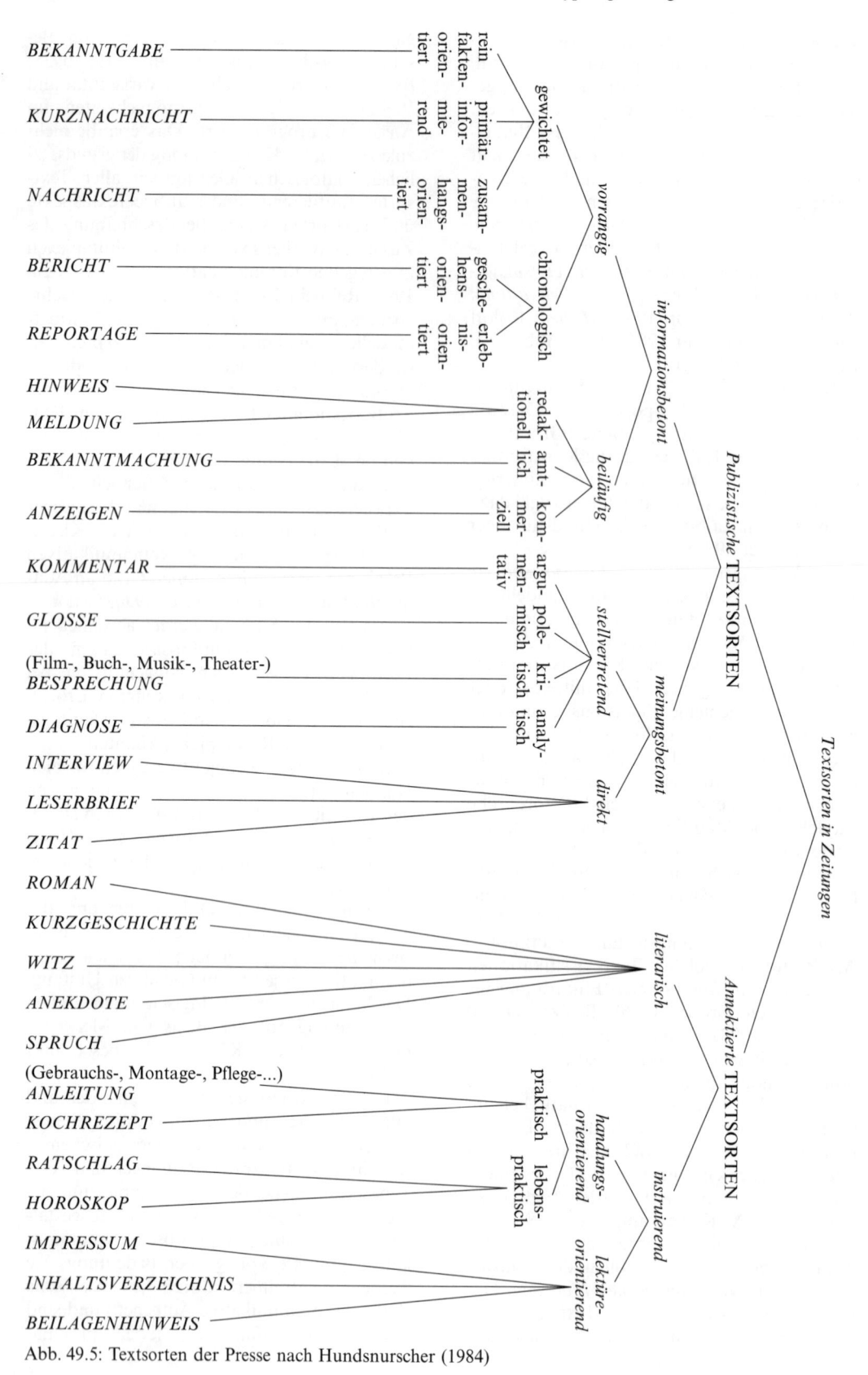

542　　　　　　　　　　　　　　　　　　　　VIII. Typologisierung von Texten I: Kriterien

```
BEKANNTGABE ─────────── rein faktenorientiert ─┐
                                                │
KURZNACHRICHT ───────── primär informierend ────┤ gewichtet ─┐
                                                │            │
NACHRICHT ───────────── zusammenhangsorientiert ┤            │ vorrangig ─┐
                                                │            │            │
BERICHT ─────────────── geschehensorientiert ───┤ chronologisch            │
                                                │            │            │
REPORTAGE ───────────── erlebnisorientiert ─────┘            │            │
                                                                           │ informationsbetont ─┐
HINWEIS ──────────┐                                                        │                     │
MELDUNG ──────────┤ redaktionell ──┐                                       │                     │
BEKANNTMACHUNG ───┤ amtlich ───────┤ beiläufig ─────────────────────────────┘                     │
ANZEIGEN ─────────┘ kommerziell ───┘                                                              │ Publizistische TEXTSORTEN ─┐
                                                                                                  │                            │
KOMMENTAR ──────────── argumentativ ─┐                                                            │                            │
GLOSSE ─────────────── polemisch ────┤                                                            │                            │
(Film-, Buch-, Musik-, Theater-)     │ stellvertretend ──┐                                        │                            │
BESPRECHUNG ────────── kritisch ─────┤                   │ meinungsbetont ──────────────────────┘                            │
DIAGNOSE ───────────── analytisch ───┘                   │                                                                     │
                                                         │                                                                     │ Textsorten in Zeitungen
INTERVIEW ─────────┐                                     │                                                                     │
LESERBRIEF ────────┤ direkt ─────────────────────────────┘                                                                     │
ZITAT ─────────────┘                                                                                                           │
                                                                                                                               │
ROMAN ─────────────┐                                                                                                           │
KURZGESCHICHTE ────┤                                                                                                           │
WITZ ──────────────┤ literarisch ──────────────────────────────────────────┐                                                   │
ANEKDOTE ──────────┤                                                       │                                                   │
SPRUCH ────────────┘                                                       │                                                   │
                                                                           │ Annektierte TEXTSORTEN ────────────────────────────┘
(Gebrauchs-, Montage-, Pflege-...)                                         │
ANLEITUNG ─────────┐ praktisch ──┐                                         │
KOCHREZEPT ────────┘ handlungsorientierend ┐                               │
                                            │ instruierend ────────────────┤
RATSCHLAG ─────────┐ lebenspraktisch ──────┤                               │
HOROSKOP ──────────┘                        │                               │
                                                                           │
IMPRESSUM ─────────┐                                                       │
INHALTSVERZEICHNIS ┤ lektüreorientierend ──────────────────────────────────┘
BEILAGENHINWEIS ───┘
```

Abb. 49.5: Textsorten der Presse nach Hundsnurscher (1984)

tisch relevanten – Bezugssystemen (Einordnungsinstanzen).

(iv) Texttypologische Beschreibungen reflektieren die vielfältigen Möglichkeiten des In-Beziehung-Setzens von Textsorten (und Textklassen anderer Abtraktionsstufen), wobei Einzelaspekte oder komplexe Merkmalbündel als Basis für Zuordnungsprozesse (Gemeinsame Einordnungsinstanzen) fungieren.

(v) Relevant für die Aufstellung von Texttypologien sollte daher weder die Regelhaftigkeit eines Systems noch dessen Exhaustivität sein, sondern die pragmatische Effizienz von Klassifikationen, die Fragen also, ob und in welchem Grade eine Typologie/Teiltypologie potentielle reale Aspekte kognitiver und kommunikativer Prozesse und Zusammenhänge abbildet oder nicht. Der Versuch einer exhaustiven, universellen und absoluten Erfassung irgendeines 'Gesamtsystems' von Textsorten erscheint daher weder sinnvoll noch erreichbar.

7. Literatur (in Auswahl)

Adam, Jean-Michel (1992): Les textes. Types et prototypes. Paris.

Adamzik, Kirsten (1995a): Textsorten – Texttypologie. Eine kommentierte Bibliographie. Münster.

– (1995b): Aspekte und Perspektiven der Textsortenlinguistik. In: Adamzik (1995a), 11–40.

Antos, Gerd (1982): Grundlagen einer Theorie des Formulierens. Textherstellung in geschriebener und gesprochener Sprache. Tübingen.

– (1989): Zur Diskrepanz zwischen Textmusterwissen und interaktioneller Durchführung. In: Weigand, Edda/Hundsnurscher, Franz (eds.): Dialoganalyse II. Arbeitstagung Bochum 1988, 253–263.

Antos, Gerd/Tietz, Heike (eds.) (1997): Die Zukunft der Textlinguistik. Traditionen, Transformationen, Trends. Tübingen.

Baumann, Klaus-Dieter (1992): Integrative Fachtextlinguistik. Tübingen.

Beaugrande, Robert-Alain de (1991): Linguistic Theory. The discourse of fundamental works. London/NY.

Beaugrande, Robert-Alain de/Dressler, Wolfgang Ulrich (1981): Einführung in die Textlinguistik. Tübingen.

Bhatia, Vijay K. (1993): Analysing Genre. Language in Professional Settings. London.

Bienek, Horst (1969): Vorgefundene Gedichte. München.

Brinker, Klaus (1985/1988/1997): Linguistische Textanalyse. Eine Einführung in Grundbegriffe und Methoden (1./2./4. Aufl.). Berlin.

Bucher, Hans-Jürgen (1986): Pressekommunikation. Grundstrukturen einer öffentlichen Form der Kommunikation aus linguistischer Sicht. Tübingen.

Bühler, Karl (1934/1982): Sprachtheorie. Die Darstellungsfunktionen der Sprache. Stuttgart.

Burkhardt, Armin (1986): Soziale Akte, Sprechakte und Textillokutionen. A. Reinachs Rechtsphilosophie und die moderne Linguistik. Tübingen.

Busse, Dietrich (1992): Recht als Text. Tübingen.

Diewald, Gabriele Maria (1991): Deixis und Textsorten im Deutschen. Tübingen.

van Dijk, Teun A. (1980): Textwissenschaft. Eine interdisziplinäre Einführung. München.

Dimter, Matthias (1981): Textklassenkonzepte heutiger Alltagssprache. Kommunikationssituation, Textfunktion und Textinhalt als Kategorien alltagssprachlicher Textklassifikation. Tübingen.

Ehlich, Konrad (1980): Der Alltag des Erzählens. In: Ehlich, Konrad (ed.): Erzählen im Alltag. Frankfurt.

– (1986a): Funktional-pragmatische Textanalyse – Ziele und Verfahren. In: Hartung, Wolf-Dietrich (ed.): Untersuchungen zur Kommunikation. Ergebnisse und Perspektiven. Berlin, 15–40.

– (1986b): Die Entwicklung von Kommunikationstypologien und die Formbestimmtheit sprachlichen Handelns. In: Kallmeyer, Werner (ed.) (1986), 47–72.

– (1998): Medium Sprache. In: Strohner, Hans/Sichelschmidt, Lorenz/Hielscher, Martina (eds.): Medium Sprache. Frankfurt, 9–22.

Eigenwald, Rolf (1974): Textanalytik. München.

Engberg, Jan (1993): Prinzipien einer Typologisierung juristischer Texte. In: Fachsprache 15, 1–2, 31–38.

Ermert, Karl (1979): Briefsorten. Untersuchungen zu Theorie und Empirie der Textklassifikation. Tübingen.

Fleischer, Wolfgang/Michel, Georg (1975) (eds.): Stilistik der deutschen Gegenwartssprache. Leipzig.

Franke, Wilhelm (1991): Linguistische Texttypologie. In: Brinker, Klaus (ed.): Aspekte der Textlinguistik. Hildesheim, 157–182.

Gerzymisch-Arbogast, Heidrun (1998): Isotopie in Wirtschaftstextsorten. In: Hoffmann, Lothar/Kalverkämper, Hartwig/Wiegand, Herbert Ernst (eds.): Fachsprachen. Ein internationales Handbuch der Fachsprachenforschung und Terminologiewissenschaft. Berlin, 595–601.

Gläser, Rosemarie (1990): Fachtextsorten im Englischen. Tübingen.

— (1998): Der wissenschaftliche Zeitschriftenaufsatz. In: Hoffmann, Lothar/Kalverkämper, Hartwig/Wiegand, Herbert Ernst (eds.), 482–487.

Gobyn, Luc (1984): Textsorten. Ein Methodenvergleich, illustriert an einem Märchen. Brüssel.

Göpferich, Susanne (1998): Fachtextsorten der Naturwissenschaften und Technik. Ein Überblick. In: Hoffmann, Lothar/Kalverkämper, Hartwig/Wiegand, Herbert Ernst (eds.), 545–555.

Goffman, Erving (1977): Rahmen-Analyse. Ein Versuch über die Organisation von Alltagserfahrungen. Frankfurt.

Große, Ernst Ulrich (1976): Text und Kommunikation. Eine linguistische Einführung in die Funktionen von Texten. Stuttgart.

Gülich, Elisabeth (1986): Textsorten in der Kommunikationspraxis. In: Kallmeyer, Werner (ed.), 15–46.

— (1990): Routineformeln und Formulierungsroutinen. Pragmatische Phraseologismen aus textlinguistischer Sicht. Vortrag auf der Jahrestagung des IdS Mannheim.

Gülich, Elisabeth/Raible, Wolfgang (eds.) (1972): Textsorten. Differenzierungskriterien aus linguistischer Sicht. Frankfurt.

— (1974): Überlegungen zu einer makrostrukturellen Textanalyse. In: Gülich, Elisabeth/Heger, Klaus/Raible, Wolfgang (eds.): Linguistische Textanalyse. Überlegungen zur Gliederung von Texten. Hamburg, 73–108.

— (1975): Textsortenprobleme. In: Lingiustische Probleme der Textanalyse. Düsseldorf, 144–197.

— (1977/1980): Linguistische Textmodelle. München.

Günthner, Susanne (1995): Gattungen in der sozialen Praxis. Die Analyse 'kommunikativer Gattungen' als Textsorten mündlicher Kommunikation. In: Deutsche Sprache 23, 3, 193–218.

Hartmann, Peter (1964): Text, Texte, Klassen von Texten. In: Bogawus 2, Zeitschrift für Literatur, Kunst und Philosophie. 15–25.

Hartung, Wolf-Dietrich (1983a): Strukturebenen und ihre Einheiten in Diskussionstexten. In: Daneš, František/Viehweger, Dieter (eds.): Ebenen der Textstruktur. Berlin, 193–228.

— (1983b): Sprache und Kommunikation. In: Fleischer, Wolfgang/Hartung, Wolf-Dietrich/Schildt, Joachim/Suchsland, Peter (eds.): Kleine Enzyklopädie Deutsche Sprache. Leipzig, 345–381.

Harweg, Roland (1968): Pronomina und Textkonstitution. München.

— (1977): James Thurbers 'The Lover and his Loss' – Textgrammatische Bemerkungen zur Konstitution eines literarischen Textes. In: Van Dijk, Teun A./Petöfi, Janoš (eds.): Grammars and descriptions. Berlin/NY, 226–259.

Heinemann, Wolfgang (1989): Komponenten und Funktionen globaler Textmuster. In: Pätzold, Margitta/Lindemann, Petra (eds.): Kommunikationstagung 1989 in Wulkow. Berlin, 182–191.

— (1991): Textsorten – Textmuster. Ein Problemaufriß. In: Mackeldey, Roger (ed.): Textsorten/Textmuster in der Sprech- und Schriftkommunikation. Leipzig, 8–16.

Heinemann, Wolfgang/Viehweger, Dieter (1991): Textlinguistik. Eine Einführung. Tübingen.

Helbig, Gerhard (1975): Zu Problemen der linguistischen Beschreibung des Dialogs im Deutschen. In: DaF 2/1975, 65–80.

Hempfer, Klaus W. (1977): Zur pragmatischen Fundierung der Texttypologie. In: Hinck, Walter (ed.): Textsortenlehre – Gattungsgeschichte. Heidelberg, 1–26.

Henne, Helmut/Rehbock, Helmut (1982): Einführung in die Gesprächsanalyse. 2. Aufl. Berlin.

Hinck, Walter (1977): Vorwort. In: Hinck, Walter (ed.): Textsortenlehre – Gattungsgeschichte. Heidelberg.

Hoffmann, Lothar (1987): Kommunikationsmittel Fachsprache. Eine Einführung. Berlin.

— (1998): Das fachinterne Gutachten zu wissenschaftlichen Arbeiten. In: Hoffmann/Kalverkämper/Wiegand (eds.), 500–504.

Hoffmann, Lothar/Kalverkämper, Hartwig/Wiegand, Herbert Ernst (eds.) (1998): Fachsprachen. Ein internationales Handbuch der Fachsprachenforschung und Terminologiewissenschaft. Berlin/NY.

Hundsnurscher, Franz (1984): Theorie und Praxis der Textklassifikation. In: Rosengren, Inger (ed.): Sprache und Pragmatik. Malmö, 75–97.

— (1994): Dialog-Typologie. In: Fritz, Gerd/Hundsnurscher, Franz (eds.): Handbuch der Dialoganalyse. Tübingen, 203–238.

Hymes, Dell (1973/1988): Communicative Competence. In: Ammon, Ulrich/Dittmar, Norbert/Mattheier, Klaus J. (eds.): Soziolinguistik. Berlin/NY, 219–229.

Hyún, Mi Bak (1994): Grundprobleme der strukturalen Textsemantik. Die Reichweite des Isotopiekonzepts von Greimas in Bezug auf literarische Texte. Berlin.

Isenberg, Horst (1968): Der Begriff 'Text' in der Sprachtheorie. ASG-Bericht Nr. 8. Berlin.

— (1974): Texttheorie und Gegenstand der Grammatik. Berlin.

— (1976): Einige Grundbegriffe für eine linguistische Text-Theorie. In: Daneš, František/Viehweger, Dieter (eds.): Probleme der Textgrammatik. Berlin, 47–146.

– (1977): Text versus Satz. In: Daneš, František/ Viehweger, Dieter (eds.): Probleme der Textgrammatik II. Berlin, 119–146.

– (1978): Probleme der Texttypologie. Variation und Determination von Texttypen. In: Wissenschaftliche Zeitschrift der KMU Leipzig. Gesellschafts- und sprachwissenschaftliche Reihe, 565–579.

– (1984): Texttypen als Interaktionstypen. In: Zeitschrift für Germanistik 5, 261–270.

Jacobson, Sven (1975): Factors influencing the placement of English adverbs in relation to auxiliaries. Stockholm.

Kallmeyer, Werner (ed.) (1986): Kommunikationstypologie. Handlungsmuster, Textsorten, Situationstypen. Düsseldorf.

Kallmeyer, Werner/Klein, W./Meyer-Hermann, R./ Netzer, K./Siebert, H. J. (eds.) (1974): Lektürekolleg zur Textlinguistik. 2 Bände. Frankfurt.

Kalverkämper, Hartwig (1983): Gattungen, Textsorten, Fachsprachen – textpragmatische Überlegungen zur Klassifikation. In: Hess-Lüttich, Ernest W. B. (ed.): Textproduktion – Textrezeption. Tübingen, 91–103.

Kalverkämper, Hartwig/Baurmann, Klaus-Dieter (eds.) (1996): Fachliche Textsorten. Komponenten – Relationen – Strategien. Tübingen.

Kern, Peter (1976): Bemerkungen zum Problem der Textklassifikation. In: Engel, Ulrich/Hellmann, M. W. (eds.): Sammelband zur Textverarbeitung. Forschungsberichte des IdS 3. Tübingen, 3–23.

Klein, Josef (1991): Politische Textsorten. In: Brinker, Klaus (ed.): Aspekte der Textlinguistik. Hildesheim, 245–278.

Knoop, Ulrich (1998): Kritik der Institutionensprache. Am Beispiel der Verwaltungssprache. In: Hoffmann/Kalverkämper/Wiegand (eds.), 866–875.

Koerfer, Armin (1994): Institutionelle Kommunikation. Zur Methodologie und Empirie der Handlungsanalyse. Opladen.

Leont'ev, Alexej A. (1975): Psycholinguistische Einheiten und die Erzeugung sprachlicher Äußerungen. Berlin.

– (1979): Vyskazyvanie kak predmet lingvistiki, psicholingvistiki i teorii kommunikacii. In: Sintaksis teksta. Moskva, 18–36.

Lueger, Heinz-Helmut (1995): Pressesprache. 2. Aufl. Tübingen.

Lux, Friedemann (1981): Text, Situation, Textsorte. Probleme der Textsortenanalyse, dargestellt am Beispiel der Registerlinguistik mit einem Ausblick auf eine adäquate Texttheorie. Tübingen.

Mistrik, Jozef (1973): Exakte Typologie von Texten. München.

Mortava-Garavelli, Bice (1988): Tipologia dei testi. In: Holtus, Günter et alii: Lexikon der romanistischen Linguistik. Bd. IV. Tübingen, 157–168.

Motsch, Wolfgang (1987): Zur Illokutionsstruktur von Feststellungstexten. In: ZPSK 40, 45–67.

Motsch, Wolfgang/Viehweger, Dieter (1981): Sprachhandlung, Satz und Text. In: Rosengren, Inger (ed.): Sprache und Pragmatik. Malmö, 125–154.

Nussbaumer, Markus (1991): Was Texte sind und wie sie sein sollen. Ansätze zu einer sprachwissenschaftlichen Begründung eines Kriterienrasters zur Beurteilung von schriftlichen Schülertexten. Tübingen.

Oomen, Ursula (1972): Systemtheorie der Texte. In: Folia Linguistica 5, 1/2, 12–34.

Polenz, Peter von (1988): Deutsche Satzsemantik. Grundbegriffe des Zwischen-den-Zeilen-Lesens. Berlin.

Rehbein, Jochen (1998): Die Verwendung von Institutionensprache in Ämtern und Behörden. In: Hoffmann/Kalverkämper/Wiegand (eds.), 660–674.

Reiss, Katharina (1976): Texttyp und Übersetzungsmethode. Kronberg.

Riesel, Elise (1963): Stilistik der deutschen Sprache. Moskau.

Rolf, Eckard (1993): Die Funktionen der Gebrauchstextsorten. Berlin/NY.

Roloff, Eckart Klaus (1982): Journalistische Textgattungen. München.

Rosengren, Inger (1979): Die Sprachhandlung als Mittel zum Zweck. Typen und Funktionen. In: LGF 48. Malmö, 188–221.

Rothkegel, Annely (1984): Sprachhandlungstypen in interaktionsregelnden Texten – Texthandlungen in Abkommen. In: Rosengren, Inger (ed.): Sprache und Pragmatik. Stockholm, 255–278.

Sandig, Barbara (1972/1975): Zur Differenzierung gebrauchsspezifischer Textsorten im Deutschen. In: Gülich, Elisabeth/Raible, Wolfgang (eds.), 113–124.

Schmidt, Wilhelm (1980): Thesen zur Beschreibung und Einteilung von Texten. In: Brünner Beiträge zur Germanistik und Nordistik II, 77–89.

– et al. (1981): Funktional-kommunikative Sprachbeschreibung. Theoretisch-methodische Grundlegung. Leipzig.

Schütze, Fritz (1987): Situation. In: Ammon, Ulrich/Dittmar, Norbert/Mattheier, Klaus J. (eds.): Soziolinguistik. 1. Halbbd. Berlin/NY, 157–164.

Schwarz, Christiane (1985): Bedingungen der sprachlichen Kommunikation. In: Linguistische Studien 131. Berlin.

Searle, John R. (1969/1977): Speech Acts. Cambridge. Dt.: Sprechakte. Ein sprachphilosophischer Essay. Frankfurt.

– (1975): A taxonomy of illocutionary acts. Cambridge.

– (1976): A classification of illocutionary acts. In: Language in Society 5, 1–23.

– (1983): Intentionality. An essay in the philosophy of mind. Cambridge.

Searle, John R./Vanderveken, Daniel (1985): Foundation of Illocutionary Logic. Cambridge.

Simmler, Franz (1993): Zum Verhältnis von publizistischen Gattungen und linguistischen Textsorten. In: ZfG, Neue Folge III, 349–363.

Sitta, Horst (1973): Kritische Überlegungen zur Textsortenlehre. In: Sitta, Horst/Brinker, Klaus (eds.): Studien zur Texttheorie und zur deutschen Grammatik. Festgabe für Hans Glinz zum 60. Geburtstag. Düsseldorf, 63–72.

Soeffner, Hans-Georg (1986): Handlung – Szene – Inszenierung. Zur Problematik des 'Rahmen'-Konzepts bei der Analyse von Interaktionsprozessen. In: Kallmeyer, Werner (ed.), 73–91.

Steger, Hugo (1983): Über Textsorten und andere Textklassen. In: Vorstand der Vereinigung der deutschen Hochschulgermanisten (ed.): Dokumentation des Germanistentages in Hamburg 1979. Berlin, 25–67.

Steger, Hugo/Deutrich, Helge/Schank, Gerd/Schütz, Eva (1974): Redekonstellation, Redekonstellationstyp, Textexemplar, Textsorte im Rahmen eines Sprechverhaltensmodells. In: Gesprochene Sprache. Düsseldorf, 39–97.

Stocker, Karl (1977): Praxis der Arbeit mit Texten. Zur Behandlung von Texten der Gebrauchs- und Alltagssprache. Donauwörth.

Techtmeier, Bärbel (1984): Das Gespräch. Funktionen, Normen und Strukturen. Berlin.

Viehweger, Dieter (1977): Zur semantischen Struktur des Textes. In: Danteš, František/Viehweger, Dieter (eds.): Probleme der Textgrammatik. Berlin, 195–206.

Weingarten, Rüdiger (1994): Perspektiven der Schrift-Kultur. In: Günther, Hartmut/Ludwig, Otto (eds.): Schrift und Schriftlichkeit. 1. Halbbd. Berlin/NY, 573–586.

Weinrich, Harald (1969): Textlinguistik: Zur Syntax des Artikels in der deutschen Sprache. In: Jahrbuch für Internationale Germanistik. H. 1, 61–74.

– (1972): Thesen zur Textsortenlinguistik. In: Gülich, Elisabeth/Raible, Wolfgang (eds.), 160–169.

– (1976): Sprache in Texten. Stuttgart.

Werlich, Egon (1975): Typologie der Texte. Entwurf eines textlinguistischen Modells zur Grundlegung einer Textgrammatik. Heidelberg.

Wolfgang Heinemann, Leipzig
(Deutschland)

50. Textsorten und literarische Gattungen

1. Einleitung
2. Gattungen als historische Gattungen
3. Gattungen als systematische oder theoretische Gattungen
4. Vorschlag für ein flexibles Konzept von Gattung
5. Literatur (in Auswahl)

1. Einleitung

1.1. Vor rund zwei Jahrzehnten konnte ein einschlägig ausgewiesener Literaturwissenschaftler, ein deutscher Romanist, konstatieren: „Die Gattungen rücken seit einigen Jahren wieder in das Interessezentrum der Literaturwissenschaft" (Nies 1978, 9). Daß die Philologien wenigstens in Deutschland sich in der Tat seit dem Beginn der siebziger Jahre verstärkt um Fragen der Klassifikation von Werken zu kümmern begannen, hatte seinen Grund in zwei zeitlich parallelen, aber sachlich getrennten Entwicklungen der literaturwissenschaftlichen Disziplinen: den Veränderungen des Literaturbegriffs einerseits und einer (zunächst hoffnungsträchtigen) Verbindung von Literaturwissenschaft und Linguistik andererseits.

Der erstgenannte Prozeß erweiterte den Gegenstandbereich der (modernen) Philologien um die Bereiche der Unterhaltungs- und Trivialliteratur, der Sachliteratur und des Angebots von Film und Fernsehen. Schon die Zufügung neuer Segmente überhaupt machte, da es bei ihnen sich schließlich um etwas von dem, was bisher als Literatur definiert wurde, Verschiedenes handeln mußte, das Bedürfnis nach Klassifikation erneut aktuell. Vor allem aber zeigten diese Bereiche selbst, daß ein Motiv, welches das Desinteresse mancher Literaturwissenschaftler an Gattungen wohl mitbestimmt hatte, auf einer Täuschung der

Wahrnehmung beruhte. Gewiß nämlich vollzog die kulturell am höchsten eingeschätzte Literatur des 20. Jh.s immer konsequenter die Auflösung von Gattungen, gerade zu Beginn der sechziger Jahre setzte sich der Terminus 'Text' mit seiner Neutralisierung aller generischen Elemente für ein Jahrzehnt als Modebegriff am literarischen Markt durch. Aber: „The older generic categories do not, for all that, die out, but persist in the half-life of the subliterary genres of mass culture, transformed into the drugstore and airport paperback lines of gothics, mysteries, romances, bestsellers, and popular biographies" (Jameson 1981, 107; ähnlich Głowiński 1974, 172f; Kibédi Varga 1984, 44*; Neale 1990, 63; Molino 1993, 23f). In Werken, die sich generell – um es mit zwei zeitgenössischen Buchtiteln zu sagen – einer „Schema-Literatur" (Zimmermann 1979) oder auch „Formula Stories" (Cawelti 1976) zurechnen lassen, manifestierten sich unübersehbar die scheinbar veralteten generischen Kategorien. Doch hatte diese innere Struktur der neu angegliederten Gegenstandsbereiche keineswegs gleichsam selbsttätig das Thema Gattung für die Literaturwissenschaft erneut auf die Tagesordnung zu bringen vermocht, war sie doch ihrerseits meist noch gar nicht Objekt von Analysen geworden. Innerhalb der angelsächsischen Filmwissenschaft (für die deutsche gilt Ähnliches) begann das Konzept Genre erst seit dem Zeitpunkt um 1970 eine Rolle zu spielen, zu dem es eben auch in der Literaturwissenschaft seine Renaissance erlebte (Neale 1980, 5; Gledhill 1985, 58). Man muß hinter der Erweiterung des philologischen Gegenstandsbereichs den fundamentaleren Wechsel von einer elitären zu einer dispersiven Kultur mit ihrer Wertschätzung des Populären und Trivialen und vor allem auch die damit verknüpfte wissenschaftsstrategische Hinwendung zum Leser bzw. Zuschauer gebührend in Rechnung stellen, um das Motiv für den Wiederaufstieg von 'Gattungen' aus dem Schoß von Unterhaltungsliteratur, Film, Fernsehen in seinem ganzen Umfang beurteilen zu können.

Die zweite genannte Entwicklung, der Aufstieg der Linguistik in West- und Ostdeutschland, wie er sich über die sechziger und noch beeindruckender dann die siebziger Jahre vollzog, konnte die Literaturwissenschaften aus vielfältigen – weiterer Benennung wohl kaum bedürftigen – Motiven nicht unberührt lassen. Das sich sodann innerhalb der (Text-)Linguistik entfaltende Interesse an Textsorten bzw. Texttypen wurde zum zweiten Grund für die Erneuerung der Gattungstheorie: Der Terminus 'Textsorte', der in den gerade vorher generisch neutralisierten Begriff 'Text' wieder klassifikatorische Schienen einzog, faszinierte eine Literaturwissenschaft, die hier einen der Ansatzpunkte für ihre dringend nötige Modernisierung witterte. Beispielhaft dokumentierte sich dieser Vorgang darin, daß der Hamburger Germanistentag vom April 1979 unter das Generalthema „Textsorten und literarische Gattungen" gestellt wurde. Indessen ist von literaturwissenschaftlicher Seite der neue Terminus als Terminus allenfalls kooptiert worden. Am nachhaltigsten hat Fricke (siehe 4.3.4.) sich für eine genau differenzierte Verwendung der Begriffe 'Gattung' bzw. 'Genre' und 'Textsorte' zur analytischen Beschreibung literarischer Befunde eingesetzt. Öfter als eine solche Position wurden die ganz anderen, einander komplementären, Entscheidungen gewählt, entweder den Terminus 'Gattung' bzw. 'Genre' nicht nur in seinen Rechten zu belassen, sondern ihn über den ihm angestammten Bereich literarischer Texte hinaus nun auch noch auf Gebrauchstexte auszudehnen (Ryan 1979, 311; Raible 1980, 347; Kuon 1988, 241; Bonheim 1991/92, 6) oder umgekehrt mit dem Terminus 'Textsorte' bzw. 'Texttyp' zusätzlich Anspruch auf die gesamte Belletristik zu erheben, die dann etwa als Typ 'kalogener Text' erschien, dem global (und falsch) das Prädikat 'Fiktionalität' zugesprochen wurde (Isenberg 1984, 266f; Heinemann/Viehweger 1991, 149f, 153). Als sinnvoller muß man doch wohl Suerbaums frühzeitig geforderte Trennung von 'Textsorte' und 'Gattung' nach den Praxisbereichen Alltagskommunikation einerseits und (Schöne) Literatur andererseits bezeichnen, wobei gleichwohl eingeräumt wird, daß „analoge Verhältnisse [...] zwischen dem sprachlichen Kunstwerk und dem Normaltext" bestehen (Suerbaum 1971, 197; ähnlich Steinmetz 1983, 70). Der kurze hochgestimmte Flirt zwischen den Disziplinen hat mithin alsbald einer wechselseitigen Abgrenzung Platz gemacht, ohne daß freilich die Anregung zur Renaissance der Gattungstheorie, welche die Literaturwissenschaft gewiß eben auch dem Fach Linguistik und seiner Durchsetzung verdankte, darum zugleich erloschen wäre.

1.2. Unter solch ernüchternden Vorgaben des wissenschaftlichen Status quo soll das Thema „Textsorten und literarische Gattungen" im folgenden nicht als Konstruktion eines (ja nicht vorhandenen) Gesprächs, sondern in der Weise angegangen werden, daß weitgehend nur der Stand der literaturwissenschaftlichen Theoriebildung über 'Gattungen' oder 'Genres' (Appellative, die in diesem Beitrag grundsätzlich synonym verwendet werden) zur Erscheinung kommt. Die Gliederung des Materials folgt − zunächst unter Suspension des Urteils über die Validität dieser Unterscheidung (vgl. 4.) − der breit dokumentierten Differenzierung zwischen einer Ebene der 'historischen (oder auch ethnischen) Gattung' im Unterschied zu einer Ebene der 'systematischen (oder auch theoretischen) Gattung' (Ben-Amos 1969, 283−287; Todorov 1970, 18, 25; Müller-Dyes 1978, 9, 14; Fricke 1981, 132; Fricke 1983, 268; Lamping 1989, 15 f; Oversteegen 1989, 17; Neale 1990, 52; Steinmetz 1990, 57, 60; Müller-Dyes 1996, 325 f; vgl. die Unterscheidung zwischen Texttypen und Textsorten bei Isenberg 1983, 308; Heinemann/Viehweger 1991, 144).

Die Darstellung sucht ein breiteres Bild der englisch- und französischsprachigen wie deutschen Diskussion zu zeichnen. Explizit herangezogen und ins Literaturverzeichnis aufgenommen sind dabei nur Beiträge aus den letzten gut 25 Jahren; über die reiche Geschichte der vorangehenden nationalphilologischen Theoriebildung (und teils direkt, teils indirekt über die nochmals vorangehende Gattungserörterung seit Platon und Aristoteles) informieren umfassend gerade Werke vom Anfang der siebziger Jahre (Hernadi 1972; Hempfer 1973) sowie Willems (1981). Sofern dennoch Namen aus dem hier nicht thematisierten Zeitraum zu nennen sind, werden diese unter Hinzufügung des Vornamen-Initials bzw. unter Weglassung der Jahreszahl als nicht im Literaturverzeichnis vertreten codiert.

2. Gattungen als historische Gattungen

2.1. Historische Gattungen werden in der aktuellen Erörterung weitgehend konzeptualistisch als reale Elemente (vielfach) des literarischen Bewußtseins oder (mindestens aber) der literarischen Kompetenz einer Epoche gefaßt, sie firmieren als Konventionen oder Normen, die sowohl für Autoren wie deren Leser gelten (Hempfer 1972, 18; Jauß 1972, 110 f, 129; Hempfer 1973, 125−127, 222 f; Głowiński 1974, 165−167, 171 f; Kaiser 1974, 34; Köhler 1977, 8 f; Todorov 1978, 50 f; Ryan 1979, 311 f; Neale 1980, 51−55; Ryan 1981, 112 f, 121−123; Fowler 1982, 73; Kuon 1988, 250; Fowler 1989, 296; Oversteegen 1989, 17 f, 27 f; Neale 1990, 46, 51; Fishelov 1993, 85, 90; Molino 1993, 4). Solche Gattungen oder Genres, für die hier − in Differenz zu unter 2.2. darzustellenden Positionen − gilt, daß sie wenigstens implizit jeweils als eine auf bestimmte Weise strukturierte Menge von bestimmten Merkmalen aufgefaßt werden, sind diejenige Stelle, über die (allein) das Einzelwerk mit der Totalität von Literatur, Gesellschaft und Geschichte vermittelbar wird (Todorov 1970, 12; Köhler 1977, 8; Marsch 1979, 104, 119, 121; Jameson 1981, 105; Fohrmann 1988, 282; Perkins 1991, 248 f; Walch 1991, 6). Die in diesen sehr generellen Aussagen enthaltenen Annahmen über die vom Konzept Genre zu erwartenden Leistungen können in folgender Weise aufgefächert werden:

2.1.1. Aus vorwiegend lektorialer Sicht besteht eine Leistung von Gattung in der Entlastung beim Umgang mit der Totalität von Literatur. Zwischen der Gesamtheit des überliefert vorliegenden und kontinuierlich produzierten Materials einerseits und dem Einzelwerk andererseits muß, wenn eine sinnvolle Teilnahme an der Kultur für das Subjekt überhaupt möglich sein soll, vermittelt werden. Diese Aufgabe, Totalität verfügbar zu machen und zu halten, ist nicht zu leisten, wenn in jedem vorkommenden Fall auf das Niveau des Einzelwerks heruntergegangen werden müßte. Als mediatisierende Instanz bietet sich, sieht man von eher umfassenden Konzepten wie Nationalsprache und Epoche ab, neben dem gewiß für begrenzte Interessen auch leistungsfähigen Konzept des Autors (oder der Autorengruppe) zur Hauptsache das der Gattung an. Über Gattungen sind die „möglichkeitsreichen Selektionen" der Totalität von Literatur reduzierbar zu 'Sinn' und damit zu Systembildung (Voßkamp 1977, 29 f, Aussage korrigiert nach der von Voßkamp benutzten Luhmannschen Vorgabe). Konkret wird diese Leistung von Genres in zwei Typen von Fällen in Anspruch genommen: Zum einen fungieren Genres innerhalb der Partizipation am literarischen und darüber hinaus kulturellen Leben als Orientierungen für die Auswahl aus den (aktuellen) Offerten des Marktes; am Programmangebot des Fernsehens wird heute die Dialektik von Zunahme der Totalität und Notwendigkeit der Reduktion über Gattungsschienen, die sich in der Unterhaltungsliteratur, im Comic und im Film schon früher zeigte, besonders gut greifbar (siehe auch 2.2. und bes. Schmidt/Weischenberg 1994, 216 f). Zum andern dienen Gattungen innerhalb der (nachträglich beobachtenden und beschreibenden) Wissenschaften als ein wichtiges organisierendes Prinzip zur (Teil-)Konstruktion von Literaturgeschichte (Todorov 1970, 12; Marsch 1979, 104; Fohrmann 1988, 282; Perkins 1991, 248 f).

2.1.2. Aus lektorialer Sicht besteht eine Leistung von Gattung in der Entlastung beim Umgang mit dem Einzelwerk. Die Subsumption eines Werks unter ein bestimmtes Genre durch den Leser wird dessen Verständnis dieses Werks allererst ermöglichen (Suerbaum 1971, 107, 112 f; 123 f; Jauß 1972, 109 f; Ryan 1979, 329; Raible 1980, 328−322; Steinmann 1981, 251−257; Fowler 1982, 259−262; Kent 1986, 16−20) bzw. lenken (Fowler 1970/71, 201, 204 f; Stempel 1971, 568; Głowiński 1974, 172 f; Kaiser 1974, 36; Marsch 1979, 105, 116 f; Ryan 1979, 329−332; Raible 1980, 332−335; Altman 1987, 4 f; Combe 1992, 13) oder wird in eine dialektische Beziehung wechselseitiger Abhängigkeit mit diesem Verständnis treten (Dubrow 1982, 1 f, 107 f; Fowler 1982, 38, 265 f; Cohen 1985/86, 210−213; Kent 1986, 22−26, 146−149; Combe 1992, 21 f; Fishelov 1993, 14, 25−27). Ob die Gattung in solcher Perspektive einer Phänomenologie der individuellen Lektüre nun Ermöglichungsgrund des Verstehens, Regulativ des Verstehens oder Element im Zirkel des Verstehens ist, das Verhältnis zwischen Genre und Einzelwerk stellt sich als eines der nur partiellen Determinierung dar: Die in der Gattung gegebene Bündelung von Merkmalen oder Regeln erscheint im Werk mehr oder weniger (und mehr oder weniger variiert) ausgeschöpft, zugleich zeigt das Werk (zumal in den Details seiner sprachlichen Realisierung) eine Vielzahl von 'freien' Elementen, deren Rekonstruktion im Verstehen nicht mehr über die spezifische generische, sondern die allgemeine literarische Kompetenz des Lesers verläuft. Das Werk, um eine Formulierung von Jauß (1972, 119) zu verwenden, „variiert" den „vertrauten Horizont von Erwartungen und Spielregeln".

Anders liegen die Dinge, wenn die Regeln nicht bloß „variiert", sondern − immer noch mit Jauß (1972, 119) gesprochen − wenn sie „durchkreuzt" werden. Die Beschreibung solcher Fälle gehört nicht mehr zum Aspekt der Entlastung durch Gattung beim Umgang mit dem Einzelwerk; sie wird, da an ihr das Theorem des Gegensatzes von schöpferischem Kunstwerk und epigonaler oder Gebrauchsliteratur erscheint, in 2.1.4. weitergeführt.

− In jüngerer Zeit sind im übrigen mehrfach Versuche unternommen worden, das Textverstehen als Operation auf der Basis eines impliziten generischen Wissens auch empirisch zu erfassen. So haben Olson/Mack/Duffy (1981) zeigen können, mit welchen jeweiligen Lektürestrategien Leser an Texte der Gattungen 'Erzählung' und 'Essay' herangingen. Hayward (1994, 418) schließt aufgrund des Befundes, daß eine große Mehrheit seiner Probanden imstande war, kürzeste Textfragmente den Gattungen 'history' bzw. 'fiction' korrekt zuzuordnen, wohl zu Recht, daß selbst unerfahrene Leser über stillschweigende Kenntnis von „generic markers" verfügten.

2.1.3. Aus auktorialer wie lektorialer Sicht besteht eine Leistung von Gattung in der Generalisierung des Sinns von Einzelwerken. Auch die neuere Diskussion geht vielfach davon aus, daß die in der Interdependenz von Gesellschaft und Literatur erzeugten seelen- und interessengeschichtlichen Gehalte nicht erst mit dem Einzelwerk, in dem sie etwa jeweils von Null an formuliert würden, ins Spiel kommen, sondern bereits in den historischen Genres, diese als solche mit konstituierend, vorliegen. Jede Gattung „signalisiert [...] einen Typus von Bedeutungen" (Głowiński 1974, 173), ist ein „instrument [...] of meaning" (Fowler 1982, 22); in Gattungen sind, „wie bei literarischen Texten überhaupt, bestimmte historische Problemstellungen bzw. Problemlösungen oder gesellschaftliche Widersprüche artikuliert und aufbewahrt" (Voßkamp 1977, 32; ähnlich Hempfer 1972, 18 f; Todorov 1978, 51; Schatz 1981, 21 f, 25, 29; Steinmetz 1983, 75, 77, 80; Altman 1987, 5; Bolongaro 1992, 305; Molino 1993, 14). Unter den sukzessiven Einflüssen von Formalismus, Strukturalismus und Systemtheorie gilt es überdies als ausgemacht, daß der psychische und soziale Gehalt einer Gattung sich erst angemessen erschließen läßt über ihren Stellenwert und ihre Funktion innerhalb des sie umgreifenden gleichzeitigen (synchronen) Gesamtsystems der Genres einer bestimmten Epoche und Gesellschaft; ein solches System wird in jedem Fall hierarchisch, also an einer Dominante ausgerichtet sein, aus wichtigen und peripheren, 'lebenden' und 'toten' (oder, nach Fishelovs (1993, 38 f) einleuchtender Terminologie, 'produktiven' und 'sterilen') Gattungen bestehen (Jauß 1972, 124, 134; Hempfer 1973, 214−216; Głowiński 1974, 181−183; Cohen 1985/86, 207, 210; Steinmetz 1990, 53−56). Als recht einflußreich hat sich im angelsächsischen Sprachbereich Guilléns (1971, 146−158) am Fall des pikaresken Romans skizzierter Gedanke einer Dialektik von Genre und Antigenre erwiesen (vgl. Dubrow 1982, 113−116; Bolongaro 1992, 305, 308 f; siehe bes. Fowler 1982, 174−178, 251−253). Was die Beziehungen solcher, nämlich sozialen Sinn enthaltenden, Gattungen und Gattungssysteme zur Gesellschaft angeht, so sind ältere (marxistische) Auffassungen, nach denen das Genresystem einer Epoche in einer Homologie-Relation auf das Klassensystem abzubilden sei, zu den Akten gelegt und durch mehr oder weniger konsequente systemtheoretische Zugriffe ersetzt (Kaiser 1974, 38−40; Köhler 1977, 9−11). Die Polemik von Steinmetz (1990, 55) gegen die „Koppelung bestimmter generischer Phänomene an bestimmte gesellschaftliche Gruppierungen" trifft daher nicht mehr ganz. Der an dieser Stelle naheliegende Gedanke einer Literaturwissenschaft, die ihre Aufmerksamkeit nicht mehr (primär) den Einzelwerken, sondern (weitgehend) den Gattungen als den Trägern von generalisiertem Sinn widmen würde, hat seine Formulierung vor allem durch Nies erfahren: „Um die Frage [...] nach der rechten Gewichtung von Individuellem und Allgemeinem [...] auf einsichtige Weise beantworten zu können, werden wir die Geschichte auch literarischer Mengen schreiben müssen." Für das 19. Jh. etwa, „in dem Literatur sich längst zum Massenphänomen entwickelt hat", sei eine „Geschichtsschreibung der Dichterfürsten, Ausnahmeleser und Spitzenwerke [...] ein wissenschaftlicher Anachronismus" (Nies 1987, 408; siehe auch Nies 1989, 334; ferner Dammann 1983, 217−220; Kibédi Varga 1984, 40* f).

2.1.4. Wenn Gattungen jene Stelle markieren, an der das Einzelwerk mit Geschichte vermittelbar werden soll, dann müssen die Genres historische nicht nur in dem Sinne, daß sie als Systeme geschichtliche Grenzen haben, sondern auch in dem Sinne sein, daß ihre Systematizität selbst dem Prozeß der Geschichte unterworfen ist. Waren bisher die Leistungen von Gattung für das Einzelwerk und dessen Stellung in der Totalität im Blick, so geht es jetzt − pointiert formuliert − um die Leistung des Einzelwerks für die Gattung. Hier nun sind in der gegenwärtigen Diskussion mit allem Vorbehalt zwei Positionen zu unterscheiden, eine erste Position, für welche Gattungen sich kontinuierlich wandeln, und eine andere, welche den Gattungswandel über die Ereignisse normverletzender und regelzerstörender ‚Schöpfungen' bewirkt sieht, wobei dann die Genres vor und nach solchen exzeptionellen Umbrüchen jeweils als stereotype Blöcke erscheinen. Fowler kann man einen der entschiedensten Befürworter der Kontinuität in der Wandlung nennen. In seiner Sicht ändert einerseits jedes neu entstehende Werk die Gattung, auf die es sich bezieht, jede Gattung ist mithin fortwährend in einem Prozeß begriffen (Fowler 1982, 23, 45−47; ähnlich Cohen 1985/86, 204; Neale 1990, 56), andererseits läuft die Transformation von Genres über eine ganze Anzahl möglicher Parameter wie Neuheit in der Themenerfindung oder Häufung längst vorhandener Elemente, Wechsel im Umfang oder Wechsel in der Funktion, Polemik gegen oder Mischung von Gattungsüberlieferung (Fowler 1982, 170−190). Nicht verwunderlich ist angesichts dieser Betonung ‚weicher' Mittel und damit der Kontinuität, daß Fowler den Theorien der Russischen Formalisten über literarische Evolution skeptisch gegenübersteht, insbesondere J. Tynjanov, dem er „overemphasis on conflict" (Fowler 1982, 250) ankreidet. Trotz großen Unterschiedes im Stil der Argumentation zeigt Hempfers ein Jahrzehnt frühere Arbeit hier Ähnlichkeit mit Fowlers Position. Auch Hempfer kritisiert an den Formalisten, über dem „Spezialfall" der Parodie einer Analyse der „‚normalen' Evolution einer Gattung" zu wenig Aufmerksamkeit geschenkt zu haben, und will seinerseits die Varianz innerhalb der Gattung über den „Spielraum" und sodann das „Herausbilden neuer Gattungen" als Transgression solcher Spielräume fassen (Hempfer 1973, 214, 217 f). Ziolkowski (1986, 17−35) führt am konkreten Beispiel deutscher Lyrik die kreative Erneuerung einer Gattung in Abgrenzung von den ‚radical modes' des Gattungswandels und der Gattungskontinuität, nämlich Parodie und Imitation, vor und zeigt sich mit dieser Option für den Mittelweg ebenfalls in (wenn auch impliziter) Distanz zu den Formalisten. Proponent des ereignishaften Umbruchs mitsamt seinem Korollar stereotyper Genres ist dagegen Stempel (1972). Stempel trennt in aller Schärfe gebrauchssprachliche Textsorten, unter deren Normen Einzeltexte mittels bloßer Reproduktion erzeugbar seien, und die singuläre literarische „Schöpfung" außerhalb aller generischen Regeln, welcher vielmehr selbst der Status einer Gattung zukommen soll und der als Fortsetzung der Reihe irgendwann ein weiterer schöpferischer Einzeltext gleicher Dignität folgt, wobei eine Vielzahl von „epigonalen" Werken − wie im Bereich gebrauchssprachlicher Erzeugung allein durch Reproduktion — gleichsam „abgezweigt" werden (Stempel 1972, 178 f). Hinter solch bipolarer Konstruktion steht nur noch entfernt der Russische Formalismus, unmittelbarer ist sie Lotmans (1973, 432 f, 436 f, 439) Aufgliederung aller Kunst in eine 'Ästhetik der Identität' und eine 'Ästhetik der Opposition' verpflichtet. Ebenfalls an Lotman (und an die bei Lotman als Grundlage benutzte Informationstheorie) knüpft Kent (1986, 59—80) seinen allerdings eigenartigen Vorschlag, den Spielraum der Literatur auszuspannen zwischen einerseits einer begrenzten Anzahl von 'pure genres', d. h. konventionalisierten Gattungen mit einem festen Repertoire, die aus voraussagbaren und daher informationsarmen Werken bestehen, und andererseits (unterschiedlich) nicht vorhersagbaren, demnach informationsreichen Werken, wobei letztere zu 'hybrid genres' klassifiziert werden können, welche nach Art und Anzahl der in ihnen gemischten 'pure genres' und also auch nach ihrem Informationsquantum zu konstruieren sind. Es ist freilich leicht zu sehen, daß man mit dieser Konzeption (und zumal den nur noch formal meßbaren 'hybriden Gattungen') aus der Geschichtlichkeit herausfällt und Fragen des Gattungswandels sich allenfalls im Bereich hoher Abstraktion noch stellen lassen. Wird man sagen müssen, daß der Russische Formalismus und sein Erbe im Hinblick auf den Strukturwandel von Gattungen als einzelnen Gattungen doch problematisch geworden sind, so gilt ein solches Urteil nicht für die vor allem von J. Tynjanov und V. Šklovskij entwickelten Vorstellungen über den Wandel, dem Gattungen als Gattungssysteme unterworfen sind. Das Konzept, das hier nicht mehr referiert werden muß, bleibt in Geltung noch bei Hempfer (1973, 214—216) und Neale (1990, 59—62). Eine anregende Variante bietet Fishelov: Den Formalismus provokant mit Ch. Darwin verknüpfend, versucht er sich an einer Skizze des „survival of literary genres", deren Pointe auch darin besteht, daß V. Šklovskijs Theorem von der Entstehung neuer dominanter Gattungen aus bisherigen Unterströmungen der (Nicht-)Literatur sich metaphorisch mittels einer nachdarwinschen Theorie von der Entstehung neuer Arten in sehr kleinen Populationen an der Peripherie genauer beschreiben läßt (Fishelov 1993, 33—39, 44—51).

2.2. Selbst konzeptualistische Fassungen des Begriffs von Gattung (und damit solche, die Genres historisch als dem Wissen von Menschen einer Epoche zurechenbar begreifen wollen) stehen potentiell immer unter dem Verdacht, in heute nicht mehr zulässiger Weise dem Erbe des Platonismus oder mindestens des Aristotelismus verhaftet zu sein. Läßt man extreme Positionen beiseite, die vor dem Hintergrund teils ästhetischer Avantgarde-Theorien, teils philosophischer Metaphysik-Kritik das Konzept Gattung entweder ganz für obsolet erklären oder einem Spiel selbstgefällig-wirrer Paradoxien überantworten (Derrida 1980; Schnur-Wellpott 1983; Bickmann 1984; Freadman 1986; Snyder 1991; Madsen 1994), bleibt eine Reihe von Beiträgen zu berücksichtigen, denen vor allem gemeinsam ist, daß sie nicht die Untersuchung von Genres qua merkmalsbestimmten Werk-Korpora im System einer bestimmten Zeit und Gesellschaft, sondern nur mehr die Analyse von vorhandenen Namen und Bezeichnungen für Gattungen vorschlagen. Ein solcher Ansatz ist mit sehr unterschiedlichen Hintergründen vertreten worden.

Eine markante Position nehmen die Mitarbeiter des Siegener Forschungsprojekts 'Mediengattungstheorie' ein, die sich als Anhänger des Radikalen Konstruktivismus verstehen. So ist Schmidt ausschließlich daran interessiert, „das Verhalten von Menschen im Umgang mit Medien", unter die er auch die Literatur gerechnet wissen will, „zu erfassen, und nicht daran, die Eigenschaften von 'Objekten' zu bestimmen"; folglich sollen Gattungskonzepte — über die Ermittlung von vorfindlichen Gattungsbezeichnungen sowie die empirische Erhebung von Genrewissen bei Medien- und Literatur-Nutzern, aber ohne jeden Bezug darauf, wie die „zugeordneten Medienprodukte aussehen" — als Elemente von Medienhandlungsschemata (nur als solche) und damit letztlich in ihrer Funktion für die soziale Konstruktion von Wirklichkeit durch die Subjekte erklärt werden (Schmidt 1987, 165, 189). Das hier aus Schmidt (1987) sowie Schmidt/Weischenberg (1994, 212—223) grob rekonstruierte Programm findet sich in disziplinierterer Argumentation bei Hauptmeier. Hauptmeier stellt sämtliche Gattungstheorien, sofern sie irgend Textmerkmale von Werken in die Konstitution eines Genres aufnehmen wollen, unter das Verdikt, den Vorgaben der Aristotelischen Metaphysik verfallen zu sein (Hauptmeier 1987a, 399—401; Hauptmeier 1987b, 212), und begründet daraus sowie aus dem Urteil, daß generische Typologisierungsversuche Standardanforderungen wie Exhaustivität oder Trennschärfe regelmäßig nicht genügten und auch angesichts ihres Objektes nie würden genügen können, es sei notwendig „to reject the idea of genre altogether and to content oneself with genre terms as expressions of everyday classification" (Hauptmeier 1987b, 217). Das in einer ersten Ebene auf Gattungsnamen statt Gattungen und in letzter Instanz auf die Exemplifikation einer Erkenntnistheorie abzielende Programm der Siegener Gruppe vermag – um eine Einschätzung noch diesseits einer hier nicht zu leistenden grundsätzlichen Diskussion zu geben – wohl Befunde im Rahmen der Nutzung moderner Medien zu erfassen (z. B. bei Rusch 1993, 298–315); woher man aber quantitativ den Befragungen von heutigen Fernsehzuschauern vergleichbare Daten für eine Analyse von 'everyday classifications' etwa in der Frühen Neuzeit, einer Schwerpunktepoche bisheriger Gattungsuntersuchungen, beziehen und warum man dann auch noch die 'zugeordneten Medienprodukte' aus den Augen lassen sollte, ist einem Literaturhistoriker nicht recht begreiflich zu machen.

Probleme teils gleichen, teils anderen Zuschnitts zeigen sich bei weiteren Vertretern der Skepsis gegenüber dem Konzept Gattung. Nicht in philosophischen Ambitionen, sondern in der literaturwissenschaftlichen Rezeptionstheorie der siebziger Jahre hat das Programm seinen Ursprung, das Nies in einer ganzen Reihe von Publikationen seit 1973 vorgestellt hat. Auch ihm geht es darum, das Objekt der Forschung zu verschieben von den Gattungen oder Textsorten als Strukturen zu den „Zeichen für Textsorten und ihrer Bedeutung bei Sendern und Empfängern" (Nies 1974, 278). Diese erheblich vom Pathos einer Parteinahme für den Leser und für die Gesamtheit einer Kultur unter Einschluß ihrer von der Geschichtsschreibung 'vergessenen' Niveaus und Segmente getragene (Nies 1974, 272–274; Nies 1987, 408) Position ist freilich nicht selten inkonsequent realisiert: So schwankt Nies' vielzitierte Abhandlung über die Gattung der 'Historiette' (Nies 1973) zwischen Begriffsgeschichte und Genrehistorie, die Geschichte des 'Zeichens für eine Textsorte' wird einerseits subsidiär durch Rückgriff auf die Werke abgestützt, die vom 17. bis ins 20. Jh. gezogene Linie des Genres und seiner Entwicklung gewinnt ihre Kohärenz andererseits nur aus dem invariant gebliebenen Appellativ. – Kritik am Aristotelismus ist wiederum eines der Motive, aus denen bei Schaeffer der Objektwechsel der Gattungstheorie (Namen statt Strukturen) begründet wird (Schaeffer 1989b, 172). Eigentümlicherweise erfolgt in der Untersuchung selbst (Schaeffer 1989a, 79–115) die Analyse einer exemplarisch gemeinten Liste von vorhandenen Bezeichnungen weder über die Auswertung möglicher Äußerungen derer, die jene Namen benutzen, noch über sonstiges historisches Datenmaterial, sondern von einer ähnlichen Systematik aus, wie sie den noch vorzustellenden Entwürfen zur Explikation theoretischer Gattungen (vgl. 3.) zugrundeliegt: Schaeffer differenziert die Parameter des literarischen Werks kommunikationstheoretisch in fünf Ebenen aus (drei für den Kommunikationsvorgang, zwei für die Struktur der Botschaft), um mittels der Vielzahl solcherart erzeugter Elemente die Gattungsbegriffe der Nationalphilologien in ihrer Intension bestimmen zu können. Immer wieder erlischt ihm dabei allerdings das Definitionsziel 'Gattungsbegriff' zugunsten einer unmittelbaren Applikation auf die Befunde von singulären Texten. Die gesamte Analyse dieses Teils steht denn auch in ihrem Ertrag hinter dem abschließenden Tableau aus vier gattungslogischen Bereichen oder Klassen (Schaeffer 1989a, 156–185) zurück, auf das in 4.2. noch zurückzukommen sein wird.

Um Gattungsnamen (und nicht um Gattungen selbst) geht es partiell und in einer dem Verfahren Schaeffers ähnelnden Weise bereits Raible (1980, 342–346), später und mit methodisch anderem, nämlich die generische Terminologie als eine Form literarischen Handelns fassendem und für sie eine 'empirische' Beschreibung forderndem Anspruch auch Oversteegen (1989, 27–30) sowie jüngst Bonheim (1991) und Bonheim (1991/92), wo die Vielzahl existierender Bezeichnungen nach dem Vorbild einer in der Biologie entwickelten Form graphischer Darstellung durch 'cladograms' transparent gemacht werden soll. Dabei scheint Bonheim unausgesprochen darauf zu vertrauen, daß die in einer bestimmten Epoche eines Sprachraums gebräuchlichen Gattungsnamen die jeweils zeitgenössisch gültige Literatur hinreichend erfassen.

3. Gattungen als systematische oder theoretische Gattungen

3.1. Unter den Versuchen, Gattungen systematisch oder theoretisch zu konstruieren, finden sich auch in jüngerer Zeit noch Explikationen der Trias Lyrik–Epik–Dramatik. Müller-Dyes (1978, 43–50, 61–69; ganz ähnlich Müller-Dyes 1996, 332–346) geht von den Sprachfunktionen des Bühlerschen Organon-Modells aus und verknüpft die Kundgabe-, die Darstellungs- und die Appellfunktion mit der Lyrik bzw. Epik bzw. dem Drama. Der explikative Wert dieser Korrelationen soll offenbar darin bestehen, eine Gattungssystematik vollständig aus den wesentlichen Leistungen der alle Literatur fundierenden Sprache abzuleiten. Allerdings steht Müller-Dyes dem Versuch, den er selbst als einen schon 1948 von W. Kayser eingeführten präsentiert, mit wechselnd großer Skepsis gegenüber. Zum einen erweitert er K. Bühlers Trias um die drei von R. Jakobson vorgeschlagenen Zusatzfunktionen, mit deren Hilfe diverse Textbefunde der literarischen Avantgarden des 20. Jh.s in die Systematik einzuholen seien (und mit denen sich diese Systematik natürlich sogleich aufzulösen beginnt); zum andern sieht er sich schon auf der Ebene der Differenzierung von Epik und Dramatik genötigt, hilfsweise auch das Redekriterium heranzuziehen (Müller-Dyes 1978, 81–84, 92; Müller-Dyes 1996, 339, 341). Man weiß auch nach der zweiten Version dieses Versuchs nicht, ob Müller-Dyes den Beweis antreten will, daß die Trias sich aus Bühlers Funktionen ableiten lasse, oder ob er es darauf abgesehen hat, das Gegenteil evident zu machen. Eine sehr viel konsistentere Argumentation trägt Fricke (1981, 112–131; vgl. auch Fricke 1983, 265–267) vor. Im Rahmen einer Theorie der (poetischen) Literatur als der Abweichung von sprachlichen Normen korreliert er die Gattungstrias mit der partiell an Ch. Morris angelehnten semiotischen bzw. sprachlichen Trias von Grammatik–Semantik–Pragmatik: Drama, Epik und Lyrik sind so jeweils danach konstituiert, daß die dominante Abweichung auf der pragmatischen bzw. semantischen bzw. grammatischen Ebene liegt. Im Klartext heißt dies, daß dramatische und epische Literatur, die beide durch Fiktionalität gekennzeichnet sind, sich in der Art und Weise von deren Erzeugung unterscheiden (Drama: Sprechsituation fiktional, Epik: Sprechinhalte fiktional), während der Lyrik in ihrer reinen Form das Kriterium der Fiktionalität überhaupt fehlt (Abweichungen allein auf der Ausdrucksebene als Abweichung von z. B. graphemischen und syntaktischen Normen). Frickes Vorschlag ist freilich eher ingeniös als wirklich überzeugend: Das Abweichungstheorem einmal dahingestellt, liefert die Morris-Trias nur die elegante Fassade für ein weiterhin schief konstruiertes Gebäude Lyrik–Epik–Dramatik, dessen Grundrisse, wie Fricke selbst implizit deutlich macht, mit der Rede- (bzw. Sprechsituations-) und dem Fiktionalitätskriterium viel besser erfaßbar sind.

Stellt man, da die Trias offensichtlich nicht stringent abzuleiten ist und mindestens die Lyrik „aus dem Rahmen fällt", die Frage nach der „Nützlichkeit" oder „Verwendbarkeit des Dreierschemas als Fundamentaleinteilung" (Suerbaum 1971, 109f), so kann man aus der Tatsache, daß die Rede von Lyrik–Epik–Dramatik als positiv vorliegendes Faktum kaum mehr zu beseitigen sein wird, wie Ryan (1981, 114; siehe auch Molino 1993, 19f; ähnlich Fricke 1981, 114f) ein richtiges Argument machen und sagen, die Trias sei ein schon auf der schulischen Ebene eingeübter, den Umgang mit Literatur prägender Faktor wenigstens der westlichen Kulturen des 20. Jh.s. Die Frage nach der 'Nützlichkeit' oder 'Verwendbarkeit' erübrigt sich damit. Tatsächlich spricht vieles dafür, gerade auch in der akademischen Ausbildung die Rede von Lyrik–Epik–Dramatik als gliederndes Prinzip beizubehalten: So wesentliche Grundlagen wie das Redekriterium bzw. die Sprechsituation mit der Unterscheidung von Autor, Erzähler, Figur und die Erörterung von Fiktionalität und Nicht-Fiktionalität sind als Lernziele über sie – und ökonomisch-effektiv nur über sie – zu organisieren. Es ist ebenso symptomatisch wie berechtigt, wenn Suerbaum in einem als Teil einer Einführung ins Studium konzipierten Beitrag nach seiner Kritik am „Dreierschema" die Darstellung der Sprechsituationen wieder nach Drama, Erzählwerk und „Versgattungen" gliedert (Suerbaum 1971, 115–122; im Grundsatz unverändert in Suerbaum 1993, 97–100).

3.2. Zahlreicher sind die Versuche einer systematischen Konstruktion von Gattungen, die auf Ebenen unterhalb der Trias liegen und also enger und spezifischer sein sollen. Typisch für die vor allem in den siebziger Jahren im angelsächsischen Bereich öfter anzutreffende Verknüpfung des übermächtigen Einflusses von N. Frye mit einem eher unspezifischen Strukturalismus ist der Vorschlag von Hernadi (1972, 152–185). Auf der Grundlage des hier von vornherein mit semantischen Merkmalen verschnittenen Redekriteriums wird die Gattungstrias zunächst durch ein Diagramm mit vier fundamentalen Termen (thematische gegen dramatische 'modes', lyrische gegen narrative 'modes') ersetzt, die ihrerseits jeweils rekursiv in nochmals vier 'modes' zerlegt werden. Neben dieses (modifizierte) Redekriterium, das die Konstitution der literarischen Welten bestimmt, treten als weitere Parameter, mit denen dann die Gestalt der entworfenen Welten erfaßt werden soll, die Raumdimension ('scope') und die Stimmung ('mood'), beide jeweils als Option zwischen Gegensätzen und einer Mittelposition angelegt. In anderer Weise typisch für die siebziger Jahre ist Ryan (1979), der es in einem an der Chomskyschen Sprachtheorie sowie an J. Searle und T. A. van Dijk orientierten Vorschlag darum geht, eine Kompetenz-„grammar of genre" (Ryan 1979, 314, 319) zu skizzieren. Die Faszination durch Supermodelle ist in diesem Jahrzehnt des Strukturalismus so übermächtig, daß auch Jauß, der sich selber ausdrücklich „auf induktivem Wege vom epochalen Grundmuster einzelner Gattungen zur Hypothese eines literarischen Kommunikationssystems" sieht, die mittelalterlichen Gattungen 'chanson de geste', 'roman arthurien' und Novelle des „Decamerone" über eine Tafel von vier „Modalitäten" beschreibt, deren Varianten zur einen Hälfte aus N. Frye und dem französischen Strukturalismus, zur anderen aus der literaturgeschichtlichen Forschung genommen sind (Jauß 1972, 113—118). In eigenartiger Weise bezeichnend für den theoretisch-methodischen Status all dieser Modelle, die sich die „systematische Erschließung der generischen Texteigenschaften literarischer Werke" zum Ziel gesetzt haben, wie Janik (1974, 84) sagt, der seinerseits dabei eines von nicht geringem Anspruch liefert, ist eine doppelte Tendenz: Zum einen nehmen die Entwürfe — im Gegensatz zu jenen, welche die Trias Lyrik—Epik—Dramatik begründen wollten und sich daher an einer vorliegenden Klassifikation orientierten — auf positive Gattungsbegriffe kaum Rücksicht, ist ihnen doch qua Universalitätsanspruch geradezu programmatisch das Ziel eingeschrieben, nicht nur die bisher produzierte, sondern auch die künftig mögliche Literatur theoretisch zu generieren. Zum andern treffen sie meist, ohne sich dessen bewußt zu sein, durch die Ebene der eigentlich angesteuerten Gattungen, also des mittleren Allgemeinen, hindurch sofort auf das Besondere; das System der Parameter, Konstituenten und Elemente bietet sich vornehmlich an, mit seiner Hilfe eben nicht Genres, sondern vielmehr einzelne Werke in ihrer changierenden Textur zu beschreiben.

3.3. Ebenfalls auf eine systematische Erfassung von Gattungen richten sich einige Arbeiten, die ihren Entwurf gleichwohl im wesentlichen nur an einem einzigen Genre durchspielen. Das hat den Vorzug größerer Präzision und geringerer Beliebigkeit, aber den Nachteil möglicher Einseitigkeit und täuschend leichter oder schief differenzierter Problemlösungen. Letzteres läßt sich gut an der für die deutschsprachige Diskussion einflußreichen Studie von Hempfer (1973) beobachten. Hempfer räumt vorweg 'Sammelbegriffen', die reine Klassifizierungsaufgaben erfüllen und der Sprachökonomie dienen, Begriffen also wie 'Lyrik' oder 'Zweckformen', mit denen Texte aufgrund „sehr allgemeiner" und nicht einmal wesentlicher Eigenschaften unter eine Klasse subsumierbar sind, weiterhin Existenzrecht ein; seine als systematisch entworfene Terminologie umfaßt dann — gekürzt — die Begriffe 'Schreibweise', mit der „ahistorische Konstanten wie das Narrative, das Dramatische, das Satirische usw." gemeint sind, und „Gattung", worunter man sich „historisch konkrete Realisationen dieser allgemeinen Schreibweisen" vorzustellen hat (Hempfer 1973, 27f, 224). Die Vermittlung zwischen den Invarianten und der Geschichte mit ihren besonderen Gattungen soll, wie Hempfer unter Rückgriff halb auf J. Piaget, halb auf N. Chomsky annimmt, jeweils durch 'Transformationen' geleistet werden (Hempfer 1973, 139—141, 224). Die positiv gegebenen Genre-Namen spielen in diesem Konzept eine primäre Rolle: Hempfer legt großen Wert auf eine möglichst an die zeitgenössische Wirkungsgeschichte anknüpfende Konstruktion der Gattungskorpora. Die Orientierung an der historischen Empirie ist auch der eine Grund, aus dem bei ihm nicht zur Diskussion steht, etwa „apriorisch [...] Art und Zahl der" mit den invarianten 'Schreibweisen' identischen „Tiefenstrukturen festzulegen" (Hempfer 1973, 148). Der andere Grund muß ganz offensichtlich darin gesucht werden, daß Hempfers Gattungstheorie das Resultat einer vorangegangenen Arbeit über die französische Verssatire des 18. Jh.s ist (Hempfer 1972). Das dort anstehende Problem einer analytischen Erfassung der Satire in ihren unterschiedlichen Ausprägungen z. B. bei Voltaire und A. Chénier fand seine Lösung in der skizzierten Differenzierung von Schreibweise, Transformation und Gattung (bzw. Untergattung). Der vergleichende Blick in Hempfer (1972) und Hempfer (1973) zeigt nun zweierlei: Zum einen erweist sich der Begriff der Transformation als — um es untertreibend zu formulieren — zu hoch gegriffen; schon in der

Arbeit über die Verssatire meinte er nicht mehr denn 'Realisierungsmöglichkeit', insofern das Satirische etwa 'realisiert werden' kann 'als' Burleske oder 'als' Pathos (Hempfer 1972, 35, 295). Zum andern − und das ist gravierender − verdeckt der Begriff der Schreibweise die strukturelle Verschiedenheit der damit gemeinten Modi. In Hempfer (1972, 22) wird im Anschluß an U. Gaier mit engem Bezug auf die Satire noch der Terminus 'Schreibart' gewählt (der ein Begriff des 18. Jh.s ist); der Terminus 'Schreibweise', den Hempfer (1973) überraschenderweise aus der damaligen neomarxistischen Poetik übernimmt (vgl. B. Brechts schon den dreißiger Jahren entstammende Aufsätze wie „Volkstümlichkeit und Realismus" oder „Weite und Vielfalt der realistischen Schreibweise"), ist eher noch eindeutiger auf die axiologische Haltung eines Autors gegenüber der von ihm darzustellenden Welt sowie auf die Wirkungsabsicht des Schreibenden bezogen. So brauchbar er damit innerhalb der Satire- (und Realismus-)Diskussion wie auch für die Theorie der Parodie und der Kontrafaktur ist, was seine Aufnahme durch Verweyen/Witting (1979, 110 f) und Witting (1989) plausibel macht, so problematisch erscheint es, wenn er in Hempfer (1973, 27) zugleich in das 'Narrative' und das 'Dramatische' aufgefächert wird. Da auch Hempfer selbst das nicht entgeht, führt er zusätzlich die 'Sprechsituation' (in Präzisierung gegenüber dem alten Redekriterium) ein, wodurch sich 'primäre' Schreibweisen, die notwendig einer Sprechsituation zugeordnet sind wie das Narrative und das Dramatische, von 'sekundären' oder 'abhängigen' Schreibweisen, die in beiden Sprechsituationen vorkommen können wie das Satirische oder das Komische, unterscheiden lassen (Hempfer 1973, 162 f, 224 f). Die noch zu erörternde Frage ist indessen, ob das Problem mit einer solchen Differenzierung bereinigt ist oder ob man nicht vielmehr − unter Abtrennung der zu allererst durch die Sprechsituation zu bestimmenden Fundamentalkonstituenten − solchen Schreibweisen wie dem Satirischen einen ganz verschiedenen kategorischen Status zuschreiben müßte.

4. Vorschlag für ein flexibles Konzept von Gattung

4.1. Über Gattungen im Status historischer Gattungen, wie sie Thema in 2. waren, besteht in der aktuellen Diskussion eine relative Einhelligkeit. Selbst die Differenz zwischen einem konzeptualistischen (2.1.) und einem (radikal-)konstruktivistischen (2.2.) Verständnis von Gattung bricht in voller Schärfe erst auf, wenn zur Entscheidung steht, ob Gattungen im Status theoretischer Gattungen, wie sie Thema in 3. gewesen sind, Gegenstand wissenschaftlich sinnvoller Fragestellungen bleiben oder werden können. Einig wird man vorab darin sein, daß die Träume der siebziger Jahre, der „gesamte historische Prozeß" von einander ablösenden und sich überlagernden Literatursystemen werde sich möglicherweise dereinst als Summe von „Transformationen einer allgemeinen Struktur" enthüllen lassen (Hempfer 1972, 298 f), ausgeträumt sind. Keineswegs ausgemacht oder, um es deutlicher zu sagen, für eine vorwiegend mit Interpretationen von Werken befaßte Literaturwissenschaft nicht akzeptabel ist indessen, daß allein die neuen skeptischen Projekte, Literatur und damit auch die Gattungen nur noch als Umgang mit Literatur und als Positivität gebräuchlicher Gattungsbegriffe zum Gegenstand von Analysen zu machen, künftig in Geltung sein sollen. So sei hier abschließend, indem die bisher zum Zwecke der Gliederung des darzustellenden forschungsgeschichtlichen Materials ungefragt übernommene Zweiteilung in 'historische' und 'systematische' Gattungen selbst reflektiert wird, ein Vorschlag unterbreitet, wie das Konzept Genre oder Gattung zwischen dem geschichtlichen Besonderen und dem übergeschichtlichen Allgemeinen positioniert werden könnte. Ausgangspunkt für den Vorschlag sind einige Beiträge, welche es unternommen haben, die unterschiedlichen Grade an Generalisierung in der Konstitution von Gattungen (Beispiel: 'Drama' einerseits, 'Bürgerliches Trauerspiel' andererseits) zu vermessen. Sie seien zunächst präsentiert.

4.2. Schaeffer (1989a, 156−185), der eine Logik positiver Gattungsbegriffe erarbeiten will und diese mittels der Ebenen Kommunikationsvorgang und Botschaftsstruktur expliziert (siehe 2.2.), kommt in seiner Zusammenfassung zu vier gattungslogischen Bereichen: Gattungsbegriffe werden erzeugt (I) aufgrund des Parameters Kommunikationsvorgang unter Geltung von konstitutiven Regeln, so daß bei individueller Abweichung die Gattungsnorm gar nicht erreicht wird (Beispiel: 'Drama'); die Perspektive ist primär auktorial und erst in zweiter Linie lektorial, das Verhältnis des Einzelwerks zur Gattung ist das einer pauschalen Exemplifizierung des konstitutiven Merkmals; (II) aufgrund des Parameters Struktur der Botschaft unter Geltung von regulativen Regeln, wodurch bei individueller Abweichung die Gattungsnorm lediglich verletzt wird (Beispiel: 'Sonett'); die Perspektive ist primär auktorial und erst in zweiter Linie lektorial, das Verhältnis des Einzelwerks zur Gattung ist das eines Falls von Anwendung der Regeln; (III) aufgrund des Parameters Struktur der Botschaft unter Geltung von traditionellen Konventionen, wodurch bei individueller Abweichung die Gattungsnorm nicht mehr verletzt, sondern transformiert wird (Beispiel: 'der pikareske Roman in der spanischen Literatur um 1600'); die Perspektive ist primär auktorial und erst in zweiter Linie lektorial, das Verhältnis des Einzelwerks zur Gattung ist das der genetischen Zugehörigkeit zu einer als genealogisch rekonstruierbaren Klasse; (IV) aufgrund des Parameters Struktur der Botschaft ohne Geltung von Regeln oder Konventionen, individuelle Abweichungen von der Gattungsnorm sind darum bloße Varianten (Beispiel: 'der pikareske Roman in der Weltliteratur aller Jahrhunderte'); in diesem Fall ist die Perspektive wesentlich lektorial, das Verhältnis des Einzelwerks zur Gattung ist das der Zurechenbarkeit zu einer über Ähnlichkeiten konstruierten 'analogischen' Klasse.

Schaeffers Vermessung sei Molinos (1993, 11−21) Vorschlag an die Seite gestellt, der freilich nicht in metatheoretischer, sondern theoretischer Absicht entwickelt wird. Hier gibt es zunächst die Stufung von 'micro-', 'méso-' und 'mégagenres' nach dem Grad zunehmender Allgemeinheit. Dieses vorderhand naive Inklusionsschema kreuzt Molino mit der von K. L. Pike übernommenen Unterscheidung zwischen einer 'emischen', also in einer Kultur gültigen, und einer 'etischen', d. h. einer von außen kommenden und auf Universalität gerichteten, Perspektive. Vom 'emischen' Standpunkt aus ist die bestimmte historische (Mikro-)Gattung eine Norm, welche sowohl auktoriale Strategien wie lektoriale Erwartungen regelt, „un objet difficile à penser" (Molino 1993, 13); 'emisch' stellt jedes 'microgenre' sich zudem dar als Transformation einer geschichtlich vorangehenden Mikrogattung, die Beziehung zwischen zwei 'microgenres' z. B. innerhalb des 'mésogenre' Tragödie erscheint also als eine genealogische Beziehung. Aus 'etischer' Perspektive würde die Abgleichung von solchen 'microgenres' dagegen sogleich auf Elemente einer Grammatik der Literatur oder − um Molinos Metapher nicht zu unterschlagen − auf ein „portrait-robot", ein 'Phantombild', des literarischen Werkes (Molino 1993, 14) und damit den Bereich der systematischen Gattungen zielen. Der Wechsel zwischen der 'emischen' und der 'etischen' Sicht ist demnach völlig unabhängig von der Stufung der Gattungen. Gerade die 'mégagenres' Epik, Lyrik und Drama sind 'emisch' zu denken und werden nur als solche, als in Schule, Bibliothek und Markt gebräuchliche, überhaupt sinnvoll verwendet (Molino 1993, 19 f; vgl. 3.1.).

4.3. Unter Bezug auf die Modelle Schaeffers und Molinos sei Folgendes vorgeschlagen:

4.3.1. Aus der eigentlichen Diskussion über Gattung auszugrenzen und auf der Ebene der allgemeinen Theorie literarischer Parameter zu behandeln sind − vor allem mit der alten Gattungstrias partiell verbundene − Themen wie die Systematik der Sprechsituationen (Schaeffers gattungslogischer Bereich (I) im vorstehend gegebenen Referat), also der „formes à priori de l'expression littéraire" (Genette 1979, 75), und wohl auch die Unterscheidung von Fiktionalität und Nicht-Fiktionalität. Unbeschadet dieser Ausgrenzung wird der Usus, von einer Dreiheit Lyrik−Epik−Dramatik zu sprechen und sie mit dem Namen 'Gattungen' zu belegen, seine praktische Bedeutung und Rechtfertigung behalten.

4.3.2. Ebenfalls aus der Diskussion über Gattungen auszugrenzen und auf einer Ebene allgemeiner Literaturtheorie zu behandeln sind (begrenzt) überzeitliche Formen von geringerer Fundamentalität als die Sprechsituationen. Schon Hempfer (1973, 27, 233 f) hat für dieses Niveau den Begriff des 'Typus' verwendet und dabei u. a. E. Lämmerts 'Bauformen' angeführt. Im gegenwärtigen Rahmen ist allerdings eher an das gedacht, was Fowler (1982, 56, 127 f; siehe auch Fowler 1989, 297−301) als 'constructional type' bezeichnet: Konstruktionstypen wie Rahmung oder Summationsschemata sind formale Kunstgriffe, deren Distribution durchwegs quer zu den Grenzen von Gattungen verläuft. Auch formale Typen, die über Konventionalisierung von Verfahren hinaus durch die Geltung regulativer Regeln festgelegt sind (Schaeffers gattungslogischer Bereich (II) im vorstehend gegebenen Referat), fallen in diesen Bereich, soweit sie eben nur als formale Typen im

Blick sind. Das Sonett als reines strophisches Schema ist ein Konstruktionstyp. (Zur Ausgrenzung von Sprechsituation und metrischem Typ aus dem Konzept Gattung siehe auch Guillén 1971, 386−388.)

4.3.3. Unter 'Gattung' oder 'Genre' wäre dann zunächst nur mehr die historische Gattung im Sinne von Molinos 'microgenre' aus 'emischer' Sicht oder der genealogischen Klasse (Schaeffers gattungslogischer Bereich (III) im vorstehend gegebenen Referat) zu verstehen. Gattungen sind Klassen, deren Werke (in einer sogleich noch zu besprechenden strukturellen Ähnlichkeit und) in einer genetischen Beziehung zueinander stehen. Damit aber liegt es in der gegenwärtigen Forschungssituation nahe, das (so verstandene) Konzept Gattung mit dem Konzept der Intertextualität zu verbinden. Die Möglichkeit einer solchen Anknüpfung ist denn auch in jüngster Zeit bereits mehrfach gesehen worden. Schaeffer (1989a, 174; siehe auch Schaeffer 1989b, 182−184) bezieht die Gattungstheorie unter dem Stichwort der 'hypertextuellen Generizität' auf die Theorie der Intertextualität bei Genette (1982, 11−14); unabhängig davon und mit weniger engem Bezug auf Genette hat Suerbaum (1985, 58−68; vgl. Suerbaum 1993, 114 f, 118−121) die Fruchtbarkeit des neuen Konzepts für die alte Theorie entdeckt: „Bei allen Gattungen gehört Intertextualität zu den konstitutiven Merkmalen" (Suerbaum 1985, 58; vgl. Suerbaum 1993, 118). Die vorgeschlagene Verknüpfung läßt sich auch daraus begründen, daß Auffassungen von (Gattungs-)Begriffen, nach denen diese ausschließlich aus einer hierarchisierten Struktur von Merkmalen bestünden (was die Verbindung von Genre und Intertextualität unmöglich machte), offenbar kaum zutreffen; geht man nämlich von neueren Theorien der kognitiven Psychologie aus, bestehen (Gattungs-)Begriffe vielmehr aus einem harten Kern 'prototypischer' (Werk-)Beispiele, die einen hohen Grad an Ähnlichkeit untereinander aufweisen und als besonders repräsentativ für das Genre angesehen werden, und Beispielen, die sich mehr oder weniger entfernt um einen solchen Kern herumlagern, sowie schließlich noch Kombinationen von Merkmalen (Fishelov 1993, 61−65; Molino 1993, 4−6; Fishelov 1995, 123). Damit aber hätte das Konzept Gattung eine Struktur, die sich mit Strukturen der Intertextualität wenigstens partiell deckte. Zugleich käme das Theorem vom kontinuierlichen Gattungswandel neu und radikaler in Geltung: Nicht (nur) mit jedem neu entstehenden Werk ändert ein Genre sich, vielmehr wird durch das fundierende intertextuelle Spiel, das neben den (auch lesenden) Autoren in metaphorischer Erweiterung des Begriffs 'Text' auch die (nur lesenden) Leser einschließt, die Gattung bei Autoren und Lesern selbst einer gleichen Epoche mittels wechselnder Prototypen und damit auch mittels Erweiterungen über die Grenzen der Epoche hinaus fortwährend größer oder kleiner und verschiebt sich unaufhörlich in ihrer Struktur. Eine konzeptualistisch verstandene historische Gattung als genealogisches 'microgenre' ist ein in sich beweglicher und multiperspektivischer Komplex. So zeigen, um zwei Beispiele wenigstens zu streifen, das 'Trauerspiel' und die 'Elegie' in der deutschen Literatur gegen Ende des 18. Jh.s innerhalb zweier Jahrzehnte ein Profil, in das Prototypen aus der Antike, aus Frankreich, aus England sowie aus Deutschland abwechselnd einbezogen und nicht einbezogen sind. Die Anwendung des Intertextualitätskonzepts ermöglicht damit eine erste Stufe der Vermittlung des Besonderen mit dem Überzeitlichen.

4.3.4. Die Konstruktion einer Gattung als einer 'analogischen' Klasse aufgrund bloßer Ähnlichkeit (Schaeffers gattungslogischer Bereich (IV) im vorstehend gegebenen Referat) ist als solche relativ sinnlos. Allerdings ermöglicht sie die Vervollständigung des gerade unterbreiteten Vorschlags. Einem historischen Genre, solange dieses nur intertextuell fundiert wird, fehlt auch bei Einbezug der zeitgenössischen kulturellen Praxis und Wirkungsgeschichte in die Konstruktion des Gattungskorpus, wie Hempfer ihn mit Recht zur Bedingung gemacht hat (siehe 3.3.; vgl. ferner z. B. Lefevere 1985, 673−678) und wie er vor allem für die Segmente der Unterhaltungsliteratur und des Angebots von Film und Fernsehen sich aufdrängt (Altman 1987, 12−14; Neale 1990, 48−52), noch die Dimension einer Beschreibung nach Merkmalen. Intertextuelle Relationen bestehen selbstverständlich ebenfalls und vielleicht nicht zuletzt zwischen Werken mit ganz verschiedenen strukturellen Zügen. Damit das Intertextualitätskonzept für die Gattungstheorie verwendbar wird, ist seine Rahmung durch ein Verfahren der Strukturbeschreibung nötig. Um diese Konstruktion zu verdeutlichen, bei welcher hinter das historische Genre die es umgreifende systematische Gattung gestellt wird, sei nochmals ein Blick auf die Theorie Frickes geworfen. Fricke (1981, 132–155; ferner Fricke 1983, 268–278; Fricke 1991, 75–77, 141–143) führt die Bestimmung der systematischen Gattung, für die er den Terminus 'literarische Textsorte' im Unterschied zum – historische Gattungen bezeichnenden – Terminus 'Genre' wählt, in Form einer kritischen Kompilation aller von der bisherigen einschlägigen Poetik und Forschung verwendeten Merkmale durch. Die gewonnenen Kriterien werden in solche, die notwendig, und solche, die fakultativ sind, sortiert. Die gesamte Explikation der Textsorte verschränkt beide Kriterien-Komplexe in der Weise, daß mindestens eines der fakultativen jeweils zusammen mit den notwendigen Merkmalen erfüllt sein muß (vgl. auch Strube 1993, 15–18). Aus dem solcherart „systematisch konstruierten Ordnungsbegriff 'literarische Textsorte'" ist ein jeweils „historisch kohärentes und begrenztes Bündel von Textereignissen" als „'Genre' zur Bezeichnung einer manifesten, also in der Lesegesellschaft ihrer Zeit fest etablierten Textsortenvariante" ausgrenzbar (Fricke 1991, 75, 141). Eben diese Relation von 'Genre' zu 'Textsorte' qua Relation von „Teilmenge" (Fricke 1981, 133) zu Gesamtmenge von Merkmalen ist Vorbild für die vorgeschlagene Rahmung der intertextuell verfaßten genealogischen Klasse (Schaeffers Bereich (III); Molinos 'emisches microgenre') durch die analogische Klasse (Schaeffers Bereich (IV); Molinos 'etisches micro- oder mésogenre'). Die Konstruktion nun eines solchen generischen 'Phantombildes' oder auch des „architexte" (Genette 1979, 88, 90) wäre bei der Skepsis der neunziger Jahre wohl am ehesten von Fowlers bewußt und polemisch gegen Systementwürfe auftretender 'Repertoire'-Konzeption her anzugehen. „The repertoire is the whole range of potential points of resemblance that a genre may exhibit. [...] Every genre has a unique repertoire, from which its representatives select characteristics. These distinguishing features [...] may be either formal or substantive" (Fowler 1982, 55). Eine Liste aus fünfzehn Merkmalskategorien (Fowler 1982, 60–72; knapp resümiert bei Meyer 1995, 72) soll die flexible Handhabe für eine nachträgliche Beschreibung von, wie Fowler (1982, 55) nonchalant formuliert, 'obskur' gewonnenen Gattungen bieten. Ähnlich nützlich wie das 'Repertoire' scheint auch Fowlers Fassung des in der angelsächsischen Diskussion ohnehin – und wesentlich durch den Einfluß N.

Fryes – geläufigen 'mode'-Begriffs zu sein. 'Modes' zeigen Ähnlichkeit mit den 'Schreibweisen' Hempfers, nicht zuletzt weil das Satirische zu ihnen rechnet, erscheinen aber als (auf ganz wenige dominant gebliebene Merkmale reduzierte) Derivate aus historisch vorangegangenen Gattungen und erzeugen, statt selbst transformiert zu werden wie bei Hempfer, durch ihre Kombination mit Genres vielmehr wieder deren Transformationen (Fowler 1982, 106–111, 167f, 191–212). Mit dem Repertoire und nötigenfalls den Modi stünde ein Instrumentarium zur Merkmalsbestimmung eines 'Phantombildes' bereit, das in historischen Werkgruppen Wirklichkeit gewinnt, deren geschichtliches Leben wiederum über das Intertextualitätskonzept konkreter erfaßbar und im Spiel der Gattungssystematik der Epoche an die Gesellschaftsgeschichte anschließbar ist.

5. Literatur (in Auswahl)

Altman, Rick [Charles F.] (1987): The American Musical. Bloomington/Indianapolis.

Ben-Amos, Dan (1969): Analytical Categories and Ethnic Genres. In: Genre 2, 275–301.

Bickmann, Claudia (1984): Der Gattungsbegriff im Spannungsfeld zwischen historischer Betrachtung und Systementwurf. Eine Untersuchung zur Gattungsforschung an ausgewählten Beispielen literaturwissenschaftlicher Theoriebildung im 20. Jh. Frankfurt am Main et al.

Bolongaro, Eugenio (1992): From Literariness to Genre: Establishing the Foundations for a Theory of Literary Genres. In: Genre 25, 277–313.

Bonheim, Helmut (1991): Systematics and Cladistics: Classification of Text Types and Literary Genres. In: Uhlig, Claus/Zimmermann, Rüdiger (eds.): Anglistentag 1990 Marburg. Proceedings. Tübingen, 154–165.

– (1991/92): The Cladistic Method of Classifying Genres. In: REAL. Yearbook of Research in English and American Literature 8, 1–32.

Cawelti, John G. (1976): Adventure, Mystery, and Romance. Formula Stories as Art and Popular Culture. Chicago.

Cohen, Ralph (1985/86): History and Genre. In: New Literary History 17, 203–218.

Combe, Dominique (1992): Les Genres littéraires. Paris.

Dammann, Günter (1983): Was sind und wozu braucht die Literaturwissenschaft Genres? Thesen zum Verhältnis von Generizität und Einzelwerk. In: Textsorten und literarische Gattungen. Dokumentation des Germanistentages in Hamburg vom 1. bis 4. April 1979. Berlin (West), 207−220.

Derrida, Jacques (1980): La Loi du genre/The Law of Genre. In: Glyph 7, 176−232.

Dubrow, Heather (1982): Genre. London/New York.

Fishelov, David (1993): Metaphors of Genre. The Role of Analogies in Genre Theory. University Park, Pa.

− (1995): The Structure of Generic Categories: Some Cognitive Aspects. In: Journal of Literary Semantics 24, 117−126.

Fohrmann, Jürgen (1988): Remarks towards a Theory of Literary Genres. In: Poetics 17, 273−285.

Fowler, Alastair (1970/71): The Life and Death of Literary Forms. In: New Literary History 2, 199−216.

− (1982): Kinds of Literature. An Introduction to the Theory of Genres and Modes. Cambridge, Mass.

− (1989): The Future of Genre Theory: Functions and Constructional Types. In: Cohen, Ralph (ed.): The Future of Literary Theory. New York/London, 291−303.

Freadman, Anne (1986): Le Genre humain (A Classification). In: Australian Journal of French Studies 23, 309−374.

Fricke, Harald (1981): Norm und Abweichung. Eine Philosophie der Literatur. München.

− (1983): Sprachabweichungen und Gattungsnormen. Zur Theorie literarischer Textsorten am Beispiel des Aphorismus. In: Textsorten und literarische Gattungen. Dokumentation des Germanistentages in Hamburg vom 1. bis 4. April 1979. Berlin (West), 262−280.

− (1991): Literatur und Literaturwissenschaft. Beiträge zu Grundfragen einer verunsicherten Disziplin. Paderborn et al.

Genette, Gérard (1979): Introduction à l'architexte. Paris.

− (1982): Palimpsestes. La littérature au second degré. Paris.

Gledhill, Christine (1985): Genre. In: Cook, Pam (ed.): The Cinema Book. London, 58−112.

Głowiński, Michał (1974): Die literarische Gattung und die Probleme der historischen Poetik. In: Flaker, Aleksander/Žmegač, Viktor (eds.): Formalismus, Strukturalismus und Geschichte. Zur Literaturtheorie und Methodologie in der Sowjetunion, ČSSR, Polen und Jugoslawien. Kronberg im Taunus, 155−185.

Guillén, Claudio (1971): Literature as System. Essays toward the Theory of Literary History. Princeton, N.J.

Hauptmeier, Helmut (1987a): Sketches of Theories of Genre. In: Poetics 16, 397−430.

− (1987b): Typology or Classification? Some Presuppositions of Genre Theories. In: SPIEL. Siegener Periodicum zur Internationalen Empirischen Literaturwissenschaft 6, 207−225.

Hayward, Malcolm (1994): Genre Recognition of History and Fiction. In: Poetics 22, 409−421.

Heinemann, Wolfgang/Viehweger, Dieter (1991): Textlinguistik. Eine Einführung. Tübingen.

Hempfer, Klaus W. (1972): Tendenz und Ästhetik. Studien zur französischen Verssatire des 18. Jh.s. München.

− (1973): Gattungstheorie. Information und Synthese. München.

Hernadi, Paul (1972): Beyond Genre. New Directions in Literary Classification. Ithaca/London.

Isenberg, Horst (1983): Grundfragen der Texttypologie. In: Daneš, František/Viehweger, Dieter (eds.): Ebenen der Textstruktur. Berlin (Ost).

− (1984): Texttypen als Interaktionstypen. Eine Texttypologie. In: Zeitschrift für Germanistik 5, 261−270.

Jameson, Fredric (1981): The Political Unconscious. Narrative as a Socially Symbolic Act. London.

Janik, Dieter (1974): Informationsästhetische Gattungstheorie: Ebenen und Repertoires literarischer Bedeutungserzeugung. In: Zeitschrift für Literaturwissenschaft und Linguistik 4, Nr. 16, 79−98.

Jauß, Hans Robert (1972): Theorie der Gattungen und Literatur des Mittelalters. In: Jauß, Hans Robert/Köhler, Erich (eds.): Grundriß der romanischen Literaturen des Mittelalters. Bd. 1. Heidelberg, 107−138.

Kaiser, Gerhard R. (1974): Zur Dynamik literarischer Gattungen. In: Rüdiger, Horst (ed.): Die Gattungen in der Vergleichenden Literaturwissenschaft. Berlin/New York, 32−62.

Kent, Thomas (1986): Interpretation and Genre. The Role of Generic Perception in the Study of Narrative Texts. Lewisburg/London/Toronto.

Kibédi Varga, Aron (1984): Genres en tekstsoorten: Raakpunten van vorm en functie in de literatuurwetenschap. In: Tijdschrift voor Nederlandse Taal- en Letterkunde 100, [Sonderheft,] 32*−47*.

Köhler, Erich (1977): Gattungssystem und Gesellschaftssystem. In: Romanistische Zeitschrift für Literaturgeschichte 1, 7−22.

Kuon, Peter (1988): Möglichkeiten und Grenzen einer strukturellen Gattungswissenschaft. In: Albrecht, Jörn/Lüdtke, Jens/Thun, Harald (eds.): Energeia und Ergon. Sprachliche Variation − Sprachgeschichte − Sprachtypologie. Studia in honorem Eugenio Coseriu. Bd. 3. Tübingen, 237−252.

Lamping, Dieter (1989): Das lyrische Gedicht. Definitionen zu Theorie und Geschichte der Gattung. Göttingen.

Lefevere, André (1985): Systems in Evolution. Historical Relativism and the Study of Genre. In: Poetics Today 6, 665–679.

Lotman, Jurij M. (1973): Die Struktur des künstlerischen Textes. Hg. von Rainer Grübel. Frankfurt am Main.

Madsen, Deborah L. (1994): Rereading Allegory. A Narrative Approach to Genre. New York.

Marsch, Edgar (1979): Gattungssystem und Gattungswandel. Die Gattungsfrage zwischen Strukturalismus und Literaturgeschichte. In: Haubrichs, Wolfgang (ed.): Probleme der Literaturgeschichtsschreibung. Göttingen, 104–123.

Meyer, Holt (1995): Gattung. In: Pechlivanos, Miltos/Rieger, Stefan/Struck, Wolfgang/Weitz, Michael (eds.): Einführung in die Literaturwissenschaft. Stuttgart/Weimar, 66–77.

Molino, Jean (1993): Les Genres littéraires. In: Poétique 24, 3–28.

Müller-Dyes, Klaus (1978): Literarische Gattungen. Lyrik, Epik, Dramatik. Freiburg et al.

– (1996): Gattungsfragen: In: Arnold, Heinz Ludwig/Detering, Heinrich (eds.): Grundzüge der Literaturwissenschaft. München, 323–348.

Neale, Stephen (1980): Genre. London.

– (1990): Questions of Genre. In: Screen 31, 45–66.

Nies, Fritz (1973): Das Ärgernis „Historiette". Für eine Semiotik der literarischen Gattungen. In: Zeitschrift für romanische Philologie 89, 421–439.

– (1974): Die ausgeklammerte Hauptsache. Vorüberlegungen zu einer pragmatischen Systematik des literaturwissenschaftlichen Gegenstandsbereichs. In: Germanisch-Romanische Monatsschrift 55. N.F. 24, 265–283.

– (ed.) (1978): Genres mineurs. Texte zur Theorie und Geschichte nichtkanonischer Literatur (vom 16. Jh. bis zur Gegenwart). Unter Mitarb. von Jürgen Rehbein. München.

– (1987): Schnell und viel – Gattungsbildung in Frankreich zur Zeit des Endlospapiers. In: Pfeiffer, Helmut/Jauß, Hans Robert/Gaillard, Françoise (eds.): Art social und art industriel. Funktionen der Kunst im Zeitalter des Industrialismus. München, 395–409.

– (1989): Für eine stärkere Ausdifferenzierung eines pragmatisch konzipierten Gattungssystems. In: Wagenknecht, Christian (ed.): Zur Terminologie der Literaturwissenschaft. Akten des IX. Germanistischen Symposions der Deutschen Forschungsgemeinschaft Würzburg 1986. Stuttgart, 326–336.

Olson, Gary M./Mack, Robert L./Duffy, Susan A. (1981): Cognitive Aspects of Genre. In: Poetics 10, 283–315.

Oversteegen, J. J. (1989): Genre: A Modest Proposal. In: D'haen, Theo/Grübel, Rainer/Lethen, Helmut (eds.): Convention and Innovation in Literature. Amsterdam/Philadelphia, 17–35.

Perkins, David (1991): Literary Classifications: How Have They Been Made? In: Perkins, David (ed.): Theoretical Issues in Literary History. Cambridge, Mass./London, 248–267.

Raible, Wolfgang (1980): Was sind Gattungen? Eine Antwort aus semiotischer und textlinguistischer Sicht. In: Poetica 12, 320–349.

Rusch, Gebhard (1993): Fernsehgattungen in der Bundesrepublik Deutschland. Kognitive Strukturen im Handeln mit Medien. In: Hickethier, Knut (ed.): Geschichte des Fernsehens in der Bundesrepublik Deutschland. Bd. 1: Institution, Technik und Programm. Rahmenaspekte der Programmgeschichte des Fernsehens. München, 289–321.

Ryan, Marie-Laure (1979): Toward a Competence Theory of Genre. In: Poetics 8, 307–337.

– (1981): Introduction. On The Why, What and How of Generic Taxinomy. In: Poetics 10, 109–126.

Schaeffer, Jean-Marie (1989a): Qu'est-ce qu'un genre littéraire? Paris.

– (1989b): Literary Genres and Textual Genericity. In: Cohen, Ralph (ed.): The Future of Literary Theory. New York/London, 167–187.

Schatz, Thomas (1981): Hollywood Genres: Formulas, Filmmaking, and the Studio System. Philadelphia.

Schmidt, Siegfried J. (1987): Skizze einer konstruktivistischen Mediengattungstheorie. In: SPIEL. Siegener Periodicum zur Internationalen Empirischen Literaturwissenschaft 6, 163–205.

Schmidt, Siegfried J./Weischenberg, Siegfried (1994): Mediengattungen, Berichterstattungsmuster, Darstellungsformen. In: Merten, Klaus/Schmidt, Siegfried J./Weischenberg, Siegfried (eds.): Die Wirklichkeit der Medien. Eine Einführung in die Kommunikationswissenschaft. Opladen, 212–236.

Schnur-Wellpott, Margrit (1983): Aporien der Gattungstheorie aus semiotischer Sicht. Tübingen.

Snyder, John (1991): Prospects of Power. Tragedy, Satire, the Essay, and the Theory of Genre. Lexington.

Steinmann, Martin (1981): Superordinate Genre Conventions. In: Poetics 10, 243–261.

Steinmetz, Horst (1983): Historisch-strukturelle Rekurrenz als Gattungs-/Textsortenkriterium. In: Textsorten und literarische Gattungen. Dokumentation des Germanistentages in Hamburg vom 1. bis 4. April 1979. Berlin (West), 68–88.

– (1990): Gattungen: Verknüpfungen zwischen Realität und Literatur. In: Lamping, Dieter/Weber, Dietrich (eds.): Gattungstheorie und Gattungsgeschichte. Ein Symposion. Wuppertal, 45–69.

Stempel, Wolf-Dieter (1971): Pour une Description des genres littéraires. In: Actele celui de-al XII-lea congres international de lingvistica si filologie romanica. Bd. 2. Bukarest, 565–570.

– (1972): Gibt es Textsorten? In: Gülich, Elisabeth/Raible, Wolfgang (eds.): Textsorten. Differenzierungskriterien aus linguistischer Sicht. Frankfurt am Main, 175–179.

Strube, Werner (1993): Analytische Philosophie der Literaturwissenschaft. Untersuchungen zur literaturwissenschaftlichen Definition, Klassifikation, Interpretation und Textbewertung. Paderborn et al.

Suerbaum, Ulrich (1971): Text und Gattung. In: Fabian, Bernhard (ed.): Ein anglistischer Grundkurs zur Einführung in das Studium der Literaturwissenschaft. Frankfurt am Main, 104–132.

– (1985): Intertextualität und Gattung. Beispielreihen und Hypothesen. In: Broich, Ulrich/Pfister, Manfred (eds.): Intertextualität. Formen, Funktionen, anglistische Fallstudien. Tübingen, 58–77.

– (1993): Text, Gattung, Intertextualität. In: Fabian, Bernhard (ed.): Ein anglistischer Grundkurs. Einführung in die Literaturwissenschaft. 7., völlig neu bearb. Aufl. Berlin, 81–123.

Todorov, Tzvetan (1970): Introduction à la littérature fantastique. Paris.

– (1978): L'Origine des genres. In: Todorov, Tzvetan: Les Genres du discours. Paris, 44–60.

Verweyen, Theodor/Witting, Gunther (1979): Die Parodie in der neueren deutschen Literatur. Eine systematische Einführung. Darmstadt.

Voßkamp, Wilhelm (1977): Gattungen als literarisch-soziale Institutionen. In: Hinck, Walter (ed.): Textsortenlehre – Gattungsgeschichte. Heidelberg, 27–42.

Walch, Günter (1991): Aktuelle Tendenzen und Probleme des 'genre criticism' aus anglistischer Sicht. In: Zeitschrift für Anglistik und Amerikanistik 39, 5–16.

Willems, Gottfried (1981): Das Konzept der literarischen Gattung. Untersuchungen zur klassischen deutschen Gattungstheorie, insbesondere zur Ästhetik F. Th. Vischers. Tübingen.

Witting, Gunther (1989): Über einige Schwierigkeiten beim Isolieren einer Schreibweise. In: Wagenknecht, Christian (ed.): Zur Terminologie der Literaturwissenschaft. Akten des IX. Germanistischen Symposions der Deutschen Forschungsgemeinschaft Würzburg 1986. Stuttgart, 274–288.

Zimmermann, Hans Dieter (1979): Schema-Literatur. Ästhetische Norm und literarisches System. Stuttgart et al.

Ziolkowski, Theodore (1986): Five Theses on Generic Transformation. Exemplified by Twentieth-Century Lyric Poetry in Germany. In: Neohelicon 13, Nr. 1, 9–35.

Günter Dammann, Hamburg
(Deutschland)

51. Textsorten und Wissenstransfer

1. Transfer von Expertenwissen als Ausschnitt des Wissenstransfers. Charakteristik und Differenzierung
2. Der Text als Medium des fachexternen Wissenstransfers
3. Gestaltungsmerkmale
4. Literatur (in Auswahl)

1. Transfer von Expertenwissen als Ausschnitt des Wissenstransfers. Charakteristik und Differenzierung

Wissenstransfer ist grundsätzlich Kennzeichen der menschlichen Gemeinschaft und in höchstem Maße dem Bedürfnis ihrer Mitglieder nach Soziabilität geschuldet. Von hier aus leuchtet ein, daß bei der Bestimmung der sprachrealisierten Kommunikationsabsichten („kommunikativ-funktionale[r] Aspekt der interpersonalen Beziehung", Brinker 1997, 104) der Informationsfunktion in allen Klassifikationsansätzen die Priorität zugestanden wird, mit Paraphrasen wie *Ich setze dich über den Sachverhalt xy in Kenntnis*. Wissenstransfer umfaßt zahllose personell, thematisch, medial differenzierte Einzelhandlungen und findet dauernd statt. Die Dauerhaftigkeit liegt in der Differenz der Kenntnisstände von Individuen und einzelnen Gruppen einer Gesamtgesellschaft begründet und in den damit gegebenen Interessen der Mehr- und Minderwissenden, zu einem Wissensausgleich beizutragen, vgl. dazu das Lexem *Wissenslücke* und die Redensart *Wissen ist Macht*.

Beim Registrieren von Wissensbeständen zu einem bestimmten Zeitpunkt spielt die Dichotomie von gesellschaftlicher Ganzheit und sozialer Binnendifferenzierung eine wesentliche Rolle. Demnach wird idealtypisch zwischen einem Allgemeinwissen (= als notwendig erachtetes Grundwissen, vorhanden bei allen Mitgliedern einer Gesellschaft) und einem Spezialwissen (= zusätzliches Wissen von Individuen und einzelnen Gruppen, aufgrund einer individuellen oder gruppenzentrierten Sozialisation erworben) unterschieden. Folglich trennt Rehbein (1998, 698) zwischen einem Alltagswissen, das sich auf die alltägliche Wirklichkeit bezieht und in dem Begriff der (All-)Gemeinsprache gebunden ist, und einem professionellen Wissen, das spezifische Sachbereiche erfaßt und in der Varietätenkennung „Fachsprache" zusammengefaßt wird.

Löst man die Suche nach gemeinsamen und differenten Wissensbeständen aus dem fachlichen Bezugsrahmen, wird sofort deutlich, daß eine solche Fragestellung unschwer auf alle Resultate biographisch unterschiedlicher Sozialisation (Subkulturen) ausgedehnt werden kann. In dem Varietätenaufkommen einer Gesamtsprache sind somit als Wissensdifferenzen indizierende Varietäten in jedem Fall neben den Fachsprachen Sonder- und Regionalsprachen ins Kalkül zu ziehen (Möhn 1990 und 1998b). Wenn dennoch der Differenz zwischen Experten-/Fachwissen und Allgemeinwissen seit langer Zeit (vgl. 2.) besondere Aufmerksamkeit gewidmet wird, ist dies darin begründet, daß im Zuge der Arbeitsteilung den Expertengruppen die Aufgabe zukommt, Weltwissen zu gewinnen, zu sichern und der Gesellschaft zur Verfügung zu stellen. Die damit implizierte Kommunikationsproblematik (zur Charakteristik als Kommunikationskonflikt Wiegand 1979) ist Gegenstand zahlreicher Zustandsbeschreibungen und Postulate, die auf eine gewachsene Sensibilität schließen lassen. Werner Keller (1967, 17), erfolgreicher Sachbuchautor, sieht die Situation so: „Nie zuvor in der Menschheitsgeschichte war die Diskrepanz zwischen tatsächlich vorhandenem Wissen auf der einen und der Unkenntnis davon in der großen Öffentlichkeit auf der anderen Seite so groß, wie es heute der Fall ist". Aus dieser Diskrepanz wurde das Postulat einer „öffentlichen Wissenschaft" abgeleitet, die dazu dienen solle, „daß die Brücke zwischen Wissenschaft und Öffentlichkeit zu einer gepflegten und viel befahreneren Bahn werden muß" (Haber 1977, 137). Der hier angesprochene Spezialfall des Wissenstransfers wird konsequenterweise als Wissenschaftstransfer (Jahr 1998) bezeichnet und ist, auch in dieser Spezifizierung, ein Beleg dafür, daß Wissensbestände von Expertengruppen (dazu gehört nicht zuletzt das Handwerk) besonders aufmerksam registriert werden. Ein solches Registrieren läßt sich als Bestandteil einer Kulturgeschichte der Arbeitsteilung durchgängig nachweisen. Zu den frühen Beiträgern rechnet etwa Raimundus Lullus (1232−1316), der im Prolog zu seinem *Liber gentilis* konstatiert: „Jede Kunst, sei sie handwerklicher oder wissenschaftlicher Art, erfordert eine eigene Begrifflichkeit, um sich gut verständlich machen zu können. Meine Wissenschaft, die sich als beweisende Geisteswissenschaft versteht, verwendet ungebräuchliche und absonderlich klingende Begriffe" (Lull 1998, 5). Die ausgeprägte Exklusivität und Hermetik der Expertensysteme (Wichter 1994, 43) sind Motiv und Resultat bei der Bestimmung von Fach-, Expertensprachen geblieben; dabei kann zwischen kognitiven und kommunikativen Aspekten unterschieden werden (Möhn 1998a). Im ersten Fall handelt es sich um die Rekonstruktion fachbezogener Wirklichkeitskonzepte; hier hat z. B. Wichter (1994) mit seinem Ansatz einer „Lexikologie der Vertikalität" die Spezifik der Expertenwortschätze aufgezeigt. Im zweiten Fall handelt es sich um gruppenzentrierte Kommunikationsregeln, unter denen etwa ein Ich-Tabu, ein Metaphern- und ein Erzähltabu ausgemacht worden sind (Kretzenbacher 1995, 26). Relativ geschlossene Systeme entwickeln bei längerer Existenz eine deutlich ausgeprägte Tendenz zur Ausdrucksökonomie. Kalverkämper (1987, 64 ff) hat in diesem Zusammenhang auf den ungestützten Gebrauch von Fachtermini in der Expertenkommunikation verwiesen, in der die Kompetenz des fachspezifischen Referierens beim Rezipienten vorausgesetzt werde. Schließlich kann zur Exklusivität die Wahl einer nicht der Gesamtgesellschaft verfügbaren Sprache beitragen. Prominente Zeugnisse liefert die Sprachgeschichte der Medizin. Pörksen (1994, 19ff) hat am Beispiel von Paracelsus die „Anstößigkeit des Deutschen" in engem Zusammenhang mit der Frage gesehen, „in welchem sozialen Umfeld Wissenschaft getrieben und verbreitet werden sollte", und die prozeßhafte „Niederlegung der lateinischen Trennmauer" nachgearbeitet. Texte, „die heilkundliches Wissen einer lateingebundenen Fachelite in Laienkreise trugen" (Telle 1988, 44), waren zumindest im 16./17. Jh. wegen ihres gruppenüberschreitenden Transfers heftig umstritten; zum deutsch-lateinischen Sprachenstreit in der frühneuzeitlichen Medizin bietet Telle (1988) zahlreiche zeitgenössische Kommentare.

51. Textsorten und Wissenstransfer

Wenn die Bestände an Expertenwissen zum Ausgangspunkt der Beschreibung von Transferprozessen gewählt werden, lassen sich systematisch drei Teilbereiche unterscheiden, die der seit langem eingeführten Differenzierung fachbezogener Kommunikation (Möhn 1977) entsprechen. Ein erster Teilbereich ergibt sich durch die fachintern organisierte Ausbildung von Fachanfängern. Im Mittelpunkt der Ausbildung, die sowohl mündlich als auch schriftliche Anteile ausweist, steht das (fach)gruppentypisch sachorientierte, teilweise sprachmanifeste Handeln (zu Einzelheiten Baßler 1996; Brünner 1987). Ein zweiter Teilbereich betrifft den mit der fortschreitenden Arbeitsteilung unabweisbar gewordenen interfachlichen Wissensaustausch zwischen den einzelnen Expertengruppen (vgl. Rehbein 1998, 690 f.). Der dritte Teilbereich, auf den nachstehend weiter eingegangen werden soll, umfaßt den Transfer von professionellem Wissen zu einer interessierten, betroffenen Öffentlichkeit. Gerade diese Art von Transfer (fachextern) ist zur Gegenwart hin zunehmend zum Gegenstand intensiver Forderungen und Diskussionen geworden (Beispiele bei Möhn 1979), in denen auch der Begriff „öffentliche Wissenschaft" entwickelt und fortgeschrieben wurde, obwohl „wir noch lange nicht soweit sind, zum Begriff Öffentliche Wissenschaft das Regelbuch zu schreiben" (Heinz Haber, in: bild der wissenschaft H. 6, Juni 1975, 100: Hemmschuh Fachsprache? – Kontroverse). Die Erschließung von Strategien und Regeln im fachexternen Transferprozeß ist letztlich eine interdisziplinäre Aufgabe, an der sich die jeweiligen Fachexperten, Wissensmittler wie Journalisten und Sachbuchschreiber, Vertreter linguistischer Subdisziplinen (z. B. Fachsprachenlinguistik, Text- und Gesprächslinguistik) und Medienexperten beteiligen können. Im folgenden soll primär auf den linguistischen Anteil weiter Bezug genommen werden.

2. Der Text als Medium des fachexternen Wissenstransfers

2.1. Medienwahl als Voraussetzung

Abgesehen davon, daß ein solches Transfergeschehen nach wie vor auch mündlich, individuell oder in Kleingruppen organisiert, stattfindet (Fickermann 1994), folgert aus den Eigenschaften des öffentlichen Wissens und den darauf gerichteten Zielen der beteiligten Akteure, ein Medium zur Verfügung zu haben, dem eine entsprechende kommunikative Reichweite zukommt. Der gedruckte Text ist die erste kommunikative Möglichkeit mit großer Reichweite in der Transfergeschichte. Zur Entfaltung dieser Möglichkeit bedurfte es weiterer Entwicklungsresultate; dazu zählen die Überwindung des Analphabetentums im 19. Jh. (Einführung der allgemeinen Schulpflicht; Einrichtung von Volksbüchereien) und damit einhergehend die Einbindung immer größerer Bevölkerungsteile in einen öffentlichen Diskurs, der vor allem durch die Presse geleistet wurde. Als einer der führenden Wissenschaftler dieses Jahrhunderts hat Justus von Liebig die Presse genutzt, um „dem Verständnis der Lehren der Wissenschaft, zum Nutzen für die Praxis, den Weg zu bahnen" (Liebig 1878, XVI: Vorwort zur Buchausgabe 1865). Liebig wählte für die Erstveröffentlichung seiner *Chemischen Briefe* (1844) die Augsburger Allgemeine Zeitung; die Deklaration der 50 Folgen unterstreicht den beabsichtigten Transferprozeß ebenso wie eine Vielzahl transferbedingter Gestaltungsmerkmale (vgl. unter 3.) in den einzelnen Briefen. Dazu gehören die Metaphorisierung, die Übersetzung und die Exemplifizierung. Der nachstehende Ausschnitt belegt das Spendergebiet Sprache, das im Kontext des 19. Jh.s gewiß nicht zufällig genutzt worden sein dürfte.

„Die Körper sind verschieden in ihrer Qualität; was ihre Eigenschaften uns sagen, ändert sich, je nachdem sie geordnet sind; wie in jeder andern, haben wir in der eigenthümlichen Sprache, mit der die Körper zu uns reden, Artikel, Fälle, alle Beugungen der Haupt- und Zeitwörter, wir haben eine Menge Synonymen" (Liebig 1878, 6: 1. Brief). Wesentliche Anstöße zum fachexternen Transfer im 19. Jh. gingen schließlich von der industriellen Massenproduktion aus, die auf eine breitere laienhafte Käuferschicht ausgerichtet war, und dies in der zunehmenden Konkurrenz einzelner Anbieter. „Aus dieser Wettbewerbssituation heraus entstand Werbung für die hergestellten Produkte, und es kamen die ersten echten Anwender-Dokumentationen auf, in denen die Produkte beschrieben und ihre Anwendung erklärt wurde" (Hering 1997, 112).

Die Beteiligung an den frühen Transferprozessen war gewiß sozial begrenzt (Bildungsstand, ökonomische Ausstattung, Unterschiede zwischen Stadt und Land u. a.); Liebig z. B. schrieb seinerzeit seine Briefe ausdrücklich für die „gebildete Welt". Die weitere Entwicklung zur Gegenwart hin wurde durch das verstärkte Aufkommen einer Kommunikationsform bestimmt, die nicht primär einem kleinen Rezipientenausschnitt verpflichtet ist, vielmehr sich an ein breites (disperses) Publikum richtet: die sogenannte Massenkommunikation. Zu ihren Merkmalen rechnen die wenig beschränkte Zugänglichkeit, die große Zahl der Rezipienten, die vorherrschende Einwegkommunikation und nicht zuletzt die mediale Vielfalt. Dementsprechend gehören heute Presse, Rundfunk und Fernsehen mit ihren regelmäßigen Realisierungen zu diesem Medienspektrum, unter dem Gesichtspunkt der allgemeinen Verfügbarkeit und der „massenhaften" Herstellung und Abnahme aber auch Bücher (zumindest ein Teil der Buchproduktion; mit hoher Auflage), Gebrauchsanweisungen, Werbeprospekte, Ton- und Videokassetten. Da bei der Produktion für die Sendungen der elektronischen Medien in der Regel ein hoher Grad von Vorbereitetheit, d. h. zumeist schriftliche Fixierung als Voraussetzung, angenommen werden kann, erscheint es zulässig, auch in diesen Analysefällen textlinguistische Kategorien anzuwenden. Das gilt selbst dann, und dies dürfte der Normalfall sein, wenn für die Analyse der jeweiligen Sendung das „Drehbuch" nicht zur Verfügung steht und erst ein Transkript angefertigt werden muß (zur Einbettung in die massenmediale Gesamtkommunikation Hennig/Möhn 1983). Gegenüber der unterschiedlichen Rezeptionsmöglichkeit (Pressetext vs. Rundfunk-, Fernsehsendungen ohne konservierende Aufzeichnung) ist das gemeinsame Merkmal der Einwegkommunikation das ausschlaggebende Argument für die Priorität textlinguistischer Zugriffe (zur Diskussion dialogischer Aspekte Franke 1997, 17 ff). Die massenmediale Kommunikationsform ist, wie Hickethier (1976, 65) hervorgehoben hat, im Zusammenhang mit dem „*Zerfallsproze[ß] der nicht-medialen Erfahrungsvermittlung*" entstanden. Aus dem Verlust der Unmittelbarkeit der Teilhabe wuchs der gesellschaftliche Bedarf an vermitteltem Wissenschaftswissen. Das 19. Jh. zeitigte nicht nur auf diesen Bedarf gerichtete Transferprozesse, es markiert zugleich die Entstehung professionellen Vermittelns zwischen Experten und Laien; Fachjournalisten und Sachbuchautoren etablieren sich. Damit wird ein in der Forschung häufig vernachlässigter Aspekt in der Transfergeschichte wirksam: die Eigenständigkeit der Transfermedien und ihrer Repräsentanten, vgl.: „Damit wird ein Teil der medial realisierten fachexternen Kommunikation aus den Fächern als Arbeitsbereichen hinausverlagert" (Krischke 1998, 13 f).

2.2. Transfertextdifferenzierung

Bei den dargestellten Voraussetzungen und Zielen des Wissenstransfers (siehe unter 1. und 2.1.) leuchtet sofort ein, daß Texten mit einer informativen Funktion (= Wissen weitergebend) die zentrale Position zukommt. Demzufolge ist das Vorkommen einer informativen Funktion in den Transfertexten weitgehend unbestritten (zu Einschränkungen weiter unten), Probleme werden eher bei der Charakterisierung und Benennung der einzelnen Textsorten gesehen. Dies gilt in besonderer Weise für die Differenzierung von Pressetexten. Das von Krischke (1998, 45) konstatierte pluralistische Angebot, aus dem es das für die jeweiligen Fragestellungen, Textarten und Kommunikationsbereiche Passende auszusuchen gelte, hat verschiedene Gründe. Dazu gehören die Übernahme alltagssprachlicher Bezeichnungen wie etwa *Bericht*, *Nachricht*, die Mischung publizistischer und linguistischer Textsortenkonzepte und auch Strukturierungsvorschläge, die in sich starke Überschneidungen und gar Widersprüche aufweisen (zu Einzelheiten vgl. die Aufarbeitung bei Krischke 1998).

Nachstehend soll anhand eines textlinguistischen Paradigmas auf einzelne Komponenten und Ausprägungen des fachexternen Transferprozesses mittels Texte eingegangen werden.

Die Transfersituation

Die Situation entsteht generell aus einer vorhandenen Wissensdifferenz, an deren Minderung/Aufhebung die jeweiligen Emittenten und die sich beteiligenden Rezipienten interessiert sind. Bleibt es ausschließlich bei einer textproduktiven Handlung der Emittenten (selektive Wahrnehmung und Leseverweigerung auf Seiten der potentiellen Rezipienten), kommt keine eigentliche Transfersituation zustande. Um diese Wirkung möglichst zu verhindern, wird ein entsprechender Textaufwand getrieben (Attraktor-Komponente, s. u.), der die zeitlich-räumliche Distanz der Teilnehmenden überbrücken soll. Die ausgeprägte Arbeits- und Funktionsdifferenzierung in der Gegenwart hat zur Konsequenz, daß die Emittentenposition vielfältig besetzt ist.

Zu den markanten Repräsentanten gehören die Institutionen (z. B. Arbeitsamt, Finanzamt, Kirchen), die Produzenten von Gebrauchsgütern, die Sachbuchautoren und nicht zuletzt die Journalisten. Dabei lassen sich auf Emittentenseite einzelne Rollenprofile unterscheiden, die auf die konkrete Textgestaltung einwirken. Krischke (1998, 84) unterscheidet etwa zwischen der Rolle des Faktenvermittlers, der „objektive" Sachverhalte übermittle, der Rolle des Reporters, der auch subjektiv Erlebtes vom Ort des Geschehens mitteile, und der des kritischen Beobachters, der Sachverhalte eigenständig interpretiere. Gewiß nicht zufällig sind diese Rollen innerhalb von Pressetexten umgesetzt, bei anderen Emittentengruppen muß von einer Erweiterung dieser Rollentypologie ausgegangen werden (etwa bei den Emittenten von Gebrauchsanweisungen: Führer durch Handlungskomplexe). Wenn auch das Transferkommunikat primär durch das sprachliche Großzeichen „Text" bestimmt wird, können je nach Medium, Situationsausprägung und Kommunikatumfang zusätzlich nichtsprachliche Zeichen, z. B. ikonische, verwendet werden.

Transferumfänge, -gefäße und -selbständigkeiten

Dieser Gliederungspunkt ist nicht nur eine Konsequenz aus der Bilateralität des Großzeichens „Text", er nimmt auch die Frage auf, welche Distributionsverfahren im Laufe der Transfergeschichte unterdessen zur gesellschaftlichen Alltagspraxis zählen. Daß dabei eine Differenz zwischen fachinterner und fachexterner Praxis hinsichtlich der konventionalisierten Textformen (von der Ausgestaltung ganz abgesehen) besteht, ist unbestritten (Möhn/Pelka 1984 mit zahlreichen Beispielen).

Bei den fachexternen Transfertexten kann, die jeweiligen Bedingtheiten des Massenmediums vorausgesetzt, zunächst zwischen Klein-, Mittel- und Großformen unterschieden werden. Je nach Medium erweist sich die Größenordnung im Raum-(Zeilenumfang) und Zeitvolumen (Sendedauer). Eine solche Unterscheidung macht allein schon deshalb Sinn, weil hier ein Zusammenhang von Form und erreichbarem Ziel (Transferkritik) gesehen werden muß. In vorliegenden Detailanalysen wird auf diese Größenordnungen durchaus Bezug genommen. Als Kleinform wird beispielsweise die (Kurz)Nachricht benannt (Möhn 1979, 78; Beier 1983, 96; Krischke 1998, 81, 165). Als mittlere Transfergrößen können Berichte, Features, Reportagen gelten; Prototyp der Großform ist das Sachbuch, das wegen seiner fachexternen Transferaufgabe nicht zu den Lehr- und Fachbüchern (= fachinterner Wissenstransfer) gehört (Belke 1973, 80 f). „Merkmal der Sachbücher ist, daß sie sich nicht an Spezialisten, sondern an interessierte Laien wenden" (Schüttler 1994, 13). Innerhalb der elektronischen Medien wird die Großform des Transfers durch die Wissenschaftsmagazine bestimmt, die zumeist einen festen Sendeplatz haben und eine längere Sendedauer beanspruchen (Hennig/Möhn 1983). Bemerkenswerterweise sind die sogenannten Instruktionstexte (Möhn 1991; Ehlich/Noack/Scheiter 1994) in allen Größenordnungen vertreten; die Spanne reicht vom Kurztext (beispielsweise Rezeptvorschläge auf der Verpackung von Lebensmitteln) über mittlere Textgrößen (doppelseitig bedruckter Merkzettel, kleinere Broschüren) bis hin zum Handbuch (Beispiel: Softwarehandbuch, dazu Krenn 1989). Daß bei der Produktion von Instruktionstexten Formkomponenten keine geringe Rolle spielen, zeigt der Vorschlag, die Textsorte Kurzanleitung weiter zu untergliedern und hier zwischen Direkt-, Grundnutzen- und Übersichtsanleitung zu trennen. Dabei werden unter dem Merkmal „Äußere Form" folgende Eigenschaften notiert (Hennig/Tjarks-Sobhani 1998, 140): „Auf oder in unmittelbarer Nähe fest neben dem Produkt; Inhalt komplett auf einer Seite" (Direktanleitung), „Produktaufkleber und/oder kleine handliche ‚Karten'" (Grundnutzenanleitung); „Meist etwas umfangreicher, daher A5-, A4-Format; festes Material gemäß Einsatzumgebung; Aufbewahrungshilfen" (Übersichtsanleitung). Je umfangreicher eine Transferform ausfällt, um so mehr kommt den erwähnten nichtsprachlichen Zeichen die Aufgabe zu, den Gesamttext zu strukturieren und die sprachrealisierten Inhalte zu ergänzen. Im Kommunikat entstehen beispielsweise Text-Bild-Beziehungen als eine besondere Form von Kohärenz (dazu u. a. Wimmer 1979; Meutsch 1989), auf die unter 3. weiter eingegangen wird. Nicht zuletzt sind es aber typographische Mittel, welche zu einer formalen Binnenstrukturierung der Transfertexte beitragen. Das nachfolgende Beispiel zeigt mehrere auf einer Textseite angewendete Möglichkeiten (verschiedene Buchstabengrößen, Druckstärken, Unterstreichungen, Punkte, Bildsegmente).

Staubsauger betriebsbereit machen

Saugschlauch und Saugrohr zusammenstecken
- Griffrohr in das Saugrohr stecken. Es muß deutlich einrasten!
- Verriegelungstaste (siehe Pfeil) drücken, wenn die Teile voneinander getrennt werden sollen.

Teleskop-Saugrohr einstellen
Das Teleskop-Saugrohr besteht aus zwei ineinandergesteckten Rohren, die zum Saugen auf die jeweils bequemste Länge auseinandergezogen werden können.

Zum Verstellen:
- Verstellknopf ziehen und das Teleskop-Saugrohr auf die gewünschte Länge einstellen.

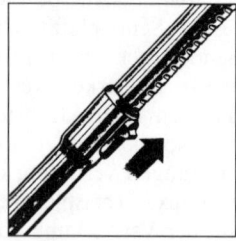

Abb. 51.1: Beispiel für die formale Untergliederung eines Transfertextes (Gebrauchsanweisung für Miele-Staubsauger)

Mit den Größenkategorien zusammenhängend, aber doch von eigener Relevanz ist die Frage nach der medialen Verselbständigung des jeweiligen Transferangebotes. Das heißt zunächst einmal, zu unterscheiden zwischen Texten, die anteilig in einem umfassenderen Medium zu einem bestimmten Zeitpunkt auftauchen (z. B. in einer Zeitung oder Zeitschrift: Neue Entwicklungen in der plastischen Chirurgie), und solchen, die als eigenständiges Produkt in Erscheinung treten, wie die erwähnten Sachbücher jeglicher Thematik, weiterhin Broschüren, Merkzettel, Koch- und Bastelkarten. Diese Eigenständigkeit kommt auch sogenannten populärwissenschaftlichen Zeitschriften zu, deren erklärte Programmatik der Wissenstransfer bestimmt: „Wissenschaft und Technik zu einer öffentlichen Sache zu machen, ihre Erkenntnisse und Neuerungen auch Nicht-Fachleuten gedanklich zugänglich und verfügbar zu machen – ist eine wesentliche Aufgabe von 'bild der wissenschaft'" (bild der wissenschaft H. 6, Juni 1975, 4: Editorial). Formen der medialen Verselbständigung von Transfertexten weisen auf unterschiedliche Interessen der Rezipientenseite. Der Erwerb eines speziellen Sachbuches setzt eine andere Art von freiwilliger Teilnahme voraus als die durch den Erwerb einer Tageszeitung ermöglichte „Mitlektüre": Hier ergeben sich also Feindifferenzierungen in der Bestimmung der Transfersituation. Mit „Verselbständigung" wird ein weiterer Aspekt (vgl. 2.1.) berührt, nämlich der Einbindung von Transfertexten in größere Handlungskomplexe. Was beim fachinternen Wissenstransfer beispielsweise durch die Ausbildung der Fachneulinge als Handlungskontext vorgegeben ist (vgl. Baßler 1996, 36), kann im fachexternen Rahmen ebenso vorhanden sein, wenn auch in der Konsequenz einer etwas anderen Art von Betroffenheit. Beispielsweise erhalten alle Lohnsteuerzahler mit der jährlichen Zustellung ihrer Steuerkarte eine Broschüre „Kleiner Ratgeber für Lohnsteuerzahler", herausgegeben von den obersten Finanzbehörden der Länder. Der Transfertext ist somit Bestandteil des Handlungskomplexes „Besteuerung", zu dem weitere Teiltexte wie Ermäßigungsantrag, Erinnerung an die Abgabe der Steuererklärung, Einkommensteuererklärung, Bescheid über Einkommensteuer, Solidaritätszuschlag und Kirchensteuer gehören. Ein weiteres Beispiel für die Integration von Transfertexten in größere Handlungskomplexe sind die Texte, die, mittlerweile gesetzlich verordnet, einen Bestandteil eines Produkts bilden (= unmittelbar an das einzelne konkrete Produkt gebunden, vgl. Möhn 1991, 197 ff) und damit den Handlungen des Verkaufens, Kaufens und, anschließend, des Produktanwendens zugehören. Gemeint sind Bedienungsanleitungen, Gebrauchsanweisungen, Beipackzettel (Gebrauchsinformation bei Arzneien). Der Aspekt der Selbständigkeit ist folglich geeignet, Transferaktionen nach der Intensität ihrer gesellschaftlichen Einbindung weiter zu unterscheiden, Transferkommunikation kann demnach relativ isoliert und individuell vonstatten gehen (Erwerb und Lektüre eines Sachbuches beispielsweise), aber auch eine vom Gesetzgeber vorgeschriebene Teilhandlung eines umfangreichen Handlungsaufkommens sein (s. o.).

Als letzter Gesichtspunkt sei der Aspekt der Kostenpflicht erwähnt. Teilweise setzt die Teilnahme am Transfer einen finanziellen Aufwand voraus (Rundfunk-, Fernsehgebühren, Kauf eines Produktes usw.), teilweise ist eine Teilnahme, zumindest in direkter Wahrnehmung, für die Rezipienten kostenfrei. Das gilt in besonderer Weise für Transferangebote staatlicher Institutionen (Gesundheits-, Finanz-, Umweltbehörden), wenn ein gesamtgesellschaftliches Interesse gegeben ist, das die Kostenerhebung sekundär erscheinen läßt.

Transferthemen
Die Wahl der Textthemen hat grundsätzlich öffentliches Interesse/Betroffensein zur Vor-

aussetzung. Im einzelnen aber verweist die Themenfindung auf höchst unterschiedliche Motivationen, so daß es unbedingt notwendig ist, hier weiter nach Beteiligung, gesellschaftlicher Einbettung und Medium (vgl. oben) zu trennen. Sind beispielsweise Transfertexte Bestandteil eines Produkts (Haushaltsgeräte etwa), ist die Themenwahl unmittelbar und verbindlich vorgegeben. Das gilt in besonderer Weise für die Gebrauchsinformationen, die Medikamenten beigefügt werden müssen. Hier ist nicht nur die Themenwahl vorgeschrieben, auch einzelne thematische Segmente sind durch den Gesetzgeber obligatorisch festgelegt (Schuldt 1992, 6 ff). In anderen Situationen erfolgt die Themenwahl „unmittelbarer" zur Textproduktion. Krischke (1998, 89 f) verweist auf in der journalistischen Praxis etablierte Selektionskriterien, deren Zusammenspiel festlege, ob ein Sachverhalt Themenqualität im jeweiligen Medium erlange. Ausgehend von den Auswahlverfahren, die bei der Wahl von Nachrichten (Nachrichtenfaktoren) eine Rolle spielen (z. B. Aktualität, Superlativität, Adressatenrelevanz, Frequenz), wird eine modifizierte Einschlägigkeit dieses Katalogs auch für fachexterne massenmediale Texte angenommen und nachgewiesen. Bei einer entsprechenden gesellschaftlichen Relevanz des Sachverhalts kann die Fixierung der Themenfindung und -realisierung auf ein Ressort nicht aufrecht erhalten bleiben, sogenannte Querschnittsthemen erfassen dann mehrere Sparten der Produktion und des Angebots (etwa Wissenschaft und Politik, vgl. Krischke 1998, 91).

Alle Themen sind naturgemäß unter dem Stichwort „Wissen" zu subsumieren. In den Forschungsbeiträgen ist, nicht zuletzt unter funktionalem Gesichtspunkt (s. u.), ein Anteil dieses thematischen Potentials als Handlungswissen bestimmt worden (Möhn/Pelka 1984, 6; Möhn 1991, 193; Franke 1997, 152). Gemeint sind zunächst solche Themen, welche Lösungsvorgaben für ein gegebenes praktisches Problem zum Inhalt haben und dementsprechend auf die Frage antworten: *Was soll (aber auch: darf, kann, muß) ich tun, um eine diesbezügliche Problemlösung zu erreichen?*

(1) *Mandeln häuten*
Wenn ich Mandeln zum Backen brauche, kaufe ich sie am liebsten ungehäutet. Allerdings dauert es immer sehr lange, die braunen Häutchen zu entfernen. Haben Sie einen Tip, wie es schneller geht?
VERONIKA HERBST, Kassel

Am schnellsten geht es so: Die Mandeln in kochendem Wasser 2–3 Minuten blanchieren, in einem Sieb abschrecken und abtropfen lassen. Die Mandeln in ein Geschirrtuch einschlagen und gut durchkneten: Dann müssen Sie nur noch die gehäuteten Mandeln heraussortieren.
(essen & trinken Nr. 12, 25. 11. 1998, 9)

Eine Beschränkung des Begriffs „Handlungswissen" auf Lösungen für „praktische" Probleme wie Zubereitung eines bestimmten Gerichts, Nutzung eines technischen Geräts erscheint nicht zulässig, vielmehr muß unter dem Merkmal des Prozeduralen auch der Bereich der sozialen Handlungen einbezogen werden. Hierher gehören z. B. Einstellungen/ Meinungen und die daraus zu folgernden Konsequenzen gegenüber politischen und technischen Entwicklungen (dazu Krischke 1998, 80, mit entsprechenden Fragestellungen). Folglich vermitteln auch Textsorten wie Kommentar und Rezension Transferthemen.

Innerhalb der Themenart „Handlungswissen" kann weiter nach einzelnen Detailzielen (Bewahren, Ändern, Art der Änderung, Erreichen eines neuen Zustands, u. a.) differenziert werden (zur Typologie Franke 1997, 235 ff).

Die Benennung der nicht unmittelbar zum Handlungswissen zählenden, als Transferthemen fungierenden Wissensausschnitte ist so uneinheitlich wie die Benennung des ersten Komplexes, die Differenz wird indes nicht in Frage gestellt. Der Vorgabe von *knowing how* und *knowing that* sind die nachfolgenden Bezeichnungspaare verpflichtet geblieben, man vergleiche „Wissen über Sachverhalte"/„Handlungswissen", „Faktenwissen"/„prozedurales Wissen", „theoretisches Wissen"/„praxisbezogenes Wissen" (zu Einzelheiten Franke 1997, 153). Der grundsätzliche Unterschied liegt offensichtlich in der Konsequenz für den Rezipienten; Faktenwissen als Transferthema trägt primär zum Weltverstehen bei; Handlungswissen hebt stärker auf aktionale Kompetenzen der Rezipienten infolge des Transfers ab. Dementsprechend verschieden sind die zugehörigen Fragen, auf welche die Texte Antwort geben. Für das Segment des Faktenwissens sind es gegenstands-, sachverhalts- oder ereigniszentrierte Fragen, die das Weltverstehen ausbauen und ergänzen sollen, z. B. *Was ist ein XY? Wie funktioniert XY? Weshalb ist XY geschehen?* (weitere Fragenrekonstruktionen bei Franke 1997, 153; Krischke 1998, 80). Beispiel (Textauszug):

(2) *So funktionieren wir (X): Die Leber*
Die Leber ist das Chemiewerk des Menschen, das Zentrum des gesamten Stoffwechsels. Wollte ein Un-

ternehmen gewerblich nachvollziehen, was die Leber leistet, müßte es mit Millionenaufwand riesige chemische Anlagen bauen und dennoch resignieren: Wichtige Vorgänge in der Leber lassen sich nicht außerhalb des Körpers wiederholen. Das drei Pfund wiegende, schwerste Organ des Körpers, Mädchen für alles und geniales Kunstwerk zugleich, erledigt rund fünfhundert verschiedene Aufgaben. Kein anderes Organ des Menschen ist so vielseitig fleißig, und keines macht so wenig von sich reden wie die Leber. Sie bleibt immer bescheiden im Hintergrund.

Die Leber nimmt selten etwas krumm, womit wir gleich beim Thema sind: Sie kann einer chronischen Vergiftung mit Alkohol fünf bis zehn Jahre lang standhalten, etwa doppelt so lange wie das Nervensystem. Der Alkohol nimmt allerdings für seine Entgiftung einen großen Teil der Entgiftungskapazität in Anspruch, so daß andere Aufgaben zu kurz kommen. Die Natur hat die Leber wie einen Allround-Kämpfer ausgestattet, der sich seiner Haut zu wehren weiß. Enorme Reservekräfte können mobilisiert werden, wenn Teile der Leber ausfallen. Die Leber hat wie kein zweites Organ des Menschen die phänomenale Fähigkeit, sich vollkommen zu regenerieren.
(Hamburger Abendblatt Nr. 148, 29. Juni 1977, 9)

Wenn es auch Sinn macht, innerhalb der Transferthemen zwischen Fakten- und Handlungswissen zu trennen und demzufolge nach zugehörigen Texten, begegnet ihre Kombination in vielen Textsorten; das gilt in besonderer Weise für Bedienungsanleitungen/Gebrauchsanweisungen. Handlungswissen setzt hier Faktenwissen voraus, beiden Wissensarten gemeinsam ist der Bezug auf ein konkretes Produkt; demgemäß finden sich in den zugehörigen Texten Segmente, die mit „Leistungsdaten", „Hauptteile", „(Allgemeine) Beschreibung" betitelt sind. Aber auch in der Gestaltung ein- und desselben Segments können beide Themenarten verarbeitet sein. Beispiel:

(3) *Trockengehschutz*
Der Wasserkocher besitzt einen Trockengehschutz, der das Gerät bei Fehlbedienung vor Schäden schützt. Bei versehentlichem Betrieb ohne Wasser oder beim Leerkochen schaltet der Trockengehschutz die Heizung ab. Bei unsachgemäßem Betrieb (ohne Wasser oder beim Leerkochen) kann sich die Heizkörperoberfläche verfärben. Die Verfärbung des Heizkörpers hat keinen Einfluß auf die Gerätefunktion.
Vermeiden Sie das Trockengehen! Sollte der Trockengehschutz doch einmal ansprechen, ziehen Sie zusätzlich den Netzstecker und lassen die Heizung einige Minuten abkühlen (Vorsicht: durch zischendes Wasser auf dem heißen Heizkörper besteht Verbrühungsgefahr) und füllen Sie dann wieder Wasser ein.
(Gebrauchsanweisung für Siemens-Wasserkocher)

Unter dem Aspekt der Transferthematik ist weiterhin von Bedeutung, ob innerhalb einer Transfereinheit (gesamter Printtext, Fernseh-/Rundfunksendung) jeweils ausschließlich ein Gesamt-/Oberthema oder mehrere Themen nacheinander behandelt werden. Grundsätzlich kommen monothematische und polythematische Texte nebeneinander vor. Für einzelne Transferexemplare wurden bereits themenbezogene Detailanalysen erarbeitet. Hennig/Möhn (1983) bieten für ein Wissenschaftsmagazin zunächst dessen thematische Makrostruktur mit den zugehörigen Zeitanteilen und untersuchen dann en detail den „Sendungsbauplan" eines thematischen Teils davon. Transparenz und Uniformität zeichnen die thematische Feinstrukturierung von Themen aus, die der Transferthematik „Handlungswissen" zugehören; geht es doch bei dieser Art von Vertextung darum, eine Folge von Handlungen auszudrücken, einzelne zugehörige Handlungen dabei zu unterscheiden und folgegerecht einzuordnen. Beispiel:

(4) *Entkalken*
– *Füllen Sie den Wasserbehälter bis zur Hälfte mit normalem Haushaltsessig.*
– *Kanne mit Deckel und Filterhalter mit Papierfilter einsetzen.*
– *Gerät einschalten.*
– *Wenn der Essig durchgelaufen ist, Kaffeemaschine ausschalten.*
– *Wiederholen Sie nach 4 Minuten oder mehr die „Entkalkung". Sie können den Essig wieder verwenden.*
– *Papierfilter wegwerfen, Kaffeekanne, Deckel und Filterhalter ausspülen.*
– *Maschine zweimal nur mit Wasser durchlaufen lassen, um den Essig und die Kalkreste herauszuspülen.*
– *Kaffeekanne, Deckel und Filterhalter spülen, mit klarem Wasser nachspülen und abtrocknen.*
(Gebrauchsanweisung für Philips-Kaffeemaschine)

Die Dominanz dieses Gestaltungsprinzips wird nicht zuletzt durch die Defizitkategorie des Chronologieverstoßes unterstrichen (zu Einzelheiten Möhn 1991, 292f).

Zu den themenzentrierten Kategorien der Textlinguistik gehört, abgesehen von der angesprochenen Themendifferenzierung und ihrer Feinstruktur, das Verfahren der thematischen Entfaltung, welches die Zusammenhänge zwischen dem Thema und der jeweiligen Textgestaltung erschließt, aber auch Abhängigkeiten von der Textfunktion (s. u.) offenbart. Die deskriptive Themenentfaltung ist seit langem als einschlägig für bestimmte Transfertextsorten (Nachricht, Bedienungsanleitung, Gebrauchsanweisung; vgl. Brinker 1997, 68) erkannt worden. Die Vielzahl der am Transfer beteiligten Textsorten verbietet aber eine Reduzierung auf diese Entfaltungsart und verweist zugleich auf die Kombination mehrerer Entfaltungsarten bei der Textgestaltung. So begegnen neben der deskriptiven ebenso Anteile der explikativen und argumentativen Entfaltung in den Transfertexten. Beispiele für explikative Themenentfaltung:

(5) *Tortenböden schrumpfen*
Wenn ich Tortenböden backe, schrumpfen sie beim Auskühlen und werden trocken. Was mache ich falsch?
JENNIFER BOGNER, Köln
Wahrscheinlich lösen Sie die Böden aus der Form, wenn sie noch heiß sind. Es ist besser, die Böden in der Form auskühlen zu lassen und dann erst herauszunehmen, dann bleiben sie saftig und behalten ihre Originalgröße.
(essen & trinken Nr. 12, 25. 11. 1998, 9)

und

(6) *Die Lust auf den nächsten Sonntagsbraten wäre uns schon lange vergangen, gäbe es nicht die Leber. Das Fleisch wird nämlich im Darm in Eiweiß (Aminosäuren) umgewandelt, das möglicherweise den Tod bringen würde, gelangte es so in den Blutkreislauf. Die Leber macht menschliches Eiweiß daraus, das keinen Schaden stiftet.*
(Hamburger Abendblatt Nr. 148, 29. Juni 1977, 9: So funktionieren wir (X): Die Leber)

Bei der Überprüfung der Entfaltungspraktiken im Transferaufkommen kann die narrative Themenentfaltung nicht ausgespart bleiben, auch wenn ihr Vorkommen in den sogenannten Gebrauchstexten eher zurückhaltend beurteilt worden ist (Brinker 1997, 63, 68). Dies mag damit zusammenhängen, daß die Grenzen zwischen Gebrauchs- und fiktionaler Literatur (zur Problematik Belke 1973) gerade für das Transfertextaufkommen nicht immer scharf zu markieren sind. Im Vorwort zu seinem Buch „Die Geschichte der Chirurgie. [...] Nach den Papieren meines Großvaters, des Chirurgen H. St. Hartmann" thematisiert Jürgen Thorwald die Kommunikatorrollen des Geschichtenerzählers und des Chronisten und verwirklicht beide in den nachfolgenden Texten. Beispiel:

(7) *Als ich im Februar 1848, aufgeschreckt durch die Nachricht vom plötzlichen Tode Horace Wells' in New York, Edinburgh verließ, um nach New York zu reisen, hatte der Kampf um die Chloroformmaske einen gewissen Höhepunkt erreicht. Nicht nur Geistliche fuhren schwerstes Geschütz auf. Ein Medizinprofessor folgte dem anderen in der Verurteilung des Chloroforms und der Geburt in Narkose.*
(Thorwald o. J., 65)

Transferfunktionen
Daß im Transferprozeß der informativen Funktion höchste Priorität zukommt, liegt in der Natur der Sache; ist es doch primäres Anliegen, beim Rezipienten angenommene Wissensdifferenzen zu reduzieren oder gar zu beseitigen. Dementsprechend wird die Dominanz dieser Funktion unschwer bei verschiedenen Textsorten ausgemacht, z. B. für die Nachricht oder das Sachbuch. Interessanter ist die Frage, mit welchen weiteren Funktionen die informative verbunden wird, ggf. auch verbunden werden muß. Unter diesem Aspekt besonders umstritten ist die Einordnung von Bedienungsanleitungen / Gebrauchsanweisungen (vgl. die Übersicht bei Franke 1997, 162). Es genügt offenbar nicht, dieser Textsorte aufgrund ihrer Bestandteile an Handlungswissen ausschließlich eine informative Funktion zuzuschreiben, das belegen zahlreiche Äußerungen von Emittentenseite, aber auch analytische Ansätze, die mündliche und schriftliche (per Bedienungsanleitung) Anleitungssituationen unterscheiden (Fickermann 1994) und für beide einen appellativen Funktionsanteil voraussetzen. Ein gänzlich anderer Aspekt ist, ob die Rezipienten in jedem Fall die vom Emittenten angebotene Anleitung annehmen oder nicht (zu Einzelheiten Möhn 1991, 187 ff). Angesichts der von den Emittenten regelmäßig realisierten Funktionen ist es zulässig, diesen Textsorten eine bi-intentionale Qualität zuzuerkennen, welche den Begriff der instruktiven Funktion ausmacht und informative und appellative Anteile zusammenfaßt. Ein derartiges funktionales Zusammenspiel, das die Voraussetzung des Informativen zur Grundlage hat, läßt sich auch in anderen Transfertextsorten erkennen. Krischke (1998, 72) betont für den journalistischen Transferausschnitt ebenfalls die Basisqualität des Informativen, kann aber auch aufzeigen, daß infolge mehrerer vorliegender Text-Quaestiones die informative und appellative Funktion „kodominieren".

Unterhalb der Dominanzebene begegnet die kontaktive Funktion, die als unterstützend im fachexternen Transfergeschehen angesehen wird und vor allem in komplexeren Bedienungsanleitungen eine Rolle spielt. Diese Komplementärfunktion (zum Begriff Möhn 1991, 196) ist in besonderer Weise geeignet, in schriftrealisierten Texten ungeachtet der räumlich-/zeitlichen und sachlichen Differenz so etwas wie Gemeinsamkeit von Emittenten und Rezipienten zu entwickeln, sie als persönlich existent in der Vertextung zu berücksichtigen. Dabei kann zwischen Indikatoren der Leserempathie (Krenn 1989, 348) und der Emittentenanzeige unterschieden werden. In beiden Fällen sind Personalpronomen die wichtigsten Mittel dazu, vgl. *Vor der Inbetriebnahme bitten wir Sie, diese Bedienungsanleitung sorgfältig zu lesen. / Wir empfehlen folgende Richtwerte.*

Daß auf diese Art auch eine Kaufbestätigung geliefert und damit eine positive Einstimmung des Käufers erzeugt werden soll, zeigen Beispiele wie dieses:

(8) *Herzlichen Glückwunsch. Sie haben sich für einen Cordes-Bügelautomaten entschieden. Das war ein kluger Entschluß, über den Sie sich viele Jahre freuen werden. Tests haben es bewiesen, und begeisterte Hausfrauen bestätigen es ständig, daß Cordes-Bügelautomaten zu den besten gehören, die auf dem Markt sind.*

Der Zusammenhang von Transfergeschehen und Massenkommunikation (vgl. 2.1.) führt zu einem in der Textlinguistik vernachlässigten, nichtsdestoweniger einschlägigen funktionalen Aspekt, dem unterhaltenden: Unterhaltung ist in der Gegenwart ein kaum zu übersehendes Ziel von Kommunikation, setzt aktiv teilnehmende Rezipienten voraus und wird gewiß auch bei der Art der Vertextung einzelner Transfertexte gezielt berücksichtigt. Selbst wenn das Transferanliegen mit seinen tragenden Funktionen (s. o.) hauptsächlich ist, muß ein gleichzeitig intendierter Unterhaltungseffekt nicht unberücksichtigt bleiben. Demzufolge können Transfertexte informativ, informativ/appellativ, zugleich aber auch unterhaltend sein. Vieles, was eine derartige Wirkung hervorrufen soll, ist unter „Verständlichkeit" (z. B. Langer 1979, 232, nennt unter dem Gesichtspunkt der „Zusätzlichen Stimulanz" u. a. Einbettung der Information in eine anregende Geschichte, witzige oder effektheischende Formulierungen), „Didaktisierung" u. a. angesprochen worden. Hierher gehören beispielsweise Personalisierung, Ortswechsel, Exemplifizierung (vgl. unter 3.), Dialogisierung, intensive Attribuierung. Beispiel:

(9) *Ich stand wie betäubt im Gewirr der beifallspendenden Studenten. Auf mir türmte sich die Last des Gesehenen und Erfühlten. Noch gewaltiger aber türmte sich die Last der Auswegslosigkeit, die mich hierhergeführt hatte und mir gar keinen anderen Weg zu lassen schien als den zu Péan. Ich warf mit einer Gewaltanstrengung alles Unbehagen, alle dunkel drohende Angst von mir. Ich eilte durch die Gänge. Aber als ich beim Pförtner eintraf, jagte Péan eben in einem prunkvollen Zweispänner davon.*
(Thorwald o. J., 157)

3. Gestaltungsmerkmale

Die Textlinguistik hat es hinlänglich verdeutlicht: Jedes Textexemplar resultiert aus zahlreichen Einflußfaktoren sprachexterner und -interner Provenienz, unter denen der Situationsausprägung als der Festlegung sozialer Kontaktmöglichkeiten eine gewisse Priorität zugestanden werden muß. Bei der erheblichen Differenz fachinterner und fachexterner Kommunikationssituationen (gruppenzentriert versus gruppenüberschreitend; soziale Einheit versus soziale Heterogenität der Handelnden u. a.) ist demzufolge mit grundsätzlichen Unterschieden in der Textgestaltung zu rechnen, vorausgesetzt, die Emittenten wissen um die Notwendigkeit der Textmodulation aufgrund veränderter Ausgangsbedingungen.

Einzelne Gestaltungsmerkmale sind zwischenzeitlich benannt und aufgezeigt worden, wobei das gleichzeitige Vorkommen keineswegs die Regel ist, vielmehr die Vielzahl der Transferprozesse hier selektierend einwirkt. Beispielsweise wurde auf die besondere Gestaltung von Überschriften und „Aufhängern" hingewiesen (Pörksen 1980; Beier 1983, 96 ff), denen das Wecken von Leserinteressen zukomme. Diese Art der Texteröffnung begegnet vor allem in Texten, die unmittelbaren Warencharakter haben (Sachbücher, Teiltexte von Zeitungen und Zeitschriften) und dementsprechend auch auf Kaufentscheidungen zielen. Je nach Publikum kann der Attraktoreffekt durch verschiedene sprachspielerische Manipulationen erreicht werden; Pörksen (1980, 40) kennzeichnet dies als Poetisierung und Ästhetisierung, Krischke (1988, 141 f) weist auf die komischen, überraschenden oder ästhetischen Effekte, bei denen Sprachliches und Typographisches oft zusammengehen könnten und der Fachbezug durch andere Teile des Textanfangs gesichert werde; Beispiele: *Ihre Größe liegt im Kleinen / Bei der Mega-Chip-Produktion werden die physikalischen Grenzen sichtbar / Chip-Chip-Hurra.*

Die oben angesprochene Differenz fachinternen und fachexternen Handelns kann kognitiv und kommunikativ bestimmt werden. Entscheidend für den kognitiven Bezug ist das fachlich gewachsene, kollektive Spezialwissen der das jeweilige Fach repräsentierenden Expertengruppe, das seinen Ausdruck in der jeweiligen Fachlexik gefunden hat (Möhn 1998a und 1998b). Daher hängt der Erfolg des Transferprozesses vor allem an den Erschließungsprozeduren der expertendefinierten Begriffswelt. Es kommt darauf an, kognitive Anknüpfungsmöglichkeiten in den Vorstellungen der Rezipienten ohne Expertenstatus zu finden (Möhn 1979, 82 f, mit Beispielen von Emittentenäußerungen; Niederhauser 1998, 172). Unter den Bemühungen, die kognitiven Differenzen zu überwinden, lassen sich einzelne *Wirklichkeitsangebote* (Möhn 1979, 83) unterscheiden, die von Haber (1977) unter der „Vermenschlichung des Lehrens" zusammengefaßt werden. Eine angesichts der kognitiven Ausgangskonstellation eher skeptisch zu betrachtende Maßnahme (Möhn 1979, 84; Krischke 1998, 133) ist das Hinzufügen einer Alternativbenennung, wobei diese dem gesamtsprachlichen Potential als sogenannte muttersprachliche Variante entnommen wird oder aber auch einfach die Auflösung von Akronymen bietet. Beispiele: *Parkinsonsche Krankheit (Schüttellähmung) / Das Angiosarkom der Leber, ein bösartiges Hämangion (Blutschwamm) befällt die Blutgefäße des Organs* (vgl. Möhn 1979, 84).

Relativ früh hat Lang (1976, 175 f) für die Klasse der Erklärungstexte das Zusammenwirken von Sprechkompetenz und der Verfügbarkeit enzyklopädischer und/oder fachwissenschaftlicher Kenntnisse hervorgehoben. Beides spielt eine zentrale Rolle, wenn es darauf ankommt, Erklärungen im Transferprozeß zu analysieren und zu bewerten. Die Befundlage läßt derzeit noch keine klaren, generell akzeptierten Verfahren erkennen, mittels derer das zu Erklärende (Explicandum) und das Erklärende (Explicans) aufeinander bezogen werden. So wird etwa die Vielfalt von Definitionsformen in Transfertexten der Presse betont und „ein äußerst diffuses Bild" als Analyseresultat, das nur den Schluß zulasse, daß es innerhalb der Medien zu keinem Zeitpunkt eine einheitliche Vorstellung über das vorauszusetzende Wissensniveau gegeben habe (Krischke 1998, 137). Immerhin ist eine Typologie von Erklärungen (sogenannte Erklärungsmuster) diskutiert und exemplarisch ausgefüllt worden (Hemme/Hennig/Möhn/Stietz/Tjarks-Schubert 1979), bei der zwischen Vorbereitung (Selektion) und Realisierung (nach Medien und ihrer Einbettung im Gesamtkommunikat) unterschieden wurde. Danach sind zwei Wahlmöglichkeiten für das Explicans, je nach Einschätzung der Rezipienten, gegeben: (1) Die im Fach vorfindliche Referenzwelt wird auch für das Explicans beibehalten. Es wird innerhalb derselben Fachsprache „erklärt". (2) Die Referenzwelt wird gewechselt, entweder dadurch, daß das Explicans aus der Begriffswelt eines anderen Faches oder aus der Alltagswelt der Rezipienten gewählt wird.

Die Vielzahl der Transferthemen sowie die Vielzahl von beteiligten Emittenten lassen von vornherein keine eindeutigen und einheitlichen Befunde zur Relation von Explicandum- und Explicansaufkommen erwarten. Das belegen auch die bisher vorliegenden diesbezüglichen Detailergebnisse zu einzelnen Transferprozessen, z. B. Möhn 1979; Hemme/Hennig/Möhn/Stietz/Tjarks-Schubert 1979; Nordmann-Werner 1984; Niederhauser 1998. Interessant ist, welcher Referenzbereich bei den fachexternen Rezipienten jeweils unterstellt wird, um aufgrund von angenommenen Affinitäten zwischen Fachwissen und fachexternem Wissen kognitive Zugänge zum Fachwissen zu ermöglichen; Göpferich (1996, 105) hat diese Bemühungen von seiten der Emittenten 'Analogisierung' genannt, durch Analogiestiftung sei es möglich, neu vermittelte Inhalte einzuordnen und zu speichern. Bilder und graphische Darstellungen tragen in Transfertexten gewiß zum Attraktoreffekt bei (Niederhauser 1998, 175). Aber es wäre unzulässig, dies als ausschließliche Aufgabe anzusehen. Vielmehr werden derartige Anteile auch im Prozeß des Erklärens wirksam. Dies gilt etwa für die Nutzung von Real- und Trickfilmsequenzen in den Wissenschaftsmagazinen (Hemme/Hennig/Möhn/Stietz/Tjarks-Schubert 1979, 171 f). Aber auch in Printmedien ist häufig eine Kombination von verbalem und nichtverbalem Explizieren anzutreffen, vgl. dazu das nachfolgende Beispiel (Abb. 51.2), in dem die Referenzbereiche des Produzierens und Lagerns auch mittels ikonischer Zeichen genutzt worden sind.

Beim Vergleich fachinterner und fachexterner Texte spielt das Kriterium der Informationsauswahl und der Explizitheit eine wichtige Rolle. Es leuchtet ein, daß die für die fachinterne Kommunikation als selbstverständlich voraussetzbaren Referenzen (vgl. „Wirklichkeitsorientierung für die Expertengruppe", Möhn 1998a, 151) im fachexternen Text erst sichtbar gemacht werden müssen, soweit sie im Transfer eine Rolle spielen sollen. Eine solche Textgestaltung ist zwar nicht unabhängig von der oben angesprochenen kognitiven Überbrückung, muß aber grundsätzlich als eigene Teilhandlung betrachtet werden (vgl. dazu Niederhauser 1998, 171, unter „Reduktion der Informationsdichte" oder Göpferich 1996, 103 f, unter „Veränderungen im Explizitheitsgrad").

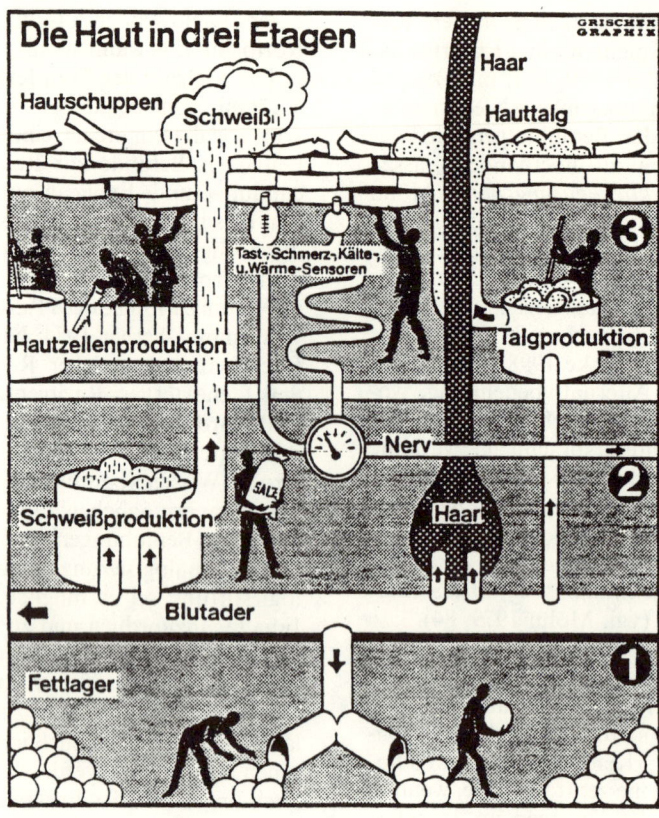

Abb. 51.2: So funktionieren wir (IV): Die Haut (Hamburger Abendblatt Nr. 142, 22. Juni 1977, 28)

Unterschiedlichen Kommunikationsregeln im fachinternen und fachexternen Bezug folgt die Einordnung der jeweiligen Thematik; während fachintern die Textemittenten darauf verpflichtet sind, den eigenen Beitrag im Kontinuum der Fachgeschichte zu markieren (Quellenangaben, Zitate), kommt es fachextern darauf an, durch „Lebensindikatoren" (Personen, Orte, Zeitpunkte; vgl. dazu die unter 2.2. aufgeführten Textauszüge von Thorwald) den Sachgehalt zu konkretisieren und einzuordnen.

4. Literatur (in Auswahl)

Baßler, Harald (1996): Wissenstransfer in intrafachlichen Vermittlungsgesprächen. Eine empirische Untersuchung von Unterweisungen in Lehrwerkstätten für Automobilmechaniker. Tübingen.

Beier, Rudolf (1983): Fachexterne Kommunikation im Englischen. Umrisse eines forschungsbedürftigen Verwendungsbereichs der Sprache. In: Zeitschrift für Literaturwissenschaft und Linguistik 51/52, 91–109.

Belke, Horst (1973): Literarische Gebrauchsformen. Düsseldorf.

bild der wissenschaft (1975): Zeitschrift für Naturwissenschaft und Technik in unserer Zeit. H. 6. 12. Jg. Juni.

Brinker, Klaus (1997): Linguistische Textanalyse. Eine Einführung in Grundbegriffe und Methoden. 4., durchges. und erg. Aufl. Berlin.

Brünner, Gisela (1987): Kommunikation in institutionellen Lehr-Lern-Prozessen. Diskursanalytische Untersuchungen zu Instruktionen in der betrieblichen Ausbildung. Tübingen.

Ehlich, Konrad/Noack, Claus/Scheiter, Susanne (eds.) (1994): Instruktion durch Text und Diskurs. Zur Linguistik 'Technischer Texte'. Opladen.

Fickermann, Ingeborg (1994): Mündliche und schriftliche Instruktionen. In: Ehlich/Noack/Scheiter (1994), 79–99.

Franke, Wilhelm (1997): Massenmediale Aufklärung. Eine sprachwissenschaftliche Untersuchung zu ratgebenden Beiträgen von elektronischen und Printmedien. Frankfurt am Main/Berlin/Bern/New York/Paris/Wien.

Göpferich, Susanne (1996): Zum Begriff des *Technical Writing* als Intertextualität schaffendem Prozeß. In: Fachsprache 18, 98−117.

Haber, Heinz (1977): Die Vermenschlichung des Lehrens und der Verbreitung des Wissens durch die Medien. In: Muttersprache 87, 134−141.

Hemme, Lothar/Hennig, Jörg/Möhn, Dieter/Stietz, Bernhard/Tjarks-Schubert, Marita (1979): Kommunikative und methodische Probleme des Informationstransfers am Beispiel der Wissenschaftsmagazine des Fernsehens. Eine exemplarische Analyse. Hamburger Projektgruppe 'Informationstransfer' (HINT). In: Fachsprache. Sonderheft 1, 164−183.

Hennig, Jörg/Möhn, Dieter (1983): Wissenschaftsmagazine im Fernsehen. Zur Rekonstruktion einer massenmedialen Kommunikation. In: Zeitschrift für Literaturwissenschaft und Linguistik 51/52, 74−90.

Hennig, Jörg/Tjarks-Sobhani, Marita (eds.) (1998): Wörterbuch zur technischen Kommunikation und Dokumentation. Lübeck.

Hering, Heike (1997): Historische Facetten der Technischen Kommunikation. In: Kallinich, Joachim/Schwender, Clemens (eds.): Erst lesen − dann einschalten! Zur Geschichte der Gebrauchsanweisung. Museum für Post und Kommunikation. Berlin, 106−117.

Hickethier, Knut (1976): Sachbuch und Gebrauchstext als Kommunikation. Für eine kommunikationsbezogene Betrachtungsweise von »Sach- und Gebrauchsliteratur«. In: Fischer, Ludwig/Hickethier, Knut/Riha, Karl (eds.): Gebrauchsliteratur. Methodische Überlegungen und Beispielanalysen. Stuttgart, 58−85.

Jahr, Silke (1998): Das explikative Vertextungsmuster in Texten des Wissenschaftstransfers. In: Fachsprache 10, 17−28.

Kalverkämper, Hartwig (1987): Vom Terminus zum Text. In: Sprissler, Manfred (ed.): Standpunkte der Fachsprachenforschung. Tübingen, 39−78.

Keller, Werner (1967): Eine nie zuvor dagewesene Explosion des Wissens. Kleine Literaturgeschichte des Sachbuches (II). In: Die ZEIT Nr. 13, 17.

Krenn, Monika (1989): Leserbezug und dialogische Techniken in Softwarehandbüchern. In: Weigand, Edda/Hundsnurscher, Franz (eds.): Dialoganalyse II. Referate der 2. Arbeitstagung Bochum 1988. Bd. 1. Tübingen, 347−360.

Kretzenbacher, Heinz L. (1995): Wie durchsichtig ist die Sprache der Wissenschaften? In: Kretzenbacher, Heinz L./Weinrich, Harald (eds.): Linguistik der Wissenschaftssprache. Berlin/New York, 15−39.

Krischke, Wolfgang (1998): Zur Sprache der fachexternen Massenkommunikation. Mikrochips als Pressethema. Frankfurt am Main/Berlin/Bern/New York.

Lang, Ewald (1976): Erklärungstexte. In: Daneš, František/Viehweger, Dieter (eds.): Probleme der Textgrammatik. Berlin, 147−181.

Langer, Inghard (1979): Verständliche Gestaltung von Fachtexten. In: Mentrup, Wolfgang (ed.): Fachsprache und Gemeinsprache. Jahrbuch 1978 des Instituts für deutsche Sprache. Düsseldorf, 229−245.

Liebig, Justus von (1878): Chemische Briefe. 6. Aufl. Neuer unveränderter Abdruck der Ausgabe letzter Hand. Leipzig/Heidelberg.

Lull, Ramon (1998): Das Buch vom Heiden und den drei Weisen. Übers. und hrsg. von Theodor Pindl. Stuttgart.

Meutsch, Dietrich (1989): Text- und Bildoptimierung. Theoretische Voraussetzungen für die praktische Optimierung von Print- und AV-Medien: Verständlichkeitsforschung und Wissenstechnologie. In: Antos, Gerd/Augst, Gerhard (eds.): Textoptimierung. Das Verständlichermachen von Texten als linguistisches, psychologisches und praktisches Problem. Frankfurt am Main/Bern/New York/Paris, 8−37.

Möhn, Dieter (1977): Zur Entwicklung neuer Fachsprachen. In: Deutscher Dokumentartag 1976. Münster vom 04. 10. bis 07. 10. 1976. Information und Dokumentation zum Umweltschutz. Das IuD-Programm der Bundesregierung. Öffentliche Gremiensitzungen und Gesprächskreise. Bearb. von Mathilde von der Laake und Peter Port. München, 311−321.

− (1979): Formen der fachexternen Kommunikation. Linguistische Analyse und fachdidaktische Vermittlung. In: Der Deutschunterricht 31. H. 5, 71−87.

− (1990): Das gruppenbezogene Wörterbuch. In: Hausmann, Franz Josef/Reichmann, Oskar/Wiegand, Herbert Ernst/Zgusta, Ladislav (eds.): Wörterbücher. Ein internationales Handbuch zur Lexikographie. 2. Teilbd. Berlin/New York, 1523−1531.

− (1991): Instruktionstexte. Ein Problemfall bei der Textidentifikation. In: Brinker, Klaus (ed.): Aspekte der Textlinguistik. Hildesheim/Zürich/New York, 183−212.

− (1998a): Fachsprachen als Gruppensprachen. In: Hoffmann, Lothar/Kalverkämper, Hartwig/Wiegand, Herbert Ernst (eds.): Fachsprachen. Ein internationales Handbuch zur Fachsprachenforschung und Terminologiewissenschaft. 1. Halbbd. Berlin/New York, 150−157.

− (1998b): Fachsprachen und Gruppensprachen. In: Hoffmann, Lothar/Kalverkämper, Hartwig/Wiegand, Herbert Ernst (eds.): Fachsprachen. Ein internationales Handbuch zur Fachsprachenforschung und Terminologiewissenschaft. 1. Halbbd. Berlin/New York, 168−181.

Möhn, Dieter/Pelka, Roland (1984): Fachsprachen. Eine Einführung. Tübingen.

Niederhauser, Jürg (1998): Darstellungsformen der Wissenschaften und populärwissenschaftliche Darstellungsformen. In: Danneberg, Lutz/Niederhauser, Jürg (eds.): Darstellungsformen der Wissenschaften im Kontrast. Aspekte der Methodik, Theorie und Empirie. Tübingen, 157–185.

Nordmann-Werner, Karin (1984): Kompetenzvermittlung durch Sachliteratur. Probleme der Wissenschaftsvermittlung untersucht am Beispiel von Wirtschaftssachbuchtexten. Frankfurt am Main/Bern/New York.

Pörksen, Uwe (1980): Populäre Sachprosa und naturwissenschaftliche Sprache. Dargestellt am Beispiel eines Postversandbuchs vom Verlag Das Beste und eines erzählerischen Sachbuchs von Hoimar von Ditfurth. In: Zeitschrift für Literaturwissenschaft und Linguistik 40, 25–43.

– (1994): Wissenschaftssprache und Sprachkritik. Untersuchungen zu Geschichte und Gegenwart. Tübingen.

Rehbein, Jochen (1998): Austauschprozesse zwischen unterschiedlichen fachlichen Kommunikationsbereichen. In: Hoffmann, Lothar/Kalverkämper, Hartwig/Wiegand, Herbert Ernst (eds.): Fachsprachen. Ein internationales Handbuch zur Fachsprachenforschung und Terminologiewissenschaft. 1. Halbbd. Berlin/New York, 689–710.

Schuldt, Janina (1992): Den Patienten informieren. Beipackzettel von Medikamenten. Tübingen.

Schüttler, Susanne (1994): Zur Verständlichkeit von Texten mit chemischem Inhalt. Frankfurt am Main/Berlin/Bern/New York/Paris/Wien.

Telle, Joachim (1988): Arzneikunst und der „gemeine Mann". Zum deutsch-lateinischen Sprachenstreit in der frühneuzeitlichen Medizin. In: Telle, Joachim (ed.): Pharmazie und der gemeine Mann. Hausarznei und Apotheke in der frühen Neuzeit. Erläutert anhand deutscher Fachschriften der Herzog August Bibliothek Wolfenbüttel und pharmazeutischer Geräte des Deutschen Apotheken-Museums Heidelberg. 2., verb. Aufl. Weinheim/New York, 43–48.

Thorwald, Jürgen (o. J.): Die Geschichte der Chirurgie. Das Jahrhundert der Chirurgen. Das Weltreich der Chirurgen. Nach den Papieren meines Großvaters, des Chirurgen H. St. Hartmann. Köln.

Wichter, Sigurd (1994): Experten- und Laienwortschätze. Umriß einer Lexikologie der Vertikalität. Tübingen.

Wiegand, Herbert Ernst (1979): Kommunikationskonflikte und Fachsprachengebrauch. In: Mentrup, Wolfgang (ed.): Fachsprache und Gemeinsprache. Jahrbuch 1978 des Instituts für deutsche Sprache. Düsseldorf, 25–58.

Wimmer, Rainer (1979): Das Verhältnis von Fachsprache und Gemeinsprache in Lehrtexten. In: Mentrup, Wolfgang (ed.): Fachsprache und Gemeinsprache. Jahrbuch 1978 des Instituts für deutsche Sprache. Düsseldorf, 246–275.

Dieter Möhn, Hamburg
(Deutschland)

52. Mündlich realisierte schriftkonstituierte Textsorten

1. Eine heuristische Klassifikation von mündlich realisierten schriftkonstituierten Textsorten (mrskT)
2. Modellierung der Prozesse mündlicher Realisierung von Texten
3. Prototypisch: mrskT in den Medien, z. B. Nachrichten
4. Schlussbemerkung
5. Liste mrskT
6. Literatur (in Auswahl)

1. Eine heuristische Klassifikation von mündlich realisierten schriftkonstituierten Textsorten (mrskT)

1.1. Zur Eigenart des Typus mrskT

Ich möchte an den Anfang eine grundsätzliche typologische Differenzierung setzen, die ich schon mehrfach vorgetragen habe (1981; 1989). Sie trägt „den Unterschieden von *mündlichen* und *schriftlichen* Formen" des Handelns, „sowie dem fundamentalen Unterschied zwischen *Texten* und *Diskursen*" (Ehlich 1986, 67) Rechnung. Dazu lässt sich mit Bühlers Konzepten von 'Sprechhandlung' und 'Sprachwerk' (1934) eine dreifache Unterscheidung machen: *Text 1:* intentional auf Entbindbarkeit aus der konkreten Produktionshandlung gestaltetes geschriebenes Sprachwerk (Brief, Roman etc.); *Text 2:* intentional auf Entbindbarkeit aus der konkreten Produktionshandlung gestaltetes gesprochenes Sprachwerk (Tonbandbrief, nicht live gesendeter Rundfunkbeitrag, Spruch, Sprichwort u. ä.); *Text 3:* Dokumentation (akustisch, schriftlich protokolliert, erinnert) einer transitorischen Sprechhandlung (ohne Intention der Produktion von Text 2 bei den Aktanten); es entstehen Dokumente von Sprechereignissen, die entweder eine soziale Funktion der Dokumentation von Sprechhandlungen oder einen methodologischen Status innerhalb wissenschaftlicher Untersuchungen haben. Die Unterscheidungen (Text 1 vs. Text 2, Text 1, 2 vs. Text 3) folgen aus der Eigenart des Gegenstandes bzw. der wissenschaftlichen Untersuchung. Es ist daher unumgänglich, diese Unterscheidungen bei wissenschaftlicher Arbeit zu beachten. Vielfach unterliegt die Textlinguistik einer Äquivokation des Ausdrucks 'Text' und unterscheidet nicht sorgfältig genug zwischen Text 1, 2, 3. Ein jüngstes Beispiel dafür ist Adamziks Einleitung in ihre ansonsten hervorragende Bibliographie (1994). Ihr Vorschlag, von Text-'Sorten' als „Klassen von Texten niedriger Abstraktionsebene" (1994, 26) zu sprechen, „als gebräuchliche Arten von Texten, die leicht identifizierbar und wiedererkennbar sind" (27), ist aber überaus pragmatisch und praktikabel; danach ist „Textsortenforschung [...] als Untersuchung 'traditioneller Textsorten' aufzufassen" (27), „die sich auf die Beschreibung einzelsprachspezifischer Kommunikationsroutinen richtet" (1994, 30). Er bestätigt auch, dass es legitim ist, bei Alltagswissen und Alltagssprache anzusetzen (vgl. Gutenberg 1981; 1998). Letztlich läuft auch Günther/Knoblauchs Überblick über den Zusammenhang von 'Textlinguistik und Sozialwissenschaften' (→ Art. 72) methodologisch darauf hinaus, dass „Alltagssprache und Alltagswissen den Ausgangspunkt der Typuskonstitution bilden sollten", wie Adamzik in ihrer Besprechung von Gutenberg 1981 schreibt (113).

Trotz der linguistisch motivierten Bezeichnung sind die 'mrskT' kein heuristischer Typus, der nur zu Klassifikationszwecken formuliert wird ('alle Spiegel-Berichte zwischen 1970 und 1980 über Parlamentsskandale'), sondern eine Typuskonstruktion, die beansprucht, ein spezifisches Muster zu treffen, mit dem eine spezifische Kommunikationsaufgabe gelöst wird. Trotz der Namensgebung haben wir es mit einem Alltagsmusterwissen zu tun und zwar einem expliziten, das im Sinne der oben gegebenen Differenzierung von 'Text' ziemlich genau als Subtypus von 'Text 1' zu bestimmen ist; selbstverständlich können mrskT auch als Text 2 existieren, man denke nur an geschriebene gesprochene Rundfunkaufzeichnungen. MrskT als Text 3 existieren dann, wenn Text 1-mrskT (vorgelesene oder auswendig aufgesagte Texte) wissenschaftlich dokumentiert werden – schriftliche Protokolle sind davon ein Vorläufer

oder eine Unterart. Es handelt sich um geschriebene Sprachwerke (Text 1), die in einer räumlich und zeitlich neuen Situation vom Schreiber selbst oder einem anderen Sprecher mündlich realisiert werden. Werden geschriebene Sprachwerke von Sprechern mündlich realisiert, die ursprünglich nicht explizit mit der Intention verfasst wurden, in bestimmten neuen Situationen reproduziert zu werden, so müsste man von mrskT im weiteren Sinne sprechen. Dazu gehörte letztlich jeder Text, weil jeder Text in irgendeiner Situation mündlich zitiert werden kann. Diese Typusformulierung ist aber vollkommen unpraktikabel, sie drückt lediglich die Trivialität aus, dass jedes geschriebene Sprachwerk mündlich reproduziert werden kann – sei es nun sinnvoll oder nicht. Die obige Bestimmung soll daher nur solche Textsorten erfassen, die sich auf folgender Skala einordnen lassen:

Ecktypus (1): geschriebene Sprachwerke, die mit der subjektiven Intention verfasst wurden, dass der Schreiber selbst oder ein anderer Sprecher sie in einer neuen Situation mündlich realisieren kann. Ob die mündliche Realisation aus dem Gedächtnis oder vorlesend erfolgt, ist vorläufig unerheblich *(mrskT i. e. S. – subjektiv intentionale mrskT).*

Ecktypus (2): geschriebene Sprachwerke, die in der kulturellen Tradition einer Sprachgemeinschaft in immer wieder neuen Sprechsituationen mündlich realisiert werden (können), unabhängig davon, ob solche mündliche Reproduktion vom Verfasser intendiert ist oder nicht. Auch hier ist es vorläufig unerheblich, ob die Realisation *e memoria* oder *lectione* erfolgt *(mrskT i. w. S. – traditionelle mrskT).*

Ecktypus (3): Nach meiner oben vorgetragenen Kritik des Textbegriffs gehört diese Form genaugenommen gar nicht unter die Rubrik 'Text'. Ich verstehe darunter solche Formen des Sprechens, bei denen, ob im Gespräch oder in der Rede, aufgrund einer schriftlich vorbereiteten Unterlage – Stichwortzettel – (dies allenfalls könnte als 'Text' verstanden werden) zwar vorgeplanter Inhalt reproduziert wird, aber der Wortlaut in der jeweiligen Sprechsituation neu entsteht. Zwar kann dieser Wortlaut dann akustisch und/oder schriftlich dokumentiert werden (Text 3), aber nur Textlinguisten nennen die Rede in statu nascendi 'Text' – *mrskT i. u. S. (im uneigentlichen Sinne).*

Die Bezeichnung 'Ecktypus' soll illustrieren, dass man es mit einer Skala zu tun hat, auf der einzelne Formen (wie 'Nachrichten' oder 'Eidesformel') an unterschiedlichen Stellen und Entfernungen von den Skalenenden eingeordnet werden, je nachdem wie rein sie den Ecktypus verkörpern. Die Typusbezeichnungen selber sind zwangsläufig alltagssprachlich: zunächst in dem Sinne, dass Ausdrücke benutzt werden, die der Sprachgebrauch enthält, sei es die Alltagssprache im strengen Sinne oder eine Fachsprache, z. B. die juristische. Ausgenommen ist jede Form textsortenlinguistischer Fachsprache! Sie tritt erst auf den Plan, wenn man versucht, Typen nach funktionalen, konditionalen oder phänomenalen Merkmalen zu Gruppen zusammenzufassen – die Bezeichnung mrskT illustriert das! – oder wenn man versucht festzustellen, was denn das für ein Typus ist, der alltagssprachlich 'Büttenrede' heißt, ob es das überhaupt gibt, was seine Funktionen, Bedingungen und Eigenschaften in inhaltlich-tektonischer, sprachlicher, sprecherischer und anderer Hinsicht sind usw.

Mit diesen Bemerkungen möchte ich auch verdeutlichen, warum es unausweichlich ist, mit der Alltagssprache als prominentem Teil des Alltagswissens zu beginnen und über Systematisierung und (Ideologie-)Kritik zu genaueren Typus(re)konstruktionen zu kommen. Auch dafür ist der Ausdruck mrskT ein Beispiel: er ist eine systematische Formulierung des alltagsweltlichen Wissens davon, dass es von altersher so etwas gibt wie 'Wiedergebrauchsrede' (Lausberg). Als Abstraktion mit einer produktionstechnischen Merkmalsbestimmung ist er der Einstieg in die „Konstruktion eines vorläufigen Typus" (Gutenberg 1981, 407). Die hier versuchte 'Entfaltung' ist lediglich der Einstieg in eine 'vorläufige Typologie' im Sinne einer Sammlung von Einzelformen, die systematisch unter der Bezeichnung mrskT zusammengehören. Diese Sammlung ist selbstverständlich nicht komplett und benutzt, wie hoffentlich in Gutenberg (1981) ausreichend begründet, methodologisch gerechtfertigt, Adamziks ausgezeichnete Liste von alltagssprachlichen Typenbezeichnungen (alle Ausdrücke für mrskT, die in diesem Artikel vorkommen, stammen aus dieser Sammlung!).

1.2. Ecktypus 1: mrskT im engeren Sinne – Elocutio-Typ I (monofunktionale, subjektiv-intentionale, logographische mrskT

Eine Form, die sehr rein diesen Ecktypus realisiert, ist der von einem Redenschreiber verfasste Redetext, den der Auftraggeber in einer einmaligen Redesituation vorträgt. Sie ist gleichzeitig das historische Vorbild für alle mrskT i.e. S.: es handelt sich um Logographie, so wie sie erstmals für die forensische Rede in den griechischen Poleis entstand, weil in der Polisgerichtsbarkeit die Parteien sich nicht vertreten lassen konnten, sondern selbst 'Rede' stehen mussten. Wer nicht in der Lage war, in 'freier' Rede seine Sache zu vertreten, wer sich nicht selbst seine Rede schreiben konnte, z. B. weil er Analphabet war, der ließ sich vom Logographen, dem antiken Ghostwriter, die Rede verfassen. Insgesamt spielt in der antiken Rhetorik, eine der ältesten 'Textsortentraditionen' überhaupt (Simmler 1997), die schriftliche Ausarbeitung von Redetexten eine große Rolle, sicher nicht in erster Linie wegen der Logographie, deren funktionale Notwendigkeit in der römischen Gerichtspraxis ohnehin nicht existiert (dort kann man sich anwaltlich vertreten lassen), sondern wohl eher wegen der großen Bedeutung der 'léxis/elocutio': sprachliches Raffinement spielt eine herausragende Rolle in der kulturellen Bewertung. So ist z. B. der Streit um den asianischen vs. den attischen Stil in der sogenannten 2. Sophistik ein Streit um die Elocutio; es ist selbstverständlich, dass vor allem der als schwülstig, überladen, preziös geschmähte asianische Stil niemals ex tempore zu bewältigen war. Dies gilt am stärksten für das génos epideiktikón, das ohnehin auch das Moment des delectare an der Kunst des Redners stärker noch aufwies als die andern beiden Redearten. Es gilt auch aus Gründen politischer Vorsicht für die aus diesem Genus sich entwickelnde Panegyrik seit dem Prinzipat. Die Publikation von Reden und ihre deklamatorische Verwendung (Rezitation oder Übung) ist der Übergang von Ecktyp 1 zu Ecktyp 2, es ist die Stelle, an der Rede zu Literatur wird. Ein anderer Übergang zum Ecktyp 2 im spezifisch rhetorischen Feld sind die meines Wissens im 19. Jh. aufkommenden Redesteller, vor allem für Gelegenheitsreden (das alte génos epideiktikón), deren Text Leerstellen für die aktuellen Namen und Daten enthält. Davon eine moderne Variante sind die Skripte für Telephonverkauf u. ä., die den Übergang zu Ecktypus 3 verkörpern: nicht immer Festlegung im Wortlaut, aber auf jeden Fall im Inhalt der Antworten auf vorbedachte Einwände (schon Ecktypus 2), aus dem Gedächtnis reproduzierter Wortlaut von Standardantworten, -einwänden, -argumenten, vergleichbar den Floskeln, Phrasen und Versatzstücken, die

Politiker in Interviews absondern (noch Ecktypus 1). Als moderner Prototyp von Ecktyp 1 soll weiter unter der Textsorte 'Nachrichten in Hörfunk und Fernsehen' etwas ausführlicher diskutiert werden. Es gibt zahlreiche Spielarten mündlichen Vortrags schriftlicher Redetexte, solche, die sich zur zugrundeliegenden Schriftlichkeit und dem sekundären Charakter der Mündlichkeit bekennen, solche, die ihre primäre Schriftlichkeit zu verheimlichen suchen, und solche, die mitunter offen gegen ein z. T. kodifiziertes Mündlichkeitsgebot verstoßen. Zur ersten Gruppe gehören Rundfunk- und Fernsehnachrichten, andere Hörfunksendungen wie Feature, die sich als Vorlesen 'gebauter Beiträge' verstehen, alle gelesenen Off-Texte in Fernsehbeiträgen, alle liturgischen Lesungen, die abgelesenen performativen Sprechakte von Richtern und Notaren (deren Mündlichkeit ihnen erst Rechtsgeltung verleiht, die Notwendigkeit zu rechtlich unanfechtbarem Wortlaut zwingt jedoch zum Vorformulieren), politische Erklärungen auf internationalem Parkett (die Notwendigkeit von schriftlichen Vorlagen wurde durch spontan-sprechdenkende Entgleisungen eines amerikanischen Präsidenten und eines deutschen Bundeskanzlers eindrucksvoll demonstriert). Zur zweiten Gruppe gehören vor allem diejenigen Medienbeiträge, die zwar z. T. sehr sorgfältig vorformuliert sind, deren Darbietungsweise aber ein spontanes Sprechdenken suggerieren soll (Einsatz von Teleprompter, Wörter und Wendungen gesprochener Alltagssprache, z. T. manieriert eingesetzte Mittel des Sprechstils spontanen Sprechdenkens wie Planpausen zwischen Artikel und Substantiv, Dehnungen, Accelerandi u. ä.) bei TV-Kommentaren, Gesprächseinleitungen, Moderationen bei U-Musik usw. Zur dritten Gruppe schließlich gehören all die Parlamentsreden, die laut Geschäftsordnung zwar freigesprochen sein sollen, aber aus Unfähigkeit oder auch politischem Kalkül mit diplomatisch-spitzfindigen Formulierungen eben doch — mit Ausnahmen gelegentlicher Extempores — z. T. höchst unkommunikativ abgelesen werden, nicht anders als Referate in Seminaren.

1.3. Ecktypus 2: mrskT im weiteren Sinne — Elocutio-Typ II, plurifunktionale, literarische mrskT

Im Unterschied zu den logographischen mrskT haben wir hier keine Texte, die zum individuellen Gebrauch intentional hergestellt wurden, sondern in Reinform das im stillen Kämmerlein geschriebene Gedicht, das irgendwann zwar 'individuell gebraucht' wird in intimer Rezitation, aber nicht ein logographisches Band zwischen Schreiber und Rezitator begründet — obwohl auch das vorkommen kann, glauben wir Rostands 'Cyrano de Bergerac'! Dieses Aperçu stimmt zur historischen Entwicklung, in der die Literatur, die schon mit der Poetik des Aristoteles als Subtypus des Rhetorischen begriffen werden muss — Lausbergs Definition als 'Wiedergebrauchsrede' macht sie zur 'mündlich realisierten schriftlich konstituierten Textsorte' im nicht-logographischen, eben 'literarischen' Sinne, par excellence. Wie sehr auch die noch so 'schriftkonstituierte' Lyrik auf die 'mündlich realisierte' Performanz hinausläuft, unabhängig davon, ob dies den schreibenden Erzeugern bewusst ist, erhellt aus Pöppels Untersuchung über die Versdauer von Gedichten unterschiedlichster Sprachen: die durchschnittliche Dauer einer Verszeile ist 3 sec. — entsprechend dem Erlebnis von Jetzt-Zeit. Pöppel maß nur die Dauer des Schall-Ereignisses Vers, zählt man die Dauer des Auftaktes und der Zäsur am Zeilenende hinzu, so sind wir bei der 5-sec.-Dauer des durchschnittlichen Sinnschrittes, stimmend zur Kapazität des Ultrakurzzeitspeichers für Worte, bevor aus Wortbedeutungen ein Sinn integriert wird. Dies ist nicht nur ein Rückverweis auf den Ursprung aller Poesie im Mündlichen (zumindest in den voralphabetischen Zeiten der oral poetry garantierte dieser gesetzmäßige Zusammenhang die Memorierbarkeit auch der homerischen Hexameter), sondern auch eine Versicherung der Sprechbarkeit aller wie auch immer schriftlichen Literatur — zumindest der in Versen. Diese Textsorten, die ja schon mrskT im *weiteren* Sinne genannt wurden, können nicht détailliert Thema sein, weil der Artikel sonst literaturwissenschaftlich würde. Dabei kann allerdings auf die Literaturwissenschaft als Erkenntnisquelle insofern nicht verwiesen werden, weil sie, bis auf wenige Ausnahmen, den Zusammenhang von Dichtung und ihrer mündlichen Realisation nicht untersucht. Hier ist eher auf sprechkundlich-sprechwissenschaftliche Arbeiten zu 'Rezitation', 'Deklamation', 'Vortragskunst' etc. zurückzugreifen. Dramentexte nehmen hier eine besondere Stellung ein (vgl. Gutenberg 1994). Anders als die literaturwissenschaftliche Perspektive suggerieren dürfte, ist hier nicht von 'mündlicher Realisierung' im strengen Sinne zu reden (es sei denn, man thematisiert das

'Dramenvorlesen'; vgl. Weller 1939). Vielmehr ist die theatralische Verwertung von Texten nicht VOM TEXT HER zu begreifen, vielmehr ist der Text AUFS THEATER HIN zu lesen! Anders verhält es sich mit dem juristischen und religiösen 'Wiedergebrauchsreden', wobei hier, man denke an den Dekalog, die Grenzen zur nur 'schönen' Literatur durchaus offen sind. Vielfach ist hier die mündliche Realisierung ein performativer Akt – erst die Ver-Lesung oder die mündliche Reproduktion aus dem Gedächtnis vollzieht den juristischen (Eidesformel) oder sakralen (Taufe) Akt. Auch hier wird aber in der mir bekannten forensischen (nach linguistisch-forensischen) und homiletischen Literatur die spezifische Problematik mündlicher Realisierung schriftlicher Texte nicht thematisiert. Dabei ist gerade im juristischen Bereich die Sprechbarkeit der Texte besonders unterentwickelt, wie jeder nachvollziehen kann, der sich einmal der Qual hat unterziehen müssen, dem Notar beim Verlesen eines 20seitigen Immobilienvertrags zuzuhören. Ich möchte hier unterscheiden zwischen 'Wiedergebrauchsrede-mrskT' (Elocutio-Typ II-W) und 'literarischen mrskT' (Elocutio-Typ II-L).

1.4. Ecktypus 3: Stichwortzettel-mrskT – Memoria-Typ (M)

Wie oben schon angedeutet, ist hier genaugenommen von 'Text' gar nicht zu reden in dem Sinne, dass ein Wortlaut schriftlich niedergelegt ist, der dann mündlich realisiert wird. Der Typus wird hier dennoch mitskizziert, weil er den Übergang vom völlig frei produzierenden Formulieren ohne Vorlage bildet zum mündlichen Re-Produzieren eines schriftlich durchformulierten geschriebenen Sprachwerks. Es wird hier auch deswegen aufgenommen, weil in der Tat eine schriftliche Konstitution vorliegt, wobei die Stichwortvorlage, welcher Methodik auch immer sie folgt, einen 'Text' sui generis bildet, der dann mündlich realisiert wird, wobei die Transkription der mündlichen Realisierung (Text 3) selbstverständlich nicht deckungsgleich wäre mit der Stichwortvorlage. Die Stichwortvorlagen selber können schwanken auf einer Skala, an deren einem Ende die *elocutio* und *pronuntiatio* (*léxis* und *hypókrisis*) vorbereitet ist in Stichworten, die unmittelbar Formulierungen auslösen, an deren anderem Ende gerade einmal die *inventio* begonnen ist in Stichworten, zu denen der Sprecher in der Rede sich dann immer noch etwas einfallen lassen muss. Die Vorlage ist dann eine *dispositio* in Überschriften, wobei der Sprechende für die Ergänzung der *inventio* dann auf seine *memoria* oder *imaginatio* vertraut. Sie können auch, z. B. 'mind-mapping', *inventio* und *dispositio* piktographisch repräsentieren und über visuelle Impulse eine adäquate *elocutio* zu stimulieren versuchen.

2. Modellierung der Prozesse mündlicher Realisierung von Texten

Es gilt nun, den Prozess mündlicher Realisierung von Texten, gleichviel ob auswendig oder vorgelesen, zu modellieren. Linguistisch ist hier von 'Formulieren' die Rede (Antos). Bezogen auf unterschiedliche Dimensionen schriftlicher Produktion, mündlicher (Re)-Produktion, lesender und hörender Rezeption möchte ich mit Slembek (1984) in Schreib- und Sprechdenken, Hör- und Leseverstehen unterscheiden und daraus das Vorlesen genauer fassen. Aus der in der Sprech-Hör-Situation entstandenen emotionalen Grundhaltung eines Kommunikationspartners entsteht ein Sprechimpuls, der sich zu einer vorsprachlichen Denkleistung, dem Einfall, verdichtet, wobei Vor-Verstandenes und Partnereinschätzung ein Sprechhandlungsziel aufscheinen lassen. Einfall, Ziel und Situationseinfluss führen zum Sprechhandlungsplan, dem vorsprachlichen Konzept, der 'Meinung'. Ab dieser Stufe aktivieren sprachliche und sprecherische Muster die Wort- und Akzentvorstellung des Sinnkerns. Auf diesen hin entsteht die Vorstellung des Spannbogens, des rhythmisch-melodischen Rahmens der Äußerung. Darin taucht zum Sinnkern, dem Rhema, Wort- und Akzentvorstellung des Themas auf. Die Komplexität des Sprechhandlungsplans bestimmt die Größe des Spannbogens als Formulierungsrahmen; danach beginnt mit der Einatmung das Sprechen, das den Bogen im Wortlaut der Gesamtsprechhaltung füllt. Der Komplementärprozess des Hörverstehens ist eine Einheit von auditiver Perzeption des geäußerten Sprechschalls, Verstehen des Gesagten als Rekonstruktion der sinnkonstitutiven Strukturen auf der Grundlage von Hörmustern, Verstehen des Gemeinten als Rekonstruktion des Intendierten bzw. unbewusst Mit-Ausgedrückten. Alle drei 'Verstehensdimensionen' setzen gleichzeitig mit dem Beginn des Hörens ein. Antizipativ werden Hypothesen über den Fortgang der Schall-, Sprach- und

Intentionsstruktur gebildet, die fortwährend korrigiert und neu antizipiert werden, bis eine Rekonstruktion von Sprechhandlungsziel und -plan erreicht ist. Ihr Gelingen hängt im wesentlichen davon ab, dass Sprech- und Hörmuster beider Kommunikationspartner komplementär sind. Identität, also auch vollkommenes Verstehen, ist nicht erreichbar, weil Sinn eine Prozessqualität ist, die weder mit dem Gemeinten, noch mit dem Gesagten, noch mit dem Verstandenen vollständig identifiziert werden kann, sondern nur in der intersubjektiv-situativen Vermitteltheit des Verstehens des Gehörten mit dem Meinen des Gesagten liegt. Vorlesen ist eine Form reproduzierenden Sprechdenkens, nämlich eines Prozesses, bei dem eine Schallform für eine gegebene Sprachgestalt (Text) entwickelt wird, so dass eine Sinnintention ausgedrückt werden kann, für die diese Sprachgestalt möglich ist. Vorlesende konzipieren also Sprechhandlungsziele und -pläne, aus denen der gegebene Text hervorgehen *könnte*. In diesem sprachbezogenen Teil ist Vorlesen also reproduktiv, in dem Teil, in dem die textbezogene Schallgestalt entsteht, ist es produktiv. Dabei ist über die Sinnintention (für Text und Schallform identisch) letztere mit dem Text adäquat. Es ist hermeneutische Grundeinsicht, dass vom gleichen Text wegen der je wechselnden Sprech-Hörsituation unterschiedliche Fassungen möglich sind. Diese Bestimmung setzt voraus, dass zwischen Sinnintention, Sprachgestalt und Schallform ein regelhafter Zusammenhang besteht. Drach (1937) modelliert diesen als 'Satzplan', der eine Einheit sprachlicher und sprecherischer Strukturen ist, die in Abhängigkeit von der Sinnintention und von Mustern des Sprechdenkens interdependent in Akteinheit realisiert werden. Schreibdenken für Hörverstehen von Vorgelesenem ist dann der Prozess, der eine Sprachgestalt erzeugt, die lesend reproduziert werden kann, weil der Schreibprozess schon mögliche Schallformen antizipiert hat, die interdependent mit dieser Sprachgestalt produziert werden können, und weil der Schreibprozess diese Sprachgestalt genau dafür erzeugt hat, indem er sie nach den Gesetzmäßigkeiten der Interdependenz von Sprachgestalt und Schallform in Abhängigkeit von (möglichen) Sinnintentionen geformt hat. Diese Kurzmodellierungen (vgl. Gutenberg 1994; 1998) können mit sprachpsychologischen und psycholinguistischen Konzepten zusammengebracht werden. Die Vorschläge Erich Drachs (1937) sind als plausible Re-

konstruktionen anzusehen. Ihre Plausibilität erhellt aus der Weiterentwicklung und deskriptiv-empirischen Anwendung bei Winkler (1962; 1969; 1979), aus den Arbeiten Stocks (1980; 1996a), auch aus linguistischen Arbeiten zu 'Syntax und Prosodie' (zuletzt Schönherrs Forschungsüberblick 1997), die zu analogen Ergebnissen kommen. Stocks Übungsbuch (1996b) − ein Vorläufer ist Stock/Zacharias (1973) − setzt seine Befunde didaktisch um. Linguistischerseits wird Winklers empirische Kadenzanalyse (1979) nicht beachtet. Drach, der gelegentlich marginal in linguistischen Intonationsforschungen auftaucht (z. B. Altmann 1981; 1988; 1989; Reiss 1993) geht zwar nicht in die Theoriebasis solcher Arbeiten ein, wird aber durch die Ergebnisse teilweise bestätigt (z. B. Jacobs 1983). Drachs Ziel ist „eine Schall-lehre des Satzes", darauf begründet, dass „die Betonung, die Intonation, die Einschnitte [...] als notwendiger Bestand mit zum Sprachganzen gehören" (Drach 1937, 8), denn „die Sprachgestalt [...] und die Schallform" werden „in Akteinheit erzeugt"; abhängig von „der Redeabsicht" (18), zusammenfassend: Was ich sagen will, bestimmt, welche Worte ich wähle, welchen Satzbau ich konstruiere, welche Betonung(en), Gliederung (Pausen), Melodieführung meine Äußerung hat. All diese sprachlichen und sprecherischen Merkmale entstehen gleichzeitig und bedingen sich wechselseitig: die Aussage-Intention erzeugt Sprach- und Sprechstil gleichzeitig und interdependent. Bezogen auf Drachs Satzplan sachlich-informierenden Sprechens gilt: Jede Wortart und jeder Satzteil kann Sinnkern sein und steht dann nach dem flektierten Verb (Nachfeld), während Anknüpfungen an Situation und Kontext davorstehen (Vorfeld). Der Sinnkern trägt die stärkste Betonung. Nach fallender Melodie trennen lösende Pausen die Sinnschritte voneinander. Wenn Vor- und Nachfeld durch eingeschobene Nebensätze aufgegliedert sind, drücken Staupausen diese Gliederung aus; jeder Teilgedanke erhält dann einen Betonungsgipfel. Bei allzustarker Aufgliederung von Vor- und/oder Nachfeld kommen weitere Gesetzmäßigkeiten des Zusammenhangs von Sprach- und Sprechstil ins Spiel: Die Aufgliederung führt vielfach zur Überdehnung der für das Deutsche typischen Klammerbildung (zwischen Artikel und Substantiv, zwischen Verb und trennbarer Vorsilbe). Starke Aufgliederung verlängert die Sätze. Sinnschritte in gesprochener Alltagssprache haben ca. 8 Wörter und dauern ca. 6 Sekunden. Dies entspricht genau der Speicherkapazität des Kurzzeitgedächtnisses für Wörter, aus denen Hörer Sinn integrieren. Anderenfalls entstehen entweder Verstehensbrüche durch Vergessen, oder es erhöht sich die Sprechgeschwindigkeit. Optimales Verstehen aber gelingt nur bei mittlerem Tempo (ca. 250 Silben pro Minute). Aufgliederung durch Satzteile (präpositionale Ausdrücke, Attribute) bedeutet Substantivstil, somit höheren Abstraktionsgrad; er erhöht die Silbenzahl pro Wort, was wiederum zu schnellerem Sprechen führt. Sie komprimiert viele Denkschritte, die eigentlich einen eigenen Sinnkern benötigen, zu Teilgedanken eines komplexen Ganzen. Sie steigert somit die Betonungshäufigkeit, sie vermindert die Zahl der fallenden Melodieschlüsse, die immer Auslöser für die Integration von Sinneinheiten sind. Zusätzliche Binnengliederung zerhackt wiederum das Sinnganze. Im Wechselverhältnis von Sprach- und Sprechstil entsteht für das Hörverstehen eine Abwärtsspirale.

3. Prototypisch: mrskT in den Medien, z. B. Nachrichten

Die Typusbezeichnung mrskT thematisiert das komplizierte Wechselverhältnis von Schriftlichkeit und Mündlichkeit. Dieses ist umso komplizierter, als Schriftlichkeit konstitutiv ist für die Mündlichkeit der audiovisuellen Medien. Auf der Skala zwischen 'schriftgeprägter Mündlichkeit' und 'mündlich geprägter Schriftlichkeit' (Geißner 1988) nehmen die mrskT unterschiedliche Plätze ein, ihre mündliche Realisierung ist schriftgeprägt, ihre Schriftkonstituiertheit ist mehr oder weniger mündlich geprägt: Vorlesen ist die überwiegende Form von Mündlichkeit in den Medien. Als prototypisch für mrskT i.e. S. innerhalb der Medien können die Nachrichten gelten. An ihnen möchte ich auch einige Postulate für eine auf mündliche Realisierung orientierte Schriftlichkeit verdeutlichen. Es geht darum, Schriftlichkeit, wenn sie denn aus Gründen der kulturellen Tradition, der Organisationsstruktur und den tradierten Produktionsbedingungen sein muss, mündlich zu elaborieren: 'Eine Rede ist keine Schreibe' (Fr. Th. Vischer) – aber nur wenn die 'Schreibe' keine 'Rede' ist! Damit das Schreiben aufs Hören zielt, indem es ein vorweggenommenes Sprechen ist, damit Hörverstehen in Hörfunk und Fernsehen möglich(er) wird, muss Schreiben von einem Schreib-Lese-Denken zu einem Schreib-Sprech-Denken werden. Dazu dürfen nicht Agentur- und Redaktionsgewohnheiten die Nachrichtensprache bestimmen, diese den Nachrichtensprechstil deformieren, dieser die Nachrichtenhörer überfordern. Umgekehrt: die Hörmuster und Verstehensregeln sind das Kriterium für Nachrichtensprach- und Sprechstil. Die Analyse von Nachrichtensprache und -sprechstil ergibt folgende Befunde (Mittelwerte):

Sprachstil		Sprechstil	
normal	Nachrichten		normal
ca. 6 Wörter	*Satzlänge:* 15,1 Wörter (gut geschriebene populärwissenschaftliche Texte – für's stille(!) Lesen: ca. 12 Wörter)	– 295 Silben pro Minute – 20,08 Sek. pro Satz – 6–13 Betonungen pro Satz	– 250 Silben pro Minute – 6 Sek. pro Satz – 1–2 Betonungen pro Satz
1,7 Silben	*Wortlänge:* 2,3 Silben		

Abb. 52.1: Nachrichtensprache

Zum hohen Sprechtempo von Nachrichten paßt, dass Lehtonen 1989 nur 22% Pausenanteil an der Gesamtdauer und 3160 Millisekunden 'pausenlose' Sprechstrecke ermittelte gegenüber 43% Pausenanteil bei Livesendungen (vgl. Geißner 1975; Fährmann 1960; Bose 1994; die Befunde von Peter Winkler 1995 zur Nachrichtensprechweise bestätigen Geißners Feststellungen von 1975 wie übrigens auch seinen Literaturbericht zum Vorlesen und Freisprechen von 1988). Wird darüberhinaus die Grundregel für nicht affektiv aufgeladene Aussagesätze nicht eingehalten, so dass der vom Schreiber gemeinte Sinnkern ins Vorfeld rutscht, so liegen die Stärkstbetonungen regelmäßig falsch. Sprecher aber tendieren automatisch dazu, die Stärkstbetonung ins Nachfeld zu setzen. Der Widerspruch zwischen Sprach- und Sprechstil blockiert den Sinn.

Satzplan und 'Normalwerte' gehören zu den Sprechdenk- und Hörverstehensmustern, über die normale Sprecher und Hörer des Deutschen verfügen. Es wäre ein besonderes Training nötig, um die Hörverstehenfähigkeit über diese Grundnormen hinaus zu entwickeln. Wer geschriebene Texte vorlesen will, muss zu einem gegebenen Wortlaut eine Schallform finden, die mit diesem Wortlaut in Akteinheit entstehen kann. Widersprechen Texte den 'Normal'-mustern des Satzplans und anderer Grundregeln, so bedarf es ebenfalls besonderer Fertigkeiten: eine mögliche Sinnintention im Text schnell erkennen, auch wenn der Text schwierig oder sogar 'falsch' geschrieben ist, dazu eine Schallform erzeugen, die der sinnwidrigen Sprachgestalt gegensteuert. Nicht einmal Berufssprecher/inne/n gelingt dies immer. Von daher ist es nicht verwunderlich, dass Berufssprecher/innen bei Nachrichten einen 'professionellen Ton' durchhalten, aber den Sinn des Textes oft verfehlen, Redakteur/inn/e/n häufig an ihren eigenen Texten scheitern, Hörer/innen so wenig von Nachrichten behalten, geschweige denn verstehen. Aus all dem ergeben sich folgende Postulate:

Sprachstil: (1) Sinnschritte schreiben: pro Informationseinheit ein Sinnschritt, Informationsblöcke sukzessive entwickeln, eher nebenordnend, als Satzreihe, dabei Teilsätze mit Gelenkwörtern (Konjunktionen, Adverben) anbinden. (2) Satzplan einhalten: Hauptinformation, Sinnkern, ins Nachfeld rücken, sparsam sein mit Aufgliederungen von Vor- und Nachfeld durch Umstandsbestimmungen und Nebensätze, dadurch Zahl der Wörter pro Satz geringhalten und Überdehnung der Satzklammer vermeiden. (3) Standard 1 und Standard 2 ermöglichen: eher Verben als Substantive, eher Aktiv (hält Silbenzahl pro Wort gering) als Passiv (Passiv provoziert überdehnte Klammern), Wortanzahl pro Hauptsatz: maximal 10, Wortanzahl bei Satzgefügen und -reihen (verbundene Sinnschritte): ca. 6 pro Sinnschritt.

Sprechstil: (1) ermöglicht Sinnschrittsprechen: Gliedern von Satzgefügen und -reihen durch lösende Pausen und fallende Melodie (2) ermöglicht: sinnrichtige Betonung des Informationskerns; verhindert: Betonungshäufung. (3) verringert: Sprechgeschwindigkeit; erleichtert: sprecherische Gliederung. All das ermöglicht dem Hörer, den berichteten Vorgang Schritt für Schritt nachzuvollziehen, die Kernaussagen zu erkennen und zu behalten, den Gesamtzusammenhang der Meldung zu erfassen, auch Einzelheiten zu beachten (Fragen der textgraphischen Gestaltung sind hier noch gar nicht angesprochen; vgl. Ockel 1990). Wie kompliziert, ja geradezu paradox, das Verhältnis von Mündlichkeit und Schriftlichkeit bei Nachrichten ist, illustriert die Tatsache, dass vielfach bei öffentlich-rechtlichen Anstalten, wo die Redakteur/inn/e/n noch nicht am Bildschirm die Sendungen schreiben, der Nachrichtentext der Sekretärin diktiert wird.

Nach meinem Kenntnisstand wird in der linguistischen Literatur zu Rundfunk und Fernsehnachrichten nur marginal (z. B. Straßner 1982) die hier skizzierte Interdependenz zwischen sprachlichen und sprecherischen Faktoren expliziert thematisiert. Das Interesse ist auf Bauprinzipien bezogen, aus syntaktisch-semantische Strukturen im Verhältnis zur Informationsfunktion. Insgesamt geht es letztlich um die Analyse von Verständlichkeit unter sprachlichem Gesichtspunkt, z. T. auch für den muttersprachlichen und den Fremdsprachenunterricht gewendet. Insgesamt wird Schwerverständlichkeit durch einen hohen Grad an Schriftsprachlichkeit konstatiert. Nachrichten werden „ihrer Funktion, die breite Öffentlichkeit über die aktuellen Sachverhalte zu informieren nicht gerecht" (Böhm/Keller/Schönhut/Straßner 1972, 169). Es scheint zu Zeitungsnachrichten kaum Unterschiede zu geben. Solche Befunde werden auch von neueren publizistischen und psychologischen Untersuchungen geteilt. Auffällig ist allerdings, dass seit Beginn der achtziger Jahre Hörfunknachrichten als Untersuchungsgegenstand kaum noch Beachtung finden, obwohl ihr Konsum überhaupt nicht zurückgegangen ist, im Gegenteil. Das Bild, allenfalls noch das Text-Bild-Verhältnis, scheint interessanter zu sein. Dabei wird auch die Geschichte des Genres thematisiert, bzw. die Entwicklung neuer Programmideologien. Sprechausdruck und seine Interaktion mit Text und Bild kommt hier allerdings überhaupt nicht vor. Wie will denn z. B. Tischer den Einfluss der „Text-Bild-Korrespondenz und der Schnittposition auf das Erinnern von Fernsehnachrichten" (1994) untersuchen, wenn er den Sprechausdruck als solchen und seine Interaktion mit Text und Bild vollkommen außer Acht lässt? Wie kann man eigentlich 'Mündlichkeit und Schriftlichkeit im Fernsehen' thematisieren, ohne nach dem Sprechausdruck zu fragen (Biere/Hoberg 1996)? In letzter Zeit, folgend den Experimenten der Medien, werden immer stärker Nachrichtensendungen für Kinder untersucht. Auch hier keine Fragen nach dem Sprechausdruck und seiner Interaktion mit Text und Bild, obwohl doch die Veränderungen von Bauformen ('Erzählnachrichten') und Sprachstil (einfacher!) auffällige Veränderungen der Sprechweise nach sich ziehen, obwohl doch Sprechweisen sich signifikant verändern, wenn Sprecher/innen versuchen, sich auf Kinder einzustellen. Unbeachtet bleiben hier publizistische und psychologische Arbeiten, die noch nicht einmal den sprachlichen Aspekt im engeren Sinne thematisieren. Gleichwohl wäre hier zu fragen, in welcher Weise die untersuchten visuellen, dramaturgischen und redaktionellen Faktoren mit der Interdependenz von Sprachlichem und Sprecherischem zusammenhängen. Hinzu kommt, dass bei den vielfach anvisierten Präsentationsstilen der emotionalen Wirkung der (nicht thematisierte!) Sprechausdruck eine entscheidende Rolle spielen dürfte. Wird einmal Sprechausdruck untersucht (Bente/Frey/Treeck 1989 in einer interkulturellen Studie), so wird wiederum die Sprachbezogenheit nicht thematisiert: wie will man denn Kulturspezifik französischer, deutscher und amerikanischer Pausendauer, Tempodifferenzierung feststellen, wenn man sich zunächst einmal den linguistischen Einfluss abgrenzt? Die Interdependenz von Sprach- und Sprechstil, nicht nur bei Nachrichten, wird viel stärker thematisiert in journalistischer Ratgeberliteratur. Nur selten allerdings gehen solche Arbeiten über das Niveau systematisierten Alltagswissens von Professionellen hinaus und bereiten, wie Wachtel (1997; 1998), wissenschaftliche Ergebnisse praxisorientiert auf. Sprechwissenschaft und Sprecherziehung haben sich demgegenüber aufgrund eines innerfachlichen Reduktionismus auch bei den Medien allzulange nur mit dem Sprechen, nicht aber dem Schreiben von Texten befasst. Nur vereinzelt wurde 'Schreiben für's Hören' thematisiert.

4. Schlussbemerkung

Es war diesem Artikel nicht möglich, alle einzelnen mrskT zu besprechen. Ich versuchte, dies für eine einzige mrskT, nämlich Nachrichten in Hörfunk und Fernsehen, sozusagen exemplarisch zu tun. Aber auch schon dort konnte die Fülle der (nicht nur linguistischen) Fachliteratur nicht ausgeschöpft werden. Ich gebe im Anschluss eine aus Adamzik (1995) entnommene Liste alltags- (z. T. aber auch fach-) sprachlicher Textsortenbezeichnungen, die ich den jeweiligen Ecktypen durch Hinzufügen von Kürzeln zuordne. Wenn, wie meistens, pro Textsortenbezeichnung mehrere Kürzel stehen, so heißt das,

dass die jeweilige Sorte sowohl zu dem einen als auch zu dem anderen Typus gehören kann: eine 'Abgeordnetenrede' kann sowohl der logographische Elocutio-Typ als auch der Memoria-Typ nach Stichwortvorlage sein, eine 'Hommage' sowohl logographischer als auch literarischer Elocutiotypus. Das bedeutet nicht, dass nicht viele dieser mrskT auch nur schriftlich vorkommen können. Gleichzeitig beansprucht meine Entlehnung aus Adamziks Katalog keine Vollständigkeit – einiges mag mir entgangen sein. Bei denjenigen mrskT, zu denen sich in Adamziks Bibliographie besprochene Literatur findet, ist die Seitenzahl bei Adamzik eingefügt. Nicht aufgenommen wurden Arbeiten, in denen eine Vielzahl von potentiellen mrskT behandelt wird, wie z. B. Brinkmann 1971:
Elocutio-Typ I: logographische mrskT-**Lo**
Elocutio-Typ II: literarische (E-Typ II-**Li**) und Wiedergebrauchsrede-mrskT (E-Typ II-**W**)
Memoria-Typ: **M**

5. Liste mrskT

Abendgebet W, Li
Abendnachrichten, Lo
Abgeordnetenrede M, Lo
Abkündigung [kirchl.] W
Abschiedsrede Lo, M
Abschwörungsformel W
Abzählreim Li, W
Agitpropstück Li
Amtseid W
Anekdote Li, Lo, W, M
Anklagerede Lo, M
Anklageschrift Lo (215)
Ansage Lo, M
Antrag Lo
Antrittsrede Lo, M
Antrittsvorlesung Lo, M
Aphorismus Li, W
Arbeiterlied Li, W
Aufruf Li, Lo, W
Ballade Li, W
Bänkelsang Li, W
Bannspruch Li, W
Bauernregel M, W
Befehl Lo, W, M
Beglückwünschung Lo, W, M
Begrüßungsansprache Lo, M
Begrüßungsformel Lo, W, M
Begrüßungsrede Lo, W, M
Beichte Lo, M
Beichtformel Lo, W
Bekanntmachung Lo
Bekenntnis Lo, W, M
Belehrung Lo, W, M
Beweisantrag W

Beweisbeschluß W
Bibelspruch Li, W, M
Bibelvers Li, W, M
Bierrede Lo, W, M
Bierzeitung W, M
Bittgebet W, M
Bohnenlied [sat. Spottvers] Li
Bonmot Li, W
Botenbericht Li
Brandrede Lo, M
Bühnenmanuskript Li
Bühnenwerk Li
Bulletin Lo
Bundespressekonferenz Lo, M
Bundestagsdebatte Lo, M
Büttenrede Lo, W, M
Chanson Li, W, M
Checkliste W
Cicerone [Reisehandbuch] W
Damenrede Lo, W, M
Dankadresse Lo, W, M
Dankesformel Lo
Dankgebet Lo, W, M
Deklaration Li, Lo, W
Dekret Lo, W
Dementi Lo, M
Denkspruch W
Denkvers Li, W
Diensteid W
Diskussionsrede Lo, M
Durchsage Lo, W
Ehegelöbnis W, M
Ehegelübde W, M
Ehrenerklärung Lo, W, M
Eid Lo, M
Eid(es)formel Lo, W
Eidschwur Lo, M
Einleitungsrede Lo, M
Einrede [jur.] W
Einstellungsinterview M
Enkomion [Lobrede] Lo, W, M
Epigramm [Liwi] Li
Epopoë Li
Epos Li
Erklärung Lo, M (218)
Eröffnungsrede Lo, M
Erzähltext Li, M (49, 69, 119, 194, 239, 247)
Erzählung Li, M (49, 69, 119, 194, 239, 247)
Etatrede Lo, M
Expertenhearing Lo, M
Experteninterview Lo, M (115)
Fabel Li, M
Fachreferat Lo, M
Fachvortrag Lo, M
Fahneneid W
Fernsehansprache Lo, M
Fernsehdebatte Lo, M
Fernsehdiskussion Lo, M (191)
Fernsehhearing Lo, M
Fernsehinterview Lo, M
Fernsehkolleg Lo, W
Fernsehkommentar Lo
Fernsehnachrichten Lo (89, 180)

Fernsehreportage Lo
Fernsehspot Lo
Festansprache Lo, M
Festpredigt Lo, M
Festrede Lo, W, M
Festvortrag Lo, M
Filmbericht Lo, M
Friedensaufruf Lo, W, M
Fronleichnamsspiel Li
Frühnachrichten Lo
Funkerzählung Li
Gardinenpredigt M
Gastvorlesung Lo, M
Gastvortrag Lo, M
Gebet W, M
Gebot W
Gedächtnisrede Lo, W, M
Gedenkrede Lo, W, M
Gedicht Li
Geleitspruch Lo, W
Geleitwort Lo, M
Gelöbnis W
Gelübde W, M, Lo
Gerichtsrede Lo
Glaubensbekenntnis W
Gleichnis Li, W (114)
Grabrede Lo, W, M
Greuelmeldung Lo
Greuelnachricht Lo
Grundsatzerklärung Lo
Grundsatzreferat Lo, M
Grußadresse Lo, W, M
Grußansprache Lo, M
Grußbotschaft Lo, M
Grußworte Lo, W, M (53)
Hauptreferat Lo, M
Hausspruch W
Hearing Lo, M
Heiligsprechung W
Hetzrede Lo, M
Hexenspruch W
Hirtenbrief W
Hörspiel M (153, 214)
Hommage Lo, Li, M
Instruktion Lo, M
Jungfernrede Lo, M
Kanzlerrede Lo, M
Kapuzinade [Kapuzinerpredigt] Li, Lo, M
Kapuzinerpredigt [Strafrede] Li, Lo, M
Kassenbericht Lo
Katalogvers [listenartige Aufzählung von Personen u. ä. als Merkvers] Li
Kaufvertrag W
Klage Lo
Ko(r)referat Lo, M
Kommentar Lo, M (28)
Kommersbuch [Sammlung von Zeremonien und Komplimenten des höfischen Lebens] Li, W
Kommuniqué Lo (62, 137)
Kongreßbeitrag Lo, M
Korrespondentenbericht Lo, M (134)
Kriegsbericht Lo, M
Kulturmagazin Lo, M

Kulturnachrichten Lo, M
Kurzbericht Lo, M
Kurzgeschichte Li
Kurzmeldung(en) Lo, M
Kurznachricht Lo, M
Kurzreferat Lo, M
Laudatio Lo, Li, W (101, 102, 130, 252)
Lead Lo
Lehnseid W
Lehrdialog W
Lehrervortrag Lo, M
Leichenrede Lo, W, M
Leitspruch W
Lektion W
Lied Li, W
Limerick Li, W
Litanei Li, W
Lobgebet Li, W
Lobpreis W
Lobrede Lo, W, M
Lobspruch W
Lokalbericht Lo, M
Lokalnachricht Lo, M
Lossprechung W
Losung W (87, 115)
Loyalitätserklärung Lo, W, M
Mahnrede Lo, M
Manifest Lo, W
Marathonrede Lo, M
Meinungsbefragung Lo
Meinungsinterview Lo
Meinungsumfrage Lo
Meldung Lo
Memento [kirchl. Fürbitte, Mahnung] W
Menschenrechtserklärung Li, W
Merkspruch W
Merkvers Li, W
Ministerrede Lo, M
Minnerede Lo, M
Mordanklage Lo
Moritat Li, W
Motto W
Motuproprio [Erlaß aufgrund persönlicher Initiative des Papstes] W
Mündigsprechung W
Nachricht Lo, M
Nachrichteninterview Lo
Nachrichtenmagazin Lo
Nachruf Lo (103)
Nationalepos Li, W
Nationalhymne Li, W
Nekrolog Lo
Nekromantie [Weissagung durch Beschwörung von Geistern] W
Neujahrsansprache Lo, M
Ohrenbeichte W, M
Orakel W
Pamphlet W (60)
Paränese [ermahnende Rede] Lo, L, W
Parlamentsrede Lo
Parole W
Pasquill [Schmäh- und Spottschrift] W
Pflichtvorlesung Lo, M

Philippika Lo, M
Plädoyer Lo, M
Plenarvortrag Lo, M
Politikerinterview M
Politikerrede Lo, M
Polizeiverhör Lo, M
Predigt Lo, M (60)
Predigtsammlung W
Presseschau W
Proklamation W
Prolog Li
Prophezeiung W
Prüfungsgespräch W, M
Psalm Li, W
Radioansprache Lo, M
Radiointerview Lo, M
Radiokommentar Lo, M
Radiomeldung Lo, M
Radionachricht Lo, M
Radioprogramm Lo, M
Radiosendung Lo, M
Radiospot Lo, M
Rede Lo, M (214)
Rededuell Lo, M
Redensart Lo, M
Referat Lo, M (60, 82, 1, 2, 6, 82, 1051)
Refrain Li, W
Regierungserklärung Lo
Regionalnachrichten Lo, M
Reisereportage Lo, M
Reisewetterbericht Lo, M
Reklame W
Rektoratsrede Lo, M
Report Lo, M (60)
Reportage Lo, M (60)
Reporterbericht Lo, M (60)
Resolution Lo, W (236 f)
Rezitativ Li, W
Rundfunkansprache Lo, M
Rundfunkfeature Lo, M
Rundfunkkommentar Lo, M
Rundfunknachrichten Lo, M (118, 175, 225, 89, 247)
Rundfunkreportage Lo, M
Rundfunksendungen W
Rundfunkspot W
Rundfunkwerbung W
Scheltrede Lo, M
Schiedsspruch Lo
Schiedsurteil Lo
Schimpfrede Lo, M
Schlagertext Li, W
Schlußdeklaration Lo, W
Schlußerklärung Lo
Schlußformel W
Schlußwort Li, M
Schmährede Lo, M
Schmeichelrede Lo, M
Schulsendung Lo
Schwurgerichtsurteil Lo
Seewetterbericht Lo
Segen W
Segensspruch W

Seligsprechung W
Sensationsbericht Lo, W
Sensationsmeldung Lo, W
Sensationsnachricht Lo, W
Sentenz W
Siegesmeldung Lo, M
Siegesnachricht Lo, M
Sondermeldung Lo, M
Sondersendung Lo, M
Sonntagsrede Lo, M
Spätnachrichten Lo, M
Sportbericht Lo, M
Sportmagazin Lo, M
Sportmeldung Lo, M
Sportnachricht Lo, M
Sportreportage Lo, M
Spot W
Spottrede Lo, M
Sprechermeldung Lo, M
Sprechfilm Li, W
Stadionansage Lo, M
Standpauke M
Standrede Lo, M
Statements Lo, M
Stellungnahme Lo, M
Stichomantie [Wahrsagung aus Versen, die auf Zettel geschrieben, in einer Urne gemischt und wie Lose gezogen werden] W
Stichwortzettel M
Strafpredigt Lo, W, M
Strafrede Lo, M
Streikaufruf W, M
Studiogespräch Lo, M
Studiointerview Lo, M
Sturmwarnung Lo
Sündenbekenntnis W
Sündenklage W
Tadelsantrag Lo, M
Tagesbefehl Lo
Tagesbericht Lo, M
Tageslosung W
Tatarenmeldung [(nicht sehr glaubhafte) Schreckensnachricht] Lo, M
Taufbekenntnis W
Taufformel W
Taufgelöbnis W
Taufversprechen W
Telefon(-skript) M (87)
Therapiegespräch M
Thesenpapier Lo
Thronrede Lo, W
Tischgebet W
Tischrede Lo, M
Todesnachricht Lo, M
Toilettenspruch W
Totenklage W (Li)
Trauernachricht Lo, M
Trauerspiel Li, W
Trauerrede Lo, M
Treuebekenntnis Lo, M
Treuegelöbnis W
Treueeid W
Treueschwur W
Treueversprechen W
Umfrage Lo
Unglücksnachricht Lo, M
Unterrichtsgespräch W, M
Unterweisungsdialog W, M
Urteil Lo (52, 54, 82)
Urteilsspruch Lo (52, 54, 82)
Veranstaltungshinweis Lo, M
Vereidigung W
Verhör Lo, M (132, 215)
Verkaufsgespräch Lo, M
Verkehrsmeldung Lo, M
Verkehrsnachrichten Lo, M
Verlautbarung Lo
Verlustmeldung Lo
Vernehmung Lo, M
Verteidigungsrede Lo, M
Volkspredigt Lo, M
Volksrede Lo, M
Vorhersage Lo, M
Vorlesung Lo, M, W (102)
Vortrag Lo, M (101)
Wahlkampfrede Lo, M
Wahlkampfslogan W
Wahlrede Lo, M
Wahlslogan W (143)
Wahlspruch W
Wahrsagerin Lo, M
Wahrspruch W
Wappenspruch W
Wasserstandsmeldung Lo, M
Weiche Nachricht Lo, M
Weisheit W
Weissagung Lo, M, W
Weisung Lo
Werbespot W
Werbespruch W
Werbetext W
Werbung W
Wetteransage Lo, M
Wetterbericht Lo, M (127, 129, 138, 177, 193)
Wetterprognose Lo, M
Wetterregel [Bauernregel] W
Wetterspruch W
Wettervoraussage Lo, M
Wettervorhersage Lo, M
Wetterwarnung Lo, M
Widerruf Lo, M, W
Wirtschaftskommentar Lo, M
Wirtschaftsnachricht Lo, M
Witz M (51, 54, 131, 132, 160, 161, 165, 194, 197, 202, 212, 214, 239, 240)
Würdigung Lo
Zeitansage M
Zeugenbefragung Lo, M
Zitat W
Zugauskunft W 163
Zwanziguhrnachrichten Lo, M

6. Literatur (in Auswahl)

Adamzik, K. (1995): Textsorten-Texttypologie. Eine kommentierte Bibliographie. Münster.

Altmann, H. (1991): Formen der Herausstellung im Deutschen. Rechtsversetzung, Linksversetzung,

Freies Thema und verwandte Konstruktionen. Tübingen.

– (ed.) (1988): Intonationsforschungen. Tübingen.

Altmann, H. u. a. (ed.) (1989): Zur Intonation von Modus und Fokus im Deutschen. Tübingen.

Antos, G. (1982): Grundlagen einer Theorie des Formulierens. Tübingen.

Belke, H. (1974): Gebrauchstexte. In: Arnold, H. L./Sinemus, V. (eds.): Grundzüge der Literatur- und Sprachwissenschaft. Bd. 1: Literaturwissenschaft. München, 320–341.

Bente, G./Frey, S./Treeck, J. (1989): Taktgeber der Intonationsverarbeitung: Kulturspezifische Rhythmen in der Nachrichtensprache. In: Medienpsychologie 1/2, 136–160.

Biere, B. U./Hoberg, R. (eds.) (1996): Mündlichkeit und Schriftlichkeit im Fernsehen. Tübingen.

Böhm, St./Koller, G./Schönhut, J./Straßner, E. (1972): Rundfunknachrichten. Sozio- und psycholinguistische Aspekte. In: Rucktäschel, A. (ed.): Sprache und Gesellschaft. München, 153–194.

Bose, I. (1994): Zur temporalen Struktur freigesprochener Texte. Frankfurt a. M.

Brinkmann, H. (1971): Die Deutsche Sprache. Gestalt und Leistung. Düsseldorf.

Bühler, K. (1934): Sprachtheorie. Die Darstellungsfunktion der Sprache. Jena.

Drach, E. (1937): Grundgedanken der deutschen Satzlehre. Frankfurt a. M.

Ehlich, K. (1986): Die Entwicklung von Kommunikationstypen und die Formbestimmtheit sprachlichen Handelns. In: Kallmeyer, W. (ed.): Kommunikationstypologie. Handlungsmuster, Textsorten, Situationstypen. Jahrbuch 1985 des Instituts für deutsche Sprache. Düsseldorf, 47–72.

Fährmann, R. (1960): Die Deutung des Sprechausdrucks. Studien zur Einführung in die Praxis der charakterologischen Stimm- und Sprechanalyse. Bonn.

Geißner, H. (1975): Das Verhältnis von Sprach- und Sprechstil bei Rundfunknachrichten. In: Straßner, E. (ed.): Nachrichten. Entwicklungen – Analysen – Erfahrung. München, 137–150.

– (1988): Mündlich: schriftlich. Sprechwissenschaftliche Analysen 'freigesprochener' und 'vorgelesener' Berichte. Frankfurt a. M.

Gutenberg, N. (1981): Formen des Sprechens. Gegenstandskonstitution und Methodologie von Gesprächs- und Redetypologie in Sprach- und Sprechwissenschaft. Göppingen.

– (1989): Einige Anmerkungen (und Wiederholungen) zu Fragen der Methodologie von Kommunikationstypologien. In: Weigand, E./Hundsnurscher, F. (eds.): Dialoganalyse II. Referate der 2. Arbeitstagung in Bochum 1988. Bd. 1. Tübingen, 33–42.

– (1994): Grundlagenstudien zu Sprechwissenschaft und Sprecherziehung. Kategorien-Systematik-Programm. Göppingen.

– (1998): Einzelstudien zu Sprechwissenschaft und Sprecherziehung. Arbeiten in Teilfeldern. Göppingen (in Vorbereitung).

Jacobs, J. (1983): Fokus und Skalen. Zur Syntax und Semantik der Gradpartikeln im Deutschen. Tübingen.

Lausberg, H. (1963): Elemente der literarischen Rhetorik. 2., wesentlich erweiterte Auflage. München.

Lehtonen, J. (1989): Zur automatischen Analyse der Sprechpausen. In: Slembek, E. (ed.): Von Lauten und Leuten. Frankfurt a. M., 95–102.

Ockel, E. (1990): Leseförderung oder: Wie die Zeilenanordnung das Lesen erleichtert. In: Brügelmann, H./Balhorn, H. (eds.): Das Gehirn, sein Alfabet und andere Geschichten. Konstanz.

Pöppel, E. (1993): Lust und Schmerz. Vom Ursprung der Welt im Gehirn. 2. Auflage. Berlin.

Reiss, M. (ed.) (1993): Wortstellung und Informationsstruktur. Tübingen.

Schönherr, B. (1997): Syntax-Prosodie-nonverbale Kommunikation. Empirische Untersuchungen zur Interaktion sprachlicher und parasprachlicher Ausdrucksmittel im Gespräch. Tübingen.

Simmler, F. (ed.) (1997): Textsorten und Textsortentraditionen. Bern/Berlin/Frankfurt a. M. u. a.

Slembek, E. (1984): Leseverstehen und Hörverstehen, zwei vernachlässigte Grundleistungen in der Kommunikation. In: Gutenberg, N. (ed.): Hören und Beurteilen. Frankfurt a. M., 57–77.

Stock, E. (1980): Untersuchungen zu Form, Bedeutung und Funktion der Intonation im Deutschen. Berlin.

– (1996a): Text und Intonation. In: Sprachwissenschaft 21/2, 211–240.

– (1996b): Deutsche Intonation. Leipzig/Berlin/München u. a.

Stock, E./Zacharias, Chr. (1973): Dt. Satzintonation. Leipzig.

Straßner, E. (1982): Fernsehnachrichten. Eine Produkt- und Rezeptionsanalyse. Tübingen.

Tischer, B. (1994): Zum Einfluß der Text-Bild-Korrespondenz und der Schnittpositionen auf das Erinnern von Fernsehnachrichten. In: Medienpsychologie 6–3, 168–198.

Vischer, F. Th. (o. J.): Aussprüche des Denkers, Dichters und Streiters. Herausgegeben von R. Krauß. Stuttgart.

Wachtel, St. (1997): Schreiben für's Hören. Trainingstexte, Regeln und Methoden. Konstanz.

– (1998): Sprechen und Moderieren in Hörfunk und Fernsehen. 3. Auflage. Konstanz.

Weller, M. (1939): Die fünf großen Dramenvorleser. Würzburg.

Winkler, Chr. (1962): Lesen als Sprechunterricht. Ratingen.

– (1969): Deutsche Sprechkunde und Sprecherziehung. 2., umgearbeitete Auflage. Düsseldorf.

– (1979): Untersuchungen zur Kadenzbildung in deutscher Rede. München.

Winkler, P. (1995): Paraphonetische Formtypen. Sozialstrukturelle Reglements in Sprechäußerungen. Habilitationsschrift (Ms).

Norbert Gutenberg, Saarbrücken (Deutschland)

53. Hypertext und Hypermedia

1. Grundlegende Definition
2. Mediale Realisierung
3. Der strukturelle Aufbau
4. Die Rezeption
5. Literatur (in Auswahl)
6. Im Text erwähnte CD-Roms

1. Grundlegende Definition

1.1. Das PROBLEM bei der Betrachtung von Hypertexten besteht darin, dass bei diesen je nach theoretischem Standpunkt entweder die semiotisch medialen Aspekte einer *Vertextung von Sprache* im Vordergrund stehen können oder die informationstheoretisch relevanten Aspekte einer *Implementierung von Datensystemen* im Computer (Conklin 1987). Je nach Betrachtungsweise ist Hypertext also ein Gegenstand der Textlinguistik oder der Informationswissenschaft. Da das Hypertextkonzept zunächst in der Informatik entwickelt wurde, stammen auch die grundlegenden Definitionen aus diesem Bereich, wobei aber bereits textlinguistisch relevante Gesichtspunkte in die Definitionen und Konzepte eingeflossen sind. Im folgenden soll es jedoch darum gehen, das Hypertextkonzept unter textlinguistisch relevanten Gesichtspunkten zu betrachten und darzustellen. Dies bedeutet vor allem die Frage nach der spezifischen *Textualität* (Brinker 1988b) von Hypertexten zu stellen. Erst diese Eigenschaft rechtfertigte es überhaupt, im Hypertext ein neues auch qualitativ anderes *Medium* zu sehen. Die Frage nach der Textualität von Hypertexten ist vor allem eine Frage danach, ob der Hypertext mehr ist als eine bloße Ansammlung von Teiltexten und anderen medialen Elementen – ob er er m. a. W. eine mediale Ganzheit darstellt.

1.2. Eine DEFINITION von Hypertext setzt zunächst einmal die seiner konstituierenden Teiltexte voraus. Hypertexte bestehen ja stets aus Texten, die als kohärente und funktional einheitliche Ganzheiten verstanden und rezipiert werden können (→ Art. 29). Darüber hinaus enthalten Hypertexte aber ein qualitatives Mehr, das sich in der Verknüpfung dieser Teiltexte manifestiert. Gerade dieser Aspekt der Verknüpfung von Texten ist das, was aus informationswissenschaftlicher Seite das Besondere des Hypertextes ausmacht. So fasst Schnupp (1992, 15) Hypertext als „die Verknüpfung von Textdokumenten durch hierarchische Relationen und/oder Verweisstrukturen" auf. Aus textlinguistischer Sicht kommt damit allerdings nichts Neues in die Betrachtung. Texte haben immer schon auf andere Texte referiert (→ Art. 32) (durch Zitat, Verweis, Persiflage, etc.), was seit einiger Zeit Gegenstand der aktuellen Intertextualitätsdebatte (→ Art. 43) darstellt (vgl. etwa Holthuis 1993; Klein/Fix 1997), oder es wurde innerhalb von Texten auf andere Textabschnitte anaphorisch oder kataphorisch verwiesen (→ Art. 31; vgl. Zifonun et al. 1997, 544 ff). Dabei sind in den herkömmlichen Texten über die engeren Vertextungsmuster einer allgemeinen Textphorik (Proformen, Rekurrenz, Kontiguität, Isotopie) spezifische subtextuale Formen und Strukturen entstanden. In Textbestandteilen (→ Art. 55) wie dem Titel, dem Lead, dem Klappentext, dem (vorangestellten) Abstract, dem Teaser, dem Literaturverweis, der Fußnote, der Inhaltsübersicht, dem Sach- und Personenindex, dem Exkurs und dgl. konstituierte sich schon immer Textualität.

Allerdings liegt all diesen Formen eine spezifische Art der Rezeption zugrunde, die gerade auch in der Definition von Text selbst zum Ausdruck kommt. Wenn Text in diesem Sinne mit Brinker (1992, 17) als „eine begrenzte Folge von sprachlichen Zeichen, die in sich kohärent ist und die als Ganzes eine erkennbare kommunikative Funktion signalisiert" definiert wird, so zeigt sich in der Bestimmung des Textes als einer „Folge von Zeichen" bereits die Spezifik der Rezeption. Texte werden in der Regel linear (eben in Folge) rezipiert, d. h. sie haben einen eindeutig als solchen erkennbaren Anfang und ein ebensolches Ende. Die thematische Entfaltung (→ Art. 35–39) des Textes (Brinker 1980; 1988a; 1992; → Art. 18) kann dann zwar unterschiedlich sein (deskriptiv, explikativ, argumentativ oder assoziativ etc.), geht aber grundsätzlich linear sukzessive vor. Ausnahmen stellen Texte wie Listen, Glossare, Wörterbücher, Enzyklopädien und dgl. dar, die sich allerdings auch eher als modulare Textkonglomerate verstehen lassen, die isoliert nebeneinander stehende und ebenso isoliert rezipierbare Subtexte in sich vereinen. Hierin liegt ein weiteres Differenzierungskriterium, durch das der Hypertext vom herkömmlichen Text abgegrenzt wird. Er ist, wie es Kuhlen (1991, 27) formuliert, „als ein Medium der nichtlinearen Organisation von Informationseinheiten" zu definieren. Die Nichtlinearität ergibt sich für Kuhlen aus der *Möglichkeit* der Verknüpfung der verschiedenen textuellen (genereller: informationellen) Einheiten, wobei Kuhlen einen weiteren Gesichtspunkt gegenüber Schnupp betont – nämlich den der Manipulierbarkeit. „Die Grundidee von Hypertext besteht darin, daß informationelle Einheiten, in denen Objekte und Vorgänge des einschlägigen Weltausschnitts auf textuelle, graphische oder audiovisuelle Weise dargestellt werden, flexibel über Verknüpfungen manipuliert werden können" (1991, 13). Manipulation meint dabei nicht die Veränderung der einzelnen informationellen Einheiten, sondern vielmehr ihre unmittelbar je unterschiedliche Aufeinanderfolge in der Rezeption. Gerade dieser Aspekt wird in der Definition von Gloor (1990, 3) besonders hervorgehoben, wenn er schreibt: „Im Gegensatz zum konventionellen Text, der nur linear durchgegangen werden kann, erlaubt das Hypertext-Konzept eine komplexe Organisation des darzustellenden Inhalts". Diese komplexe Organisation des Inhalts in der Rezeption erlaubt es, eben immer wieder neue Zusammenstellungen der einzelnen textuellen Einheiten vorzunehmen. Die einzelne Texteinheit wird somit immer wieder in neue und andere Kontexte gestellt (Sager 1995). Damit aber besteht auch die Möglichkeit, dass das Verständnis und die Interpretation des einzelnen Subtexts jeweils unterschiedlich ist – je nachdem von welchem anderen Subtext der Rezipient gerade kommt. Und eben darin liegt das Manipulative von flexiblen Verknüpfungen im Sinne Kuhlens.

Das Entscheidende an den computer-realisierten Hypertexten ist, wie es in den informationswissenschaftlichen Definitionen immer wieder betont wird, die *Unmittelbarkeit* der technisch realisierten Verknüpfungen. Sie besteht darin, dass der Rezipient aufgrund einer Interaktion mit dem Rechner (in der Regel einem Mausklick (siehe Abschn. 4.3.)) direkt von einem Text zu einem anderen springen kann. Damit wird, so Gloor „die Fähigkeit des Gehirns, Informationen sprunghaft zu verarbeiten, auf dem Computer nachgebildet" (Gloor 1990, 3).

Hypertexte sind in diesem Sinne zunächst Textkonglomerate aus mehreren in sich eigenständigen kohärenten Subtexten, die durch eine Reihe von expliziten, programmiertechnisch realisierten Verknüpfungen (den sogenannten „Links") netzwerkartig miteinander verbunden sind. In der Implementierung dieses Textnetzes im Computer, das einerseits die Linearität der Textrezeption aufhebt, ist andererseits aber gleichzeitig die Kohärenz des Hypertextes insgesamt konstituiert. Hypertexte sind also nichtlineare und dennoch kohärente Textgebilde, denen grundsätzlich Textualität und funktionale Ganzheit im Sinne Brinkers zugesprochen wird. Hierin besteht gleichermaßen der Anspruch wie das Problem.

1.3. Ein weiterer Aspekt MEDIALER ERWEITERUNG UND DIFFERENZIERUNG kommt hinzu. Hypertexte müssen nicht nur aus Texten im engeren Sinne bestehen, sondern können ebenso als Subeinheiten mediale Gebilde anderer Art in sich aufnehmen. Dazu gehören neben dem Text das Bild, der Ton, der Film, die Animation und die Simulation (Conklin 1987; Schade/Otto 1996, 97; Schmitz 1997, 133 ff). Diese im professionellen Sprachgebrauch als *Assets* bezeichneten Elemente machen aus reinen Textgebilden medial komplexe Konfigurationen, die im professionell-kommerziellen Zusammenhang als *Multimedia-* (vgl. Schmenk/Wätjen 1993; Müller 1995; Hasebrook 1995 sowie die Zeitschrift ScreenMultimedia 1995 ff), in wissenschaftlichen Kontexten eher als *Hypermedia-Applikationen* bezeichnet werden (vgl. Gloor/Streitz 1990; Gloor 1990; Schulmeister 1996). Gleichgültig wie immer die terminologische Entscheidung ausfällt, einen Aspekt heben alle Arbeiten zu diesem Bereich deutlich als qualitativ neues Kennzeichen dieses Mediums heraus: seine Interaktivität (vgl. Schulmeister 1996, 39 ff). Damit ist eben jene Verknüpfungstechnik gemeint, die es erlaubt, potentielle, auf dem Bildschirm deutlich als solche markierte Verbindungen zu anderen medialen Einheiten anzubieten, auf die der Benutzer unmittelbar durch eine bestimmte Aktion (Tastatureingabe, Mausklick, Berührung auf einem Touchscreen, akustischer Befehl oder dgl.) reagieren kann. Dies wiederum führt zu einer Reaktion des Rechners. Diese Mensch-Maschine Interaktion weist zumindest ansatzweise zwei der für soziale Interaktion relevante Merkmale auf:

– sie erfolgt zeitlich unmittelbar und sukzessive aufeinander (programmierte Reaktion);
– sie antizipiert von Rechnerseite mögliche Benutzerintentionen (programmierte Antizipation).

Damit werden dem Hypermedia-Rezipienten Handlungsmöglichkeiten eröffnet, die ihm bisher kein anderes Medium in dieser Art und Extensität erlaubt. Hypertext bzw. *Hypermedia* lässt sich damit zusammenfassend in Anlehnung an Sager (1995, 214) definieren als *ein kohärenter, nichtlinearer, multimedialer, computerrealisierter, daher interaktiv rezipier- und manipulierbarer Symbolkomplex über einem jederzeit vom Rezipienten unterschiedlich nutzbaren Netz von vorprogrammierten Verknüpfungen.* Die eingangs gestellte Frage nach der Textualität von Hypertext bzw. Hypermedia lässt sich nun durch eine Betrachtung in drei Bereichen genauer bestimmen:

– der medialen Realisierung von Hypermedia;
– dem strukturellen Aufbau von Hypermedia;
– der Rezeption von Hypermedia.

Der erste Punkt betrifft textlinguistisch gesehen die unterschiedlichen medialen Formen von Hypermedia, der zweite Punkt die grundlegenden Verknüpfungsstrukturen der relevanten medialen Elemente und der dritte Punkt die thematische Entfaltung im jeweils aktuellen Rezeptionsprozess.

2. Mediale Realisierung

Geht man von der oben gegebenen Definition aus, so entsteht die Frage, ob das Hypermedium gegenüber den es konstituierenden Medien andere und neue Gestaltungsmittel besitzt bzw. welche Funktion die herkömmlichen Gestaltungsmittel im Kontext des neuen Mediums bekommen. Diese Frage muss im Einzelnen auf alle beteiligten Teilmedien angewandt werden – also auf Text, Bild (Grafik, Gemälde, Foto), Film, Ton (Sprache, Musik, Geräusch), Animation und Simulation. Aufgrund des vorliegenden begrenzten Rahmens soll die Darstellung jedoch nur auf eine Gegenüberstellung der beiden zentralen medialen Bereiche Text und Bild polarisiert werden (grundsätzlich zu dieser Thematik → Art. 46; vgl. auch Muckenhaupt 1986). Da Hypermediasysteme grundsätzlich (auch was den reinen Text betrifft) grafisch orientiert sind – man spricht hier von dem GUI, also dem „graphic user interface" (Stanley 1993, 35 f; Schade/Otto 1996, 97) –, müssen auch beim Text die medialen Gesichtspunkte berücksichtigt werden, die seine äußere gleichsam grafische Realisierungsform betreffen. Dabei geraten auch die verschiedenen Proformen der Schrift – vor allem die Piktogramme (siehe Abschn. 2.2.) – wieder in den Blickpunkt des Interesses, da sie zu bedeutenden und unverzichtbaren Mitteln bei Hypertext- und Hypermedia-Anwendungen geworden sind.

2.1. Die äußere Form der TEXTE durch das verwendete Schriftsystem ist und war nicht erst seit dem Aufkommen von Hypertext- bzw. Hypermedia-Anwendungen ein wichtiges Mittel der Gestaltung, das eine bedeutende mediale Relevanz besitzt (cf. hierzu Günther/Ludwig 1994; → auch Art. 27). Hier spielen verschiedene Gesichtspunkte eine Rolle, auf die kurz eingegangen werden muss – nämlich Typografie, Textlayout sowie Text-Bild-Verhältnis.

2.1.1. Das Problem der TYPOGRAFIE, also der verwendeten Schriftzeichen, besteht einerseits darin, wie durch die Schriftzeichen, die Signifikanten, das zu Kommunizierende, das Signifikat, ausgedrückt werden kann, und andererseits, welchen semiotischen Mehrwert die Schriftzeichen selber enthalten. Hier kann und soll kein Überblick über die Schriftzeichenentwicklung gegeben werden (ausführlich dazu Jensen 1969, 17–46; Feldbusch 1985, 71–127; Günther/Ludwig 1994, 256–423). Wichtig und interessant aber ist der Hinweis auf Vorläufer der heutigen Schriftsysteme wie Piktogramme, Ideogramme, Logogramme und Marken, die mit ihren grafisch-bildhaften Mitteln der Darstellung dem sprachabbildenden Charakter der Buchstabenschrift in mancher Hinsicht an Informationsschnelligkeit und Verständlichkeit durchaus überlegen sind (cf. hierzu Althaus et al. 1980). Aus diesem Grund wie der Tatsache, dass sie sich von ihrem Darstellungsprinzip her (ikonisch vs. symbolisch) auch deutlich von textueller Information abheben, spielen sie gerade im Zusammenhang mit Aufgaben der Navigation in Hypermediasystemen eine große Rolle (siehe Abschn. 4.2.). Piktogramme (Ideogramme, Logogramme und Marken stellen grafische abstrahierende Reduktionen mit zunehmendem Konventionalisierungsgrad dar (Althaus et al. 1980, 139; Feldbusch 1985, 118 ff)) stehen als Bildzeichen auf der Grenze zwischen Bild und Text. Sie haben einen breit gefächerten semiotischen Charakter: Sie repräsentieren ikonisch als Bild ganze Texte (Althaus et al. 1980, 139), sind aber auch als Bild häufig nur konventionell und damit symbolisch zu verstehen. In Hypermedia-Anwendungen kommt hinzu, dass Piktogramme in Form von Icons Verknüpfungen anzeigen und somit auch indexikalischen Zeichencharakter besitzen (siehe Abschn. 4.1.).

Die eigentliche Typografie und ihre semiotische Einschätzung (auch im Hinblick auf den Aspekt der Textualität von Subtexten in Hypertexten) setzt in gewisser Weise die Kenntnis der abendländischen Schriftgeschichte voraus. Durch die Wahl der Schrifttype können Texte einen altertümlichen, verschnörkelten, steifen, funktionellen, verspielten, modernen computermäßigen oder auch unauffälligen Eindruck vermitteln, was durchaus Rückwirkungen auf den Textinhalt haben kann. Ebenso kann die Wahl der Schrifttype indexikalisch auf solche Inhalte oder auf bestimmte Textsorten innerhalb von Hypertexten hinweisen. Aber auch für den Gesichtspunkt der Lesbarkeit muss die Typografie beachtet werden. So etwa, wenn der Text nicht auf einem neutralen, einfarbigen Hintergrund erscheint, sondern − wie dies zunehmend in den Printmedien geschieht, vor allem aber auch in Hypermedia-Anwendungen der Fall ist − ein bildhafter Hintergrund (Foto, Grafik, Ornament etc.) gewählt wird. Sieht man von den ersten schriftgeschichtlichen Entwicklungsstufen wie der Wort- und Silbenschrift einmal ab (kritisch dazu Feldbusch 1985), so ist die Ausgestaltung der einzelnen Lautzeichen innerhalb der Alphabetschriften (Haarmann 1994), über charakteristische Stufen gegangen, die letztlich verantwortlich sind für den besonderen Eindruck, den die verschiedenen Schrifttypen zu vermitteln vermögen. Ein Exkurs in die Schriftgeschichte und die verschiedenen Mittel der äußerlichen Schrift- und Textgestaltung mag dies veranschaulichen:

Die besondere Eigenart unseres heutigen westeuropäischen Schriftsystems, durch das es sich von allen anderen Schriften unterscheidet, besteht darin, dass es sich aus zwei getrennten Teilalphabeten zusammensetzt: den Versalien, die weitgehend der römischen capitalis quadrata und den Minuskeln, die in etwa der Karolingischen Minuskel entsprechen (Brekle 1994a, 174).

Die gesamte Entwicklung zu diesem heutigen System durchlief in etwa folgende sechs Stufen: Aus phönizischen Vorläufern entwickelte sich (1) das *griechische Alphabet*, das über eine etruskische Adaption Grundlage für (2) das *römische Alphabet* wurde, dessen End- und Höhepunkt die *capitalis quadrata* bildete. Von hier aus ging die Entwicklung über Kursivschriften wie die *Unziale* und *Halbunziale* weiter zur (3) *Karolingischen Minuskel*, deren ausgezeichnete Lesbarkeit wieder durch die der gotischen Stilepoche entsprechende (4) *Textura* abgeschwächt wurde. Die schlechte Lesbarkeit dieser Schrift führte im Zuge der Renaissance Mitte des 14. Jh.s zu einer Entwicklung, die wiederum auf die Karolingische Minuskel zurückgriff und in der (5) *Antiqua* gipfelte. Die Unterscheidung von Versalien und Minuskeln sowie die Ausprägung feiner Serifen − also der kleinen Querstriche an den Enden auslaufender Linien − förderte die Lesbarkeit der Schrift weiter und wurde schließlich Grundlage immer neuer Varianten der Antiquaschrift bis in die Gegenwart. In der ersten Hälfte des 19. Jh.s entstanden im Zuge der Industrialisierung in England neue serifenlose Schriften, die wieder die Merkmale archaischer und klassischer griechischer Monumentalschriften aufgriffen und als (6) *Groteskschriften* bezeichnet wurden (Brekle 1994b, 219 f). Diese Schriften fanden zunächst Verwendung als Auszeichnungsschriften, später als ihre Lesbarkeit verbessert worden war, konnten sie auch für den Mengensatz als Grundschrift eingesetzt werden (Khazaeli 1997, 28). Die Klassifikation der modernen Schriften geschieht heute nach der DIN-Norm 16518. Danach werden elf Typen unterschieden (Khazaeli 1997, 31 ff): (1) Venizianische Renaissance-Antiqua, (2) Französische Renaissance-Antiqua, (3) Barock-Antiqua, (4) Klassizistische Antiqua, (5) Serifenbetonte Linearantiqua, (6) Serifenlose Linearantiqua, (7) Antiquavarianten, (8) Schreibschriften, (9) Handschriftliche Antiqua, (10) Gebrochene Schriften, (11) Fremde Schriften.

Der Charakter eines Textes ist in diesem Sinne ganz wesentlich von der verwendeten Schrifttype abhängig. Die Unterscheidung zwischen Mengenschrift und Auszeichnungen bestimmt dabei entscheidend die Schriftgestaltung. Forderung für die Mengenschrift ist vor allem eine gute Lesbarkeit, die neben der Entscheidung für eine bestimmte

Schrifttype eine Reihe weiterer Entscheidungen verlangt.

2.1.2. Zu dieser SCHRIFTGESTALTUNG gehören die Schriftgröße (*Schriftgrad*), die *Laufweite* der Schrift, der *Buchstaben-* und der *Wortabstand* sowie der *Zeilenabstand*. Die gängigsten Schriftgrade liegen ca. zwischen 6 und 60 Punkt, was die Höhe der Schriftzeichen betrifft. Die Schriftzeichenhöhe ermittelt sich über ein Sechs-Linien Schema, das die maximalen Begrenzungslinien der fünf prototypischen Buchstaben

$$k \; H \; x \; p \; \hat{E}$$

als Orientierung nimmt. Ein Punkt entspricht dabei 0,375 mm. Die Laufweite der Schrift bezieht sich auf die Breite, die die einzelnen Buchstaben benötigen. Dies wird als *Dickte* bezeichnet. Sie richtet sich nach der sogenannten Punzbreite. Die Punzbreite ist die Breite des Buchstabeninnenraums – also etwa beim

$$n$$

der Raum innerhalb des Bogens. Eng mit der Laufweite ist der Buchstaben- und Wortabstand zu sehen. Hinsichtlich der Laufweite kann grundsätzlich zwischen *Proportionalschriften* (etwa Times) und *äquidistanten Schriften* (etwa Courir) unterschieden werden. Bei äquidistanten Schriften, wie sie z. B. auf der Schreibmaschine vorkommen, hat jeder Buchstabe – sei es ein *i* oder ein *m* – dieselbe Breite. Bei Proportionalschriften ist dies nicht der Fall. Hinsichtlich des Buchstabenabstands gibt es im Zusammenhang mit Proportionalschriften das Problem der Unterschneidung bzw. Sperrung der Buchstaben. Nimmt man etwa die Buchstabenfolge *We*, so ist die Dickte der beiden Buchstaben *W* und *e* sehr unterschiedlich. Bei *W* fällt gegenüber dem *e* sehr viel Weißraum zu beiden Seiten an. Anders ist es dagegen bei der Buchstabenfolge *il*. Würden in beiden Fällen die Abstände gleich bleiben, so entstünde der Eindruck unterschiedlicher Laufweiten. Damit ein einheitliches Schriftbild entsteht, unterschneidet man Verbindungen (d. h. man rückt die Buchstaben bis zur Überschneidung zusammen) wie *We, LT, WA* und sperrt Verbindungen (d. h. setzt größere Abstände) wie *il, ll* und *UL*. Ähnliches betrifft den Zeilenabstand. Auch hier muss das Verhältnis von Laufweite, Buchstaben- und Wortabstand zum Abstand der Zeilen voneinander ein harmonisches Bild ergeben.

Von diesen Mitteln der Schriftgestaltung aber kann und wird auch abgewichen.

2.1.3. Damit gerät das Stilmittel der AUSZEICHNUNGSSCHRIFT in den Blick, die gemäß ihrer Funktion natürlich nur vereinzelt und spärlich in Texten auftritt. Auszeichnungen in Texten sollen bestimmte Textpassagen und das mit ihnen Bezeichnete besonders hervorheben. Neben dem Wechsel in einen anderen Schrifttyp spielen hier vor allem Variationen und Abweichungen der eben beschriebenen Schriftmerkmale wie Größe, Laufweite, Wort- und Zeilenabstand eine Rolle. Daneben gibt es die verschiedenen Schriftschnitte, die folgende Eigenschaften betreffen: Die *Schriftbreite* wie Extraschmal, Schmal, Normal, Breit, Extrabreit, die verschiedenen *Schriftstärken* wie Ultraleicht, Extraleicht, Leicht, Mager, Buch, Normal, Halbfett, Fett, Ultrafett sowie die *Schriftlagen* wie Normal oder Kursiv. Solche Auszeichnungstexte betreffen in der Regel nur einzelne Wörter im Text oder sogar nur einzelne Buchstaben wie etwa die *Initialen* am Anfang von Texten oder Textabschnitten, deren Gestaltung schließlich einen fließenden Übergang zur grafisch-ornamentalen und bildhaften Gestaltung darstellt.

Von dieser Schriftgestaltung ist die Wirkung der Schrift abhängig, die damit auch einen Einfluss auf den Inhalt ausübt. Ein Text über einen mittelalterlichen Altar würde in einer Computerschrift sicherlich genauso Befremden hervorrufen wie umgekehrt ein Text über den Cyber Space sich nicht einer mittelalterlichen Antiqua-Druckschrift bedienen sollte. Der Schriftschnitt und -charakter haben also ebenfalls eine semiotische Relevanz, die dem Text und seinem Inhalt einen konnotativen Mehrwert hinzufügen und ihm Einheitlichkeit und damit Textualität verleihen.

In Hypermedia-Anwendungen kommt die besondere Situation am Bildschirm hinzu. Texte nehmen hierbei vielfältige und neuartige Formen an: Sie werden „kürzer, unselbständiger, rhizomartiger, flüchtiger und fragmentarischer" (Schmitz 1997, 145), sie bilden „Cluster" und „Aggregationen" (Weingarten 1997b, 217), die zudem in medial komplexe Kontexte eingebunden sind und dabei mit Bildern auf unterschiedliche Weise konkurrieren müssen. Gerade die Kürze und Flüchtigkeit der Texte lassen die typografischen Gestaltungsaspekte besonders wichtig werden. So kann die Typografie zum die Aufmerksamkeit fokussierenden Indikator werden, der bereits Hinweise auf den Inhalt zu geben vermag. Andererseits ist gerade auch die in Hypermedia-Anwendungen übliche Praxis der Unterlegung von bildlich-fotografischen Hintergründen für die typografische Auswahl wie stilistische Gestaltung der Schrift von großer Bedeutung. Schriften müssen in diesem Sinne auch dann noch lesbar bleiben und sich als einheitliche Ganzheit erfassen lassen, wenn sie nicht auf einem neutralen Hintergrund erscheinen. Der Text muss, wird er nicht durch einen Rahmen oder ein deutlich erkennbares Textfeld zusammengehalten, auf den z. T. medial ausufernden Bildschirmseiten (vgl. Schmitz 1997, 133 ff) einen in sich geschlossenen Eindruck vermitteln. Typografie und Schriftgestaltung sind somit ebenfalls wichtige Mittel zur Konstituierung von Textualität – auch und gerade in Hypertext-Anwendungen.

2.1.4. In dem Zusammenhang kommt ein weiteres äußerliches Gestaltungselement von Texten ins

Spiel: Das LAYOUT UND DIE ZEILENAUSRICHTUNG. Der Raum, in dem der Text präsentiert wird – sei es nun eine Seite in einem Buch, einer Zeitschrift, einer Broschüre oder die Bildschirmseite eines Computermonitors – kann nicht vollständig und bis an die Ränder mit Text ausgefüllt werden. Selbst wenn keine anderen medialen Elemente verwendet werden, ist es für die Lesbarkeit eines Textes von Bedeutung, wenn dieser als deutlich abgehobenes Gebilde *in* die Seite hineingesetzt wird. Dies geschieht durch die Gestaltung des *Satzspiegels* und der Randabstände. Aus dem Buchdruck kommend unterscheidet man hier zwischen Kopf- und Fußsteg sowie Bund- und Außensteg (eine Terminologie, die die besondere Technik des Buchbindens reflektiert, bei der auch stets zwei Seiten einander gegenüber liegen). Das Screendesign setzt demgegenüber aufgrund des völlig anderen Seitenverhältnisses (640 : 480 Bildpunkten) eine andere Gestaltung voraus. Dennoch bleibt auch hier die Forderung nach angemessenen Rändern bestehen. Je größer in diesem Sinne die Ränder sind, um so stärker wird der Text in seiner äußeren Gestalt wie seinem inhaltlichen Gehalt fokussierend hervorgehoben und als Textgestalt ästhetisierend vor dem leeren Raum markiert. Diese ästhetisierende und hervorhebende Wirkung der Leere (des leeren Raumes) ist in der Kunsttheorie seit langem bekannt. Von Bedeutung ist dabei, dass selbst der leere Raum bzw. die leere Fläche perzeptiv automatisch strukturiert und gewichtet wird (bei einer Fläche etwa durch die imaginären Diagonalen bzw. einem dazu senkrecht stehenden Kreuz im Schnittpunkt der Diagonalen (cf. Khazaeli 1997, 224 f)). Damit werden bestimmte Bereiche der Fläche anderen gegenüber nicht mehr als gleichwertige Orte empfunden. Ein Bild oder Textelement, das in der Mitte einer Seite plaziert wird, enthält einen ganz anderen Stellenwert als ein solches, das an der Peripherie der Seite liegt oder das nur etwas vom Zentrum (nach oben oder unten, nach rechts oder links) verschoben angeordnet wird.

In dem Zusammenhang spielt vor allem das Prinzip des *goldenen Schnitts* eine Rolle, der als besonders ausgewogene Komposition empfunden wird. Dabei wird ein Element derart auf einer Strecke plaziert, dass die Länge der beiden dadurch entstehenden Teilstecken in etwa einem Verhältnis von 5 : 8 entsprechen. Der folgende Textblock ist in dem vorgegebenen Rechteck

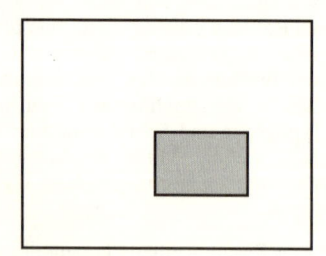

Abb. 53.1

mit einem Seitenverhältnis von 4 : 3, was den typischen Bildschirmproportionen von 640 : 480 Bildpunkten entspricht, sowohl in der Vertikalen wie der Horizontalen nach dem Prinzip des Goldenen Schnitts plaziert.

Der solchermaßen plazierte Textblock kann nun noch weiter gestaltet werden – zum einen durch die *Zeilenausrichtung*, bei der zwischen einer rechts- und linksbündigen sowie zentrierten Darstellung und dem Blocksatz unterschieden wird, zum anderen durch die Aufteilung in verschieden breite *Spalten*. Die Anzahl und Breite der Spalten ist dabei natürlich abhängig von der gesamten Seitenbreite wie dem Satzspiegel. Die weiteren charakteristischen Formen des Layouts aus dem Printbereich, vornehmlich dem Buchdruck, wie etwa *Kopf- und Fußzeilen*, *lebende* und *tote Kolumnentitel*, *Randbemerkungen* und *Fußnoten* oder *Exkurse* spielen im Hypermediabereich keine oder eine medial völlig andere Rolle bzw. werden durch andere Textgestaltungsformen wie bspw. *Rolltext* oder *Lauftext* oder durch die *Hyperlinks* ersetzt.

Ein weiteres Gestaltungsmittel besteht darin, den Text nicht nur in einem quadratischen oder rechteckigen Block anzuordnen, sondern ihn in eine bestimmte regelmäßige oder unregelmäßige geometrische Form einzupassen. Man spricht hierbei von *Formsatz*, was bis zur Ausgestaltung bildlich-silhouettenhafter Figuren führen kann.

2.2. Damit gerät man zusehends in den Bereich der bildhaften Elemente – der PIKTOGRAFIE. Im Printbereich haben wir es hier lediglich mit den Formen Zeichnung, Grafik, (gemaltes) Bild und Fotografie zu tun. In Multimedia-Anwendungen kommen noch Film, Animation und (animierte) Simulation hinzu. All diese ikonischen Elemente können und müssen mit dem Text bzw. einzelnen Textelementen in Verbindung treten. Text und Bild können dabei entweder gleichwertige einander ergänzende semiotische Elemente darstellen oder aber in verschiedenen Subsidiärbeziehungen zueinander stehen. Dabei kann das Bild den Text (als Illustration des Textes) oder der Text das Bild (als Kommentar des Bildes) unterstützen. In den Printmedien ist es notwendig, dass Text und Bild, um diese komplementäre oder subsidiäre Funktion effizient erfüllen zu können, stets gleichzeitig auf einer Seite auftreten – zumindest aber in räumlicher unmittelbarer Nähe zueinander stehen (gewisse Ausnahmen bilden hier Fälle wie die der Fußnote oder des Text- oder Bildanhangs). In Multimedia-Anwendungen besteht darüber hinaus aber noch die Möglichkeit, dass Text- oder Bildelemente auf einer Bildschirmseite verborgen sind und nur bei Bedarf (durch Mausklick oder Überrollfunktion (siehe Abschn. 3.2. bzw. 4.3.)) vom

Nutzer aufgerufen werden können. Das bedeutet, dass das Bildschirmseitenlayout, das Screendesign, von Multimedia-Anwendungen gleichsam dreidimensional gegenüber dem zweidimensionalen Seitenlayout im Printbereich zu gestalten ist. Hiermit wird auf ein grundlegendes Merkmal von Hypertext- bzw. Hypermedia-Anwendungen hingewiesen: nämlich die im Prinzip unbegrenzte semantische Tiefe jedes einzelnen semiotisch relevanten Elements. Aufgrund der dreidimensionalen Schichtung der Einheiten kann jedem Element eine im Grunde unbegrenzte Menge weiterer informationeller Einheiten (Kuhlen 1991, 79 ff) zugeordnet werden. Jedes Element kann somit zu einem unendlich großen semantischen Reservoire ausgedehnt werden, das die verschiedensten thematischen Schichten in sich vereint (Sager 1997b, 13 f). Damit sind wir wieder auf das Problem der Textualität und Kohärenz verwiesen. Dieses Problem manifestiert sich im Zusammenhang der gegenwärtigen Überlegungen zum Layout und Screendesign in der Frage, wie denn eine solche im Prinzip unbegrenzte Dreidimensionalität des Screendesign pragmatisch für den Rezipienten überhaupt zu bewältigen sei. Natürlich versteht sich von selbst, dass es völlig unmöglich ist, alle auf einer Seite hinter den einzelnen Elementen befindlichen semantischen Schichten gleichzeitig zu präsentieren. Hier bietet sich nun das neue Prinzip der (netzartigen) Verknüpfungen durch die Hyperlinks an.

3. Der strukturelle Aufbau

3.1. Textlinguistisch und rezeptionssemiotisch ist damit die Frage nach der STRUKTUR von Hypermedia-Anwendungen aufgeworfen. Bisher ist man, wie in Abschn. 1.2. erläutert, auch in der linguistisch orientierten Forschung davon ausgegangen, dass jedes Hypermedia-System als ein programmiertes Netzwerk zu verstehen ist, das sich aus Knoten und den zwischen ihnen bestehenden Verknüpfungen zusammensetzt (Sager 1995, 218). Die Knoten sind dabei die informationellen Einheiten (IE). Vor dem Hintergrund einer solchen Vorstellung lassen sich zunächst verschiedene Strukturen in Hypermedia-Anwendungen bestimmen. Sager (1997a, 116 ff) hat in dem Zusammenhang fünf grundsätzliche Strukturtypen unterschieden:

— Kette
— Kreis (oder Ring)
— Stern
— Baum (oder Hierarchie)
— Netz

3.1.1. Bei der KETTE sind die IE in einer linearen Reihe miteinander verbunden.

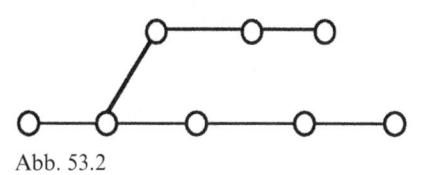

Abb. 53.2

Die einfache Kette erlaubt lediglich eine Vorwärts- oder Rückwärtsverknüpfung zum jeweils nächstliegenden Element. Die erweiterte (bzw. verzweigte) Kette gestattet darüber hinaus Sprünge über mehrere Elemente bzw. Verzweigungen in und über Seitenstränge. Ketten treten etwa bei Präsentationen wie einem Folienvortrag oder in Strängen auf, bei denen die IE inhaltlich aufeinander aufbauen (im Folgenden wird auf die im Anhang aufgeführten CD-Roms verwiesen: „Eine kurze Geschichte der Zeit", „Der dreißigjährige Krieg"). Die Kette ist aber auch eine häufig benutzte Struktur in Hypermedia-Anwendungen für Kinder, in denen etwa Bilderbuchgeschichten erzählt werden („Just Grandma and me"). Eine Kette hat stets ein genau definiertes Anfangs- und Endelement.

3.1.2. Dies ist der Unterschied zum KREIS, bei dem das nicht gilt.

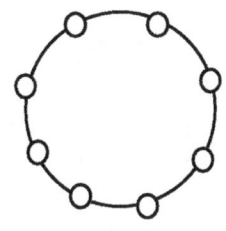

Abb. 53.3

Allerdings ist auch der Kreis eine Struktur, die lediglich eine vor- und rückwärtsgerichtete lineare Verknüpfung erlaubt. Vom Endelement wird dann direkt wieder ins Anfangselement gesprungen. Der Kreis ist daher die typische Struktur für selbstablaufende Schlaufen. Abhängig vom Inhalt des Kreises ist die Frage des Einstiegspunktes. Sind die einzelnen IE lediglich illustrative Beispiele für ein bestimmtes Thema, ist der Einstieg beliebig, bauen die IE dagegen aufeinander auf, muss auch für den Kreis ein klar bestimmtes Einstiegselement definiert sein.

3.1.3. Im Gegensatz zu diesen beiden linearen Strukturen ist der STERN im Prinzip eine nichtlineare, reversible Struktur.

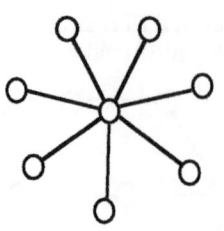

Abb. 53.4

Bei ihr wird man stets zum zentralen Ausgangspunkt zurückgeführt, von dem aus dann eine neue Richtung angesprungen werden kann. Typische Formen solcher Sternstrukturen sind die auch in Hypermedia-Anwendungen immer noch als „Hauptmenü" bezeichneten Überblicks- oder Startscreens, von denen aus man in die IE der verschiedenen thematischen Bereiche der Anwendung gelangt.

3.1.4. Der BAUM ist in diesem Sinne im Grunde genommen eine verschachtelte Sternstruktur, bei der an jedem der peripheren IE wiederum eine Sternstruktur anschließt, so dass eine typische Hierarchie entsteht, in der eine Vor- und Rückwärtsbewegung nur über die Zentralknoten der jeweiligen Zwischenebenen möglich ist.

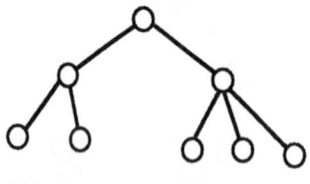

Abb. 53.5

Solche Baumstrukturen treten dort auf, wo eine klare Gliederung in Themen und Subthemen vorliegt – ohne dass zwischen den Themen direkte Verbindungen hergestellt werden sollen (etwa: „Die Geschichte des Holocaust").

3.1.5. Ist dagegen eine solche umfangreiche Verbundenheit aller IE mit allen anderen gewünscht, hat man es mit der Struktur des NETZES zu tun, deren Grad der Verknüpfung allerdings unterschiedlich groß sein kann (etwa: „Eine kurze Geschichte der Zeit").

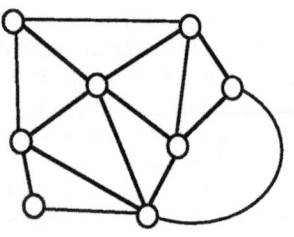

Abb. 53.6

Gerade diese Einschränkung einer universellen Verknüpfbarkeit hat entscheidend auch mit dem Kriterium der Textualität zu tun (siehe unten Abschn. 4.2.). Die Basistypen von Verknüpfungsstrukturen sind in der Regel im Rahmen von konkreten Hypermedia-Anwendungen in vielfältiger Weise miteinander kombiniert. Dabei ist die Grundform der sicherlich meisten Hypermedia-Systeme die hierarchisch gestufte kombinierte Sternstruktur. Hierbei führen von einem zentralen Ausgangselement Verbindungen zu einer Reihe von auf einer oder mehreren Hierarchieebenen befindlichen Subknoten, die ihrerseits wiederum jeweils Zentrum einer Schar von an sie gebundenen IE darstellen. Wir haben damit die bekannte Struktur von Haupt- und Submenüs vorliegen, wie wir sie aus herkömmlichen Softwareanwendungen bereits kennen. („Eine kurze Geschichte der Zeit"; „Goethe in Weimar"; „Evolution des Menschen"; „Neun Welten"; „Die Geschichte des Holocaust".) Je nachdem, in welchem Ausmaß in einer solchen hierarchischen Sternstruktur neben der vertikalen Verknüpfungsrichtung auch noch eine horizontale Verknüpfung möglich ist, wird sowohl der Freiheitsgrad der Navigation aber auch die Gefahr eines „lost in hyperspace" (cf. Horn 1989, zitiert nach Kuhlen 1991, 127) größer.

3.2. Nach dieser Betrachtung der verschiedenen Strukturen muss man sich allerdings kritisch dem damit zu Grunde liegenden STRUKTURBEGRIFF zuwenden. Die in Abschn. 3.1. beschriebenen Strukturmodelle machen bei näherer Betrachtung einige grundlegende Probleme deutlich. Diese betreffen einmal den Terminus „Verknüpfung", zum anderen die Frage, was genau unter den informationellen Einheiten, den Knoten der Struktur, verstanden werden soll. Was den Verknüpfungsbegriff betrifft, lässt sich feststellen, dass die bisher verwendeten Strukturmodelle letztlich auf der unkritischen Übernahme eines informationstheoretischen Modellkonzepts beruhen. Dieses Konzept ist von Kuhlen (1991, 17ff) als die *Hypertextbasis* bezeichnet worden. Mit der Hypertextbasis ist die informationstheoretisch relevante Datenorganisation der einzelnen IE des Systems gemeint. Sie ist dadurch geprägt, dass sie ein System von rechnerinternen Speicheradressen darstellt, das den Zugriff auf die einzelnen Datenfiles zulässt. Genau diese programmiertechnische Datenorganisation ist aber für eine textlinguistische und medientheoretische Betrachtung von Hypermedia-Anwendungen relativ unbedeutend und uninteressant.

Dies mag ein Beispiel verdeutlichen. Auf der Hypermedia-CD „Leonardo" sind u. a. in dem Text zu Leonardos Biographie Hyperlinks eingebaut, durch die man von dem laufenden Text aus zu kurzen Erläuterungstexten oder zu Bildern seiner Erfindungen geführt wird. Klickt man ein entsprechend farbig markiertes Wort an, wird der Erläuterungstext bzw. das Bild über den aktuellen Text gelegt, der dadurch z. T. verdeckt wird (Kuhlen 1991, 16 spricht in solchen Fällen von einer „eingebetteten Anzeige"). Klickt man auf den Erläuterungstext oder das Bild, so verschwinden diese wieder. Betrachtet man diesen Vorgang informationstheoretisch und programmiertechnisch, so kann ein solches Verhalten des Hypermedia-Systems unterschiedlich realisiert werden. (Im Folgenden wird auf der Basis der Multimedia Entwicklungssoftware „Director" sowie der darin integrierten Programmiersprache „Lingo" argumentiert (vgl. dazu Khazaeli 1998). Director mit Lingo ist z. Zt. die professionelle Standardsoftware, mit der sehr viele Multimedia-Applikationen produziert werden.) Die eine Möglichkeit besteht darin, zwei identische Screens zu schaffen, die sich lediglich durch den gezeigten oder nicht gezeigten Erläuterungstext unterscheiden. Über dem markierten Wort ist dann eine transparente Taste angebracht, die folgenden Programmtext enthält:

```
on mouseUp
   go to frame „Erläuterung"
end
```

In diesem Fall wird tatsächlich ein anderer Screen, die „Erläuterungen", angesprungen. Es besteht also eine Verknüpfung, ein Link, zwischen zwei unterschiedlichen IE, sprich: zwei Screens. Die andere Möglichkeit besteht darin, auf demselben Screen zu bleiben und lediglich ein auf diesem Screen abgelegtes verborgenes Textelement sichtbar zu machen. Programmiertechnisch enthielte dann die transparente Taste über dem Hyperlinkwort das Programm:

```
on mouseUp
   set the visible of sprite 48 to true
end
```

Um den Erläuterungstext zu verbergen, würde man im ersten Fall zu dem Ausgangsscreen mit einer entsprechenden Sprunganweisung zurückkehren, im zweiten Fall würde man den Status the visible of sprite 48 auf „false" setzen – also das Textelement wieder unsichtbar machen. Wenn man sich jetzt noch überlegt, dass der Erläuterungstext durchaus ja so gestaltet werden könnte, dass er die anderen vorher sichtbaren Objekte vollständig verdeckt, man also rein vom Screendesign her den Eindruck hätte, man würde auf einen ganz anderen Screen springen (Kuhlen 1991, 16 spricht dann von einer „ersetzende Anzeige"), wird deutlich, dass die programmiertechnische und datenorganisatorische Seite der Hypertextbasis auf der einen Seite und die für den Nutzer sichtbare Screenoberfläche und das auf ihr sichtbare Verhalten des Systems auf der anderen Seite zwei relativ unabhängig voneinander zu betrachtende Problem- und Beschreibungsbereiche darstellen.

Was also wird mit einer Verknüpfungsstruktur nun genau beschrieben? Eine programmiertechnisch tatsächlich realisierte Kette, also der Sprung von einem zum anderen Screen, kann für den Nutzer so aussehen, als befände er sich immer noch an derselben Stelle – nur ein verborgenes Element würde erscheinen. Und umgekehrt: Das, was für den Nutzer wie ein Sprung zu einem anderen Ort, einem anderen Screen, aussieht, könnte programmiertechnisch lediglich als bloßes Sichtbarmachen eines weiteren Elements realisiert werden. Bewegt sich die Strukturbeschreibung nun auf der Ebene der Hypertextbasis und ihrer informationellen Datenorganisation oder auf der Ebene der sichtbaren, rezipierbaren Screenoberfläche? Entscheidend für eine medientheoretische Betrachtung dürfte nur die zweite Ebene sein, wie immer sie programmiertechnisch auch realisiert wird.

Hieran wird ebenfalls deutlich, dass neben der Frage nach der Struktur der Verknüpfungen die Frage, was denn die informationelle Einheit genau ist, ebenfalls genauer zu klären wäre. Jedes grafische und jedes textuelle Element ist auf der Ebene der Hypertextbasis eine gleichwertige IE, die mit anderen IE strukturell auf irgendeine Weise verknüpft ist. Schaut man sich aber einen typischen Hypermedia-Screen im einzelnen an (Schade/Otto 1996, 99; Schmitz 1997, 133), so enthält er etwa folgende semiotisch dann aber recht unterschiedlich einzuschätzende IE:

– einen bestimmten grafischen Hintergrund,
– ein oder mehrere Textelemente,
– Bildelemente (Fotos, Grafiken),
– Filme,
– zugeordnete Sounddateien,
– bestimmte diesen Elementen zugeordnete Programme,

– eine an die laufenden Cursorkoordinaten gebundene Grafik (eben den Cursor).

Alle diese Elemente sind letztlich informationelle Einheiten, die auf unterschiedliche Weise miteinander verknüpft sind. So ließe sich die Zuordnung bestimmter Text-, Grafik- oder Sounddateien an einen bestimmten Hintergrund (eine andere Grafikdatei) durchaus als Sternstruktur darstellen. Dies wäre aber eine völlig andere Auffassung einer Sternstruktur wie die, die dadurch zustande käme, wenn man unter den IE ganze Screens mit ihrer komplexen internen Struktur verstünde.

Sind die Knoten der Struktur nun die einzelnen medialen Elemente, also die Assets, oder sind es die Screens? Hier lässt sich generell feststellen, dass eine sinnvolle medientheoretische Betrachtung eher von der Grundeinheit des einzelnen Screens ausgehen sollte. Interessant und bedeutsam ist dabei eine semiotisch und rezeptionstheoretische Sichtweise, bei der berücksichtigt wird, was man als Nutzer auf der Screenoberfläche von Hypermedia-Systemen machen kann und was dann dort geschieht und zu sehen ist. Interessant ist also die *Screenkomposition* oder das *Screendesign*, bzw. was die Verbindung von verschiedenen Screens oder das dynamische Zusammenwirken von Elementen innerhalb eines Screens betrifft, die *Montage*. Mit diesen Termini dürfte eine auch diesem Medium wesentlich adäquatere Terminologie vorliegen, als es die auf ganz andere Interessen abzielenden informationstheoretischen Termini darstellen. Der Begriff der Montage hätte weiter den Vorteil, dass man mit ihm, ähnlich wie in der Filmtheorie zwischen *innerer* und *äußerer Montage* (oder Montage und der Mis en scène (Monaco 1980, 164−211)) unterscheiden könnte. Veränderungen innerhalb des einzelnen Screens oder der Screenkomposition (gleichsam der Mis en scène), wie sie an dem Beispiel erläutert wurden, ließen sich dann problemlos als innere Montage klassifizieren. Der Wechsel von einem Screen zum anderen entspräche der (äußeren) Montage. Dass diese terminologische Umorientierung und Anbindung an die Filmtheorie durchaus fruchtbar und adäquat ist, lässt sich schon daran sehen, dass Hypermedia-Anwendungen mit den gleichen schnitttechnischen Mitteln arbeiten wie der Film. So gibt es neben dem harten Schnitt sowohl Überblendungen wie das ganze Spektrum sogenannter Trickblenden, wie man sie aus der Filmtechnik und Filmsemiotik ebenfalls kennt − also etwa Aufdeck-, Schiebe-, Dreh-, Streifen-, Überdeckungs-, Zoom- oder Wischblenden. Durch eine solche Sichtweise geraten die medientheoretisch interessanten Aspekte deutlicher in den Blick. Bewegungen und Aktivitäten (durch den Nutzer hervorgerufen oder vom System selbständig vollzogen), die sich innerhalb des einzelnen Screens ereignen, können unter dem Begriff der inneren Montage beschrieben werden − gleichgültig wie immer sie programmiertechnisch realisiert werden. Hierzu gehören:

– Das Sichtbar- und Unsichtbar-Werden von Objekten,
– die Bewegung von Objekten auf dem Screen,
– der schrittweise Aufbau von Objekten auf dem Screen,
– die gestalthafte Umwandlung von Objekten (Morphing),
– der Austausch von Objekten,
– die hervorhebende Markierung von Objekten,
– die Kopplung von Objekten mit Toneffekten,
– das Abspielen performativer Medien wie Filme, Animationen oder Musikstücke.

All diese Mittel der inneren Screenmontage tragen dazu bei, dass Hypermedia-Anwendungen ein einheitliches Erscheinungsbild bekommen. Damit sind auch sie Mittel der Textualität solcher Systeme. Art und Ausprägung des Screengeschehens, so wie es sich dem Nutzer präsentiert, führt aufgrund der Erfahrung der Wiedererkennung von Farben, Formen und Gestalten sowie der Routinisierung der immer wieder gleichen Verfahren des Umgangs mit den Objekten zu einem kohärenzstiftenden Sinnzugriff, der aus den vielfältigen medialen Komponenten des Systems ein mediales Ganzes werden lässt. Neben diesen Mitteln der inneren Montage im Sinne eines einheitlichen Verhaltens der Screenobjekte konstituiert sich Textualität weiterhin und also insgesamt durch folgende Mittel:

– ein einheitliches Screendesign der gesamten Anwendung bzw. spezieller Screenstaffeln innerhalb der Anwendung,
– eine durchgehende Metapher, mittels derer die verschiedenen medialen Elemente präsentiert werden (etwa als zu durchwandernde Räume),
– das daran anknüpfende einheitliche Navigationssystem,
– bestimmte thematische Bereiche zusammenfassende Überblicksscreens,
– die dadurch vorgenommenen Einschränkungen der universellen Montage der Screens untereinander,
– ein einheitliches Cursordesign und Cursorverhalten.

4. Die Rezeption

4.1. Der entscheidende Unterschied zum Film und letztlich allen anderen herkömmlichen Medien besteht in dem Vorhandensein verschiedener SEMIOTISCHER EBENEN im Hypermedium. Das hängt damit zusammen, dass das Hypermedium die Möglichkeit zur *Interaktivität* enthält (Schulmeister 1996, 18). Diese setzt eine prinzipielle dreigliedrige semiotische Schichtung der beteiligten medialen Elemente voraus, die sich entsprechend folgenden Ebenen zuordnen lassen:

1) der Ebene des thematischen Objektbereichs,
2) der Ebene des interaktiv nutzbaren Navigationssystems,
3) der Ebene der organisierenden Rahmenmetapher.

Anhand des in der folgenden Abbildung dargestellten Screens aus der Anwendung „Neun Welten" können diese drei Ebenen deutlich voneinander unterschieden werden.

Die weiß eingerahmte farbige Darstellung des Saturn mit seinen Ringen sowie der darunter befindliche Text sind zwei mediale Elemente des thematischen Objektbereichs. Sie behandeln Ausschnitte des Themas der gesamten Anwendung – also einen der neun Planeten unseres Sonnensystems. Der Text ist dabei in mehrere kleine Segmente eingeteilt. In das nächste Textsegment gelangt man, indem man auf den Pfeil am rechten unteren Ende der weißen Linie klickt. Die Linie verwandelt sich dann in eine mit einem Pfeil an beiden Enden, so dass nun ein Navigieren in Vorwärts- und Rückwärtsrichtung möglich wird. Dem nächsten Textsegment ist dann auch ein weiteres Bild zugeordnet (Innere Montage). Ebenfalls zur thematisch-inhaltlichen Ebene gehören das Wort *Saturn*, oben links in einen Rahmen eingepasst, sowie das astronomische Zeichen des Saturn.

Abb. 53.8

Der darunter befindliche Block von Kurztexten hat eine Doppelfunktion. Er gehört sowohl in die Ebene der thematischen Elemente wie bereits in die Navigationsebene.

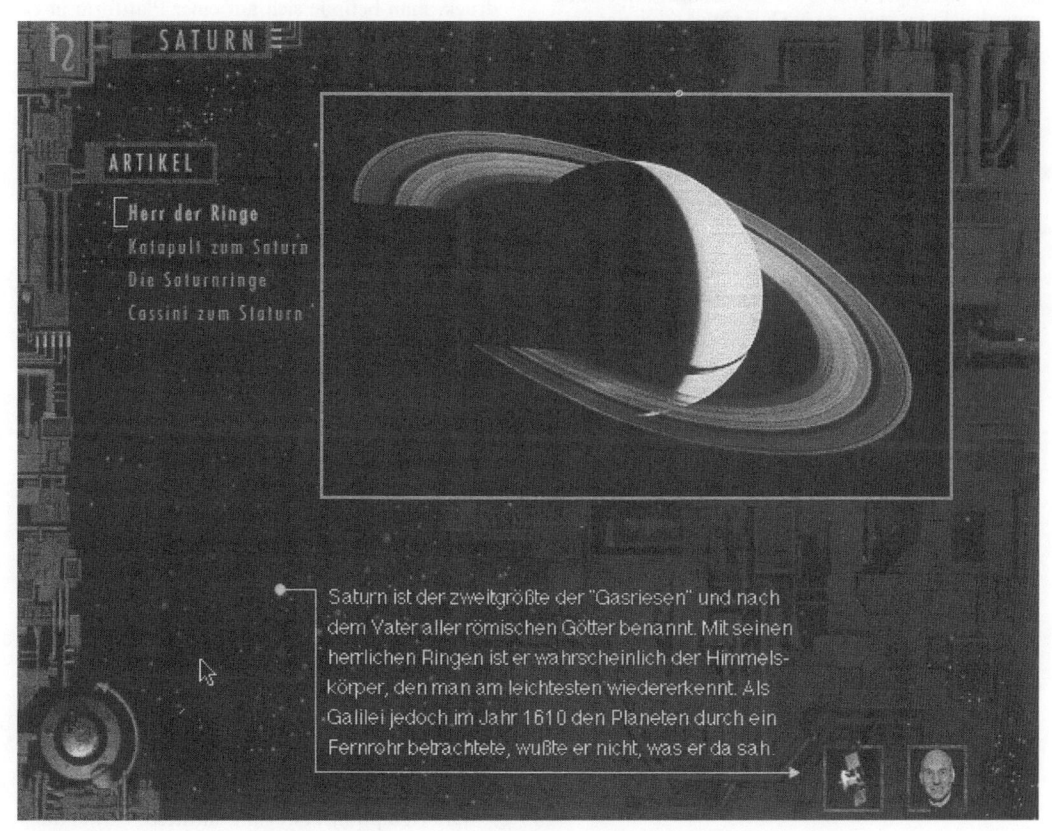

Abb. 53.7

Abb. 53.9

Das Wort *Artikel*, ähnlich wie *Saturn* in einen technisch anmutenden Rahmen eingepasst, ist ein Hinweis darauf, welche Artikel zum Thema Saturn von diesem Screen aus abrufbar sind. Es hat also die gleiche Funktion wie das Wort *Inhalt* über dem Inhaltsverzeichnis eines Buches. Es stellt nicht eine Thematisierung inhaltlicher Aspekte dar, sondern ist ein Index auf die möglichen Inhalte.

Die folgenden Textzeilen stellen vier Titel von Kurzartikeln dar. Sie sind also einerseits inhaltliche Beiträge, die das jeweilige Thema nennen. Allerdings sind sie andererseits auch bereits Navigationselemente, da sie ebenso wie die Pfeile an den Enden der textbegrenzenden Linie bestimmte Texte aufrufen. Sobald der Cursor, der hier in Form des üblichen Systemcursors (Pfeil, unten links) auftritt, über den Textbereich geführt wird, wird der gerade aktuell angezeigte Text sowie das dazugehörige Bild unterdrückt und eine eckige Klammer erscheint am linken Rand der jeweiligen Textzeile, die ihrerseits zusätzlich in Fettdruck erscheint. Dies sind Hinweise darauf, dass bei einem Klick auf die entsprechende Textzeile Bild und erstes Segment des jeweiligen Kurzartikels in der Mitte des Screens erscheinen. Weitere Elemente des Navigationsbereichs sind die beiden eingerahmten Bilder (Piktogramme) in der unteren rechten Ecke

Abb. 53.10

sowie ein grafischer Komplex in der unteren linken Ecke, der eine blaue Weltkugel darstellt, die wie ein Globus in einen metallisch wirkenden Rahmen eingepasst ist. Aus der entsprechend dem Winkel der Erdachse geneigten Halterung dieses Metallreifens ragt ein ebenfalls metallischer, gebogener Stab mit einem Pfeil an seinem Ende.

Abb. 53.11

Diese drei ikonischen Elemente sind weitere Navigationsmittel. Das Kopfportrait des Mannes stellt Patrick Stewart, den Captain des Raumschiffs „Enterprise" aus der Fernsehserie „Star Trek – Next Generation" dar: Stewart spielt in dieser Multimedia-Anwendung die Rolle eines sogenannten *Agenten* (Schulmeister 1996, 164 f, 308 f) – also einer Person, die gewisse Aufgaben der Führung durch das System übernimmt. An dieser Stelle hört man bei einem Anklicken des Bildes die Stimme Stewarts aus dem „Off", der die Benutzung der Pfeile erläutert, über die man sich in dem Kurzartikel vor- und rückwärts bewegen kann. Ein Klick auf das Bild der Voyager-Sonde führt den Nutzer zu möglichen Internet-Anbindungen, über die weitere astronomische Informationen zu erhalten sind. Ein Klick auf die Weltkugel unten links führt zum Untermenü, von dem aus die einzelnen Planeten mit ihren jeweiligen Kurzartikeln aufrufbar sind. Ein Klick auf den äußeren gebogenen Pfeilstab führt zum Hauptmenü der gesamten Anwendung (Äußere Montage).

Der Rest der Screenoberfläche ist mit grafischen Elementen angefüllt, die zu der Ebene der die gesamte Anwendung kennzeichnenden Rahmenmetapher (Schulmeister 1996, 48) gehören. Diese Metapher ist die eines virtuellen Raumschiffes, in dem sich der Benutzer befindet, und in die verschiedenen thematisch-inhaltlichen Elemente eingebettet werden. Auf diesem Screen hat man den Eindruck, man befinde sich auf einer Plattform in einem gigantischen Raumschiff – etwa einer Landeplattform für Shuttlefahrzeuge. Der Blick geht in den Weltraum hinaus und wird lediglich begrenzt durch den Rand der Einflugschneise. Hier ist ein Geflecht metallischer Röhrensysteme zu sehen, die offensichtlich noch zum Raumschiff gehören. Sobald man vom Untermenü zu diesem Screen geführt wird, schieben sich diese Röhrensysteme langsam unter dem Geräusch von aneinander reibendem Metall von den Bildseiten her an ihre jetzige Position. Ein ständiges leises Piepen und andere an Kontrollinstrumente und deren akustische Signale erinnernde Geräusche sowie leise an Sphärenklänge erinnernde Musik bilden den akustischen Hintergrund. Hin und wieder durchqueren Lichtpunkte asteroitenartig das freie Blickfeld in den Weltenraum. Die Rahmenmetapher „Weltall und Raumschiff" hat zwar mit dem Thema der Anwendung zu tun, bietet aber keine wirklich inhaltlich relevanten Informationen. Gleichwohl erzeugt sie eine dem Thema angemessene und das Thema unterstützende Rezeptionsatmosphäre. An anderen Stellen dieser Anwendung kommen zu den Text- und Bildmedien noch gesprochene Kommentare, Videoclips und Animationen hinzu. In einem Informationsteil der Anwendung, in dem es um bibliografische Angaben, interessante Adressen oder die Ausstattung für Hobbyastronomen geht, wird auch die Weltraum-Raumschiff-Metapher zugunsten einer relativ abstrakt grafischen Darstellung, wie sie auch in Printmedien vorkommen könnte, verlassen.

Die Rezeptionsbewegung in dieser Anwendung ist relativ frei, da man von nahezu jedem Screen über die entsprechenden Navigationselemente zu jedem anderen Screen der Anwendung gelangen kann. Anders die innere Montage der jeweiligen Kurzartikel, die lediglich sukzessive ganz im Sinne herkömmlicher Texte schrittweise von vorne nach hinten gelesen werden müssen. Man kann aber in jedem Kurzartikel zu jedem Zeitpunkt aussteigen und in den nächsten Kurzartikel gelangen oder gar über das Untermenü zu einem ganz anderen Planeten mit seinen jeweiligen Kurzartikeln springen. Hier zeigt sich, dass sowohl eine systematische Erarbeitung des gesamten Themas wie ein eher assoziatives Springen zwischen den Artikeln, Bildern und Filmen − das sogenannte für Hypermedia typische Browsing (Kuhlen 1991, 126 ff; Schulmeister 1996, 54) möglich ist.

4.2. Damit ist der Aspekt der NAVIGATION in Hypertext- und Hypermedia-Anwendungen angesprochen. Dieser Problembereich ist − wie immer in der Literatur betont wird (cf. etwa Saxer/Gloor 1990; Hahn et al. 1990; Gloor 1990, 138 ff; Kuhlen 1991, 124 ff; Schulmeister 1996, 54 ff; Khazaeli 1998, 82 ff) − ein charakteristisches Kennzeichen gerade dieses Mediums. Während traditionelle Medien wie Text, Rede, Film, Musikstück eine klare sukzessive Rezeptionsfolge von einem Anfang zu einem Ende nahelegen, wird diese Linearität gerade bei Hypermedien als nicht gegeben unterstellt (Freisler 1994, 24 ff). Hier muss nun allerdings genauer unterschieden werden zwischen einer Entlinearisierung im Sinne eines jederzeit möglichen Wechsels von einem medialen Element zu einem anderen und der letztlich notwendigerweise immer linearen Rezeption linear angelegter Medien wie eben Text, Film, Musikstück etc. In dem Zusammenhang kommt es wesentlich darauf an, auf welcher medialen Integrationsebene man sich befindet. Auch einen (längeren) Text kann man nichtlinear rezipieren, indem man zwischen Abschnitten oder Kapiteln hin- und herspringt. Auf der Mikroebene der aufeinander aufbauenden Sätze ist dies natürlich nicht möglich oder sinnvoll. Und auch in Hypermedien sollte ein Text (etwa die Kurzartikel in dem besprochenen Beispiel aus der CD-ROM „Neun Welten") in seiner sukzessiven Abfolge rezipiert werden. Die Nichtlinearität bezieht sich somit lediglich auf die Potentionalität einer möglichen etwa sternförmigen Montage zwischen Screens oder der innerhalb eines Screens möglichen verschiedenen Formen der inneren Montage. In dem Maße, in dem Hypermedia-Anwendungen durch ihre strukturelle Anlage dazu auffordern, zwischen verschiedenen Themenkomplexen assoziativ hin- und herzuspringen, machen sie den Eindruck von Nichtlinearität. So bietet sich bspw. die relative thematische Gleichrangigkeit der neun planetaren Objekte der CD-ROM „Neun Welten" dazu an, hier zwischen den einzelnen Abschnitten relativ häufig hin- und herzuspringen. Allerdings spricht ebensowenig dagegen, sich das gesamte Thema systematisch und damit sukzessive anzueignen. Hieran wird deutlich, dass die eigentliche Nichtlinearität lediglich in der prinzipiellen Freiheit des Rezipienten besteht, die innere oder äußere Montage der von ihm rezipierten medialen Elemente selber zu bestimmen. Im Gegensatz zu performativen Medien wie etwa dem Film, der die Art und Struktur seiner Montage im Produktionsprozess eingeschrieben hat und der damit dem Rezipienten keine andere als die eben vom Produzenten vorgegebene Schnittfolge ermöglicht, legt das Hypermedium die Entscheidung über den Pfad der tatsächlich erfolgenden Screenmontage in die Hand des Rezipienten. Der Rezipient ist es, der im sukzessiven Prozess seiner Rezeption eine innere wie äußere Montage vornimmt. Wenn Brinker (1988a; 1988b) im Rahmen seiner Textualitätsdebatte verschiedene Formen einer thematischen Entfaltung (→ Art. 35−39) unterscheidet (vgl. dazu auch Brinker 1980 und 1992, 63 ff), so bezieht er sich dabei auf Konstruktionsprinzipien des Textproduzenten, die dieser in den Text hineinlegt. Die Formen einer deskriptiven, narrativen, explikativen oder argumentativen Entfaltung müssen vom Textrezipienten im Zuge der Textrezeption nachvollzogen werden. Dies trifft auf einzelne Texte innerhalb eines Hypermediums natürlich auch zu. Erst auf der nächst höheren Stufe der multimedialen Kombination und Screenkomposition der verschiedenen Texte und Medien setzt durch die Möglichkeit relativ frei verfügbarer eigener Montageentscheidungen auf Seiten des Rezipienten die spezifische hypermediale Rezeption ein. Der Rezeptionspfad, den der Rezipient sich selbst durch das grundsätzlich verfügbare Netzwerk möglicher Verbindungen sucht, ist dann natürlich letztlich auch wieder linear. Allerdings liegt es nun bei dem Rezipienten, welche thematische Entfaltung er selber im medialen Hyperraum konstituiert. Dabei entsteht ein linearer Pfad, der sich aus den unterschiedlichen medialen Komponenten innerhalb von Screens sowie aus dem Wechsel von einem Screen zum nächsten zusammensetzt. Hierbei entstehen natürlich all jene Phänomene der Navigation, die charakteristisch für das Hypermedium sind. Es entwickeln sich Schlaufen und Kreisprozesse der Rezeption ebenso wie strikt systematisch lineare oder assoziativ sprunghafte Pfade. Dabei kann jenes typische Hypermedia-Phänomen des *Serendipity-Effekts* entstehen (Kuhlen 1991, 129). Damit ist gemeint, dass man bei der Suche nach bestimmten Themen und Informationen über ein assoziatives Browsing (also ein Herumspringen im System) zu völlig anderen und gar nicht anvisierten Themen und Informationen gelangt, die dann allerdings die aktuelle Aufmerksamkeit so beanspruchen, dass die ursprüngliche Thematik in den Hintergrund gerät.

Wenn Textualität, wie Brinker (1988b) betont, auch in der Arbeit der thematischen Entfaltung entsteht, so gehört zur Textualität des Hypermediums ganz entschieden und noch viel stärker als bei den herkömmlichen Medien der aktuelle Vollzug der Rezeption durch den Benutzer des Hypermediums dazu. Dabei ist das Entscheidende aber die Einschränkung der Möglichkeiten auf eben eine spezifische Montage. Universelle Verknüpfbarkeit, wie wir sie aus dem Internet kennen, ist in diesem Sinne ein Indiz dafür, dass das Internet als Ganzes keine Textualität und keine Kohärenz besitzt. Die kann sich erst einstellen, wenn Nutzer sich einen aktuellen und dabei natürlich selektiv begrenzenden Pfad einer bestimmten thematischen Entfaltung durch das Netz bahnen.

4.3. Das Mittel nun, mit dem diese Navigation im Hypermedium möglich wird, ist der CURSOR. Er stellt eine komplexe semiotisch-mediale Maschinerie dar, die ebenfalls charakteristisch für das Hypermedium und seine Interaktivität ist. Es gibt kein Medium, was ein solcherart vielschichtiges Rezeptionsinstrument besitzt und benötigt. Deshalb seien zum Schluss die wesentlichen Aspekte dieses Phänomens skizziert.

In den herkömmlichen Medien wie dem Buch, dem Bild, dem Film etc. benötigt man zur direkten Rezeption in der Regel lediglich den visuellen oder akustischen Sinn. Der aktuelle Perzeptionsraum, innerhalb dessen sich das Medium für den Rezipienten präsentiert, liegt offen dar und die jeweils aktuell verborgenen medialen Bereiche können durch einfache mechanische Verfahren schnell in diesen Raum gebracht und damit verfügbar gemacht werden. In einem Buch blättert man von Seite zu Seite, der Film oder das Audio- bzw. Videotape wird an der Projektions- bzw. Abtastvorrichtung vorbeigespult, der Diaprojektor schaltet von einem auf das nächste Dia um, der Blick wandert von einem Gemälde an der Wand zum nächsten etc. Die Rezeptionsformen, die mit diesen Medien verbunden sind, gehören inzwischen zu den allgemein verfügbaren *Kulturtechniken*, über die sich niemand mehr Gedanken macht. Beim Hypermedium musste hier eine neue Kulturtechnik dazukommen: Der Umgang mit dem Mauscursor. Da in Hypermedia-Anwendungen die Rezeption zu einem entscheidenden Teil erst durch den interaktiven Umgang des Nutzers mit dem Medium möglich wird, und die jeweils verborgenen medialen Komponenten in unanschaulichen und nicht mechanisch verfügbaren elektronischen Speichern abgelegt sind, ist es notwendig, den Rezeptionsprozess wie das jeweilige Hereinholen aktuell nicht sichtbarer medialer Elemente in den Perzeptionsraum (den Bildschirm) mittels eines elektronischen Stellvertreters zu bewerkstelligen. Dieses ist der Mauscursor. Die informationell-medialen Elemente des Hypermediums stellen technisch organisatorisch einen ungeheuren, unüberschaubaren und nicht ohne weiteres zugänglichen Datenraum dar, der nur an einer einzigen Stelle – nämlich dem aktuellen Screen – verfügbar ist. Dieser Datenraum lässt sich gleichsam begreifen wie eine in alle Richtungen frei bewegliche Kugeloberfläche, die sich unter einem kleinen begrenzten Fenster vorbeibewegen lässt. Auch der Mauscursor hat in diesem Sinne durchaus einen Metapherncharakter. Seine Formen und Funktionen sind dabei äußerst vielfältig und komplex. Der Cursor ist nicht einfach nur ein elektronischer, grafisch realisierter Stellvertreter des Nutzers. Er ist, wie bereits bemerkt, eine komplexe und vielschichtige semiotische Maschinerie mit im wesentlichen den folgenden vier Funktionen:

1) Er ist eine elektronische Prüfsonde, die spezifische sensible Bildschirmbereiche (sogenannte hot spots) aufzuspüren und zu markieren in der Lage ist.
2) Er ist ein Informationsdisplay, das über laufende Arbeitsvorgänge des Systems und den Charakter der hot spots informiert.
3) Er ist ein Bedienungselement im Sinne eines instrumentell einsetzbaren Werkzeugs.
4) Er ist orientierender Fokus für die aktuelle Wahrnehmung.

Er ist also Wahrnehmungs-, Anzeige- und Bedienungsinstrument in einem. Entsprechend gibt es auch je nach Funktionalität des Cursors unterschiedliche grafische Realisierungsformen. So kann der Cursor die Form eines Pfeils, einer Hand, einer Uhr, eines Kreuzes, eines Stiftes, eines Radiergummis, eines Lassos, etc. annehmen. Das Wechselspiel von Cursor, Maus, Tastatur und Bildschirmoberfläche, das Voraussetzung für die interaktive Benutzung und Zugänglichkeit des Hypermediums ist, lässt sich nach diesen Gesichtspunkten in gewisser Weise systematisieren. Der Umgang mit diesen verschiedenen Komponenten stellt eine neue Kulturtechnik der Medienrezeption dar, die ausschließlich den Computer als ein Medium kennzeichnet. Entscheidend für den Umgang mit dem Hypermedium ist eben dieses Wissen um die spezifisch mediale Funktionalität des Cursors.

Zunächst gibt es im Zusammenhang mit der Maus und dem an sie gekoppelten Cursor die beiden Grundoperationen des *RollOver* und des *Click*. (Die im Folgenden verwandten Termini entstammen den entsprechenden Programmiersprachen HyperTalk (Stanley 1993) und Lingo (Khazaeli 1998), in denen die verschiedenen Cursoroperationen ja ebenfalls unterschieden und angesprochen werden müssen.) Beim RollOver kommt der Cursor in seiner Funktion als Sonde und Indikator zum Tragen. Wird der Cursor also über die Bildschirmoberfläche bewegt und trifft er auf einen sensiblen Bereich des Bildschirms (den hot spot) kann das System in unterschiedlicher Weise reagieren:

– das betreffende Objekt verändert sich,
– ein bestimmter Arbeitsprozess wird ausgelöst,
– der Cursor verändert sich,
– das System wechselt zu einem anderen Screen,
– ein verborgenes Element wird gezeigt.

Die Sondenfunktion des RollOver kann weiter noch modifiziert werden durch das Drücken einer bestimmten Taste auf der Tastatur – also die Operation des *Push*. Ein RollOver liegt nun nur dann vor, wenn es auf dem Bildschirm einen guten definierten, in der Regel grafisch gekennzeichneten und umgrenzten Bereich gibt. Daneben gibt es die Möglichkeit, die hier einmal als *Move* bezeichnet werden soll, durch das Überschreiten von genau definierten Bildschirmschwellen Aktionen auszulösen. (Es gibt allerdings keinen entsprechenden Programmierbefehl. „Move"-Aktionen werden programmiertechnisch durch die Angabe horizontaler oder vertikaler Koordinatenwerte für den Mauscursor (MouseH, MouseV) realisiert.) Bewegt man den Cursor in der CD-ROM „Thomas Mann – Rollende Sphären" an den Rand des Screens, beginnt sich die Panoramadarstellung, die den Lebenslauf des Schriftstellers wiedergibt, nach rechts oder links zu bewegen. Im Gegensatz zu dieser bloßen Bewegung des Cursors, die eine weitere innere Montage auf dem Screen auslöst, ist das RollOver an bestimmte Ereignisse in Relation zu genau definierten Bildschirmobjekten, den hot spots, gebunden. Im Zusammenhang mit dem RollOver, also der Bewegung des Cursors über die definierte Grenze eines hot spots, gibt es drei relevante Zustände, die unterschieden und medial und interaktiv genutzt werden können:

1) *MouseEnter*: Der Cursor überschreitet die Grenze des Objekts in Richtung Zentrum,
2) *MouseWithin*: der Cursor befindet sich eine Zeit lang innerhalb des Objekts,
3) *MouseLeave*: der Cursor überschreitet die Grenze des Objekts, in dem er es verlässt.

Jede dieser Aktionen kann zu unterschiedlichen Zwecken benutzt werden. MouseEnter oder MouseLeave lösen in der Regel bestimmte einmalige Aktionen aus, während das MouseWithin für permanente Änderungen von Objekten oder dem zeitweiligen Anzeigen weiterer ansonsten verborgener medialer Elemente dient. Die sicherlich bekannteste und üblichste Cursoraktivität ist der *Click*. Diese Aktion kann benutzt werden, um den Cursor – etwa als Schreib- oder Zeichencursor – an einer bestimmten Screenposition zu plazieren, oder um ihn als virtuelle Hand instrumentell zu benutzen. Da der Click über die Maustaste ausgelöst wird, gibt es auch hier zwei wesentliche zu unterscheidende Clickzustände – das *MouseDown* und das *MouseUp*. Beim MouseDown ist die Maustaste gedrückt, beim MouseUp wird sie wieder losgelassen. In der Regel werden Clickaktionen – etwa Sprunganweisungen – im Zusammenhang mit der MouseUp-Aktion ausgeführt. Sprünge zu anderen Stellen des Systems im Zusammenhang von MouseDown-Aktionen können beim Nutzer Irritationen hervorrufen, da sie etwa zu Phänomenen führen, wie dem, dass sich eine virtuelle Taste, auf die man klickt, unter dem Klicken verflüchtigt. MouseDown-Aktionen sind eher dazu geeignet, vorübergehende Veränderungen von Bildschirmobjekten – etwa den Eindruck, eine Taste sei tatsächlich gedrückt – auszulösen. Ebenso werden mit MouseDown-Aktionen häufig akustische Effekte verknüpft. MouseDown-Aktionen dienen also in der Regel interaktiven Rückmeldungen an den Nutzer, also dem Hinweis, dass seine Aktion am Bilschirm auch tatsächlich ausgeführt wurde bzw. erfolgreich war.

Eine besondere Form der Anwendung von MouseDown-Aktionen ist die der Kombination von Click und Drag. Dabei wird die Maustaste gedrückt und die Maus im gedrückten Zustand bewegt. Das *Click and Drag* dient dazu, den Cursor als Werkzeug – etwa als ein Zeichenwerkzeug – zu benutzen. Es kann aber auch dazu dienen, Objekte virtuell mit dem Mauscursor, der sich dann häufig im Zusammenhang mit dem MouseDown in eine zugreifende Hand verwandelt, „anzufassen" und über den Bildschirm zu bewegen. Ebenso dient das Click and Drag dazu, Kopien eines Werkzeugs von diesem abzuziehen, um damit an einer anderen Stelle zu arbeiten. In der in Abschn. 4.1. besprochenen Hypermedia-Anwendung „Neun Welten" gibt es an einer Stelle die Möglichkeit, verschiedene Messwerkzeuge – etwa ein Thermometer – per Click and Drag von an der Bildschirmseite angebrachten Originalen abzuziehen und sie über dem Bild eines Planeten zu plazieren. Man erhält dann die jeweilige Oberflächen- bzw. Kerntemperatur des Planeten angezeigt. Das Click and Drag lässt sich zusätzlich durch ein *Push, Click and Drag* modifizieren. Man hat also die Möglichkeit, zusätzlich noch eine Taste auf der Tastatur zu betätigen. Eine weitere Variante ist die Abfolge *Click, Drag, Click*. Man klickt etwa auf ein Objekt. Dieses wird damit an den Cursor geheftet, so dass man es nun zu einem andern Ort bewegen kann, um es hier mit einem weiteren Click neu zu positionieren. Dieses Verfahren wird hauptsächlich dort angewandt, wo es darum geht, Versatzstücke neu zu kombinieren oder zusammenzufügen – etwa bei Lückentests im Zusammenhang mit Sprachtrainingsprogrammen. Abschließend lassen sich die verschiedenen Cursoraktivitäten in folgendem Schema zusammenfassen:

Move / RollOver (enter/within/leave) /
Click (R+down/up/L+down/up) / [Push]3 /
Push+Move / Push+RollOver / RollOver+Click /
Push+RollOver+Click / Click+Drag /
Click (down)+Drag+Click (up) /
Push+Click+Drag

Das Schema ist folgendermaßen zu verstehen: Die durch Schrägstriche getrennten Komponenten stellen alternative Möglichkeiten dar – entweder als singuläre Aktion oder als kombinierte Aktion, was durch die Plus-Zeichen gekennzeichnet ist. Die Ausdrücke in den Klammern sind weitere Modifikationen der jeweiligen Aktion. Das *R* und *L* in der Klammer zum Click bezeichnet die für die Windows-Plattform mögliche rechte oder linke Maustaste. Die Macintosh-Plattform benutzt nur eine Maustaste. Die hochgestellte Drei an der eckigen Klammer bei Push soll darauf hinweisen, dass in der Regel bis zu drei Tasten gleichzeitig gedrückt werden können. Bei den kombinierten Aktionen wie etwa Push+RollOver+Click wurde auf die Klammerausdrücke der Einfachheit halber verzichtet. Sie müssen aber hier auch mitgedacht werden.

Dieses Schema macht deutlich, dass der Umgang mit dem Hypermedium bereits ein recht differenziertes Repertoire von Fähigkeiten erfordert und durchaus als eine neue Kulturtechnik für den Umgang mit einem neuen Medium angesehen werden kann.

5. Literatur (in Auswahl)

Althaus, P./Henne, H./Wiegand, E. (eds.) (1980): Lexikon germanistischer Linguistik. 2. Aufl. Tübingen.

Brekle, H. E. (1994a): Die Buchstabenformen westlicher Alphabetschriften in ihrer historischen Entwicklung. In: Günther/Ludwig (eds.) (1994), 171–204.

– (1994b): Typographie. In: Günther/Ludwig (eds.) (1994), 204–227.

Brinker, K. (1980): Textthematik als spezifisch textlinguistischer Forschungsbereich. In: Kühlwein, W./Raasch, A. (eds.): Sprache und Verstehen. Tübingen, 138–141.

– (1988a): Thematische Muster und ihre Realisierung in Talkshowgesprächen. In: Zeitschr. f. germanistische Linguistik (ZGL) 16, 26–45.

– (1988b): Bedingungen der Textualität. Zu Ergebnissen textlinguistischer Forschung und ihren Konsequenzen für die Textproduktion. In: Der Deutschunterricht III, 6–19.

– (1992): Linguistische Textanalyse. Eine Einführung in Grundbegriffe und Methoden. 3. Aufl. Berlin.

Conklin, J. (1987): Hypertext: An introduction and survey. In: Computer 9, 17–41.

Feldbusch, E. (1985): Geschriebene Sprache. Untersuchungen zu ihrer Herausbildung und Grundlegung ihrer Theorie. Berlin/New York.

Freisler, S. (1994): Hypertext – Eine Begriffsbestimmung. In: Deutsche Sprache 22, 19–52.

Gloor, P. A. (1990): Hypermedia – Anwendungsentwicklung. Eine Einführung mit HyperCard-Beispielen. Stuttgart.

Gloor, P. A./Streitz, N. A. (eds.) (1990): Hypertext und Hypermedia. Von der theoretischen Konzeption zur praktischen Anwendung. Berlin etc.

Günther, H./Ludwig, O. (eds.) (1994): Schrift und Schriftlichkeit. Ein interdisziplinäres Handbuch internationaler Forschung. 1. Halbband. Berlin/New York.

Haarmann, H. (1994): Der alteuropäisch-altmediterrane Schriftenkreis. In: Günther/Ludwig (eds.), 268−274.

Hahn, U./Hammwöhner, R./Reimer, U./Thiel, U. (1990): Inhaltsorientierte Navigation in automatisch generierten Hypertext-Basen. In: Gloor/Streitz (eds.), 205−219.

Hasebrook, J. (1995): Multimedia-Psychologie. Eine neue Perspektive menschlicher Kommunikation. Heidelberg etc.

Holthuis, S. (1993): Intertextualität. Aspekte einer rezeptionsorientierten Konzeption. Tübingen.

Jensen, H. (1969): Die Schrift. In Vergangenheit und Gegenwart. Berlin.

Khazaeli, C. D. (1997): Crashkurs Typo und Layout. Vom Zeilenfall zum Screendesign. Reinbek.

− (1998): Multimedia mit Director. Projektplanung und Interfacedesign. Reinbek.

Klein, J./Fix, U. (eds.) (1997): Textbeziehungen. Linguistische und literaturwissenschaftliche Beiträge zur Intertextualität. Tübingen.

Kuhlen, R. (1991): Hypertext. Ein nicht-lineares Medium zwischen Buch und Wissensbank. Berlin etc.

Monaco, J. (1980): Film verstehen. Kunst, Technik, Sprache, Geschichte und Theorie des Films. Reinbek.

Muckenhaupt, M. (1986): Text und Bild. Grundfragen der Beschreibung von Text-Bild-Kommunikationen aus sprachwissenschaftlicher Sicht. Tübingen.

Müller, W. (1995): Interaktive Medien im professionellen Einsatz. Elektronische Kataloge, Infoterminals, CBT, Videokonferenzen. Bonn/Paris.

Rüschoff, B./Schmitz, U. (eds.) (1996): Kommunikation und Lernen mit alten und neuen Medien. Frankfurt/M. etc.

Sager, S. F. (1995): Hypertext und Kontext. In: Jakobs, E. M./Knorr, D./Molitor-Lübbert, S. (eds.): Wissenschaftliche Textproduktion. Mit und ohne Computer. Frankfurt/M., 209−226.

− (1997a): Intertextualität und die Interaktivität von Hypertexten. In: Klein/Fix (eds.) (1997), 109−123.

− (1997b): Gedanken zu einem virtuellen Museum für Sprache und Kommunikation. In: Sprache und Datenverarbeitung I, 5−20.

Saxer, K. H./Gloor, P. (1990): Navigation im Hyperraum: Fisheye Views in HyperCard. In: Gloor/Streitz (eds.), 190−204.

Schade, G./Otto, V. (1996): Multimediale Benutzeroberflächen. Problemfelder dieser neuen Mensch-Maschine-Kommunikation. In: Rüschoff/Schmitz (eds.), 97−110.

Schmenk, A./Wätjen, A. (1993): Multimedia. Multimedia verstehen, planen, einsetzen. München.

Schmitz, U. (1997): Schriftliche Texte in multimedialen Kontexten. In: Weingarten (ed.) (1997a), 131−158.

Schnupp, P. (1992): Hypertext. München/Wien.

Schulmeister, R. (1996): Grundlagen hypermedialer Lernsysteme. Theorie, Didaktik, Design. Bonn etc.

ScreenMultimedia (1995 ff).

Stanley, T. (1993): HyperTalk − HyperText. Programmierung von Apples HyperCard. Hannover.

Weingarten, R. (ed.) (1997a): Sprachwandel durch Computer. Opladen.

− (1997b): Textstrukturen in neuen Medien: Clustering und Aggregation. In: Weingarten (ed.) (1997a), 215−237.

Zifonun, G./Hoffmann, L./Strecker, B. (1997): Grammatik der deutschen Sprache. Berlin/New York.

6. Im Text erwähnte CD-ROMs

Das Zeitalter des dreißigjährigen Krieges. Alltagsleben, Wandel und Fortschritt in den Jahren des Umbruchs. MicroMediaArts. Köln 1997.

Eine kurze Geschichte der Zeit. Ein interaktives Abenteuer. Navigo. München 1995.

Evolution. Die faszinierende Geschichte des Lebens. Navigo. München 1997.

Gegen das Vergessen. Eine Dokumentation des Holocaust. Navigo. München 1997.

Goethe in Weimar. Eine virtuelle Reise in die Welt des großen Dichters. Systhema. München 1998.

Just Grandma and me. Bröderbund. Novota 1991.

Leonardo. Der Erfinder. Future Vision Multimedia. Jersualem 1994.

Neun Welten. Systhema. München 1997.

Thomas Mann − Rollende Sphären. Navigo. München 1997.

Ursprünge der Menschheit. Erforschung der menschlichen Evolution. Microfolie's. Paris. O. J. Dt. durch DTP Neue Medien. Hamburg.

Sven F. Sager, Hamburg
(Deutschland)

IX. Typologisierung von Texten II: Kommunikationsbereiche und ihre konstitutiven Textsorten

54. Textsorten des Alltags

1. Zum Problemfeld 'Alltag'
2. Alltagssprache, Alltagskommunikation, Alltagstext
3. Konstitutive Merkmale von Alltagstexten
4. Schrifttextsorten der Alltagskommunikation
5. Literatur (in Auswahl)

1. Zum Problemfeld 'Alltag'

1.1. Alltag ist − zunächst *unreflektiert* und beim Wort genommen (vgl. dazu engl. every day life/poln. dzien powszedni) − all das, was uns „alle Tage" umgibt, was wir „alle Tage" üblicherweise tun, eben das Alltägliche, was größtenteils unser Leben ausmacht. Dabei ist es unerheblich, ob die Zeitspanne − ursprünglich religiös markiert − auf die „durch das Berufsleben bestimmten Tage der Woche im Unterschied zu den Sonn- und Feiertagen" (Kempcke 1984, 36), also auf die Werktage eingeschränkt wird oder nicht. Relevant bleibt „der in gewisser Weise festgelegte, von Wiederholung gekennzeichnete und durch Arbeit charakterisierte Ablauf des Lebens" (ebd.). Alltag ist demnach deutlich individuell geprägt als konkrete Lebens- und Erfahrungswelt der Individuen, er ist eine vorgegebene präsente Realität, in der sich der Mensch bewegt, wenn er nicht temporär in funktional spezialisierte Handlungsfelder von Institutionen eingebunden ist.

1.2. Zum *theoretischen Problem* wird der Versuch, das jeweils usuelle Umfeld von Individuen (bzw. Kleingruppen) und deren usuelles, mehr oder weniger spontanes Tun verallgemeinernd zu kennzeichnen und zugleich von den spezifischen und differenzierten institutionellen Bereichen und Tätigkeiten abzuheben, da im Alltag „Situationen und Tätigkeiten in größerem Maße *gewählt* werden können" (Hartung 1974, 276). Der Begriff des Alltags ist daher häufiger Gegenstand von populären und wissenschaftlichen Untersuchungen verschiedener Disziplinen.

Verwiesen sei u. a. auf die phänomenologischen Studien Husserls (1954, 461) zur „immerfort selbstverständlichen, bekannt-unbekannten Lebenswelt", den Versuch von Alfred Schütz, eine „Wissenssoziologie des Alltags" zu begründen (Schütz/Luckmann 1975, 42) und die Bemühungen von Jürgen Habermas (1981 u. a.), die 'Lebenswelt' als Basis für die soziale Integration und Sozialisation der Individuen zu kennzeichnen.

Ergänzt wurden diese unterschiedlichen theoretischen Ansätze durch die − historisch angelegten − materialreichen Arbeiten von Jürgen Kuczynski (1980) zur Geschichte des Alltags.

1.3. Als *prototypische Marker* für die Kennzeichnung der Alltagswelt (als Basis für alltägliches Sprechen und Schreiben) können angenommen werden:

− ein sozial determinierter, historisch entstandener Rahmen, in dem sich alle Individuen zum Zwecke der grundlegenden „individuellen Reproduktion" (Mackeldey 1987, 24) bewegen. Er wird markiert durch die Konstituenten Familie, Haus/Heimat, Wohnumfeld (Nachbarn, Freunde), berufliches Umfeld (Schule/Ausbildungsstätte, Arbeitsplatz), Dienstleistungsumfeld (Verkehrsmittel, Post, Verkaufseinrichtungen, Ämter), Freizeitumfeld (Sportstätten, Gaststätten, Urlaubsorte usw.)

− das für die Individuen jeweils typische usuelle spontane Tun innerhalb dieses sozialen Rahmens. Als charakteristisch dafür dürfen gelten: usualisierte Bewegungsabläufe zu verschiedenen Tageszeiten (Morgentoilette, Frühstück, (Mittag)essen vorbereiten/einnehmen, abwaschen, telefonieren, Ordnung machen, Schreibarbeit erledigen, Abendrituale usw.); usualisierte Tätigkeiten im Wohnumfeld (Begrüßungen, Nachbarschaftshilfe, Kinder- und Tierbetreuung, Gespräche über den Zaun usw.), im Dienstleistungsumfeld (Nutzung verschiedener Verkehrsmittel, Kontakte mit Ämtern und Dienstleistungsbereichen), im Freizeitumfeld (Kulturveranstaltungen, Sportgruppen/Sportveranstaltungen, Hobbytätigkeiten, Kontaktherstellung und -erhaltung), im beruflichen Umfeld (Dienstwege, Anweisungen, Fortbildung, Besprechungen, Pausen usw.).

Evident ist, dass eine exhaustive Auflistung aller Alltagsbereiche und aller typischen Alltagstätigkeiten − womöglich noch für Individuen oder Kleingruppen aufbereitet − von vornherein ausgeschlossen ist. Ebenso eindeutig ist, dass die Abgrenzung vom Nicht-Alltäglichen im und mit dem institutionellen Bereich zahlreiche Probleme aufwirft. Grundsätzlich sollte eine Relativierung sowohl der Alltagssphären als auch der Alltagshandlungen angesetzt werden in Abhängigkeit von unterschiedlichen Regionen und Kulturen, aber auch vom sozialen Status des Individuums und der Zugehörigkeit zu bestimmten sozialen Gruppen. Für einen Leistungssportler ist Training Alltag, davon abgehoben sind Wettkämpfe/Olympiaden usw.; für einen sportlichen Menschen ist die Teilnahme am Training (z. B. im Urlaub, in der Kur) das Herausgehobene und damit jenseits von Alltag.

Im Kommunikationsbereich Alltag gibt es demnach keinen institutionell durchorganisierten Rahmen für das (Sprach-)Handeln, er unterliegt aber bestimmten Sachzwängen und wird vor allem sozial geregelt, d. h. Alltag ist nicht einklagbar, er findet einfach statt. Essen kochen, Wäsche waschen, Kinder betreuen, Haustiere pflegen sind Handlungen, die unabhängig vom Status des/der Handelnden ausgeführt werden *müssen*, wobei deren Banalität nicht über die lebensnotwendige Funktionalität derartiger Handlungen hinwegtäuschen sollte.

1.4. Die *Definition* von Alltag hängt in entscheidendem Maße von der Erwartungshaltung der Individuen ab, von ihrer Einstellung zu täglich wiederholten Handlungsabläufen, wobei es unerheblich ist, ob sie tatsächlich täglich und in der gleichen Form stattfinden − entscheidend ist das Bewusstsein darüber, dass die Handlungsabfolgen auch in den nächsten Tagen so ablaufen werden.

Allerdings ist die Handlungsmöglichkeit im Alltag und deren Beeinflussung durch die Handlungen anderer Individuen begrenzt (Luckmann 1992), so dass *Einstellungen* dazu wiederum einem gesamtgesellschaftlichen Verständnis der Individuen, deren Wertekanon und deren Moralvorstellungen unterliegen. Führen wir den Gedanken weiter, dann ist die Individualisierung des Alltags nur angenommen, da sich Alltag vorrangig im privaten Bereich vollzieht, der aber trotz allem von einem − mitunter sogar ziemlich rigiden − gesamtgesellschaftlichen Wertekanon bestimmt wird (vgl. Kleider„ordnungen", „Reinheitsgebote" an Häusern oder Fragen der Kindererziehung). Zudem regeln Institutionen (Schulbehörden, Verkehrsämter, Arbeitsämter, Stadtverwaltungen usw.) − wenigstens partiell − den Alltag der Individuen.

Wir verfügen demnach in jeder Gesellschaft über ein allgemeines Alltagsverständnis bzw. ein Alltagsbewusstsein, das aber nicht auf alle Individuen übertragbar und schon gar nicht lehrbar, sondern nur lernbar über Erfahrung ist: Folglich „... handelt es sich insgesamt bei den Elementen des Alltagsbewusstseins nicht um theoretisch verallgemeinerte, sondern um empirische Widerspiegelungen" (Mackeldey 1987, 23).

1.5. Nach Kuczynski (1980) ist Alltagsleben „die Lebensweise eines Volkes, seine Art und Weise zu arbeiten, zu denken, elementare Lebensbedürfnisse wie die nach Kleidung, Ernährung, Wohnung zu befriedigen, seine Kultur, Bräuche und Gewohnheiten" (Kuczynski 1980, 14). Alltagsleben gliedert sich danach in drei Bereiche:

− die Befriedigung elementarer Lebensbedürfnisse,
− soziokulturelle Rahmenbedingungen,
− die Arbeit.

Wenn Arbeit zum Alltag gehört, muss logisch auch ein Teil des theoretischen Wissens als Spezialwissen in diese Arbeit einfließen, womit das Alltagswissen nicht mehr konträr zum theoretischen Spezialwissen gesehen werden kann, sondern komplementär dazu im Individuum vereint, womit wiederum der Alltag nicht als reine Sonderform eines individuellen Lebens verstanden werden kann.

Zum anderen ist Arbeit mit Notwendigkeit institutionalisiert, damit (gesellschaftlich) reglementiert und damit lehr- und lernbar als zielgerichtete Tätigkeit im gesellschaftlichen Interesse. Arbeit als Teil des Alltags rekurriert offenbar nur auf das Element der Routine, der Wiederholbarkeit und Gewohnheit, nicht auf das Individuelle, Freiwillige und Spontane, das dem Alltag sonst zugesprochen wird.

Alltagsleben im Bereich der individuellen Befriedigung rekurriert auf das „Lebensnotwendige", auf vitale Gewohnheiten und Ansprüche, wozu auch interpersonale Beziehungen und soziale Kontakte zu rechnen sind. Hier setzt die Konstruktion von Alltag ein, die zur Sicherung der individuellen Existenz unabdingbar ist, aber auch auf Kernpunkte wie Spontaneität, Emotionalität und Individualität verweist.

Die Generierung von Alltag findet in Generationen statt und ist demzufolge von den gesamtgesellschaftlichen Rahmenbedingungen nicht zu trennen, da die Generationen praktisch in diesen soziokulturellen Alltag täglich hineinwachsen, wie die Entwicklung nach der deutsch-deutschen „Wende" zumindest im Osten deutlich gezeigt hat. In diesem Alltagsbereich verbindet sich am ehesten Gesellschaftliches mit Individuellem, Spontanem mit Geplantem, Erfahrung mit Wissen und Emotion mit Abstraktion. Alltagsleben ist demnach vorprogrammiert und unterliegt Rahmenbedingungen, die aber vom Individuum so verinnerlicht und angewendet werden, dass es die für ein individuelles Leben notwendige Kreativität für sich und – im Normalfall – andere produktiv einsetzen kann.

2. Alltagssprache, Alltagskommunikation, Alltagstext

2.1. Die Kollokation *alle Tage* impliziert Bewusstseinsinhalte wie Wiederholung, Trivialität, Pflicht und Monotonie. Negative Erfahrungen sind sprachlich verfestigt in Formen wie *trüber Alltag, grauer Alltag, im Alltag wieder angekommen sein, die Pflichten des Alltags, ein Alltagsmensch, alltags (wochentags), Alltagssprache.*

Andererseits ist mit Alltag auch ein „Wohlfühlgefühl" der Sicherheit, des Gewohnten und Bequemen verbunden, wofür es allerdings keine formelhaften Wendungen gibt.

Im Modell der Existenzformen (Varietätenmodell) alternieren Literatursprache–Umgangssprache–Dialekt, wobei in diesem Zusammenhang der Begriff der Umgangssprache relevant ist, da „Umgangssprache ... in der Regel *als* Alltagssprache verwendet wird" (Mackeldey 1987, 31), also keine eigene Varietät darstellt, sondern die Verwendung eines bestimmten Subsystems in einem bestimmten Kommunikationsbereich (vgl. Trier 1966). Allerdings wäre der Gegenpol der Alltagssprache „eine *standardisierte Sprache* mit einem hohen Verbindlichkeitsgrad" (Mackeldey 1987, 32), woraus zu schlussfolgern ist, dass Alltagssprache einen relativ geringen Verbindlichkeitsgrad hat, dessen Nichtbeachtung aber unter kommunikativ-situativen Gesichtspunkten zu erheblichen kommunikativen Störungen führen kann.

Alltagssprache als Sprechweise im Alltag ist unter drei wesentlichen Aspekten untersucht worden:

– als Funktionalstil,
– als Sondersprache,
– als Element von Mehrsprachigkeit.

Funktionale Stile sind bei Riesel (1964; vgl. auch Fleischer/Michel 1975) „bestimmte Verwendungsweisen der Sprache unter bestimmten Umständen zu bestimmten Zwecken" (Riesel 1964, 38), wobei sie ausdrücklich vom „Stil der Alltagsrede, des Alltagsverkehrs" (41) ausgeht, sich damit zumindest teilweise von einer reinen Wortschatzuntersuchung löst und über die grundlegenden Stilzüge *Ungezwungenheit* und *Lockerheit* erste Hinwendung zur Textstrukturierung von Alltagstexten vornimmt.

Über die Gruppen- bzw. Sondersprachenforschung (Bausinger 1974; Henne 1986; Steger 1983) ist ebenfalls ein Zugang zur Alltagssprache gefunden worden, wobei hier vor allem Gruppenwortschätze – und da wieder hervorgehoben die der Jugendlichen –, aber auch Fachwortschätze im Mittelpunkt der Untersuchungen standen. Wissenschaftshistorisch ist damit die Aufhebung der Stilgrenzen/Stilebenen und die Durchmischung von (Gruppen-)Wortschätzen (auch *Register, Codes, Gruppensprachen, Varietäten*) auch für den Bereich Alltag eingeführt worden (vgl. Hannappel/Melenk 1979), so dass einerseits die These von der *Verwissenschaftlichung der Alltagswelt* und andererseits von der *Vulgarisierung der Alltagssprache* – wenn auch nur bedingt gerechtfertigt – auf fruchtbaren Boden fiel. Das Konzept der *Mehrsprachigkeit in der Sprache* (vgl. Wandruszka 1979) ist eine folgerichtige Weiterentwicklung und wendet den Blick hin zum Text, allerdings im Zusammenhang mit Alltag vor allem auf den gesprochenen/mündlichen Text: „Alltagssprache ist die ... vorwiegend mündliche Verwendungsweise des Sprachsystems in der Alltagskommunikation" (Mackeldey 1987, 35).

2.2. *Alltagskommunikation* ist per se das Kommunizieren im Kommunikationsbereich Alltag, das gewöhnlich mit dem inoffiziellen Interagieren im alltäglichen Zusammenwirken der Menschen in beruflicher wie auch privater Sphäre vollzogen wird. Die Überschneidung von beruflicher und privater Tätigkeit ist – wie schon oben angedeutet – das Spezifikum des Kommunikationsbereichs Alltag, aber auch sein Problemfeld, da sich daraus immer wieder Abgrenzungsschwierigkeiten zu und Berührungen mit anderen Kommunikationsbereichen ergeben. Die Privatsphäre wird in bestimmten Situationen von der offiziellen Sphäre berührt oder sogar überlappt, so dass daraus halboffizielle/halböffentliche Kommunikationssituationen entstehen können (Wartezimmergespräche, Beratungen, bestimmte Briefsorten). Für das Bewusstsein der Privatheit im Alltag ist auch der Anteil der (emotionalen) Einstellung zum Sachverhalt und zu den Kommunikationspartnern entscheidend bei der Bewertung von „Offizialität" und „Privatheit".

In der Laien-Linguistik (vgl. Antos 1996) werden Alltagssituationen (vgl. Jacobson 1993) demzufolge auch undifferenziert als Mischformen (allerdings zumeist als mündliche) aneinandergereiht: Behörde, Bekanntschaft, Einkauf, Familie, Freundeskreis, Nachbarn, Restaurant, Schule, Sprechanlage, Telefon u. a. m. Obwohl (oder gerade weil) diese Auflistungen streng pragmatischen Prämissen unterworfen sind, geben sie ein deutliches Bild von den kommunikativen Zwängen des Alltags:

– im vitalen Bereich (Essen, Trinken, Gesundheit),
– im Kontaktbereich (Freunde, Familie, Bekanntschaften),
– im gesellschaftlich institutionellen Bereich (Ausbildung, Beruf, Amtsverkehr).

2.3. Philosophisch-soziologische Untersuchungen zum Alltag, zu Stilen, Stilzügen und Wortschätzen im Kommunikationsbereich Alltag haben – im Zusammenhang mit der Hinwendung zur Textsortenproblematik – den Weg bereitet zur Untersuchung von *Alltagstexten*. Unter diesem Stichwort erschienen von Ramge 1977 die „Alltagsgespräche" als „alltägliche Interaktionsprozesse" (Ramge 1977, 406), in denen u. a. danach gefragt wurde, wie häufig Interaktionsprozesse stattfinden müssten, bis sie *alltäglich* geworden sind.

Unter dem Aspekt der Mündlichkeit im Alltag ist in diesen Jahren eine Reihe von Untersuchungen erschienen (Techtmeier 1984; Cherubim/Henne/Rehbock 1984; Mackeldey 1987; Franke 1990 u. a. m.), die die Diskussion um alltagssprachliche Kommunikationsformen bereichert haben.

Eine andere Richtung nahmen Untersuchungen zu Gebrauchstexten – zumeist als „Gegen"texte zu literarischen Formen verstanden – (Sandig 1972; Günthner 1995; Barz/Fix 1997), die zwar Alltagstexte implizieren, aber eher beiläufig auf sie eingehen.

Grundlegend für Alltagstexte sind die Zusammenstellungen von Dimter (1981), Rolf (1993) und Adamzik (1995), die neben Einzeluntersuchungen vor allem auf die Vielzahl von Textsortennamen in der Alltagssprache hinweisen, die durch Kompositabildung „feine Unterschiede" in der Benennung ermöglichen.

3. Konstitutive Merkmale von Alltagstexten

In den vorhandenen Klassifikationen, Beschreibungen und Modellen von Alltagstexten wird vorrangig über „Textsorten in der *Alltagssprache*" (Hervorhebung M. H.) gehandelt, wobei nicht genau unterschieden wird zwischen Benennungen von Textsorten *durch* die Alltagssprache im Sinne Brinkers (1997, 128: „..., daß die Alltagswelt viele Bezeichnungen für Textsorten enthält.") und Textsorten *im* Alltag (also Texte des Kommunikationsbereichs Alltag). Hier geht es um die zuletzt genannte Gruppierung von Texten, die als *Alltagstexte* markiert werden. Da aber für den Begriff 'Alltag' eine wissenschaftlich befriedigende Definition noch aussteht, bleibt auch der Begriff des Alltagstextes (vgl. die Auflistungen bei Dimter 1981 und Rolf 1993) unpräzise, obwohl ein derartiger Ansatz z. B. von Adamzik (1995) unter bestimmten Prämissen ausdrücklich befürwortet wird. Zumeist werden in den alltagssprachlichen Ansätzen vorrangig mündliche/dialogische Texte erfasst und unterschiedliche Textsorten (-konzepte) unreflektiert nebeneinander gestellt.

Eine Konzeption für *schriftliche* Alltagstexte sollte sich daher auf den – oben umrissenen – Begriff 'Alltag' konzentrieren. Modellhaft lassen sich für die Eingrenzung dieses Begriffs in Anlehnung an Mehrebenenmodelle (Heinemann/Viewweger 1991) unter Einschluss von Teileinsichten Sandigs (1972) und Dimters (1981) die folgenden konstitutiven Merkmale von Alltagstexten markieren:

(i) Funktion

Jeder Alltagstext ist – wie jeder Text überhaupt – funktional geprägt. Texte des Alltags dienen vorrangig der Kontakterhaltung und -festigung (teils auch der Kontaktherstellung), dem Austausch von persönlichen und sachlichen Informationen, dem Ausdruck von subjektiven Einstellungen (nach Techtmeier 1984, 56 „der Entlastung des psychischen Haushalts"). Alltagstexte sind intentional offen, d. h. im allgemeinen nicht festgelegt. Als Prototyp für Alltagskommunikation gilt daher das familiäre Gespräch/die informelle Unterhaltung.

(ii) Situation
Die miteinander Kommunizierenden gehören Kleinst- und Kleingruppen an (*Familie, Nachbarn, Freunde, Bekannte* usw.). Sie sind sozial indifferent, d. h. die Relevanz der sozialen Differenzierung ist entweder nicht gegeben (*Eltern–Kinder*), irrelevant (*VerkäuferIn–Kunde*) oder (in einer bestimmten Situation) „aufgehoben" (*Chef–Sekretärin*).

Unterschieden werden können dabei die folgenden Partnerrelationen: Privatperson–Privatperson, Privatperson–RepräsentantIn einer Institution, RepräsentantIn einer Institution–RepräsentantIn einer Institution. Alltagskommunikation vollzieht sich vorrangig im mündlichen Medium, so dass Alltagskommunikation und Gespräch mitunter gleichgesetzt werden, sie kann sekundär aber auch über Schrifttexte erfolgen (Prototyp: *Küchenzettel*).

Die Umgebungssituation von Alltagskommunikation wird als private und vertraute Sphäre von Klein- und Kleinstgruppen (*Familie, Wohnumfeld, Freizeitumfeld*) verstanden. Diese situativ bedingten Texte bezeichnen wir als *Alltagskommunikation i. e. S.*

Darüber hinaus können die Partner auch im Rahmen bzw. im Kontaktbereich von offiziellen Institutionen wie auch im Berufsumfeld in einer Art halbprivaten Kommunizierens miteinander umgehen, dann nämlich, wenn Partner und/oder Tätigkeiten vertraut sind und offizielles Verhalten – wiederum situativ bedingt – „ausgesetzt" ist. Exemplarisch sind hier Kontakte zwischen Chef–Angestellten/Mitarbeitern zu nennen. Oder es handelt sich um Unkenntnis der Normen kommunikativen Verhaltens im Rahmen der Ämterkommunikation, die zu Vertraulichkeiten einlädt (z. B. bei der Beschreibung der häuslichen Situation oder bestimmter Lebensetappen, die bei den Amtspersonen Verständnis und Mitleid wecken sollen). Diese Formen des Kommunizierens im Grenzbereich von Institutionen nennen wir *Alltagskommunikation i. w. S.*

(iii) Textinhalt, Textthema
Charakteristisch für die Alltagskommunikation sind eher belanglose Textinhalte (Pausengespräch, Gespräch bei einer zufälligen Begegnung). Diese Grundtendenz schließt subjektiv durchaus belangvolle Inhalte im privaten Kontakt ein (Prototypen: *Ehestreit mit Trennungsandrohung, Enterbung, Kontaktabbruch*). Aber auch dann erfolgt die Text-Thema-Entfaltung in der Regel spontan.

(iv) Textstrukturierung
Im Hinblick auf die Strukturierung von Alltagstexten dominieren spontan gestaltete und daher wenig gegliederte und kaum organisierte Texte. In der Alltagskommunikation i. w. S. fordern bestimmte Textsorten (z. B. *Telegramme*) aber auch die Befolgung bestimmter Grundmuster des Textaufbaus.

(v) Textformulierungen
Aus den oben genannten Präferenzen bestimmter Stilzüge in der Alltagskommunikation ergeben sich auch entsprechende Präferenzen bei der Textformulierung: Es dominiert umgangssprachliche Saloppheit in der Wortwahl und Einfachheit bei der Gestaltung syntaktischer Konstruktionen, immer in Verbindung allerdings mit der sogenannten normalsprachlichen Schicht der Textgestaltung. Expressive Formulierungen und elliptische Konstruktionen unterschiedlicher Typen dürfen als zusätzliche Marker für alltagssprachliche Texte gelten.

Neben diesen als gesichert anzusehenden Merkmalen von Alltagskommunikation, die in Alltagstexten manifestiert sind, ist zu fragen, inwieweit diese Texte – und insbesondere Schrifttexte – tatsächlich den Alltag *konstituieren*. Vom kultursoziologischen Standpunkt aus, nach dem Alltag vor allem die Lebensweise eines Volkes zur Regelung elementarer Bedürfnisse widerspiegelt, sind Alltagstexte eher reflexiv als konstitutiv. Die Befriedigung elementarster Lebensbedürfnisse kommt mit wenigen kommunikativen Elementen aus, die Befriedigung kulturell geprägter Bedürfnisse generiert erst spezifische Textsorten und -muster, die durch ihre Kulturspezifik konstitutiv *wirken können* (vgl. *Lied-* und *Schlagertexte*), was unter anderem auch für den Fremdsprachenunterricht bedeutsam ist. Alltagstexte sind nicht vordergründig durch ihre Handlungsorientierung markiert, obwohl einige

Gebrauchstexte − wie auch der Begriff *Gebrauchstext* selbst − darauf hinzuweisen scheinen: *Kochrezepte, Geburts-, Heiratsanzeigen*. Führt man diesen Gedankengang zu Ende, kommt man zu dem Schluss, dass es *nicht eine* Schrifttextsorte gibt, die für den Alltag aller − oder wenigstens der meisten − Individuen konstitutiv ist. Aber andererseits besteht Alltag aus einer Fülle von Handlungen, Kommunikationsverfahren und eben auch Texten, die den Alltag jedes Individuums in bestimmten Lebenssituationen *prägen*. Insofern ist die Ambivalenz vieler Individuen gegenüber Alltagstextsorten, deren Benennung und Typologisierung durchaus zu verstehen. Diese Unsicherheiten sind daher auch Ausgangspunkt für den folgenden Versuch einer Ordnung von Schrifttextsorten des Alltags.

4. Schrifttextsorten der Alltagskommunikation

Der Versuch, Schrifttextsorten der Alltagskommunikation als besondere Textsortenklasse zu kennzeichnen, stößt auf Schwierigkeiten. Zwar ist die Anzahl der Textsorten, die auf Grund der oben genannten Merkmalkonstellationen und situativen Bedingungen einer solchen Klasse zugeordnet werden können, begrenzt und im allgemeinen auch niedrig frequentiert. Man *empfindet* aber viele Textsorten als alltäglich, obwohl sie nur temporär im Alltag eine Rolle spielen (*Briefe, Telegramme, Geburtsanzeigen, Einladungen, Witze, Wetterberichte*). Andererseits sind die potentiellen Alltagstextsorten sehr heterogen (vom *Spickzettel* bis zum *Liebesbrief* reichend), so-dass das In-Beziehung-Setzen dieser Textsorten und deren Anordnung in einer überschaubaren, widerspruchsfreien Klassifikation kaum möglich erscheint. Das ergibt sich u. a. schon daraus, dass nicht jede der hier aufzulistenden Textsorten für jedes Individuum als alltagssprachlich gekennzeichnet werden kann; die Reihung muss sich daher auf Einheiten beschränken, die als prototypisch für die Alltagskommunikation gelten dürfen. Zu beachten ist bei dieser Auflistung auch, dass einige der im Folgenden genannten Textsorten nur als Teiltexte auftreten, d. h. in übergreifende Textsorten eingebettet sind (z. B. *Tagebucheinträge*).

Deutlich unterscheidbar sind zunächst zwei Haupttypen:

(i) Schrifttextsorten, mit denen Individuen in der alltäglichen Kommunikation aktiv, d. h. als Textproduzenten und -rezipienten umgehen. Im Folgenden sollen sie *Textsorten der Alltagskommunikation i. e. S.* genannt werden.

(ii) Schrifttextsorten, die zwar das Alltagsleben von einzelnen Individuen und Gruppen mitbestimmen, aber − quasi von außen kommend, über Medien und Institutionen vermittelt − nur rezipiert und verarbeitet werden. Diese Gruppe soll folglich *Textsorten der Alltagskommunikation i. w. S.* genannt werden.

Eine Klassifizierung dieser Gruppen kann unter verschiedenen Aspekten vorgenommen werden: aus der Sicht charakteristischer Formulierungs- und Strukturierungsmuster ebenso wie unter dem Aspekt der jeweils dominanten Verfahren zur Herstellung solcher Texte; ebenso denkbar aber sind auch Zusammenstellungen unter inhaltlichen, situativen oder funktionalen Aspekten.

Abhängig sind solche Ad-hoc-Klassifizierungen vom spezifischen Zweck, der mit einem solchen Typologieansatz verfolgt wird (vgl. Dimter 1981; Rolf 1993). Darüber hinaus ergeben sich Komplikationen bei der Ein- und Zuordnung alltagsrelevanter Textsorten durch die Vagheit alltagssprachlicher Benennungen, die einerseits eine Feindifferenzierung (*Bitt-/Bettelbrief, Dankbrief, Drohbrief, Entschuldigungsbrief, Leserbrief, Liebesbrief*) zulassen, andererseits nur eine Groborientierung bieten (*Zeitungsmeldung, amtliche Nachricht, Katalog, Vertrag, Skript, Notiz*), so dass sie nur unter Vorbehalt in einen bestimmten Kommunikationsbereich einzuordnen sind.

Für das hier zu verfolgende Anliegen eines Überblicks über die Menge dieser Textsorten erscheint uns eine Zusammenstellung unter pragmatischen (funktionalen und situativen) Aspekten sinnvoll. Andere potentielle Differenzierungen können zur Subklassifizierung genutzt bzw. zur Kennzeichnung spezifischer Merkmale eingesetzt werden.

(i) Textsorten der Alltagskommunikation im engeren Sinne

Funktional scheint diese Menge von Textsorten 'offen' zu sein, da − in Abhängigkeit von der jeweiligen Situation − unterschiedliche Ziele mit ihrer Hilfe verfolgt werden können: das bloße sachorientierte Informieren über Sachverhalte (*Kochrezept*) ebenso wie die gezielte emotive Einwirkung auf den/die Partner (*Liebesbrief*) oder die Steuerung des/der Partner(s) (*Einladung*).

Unter funktionalem Aspekt dominieren hier die Textsorten der Informationsvermittlung, bei denen die Faktendarstellung und Datenübermittlung die Haupt-Intention darstellen, obwohl emotive und Steuerungselemente nicht auszuschließen sind. Bei der Regulierung und Steuerung des Alltags soll vielfach über die Fakteninformation auf einen Partner zugleich emotional und steuernd eingewirkt werden. Beispielsweise gibt es in den meisten Haushalten auch schriftlich fixierte *Kochrezepte*, die über die Generationen weitergereicht werden. Diese Weitergabe von Müttern an die Töchter bewirkt gleichzeitig eine Aufwertung der in diesem Umfeld präferierten Gerichte gegenüber anderen. *Küchenzettel* (Zettel mit einer privaten Information auf den Küchentisch gelegt, am Kühlschrank befestigt ...), *Leserbriefe, Flyers, Zeitungsanzeigen, Testamente, Entschuldigungsbriefe, Spickzettel,* z. T. *Telegramme,* z. T. *Privatbriefe* sind ebenfalls Textsorten, die zwar vordergründig Informationen vermitteln, gewöhnlich aber auch eine emotive Komponente (z. B. über Anreden) und zusätzlich eine Steuerungsabsicht verfolgen. Es bleibt die Frage offen, ob man solche Textexemplare in feste Textsortenschemata einfügen kann, oder ob nicht vielmehr im Alltagsbereich individuelle und auch aktuelle Aspekte zusätzliche Differenzierungskriterien abgeben sollten. Ist beispielsweise ein *Einkaufszettel* vorrangig als informativer (oder eher als direktiver) Text zu fassen? (Vgl. zu dieser Problematik auch Rolf 1993.)

Die emotiv-expressive Funktion spielt vor allem bei der Kontaktherstellung und Kontaktfestigung wie auch bei Texten, die der psychischen Entlastung dienen, eine entscheidende Rolle. Dazu gehören u. a.: *Gratulations-, Todes-, Geburts-* und *Hochzeitsanzeigen, Küchenzettel, Schulzettel, Tagebucheinträge, Graffiti, Liebes-, Droh-* und *Dankbriefe,* teils auch *Privatbriefe.*

Im Rahmen der Alltagskommunikation i. e. S. ist die Steuerungsfunktion eher in der mündlichen Kommunikation anzutreffen, obwohl *Kochrezepte, Testamente, Küchenzettel, Flyers* zumindest auch steuernde Funktionselemente implizieren, die aber wohl nicht als dominant angesehen werden können.

Besonderes Gewicht kommt bei einer Grobklassifikation von Alltagstexten den *situativen* Aspekten zu, weil sie letztlich über die dominante Intention des Textproduzenten entscheiden. Aus dieser Sicht sind voneinander abzuheben:

(i) Textsorten der Privatsphäre:
Tagebucheintrag, Liebes-, Dank-, Droh-, Bettelbrief, Privatbrief (ohne explizit genannten Zweck), *Küchenzettel, Schulzettel, Notizzettel* u. a. m.

Von den *Tagebucheintragungen* abgesehen, sind diese Textsorten (fremd-)partnerorientiert; sie werden in der Regel spontan produziert und enthalten expressive Lexik ebenso wie elliptische Satzkonstruktionen. Gliederungen sind atypisch, dagegen wird mit Satzzeichen (Frage- und Ausrufezeichen) relativ großzügig umgegangen. Inhalte sind situationsgebunden und demzufolge selten festlegbar.

(ii) Textsorten des inoffiziellen (halb-)öffentlichen Bereichs:
Kochrezept, Dankbrief, Leserbrief, Einladung, Spickzettel, Graffiti, Flyers.

Diese Gruppe ist − auch in der Diktion − noch persönlich-subjektiv gefärbt, was salopp-umgangssprachliche Lexik impliziert. Hervorzuheben ist bei dieser Gruppe der relativ hohe Anteil an Illustrationen, sowohl individueller wie auch professioneller Natur.

Texte dieser Art werden gewöhnlich im Bereich der Privatsphäre verfaßt, reichen aber in ihrer Wirkung − bei den jugendspezifischen Textsorten *Graffiti* und *Flyers* ist das sogar gewollt − weit in den öffentlichen Bereich hinein.

(iii) Textsorten des (halb-)offiziellen öffentlichen Bereichs:
Telegramm, Zeitungsanzeigen, Testament, Leserbriefe, Aushänge (an sogenannten schwarzen Brettern, als 'Suchzettel' für verlorene Gegenstände oder entlaufene Haustiere), *Rätsel, Witze, Lebenslauf, Bewerbung, Horoskop.*

Mit diesen Textsorten bewegt sich das Individuum ständig am Rand seiner Privatsphäre, aber im unmittelbaren Kontakt mit der gesellschaftlichen Umwelt, die dann auch den Rahmen (in Form von *Vordrucken* oder durch das Medium *Zeitung*) vorgibt für die individuelle Rezeption (oder Modifikation) des Textes.

Die *Strukturierung* der hier genannten Textsorten wird gewöhnlich durch die Situation und die damit verbundenen Rahmenbedingungen vorgegeben, was teils in der Textsortenbenennung schon zum Ausdruck kommt: *Zeitungsanzeige, Leserbrief, Berliner Testament* (zur Kennzeichnung der privaten

Formulierung im Gegensatz zum notariell aufgesetzten Testament). Zeitungsredaktionen übernehmen mit der Anzeigenveröffentlichung quasi eine Dienstleistungsrolle, die − zur Erleichterung der Adressaten − auch die Bereitstellung von Vordrucken (das gilt in zunehmendem Maße auch für *Steuererklärungen* und sogar *Testamente*) einschließt, die nur noch mit den individuellen Daten ausgefüllt werden müssen. Das heißt, das Privat-Individuelle wird auf ein Minimum zurückgedrängt, was im Bestreben, sich davon abzuheben, einerseits zu Überindividualisierungen im Sprachgebrauch, andererseits in der Nachahmung zu formelhaftem Ausdruck führen kann.

(ii) Textsorten der Alltagskommunikation im weiteren Sinne

Bei dieser Gruppe hat der *funktionale* Aspekt größeres Gewicht. Die Informationen der Alltagstexte werden von außen an den Rezipienten herangetragen. Dabei kann man zwischen dem Informiert-Werden-Wollen (z. B. bei Texten der Printmedien) und dem (noch) akzeptierten oder unerwünschten Informiert-Werden unterscheiden (z. B. bei Texten über den Postweg). Hier sind u. a. zu nennen:

− *Wetterbericht*, *Rätsel*, *Zeitungsanzeigen*, Teiltexte aus *Nachschlagewerken*, *Werbetexte*, *Eingaben*, *Beschwerden*, *Widersprüche*, *Nachrichten*, *Kochrezepte*, *Dank-* und *Leserbriefe*, aber auch *Gebührenbescheide* und *Rechnungen*.

Die emotiv-expressive Komponente und das Emotiv-Wirken-Wollen spielt bei dieser Gruppe eher eine subsidiäre Rolle; als Sonderfälle können genannt werden: *Droh-*, *Dank-* und *Bittbriefe*. Dagegen ist die Unterhaltungsabsicht bei einer relativ großen Zahl von Texten durchaus auf expressive Einflussnahme angelegt: *Zeitschriften*, *Witze*, *Rätsel*, *Horoskope*, *Leserbriefe*, z. T. auch *Zeitungsanzeigen* sowie *Werbeprodukte*.

Vor allem unerwünschte, von außen aufgedrängte Informationen verfolgen eine intensiv-nachdrückliche Steuerungsabsicht; sie sind aber als Alltagstexte nicht „alltäglich" im usuellen Sinn, sodass sie eher an die Peripherie des hier behandelten Kommunikationsbereichs rücken: *Gebührenbescheid*, *Steuerbescheid*, *Rechnungen*.

Legt man *situative* Aspekte als Unterscheidungskriterien an, kommt man auf zwei Untergruppen, da die Textsorten der Privatsphäre zu Alltagstexten i. e. S. gerechnet werden müssen. Wir unterscheiden demnach nur:

(i) Textsorten des inoffiziellen (halb-)öffentlichen Bereichs:
Leistungskontrollen, *Lebenslauf*, *Werbeprospekte*, *Anschlagzettel*.

(ii) Textsorten des (halb-)offiziellen öffentlichen Bereichs:
Fahrplan, *Telefonbuch*, *Speisekarte*, *Kalender*, *Bedienungsanleitung*, *Beipackzettel*, *Gebührenbescheid*, *Rechnung*.

Mit Notwendigkeit sind Textsorten der Alltagskommunikation i. w. S. stärker strukturiert als andere, da sich Produzent und Rezipient an formalen, institutionellen und juristischen Vorgaben orientieren müssen. Die zuletzt genannte Gruppe gehört auch nur insofern hierher, als diese Textsorten zwar Hilfsmittel für die Bewältigung des Alltags darstellen (also informativ-orientierend sind), aber nicht im Alltag produziert und nur sehr bedingt vom Alltagsverhalten beeinflusst werden (z. B. *Fahrpläne*, *Preislisten*).

Klassifikationen von Alltagstexten können im Grunde immer durch ein „ja − aber" relativiert werden:

− *Trauer-* und *Todesanzeigen* gehören einerseits zu den „meistgelesenen Textsorten der Printmedien" (Linke 1998) und sind auf Grund ihrer kulturspezifischen Geprägtheit häufig gewählter Untersuchungsgegenstand (Reiss 1976); andererseits würde es sicher auf Widerstand stoßen, die Beschäftigung mit *Traueranzeigen* als Alltagsbeschäftigung anzusehen. Außerdem ist der Textproduzent auf die Unterstützung − in welcher Form auch immer − von Institutionen angewiesen. Daher ist die Traueranzeige auch kein privater Text im engeren Sinn. Wie aber Linke (1998) überzeugend darstellte, ist diese Textsorte − wie viele andere − in einem kulturell-mentalen Wandel begriffen. Vom „admittierenden" (Rolf 1993, 179) Texttyp entwickelt sich diese Textsorte mehr und mehr durch privat-individuelle Textmustermodifizierung doch zu einem Text mit ausgeprägt privatem Charakter (Linke vergleicht die so geprägten Textexemplare mit der Textsorte *Offener Brief*, bei der die psychische Entlastung vor der ursprünglichen Informationsabsicht (Reiss 1976, 47) steht).

Ähnlich vage sind die Zuordnungsmöglichkeiten bei anderen Alltagstextsorten.
− Die Textsorte *Witz* (Ulrich 1982) ist sowohl der mündlichen als auch der schriftlichen Kommunikation zuzuordnen, wobei

nicht klar ist, auf welche Quellen (schriftliche oder mündliche Tradierung) der Erzähler in einer aktuellen Situation zurückgreift. Witze fungieren primär als Mittel der psychischen Entlastung und der Unterhaltung; sie dienen aber ebenso – in der Regel mittelbar – der Belehrung (etwa beim ethnischen Witz). Sobald Witze von Entertainern als spezifische Mittel der Auflockerung in Unterhaltungsprogramme eingebaut werden, tangieren sie zumindest aus der Sicht des Entertainers den beruflichen Alltag.

– *Küchenzettel* wie auch *Schulzettel* sind sehr intime Schriftstücke, weil sie im Normalfall persönliche Informationen (wie beim Privatbrief) enthalten, die eine Steuerungsfunktion für einen (selten für mehrere) Partner implizieren. Da sie andererseits relativ frei zugänglich sind ('ertappte' *Schulzettel* können laut vorgelesen werden, *Küchenzettel* geraten mitunter an den falschen Rezipienten), muss auch der Produzent mit dieser relativen Öffentlichkeit rechnen. Auch für diese Textsorte ist der Begriff 'Alltag' nur relativ anwendbar, da ein Großteil der Individuen mit dieser Textsorte nicht in Berührung kommt. Andererseits aber können solche Textexemplare kaum einem anderen Kommunikationsbereich zugeordnet werden, weil man mit einigem Recht davon ausgehen kann, dass für die Entscheidung 'Alltagstext' die situative Markierung entscheidend ist und insofern *Schulzettel* keine Textsorte der Institution 'Schule' sind (→ Art. 60). Die Textsorten *Wetterbericht, Witz, Horoskop, Zeitungsanzeige* werden nun einmal vorrangig im Alltag rezipiert; das müssen auch die meist professionellen Textproduzenten berücksichtigen. Generell gilt, dass die Zuordnung eines Textexemplars zur Textsortenklasse 'Alltagstexte' nicht mehr oder minder automatisch gegeben ist; vielmehr müssen dabei vor allem auch spezifische aktuelle Gegebenheiten der Situation und nicht zuletzt auch der Einstellungen der Kommunizierenden berücksichtigt werden.

Zusammenfassend kann man mit Bezug auf die dargestellten Klassifikationsmerkmale für den Kommunikationsbereich Alltag Folgendes festhalten:
1. Alltagstexte sind vorrangig (gesprochene) Dialoge.
2. Schrifttexte sind nur in relativ wenigen Fällen intim und/oder auf die Privatsphäre beschränkt.
3. Schriftliche Alltagstextsorten sind meist halböffentlich und institutionell geprägt.
4. Ein und derselbe Text kann aus der Sicht des Textproduzenten eine andere Zuordnung erfahren als aus der des/der jeweiligen Rezipienten.
5. Von Belang für Zuordnungsprozesse im Bereich der Alltagskommunikation ist auch die Frage, ob der Text gezielt an einen (oder mehrere) 'Adressaten' gerichtet ist oder ob ein beliebiger 'Rezipient' Texte in seiner Alltagsumgebung eher zufällig zur Kenntnis nimmt (z. B. über Printmedien).
6. Es gibt keine schriftliche Textsorte, die als prototypisch für den Kommunikationsbereich Alltag gelten darf. Das schließt nicht aus, daß bestimmte Textsorten (*Wetterbericht, Horoskop* ...) in der Alltagskommunikation im weiteren Sinne häufiger als andere rezipiert werden.
7. Die Rahmenstruktur 'Brief', die an sich noch keine Textsorte ist, sondern nach Ermert (1979) eine Kommunikationsform darstellt, nimmt eine Sonderstellung ein, da die Produktion von Briefen im Alltag in besonderem Maße von den jeweiligen aktuellen Umständen und Haltungen der Individuen abhängig ist. Das gilt sowohl für den Privatbrief, der – zumindest partiell – den mündlichen Dialog ersetzen soll (Ermert 1979, 307 ff), wie auch für den (halb-)offiziellen Ämterbrief.
8. Ein Spezifikum von Alltagstexten ist die Tatsache, dass sie auch außerhalb des Kommunikationsbereichs 'Alltagskommunikation' in institutionellen Kommunikationsbereichen vorkommen und dort subsidiäre Funktionen übernehmen.
9. Auch das Phänomen Intertextualität (vgl. Holthuis 1993; Fix/Klein 1997) – also das In-Beziehung-Setzen von Texten miteinander bzw. das Erkennen bestimmter Textmuster – spielt in der Alltagskommunikation eine große Rolle, da mit dem Agieren im Alltag auch Erfahrungen im Umgang mit spezifischen Texten und Textsorten der Alltagskommunikation – sowie mit besonderen Modi des Aufeinander-Bezug-Nehmens – aufgenommen und vermittelt werden.

5. Literatur (in Auswahl)

Adamzik, Kirsten (1995): Textsorten – Texttypologie. Eine kommentierte Bibliographie. Münster.

Antos, Gerd (1996): Laien-Linguistik. Studien zu Sprach- und Kommunikationsproblemen im Alltag. Am Beispiel von Sprachratgebern und Kommunikationstrainings. Tübingen.

Arbeitsgruppe Bielefelder Soziologen (eds.) (1973): Alltagswissen, Interaktion und gesellschaftliche Wirklichkeit. Hamburg.

Barz, Irmhild/Fix, Ulla (eds.) (1997): Deutschdeutsche Kommunikationserfahrungen im arbeitsweltlichen Alltag. Heidelberg.

Bausinger, Hermann (1974): Der blinde Hund. Anmerkungen zur Alltagskultur. Tübingen.

Brinker, Klaus (1997): Linguistische Textanalyse. Eine Einführung in Grundbegriffe und Methoden. 4. Aufl. Berlin.

Cherubim, Dieter/Henne, Helmut/Rehbock, Helmut (eds.) (1984): Gespräche zwischen Alltag und Literatur. Beiträge zur germanistischen Gesprächsforschung. Tübingen.

Dimter, Matthias (1981): Textklassenkonzepte heutiger Alltagssprache. Kommunikationssituation, Textfunktion und Textinhalt als Kategorien alltagssprachlicher Textklassifikation. Tübingen.

Elias, Norbert (1978): Zum Begriff des Alltags. In: Hammerich, Kurt/Klein, Michael (eds.): Materialien zur Soziologie des Alltags. Opladen, 22−29.

Ermert, Karl (1979): Briefsorten. Untersuchungen zu Theorie und Empirie der Textklassifikation. Tübingen.

Ertl, Susanne (1984): Anleitungen zur schriftlichen Kommunikation. Tübingen.

Fleischer, Wolfgang/Michel, Georg (eds.) (1975): Stilistik der deutschen Gegenwartssprache. Leipzig.

Franke, Wilhelm (1990): Elementare Dialogstrukturen. Darstellung, Analyse, Diskussion. Tübingen.

Garfinkel, Harold (1967): Studies in Ethnomethodology. New York.

Gülich, Elisabeth/Raible, Wolfgang (eds.) (1972): Textsorten. Differenzierungskriterien aus linguistischer Sicht. Frankfurt.

Günthner, Susanne (1995): Gattungen in der sozialen Praxis. Die Analyse „kommunikativer Gattungen" als Textsorten mündlicher Kommunikation. In: Deutsche Sprache 23/3, 193−218.

Habermas, Jürgen (1981): Theorie des kommunikativen Handelns. Frankfurt.

Hannappel, Hans/Melenk, Hartmut (1979): Alltagssprache. Semantische Grundbegriffe und Analysebeispiele. München.

Hartung, Wolfdietrich u. a. (1974): Sprachliche Kommunikation und Gesellschaft. Berlin.

Heinemann, Wolfgang/Viehweger, Dieter (1991): Textlinguistik. Eine Einführung. Tübingen.

Henne, Helmut (1986): Jugend und ihre Sprache. Darstellung, Materialien, Kritik. Berlin/New York.

Hipp, Helga (1988): Zur formulativen Seite bei Tagebucheintragungen. Anmerkungen zu Arbeits- und Lebensjournalen. In: Neuphilologische Mitteilungen 4/89, 573−582.

Holthuis, Susanne (1993): Intertextualität. Aspekte einer rezeptionsorientierten Konzeption. Tübingen.

Husserl, Edmund (1954): Die Krise der europäischen Wissenschaften und die transzendentale Phänomenologie. Den Haag.

Jacobson, Gerd (1993): Sprechen im Alltag. Ein Programm zum Trainieren des Sprechens und Formulierens in Alltagssituationen. Horneburg.

Kempcke, Günter u. a. (1984): Handwörterbuch der deutschen Gegenwartssprache, 2 Bde. Berlin.

Klein, Josef/Fix, Ulla (eds.) (1997): Textbeziehungen. Tübingen.

Kuczynski, Jürgen (1980): Geschichte des Alltags des deutschen Volkes, Band 1. Berlin.

Linke, Angelika (1998): „Wir werden Dich nie vergessen": Trauer, Öffentlichkeit und Intimität. Zum Wandel der Textsorte Todesanzeige in der 2. Hälfte des 20. Jhs. Vortrag auf der Jahrestagung der Gesellschaft für Angewandte Linguistik 1998 in Dresden.

Luckmann, Thomas (1992): Theorie des sozialen Handelns. Berlin/New York.

Mackeldey, Roger (1987): Alltagssprachliche Dialoge. Kommunikative Funktionen und syntaktische Strukturen. Leipzig.

Ramge, Hans (1977): Zur sprachwissenschaftlichen Analyse von Alltagsgesprächen. In: Diskussion Deutsch, H. 36, 391−406.

Reiss, Katharina (1976): Texttyp und Übersetzungsmethode. Kronberg.

Richter, Rudolf/Dyczewski, Leon (eds.) (1995): Familie in der Alltagskultur. Wien.

Riesel, Elise (1963): Stilistik der deutschen Sprache. Moskau.

− (1964): Der Stil der deutschen Alltagsrede. Moskau.

Rolf, Eckard (1993): Die Funktionen der Gebrauchstextsorten. Berlin/New York.

Sandig, Barbara (1972): Zur Differenzierung gebrauchssprachlicher Textsorten im Deutschen. In: Gülich, Elisabeth/Raible, Wolfgang (eds.) (1972): Textsorten. Differenzierungskriterien aus linguistischer Sicht. Frankfurt, 113−124.

Schütz, Alfred/Luckmann, Thomas (1975): Strukturen der Lebenswelt. Frankfurt.

Schwitalla, Johannes (1976): Was sind 'Gebrauchstexte'? In: Deutsche Sprache 4, 20−40.

Steger, Hugo (1983): Über Textsorten und andere Textklassen. In: Vorstand der Vereinigung der deutschen Hochschulgermanisten (eds.): Textsorten und literarische Gattungen. Dokumentation des Germanistentages in Hamburg vom 1. bis 4. April 1979, 25−67.

Techtmeier, Bärbel (1984): Das Gespräch. Funktionen, Normen und Strukturen. Berlin.

Trier, Jost (1966): Alltagssprache. In: Die deutsche Sprache im 20. Jh. Göttingen, 110−133.

Ulrich, Winfried (1982): Ansätze zu einer Textsortensemantik am Beispiel des Witzes. In: Detering, Klaus/Schmidt-Radefeldt, Jürgen/Sucharowski, Wolfgang (eds.): Sprache erkennen und verstehen. Akten des 16. Linguistischen Kolloquiums, Kiel 1981. Tübingen, 187−196.

Wandruszka, Mario (1979): Die Mehrsprachigkeit des Menschen. München.

Margot Heinemann, Leipzig/Zittau (Deutschland)

55. Textsorten in den Massenmedien

1. Vorbemerkung
2. Umfang des Objektbereichs
3. Kriterien der Klassifikation
4. Medienübergreifende Formen und Tendenzen
5. Presse
6. Hörfunk
7. Fernsehen
8. Literatur (in Auswahl)

1. Vorbemerkung

Ziel dieses Artikels ist es nicht, eine umfassende Typologie aller Medien-Textsorten zu geben, sondern Vorüberlegungen zu einer Typologie anzustellen. Es soll der Bereich von Medien-Texten und -Textsorten abgegrenzt werden, ferner werden die Kriterien diskutiert, die zu einer medienspezifischen Textsortenklassifikation einzusetzen sind, schließlich werden schwerpunktmäßig einige medienübergreifende und einige für das einzelne Medium spezifische Textsorten diskutiert. (Bei der Presse berücksichtige ich nur den Sektor Zeitungen; die Vielfalt des Zeitschriftenbereichs läßt sich im Rahmen dieser Skizze nicht erfassen.)

2. Umfang des Objektbereichs

Noch vor wenigen Jahren hätte man sich einigermaßen problemlos darauf verständigen können, daß „Textsorten der Massenmedien" ein Bereich sei, der journalistische Texte einschließt und der fiktionale Texte ebenso wie Werbung ausschließt. Dies aus der Überlegung heraus, daß Presse, Radio und Fernsehen als Institutionen einerseits selber Texte produzieren − die wir dann Texte der Massenmedien nennen würden − und andererseits Texte vermittelnd vorführen, für die sie nicht Urheber und auch nicht verantwortlich sind. Diese klare Abgrenzung läßt sich aber heute nicht mehr halten. Dafür einige Beispiele:

Schon ein Spielfilm ist nicht mehr derselbe, wenn er vom Kino ins Fernsehen transponiert wird. Nicht nur ist die Rezeptionssituation und damit die Aneignung durch den Rezipienten eine grundlegend andere − nämlich eine Situation, die sich durch alle Merkmale alltäglichen Fernsehkonsums auszeichnet −, sondern auch der Film selber bleibt nicht unverändert (zu den Transformationen vgl. Garncarz 1992). Theater im Fernsehen wurde zwar anfangs als Fremdkörper empfunden, als nicht „fernsehgerecht". Doch schon im ZDF-Jahrbuch 1962/64 werden vier Produktionsweisen von Theater im Fernsehen angeführt, bei denen ein gleitender Übergang von der originären Bühnen-Aufführung zum Theater als Bestandteil des Fernsehens zu erkennen ist: Live-Übertragung − vorgeprobte Übertragung − die ohne Publikum aufgezeichnete Adaptation − die ins Fernsehstudio verlagerte Aufführung (vgl. Seibert 1990).

Bei der Werbung ist der Versuch einer Grenzziehung zum „journalistischen" Bereich noch schwieriger. Zwar sind wir als heutige Rezipienten in der Mehrzahl der Fälle in der Lage, zwischen Werbung und anderen Medientexten zu unterscheiden, doch gibt es bereits Grenzbereiche, bei denen das kaum mehr möglich ist. Werbung ist im Fernsehen in das „Programm" eingedrungen und hat sich ihm in einer Art Mimikry assimiliert (vgl. Wyss 1998). Umgekehrt ist bis ins sprachliche Detail hinein, z. B. in der Phraseologie (vgl. Burger 1991) zu beobachten, wie journalistische Texte sich Praktiken der Werbung aneignen, ganz zu schweigen von der Tatsache, daß das Fernsehen in zunehmendem Masse für die eigenen Produkte Werbung macht (z. B. in Form von „Trailern").

Früher war es auch möglich, zwischen der massenmedialen Kommunikation selbst und der „Folgekommunikation" (Zuschauerpost, Leserbriefe etc.) eine einigermaßen klare Grenze zu ziehen. Das ist fürs Fernsehen nur noch teilweise der Fall. Zuschauer können via Telephon live über das Fernsehen im allgemeinen oder auch über die Sendung, in der sie sich gerade befinden, schimpfen. Fernsehsendungen vereinnahmen potentielle Reaktionen von Rezipienten nicht nur simultan (wie bei jeder Art von Phone-in), sondern sie provozieren Folge-Handlungen der Rezipienten, die dann ihrerseits wieder Bestandteil der Sendung werden können (vgl. Sendungen wie „Aktenzeichen XY"). Leserbriefe (vgl. dazu Bucher 1986) sind als Folgekommunikation erkennbar, wenn sie sich explizit auf einen journalistischen Text in einer früheren Zeitungsausgabe oder auf einen früheren Leserbrief beziehen. Wenn sie jedoch keinen präzisen intertextuellen Bezug auf bestimmte vorhergehende Texte enthalten, sondern Stellungnahmen zu aktuellen Diskussionsthemen darstellen, ist ihr Status ein anderer. Sie treten dann neben etwaige journalistische Texte zum gleichen Themenbereich und werden von der Redaktion metakommunikativ als nicht-journalistische Texte gekennzeichnet. Doch ist die Abgrenzung von redaktionellem Text und Leserbrief nur scheinbar klar. Leserbriefe werden in der Regel bearbeitet (ohne daß der Rezipient die Bearbeitung merkt) und die Bearbeitung geschieht natürlich nach journalistischen Kriterien wie Verständlichkeit, Relevanz usw. Des weiteren werden sie, sofern zum gleichen Vorgängertext bzw. Thema mehrere Stellungnahmen vorliegen, häufig nicht einzeln, sondern als Ensemble mit unterschiedlichen Positionen dargeboten. Auch das erfolgt nach journalistischen Prinzipien, z. B. dem Pro- und Contra-Prinzip. Schließlich ist in der Boulevardpresse zu beobachten, daß Leserbriefe in einen redaktionellen Gesamttext eingebettet werden, der das sonst nur implizite journalistische Arrangement explizit macht und der die Leserbriefe behandelt wie beliebige andere Arten von Fremdtexten. Damit ist dem Versuch, Leserbriefe vom redaktionellen Text abzugrenzen, vollends der Boden entzogen.

Der Umfang des Objektbereichs wird noch unbestimmter dadurch, daß wir mit einem neuen Typ von massenmedialen Texten rechnen müssen, dem Internet mit seinen „Hypertext"-Strukturen (→ Art. 53), das auf dem Wege ist, ein neues Massenmedium zu werden. Das Internet bringt neue Formen von „Text" hervor, es wird alte Textsorten transformieren und neue kreieren. Vor allem aber wird es als interaktives Medium unseren Umgang mit den Massenmedien grundlegend verändern.

Eine − beinahe selbstverständliche, aber folgenreiche − Erweiterung des herkömmlichen Text-Begriffs erfordert bereits das Fernsehen und in gewissem Maße auch das Radio. Fernsehtexte lassen sich nicht ohne Berücksichtigung des Bildes charakterisieren. Beim Radio ist das Verhältnis des verbalen Textes zu anderen auditiven Elementen, insbesondere der Musik, zu einer wichtigen Konstituente von Sendungstypen geworden. Eine moderne mediale Textsortenkonzeption sollte alle diese Grenzverwischungen, Übergänge und Neuentwicklungen berücksichtigen.

Neben diesen grundsätzlichen Problemen nimmt sich das folgende, im engeren Sinne linguistische Abgrenzungsproblem harmlos aus: Ein alter Streitpunkt der Textlinguistik ist die Frage, ob Gesprächsformen auch zu dieser Disziplin zu rechnen seien. Aus praktischen Gründen werden in der vorliegenden Darstellung die Gesprächssorten zwar ausgeschlossen (sie werden im zweiten Halbband behandelt), aus theoretischer Perspektive ist eine solche Abgrenzung für die Massenmedien aber sehr problematisch. Dies zeigt sich in der Presse am sog. „Presseinterview". Zunächst sind Presseinterviews immer, wenn auch in unterschiedlichem Grade, „verschriftlicht", d. h. lexikalisch, syntaktisch und textlinguistisch bearbeitet. Dabei gibt es so stark bearbeitete Formen, daß die dialogische Primärsituation im neuen Kontext nahezu verschwindet (vgl. Burger 1990, 66 ff; vgl. auch Große/Seibold 1994, 40 zur „quote story", die Zitationen mehrerer Personen bietet, und zum „paraphrasierten Interview", in dem der Interviewtext einer Person verarbeitet wird). Wichtiger aber dürften zwei weitere Gesichtspunkte sein: Erstens ist das Interview als originär mündliche Form im Kontext des schriftlichen Mediums von vornherein markiert und zweitens hat es − aufgrund dieses Sonderstatus − in der Presse in der Regel eine komplementäre Funktion zu anderen Textsorten, vor allem dem Bericht, und es definiert sich in seiner Texthaftigkeit im Kontrast zu diesen. Noch weniger sinnvoll ist es, Gesprächen in Fernseh-Nachrichtensendungen den Text-Status absprechen zu wollen. Interviews sind heutzutage integrale Bausteine von Nachrichtensendungen jeden Typs. Ihre Funktion ist in Relation zu den anderen (monologischen) Textsorten zu charakterisieren. Das Kriterium der unterschiedlichen Intentionen von Interviewer und Interviewtem, das für eine Ausgrenzung der Gespräche aus der Textlinguistik spräche, ist für Interviews mit Journalisten von vornherein hinfällig, da es sich in der Regel um weitgehend vorbereitete, abgesprochene Veranstaltungen handelt, denen eine homogene Intention zugrundeliegt.

Im folgenden werden nur die im herkömmlichen Sinne redaktionellen Texte (sowie Leserbriefe) berücksichtigt.

3. Kriterien der Klassifikation

In irgendeiner Form wird eine linguistische Klassifikation von medialen Textsorten immer an bereits vorhandene Typologien des praktischen Journalismus und der Kommunikationswissenschaft (Publizistikwissenschaft) anknüpfen müssen. Ein repräsentatives Beispiel für eine publizistische Texttypologie ist Roloff (1982; das Schema ist wieder abgedruckt in Weischenberg 1995, 121). Die Lehre von den publizistischen „Gattungen" ist aus der Praxis erwachsen und nicht aus einer einheitlichen theoretischen Perspektive entworfen. Man mag dies kritisieren, wie Simmler (1993), der „publizistische Gattungen" und „linguistische Textsorten" einander gegenüberstellt und dabei zu einer harschen Kritik der publizistischen Gattungen aus linguistischer Perspektive gelangt. Gerechtfertigt ist die Kritik, insofern sie allgemeine, wissenschaftsübergreifende Kriterien von Klassifizierungen betrifft (z. B. unzureichende oder zirkuläre Definitionen), ebenso die Kritik an den meist vagen und eher präskriptiven als deskriptiven publizistischen Auffassungen von „Stil". Nicht gerechtfertigt ist die Kritik, insofern sie die Erkenntnisinteressen der Linguistik denjenigen der Publizistik vorordnet. Im Rahmen einer Wissenschaft, die sich, wie es die Publizistik tut, primär mit der Genese und der Wirkung von Medienprodukten befaßt, ist es völlig legitim, wenn auch die Unterscheidung der Produkt-Kategorien sich mindestens partiell am Kommunikator und am Rezipienten orientiert und wenn der konkrete Umgang mit dem Produkt sich auf die Begriffsbildung auswirkt. In der neueren Publizistik (die sich genereller als „Kommunikationswissenschaft" bezeichnet) haben vor allem konstruktivistische Thesen eine neue Perspektive auf das Problem der „Gattungen" entworfen (vgl. 3.2.). Mir geht es im folgenden darum zu zeigen, daß auch Kriterien, die dominant in der Publizistikwissenschaft Berücksichtigung finden, bei einer linguistischen Textsortenklassifikation nicht vernachlässigt werden können. Im folgenden werden die gängigen textlinguistischen (internen und externen) Klassifizierungskriterien, die selbstverständlich für Medien auch Gültigkeit haben, nur soweit weiterverfolgt, wie sie sich bei den Medien in spezifischer Ausprägung zeigen. (Für massenmediale Texte ist eine Berücksichtigung textexterner Merkmale grundsätzlich unerläßlich, da nur dadurch z. B. das Spezifische etwa eines Leserbriefs im Gegensatz zu einem Brief außerhalb des Mediensystems erkennbar wird.) Zusätzlich werden Aspekte aufgeführt, die nur für Medientexte relevant sind.

3.1. Kommunikative Funktion und linguistische Struktur

Die meisten linguistisch orientierten Textklassenkonzepte gehen heute von einer funktionalen bzw. sprechakttheoretischen Fundierung aus. Doch zeigen sich die Grenzen einer ausschließlich an der Sprechakttheorie orientierten Klassifikation von Medientexte sehr schnell. Als Beispiel möge Rolf (1993) genügen, der „Gebrauchstextsorten" untersucht und unter diesem Dach auch Medientexte einordnet. Er folgt im wesentlichen der Sprechaktklassifikation von Searle/Vanderveken (1985) und orientiert sich bei der Klassifikation an den ca. 2100 Gebrauchstextsortenbezeichnungen, die sich vornehmlich in Duden (Großes Wörterbuch, in der 6-bändigen Version) finden, in der Annahme, daß das Arsenal an Textsortenbezeichnungen der Gemeinsprache eine konventionelle Sortierung oder mindestens Vorsortierung der in der deutschen Kommunikationsgemeinschaft relevanten Textsorten darstelle. Die Zuordnung zu den einzelnen Subklassen ist aber unter medienspezifischen Aspekten absolut nichtssagend.

So begnügen sich andere Textsortenanalysen, auch wenn sie von einem sprechakttheoretischen Basiskonzept ausgehen, denn auch nicht mit diesem Instrumentarium, sondern ergänzen es z. B. durch zusätzliche textinterne (Lexik, Syntax, Stilistik) und textexterne Merkmale. Lüger (1995) gliedert die Texte der Tagespresse auf der obersten Hierarchieebene in die fünf „Textklassen" informationsbetont/meinungsbetont/auffordernd/instruierend-anweisend/kontakt-orientiert. Diese basieren auf dem Kriterium der dominierenden Textintention. Die Klasse „kontaktorientiert" fällt insofern aus der Systematik heraus, als die Intention sich hier, wie Lüger selbst betont, auf die Kommunikations*voraussetzungen* richtet. Es geht darum, „die Aufmerksamkeit des Empfängers auf eine bestimmte Information (bzw. Aspekte davon) oder auf den Informationsträger selbst zu lenken" (73). Hrbek (1995) schlägt, im Rahmen ihrer diachronen Untersuchung von oberitalienischen Zeitungen, als weitere Ausdifferenzierung eine Drei-Ebenen-Klassifikation vor (92). Zwischen „Textklasse" und „Textsorte" schiebt sie die Ebene des „Texttyps" ein, die sich an der Entstehung bzw. der „verfasserischen Herkunft" des Artikels orientiert. So gelangt sie zu 5 Texttypen: Korrespondentenartikel/Artikel von offizieller Herkunft (z. B. von Militär-, Polizei- oder Regierungsseite verfaßt)/Agenturtext/redaktionell verfaßter Artikel/Leserbrief. Die systematische Einbeziehung der „verfasserischen Herkunft" ist auch für eine synchrone Textsortentypologie und für alle Medien von eminenter Wichtigkeit. Die „Textklassen" gewinnt Hrbek, im Gegensatz zu Lüger, nicht aus einer reinen bzw. modifizierten Sprechakttypologie, sondern aus einer Kombination linguistischer und journalistischer „Funktionen": Information, Appell, Unterhaltung als Hauptfunktionen, Instruktion als Nebenfunktion. Über die Akzeptabilität von „Unterhaltung" als Basisfunktion auch in medienlinguistischen Klassifikationen gehen die Meinungen auseinander.

Den Textklassen werden bei Lüger (1995) dann die konkreten „journalistischen Textsorten" zugeordnet, z. B. der Klasse „informationsbetont" die Textsorten Meldung, Harte Nachricht, Weiche Nachricht, Bericht, Reportage, Problemdarstellung (zur Problematik der Terminologie vgl. Burger 1990, 329 f). Für die Differenzierung der Textsorten werden textinterne Merkmale wie Aufbau (z. B. chronologisch oder nach dem „Pyramidenprinzip" usw.), Syntax, Lexik sowie textexterne Merkmale (z. B. Perspektivik der Darstellung und Rolle des Berichtenden bei der Reportage) beigezogen. Eine solche Textsortendarstellung ist bedeutend aussagekräftiger als eine rein textimmanente oder rein sprechakttheoretische, auch wenn ihr nur partiell eine Systematik zugrundeliegt.

3.2. Kommunikator – Produkt (Text) – Rezipient

Für eine Textklassifikation ist hier vor allem *ein* Aspekt relevant: Die Kommunikatoren (insbesondere die Redakteure) machen sich in der Regel ein bestimmtes Bild von den Textsortenvorstellungen und -erwartungen der Rezipienten, und nach diesem Bild gestalten sie ihre Texte. Der Text ist also in erster Linie ein Produkt dieser Vorstellungen. Die Rezipienten auf der anderen Seite haben bestimmte Erwartungen an Medientexte und bilden sich ihre kategoriellen Vorstellungen über Text-Sorten, die durchaus nicht mit den Vorstellungen der Kommunikatoren übereinstimmen müssen.

Freund (1990) demonstriert an Wissenschaftssendungen im Fernsehen, daß die Vorstellungen, die sich die Redakteure von den Vorstellungen und Erwartungen der Rezipienten machen, nicht mehr sind als Konstrukte, die mit der Realität häufig nicht übereinstimmen. Der Redakteur stellt Hypothesen über das Publikumsinteresse auf. „Er stellt die Fragen und gibt (sich selbst) die Antworten. Was das Publikum sehen will, bestimmt letztlich er selbst" (119).

Spieß (1992), die nur am Rande eine Produktanalyse, vor allem aber eine Produktions- und Rezeptionsanalyse vornimmt, kann die Diskrepanz zwischen Produzenten- und Rezipientenseite anhand eines Wirtschaftsmagazins empirisch belegen. Die Redakteure stellen drei Aspekte für die Machart der Beiträge in den Vordergrund: 1. Aktualitäts- und Ereignisbezug der Themen, 2. inszenierte Authentizität, 3. exemplarisch-didaktische Strukturierung. Die Bilder sollen „ästhetisch schön, interessant und attraktiv" sein, d. h. sie sollen sich „entweder durch eine reizorientierte Bildgestaltung auszeichnen (z. B. Bild- und/ oder Kamerabewegung, rasante Schnittfolgen, elektronische Tricks etc.) oder ein ausdrucksstarkes Motiv zur Geltung bringen" (115). Sie sollen emotionale Reaktionen hervorrufen und eigene Ausdruckskraft haben. Die empirische Untersuchung mit je 20 Unternehmern und Gewerkschaftlern ergab ein z. T. anderes Bild, als es sich die Redakteure vorstellen. Die Reaktionen der Gewerkschafter entsprechen wenigstens partiell den Erwartungen der Redakteure, diejenigen der Unternehmer hingegen weitgehend nicht. Z. B. reagieren die Unternehmer auf extensiven Einbezug von „Betroffenen" negativ, Gewerkschafter dagegen positiv. Generell kritisiert wird die Kürze der Beiträge. Die von den Redakteuren bevorzugten Bildtechniken (rasche Schnittfolgen, elektronische Tricks usw.) rufen bei den Vpn. eher negative Reaktionen hervor usw. Einen Zugang zu Medien-Textsorten, der von vornherein die Perspektive von Kommunikatoren und Rezipienten in Rechnung stellt, wählen konstruktivische Theorien. „Gattungen" werden dort nicht primär als Texte oder Texttypen, sondern als kognitive Größen aufgefaßt. Schmidt/Weischenberg (1994) verstehen Gattungen als „Schemata (...), die es dem individuellen Aktanten erlauben, im Umgang mit Medien Invarianzbildungen mit intersubjektiver Geltung produzierend und rezipierend vorzunehmen" (220). Entscheidend ist bei einer solchen Sehweise, daß es nicht um das Verhältnis von Medium und Produzent/Rezipient geht, sondern immer um eine Beziehung zwischen dem Medium „als wahrgenommenem Medium und (inter-)individueller Kognition" (Rusch 193, 290). Aus der Perspektive der Journalisten ist z. B. für bestimmte Nachrichtenformen prägend, daß die sogenannt „objektive" Berichterstattung auf einem kognitiven Schema für „Ereigniswahrnehmung" beruhe und daß Objektivität ein „strategisches Ritual" darstelle, „das den Medien und den Journalisten (...) Sicherheit und Arbeitsfähigkeit verschaffe" (Schmidt/Weischenberg 1994).

Auf Seiten der Rezipienten deuten die Bezeichnungen von Fernseh-Gattungen, wie sie durch Befragung von Vpn. erhoben werden können, auf eine Art von „natürlichen Kategorien" hin (Rusch 1993). Interessant für eine linguistische Untersuchung sind vor allem die Kriterien, nach denen die Zuschauer Kategorien bilden, und die Cluster, zu denen die Kategorien zusammengeordnet werden. Z. B. bilden Aspekte der Nutzung, insbesondere der Erwartungen, die der Zuschauer in bezug auf die „Gratifikationen" der Gattung (z. B. Spannung oder Betroffenheit) hat, einen wichtigen Bereich, der üblicherweise aus linguistischen Typologien ausgeschlossen bleibt. Bei der Cluster-Bildung ist aufschlußreich, daß hier nicht in erster Linie textanalytisch zu gewinnende Merkmale leitend sind, sondern vor allem funktionale (insbesondere affektive) Faktoren.

Man kann versuchen, die Perspektiven von Kommunikatoren und Rezipienten einander anzunähern, wie es Augst/Simon/Wegner (1985) versucht haben. Ausgehend von der (durch Befragungen abgestützten) Annahme, daß herkömmliche Wissenschaftssendungen allenfalls die Rezipienten mit höherer Bildung erreichen, gestalteten sie mit Unterstützung des WDR selber eine Wissenschaftssendung (mit Varianten). Die Wirkung dieser Sendung, die tatsächlich ausgestrahlt wurde, wurde empirisch mit einer Kombination von Methoden untersucht. Die Untersuchung liefert einige (allerdings z. T. widersprüchliche) Kriterien dafür, welche Vorstellungen das Publikum von einer optimalen Wissenschaftssendung hat. Z. B. verlangen die Zuschauer bezüglich der Gestaltung, „es soll wissenschaftlich sein, ohne daß es wissenschaftlich zugeht" (354). Bei der Moderation erzielte die neutralste Variante (nicht kabarettistisch, nicht ironisch) die beste Wirkung. Leute mit geringerer Bildung wünschen aber zugleich, daß die Sendungen einen gewissen Unterhaltungswert haben sollen (355). Daraus resultiert ein „Balanceakt" zwischen Unterhaltung und Wissensvermittlung, „weil es auch (...) gegen die normativen Erwartungen der Zuschauer verstößt, wenn es in Wissenschafts(sendungen) allzu lustig zugeht" (355). Die Diskrepanz der Perspektiven ist offenbar nicht aus der Welt zu schaffen. Der Text als Produkt von Kommunikatorenhandlungen ist nicht dasselbe wie der Text des Rezipienten.

3.3. Raum-zeitliches Verhältnis Kommunikator−Rezipient

Pressetexte weisen die raum-zeitliche Diskontinuität zwischen Produktions- und Rezeptionssituation auf, die für geschriebene Texte charakteristisch ist. Bei den elektronischen Medien ist das Verhältnis komplizierter. Auch hier ist der Normalfall, daß Produzent und Rezipient räumlich getrennt sind. Diese strikte Trennung wird aber in vielen Sendungen „symbolisch" außer Kraft gesetzt, dadurch daß „Stellvertreter" der Rezipienten z. B. im Studio anwesend sind (als Gesprächsteilnehmer, als Studiopublikum usw.) oder daß Rezipienten durch ein technisches Substitut (bei Phone-ins das Telephon) im Fernsehstudio visualisiert werden. Gegenüber diesen noch relativ einfachen räumlichen Relationen sind die möglichen zeitlichen Verhältnisse weitaus komplexer. Konstant ist auf den ersten Blick die Simultaneität von „Ausstrahlung" und Rezeption. Doch läßt sich durch die Mittel der Aufzeichnung (Tonband, Videorecorder) die Rezeption vom Sendezeitpunkt weg verschieben. Wenn man von dieser Möglichkeit absieht, ergeben sich im wesentlichen folgende Arten von Zeit-Relationen: (1) Der Text kann produziert und zu einem späteren Zeitpunkt unverändert gesendet werden; d. h. zwischen Produktion und Rezeption besteht Diskontinuität (wie bei einem Radio-Feature). (2) Der Text kann als geschriebener vorproduziert sein und zeitgleich mit der Rezeption vorgelesen werden (wie es beim Verlesen von Radionachrichten oder bei den Sprechermeldungen in Fernsehnachrichtensendungen der Fall ist). (3) Der Text wird zeitgleich („live") mit der Rezeption produziert (wie bei vielen Unterhaltungssendungen, aber auch bei live-Interviews in Nachrichtensendungen). Während vorproduzierte Texte alle Möglichkeiten der Text-Planung, der Text-Revision usw. bieten, was sogar in gewissem Maße für die Nachbearbeitung von dialogischen Texten gilt, sind live-Texte nur noch partiell planbar. Die Kommunikatoren haben gerade diesen Aspekt als werbewirksam erkannt und suggerieren dem Rezipienten, daß „live" mit Werten wie „spontan" und „authentisch" zu verknüpfen sei. So ist der „live"-Aspekt in den elektronischen Medien zu einem entscheidenden Güte-Kriterium, geradezu zu einem „Mythos" geworden. Wenn der Rezipient — wie es häufig der Fall ist — nicht erkennen könnte, ob eine Sendung tatsächlich live stattfindet, erhält er von den Kommunikatoren entsprechende metakommunikative Hinweise.

3.4. Ereignis und Text

Ein zentrales Thema insbesondere der konstruktivistischen Medientheorie ist die Tatsache, daß Medientexte Ereignisse nicht nur „vermitteln", sondern in gewissem Sinne „schaffen". Das hat zunächst einen technischen Aspekt: Bei einem großen Leichtathletikereignis beispielsweise hat das Fernsehen die Möglichkeit, durch Kombination von live-Reportage und zeitversetztem Bericht den Zuschauer am Bildschirm in zeitlicher Sukzession — und damit auch in geordneter und überschaubarer Anordnung — über alle Höhepunkte zu informieren, während der Zuschauer im Stadion die Ereignisse teilweise simultan und nebeneinander erlebt, so daß er seine Aufmerksamkeit nicht allen Ereignissen in gleichem Maße zuwenden kann. Auf diese Weise wird das ursprüngliche Ereignis verändert, und man kann sagen: es entsteht für den Rezipienten ein neues, vom Fernsehen partiell geschaffenes Ereignis.

Über diesen Aspekt hinaus hat das Verhältnis von Ereignis und Medium aber Dimensionen, die man mit Stichwörtern wie „Realitätskonstruktion", „inszenierte Information" u. dergl. zu benennen versucht (vgl. etwa Luhmann 1996; Grewenig (ed.) 1993). Fernsehnachrichten beispielsweise selegieren Fragmente einer außermedialen Realität, komponieren sie auf medienspezifische Weise, legen dem Rezipienten mit verbalen und visuellen Mitteln, insbesondere mit bestimmten Narrativen eine bestimmte Lesart des „Ereignisses" nahe usw., so daß eine klare Trennung von Faktischem und Fiktionalem kaum möglich ist (vgl. Fiske 1987). In bezug auf Filmberichte (in Magazinen jeder Art) zeigt Keppler (1988), daß die spezifische Realitätskonstruktion, wie sie vor allem durch filmische Techniken erreicht wird, ein hohes Maß an fiktionalen Elementen aufweist. Den Zuschauern werden Ereignisse „als authentische präsentiert, indem so getan wird, als entspräche die Sichtweise des Fernsehens der real beteiligter Menschen" (113). Durch die Kameraführung wird eine fiktive Dynamik erzeugt, die Aufnahmetechnik bewirkt eine starke Personalisierung.

Diese medientheoretisch fundamentale Problematik, auf die hier nur hingewiesen werden kann, hätte wichtige Konsequenzen für eine mediale Textsortenbeschreibung, insofern es die unterschiedlichsten Typen von „Inszenierungen" in den Medien gibt (eine zeitversetzte Fußballreportage inszeniert das Sport-Ereignis auf ganz andere Weise, als eine Unterhaltungssendung inszeniert wird). Diese Typen zu beschreiben, ist ein Desiderat der medienlinguistischen Forschung.

3.5. Relation—Text—Musik—Bild

In den „Begleitprogrammen" des Radios (vgl. Burger 1990, 191 ff) sind Moderationstext und Musik die konstitutiven Elemente, die den Hörer durch den Alltag „begleiten" sollen. Hier wäre es vom semiotischen Standpunkt aus konsequent, eine Text-Musik-Sorte zu postulieren. Der Text ist in seinen Funktionen und seiner sprachlichen Gestaltung vom Charakter der Musik geprägt. Text und Musik sind jeweils andere, je nachdem in welchem „Programm" sie erscheinen. Sie dienen beide dazu, die Gruppe der intendierten Rezipienten zu definieren (z. B. die mittlere und ältere Generation im ersten Programm, die junge Generation im dritten Programm). Der Text definiert z. B. seine eher jüngeren Adressaten durch jugendsprachliches Vokabular, durch Anglizismen und original englische Fragmente, die Musik entspricht dem Bild, das sich die Redaktion vom Musik-Konsum dieser Gruppe macht (vgl. Burger 1990, 191).

Für das Fernsehen ist es eine ebenso triviale wie folgenschwere Feststellung, daß Texte nicht unabhängig von den Bildern klassifiziert werden können. Ob der Sprecher sich im On/Off/Over befindet, Sprechende in einem Studio oder auf Bildschirmen im Bildschirm erscheinen, alles das ist für die Charakterisierung der jeweiligen Textsorte ausschlaggebend, und auch hier sollte man ein kombiniertes Konzept („Text-Bild-Sorte") einführen. Auch in der Presse werden Text-Bild-Ensembles immer wichtiger (vgl. 5.).

3.6. Intertextuelle Relationen: Text — umgebende Texte

Innerhalb des Geflechtes intertextueller Bezüge (→ Art. 43), in denen der Text steht, ist der augenfälligste derjenige zu den umgebenden Texten in der gleichen Zeitung bzw. der gleichen Sendung. Hier sind zwei Arten von Bezügen zu unterscheiden:
(1) Die durch formale Mittel erzielte Gewichtung des Textes gegenüber den anderen Texten — in der Zeitung durch das Layout sowie die Positionierung auf der Seite bzw. in der Abfolge der Bünde und Seiten, in den elektronischen Medien u. a. durch die Reihenfolge der Textteile (z. B. das Wichtigste zuerst), durch die Länge der Teiltexte, durch ihre visuelle „Aufmachung" usw. Während früher das Prinzip der „Ganzlektüre" für Zeitungen bestimmend war, wird dem Leser heute durch vielfältige Gestaltungsmittel eine selektive Lektüre ermöglicht.
(2) Relevanter für eine Textsortentypologie sind die semantischen und funktionalen Relationen. So können z. B. ein Bericht und ein Kommentar auf der gleichen Zeitungsseite aufeinander bezogen sein, oder ein Bericht und eine Karikatur mit einer Legende. Es kann auch eine Meldung auf der Front-Seite mit einem ausführlicheren Bericht im Inneren der Zeitung verknüpft sein. In der Boulevardpresse beschränkt sich der Aufmacher oft auf eine Schlagzeile mit einer Art Lead oder einem Minimum an Fließtext auf der Frontseite, womit die Neugier geweckt wird auf den „eigentlichen" Text, den man dann einige Seiten weiter hinten findet. Ähnliches gibt es auch innerhalb einer Nachrichtensendung im Hörfunk oder Fernsehen: Interviews beziehen sich auf Meldungen, Filmberichte oder Reportagen beziehen sich auf Sprechermeldungen usw. Textlinguistisch ausschlaggebend ist die Frage, ob die Textsorte in der Regel über ein gewisses Maß an kontextueller Selbständigkeit verfügt oder ob regelhafte Abhängigkeiten von anderen Textsorten bestehen. Der Zeitungsbericht ist eine zumindest potentiell autarke Textsorte, während Kommentar und Presseinterview in der Regel nur in der Interdependenz mit anderen Textsorten funktionieren. Die genannten intertextuellen Interdependenzen sind ein kalkulierter und funktionell eingesetzter Wegweiser durch mediale Makrotexte.

3.7. Intertextuelle Relationen: Text — vorhergehende Texte

Die Dichte und die Art und Weise der intertextuellen Bezugnahmen auf frühere Texte kann sich als textsortendifferenzierendes Kriterium erweisen. Generell ist die Arbeit mit und an solchen intertextuellen Bezügen ein Charakteristikum heutiger Medientexte, doch ergeben sich im einzelnen wichtige Unterschiede.

Eine Textsorte, für die — in den meisten ihrer Ausprägungen — die Bezugnahme auf frühere Texte geradezu textkonstitutiv ist, ist der Leserbrief. Hier wird der Bezug häufig explizit vorgenommenen (vom Schreiber selbst oder von der Redaktion), weil ohne eine solche Explikation der Text selber nicht verständlich wäre. Allerdings ist dies nicht in jeder Art von Presse der Fall, wie Fix (1993) gezeigt hat. In der ehemaligen DDR hatten Leserbriefe eine „operative" Funktion im Rahmen politischer Propaganda. „Leserbriefe in der DDR vor der 'Wende' zeigen seltener Bezüge zu anderen Zeitungstexten, die etwa auf eine Mediendiskussion schließen ließen. Sie werden eher auf Befragung und Veranlassung hin geschrieben, also in außertextuellen Bezügen" (42).

Daß Zeitungstexte — wie Texte überhaupt — auf verschiedenartigsten „Quellen" basieren (können), ist an und für sich nichts Neues. Charakteristisch für die Konstitution heutiger Pressetexte ist aber zunächst die Dichte der Bezüge, die in einem beliebigen Zeitungsartikel schon auftreten können. Biere (1993) zeigt an einem konkreten, besonders eindrücklichen Fall die Vielfalt der „Quellen", die in einem Zeitungstext kompiliert werden.

Charakteristisch ist weiter die Art und Weise, wie mit den Quellen umgegangen wird. Schon die herkömmlichen Verfahren der Redewiedergabe werden vielfach nicht so praktiziert, wie wir es aus unserer eigenen Rede- und Schreibpraxis gewohnt sind. In BILD und ähnlichen populären Blättern wimmelt es von Redestücken prominenter

Persönlichkeiten oder auch von Leuten wie Du und ich. Bis in die Schlagzeilen hinein findet sich direkte Rede. Dabei kommt es oft gar nicht so sehr darauf an, *was* die- oder derjenige gesagt hat. Wichtig ist nur, daß die Reporterin/der Reporter am „Tatort" gehört und gesehen hat, was (angeblich) tatsächlich passiert ist. Die ironisierende Zitiertechnik des Nachrichtenmagazins „Der Spiegel" hat Schule gemacht. Hier werden dem Leser oft gar keine oder nur ungenaue oder in die Irre führende Signale dafür mitgeliefert, aus welcher Originalsituation das Zitierte stammt. In vielen Fällen, das kommt hinzu, unterstellt der neue Textzusammenhang, in den das Zitierte eingefügt ist, dem Zitierten einen Sinn, den es im Original möglicherweise gar nicht gehabt hat.

Das Zitieren im Fernsehen – zum Beispiel in Nachrichtensendungen – ist ein hochdifferenziertes Phänomen, da die beiden Kanäle – Sichtbares und Hörbares – getrennt zitiert werden können. Beispielsweise sieht man eine Originalszene, in der jemand spricht; auf dem akustischen Kanal aber hört man die Stimme eines Reporters, der das Gesprochene zusammenfaßt oder kommentiert. Vielleicht ist sogar ein wichtiger Teil des (mündlichen) Textes als eingeblendete Schrift ins Bild integriert. Besonders bei den privaten Sendern werden in Nachrichtensendungen oft kleine und kleinste Bruchstücke originaler Rede und originaler Filmstücke mit einem ebenso minimalen redaktionellen Text zu einem neuen Ganzen montiert. Auf diese Weise setzt sich das Ereignis aus Fragmenten verschiedener Realitäten neu zusammen.

Vielfach ist immerhin noch erkennbar, daß ein Journalist den Text eines anderen wiedergeben will. Viel problematischer aber sind diejenigen journalistischen Verfahren, bei denen die Anteile von eigenem und fremdem Text gar nicht mehr oder nur noch zum Teil erkennbar sind. Presseberichte basieren häufig auf Texten von Nachrichtenagenturen. Daß dies der Fall ist, erkennt der Leser bei seriösen Zeitungen an Kürzeln wie *ap* oder *dpa*. Was aber genau von der Agentur, was von dem Redakteur stammt, der den Text druckfertig macht, das ist dem Bericht nicht anzusehen. Worauf der Agenturtext seinerseits basiert, ist in der Regel für den Rezipienten (und vielfach auch für den Zeitungsredakteur) gar nicht rekonstruierbar. Untersuchungen zur Lokal- und Inlandberichterstattung (z. B. Baerns 1991; Bachmann 1997) zeigen des weiteren, in wie hohem Maße das, was wir in der Presse lesen, bis in den Wortlaut und die Wertungen hinein von Verlautbarungen der Institutionen, Verbände usw. („Public Relations") abhängig ist. Dabei wird dem Leser in den meisten Fällen das Verhältnis von Zeitungstext und Quelle nicht durchsichtig gemacht. In anderer Ausprägung gilt Ähnliches für alle Informationsbereiche der Presse, aber ebenso auch fürs Radio und Fernsehen.

Die Frage nach dem Autor ist besonders deshalb wichtig, weil der „Laie" von einer selbstverständlichen und unproblematischen Alltagskategorie des „Autors" – des Verfassers eines geschriebenen, des Sprechers eines mündlichen Textes – ausgeht und ein solches Konzept auch dem Medientext unterstellt.

Im Rahmen einer Textsortentypologie sollte man, soweit dies möglich ist, unterscheiden zwischen Texten, für die ein Autor oder ein Autorenteam in einem irgendwie greifbarem Sinn faßbar (und auch verantwortlich) ist, und solchen, die nur ein mehr oder weniger anonymes Endprodukt einer intertextuellen Kette darstellen. Eine in allen Medien stark autor-bestimmte Textsorte ist der Kommentar. Bei den Berichten der Presse ist der Autor in unterschiedlichem Maße greifbar, je nachdem in welchem Maße der Text auf Agenturmaterial basiert. In den elektronischen Medien ist zu unterscheiden zwischen Filmberichten und Korrespondentenberichten auf der einen Seite, für deren Produktion ein Team verantwortlich ist (das in der Regel auch namentlich genannt wird), und Nachrichtenfilmen, bei denen das Bild und partiell der Text auf Agenturmaterial zurückgeht.

4. Medienübergreifende Formen und Tendenzen

Im Bereich der Information (informations- und meinungsbetonte Texte) gibt es eine Reihe von Textsorten, die in allen drei Medien ein gewisses Maß an Übereinstimmung aufweisen und die daher in den meisten Untersuchungen unter dem gleichen Namen laufen und auch als medienübergreifend identische Textsorten aufgefaßt werden (vgl. Weischenberg 1995, 121 f). Das sind vor allem Meldung, Bericht, Kommentar, etwas weniger deutlich die Reportage. (Die Glosse ist mehr oder weniger eine Presse-Textsorte geblieben, trotz einiger Versuche, sie auch in den elektronischen Medien anzusiedeln.)

Angesichts der z. T. beträchtlichen medienspezifischen Unterschiede sollte man jedoch vorsichtig sein mit einer vorschnellen Gleichsetzung. Auch Schlagzeilen sind hier zu nennen (vgl. dazu an neueren Arbeiten Brandt 1991; Oberhauser 1993 aus handlungstheoretischer Perspektive). Von manchen Autoren werden die Schlagzeilen als eigene Textsorte aufgefaßt. Da Schlagzeilen aber nur in ihrem intra-textuellen (nicht inter-textuellen!) Bezug auf den eigentlichen Text (Body, Fließtext) Funktion und Bedeutung haben, würde ich sie eher als Baustein der Textsorte Bericht auffassen. Wie dem auch sei, Schlagzeilen sind ebenfalls von der Presse in die elektronischen Medien vererbt worden und haben dort Transformationen erfahren. Medienübergreifend ist die Tendenz zu Groß-Formen, in die die herkömmlichen Textsorten als Bausteine eingefügt und funktionalisiert sind. Für die Presse sprechen Große/Seibold (1994) von „Multitext", Bucher (1996) spricht von „Textdesign". Hier erscheinen die verbalen Bausteine häufig zusammen mit Bildern und/oder anderen grafischen Elementen. Für den Hörfunk und das Fernsehen ist das Magazin-Prinzip (s. u. 6. und 7.) dominant geworden.

Die Groß-Formen schaffen für eine Textsortenanalyse ein definitorisches und terminologisches Problem, insofern man eine Mehr-Ebenen-Struktur ansetzen muß. Man kann folgende Unterscheidungen vornehmen: eine Makro-Ebene (z. B. das Magazin als ganzes), eine Meso-Ebene (z. B. der einzelne Beitrag innerhalb eines Magazins) und eine Mikro-Ebene (z. B. die einzelnen Textsorten innerhalb des Beitrags, mit ihren herkömmlichen Bezeichnungen wie „Filmbericht", „Interview" bzw. mit neu zu konzipierenden Termini für neuartige Textsorten, z. B. „Lesung", s. u. 7.). Allerdings ist nicht bei allen Arten von Groß-Formen eine Meso-Ebene realisiert. Oberhalb der Makro-Ebene wären dann noch produktionsorientierte Kategorien wie „Sendereihe", „Programm" usw. anzusiedeln.

Insbesondere in der Boulevardpresse, aber nicht selten auch in den Abonnementsblättern läßt sich eine Tendenz zu Mischformen registrieren. In der Boulevardpresse finden wir z. B. Mischungen von Textsorten, die in anderen Pressetypen klar getrennt und mit einem festen Set von textexternen und textinternen Merkmalen erfaßbar sind. Zwar haben Berichte auch in der Boulevardpresse oft den herkömmlichen Aufbau, doch kommt den einzelnen Bau-Elementen oft eine ganz andere Funktion zu als sonst. Z. B. hat der Lead − sofern es ihn überhaupt noch als identifizierbare grafische Einheit gibt − häufig nicht mehr die Funktion, das Wesentliche der Nachricht zusammenzufassen, sondern er führt den Schlagzeilentext weiter, bietet vielleicht eine sensationelle Einzelheit des Geschehens oder ein pointiertes Zitat usw. Ein sehr grundsätzlicher und folgenreicher Aspekt von Textsortenmischung ergibt sich aus der Tatsache, daß in allen Medien heute nicht mehr klar zu unterscheiden ist zwischen „informationsbetonten" und „meinungsbetonten" Texten. Zeitungsberichte (auch bei den Abonnementszeitungen), die von einem namentlich unterzeichnenden Autor stammen, enthalten häufig stark meinungsbetonte Elemente, so daß die herkömmliche Trennung von Bericht und Kommentar bis zu einem gewissen Grad funktionslos wird (vgl. Burger 1990, 140 ff). In den elektronischen Medien ist es insbesondere die Moderation, die die herkömmlichen Textsortengrenzen auflöst (zur Entwicklung der Moderation in deutschen Nachrichtensendungen vgl. Muckenhaupt 1994).

Ein für die Textsortentypologie relevantes medienübergreifendes Kriterium ist schließlich das Verhältnis von Mündlichkeit und Schriftlichkeit, das sich tendenziell zur Mündlichkeit hin verschiebt. Zwar beharren zahlreiche Textsorten der Abonnementspresse noch auf Schreibweisen, die stark an der Schriftlichkeit orientiert sind (insbesondere die auf Agenturmaterial basierenden Texte, vgl. 5.), doch ist in der Boulevardpresse und vielen Sektoren der sonstigen Presse eine zunehmende Hinwendung zu stärker oralen Formen zu registrieren (vgl. Burger 1990, 50 ff). In den elektronischen Medien zeigt sich ein Trend zur „sekundären Oralität", einer Art von Mündlichkeit, die sich − auf dem Hintergrund weitgehend schriftlicher Textkonstitution − so gibt, als wäre sie „primär oral", d. h. ungeplant, spontan usw.

5. Presse

Im Medium Presse ist die Konkurrenz von Abonnements- und Boulevardpresse, zugleich auch die Konkurrenz mit den elektronischen Medien, ein entscheidender Faktor der Textsortenentwicklung. In Deutschland sind zahlreiche Textsorten der Abonnementspresse relativ stabil gegenüber dem Konkurrenzdruck. Straßner (1991) registriert für die „seriöse Tagespresse" in Deutschland, daß die Praktiken der Boulevardblätter auf sie

„wenig abgefärbt" hätten (137). Die Abonnementszeitungen zeigen nach Straßner in den Ressorts Nachrichten, Politik, Wirtschaft, Sport aufgrund ihrer Agenturabhängigkeit „einen sprachlich-stilistischen Einheitscharakter" (137). (Die Agentursprache tradiert die herkömmlichen Merkmale einer syntaktisch stark komprimierten und rezipientenunfreundlichen Sprache: Nominalstil, Präpositional- und Genitivkonstruktionen, fehlende Redundanz usw.). Für die Deutschschweizer und besonders die österreichische Presse gelten diese Aussagen, soweit ich sehe, nicht im gleichen Maße. In Österreich ist eine deutliche Homogenisierung des Pressestils in Richtung Boulevardpresse zu registrieren.

Von zunehmender Wichtigkeit ist das Zusammenspiel von Text und Bild, das zur Konstitution von „Multi-Texten" führt (vgl. 4.). Holicki (1993) stellt für Pressefotos fest, daß sie ähnliche Funktionen erfüllen wie Berichte, Kommentare und andere Textsorten. Im Gegensatz zum verbalen Text, bei dem die Unterscheidung von informierenden und wertenden Elementen zum Einmaleins (oder auch zu den Fiktionen) des Journalismus gehört, bleibt die wertende Tendenz von Fotos oft unbemerkt. Nur in spektakulären Fällen (z. B. bei skandalträchtigen Werbefotos) wird sie zum Gegenstand öffentlicher Diskussion. Seibold (1994) befaßt sich mit allen Arten von „illustrations" in der französischen Presse; unter semiotischem Aspekt schlägt er vor, Darstellungen auf einer Skala zwischen konkret und abstrakt (vom Foto zur Landkarte) anzuordnen, sodann den Gegensatz von schwarzweiß und farbig zu berücksichtigen, schließlich „Einstellungen" zu ermitteln, die als Pendants zu den filmischen Kameraeinstellungen gelten können (z. B. proche/éloigné, 58). Eine eigentliche Text/Bild-Typologie ist erst in Ansätzen vorhanden (vgl. Muckenhaupt 1986).

Für die Textsorten der Presse im einzelnen bietet Lüger (1995) eine gute Zusammenfassung (fürs Französische vgl. Große/Seibold 1994).

6. Hörfunk

Die größte Um- und Neustrukturierung hat die Textsorten-Palette des Hörfunks erfahren durch die Einführung des Konzepts der „Begleitprogramme" (vgl. oben 3.5.) und generell der Magazin-Sendungen (vgl. dazu Burger 1990, 164 ff). In seiner Übersicht über die Entwicklung der Hörfunkprogramme nach 1945 registriert Fluck (1993) eine generelle Tendenz zu kürzeren Beiträgen, zu live-Formen, zur Personalisierung (durch die Figur des Moderators), zu stärkerem Hörerbezug, im engeren linguistischen Bereich: zu dialogischen Formen und zur Umgangssprachlichkeit. Die Reportage mit O-Ton, einst eine prominente Textsorte des Radios, hat – durch die Konkurrenz der live-Berichterstattung des Fernsehens – an Attraktivität verloren. Nur im Sportbereich konnte sie sich behaupten (Fluck, 100 f). Die Magazine, insbesondere diejenigen der Begleitprogramme, bieten flexible Makro-Formen mit einer bunten Mischung herkömmlicher Textsorten, z. T. aber reduziert zu Minimaltexten (z. B. „stories", vgl. Burger 1990, 194) und einem hohen Anteil an U-Musik. Dabei sind Musik und Text nicht nur „atmosphärisch" (vgl. oben 3.5.) aufeinander bezogen, sondern auch auf verbaler Ebene findet vielfach eine Verzahnung statt, indem die An- oder Abmoderation auf Musiktitel und gesungenen Text Bezug nimmt. Die vielfältigen Formen solcher Bezüge sind in Burger (1990, 200 ff) dokumentiert (zu den Text-Musik-Verkettungen in Jugendsendungen vgl. auch Nowottnick 1989, 122 ff).

Auch die Kulturberichterstattung, die früher „Manuskripte von 30–45 Minuten Länge, mit historischen Einschüben und Quellenzitaten" (Fluck, 97) tolerierte, ist von den rein schriftorientierten Wortbeiträgen abgekommen und bedient sich der sonst üblichen Formen des Live-Interviews, des O-Tons usw.

Für den traditionellen Nachrichtenbereich, der im Hörfunk natürlich immer noch seine Domäne bewahrt, konstatiert Straßner (1991) – wie für die Abonnementzeitungen – eine starke Abhängigkeit vom Agenturmaterial. Für die Nachrichtensendungen im privaten Hörfunk stellt Straßner eine noch höhere Abhängigkeit von den Agenturtexten fest.

7. Fernsehen

Das Magazin-Konzept ist – ähnlich wie beim Hörfunk, jedoch in ganz anderer Ausprägung (vor allem spielt die Musik nur eine untergeordnete Rolle) – sicherlich die folgenreichste Neuerung der jüngeren Fernsehgeschichte (vgl. Hickethier 1988) gewesen, dies auch im Bereich der Textsorten, insofern es zu einer neuen Gesamtstruktur von Sendungen und einer neuen internen Struktur der einzelnen

Beiträge geführt hat. Es handelt sich im wesentlichen um ein additives Prinzip auf der Makroebene (eine lose, durch einen Moderator oft nur äußerlich verbundene Aneinanderreihung von Beiträgen der Mesoebene), auf der Mikroebene des Beitrags um eine bunte Abfolge verschiedenster Textsorten, die — je nach Magazintyp und auch sehr individuell — in unterschiedlichem Grade intertextuell vernetzt sind. Das textlinguistisch gesehen Neuartige des Fernsehmagazins liegt also vor allem in der Makro- und Meso-Struktur, aber auch bei den im einzelnen verwendeten Textsorten, deren Palette sehr breit ist (sie umfaßt neben den „klassischen" Textsorten z. B. Tips, Video-Clips, Trailer, Sketchs, Presseschau, Horoskop; vgl. Rosenstein 1993, 11). Wie prominent die Magazine innerhalb des Gesamtprogramms geworden sind, zeigt eindrücklich die Zusammenstellung, die Rosenstein (1993, 20 ff) für das Magazinangebot einer Woche (im Jahr 1991) bei allen deutschsprachigen Sendern gibt (11 engbedruckte Seiten!). Auch in inhaltlicher Hinsicht haben sich die Magazine stark ausdifferenziert (vgl. Rosenstein 1993, 6 ff).

Das Konzept hat zu heftigen Diskussionen geführt, zum Vorwurf zunehmender „Magazinierung" (neben einer zunehmenden „Serialisierung") des Gesamtprogramms. So vermerkt Schumacher (1988, 138 f) zur Gesamtstruktur von durchschnittlichen Magazinen, daß hier politische und kulturelle Themen „in ein unzusammenhängendes Nacheinander gestellt" würden und daß die Sendungen nur dazu dienten, „die Welt als ein Kaleidoskop zufälliger Ereignisse und Entwicklungen zu zeigen". Das trifft sicherlich nur für einen Teil der Magazine zu. Schon innerhalb ein und desselben Magazintyps sind die Unterschiede groß (vgl. etwa die Entwicklung des ZDF-Kulturmagazins „Aspekte", dokumentiert in Kreutz/Rosenstein 1993).

Ein schwer zu lösendes Textsorten-Problem stellt der Moderationstext (bei jeder Art von Magazinen) dar. Der Moderator als Person mit vielfältigen Funktionen ist aus den Magazinen, insbesondere auch den Nachrichtenmagazinen, nicht mehr wegzudenken. Sein Qualifikationsmerkmal ist vor allem die „likeability" (Schumacher 1988, 132), das Ankommen beim Zuschauer, weniger die Orientierung auf eine spezifische Art von Text hin. Damit fragt sich, ob man den Text, den der Moderator spricht, als Exemplar einer einzigen Textsorte oder eines Bündels von Textsorten aufzufassen hat. Unter dieser Perspektive ist der Moderator-Text bisher noch nicht untersucht worden. Man könnte wiederum von einem „Multi-Text" (vgl. 4.) sprechen, mit verschiedenen Textsorten, die aber durch die Persönlichkeit des Moderators — je nach Sendung und Textsorte stärker oder schwächer ausgeprägt — eine sprachliche „Einfärbung" erfahren. Intensiv erforscht worden sind von allem Anfang an die Nachrichtensendungen, die heute vor allem als Magazin-Formen auftreten. Die Dreiteilung der Großformen von Nachrichtensendungen (Sprechersendung/Journalsendung/Studiosendung), wie sie z. B. Straßner (1982, 35 ff) vornahm, hat sich seither insofern verschoben, als Journal- und Studiosendung nicht mehr klar zu unterscheiden sind und ein neuer Typ, ausgehend von den USA, sich auch bei uns verstärkt bemerkbar macht: die News Show (auch Infoshow; vgl. Muckenhaupt 1994; Wittwen 1995). (Man könnte auch sagen, daß die wichtigsten Elemente dessen, was Straßner als Studiosendung charakterisierte, in die News Show übergegangen sind.) Die Sprechersendung, die es in Deutschland noch mit der „Tagesschau" gibt, hält den Anspruch reiner Informationsvermittlung aufrecht. Der Sprecher verliest Nachrichten, hält sich als Person vollständig aus dem Spiel. Die Journalsendung ist durch den Einsatz eines Moderators charakterisiert. Er hat einen gewissen funktionalen Spielraum, der aber doch gegenüber den anderen Textsorten (Filmberichte usw.) klar abgegrenzt bleibt. Das Studio als Raum wird in unterschiedlichem Maße genutzt. Im Unterschied zum Sprecher der Sprechersendung hat der Moderator die Möglichkeit, Interviews zu führen, im Studio via Bildschirm (unter erschwerten äußeren Bedingungen auch per Telefon) als „mediales Interview". Die immer häufiger praktizierten Formen des medialen Interviews eröffnen dem Moderator einen lokal unbegrenzten Spielraum, gegenüber dem das Studio als Aktionsraum oft nur eine sekundäre Rolle spielt. Während aber die Journalsendung immer noch den Anspruch einer dominant informationsbetonten Textpräsentation aufrechterhält, ist dies bei der News Show nicht mehr durchwegs der Fall. In Deutschland sind es ein Teil der privaten Sender sowie einige regionale Nachrichtensendungen der Dritten Programme, die zumindest partiell den Typ der amerikanischen News Show übernommen haben. Die News Show nutzt den Studioraum extensiv aus, verwendet eine Vielzahl von Textsorten (z. B. auch Phone-in,

Quiz, Ratgeberelemente), stellt den Moderator und seine Persönlichkeit extrem in den Vordergrund, gewichtet die Themen nach dem (vermuteten) Rezipienteninteresse, strebt insgesamt eine stärkere Integration von Information und Unterhaltung an als die herkömmlichen Nachrichtenmagazine („Infotainment"; vgl. dazu Wittwen 1995, 33 ff). In diesem Zusammenhang ist der Vergleich aufschlußreich, den Landbeck (1991) zwischen deutschen und französischen Nachrichtensendungen (der achtziger Jahre) angestellt hat. Im Gegensatz zu den deutschen (öffentlich-rechtlichen) Nachrichtensendungen stehen die französischen Sendungen zur partiellen Fiktionalisierung der Nachrichtenpräsentation, kaschieren nicht ihre Einbettung in das Medium und sein Programm. Beispielsweise macht man in Trailern Werbung für Nachrichten, man gibt in den Nachrichten Hinweise auf andere Sendungen (z. B. führt der Nachrichten-Moderator ein Live-Interview mit dem Moderator der folgenden Show). Mit intertextuellen Elementen (aus Belletristik, Kino, Werbespots usw.) wird spielerisch und selbstverständlicher als in den deutschen Sendungen umgegangen. Die technischen Möglichkeiten werden raffinierter genutzt als auf deutscher Seite. Das Verhältnis von privaten und öffentlich-rechtlichen Nachrichtensendungen hat sich seit den Anfängen dieser Konkurrenzsituation immer wieder gewandelt. Einige der privaten Sender haben sich, nach anfänglichen Experimenten, zunehmend wieder den traditionellen Verfahren der öffentlich-rechtlichen angenähert, andere haben den Typus News Show ausgebaut. Mit der Einführung von News-Magazinen am Morgen („Frühstücksfernsehen") haben sich die öffentlich-rechtlichen Redaktionen ihrerseits deutlich in Richtung Infotainment — und damit in die Richtung der entsprechenden Formen im privaten Sektor — bewegt. Die Prime-Time-Nachrichten von ARD und ZDF gehen allerdings von ihren herkömmlichen Mustern nicht ab.

Straßner (1991), der im übrigen erbarmungslos und wohl auch etwas pauschal mit der Mediensprache ins Gericht geht („Mediensprache im Abwind" heißt der Untertitel des Beitrags), attestiert den Fernseh-Nachrichtenredaktionen generell, daß sie versuchen, „ihre Texte einfacher zu gestalten, einfache Aussagesätze zu kombinieren mit solchen, bei denen in Nebensätzen Begründungen, Einschätzungen und Aussichten geliefert werden" (178), kurz: daß sie die Erkenntnisse der linguistischen Verständlichkeitsforschung in die Praxis umzusetzen versuchen (vgl. 181 f).

Eine Makroform 'Nachrichtensendung' setzt sich zusammen aus „Blöcken" auf der Meso-Ebene, die in der Regel nicht oder nur partiell terminologisch erfaßt sind (sie werden allenfalls durch thematische Obertitel wie *Inland* oder *Ausland* metakommunikativ angekündigt; auch die Bezeichnung *Nachrichtenblock* für eine Serie von Kurzmeldungen, die meist mit Agenturbildern visualisiert sind, scheint sich auszubreiten). Die Blöcke bestehen — in wechselnder Zusammensetzung — aus Bausteinen, die als Nachrichten-Textsorten aufgefaßt werden können. Die Nomenklatur für diese einzelnen Textsorten ist z. T. sehr uneinheitlich. Störend ist beispielsweise, daß die geläufigen journalistischen Basiskategorien wie *Meldung*, *Bericht* einerseits tale quale eingesetzt werden, andererseits als Grundwort eines Kompositums (*Filmbericht*) oder auch gar nicht verwendet werden, obwohl sie sinngemäß zutreffen würden (*Nachrichtenverlesung*). Auch über die Abgrenzung besteht nicht überall Einigkeit. Die wichtigsten Textsorten seien mit einer stichwortartigen Charakteristik aufgelistet (ich wähle jeweils den m. E. geläufigsten Terminus, gebe aber eine Variante in Klammern an):

Sprechermeldung (*Nachrichtenverlesung*, Landbeck 1991): Sprecher verliest Text (wobei das Bild durch Standfotos, Piktogramme, Stichwörter usw. angereichert wird).

Nachrichtenfilm (oft nicht unterschieden vom *Filmbericht*): Film mit Sprecher im Off. Bild und Text basieren auf Agenturmaterial. Kein Autor erkennbar.

Filmbericht (*Bericht*, Wittwen 1995): Bild und Text von Reporterteam hergestellt, Autoren namentlich genannt. Länge zwischen 1 und 3 Minuten.

Nachrichtenfilm: Meist weniger als 1 Minute. Nutzt zahlreiche Gestaltungsmöglichkeiten, bietet mehr Hintergrund als Nachrichtenfilm.

Reportage: Vor allem als live-Reportage eingesetzt. (Wittwen 1995, 147, unterscheidet vier Untertypen.)

Kommentar: Ist heute nicht mehr integraler Bestandteil jeder Nachrichtensendung, sondern wird vor allem bei außergewöhnlichen Ereignissen eingesetzt.

Interview: Hat zunehmend an Bedeutung gewonnen, vor allem auch durch die neuen technischen Möglichkeiten des *medialen Interviews* (d. h. Interview via Bildschirm). Von den verschiedenen Interview-Formen (live/non-live, im Studio/via Bildschirm/via Telephon) haben die live-Formen an Bedeutung gewonnen.

Für eine aktuelle Variante des Nachrichtenfilms, bei der der im Studio anwesende Sprecher live, aber im Off einen Film kommentiert, gibt es noch keinen eingebürgerten Terminus. (Landbeck 1991 bezeichnet ihn als „Reportage", was aber wenig sinnvoll ist, da der Begriff schon traditionell anderweitig besetzt ist.) Das Verfahren wird für Aktualitäten letzter Minute benutzt (Landbeck 1991, 104).

Eine neue Spielart des Berichtens wird ermöglicht durch den sog. Video-Journalismus, den sich wegen seiner geringen Kosten vor allem Lokalfernsehsender und z. T. auch technisch weniger anspruchsvolle Sendungen der überregionalen Sender zunutze machen. Theoretisch wäre dadurch eine im Vergleich zur herkömmlichen Produktionsweise unmittelbarere, alltagsnähere Art des Berichtens möglich, doch ist die faktische Tätigkeit des Video-Journalisten von diesem Ideal (noch) weit entfernt (vgl. Burger 1998).

Als ein weiterer Magazin-Typ, der in der linguistischen Forschung Beachtung gefunden hat, sei noch das Literatur-Magazin genannt. Hier werden literarische Texte bzw. Textsorten mit medialen Gebrauchstextsorten in einem Textganzen zusammengeführt. Das Magazin als Ganzes steht dabei in der Nähe von werbenden Texten, insofern es in der Regel eine klare Public relation-Funktion für die präsentierten literarischen Texte hat (vgl. Geisler 1988). Insgesamt wird durch die Fernsehpräsentation eine hochgradige Personalisierung von Literatur erreicht. Dies geschieht durch narrative Filmbeiträge (Kurzbiographien) oder Interviews, aber auch durch eine für diese Art Magazine spezifische Textsorte: die „Lesung", die vom Autor selbst oder einem anderen Sprecher vorgenommen werden kann. Teils tritt sie als relativ selbständiges Element des Magazins auf, teils ist sie aber auch stärker in den Gesamtbeitrag integriert, insofern ihr z. B. eine „Belegfunktion für die dem Beitrag zugrundegelegte Interpretation" zugewiesen wird (Kirchner 1994, 179).

Aus literaturtheoretischer Perspektive ist auffällig und problematisch, daß durch die medialen Textsorten die Differenz von biographischem Autor und (textimmanenten) Erzähler (oder „lyrischem Ich" usw.) einerseits, historisch-faktischen Ereignissen und fiktionaler Handlung andererseits mehr oder weniger zum Verschwinden gebracht wird. In Filmberichten werden z. B. historische Dokumente und authentisches Filmmaterial präsentiert, die die Handlung eines Romans auf seine real-historische Grundlage „zurückführen". Schauplätze und Personen erscheinen im Film so, wie wenn sie die realen Schauplätze und Aktanten der Romanhandlung wären (vgl. Kirchner, 243 f). Auch Interviews dienen vielfach dazu, „den Zusammenhang zwischen Literatur, gesellschaftlichem Kontext und Biographie des Autors" aufzuarbeiten (Kirchner 1994, 125), und suggerieren damit unmittelbare Bezüge zwischen Text und realer Welt.

8. Literatur (in Auswahl)

Augst, Gerhard/Simon, Hartmut/Wegner, Immo (1985): Wissenschaft im Fernsehen − verständlich? Produktion und Rezeption der Wissenschaftssendung „Fortschritt und Technik − Rückschritt der Menschen?" unter dem Blickwinkel der Verständlichkeit. Frankfurt a. M.

Bachmann, Cornelia (1997): Public Relations und Ghostwriting für Medien. Eine linguistische Analyse der journalistischen Leistung bei der Adaptation von Pressemitteilungen. Bern.

Baerns, Barbara (1991): Öffentlichkeitsarbeit oder Journalismus? Zum Einfluß im Mediensystem. 2. Aufl. Köln.

Biere, Bernd Ulrich (1993): Zur Konstitution von Pressetexten. In: Biere, Bernd Ulrich/Henne, Helmut (eds.): Sprache in den Medien nach 1945. Tübingen, 56−86.

Brandt, Wolfgang (1991): Zeitungssprache heute: Überschriften. Eine Stichprobe. In: Germanistische Linguistik 106−107, 213−244.

Bucher, Hans-Jürgen (1986): Pressekommunikation. Grundstrukturen einer öffentlichen Form der Kommunikation aus linguistischer Sicht. Tübingen.

− (1996): Textdesign − Zaubermittel der Verständlichkeit? Die Tageszeitung auf dem Weg zum interaktiven Medium. In: Hess-Lüttich, Ernest W. B./Holly, Werner/Püschel, Ulrich (eds.): Textstrukturen im Medienwandel. Frankfurt a. M. u. a., 31−59.

Burger, Harald (1990): Sprache der Massenmedien. 2., erweiterte Auflage. Berlin/New York.

− (1991): Phraseologie und Intertextualität. In: Palm, Christine (ed.): „Europhras 90". Uppsala, 13−27.

– (1998): Lokalfernsehen – ein neues Medium? Nachrichtensendungen als Probe aufs Exempel. In: Holly, Werner/Biere, Bernd Ulrich (eds.): Medien im Wandel. Neues in alten, Altes in neuen Medien. Opladen.

Fiske, John (1987): Television culture. London, New York.

Fix, Ulla (1993): Medientexte diesseits und jenseits der „Wende". Das Beispiel 'Leserbrief'. In: Biere, Bernd Ulrich/Henne, Helmut (eds.): Sprache in den Medien nach 1945. Tübingen, 30–55.

Fluck, Hans-R. (1993): Zur Entwicklung von Rundfunk und Rundfunksprache in der Bundesrepublik Deutschland nach 1945. In: Biere, Bernd Ulrich/Henne, Helmut (eds.): Sprache in den Medien nach 1945. Tübingen, 87–107.

Freund, Bärbel (1990): Verständlichkeit und Attraktivität von Wissenschaftssendungen im Fernsehen: Die subjektiven Theorien der Macher. In: Meutsch, Dietrich/Freund, Bärbel (eds.): Fernsehjournalismus und die Wissenschaften. Opladen, 89–123.

Garncarz, Joseph (1992): Filmfassungen. Eine Theorie signifikanter Filmvariation. Frankfurt a. M.

Geisler, Michael E. (1988): Das annektierte Raisonnement: Zur Funktion der Literaturberichterstattung im Fernsehen. In: Kreuzer, Helmut/Schumacher, Heidemarie (eds.): Magazine audiovisuell. Politische und Kulturmagazine im Fernsehen der Bundesrepublik Deutschland. Berlin, 175–192.

Grewenig, Adi (ed.) (1993): Inszenierte Information. Politik und strategische Kommunikation in den Medien. Opladen.

Große, Ernst Ulrich/Seibold, Ernst (1994): Typologie des Genres Journalistiques. In: Große, Ernst Ulrich/Seibold, Ernst (eds.): Panorama de la presse parisienne. Histoire et actualité, genres et langages. Frankfurt a. M., 32–55.

Hickethier, Knut (1988): Magazine im Programm – das Programm ein Magazin. Überlegungen zur Geschichte der politischen Fernsehmagazine. In: Kreuzer, Helmut/Schumacher, Heidemarie (eds.): Magazine audiovisuell. Politische und Kulturmagazine im Fernsehen der Bundesrepublik Deutschland. Berlin, 91–110.

Holicki, Sabine (1993): Pressefoto und Pressetext im Wirkungsvergleich: eine experimentelle Untersuchung am Beispiel von Politikerdarstellungen. München.

Hrbek, Anja (1995): Vier Jahrhunderte Zeitungsgeschichte in Oberitalien. Text-, sprach- und allgemeingeschichtliche Entwicklungen in der „Gazetta di Mantova" und vergleichbaren Zeitungen. Tübingen.

Keppler, Angela (1988): Konventionen der Weltwahrnehmung. Thesen zur Dramaturgie des Magazinfilms im Fernsehen. In: Kreuzer, Helmut/Schumacher, Heidemarie (eds.): Magazine audiovisuell. Politische und Kulturmagazine im Fernsehen der Bundesrepublik Deutschland. Berlin, 111–128.

Kirchner, Petra (1994): Literatur-Shows. Die Präsentation von Literatur im Fernsehen. Wiesbaden.

Kreutz, Anja/Rosenstein, Doris (eds.) (1993): „Aspekte" – gestern und heute. Studien und Materialien zum Kulturmagazin des ZDF. Siegen.

Landbeck, Hanne (1991): Medienkultur im nationalen Vergleich. Inszenierungsstrategien von Fernsehnachrichten am Beispiel der Bundesrepublik Deutschland und Frankreich. Tübingen.

Lüger, Heinz-Helmut (1995): Pressesprache. 2. Aufl. Tübingen.

Luhmann, Niklas (1996): Die Realität der Massenmedien. 2. Aufl. Opladen.

Muckenhaupt, Manfred (1986): Text und Bild – Grundfragen der Beschreibung von Text-Bild-Kommunikationen aus sprachwissenschaftlicher Sicht. Tübingen.

– (1994): Von der Tagesschau zur Infoshow. Sprache und journalistische Tendenzen in der Geschichte der Fernsehnachrichten. In: Heringer, Jürgen (ed.): Tendenzen der deutschen Gegenwartssprache. Tübingen, 81–120.

Nowottnick, Marlies (1989): Jugend, Sprache und Medien. Untersuchungen von Rundfunksendungen für Jugendliche. Berlin/New York.

Oberhauser, Stephan (1993): „Nur noch 65 000 Tiefflugstunden" – Eine linguistische Beschreibung des Handlungspotentials von hard news-Überschriften in deutschen Tageszeitungen. Frankfurt a. M.

Rolf, Eckard (1993): Die Funktionen der Gebrauchstextsorten. Berlin/New York.

Roloff, Eckart Klaus (1982): Journalistische Textgattungen. München.

Rosenstein, Doris (ed.) (1993): Magazine – von morgens bis mitternachts. Beiträge zur Untersuchung einer flexiblen Sendeform. Siegen.

Rusch, Gebhard (1993): Fernsehgattungen in der Bundesrepublik Deutschland. Kognitive Strukturen im Handeln in Medien. In: Hickethier, Knut (ed.): Institution, Technik und Programm. Rahmenaspekte der Programmgeschichte des Fernsehens. München, 289–321.

Schmidt, Siegfried J./Weischenberg, Siegfried (1994): Mediengattungen, Berichterstattungsmuster, Darstellungsformen. In: Merten, Klaus/Schmidt, Siegfried J./Weischenberg, Siegfried (eds.) (1994): Die Wirklichkeit der Medien. Eine Einführung in die Kommunikationswissenschaft. Opladen, 212–236.

Schumacher, Heidemarie (1988): „Durch die Sendung führt": Überlegungen zur Moderation im Magazin. In: Kreuzer, Helmut/Schumacher, Heidemarie (eds.): Magazine audiovisuell. Politische und

Kulturmagazine im Fernsehen der Bundesrepublik Deutschland. Berlin, 129–140.

Searle, John R./Vanderveken, Daniel (1985): Foundations of illocutionary logic. Cambridge.

Seibert, Peter (ed.) (1990): „… und heute ins Theater?" Fernsehtheater in der Diskussion (1953–1989). Siegen.

Seibold, Ernst (1994): „D'un coup d'œil". Essai de classification des illustrations dans les quotidiens. In: Große, Ernst Ulrich/Seibold, Ernst (eds.): Panorama de la presse parisienne. Histoire et actualité, genres et langages. Frankfurt a. M., 56–74.

Simmler, Franz (1993): Zum Verhältnis von publizistischen Gattungen und linguistischen Textsorten. In: Zeitschrift für Germanistik N. F. 3/2, 349–363.

Spieß, Brigitte (1992): Wirtschaft im Fernsehen. Ein empirische Studie zur Produktion und Rezeption des Wirtschaftsmagazins PLUSMINUS. Tübingen.

Straßner, Erich (1982): Fernsehnachrichten. Eine Produktions-, Produkt- und Rezeptionsanalyse. Tübingen.

– (1991): Mit 'Bild' fing es an. Mediensprache im Abwind. In: Bucher, Hans-Jürgen/Straßner, Erich (1991): Mediensprache, Medienkommunikation, Medienkritik. Tübingen, 111–240.

Weischenberg, Siegfried (1995): Journalistik. Bd. 2: Medientechnik, Medienfunktionen, Medienakteure. Opladen.

Wittwen, Andreas (1995): Infotainment. Fernsehnachrichten zwischen Information und Unterhaltung. Bern.

Wyss, Eva (1998): Werbespot als Fernsehtext. Mimikry, Adaption und kulturelle Variation. Tübingen.

Harald Burger, Zürich
(Schweiz)

56. Textsorten der Verwaltung

1. Verwaltung und Text
2. Formular
3. Bescheid
4. Literatur (in Auswahl)

1. Verwaltung und Text

Die Textsorten der Verwaltung sind in spezifischer Weise auf den institutionellen Kontext bezogen. Denn Verwaltungen als kommunikationsintensive Teile von komplexen Institutionen bedienen sich zur Bewältigung ihrer Aufgaben vor allem schriftkonstituierter Texte, die funktional auf das Verwaltungshandeln bezogen sind. Nicht zuletzt aus diesem Grund waren es Verwaltungsaufgaben, die im alten Ägypten ganz wesentlich zur Entwicklung der Schrift beigetragen haben (vgl. Schmandt-Besserat 1985, 1994).

1.1. Ansätze für eine Typologie von Verwaltungstexten (Forschungsüberblick)

Sprachvorkommen aus dem Bereich der Verwaltung sind seit der 2. Hälfte des 20. Jhs. vielfältiger Gegenstand sprachpflegerischer bzw. sprachkritischer, verwaltungswissenschaftlicher und linguistischer Reflexion. Obwohl in den meisten Fällen eine Untersuchung nach Textsorten bzw. Texttypen nicht intendiert ist, spielt eine Differenzierung dieser Art in all diesen verschiedenen Zugängen mindestens implizit eine Rolle und führt nicht selten auch zu einer wenigstens rudimentären Auflistung unterschiedlicher Textvorkommen.

Daneben gibt es im Rahmen der eigentlichen Textsortenforschung lediglich Einzelhinweise und einzelne Arbeiten zu spezifischen Textsorten der Verwaltung sowie den Versuch, ein allgemeines Texttypologiekonzept am Beispiel eines Verwaltungstextes zu verdeutlichen. Insgesamt kann daher festgestellt werden, dass eine genauere Bestimmung und Klassifizierung der Textsorten der Verwaltung eine noch ungelöste Aufgabe ist.

Öffentliche Aufmerksamkeit gewinnt der Sprachgebrauch der Verwaltung zunächst in der außerwissenschaftlichen Sprachkritik (Benckiser 1961; 1962; 1969), innerhalb derer alle Textvorkommen aus diesem Bereich als Ausprägungen der Sprache der „verwalteten Welt" angesehen werden, als deren Hauptcharakteristikum eine „fortschreitende Entpersönlichung" (Auflösung des Menschen in eine Vielzahl anonymer Funktionen: z. B. „Arbeitgeber", „Verkehrsteilnehmer", „Unterhaltspflichtiger") (vgl. Gülich 1981, 325) gilt. Da alle Texte der Verwaltung gleichermaßen dieser Sehweise zugerechnet werden, entfällt hier die Notwendigkeit einer weiteren Differenzierung nach Textsorten.

Eine neue Dimension gewinnt die Beschäftigung mit Verwaltungstexten in der linguistischen Analyse des hier vorliegenden spezifischen Sprachgebrauchs (Lexik, Syntax). In der frühesten und inzwischen als Standardwerk angesehenen Untersuchung von Wagner (1970) wird zwar auch wie in der Phase der vorwissenschaftlichen Sprachkritik der Gesamtbereich der „deutschen Verwaltungssprache der Gegenwart" in den Blick genommen, neu ist jedoch die funktionale Perspektive der Beschreibung, für die (unter Ausklammerung der mündlichen Verwaltungssprache) die folgende Unterscheidung von Textvorkommen zugrunde gelegt wird (Wagner 1970, 11 f):

(1) „Verwaltungsvorschriften" („alle normsetzenden Texte" wie „Dienstanweisungen, Geschäftsordnungen, Erlasse und Durchführungsbestimmungen").
(2) „Verwaltungsakten" (in denen „ein Tatbestand unter eine Norm subsumiert" wird).
(3) „allgemeinbehördlicher Schriftverkehr" (Texte dieser Art „dienen der Kommunikation untereinander oder mit dem Staatsbürger", z. B. „Anfragen, Antworten, Mitteilungen, Vermerke, Entwürfe [...] u. a.").
(4) „informative Schriften" (mit „aufklärender und belehrender" Funktion für die Verwaltung intern wie für den Bürger, z. B. „Merkblätter, Bekanntmachungen, Hausmitteilungen, Bürgerbriefe").

Eine detaillierte Begründung für diese Differenzierung der Textvorkommen wird nicht gegeben, sie scheint auf der allgemeinen Kenntnis der Verschränkung von Lebens- und Verwaltungspraxis zu beruhen.

Neue Impulse erhält die Beschäftigung mit Verwaltungstexten aus der Fachsprachen-, Verständlichkeits- und „Formular"-forschung (Grosse/Mentrup 1980; Radtke 1981; Fuchs-Khakhar 1987). Da die öffentliche Verwaltung ein ausführendes Organ der Legislative ist, verbinden sich in den für diese Institution üblichen Texten die Standardsprache und die Fachsprache des Rechts. Die Verteilungsverhältnisse zwischen juristischer Fachsprache und Standardsprache werden von Otto (1978, 11 f; 1981, 51 f) in folgendem nach fachsprachlichen Intensitätsgraden gestaffelten Stufenmodell abgebildet:

(a) Gesetzessprache
(b) Urteils- und Bescheidsprache
(c) Wissenschafts- und Gutachtersprache
(d) Sprache des behördlichen Schriftverkehrs
(e) Verwaltungsjargon

Außerdem wird die „Sprache des mündlichen Verkehrs" im „Beratungsgespräch" oder bei „Verhandlungsterminen" erwähnt.

Die Ebenen (b)–(e) dieses Schichtenmodells beziehen sich auf schriftkonstituierte Verwaltungstexte, die in unserem Zusammenhang allein thematisch sind. Bemerkenswert ist, dass Otto (1981, 52) in dieser Skalierung eine Differenzierung gleichzeitig nach „Sprachschichten" und nach „Textsorten" sieht, die sich in Abhängigkeit von den pragmatischen Gesichtspunkten „Quelle, Inhalt und Informationszweck" des jeweiligen Textes ergibt.

Eine Spezifizierung des von Otto (Ebene d) „Sprache des behördlichen Schriftverkehrs" genannten Bereiches wird von Fotheringham (1980, 41) vorgeschlagen, der sich im übrigen dem Schichtungsmodell von Otto anschließt (1981, 100). Bezogen auf die Kommunikationsrichtung Bürger → Verwaltung orientiert sich Fotheringham an der „rechtlichen Bedeutsamkeit der (vom Bürger, d. Verf.) abgegebenen Willens- oder Wissenserklärung" und gelangt so zu folgender Typologie:

(1) Anträge auf Vornahme einer begünstigenden Verwaltungshandlung
(2) Erklärungen über persönliche Umstände, an die das Gesetz eine Leistungspflicht des Bürgers knüpft
(3) Erklärungen zur Erfüllung einer Anzeige- oder Meldepflicht

Insgesamt wird aus solchen Typologien verwaltungsrechtlicher Provenienz erkennbar, dass sie sich prinzipiell am mit dem jeweiligen Text verfolgten Zweck orientieren, während andere Gesichtspunkte nachrangig einbezogen werden.

Demgegenüber legen sprachwissenschaftliche Arbeiten zur Verständlichkeit von Verwaltungstexten andere und mehrfach hierarchisierte Gesichtspunkte für eine Textsortendifferenzierung zu Grunde. Zwar gibt es noch keinen ausgearbeiteten sprachwissenschaftlichen Typologisierungsvorschlag für Verwaltungstexte, aber mehrfach punktuelle Ansätze und exemplarische Bezüge. So entwirft Augst (1981, 263) im Rahmen von Überlegungen zur Verständlichkeit von Rechts- und Verwaltungstexten eine schematische Übersicht der „schriftliche(n) Kommunikation zwischen Behörde und Bürger", innerhalb derer folgende Gruppen von Textvorkommen unterschieden werden:

(a) – (Steuer)erklärung
 – formloser Antrag
 – Formularantrag
 – Widerspruch

(b) – Widerspruchsbescheid
 – Bescheinigung
 – Genehmigung
 – Verfügung
 – Bescheid
 – Zeugnis
 – Urteil

Mit Ausnahme der letzten beiden Textsorten der Gruppe (b) gehören alle aufgeführten Varianten zum Bereich der Verwaltung. Für die Unterscheidung der Gruppen wird hier offensichtlich das Kriterium der Kommunikationsrichtung verwendet. Der kommunikative Handlungszweck der Textgruppen wird durch die Kennzeichnungen als „Anliegen" (Gruppe a) bzw. „Verwaltungsakt" (Gruppe b) verdeutlicht. Darüber hinaus wird dieser Typologisierungsvorschlag nicht näher begründet.

Weiterführende Gesichtspunkte für den Ansatz möglicher Typologisierungskriterien begegnen uns im Rahmen der allgemeinen Textsortenforschung. So gehen z. B. Gülich/ Raible (1973, 152) von der grundlegenden Unterscheidung zwischen „alltäglicher", „öffentlicher und/oder rechtlicher", „wissenschaftlicher" und „literarischer" Kommunikation als „Teilsystemen des gesamtgesellschaftlichen Kommunikationssystems" aus (i. S. der von S. J. Schmidt 1973, 124 ff vorgeschlagenen „Diskurstypen" und der „funktionalen Redestile" der Prager Schule); danach gehören die Textsorten der öffentlichen Verwaltung zum „Diskurstyp" „öffentlicher und/oder rechtlicher Kommunikation". Ob es sich aber bei einzelnen intuitiv als „Textsorten" aufgefassten Textvorkommen tatsächlich um eine sortenspezifische Unterscheidung handelt, wird von Gülich/Raible für das Beispiel des „Briefs" (und andere für unseren Zusammenhang nicht einschlägige Textsorten) negativ entschieden, weil diese Textsorte gegenüber der basalen Diskurstypologie „indifferent" sei. Daher postulieren Gülich/Raible die der Textsortendifferenzierung vorgelagerte Kategorie der „Kommunikationsart". Danach stellt sich die Frage, ob nicht hinsichtlich der intuitiv als „Textsorten" aufgefassten typischen Verwaltungstexte wie „Formular", „Akte", (mit Einschränkung „Brief", „Notiz", „Vermerk") in ähnlicher Weise zu argumentieren sei. Entsprechend wird von Gülich (1981, 328 ff u. 344, Anm. 5) gegenüber Grosse (1980, 13) und Dieckmann u. a. (1980, 158 f) das „Formular" nicht als Textsorte, sondern lediglich als Kommunikationsart" bestimmt. Erst ihre Spezifizierung als „Antragsformular" könne als Textsorte angesehen werden.

Demgegenüber werden von Engel (1988, 122) sowohl der „Antrag" wie der als „offiziell" oder „privat" differenzierte „Brief" als eigene gleichberechtigte Textsorten angesehen. Gleichzeitig wird jedoch darauf hingewiesen (151), dass „sich der schriftliche Antrag an die für den offiziellen Brief (…) geltenden Regeln" hält. Insofern ist hier an eine Art Inkorporierung verschiedener Textsorten ineinander gedacht. Im Unterschied dazu arbeitet Rolf (1996, 105 u. 109) mit der Vorstellung von eigenständigen Textsorten auch dann, wenn es sich lediglich um Bestandteile umfassender Textganzheiten handelt (z. B. die Textsorte „Erläuterung" als Bestandteil von behördlichen „Bescheiden"). Aus diesen wenigen Hinweisen zur gegenwärtigen Textsortenforschung wird deutlich, welche unterschiedlichen, nicht miteinander zu vereinbarenden Vorstellungen gerade zur Sortenspezifik von Verwaltungstexten anzutreffen sind.

Daher ist es bemerkenswert, dass Heinemann/Viehweger im Rahmen ihrer Einführung in die Textlinguistik (1991, 129 ff) ein allgemeines Texttypologiemodell vorstellen und dieses Gesamtmodell durchgängig an einer Textsorte der Verwaltung, nämlich am Beispiel eines „Antrags"-Textes erläutern. Angesichts der desolaten Lage in der Textsortenforschung entscheiden sich die Autoren für ein „Mehrebenenmodell", das die bisher konsensfähigen Klassifizierungsaspekte zu integrieren sucht. Für diese Modellvorstellung sind zwei Grundannahmen ausschlaggebend. Zum einen unterscheiden die Autoren zwischen „Textsorten/Textklassen" als im kulturspezifischen Handlungswissen verankerten Textmustern, über die ein normaler Sprecher einer menschlichen Gemeinschaft verfügt, und „Texttypen" als übergeordneten „theoriebezogene(n) Kategorie(n) zur wissenschaftlichen Klassifikation von Texten" (ebd. 144). Zum anderen intendieren die Autoren eine Integration von außersprachlichen Zielsetzungen der Kommunikationspartner und spezifischen sprachlich-textuellen Befunden, weil eine Texttypologie allein auf der Basis außersprachlicher Zwecke wegen der Vielfalt dafür jeweils anwendbarer Textsorten nicht erreichbar sei (ebd. 146). Daraus ergibt sich folgende Einbettungsstruktur von „Text-Typologisierungsebenen":

```
I        ┌─────────────────────┐
         │   Funktionstypen    │
         └──────────┬──────────┘
                    │
II              Situationstypen
                    │
         ┌──────────┴──────────┐
III      │   Verfahrenstypen   │
         └──────────┬──────────┘
                    │
IV         Text-Strukturierungstypen
                   ╱│╲
         ┌─────────┴───────────┐
V        │   prototypische     │
         │ Formulierungsmuster │
         └─────────────────────┘
```

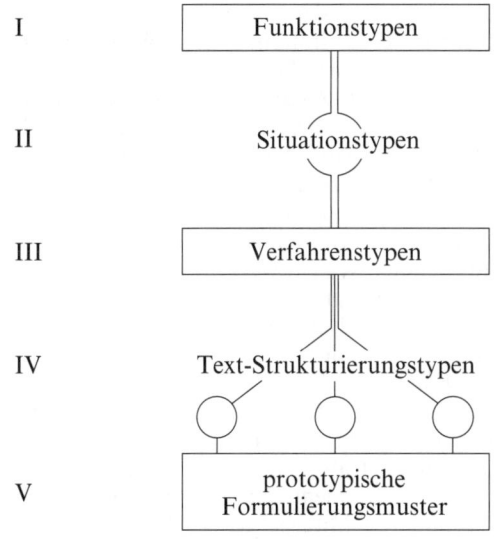

Abb. 56.1: Text-Typologisierungsebenen (Heinemann/Vieweger 1991, 147)

Bezogen auf das Beispiel eines „Antrags" auf Verlegung eines Telefonanschlusses an die diesbezügliche Institution ergibt sich als „Funktionstyp" (nach Bühlers und Jakobsons Sprachfunktionen) ein „handlungssteuernder Text", der dem „Situationstyp" nach als:

„(i)   gerichtet (vor allem auf gegenständlich-praktische Tätigkeit des Rezipienten)
 (ii) institutionelle Kommunikation
 (iii) dyadische Kommunikation
 (iv) asymmetrische Kommunikation
 (v)   Aufzeichnungskommunikation"
zu kennzeichnen ist (ebd. 158).

Zu den innerhalb dieser situativen Feststellung verwendeten „Verfahrenstypen" gehören die Entscheidung für eine bestimmte Art der Thema-Entfaltung (im Beispiel: eine Begründung für die Dringlichkeit des Anliegens), weiterhin die Wahl des „dominierenden Textgestaltungsverfahrens" (hier: Argumentieren mit Hilfe der Kombination verschiedener Propositionen) und die Entscheidung für spezifische „taktische Einzelverfahren" (z. B. hier das „Aufwerten" der erwünschten Reaktionen des Adressaten). Vor dem Hintergrund dieser Entscheidungsprozesse findet die eigentliche „Textstrukturierung" statt. Zu ihr gehören die Wahl des „Kompositionstyps" (hier: Muster des „offiziellen Sachbriefs" mit thematischer Festlegung und Gliederung in die „Textteile" BEANTRAGEN und BEGRÜNDEN (ebd. 162)) sowie die Entscheidung für einen „Sequenzierungstyp" bezogen auf die „propositionale Integration" der „Textteile". (Für den Beispiel-Antrag ergibt sich der additiv-implikative Konnexionstyp.) Schließlich ist der „Texttyp" in ein einzelsprachliches „Formulierungsmuster" zu überführen. Dazu gehören „textklassenspezifische Kommunikationsmaximen" (z. B. Knappheit, Höflichkeit usw.) sowie „prototypische Formulierungsmuster", die „textklassenspezifische Einzellexeme", spezifische „Kollokationen", „Stereotype" und „Gliederungssignale" aufweisen.

Als vom „Antrag" zu unterscheidende Textsorte ist auch die „Eingabe" näher beschrieben worden (Wittich 1990). Die wichtigsten Unterschiede werden darin gesehen, dass die „Eingabe" „keine Einhaltung von Formvorschriften" und damit auch kein „Stilmuster" verlangt und dass mit der „Eingabe" im Unterschied zum „Antrag" kein Rechtsanspruch verbunden ist.

Aus diesem Überblick über die Forschungslage resultieren offene Fragen. Einige seien hier festgehalten:

− Grundlegend für die Bestimmung des Begriffs „Textsorte" ist die Entscheidung darüber, ob das Textsortenwissen zum Alltagswissen der Sprachteilhaber gerechnet wird (z. B. Brinker 1996, 1224) oder ob man mit Heinemann/Viehweger (s. o.) eine theoretische Kategorie „Texttyp" etablieren soll.
− Soll man unter „Textsorten" auch intratextuelle Teiltexte fassen (s. o. Rolf 1996) mit allen Konsequenzen für die Definition von „Teiltexten" und die Beschreibung ihrer Integration in einen Gesamttext?
− Soll man die Sortenspezifik von Verwaltungstexten als Teilsystem einer allgemeinen Texttypologie konzipieren (das scheint der Ausgangspunkt bisheriger linguistischer Klassifikationsversuche zu sein), oder ist es angesichts des Fehlens eines differenzierten allgemeinen Typologiekonzeptes nicht sinnvoller, für den institutionell klar abgegrenzten Bereich der Verwaltung die Spezifik der hier verwendeten Textsorten im Funktionszusammenhang eines eigenen Textsortenverbundes zu beschreiben?

Vor dem Hintergrund dieses Problemkataloges, der letztlich aus der Heterogenität der bisherigen Forschungsansätze resultiert, stellt sich die Frage, ob nicht ein anderer forschungsleitender Zugriff eine homogenere und adäquatere Beschreibung von Textsorten der Verwaltung ermöglicht. Wir sehen eine solche Möglichkeit im Konzept der funktional-pragmatischen Textanalyse (Ehlich 1986a) und versuchen von hier aus einen Neuansatz.

1.2. Die Verwaltung als Teil von Institutionen

Verwaltungen (engl. administration) werden alltagssprachlich häufig gleichgesetzt mit den verwaltenden Organen des Staates, zu denen insbesondere die verschiedenen Behörden gezählt werden. In diesen Kontext gehören dann auch Begriffe wie *Bürokratie* und *Beamtentum*. Das ist jedoch ein eingeschränktes Begriffsverständnis, denn im soziologischen Sinn meint *Verwaltung* mehr, nämlich „die überwachende, disponierende Tätigkeit im Umgang mit Gütern, Tätigkeiten und Leistungen, die nach vorgefaßten Regeln geplant und stetig abläuft" (Fuchs 1978, 838). Insofern finden sich auch im nicht-staatlichen Bereich, i.e. im Produktions-, Handels- und Dienstleistungssektor, Verwaltungen. Wenn wir uns im Weiteren auf die staatliche Verwaltung beschränken, so deshalb, weil hier die Verwaltungsprinzipien am deutlichsten ausgeprägt sind.

Öffentliche Verwaltungen sind die ausführenden Organe des Staates, die neben der Legislative und der Judikative als Exekutive die dritte staatliche Gewalt darstellen. Das Handeln der Verwaltung ist in einem demokratischen Rechtsstaat an Recht und Gesetz gebunden, was eine wesentliche Ursache für seine bisweilen beklagte Schwerfälligkeit ist. Denn während etwa Verwaltungen von Wirtschaftsunternehmen dem Ziel der Profitmaximierung untergeordnet sind, haben öffentliche Verwaltungen zusätzlichen Anforderungen zu genügen. Vergibt ein Wirtschaftsunternehmen einen Bauauftrag, ist es in seiner Vergabepraxis ungebunden; staatliche Bauverwaltungen dagegen müssen aufgrund rechtlicher Vorgaben die Baumaßnahme öffentlich ausschreiben und an den billigsten Anbieter vergeben (VOB). Weitere Verhandlungen mit dem Auftragnehmer sind in der Regel nicht vorgesehen, so dass das gesamte Vergabeverfahren im wesentlichen schriftlich abgewickelt wird. Die enge Bindung öffentlicher Verwaltungen an das Recht zeigt sich auch in der Verwandtschaft zu den sprachlichen Registern der anderen Bereiche (vgl. den Artikel 58: Textsorten des Bereichs Rechtswesen und Justiz).

Die öffentliche Verwaltung ist jedoch keine einheitliche Institution, sondern Bestandteil der je unterschiedlichen Behörden auf Bundes-, Länder- oder kommunaler Ebene. Jede öffentliche Institution verfügt über ihre eigene Verwaltung, die insofern bezogen ist auf den jeweiligen Zweck der zugehörigen Institution. So hat beispielsweise die Schulverwaltung die Aufgabe, den Unterricht an öffentlichen Schulen zu ermöglichen, indem Lehrer eingestellt, Schulgebäude gebaut und bewirtschaftet, Lehrmittel beschafft und Schüler auf Schulen verteilt werden.

Die am Verwaltungshandeln Beteiligten können grundsätzlich unterschieden werden in die *Agenten* der Gesamtinstitution sowie deren *Klienten* (vgl. Ehlich/Rehbein 1977, 39 ff). Bei den Agenten finden sich einmal die Verwaltungsangehörigen i. e. S., d. h. diejenigen, die administrative Aufgaben für die Institution wahrnehmen; daneben sind aber auch die anderen Mitarbeiter der Institution mit Verwaltungsaufgaben betraut, im Falle der Schule also etwa die Lehrer und Schulleiter. Die Institutionsangehörigen sind nicht nur durch die allgemeinen Gesetze in ihrem Verwaltungshandeln bestimmt, sondern auch noch durch verwaltungsinterne Erlasse der übergeordneten sowie Vorschriften der eigenen Behörde. Zu den Klienten einer Institution und ihrer Verwaltung gehören ganz allgemein die Bürger, auf die sich das Verwaltungshandeln richtet. Auch hier lassen sich zwei Gruppen unterscheiden: Die eine Gruppe tritt aus eigenem Interesse mit der Verwaltung in Kontakt, etwa um Leistungen oder Erlaubnisse zu beantragen (Sozialhilfe, Baugenehmigung); die andere Gruppe ist hierzu aufgrund von Gesetzen etc. verpflichtet, etwa um der Behörde Auskunft zu geben über meldepflichtige Sachverhalte (Geburten, Todesfälle, Einkünfte, bauliche Änderungen).

Verwaltungsangehörige und Bürger verfügen in der Verwaltung über ungleiche Handlungsmöglichkeiten, was seinen Ausdruck gerade auch in der mündlichen wie schriftlichen Kommunikation findet. Hierin liegt ein wichtiger Zugang zum Verständnis der Verwaltungssprache und ihrer Forschungsgeschichte (vgl. im HSK-Band Fachsprache die Artikel Nr. 153, Becker-Mrotzek, Die Sprache der Verwaltung als Institutionensprache sowie Nr. 90, Knoop, Kritik der Institutionensprache am Beispiele der Verwaltungssprache).

Das Verwaltungshandeln i. e. S. ist eingebunden in die Zwecke der zugehörigen Institution. Hier verfolgt es nun den allgemeinen Zweck, die zielgerichteten Tätigkeiten der Institution zu disponieren und zu überwachen. Verwaltungshandeln hat es immer mit diesen beiden Aspekten zu tun: Es schafft einerseits die Voraussetzungen für die eigentliche Zielerreichung, überwacht andererseits aber zugleich auch, ob und wie die Ziele erreicht werden.

Am Beispiel der Schule sind diese beiden Funktionen besonders gut sichtbar: Auf der einen Seite obliegen der Schulverwaltung Aufgaben wie die Einrichtung von Schulgebäuden; auf der anderen hat sie jedoch auch die fachliche und rechtliche Aufsicht über die Lehrer. Diese Besonderheit zeigt sich bereits in den grundlegenden Begriffsbestimmungen der Schulgesetze. So heißt es etwa im Ersten Gesetz zur Ordnung des Schulwesens im Lande NRW: „Schulen sind Stätten der Erziehung und des Unterrichts" (§ 1.1). Das Schulverwaltungsgesetz dagegen gibt folgende Definition: „Schulen im Sinne dieses Gesetzes sind Bildungsstätten, in denen Unterricht unabhängig vom Wechsel der Lehrer und Schüler nach einem von der Schulaufsichtsbehörde unter Anführung dieser Vorschrift festgesetzten oder genehmigten Lehrplan erteilt wird" (§ 1). Eine solche Begriffsbestimmung leitet sich her aus dem Verfassungsauftrag (Artikel 3, Gleichheit vor dem Gesetz) und den entsprechenden Landesverfassungen, die – etwa im Artikel 10 der Landesverfassung NRW – die Aufnahme eines Kindes in eine Schule abhängig machen von dessen Neigungen und Begabungen, nicht aber von der wirtschaftlichen Lage seiner Eltern. Dem Staat fällt insofern die Aufgabe zu, die Einhaltung seiner Normen auch zu überwachen. Ein Mittel hierzu ist die behördliche Aufsicht, die ein wesentliches Prinzip öffentlicher Verwaltungen darstellt.

Die Bewältigung dieser Doppelfunktion der Verwaltung – Planung und Überwachung – erfordert spezifische Tätigkeiten, die man zusammenfassend als die Bearbeitung von Wissen i. w. S. bezeichnen kann. Planen und Überwachen erfordern Informationen über unterschiedliche Sachverhalte, die an verschiedenen Stellen erhoben, ausgetauscht und weiterverarbeitet werden. Dieser Informationsprozess ist durch folgende Merkmale bestimmt:

- An ihm sind alle Aktanten, also Angehörige der Institution, der Verwaltung i. e. S. und die Klienten, beteiligt, wenn auch in unterschiedlicher Weise.
- Er ist kontinuierlich, d. h. er erfolgt nicht punktuell, sondern fortlaufend.
- Er hat es mit der Speicherung und dem Austausch von sehr großen Informationsmengen zu tun.

Damit sind drei Merkmale benannt, die ein spezifisches Verhältnis von mündlicher und schriftlicher Kommunikation in öffentlichen Verwaltungen erwarten lassen.

In Verwaltungen spielen Texte eine dominierende Rolle, denn sie bilden nach wie vor den wichtigsten Wissensspeicher – unabhängig davon, ob sie auf Papier oder elektronisch gespeichert sind. Insofern kommt der schriftlichen gegenüber der mündlichen Kommunikation in und mit Verwaltungen eine herausragende Bedeutung zu. Allerdings sind – insbesondere durch die Beteiligung der Bürger am Verwaltungshandeln – immer auch mündliche Formen erforderlich (vgl. hierzu den entsprechenden Artikel im 2. Halbband).

Zusammenfassend kann man festhalten: Verwaltungen finden sich in allen gesellschaftlichen Bereichen. Öffentliche Verwaltungen setzen die Prinzipien des Verwaltungshandelns wegen ihrer engen Bindung an Recht und Gesetz in besonderer Weise um; daher eignen sie sich für exemplarische Untersuchungen besonders gut. Die Struktur des Verwaltungshandelns ist bestimmt durch seine Doppelfunktion des Planens und Überwachens; das erfordert inhaltlich-sachlich die Bearbeitung von Wissen. Wegen der Vielzahl der Beteiligten, der Menge der zu bearbeitenden Informationen sowie der zeitlich unbegrenzten Erstreckung kommt Texten im Verwaltungshandeln eine besondere Bedeutung zu.

1.3. Textsorten der Verwaltung

Die Erarbeitung einer validen Texttypologie setzt eine zugleich theoretisch geleitete (s. o.) wie systematische Korpusanalyse voraus (vgl. Ehlich 1986b). Ohne Bezug auf die in der gesellschaftlichen Wirklichkeit vorfindlichen Texte läuft jede Typologie Gefahr, wesentliche Merkmale der empirischen Systematik zu verkennen, wie die vorgestellten Typologisierungsversuche zeigen. Da dies in einem Handbuchartikel über eine bestimmte Textsorte jedoch nicht geleistet werden kann, versteht sich die folgende Typologie als Heuristik, die für einige zentrale Textsorten der Verwaltung exemplarisch ausgeführt wird. Sie versucht, für diesen klar umrissenen Ausschnitt an Textsorten induktiv, exemplarisch und empirisch gestützt wesentliche Merkmale von Verwaltungstexten analytisch zu bestimmen. Grundlage bildet ein umfangreiches Datenkorpus an Formschreiben (vgl. Becker-Mrotzek/Brinkschulte/Ruske/Scherner 1995).

Ausgangspunkt unserer Überlegungen ist der Versuch, aus der Zweckbestimmtheit von Verwaltung, d. h. der funktionalen Einbettung in Institutionen, eine erste Systematisierung herzuleiten. Das gemeinsame Merkmal der Textsorten der Verwaltung – etwa im Unterschied zu literarischen Texten – besteht darin, dass ihr Hauptzweck in der Bearbeitung von Wissen bzw. Informationen nach vorgegebenen, ja institutionsspezifischen Bearbeitungsverfahren liegt. Wir nehmen an, dass für die verschiedenen Bearbeitungsschritte der Wissensbearbeitung je eigene Textsorten bereitstehen und dass sich die Teilzwecke in den Textstrukturen sowie den verwendeten sprachlichen Mitteln niederschlagen. Vor diesem Hintergrund lassen sich in erster Näherung folgende Textsorten mit je dominanten Funktionen unterscheiden:

– *Texte mit regulierender Funktion*: Das sind Texte, die das Verwaltungshandeln nach Form und Inhalt vorab festlegen, wie Gesetze, Verwaltungsvorschriften oder Dienstanweisungen. Sie bilden den vorgegebenen Handlungs- und Wissensrahmen. Textlinguistisch sind sie insofern wichtig, als sie häufig in anderen Textsorten zitiert, paraphrasiert oder erwähnt werden.
– *Texte mit wissenserhebender bzw. -vermittelnder Funktion*: Das sind die Texte, die die Klienten an die Institution richten. Hierzu gehören insbesondere Anträge und Widersprüche, aber auch Anfragen und Auskunftsersuche. Für viele wissenserhebende Texte stellt die Verwaltung Formulare bereit, um diese Form der Schnittstellen-Kommunikation effizienter zu gestalten.
– *Texte mit wissensbearbeitender Funktion*: Das sind alle schriftlichen Äußerungen, die im Laufe eines Bearbeitungsprozesses entstehen und der verwaltungsinternen Bearbeitung dienen. Eine zentrale Form ist die Verwaltungsakte mit ihren Subarten, bei deren Bearbeitung die Wissenselemente der Klienten und die Wissenshorizonte der Agenten zusammengeführt werden. So werden Verwaltungsentscheidungen herbeigeführt. Auf ihre faktenschaffende Bedeutung im Rahmen von Gerichtsverfahren hat Seibert (1981, 32 ff) hingewiesen; nicht zuletzt deshalb ist Aktenführen ein zentraler Ausbildungsgegenstand. Wesentlicher Bestandteil der Akte ist das Formular.
– *Texte mit handlungsschließender Funktion*: Das sind alle Texte, die in bestimmter Form die Ergebnisse des Verwaltungshandelns mitteilen und die einheitliche Verwaltungsmeinung darstellen. Zu den häufigsten zählen sicherlich die Bescheide als hoheitliche Verwaltungsakte, die Leistungen fordern oder gewähren (Steuerbescheid, Sozialhilfebescheid, Nutzungserlaubnis).

Ein Problem der Typologisierung von Verwaltungstexten ergibt sich aus ihrer Multifunktionalität. Als zentrales Arbeitsmittel der Verwaltung vereinigen bestimmte Schreiben mehrere Texte mit unterschiedlichen Funktionen. So kann beispielsweise ein Antragsvordruck zugleich Mitteilungen der Verwaltung, Mitteilungen des Bürgers, verwaltungsinterne Bearbeitungsvermerke und den abschließenden Verwaltungsbescheid enthalten. In diesem Fall vereint ein Schreiben mehrere Textsorten, die nur analytisch zu trennen sind. Textlinguistisch bedeutet das, dass Verwaltungsschreiben mehrfachadressiert und kooperativ erstellt sind. Die arbeitsteilig und hierarchisch organisierte Verwaltungsstruktur erfordert bearbeitungssensitive Texte, die von mehreren Aktanten sukzessive bearbeitet werden können. Besonders deutlich zeigt sich das am Beispiel von Formularen, die nicht nur an unterschiedliche Klientengruppen adressiert sind, sondern auch innerhalb der Verwaltung von verschiedenen Stellen bearbeitet werden können.

2. Formular

Formulare werden nicht selten als eine der wichtigsten Textsorten (Grosse 1981, 271) oder als „eine der typischsten und schwierigsten Erscheinungsformen der Verwaltungssprache" (Gülich 1981, 328 f) bezeichnet. Das hängt zusammen mit der Komplexität dieser Textsorte, ihrer weiten Verbreitung und insbesondere mit den Schwierigkeiten, den sie ihren laienhaften Benutzern bereitet. Formulare dienen sowohl der Kommunikation mit dem Bürger als auch der verwaltungsinternen Bearbeitung einzelner Vorgänge. Sie werden von den Agenten vor dem jeweiligen normsetzenden Wissenshintergrund als Lückentexte formuliert und von den Klienten mit ihrem individuellen Wissen und oftmals ohne Kenntnis des normativen Hintergrundes ausgefüllt und an die Verwaltung zurückgegeben. Diese Doppelfunktion als Kommunikations- und Arbeitsmittel ist ein wesentliches Kennzeichen von Formularen.

Begrifflich unterscheiden wir mit Diederich (1980, 96) und Fuchs-Khakhar (1987, 105) zwischen zwei Arten von Vordrucken: den Fragevordrucken und den Mitteilungsvordrukken; Toebe-Albrecht (1989, 23) spricht von *Formularen zur Informationsgewinnung und Informationsübermittlung.* Terminologisch verwenden wir den Ausdruck *Vordruck* als Oberbegriff für alle ganz oder teilweise vorgefertigten Texte, die nur durch einzelne Äußerungen vervollständigt werden müssen. *Formulare* sollen dann solche Texte heißen, mit deren Hilfe die Verwaltung in bestimmten Handlungszusammenhängen Daten vom Bürger erhebt; *Formschreiben* sind schließlich solche Texte, mit denen sich die Verwaltung an den Bürger richtet, insbesondere zur Mitteilung von Bescheiden (s. u.).

2.1. Forschungsstand

Unser Wissen über Formulare beruht im wesentlichen auf einer intensiven Beschäftigung mit der Verwaltungssprache Anfang der 80er Jahre (s. o.). So war das Formular Gegenstand zweier Fachtagungen des IDS in Mannheim (Grosse/Mentrup ed. 1980) sowie der Akademie der Sprache und Dichtung in Darmstadt (Radtke ed. 1981). Im Zentrum beider Tagungen stand die Verständlichkeit von Formularen, die ein wesentlicher Bestandteil von Bürgernähe in einem demokratischen Rechtsstaat ist. Im Rahmen einer Neubestimmung des Verhältnisses von Staat und Bürger, das Verwaltungen zunehmend als Dienstleister sieht, kommt den Formularen als eine wesentliche Schnittstelle hierbei große Bedeutung zu.

Zentrale Aspekte der Untersuchung von Formularen sind Analysen zur Verständlichkeit im Bereich der Terminologie, der Syntax oder des Textaufbaus, die auf Formulare übertragen werden. Diesen ersten Ergebnissen stehen Desiderata gegenüber, auf die hinzuweisen kaum ein Beitrag versäumt. Auch heute noch müssen wir mit Bedauern konstatieren, dass empirische Untersuchungen zur Struktur, zur Funktion und zum Gebrauch von Formularen nach wie vor fehlen. Festzustellen ist lediglich eine allgemeine Sensibilisierung für die Problematik der Verständlichkeit von Fachtexten im Allgemeinen. Das führt innerhalb der Verwaltungen zu durchaus ernsthaften Bemühungen, Vordrucke bürgerfreundlicher zu gestalten. Eine breite und systematische Behandlung des Problems in Theorie und Praxis, in Forschung und Ausbildung steht allerdings nach wie vor aus.

2.2. Historische Hintergründe

Die historisch-etymologischen Wurzeln des Begriffs „Formular" gehen, wie Fotheringham (1980, 25 ff) darlegt, auf die im Mittelalter im Rahmen der Rechtsprechung gebräuchlichen *Formelsammlungen* zurück. Dabei handelt es sich um beispielhafte Mustertexte für Urteile und Urkunden, die im römischen Zivilprozessrecht eine wichtige Rolle spielten. Sie wurden von den herrschenden Landesfürsten herausgegeben und von den Geschworenen zur Beilegung von Rechtsstreitigkeiten verwendet. Sie enthielten den Wortlaut für typische Rechtsfälle, in die dann die konkreten Fälle eingesetzt wurden. Da sie häufig in den Kanzleien der jeweiligen Herrscher entstanden, hatten sie maßgeblichen Einfluss auf die Kanzlei- bzw. Verwaltungssprache. Und auf diesem Wege trugen sie zugleich wesentlich, wie Grosse (1981, 268 ff) anmerkt, zur Ausbildung der neuhochdeutschen Schriftsprache bei.

2.3. Juristische Grundlagen

Der enge Zusammenhang von Verwaltung und Recht sowie der zugehörigen Textsorten gilt auch heute noch. Damit ist ein Aspekt benannt, der vielfach bei Fragen der Textverständlichkeit zu wenig Beachtung findet. Denn für die Mehrzahl der Formulare gilt, dass sie Bestandteil eines förmlichen Verwaltungsaktes sind, mit erheblichen Auswirkungen auf ihre sprachlich-textuelle Gestaltung. Wesel (1991, 253 ff) zeichnet anhand der Entwicklung des Verwaltungsrechts nach, wie das Verwaltungshandeln in der Bundesrepublik Deutschland im Zuge der zunehmenden Demokratisierung der gerichtlichen Überprüfung zugänglich gemacht wurde. Es war im übrigen das Oberverwaltungsgericht in Münster, das im Jahre 1956 erstmals die Zulässigkeit von Klagen gegen solche Verwaltungsentscheidungen für grundsätzlich zulässig erklärte, die in die Rechte Einzelner eingreifen. Danach müssen Verwaltungsakte auf einer gesetzlichen Grundlage beruhen. Das gilt im übrigen auch für die sog. Leistungsverwaltung (Sozialhilfe, Wohngeld), die ebenfalls bis in die 50er Jahre der gerichtlichen Überprüfung entzogen war.

Dieses grundsätzlich neue Verständnis des Verhältnisses von Staat und Bürger wirkt sich unmittelbar auf das Verwaltungshandeln und mittelbar auch auf Formulare aus. Denn mit der Klagemöglichkeit gegen Verwaltungsakte ist die Verwaltung gezwungen, den gesamten Prozess der Entscheidungsfindung transparent zu machen. Sie muss für alle Schritte die gesetzlichen Grundlagen ihres Handelns angeben, um dem Bürger bzw. dem Gericht eine rechtliche Überprüfung zu ermöglichen. Hierin gründet ein Phänomen von Formularen, das immer wieder als Grund für ihre Schwerverständlichkeit genannt wird: die Bezugnahme auf Gesetzestexte (vgl. 2.6.), was in gleicher Weise auch für Bescheide gilt.

2.4. Zwecksetzung

Ein wesentliches Merkmal von Formularen ist ihre doppelte Zwecksetzung: Sie dienen einmal als Erhebungsinstrument für Informationen vom Klienten und zum anderen als Arbeitsmittel der Verwaltung. Das macht sie – zusammen mit ihrer rechtlichen Einbindung – zu einer komplexen Textsorte. Das wird deutlich, wenn man sich ihre Stellung innerhalb des Verwaltungshandelns ansieht. Das Verwaltungshandeln kann mit Lüdenbach/Herrlitz (1981, 307f) und in Anlehnung an Luhmann (1971) als 'konditionales Entscheidungsprogramm' beschrieben werden: Wenn bestimmte Bedingungen erfüllt sind, dann folgt automatisch Handlung X. Am Beispiel: Erfüllt ein Bauantrag alle erforderlichen Voraussetzungen, *muss* eine Baugenehmigung erteilt werden. Damit besteht eine wesentliche Verwaltungsaufgabe in der Ermittlung der erforderlichen Voraussetzungen, und hierfür werden die Formulare eingesetzt. Mit ihrer Hilfe erfragt die Verwaltung vom Bürger diejenigen Informationen, die sie für ihre Entscheidungsfindung benötigt. Handlungstheoretisch bedeutet das, der Klient muss seinen Einzelfall unter die allgemeinen Bestimmungen subsumieren. Auf die damit verbundenen Schwierigkeiten weisen Lüdenbach/Herrlitz (1981) und Stickel (1981) hin.

Sind die Informationen erhoben, kann das Formular seinem zweiten Teilzweck, der Entscheidungsfindung, dienen. Innerhalb der arbeitsteiligen Verwaltung kann nur relativ schematisch – und damit unabhängig von Einzelpersonen – die Zuordnung der individuellen Sachlagen zu den allgemeinen Bestimmungen erfolgen. Das Formular wird zu einem wesentlichen Bestandteil der Akte, der verwaltungstypischen Form der Vorgangsbearbeitung (vgl. Seibert 1981; Helbig 1980, 46f). Infolge dessen müssen Formulare mehreren Ansprüchen genügen: In der Kommunikation mit dem Klienten müssen sie möglichst allgemein verständlich sein; als Bestandteile von Verwaltungsakten müssen sie juristischen Anforderungen genügen, und als Verwaltungsinstrument müssen sie technischen Erfordernissen gerecht werden.

2.5. Textstruktur

Aus der doppelten Zwecksetzung von Formularen ergibt sich eine spezifische Textstruktur. Zunächst einmal werden Formulare in vielen Fällen zusammen mit weiteren Texten ausgehändigt, insbesondere mit Erläuterungen (*Hinweise zur Anmeldung* (Meldegesetz)), Anleitungen zum Ausfüllen des Formulars (*Anleitung zur Einkommenssteuererklärung; Hinweise zum Ausfüllen des Formblatts 3/88*) sowie mit allgemeinen Informationen. Diese sind zwar nicht Bestandteil des Formulars, oft aber notwendige Voraussetzung für sein Verstehen und Ausfüllen. Die Formulare selbst weisen eine Makrostruktur mit etwa den folgenden Elementen auf:

– Name der abgebenden Institution, die zugleich Absender wie Adressat ist
– Name des Formulars, häufig in Form einer Bezeichnung der zugrunde liegenden Verwaltungshandlung (*Antrag auf Lohnsteuer-Ermäßigung, Arbeitslosenhilfe, Wohngeld etc., Anmeldung bei der Meldebehörde, Erklärung*)
– Instruktionen für den Ausfüller (*Bitte Zutreffendes ankreuzen. Belege beifügen!*)
– Erhebungsteil mit Äußerungen, Leerräumen für den Klienten und reservierten Flächen für die Verwaltung (s. u.)
– Ermächtigungen, z. B. Einzugsermächtigung
– Versicherungen, z. B. über die Richtigkeit der Angaben
– Leerstelle für Datum und Unterschrift des Klienten

Am klarsten zeigt sich die Zwecksetzung von Formularen im Erhebungsteil, der dialogisch konzipiert ist (Gülich 1981, 328 ff). Hier veranlasst die Verwaltung den Bürger mit geeigneten Sprechhandlungen, die erforderlichen Informationen mitzuteilen. Als veranlassende Sprechhandlung finden sich folgende:

– Fragen mit Leerraum für die Antwort (*Welche Wohnung wird überwiegend genutzt?*)
– vorformulierte Assertionen zum Ankreuzen (□ *Ich habe für Teilzeitbeschäftigung pauschal besteuerten Arbeitslohn erhalten.*)

- vorformulierte Assertionen mit Leerstellen (*Das Kind gehörte zu meinem Haushalt von ... bis ...*)
- auf ein Stichwort reduzierte Fragen plus Leerraum für die Antwort (Name: _____)
- für den Klienten vorformulierte Sprechhandlungen anderer Art, etwa ANTRÄGE (*Ich beantrage, (...) als unbeschränkt steuerpflichtig behandelt zu werden*), AUFFORDERUNGEN (*Der Steuerbescheid soll nicht mir/uns zugesandt werden, sondern ...*), VERSICHERUNGEN (*Ich versichere, dass ich die Angaben in diesem Vordruck und den Anlagen wahrheitsgemäß und nach bestem Wissen und Gewissen gemacht habe.*), EINVERSTÄNDNISERKLÄRUNGEN (*Wir sind damit einverstanden, dass ...*)

Helbig (1980, 50 ff) differenziert diese Erhebungsformen nach „Textlücken, Fragebogen, Leitwörter, Tabelle und Auswahltext". Die Spezifik der Textsorte Formular zeigt sich also darin, dass *innerhalb* des Textes ein systematischer Wechsel der Äußerungsproduzenten stattfindet. Deshalb sieht Grosse (1981, 271) hierin „ein streng formalisiertes Interview"; Gülich (1981, 329) spricht von „schriftlicher Dialog" und Becker-Mrotzek (1992) von schriftlichen Diskursen. In bestimmten Fällen dienen Teile oder Kopien des Formulars zugleich als Mitteilungsvordruck für den Bescheid (s. u.), wodurch der Kommunikationsvorgang Bürger−Verwaltung abgeschlossen wird. Das Formular kann somit als Versuch angesehen werden, eine Äußerungssequenz (Sequenz = Sprecherwechsel) schriftlich zu realisieren. Der damit verbundene Verlust der typisch mündlichen Verständigungsmittel (Interjektionen, Rückfragen, recipient design) lässt Schwierigkeiten bei seiner Realisierung erwarten.

2.6. Verständlichkeit

Eine dieser Schwierigkeiten liegt in der Bezugnahme auf Gesetze oder − wie es Schäfer/Skorka (1979) nennen − in der 'Abbildung von Gesetzestexten auf Formulare'. Denn Gesetze sind eine ebenfalls schwierig zu rezipierende Textsorte, deren Inhalt den meisten Lesern unbekannt ist (→ Art. 58). Grundsätzlich geht es hierbei um die Frage, ob auf Gesetzestexte lediglich verwiesen wird, ob sie auszugsweise zitiert oder paraphrasiert werden. Um diese Frage unter dem Gesichtspunkt der Verständlichkeit zu entscheiden, müssen ebenso Annahmen über das Vorwissen der Leser wie über die Funktion solcher Bezugnahmen gemacht werden. Ein weiteres Problem stellt die Verwendung von Fachtermini, insbesondere von juristischen Fachausdrücken dar (Fotheringham 1980, 28 ff). Gerade abstrakte Rechtsbegriffe, die häufig wörtlich aus dem Gesetzestext übernommen werden, bedürfen der Interpretation. Denn sie enthalten Ermessensspielräume (s. u. Struktur von Bescheiden), um nicht jeden Einzelfall im Gesetz regeln zu müssen. Da sie jedoch Bestandteil eines komplexen Regelungssystems sind, können sie im Allgemeinen nicht alltagssprachlich geklärt werden. Was im Einzelfall als *Arbeitsmittel* gilt, hängt von vielen Faktoren ab. Konkrete Vorschläge zur verständlichen Gestaltung von Formularen finden sich u. a. in Daum (1979), Mentrup (1980, 122 ff), kritisch hierzu Lüdenbach/Herrlitz (1981, 307 ff), Helbig (1980), Diederich (1980), Grosse (1981), Gülich (1981), Otto (1978). Toebe-Albrecht (1989) behandelt insbesondere die äußere Gestaltung von Formularen. In ihrer empirischen Untersuchung stellt sie einen positiven Zusammenhang zwischen einer klaren, typographisch visualisierten Textstruktur und der Verständlichkeit fest.

3. Bescheid

3.1. Begriff

Im alltäglichen Sprachgebrauch werden vielfach jegliche von einer Verwaltungsinstanz erhaltene Auskünfte/Mitteilungen/Schreiben im Sinn von „Bescheid bekommen" als Bescheide aufgefasst. Dieses weite Verständnis ist jedoch nicht gemeint, wenn im Folgenden die Textsorte „Bescheid" behandelt wird. Im engeren, rechtlichen Sinn versteht man unter Bescheid (in schweizerischer Terminologie auch „Verfügung") einen ein einzelnes Verwaltungsverfahren abschließenden Verwaltungsakt (Linhart 1975, 56 f). Seine schriftliche Form soll hier als die Textsorte Bescheid verstanden werden.

3.2. Zwecksetzung

Aus dieser begrifflichen Bestimmung ergibt sich bereits, dass Bescheide als wesentliche Instrumente der öffentlichen Verwaltung anzusehen sind: sie geben die von einer Verwaltungsbehörde zur Regelung eines Einzelfalles auf dem Gebiet des öffentlichen Rechtes getroffene Entscheidung kund, und zwar mit unmittelbarer Rechtswirkung (Büter/Schimke 1993, 14).

In linguistischer Perspektive repräsentieren Bescheide reaktive Handlungen des Begünstigens oder Belastens (BEWILLIGEN, ABLEHNEN, ANFORDERN etc.) als Antwort der Verwaltung auf einen „Antrag" (s. o. „Formular") des Bürgers oder auf vorgängige Datenerhebung der Verwaltung. Da Bescheide also immer reaktive Handlungen der Verwaltung mit lebenspraktischen Konsequenzen für den Adressaten darstellen, repräsentieren sie das (vorläufige) Ende einer (mindestens zweiteiligen und auf zwei sozial asymmetrische Aktanten verteilten) Handlungssequenz.

3.3. Textstruktur

Aus dieser funktionalen Bestimmung des Bescheides ergibt sich seine textuelle Struktur. Nach Joerger (1979, 211) weist ein Bescheid folgenden prototypischen (vgl. Büter/Schimke 1993, 93 ff; Linhart 1994, 2 ff) sprachlich-kommunikativen Aufbau auf:

- Einleitung
- Tenor
- Gründe
- Rechtsbehelfsbelehrung
- Grußformel, Unterschrift
- Bearbeitungsvermerke

Daraus wird zunächst die kommunikative Rahmenstruktur deutlich (Einleitung, Briefkopf mit Absenderangabe der Institution, Adresse und Anrede des Empfängers und abschließende Grußformel mit Unterschrift des Verantwortlichen), die einerseits aus der medialen Form der Übermittlung als „Brief", andererseits aus der urkundlichen Notwendigkeit des Namhaftmachens der Handlungsbeteiligten resultiert.

Darüber hinaus enthält die „Einleitung" verschiedene Angaben zur Bearbeitungserleichterung (Aktenzeichen), zur möglichen mündlichen Kontaktaufnahme (Telefonnummer für Rückfragen des Adressaten an die/den Sachbearbeiter(in)), zur Kennzeichnung des Sachverhaltes (Betreff und Bezug) und (eventuell) zur besonderen Zustellungsart („Einschreiben" o. ä.). Alle diese in Form einfacher Nennungen gegebenen Angaben lassen bereits das Netz der Zusammenhänge erkennen, in die ein Bescheid eingebunden ist.

Im Rahmen dieser kommunikativen Grundkonstellation ist die Abfolge der beiden auf den jeweiligen Einzelfall bezogenen Hauptbestandteile des „Bescheides" angesiedelt: der „Tenor" und seine „Begründung". Zum „Tenor", der die von der Verwaltung in der anhängigen Sache getroffene Entscheidung formuliert („Entscheidungsformel"), gehören auch die „Nebenbestimmungen" wie die „Kostenentscheidung" und die etwaige „Anordnung der sofortigen Vollziehung" und einer etwaigen „Androhung von Zwangsmaßnahmen" (vom „Zwangsgeld" bis zur „Zwangshaft") (vgl. Linhart 1994, 2 f). Der Tenor repräsentiert also mehrere performative Sprechhandlungen (AUFFORDERUNG, VERPFLICHTUNG, GEWÄHRUNG, VERSAGUNG, etc.), die mit der Aushändigung an bzw. der Rezeption durch den Adressaten wirksam werden. Insofern markiert der Tenor als die Regelung einer Sachlage den eigentlichen Abschluss des jeweiligen Verwaltungsaktes (sofern kein Widerspruch eingelegt wird).

Während im „Tenor" keine Rechtsgrundlagen für die Entscheidung zu nennen sind (Joerger 1979, 213), spielen diese in der sich anschließenden „Begründung" eine wesentliche Rolle. In diesem Begründungsteil verbinden sich die mit allgemeinsprachlichen Mitteln durchzuführende „Sachverhaltsdarstellung" und ihre „rechtliche Würdigung" (vgl. Linhart 1975, 131 ff), die mit spezifischer, vom Alltagsverständnis abweichender Fachbegrifflichkeit und juristischem Hintergrundwissen operiert; daher ist in diesem Textteil des Bescheides die Verstehensproblematik für den Adressaten/Klienten besonders virulent (vgl. das in Abschnitt 2.6. zur Verständlichkeit von Formularen Gesagte).

Der Begründungszusammenhang, der durch die Nennung der sich aus dem zugrunde liegenden Sachverhalt ergebenden rechtlichen Konsequenzen („Rechtsfolge") sowie der dafür herangezogenen Rechtsgrundlage eingeleitet wird, entfaltet im einfachen Fall, d. h. bei unstrittigen Sachverhalten, eine in der Regel chronologische Darlegung des tatsächlichen Sachverhaltes, von dem die Behörde als „tatsächlichen Gründen" für ihre Entscheidung ausgeht, und ordnet diesen Einzelfall einer geeigneten/passenden allgemeinen Rechtsgrundlage zu („Subsumption") (vgl. Büter /Schimke 1993, 57 ff). Mit diesem Verfahren werden gleichzeitig zwei Ziele verfolgt: zum einen soll der Adressat durch diese Argumentationsfigur perlokutiv von der Richtigkeit der Entscheidung überzeugt werden. Zum anderen dient dieses Begründungsverfahren neben der Eigenkontrolle der entscheidenden Verwaltung auch übergeordneten kontrollierenden Instanzen (z. B. bei Widersprüchen) zur Überprüfung der Rechtmäßigkeit der getroffenen Entscheidung. Damit manifestiert sich in diesem Begründungsverfahren ein typischer Fall von Mehrfachadressierung, insofern hier zwar der betroffene Bürger als primärer Adressat fungiert, gleichzeitig aber an „kontrollierende Instanzen als sekundäre Textadressaten" (vgl. Hoffmann 1983, 138) zu denken ist.

Dieser, Sachverhaltsdarstellung und Rechtsgrundlage verbindende Begründungszusammenhang, der auch durch anderweitige Stützargumente (z. B. Appell an die Vernunft, Hinweis auf allgemeine Erfahrungen, das Eigeninteresse des Bürgers oder das Interesse der Öffentlichkeit) angereichert sein kann, wird wesentlich komplizierter, wenn die Tatsachen, von denen auszugehen ist, umstritten sind (vgl. Joerger 1979, 217). In einem solchen Fall ist der Sachverhalt in einem Argumentationsgang zu rekonstruieren, der die Anführung und Widerlegung falscher Tatsachenbehauptungen umfasst und dem zugrundezulegenden Sachverhalt mit Hilfe von Ergebnissen der Amtsermittlung, stützenden Beweisen aller Art, Zeugenaussagen, Ergebnissen des Augenscheins, Feststellungen der Polizei, beschlagnahmten Beweisstücken (z. B. Fahrtenschreiberausdruck) etc. zu plausibilisieren gestattet. Von daher wird insbesondere auch einsichtig, dass es für die Einstellung eines Bescheides nicht genügt, den „Tenor" mitzuteilen, sondern dass eine Pflicht zu einer Begründung besteht, weil ein Verwaltungsakt (VA) mehrfache Fehlerquellen enthalten kann. „Ein VA kann im Ergebnis richtig, jedoch nicht oder nicht richtig begründet sein, oder ein VA kann zwar sorgfältig begründet, jedoch sachlich falsch sein, weil von unzutreffenden Tatsachen ausgegangen oder das Recht nicht richtig angewendet worden ist" (Joerger 1979, 215).

In diesen Teil des Bescheides gehören auch die Begründungen für die Entscheidungen über die Beifügung von Nebenbestimmungen, für die Festsetzung von Kosten sowie für die Anordnung der sofortigen Vollziehung und für etwaige Zwangsmaßnahmen (vgl. Linhart 1975, 142 ff). Besondere Bedeutung gewinnt die Begründung bei Ermessensentscheidungen (vgl. Büter/Schimke 1993, 63 ff; Linhart 1994, 3 passim). Hier besteht die Pflicht, deutlich zu machen, dass das Ermessen von der entscheidenden Instanz erkannt worden und welche Überlegungen letztlich ausschlaggebend waren. Auch bei Beurteilungsspielräumen ist eine ausführliche Begründung erforderlich. Insgesamt wird durch diese Nennung der vielfältigen zu berücksichtigenden Gesichtspunkte deutlich, welch hohen Komplexitätsgrad dieser Begründungs-Teil der Textsorte Bescheid aufweist (vgl. Linhart 1975, 125–150).

Bemerkenswert ist, dass die sogenannte „Rechtsbehelfsbelehrung" nicht grundsätzlich, sondern nur fallweise ein verpflichtender Bestandteil des Bescheides ist (Joerger 1979, 220; Linhart 1975, 152 f). Gleichwohl wird sie heute nach dem Begründungsteil eines „Bescheides" üblicherweise eingefügt. Der Terminus scheint kaum ersetzbar, weil mit der Wahl des Ausdrucks „Behelf" (im Unterschied zum „Rechtsmittel", das nur gegen richterliche Entscheidungen eingelegt werden kann) terminologisch zum Ausdruck gebracht werden soll, dass es sich um die Möglichkeit des Widerspruchs oder Einspruchs gegen eine Verwaltungsentscheidung handelt (Linhart 1975, 152).

Nach der bereits unter den kommunikativen Rahmenbedingungen genannten abschließenden Grußformel und der Unterschrift des Verantwortlichen folgen manchmal bestimmte „sachleitende Verfügungen" (Linhart 1994, 7) für die interne Bearbeitung des Vorgangs (z. B. Nachrichtlich an …, Wiedervorlagetermin u. ä. (vgl. Joerger 1979, 221)). Diese stellen außerhalb des eigentlichen Inhalts liegende Zusätze dar, die jedoch wiederum als Hinweis auf die vielfältige Verflechtung von Verwaltungshandeln angesehen werden können.

Insgesamt wird aus dieser Nachzeichnung der prototypischen Struktur eines Bescheides deutlich, welch hoher Grad an Komplexität dieser Textsorte eignet und welche Aufgaben demnach ihrer umfassenden linguistischen Bestimmung gestellt sind.

4. Literatur (in Auswahl)

Albrecht, Richard/Reidegeld, Eckart (1985): Texte aus der Sozialverwaltung. Möglichkeiten und Grenzen ihrer Verbesserung. In: Zentralblatt für Sozialversicherung, Sozialhilfe und Versorgung 39, 169–176.

Albrecht, Wilma R. (1986): Ansätze und Ergebnisse der Textverständnis- und Textverständlichkeitsforschung zur Verbesserung von Texten aus der Sozialverwaltung. Ein Forschungsbericht. In: Deutsche Sprache 14, 345–380.

Appel, Sigrid/Bark, Karin (1971): Arbeitsmappe, Formulare und Schriftverkehr. München.

Augst, Gerhard (1981): Die Verständlichkeit der Gesetzes- und Verwaltungssprache aus linguistischer Sicht. In: Radtke, I. (ed.), 259–267.

Becker-Mrotzek, Michael (1992): Forms as literalized discourses in the communication between administration and citizens. In: Pander Maat, H./Steehouder, M. (eds.): Studies of functional text quality. Amsterdam, 7–19.

– (1999): Die Sprache der Verwaltung als Institutionensprache. In: Hoffmann, L./Kalverkämper, H./Wiegand, H. E. (eds.): Fachsprachen. Ein internationales Handbuch zur Fachsprachenforschung und Terminologiewissenschaft. 2 Bd. Berlin, 1391–1402.

Becker-Mrotzek, Michael/Brinkschulte, Melanie/Ruske, Peter/Scherner, Maximilian (1995): Optimierung von Formschreiben (Gutachten). Münster.

Benckiser, Nikolas (ed.) (1961): Kritik aus dem Glashaus. Neue Glossen und Aufsätze der Frankfurter Allgemeinen Zeitung über gutes und schlechtes Deutsch. Frankfurt.

– (ed.) (1962): Im Gespräch mit der Sprache. Glossen und Aufsätze der Frankfurter Allgemeinen Zeitung über gutes und schlechtes Deutsch. Frankfurt.

– (ed.) (1969): Modenschau der Sprache. Glossen und Aufsätze der Frankfurter Allgemeinen Zeitung über gutes und schlechtes Deutsch. Frankfurt.

Brinker, Klaus (1996): Die Konstitution schriftlicher Texte. In: Günther, Hartmut/Ludwig, Otto (eds.): Schrift und Schriftlichkeit. Ein interdisziplinäres Handbuch. 2. Halbband. Berlin, 1515–1526.

Bruns, Karl (1892/1978): Die Amtssprache. Verdeutschung der hauptsächlichsten im Verkehre der Gerichts- und Verwaltungsbehörden sowie in Rechts- und Staatswissenschaften gebrauchten Fremdwörter. (Alfred Bruns (ed.) (1978): Nachdrucke zur westfälischen Archivpflege. Münster.)

Büter, Dieter/Schimke, Hans-Jürgen (1993): Anleitung zur Bescheidtechnik. 2. neubearbeitete und erweiterte Aufl. Berlin.

Daum, V. (1979): Fingerzeige für die Gesetzes- und Amtssprache. Wiesbaden.

Dieckmann, Walther u. a. (1980): Sprachbewertung. Diskussionsvorlage für die 2. Jahrestagung der Deutschen Gesellschaft für Sprachwissenschaft. Berlin, Februar 1980. In: LAB Berlin (West), H. 15, 131–138.

Diederich, Georg (1980): Das Kommunikationsmittel „Formular". In: Grosse, S./Mentrup, W. (eds.), 96–111.

– (1981): Sprachliche Normen für die Verwaltung? – Ja! In: Radtke, I. (ed.), 222–237.

Ehlich, Konrad (1986a): Funktional-pragmatische Kommunikationsanalyse – Ziele und Verfahren. In: Hartung, W. (ed.): Untersuchungen zur Kommunikation – Ergebnisse und Perspektiven. Berlin, 15–40.

– (1986b): Die Entwicklung von Kommunikationstypologien und die Formbestimmtheit des sprachlichen Handelns. In: Kallmeyer, Werner (ed.) (1986): Kommunikationstypologie. Handlungsmuster, Textsorten und Situationstypen. Düsseldorf, 47–72.

– (1990): 'Textsorten' – Überlegungen zur Praxis der Kategorienbildung in der Textlinguistik. In: Mackeldey, R. (ed.), 17–30.

Ehlich, Konrad/Rehbein, Jochen (1977): Wissen, kommunikatives Handeln und die Schule. In: Goeppert, Herma C. (ed.): Sprachverhalten im Unterricht. München, 36–114.

Engel, Ulrich (1988): Deutsche Grammatik. Heidelberg.

Fotheringham, Heinz (1980): Allgemeine Gesichtspunkte des Formulars. In: Grosse, S./Mentrup, W. (eds.), 25–43.

– (1981): Die Gesetzes- und Verwaltungssprache im Spannungsfeld zwischen fachlicher Qualität und Allgemeinverständlichkeit. In: Radtke, I. (ed.), 100–118.

Fuchs, Werner u. a. (eds.) (1978): Lexikon zur Soziologie. 2. Aufl. Opladen.

Fuchs-Khakhar, Christine (1987): Die Verwaltungssprache zwischen dem Anspruch auf Fachsprachlichkeit und Verständlichkeit. Eine vergleichende Darstellung dieses Konflikts in der deutschen Verwaltungssprache und Vorschläge zu seiner Bewältigung. Ergänzt durch einen Blick auf die neueren Ansätze zur Verbesserung der Verwaltungssprache in Großbritannien. Tübingen.

Grosse, Siegfried (1980): Allgemeine Überlegungen zur sprachlichen Fassung von Vordrucken und Formularen. In: Grosse, S./Mentrup, W. (eds.), 11–24.

– (1981): Vorschläge zur Verbesserung der Verständlichkeit von Verwaltungstexten. In: Radtke, I. (ed.), 268–274.

Grosse, Siegfried/Mentrup, Wolfgang (eds.) (1980): Bürger–Formulare–Behörde. Wiss. Arbeitstagung zum Kommunikationsmittel „Formular", Mannheim, Oktober 1979. Tübingen.

Gülich, Elisabeth (1981): Formulare als Dialoge. In: Radtke, I. (ed.), 322–356.

Gülich, Elisabeth/Raible, Wolfgang (1973): Textsorten–Probleme. In: Linguistische Probleme der Textanalyse. Jahrbuch 1973 des Instituts für deutsche Sprache. Düsseldorf, 144–197.

Heinemann, Wolfgang/Viehweger, Dieter (1991): Textlinguistik. Eine Einführung. Tübingen.

Heinrich, Peter (1991): Bibliographie zur Verwaltungssprache. (Fachhochschule für Verwaltung und Rechtspflege. Beiträge aus dem FB 1, Heft 21). Berlin.

Helbig, Max (1980): Der Aufbau und die Gestaltung der Vordrucke. In: Grosse, S./Mentrup, W. (eds.), 44−75.

Hoffmann, Ludger (1983): Arzneimittel-Gebrauchsinformation: Struktur, kommunikative Funktion und Verständlichkeit. In: Deutsche Sprache 11, 138−159.

Joerger, Gernot (1979): Bescheidtechnik. In: Schweickhardt, Rudolf (ed.): Allgemeines Verwaltungsrecht. Stuttgart, 209−731.

Knoop, Ulrich (1998): Kritik der Institutionensprache am Beispiel der Verwaltung. In: Hoffmann, L./Kalverkämper,H./Wiegand, H. E. (eds.): Fachsprachen. Ein internationales Handbuch zur Fachsprachenforschung und Terminologiewissenschaft. 1. Bd. Berlin, 866−874.

Linhart, Helmut (1975): Form, Aufbau und Inhalt von Schreiben, Bescheiden und Rechtsnormen in der Verwaltung. München.

− (1994): Der Bescheid. Form, Aufbau und Inhalt. München.

Lüdenbach, Wolfgang/Herrlitz, Norbert (1981): Zur Verständlichkeit von Formularen. Ein handlungstheoretischer Versuch. In: Radtke, I. (ed.), 305−321.

Luhmann, Niklas (1971): Lob der Routine. In: Politische Planung. Aufsätze zur Soziologie von Politik und Verwaltung. Opladen, 113−142.

Mackeldey, Roger (ed.) (1990): Textsorten/Textmuster in der Sprech- und Schriftkommunikation. Festschrift für Wolfgang Heinemann zum 65. Geburtstag. Leipzig.

Mentrup, Wolfgang (1980): Kurzbericht−Diskussionsverlauf−Fünf-Punkte-Programm. In: Grosse, S./Mentrup, W. (eds.), 112−125.

Otto, Ernst (1970): Die Sprache der Kanzleien im 16. Jh. Berlin (DDR).

Otto, Walter (1978): Amtsdeutsch heute. Bürgernah und praxisnah. 2. Aufl. Stuttgart.

− (1981): Die Paradoxie einer Fachsprache. In: Radtke, I. (ed.), 44−55.

Pfeiffer, Oskar E./Strouhal, Ernst/Wodak, Ruth (1987): Recht auf Sprache. Verstehen und Verständlichkeit von Texten. Wien.

Radtke, Ingulf (ed.) (1981): Die Sprache des Rechts und der Verwaltung. Stuttgart.

Rickheit, Gert (1981): Zur Verständlichkeit der Formularsprache. In: Radtke, I. (ed.), 275−283.

Rolf, Eckard (1996): Beobachtungen an Erläuterungen. Vorkommen, Status, Funktion. In: Motsch, Wolfgang (ed.): Ebenen der Textstruktur. Sprachliche und kommunikative Prinzipien. Tübingen, 103−117.

Schäfer, W./Skorka, G. (1979): Die Abbildung von Gesetzestexten auf Formulare in der Rentenversicherung. Zum Informationsgehalt von Formularen für die Benutzer. Kassel.

Schmandt-Besserat, Denise (1985): Tonmarken und Bilderschrift. In: Das Altertum 31, 76−82.

− (1994): Forerunners of Writing. In: Günther, Hartmut/Ludwig, Otto (eds.): Schrift und Schriftlichkeit. Ein interdisziplinäres Handbuch. 1. Halbband. Berlin, 264−268.

Schmidt, Siegfried J. (1973): Texttheorie. Probleme einer Linguistik der sprachlichen Kommunikation. München.

Seibert, Thomas-Michael (1981): Aktenanalysen. Zur Schriftform juristischer Deutungen. Tübingen.

Stickel, Gerhard (1981): Bei den kommunikativen Bedingungen und dem Sprachgebrauch der Behördenvordrucke nachgefaßt. In: Radtke, I. (ed.), 284−304.

Toebe-Albrecht, Ingrid (1989): Die Gestaltung verständlicher Formulare. Theoretische und empirische Untersuchungen zum Formularzeichensystem mit praktischen Anwendungshinweisen. Wiesbaden.

Wagner, Hildegard (1970): Die deutsche Verwaltungssprache der Gegenwart. Düsseldorf.

Wesel, Uwe (1991): Fast alles, was Recht ist. Jura für Nichtjuristen. Frankfurt/Main.

Wittich, Ursula (1990): Kommunikative Strategien zur Konfliktbewältigung am Beispiel von Eingaben. In: Mackeldey, R. (ed.), 126−129.

Michael Becker-Mrotzek, Münster
(Deutschland)
Maximilian Scherner, Münster
(Deutschland)

57. Textsorten des Bereichs Wirtschaft und Handel

1. Einleitung
2. Textlinguistik und Wirtschaftsfachsprachen
3. Charakteristika der Textsorten institutioneller Wirtschaftsfachsprachen
4. Zentrale Textsorten institutioneller Wirtschaftsfachsprachen
5. Vermittlungssprachliche Textsorten
6. Schluss
7. Literatur (in Auswahl)

1. Einleitung

Die Textsorten des Bereichs 'Wirtschaft und Handel' haben vergleichsweise wenig Beachtung in textlinguistischen Arbeiten gefunden. In den folgenden Abschnitten sollen daher nach einer exemplarischen Sichtung einschlägiger Textsortenbeschreibungen und typologischer Ansätze zu den Wirtschaftsfachsprachen (2.) die Hauptcharakteristika der Textsorten institutioneller Wirtschaftsfachsprachen vorgestellt werden (3.). Das vielbeklagte Theoriedefizit der Fachsprachenforschung (z. B. Bungarten 1993, 21) wirkt sich auch auf die Erfassung und Beschreibung wirtschaftssprachlicher Textsorten aus. Ein allgemein akzeptiertes Varietätenmodell der deutschen Gegenwartssprache steht ebenso noch aus wie eine damit verbundene Texttypologie für die Wirtschaftsfachsprachen. Texttypologische Ansätze für andere Sprachausschnitte (vgl. z. B. Göpferich 1992 und 1995) und Typologien zu den Wirtschaftsfachsprachen müssen noch auf ihre konkrete Anwendbarkeit im Bereich 'Wirtschaft und Handel' überprüft werden. Eine vielversprechende Texttypologie, die auch wirtschaftssprachliche Textsorten miteinschließt, wurde von Rolf (1993) vorgelegt.

Für die Abgrenzung des Gegenstandsbereiches 'Wirtschaft' in sprachlicher Hinsicht ist das varietätenlinguistische Modell der kommunikativen Bezugsbereiche (vgl. Steger 1988; Hundt 1995) hilfreich. Als sinnvoll hat sich dabei die Unterscheidung zwischen institutioneller und theoretisch-wissenschaftlicher Wirtschaftskommunikation erwiesen. Wirtschaftssprachliche Textsorten finden sich in erster Linie im Bezugsbereich der 'Institutionen', daneben auch in dem der 'Wissenschaften', sowie teilweise in vermittelnder Stellung zwischen diesen Bereichen und dem 'Alltag' (Vermittlung zwischen Institutionen und Alltag zwischen Wissenschaft und Institutionen, zwischen Wissenschaft und Alltag). In diesem Bereich stehen daher Textsorten institutioneller Wirtschaftskommunikation im Zentrum des Interesses (zu Textsorten der Wissenschaft vgl. Art. 61).

Diese allgemeine Eingrenzung des Gegenstandsbereiches nach den Weltausschnitten (Institutionen, Wissenschaften) und fachlich bedingten Unterteilungen (z. B. Handel, Kredit-/Versicherungswirtschaft, Börse im Bereich der Institutionen), in denen sich Wirtschaftskommunikation vollzieht, genügt noch nicht für die Klassifikation wirtschaftssprachlicher Textsorten. Die von Rolf (1993) vorgeschlagene Gliederung nach Textfunktionen ermöglicht eine darüber hinausgehende Beschreibung von Textsorten, die auch wirtschaftssprachliche Textsorten adäquat erfasst (s. 3.).

2. Textlinguistik und Wirtschaftsfachsprachen

„Textmuster" lassen sich als „kommunikative Routinen auf der Textebene" (Adamzik 1995a, 28) verstehen. Davon sind „Textsorten", als Klasse von Texten, die aufgrund eines oder mehrerer Differenzierungskriterien (z. B. Textfunktion) gebildet worden ist, zu unterscheiden. Folgt man dieser Trennung, dann gilt, dass eigentliche Beschreibungen wirtschaftssprachlicher Textsorten bislang kaum vorliegen. In der Regel wurden kommunikative Routinen in wirtschaftssprachlichen Texten beschrieben und nicht Textsorten der Wirtschaftssprache. Dazu sind allerdings seltener genuin fachsprachliche Textsorten sondern meist Texte der Wirtschaftspresse herangezogen worden. Dies geschah einerseits in sprachkritischer Absicht (z. B. Arnold 1973; Kisker 1973), wenn beispielsweise häufiger Passiv- und Metapherngebrauch als typische Mittel genannt wurden, die zur Deagentivierung und Verschleierung der Herrschaftsverhältnisse beitragen. Andererseits wurden Fachsprachenspezifika in Morphologie und Syntax anhand von Textkorpora aus Pressetexten untersucht (z. B. Piirainen 1982; Piirainen/Airismäki 1987). Auf die Analyse stilistischer Charakteristika in der Textsorte wirtschaftspolitischer *Leitartikel* konzentrierte sich Rehbein (1983).

Einige Untersuchungen zogen als Quelle institutionelle Wirtschaftstexte heran. Borgulya (1988) (1989) ging dem Phänomen der Informationsverdichtung in *innerbetrieblichen Dokumentationstexten* nach. Brandt et al. (1983) beschrieben die Auswirkungen der kommunikativen Handlungsziele auf die Struktur von *Geschäftsbriefen*. Optimierungsmöglichkeiten für *technische Dokumentationstexte* beschreibt Bock (1991). Für diese wie auch für andere ähnliche Beiträge (vgl. den Überblick in Hundt 1995) gilt wiederum, dass die jeweilige Textsorte zwar Grundlage der Untersuchung ist, diese selbst aber nicht mehr thematisiert wird. Daher handelt es sich nicht um Textsortenbeschreibungen, sondern um die Darstellung von kommunikativen Routinen in Textsorten.

Beschreibungen historischer Textsorten wurden z. B. von Ebert (1991, *Regulativ*) und Mattheier (1986, *Arbeitsordnung*) vorgelegt. Auf synchroner Ebene wurden *Arbeitszeugnisse* (Presch 1980; 1984; 1988; Möller 1990) eingehend untersucht; unter den Textsortenbeispielen bei Engel (1988) finden sich auch solche aus dem Bereich 'Wirtschaft': *Anmeldung/Formular, Protokoll, Auftragsbestätigung, Quittung, Verpflichtung, betriebliche Anweisung, Bestellung, Mahnung, Mietvertrag, Kaufvertrag, offizieller Brief/Geschäftsbrief, Werbeanzeige*. Ebenfalls mehrere Textsorten bezieht Gerzymisch-Arbogast (1986) in ihren Vorschlag zur Textsortendifferenzierung aufgrund der Thema-Rhema-Gliederung ein. Allerdings bilden dabei amerikanische Fachtexte die Quellenbasis.

Auch in Typologien der Wirtschaftsfachsprachen tauchen vereinzelt Textsortenbezeichnungen auf. So z. B. bei Bolten (1991), der Textsorten aus der Theoriesprache (z. B. *Monographie, Forschungsbericht, Lehrbuch*), aus der Berufssprache (z. B. *Geschäftsbericht, Bilanz, Vertrag, Protokoll, Zeitungsartikel*) und aus der fachbezogenen Umgangssprache (z. B. *Geschäftsbrief, Werbespot, populärwissenschaftliche Texte*) nennt. Wie andere Typologien (vgl. Hundt 1998) so dient auch die von Bolten zunächst als Heuristik zur Textkorpuserstellung.

Es kann somit festgehalten werden, dass wirtschaftssprachliche Textsorten (1) bislang kaum näher untersucht worden sind. (2) Wirtschaftstexte bilden vorwiegend eine Materialbasis für Analysen fachsprachlicher Spezifika, wobei die Textsortenebene kaum thematisiert wurde. (3) In Typologien zur Wirtschaftssprache ist die Textsortenebene übergreifenden Einteilungen nachgeordnet und bislang wenig erforscht.

3. Charakteristika der Textsorten institutioneller Wirtschaftsfachsprachen

Ein wichtiges Charakteristikum der Wirtschaftstextsorten ist ihre Stabilität. Diese Textsortenstabilität bezieht sich sowohl auf formale als auch auf inhaltliche Faktoren der Texte. Sie lässt sich unter zwei Stichwörtern zusammenfassen: Schematisierung und Standardisierung. Unter Schematisierung ist dabei die Tatsache zu verstehen, dass Textsorten wie *Lieferschein, Rechnung, Kontoauszug, Euroscheck* in der Praxis nur sehr geringe Variationen aufweisen. Um mit den Texten die entsprechenden Kommunikationsziele zu erreichen, werden in der Regel Formulare bzw. relativ stark vorgeprägte Textmuster verwendet, da sowohl die kommunikativen Anforderungen als auch die außersprachlichen Rahmenbedingungen (z. B. die Rechtsgrundlage) weitgehend stabil bleiben. Eine größere Variation der kommunikativen Routinen und damit letztlich der Textsorten ist für den institutionellen Bereich generell nachteilig. Als globale Handlungsziele stehen Verfahrenssicherheit, Verfahrensregelungen und die Schaffung institutioneller Wirklichkeiten im Vordergrund. Aus diesem Grund sind kommissive und deklarative Textsorten hier überproportional vertreten. Die Konstanz in Bezug auf Inhalt und Form fördert z. B. bei konkreten Textexemplaren der Textsorte *Überweisung* wesentlich die Verfahrenssicherheit, d. h. die Sicherheit der korrekten Ausführung der Überweisung. Die Notwendigkeit einer effektiven Verfahrensregelung – in diesem Falle zum Geldtransfer – ist der Grund für die Ausbildung stabiler, schematisierter Textsorten. Bei der *Überweisung* handelt es sich um eine direktive Textsorte (mit bindendem Durchsetzungsmodus bei Exekutionspflicht auf Seiten des Rezipienten, d. h. der Bank, vgl. Rolf 1993, 244), die den institutionellen Rahmen (Bankwesen, bargeldloser Zahlungsverkehr etc.) voraussetzt. Um in diesem Rahmen optimal, d. h. schnell und (rechts)sicher kommunizieren zu können, ist die Angleichung der einzelnen Textexemplare verschiedener Geldinstitute an eine Textsorte *Überweisung* nützlich. Hierin liegt der Grund für das zweite Charakteristikum wirtschaftsrelevanter Textsorten: die Standardisierung. Nicht nur innerhalb eines Unternehmens werden Textsorten variationsarm realisiert, sondern darüber hinaus auch unternehmensübergreifend. Diese Standardisierung wichtiger Textsorten steigert zusätzlich zum schematischen Aufbau und Inhalt die in der institutionellen Praxis notwendige Verfahrenssicherheit. Auch die mit dem Konzept der „Corporate Identity" verbundene Tendenz, ein spezifisches Unternehmensprofil auch auf der Textebene zu präsentieren, entkräftet die Standardisierung nicht. Beziehen sich doch die mit der „Corporate Identity" verbundenen Textteile in der Regel auf diejenigen Textteile, die gerade nicht wesentlich für die Realisierung der Textfunktion sind (Briefkopf, Wasserzeichen, Papierart, -farbe etc.). Die Standardisierung gilt nicht nur für einfache Textsorten wie *Rechnung*, *Auftragsbestätigung*, *Lieferschein*, *Einzugsermächtigung*, *Versicherungspolice* usw., sondern auch für komplexere Textsorten. So ist z. B. der *Geschäftsbericht* nur als Sammelbezeichnung für ganz unterschiedliche Textsorten zu verstehen. Die Standardisierung innerhalb dieser Textsorte zeigt sich darin, dass sowohl die Struktur der einzelnen Teiltexte als auch deren Abfolge im Geschäftsbericht über viele Unternehmen hinweg sehr stabil bleibt (s. 5.2.). Selbstverständlich gilt die tendenzielle Standardisierung wirtschaftsrelevanter Textsorten auch übereinzelsprachlich. Bedingt durch die zunehmende Globalisierung der Wirtschaft (z. B. EU-Markt) werden diese Textsorten aneinander angeglichen (z. B. Aktien-/Devisenkurse). Schematisierung und Standardisierung der Textsorten tragen somit auf allen relevanten Kommunikationsebenen (inner- und interinstitutionell, sowie zwischen Institutionen und der Alltagswelt) erheblich zu einer Komplexitätsreduktion im Sinne Luhmanns (1994) bei. Die Vorstrukturiertheit eines *Lebensversicherungsantrags* kann somit als Versuch verstanden werden, das komplexe Versicherungssystem (Tarife, Versicherungsbedingungen, rechtliche Voraussetzung) mit den Merkmalen des zu Versichernden (Eintrittsalter, Geschlecht, Berufsstellung) in Einklang zu bringen. Ein Ziel ist dabei, den kommunikativen Aufwand so gering wie möglich zu halten: das Formular ist im Vergleich zum jedesmaligen Neuaufsetzen bzw. Neustrukturieren des Textes ohne Vorgaben eine Erleichterung und Zeitsparnis; andererseits muss jedoch der betriebene kommunikative Aufwand auch so groß wie nötig sein, damit alle relevanten Daten und Kombinationsmöglichkeiten erfasst werden können, was wiederum zu einem Ausbau des Formulars führt. Dadurch wirken sie oftmals – entgegen ihrer komplexitätsreduzierenden Anlage – unübersichtlich. Durch Schematisierung und Standardisierung werden die Handlungsalternativen und damit Entscheidungsspielräume auf der Textebene verringt, um so Verfahrenssicherheit zu gewinnen.

Bei der Ermittlung und Beschreibung wirtschaftsbezogener Textsorten stellt sich ein Abgrenzungsproblem. Zum Kommunikationsbereich 'Institutionen' gehören auch Verwaltung, Rechtswesen und Politik, die in enger Verflechtung miteinander die Rahmenbedingungen für die Wirtschaft vorgeben. Somit ist eine klare Trennung zwischen verwaltungs-, rechts- und wirtschaftsbezogenen Textsorten nicht immer eindeutig möglich (→ 56, 58). Der *Steuerbescheid* ist, was den Bezugsbereich betrifft, einerseits dem Sektor der Verwaltung (Finanzbehörde) zuzurechnen, andererseits durch seinen inhaltlichen Bezug zum Einkommensteuergesetz dem Sektor des Rechtswesen (Steuergesetze), aber schließlich durch seinen Bezug zur wirtschaftlichen Situation des Empfängers und durch die mit ihm verbundenen finanziellen Transaktionen auch zu dem Sektor Wirtschaft gehörig. Eine so enge Verbindung zwischen den Sektoren des Bezugsbereichs 'Institutionen' ist für viele Textsorten der Wirtschaft typisch. Aus diesem Grund ist m. E. auch die Postulierung eines eigenständigen Kommunikationsbereichs 'Wirtschaft' nicht plausibel. Zeichnen sich die Kommunikationsbereiche 'Alltag', 'Institutionen', 'Technik', 'Wissenschaften', 'Ideologie/Religion' und 'Literatur' v. a. durch unterschiedliche Semantiken (Steger 1988; Hundt 1995, 57 ff) aus, so ist dies für die Abgrenzung von Wirtschaft, Verwaltung, Rechtswesen und Politik nicht der Fall. Sie lassen sich alle einer institutionensprachlichen Semantik zuordnen. Die weitere Unterteilung in Sektoren innerhalb eines Bezugsbereiches ist am versprachlichten Weltausschnitt orientiert und der entscheidenden sprachsystematischen Trennung in kommunikative Bezugsbereiche nachgeordnet.

Zur Klassifikation wirtschaftsrelevanter Textsorten reicht die Unterteilung des kommunikativen Bezugsbereiches 'Institutionen' in die Sektoren 'Wirtschaft', 'Verwaltung', 'Rechtswesen' und 'Politik' allerdings nicht aus. Zu dieser Differenzierung des Weltausschnittes, die noch durch die Unterscheidung zwischen primärem (Land-/Forst-/Fischereiwirtschaft), sekundärem (Bergbau/Industrie/Handwerk) und tertiärem (Dienstleistungen) Sektor verfeinert werden kann, muss die

Textfunktion als Klassifikationskriterium treten.

Rolf (1993) hat einen Vorschlag zur Klassifikation von Gebrauchstextsorten vorgelegt, der auch institutionelle Wirtschaftstexte miteinschließt. Er unterscheidet fünf verschiedene Textsortenklassen in Anlehnung an die fünf Sprechakttypen bei Searle. So können Textsorten eine assertive (oder informationale), direktive, kommissive, expressive oder deklarative Textfunktion haben. Die Textfunktion lässt sich über ein Illokutionsprofil bzw. über die dominierende Illokution (Illokutionshierarchie) ermitteln (vgl. Rolf 1993). Der Ansatz steht in der Tradition funktionaler Textsortenklassifikation wie z. B. der von Brinker (1983; 1992). Rolf hat insgesamt 2074 Textsorten in seiner Klassifikation zuordnen können (monotypisch, exhaustiv und homogen). Die Menge der Textsorten ist prinzipiell erweiterbar, wie die Sammlung bei Adamzik (1995) zeigt. Sie kommt auf nahezu 4000 Textsortenbezeichnungen, wobei allerdings auch literarische Textsorten und Gesprächssorten einbezogen sind, die Rolf ausklammert. Ohne den Vorschlag von Rolf im Detail zu diskutieren − z. B. Probleme der synonymen (*Spendenbescheinigung, Spendenquittung*) oder historischen (*Lehnseid, Lehnsbrief*) Textsortenbezeichnungen −, soll hier seine Unterteilung in fünf Textsortenklassen übernommen werden. Unterschieden werden fünf Hauptfunktionen der Gebrauchstextsorten:

„Der Zweck des Handelns [...] besteht
− im Falle der Assertiva: in der Beeinflussung der auf seiten des Adressaten vorauszusetzenden epistemisch-doxastischen Repräsentation der sog. außersprachlichen Wirklichkeit:
− im Falle der Direktiva: in der Herbeiführung einer bestimmten Adressatenhandlung;
− im Falle der Kommissiva: in der Ermöglichung einer Erwartungsorientierung im Hinblick auf ein bestimmtes zukünftiges Verhalten des Sprechers bzw. Textproduzenten;
− im Falle der Expressiva: in dem Versuch einer Einflußnahme auf den auf seiten des Adressaten vorausgesetzten Zustand seines emotionalen Gleichgewichts;
− im Falle der Deklarativa: in der Erzeugung, Aufrechterhaltung, Transformation oder Aufhebung einer (unterstellten) institutionellen Wirklichkeit" (Rolf 1993, 312 f).

Fasst man nun die von Rolf zugrunde gelegten Textsortenbezeichnungen als Gesamtkorpus auf, so stellen die darin enthaltenen wirtschaftsrelevanten Textsorten ein Teilkorpus dar. In dieses Teilkorpus wurden Textsorten aufgenommen, die vorwiegend im Wirtschaftssektor anzutreffen, bzw. die idealiter ausschließlich dort vorzufinden sind. Die Abgrenzungsproblematik zu Rechts-, Politik- und Verwaltungstextsorten besteht auch hier. So wurden etwa Verbote, Gesetze und Anzeigen (Direktiva), Zertifikate und Zeugnisse (Deklarativa), die jeweils wirtschaftsbezogen waren, mitaufgenommen. Mit dieser Einschränkung ließen sich bei der Sichtung des Gesamtkorpus 475 wirtschaftsrelevante Textsorten zuordnen. In Relation zur Gesamtheit verteilten sie sich wie in Abbildung 57.1 dargestellt (die Prozentzahlen beziehen sich auf die jeweilige Untergruppe, d. h. 107 von 903 = 11.8% usw.).

Bereits hier wird deutlich, dass wirtschaftsrelevante Textsorten anders verteilt sind als die Gesamtheit der Textsorten. Dies verdeutlicht Abbildung 57.2.

Während in der Gesamtmenge die assertiven Textsorten mit 43.5%, die direktiven mit 24.3%, die kommissiven mit 11.9%, die expressiven mit 5.2% und die deklarativen mit 15% vertreten sind, herrschen bei den Wirtschaftstextsorten deutlich die kommissiven (27.4%) und die deklarativen (26.3%) vor. Unterrepräsentiert sind die assertiven (22.5%) und − ganz deutlich − die expressiven (0.2%) Textsorten. Lediglich die direktiven Textsorten sind in der Teilmenge der Wirtschaftstextsorten annähernd gleich wie in der Gesamtmenge vertreten (23.6%).

Bereits aus diesem statistischen Befund lassen sich für die Struktur wirtschaftsrelevanter Textsorten einige Konsequenzen ziehen. Zunächst ist bemerkenswert, dass jede fünfte Textsorte vergleichsweise stark auf den Handlungsbereich der Wirtschaft bezogen ist (s. Abb. 1, 22.9%). Dies lässt die Erforschung und Beschreibung von Wirtschaftstextsorten einmal mehr als Desideratum erscheinen. Die starke Position kommissiver und deklarativer Textsorten erklärt sich aus den Anforderungen des Bezugssektors. Verfahrenssicherheit, Verfahrensregelungen und die Schaffung institutioneller Wirklichkeiten (vgl. dazu Rolf 1993, 291 f) sind zentrale kommunikative Aufgaben. Diese Aufgaben lassen sich bevorzugt in Textsorten umsetzen, deren Funktion es ist, entweder den Produzenten oder beide Beteiligten in einer bestimmten Weise zu verpflichten (Bsp. *Bankbürgschaft, Angebot, Ausfuhrgenehmigung, Handelsvertrag, Tarifvertrag*) oder institutionelle Wirklichkeiten zu schaffen bzw. zu dokumentieren (Bsp. *Aktie, Optionsschein, Gehaltsbescheinigung, Steuer-*

Textsorten

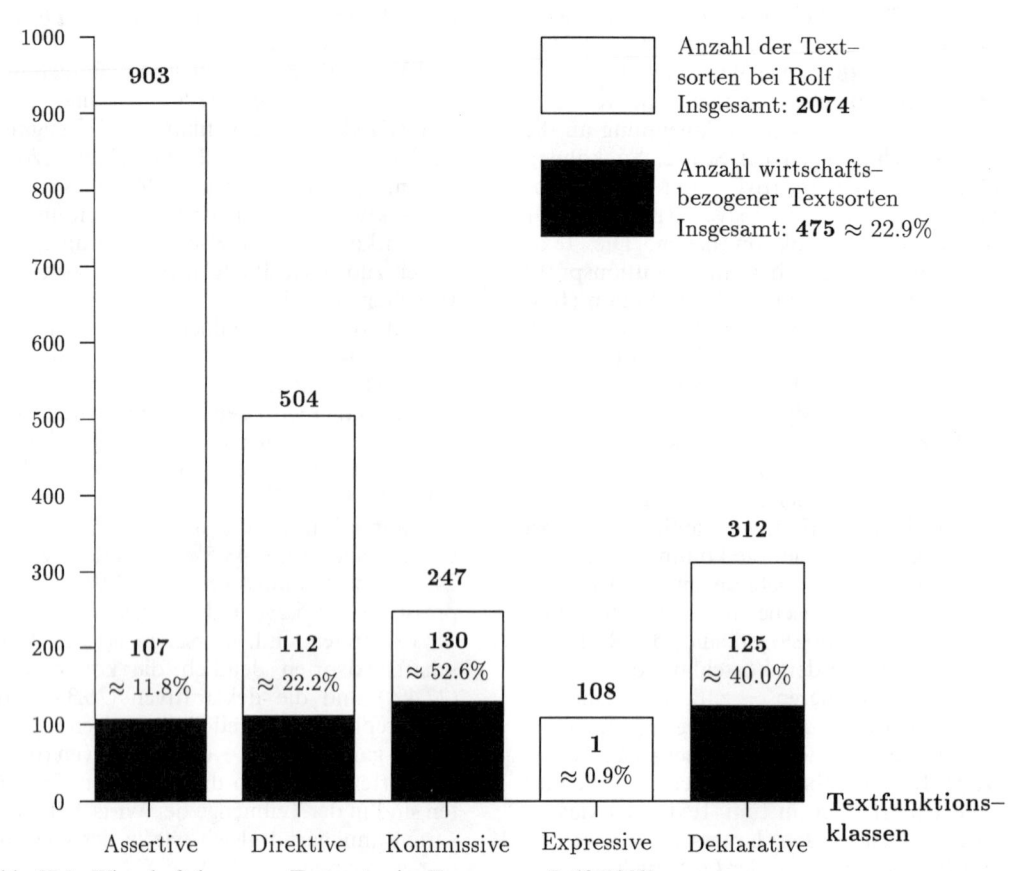

Abb. 57.1: Wirtschaftsbezogene Textsorten im Korpus von Rolf (1993)

Chart data:
- Anzahl der Textsorten bei Rolf Insgesamt: **2074**
- Anzahl wirtschaftsbezogener Textsorten Insgesamt: **475** ≈ 22.9%

Textfunktionsklasse	Gesamt	Wirtschaftsbezogen	Prozent
Assertive	903	107	≈ 11.8%
Direktive	504	112	≈ 22.2%
Kommissive	247	130	≈ 52.6%
Expressive	108	1	≈ 0.9%
Deklarative	312	125	≈ 40.0%

erklärung, Krankenschein, Gewerbeschein, Inkassovollmacht). Als dritte Gruppe sind die direktiven Textsorten wichtig. Sie sind auch im Gesamtkorpus stark vertreten. Ihre Funktion besteht in einer Adressatenverpflichtung, die jeweils unterschiedlich aussehen kann. Für den Wirtschaftssektor sind Textsorten wie *Monopolverbot, Wirtschaftsverfassung, Gebührenordnung, Devisenbestimmungen, Gebrauchsanleitung, Pfändungsauftrag, Dauerauftrag, Zahlungsanweisung, Rechnung, Mahnung, Kaufgesuch, Kreditantrag, Lebensversicherungsantrag, Reklamationsschreiben* etc. relevant. Bereits deutlich unterrepräsentiert sind informationale (assertive) Textsorten. Dies erklärt sich m. E. durch die Tatsache, dass nicht in erster Linie die Feststellung von Gegebenheiten, sondern die verbindliche Regelung von zukünftigen Handlungen (*Rechnung*) sowie die auf ein- oder gegenseitiger Verpflichtung beruhende Anerkenntnis bereits bestehender Sachverhalte (*Lieferschein*)

für Wirtschaftsinstitutionen prägend sind. Dennoch kommen assertive Textsorten auch hier vor (Bsp. *Bestandsmeldung, Endabrechnung, Steuerbescheid, Gehaltsabrechnung, Bilanzen, Börsenbericht, Expertise, Wirtschaftskommentar* etc.). So bilden tabellarische Informationstexte (*Kurstabelle, Lohnsteuertabelle, Zinstabelle, Preislisten, Warenlisten* etc.) in Wirtschaftsinstitutionen und auch im institutionell geprägten Alltag wichtige Orientierungs- und Entscheidungshilfen.

Expressive Textsorten sind, wie zu erwarten, im Teikorpus so gut wie gar nicht vertreten, sieht man einmal von dem auch in der Zuordnung problematischen Beispiel *Belobigungsschreiben* ab.

Einschränkend muss die begrenzte Aussagekraft solcher statistischer Ergebnisse im Bereich der Textsortenermittlung festgehalten werden. Abgesehen davon, dass es „grundsätzlich unmöglich [ist], eine geschlossene Liste von Textsortenbezeichnungen anzulegen"

| GESAMTKORPUS | TEILKORPUS |
| (alle Textsorten) | (Wirtschaftstextsorten) |

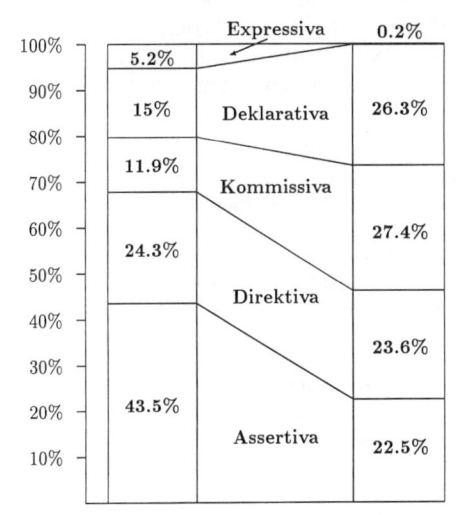

```
100% ─┬─────────────────────────────────
      │        Expressiva    0.2%
      │  5.2% ─────────────
 90% ─┤
      │  15%   Deklarativa   26.3%
 80% ─┤
      │ 11.9%
 70% ─┤        Kommissiva
      │
 60% ─┤                      27.4%
      │ 24.3%
 50% ─┤
      │        Direktiva
 40% ─┤
      │                      23.6%
 30% ─┤
      │
 20% ─┤ 43.5%
      │        Assertiva
 10% ─┤                      22.5%
```

Abb. 57.2: Prozentuale Verteilung der Textsorten im Gesamtkorpus und im Wirtschaftsteilkorpus

(Adamzik 1995, 255) basierte das Material von Rolf und Adamzik auf gemeinsprachlichen Wörterbüchern. Dies hat nicht nur zur Folge, dass fachsprachliche Textsortenbezeichnungen unterrepräsentiert sind, sondern auch, dass Textsorten, die relativ jung und daher noch nicht kodifiziert sind, ebenfalls unberücksichtigt bleiben müssen. Dies gilt z. B. für die E-Mail (elektronischer Brief), die als Textsorte auch im Alltag immer wichtiger wird. In der Wirtschaft sind es vor allem die Finanzmärkte, die in Verbindung mit neuen Produktkreationen auch neue Textsorten schaffen. Zwar stellen diese in der Regel Unterarten bereits bestehender Textsorten dar. Würde man allerdings alle diese in eine Liste aufnehmen, so könnte sich das statistische Gewicht insgesamt verschieben.

Ein Beispiel: Rolf (1993, 297) führt den Optionsschein als deklarative Textsorte an, die sachdimensionierend und transaktionsbezogen ist. Als Synonym taucht in der Liste noch der *Warrant* auf. Ein Optionsschein

„verbrieft grundsätzlich das Recht, unter bestimmten Bedingungen die Option
- auf den Bezug von Aktien und/oder Anleihestükken,
- auf den Bezug von Partizipationsscheinen,
- zum Ankauf von ausländischen Währungseinheiten,
- zum Ankauf von Edelmetallmengen,
- zum Ankauf von Rohölmengen auszuüben"
(Bestmann 1991, 233).

Bereits aus dieser Kurzdefinition ist ersichtlich, dass es eine ganze Reihe verschiedener Optionen gibt. In Kurstabellen des 'Handelsblattes' werden in einer Großgruppe *Wandelanleihen, Optionsanleihen und Optionsscheine* zusammengefasst. Letztere gliedern sich in *Aktienscheine, Indexscheine* (auf verschiedene Aktienindizes wie den *Dax, Mdax, Nikkei* usw.), *Währungsscheine, Zinsscheine* und *Covered Warrants*. Diese lassen sich weiter differenzieren nach der Optionsart in *Call*-(Kauf) und *Put-Optionen* (Verkauf), oder nach dem Zugang zu diesen Scheinen (Amtlicher Handel/Geregelter Markt, Freiverkehr/Telefonhandel und schließlich die Deutsche Terminbörse). Da hinter jeder dieser Optionsarten ein anderes Geldgeschäft steht, ließe sich strenggenommen mit jeder Optionsart auch eine eigene Textsorte verbinden. In ähnlicher Weise ist die Textsorte *Aktie* nach den Aktienarten in zahlreiche Untertextsorten untergliedert (vgl. Bestmann 1991, 5f). Zudem muss bedacht werden, dass gerade auf dem Gebiet der Terminkontakte (*Optionen* und *Futures* als *Finanz-* und *Warenterminkontrakte* vgl. Uszcapowski 1995) ein erhebliches Neuerungspotential, was die Produkte betrifft, besteht. Der entscheidende Ausgangspunkt für den deutschsprachigen Wirtschaftsraum ist dabei die Gründung der deutschen Terminbörse im Jahr 1989, ein auf den Derivatenhandel spezialisierter, vollständig computerisierter Markt. Das Beispiel *Option* verdeutlicht also, weshalb bei der Interpretation der statistischen Ergebnisse aus Wörterbuchlisten Vorsicht geboten ist. Sie lassen nur sehr bedingt Aussagen über das tatsächliche Textsortenspektrum der Wirtschaft zu. Zwar sind die eben angeführten Fachtextsorten problemlos in die Klassifikation von Rolf einzuordnen. Es zeigt sich allerdings, dass zu dieser allgemeinen Gliederung eine fachspezifische ergänzend hinzutreten muss.

Gemäß der vorgeschlagenen Verbindung von Textfunktion und kommunikativem Bezugsbereich als erste Klassifikations- und Abgrenzungsgrößen für Wirtschaftstextsorten, sollen in den folgenden Abschnitten exemplarisch einige wichtige Textsorten beschrieben werden.

4. Zentrale Textsorten institutioneller Wirtschaftsfachsprachen

Die Aufteilung der Textsortengruppen in informationale, direktive, kommissive und deklarative bedeutet nicht, dass dadurch eine mögliche Gliederung institutioneller Wirtschaftsfachsprachen aufgegeben wäre. Diese (vgl. Hundt 1995, 67) lässt sich vielmehr mit der Textsortenklassifikation verbinden. Die Textsorte *Rechnung* (als Oberbegriff verstanden) findet sich selbstverständlich in allen wirtschaftsrelevanten Sektoren; d. h. es lassen sich Rechnungsarten aus der Landwirtschaft (primärer Sektor), von einer *Handwerkerrechnung* (sekundärer Sektor) oder von einer *Maklerrechnung* (tertiärer Sektor) unterscheiden. Generell kann allerdings festgehalten werden, dass die größte Textsortenvielfalt im tertiären Sektor, also im Dienstleistungsbereich zu erwarten ist. Dieser ist im Unterschied zum agrarischen oder handwerklich/industriellen Sektor wesentlich stärker auf die Verschriftlichung der Beziehungen zwischen den Kommunikationspartnern angewiesen. Zudem ist er der am weitesten ausdifferenzierte Wirtschaftssektor. Die exemplarische Textsortenbeschreibung in den folgenden Abschnitten dient nur einer vereinfachten Darstellung, um die Textsortenvielfalt innerhalb der Wirtschaftssparten auf möglichst wenige, immer wiederkehrende Gattungen zu reduzieren. Auf komplexere hochfrequente Textsorten (z. B. *Rechnung* in fünffacher Ausfertigung, mit Lieferschein, Versandnachweis, Kopie und Provisionsschein; *Jahresabschluss* mit *Bilanz* und *Gewinn/Verlustrechnung*; *Konzernabschluss* etc.) kann hier nicht eingegangen werden.

4.1. Informierende Textsorten

Die Mehrzahl der wirtschaftsbezogenen informationalen Textsorten gehört zur Gruppe der *Listen*, *Tabellen* und *Verzeichnisse*. Assertiv sind ebenfalls *Bilanzen* (*Jahresbilanz*, *Konzernbilanz*, *Zahlungsbilanz* etc.) und *Berichte*. Hier bildet allerdings der *Geschäftsbericht* eine Ausnahme, der m. E. eher zu den direktiven Textsorten zu rechnen ist. *Berichte* sind insgesamt Sammelkategorien für verschiedene Textsorten. Weiterhin sind für die Wirtschaft auch *Bescheide* als Informationstexte relevant (*Einstellungsbescheid, Gehaltsabrechnung, Ablehnungsschreiben*), teilweise in enger Verbindung mit dem Rechtsbereich (*Feststellungsbescheid, Steuerbescheid*). Schließlich sind hier noch *Pläne/Programme* und *Gutachten* (z. B. *Expertise*), sowie die in die Politik greifenden *Wirtschaftsprognosen* zu nennen.

Als Beispiele sollen eine eher fachspezifische (*Kurstabelle*) und eine auch für den Alltag relevante Textsorte (*Kontoauszug*) dienen.

Wie für viele der bei Rolf (1993) oder Adamzik (1995) angeführten Wirtschaftstextsorten gilt auch für *Kurstabellen*, dass sie binnendifferenziert sind. So lassen sich in einer typischen Wirtschaftszeitung („Handelsblatt") folgende Kurstabellen unterscheiden:

1. Rohstoffe
2. Nichtedel- und Edelmetalle
3. Investmentfonds
4. Fortlaufende Notierungen
5. Kassakurse
6. Ibis-System
7. Umsatzstatistiken (Tagesstatistik, Frankfurt und Rentenindizes, regionale Umsätze, Aktienumsätze der deutschen Börse)
8. Aktienindizes (Deutsche Indizes, Dax, CDax, WestLB-Aktienindex, Commerzbank-Index, ausländische Indizes)
9. Börsen-Indizes
10. Geregelter Markt
11. Freiverkehr
12. Genussscheine
13. Telefonhandel
14. Öffentliche Anleihen
15. Anleihen öffentlicher Schuldner
16. Zero-Bonds
17. Zinsen (DM-Renditen, Bundestitel, US-Zinssätze, 10jährige Staatsanleihen, deutsche Leitzinsen, ausländische Leitzinsen, ECU-Anleihen)
18. Geldmarktsätze
19. Devisen im Freiverkehr
20. Devisen- und Sortenkurse
21. Wandelanleihen, Optionsanleihen, Optionsscheine
22. Aktienkurse ausländischer Börsen
23. DM- und ECU-Terminkontrakte
24. Deutsche Terminbörse
25. Internationale Terminkontrakte
26. Deutscher Aktenindex (Kursentwicklung der zugrunde gelegten Aktien)
27. Aktienoptionshandel
28. Devisenoptionen

Hauptgliederungskriterien sind dabei (a) die Produkte (Metalle, Rohstoffe, Aktien, Anleihen, Devisen, Optionen), (b) die Art (geregelt, frei, Telefon) und (c) der Ort des Handels (Inland, Ausland). Sind die einzelnen Kurstabellen in ihrem Aufbau teilweise unterschiedlich, so weisen sie doch Gemeinsamkeiten auf. Da für alle die dominierende Textfunktion assertiv ist, wird in ihnen in der Regel eine Beziehung hergestellt zwischen einem Produkt (Aktien, Fond, Option, Anleihe, Index etc.) und seinem Wert (als Zahl ausgedrückt). Teilweise ist nur der Wert an einem bestimmten Tag (in der Presse meist der Vortag) von Interesse, z. B. bei Investmentfonds, bei denen Ausgabe- und Rücknahmekurs zum Stichtag angegeben ist. Häufiger jedoch werden zwei (oder mehrere) Vergleichszeitpunkte angegeben, um so in Ansätzen einen Wertverlauf darstellen zu können; z. B. bei Aktienkursen der Stichtag und der Vortag, bei Geldmarktsätzen vom Stichtag ausgehend mehrere Tage rückwärts.

Die Kurstabelle zu öffentlichen Anleihen, aus der in Abbildung 57.3 ein kleiner Ausschnitt wiedergegeben ist, kann als repräsentativ für die *Tabellen*-Textsorte gelten:

Zins	Laufzeit	24.9.96	23.9.96	Rend.
Bundesrepublik Deutschland (F)				
6	v.86 1998	103,61 b	103,63 b	3,566
6	v.86 II 2016	91,30 b	91,32 b	6,806
5,625	v.86 2016	87,20 b	87,20 b	6,815
6	v.86 III 1998	104,22 b	104,24 b	3,833
⋮				
Bundesobligationen (F)				
8,375	S. 98 1992/97	101,63 bG	101,65 b	3,048
8	S. 99 1992/97	102,31 b	102,33 b	3,051
8,25	S. 100 1992/97	104,00 b	104,01 b	3,209
8	S. 101 1992/97	104,53 b	104,54 bB	3,218
⋮				

Abb. 57.3: Ausschnitt aus einer Kurstabelle („Handelsblatt" vom 25.9.1996)

Die Textsorte ist auf Anleger ausgerichtet, die sich über Kursveränderungen informieren wollen. Die Textfunktion des Informierens wird durch folgende Faktoren optimiert: (a) kleinstmögliches Druckbild, um so möglichst viel Information auf einer Seite unterzubringen, (b) völlige Redundanzfreiheit, keine Information in einer Tabelle wiederholt sich oder ist unmittelbar aus einer anderen Information ableitbar, (c) größtmögliche Reduktion des sprachlichen Ausdrucks, starkes Zurückgreifen auf Abkürzungen und Symbole.

Die Kommunikationsform aller Kurstabellen – also auch der online am Bildschirm verfügbaren – ist monologisch, die Kommunizierenden sind zeitlich und räumlich getrennt, wobei das Ideal eine möglichst kurze Zeitverzögerung ist, um die Aktualität der Kurse zu gewährleisten. Konstitutiv für die Textsorte ist neben ihrem Bezug zu einem Teilbereich der Wirtschaft ihr öffentlicher Charakter. Kohärent sind die Tabellen insofern, als in den Spalten Ausdrücke stehen, die sich auf die Spaltenüberschriften beziehen. Auf den Zins folgt – ohne Spaltenüberschrift – der Produktname, danach Laufzeit, Vortages- und Vorvortageskurs, schließlich die Rendite. Es wird beim Rezipienten Fachwissen vorausgesetzt, z. B. was den Unterschied zwischen „Zins" und „Rendite" oder was die Abkürzungen betrifft. Zwar lassen sich diese über eine Legende aufschlüsseln, die Auflösung ist jedoch nur dem Experten zugänglich. Die Legende schlüsselt auf: *b* = *bezahlt*, *B* = *Brief*, *G* = *Geld*. Vorausgesetztes Fachwissen zu den Abkürzungen (b, bG, bB) aus dem Beispiel ist (Gerke/Kölbl 1995, 225):

„b (= bezahlt)   Zu diesem Kurs konnten alle unlimitierten, höher limitierten Kaufaufträge und alle unlimitierten oder niedriger limitierten Verkaufsaufträge ausgeführt werden.

bG (= bezahlt Geld)   Zu diesem Kurs limitierte Kaufaufträge konnten nur zum Teil ausgeführt werden (Nachfrageüberhang).

bB (= bezahlt Brief)   Zu diesem Kurs limitierte Verkaufsaufträge konnten nur zum Teil ausgeführt werden (Angebotsüberhang)."

Diese Vorkenntnisse sind für die tatsächliche Informativität der Texte entscheidend, da z. B. *bB* im Gegensatz zu *bG* den Anleger zu völlig unterschiedlichen Reaktionen veranlassen kann.

Will man wie bei anderen Textsorten die Art der thematischen Entfaltung ermitteln, so kann lediglich eine sehr sachbetonte Deskriptivität festgehalten werden. Insgesamt handelt es sich hier also um eine maximal komprimierte, informative Textsorte, die dem Rezipienten einen schnellen Zugang unter Voraussetzung fachlicher Kenntnisse vermitteln soll. *Kurstabellen* und listenartige Texte stellen die wichtigsten Informationstexte im Gebiet der Wirtschaftssprache dar. Sie versuchen, das sich ständig verändernde Informationsgefüge, möglichst schnell zu vermitteln. Dies bedingt die Reduktion der Textform auf die blossen Fakten (Produkte, Werte, Veränderungen).

Der *Kontoauszug* fügt sich in die Reihe der sprachlich maximal reduzierten und komprimierten Textsorten ein, die für den Wirtschaftssektor typisch sind. Abb. 57.4 stellt ein schematisiertes Beispiel dar.

Der *Kontoauszug* ist – sieht man von gelegentlich verwendeten Werbesätzen wie *Mit Visa weltweit telefonieren* o. ä. ab – als Tabelle aufgebaut. Die Umsetzung der Textsorte variiert von Geldinstitut zu Geldinstitut minimal. So wird z. B. die Sollseite stets

Konto-Nummer 8065369		Saldo vom 21.09.96		HABEN	2152,98
Zahlungsempfänger/-pflichtiger/Verwendungszweck/Scheck-Nr.	Buch.-Tag	Primanota	Wert	**Lastschrift**	**Gutschrift**
EC--AUTOMAT 23.09.	2309	8116	2309	500,00	
SCHECKEINREICHUNG	2309	6512	2809		200,00
HERTIE BERLIN/BRE50062007	2409	1709	2409	257,96	

	Ausz.-Nr. Blatt-Nr.	Neuer Kontostand	
	39 1	Haben	1.595,02
Herr/Frau/Firma		Firmenlogo z. B.	
Annette Mayer		Volksbank	Bankleitzahl 680 300 00 Telefon 0999/ 2767-0
			17:52
			Auszugsdatum 26.09.96

Abb. 57.4: Textsorte *Kontoauszug*

links, die Habenseite stets rechts ausgedruckt. Mit Ausnahme der Primanota (einer internen Protokollierung der Buchungen, die von manchen Banken nicht mitausgedruckt wird) und der Uhrzeit der Erstellung des Kontoauszuges, sind alle anderen Angaben obligatorisch. Der *Kontoauszug* ist dominierend assertiv. Er informiert über Kontobewegungen und verweist damit auf deklarative Textsorten wie *Überweisungsschein* oder *Scheck*. Während der Handlungsbereich für *Kurstabellen* stark fachspezifisch ist, handelt es sich beim *Kontoauszug* um einen zwar institutionensprachlichen aber dennoch für den Alltag eminent wichtigen Textsortenvertreter. Indizien für die Institutionengebundenheit sind Ausdrücke wie *Wert*, mit dem der Zeitpunkt der Wertstellung gemeint ist, oder *Saldo*, der den Kontostand vor den auf dem Auszug verzeichneten Buchungen festhält. Beide Konzepte sind in der Alltagssemantik nicht vorhanden, sie müssen im Umgang mit Bankinstitutionen erworben werden.

4.2. Direktive Textsorten

Unter den direktiven Textsorten sind in erster Linie *Aufträge, Rechnungen, Mahnungen, Anträge, Anleitungstexte* und die Gruppe der *Reklamationstexte* wirtschaftsrelevant. Wiederum mit dem Rechtsbereich eng verbunden sind Textsorten, die *Gesetze, Verbote, Verfassungen/Bestimmungen/Ordnungen* darstellen.

Gemeint sind z. B. *Aktiengesetz, Tarifordnung* oder *Steuergesetz* als wirtschaftsspezifische Textsorten.

In Abb. 57.5 ist ein einfaches fiktives Beispiel einer *Rechnung* abgebildet.

Die direktive Textfunktion ergibt sich nicht nur aus dem links unten kleingedruckten Satz *Der Gesamtpreis ist sofort netto zu zahlen*. Auch ohne diesen modalen Infinitiv kann der Rechnungsempfänger aus dem situativen Kontext das Textexemplar als Zahlungsaufforderung aufgrund seines Textsortenwissens interpretieren. Der modale Infinitiv ist hier nicht das entscheidende Textsortenkennzeichen, sondern in ihm wird vielmehr darauf hingewiesen, dass der Rechnungsbetrag in voller Höhe zu bezahlen ist, d. h. dass keine der sonst üblichen Rabatte (2-3% Skonto bei Barzahlung o. ä.) in Anschlag zu bringen sind. Wie die meisten Rechnungen ist auch diese stark vorgeprägt durch das Formular, das kaum Formulierungsalternativen zulässt. Obligatorische Elemente sind: die Nennung des Empfängers, die Artikelbeschreibung, Einzelpreise, Gesamtsumme, Rechnungsnummer, Datum. Fakultativ, aber in der Regel automatisch mitausgegeben sind: Abteilungsnummer, Verkaufsbelegnummer, Mehrwertsteuerausweis. Rechnungen sind zentrale Textsorten aller Wirtschaftssektoren. Sie unterliegen in Bezug auf die obligatorischen Textelemente kaum einer Varianz.

Der Umschlag dient gleichzeitig als Schreibunterlage

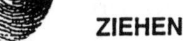

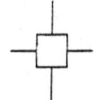

HIER ZIEHEN

KARSTADT
Aktiengesellschaft

Filiale Dresden

KARSTADT Aktiengesellschaft ·

Herrn Peter Müller

Erlenweg 80

01219 Dresden

Rechnung

Nr. 447251

vom 30.08.96

Kaufdatum	Abt.	Verkaufs-beleg Nr.	Artikelbezeichnung	Menge	Einzelpreis DM	Gesamtpreis DM
12.8.	5	997	Uhr, IWC 2200	1		1980,--
12.8.	5	999	Humidor, Triade	1		1098,--

Im Gesamtpreis sind 15 % MwSt. enthalten = DM 461,70

3078.--

Rechnungsbetrag in Worten: dreinullsiebenacht

Der Gesamtpreis ist sofort netto zu zahlen.
Zurückbehaltungs- und Aufrechnungsrecht des Käufers
bleiben unberührt. Die Ware bleibt bis zur völligen Bezahlung
des Kaufpreises Eigentum der KARSTADT Aktiengesellschaft.

Gerichtsstand ist der Sitz der
verkaufenden Filiale.

Bestätigung der Zollstelle auf der Rückseite.

Abb. 57.5: Textsorte *Rechnung*

Lediglich die Unternehmensspezifika (Logo, Briefkopf) sowie die fakultativen Elemente variieren. Die enge Bezogenheit der Textsorte auf Rechtsinstitutionen sowie auf innerbetriebliche Abläufe zeigen die Rechtshinweise (links und rechts unten), der Filial- und Abteilungshinweis sowie die Notwendigkeit einer Rechnungsnummer. Da es sich bei Rechnungen um „bindende Textsorten bei Zahlungspflicht" (Rolf 1993, 244) handelt, liegen sie in zweifacher Ausfertigung vor. Ein Exemplar (Original) für den Zahlungsverpflichteten und ein Exemplar, zum Nachweis der Zahlungsaufforderung und als Grundlage für Mahnungen, für den Ausstellenden. Es besteht eine enge Verknüpfung der Textsorte mit der außersprachlichen Situation; dies gilt z. B. in Bezug auf Handlungsabfolgen wie '(Dienst)-Leistung−Rechnung−Bezahlung' oder 'Rechnung−Ablauf der Zahlungsfrist−Mahnung'. Wie *Kurstabellen* sind *Rechnungen* monologisch, bei sachbetonter Deskriptivität.

4.3. Kommissive Textsorten

Die Gruppe der kommissiven Textsorten ist für den Wirtschaftssektor äußerst wichtig. Es zeigen sich auch bei diesen Textsorten Überlappungen mit Rechtstextsorten. Zu nennen sind vor allen anderen die *Verträge* (z. B. *Kauf-, Miet-, Pacht-, Kredit-, Arbeits-, Tarif-, Fusions-, Zollvertrag*). Daneben finden sich auch die *Bewilligungen* (z. B. *Baugenehmigung, Gewerbezulassung, Betriebserlaubnis*), die rechtlich verbindlichen *Anerkenntnisse* (z. B. *Akzept*), die *Angebote* (z. B. *Festangebot*) und *Garantien* (z. B. *Absatzgarantie, Bankbürgschaft*).

Verträge variieren inhaltsbedingt in der Form stärker als z. B. *Tabellen* oder *Rechnungen*. Man kann hier von einem Texttyp sprechen, verstanden als übergeordnete Einheit, die ein Spektrum von Textsorten zusammenfasst. Diese treten in unterschiedlichen Bereichen institutioneller Kommunikation auf. Rolf (1993, 270), der *Verträge/Abkommen* als „bilateral festlegende Textsorten" bestimmt, unterteilt sie je nach Bezug auf interstaatliche, intersozietale, interpersonale Beziehungen, Beschäftigungsverhältnisse und deren Rahmenbedingungen sowie finanzielle Transaktionen und Tauschaktionen.

Bei allen Unterschieden, die einerseits durch den Vertragsgegenstand bedingt sind, andererseits auf formaler Ebene bei der Textgestaltung auftreten (z. B. formularnäher bei *Kaufverträgen* für Kfz, sprachlich expliziter und differenzierter in Paragraphen aufgeteilt bei *Mietverträgen*), bestehen doch für alle Vertragstypen Gemeinsamkeiten. Diese stehen im Zusammenhang mit der dominierenden Textfunktion. Für *Verträge* ist es konstitutiv, dass sich **beide** Kommunikationspartner gegenseitig auf ein Verhalten festlegen, welches im Vertrag ausgeführt wird. In diesem Sinn ist die Kommunikationsform von Verträgen dialogisch und manifestiert sich in den Unterschriften der Vertragspartner. Ebenso obligatorisch ist die Nennung der Vertragsbedingungen bzw. von Leistung und Gegenleistung der Vertragspartner: z. B. beim *Kaufvertrag* Preis und Ware, beim *Mietvertrag* Miethöhe und Wohnungseinheit, beim *Kreditvertrag* Effektivzins (der Preis des Kredits) und Kredithöhe. Die dominierende kommissive Textfunktion ergibt sich aus Faktoren wie der detaillierten Schilderung der aufeinander bezogenen Sachverhalte (*Der Kaufpreis beträgt DM xxx*, Beschreibung von Wohnung, Kfz usw.) und manchmal auch aus explizit kommissiven Formulierungen wie *die Unterzeichnenden verpflichten sich …*

Kohärenz muss stärker durch explizite sprachliche Verknüpfungen hergestellt werden (z. B. durch Querverweise). Insofern ist die Textsorte sprachlich nicht so stark komprimiert/reduziert wie *Tabellen* oder *Rechnungen*.

In der Regel befinden sich in *Verträgen* auch Hinweise auf die Einbettung in das betreffende Rechtsgefüge, sei es durch Verweise auf entsprechende Gesetzesparagraphen oder durch allgemeine Formulierungen wie *Für die xxx gelten die gesetzlichen Bestimmungen*. Ähnlich wie bei *Rechnungen* muss die dominierende Textfunktion nicht zwingend durch explizite kommissive Sprechakte dokumentiert sein. Die im Textsortenwissen verankerten Elemente 'Darstellung von Leistung/Gegenleistung' und 'beiderseitige Unterschrift' genügen oft. Die Vereinbarkeit oder Nichtvereinbarkeit der *Verträge* mit den betreffenden gesetzlichen Bestimmungen ist dabei für das Gelingen der Textsorte (Anerkennung durch beide Vertragsparteien) oft sekundär. So funktionieren (kommissiv) z. B. Mietverträge häufig trotz rechtlich problematischer Passagen, oder Kreditverträge trotz unzulässiger Vereinbarungen über Zinshöhe, Rückzahlungsmodalitäten usw.

Verträge stehen als Textsorten häufig an der Schnittstelle zwischen Wirtschaftsinstitutionen und Alltagswelt (anders bei Verträgen zwischen Institutionen, z. B. *Staatsverträgen, Fusionsverträgen* o. ä.). Einerseits sollten sie rechtlich abgesichert und zulässig sein, was eine Orientierung an den Fachsprachen des Rechts und der Wirtschaft (z. B. bei *Kreditverträgen*) nötig macht; andererseits sollten sie für beide Vertragsparteien durchschaubar und verständlich sein, was größere Explizitheit und Redundanzen zur Folge hat. Dadurch entstehen teilweise Zielkonflikte bei der sprachlichen Umsetzung.

4.4. Deklarative Textsorten

Dokumentation und Ausführung wirtschaftlicher Transaktionen sind die Funktionen deklarativer Wirtschaftstextsorten. Im Vordergrund stehen verschiedene Arten von *Bescheinigungen*. Zahlenmäßig am bedeutendsten sind Bescheinigungen, die auf den Vollzug einer wirtschaftlichen Transaktion hinweisen (vgl. Rolf 1993, 297): z. B. alle Arten von *Wertpapieren* (*Aktie*, *Investmentpapier*, *Optionsschein*, *Sparbrief* etc.) und *Quittungen/Belegen* (*Leistungsbeleg*, *Kassenbon*, *Lieferschein*, *Gepäckschein*, *Reparaturschein* etc.). Daneben stehen Bescheinigungen, die Transaktionen begleiten (*Ladeschein*, *Zollerklärung*). Auf Personen bezogene Bescheinigungen berühren deren wirtschaftliche Position (*Bankrotterklärung*, *Steuererklärung*), deren Leistungsansprüche (*Krankenschein*) oder -nachweise (*Zeugnisse*), deren Berechtigung zu Wirtschaftshandeln (*Gewerbescheine*, *Vollmachten*). Schließlich sind als weitere Gruppe die *Zertifikate* (*Eichschein*, *Echtheitserklärung*) und die kleine, aber wichtige Gruppe der *Erklärungen* (*Aufkündigung*, *Austrittserklärung*, *Beitrittserklärung*, *Kündigungsbrief/ -schreiben*) wirtschaftsrelevant.

Eine kurze Analyse der Textsorten *Euroscheck*, *Wechsel*, *Inhaberschuldverschreibung* und *Sparkassenzertifikat* findet sich bei Rolf (1993, 136−139).

Von den transaktionsbezogenen Bescheinigungen sollen in Abgrenzung zu den in 4.3. vorgestellten *Verträgen* hier die *Quittungen* (synonym: *Belege*) hervorgehoben werden. Je nach Art der quittierten Sache lassen sich solche, die die Transaktion von Gegenständen bzw. Waren begleiten (Großgruppe der *Lieferscheine*) von solchen, die die Transaktion von Geld bzw. Zahlungsmitteln begleiten, unterscheiden. Letztere lassen sich danach weiter differenzieren, welche Art der Zahlung bzw. welche Transaktion vorliegt: *Einzahlungsquittung* bei Bareinzahlungen auf Bankkonten, *Scheckeinreichungsquittung* bei Einzahlungen auf Konten in Form von Schecks, *Kassenbon/Kassenzettel* bei Warenzahlung durch Bargeld, Scheck, EC- oder Kreditkarte, *Schuldschein* und *Spendenquittung* bei Geldtransaktionen mit bzw. ohne spätere Rückforderungsmöglichkeit usw.

Im Unterschied zu *Verträgen*, bei denen sich die Beteiligten auf zukünftiges Verhalten festlegen, dokumentieren *Quittungen* und *Lieferscheine* bereits erfolgte Transaktionen. Hier genügt in der Regel die Unterschrift des Leistungsempfängers als Bestätigung des Erhaltes von Waren oder Zahlungsmitteln. Teilweise ist auch diese Unterschrift nicht nötig, z. B. aus arbeitsökonomischen Gründen beim *Kassenbon*. Bei anderen *Quittungen* erfolgt die Anerkenntnis durch Unterschrift/Zeichnung durch beide Seiten, wie bei der Scheckeinreichung: die Bank bestätigt den Erhalt, der Kunde bestätigt die Richtigkeit der Angaben bei der Einreichung. Die deklarative Textfunktion wird sprachlich durch den Aufdruck *Quittung*, *Bon* etc. und darüber hinaus (selten) durch Formulierungen wie *Wir erhielten die genannten Schecks zum Einzug* o. ä. ausgedrückt.

Sonderfälle: Die Zahlungsmöglichkeiten mit EC- oder Kreditkarten bringen mit *Lastschrift-Beleg* und *Leistungsbeleg* Textsorten hervor, die an der Grenze zwischen deklarativen und kommissiven Textsorten stehen. Diese Arten von Quittungen dokumentieren einerseits den Erhalt einer Ware. Sie sind damit eine Art *Lieferschein*. Zugleich verpflichtet sich der Empfänger in ihnen zur Bezahlung der Leistung. Daher befindet sich auf diesen Quittungen zugleich eine Selbstverpflichtung des Ausstellers zur Zahlung bzw. eine Ermächtigung des Unternehmens zum Lastschrifteinzug. Die Unterschrift des Kunden ist notwendig als Zahlungsanerkenntnis. Anders als bei 'reinen' Quittungen ist hier die Selbstverpflichtung explizit (z. B. *Ich ermächtige hiermit das umseitig genannte Unternehmen, umseitig ausgewiesenen Rechnungsbetrag von meinem durch Konto-Nummer und Bankleitzahl bezeichneten Konto durch Lastschrift einzuziehen* oder *Ich verpflichte mich, den angegebenen Betrag (zuzüglich aller weiteren Kosten) aufgrund und entsprechend der den Gebrauch dieser Karte regelnden Bedingungen zu zahlen*). Es handelt sich damit bei diesen *Belegen* um Mischformen, die in der möglichst rationellen Zahlungsabwicklung begründet ist. Um eine tatsächliche Bezahlung auslösen zu können, muss die erfolgte Leistung anerkannt sein. Die Bezahlung erfolgt dann unbar durch das Kreditinstitut bzw. durch das Kreditkartenunternehmen. Warenerhalt und tatsächliche Bezahlung sind zeitlich verzögert.

Dominant deklarativ sind wiederum solche *Quittungen*, die nach Bezahlung durch eine Cash-Card (= Karte, auf der sich ein Chip befindet, den der Karteninhaber durch Einzahlungen „aufladen" kann), ausgestellt werden. Auf ihnen ist die tatsächliche Bezahlung der Schuld dokumentiert, da die Bezahlung sofort durch direkte Abbuchung von der Karte erfolgt.

Außer den genannten Mischformen ist die Kommunikationsform von *Quittungen* monologisch (Dokumentation der Transaktion). Die sprachliche Umsetzung ist aus ökonomischen Gründen maximal reduziert, komprimiert und redundanzfrei. Da diese Textsorte in einem immer stärker institutionell geprägten Alltag hochfrequent und relevant ist, taucht nur selten fachsprachenspezifischer Wortschatz auf (z. B. *... bezogene Bank ...* bei der Scheckeinreichung).

5. Vermittlungssprachliche Textsorten

Das Konzept der „Vermittlungssprache" bezeichnet im Modell der kommunikativen Bezugsbereiche diejenigen Kommunikationsformen, die die Vermittlung zwischen den Bezugswelten betreffen. Damit ist v. a. die Vermittlung aus der 'Wissenschaft' und aus den 'Institutionen' in den 'Alltag' gemeint. Auf der Textebene schlägt sich dies vorrangig in Pressetexten nieder (→ Art. 55), aber auch der große Komplex der Werbung und Kundeninformation ist in diesem Zusammenhang zu nennen. Pressetexte, wie der wirtschaftspolitische *Leitartikel* oder *Kommentar*, aber auch die in der Forschung zu den Wirtschaftsfachsprachen stärker berücksichtigte Börsenberichterstattung mit ihren Textsorten (z. B. *Börsenbarometer*) gehören hierher. Diese Vermittlung findet nicht nur im Wirtschaftsteil von Tageszeitungen oder Wochenzeitungen, sondern v. a. in stärker fachlich ausgerichteten Tages- (z. B. 'Handelsblatt'), Wochen- ('WirtschaftsWoche') und Monatszeitschriften ('Capital', 'Manager Magazin' etc.) statt.

Neben einer Vermittlung in den Alltag findet auch eine innerhalb von Institutionen statt. Im Bereich der Wissenschaften sind dafür Textsorten wie *Lehrbuch* und *Vorlesung* einschlägig, in Wirtschaftsinstitutionen sind z. B. innerbetriebliche Informationstexte, weiterbildende Sachbücher und Software (z. B. auf Führungskräfte als Adressaten orientierte, nichtwissenschaftliche Texte), aber auch diejenigen nichtwissenschaftlichen Fachzeitschriften, die ohne größere Vorkenntnisse nicht mehr zugänglich sind ('Effectenspiegel', 'Betriebsberater', 'Absatzwirtschaft').

Geradezu einen Sonderfall wirtschaftsbezogener Textsorten stellt die Werbung dar. Ihre Texte sind in Bezug auf die Textfunktion direktiv und durch ihre Adressatenorientierung vermittelnd. Das bedeutet, dass Werbetexte zwar keine typischen Vertreter institutioneller Wirtschaftstextsorten sind. Sie bilden aber durch ihre Stellung zwischen Institutionen (Unternehmen/Organisationen, die für sich oder ihre Produkte werben) und dem institutionell geprägten Alltag eine nicht zu vernachlässigende Größe. So richtet sich z. B. die Fachlichkeit von Werbetexten (verstanden als Rekurs auf fachspezifisches Vorwissen und Fachbegriffe) nach den Adressaten und damit nach der Vermittlungsrichtung. Werbende Textsorten für Alltagsprodukte (Seife, Lebensmittel o. ä.) sind auch sprachlich am Kommunikationsbereich 'Alltag' orientiert. Dies wird durch die Verwendung fachspezifischer oder scheinfachlicher Ausdrücke nicht gemindert. Zielt dagegen die Werbung auf Experten in Institutionen (z. B. unternehmensweite Computernetze, Werkzeugmaschinen o. ä.), kann (und muss teilweise) auf das institutionsspezifische Fachwissen zurückgegriffen werden. Das so bestimmte Konzept der „Vermittlung" (→ Art. 51) betrifft damit einerseits die beteiligten kommunikativen Bezugsbereiche, d. h. für wirtschaftssprachliche Textsorten v. a. Institutionen und Alltagswelt, und andererseits die Adressatenorientierung. Die dominierende Textfunktion und der Aspekt der Vermittlung bedingen sich gegenseitig. Vermittlungssprachliche Textsorten sind in ihrer Textfunktion entweder assertiv oder direktiv. Ihr Ziel ist es, den Adressaten über wirtschaftsrelevante Sachverhalte zu informieren oder ihn zum Produktkauf zu veranlassen. Die in Werbetexten häufig auftretenden Kommissiva sind gegenüber der direktiven Funktion sekundär (z. B. *Wir nehmen Ihren Gebrauchten bei Kauf eines Neuwagens mit bis zu DM xxx in Zahlung*). Gleiches gilt für expressive Textelemente, wie selbstlobende Äußerungen in Werbetexten. Deklarative Textsorten tauchen vereinzelt als Teiltexte auf, z. B. in Form von *Gutscheinen*. Die dominierende Textfunktion ist hier ebenfalls direktiv. Es wird lediglich versucht, sie indirekt auszudrücken, indem der kommissive Teiltext ein

Mittel zur Erreichung des direktiven Ziels darstellt (Verknüpfung von Gutscheineinlösung und Produktkauf).

5.1. Informierende Textsorten

Die Textsorten der Wirtschaftspresse sind die frequentesten und wichtigsten Vertreter im Bereich institutioneller Vermittlung. Als Beispiel dient ein Auszug eines *Börsenberichtes* (vgl. Abb. 57.6).

Warten auf die Fed

stk — Die Finanzmärkte warteten am Dienstag auf die Zinsentscheidung der Fed, die für 20.30 Uhr MESZ angesetzt war. Die Umsätze waren entsprechend niedrig. Im Vorfeld tendierten die europäischen Aktien etwas höher (Stand: 16 Uhr MESZ). Hierzulande kletterte der Deutsche Aktienindex (Dax) während der Börsenzeit um 0,43% oder 11,41 Zähler auf 2638,45 Punkte. Am Nachmittag präsentierte er sich mit 2635,60 Punkten. Der heimische Rentenmarkt reagierte auf die jüngsten inländischen Preisdaten mit einem Kursanstieg. Der Bund-Future erhöhte sich im Tagesverlauf um 21 Basispunkte auf 98,07%. Die Rendite der richtungsweisenden zehnjährigen Bundesanleihe fiel bis gegen 16 Uhr auf 6,17%. Die Umlaufrendite war zuvor in der Kasse von 5,56% auf 5,55% gefallen. Wall Street eröffnete schwächer: die US-Bonds tendierten im frühen Handel, wenig beeindruckt von den neuen amerikanischen Konjunkturzahlen, leichter. Der Dollar fiel vorübergehend zurück und notierte im späten europäischen Handel mit 5,1145 DM.

Finanzzeitung Seiten 37 bis 48

	24.9.1996	23.9.1996
Dollar (Ffm-Fix)	1,5126 DM	1,5165 DM
Gold London	382,30 $	381,00 $
Dax	2 638,45	2 627,04
Umlaufrendite	5,55 %	5,56 %

Abb. 57.6: Textsorte *Börsenbericht* aus: „Handelsblatt" vom 25.9.1996

Typisch vermittlungssprachlich ist die ausgebaute Metaphorik des Textes. Vor allem auf folgende metaphorische Konzepte wird zurückgegriffen: 'Mensch' *Finanzmärkte warteten, richtungsweisend* (kognitive Fähigkeit), *wenig beeindruckt* (Emotionalität), 'Lebewesen' (*kletterte, reagierte*), 'Gesundheit' (*schwächer*), 'Gewicht' (*leichter*), 'Raum' (*höher, niedriger*, dynamisiert *fiel, gefallen, erhöhte*). Jedoch ist die Bedeutung mancher metaphorisch motivierter Konzepte nicht mehr unmittelbar verständlich und fachspezifisch (z. B. *die US-Bonds tendierten ... leichter*). Fachabkürzungen werden z. T. erklärend ausgeschrieben (*Dax*) bzw. es werden Zusatzinformationen gegeben, die dem Experten bereits bekannt sind (z. B. dass die zehnjährigen Bundesanleihen *richtungsweisend* sind).

Allerdings ist der Grad des beim Leser vorausgesetzten Fachwissens hoch, was die Anzahl der nicht näher erläuterten Fachtermini (*Bond, Future, Umlaufrendite, Börsenzeit*), Abkürzungen (*Fed* = US-Notenbank) oder valenzveränderte Verben (*tendierten, notierte*) zeigen. Die Themenentfaltung erfolgt ebenfalls sachbetont deskriptiv, jedoch in wesentlich expliziterer Form als bei *Kurstabellen*. Die Tabellenwerte sind hier schon interpretiert. Was sonst aus den Tabellen erschlossen werden muss, ist versprachlicht. Der Text ist geprägt durch eine relativ geringe Satzlänge und die parataktische Reihung von Aussagesätzen (Verbzweitstellung).

Die Mischung aus fach- und vermittlungssprachlich orientierten Textelementen ist durch die Textadressaten (stark fachlich vorgebildete Laien bis Experten) bedingt.

Der Text steht in einem Beziehungs- und Verweisgefüge zu anderen Texten (*Kommentar, Kurstabellen, Berichte*), was der Hinweis auf den ausführlichen Finanzmarktteil am Ende andeutet.

5.2. Direktive Textsorten

Die zweite Gruppe vermittlungssprachlicher Textsorten der Wirtschaft hat eine dominierend direktive Textfunktion. Hierher gehören *Werbetexte* verschiedenster Ausprägung. Nach Rolf (1993, 250 f) handelt es sich um nichtbindende Textsorten bei (unterstelltem) beiderseitigen Interesse von Textproduzenten und -rezipienten. Sie sind darüber hinaus personenbezogen im Unterschied zu sachbezogenen nichtbindenden Textsorten (z. B. *Aufruf*).

Der wesentliche Unterschied dieser Textsortengruppe zu den bisher besprochenen besteht darin, dass in ihnen die direktive Textfunktion meist nicht mit den sonst typischen Sprechakten (Bitte, Aufforderung, Wunsch etc.) versprachlicht wird. Sie sind überwiegend assertiv formuliert, sie geben sich als Informationstexte. Die direktive Textfunktion ist implizit, aber durch den Rückgriff auf außersprachliche Merkmale (Situation und Weltwissen, z. B. dass die positive Darstellung eines Produktes kein Selbstzweck ist) für den Rezipienten leicht zu ermitteln.

„Der Informationsteil ist obligatorisch, ein direktiver Teil [...] fakultativ. Direktive Äußerungseinheiten sind in solchen Anzeigen nicht nur nicht hinreichend, sie sind auch nicht notwendig. Und wenn sie in einer Anzeige überhaupt vorkommen, dann sind sie zusätzlich da [...]" (Rolf 1993, 251).

Diese Feststellung gilt auch für eine Textsorte, die häufig (so auch Rolf 1993, 186) zu den assertiven gerechnet werden, dem *Geschäftsbericht*. Eine kurze Charakterisierung soll die Beispielreihe wirtschaftsrelevanter Textsorten schließen.

Geschäftsberichte werden in der Regel von Aktiengesellschaften herausgegeben und sind an (potentielle) Anteilseigner adressiert. Dieses textexterne Merkmal ist **der** Orientie-

rungspunkt sowohl für die Textstruktur als auch für die Beurteilung der Textfunktion. Ein Vergleich von *Geschäftsberichten* von 80 Unternehmen zeigte, dass die Textsorte
a) aus zahlreichen anderen Textsorten zusammengesetzt ist und
b) sehr stabil in Bezug auf Anzahl und Abfolge der einzelnen Teiltexte ist.
Geschäftsberichte bestehen tendenziell aus folgenden Textsorten:

1. *Inhaltsverzeichnis*
2. *Tagesordnung* für die Hauptversammlung
3. *Vorwort* des Vorstandsvorsitzenden/*Brief* an die Aktionäre
4. *Liste* der Vorstandsmitglieder und Aufsichtsräte
5. *Vortrag* des Vorstandsvorsitzenden
6. *Bericht* des Aufsichtsrates/bzw. des Verwaltungsrates
7. *Lagebericht* über Konzern-/Unternehmensaktivitäten
8. *Prognose* für das laufende Geschäftsjahr
9. *Bericht* über einzelne Gesellschaften
10. *Informationstexte* über die Produktpalette, Unternehmensbereiche, Investitionsvorhaben (Werbung)
11. „*Über die eigenen Mitarbeiter*"
12. *Bericht* über die Finanzlage
13. *Tabellen/Bericht* über die Aktienentwicklung (Analyse und Prognose)
14. *Kennzahlentabelle*
15. *Gewinn-/Verlustrechnung*
16. *Konzernbilanz*
17. *Kommentar* zur Konzernbilanz
18. *Einzelbilanzen* z. B. zu Konzernteilen, Tochtergesellschaften etc.
19. *Kommentar* zu den Einzelbilanzen
20. *Tabellen*: statistisches Material zur Bilanz (z. B. *Mittelflussrechnung, Wertschöpfungsrechnung*)
21. Längerfristige *Bilanzübersichten* (z. B. eine Zehnjahresübersicht)
22. Placet des Wirtschaftsprüfers: *Bestätigungsvermerk*
23. Zur Konzern-/Unternehmensstruktur (Beteiligungen, Anteilsstrukturen etc.)
24. *Hinweise* auf verbundene Unternehmen/Forschungseinrichtungen, Filialen, Adressen
25. *Tabelle* zur Entwicklung des Anlagevermögens
26. *Glossar* der wichtigsten Fachbegriffe

Der hohe Anteil von Berichtstextsorten, Tabellen und Informationen zur Unternehmensentwicklung im Berichtszeitraum vermittelt den Eindruck, es handele sich insgesamt um eine assertive Textsorte. Dies darf jedoch nicht über ihre wesentliche Funktion hinwegtäuschen: Selbstdarstellung des Unternehmens zum Zweck der Eigenwerbung. *Lagebericht, Produktionsinformationen* etc. sind immer positiv wertend; etwaige Negativdaten (Kurs-, Verkaufsrückgänge) werden nach Möglichkeit erklärend entschärft.

Es treten dieselben sprachlichen Mittel und Strategien auf wie bei vermittlungssprachlichen Texten der Wirtschaftspresse (s. 5.1.). Beim Rückgriff auf metaphorische Konzepte stehen anthropomorphe und Wachstumsmetaphern im Vordergrund: das Unternehmen als 'Mensch' mit einem (gehüteten) 'Gesundheitszustand', der Möglichkeit des 'aktiven Reagierens' auf das Marktgeschehen, 'Wachstum' als positiv gewertete Metapher in Bezug auf die verschiedensten Konzepte (*Umsatzsteigerung, Ausweitung der Absatzmärkte, gestiegener Geschäftsumfang*). Die direktive Gesamtfunktion wird schließlich durch weitere, für Werbetexte typische, nichtsprachliche Merkmale unterstützt: Druck auf Hochglanzpapier, hoher Anteil an Grafiken und Abbildungen, die selbst z. T. aus der Produktwerbung übernommen wurden.

6. Schluss

Der Anteil, den Wirtschaftstextsorten am gesamten Textsortenspektrum des Deutschen haben, ist nicht nur quantitativ (s. Abb. 57.1) sondern auch qualitativ von großer Bedeutung. In der kommunikativen Bezugswelt der Institutionen, die teilweise auch die alltägliche Lebenspraxis durchdringt, sind neben Verwaltungs- und Rechtstexten insbesondere Wirtschaftstexte relevant. Schematisierung und Standardisierung sind die Hauptcharakteristika dieser Textsorten, die durch die übergeordneten Ziele der Verfahrenssicherung und Optimierung der Wirtschaftsabläufe bestimmt sind. Als Binnengliederung des Spektrums hat sich die Differenzierung nach der dominierenden Textfunktion bewährt. Hier ergibt sich für den Wirtschaftssektor eine spezifische Textsortenverteilung (vgl. Abb. 57.2). Die Probleme der Interpretation solcher statistischer Verteilungen zeigen sich u. a. an der Vielschichtigkeit einzelner Textsorten, die sich aus der fachlichen Perspektive ergibt (s. das Beispiel *Kurstabelle* Abb. 57.3).

Neben genuin institutionensprachlichen (4.) besteht eine große Bandbreite an vermittlungssprachlichen Textsorten (5.). Hier sind auch die verschiedenen Textsorten der Werbung anzusiedeln.

7. Literatur (in Auswahl)

Adamzik, Kirsten (1995): Textsorten−Texttypologie. Eine kommentierte Bibliographie. Münster.

− (1995a): Einleitung. In: Adamzik (1995), 11−40.

Arnold, Volker (1973): Kritische Analyse des Sprachgebrauchs der Wirtschaftsjournalistik in Tageszeitungen − Vorschläge für eine Unterrichtseinheit der Sekundarstufe II. In: Projekt Deutschunterricht 4, 94−119.

Bestmann, Uwe (1991): Börsen und Effekten von A−Z: die Fachsprache der klassischen und modernen Finanzmärkte. 2., überarb. u. erw. Auflage. München.

Bock, Gabriele (1991): Ansätze zur Verbesserung von Technikdokumentationen. Diss. Berlin.

Bolten, Jürgen (1991): Fremdsprache Wirtschaftsdeutsch: Bestandsaufnahme und Perspektiven. In: Müller (ed.), 71−91.

Borgulya, Agota (1988): Zu einigen wichtigen Merkmalen der deutschsprachigen Texte der Dokumentation in der Wirtschaft. In: Bungarten (ed.), 420−429.

− (1989): Explizität in Fachtexten der Wirtschaft. In: Weber (ed.), 112−119.

Brandt, Margareta/Koch, Wolfgang/Motsch, Wolfgang/ Rosengren, Inger/Viehweger, Dieter (1983): Der Einfluß der kommunikativen Strategie auf die Textstruktur − dargestellt am Beispiel des Geschäftsbriefes. In: Rosengren (ed.), 105−135.

Brinker, Klaus (1983): Textfunktionen. Ansätze zu ihrer Beschreibung. In: Zeitschrift für germanistische Linguistik 11, 127−148.

− (1992): Linguistische Textanalyse. Eine Einführung in Grundbegriffe und Methoden. 3., durchges. und erw. Auflage. Berlin.

Bungarten, Theo (ed.) (1988): Sprache und Information in Wirtschaft und Gesellschaft. Referate eines internationalen Kongresses, zugleich der XI. Jahrestagung der internationalen Vereinigung „Sprache und Wirtschaft" e. V., 30. September− 3. Oktober 1985, Congress-Centrum, Hamburg. Tostedt.

− (1993): Hinsichten zu einer Theorie der Fachsprachen. Zur Einführung. In: Bungarten, Theo (ed.): Fachsprachentheorie. Bd. 1: Fachsprachliche Terminologie, Begriffs- und Sachsysteme, Methodologie. Tostedt.

Ebert, Helmut (1991): Alfred Krupps „General = Regulativ für die Firma Fried. Krupp" (1872). Zur historischen handlungsorientiert-textlinguistischen Beschreibung der Sprache im Industriebetrieb. In: Zeitschrift für Germanistik. Neue Folge 3, 568−580.

Engel, Ulrich (1988): Deutsche Grammatik. Heidelberg.

Gerke, Wolfgang/Kölbl, Kathrin (1995): Alles über Bankgeschäfte. Mehr Kompetenz im Umgang mit Kreditinstituten. 2. Auflage. München.

Gerzymisch-Arbogast, Heidrun (1986): Zur Thema-Rhema-Gliederung in amerikanischen Wirtschaftsfachtexten. Eine exemplarische Analyse. Tübingen.

Göpferich, Susanne (1992): Eine pragmatische Typologie von Fachtextsorten der Naturwissenschaften und der Technik. In: Baumann, Klaus-Dieter/ Kalverkämper, Hartwig (eds.): Kontrastive Fachsprachenforschung. Tübingen, 190−210.

− (1995): Textsorten in Naturwissenschaften und Technik: pragmatische Typologie−Kontrastierung−Translation. Tübingen.

Hundt, Markus (1995): Modellbildung in der Wirtschaftssprache. Zur Geschichte der Institutionen- und Theoriefachsprachen der Wirtschaft. Tübingen.

− (1998): Typologien der Wirtschaftssprache: Spekulation oder Notwendigkeit? In: Fachsprache 20, H. 3−4, 98−115.

Kallmeyer, Werner (ed.) (1986): Kommunikationstypologie. Handlungsmuster, Textsorten, Situationstypen. Jahrbuch 1985 des Instituts für deutsche Sprache. Düsseldorf.

Kisker, Klaus Peter (1973): Public relations statt objektiver Berichterstattung. Wirtschaftsteil nur für Börsianer? In: Spoo (ed.), 47−63.

Luhmann, Niklas (1994): Soziale Systeme. Grundriß einer allgemeinen Theorie. 5. Auflage. Frankfurt am Main.

Mattheier, Klaus J. (1986): Textsorten im Industriebetrieb des 19. Jhs. In: Kallmeyer (ed.), 193−226.

Möller, Peter-Alexander (1990): Bedeutungen von Einstufungen in qualifizierten Arbeitszeugnissen. Möglichkeitsbedingungen zur Identität sprachlicher Zeichen als Problem einer pragmalinguistischen Untersuchung von normierten Texten. Eine empirische Fallstudie. Frankfurt am Main/Bern/ New York/Paris.

Müller, Bernd-Dietrich (ed.) (1991): Intertextuelle Wirtschaftskommunikation. München.

Piirainen, Ilpo Tapani (1982): Die Sprache der Wirtschaftspresse. In: Muttersprache 92, 27−37.

Piirainen, Ilpo Tapani/Airismäki, Jarmo (1987): Sprache der Wirtschaftspresse. Untersuchungen zum Sprachgebrauch des 'Handelsblattes'. Bochum.

Presch, Gunter (1980): Arbeitszeugnisse: Entstehung, Wandel und Funktion von verschlüsselten Formulierungen. In: Zeitschrift für Semiotik 2, 233−251.

− (1984): Verschlüsselte Formulierungen in Arbeitszeugnissen: Beschreibung und Erklärung von verdeckten Urteilen. In: Krenn, H./Niemeyer, J./ Eberhardt, U. (eds.): Sprache und Gesellschaft. Akten des 18. Linguistischen Kolloquiums Linz. Tübingen, 176−189.

− (1988): Verdeckte Beurteilungen in qualifizierten Arbeitszeugnissen: Beschreibung, Erklärung, Veränderungsvorschläge. In: Bungarten (ed.), 474−485.

Rehbein, Jochen (1983): Zur pragmatischen Rolle des „Stils". In: Germanistische Linguistik 3−4/81, 21−48.

Rolf, Eckard (1993): Die Funktionen der Gebrauchstextsorten. Berlin/New York.

Rosengren, Inger (ed.) (1983): Sprache und Pragmatik. Lunder Symposium 1982. Stockholm.

Spoo, Eckart (ed.) (1973): Die Tabus der bundesdeutschen Presse. 3. Auflage. München.

Steger, Hugo (1988): Erscheinungsformen der deutschen Sprache. „Alltagssprache"−„Fachsprache"− „Standardsprache"−„Dialekt"und andere Gliederungstermini. In: Deutsche Sprache 16, 289−319.

Uszczapowski, Igor (1995): Optionen und Futures verstehen. Grundlagen und neuere Entwicklungen. 3., erweiterte Auflage. München.

Weber, Siegfried (ed.) (1989): Fachkommunikation in deutscher Sprache: Ergebnisse, Probleme und Methoden der Fachsprachenforschung. Leipzig.

Markus Hundt, Dresden
(Deutschland)

58. Textsorten des Bereichs Rechtswesen und Justiz

1. Textsorten, Textsortenmerkmale, Textfunktionen bei Rechtstexten
2. Juristische Textsorten und Nachbargebiete
3. Juristische Textsorten als Elemente institutionellen Handelns
4. Probleme einer Klassifikation juristischer Textsorten
5. Juristische Textsorten: Versuch einer Typologie
6. Literatur (in Auswahl)

1. Textsorten, Textsortenmerkmale, Textfunktionen bei Rechtstexten

Textsorten werden üblicherweise nach verschiedenen Merkmalen klassifiziert (und damit definiert), von denen das Merkmal Textfunktion in vielen Beschreibungsansätzen das wichtigste Kriterium ist (dazu kommen Aspekte wie: Formen der thematischen Entfaltung, Arten der Kohärenzstruktur, sprachliche Gestaltung wie z. B. syntaktische und lexikalische Mittel/Formulierungsstrategie/Stilebene, thematische Struktur, dominante Texthandlungen). Hier ergibt sich nun für die Abgrenzung, Beschreibung und innere Differenzierung der Textsorten des Bereichs Rechtswesen und Justiz das Problem, daß die hierfür in nahezu allen Klassifikationsansätzen für Textfunktionen vorgesehene Kategorie „normative Textfunktion" zumindest aus der Binnensicht einer sich auf den Gegenstand und seine Spezifika wirklich einlassenden rechtslinguistischen Forschung als Restkategorie erscheint, in die pauschal alles hineingepackt wird, was irgendwie dem Bereich Recht zugeordnet werden kann; interne Differenzierungen wurden bisher üblicherweise von Linguisten nicht vorgenommen, ebensowenig wie eine tiefere Analyse der Spezifika juristischer Texte zu beobachten ist. Der vorliegende Handbuchartikel steht somit unter der Hypothek, einen Überblick über einen Gegenstandsbereich geben zu sollen, zu dem bislang schlicht die (text)linguistische Forschung fehlt. Deshalb kann hier auch nur eine erste, notgedrungen heuristische Übersicht über die Textsorten des Rechtswesens und der Justiz gegeben werden, die vor allem einen Einblick in die Vielfalt und Spezifik dieses (gesellschaftlich ja so zentralen) Textbereichs geben soll; für weitergehende Interessen kann nur die eklatante Forschungslücke bezeichnet werden, welche ein dringendes Desiderat markiert. (Zu ersten Typologisierungsversuchen vgl. auf texthandlungstheoretischer Grundlage Engberg 1993, 31 ff sowie Frilling 1995, 88 ff u. ö.; die einzigen mir bekannten Spezialuntersuchungen zu typologischen Aspekten juristischer Texte und Textsorten sind neben diesen beiden die Arbeiten Harweg 1983 für das BGB und Altehenger 1983 und 1996 am Beispiel der Texte des Zivilprozesses.) Zu den spärlichen Überlegungen in der linguistischen Literatur zu Abgrenzungskriterien juristischer Texte kann ich im folgenden (notgedrungen knapp) nur einige Hinweise geben. Große (1976, 72 ff), der den bislang ausgearbeitetsten Ansatz zur Beschreibung von Textfunktionen vorgelegt hat, operiert hinsichtlich der Feststellung der (für die Zuordnung eines Textexemplars zu einer Textklasse ausschlaggebenden) dominanten Textfunktion mit dem gerade in unserem Beschreibungsbereich problematischen Kriterium „Präsignal"; dieses besagt verkürzt folgendes: daß ein Text dann zu einer bestimmten Textsorte zählt, wenn der (ein) Textsortenname dies in der Überschrift des entsprechenden Textes ausweist. Dies ist nicht nur bei literarischen Texten problematisch, wo die vom Verfasser (oft aber nur vom Verlag) angegebene Kategorie (Roman, Erzählung, Kurzgeschichte) keineswegs sichere Hinweise auf die tatsächlich relevanten Textsortenmerkmale erlaubt, dies ist auch bei juristischen Textsorten problematisch, die zwar häufig (Gesetz, Verordnung, Protokoll), beileibe aber nicht immer (Gerichtsurteil, Beschlußschreiben, Schriftsätze des Rechtsfindungsverfahrens) eine selbstreferenzielle Bezeichnung in der Überschrift enthalten. Zudem muß die in der Überschrift vorfindliche Bezeichnung keineswegs den auch textlinguistisch feststellbaren Textsortenunterschieden entsprechen. So sind „Gesetz" und „Verordnung" zwar institutionell mit jeweils anderen Verfahren erzeugte Texte, sie stellen textlinguistisch gesehen aber aufgrund ihrer weitgehend übereinstimmenden textuellen Merkmale Exemplare ein und derselben Textsorte dar (übrigens auch in juristischer Sicht). Eine Definition von Textsorten mittels des Kriteriums Präsignal (z. B. Überschrift) ist auch deshalb hilflos, weil sie letztlich nichts anderes darstellt als eine Etikettierung aufgrund unseres Wissens, das wir von der Textfunktion, die es zu definieren gilt (also z. B. von der Funktion von Gesetzestexten) intuitiv ohnehin schon haben. Wenn Große aus dem Vorhandensein des Präsignals, d. h. hier: der Überschrift „Gesetz", schließt, das es sich hierbei um ein Exemplar der Textsorte „normative Texte" handelt, so ist dieser Bestimmungsversuch zirkulär, weil unser Wissen um den Gehalt des Begriffs „normativ" nicht zu trennen ist von unserem Wissen um die Bedeutung des Terminus „Gesetz" (und die damit verbundenen alltagsweltlichen Wissensrahmen). Hinsichtlich der Bestimmung der dominanten Textfunktion trifft man bei Rechtstexten dann auf ähnliche Probleme, wie sie in der Textlinguistik auch für andere Textsorten schon beschrieben wurden: Nimmt man die Sprechakttypologie als Ausgangspunkt für die Differenzierung eines Klassifikationssystems für Textfunktionen (wie es in der Textlinguistik meist geschieht), dann kann man schnell feststellen, daß z. B. gerade die zentralen juristischen Texte, die Gesetze, Sprechakte verschiedener Typen enthalten. So finden sich in Gesetzestexten (setzt man die Searlesche Typologie an) nebeneinander mindestens drei der fünf Klassen dieser Typologie verwirklicht: assertive, deklarative und direktive Sprechakte. Dazu kommt das Problem, daß diese Sprechakte in Gesetzestexten selten explizit (durch explizit performative Ausdrücke) formuliert werden, sondern meist durch andere sprachliche Mittel (sog. illokutive Indikatoren) wie Satzform, Verwendung von Modalverben u. a. erschlossen werden müssen. Betrachtet man Searles Klasse der „Deklarationen" (die wohl von ihm als typisch für bestimmte juristische Sprechakte angesehen werden), dann stellt sich aus rechtslinguistischer Sicht folgendes Problem: Seine Definition der „Deklarationen" setzt mit der Existenz „gesellschaftlicher Institutionen" (wie dem Rechtswesen) dasjenige voraus, dessen textgebundene Konstitutionsmechanismen überhaupt erst erklärt werden sollen. Würde man dieses Kriterium zur Abgrenzung „juristischer" Textsorten benutzen, käme man zu einer zirkulären Definition folgender Art: juristische Textsorten sind u. a. solche Textsorten, die Deklarationen enthalten. Deklarationen sind Sprechakte, die für eine rechtsbasierte Institution charakteristisch sind. „Recht" ist diejenige gesellschaftliche Institution, welche auf Rechtstexten (Normtexten) und deren Anwendung basiert. Normtexte sind (u. a.) solche Texte, die dominierende Textfunktionen in Form von „Deklarationen" enthalten. Deklarationen sind ... Als Folgerung kann festgehalten werden, daß eine Typologie von Textfunktionen, die sich am Schema der Sprechaktklassifikation orientiert, kaum geeignet sein kann, juristische Textsorten eindeutig zu bestimmen. Habermas (1971, 112 und 1981, 427) schlägt eine Reduktion der Searleschen Klassen auf die Typen imperative, konstative, expressive und regulative Sprechakte vor. Aber auch seine Definition der (hier einschlägigen) „regulativen Sprechakte" setzt ein vorgängiges Wissen darüber voraus, was „Norm" und „normativ" bedeutet. Die Definition der „regulativen" Sprechakte (als Kern der juristischen Textsorte(n) normativer Texte) wirft ein Licht auf ein weiteres Grundproblem der Bestimmung juristischer Textfunktionen (und damit Textsorten): Meist werden (von Nicht-Juristen) Gesetze hinsichtlich ihrer Textfunktion so aufgefaßt, als handele es sich dabei um regulatorische Sprechakte, welche die rechtsunterworfenen Bürger als Adressaten haben (nach dem prototypischen Muster der Zehn Gebote: „du darfst das nicht tun, du sollst jenes tun"). Nun hat sich die Institution Recht seit Moses Zeiten doch etwas fortentwickelt, so daß für heutige Verhältnisse festgestellt werden muß: primäre Adressaten von Gesetzestexten sind Juristen, nämlich v. a. die Richter, die aus diesen Texten bestimmte Handlungsanweisungen (Strafbarkeit und und Strafmaß im Strafrecht; Kenntnisse über Rechtsverhältnisse als Entscheidungsgründe für Streitfälle im Zivilrecht) beziehen, wie sie einen anliegenden Rechtsfall zu entscheiden haben.

Die genannten Probleme der Bestimmung normativer Textfunktionen schlagen sich auch in linguistisch differenzierteren Textfunktions-Typologien nieder. So unterscheidet Große (1976, 28) schon vorab, bevor er mit den Einzelheiten der linguistischen Feindifferenzierung von Textfunktionen beginnt, zwischen den Oberkategorien „Normative Textfunktionen" und „Nicht-normative Textfunktionen", um sich dann hauptsächlich nur noch mit den Differenzierungskriterien für die nicht-normativen Textfunktionen zu beschäftigen. (Hier wird deutlich, daß „normativ" zu einer Restklasse wird, weil man nicht so recht weiß, wie man damit umgehen soll.) Diese Einteilung reproduziert die in der sprachanalytischen Philosophie verbreitete kategoriale Unterscheidung zwischen „präskriptiver" und „deskriptiver Sprache", die in rechtslinguistischer Hinsicht höchst problematisch ist. Auch Große faßt das „Normative" als „Regeln für das menschliche Handeln" auf und verkennt dabei den eigentlichen Adressatenbezug normativer Texte. Wenn Gesetzestexte „Regelungen" ausdrükken, dann sind das in erster Linie Regelungen für Richter, d. h. sie enthalten keine Interaktionsregelungen für die Rechtsunterworfenen (Bürger), sondern Regelungen über Rechtsfolgen für Handlungen (was von der Textfunktion her etwas völlig anderes ist). Textfunktionen von Gesetzestexten müssen also nicht nur nach deren Inhalt, sondern vor allem auch nach deren Adressaten differenziert werden bzw. danach, welche Funktionen diese Texte im juristischen (institutionellen) Verfahren haben, wie mit ihnen faktisch gearbeitet wird. Wenn Große daher den Kern der normativen Texte darin sieht, „Bindungswirkungen" für Bürger zu entfalten, dann verfehlt er diese institutionelle Funktionsweise von Gesetzestexten. Beispielsweise sind Paragraphen des Strafgesetzbuches weniger als „bindende Regeln des Verhaltens" formuliert, sondern stellen sprechaktanalytisch gesehen (im Hinblick auf den Adressatenkreis Bürger) Drohungen dar, daß auf ein bestimmtes Verhalten eine bestimmte Rechtsfolge zu erwarten ist; für den (primären) Adressatenkreis Richter handelt es sich um Direktiven darüber, wann ein Verhalten, das bestimmte deskriptive Merkmale aufweist, bestraft werden muß. (Daß Sätze des Strafrechts keine direkten Bindungswirkungen haben, sieht man etwa daran, daß Strafbestimmungen, die institutionell nicht verfolgt werden, so gut wie überhaupt keine Verhaltensänderungen bewirken. Wie andere Drohungen verlieren Strafbestimmungen ihre Wirkung, wenn die angekündigten negativen Folgen für die Bedrohten nicht realisiert werden.)

Mit ähnlichen wie den vorgenannten Gründen kritisiert Brinker (1983, 140 f und 1985, 96 f) Großes Definition der normativen Textsorten und verzichtet ganz auf diese Kategorie. Nach ihm können die Wirkungen von Gesetzestexten und die in ihnen ausgedrückten Funktionen nur durch eine Analyse der institutionellen Bedingungen erhellt werden, welche die Geltendmachung von Normtexten regulieren. Aber auch Brinkers eigener Klassifikationsvorschlag ist nicht frei von den hier skizzierten Problemen; auch bei ihm wird von einer direkten Verhaltensbeeinflussung der Bürger als Grundfunktion normativer Texte ausgegangen und somit der institutionelle Charakter dieser Textsorte verfehlt. Große (1976, 59) versucht zwar, sprachliche Kriterien für die von ihm angenommene Unterklasse „legislative Funktion" der „normativen Textfunktion" festzustellen; die von ihm angeführten sprachlichen Indikatoren wie die Modalverben *müssen, können, sollen, dürfen* oder die Wendungen *ist befugt, ist berechtigt, ist verpflichtet*, sind aber kein allein hinreichendes Indiz für das Gegebensein der „legislativen Textfunktion", so daß sie als Differenzierungskriterien letztlich ausscheiden. Große greift daher wieder – als letztes und doch wohl einziges eindeutiges Kriterium – auf das „Präsignal" zurück. Dies dokumentiert letztlich das Scheitern der textlinguistischen Analyse vor den Problemen der juristischen Textfunktionen (und damit wohl auch Textsorten). Offenbar bedarf es einer vorgängigen Kenntnis der zu erwartenden Funktion eines normativen Textes in einer institutionell vorgeprägten Handlungssituation, um die Funktion der Gesetzestexte überhaupt näher bestimmen zu können. Nicht durch den sprachlichen Charakter, sondern durch ihre Rolle in einem institutionellen Handlungszusammenhang bekommen Gesetzestexte ihre „normative Funktion". Man kann also einen Text als Exemplar der „normativen Textfunktion", und damit auch der „normativen Textsorte(n)", nicht ohne Kenntnis des Gebrauchszusammenhangs des Textes erkennen. Dies machen sämtliche Definitionsversuche der „normativen Textfunktion" oder der „regulativen", „direktiven", „deklarativen" Sprechakte deutlich, die alle nicht ohne Verweis auf das undefiniert bleibende gesellschaftliche Faktum „Normativität" auskamen. Was „Norm" oder „normativ" heißt, ist uns durch unsere Kenntnis der gesellschaftlichen Institutionen und ihres Wirkens, in denen diese Normativität hergestellt wird, immer schon bewußt: d. h. wir erkennen einen Text nicht „aus sich selbst heraus" als normativ, sondern nur eingebettet in einen (institutionellen) Handlungszusammenhang. Das ist nicht weiter verwunderlich und auch nicht nachteilig, da darin nur die Tatsache zum Ausdruck kommt, daß Texte jeglicher Art immer nur als Teile gesellschaftlicher Handlungszusammenhänge wirksam werden und ihre je verschiedene Funktion bekommen. Erst wenn wir wissen, wie wir mit bestimmten Texten umgehen (bzw. umzugehen haben), wissen wir auch, welche „Funktion" sie haben (und damit, welcher „Textsorte" sie zugeordnet werden können).

An dieser Stelle ist ein kurzer Blick auf die in der Textlinguistik vorgenommene Definition des Begriffs „Textfunktion" (als definierendem Abgrenzungskriterium für „Textsorten") nützlich. Große (1976, 115) definiert den Begriff „Textfunktion" als „Instruktion des Empfängers über den für den jeweiligen Text vom Sender gewünschten Verstehensmodus. Der Empfänger soll sich auf die spezifische Natur des Textes einstellen, und ihn etwa als Aufforderung, als sachinformierenden Text oder als normative Festlegung verstehen." Vielleicht rühren die gezeigten Schwierigkeiten vieler Linguisten, die „normative Textfunktion" näher zu definieren, daher, daß sie (wie Große in diesem Zitat) Textrezeption, d. h. den Umgang mit Texten durch die Adressaten, auf ein reines „Verstehen", und die Textfunktion bzw. den Illokutionstyp auf einen „Verstehensmodus" reduzieren. Ein Blick auf die Praxis der juristischen Arbeit mit Texten (vgl. dazu und zu diesem gesamten Abschnitt Busse 1992, 74 ff und 119 ff) lehrt jedoch sofort, daß „Verstehen" dort das geringste Problem darstellt. Ein Gesetzestext wird eben nicht (in einem elementaren Sinne von „verstehen") „als normative Festlegung verstanden". Wenn Richter, Staatsanwälte oder Rechtsanwälte zu einem Gesetzestext greifen, dann wissen sie vorher um dessen normative Funktion; diese ist ja gerade der Grund dafür, daß sie den Text überhaupt zur Hand nehmen. Eine Texttheorie, welche die „Textfunktionen" auf einen naiven Begriff des „Verstehens" reduziert, kann der institutionell geformten Art der Arbeit mit Texten, wie sie im Rechtswesen stattfindet, nicht gerecht werden. In der textlinguistischen Diskussion wurde (bei der spärlichen Berücksichtigung juristischer Texte) das Augenmerk bisher zu stark auf die als Prototypen juristischer Texte aufgefaßten Normtexte (also Gesetzestexte, Verordnungen u. ä.) gerichtet. Dies verkennt, daß Textsorten wie Urteilstexte, Gesetzeskommentare und z. T. Gesetzgebungsmaterialien teilweise ebenso stark normative Wirkung entfalten können wie die Gesetze. Es müßten also beispielsweise bei den für die „Bindungswirkung" der Rechtsnormen wichtigen juristischen Textsorten verschiedene Grade und Ausformungen der Normativität unterschieden werden; diese Bestimmung geht aber weit über den Erkenntnis- und Leistungsbereich der Linguistik hinaus. Eine allein mit linguistischen Mitteln arbeitende Differenzierung juristischer Textfunktionen (und notabene Textsorten) ist damit kaum denkbar; sie ist bislang auch nirgendwo vorhanden und kann mithin im vorliegenden Artikel nur rudimentär skizziert werden. Eine Typologie und ein Kriterienkatalog für die Unterscheidung innerrechtlicher Textsorten muß daher erst entwickelt werden. Eine solche Typologie mit Anspruch auf umfassende Differenzierung aller Arten von Rechtstexten bedarf umfangreicher Recherchen und kann nicht quasi en passant geleistet werden. Daher beschreibt der vorliegende Handbuchartikel weniger Ergebnisse vorliegender Forschungen (von denen mir bislang keine bekannt geworden sind); vielmehr soll hier eine erste Heuristik zur Differenzierung der Textsorten des Bereichs Rechtswesen und Justiz vorgelegt werden, die umfassender Vertiefung gerade auch hinsichtlich der mit den jeweiligen Textsorten und Oberklassen verbundenen sprachlich-textuellen Merkmalen bedürfte. Es handelt sich also bei dem hier entwickelten Differenzierungsansatz um einen ersten Einteilungsversuch, der in weiteren Forschungen allererst vertieft und empirisch abgesichert werden müßte. Insofern repräsentiert der Artikel den Stand der Forschung zur textlinguistischen Beschreibung juristischer Textsorten, die bislang praktisch nicht existiert.

2. Juristische Textsorten und Nachbargebiete

Die Textsorten des Rechtswesens bilden zunächst, als Textsorten, die von innen oder von außen auf eine festgefügte und eigenständige gesellschaftliche Institution bezogen sind, einen deutlich von anderen zentralen Textklassen (etwa des Alltagslebens) abgrenzbaren Bereich. Andererseits gibt es aber, vor allem gerade wegen des fundamentalen Charakters der Institution Recht in unserer Gesellschaft, vielfältige Überschneidungen zwischen juristischen Textsorten im engeren Sinne (hier bestimmt als Textsorten des Rechts- und Justizwesens) und Textsorten in solchen Bereichen gesellschaftlichen Handelns und gesellschaftlicher Institutionen, die von juristischen Regeln im weitesten Sinne erfaßt werden. Wegen der zentralen Rolle des Rechts (und dem Recht vergleichbarer normativ-festlegender Regulatorien) in vielen gesellschaftlichen Institutionen und Handlungsbereichen tragen auch Textsorten in solchen anderen rechtsdurchwirkten Bereichen juristische Merkmale (und damit teilweise eben auch: Merkmale bestimmter juristischer Textsorten) im weitesten Sinne, ohne damit aber selbst schon Textsorten des Rechtswesens und der Justiz zu sein. Dies gilt vor allem für die Textsorten der (staatlichen) Verwaltung (→ Art. 56), die aufgrund der in unserem Rechtssystem und Staatsaufbau geltenden Rechtsförmigkeit der Verwaltung gelegentlich starke Überschneidungen zu den Textsorten des Rechtswesens im engeren Sinne aufweisen (z. B. Beschluß, Bescheid, Verordnung, Verwaltungsakt). Solche Überschneidungen sind vor allem dort vorzufinden, wo rechtsförmige Verfahren der Rechtsbeanspruchung, Rechtsermittlung und Rechtsdurchsetzung nach der innerstaatlichen Kompetenzverteilung (noch) nicht vor den Institutionen des Rechtswesens im engeren Sinne (v. a. der ordentlichen Gerichtsbarkeit) ausgetragen werden, sondern Angelegenheit der jeweiligen Institution(en) der staatlichen Verwaltung selbst sind, die dort in eigener Kompetenz behandelt und entschieden werden (z. B. Antrag, Widerspruch, Widerspruchsbescheid, Rechtsmittelbelehrung bezüglich der Verwaltungsakte). Damit sind viele Textsorten der Verwaltung zugleich auch juristische Textsorten und müssen in deren Typologie einbezogen werden, sind aber andererseits von den Textsorten des Rechtswesens und der Justiz als Institution, die im innerstaatlichen Organisations- (und Macht-)Aufbau deutlich von der Verwaltung abgegrenzt ist, strikt zu unterscheiden. Dies zeigt, daß im Bereich institutionellen Sprachhandelns und Textgebrauchs eine sprachbezogene Abgrenzung (hier: von Textsorten) nicht allein aufgrund von innersprachlichen Aspekten erfolgen kann, zu denen hier etwa linguistisch feststellbare Textmerkmale zählen würden, sondern die Berücksichtigung funktionaler Merkmale erfordert, die nur aus den institutionellen Regeln, Verfahrensweisen und wechselseitigen Abgrenzungen erklärt werden können. Auch in dieser Hinsicht ist die Beschreibung institutioneller Textsorten nicht immer deutlich abgrenzbar von der Beschreibung institutioneller Akte (und der damit zusammenhängenden sprachlichen und textbasierten Handlungen). Da eine Typologie juristischer Textsorten nicht beanspruchen kann und soll, für eine Typologie juristischer (bzw. juristisch durchwirkter, rechtsförmiger) institutioneller Akte zu stehen (die noch nicht existiert und zudem eher Angelegenheit der Rechts- und Verwaltungswissenschaft und der Soziologie wäre), sind der linguistischen Beschreibung, Klassifikation und Abgrenzung juristischer Textsorten hier deutliche Grenzen gesetzt.

Rechtsförmigkeit im weitesten Sinne erfaßt außer der (staatlichen) Verwaltung aber auch andere (staatsfernere) gesellschaftliche Bereiche: Etwa die Vereine, Parteien, gesellschaftlichen Organisationen, Kapitalgesellschaften, große Wirtschaftsunternehmen u. ä. Insofern die innerorganisatorischen Rechtsverhältnisse hier einer förmlichen Bestätigung durch Institutionen des Rechtswesens und der Justiz bedürfen, können sie noch zu den juristischen Textsorten im engeren Sinne gerechnet werden und werden in den Beschreibungsbereich der hier zu erstellenden Typologie einbezogen. Dies gilt etwa für alle Ausformungen des Textsortenbereichs „Satzung". Die Satzung einer Partei, eines Vereins oder einer Genossenschaft ist sicher keine Textsorte „des Rechtswesens", jedoch ist sie durchaus eine juristische Textsorte im weiteren Sinne, da sie (gerade in den linguistisch beschreibbaren Merkmalen wie Textaufbau, Gliederungsprinzipien, Kohärenzstrukturen) viele Eigenschaften aufweist, die konstitutiv für juristische Texte sind und die aus deren Mustervorrat für sie übernommen wurden.

Überschneidungen juristischer mit benachbarten Textsorten gibt es auch dort, wo juristische Inhalte zum Material oder Gegenstand anderer, allgemeinerer gesellschaftlicher Institutionen oder Handlungsbereiche werden. Dies gilt vor allem für die Textsorten der Rechtswissenschaft und juristischen Ausbildung, die eine gemeinsame Schnittmenge mit den Textsorten der Wissenschaft und der universitären Ausbildung (→ Art. 61) bilden. Allerdings haben sowohl Rechtswissenschaft als auch Juristenausbildung (die − in den sog. Repetitorien − ja auch außeruniversitär verankert ist) eine Reihe sehr spezifischer Textsorten ausgebildet, die unmittelbar aus dem besonderen Charakter des Gegenstands „Recht" ableitbar sind und nur hier in dieser Form vorkommen (Urteilsanmerkung, Lösungsskizze, Fallsammlung, Übersichtsschemata; Gesetzeskommentar). Dies rechtfertigt es, die Textsorten der Rechtswissenschaft und juristischen Ausbildung den Textsorten des Rechtswesens zuzurechnen und dort als eigenständige Untergruppe einzuordnen.

Ein grundsätzliches Einordnungsproblem ergibt sich bei den juristischen Textsorten daraus, daß eine attributive Bestimmung wie „juristisch" oder „des Rechtswesens und der Justiz" offen läßt, ob hier eine agentivische Relation angenommen werden soll oder ein andersgearteter (evtl. loserer) Bezug. Eine agentivische Definition von „juristische Textsorten" im Sinne von Klassen solcher Texte, die in den juristischen Institutionen von Juristen zu juristischen Zwecken produziert werden, würde solche Textsorten ausgrenzen, die ganz klar juristischen Bezug (z. B. wegen juristischer Adressaten) haben, aber nicht notwendig (oder überhaupt nicht) von Juristen (als Juristen) produziert werden, wie z. B. Testament, Widerspruch u. ä. Es erscheint sinnvoll, solche Textsorten (als Spezialgruppe) in die Textsorten des Rechtswesens mit aufzunehmen, weil ihre Existenz ohne die Institution Recht (an deren Instanzen − als Rezipienten − sie gerichtet sind) nicht denkbar ist, was meist auch auf die konkrete textliche Form durchschlägt. Allerdings fällt es schwer, solche Textformen (v. a. der gesprochenen Sprache) noch zu den juristischen Textsorten zu rechnen, die zwar (wie die soeben genannten) ebenfalls im Rahmen der juristischen Institution mit juristischen Adressaten produziert werden, die aber in ihrer konkreten sprachlichen Gestalt keine deutlich erkennbaren Überformungen durch juristische Vertextungsregeln aufweisen; dies gilt etwa für Zeugenaussagen vor Gericht (nicht jedoch für das *Protokoll* einer Zeugenaussage, dies ist selbstverständlich eine juristische Textsorte, die deutliche Züge einer rechtsspezifischen Überformung − hier: Vertextungsstrategie − aufweist).

Als grundlegend für die Abgrenzung der juristischen Textsorten im engeren Sinne (als Textsorten des Rechtswesens und der Justiz) kann daher folgendes Kriterium festgehalten werden: Als Exemplare von Textsorten des Rechtswesens und der Justiz werden für die Zwecke dieser Übersicht all diejenigen Texte aufgefaßt, die entweder (a) innerhalb der Institutionen des Rechtswesens und der Justiz von juristisch ausgebildeten und legitimierten Vertretern der Institution(en) zu juristischen Zwecken an juristische oder außerjuristische (innerinstitutionelle wie außerinstitutionelle) Adressaten gerichtet produziert werden, oder (b) von nicht juristisch ausgebildeten (außerinstitutionellen) Produzenten zu juristischen Zwecken an institutionelle Adressaten gerichtet produziert werden. Nach dieser Definition ist etwa als eigentlicher Adressat eines Testaments (als Testament) das die Ausführung des Testaments überwachende (und gegebenenfalls einen Rechtsstreit über seine Anwendung entscheidende) Gericht anzusehen. (Dies schließt wegen der Möglichkeit der Mehrfachadressierung nicht aus, daß der Textverfasser noch andere mittelbare Adressaten angesprochen haben möchte; diese Zweitadressierung wäre aber nicht konstitutiv für die Textsorte Testament als juristische Textsorte.) Im Sinne dieser Abgrenzung der juristischen Textsorte sind etwa auch Rechtsanwälte (übrigens auch nach gängigem rechtsinstitutionellen Verständnis) Agenten der Institution(en) des Rechtswesens und der Justiz, so daß auch alle von ihnen verfaßten, für ihren Tätigkeitsbereich produzierten Textsorten den juristischen Textsorten zuzurechnen sind.

3. Juristische Textsorten als Elemente institutionellen Handelns

Die linguistische Analyse der Textsorten des Rechtswesens und der Justiz hat zu berücksichtigen, daß diese Textsorten Elemente institutionellen Handelns darstellen, deren institutioneller Charakter definitorisch ist für die Aufnahme in diese Oberklasse. Dies kann wiederum an Beispielen verdeutlicht werden, die am Rande der juristischen Textklasse(n) liegen: Ein Testament wird − unabhängig von seiner konkreten sprachlichen Gestalt, die wenige oder gar keine fachspezifischen Züge aufweisen mag − vor allem dadurch zu einem juristischen Textexemplar, daß es seine wesentliche Funktion ausschließlich im Kontext der Institution Recht entfaltet. Hinsichtlich der verschiedenen juristischen Teil-Textklassen sind dabei unterschiedliche Grade und Formen der institutionellen Einbindung unterscheidbar. Diese reichen von der institutionellen (Weiter-)Behandlung eines von einem nicht-institutionellen Produzenten verfaßten und nur über wenige institutionsspezifische Textmerkmale verfügenden Textes (wie z. B. des Testaments) bis zu Texten, die selbst zu (Teil-)Institutionen im Gefüge des juristischen Handelns werden, wie z. B. Gesetzestexte (vgl. dazu Busse 1992, 309 ff). Entscheidend ist dabei die Art, wie mit den jeweiligen Texten bzw. Textsorten in der Institution Recht jeweils umgegangen wird, d. h. welchen Status sie im Ablauf der juristischen Textarbeit haben. Hier ist ein Spezifikum zu beachten, das den juristischen Umgang mit Texten vom Charakter anderer Textsorten unterscheidet: nämlich die Tatsache, daß das Recht selbst eine textbasierte Institution ist, deren wesentliche institutionelle Arbeitsvorgänge als (institutionelle) Textarbeit charakterisiert werden können. Als solchermaßen institutionell geprägte Bestandteile einer Texte be- und verarbeitenden Institution sind die juristischen Textsorten abhängig von den sozialen, durch den Aufbau und die Arbeitsabläufe der Institution geprägten Rahmenbedingungen. Zu unterscheiden ist hier (auch für die linguistische Textsortenklassifikation) mindestens das in den deutschsprachigen Ländern (wie im kontinentalen Europa generell) bestehende kontinentale Rechtssystem vom Rechtssystem angelsächsischer (angloamerikanischer) Prägung. Die kontinentale Rechtstradition fundiert die juristische Arbeit sehr viel stärker auf Texten (Gesetzen) und auf einer institutionell gelenkten Textarbeit (Gesetzesauslegung und -anwendung) als das fallbasierte angelsächsische Recht, in dem die Bezugstexte (Fallsammlungen, Präzedenzentscheidungen) eine ganz andere entscheidungsbegründende Funktion haben als im kontinentalen System. Zwar lassen sich viele Gemeinsamkeiten auch in der Textlichkeit beider Systeme feststellen, doch schlagen die systembedingten Unterschiede bis in feine Details einzelner Textsorten durch (z. B. Urteilsbegründung). Abgesehen davon entfaltet jedes Rechtssystem Textklassen, die im jeweils anderen System nicht in derselben Weise benötigt werden. Im kontinentalen System sind dies z. B. die Textsorten der Normtext-Auslegung (Gesetzes-Kommentar; Auslegungsbestandteile im Urteilstext usw.).

Im kontinentalen (und damit auch im deutschen) Rechtssystem ist Rechtsarbeit auch und vor allem Textarbeit, d. h. Arbeit mit, an und mittels Texten. Bezugspunkt der juristischen Arbeit sind die normativen Texte. Aufgrund der Komplexität des juristischen Normbegriffs sind diese Texte aber nur schwer als eigene Textklasse abgrenzbar. Zunächst zählen dazu Gesetze (einschl. Verfassungstexte und Verordnungen), jedoch wirken normativ im weiteren Sinne auch Urteilstexte (wenn sie von höheren Instanzen stammen) und rechtswissenschaftliche Texte (wie Kommentartexte). Die Normativität entfaltet sich also sozusagen über mehrere Textstufen, oder textlinguistisch gesprochen: über mehrere Textsorten/-klassen hinweg. Rechtsarbeit ist ein Vertextungsprozeß, der aus Texten über verschiedene Zwischenstufen (mit Beteiligung von Texten) wieder Texte macht. Juristische Textsorten lassen sich demnach gemäß dem Aufbau der juristischen institutionellen Verfahrensweisen in einzelne Klassen einteilen, die grob die Stationen der juristischen Textarbeit widerspiegeln. Dazu zählen neben den (förmlich verabschiedeten) normativen Texten im engeren und im weiteren Sinne dann die Texte des Rechtsfindungsverfahrens, der Rechtsbeanspruchung und der Rechtsprechung selbst, einschließlich der Textsorten der Rechtsdurchsetzung (des Rechtsvollzugs). Die Institutionalität des juristischen Verfahrens schlägt dabei auf alle Texte durch, die in diesem Procedere eine Funktion haben. Dies führt dazu, daß auch solche Textsorten der institutionellen (Über-)Formung anheimfallen, die nicht von institutionellem Personal formuliert wurden (wie z. B. mündliche Aussagen vor Gericht, die nur in protokollierter − und damit institutionell überformter − Gestalt rechtsrelevant werden). Spezifisch für das Recht freilich ist die Tatsache, daß hier bestimmte Textsorten eine solche fundamentale Funktion für den Bestand und die Arbeitsweise erhalten, daß sie nicht nur als Texte *in* Institutionen gelten können, sondern *selbst* zur Institution werden (in ähnlicher Weise ist dies nur noch in der Institution Religion zu finden, bei den Bibeltexten; → Art. 59). Nur am Rande sei in diesem Kontext darauf hingewiesen, daß der moderne soziologische und anthropologische Institutionsbegriff abgeleitet ist vom seit dem Altertum überlieferten Begriff der „institutiones"; damit waren die lateinisch-römischen

Rechtsaltertümer gemeint, welche das zentrale juristische Wissen des römischen Rechts bzw. seiner mittelalterlichen und frühneuzeitlichen Nachwirkung umfaßten. Sprachlich-linguistisch betrachtet waren die „institutiones" aber zunächst und vor allem *Texte*, welche die überlieferten Rechtsregeln des römischen Rechts überlieferten. Damit ist der Institutionsbegriff schon von seiner Entstehung her aufs Engste mit den zentralen juristischen Texten und Textsorten verknüpft. Von Texten *als* Institution kann demnach dann gesprochen werden, wenn Texte − wie dies bei den modernen Verfassungs- und Gesetzestexten der Fall ist − das zentrale Rückgrat einer gesellschaftlichen Institution bilden, die ohne diese Texte nicht gedacht werden kann, schlicht nicht existent wäre. Einige Beispiele: weder der „Kleintierzüchterverein Entenhausen e. V." noch die „Europäische Union" wären existent, wenn es nicht zentrale konstituierende Texte gäbe, welche diese Institutionen begründen würden: im Falle des e. V. die Vereinssatzung (immerhin noch ein einheitlicher und kohärenter Text), im Falle der EU die europäischen Verträge (die lediglich eine Textsammlung von Einzel(text)exemplaren unterschiedlichen Gewichts, Kalibers und Formats darstellen). So gesehen wäre es nicht ganz verfehlt, zu behaupten: die EU als Seinswesen existiert gar nicht, es gibt lediglich ein Konglomerat von Verträgen zwischen Einzelstaaten. Analog einem Diktum, wonach eine (National-)Sprache ein Dialekt mit einer Armee sei, könnte man auch sagen: ein Staat ist ein Gründungstext (z. B. Verfassung) mit Armee, Polizei und Justiz als Stützungskräften im Hintergrund. Diese institutionelle Funktion von Texten, die selbst zu Institutionen werden, läßt sich mit dem verfügbaren linguistischen Begriffs- und Methodeninventar kaum erfassen; u. a. hebelt sie manche zentrale linguistische Modelle und Begriffe aus, die sich auf die speziellen Bedingungen dieser institutionellen Texte nicht mehr bruchlos anwenden lassen. Dies gilt etwa für den linguistischen Bedeutungsbegriff, dessen zentrale Momente (wie − relative − Bestimmtheit, fester oder prototypischer Kern von semantischen Merkmalen, Referentialität bzw. Referierbarkeit) gerade für zentrale Rechtsbegriffe (als tragende Elemente z. B. von Verfassungs- und Gesetzestexten) kaum noch Gültigkeit haben; an die Stelle der üblichen linguistischen Kriterien treten dann Momente wie: semantische Offenheit, Ausfüllungsbedürftigkeit, strategische referentielle Unbestimmtheit, welche die juristischen Texte als zukunftsoffene Regularien erhalten sollen, die ihre spezifische Wirkung erst vermittelt durch die an ihnen orientierte (bzw. mit ihnen operierende) juristische Textarbeit (Auslegungsarbeit, „Anwendungs"arbeit, Rechtsfindungsarbeit) entfalten. Auch ein Begriff wie „Textkohärenz" bekommt bezüglich der zentralen institutionellen Textsorten des Rechts eine Ausprägung, die diese den normalen linguistischen Beschreibungskriterien enthebt. Eine zureichende linguistische Beschreibung der institutionellen Ausprägung juristischer Texte in allen ihren (sprachrelevanten) Facetten steht freilich noch aus, so daß Überlegungen wie die zuvor angestellten notgedrungen präliminarisch bleiben müssen.

4. Probleme einer Klassifikation juristischer Textsorten

Die Klassifikation und Typologie der Textsorten des Rechtswesens und der Justiz wirft aus linguistischer Sicht erhebliche Probleme auf, die nicht alle zufriedenstellend gelöst werden können. Dies ergibt sich zum einen aus dem grundlegenden institutionellen Charakter des Rechtswesens und der damit zusammenhängenden Eigenständigkeit und Autodetermination innerhalb der gesellschaftlichen Handlungsformen (und damit auch Kommunikations- und Sprachgebrauchsformen). Damit eng zusammen hängt zum anderen die ebenfalls sehr spezifische Tatsache (für die es Vergleichbares in anderen Textsortenbereichen − außer vielleicht den Textsorten der Religion − nicht gibt), daß das Rechtswesen mit all seinen Facetten sich in der Rechtswissenschaft einen eigenen wissenschaftlichen Überbau geschaffen hat, der für alle Aspekte der Institution und ihres institutionellen Handelns (und damit auch für die Aspekte der Textlichkeit) eigene Kategorien und Erklärungsschemata geschaffen hat, mit denen sich auch eine fachexterne (z. B. linguistische) Beschreibung auseinanderzusetzen hat. Es gibt also für die wesentlichen juristischen Arbeitsbereiche (denen dann die linguistisch zu beschreibenden Textsorten entsprechen) rechtstheoretische − z. B. normtheoretische − Einteilungs- und Unterscheidungskriterien, die aber nicht mit den textlinguistischen Kriterien gleichgesetzt werden können. D. h. daß eine textlinguistische Beschreibung mit diesen normtheoretischen Gesichtspunkten zu rechnen und darauf zu reagieren hat, ohne jedoch die mit anderen Erkenntniszielen und Differenzierungskriterien arbeitende linguistische Beschreibung vorschnell den juristischen Kriterien anzupassen. Dadurch ergeben sich Friktionen, die immer wieder zur Ablehnung der linguistischen Typologie bzw. einzelner ihrer Gliederungsvorschläge durch Juristen und Rechtswissenschaftler führen können. Als Beispiel seien hier die in diesem Artikel zu einer eigenen Klasse zusammengefaßten sog. „normativen Textsorten" genannt: Schon das Ansetzen einer solchen Klasse kann bei solchen Juristen auf Widerspruch stoßen, die die Auffassung vertreten, daß Gerichtsurteile ebenso Bestandteile der normierenden (normschaffenden) Tätigkeit des Rechtswesens sind wie z. B. Gesetzestexte, und die deshalb deren kategoriale Trennung (wie in meinem Klassifikationsvorschlag) ablehnen. Textlinguistisch gesehen weisen jedoch Gesetzestexte und Urteilstexte so gravierende Unterschiede in Aufbau, Struktur, Formulierungsstil und kommunikativer Funktion auf, daß auf eine Aufteilung in zwei grundverschiedene Textklassen nicht verzichtet werden kann. Aber auch innerhalb der hier als „(förmlich verabschiedete) normative Textsorten" bezeichneten Klasse wird z. B. von Juristen die hier als eigenständige Textsorte angesetzte Kategorie „Verfassungstexte" der Textsorte „Gesetze" zugerechnet. Jedoch lassen sich auch hier wiederum aus rein linguistischer Beschreibungsperspektive bestimmte Unterschiede in der Textgestaltung ausmachen (Präambel, anderer Formulierungsstil), die das Ansetzen einer eigenen Textklasse rechtfertigen. Auch wenn von juristischer Seite immer wieder einmal Ordnungsschemata angeboten werden, welche sich nicht nur auf die juristische Tätigkeit als solche, sondern schon gezielt auf die juristische Texthaftigkeit beziehen (z. B. Einteilungen in: Zurechnungstexte, Rechtfertigungstexte, Anordnungstexte), so muß doch die linguistische Betrachtungsweise strikt von der innerinstitutionellen juristischen Betrachtungsweise unterschieden werden. Die (text)-linguistische Beschreibung des juristischen Textgebrauchs darf sich daher nicht einseitig von den rechtstheoretischen Ansätzen und Sichtweisen abhängig machen (zumal dann die aus linguistischer Warte nicht entscheidbare Frage aufträte, welchem der vielen konkurrierenden rechtstheoretischen Ansätze sich die linguistische Beschreibung anschließen sollte).

Allerdings ergibt sich hier ein echtes Problem für die linguistische Beschreibung, das ein bezeichnendes Licht auf die Problematik der Textsortenklassifikation (und den Textsortenbegriff) schlechthin wirft. Für andere Textklassen ist es in der Textlinguistik üblich geworden, funktionale Kriterien (also Fragen des kommunikativen Zwecks, der kommunikativen Funktion eines Textes bzw. einer Textsorte) an prominenter Stelle zur Differenzierung von Textklassen anzusetzen, da andere, linguistisch präziser beschreibbare Kriterien (wie: Kohärenzstrukturen, Textaufbau, Formulierungsstil, Art der thematischen Entfaltung, vollzogene Texthandlungen) häufig nicht ausreichen, solche Textsorten(-Klassen) trennscharf voneinander abzugrenzen, für deren Unterscheidung intuitiv ein Bedürfnis besteht. Deshalb wird in der Textklassendifferenzierung und -beschreibung häufig auf die Kategorie „Textfunktion" Bezug genommen, die auch in vielen Phänomenbereichen relativ unproblematisch ist. Bei den juristischen Textsorten entsteht hier allerdings das Problem, daß Überlegungen über die „Funktion" von juristischen Texten (oder Teil-Textklassen) letztlich nicht ohne ein tiefes Einlassen auf die (in der Jurisprudenz selbst sehr umstrittenen) Normtheorien möglich sind und daß Funktionen juristischer Texte ohne die Bezugnahme auf irgendeine Normtheorie im Grunde nicht präzise bestimmt werden können. Zumindest muß jedoch festgehalten werden, daß eine Funktionsbestimmung für juristische Texte (im vollen Sinne) allein mit linguistischen Mitteln nicht möglich ist. Die linguistische Beschreibung der juristischen Textsorten (und ihrer Typologie) steht somit vor einem unausweichlichen Dilemma: Zum einen sollte sie sich bemühen, für die Deskription und Differenzierung auch der juristischen Textsorten überwiegend mit linguistischen Kriterien zu arbeiten (und nicht sozusagen den rechtstheoretischen Schulenstreit via zu enger Anlehnung an juristische Typologisierungsvorschläge in die Linguistik hineinzutragen); zum anderen muß sie aber an zentraler Stelle (dem Begriff der dominanten Textfunktion) immer wieder auf juristische Definitionen und Sichtweisen zurückgreifen, da anders die Textsortendifferenzierung nicht feinteilig genug erfolgen kann.

Mit dieser Problematik hängt eine grundsätzlichere Problematik eng zusammen, die wohl auch bei anderen Beschreibungsbereichen der linguistischen Textsorten-Typologie aufträte, dort aber nicht so schnell in den

Blick gerät: der enge Bezug des linguistischen Textsortenbegriffs (mit seinem tragenden Kriterium der Textfunktion) zur Differenzierung kommunikativer Handlungen (die ja meist dem klassischen Sprechaktmodell folgt). Dieser enge Bezug wird bei den juristischen Textsorten zum Problem, weil diese sich mit der außerjuristischen (allgemein linguistischen) Sprechakttypologie nicht zureichend beschreiben lassen; vielmehr müßte ein eigenständiger Set von spezifisch juristischen Texthandlungen (bzw. textbezogenen, textbasierten Handlungen) angesetzt werden, wenn man die Differenzierung der Textsorten eng mit der Differenzierung kommunikativer (textbasierter) Handlungen verknüpft, wie dies in der Textlinguistik ja meist geschieht, den die linguistische Beschreibung der juristischen Textsorten im Spektrum unterschiedlicher Ebenen der linguistischen Beschreibung von Texten einnimmt bzw. einnehmen sollte. Die linguistische Beschreibung der juristischen Textsorten muß abgegrenzt werden:

(a) *systematisch*: nach „oben": zur Rechtssprache bzw. juristischen Fachsprache – nach „unten": zu juristischen (bzw. juristisch relevanten) Sprechakten
(b) *funktional*: zu rechtsrelevanten Textsorten mit anderen als juristischen Textformen, Produzenten, Zwecken
(c) *kontextuell*: zu Textsorten benachbarter oder in juristischen institutionellen Verfahren involvierter Bereiche, die in einzelnen juristischen Zusammenhängen eine Rolle spielen können
(d) *nach Ebenen*: zu den juristischen Teil-Textsorten (bzw. Textteilen mit spezifischer Textstruktur und Funktion)

Hierzu einige, notgedrungen kursorische Bemerkungen: Die Abgrenzung der Erforschung der juristischen Textsorten zur übergeordneten Beschreibungsebene der juristischen Fachsprache („Rechtssprache") erscheint als unproblematisch. Zu beachten ist hier lediglich, daß sich juristische Textlichkeit (und damit die Abgrenzungskriterien der Textsorten des Rechtswesens und der Justiz) keineswegs auf das Merkmal „Verwendung juristischer Fachsprache" reduzieren läßt. Verwendung fachsprachlicher Elemente mag charakteristisch für viele juristische Texte sein, konstitutiv ist sie für die juristischen Textsorten jedoch nicht (jedenfalls nicht im Sinne eines „notwendigen Merkmals"). Dies gilt etwa für viele (v. a. ältere) Gesetzestexte, aber auch für viele Textsorten des Rechtsverfahrens (wie z. B. Verteidiger-Plädoyer) und besonders für die Textsorten der Rechtsbeanspruchung (Antrag, Widerspruch), ebenso wie z. B. für die Textsorte Testament, bei denen die Produzenten Nicht-Juristen sind. Die Verwendung von Sprechaktverben allein (hier sowohl im Sinne von sprechaktvollziehenden wie auch von sprechaktbezeichnenden Verben bzw. der daraus abgeleiteten Nomina aufgefaßt) ist noch kein hinreichendes Kriterium für die Ansetzung des Merkmals „fachsprachlich". Außerdem überschneidet sich die Rechtssprache wegen der zentralen Funktion des Rechts in unserer Gesellschaft erheblich mit der sog. Gemeinsprache, was eine Beantwortung der Frage: „fachsprachlich oder nicht fachsprachlich?" im Einzelfall äußerst schwierig machen würde.

Sehr viel schwieriger als die Abgrenzung zur Fachsprache (also, wenn diese Metapher erlaubt sein darf, „nach oben") ist die Abgrenzung der Beschreibungsebene der juristischen Textsorten zur Beschreibung der Rechtsakte zu handhaben, insofern in diese Sprechakte im engeren oder sprachliche Handlungen im weiteren linguistischen Sinne involviert sind. Dies kann am Beispiel der sog. „Rechtsmittelbelehrung" (teilweise auch als „Rechtsbehelfsbelehrung" bezeichnet) demonstriert werden, die in keinem juristischen Entscheidungstext (insofern er sich nach außen richtet, wie: Gerichtsurteil, Anordnung, Befehl, Widerspruchsbescheid usw.) fehlen darf. Dieser meist formelhaft und schematisch gestaltete Text ist in den juristischen Ganztexten, in denen er vorkommt, eindeutig durch eigene Textualitätsmerkmale gekennzeichnet, die ihn vom übrigen Text abheben. Insofern könnte hier von einem Teiltext, wegen der relativen textlichen Eigenständigkeit aber auch von einer Teil-Textsorte gesprochen werden. Zugleich handelt es sich aber um den sprachlichen Niederschlag einer juristischen Texthandlung, die als eigenständige sprachliche Handlung ausgezeichnet ist gegenüber anderen Teilhandlungen des umgebenden Ganztextes. Fraglich ist hier somit die Zuordnung der „Rechtsmittelbelehrung" entweder zu den sprachlichen Teil-Handlungen des umgebenden Ganztextes oder alternativ die Wertung als eigenständige Textsorte, die als Teil-Text in einen umgebenden Ganztext anderer Textsorte eingebettet ist. Wegen des zentralen Bezugs der üblichen linguistischen Textsortenbestimmung auf die zentralen Texthandlungen kann die Abgrenzung der linguistischen Bezugseinheit „Textsorte" zur Bezugseinheit „Sprechhandlung" immer wieder zu Problemen führen; dies gilt vor allem dort, wo — wie gezeigt — der entsprechende Text oder (je nach Bewertung) Textausschnitt nur eine einzige (deutlich abgegrenzte) sprachliche Handlung umfaßt.

Ebenfalls nicht ganz einfach ist (wie oben schon angesprochen wurde) die funktional orientierte Abgrenzung der juristischen Textsorten zu anderen rechtsrelevanten Textsorten, die zwar starke Bezüge zu einer Rechtsinstitution (oder zum Recht generell) aufweisen, die aber nicht alle Merkmale verwirklichen, die für eine Definition der juristischen Textsorten angesetzt werden sollten. Abgrenzungsprobleme ergeben sich etwa dort, wo Texte zwar von ihrer Funktion her starke juristische Bezüge aufweisen, selbst aber nicht durch solche textlichen Merkmale ausgewiesen sind, die als typisch für juristische Textsorten aufgefaßt werden können, und/oder wo die Texte vorrangig von Produzenten erstellt werden, die nicht Teil der juristischen Institution(en) sind. Dies gilt etwa für den angesprochenen Fall der Textsorte „Testament". Hier zeigt sich, daß zur deutlichen Abgrenzung der juristischen Textsorten nicht ein einzelnes Kriterium dienen kann, sondern ein Bündel von Kriterien, das zumindest die Merkmale Produzent, Adressat, Textstrukturierung und Textfunktion umfassen sollte. Nun lassen sich nicht alle Textsorten, die man intuitiv zu den juristischen Textsorten rechnen würde, durch alle Merkmalgruppen zugleich abgrenzen; man muß daher wohl von einem harten Kern prototypischer Textsorten ausgehen, um den sich andere Textsorten gruppieren, die nur über einzelne der genannten Merkmale verfügen. Im Falle der Textsorte „Testament" hatten wir uns für die Zuordnung zu den juristischen Textsorten aufgrund des Gegebenseins der Merkmale Adressat und Textfunktion entschieden, wogegen die Merkmale Produzent in der Regel nicht (jedenfalls nicht textsortentypisch) und Textstruktur nur sehr begrenzt dem Bereich des Juristischen zugeordnet werden können. Die Abgrenzung auf der funktionalen Ebene kann deshalb stets nur als Einzelfallentscheidung mit genauerer Prüfung der jeweiligen Textbedingungen erfolgen.

In kontextueller Hinsicht müssen die juristischen Textsorten abgegrenzt werden zu solchen Textsorten benachbarter Bereiche, die zwar in juristischen Kontexten involviert sein können, die aber von der Gesamtheit ihrer textformenden Merkmale her nicht dem Bereich der eigentlich juristischen Textsorten im engeren Sinn zuzuordnen sind. Dies gilt etwa für Fachgutachten und technische Beschreibungen, die z. B. im Gerichtsverfahren eingeführt sein können oder die in andere umgebende juristische Ganztexte eingebettet sein können. So zählt nicht jeder Text, der in einem juristischen Verfahren (wie einem Gerichtsverfahren) eine prominente Rolle spielt, zu den juristischen Textsorten selbst. Dies gilt für Fachgutachten, etwa eines Mediziners, Psychologen, Technikers im Prozeß ebenso wie für eine Zeugenaussage, nicht jedoch für das durch einen Richter (Staatsanwalt, Polizisten) erstellte Protokoll einer Gutachter-Stellungnahme oder einer Zeugenaussage; letztere sind, da von juristischem Personal im juristischen Verfahren zu juristischen Zwekken gestaltete (überformte) Texte, deswegen zu den juristischen Textsorten zu rechnen. Schwierig sind in diesem Zusammenhang technische Texte einzuordnen, die Bestandteile von Gesetzen oder Verordnungen geworden sind (z. B. die sog. „Technische Anleitung Luft" mit den Bestimmungen zur Luft-Reinhaltung und der akribischen Auflistung von chemischen Substanzen und Grenzwerten usw.). Hier handelt es sich zwar um Teil-Texte einer eindeutig juristischen Textsorte „Verordnung" oder „Gesetz"; die Teil-Texte weisen selbst allerdings stärkere Merkmale der jeweiligen beteiligten naturwissenschaftlichen und/oder technischen Fächer auf als Merkmale der juristischen Textgestaltung (sieht man einmal von den Elementen der juristischen Anordnungshandlungen ab). Auch hier lassen sich keine übergreifenden Abgrenzungskriterien entwickeln, die für alle Abgrenzungsprobleme einschlägig wären, sondern es müssen Einzelfall-Entscheidungen gefällt werden, die konkret die Bündelung verschiedener Textmerkmale berücksichtigen.

Schließlich wirft die Abgrenzung juristischer Textsorten nach innen, zu den Teil-Textsorten, gewisse Probleme auf. In diesem Kontext sei nur auf das schon erwähnte Beispiel der „Rechtsmittelbelehrung" verwiesen, dessen Status als eigene Textsorte nicht nur aus den schon genannten Gründen der Überschneidung mit der Bezugsgröße „Sprachhandlung" in Frage gestellt werden könnte, sondern auch deshalb, weil diese Teilstruktur trotz ihrer deutlich eigenständigen Strukturmerkmale konkret immer nur als Bestandteil eines umfassenderen Ganztextes auftaucht (z. B. „Gerichtsurteil"), zu dessen notwendigen Bestandteilen es gehört. Andererseits umfaßt eine juristische Textsorte wie „Gerichtsurteil" in textlinguistischer Hinsicht (nach Aufbau, Formulierungsstil, eigentlichen Adressaten, Funktion) deutlich unterschiedene Textteile (Rubrum, Tenor, Sachverhalt, Entscheidungsgründe, Anordnungen, Rechtsmittelbelehrung), die jeweils für sich als eigene Teil-Textsorten aufgefaßt werden können (und sollten). Deshalb erfordert eine textlinguistische Betrachtung der Textsorten des Rechtswesens und der Justiz auch Reflexionen darüber, wie die Groß-Textsorten intern nach deutlich abgrenzbaren Teil-Textsorten differenziert werden könnten.

5. Juristische Textsorten: Versuch einer Typologie

Wie in Kap. 1 ausgeführt, kann im Rahmen dieses Artikels mangels differenzierterer Forschungsergebnisse nur eine heuristische Übersicht über die Gruppierung der wichtigsten Textsorten des Rechtswesens und der Justiz geboten werden, die mit einigen Annotationen versehen wird, welche wegen des eklatanten Forschungsdefizits, aber auch angesichts des wenigen zur Verfügung stehenden Platzes notgedrungen kursorisch gehalten sein müssen. Grundlage der Übersicht sind neben eigenen Materialsammlungen und Überlegungen Befragungen, welche ich zum Zwecke des vorliegenden Artikels bei Rechtswissenschaftlern und juristischen Praktikern (Strafrichtern, Zivilrichtern, Staatsanwälten, Rechtsanwälten) durchgeführt habe. Zwar konnten nicht alle dort gegebenen Anregungen eingearbeitet werden, doch ergibt sich insgesamt doch schon ein recht differenziertes Bild von der Vielfältigkeit und den groben typologischen Unterschieden juristischer Textsorten. Freilich dürfen die hier vorgeschlagenen Oberklassen nicht als endgültig verstanden werden und lassen teilweise Überschneidungen zu. Bestimmte Abgrenzungen (wie die zwischen normativen Texten, Kommentartexten und Urteilstexten), die aus linguistischer Sicht sinnvoll erscheinen, gegen die aus rechtstheoretischer Sicht jedoch manches spricht, wurden (von manchen meiner Berater) nicht vollständig akzeptiert; sie werden wegen des linguistischen Schwerpunkts der Betrachtungsweise jedoch beibehalten. Ich gehe daher vorerst von folgenden Oberklassen aus, für die nachfolgend jeweils Beispiele von darunter subsumierbaren Unter-Textsorten genannt werden:

5.1. Textsorten mit normativer Kraft (förmlich verabschiedete Normtexte)

Die zentrale Textsorte (nicht nur) des Rechtswesens und der Justiz wird gebildet von denjenigen Texten, die ich hier als „Textsorten mit normativer Kraft (förmlich als solche verabschiedete Normtexte)" benannt habe. Da der Normbegriff der zentrale juristische Begriff überhaupt ist, der die ganze Existenz, das Wirken und die Funktion der Institution Recht fundiert (und der darum weit in anthropologische und soziologische Erklärungskontexte hineinreicht), fällt es schwer, ihn allein aus linguistischer Perspektive eindeutig zu bestimmen. Das Problem liegt vor allem darin, daß (in der Sicht der Jurisprudenz) das gesamte Wirken des Rechts als „normativ" im weiteren Sinne aufgefaßt werden muß und daher (aus der Binnensicht der Institution) letztlich alle juristischen Texte (z. B. auch Urteilstexte) als „normativ" bezeichnet werden müßten. Gegenüber dieser grundsätzlichen Betrachtungsweise wird hier (unter Anerkennung aller Probleme und möglichen Mißverständnisse, die mit einer solchen Setzung verknüpft sein könnten) für unsere rein textlinguistischen Zwecke der Begriff „normative Texte" so eingeschränkt, daß hierunter all diejenigen Texte zusammengefaßt werden, die mit Gesetzeskraft versehen sind und die im institutionellen Handeln des Rechtswesens als solche behandelt werden. Dies schließt außer den Gesetzen und Verordnungen im engeren Sinne (zu denen auch die Verfassungstexte zählen) z. B. auch internationale Verträge (wie die EU-Verträge) ein, die im innerstaatlichen Rechtsverfahren wie eigenstaatliche Gesetzestexte behandelt werden. Der Begriff „normativ" könnte dann für unseren Kontext vorläufig etwa folgendermaßen bestimmt werden: Handlungen anderer Personen/Institutionen im Rahmen institutioneller Verfahrensweisen/Kontexte in Form einer über den Einzelfall hinausgehenden, generalisierenden Weise festlegend im Sinne von „zulässig"/„nicht zulässig". Ich werde im folgenden zunächst eine Liste der unter diese Oberklasse fallenden Textsorten geben und einige Einzelfälle daraus kommentieren.

Übersicht 1: Textsorten mit normativer Kraft

Verfassung
Gesetz (als formelles Gesetz, Parlamentsgesetz)
  Sondertypen: Rahmengesetz, Plan in Gesetzesform (z. B. Flächennutzungsplan, Regionalplan), Einzelfallgesetz (Einzelpersonengesetz),

ratifizierte internationale Konventionen (mit innerstaatlicher Gesetzeskraft)
Verordnung: Rechtsverordnung, Verwaltungsverordnung
Erlaß/Verwaltungsvorschrift
Satzung (Öffentliches Recht, z. B. Gemeindesatzung; Bsp.: Baumschutzsatzung)
Beschluß (vorwiegend bei Gebietskörperschaften, z. B. Gemeinderatsbeschluß)
Gesetzgebungsmaterialien: Ministerialvorlage, Parlamentsantrag, Resolution, Parlamentsprotokoll
Bekanntmachung
Staatsvertrag
Übernationale Rechtsvorschriften:
  Völkerrecht: Völkerrechtssätze, internationale Verträge, Konkordat
  EU-Recht: Primärrecht: Europäische Verträge
  Sekundärrecht: Verordnung (= Gesetz), Richtlinie, Entscheidung

Die Übersicht zeigt, wie heterogen von ihrer textuellen Gestalt her die normativen Texte sein können. Allerdings zeigt sich auch, daß es quer zu dieser (vorwiegend von den Textfunktionen her bestimmten) Klassifizierung große Gemeinsamkeiten in sprachlicher, textstruktureller Hinsicht mit anderen Textsorten gibt, wie das Beispiel der Verträge zeigt: Paragraphenstruktur, Formulierungsstil, Merkmale der Sprechhandlungen u. a. sprachliche Parameter weisen bei Gesetzen und Verträgen (z. B. aber auch bei privatrechtlichen Satzungen) große Ähnlichkeiten auf. Die Textsorte „Gesetz" wird hier als formelles Gesetz (Parlamentsgesetz) aufgefaßt, und ist aufgrund dieses Kriteriums (= Herstellungskontext) von den Verordnungen unterschieden, die (auch) von nicht-parlamentarischen Institutionen (Regierung, Ministerium, Verwaltungsbehörde) − allerdings aufgrund einer gesetzlichen Ermächtigung − erlassen werden. Zu den Gesetzestexten zählen auch Sonderfälle mit spezifischer sprachlicher Struktur (die von Laien nicht unbedingt dieser Klasse zugerechnet würden), wie z. B. Pläne in Gesetzesform (Flächennutzungsplan, Regionalplan), die zu großen Teilen aus geographischen Karten mit Erläuterungen (Definitionen) bestehen, oder ratifizierte internationale Konventionen mit innerstaatlicher Gesetzeskraft. Letztere dürfen nicht verwechselt werden mit den (innerstaatlich nicht in einzelnen Setzungsakten ratifizierten, sondern aus übergeordneten internationalen Verträgen abgeleiteten) normativen Texten, wie sie v. a. in den EU-Verordnungen, -Richtlinien, -Entscheidungen vorliegen. Einen besonderen Status innerhalb der normativ wirksamen Textsorten nehmen auch die sog. Gesetzgebungsmaterialien (Ministerialvorlagen, Parlamentsanträge, Parlamentsresolutionen, Parlamentsprotokolle, d. h. Reden) ein. Diese Texte bekommen nur dann faktisch normative Kraft, wenn im Rechtsprechungsverfahren Zweifel an der gültigen Auslegung einer Gesetzesbestimmung bestehen und zu deren Klärung bzw. Entscheidung weitere Textdaten aus dem (institutionellen und damit komplexen) Produktionsprozeß herangezogen werden. Schließlich können zu den Texten mit gesetzesähnlicher normativer Bindungswirkung auch Beschlüsse von Kommunalen Gremien (z. B. Gemeinderatsbeschluß) gerechnet werden, obwohl diese Gremien (entgegen einem laienhaften Mißverständnis) juristisch gesehen nicht zu den parlamentarischen Gremien im eigentlichen Sinne zählen. (Vgl. als Detailanalyse zum BGB Harweg 1983.)

5.2. Textsorten der Normtext-Auslegung

Die meisten Probleme bereitet die Abgrenzung und Definition der von mir angesetzten Oberklasse der Textsorten der Normtext-Auslegung:

Übersicht 2: Textsorten der Normtext-Auslegung

Gesetzes-Kommentar: Kommentartext, Urteilszitat, Fachliteraturzitat
Urteils-Kommentierung in Fachliteratur (Besprechung, Anmerkung, Stellungnahme, Analyse)
Leitsatz einer obergerichtlichen Entscheidung
Gutachten

Ich setze für diese Textsorten eine eigene Oberklasse an, weil sie nicht (oder nur schwer) einer der anderen Klassen zugeordnet werden können, bzw. dann charakteristische Eigentümlichkeiten dieser Textsorten verdeckt würden. So würde die spezifische Funktion eines großen Gesetzeskommentars in monographischer Form (wie z. B. „der Palandt" zum BGB) völlig verkannt, wenn man diese unzweifelhaft eigenständige juristische Textsorte einfach der Oberklasse „Textsorten der Rechtswissenschaft" zuordnete. Natürlich sind Gesetzeskommentare (da sie von Wissenschaftlern verfaßt werden) auch Textsorten der Wissenschaft im weitesten Sinne, doch unterscheiden sie sich doch erheblich von den in anderen Wissenschaftsbereichen geltenden Textsortenmerkmalen der Klasse „wissenschaftliche Texte" und haben andersgeartete Textfunktionen. Dies liegt vor allem daran, daß Gesetzeskommentare zu den "dogmatischen Texten" im weiteren Sinne zu rechnen sind (wie sie auch aus der Theologie bekannt sind), d. h. solchen Texten, welche (hier: mit Bezug auf einen „Urtext") gültige Interpretationen oder ideelle Festlegungen festschreiben. Das textlinguistische Problem der großen Gesetzeskommentare liegt u. a. darin, daß deren Textstruktur überwiegend von Zitaten, Paraphrasen und Verweisen aus bzw. zu anderen Texten (v. a. Gesetzestexte und Urteilstexte, aber auch Gesetzgebungsmaterialien und rechtswissenschaftliche Literatur einschl. andere Gesetzeskommentare) bestimmt ist, ein eigener Formulierungsanteil außerhalb der spezifischen Anordnung des zitierenden und verweisenden Materials also kaum festzustellen ist. Mit dieser Textstruktur sind die Gesetzeskommentare aber eindeutig als eigenständige Textsorte charakterisiert, die so spezifische Züge aufweist, daß die Zuordnung zu einer eigenen Oberklasse m. E. gerechtfertigt ist. Damit ist freilich nicht gesagt, daß nicht auch andere Textsorten, wie z. B. Urteilstexte, gegenüber den Gesetzestexten kommentierende Funktion haben könnten. Insofern die Urteilstexte (als Zitatquellen) die entscheidende materiale Basis der Gesetzeskommentare bilden, ist dies nur naheliegend. Da die Textfunktion der Urteilstexte jedoch nicht auf die Gesetzeskommentierung und -auslegung beschränkt ist (die noch nicht einmal die dominante Textfunktion darstellt), sondern wesentlich auf die Fallentscheidung zielt, ist die systematische Unterscheidung von Gesetzeskommentaren und Urteilstexten aus linguistischer Sicht gerechtfertigt.

5.3. Textsorten der Rechtsprechung

Neben den Textsorten mit normativer Kraft (Gesetze u. ä.) machen die Textsorten der Rechtsprechung den Kern der juristischen Textsorten aus:

Übersicht 3: Textsorten der Rechtsprechung

Gerichtsurteil: Rubrum, Tenor/Leitsatz, Sachverhalt, Begründung/Entscheidungsgründe (rechtliche Würdigung, Strafzumessung), Rechtsmittelbelehrung)
Bescheid (z. B. Widerspruchsbescheid)
Beschluß (z. B. Beweisbeschluß)
Verfügung

Zur Oberklasse der Textsorten der Rechtsprechung wurden hier nur diejenigen Textsorten gerechnet, deren Textfunktion in der Setzung von Recht (im Sinne der rechtlichen Entscheidung eines anstehenden Falls) besteht. Dies unterscheidet die hierunter subsumierten Textsorten von anderen Textsorten des gerichtlichen Verfahrens, die hier als eigene Oberklasse „Textsorten des Rechtsfindungsverfahrens" angesetzt werden. Kriterium der Differenzierung beider Oberklassen ist also nicht die (Teil-)Institution des Rechtswesens, innerhalb derer und zu deren Zwecken diese Texte produziert werden, sondern die Funktion im übergeordneten Rahmen der institutionellen Zwecke des Rechts. Hier haben die gerichtlichen Rechtssetzungen (als textgebundene institutionelle Akte mit Außenwirkung) eine deutlich andere Funktion als die Texte mit Innenwirkung, welche lediglich vorbereitende Funktion innerhalb des Rechtsfindungsverfahrens haben. Die Leit-Textsorte „Gerichtsurteil" stellt allerdings von den textlinguistischen und funktionellen Merkmalen her keineswegs ein einheitliches Phänomen dar, sondern gliedert sich nicht nur in unterschiedliche Urteilstypen (z. B. nach fachgerichtlichen und nach instanzenbezogenen Merkmalen), sondern intern in unterschiedliche Textteile, die es nahelegen, hier von (der Ober-Textsorte untergeordneten) Teil-Textsorten zu sprechen. Dazu zählt etwa die Rechtsmittelbelehrung, die als eigenständiger Textblock mit formelmäßiger Gestalt innerhalb jedes Urteilstextes als deutlich abgegrenzter Textblock erscheint. Neben den Gerichtsurteilen im engeren Sinne gibt es gerichtliche Textsorten mit Rechtssetzungscharakter, die sich von diesen ebenfalls deutlich in Form und Funktion unterscheiden (Bescheid, Beschluß, Verfügung). Aufgrund des Oberklassen-Kriteriums „Rechtssetzung" gehe ich davon aus, daß hierunter nicht ausschließlich Textsorten der gerichtlichen Rechtsprechung zu subsumieren sind, sondern auch solche Textsorten, welche in außer- oder vorgerichtlichen Verfahren Rechtssetzungen von Verwaltungsinstanzen dokumentieren (und notabene vollziehen). So gibt es im Öffentlichen Recht als vorgerichtliche Rechtsmittel vor einer Klage vor dem Verwaltungsgericht zunächst den Widerspruch, der entweder von der Verwaltungsbehörde selbst oder von einer übergeordneten Verwaltungsinstanz (z. B. Regierungspräsidium) entschieden wird. Die entsprechende Textsorte ist der von der Verwaltungsbehörde erstellte Widerspruchsbescheid, der sowohl von seinen textstrukturellen Merkmalen als auch von seiner Textfunktion her große Ähnlichkeiten mit der Textsorte Gerichtsurteil aufweist. Dies rechtfertigt die Zuordnung zu den Textsorten der Rechtssetzung. (Vgl. zu den Urteilstexten Altehenger 1983.)

5.4. Textsorten des Rechtsfindungsverfahrens

Von den Textsorten der Rechtsprechung und Rechtsetzung unterscheide ich die Textsorten der Rechtsfindung bzw. des Rechtsfindungsverfahrens. Natürlich ist letztlich auch (und gerade) der Urteilsspruch Teil der Rechtsfindung, jedoch können aus den o. g. Gründen die Textsorten des gerichtlichen Verfahrens (als Textsorten, die überwiegend institutionelle Binnenwirkung haben) von den nach außen gerichteten institutionellen textgebundenen Akten unterschieden werden. Dazu rechne ich folgende Textsorten:

Übersicht 4: Textsorten des Rechtsfindungsverfahrens

Anklageschrift
Anwaltlicher Schriftsatz: Klageschrift, Klageerwiderung, Berufung, Beschwerde, Widerklage, Anschlußklage
Plädoyer (Anwalt/Staatsanwalt)
Gerichtsprotokoll (-notiz), Vernehmungsprotokoll
Vorladung (Gericht, Staatsanwalt)
Aktenvermerk
Urkunden
Innerdienstliche Textsorten: Vermerk, Vorschrift, Weisung, Entwurf, Formular, Geschäftsordnung
Rechtsgutachten
Antrag
Einspruch
Widerspruch
Erklärung (z. B. Verpflichtungserklärung)
Eid
Versicherung an Eides Statt

Die einzelnen Textsorten sind (bis auf die innerdienstlichen gerichtlichen Textsorten) weitgehend auch den Laien bekannt, so daß sich eine Einzel-Kommentierung hier erübrigt (vgl. zu ihnen Altehenger 1996). Zu bemerken ist, daß etwa die Gerichtsprotokolle und Vernehmungsprotokolle hier als institutionelle Textsorten aufzufassen sind, welche textlinguistisch gesehen nicht mit den mündlichen Aussagen von Zeugen, Beschuldigten, Prozeßparteien oder Sachverständigen gleichgesetzt werden dürfen, welche Grundlage dieser Protokolle sind. Der gesprochene Text erfährt bei der Übertragung ins Protokoll (in der Regel diktiert vom Richter oder Staatsanwalt) charakteristische Umformungen in Richtung einer rechtlichen Vor-Bearbeitung (durch Auswahl, Zuspitzung, Umformulierung), die diese Texte zu juristisch geformten Texten in vollem Sinne macht. Die Textsorte Rechtsgutachten könnte außer zu dieser Oberklasse auch zur Klasse der rechtswissenschaftlichen Texte gezählt werden, da sie meist von Rechtswissenschaftlern produziert wird und häufig auch gerade in der Wissenschaft (im Falle der Veröffentlichung) erhebliche Wirkung entfalten kann. Da ihre dominante Funktion jedoch auf das Gerichtsverfahren gerichtet ist, sollte sie der Oberklasse der Verfahrenstexte zugeordnet werden. Gewisse Probleme bereiten der Eid und die Versicherung an Eides statt, weil hier die Abgrenzung zwischen Textsorte und Sprechakt/Texthandlung nicht leicht zu ziehen ist. Da ich zu den Textsorten aber auch mündlich produzierte Texte rechne, und der Eid ein deutlich ausmachbares eigenständiges und institutionelles Textmuster darstellt, scheint seine Einordnung in die Oberklasse der Textsorten des Rechtsfindungsverfahrens gerechtfertigt.

5.5. Textsorten der Rechtsbeanspruchung und Rechtsbehauptung

Eine wegen der spezifischen Produzentenlage eigenständige Oberklasse innerhalb der juristischen Textsorten bilden die Textsorten der Rechtsbeanspruchung und Rechtsbehauptung. Sie zeichnen sich dadurch aus, daß ihre Textproduzenten nicht Agenten der Institution sein müssen, daß aber die Texte als solche ihrer Funktion nach (meist aber auch nach ihren sonstigen textuellen Merkmalen) eindeutig zu den institutionellen Textsorten (und damit Textsorten des Rechtswesens im weiteren Sinne) zählen. Zu dieser Oberklasse sind folgende Textsorten zu rechnen:

Übersicht 5: Textsorten der Rechtsbeanspruchung und Rechtsbehauptung

Eingabe
Antrag
Widerspruch
Klage [siehe auch: Textsorten des Rechtsfindungsverfahrens]
Verfassungsbeschwerde
Petition
Testament???

Auch hier sind Überschneidungen zur linguistischen Beschreibungsebene der Sprechakte bzw. Texthandlungen festzustellen (z. B. beim Widerspruch). Dennoch schlagen sich die hier versammelten Rechtsakte in Textsortenmerkmalen nieder, die über die explizit performativen Formeln („hiermit erhebe ich Widerspruch ..." usw.) hinausgehen. Problematisch ist in dieser Oberklasse vor allem die Zuordnung der Textsorte „Testament". Im Unterschied zu den anderen hier subsumierten Textsorten, die sämtlich ausschließlich an Adressaten der juristischen Institution(en) gerichtet sind, ist die Adressierung bei Testamenten schwieriger zu beurteilen. Einerseits entfalten diese Texte ihre spezifische bindende Wirkung erst im Kontext der institutionellen Weiterbearbeitung (und haben somit die Institution bzw. institutionelle Vertreter – wie z. B. den Nachlaßrichter – zum Adressaten), andererseits sind sie häufig von den Produzentenintentionen her stärker an die Nachlaßnehmer bzw. andere nicht-institutionelle Adressaten aus der engeren Umgebung des Produzenten gerichtet als an die für die rechtliche Bindungswirkung ausschlaggebenden institutionellen Adressaten. Da heutzutage die Exemplare der Textsorte Testament aber häufig (wenn nicht meistens) bereits im Formulierungsverfahren der juristischen Überformung unterworfen werden (durch Rechtsanwälte bzw. Notare), sind sie als juristische Textsorten zu werten. Durch die Beteiligung institutioneller Textbearbeiter bilden die Testamente einen Überschneidungsbereich, der über die Geltung des hier als oberklassenbildend angesetzten Kriteriums „nicht-institutionelle Textproduzenten" hinausreicht. Dies hat die Textsorte Testament übrigens mit den Textsorten des Rechtsakts „Klage" gemeinsam, der in meiner Übersicht zweimal notiert ist, nämlich neben den Textsorten der Rechtsbeanspruchung bei den Textsorten des Rechtsfindungsverfahrens. Dieser Doppeleintrag erscheint mir aber in diesem Fall als gerechtfertigt, weil eine von einem institutionell nicht vorgebildeten Rechtsunterworfenen formulierte, direkt an die Justiz adressierte Klage sich von ihren textlinguistisch feststellbaren Merkmalen her deutlich von einem Klageschriftsatz unterscheidet, wie er von einem Rechtsanwalt (als Vertreter der juristischen Institution) im Auftrag eines Rechtsunterworfenen dem Gericht vorgelegt wird. Diese produzentenseitige Doppelstruktur, nämlich im Auftrag und Namen von nicht-institutionellen Emittenten von institutionellen Verfassern textuell geformt zu sein, ist eine gemeinsame Eigenschaft z. B. von Testamenten und Klageschriften.

5.6. Textsorten des Rechtsvollzugs und der Rechtsdurchsetzung

Die der Oberklasse der Textsorten des Rechtsvollzugs und der Rechtsdurchsetzung zugeordneten Textsorten könnten aufgefaßt werden als sich mit den Textsorten der Rechtsprechung überschneidend; dies liegt daran, daß hier teilweise dieselben institutionellen Produzenten anzusetzen sind (die Gerichte), und daß man (vor allem von juristischer Beurteilungsbasis her) dazu neigt, die Textsorten dieser Produzentengruppe zu einer Oberklasse zusammenzufassen (und dann z. B. als „Textsorten des Gerichts" zu etikettieren). Da sich textlinguistisch gesehen die typischen Textsorten der Rechtsprechung (v. a. Urteilstexte) von ihrer Funktion ebenso wie von ihrer textuellen Gestaltungsform her deutlich von den hier zusammengefaßten Textsorten unterscheiden, ist es m. E. gerechtfertigt, sie einer anderen und eigenen Klasse zuzurechnen. Dieser Oberklasse rechne ich folgende Textsorten zu:

Übersicht 6: Textsorten des Rechtsvollzugs und der Rechtsdurchsetzung

Anzeige
Bescheid (z. B. Mahnbescheid)
Anordnung, Verfügung, Allgemeinverfügung, Befehl, Verbot
Haftbefehl
Durchsuchungsbefehl
Vollstreckungsbefehl
Zwangsvollstreckungsanordnungen, z. B. Zahlungsbefehl, Räumungsbefehl
Sicherstellungsanordnung
Beschluß (z. B. Einweisungsbeschluß)
Vergleich (außergerichtlich/gerichtlich); notar. Verträge

Charakteristisch für die Textsorten dieser Oberklasse ist, daß sie institutionelle Produzenten/Emittenten haben (Gericht, Staatsanwaltschaft, Verwaltungsbehörde) und in der Regel an nicht-institutionelle Adressaten (Rechtsunterworfene) gerichtet sind. Problematisch ist hier vor allem die Textsorte „Vergleich". Als gerichtlicher Vergleich handelt es sich um einen Fall von Rechtssetzung und Rechtsprechung, der funktional gesehen äquivalent ist zu einer durch Gerichtsurteil festgestellten Gerichtsentscheidung. In dieser Funktion wird der Vergleich als gerichtliche Entscheidungsform in zivilgerichtlichen Verfahren von Richtern gerne als Ersatz für die Entscheidungsform (und Textsorte) „Gerichtsurteil" benutzt, die aufgrund ihrer zwingenden Textsortenmerkmale für die Richter sehr viel aufwendiger in der Produktion ist als ein Vergleichsvorschlag. Andererseits zeigt ein Vergleich immer auch Merkmale eines Vertrags unter zivilrechtlichen Vertragsparteien, allerdings mit dem entscheidenden Spezifikum, daß er (beim gerichtlichen Vergleich) unter Zwang zustandegekommen ist (der z. B. darin besteht, daß die Erzwingung einer förmlichen Gerichtsentscheidung durch eine der Streitparteien ein deutlich erhöhtes Prozeßrisiko erbringen kann).

5.7. Textsorten des Vertragswesens

Die Oberklasse der Textsorten des Vertragswesens umfaßt eine solche Fülle von unterschiedlichen Ausformungen, daß es unmöglich ist, sie hier auch nur annähernd vollständig darzustellen. Dies liegt daran, daß (ausgenommen sog. „sittenwidrige Verträge") nahezu sämtliche Lebensverhältnisse zum Gegenstand eines Vertrages gemacht werden können, was dann zu entsprechenden Unterschieden unter den Teiltypen und Textexemplaren führen kann, welche eigentlich Gegenstand einer stärkeren Feindifferenzierung sein müßten. Zu den Textsorten dieser Oberklasse rechne ich daher recht pauschal:

Übersicht 7: Textsorten des Vertragswesens

Vertrag (zahlreiche Teiltypen): Obergruppen: notarieller Vertrag, zivilrechtlicher Vertrag, öffentlich-rechtlicher Vertrag
wichtige Sondertypen: Internationaler Vertrag, Vergleich, Allgemeine Geschäftsbedingungen
Satzung (Bürgerliches Recht): zahlreiche Teiltypen (z. B. Vereinssatzung, Gesellschaftssatzung)
Geschäftsordnung (?)

Ein sonst wenig als solcher bekannter Untertypus dieser Oberklasse sind die Satzungen, die rechtlich gesehen (von ihrer Textfunktion her) wie Verträge zu werten sind. So unterscheidet sich die Satzung einer Genossenschaft textlinguistisch gesehen möglicherweise nur wenig vom Gesellschaftsvertrag einer GmbH. Zwar ergeben sich bei der Teilklasse Vertrag viele textuelle Gemeinsamkeiten mit den normativen Textsorten (Paragraphenstruktur Anweisungscharakter, Formulierungsstil) – wie ja übrigens auch den Verfassungstexten (Stichwort: Gesellschaftsvertrag) manche Gemeinsamkeiten mit Verträgen zugesprochen werden –, doch ist es m. E. sinnvoll und aus textlinguistischer Sicht nötig, sie als eigene Oberklasse anzusetzen. Probleme bestehen bei der Zuordnung der Textsorte „Geschäftsordnung", die als förmlicher Text der Normierung (Rechtssetzung bzw. Setzung von Regeln) innerhalb vieler Institutionen (auch nichtjuristischer) eingesetzt wird, und der (als Ergebnis innerinstitutioneller Entscheidungsfindung) funktional gesehen Vertragscharakter zukommt, ohne daß man doch geneigt wäre, diese Textsorte direkt den Verträgen zuzuordnen (hauptsächlich, weil der Vereinbarungscharakter hier eher vermittelt ist). Deshalb sind wohl die hier heuristisch gebildeten Oberklassen als prototypische Klassen aufzufassen, die über unscharfe Ränder verfügen können (d. h. weniger prototypische, aber noch zuordenbare Exemplare).

5.8. Textsorten der Beurkundung (notarielle und amtliche Textsorten)

Die notariellen und amtlich-beurkundenden Textsorten sind v. a. auch wegen ihres eigenständigen institutionellen Kontextes als eigene Oberklasse anzusetzen. Dazu zählen etwa:

Übersicht 8: Textsorten der Beurkundung (notarielle und amtliche Textsorten)

Urkunde, Beurkundung, Bescheinigung, Beglaubigung
Eintrag (Grundbuch, Familienbuch, Handelsregister, Partnerschaftsregister [für Rechtsanwälte, Steuerberater u. ä.], Vereinsregister, Schiffsregister, Güterrechtsregister, Baulastenverzeichnis u. a.)
Testament

Auch bei diesen Textsorten bilden die möglichen Überschneidungen mit den jeweiligen Sprechakten (bzw. Texthandlungen) ein systematisches Abgrenzungsproblem. Da (bis auf den Spezialfall Testament) jedoch keine deutlichen Gemeinsamkeiten mit den anderen Oberklassen der juristischen Textsorten feststellbar sind, ist es naheliegend, hier eine eigene Klasse anzusetzen. Mögliche Überschneidungen mit den (in diesem Artikel nicht zu erfassenden) Textsorten der Verwaltung könnten befürchtet werden. Sie scheiden jedoch m. E. aus, weil es sich hierbei noch um deutlich rechtlich dominierte Textsorten der Setzung und Dokumentation von Rechtsverhältnissen (und damit, wie am Beispiel der Ehe-Eintragung verdeutlicht werden kann, der Setzung von Recht bzw. Rechtsverhältnissen) handelt, die über den bloßen (textlichen) Vollzug von Verwaltungsakten hinausgehen.

5.9. Textsorten der Rechtswissenschaft und juristischen Ausbildung

Diese Oberklasse ist in ihrer Eigenständigkeit und deutlichen Abgrenzung gegen die anderen Klassen unproblematisch, umfaßt aber ein sehr heterogenes Textsortenspektrum. Hierzu rechnen etwa folgende Textsorten:

Übersicht 9: Textsorten der Rechtswissenschaft und -ausbildung

Lehrbuch, Fachbuch (Monographie), Fachaufsatz
  (Sondertypen: Rechtsprechungsbericht, Literaturbericht, Tagungsbericht)
Urteilskommentierungen
Rechtsgutachten
Rechtswörterbuch, Rechtslexika
Fallsammlungen, Urteilssammlungen
Lehr- und Repetitoriums-Texte: Skript, Fallskizze/
  Lösungsskizze, Stoffgliederungen, Schemata/Systematiken, Übungskarteien, Übungsbücher

Charakteristisch für die Textsorten dieser Oberklasse sind zum einen gewisse Überschneidungen zu den Textsorten des Rechtsprechungsverfahrens (z. B. bei Rechtsgutachten, aber auch — meist indirekte, ohne Namensnennung erfolgende — Auseinandersetzung mit rechtswissenschaftlichen Positionen in obergerichtlichen Urteilstexten). Andererseits zählen zu den Textsorten der juristischen Ausbildung nicht nur die auf die universitäre Wissenschaft bezogenen Textsorten, sondern auch die in der praxisbezogenen juristischen Ausbildung dominanten Textsorten der sog. Repetitorien. Insgesamt hat die juristische Ausbildung spezifische Textsorten hervorgebracht, die aus der Art des juristischen Gegenstandes (und, notabene, Examens) herrühren, wie z. B. Fallsammlungen, Fallskizzen, Schemata, Systematiken, Übungskarteien usw., also Textsorten, die in anderen Wissenschafts- bzw. Ausbildungsbereichen (wenn sie dort überhaupt existieren), im Bereich des textlinguistischer Untersuchung nicht zugänglichen Privaten verbleiben.

[Da ich als Sprachwissenschaftler nur über sehr indirekte Kenntnisse von den internen Verhältnissen — eben auch den textuellen Verhältnissen — des Bereichs Rechtswesen und Justiz verfüge, danke ich den von mir zum Zwecke dieses Übersichtsartikels im Wege des Rundschreibens an den notwendigen Erhebungen beteiligten juristisch gebildeten Freunden und Kollegen für ihre — trotz großer Arbeitsbelastung — großzügig gewährte Unterstützung. Auf diese Weise erhielt ich Hinweise von Juristen aus den Arbeitsbereichen Gericht (Zivilgericht und Strafgericht), Staatsanwaltschaft, Rechtsanwaltschaft, Rechtswissenschaft und Verwaltung. Diese Unterstützung war umso wertvoller, als sie von Personen kam, denen die Eigentümlichkeiten linguistischer Betrachtungsweisen und Erklärungs- bzw. Beschreibungsbedürfnisse und -nöte zuvor größerenteils unbekannt waren. Besonders gefreut habe ich mich über die Rückmeldung aus der schweizerischen Bundeskanzlei, die mir — als Bundesdeutschem — den Blick über den Tellerrand unserer staatlichen und institutionellen Verhältnisse erlaubte.]

6. Literatur (in Auswahl)

Altehenger, Bernd (1983): Die richterliche Entscheidung als Texttyp. In: Petöfi, Janós S. (ed.): Texte und Sachverhalte. Aspekte der Wort- und Textbedeutung. Hamburg, 185–227.

– (1996): Forensische Texte. Aspekte einer Explikation der im forensischen Diskurs vorkommenden Texte und ihrer Verarbeitung am Beispiel des Zivilprozesses. Hamburg.

Brinker, Klaus (1983): Textfunktionen. Ansätze zu ihrer Beschreibung. In: ZGL 11, 127–148.

– (1985): Linguistische Textanalyse. Berlin.

Busse, Dietrich (1992): Recht als Text. Tübingen.

– (1993): Juristische Semantik. Berlin.

Engberg, Jan (1993): Prinzipien einer Typologisierung juristischer Texte. In: Fachsprache 15, 312–338.

Frilling, Sabine (1995): Textsorten in juristischen Fachzeitschriften. Münster/New York.

Große, Ernst Ulrich (1976): Text und Kommunikation. Eine linguistische Einführung in die Funktionen der Texte. Stuttgart.

Habermas, Jürgen (1971): Vorbereitende Bemerkungen zu einer Theorie der kommunikativen Kompetenz. In: Habermas, Jürgen/Luhmann, Niklas: Theorie der Gesellschaft oder Sozialtechnologie. Frankfurt am Main, 101–142.

– (1981): Theorie des kommunikativen Handelns. Bd. 1. Frankfurt am Main.

Harweg, Roland (1983): Textkonstitution im deutschen Bürgerlichen Gesetzbuch. In: Fachsprache 4, 145–161.

Nussbaumer, Markus (1997): Sprache und Recht. (Studienbibliographien Sprachwissenschaft 20). Heidelberg. [*mit weiteren Nachweisen*]

Dietrich Busse, Köln
(Deutschland)

59. Textsorten des religiösen und kirchlichen Bereichs

1. Objektbereich und Forschungsansätze
2. Biblische Textsorten
3. Liturgische Textsorten
4. Katechetische, verkündigende und theologische Textsorten
5. Kirchenorganisatorische Textsorten
6. Literatur (in Auswahl)

1. Objektbereich und Forschungsansätze

Der Objektbereich 'Sprache und Religion' innerhalb des Phänomenbereichs der deutschen Sprache wird von den Disziplinen Theologie, Religionswissenschaft, Philosophie, Soziologie, Psychologie, Pragmatik, Semiotik, Literatur- und Sprachwissenschaft ausgegrenzt und behandelt. Dabei ergeben sich unterschiedliche Erkenntnisinteressen, wenn alle Religionen oder ausschließlich die christliche Religion, universelle, einzelsprachliche oder innersprachliche Bedingungen und Ausprägungen religiöser Äußerungen, das Wesen der Religion (Macquarrie 1969) bzw. die sprachlichen Kategorien Wort (Moser 1964; Melzer 1973; 1983; Kaempfert 1974, 68; Ohly 1985), Satz (Kaempfert 1972) oder Text (Hartmann 1974) einschließlich seiner externen Faktoren (Kaempfert 1983, 268−270) in religiösen Äußerungen und ihre Verwendung in umgangssprachlichen (Hartmann 1971) und literarischen Äußerungen (Seckler/Petuchowski/Ricœur/Brinkmann 1981, 116 f; Schneider 1995) zum Analysegegenstand werden. So ist für die Religionswissenschaft Religion „erlebnishafte *Begegnung* des Menschen mit heiligen Mächten einerseits und *antwortendes Handeln* des Menschen andererseits" (Mensching 1983, 10), das sich in kultischen Akten, guten Werken und sprachlich in numinosen Urlauten (zur Glossolalie Samarin 1983, 281), Mythen, festen und freien Gebeten, Weiheworten, heiligen Texten und Predigten zeige. In der religiösen Aussage wird mit Bildern, Bildgefügen, Metaphern, Symbolen und Analogien, sog. Verwandlungen etwas Welthaftes „als Ausdruck eines Nicht-Welthaft-Anderen, Eigentlichen" (Guardini 1983, 56) gemeint, so daß eine neue Sinn-Relation entsteht, die zu einer „neuen Sicht der Welt und zu einem totalen Engagement" (Seckler/Petuchowski/Ricœur/Brinkmann 1981, 102) führt. Eine religiöse Sprache ist eine „disclosure language", die Außersprachliches nicht direkt abbildet, sondern „evoke a distinctive and unique disclosure" (Ramsey 1969, 152 f), eine Erschließung, ein Verständnis, das für einige zum Glauben führt, für andere nicht (Dokumentation Concilium 1969, 153; de Pater 1983, 199). Die Bedeutung des Glaubens stützt jedoch nicht die Auffassung, „Sprachformen des Glaubens" ließen sich „nicht durch bloß empirische Forschung ermitteln" und es sei „nicht möglich, auf rein linguistischer Ebene [...] Sprachformen auszugrenzen, die allein dem Glauben eigen wären" (Zirker 1985, 143 f). Religiöse Texte sind auch „Objekt im Spiegel textlinguistischer Kategorien" (Hartmann 1973, 115; gleicher Text 1974, 142), denn alles „linguistisch Vorfindbare ist Menschenwort" (Seckler/Petuchowski/Ricœur/Brinkmann 1981, 87; ähnlich Grabner-Haider 1973, 160, 185, 207; Schlier 1973, 65). Eine sprachwissenschaftliche Analyse ist und ersetzt keine theologische Hermeneutik; sie ist auch nicht an die terminologisch überfrachtete und nicht widerspruchsfrei entwickelte Konzeption einer „'linguistischen' Theologie" im Rahmen der sog. Generativen Poetik (Güttgemanns 1983, 255) gebunden; ob sie Anregungen für die Exegese gibt, muß diese prüfen (Raible 1972, 26).

Die folgenden Ausführungen konzentrieren sich auf die christliche Religion und sprachwissenschaftliche Textsortenklassifikationen; die Ebenen der Wörter und Sätze werden einbezogen, wenn ihre Einheiten als textuelle Merkmale zur Textsortendifferenzierung beitragen (Simmler 1984). Innerhalb der christlichen Religion lassen sich als große und durch externe und interne Merkmale abgrenzbare Kommunikationsbereiche die Bibel, die Liturgie, die Katechese und Verkündigung einschließlich der Seelsorge, die Theologie und die Organisationseinheit der Kirche unterscheiden (Güttgemanns 1983, 217; Blank 1984), deren vollständige Gliederung nach Textsorten trotz einzelner Ansätze weiterhin ein Desiderat bleibt (Steger 1984, 119). Der Ausgang von Kommunikationsbereichen erlaubt eine differenziertere Analyse als ein solcher von einer „Domäne" Religion, die im Rahmen der Diglossieforschung aufgestellt wurde und durch die Faktoren Person (Gesprächspartner: Pfarrer), Ort (Kirche) und Thema (Christsein) konstituiert ist (Fishman 1975, 53).

2. Biblische Textsorten

2.1. Bibel als Textsammlung

Mit 'Bibel' wird die Gesamtheit jener Schriften bezeichnet, die von inspirierten Autoren stammen und denen vom rabbinischen Judentum für das Alte Testament (AT) und von der christlichen Kirche für das AT und das Neue Testament (NT) eine göttliche Offenbarung, eine Selbstmitteilung, zuerkannt wird. Die Kirche fand dabei die Sammlung des AT bereits vor und übernahm sie; ferner anerkannte sie die Autorität der Sammlung der zuverlässigsten Zeugnisse apostolischer Verkündigung. Die Fixierung des Kanons war Ende des 4. Jh. abgeschlossen; seine Schriften werden als Einheit aufgefaßt, die bei einer Dominanz des NT den Empfang der göttlichen Offenbarung ermöglichen und das christliche Denken und Handeln als Norm bestimmen sollen (Karpp 1980; Plümacher 1980; Schneemelcher 1980; Wanke 1980). Die ebenfalls vorhandenen nicht-autorisierten Schriften, die Apokryphen oder Pseudoepigraphen (Michel/Botterweck 1957) werden nicht völlig unbenutzt gelassen, sondern neben der Bibel als Leseschriften benutzt.

Die inhaltliche Einheit im Hinblick auf die göttliche Offenbarung und die zentrale Funktion für ein christliches Leben sollten jedoch terminologisch nicht dazu führen, die Bibel als Ganzes als einen Text, als einen „Makro-'Text'" (Güttgemanns 1983, 214), aufzufassen. Die Bibel ist vielmehr eine Sammlung von Textexemplaren, von „Basistexten" (Steger 1984, 104), deren Zuordnung zu linguistisch definierten Textsorten in einer vollständigen Merkmalanalyse von den Makrostrukturen über die Syntax bis zur Lexik und unter Beachtung des Verhältnisses von Teil und Ganzes und von Merkmalhierarchien (Simmler 1996b) bisher noch nicht versucht wurde.

2.2. Textsorten des AT

Das Buch Genesis des AT, das von der Entstehung der Welt, der Menschheit und des Volkes Israel durch Gottes Heilswirken handelt, besteht in der Vulgata-Edition (Biblia sacra 1994), bei Luther (Volz 1972) und in der Einheitsübersetzung (Die Bibel 1980/1991) makrostrukturell aus 50 explizit numerierten Kapiteln. Die Kapitel wiederum sind aus einer unterschiedlichen Anzahl von Absätzen aufgebaut, die bei Luther und der Einheitsübersetzung jeweils, teils mit anderen drucktechnischen Mitteln und nicht immer an den gleichen Textstellen, gekennzeichnet sind, in der Vulgata-Edition jedoch nicht angegeben werden. Dafür verwendet die Vulgata-Edition, der Clementina von 1592 folgend, wie die Einheitsübersetzung eine sog. Verszählung, die Luther noch nicht kennt. Nur in der Einheitsübersetzung werden die Kapitel durch Überschriften in Kapitälchen *Die Anfänge* (Kap. 1−11,9), *Die Erzväter* (Kap. 11,10−36) und *Die Söhne Jakobs* (Kap. 37−50) zu drei Großgruppen zusammengefaßt, die die Urgeschichte und die zweigeteilte Patriarchengeschichte einander gegenüberstellen, wobei einmal ein Einschnitt nicht mit einem Kapitelende zusammenfällt. Dies gilt auch für die Überschrift *Noah und die Sintflut* (6−9,29), die eine Kleingruppe innerhalb der ersten Großgruppe markiert. Auch die Absätze werden durch Überschriften zu Absatzgruppen verbunden, die sogar die Kapitelgliederung übergreifen, wie bei *Gottes Sorge um Noah* (6,9−7,16) und *Die große Flut* (7,17−8,22), so daß nicht jeder Kapitelbeginn eine eigene Überschrift hat und sieben Kapitel (5, 8, 28, 40, 44, 45, 48) weder eine Kapitel- noch eine Absatzgruppenüberschrift besitzen. Alle Überschriften bestehen aus ein- bis dreigliedrigen Nominalsätzen (dreigliedrig: *Jakob wieder in Bet-El*) und verweisen inhaltsseitig auf das folgende Thema oder die handelnden Personen.

Die Absätze zeigen spezifische syntaktische Aufbauprinzipien. Sie beginnen sehr häufig mit temporalen Satzgliedern (*Im Anfang*, *Dann*, *Da*, *Darauf*, *Nach einiger Zeit*, *Hierauf*) und etwas seltener mit temporalen Nebensätzen (*Als sich die Menschen über die Erde hin zu vermehren begannen*). Sie sichern die Chronologie des Erzählten durch die Fixierung eines allgemeinen Nacheinanders. Eine spezifischere Zeitrechnung ergibt sich aus den Altersangaben zu den Personen innerhalb der Sätze und durch Angaben zur Geschlechterfolge in der festen Form *Das ist die Geschlechterfolge nach [...]*. − Neben den besonderen Einleitungsformen besitzen viele Absätze einen ausschließlich parataktischen Aufbau einzelner Gesamtsätze, der die Linearität des Erzählten unterstreicht. − Als Subjekt einzelner Verbalsätze begegnet immer wieder *Gott* als Sprechender (*Dann sprach Gott*, *Dann gebot Gott*, *Der Herr sprach zu Abraham*) und als Handelnder (*Dann legte Gott*, *Der Herr erschien Abraham*). Lexikalisch werden als verba dicendi überwiegend allgemeine Bezeichnungen wie *sprechen*, *sagen* verwendet; entscheidend ist das Was des Gesagten und nicht das Wie.

Neben den die Chronologie des Erzählten sichernden Makrostrukturen der Kapitel und Absätze sind kleinere und größere Dialoge als Makrostrukturen in Rede und Gegenrede (Gott und Kain, Abraham und Knecht, Knecht und Rebekka, Isaak und Jakob, Isaak und Esau) vorhanden; sie sind überwiegend in jeweils einen Absatz integriert; zur Hervorhebung einzelner Redeteile werden z. T. mehrere Absätze verwendet. Auch die Geschlechterfolgen bilden deutlich begrenzte Makrostrukturen; sie sind dabei entweder mit der Kapitelstruktur (*Die Nachkommen Esaus*) oder der Absatzstruktur (*Die Nachkommen Abrahams*) verbunden. Insgesamt zeigt sich ein narratives Erzählgefüge, das einer Textsorte 'Erzählung' zugeordnet werden kann, deren thematische Besonderheit im Handeln des transzendenten Gottes an den Menschen (hier Israels) besteht.

2.3. Gattungen und Formen des AT

Ein anderes Erkenntnisinteresse als die Textlinguistik verfolgt die atl. Formgeschichte, wenn sie „Literaturformen und literarische Arten in den atl. Schriften" zu ermitteln versucht, nach ihrem 'Sitz im Leben' fragt und eine Gattung „innerhalb des Zusammenspiels von Grundhaltung, Haltung, Form und Strukturelementen" verwirklicht sieht (Schreiner 1971, 194f). Insgesamt werden folgende Gattungen einschließlich ihrer Subkategorisierungen unterschieden:

Als erzählende Gattungen Sage (Stammes-/Volks-, Helden-, Orts-S., ätiologische S.), Anekdote, Legende (Heiligtums-, Kult-, Personen-), Novelle; als berichtende Gattungen Listen (Personen-, Orts-, Sach-), Annalen, Bericht im eigentlichen Sinne, Memorabile, Selbstbiographie, Traumerzählung; als mitteilende Gattungen Rede (politische R., Kriegsansprache, Abschieds-R.), Predigt, Abhandlung (eigentliche A., Brief, theologische A.); als juristische Gattungen feststellende Sätze, Formeln und geprägte Wendungen, apodiktisches und kasuistisches Recht, Dekalog (ethischer und kultischer), kultische Anordnungen (deklaratorische Formel, Ritual, Anweisung an Priester und Kultteilnehmer, agendarische Vorschrift), Vertrag, Bundesformular; als prophetische Gattungen Spruch (Unheils-, Droh-, Scheltwort, Mahn-/Warnspruch), Bericht (Berufungs-B., B. über symbolische Handlungen); als weisheitliche Gattungen Formeln zur Lebensbewältigung (Gruß und Wunsch, Segen und Fluch), Spruch (Volkssprichwort, Weisheitsspruch), Rätsel, Zahlenspruch, Lehrgedicht, Vergleich (Allegorie, Parabel, Fabel); als liedhafte Gattungen Lieder des alltäglichen Lebens (Sieges-, Liebes-/Hochzeits-, Spott-, Leichen-L.), Kultlied (Hymnus/Lob-, Kla-ge-, Dank-) und als letzte Gattung das Gebet (Bitt-, Buß-) (Schreiner 1971).

Aus der Aufzählung ergibt sich erstens, daß der verwendete Gattungsbegriff weder mit dem linguistischen Textbegriff noch mit dem literaturwissenschaftlichen Gattungsbegriff identisch ist (Simmler 1993), obwohl die sog. literarischen einfachen Formen (Jolles 1974) herangezogen werden. Lediglich bei den Liedern und Gebeten des Psalters existiert ein vergleichbarer Textbezug. Er wird jedoch verlassen, wenn die Gattung als „ein literarisches Modell, ein Prägestock, der die in einem bestimmten gottesdienstlichen Lebensbereich notwendigen Worte und Aussagen nach Gehalt und Form prägt, eine feste Konvention stil- und textbildender Regeln, die für eine typische Redesituation charakteristisch ist" (Seybold 1991, 96) angesehen wird und dies zu Klassifizierungen in Hauptgattungen (Hymnen, Lieder von Jahwes Thronbesteigung, Klagelieder des Volkes, Königspsalmen, Klagelieder des Einzelnen, Danklieder des Einzelnen, Prophetisches in den Psalmen, Weisheitsdichtung in den Psalmen), 'kleinere' Gattungen (Segens- und Fluchworte, Wallfahrtslied, Siegeslied, Danklied Israels, Legende, Tora) und Mischgattungen (Wechselgedicht, Liturgien) führt (Gunkel 1966).

Zweitens ist zu erkennen, daß die linguistischen Kategorien weder einheitlich noch konsequent und widerspruchsfrei zur Gattungsbestimmung herangezogen werden, weil sie vom Satz und von Satzfolgen über Makrostrukturen wie Absatz und Absatzfolgen, Kapitel und Kapitelfolgen bis hin zu Textexemplaren reichen. So ist die 'Streitverhinderungsformel' *Zwischen mir und dir, zwischen meinen Hirten und deinen Hirten soll es keinen Streit geben; wir sind doch Brüder.* (Gen 13,8) der Beginn der direkten Rede Abrahams an Lot und damit in eine größere linguistische Einheit integriert. Der 'Fluch' *So ist verflucht der Ackerboden deinetwegen./Unter Mühsal wirst du von dem essen/alle Tage deines Lebens.* (Gen 3,17) ist ebenfalls Teil der direkten Rede Gottes zu Adam und darüber hinaus nicht abgeschlossen. Der 'feststellende Satz' *Fürchte dich nicht, auch diesmal hast du einen Sohn.* (Gen 35,17) bildet die vollständige direkte Rede der Amme an Rahel; er besteht aus einem Gesamtsatz mit zwei parataktisch verbundenen Teilsätzen und hat kommunikativ eine tröstende Funktion innerhalb des Absatzes (*Benjamins Geburt und Rahels Tod*; Gen 35,16−20). Das 'Bittgebet' (Gen 32,10−13) ist die direkte Rede Jakobs an Gott und enthält mehr Elemente als nur eine Bitte. Prinzipiell ist es zwar möglich, daß einzelne direkte Reden bzw. Redeteile auch außerhalb der Genesis-Erzählung in einem anderen externen Kommunikationsrahmen verwendet werden können, doch ist damit und schon gar nicht ohne weitere Argumente ihr Gattungsstatus nachgewiesen; relativ beliebige und an Satzfunktionen orientierte Gattungszuweisungen werden den entsprechenden Textteilen innerhalb der neuen Einheit der Genesis-Erzählung nicht gerecht. Dies gilt auch für andere Textteile. So werden die Kapitel Gen 37−50, die von den Söhnen Jakobs berichten, als 'Novelle' klassifiziert und ein Teil des Kapitels 37, ein Absatz mit einer den Traum enthaltenden direkten Rede Josefs an seine Brüder als 'Traumerzählung' (Gen 37,5−8), so daß eine Gattung in einer Gattung vorliegen müßte. Das Kapitel 1 (*Die Erschaffung der Welt*) fungiert als 'nachgestaltete Erzählung', die Kapitel 2−9 (*Paradies, Kain und Abel, Noah und die Sintflut*) werden als 'Sage' zusammengefaßt und das Kapitel 10 mit den Nachkommen Noahs als 'Personenliste', wobei die inhaltsseitig getroffenen Abgrenzungen − bis auf die klar begrenzte 'Personenliste' − ebenso beliebig sind wie die Gattungszuweisungen. Die 'Heiligtumslegende' (Gen 28,10−22) ist Teil der Absatzfolge mit der Überschrift *Jakobs Flucht nach Haran* (Gen 27,41−28,22); sie besteht selbst aus einem Absatz mit verschiedenen Aussagesätzen, einem Traum, zwei direkten Reden Jakobs und einem Gelübde, also aus weiteren begrenzbaren Elementen. Die 'ätiologische Sage' (Gen 21,22−32) schildert den Vertrag Abrahams mit Abimelech; sie soll mit der Erläuterung des Namens Beerschaba aufhören, wodurch jedoch der Schluß des zweiten Absatzes (Gen 21,33 f) und sein textueller Bezug zum ersten Absatz (Gen 21,21−24) unbeachtet bleiben. Insgesamt führt die Suche nach dem „Sitz im Leben", nach der „Stelle im Volksleben Israels", von verschiedenen Textteilen und den damit verbundenen Annahmen ihrer Kürze „wegen der geringen Aufnahmefähigkeit des Hörers", stilistischen Reinheit und textuellen Selbständigkeit in gesprochenen Kommunikationssituationen (Gunkel 1909, 1193), die der schriftlich fixierten Einheit der Genesis-Erzählung vorausgehen sollen, zur Vernachlässigung ihrer spezifischen Textfunktionen in der neuen Einheit, zur unzureichenden terminologischen Differenzierung von Teil und Ganzem und zu einem Gattungsbegriff, der − bis auf die Psalmen − wenig mit dem literatur- und dem sprachwissenschaftlichen Textbegriff gemeinsam hat.

2.4. Textsorten des NT

Wie für das AT, so existieren auch für die neutestamentlichen Schriften (Evangelien, Apostelgeschichte, Apokalypse, Briefe) keine vollständigen sprachwissenschaftlichen Textanalysen oder Textsortenbestimmungen. Die vier Evangelien besitzen als vier Textexemplare einer im Urchristentum entstandenen neuen religiösen Textsorte (Preuß/Berger 1997, 241) folgende textuelle Merkmale: Makrostrukturell bestehen sie aus Kapiteln und Absätzen, die in der Einheitsübersetzung durch Überschriften zu inhaltsseitigen Großgruppen und Untergruppen zusammengefaßt sind. Matthäus berichtet z. B. in 28 Kapiteln über die Vorgeschichte, die Vorbereitung des Wirkens Jesu, das Wirken Jesu in Galiläa, Jesu Wirken in Judäa und in Jerusalem, das Leiden und die Auferstehung; Markus geht in 16 Kapiteln ein auf die Vorbereitung des Wirkens Jesu, das Wirken Jesu in Galiläa, den Weg nach Jerusalem, die letzten Tage Jesu in Jerusalem, das Leiden und die Auferstehung Jesu; Johannes gliedert seinen Bericht in 21 Kapiteln in Prolog, öffentliches Wirken Jesu, Abschied Jesu von seinen Jüngern, Erhöhung Jesu, Epilog und Nachtrag. Bereits aus den Großgruppen ergibt sich als Gemeinsamkeit, daß eine Person, Jesus, und seine Taten und sein Schicksal im Zentrum des Berichteten stehen. Über sein Leben wird chronologisch, wenn auch in Auswahl, berichtet: Die Kapitel beginnen mit temporalen Nebensätzen wie *Als Jesus zur Zeit des Königs Herodes in Bethlehem in Judäa geboren worden war* (Mt 2,1) und Temporaladverbialien wie *In jenen Tagen, Dann* (Mt 3,1; 4,1). Jesus ist das Subjekt der einzelnen Teilsätze. Die gleichen Einleitungsformeln sind bei vielen Absätzen vorhanden; sie bestimmen somit das temporale Erzählgerüst (Raible 1972, 16) und kennzeichnen Jesus als zentralen Handlungsträger. − Zusätzlich übernehmen die Absätze die Funktion, die Personenkonzentrierung zu entfalten, indem sie von den Taten Jesu und seinen Äußerungen berichten. Die Taten zeigen Jesus als etwas Besonderes; er heilt Aussätzige, Fiebrige, Besessene, Gelähmte, Blinde und Stumme, nicht durch eine besondere medizinische Kunst, sondern durch einfache Berührung mit und ohne hinzukommende Worte. Dies und die Auferweckung von Toten erweisen ihn als übernatürlich. Die gleiche Funktion haben die von ihm mitgeteilten Äußerungen. Er redet in der Bergpredigt von der *wahren Gerechtigkeit* (Mt 5,1–7,29), u. a. vom *Salz der Erde* und *Licht der Welt, vom Gesetz* und *von den Propheten, vom Töten* und *von der Versöhnung, vom Ehebruch* und *von der Ehescheidung.* Dies könnten auch andere tun, neu ist die Verbindung der von den Zuhörern geforderten Verhaltensweisen mit einem Lohn im Himmelreich, an einem empirisch nicht überprüfbaren Ort. Textsortengebunden ist dabei, daß Jesus von sich selbst in der dritten Person als *Menschensohn* (Mt 9,6; 25,31) spricht. Der Bezug zum Übernatürlichen wird auch über die besondere Makrostruktur der Gleichnisrede hergestellt (Mt 13,1–53), die fast immer aus einem Absatz und nur in Sonderformen aus mehreren (Mt 21,33–46) besteht, bei Matthäus häufig eine feste Einleitungsformel (*Mit dem Himmelreich ist es wie mit einem Mann/dem Sauerteig*) besitzt, bei Markus aber stärker sprachlich variiert ist, und immer das Himmelreich zum Gegenstand hat. Die Kennzeichnung dieser Äußerungsformen als Gleichnis (zur Funktion Verst 1989) wird von den Evangelisten und Jesus selbst (Mk 4,13) vorgenommen. Schließlich wird der Bezug zum Himmelreich auch durch das Vaterunser (Mt 6,9–13; Lk 11,2–4) hergestellt, das Jesus als vorbildliches Gebet vermittelt. Die Makrostrukturen der Gleichnisse und des Gebets nehmen – wie Gedichte, Lieder und Briefe in Romanen – innerhalb der übrigen Makrostrukturen eine Sonderstellung ein. Sie besitzen eine potentielle Texthaftigkeit, weil sie in einer anderen externen Variablenkonstellation aus Sprecher, Hörer, Ort und Zeit mit ähnlichen, jedoch nie völlig identischen textuellen Merkmalbündeln auch selbständig und mit eigenem Textsinn vorkommen können und dann Textexemplare konstituieren. Sie sollten von den Makrostrukturen der Kapitel und Absätze, die diese Fähigkeit nicht besitzen, auch terminologisch als Teiltexte abgehoben werden (Simmler 1996b). Eine besondere Rolle spielt auch das textuelle Merkmal der Zitatverwendung. Die Zitate bestehen meist aus Gesamtsätzen, aber auch aus Teilsätzen und Satzgliedern, stammen aus dem AT, sind in narrativen Textteilen (Mt 1,23) und in direkten Reden (Mt 3,17; 13,35) enthalten und sollen dokumentieren, daß Jesus der verheißene Messias und das NT die Vollendung des AT ist. Bei Johannes übernehmen sogar ganze Kapitelfolgen (5–12) die Funktion der Selbstoffenbarung Jesu vor der Welt als Sohn Gottes. – Neben den bereits zusammen mit den Makrostrukturen behandelten syntaktischen Merkmalen kommen weitere wie formelhafte Satzeinleitungen mit *Siehe*, Kombinationen von Relativpronomen mit *da* und undifferenziertes *aber* an zweiter Stelle (*Als aber*) vor, wobei Frequenzverlagerungen zwischen den Übersetzungen bei Luther, in den revidierten Luthertexten und in der Einheitsübersetzung existieren. Dies gilt auch für die lexikalischen Merkmale der Bezeichnungen für Jesus und derjenigen für eine ewige, d. h. die natürliche Begrenztheit überschreitende, Zeitdauer (Folsom 1990, 165–167) bzw. für einen – aufgrund der langen Übersetzungstradition – zum Teil archaisierend wirkenden Wortschatz (Kaindlstorfer 1970). Daß diese Merkmale ausreichen, eine 'Sakralsprache' aus der Gesamtheit der deutschen Gegenwartssprache auszugrenzen, ist allerdings mehr als zweifelhaft (Hug 1985, 52). – Insgesamt handelt es sich bei den einzelnen Evangelien durch eine besondere Auswahl und Anordnung von Makrostrukturen und syntaktischen Merkmalen in Verbindung mit lexikalischen Einheiten um Textexemplare der Textsorte 'Bericht' in der Variante eines religiösen Berichtes von den Worten (der Lehre), den Taten und dem Schicksal Jesu, der als Sohn Gottes den Menschen das Heil und die Sinndeutung der Welt anbietet und die Ankündigungen des AT vollendet.

2.5. Gattungen und Formen des NT

In der Formgeschichte werden beim neutestamentlichen Traditionsgut zwei 'Sitze im Leben' unterschieden, das der Gattungen und das der literarischen Formen und Formeln. Die Analyse der Einheit der Gattungen, die den Textsorten mit ihren Textexemplaren vergleichbar ist, tritt dabei hinter das Interesse an den hierarchisch untergeordneten Formen und Formeln zurück, die innerhalb der Gattungen ausgegrenzt werden sollen und von denen auf 'ursprüngliche Kommunikationssituationen' in Liturgie und Verkündigung der christlichen Urgemeinde und im Leben Jesu, von der die Gemeinde Zeugnis gibt, zurückgeschlossen wird, wobei die Ergebnisse durchaus kontrovers beurteilt werden (Zimmermann 1971, 232, 257 f) und der sprachtheoretische Status bei einer angenommenen Selbständigkeit ungeklärt bleibt; eine Klassifizierung dieser Textteile als Textsorten (Preuß/Berger 1997, 261), d. h. ein einfacher Nomenklaturwechsel, ist keine Lösung. Bei den Evangelien wird das Rekonstruktionsverfahren noch dadurch erschwert, daß die synoptischen Evangelien (Matthäus, Markus, Lukas) untereinander nach Inhalt, Aufbau und Sprache enge Beziehungen besitzen, aber auch ein sog. Sondergut zeigen.

Formgeschichtlich werden zwei getrennte Überlieferungen angenommen, eine Geschichts- und eine Worttradition. Die Worttradition wird aus den direkt mitgeteilten Äußerungen Jesu abgeleitet und als Worte = Logien Jesu auf eine Logienquelle zurückgeführt, wobei die Logien selbst ursprünglich selbständig gewesen sein sollen. Unterschieden werden (Zimermann 1971) prophetische Worte, Weisheitsworte, Gesetzesworte, Gleichnisse mit den Sonderformen Parabel und Beispielerzählung/Allegorie, Ich-Worte, Nachfolge-Worte und Wortkompositionen. Die Elemente = Logien reichen von einzelnen Sätzen und Satzfolgen bis hin zu direkten Reden und haben so im Hinblick auf eine angenommene ehemalige Selbständigkeit einen verschiedenen Stellenwert. So soll in dem vom verbum dicendi *sagen* dominierten Satz *Ich sage euch: Viele werden von Osten und Westen kommen und mit Abraham, Isaak und Jakob im Himmelreich zu Tisch sitzen; die aber, für die das Reich bestimmt war, werden hinausgeworfen in die äußerste Finsternis; dort werden sie heulen und mit den Zähnen knirschen.* (Mt 8,11.12) eine prophetische Heilsansage vorliegen, weil eine besondere Redeeinleitung vorhanden sei, die Äußerung nicht in eine Wundererzählung (Heilung des Knechtes des Hauptmanns von Kapharnaum) hineinpasse, sie im Parallelbericht bei Lukas (7,1–10) fehle, an anderer Stelle – jedoch ohne Einleitungsformel – nochmals zitiert sei (Lk 13,28.29) und dort in der Reihe eschatologischer Aussprüche eine klarere Textfunktion besitze. Selbst wenn Matthäus diese Stelle – wie Lukas – aus einer gemeinsamen Quelle übernommen und in die Wundererzählung integriert hat, wirkt sie dort nicht als Fremdkörper, sondern besitzt eine inhaltsseitige Beziehung zu den sie umgebenden Sätzen; die Annahme einer ehemaligen kommunikativen Selbständigkeit des Satzes mit spezifischer Funktionalität bleibt sowohl in der Form bei Matthäus als auch in der bei Lukas problematisch. Dies gilt auch für den Satz *Nirgends hat ein Prophet so wenig Ansehen wie in seiner Heimat und in seiner Familie.* (Mt 13,57), der als sprichwortartig formuliert angesehen (Schulze 1860, 148) und wegen Vorbildern im AT den Weisheitsworten zugeordnet wird, für apodiktische (Mt 7,6) oder kasuistische (Mt 19,9) Rechtssätze bzw. für Sätze, die das Selbstbewußtsein Jesu als des von Gott Gesandten kennzeichnen (Mt 5,17; 10,35). Trotz ihrer Dichte und Prägnanz der Formulierung bleiben solche Äußerungen Sätze mit einer spezifischen Funktion in den Makrostrukturen, in denen sie vorkommt; eine textuelle Selbständigkeit ist dadurch noch nicht gegeben. Dies ist bei den Gleichnissen anders, die innerhalb der Evangelien als Teiltexte eine besondere Makrostruktur bilden und potentiell selbständig sind.

In der Geschichtstradition werden die Formen Paradigma, Streitgespräch, Wunderbericht, Einsetzungsbericht, Leidensgeschichte und Erzählkomposition unterschieden (Zimmermann 1971). So wird der Absatz, der die Heilung eines Gelähmten schildert (Mt 9,1–8; Mk 2,1–12; Lk 5,17–26), als ehemals selbständige, abgerundete Erzählung (= Paradigma) aufgefaßt (so auch Grabner-Haider 1975, 110; Bucher 1978, 85), weil sie keines Anschlusses nach vorn oder rückwärts bedürfe, sie kurz und einfach sei, einen erbaulichen Stil habe, und weil die Worte Jesu hervorträten, eine allgemeine Bedeutung besäßen und für die Predigt einen brauchbaren Gedanken enthielten. Hier werden inhaltsseitige Merkmale, die für viele Textteile und Makrostrukturen gelten, unter textuellem Aspekt überbewertet. Dies gilt in noch stärkerem Maße, wenn aus Briefelementen auf Hymnen im Gottesdienst der Urgemeinde zurückgeschlossen wird (Kahlefeld 1978, 66–70).

3. Liturgische Textsorten

3.1. Grundlagen und Arten der Verkündigung

Die „Entstehung des neutestamentlichen Kanons ist ein wesentlicher Faktor für die Entstehungsgeschichte der christlichen, sich vom Judentum ablösenden Gemeinde" (Schaeffler 1982, 47). Wie die Apostel, so hat auch die nachapostolische Kirche die Pflicht zur Verkündigung des in der Bibel fixierten Gotteswortes. Eine besondere Rolle spielt neben anderen Verkündigungsarten die Liturgie, in der Wortgottesdienst (Verkündigung des Evangeliums und gottesdienstliche Predigt) und Eucharistiefeier (sakramentales Geschehen) in einem „einzigen Kultakt" verbunden sind (Scheffczyk 1966, 245 f). Grundlage der folgenden Ausführungen sind für die katholische Kirche die durch die Konstitution über die heilige Liturgie (Sacrosanctum Concilium = SC) des Zweiten Vatikanischen Konzils (1962–

1965) geschaffenen Verhältnisse (Rahner/ Vorgrimler 1994, 51–90), die sich im Schott-Meßbuch A, B, C (1995; 1996; 1994; erstmals 1982–1983) und im Meßbuch (1996; erstmals 1975), der deutschen Ausgabe des Römischen Meßbuches (Missale Romanum) von 1969, widerspiegeln. Da innerhalb einer bestimmten Zeit alle wichtigen Teile des AT und NT vorgelesen werden sollen (SC, Art. 51), erstreckt sich die 1969 eingeführte Leseordnung für die Sonntage über drei Jahre (A, B, C) und für die Wochentage über zwei Jahre (I und II); über die Verteilung auf die jeweiligen Jahre geben Zeittafeln Auskunft.

3.2. Liturgiefeiern als komplexe kommunikative Einheiten

Die Liturgie ist der „Vollzug der kirchlichen Gemeinschaft" und fordert „die Hintansetzung religiöser Privatinteressen" (Rahner/ Vorgrimler 1994, 39). Daher formuliert Artikel 14 des SC, daß alle Gläubigen „zu der vollen, bewußten und tätigen Teilnahme an den liturgischen Feiern geführt werden [möchten], wie sie das Wesen der Liturgie selbst verlangt." Dieses 'Wesen' ist feiernde Realisation des Glaubens und erinnernde Vergegenwärtigung des durch Jesus eingetretenen Heilsereignisses (Schermann 1987, 70). Jede einzelne Liturgiefeier konstituiert ein Textexemplar einer Textsorte, die mit Hilfe externer und interner Kriterien beschrieben werden kann.

Liturgische Textsorten sind das Pascha-Mysterium, d. h. der sakramentale Gottesdienst, Wortgottesdienst, Andacht, Gebetsgottesdienst, Statio, Processio (Bitt- und Fronleichnamsprozession, Kreuzweg, Wallfahrt), Vigilia (besonders Osternachtsfeier, Weihnachtsmette) und Jubilus (Gemeindesingen, kirchenmusikalische Veranstaltungen) (Schermann 1987, 75). Ihre linguistische Analyse ist weitgehend noch nicht durchgeführt.

Extern werden die Liturgiefeiern bestimmt durch die Faktoren Sprecher, Hörer (d. h. die Träger des Gottesdienstes), Ort und Zeit. Träger sind in der horizontalen Dimension Gottesdienstgemeinde, Leiter (Bischof, Priester, Diakon; in Wortgottesdiensten auch beauftragte Laien) und besondere „Dienste" (Lektor, Akolyth, Ministranten, Kommunionhelfer, Kantor, Organist, Chor) und in vertikaler Dimension der transzendente trinitarische Gott (Vater, Sohn, Heiliger Geist) und die horizontal genannte Gottesdienstgemeinschaft (Schermann 1987, 56–62). Als Ort ist zum Gottesdienst prinzipiell jeder Ort oder Raum geeignet. Bevorzugter Ort ist jedoch ein spezifisches Kirchengebäude, dessen Innenraum durch architektonische Ausdrucksmittel in Altarraum (Altar, Vorsitz, Ambo), Gemeinderaum (Stufen, Altarschranken, Kommunionbank, Ikonostase; Platz für Sängerchor, Orgel, andere Musikinstrumente; Sitzgelegenheit der Gläubigen) und andere Einrichtungsgegenstände (Bilder, Plastiken, Weihwasserbecken, Opferstock, Baptisterium, Beichtstuhl, Beichtzimmer, Tabernakel, Sakramentskapelle) funktionell gegliedert ist. Beim Faktor Zeit sind die Zeitdauer des Gottesdienstes je nach Tag, Feierform und Anlaß vom liturgischen Kirchenkalender und von Zuordnungen zum Lebens- und Arbeitsrhythmus der Gläubigen und ihren Durchbrechungen abzuheben (Schermann 1987, 80–85).

Mit den notwendigen externen Merkmalen sind weitere, weitgehend rituell vorgegebene verbunden. Sie gehören dem kinetischen (Handlungen des Priesters beim eucharistischen Hochgebet; Sitzen, Stehen, Knien, Bekreuzigung, Händereichen der Gläubigen), visuellen (Farbgebung der Meßgewänder), auditiven (Glockenläuten, Instrumentalmusik), gustatorischen (Hostie/Brot, Wein) und olfaktorischen (Balsam, Kräuter, Weihrauch) Kommunikationskanal an (Schermann 1987, 85–94).

Innerhalb dieses externen Rahmens finden die sprachlichen Äußerungen statt, die vorläufig in Funktionsgruppen wie Verkündigung und Auslegung des Wortes Gottes, Amtsgebete und andere dem Leiter zukommende Formen und weitere Elemente eingeteilt werden können (Meßbuch 1996, 31* f; Hug 1985, 17). Die Äußerungen werden von den Trägern der horizontalen Dimension gesprochen und gesungen, wobei suprasegmentale Merkmale eine Rolle spielen, und in einzelnen Elementen vertikal an den transzendenten Gott gerichtet. Insgesamt sind die Gläubigen mit allen ihren Sinnen am Sinngeschehen der Eucharistiefeier beteiligt, so daß von einer „Semiose Gottesdienst" (Schermann 1987, 109) oder einem 'Sprachspiel Liturgie' bzw. einem 'kommunikativen Handlungsspiel Eucharistiefeier' (Hug 1985, 78, 112) gesprochen werden kann. Die Eucharistiefeier erfüllt die Bedingungen eines Rituals, wenn dieses als „expressive institutionalisierte Handlung oder Handlungssequenz" (Werlen 1984, 81, 148–229) definiert wird, wobei die sprachlichen Realisationen in die Expressivität einbezogen sind. Allen Liturgiefeiern sind — von den spezifischen Merkmalbündeln einzelner Textsorten einmal abgesehen — Lesungen, Gesänge und Gebete gemeinsam, deren sprachtheoretischer Status nicht undifferenziert als 'Text' (Meßbuch 1996, 31*f; so auch Werlen 1984, 218 zu den Lesungen), 'rhetorische Gattung, Sprechakt, Text' (Schermann 1987, 137f), 'Sprachspiel, Sprechakt, Text' (Hug 1985, 79, 106, 114) angegeben werden kann, sondern zeichentheoretisch unterschiedlich zu beurteilen ist.

3.3. Textsorte 'sakramentaler Gottesdienst'

Das Zentrum der liturgischen Textsorten wird vom sakramentalen Gottesdienst, der Eucharistiefeier, gebildet, weil sie „die Identität und Existenz der Glaubensgemeinschaft" betrifft und daher am stärksten sozial standardisiert und formal und inhaltlich geregelt ist (Schermann 1987, 75), ohne jedoch innovative Elemente auszuschließen.

Die Eucharistiefeier besteht dabei aus einer geregelten Abfolge folgender Teile: I. Eröffnung mit Einzug (Gesang zur Eröffnung), Verehrung des Altares (nonverbal), Begrüßung der Gemeinde (und kurze Einführung), Allgemeines Schuldbekenntnis und Bitte um Vergebung, Kyrie (entfällt, wenn die Kyrie-Litanei vorausgegangen ist), Gloria, Tagesgebet — II. Wortgottesdienst mit 1. Lesung und Antwortpsalm (Graduale), 2. Lesung, Ruf vor dem Evangelium, Evangelium, Homilie, Credo (Großes oder Apostolisches Glaubensbekenntnis), Fürbitten (Allgemeines Gebet) nach freier Wahl — III. Eucharistiefeier mit weiterer Untergliederung in 1) Gabenbereitung, bestehend aus Gesang zur Gabenbereitung, Begleitgebet zur Gabenbereitung und zur Händewaschung, Einladung zum Gabengebet, abschließendem Gabengebet; 2) eucharistisches Hochgebet aus Danksagung (Präfation), Sanctus, Epiklese (Gebet), Einsetzungsbericht (Konsekration), Anamnese, Darbringungsgebet, Interzessionen, Schlußdoxologie; 3) Kommunion aus Vaterunser (Gebet des Herrn), Friedensgebet, Brechung des Brotes (Agnus Dei), Stilles Gebet vor der Kommunion, Einladung zur Kommunion, Kommunionspendung, Kommunionvers, Besinnung und Dank, Schlußgebet — IV. Entlassung (Schlußsegen) (Meßbuch 1996, S. 34*–41*; Schott-Meßbuch. A 1995, 345–405).

Die Einheit der Textsorte 'sakramentaler Gottesdienst' zeigt sich nicht nur in dem Rahmen aus Initiatorenbündel (Eröffnung) und Terminatorenbündel (Entlassung), sondern darin, daß die meisten Elemente in einem anderen Kommunikationsbereich außerhalb der Eucharistiefeier nicht verwendet werden, sich also als Textteile (Makrostrukturen oder Sätze) erweisen. Lediglich die Lieder bzw. einzelne Antwortpsalmen, Gloria, Tagesgebet, Homilie, Credo, Vaterunser und mit Einschränkungen Fürbitten können auch in einer anderen Kommunikationssituation erscheinen und besitzen daher den Status von Teiltexten. Bezogen auf die Bibel wird ein Wechsel der Teiltexte von einer Textsorte in eine andere lediglich bei Antwortpsalmen (wie Ps 130), Gleichnissen (wie Mt 13,1–9) und dem Vaterunser sichtbar. Bei den meisten im Wortgottesdienst vorgelesenen Perikopen (Leseabschnitten) handelt es sich um Makrostrukturen (Kapitel und Ansätze) und um Textauszüge (vgl. die Verzeichnisse der Schriftlesungen in Schott-Meßbuch A–C). Vor diesem Hintergrund bleibt die Übertragung der Sprechakttheorie auf den liturgischen Sprachgebrauch und die Definition der Sprechhandlung als „jeweils kleinste sprachliche Einheit in der kommunikativen, hier: liturgischen Situation" (Schermann 1987, 137) problematisch; die Sprechaktermittlungen enthalten ein hohes Maß an subjektiven Entscheidungen und können eine Textsortenanalyse nicht ersetzen.

Anders als im 'sakramentalen Gottesdienst' der kath. Kirche spielen die Psalmen (Luthers Psalmen-Lieder und Genfer Psalmen) neben anderen Kirchenliedern (Greule 1992) im ev. Gottesdienst eine größere Rolle. Sie bilden einen festen Bestand, wobei sie durch Einzelstimme, Chor oder im Wechsel gesprochen oder gesungen werden. In Metten und Vespern werden in einer umfassenden Ordnung alle 150 Psalmen verwendet. In der kath. Kirche nehmen die Psalmen im Stundengebet der Mönchsgemeinden und im persönlichen Stundengebet (Brevier) der Priester einen breiten Raum ein.

3.4. Teiltext 'Oratio'

Neben einer Gesamtanalyse der Textsorte 'sakramentaler Gottesdienst' sind auch Teiltexte wie das Tagesgebet Gegenstand von Einzeluntersuchungen. Dabei werden unter den Aspekten einer beobachtbaren Liturgiemüdigkeit von Gläubigen und des gewünschten Mitvollzugs der Gemeinde am Gottesdienst zunächst die Strukturen und Funktionen des Tagesgebetes anhand der Tagesgebete des deutschen Meßbuches ermittelt, danach Kriterien für die Verständlichkeit erarbeitet und schließlich Verbesserungsvorschläge gemacht. Nach Hug (1985, 123) wird die Struktur der Tagesgebete von einer Abfolge charakteristischer Sätze und Teilsätze mit den kommunikativen Funktionen *Anrede Gottes*, *Bekenntnis*, *Bitte* und *Schlußformel* bestimmt. Die Kriterien einer angemessenen liturgischen Gebetssprache, und zwar kurze und bekannte Wörter, kurze, einfach gebaute, aktive Sätze, Verwendung von Verbalformen und innere Textlogik (Hug 1985, 129), bleiben teilweise allgemein und vage, und daher sind auch die Beurteilungen der aus dem Lateinischen übersetzten Tagesgebete ebenso wie die vorgeschlagenen Neuformulierungen nicht frei von subjektiven Entscheidungen.

3.5. 'Predigt' als Teiltext und Textsorte

Eine Sonderstellung in der Eucharistiefeier der kath. Kirche nimmt die Homilie, die Textpredigt, ein, denn sie soll „unter Berücksichtigung des Mysteriums, das gefeiert wird, und der besonderen Bedürfnisse der Hörer die Schriftlesungen oder andere Texte der Tagesmesse [...] unter einem bestimmten Gesichtspunkt auslegen" (Meßbuch 1996, 37*), d. h. sie ist das freieste Element in der Eucharistiefeier (SC, Art. 35). Die Textpredigt ist darüber hinaus „aktuelle und lebendige Weiterbezeugung des (in der Schrift normativ bezeugten) Gotteswortes im Munde der Kirche" (Scheffczyk 1966, 247). Neben der Textpredigt gibt es noch die dogmatische Predigt, die ein dogmatisches Glaubensthema behandelt, und die Situationspredigt, die sich auf die Lebenssituation der Hörer bezieht und in die auch Literaturzitate zur Exemplifizierung einbezogen werden können (Uerpmann/Fischer 1988). Alle drei bilden die Gruppe der Gemeindepredigten, von denen die Typen der Missionspredigt zu unterscheiden sind (Grabner-Haider 1975, 133).

Während in der kath. Kirche das Zentrum der sakralen Gottesdienste die Eucharistiefeier ist und eine Predigt nur an Sonntagen und gehobenen Feiertagen zur Pflicht und für die Wochentage lediglich empfohlen wird (Meßbuch 1996, 37*), ist die Predigt in der ev. Kirche Mittelpunkt und Hauptbestandteil des Gottesdienstes. Die Predigt ist in ihr „Gotteswort in Menschenmund", sie setzt als Textauslegung die ntl. Kanonbildung voraus und gilt immer einer „in Entstehung begriffenen oder bereits bestehenden *Gemeinde*" (Niebergall 1961, 517); sie ist „aus Gott" und „anstelle Christi" (Doerne 1961, 530). Nach Scheffczyk (1966, 248) bekennt sich heute auch die kath. Theologie zu dem Grundsatz ‚Praedicatio verbi divini est verbum divinum".

Eine Analyse der Predigt ist insofern schwierig, weil ein repräsentatives Textkorpus aus Video- und Tonbandaufnahmen nicht existiert und die in Sammlungen veröffentlichten Predigten für die Publikation überarbeitet bzw. mehr oder weniger autorisierte Nachschriften sind. Zum Teil deshalb stehen Textsortenuntersuchungen noch aus, und einzelne Autoren skizzieren, wie eine Predigt aussehen könne bzw. welche sprachlichen Bedingungen für eine angemessene Predigt und damit für eine erfolgreiche Seelsorge erfüllt sein müßten (Esser 1963; Nix 1963; Sturm 1963; Kopperschmidt 1970; Mainberger 1972; Fischer 1983; Magaß 1983; Hutter 1985; Helbling 1990). — Grabner-Haider (1975, 133—138) reduziert die Predigt auf „Sprechakte des Glaubens" und unterscheidet den evokativen (glaubenserschließenden), affektiven (emotional ansprechenden) und kognitiven (rational ansprechenden) Sprechakt. Die Sprechakte zerlegt er in Aufbauprinzipien, sog. Phasen. Beim evokativen Sprechakt sind es die Phasen Situation, Internalisierung, Erschließung, Internalisierung der neuen Situation und Lebensform, wodurch Gott „in eine konkrete Lebenswelt" übersetzt werde. — Funk (1991, 46—55) geht zwar von einer Textsorte 'Predigt' und einem Korpus von je 25 ev. und kath. Weihnachtspredigten aus den Jahren 1971—1983 bzw. 1945—1960 und je 10 Exemplaren aus dem 19. Jh. aus, leitet aus seinem Material aber keine Definition der Predigt her. Sein Erkenntnisinteresse gilt vielmehr wort- und satzsemantischen religiösen Besonderheiten der Predigten und ihren konfessionellen Ausprägungen. Methodisch setzt er bei Wörtern ein, die in Wörterbüchern, Lexika und einschlägigen Wortregistern als 'religiös' markiert sind, um danach ihre Frequenz in den Predigten zu ermitteln. Eindeutig religiös sind acht Nomina Sacra (wie *Gott, Jesus, Christus*) und 37 Wörter aus dem Kernbestand des christlichen Glaubens oder Glaubenswissens (wie *Anbetung, Auferstehung, auferwecken, fromm, heilig, Sünde*); religiöse Sememe neben profanen haben Wörter wie *Allmacht* (*Gottes* = religiös, des *Monarchen* = profan) (Funk 1991, 56—60). Weitere Besonderheiten sind parataktische Reihungen religiöser Wörter (*Schuld und Sünde, Himmel und Erde*), Paraphrasen für zentrale Sachverhalte (*Reich Gottes* vs. *Gottesreich, Reich der Freiheit*), ein hoher Anteil an Abstrakta (*Geschehen der Erlösung*) und morphologische Spezifika wie unübliche Pluralbildungen bei Abstrakta (*alle Gnaden der Epiphanie*) (Funk 1991, 92 f). Die Prädikationen über Gott in verbalen Prädikatsausdrücken gliedert Funk (1991, 154) in die sechs semantischen Gruppen Bewegung Gottes zum Menschen (*Gott kommt zu uns*), Anwesenheit Gottes, Leben Gottes als Mensch,

Umgang Gottes mit den Menschen, Besonderheiten Gottes, Handlungen der göttlichen Personen untereinander und in 18 Untergruppen. Zentrale Unterschiede zwischen ev. und kath. Predigten existieren im 20. Jh. nicht. Inwiefern einige dieser Merkmale tatsächlich predigtcharakterisierend sind, müssen Vergleiche zu anderen Textsorten ergeben; zur Spezifizierung sind dabei weitere syntaktische Merkmale und ihre Relationen zu den Makrostrukturen notwendig, ausschließlich lexikalische Frequenzermittlungen dürften kaum ausreichen. – Die Predigt außerhalb des Gottesdienstes, d. h. in einer anderen externen Variablenkonstellation, zeigt sich in der Missionspredigt (Dürr 1961) und in der Rundfunkpredigt (Dahle/Rexin 1964); eine Textsortenanalyse ist bisher noch nicht erfolgt (Fauser/Hilgendorff 1986).

4. Katechetische, verkündigende und theologische Textsorten

Die katechetischen, verkündigenden und theologischen Äußerungen (Scheffczyk 1966, 260) beziehen sich mit verschiedenen Erkenntniszielen alle auf die Bibel bzw. aus ihr abgeleitete Lehrmeinungen der Kirchen. Die Katechetik ist die Lehre von der Jugendseelsorge, sie dient der Unterweisung und Erziehung, vermittelt in altersgemäßer Aufbereitung geschichtliche, biblische und dogmatisch-ethische Stoffe und führt in der ev. Kirche die Katechumenen in das Leben der Gemeinde ein. Grundlagen sind Lehrbücher zum Religionsunterricht, Konfessionskatechismen mit verschiedenen Teiltexten und Textteilen, wobei Credo, Dekalog und Vaterunser jeweils den Kernbereich bilden, und ein ökumenischer Basiskatechismus aller Christen (Bellinger 1988/1993a; 1993b; Bizer 1988/1993; Fraas 1988/1993; Grünberg 1988/1993; Wegenast 1980). Weder Lehrbücher noch Katechismen sind bisher unter dem Aspekt einer Textsortenanalyse behandelt worden.

Im Zusammenhang mit Gemeindekatechese, Liturgie und Religionsunterricht sind 'Kurzformeln des Glaubens' entstanden. Sie sollen „das entscheidend Christliche bzw. die Mitte des Evangeliums in knapper Form" ausdrücken (Karrer 1978, 4). Die Kurzformeln bestehen meist aus Sätzen, sind kontextbedingte Elemente in einer größeren Einheit, einem „Sprachspiel" wie dem Unterrichtsgespräch, und besitzen nicht den Status eines Textes; daher sollte für sie auch der Terminus 'Gattung' vermieden werden (Karrer 1978, 134, 235, 253).

Ein Ungenügen an bisherigen Verkündigungsformen führt dazu, andere zu erproben bzw. zu fordern. Dazu gehören das Predigtgespräch vor und nach dem Gottesdienst (Ader 1976, 114), Bibelstunden in verschiedensten Gesprächskreisen (Niebergall 1961, 527), Freizeiten, Praktika, Blockseminare, Kurse (Grünberg 1988/1993, 725). Allen ist ein dialogisches Moment gemeinsam; ob dabei insbesondere dialogisierende Textsorten oder Varianten im Vergleich zu den bisher bekannten Dialog- und Diskussions-Typen konstituiert werden, ist noch nicht untersucht.

Die in der Theologie – wie in anderen Wissenschaftsdisziplinen – vorkommenden Textsorten wie Lehrbücher, Aufsätze, Rezensionen sind bisher noch nicht behandelt worden, obwohl im Vergleich zu katechetischen Textsorten durchaus verschiedene Grade von Fachlichkeit zu erwarten sind.

5. Kirchenorganisatorische Textsorten

5.1. Organisatorische Textsorten in der kath. Kirche

Geschriebene sprachliche Äußerungen in der Institution Kirche (Ehlich/Rehbein 1980), speziell in der Organisationseinheit der kath. Kirche der Bundesrepublik Deutschland werden von Stallkamp (1987) untersucht. Dabei geht er von einem Äußerungskorpus aus, das im Zusammenhang mit der Enzyklika 'Humanae Vitae' von Papst Paul VI. aus dem Jahre 1968 steht. Bei seiner Textsortenbestimmung berücksichtigt er externe und interne Merkmale. Die externen Merkmale gewinnt er aus den Strukturprinzipien der kath. Kirche, die im Codex Juris Canonici festgelegt sind und den Aufbau der Universal- und Partikularkirche erläutern.

Externe Merkmale und ihre weiteren Differenzierungen sind schriftliche Fixierung, Verfasserschaft (Papst, Diözesanbischof, Deutsche Bischofskonferenz, Synode, Beratungs- bzw. Laiengremium), Adressat (Universalkirche, alle Gläubigen der Diözese im Bereich der deutschen Bischofskonferenz, alle Gläubigen der einzelnen Diözese, einzelne diözesane bzw. überdiözesane kirchenamtliche Organe, einzelne Gruppen von Gläubigen der Diözese, außerkirchliche Öffentlichkeit), Beratungsanzahl (drei, zwei Beratungen, erforderliche oder mögliche Beratung), Beschlußfassung (Möglichkeit oder Notwendigkeit einer besonderen Beschlußfassung), Begrenzung des Textumfangs, spezifische Textanordnung, spezifische Publikationsform, Einschränkung im Geltungsbereich (allgemein oder speziell aufgrund der gewählten Form). Als relevante interne Merkmale der Textsorten werden ermittelt Initiatoren als Merkmale des Textbeginns (Vorhandensein von einem bzw. zwei oder mehreren Initiatoren, von einem, zwei oder mehreren textsortenspezifischen Initiatoren, von einem oder mehreren Initiatoren, die mehreren Textsorten gemeinsam sind), Terminatoren als Merkmale des Textschlusses mit gleicher Untergliederung wie bei den Initiatoren, Schlüsselwörter (generelles bzw. in textsortenspezifischer syntaktischer Verwendung vorhandenes Vorkommen), Gruppenbezeichnungen (generelles Vorhandensein, Vorkommen in textsortenspezifischer syntaktischer Verwendung, generelle oder textsortenspezifische positive bzw. negative Wertung der eigenen bzw. der anderen Gruppe), strukturelle Anordnungsprinzipien (generelles, textsortenspezifisches, mehreren Textsorten gemeinsames Auftreten), Parenthesen und Nominalsätze (jeweils generelles oder in Verbindung mit weiteren internen Merkmalen textsortenspezifisches Vorkommen).

Mit diesen Merkmalen kann Stallkamp (1987, 79, 229f) die Textsorten Enzyklika, Diözesaner Hirtenbrief, Gemeinsamer Hirtenbrief, Synodenbeschluß und Stellungnahme ermitteln; wegen seiner Materialauswahl ergeben sich für die Textsorten Empfehlung, Entschließung und Beschluß nur externe Merkmalbündel. − Eine vergleichbare, die ev. Kirchenverfassung (Grundmann 1959; Smend 1959) berücksichtigende Untersuchung fehlt.

5.2. Bischöfliche Schreiben

Ausschließlich auf die Analyse von Hirtenbriefen konzentriert sich Lang (1978). Für ihn ist eine Textsorte ein sozial reglementiertes Handlungsmuster, wobei die externen Merkmale die internen bedingen, weshalb sie in der Analyse überwiegen. Die externen Merkmale Zeitverschränkung (hoch/relevant, mittel/schwach, keine/irrelevant), Thematik (kontrovers, neutral), kognitive Beziehung zwischen Sprecher und Hörer (dissonant, konsistent, indifferent), soziale Beziehung zwischen Sprecher und Hörer (kathedrabezogen, gemeindebezogen, indifferent), Grad der Verbindlichkeit des Schreibens (hoch, mittel/ schwach, keine) bilden einen redekonstellativen situativen Rahmen, der die internen Merkmale Texteröffnung, Handlungs-/Erzählstruktur, In-Group-/Out-Group-Indikatoren, Ego-Alter-Indikatoren, Formular/Intention direkt bestimmt. Auf der Basis überwiegend subjektiv festgestellter „konstitutiver Sprecherintentionen" werden drei „Sorten 'Hirtenbrief'" unterschieden, bischöfliche Schreiben mit vorwiegend belehrender oder stellungnehmender oder erinnernder Funktion (Lang 1978, 356−359).

5.3. Textsorte 'Ordensregel'

Für die Organisation des Mönchtums spielt die Textsorte 'Ordensregel' eine besondere Rolle. Lediglich zur Benediktinerregel, die bis zum Auftreten von Bettelorden im deutschen Sprachgebiet ausschließlich galt, liegen linguistische Untersuchungen unter Einschluß von historischen Entwicklungen vor. Die Benediktinerregel ist makrostrukturell aus einer sie in spezifischer Weise charakterisierenden Hierarchie aus Kapiteln, Absätzen und Abschnitten aufgebaut (Simmler 1988). Die Ebene der Kapitel besteht aus dem Prolog und 73 Kapiteln. Sie regeln das gesamte Leben der Mönche, wenn sich der Novize nach einem Jahr zum Eintritt in das Kloster und zur Ablegung des Gelübdes (Kapitel 58) entschlossen hat. Die Kapitel lassen sich zu inhaltlichen Gruppen (Gemeinschaft unter Regel und Abt, geistliche Kunst, gemeinsames Gebet, Klosterorganisation, tägliche Versorgung, Tagesablauf, Außenbeziehungen, Aufnahme-Ordnung, Dienst-Ordnung, Gemeinschaft in der Liebe) zusammenfassen (Regula Benedicti 1992). Die Absatzgliederung richtet sich extern nach der Forderung, die Regel (meist dreimal im Jahr) nach und nach in Tageslesungen im Kapitelsaal vorzutragen; inhaltlich hat sie die Funktion einer näheren Differenzierung des jeweiligen Kapitelthemas, wobei vor allem die Prinzipien Aufforderung, Aufzählung, Begründung, Folgerung, Hervorhebung und Spezifizierung eine Rolle spielen. Innerhalb der Absätze kommen Abschnitte vor, die syntaktisch geprägt sind und aus einem oder zwei Gesamtsätzen bestehen, in die eine direkte Rede einbezogen ist oder nicht. Wenn eine direkte Rede vorhanden ist, werden Stellen aus dem AT oder NT zitiert, die den „Wurzelgrund des christlichen Mönchtums" (Regula Benedicti 1992, 9) bilden. Besonders hervorzuheben sind Textteile aus den Psalmen; ihre Wertschätzung zeigt sich auch darin, daß alle 150 Psalmen im Laufe einer Woche zu singen sind (Kapitel 18). Lexikalisch tritt ein Wortschatz auf, der alle für Arbeit und Gebet notwendigen Bereiche umfaßt (Simmler 1995, 1996a). Als zentral erweisen sich Begriffe, die das geistliche Leben als *ars spiritualis* kennzeichnen; zu ihnen gehören Wortgruppen, die auf Hören,

Gehorsam, Schweigen, Demut, Discretio, Freude und Liebe verweisen (Regula Benedicti 1992, 31−40).

5.4. Textexemplare der Bekennenden Kirche

Zu Textexemplaren aus der Organisationsstruktur der ev. Kirche liegt lediglich eine soziolinguistische Untersuchung von Fischer (1993) zur Barmer Theologischen Erklärung von 1934, zur Denkschrift an Adolf Hitler von 1936, zum Vorschlag für einen Gebetgottesdienst 1938 und zum Wort an die Gemeinden zum Buß- und Bettag 1943 der Bekennenden Kirche vor. Sie bezieht das sprachliche und politische Umfeld und die komplexe Redaktions- und Rezeptionsgeschichte der Textexemplare ein, fragt nach ihrer Funktion und Wirkung in der Zeit und kommt zu dem Ergebnis, daß sich in allen Exemplaren eine grundsätzliche staatsbejahende Einstellung der ev. Kirche zeige und sie eine bis zur Unkenntlichkeit verschlüsselte Botschaft enthielten (Fischer 1993, 65, 187−189). Eine Textsortenbestimmung erfolgt nicht; selbst bei den vorgenommenen Analysen, die sich auf inhaltliche Nacherzählungen und Textvergleiche stützen, ist unter methodologischem Aspekt Skepsis angebracht.

6. Literatur (in Auswahl)

Ader, Heinz Wilhelm Armin (1976): Die deutsche Sprache der Religion. Diachronische und synchronische Aspekte. Überlegungen im Vorfeld neuer Praxis religiösen Sprechens. Diss. Bonn.

Bellinger, Gerhard J. (1988/1993a): Katechismus. II. Römisch-katholische Kirche. In: Theologische Realenzyklopädie. Bd. XVII. Berlin/New York, 729−736.

− (1988/1993b): Katechismus. IV. Konfessionskundlich/Ökumenisch. In: Theologische Realenzyklopädie. Bd. XVII. Berlin/New York, 738−744.

Die Bibel (1991): Vollständige Ausgabe des Alten und des Neuen Testaments in der Einheitsübersetzung. Psalmen und Neues Testament. Ökumenischer Text. Stuttgart. [erstmals 1980].

Biblia sacra (1994): iuxta vulgatam versionem. Adiuvantibus B. Fischer/I. Gribomont (†)/H. F. D. Sparks/W. Thiele. Recensuit et brevi apparatu critico instruxit Robertus Weber (†). Editonem quartam emendatam cum sociis B. Fischer/H. I. Frede/H. F. D. Sparks/W. Thiele praeparavit Roger Gryson. 4. Aufl. Stuttgart.

Bizer, Christoph (1988/1993): Katechetik. In: Theologische Realenzyklopädie. Bd. XVII. Berlin/New York, S. 686−710.

Blank, Walter (1984): Deutsche Sprachgeschichte und Kirchengeschichte. In: Besch, Werner/Reichmann, Oskar/Sonderegger, Stefan (eds.): Sprachgeschichte. Ein Handbuch zur Geschichte der deutschen Sprache und ihrer Erforschung. Berlin/New York, 46−56.

Bucher, Ephrem-Josef (1978): Religiöse Erzählungen und religiöse Erkenntnis. Erste Schritte zur Bestimmung des kognitiven Gehalts religiöser Texte. Bonn.

Dahle, Wendula/Rexin, Manfred (1964): Im Gefängnis des Gruppenjargons? Sprachsoziologische Probleme der Kirchensprache, erläutert an Beispielen aus Berliner Rundfunkpredigten. In: medium 1, 265−282.

Doerne, M. (1961): Predigt II. Grundsätzliches. In: Die Religion in Geschichte und Gegenwart. Bd. V. 3. Aufl. Tübingen, 530−534.

Dokumentation Concilium (1969): Unter der Verantwortung des Generalsekretariats (Übersetzt von Berz, August): Vorüberlegungen zu einer Erneuerung des religiösen Sprechens. In: Concilium 5, 153−155.

Dürr, H. (1961): Predigt. IV. Heidenpredigt. In: Die Religion in Geschichte und Gegenwart. Bd. V. 3. Aufl. Tübingen, 537−539.

Ehlich, Konrad/Rehbein, Jochen (1980): Sprache in Institutionen. In: Althaus, Hans Peter/Henne, Helmut/Wiegand, Herbert Ernst (eds.): Lexikon der Germanistischen Linguistik. 2. Aufl. Tübingen, 338−345.

Esser, Wilhelm (1963): Die aus dem Wesen der Predigt sich ergebenden stilbildenden Elemente. In: Frickel, Michael (ed.): Sprache und Predigt. Ein Tagungsbericht. Würzburg, 121−158.

Fauser, Markus/Hilgendorff, Wilhelm (1986): Predigt und Homiletik in der deutschsprachigen Forschungsliteratur 1975 bis 1985. Eine Bibliographie. In: Rhetorik 5, 149−187.

Fischer, Elke K. (1993): Zur Sprache der Bekennenden Kirche (1934−1943). Eine soziolinguistische Untersuchung. New York/San Francisco/Bern u. a.

Fischer, Helmut (1983): Sprachprobleme der Verkündigung heute − Eine Problemanzeige. In: Kaempfert, Manfred (ed.): Probleme der religiösen Sprache. Darmstadt, 338−352.

Fishman, Joshua A. (1975): soziologie der sprache. eine interdisziplinäre sozialwissenschaftliche betrachtung der sprache in der gesellschaft. München.

Folsom, Marvin (1990): Modernes Bibeldeutsch im Profil. Statistische Untersuchungen. In: Zeitschrift für Germanistik 11, 162−171.

Fraas, Hans-Jürgen (1988/1993): Katechismus. I. Protestantische Kirchen. 1. Historisch (bis 1945). In: Theologische Realenzyklopädie. Bd. XVII. Berlin/New York, 710−722.

Funk, Tobias (1991): Sprache der Verkündigung in den Konfessionen. Tendenzen religiöser Sprache und konfessionsspezifische Varianten in den deutschsprachigen Predigten der Gegenwart. Frankfurt, M./Bern/New York/Paris.

Grabner-Haider, Anton (1973): Semiotik und Theologie. Religiöse Rede zwischen analytischer und hermeneutischer Philosophie. München.

– (1975): Glaubenssprache. Ihre Struktur und Anwendbarkeit in Verkündigung und Theologie. Wien/Freiburg/Basel.

Greule, Albrecht (1992): Über den Beitrag der Sprachwissenschaft zur Kirchenliedforschung. Drei mögliche Zugriffe. In: Zeitschrift für deutsche Philologie 111, 65–77.

Grünberg, Wolfgang (1988/1993): Katechismus. I. Protestantische Kirchen. 2. Gegenwart. In: Theologische Realenzyklopädie. Bd. XVII. Berlin/New York, 723–728.

Grundmann, S. (1959): Kirchenverfassung. VI. Geschichte der ev. Kirchenverfassung. In: Die Religion in Geschichte und Gegenwart. Bd. III. 3. Aufl. Tübingen, 1570–1584.

Guardini, Romano (1983): Die religiöse Sprache. In: Kaempfert, Manfred (ed.): Probleme der religiösen Sprache. Darmstadt, 50–71.

Güttgemanns, Erhardt (1983): Theologie als sprachbezogene Wissenschaft. In: Kaempfert, Manfred (ed.): Probleme der religiösen Sprache. Darmstadt, 211–256.

Gunkel, Hermann (1909): Bibelwissenschaft. C. Literaturgeschichte Israels. In: Die Religion in Geschichte und Gegenwart. Bd. I. Tübingen, 1189–1194.

– (1966): Einleitung in die Psalmen. Die Gattungen der religiösen Lyrik Israels. Zu Ende geführt von Beyrich, Joachim. 2. Aufl. Göttingen.

Hartmann, Peter (1973): Religiöse Texte als linguistisches Objekt. In: Michels, Thomas/Paus, Ansgar (eds.): Sprache und Sprachverständnis in religiöser Rede. Zum Verhältnis von Theologie und Linguistik. Salzburg/München, 109–134.

– (1974): Religiöse Texte als linguistisches Objekt. In: Hartmann, Peter/Rieser, Hannes (eds.): Angewandte Textlinguistik. I. Hamburg, 133–158. (= Hartmann 1973).

Hartmann, Wilfried (1971): Die Funktion des ursprünglich religiösen Wortgutes in der heutigen deutschen Umgangssprache. Diss. Hamburg.

Helbling, Hanno (1990): Biblische Sprache – kirchliches Sprechen. In: Vouga, Jean-Pierre/Hodel, Max Ernst (eds.): La Suisse face à ses langues. Die Schweiz im Spiegel ihrer Sprachen. La Svizzera e le sue lingue. Aarau/Francfort-sur-le-Main/Salzbourg, 178–181.

Hug, Elisabeth (1985): Reden zu Gott. Überlegungen zur deutschen liturgischen Gebetssprache. Diss. theol. Luzern. Zürich.

Hutter, Hans-Jürgen (1985): Religiöse Symbolik und Seelsorge. Zur Funktion und Intention religiöser Symbole in ausgewählten Werken neuerer evangelischer Seelsorgeliteratur. Frankfurt, M./Bern/New York.

Jolles, André (1974): Einfache Formen. Legende, Sage, Mythe, Rätsel, Spruch, Kasus, Memorabile, Märchen, Witz. 5. Aufl. Tübingen.

Kaempfert, Manfred (1972): Religiösität als linguistische Kategorie? Über einige allgemeine Eigenschaften religiöser Texte. In: Linguistica Biblica 17/18, 31–53.

– (1974): Lexikologie der religiösen Sprache. In: Fischer, Helmut (ed.): Sprachwissen für Theologen. Hamburg, 62–81.

– (1983): Einige Thesen zu einer vielleicht möglichen allgemeinen Theorie der religiösen Sprache. In: Kaempfert, Manfred (ed.): Probleme der religiösen Sprache. Darmstadt, 257–272.

Kahlefeld, Heinrich (1978): Gibt es eine neutestamentliche Kultsprache? In: Biser, Eugen/Kahlefeld, Heinrich/Knoch, Otto/Schwarz, Balduin/Wandruszka, Mario: Fortschritt oder Verirrung? Die neue Bibelübersetzung. Regensburg, 55–74.

Kaindlstorfer, Dietmar (1970): Religiöse Sprache in unserer Zeit. In: Theologisch-praktische Quartalschrift 118, 34–44.

Karpp, Heinrich (1980): Bibel. IV. In: Theologische Realenzyklopädie. Bd. VI. Berlin/New York, 48–93.

Karrer, Leo (1978): Der Glaube in Kurzformeln. Zur theologischen und sprachtheoretischen Problematik und zur religionspädagogischen Verwendung der Kurzformeln des Glaubens. Mainz.

Kopperschmidt, Josef (1970): Kommunikationsprobleme der Predigt. In: Biemer, Günter (ed.): Die Fremdsprache der Predigt. Kommunikationsbarrieren der religiösen Mitteilung. Düsseldorf, 30–57.

Lang, Harald (1978): Textsorte Hirtenbrief. Linguistische Untersuchungen zur Pragmatik der bischöflichen Schreiben. Diss. Freiburg i. Br.

Macquarrie, John (1969): Die religiöse Sprache und die neuere analytische Philosophie. (Übersetzt von Bergner, Karlhermann). In: Concilium 5, 487–493.

Magaß, Walter (1983): Exempla Ecclesiastica. In: Kaempfert, Manfred (ed.): Probleme der religiösen Sprache. Darmstadt, 293–337.

Mainberger, Gonsalv (1972): Sprachtheorie und Predigtlehre – Linguistik und Homiletik. In: Gerber, Uwe/Güttgemanns, Erhardt (eds.): 'Linguistische' Theologie. Biblische Texte, christliche Verkündigung und theologische Sprachtheorie. Bonn, 190–196.

Melzer, Friso (1973): Entstehung und Wirksamkeit des christozentrischen Wortschatzes im Deutschen, dargelegt an dem Wort Demut. In: Michels, Thomas/Paus, Ansgar (eds.): Sprache und Sprachverständnis in religiöser Rede. Zum Verhältnis von

Theologie und Linguistik. Salzburg/München, 203–223.

— (1983): Vom Neuwerden der Sprache und vom Dienst am kirchlichen Wortschatz. In: Kaempfert, Manfred (ed.): Probleme der religiösen Sprache. Darmstadt, 34–49.

Mensching, Gustav (1983): Sprache und Religion. In: Kaempfert, Manfred (ed.): Probleme der religiösen Sprache. Darmstadt, 9–33.

(Meßbuch) (1996): Die Feier der heiligen Messe. Meßbuch. Für die Bistümer des deutschen Sprachgebietes. Authentische Ausgabe für den liturgischen Gebrauch. Kleinausgabe. Das Meßbuch deutsch für alle Tage des Jahres. Ed. im Auftrag der Bischofskonferenzen Deutschlands, Österreichs und der Schweiz sowie der Bischöfe von Luxemburg, Bozen-Brixen und Lüttich. 3. Aufl. Einsiedeln/ Köln/Freiburg/Basel/Regensburg/Wien/Salzburg/ Linz. (1. Aufl. 1975).

Michel, J./Botterweck, G. J. (1957): Apokryphen. In: Lexikon für Theologie und Kirche. Bd. I. Freiburg, 712–713.

Moser, Hugo (1964): Sprache und Religion. Zur muttersprachlichen Erschließung des religiösen Bereichs. Düsseldorf.

Niebergall, A. (1961): Predigt. I. Geschichte der Predigt. In: Die Religion in Geschichte und Gegenwart. Bd. V. 3. Aufl. Tübingen, 516–530.

Nix, Udo M. (1963): Die muttersprachlichen Bedingungen des religiösen Lebens und der christlichen Verkündigung. In: Frickel, Michael (ed.): Sprache und Predigt. Ein Tagungsbericht. Würzburg, 88–105.

Ohly, Friedrich (1985): *Süsse Nägel der Passion.* Ein Beitrag zur theologischen Semantik. In: Heintz, Günther/Schmitter, Peter (eds.): *Collectanea Philologica.* Festschrift für Helmut Gipper zum 65. Geburtstag. Bd. II. Baden-Baden, 403–602.

de Pater, Wim A. (1983): Erschließungssituationen und religiöse Sprache. In: Kaempfert, Manfred (ed.): Probleme der religiösen Sprache. Darmstadt, 184–210.

Plümacher, Eckhard (1980): Bibel. II. In: Theologische Realenzyklopädie. Bd. VI. Berlin/New York, 8–22.

Preuss, Horst Dietrich/Berger, Klaus (1997): Bibelkunde des Alten und Neuen Testaments. Zweiter Teil: Neues Testament. Register der biblischen Gattungen und Themen. Arbeitsfragen und Antworten. 5. Aufl. Wiesbaden.

Rahner, Karl/Vorgrimler, Herbert (1994): Kleines Konzilskompendium. Sämtliche Texte des Zweiten Vatikanums. Allgemeine Einleitung — 16 spezielle Einführungen — ausführliches Sachregister. Mit einem Nachtrag vom Oktober 1968: Die nachkonziliare Arbeit der römischen Kirchenleitung. 26. Aufl. Freiburg/Basel/Wien.

Raible, Wolfgang (1972): Textlinguistische Überlegungen zu neutestamentlichen Texten. In: Gerber, Uwe/Güttgemanns, Erhardt (eds.): 'Linguistische' Theologie. Biblische Texte, christliche Verkündigung und theologische Sprachtheorie. Bonn, 9–37.

Ramsey, Ian T. (1969): Religious Language. An Empirical Placing of Theological Phrases. 2. Aufl. London.

Regula Benedicti (1992): Die Benediktusregel lateinisch/deutsch. Ed. im Auftrag der Salzburger Äbtekonferenz. Beuron.

Samarin, William J. (1983): Die Sprache der Religion und die Religionsforschung. In: Kaempfert, Manfred (ed.): Probleme der religiösen Sprache. Darmstadt, 273–292.

Schaeffler, Richard (1982): Wissenschaftstheorie und Theologie. In: Christlicher Glaube in moderner Gesellschaft. Enzyklopädische Bibliothek in 30 Teilbänden. Bd. XX. Freiburg/Basel/Wien, 5–83.

Scheffczyk, Leo (1966): Von der Heilsmacht des Wortes. Grundzüge einer Theologie des Wortes. München.

Schermann, Josef (1987): Die Sprache im Gottesdienst. Innsbruck/Wien.

Schlier, Heinrich (1973): Gotteswort und Menschenwort. In: Michels, Thomas/Paus, Ansgar (eds.): Sprache und Sprachverständnis in religiöser Rede. Zum Verhältnis von Theologie und Linguistik. Salzburg/München, 61–84.

Schneemelcher, Wilhelm (1980): Bibel. III. In: Theologische Realenzyklopädie. Bd. VI. Berlin/ New York, 22–48.

Schneider, Ulf-Michael (1995): Propheten der Goethezeit. Sprache, Literatur und Wirkung der Inspirierten. Göttingen.

Schott-Meßbuch (1994–1996): Für die Sonn- und Festtage des Lesejahres A, B, C. Originaltexte der authentischen deutschen Ausgabe des Meßbuches und des Meßlektionars. Mit Einführungen ed. von den Benediktinern der Erzabtei Beuron. Freiburg/ Basel/Wien. (erstmals 1982–1983).

Schreiner, Josef (1971): Formen und Gattungen im Alten Testament. In: Schreiner, Josef (ed.): Einführung in die Methoden der biblischen Exegese. Würzburg, 194–231.

Schulze, Carl (ed.) (1860): Die biblischen Sprichwörter deutscher Sprache. Göttingen.

Seckler, Max/Petuchowski, Jakob J./Ricœur, Paul/ Brinkmann, Richard (1981): Literarische und religiöse Sprache. In: Christlicher Glaube in moderner Gesellschaft. Enzyklopädische Bibliothek in 30 Teilbänden. Bd. II. Freiburg/Basel/Wien, 71–130.

Seybold, Klaus (1991): Die Psalmen. Eine Einführung. 2. Aufl. Stuttgart/Berlin/Köln.

Simmler, Franz (1984): Zur Fundierung des Text- und Textsorten-Begriffs. In: Eroms, Hans-Werner/ Gajek, Bernhard/Kolb, Herbert (eds.): Studia Linguistica et Philologica. Festschrift für Klaus Matzel zum sechzigsten Geburtstag überreicht von Schülern, Freunden und Kollegen. Heidelberg, 25−50.

− (1988): Makrostrukturen in lateinischen und deutschen Textüberlieferungen der Regula Benedicti. In: Regulae Benedicti Studia. Annuarum Internationale 14/15, 213−305.

− (1993): Zum Verhältnis von publizistischen Gattungen und linguistischen Textsorten. In: Zeitschrift für Germanistik. Neue Folge 3, 349−363.

− (1995): Schreibdialektale Lexik in Benediktinerregeln des 12. und 13. Jahrhunderts. Übersetzung und Entstehung, Geschichte und Weiterentwicklung ausgewählter Bezeichnungen für christliche Zentralbegriffe und die Schweigsamkeit. In: Fiebig, Annegret/Schiewer, Hans-Jochen (eds.): Deutsche Literatur und Sprache von 1050−1200. Festschrift für Ursula Hennig zum 65. Geburtstag. Berlin, 297−319.

− (1996a): Lexikalische Entwicklungsetappen bei der Entstehung der neuhochdeutschen Schriftsprache. Die Bezeichnungen für Kleidung, Schuhwerk und Bettzeug in der deutschsprachigen Regula Benedicti-Tradition. In: Sprachwissenschaft 21, 141−210.

− (1996b): Teil und Ganzes in Texten. Zum Verhältnis von Textexemplar, Textteilen, Teiltexten, Textauszügen und Makrostrukturen. In: Daphnis 25, 597−625.

Smend, R. (1959): Kirchenverfassung. VII. Ev. Kirchenverfassung der neuesten Zeit in Deutschland. In: Die Religion in Geschichte und Gegenwart. Bd. III. 3. Aufl. Tübingen, 1584−1591.

Stallkamp, Norbert (1987): Die Sprache der katholischen Kirche in der Bundesrepublik Deutschland. Ein textlinguistischer Beitrag zur Bestimmung ihrer Textsorten. Frankfurt, M./Bern/New York.

Steger, Hugo (1984): Probleme der religiösen Sprache und des religiösen Sprechens. In: Mönig, Klaus (ed.): Sprechend nach Worten suchen. Probleme der philosophischen, dichterischen und religiösen Sprache der Gegenwart. Freiburg i. Br./Zürich, 96−133.

Sturm, Vilma (1963): Sprache in der Zeit − Zeit in der Sprache. In: Frickel, Michael (ed.): Sprache und Predigt. Ein Tagungsbericht. Würzburg, 159−186.

Uerpmann, Horst/Fischer, Hans-Dieter (1988): Analyse der Konstellation pragmatischer Applikationen von Literatur in Predigten. In: Wirkendes Wort 38, 253−273.

Verst, Ludger (1989): Analogie und Metapher. Zur Hermeneutik metaphorisch-praktischer Rede von Gott. In: Linguistica Biblica 63, 58−85.

Volz, Hans (ed.) (1972): Martin Luther. Die gantze Heilige Schrifft Deudsch. Wittenberg 1545. Letzte zu Luthers Lebzeiten erschienene Ausgabe. Mitarbeit von Heinz Blanke. Textredaktion Friedrich Kur. Bd. I/II. Darmstadt.

Wanke, Gunther (1980): Bibel. I. In: Theologische Realenzyklopädie. Bd. VI. Berlin/New York, 1−8.

Wegenast, Klaus (1980): Bibel. V. Praktisch-theologisch. In: Theologische Realenzyklopädie. Bd. VI. Berlin/New York, 93−109.

Werlen, Iwar (1984): Ritual und Sprache. Zum Verhältnis von Sprechen und Handeln in Ritualen. Tübingen.

Zimmermann, Heinrich (1971): Formen und Gattungen im Neuen Testament. In: Schreiner, Josef (ed.): Einführung in die Methoden der biblischen Exegese. Würzburg, 232−260.

Zirker, Hans (1985): Sprachformen des Glaubens. In: Eicher, Peter (ed.): Neues Handbuch theologischer Grundbegriffe. Bd. IV. München, 138−148.

Franz Simmler, Berlin
(Deutschland)

60. Textsorten des Bereichs Schule

1. Die Institution Schule
2. Textsorten − Typologische Übersicht
3. Normative Texte
4. Richtlinien
5. Leistungsbeurteilung
6. Didaktische Texte
7. Schülertexte
8. Literatur (in Auswahl)

1. Die Institution Schule

Die Textsorten des Bereichs Schule sind so vielfältig wie die zugehörige Institution. Hierzu zählen beispielsweise normative Texte wie Schulgesetze oder Prüfungsordnungen, didaktische Texte wie Lehrbücher und Arbeitsblätter ebenso wie Prüfungstexte und Zeugnisse. Allerdings liegen bislang weder systematisierende Untersuchungen über den Bestand der Textsorten noch größere textlinguistische Arbeiten zu einzelnen Textsorten vor, sieht man einmal von Schülertexten ab. Texte aus dem Bereich Schule werden − sofern sie überhaupt untersucht werden − überwiegend unter inhaltlichen Fragestellungen betrachtet. Eine solche Situation macht es erforderlich, eine eigene heuristische Systematik zu entwikkeln, um so die vorhandenen Arbeiten einordnen zu können. Ausgangspunkt ist die Annahme, dass die Textsorten des Bereichs Schule funktional auf diesen bezogen sind, indem sie zur Realisierung der jeweils spezifischen Zwecke beitragen, aus denen sich auch ihre Strukturen herleiten.

Die Schule ist heute eine für den Weiterbestand der Gesellschaft insgesamt zentrale Institution. Das war und ist nicht immer so gewesen. Die Geschichte der Schule zeigt, dass es ein langer Weg war, bis alle gesellschaftlichen Gruppen ihre Kinder in Schulen unterrichten lassen konnten (Frank 1976; Schiffler/ Winkler 1985). Bis zum Ende des Mittelalters waren Schule und Unterricht – im Sinne einer umfassenden Bildung – der herrschenden Minderheit des Adels vorbehalten. Schulträger waren im wesentlichen die Kirchen. Für die breite Masse der Bevölkerung gab es lange Zeit überhaupt keine schulische Ausbildung. Erst mit der Reformation und dem Erwachen des Humanismus entwickelten sich bescheidene Bildungsmöglichkeiten für breitere Bevölkerungskreise. Ein wesentlicher Entwicklungsfaktor waren die sich wandelnden wirtschaftlichen Verhältnisse. Aber erst die ökonomische Notwendigkeit, Lesen, Schreiben und Rechnen zu können, um Handel zu betreiben und wirtschaftlich tätig zu werden, verschaffen den Ideen des Humanismus den Durchbruch. Es waren die städtischen Schreibschulen, die Bürger – im modernen soziologischen Sinn – gegen Bezahlung Lesen, Schreiben und Rechnen lehrten. In Preußen ließ die allgemeine Schulpflicht bis ins 19. Jh. auf sich warten. Und erst zu Beginn des 20. Jh., in der Weimarer Republik, wurden die institutionellen Voraussetzungen für die Ermöglichung von Chancengleichheit geschaffen. Wesentlichen Anteil hieran hatten die Einrichtung der gemeinsamen vierjährigen Grundschule und die Verbesserung der Lehrerausbildung (Wittenbruch 1995, 13 ff).

Heute ist die Schule – wie die übrigen Ausbildungsinstitutionen auch (Kindergarten, Lehre im dualen System, Hochschule) – fester Bestandteil unserer Gesellschaft. Das hängt unmittelbar mit der Tatsache zusammen, dass es zur unbestrittenen Aufgabe dieser Institutionen gehört, das gesellschaftliche Wissen an die nachfolgenden Generationen weiterzugeben. Dabei kommt der Schule eine gewisse Sonderrolle zu, weil hier nicht nur grundlegendes Wissen vermittelt wird, sondern auch Zugangsberechtigungen für die weiteren Ausbildungsgänge vergeben werden.

Die modernen Ausbildungsinstitutionen sind endgültig an die Stelle derer getreten, die bis zum Beginn der Moderne diese Aufgabe wahrgenommen haben; dadurch haben insbesondere die Familie und die Meisterlehre einen erheblichen Funktionsverlust erfahren.

Für die Untersuchung der Sprache in der Institution Schule, der geschriebenen wie der gesprochenen, ist ein Umstand von zentraler Bedeutung, auf den Ehlich/Rehbein (1986) aufmerksam machen: „Es besteht ein enger Zusammenhang zwischen der gesellschaftlichen Zweckbestimmung der Schule und der Schulkommunikation" (ebd., 165). Dieser Zusammenhang leitet sich her aus dem komplexen Verhältnis, das zwischen der Art des zu vermittelnden Wissens und dem gesellschaftlichen Bedürfnis nach seiner Weitergabe besteht. Das Wissen weist zwei für unsere Analyseinteressen relevante Eigenschaften auf: eine strukturelle und eine inhaltliche. Strukturell bedeutsam ist die Tatsache, dass das Wissen in weiten Teilen als versprachlichtes Wissen vorliegt. Gesellschaftliches Wissen ist an Sprache gebunden, wie ein Blick auf die Vielzahl von Büchern und sonstigen Schriftzeugnissen in den großen Institutionen zur Speicherung des Wissens, den Bibliotheken, eindrucksvoll belegt. (Die alleinige Speicherung auf elektronischen Datenträgern, insbesondere auf CD-ROM, ändert hieran zunächst einmal nur wenig; gravierende Änderungen ergeben sich erst dann, wenn die neuen Datenträger genutzt werden, a) um Wissen in nicht-sprachlicher Form (Graphiken, Bilder, Ton etc.) zu speichern und b) um die verschiedenen Speicher zu vernetzen.) Texte sind somit unmittelbares Objekt schulischen Handelns. Hieraus ergibt sich des Weiteren, dass die Wissensvermittlung weitgehend sprachlich verläuft. Das erlaubt zudem einen akzelerierten Wissenserwerb.

Unter inhaltlichen Gesichtspunkten ist zu berücksichtigen, dass das Wissen infolge der gesellschaftlichen Arbeitsteilung aufgeteilt in verschiedene Fraktionen vorliegt, die jeweils bestimmten Praxisfeldern entsprechen (vgl. die Artikel im Kapitel IX dieses Bandes). Einzelne gesellschaftliche Gruppen wie Ingenieure, Mediziner, Handwerker oder Juristen verfügen jeweils über bestimmte Teile des Gesamtwissens. Neben diesem, auf die gesellschaftliche Arbeit bezogenen „Produktionswissen" (Ehlich/Rehbein 1986, 167), existiert ein soziales Wissen über die gesellschaftlich-sozialen Verhältnisse. Es gibt Auskunft über die Werte und Normen einer Gesellschaft, über die Regelungen des Zusammenlebens und der sozialen Verkehrsformen. Die Handelnden benötigen das soziale Wissen, um sich in der Interaktion mit anderen zurecht zu finden. Die Vermittlung dieses Wissens wird üblicherweise als *Erziehung* bezeichnet.

Das gesellschaftliche Bedürfnis nach Weitergabe des Wissens verbindet sich mit einem zweiten, nämlich das Wissen in fraktionierter Form weiterzugeben. Der Schule wächst damit zugleich die Aufgabe zu, geeignete Träger in der nächsten Generation für die verschiedenen Teile des Produktionswissens auszuwählen. Das macht eine Selektion der Auszubildenden nach ihrer Eignung für zukünftige Tätigkeiten erforderlich, was seinen Ausdruck u. a. in unserem gegliederten Schulsystem findet.

Zusammenfassend kann man festhalten: Die Schule verfolgt den Zweck, das versprachlichte und fraktionierte gesellschaftliche Gesamtwissen in eben dieser Form an nachfolgende Generationen weiterzugeben. Das hat zur Folge, dass Schule eine weitgehend versprachlichte, kommunikationsintensive Institution ist. Obwohl schulische Kommunikation in weiten Teilen, insbesondere im Unterrichtsdiskurs, mündlich realisiert wird, haben Texte, auch an zentralen Stellen, wesentlichen Anteil an der Realisierung der Zwecksetzung. Im Fortgang der weiteren Darstellung bildet diese Zweckbestimmung die Folie für die Textsortenbeschreibung. Die Textsorten sind Ausdruck und Mittel der Zweckrealisierung; ihre innere Struktur und ihre Systematik leiten sich daraus her.

2. Textsorten – Typologische Übersicht

Im Folgenden sollen die im Schulbereich vorfindlichen Textsorten entsprechend ihrer Funktion bei der Realisierung des gesellschaftlichen Zwecks von Schule – sowie der daraus abzuleitenden Teilzwecke – geordnet werden. Der gesellschaftliche Auftrag der Schule wird in modernen Gesellschaften durch einen demokratischen Akt der Willensbildung bestimmt, d. h. durch ein Gesetzgebungsverfahren. Wegen des föderalen Charakters der Bundesrepublik Deutschland sind hierfür weitgehend die Länder zuständig, so dass sich die Mehrheit der Regelungen in den Landesgesetzen findet. Damit ist ein zentraler Texttyp benannt, nämlich der *normativ-regulierende*.

Zwei weitere Texttypen ergeben sich aus der Selektionsfunktion von Schule: *beurteilende Texte* und *Prüfungstexte*. Der Zugang zur Berufsausbildung ist ganz oder teilweise durch Rückgriff auf schulische Beurteilungen geregelt. Insofern kommt den verschiedenen beurteilenden Texten für die künftige (Berufs-)Biographie der Schüler eine wichtige Bedeutung zu. Hierzu gehören Zeugnisse, Beurteilungen, Gutachten und ähnliche Texte. Die dort abgegebenen Beurteilungen beruhen zu einem erheblichen Teil auf den Prüfungstexten der Schüler, den Klassenarbeiten und sonstigen Prüfungsklausuren.

Die Wissensvermittlung selbst bedient sich ebenfalls unterschiedlicher Formen der Schriftlichkeit. Lehr- und Übungstexte gehören zu den unverzichtbaren Bestandteilen von Unterricht, was seinen Ausdruck u. a. darin findet, dass es Länder mit einem eigenen Gesetz zur Lernmittelfreiheit gibt. Ein weiterer wichtiger Texttyp sind somit die *didaktischen Texte*. Ihr Zweck besteht ganz wesentlich in der Vermittlung von Wissen. In engem Zusammenhang mit den didaktischen Texten stehen die *Schülertexte*. Das sind von Schülern zum Zwecke des Lernens verfasste Texte wie Aufsätze oder Diktate, die nicht beurteilt werden.

Ein weiterer Texttyp ist der *sanktionierende*. Damit sind Texte gemeint, in denen Schülern bzw. ihren Erziehungsberechtigten Sanktionen für den Fall angedroht oder mitgeteilt werden, dass gegen die Rechte anderer verstoßen bzw. die eigene Pflicht nicht hinreichend wahrgenommen wurde. Diese Texte leiten sich zum einen her aus der allgemeinen Notwendigkeit, das Zusammenleben vieler in einer Institution zu regeln. Zum anderen ergeben sie sich aus dem gesellschaftlichen Interesse an der Weitergabe des Wissens, das seinen Ausdruck u. a. in der Schulpflicht findet. Denn neben dem individuellen Recht auf Bildung sieht unsere Verfassung auch eine Schulpflicht vor, d. h. einen Zwang zum Schulbesuch.

Mittels *informierender Texte* werden die Klienten der Institution Schule (Schüler bzw. ihre Erziehungsberechtigten) über zahlreiche Sachverhalte informiert, etwa über die Einschulung, Übergangsmöglichkeiten zu anderen Schulen, Schulveranstaltungen und ähnliches. Hierzu gehören aber auch die Schülerzeitungen, die aus Klientensicht über das Schulleben informieren. Als letztes sei der *verwaltend-organisierende* Texttyp genannt. Hierunter sollen solche Texte fallen, die der

Verwaltung und Organisation der Schule dienen, beispielsweise Schüler- und Lehrerstatistiken, Anträge auf Mittelzuweisung, Stundenpläne oder Einladungen zu und Protokolle von Konferenzen. Da sich Texte der drei zuletzt genannten Arten in dieser oder ähnlicher Form auch in anderen Institutionen finden, wird hier auf eine Behandlung verzichtet.

3. Normative Texte

Die gesellschaftliche Zwecksetzung der Institution Schule findet ihren vielleicht deutlichsten Ausdruck in den normativen Texten. Sie regeln die Inhalte und Verfahren der Wissensvermittlung und Erziehung sowie der Leistungsbeurteilung. Sie schaffen den Rahmen, innerhalb dessen die einzelnen Aktanten – insbesondere Lehrer und Schüler – handeln.

3.1. Gesetze

Die normativ-regulierenden Texte sind hierarchisch geordnet. Die höchste Hierarchiestufe bilden die Gesetze. An erster Stelle ist hier das *Grundgesetz* zu nennen, das in Artikel 7 den Staat zur Steuerung des Schulwesens legitimiert: „Das gesamte Schulwesen steht unter der Aufsicht des Staates." Die entscheidenden Regelungen finden sich jedoch in den jeweiligen *Landesverfassungen*, die die grundsätzlichen Rechte und Pflichten festlegen. Die nächste Hierarchiestufe bilden die einfachen *Gesetze* über das Schulwesen, die die Verfassungsgrundsätze konkretisieren. Die Gesetze ihrerseits enthalten Ermächtigungen für die Exekutive, zum Zwecke der Durchführung der Gesetze *Rechtsverordnungen* zu erlassen. Als weitere Hierarchiestufe kennt das öffentliche Recht den *Erlass*, durch den obere Behörden nachgeordneten Weisungen erteilen können. Durch Gesetz bzw. Verfassungsauftrag geregelt sind:

– die obersten Lernziele
– die Ordnung des Schulwesens
– die Schulverwaltung (Schulaufsicht)
– die Schulmitwirkung
– die Schulpflicht
– die Schulfinanzierung
– die Lernmittelfreiheit und
– die Lehrerausbildung.

3.2. Vorschriften-Sammlung

Die Speicherung und Verfügbarkeit der Regelungen stellen ein eigenes Problem dar. Auch wenn sich der grundlegende Zweck der Institution Schule historisch nur langsam wandelt, so führt doch die allgemeine gesellschaftliche Entwicklung zu zahlreichen Änderungen, was die Übersicht über den aktuell gültigen Regelungsbestand gefährdet. Wie dieses Problem bearbeitet wird, soll am Beispiel einer amtlichen Textsammlung illustriert werden.

Die Textsammlung *BASS*, die *Bereinigte Amtliche Sammlung der Schulvorschriften* des Landes NRW umfasst in der Ausgabe von 1996/97 1 183 Seiten. Sie enthält alle von der Landesregierung veröffentlichten und fortgeltenden Rechts- und Verwaltungsvorschriften für den Schul- und Weiterbildungsbereich. Als Zielsetzung für die Herausgabe wird eine Verwaltungsvereinfachung angegeben (ebd., 7).

Die BASS ist kein einzelner kohärenter Text, sondern eine Textsammlung. Sie dient dem Zweck, a) verschiedene zum gleichen Regelungsgegenstand, aber an unterschiedlichen Stellen publizierte Texte und b) über mehrere Textstellen verstreute Texte an einer Stelle zusammenzufügen. Texte des ersten Typs sind solche, die von verschiedenen Produzenten mit unterschiedlichen Zuständigkeiten verfasst und in den jeweils zugehörigen Publikationsorganen veröffentlicht werden. Bundesgesetze, wie beispielswese das in Auszügen abgedruckte Grundgesetz, werden im *Bundesgesetzblatt* veröffentlicht; Landesgesetze, etwa die Landesverfassung oder das Gesetz zur Ordnung des Schulwesens, werden in der *Sammlung des bereinigten Gesetz- und Verordnungsblattes* veröffentlicht. Texte vom Typ b) entstehen durch nachträgliche Teiländerungen von Vorschriften, bei denen nur die Änderungen, nicht jedoch der gesamte Text in seiner neuen Fassung abgedruckt wird. Das hat zur Folge, dass die für das konkrete Handeln der Aktanten relevanten Texte über mehrere Publikationsorgane und -stellen verstreut sind. Die *Textsammlung* führt die relevanten Texte in ihrer jeweils gültigen Fassung an einer Stelle zusammen.

Der Textsammlung liegt ein spezifischer Schreibprozess zugrunde, der als wesentliche Elemente das *Erstellen* und das *Fortschreiben* enthält. In einem ersten Schritt werden alle bis zu diesem Zeitpunkt erlassenen Vorschriften mit Regelungswirkung zusammengetragen. Der zweite Schritt besteht in einer spezifischen Bearbeitung: dem *Aussortieren* ungültig gewordener Vorschriften und dem Verfassen *synoptischer Zusammenfügungen*. Zweiteres ist insofern schwierig, weil hier je nach Texttyp unterschiedliche Verfahren greifen.

Gesetzestexte sind vom Gesetzgeber im Wortlaut festgelegt und dürfen daher nicht verändert werden. Anders stellt sich die Situation bei Verwaltungsvorschriften dar, die auch inhaltlich überarbeitet werden dürfen. Dieses Verfahren des *synoptischen Zusammenschreibens* wird in der BASS selbst als *Bereinigen* bezeichnet. Als Bestandteile dieses Verfahrens werden die *Zusammenfassung* und die *Aktualisierung* genannt (ebd., 8). Bei der *Aktualisierung* wird der ursprüngliche Text an den Stellen geändert, wo dies aufgrund von rechtlichen oder materiellen Änderungen erforderlich ist. Auf diese Weise entsteht ein sprachliches Gebilde, dessen textlinguistische Struktur zu untersuchen von einigem Interesse ist. Die Schritte des Sammelns und Bereinigens spiegeln sich textlinguistisch in einem *Rahmentext* nieder. Darunter sollen diejenigen Textelemente verstanden werden, die nicht Bestandteil der Vorschriften selbst sind, sondern ihrem *Auffinden* und dem *Erkennen von Bearbeitungsprozeduren* dienen.

4. Richtlinien

Die *Richtlinien* sind unter verschiedenen Gesichtspunkten eine für das Schulwesen zentrale und spezifische Textsorte, die sich in ihrer jetzigen Form einem Urteil des Bundesverfassungsgerichts verdanken, dass Rechtsgrundlagen für das schulische Handeln fordert (vgl. Schindler 1994, 72). Damit bilden sie eine entscheidende Schnittstelle zwischen der normsetzenden Legislative und der Unterrichtspraxis.

Die terminologische Vielfalt in diesem Bereich macht eingangs eine zumindest knappe Begriffserläuterung erforderlich. Die vielfältigen Bezeichnungen wie *Richtlinien*, *Lehrplan*, *Bildungsplan*, *Rahmenrichtlinien* oder *Curriculum* lassen sich mit Westphalen (1985) drei übergeordneten Begriffen zuordnen:

(a) *Richtlinien* heißen die durch einen Rechtsakt erlassenen Vorgaben über Ziele und Inhalte des Unterrichts einer Schulform oder Schulstufe. Sie haben eine allgemeine Orientierungsfunktion sowie einen relativ hohen Grad an Verbindlichkeit, ohne jedoch bereits fachspezifische Aussagen zu machen.
(b) *Lehrpläne* werden ebenfalls durch einen Rechtsakt erlassen und haben damit den selben Grad an Verbindlichkeit. Im Unterschied zu den Richtlinien sind sie jedoch in der Regel fachbezogen und machen Aussagen über die Lernziele und -inhalte in den einzelnen Fächern. Hierzu gehört auch die zeitliche Anordnung von Inhalten und die Festsetzungen von Lernzielkontrollen.
(c) *Curricula* heißen die allgemein- oder fachdidaktischen Empfehlungen, die nicht auf einem Rechtakt gründen. Curricula sind Planungsinstrumente zur Erreichung gegebener Lernziele, die Unterrichtsinhalte, -methoden und -medien aufeinander beziehen.

Im Weiteren werden die Richtlinien und Lehrpläne gemeinsam behandelt. Denn sie sind in gleicher Weise verbindlich und bilden nach den Revisionen in den 80er Jahren zumeist auch eine textuelle Einheit. Bisweilen werden die *Richtlinien* auch als *Präambel* eines *Lehrplans* bezeichnet, so etwa im *Lehrplan für die Grundschule* in Bayern von (1981). Aus diesem Grund verwendet beispielsweise Schmid (1987) die Ausdrücke *Richtlinien* und *Präambel* synonym (ebd., 12). Andere wie Klose (1988) und Lankes (1991) verwenden *Lehrplan* als allgemeinen Ausdruck. Im Folgenden wird *Richtlinie* [RL] als Oberbegriff gebraucht, weil er den allgemeineren Sachverhalt bezeichnet, und *Lehrplan* als Hyponym.

4.1. Struktur der Richtlinien

Zur sprachlich-textuellen Struktur von Richtlinien liegen bislang keine detaillierten Untersuchungen vor, obwohl sie unter textlinguistischen und schreibtheoretischen Gesichtspunkten ein interessantes Feld darstellen. Sie sind nicht nur das Resultat eines komplexen Produktionsprozesses, sondern zugleich auch ein Produkt mit eigener Struktur und vielfältigen Funktionen, das Gegenstand unterschiedlicher gesellschaftlicher Diskurse ist. Sie sind ebenso Gegenstand (bildungs-)politischer Auseinandersetzungen (vgl. etwa die Diskussionen um die hessischen Rahmenrichtlinien, dokumentiert in Dingeldey 1983) wie Objekt wissenschaftlicher Untersuchungen (vgl. etwa Schmid 1987) oder Grundlage für Unterricht und Lehrerbildung.

Die Textstruktur von Richtlinien ist deshalb von Interesse, weil sie

– das zugrunde liegende Verständnis von Erziehung und Bildung spiegelt,
– Ausdruck des Verhältnisses von Schulaufsicht und Unterrichtenden ist,
– wesentlichen Einfluss darauf hat, wie RL rezipiert und umgesetzt werden.

Richtlinien unterscheiden sich bereits äußerlich von den übrigen Erlassen. Sie werden in allgemein zugänglichen Broschüren veröffentlicht; im Amtsblatt wird lediglich der Zeitpunkt ihres Inkrafttretens bekanntgegeben. In Umfang und Aufmachung entsprechen sie der Buchform, was auch in ihrer Makrostruktur und ihrem Vertrieb durch den Buchhandel zum Ausdruck kommt.

Westphalen (1985, 58) unterscheidet – in Übereinstimmung mit Lankes (1991) – unter Hinweis auf die Bund-Länder-Kommission (BLK) (1984) eine dreiteilige Grobstruktur: Die *Richtlinien* enthalten den programmatischen Teil mit allgemeinen Zielen für die betreffende Schulform, mit der Legitimation, allgemein-didaktischen Überlegungen, Hinweisen zur Erstellung und Revision der Richtlinien u. ä. Der *Lehrplan* enthält die fachspezifischen Lernziele und -inhalte, Hinweise zur Methodik, zeitlichen Planung und zur Lernerfolgskontrolle u. ä. Ergänzt werden RL in vielen Fällen um *Handreichungen* zu speziellen Fragen der Unterrichtspraxis, etwa Hilfestellungen zum Einsatz bestimmter Medien oder zur Behandlung schwieriger Inhalte. Die Handreichungen werden in der Regel gesondert veröffentlicht.

4.2. Lernzielformulierung

Eine wesentliche Aufgabe der Richtlinien ist die Festsetzung – und damit die Formulierung – der jeweiligen Ziele. Das erfolgt unter Rückgriff auf Angaben in den übergeordneten Vorschriften wie Verfassung und Gesetzen sowie unter Bezug auf die Fachwissenschaften. In diesen Teilen kommt die normativ-setzende Funktion auch sprachlich besonders deutlich zum Ausdruck. So zeigt sich die selbstverständliche Gültigkeit der Verfassung als Bezugspunkt etwa darin, dass diese vor dem eigentlichen Text – wie ein Motto – auszugsweise zitiert und typographisch abgehoben wird. Ähnliches gilt für grundlegende Bestimmungen in den einschlägigen Schulgesetzen. Sie werden zur allgemeinen Grundlage erklärt, jedoch ohne in der weiteren Darstellung als Argumente oder Stützungen Verwendung zu finden. So heißt es etwa in den RL für das Fach Deutsch der Sekundarstufe I des Gymnasiums in NRW:

„Die allgemeinen Leitlinien (...) sind in der eingangs zitierten Landesverfassung und in den Schulgesetzen formuliert. Das Gymnasium vermittelt auf dieser Grundlage eine allgemeine Bildung mit dem Ziel, die Schülerinnen und Schüler zur mündigen Gestaltung des Lebens in einer demokratisch verfaßten Gesellschaft zu befähigen" (ebd., 11).

Neben dieser textstrukturellen Besonderheit zeigt sich eine syntaktisch-stilistische in der Verwendung von Assertionen in der 3. Pers. Präsens „Das Gymnasiums vermittelt ...", die typisch ist für normative Texte wie Gesetze. Neben diesen Assertionen sind es insbesondere Modalsätze mit „sollen" und „müssen", die die normative Funktion der Richtlinien sprachlich realisieren: „Bildung in diesem Sinne soll den Schülerinnen und Schüler helfen, ..." (ebd., 11); „Die Schülerinnen und Schüler müssen lernen, ..." (ebd., 12). Westphalen (1985) nennt diese Form der Lernzielformulierung die „freie Form" und unterscheidet sie von den sog. „gebundenen Formen" (ebd., 60 f), wie sie beispielsweise in Bayern verwendet werden. Dabei wird eine formalisierte Lernzielbeschreibungssprache und eine schematische Darstellungsform (Tabelle) zugrunde gelegt. Inhaltliche Analysen der Begründungszusammenhänge in RL sind insbesondere unter bildungstheoretischen und allgemeindidaktischen Gesichtspunkten von Interesse (vgl. etwa Bichler 1979 oder Schmid 1987).

Die fachspezifischen Lernziele, die sich in den Lernplänen finden, werden stärker argumentativ vermittelt, ohne jedoch im Detail expliziert zu werden, wie am Beispiel der „Orthographie" exemplarisch gezeigt werden soll. (Zur Entstehungsgeschichte der Lehrpläne und Handreichungen zum Rechtschreibunterricht in NRW vgl. Schindler 1994.):

„Bedeutung des Rechtschreibens: Wer Texte für andere aufschreibt, muß dabei auch Rechtschreibnormen beachten. Dies dient der Verständlichkeit von Texten. Auch wird in unserer Gesellschaft eine genaue Einhaltung der Duden-Normen erwartet. (...) Deshalb darf das Rechtschreiben nicht vernachlässigt werden. (...)" (RL Grundschule – Sprache, NRW, 40)

Auffällig ist die relative Unverbundenheit von Zielsetzung und Argumenten; sprachlich werden nur an wenigen Stellen explizite Verbindungen durch Konjunktionen („deshalb") hergestellt. Argumentativ bleiben die zugrunde liegenden Schlussregeln implizit. Es werden zwar Argumente für die fachlichen Zielsetzungen angeführt, ohne jedoch detailliert ausgeführt zu werden.

4.3. Darstellung des Lehrplans

Die Darstellung der Lehrpläne enthält ein weiteres textlinguistisches Problem, nämlich die makrostrukturelle Anordnung der einzelnen Aspekte. Hierzu gehören insbesondere die Lernziele, die Unterrichtsinhalte, die Lehr-Lern-Methoden, der Medieneinsatz sowie die Lernerfolgskontrollen. Unabhängig von der didaktisch zu entscheidenden Frage, wie die genannten Aspekte inhaltlich zusammenhängen, müssen sie dargestellt und ins Verhältnis gesetzt werden. In den verschiedenen Richtlinien finden sich unterschiedliche Lösungen, die Westphalen (1985) und Schmid (1987) übereinstimmend in sog. horizontale und vertikale Darstellungen unterscheiden.

Bei den horizontalen Formen dominiert die tabellarische Darstellung, bei der im Extremfall allen Aspekten eine eigene Spalte zugeordnet wird. Auf diese Weise können beispielsweise den Lernzielen parallel Inhalte, Methoden, Medien und Erfolgskontrollen beigeordnet werden. Dabei macht die Tabellenform relativ kurze Formulierungen notwendig, die teilweise vom Leser expliziert werden müssen. Bei der vertikalen Darstellung wird im Extremfall ganz auf eine tabellarische Darstellung verzichtet; stattdessen werden die einzelnen Aspekte sukzessive dargestellt (vgl. etwa die RL Deutsch der Gymnasialen Oberstufe NRW). Das Verhältnis der Aspekte zueinander, also etwa die Zuordnung von Lernzielen und Inhalten, bedarf dann der gesonderten Darstellung.

Bei der Darstellung des Lehrplans ergeben sich auch Probleme im lexikalischen Bereich, die sich aus dem Fehlen einer einheitlichen Terminologie herleiten. Der Versuch einer verhaltenstheoretisch begründeten Operationalisierung von Lernzielen in den 70er Jahren ist gescheitert (vgl. Lankes 1991, 49). Heute finden sich stattdessen in jedem Lehrplan andere Begriffssysteme, so dass sich nicht nur die Termini, sondern auch die Relationen unterscheiden. Festzuhalten bleibt, dass sich für Richtlinien bis heute kein einheitliches Textmuster herausgebildet hat.

4.4. Produktion und Rezeption der Richtlinien

Richtlinien sind nicht nur unter textlinguistischen Gesichtspunkten i.e. S. von Interesse, sondern auch unter schreib- und rezeptionstheoretischen. Denn sie verdanken sich einem komplexen Erstellungsprozess, für den die Bildungsplanung eigene Verfahrensvorschläge entwickelt hat. Westphalen (1985, 45 ff) kommt zu der Einschätzung, dass sich in der Bundesrepublik Deutschland ein weitgehend einheitliches Verfahren bei der Revision von Richtlinien durchgesetzt hat. Dieses sieht mehrere Phasen vor, in denen neue Richtlinien konzipiert, ausprobiert, evaluiert und schließlich umgesetzt werden. Daran sind die verschiedenen Institutionen und gesellschaftlichen Gruppen (z. B. Lehrer- und Elternverbände) beteiligt. Ein solches Verfahren erfordert einen komplexen Produktionsprozess, in den die Erfahrungen und Stellungnahmen einfließen. Allerdings liegen hierzu aus schreibtheoretischer Sicht noch keine umfassenden Analysen vor. (Eine inhaltliche Analyse unterschiedlicher Referentenentwürfe findet sich in Schmid 1987.)

Für die Rezeption selbst enthalten die Richtlinien vereinzelte Hinweise auf den Grad der Verbindlichkeit von Vorgaben sowie auf Zuständigkeiten für Entscheidungen. Klose (1988) kommt aufgrund einer empirischen Untersuchung zu dem Ergebnis, dass die Textstruktur der Richtlinien erheblichen Anteil an ihrer unzureichenden Rezeption hat. Denn sofern sie überhaupt von den Lehrern gelesen werden, werden sie nur punktuell wahrgenommen und häufig missverstanden. Klose führt das u. a. darauf zurück, dass die komplexe Textstruktur zu wenig Lesehilfen in Form von Querverweisen und Rückbezügen enthalte. Die Komplexität sieht er insbesondere in dem sog. Doppelcharakter von RL begründet, die gleichzeitig Vorschrift wie didaktisches Angebot seien. Zu ergänzen ist die Vernetzung mit fachwissenschaftlichen und fachdidaktischen Texten, die ebenfalls zur Komplexion beiträgt.

Ebenso wie im juristischen finden sich auch im schulischen Bereich Kommentare zu den Richtlinien als Teil der normativen Texte. Sie können als Indiz dafür gewertet werden, dass die RL ohne Kommentar als nicht hinreichend verständlich eingeschätzt werden. Textlinguistisch betrachtet stellen Kommentare eine schriftliche Auslegung oder Interpretation des zugrunde liegenden Textes dar. Insofern bilden sie einen möglichen Zugang bei Analysen der Rezeption von Richtlinien.

5. Leistungsbeurteilung

Die Leistungsbeurteilungen und die Vergabe von Berechtigungen sind aus Sicht der Aktanten (Schüler und Lehrer) wie der Gesellschaft gleichermaßen zentrale Tätigkeiten. Denn für den Schüler entscheiden sie über seinen weiteren Lebenslauf; für die Gesellschaft hängt von der Validität der Beurteilungen die Auswahl geeigneter Wissensträger ab.

Die Institutionen der Ausbildung sind die einzigen gesellschaftlichen Bereiche, in denen die Leistungen der einen Aktantengruppe (Schüler) nicht nur laufend von der anderen (Lehrer) beurteilt werden, sondern in denen die Beurteilungen so konsequent Eingang finden in die Vergabe von Berechtigungen. Dabei sind die Schulnoten das hierfür typische Beurteilungsinstrument.

Die Bedeutung dieses Tätigkeitsbereichs zeigt sich in Art und Umfang der Regelungsdichte. Die Notwendigkeit hierzu ergibt sich aus dem Verfassungsgrundsatz, dass sich der Zugang zu den Schulen nach den Leistungen und Wünschen des Kindes richtet – und nicht nach der wirtschaftlichen Stellung der Eltern. Welche Sachverhalte im Einzelnen geregelt sind, soll exemplarisch anhand der Klausuren der gymnasialen Oberstufe gezeigt werden. Die Textsorte *Klausur* setzt sich nach der Definition der RL für die Gymnasiale Oberstufe zusammen „aus der Aufgabenstellung, der Schülerarbeit, der Korrektur (in rot), der Begründung der Note, der Note, der Paraphe des Lehrers und dem Datum der abschließenden Bearbeitung" (ebd., 138). Die Aufgabenstellung für Abiturprüfungen etwa wird inhaltlich und formal vorbestimmt. Zur Korrektur, eine Form der Revision durch Dritte, und Benotung werden detaillierte Angaben gemacht, die neben den zu verwendenden Korrekturzeichen und formalen Aspekten (sachliche und sprachliche Richtigkeit) insbesondere die inhaltlichen und textuellen Leistungsanforderungen benennen. Je nach Aufgabenart ist die Klausur danach zu beurteilen, ob sie bestimmte Verstehensleistungen des Schülers erkennen lässt und bestimmten Darstellungsformen entspricht.

Die Textsorte *Prüfungstext* unterliegt eigenen Produktionsbedingungen, die sich herleiten aus der zentralen Zwecksetzung, die Schülerleistung mit Blick auf die Vergabe von Berechtigungen zu beurteilen. Aus Schülerperspektive dienen Prüfungstexte ausschließlich dem Ziel, die eigene Leistungsfähigkeit zu demonstrieren; andere Schreibfunktionen treten dahinter fast vollständig zurück. Die Kenntnis der o. a. Beurteilungskriterien führt zur Produktion eines Textes, der das geforderte Wissen möglichst umfassend dokumentiert. Die Beurteilungskriterien ihrerseits wirken mittelbar, aber wirkungsvoll auf den gesamten Unterricht zurück, wie Ludwig (1996a) dies für den Interpretationsaufsatz im Fach Deutsch zeigt. Die offiziellen Beurteilungskriterien haben in der Weise Eingang in den Unterricht gefunden, dass sie als Teilaufgaben für die Bearbeitung entsprechender Aufgaben vermittelt werden. Hierzu gehören u. a. Angaben zum Inhalt, zur Figurenkonstellation, zur Erzählperspektive und zu den sprachlichen Mitteln. Für das Lösen einer Interpretationsaufgabe nach diesem Schema ist das Verfassen eines kohärenten Textes nicht erforderlich, sondern lediglich das schriftliche Fixieren von Interpretationswissen. Nach Ludwig (1996a) verkümmert infolge dessen der gesamte Schreibunterricht der gymnasialen Oberstufe.

Die Zeugnisse stellen eine ebenfalls schulspezifische Textsorte dar. Sie gliedern sich in einen Kopf mit Angaben zur Schule und zum Empfänger, der Angabe des vergebenen Abschlusses und der damit verbundenen Berechtigung (Hauptschulabschluss, Allgemeine Hochschulreife etc.) sowie einer Liste mit den ermittelten Gesamtnoten der einzelnen Unterrichtsfächer. Hinzu kommen Hinweise auf zugrunde liegende Vorschriften sowie das beschlussfassende Organ. Weitere Angaben empfehlenden oder gutachterlichen Charakters weisen Schulzeugnisse in der Regel nicht auf, wodurch sie sich etwa von Arbeitszeugnissen unterscheiden, die an Stelle der Noten verbale Beurteilungen verwenden (vgl. Presch 1996).

6. Didaktische Texte

Didaktische Texte leiten sich her aus dem Hauptzweck der Institution Schule: der Wissensvermittlung. Sie haben den Zweck, „etabliertes Wissen an eine lernende oder nichtspezialisierte Gruppe von Textrezipienten weiterzugeben" (Beaugrande/Dressler 1981, 192). Das macht eine bestimmte Struktur und Darbietungsform erforderlich, die sich durch Ausführlichkeit, Explizitheit sowie das Bemühen um Verständlichkeit auszeichnet. Zu den didaktischen Texten gehören neben den Schulbüchern, als größter Gruppe, Arbeitsmaterialien wie Aufgaben- und Übungsblätter, selbstverfasste Lehrertexte sowie Computer-Lernsoftware. Eine Sonderrolle kommt den literarischen und sonstigen Texten zu, die ebenfalls regelmäßiger Unterrichtsgegenstand sind.

Zu den wichtigsten didaktischen Texten gehören die Schulbücher, die für den dauerhaften und massenhaften Einsatz im Unterricht bestimmt sind. Das macht sie unter ökonomischen, politischen und didaktischen Gesichtspunkten zu einer zentralen schulischen Textsorte. Trotz rückläufiger öffentlicher Zuschüsse bilden die Schulbücher nach wie vor einen wichtigen Sektor im Büchermarkt. Aus politischer Perspektive ermöglichen Schulbücher wegen ihrer massenhaften Verbreitung die Weitergabe von Grundwerten. Wegen der staatlichen Aufsicht über das Schulwesen benötigen Schulbücher daher für ihren Einsatz im Unterricht eine behördliche Genehmigung, die in eigenen Gesetzen bzw. Erlassen geregelt ist. Aus didaktischer Perspektive kommt den Schulbüchern eine ganz wesentliche Mittlerrolle zwischen (fach-)didaktischer Forschung und unterrichtlicher Praxis zu. Aus handlungstheoretischer Perspektive handelt es sich bei Schulbüchern um Handlungspläne; sie enthalten – je nach didaktischer Konzeption – mehr oder weniger ausgearbeitete Unterrichtsentwürfe. Damit haben sie für Lehrer eine handlungsentlastende Funktion, weil sie etwa im Gegensatz zu Fachzeitschriften eine unmittelbare Umsetzung im Unterricht ermöglichen. Das begründet ihre didaktische Sonderrolle.

Trotz der herausragenden Rolle, die Schulbücher im schulischen Kontext spielen, weist die Schulbuchforschung nach wie vor große Desiderata auf. Aus linguistischer Sicht liegt bisher keine umfassende Untersuchung zur Textstruktur von Schulbüchern vor. Die wenigen vorhandenen Arbeiten entstammen überwiegen den jeweiligen Fachdidaktiken, wie am Beispiel der Sprachlehrwerke illustriert werden soll. Good (1982) untersucht die möglichen didaktischen Implikationen von Sprachbüchern für die Sekundarstufe I und reflektiert das Verhältnis von Sprachbuch und Sprachunterricht. In diesem Zusammenhang unterscheidet er zwischen einem „unterrichts-leitenden" und einem „unterrichts-begleitendem" Einsatz. Hierauf aufbauend entwickeln Baurmann/Hacker (1990) Perspektiven für die Schulbuchforschung, die insbesondere die verschiedenen Verwendungssituationen in den Blick nehmen. Konkrete fachdidaktische Analysekriterien für Grundschulfibeln legen Meiers (1986), Brügelmann (1995), Conrady (1995) und Wagner (1995) vor; dabei wird auch die grundsätzliche Frage nach der Zweckmäßigkeit des Einsatzes von Fibeln gestellt.

Bei den Schulbüchern lassen sich nach Inhalten und Adressaten folgende Typen unterscheiden:

– *Fibeln* zählen zu den ältesten Lehrwerken. Der Begriff ist nach Paul (1981) zum ersten Mal im 15. Jh. belegt und wahrscheinlich eine kindersprachliche Herleitung aus „Bibel". Ihr entstammten die Inhalte der ersten ABC-Bücher, wie die Fibel auch genannt wurde. Heute wird der Begriff als Hyperonym für einführende Lehrwerke gebraucht. Lesefibeln sind unter verschiedenen Gesichtspunkten untersucht worden, insbesondere unter methodischen (ganzheitlich-analytische vs. einzelheitliche-synthetische Methode) und inhaltlichen Gesichtspunkten (Weltbild, Geschlechterrollen etc.) (vgl. etwa Conrady/ Rademacher 1990 & 1995).

– *Sprachlehrwerke* unterliegen ähnlich wie Lehrwerke aus anderen gesellschaftsbezogenen Fächern besonderen Produktions- und Verwendungsbedingungen. Sprachlehrwerke finden sich für den muttersprachlichen und fremdsprachlichen Unterricht. Nach Lesch (1994) lassen sich Sprachbücher unter didaktisch-methodischen Gesichtspunkten einteilen in „Sprachbuch als Grammatik", „Sprachbuch als Realienbuch" und „Sprachbuch als Arbeitsbuch des Deutschunterrichts". Die grundlegende Konzeption steht in enger Abhängigkeit von der je vorherrschenden didaktischen Zielsetzung. So war beispielsweise in den 70er Jahren eine deutliche Orientierung der Sprachbücher an kommunikativen Situationen zu verzeichnen, die in den 80er Jahren zugunsten einer verstärkten Berücksichtigung schriftlicher Aspekte zurückgenommen wurde (für eine Übersicht s. Lesch 1994).

– Heuristisch erscheint es sinnvoll, die *naturwissenschaftlichen Lehrbücher* von den eher gesellschaftsbezogenen zu unterscheiden. Denn die Inhalte unterliegen anderen Darstellungsformen und Auswahlkriterien. Wertefragen treten gegenüber Sachfragen zurück. Damit verbunden wird hier ein anderes grundsätzliches Problem von Lehrbüchern besonders deutlich: die Textverständlichkeit. Die Vermittlung komplexer Sachverhalte erfordert besondere Darstellungsformen, die neben Texten auch Bilder, Graphiken und Abbildungen einbezieht (vgl. hierzu etwa Seitz 1989).

Die Binnenstruktur und die Darstellungsform von Schulbüchern leitet sich neben der inhaltlichen Orientierung an den Richtlinien insbesondere aus vermittlungstheoretischen Fragen her. Hiermit befasst sich neben der Fachdidaktik (vgl. etwa die Übersicht bei

Lesch 1994) auch die Lernpsychologie (Groeben 1978; Langer et al. 1987). Der komplexe Zweck der Wissensvermittlung macht es erforderlich, dass Schulbücher mehr als eine Textart beinhalten. Im Einzelnen finden sich:

- *Lehrtexte*: Darunter sollen gezielt verfasste Sachtexte verstanden werden, die bestimmte Inhalte adressatengerecht darstellen. Ein wichtiges Merkmal sind zusätzliche Darstellungsmedien wie Graphiken oder Bilder. Ihre sprachliche Struktur ist – etwa im Vergleich zu wissenschaftlichen Texten – ausführlicher, z. T. redundant, explizit und syntaktisch weniger komplex.
- *Textausschnitte*: Hierbei handelt es sich um thematisch ausgewählte Ausschnitte aus Zeitungen, Fachbüchern, Lexika, historischen Quellen u. ä. Sie können insofern zu den didaktischen Texten gezählt werden, als sie durch Auswahl und Aufbereitung (Ergänzungen, Kürzungen, Erläuterungen) dem didaktischen Ziel adaptiert sind.
- *Arbeitsaufgaben*: Darunter fallen Instruktionen für kleinere, vom Schüler auszuführende Aufgaben. In den Naturwissenschaften gehören hierzu etwa die Durchführung chemischer oder physikalischer Versuche oder die Beobachtung biologischer Sachverhalte. In den philologischen Fächern zählt dazu das Verfassen von Texten (= Aufsätze schreiben) und das Lesen (= Lektüre), das gezielte Führen von Gesprächen oder die Durchführung von Rollenspielen. Sie haben die didaktische Funktion, den Schülern selbständige Einsichten in die jeweiligen Sachverhalte zu ermöglichen.
- *Übungsaufgaben*: Vielfach finden sich auch sog. Übungsaufgaben. Sie haben im Unterschied zu den Arbeitsaufgaben die Funktion, bereits Gelerntes durch wiederholtes Ausführen zu automatisieren oder dauerhaft zu speichern. Beispiele sind etwa das Lösen von Rechenaufgaben, das Ausfüllen von Lückentexten oder die Textanalyse.

Didaktische Texte beschränken sich also nicht auf die rein assertive Darstellung von Inhalten, sondern enthalten darüber hinaus Aufforderungen und Instruktionen, die eine Anwendung und Automatisierung des vermittelten Wissens fordern.

Neue Lernmedien werden augenblicklich auf der Basis der elektronischen Informations- und Kommunikationstechniken entwickelt, insbesondere für computergestützte Systeme (vgl. etwa Berndt/Schmitz 1997; Rüschoff/Schmitz 1996). Exemplarisch seien hier die Lernprogramme für den Computer genannt, die dem Lerner die Bearbeitung von Texten und Aufgaben über die Ein- und Ausgabemedien des Computers anbieten. Qualitativ neu ist die Verarbeitung gesprochener Sprache, so dass sprachliche Äußerungen auch mündlich wiedergegeben werden können, beispielsweise im Erstunterricht oder in der Fremdsprachenvermittlung. Qualitativ neu ist ebenfalls die Möglichkeit zur unmittelbaren Rückmeldung. Denn anders als bei der Bearbeitung von Übungsblättern mit Papier und Bleistift ermöglicht der Computer eine direkte Analyse der Lösung und damit eine unmittelbare Rückmeldung an den Lerner. Weitere didaktische Texte, die hier nicht näher betrachtet werden, sind etwa vom Lehrer selbst erstellte Arbeitsmaterialien wie Folien und Aufgabenblätter, Tafelbilder oder diktierte Texte.

Literarische und andere im Unterricht behandelte Texte sollen nicht zu den didaktischen Texten i. e. S. gezählt werden (s. hierzu die entsprechenden Artikel), weil sie nicht dem Kriterium genügen, zum Zwecke der schulischen Wissensvermittlung produziert worden zu sein. Eine weitere, noch recht junge Textsorte im didaktischen Umfeld bilden die sog. Stundenentwürfe und Unterrichtsreihen, die für die verschiedenen Fächer, teilweise als Loseblattsammlungen angeboten werden. Sie enthalten ausführliche und detaillierte Unterrichtsentwürfe und bieten dem Lehrer so eine Handlungsentlastung. Analog dazu finden sich Schülerhilfen, die gezielte Lösungshilfen für bestimmte, wiederkehrende Aufgaben bereitstellen, etwa Interpretationshilfen für literarische Texte.

7. Schülertexte

Der Schulaufsatz und das Diktat sind zwei typische Vertreter für den Texttyp, der von den Schülern produziert wird. Es ist hier nicht möglich, die Komplexität von Schülertexten auch nur ansatzweise zu entfalten. Es sollen daher nur einige Aspekte benannt werden, die die Besonderheit dieser Texte erkennen lassen. Diktate sind eine nach wie vor gebräuchliche Form der schulischen Textproduktion. Sie dienen im mutter- wie fremdsprachlichen Unterricht insbesondere der

Schulung und Überprüfung der orthographischen Fertigkeiten. Historisch wie systematisch stellen sie eine interessante Form der arbeitsteilig-kooperativen Textproduktion dar (vgl. Ludwig 1996b). Der Text stammt vom Lehrer, seine schriftliche Fassung vom Schüler.

Quantitativ wie qualitativ wesentlich bedeutsamer sind jedoch die Aufsätze, d. h. die vom Schüler zu Unterrichtszwecken selbstverfassten Texte. Die Geschichte der Aufsatzdidaktik spiegelt die historische Entwicklung, insbesondere den Wandel zu einer literalen Gesellschaft (vgl. Ludwig 1988). Erst mit dem Übergang zur Moderne konnte sich der Aufsatz gegen die Rede als dominierender Unterrichtsgegenstand durchsetzen. Die Produktion von Aufsätzen unterscheidet sich von der anderer Texte ganz entscheidend durch ihre Einbindung in den institutionellen Kontext Schule: sie ist Teil eines Lehr-Lern-Prozesses. Die ursprünglichen Textfunktionen werden überlagert durch didaktische Zielsetzungen: schreiben, um schreiben zu lernen. Die so entstehende Künstlichkeit lässt zusammen mit der allgegenwärtigen Benotung Handlungsbedingungen entstehen, die Schreiben und Schreibenlernen eher behindern als fördern. Daher gehören Krisen und Reformbemühungen zu den ständigen Begleitern der Geschichte des Aufsatzes. Aufsätze sind aber auch unter ontogenetischen Gesichtspunkten von Interesse, denn sie dokumentieren individuelle Entwicklungsprozesse (vgl. Becker-Mrotzek 1997).

8. Literatur (in Auswahl)

Bartnitzky, Horst (1986): Kommentar zum Lehrplan Sprache. In: Wittenbruch, W. (ed.): Kurzkommentare zu den Lehrplänen für die Grundschule in NRW. Heinsberg, 17−61.

Baurmann, Jürgen/Hacker, Klaus (1990): Das Sprachbuch zwischen unterschiedlichen Erwartungen: Anregungspotential oder Drehbuch für Unterricht? In: Conrady, P./Rademacher, G. (eds.) 21−39.

Beaugrande, Robert de/Dressler, Wolfgang (1981): Einführung in die Textlinguistik. Tübingen.

Becker-Mrotzek, Michael (1997): Schreibentwicklung und Textproduktion. Der Erwerb der Schreibfertigkeit am Beispiel der Bedienungsanleitung. Opladen.

Bereinigte Amtliche Sammlung der Schulvorschriften (1996): Ministerium für Schule und Weiterbildung NRW. 11. Ausg. Düsseldorf.

Berndt, Elin-Birgit/Schmitz, Ulrich (eds.) (1997): Neue Medien im Deutschunterricht. Osnabrück.

Bichler, Albert (1979): Bildungsziele deutscher Lehrpläne. Eine Analyse der Richtlinien in der Bundesrepublik Deutschland und in der DDR. München.

Brügelmann, Hans (1995): Wider den Fibelgleichschnitt. Eine Replik auf Klaus R. Wagners Verteidigung des Fibellehrgangs. In: Conrady, P./Rademacher, G. (eds.), 140−144.

Bund-Länder-Kommission für Bildungsplanung und Forschungsförderung (ed.) (1984): Lehrplanentwicklung und Schulpraxis. Bonn.

Conrady, Peter (1995): Aspekte einer Fibelanalyse. In: Conrady, P./Rademacher, G. (eds.), 106−111.

Conrady, Peter/Rademacher, Gerd (eds.) (1990): Sprachunterricht in der Grundschule: Sprachbücher und Alternativen. Essen.

Conrady, Peter/Rademacher, Gerd (eds.) (1995): Fibeln im Gespräch. Kriterien zur Analyse. 2. Aufl. Essen.

Dingeldey, Erika (1983): Zur Geschichte der Rahmenrichtlinien in Hessen. In: Hessisches Institut für Bildungsplanung und Schulentwicklung (ed.): Rahmenrichtlinien. Wiesbaden.

Ehlich, Konrad/Rehbein, Jochen (1986): Muster und Institution. Untersuchungen zur schulischen Kommunikation. Tübingen.

Frank, Horst Joachim (1976): Dichtung, Sprache, Menschenbildung. Geschichte des Deutschunterrichts von den Anfängen bis 1945. 2. Aufl. München.

Good, Bruno (1982): Das Sprachbuch im Deutschunterricht. Linguistische und mediendidaktische Untersuchungen zu Beispielen aus dem „Schweizer Sprachbuch". Tübingen.

Groeben, Norbert (1978): Die Verständlichkeit von Unterrichtstexten. 2. Aufl. Münster.

Klose, Peter (1988): Verwendung und Rezeption staatlicher Lehrpläne in Schulen. Eine empirische Untersuchung am Beispiel des Sachunterrichts. Frankfurt/Bern.

Langer, Inghard/Schulz von Thun, Friedemann/Tausch, Reinhard (1987): Sich verständlich ausdrücken. 3. Aufl. München.

Lankes, Eva-Maria (1991): Vom Amtlichen Lehrplan zum Klassenlehrplan. Eine empirische Untersuchung im Praxisfeld. München.

Lehrplan für die bayrischen Grundschulen (1981): Bayrisches Staatsministerium für Unterricht und Kultus. In: Amtsblatt, Sondernummer vom 16. 7. 1981, 549−681.

Lesch, Hans-Wolfgang (1994): Das Sprachbuch im Deutschunterricht. In: Lange, G./Neumann, K./Ziesenis, W. (eds.): Taschenbuch des Deutschunterrichts. Bd. 1. Sprachdidaktik. 5. Aufl. Baltmannsweiler, 153–172.

Ludwig, Otto (1988): Der Schulaufsatz. Seine Geschichte in Deutschland. Berlin.

– (1996a): Der Unterricht findet nicht statt: Zur Schreibpraxis der reformierten Oberstufe. In: Peyer, A./Portmann, P. (eds.): Norm, Moral und Didaktik – Die Linguistik und ihre Schmuddelkinder. Tübingen, 221–240.

– (1996b): Vom diktierenden zum schreibenden Autor. Die Transformation der Schreibpraxis im Übergang zur Neuzeit. In: Feilke, H./Portmann, P. R. (eds.): Schreiben im Umbruch. Schreibforschung und schulisches Schreiben. Stuttgart, 16–28.

Meiers, Kurt (ed.) (1986): Fibeln und erster Leseunterricht. Überlegungen–Anregungen–Materialien. Frankfurt.

– (1986): Die Fibel – eine Herausforderung an den Lehrer. In: Meiers, K. (ed.), 67–68. [Wieder in: Conrady, P./Rademacher, G. (eds.) (1995), 13–31.]

Paul, Hermann (1981): Deutsches Wörterbuch. (Bearbeitet von W. Besch). 8. Aufl. Tübingen.

Presch, Gunter (1996): Verdeckte Beurteilungen in Arbeitszeugnissen: ein Streitfall vor Gericht. In: Kniffka, H. (ed.): Recent Developments in Forensic Linguistics. Frankfurt/Bern, 319–343.

Richtlinien Biologie für die Realschule (1978): Kultusminister des Landes NRW (ed.). Frechen.

Richtlinien Deutsch für die Gymnasiale Oberstufe (1982): Kultusminister des Landes NRW (ed.). Düsseldorf.

Richtlinien Mathematik für die Grundschule (1985): Kultusminister des Landes NRW (ed.). Frechen.

Richtlinien Sprache für die Grundschule (1985): Kultusminister des Landes NRW (ed.). Frechen.

Richtlinien und Lehrpläne Deutsch für das Gymnasium Sekundarstufe I (1993): Kultusministerium des Landes NRW (ed.). Frechen.

Rüschoff, Bernd/Schmitz, Ulrich (eds.) (1996): Kommunikation und Lernen mit alten und neuen Medien. Frankfurt/Bern.

Schiffler, Horst/Winkler, Rolf (1985): Tausend Jahre Schule. Eine Kulturgeschichte des Lernens in Bildern. Stuttgart/Zürich.

Schindler, Frank (1994): Sprachwissenschaft, Sprachdidaktik und Curriculumentwicklung. Zur Kooperation zwischen Hochschule und staatlichen Instituten. In: Der Deutschunterricht 5, 73–79.

Schmid, Gerhard (1987): Entwicklung und Revision der Lehrplankonzeptionen für die Grundschule. Tübingen.

Seitz, Christiane (1989): Funkkollegs auf dem Prüfstand. Zur Verständlichkeit naturwissenschaftlicher Lehrtexte. Alsbach.

Wagner, Klaus R. (1995): Zwischen Fibel-Gleichschritt und individuellen Lernsprüngen. Sechs Thesen zur Methodenintegration beim Lese- und Schreibanfang. In: Conrady, P./Rademacher, G. (eds.), 131–139.

Westphalen, Klaus (1985): Lehrplan–Richtlinien–Curriculum. Stuttgart.

Wittenbruch, Wilhelm (ed.) (1986): Kurzkommentare zu den Lehrplänen für die Grundschule in NRW. Heinsberg.

– (ed.) (1995): Grundschule. Text und Bilder zur Geschichte einer jungen Schulstufe. Heinsberg.

*Michael Becker-Mrotzek, Münster
(Deutschland)*

61. Textsorten des Bereichs Hochschule und Wissenschaft

1. Kommunikationsbereich und Institution: der Bereich 'Hochschule und Wissenschaft'
2. Die Spezifik des Bereichs: Forschung und Wissenschaft – theoriebezogene Textsorten
3. Die Praxis des Bereichs: Wissenschaftsdidaktik. Wissenstransmittierende Texte und Textsorten
4. Der Rahmen des Bereichs: Wissenschafts-Verwaltung. Textsorten der Wissenschaftsverwaltung
5. Literatur (in Auswahl)

1. Kommunikationsbereich und Institution: der Bereich 'Hochschule und Wissenschaft'

Im vorliegenden Beitrag soll versucht werden, ein „situativ und sozial definiertes Ensemble von Textsorten" (Konzeption des Handbuchs) am Beispiel des Bereichs 'Hochschule und Wissenschaft' beschreibend zu kennzeichnen. Versteht man den 'Bereich' als 'Kommunikationsbereich' (Heinemann/Viehweger 1991, 155), als gesellschaftlich determinierten Rahmen, in dem typische Ziele/Zwecke von den in charakteristischer Weise Handelnden mit Hilfe typischer Handlungen und Sprachhandlungen verfolgt werden, dann erweisen sich solche Bereiche als je spezifische kommunikative Handlungsräume von Interagierenden im Rahmen von gesellschaftlichen *Institutionen*. Denn in diesen Teilbereichen regelt „eine Gesellschaft oder Gruppe von Menschen zur Erreichung der in ihr herrschenden Zwecke ihre Kooperation, Kommunikation und den gegenseitigen Verkehr, samt der dabei auftretenden Widersprüche" (Kuhn 1990, 684; zur Abgrenzung vom Bereich der Alltagskommunikation s. M. Heinemann → Art. 54 in diesem Band). Insofern geben diese Teilbereiche der Gesellschaft den allgemeinsten Rahmen ab für jede Art von Interaktion der Individuen.

Die heutigen Institutionen haben sich im Prozess der fortschreitenden Differenzierung der Gesellschaft herausgebildet (Luhmann 1985; Mayntz 1988) und bilden heute relativ „autonome Teilbereiche ... wie Recht, Politik, Ökonomie, *Wissenschaft*, Religion etc." (Weingarten 1994, 575), die nach eigenen Prinzipien strukturiert sind und über eigene Medien verfügen.

Zum Institutionsbegriff selbst gibt es eine umfangreiche – vor allem soziologische – Spezialliteratur (zusammenfassend u. a. Hummel/Bloch 1987); allerdings gehen die Auffassungen über den Begriffsinhalt weit auseinander, so dass auch heute noch nicht von einer „soziologischen Theorie der Institutionen" gesprochen werden kann (Koerfer 1994, 35). Weitgehender Konsens aber besteht in der funktionsorientierten Grundsatzfrage, dass „gesellschaftliche Institutionen die Lösung grundlegender menschlicher Lebensprobleme organisieren, indem sie bestimmte Ausschnitte gesellschaftlichen Handelns einigermaßen verpflichtend steuern und für Durchsetzungsmechanismen – unter Umständen – einen Zwangsapparat bereitstellen" (Luckmann 1992, 130).

Zu jeder gesellschaftlichen Institution gehören Gebäude mit bestimmten Einrichtungen und Geräten, die die äußeren Voraussetzungen für das je spezifische zweckgerichtete Handeln der Menschen schaffen; ihr zuzuordnen sind aber vor allem auch Individuen als Repräsentanten bestimmter sozialer Gruppen, die über bestimmte Fähigkeiten und Fertigkeiten verfügen sollten für die effektive Durchsetzung komplexer Ziele im Rahmen der Institution. Durch diesen äußeren Rahmen und das damit verbundene hierarchische interpersonale Beziehungsgefüge aber ist zugleich gewährleistet, dass das gesamte Handeln und Bewerten der Individuen nach bestimmten Verbindlichkeiten und Konventionen, nach weitgehend verbindlichen Handlungs- und Kommunikationsmustern erfolgt (Ehlich 1986, 68). Das aber impliziert, dass bestimmte Basisregeln kommunikativen Verhaltens (die etwa für den lockeren Alltagsdialog konstitutiv sind) außer Kraft gesetzt werden (müssen!): Das Kommunizieren verläuft asymmetrisch (mit unterschiedlichem Rede- und Fragerecht), es ist stärker verbindlich und eher thematisch-fachlich als partner-orientiert. Die Interiorisierung und Respektierung der aus solchen Konstellationen abzuleitenden kommunikativen Normen darf daher auch als conditio sine qua non für erfolgreiches institutionelles Kommunizieren angesehen werden. (Teils wird ja auch diese Normiertheit des Handelns mit dem Begriff der Institution selbst identifiziert, Parsons 1972, 227.)

In nahezu allen soziologischen (und linguistischen) Darstellungen der Institutions-Problematik wird auch der *Bereich Wissenschaft* als relativ selbständiger gesellschaftlicher Teilbereich mit spezifischen Aufgaben genannt. Seltener wird dieser Rahmenbereich – wie in diesem Handbuch – durch den Zusatz *Hochschulen* markiert. Dadurch wird der institutionelle Charakter dieses Lebensbereichs hervorgehoben, da 'Wissenschaft' für sich genommen auch auf spezifische sprachliche Phänomene (und nicht auf einen gesellschaftlichen Rahmenbereich) bezogen sein könnte.

Aber auch mit dieser spezifizierenden Ergänzung bleibt der Bereich 'Hochschule und Wissenschaft' ein schillerndes Phänomen. Zu seinem Kern gehören natürlich alle Handlungen und Sprachhandlungen/Texte, die auf das (verallgemeinernde, theoriebezogene) Eruieren, Erfassen und Beschreiben von Phänomenen der Welt und das Lösen von Problemen gerichtet sind. Da diese Aktivitäten aber nicht allein auf Hochschulen und Universitäten beschränkt sind (man denke etwa an Akademien, Max Planck-Institute, verschiedene Wirtschaftsinstitute u. a.), könnte sich das Begriffsfeld als zu eng erweisen. Umgekehrt werden im Rahmen von Hochschulen und anderen wissenschaftlichen Einrichtungen aber auch nicht-wissenschaftsspezifische Handlungen vollzogen (Verwaltungsaktivitäten, Baumaßnahmen, Alltagsgespräche ...), so dass auch – aus der Sicht des wissenschaftlichen Tuns – keine eindeutige Abgrenzung vorgenommen werden kann. Für den Gegenstand dieser Darlegungen – die Charakterisierung von Textsorten dieses Bereichs – gehen wir (trotz der genannten Beschränktheiten) vom Begriff des institutionellen Rahmens aus und kennzeichnen im Folgenden jene Klassen von Textsorten, die für die Institution als Ganzes charakteristisch sind: wissenschaftlich geprägte Textsorten i. e. S. (*theoriebezogene Textsorten*/informationsermittelnde und -vermittelnde Textsorten des Bereichs Wissenschaft, s. Heinemann/ Viehweger 1991, Kap. 2); wissenschaftspraktische *didaktische Textsorten*, Kap. 3; *organisierende Textsorten* (Ehlich 1986, 166 ff), nur auf die Institution 'Hochschulen und Wissenschaft' bezogene Textsorten der Verwaltungskommunikation, Kap. 4. Nicht erörtert und aufgelistet werden in diesem Rahmen die auch im Kommunikationsbereich 'Hochschulen und Wissenschaft' (wie in allen anderen institutionellen Bereichen) relativ häufig frequentierten übergreifenden Textsorten der Alltagskommunikation (→ Art. 54 in diesem Band).

2. Die Spezifik des Bereichs: Forschung und Wissenschaft – theoriebezogene Textsorten

'Wissenschaft' im Sinne der theoriegeleiteten Auseinandersetzung mit der Umwelt ist schon in den antiken Stadtstaaten zu voller Blüte gelangt. Offen bleibt, ob man schon auf diese Frühformen wissenschaftlicher Tätigkeiten den Terminus 'Institution' beziehen kann (Jensen 1990, 920). Mit Sicherheit aber waren die im hohen Mittelalter (12. Jh.) sich allmählich herausbildenden ersten Universitäten (Paris, Bologna, Montpellier, Oxford) schon institutionell geprägt. Sie wurden nicht 'gegründet' (Classen 1983, 170), sondern entwickelten sich als Korporationen mit eigenem Recht und weitgehender Autonomie (Freistellung von Lehrenden und Studenten von klerikalen, feudalen und städtischen Zwängen) zu den freien 'universitates' (Koller 1977, 9). Nicht zuletzt wegen dieser Freiheiten, der damit verbundenen Autonomie und des hohen Ansehens wurden schon im 13. und 14. Jh. zahlreiche, ähnlich organisierte Wissenschaftsinstitutionen (von Städten, aber auch von Landesherren) gegründet.

Heute gibt es in aller Welt zahlreiche Universitäten und Hochschulen, die im Sinne einer mehr und mehr 'verwissenschaftlichten' Welt auch zu Informations- und Steuerungszentren der 'Informations- und Kommunikationsgesellschaften' (Weingarten 1994, 577; vgl. auch Kreibisch 1986) wurden. Diese 'Institutionen der Wissensorganisation' (Ehlich 1986, 166 ff) erfüllen damit wichtige Teilaufgaben der Gesamtgesellschaft; ihre Autonomie ist dagegen nur noch in begrenztem Maße gegeben. Teils operieren sie wie drittmittelabhängige Unternehmen mit marketinggerechten Strukturen unter der Kontrolle bestimmter Wissenschaftsministerien. Auch das Ansehen der Institution 'Hochschule/ Universität' ist heute wegen der generellen Ambivalenz wissenschaftlicher Erkenntnisse (vgl. die Atomspaltung), der 'Weltfremdheit' mancher Wissenschaftsprojekte und wegen der oft deutlichen Verständnisbarrieren zwischen Wissenschaften und anderen Gesellschaftsbereichen umstritten.

Der Teilbereich 'Wissenschaft i. e. S.' bildet kein in sich geschlossenes homogenes Ganzes. Neben die allgemeine Wissenschaft (eine Art 'Hyper-Wissenschaft' mit universellen Instrumentarien und Regeln) treten wegen der stetig fortschreitenden Arbeitsteilung der Gesellschaft zahlreiche Fachwissenschaften als relativ homogene Subsysteme, neben die Naturwissenschaften die Humanwissenschaften. Auf diese vielfältigen Differenzierungen (dazu detailliert aus der Perspektive von Fachsprachen Hoffmann/Kalverkämper/Wiegand 1998) sei hier nur beiläufig verwiesen; fokussiert werden kann in diesem Zusammenhang lediglich das, was für wissenschaftliche Texte in ihrer Gesamtheit (insbesondere für die Konstitution, das Verarbeiten und Zuordnen von Texten zu Textklassen) relevant ist. (Allgemeine, von bestimmten sozialen Gruppen akzeptierte Normen und Verhaltensmuster, die wiederum Vorannahmen, Hypothesen bei jeder wissenschaftlichen Tätigkeit bedingen (vgl. Jensen 1990, 919), bleiben daher ebenso unberücksichtigt wie konkrete Determinanten bei der Generierung von Einzeltexten.) Als ‚Gemeinsame Einordnungsinstanz' (→ Art. 49) für die Zusammenfassung einer großen Zahl von Einzelexemplaren zu Textklassen der Wissenschaften erweist sich ein dominant inhaltliches Basiskriterium, die Orientierung auf Phänomene der *Wissenschaft*.

Texte – auch wissenschaftliche – sind grundsätzlich Ergebnisse zielorientierter kognitiver Texterstellungs- und Textdarstellungshandlungen (Gülich/Kotschi 1987, 207). Als allgemeinste *Ziele* aller Formen wissenschaftlicher Tätigkeiten lassen sich summarisch festhalten: das Erkennen von Zusammenhängen der objektiven Welt; das Beschreiben und Transparent-Machen „allgemeiner Merkmale oder Aspekte in der komplexen, sich verändernden und sich entwickelnden Welt"; das „Zuordnen von allgemeinen Merkmalen der konkreten individuellen Erscheinungen, Gegenstände und Zustände zu komplexeren Ganzheiten, Strukturen, historischen Größen"; das Prognostizieren von und Reflektieren über Anwendungsmöglichkeiten (s. Bungarten 1981b, 27; Zitat Jensen 1990, 914). Diese Ziele werden mittels – in der Regel theoriebezogener – Abstraktionstätigkeit von Wissenschaftlern, davon abgeleiteter Hypothesenbildung und forschungsgeleiteter Überprüfung vorhandener bzw. erwartbarer Erkenntnisse angestrebt. Jensen (1990, 914) nennt in diesem Zusammenhang vier Grundformen und Methoden wissenschaftlicher Tätigkeit: Auswahl, Spezifizierung und Klassifikation von Daten; empirische Verallgemeinerung mittels Experiment; Modellkonstruktion; Entwicklung von Theorien oder Aussagesystemen. Linguistisch fassbare „Schwerpunkte" sind Terminologisierungen, damit verbundene Präzisierungen durch Definitionen sowie Spezifizierungen durch Nutzung globaler Handlungs- und Textmuster.

Damit wird das genuine „Transportmittel" zur Weitergabe von Wissen thematisiert, die vielzitierte ‚*Wissenschaftssprache*'. Wissenschaft kann ihrer gesellschaftlichen Funktion ja nur nachkommen, wenn Ergebnisse wissenschaftlicher Tätigkeiten, Einsichten in Gesetzmäßigkeiten, regelhafte Zusammenhänge zum Zweck der Reproduktion verbalisiert und je nach Zielgruppe aufbereitet bzw. didaktisch bearbeitet werden (zu didaktischen Aspekten s. Kap. 3). Sprachliches Handeln allgemein und ‚Wissenschaftssprache' im besonderen sind daher die Grundlage für die Wirksamkeit wissenschaftliche Forschungen, zugespitzt: Wissenschaftlichkeit ist per se auch am sprachlichen Handeln verifizierbar. Entsprechend der allgemeinen Differenzierung der Wissenschaften lassen sich aus linguistischer Sicht die schon erwähnte allgemeine ‚Wissenschaftssprache' (Bungarten 1981; Kretzenbacher 1992), und eine durch zusätzliche Fachjargonismen und Fachtextsorten charakterisierte *Fachsprache* voneinander abheben. Beide sind als komplementäre Einheiten zu verstehen. Generell gilt, dass der Grad der ‚Wissenschaftlichkeit' in Fachtexten variabel ist; zu beachten ist auch, dass der fachliche Anteil an einem wissenschaftlichen Text u. U. auch eingeschränkt sein kann.

Die allgemeine ‚Wissenschaftssprache' wird von Bungarten (1981b, 31) als „das differenzierte adäquate Kommunikationsmittel zur Befriedigung der disziplineigenen kommunikativen Bedürfnisse" charakterisiert, und weiter (1981a, 11) als „angenommener, allen Einzelwissenschaften gemeinsamer Bestand an Formen und Funktionen, der sich in charakteristischer Weise von denjenigen anderer Kommunikationsbereiche unterscheidet". In ähnlicher Weise hatte schon Wunderlich (1976, 87) behauptet, dass „jede Institution ... durch ein für sie charakteristisches Handlungssystem gekennzeichnet" sei. Die Verifizierung dieser Postulate im Detail aber steht noch immer aus.

Der Wissenschaftssprache zugeordnet werden im Allgemeinen vor allem die folgenden linguistischen/textlinguistischen Phänomene: inhaltliche Bezogenheit auf wissenschaftliche (fach-theoretische, d. h. die höchste Fachlichkeitsstufe indizierende) Problemstellungen und -lösungen; Expertencharakter der Darstellung/primäre Orientiertheit auf Wissenschaftler als Partner; Para-Texte als Präsignale (Vorwort, Anmerkung, Bibliographie, Register); Themeneinleitungen und Abschluss-Sätze als textuelle Verweis-Signale; eindeutige Strukturiertheit/Gegliedertheit der Texte (auch Haupt-, Zwischen-, Subtitel); Fach-Code-Gemeinschaft (das Beherrschen eines breiten Feldes standardisierter Fachlexik wird vorausgesetzt, s. Kretzenbacher 1992, 2); hohe Frequenz vor allem substantivischer Termini; häufige Zitationen als Autoritätsargumente; Verlagerung der wichtigsten Informationen in den nominalen Bereich (Informationsverdichtung, Nominalstil, Deverbalisierung (= Nominalisierung) und Desemantisierung präsenter Verben, Tendenz zu komplexen nominalen Fügungen (Attributsketten); relativ hohe Frequenz von Passiv- und Infinitkonstruktionen. Hinzu kommen drei fundamentale strategische Maximen (damit die Fakten 'objektiv' für sich selbst sprechen: das Ich-Verbot, das Erzähl-Verbot und das Metaphern-Verbot (vgl. Kretzenbacher 1992, 4 ff).

Die − durch diese generellen Merkmale gekennzeichneten − *theoriebezogenen Textsorten* (vgl. Gläser 1990 für das Englische; Swales 1990) weisen darüber hinaus spezifische Merkmale auf, die sie für bestimmte interaktive wissenschaftliche Anliegen in bestimmten Situationen als Repräsentanten erfolgversprechender/effektiver globaler Kommunikationsmuster als besonders geeignet erscheinen lassen. Als Prototypen solcher wissenschaftlicher (Schrift-)Textsorten gelten *Monographien, Abhandlungen/Aufsätze, Forschungsberichte, Rezensionen, Dissertationen, Abstracts, (schriftliche) wissenschaftliche Referate, Magister-/Diplomarbeiten*, da diesen Textsorten wissenschaftliches Sprachhandeln als selbstverständlich unterlegt wird. Außerdem werden sie fast ausschließlich im akademischen Rahmen (in einer Hochschule, Universität) produziert und reproduziert. Die sie auszeichnende Terminologie geht über das Terminologieverständnis allgemeinwissenschaftlicher (und natürlich auch populärwissenschaftlicher) Texte hinaus, sie sind also auf die konkrete Lösung eines Einzelproblems (teils auch mehrerer Probleme) direkt ausgerichtet (s. Michel 1986, 156 ff).

Bei Göpferich (1995, 124 ff), deren schematische Darstellung „schriftliche(r) Textsorten der Naturwissenschaften und der Technik" verallgemeinerbar ist, greift auch die Unterscheidung in Primär- und Sekundärtextsorten. So ist eine *Monographie* eine „faktenorientierte Fachtexttypvariante" des „Fachtexttyps fortschrittsorientiert-aktualisierender Text" (allerdings ein problematischer Terminus!, M. H.) und damit eine Primärtextsorte, während die entsprechenden *abstracts* oder *Rezensionen* als Sekundärtextsorten zu diesen Primärtextsorten fungieren. Das macht Sinn, da die Rezension das je relevante theoretische Problem nur sekundär aufgreift und damit − wenn auch mit eigenem Ideengut − Stellung bezieht zu dem jeweils vorgegebenen Problem und dessen Lösungsweg. Zu den Sekundärtextsorten lassen sich bedingt auch *wissenschaftliche Artikel in Enzyklopädien, Lexika und Wörterbüchern* stellen, da auch sie auf vorgegebenen Wissenschaftstexten beruhen, aber doch eine wissenschaftsorientierte Komprimierung, mitunter sogar eine Fortführung des angeführten Problems enthalten. Die Komprimierung und die damit verbundene textthematische Reduzierung ist aber nicht vorrangig didaktisch-vermittelnden Zwängen unterworfen, sondern dem jeweils vorgegebenen spezifischen komplexen Textmuster verpflichtet.

Theoriebezogene Textsorten stehen (abgesehen von der schon erörterten Differenzierung in Primär- und Sekundär-Textsorten) eher in einer reihenden Relation zueinander; Versuche, die Gesamtheit von Wissenschafts-Texten (und die durch sie repräsentierten Textsorten) in ein Klassifikationssystem zu bringen (Gläser 1990, 85 ff), gehen stärker von Partner-Beziehungen als dominantem Basis-Kriterium aus und unterscheiden auf dieser Grundlage Textsorten der fachinternen (zwischen Experten), der interfachlichen (bei der ein geringer Grad an Textsorten- und Fachkenntnis beim Partner vorausgesetzt werden kann) und der fachexternen Kommunikation (zwischen Experten und Laien).

Detaillierte Beschreibungen einzelner theoriebezogener Textsorten finden sich bei van Dijk (1980, 51, *wissenschaftliche Abhandlung*); Gläser (1998, *wissenschaftlicher Zeitschriftenaufsatz*), Ripfel (1998, *wissenschaftliche Rezension*); Kretzenbacher (1998, *Abstract* und *Protokoll*) und zusammenfassend für einen ganzen Teilbereich Göpferich (1998).

Im Grenzbereich zwischen wissenkonstituierenden/theoriebezogenen und wissenstransmittierenden/didaktischen Textsorten steht das *wissenschaftliche Gutachten* (s. Hoffmann 1988), wobei es vorerst unerheblich ist, ob eine wissenschaftliche Textproduktion oder ein neues Produkt begutachtet werden soll; in jedem Fall sind für die Konstitution solcher Texte wissenschaftssprachliche Verfahren wie *argumentieren, beweisen, begründen, definieren, widerlegen, erörtern* usw. notwendig, so dass auch mit Hilfe dieser Textsorte (neues) Wissen vermittelt wird, wenn auch vor dem Hintergrund vorhandenen Textmaterials.

Ebenfalls in diesen Grenzbereich sind – solange es noch an umfassenden Untersuchungen fehlt – Textsorten in und mit den „neuen Medien" einzuordnen (Jakobs/Knorr/Molitor-Lübbert 1995). Ihre Nutzung ist einer Vielzahl von Rezipienten (noch) nicht geläufig, zudem sei der technische Aufwand für viele abschreckend; und die Texte seien nur selektiv, als Teiltexte oder in komprimierten Formen, nutzbar – so zumindest lauten die Argumente der Skeptiker. Andererseits kann auf die Aktualität und schnelle Verfügbarkeit neuester Informationen verwiesen werden. Als Informationsquellen sind die externen Wissensspeicher für die wissenschaftliche Tätigkeit unverzichtbar geworden; deshalb sind sie auch den konstitutiven Texten bzw. Textsorten des Bereichs Hochschule und Wissenschaft zuzuordnen.

3. Die Praxis des Bereichs: Wissenschaftsdidaktik. Wissenstransmittierende Textsorten

Im Verständnis der Öffentlichkeit werden Universitäten und Hochschulen erst in zweiter Linie (wenn überhaupt) als Stätten von Forschung und Wissenschaft gesehen; vielmehr wird mit dem Begriff dieser Institutionen primär das Lehren und Lernen auf höchster Ebene assoziiert, getragen von der Gesamtheit der Lehrenden und Lernenden (der alten *universitas magistrorum et scolarium*). In der Tat nimmt das Vermitteln und Erarbeiten von (wissenschaftlichen) Kenntnissen und Methoden breiten Raum ein im Leben dieser Institution; daher werden Universitäten und Hochschulen vor allem gesehen als Bildungsstätten für intellektuelle Führungskräfte in allen Bereichen der Gesellschaft. Übersehen wird dabei vielfach, dass diese Form von Bildung und Wissenschaft voraussetzt, dass sie getragen sein muss vom Prinzip der Einheit von Lehre und Forschung.

Für die möglichst effektive Vermittlung von wissenschaftlichen Lehrinhalten haben sich besondere, eben hochschulspezifische *Organisationsformen* herausgebildet: unterschiedliche Typen von *Vorlesungen, Semina-*

ren und *Übungen*; auch *wissenschaftliche Konferenzen, Kongresse, Kolloquia* und *Symposien* können in einem weiteren Sinne auch als didaktisch motiviert angesehen werden.

Diesen Rahmentypen universitärer Interaktion entsprechen die folgenden (in diesem Rahmen nur auf Schrifttexte bezogenen) Textsorten der *Vermittlung* (und selbstverständlich auch der Erarbeitung) von Wissenschafts-Wissen: *Vorlesungs-* und *Seminar-Konzeptionen, Vorlesungs-/Seminar-Manuskripte; Rahmenpläne* für *Vorlesungen und Seminare, Literatur-Listen* zu bestimmten Vorlesungs- und Seminar-Komplexen für die Hand der Studenten, *Termini-Listen, handouts/Tischvorlagen* für die Teilnehmer an Lehrveranstaltungen und Konferenzen (mit Tabellen und graphischen Darstellungen), *Manuskripte für Publikationen* (primär wissenschaftsdidaktischen Inhalts) ... Besondere Hervorhebung verdienen in diesem Zusammenhang verschiedene Formen von *Lehrmaterialien* (vgl. auch → Art. 60), vor allem natürlich *wissenschaftliche Artikel in Hochschul-Lehrbüchern* bzw. die komplexe Kommunikationsform des *Hochschullehrbuchs* selbst, das zielgruppenorientiert geordnete und im wesentlichen abgesicherte wissenschaftliche Einsichten – bei zusätzlicher Akzentuierung offener Probleme – vermittelt.

Aus der Sicht der Studierenden können die folgenden (Schrift-)Textsorten der *Wissensaufnahme und -verarbeitung* ergänzt werden: *Vorlesungsnachschriften, Exzerpte, Konspekte, Stichwortzettel, Protokolle* über unterschiedliche Typen von Lehrveranstaltungen und Experimente/Analysen. Bei diesen Textsorten handelt es sich um komprimierend-zweckbestimmte Formen der Wissensaneignung und -aufbereitung. Sie setzen einerseits inhaltlich-sachliche Präzision voraus (*Vorlesungsmitschriften*) und müssen entsprechenden – weitgehend normierten – Textmustern angepasst sein, andererseits aber verfügen sie über ein umfangreiches Spektrum individueller Gestaltung (z. B. im Hinblick auf Abkürzungen, Hervorhebungen, den Grad der Vollständigkeit, die Reihenfolge der Fakten). Als Spezifikum dieser arbeitsvorbereitenden Textsorten darf ihr Eingebundensein in größere Textkomplexe angesehen werden. Anders als die Sekundär-Textsorten sind die hier genannten Teil-Textsorten als wissenordnende und wissenaufbewahrende Textklassen in diesem Bereich unverzichtbar.

Auf den besonderen 'Als-ob-Status' studentischer Schrift-Texte (*Referate, Magister-*

arbeiten, Diplomarbeiten, schriftlichen Hausarbeiten ...) machen Pieth/Adamzik (1997, 35) aufmerksam, bei denen die Fiktion aufrechterhalten wird, dass es sich in diesen und ähnlichen Fällen um ein Kommunizieren zwischen Experten/Spezialisten eines Fachgebiets handelt. In der Realität aber ist der Grad der Spezialisierung − wenngleich abgestuft − aber doch insgesamt eingeschränkt. − In ähnlicher Weise differenziert auch Jakobs (1997, 20 ff) wissenschaftsdidaktische Kommunikationsprozesse, indem sie unterschiedliche Typen des grundsätzlich asymmetrischen Verhältnisses von Lehrenden und Studierenden dieses Bereichs voneinander abhebt: die betonte Asymmetrie in Qualifizierungssituationen, eine kooperativ-produktive Beziehung in gemeinsamen Forschungs- und Publikationsvorhaben sowie eine kooperativ-reaktive Relation (bei der Erarbeitung oder Bearbeitung von Sekundärtextsorten).

Aus der Notwendigkeit, wissenschaftliche Kenntnisse, aber auch theoretische und methodische Fähigkeiten und Fertigkeiten der Studierenden zu überprüfen und ihnen bei entsprechenden Leistungen Zertifikate und andere Leistungsnachweise auszuhändigen, leiten sich weitere wichtige Organisationsformen und Verfahren sowie mit ihnen korrespondierende wissenschafts-didaktische Textsorten ab: *Klausuren, Hausarbeiten, Seminararbeiten, handouts* (für studentische Vorträge), *Referate* (in Schriftform). Diese Formen der Leistungskontrolle sind wissenschaftstheoretischen Anforderungen verpflichtet; sie müssen aber auch − bis auf wenige Ausnahmen − nach Form, Umfang und teilweise Inhalt verwaltungstechnischen Vorgaben entsprechen, da sie − im Fall der negativen Bewertung von Prüfungsergebnissen − juristisch einklagbar sind.

4. Der Rahmen des Bereichs: Wissenschaftsverwaltung. Textsorten der Wissenschaftsverwaltung

Der dritte konstitutive Bereich der Institution 'Hochschule und Wissenschaft' wird in der Öffentlichkeit kaum wahrgenommen: die Wissenschaftsverwaltung. Aber ohne straffe Organisation aller innerinstitutionellen (sowohl interpersonaler als auch auf Sachen gerichteter) Beziehungen − bei gleichzeitiger Berücksichtigung vielseitiger institutionsexterner Gerichtetheit − wäre das Funktionieren von Wissenschaft (zumindest in der Gegenwart) nicht denkbar. In diesem Sinne bilden die Hochschul-Verwaltungen gleichsam die organisatorische Mitte der Institution, das, was Universitäten und Hochschulen trotz zahlreicher auseinanderdriftenden Tendenzen − im Innersten (als „funktionale Handlungskomplexe" Rehbein 1998, 661) zusammenhält, indem Ämter/Dezernate und Behörden der Wissenschaftsverwaltung (wie die Verwaltungen in allen anderen Institutionen auch) weitgehend normierte Handlungsabläufe des Bereichs koordinieren und kontrollieren sowie nicht zuletzt Wissen (Ergebnisse von wissenschaftlichen Tätigkeiten des Bereichs und von Verwaltungsprozessen) speichern. Der Vielfalt von Aufgabenbereichen der Hochschulverwaltungen entspricht die multiple Differenzierung der Behörden: die *Allgemeine Universitätsverwaltung* wird hierarchisch strukturiert in Organe *Pressestelle, Personalrat, Amt für Auslandsbeziehungen ...*, Dezernate (*Haushalts-* und *Personaldezernat, Dezernat für Akademische Verwaltung, für Betriebstechnik* und *Haushaltsplanung*) sowie Sachgebiete (im Dezernat *Akademische Verwaltung* z. B. *Akademische Angelegenheiten, Studentenangelegenheiten, Akademisches Auslandsamt* (und das zuletzt genannte Sachgebiet wiederum mit den Referaten *EU-Programme, Universitätskontakte, Gästehäuser ...*). Hinzu kommen die (wiederum vielfältig untergliederten) Verwaltungseinheiten der einzelnen Fakultäten und der zahlreichen Institute.

So erweist sich die Verwaltung der Hochschulen als 'Institution innerhalb der Institution', und da sie als staatliche Teilinstitution zusätzlich mit Hoheitsrechten ausgestattet ist, tendiert 'das System Verwaltung' (Luhmann 1985) vielfach zu fortschreitender konservativer Verselbständigung (teils auch gegen objektiv notwendig werdende Veränderungen).

Schon dieser gedrängte (und bei weitem nicht vollständige) Überblick über die Struktur von Hochschulverwaltungen lässt die Vielzahl von einzelnen Verwaltungshandlungen deutlich werden, die für das Funktionieren dieser Institution notwendig ist. Das Grundmuster solcher Verwaltungshandlungen (Rekonstruktion von Sachverhalten − Fallsubsumtion − im Sinne einer 'behördlichen Kategorisierung' (Cicourel 1968) mit folgendem 'eigentlichen Verwaltungsakt', d. h. der Entscheidung mit den Einzelschritten der Anlage einer Akte, der Führung eines Vorgangs, der

Entscheidung mit einem Beschluss über eine Maßnahme, der Ausfertigung eines schriftlichen Bescheids, der Aktendeponierung in der Registratur) ist von Rehbein (1998, 664 ff) im Detail gekennzeichnet worden.

Im Zusammenhang dieses Themas interessiert nun die Frage, wie die kaum überschaubare Anzahl einzelner Verwaltungshandlungen durch unterschiedliche Zwecke, Aufgaben und situative Rahmenkonstellationen vielfältig modifiziert und im Sinne je spezifischer Text- und Kommunikationsmuster aktualisiert wird. Dabei lassen sich verschiedene Gruppen von *Textsorten der Verwaltungskommunikation* voneinander abheben.

(i) Zunächst sind hier die − im Grunde juristischen bzw. politischen und damit verwaltungsexternen − Bezugs- und Rahmentexte für alle Verwaltungsprozesse zu nennen: *Gesetzestexte* (dazu Busse 1992; Beispiele: *Hochschulrahmengesetz, Hochschulerneuerungsgesetz, Gesetze über die Hochschulen im Freistaat Sachsen ...*; *Verordnungen (über die Vergabe von Studienplätzen, über Art und Umfang der dienstlichen Aufgaben, über Nebentätigkeiten an staatlichen Hochschulen ...); Erlasse (über den Aufenthalt ausländischer Studienbewerber, über die Grundsätze für den Hochschulzugang ...)* und *Satzungen* (von in Hochschulen integrierten Instituten (*An-Instituten, In-Instituten ...*). All diese Bezugstexte steuern als normierte Rahmenvorgaben das Verwaltungshandeln auf allen Ebenen. Daher finden sich in den konkreten lokalen Verwaltungstexten immer wieder Zitate aus oder Verweise auf diese Bezugstexte (auch in der Form von Abbreviaturen und Paragraphenangaben).

(ii) Eine zweite Gruppe von Bezugstexten bilden verwaltungsinterne *Dienstanweisungen* und *Geschäftsordnungen*, die − gleichfalls als normierende Rahmentexte − das konkrete Handeln der Verwaltungsangestellten im Rahmen der Institution regeln.

(iii) Als verwaltungsinterne Textsorten können alle Textklassen zusammengefasst werden, die innerhalb der Institution verfasst werden, differenziert nach

a) Textsorten des internen Verwaltungsverkehrs: *Berichte* und *Protokolle* über Beratungen unterschiedlicher Hochschul-Gremien, *Verwaltungsgliederungspläne* mit der Festlegung von Aufgaben für einzelne Sachbearbeiter, interne *Anfragen und Anträge, Mitteilungen, Erklärungen, Abrechnungen ...*

b) Textsorten, die sich an Angehörige der Institution (aber nicht an die Agenten der Verwaltung selbst) wenden: *Bekanntmachungen, Bescheinigungen, Rechnungen, Bescheide* (mit zahlreichen Subtypen), *Urkunden, Zertifikate ...*

c) Textsorten, die − von Außenstehenden − an die Verwaltung gerichtet werden: *Anträge, Anfragen, Eingaben, Widersprüche, Erklärungen* (ev. mit *Anlagen*). Hierher zu stellen sind auch die − von Studenten und Universitätsmitarbeitern, aber auch von Nichtuniversitätsangehörigen − auf Aufforderung der Hochschule ausgefüllten *Formulare*.

Erwähnung verdient schließlich noch, dass an den meisten Hochschulen für den hausinternen Verkehr *Verwaltungshandbücher* erarbeitet wurden, die Studien-, Forschungs-, Finanz- und Personalangelegenheiten sowie Beschaffungsmaßnahmen und Inventarisierungen festlegen und regulieren.

5. Literatur (in Auswahl)

Bungarten, Theo (ed.) (1981a): Wissenschaftssprache. Beiträge zur Methodologie, theoretischen Fundierung und Deskription. München.

− (1981b): Wissenschaft, Sprache und Gesellschaft. In: Bungarten, Theo (ed.) (1981a), 14−53.

Busse, Dietrich (1992): Recht als Text. Tübingen.

Cicourel, A. V. (1968/1975): Sprache in der sozialen Interaktion. München.

Classen, Peter (1983): Studium und Gesellschaft im Mittelalter. München.

Dijk, Teun A. van (1980): Textwissenschaft. Eine interdisziplinäre Einführung. München.

Ehlich, Konrad (1986): Die Entwicklung von Kommunikationstypologien und die Formbestimmtheit sprachlichen Handelns. In: Kallmeyer, Werner (ed.): Kommunikationstypologie. Handlungsmuster, Textsorten, Situationstypen. Düsseldorf, 47−72.

Gläser, Rosemarie (1990): Fachtextsorten im Englischen. Tübingen.

− (1998): Der wissenschaftliche Zeitschriftenaufsatz. In: Hoffmann, Lothar/Kalverkämper, Hartwig/Wiegand, Herbert Ernst (eds.): Fachsprachen. Ein internationales Handbuch der Fachsprachenforschung und Terminologiewissenschaft. Berlin, 482−487.

Göpferich, Susanne (1995): Textsorten in Naturwissenschaften und Technik. Tübingen.

− (1998): Fachtextsorten der Naturwissenschaften und Technik. Ein Überblick. In: Hoffmann, Lothar/Kalverkämper, Hartwig/Wiegand, Herbert Ernst (eds.): Fachsprachen. Ein internationales Handbuch der Fachsprachenforschung und Terminologiewissenschaft. Berlin, 545−555.

Gülich, Elisabeth/Kotschi, T. (1987): Reformulierungshandlungen als Mittel der Textkonstitution. Untersuchungen zu französischen Texten aus mündlicher Kommunikation. In: Motsch, Wolfgang (ed.): Satz, Text, sprachliche Handlung. Berlin, 199–251.

Heinemann, Wolfgang/Viehweger, Dieter (1991): Textlinguistik. Eine Einführung. Tübingen.

Hoffmann, Lothar (1998): Das fachinterne Gutachten zu wissenschaftlichen Arbeiten. In: Hoffmann, Lothar/Kalverkämper, Hartwig/Wiegand, Herbert Ernst (eds.): Fachsprachen. Ein internationales Handbuch der Fachsprachenforschung und Terminologiewissenschaft. Berlin, 500–504.

Hoffmann, Lothar/Kalverkämper, Hartwig/Wiegand, Herbert Ernst (eds.) (1998): Fachsprachen. Ein internationales Handbuch der Fachsprachenforschung und Terminologiewissenschaft. Berlin.

Hummel, Hans J./Bloch, Gerhard (1987): Institution. In: Ammon, Ulrich/Dittmar, Norbert/Mattheier, Klaus J. (eds.): Soziolinguistik. Berlin, 187–197.

Jakobs, Eva-Maria (1997): Textproduktion als domänen- und kulturspezifisches Handeln. In: Adamzik, Kirsten/Antos, Gerd/Jakobs, Eva-Maria (eds.): Domänen- und kulturspezifisches Schreiben. Frankfurt, 9–30.

Jakobs, Eva-Maria/Knorr, Dagmar/Molitor-Lübbert, Sylvie (eds.) (1995): Wissenschaftliche Textproduktion. Mit und ohne Computer. Frankfurt.

Jensen, Uffe Juul (1990): Wissenschaft. In: Sandkühler, Hans Jörg (ed.): Europäische Enzyklopädie zu Philosophie und Wissenschaften. Hamburg, 911–921.

Koerfer, Armin (1994): Institutionelle Kommunikation. Zur Methodologie und Empirie der Handlungsanalyse. Opladen.

Koller, Heinrich (1977): Stadt und Universität im Spätmittelalter. In: Maschke, Erich/Sydow, Jürgen (eds.): Stadt und Universität im Mittelalter und in der frühen Neuzeit. Sigmaringen, 9–26.

Kreibisch, Gernot (1986): Die kommunikative Revolution. Opladen.

Kretzenbacher, Heinz L. (1992): Wissenschaftssprache. Heidelberg.

– (1998): Abstract und Protokoll. In: Hoffmann, Lothar/Kalverkämper, Hartwig/Wiegand, Herbert Ernst (eds.): Fachsprachen. Ein internationales Handbuch der Fachsprachenforschung und Terminologiewissenschaft. Berlin, 493–499.

Kuhn, Hansmartin (1990): Institution. In: Sandkühler, Hans Jörg (ed.): Europäische Enzyklopädie zu Philosophie und Wissenschaften. Hamburg, 493–499.

Luckmann, Thomas (1992): Theorie des sozialen Handelns. Berlin.

Luhmann, Niklas (ed.) (1985): Soziale Differenzierung. Opladen.

Mayntz, Renate (1988): Differenzierung und Verselbständigung. Zur Entwicklung gesellschaftlicher Teilsysteme. Frankfurt.

Michel, Georg (1986): Sprachliche Kommunikation. Einführung und Übungen. Leipzig.

Parsons, T. (1972): The Social System. Glencoe.

Pieth, Christa/Adamzik, Kirsten (1997): Anleitungen zum Schreiben universitärer Texte in kontrastiver Perspektive. In: Adamzik, Kirsten/Antos, Gerd/Jakobs, Eva-Maria (eds.): Domänen- und kulturspezifisches Schreiben. Frankfurt, 31–69.

Rehbein, Jochen (1998): Die Verwendung von Institutionensprache in Ämtern und Behörden. In: Hoffmann, Lothar/Kalverkämper, Hartwig/Wiegand, Herbert Ernst (eds.): Fachsprachen. Berlin/NY, 660–674.

Ripfel, Martha (1998): Die wissenschaftliche Rezension. In: Hoffmann, Lothar/Kalverkämper, Hartwig/Wiegand, Herbert Ernst (eds.): Fachsprachen. Ein internationales Handbuch der Fachsprachenforschung und Terminologiewissenschaft. Berlin, 488–492.

Swales, John M. (1990): Genre Analysis. Cambridge.

Weingarten, Rüdiger (1994): Perspektiven der Schriftkultur. In: Günther, Hartmut/Ludwig, Otto (eds.): Schrift und Schriftlichkeit. Berlin, 573–586.

Wunderlich, Dieter (1976): Studien zur Sprechakttheorie. Frankfurt.

Margot Heinemann, Leipzig/Zittau (Deutschland)

62. Textsorten des Bereichs Medizin und Gesundheit

1. Zur Struktur des Bereichs Medizin
2. Textsorten in medizinischen Fachzeitschriften
3. Medizinisch-wissenschaftliches Schrifttum in Buchform
4. Textsorten der medizinischen Praxis
5. Laienorientierte Textsorten
6. Literatur (in Auswahl)

1. Zur Struktur des Bereichs Medizin

Der Bereich Medizin umfaßt die medizinische Forschung, die Aus-, Fort- und Weiterbildung und die medizinische Praxis. Die starke Spezialisierung in der medizinischen Wissenschaft und in den institutionalisierten Einrichtungen erfordert eine enge Kooperation der an der Patientenbetreuung beteiligten Spezialisten. Wichtige kommunikative Aufgaben erwachsen auch aus der Tatsache, daß der Information des Patienten über seine Krankheit ein hoher Stellenwert im diagnostisch-therapeutischen Prozeß beigemessen wird und daß Fragen der Gesundheitsaufklärung und -beratung zunehmend an Bedeutung gewinnen. Die folgende Darstellung beschreibt Textsorten aus den Bereichen Forschung und Lehre, medizinische Praxis, ärztliche Aufklärung und Gesundheitsförderung.

2. Textsorten in medizinischen Fachzeitschriften

2.1. Originalarbeit

Originalarbeiten, auch als *Originalien* bezeichnet, dienen der Publikation medizinischer Forschungsergebnisse. Der Textsorte Originalarbeit wird ein hoher Stellenwert beigemessen. Dies zeigt sich darin, daß die traditionellen Fachzeitschriften ihre Hefte in der Regel mit der Rubrik Originalarbeiten bzw. Originalien beginnen. Bei einzelnen Spezialzeitschriften, die generell in deutscher und in englischer Sprache publizieren, werden speziell die Originalarbeiten in englischer Sprache erbeten. Die Schriftleitungen verschiedener Zeitschriften weisen darauf hin, daß die eingereichten Manuskripte (neben Originalarbeiten kann dies auch *Kasuistiken* und *Übersichten* betreffen) von anonym bleibenden Gutachtern überprüft werden. Das besondere Ansehen namhafter medizinischer Zeitschriften beruht auf diesem Auswahlverfahren.

Ziel und Zielgruppe ergeben sich jeweils aus dem Profil des entsprechenden Publikationsorgans. So richtet sich z. B. die „Deutsche Medizinische Wochenschrift" an Ärzte aller Fachgebiete und strebt die interdisziplinäre Vermittlung neuer Erkenntnisse an. Eine Spezialzeitschrift wie „Herz/Kreislauf" publiziert Originalarbeiten aus dem Gebiet Kardiologie und Angiologie, die für die Klinik und Praxis von Interesse sind. Der Aspekt der Praxisrelevanz bei der Publikation von Forschungsergebnissen spielt in den medizinischen Zeitschriften eine wichtige Rolle. Die meisten medizinischen Fachzeitschriften veröffentlichen Hinweise für Autoren, in denen Vorgaben für die Manuskripterstellung von Originalarbeiten, Kasuistiken und Übersichtsarbeiten gegeben werden. Generell werden Vorgaben zum Richtumfang der einzelnen Textsorten und zur Textgliederung gegeben. Ein Teil der Zeitschriften gibt darüber hinaus auch Vorgaben in bezug auf den Umfang der Zusammenfassung, die Art ihrer Strukturierung und die Anzahl der Schlüsselwörter. Einzelne Zeitschriften begrenzen die Anzahl der Literaturangaben (in Abhängigkeit von der Textsorte) und auch − wie z. B. „Der Chirurg" − die Zahl der Autoren. Die Vorgaben in bezug auf die Textmakrostruktur sind an der international üblichen Standardgliederung ausgerichtet. Die Schriftleitungen namhafter Zeitschriften verweisen darauf, daß sie sich eine redaktionelle Überarbeitung angenommener Manuskripte vorbehalten. Eine diachrone Analyse des Textaufbaus von Originalarbeiten in der „Deutschen Medizinischen Wochenschrift" hat ergeben, daß bis 1943 eine große Varianz im Textaufbau festzustellen ist. Die Texte des Jahrgangs 1964 waren bereits zur Hälfte und die Texte des Jahrgangs 1984 alle gegliedert (vgl. Ylönen 1993, 93).

Die Textmakrostrukturen der Originalarbeiten bieten im medizinischen Schrifttum der Gegenwart ein relativ einheitliches Bild. Die Textsorte Originalarbeit hat in der Regel folgenden Aufbau: *Kopf* − deutsche und englische *Zusammenfassung* − deutsche und englische *Schlüsselwörter* − *Einleitung* − *Methodik* − *Ergebnisse* − *Diskussion* − *Schlußfolgerungen* (fakultativ) − *Danksagung* (fakultativ) − *Literaturverzeichnis*. Der *Kopf* des Beitrages besteht aus folgenden Angaben: *Überschrift* (teilweise mit *Untertitel*), *Name des Autors* bzw. *Namen der Autoren, Bezeichnung und Ort der Klinik/des Instituts*, aus dem die Arbeit stammt, einschließlich der Nennung des Leiters der Institution. Originalarbeiten haben zumeist eine Vielzahl von Autoren, die häufig auch verschiedenen Institutionen angehören. Als Autoren werden in der Regel Personen aufgenommen, die wesentlichen Anteil an der Untersuchung haben (vgl. Ylönen 1993, 90). Der korrespondenzführende Autor wird in einer Fußnote oder am Ende des Beitrages mit vollständiger Anschrift einschließlich des akademischen Titels genannt. In einigen Zeitschriften werden auch das Datum der Einsendung und das Datum der Annahme des Manuskripts angeführt. Diese für medinische Beiträge charakteristischen detaillierten personellen, örtlichen und zeitlichen Angaben können einem schnellen wissenschaftlichen Diskurs dienlich sein.

Die cinzelnen Teiltexte für Originalarbeit werden explizit benannt, nur die Überschrift *Einleitung* ist fakultativ. Varianten der Textüberschrift *Methodik* können z. B. *Material und Methode, Methodik und Krankengut, Patienten und Methoden* u. ä. sein. Eine weitere Untergliederung des Textes durch thematische Zwischenüberschriften ist vor allem bei dem Teiltext Methodik, dem Teiltext Ergebnisse und teilweise auch beim Teiltext Diskussion üblich. Die Übersichtlichkeit und Einprägsamkeit wird auch durch eine starke Einbeziehung nichtverbaler Elemente erhöht. Insbesondere die Ergebnisse der Untersuchung werden in Form von Tabellen und Abbildungen dargestellt. Der Teiltext *Diskussion* setzt die Untersuchungsergebnisse in Beziehung zum in der Literatur dargestellten Forschungsstand. Schlußfolgerungen aus den vorgestellten Ergebnissen können auch in Form eines eigenen Teiltextes angeschlossen werden. Hier können auch Empfehlungen formuliert werden. Ein fakultatives Element ist auch die *Danksagung*. Wenn ein Dank − z. B. an die an der klinischen Betreuung der Patienten beteiligten Mediziner notwendig erscheint − erscheint dies als letzter Absatz des Teiltextes Diskussion bzw. Schlußfolgerung oder als eigener Teiltext Danksagung. *Zusammenfassungen* werden zumeist vorangestellt. Manchmal befindet sich die englische Version der Zusammenfassung auch am Ende des Beitrags. Wenn Zusammenfassungen in strukturierter Form abgefaßt werden, so wird in der Regel die im Text verwendete Gliederung angewandt. Die *Schlüsselwörter* schließen sich zumeist an die Zusammenfassung an. Um die Übersichtlichkeit zu erhöhen, werden die Zusammenfassungen zunehmend drucktechnisch vom übrigen Text abgehoben. Im *Literaturverzeichnis* werden die im Text durch Ziffernhinweise erwähnten Arbeiten alphabetisch geordnet und numeriert.

2.2. Kasuistik

Die Textsorte *Kasuistik* ist eine medizin-spezifische Textsorte. In den Zeitschriften werden als Bezeichnung für die entsprechende Rubrik auch die Deklaration *Fallbericht, Der Fall, Der interessante Fall* und *Der besondere Fall* verwendet. Im medizinischen Schrifttum werden die Benennungen *Kasuistik* und *Fallbeschreibung* bevorzugt.

Den Kasuistiken wird ein spezifischer Stellenwert für den ärztlichen Wissens- und Erfahrungserwerb beigemessen. Die „DMW"-Autorenrichtlinien für Kasuistiken geben folgende Charakteristik dieser Textsorte: „Die Kasuistik ist der wissenschaftliche Bericht des Arztes über eine Krankheit und deren Verlauf bei einem speziellen Patienten. Aus pädagogischer Sicht handelt es sich um ein 'Instrument' der medizinischen Lehre. Theoretisches Wissen und dessen praktische Anwendung werden simultan vermittelt. So hat die Kasuistik dem Lehrbuchartikel die Praxisnähe voraus, in übertragenem Sinn stellt sie das schriftliche Pendant zum 'bedside teaching' dar" (1994, 17). Fallberichte werden offenbar in allen medizinischen Zeitschriften, die praktisch-klinische Aufgabenfelder haben, regelmäßig publiziert. Ylönen hat in ihrer Untersuchung zur Textsorte Originalarbeit in der „Deutschen Medizinischen Wochenschrift" aufgezeigt, daß sich die Kasuistiken als eigene Textsorte von den Originalarbeiten abgespalten haben. Bis 1943 seien die Originalarbeiten meist Fallstudien gewesen (1993, 86ff). Dieser Umstand ist auch gegenwärtig noch sichtbar. So ordnet die Zeitschrift „Herz/Kreislauf" den Fallbericht in die Rubrik Originalarbeit ein. Hinsichtlich der Textmakrostruktur ist es in den letzten Jahren üblich geworden auch den Kasuistiken eine deutsche und englische Zusammenfassung sowie Schlüsselwörter voranzustellen, auch wenn nicht alle Zeitschriften einheitlich verfahren. Es ergibt sich in der Regel folgende Struktur: *Kopf − Zusammenfassung − Schlüsselwörter* (fakultativ) − *Einleitung* (fakultativ) − *Fallbeschreibung − Diskussion − Schlußfolgerungen* (fakultativ) − *Danksagung* (fakultativ) − *Literaturverzeichnis*. Der kasuistische

Teiltext kann die Überschriften *Fallbeschreibung*, *Kasuistik* oder *Fallbericht* haben. Dieser Teiltext ist durch Zwischenüberschriften stark untergliedert. Die Art der Zwischenüberschriften hängt vom vorgestellten Krankheitsfall ab. Konstitutive Elemente der Binnenstruktur dieses Teiltextes sind: *Anamnese, klinischer Aufnahmebefund, klinisch-chemische Befunde, technische Untersuchungsbefunde, Therapie und Verlauf*. Abbildungen (Patientenfotos, Fotographien von Befunden bildgebender Verfahren und histologischer bzw. makroskopischer Präparate) sind ein wesentlicher Bestandteil des kasuistischen Teiltextes. Auch der Teiltext Diskussion kann durch Zwischenüberschriften strukturiert sein. Der Teiltext *Schlußfolgerungen* tritt selten auf. Wenn sich eine *Danksagung* anschließt, so zumeist als letzter Absatz der Diskussion. Gedankt wird mit namentlicher Nennung den Ärzten, die an der Betreuung des vorgestellten Patienten beteiligt waren bzw. spezifische Untersuchungen durchgeführt haben. Strukturierte *Zusammenfassungen* sind bisher nicht häufig. Ihre Binnenstruktur besteht in der Regel aus den Segmenten *Hintergrund, Eigene Beobachtung (Falldarstellung)* und *Schlußfolgerung*. In kasuistischen Beiträgen wird in der Regel ein Patient vorgestellt. Werden mehrere Fälle vorgestellt, so werden die Fälle in numerierter Reihenfolge jeweils einzeln beschrieben (*Fall 1, Fall 2* oder auch *Patient 1, Patient 2*) und dann gemeinsam diskutiert.

Fallbeschreibungen haben die Funktion, die ärztliche Alltagserfahrung zu bereichern. Nach Maisch sind sie „ein besonders gut geeignetes intellektuelles ‚Therapeutikum', um vereinfachtem, reflexartigem, diagnostischem Denken vorzubeugen" (1994, 135). Falldarstellungen sollen die Identifikation des ärztlichen Lesers mit dem Autor, dem behandelnden Arzt ermöglichen, um „die Krankengeschichte in zum Teil detektivischer Kleinarbeit zu analysieren, die Spuren pathophysiologischer Abläufe zu sichern, pathogenetische Hypothesen zu formulieren und therapeutische Konsequenzen zu ziehen" (vgl. Maisch 1994, 133). Für das Verfassen einer Kasuistik ist daher das Einhalten des chronologischen Ablaufs unbedingt erforderlich. Die „DMW-Autorenrichtlinien für Kasuistiken" (1994, 17f) weisen darauf hin, daß Kasuistiken ein Zeitgefühl für den Krankheitsverlauf vermitteln sollen und „den Klärungswillen des Untersuchers und sein zielgerichtetes Denken" erkennen lassen sollen. Ausgehend von der Vermittlung eines Gesamteindrucks vom Patienten müsse am Ende der klinischen Untersuchungen eine erste Zäsur eingelegt werden und die Verdachtsdiagnose niedergeschrieben werden. Eine zweite Zäsur und weitere Zäsuren seien erforderlich, wenn bestimmte Untersuchungsergebnisse zu einer Richtungsänderung in der Diagnostik führen. Die endgültige Diagnose sei explizit zu formulieren (im Text erscheint sie vielfach auch drucktechnisch hervorgehoben). Auch im Teiltext Diskussion, in dem die Wichtung der kasuistischen Darstellung in Hinblick auf das in der Literatur vorhandene Wissen erfolgt, soll die Chronologie der Ergebnisse eingehalten werden. In sprachlicher Hinsicht stellt die Textsorte Kasuistik eine Schnittstelle zur schriftlichen Arbeitssprache der Medizin dar, da im Teiltext Fallbeschreibung weitgehend die Dokumente der Krankenakte des vorgestellten Patienten in anonymisierter Form übernommen werden. Es entsteht die schwierige Aufgabe, eine große Stoffülle zu bewältigen und die Daten der Krankenakte, die teilweise auf Formularen erfaßt sind. Diese Problematik wird von den Schriftleitungen thematisiert, wenn beispielsweise gefordert wird, daß in den Kasuistiken auch bei der Darlegung der klinisch-chemischen Befunde „Aufzählungscharakter und Telegrammstil" zu vermeiden seien und die Beschreibung in kurzen, vollständigen Sätzen erfolgen solle (DMW-Autorenrichtlinien für Kasuistiken, 1994, 18). Eine Durchsicht von Kasuistiken in Fachzeitschriften verschiedener medizinischer Gebiete zeigt aber, daß das Bemühen um ausgeformte Sätze erkennbar ist, aber vielfach – vor allem bei der Beschreibung der Befunde – solche elliptischen Formen vorliegen, wie sie in den Befundberichten der Krankenakte bevorzugt werden.

2.3. Übersicht

Übersichtsarbeiten sind konstitutiver Bestandteil aller medizinischen Fachzeitschriften. Ihnen wird die höchste Seitenzahl zugebilligt. *Übersichten* sind Sekundärtexte. Sie werden vielfach auf Anforderung der Schriftleitung von renommierten Autoren verfaßt. Übersichtsarbeiten bieten den aktuellen wissenschaftlichen Stand zu einem praxisrelevanten Thema mit dem Ziel der Fortbildung der in Klinik und Praxis tätigen Mediziner.

Die Gliederung der Texte erfolgt durch Zwischenüberschriften und ist themenabhängig. So ähnelt beispielsweise die Textstruktur von Übersichten zu Krankheitsbildern der

Strukturierung von Lehrbuchkapiteln. Charakteristisch ist, daß häufig Schlußabschnitte wie *Resümee, Zusammenfassende Schlußbetrachtung* oder *Ausblick* gegeben werden. Gegebenenfalls angefügte *Danksagungen* gelten zumeist Kollegen für kritische Anmerkungen und Kommentare. Ein wesentlicher Bestandteil dieser Textsorte sind Tabellen, da diese eine übersichtliche Darstellung von Daten und Klassifikationen ermöglichen. *Kopf* und *Literaturverzeichnis* entsprechen den bei Originalarbeiten üblichen Vorgaben. Einige Fachzeitschriften sind dazu übergegangen, den Übersichten auch deutsche und englische *Zusammenfassungen* und *Schlüsselwörter* voranzustellen.

Fachorgane, die ihren Schwerpunkt vor allem im Bereich der Fort- und Weiterbildung sehen — wie dies z. B. bei der Zeitschrift „Der Internist" der Fall ist — bieten vorrangig fundierte Übersichtsarbeiten an. Es werden Themenhefte zu einem bestimmten Leitthema gestaltet. Das Themenheft wird durch ein *Editorial* des Heftherausgebers eröffnet. In dieser Einführung zum Thema wird der aktuelle Stellenwert des Leitthemas für den praktizierenden Internisten kommentiert. Die einzelnen Übersichtsbeiträge werden durch praxisrelevante redaktionelle Ergänzungstexte aufbereitet. Als farbig unterlegte Kastentexte erscheinen am Anfang des Beitrages ein einführender Teiltext mit dem Titel *Zum Thema* (mit Schlüsselwörtern) und am Ende des Beitrages das *Fazit für die Praxis*. Insbesondere der abschließende Teiltext ist ein verdichteter und teilweise stark strukturierter Text.

2.4. Abstract

Mit Hilfe von *Abstracts*, auch *Kurzfassungen* genannt, werden Vorträge oder Poster auf einem Kongreß angemeldet. Poster sind plakatartig aufgemachte Darstellungen von Forschungsergebnissen, die während wissenschaftlicher Konferenzen in Posterdemonstrationsräumen ausgehängt werden. Die Diskussion zu den auf diese Weise präsentierten Ergebnissen ist während einer Posterbegehung möglich, da zu diesem Zeitpunkt Anwesenheitspflicht für den Erstautor besteht. Dadurch wird die Möglichkeit, neueste wissenschaftliche Ergebnisse vorzustellen, erweitert, und gleichzeitig bietet sich für den hochspezialisierten Kongreßteilnehmer die Möglichkeit, sich intensiver mit den ihn interessierenden Beiträgen zu befassen und Fragen in kleinen Diskussionsrunden zu erörtern.

Poster selbst werden in der Regel nicht publiziert. Ihr Inhalt wird — ebenso wie bei Vorträgen, die nicht zum Druck eingereicht werden — durch Publikation der eingesandten Kurzfassungen in Fachzeitschriften bzw. als Supplementband der Zeitschriften der breiten wissenschaftlichen Öffentlichkeit zugänglich gemacht. Die Abfassung der Kurzfassungen erfolgt auf der Grundlage der von der Kongreßleitung vorgegebenen Richtlinien. Im Regelfall sind Kurzfassungen nach dem international üblichen Schema *Fragestellung — Methodik — Ergebnisse — Schlußfolgerungen* strukturiert. Die im *Kopf* gegebenen Daten sind — abweichend von den Originalarbeiten — auf folgende Weise angeordnet: *Autorenname, Name und Ort der Institution, Titel*. Kurzfassungen unterliegen den Bedingungen von Originalarbeiten. Der Verfasser muß die Originalität des Beitrages erklären, und die Beiträge werden im Hinblick auf Originalität und Qualität von Gutachterkommissionen beurteilt.

Da Kurzfassungen durch vorgegebene Formulare in ihrem Umfang streng limitiert sind, handelt es sich um stark verdichtete Texte, da zumeist umfangreiche Datenmengen mitgeteilt werden müssen. Die Ergebnisse können dabei nicht nur als Text, sondern auch als Tabelle oder Abbildung dargestellt werden. Weiterhin kann im Text Literatur zitiert werden. Die entsprechenden Literaturangaben werden am Ende des Textes angefügt. Gegebenenfalls werden bei Förderung des Projektes die fördernde Institution und das Aktenzeichen genannt.

2.5. Kommentierte Referate

Referate gehören von Beginn an zu den Rubriken medizinischer Fachzeitschriften (vgl. Siefert 1969, 338). Mit Hilfe der *Kommentierten Referate* sollen aktuelle Ergebnisse der Originalpublikationen vermittelt werden.

Die Textmakrostruktur dieser Textsorte besteht aus folgenden Segmenten: *Titel — Name des Verfassers — Quellenangabe — Zusammenfassung — Kommentar — Fazit* (fakultativ) — *Literaturverzeichnis*. Variationen dieses Schemas gibt es bei der Stellung von Verfassernamen und Quellenangabe. Vollständige Literaturangaben können auch in den Teiltext Kommentar integriert sein. In der *Zusammenfassung* werden Methoden und Ergebnisse der Originalarbeit vorgestellt. Im *Kommentar* erfolgt eine kritische Wichtung. Außerdem wird auf weitere Literatur zum Thema hingewiesen.

2.6. Mediquiz

Diese Textsorte ist fester Bestandteil einiger medizinischer Fachzeitschriften. Die sich dieser Textsorte bedienen, verwenden eigene, z. T. fachspezifische Textdeklarationen: *Mediquiz, Röntgen-Quiz, Gastroenterologisches Röntgenquiz, Papillen-Quiz, vasomed-Quiz, Ihre Diagnose*?

Wie die Bezeichnungen zeigen, soll diese Textsorte die Funktion eines Repetitoriums für den praktisch tätigen Mediziner haben. Es handelt sich um eine Variation einer Fallbeschreibung, die in zwei voneinander getrennte Teiltexte – die Aufgabenstellung und die Lösung – gegliedert wird. In der Aufgabenstellung wird eine kurze Fallbeschreibung gegeben, zumeist verbunden mit Abbildungen von Befunden. Es können auch nur Befunde abgebildet sein. Gefragt wird nach der Diagnose. Die Auflösung – in manchen Zeitschriften auch räumlich getrennt angeordnet – enthält neben der Nennung der Diagnose eine Beschreibung des Krankheitsbildes.

3. Medizinisch-wissenschaftliches Schrifttum in Buchform

3.1. Überblick

Das medizinisch-wissenschaftliche Schrifttum ist durch eine außerordentliche Vielfalt gekennzeichnet. Eine Orientierung am Titel der Publikation gibt keinen verläßlichen Aufschluß über die Zuordnung zu einem bestimmten Typus. Relativ eindeutig ist die Zuordnung zu den Textsorten *Handbuch* und *Lehrbuch*. Manche Werke werden von ihren Autoren ausdrücklich als zwischen Handbuch und Lehrbuch stehend charakterisiert. Die Mehrheit der Veröffentlichungen stellt spezialisiertes Fachwissen zu einem bestimmten Gegenstand dar. Vielfach wird im Titel der Zusatz „in Klinik und Praxis" verwendet, um die Ausgerichtetheit auf die Bedürfnisse der praktischen Medizin zu signalisieren. Für die Bedürfnisse der ärztlichen Praxis kann medizinisches Wissen auch nach verschiedenen Prinzipien angeordnet sein. So enthalten z. B. Publikationen, die die Bezeichnung *Diagnostik* bzw. *Differentialdiagnostik* tragen, spezifisches Wissen über die Relevanz von Symptomen (vgl. Hucklenbroich 1992, 87). Um eine schnelle Orientierung zu ermöglichen, wird teilweise eine stark schematische Darstellungsform gewählt.

Konstitutive Bestandteile der medizinisch-wissenschaftlichen Buchpublikationen sind in der Regel *Vorwort* (häufig auch zusätzlich ein *Geleitwort*), *Inhaltsverzeichnis, Sachwortverzeichnis, Quellen- und Literaturverzeichnis.* Art und Anteil der nicht verbalen Elemente sind von der Thematik abhängig. Adressatenkreis und Funktion des Werkes werden zumeist im Vorwort beschrieben.

3.2. Lehrbuch

Medizinische *Lehrbücher* zielen darauf ab, ein Gebiet der Medizin übersichtlich und systematisch darzubieten. Sie sind in erster Linie für die Aus- und Weiterbildung konzipiert, dienen aber auch als Nachschlagewerke für den praktisch tätigen Arzt. Lehrbücher, die nicht an den Medizinstudenten bzw. Arzt sondern an andere Berufe des medizinischen Berufsfeldes – wie z. B. Krankenpflegeberufe, Apotheker, Heilpraktiker – gerichtet sind, zeigen dies im Titel an. Insbesondere die Standardwerke werden zumeist von einer Vielzahl von Beitragsautoren unter der Leitung eines oder mehrerer Herausgeber erstellt. Charakteristisch ist, daß eine einheitliche Strukturierung aller Kapitel angestrebt wird. So werden z. B. in einem traditionellen Lehrbuch der Inneren Medizin die Krankheitsentitäten nach folgendem Schema beschrieben: *Definition, Ätiologie und Pathogenese, Klinik, Diagnostik und Differentialdiagnostik, Therapie.* Gegenwärtig ist eine zunehmende Didaktisierung zu verzeichnen. Tabellarische Übersichten und umfangreiches Bildmaterial erhöhen den Informationswert. Weiterführende Literatur wird jeweils den einzelnen Kapiteln zugeordnet. In bezug auf die sprachliche Gestaltung sind medizinische Lehrbuchtexte durch einen hohen Grad an Komplexität gekennzeichnet. Schefe, der die syntaktische Struktur medizinischer Lehrbuchtexte analysiert hat, kommt zu der Feststellung, daß die Verwendung von syntaktischen Mustern in starkem Maße vom deskriptiven Charakter der medizinischen Terminologie beeinflußt sei und daß die 'Kompaktheit' „der beherrschende Zug der Darstellung" sei (Schefe 1975; vgl. auch Löning 1981, 89 f).

3.3. Handbuch

Das medizinische *Handbuch* hat sich im 19. Jh. als ein neuer Typus von Nachschlagewerken herausgebildet (vgl. Dressler 1994, 70). Handbücher sind systematische und umfassende Darstellungen zu einem Gebiet der Medizin und streben thematische Vollständigkeit sowie einen ausreichenden Quellennachweis an.

Handbücher sollen auch die Beantwortung sehr spezieller und selten auftretender Fragen ermöglichen. Allerdings müssen in der Gegenwart auch Handbücher eine Auswahl im Hinblick auf die zu berücksichtigende Forschungsliteratur treffen. An der Erstellung von Handbüchern sind eine Vielzahl von Spezialisten beteiligt. Handbücher sind vielfach Fortsetzungswerke (vgl. Lippert 1989, 111).

3.4. Leitfaden

Der Textsortenbezeichnung *Leitfaden* sollen Publikationen zugeordnet werden, die für sich die Merkmale Kompaktheit, schnelle Verfügbarkeit und Praxisbezogenheit in Anspruch nehmen. Zielstellung ist, praxisrelevantes Expertenwissen in leicht abrufbarer Form zur Verfügung zu stellen. Das Buchangebot ist in sich stark differenziert. Als Bezeichnung treten auch *Kompendium* und gelegentlich *Fibel* auf.

Als Beispiel soll auf das Konzept der „Klinikleitfaden"-Reihe verwiesen werden. Der Klinikleitfaden wird als *Kitteltaschenbuch* deklariert. Medizinisches Wissen soll komprimiert und praxisorientiert dargestellt werden (vgl. Braun 1994, X). Charakteristisch ist, daß eine *Bedienungsanleitung* und ein *Abkürzungsverzeichnis* vorangestellt sind. Statt eines vollständigen Inhaltsverzeichnisses haben die Bücher dieser Reihe einen ausführlichen *Index*. Die starke Strukturierung des Textes wird durch Zweifarbendruck und Kastentexte unterstrichen. Die sprachliche Gestaltung ist durch die Verwendung elliptischer Formen und gehäuft auftretender Aufzählungen gekennzeichnet. Charakteristisch ist auch eine starke Verwendung von Abkürzungen und Symbolen. Das gehäufte Auftreten modalisierender Anführungszeichen ist ein Indiz für die Aufnahme des sog. klinischen Jargons. Insgesamt ist in dieser Reihe eine enge Anlehnung an die schriftliche Arbeitssprache der Medizin zu konstatieren.

3.5. Atlas

Die Textdeklaration *Atlas* wird für Buchpublikationen verwendet, in denen die Abbildung im Mittelpunkt der Darstellung steht. Neben dem traditionellen „Atlas der Anatomie" werden die durch moderne technische Verfahren gewonnenen visuellen Informationen in Atlanten abgebildet (z. B. „Ultraschallatlas"). Charakteristisch für Atlanten, die mit Hilfe bildgebender Verfahren gewonnene Bilder dokumentieren, ist, daß den Bilddokumenten jeweils Schemazeichnungen, die das Wesentliche hervorheben, beigefügt sind. In den den Abbildungen zugeordneten Legenden werden die Bilddokumente analysiert und die Befunde interpretiert. Vielfach werden Befunde durch Symbole markiert.

3.6. Medizinisches Wörterbuch

Medizinische *Wörterbücher* führen in ihrem Titel die Bezeichnung *Wörterbuch* oder die Bezeichnung *Lexikon*. Schaeder (1994, 33 f) stellt fest, daß vermutlich beide Bezeichnungen ohne erkennbaren Unterschied sowohl für allgemeine als auch für spezielle Nachschlagewerke der Medizin verwendet werden. Eine gewisse Dominanz der Bezeichnung Lexikon lasse sich bei allgemeinen Nachschlagewerken, die für ein Laienpublikum verfaßt sind, feststellen.

Auf Grund der alphabetischen Anordnung der Einträge bieten medizinische Wörterbücher eine rasche Erstinformation zu einem bestimmten medizinischen Sachverhalt. Die Attraktivität medizinischer Wörterbücher liegt für den Benutzer u. a. auch in ihrer Aktualität. Wichtige medizinische Wörterbücher gewährleisten dies durch rasch aufeinanderfolgende Auflagen, so daß Wörterbücher der Medizin in der Regel einen relativ aktuellen Stand der jeweiligen Medizin widerspiegeln (vgl. Dressler 1994, 69).

Die zunehmende Spezialisierung in der Medizin spiegelt sich auch in den Entwicklungen innerhalb der medizinischen Fachlexikographie wider. Neben den traditionellen Standardwerken erscheinen zunehmend Spezialwörterbücher. Das sind Fachwörterbücher medizinischer Teildisziplinen, die sich zum Ziel stellen, eine aktuelle lexikalische Darstellung des Fachgebietes zu geben bzw. Wörterbücher, die Wissensbereiche aus interdisziplinärer Sicht — theoretische und klinische Bereiche sowie ihre Nachbardisziplinen — lexikalisch erschließen, um komplexe Zusammenhänge sichtbar zu machen (vgl. Wiese 1994a, 13).

Der Adressatenkreis medizinischer Wörterbücher kann auch heterogen sein. So stellt Zink fest, daß das unter seiner Leitung herausgegebene Nachschlagewerk „Pschyrembel. Klinisches Wörterbuch" im Laufe seiner Entwicklung seinen Leserkreis erheblich erweitert hat und „neben Ärzten, Studierenden der Medizin, Angehörigen der medizinischen Hilfsberufe und anderer Berufsgruppen mit Bezügen zur Medizin vor allem auch besorgte Patienten und interessierte Laien" (1994, 90) informiert. Spezifische Adressatengruppen medizinischer Wörterbücher können das Pflegepersonal, spezielle Berufe des medizinischen Berufsfeldes und fachliche Laien sein.

Medizinische Wörterbücher enthalten im Regelfall ein *Vorwort*, *Benutzerhinweise* mit Erläuterungen zu Verweisen, Artikelstruktur und Alphabetisierungsprinzipien sowie *Abkürzungsverzeichnisse* und gegebenenfalls ein *Mitarbeiterverzeichnis* sowie als Anhang ein *Quellenverzeichnis* der Abbildungen. In bezug auf den Aufbau der Wörterbuchartikel wird eine gewisse Standardisierung angestrebt. Dabei erfordern verschiedene Stichwortarten eine unterschiedliche Mikrostruktur. Für medizinische Wörterbuchartikel charakteristische Textsegmente sind die Nennung der oft zahlreichen Synonyme, etymologische Angaben und biographische Erläuterungen bei den Eponymen. Für die sprachliche Gestaltung der Stichworttexte sind Abkürzungen und elliptische Strukturen charakteristisch.

4. Textsorten der medizinischen Praxis

4.1. Überblick

Es gehört zu den Berufspflichten des Arztes, Untersuchung und Behandlung des Patienten zu dokumentieren. Dies erfolgt mittels Patientenkartei und Krankengeschichte. Die Übernahme der Behandlung durch andere Ärzte, die Untersuchung des Patienten in Spezialeinrichtungen, der Schriftverkehr mit Krankenkassen und Behörden ist mit einer Vielzahl von Kommunikationsvorgängen verbunden. Die Gebührenverordnung unterscheidet zwischen Formularwesen und ärztlichen Mitteilungen (vgl. Schriml 1990, 121 ff). Das Ausfüllen der Vordrucke, wie z. B. *Krankenschein*, *Überweisungsschein*, *Arzneiverordnungsblatt (Kassenrezept)*, *Totenschein*, *Mutterpaß* u. a., erfolgt auf der Grundlage von Vordruckvereinbarungen, die die Verbindlichkeit der Vordruckmuster regeln und Ausfüllanleitungen beinhalten. Ärztliche Mitteilungen sind z. B. *Befundmitteilungen* (einfache Befundberichte ohne kritische Stellungnahme und Empfehlung), *Befundberichte* (Befundberichte mit kritischer Stellungnahme und Empfehlung zur Behandlung), *Briefe ärztlichen Inhalts*, *Gutachten*, *Krankheitsberichte*, *Atteste*.

4.2. Krankengeschichte

Schriftstücke, die im Zusammenhang mit einem Klinikaufenthalt eines Patienten angefertigt werden, werden in der *Krankengeschichte* des Patienten erfaßt. Die Krankengeschichte enthält die *Anamnese*, *den Aufnahmebefund*, *Aufzeichnungen zu Diagnose*, *Therapie und Krankheitsverlauf*, *die Fieberkurve*, *den Pflegebericht* und *den Arztbrief*. Je nach der Art der durchgeführten Diagnostik sind in der Krankengeschichte die *Befunde* weiterführender Labor-, Röntgen-, EKG- und Ultraschalluntersuchungen sowie Ergebnisse von Konsiliaruntersuchungen erfaßt. Mit dem Patienten geführte Aufklärungsgespräche werden ebenfalls dokumentiert.

Von Burg, die die in einer Krankengeschichte anfallenden Schriftstücke auf ihre sprachliche Struktur und ihre Textualität untersucht hat, stellt fest, daß sich die Krankengeschichte „aus einem bunten Konglomerat von Texten, Bruchteilen von Texten und Schriftstücken, deren Einreihung Schwierigkeiten bereitet, zusammensetzt". Weiterhin verweist von Burg darauf, daß die Schriftstücke in ihrem Aufbau außerordentlich divergieren und daß viele Eintragungen als „Niederschlag vieler Dialoge mit verschiedenen Partnern zu betrachten" seien (1990, 76). In bezug auf die sprachliche Gestaltung spricht von Burg von der „Arbeitssprache der Medizin". Als Beispiel sei die Beschreibung der sprachlichen Charakteristika von Befundberichten bei bildgebenden Verfahren angeführt: „Einfache Sätze, höchstens eingliedrige Gefüge, bedeutungsarme Verben, Ellipsen, Substantivierungen. Der Grad der Ausführlichkeit oder Knappheit hängt vom Autor, eventuell vom Stil der Klinik, ab" (1990, 155).

4.3. Arztbrief

Unter dem *Arztbrief* versteht man „den schriftlichen Bericht an einen untersuchenden oder behandelnden Kollegen in Form eines Überweisungs-, Befund- oder Entlassungsberichtes" (Neumann-Mangoldt 1970, 1). Der Arztbrief als Entlassungsbericht dient als Information für den einweisenden und für den weiterbehandelnden Arzt und enthält in der Regel Angaben über erhobene Befunde, Diagnose, Verlauf und Therapie sowie Vorschläge für die Weiterbehandlung des Patienten.

5. Laienorientierte Textsorten

5.1. Aufklärungsbogen

Die Textsorte *Aufklärungsbogen* ist ein als *Merkblatt* deklariertes Formular, das im Rahmen der ärztlichen Risikoaufklärung dem Patienten vorgelegt wird (Stufenaufklärung nach Weissauer; vgl. Busch 1994, 149 ff; Wiese 1994b, 115 f). Das Merkblatt enthält Informationen zum vorgesehenen Eingriff und zu möglichen Komplikationen. Gleichzeitig haben diese Aufklärungsbögen die Funktion der Einverständniserklärung, sie verbleiben daher als Teil der Krankenakte in der Klinik. Damit ist der Aufklärungsbogen durch den Charakter der Mehrfachadressierung geprägt. Er stellt einerseits eine Information für den Patienten und andererseits eine Absicherung für den Arzt dar. Der Makrostrukturplan des Aufklärungsbogens wird von Busch (1994, 86) wie folgt beschrieben: *Formularzuordnung — Identifikationsvorspann — einführender Vorspann* (Informationsappell, Anrede) *— medizinische Sachdarstellung — metakommunikativer Teil* (Bezug auf das Aufklärungsgespräch) *— Deklarationsteil*. Konstitutiver Bestandteil dieser Textsorte sind weiterhin vereinfachte Schemazeichnungen. Hinsichtlich der Lexik stellt Busch (1994, 85) fest, daß Termini gemieden werden. An ihre Stelle treten gemeinsprachliche Übersetzungen, wobei teilweise die Termini in Klammern beigefügt sind.

5.2. Medikamentenpackungsbeilage

Packungsbeilagen, auch *Beipackzettel* genannt, sind Texte, die unter der Überschrift Gebrauchsinformation allen Fertigarzneimitteln beigelegt werden müssen. Die konstitutiven Bestandteile der Textmakrostruktur sind im Arzneimittelgesetz vorgegeben: *Name und Anschrift des pharmazeutischen Unternehmens, die Bezeichnung des Arzneimittels, Bestandteile, Anwendungsgebiete, Gegenanzeigen, Nebenwirkungen, Wechselwirkungen, Dosierungsanleitung, Art und Dauer der Anwendung*. Vorgeschrieben sind auch Hinweise auf das Verfallsdatum und darauf, daß Arzneimittel unzugänglich für Kinder aufzubewahren sind. Weitere Teiltexte — z. B. *besondere Informationen* u. a. — können erscheinen. Packungsbeilagen sind durch Mehrfachadressierung charakterisiert. Sie sollen den Patienten über Wirksamkeit und Gefahren des Medikaments aufklären, stellen aber gleichzeitig eine Schutzmaßnahme für den Arzneimittelhersteller dar. Daraus erklärt sich die z. T. beträchtliche Länge der Texte (vgl. Deutsch 1997, 533). Darüber hinaus gehen pharmazeutische Firmen dazu über, neben den Pflichtangaben die Beipackzettel mit patientenorientierten Zusatztexten zu versehen. Sie können als reine Zusatzangaben erscheinen oder in Briefform mit persönlicher Anrede und entsprechenden Schlußformeln (Behandlungserfolge- bzw. Besserungswünsche) abgefaßt sein. Zur Textsorte Medikamentenpackungsbeilage liegen umfassende linguistische Analysen vor (Mentrup 1988; Schuldt 1992).

5.3. Medizinische Aufklärungstexte

Das verstärkte Interesse des Patienten an Information über seine Krankheit einerseits und die zunehmende Einsicht in die Wichtigkeit der Prävention andererseits haben dazu geführt, daß eine Vielzahl von Institutionen entstanden sind, die sich Gesundheitsaufklärung zum Ziel setzen. So liegen in Arztpraxen, Apotheken und bei den Krankenkassen Broschüren, Faltblätter, Merkblätter u. ä. aus, deren Zielsetzung Information, Aufklärung und Gesundheitsberatung ist.

Busch (1994, 105 ff), der das in einer Praxis eines praktischen Arztes ausliegende Informationsmaterial analysiert hat, ordnet dieses thematisch zwei Großgruppen zu: explizit krankheitsbezogene Schriften und nicht explizit krankheitsbezogene Schriften (Diät-, Bewegungs- und Reiseratgeber). Busch rechnet diese Informationsschriften der Textsorte *medizinische Aufklärungstexte* zu. Die Autoren sind zumeist Mediziner, als Herausgeber fungieren häufig Pharmafirmen. Weiterhin führt Busch (1994, 108) aus, daß ein einheitlicher Makrostrukturplan nicht vorhanden ist und daß für diese Texte ein kurzer, parataktischer Satzbau, ein weitgehender Verzicht auf Terminologie (Termini werden übersetzt bzw. erklärt), eine starke Untergliederung und eine umfassende Bebilderung charakteristisch sind.

Zu den Aufklärungstexten sind auch die auf dem Buchmarkt erscheinenden *Patientenratgeber* zu rechnen.

6. Literatur (in Auswahl)

Braun, Jörg (eds.) (1994): Klinikleitfaden Innere Medizin. 5. Aufl. Neckarsulm.

Burg, Engelina von (1990): Die schriftliche Arbeitssprache der Medizin. Eine linguistische Untersuchung am Beispiel der Krankengeschichte. Bern/Frankfurt, M./New York/Paris.

Busch, Albert (1994): Laienkommunikation. Vertikalitätsuntersuchungen zu medizinischen Experten-Laien-Kommunikationen. Frankfurt.

Deutsch, Erwin (1997): Medizinrecht. 3., neu bearb. Aufl., Berlin/Heidelberg.

DMW-Autorenrichtlinien für Kasuistiken (1994). In: Deutsche Medizinische Wochenschrift 119. 1994, 17–18.

DMW-Autorenrichtlinien für Originalarbeiten (1994). In: Deutsche Medizinische Wochenschrift 119. 1994, 11−12.

Dressler, Stephan (1994): Wörterbuch-Geschichten. In: Dressler, Stephan/Schaeder, Burkhard (eds.) (1994), 55−81.

Dressler, Stephan/Schaeder, Burkhard (eds.) (1994): Wörterbücher der Medizin. Beiträge zur Fachlexikographie. Tübingen.

Hucklenbroich, Peter (1992): Wissenschaftstheorie als Theorie der Medizin: Themen und Probleme. In: Deppert, Wolfgang/Kliemt, Hartmut/Lohff, Brigitte u. a. (eds.) (1992): Wissenschaftstheorien in der Medizin. Berlin/New York, 65−95.

Lippert, Herbert (ed.) (1989): Die medizinische Dissertation. 3., erw. Aufl. München/Wien/Baltimore.

Löning, Petra (1981): Zur medizinischen Fachsprache. Stilistische Gliederung und Textanalysen. In: Muttersprache 91. 1981, 79−92.

Maisch, B. (1994): Kasuistik − Klassische medizinische Lehrstücke oder Ausnahmen von der Regel? In: Herz 19. 1994, 133−137.

Mentrup, Wolfgang (1988): Zur Pragmatik einer Lexikographie. Handlungsausschnitt − Sprachausschnitt − Wörterbuchausschnitt. 2 Bde. Tübingen.

Neumann-Mangoldt, Peter (1970): Der Arztbrief. 2., überarb. Aufl. München/Berlin/Wien.

Schaeder, Burkhard (1994): Wörterbücher der Medizin − Versuch einer Typologie. In: Dressler, Stephan/Schaeder, Burkhard (eds.) (1994), 25−54.

Schefe, Peter (1975): Statistische syntaktische Analyse von Fachsprachen mit Hilfe elektronischer Rechenanlagen am Beispiel der medizinischen, betriebswirtschaftlichen und literaturwissenschaftlichen Fachsprache im Deutschen. Göppingen.

Schriml, Dieter (1990): Praxisfibel. Stuttgart.

Schuldt, Janina (1992): Den Patienten informieren. Beipackzettel von Medikamenten. Tübingen.

Siefert, Helmut (1969): Rudolf Virchow und das medizinische Schrifttum des 19. Jhs. In: Technikgeschichte in Einzeldarstellungen 17. Düsseldorf, 315−347.

Wiese, Ingrid (1984): Fachsprache der Medizin. Eine linguistische Analyse. Leipzig.

− (1994a): Medizinische Fachsprache und Fachlexikographie − Theoretische Aspekte. In: Dressler, Stephan/Schaeder, Burkhard (eds.) (1994), 13−24.

− (1994b): Zum Einfluß der ärztlichen Aufklärung auf Krankheitswissen und Sprachgebrauch bei Patienten mit chronischen Krankheiten. In: Redder, Angelika/Wiese, Ingrid (eds.) (1994): Medizinische Kommunikation. Diskurspraxis, Diskursethik, Diskursanalyse. Opladen, 115−124.

Ylönen, Sabine (1993): Stilwandel in wissenschaftlichen Artikeln der Medizin. In: Schröder, Hartmut (eds.) (1993): Fachtextpragmatik. Tübingen, 81−98.

Zink, Christoph (1994): Benennen und Erklären − richtig, schön und nützlich: Wie entsteht ein „gutes" Wörterbuch? In: Dressler, Stephan/Schaeder, Burkhard (eds.) (1994), 93−113.

Ingrid Wiese, Leipzig
(Deutschland)

63. Textsorten im Bereich des Sports

1. Forschungsstand und Kommunikationsbereich
2. Textsorten und Mannschaftssportarten
3. Zeitungssprachliche Textsorten
4. Gesprochene Textsorten in den Medien Rundfunk und Fernsehen
5. Textsorten und Grade der Fachlichkeit
6. Literatur (in Auswahl)

1. Forschungsstand und Kommunikationsbereich

Das Verhältnis von 'Sprache und Sport' wird mit verschiedenen Erkenntniszielen untersucht. Dabei lassen sich drei Traditionsstränge unterscheiden (Simmler 1991, 250−261). In einer ersten Phase geht es zunächst darum, eine Varietät 'Sportsprache' aus dem Phänomenbereich der deutschen Sprache auszugrenzen und von anderen Varietäten wie Schrift-, Standard- und einer als Einheit aufgefaßten Umgangssprache abzuheben. Danach wird versucht, die so ermittelte Sportsprache in Stilebenen wie Jargon, erweiterter Jargon, Slang und slanghafter Jargon einzuteilen. Diese Untersuchungen beruhen auf einer eher zufälligen Materialgrundlage, konzentrieren sich zu sehr auf die linguistische Ebene der Lexik, vernachlässigen die Analysen von Syntax, Makrostrukturen und Textexemplaren und verwenden bei der Varietätenunterscheidung eine wenig exakte Begrifflichkeit. In einer zweiten Phase wird die Existenz einer Varietät 'Sportsprache' bezweifelt. Dies liegt daran, daß die bisherige Materialgrundlage erweitert wird, indem die zeitungssprachlichen Äußerungen differenzierter betrachtet und auch Formen gesprochener Sprache berücksichtigt werden, und daß zur Lexik die Ebene der Syntax hinzutritt. Die dritte Phase ist mit der Hinwendung der Sprachwissenschaft zum Objektbereich der Texte verbunden. In ihr wird die Notwendigkeit sichtbar, das Verhältnis von Sprache und Sport von konkreten Textexemplaren und ihren Textsorten ausgehend zu erfassen und dabei verschiedene Kommunikationsbereiche zu berücksichtigen. Im folgenden steht die dritte Phase der Sportsprachenforschung im Mittelpunkt; auf die älteren Forschungsinteressen wird nur eingegangen, wenn ein Bezug zur Textsortendifferenzierung vorhanden ist.

Kommunikationsbereiche entstehen durch die Kommunikation innerhalb gesellschaftlicher Institutionen bzw. verschiedener gesellschaftlicher Gruppen. Ein gesellschaftlich relevanter (Brandt 1983b, 94) und institutionalisierter Kommunikationsbereich ist 'Sport und Freizeitgestaltung' (Fleischer 1987, 32). Die Institutionalisierung des Sports ergibt sich, wenn unter ihm die Summe der im Deutschen Sportbund zusammengefaßten Sportarten (Haubrich 1965, 16) verstanden wird oder Sport als „wettkampfmäßige, nach Regeln betriebene Betätigungen körperlicher Art in den Sportarten Ballspiele, Leichtathletik, Schwerathletik, Wasser-, Pferde-, Rad-, Motor-, Winter-, Kampf-, Schieß- und Flugsport" (Schneider 1974, 13) definiert wird, wobei unter gleichen oder ähnlichen Bedingungen ausgeführte Betätigungen wie Turnen, Gymnastik, Bergsteigen, Kegeln, Angeln und Tanzen einzubeziehen sind. Die mit dem Sport befaßten Institutionen (dazu Ehlich/ Rehbein 1980) sind Ministerien, Sportverbände, Zeitungs- und Zeitschriftenredaktionen, Rundfunk- und Fernsehanstalten. Am Sport beteiligte nicht-institutionalisierte gesellschaftliche Gruppen sind die Sportler selbst und die Zuschauer.

In den Kommunikationsbereichen findet die Kommunikation in Textexemplaren statt, die Textsorten zugeordnet werden können. Textsortentypologien oder Untersuchungen zu einzelnen Textsorten existieren nicht zu allen Sportarten; in den bisherigen Analysen stehen Mannschaftssportarten im Vordergrund; ein besonderes Gewicht wird auf die sprachlichen Äußerungen gelegt, die sich auf die Sportart Fußball, das populärste Mannschaftsspiel, beziehen.

2. Textsorten und Mannschaftssportarten

Textsorten der Mannschaftssportarten Fußball, Hallenhandball, Eishockey und Hockey werden von Simmler (1991) untersucht. Als Materialgrundlage dient ihm ein repräsentatives Korpus zu vier zwischen 1978 und 1982 durchgeführten Weltmeisterschaften. Methodisch geht er von einem kommunikationstheoretischen Ansatz aus, der es ihm erlaubt, externe und interne Merkmale gleichermaßen zu berücksichtigen, sie zu hierarchisieren und ihre Interrelationen zu erfassen. Sprachtheoretisch faßt er die Textsorten als langue-Einheiten auf (Simmler 1984). Erkenntnisziele sind neben der Erprobung der Textsortendefinition eine textsortengebundene Binnendifferenzierung der untersuchten Sportarten im Kommunikationsbereich des Sports, eine Erfassung der internen Merkmalbündel von den Makrostrukturen über die Syntax bis hin zur Lexik, eine Ermittlung sportartenübergreifender, sportartengebundener und sportartenspezifischer interner Merkmale innerhalb der Gemeinsprache und ein erstes Aufzeigen einer Skala von Merkmalen der Fachsprachlichkeit (Kalverkämper 1990, 125), das eine Textsortendifferenzierung voraussetzt.

2.1. Textsorte 'Regelwerk'

Eine zentrale Rolle für die Mannschaftssportarten spielt die Textsorte 'Regelwerk'. Verfasser von Regelwerken sind die Organisationseinheiten der nationalen Verbände, die weiter in internationale Beziehungen integriert sind. Die Verbände legen den Gültigkeitszeitraum der Regelwerke fest, die die Grundlage für alle weiteren Äußerungen bilden. Folgende Definition wird von Simmler (1991, 280) erarbeitet: „Das Regelwerk zu Mannschaftsspielen im Kommunikationsbereich des Sports ist eine Textsorte, durch die sich extern die Organisationseinheit eines Verbandes vor allem an Schiedsrichter, Sportausbilder, Spieler, aber auch an Zuschauer und Sportanhänger wendet, um intern durch spezifische sinnkonstituierende Merkmalbündel aus Makrostrukturen, Satztypen und Lexik die externen Faktoren Spielfeld, Spieldauer, Ausrüstung und Spieleranzahl festzulegen, die den Rahmen für erlaubte und unerlaubte Spieleraktionen bilden, die von neutralen Offiziellen überwacht werden und primär darauf ausgerichtet sind, Tore (oder Punkte, Körbe) zu erzielen und so das Spiel zu gewinnen."

Die Makrostrukturen (zum Terminus Simmler 1996) werden von einem Initiatorenbündel und der hierarchischen Anordnung von Kapitel, Unterkapitel und Absatz gebildet. Alle Kapitel besitzen eine eigene Überschrift, deren konstante kommmunikative Funktion es ist, in durchnumerierten Regeln einen externen Faktor zu benennen, der für die Durchführung des Mannschaftsspiels von grundlegender Bedeutung ist. Für den Hallenhandball werden so festgelegt *Spielgedanke, Spielfläche mit Spielfeldskizze, Ball, Spieler, Spielzeit, Spielen des Balles, Verhalten zum Gegner, Torraum, Torwart, Torgewinn, Einwurf, Eckwurf, Abwurf, Freiwurf, 7-m-Wurf, Schiedsrichterwurf, Ausführung der Würfe, Schiedsrichter, Sekretär* und *Zeitnehmer*; den Abschluß bilden die einheitlichen IHF-Handzeichen für den Schiedsrichter (Das Handballspiel 1976; hieraus die folgenden Beispiele). In allen Regelwerken sind in obligatorischen Kapiteln Spielfeld, Spieler und ihre Ausrüstung, Schiedsrichter und andere Offizielle, Möglichkeiten zum Spielgewinn, Spieldauer, Regelverstöße und ihre Strafen behandelt; je nach Sportart können variable Kapitel hinzukommen, im Hallenhandball sind es die Kapitel zum Torwart und zur Wurfausführung. − Die Kapitel sind in Unterkapitel gegliedert; diese besitzen keine eigenen Überschriften und differenzieren die Gesamtheit eines externen Faktors aus. So regeln im Hallenhandball die Unterkapitel die erlaubten Ballspielaktionen; sie legen fest, daß der Ball drei Sekunden gehalten werden kann, daß sich ein Spieler mit gehaltenem Ball höchstens drei Schritte bewegen darf, in welcher Art der Ball am Ort oder im Laufen auf den Boden geprellt werden kann, wie der Ball gefangen und mit welchen Körperteilen er weiterbewegt werden darf. − Die Unterkapitel bestehen aus einem oder mehreren Absätzen, die mit Kommentarteilen versehen werden können, die eine Regelspezifizierung erläutern. So wird festgelegt, was als ein Schritt im Hallenhandball zu werten ist (*Wenn ein Fuß von einer Stelle zu einer andern hinbewegt wird, darf der zweite Fuß bis zum ersten Fuß nachbewegt werden*).

Syntaktisch sind die Makrostrukturen mit einer spezifischen Auswahl an Gesamtsatzstrukturen, Nominalsätzen (zum Terminus Simmler 1985) und Verbalsätzen verbunden. Besonders häufig wird in Gesamtsätzen aus post- oder präpositivem Konditionalsatz plus übergeordnetem Hauptsatz der logische Typus conditio versus consequentia ausgedrückt, indem eine erlaubte oder unerlaubte Spieleraktion und ihre Wirkung (Erfolg, Strafe) dargelegt werden (*Auf Schiedsrichterwurf wird entschieden: a) wenn Spieler beider Mannschaften auf dem Spielfeld gleichzeitig einen Fehler begehen*). Zusätzlich ist bei einem Teilsatz häufig eine Verbform des Vorgangspassivs oder des Zustandspassivs (regelmäßig bei der Regelung des Erzielens eines Tores) realisiert. Weiter werden Erlaubnis und Verbot durch Infinitivkonstruktionen ausgedrückt. In isolierten einfachen Aussage-Sätzen, die häufig die Schiedsrichteraufgaben kennzeichnen, werden Modal- und Modalitätsverben verwendet.

Nominalsätze sind in besonderer Weise als Überschriften mit der Makrostruktur der Kapitel verbunden. Rund 90% aller Nominalsätze sind zweigliedrig. Im Typus *Regel 14 Der 7-m-Wurf* gibt das erste Satzglied in allgemeiner Form die Regelnummer an, das zweite Satzglied bezeichnet den zu regelnden externen Faktor. Spezifische Verbalsatztypen treten vor allem dann auf, wenn erlaubte und verbotene Spieleraktionen, also ein Zentralbereich bei Mannschaftsspielen, behandelt werden. Im Vergleich zu anderen Gebrauchsweisen in der Gemeinsprache zeigen sich auffallende Erhöhungen der Verbvalenz, die zu einer textsortenspezifischen Zunahme der Verbalsatztypen mit drei und vier Ergänzungen wie bei *sperren* mit den Sememen 'mit fehlendem Ballbezug absichtlich behindern' bzw. 'in spezifischer Weise behindern' (*Es ist verboten: [...] den Gegner mit Armen, Händen oder Beinen zu sperren*) führen (Simmler 1991, 274−278).

Mit Makrostrukturen und Syntax sind lexikalisch über Auswahl, Frequenz, Distribution und Verbindung mit anderen textuellen Merkmalen zwei charakteristische Schlüsselwortgruppen verbunden. Die erste Gruppe weist auf eine Textklassifikation (*Regel, Feldhandball-Regeln*) hin, die zweite kennzeichnet in den bereits behandelten Kapitelüberschriften die externen Faktoren der Mannschaftsspiele. Dabei werden vor allem die Spieler nur in sehr allgemeiner Weise in ihrer Spielerfunktion (*Spieler, Feldspieler, Torwart*) bezeichnet; treten Attribuierungen hinzu (*hinausgestellte, spielberechtigte, reguläre, zu ersetzende Spieler*), dann wird ohne Variation der Akteursbenennung lediglich die Gesamtzahl der Spieler, ihre Zulassung, Auswechslung oder Bestrafung geregelt.

Wird die Funktion der Textsorte 'Regelwerk' betrachtet, dann ist es nicht gerechtfertigt, eine „Sportfachsprache" generell im „Fachwortschatz der Regeln der einzelnen Sportarten" (Brandt 1979, 172) zu suchen. Ein fachlich bedingter Wortschatz zeigt sich lediglich in den Bezeichnungen für die externen Faktoren als Bedingungen für ein Spielgeschehen und in Bezeichnungen für erlaubte und verbotene Spieleraktionen. Viel stärker fachlich orientiert ist der Wortschatz in der Textsorte 'Lehrbuch', in der eine wissenschaftliche Durchdringung des Spielgeschehens und aller im Spiel möglichen Bewegungsabläufe, Aktionen und Aktionszusammenhänge geleistet wird.

2.2. Textsorte 'Lehrbuch'

Die Textsorte 'Lehrbuch' definiert Simmler (1991, 300f) so: „Das Lehrbuch zu Mannschaftsspielen im Kommunikationsbereich des Sports ist eine Textsorte, durch die sich extern Dozenten, Lehrer, Ausbilder und Trainer vor allem an Sportlehrer, Trainer und Übungsleiter in Schulen und Vereinen und an die Spieler selbst, aber auch an weitere Interessenten wenden, um intern durch spezifische sinnkonstituierende Merkmalbündel aus Makrostrukturen, Satztypen und Lexik die zentralen leistungsbestimmenden Faktoren Kondition, Technik, Taktik systematisch aufzubereiten."

Die spezifischen Makrostrukturen des Lehrbuchs bestehen aus Initiatorenbündeln, Terminator, Kapiteln, Unterkapiteln verschiedenen Grades, Absatz und Text-Bild-Kombinationen mit Zeichenlegende. Bereits die Makrostrukturen, ihre Abfolge und Hierarchie wirken im Kommunikationsbereich des Sports textsortendifferenzierend. Im folgenden wird exemplarisch auf die hierarchische Beziehung von Kapitel, Unterkapiteln verschiedenen Grades, Absatz und Text-Bild-Kombination eingegangen. In allen Lehrbuch-Exemplaren kommen sportartenunabhängig Kapitel vor, die die externen Faktoren Technik, Taktik und Kondition behandeln, Aspekte, die im Regelwerk überhaupt keine Rolle spielen. Alle Kapitel besitzen Überschriften, deren systematische Abfolge durch Numerierungen und Verwendung des Großbuchstaben- oder Dezimalgliederungs-Verfahrens unterstrichen wird. Neben den obligatorischen Kapiteln kommen auch fakultative vor, die auf Geschichte und Entwicklung der Sportart eingehen bzw. zusätzliche didaktisch-methodische Aspekte behandeln. – Alle Kapitel sind durch weitere Überschriftformen, die drucktechnisch unterschieden werden, in Unterkapitel verschiedenen Grades gegliedert. Für das Kapitel *Taktik* im Hallenhandball ergibt sich u. a. folgende Hierarchie der Unterkapitel, die durch Ziffern in Klammern verdeutlicht werden: *Angriffstaktik (1.); Individuelle Taktik des Angriffs (2.), Gruppentaktik des Angriffs (2.); Doppelpaß (3.), Kreuzen (3.), Wechseln (3.), Sperren (3.), Parallelstoß (Stoßen) (3.), Vorbemerkungen zur Mannschaftstaktik (1.), Mannschaftstaktik des Angriffs (1.); Tempogegenstoß (2.), Der erweiterte Tempogegenstoß (2.), Organisation des Positionsangriffs (2.), Positionsangriff (2.), Auflösung des Positionsangriffs (2.), Freiwürfe (2.); Überzahl im Angriff (1.); Abwehrtaktik (1.); Individuelle Abwehrtaktik (2.), Gruppentaktik (2.), Mannschaftstaktik (2.), Abwehrsysteme (3.), Einstellung auf verschiedene Angriffsformationen (3.), Überzahl (3.), Unterzahl (3.), Freiwürfe (3.); Periodisierung des Handballtrainings (1.)* (Trosse 1977; dort auch alle weiteren Beispiele). Zur Taktik gibt es im 'Regelwerk' keine Ausführungen; es legt bloß die Spieleranzahl und das Spielziel (Tor-/Punkterzielen) fest; der im Lehrbuch behandelte spezifische und systematische Weg zu diesem Ziel ist für das Regelwerk irrelevant. Mit allen Unterkapiteln sind Text-Bild-Kombinationen verbunden; die Bilder (Fotos, Zeichnungen, Diagramme, Tabellen, Schemata) erläutern neben den Verbalisierungen die verschiedenen Möglichkeiten des Angriffs- und Abwehrverhaltens, die Bewegungsabläufe beim Einzelspieler und das komplexe Zusammenwirken verschiedener Spieler. – Die Unterkapitel wiederum sind aus Absätzen aufgebaut, in die ebenfalls Text-Bild-Kombinationen integriert sind.

Syntaktisch werden die Lehrbücher durch spezifische Nominal- und Verbalsatztypen charakterisiert. Über 90% aller Kapitel- und Unterkapitel-Überschriften bestehen aus ein- bis dreigliedrigen Nominalsätzen. Sowohl in den Interrelationen zu den Makrostrukturen und der Typik als auch in der inhaltsseitigen Besetzung der Satzglieder ergeben sich klare Unterschiede zum 'Regelwerk'. Auch außerhalb der Überschriften spielen Nominalsätze in den Unterkapiteln eine besondere Rolle. Sie beschreiben vor allem die technische Durchführung von Übungen zum Angriffsaufbau (*Sperren des Außenverteidigers von innen, Ball- und Laufweg: Paß von x2 zu x1, x2 Sperre auf 01*), wobei fast immer ein Bezug zu einem Bild gegeben ist. Besonders charakteristisch sind dabei Gesamtsätze, die aus Nominal- und Verbalsätzen bestehen (*x3 paßt zurück auf x2, x2 Einbruch, x3 wechselt mit x2; Paß von x2 zu x3, x1 wechselt mit x3, Paß von x3 zu x1, x1 wirft*).

Die Verbalsatztypen werden von der Verbauswahl bestimmt, die im Lehrbuch zur Kennzeichnung von Angriffs- und Zuspielaktionen (Simmler 1994a) bzw. von Verteidigungsaktionen (Simmler 1994b) und ihrer Systematik als notwendig angesehen werden. Die Systematik orientiert sich dabei an den spielbestimmenden externen Faktoren Einzelspieler und Mannschaft, Mitspieler und Gegenspieler, Ball oder Puck, vorhandene oder fehlende Ausrüstung wie Schlittschuhe und Schläger, Tor und Spielfeld. Die Verben und die mit ihnen gebildeten Verbalsatztypen lassen sich nach der Verbvalenz in ein- bis sechswertige Verben (Simmler 1994a), nach ihrem Vorkommen in den Mannschaftssportarten in sportartenübergreifende (in allen vier Sportarten vorhanden), sportartengebundene (in zwei oder drei Sportarten vorhanden) und sportartspezifische (in nur einer Sportart vorhanden) und innerhalb dieser Gruppierung in persongerichtete, zielgerichtete, in spezifischer Weise persongerichtete, in spezifischer Weise zielgerichtete, person- und zugleich zielgerichtete, ball- (puck-)orientierte und funktionell erweiterte, allgemeine und unspezifizierte, spielgeräteorientierte und definierende Aktionsbezeichnungen (Simmler 1994b) und schließlich aufgrund des Vergleichs mit anderen gemeinsprachlichen Äußerungen in fachsprachliche Verben mit einer fachspezifischen Ausdrucks- und Inhaltsseite und spezifischer Valenz, in gemeinsprachliche Verben mit sportsprachlich gebundenen Sememen oder Semen und besonderer Valenz und in gemeinsprachliche Verben, die im Kommunikationsbereich des Sports ausschließlich eine spezifische Leerstellenbesetzung besitzen, sonst aber in der Inhaltsseite und in der Valenz mit dem Gebrauch in anderen Kommunikationsbereichen übereinstimmen (Simmler 1995), einteilen.

Bei den Bezeichnungen von Angriffs- und Zuspielaktionen kommen – im Vergleich zu anderen Verwendungsweisen – in der Textsorte 'Lehrbuch' besondere Verbalsatztypen vor, die durch Valenzerhöhungen bei Verben mit gleicher Ausdrucksseite entstanden sind. Sie zeigen sich u. a. bei vierwertigen (*heben, flanken, lobben; mitnehmen; schlagen, zurückspielen, passen, zupassen, köpfen*), fünfwertigen (*ziehen, spielen, zurückspielen*) und sechswertigen Verben (*zurückspielen*). Dabei treten pro Verb durchaus mehrere Valenzen auf (vgl. *zurückspielen*). Die Valenzerhöhungen in der Textsorte 'Lehrbuch' ergeben sich durch eine begrenzte Anzahl von Semen und ihre unterschiedlichen Kombinationsmöglichkeiten zu neuen Sememen. Für die Verben, die Angriffs- und Zuspielaktionen markieren, sind die Seme 'generelle Tätigkeit', 'ballorientiert', 'zielgerichtet', 'persongerichtet', 'in spezifischer Weise' in Bezug auf Körperteile und Durchführungsart der Bewegung relevant. Bei den Verben, die Verteidigungsaktionen kennzeichnen, wird das Sem 'spielgerätorientiert' zusätzlich verwendet, das Sem 'generelle Tätigkeit' wird in der Frequenz eingeschränkt, das Sem 'ergebnisorientiert' spielt fast keine Rolle. Bei den Verteidigungsaktionen bezeichnenden Verben werden vor allem Verbalsatztypen mit Hilfe von zwei- und dreiwertigen Verben konstituiert; anders als bei der Markierung von Angriffs- und Zuspielaktionen spielen vier- und mehrwertige Verben fast keine Rolle.

Unter dem Aspekt der sportartenübergreifenden, -gebundenen und sportartspezifischen Verwendung ergeben sich Funktionsunterschiede. Die sportartenübergreifenden Verben decken die Angriffs-/Zuspiel- und Verteidigungsaktionen in den Grundzügen ab; sportartengebunden und sportartspezifisch erfolgt dann eine weitergehende Differenzierung. Sportartenübergreifende und persongerichtete Verteidigungsaktionen sind u. a. *decken, abwehren, abblocken, abschirmen, übernehmen* und *stören*; als sportartengebundene und persongerichtete Verteidigungsaktionen erweisen sich u. a. *attackieren, behindern, bekämpfen, einengen* und *einschränken*. Sportartspezifische Angriffsbezeichnungen sind im Fußball die zweiwertigen Verben *mitnehmen, schicken, überspielen, sich durchspielen* und *vordringen* und die dreiwertigen Verben *tragen, köpfen, zuköpfen, flanken, mitnehmen* und *ablegen*. Die zweiwertigen Verben bezeichnen die Ballmitnahme, das Ausspielen eines Gegenspielers und person- und zielgerichtete Angriffsaktionen, die dreiwertigen Verben bezeichnen überwiegend Zuspielaktionen. Beide Verbgruppen setzen ein ausgeprägtes Mittelfeldspiel voraus, das in den anderen Mannschaftssportarten in gleicher Weise fehlt. Als sportartspezifische Verteidigungsaktion im Fußball kommt das persongerichtete Verb *raumdecken* vor. Im Hallenhandball sind sportartspezifische Angriffsbezeichnungen die Verben *werfen* (Simmler 1980) mit Präfixbildungen, *prellen* mit den Präfixbildungen *um-, weiter-, zu-, zurück-* und *sperren* mit den Präfixbildungen *an-, ab-, frei-*

und *wegsperren*. Als sportartspezifische Verteidigungsaktionen kommen u. a. die persongerichteten Verben *nahdecken, sich mitschieben, zusteppen, blocken, austauschen* und *annehmen* vor. Das Verb *zusteppen* konstituiert den Verbalsatztypus E_N-V-E_{pA}, alle anderen Verteidigungsverben sind am Aufbau des Typus E_N-V-E_A beteiligt. Das Verb *blocken* hat das Semen 'persongerichtet körperbetont abschirmen', während die Verben *austauschen* und *annehmen* gemeinsame Verteidigungsaktionen einer Spielgruppe bezeichnen, wobei *austauschen* den Wechsel des Gegenspielers bei der Deckungsarbeit und *annehmen* den Beginn der Übernahmeaktion kennzeichnet. Eine besondere Kontextverwendung ist beim Verb *sperren* gegeben: Es kommt auch in Lehrbüchern anderer Mannschaftssportarten vor, bezeichnet dort jedoch ausschließlich Verteidigungsaktionen. Beim Hallenhandball ist *sperren* am Kreis (wie bei allen Präfixbildungen) jedoch eine Angriffsaktion (*B spielt den Ball zurück, läuft in den Rückraum und sperrt den Abwehrspieler von A*), weil sie das Eingreifen eines Verteidigers verhindert und einem Mitspieler eine Möglichkeit zum Torwurf ermöglicht; *sperren* hat daher das Semem 'persongebunden durch Körpereinsatz einen Aktionsraum nehmen'. Im Hockey bezeichnet *schlenzen* eine mit dem Stock durchgeführte sportartspezifische Angriffs- oder Zuspielaktion, während *vordecken* mit dem Semem 'persongerichtet positionsgebunden abschirmen' eine sportartspezifische Verteidigungsaktion kennzeichnet. Eishockeyspezifische Verben sind *fahren, umfahren, weiterfahren, gleiten, bremsen* bzw. *umgehen, umlaufen, blenden, dämpfen* und *mischen*. Die erste Verbgruppe setzt die eishockeyspezifische Ausrüstung voraus, in der zweiten Gruppe sind Angriffsbezeichnungen gegeben oder bei *dämpfen* eine Scheibenannahme in spezifischer Weise, die einer Angriffsaktion vorausgeht.

Unter dem Aspekt des Vergleichs mit anderen gemeinsprachlichen Äußerungen ergibt sich, daß die Fachlichkeit des verbalen Wortschatzes in der Textsorte 'Lehrbuch' weniger durch Verben mit fachspezifischer Ausdrucks- und Inhaltsseite (wie *checken* im Eishockey) entsteht, sondern vielmehr durch gemeinsprachliche Verben mit fachsprachlichen Sememen und Semen und sich daraus ergebender fachsprachlicher Valenz. Eine besondere, noch näher zu untersuchende Rolle spielen dabei Zusammensetzungen, Affixoid- und Präfixbildungen (zur Differenzierung Simmler 1998, 472−488) in Relation zu den ihnen zugrunde liegenden Simplicia (vgl. *um-, weiter-, zu-, zurückprellen; an-, ab-, frei-, wegsperren*).

Insgesamt zeigt sich ein umfangreiches Spektrum von Verben, die in der Textsorte 'Lehrbuch' durch ihre besonderen Sememe und Valenzen spezifische Verbalsatztypen konstituieren und so in der Lage sind, die potentiellen Spielaktionen auf dem Spielfeld methodisch zu systematisieren und mit ausgewählten sprachlichen Mitteln genau zu differenzieren. Dabei wird eine Fachlichkeit erreicht, die der in Lehrbüchern anderer Wissenschaftsdisziplinen entspricht.

Lexikalische Kennzeichen der Textsorte 'Lehrbuch' ergeben sich − außer bei den bereits in Zusammenhang mit den Verbalsatztypen behandelten Verbgruppen − auch im nominalen Wortschatz. Eine besondere Rolle spielen dabei die Wortschatzbereiche, die die externen Faktoren Training, Technik und Taktik näher systematisieren. Sie stehen einmal in Verbindung mit den Überschriften, die an der Kennzeichnung der Makrostrukturen beteiligt sind, zum anderen treten sie bei der Beschreibung der Bewegungsabläufe und der Übungsformen auf. So wird im Hallenhandball der Rückhandwurf im Bewegungsablauf durch die Substantive *Wurfrichtung, Wurfhand, Handgelenk, Handrücken, Vierteldrehung, Längsachse, Standbein, Arm, Körper, Fallen, Schwungbein, Liegestütz* im Hinblick auf beteiligte Körperteile, Körperbewegung und Bewegungsrichtung und durch hinzutretende Adjektive und Verben beschrieben, und die Übungsformen zum Erlernen des Rückhandwurfs werden durch Variationen, d. h. durch Verbindungen mit *Abspiel, Fallen, Drehung, Laufen, Zuspiel* spezifiziert (Trosse 1977, 104−106). Im Rahmen der Taktik werden unter dem Aspekt der Wortbildung vor allem Konversionen (Simmler 1998, 618−630) von Infinitiven in den Substantivbereich wie bei *Blockieren, Übernehmen, Blocken, Abwehren, Herausspielen, Decken, Abdrängen, Übergeben, Übernehmen, Raustreten, Einordnen, Sichern, Beherrschen* (Trosse 1977, 168) verwendet.

3. Zeitungssprachliche Textsorten

3.1. Textsortentypologie

Die in den Textsorten 'Regelwerk' und 'Lehrbuch' vorhandenen sprachlichen Merkmale bilden die Grundlage (Steger 1986, 366 f) für die in regionalen und überregionalen Tageszeitungen in der Sparte 'Sport' und in Sportzeitschriften auftretenden Äußerungen. Eine umfangreiche Analyse anhand von 2 593 Textexemplaren aus zwei regionalen (Westfälische Nachrichten, Mittelbayerische Zeitung) und vier überregionalen Tageszeitungen (Frankfurter Allgemeine Zeitung, Süddeutsche Zeitung, Die Welt, Neues Deutschland) legt Simmler (1993a) vor. Er unterscheidet nach Textsortengruppen, Textsorten, Textsortenvarianten und Textexemplargruppen, jeweils unter Beachtung von Zentrum und Graden der Peripherie. Bei der informationsorientierten Textsortengruppe kommt er zu den Textsorten 'Bericht' (mit den Varianten 'Bericht nach Ereignis', 'Bericht vor Ereignis', 'Themabericht'), 'Meldung' (mit den Varianten 'Meldung im engeren Sinne', 'Text-Bild-Kombination') und 'Kurzmeldung' (mit den Varianten 'Kurzmeldung im engeren Sinne', 'Tabelleninformation'). Zur meinungsorientierten Textsortengruppe kann er nur die Textsorte 'Kommentar' mit den Varianten 'Reporterkommentar', 'Stimmenzusammenstellung', 'Spielerbewertung' und 'Fernseh-Kritik' nachweisen. Die dialogisierende Textsortengruppe besteht aus der Textsorte 'Interview', zu der sich keine Textsortenvarianten ergeben. Diese Textsortentypologie ist mit solchen zu anderen Zeitungssparten vergleichbar (Lüger 1983), unterscheidet sich aber in Umfang und Art von publizistischen Gattungsdifferenzierungen (Simmler 1993b).

3.2. Textsortenvariante
'Bericht nach Ereignis'

Im folgenden soll die Textsortenvariante 'Bericht nach Ereignis' oder kürzer 'Spielbericht' in ihrer Struktur exemplarisch vorgestellt werden. Der 'Spielbericht' orientiert sich grundsätzlich an der extern festgelegten Spieldauer (von 90 Minuten in der Sportart Fußball) und ist daher am ehesten geeignet, mit den Textsorten 'Regelwerk' und 'Lehrbuch' verglichen zu werden.

Makrostrukturell besteht der Spielbericht in seinem Zentrum, das für die Oppositionsbildungen entscheidend ist, aus einem Initiatorenbündel mit allgemeinen und spezifischen Initiatoren, aus einem Lead und aus drei und mehr Absätzen; in einer peripheren Textexemplargruppe fehlt der Lead bei sonst gleichen Makrostrukturen; alle Makrostrukturen werden in einem für zeitungssprachliche Äußerungen typischen Layout repräsentiert. Der erste spezifische Initiator wird von einer zweizeiligen Überschrift aus Hauptzeile (HZ) und Unterzeile (UZ) gebildet. Beide Überschriftteile können syntaktisch verbal oder nominal gestaltet sein und wirken in ihrer kommunikativen Funktion zusammen. Erfolgt eine Berichterstattung über ein einziges Spiel, wird überwiegend der Typus Gesamtbewertung (HZ) + Ergebnisnennung mit weiterer Wertung (UZ) verwendet. Bei einer Berichterstattung über zwei oder mehrere Spiele treten Variationen auf. Wenn eine dreizeilige Überschrift aus Oberzeile (OZ), HZ und UZ gebraucht wird, bleiben die Funktionen für die HZ und UZ identisch, die OZ fügt eine Gesamtbewertung in größerem Zusammenhang hinzu oder zieht eine Konsequenz aus dem in der HZ erwähnten Abschneiden. Ohne Differenzierung nach den Überschriftteilen weist auch Kroppach (1970, 26 f, 42) auf die Rolle der Leistungsbeurteilungen hin. Daß dabei in der Fußballberichterstattung „vorzugsweise Elative, die nicht selten über das Ziel hinausschießen und nicht mehr wirklich messen", gebraucht werden, läßt sich nicht bestätigen. Der Lead ist durch die Relation zur Überschrift und zum übrigen Textkorpus bzw. durch seine Funktion eine spezifisch zeitungssprachliche Makrostruktur, die ihn deutlich von der Makrostruktur der Absätze unterscheidet. Seine Funktion ist nicht die einer Haupttexteinleitung oder Hervorhebung eines provozierenden Aspekts (Lüger 1983, 75), sie besteht vielmehr darin, die Informationen der Überschrift mit dem Spielergebnis zu wiederholen und die bereits in der Überschrift gegebene Spielbewertung zu präzisieren und näher zu begründen. Das nach dem Lead folgende Textkorpus wird makrostrukturell von einer Abfolge von drei und mehr Absätzen bestimmt, deren Aufbauprinzipien vom Ergebnis (torloses, torreiches Spiel, wenige Tore) abhängen. Bei einem Spiel mit Torerfolgen werden diese Ereignisse in den beiden Halbzeiten in zwei Absätzen einander gegenübergestellt. Dieser Zentralbereich kann um zusätzliche Informationen in einzelnen Absätzen erweitert werden. Wenn ein Spiel torlos ausgeht, verlagert sich die Berichterstattung in den Absätzen auf die vorhanden gewesenen, aber nicht genutzten Möglichkeiten, zu einem Torerfolg zu gelangen. Die Absätze nach dem Spielgeschehensteil besitzen eine Terminatorfunktion, indem sie u. a. eine zusammenfassende Leistungsbewertung einer Mannschaft, einen Ausblick auf das nächste Spiel und weitere Chancen im Turnierverlauf, eine Bewertung von Trainermaßnahmen geben, wobei Trainerzitate die Gesamtbeurteilungen unterstreichen sollen.

Syntaktisch dominieren – von den Überschriften abgesehen – Verbalsatztypen mit ergebnisorientierten Verben. Neben diesen kommen vor allem noch solche vor, die bei torlosem oder unentschiedenem Ausgang (mit Toren) auf verpaßte Chancen hinweisen. Zuspielaktionen werden nur dann und nur in allgemeiner Form erwähnt, wenn sie zu einem Ergebnis hinführen. Während in 'Regelwerk' und 'Lehrbuch' nur *erzielen* zur Ergebniskennzeichnung verwendet wird, gibt es im 'Spielbericht' eine größere Anzahl ergebnisorientierter Verben; sie bestehen aus zwei Gruppen. In einer ersten Gruppe wird mit *besiegen* und dem Typus $E_N-V-E_A-E_{pD}$ bzw. mit *siegen* und dem Typus E_N-V-E_P bzw. mit *schaffen* und dem Typus E_N-V-E_A das Endergebnis mitgeteilt. Die zweite Gruppe besteht u. a. aus den jeweils zweiwertigen Verben *erzielen*, *markieren* und *einknallen*; die beiden ersten Verben konstituieren den Typus E_N-V-E_A, *einknallen* konstituiert den Typus E_N-V-E_{pD}, wobei die E_{pD} einen konkreten Spielstand angibt. Die Leerstellenbesetzung ist auch bei *erzielen* entscheidend, das ebenfalls im 'Regelwerk' und 'Lehrbuch' verwendet wird. Während dort als E_N nur allgemein *Spieler* und als E_A nur allgemein *Tor* vorkommt, treten im 'Spielbericht' an ihre Stelle konkrete Spielernamen und Spielstände.

Lexikalisch werden die 'Spielberichte' von Spielernennungen und Angaben zu ihren Rollen und Leistungen im Spiel, von Bezeichnungen für Mannschaften und ihre Leistungen (Gasser 1973), von Ergebnismitteilungen und Bezeichnungen für Aktionen, die zu Torerfolgen führen, geprägt. Die von Kroppach (1970, 44–54) als 'beherrschend' angesehenen Wortfelder der Erregung, von Angst und Schrecken, Nervosität und Verwirrung u. a. spielen für eine Textsortendifferenzierung keine entscheidende Rolle und können – spezifiziert nach Tages- und Boulevardzeitungen – bestenfalls als zusätzlich hinzutretende textuelle Merkmale angesehen werden.

3.3. Sonderstellung der Boulevardzeitungen

Gegenüber den regionalen und überregionalen Tageszeitungen, die bisher zu einer Textsortentypologie herangezogen wurden, nehmen die Boulevardzeitungen eine Sonderstellung ein. Dies gilt zunächst für die Textsortentypologie, bei der eine vergleichbare Vielfalt nicht auftreten dürfte, doch liegen dazu noch keine repräsentativen Untersuchungen vor. Bei den Boulevardzeitungen einbeziehenden Analysen spielen Textsortendifferenzierungen keine Rolle. So behandelt Dankert (1969, 7) zwar die Fußball-Sportberichterstattung der Bild-Zeitung der Jahre 1966/67, hat jedoch mit der „Aufdeckung der konstituierenden Momente und der Spezifika dieser Art von Berichterstattung" ein nicht an Textsortenunterscheidungen orientiertes Erkenntnisinteresse. Als entscheidend sieht er eine Lexik an, die ein „Pathos der Härte und der Entscheidung" (Dankert 1969, 121) signalisieren soll. Neben naheliegenden und wegen der Grundzüge des Fußballspiels sinnvoll erscheinenden Bezeichnungen, die auch dem Bereich des Militärwesens angehören (*schießen*, *Schuß*, *Abwehr*, *stürmen*, *Flügel*), denkt er dabei an Bezeichnungen wie *Exekutionskommando* für eine Fußballmannschaft, *öffentliche Hinrichtung* für eine Niederlage und *Scharfrichter* für einen Torschützen (Dankert 1969, 132 f). Auch Schneider (1974, 187 f, 491, 509) führt – ohne spezifische Zuordnung zu Boulevardzeitungen – 140 Einzelbegriffe aus dem Bereich des Kriegswesens auf und hält *antreten* für *spielen*, *Treffen* für *Spiel*, *abdrücken*, *feuern*, *kanonieren* für *schießen* und *Geschoß*, *Granate*, *Bombenschuß* für *Schuß* für besonders relevant. Wie wenig aussagekräftig solche Aussagen sind, zeigt seine eigene Statistik der 50 häufigsten Wörter, in der kein einziges aus dem Kriegswesen erscheint.

Auf syntaktische Merkmale der Berichterstattung in Boulevardzeitungen weisen Kroppach (1970, 126 f) und Vandenheede (1979, 165 f) hin. Kroppach untersucht die Montagsausgaben der Boulevardblätter „Bild-Zeitung" und „Mittag" (letzteres stellte am 20. 9. 1967 sein Erscheinen ein) im Zeitraum vom 1. 7. 1966 bis 30. 6. 1967; Vandenheede wählte 1000 Sätze aus der Fußballberichterstattung von „Bild am Sonntag" aus dem Monat September 1977 aus. Beide erkennen auch außerhalb des Überschriftgefüges zwei Stiltendenzen. Die erste Tendenz besteht in einer relativ hohen Frequenz von zwei- und dreigliedrigen Nominalsätzen (*0:2 nach 67 Minuten. – Hektische Zweikämpfe, verkrampftes Spiel auf beiden Seiten auch nach der Pause*). Nach Vandenheede stehen sie häufig am Anfang des Artikels, bilden den Abschluß einer Spielphase oder fassen eine Spielhälfte oder ein ganzes Spiel zusammen. Die zweite Tendenz ist eine Verselbständigung von Satzgliedern (*Die Partie wurde jetzt beiderseits härter, hektischer. Besonders nach der 16. Minute.*) oder Teilsätzen (*Er sieht sich jetzt schon der Kritik ausgesetzt. Weil er die Ausland-Jugoslawen für das Spiel gegen Deutschland heimholen will.*) mit Hilfe des Interpungierungsmittels des Punktes, wodurch sie expressiv hervorgehoben werden.

4. Gesprochene Textsorten in den Medien Rundfunk und Fernsehen

4.1. Reportageformen im Rundfunk

Eine den zeitungssprachlichen Textsorten vergleichbare Typologie, die alle linguistischen Ebenen berücksichtigt, ist zu den Medien Rundfunk und Fernsehen noch nicht vorhanden. Für den Rundfunk nimmt Brandt (1983a, 7) nach externen Merkmalen eine Einteilung von Reportageformen vor, die als Grundlage einer Textsortenklassifikation dienen kann. Er unterscheidet zwischen Direktreportage und Nachbericht. Die Direktreportage wiederum unterteilt er in Ganzreportage und Ausschnittreportage, wobei letztere aus Teilreportage und Konferenzreportage besteht. Die Ganzreportage ist der „Sonderfall einer simultanen Narratio, d. h. Geschehen und Geschehenswiedergabe erfolgen gleichzeitig" (Brandt 1983a, 22). Das bedeutet weiterhin, daß die Sendezeit im Hörfunk der extern festgelegten Spielzeit ein- oder ausschließlich der Halbzeitpause und einem mehr oder weniger kurzen Vor- oder Nachspann entspricht. Bei einer Fußball-Ganzreportage ergibt sich so eine Übertragungszeit von mindestens 90 Minuten, weshalb die Reportage meist von zwei Reportern im Wechsel gesprochen wird. Die Ganzreportage stellt wegen der Simultaneität besondere Anforderungen an die Reporter, denn sie müssen einmal das Geschehen so an die Hörer vermitteln, daß sich diese über den auditiven Kommunikationskanal eine möglichst genaue Vorstellung von den Ereignissen auf dem Spielfeld (bei Mannschaftssportarten) machen können, und zum anderen wissen sie nicht, wie die von ihnen zu übermittelnden Aktionen auf dem Spielfeld ausgehen. Erleichtert wird ihre Aufgabe durch verschiedene Spielunterbrechungen, doch auch dann müssen sie verbalisieren (Rosenbaum 1969, 64). Die Teilreportage unterscheidet sich von der Ganzreportage prinzipiell nur durch die kürzere Sendezeit; meist beginnt sie während der Halbzeitpause, am Anfang der zweiten Halbzeit oder innerhalb der zweiten Halbzeit und reicht dann kontinuierlich bis zum Spielende. Von der Ganz- und Teilreportage ist die externe Variablenkonstellation der Konferenzreportage deutlich abzugrenzen. Die Konferenzreportagen vermitteln das Geschehen von mehreren gleichzeitig stattfindenden Spielen, an jedem Spielort ist ein Reporter anwesend, der in einem bestimmten Turnus in mehreren verstreuten und meist kürzeren Einblendungen auf das von ihm beobachtete Spiel eingeht, also nicht kontinuierlich das Spielgeschehen wiedergibt. Insofern ist er gezwungen, gerade ablaufendes und seit der letzten Einblendung vergangenes Spielgeschehen zu verbinden. Während Ganz- und Teilreportagen von Großereignissen (Länderspielen, Europacupspielen u. ä.) berichten, beziehen sich die Konferenzreportagen im Fußball auf die Bundesliga- und Zweitligaspiele im Rahmen von regelmäßigen Samstags- und Sonntagssendungen, die Berichterstattungen mit Interviews, Informationen und Musik kombinieren. Der Nachbericht sollte wegen der fehlenden Simultaneität und der Produktion nach Abschluß des Spielgeschehens nicht mehr zu den Reportageformen gerechnet, sondern den berichtenden Textsorten des Rundfunks (dazu Rosenbaum 1969, 8−13) zugeordnet werden. Ganz-, Teil- und Konferenzreportage bilden dagegen zunächst extern abgrenzbare Textsortenvarianten der Textsorte 'Rundfunkreportage'. Im folgenden wird auf die internen Merkmale der Ganzreportage näher eingegangen.

4.2. Textreportage 'Rundfunkreportage': Textsortenvariante 'Ganzreportage'

Die 'Ganzreportage' zu Mannschaftssportarten wird makrostrukturell neben medienspezifischen Bündeln von Initiatoren und Terminatoren von Textteilen bestimmt, in denen auf das Spielgeschehen Bezug genommen wird bzw. in denen das Spielgeschehen (bei Freistößen, Ecken, Verletzungen von Spielern) einige Zeit ruht, so daß weitere mit dem Spielgeschehen in loserem Zusammenhang stehende Informationen vermittelt werden können. Rosenbaum (1969, 28 f) bezeichnet diese Teile in Fußballreportagen als 'Aktions-' bzw. 'Nachtragstext'. Im Hinblick auf die suprasegmentalen Merkmale gesprochener Sprache unterscheiden sie sich durch schnellere und langsamere Sprechgeschwindigkeit und durch verschiedene Pausenlängen. Innerhalb der Aktionsteile weisen Kombinationen von schneller Sprechgeschwindigkeit und höherem Intonationsverlauf auf Spielsituationen hin, die zu einem Torerfolg führen können. Dies kann durch die Hervorhebung eines Spielernamens oder durch eine Aktionskennzeichnung geschehen. In den Nachtragsteilen werden in der ersten Halbzeit überwiegend Informationen zu den Spielern, dem Trainer, den Zuschauern, dem Veranstaltungsort, dem Stadion und den Platzverhältnissen einschließlich der Witterungsbedingungen vermittelt. In der zweiten Halbzeit bleiben solche Informationen erhalten, zusätzlich werden jedoch Bewertungen zum Spielgeschehen in Abhängigkeit vom aktuellen Spielstand, Verweise auf die noch ausstehende Spielzeit und Rückgriffe auf besondere Spielszenen der bereits abgelaufenen Spielzeit gegeben (Brandt 1983a, 112). — Eine weitere makrostrukturelle Gliederung des kontinuierlichen Sprechvorgangs erfolgt neben der extern festgelegten Halbzeitpause durch regelmäßige Angaben zur gespielten Zeit, so daß der Hörer eine Zuordnung zur gesamten Spielzeit vornehmen kann (*Gespielt sind hier gut fünf Minuten, in denen sich bisher wenig getan hat*. — Dieses Beispiel und folgende stammen aus einer eigenen Verschriftung des Spiels Deutschland gegen Mexiko in der Übertragung vom 6. 6. 1978 im WDR II von 20.45 bis 22.30 Uhr). Bei Torchancen und erzielten Toren erfolgt die Zeitangabe konsequent in langsamerem Sprechtempo nach der Aktionsschilderung (*In der vierzehnten Spielminute erzielt Dieter Müller nach Vorlage von Berti Vogts und einer kurzen Drehung des Kölner Stürmers das Eins zu Null*). In den letzten elf Minuten der Ganzreportage kommen Zeitadverbialien gehäuft vor (Brandt 1983a, 321) was — je nach Spielstand — der Spannungssteigerung dient.

Syntaktisch wird die 'Ganzreportage' durch eine besonders hohe Anzahl von Nominalsätzen, durch spezifische Verbalsätze und durch eine charakteristische Auswahl an Satzgliedern und besondere Satzgliedreihenfolgen gekennzeichnet. Im Aktionsteil bestehen fast 50% aller Sätze aus ein- bis viergliedrigen Nominalsätzen (Simmler 1985, 466 f). Eingliedrig werden Ergebnisse (*Tor!*) und Akteure, die in Ballkontakt (Rosenbaum 1978, 147) sind, bezeichnet. Zweigliedrige Nominalsätze benennen Akteur + Aktion/Aktionsmöglichkeit (*Nun Berti Vogts im Gegenzug.* — *Kopfballmöglichkeit für Dieter Müller*), Akteur + Aktionsrichtung mit Personbezug (*Rüßmann zu Kaltz*), Akteur + Aktionsort (*Rummenigge auf der rechten Seite*) bzw. Spielposition und ausführendes Körperteil (*von links mit dem rechten Fuß*). Bei dreigliedrigen Nominalsätzen kommen die Typen Akteur + Aktion + Aktionsrichtung mit Personbezug (*Bernhard Dietz dann im Zusammenspiel mit einem Mannschaftskameraden.*), Aktion + Aktionsrichtung + Aktionsergebnis (*Kurzpaß zu Bonhof, zu Flohe und Tor!*) und Akteur + Aktion mit Personbezug + [Aktionszeit] + Aktionsergebnis (*Bonhof zu Flohe, vierundzigste Minute, vier zu null*) vor. In viergliedrigen Nominalsätzen sind die Typen Akteur + Aktion + Aktionsrichtung mit Ortsbezug + Aktionsrichtung mit Personbezug (*Heinz Flohe mit einem schönen Paß über fünfundzwanzig dreißig Meter herüber auf die andere Seite zum Benjamin der deutschen Mannschaft, zu Hansi Müller.*) und Aktionsumstand + Aktionsrichtung mit Ortsbezug + Aktionsabschluß + Akteur des Aktionsabschlusses (*Mit viel Effet, direkt ans Tor heran, Kopfball Rüßmann*) realisiert. — Bei den Verbalsatztypen ergibt sich gegenüber anderen gemeinsprachlichen Äußerungen die Tendenz der Valenzreduktion (Simmler 1980, 1985). So konstituiert das Verbum *werfen* im Hallenhandball mit dem Sem 'Torwurfversuch' den Verbalsatztypus E_N-V (*Mit seiner ganzen Routine hat er zweimal wunderschön aus der zweiten Reihe geworfen.*) und mit dem Sem 'Erreichen des Torerfolgs' den Typus E_N-V-E_A (*Joachim Deckarm wirft das 14 : 10 für die deutsche Mannschaft.*). Im Fußball werden durch *schießen* mit denselben Semen dieselben Satztypen gebildet.

Sowohl bei Nominal- als auch bei Verbalsätzen ergibt sich eine besondere Serialisierung einzelner Satzglieder. Häufig wird die Aktion vor dem Akteur genannt, was dem Reporter Zeit gibt, den Spieler zu identifizieren (Sandig 1974, 34). Bei Verbalsätzen mit analytischen Verbformen steht dabei in Aussagesätzen das Verbum infinitum in Erstposition; dies ist ebenfalls bei Hinweisen auf die Spielzeit (*Gespielt sind ...*) der Fall. Häufiger geht dem Verbum ein eingliedriges Temporaladverbiale voraus (Rosenbaum 1969, 61), das die Chronologie des Berichteten sichert (*und jetzt schießt Flohe*). Dadurch steht das Prädikat in Zweitstellung, in der häufigsten Serialisierungsregel, die Späterstellung des Subjekts bleibt jedoch erhalten. — Neben den temporalen Satzgliedern spielen Orts- und Richtungsangaben eine zentrale Rolle (Rosenbaum 1978, 151). Sie ermöglichen es dem Hörer, der die räumliche Aufteilung des Spielfeldes kennt, sich das Spielgeschehen zu vergegenwärtigen (*Mexiko wieder im Angriff, ist in der deutschen Hälfte. Am linken Flügel versucht sich Cuellar — Fischer kann sich den Ball angeln, spielt in den Strafraum zu Hansi Müller.*). Da die meisten Hörer mit Mannschaftsaufstellungen und Spielerrollen vertraut sind, geben auch die Spielernamen und ihre Substitutionen durch Demonstrativpronomina (Rosenbaum 1969, 52) Auskunft darüber, ob Angriffs- oder Verteidigungsaktionen oder ein Mittelfeldspiel vorliegen. Die Orts- und Richtungsadverbialien sind gleichermaßen in Verbal- und Nominalsätzen vorhanden.

Lexikalisch werden aus dem 'Regelwerk' die Bezeichnungen übernommen, die die externen Faktoren des Spiels benennen. Aus dem 'Lehrbuch' erfolgt eine Auswahl an Verben, die Angriffs-, Zuspiel- und Verteidigungsaktionen beschreiben. Beide Wortschatzbereiche werden um weitere Bezeichnungen erweitert, so daß sich eine andere Gesamtzusammensetzung ergibt, z. B. wird für *Ball Leder, Pille,* für *Tor(gehäuse)* wird *Gehäuse, Laden, Allerheiligstes, Netz, Maschen,* für *schießen* wird *treiben, knallen, donnern, jagen, feuern, dreschen, kanonieren* verwendet, die eine besondere Atmosphäre vermitteln sollen (Gerneth/Schaefer/Wolf 1971, 216) und bei einer Reihe von Untersuchungen im Vordergrund des Interesses stehen und zu stilkritischen Würdigungen führen, die der kommunikativen Leistung der Reporter in Reportagen zu einem großen Teil nicht gerecht werden.

4.3. Textsorte 'Fernsehreportage': Textsortenvariante 'Ganzreportage'

Das Fernsehen unterscheidet sich vom Rundfunk in zentraler Weise dadurch, daß die Bildübermittlung ein notwendiger Bestandteil aller Äußerungen in diesem Medium ist (Hackforth 1975, 228 — 230). Dadurch wird für den Zuschauer ein Gesamteindruck möglich, der trotz aller Ausschnitthaftigkeit der Übertragung nahe am Spielgeschehen orientiert ist, auch wenn er Eindrücke einer Teilnahme im Stadion oder in einer Halle nicht völlig ersetzen kann. Andererseits ermöglichen neue technische Übertragungsformen (Wiederholungen von zentralen Spielszenen mit und ohne Zeitlupe aus verschiedenen Perspektiven) Informationsvermittlungen, von denen der Zuschauer im Stadion oder in einer Halle ausgeschlossen ist. Eine den Rundfunkübertragungen vergleichbare Gattungs- oder Textsortentypologie existiert zur Zeit nicht und bleibt ein Desiderat. Dies gilt in gleicher Weise für die Berücksichtigung und Auswertung von Informationen im Bildschirmtext-System (BTX) bzw. von Videotext-Angeboten (seit Juni 1980) und erwerbbaren Videokassetten mit Kompilationen großer Sportereignisse (Wolff 1987). Die folgenden Ausführungen stützen sich exemplarisch auf eine eigene Materialzusammenstellung (Simmler 1980; 1991, 260 f) und konzentrieren sich auf die problemlos abgrenzbare 'Ganzreportage'.

Da das Spielgeschehen vom Zuschauer optisch verfolgt werden kann, verändern sich gegenüber einer Rundfunkreportage auch einzelne interne Merkmale. Makrostrukturell am stärksten verändert sind die Initiatoren- und Terminatorenbündel durch Wechsel von Studios, von Reporterkabine zu Einzelreporter am Spielfeld und Spielfeldrand, durch eingeholte Statements vor und nach dem Spiel. Ferner entfällt das kontinuierliche Sprechen des Reporters, so daß der sprachliche Unterschied zwischen Aktionsteil und Nachtragsteil so nicht mehr vorkommt. Im Nachtragsteil kann das vorhandene Bild ein Sprechen des Reporters ersetzen; spricht er, kommentiert er stärker die gezeigten Bilder und fügt weniger weitere Zusatzinformationen ein. Syntaktisch entfallen alle Schilderungen von Zuspielarten und ständige Hinweise auf die Raumaufteilung durch Adverbialien, weil der Zuschauer die Aktionen und ihre räumlichen Dimensionen selbst sieht. Dafür werden die einzelnen Aktionen und erkennbare taktische Einstellungen vom Reporter stärker wertend sprachlich begleitet (Danneboom 1987). Sehr häufig begnügt er sich mit eingliedrigen Nominalsätzen, durch die der jeweils in Ballbesitz befindliche Spieler benannt wird, wobei Unterschiede in der Benennungshäufigkeit in der ersten und zweiten Halbzeit, bei Länderspielen zwischen Spielern der eigenen und der gegnerischen Mannschaft existieren. Wegen der relativ langen Pausen zwischen einzelnen Reporteräußerungen sind die Außenmikrophone eingeschaltet, die die Stimmung in Halle oder Stadion an den Zuschauer vermitteln. Neben der Frequenzerhöhung bei eingliedrigen Nominalsätzen finden sich — soweit spezifische Analysen vorliegen — im Hinblick auf die Verbalsatztypen, die z. B. im Hallenhandball mit *werfen* (Simmler 1980, 33) gebildet werden, die gleichen Bedingungen für Valenzreduktionen wie in der Rundfunkreportage. Lexikalisch treten Wortschatzbereiche zurück, die Zuspielaktionen differenzieren; ob bei Bezeichnungen für Angriffs- und Verteidigungsaktionen zusätzliche Unterschiede vorkommen, ist durch weitere

4.4. Sportleräußerungen

Eine Analyse von Sportleräußerungen vor, während und nach einem Wettkampf wird nur von Digel (1975) vorgenommen. Als Grundlage dienen ihm Tonbandprotokolle von Oktober 1973 bis März 1974 aus dem Bereich des Hallenhandballs (Bundesliga, Bezirksliga), wobei er extern zwischen den Kommunikationssituationen beim Umkleiden, bei der Mannschaftsbesprechung, in der Halbzeit, beim Duschen und während des Spiels selbst und bei den Sprechern aktive Spieler, Trainer, Funktionäre unterscheidet. Sprachlich beschreibt er die Äußerungen als Sprechakte; eine Textsortendifferenzierung – z. B. bei der Mannschaftsbesprechung oder Dialogformen in der Halbzeit – wird nicht angestrebt. Unter lexikalischem Aspekt hebt Digel (1975, 153) den hohen Anteil fachterminologischer Art, der aus der Regelkenntnis und aus Technik- und Taktikteilen der Regelbücher stammt und in Mannschaftssitzungen und während des Spiels, dort unter zusätzlichem Zeitdruck, verwendet wird. Aus dem Anhang mit den Verschriftungen (Digel 1975, 161–220) ergibt sich bei den Zurufen des Trainers in das Spielgeschehen hinein zu den Spielern und bei den Äußerungen der Spieler untereinander eine hohe Dominanz von imperativischen Ersatzformen, vor allem vom selbständig gebrauchten Infinitiv, der lexikalisch mit Bezeichnungen von Angriffs-, Zuspiel- und Verteidigungsaktionen (aus der Textsorte 'Lehrbuch') besetzt ist. Der Infinitiv kann bei Traineräußerungen und solchen der Spieler (identische sind unterstrichen, nach einem Gedankenstrich folgen zusätzliche der Spieler) allein stehen (*Abblocken, abdrängen, zumachen, schieben, schießen, wechseln, aufteilen, Durchlaufen, Aufpassen, Weitergeben, Kommen, drehen, mitlaufen, Vorkommen, Sperren, Anbieten, Stoßen, Dranbleiben – Übernehmen, Wegbleiben, Umdrehen, Aufbauen, Aufrücken, Unterbinden, Bewegen, Abspielen, Z'rückkommen*) oder um ein nominales Satzglied erweitert sein (*links vortragen, früher stören, früher zerstören, Aufteilen wieder, Dranna bleiben, Abdrängen jetzt, Lang spielen, an Kreis bringen, auf d' Seite rücken, aufpassen auf außen, drehen schneller, Dreieck bilden, Jetzt sperren, Sperre laufen, Sperre machen, Vorne bleiben, Positionen besetzen, Jetzt kommen – abräumen links, Ohne Ball laufen, An dem dranbleiben, Ecke besetzen, Net tippen, Flach schießen, Außen decken, Außen aufpassen, Schnell schieben, Den Siebner übernehmen*); seltener sind Erweiterungen um mehrere nominale Satzglieder (*mit dem Archie öfters wechseln; Beim Carlo mal Deckung wieder zumachen – Schnell machen den Ball*). Nicht ganz so zahlreich sind Imperative in der Form von eingliedrigen (*Vorsicht, Kurze Päß', Raus, vor, lang, langer Angriff, Hammer, Net so lässig, rein – Ran, weg, Kurz, Z'rück, Schneller, Tempo, deiner, allein, Bewegung, Hintermann, Mauer, Schuß, Block, Abstand*) oder zweigliedrigen Nominalsätzen (*alte Ordnung wieder, jetzt Hammer, jetzt lang, Sicher jetzt, jetzt hinein, weg den Ball, Langsam hinten, Sperr' auf dr' andren Seite, Ran an den Mann, Ein Mann an Kreis, Ein Mann Seite, auf Rechtsaußen raus*); dreigliedrige Nominalsätze sind selten (*Ball schnell vor*). In der Frequenz treten Imperative der Einzelanrede (*komm, Halte dich wieder zurück, lauf, spiel hinten, lauf mit z'rück, bleib giftig, bleib bei ihm, bleib dicht, lauf durch, Spiel doch mal, bleib weg von dr' Abwehr – Laß ihn kommen, Paß auf Linkshänder, Deck du auf außen, bleib an ihm dran, wechsel das Eck, Spiel grad, Spiel mal, Schieß doch*) oder Gruppenanrede (*lauft doch eure Sperre Leut'*) hinter die beiden anderen Möglichkeiten der Imperativbildung zurück. Bei Spieleräußerungen sind Infinitivsätze mit dem Verb *lassen* und Infinitivergänzungen (*Laufen lassen, Net schießen lassen, Ball laufen lassen, Schießen lassen*) wesentlich häufiger als bei Traineräußerungen (*Ball laufen lassen*).

5. Textsorten und Grade der Fachlichkeit

Werden bei den bisher untersuchten Textsorten Grade der Fachlichkeit bestimmt, dann ergibt sich, daß solche nicht nur auf der lexikalischen Ebene existieren, sondern schon makrostrukturell, syntaktisch, aber auch morphologisch auftreten. Der höchste Grad der Fachlichkeit ist in 'Lehrbüchern' gegeben. Makrostrukturell zeigt sich das einmal an der Kapitel- und Unterkapitelgliederung unterschiedlicher Hierarchieebenen, in denen die externen Faktoren Kondition, Technik, Taktik systematisch behandelt werden. Zum anderen drückt sich die Fachlichkeit in Text-Bild-Kombinationen, die diese Faktoren zusätzlich veranschaulichen, aus. Syntaktisch ist die Fachlichkeit durch die Verwendung von ein- bis viergliedrigen Nominalsätzen bzw. durch Verbalsatztypen mit besonderen Sememen und Semen bei den Verben und charakteristischen Valenzerhöhungen gegeben, soweit sie sich auf dieselben externen Faktoren beziehen. Lexikalisch zeigt sich die Fachlichkeit in Wortschatzbereichen, die vor allem bei Angriffs-, Zuspiel- und Verteidigungsaktionen bzw. bei der Beschreibung der Technik von Bewegungsabläufen zu einer differenzierten und überwiegend klar definierten Funktionsanalyse führen. Neben besonderen Simplizia tragen dazu im Verbalbereich Kompositionen, Affixoid- und Präfixbildungen und im Substantivbereich Kompositionsbildungen bei. Der nächste Grad der Fachlichkeit ist mit den 'Regelwerken' gegeben. Makrostrukturell zeigt sich die Fachlichkeit in Kapiteln, Unterkapiteln und Absätzen, die die erlaubten und unerlaubten Spieleraktionen festlegen und die Aktionen definieren, die extern notwendig sind, damit das Spiel fortgesetzt und zu Ende geführt werden kann. Syntaktisch ergibt sich die Fachlichkeit aus Gesamtsatztypen mit der Teilsatzfolge conditio versus consequentia vor allem im Hinblick auf unerlaubte, aber auch erlaubte Spieleraktionen. Bei den Verbalsatztypen entstehen durch die Festlegung unerlaubter Spieleraktionen und die notwendige Unterscheidung von beabsichtigtem bzw. unbeabsichtigtem Regelverstoß bei einzelnen Verben besondere Sememe und Valenzen, wobei im Vergleich zu anderen gemeinschsprachlichen Verwendungsweisen fachlich gebundene Valenzerhöhungen auftreten. Lexikalisch ist der fachliche Wortschatz begrenzt auf die Bezeichnungen, die zur Beschreibung der grundlegenden externen Faktoren der Mannschaftsspiele unerläßlich sind. Alle weiteren Textsorten unterscheiden sich vom 'Lehrbuch' und 'Regelwerk' durch einen niedrigeren Grad der Fachlichkeit. Er zeigt sich zunächst darin, daß in ihnen syntaktische und lexikalische Merkmale, nicht jedoch makrostrukturelle, aus 'Regelwerken' und 'Lehrbüchern' in Auswahl übernommen und mit zusätzlichen Elementen in gleicher und kommunikativ variierender bzw. differenzierender Funktionalität verwendet werden, um andere kommunikative Ziele zu erreichen. Daneben werden einzelne zusätzliche fachliche Elemente entwickelt. In den 'Ganzreportagen' von Rundfunk und Fernsehen entstehen u. a. aufgrund der Simultaneität von Spielgeschehen und seiner sprachlichen Vermittlung einzelne spezifische ein- bis viergliedrige Nominalsatztypen und besondere Verbalsatztypen vor allem mit einwertigen Verben bei der Kennzeichnung von Angriffsaktionen, mit dreiwertigen Verben bei Zuspiel- und zweiwertigen Verben bei Verteidigungsaktionen. Bei den 'Berichten nach Ereignis' in regionalen und überregionalen Tageszeitungen entstehen wegen der Ergebnisorientiertheit vor allem zweiwertige Verben mit entsprechenden Verbalsatztypen. Bei ihnen kann auch das textuelle Merkmal der Tabelleninformation als fakultatives makrostrukturelles fachliches Merkmal nachgewiesen werden; bei der Textsorte 'Kurzmeldung' konstituiert die 'Tabelleninformation' eine eigene Textsortenvariante. Eine weitergehende Hierarchisierung des Fachlichkeitsgrades dieser Textsorten und Textsortenvarianten ist beim gegenwärtigen Forschungsstand wegen fehlender umfangreicher statistischer Auswertungen noch nicht möglich und bleibt ein Desiderat.

6. Literatur (in Auswahl)

Brandt, Wolfgang (1979): Zur Sprache der Sportberichterstattung in den Massenmedien. In: Muttersprache 89, 160−178.

− (1983a): Zeitstruktur und Tempusgebrauch in Fußballreportagen des Hörfunks. Mit einem Beitrag von Regina Quentin. Im Text 33 Skizzen und 102 Tabellen. Marburg.

− (1983b): 'Schwere Wörter' im Sprachbereich 'Sport'. In: Henne, Helmut/Mentrup, Wolfgang (eds.): Wortschatz und Verständigungsprobleme. Was sind 'schwere Wörter' im Deutschen? Jahrbuch 1982 des Instituts für deutsche Sprache. Düsseldorf, 92−118.

Dankert, Harald (1969): Sportsprache und Kommunikation. Untersuchungen zur Struktur der Fußballsprache und zum Stil der Sportberichterstattung. Tübingen.

Danneboom, Marion (1987): Der Einfluß des Kommentars bei Fußballübertragungen. In: Hackforth, Josef (ed.): Sportmedien und Mediensport. Wirkungen − Nutzung − Inhalte mit einem Vorwort von Rudi Michel und Beiträgen von Artur vom Stein [u. a.]. Berlin, 147−159.

Digel, Helmut (1975): Sprache und Sprechen im Sport. Eine Untersuchung am Beispiel des Hallenhandballs. Diss. Tübingen.

Ehlich, Konrad/Rehbein, Jochen (1980): Sprache in Institutionen. In: Althaus, Hans Peter/Henne, Helmut/Wiegand, Herbert Ernst (eds.): Lexikon der Germanistischen Linguistik. 2. Aufl. Tübingen 1980, 338−345.

Fleischer, Wolfgang (1987): Wortschatz der deutschen Sprache in der DDR. Frage seines Aufbaus und seiner Verwendungsweise. Von einem Autorenkollektiv unter Leitung von Wolfgang Fleischer. Leipzig.

Gasser, Herbert (1973): *Elf, Team, Mannschaft*. Zu den Mannschaftsbezeichnungen in Fußballberichten der Tageszeitungen 'Neues Deutschland', 'Die Presse' und 'Süddeutsche Zeitung'. In: Linguistische Studien. III. Festgabe für Paul Grebe zum 65. Geburtstag. Teil 1. Düsseldorf, 51–71.

Gerneth, Georg Stefan/Schaefer, Dieter/Wolf, Jörg (1971): Zur Fußballsprache. Mit einer Vorbemerkung von E. Ploss. In: Linguistik und Didaktik 2, 200–218.

Hackforth, Josef (1975): Sport im Fernsehen. Ein Beitrag zur Sportpublizistik unter besonderer Berücksichtigung des Deutschen Fernsehens (ARD) und des Zweiten Deutschen Fernsehens (ZDF) in der Zeit von 1952–1972. Münster/W.

Das Handballspiel (1976): Internationale Hallen- und Feldhandball-Regeln. Ausgabe 1. September 1976. Deutscher Handball-Bund e. V. (ed.). Dortmund.

Haubrich, Werner (1965): Die Bildsprache des Sports im Deutsch der Gegenwart. Schorndorf bei Stuttgart.

Kalverkämper, Hartwig (1990): Gemeinsprache und Fachsprachen – Plädoyer für eine integrierte Sichtweise. In: Stickel, Gerhard (ed.): Deutsche Gegenwartssprache. Tendenzen und Perspektiven. Berlin/New York, 88–133.

Kroppach, Hans Dieter (1970): Die Sportberichterstattung der Presse. Untersuchungen zum Wortschatz und zur Syntax. Diss. Marburg/Lahn.

Lüger, Heinz-Helmut (1983): Pressesprache. Tübingen.

Rosenbaum, Dieter (1969): Die Sprache der Fußballreportage im Hörfunk. Diss. Saarbrücken.

– (1978): Gesprochen: 'Einwort-Sätze' im Aktionstext. In: Hackforth, Josef/Weischenberg, Siegfried (eds.): Sport und Massenmedien. Bad Homburg v. d. H., 142–157.

Sandig, Barbara (1974): Sprache und Norm, Sprachnorm, Sprachhandlungsnorm am Beispiel der Tonbandumschrift einer Fußballreportage. In: Der Deutschunterricht 26, 29–38.

Schneider, Peter (1974): Die Sprache des Sports. Terminologie und Präsentation in Massenmedien. Eine statistisch vergleichende Analyse. Düsseldorf.

Simmler, Franz (1980): Die Valenz des Verbums 'werfen'. In: Rupp, Heinz/Roloff, Hans-Gert (eds.): Akten des VI. Internationalen Germanisten-Kongresses Basel 1980. Bern, 29–37.

– (1984): Zur Fundierung des Text- und Textsorten-Begriffs. In: Eroms, Hans-Werner/Gajek, Bernhard/Kolb, Herbert (eds.): Studia Linguistica et Philologica. Festschrift für Klaus Matzel zum sechzigsten Geburtstag überreicht von Schülern, Freunden und Kollegen. Heidelberg, 25–50.

– (1985): Elliptizität und Satztypen. In: Schlerath, Bernfried (ed.) unter Mitarbeit von Rittner, Veronica: Grammatische Kategorien. Funktion und Geschichte. Akten der VII. Fachtagung der Indogermanischen Gesellschaft Berlin, 20.–25. Februar 1983. Wiesbaden, 449–477.

– (1991): Die Textsorten 'Regelwerk' und 'Lehrbuch' aus dem Kommunikationsbereich des Sports bei Mannschaftsspielen und ihre Funktionen. In: Sprachwissenschaft 16, 251–301.

– (1993a): Zeitungssprachliche Textsorten und ihre Varianten. Untersuchungen anhand von regionalen und überregionalen Tageszeitungen zum Kommunikationsbereich des Sports. In: Simmler, Franz (ed.): Probleme der funktionellen Grammatik. Bern/Berlin/Frankfurt, M./New York/Paris/Wien, 133–282.

– (1993b): Zum Verhältnis von publizistischen Gattungen und linguistischen Textsorten. In: Zeitschrift für Germanistik. Neue Folge 3, 349–363.

– (1994a): Bezeichnungen für Angriffs- und Zuspielaktionen und ihre Valenz in Mannschaftssportarten. In: Zeitschrift für germanistische Linguistik 22, 1–30.

– (1994b): Verben des Verteidigens und ihre Valenzen im Kommunikationsbereich des Sports. In: Thielemann, Werner/Welke, Klaus (eds.): Valenztheorie – Werden und Wirkung. Münster, 125–155.

– (1995): Textsortengebundene Verbvalenz im Kommunikationsbereich des Sports. In: Eichinger, Ludwig M./Eroms, Hans-Werner (eds.): Dependenz und Valenz. Hamburg, 201–223.

– (1996): Teil und Ganzes in Texten. Zum Verhältnis von Textexemplar, Textteilen, Teiltexten, Textauszügen und Makrostrukturen. In: Daphnis 25, 597–625.

– (1998): Morphologie des Deutschen. Flexions- und Wortbildungsmorphologie. Mit 166 Schemata, Skizzen und Tabellen. Berlin.

Steger, Hugo (1986): Sport und Sprache. In: Narr, Brigitte/Wittje, Hartwig (eds.): Spracherwerb und Mehrsprachigkeit. Language Acquisition and Multilingualism. Festschrift für Els Oksaar zum 60. Geburtstag. Tübingen, 363–379.

Trosse, Hans-Dieter (1977): Handball. Training, Technik, Taktik. Mit Bildreihen und Fotos von Horst Lichte. Reinbek bei Hamburg.

Vandenheede, B. (1979): Syntaktische Merkmale der Fußballberichte in einigen Zeitungstypen. In: Studia Germanica Gandensia 20, 153–185.

Wolff, Hans-Joachim (1987): Sport in den Neuen Medien: Versuch eines Überblicks. In: Hackforth, Josef (ed.): Sportmedien und Mediensport. Wirkungen – Nutzung – Inhalte mit einem Vorwort von Rudi Michel und Beiträgen von Artur vom Stein [u. a.]. Berlin, 283–299.

Franz Simmler, Berlin
(Deutschland)

64. Textsorten im Bereich politischer Institutionen

1. Problemstellungen und Forschungsstand
2. Alphabetische TS-Übersicht
3. Von Volksvertretungen emittierte TS
4. Von Regierungen emittierte TS
5. Von Parteien/Fraktionen emittierte TS
6. Von Politikern/Politikerinnen als personalen Repräsentanten emittierte TS
7. Politikadressierte TS externer Emittenten
8. Emittentenunspezifische TS
9. Literatur (in Auswahl)

1. Problemstellungen und Forschungsstand

1.1. Abgrenzungen

In diesem Beitrag wird ein Textsortenbegriff zugrunde gelegt, wie ihn Brinker formuliert hat: „Textsorten sind konventionell geltende Muster für komplexe sprachliche Handlungen und lassen sich jeweils als typische Verbindungen von kontextuellen (situativen), kommunikativ-funktionalen und strukturellen (grammatischen und thematischen) Merkmalen beschreiben" (Brinker 1988, 124). Damit sind allerdings nicht alle Abgrenzungsprobleme des Themas erledigt. Es bedarf einer Klärung

- der Abgrenzung der Kategorie Text von anderen Kategorien, z. B. Gespräch,
- der Kategorie politische Institution,
- dessen, wie „Textsorten *in* ..." verstanden werden soll,
- der Frage, wieweit Textsorten (= TS) untersucht werden sollen, deren Vorkommen nicht auf politische Institutionen beschränkt ist.

Als Texte werden hier mündliche und schriftliche Sprachgebilde verstanden, die einem Emittenten oder einer Emittentengruppe als für den Text Verantwortlichen zugerechnet werden (zum Begriff *Emittent* vgl. Glinz 1977, 17). Der Begriff *Emittent* ist adäquater als Begriffe wie *Sprecher* (gilt nur für mündliche Texte) oder *Autor*. Bei Parteitexten z. B. ist ein bestimmter Autor oft nicht festzumachen, weil sie Kollektivprodukte u. U. mehrerer Gruppen auf unterschiedlichen Hierarchieebenen, sind. Gespräche und Debatten scheiden aus, da linguistische wie juristische Zurechnung von Emittentenverantwortlichkeit nicht zum Gesamtgebilde Gespräch oder Debatte erfolgt, sondern jeweils zum einzelnen Gesprächs- oder Debattenbeitrag. Dementsprechend ist nicht die Debatte, wohl aber die Debattenrede eine TS (zu den öffentlich-politischen Gesprächsformen vgl. 2. Halbband 'Gesprächslinguistik').

Politische Institutionen und ihre Kommunikationsfunktionen sind in hohem Maße abhängig vom politischen System. Als Bezugsrahmen ist hier die moderne parlamentarische Demokratie — exemplarisch die Bundesrepublik Deutschland — gewählt. Ungebräuchlich gewordene historische TS werden höchstens einmal am Rande erwähnt. Wo es sinnvoll erscheint, wird ein Blick auf TS im Kontext anderer politischer Systeme geworfen. Im gewählten linguistischen Rahmen wollen wir uns auf TS in den zentralen politischen Institutionen Parlament, Regierungsapparat, Parteien beschränken.

Da der Gebrauch der Sprache Produktion und Rezeption umfaßt, bedeutet „TS in politischen Institutionen", daß hier auch TS behandelt werden, deren Emittenten zwar nicht zu den politischen Institutionen im engeren Sinne zählen (von Bürgerinitiativen bis zum Bundesverfassungsgericht), die aber für politische Institutionen relevant sind, wie Bürgerbegehren, Expertengutachten etc., oder sogar bindend wie Verfassungsgerichtsurteile.

Neben TS, die ausschließlich im Bereich der Politik verankert sind, spielen auch solche TS eine zentrale Rolle, die politische Ausprägungen allgemeinerer TS sind. So sind Parteiprogramme eine Spezies innerhalb der allgemeinen Textgattung Programm. Hier werden ausschließlich die politischen Ausprägungen behandelt, und zwar nach ihrer Bedeutsamkeit innerhalb der politischen Kommunikation.

1.2. Forschungsstand

Seit den 80er Jahren geht man bei der Klassifikation von TS vom Vorrang pragmatischer Gesichtspunkte aus. Bei der Aufgabe, TS in politischen Institutionen zu klassifizieren, sind zwei pragmatische Dimensionen zu verknüpfen: die dominierende Handlungslogik im Bereich Politik und die kommunikativen Grundfunktionen von Texten überhaupt, wie sie den bereichsübergreifenden an Searles Taxonomie der Illokutionsakte orientierten TS-Klassifikationen von Brinker (1985, 125) und Rolf (1993, 165 ff) zugrunde liegen. Dabei unterscheidet Brinker Informations-, Appell-, Obligations-, Kontakt- und Deklarations-texte, während Rolf sich terminologisch und konzeptionell noch enger an Searle (1982/1975) ausrichtet, indem er das TS-Spektrum in assertive, direktive, kommissive, expressive und deklarative einteilt. Innertextliche Strukturmerkmale, etwa lexikalische oder grammatische, spielen bei diesem Ansatz keine die TS-Taxonomie begründende Rolle, sondern dienen lediglich zur näheren Charakterisierung der einzelnen TS.

Seit Mitte der 80er Jahre sind im Bereich der deutschsprachigen Linguistik mehrere Arbeiten vorgelegt worden, die sich um Systematisierung politischer TS bemühen. In ihnen dominiert die pragmatische Perspektive. Grünert (1984) und Strauß (1986) nehmen den Wittgensteinschen Begriff des Sprachspiels zum theoretischen Ausgangspunkt. Bei Grünert werden TS mit jeweils in etwa übereinstimmender kommunikativer Funktion zu vier „Sprachspielen" zusammengefaßt. TS wie Verfassung, Gesetz, Verordnung, Erlaß u. ä. bilden das „regulative Sprachspiel". TS, in denen sich, wie z. B. in der Petition, „Begehren" von Herrschaftsunterworfenen oder auch „Widerstand" gegenüber den Herrschenden artikuliert, gehören zum „instrumentalen Sprachspiel". Die TS des „integrativen Sprachspiels", wie „Parteiprogramme, politische Gemeinschaftslieder, Reden des genus demonstrativum etc.", dienen der „Schaffung eines gruppenspezifischen Bewußtseins". Das „informative Sprachspiel" umfaßt die TS der „politischen Werbung" (Grünert 1984, 31 ff).

Für Strauß ist ein „Sprachspiel" dagegen „der konkrete Ort, in dem bestimmte Interaktionen mit bestimmten Interaktionspartnern, die bestimmte Rollen, ein bestimmtes Wissen, bestimmte Aufgaben und Interessen haben, stattfinden" (Strauß 1986, 5). Er teilt die politischen TS dabei auf folgende „Sprachspiele" auf (Strauß 1986, 195 ff, ähnlich 43 ff): (1) „Gruppenbezogene parteiinterne politische Meinungs- und Willensbildung", (2) „Politische Werbung, Propaganda", (3) „Öffentlich vermittelte politische Meinungs-, und Willensbildung in Institutionen", (4) „Öffentlich-politische Meinungs- und Willensbildung", (5) „Politische Erziehung und Bildung", (6) „Kommunikation und Diskussion in der politikwissenschaftlichen Forschung", (7) „Externe Kommunikation der Institutionen der drei Staatsgewalten ... (= Bereich der bürokratischen Anweisungen und Gesetze)", (8) „Politische Meinungs- und Willensbildung in den Institutionen (der drei Staatsgewalten)", (9) „Willensbildungs- und Entscheidungsprozesse im zwischenstaatlichen, diplomatischen Verkehr/in den auswärtigen, internationalen Beziehungen". Strauß ordnet jedem „Sprachspiel" eine oder mehrere TS-Klassen zu. Diese charakterisiert er, indem er die benutzten „kommunikativen Verfahren" — das sind Handlungen wie *Auffordern*, *Verhandeln* etc. — und teilweise die „dominanten Textfunktionen" angibt.

Tillmann (1989) entwirft eine als Matrix dargestellte Taxonomie ausgewählter politischer TS in einem hierarchisch gegliederten „Zielsystem" mit dem Oberziel „Macht" an der Spitze und „semantischen Untermustern" (z. B. *Nachweis der Kompetenz*) auf der untersten (= fünften) Hierarchiestufe (Tillmann 1989, zusammenfassend S. 316 f).

Im Unterschied zu diesen Beiträgen bezieht Klein (1991) in die Charakterisierung der politischen TS auch grammatische, lexikalische und textstrukturelle Kategorien ein. Leitender Gesichtspunkt ist allerdings die pragmatisch-funktionale Verortung der TS in einem von drei für die Politik als zentral angenommenen „Interaktionsrahmen": (1) „Gesetzgebung mit Parlament und Regierung als primär beteiligten Institutionen", (2) „Politische Willensbildung innerhalb von Parteien", (3) „Politische Werbung von Parteien" (ebd., 247 ff). Dabei tritt Klassifikation als Prinzip der Systematisierung zurück hinter die Explikation „funktionaler Zusammenhänge zwischen politischen Textsorten" — „ähnlich dem Wechsel in der Biologie vom Interesse an der vergleichenden Artenlehre zum Interesse am funktionalen Zusammenspiel von Arten im Rahmen von Biotopen" (ebenda, 247). Expliziert wird das am verfahrensbestimmten intertextuellen Geflecht der Gesetzgebung und an den kampagnenbestimmten intertextuellen Zusammenhängen zwischen den Wahlkampf-TS. In Anlehnung an dieses Paradigma hat Girnth (1996) das diskursbestimmte TS-Geflecht in der Auseinandersetzung um den zeitweisen Bundespräsidentschaftskandidaten der CDU/CSU Heitmann untersucht. (Auf Untersuchungen zu einzelnen politischen TS wird bei der Behandlung der jeweiligen TS verwiesen.)

1.3. Klassifikationskriterien

Anders als in Klein (1991) soll hier Klassifikation leitendes Ordnungsprinzip sein. Funktionale Zusammenhänge zwischen TS werden unter einer eigenen Kategorie „TS-bezogene

Intertextualität" behandelt (→ Art. 43). Hauptkriterium der TS-Einteilung ist die Kategorie *Emittent*. Das hat folgende Gründe: Die Logik politischen Handelns ist primär bestimmt durch das Streben, die eigenen Vorstellungen von der Regelung der öffentlichen Angelegenheiten in sachlicher und personeller Hinsicht durchzusetzen, d. h. durch Machtstreben. Politische Systeme unterscheiden sich vor allem in Verteilung und Kontrolle von Macht. Kommunikationstheoretisch gewendet, bedeutet dies die Frage danach, wer unter welchen Bedingungen und in welchem Maße welchen Adressaten gegenüber die Möglichkeit hat, adressatenbindende TS mit direktiv-regulativer Grundfunktion u./o. meinungsbetonte TS mit evaluativ-appellativer Grundfunktion zu emittieren. Darum erfolgt die primäre Einteilung der politischen TS in diesem Beitrag nach der Systematik der Emittenten und ihrer Rolle im politischen System.

Die Abhängigkeit des TS-Systems vom politischen Systemstatus der Textemittenten wird deutlich, wenn man einen vergleichenden Blick auf TS in totalitären Systemen wirft. Dort pflegt es allein den Herrschern vorbehalten zu sein, politische TS mit adressatenbindendem Charakter zu emittieren. TS mit herrschaftskritischem Inhalt (Protestresolutionen, Streitschriften u. ä.) sind mit Sanktionen bedroht, während dem Volk Dankadressen, Treuegelöbnisse und Leistungsversprechen abverlangt werden.

Moderne parlamentarische Demokratien zeichnen sich aus durch Gewaltenteilung und Machtkontrolle − letztere vor allem in Form öffentlicher Auseinandersetzung zwischen Machtkonkurrenten bzw. ihren Anhängern um Legitimation und Eignung zur Ausübung der Macht sowie um die Richtigkeit politischer Konzepte und Entscheidungen.

Die Funktionen und Rollen, die dieses System zuweist, manifestieren sich in hohem Maße in der ausschließlichen oder dominanten Zuständigkeit als Emittent bestimmter TS. Die Träger solcher Systemfunktionen und damit Emittenten von Klassen politisch relevanter TS sind:

− Parlamente und parlamentähnliche Versammlungen (z. B. Verfassungsversammlung),
− Regierungen,
− Parteien,
− Politiker/innen als Personen und personale Repräsentanten,
− externe Emittenten politisch relevanter TS (Verfassungsgerichte, Verbände/Bürger(gruppen), Experten, Presse).

Erläuterungsbedürftig ist die Emittentenklasse „Politiker/innern als Personen und personale Repräsentanten". Die kategoriale Trennung zwischen Institutionen (Parlament, Regierung, Partei) und Personen als Emittenten läßt sich kommunikationstheoretisch-linguistisch und juristisch begründen: Zwar äußern sich Politiker/innen öffentlich meist als Repräsentanten ihrer Institition(en), aber nichtsdestoweniger sind sie dabei für ihre Äußerungen als Personen straf- und z. T. auch zivilrechtlich verantwortlich. Sie bilden daher eine von den Institutionen verschiedene Emittentenkategorie. In textlinguistischer Hinsicht wird diese Einteilung dadurch gestützt, daß sie weitgehend übereinstimmt mit der Zuordnung mündlicher und schriftlicher TS: Mündliche TS gibt es fast ausschließlich in der personalen Emittentenklasse.

Gegenüber der Kategorie *Emittent* als primärem Einteilungskriterium wird − neben der *kommunikativen Grundfunktion* − die Kategorie *Adressat* als sekundäres Kriterium genutzt. Das hohe Maß an Öffentlichkeit, das in modernen parlamentarischen Demokratien herrscht, bedeutet zwar, daß die Emittenten für ihre Texte − oder für deren u. U. verzerrende „Reformulierungen" in den Medien (vgl. Steyer 1997a; 1997b) − zumindest potentiell mit einem breiten, im einzelnen kaum bestimmbaren Rezipientenspektrum rechnen müssen. Dennoch haftet den meisten politischen TS eine primäre Adressatenorientierung an, neben der dann an weitere, sekundäre Adressaten gedacht sein kann (zur Mehrfachadressierung vgl. Kühn 1995). Dieselbe TS kann entsprechend der Unterschiedlichkeit der Adressaten unterschiedliche kommunikative Funktionen erfüllen. Mehrfachadressierung geht dann mit Polyfunktionalität einher.

1.4. Beschreibungskategorien

Als Klassifikationskriterien sind die Kategorien *Emittent*, *Adressat* und *kommunikative Grundfunktion* gleichzeitig zentrale Kategorien der TS-Beschreibung. Für eine genaue linguistische Beschreibung reichen diese pragmatischen Kategorien nicht aus. Neben weiteren pragmatischen Kategorien müssen thematische, grammatische, lexikalische u. a. Kategorien hinzutreten. Deren Art und Zahl hängt von der angestrebten Tiefe und Genauigkeit der TS-Beschreibung ab. Für die detaillierte Einzelbeschreibung einer TS werden folgende Kriterien verwendet:

Pragmatische Kategorien:

- *Emittent*
- *Adressat*
- *Textart*
- *Grundfunktion*
- *Texthandlungsmuster*
- *Geltungsmodus*
- *TS-Intertextualität*

Semantische Kategorien:

- *Thema*
- *Lexik*

Grammatische Kategorien:

- *Syntax*
- *Verbkategorien*
- *Personenbezug durch Personalformen*

Rhetorische Kategorien:

- *Bauform*
- *Themenentfaltung*
- *Rhetorische Figuren/Tropen*

Die Verwendung der meisten dieser Kategorien zur TS-Charakterisierung ist kaum erläuterungsbedürftig. Ob es sich um eine schriftliche oder mündliche TS, im letzteren Fall z. B. um eine televisionäre oder face-to-face-TS handelt (*Textart*), ob die TS etwa primär regulativ oder informativ ausgerichtet ist (*Grundfunktion*), welche Themenspezifik (*Thema*), welche Wortschatzpräferenzen (*Lexik*), welchen typischen Aufbau im ganzen u./ o. in den Teilen (*Bauform*) sie besitzt, ob in ihr bestimmte Tempora, Modi o. a. *Verbkategorien* und ob bestimmte *Personalformen* dominieren oder fehlen — man denke an das charakteristische „wir" in Parteiprogrammen oder an das Fehlen jeglicher Personalformen der 1. und 2. Person in Gesetzen —, ob das *Thema* typischerweise deskriptiv oder argumentativ *entfaltet* wird (zur Kategorie Themenentfaltung siehe Brinker 1985, 50 ff) und ob der Einsatz *rhetorischer Mittel* wie Parallelismus, Klimax etc. zum TS-Profil gehört — daß eine ausführliche linguistische TS-Beschreibung darüber informiert, bedarf wohl keiner Rechtfertigung. Erläuterungsbedürftig sind allerdings drei Kategorien, die in bisherigen linguistischen TS-Beschreibungen kaum vorkamen: *Texthandlungsmuster, Geltungsmodus* und *TS-Intertextualität*.

(1) *Texthandlungsmuster*. Mit dieser Kategorie wird der Tatsache Rechnung getragen, daß TS konventionelle Schemata für den Vollzug kommunikativer Handlungen sind — meist mehrerer Handlungen, deren Verhältnis zueinander durch Sequentialität, Hierarchie, Mehrfachadressierung u./o. durch die *indem*-Relation (*jemand vollzieht die Handlung p, indem er die Handlung q vollzieht*) bestimmt ist. Mit der *indem*-Relation, einem Kernstück der Handlungstheorie (vgl. Goldman 1970; Heringer 1974; Harras 1983, 40 u. ö.), ist angestrebt, den kommunikativen ‚Sinn', der mit den Exemplaren einer TS verknüpft ist, knapp und gleichzeitig in seiner internen Komplexität zu explizieren (exemplarisch Holly 1996, 318).

(2) *Geltungsmodus*. Mit dieser Kategorie wird versucht, die mit der TS-Emittierung für Emittent u./o. Adressat verbundenen — u. U. juristisch relevanten — Ansprüche, Obligationen und Rechte institutionen- und TS-spezifisch zu fassen. Damit wird Wunderlichs früher Kritik Rechnung getragen, der „objektive Faktor von Sprechakten: nämlich daß Sprechakte erwartbare Konsequenzen für die weitere Entwicklung der gemeinsamen Situation der beteiligten Personen haben", werde allzu oft vernachlässigt, wobei er darauf hinweist, daß „die Veränderungen in den verschiedenen institutionellen Kontexten ... nicht immer dieselben" sind (Wunderlich, 57 u. 93).

(3) *TS-Intertextualität*. Diese Kategorie dient dazu, den Stellenwert der jeweiligen TS im institutionsspezifischen Kommunikationssystem und TS-Geflecht sichtbar zu machen. Eine Taxonomie möglicher Text-Text-Relationen liegt bisher nicht vor — weder für die Textebene (*Intertextualität*) noch für die TS-Ebene (*TS-Intertextualität*). Im vorgegebenen Rahmen begnügen wir uns mit groben Charakterisierungen solcher Relationen, indem zwischen Vor-, Parallel- und Nach-TS unterschieden wird. Vor-TS sind TS, deren Exemplare typischerweise modellbildend, subsidiär oder motivierend für die Produktion von Exemplaren der beschriebenen TS sind. Parallel-TS sind TS, die unter einem einheitlichen Gesichtspunkt (in etwa) gleichzeitig mit der beschriebenen TS produziert u./o. emittiert werden, z. B. Wahlkampf-TS. Nach-TS sind TS, für die die beschriebene TS eine Vor-TS darstellt. Zusätzliche Markierungen als „verfahrensbedingt" erhalten TS dann, wenn sie im Rahmen eines institutionellen Verfahrens, z. B. des Gesetzgebungsverfahrens, mit der beschriebenen TS fest verknüpft sind. Als „Filter-TS" werden TS bezeichnet, deren Hauptfunktion darin besteht, in gefilterter Form, z. B. in komprimierter Reformulierung den Inhalt von Exemplaren der beschriebenen TS wiederzugeben, etwa Abstracts oder Presseberichte.

Wegen ihrer großen Zahl können die politischen TS hier nicht alle detailliert behandelt werden. Es gibt daher drei Beschreibungstypen:

(1) die detaillierte Einzelbeschreibung unter Heranziehung aller oben vorgestellten Kategorien
(2) die knappe Einzelbeschreibung auf der Basis der Kernkategorien *Emittent, Adressat, Grundfunktion* sowie der (die TS als Ganzheit erfassenden) Kategorien *Textart, Geltungsmodus* und *Thema* und der Sammelkategorie *sprachliche Merkmale*
(3) die Erläuterung mehrerer TS im Verbund

In jeder TS-Klasse wird jeweils eine TS, die für das politische System (polity), für den politischen Prozeß (politics) u./o. für die Gestaltung bestimmter Politikfelder (policies) besondere Relevanz besitzt, detailliert beschrieben: Verfassung, Staatsvertrag, Wahlspot, Parteiprogramm, Debattenrede und Protestresolution. Die übrigen TS werden durch knappe Einzelbeschreibung oder mit verwandten TS im Verbund behandelt.

2. Alphabetische TS-Übersicht

Um ein Auffinden der einzelnen TS zu erleichtern, sind diese mit laufenden Nummern versehen und werden hier zunächst in alphabetischer Reihenfolge aufgeführt. TS, die eine detaillierte Einzelbeschreibung erfahren, sind hervorgehoben:

(mündl.) Abgeordnetenfrage (TS 49), (schriftl.) Abgeordnetenfrage (TS 36), Amtseid (TS 52), Antrag an den Parteitag (TS 29), Antragsbegründung (TS 56), Antwort auf parlamentarische Anfrage (TS 12), Aufkündigungserklärung (TS 26), Aufschrift (TS 21), Ausschußbericht (TS 5), Begnadigung (TS 41), Bundespräsidentenrede (TS 62), *Debattenrede* (TS 53), Denkmaltext (TS 74), Diskussionsbeitrag (TS 57), Enquête (TS 6), Entlassung von Bundesministern (TS 39), Entschließung (TS 3), Entzug des Rederechts (TS 46), Ernennung von Bundesministern (TS 38), Eröffnungsrede (TS 61), Expertengutachten (TS 73), Fernsehansprache (TS 60), Gedenkrede (TS 59), Geschäftsordnung des Parlaments (TS 4), Gesetz (TS 2), Gesetzentwurf der Regierung (TS 10), Große Anfrage (TS 32), Kleine Anfrage (TS 33), Koalitionsvertrag (TS 25), Kriegserklärung (TS 9), Leistungsbilanz (TS 22), Mandatsannahmeerklärung (TS 34), Memorandum (TS 65), Ministerbefehl (TS 37), Negativ-Bilanz (TS 23), Note (TS 8), Ordensverleihung (TS 40), Ordnungsruf (TS 47), Pamphlet (TS 24), *Parteiprogramm (Grundsatzprogramm)* (TS 27), Parteisatzung/-statut (TS 31), Parteitagsbeschluß (TS 30), Parteitagsrede (TS 55), Petition (TS 70), Pressekommentar (TS 71), Protestparole (TS 64), *Protestresolution* (TS 63), Rechenschaftsbericht (TS 28), Rechtsverordnung (TS 13), Redneraufruf (TS 45), Regierungsbericht (TS 11), Regierungserklärung (TS 54), Rücktrittserklärung (TS 35), Sachruf (TS 48), Sitzungsbeendigung (TS 44), Sitzungseröffnung (TS 42), Sitzungsunterbrechung (TS 43), *Staatsvertrag/Internationaler Vertrag* (TS 7), *Verfassung* (TS 1), Verfassungsgerichtsurteil (TS 71), Verwaltungsverordnung (TS 14), Volksantrag (TS 68), Volksbegehren (TS 67), Volksinitiative (TS 69), Wahlanzeige/-annonce (TS 18), Wahlbezogene Stellungnahme einer Interessengruppe (TS 66), Wahlbroschüre etc. (TS 19), Wahlplakat (TS 20), Wahlprogramm (TS 17), Wahlrede (TS 58), Wahlslogan (TS 15), *Wahlspot* (TS 16), Zwischenfrage (TS 50), Zwischenruf (TS 51)

3. Von Volksvertretungen emittierte TS

Im Abschnitt 3 werden primär TS behandelt, die von der Institution Parlament in seiner legislativen Funktion und damit in der Ausübung von Herrschaft emittiert werden. Darum fehlt ihnen weitgehend der persuasive Charakter – anders als vielen von Parteien und Politikern (nicht nur) im Parlament emittierten TS, die der politischen Auseinandersetzung und Meinungsbildung dienen und die in Abschnitt 5 und 6 behandelt werden.

3.1. Primär außenadressierte TS

TS 1: Verfassung
Textart: Schrifttext mittleren oder längeren Umfangs.
Emittent: eine verfassungsgebende Versammlung u. U. auch Parlamente, auf der Basis eines von einem Verfassungsausschuß beschlossenen Verfassungstextes. So haben die westdeutschen Landesparlamente 1949 über die Annahme des vom Parlamentarischen Rat formulierten und beschlossenen Grundgesetzes entschieden, und die ostdeutschen Länder sind 1990 dem GG durch Parlamentsbeschluß beigetreten. Ein anderer Weg ist der Volkentscheid über einen von Verfassungsausschuß oder Parlament ausgearbeiteten Verfassungstext (so über die Verfassung des Landes Nordrhein-Westfalen am 18. 6. 1949). Im Falle der sogenannten „oktroyierten Verfassung" fungierte vor allem im 19. Jh. der Monarch als Emittent (z. B. preußische Verfassung von 1848).
Adressaten: das Staatsvolk und alle staatlichen Organe.
Thema: Staatsstruktur und (Grund-)Rechte der Bürger, insbesondere im Verhältnis zum Staat.
Grundfunktion: direktiv-regulativ als höchste „rechtsquellenkonstituierende" TS.

Geltungsmodus: Verfassungen binden als maßgebliche Rechtsquelle Emittenten und Adressaten. Die Geltung demokratisch legitimierter Verfassungen ist an Mehrheitsentscheide des Volkes oder der das Staatsvolk repräsentierenden Versammlung(en) gebunden. (Auf unterschiedliche Anforderungen hinsichtlich der Höhe der Mehrheit kann hier nicht eingegangen werden.) Über die Einhaltung der Verfassung wacht vielfach ein Verfassungsgericht. An Verfassungsänderungen werden durchweg höhere Anforderungen in Prozedur u./o. Mehrheit gestellt als an Gesetzesänderungen, z. B. Zweidrittel-Mehrheit.

Texthandlungsmuster: Der Verfassungsgeber konstituiert die politische Ordnung des Staates, indem er

- den Staatsaufbau und die Zuständigkeiten der staatlichen Organe festlegt,
- die Rechte des Individuums – im Falle des GG die „Grundrechte" – oder auch Normen „der Ordnung des Gemeinwesens" (so im zweiten Teil der Verfassung des Landes Nordrhein-Westfalen) proklamiert,
- den Staat zur Einhaltung dieser Rechte verpflichtet (so heißt es im GG Art. 1,3: „Die nachfolgenden Grundrechte binden Gesetzgebung, vollziehende Gewalt und Rechtsprechung unmittelbar.").

Themenentfaltung: Das Thema wird explikativ, z. T. aufzählend entfaltet. Es überwiegt sachbezogene Themenbehandlung in staatsrechtlich-fachsprachlichem Stil. In Präambeln, grund- und menschenrechtsbezogenen Verfassungspassagen finden sich auch feierliche Töne („Im Bewußtsein seiner Verantwortung vor Gott und den Menschen, von dem Willen beseelt ..." Präambel GG) und wertbezogenes Pathos („Das Deutsche Volk bekennt sich darum zu unverletzlichen und unveräußerlichen Menschenrechten als Grundlage jeder menschlichen Gemeinschaft, des Friedens und der Gerechtigkeit in der Welt." Art. 1,2 GG).

Bauform: Verfassungen sind üblicherweise in Teile, Abschnitte, Artikel (bzw. Paragraphen), Absätze und Sätze untergliedert. Die Reihenfolge zwischen den Gliederungseinheiten einer Ebene ist meist von Relevanzgesichtspunkten – das Wichtigere zuerst – u./o. von sachimmanenter Logik bestimmt. Vorangestellt sind oft eine Präambel sowie eine Information über die Annahme der Verfassung u./o. ihre Inkraft-Setzung.

Syntax: Nominalstil-Tendenz; viele Konditionalgefüge; des öfteren Aufzählungen.

Verbkategorien: Mit Ausnahme der eben genannten vorangestellten Teile, die auch präteritale Tempusformen enthalten, herrschen in deutschsprachigen Verfassungen durchgängig Verbformen im Indikativ Präsens. Vielfach wird der Indikativ Präsens in direktiv-regulativer Funktion verwendet. („Der Bundestag tritt spätestens am dreißigsten Tag nach der Wahl zusammen" Art. 39 GG), manchmal auch in gleichzeitig definierender Funktion („Der Bundespräsident vertritt den Bund völkerrechtlich" Art. 59 GG).

Personenbezug: Es kommen ausschließlich Personalformen der 3. Person vor. Dem allgemeingültigen Charakter der Verfassung entspricht vor allem in Passagen zu Grundrechten u. ä. bei der Referenz auf Personen der häufige Gebrauch von All-Quantoren und generischen Formen („jeder X", „alle X", „die X").

Lexik: In den Teilen, die den Staatsaufbau betreffen, herrscht politisches Institutionenvokabular vor. In den Passagen, die Rechte, insbesondere Grundrechte betreffen, finden sich Hochwertwörter aus dem Bereich des politisch-ideologischen Wortschatzes. Der normative Charakter der Textsorte manifestiert sich in der Vielzahl deontischer Lexeme, insbesondere bei Verben und Verbgefügen („A hat/ist zu x-en", „sollen", „unzulässig sein", „das Recht haben", „können", „verpflichtet sein", etc.), und auch bei Substantiven („Recht", „Verpflichtung", „Pflichten", „Befugnis", etc.).

Rhetorische Figuren/Tropen: In den wertbezogenen Teilen von Verfassungen, so im Grundwerteteil des GG (Art. 1–19), finden sich des öfteren dreiteilige Klimax, Parallelismus und Zwillingsformeln.

TS-Intertextualität: Als Vortexte i. w. S. fungieren insbesondere vorhandene Verfassungstexte, staatsrechtliche, staatphilosophische und politisch-ideologische Schriften, als Vortexte i. e. S. Verfassungsentwürfe, Ergänzungs- und Abänderungsanträge. Begleitet wird die Prozedur der Verfassungsgebung (oder -änderung) durch öffentliche Auseinandersetzungen, bei denen vor allem die massenmedialen TS als Filtertexte wirksam werden. Nachtexte sind insbesondere Gesetze, Verfassungskommentare und Verfassungsgerichtsurteile.

TS 2: Gesetz

Textart: Schrifttext mittleren oder großen Umfangs. *Emittent*: (normalerweise) das zuständige Parlament. *Adressat*: die Bürger im Geltungsbereich des Gesetzes, insbesondere im Gesetz genannte Personenkreise, in funktionaler Hinsicht primär die mit der Durchführung betrauten Behörden und Institutionen. *Thema*: nach der Verfassung im Zuständigkeitsbereich des jeweiligen Parlaments liegender Regelungsbereich. *Grundfunktion*: direktiv-regulativ. *Geltungsmodus*: als Rechtsquelle bindend. *Sprachliche Merkmale*: Dominanz ressortspezifischer u./o. rechtssprachlicher Lexik; viele Konditionalgefüge; Indikativ in gleichzeitig konstatierender und präskriptiver Funktion.

TS 3: Entschließung
Textart: schriftlicher Text von meist geringem, höchstens mittlerem Umfang. *Emittent*: Parlament. *Adressat*: die Öffentlichkeit im nationalen oder internationalen Rahmen, insbesondere die Teile der Öffentlichkeit, die in das Thema der Entschließung besonders involviert sind. *Thema*: politisch aktuelle Frage. *Grundfunktion*: bewertend u./o. appellativ. Richtigkeitsanspruch mit der Autorität einer Volksvertretung. *Sprachliche Merkmale*: formeller Sprachstil mit meinungssprachlichen Elementen.

3.2. Binnenadressierte TS
TS 4: Geschäftsordnung des Parlaments
Textart: Schrifttext längeren Umfangs. *Emittent*: das Parlament. *Adressat*: die Mitglieder des Parlaments. *Thema*: Prozeduren der parlamentarischen Interaktion. *Grundfunktion*: autoregulativ. *Geltungsmodus*: bindend. *Sprachliche Merkmale*: parlament-spezifische Wortverwendungen; Dominanz präskriptiver Formulierungen, oft in Form des präskriptiven Indikativs.

TS 5: Ausschußbericht
Textart: Schrifttext mittleren bis längeren Umfangs. *Emittent*: Parlamentsausschuß. *Adressat*: die Mitglieder des Parlaments. *Thema*: Beschlußempfehlung des Parlamentausschusses samt Begründung auch zu etwaigen im Ausschuß vorgetragenen Minderheitspositionen. *Grundfunktion*: informativ (Information zur Vorbereitung der Plenarberatungen, insbesondere der 2. Lesung von Gesetzentwürfen). *Geltungsmodus*: Wahrheitsanspruch des Emittenten. *Sprachliche Merkmale*: sachlich, Argumentationen knapp reformulierend. (Hinsichtlich der anliegenden zum Beschluß empfohlenen Fassung des Gesetzentwurfs s. TS 2: Gesetz.)

TS 6: Enquête
Textart: umfangreicher Schrifttext. *Emittent*: Enquête-Kommission, d. i. eine vom Parlament "zur Vorbereitung von Entscheidungen über umfangreiche und bedeutsame Sachkomplexe" (GO des Bundestages 1980, § 56) eingesetzte, aus Parlamentsmitgliedern aller Fraktionen bestehende Kommission. *Adressat*: Parlament, Öffentlichkeit. *Thema*: "umfangreiche und bedeutsame Sachkomplexe" im Zuständigkeitsbereich des jeweiligen Parlaments (GO des Bundestages § 74a). *Grundfunktion*: informierend; Zusammenhänge erklärend; Problemlösungen erwägend oder vorschlagend. *Geltungsmodus*: Wahrheitsanspruch auf der Basis von wissenschaftsgestütztem Expertenwissen. Verpflichtung des Parlaments als Adressat, sich mit der Enquête auseinanderzusetzen. *Sprachliche Merkmale*: fachkommunikative Züge in Lexik, Erklärungsmodus und Argumentationsstil. Bei Schlußfolgerungen für politisches Handeln Übergang in politisch(-ideologische) Argumentationsweise.

4. Von Regierungen emittierte TS

Regierungen emittieren als Institutionen überwiegend TS, in denen Regierungsbefugnis und Herrschaft performiert werden und die daher keinen oder nur geringen, u. U. verdeckten persuasiven Charakter haben. Davon sind die in Abschnitt 6 behandelten TS zu unterscheiden, die auch Regierungsmitglieder als personale Teilnehmer an politischen Auseinandersetzungen verwenden.

4.1. Außenpolitische TS
TS 7: Staatsvertrag/Internationaler Vertrag
Textart: Schrifttext mittleren bis großen Umfangs.
Emittent: mindestens zwei Staaten (repräsentiert durch die Staatsoberhäupter. Vgl. Art. 59, Abs. 1 GG) u./o. internationale Organisationen als Vertragspartner.
Adressaten: wie Emittenten; (außer im Falle von Geheimverträgen) sekundär auch die nationale und internationale Öffentlichkeit.
Thema: Gegenstände von Regelungsinteresse seitens der Vertragspartner, insbesondere wirtschaftlicher, militärischer, verkehrsrechtlicher, ausländerrechtlicher, gebietsrechtlicher, zugangs- und nutzungsrechtlicher Natur, vor allem auf multilateraler Basis auch menschenrechtlicher, völkerrechtlicher und kriegsrechtlicher, u. U. auch gesamtpolitischer Art.
Grundfunktion: bilateral oder multilateral kommissiv.
Geltungsmodus: völkerrechtlich wechselseitig bindend, wobei die Bindekraft auf den Prin-

zipien der freien Übereinkunft und von Treu und Glauben sowie auf dem Grundsatz „Pacta sunt servanda", darüber hinaus u. U. auch auf den Sanktionspotentialen eines oder mehrerer Vertragspartner beruht.

Zum Abschluß internationaler Verträge bedarf es der Erfüllung formeller Geltungsbedingungen: Paraphierung durch Unterhändler, bei wichtigen Verträgen Unterschrift von Außenminister oder Regierungschef sowie – in den meisten Staaten – Ratifizierung durch das Parlament; Austausch oder Hinterlegung der Ratifizierungsurkunden bei einer vereinbarten Stelle.

Texthandlungsmuster: Die Vertragspartner verpflichten sich zur Anerkennung bestimmter gemeinsamer Prinzipien u./o. Ziele sowie zur Durchführung oder Unterlassung bestimmter – u. U. in Untertexten („Protokollen") im einzelnen beschriebener – Handlungen (u. U. im Rahmen von Zeitplänen) seitens eines, mehrerer oder aller Vertragspartner, u. U. indem sie bisher geltende Verträge ändern, ergänzen oder außer Kraft setzen, und vereinbaren u. U. Modalitäten u./o. Gremien zur Koordinierung ihres politischen Handelns u./o. zur Regelung von Fragen der Durchführung des Vertrages, u./o. sie treffen gemeinsame Regelungen über die Laufzeit des Vertrages u./o. über Sanktionen für den Fall vertragswidrigen Verhaltens.

Themenentfaltung: Das Thema wird, orientiert an sachlogischen Zusammenhängen, deskriptiv oder explikativ, oft in Form von Aufzählungen entfaltet. In Verträgen, durch die andere Verträge geändert werden, wird die Reihenfolge in der Behandlung der Unterthemen in hohem Maße durch Aufbau und Sachlogik der geänderten Verträge bestimmt. Am Ende stehen oft „Schlußbestimmungen" zum In-Kraft-Treten, zur Geltungsdauer, zu den Sprachen der Urschriften u. ä.

Bauform: Eingebettet in Einleitungs- und Schlußsätze, meist eingeleitet durch Präambel, ist der Haupttext bei umfangreichen Staatsverträgen in durchnumerierte Teile mit Überschrift und in Paragraphen ohne Überschrift gegliedert – Verträge mit geringem Umfang u. U. nur in Paragraphen. Als Anhänge enthalten Staatsverträge oft Protokolle zur Regelung von Einzelfragen, Erklärungen einer oder mehrerer Vertragspartner, die von dem/den anderen als von ihm/ihnen gebilligt oder auch als nur zu Kenntnis genommen markiert sind, sowie u. U. Tabellen, Landkarten u. ä.

Syntax: Vor allem in Verträgen, in denen zu einem Gegenstand vielerlei Aspekte, u. U. mit Bezug auf andere Verträge, zu berücksichtigen sind, können Sätze sehr umfangreich werden. So besteht das „Protokoll über die Gewährung von Asyl für Staatsangehörige von Mitgliedstaaten der Europäischen Union" zum „Vertrag zur Gründung der Europäischen Gemeinschaft" (Quelle: Vertrag von Amsterdam vom 2. Oktober 1997. In: Bulletin der Bundesregierung 94, Bonn, 27. 11. 1997, 1133 f) aus zwei Sätzen, deren erster 46 Zeilen und deren zweiter 31 Zeilen umfaßt. Das primäre syntaktische Bauprinzip ist dabei satzglied- oder teilsatzbeiordnende Aufzählung. So werden im ersten der genannten Sätze zwischen das Subjekt „Die hohen Vertragsparteien" und den Prädikatsteil „sind über folgende Bestimmungen übereingekommen" insgesamt neun additiv gereihte komplexe Präpositionalphrasen des Typs „in der Erwägung, daß ...", „unter Hinweis darauf, daß ..." etc. hineingepackt. Der zweite Satz enthält eine additive Reihung von vier Konditionalsätzen. Konditionalgefüge prägen die TS Staatsvertrag allerdings nicht ganz so stark wie die TS Gesetz (s. o.).

Verbkategorien: Es überwiegt weit der Indikativ Präsens, manchmal in deskriptiver Funktion („Das gemeinsame Vorgehen im Bereich der polizeilichen Zusammenarbeit schließt ein: ..."), meist in indirekt formulierter direktiv-regulativer Funktion („Beschlüsse nach diesem Titel werden vom Rat einstimmig gefaßt"). Präsens Indikativ – und nicht Konjunktiv der indirekten Rede – wird auch in referierender Funktion verwendet, wenn auf Erklärungen von Vertragspartnern (s. o.) Bezug genommen wird („Irland erklärt, daß es beabsichtigt, sein Recht ... soweit wahrzunehmen, wie dies mit ... vereinbar ist"). Dies dient der Zweifelsfreiheit, die ein Vertragstext prätendiert. Bei Absichtserklärungen kommt auch Futur vor („Die Mitgliedstaaten (der EU, J. K.), die auch Mitgliedstaaten der Vereinigten Nationen sind, werden sich abstimmen und auch die übrigen Mitgliedstaaten in vollem Umfang unterrichten"). (Beispiele aus dem „Vertrag von Amsterdam ...", s. o.). Das Perfekt findet sich in Staatsverträgen fast nur in der Einleitungsformel (Schema: „A, B entschlossen ... zu x-en, eingedenk der M, ... haben beschlossen zu y-en; sie haben zu diesem Zweck zu ihren Bevollmächtigten ernannt: P, Q; diese sind nach Austausch ihrer als gut und richtig befundenen Vollmachten wie folgt übereingekommen: ...") und der Schlußformel („Zu Urkund dessen haben die unterzeichneten Be-

vollmächtigten ihre Unterschriften unter diesen Vertrag gesetzt").
Personenbezug: Selbstbezug der Vertragspartner in 3. Person („Seine Majestät der König der Belgier", „die hohen vertragschließenden Parteien", „Irland" u. ä.).
Lexik: Es dominieren staatsrechtliche, diplomatische und ressortspezifische Fachwortschatzanteile. In Präambeln sowie in Prinzipien und politische Oberziele formulierenden Passagen trifft man auf deontisch aufgeladene politisch-ethische Hochwertwörter, in Einleitungs- und Schlußformeln sowie bei den Selbstbezeichnungen für die Vertragspartner u. U. auf z. T. altertümlich wirkende, den Höchststatus für die Benannten reklamierende Lexeme.
Rhetorische Figuren/Tropen: Die o. a. Reihungen begünstigen Parallelismus. Ansonsten finden sich so gut wie keine rhetorischen Figuren und Tropen.
TS-Intertextualität: Vor-TS: Verlautbarungen der Regierungen zum beiderseitigen Verhalten, bestehende Staatsverträge; Verfahrens-TS: Vertragsentwurf; Parallel-TS: Presseberichte und -kommentare als Filtertexte; Nach-TS: wie Parallel-TS, sämtliche auf der Grundlage des Staatsvertrags beruhende weitere diplomatische und politische TS verschiedenster Art.

TS 8: Note
Textart: Schrifttexte mittleren bis größeren Umfangs. *Emittent*: Regierung oder Diplomaten eines außerpolitisch selbständigen Staates. *Adressat*: Regierung eines anderen Staates, deren diplomatische Vertreter oder – im Falle einer Zirkularnote – die eigenen diplomatischen Vertretungen einer Regierung. *Thema*: die Beziehung von Emittent und Adressat betreffenden Themen verschiedenster Art. *Grundfunktion*: uneinheitlich: appellativ, informativ oder expressiv, im Fall eines Memorandums (und mehr noch eines Aide-mémoire, d. i. die Aufzählung einer mündlichen Erklärung als Note) Information-festhaltend, oft mit indirekt appellativer Intention. *Geltungsmodus*: Regierungsamtlichkeit. Das betrifft damit vollzogene Selbstbindungen des Emittenten ebenso wie die Pflicht des Adressaten, die Note ernstzunehmen. *Sprachliche Merkmale*: gehobene Standardsprache und diplomatischer Stil. Konfliktfälle werden durchweg eher in andeutendem Vokabular als in drastisch polarisierender Lexik formuliert.

TS 9: Kriegserklärung
Textart: schriftlicher Kurtext, eventuell mit Begründung unterschiedlichen Umfangs. *Emittent*: Regierung. *Adressat*: gegnerische(r) Staat(en). *Thema*: Krieg als ab sofort geltender Zustand zwischen Emittent und Rezipient. *Grundfunktion*: deklarativ. *Geltungsmodus*: völkerrechtliche und kriegsrechtliche Verbindlichkeit. *Sprachliche Merkmale*: Kürze, Schroffheit.

4.2. Parlamentadressierte TS

TS 10: Gesetzentwurf der Regierung
Im Verhältnis zur TS Gesetz hat die TS innerhalb des Gesetzgebungsverfahrens den Charakter einer Prototextsorte. *Textart*: literaler Text mittleren oder größeren Umfangs. *Emittent*: normalerweise die Regierung. Gesetzentwürfe können in Deutschland auf Bundesebene auch im Bundestag und im Bundesrat, auf Landesebene im Landesparlament oder auch durch Bürgerinitiative eingebracht werden. Das Gros der Gesetzentwürfe aber wird durch Regierungen eingebracht. *Adressat*: die nach den Regeln des Gesetzgebungsverfahrens zuständigen Gesetzgebungsorgane (in Deutschland auf Bundesebene Bundestag und Bundesrat). *Thema*: Politischer Regelungsbereich in der Zuständigkeit des jeweiligen Parlaments. *Grundfunktion*: im Entwurfsteil: Vorschlag; im Begründungsteil: argumentative Stützung des Vorschlags. *Geltungsmodus*: Emittentenseitig handelt es sich um eine Festlegung, die nur im Rahmen des Verfahrens revidierbar ist. Adressatenseitig besteht Behandlungspflicht im Rahmen des durch Verfassung und parlamentarische Geschäftsordnung festgelegten Verfahrens. Hinsichtlich der inhaltlichen Behandlung (z. B. Übernahme, Abänderung, Ablehnung) des Gesetzentwurfs besteht für die Adressaten keine Bindung. *Sprachliche Merkmale*: obligatorisch zweiteilig; im Entwurfsteil wie TS 2 (Gesetz) im Begründungsteil: fachsprachlicher Argumentationsstil mit meinungssprachlichen Elementen durchsetzt.

TS 11: Regierungsbericht (Beispiel: Der Monatsbericht des Bundeswirtschaftsministeriums „Die Lage der Wirtschaft in der Bundesrepublik Deutschland")
Textart: Schrifttext mittleren bis größeren Umfangs. *Emittent*: Regierung oder Ministerium. *Adressat*: Parlament und interessierte Öffentlichkeit. *Thema*: Zustand u./o. Entwicklung in einem für besonders relevant gehaltenen politischen Bereich. *Grundfunktion*:

ausführliche Information über den thematisierten Bereich mit Einschätzung der Regierung dazu. *Geltungsmodus*: Regierungsamtlichkeit. *Sprachliche Merkmale*: Primär um Sachangemessenheit, sekundär um Allgemeinverständlichkeit bemühter, oft fachsprachlich geprägter Sprachstil.

TS 12: Antwort auf parlamentarische Anfrage
Textart: Schrifttext von (bei „Einzelfrage") meist geringem, sonst mittlerem bis größerem Umfang. *Emittent*: Regierung oder Ministerium. *Adressat*: bei „Einzelfrage" das anfragende Parlamentsmitglied, im Falle einer „Kleinen Anfrage" primär die anfragende Parlamentariergruppe/Fraktion, sekundär das Gesamtparlament, bei „Großer Anfrage" darüber hinaus die Öffentlichkeit. *Thema*: Gegenstand im Zuständigkeitsbereich der Regierung bzw. des Ministeriums. *Grundfunktion*: informierend u./o. argumentativ werbend. *Geltungsmodus*: Regierungsamtlichkeit. *Sprachliche Merkmale*: je nach Fachlichkeit des Themas mehr fachsprachlicher oder allgemeinsprachlicher, u. U. mit meinungssprachlichen Elementen gemischter Stil.

4.3. Primär verwaltungsadressierte TS

TS 13: Rechtsverordnung
Textart: Schrifttext mittleren oder größeren Umfangs. *Emittent*: Regierung, Ministerium oder Oberbehörde. *Adressat*: wie bei TS 2 (Gesetz). *Thema*: Durch Gesetz vorgegebener und begrenzter Regelungsbereich. *Grundfunktion*: wie bei TS 2 (Gesetz). *Geltungsmodus*: wie bei TS 2 (Gesetz). Die TS ist an eine explizite gesetzliche Ermächtigung gebunden. Darauf beruht ihre Geltungskraft. *Sprachliche Merkmale*: wie bei TS 2 (Gesetz).

TS 14: Verwaltungsverordnung
Textart und *Emittent*: wie bei TS 13. *Adressat*: Behörde(n). *Thema*: Verhalten staatlicher Dienststellen u./o. Bediensteter im vorgegebenen Zuständigkeitsrahmen. *Grundfunktion*: präskriptiv. *Geltungsmodus*: ausschließlich verwaltungsinterne strenge Verbindlichkeit im Rahmen des öffentlich-rechtlichen Dienstverhältnisses. *Sprachliche Merkmale*: Verwaltungssprache.

5. Von Parteien/Fraktionen emittierte TS

Die in der politischen Kommunikation parlamentarischer Demokratien allgegenwärtige Konkurrenz zwischen den Parteien bzw. Fraktionen um Zustimmung und Meinungsführerschaft in den Medien und bei den Wählern hat eine große Zahl von TS hervorgebracht, die in ihrer persuasiven, wertenden und appellierenden Grundausrichtung übereinstimmen. Unterschiede liegen vornehmlich in der thematischen Ausprägung u./o. in Situationstypik, Medium und Umfang. Aufgrund dessen weichen wir auch jetzt von dem bisherigen Schema ab. Zunächst werden die gemeinsamen Merkmale TS-übergreifend vorgestellt, bevor die TS-Spezifika behandelt werden.
Emittent: Partei/Fraktion.
Adressaten: Gruppen, deren Zustimmung oder Ablehnung für die eigene Politik relevant ist.
Grundfunktion: Erzeugen oder Verstärken von Zustimmung(sbereitschaft) für die eigene und Ablehnung für konkurrierende politischen Positionen.
Texthandlungsmuster: Positive Präsentation der eigenen Politik u./o. Repräsentanten u./o. negative Modellierung der gegnerischen Politik u./o. Repräsentanten durch parteiliches Bezeichnen, Darstellen, Werten, Fordern, Versprechen, Argumentieren und auf der Ebene des Impliziten: durch Präsuppositionen, Implikaturen und Nahelegen sonstiger Inferenzen und Konnotationen zugunsten der eigenen und zuungunsten der gegnerischen Position − im Falle von Bildmedien auch durch visuelle Strategien.
Sprachliche Merkmale: meinungssprachlicher, relativ zum Thema und zu den Adressaten eingängiger Stil; Einsatz vielfältiger rhetorischer Mittel.

Die Persuasivität von TS, deren Emittenten Parteien sind, hat zwei Ausprägungen: das Bestärken, u. U. Begeistern der eigenen Mitglieder und Anhänger, sowie das Überzeugen, Überreden oder zumindest Beeindrucken von Menschen außerhalb dieses Personenkreises. Wir wollen − unabhängig von ihrer Relevanz − die TS-Gruppen des Abschnitts 5 in der Reihenfolge abnehmender Persuasivität behandeln.

5.1. Außengerichtete TS

5.1.1. Wählergerichtete TS

5.1.1.1. Wahlkampf-TS

Wahlkampf-TS besitzen geringes Eigengewicht. Sie haben lediglich Stellenwert im Rahmen des Gesamtkonzepts einer Wahlkampagne. Am ehesten kommt dem Slogan Gewicht zu (vgl. Klein 1991, 260 ff). Beherrschende Prinzipien von Wahlkampagnen sind überlicherweise erstens die Konzentration auf den/die Spitzenkandidaten u./o. auf wenige Sachthemen sowie zweitens eine werbestrategisch optimale mediale Distribution der Wahlkampfbotschaften (dazu und zum Folgenden Radunski 1980).

Wahlkampf-TS haben in ihrer Gesamtheit folgende *Kommunikationsfunktionen*:

- auf die Wahl aufmerksam und sie zum öffentlichen Thema zu machen,
- die Hauptaussagen und Kandidaten möglichst günstig zu präsentieren,
- Parteimitglieder und -anhänger zur Aktivität für die Partei zu mobilisieren.

Die *sprachliche Modellierung* von Wahlkampf-TS ist geprägt durch Simplifizierung, Emotionalisierung und Polarisierung. Die Texte sind — wenn man vom Slogan absieht — unter TS-Aspekten recht amorph. Die Typenbezeichnungen heben primär auf das materiale Format und sekundär auf thematische Kategorien ab, kaum auf textstrukturelle Aspekte. Es sind Konglomerate aus Thesen, Behauptungen, Forderungen, Beschuldigungen, Ankündigungen und Bewertungen, die mehr oder weniger argumentativ untermauert werden, und zwar aus einseitig parteilicher Perspektive, mit Aufwertung eigener und Abwertung gegnerischer Positionen auf einer Skala vom sachlichen Ton bis zur aggressiven Polemik. Stilistisch herrscht eine Mixtur aus Werbesprache und Streit-Rhetorik, lexikalisch aus Alltags-, Ideologie- und (ein wenig) Ressortsprache vor.

Der *Geltungsmodus* von Wahlkampftexten ist geprägt durch die Differenz zwischen dem Emittentengestus kategorischer Wahrheits- und Richtigkeitsansprüche und einer verbreiteren adressatenseitigen Skepsis gegenüber diesem Gestus. Ankündigungen pflegen als 'Wahlversprechen' verstanden und damit zwar als emittentenbindend, gleichzeitig aber in ihrer Bindekraft als unsicher eingestuft zu werden.

Im Folgenden wird zunächst das typische Verbindungselement zwischen den Wahlkampftexten, der Wahlslogan, behandelt. Danach wird die Fernseh- oder Radio-TS Wahlspot detailliert beschrieben. Die weiteren Wahlkampf-TS werden lediglich knapp in ihrer Besonderheit skizziert.

TS 15: Wahlslogan
Der Wahlslogan ist sowohl TS als auch Textbaustein. Als Motto der Wahlkampagne, als Transparent bei Wahlveranstaltungen, als temporäres „geflügeltes" Wort ist der Slogan eine selbständige TS mit der Funktion, „die gesamte Kampagne brennpunktartig zusammenzufassen" (Radunski 1980, 99 f). Ein Textbaustein ist der Wahlslogan, insofern Wahlkampftexte ihn in markanter Plazierung mit graphischer u./o. farblicher Hervorhebung, meist im Kopf oder Schluß, enthalten. So fungiert der Slogan als intertextuelle Klammer, die Texte als zur Kampagne gehörig markiert. Der Slogan soll aufmerksamkeitserregend in der Erinnerung haften bleiben und zur Identifikation mit der Partei einladen. Syntaktisch fast ausschließlich als knappe „Setzung" formuliert, realisieren Slogans — meist unter Verwendung von Schlagwörtern, insbesondere Fahnen- u./o. Stigmawörtern — rhetorische Schemata wie Antithese, Parallelismus, Chiasmus, Klimax, Wortspiel, Allusion, Metapher, Metonymie.

TS 16: Wahlspot
Textart: audio(-visuelle) Kurzsendung. Semiotischen Dimensionen: gesprochene und geschriebene Sprache, bewegte Bilder, Geräusche, Musik.
Emittent: Partei.
Adressaten: Bürger als Wähler, u. U. in bestimmten sozialen Rollen.
Thema: eine der Hauptwahlkampfthemen der Partei u./o. der/die Spitzenkandiat(in)(en).
Grundfunktion: Werbung zur Wählermobilisierung.
Geltungsmodus: siehe Vorbemerkung zu den Wahlkampf-TS.
Texthandlungsmuster: Die Partei wirbt, indem sie ihre Standpunkte/Repräsentanten, insbesondere den/die Spitzenkandidat(in), positiv u./o. die des Gegners negativ darstellt, indem sie

- Positionen, u. U. auch Argumente vorbringt,
- durch auftretende Personen erwünschte Einstellungen exemplarisch vorführt (vgl. Wachtel 1988, insbes. 73 ff),
- mit visuellen u./o. akustischen Mitteln positive bzw. negative Konnotationen und Assoziationen zu mobilisieren versucht,
- u. U. Witz, Parodie u. ä. einsetzt.

Themenentfaltung: assoziativ u./o. an der AIDA-Formel (attention, interest, desire, action) orientiert; seltener argumentativ.
Bauform: szenisch. Gliederung primär durch Schnitte.
Syntax: überwiegend gesprochen-sprachliche Kurz- und Einfach-Sätze.

Verbkategorien: unspezifisch.
Personenbezug: Personenbezüge verschiedenster Art: 1. innerhalb des Sendepersonals, 2. zwischen Sendepersonal, z. B. Spitzenkandidat(in) und Zuschauer/Zuhörer.
Lexik: Mischung aus Alltagswortschatz, Ideologie- und u. U. auch ein wenig Ressortvokabular. Die Stilvarianten reichen vom Pathos politisch-ethischer Hochwertwörter bis zu locker-umgangssprachlichen Elementen.
Rhetorische Figuren/Tropen: Sie sind vielfach verknüpft mit der Semiotik der Bildersequenzen und der Geräusche (z. B. Metaphern, Klimax und Antithese).
Intertextualität: Als Vortexte fungieren das eigene Parteiprogramm, gegnerische Texte, u. U. bestehende Gesetze und Regelungen aller Art. Paralleltexte sind die Wahlkampftexte der eigenen Wahlkampagne mit Slogan, Parteiname und Signet als expliziten wechselseitigen Verweiselementen. Nachtexte sind Reaktionstexte der Gegner, Medienkommentare und -glossen.

TS 17: Wahlprogramm („Wahl-(kampf)-plattform", „Regierungsprogramm")
Textart: Schrifttext mittleren oder größeren Umfangs.
Thema: Konzentration auf die Hauptthemen der Wahlkampagne, u. U. verknüpft mit zielgruppenspezifisch ausgerichteten Sub- und Nebenthemen; Zeithorizont: nächste Legislaturperiode.
Kommunikationsfunktionen:

– Thematische Orientierungs- und Formulierungsressourcen für die Wahlkämpfer,
– Mobilisierungshilfe für die Parteibasis,
– Informationsquelle für Journalisten und für programminteressierte Wähler.

Der Kommunikationsmodus ist evaluativ/voluntativ/kommissiv, wobei die Formulierungen häufig offen sind für die Lesarten Wunsch, Handlungsabsicht oder Versprechen.

TS 18: Wahlanzeige/-annonce
Die mit verbalen und schriftgraphischen Mitteln gestaltete Werbe-TS geringeren oder mittleren Umfangs in Printmedien erscheint primär in folgenden Subtypen:

Themenanzeige: Im Mittelpunkt stehen ein oder mehrere Wahlkampfthemen.
Zielgruppenanzeige: Eine bestimmte Wählergruppe wird thematisch adressiert.
Testimonialanzeige: In der Anzeige bekennt sich eine Personengruppe mit positivem Ansehen, die nicht bzw. nicht erkennbar zum politischen Personal der Partei gehören, zu dieser Partei u./o. ihren Zielen.
Informationsanzeige: Informationen in Form von Veranstaltungsankündigungen, von Aufklärung über Erst- und Zweitstimmen-Unterschied u. ä.
Kleinanzeige: Meist von lokalen Wahlkampforganisationen geschaltete Anzeigen, oft als polemische ad-hoc-Auseinandersetzung mit dem politischen Gegner.

TS 19: Wahlbroschüre, Wahlprospekt; Faltblatt, Flugblatt/Flyer/Handzettel
Diese Typenbezeichnungen heben ausschließlich auf materiales Format und Umfang ab: Die Broschüre ist gebunden oder geheftet und der umfangreichste Typ. Der Prospekt pflegt mehrseitig und geheftet zu sein. Das Faltblatt ist gefaltet. Flugblatt, Flyer und Handzettel sind Einzelblätter. Subklassifikation findet unter dem Gesichtspunkt der dominierenden Themenkategorie statt: Kandidatenprospekt, Programm-Broschüre, Veranstaltungsblatt etc.

TS 20: Wahlplakat
Das Wahlplakat ist weniger eine TS als ein Medium, das als großformatiger visueller Werbereiz auf Straßen und Plätzen in die Augen springen soll. Der Textanteil tritt meist gegenüber dem Bildanteil zurück, u. U. beschränkt auf Wahlslogan und Parteisignet. Im Extremfall kann er fehlen, so auf einem Kanzler-Plakat der CDU im Bundestagswahlkampf 1994. Reine Textplakate mit viel kleinformatigem Text dienen weniger dazu, ganz gelesen zu werden, als dazu, den optischen Eindruck von Argumentativität (statt Schlagwortstil), von Sachorientierung (statt Personenorientierung), von Rationalität (statt Emotionalität) zu erwecken.

Sonderfälle: Kostüm-TS und parasitäre Texte
(1) Unpolitische TS und Medien als Kostüme für Wahlwerbetexte:
Um Vorbehalte gegenüber Werbematerial beim Erstkontakt der Adressaten mit dem Textmedium zu unterlaufen, werden Wahlwerbebotschaften manchmal in das Gewand nicht-werblicher Formate verpackt. Üblich sind 'Briefe' (insbesondere von Politikern mit Amtsbonus, z. B. Ministerpräsident), die nach Verpackung (Kuvert) und Form (Briefkopf, Anrede, Grußformel, Unterschrift scheinbar von Hand) ein persönliches Schreiben an den Empfänger zu sein prätendieren, sowie 'Zeitungen' mit unpolitischem Titel (z. B. „Zeitung am Sonntag"), in denen Wahlkampfarti-

kel möglichst der Propaganda unverdächtig im Kontext von aktuellen Sportberichten, Unfallmeldungen u. ä. plaziert werden.
Es gibt auch originellere Textkostüme. So verteilte die SPD im NRW-Landtagswahlkampf 1990 eine Werbeschrift, die sich als 'Tagebuch' einer (fiktiven) Frau gab. Sicheres Zeichen für Wahlwerbung im fremden Kostüm ist das Fehlen der ansonsten durchgängig verwendeten Slogans und Parteisignets.
(2) Parasitäre Nutzung von materialen Objekten und TS als Träger von Aufschriften:
TS 21: Aufschrift
Vor allem die Kleinwerbeartikel (Kugelschreiber, T-Shirts etc.) bestehen aus Objekten mit materialem Primärnutzen. Zu Werbeträgern werden sie durch den Schenkungsakt im Straßenwahlkampf sowie durch die semiotische Aufladung, die sie durch Aufschriften (Parteiname, -farben, -signet, Slogan o. ä.) erfahren. Parasitär sind Aufschrift-Texte, insofern die Partei aus den materialen Gebrauchswerten Sympathie-Nutzen ziehen möchte.
Ein parasitäres Verhältnis gegenüber TS liegt vor, wenn Parteien unpolitische TS wie Kalender, Termin-Übersichten u. ä. mit Aufschriften versehen oder wenn Wahlkämpfer mündliche TS wie Grußwort, Gratulation oder Kurz-Ansprache bei nicht-politischen Veranstaltungen für eine Kandidaten-Vorstellung nutzen.
(3) Seit Ende der 80er Jahre haben Parteien begonnen, auch Computer und Internet für Wahlwerbung zu nutzen. In traditionelle TS, z. B. Presseerklärung, werden dort verstärkt visuelle, vereinzelt auch schon auditive Elemente einbezogen. Außerdem kann das Entstehen neuer TS (unter traditionellen Bezeichnungen) wie z. B. 'Gästebuch' oder 'Archiv' beobachtet werden. Im Grenzgebiet von Schriftlichkeit und Mündlichkeit bewegen sich die Diskussionsformen und Chats, die Parteien inzwischen anbieten.

5.1.1.2. Nicht auf Wahlkämpfe beschränkte TS

TS 22: Leistungsbilanz/TS 23: Negativbilanz
Textart: literaler Text durchweg mittleren Umfangs, oft – aber nicht nur – in Wahlkämpfen als selbständige Werbeschrift (Prospekt, Broschüre), in Wahlkämpfen auch als Zeitungsanzeige. *Emittent*: Partei. *Adressat*: Öffentlichkeit. *Thema*: die Leistungen und Erfolge der eigenen Politik (TS 22), Versagen und Mißerfolge des politischen Gegners (TS 23) innerhalb eines bestimmten vergangenen Zeitraums bis zur Gegenwart. *Grundfunktion*: werbend (TS 22), diskreditierend (TS 23). *Geltungsmodus*: emittentenseitiger Wahrheits- und Richtigkeitsanspruch mit unterschiedlicher Glaubwürdigkeit bei den Adressaten – je nach deren Nähe oder Ferne gegenüber der emittierenden Partei und ihrer Politik. *Sprachliche Merkmale*: meist katalogartiges Aufzählen, oft nach dem Schema: *Versprochen ... Gehalten ...* (TS 22)/*Nicht gehalten* (TS 23). Kurze Sätze, einfache Lexik. Mittel der Aufwertung (TS 22): deontisch positive Prädikate, Bezeichnungen, Implikaturen und Konnotationen für die eigene Politik. Mittel einer manchmal im Gestus der Empörung abwertenden Sprache (TS 23): deontisch negative Prädikate, Bezeichnungen, Inferenzen und Konnotationen für die gegnerische Politik, auch Sarkasmen.

TS 24: Pamphlet
Textart: literaler Text meist mittleren Umfangs, oft als Broschüre. *Emittent*: Parteizentrale, meist ohne daß das jeweils oberste, juristisch verantwortliche Leitungsgremium (z. B. Parteipräsidium) dafür explizit die Verantwortung übernimmt. *Adressat*: Öffentlichkeit. *Thema*: (angeblich) schlimmste politische u./o. persönliche Verfehlungen des Gegners, insbesondere seines Führungspersonals. *Grundfunktion*: diffamierend. *Geltungsmodus*: emittentenseitiger Anspruch auf Wahrheit und politisch-moralische Korrektheit mit unterschiedlicher Glaubwürdigkeit bei den Adressaten – je nach Nähe oder Ferne zum Emittenten u./o. zur angegriffenen Gruppierung oder Person. *Sprachliche Merkmale*: Häufung deontisch negativer Prädikate, Bezeichnungen, Inferenzen und Konnotationen.

5.1.2. Parteiengerichtete TS
TS 25: Koalitionsvertrag
Textart: Schrifttext mittleren oder größeren Umfangs. *Emittent*: mindestens zwei koalierende Parteien/Fraktionen. *Adressaten*: die Emittenten, die Öffentlichkeit (außer im Falle geheimer Vertragsteile). *Thema*: Gesamtspektrum der in einer Legislaturperiode zu regelnden politischen Bereiche, einschließlich des Besetzungsrechts für Ämter, soweit sich die Koalitionspartner geeinigt haben. *Grundfunktion*: bilateral bzw. multilateral kommissiv. *Geltungsmodus*: wechselseitig streng bindend – trotz wechselseitiger Unterschrift allerdings nicht im juristischen, sondern ausschließlich im politischen Sinne. *Sprachliche Merkmale*: sachbezogener, z. T. ressortsprach-

lich geprägter Sprachstil (Ausnahme: ideologiesprachlich gefärbte Einleitungen); präzise Formulierungen werden angestrebt. Wo Einigung in der Sache nicht erzielt wurde, zeigt sich allerdings Neigung zur Vagheit von Formelkompromissen.

TS 26: Aufkündigungserklärung (einer Koalition)
Textart: mündlicher oder schriftlicher, meist knapper Text. *Emittent*: mindestens eine bisher koalierende Partei/Fraktion. *Adressat*: Öffentlichkeit, bisherige(r) Koalitionspartner. *Thema*: Beendigung der Koalition und Gründe dafür. *Grundfunktion*: im Aufkündigungsteil deklarativ, im Begründungsteil selbstrechtfertigend und Schuldvorwürfe gegen den/die bisherigen Koalitionspartner erhebend. *Geltungsmodus*: verbindliche Herstellung eines neuen Status der Beziehung zwischen den bisherigen Koalitionspartnern. *Sprachliche Merkmale*: Knappheit und Klarheit im deklarativen Teil; deontisch polarisierende Verteilung von positiven Prädikaten, Bezeichnungen, Inferenzen u./o. Konnotationen für die eigene Seite und negative für den/die bisherigen Koalitionspartner.

5.2. Primär parteiintern gerichtete TS

TS 27: Grundsatzporgramm (dazu Hermanns 1989; Ballnuß 1996; Klein 1991)
Parteiprogramme gibt es in mehreren Ausprägungen. Die wichtigsten sind Grundsatzprogramme und Wahlprogramme. Während sich Wahlprogramme (vgl. oben, TS 17) durchweg auf den Zeithorizont der nächsten Legislaturperiode beschränken, explizieren Grundsatzprogramme vorwiegend zeitlich nicht begrenzte Grundhaltungen u./o. längerfristige politische Perspektiven. Daneben gibt es unter Bezeichnungen wie *Aktionsprogramm*, *Manifest*, *Leitsätze*, *Orientierungsrahmen*, *Thesen* u. ä. Programme mittlerer Reichweite, auf die hier nicht näher eingegangen wird.
Textart: Schrifttext größeren Umfangs.
Emittent: Parteitag.
Adressaten: Parteimitglieder, Öffentlichkeit.
Thema: politisch-ethische Grundwerte und die durch sie begründeten – auch langfristigen – Ziele und Handlungsabsichten in den für wichtig gehaltenen politischen Bereichen.
Grundfunktionen: orientierend. Anders als von Rolf (1993, 204–208) nahegelegt, hat die Orientierungsfunktion neben der informatorischen eine appellative Seite: (1) parteiintern, insofern die Information über die beschlossenen Werte, Ziele und Handlungskonzepte auch immer den Appell beinhaltet, nach ihnen zu handeln; (2) parteiextern, insofern ein politisches Programm den Appell impliziert, sich ihm anzuschließen. Grundsatzprogramme explizieren Wertorientierungen. Werten und Appellieren aber sind in der politischen Kommunikation zwei Seiten einer Medaille.
Geltungsmodus: Auf Seiten des Emittenten handelt es sich bei Grundsatzprogrammen um Selbstverpflichtungen. Auf Seiten (externer) Adressaten entsteht ein (juristisch nicht einklagbarer) politisch-moralischer Anspruch auf Einhaltung der Selbstverpflichtung.
Texthandlungsmuster: Indem die Partei sich auf der Basis breiter interner Diskussion zu ihren Grundwerten bekennt und Leitlinien für ihre Politik festlegt,

– formuliert sie ihr Selbstverständnis,
– gibt sie sich eine Orientierung für künftiges politisches Handeln,
– schafft sie sich eine Legitimationsgrundlage für dieses Handeln,
– integriert sie verschiedene Parteiströmungen,
– schafft sie politisch-ideologische Identifikationsmöglichkeiten für Mitglieder und Anhänger,
– profiliert sie sich im Verhältnis zur politischen Konkurrenz,
– wirbt sie für ihre Politik,
– macht sie ihren politischen Gestaltungsanspruch geltend.

(Zu dieser Polyfunktionalität von Grundsatzprogrammen vgl. Ballnuß 1996, 38 ff.)
Themenbehandlung: wert- und willensbetont, z. T. feierlich und mit Bekenntnisattitüde (vgl. Hermanns 1989, 109 f).
Themenentfaltung: explikativ, ansatzweise argumentativ.
Bauform: Die äußere Gliederung ist meist zweistufig: Teile/Kapitel als Ober- und bezifferte Abschnitte als Untereinheiten. Die thematische Gliederung folgt teilweise dem Prinzip katalogartiger Aufzählung.
Syntax: Nominalstil-Tendenz.
Verbkategorien: Indikativ Präsens, Futur (vor allem bei Ankündigungen), selten Vergangenheitstempora (z. B. bei Rückblicken auf die Parteigeschichte).
Personenbezug: zur Selbstbezeichnung der Partei entweder Personal- und Possessiv-Pronomina der 1. Pers. Plural o. Parteiname.
Lexik: wertende Lexeme in großer Zahl, darunter insbesondere Fahnenwörter; Vielfalt voluntativer Ausdrücke (*wollen, Wille/Absicht ist es, befürworten* u. ä.) oder von Ausdrük-

ken in voluntativer Lesart (*ist/sind zu, notwendig sein, mit Sorge sehen* u. ä.)
Rhetorische Schemata: vor allem (dreiteilige) Klimax, Parallelismus.
TS-Intertextualität: Als Vortexte i. w. S. fungieren insbesondere das bisherige Programm, Programme der politischen Konkurrenten, in den Grundwerte-Teilen der Grundsatzprogramme der großen deutschen Parteien auch der Grundwerteteil des GG (vgl. Hermanns 1989, 124 ff), als Vortexte i. e. S. der Programmentwurf sowie Ergänzungs- und Abänderungsanträge dazu. Begleitet wird die Diskussion über ein neues Partei- insbesondere Grundsatzprogramm durch Presseberichte und -kommentare als Filtertexte. Als Nachtexte kommen TS infrage, für die Grundsatzprogramme als Orientierungshilfen und Legitimationsbasis fungieren (Gesetzentwürfe, Aktionsprogramme, Reden zur Parteiprogrammatik u. ä.) oder als Fundus für werbliche Botschaften (s. o. Wahlkampf-TS).

TS 28: Rechenschaftsbericht
Textart: Schrifttext mittleren oder größeren Umfangs, oft mündlich vorgetragen. (Auf höherer, vor allem auf nationaler Ebene pflegen insbesondere Parteivorsitzende die Hülle mit der Bezeichnung „Rechenschaftsbericht" zu nutzen für eine möglichst eindrucksvolle politische Meinungsrede, vgl. die in Abschnitt 6 behandelten TS.) *Emittent*: ein Parteigremium (insbes. Parteivorstand), eine der Partei rechenschaftspflichtige Gruppe (Fraktion, Arbeitsgemeinschaft o. ä.) bzw. deren Repräsentant (Vorsitzender, Generalsekretär o. ä.). *Adressat*: Parteitag, auf unterster Ebene, Mitgliederversammlung, Öffentlichkeit. *Thema*: die politischen Aktivitäten des Emittenten während des Berichtszeitraums im Kontext der für die Partei wichtigen Ereignisse. *Grundfunktion*: informierend, legitimierend. *Geltungsmodus*: Emittentenanspruch auf Richtigkeit der im Rechenschaftsbericht vorgenommenen Einschätzungen und politischen Wertungen. Politisch-moralische Verpflichtung des Rechenschaft erhaltenden Gremiums zu fairer Behandlung. *Sprachliche Merkmale*: Mischung berichtender und meinungssprachlicher Elemente; katalogartige Subthemen-Reihung.

TS 29: Antrag an den Parteitag
Textart: meist schriftlicher Text von unterschiedlichem Umfang; auch kurzer mündlicher Text. *Emittent*: antragsberechtigte(s) Parteimitglied(er) oder Parteigliederung. *Adressat*: Parteitag, Öffentlichkeit, Parteibasis. *Thema*: beliebiges politisches oder die Parteiorganisation betreffendes Thema. *Grundfunktion*: direktiv. *Geltungsmodus*: adressatenseitiger Richtigkeitsanspruch; parteitagsseitige Verpflichtung zur Behandlung im Rahmen des durch Parteistatut u./o. Geschäftsordnung gegebenen Spektrums (von Nichtbefassung bis Annahme). *Sprachliche Merkmale*: Gliederung in Antragsteil und Begründungsteil. Ansonsten uneinheitlich.

TS 30: Parteitagsbeschluß
Textart: meist schriftlicher Text unterschiedlichsten Umfangs. *Emittent*: Parteitag. *Adressatenbezug*: unterschiedlich (immer: Öffentlichkeit, Parteivorstand, oft: Parlamentsfraktionen der Partei). *Thema*: beliebiges politisches oder die Parteiorganisation betreffendes Thema. *Grundfunktion*: evaluativ u./o. direktiv. *Geltungsmodus*: P.-beschlüsse binden insbesondere Funktionsträger und Gremien der Partei politisch, z. T. auch rechlich. Sofern kein „imperatives Mandat" herrscht, sind Parteitagsbeschlüsse für Parlamentarier lediglich starke Empfehlungen ohne rechtliche Bindungskraft.
Manche politische TS haben gleichzeitig den Status von Parteitagsbeschlüssen, einige obligatorisch. So müssen nach dem deutschen Parteiengesetz Parteiprogramme und Parteistatuten von Parteitagen beschlossen werden. Da mit der Bezeichnung „Parteitagsbeschluß" Texte, die ansonsten unter TS-Bezeichnungen sehr unterschiedlicher Art firmieren, unter einem sehr spezifischen Aspekt als Textsorte zusammengefaßt werden, gilt bei den *Sprachlichen Merkmalen*: große Uneinheitlichkeit.

TS 31: Parteisatzung/Parteistatut (Die Angaben sind an den Vorschriften des § 6 des deutschen Parteiengesetzes orientiert.)
Textart: Schrifttext mittleren oder längeren Umfangs. *Emittent*: Parteitag. *Adressat*: Partei als Gesamtheit, ihre Mitglieder und Gremien. *Thema*: Name, Sitz und Tätigkeitsgebiet der Partei; Regelung der Mitgliedschaft; Gliederung, Zuständigkeiten; Entscheidungsverfahren und Finanzordnung der Partei. *Grundfunktion*: regulativ. *Geltungsmodus*: Rechtsverbindlichkeit für Partei, Mitglieder und Untergliederungen; Änderbarkeit im vom Parteiengesetz gezogenem Rahmen durch Parteibeschluß. *Sprachliche Merkmale*: Lexik der politisch institutionellen Fachspra-

che; gesetzesähnliche Gliederung in Teile und Paragraphen; zahlreiche Konditionalgefüge und Aufzählungen.

5.3. Fraktionsemittierte TS

TS 32: Große Anfrage/TS 33: Kleine Anfrage
Textart: Schrifttext von mittlerem bis – bei TS 33 regelmäßig – geringem Umfang. *Emittent*: in deutschen Parlamenten Parlamentsfraktion(en) oder eine nicht als Fraktion organisierte Abgeordnetengruppe. *Adressat*: Regierung, Öffentlichkeit. *Thema*: Politischer Fragenkomplex im Zuständigkeitsbereich der Regierung, im Falle von TS 32 ein „bestimmt bezeichneter Bereich" (GO des Deutschen Bundestages § 104,1). *Grundfunktion*: fragend-direktiv. *Geltungsmodus*: emittentenseitiger Relevanzanspruch; bei TS 32 regierungsseitige Verpflichtung zur Erklärung, „ob und wann sie antworten werde" (ebd., § 101, 1980), bei TS 33 regierungsseitig keine rechtliche Verpflichtung, aber Usus, innerhalb einer bestimmten Frist schriftlich zu antworten (vgl. ebd. § 104,2). *Sprachliche Merkmale*: Große Anfragen „müssen kurz und bestimmt gefaßt sein und können mit einer kurzen Begründung versehen sein" (ebenda § 100). Meist herrscht gemäßigt fachsprachliche (ressortbedingte) Lexik vor. „Die Fragen dürfen keine unsachliche Feststellungen oder Wertungen enthalten" (ebd. § 104,1); Meinungselemente bleiben daher implizit.

6. Von Politikern/Politikerinnen als personalen Repräsentanten emittierte TS

Dieser Abschnitt ist die Domäne mündlicher bzw. mündlich vorgetragener TS. Exemplare dieser TS, vor allem längere, haben meist auch eine schriftliche Fassung, die der Öffentlichkeit, insbesondere der Presse verfügbar gemacht wird. Bevor das breite Spektrum dieser TS entfaltet wird, zunächst ein Blick auf einige ausschließlich schriftliche TS.

6.1. Schriftliche TS

TS 34: Mandatsannahmeerklärung
Textart: schriftlicher Kurztext. *Emittent*: gewählt(er) Abgeordnete(r) oder kommunale(r) Mandatsträger(in). *Adressat*: Wahlleitung, Öffentlichkeit. *Thema*: Annahme eines politischen Mandats. *Grundfunktion*: deklarativ. *Geltungsmodus*: Rechtsverbindlichkeit. *Sprachliche Merkmale*: auf amtlichem Formular vorgegebene performative Formel (z. B. ... erkläre ich die Annahme ...).

TS 35: Rücktrittserklärung
Textart: schriftlicher Text geringen oder mittleren Umfangs. (Der Rücktritt von einem politischen Mandat kann auch mündlich erklärt werden, zu seiner Rechtswirksamkeit bedarf es aber der schriftlichen Form.) *Emittent*: Träger eines politischen Mandats oder Amtes. *Adressat*: die Vertretungskörperschaft, der der Emittent bisher angehörte bzw. die Leitung der Institution, in der er das Amt besaß, eventuell Öffentlichkeit. *Thema*: Rücktritt des Emittenten von Mandat oder Amt. *Grundfunktion*: deklarativ. *Geltungsmodus*: Rechtsverbindlichkeit. *Sprachliche Merkmale*: performative Formulierung der Kernaussage (z. B. „Hiermit erkläre ich meinen Rücktritt vom ..."), meist verbunden mit einer mehr oder weniger umfangreichen Begründung.

TS 36: Abgeordnetenfrage („Einzelfrage")
Textart: schriftlicher Kurztext. *Emittent*: einzelne(r) Abgeordnete(r). *Adressat*: Regierung, u. U. Öffentlichkeit. *Thema*: ressortspezifischer Gegenstand im Zuständigkeitsbereich der Regierung. *Grundfunktion*: direktiv-fragend. *Geltungsmodus*: emittentenseitiger Anspruch und adressatenseitige Verpflichtung zur Beantwortung in den Fragestunden der nächsten Sitzungswoche, in bestimmten Fällen auch in schriftlicher Form (vgl. GO des Deutschen Bundestages, Anlage 4, 1980, 109). *Sprachliche Merkmale*: Die Fragen müssen kurz gefaßt sein und eine kurze Beantwortung ermöglichen. Sie dürfen keine unsachlichen Feststellungen oder Wertungen enthalten. Jede Frage darf in zwei Unterfragen unterteilt sein (vgl. GO des Deutschen Bundestages, Anlage 4, 1980, 109).

TS 37: Ministerbefehl
Textart: schriftlicher Text unterschiedlichen, meist kurzen Umfangs. *Emittent*: Verteidigungsminister (vgl. Art. 65a GG). *Adressat*: Streitkräfte. *Thema*: militärische oder die Streitkräfte betreffende organisatorische Fragen. *Grundfunktion*: direktiv. *Geltungsmodus*: strikte Verbindlichkeit für die Adressaten entsprechend den Militärgesetzen und dem besonderen Dienstverhältnis von Soldaten zum Staat. *Sprachliche Merkmale*: Knappheit; verwaltungs- und militärsprachliche Lexik.

Auf Bundesebene sind dem deutschen Bundespräsidenten als Emittent folgende schriftlichen TS vorbehalten (auf entsprechende oder abweichende Regelungen in anderen

Staaten und auf Landesebene kann hier nicht eingegangen werden):

TS 38: Ernennung von Bundesministern, Bundesrichtern, Offizieren und Unteroffizieren, TS 39: Entlassung von Bundesministern, TS 40: Ordensverleihung, TS 41: Begnadigung. Es handelt sich dabei sämtlich um Kurztextsorten mit deklarativer Funktion und mit dem Rechtscharakter von Urkunden in entsprechend formelhafter Sprache.

6.2. Mündliche oder mündlich vorgetragene TS

6.2.1. Formelle Sprechakte als TS

Über den TS, in denen die öffentliche politische Auseinandersetzung stattfindet, werden leicht TS übersehen, die dem geordneten Ablauf der politischen Auseinandersetzung dienen, vor allem der parlamentarischen. Es handelt sich im wesentlichen um Sprechakte, die aufgrund der Normierung von Zulassungsbedingungen, Umfang und Formulierungsstil durch Geschäftsordnungen den Status mündlicher parlamentarischer TS bekommen haben. Vielfach werden sie im Rahmen anderer Institutionen, z. B. bei Partei-, Verbands- und Gewerkschaftstagen mehr oder weniger analog verwendet. Das gilt insbesondere für die mündlichen Kurz-TS, deren Emittent der Sitzungsleiter ist: (1) die sequenzierenden TS: TS 42 Sitzungseröffnung, TS 43 Sitzungsunterbrechung, TS 44 Sitzungsbeendigung; (2) die rednerbezogenen TS: TS 45 Redneraufruf, TS 46 Entzug des Rederechts, TS 47 Ordnungsaufruf, TS 48 Sachruf. Den Abgeordneten stehen im Plenum des Parlaments an kleinen mündlichen Formen zur Verfügung: TS 49 (mündliche) Abgeordnetenfrage (an die Regierung bzw. deren Vertreter), TS 50 Zwischenfrage (während einer Debattenrede), TS 51 Zwischenruf. (Zur parlamentshistorischen und politischen Bedeutung der mündlichen parlamentarischen Kurz-TS, insbesondere des Zwischenrufs siehe Burkhardt 1995.) Sprachstrukturell gehört auch – als TS 52 – der vor dem jeweiligen Parlament abzulegende Amtseid der Regierungsmitglieder in diese TS-Klasse. Allerdings hat der Amtseid in funktionaler Hinsicht eine andere Bedeutung als die primär debatten-bezogenen TS 42–51: (1) Mit ihm vollziehen die künftigen Regierungsmitglieder die stärkst mögliche Form der Selbstverpflichtung auf die Verfassung und den Einsatz für das „Wohl des Volkes", (2) ist das Parlament als Repräsentant des Volkes Zeuge für den Vollzug dieses kommissiven Aktes.

6.2.2. Politische Reden

Reden sind dann Exemplare von TS in politischen Institutionen, wenn ihre Durchführug gebunden ist an politische Institutionen als Bedingungsrahmen, an Redner mit politischem Amt oder Mandat und an politische Themen als Redegegenstand. Für sie gilt, was in Abschnitt 4.3. zur Persuasivität vieler parteigeprägter TS ausgeführt wurde, in verstärktem Maße – verstärkt um die Funktion der persönlichen Profilierung des Redners/ der Rednerin, um die rednerischen Mittel von Stimme, Mimik und Gestik und um die Chancen, die der unmittelbare interaktionale Situations- und Publikumsbezug bietet.

In der politischen Kommunikation kann man zwei Hauptklassen von Politikerreden unterscheiden, die grosso modo der klassischen rhetorischen Einteilung in politische Beratungsreden (genus deliberativum) und Festreden bzw. epideiktischen Reden (genus demonstrativum) entspricht. Die einen nehmen Bezug auf widerstreitende Meinungen, sind selbst Teil dieser Auseinandersetzung und prätendieren nicht, etwas anderes zu sein. In den anderen wird dagegen Konsens prätendiert, und wenn dennoch Dissens thematisiert wird, so geben sich diese Reden nicht selbst als Teil der Auseinandersetzung.

6.2.2.1. Dissensorientierte TS

In parlamentarischen Demokratien ist die typische politische Rede thematisch u./o. interaktional durch Auseinandersetzung geprägt. Die heftigste Form der rein thematischen Auseinandersetzung eines Redners mit der konzeptionellen u./o. personellen Konkurrenz pflegt die Wahlkampfrede zu sein. Er redet über den Gegner, kommuniziert aber in dieser Situation nicht unmittelbar mit ihm (zu Foren, in denen Vertreter der wahlkämpfenden Parteien etwa im Rahmen einer Podiumsdiskussion auftreten, → Art. 147). In der parlamentarischen Debattenrede findet politische Auseinandersetzung thematisch und interaktional statt: mit dem anwesenden Gegner, dessen Vertreter/innen in der Debatte erstens selbst Rederecht haben und denen zweitens die Möglichkeiten der parlamentarischen Zwischenfrage (TS 50) und des Zwischenrufs (TS 51) zur Verfügung stehen. Bei den anschließenden TS-Beschreibungen ist die Reihenfolge nach der Prägung durch rednerische Auseinandersetzung bestimmt. Das gilt für das Verhältnis zwischen den Institutionen – daher Parlament vor Partei;

und das gilt für Reden innerhalb der jeweiligen Institution: Rede-TS, die sowohl durch thematische wie interaktionale Auseinandersetzung geprägt sind, rangieren vor solchen, in denen nur thematische Auseinandersetzung stattfindet.

TS 53: Politische Debattenrede:
TS 53a: Partei-/Fraktionsdebattenrede
TS 53b: Parlamentarische Debattenrede
Politische Debattenreden unterscheiden sich erheblich, je nachdem, ob sie im Rahmen von Entscheidungsdebatten oder im Rahmen von Legitimationsdebatten gehalten werden. Die Unterschiede sind so gravierend, daß hier zwei TS angesetzt werden, obwohl es dafür in der deutschen Sprache keinen griffigen Bezeichnungsunterschied gibt. Parteitags- und Fraktionsdebatten sind meist Entscheidungsdebatten. In ihnen versuchen die Redner vor der Abstimmung (oder Wahl), die am Ende der Debatte steht, möglichst viele Entscheidungsträger – Parteitagsdeligierte bzw. Fraktionsmitglieder – zur Stimmabgabe im Sinne der eigenen Position zu bewegen. Die riesige Überzahl der Parlamentsdebatten sind dagegen Legitimationsdebatten. Mit wenigen Ausnahmen ist das Abstimmungsverhalten zuvor durch Fraktionsbeschluß oder -empfehlung festgelegt. Auch Abgeordnete, die vom Votum ihrer Fraktion abweichen, haben sich dazu bereits vor der Plenardebatte – und gerade sie meist schon vor der Fraktionsdebatte – entschlossen. Das bedeutet: Debattenreden im Parlamentsplenum haben normalerweise keine Chance, vor der Entscheidung noch Stimmen zu bewegen.

Das hat gravierende Auswirkungen hinsichtlich *Grundfunktion* und *Texthandlungsmuster*, aber auch in lexikalischen, grammatisch-formalen Präferenzen. Beide TS sind meist persuasiv. Doch die persuasive Absicht ist in unterschiedlicher Ausprägung auf unterschiedlich verteilte Segmente im Adressatenspektrum verteilt. Debattenredner in Fraktionssitzungen haben ausschließlich und bei Parteitagen primär die Mitglieder des Abstimmungskörpers im Auge. Sie wollen dabei die einen zum 'richtigen' Abstimmungsverhalten erst bewegen und die anderen in ihrer vorhandenen Bereitschaft dazu bestärken. Parlamentsredner dagegen interessiert das Plenum nicht als beeinflußbarer Abstimmungskörper – was es ja nicht ist – sondern als Resonanzboden für ein rhetorisches Gemeinschaftserlebnis mit der eigenen Fraktion und als Schauplatz verbaler Gefechtsübungen im Umgang mit dem politischen Gegner – damit auch als Profilierungsforum für das eigene politische Fortkommen. Sofern Parlamentsreden, gefiltert oder ungefiltert, über die Medien die Chance auf öffentliche Beachtung erhalten, haben sie gegenüber dem so erreichten 'Volk' als Adressat neben der auch hier bestehenden Profilierungsfunktion eine Legimations- und eine Werbefunktion.

Auch der *Geltungsmodus* der beiden Redetypen ist unterschiedlich. Redner in Parteitags- und Fraktionsdebatten stellen einen Wahrheits- und Richtigkeitsanspruch, der einen Ernsthaftigkeitsanspruch impliziert; dem entspricht adressatenseitig eine politische u./o. moralische Verpflichtung zum Ernstnehmen des Gesagten, und, sofern erwidert wird, zur seriösen Reaktion.

Bei parlamentarischen Debattenreden wird ein solcher Ernsthaftigkeitsanspruch teilweise lediglich prätendiert. Vor allem die Gegnerschelten werden von den politischen Emittenten und Adressaten selbst, aber auch von weiten Teilen der Öffentlichkeit vielfach als rituelle Scheingefechte betrachtet.

Auf der Ebene der *Lexik* begünstigt die TS 53a den eher rücksichtsvollen verbalen Umgang mit der innerparteilichen oder innerfraktionellen Gegenseite. Wer sie mit Schimpf- und Stigmawörtern belegt, wer auf sie mit Lexemen, die diffamierende Inferenzen und Konnotationen provozieren, referiert, verscherzt sich weitgehend die Chance auf breite Zustimmung des Parteitags oder der Fraktion. Darum fehlt dieser Lexembereich fast völlig in TS 53a. Mit der Gegnerschelte im Parlamentsplenum pflegt es anders zu sein. Da ist der rüde Umgang mit der Gegenseite – d. h. mit der anderen Fraktion, um deren Zustimmung es ja nicht zu werben gilt (zumindest nicht in der aktuellen Debatte) – fast eine Garantie für Beifall von der eigenen Fraktion. Dementsprechend reichlich sind in TS 53b massiv abwertende Lexeme vertreten. Signifikant ist auch die Differenz in der Verwendung der Personalpronomina: „Wir" umfaßt in TS 53a meist auch die Gegenseite – eine oft nur taktisch motivierte Betonung von Gemeinsamkeit in Partei oder Fraktion. In TS 53b dominiert dagegen das abgrenzende „Sie" für die parlamentarische Gegenseite.

Nonverbal wird durch Stimmodulation, Mimik und Gestik nicht nur, aber vor allem am Rednerpult des Parlaments gern leidenschaftliches Engagement signalisiert.

TS 54: Regierungserklärung
Textart: mündlich vorgetragener Schrifttext von mittlerem bis großem Umfang in zwei Hauptvarianten (1) die Regierungserklärung im unmittelbaren Anschluß an eine Regierungsbildung; (2) sonstige Regierungserklärungen. *Emittent*: Regierungschef/in (immer in der Variante 1) u./o. Minister/in. *Adressat*: Parlament, Öffentlichkeit. *Thema*: das Spektrum der Vorhaben der Regierung in der begonnenen oder laufenden Legislaturperiode (Variante 1) oder ein von der Regierung für besonders wichtig erachteter politischer Gegenstand. *Grundfunktion*: informierend über Vorhaben, Position u./o. Verhalten der Regierung und um Zustimmung dafür werbend. *Geltungsmodus*: hohes Maß an emittentenseitiger Selbstbindung; politische Verpflichtung der politisch-institutionellen Adressaten zur (zustimmenden oder ablehnenden) Reaktion. *Sprachliche Merkmale*: gehobener standardsprachlicher Stil in Wortwahl und Umgang mit thematisierten Staaten, Gruppen und Personen; Fehlen (kraß) bewertender Elemente gegenüber dem politischen Gegner. Themenspezifische Verwendung ressortsprachlicher Elemente.

TS 55: Parteitagsrede
Nicht jede bei einem Parteitag gehaltene Rede ist eine Parteitagsrede. Die Bezeichnung „Parteitagsrede" hat sich eingebürgert für längere Reden, die Spitzenpolitiker einer Partei bei einem Parteitag an herausgehobener, im Programm ausgedruckter Stelle zu zentralen Fragen oder zum Gesamtspektrum der Politik halten. Des öfteren nutzen Spitzenpolitiker auch die Gelegenheit von Rechenschaftsberichten (z. B. der Parlamentsfraktion) oder Antragsbegründungen für „Parteitagsreden" in diesem Sinne.
Textart: mündlich vorgetragener, meist auf einem schriftlichen Manuskript beruhender Text größeren Umfangs. *Emittent*: Vorsitzende/r oder andere/r Spitzenpolitiker/in der Partei. *Adressat*: Parteitagsdeligierte, Öffentlichkeit. *Thema*: Die Position der Partei zu aktuellen u./o. grundsätzlichen Fragen, meist in Kontrastierung zur Position der Konkurrenzpartei(en). *Grundfunktion*: Stärkung des Zusammenhalts und des Selbstbewußtseins der Partei u./o. Erzeugung von Zustimmungsbereitschaft für Position und Person des Redners/der Rednerin. *Geltungsmodus*: emittentenseitiger Wahrheits- und Richtigkeitsanspruch, häufig mit der Prätention des Redners, diese Ansprüche im Namen der Partei zu erheben, d. h. die Partei als eine Art Kollektiv-Emittent mit der Öffentlichkeit als Adressat zu suggerieren. *Sprachliche Merkmale*: Es dominieren Hochwert- und Fahnenwörter sowie aufwertende Sprechakte (Lob und Dank für Personen, Bekenntnis zu Zielen und Positionen, Beschwören positiver Perspektiven u. ä.) für die eigene Partei. Selbstkritik ist selten, ebenfalls Argumentation für ein Umdenken der Partei – wenn, dann meist mit Traditionsbegriffen der Partei positiv verknüpft. Der politische Gegner wird meist in kraß abwertenden Bezeichnungen (oft Stigmawörtern), Prädikaten und Sprechakten (Ablehnen, Kritisieren, Vorwerfen, Angreifen, Verhöhnen, Glaubwürdigkeit und Kompetenz absprechen u. ä.) negativ modelliert. *Nonverbal* wird durch Stimmodulation, Mimik und Gestik zumindest phasenweise emotionale Beteiligung, u. U. auch leidenschaftliches Engagement signalisiert.

TS 56: Antragsbegründung (bei einem Parteitag)
Textart: mündlich vorgetragener Text unterschiedlichen Umfangs, bei längeren Antragsbegründungen auf schriftlicher Grundlage. *Emittent*: Antragssteller oder Beauftragter der Antragssteller aus dem Kreis der Antrags- und Redeberechtigten. *Adressat*: Parteitagsdelegierte, Öffentlichkeit. *Thema*: den Antrag stützende Gesichtspunkte. *Sprachliche Merkmale*: Eine geschickte Antragsbegründung knüpft an die politischen Topoi, Wert- und Zielbegriffe der Deligierten an, ist um Verständlichkeit bemüht und vermeidet Elemente eines umständlich-schriftsprachlichen Stils.

TS 57: Diskussionsbeitrag (bei einem Parteitag)
Textart: mündlicher u. U. spontan formulierter, meist kurzer Text innerhalb einer Antragsberatung. *Emittent*: Parteitagsdelegierte(r), u. U. gleichzeitig Mitglied der Parteiführung. *Adressat*: Parteitag, u. U. Öffentlichkeit. *Thema*: aus dem Themenkreis des beratenen Antrags oder der Bezugsrede. *Grundfunktion*: appellativ/argumentativ. *Geltungsmodus*: emittentenseitiger Richtigkeitsanspruch; adressatenseitig entsteht keine Obligation. *Sprachliche Merkmale*: sprachliche Mittel der Herstellung von Kohärenz mit Diskussionsgegenstand u./o. Diskussionsverlauf, ansonsten wie in TS 56 (Antragsbegründung).

64. Textsorten im Bereich politischer Institutionen

TS 58: Wahlrede (siehe auch Abschnitt 5.1.1. Wahlkampf-TS)
Textart: mündlich vorgetragener Text mittleren oder größeren Umfangs. *Emittent*: Spitzenpolitiker/in, Wahlkandidat/in einer Partei. *Adressat*: Teilnehmer einer Wahlveranstaltung, d. h. überwiegend Mitglieder und Sympathisanten der Partei des Redners/der Rednerin. *Thema*: Thema/Themen der Wahlkampagne, u. U. mit (meist nebensächlich bleibenden) Bezügen auf situative oder lokale Besonderheiten von Kontext oder Ort der Wahlveranstaltung. *Grundfunktion*: stark appellativ, primär zur Mobilisierung der Parteimitglieder und -anhänger, sekundär zur Persuasion von Wählern außerhalb dieses Personenkreises. *Geltungsmodus*: emittentenseitige Prätention eines unbedingten Wahrheits- und Richtigkeitsanspruchs, dem von Seiten parteigläubiger Mitglieder und Anhänger mit hohem, von anderen – vor allem als Folge der Wahlkampfsituation – mit geringerem Vertrauen begegnet, d. h. eine unterschiedliche Geltungskraft zugesprochen wird. *Sprachliche Merkmale*: wie TS 55 (Parteitagsrede) mit folgenden Unterschieden: Die Wahlrede ist durchweg grobschlächtiger als die Parteitagsrede, und neben den Solidarisierungssignalen für die eigenen Parteimitglieder und -anhänger gibt es mehr Hinwendung und Appelle an weitere Wählerkreise.

6.2.2.2. Konsensorientierte Rede-TS

Politik ist geprägt von Auseinandersetzung. Dennoch haben Politiker/innen auch zu Anlässen zu reden, bei denen (offene) politische Auseinandersetzung unangemessen wäre. „Ansprache" ist der häufig verwendete Oberbegriff für solche Reden, in denen Konsensuelles in den Vordergrund gerückt wird. Feierlichkeiten, Fest- und Gedenktage sind die bevorzugten Anlässe. Die Nähe zur epideiktischen Redegattung ist weitgehend von der politischen Funktion abhängig. Der Bundespräsident ist qua Amt verpflichtet, sich bei seinen Reden von der (partei-)politischen Auseinandersetzung fern zu halten. Seine Reden sind überwiegend 'Ansprachen'. Zur Aufgabe von Regierungschefs/chefinnen und Parlamentspräsidenten/innen gehören auch Festtags-, Gedenk-, Jubiläums-, Eröffnungsreden u. ä. Wahlkreisabgeordnete kommen nicht umhin, z. B. als Schirmherren Festansprachen oder bei Beerdigungen Trauerreden zu halten. Solche Reden werden in der praktischen Rhetorik auch „Anlaßreden" genannt. Anlässe dieses Typs sind durchweg mit so festen Erwartungen an das, was als zum Anlaß 'passend' empfunden wird, verknüpft, daß die Reden weitgehend rituelle Züge tragen.

Im Prinzip stehen Politiker/innen vor der Wahl, dabei politisch Dissentes auszuklammern und sich ganz auf den rituellen Pfaden zu bewegen – und damit als nichtssagend empfunden zu werden. Oder sie thematisieren Dissentes und behandeln das Thema auf ungewohnte Weise, gehen damit aber das Risiko ein, daß ihre Rede als unpassend empfunden wird. Vor diesem Dilemma stehen Politiker/innen vor allem bei Anlässen, die selbst Brisanz enthalten. Dies sind in Deutschland vor allem Gedenktage an Daten der NS-Zeit. Es ist darum kein Zufall, daß zwei der bekanntesten Reden aus der Geschichte der Bundesrepublik Deutschland Gedenkreden sind, bei denen die Redner die rituellen Pfade verließen und im Dissens über Art und Zurechnung deutscher Schuld Stellung bezogen – der eine (Bundespräsident von Weizsäcker) mit seiner Rede zum 40. Jahrestag des Kriegsendes mit großer positiver Resonanz, der andere (Bundestagspräsident Jenninger) zum 50. Jahrestag der Reichspogromnacht mit spektakulärem Mißerfolg, dem allerdings später mehr und mehr Anerkennung folgte. Wegen ihrer Sonderstellung wird die Gedenkrede separat beschrieben, während die übrigen Reden des epideiktischen Typus zusammenfassend charakterisiert werden.

TS 59: Gedenkrede
Textart: mündlich vorgetragener Text mittleren bis größeren Umfangs, meist auf der Grundlage eines sorgfältig ausgearbeiteten Manuskripts. *Emittent*: überwiegend Politiker/innen in Spitzenpositionen. *Adressat*: Publikum der Gedenkveranstaltung, Öffentlichkeit. *Thema*: mit festen Daten verknüpfte politisch und ethisch relevante Geschehnisse in der Vergangenheit, in Deutschland vor allem im Zusammenhang mit NS-Verbrechen und Zweitem Weltkrieg. *Grundfunktion*: gemeinsames Erinnern an Vergangenes als Mahnung für Gegenwart und Zukunft. *Geltungsmodus*: (weitgehend rituell prätendiertes) Einverständnis von Emittent und Adressaten über Wahrheit und Richtigkeit des Gesagten. *Sprachliche Merkmale*: gehobener Stil, z. T. Indikatoren von Feierlichkeit, deutliche Anteile ethischen und expressiv-evaluativen Vokabulars.
(Bei den meisten TS des konsensuell-epideiktischen Redetyps gibt es keine spezifisch poli-

tische TS-Ausprägung. Weitgehend für Politiker reserviert ist allerdings TS 60.)

TS 60: Fernsehansprache zum Feiertag X
Textart: im Fernsehen mündlich vorgetragener Text mittleren Umfangs auf der Grundlage eines vom Teleprompter abgelesenen Manuskripts. *Emittent*: Inhaber eines staatlichen Spitzenamtes (Bundespräsident, Bundeskanzler, Bundestagspräsident, Ministerpräsident). *Adressat*: Öffentlichkeit in Form von Fernsehpublikum. *Thema*: mit der Tradition des Feiertages typischerweise verknüpfte Sachverhalte, Einstellungen und – aus dieser Perspektive – in konsensuellem Habitus eingebrachte Bezüge auf politische Sachverhalte und Problemlagen. *Grundfunktion*: phatisch-expressiv, d. h. der/die gewählte Spitzenkandidat/in des Volkes bringt Gemeinschaftswerte zum Ausdruck und wirbt damit indirekt für die eigene Person u./o. Poltik (vgl. Holly 1996). *Geltungsmodus*: emittentenseitige Prätention konsensueller Geltung des Gesagten. Adressatenseitig weitgehende Nicht-Anerkennung des emittentenseitigen Geltungsanspruchs, vor allem aufgrund der Ritualität der TS. *Sprachliche Merkmale*: gehobener Stil; temperierte Lautstärke und Stimmodulation aufgrund der pseudo-privaten Kommunikationssituation in TV-Ansprachen (anders als bei Saalreden); allgemeinverständliche Lexik, Verwendung eines von Kraßheiten freien, auf 'positive' Gefühle abhebenden Emotions- und Wertvokabulars.

Neben den eindeutig dissens- oder konsensorientierten Rede-TS gibt es Formen, die eine klare Zuordnung nicht erlauben. Das ist vor allem die Eröffnungsrede (bei Messen und Kongressen), wie sie vor allem von Regierungsmitgliedern gehalten werden (TS 61). Die parteipolitische Unabhängigkeit der Einlader und des Anlasses gebieten einerseits konsensuellen Ton, andererseits werden durchaus politische Aussagen erwartet. Balance-Akte zwischen dem Neutralitätsgebot des GG und der Intention, das Amt nicht unpolitisch zu führen, sind manche Bundespräsidentenreden (TS 62). Die Bundespräsidenten pflegen in solchen Fällen ihre Meinung, sofern sie zu bestimmten parteipolitischen Positionen in Kontrast steht, eher in allgemein-abstrakter oder andeutender Form, immer aber ohne Nennung von Personen und Parteien zu formulieren.

7. Politikadressierte TS externer Emittenten

In diesem Abschnitt werden TS vorgestellt, die für politische Institutionen und ihre Funktionsträger besonders wichtig sind und in denen diese nicht als Emittenten, sondern ausschließlich als Adressaten fungieren. Es sind TS, in deren Gebrauch sich viel demokratische und rechtsstaatliche Substanz des modernen Verfassungsstaates manifestiert. So manifestiert sich in den TS Protestresolution und Pressekommentar das Grundrecht auf Meinungsfreiheit, die TS Verfassungsgerichtsurteil markiert die strikteste Form der Machtkontrolle, und die TS Expertengutachten stärkt die Präsenz von Rationalität.

TS 63: Protestresolution
Textart: Schrifttext meist geringen, gelegentlich mittleren Umfangs.
Emittent: organisierte Bürgergruppe oder Interessenvertretung.
Adressat: primär: Regierung, Behörde, Parlament, Gemeinderat u. ä.; sekundär: Öffentlichkeit.
Thema: ein von den Emittenten als sehr negativ erachteter Sachverhalt im tatsächlichen oder vermeintlichen Verantwortungs- und Entscheidungsbereich des primären Adressaten.
Grundfunktion: appellativ-konfrontativ.
Geltungsmodus: emittentenseitiger Wahrheits- und Richtigkeitsanspruch. Auf Seiten der Adressaten je nach politischem u./o. behördlichem Selbstverständnis u./o. nach Einschätzung der Bedeutung der Emittenten u./o. der Berechtigung des Protestes mehr oder weniger große politische u./o. moralische Verpflichtung zur Reaktion auf den Protest, u. U. zur Schaffung von Abhilfe.
Texthandlungsmuster: Die Emittenten protestieren gegenüber den Adressaten, indem sie einen Sachverhalt, insbesondere eine Entscheidung, als in der Verantwortung des primären Adressaten liegend kennzeichnen, sich gegen ihn empören, seine Abschaffung oder Änderung durch den primären Adressaten im Sinne der Emittentenvorstellung fordern und dafür Gründe anführen.
Themenentfaltung: in den Darstellungsteilen deskriptiv, ansonsten argumentativ u./o. aufzählend.
Bauform: meist zwei- oder dreigliedrig, bestehend aus einem Darstellungsteil in dem der Gegenstand des Protestes u./o. seine Genese skizziert wird, und einem Forderungs-, meist

auch einem Begründungsteil. Die Teile sind oft nicht genau voneinander abgegrenzt. Vor allem der Forderungsteil kann auf mehrere markante Stellen, insbesondere auf Textanfang und Textschluß verteilt sein.
Syntax: unterschiedlich. Je medienkompetenter die Emittenten sind, um so höher ist die Wahrscheinlichkeit, daß kurze Sätze von geringer Komplexität dominieren.
Verbkategorien: unterschiedlich.
Personalbezug: polarisierend. Oft stehen einem „wir" mit Referenz auf die Emittenten nicht-persönliche Formen der Referenz auf Personen oder Institutionen, gegen die protestiert wird, gegenüber.
Lexik: Es überwiegt allgemeinsprachliche Lexik, z. T. mit emotionalen und schlagwortartigen Bestandteilen. Elemente fachsprachlicher Lexik werden in Abhängigkeit von der Natur des Protestgegenstandes (meist sparsam) verwendet.
Rhetorische Figuren/Tropen: Der konfrontative und zugleich appellativ-persuasive Charakter der TS legt den Gebrauch expressiv oder zuspitzender rhetorischer Mittel wie Analogie, Hyperbel, Elativ, Klimax, Antithese und Parallelismus nahe. Die übliche Knappheit der Texte beschränkt allerdings deren Anzahl.
TS-Intertextualität: Als Vor-TS kommen vor allem TS in Frage, durch die ein Protestgegenstand ins Werk gesetzt wurde; oft sind das Verordnungen, manchmal auch Gesetze und andere Parlaments- oder Gemeindebeschlüsse. Pressemeldungen, -berichte und -kommentare kommen als Parallel- und als Nachtexte in Frage. Antwortschreiben der primären Adressaten und etwaige Beschlüsse über die Zukunft des Protestgegenstandes sind für die Emittenten besonders wichtige Nach-TS.

Die TS Protestresolution ist eine von mehreren TS, mit denen Bürger meist im Verbund mit anderen als Bürgerinitiative oder Interessenverband politischen Einfluß ausüben und die hier nur genannt werden: TS der Kritik und der Meinungsbeeinflussung sind außer TS 63 und TS 64 Protestparole (in verschiedenen Medien möglich als Transparent, als Sprechchor, als Maueraufschrift, als Button, als Autoaufkleber), TS 65 Memorandum als offizielle kritische Stellungnahme z. B. eines Verbandes gegenüber der Regierung. Vor Wahlen gibt es eine TS 66, die man „Wahlbezogene Stellungnahme einer Interessengruppe" nennen könnte, die Gewerkschaften unter der Bezeichnung „Prüfsteine" und die katholische Kirche unter der Kategorie „Hirtenbrief" herauszugeben pfleg(t)en. In Deutschland durch Landesverfassung zugelassene Typen der förmlichen politischen Initiativen, insbesondere Gesetzesinitiativen außerhalb u./o. gegen das Parlament sind TS 67 Volksbegehren/TS 68 Volksantrag/TS 69 Volksinitiative. Dem einzelnen Bürger sichert das GG (Art. 17) das Recht zu, sich durch TS 70 Petition an das Parlament wenden zu können.

Die Massenmedien nehmen auf vielerlei Weise Einfluß auf Politiker und politische Institutionen. Aber man kann kaum eine journalistische TS als TS in politischen Institutionen bezeichnen – am ehesten den politischen Kommentar. Er gehört zu den meistrezipierten TS in politischen Institutionen.

TS 71: Pressekommentar
Textart: im Fernsehen und Hörfunk mündlich auf der Basis eines ausformulierten Manuskripts vorgetragener, in Printmedien in Schriftform publizierter Text von geringem Umfang. *Emittent*: politische Journalisten. *Adressat*: das Medienpublikum, darin insbesondere die thematisierten politischen Institutionen und Personen. *Thema*: aktuelle politische Ereignisse u./o. Zustände. *Grundfunktion*: evaluativ-argumentativ. *Geltungsmodus*: emittentenseitiger Plausibilitätsanspruch; adressatenseitig häufig Anerkennung dieses Anspruchs. (Das vor allem macht die Relevanz der TS für Politiker aus; denn Leser, Hörer, TV-Zuschauer sind Wähler.) *Sprachliche Merkmale*: meinungssprachliche Elemente auf Sprechakt- und Lexemebene. Häufigerer Einsatz rhetorischer Mittel als in den informierenden journalistischen TS.

TS 72: Verfassungsgerichtsurteil
Textart: umfangreicher Schrifttext. *Emittent*: Verfassungsgericht. *Adressat*: Gesetzgeber, Kläger, Öffentlichkeit. *Thema*: Streitfragen über die in der Verfassung geltenden Rechte und Pflichten oberster staatlicher Organe sowie über die Verfassungsmäßigkeit von Verhalten und Entscheidungen von Legislative und Exekutive (Näheres in Art. 93 GG). *Grundfunktion*: direktiv-regulativ (im Urteilsteil); argumentativ (im Begründungsteil). *Geltungsmodus*: letztinstanzlich bindende Rechtskraft. *Sprachliche Merkmale*: zweiteiliger Aufbau: (1) Urteil, (2) Gründe, im Falle der Hinzufügung eines Minderheitenvotums auch dreiteilig. Teil (1) besteht aus einem, u. U. sehr umfangreichen Satz nach dem Schema der Urteilsformel („Im Namen des

Volkes ..."), Teil (2) ist streng systematisch nach sachlogischen Gesichtspunkten aufgebaut und trägt vielfach typisch rechtssprachliche Charakteristika in Syntax und Lexik. Der politische Charakter der Materie läßt auch politisches Wert- und Ideenvokabular einfließen.

TS 73: Expertengutachten
Textart: umfangreicher Langtext. *Emittent*: ein oder mehrere Wissenschaftler/innen. *Adressat*: die das Gutachten in Auftrag gebende Institution; bei nicht-vertraulichen Gutachten die Öffentlichkeit. *Thema*: komplexer politischer Problembereich. *Grundfunktion*: informierend, Zusammenhänge erklärend, beratend; Grundlage für Entscheidungen in den politischen Institutionen. *Geltungsmodus*: emittentenseitig, wissenschaftlicher Wahrheitsanspruch; adressatenseitig besteht u. U. die Pflicht zur Berücksichtigung des Gutachtens bei einer politischen Entscheidung, doch besteht gleichzeitig das adressatenseitige Recht, den Anregungen des Gutachtens nicht zu folgen.

8. Emittentenunspezifische TS

Der größte Teil schriftlicher Texte, die politische Institutionen und ihr Personal emittieren, gehören TS an, die nicht politikspezifisch sind und die in allen Institutionen und Berufsgruppen mit Öffentlichkeitsbezug verwendet werden. Wenn auch der einzelne Text thematisch und strategisch durch die politischen Diskursverflechtungen und Intentionen des jeweiligen Emittenten geprägt sein mag – eine durchgängige spezifische Ausprägung der TS, so daß man sie als eine politische TS bezeichnen müßte, läßt sich dabei nicht erkennen. Hier seien die im Alltag von Politikern wichtigsten nur genannt: Mitteilung, Anfrage, Anweisung, Vereinbarung, Vorschlag, schriftliche Stellungnahme an Private und Institutionen und – als mediale TS – Presseerklärung, Leserbrief, Interview, Gastkommentar; ferner Dankschreiben, Bittschreiben, Glückwunsch, Kondolenzschreiben u. ä. (per Post, Fax, E-Mail u. ä.).
Keineswegs spezifisch für politische Institutionen sind auch unpersönlich-institutionelle TS wie Tagesordnung, Protokoll, Informationsbroschüre, Formular. Emittentenunspezifische Rede-TS sind: Vortrag, Referat, Festansprache, Grußwort u. ä.

Zum Abschluß sei eine TS kurz charakterisiert, die politischer Natur ist, die aber insofern emittentenunspezifisch ist, als sie von Regierungen und Volksvertretungen, Verbänden und Behörden ebenso wie von Bürgergruppen emittiert werden kann: Denkmaltexte. Sie sind der textuelle Teil des multisemiotischen Mediums Denkmal und beziehen sich, sofern sie nach dem Zweiten Weltkrieg geschaffen wurden, vorwiegend auf Geschehnisse im Zusammenhang mit nationalsozialistischen Verbrechen (vgl. Haß 1996):

TS 74: Denkmaltexte
Textart: Kurztext zum Medium Denkmal. *Emittent*: unterschiedlich (s. o.). *Adressat*: Öffentlichkeit. *Thema*: politisch und ethisch relevantes historisches Ereignis. *Grundfunktion*: Erinnerung an Vergangenes, Ehrung von Toten (insbesondere Ermordeten, Gefallenen), Mahnung für Gegenwart und Zukunft. *Geltungsmodus*: emittentenseitig erhobener Geltungsanspruch für die den Geehrten zugeschriebenen u./o. in ihnen verkörperten Werte, Einstellungen u./o. Handlungsweisen. *Sprachliche Merkmale*: Stilelemente moderner oder traditioneller Lyrik. Knappheit und (u. U. verhaltenes) Pathos. Häufig besteht der Denkmaltext ganz oder teilweise aus einem Zitat.

9. Literatur (in Auswahl)

Ballnuß, Petra (1996): Leitbegriffe und Strategien der Begriffsbesetzung in den Grundsatzprogrammen von CDU und SPD. In: Diekmannshenke, Hajo/Klein, Josef (eds.): Wörter in der Politik. Opladen, 29–75.

Brinker, Klaus (1983): Textfunktionen. Ansätze zu ihrer Beschreibung. In: Zeitschrift für germanistische Linguistik 11, 127–148.

– (1985): Linguistische Textanalyse. Berlin.

Burkhardt, Armin (1995): Zwischen Diskussions- und Schaufensterparlamentarismus. Zur Diagnose und Kritik parlamentarischer Kommunikation – am Beispiel von Zwischenfragen und Kurzdialogen. In: Dörner, Andreas/Vogt, Ludgera (eds.): Sprache des Parlaments und Semiotik der Demokratie. Studien zur politischen Kommunikation in der Moderne. Berlin/New York, 73–106.

Girnth, Heiko (1996): Texte im politischen Diskurs. Ein Vorschlag zur diskursorientierten Beschreibung von Textsorten. In: Muttersprache 106, 66–80.

Glinz, Hans (1977): Textanalyse und Verstehenstheorie I. 2. Aufl. Wiesbaden.

Goldman, A. I. (1970): A theory of human action. Englewoos Cliffs, NJ.

Grünert, Horst (1984): Deutsche Sprachgeschichte und politische Geschichte in ihrer Verflechtung. In: Besch, Werner/Reichmann, Oskar/Sonderegger, Stefan (eds.): Sprachgeschichte. Ein Handbuch zur Geschichte der deutschen Sprache und ihrer Erforschung. Bd. 2.1, Berlin/New York, 29−37.

Harras, Gisela (1983): Handlungssprache und Sprechhandlung. Berlin/New York.

Haß-Zumkehr, Ulrike (1996): 50er Jahre Mahnmaltexte. Eine satzsemantische Analyse. In: Böke, Karin/Jung, Matthias/Wengeler, Martin (eds.): Öffentlicher Sprachgebrauch. Opladen, 301−314.

− (1997): Die Weimarer Reichsverfassung − Tradition, Funktion, Rezeption. Unveröffentlichtes Manuskript.

Heringer, Hans Jürgen (1974): Praktische Semantik. Stuttgart.

Hermanns, Fritz (1989): Deontische Tautologien. Ein ling. Beitrag zur Interpretation des Godesberger Programms (1959) der Sozialdemokratischen Partei Deutschlands. In: Klein, Josef (ed.): Politische Semantik. Opladen, 69−149.

Holly, Werner (1996): Die sozialdemokratischen Bundeskanzler an das Volk. Die Ansprachen von Brandt und Schmidt zum Jahreswechsel. In: Böke, Karin/Jung, Matthias/Wengeler, Martin (eds.): Öffentlicher Sprachgebrauch. Opladen, 315−329.

Holthuis, Susanne (1993): Intertextualität. Tübingen.

Kaack, Heino (1971): Geschichte und Struktur des deutschen Parteiensystems. Opladen.

Klein, Josef (1991): Politische Textsorten. In: Brinker, Klaus (ed.): Aspekte der Textlinguistik (= Germanistische Linguistik 106−107). Hildesheim, 245−278.

− (1998): Die politische Fachsprache als Institutionensprache. In: Hoffmann, Lothar/Kalverkämper, Hartwig/Wiegand, Herbert Ernst (eds.): Fachsprachen. Languages for Special Purposes. Ein internationales Handbuch zur Fachsprachenforschung und Terminologiewissenschaft. 2. Halbband. Berlin/New York, 1371−1381.

Klein, Josef/Fix, Ulla (eds.) (1997): Textbeziehungen. Linguistische und literaturwissenschaftliche Beiträge zur Intertextualität. Tübingen.

Kühn, Peter (1995): Mehrfachadressierung. Untersuchungen zur adressatenspezifischen Polyvalenz sprachlichen Handelns. Tübingen.

Polenz, Peter von (1980): Möglichkeiten satzsemantischer Textanalyse. In: Zeitschrift für germanistische Linguistik 8, 133−153.

− (1985): Deutsche Satzsemantik. Berlin/New York.

Radunski, Peter (1980): Wahlkämpfe. Moderne Wahlkampfführung als politische Kommunikation. München.

Rickert, Reinhard (1995): Medienrecht. In: Noelle-Neumann, Elisabeth/Schulz, Winfried/Wilke, Jürgen (eds.): Fischer Lexikon Publizistik Massenkommunikation. Frankfurt a. M., 244−267.

Rolf, Eckard (1993): Die Funktionen der Gebrauchstextsorten. Berlin/New York.

Sandig, Barbara (1972): Die Differenzierung gebrauchssprachlicher Textsorten im Deutschen. In: Gülich, Elisabeth/Raible, Wolfgang (eds.): Textsorten. Differenzierungskriterien aus linguistischer Sicht. Frankfurt a. M., 113−124.

Schimank, Uwe (1996): Theorien gesellschaftlicher Differenzierung. Opladen.

Searle, John R. (1982): Eine Taxonomie illokutionärer Akte. In: Ders.: Ausdruck und Bedeutung. Frankfurt a. M., 17−50 (Orig. engl. 1975).

Steyer, Kathrin (1997a): Reformulierungen. Sprachliche Relationen zwischen Äußerungen und Texten im öffentlichen Diskurs. Tübingen.

− (1997b): Irgendwie hängt alles mit allem zusammen − Grenzen und Möglichkeiten einer linguistischen Kategorie 'Intertextualität'. In: Klein, Josef/Fix, Ulla (eds.) (1997), 83−106.

Strauß, Gerhard (1986): Der politische Wortschatz: zur Kommunikations- und Textsortenspezifik. Tübingen.

Tillmann, Alexander (1989): Ausgewählte Textsorten politischer Sprache. Eine linguistische Analyse parteilichen Sprechens. Göppingen.

Vollmert, Johannes (1979): Politischer Kommentar und Ideologie. Ein inhaltsanalytischer Versuch an vier frühen Nachkriegszeitungen. Stuttgart.

Wachtel, Martin (1988): Die Darstellung von Vertrauenswürdigkeit in Wahlwerbespots. Tübingen.

Wittgenstein, Ludwig (1958): Philosophische Untersuchungen. Frankfurt a. M. (Orig. 1953).

Wunderlich, Dieter (1976): Studien zur Sprechakttheorie. Frankfurt a. M.

Josef Klein, Koblenz
(Deutschland)

65. Textsorten des Militärwesens am Beispiel der Dienstvorschrift

1. Das Kriterium der Zugehörigkeit zu militärischen Textsorten
2. Die Dienstvorschrift als exemplarische militärische Textsorte
3. Die Textfunktion der Dienstvorschriften
4. Literatur (in Auswahl)

1. Das Kriterium der Zugehörigkeit zu militärischen Textsorten

Die Frage nach der Zuordnung bestimmter Textvorkommen zu militärischen Textsorten verweist auf die funktional differenzierte Großorganisation, deren Funktion im Konfliktmanagement durch Gewalt oder Gewaltandrohung besteht. Ein Text gehört dann zur Klasse militärischer Textsorten, wenn auf seiner Grundlage militärische Handlungen vollzogen werden. Dieser Bestimmung zufolge läßt sich ein über kriegerische Auseinandersetzungen berichtender und militärische Termini verwendender Text keineswegs einer militärischen Fachtextsorte im engeren Sinne zuordnen. Insofern als militärspezifisches generalisiertes Kommunikationsmedium (Luhmann 1984, 222) die Befehlsgewalt zu betrachten ist bzw. die Folge von Befehl-(Bestätigung)-Gehorsam als zentrales dienstliches Handlungsmuster des Militärs (Hanssen/Klein/Sauer 1981) gilt, sind die militärischen Textsorten im Hinblick auf den Befehl in seiner institutionellen Ausprägung zu charakterisieren.

*Ein **Befehl** ist eine dienstliche Anweisung zu einem bestimmten Verhalten, die ein militärischer Vorgesetzter einem Untergebenen schriftlich, mündlich oder in anderer Weise, allgemein oder für den Einzelfall und mit dem Anspruch auf Gehorsam erteilt.* (ZDv 1/50, Nr. 302)

Der *Befehl* im Sinne der für die Bundeswehr verbindlichen Definition liefert zugleich eine Bezugsgröße für die verschiedenen militärischen Textsorten, die in der Zentralen Dienstvorschrift 1/50 als *dienstliche Anweisung, Kommando, Auftrag, Weisung, besondere* und *fachdienstliche Anweisung, Dienstanweisung, Dienstvorschrift* und *Richtlinie* aufgeführt sind. Die Arten der Befehle unterscheiden sich voneinander dadurch, ob sie schriftlich fixiert oder mündlich erteilt, an eine bestimmte Hierarchieebene gebunden oder ob etwa wie beim *Auftrag* dem Untergebenen *weitgehende Handlungsfreiheit in der Durch-führung und in der Wahl der anzuwendenden Mittel* (ZDv 1/50, Nr. 304) eingeräumt wird. Als exemplarische Textsorte soll die *Dienstvorschrift* (Dv) im folgenden beschrieben werden.

2. Die Dienstvorschrift als exemplarische militärische Textsorte

2.1. Lexikalisierte Textsortenbezeichnungen

Eine Beschreibung militärischer Dienstvorschriften (Dv) kann sich noch nicht auf eine allgemein anerkannte Typologie stützen, die sich den vortheoretischen, dem Alltagsbewußtsein geläufigen Textsorten als Folie entgegensetzen ließe. Es erscheint daher berechtigt, das aufzugreifen, was die militärische Fachsprache an lexikalisierten Textsortenbezeichnungen hergibt.

'Textsorten' existieren keineswegs nur als linguistische Postulate, sie lassen sich vielmehr im Anschluß an den von Brinker vorgeschlagenen Arbeitsbegriff „als komplexe Muster sprachlicher Kommunikation" bestimmen, „die innerhalb der Sprachgemeinschaft im Laufe der historisch-gesellschaftlichen Entwicklung aufgrund kommunikativer Bedürfnisse entstanden sind" (Brinker 1992, 126). Wir verfügen somit, indem wir konkrete Textexemplare einer bestimmten Textsorte, etwa einem Befehl oder einer Dv, zuweisen und darüber hinaus die mehr oder weniger gelungene Realisierung ihres hoch standardisierten Textmusters beurteilen können, über ein „Textsortenwissen" (Heinemann/Viehweger 1991, 110) im Sinne eines institutionell vermittelten knowing how.

Die Dv haben sich aus der Notwendigkeit herausgebildet, die Grundsätze des Führens und dienstlichen Handelns verbindlich festzuhalten. Ihre Bezeichnungen lassen sich gleichsam als lexikalisierter Niederschlag der Metakommunikation über die Identität dieser militärischen Textsorte auswerten, deren Inhalte und Verwendungsweisen im wesentlichen konstant geblieben sind.

Als historische Vorgänger der Dv sind die aus dem Französischen entlehnten *Reglements* des 18. Jhs. zu nennen, die etymologisch mit dem Verb *regulieren* zusammenhängen.

Auf H. von Moltke gehen die *Verordnungen für die höheren Truppenführer* vom

24. Juni 1869 zurück. In ihnen werden allgemeine führungstechnische, strategische und operative Regeln dargelegt, ferner spezielle Themen entwickelt, wie die Gliederung einzelner Truppenkörper, Grundsätze für das Befehls- und Meldewesen, die Anordnung der Märsche und anderes bis hin zu kampftechnischen Grundsätzen. Die *Verordnungen* verdanken sich dem Bestreben, Handlungsoptionen durch allgemeine Instruktionen, in denen prinzipielle organisations-, befehlstechnische und operative Vorgaben festgelegt waren, auf eine gemeinsame verbindliche Basis zu bringen.

Der 1876 erschienene *Entwurf eines Etats an Druckschriften für die Truppen sowie die mobilen und stellvertretenden Kommando-Behörden nebst Branchen* verzeichnet 196 Dv, die als *Reglements, Instruktionen, Direktiven, Servis-Kompetenzen* und *Regulative* aufgeführt sind.

2.2. Der Verwendungszusammenhang der Dv

Den historisch vorgefundenen Bezeichnungen von Textsorten entsprechen in der Bundeswehr die *Zentrale Dienstvorschrift* (ZDv), die *Heeresdienstvorschrift* (HDv) und die *Anweisung für Führung und Einsatz* (AnwFE). Diese Benennungen sind jeweils auf den Erlaß- und Titelseiten der militärischen Dv zu finden, sie lassen sich als „Präsignale" auffassen, denen die „Bedeutung" zukommt, „den Empfänger sogleich über die Funktion [...] des Textes zu orientieren" (Große 1976, 21). Die angeführten Bezeichnungen der militärischen Dv enthalten Ausdrücke, die als Nominalisierungen aus den Verben *vorschreiben* und *anweisen* abgeleitet sind. Während *anweisen* semantisch in etwa dem sprechaktbezeichnenden Verb *befehlen* entspricht, verweist die Substantivierung von *vorschreiben* auf den schriftkonstituierten Textcharakter institutionell erlassener Direktiven.

Den Rezeptionsrahmen bzw., welcher pragmatische Verwendungssinn den lexikalisierten Textbezeichnungen zukommt, verdeutlichen zusätzlich die bundeswehreigene Begriffsbestimmung der Dv als *dienstliche Anweisungen* und der ihr folgende erläuternde Hinweis:

Sie enthalten Befehle, Anordnungen oder Richtlinien und legen Aufgaben fest. Sie können Erläuterungen geben, die für das Verständnis der Aufgaben nötig sind, oder auch nur der Unterrichtung dienen. (ZDv 90/1, Nr. 101)

Die militärischen Dv sind schriftlich konstituierte Texte, die je nach Lage in konkrete Befehle und Maßnahmen 'umzusetzen' sind. Es handelt sich bei ihnen um 'situationslose' Texte (Meyer 1983), wobei diese Charakterisierung keineswegs in Abrede stellen soll, daß ihre Anweisungen in die jeweiligen konkreten militärischen Handlungszusammenhänge eingehen sollen. Der Hinweis auf die Situationslosigkeit der Dv, dem ein institutioneller, situativ jedoch reduzierter Kontext entspricht, unterstreicht vielmehr, daß es bei ihnen nicht wie bei mündlich gegebenen Befehlen und Kommandos um unmittelbar zu befolgende Aufforderungen im Sinne konkreter einzelner Sprechhandlungen geht, sondern um Systeme institutioneller Aufforderungen. Der Gesichtspunkt der berühmt gewordenen 'Auftragstaktik' geht konsequenterweise in die Gestaltung der Dv ein, demzufolge diese *die Handlungsfreiheit nur soweit einschränken dürfen, wie es die Forderung nach Einheitlichkeit der Grundsätze, die Sicherheitsbestimmungen und die Notwendigkeit zur Zusammenarbeit verlangen* (ZDv 90/1, Nr. 101). Weil Handlungsregeln nicht auch noch bis ins letzte die Weise ihrer Anwendung vorschreiben können, führt jeder Versuch, mögliche Anwendungsdifferenzen durch die Formulierung zusätzlicher Regeln auszuschließen, nur in einen infiniten Regreß. Die Verfasser von Dv sollen sich daher auf die wesentlichen Grundsätze beschränken und nicht versuchen, alles zu regeln.

3. Die Textfunktion der Dienstvorschriften

3.1. Die Funktion als Differenzierungskriterium

An Gebrauchstexte knüpft sich in der Regel eine kommunikative Funktion, die sich auf ihre Handlungsdimension bezieht und ihnen einen „bestimmten kommunikativen Sinn" (Brinker 1992, 15) zuweist. Bei dem Versuch, die Menge gebräuchlicher Textsorten einer begrenzten Anzahl funktionaler Grundtypen zuzuordnen, darf man die Textfunktion im Rahmen einer pragmatisch ausgerichteten Textlinguistik geradezu als „Basiskriterium" (ebd., 133) für die Ermittlung von Textsortenklassen werten. Den kommunikativen Handlungsfunktionen, dem Zweck, den man mit einem Text verfolgt, entsprechen weitgehend die illokutionären Kräfte der Sprechakttheorie (Searle 1971), gemäß der sprachliche Kommunikation als eine Form des Handelns aufgefaßt werden kann, bei der etwas gesagt und das Gesagte, der propositionale Gehalt, mit einem bestimmten Handlungssinn qua illokutionärer Kraft verknüpft ist. So kann ein Sprecher auf einer kommunikativen Ebene den propositionalen Inhalt seinem Adressaten gegenüber als wahr behaupten oder bestreiten, bzw. von ihm verlangen, das Gesagte in die Tat umzusetzen, so daß die Äußerung dann als Befehl zu verstehen ist.

Die Textfunktion der Dv soll sich an bestimmten inner- und außersprachlichen Mitteln aufzeigen lassen, die Brinker in Analogie zu den Illokutionsindikatoren (Searle 1971, 49 ff) als „Indikatoren der Textfunktion" (Brinker 1992, 97) bezeichnet.

Direkt lassen sich Textfunktionen am leichtesten durch explizit performative Formeln erschließen. Der Vorteil ihrer Eindeutigkeit liegt darin begründet, daß ihr illokutionärer Teil mittels des performativen Verbs zugleich diejenige Handlung bezeichnet, die mit dem Gebrauch des Satzes unter geeigneten Umständen sozial gültig vollzogen werden kann. Solche explizit performativen, in ihrem Wortlaut festliegenden Wendungen erscheinen mit der Unterschrift eines Befehlshabers auf der Erlaßseite der Dv, auf der jeweils zu lesen ist: *Ich erlasse die Heeresdienstvorschrift mit dem Titel X.* Deklariert wird hiermit die hoheitliche Handlung des Erlassens, der meist noch ein Vermerk über die *Außerkraftsetzung* der bisher gültigen Vorgänger-Dv folgt. Diese Deklaration weist allerdings keinen vollständigen propositional ausdifferenzierten Teil auf, denn streicht man das hier enthaltene performative Verb, so bleiben nur noch nominale Elemente übrig, nämlich die lexikalisierte Textsortenbezeichnung *Dv* und der ihr jeweils zugehörige Titel. Von der sprachlich aufweisbaren Deklarationsfunktion, mit der ein institutionelles Faktum eingeführt wird, läßt sich jedoch nicht bezüglich der Dv auf eine Textsorte mit deklarativer Grundfunktion schließen, denn die Einordnung einer lexikalisierten Gebrauchstextsorte soll sich grundsätzlich nach deren Gesamtfunktion richten. Diese ist vielmehr dem Nomen *Vorschrift* zu entnehmen, das auf den Textcharakter institutioneller Anweisungshandlungen, also auf die Sprechaktklasse der Direktive verweist. Gleichwohl haben die einer Dv zu entnehmenden Anweisungen einen deklarativen Charakter: indem sie nämlich durch den Vollzug ihres Erlasses in Kraft treten, gilt das durch die Dv Festgelegte fortan als 'verbindlich' und wird somit zur Richtschnur künftigen militärischen Handelns. Die militärischen Dv erfüllen somit im weitesten Sinne eine direktive Funktion und lassen sich deshalb den Texten mit „Appellfunktion" (Brinker 1992, 108 ff) zuordnen.

3.2. Bestimmungen der appellativen Textfunktion

Die Beschreibung der appellativen Textfunktion ist dem Ansatz einer Taxonomie funktional bestimmter Textsorten zu entnehmen, die mit Searle davon ausgeht, daß es nur eine begrenzte Anzahl grundlegender Dinge gibt, die man mit der Sprache ausrichten kann (Searle 1982, 50) und daß die Hauptfunktionen sprachlichen Handelns ein hinreichendes Kriterium dafür liefern, Gebrauchstextsorten in Klassen einzuordnen und voneinander abzugrenzen. Als eine der fünf fundamentalen Textfunktionen gilt neben der Information und Deklaration die des Appells, die sich aus den Searleschen Bestimmungen des illokutionären Zwecks der Direktive ableiten läßt. Die direktiven Sprechakte (z. B. *auffordern, befehlen*) sind solche, die mit dem Anspruch vorgebracht werden, daß etwas wahr gemacht werden soll. Die Aufforderung charakterisiert Searle dementsprechend als „Repräsentation eines Sachverhalts, den herzustellen der Hörer aufgefordert wird" (Searle 1979, 153). Die Grundklasse der direktiven Sprechakte deckt die Notwendigkeit ab, sich darüber zu verständigen, was von wem zu tun ist, und dabei auch zu versuchen, den Adressaten dazu zu bewegen, etwas zu tun. Die direktive Illokution bestimmt dabei, welche Propositionen sich mit ihr verbinden können. Für direktive Sprechakte gilt die spezifische Regel des propositionalen Gehalts, die festlegt, daß im Zuge einer Aufforderung eine „zukünftige Handlung A von H", von Adressaten prädiziert wird (Searle 1971, 100). Direktive sind als weltverändernde Sprechakte aufzufassen, insofern verweist die Regelformulierung „zukünftige Handlung A von H" auf eine noch ausstehende Handlung. Gleichwohl greift der Verweis auf „Handlung" zu kurz, weil es weitere Möglichkeiten von Füllungen des propositionalen Gehalts gibt. Der Emittent kann seinen Adressaten nicht nur zu Handlungen veranlassen, sondern auch zu mentalen Aktivitäten (*merke*) und Haltungen (z. B. *als militärischer Führer vorbildlich zu sein*). In den proportionalen Gehalt kann also eingehen, was zu vom Adressaten willentlich steuerbaren Verhaltensweisen zählt und mit menschlichen Fähigkeiten zu erreichen ist. Brinker geht über die zu eng gefaßte sprechakttheoretische Regelformulierung der Direktive hinaus, insofern es seiner Bestimmung der appellativen Textfunktion zufolge nicht nur um den Vollzug der Handlung des Textadressaten geht, sondern der Emittent ihm auch zu verstehen geben soll, „daß er ihn dazu bewegen will, eine bestimmte Einstellung einer Sache gegenüber einzunehmen" (Brinker 1992, 108). Der Appellcharakter bestimmter Textpassagen ist vor allem dann nicht zu verkennen, wenn Verhaltensweisen dem Adressaten als handlungsorientierend vorgestellt werden:

Vertrauen zwischen Führern und Geführten ist Voraussetzung jedes Erfolges und die Grundlage für den Zusammenhalt in Not und Gefahr. Vertrauen erwirbt, wer [...]. (HDv 100/1, Nr. 43)

3.3. Indikatoren der appellativen Textfunktion

3.3.1. Der Imperativmodus

Nach der Einordnung der militärischen Dv in die Klasse der Appelltexte, bei der die lexikalisierte Textsortenbezeichnung und die institutionellen Vorgaben ihres Gebrauchs als Indikator für die Funktion des Textes in seiner Gesamtheit gedient haben, ist zu prüfen, welche innertextlichen Mittel sich als 'Indikatoren der Textillokution' anführen lassen. Zunächst sei festgehalten, daß in den Dv die Illokutionen fast nie durch performative Verben oder explizit performative Formeln ausgedrückt sind. So kommen etwa keine solchen Wendungen vor wie *Wir* [= die Autoren der Dv] *befehlen* (*ordnen an*) .... Wenn performative Sätze, in denen alle konstitutiven Elemente einer Sprachhandlung versprachlicht sind, so gut wie nie begegnen, dann läßt sich der pragmatische Verwendungssinn der Propositionen bzw. ihrer illokutionären Kraft eben nur aus dem Gebrauchszusammenhang erschließen, der letztlich den für sie verbindlichen Verstehensmodus festlegt.

Als weiterer Kandidat illokutionsrelevanter Merkmale bietet sich zur Realisierung direktiver Sprachhandlungen der sogenannte Aufforderungs- oder Imperativsatz an. Hierfür lassen sich Beispiele in Schießvorschriften mit ihren Sicherheitsbestimmungen und in den Regelfassungen zur Selbst- und Kameradenhilfe finden, also dann, wenn Beschreibungen von Vorgehensweisen in Anweisungen übergehen.

Zuerst denke an
− schwere Blutung
− Atemstillstand oder Verlegung der Atemwege
− Vergiftungen
− Schock
und versorge in gleicher Reihenfolge. (ZDv 49/20)

Der direktive Zweck, den man für die Gesamtfunktion der Dv unterstellen darf, wird hier durch den Imperativmodus ausgedrückt. Gleichwohl findet sich der illokutionär signifikante Satztyp, der den Sprechakt der Aufforderung grammatisch direkt realisiert, nur vergleichsweise selten in den Dv. Er kommt allenfalls noch indirekt qua Zitat dann vor, wenn ein *Kommando, d. h. ein Formelbefehl, der dem Untergebenen keinen Ermessensspielraum läßt [...] und sofort auszuführen* (ZDv 1/50) ist, eingeführt und im Wortlaut festgelegt werden soll. Dieser marginale Befund des Vorkommens von Imperativen entspricht durchaus der Schriftlichkeit der Dv-Texte, für die der Umstand kennzeichnend ist, daß diese aus einer unmittelbaren Kommunikationssituation entbunden sind und daß ihnen vielmehr im Sinne einer Langzeitwirkung die verbindlichen Grundlagen für das militärische Handeln zu entnehmen sein sollen.

3.3.2. Modalisierte Deklarativsätze

Die primäre appellative bzw. direktive Textfunktion zeigt sich in den Dv-Texten vorrangig im Gebrauch der Deklarativsätze mit den Modalverben *müssen, sollen, können* und *dürfen* sowie der Fügungen *sein + zu* und *haben + zu + Infinitiv.*

Die Formulierung mit dem Modalverb *müssen* steht für die Möglichkeit, die deontische Notwendigkeit zum Ausdruck zu bringen, eine epistemische Lesart ist in den Dv fast immer ausgeschlossen.

Ständig muß die Führung danach streben, sich die **Freiheit des Handelns** *zu bewahren oder zu gewinnen.* (HDv 100/1, Nr. 68) *Dem Wagen muß das Wägen vorausgehen.* (HDv 100/1, Nr. 31)

Ebenso leisten die Infinitivkonstruktionen mit *haben* und *sein* eine deontische Orientierung, die Realisierung des Sachverhalts wird als notwendig vorgestellt:

Die Zeit des Abschlusses einer Befehlsausgabe ist festzuhalten. (HDv 100/1, Nr. 119) *Der Befehlende hat* **darüber zu wachen,** *daß sein Be-*

fehl in dem von ihm beabsichtigten Sinne ausgeführt wird. (HDv 100/1, Nr. 121)

Die Fügung *sein + zu +* Infinitiv kann sowohl für die Modalität des Müssen/Sollens als auch für die Modalität des Könnens stehen, je nachdem, ob sich der betreffende Satz in einen Satz mit den Modalverben *müssen, sollen* oder in einen mit dem Modalverb *können* umformulieren läßt. Mit Hilfe des Kontextes einschließlich der Semantik des Verbs im Infinitiv der Fügung ist die Modalität meist entweder als Notwendigkeit oder Möglichkeit interpretierbar. Wendungen mit Infitiven + *haben zu* kommen hingegen in Dv ausschließlich zum Ausdruck deontischer Modalität vor.

3.3.3. Einfache Deklarativsätze

Den modalisierten Deklarativsätzen als prototypischen Realisierungsformen von Dv-Texten läßt sich eine illokutive Interpretation als Direktiv zuweisen. Zu den geläufigen sprachlichen Formen dieser Textsorte zählen aber auch einfache Deklarativsätze im Indikativ des Präsens ohne modale Markierung. Ihr Fehlen legt es nahe, zunächst sowohl assertive als auch direktive Interpretationen zuzulassen und nach einem Kriterium zu suchen, das zwischen beiden Verstehensalternativen entscheiden hilft.

Der Soldat tarnt sich *zu jeder Zeit, auch bei eingeschränkter Sicht. Er wartet dazu keine besonderen Befehle ab.* (ZDv 3/11, Nr. 701)

Eine Deklarativsatzäußerung im Indikativ Präsens kann im Deutschen zum Ausdruck einer zukünftigen Handlung verwendet werden. Dementsprechend betreffen die Prädikationen (z. B. *tarnen*) gemäß Searles Bedingung des propositionalen Gehalts für Direktive noch bevorstehende Handlungen, die von dem im Text referentiell festgelegten Adressaten zu vollziehen sind.

Die für den Normalfall geltende Zuordnung von Deklarativsätzen zu dem Sprechakttyp der Assertive liegt immer dann nahe, wenn gewonnene Erfahrungen festgehalten, Beschreibungen und Erklärungen gegeben werden, die für das Verständnis der zu leistenden militärischen Handlungen unerläßlich sind.

Das Gelände *mit seinen natürlichen und künstlichen Geländeformen, Gewässern, Geländebedeckungen und Bodenarten beeinflußt das Verhalten des Soldaten im Kampf. [...] Der Soldat muß deshalb die Eigenschaften des Geländes schnell und sicher erkennen und beurteilen, damit er es jederzeit zu seinem Vorteil ausnutzen kann.* (ZDv 3/11, Nr. 201)

Bestimmten Deklarativsätzen läßt sich ebenfalls noch eine deklarierende Funktion zuordnen. Diese Möglichkeit illokutiver Interpretation kommt vor allem dann in Frage, wenn Begriffe in einer Dv mit metasprachlichen Formulierungen einzuführen sind. Definitionen legen einen bestimmten Sprachgebrauch fest, der zugleich institutionelle Tatsachen schafft.

Zur **oberen Führung** *gehören [...]. Die* **mittlere Führung** *umfaßt [...]. Divisionen, Brigaden, Regimenter und Bataillone werden von Kommandeuren geführt, Kompanien und Batterien von Chefs.* (HDv 100/1, Nr. 55)

3.4. Dv als bindende Textsorte

Die Einordnung der Textsorte Dv in die Klasse der Appelltexte hat sich nach ihrer Gesamtfunktion gerichtet. Die Textfunktion der Dv läßt sich nicht allein rein sprachlich, d. h. an den im Text ausgedrückten 'Illokutionsindikatoren' erschließen. Es finden sich durchaus verschiedene Sprechakttypen in den einzelnen Textpassagen, insofern diese nämlich nicht die sprachliche Form von Aufforderungs-, sondern von Informations- und Deklarationsäußerungen haben. Wenn ein Text keine hinreichenden oder aber miteinander konkurrierende Indikatoren aufweist, dann muß der Verwendungskontext den letzten Ausschlag für die Funktionszuschreibung geben. Der verbindliche Verstehensmodus ergibt sich bei den Dv aus dem institutionalisierten Gebrauchszusammenhang, in den die Adressaten im Rahmen ihrer Ausbildung eingeführt worden sind. Die Dv schaffen einheitliche und verbindliche Grundlagen für potentiell zu vollziehende künftige (militärische) Handlungen. Sie referieren somit auf dienstliches Handeln, das noch nicht faktisch ist, sondern erst nach ihrem Inkrafttreten liegen soll. Die Handlungen sind durchweg als deontisch notwendig oder möglichst modalisiert. Kommen in Dv neben den Direktiven auch Assertive und Deklarationen (Searle 1982, 31 ff) vor, so dienen sie dem Verständnis der zu leistenden Aufgaben oder grenzen Verantwortungsbereiche ab.

3.5. Adressatenindizierung

Der direktive bzw. appellative Charakter der Dv ist auch neben den obligatorischen Hinweisen im Vorbemerkungsteil, an wen sich die Dv richten soll, daran zu erkennen, daß die Propositionen eine zukünftige Handlung eines festgelegten Textadressaten aussagen, damit nicht nur das Handlungsziel unmißverständlich ist, sondern auch, *wer* etwas tun soll. Schrifttexten fehlen die Möglichkeiten der Adressatenindizierung, über welche man in der mündlichen Kommunikation beim Gebrauch des Imperativs verfügt, wie Blickrichtung beim Sprechen und Zeigegesten, dafür ist aber aktivischen Deklarativsätzen deutlich zu entnehmen, wer als Handelnder und Verantwortlicher gefordert ist. Während der Vorbemerkungsteil gewöhnlich eine mehrfache Adressierung aufweist, insofern er sich z. B. an den Kompaniechef, den Zugführer und die Unteroffiziere der Kompanieführungsgruppe richtet, ist in den einzelnen Nummern der Dv der Adressat referentiell festgelegt, indem es etwa heißt:

Der Kompaniechef bzw. der Zugführer eröffnet den Feuerkampf, wenn (...).

3.6. Konditionale Modalisierung

Die deontischen Sachverhalte lassen sich bei Bedarf noch durch Konditionale modalisieren, so daß sich die Handlungsforderungen an das Bestehen bestimmter Bedingungen knüpfen. Bevorzugt werden hierfür in den Dv Konditionalsätze in der Form, daß das Antezedens qua den bedingenden Sachverhalt bezeichnender Ausdruck als uneingeleiteter Stirnsatz mit dem finiten Verb in Erstposition erscheint.

Muß der Soldat damit rechnen, daß er plötzlich auf Feind stößt, geht er mit seiner Waffe in **Pirschhaltung** *vor.* (ZDv 3/11, Nr. 604)

Es liegt sprechakttheoretisch gesehen eine 'bedingte Aufforderung' (Wunderlich 1976, 274) vor. Der Vollzug des Handelns hängt damit von jeweils eintretenden Bedingungen ab.

4. Literatur (in Auswahl)

Brinker, Klaus (1992): Linguistische Textanalyse. Eine Einführung in Grundbegriffe und Methoden. 3. durchges. u. erw. Auflage. Berlin.

Große, Ernst Ulrich (1976): Text und Kommunikation. Eine linguistische Einführung in die Funktionen der Texte. Stuttgart.

Hanssen, Rainer/Klein, Josef/Sauer, Hans Gerd (1981): „Befehl-(Bestätigungs)-Gehorsam" als zentrales dienstliches Handlungsmuster des Militärs — dargestellt am Beispiel der Bundeswehr. In: Klein, Josef/Presch, Gunter (eds.): Institutionen—Konflikte—Sprache. Arbeiten zur linguistischen Pragmatik. Tübingen, 182—205.

Heinemann, Wolfgang/Viehweger, Dieter (1991): Textlinguistik. Eine Einführung. Tübingen.

Luhmann, Niklas (1984): Soziale Systeme. Frankfurt.

Meyer, Paul Georg (1983): Sprachliches Handeln ohne Sprechsituation. Studien zur theoretischen und empirischen Konstitution von illokutiven Funktionen in 'situationslosen' Texten. Tübingen.

Searle, John R. (1971): Sprechakte. Ein sprachphilosophischer Essay. Frankfurt.

— (1979): Intentionalität und der Gebrauch der Sprache. In: Grewendorf, Günther (ed.): Sprechakttheorie und Semantik. Frankfurt, 149—171.

— (1982): Eine Taxonomie illokutionärer Akte. In: Searle, John R.: Ausdruck und Bedeutung. Untersuchungen zur Sprechakttheorie. Frankfurt, 17—50.

Wunderlich, Dieter (1976): Studien zur Sprechakttheorie. Frankfurt.

Gerhard Vigener, Bonn
(Deutschland)

X. Textlinguistik und andere Disziplinen

66. Textlinguistik und Semiotik

1. Einleitung
2. Peircesche Semiotik
3. Ikonizität
4. Indexikalität
5. Weitere semiotische Prinzipien
6. Konklusion
7. Literatur (in Auswahl)

1. Einleitung

Unter Text als Gegenstand der Textlinguistik sei hier ein (prototypischerweise schriftliches) zusammenhängendes, interaktives verbales Ereignis verstanden, welches nach den in de Beaugrande/Dressler (1981) genannten konstitutiven und regulativen Kriterien der Textualität bewertet werden kann (vgl. de Beaugrande 1997). Die Beziehung zwischen Textlinguistik und Semiotik ist mehrfacher Natur:

1.1. Wenn Sprache als ein System von Zeichen bestimmt wird, mit dem sich die Linguistik beschäftigt, und sich die Semiotik der Untersuchung von Zeichen aller Art widmet, dann ist der Gegenstand der Semiotik das genus proximum des Gegenstands der Linguistik und daher die Semiotik ein aussichtsreicher Kandidat für eine Metatheorie der Linguistik. Texte als autonomste sprachliche Einheiten entsprechen dabei, semiotisch gesehen, einem Superzeichen, als einem aus vielen Zeichen hierarchisch zusammengesetzten Zeichen.

1.2. Viele linguistische Modelle stimmen darin überein, daß die Komponenten des Sprachsystems relativ autonome Subsysteme darstellen (Modularität der Komponenten, vgl. für die Textebene Motsch 1992; Roulet 1992). Die Interaktion zwischen den Komponenten kann dann auf einer höheren Ebene eben durch die Semiotik beschrieben werden, sobald man semiotische Parameter in die Beschreibung und Erklärung jeder dieser Komponenten einführt.

1.3. Da die Semiotik auch nichtverbale Zeichen behandelt, z. B. Gesten oder Bilder (vgl. Eco 1987a, 29 ff), ist sie in der Lage, z. B. auch Beziehungen zwischen verbaler und paraverbaler Kommunikation bzw. zwischen Texten und (z. B. in den Text eingebetteten) Bildern oder zwischen Gegenständen und ihren Aufschriften zu erfassen (vgl. Dirscherl 1993; Eicher/Bleckmann 1994).

1.4. Dementsprechend haben sich die Beziehungen zwischen Semiotik und Textlinguistik in verschiedener Weise entwickelt, so als Berücksichtigung auch von Textphänomenen durch Semiotiker bzw. von semiotischen Aspekten durch Textlinguisten, durch den Einbau der Semiotik in linguistische Theorien, wobei Textphänomene meist nur marginal oder nicht in textlinguistischer Weise eine Rolle spielten wie bei Jakobson (1960; 1965). Es bildete sich aber auch eine eigene Textsemiotik als Zweig der Textwissenschaften heraus, wie sehr früh bei Bense (1962), später bei Merrell (1985). Besonders stark und früh waren die Beziehungen zwischen Semiotik und Textlinguistik im deutschen Sprachraum, z. B. bei Nöth (1975; 1985; 1990) und Petöfi (1986). In vielen anderen Werken ist der Bezug auf Semiotik aber nur nominell und oberflächlich.

2. Peircesche Semiotik

Welche Semiotik ist nun am geeignetsten, für diese Aufgaben mit einer Textlinguistik zu interagieren? Für eine strukturalistische Textlinguistik mag es am einfachsten sein, die von Saussure (1916) begründete Semiologie heranzuziehen, welche sich von der Linguistik auf viele andere Wissenschaften ausgebreitet hat. Innerhalb der internationalen Semiotik dominieren aber Richtungen, welche auf die Peircesche Semiotik zurückgehen (vgl. Peirce 1965; 1983; Buchler 1955; Apel 1975; Parret 1983; Hookway 1985; Eco 1987a, 36 ff; Nöth

1985; 1990; Nagl 1992; Liszka 1996), ja selbst Strukturalisten wie besonders Jakobson (1965) und seine Schüler (z. B. Shapiro 1976) haben Peirce für ihre Anwendung der Semiotik zugrunde gelegt. Für prozedurale kognitive oder pragmatische Modelle der Textlinguistik ist zumindest aus folgenden Gründen eine Peircesche Semiotik geeigneter als eine Saussuresche:

2.1. Saussure reduziert das Zeichen auf zwei Teile, Signifikat und Signifikant (im folgenden, allgemeiner, als Signatum und Signans bezeichnet), was eine immanente Textwissenschaft ohne Berücksichtigung des Interpreten ermöglicht. Nach Peirce (1965, II.307) gilt aber: „Nothing is a sign unless it is interpreted as a sign." Der Interpret kommt nun bei Peirce durch den dritten Bestandteil der Semiose herein, den Interpretant (kommunikativer bzw. kognitiver Effekt als neues Zeichen, vgl. Sebeok 1986, 675 ff, 681 ff; Eco 1987a, 101 ff). Oder in Peirces (1965, I.339) eigenen Worten:

„A sign stands for something to the idea which it produces, or modifies. That for which it (= signans) stands is called its object (= signatum), that which it conveys, its meaning (= Beziehung signans − signatum); and the idea to which it gives rise, its interpretant."

2.2. Die Bildung des Interpretanten erfolgt durch Inferenzziehung, womit Perice prozedurale, kognitive und pragmatische Textmodelle antizipiert, in denen Inferenzziehung durch den Textrezipienten und deren planerische Kalkulation durch den Textproduzenten eine zentrale Rolle spielt.

2.3. Saussure bezieht nur Morphem und Wort ein, erst seine Nachfolger auch den Satz und noch später den Text. Peirce denkt aber auch an über den Satz hinausgehende Zeichentypen, wie eben Inferenzen als Instanzen des Zeichentyps Argument.

2.4. Saussure denkt so gut wie nur an konventionelle (arbiträre) Zeichen, was wohl darin seinen Grund hat, daß alle Sprachzeichen zumindest teilweise konventionell sind (= Symbole). Peirce hat aber immer wieder gezeigt, daß erstens Zeichen darüber hinaus auch ikonisch sein können (z. B. bei Onomatopöie) und/oder indexikalisch (z. B. Pronomina) und daß zweitens jede Semiose des Beitrags aller drei Zeichentypen bedarf.

2.5. Saussure hat eine statische Zeichenauffassung (des Typs *aliquid stat pro aliquo*), Peirce eine dynamische (vgl. Parret 1983), was eine Verbindung mit einer prozeduralen, kognitiven oder pragmatischen Textlinguistik erleichtert, vgl. Eco (1984, 2):

„A sign is an x standing for a y which is absent, and the process which leads the interpreter from x to y is of an inferential nature."

2.6. Während Saussure und Chomsky eine scharfe Trennung zwischen langue und parole bzw. Kompetenz und Performanz durchführen, ist die entsprechende Unterscheidung in der Textlinguistik derjenigen der Statistik zwischen type und token vergleichbar. Dies entspricht genau der Peirceschen (1965, II.245 f; VIII.334) Unterscheidung zwischen *legisigns* als Regeln und *sinsigns* als *replicas* derselben auf der Ebene der Performanz.

2.7. Während sich Saussure auf die kommunikative Sprachfunktion beschränkt, berücksichtigt Peirce auch die kognitive, erkenntnisleitende, was einer prozeduralen oder kognitiven Textlinguistik gut entspricht.

2.8. Ohne einem Psychologismus zu verfallen, d. h. Kommunikation, Kognition oder gar Semiotik auf Psychologie zu reduzieren, begründet Peirce die Semiotik in der Phänomenologie der Perzeption, die selbst schon mit Interpretationen einsetzt (vgl. Hookway 1985). Dadurch ergibt sich die Möglichkeit eines Anschlusses an die heutige kognitive und prozedurale Textlinguistik.

2.9. Über die Perzeption hinaus denkt Peirce beim Interpreten in erster Linie an den Textrezipienten, wie sich an seiner Graduierung des Interpretanten zeigt, vom Unmittelbaren Interpretanten als unmittelbarem, vorläufigen und oberflächlichen Eindruck (immediate interpretant: „the immediate pertinent possible effect in its unanalyzed primitive entirety" (Peirce 1965, II. 294)) bis zum Finalen Interpretanten als Ergebnis einer gründlichen Interpretation. Daran anschließende Fragen der Interpretation und Interpretierbarkeit sind zu einem Eckpfeiler der Textsemiotik geworden, besonders durch das Wirken Ecos (1987b; 1992).

2.10. Aber auch wissenschaftstheoretisch ist Peirce moderner: Seine Semiotik ist funktionalistisch, was gut zum vorherrschenden, funktionalistischen Erklärungsprinzip der

Textlinguistik paßt (vgl. Greenlee 1973; Dressler 1989, 5 ff; 1995b). Mit seinem Konzept der Abduktion kann man die Hypothesenbildung modellieren, mit dem des Fallibilismus die empirische Überprüfung von Hypothesen.

2.11. Die von Dressler (1989; 1998b) vertretene textlinguistische Präferenz- oder Natürlichkeitstheorie (vgl. auch Barbaresi 1988; Fludernik 1996) kann sich einerseits auf die Markiertheitstheorie des Prager (aber noch nicht des Saussureschen) Strukturalismus berufen (vgl. Waugh 1982; Battistella 1990), andererseits auf Peirces (1965, II.332) funktionalistisches Postulat: „The essential function of a sign is to render inefficient relations efficient." Denn im Effizienzbegriff ist erstens inhärent eine Graduierbarkeit der Effizienz enthalten. Zweitens ist sowohl von Textproduzenten als zielbewußten Planern eine Präferenz für effizientere Lösungen zu erwarten als auch von Textrezipienten eine Präferenz für effiziente Inferenzziehung und damit Interpretation.

2.12. Zu einer zweiten semiotischen Begründung der Natürlichkeitstheorie gelangt man bei Peirces bekanntester Zeichentriade, der Unterscheidung von Ikons, Indices und Symbolen, denn nach Peirce (1965, II.302) gilt (sowohl für Spracherwerb als auch für diachrone und evolutionäre Entwicklung) „Symbols grow. They come into being by development out of other signs, particularly from icons." Daraus kann man ableiten, daß Zeichen mit einem größeren Grad an Ikonizität oder Indexikalität natürlicher sind als korrespondierende Zeichen mit einem geringeren Grad an Ikonizität/Indexikalität (vgl. Nöth 1976). Dazu paßt auch, daß Peirce in seiner erweiterten Klassifizierung von zehn Zeichentypen die zwei einfachsten (und den fünften) als ikonisch bezeichnet, die beiden nächsthöheren (sowie den sechsten und siebenten) als indexikalisch, aber erst die drei höchsten, entwickeltsten Zeichentypen (acht bis zehn) als symbolisch (vgl. Liszka 1996, 43 ff).

Alle sprachlichen Zeichen sind, zumindestens zu einem kleinen Teil, konventionelle (arbiträre) Zeichen, d. h. Symbole im Peirceschen Sinn (vgl. 2.4.), aber der Umstand, daß sie zugleich auch ikonisch und/oder indexikalisch sein können, bestimmt in hohem Maße in Theorie und Praxis der Forschung ihre textsemiotische Relevanz, weshalb die folgenden Abschnitte 3 und 4 der Ikonizität bzw. Indexikalität gewidmet sind.

3. Ikonizität

3.1. Das Ikon ist nach Peirce (1965, I.369) ein Zeichen, „which exhibits a similarity or analogy to the subject of discourse". Das Ikon ist, wie schon in 2.12. angesprochen, das natürlichste und elementarste Zeichen in der Zeichentrias Ikon, Index, Symbol, vgl. Peirce (1965, II.275; II.276):

„The only way of directly communicating an idea is by means of an icon; and every indirect method of communicating an idea must depend for its establishment upon the use of an icon".

Daher spielen Ikons bei Kleinkindern eine größere Rolle als bei Erwachsenen (vgl. Dressler 1993b). Die elementarste Form des Gedächtnisses ist das ikonische Gedächtnis (vgl. Foss/Hakes 1978, 327 ff). Zur ikonischen Perzeption als der Grundlage der Perzeption bei Peirce vgl. Hookway (1985, 156).

Ikonizität ist das in der Textlinguistik und Linguistik überhaupt am meisten rezipierte semiotische Prinzip (vgl. Haiman 1985; Bouissac/Herzfeld/Posner 1986; Simone 1995; Landsberg 1995; die Themenbände „Motivation et iconicité", Faits de langues 1 (1993); „Metaphor and iconicity", Journal of Pragmatics 22,1 (1994)). Die oben gegebene doppelte Bestimmung des Ikons durch Peirce mittels Ähnlichkeit oder Analogie hat sich in einer heftigen Ikonismusdebatte fortgesetzt (vgl. Hookway 1985, 345 ff; Eco 1987a, 238 ff; Nöth 1992; Fenk 1997), die schließlich das eher vage und mißverständliche Ähnlichkeitsmodell des Ikons (Ähnlichkeit zwischen Signans und Signatum) durch topologische Analogie präzisiert hat. Ausgehend von Peirce (1965, IV.531): „Each icon (= ikonisches Signans) partakes of some more or less overt character of its object (= Signatum)", gilt es festzustellen, welchem Merkmal des Signans ein Merkmal des Signatum entspricht, vgl. Peirces (1965, II.228) Konzept des *ground*, der für jedes Zeichen die Korrelation zwischen Signans und Signatum motiviert. D. h. eine Ähnlichkeit zwischen Signans und Signatum eines Ikons besteht in der Einstellung des Interpreten, vgl. Peirce (1965, II.299):

„iconic sign (= Signans) [...] displays qualities that resemble those of (its denotatum = Signatum) and excite analogous sensations in the mind for which it is a likeness."

3.2. Das Ausmaß an Ikonizität nimmt in einer neuerlichen Triade von Hypoikonen graduell vom *image* über das Diagramm zur Metapher ab.

3.2.1. Peirce nimmt für (die ikonischsten) *images* reine Abbildrelationen an, sc. „images partake of simple qualities" (Peirce 1965, II.277). Ein Beispiel wäre Lautmalerei (vgl. Johansen 1996, 42) sowie aus mündlichen Texten Pausen als Ikons von Emotionen (Fónagy 1993, 37), ein anderes das überschnelle Sprechen von Sportreportern als Abbild der Schnelligkeit der wiedergegebenen Inhalte, ein weiteres Papageienfragen, z. B. in der Reaktion von Sprecher B auf Sprecher A:

(1) A: *Was machst du da?* – B: *Was machst du da?*

Eine reine Wiederholung ist pathologisch, etwa bei Echolalie. Eine sarkastische Papageienfrage von B, der damit die Berechtigung von A zur Frage negiert, ist nur bezüglich der Phonemkette des Signans eine reine Wiederholung, während meist die Intonation (auch ein Teil des Signans) und besonders der Inhalt (Signatum) verschieden sind (daraus erhellt die Wichtigkeit der darin enthaltenen Symbolizität).

3.2.2. Damit nähern wir uns bereits dem weniger ikonischen Diagramm: Diagramme sind nach Peirce (1965, II.277) „those which represent the relations, mainly dyadic, or so regarded, of the parts of one thing by analogous relations in their own parts".

Diese projektiven, analogischen Relationen zwischen Signans und Signatum sind die wichtigsten und häufigsten ikonischen Relationen in der Sprache. Ein mit der eben gegebenen Papageienfrage (1) verwandtes Beispiel wäre die Echofrage, wo zwischen Bs Echofrage (= Signans) und As originaler Frage (= Signatum) diagrammatische Relationen bestehen:

(2) A': *Was machst du da?* – B': *Was mache ich da?* (B": *Was ich da mache?*)

Wegen der Intonationsunterschiede besteht zwischen den Worten *Was – da?* von B' und A' nur eine starke Analogie, die auf lexikalischer und phonemischer Identität beruht; ferner besteht durch die Transformation von der zweiten in die erste Person nur eine Analogie (bei lexikalischer Identität des Verbums). Zudem weist B' gegenüber B" noch Identität der Wortstellung mit A' auf, eine weitere diagrammatische Relation, die ebenfalls dyadisch darstellbar ist, z. B. *Was (A') : machst = Was (B') : mache.*

3.2.3. Noch schwächer ist die Ikonizität bei Metaphern, „those which represent the representative character of a representamen (= Signans) by representing a parallelism in something else" (Peirce 1965, II.277). Alle Texte sind voll von Metaphern (vgl. Nöth 1985; Haley 1988; Dressler 1989; Fenk 1997), z. B. sind die meisten Ähnlichkeitsrelationen innerhalb von Texten metaphorischer Natur (vgl. Merrell 1985, 113 ff). Da die Interpretation metaphorischer Beziehungen stärkerer Inferenzziehung bedarf als andere Ikons und als Indices, sind die in literarischen Texten verstärkt auftretenden Metaphern eine wichtige Quelle der offenen Interpretierbarkeit („unendliche/unbegrenzte Semiose") besonders von Kunstwerken (vgl. Eco 1987b; 1992). Gerade deswegen verwenden technische und theoretisch-wissenschaftliche Texte, welche die Möglichkeiten der Interpretierbarkeit stark einschränken, nur wenig Metaphern (vgl. Sabatini 1990).

3.3. Die bekannteste Form der Diagrammatizität auf Textebene ist der seit der mittelalterlichen Rhetorik bekannte *ordo naturalis* als analoge Wiedergabe der Reihenfolge kognitiver Elemente des Signatum durch die Reihenfolge entsprechender Signantia in der Linearität der Textoberfläche (vgl. Eco 1987a, 88 ff). Demgegenüber ist der *ordo artificialis*, der Reihenfolgeabweichungen zeigt, zumindest teilweise anti-diagrammatisch und daher markiert (oder unnatürlicher bzw. nicht präferiert). Psycholinguistische Experimente haben die größere Effizienz des *ordo naturalis* gegenüber dem *ordo artificialis* ergeben (vgl. Levelt 1983), sowohl beim Sprachverständnis als auch bei der mündlichen Produktion, wo *book-keeping requirements* der Selbstkontrolle (monitoring) beim *ordo naturalis* leichter eingehalten werden können. Deshalb ist auch der *ordo naturalis* in schriftlichen Texten relativ häufiger als in mündlichen, weil der Autor schriftlicher Texte leichter überprüfen kann, daß er nichts vergessen hat. Der *ordo naturalis* ist damit nur ein Spezialfall der präferentiell ikonischen Korrespondenz zwischen Perzeption der Welt und sprachlichem Ausdruck, vgl. Altmann (1996, 494):

„The very fact that there exists an interdependence (i.e. a mapping) between events in the real world and the language used to describe them means that our interpretation of language, and our interpretation of the world must be mutually constraining."

3.3.1. Prototyp des *ordo naturalis* ist die *narratio facilis* in narrativen Texten (vgl. Enkvist 1981; Wiemer 1997), wo die kognitiv erfaßte chronologische Reihenfolge der Ereignisse in der Reihenfolge der Makroeinheiten des Textes eine Entsprechung findet (vgl. 4.6. zu Caesars *Ich kam, sah, siegte*). Labov/Waletzky (1967) haben gezeigt, daß Kinder diesen *ordo naturalis* zunächst strikt einhalten und erst im Lauf der Zeit einen komplizierteren Textaufbau erlernen, der dann Elemente des *ordo artificialis* enthält (vgl. Berman 1997; Bamberg 1987). Bei aphasischen Sprachstörungen wird der *ordo naturalis* wiederum besonders stark dominant (vgl. Dressler/Pléh 1988, 174f; Ulatowska/Olness 1997).

3.3.2. Nah verwandt ist der *ordo naturalis* bei Raumbeschreibungen, wo eine Analogie zwischen der gedachten Bewegung des Beobachters oder Beschreibers und der Reihenfolge der Beschreibung besteht (vgl. Linde/Labov 1975; Apothéloz 1983; Nöth 1992, 202f; Wenz 1996). Noch klarer ist die gedachte Bewegung des Interpreten als diagrammatisches Signatum bei Wegbeschreibungen (Klein 1979). Das diagrammatische Signatum wird auf alle relevanten Handlungen des Interpreten in instruktiven Texten ausgeweitet, wie etwa in Kochrezepten (vgl. Dressler 1989, 16f; Nöth 1992, 201). Ähnliche Präferenzen für die Anordnung von Makroeinheiten sind begrifflicher Natur, z. B. Wichtigeres vor Unwichtigerem in argumentativen Texten (vgl. Givón 1985; Dressler 1989, 49f; Nöth 1992, 203f).

3.4. Weitere Beispiele für diagrammatische Relationen im Text sind die präferierte Wiedergabe von pragmatischer oder semantischer Kohärenz durch syntaktische und lexikalische Kohäsion auf der Textoberfläche (vgl. Dressler 1989, 14, 16) oder die Diagrammatizität der Funktionellen Satzperspektive (vgl. Dressler 1989, 19; 1993a; 1994), insofern als das Thema eines Satzes (im Sinne von dem als gegeben Angesetzten) dazu tendiert, auch Thema im Sinne von bekannt und Ausgangspunkt (Basis) zu sein. Anhänger der klassischen Theorie der literarischen Mimesis müssen sehr viele diagrammatische Beziehungen zwischen Text und der Objektwelt des Textes annehmen. Alle bisher besprochenen Typen von Ikonizität können als paradigmatisch oder (nach Nöth 1992) als exophorisch bezeichnet werden, während z. B. Parallelismus als syntagmatisch oder endophorisch bezeichnet werden kann (vgl. 4.1., 4.6.).

4. Indexikalität

4.1. Indexikalität oder Deixis wird häufig unter Einbeziehung der Semiotik textlinguistisch behandelt (z. B. Diewald 1991; Green 1995). Peirce (1965, II.369) definiert Index als ein Zeichen, „which like a pronoun demonstrative or relative, forces the attention to the particular object intended (= signatum) without describing it".

So wie die von ihm genannten Demonstrative sind Indices entweder endophorisch, d. h. sie haben Binnendeixis innerhalb des Kotexts, oder sie sind exophorisch, d. h. sie zeigen (deiktisch) im Kontext auf etwas Außersprachliches, z. B. *ich* auf den Sprecher, ein Name auf seinen Träger (vgl. Varenne 1984; Nöth 1992; hier 3.4., 4.2.1.f). Eine besondere Art von exophorischer Indexikalität liegt bei Intertextualität vor, d. h. bei Bezug von einem Text auf einen anderen, wie bei Parodien, Zitaten oder Anspielungen (vgl. Plett 1991; Helbig 1996). Je nach der gegebenen Definition von Text und Diskurs kann auch das Gespräch als intertextueller Diskurs bezeichnet werden, und zwar dann, wenn jeder Redebeitrag (*turn*) als eigener Text angesehen wird (vgl. de Beaugrande 1997, 31, 165).

4.2. Wie bei den Ikons (3.2.) nimmt Peirce auch bei den Indices eine weitere, auch für die Textlinguistik relevante, aber von dieser bisher nicht beachtete Dreiteilung vor (vgl. Liszka 1996, 38):

4.2.1. Indices können Namen sein, die durch Etikettierung (*labeling*) entstanden sind. Wenn sie rein exophorisch sind, d. h. als sprachliche Zeichenvehikel auf den Namenträger verweisen, so sind sie gewöhnlich textlinguistisch wenig relevant. In literarischen Werken können sie aber zugleich als „sprechende Namen" an der Konstitution der Textwelt beteiligt sein, z. B. in Johann Nestroys Komödie *Umsonst!* die Rollen *Gschlader*: *Kaffeesieder*; *Knapp*: *Theaterkassier*; *Sauerfaß*: *Wirt*; *Maushuber*: *Kapitalist*; *Kratz, Bimmel, Schreiberl*: *Wirtschaftsbeamte*. Wichtiger, weil vorwiegend endophorisch, sind Titel als Namen für Texte (vgl. Nord 1992; s. u. 4.3.).

4.2.2. Ein zweiter Typ von Indices sind kausal bedingte *reagents* wie ein Wetterhahn oder sonstiger Anzeiger der Windrichtung. Dadurch können kausale endophorische Beziehungen im Text erfaßt werden wie die Kohärenz von Grund und Folge oder die Schaffung textueller Präsuppositionen.

4.2.3. Den auch für die Textlinguistik klassischen Typ stellen deiktische Indices, wie Demonstrativa, dar, sofern sie nicht exophorisch, sondern endophorisch (binnendeiktisch, syntagmatisch) verwendet werden. Diesen werden wir uns im folgenden widmen.

4.3. Endophorische Indices sind nach der Direktionalität der Verweisung von Signans auf Signatum entweder anaphorisch (rückverweisend) oder kataphorisch (vorverweisend). Z. B. im stereotypen Märchenbeginn

(3) *Es war einmal ein König. Der/Dieser (König) hatte zwei Kinder.*

ist der unbestimmte Artikel des Satzes zumindest leicht kataphorisch, denn er erweckt die Erwartung, daß über diesen König noch etwas gesagt werden wird. Der bestimmte Artikel bzw. das Demonstrativpronomen des zweiten Satzes ist anaphorisch, es verweist zurück auf den im ersten Satz genannten König (auf den Antezedenten als Signatum der indexikalischen Relation). Bei kataphorischer Indexikalität verweist ein Signans wie *der folgende* auf seinen Postzedenten. Schon der Umstand, daß der Terminus Antezedent sehr häufig, der spiegelbildliche Postzedent fast nie verwendet wird, weist darauf hin, daß anaphorische Indexikalität unmarkiert/präferiert ist, kataphorische hingegen markiert/nicht präferiert. Dies zeigt sich sowohl in der viel höheren Frequenz, mit der Kohäsion durch anaphorische als durch kataphorische Verweise etabliert wird, als auch darin, daß anaphorische Signantia wie *der obige, vorige* keine kataphorische Entsprechung *der *untige, *nachige, *hintige* haben. Der Grund für diese Präferenz liegt in der größeren semiotischen Verläßlichkeit anaphorischer als kataphorischer Relationen (Dressler 1989, 24 ff; 1996, 301), denn es ist viel leichter, einen Antezedenten als einen Postzedenten zu finden und eindeutig zu identifizieren.

Eine Ausnahme bilden die grundsätzlich kataphorischen Titel: Sie sind historisch gewachsene konventionelle Mittel, die keine verläßlichen Zeichen (im Sinne von Morris 1971, 365) sein müssen, sondern im Gegensatz zumeist dadurch Spannung wecken sollen, daß sie für verschiedene Interpretationen offen sind (vgl. Dressler, ebd.; Nord 1992). Dazu kommt, daß sie nach 4.2.1. auf einen Namensakt zurückgehen, und Namensakte sind in der Regel zukunftsweisend.

4.4. Die endophorische Distanz zwischen indexikalischem Signans und Signatum soll möglichst klein sein (vgl. Dressler 1989, 27 ff; 1996, 301 f), vgl. Peirce (1965, IV.531): „Indices [...] furnish positive assurance of the reality and nearness of their object" (= signatum). Diese Präferenz dient wieder der Verläßlichkeit des Zeichens. Daher ist in Texten der Abstand zwischen anaphorischen Signantia und ihren Antezedenten gewöhnlich sehr kurz (vgl. Diewald 1991, 33 f, 133 ff). Aber auch bei kataphorischen Beziehungen ist gewöhnlich die Distanz kurz, z. B. zwischen Titel und einem Bezug darauf im Text. Ganz ungewöhnlich ist E. Ionescos Vorgehen in seinem Stück *Die kahle Sängerin*, wo erstens dem Titel so gut wie keine Inhalte entsprechen, und zweitens erst in der 10. Szene (von insgesamt 11) ein Titelbezug zu finden ist:

(4) *Le Pompier: A propos, et la Cantatrice chauve?*
 – Mme Smith: Elle se coiffe toujours de la même façon!

4.5. Von semiotischer, indexikalischer Warte aus kann auch die Abwesenheit entweder des indexikalischen Signans (z. B. bei Ellipsen) oder des Signatum behandelt werden (vgl. Dressler 1989, 26 f, 30 f; 1996, 302 ff).

4.6. Sehr häufig verbinden sich Indexikalität und Ikonizität (vgl. Dressler 1989, 19 ff, 32 ff; 1995a), so bei der Metapher (Haley 1988) und besonders beim Parallelismus (vgl. Jakobson 1966; Lang 1987) und der damit eng verwandten Symmetrie (vgl. Shapiro 1976; Nöth 1993). Als Beispiel für Parallelismus/Symmetrie sei die lateinische Version von Caesars Ausspruch *Veni, vidi, vici* kurz charakterisiert (mehr in Johansen 1996, 47 f; Dressler 1998b): Er weist *ordo naturalis* auf (3.3.1.) und zeigt den zugleich indexikalischen und ikonischen Parallelismus in Syntax, Morphologie (identische Endung und Perfektbildung durch Vokaldehnung), Prosodie (Trochäen) und segmentaler Phonologie (jeweils 4 Phoneme und Alliteration des Anfangskonsonanten). Diese zahlreichen kohäsiven Mittel legen den intendierten Interpreten in diagrammatischer Weise propagandistisch eine starke Kohärenz nahe, so als ob das Kommen Caesars und sein Erfassen der Situation in Zela schon den Sieg über Pharnaces impliziere, sozusagen als kausale Indexikalität (4.2.2.). Dies wird dadurch unterstützt, daß die minimale indexikalische Distanz in der Kürze des Ausdrucks diagrammatisch die Schnelligkeit des Siegs widerspiegelt. Exophorische, pragmatische Ikonizität (*ordo naturalis*, Schnelligkeit der Ereignis- und Satzfolge) ist also eng mit endophorischer (indexikalischer, kotextueller) Ikonizität verflochten.

5. Weitere semiotische Prinzipien

In der Semiotik spielen noch weitere Prinzipien eine Rolle, die nicht oder nur mittelbar auf Peirce zurückgehen, aber mit einer peirceschen Textsemiotik verbunden werden können.

5.1. Die Distinktivität der Zeichen spielt eine zentrale Rolle in Saussures linguistischem und semiologischem Strukturalismus, während Distinktivität bei Peirce nur eine von vielen Eigenschaften von Signantia ist, vgl. Peirce (1965, VII.356): „A sign [...] must have some qualities in itself which serve to distinguish it." Außerdem spielt die Distinktivität in Form von diskreten, übergangslosen Oppositionen bei kleineren Zeichen (wie in Phonologie und Morphologie) eine viel bedeutendere Rolle als beim Text.

5.2. Eineindeutigkeit (Biunivozität), als bidirektionale Eindeutigkeit der Beziehung von Signans zu Signatum und umgekehrt, ist neben Ikonizität wohl das am häufigsten genannte semiotische Prinzip, wenn auch unter so verschiedenen Namen wie Eins-zu-eins-Relation, relationale Invarianz, *one form – one meaning principle*, Humboldts Prinzip, Isomorphismus (vgl. Eliasson 1991; Felber/Budin 1989, 122 ff, 135 ff; Dressler 1996, 306 ff). Eineindeutigkeit stellt zwar das Optimum auf der Skala Eineindeutigkeit – Eindeutigkeit – Zweideutigkeit – Mehrdeutigkeit dar, ist aber aus Gründen der Zeichenökonomie nur beschränkt möglich. Denn wenn jedem Begriff jeweils nur ein einziger sprachlicher Ausdruck entsprechen sollte und jedem sprachlichen Ausdruck nur ein einziger Begriff, wäre eine Explosion der Zahl der Zeichen die Folge. Daher ist Eineindeutigkeit selbst in der Fachterminologie nur in textlinguistisch begrenzter Form möglich (vgl. Dressler 1994), etwa wenn der Terminus *Hammer* in Texten der Werkzeugtechnologie und der Physiologie des Ohres in verschiedenen Bedeutungen auftaucht. D. h. kontextsensitiv ist Eineindeutigkeit und damit die Verläßlichkeit des Zeichens gegeben, kontextfrei ist nur Eindeutigkeit zu erreichen, d. h. die betreffenden Begriffe werden eindeutig ausgedrückt, während der Ausdruck *Hammer* kontextfrei zweideutig ist.

5.3. Figur und Grund ist ein Begriffspaar aus der Gestaltpsychologie (und der Husserlschen Phänomenologie) im Rahmen von deren Untersuchungen über holistische Reizverarbeitung. So wird in der optischen Perzeption die Qualität der Bilderfassung gesteigert, wenn ein im Vordergrund stehendes Objekt (= Figur) stark zu seinem Hintergrund (= Grund) kontrastiert (vgl. Peipmann 1976, 165, 237). Die Prägnanz der Wahrnehmbarkeit hängt also davon ab, ob Unterschiede verschärft bzw. pointiert oder aber eingeebnet werden (vgl. Ertel 1981, 112 f). Daher ist die Distinktivität (5.1.) der Figur wichtiger als die des Grundes (vgl. Lange-Seidl 1988). Die Wichtigkeit dieses Gegensatzes für die linguistische Semiotik haben u. a. Holenstein (1976), Scherer (1984, 156 ff), Anttila (1992), Dressler (1989, 47 ff) betont. Dazu paßt Peirces (1965, VII.619; vgl. Hookway 1985, 157 ff) Feststellung, daß ein Signatum „obtrudes itself on my gaze", wobei dieses *Sich-Aufdrängen* je nach der perzeptiven Prägnanz/Prominenz (*salience*) verschieden stark sein kann – was der Figur-Grund-Unterscheidung zugrunde liegt.

Im Text bietet die Figur mehr Information als der Grund. Ein diagrammatischer Ausdruck davon ist die Zuweisung von mehr und prominenteren Signantia zur Figur als zum Grund, vgl. Givóns (1991) diagrammatisches Quantitätsprinzip; „A larger chunk of information will be given a larger chunk of code", wozu auch Grices (1978) Maxime *Be relevant!* paßt. Daher kommt einerseits die besondere Signalisierung makrostruktureller Höhepunkte (vgl. Longacre 1985), während der Grund oft weitgehend gar nicht ausgedrückt wird, sondern nur durch globale Wissensmuster (z. B. Schemata) und aus dem Kontext inferiert werden kann.

In narrativen Texten bilden die Figuren die Hauptstruktur (*main structure*, vgl. van Kuppevelt 1995) oder das narrative Skelett (vgl. Labov/Waletzky 1967) bzw. die makropropositionale *story/event-line* mit den Hauptpersonen (vgl. Longacre 1985; Hatav 1985) und den Haupthandlungen, die dazu tendieren, dynamischer als die Nebenhandlungen zu sein. In der *Rhetorical Structure Theory* von Mann/Matthiessen (1991) spricht man bei mikrostrukturellen Figur-Grund-Unterscheidungen von Nukleus vs. Satellit.

Ein wichtiges Mittel der Kontrastierung von Figur und Grund im Text ist die Reliefgebung durch den Verbalaspekt, wobei der perfektive Aspekt (etwa das frz. *passé simple/composé*) die Figur signalisiert, der imperfektive Aspekt (etwa das frz. *imparfait*) den Grund (vgl. Hopper 1979; de Beaugrande/Dressler 1981, 74 ff).

5.4. Semiotische Transparenz kann mit Koj (1979, 377) folgendermaßen gefaßt werden:

„Transparency to meaning, so characteristic of verbal signs, appears precisely when we completely cease to perceive the material shape of a sign (except for cases of disturbances in the normal process of communication) and are conscious only of its semantic sign."

Dieses Prinzip kann mit Dressler (1989, 37 ff) auf die Zeichenkette in der Semiose von Intention des Textproduzenten bis zum phonetischen oder graphischen Ausdruck angewendet werden, nach der Fragestellung, wie transparent die Intention im Ausdruck oder allgemeiner das Signatum im Interpretanten ist.

Dabei sind, pragmatisch gesehen, direkte Sprechakte transparenter als indirekte (Searle 1975), Ellipsen aller Art (vgl. Meyer-Hermann/Rieser 1985) opak.

5.5. Die Präferenz für Binarität von Zeichenbeziehungen hat schon Peirce (1965, II.277) bei seiner Bestimmung von Diagrammen erkannt, welche „represent the relations, mainly dyadic, or so regarded, of the parts of one thing by analogous relations in their own parts" (vgl. Dressler 1995a). Demnach entspricht vorwiegend einer Figur ein Grund (5.3.), z. B. wenn einer Haupthandlung im perfektiven Aspekt (z. B. französisches *passé simple* oder *passé composé*) eine Nebenhandlung im imperfektiven Aspekt (frz. *imparfait*) gegenübergestellt wird. Auf der syntagmatischen, endophorisch-indexikalischen Achse sei die Bevorzugung von Reimen zwischen zwei (und nicht mehr Elementen) erwähnt.

6. Konklusion

Obwohl Peirce selbst, außer bei der Behandlung der Schlüsse (Deduktion, Induktion, Abduktion als Argumente) die Textebene — zum Unterschied von der Wort- und Satzebene — selbst nicht deskriptiv und klassifikatorisch behandelt hat, erhellt aus den vorhergehenden Abschnitten die Relevanz einer Peirceschen Semiotik für die Textlinguistik. Darüber hinaus kann auch auf die Bedeutung der Semiotik für die Textstilistik hingewiesen werden, z. B. im Zusammenhang mit dem Asymmetrie-Begriff (vgl. Shapiro 1976; Nöth 1993) und der stilistischen Indexikalität (vgl. Spillner 1982), d. h. einer zusätzlichen Indexikalität (vgl. 4.) auf die Motive der Stilwahl.

7. Literatur (in Auswahl)

Altmann, Gerry T. M. (1996): Accounting for Parsing Principles. From Parsing Preferences to Language Acquisition. In: Inui, T./McClelland, J. L. (ed.): Attention and Performance 16. Information Integration in Perception and Communication. Cambridge/Mass., 479−500.

Anttila, Raimo (1992): Field theory of meaning and semantic change. In: Kellermann, G./Morissey, M. (eds.): Diachrony within Synchrony. Language History and Cognition. Frankfurt/M., 23−83.

Apel, Karl-Otto (1975): Der Denkweg des Charles S. Peirce. Frankfurt/M.

Apothéloz, Denis (1983): Matériaux pour une logique de la description et du raisonnement spatial. In: Degrés 11.35−36b, 1−19.

Bamberg, Michael (1987): The Acquisition of Narratives. The Hague.

Barbaresi, Lavinia Merlini (1988): Markedness in English Discourse. Parma.

Battistella, Edwin L. (1990): Markedness. The Evaluative Superstructure of Language. Albany.

de Beaugrande, Robert A. (1997): New Foundations for a Science of Text and Discourse. Norwood/N. J.

de Beaugrande, Robert A./Dressler, Wolfgang U. (1981): Einführung in die Textlinguistik. Tübingen.

Bense, Max (1962): Theorie der Texte. Köln.

Berman, Ruth A. (1997): Narrative theory and narrative development. The Labovian impact. In: Journal of Narrative and Life History 7, 235−244.

Bouissac, Paul/Herzfeld, Michael/Posner, Roland (eds.) (1986): Iconicity, Fs. T. Sebeok. Tübingen.

Buchler, Justus (ed.) (1955): Philosophical Writings of C. S. Peirce. New York.

Diewald, Gabriele M. (1991): Deixis und Textsorten im Deutschen. Tübingen.

Dirscherl, Klaus (ed.) (1993): Bild und Text im Dialog. Passau.

Dressler, Wolfgang U. (1989): Semiotische Parameter einer textlinguistischen Natürlichkeitstheorie. Wien.

– (1993a): Functional Sentence Perspective within a model of natural textlinguistics. In: Čmejrková, Svetla/Štícha, František (eds.): The Syntax of Sentence and Text. Amsterdam, 91–104.

– (1993b): A note on rhematic disagreements in early child language. In: Partee, B./Sgall, P. (eds.): Meaning and Discourse. Amsterdam, 205–219.

– (1994): LSP „from außen". Reflections on the 9th European LSP Symposium. In: Brekke, M. u. a. (eds.): Applications and Implications of Current LSP Research. Bergen, 950–969.

– (1995a): Interactions between iconicity and other semiotic parameters in language. In: Simone, R. (ed.): Iconicity in Language. Amsterdam, 21–37.

– (1995b): Wealth and poverty of functional analyses, with special reference to functional deficiencies. In: Millar, Sharon/Mey, Jacob (eds.): Form and Function in Language. Odense, 11–39.

– (1996): Parallelisms between Natural Textlinguistics and other components of Natural Linguistics. In: Sprachtypologie und Universalienforschung 49, 295–311.

– (1998a): Kohärenz und Kohäsion in wissenschaftlichen Texten. Ein Analysebeispiel. In: Hoffmann, L. u. a. (eds.): Fachsprachen. Ein Internationales Handbuch zur Fachsprachenforschung und Terminologiewissenschaft. Berlin, 610–617.

– (1998b): On a semiotic theory of preferences in language. In: Peirce Seminar Papers 4.

Dressler, Wolfgang U./Pléh, Csaba (1988): On text disturbances in aphasia. In: Dressler, W./Stark, J. (eds.): Linguistic Analyses of Aphasic Language. New York, 151–178.

Eco, Umberto (1984): Semiotics and the Philosophy of Language. Bloomington.

– (1987a): Semiotik. Entwurf einer Theorie der Zeichen. München.

– (1987b): Lector in fabula. München.

– (1992): Die Grenzen der Interpretation. München.

Eicher, Thomas/Bleckmann, Ulf (eds.) (1994): Intermedialität vom Bild zum Text. Bielefeld.

Eliasson, Stig (1991): An outline of a cognitively-based model of phonology. In: Ivir, V./Kalogjera, D. (eds.): Languages in Contact and Contrast. Berlin, 155–178.

Enkvist, Nils (1981): Experiential iconicism in text strategy. In: Text 1, 71–111.

Ertel, Suitbert (1981): Wahrnehmung und Gesellschaft. Prägnanztendenzen in Wahrnehmung und Bewußtsein. In: Zeitschrift für Semiotik 3, 107–141.

Felber, Helmut/Budin, Gerhard (1989): Terminologie in Theorie und Praxis. Tübingen.

Fenk, August (1997): Representation and iconicity. In: Semiotica 115, 215–234.

Fludernik, Monika (1996): Towards a 'Natural' Narratology. London.

Fónagy, Ivan (1993): Physei/Thesei. L'aspect évolutif d'un débat millénaire. In: Faits de langues 1, 29–45.

Foss, Donald J./Hakes, David T. (1978): Psycholinguistics. Englewood Cliffs.

Givón, Talmy (1985): Iconicity, isomorphism and non-arbitrary coding in syntax. In: Haiman, John (ed.): Natural Syntax. Cambridge, 187–219.

– (1991): Isomorphism in the grammatical code. Cognitive and biological considerations. In: Studies in Language 15, 85–114.

Green, Keith (1995): New Essays on Deixis. Discourse, Narrative, Literature. Amsterdam.

Greenlee, Douglas (1973): Peirce's Concept of Sign. The Hague.

Grice, Paul (1978): Further notes on logic and conversation. In: Cole, P. (ed.): Syntax and Semantics IX. Pragmatics. New York, 113–127.

Haiman, John (ed.) (1985): Iconicity in Syntax. Amsterdam.

Haley, Michael C. (1988): The Semeiosis of Poetic Metaphor. Bloomington.

Hatav, Galia (1985): Criteria for identifying the foreground. In: Theoretical Linguistics 12, 265–273.

Helbig, Jörg (1996): Intertextualität und Markierung. Heidelberg.

Holenstein, Elmar (1976): Linguistik, Semiotik, Hermeneutik. Plädoyers für eine strukturale Phänomenologie. Frankfurt/M.

Hookway, Christopher (1985): Peirce. The Arguments of the Philosophers. London.

Hopper, Paul (1979): Aspect and foregrounding in discourse. In: Givón, T. (ed.): Syntax and Semantics 12. Discourse and Syntax. New York, 213–241.

Jakobson, Roman (1960): Linguistics and Poetics. In: Sebeok, Thomas (ed.): Style in Language. Cambridge/Mass., 350–377.

– (1965): Quest for the essence of language. In: Selected Writings II. The Hague, 345–359.

– (1966): Grammatical parallelism and its Russian facet. In: Language 42, 399–429.

Johansen, Jørgen D. (1996): Iconicity in literature. In: Semiotica 110, 37–55.

Klein, Wolfgang (1979): Wegauskünfte. In: Zeitschrift für Literaturwissenschaft und Linguistik 9, 9–57.

Koj, Leon (1979): The principle of transparency and semantic antinomies. In: Pelc, Jerzy (ed.): Semiotics in Poland. Dordrecht, 376–406.

van Kuppevelt, Jan (1995): Main structure and side structure in discourse. In: Linguistics 33.4, 809–833.

Labov, William/Waletzky, Joshua (1967): Narrative analysis. Oral versions of personal experience. In: Helm, J. (ed.): Essays on the Verbal and Visual Arts. Seattle, 12–44.

Landsberg, Marge E. (ed.) (1995): Syntactic Iconicity and Linguistic Freezes. The human dimension. Berlin.

Lang, Ewald (1987): Parallelismus als universelles Prinzip sekundärer Strukturbildung. In: Linguistische Studien A 161, 1–54.

Lange-Seidl, Annemarie (1988): The ideal sign. In: Herzfeld, Michael/Melazzo, Lucio (eds.): Semiotic Theory and Practice. Proceedings of the 3. International Congress of the International Association for Semiotic Studies. Berlin, 611–618.

Levelt, Willem (1983): The speaker's organization of discourse. In: Proceedings of the 13. International Congress of Linguists. Tokyo, 278–290.

Linde, Charlotte/Labov, William (1975): Spatial networks as a site for the study of language and thought. In: Language 51, 924–940.

Liszka, James J. (1996): A General Introduction to the Semiotic of Charles Sanders Peirce. Bloomington.

Longacre, Robert E. (1985): Discourse peak as zone of turbulence. In: Wirth, Jessica (ed.): Beyond the Sentence. Ann Arbor, 83–98.

Mann, William/Matthiessen, Christian (1991): Functions of language in two frameworks. In: Word 42, 231–249.

Merrell, Floyd (1985): A semiotic theory of texts. Berlin.

Meyer-Hermann, Reinhard/Rieser, Hannes (eds.) (1985): Ellipsen und fragmentarische Ausdrücke. Tübingen.

Morris, Charles W. (1971): Writings on the general theory of signs. The Hague.

Motsch, Wolfgang (1992): Überlegungen zur Architektur der Textkompetenz. In: Zeitschrift für Literaturwissenschaft und Linguistik 22, 52–66.

Nagl, Ludwig (1992): Charles Sanders Peirce. Frankfurt/M.

Nord, Christiane (1992): Titel, Text und Translation. Tübingen.

Nöth, Winfried (1975): Semiotik. Eine Einführung mit Beispielen für Reklameanalysen. Tübingen.

– (1976): Genese und Arbitraritätsgrade der Zeichentypen. In: Linguistische Berichte 43, 43–54.

– (1985): Handbuch der Semiotik. Stuttgart.

– (1990): Handbook of Semiotics. Bloomington.

– (1992): The semiotic potential for iconicity in spoken and written language. In: Kodikas 13, 191–209.

– (1993): Iconicity of symmetries and asymmetries in syntactic coordination. In: Küper, C. (ed.): Von der Sprache zur Literatur. Stauffenburg, 23–36.

Parret, Hermann (1983): Semiotics and Pragmatics. Amsterdam.

Peipmann, Rolf (1976): Erkennen von Strukturen und Mustern. Berlin.

Peirce, Charles S. (1965): Collected Papers. Cambridge/Mass.

– (1983): Phänomen und Logik der Zeichen. Frankfurt/M.

Petöfi, János S. (1986): Report. European Research in Semiotic Textology. In: Folia Linguistica 20, 545–571.

Plett, Heinrich F. (ed.) (1991): Intertextuality. Berlin.

Roulet, Eddy (1992): Vers une approche modulaire de l'analyse du discours. In: Cahiers de linguistique française 12, 53–81.

Sabatini, Francesco (1990): Analisi del linguaggio giuridico. Il testo normativo in una tipologia generale dei testi. In: Corsi di Studi Superiori Legislativi 1988–1989. Padova.

de Saussure, Ferdinand (1916): Cours de linguistique générale. Lausanne.

Scherer, Bernd M. (1984): Prolegomena zu einer einheitlichen Zeichentheorie. Tübingen.

Schuh, Hans-Manfred (1982): Aspekte semiotischer Stilbeschreibung. In: Kodikas 4, 21–37.

Searle, John (1975): Indirect speech acts. In: Cole, P./Morgan, J.: Syntax and Semantics III. Speech-Acts. New York, 59–82.

Sebeok, Thomas A. (ed.) (1986): Encyclopedic Dictionary of Semiotics. Berlin.

Shapiro, Michael (1976): Asymmetry. An inquiry into the linguistic structure of poetry. Amsterdam.

Simone, Raffaele (ed.) (1995): Iconicity in Language. Amsterdam.

Spillner, Bernhard (ed.) (1982): Stilforschung und Semiotik. In: Kodikas 4.1.

Ulatowska, Hanna K./Olness, Gloria S. (1997): Some observations on narratives by aphasics and their contributions to narrative theory. In: Journal of Narrative and Life History 7, 259–264.

Varenne, Hervé (1984): The interpretation of pronominal paradigms. Speech situation, pragmatic meaning, and cultural structure. In: Semiotica 50, 221–248.

Waugh, Linda R. (1982): Marked and unmarked. A choice between unequals in semiotic structure. In: Semiotica 38, 299–318.

Wenz, Karin (1996): Iconicity in verbal descriptions of space. In: Pütz, M./Dirven, R.: The Construal of Space. Berlin, 269–286.

Wiemer, Björn (1997): Narrative units and the temporal organization of ordinary discourse. In: Journal of Narrative and Life History 7, 245–250.

Wolfgang U. Dressler, Wien (Österreich)

67. Textlinguistik und Literaturwissenschaft

1. Die Fortsetzung der Texttradition der Rhetorik und des Formalismus in den ersten Modellvorschlägen der Textlinguistik
2. Die strukturalistische Narrativik als Texttheorie
3. Die Struktur des poetischen Textes
4. Literarische Texttypen: die Gattung als Hypertext
5. Texttypologie und thematische Form in der klassischen Dichtung
6. Die Typologie der argumentativen Makrostruktur
7. Universalität und Individualität in der klassischen und modernen Konstitution literarischer Texte
8. Literatur (in Auswahl)

1. Die Fortsetzung der Texttradition der Rhetorik und des Formalismus in den ersten Modellvorschlägen der Textlinguistik

Bei der Betrachtung der Beziehungen, die sich zwischen Textwissenschaft und Literaturwissenschaft ergeben, muss an erster Stelle die Tatsache hervorgehoben werden, dass sich die erstgenannte in der modernen Form der Textlinguistik relativ einfach in die historisch begründete Tradition der letzteren einordnen lässt. Die Literaturwissenschaft impliziert schon seit langem ein Textverständnis, das den Text als die intentionale und konstitutive Einheit der Sprache auffasst, und somit kann sie als Vorreiter der modernen Textlinguistik angesehen werden, die seit etwa 1970 den Textbegriff ebenfalls zum Ausgangspunkt ihrer Betrachtungen gemacht hat. Dabei muss auf die grundlegenden Arbeiten von Linguisten wie Coseriu und Hartmann verwiesen werden, die davon ausgehen, dass die sprachliche Kommunikation nicht durch Sätze oder einzelne Worte, sondern durch kohärent gebaute Texte erfolgt (Hartmann 1970).

Es bleibt aber anzumerken, dass in der im 19. Jh. rhetorisierten literaturwissenschaftlichen Tradition und sogar noch in deren formalistischen und stilistischen Weiterführung in der ersten Hälfte des 20. Jh. vor allem das Gesamtkonzept des literarischen Stils vorherrschend war. Trotzdem dürfen diese Umstände nicht darüber hinwegtäuschen, dass gleichzeitig zum dominierenden Stilbegriff andere Faktoren eine wichtige Rolle spielten, wie z. B.:

(a) das Fortleben einer textgebundenen Auffassung der rhetorischen *Inventio* und *Dispositio* in Form von reinen Makrostrukturen semantisch-thematischen und syntaktisch-argumentativen Charakters in einer so repräsentativen Schule wie der des russischen Formalismus. In den praktischen Analysen konkreter Prosatexte und vor allem in den weiterführenden Arbeiten Propps (1928) kommt deutlich zum Ausdruck, dass die textuelle Identität des literarischen Werks für die Formalisten eine unumstößliche Tatsache darstellte.

(b) die Existenz einer Stilistik der Sprache (*Langue*) bei Autoren wie Bally, der die stilistische Konzeption der großen linguistischen Paradigmen als Ausdruck der nationalen Idiosynkrasie behandelte, oder bei Vossler, der kollektive kulturelle Aspekte der Nationalliteraturen und Kulturepochen betrachtete (wie z. B. in seiner Studie über die spanische Nationalliteratur im Barock [Vossler 1962]). Diese Arbeiten bauen nicht nur auf einer operativen Wertung der literarischen Werke als individuelle Texte auf, sondern darüber hinaus auf hyper- und architextuellen Konzeptvorstellungen (vgl. Genette 1979).

(c) Innerhalb der Stilforschung selbst, und zwar in ihrer konkreten Ausprägung als Stilistik der Rede (*Parole*), kann eine implizite Auffassung des Textes als kohärenter Einheit an der Vorgehensweise, die den meisten stilistischen Analysen zugrunde liegt, abgelesen werden. So ist der Text als zusammenhängendes Gesamtgebilde sowohl das Objekt, auf das sich die Intuition bei der ersten Lektüre des Gedichts konzentriert, als auch der Gegenstand der korrigierenden Überprüfung dieser ersten Intuition im philologisch-hermeneutischen Kreis von Spitzer (1948). In ähnlicher Art und Weise erfordert auch die ästhetische Überprüfung der individuellen Stileme im Modellvorschlag von Alonso (1952) zur Formanalyse einen allgemeinen Begriff der Texteinheit als referentiellen Rahmen, und zwar sowohl in Bezug auf die *äußere Form* (vom Signifikant zum Signifikat), aber auch ganz besonders für die *innere Form* (von der psychologischen Eingangsintuition zum Signifikant).

(d) In Fortführung der textuellen Intuition, ausgehend von den russischen Formalisten und insbesondere in Nachgang zu Propp, versteht sich die neoformalistische Theoriebildung über die erzählende Prosa, die in Frankreich zur Zeit des Strukturalismus in den sechziger und siebziger Jahren als Narrativik oder Narratologie bezeichnet wurde, vor allem aufgrund der Einführung des Strukturbegriffes des komplexen Textes als grundlegender Beitrag innerhalb der Kritik an der poetischen Stilistik. Dieser Beitrag gliedert sich auf in die semantisch-strukturalistischen und isotopischen Modelle von Greimas und Rastier (1972), das grammatikalische von Todorov (1969), d. h. die homologische Ausweitung des funktionalen Redeschemas in der Dekameron-Grammatik, und vor allem im protogenerativen Modellvorschlag von Kristeva in *Le texte du roman* (1970).

In dieser intellektuellen Atmosphäre kann es nicht überraschen, dass einer der ersten konsolidierten Beiträge zur Textlinguistik, das Buch van Dijks *Some Aspects in Textgrammars* (1972), unmittelbar auf die traditionelle Doktrin der klassischen Rhetorik verweist, um das eigene tabularisch-generative Textmodell abzusichern, welches bekanntlich in seinem operativen Vorgehen vom Texttopik ausgeht und sich dann über eine Abfolge von Transformationen bis hin in die Bereiche des Makro- und Mikrotextes entfaltet (von Dijk 1977). Bereits das Initialmodell von van Dijk weist eine klare Kompatibilität mit den herkömmlichen rhetorischen Operations- und Betrachtungsebenen auf (in den Grundzügen können der *Inventio-Dispositio*-Block der topikalischen Makrostruktur und die *Compositio-Elocutio* der Mikrostruktur gleichgestellt werden). In den Arbeiten Petöfis kommt es jedoch zu einer noch deutlicheren Anpassung und somit muss sein System als der wirksamste und umfassendste aller grammatikalischen Modellvorschläge in der Textlinguistik aufgefasst werden, wobei es gleichzeitig als ein außerordentlich offener und permeabler Beitrag der Linguistik zur Erforschung der Besonderheiten von literarischen Texten zu werten ist. Mit der Aufspaltung der Textbasis in die semantisch-textuelle Repräsentation (TextSeRe) und den Informationsblock (Text Ω) bezog sich Petöfi indirekt auf die rhetorische Differenzierung zwischen *Inventio* und *Dispositio*, wobei die von ihm gewählten Termini diesen Bezug aber weitaus genauer und deutlicher herausstellen als die von van Dijk verwendeten Konzepte Topik und Makrostruktur (Petöfi 1973; Petöfi/Garcia-Berrio 1978).

2. Die strukturalistische Narrativik als Texttheorie

Die in den strukturalistischen Narrativikkonzepten von Greimas, Kristeva oder Todorov zu beobachtende Konvergenz mit den überlieferten rhetorischen Schemata und deren implizitem Textverständnis trug unweigerlich dazu bei, dass die neuen Ideen, die Idealvorstellung von Text als Rahmen oder *extensiver* Struktur, die in sich die *intensiven* Elemente der Mikrostruktur vereinigt (so wie es z. B. von Petöfi in seinen linguistisch-textuellen Modellvorschlägen ausgearbeitet worden war), weniger deutlich zum Tragen gekommen sind. Nur in einigen konkreten Anwendungsbeispielen der narrativischen Konzepte, was vor allem für die bekannte Studie *Lector in fabula* von Eco (1979) zutreffend ist, wurden die präzisen Neuformulierungen des kanonischen Textverständnisses von Petöfi entsprechend ausgeschöpft. Daraus kann die Schlussfolgerung gezogen werden, dass die Narrativik bis heute trotz eines vielversprechenden Beginns noch zu keiner wirklich rigorosen Abwendung der von der Textlinguistik erbrachten kanonischen Formalisierung und den entsprechenden Konzeptvorschlägen gekommen ist.

Das erwähnte Buch von Eco kann als Muster für den Grad an zu erreichender Subtilität und analytischer Klarheit gelten, der den kritischen Übungen an Erzähltexten als Zielvorstellung zugrunde liegen sollte, wenn diese die von der Textlinguistik aufgestellten Beschreibungskategorien entsprechend einbeziehen und nutzen wollen. In diesem Werk Ecos besticht die Häufung von Zitaten und Anwendungen, wenn auch eher elementarer und summarischer Art, des von Petöfi ausgearbeiteten Textmodells, obwohl der Autor in seinem weiteren Schaffen diese Affinität dann nicht auszubauen scheint. Der durch die kategoriale und analytische Neubestimmung der Textmodelle erbrachte Stimulus lässt sich in *Lector in fabula* besonders in der eleganten Beschreibung verzeichnen, mit der Eco sein System der offenen Textstrategien, die den Leser zur Kooperation herausfordern, formuliert, womit zugleich die dem Werk zugrunde liegende These zusammengefasst ist.

Die Bilanz, die gegenwärtig aus den Leistungen der formalistisch-strukturalistischen Narrativik (und ihren am weitesten verbreiteten Modellen, so Propp *Die Morphologie des Märchens*, Kristeva *Le texte du roman*, Bremond *La logique du récit* und Todorov *Grammaire du Décaméron*) gezogen werden kann, zeigt mehr in die Richtung des Aufbaus einer universalen Systematik der erzählenden Prosa (*Plot* bzw. *Récit*) als auf die Erstellung einer Typologie der individuellen Divergenzen (*Discourse*) in den jeweiligen Erzähltexten. So bleibt festzustellen, dass die Vorschläge hinsichtlich der letztgenannten Typologisierung (so z. B. Hendricks 1973) in der Praxis bisher nicht über rein programmatische Absichtserklärungen hinausgekommen sind. In diesem Sinne ist weiterhin die Tatsache als symptomatisch zu werten, dass in den grundlegenden Arbeiten innerhalb der narrativischen Textkritik kein Einzeltext, sondern Textsammlungen den Ausgangspunkt der Analyse darstellen. So ist bei der Proppschen Untersuchung der funktionalen Invarianten der russischen Volksmärchen (Verbot, Versuchung, Übertretung, Strafe, Wiederherstellung etc.) festzustellen, dass in Wirklichkeit ein Beschreibungsmodell der Erzählstruktur vorliegt, das auf universallogischen Prinzipien fußt, was wiederum eine Ausdehnung des Modells sowohl auf die Schöpfungsgeschichte als auch auf die literarischen Märchen Perraults ermöglicht. Aus dem gleichen Grund lässt sich bei Todorovs Vorschlägen (die Projektion einer Phrasenstrukturgrammatik, also von morphosyntaktischen Elementen wie Nomen, Adjektiv und Verb, semantischen wie Negation und Komparation usw. und der Sequenzstruktur des zusammengesetzten Satzes, auf die komplexe Textstruktur der im *Dekameron* zusammengefassten Geschichten) einerseits eine Verstärkung der universalen Kohärenz feststellen, die als Konstituente der allgemeinen Logik des Erzählens zu verstehen ist, und andererseits kann ein vertieftes Interesse an der Zuordnung der Erzählungen zu bestimmten Familien verzeichnet werden. Dabei kommt sicher das Bemühen Todorovs um die Darstellung der genetischen Konvergenzen viel deutlicher zum Ausdruck als die Beschreibung von einzelnen Divergenzen im Stil Boccaccios, welche die Einzigartigkeit jeder Geschichte entsprechend unterstreichen könnten.

Der Hang zur Verallgemeinerung (wenn man hier nicht auf das viel diskutierte Universalismus-Konzept zurückgreifen will), der bei der formal-strukturalistischen Narrativik festzustellen ist, ist im Grunde genommen der Weiterführung der klassischen Erzähltheorien zuzuschreiben, die im strengen Sinne in der *Poetik* von Aristoteles ihren Ausgangspunkt haben. Die Übereinstimmungen, die verschiedene narrativische Textentwürfe der Gegenwart mit dem klassischen Grundmodell von Aristoteles aufweisen, kommen in Arbeiten aus einer strukturalistisch-funktionalen Perspektive wie bei Bremond (1973) noch wesentlich deutlicher zum Ausdruck als bei Ansätzen (wie z. B. bei Kristeva oder van Dijk), bei denen die Beschreibung des Erzähltextes von einer Schichtung in verschiedenartige und hauptsächlich genetische Ebenen ausgeht. So unterscheidet sich die bekannte Analyse des Erzählprozesses bei Bremond, die auf eine logische Verknüpfung von Verbesserungs- und Verschlechterungsprozessen zurückgreift, welche dem Haupthelden ausgleichende Gerechtigkeit und dem Antagonisten die entsprechende Bestrafung zukommen lassen, nicht grundlegend vom aristotelischen Modell, demzufolge in der *Poetik* (1443a, 13−14) zwischen einfacher und verdoppelter Grundhandlung unterschieden wird, wobei für den griechischen Vordenker die erstere höher zu bewerten ist als die letztere. Natürlich muss dabei immer der durchgehende Bezug auf den kathartischen Charakter der idealen griechischen Tragödie beachtet werden, der eine geradlinige Entfaltung der schicksalshaften Katastrophe erfordert. Demgegenüber bezieht sich Bremond in seinen Arbeiten auf einen vermenschlichten Konflikt bei der agonischen Auseinandersetzung zwischen Hauptfigur und Widersacher in der bürgerlichen Erzählkunst, die den Gegenstand seiner Theoriefindung bildet.

Aufgrund der Tatsache, dass innerhalb der strukturalistischen und neoformalistischen Literaturwissenschaft eine relative Zurücksetzung von lyrischen Texten gegenüber den bevorzugten narrativischen Studien zu verzeichnen ist, ergab sich in meinen eigenen Arbeiten die Notwendigkeit, der Lyrik unter Einbeziehung eines standardisierten Textmodells mehr Aufmerksamkeit zuzuwenden. Letzten Endes handelt es sich darum, in die literarische Textanalyse einen Korrekturfaktor zum Ausgleich der narrativischen Überproduktion einzuführen, der gleichzeitig innerhalb des textlinguistischen Modells die Hauptrollenfunktion wiederherstellt, die die Lyrik bereits in der rhetorisch-analytischen und stilistischen Tradition ausfüllte. Aus der von der modernen Literaturwissenschaft angestrebten innovativen Betrachtung der makrostrukturellen Ebene des poetischen Textes, die von der Textlinguistik entsprechend konzeptuell und formal erfasst wurde, ergeben sich nun zwei große Aussagebereiche: (a) in bezug auf die Gestalt und die allgemeine Struktur des poetischen Textes und (b) in bezug auf den genetisch-typologischen Bereich, der sich auf die hypertextuelle Konstitution des literarischen Systems der traditionellen und modernen Lyrik bezieht.

3. Die Struktur des poetischen Textes

Die grundlegenden Erkenntnisse, die der russische Formalismus seinerzeit erbrachte, sind durch eine zu enge Begrenzung des Textbegriffes auf seine rein materielle, d. h. sprachliche, Basis geschmälert, eine Unzulänglichkeit, die sich dann in der gesamten formalistischen Kritik unseres Jahrhunderts fortgesetzt hat. Auf diesen Umstand wies schon Bachtin (1978) mit Recht in seiner Kritik des formalistischen Inhalts- und Formbegriffes hin, denn es ist als unrealistisch und reduktionistisch zu werten, wenn die Literarität ('literaturnost') nur im Bereich der kompositionalen oder grammatikalisch-funktionalen Struktur (entsprechend der Bachtinschen Terminologie) festgeschrieben werden soll. In diesem System aus Kategorien und architektonischen Beziehungen innerhalb der Literatur − immer ausgehend von einem universalistischen Standpunkt trotz der unumgänglichen Erweiterung bezüglich der marxistisch-soziologischen Auffassung Bachtins − werden der Text und demzufolge die hypertextuellen Systeme (vgl. Genette 1979) in einer Dimension betrachtet, die folgende Punkte umfasst:

(a) ein erweitertes Konzept der linguistisch-intensionalen Textstruktur, in das die bereits in der Textlinguistik konsolidierte Unterscheidung zwischen potentiellem Kern, Makrostruktur und genetisch-performativer Mikrostruktur einfließt,

(b) eine extensional-referentielle Erweiterung der Textbedeutung, was folgendes einschließt: erstens die Offenlegung der psychologischen und kognitiven Struktur des Kerns, der als psychologische Impulseinheit (Inspiration) aufgefasst wird, bevor eine inventivsemantische (thematische) und dispositivsyntaktische (argumentative) Bestimmung erfolgt; des Weiteren die Einbeziehung kontextueller Umstände historisch-soziologischer Art, die die Textbedeutung bedingen und aktualisieren,

(c) eine pragmatisch-rezeptive Erweiterung der herkömmlichen Konzeptbildung zur Textemission und Textbedeutung. Hier werden die psychologischen und soziologischen Voraussetzungen erneuert, die bereits in den unter (b) genannten Bereich einbezogen sind.

Ein besonders charakteristischer Zug, der sich aus der künstlerischen Texten eigenen Vielschichtigkeit ergibt, ist der Unterschied zwischen der psychologischen und vorsprachlichen Daseinsweise des als symbolischer Impuls innerhalb der dichterischen Inspiration bezeichneten Bereiches und den folgenden Etappen der rein sprachlichen Umsetzung in der makro- und mikrostrukturellen Ebene der textuellen Auflösung dieses Impulses innerhalb eines geheimnisvollen, als dichterischer Schöpfungsakt idealisierten Prozesses. Die Erfahrungsberichte über die poetische Schöpfung unterstreichen diese absolut unterschiedlichen Daseinsweisen (die psychologisch-imaginäre und die expressiv-linguistische) innerhalb der beiden Entstehungsstufen des poetischen Textes. Das Charakteristikum der im vorsprachlichen Stadium verhafteten, imaginären Indeterminiertheit, das dem Impuls im kreativen Entstehungsprozess des literarischen Textes zuzuordnen ist, bestimmt seinerseits die alternative und synchrone Zustandsform in der bewussten Ausformung der thematisch-makrostrukturellen und dispositiv-mikrostrukturellen Ebenen. Die erwähnten Erfahrungsberichte von Dichtern belegen eine Umstellung und Subversion der von der Rhetorik aufgestellten, herkömmlichen Abfolge, die die Bestandteile des Diskurses in der sukzessiven Reihe *Inventio − Dispositio − Elocutio* betrachtet hat. In dieser Form wurde dann auch die Strukturierung in Betrachtungs- und Operationsebenen innerhalb der Linguistik und der Semiologie vorgenommen. Die durch die Begriffe Schöpfung und Entstehung des literarischen Textes eingebrachte Verstärkung der Bestrebungen hinsichtlich einer Umstellung und Neuordnung der theoretischen Abfolge von Strukturebenen und rhetorisch-grammatikalischen Operationen berührt nicht nur die unbestimmte Synchronie der makrosemantischen *Inventio*, der makrosyntaktischen *Dispositio* und des Rhythmus, sondern erreicht in einigen belegten Fällen poetischer Eingebung sogar die formbildenden Prioritäten im Bereich der mikrostrukturellen *Elocutio*. Demzufolge können es manchmal einige isolierte Textdetails sein (ein oder mehrere Einzelbilder, ein Wort oder ein bestimmter Versfuß), die zuerst als sprachliche Hinweise im Bewusstsein des Dichters entstehen. Von diesem Ausgangspunkt aus entfaltet sich dann die Kohärenz des Gesamttextes, dem ggf. sogar ein anderes thematisches Prinzip zugrunde liegen kann, als es im erwähnten Textdetail, das den eigentlichen Anstoß zur Textbildung gegeben hat, der Fall gewesen ist.

Die hier zu erstellende Synthese ist aber sicher nicht der geeignete Ort, um Erfahrungsberichte von Dichtern aus allen Zeiten, aber insbesondere von Poeten der Moderne – von Mallarmé und Apollinaire bis hin zu Jorge Guillén oder Federico García Lorca – aufzulisten, in denen dem prägenden und inspirierenden Charakter eines bestimmten rhythmischen oder akustischen Effekts (die phonetische Logik Lorcas) oder einer räumlich-textlichen Eingebung (Burgos 1982) Vorrang vor der eigentlichen thematischen Vorstellung zu Beginn des persönlichen Schöpfungsprozesses eingeräumt wird.

Die für den Entstehungsprozess des Textes charakteristischen Spannungen innerhalb des fakultativen Bereiches, der das Hervortreten von Konstituenten des textlichen Endprodukts (thematischer und formaler sowie makro- und mikrostruktureller Art) im Bewusstsein umschreibt, bestimmen den komplexen inneren Weg, den die poetische Schöpfung sowohl in psychologischer Hinsicht als auch in bezug auf die sprachliche Umsetzung durchläuft. Dieser Prozess unterscheidet sich demzufolge aufgrund seiner Vielschichtigkeit und Anomalie von der theoretischen und bewussten Ausformung von kanonischen Ebenen und textkonstituierenden Operationen, so wie sie im denotativen und logischen Standarddiskurs der Gebrauchskommunikation vorkommen. Ausgehend von den Besonderheiten, die sowohl den Übergangsbereich zwischen Impuls und makrotextueller Form berühren, als auch den Bezug zum Zustand der Gleichzeitigkeit und fakultativen Alternanz zwischen den thematischen Konstituenten und der makrostrukturellen Anordnung herstellen, ergibt sich der Begriff der *inneren poetischen Form*, aufgefasst als besondere Strukturform der Textkonstitution und der literarischen Bedeutung.

Eine Textkonzeption, die die alte idealistische Intuition der *inneren Sprachform* (noch verschwommen bei Vico und ausformuliert bei von Humboldt) für den literarischen Schöpfungsprozess wiederbelebt, ist bei einigen Vertretern der Stilforschung zu finden. Alonso fasste sie als noch nicht realisiertes Modell der Stilanalyse auf, bei dem die Analyse vom Signifikat zum Signifikant fortschreitet, also genau im entgegengesetzten Sinne, wie in der herkömmlichen Praxis der Stilistik der *äußeren Form* (Alonso 1952, 32–33). Die von mir gesammelte Erfahrung beim umfassenden, analytischen Verifizieren des Bereiches der literarischen Schöpfungstätigkeit im Sinne der *inneren poetischen Form* bestätigt nichtsdestoweniger die Forderung nach Überschneidung und Flexibilität in bezug auf die Betrachtungsebenen und die operativen Vorgänge, die gegenüber dem theoretischen Standardprogramm der linguistischen und rhetorischen Analyse aufgestellt werden muss (García-Berrio 1998a, 202–205; und insbesondere 1998b).

4. Literarische Texttypen: die Gattung als Hypertext

Einer der ertragreichsten Zweige der Textlinguistik ist das Studium von Textsorten, -typen und gattungsspezifischen Textmodalitäten (Rastier 1996, 9–35). Für die Poetik stellt die Problematik der literarischen Gattungen ebenfalls ein zentrales Thema dar (García-Berrio/Huerta 1992). Die klassische Doktrin über die drei poetischen Gattungen (Epik, Drama und Lyrik) verfestigte sich, ausgehend vom Werk Sebastiano Minturnos *L'Arte poetica* von 1564, definitiv erst in der Spätzeit der Renaissance-Poetik (García-Berrio 1973; 1975). Aber im Gegensatz zu einer weit verbreiteten Ansicht innerhalb der modernen Genreforschung (vgl. Beherens 1940; Guillén 1971; 1986; Genette 1979) und vor allem in der Pragmatik, die dem Gattungsuniversalismus ablehnend gegenübersteht (Fowler 1982; Schaeffer 1989), kann festgestellt werden, dass sich das Bewusstsein einer Dreiteilung des Gattungssystems bereits in der Römerzeit verfestigt hatte, so wie es auch Hinweise in entscheidenden Werken der klassischen Poetik (*Epistola ad Pisones*, Hexameter 73ff und zusammenfassend bei Quintilian, *Institutiones Oratoriae*, Buch X, 1, 96) belegen.

Für die Dokumente, die die Gattungstheorie begründen (*Die Republik* Platos oder Aristoteles' *Poetik*), trifft allerdings zu, dass die dialektische Dreiteilung dort nicht mit den entsprechenden Gattungsbezeichnungen aufzufinden ist. In diesen Werken erscheint lediglich ein Genre, das die Lyrik umfasst, die ihrerseits dem Epos und dem Drama (Tragödie und Komödie) sowohl in der Ausdrucksform als auch in der Referenz gegenübergestellt wird. Aber bereits in der Tradition der griechischen Rhetorik kommt es zu einer Ausformung der berühmten Dreiteilung der poetischen Ausdrucksformen, die noch als Grundlage für die Einführung der dreiteiligen Gattungsbenennung bei den Renaissance-Gelehrten, angefangen bei Trissimo bis hin zu Tasso und Minturno, anzusehen ist. Diese Einteilung lautet dann: exegematische Form (der Dichter spricht im eigenen Namen), die Form also, die der allgemeinen Auffassung von lyrischer Dichtung entsprechen würde, gegenüber der dramatischen Form (der Dichter benutzt die *dramatis personae* als Sprachrohr) und der epischen Mischform (Minturno 1564, 6; García-Berrio 1992, 22−25).

Aus dem Kriterium des Ausdrucks, so wie es von den Klassikern und den Renaissance-Gelehrten verwendet wurde, ergibt sich eine feste Richtschnur, die dialektisch geschlossen und deshalb universal ist, für die Einteilung der literarischen Textmodalitäten. Einen historischen Zwischenfall stellt indes der idealistische Vorstoß dar (von Schlegel bis hin zu Hegel und der gesamten Tradition des 19. Jhs., wie sie z. B. in der *Ästhetik* Vischers vorliegt), dessen Ziel es war, die klassische Dreiteilung, die auf einem rhetorisch-expressiven Fundament stand, auf eine symbolische Tripartition auf der Grundlage von referentiellen Kriterien auszudehnen, worin u. a. die Ursache für die bestehende Verwirrung innerhalb der modernen Genreforschung, die den dialektischen Universalismus der allgemeinen Dreiteilung der Textklassen ablehnt, zu suchen ist. In dieser symbolischen Dreiteilung wird Bezug auf die instabile subjektive Referenz genommen, die für die Lyrik anzusetzen ist, gegenüber der objektiven Referenz, die für die Epik und ihre moderne Ausprägung, den Roman, charakteristisch ist, wobei das Drama den Platz der generischen Mischform einnimmt (vgl. diesbezüglich die gut argumentierte Kritik von Hamburger 1957).

Das universalistische Kriterium der dialektischen Dreiteilung der Gattungen ist keineswegs unvereinbar mit der pragmatischen Erfahrung historischer Einzel- und Sondertendenzen, aus denen sich die entsprechenden Unterteilungen der kanonischen Großgattungen in abgeleitete Gattungsarten (*kinds*) ergeben, wie sie z. B. der Roman oder die Ballade darstellen, und darüber hinaus auch die Unterteilung in historische Existenzformen (*forms*) wie z. B. der pikareske oder der gotische Roman. Für die theorisch-typologische Organisation dieser aus Unterklassen aufgebauten Hierarchie sind zweifelsohne die von der Textlinguistik aufgestellten Kategorien von großer Bedeutung. Hierfür kann ich als Beleg meine eigenen Arbeiten zur Typologisierung der thematischen und argumentativformalen Subklassen innerhalb der europäischen Renaissance-Lyrik anführen (García-Berrio 1979a).

5. Texttypologie und thematische Form in der klassischen Dichtung

Der Prozess der textlichen Ausdifferenzierung, der ausgehend von einer dominanten, gattungsinternen Regel bis hin zu den Einzeltexten führt, stellt ein System aus Bildungs- und Transformationsregeln dar, welches sowohl in die makrostrukturelle Ebene (der semantisch-thematische und zugleich syntaktisch-argumentative Bereich) als auch in die mikrostrukturelle Ebene eingreift. Die grundlegende generische Differenzierungsregel ist eine Wiederbelebung des klassischen, exegematisch-subjektiven Ausdruckskriteriums in bezug auf die Lyrik, wodurch das Subjekt der Aussage mit dem Subjekt des Ausgesagten gleichgesetzt wird. Es handelt sich um eine transitive Regel [φ, $_{aussagen}$] {S, $_{der\ Poet}$, O $_{das\ Ausgesagte}$}, deren Objekt (O) dann zum thematischen Inhalt der folgenden Untergattungsregel wird. So lautet die Regel für die Untergattung der Liebeslyrik: [φ] {S$_{Poet}$, ([φ $_{lieben}$] {S$_{Poet}$, O$_{Dame}$}), die wie folgt aufgelöst werden kann: „der Poet sagt aus, dass der Poet die Dame liebt". Die Abwandlung der generischen Valenz des Prädikationsfunktors (φ) bestimmt in ähnlicher Art und Weise die Initialformel der weiteren thematischen Untergattungen der lyrischen Dichtung. So ergibt sich für die der reinen Liebeslyrik nahe stehende erotische Dichtung die Auflösung „der Poet beschläft die Dame" („gozar", beschlafen, war im klassischen Spanisch derjenige Terminus, der die Grenze zwischen sinnlicher und petrarkistisch-platonischer Liebe markierte). Für die religiöse Dichtung könnte die Auflösung lauten: „Gott liebt die Menschen". Mit ähnlichen prädikativ-aktantialen Formeln werden die restlichen thematischen Untergattungen (Satire, Burleske usw.) beschrieben, die, wie aus der eingesehenen Dokumentation hervorgeht, als typologisch-generische Modalitäten von allen Dichtern und ihren Lesern in der jeweiligen Epoche bewusst identifiziert wurden.

Ausgehend von der Initialformel der jeweiligen Untergattung bestimmt die sukzessive Spezifizierung der konstitutiven Faktoren derselben die weitere Entfaltung der thematischen Makrostruktur. So definiert der Umstand der fehlenden Erwiderung bei der höfischen und petrarkistischen Liebeslyrik (sei es eine rein implizite Voraussetzung oder eine explizite Aussage in der Form [φ] {S, Poet ([=/φ] {S, Dame, O, Poet})}; Auflösung: „Der Poet liebt die Dame, die seine Liebe nicht erwidert") die thematische Untergliederung in Offenbarungslyrik (in euphorischem oder neutralem Ton gehalten) und die häufigere Klagelyrik, die sich wiederum in die transitive Anklage und die intransitive Leidensbekundung auffächern lässt, je nachdem, ob der Anlass zur Klage (die Dame, die Liebe, der Dichter selbst) ausgedrückt wird oder nicht. Ähnlich verhält es sich in der religiösen Dichtung. Der Erwiderung der göttlichen Liebe durch den Menschen entsprechen die positiven latreutischen Varianten, während der Nicht-Erwiderung, der sündhaften Missachtung der göttlichen Liebe, die Büßerlyrik entspricht (wie z. B. in den *Rimas Sacras* von Lope de Vega).

Durch die fortschreitende Spezifizierung von Aktanten, Umstandsbestimmungen (u. a. temporaler und lokaler Art) und symbolischen Modalitäten (realistische oder metaphorisch-fiktionale Symbolisierung) werden neue Ebenen der progressiven Individualisierung der Makrostruktur bestimmt. So stellt der Prozess der semantischen Anlagerung, der die makrostrukturelle Thematik bestimmt (die ihrerseits für die Festlegung der thematischen Modalitäten innerhalb der historisch verbürgten Untergattungen der Lyrik verantwortlich ist), letztendlich nur bei der Mehrheit der Fälle eine lexikalische Übersetzung eines konventionellen Textverständnisses dar, das sich aus der generativen Vorgeschichte der Makrostruktur aufbaut. (Weitere Details können Abbildung 67.1 entnommen werden.)

Hieraus ergibt sich die interessante Erkenntnis, dass den als Hypertexten interpretierten kulturellen Systemgebilden eine geschlossene informative Ökonomie zugeordnet werden kann, so wie es am Beispiel der Renaissance-Lyrik deutlich geworden ist. Aus der Auswertung der obigen Abbildung ergibt sich weiterhin, dass in der letzten Stufe der makrostrukturellen Themenaufschlüsselung nicht mehr als 34 thematische Invarianten zu verzeichnen sind. Diese Invarianten stellen das bedeutende System der petrarkistischen Liebeslyrik dar, aus dem in den verschiedenen europäischen Literaturen unzählige Einzeltexte – einzigartige Gedichte – hervorgegangen sind. Dabei ist zu beachten, dass dieselben thematischen Einheiten, die makrosemantische Hauptmodalität bestimmen (die 34 Invarianten im Schema), auch als sekundäres thematisches Element in einem Text mit einem anderen Hauptthema wirksam werden können. So können z. B. Klage oder Porträt als sekundäre Themen in Carpe-Diem-Gedichten vorkommen.

Der Prozess der individuellen semantischen Ausdifferenzierung, der die progressive Spezifizierung in thematische Untergruppen reguliert (die thematische Gattung: im vorliegenden Beispiel die Liebeslyrik; die thematischen Untergruppen: Lied, Klage, Leidensbekundung; die thematische Endaufschlüsselung in die einzelnen Invarianten), setzt sich auf zwei Ebenen fort:

(a) die Ebene der syntaktisch-argumentativen Makrostruktur, in der sehr verschiedene semantische Komponenten der thematischen Makrostruktur (primäre und sekundäre Elemente) verknüpft werden,

(b) die Ebene, in der die verschiedenartigen phono-akustischen und lexikalisch-semantischen Umformungen stattfinden, die die Mikrostruktur der resultierenden Texte beeinflussen.

Im nächsten Abschnitt werden Faktoren behandelt, die für die erstgenannte Ebene wesentlich sind. Bezüglich der zweiten Ebene sind weitere Erläuterungen sicher überflüssig, da die dementsprechenden Phänomene ausführlichst von der traditionellen Stilforschung abgehandelt worden sind.

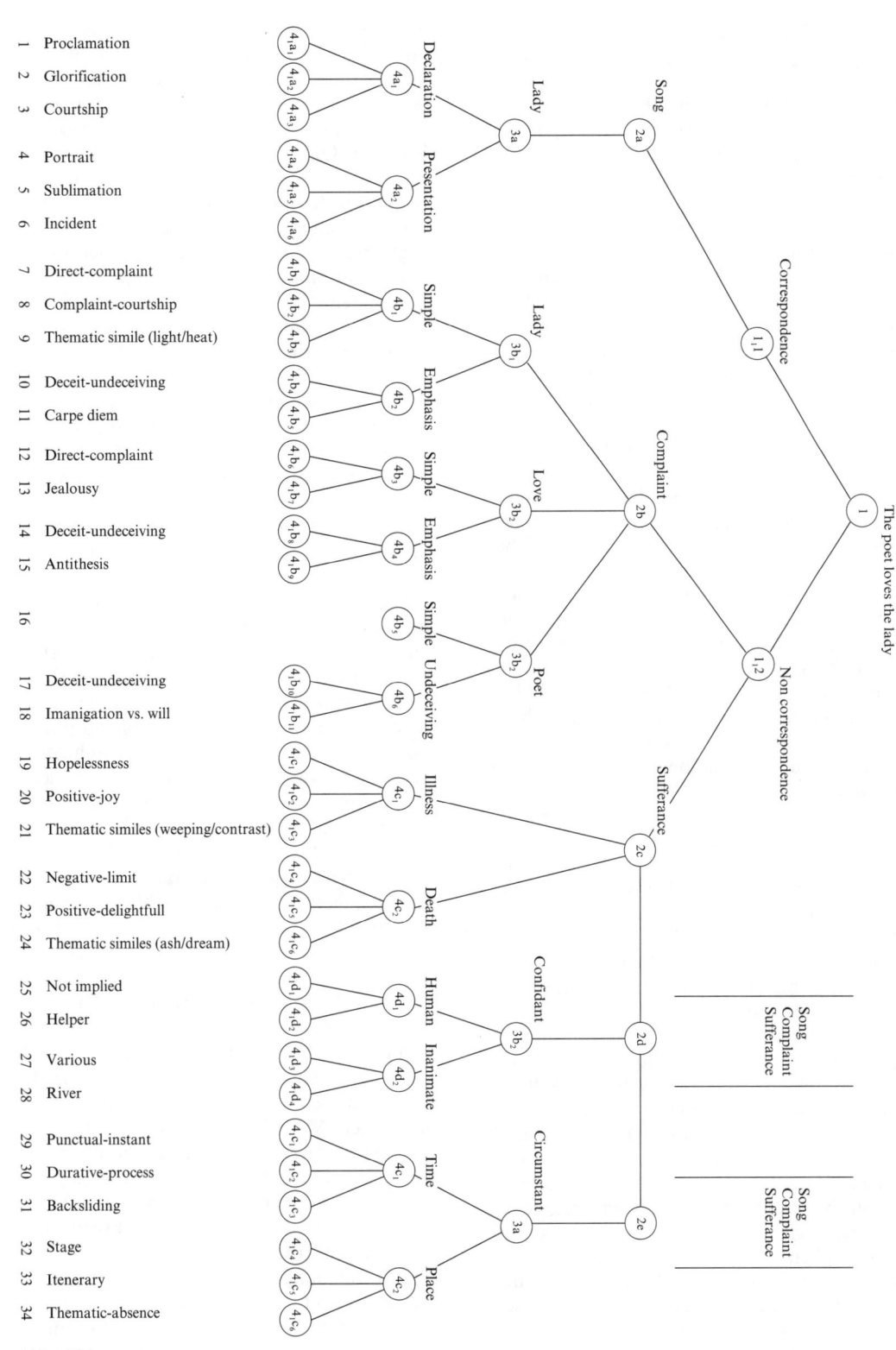

67. Textlinguistik und Literaturwissenschaft

1 Proclamation
2 Glorification
3 Courtship

4 Portrait
5 Sublimation
6 Incident

7 Direct-complaint
8 Complaint-courtship
9 Thematic simile (light/heat)

10 Deceit-undeceiving
11 Carpe diem

12 Direct-complaint
13 Jealousy

14 Deceit-undeceiving
15 Antithesis

16

17 Deceit-undeceiving
18 Imanigation vs. will

19 Hopelessness
20 Positive-joy
21 Thematic similes (weeping/contrast)

22 Negative-limit
23 Positive-delightfull
24 Thematic similes (ash/dream)

25 Not implied
26 Helper

27 Various
28 River

29 Punctual-instant
30 Durative-process
31 Backsliding

32 Stage
33 Itenerary
34 Thematic-absence

Abb. 67.1

6. Die Typologie der argumentativen Makrostruktur

Neben der Entwicklung der makrostrukturell-thematischen Typologie der lyrischen Texte, aufgefächert in verschiedene Untergattungen, thematische Untergruppen und dominante Einzelthemen, enthält der Spezifizierungsprozess, der zur individuellen Textausformung führt, auch eine makrosyntaktische Komponente, die bisher als argumentative Makrokomponente bezeichnet worden ist. In der Renaissance-Lyrik, dem hier gewählten großen, kulturellen System literarischer Texte, treten zwei fundamentale Parameter für den Aufbau der argumentativen Makrostruktur zutage:

(a) das System der jeweiligen thematisch-metrischen Verteilung,

(b) das logische System, das in der rein argumentativen Entfaltung entsprechend den grammatikalischen und rhetorischen Schemata zur Geltung kommt.

Bevor beide Systeme einzeln untersucht werden, muss das Grundprinzip der funktionellen Antinomie zwischen den argumentativen Makrostrukturen und dem jeweiligen thematischen Textaufbau hervorgehoben werden (d. h. ein und dasselbe rhetorisch-argumentative Schema kann in Texten aller Genres und thematischen Invarianten vorkommen).

Nun zu Punkt (a): Das typologische Prinzip der thematisch-metrischen Verteilung geht vom bekannten formalistischen Grundsatz aus (so wie er von Brink [1965] formuliert wurde), der die Entsprechung oder den Konflikt zwischen den Einheiten der metrischen und der logischen Syntax beschreibt (bei Brink bildet der Vers die Grundlage, in unserem Falle ist es die Strophe). Betrachten wir hierbei das Sonett, die Weiterführung des lateinischen Epigramms, und zwar aufgrund seiner Stellung als wichtigste Modellform (oder metrisch-strophische Vorgabe) in der europäischen Renaissance-Dichtung, dann stoßen wir auf Fälle, bei denen die syntaktischen Klauseln, aus welchen sich die argumentative Progression zusammensetzt, genau den metrischen Klauseln (Quartett- und Terzettstrophen) entsprechen. Es liegt also eine Isodistribution zwischen der metrischen und der argumentativen Syntax vor (García-Berrio 1979b). Die Isodistribution tritt in zwei Hauptformen auf, der dualen (die beiden Quartettstrophen und die zwei nachfolgenden Terzette bilden jeweils einen thematischen und argumentativen Block) bzw. der multiplen (jede Einzelstrophe bildet ein Segment). In der Frührenaissance ist die duale Isodistribution häufiger. Die Entfaltung des Hauptthemas verteilt sich hierbei auf das Ende der Quartette und den Anfang der Terzette. In der Spätrenaissance und im Barock ist jedoch die multiple Isodistribution häufiger anzutreffen (vgl. die meditative Lyrik der englischen Metaphysiker und die der spanischen und italienischen Konzeptisten).

Mit dem Anwachsen der Produktion von Einzeltexten innerhalb des Systems der Renaissance-Lyrik ergibt sich natürlich ein Innovationsbestreben, das aber den konventionellen Rahmen des klassischen Systems (*Imitatio-Retractio*) nicht überschreitet. So entwickeln sich Variationsformen, die gewagte akustische Effekte und die herkömmliche Vorstellungskraft sprengende Elemente einsetzen. Diese Erneuerung kommt in allen isodistributiven Formen zur Wirkung, kann aber auch bis zur völlig gewandelten Form der metrisch-argumentativen Antidistribution führen. Ein extremes Beispiel hierfür liefert das barock-manieristische Sonett, auch alexandrinisches genannt, das aus einer chaotischen Aufzählung besteht, wobei die metrischen Zäsuren und die Strophenordnung übergangen werden und die thematische oder argumentative Entschlüsselung erst im letzten Terzett oder dem Schlussvers erfolgt.

Zu Punkt (b): Neben dem metrisch-argumentativen Schema steht das grammatikalische oder rhetorische der Argumentation. Als Einstieg bietet sich ein Nachschlagen der entsprechenden Verzeichnisse der Gedichtanfänge bei den Renaissance-Dichtern an, aus denen eine ganze Reihe von charakteristischen Anfangsformeln (bestimmte Partikeln oder syntaktische Formen) und andere argumentative Schemata (in bezug auf das Modell der funktionalen Interdependenz, d. h. die Beziehung zwischen Konstanten im glossematischen Modell Hjemslevs oder die kausal-konsekutive konditionale komparative [etc.] Beziehung Protasis–Apodosis) abgeleitet werden können (García-Berrio 1970). Die Überprüfung dieser Phrasenstrukturformen in lyrischen Texten bestätigt in vielen Fällen die Ausdehnung des argumentativen Satzmodells auf den Gesamttext, so wie es schon von Todorov (1969) in der Dekameron-Grammatik in bezug auf die Ausdehnung von einfachen und zusammengesetzten Satzmodellen in Erzähltexten dargestellt worden ist.

Ein alternatives Vorgehen, das das bisher beschriebene vervollständigt, ist die Analyse der textlichen Einordnung von emphatischen Anfangs- oder (selteneren) Schlussformeln (rhetorische Fragen, Ausrufe, Vokative, Imperativformen, Appellationsfiguren etc.). Der exklamatorische Nachdruck, der oft am Beginn vieler Sonette eingesetzt wird, alterniert mit der syntaktisch-diskursiven Entfaltung der Argumentation, die im etwas lockeren System der Renaissance-Lyrik gewöhnlich in den Terzetten einbegriffen ist.

Aus der bisherigen Darstellung lässt sich ableiten, dass die logisch-argumentativen Schemata (das expandierte grammatisch-phrastische und das der emphatisch-diskursiven Formeln) die rhetorisch-figurale Ordnung unterstreichen und diese als Rahmenmodell für die Textentfaltung im makro- und sogar hypertextuellen Bereich herausstellen. De Man hat diese Erkenntnis ebenfalls entsprechend seiner eigenen Theoriefindung im Rahmen des allegorischen Lektüremodells verwendet (de Man 1979). Es wäre somit also möglich, eine kohärente Typologie der am häufigsten auftretenden rhetorischen Stilfiguren zu erstellen, die dann als Leitschemata für die dispositiven Makrostrukturen der Texte angesetzt werden könnten. Als wichtigste Vertreter wären hier folgende Formen zu nennen: die gleichnishaft-metaphorische, die in den expandierten grammatischen Strukturformen des Vergleichs vorkommt (hierher gehören auch die entsprechende quantitative Verstärkung in Form der Synekdoche und die logisch-kausative, die Metonymie). Der Logik des Gleichnisses steht die Antithese als wichtiges Stilmittel gegenüber. Sie ist zugleich Ausdruck des grundlegenden kognitiven Prinzips der Differenz, dem adversative und disjunktive Strukturen zugeordnet werden können. Als quantitativ verstärkte Form gehört hierher das Paradoxon.

Die Übernahme des rhetorischen Figurensystems als Modell, das sich auf den makrostrukturellen Aufbau des Gesamttextes und der Hypertexte ausdehnen lässt, muss nicht unweigerlich eine dekonstruktive Weiterverwendung, so wie es bei de Man der Fall war, nach sich ziehen. Mehr als aprioristische Grenzlinien oder Hinweise auf die logische Ungebundenheit des Symbolismus sind die Figurenschemata als eine der am genauesten ausgearbeiteten, universalistischen Darstellungen der kognitiv-expressiven Kontinuität im menschlichen Weltverständnis und dessen Wiedergabe zu verstehen (von Autoren wie Plett, Genette und mir selbst werden sie als performative Wege der Wirklichkeitsdarstellung aufgefasst [García-Berrio 1997, 285]).

7. Universalität und Individualität in der klassischen und modernen Konstitution literarischer Texte

Dass eine konvergierende Dialektik innerhalb des klassischen Literatursystems, so wie es der Gegenstand unserer bisherigen Darlegungen war, zu verzeichnen ist, ergibt sich nicht nur aus dem Umstand, dass eine kulturell bedingte Entscheidung für eine Einschränkung im Rahmen der *Imitatio* und *Retractio* verantwortlich gemacht werden kann. Auch in der Dichtung der Moderne, in der im Gegensatz zur Klassik die Tendenz zur kreativen Innovation ausschlaggebend ist, gibt es Phänomene, in denen eine ähnliche universalistische Konvergenz zum Ausdruck kommt. Von Bloom ist für diesen Kampf um die originale Eigenschöpfung in der modernen Kunst der Begriff der „anxiety of influence" geprägt worden (Bloom 1973).

Aus einer thematisch orientierten Perspektive lassen sich zunächst einmal die für die moderne Literatur typische Vervielfachung und Auffächerung der Gattungen sowie die argumentative Dispersion erkennen, die in einem deutlichen Gegensatz zur konvergierenden und höchst konventionellen Topik der Renaissance-Lyrik steht. Diese Veilfalt unterstreicht die Kraft des bewussten, individuellen Schöpfungswillens der modernen Dichter. Nichtsdestoweniger ergibt sich aus einer tiefgreifenderen Betrachtung der Texte (unter Einbeziehung der Entstehung des Topiks und der Makrostruktur) die Erkenntnis, dass auch hier universale Strukturen und eine mythisch-thematische Konvergenz vorliegen, die der symbolischen Ökonomie des klassischen Modells nicht nachstehen.

Die augenscheinliche thematische Aufsplitterung der modernen Literatur stellt der Textlinguistik in ihrem literaturwissenschaftlichen Anwendungsbereich eine wichtige Aufgabe: die bisher in der Textwissenschaft vorherrschenden immanenten Erklärungsmodelle müssen erweitert und entsprechend *projiziert* werden. Eine wirklich zeitgemäße Analyse literarischer Texte darf die überkommenen formalistischen Einschränkungen nicht weiterführen. Durch die Einbeziehung von Erkenntnissen aus der Psychokritik (Mythokritik, Anthropologie und *Poétique de l'i-*

maginaire) wird es jetzt möglich, sich dem Übergangsbereich vom Unbewussten zum Bewussten wissenschaftlich fundiert zu nähern. Wie bereits erwähnt, ist dort der nicht ausdifferenzierte imaginäre Impuls anzusetzen, der die literarische Einbildungskraft bewegt und somit zum Ausgangspunkt der makrostrukturellen Genese des Textes wird.

Die sog. Anthropologie der Imagination hat bisher die Bereiche psychologischer Konvergenz bei den Mythen vollständig systematisiert (in einem System symbolisch-zeitlicher Daseinsbereiche: die Nacht, die Kopulation [Durand 1960] und in einem räumlichen Symbolsystem [Bachelard 1957; García-Berrio 1985; 1992, 388−436]). Aus der psychologisch-symbolhaften Ausformung und der hohen funktionalen Ökonomie, mit der die symbolische Ordnung der Kognition und der literarischen Einbildungskraft entworfen wurde, erwächst eine ausreichende Garantie für die kommunikative Effizienz der literarischen Topik, der klassischen und der modernen.

Wenn man jetzt zur Betrachtung der formal-argumentativen Seite übergeht, dann verstärkt sich die bestehende Überzeugung hinsichtlich der thematischen Systematisierbarkeit und der universalistischen Konvergenz, die die *Dispositio* in der Literatur der Moderne im allgemeinen aufweist, so wie es auch in der klassischen Dichtung der Fall war. Diese Annahme übersteigt sowohl Versuche, wie sie gelegentlich vom Surrealismus hinsichtlich einer irrationalen Kategorisierung der Dichtung (Rimbaud, Breton, Aleixandre, Lorca) angestrengt wurden, als auch referentielle Stilisierungsprozesse, die u. a. zu abstrakten Formen in der Malerei (Kandinsky, Mondrian) und der Dichtung (von Celan bis zum späten Valente) führten. Demzufolge erscheint es als erwiesen, dass das dichterische Argumentationssystem in der Moderne in seinen Grundzügen weiterhin der unabänderlichen Logik verhaftet bleibt, die zur rhetorisch-figurativen Basis der allegorischen Lesart gemacht wurde (de Man 1973; García-Berrio 1988a).

Zusammenfassend kann nun gesagt werden, dass die Textlinguistik bestens für die Einbringung von Erkenntnissen aus der Strukturanalyse literarischer Texte in die aktuelle Literaturwissenschaft gerüstet ist, wenn es ihr gelingt, ihr ursprüngliches, immanentes Textverständnis zu erweitern und es der außerordentlich vielschichtigen Ausprägung der literarischen Texte anzupassen (diese Vielschichtigkeit bezieht sich sowohl auf den psychologischen, *kognitiv-imaginären* als auch auf den pragmatischen-kommunikativen Bereich). Durch die konzeptuelle Wiedereinführung und die klare Abgrenzung des makrostrukturellen Bereiches in umfassenden Theorien (Greimas, Genette) und vor allem durch streng auf den Text ausgerichtete Modellvorschläge (Petöfi) eröffnet sich der modernen literarischen Textforschung (und im allgemeinen der Systemtheorie der Literatur) die Möglichkeit, sowohl die makrostrukturellen Grundlinien der universalistischen Konvergenz aufzuzeigen, die die kognitive und imaginäre *Poetizität* der literarischen Texte bedingen, als auch jene mikrostrukturellen Elemente zu verarbeiten, die für die individuelle Textgestalt sorgen und somit die Orginalität und historische Einzigartigkeit der großen künstlerischen Werke ermöglichen.

(Aus dem Spanischen übersetzt von Kristin Naupert)

8. Literatur (in Auswahl)

Alonso, D. (1952): Poesía española. Madrid.

Bachelard, G. (1957): La Poétique de l'espace. Paris.

Bachtin, M. (1978): Esthétique et Théorie du roman. Paris.

Beherens, I. (1940): Die Lehre von der Einteilung der Dichtkunst. Halle.

Bloom, H. (1973): The Anxiety of Influence. A Theory of Poetry. New York/London.

Bremond, C. (1973): Logique du récit. Paris.

Brink, O. (1965): Rythme et syntaxe. In: Todorov, T. (ed.): Théorie de la Littérature. Paris, 143−193.

Burgos, J. (1982): Pour une Poétique de l'imaginaire. Paris.

Dijk, T. A. van (1972): Some Aspects of Text Grammars. The Hague/Paris.

− (1977): Per una poetica generativa. Bologna.

Durand, G. (1960): Structures anthropologiques de l'imaginaire. Paris.

Eco, U. (1979): Lector in fabula. Milano.

Fowler, A. (1982): Kinds of Literature. An Introduction to the Theory of Genres and Modes. Cambridge.

García-Berrio, A. (1970): Bosquejo para una teoría de la frase compuesta en español. In: Anales de la Universidad de Murcia XXIV, 209−230.

− (1973): La decisiva influencia italiana en la ciencia poética del Renacimiento y Manierismo españoles: las fuentes de las Tablas poéticas de Cascales. In: Studi e problemi di critica testuale VII, 136−170.

− (1975): Introducción a la Poética clasicista. Comentario a las Tablas poéticas de Cascales. Barcelona.

− (1979a): A Text-Typology of the Classical Sonnets. In: Poetics 8, 435−458.

− (1979b): Construcción textual en los sonetos de Lope de Vega. Tipología del macrocomponente sintáctico. In: Revista de Filología Española LX, 23−147.

− (1992): A Theory of Literary Text. Berlin/New York.

− (1997): La construzione del significato poetico. In: Intersezioni XVIII, 281−288.

− (1998a): Nuevo concepto de forma interior. In: Estudios de Lingüística Textual. Homenaje al Prof. Muñoz Cortés. Murcia, 197−209.

− (1998b): Forma interior: la creación poética de Claudio Rodríguez. Málaga.

García-Berrio, A./Huerta, J. (1992): Los géneros literarios. Sistema e historia. Madrid.

Genette, G. (1968): Preface à P. Fontanier. In: Les figures du discours. Paris, 5−35.

− (1979): Introduction à l'architexte. Paris.

Greimas, A. (ed.) (1972): Essais de Sémiotique poétique. Paris.

Guillén, C. (1971): Literature as System. Princeton.

− (1986): Entre lo uno y lo diverso. Barcelona.

Hamburger, K. (1957): Die Logik der Dichtung. Stuttgart.

Hartmann, P. (1970): Probleme der semantischen Textanalyse. In: Schmidt, S. J. (ed.): Text, Bedeutung, Ästhetik. München.

Hendricks, W. (1973): Essays on Semiolinguistic and Verbal Texts. The Hague.

Kristeva, J. (1970): Le texte du roman. The Hague.

Man, Paul de (1979): Allegories of Reading. New Haven.

Minturno, S. (1564): L'Arte poetica. Venedig. [Faksimile, München 1970].

Petöfi, J. (1973): Towards an Empirically Motivated Grammatical Theory of Verbal Texts. In: Petöfi, J./Rieser, H. (eds.): Studies in Text Grammar. Dordrecht, 207−275.

Petöfi, J./García-Berrio, A. (1978): Lingüística del texto y crítica literaria. Madrid.

Propp, V. (1928): Morphology of the Folktale. Austin, 1968.

Rastier, F. (1996): Pour une sémantique des textes: questions d'épistémologie. In: Rastier, F./Dangel, I. et al. (eds.): Textes et sens. Paris, 9−35.

Schaeffer, J. (1989): Qu'est-ce qu'un genre littéraire. Paris.

Spitzer, L. (1948): Linguistics and Literary History. Princeton.

Todorov, T. (1969): Grammaire du Décameron. The Hague.

Vossler, K. (1962): Trascendencia europea de la cultura española. In: Algunos caracteres de la cultura española. Madrid.

Antonio García-Berrio, Madrid
(Spanien)

68. Textlinguistik und Philosophie

1. Einleitung
2. Verbindungen zwischen Philosophie und Textlinguistik
3. Prolegomena zu einer textlinguistischen Beschreibung philosophischer Fachtexte
4. Literatur (in Auswahl)

1. Einleitung

Zwischen Philosophie und Textlinguistik besteht eine große Anzahl von Berührungspunkten, die ihrerseits in keinem der beiden Fächer systematisch untereinander verbunden sind. Diese unübersichtliche Konstellation hat einen zweifachen Grund: Zum einen verfügt die Philosophie in Gestalt der Sprachphilosophie über eine Disziplin, deren Gegenstandsbereich sich mit dem textlinguistischer Forschung überschneidet. Zum anderen ist die Philosophie eine Wissenschaft, die sich in der Textproduktion und -rezeption vollzieht. In Gestalt ihrer Texte stellt die Philosophie somit ein *Anwendungsfeld* textlinguistischer Forschung dar.

Aus dieser Konstellation ergibt sich eine Zweiteilung des vorliegenden Beitrages. In einem ersten Teil wird eine Übersicht über gemeinsame Problembestände von Textlinguistik und (Sprach-)Philosophie gegeben. Der zweite Teil sondiert das Feld einer textsortentheoretischen Beschreibung philosophischer Fachtexte.

2. Verbindungen zwischen Philosophie und Textlinguistik

Einem wissenschaftshistorischen Topos zufolge hat die Philosophie unter der fortschreitenden Ausdifferenzierung des Wissenschaftsspektrums in besonderer Weise gelitten. Seit ihren kosmologisch-naturphilosophischen Anfängen hat sie Problembestände, sobald sie einer einzelwissenschaftlichen Behandlung zugänglich wurden, an neu entstehende Disziplinen abtreten müssen. Derartige Verschiebungen und Ausdifferenzierungen kennzeichnen auch das Verhältnis von Philosophie und Sprachwissenschaft. Insofern bestehen nur wenige genuine *Überschneidungen* im Gegenstandsbereich. Eher wären bestimmte Beiträge der Philosophie als Grundlegungen, Anregungen und Vorarbeiten zu textlinguistischer Forschung anzusehen. Die Philosophie hat sich immer schon im Medium der Sprache vollzogen, allerdings hat sie sich zu ihrer Sprachlichkeit nicht immer in einer Weise reflexiv verhalten, die das Medium zum Forschungsgegenstand hätte werden lassen. Erst in der Folge der sprachkritischen Wende der Gegenwartsphilosophie – des durch Wittgenstein eingeleiteten 'linguistic turn' – hat die Philosophie sich in größerem Umfang sprachtheoretische Themenfelder erschlossen, in denen einschlägige Vorarbeiten für linguistische Forschung geleistet worden sind. Im folgenden soll eine Übersicht über diese Themenfelder gegeben werden, ohne dabei die Differenzen zwischen philosophischen und textlinguistischen Untersuchungsinteressen zu verwischen.

2.1. Rhetorik und Argumentationstheorie

Die Rhetorik als „Vorläufer der Textlinguistik" (→ Art. 1) geht bekanntlich auf Aristoteles zurück (→ Art. 39). Die *Rhetorik* des Aristoteles enthält Ausführungen zu stilistischen und psychologischen Aspekten der Redekunst, die heute Gegenstände benachbarter Disziplinen sind. Aus philosophischer Sicht ist das Spannungsverhältnis von besonderem Interesse, das durch das Begriffspaar 'überreden'/'überzeugen' markiert wird. Dieses Spannungsverhältnis wird heute innerhalb der *Argumentationstheorie* verhandelt, einer neu etablierten philosophischen Disziplin, die Stephen Toulmins Buch *The Uses of Argument* (1958) einen entscheidenden Impuls verdankt. Das Toulmin-Schema (→ Art. 39), welches in übersichtlicher Form die Instanzen eines vollständigen Argumentes darstellt, hat auch in der Linguistik Verbreitung gefunden.

Die Argumentationstheorie gehört trotz des textlinguistischen Interesses am „Vertextungsmuster Argumentieren" nicht zu den Gegenständen, die die Philosophie an andere Disziplinen hat abtreten müssen. Linguistische Argumentations*forschung* und philosophische Argumentations*theorie* sind durch unterschiedliche Fragen motiviert. Die aus philosophischer Sicht entscheidende Differenz läßt sich anhand der Kontroverse zwischen Habermas und Wolfgang Klein verdeutlichen. Klein kritisiert den Ansatz Toulmins wie folgt: „Toulmins Schema [...] ist ein Schema *richtigen* Argumentierens; er hat keine empirischen Untersuchungen angestellt, wie die Leute es wirklich machen. [...] Mir geht es nicht darum, was rationale, vernünftige oder richtige Argumentation ist, sondern darum, wie die Leute, dumm wie sie sind, tatsächlich argumentieren" (Klein 1980, 49). Für Habermas stellt eine solche Inschutznahme des 'tatsächlichen' Argumentierens gegen das 'vernünftige' eine „empiristische Verkürzung des Sinnes von Argumentation" dar (Habermas 1981, 51). Seine Kritik gilt dem Umstand, daß Klein die Gültigkeit eines Argumentes „allein als soziale Tatsache, also ohne interne Beziehung zur Rationalität von Gründen konzipiert" und damit „Geltungszusammenhänge wie empirische Gesetzmäßigkeiten" zu erforschen sucht (ebd., 53 f). Eben dies sei nicht möglich; die faktische soziale Akzeptanz eines Argumentes könne niemals seine Gültigkeit verbürgen. Wenn die philosophische Argumentationstheorie auf Gültigkeitsmaßstäben im Sinne einer Bewertung der *Rationalität* von Gründen besteht, so spricht sie *pro domo*. Philosophische Untersuchungen *bestehen* nicht zuletzt darin, Argumente auf ihre Gültigkeit zu überprüfen. Da die Philosophie über operationalisierbare Prüfungs- und Meßverfahren nicht verfügt, ist die argumentationstheoretische Beschäftigung mit der Frage, was den „zwanglosen Zwang des besseren Arguments" (Habermas) eigentlich ausmacht, zugleich ein Versuch, ein reflektiertes Verhältnis zu den eigenen Arbeitsmitteln zu gewinnen. Argumentieren ist für die Philosophie kein Vertextungsmuster unter anderen. In der Argumentationstheorie vergewissert sich die Philosophie ihrer eigenen Rationalitätsstandards, wobei sich ihr die Aufgabe einer doppelten Abgrenzung stellt: Die argumentative Einlösung eines erhobenen Geltungsanspruchs durch gute

Gründe ist nicht bloß vom faktischen Persuasionserfolg abzugrenzen, sondern ebenso vom deduktiven Beweis. *Substantielle* Argumente (Toulmin) sind nicht formal schlüssig, sie sind keine Beweise. Formal schlüssig kann ein Argument nur um den Preis sein, daß die Konklusion keine neue Information enthält; solche Argumente nennt Toulmin *analytisch*. Durch die jahrhundertelange Orientierung an der aristotelischen Syllogistik ist der Eigensinn des philosophischen und wissenschaftlichen Argumentierens verdeckt worden. Erst die Argumentationstheorie hat mit Nachdruck darauf aufmerksam gemacht, daß so gut wie keines der Argumente, mit denen in der Wissenschaft Thesen begründet werden, deduktiv schlüssig ist. Die Argumentationstheorie ist erst durch die Emanzipation von der Aussagenlogik möglich geworden. Man hat sie in diesem Sinne auch als „informelle Logik" bezeichnet.

Es ist allerdings fraglich, ob diese philosophischen Entwicklungen für die linguistische Analyse argumentativer Vertextungsmuster von Belang sind. So gut die zweifache Abgrenzung des Argumentierens gegenüber dem Überreden und dem Beweisen philosophisch motiviert ist, spricht doch wenig dafür, daß man diese Unterschiede mit textlinguistischen Mitteln identifizieren kann. Es ist daher legitim, wenn die Textlinguistik sich gegenüber diesen Distinktionen indifferent verhält. Im Gegenzug sollte sie darauf achten, aus ihren Untersuchungen keine weitgehenden materialen Thesen über die Natur des Argumentierens abzuleiten.

2.2. Wort-, Satz- und Textbedeutung: das Erweiterungspostulat

Das „Erweiterungspostulat" der Textlinguistik (Heinemann/Viehweger 1991, 24), demzufolge die linguistische Untersuchung kleinerer sprachlicher Einheiten zugunsten der Untersuchung von Phänomenen zu erweitern ist, die erst auf der Textebene sichtbar werden, hat einen prominenten Vorläufer in der Sprachphilosophie. Es handelt sich um das bedeutungstheoretische *Kontextprinzip*, welches, von Frege programmatisch formuliert, heute zum gemeinsamen Nenner der meisten philosophischen Bedeutungstheorien geworden ist (vgl. Keil 1994, 589 ff). Hatte die sprachphilosophische Tradition stets mit einem auf das Einzelwort fixierten Bedeutungsbegriff gearbeitet, so folgt man heute Freges Einsicht: „Nach der Bedeutung der Wörter muss im Satzzusammenhange, nicht in ihrer Vereinzelung gefragt werden" (Frege 1961, xxii). Die Besonderheit dieses Kontextprinzips, welches nahe Verwandte in der strukturalistischen Linguistik hat (Hjelmslev), liegt in seiner Herleitung aus dem Grundgedanken der wahrheitskonditionalen Semantik: Für den Übergang vom Einzelwort zum Satz ist die Einsicht in den engen theoretischen Zusammenhang zwischen *Bedeutung* und *Wahrheitsbedingungen* verantwortlich. Einen Satz verstehen wir der wahrheitskonditionalen Semantik zufolge dann, wenn wir wissen, was in der Welt der Fall ist, wenn der Satz wahr ist. Eine analoge Bedingung für das Verstehen einzelner Wörter kann es nicht geben, denn diese sind keine Wahrheitswertträger. Die Bedeutung eines Wortes ergibt sich als *Abstraktion* aus dem Ensemble der Rollen, die das Wort in Sätzen der betreffenden Sprache spielen kann.

Ebensowenig wie in der Textlinguistik ist in der philosophischen Bedeutungstheorie der Trend von der kleineren zur größeren sprachlichen Einheit auf der Ebene des Satzes zu einem Ende gekommen. Der *semantische Holismus* behauptet, daß die Bedeutung des einzelnen Satzes sich ihrerseits den Beziehungen des Satzes zu anderen Sätzen des Sprachsystems verdankt, dem er angehört. In nuce: „Einen Satz verstehen, heißt, eine Sprache verstehen" (Wittgenstein 1960, § 199). Es ist nicht denkbar, daß ein Sprecher einen einzelnen Satz einer Sprache versteht und sonst keinen.

Der bedeutungstheoretische Trend zu größeren sprachlichen Einheiten ist nicht einfach durch eine Ausweitung des Explanandums motiviert. Es geht der wahrheitskonditionalen Semantik nicht um die Erklärung von Phänomenen, die man bisher übersehen hatte. Ihr Grundgedanke lautet vielmehr, daß eine angemessene Erklärung auch der bisher untersuchten Phänomene auf den Einbezug größerer Einheiten angewiesen ist. Von diesen Einbettungen abstrahierende Untersuchungen haben sich als unzureichend erwiesen — diese Einsicht hat eine Parallele in derjenigen der Textlinguistik, daß die methodologische Übersichtlichkeit systemlinguistischer Verfahren häufig mit zu weitgehenden Abstraktionen im Bereich der Explananda erkauft wurde. Die Parallele zum Erweiterungspostulat der Textlinguistik ist allerdings unvollkommen. Die Erweiterungsfolge der philosophischen Bedeutungstheorie heißt *Wort — Satz — Sprache*, während die Textlinguistik das *Wort* über den *Satz* zum *Text* erweitert. Aus bedeutungstheoretischer Sicht ist die Einheit „Text" nicht von Interesse, weil die Textgrenze einen willkürlichen Einschnitt in die bedeutungskonstitutiven logischen und inferentiellen Zusammenhänge darstellt, die zwischen den (aktuellen und möglichen) Sätzen einer *langue* bestehen. Von der „Bedeutung" eines Textes zu sprechen ist mißverständlich. Sätze bedeuten, Texte haben einen Inhalt.

2.3. Die pragmatische Wende: das Fundierungspostulat

Nicht nur das Erweiterungspostulat, sondern auch das pragmatische „Fundierungspostulat" der Textlinguistik (Heinemann/Viehweger 1991, 25) hat seine Entsprechung in der Sprachphilosophie. Von einer „pragmatischen Wende" (→ Art. 8) spricht man dort im Sinne einer (Wieder-)Entdeckung des Sprecher- und Interpretenbezugs der Zeichenverwendung. Die frühe analytische Philosophie hatte, gegenteilige Einsichten von Peirce ignorierend, in semantizistischer Weise von der pragmatischen Dimension des Sprachgebrauchs abstrahiert; diese Abstraktion galt es rückgängig zu machen. Als markante Daten der pragmatischen Wende werden Wittgensteins Sprachspielkonzept und seine Formel „Bedeutung ist Gebrauch" aus den *Philosophischen Untersuchungen* (1960) sowie Austins *How to Do Things With Words* (1962) angesehen. Da die philosophische und die linguistische Pragmatik hier aus denselben Quellen schöpfen — beide Fächer reklamieren die Sprechakttheorie für sich —, kann in diesem Zusammenhang auf eine weitere Darstellung verzichtet werden. Die philosophische Pragmatik hat allerdings den Vorzug, ihre Ergebnisse innerhalb der Grenzen des Fachs mit denen der allgemeinen philosophischen Handlungstheorie verknüpfen zu können, um Wittgensteins Einsicht in das Verwobensein von sprachlichem und nichtsprachlichem Handeln theoretisch zu unterfüttern. Eine Textlinguistik hingegen, die das Terrain des Sprachlichen verläßt, zieht sich leicht den Vorwurf zu, die fragwürdige Rolle einer *scientia de omnibus rebus et de nonnullis aliis* anzustreben, einer Wissenschaft von allen möglichen und noch einigen weiteren Dingen. Eine solche „Superwissenschaft" (vgl. Heinemann/Viehweger 1991, 15 ff) wäre aber überhaupt keine Wissenschaft mehr. — Die wichtigsten Einzelbeiträge der Sprachphilosophie zur linguistischen Pragmatik dürften die Entdeckungen des Phänomens der *Präsupposition* durch Frege, Russell und Strawson sowie der *konversationellen Implikatur* durch Grice sein (→ Art. 42).

2.4. Weitere Berührungspunkte

Der Vollständigkeit halber sei erwähnt, daß zu einigen weiteren textlinguistischen Forschungsgegenständen Vorarbeiten seitens der Philosophie vorliegen: Das Phänomen der Deixis (→ Art. 30) ist in der Referenzsemantik untersucht worden. Theorien des Textverstehens (→ Art. 47) haben ihre Vorläufer in der philosophischen Hermeneutik, die vornehmlich Schleiermacher zu einer allgemeinen Verstehens- und Auslegungslehre ausgearbeitet hat. Die Untersuchung kognitiver und medialer Bedingungen der Schriftlichkeit (→ Art. 27 und 28) hat ihren *locus classicus* in Platons Kritik der Verschriftlichung in dessen Dialog *Phaidros.* An der Explikation (Art. 38) hat die Philosophie, ebenso wie an der Argumentation, ein spezifisches Interesse. Soweit „Explikation", wie in der Textlinguistik üblich, gleichbedeutend mit „Erklärung" verwendet wird, wird dieses Phänomen in der Wissenschaftstheorie untersucht, welche Standards für (wissenschaftliche) Erklärungen formuliert hat (Hempel/Oppenheim, Stegmüller). Allerdings ist die Gleichsetzung von Erklärung und Explikation aus philosophischer Sicht problematisch. Wenn Philosophen von „explizieren" sprechen — als Synonym mag „erläutern" gelten —, dann meinen sie in der Regel einen deutlich unterschiedenen Spezialfall von „erklären", nämlich die metasprachliche Klärung des Sinns einer Äußerung oder eines Begriffs. Schnädelbach (1977, 277 ff) und Habermas haben in diesem Sinne den „explikativen Diskurs" als einen solchen beschrieben, in dem „die Verständlichkeit, Wohlgeformtheit oder Regelrichtigkeit von symbolischen Ausdrücken nicht mehr naiv unterstellt oder abgestritten, sondern als kontroverser Anspruch zum Thema gemacht wird" (Habermas 1981, 44). Es wäre seitens der Textlinguistik zu prüfen, ob sie die Unterscheidung von „erklären" und „erläutern" nicht übernehmen und ihre Liste der Vertextungsmuster (Deskription, Narration, Explanation, Argumentation) entsprechend erweitern sollte. Dies würde voraussetzen, daß der Wechsel von objektsprachlichen Deskriptionen und Erklärungen zu metasprachlichen Sinnexplikationen mit linguistischen Mitteln identifizierbar ist. Dafür gälte es entsprechende textgrammatische und semantische Indizien zu ermitteln.

3. Prolegomena zu einer textlinguistischen Beschreibung philosophischer Fachtexte

Über ihre sprachphilosophisch flankierende Rolle hinaus stellt die Philosophie, da sie in Form von Texten vorliegt, ein *Anwendungsfeld* textlinguistischer Forschung dar. Philosophische Texte sind Fach- oder Wissenschaftstexte und fallen insofern in den Zuständigkeitsbereich der Fachsprachenforschung. Ein ernster Zuordnungskonflikt entsteht dadurch nicht, denn seit Mitte der 80er Jahre zeichnet sich eine vielversprechende Kooperation zwischen Fachsprachenforschung und Textlinguistik ab. Beide Disziplinen stellten, so Baumann (1992, 12), füreinander „eine ideale Ergänzung dar", und die „Fachtextlinguistik" (Kalverkämper, Hoffmann, Gläser, Baumann) scheint im Begriff zu sein, sich als neue linguistische Disziplin zu etablieren. Diese Entwicklung wird von der Auffassung getragen, daß die in der Fachsprachenforschung zeitweilig vorherrschende Ermittlung *allgemeiner* Merkmale von „Wissenschaftssprache" der Vielfalt wissenschaftssprachlicher Textsorten nicht Rechnung trägt. Dies betrifft zum einen die horizontale Gliederung in einzelne wissenschaftliche Fächer, zum anderen die vertikale Schichtung nach „Fachlichkeitsgraden" (Hoffmann 1988) und zum dritten die Differenzierung von Textsorten innerhalb einer solchen Schicht (Rezension, Fachbuch, Zeitschriftenaufsatz, Abstract etc.). Für unseren gegenwärtigen Zweck ist nur die Auffächerung nach einzelnen Fächern von Belang.

Leider liegen für eine textsortentheoretische Untersuchung philosophischer Fachtexte keine spezifischen Vorarbeiten vor. (In der Fachtextlinguistik gibt es bislang einen deutlichen Überhang an Untersuchungen von Fachtexten der Natur- und Ingenieurswissenschaften.) Die folgenden Bemerkungen mögen einer Sondierung des Terrains dienen.

Ein unvoreingenommen zusammengestelltes Korpus philosophischer Fachtexte wird eine Menge formal und stilistisch äußerst heterogener Texte enthalten. Philosophen dürften sich untereinander darin, *wie sie sagen*, was sie zu sagen haben, stärker unterscheiden als Geologen oder Juristen. Fielen einem philosophisch gänzlich ungebildeten Fachtextlinguisten Texte von Platon, Hegel, Wittgenstein, Heidegger, Derrida und Quine in die Hände, so erscheint es fraglich, aufgrund welcher *sprachlicher* Indizien er sie ein und derselben Disziplin zuordnen könnte.

Von philosophischer Seite liegen zu textsortentypologischen Fragen vier Gruppen von Arbeiten vor:
(a) vortheoretische Übersichten über – meist als „literarische Gattungen" bezeichnete – philosophische Textsorten (z. B. Brandt 1985; Hadot 1989),
(b) philosophische Bewertungen der Qualitäten einzelner Textsorten, meist in apologetischer Absicht (wie Essay, Dialog, philosophischer Aphorismus; z. B. Adorno 1974; Fricke 1990; Szlezák 1990),
(c) stilkritische Ausführungen zu Texten einzelner Philosophen oder Schulen (z. B. Schopenhauer 1851; Smith 1991; Laermann 1991),
(d) Reflexionen über den Gattungsunterschied zwischen philosophischen und literarischen Texten (z. B. Peperzak 1982; Habermas 1985 und 1988; Seel 1996).

Über das letztgenannte Thema hat sich in den letzten Jahren eine verzweigte Diskussion entwickelt (zur Übersicht: Gabriel/Schildknecht (eds.) (1990), mit Bibliographie), die allerdings nicht von einem linguistischen Interesse gespeist wird, sondern von einem Interesse an der Verortung philosophischer Texte zwischen literarischer Kultur und Wissenschaft. Die Extremposition in dieser Debatte ist der Versuch der *Einebnung* des Gattungsunterschiedes zwischen philosophischen und literarischen Texten: alle Abgrenzungen hätten sich als brüchig erwiesen (Rorty, Derrida). Dieser Position hält Habermas entgegen, daß eine bleibende Differenz der *illokutionären Kräfte* der Sprechhandlungen besteht, die in literarischer und in philosophischer Rede vollzogen werden. In literarischen Texten vorkommende Behauptungen, Aufforderungen etc. seien „illokutionär *entmächtigt*", insofern die mit ihnen verbundenen Geltungsansprüche allenfalls an die literarischen Figuren, nicht aber an den Leser adressiert seien: „Der Geltungstransfer wird an der Grenze des Textes unterbrochen, setzt sich nicht durch die kommunikative Beziehung hindurch bis zum Leser fort" (Habermas 1988, 261). Daß philosophische Texte literarische Qualitäten haben mögen, ist für diesen Unterschied ebenso irrelevant wie der Hinweis auf Doppelbegabungen à la Nietzsche.

Zur Bestimmung der Eigenart *philosophischer* Fachtexte ist aber das Herausarbeiten eines Gattungsunterschiedes zwischen literarischen und nichtliterarischen Texten von begrenztem Wert. Habermas' sprechakttheoretischer Verweis auf die illokutionäre Entmächtigung literarischer Rede setzt diese von philosophischer, wissenschaftlicher und alltäglicher Rede gleichermaßen ab. Immerhin könnte die sich in dieser Abgrenzungsdebatte abzeichnende Einsicht in die mangelnde Distinktivität *funktionalstilistischer* Merkmale erklären, warum manche fachphilosophische Texte 'klassische' lexische, morphologische und syntaktische Indikatoren von Wissenschaftstexten nicht aufweisen. So findet sich beispielsweise in Wittgensteins *Philosophischen Untersuchungen* kaum Fachterminologie, statt der 3. Person Singular herrschen Verbformen der 1. und 2. Person vor, der Text enthält kaum passivische („deagentivierende") Konstruktionen und tendiert nicht zum Nominalstil. Gleichwohl steht sein Status als philosophischer Fachtext nicht in Frage.

Für die Zuordnung von Texten zu einer Textsorte schlägt Brinker (1992, 141) die folgenden fünf Analyseschritte vor: (1) Beschreibung der dominierenden Textfunktion, (2) Beschreibung der Kommunikationsform und des Handlungsbereichs, (3) Beschreibung von thematischen Restriktionen, (4) Beschreibung der Grundform der thematischen Entfaltung, (5) Beschreibung textsortenspezifischer sprachlicher Mittel. Die folgenden − tentativen − Überlegungen zur Textsortenklasse „philosophischer Fachtext" (eine weitere Differenzierung einzelner Textsorten innerhalb dieser Klasse muß hier ausbleiben) beschränken sich auf die Schritte (1) und (4).

Von den „textuellen Grundfunktionen" Brinkers kommt hier als dominante Funktion allein die „Informationsfunktion" in Frage (vgl. ebd., 104 ff). Diese Zuordnung entspräche früheren Vorschlägen; so bezeichnet Große (1976) Wissenschaftstexte als „dominant sachinformierend" und schlägt sie der Textfunktion „Informationstransfer" zu. An Entfaltungsmustern wird man in philosophischen Fachtexten deskriptive, explikative und argumentative erwarten dürfen, nicht hingegen narrative. Nun war oben deutlich geworden, daß das Argumentieren für die Philosophie eine zentralere Rolle spielt als die eines Entfaltungsmusters unter anderen. Diese besondere Rolle läßt sich unter Rückgriff auf eine Bemerkung van Dijks charakterisieren. Van Dijk, dessen Konzept der „Superstruktur" keine explizite Unterscheidung zwischen Textfunktionen und thematischen Entfaltungsmustern enthält, macht auf eine „besondere Variante der argumentativen Superstrukturen" bestimmter Wissenschaftstexte aufmerksam: „Die Basisstruktur der wissenschaftlichen Abhandlung besteht nicht (nur) aus einer SCHLUSSFOLGERUNG und ihrer RECHTFERTIGUNG, sondern auch aus einer PROBLEMSTELLUNG und einer LÖSUNG" (van Dijk 1980, 150). Mit diesem Hinweis auf den *problemlösenden* Charakter wissenschaftlicher Abhandlungen ist eine Eigenart philosophischer Fachtexte bezeichnet, die in der konventionellen Darstellung (Textfunktion Informieren, Entfaltungsmuster Argumentieren) verlorengeht. Die argumentativen Vertextungen einer philosophischen Abhandlung stehen im Dienste von Problemlösungs- oder Problemerhellungsprozessen, die den Text als ganzen auszeichnen. Die Struktur PROBLEMSTELLUNG−LÖSUNG spielt eine *integrierende* Rolle bezüglich der einzelnen Argumente des Textes. Diese Leistung wird durch die Zuweisung der Textfunktion „Informieren" unter-, wenn nicht falsch bestimmt. Argumentierende philosophische Texte *informieren* ihre Leser nicht über Konklusionen philosophischer Argumente, sie *bestehen* aus diskursiven Problemerhellungen. Sie präsentieren diese Erhellungen als argumentative Prozesse, anstatt sie als Forschungsergebnisse mitzuteilen. Im Katalog der von der Textlinguistik beschriebenen Textfunktionen ist die diskursive Problemklärung bisher nicht angemessen berücksichtigt.

Das Gesagte soll anhand der Klärung zweier Fragen vertieft werden: (a) Betrifft das Gesagte nur *philosophische* Fachtexte? (b) Betrifft es *alle* philosophischen Fachtexte?

Die Wissenschaften, in denen Texte untersucht werden, lassen sich in *primäre* und *sekundäre* Textwissenschaften einteilen (nach Finke 1992). Als primäre Textwissenschaften nennt Finke die Linguistik, die allgemeine Semiotik, die Hermeneutik und die Logik. Diese Disziplinen zeichnen sich dadurch aus, daß sie ihre Analysemethoden nicht den Arbeitsergebnissen anderer Textwissenschaften entlehnen. Sekundäre Textwissenschaften hingegen (Literaturwissenschaft, Theologie, Rechtswissenschaft, Geschichtswissenschaft, Philosophie u. a.) beschränken sich jeweils auf bestimmte Klassen von Textinhalten und greifen zu deren Analyse und Interpretation auf in den primären Textwissenschaften entwickelte Methoden zurück. Die hier vorgeschlagene Auffassung läuft nun darauf hinaus, daß die Philosophie unter den sekundären Textwissenschaften eine Sonderstellung einnimmt. Während die Fachtexte der Theologie, Literaturwissenschaft, Rechtswissenschaft etc. sich zu ihren Gegenständen, den zu analysierenden und interpretierenden Texten, als *Sekundärliteratur* verhalten, sind die rezipierten und die produzierten Texte in der Philosophie *Texte derselben Art.* Setzt sich ein Philosoph in argumentativer Form mit einer philosophischen Abhandlung auseinander, so entsteht wiederum eine philosophische Abhandlung. Rezipierter und produzierter Text gehören zur selben Textsorte; anders als bei einer Gedichtinterpretation, der Analyse eines historischen Quellentextes oder der Bibelexegese gibt es hier keinen Textsortenunterschied zwischen Primär- und Sekundärliteratur. Idealiter behandelt der philosophische Autor die vorliegenden Texte der philosophischen Tradition als *Dialogpartner* bei der diskursiven Klärung eines Problems, nutzt sie also als *Beiträge* zur Beantwortung von Fragen, denen seine eigene Untersuchung gilt. Dies schließt die Anwendung philologischer und hermeneutischer Verfahren nicht aus. Diese stehen aber *im Dienste* der argumentativen Problemklärung, was den philosophischen Textumgang von der philologischen Exegese — und übrigens auch von der Philosophie*geschichtsschreibung* — unterscheidet. Eine Fachtextlinguistik, die Merkmale philosophischer Fachtexte zu beschreiben sucht, wird diese eigentümliche Verschränkung von Textproduktion und -rezeption zu berücksichtigen haben. In welchen sprachlichen Strukturen sich der dialogisch-kooperative Umgang mit dem rezipierten Text niederschlägt, kann man nur vermuten. Ein sprachlicher Indikator dieses Kooperationsverhältnisses könnte beispielsweise die vorherrschende Art der Zitateinbettung sein.

Das Gesagte gilt nicht für alle philosophischen Fachtexte, sondern nur für die Fachtextsorte „philosophische Abhandlung" (Monographie oder Aufsatz). Ein Lexikonartikel setzt sich nicht in ein dialogisches Verhältnis zu den referierten Positionen. Auch in der Philosophie gibt es eine vertikale Schichtung von Fachtextsorten, der man durch eine Unterscheidung von „Fachtext" und „wissenschaftlichem Text" Rechnung tragen kann. Ein Text, der über die Ergebnisse wissenschaftlicher Forschung informiert, ist nicht eo ipso ein wissenschaftlicher Text. Philosophische Lehrbücher, Lexikonartikel und Forschungsberichte sind Fachtexte, die der *Darstellung*, nicht aber der *Gewinnung* philosophischer Einsichten dienen. Dies ist daran ersichtlich, daß in ihnen nicht argumentiert wird — wiewohl Argumente *referiert* werden mögen. Wissenschaftliche Abhandlungen hingegen zeichnen sich dadurch aus, daß die Problemerhellungen, in denen philosophische Forschungsergebnisse bestehen, im Argumentationsgang des Textes erst vollzogen werden.

4. Literatur (in Auswahl)

Adorno, Theodor W. (1974): Der Essay als Form. In: Adorno, Theodor W. (1974): Noten zur Literatur. Frankfurt a. M., 9—33.

Austin, John L. (1962): How to do things with words. Oxford.

Baumann, Klaus-Dieter (1992): Integrative Fachtextlinguistik. Tübingen.

Brandt, Reinhard (1985): Die literarische Form philosophischer Werke. In: Universitas 40, 545—556.

Brinker, Klaus (1992): Linguistische Textanalyse. Einführung in Grundbegriffe und Methoden. 3. erw. Aufl. Berlin.

van Dijk, Teun A. (1980): Textwissenschaft. Eine interdisziplinäre Einführung. Tübingen.

Finke, Peter (1992): Philosophie und die Bedeutung von Texten. In: Arbeiten zur Deutschen Philologie 21, 28—47.

Frege, Gottlob (1961): Die Grundlagen der Arithmetik [1884]. Darmstadt.

Fricke, Harald (1990): Kann man poetisch philosophieren? Literaturtheoretische Thesen zum Verhältnis von Dichtung und Reflexion am Beispiel philosophischer Aphoristiker. In: Gabriel/Schildknecht (eds.), 26—39.

Gabriel, Gottfried/Schildknecht, Christiane (eds.) (1990): Literarische Formen der Philosophie. Stuttgart.

Große, Ernst U. (1976): Text und Kommunikation. Eine linguistische Einführung in die Funktionen der Texte. Stuttgart u. a.

Habermas, Jürgen (1981): Theorie des kommunikativen Handelns. Bd. 1. Frankfurt a. M.

— (1985): Exkurs zur Einebnung des Gattungsunterschiedes zwischen Philosophie und Literatur. In: Habermas, Jürgen (1985): Der philosophische Diskurs der Moderne. Frankfurt a. M., 219—247.

— (1988): Philosophie und Wissenschaft als Literatur? In: Habermas, Jürgen (1988): Nachmetaphysisches Denken. Frankfurt a. M., 242—263.

Hadot, A. (1989): Literarische Formen der Philosophie. In: Ritter, J./Gründer, K. (eds.): Historisches Wörterbuch der Philosophie. Bd. VII. Basel, Sp. 848—858.

Heinemann, Wolfgang/Viehweger, Dieter (1991): Textlinguistik. Eine Einführung. Tübingen.

Hoffmann, Lothar (1988): Vom Fachwort zum Fachtext. Tübingen.

Keil, Geert (1994): Sprache. In: Schnädelbach, H./ Martens, E. (eds.): Philosophie. Ein Grundkurs. Reinbek bei Hamburg. Bd. 2, 549−605.

Klein, Wolfgang (1980): Argumentation und Argument. In: Zeitschrift für Literaturwissenschaft und Linguistik 38/39, 9−57.

Laermann, Klaus (1991): Fiat Nox. In: Die Zeit 2. 8. 1991.

Peperzak, Adriaan (1982): Phänomenologische Notizen zum Unterschied zwischen Literatur und Philosophie. In: Orth, E. W. (ed.) (1982): Zur Phänomenologie des philosophischen Texts. Freiburg/ München, 98−122.

Schnädelbach, Herbert (1977): Reflexion und Diskurs. Frankfurt a. M.

Schopenhauer, Arthur (1851): Über Schriftstellerei und Stil. In: Schopenhauer, Arthur (1851): Parerga und Paralipomena, Kap. XXIII.

Seel, Martin (1996): Über die Arbeit des Schriftstellers (und die Sprache der Philosophie). In: Seel, Martin (1996): Ethisch-ästhetische Studien, Frankfurt a. M., 145−187.

Smith, Barry (1991): German Philosophy and Style. In: Topoi 10, 155−161.

Szlezák, Thomas A. (1990): Gespräche unter Ungleichen. Zur Struktur und Zielsetzung der platonischen Dialoge. In: Gabriel/Schildknecht (eds.), 40−61.

Toulmin, Stephen (1958): The Uses of Argument. Cambridge.

Wittgenstein, Ludwig (1960): Philosophische Untersuchungen. Frankfurt a. M.

*Geert Keil, Berlin
(Deutschland)*

69. Textlinguistik und Theologie

1. Hinführung
2. Beispiele textwissenschaftlicher Analysen
3. Vorbereitende Arbeiten
4. Revision der Standardgrammatik
5. Erzählforschung
6. Konstituierung des Textes
7. Falsche Opposition: synchron vs. diachron
8. Methoden-Synopse
9. Computerunterstützte Textanalyse
10. Segmentierung des Textes
11. 'Language Universals'?
12. Gesprächsanalyse
13. Literatur (in Auswahl)

1. Hinführung

Die moderne Literaturwissenschaft/Linguistik ist ohne den Hintergrund der wissenschaftlichen Bibelauslegung seit den Anfängen der christlichen Theologie − die wiederum das Erbe der Antike übernahm − nicht denkbar. Das gleiche gilt für die Disziplin der Hermeneutik, deren allmähliche Herausbildung als eigenständige Disziplin man ab der Reformationszeit über die Aufklärung gut verfolgen kann. Eine wichtige Weichenstellung vollzog sich am Ende des Mittelalters, als sich die 'Grammatik' von der 'Poetik' löste und beide Disziplinen von nun an parallel betrieben wurden (van der Merwe 1994). Unter den Folgen leidet die wissenschaftliche Auslegung von hebräischer und griechischer Bibel noch heute, insofern − insgesamt betrachtet − bei ExegetInnen der Blick für die Größe 'Text' immer noch unterentwickelt ist, aus dem Bereich der Theologie in aller Regel keine Impulse für eine Textlinguistik kommen, 'Gesprächsanalyse' ein Fremdwort ist. Von Ausnahmen wird nachfolgend zu berichten sein. Für eine ausführliche Bibliographie vgl. Bodine (1995). Der Band von Bergen (1994) gibt eine gute Übersicht, wie sich das Verhältnis von Textwissenschaft und biblischer Exegese im englischen Sprachraum konkretisiert.

Die Selbstverweigerung der wissenschaftlichen Bibelauslegung gegenüber moderner Textlinguistik mag man zwar als „Obskurantismus" (Black 1992, 11) geißeln. Es gibt jedoch auch benennbare Gründe für die 'wissenschaftliche Verspätung' der TheologInnen:

(a) Der Entmythologisierungsstreit (Mitte des 20. Jhs.), den der Neutestamentler Bultmann entfachte, implizierte das Eingeständnis, daß es in kirchlich-theologischen Kreisen noch nicht gängig war, zwischen außersprachlicher Wirklichkeit und zunächst fiktiver Textwelt zu unterscheiden − trotz der Aufklärung 200 Jahre früher. − Bultmann reagierte auf dieses richtig gesehene Problem mit dem falschen Vorschlag, man solle vom Wortsinn der alten Texte, der viele Elemente alter Weltbilder übermittelt, abstrahieren. Dadurch entzieht er jeglicher Poetik und Textlinguistik die Basis, beraubt die alten Texte ihrer oft auch gegebenen künstlerischen Kraft. Die Warnung vor jeder 'Objektivierung' des Wortsinnes (ein Problem jeglicher Art von Fundamentalismus, dessen Spuren bis in wissenschaftliche Bibelinterpretation hineinreichen) wird allenfalls in philosophisch-abstrahierender Form ('Kerygma') aufgegriffen, nicht aber methodisch-textwissenschaftlich übergeführt in eine Deskription und Interpretation der Einzeltexte, eine Erarbeitung ihrer Funktion in der damaligen Kommunikationssituation.

(b) Dabei hatte es zu Beginn des 20. Jhs. durchaus einen textorientierten Interpretationsansatz gegeben (*Formgeschichtliche Methode* − Gunkel, Dibelius, Bultmann). Da man aber vor allem an 'Gattungen' bzw. den mündlichen Vorstufen eines gegebenen Textes bzw. seinem soziologischen 'Sitz im Leben' interessiert war, läßt sich auch für diese, mehrere Jahrzehnte sehr einflußreiche exegetische Richtung belegen, daß sie eher eine Methode war, dem Einzeltext auszuweichen, als deskriptiv auf ihn hinzuführen. Unerkannt spielte dabei ein neo-romantisches Relikt eine verhängnisvolle Rolle: Je früher, desto echter, desto näher kommt man dem göttlichen Ursprung. Gegebene Texte sind in dieser Sicht nur noch als Durchgangsstadium interessant. Kein theologischer Formgeschichtler spielte bei der ab den 60er Jahren sich entwickelnden Textlinguistik eine Rolle.

(c) In diesem Milieu war es ein Paukenschlag, daß Richter (1971) die allgemeine Fixierung auf 'Gattungen' durchbrach und mit seinen Vorschlägen die differenzierte Beschreibung des Einzeltextes zum Programm erhob. Die heftige Gegenwehr, die er z. T. erntete, zeigte, daß er einen hermeneutisch wunden Punkt getroffen hatte − daran konnte die (oft berechtigte) Detailkritik an einzelnen Prämissen, Strukturen und Termini seines Methodenkonzepts nichts ändern. Das Programm 'präzise Beschreibung des einzelnen biblischen Textes' war in der Theologie formuliert worden.

(d) In Frankreich (z. B. Delorme, Panier, Cadir = Centre d'Analyse de Discours Religieux/ Lyon) und dann auch u. a. in Deutschland (Güttgemanns, Zeitschrift Linguistica Biblica) entwickelte sich in den 70er Jahren eine semiotisch orientierte Schriftauslegung im Gefolge von Greimas. Diese Richtung, die am 'Sinn' orientiert ist, die Ausdrucksgestalt eines Textes, die dazugehörige geschichtliche Kommunikationssituation mit den einzelnen pragmatischen Komponenten aber vernachlässigt, kann und soll zwar nicht für 'Textlinguistik' beansprucht werden (vgl. Schweizer 1987). Immerhin wurde auf diesem ganz anderen Weg innertheologisch der Blick auf den Einzeltext gelenkt, seine gedankliche Konstruktion − in einer Tradition, in der Satzgrammatiken und Kommentare, die versweise (!) Auslegungen bieten, erdrückende Dominanz ausüben, ein Neuheitswert (weswegen dieser Ansatz z. T. heftigen Anfeindungen oder beharrlichem Ignorieren ausgesetzt war). Viele aufschlußreiche Einzelinterpretationen untermauerten die Fruchtbarkeit des Ansatzes.

(e) Im angelsächsischen Bereich (Polzin, Gunn, Culley) fühlte man sich wohl freier von spezifisch deutsch-exegetischen Beschränkungen und öffnete sich − vor allem auf Erzähltexte bezogen − im Rahmen des 'New Criticism' der Beschreibung von Texten als Ganzheiten. Textlinguistik ist zwar auch dies noch nicht, da der Text nicht transzendiert wird. Es liegt aber immerhin die Einsicht zugrunde, die entscheidende Einheit bei einer Textbeschreibung sei der Text als ganzer. − Diese richtige Sicht ist oft jedoch gespeist durch eine Negativerfahrung: die Frustration über die sich heillos widersprechenden Ergebnisse der seit gut 200 Jahren vorwiegend in Deutschland gepflegten *Quellenkritik*, d. h. des Versuchs, die als redaktionell zusammengesetzt empfundenen biblischen Endtexte in ihre ursprüngliche Stränge bzw. Einzeltexte zu zerlegen. Hinwendung zur Synchronie aus Enttäuschung über die Ergebnisse bei der Arbeit in diachroner Perspektive − dieses Motto wird noch in jüngster Zeit immer wieder explizit, das eigene Vorgehen rechtfertigend ausgesprochen.

Was bislang erwähnt wurde, kann noch nicht zur Textlinguistik, schon gar nicht zur Gesprächsanalyse gezählt werden, öffnet sich im besten Fall dafür. Zwar gibt es auch außerhalb der genannten 'Schulen' am ausgehenden 20. Jh. innertheologisch immer mehr (oder besser: immer wieder?) Arbeiten im textwissenschaftlichen Sinn. Aber quantitativ stellen sie Ausnahmen dar.

2. Beispiele textwissenschaftlicher Analysen

An mehreren Beispielen läßt sich zeigen, daß in der Theologie das Bewußtsein Platz griff, eine Öffnung zur Textlinguistik hin sei mit der traditionellen Grammatik unmöglich. Es dürfte kein Zufall sein, daß 1995 zwei Werke erschienen − von methodisch verschiedenen Ausgangspunkten her −, die drei Aspekte vereinen: (i) die Beschreibung eines literarischen Werks, (ii) die Offenlegung der zugrundegelegten linguistischen Daten, (iii) die Beschreibung der leitenden Grammatikkonzeption. Winther-Nielsen (1995) beschreibt so das Buch Josua, Schweizer (1991; 1994; 1995b; 1995c) die ursprüngliche Josefsgeschichte. Ersterer beschreibt auf kleinerem Raum einen viel größeren Text − was ihn zwingt, vieles relativ kursorisch zu behandeln, während letzterer (mit Co-Autoren) im semantisch-pragmatischen Bereich von kleinsten Bedeutungseinheiten aufsteigt bis zur

Größe Text — bei gleichbleibendem Kategorien-Ensemble. Vorgeschaltet ist eine eigenständige Ausdrucksanalyse, in der Befunderhebung automatisiert, textintern die Varianz des Wortgebrauchs erhebend, textextern über identische Wortketten auf weitere Texte des Korpus 'hebräische Bibel' verweisend. Die Werke von Winther-Nielsen und Schweizer sind 'funktional' in dem Sinne, daß sie das vorgegebene literarische Werk als Element einer Kommunikationssituation verstehen, dessen weitere Elemente (Autor, RezipientInnen, Intentionen, Effekte, historische Bedingungen) über die genaue Deskription erschlossen werden sollen.

Sieht man einmal von der diachronen Fragerichtung ab — vgl. 7 —, die sich bei Winther-Nielsen je im Unterabschnitt 'Readings' behandelt findet, bei Schweizer in zwei separaten, vorgeschalteten Bänden (1991, unter dem Stichwort: 'Konstituierung des Textes'), so sieht die synchrone Textbeschreibung bei Winther-Nielsen so aus, daß ihm die satzübergreifende, grammatiknahe Analyse des hebräischen Textes aus der Datenbank der Werkgroep Informatica zur Verfügung stand (vgl. Winther-Nielsen/Talstra 1995). Aus ihr werden Satzarten, Hierarchien und Funktionen deutlich. Auf dieser Basis werden in der Hauptpublikation zu den einzelnen Textabschnitten hinzugeliefert: *episode structure, coherence and style structure, dialogue and theme structure.*

Im methodischen Vorgehen gibt es neben großen Differenzen auch interessante Parallelen zur Arbeit von Schweizer (1991; 1995c): Die Differenzen betreffen die klare Trennung von diachroner und synchroner Textanalyse (vgl. 7). Auch ist das Grammatiksystem bei Schweizer neu konzipiert, und die zum Einsatz kommende Basisterminologie verliert ihre Funktion nicht — spätestens — bei der Frage der Satzverbünde, sondern bleibt in Kraft auch auf der Ebene großer Texteinheiten, ja sogar des Gesamttextes. Damit werden bisherige Satzlinguistik und Literaturwissenschaft integriert. Diese Radikalisierung von Semantik/Pragmatik hat den Seiteneffekt, daß zuvor auch die Ausdrucksanalyse — wie erwähnt — zu einem eigenständigen Feld wird (textintern/textextern — eine vergleichbare Fragestellung findet sich bei Winther-Nielsen nicht, was aber mit den Beschränkungen seiner Datenbasis zusammenhängt). Ein weiterer Unterschied: Wenn schon in großem Maß gespeicherte Grammatikdaten herangezogen werden, so müßten diese sich auch statistisch auswerten lassen. Bei Schweizer (1995c) geschieht dies in umfangreicher und sehr verschiedenartiger Form. Und schließlich wird dem 'funktionalen' Ansatz insofern von Winther-Nielsen doch nicht entsprochen, als sich die textüberschreitenden Fragestellungen (nach Autor, RezipientInnenkreis usw.) bei ihm nicht finden. Dagegen wertet Schweizer (1995c, Ziffer 3) sehr ausführlich die beschriebene literarische Struktur in dieser Hinsicht aus.

Es gibt aber auch Gemeinsamkeiten. So können die linguistischen Daten, die *interclausal relations* aus der Amsterdamer Datenbank — cum grano salis — mit der Erhebung der *Elementaren Mechanismen* auf der Ebene der Textgrammatik bei Schweizer (1995c, i, 92 ff) zusammengesehen werden. Winther-Nielsens darauf aufbauende Beschreibung der Episoden-Struktur, Stilistik usw. berührt sich mit der Darstellung der *Textfunktionen* (vgl. Schweizer 1995c, i, 163 ff). Unbeschadet mehrerer Analyseebenen und Einzelfragestellungen, für die es bei Winther-Nielsen kein Pendant gibt, ist diese Parallelität interessant, zeigt sie doch bei beiden Autoren das Bedürfnis, grammatik-basierte Kohärenz und stilistisch-narratologisch fundierte sowohl zu trennen als auch zusammenzusehen.

3. Vorbereitende Arbeiten

Auf dem Weg zu einer textwissenschaftlich wie diskursanalytisch überzeugenden Sichtweise biblischer Texte stellt die Arbeit von Becker-Spörl (1992) eine wichtige Etappe dar: Von der (Ausdrucks-)Syntax über die Semantik bis zur Pragmatik wird die *literarische Struktur* des „Gebetes der Hanna" genau wahrgenommen; und je gelingt es der Autorin, einfühlsam die kommunikative *Funktion* der jeweiligen literarischen Struktur zu erheben. Das führt hinüber zu hermeneutischen Fragen, zur Funktion einer sehr genauen wissenschaftlichen Lektüre i. S. eines extrem verlangsamten Lesens, worin erst die Chance liegt, dem ästhetischen Gegenüber als solchem gerecht zu werden und eigene Vorurteile, eigenes Vorwissen zu revidieren. — Ähnliches gilt für den Sammelband von Bader (1993) zu Daniel 8: Hier werden — nach der Deskription der literarischen Struktur — explizit Brücken zu Geschichtswissenschaft, Hermeneutik und Philosophie geschlagen.

4. Revision der Standardgrammatik

Als Vorbereitung solcher Gesamtbeschreibungen gibt es — monographisch oder als Aufsatz — inzwischen eine Reihe von grammatischen Einzelstudien (z. B. zu Partikeln, Konjunktionen, Markierungen direkter Rede usw.), in denen die AutorInnen erkennen lassen, daß eine adäquate Interpretation des grammatikalischen Befundes nur durch Öffnung für Gesichtspunkte der Pragmatik möglich ist. Erste Ansätze dazu finden sich 1974 in der Grammatik von Wolfgang Schneider. Revision der traditionellen Grammatik in

Verbindung mit Textlinguistik — dieser Zwang hat sich zumindest teilweise bei theologischen ExegetInnen durchgesetzt, als Beispiel für einen Typ derartiger Arbeiten stehe Wehrle (1987). — Bei der Suche nach expliziten, textlinguistisch relevanten, im theologischen Bereich frühen Methodenreflexionen kann aber nur auf Hardmeier (1978) und Schweizer (1981; 1986) verwiesen werden. — Das Methodenraster: Syntax — Semantik — Pragmatik wird von immer mehr ExegetInnen als hilfreich betrachtet. Meist übernehmen sie von der nicht-theologischen Linguistik die unreflektierte Verhältnisbestimmung von Syntax und Semantik. Eine klare Unterscheidung vertritt Schweizer (1981; 1995c).

5. Erzählforschung

Nicht so sehr von der Grammatik her, statt dessen Impulse der Erzählforschung aufgreifend ist Hardmeier (1990) angelegt. Er verficht auch stark seine schon früher geäußerte Meinung, die ExegetInnen bedürften für ihre Arbeit eines expliziten theoretischen Textbegriffs. Angesichts der weitverbreiteten Theorie-Abstinenz der ExegetInnen ein berechtigter Hinweis.

6. Konstituierung des Textes

Biblische TextforscherInnen haben es mit sehr alten Texten zu tun, die zudem meist — darüber besteht in der Regel kein Dissens — Spuren mehrfacher Veränderung in der Geschichte bewahrt haben. Ein ursprünglicher Text wurde also durch nachträgliche Additionen aufgefüllt, mit anderen Texten zusammengestellt, die der ursprüngliche Autor nicht im Blick hatte, und dieser Komplex wurde letztlich in einen großen redaktionellen Erzählbogen mehr oder weniger passend integriert, den wir im biblischen Endtext vor uns haben — so stellt sich im Prinzip die Geschichte vieler biblischer Einzeltexte dar. Angesichts eines solchen Angebots an diachronen Stufen muß jede Textlinguistik vorab klären, welche Stufe sie beschreiben und interpretieren will (vgl. Schweizer 1986, 28—32). Leicht zugänglich ist der Endtext. Frühere Stufen des Textbildungsprozesses bedürfen einer eigenen Erarbeitung, die in der Exegese seit langem als *Literarkritik* bzw. *Quellenkritik* (lange wurde beides ineins gesetzt) praktiziert werden. Sehr häufig wurde damit auch die *Textkritik* (i. S. v. Editionsphilologie, Sichtung des Handschriftenbefundes) vermischt, so noch Winther-Nielsen (1995, 22). Eine transparente Methodenreflexion in diesem Bereich der Textkonstitution gab es nicht bis Schweizer (1988; 1991) und Rabe (1990; 1994). Statt über Methoden nachzudenken wurden immer neue Endergebnisse zu einzelnen Textbereichen vorgelegt — sich vielfach heftigst widersprechend, allmählich Ratlosigkeit oder Überdruß auslösend.

7. Falsche Opposition: synchron vs. diachron

Diese Situation verleitet Textlinguisten öfter zu einem entweder—oder (z. B. Longacre 1989): Statt der Erforschung der diachronen Geschichte des Textes soll nun synchron und textlinguistisch vorgegangen werden. Z. T. werden dabei ausgesprochen leichtfertige Urteile über die Möglichkeit der Identifizierung nachträglicher Textüberarbeitungen formuliert: Winther-Nielsen (1995, 18) beruft sich in seiner Ablehnung der diachronen Recherche auf Hardmeier (1990, 17 f), der aber nur gegen ein „mechanistisches, additiv-/subtraktives Verständnis von der Produktion und der Verarbeitung von Texten" Stellung bezieht. Im übrigen betreibt Hardmeier *Literarkritik* in durchaus herkömmlicher Weise — was Winther-Nielsen zu übersehen scheint. Hardmeiers These, daß die diachrone Analyse (*Literarkritik*) nur vor dem Hintergrund eines entwickelten Verständnisses von Struktur und Funktion von Texten möglich ist, findet sich bereits in Schweizer (1988). Verzichtet man auf die vorgängige Aufdeckung literarischer Brüche/Nahtstellen, die durch den diachronen Textbildungsprozeß entstanden, kann dadurch die poetisch-narratologische Beschreibung paralysiert werden, weil sie mit den mitgeschleppten Volten des inhomogenen Textes nicht zurechtkommt. Das läßt sich an dem — narratologisch betrachtet — ausgezeichneten Werk von Sternberg (1985) zeigen. — Zwischenpositionen — wie die von Buth (1994) — meinen, die bessere Kenntnis literarischer Techniken mache manche quellenkritische Lösung von früher obsolet. Das ist richtig, sofern man sich offenhält für alle an einer Textstelle registrierbaren Verständnisschwierigkeiten (und nicht lediglich ein einzelnes Problem herausgreift — z. B. die Verbfunktionen wie Buth) und sofern man über eine Prozedur verfügt, diese geordnet zu verarbeiten (vgl. Schweizer 1988; 1991).

8. Methoden-Synopse

Die Arbeit von Oppel (1995) über die Heilung der Blutflüssigen und die Erweckung der Jairustochter (Markus 5,21−43) ist ein Beispiel für die Rezeption der Semiotik von Greimas sowie des amerikanischen 'New Criticism'. Vgl. zum ersten Aspekt den hermeneutischen Beitrag von Panier (1989). Van Wolde (1989) interpretiert die Paradieserzählung im Gefolge von Greimas, dessen Konzept sie aber aus der Sicht von Peirce korrigiert. Beide Ansätze verhielten sich − ihrer Ansicht nach − komplementär.

9. Computerunterstützte Textanalyse

In unterschiedlicher Weise verquickt sich mit den genannten Aspekten die Frage der Computerverwendung. Nach einer Aufbauphase − etwa ab den 60er Jahren −, in der der biblische Textbestand elektronisch encodiert wurde, folgte der Einsatz des Mediums zur Lösung von Problemen grammatischer und textbeschreibender Art. Eine lange und breite Erfahrung hat hierbei die Werkgroep Informatica in Amsterdam, begründet von Eep Talstra. Eine Revision gängiger hebräischer Grammatik kann ihrem Bemühen nicht nachgesagt werden. Unverkennbar aber ist, daß die biblischen Texte grammatisch so codiert und ausgewertet werden sollen, daß Bezüge in Texten, also jenseits der Satzgrenze sichtbar werden.

10. Segmentierung des Textes

Textlinguistisches Vorgehen unter Einsatz des Computers warf die Frage nach der Segmentierung von Texten auf. Daß die überlieferte Größe *Bibelvers* textwissenschaftlich wertlos ist, wurde von denen, die präzisere Textbeschreibung anstrebten, schnell erkannt. Dagegen war im Rahmen der *Formgeschichte* (vgl. 1[b]) die Textsegmentierung nicht als Problem erkannt worden. Die Lösungen hierfür sind terminologisch verschieden, ebenso die Kriteriologie. Z. T. wird − theoriefern − weiterhin von *Satz*-Abgrenzung gesprochen (vgl. Richter 1991−93); Talstra (1992) versucht die traditionelle Sprechweise zu verfeinern (*clause, clause-atoms*), andere haben die pragmatische Wende in der alten Frage der Satzdefinition vollzogen und sprechen von 'utterance unit' (Wiklander 1984) bzw. *Äußerungseinheit/illocution unit* (Schweizer 1981; 1984b, usw.), dazu eine Übersicht bei Schweizer (1994), Oswald (1995). Verschiedentlich ist das Bewußtsein und Bestreben vorhanden, aszendent über die linearen Basiseinheiten hinaus, aus denen der Text besteht, zu komplexen Segmentierungen zu kommen. Noch sehr an Elementargrammatik gebunden ist dies projektiert in Richters (1979) Konzept und in Den Exter Blokland (1995). Dagegen im Rahmen eines textbezogenen Beschreibungssystems: Schweizer (1995c). Vgl. die in die Arbeitsübersetzung integrierten ganz verschiedenartigen Segmentierungssysteme: Schweizer (1995b; 1995c, Bd. II, 1 ff).

11. 'Language Universals'?

Einflußreich ist der eher deduktiv ausgerichtete Ansatz von Longacre (1983; 1989): Auf dem Hintergrund der Untersuchung von Texten verschiedener pazifischer Kulturen entwickelt Longacre ein tagmemisches Raster. Fünf elementare Diskurstypen sind darin vorgesehen (*drama, narrative, expository, procedural, hortatory*). Für Erzähltexte lediglich wird eine Taxonomie entwickelt, d. h. eine Liste von Funktionen (z. B. *aperture, stage, episodes, peak, closure*), die durch unterschiedliche Klassen realisiert werden. Bei der Beschreibung der Klassen fließt die Beobachtung grammatisch-stilistischer Strukturen ein (z. B. Ort/Zeit-Zäsuren, Verbformation, Satztypen). Insgesamt gilt auch für diesen Ansatz die Annahme, daß die Einheit einer Interpretationsebene gebildet wird durch Einheiten der nächst tieferen Ebene, so daß eine Hierarchie entsteht (*discourse → paragraph → sentence → clause → phrase* usw.).

12. Gesprächsanalyse

Beim Stichwort 'Gesprächsanalyse' nimmt es wunder, daß theologische ExegetInnen dieses Feld nicht längst entdeckt haben bzw. aktiv mit den außertheologischen Dialogforschungen kooperieren. Schließlich ist früh schon die Gesprächsmetapher etwa in der Trinitätsspekulation herangezogen worden; kaum eine Disziplin stellt den Kommunikationsakt und seine Bedeutung so sehr ins Zentrum, indem sie redet von: Offenbarung, Selbstmitteilung Gottes, 'Wort Gottes', Gebet als 'Gespräch' mit Gott. Allerdings läßt sich von verschiedenen Seiten her (z. B. philosophisch oder soziologisch) die Uneigentlichkeit und Fragwürdigkeit dieser anthropomorphen Bilder aufweisen. So hat Luhmann (1985) die — wissenschaftlich betrachtet — Nutzlosigkeit dieses uneigentlichen Sprachgebrauchs aufgedeckt, weil die Präsupposition jedes Gesprächs fehlt, nämlich die fraglose Annahme der Existenz des Gesprächspartners. „Es genügt mir nicht, wenn ich die Antwort erhalte, Kommunikation mit Gott sei etwas anderes als Kommunikation unter Menschen. Wenn so, dann sollte man einen anderen Ausdruck dafür wählen. Denn wenn man Kommunikation sagt und zugleich sagt, daß man nicht meint, was man sagt, handelt man im strengen Sinne paradox" (Luhmann 1985, 45). Theologische/religiöse Diskurse wären demnach strukturell darauf angelegt, Wissen und Erkenntnis zu verhindern bzw. das Nicht-Wissen zu verschleiern, wobei dem expliziten Wortsinn nach aber der gegenteilige Eindruck erweckt wird. So gesehen wäre die Nähe von TheologInnen zu sog. AgnostikerInnen groß, mit dem Unterschied, daß TheologInnen in soziologische Strukturen eingebettet sind (Kirchen — um nur für christliche Theologie zu reden), die die Unmöglichkeit, substantielles Wissen zu vermitteln, durch lebensbegleitende, stützende Rituale und — ebenfalls eine Ersatzfunktion bei fehlender gelingender Kommunikation — hierarchisch-autoritäre Strukturen auszugleichen versuchen. Eine weitere Ersatzfunktion im gesellschaftlichen Diskurs: Man besetzt Begriffe/Werte auch ohne spezielle Qualifikation hierfür. PsychologInnen können sich über 'Liebe', 'Trauer', 'Vertrauen' usw. in der Regel erfahrungsgesättigter und lebensnäher äußern als TheologInnen. Aber durch die plakative Besetzung der Begriffe gelingt den TheologInnen der Nachweis der (noch) breit akzeptierten Unentbehrlichkeit im gesellschaftlichen Diskurs.

Die Praktische Theologie — mehr sozialwissenschaftlich orientiert — hat in unserer Zeit den Wert des 'Helfenden Gesprächs' (Rogers, Cohn) entdeckt. Kort (1992) versteht Diskursanalyse als allgemeine theologische Disziplin, denn „to understand Christian theology an appreciation for the strategies and dynamics of difference and opposition is indispensable" (ebd., ix). Systematische Reflexionen über Wesen, Möglichkeiten und Grenzen religiöser Rede gibt es vielfach — Übersicht bei Schulte (1992). Die Bezugsgrößen 'Text, Diskurs, Gespräch' spielen dabei aber kaum eine Rolle. Seit Beginn der 70er Jahre gab es — Metz (1973) griff eine Anregung Weinrichs auf — das antisystematische Konzept einer 'narrativen Theologie', die erfahrungsgesättigter sei und insofern angemessener, zumal die Dunkelheiten des Lebens ohnehin nicht auf den Begriff gebracht werden könnten. Von Tillich herkommend wendet sich vor allem Tracy (1993) gegen einen 'Offenbarungspositivismus' und versteht Theologie als 'Gespräch', als Auseinandersetzung mit Pluralität und Ambiguität nicht nur anderer religiöser Traditionen, sondern auch der eigenen. — In Aufnahme sprachwissenschaftlicher Einsichten reflektiert Schäffler (1989) aus philosophischem Blickwinkel über die Möglichkeiten religiöser Sprache.

Wenn es aber in praktischer Textbeschreibung und Interpretation, exegetisch, um mehr geht als nur die getreuliche Aufzeichnung, wo im Text zwischen welchen Akteuren ein Dialog vorliegt, mit welchen Redeeinleitungen — relativ ausführlich in diesem Sinn: Winther-Nielsen (1995) —, wo also auch die Redezüge, Dialogsteuerungen — u. U. kombiniert mit der Beschreibung der Thema-Rhema-Entwicklung — ausgewertet werden sollen, sind mir nur eigene Arbeiten bekannt: Schweizer (1981) zu Genesis 23; (1984b) zu Genesis 18,22−33; (1995c) zur Josefsgeschichte.

13. Literatur (in Auswahl)

Bader, Winfried (1991): Simson bei Delila. Computerlinguistische Interpretation des Textes Richter 13−16. Tübingen.

— (ed.) (1993): „Und die Wahrheit wurde hinweggefegt". Daniel 8 linguistisch interpretiert. Tübingen/Basel.

Becker-Spörl, Silvia (1992): „Und Hanna betete und sie sprach ...". Literarische Untersuchungen zu 1 Samuel 2,1−20. Tübingen.

Bergen, Robert Dale (ed.) (1994): Biblical Hebrew and Discourse Linguistics. Winona Lake/Dallas.

Black, David Alan (1992): Introduction. In: Black, David Alan (ed.): Linguistics and New Textament Interpretation. Essays on Discourse Analysis. Nashville, 10−14.

Bodine, Walter Ray (ed.) (1992): Linguistics and Biblical Hebrew. Winona Lake.

— (ed.) (1995): Discourse Analysis of Biblical Literature. What It Is and What It Offers. Atlanta.

Buth, Randall (1992): Topic and Focus in Hebrew Poetry — Psalm 51. In: Hwang, Shin Ja Joo/Merrifield, William R. (eds.) (1992): Language in Context. Essays for Robert E. Longacre. Dallas. 83−96.

— (1994): Methodological Collision between Source Criticism and Discourse Analysis. The Problem of „Unmarked Temporal Overlay" and the Pluperfect/Nonsequential wayyiqtol. In: Bergen (ed.) (1994), 138—154.

Delorme, Jean (ed.) (1979): Zeichen und Gleichnisse. Evangeliumstext und semiotische Forschung. Für die Gruppe Entrevernes. Düsseldorf [= Signes et paraboles. Paris 1977].

Den Exter Blokland, A. François (1995): In Search of Text Syntax. Towards a Syntactic Text-Segmentation Model for Biblical Hebrew. Amsterdam.

Gerber, Uwe/Güttgemanns, Erhardt (eds.) (1973): Glauben und Grammatik. Theologisches „Verstehen" als grammatischer Textprozeß. Bonn.

Groupe d'Entrevernes (1979): Analyse sémiotique des textes. Introduction — Théorie — Pratique. Lyon.

Hardmeier, Christof (1978): Texttheorie und biblische Exegese. Zur rhetorischen Funktion der Trauermetaphorik in der Prophetie. München.

— (1990): Prophetie im Streit vor dem Untergang Judas. Erzählkommunikative Studien zur Entstehungssituation der Jesaja- und Jeremiaerzählungen in 2. Könige 18—20 und Jeremia 37—40. Berlin.

Kort, Wesley A. (1992): Bound to Differ. The Dynamics of Theological Discourses. University Park (Pennsylvania).

Longacre, Robert Edmondson (1983): The Grammar of Discourse. New York. [2. Aufl. 1996].

— (1989): Joseph: A Story of Divine Providence. A Text Theoretical and Textlinguistic Analysis of Genesis 37 and 39—48. Winona Lake.

Luhmann, Niklas (1985): Läßt unsere Gesellschaft Kommunikation mit Gott zu? In: Bogensberger, Hugo/Kögerler, Reinhard (eds.) (1985): Grammatik des Glaubens. St. Pölten/Wien, 41—48.

van der Merwe, Christo H. J. (1994): Discourse Linguistics and Biblical Hebrew Grammar. In: Bergen (ed.) (1994), 13—49.

Metz, Johann Baptist (1973): Kleine Apologie des Erzählens. In: Concilium 9, 334—341 [= In: ders. (1977, [4]1984): Glaube in Geschichte und Gesellschaft. Studien zu einer praktischen Fundamentaltheologie, Mainz, 181—203].

Oppel, Dagmar (1995): Heilsam erzählen — erzählend heilen. Die Heilung der Blutflüssigen und die Erweckung der Jairustochter in Markus 5,21—43 als Beispiel markinischer Erzählfertigkeit. Weinheim.

Oswald, Wolfgang (1995): Text Segmentation and Pragmatics. In: Actes du Quatrième Colloque International Bible et Informatique: „Matériel et matière". L'impact de l'informatique sur les études bibliques. Amsterdam, 15—18 August 1994. Paris/Genève, 140—153.

Panier, Louis (1989): Theologische Implikationen einer semiotischen Lektüre biblischer Texte. In: Theologische Quartalschrift 169, 223—237.

Rabe, Norbert (1990): Zur synchron definierten alttestamentlichen Textkritik. In: Biblische Notizen 52, 64—97.

— (1994): Vom Gerücht zum Gericht. Revidierte Text- und Literarkritik der Kundschaftererzählung Numeri 13.14 als Neuansatz in der Pentateuchforschung. Tübingen/Basel.

Richter, Wolfgang (1971): Exegese als Literaturwissenschaft. Entwurf einer alttestamentlichen Literaturtheorie und Methodologie. Göttingen.

— (1979): Grundlagen einer althebräischen Grammatik. B. Die Beschreibungsebenen. I. Die Wortfügung (Morphosyntax). St. Ottilien.

— (ed.) (1991—93): Biblia Hebraica transcripta. BH^t, das ist das ganze Alte Testament transkribiert, mit Satzeinteilungen versehen und durch die Version tiberisch-masoretischer Autoritäten bereichert, auf der sie gründet. Bd. 1—16. St. Ottilien.

Schäffler, Richard (1989): Das Gebet und das Argument. Zwei Weisen des Sprechens von Gott. Eine Einführung in die Theorie der religiösen Sprache. Düsseldorf.

Schneider, Wolfgang (1974, [7]1989): Grammatik des biblischen Hebräisch. Ein Lehrbuch. Völlig neue Bearbeitung der „Hebräischen Grammatik für den akademischen Unterricht" von Oskar Grether. München.

Schulte, Andrea (1992): Religiöse Rede als Sprachhandlung. Eine Untersuchung zur performativen Funktion der christlichen Glaubens- und Verkündigungssprache. Frankfurt am Main/Bern/New York.

Schweizer, Harald (1981): Metaphorische Grammatik. Wege zur Integration von Grammatik und Textinterpretation in der Exegese. St. Ottilien.

— (1984a): Das seltsame Gespräch von Abraham und Jahwe (Genesis 18,22—33). In: Theologische Quartalschrift 164, 121—139.

— (1984b): Wovon reden die Exegeten? Zum Verständnis der Exegese als verstehender und deskriptiver Wissenschaft. In: Theologische Quartalschrift 164, 161—185.

— (1986): Biblische Texte verstehen. Arbeitsbuch zur Hermeneutik und Methodik der Bibelinterpretation. Stuttgart/Berlin/Köln/Mainz.

— (1987): Sémiotique (française) contre exégèse historico-critique (allemande)? Remarques à partir de Genèse 1,1—10. In: Sémiotique & bible 47, 1—17.

— (1988): Literarkritik. In: Theologische Quartalschrift 168, 23—43.

— (1989): Die Bezugsgröße „Text" in der computerunterstützten Erforschung des Bibeltextes. Beispiele aus der Untersuchung von קרב. In: Talstra, Eep (ed.), 135–163.

– (1991): Josefsgeschichte. Konstituierung des Textes. Bd. I/II. Tübingen.

– (1994): Textsegmentierung in Äußerungseinheiten. In: Sprache und Datenverarbeitung 18,2, 3–18.

– (1995a): Weitere Impulse zur Literarkritik. In: Biblische Notizen 80, 73–99.

– (1995b): Text segmentation and levels of interpretation. Reading and rereading the biblical story of Joseph. In: Semiotica 107, 3/4, 273–292.

– (1995c): Computerunterstützte Textinterpretation. Die Josefsgeschichte beschrieben und interpretiert im Dreischritt: Syntax – Semantik – Pragmatik. Bd. I–III. Tübingen/Basel.

Sternberg, Meir (1985): The Poetics of Biblical Narrative. Ideological Literature and the Drama of Reading. Bloomington.

Talstra, Eep (ed.) (1989): Computer Assisted Analysis of Biblical Texts. Papers read at the Workshop on the Occasion of the Tenth Anniversary of the „Werkgroep Informatica", Faculty of Theology, Vrije Universiteit Amsterdam. Amsterdam.

– (1992): Text Grammar and Computer. The Balance of interpretation and calculation: Actes du Troisième Colloque International Bible et Informatique: interprétation, herméneutique, compétence informatique, Tübingen, 26–30 August 1991. Paris, Genève, 135–149.

Tracy, David (1993): Theologie als Gespräch. Eine postmoderne Hermeneutik. Mainz.

Wehrle, Josef (1987): Prophetie und Textanalyse. Die Komposition Obadja 1–21 interpretiert auf der Basis textlinguistischer und semiotischer Konzeptionen. St. Ottilien.

Wiklander, Bertil (1984): Prophecy as Literature. A Text-Linguistic and Rhetorical Approach to Isaiah 2–4. Uppsala.

Winther-Nielsen, Nicolai (1995): A Functional Discourse Grammar of Joshua. A Computer-assisted Rhetorical Structure Analysis. Stockholm.

Winther-Nielsen, Nicolai/Talstra, Eep (1995): A Computational Display of Joshua. A Computer-assisted Analysis and Textual Interpretation. Amsterdam.

Wolde, Ellen José van (1989): A Semiotic Analysis of Genesis 2–3. A Semiotic Theory and Method of Analysis Applied to the Story of the Garden of Eden. Assen.

Harald Schweizer, Tübingen
(Deutschland)

70. Textlinguistik und Geschichtswissenschaft

1. Problemstellung
2. Narrative Modellierung von Geschichte
3. Kohäsionsmuster
4. Literatur (in Auswahl)

1. Problemstellung

Textlinguistik kann grundsätzlich innerhalb der Geschichtswissenschaft in zweifacher Weise eine Rolle spielen: als Hilfswissenschaft (moderne Variante philologischer Untersuchungsmethoden) und als Metawissenschaft (z. T. im Anschluss an die traditionelle Historik). In letzterer Funktion üben textlinguistische Fragestellungen seit Beginn der siebziger Jahre einen beachtlichen Einfluss auf die Diskussion über Methoden und epistemologische Möglichkeiten und Grenzen der Geschichtsschreibung aus. Ihren Anwendungsbereich bilden historiographische Texte, die bei diachroner Betrachtung ihrerseits die Geschichte der Geschichtswissenschaft dokumentieren. Der Potenzierung der Metaebenen ist im Prinzip keine Grenze gesetzt, so dass man durchaus auf – textlinguistisch abgestützte – Geschichten der Geschichte der Geschichtswissenschaft stößt. Hintergrund dieses autoreflexiven Interesses ist heute die Notwendigkeit, den jeweiligen Standort der Fachdisziplin gegenüber gesellschaftlichen Infragestellungen, neuen methodischen Paradigmen (Strukturalismus in den sechziger und siebziger Jahren) und/oder modischen Strömungen (Postmoderne in den neunziger Jahren) neu zu definieren. Das Schlagwort vom *linguistic turn* (Küttler 1993, 50) ist seit Ende der siebziger Jahre beredter Ausdruck der Aufwertung von linguistisch inspirierten Denkweisen unter Historikern.

Das Verhältnis zwischen den beiden im Titel dieses Artikels genannten Wissenschaften müssen wir aber auch von der anderen Seite her betrachten: Wie machen sich Textlinguisten Historiographisches zunutze? Hier besteht seit mehr als 30 Jahren eine Forschungstradition, die Texte der Geschichtsschreibung als Korpora mit einzigartigen Qualitäten (für lange Zeiträume gut dokumentiert, nicht fiktional, wenig fachsprachlich markiert) heranzieht.

Die beiden hier vorgestellten Perspektiven dürfen nicht scharf gegeneinander abgegrenzt werden. Zu Beginn der textlinguistisch ausgerichteten Diskussion unter Historikern ist es in den frühen siebziger Jahren zu einem Dialog zwischen Vertretern beider Disziplinen gekommen (vgl. Kosellek/Stempel 1973), der allerdings auf die weitere Auseinandersetzung nur wenig eingewirkt hat.

2. Narrative Modellierung von Geschichte

Die Vorgeschichte der Problematik reicht auf die *Rhetorik* und *Poetik* des Aristoteles zurück; sie ist gut aufgearbeitet und braucht hier nicht referiert zu werden (vgl. Kessler 1982; speziell zu Aristoteles: Schmitt 1996). Beim historischen Rückblick kann nicht entgehen, dass eine der ältesten Fragestellungen in diesem Bereich − Aristoteles' Überlegungen zum Unterschied zwischen Geschichtsschreibung und Dichtung in Kap. 7−9 seiner *Poetik* − auch heute wieder im Mittelpunkt von Diskussionen steht, die weit über den Kreis der Fachhistoriker hinausreichen (s. 2.3. zu H. White). Davon nicht zu trennen ist seit Droysen „die Gretchenfrage an den Historiker" (Jauss 1982, 420): „Wie hältst du's mit dem Erzählen?". Sie wird seit 1970 in Deutschland meist unter der Ägide Bielefelder Historiker auf immer neuen Kolloquien behandelt, die zu immer neuen Sammelbänden führen. Die Debatte ist bisweilen zu einem Glaubenskrieg mit kuriosen Frontbildungen abgeglitten, etwa nach dem Prinzip erzählend = vorwissenschaftlich, nicht-erzählend = theoriebewusst.

In Anlehnung an die Arbeiten von Arthur C. Danto haben sich andere Historiker um Überwindung falscher Alternativen bemüht, so Rüsen (1979, 328): „Historische Theorien sind explizite und begründete narrative Konstrukte".

2.1. Schwierige Interdisziplinarität

In Deutschland begann (und endete) das Gespräch zwischen Textwissenschaftlern und Historikern auf einer Tagung der Forschungsgruppe Poetik und Hermeneutik im Sommer 1970 (vgl. Kosellek/Stempel 1973). Einigkeit bestand über den historiographiegeschichtlichen Bedeutungsumfang des (von Stempel erläuterten) modernen Erzählbegriffs (ebd., 325 ff): Vorformen der Geschichtsschreibung wie Annalistik und Chronik erfüllen nicht die Qualitätskriterien dieses Texttyps, der u. a. lineare Kausalverknüpfung zwischen den Ereignissen, Kontinuität der Geschehensträger und eine gewisse Homogenität im Abstraktionsniveau der miteinander verknüpften Aussagen voraussetzt. Mit erheblich weniger Präzision wurde ein zweiter Problemkreis behandelt: Was ist Geschichtsschreibung, wenn sie nicht erzählt? Zur Diskussion standen texttypische Eigenschaften wie Erklärung, Beschreibung (von Strukturen, besonders in Wirtschafts- und Sozialgeschichte), Argumentation und metanarrativer Diskurs (ebd., Stempel 343 und Kosellek 560). Aber schon bei Begriffen wie Beschreibung, die heute zu den am besten definierten der Textlinguistik gehören, kam es zu merkwürdigen Unschärfen und Missverständnissen (dazu Weinrich ebd., 521). Unsicher war man zumal bei der Einschätzung von heute in Pragmatik und Argumentationstheorie abgehandelten Erscheinungen, die auf die Präsenz des Sprechers im Text hinweisen. Verschiedentlich klingt schon der Begriff der Kohärenz an (u. a. 344, 524), dem in der späteren Diskussion eine Schlüsselrolle bei der Rechtfertigung erzählender Geschichtsschreibung zukommen sollte.

Der Dialog zwischen Linguisten und Historikern kam für erstere wohl zu früh: Insgesamt gesehen, hatten sie den Historikern noch kein theoretisch durchdachtes und real nützliches Instrumentarium der Textanalyse zu bieten. Und wie ein Historiker beklagte, waren sie in ihrer Wahrnehmung der Historie anscheinend nicht über Ranke und Droysen hinausgelangt (ebd., 585; vgl. 589).

2.2. Textpragmatik

In der geschichtswissenschaftlichen Diskussion der achtziger Jahre treten andere Arten von Fragestellungen in den Vordergrund, vor allem pragmatische. Das Forschungsinteresse gilt nun mehr den lebensweltlichen Grundfunktionen − der „Sinnbildungsleistung" − des historischen Erzählens als seinen internen Strukturen. Gleichzeitig verschärft sich unter dem Eindruck der Theorie von White (s. 2.3.) die Frage nach der wissenschaftlichen Validität des erzählerischen Zugangs zur geschichtlichen Wirklichkeit. Auf diese Fragen, so

meint Kosellek (1982, 515; vgl. 561), bleibt die Textlinguistik die Antwort schuldig. Und doch ist nicht auszuschließen, dass die neue Frage nach dem Wozu des Erzählens sinnvoll mit der – primär linguistischen – nach dem Wie verbunden werden kann. Deshalb sei Koselleks Typologie (ebd., 545–561) hier kurz vorgestellt:
– Traditionales Erzählen leitet in der Gegenwart bestehende Normensysteme aus der Vergangenheit her und präsentiert sie als selbstverständlichen Zukunftsentwurf. Die drei Zeitdimensionen verschmelzen so zu einer einheitlichen, identitätsstiftenden Lebensordnung (Beispiel: herrschaftslegitimierende Erzählungen, die Könige von Göttern herleiten).
– Exemplarisches Erzählen will in Regelform fassbares Wissen über Vergangenheit für Gegenwart und Zukunft nutzbar machen. Zeit wird nicht als unwandelbare Kontinuität dargestellt, sondern als Gestaltungsraum für Serielles, indem sich unter bestimmten Bedingungen Gelegenheit zur Anwendung von gleichen Handlungsregeln ergibt (Beispiel: Machiavels *Geschichte von Florenz*).
– Kritisches Erzählen bietet Gegengeschichten zu dem in einer Gesellschaft als traditionelle Verhaltensnorm Geltenden, bricht also Kontinuität und zielt auf Veränderung (Beispiel: Voltaires *Essai sur les mœurs et l'esprit des nations* oder heutige feministische Geschichtsschreibung).
– Genetisches Erzählen lebt aus der Dialektik von Anderswerden und Identität. Es stellt Strukturveränderungen eines Systems als in der Natur der Sache liegenden (also in der Vergangenheit begründeten) Prozess des Fortschritts dar (Beispiel: marxistische Historiographie).

Laut Kosellek ist jedes historiographische Werk durch das besondere Mischungsverhältnis gekennzeichnet, in dem diese vier Formen von Sinnbildungsleistung interagieren.

Wie schon gesagt, wird hier bewusst auf linguistische und überhaupt auf formale Kriterien der Analyse verzichtet. Dies sollte, soweit sich Koselleks Erzähltypologie als tragfähig erweist, eine Herausforderung gerade an den Textlinguisten darstellen. Dass das Vorherrschen von Relationen wie Äquivalenz oder Verschiedenheit, von Konformität oder von Negation im zeitlich dreigeteilten Gegenstandsbereich der Erzählung keinen textsemantisch nachweisbaren Reflex haben sollte, scheint unglaubhaft.

2.3. Erzählen aus postmoderner Sicht

Eine größere Nähe zu philologischen Begriffen und Denkweisen spricht aus den Arbeiten von Hayden White, der Gemeinsamkeiten zwischen fiktionalen und historiographischen Werken herauszuarbeiten versucht. Gemeinsam ist beiden Typen das Bemühen um erzählerische Kohärenz, narrative Bildung von Sinnmustern (White 1990, 62 f). *Auch Klio dichtet oder Die Fiktion des Faktischen* lautet der programmatische Titel eines seiner Bücher (Stuttgart 1986). Nicht in dem von Historikern erhobenen Anspruch auf Wissenschaftlichkeit, Objektivität und Referentialität ihrer Sprache kann für White der Unterschied zwischen Historiographie und schöngeistiger Literatur liegen, denn „Geschichtswissenschaft" bleibt für ihn eine vorwissenschaftliche Tätigkeit. Diesen Standpunkt, eine Art Renaissance des aus der Historik bekannten „Pyrrhonismus" (Bayer/Wende 1995, unter *Pyrrhonismus*), als großer Entwurf bereits 1973 (deutsch 1991) vorgestellt, hat White später in mehreren Werken präzisiert und 1987 gegenüber linguistischer Diskurstheorie und semiotischer Narrativik abgegrenzt (deutsch 1990, 11 ff). Seine Grundthese lautet, dass Historiker erzählen, durch Erzählen zu erklären versuchen und sich dabei unbewusst an Modellen orientieren, die ihnen aus der Geschichte der literarischen Gattungen vorgegeben sind: Romanze, Tragödie, Komödie und Satire (1991, 22). Mit der Anlehnung an diese Gattungen sind jeweils Annahmen über die Welt verbunden, die den Historiker zu bestimmten Argumentationsweisen und Schlussfolgerungsverfahren veranlassen. So entspricht die tragische Erzählstruktur einem mechanistischen Weltverständnis, das eine Reduktion allen Geschehens auf allgemeingültige Kausalgesetze nahelegt (etwa in der marxistischen Geschichtsschreibung). Jede dieser Verbindungen von Gattungsaffinität und Argumentationsweise verweist inhaltlich auf ideologische Standpunkte und schlägt sich stilistisch in der Vorliebe für bestimmte rhetorische Figuren nieder (Metapher, Metonymie, Synekdoche, Ironie). Beispielsweise ist die Kombination von tragischem Erzählmodus und mechanistischer Welterklärung präferentiell verbunden mit „radikaler" Ideologie und Metonymie (54, vgl. Schema S. 48). Angewandt auf den preußischen Historiker Leopold von Ranke, ergibt sich folgende Verbindung: Erzählmodus komisch, Ideologie konservativ, Weltverständnis organizistisch, rhetorische Figur synekdochisch (214–250).

Derartig kühne Synthesen sind in der Geschichte der Geisteswissenschaften selten geworden. Trotz unübersehbarer Argumentationsschwächen ist Whites originelle Sicht rhetorischer, aber auch epistemologischer Probleme der Geschichtswissenschaft nicht ohne Einfluss geblieben. Seine Thesen erfordern deshalb einige weiterführende Überlegungen.

Zunächst zu den Schwächen. Zu spät und zu oberflächlich erfolgt seine Auseinandersetzung mit nicht narrativer Geschichtsschreibung, vor allem der Gruppe der *Annales* (1990, 46–53). White muss sich den Vorwurf gefallen lassen, sein Blickfeld auf diejenigen – methodisch überwundenen – Formen der Geschichtsschreibung verengt zu haben, für die sich eine Bestätigung seiner Ausgangshypothesen erhoffen lässt. Sein eigener Umgang mit analytisch verwendeten Begriffen ist in entscheidenden Punkten nicht akzeptabel: Beispielsweise wird in einem Dreischritt (a) zunächst das Wesen der Komödie auf Versöhnung (zwischen Menschen, Mensch und Gesellschaft; White 1991, 23) reduziert, (b) dann die Auflösung von Konflikten im Kampf der historischen Kräfte den Leitvorstellungen von Rankes Geschichtsbild zugeordnet und (c) folglich Rankes Erzählmodus als jener der Komödie erkannt. Scheinsyllogismen dieser Art durchziehen Whites Argumentation und bilden, so könnte man boshaft anmerken, eine seiner beiden häufigsten Stilfiguren. Die andere besteht in der höchst metaphorischen Verwendung von linguistischen (*Grammatik*, *Syntax*; 1991, 221, 223) und vor allem rhetorischen Begriffen. Tropen wie Metonymie und Synekdoche werden zunächst korrekt als Ersetzungsfiguren auf Wortebene vorgestellt (1991, 51). Bei der Anwendung auf die Beschreibung des historiographischen Stils erlebt ihr Begriffsumfang eine gewaltige Ausdehnung oder Verschiebung auf die undefiniert bleibende Ebene makro-strukturell erschlossener Inhalte – etwa bei der Zuordnung von Rankes Erklärungsstrategie zur Figur der Synekdoche (1991, 233). Die auf den ersten Blick so imponierenden Brückenschläge zwischen Erzählweise, Argumentationsstrategie und ideologischem Standpunkt des Historikers beruhen damit auf einer allzu intuitiven, einer begrifflichen Überprüfung nicht standhaltenden Grundlage (vgl. Cebik 1986, 64, 79). Soweit es um Affinitäten zu literarischen Gattungen und um Charakterisierungen durch Tropen geht, wäre es vermutlich ein Leichtes, durch geschickte Auswahl von Texten jeden der in White (1991) behandelten Historiker durch jede beliebige Kombination zu porträtieren. Seine Behauptungen erreichen außer bei einigen präziseren Textinterpretationen (z. B. 1991, 220) nicht den Status von im Prinzip falsifizierbaren Aussagen, auch wenn hierzu die Literaturwissenschaft oft ein positiveres Urteil fällt (vgl. Lützeler 1990; Wagner 1993; Lüsebrink 1993; kritisch dagegen Stierle 1979, 115). Sind sie insofern wissenschaftlich belanglos? Die Wirkungsgeschichte von Whites Werken beweist das Gegenteil. Ihre Resonanz unter Historikern, ihre Diskussion im Zeichen eines „postmodernen" Geschichtsverständnisses (vgl. Zagorin 1990, 264) machen wohl vor allem deutlich, dass es White gelungen ist, im Übergangsbereich von Geschichtswissenschaft und Textwissenschaft eine Lücke wenn nicht zu füllen, so doch einstweilen zu besetzen. Denn wie oben angedeutet, haben sich im deutschsprachigen Raum die Textlinguisten aus dem Dialog mit den Historikern zurückgezogen; die in Frankreich aus dem Strukturalismus hervorgegangenen und von White (1990, 12 f) diskutierten Erzählforscher wie Barthes und Genette sind in den siebziger Jahren verstummt oder haben sich wieder rein literarischen Texten zugewandt. In dieser Situation schien White durch Kühnheit bestechende Antworten auf eine Frage zu bieten, für die bei einer kontinuierlichen Entwicklung der strukturalen Erzählforschung die kognitive und argumentationstheoretische Textlinguistik hätte haften sollen: die Frage nach dem Einfluss textueller Strukturen auf die Modellierung des Geschichtsbildes.

2.4. Erzählen außerhalb der Ereignisgeschichte

Wie White hat auch der Philosoph Paul Ricœur (deutsch 1988, französisches Original 1983) bei der Diskussion historiographischer Texte erzählanalytische Verfahren eingesetzt. Den „angelsächsischen Autoren" (gemeint ist wohl vor allem White) wirft er vor, der Herausforderung der modernen Historiographie durch die Selbstbeschränkung auf „naive", in der Tat überwiegend erzählende geschichtliche Werke ausgewichen zu sein (Ricœur 1988, 262). Er wählt selber als Untersuchungsgegenstand den emblematischen Gegenentwurf zur traditionellen Ereignisgeschichte, Fernand Braudels *La Méditerranée et le monde méditerranéen à l'époque de Philippe II.*

Braudel hebt getreu seiner Theorie der „longue durée" die historisch entscheidende Kraft von nahezu unwandelbaren (Geographie, Teil I) oder sich nur langsam entwikkelnden Bedingungen wie Konjunkturzyklen (Teil II) hervor, widmet aber den dritten und letzten Teil seines o. g. Werkes den Ereignissen, der Politik und den Menschen. In provokativem Gegensatz zum Selbstverständnis der *Annales*-Gruppe versucht Ricœur den Nachweis, dass auch diese Form der Geschichtsschreibung im Grunde narrativ ist. Einige seiner Argumente stehen am Rande des textlinguistisch Relevanten, so eine Ausweitung der Begriffe Fabel (*intrigue*) und Ereignis: Als Ereignisse sollen anders als im üblichen Sprachgebrauch auch strukturelle Änderungen gelten (Ricœur 1988, 326, 337). Interessanter aus der Sicht dieses Artikels sind Argumente, die Ricœur aus einer „geduldigen Lektüre" (311) von *La Méditerranée* bezogen hat: Dem zweiten Teil (langfristige Entwicklungen) fehlt es an *cohérence* zwischen den verschiedenen Teilproblematiken; andererseits wird hier bereits ständig auf die später behandelte Ebene des Ereignishaften verwiesen. In ähnlicher Weise mangelt es aber nach den üblichen Maßstäben der erzählenden Geschichtsschreibung auch im dritten Teil an *cohérence*, da weder die Auswahl der besprochenen Ereignisse noch ihre kausale Verbindung die Evidenz des Narrativen besitzt (325). An deren Stelle tritt die nachträgliche und rückverweisende Verankerung des politischen Geschehens in den dauerhafteren Strukturen des zweiten Teils. Kurz, Kohärenz innerhalb der einzelnen Teile ergibt sich, textlinguistisch gesprochen, erst durch makrostrukturelle Kataphorik und Anaphorik im Verhältnis zwischen den Teilen II und III. Der deutsche Übersetzer gibt *cohérence* an den hier genannten Stellen mit „Zusammenhang" wieder (1988, 311, 314, 318), wodurch der Blick fälschlich mehr auf die Ebene der Sachverhalte als auf die ausdrücklich gemeinte Textdimension gelenkt wird.

Die Subsumption des gesamten Werkes unter die Gattung der Erzählung (und nicht etwa der Analyse oder der Beschreibung) ergibt sich nicht unmittelbar aus der Kohärenzanalyse, sondern erfordert zusätzlich die oben erwähnte Neudefinition von Grundbegriffen der Narrativik (325f).

Die Qualität letzterer Argumentation braucht hier nicht diskutiert zu werden. Ricœur ist es aber gelungen, die hohe Integrationskraft des Texttyps Erzählung nachzuweisen, der narrative Formen der Bedeutungsschematisierung auch gegenüber quantitativ vorherrschenden nicht-narrativen Teilen eines Gesamtwerks durchzusetzen vermag (vgl. Vorwort, 8f). Es ist deshalb nicht verwunderlich, dass nach den Höhepunkten der *longue durée*-Forschung in der französischen Geschichtswissenschaft seit etwa einem Vierteljahrhundert eine ausdrücklich proklamierte Rückkehr zur erzählenden Schreibweise in Gestalt der *nouvelle histoire politique* stattfindet. Die schwierige Frage, in welcher Weise narrative und andere Textstrukturen in denjenigen Werken der heutigen deutschen Historiographie ineinandergreifen, die Wehlers Paradigma der Gesellschaftsgeschichte (Wehler 1987, 28−30) verpflichtet sind, kann hier nicht mehr diskutiert werden.

3. Kohäsionsmuster

Da kaum eine Textsorte in den modernen europäischen Sprachen früher und kontinuierlicher dokumentiert ist als die historiographische, liegt es nahe, dass diese entsprechend der oben (s. 1.) genannten zweiten Perspektive das Interesse der Textlinguistik auf sich zieht, zumal als Korpus für diachrone Untersuchungen. Eine Anwendung solcher Fragestellungen auf französische Historiographen vom Anfang des 13. Jhs. bis zur Gegenwart findet sich in Blumenthal (1990) und (1995). Ausgehend vom traditionellen Kohäsionsbegriff wurde versucht, in einigen minutiös betrachteten Textausschnitten „Kohäsionsmuster" zu beschreiben (= syntaktisch und/oder semantisch markierte Satzverknüpfungsschemata, die an der Textoberfläche regelmäßig wiederkehren und gleichsam den sprachlichen Grundrhythmus des Werkes bilden). Die Natur dieser Muster hängt von meist überindividuellen sprachlichen, rhetorischen oder kognitiven Faktoren ab, u. a. von
− den Möglichkeiten des Sprachsystems der jeweiligen Zeit (Beispiel: Der Zustand des Tempus- u. Aspektsystems zu Beginn des 13. Jhs. erschwert systematische Informationen über Vorgangsqualität und komplexe zeitliche Relationen im Referenzbereich, fördert dagegen die Bildung additiver Muster; vgl. Villehardouin);
− zeitbedingten Denkstilen (Beispiel: Eine modische Neigung zur klassifizierenden Wirklichkeitserfassung kann zu Kohäsions-

mustern führen, die dem ständigen Wechsel der Abstraktionsebene den Vorrang gegenüber dynamischen Darstellungsweisen des Geschehensflusses einräumen; vgl. Commynes um 1500);
– dem Bemühen um Verständlichkeit (Beispiel: In Anbetracht der von ihm intensiv empfundenen Komplexität und Unübersichtlichkeit historischer Zusammenhänge hat Voltaire ein Verfahren rekursiver Einbettung von spezifizierenden oder erklärenden Wissenselementen entwickelt, das relativ gute Lesbarkeit trotz hoher Informationsdichte gewährleistet);
– Erkenntnisstand und Ideologie einer historischen Schule (Beispiel: Entsprechend den Idealen der *Annales*-Gruppe versucht Braudel (s. 2.4.), das berichtete Ereignis sowohl auf abstraktere, weniger partikulare Tatsachen als auch auf verschiedene („polyphone") erklärende Diskurse der Geschichtswissenschaft zu beziehen. Zu einer Besonderheit seiner Textstrukturierung wird dieses keineswegs ungewöhnliche Verfahren erst durch den Aufbau von explikativen Zyklen, in denen verschiedene Textebenen (Erzählelemente, verallgemeinernde Tatsachenfeststellungen, argumentative Diskurse) regelmäßig in charakteristischen Mustern auftreten).

Das soeben vorgestellte linguistische Vorgehen erlaubt die Festlegung von Parametern, die einen Vergleich verschiedener historiographischer Epochen und Stilrichtungen ermöglichen (Art der Zeitreferenz, Rolle der Abstraktion, Stellenwert der angestrebten Verständlichkeit u. ä.).

4. Literatur (in Auswahl)

Bayer, Erich/Wende, Frank (1995): Wörterbuch zur Geschichte. 5. Aufl. Stuttgart.

Blumenthal, Peter (1990): Textorganisation im Französischen. Vom Mittelalter zur Klassik. In: Zeitschrift für französische Sprache und Literatur 100, 25–60.

– (1995): Schémas de cohésion, causalité „floue" et paradigme de complexité dans F. Braudel: *La Méditerranée*. In: Le Français Moderne 63, 1–19.

Cebik, L. B. (1986): Understanding Narrative Theory. In: Ankersmit, F. R. (ed.) (1986): History and Theory. Studies in the Philosophy of History. Beiheft 25, 58–81.

Jauss, Hans Robert (1982): Der Gebrauch der Fiktion in Formen der Anschauung und Darstellung der Geschichte. In: Kosellek/Lutz/Rüsen (eds.) (1982), 415–451.

Kessler, Eckhardt (1982): Das rhetorische Modell der Historiographie. In: Kosellek/Lutz/Rüsen (eds.) (1982), 37–85.

Kocka, Jürgen/Nipperdey, Thomas (1979): Theorie und Erzählung in der Geschichte. München.

Kosellek, Reinhart (1982): Die vier Typen des historischen Erzählens. In: Kosellek/Lutz/Rüsen (eds.) (1982), 514–605.

Kosellek, Reinhart/Lutz, Heinrich/Rüsen, Jörn (eds.) (1982): Formen der Geschichtsschreibung. München.

Kosellek, Reinhart/Stempel, Wolf-Dieter (eds.) (1973): Geschichte – Ereignis und Erzählung. München.

Küttler, Wolfgang (1993): Erkenntnis und Form. Zu den Grundlagen der modernen Historiographie. In: Küttler/Rüsen/Schulin (eds.) (1993), 50–64.

Küttler, Wolfgang/Rüsen, Jörn/Schulin, Ernst (eds.) (1993): Geschichtsdiskurs. Bd. 1: Grundlagen und Methoden der Historiographiegeschichte. Frankfurt.

Lüsebrink, Hans-Jürgen (1993): Tropologie, Narrativik, Diskurssemantik. Hayden White aus literaturwissenschaftlicher Sicht. In: Küttler/Rüsen/Schulin (eds.) (1993), 355–361.

Lützeler, Paul Michael (1990): Der postmoderne Neohistorismus in den amerikanischen *Humanities*. In: Eggert, Hartmut/Profitlich, Ulrich/Scherpe, Klaus R. (eds.) (1990): Geschichte als Literatur. Formen und Grenzen der Repräsentation von Vergangenheit. Stuttgart, 67–76.

Ricœur, Paul (1988): Zeit und Erzählung. Bd. 1: Zeit und historische Erzählung. München.

Rüsen, Jörn (1979): Wie kann man Geschichte vernünftig schreiben? Über das Verhältnis von Narrativität und Theoriegebrauch in der Geschichtswissenschaft. In: Kocka/Nipperdey (eds.) (1979), 300–333.

Schmitt, Arbogast (1996): Teleologie und Geschichte bei Aristoteles. In: Stierle, Karlheinz/Warning, Rainer (eds.) (1996): Das Ende. Figuren einer Denkform. München, 528–563.

Stempel, Wolf-Dieter (1964): Untersuchungen zur Satzverknüpfung im Altfranzösischen. Braunschweig.

Stierle, Karlheinz (1979): Erfahrung und narrative Form. Bemerkungen zu ihrem Zusammenhang in Fiktion und Historiographie. In: Kocka/Nipperdey (eds.) (1979), 85–118.

Wagner, Irmgard (1993): Geschichte als Text. Zur Tropologie Hayden Whites. In: Küttler/Rüsen/Schulin (eds.) (1993), 212–232.

Wehler, Hans-Ulrich (1987): Deutsche Gesellschaftsgeschichte. Bd. 1. München.

White, Hayden (1986): Auch Klio dichtet oder die Fiktion des Faktischen. Stuttgart.
– (1990): Die Bedeutung der Form. Erzählstrukturen in der Geschichtsschreibung. Frankfurt.
– (1991): Metahistory. Die historische Einbildungskraft im 19. Jh. in Europa. Frankfurt.

Zagorin, Perez (1990): Historiography and Postmodernism: Reconsiderations. In: History and Theory 29, 263–274.

Peter Blumenthal, Köln
(Deutschland)

71. Textlinguistik und Rechtswissenschaft

1. Berührungspunkte zwischen Textlinguistik und Rechtswissenschaft
2. Forschungsstand und exemplarische Forschungsansätze
3. Desiderate und Perspektiven der Forschung
4. Literatur (in Auswahl)

1. Berührungspunkte zwischen Textlinguistik und Rechtswissenschaft

Obwohl das Recht wesentlich auf Texten beruht, die juristische Lehre der Gesetzesauslegung eine der frühesten Formen der systematischen, später wissenschaftlichen Beschäftigung mit Texten war (nach der Bibelexegese), ist die Untersuchung juristischer Texte und des juristischen Umgangs mit Texten unter den Auspizien moderner textlinguistischer Modelle und Methoden merkwürdigerweise bislang eher spärlich erfolgt. Dies ist vermutlich ein Reflex auf die Tatsache, daß die sprachliche Strukturebene der Texte und Textkonstitution, der die wissenschaftliche Beschreibungsebene der Textlinguistik entspricht, lange Zeit – wie ja auch in der Sprachwissenschaft selbst – nicht als eigenständige Größe (und notabene beschreibenswürdiges Objekt) der systematischen Beschäftigung mit Texten (an)erkannt wurde. Dominant waren in der juristischen Textauslegung (wie in der Linguistik) die Beschreibungsebenen der Sätze und Wörter (welche in der Rechtswissenschaft in der durch den Idealismus angeregten ontologisierenden Weise als *Begriffe* zu übersprachlichen Größen hypostasiert wurden und zur Ausbildung des Begriffs Jurisprudenz geführt haben). Die Geringschätzung, welche der Textebene gegenüber festzustellen ist, mag jedoch auch daher rühren, daß gerade die zentralen, in unserem Rechtssystem konstituierenden Texte, die Gesetze, in einer Weise benutzt werden, die die Textstruktur (hier begriffen als die höherrangige Organisationsstruktur sog. *Ganztexte*) in einer oberflächlichen Betrachtungsweise nicht zu einer besonders relevanten Größe macht. Vielmehr kommt es eher auf die einzelnen Paragraphen an, die in der juristischen Alltagsarbeit mit Gesetzen die Funktion von (in sich relativ abgeschlossenen) Miniaturtexten bekommen. Dies schließt jedoch nicht aus, daß Beziehungen, welche zwischen einem Paragraphen und anderen Gesetzesstellen bestehen, eine wichtige Funktion bei der Auslegung des Paragraphentextes oder der Lösung des anstehenden Rechtsfalles finden können; diesen Beziehungen kann sogar eine zentrale Funktion zukommen. Diese Beziehungen erscheinen jedoch im Kosmos der traditionellen Rechtstheorie als abstrakte Beziehungen zwischen Begriffen oder Einzelregelungen; ihre textuelle Basis, d. h. ihr Charakter als (je nach Sichtweise) innertextuelle oder intertextuelle Relationen, und damit ihr genuin sprachlicher Charakter, kommen dabei kaum in den Blick. Dabei ist juristische (Entscheidungs-)Arbeit Textarbeit in einem ausgezeichneten Sinne: Man könnte sie als Herstellung von Entscheidungstexten aus vorhandenen Texten im Wege der Herstellung von fallbezogenen Textbeziehungen (und damit Textnetzen) beschreiben (vgl. Busse 1992, 174 ff; 253 ff). Statt diesen Aspekt der juristischen Textarbeit – die Konstitution eines Entscheidungstextes – konstruktiv in die rechtstheoretische Selbstbeschreibung und Methodik einzubauen, wurde das Augenmerk bislang in den eingeengten Bahnen traditioneller Sprachtheorie (oder dem, was Juristen dafür halten bzw. daraus machen) allein auf die (meist wortsemantische verkürzte) „Auslegung" einzelner Begriffe und/oder Sätze und alle damit zusammenhängenden Fragen (Wortsemantik, Verhältnis Wort – Begriff, sog. *Wortlautgrenze*, *Verfasserabsicht*, *subjektive* vs. *objektive Aus-*

legung usw.) gerichtet. Dabei hätte der Auslegungsbegriff durchaus Anlaß dafür sein können, die Texthaftigkeit des Rechts und die Textfunktionen der verschiedenen juristischen Textsorten zum Ausgangspunkt vertiefender theoretischer wie methodischer Überlegungen zu machen. Dies hat (in sehr spärlichem Umfang) jedoch erst in der allerjüngsten rechtstheoretischen Forschung stattgefunden (für Nachweise vgl. Nussbaumer 1997). Dieselbe Zurückhaltung gilt freilich auch für die sprachwissenschaftliche Seite; Untersuchungen zu den textuellen Bedingungen und Erscheinungen des Rechts finden sich (neben den ubiquitären Beiträgen zu den ewig bewegenden Fragen „Ist die Rechtssprache eine Fachsprache?" und „Wie kann die Rechtssprache allgemeinverständlich(er) gemacht werden?") nur spärlich und in etwas größerer Zahl erst in allerjüngster Zeit (vgl. Nussbaumer 1997). Damit bekommt die Verbindung von Rechtswissenschaft und Textlinguistik den Charakter eines Desiderats; auch wenn vereinzelte Untersuchungen rechtlicher Textaspekte durch Linguisten vorliegen (und somit eine textlinguistische Erforschung von Rechtstexten wenigstens in Ansätzen gegeben ist), wird man einen Forschungs- oder Diskussionsbereich „Textlinguistik und Rechts*wissenschaft*" mangels Beteiligung letzterer zum jetzigen Zeitpunkt vergeblich suchen. (Auf den einzigen – nun schon etwas älteren – Forschungsansatz aus den siebziger Jahren werde ich unten eingehen.)

2. Forschungsstand und exemplarische Forschungsansätze

Der Forschungsstand zu unserer Thematik läßt sich folgendermaßen zusammenfassen: Nach einem fulminanten Einstieg intensiver und ernsthafter interdisziplinärer Bemühungen Anfang der siebziger Jahre im mehrjährigen Darmstädter Forschungsprojekt zur automatischen Analyse von Gesetzestexten versiegte das beiderseitige Interesse von Rechtswissenschaftlern und (Text-)Linguisten an weiterer gemeinsamer und enger Zusammenarbeit schlagartig – ein Zustand der wechselseitigen Distanz, der offenbar weitgehend bis heute anhält. (Über die Gründe des Scheiterns des damaligen Projektes – die hier nicht näher ausgeführt werden können, aber symptomatisch für die beiderseitigen Mißverständnisse über Sinn und Ziel einer Zusammenarbeit sind – informiert ausführlich Busse 1993, 140 ff.) Lediglich zu Bereichen, die der Textlinguistik als im weitesten Sinne benachbart aufgefaßt werden können, wie etwa Gesprächsanalyse von Gerichtsverhandlungen, Aktenanalysen, Untersuchungen juristischer Textsorten, sowie juristische Textarbeit liegen Forschungsergebnisse in notierenswertem Umfang vor, wobei lediglich der Bereich der Gesprächsanalyse als „gut erforscht" gelten kann. Da diese Untersuchungen (mit einer bedeutenden Ausnahme: Seibert 1981) überwiegend bis ausschließlich von Linguisten angestellt wurden, müßte die Überschrift des vorliegenden Artikels konsequenterweise eigentlich von „Textlinguistik und Rechtswissenschaft" abgeändert werden in „Sprachwissenschaft und Rechtstexte". Im folgenden stelle ich (notgedrungen in knappster Form) die wichtigsten Bemühungen in diesem interdisziplinären Bereich vor. (Zur Ergänzung sei verwiesen auf die – nun schon etwas ältere – kommentierte Bibliographie Reitemeier 1985 und die – aktuelle – unkommentierte Nussbaumer 1997; vgl. auch Bülow/Schneider 1981. Den in unserem Zusammenhang zu behandelnden Bereich „Analyse juristischer Textsorten" habe ich im vorliegenden Handbuch in Art. 58 „Textsorten des Bereichs Rechtswesen und Justiz" dargestellt; auch der ebenfalls in unseren Kontext gehörende Forschungsbereich „Konversationsanalysen juristischer Kommunikation" wird hier ausgeklammert, da auch dafür im zweiten Halbband des Handbuches mit „Gespräche im Rechtswesen" ein eigener Artikel vorgesehen ist.)

2.1. Ein interdisziplinärer Versuch: automatische Textanalyse von Gesetzen

Bezeichnend und charakteristisch für die interdisziplinären Kommunikationsprobleme zwischen Rechts- und Sprachwissenschaft(lern) ist die Tatsache, daß das bisher umfangreichste interdisziplinäre Forschungsprojekt, die Arbeiten und Diskussionen der von 1970 bis 1974 bestehenden, viermal in Darmstadt tagenden „Interdisziplinären Arbeitsgruppe 'Analyse der juristischen Sprache'" (dokumentiert in Rave/Brinckmann/Grimmer 1971a; 1971b; 1982; Brinckmann/Grimmer 1974) erst durch die um Förderungsmittel gebetene DFG genötigt werden mußte, überhaupt Sprachwissenschaftler in die Forschergruppe aufzunehmen, was zuvor offenbar von den initiativen Juristen und Informatikern (sic!) niemand für nötig erachtet hatte. Ziel war es, Grundlagen für eine automatische (maschinelle) Analyse und Interpretation von Gesetzestexten zu schaffen, welche den Richtern einen Teil ihrer Alltagsarbeit (Auslegung und Anwendung von Gesetzen) erleichtern sollte (vgl. für eine ausführliche Analyse dieses Projektes Busse 1993, 140– 161). Fragen nach der Voraussetzungshaftigkeit juristischer Textinterpretation, den prinzipiellen Aspekten von Textkonstitution, Textverarbeitung, Textverstehen, semantischer Analyse, textsemantischen Strukturen, Textvernetzungen usw. wurden zunächst nicht gestellt. Ausgangspunkt war die Konstruktion, Prüfung und Anwendbarkeitsdiskussion formallogischer Kalküle, welche den Abgleich zwischen Gesetzes(teil)texten einerseits und Sachverhaltsbeschreibungstexten andererseits und den Bedeutungen ihrer leitenden Begriffe (Lexeme) ermöglichen sollten. Ergebnis der ersten (noch ohne Linguisten stattfindenden) Arbeitstagung „Logische Struktur von Normsystemen" war — wenig überraschend — die Einsicht, daß man sich vor der Diskussion formallogischer Kalküle den grundlegenderen semantischen Problemen der Gesetzesinterpretation zuwenden müßte (die als textsemantische Probleme aufgefaßt wurden).

Konsequenterweise wurden ab der zweiten Arbeitstagung Vertreter der damals neuen Textlinguistik hinzugezogen. Dabei handelte es sich (der informatischen Ausrichtung der Arbeitsgruppe gemäß) um Vertreter solcher textlinguistischer Ansätze, die in Erweiterung der damals aktuellsten — v. a. generativistischen — satzgrammatischen Ansätze die Etablierung eines formalen Beschreibungsapparates für eine „Textgrammatik" beabsichtigten (v. a. P. Hartmann, H. Rieser). Folgerichtig standen danach nicht die am Ende der ersten Tagung angezielten semantischen Grundlagenfragen im Mittelpunkt der Diskussion, sondern die Probleme der von den beteiligten (Text)linguisten komplett in die Gruppenarbeit implantierten Textgrammatik-Kalküle (bzw. Entwürfe dazu). Der Terminus „Textverarbeitung" wurde also nicht semantisch oder interpretationstheoretisch, sondern in Hinblick auf die formallogischen Kalküle der maschinellen Sprachverarbeitung aufgefaßt. Für das angestrebte Ziel, automatische „Paraphrasen juristischer Texte" (so das Tagungsthema) zu erstellen, wurden interpretationstheoretische und textsemantische Fragen im engeren und grundsätzlicheren Sinne als überflüssig erachtet, jedenfalls zunächst nicht angesprochen. Linguistische bzw. formallogische Verfahren solten dazu verhelfen, ein Instrumentarium des Vergleichs verschiedener „Paraphrasen" bereitzustellen, mit dem die semantische Identität zweier Texte (Gesetzestext und Sachverhaltsbeschreibung des unter den Normtext zu „subsumierenden" Sachverhalts/Rechtsfalles) als Voraussetzung einer automatischen Subsumtion und Gesetzesanwendung festgestellt werden könnte (und zwar in einer „wissenschaftlich exakten" bzw. „logisch abgesicherten" Weise). Daß ein Text, bevor er paraphrasiert werden kann, zunächst einmal interpretiert (semantisch aktualisiert) werden muß, geriet nicht in den Blick. Semantik wurde v. a. (bedeutungsatomistisch und -komponentialistisch) als Wortsemantik aufgefaßt; Probleme der Satz- und Textsemantik wurden nicht als solche gesehen bzw. als mit dem formalgrammatischen (satz- und textgrammatischen) Algorithmus erledigt angesehen. Sprachtheoretischer Hintergrund der Arbeiten war demnach eine Kombination formalgrammatischer (Textgrammatik als bloße Extrapolation satzgrammatischer Kalküle über die Satzgrenze hinaus) und komponentialsemantischer (Bedeutungsanalyse als Summierung semantischer Merkmale) Ansätze. Von der Anwendung der von den beteiligten Linguisten angedienten formalgrammatischen Algorithmen erhoffte man sich seitens der Juristen grundlegende Besserungen beim fundamentalen Problem der juristischen (Wort- und Text-) Semantik: „Textlinguistische Verfahren erlauben die Reduktion der komplexen Semantik der Rechtssprache auf wenige Basissemanteme, deren Bedeutung vom autorisierten Sprecher zu definieren ist" (Grimmer, in: Rave u. a. 1971b, 52). Zwar verkennt dieses Programm — in einer aus der Distanz geradezu anrührenden Naivität — systematisch die Bedingungen juristischer Textproduktion, Textinterpretation und Textarbeit (vgl. dazu Busse 1992), doch fügte es sich zwanglos in die damals diskursmächtige Idee einer „Präzisierung (und Vereindeutigung) der Rechtssprache" ein, die immerhin sympathische demokratietheoretische Wurzeln hat, wenn sie auch sprachtheoretisch gesehen ziemlich illusionär erscheint. Innerhalb des angesetzten Grammatik-Modells wurden alle semantischen Probleme (und damit die Aspekte der Konstitution einer Textbedeutung) in die Regeln des zu erarbeitenden „Lexikons" (hier verstanden als Teil des formallogisch arbeitenden Regelapparates) geschoben, dessen Form, Struktur und Gewinnung nicht näher erörtert wurden. Die immensen Probleme der

Erstellung eines solchen Lexikons (das immerhin alle fachsemantischen Möglichkeiten jedes juristisch verwendeten Lexems erfassen soll) wurden völlig verkannt, juristische (Gesetzes-)Sprache kontrafaktisch als normierte Fachsprache mißverstanden (vgl. zu den Problemen eines solchen Rechtssprache-Verständnisses Busse 1999). Immerhin griff allmählich die Erkenntnis um sich, daß der angesetzte textgrammatische Formalismus erst dann auf seine Tauglichkeit zu überprüfen wäre, wenn die Probleme des zugrundegelegten Lexikons zufriedenstellend gelöst sein würden. Die Arbeitsgruppe machte also die Erfahrung, daß ein (text)grammatischer Formalismus keine semantische Analyse ersetzt, daß vielmehr Grammatik-Modelle die Semantik des von ihnen zu bearbeitenden sprachlichen Materials schon voraussetzen. Folgerichtig änderte die Gruppe ihr Programm in Richtung auf die Erstellung eines juristischen Fachlexikons.

Auf der dritten Arbeitstagung „Syntax und Semantik juristischer Texte" wurde der diskutierte linguistische Methodenapparat um ein textgrammatisches Modell Petöfis erweitert. Aber auch dieses Modell konnte die Grundlagenprobleme nicht aus der Welt schaffen: Schon die Umformulierung von als synonym aufgefaßten Sätzen (eines Normtextes und einer Sachverhaltsbeschreibung) in eine sog. „Normalform", welche Petöfi als Analysekonstrukt einführte, setzt eine intuitive Bedeutungsfeststellung und damit unausgesprochene textinterpretative Entscheidungen voraus. Petöfis Modell brachte gegenüber dem zuvor diskutierten Modell von Hartmann und Rieser insofern Diskussionsfortschritte, als er mit der Einführung einer übergeordneten „Texthandlung" (des Textautors, z. B. des Gesetzgebers) in das textgrammatische Analysemodell pragmatische Faktoren berücksichtigt, welche in einer umfassenden textlinguistischen Analyse von Rechtstexten und ihrer Anwendung wichtig werden können. Problematisch ist jedoch seine Auffassung, daß „eine Vorschriften-/Gesetzessammlung als ein homogener Text betrachtet werden kann". Forschungsgeschichtlich interessant ist der Umstand, daß angesichts der diskutierten praktischen Probleme der Modellanwendung erst Juristen die beteiligten Textlinguisten darauf aufmerksam machen mußten, daß die angesetzten textgrammatischen Modelle das Problem der Situationsabhängigkeit von Bedeutungsaktualisierungen/Disambiguierungen (z. B. bei Lexemen wie „eng" oder „weit") keineswegs zu lösen vermögen. Erst allmählich wurde der Arbeitsgruppe deutlich, daß sie den zweiten Schritt vor dem ersten getan hatte, nämlich die Formalisierung und Automatisierung der Anwendung von Gesetzen auf Sachverhaltsbeschreibungen (welche textlinguistisch verstanden werden kann als Textinterpretation des Gesetzestextes und die Herstellung semantischer und textueller Relationen zwischen Gesetzes- und Sachverhaltsbeschreibungstext) vor der Klärung der grundlegenderen rechtssemantischen Fragestellungen. Diese Einsichten führten dazu, daß nunmehr von einer „Theorie der Rechtssprache" erwartet wurde, daß sie „zur Theoretisierung des Subsumtionsvorganges" (Anwendung eines Gesetzestextes auf einen Rechtsfall) beitrage (Garstka, in: Rave u. a. 1972, 142). Die bestehenden Mißverständnisse zwischen Linguisten und Juristen über die Aufgaben einer Rechts(text)linguistik, nämlich ein rein deskriptives Selbstverständnis bei den Linguisten, welches der normativen Funktion von Gesetzestexten und ihrer Auslegung und Anwendung (und damit der Perspektive der Juristen) diametral entgegensteht, kulminieren in dem bezeichnenden Ausruf eines von den Juristen auf die beschränkte Leistungsfähigkeit der angesetzten textgrammatischen Modelle hin zur Rede gestellten Linguisten: „Der Grammatiker kann nur weitere Sätze anfordern und analysieren" (Petöfi, in: Rave u. a. 1972, 178).

Im weiteren Verlauf begannen sich die Zielsetzungen der beteiligten Juristen allmählich von den Vorgaben der Linguisten abzulösen; man näherte sich, indem man den aufgedrungenen formalgrammatischen Apparat zunehmend in der Diskussion in Frage stellte, den wirklichen juristischen und interpretationstheoretischen Grundlagenfragen. Doch immer noch wurde die als Sprachanalyse firmierende Rechtstheorie auf eine Beziehung zwischen (schon vorgedeuteten) Texten reduziert, während die eigentlich zentrale Frage, nämlich die Kriterien der Zuordnung einer Normtextformulierung zu einem als Rechtsfall zur Entscheidung anstehenden Sachverhalt, bereits vorausgesetzt und damit aus dem Bereich der anzustellenden rechts- und texttheoretischen Überlegungen ausgeklammert wurde. Die interpretative Leistung, die in der Anwendung eines Textausschnitts auf Sachverhaltsbeschreibungen steckt, wurde noch nicht zum Thema. Allerdings thematisierten die reflektierteren der juristischen Arbeitsgruppenmitglieder auf der vierten (und letzten) Arbeitstagung „Rechtstheorie und Linguistik" die grundlegenden Probleme einer juristischen Text- und Auslegungstheorie, u. a. indem sie auf die von Müller (1971) angesprochene Unterscheidung von Normtext und (rechtsdogmatisch – also in Auslegungs- und Anwendungsakten – erzeugter) Normstruktur anspielen. Vor einer textlinguistischen Bearbeitung der juristischen Textarbeit (Auslegung und Anwendung von Gesetzen) muß, so wird es nunmehr von einigen gesehen, erst eine innerjuristische Selbstverständigung über den rechtstheoretischen Charakter der Gesetzesanwendung erfolgen. Von einer innerjuristischen Einigung in solchen elementaren Grundsatzfragen konnte weder damals noch heute die Rede sein. Überraschend an den Diskussionen der Darmstädter Arbeitsgruppe ist die Unbefangenheit, mit der offenbar versucht wurde, den von Weber (1967, 336 f) ironisch gemeinten Spruch vom juristischen „Subsumtionsautomaten" in die formallogisch und datenverarbeitungstechnisch fundierte Tat umzusetzen. Mit einem solchen Verständnis von juristischer Textkonstitution und Textanwendung wird ignoriert, daß es sich um eine *Textarbeit* handelt (vgl. hierzu Busse 1991, 167 ff), deren grundlegende Strukturen und Regelmäßigkeiten überhaupt erst einmal erkannt und beschrieben werden müssen. Diese Textarbeit kann nur unter interdisziplinärer Sichtweise, aus rechtstheoretischer, textlinguistischer und soziologischer Perspektive analysiert werden. Als Ergebnis der Darmstädter Arbeitsgruppe kann allenfalls festgehalten werden, daß bei einigen der juristischen Beteiligten die Einsicht gereift war, daß ein grundlegenderer (rechtstheoretischer, rechtssemantischer, interpretationstheoretischer, textlinguistischer) Ansatz notwendig ist als die angebotene einfache Übertragung vorgefertigter textgrammatischer Kalküle auf einen neuen Textbereich. Über die Schlußfolgerungen der beteiligten Linguisten aus dem letztlich zu konstatierenden Scheitern der Darmstädter Arbeitsgruppe ist nichts bekannt.

2.2. Aktenanalyse

Da bisher nur wenige empirische Untersuchungen zur Textlichkeit des Rechts existieren, sei exemplarisch auf die wichtige Pionierarbeit des Juristen Seibert (1981) verwiesen, die den Vorgang praktischer Rechts(text)arbeit mit Begriffen der „linguistischen Pragmatik" untersuchen und so zu einer „juristi-schen Pragmatik" führen möchte. In einer gründlichen „Aktenanalyse" hat Seibert nachgewiesen, daß die Sprachlichkeit des Rechts nicht erst bei dem Problem anfängt, „wie Texte – insbesondere Gesetzestexte – richtigerweise zu lesen sind" (ebd., 16), sondern bereits dort, wo Sprache einwirkt in die juristische „Wirklichkeitsverarbeitung", nämlich „die normative Stellungnahme zu einer Situation", die nur allzuoft zur „Wirklichkeitsherstellung" wird (ebd., 20). Der juristische Zugriff auf die zu beurteilende soziale Wirklichkeit setzt bereits dort an, wo soziale Situationen – oft schon von den sich halbjuristisch gebärdenden Zeugen – in den Kategorien juristischer Tatbestandsbegriffe gesehen und beschrieben werden: „Rechtsprobleme können als Streitfragen über Situationsdefinitionen verstanden werden" (ebd., 75). Dieser Teil der Rechtsarbeit schlägt sich in Texten nieder: gesprochenen Texten vor Gericht (bei Zeugenaussagen), aber v. a. auch schriftlichen Texten: für das juristische Verfahren relevant wird nur dasjenige, was textlich erfaßt wurde. Die Analyse der sprachlichen Erfassung juristischer Sachverhalte und Fallkonstellationen wird zur „Aktenanalyse", zur Analyse von Texten und textkonstitutiven (Sprach-)Handlungen, v. a. als Analyse der textlichen Verarbeitung von Lebenswirklichkeit und juristischer Sachverhaltsbearbeitung. Die *aktenmäßige* Darstellung eines außerjuristischen sozialen Sachverhalts, etwa des Verhaltens eines Kunden im Kaufhaus, der nicht an der nächsten erreichbaren Kasse zahlt, und dessen (möglicherweise in Unkenntnis der inneren Organisation des Kaufhauses und ihrer juristischen Bewertbarkeit erfolgendes) Entfernen aus der Kaufhaus-„Region" von einem Kaufhaus-Detektiv umstandslos als „Diebstahl" klassifiziert wird, enthält, indem sie Handlungszüge eines Beschuldigten an der unausgesprochenen Norm sozialer Handlungsmuster (Seibert nennt sie *„Normalformen"*) mißt, bereits in dieser Darstellung Elemente, welche den Vorrang sprachlichen Zugriffs auf die Wirklichkeit (ihrer „Etikettierung") vor dieser Wirklichkeit selbst herstellt. Sprachlichkeit (konkretisiert als Texthaftigkeit) des Rechts fängt also nicht erst bei der Interpretation von Normtexten an, sondern dort, wo soziales Handeln (oft noch weit vor dem Zugriff des Berufsjuristen) in rechtsbegrifflichen Kategorien zugerichtet, in Rechtstexte (oder für das Rechtsverfahren relevante Texte) übersetzt und für die juristische Würdigung (den Vergleich mit Normtexten) vorbereitet wird. Seibert weist darauf hin, daß die menschlichen Handlungen bereits sozial vororganisiert und vorgedeutet sind. „Etikettierung" von Handlungen und ihre kategoriale Zurichtung ist also nicht ein Prozeß nur der Institution Justiz; doch wirkt sich in einer weitgehend verrechtlichten Gesellschaft die juristische Definition und Interpretation von sozialen Situationen möglicherweise stark auf die „alltägliche" Deutung aus, strukturiert diese vor.

„Die Etikettierung leitet Institutionalisierungsprozesse ein. Dabei ist natürlich zu berücksichtigen, daß Normvorgaben und Rollendefinitionen schon bestehen, die Etikettierung also auf Situationen trifft, die gesellschaftlich und rechtlich schon vororganisiert sind. [...] Der Hinweis auf gesellschaftliche Vororganisationen verstärkt freilich nur die Etikettierungsleistung und lenkt sie in eine bestimmte institutionelle Richtung" (Seibert 1981, 26).

Man kann diese Darstellung des sich in Texten niederschlagenden grundlegenden juristischen Akts der „Sachverhaltsherstellung", d. h. der bereits juristisch aufbereiteten bzw. vorgedeuteten Auswahl und Zurichtung von Sachverhaltselementen als Zielobjekt der Normanwendung (Hruschka sprach von einer „Konstitution des Rechtsfalls", die man hier aus textlinguistischer Sicht als textliche Konstitution auffassen kann) und ihrer Zurichtung nach den Textsortenbedingungen des Rechts bei Seibert, der sich hier auf den rechtstheoretischen Ansatz Müllers (1971) bezieht (16f), auffassen als eine Konkretisierung dessen, was Müller den „Normbereich" nennt, welcher zur Rechtsnorm ebenso gehört wie der Normtext. Der Text einer gesetzlichen Normformulierung zielt auf tatsächliche Situationen der sozialen Wirklichkeit, welche erst in den Darstellungen zugerichtet, vorgedeutet werden müssen, bevor sie mit der Elle des Normtextes gemessen werden können. Diese Zurichtung kann aber nicht einfach als eine weitere Form der Deutung (des „Verstehens") neben die Interpretation des Normtextes gestellt werden, vielmehr vereinigen sich Normtext-Interpretation und (juristische) Deutung sozaler Wirklichkeit in einem Prozeß juristischen Handelns (Müller 1984, 246, nennt ihn „Rechtsarbeit") zu Bestandteilen einer einzigen umfassenden Praxis der Institution „Recht". Für die Interpretation von Normtexten bekommt das als „Normbereich" ausgezeichnete Normierungsobjekt, d. h. der angezielte Bereich sozialer Wirklichkeit, der freilich bereits einer juristischen Vordeutung (Zurichtung) unterworfen wird, die Funktion des „Kontextes" bzw. der „Situation", in denen allein nach Auffassung der linguistischen Pragmatik und der ihre Erkenntnisse aufnehmenden Textlinguistik Texte bzw. sprachliche Zeichenketten ihre Bedeutung erhalten. Die Funktion von Rechtstexten (und zwar sowohl der vorgegebenen Normtexte als auch der im juristischen Verfahren erst hergestellten Sachverhaltstexte) kann nur unter Berücksichtigung dieser spezifischen kontextuellen Bedingungen und der spezifischen Form der Texthaftigkeit des Rechts angemessen erschlossen werden.

2.3. Rechtsarbeit als Textarbeit

Gesetzestexte (als die prototypischen und zentralen juristischen Texte) sind Gegenstand komplexer institutioneller Auslegungs- und Anwendungsverfahren; eine textlinguistische Beschreibung der Rechtstexte kann daher nur durch eine Untersuchung dieser juristischen Arbeitsverfahren erfolgen, für die es in der bisherigen linguistischen Forschung so gut wie keine Vorbilder gibt. Die Funktionsweise von Gesetzestexten läßt sich nur sehr bedingt mit einer linguistischen Begrifflichkeit erklären, die für den „Normalfall" der sog. Alltagskommunikation entwickelt wurde. Gesetzestexte dienen z. B. nicht einfach der Verständigung zwischen zwei Kommunikationspartnern, sondern sie werden von i. d. R. hochgradig vorinformierten und ausgebildeten Fachleuten, die diese Texte schon kennen, als Mittel komplexer Entscheidungsvorgänge eingesetzt und sind Gegenstand ebenso komplexer, durch vielfältige institutionelle Regeln und Einflußfaktoren geprägter Auslegungsverfahren und Arbeitsschritte. Anders als in der Alltagssprache entfaltet sich die Funktion der Gesetzestexte nicht in einfachen Verstehensakten der Rezipienten, sondern in gesteuerten Auslegungsverfahren als Arbeit an und mit Sprache/Texten, die institutionsspezifischen Bedingungen unterliegt (siehe die Funktion der selbst wieder institutionalisierten Rechtsdogmatik für die Anwendung von Gesetzestexten). Die Auslegung (Anwendung) von Gesetzestexten erfolgt in einem mehrstufigen Verfahren, in dem nur auf der obersten Ebene der vom Gesetzgeber verabschiedete „Gesetzeswortlaut" selbst Gegenstand der juristischen Auslegungsarbeit ist, während ab der 2. Ebene die Interpretationen und Interpretamente selbst wiederum zum Gegenstand von Auslegungs- und Definitionsakten 2., 3., 4. usw. Stufe werden (vgl. dazu ausführlich die Analyse in Busse 1992, 119 ff; oder kurz am Beispiel dargestellt Busse 1999). Die Bedeutung eines Gesetzestextes oder Gesetzesbegriffs entfaltet sich in einem umfangreichen, komplexen Netz intertextueller Relationen zu obergerichtlichen Urteilen, Kommentartexten, rechtswissenschaftlichen Texten und anderen Normtexten. (Z. B. zieht ein Kommentartext zum Diebstahlparagraphen des StGB allein 350 Gerichtsurteile als Interpretationsgrundlage heran.) Gesetzestext, Kommentartext, herangezogene Urteilstexte, weitere Kommentartexte, Gesetzgebungsmaterialien und Fachliteratur bilden also ein komplexes Textgeflecht, das die Interpretation und damit „Textbedeutung" des fraglichen Paragraphen konstituiert. Letztlich enthält die Auslegung eines Gesetzes-Paragraphen in einem guten Gesetzeskommentar das gesamte juristische Wissen zu den Anwendungsbedingungen und semantischen Verästelungen dieses Textes und seiner Bestandteile. Da dieses Phänomen den gängigen Begriff von *Textbedeutung* sprengt, sollte statt dessen der in der neueren Textlinguistik, Kognitionslinguistik und Verstehensforschung eingeführte Begriff des „Wissensrahmens" verwendet werden (zum theoretischen Hintergrund vgl. Busse 1991, 88 ff). Die sog. *Subsumtion*, d. h. die Anwendung eines Normtextes auf einen Rechtsfall (linguistisch beschreibbar als Referenzbeziehung zwischen Normtext/-begriff und Bezugsgegenstand/-sachverhalt, vgl. dazu aus juristischer Sicht Jeand'Heur 1989) findet meist nicht unmittelbar ausgehend vom Gesetzestext (oder Gesetzesbegriff) statt, sondern erfolgt in einem mehrstufigen Explikationsverfahren, in dem erst ein Explikationsausdruck höherer Stufe (der als mehrfach vermittelter Paraphrasentext aufgefaßt werden kann) direkt auf eine Sachverhaltsbeschreibung (also selbst wieder einen textkonstituierten Wirklichkeitsausschnitt) bezogen wird. Die Mehrstufigkeit des Explikationsvorgangs zeigt, daß das für die institutionell korrekte Anwendung eines Gesetzestextes notwendig vorauszusetzende Wissen äußerst komplex ist und an jedem Übergang von einer Explikationsstufe zur nächsten jeweils neue institutionell relevante Textkonstitutions- und Sprachhandlungen notwendig macht, deren Kenntnis sich einem Laien entzieht, die für diesen niemals überschaubar ist und die sich jeglicher linguistischen Systematisierung entzieht, weil die Übergänge nicht in erster Linie sprachlich begründet sind, sondern auf institutionell determinierte Zweckmäßigkeitserwägungen zurückgehen (angestrebte Regelungsgehalte bzw. -ergebnisse). Deshalb sind Gesetzestexte den Bedingungen der *Institutionalität* unterworfen, konkret: der Einbindung in institutionelle Deutungs- und Arbeitsrahmen, die dem einzelnen Gesetzesanwender (entgegen der fachintern gerne gepflegten rechtstheoretischen Fiktion) in der Praxis nur wenig echten semantischen (Interpretations- und Anwendungs-)Spielraum lassen. (Vgl. dazu von juristischer Warte aus Christensen 1989, hier v. a. 269 ff; Jeand'Heur 1989; Müller 1984, 182 ff; Müller 1989).

Eine weitere textlinguistische Perspektive ergibt sich bei der Umkehrung der Betrachtungsweise. Nur dem alltagsweltlichen Verständnis von *Textinterpretation* entspricht es, daß zuerst der Text da ist und danach die Interpretation/das Verstehen folgt. Die tatsächliche juristische Arbeitsweise mit Gesetzestexten erfolgt eher in der umgekehrten Richtung: nicht *vom Normtext zum Fall*, sondern *vom Fall zum Normtext*. Betrachtet man diese Arbeitsrichtung und ihre textlinguistischen Konsequenzen, dann zeigt sich, daß nicht nur die Auslegung eines einzelnen Gesetzestextes in der beschriebenen Weise semantisch hochkomplex ist, sondern daß schon für die Lösung eines einfachen Rechtsfalles eine Vielzahl von verschiedenen Texten (Paragraphen und andere Textsorten) zu einem neuen „Entscheidungstext" miteinander vernetzt werden müssen. Dieses textlinguistisch hochinteressante institutionsspezifische Phänomen ist allerdings noch kaum untersucht (für eine erste empirische Analyse vgl. Busse 1992, 191 ff). Die Untersuchung eines einfachen Fallbeispiels („Mängelhaftung beim Gebrauchtwagenkauf") zeigt z. B., daß für die Lösung eines solchen Falles (d. h. für das Fällen einer normgerechten Gerichtsentscheidung) insgesamt 25 Paragraphen aus mehreren Gesetzeswerken (nebst einer Fülle anderer Rechtstexte, wie z. B. Gerichtsurteile, Kommentartexte u. ä.) berücksichtigt werden müssen. Juristische Text(auslegungs-/anwendungs)arbeit ist daher viel eher eine Vernetzung von Textstücken, Auslegungsaspekten, Sachverhaltselementen, Zweckerwägungen, rechtspolitischen Überlegungen usw. als eine Interpretation oder Bedeutungsbestimmung im herkömmlichen linguistischen oder alltagssprachlichen Sinn. Eine entscheidende Rolle spielen dabei die bedeutungsrelevanten institutionellen Wissensrahmen. In der juristischen Gesetzesinterpretation werden hochkomplexe textgestützte Wissensrahmen in selbst wieder hochkomplexer Weise epistemisch-semantisch miteinander vernetzt. All dies geschieht in stark durchregulierten und teilweise auch inhaltlich hierarchisierten institutionellen Prozessen der Arbeit mit und an Gesetzestexten und ihrem Vokabular. All diese institutionellen Eigenschaften der interpretativen Arbeit mit Gesetzestexten lassen es als fraglich erscheinen, ob die Textualität des Rechts im allgemeinen und Rechtstexte im besonderen als sehr spezifischer Fall institutionell wirksamer Fachtexte mit dem normalen und bisher verfügbaren textlinguistischen Begriffs- und Methodeninventar überhaupt zureichend erfaßt und angemessen beschrieben werden kann. Eine weitere und gegenüber dem derzeitig geringen sprachwissenschaftlichen Interesse an Rechtstexten erheblich intensivierte textlinguistische Forschung wird zur Klärung dieser und anderer ungelöster Fragen unabdingbar sein.

3. Desiderate und Perspektiven der Forschung

Der Ausdruck „Desiderate der Forschung" ist angesichts der noch kaum existierenden textlinguistischen Beschäftigung mit Rechtstexten ein Euphemismus. Dies gilt in besonderem Maße, wenn man die Perspektive umkehrt und entsprechend dem Titel dieses Handbuchartikels nach den Beziehungen von Textlinguistik und Rechts*wissenschaft* fragt. Zwar kann in jüngster Zeit eine geringfügige Zunahme des textlinguistischen Interesses am Rechtswesen konstatiert werden (während der gesprächsanalytische Bereich recht gut erschlossen ist), doch gilt dies keineswegs für das Interesse der Rechtswissenschaft an der Textlinguistik. In diesem Punkt sind nicht unbedingt Veränderungen zu erwarten, und zwar aus verschiedenen Gründen. Zum einen wirkt in der deutschen Rechtswissenschaft noch immer die sog. „Begriffsjurisprudenz" des 19. Jhs. nach, die ihre Perspektive eher auf die (weitgehend nichtlinguistisch, z. T. sogar sprachfern aufgefaßten) isolierten Rechtsbegriffe richtet als auf textuelle Zusammenhänge im textlinguistischen Sinne. Diejenigen Rechtswissenschaftler aber, welche die Textualität des Rechts im Kern bejahen und als zentrales Moment einer Rechtstheorie begreifen, haben die (eher wissenschaftlich-deskriptiv arbeitende und sich so – vernünftigerweise – selbst beschränkende) Textlinguistik schon seit einer Weile (post-)modern (Foucault, Lyotard, v. a. aber Derrida) oder radikal-konstruktivistisch (Maturana, Varela, S. J. Schmidt, Luhmann) überholt. Nicht die Niederungen textlinguistischer Sacherkenntnisse sind es, die dort interessieren, sondern die Auflösung der tradierten textbezogenen Begriffe, nicht zuletzt des Textbegriffs und des Zeichenbegriffs selbst (und damit der Begriffe wie Textbedeutung, Textfunktion, Textverstehen, Textinterpretation, Textkonstitution, Textkohärenz, Intertextualität, Textsorten usw.). Da gegenstandsbezogene (einzel-)wissenschaftliche Forschung, Theorie- und Methodenbildung einerseits und emphatische (zeit)geistige Höhenflüge andererseits zwei grundverschiedene Facetten des wissenschaftlichen Lebens sind, muß sich die Textlinguistik um Überholungen genannter Art nicht scheren, sondern kann in der fundierten, reflektierten und durch empirische Einzelforschung abgesicherten Spezifikation der genannten textlinguistischen Begriffe bzw. Problembereiche für das Gebiet der juristischen Texte eine sinnvolle zukünftige Forschungsaufgabe (neben anderen) finden.

4. Literatur (in Auswahl)

Brinckmann, Hans/Grimmer, Klaus (eds.) (1974): Rechtstheorie und Linguistik. Kassel.

Broekman, Jan M. (1984): Text als Institution. In: Rechtstheorie. Beiheft 6, 145–167.

Bülow, Edeltraud/Schneider, Rolf H. (1981): Materialien zu einer Bibliographie der Rechtslinguistik. Münster.

Busse, Dietrich (1991): Textinterpretation. Sprachtheoretische Grundlagen einer explikativen Semantik. Opladen.

– (1992): Recht als Text. Linguistische Untersuchungen zur Arbeit mit Sprache in einer gesellschaftlichen Institution. Tübingen.

– (1993): Juristische Semantik. Grundfragen der juristischen Interpretationstheorie in sprachwissenschaftlicher Sicht. Berlin.

– (1999): Die Juristische Fachsprache als Institutionensprache am Beispiel von Gesetzen und ihrer Auslegung. In: Hoffmann, L./Kalverkämper, H./Wiegand, H. E. (eds.): Fachsprachen. Ein internationales Handbuch zur Fachsprachenforschung und Terminologiewissenschaft. Zweiter Halbband. Berlin/New York, 1382–1391.

Christensen, Ralph (1989): Was heißt Gesetzesbindung? Berlin.

Jeand'Heur, Bernd (1989): Sprachliches Referenzverhalten bei der juristischen Entscheidungstätigkeit. Berlin.

Müller, Friedrich (1971): Juristische Methodik. Berlin. [6. Aufl. 1996]

— (1984): Strukturierende Rechtslehre. Berlin. [2. Aufl. 1993]

— (ed.) (1989): Untersuchungen zur Rechtslinguistik. Berlin.

Nussbaumer, Markus (1997): Sprache und Recht. Studienbibliographien Sprachwissenschaft 20. Heidelberg.

Rave, Dieter/Brinckmann, Hans/Grimmer, Klaus (eds.) (1971a): Logische Struktur von Normsystemen am Beispiel der Rechtsordnung. Darmstadt.

— (eds.) (1971b): Paraphrasen juristischer Texte. Darmstadt.

— (eds.) (1972): Syntax und Semantik juristischer Texte. Darmstadt.

Reitemeier, Ulrich (1985): Studien zur juristischen Kommunikation. Eine kommentierte Bibliographie. Tübingen.

Seibert, Thomas-Michael (1981): Aktenanalyse. Zur Schriftform juristischer Deutungen. Tübingen.

Weber, Max (1967): Rechtssoziologie. 2 Bde. 2. Aufl. Tübingen.

Dietrich Busse, Köln
(Deutschland)

72. Textlinguistik und Sozialwissenschaften

1. Zum Verhältnis von Textlinguistik und Sozialwissenschaften
2. Sozialwissenschaftliche Anliegen der Textlinguistik
3. Textlinguistik in den Sozialwissenschaften: Rezeption und Anschlußmöglichkeiten
4. Textsorten
5. Kommunikative Gattungen
6. Gattungen und Textsorten
7. Forschungsaufgaben und -möglichkeiten
8. Literatur (in Auswahl)

1. Zum Verhältnis von Textlinguistik und Sozialwissenschaften

Das Verhältnis von Textlinguistik und Sozialwissenschaften ist keineswegs klar umrissen und folglich nicht einfach zu fassen. Die Gründe hierfür sind, daß zum einen die Textlinguistik keine scharf abgegrenzte Disziplin darstellt. Zum anderen weisen die Sozialwissenschaften selbst wiederum eine große Bandbreite an Disziplinen und Forschungsrichtungen auf, so daß wechselseitige Beziehungen, Einflüsse und Übernahmen sehr komplexe Formen annehmen. Darüber hinaus sind die klar nachweisbaren, expliziten Wechselwirkungen zwischen der Textlinguistik und den Sozialwissenschaften nicht sehr ausgeprägt. Wir werden im folgenden zunächst das sozialwissenschaftliche Anliegen der Textlinguistik umreißen (2), um sodann auf Annäherungen an textlinguistische Fragestellungen in verschiedenen sozialwissenschaftlichen Ansätzen einzugehen (3). Da wir von seiten der Sozialwissenschaften — trotz Überschneidungen von Forschungsinteressen — nur eine sehr verhaltene Rezeption der Textlinguistik beobachten, wollen wir in diesem Zusammenhang von „Anschlußmöglichkeiten" reden. Schließlich werden wir auf das Konzept der „Textsorten" eingehen, da sich die textlinguistische Untersuchung von Textsorten als besonders vielversprechender Forschungsbereich mit sozialwissenschaftlichen Fragestellungen überschneidet (4), insbesondere mit dem sozialwissenschaftlichen Konzept der „kommunikativen Gattungen" (5), auch wenn es deutliche theoretische und methodologische Unterschiede zwischen der Gattungs- und Textsortenanalyse gibt (6). Abschießend sollen weitere Forschungsmöglichkeiten umrissen werden (7).

2. Sozialwissenschaftliche Anliegen der Textlinguistik

Die Textlinguistik ist eine junge Wissenschaftsdisziplin, die in Deutschland Mitte der 60er Jahre vor allem mit dem Erscheinen von Peter Hartmanns Aufsatz „Text, Texte, Klassen von Texten" (1964) und Harald Weinrichs Buch „Tempus. Besprochene und erzählte Welt" (1964) einsetzte. In seiner Skizzierung einer textlinguistischen Perspektive forderte Hartmann schon damals, sich den Konkretisierungen von Sprache zuzuwenden und plädierte für eine adäquate Berücksichtigung der Sprachrealität, d. h. der tatsächlichen Sprachverwendung im kommunikativen und sozialen Kontext. Hierzu sei es notwendig, anstelle einzelner Sätze ganze Texte als grundlegende Einheiten der Sprache anzusehen. Bei „Texten" handelt es sich — so Hartmann (1964, 17) — keineswegs um Systemeinheiten, sondern primär um kommunikative und soziale Phänomene. Eine Linguistik, die sich „am Sprachgebrauch und damit an dem Objektbereich der Sprachmanifestation orientiert", benötige — so Hartmann (1965, 11) — eine „anthropologische Fundierung", die darauf abzielt, „die Sprache zu fundieren im Gesamtrahmen der menschlichen Existenz und Verhaltensform".

Damit wies Hartmann bereits zu Beginn der Entstehung der Textlinguistik auf wesentliche Berührungspunkte zwischen dieser neuen Disziplin und den Sozialwissenschaften hin. Tatsächlich war die Analyse von Texten für Hartmann stets ein interdisziplinäres Unterfangen, wobei gerade aufgrund der kontextuellen Verortung von Texten und Sprachgebrauch im allgemeinen den Sozialwissenschaften eine besondere Bedeutung zukommt.

So betont auch S. J. Schmidt (1971, 37), daß eine sprachwissenschaftliche Zuwendung zum Text stets eine „Zuwendung zur vollen sozialen Realität der Sprache als Ausgangspunkt und Bezugs-Rahmen bedeutungstheoretischer Untersuchungen" beinhalte. Bei der Textanalyse dürfen die Perspektiven auf „interpretative Makrosysteme", die die Bedeutungsleistung beeinflussen, nicht aus den Augen verloren werden (S. J. Schmidt 1971, 49—50). Hierzu zählen — nach S. J. Schmidt — u. a. Gattungsrollen/Sprechsorten, gruppenspezifische Handlungssorten (Gruppen- und Sondersprachen); kontextuale Rahmen (wie die Einordnung von Texten in bestimmte Geschichten) sowie die soziokulturelle und historische Einbettung von Texten.

Die soziologischen Fragen der Textlinguistik formuliert Leibfried (1970, 172; 274) einmal unter dem Titel einer „Soziologie des Textes" (Wer spricht/liest was, wann und warum?) und zum anderen unter dem Begriff der „Textsoziologie", die sich mit soziologisch relevanten Strukturen eines Textes beschäftigt. Auch Dressler (1972, 103) sieht einen zentralen Aspekt der Kooperation zwischen Text- bzw. Diskursanalyse und Soziologie in Fragen der „gesellschaftlichen Einbettung" von Kommunikation bzw. Texten. Speziell der Bereich der Textlinguistik, den Dressler (1972) als „Textpragmatik" bezeichnet und der sich mit der „Beziehung eines sprachlichen Elements zu seinen Erzeugern, Verwendern und Empfängern in der Kommunikationssituation" (Dressler 1972, 92) befaßt, sollte seiner Meinung nach die Theorien des „symbolischen Interaktionismus" sowie Goffmans Arbeiten zur „Interaktionssoziologie" berücksichtigen. Umgekehrt wird jedoch auch gefordert, daß die Soziologie Ergebnisse der Textlinguistik, speziell zur Textgestaltung, zur Kenntnis nehmen sollte.

Trotz der Betonung sozialwissenschaftlicher Aspekte (wie die soziokulturelle Einbettung von Texten) in der textlinguistischen Forschung blieb der Austausch zwischen der Textlinguistik und der Soziologie bis Mitte der 70er Jahre hinein eher spärlich. Zunächst zeichneten sich textlinguistische Arbeiten dadurch aus, daß man versuchte, Methoden, Konzepte und Fragestellungen der strukturalistischen Linguistik von der Satzebene auf die Textebene auszuweiten. Diese Erweiterung des Untersuchungsgegenstands sprachwissenschaftlicher Analysen von konstruierten, kontextlosgelösten Sätzen (wie in der damals sehr stark von Chomsky geprägten Linguistik üblich) zu „natürlichen" Texten war zugleich das innovative Moment der Textlinguistik: Sprache sollte in ihrer tatsächlichen Vorkommensweise — wenn auch zunächst nur in schriftlicher Form — ins Blickfeld linguistischer Analysen gerückt werden. Hierbei wurden teilweise sehr unterschiedliche Fragestellungen weiter verfolgt, wie Fragen der Kohärenz- und Kohäsionsbildung, Thema-Rhema-Analysen, sowie Versuche, Makrostrukturen und Typologien von Texten (Texttypen, Textsorten) zu erstellen etc. Unter „Texten" verstand man jedoch zunächst einmal primär schriftliche, monologische Texte.

Mit dem Aufkommen und der Rezeption der Sprechakttheorie und dem Beginn der linguistischen Pragmatik begann schließlich auch die Textlinguistik, die Frage nach der kommunikativen Funktion nicht mehr ausschließlich anhand schriftlicher Texte zu verfolgen, sondern weitete ihren Untersuchungsgegenstand auf mündliche Texte aus.

Unter den sozialwissenschaftlichen Ansätzen, die sich auf die Textlinguistik, deren Fragestellungen, Untersuchungsgegenstand und methodisches Vorgehen auswirkten, sind insbesondere die Ethnographie der Kommunikation und die Konversationsanalyse zu nennen, die mit ihrem Interesse am Sprachgebrauch in Alltagsinteraktionen dazu beitragen, daß die Textlinguistik sich nun auch mündlichen Texten und damit dem primären Verwendungskontext von Sprache zuwandte. In den 80er Jahren verschmolz auch die deutsche Tradition der Textlinguistik immer stärker mit der eher anglo-amerikanischen „discourse analysis", die Einflüsse aus der Textlinguistik, der Semiotik, der Konversationsanalyse, Ethnographie der Kommunikation u. a. aufnahm (vgl. hierzu van Dijk 1985; 1991; Hölker 1996).

3. Textlinguistik in den Sozialwissenschaften: Rezeption und Anschlußmöglichkeiten

Der Einfluß der Textlinguistik auf die Sozialwissenschaften ist erstaunlich gering, obwohl es eine Reihe von fruchtbaren Anschlußmöglichkeiten gibt. Denn analog zur „pragmatischen Wende" in der Sprachwissenschaft (Sitta 1980, 23–25) hat sich in verschiedenen sozialwissenschaftlichen Disziplinen eine Wende zum „kommunikativen Paradigma" vollzogen, die dazu geführt hat, daß zahlreiche sozialwissenschaftliche Ausrichtungen sich sowohl theoretisch wie auch empirisch Texten verschiedener Art zugewandt haben (Knoblauch 1995). Doch obwohl diese Zuwendung zu Texten als Formen sprachlichen Handelns zum Teil auch Annäherungen an die Linguistik zur Folge hatte, kam es kaum zu Berührungen mit der Textlinguistik. Anschlußmöglichkeiten zwischen den Sozialwissenschaften und der Textlinguistik ergeben sich vor allem an Stellen empirischer Beschäftigung mit Texten: mit Interview-Texten und Dokumenten in der empirischen Sozialforschung, mit alltagssprachlichen Texten in der Sprachsoziologie und Kommunikationsforschung, mit „Einfachen Formen" und kleinen Gattungen in der Volkskunde und linguistischen Anthropologie, mit therapeutischen Gesprächen in der Psychologie und Psychiatrie (de Beaugrande/Dressler 1981, 219 f).

Auch wenn die verschiedenen sozialwissenschaftlichen Ansätze, die sich mit Texten befassen, sich kaum an der Textlinguistik orientieren, bestehen dennoch zahlreiche Anschlußmöglichkeiten dieser Richtungen mit dem „kommunikations- bzw. sprachfunktionsorientierten Ansatz der Textlinguistik" (Schmidt 1976, 145; Gobyn 1984, 12 ff): So stellen sich zum einen in der quantitativen empirischen Sozialforschung Fragen nach der Konstitution und Kategorisierung von Texten. Dies trifft insbesondere auf jene Richtungen zu, bei denen Texte das Datenmaterial der Forschung bilden, wie etwa in der quantitativen Inhaltsanalyse, deren Datengrundlage Texte wie Zeitungsartikel, Dokumente, Werbeanzeigen u. ä. sind. Allerdings greift gerade die quantitative Inhaltsanalyse nur selten auf die Textlinguistik zurück. Das mag darin begründet sein, daß die Inhaltsanalyse eine Methode ist, die sich in den Vereinigten Staaten ausgebildet hat und deswegen lediglich Anregungen der amerikanischen Linguistik aufgenommen hat, also aus dem linguistischen Behaviorismus Bloomfields, dem taxonomischen Strukturalismus und der Generativen Transformationsgrammatik (Fühlau 1982). Erst in jüngerer Zeit beginnt sich die Inhaltsanalyse mit textlinguistischen Merkmalen auseinanderzusetzen (Früh 1991, 55 f), die etwa zur Kodierung textueller Daten eingesetzt werden (Franzosi 1989). Überraschenderweise finden sich auch wenig Überschneidungen mit der qualitativen empirischen Sozialforschung. So zeichnet sich die qualitative Inhaltsanalyse geradezu durch ihre mangelhafte linguistische Fundierung aus (Fühlau 1982), und in gegenwärtigen Handbüchern der qualitativen Sozialforschung findet sich die Linguistik nicht einmal als angrenzende Disziplin (Flick u. a. 1991). Selbst einschlägige sozialwissenschaftliche Auseinandersetzungen mit dem Textbegriff nehmen kaum Bezug auf die Textlinguistik (Garz 1994).

Über die Aufnahme qualitativer Methoden haben allerdings textlinguistische Vorstellungen Eingang in die Massenkommunikationsforschung gefunden (Jensen/Jankowski 1991). Im Unterschied zu rein textlinguistischen Analysen massenkommunikativer Texte (Kreye/Smiltena 1994) werden hier mediale „Botschaften" als spezifische Texttypen betrachtet. Die Textlinguistik gilt als ein Zweig der interdisziplinären Analyse massenmedialer Texte im Rahmen der „discourse analysis" (van Dijk 1991).

Deutliche Anschlußmöglichkeiten ergeben sich auch mit Blick auf die Gesprächsanalyse, insbesondere mit der ethnomethodologischen Konversationsanalyse (Heinemann/Viehweger 1971, 77 ff). Dieser auf phänomenologischen und interpretativen Ansätzen aufbauende Forschungsansatz wurde im Rahmen der amerikanischen Soziologie entwickelt (Bergmann 1981) und zeichnet sich dadurch aus, daß er alltägliche Gespräche und in zunehmenden Maße auch andere Texttypen analysiert (Drew/Heritage 1992). Methodologisch leitend ist vor allem das Ziel, soziale und insbesondere sprachliche Interaktionen in ihren natürlichen Abläufen und Kontexten zu untersuchen. Dies hat zur

Folge, daß sich Untersuchungen auf eine detaillierte Analyse von Interaktionen stützen, die in „natürlichen" Situationen aufgezeichnet wurden und transkribiert werden (Bergmann 1985). Im Unterschied zur Textlinguistik gelten Konversationen jedoch nicht als statische „Texte", sondern als Leistungen, die fortwährend in Interaktionen erzeugt werden und deswegen kein übergreifendes Muster, sondern lediglich eine „lokale" Ordnung aufweisen.

In jüngerer Zeit werden konversationsanalytische Methoden immer häufiger zur Untersuchung von Phänomenen angewandt, die durch die jeweilige Spezifik ihres Kontextes bestimmt sind. Untersucht werden Konversationen vor Gericht, in Arztpraxen, in der Psychiatrie, bei Beratungen und anderen Dienstleistungsinteraktionen, in Sitzungen von Managern, in Bewerbungsgesprächen, Schulstunden usw. Angesichts der Verschiedenheit sprachlicher Interaktionen in diesen Kontexten wird zunehmend der Begriff „talk in interaction" dem der „conversation" vorgezogen.

Durch die Untersuchung sprachlicher Interaktionen soll aufgezeigt werden, daß Redezüge und die mit ihnen vollzogenen Handlungen („activities") nicht nur vom Kontext der jeweiligen Organisation abhängen, sondern die Handlungen selbst diesen Kontext mit konstruieren. Unter der Annahme, daß sich der jeweilige Kontext in einzelnen Redezugsequenzen ausdrückt, liegt das Augenmerk insbesondere auf dem sozusagen „organisationsspezifischen Fingerabdruck" von Redezügen, etwa in der Wahl bestimmter Merkmale sprachlicher Interaktionen, wie der Wahl des Lexikons, der Gestaltung der Redezüge, der Organisation und Abfolge von Redezügen u. ä.

In der linguistischen Anthropologie wurde die Textlinguistik früh rezipiert; allerdings betonte schon Hymes (1971), daß die Analyse von Texten über die Betrachtung rein sprachlicher Merkmale hinausgehen müsse. Die Abwendung von „formalistischen Vorstellungen des Textes als eines abgeschlossenen Systems" wird auch von Hanks (1989) betont, der den Text als eine Zeichenkonfiguration bestimmt, die wesentlich von den Handelnden, d. h. der „community of users" abhängt. In der linguistischen Anthropologie kommt es also zu einem „shift from the study of texts to the analysis of the emergence of texts in contexts" (Baumann/Briggs 1990, 66). Text wird hier als „performance" verstanden, d. h. als wesentlich in den Vorgang seiner verkörperten Produktion eingebettet und von ihm bestimmt. Texte werden als Teil eines Kontextes betrachtet, durch die zugleich wiederum mittels „contextualization cues" (Gumperz 1982; Auer 1986; Knoblauch 1991) der Kontext selbst aufgebaut wird. Aufgrund dieser dynamischen Beziehung zwischen Text und Kontext wird auch der Begriff „discourse" dem „Text"-Begriff vorgezogen. Weil Text in einem öffentlichen Akt, der „performance", kontextuell situiert („centered") wird, kann er nicht mehr als isoliertes „Dokument" gefaßt werden, sondern muß als gemeinsame Leistung von Sprechenden und Hörenden angesehen werden, die nicht mehr auf einen einzelnen Autor oder auf einen Gesichtspunkt zurückzuführen ist. Mit dem Begriff der „performance" wird das Augenmerk auf das „embodiment" des Textes gelegt, also auf die Körperhaltung, Atmung, Blickverhalten und andere körperliche Merkmale des Vollzugs. Weil kommunikative Vollzüge durch die Gewohnheiten der „community of users" geleitet sind, verweisen sie einerseits auf soziale Gruppen und Gemeinschaften und tragen andererseits zu ihrer Bildung, Aufrechterhaltung und Legitimation bei: Sie reproduzieren soziale und wirtschaftliche Ungleichheit und können deshalb als eine Form des „kulturellen Kapitals" angesehen werden (Hanks 1989, 118 f).

4. Textsorten

Zentrales Anliegen der Textlinguistik ist nicht nur, grammatische Phänomene anhand von Texten zu analysieren, sondern auch Texte selbst zu klassifizieren, Typen von Texten zu beschreiben und unser Wissen bzgl. Textbaumustern und Textstrukturen näher zu bestimmen. Die in den letzten 20—25 Jahren entstandenen Arbeiten zu verschiedenen Textsorten und Texttypen, zu Texttypologien und zu Merkmalen und Klassifikationsmöglichkeiten von Textsorten befassen sich u. a. mit der Abgrenzung und Klassifikation von Texten und fragen u. a. danach, wie sich das Phänomen „Text" bestimmen läßt bzw. wie wir unterscheiden können, ob es sich bei einer Reihe aufeinanderfolgender Sätze um einen „Text" handelt oder aber um ein wahloses Aneinanderfügen von Einzelsätzen. Weitere Fragestellungen betreffen den Bau und die Struktur spezifischer Textsorten: Aufgrund welcher Strukturmerkmale und Textbaumuster können wir beispielsweise zwischen einem Kochrezept, einer Heiratsanzeige und einem Beschwerdeschreiben unterscheiden? Auch Hierachiebildungen bei der Klassifikation von Texten werden erforscht und somit Fragen wie beispielsweise, wodurch sich Beschwerdebriefe von Leserbriefen oder Drohbriefen unterscheiden und inwiefern man überhaupt von einer Textsorte oder einem Texttyp „Brief" ausgehen kann? Müssen hier gar verschiedene Textsorten angenommen werden, die jedoch unter eine sogenannte „Textklasse" fallen? Unabhängig von der jeweiligen Begrifflichkeit („Textsorte", „Texttyp" oder „Textklasse") ist jedoch relevant, daß es sich bei diesen „Textgattungen" um bestimmte, konventionalisierte, erwartbare und kulturell geprägte Muster des Sprachgebrauchs handelt. Unser Wissen als Mitglieder einer Sprachgemeinschaft ermöglicht es uns (in der Regel), „Textsorten" relativ schnell zu erkennen: So können wir meist schnell und problemlos einen bestimmten Text als „Liebesbrief" einordnen und von einem „Kochrezept" unterscheiden. Aufgrund unseres Textsortenwissens haben wir auch spezifische Erwartungen an Texte, die dazu führen, daß wir einen fehlerhaft angeordneten Text als solchen erkennen; daß wir beispielsweise beim Durchblättern eines wissenschaftlichen Buches aufgrund der Inhaltsangabe, der Einleitung und der Schlußfolgerung uns einen gewissen inhaltlichen Überblick verschaffen können; daß wir erkennen können, ob mit prototypischen Textsortenstrukturen gespielt wird, indem beispielsweise eine Heiratsannonce mit Elementen eines Nachrichtentextes oder eines Werbetextes vermischt wird.

Typisch für das methodische Vorgehen der (frühen) Textlinguistik war es, zunächst Texttypologien zu erstellen und anschließend diesen Typen Texte zuzuordnen — statt Textsorten zunächst empirisch zu ermitteln, bevor eine Typologie erstellt wird. Der Bereich der mündlichen „Textgattungen" in der natürlichen Alltagskommunikation, seine methodologischen Probleme und theoretische Fundierung wurden nur sehr sporadisch berührt.

5. Kommunikative Gattungen

Das Konzept der Textsorten wurde in der sozialwissenschaftlichen Gattungstheorie, die sich im Laufe der 80er Jahre vor allem in der anthropologischen Linguistik, in der Soziolinguistik und in der Soziologie ausgebildet hat, rezipiert, kritisiert und zugleich erweitert (Günthner/Knoblauch 1994). Die Gattungsanalyse betrachtet kommunikative Gattungen als historisch und kulturell spezifische, gesellschaftlich verfestigte und formalisierte Lösungen kommunikativer Probleme, deren Funktion in der Bewältigung, Vermittlung und Tradierung intersubjektiver Erfahrungen der Lebenswelt besteht (Luckmann 1988, 283). Sie unterscheiden sich von „spontanen" kommunikativen Vorgängen dadurch, daß die Interagierenden sich in einer voraussagbaren Typik an vorgefertigten Mustern ausrichten. Mit Gattungen werden jene kommunikativen Vorgänge bezeichnet, in denen bestimmte kommunikative Elemente zusammengefügt und in ihren Anwendungsmöglichkeiten vorgezeichnet sind. In gewissen Situationen liegt es aufgrund des vorhandenen kommunikativen Problems für die Interagierenden nahe, eine ganz spezifische Gattung zu verwenden; in anderen Situationen bleibt ihnen die Wahl zwischen mehreren möglichen Gattungen. Entscheiden sie sich für eine bestimmte Gattung, so heißt dies zugleich, daß sie sich den Gattungsregeln „unterwerfen". Dabei mögen sie — je nach soziokulturellen, situativen und subjektiven Umständen — diesen Regeln strikt folgen, sie etwas abändern oder gar mit ihnen „spielen" (Luckmann 1988, 283).

Ihre Grundfunktion besteht in der „Bereitstellung von Mustern zur Bewältigung spezifisch kommunikativer Probleme" (Luckmann 1986; Bergmann/Luckmann 1995), und folglich haben sie „Entlastungsfunktion" (im Sinne Gehlens) „von der Bewältigung untergeordneter Handlungsprobleme" (Luckmann 1992).

Gattungen, denen einheitliche funktionale Merkmale zugrundeliegen, werden als „Gattungsfamilien" bezeichnet (Bergmann/Luckmann 1995). Beispielsweise versteht man unter der Familie der „Gattungen moralischer Kommunikation" all jene Gattungen, in denen die Interagierenden moralische Fragen thematisieren und soziale Sachverhalte in moralisierender Weise bearbeiten. Diese Gattungsfamilie beinhaltet sowohl alltägliche Formen der moralischen Entrüstung, wie etwa Klatsch, Sich-Mokieren, als auch institutionalisierte Formen (z. B. Beichte, Wort zum Sonntag), sie umfaßt ebenso einzelne Minimalgattungen (wie Sprichwörter) und komplexe Gattungen (z. B. Lästergeschichten, Klagelieder), Gattungen der Face-to-

Face-Kommunikation, aber auch massenmedial vermittelte Veranstaltungen und Kampagnen (z. B. Fair-play-Appelle oder Nichtraucherkampagnen).

6. Gattungen und Textsorten

Wie schon erwähnt, bieten sozialwissenschaftliche und textlinguistische Fragestellungen mit Bezug auf Gattungen und Textsorten die größten Anschlußmöglichkeiten. Im folgenden soll zunächst auf Ähnlichkeiten zwischen den beiden Konzepten verwiesen werden, bevor wir auf die Differenzen eingehen.

(i) Wie Gülich/Raible (1972) ausführen, lassen sich in der Textsortenforschung drei Grundrichtungen der Typisierung von Textsorten unterscheiden: (a) Die Richtung, die von „textinternen Kriterien" ausgeht und dabei entweder linguistische Einheiten oder inhaltsanalytische Einheiten als charakteristische Merkmale von Textsorten verwendet. (b) Die Richtung, die „textexterne Kriterien" zur Unterscheidung von Textsorten verwendet. (c) Die Richtung, die „textinterne" mit „textexternen" Merkmalen kombiniert (Gobyn 1984; Rolf 1993). Auch die Gattungsanalyse betont *die soziokulturelle Verankerung von Gattungen.* In Anlehnung an Luckmann (1986) und Günthner/Knoblauch (1994) wird unterschieden zwischen (a) der Binnenstruktur, zu der grammatische, prosodisch-stimmliche, rhetorisch-stilistische, code-spezifische Verfahren, aber auch Kleinstformen (wie idiomatische Ausdrücke), inhaltliche Verfestigungen, Gliederungsmerkmale und Interaktionsmodalitäten zählen; (b) der situativen Realisierungsebene, zu der Verfestigungen im interaktiven Kontext des dialogischen Austauschs gehören (wie Redezugabfolgen, Paarsequenzen, Präferenzstrukturen, das Beteiligungsformat etc.); (c) der Außenstruktur: Hierzu zählen soziokulturelle Phänomene, wie kommunikative Milieus, institutionelle Verankerungen, die Auswahl von Akteurstypen (nach Geschlecht, Alter, Status usw.). Diese drei Ebenen sind für die Analyse von Textgattungen insofern notwendig, als diese nicht nur durch textinterne, sprachliche Merkmale definiert sind, sondern zusätzlich durch Aspekte der interaktiven Organisation kommunikativer Handlungen („situative Realisierungsebene") wie auch durch soziale, „außenstrukturelle" Merkmale bestimmt werden. Damit kommt die Gattungsanalyse den Forderungen Hartmanns (1964; 1965), Schmidts (1971) und van Dijks (1980), Texte als „kommunikative und soziale Phänomene zu betrachten", sehr entgegen. Wie auch Ehlich (1986) in seinen Thesen zur Entwicklung einer Typologie sprachlichen Handelns hervorhebt, fehlt diese Anbindung grammatischer, textueller und situativer Phänomene an größere soziokulturelle Aspekte bislang in den (meisten) Textsortenkonzeptionen. Das Gattungskonzept liefert also eine Verbindungsmöglichkeit zwischen linguistischen Detailanalysen einzelner sprachlicher Phänomene, interaktiv-situativer Realisierungsformen und Aspekten der sozialen Praxis in einem bestimmten kulturellen Umfeld. Zugleich ermöglicht die Gattungsanalyse — aufgrund ihres Einbezugs der sozialen Außenstruktur — die Thematisierung von Fragen nach dem Zusammenhang von kommunikativen Formen und sozialer Ungleichheit, wie etwa sozialer Klassen, Schichten, Geschlechterverhältnisse und Milieus. Auch die Verschiedenheit unterschiedlicher Institutionen und Institutionssysteme (Recht, Wirtschaft, Wissenschaft, Religion usw.) kann durch die von ihnen produzierten Texte betrachtet werden. In Texten wie etwa Gebetsbüchern, Gebrauchsanleitungen, „Memos", Telefonrechnungen (Keller-Cohen 1987) kommt nicht nur das besondere Lexikon, sondern auch das Wissenssystem und die Organisationsstruktur dieser Institutionen zum Ausdruck. Wie im Anschluß an Bourdieu gesagt werden kann, spiegeln sie nicht nur die Machtverhältnisse wider, sie tragen auch zur Konstruktion symbolischer Macht bei.

(ii) Wie Stempel (1972, 179) betont, sind „Textgattungen als homogene Erzeugungsmuster" im gebrauchssprachlichen Zusammenhang nur selten zu finden. Statt also von „reinen" Textsorten auszugehen, ist es sinnvoller, *ein dynamisches Gattungskonzept anzusetzen, das Gattungen nicht mehr länger als homogene Gebilde betrachtet, sondern als Orientierungsmuster für die Produktion und Rezeption von Diskursen.* Die formalen Charakteristika von Gattungen sind keineswegs als immanente, normative, festgelegte Textstrukturen zu erfassen, sondern Gattungen repräsentieren konventionalisierte, jedoch flexible und dynamische Erwartungsstrukturen hinsichtlich der Organisation formaler Mittel und Strukturen im konkreten Diskurszusammenhang, also „Gattungsverschachtelungen" und „-hybride".

(iii) Wie die Textlinguistik von einem vortheoretischen Textsortenverständnis ausgeht, der sich im täglichen Sprachgebrauch niederschlägt (Gülich/Raible 1972, 1; Dimter 1982¹, 3f), vertritt auch die soziologische Gattungsanalyse mit dem Begriff der *Ethnotheorie* eine solche Vorstellung. Und ebenso wie der Begriff Textsorte eine bewußt vage gehaltene Bezeichnung für jede Erscheinungsform von Texten (Isenberg 1983) ist, wird auch der Begriff der Gattungen als eine heuristische Kategorie für Muster des Sprechens verwendet. Ferner wurden auch innerhalb der Gesprächsanalyse in den letzten Jahren vermehrt Fragen einer möglichen „Typologie der Kommunikation" aufgeworfen und Möglichkeiten einer Verbindung textlinguistischer und kommunikations- und gesprächsanalytischer Ansätze diskutiert (Kallmeyer 1986; Ehlich 1986).

Trotz dieser Anschlußmöglichkeiten sollten die Unterschiede zwischen den beiden Konzepten nicht übersehen werden:

(i) Analog zum Textbegriff von Ehlich/ Rehbein (1979), Ehlich (1986) und Gülich (1986) werden kommunikative Gattungen als *interaktiv erzeugte, dialogische Konstrukte im tatsächlichen Interaktionsprozeß* untersucht und nicht etwa als statische, monologische Texte außerhalb des interaktiven und sozialen Kontextes, dem sie entstammen. Sie sind also als interaktiv erzeugte kommunikative Muster zu betrachten, die Kommunikationsteilnehmer/innen produzieren, um bestimmte kommunikative Aufgaben zu lösen. Zur Erfassung kommunikativer Gattungen genügt es folglich nicht, isolierte Gattungsmuster aufzuzeigen, vielmehr gehören zur Bestimmung von Alltagsgattungen auch die dialogischen Prinzipien und Verfahren, mittels derer die betreffende Gattung in der jeweils spezifischen Situation realisiert wird. Gattungen sind also nicht losgelöst vom interaktiven Prozeß, dem sie entstammen, zu analysieren: Sie haben − wie die Gattungstheoretiker der formgeschichtlichen Bibelexegese dies bezeichneten − ihren „Sitz im Leben" (Gunkel 1925).

(ii) *Der Gebrauch kommunikativer Gattungen ist nicht nur kontextabhängig, sondern die sprachlichen Aktivitäten der Interagierenden und damit die interaktive Produktion bestimmter Gattungen konstruieren zugleich den Kontext mit.* Dieser interaktive Kontextbegriff basiert u. a. auf Arbeiten der „interpretativen Soziolinguistik"; siehe hierzu u. a. Gumperz (1982); Auer/di Luzio (1992). Die Abfolge bestimmter Gattungen (wie z. B. Gebet, Gesang, Predigt etc.) wird also nicht nur von der Kommunikationssituation (wie z. B. Gottesdienst) bestimmt, sondern die Kommunikationssituation selbst (der Gottesdienst) wird u. a. durch die Ausführung dieser Gattungen erzeugt, der Kontextbegriff ist also reflexiv. Aspekte wie Kommunikationssituation, Verhältnis der Teilnehmenden zueinander, Öffentlichkeitsgrad, Spontanitätsgrad, Modalität der Themenbehandlung (und somit einige der charakteristischen Merkmale der „Redekonstellation") sind somit nicht einfach als „gegebene" Faktoren, in denen bestimmte Textsorten auftreten, anzusehen, sondern es besteht eine reflexive Beziehung zwischen Kontextfaktoren und kommunikativer Gattung.

Mit der Verwendung bestimmter kommunikativer Muster und Gattungen stellen also die Kommunikationsteilnehmer/innen den sozialen Kontext her, der wiederum ihre kommunikativen Handlungen interpretierbar macht (Gumperz 1982). Kommunikative Gattungen sind demnach nicht als von der Sozialstruktur abgekoppelt zu betrachten; sie sind historische und kulturelle Produkte und somit offen für Veränderungen und kulturelle Differenzen.

(iii) Während die Texttypologien nur zum Teil induktiv, zum anderen aber deduktiv (Ermert 1979, 30) oder klassifizierend (Frier 1979, 8) verfahren (de Beaugrande/Dressler 1981, 189), *ist die methodische Vorgehensweise der Gattungsanalyse strikt induktiv und lehnt sich methodisch an die Konversationsanalyse, die Ethnographie der Kommunikation und die interpretative Soziolinguistik an.* Grundlage der Analyse bilden auditive oder audiovisuelle Aufzeichnungen kommunikativer Vorgänge. Diese Aufzeichnungen werden anhand eines der verfügbaren Transkriptionssysteme vertextet. Die so „fixierten Daten" werden dann hermeneutisch und sequenzanalytisch interpretiert und dabei als integraler Bestandteil des Kontextes, dem sie entstammen, behandelt. Schließlich werden Regelhaftigkeiten aufgezeigt und Strukturmodelle der jeweiligen Formen gebildet.

Die Dateninterpretation verfährt also sequenzanalytisch und untersucht nicht nur die Äußerungen der Sprechenden, sondern auch die damit verbundenen und sie mitsteuernden Rezipientenreaktionen.

7. Forschungsaufgaben und -möglichkeiten

Neben den erwähnten Unterschieden weist die textlinguistische Analyse von Textsorten indessen so große Gemeinsamkeiten mit der

Gattungsanalyse auf, daß sich hier vielversprechende Forschungsmöglichkeiten eröffnen. Während die soziologische Gattungsanalyse von der Breite der untersuchten schriftlichen Textsorten profitieren könnte, kann die Perspektive der Gattungsanalyse dazu beitragen, einige Mängel der Textsortendiskussion zu beheben, die sich – so Gülich (1986) – durch eine Unterrepräsentation methodologischer und theoretischer Überlegungen und durch die weitgehende Vernachlässigung empirischer Untersuchungen über Textsorten in konkreten, alltäglichen Interaktionszusammenhängen auszeichnet.

Auch über die Textsortendiskussion hinaus zeichnen sich in der Textlinguistik Tendenzen einer Konvergenz mit sozialwissenschaftlichen Fragestellungen ab, die zum einen um die hier angedeuteten Konzepte (Interaktion, Kontext etc.) kreisen, wie etwa die Verlagerung des Forschungsinteresses in Richtung auf die Kommunikationsteilnehmer (Kallmeyer 1986). Auch Gülich betont, daß sich heutige Klassifikationsversuche „nicht mehr nur auf Texte, sondern kommunikative bzw. interaktive Einheiten" (Gülich 1986) beziehen.

Obwohl sich eine Reihe von vielversprechenden Anschlußmöglichkeiten bieten, muß allerdings festgestellt werden, daß die von de Beaugrande (1990, 188) geforderte „Integration von linguistischen mit kognitiven und sozialen Aspekten" angesichts der doch seltenen Zusammenarbeit zwischen Sozialwissenschaften und Textlinguistik noch weitgehend aussteht.

8. Literatur (in Auswahl)

Auer, Peter (1986): Kontextualisierung. In: Studium Linguistik 19, 22–47.

Auer, Peter/Di Luzio, Aldo (eds.) (1992): The Contextualization of Language. Amsterdam.

Bauman, Richard/Briggs, Charles L. (1990): Poetics and performance as critical perspectives on language and social life. In: Annual Review of Anthropology 19, 59–88.

Beaugrande, Robert-Alain de (1990): Textsorten im Mittelpunkt zwischen Theorie und Praxis. In: Makkeldey, R. (ed.): Textsorten/Textmuster in der Sprech- und Schriftkommunikation. Leipzig, 173–190.

Beaugrande, Robert-Alain de/Dressler, Wolfgang (1981): Einführung in die Textlinguistik. Tübingen.

Bergmann, Jörg (1981): Ethnomethodologische Konversationsanalyse. In: Schröder, P./Steger, H. (eds.): Dialogforschung. Jahrbuch 1980 des Instituts für deutsche Sprache. Düsseldorf, 9–51.

– (1985): Flüchtigkeit und methodische Fixierung sozialer Wirklichkeit. Aufzeichnungen als Daten der interpretativen Soziologie. In: Bonß, W./Hartmann, H. (eds.): Entzauberte Wissenschaft. Zur Relativität und Geltung soziologischer Forschung. Göttingen, 299–320.

Bergmann, Jörg/Luckmann, Thomas (1995): Reconstructive genres of everyday communication. In: Quasthoff, U. M. (ed.): Aspects of Oral Communication. Berlin, 289–304.

Dijk, Teun van (1980): Textwissenschaft. Eine Einführung. München.

– (1985): Handbook of Discourse Analysis. 4 Bände. London.

– (1991): Media contents. The interdisciplinary study of news as discourse. In: Jensen/Jankowski (eds.), 108–119.

Dimter, Matthias (1981): Textklassenkonzepte heutiger Alltagssprache. Kommunikationssituation, Textfunktion und Textinhalt als Kategorien alltagssprachlicher Textklassifikation. Tübingen.

Dressler, Wolfgang (1972): Einführung in die Textlinguistik. Tübingen

Drew, Paul/Heritage, John (1992): Talk at work. Interaction in institutional settings. Cambridge.

Ehlich, Konrad (1986): Die Entwicklung von Kommunikationstypologien und die Formbestimmtheit sprachlichen Handelns. In: Kallmeyer, W. (ed.): Kommunikationstypologie. Düsseldorf, 47–72.

Ehlich, Konrad/Rehbein, Jochen (1979): Sprachliche Handlungsmuster. In: Soeffner, H.-G. (ed.): Interpretative Verfahren in den Sozial- und Textwissenschaften. Stuttgart, 328–351.

Ermert, Karl (1979): Briefsorten. Untersuchungen zu Theorie und Empirie der Textklassifikation. Tübingen.

Flick, Uwe u. a. (eds.) (1991): Handbuch Qualitative Sozialforschung. Grundlagen, Konzepte, Methoden und Anwendungen. München.

Franzosi, Roberto (1989): From words to numbers. A generalized and linguistics-based coding procedure for collecting textual data. In: Sociological Methodology 19, 263–298.

Frier, Wolfgang (1979): Linguistische Aspekte des Textsortenproblems. In: Frier, W./Labroisse, G. (eds.): Grundfragen der Textwissenschaft. Amsterdam, 7–58.

Früh, Werner (1991): Inhaltsanalyse. Theorie und Praxis. 3. Aufl. München.

Fühlau, Imgunde (1982): Die Sprachlosigkeit der Inhaltsanalyse. Linguistische Bemerkungen zu einer sozialwissenschaftlichen Analyse. Tübingen.

Garz, Detlef (ed.) (1994): Die Welt als Text. Frankfurt/Main.

Gobyn, Luc (1984): Textsorten. Ein Methodenvergleich, illustriert an einem Märchen. Brüssel.

Gülich, Elisabeth (1986): Textsorten in der Kommunikationspraxis. In: Kallmeyer, W. (ed.): Kommunikationstypologie. Düsseldorf, 5–46.

Gülich, Elisabeth/Raible, Wolfgang (1972): Textsorten als linguistisches Problem. Vorwort und Einleitung. In: Gülich, E./Raible, W. (eds.): Textsorten. Frankfurt, 1–6.

Gumperz, John (1982): Discourse Strategies. Cambridge.

Gunkel, Hermann (1925): Die israelitische Literatur. Leipzig.

Günthner, Susanne/Knoblauch, Hubert (1994): 'Forms are the Food of Faith'. Gattungen als Muster kommunikativen Handelns. In: Kölner Zeitschrift für Soziologie und Sozialpsychologie 4, 693–723.

Hanks, William F. (1989): Text and textuality. In: Annual Review of Anthropology 18, 95–127.

Hartmann, Peter (1964): Text, Texte, Klassen von Texten. In: Bogawus. Zeitschrift für Literatur, Kunst, Philosophie 2, 15–25.

– (1965): Zur anthropologischen Fundierung der Sprache. In: Symbolae Linguisticae in honorem G. Kurylowicz. Warschau, 110–119.

– (1971): Texte als linguistisches Objekt. In: Stempel, W.-D. (ed.): Beiträge zur Textlinguistik. München, 9–30.

Heinemann, Wolfgang/Viehweger, Dieter (1971): Textlinguistik. Eine Einführung. Tübingen.

Hölker, Klaus (1996): Die Possessive des Italienischen. Münster.

Hymes, Dell (1971): Sociolinguistics and the ethnography of speaking. In: Ardener, E. (ed.): Social Anthropology and Language. London, 47–93.

Isenberg, Horst (1983): Grundfragen der Texttypologie. In: Daneš, F./Viehweger, D. (eds.): Ebenen der Textstruktur. Berlin, 303–343.

Jensen, Klaus Bruhn/Jankowski, Nicholas W. (eds.) (1991): A Handbook of Qualitative Methodologies for Mass Communication Research. London.

Kallmeyer, Werner (1986): Vorwort. In: Kallmeyer, W. (ed.): Kommunikationstypologie. Düsseldorf, 7–14.

Keller-Cohen, Deborah (1987): Organizational contexts and texts. The redesign of the Midwest Bell Telephone Bill. In: Discourse Processes 10, 4, 417–428.

Knoblauch, Hubert (1991): Der Kontext der Kommunikation. John J. Gumperz und die Interaktionale Soziolinguistik. In: Zeitschrift für Soziologie 6, 446–462.

– (1995): Kommunikationskultur. Die kommunikative Konstruktion kultureller Kontexte. Berlin.

Kreye, Horst/Smiltena, Mudite (1994): Medientexte. Textlinguistische und sprachhistorische Aspekte. Bremen.

Leibfried, Erwin (1970): Kritische Wissenschaft vom Text. Stuttgart.

Luckmann, Thomas (1986): Grundformen der gesellschaftlichen Vermittlung des Wissens. Kommunikative Gattungen. In: Kölner Zeitschrift für Soziologie und Sozialpsychologie. Sonderheft 27, 191–211.

– (1988): Kommunikative Gattungen im kommunikativen 'Haushalt' einer Gesellschaft. In: Smolka-Koerdt, G./Spangenberg, P. M./Tillmann-Bartylla, D. (eds.): Der Ursprung der Literatur. München, 279–288.

– (1992): Einleitung zu 'Rekonstruktive Gattungen'. Manuskript. Universität Konstanz: Fachgruppe Soziologie.

Rolf, Eckard (1993): Die Funktionen der Gebrauchstextsorten. Berlin/New York.

Schmidt, Siegfried J. (1971): 'Text' und 'Geschichte' als Fundierungskategorien. Sprachphilosophische Grundlagen einer transphrastischen Analyse. In: Stempel, W.-D. (ed.): Beiträge zur Textlinguistik. München, 31–52.

– (1976): Texttheorie. Probleme einer Linguistik der sprachlichen Kommunikation. 2. Aufl. München.

Sitta, Horst (1980): Pragmatisches Sprachverstehen und pragmatikorientierte Sprachgeschichte. In: Sitta, H. (ed.): Ansätze zu einer pragmatischen Sprachgeschichte. Tübingen, 23–33.

Stempel, Wolf-Dieter (1972): Gibt es Textsorten? In: Gülich, E./Raible, W. (eds.): Textsorten. Frankfurt, 175–180.

Weinrich, Harald (1964): Tempus. Besprochene und erzählte Welt. Stuttgart.

Susanne Günthner, Konstanz (Deutschland)
Hubert Knoblauch, Konstanz (Deutschland)

XI. Anwendungsbereiche

73. Der Einfluss der Textlinguistik auf die Muttersprachendidaktik

1. Vorbemerkung
2. Textlinguistik in der Muttersprachendidaktik und im Muttersprachenunterricht: Anfänge und erste Versuche
3. Umfang und Ziele einer textlinguistisch orientierten Muttersprachendidaktik heute
4. Perspektiven und weiterführende Fragen
5. Literatur (in Auswahl)

1. Vorbemerkung

Der Titel dieses Artikels kann missverstanden werden – so als ob hier zu fragen sei, in welcher Weise Ergebnisse der Textlinguistik bereits in die Muttersprachendidaktik eingegangen bzw. auf sie zu übertragen sind. Das zu beantworten ist nicht Ziel der Didaktik und der folgenden Darstellung: Die Didaktik hat nicht die Aufgabe, fachwissenschaftliche Theorien und Methoden für Schule und Unterricht zu legitimieren; sie kann sich auch nicht im Sinne einer überholten Ableitungsdidaktik darin erschöpfen, den Gegenstand auf das in Schule und Unterricht Machbare 'zurechtzuschneidern'. Es gibt allerdings Sinn, textlinguistische Ansätze im Unterricht dann zu berücksichtigen, wenn Kinder und Jugendliche im Umgang mit Texten gefördert werden und dadurch insgesamt zur sprachlich-literarischen Bildung beigetragen wird (vgl. dazu Ivo 1977; auch Steenblock 1997). Bei frühen textlinguistischen Versuchen im Unterricht gelang die Realisierung solcher Intentionen noch nicht. So belegt ein gewiss begrenzter Versuch praktischer Unterrichtsforschung, dass Lehrer und Schüler weder den Nutzen noch den Wert der Textlinguistik erkannten, wenn ihnen einige ausgesuchte Phänomene dieses Gegenstandsbereichs nahe gebracht wurden (Beisbart in: Beisbart/Dobnig-Jülch/Eroms/Koß 1976, 103).

Neben der erwähnten Beschränkung weist der vorliegende Beitrag eine thematisch-inhaltliche Gewichtung auf: Da die Artikel 145 und 155 dieses Handbuchs zur „Text- und Gesprächslinguistik" pädagogisch-didaktische Aspekte von Gesprächen und der Gesprächslinguistik berücksichtigen, konzentrieren sich die folgenden Ausführungen auf schriftlich konstituierte Texte (ähnlich zweckorientiert entscheiden sich auch Linke/Nussbaumer/Portmann 1994, 212). Diese Akzentsetzung ist aus textlinguistischer Sicht nicht unumstritten. So ist für Weinrich (1993, 18) „Textgrammatik" stets „Dialoggrammatik", und Heinemann, Viehweger (1991, 84) verknüpfen in ihrer verbreiteten „Einführung" die „(monologische) Textlinguistik" mit der „dialogischen Kommunikationsforschung". Hinzuweisen ist schließlich darauf, dass die aktuelle Diskussion um die Neuen Medien Begriffe wie Schriftlichkeit und Textualität in einem neuen Licht sieht (s. dazu unter 4.).

2. Textlinguistik in der Muttersprachendidaktik und im Muttersprachenunterricht: Anfänge und erste Versuche

Weder in Beinlichs zweibändigem „Handbuch des Deutschunterrichts", das vor allem in den 60er Jahren den Muttersprachenunterricht und die deutschdidaktische Diskussion geprägt hat, noch in Helmers' „Didaktik der deutschen Sprache" aus der gleichen Zeit (2. Auflage 1967) schließen Aufgaben und Ziele des Deutschunterrichts texttheoretische Aspekte mit ein. Stichwörter wie Text oder Textlinguistik tauchen in den erwähnten Grundlagenwerken nicht auf. Das ist nicht verwunderlich, beschränkte sich die Didaktik nach 1945 zunächst auf die vertrauten Aufgaben des Deutschunterrichts. Außerdem begann sich die Linguistik selbst erst Anfang der siebziger Jahre nachhaltig mit Texten (und nicht nur mit Sätzen und Wörtern) zu befassen. Als Unterrichtsgegenstand wurde der Text zu dieser Zeit wenn nicht explizit erörtert, so doch erstmals sichtbar – in der „politischen Sprachpädagogik" (Berg 1970, 201) und im „politischen Deutschunterricht" des „Bremer

Kollektivs" (1974). Beide Konzepte fordern im Rahmen einer entschiedeneren Demokratisierung der Gesellschaft die „Beschäftigung mit Sprache, Texten und Medien" (Bremer Kollektiv 1974, 28). Ohne ausdrücklichen Hinweis auf die Textlinguistik gehen diese Ansätze von einem weiten Textbegriff aus.

Zunächst parallel dazu, letztendlich prägender erweisen sich bis heute didaktische Entwürfe, die sprachliche Äußerungen als kommunikative Handlungen im Rahmen einer kommunikativen Didaktik oder einer Didaktik des sprachlichen Handelns berücksichtigen (zur Periodisierung didaktischer Ansätze vgl. Müller-Michaels 1994). So kommt 1973 eine Entwicklung in Gang, die sich ausdrücklich auf die Textwissenschaft bezieht. In der Reihe „Studienbücher zur Linguistik und Literaturwissenschaft" widmet Hans Glinz der Textanalyse eigens einen ganzen Band. Schon im Vorwort plädiert er für ein anspruchsvolles textwissenschaftliches Programm, das nicht nur Linguisten und Literaturwissenschaftlern, sondern auch Didaktikern und Lehrern eine „Schritt für Schritt überprüfbare Textanalyse und die dazu nötige Rahmentheorie über Sprache und Texte" liefern will (Glinz 1973, 3). Diese Intention schließt zwei weitere Ziele ein: Die Linguistik und die Literaturwissenschaft sollen auf diesem Wege einander angenähert, Theorie und (schulische) Praxis miteinander verknüpft werden. In diesem Zusammenhang sind auch Ader/Kress/Riemen (1975) zu nennen, die in ihrem Buch „Literatur im Unterricht − linguistisch" einen literarischen, für den Unterricht geeigneten Text anhand textlinguistischer Kategorien exemplarisch analysieren. Damit ist der klassische Fall einer frühen anwendungsbezogenen Textlinguistik gegeben, die ohne didaktisch-methodische Reflexion für einen „linguistisch vorgehenden Literaturunterricht" vorgeschlagen wird (Ader/Kress/Riemen 1975, 21).

Eine nachvollziehbarere Ausrichtung auf Schule und Unterricht wählen dann Kallmeyer/Klein/Meyer-Hermann/Netzer/Siebert in ihrem zweibändigen „Lektürekolleg zur Textlinguistik" (1974) sowie Beisbart/Dobnig-Jülch/Roms/Koß in der bereits erwähnten „Textlinguistik und ihre Didaktik" (1976). In beiden Veröffentlichungen stehen bis dato gesicherte Ergebnisse der Textlinlinguistik im Vordergrund, sie werden auf Schule und Unterricht als einem wichtigen Anwendungsbereich bezogen. Was dies in den 70er- und 80er-Jahren konkret bedeutete, zeigt die Synopse einer rheinland-pfälzischen Projektgruppe, deren Arbeit seinerzeit mit Bundes- und Landesmitteln gefördert wurde (Kultusministerium Rheinland-Pfalz, ed. 1982, insbesondere 62). Neben kommunikativen Grundgrößen wie Text, Situation, Autor, Empfänger und Intention werden danach in den Muttersprache-Lehrplänen Fragen der Kohärenz einschließlich ausgewählter „Mittel der Textverflechtung" berücksichtigt. Der Vergleich mit dem Fremdsprachenunterricht (Englisch, Französisch und Latein) zeigt außerdem, dass die Deutsch-Lehrpläne häufiger und am nachhaltigsten textlinguistische Themen aufgreifen.

Eine „unter textlinguistischen Gesichtspunkten entwickelte didaktische Gesamtkonzeption" existierte damit allerdings noch nicht; sie fordert Ziesenis im einleitenden Beitrag des aktuellen „Taschenbuchs des Deutschunterrichts" (Ziesenis 1994, 25). Kern der Begründung ist die für die Schule als notwendig erachtete Ausweitung des Textbegriffs und des Textsortenbestands. Ziesenis erläutert in diesem Zusammenhang Kategorien wie Konsequenz, Referenz und Konnexion (vgl. auch Kallmeyer/Klein/Meyer-Hermann/Netzer/Siebert 1974). Für einzelne Lernbereiche zeichnet Ziesenis die bisherige Entwicklung nach und leitet daraus die Forderung nach einer textpragmatischen Fundierung des Unterrichts ab. Die konkreten Vorschläge beschränken sich jedoch zusehends auf satzübergreifende, eher textgrammatische Aspekte. Diese Tendenz verstärkt sich bei den übrigen Beiträgen der aktuellen Auflage deutlich.

Die erwähnten Impulse haben nicht bewirkt, dass sich eine Textdidaktik oder eine textlinguistisch fundierte Muttersprachendidaktik im Unterricht umfassend durchsetzen konnte. Die Gründe für dieses Versickern erster Anfänge sind vielfältig. Es lassen sich historische und strukturell bedingte Ursachen unterscheiden.
− Hier und da ist versucht worden, die Textlinguistik lediglich als eine brauchbare Methode zur Analyse von Texten in der Schule zu sehen. Dieser Versuch musste, da didaktisch und methodisch nicht hinreichend bedacht, fehlschlagen.
− In den schulischen Arbeitsbereichen Sprechen, Schreiben und Reflexion über Sprache stand (und steht) die Textlinguistik „etablierten kulturellen Konzepten" oder vertrauten Inhalten gegenüber, die ein erhebliches „Beharrungsvermögen" auszeichnen (s. dazu 3.1.). So musste (und muss) die Textlinguistik im Bereich der Textrezeption mit hermeneuti-

schen Ansätzen konkurrieren, die eine lange Tradition besitzen und in der Lehrerausbildung auch vermittelt werden. Textlinguistische Ansätze erübrigen sich nach Einschätzung vieler Lehrerinnen und Lehrer, da im Unterricht tradierte literarische Gattungen im Vordergrund stehen. Diese Texte erfordern neben einer Interpretation eine literaturgeschichtliche Einordnung. Im Bereich Reflexion über Sprache dominieren didaktisch-methodische Entscheidungen, die textlinguistische Orientierungen nicht begünstigen, sondern eher normative denn funktionale Sichtweisen, eher eine Betonung der Wort- und Satz- statt der Textebene, eher eine Vernachlässigung semantischer und pragmatischer Aspekte als deren unterrichtliche Berücksichtigung nahe legen (vgl. dazu die wenig ermutigende Bilanz bei Diegritz 1996).
– Viele Lehrerinnen und Lehrer, die sich zunächst interessiert der Textlinguistik zuwandten, stießen schnell an Grenzen: Die Textlinguistik konnte (und kann) keine geschlossene und problemlos umzusetzende Theorie für den Schulgebrauch anbieten; sie ist in Teilfragen nicht widerspruchsfrei und vermag noch nicht überzeugend zu vermitteln, dass ihre Ergebnisse und Methoden den Muttersprachenunterricht bereichern können. Schule und Unterricht als eher träge Systeme lassen sich kaum (oder nur zögernd) auf eine Bezugswissenschaft ein, deren Gegenstand noch unbestimmt, deren Ziele, Methoden und Ergebnisse eher widersprüchlich erscheinen.
– Es ist aus didaktischer Sicht angemessen und wenig erfolgversprechend, wenn versucht wird, eine „junge Wissenschaftsdisziplin", wie sie die Textlinguistik darstellt (Heinemann/ Viehweger 1991, 10), schlicht auf den Muttersprachenunterricht abzubilden – möglicherweise in der Hoffnung, sie damit endgültig zu etablieren oder ihr einen wichtigen Anwendungsbereich 'von außen' zu sichern. Die Muttersprachendidaktik geht von anderen Prämissen aus. Neben dem Gegenstand sind die Interessen und Bedürfnisse der Heranwachsenden wichtig.
– Gegen eine konsequente textlinguistische Ausrichtung des Unterrichts steht eine verbreitete, in diesem Zusammenhang fragliche Überzeugung: Dem in den Wissenschaften dominierenden Reduktionismus, der erst allmählich durch ein „übergreifendes holistisches Paradigma" abgelöst wird (Antos 1996, 1531), entspricht in der Schule die verbreitete Forderung nach einer Isolierung von Schwierigkeiten beim schulischen Lehren und Lernen, wodurch die Arbeit an einzelnen Wörtern und Sätzen, nicht hingegen die reflektierte, in Verlauf und Ergebnis möglicherweise nicht vorhersehbare Auseinandersetzung mit Texten begünstigt wird.
– Wie andere Disziplinen auch ist die Muttersprachendidaktik durch eine zunehmende Spezialisierung gekennzeichnet; d. h. Sprach- und Literaturdidaktik entwickeln sich zunehmend selbständig und sehen sich im Kontext unterschiedlicher Bezugs- und Nachbarwissenschaften.
– Schon die begrenzte Befragung von Beisbart (1976) belegt, dass für Schülerinnen und Schüler zumindest isolierte textlinguistische Aufgaben wenig attraktiv sind. Im üblichen Deutschunterricht gelingt es bisher zu selten, an Kinder und Jugendliche Anforderungen zu stellen, die – was die textlinguistische Seite betrifft – im Schwierigkeitsgrad angemessen sind. In dieser Situation ist kaum dem Untertitel zu widersprechen, den Blüml 1992 für seine Publikation gewählt hat. Er spricht bei seiner „Textgrammatik für die Schule" von einem „umstrittenen Kapitel der neuen Deutschlehrpläne". Das ist zunächst auf Österreich gemünzt, lässt sich aber ohne Schwierigkeiten auf andere Länder übertragen.

3. Umfang und Ziele einer textlinguistisch orientierten Muttersprachendidaktik heute

Die bisherigen, bestenfalls begrenzt erfolgreichen Versuche, den eigensprachlichen Unterricht textlinguistisch zu profilieren oder die Textlinguistik in der Muttersprachendidaktik zu verankern, legen eine nüchterne Beschreibung des Umfangs und der realisierbaren Ziele nahe. Im Folgenden wird deshalb gefragt, was textlinguistische Erkenntnisse und Verfahren zum Muttersprachenunterricht beizutragen vermögen. Das Ergebnis dieser Überprüfung fällt – das sei vorweg gesagt – je nach Lernbereich (s. 3.1. bis 3.3.) unterschiedlich aus.

3.1. Produktion von Texten

Zur Produktion von Texten in der Schule zeigen die Arbeiten Otto Ludwigs zum Schulaufsatz (vgl. insbesondere Ludwig 1988) zweierlei: Bis in die Gegenwart dominieren in der Schule implizite und kaum elaborierte Vorstellungen zu Textbildung und Schreibprozess. „Kulturell etablierte Konzepte des

Schreibens" (Feilke 1995) standen (und stehen) im Vordergrund. Danach entfaltet sich Schreiben von selbst bzw. durch Reifung, oder es erschöpft sich im Erfüllen vorgegebener Textmuster. In einem solchen Umfeld bestehen kaum günstige Bedingungen für schreibdidaktische Konzepte, die textlinguistische Erwägungen einbeziehen. Mit dem Aufschwung der Schreibforschung hat sich in den letzten Jahren die Lage grundlegend verändert. Es sind vor allem drei Aspekte, die für die Theorie und Praxis des schulischen Schreibens wichtig sind – die Prozessorientierung, der Bezug zur Empirie und die Hinwendung zur Erforschung schriftsprachlicher Fähigkeiten (vgl. Baumann 1989). Das Verfassen von Texten wird – in den Modellen von Hayes/Flower 1980 bis Molitor-Lübbert 1991 – als Zusammenwirken komplexer Teilprozesse oder weniger „finalistisch-instrumentalisch" als Folge von Suchbewegungen, Impulsaufnahmen und -weiterführungen aufgefasst (Ortner 1992; 1995, 324, auch der handlungstheoretische Ansatz von Wrobel 1995). In allen diesen Konzepten wird das Schreiben für lehr- und lernbar gehalten, weshalb dann texttheoretische Erwägungen ins Blickfeld rücken. Zur „Modellierung von Aneignungsprozessen" (Haueis 1995, 106) ist dann die Verknüpfung von Schreibforschung und Textlinguistik nötig – eine Aufgabe, die auch Wrobel (1995, 200) sieht. Empirische Studien liefern Hinweise zu Möglichkeiten und Erschwernissen beim schulischen Schreiben (vgl. dazu den Forschungsüberblick bei Krings 1992). Aus der Zusammenfassung bei Blatt (1996) lässt sich zudem ablesen, dass vor allem die Unterschiede beim Umgang mit der „Zielsetzung", beim „Koordinieren und Überwachen des Schreibprozesses" sowie beim „Überarbeiten" bedeutsam sind. Texte von versierten und nichtversierten Schreibern unterscheiden sich insbesondere hinsichtlich der Kohärenz (im umfassenden Sinne).

Fähigkeiten, die beim Verfassen von Texten nötig sind, entfalten sich auf Grund der Angebote und Anforderungen im Unterricht. Brauchbare didaktisch-methodische Entscheidungen fördern eine kontinuierliche Entfaltung schriftsprachlicher Fähigkeiten dann, wenn sie textlinguistisch begleitet, abgesichert und reflektiert werden. Für die ersten Schuljahre hat Dehn (1996) gezeigt, wie dies im Zusammenspiel von Produktion und Rezeption angebahnt werden kann und welcher Stellenwert dabei dem Beurteilen von Texten zukommt (Weiteres s. unten).

Curricular wird der Aufsatzunterricht dafür die normative Orientierung an Grundformen (wie Erzählung, Beschreibung) zu überwinden haben (s. unter 2.). Die im Aufsatzunterricht lange vorherrschende, bis heute verbreitete Abfolge (Erzählung → Bericht → Beschreibung → Erörterung) reduziert das Schreiben-Lernen auf isolierte, voneinander abgeschottete, letztlich folgenlose Episoden. Diese lose Abfolge muss bei der Lernplanung überwunden werden, ist das Verfassen von Texten – kognitionspsychologisch betrachtet – doch als eine zunehmende „Dezentrierung von Perspektiven" zu begreifen, bei der Sprache und Text als Medium ihren Platz erhalten (Feilke 1996, 1186).

Der außerschulischen Schreibpraxis gemäß sollte beim schulischen Schreiben noch weniger deduktiv verfahren werden, da es für das Lernen wirkungslos bleibt. Noch triftiger ist die Entscheidung, beim Schreiben weitere wichtige, mit der „Kommunikationsform" und der „Textfunktion" verbundene „Kategorien und Merkmale der Textualität" zu berücksichtigen – nämlich auf die „thematische und grammatische Kohärenz" bei Schülertexten zu achten (Brinker 1988). So werden Inhalte thematisch angemessen entfaltet und sprachlich integriert (Haueis 1995, 101). Textmuster werden dadurch nicht überflüssig. Als Prozeduren, die den komplexen Schreibprozess steuern und entlasten (Baurmann/Weingarten 1995, 16f.), oder als Schreibpläne, die zum Schreibwissen gehören (Ossner 1995), haben sie ihren Wert. Diese problem- bzw. strategie-orientierte Sicht wird gegenwärtig in der Deutschdidaktik zunehmend akzeptiert. Die Muttersprachendidaktik im französischsprachigen Raum reagiert übrigens in dieser Frage unbefangener, wenn sie Genres als linguistische Einheiten herausstellt; diese korrespondieren mit psychologischen Größen, die schriftsprachliche Tätigkeiten grundlegend konstituieren (Bronckart 1994, 380ff). Schneuwly (1995) hat gezeigt, wie solche Textmuster in sog. Ateliers vermittelt und gelernt werden.

Nun stellen die erwähnten Auffassungsunterschiede keinen unüberbrückbaren Gegensatz dar; sie können mit Gewinn aufeinander bezogen werden. Historisch gewachsene Genres – quantitativ niemals begrenzt – sind an eine überschaubare Anzahl von „Diskurstypen" gebunden. Diese „Primärfunktionen der Kommunikation" (Heinemann/Viehweger 1991, 148) lassen sich auf der Grundlage von „Funktionen geschriebener Sprache" (Ludwig 1980) didaktisch umsetzen – so etwa in ein Curriculum des Erörterns (Baurmann/Ludwig 1990) oder als Grundlage curricularer Entscheidungen schlechthin (Ossner 1995).

Der Aufsatzunterricht ist zunehmend prozessorientiert geprägt. Das betrifft die Ziele schulischer Textproduktion, den Stellenwert der Beurteilung und die konkrete Arbeit innerhalb der Schreibcurricula. Zunehmend zeigen Lehrpläne, dass die Produktion von Texten das Planen, Schreiben und Überarbeiten umfasst. In diesem Zusammenhang erhält die Beurteilung des Geschriebenen einen anderen Stellenwert. Wer Texte verfasst, wird lernen müssen, das eigene Schreiben und Überarbeiten zu beurteilen. Wie schriftsprachliche Fähigkeiten in diesem Sinne konkret gefördert werden können, haben neben Dehn (1996) Baer u. a. (1995) in einem Projekt gezeigt, das – unterstützt durch den Schweizerischen Nationalfonds – an der Berner Universität durchgeführt worden ist. Auf dem Weg zur Entwicklung schriftsprachlicher Fähigkeiten (unter Einschluss des Überarbeitens und Beurteilens) haben sich schreibtheoretisch begründete Anleitungen und Übungen bewährt, wenn sie über einen längeren Zeitraum in spielerischer Form angeboten wurden.

Im Lichte dieser Ergebnisse lassen sich Fremdbeurteilungen dadurch rechtfertigen, dass Schreiberinnen und Schreiber im Sinne einer Hilfe zur Selbsthilfe zur Beurteilung ihrer eigenen Texte hingeführt werden, dass möglichst kompetente Fremd- und Selbstbeurteilungen vorausgehen (vgl. zuletzt Baurmann 1996). Ob allerdings Lehrerinnen und Lehrer dafür in jedem Fall bereits die notwendigen Kenntnisse besitzen, ist nicht sicher. Es spricht einiges für die Beobachtung von Charolles (1978), dass Beurteilungen von Lehrerinnen und Lehrern, die die Textebene ansprechen, noch nicht exakt genug lokalisiert, kaum fachsprachlich formuliert und wenig hilfreich für die weitere Arbeit am Text sind. Diesen Mangel vermag das „Zürcher Textanalyseraster" von Hanser/Nussbaumer/Sieber zu beheben, das textlinguistische Kategorien berücksichtigt (vgl. Nussbaumer 1991, 303 ff). Neben Textlänge, Wortschatz, Syntax, Kohäsion und thematischer Komplexität wird dort der Blick für die Richtigkeit und Angemessenheit (funktional, ästhetisch, inhaltlich) geschärft (Sieber 1994, insbesondere 141 ff; auch Nussbaumer 1991).

In diesem Zusammenhang liegt es darüber hinaus nahe, möglichst viele Versuche und Fassungen 'auf dem Weg zum Text' zu beachten (vgl. dazu die Portfolios in der us-amerikanischen „Whole Language Learning"-Bewegung, Bräuer 1996). Nimmt man die heute in den Schulen verbreiteten Schreib- und Autorenkonferenzen hinzu (vgl. Spitta 1998; Reuschling 1995), daneben auch das Konzept des handlungs- bzw. produktionsorientierten Unterrichts (vgl. zuletzt Haas 1997), dann liegen Übergänge und Affinitäten zum Umgang mit Texten auf der Hand.

3.2. Umgang mit Texten und Medien

Nach den derzeit gültigen Lehrplänen für den Deutschunterricht wird die Auseinandersetzung mit literarischen Texten und Medien dem Bereich Umgang mit Texten zugeordnet. Wenn diese Bezeichnung auch einen bestimmten Lese- und Literaturunterricht nahelegen mag, so wird dieser Terminus – da eingeführt und verbreitet – hier verwendet, allerdings im Kontext der literarischen Bildung erörtert.

Den Arbeitsbereich Umgang mit Texten haben textlinguistische Überlegungen bislang wenig geprägt, obwohl erste textlinguistische Versuche der Rezeption von Texten galten. Es ist unbestritten, dass Kinder und Jugendliche in der Schule einer Vielfalt von Texten begegnen und verschiedene „Textumgangsformen" (Kügler 1984) als Wege zu einer fruchtbaren und lustvollen Auseinandersetzung mit Literatur und Medien erfahren. Schon angesichts dieser Erwägungen liegt eine textlinguistische Orientierung des Lese- und Literaturunterrichts eigentlich nahe. Ein weiterer Aspekt kommt hinzu. Literarische Bildung setzt neben literarischen Kenntissen strukturelles Wissen über Texte und Textsorten voraus (dazu Eggert/Garbe 1995). Die meisten Lehrpläne – insbesondere die der Sekundarstufen – propagieren deshalb auch nachdrücklich die Vertrautheit mit der Textanalyse. Textanalyse meint dabei einen „bestimmten ... methodischen Zugang zu Texten" und gilt als eine „Teiloperation ... der Texterschließung" (Spinner 1989, 20). Versuche, die Textanalyse als nachvollziehbares und erlernbares Verfahren zu etablieren (vgl. Hartmann 1972), setzten sich indes zunächst nicht durch, weil diese Vorschläge fern der Literaturdidaktik entwickelt und – wenn überhaupt – von außen an die Schule herangetragen wurden.

Ein grundsätzlicher Vorbehalt kommt hinzu: Die den Literaturunterricht nach wie vor beherrschende Interpretation ist letztlich stets der ganzheitlichen Sicht der Hermeneutik verpflichtet, wohingegen textlinguistisch orientierte Verfahren einzelne Elemente im Auge haben (vgl. Scherner 1989, 95 ff). Für Ersteres vermag aktuell Ingendahls „Methodologie" zum „Erschließen poetischer Literatur" (1991) stehen, bei der das Interpretieren mit produktiven Arbeitsschritten verbunden wird. Auch Grzesiks Versuch (1990), „Textverstehen (zu) lernen und (zu) lehren" hilft in diesem Zusammenhang nicht weiter, argumentiert er doch beim Textverstehen nicht vom gesamten Text her, sondern auf den Text zu, wenn er „operative Teilfähigkeiten des Textverstehens" beschreibt. Angesichts dieses Dilemmas ist es gewiss bedenkenswert, didaktische Konzepte und methodische Arrangements auf grundlegende Merkmale des Verstehens zu beziehen. Aus kognitionswissenschaftlicher Perspektive geschieht dies bei Reusser/Reusser-Weyeneth (1994, 16 ff).

Resümierend bleibt festzuhalten: Innerhalb des Literaturunterrichts, der sich seit einigen Jahren erheblich ausdifferenziert (s. die Übersichten bei Spinner 1993 und Fingerhut 1996), wird bei allen unterschiedlichen Strömungen die Notwendigkeit der Textanalyse oder zumindest einer „sprachgelenkten Spurensuche ..., die Bedeutung für mich herstellt", anerkannt (Fingerhut 1996, 71). Textlinguistischen Elementen und Operationen kommt allerdings – je nach literaturdidaktischer Richtung – ein unterschiedlicher Stellenwert zu. In Anlehnung an Spinner (1993), der vier Spielarten von Literaturunterricht beschreibt, stellen sich die Gewichtungen wie folgt dar.

Innerhalb eines Literaturunterricht, der betont „rezeptions- und mentalitätsgeschichtliche Fragestellungen" berücksichtigt (1), ist die Textanalyse lediglich ein Element des Unterrichts. Wenn der (2) gegenwärtig besonders beachtete „produktionsorientierte Literaturunterrichts" (etwa Haas 1997) gelingen soll, dann ist eine gründliche Auseinandersetzung mit der 'Machtart' von Texten und mit den sprachlich-stilistischen Auffälligkeiten in Texten unumgänglich. Wo sich eine „postmoderne Literaturdidaktik" (3) herauszubilden beginnt, ändert sich am Stellenwert textlinguistischer Verfahren wenig – eher im Gegenteil. Aber Richtung und Ziel wandeln sich: Alle Bemühungen um den Text gelten nicht mehr der Suche nach einem einheitlichen Sinn, sondern dem Aufspüren von Widersprüchen oder Ambiguitäten (vgl. auch Fohrmann 1990). So nutzt Fingerhut (1993) textlinguistische Kategorien, um die „Textleistung" in literarischen Werken als Zusammenspiel von „Informativität, Redundanz und Kohärenz" zu beschreiben. An die Stelle vielfältiger Deutungen und Interpretationsrituale tritt die Frage, wie denn der Text 'gemacht' sei. Bei der vierten Spielart der Literaturdidaktik, beim „Gespräch über literarische Texte", bleiben textlinguistische Erwägungen unwesentlich.

3.3. Reflexion über Sprache und Sprachgebrauch

In diesem Bereich stellt sich die Sachlage nochmals anders dar als bei den bisher erörterten Arbeitsfeldern des Deutschunterrichts. Der Einfluss der Textlinguistik ist geringer als bei der Textproduktion (3.1.), steht andererseits nicht wie beim Umgang mit Texten und Medien (3.2.) in Konkurrenz zu Überzeugungen, die in der Schule etabliert sind. Die wenig befriedigende, auch unübersichtliche Situation hat verschiedene Ursachen. Wort und Satz werden seit jeher im Muttersprachenunterricht berücksichtigt, Texte oder einzelne Textphänomene bestenfalls als zusätzliche Lernangebote. Textgrammatische Zugriffe liegen näher als textpragmatische, die Berücksichtigung von Einzelfragen ist mithin wahrscheinlicher als eine curricular durchdachte Entfaltung des Gesamtzusammenhangs. Einzelne Aspekte der Textlinguistik sind am ehesten in Sprachbüchern, Lehr- und Lernmitteln, in Unterrichtsmodellen oder methodischen Handreichungen zu finden, wobei Arbeitsaufträge zur Textualität und zu Textsorten, Fragen der thematischen und grammatischen Kohärenz im Vordergrund stehen (vgl. Schoenke 1991, 51). Ein umfassender textlinguistischer Ansatz findet sich bisher lediglich bei Blüml (1992), der – ergänzend zu den österreichischen Lehrplänen – ein textgrammatisch ausgerichtetes Curriculum für mehrere Schuljahre vorstellt und erläutert. Im Einzelnen werden – von Klasse zu Klasse fortschreitend – Untersuchungen zum Textzusammenhang, zur „Verwendung von zusammenhangstiftenden Mitteln" wie etwa „Zeitformen, Modus, Verweiswörter", zum „thematischen Zusammenhang eines Textes" und dann zur „Modifizierung" von Aussagen berücksichtigt. Die für höhere Schulklassen vorgestellten Ziele und Aufgaben werden immer wieder an das Verfassen von Texten gebunden, vor allem die thematische Entfaltung, auch die Komposition und Wirkung von Texten (Blüml 1992, 147 f). Die inhaltliche Nähe zum bereits erwähnten Schweizer Projekt (Sieber 1994) ist offenkundig.

Die referierten Beobachtungen und Erläuterungen sprechen für ein Konzept, das sich nicht auf Wort und Satz beschränkt, sondern auch den Text zum Unterrichtsgegenstand macht. Ein solcher Unterricht wird textgrammatische mit textpragmatischen Aufgaben und Herangehensweisen verknüpfen. Die von Brinker (1988, 9 ff) als wichtig herausgestellten „Merkmale und Kategorien der Textualität" können für didaktisch-methodische Weiterentwicklungen einen geeigneten Rahmen liefern.

4. Perspektiven und weiterführende Fragen

In den letzten Jahrzehnten ist versucht worden, die Muttersprachendidaktik textlinguistisch zu ergänzen oder sie gar von diesem Punkt aus zu begründen. Möglichkeiten, textlinguistische Konzepte für den Unterricht zu nutzen, ergeben sich schon im Rahmen des üblichen Unterrichts und dessen didaktischer Reflexion. Eine anwendungsbezogene Grammatik, die auch den Text als sprachliche Einheit berücksichtigt (wie etwa bei Sitta 1995), oder das Vier-Ebenen-Modell von Brinker sind in dieser Hinsicht geeignete Grundlagen für Schule und Unterricht. Eine Konstituierung des Gegenstandes aus dem zuletzt genannten Konzept führt dann zu folgenden Schwerpunkten. Im Muttersprachenunterricht sind (1) verschiedene „Handlungsbereiche" zu berücksichtigen; es ist danach zu fragen, welche „Kommunikationsformen" für Kinder und Jugendliche relevant sind oder wegen ihrer gegenwärtigen bzw. künftigen Bedeutung beachtet werden sollten (situativer Aspekt). Schüler und Schülerinnen sollten dabei (2) vielfältige Textfunktionen produktiv und rezeptiv realisieren (kommunikativ-funktionaler Aspekt). Schülerinnen und Schüler werden (3) Themen in und für Texte ermitteln, zugleich diese Themen entfalten oder deren Entfaltung rezipierend nachvollziehen (thematischer Aspekt). Damit einher geht (4) die Schärfung der Aufmerksamkeit für die grammatische Kohärenz (grammatischer Aspekt). Bei der Realisierung solcher Ziele greifen konkreter Sprachgebrauch und die Reflexion darüber ineinander, wobei dem Verfassen von Texten einschließlich deren Überarbeitung und Beurteilung besondere Bedeutung zukommt. Von dieser Stelle aus ist es nicht nur Lehrerinnen und Lehrern, sondern auch Kindern und Jugendlichen am ehesten zu vermitteln, weshalb die Textlinguistik im Muttersprachenunterricht unverzichtbar ist. Es liegt dann auf der Hand, den gesamten Unterricht – wenn immer es möglich ist – um das Verfassen von Texten herum zu entwickeln und zu organisieren. Der integrative Unterricht, der verschiedene Lernbereiche oder sogar Fächer miteinander verknüpft, kommt einem solchen Konzept entgegen.

Die „kognitionswissenschaftliche Modellierung", die gegenwärtig die Muttersprachendidaktik und den Unterricht erheblich beeinflusst, löst allerdings nicht alle offenen Fragen. Das hat Scherner (1989, 100 ff) an einer für die Textlinguistik wichtigen Stelle gezeigt, nämlich für den theoretischen Zusammenhang von Wissensschemata und Textkohärenz. Sein Vorschlag, sowohl beim sprachlichen als auch beim kognitiven Wissen eigene Muster anzunehmen, versucht zwischen Linguistik und Kognitionstheorie zu vermitteln. Solche Ansätze könnten dazu beitragen, zumindest in Teilbereichen das Zusammenspiel zwischen Textlinguistik und Didaktik zum Nutzen beider Disziplinen zu fördern. Aus der Sicht des Muttersprachenunterrichts ergäbe sich daraus auch eine Antwort auf die zur Zeit fortgeschrittene Aufspaltung in eine Literatur- und Sprachdidaktik, die vor allem in der Grundschule und hinsichtlich bestimmter Arbeitsformen wie etwa dem „freien Arbeiten" (Baurmann/Feilke 1997) verfehlt ist.

Nachdem die Neuen Medien zunehmend Eingang in den Muttersprachenunterricht finden, zeichnet sich eine Veränderung ab, die für die Textlinguistik und die Didaktik zugleich eine Herausforderung und eine Bereicherung darstellt. Mit dem World-Wide Web (WWW), den Initiativen zu 'Schulen ans Netz' und weiteren Möglichkeiten der elektronischen Kommunikation verändern sich die Vorstellungen von Autorschaft und Text, weitet sich das bisher reichlich feste Format von Schriftlichkeit aus, tritt neben den Text der Hypertext. Gerade für die elektronische Kommunikation zeigen Haase u. a. (1997), wie wichtig die Differenzierung in mediale und konzeptionelle Schriftlichkeit ist (nach Koch/Oesterreicher 1994). Dass sich bei schriftlich Fixiertem wie Fax-Kommunikation, E-Mail und Mailing Lists eigene „kommunikative Normen" herauszubilden beginnen, zeigt Quasthoff (1997). Weingarten (1997, 216 ff) hält es auf Grund seiner „text- und schriftlinguistischen Analyse" für wahrscheinlich, dass sich bei computerbasierten Textstrukturen insgesamt die „verbalsprachlich-kohäsiven Mittel" reduzieren, die gesamte „metatextuelle Ebene" hingegen ausgebaut wird. Benutzern, also auch Kindern und Jugendlichen, würden bei solchen Veränderungen neue, auch höhere gedankliche Leistungen abverlangt. Nach Wichert (1997) besteht die Leistung beim Lesen von Hypertext konkret darin, „vorstrukturierte Anstöße" auf vielfältige Weise zur Konstitution von Bedeutung zu nutzen. Formen der „freien Arbeit" wie der Lernzirkel (vgl. oben Baurmann/Feilke 1997) sind besonders geeignet, auf den Umgang mit Hypertexten vorzubereiten.

5. Literatur (in Auswahl)

Ader, Dorothea/Kress, Axel/Riemen, Alfred (1975): Literatur im Unterricht – linguistisch. München.

Antos, Gerd (1996): Die Produktion schriftlicher Texte. In: Günther, Hartmut/Ludwig, Otto (eds.): Schrift und Schriftlichkeit. Ein interdisziplinäres Handbuch. 2. Halbband. Berlin/New York, 1527–1535.

Baer, Matthias/Fuchs, Michael/Reber-Wyss, Monika/Jurt, Ueli/Nussbaum, Thomas (1995): Das „Orchester-Modell" der Textproduktion. In: Baurmann, Jürgen/Weingarten, Rüdiger (eds.): Schreiben: Prozesse, Prozeduren und Produkte. Opladen, 173–200.

Baurmann, Jürgen (1989): Empirische Schreibforschung. In: Antos, Gerd/Krings, Hans Peter (eds.): Textproduktion. Ein interdisziplinärer Forschungsüberblick. Tübingen, 257–277.

– (1996): Schreiben in der Sekundarstufe I – eine Standortbestimmung. In: Praxis Schule 5–10.6, 6–10.

Baurmann, Jürgen/Feilke, Helmuth (1997): Freies Arbeiten. Basisartikel. In: Praxis Deutsch 24/141, 18–27.

Baurmann, Jürgen/Ludwig, Otto (1990): Die Erörterung – oder: ein Problem schreibend erörtern? Versuch einer Neubestimmung. Basisartikel. In: Praxis Deutsch 17, 16–25.

Baurmann, Jürgen/Weingarten, Rüdiger (1995): Prozesse, Prozeduren und Produkte des Schreibens. In: Baurmann, Jürgen/Weingarten, Rüdiger (eds.): Schreiben: Prozesse, Prozeduren und Produkte. Opladen, 7–25.

Beisbart, Ortwin/Dobnig-Jülch, Edeltraud/Eroms, Hans-Werner/Koß, Gerhard (1976): Textlinguistik und ihre Didaktik. Donauwörth.

Berg, Martin (1970): Negative Didaktik oder Die Entfesselung der Produktivkraft Sprache. In: alternative 14, 184–201.

Blatt, Inge (1996): Schreibprozeß und Computer. Eine ethnographische Studie in zwei Klassen der gymnasialen Mittelstufe. Neuried.

Blüml, Karl (1992): Textgrammatik für die Schule. Zu einem umstrittenen Kapitel der neuen Deutschlehrpläne. Wien.

Bräuer, Gerd (1996): Warum Schreiben? Schreiben in den USA: Aspekte, Verbindungen, Tendenzen. Frankfurt a. M./Berlin/New York/Paris.

Bremer Kollektiv (1974): Grundriß einer Didaktik und Methodik des Deutschunterrichts in der Sekundarstufe I und II. Stuttgart.

Brinker, Klaus (1988): Bedingungen der Textualität. Zu Ergebnissen textlinguistischer Forschungen und ihren Konsequenzen für die Textproduktion. In: Der Deutschunterricht 40/3, 6–18.

– (1996): Die Konstitution schriftlicher Texte. In: Günther, Hartmut/Ludwig, Otto (eds.): Schrift und Schriftlichkeit. Ein interdisziplinäres Handbuch. 2. Halbband. Berlin/New York, 1515–1526.

Bronckart, Jean-Paul (1994): Lecture et écriture: Éléments de synthèse et de prospective. In: Reuter, Yves (ed.) (1994), 371–404.

Charolles, Michel (1978): Introduction aux problèmes de la cohérence de textes. (Approche théoretique et étude des pratiques pédagogiques.) In: Language française 38, 7–41.

Dehn, Mechthild (1996): Zur Entwicklung der Textkompetenz in der Schule. In: Feilke, Helmuth/Portmann, Paul R. (eds.): Schreiben im Umbruch. Schreibforschung und schulisches Schreiben. Stuttgart, 172–185.

Diegritz, Theodor (1996): Wohin steuert die Grammatikdidaktik? „Diskussion Grammatikunterricht" um 1980 und zu Beginn der 90er Jahre im Vergleich. In: Der Deutschunterricht 48/4, 87–95.

Eggert, Hartmut/Garbe, Christine (1995): Literarische Sozialisation. Stuttgart/Weimar.

Feilke, Helmuth (1995): „Gedankengeleise" zum Schreiben. Zum Beharrungsvermögen kulturell etablierter Konzepte des Schreibens und des Schreibenlernens – Eine Skizze. In: Brügelmann, Hans/Balhorn, Heiko/Füssenich, Iris (eds.): Am Rande der Schrift. Zwischen Sprachenvielfalt und Analphabetismus. Lengwil, 278–290.

– (1996): Die Entwicklung der Schreibfähigkeiten. In: Günther, Hartmut/Ludwig, Otto (eds.): Schrift und Schriftlichkeit. Ein interdisziplinäres Handbuch. 2. Halbband. Berlin/New York, 1178–1191.

Fingerhut, Karlheinz (1993): Eine Maschine zur Erzeugung von Interpretationen. Untersuchungen an Kafka-Texten und deren Lektüren. In: Il Confronto Letterario. Quaderni del Dipartimento di Lingue e Letterature Straniere Moderne dell'Universita di Paris, 17−38.

− (1996): Literaturdidaktik − eine Kulturwissenschaft. In: Belgrad, Jürgen/Melenk, Hartmut (eds.): Literarisches Verstehen − Literarisches Schreiben. Hohengehren, 50−72.

Fohrmann, Jürgen (1990): Über Autor, Werk und Leser aus poststrukturalistischer Sicht. In: Diskussion Deutsch 116, 577−588.

Glinz, Hans (1973): Textanalyse und Verstehenstheorie I. Methodenbegründung − soziale Dimension − Wahrheitsfrage − acht ausgeführte Beispiele. Frankfurt/M.

Grzesik, Jürgen (1990): Textverstehen lernen und lehren. Geistige Operationen im Prozeß des Textverstehens und typische Methoden für die Schulung zum kompetenten Leser. Stuttgart.

Haas, Gerhard (1997): Handlungs- und produktionsorientierter Literaturunterricht. Theorie und Praxis eines „anderen" Literaturunterrichts für die Primar- und Sekundarstufe. Seelze.

Haase, Martin/Huber, Michael/Krumeich, Alexander/Rehm, Georg (1997): Internetkommunikation und Sprachwandel. In: Weingarten, Rüdiger (ed.): Sprachwandel durch Computer. Opladen, 51−85.

Hartmann, Peter (1972): Zur Klassifikation und Abfolge textanalytischer Operationen. In: Schmidt, Siegfried J. (ed.): Zur Grundlegung der Literaturwissenschaft. München, 124−142.

Haueis, Eduard (1995): Mit der Schreibforschung weiter im alten didaktischen Trott? Von der Themenstellung zum fertigen Text. In: Ossner, Jakob (ed.): Schriftaneignung und Schreiben (= Osnabrücker Beiträge zur Sprachtheorie. Heft 51), 97−115.

Hayes, John R./Flower, Linda S. (1980): Identifying the Organization of Writing Processes. In: Gregg, Lee W./Steinberg, Erwin R. (eds.): Cognitive Processes in Writing. Hillsdale, 3−30.

Heinemann, Wolfgang/Viehweger Dieter (1991): Textlinguistik. Eine Einführung. Tübingen.

Ingendahl, Werner (1991): Umgangsformen. Produktive Methoden zum Erschließen poetischer Literatur. Frankfurt/M.

Ivo, Hubert (1977): Zur Wissenschaftlichkeit der Didaktik der deutschen Sprache und Literatur. Vorüberlegungen zu einer „Fachunterrichtswissenschaft". Frankfurt/Berlin/München.

Kallmeyer, Werner/Klein, Wolfgang/Meyer-Hermann, Reinhard et al. (eds.) (1974): Lektürekolleg zur Textlinguistik Bd. 1/2. Königstein/Ts.

Koch, Peter/Oesterreicher, Wulf (1994): Schriftlichkeit und Sprache. In: Günther, Hartmut/Ludwig, Otto (eds.): Schrift und Schriftlichkeit. 1. Halbband. Berlin, 587−604.

Krings, Hans Peter (1992): Schwarze Spuren auf weißem Grund − Fragen, Methoden und Ergebnisse der empirischen Schreibforschung im Überblick. In: Krings, Hans Peter/Antos, Gerd (eds.): Textproduktion. Neue Wege der Forschung. Trier, 45−110.

Kügler, Hans (1984): Grundschullesebuch und Textumgangsformen. In: Baurmann, Jürgen/Hoppe, Otfried (eds.): Handbuch für Deutschlehrer. Stuttgart, 201−221.

Kultusministerium Rheinland-Pfalz (ed.) (1982): Grammatikunterricht im Vergleich. Fachausdrücke und Lehrplananforderungen in der Sekundarstufe I in den Fächern Deutsch, Englisch, Französisch, Latein − mit Erläuterungen und Unterrichtsmodellen. Grünstadt.

Linke, Angelika/Nussbaumer, Markus/Portmann, Paul R. (1994): Studienbuch Linguistik. 2. Aufl. Tübingen.

Ludwig, Otto (1980): Funktionen geschriebener Sprache und ihr Zusammenhang mit Funktionen der gesprochenen und inneren Sprache. In: Zeitschrift für germanistische Linguistik 8.1, 74−92.

− (1988): Der Schulaufsatz. Seine Geschichte in Deutschland. Berlin/New York.

Molitor-Lübbert, Sylvie (1991): Schreiben als literarische Lernstrategie. In: Rupp, Gerhard/Müller-Michaels, Harro (eds.): Jahrbuch der Deutschdidaktik 1989/1990. Tübingen, 153−167.

− (1996): Schreiben als mentaler und sprachlicher Prozeß. In: Günther, Hartmut/Ludwig, Otto (eds.): Schrift und Schriftlichkeit. Ein interdisziplinäres Handbuch. 2. Halbband. Berlin/New York, 1005−1027.

Müller-Michaels, Harro (1994): Konzepte des Deutschunterrichts nach 1968. In: Hohmann, Joachim S. (ed.): Deutschunterricht zwischen Reform und Modernismus. Blicke auf die Zeit 1968 bis heute. Frankfurt/M., 27−43.

Nussbaumer, Markus (1991): Wie Texte sind und wie sie sein sollen. Ansätze zu einer sprachwissenschaftlichen Begründung eines Kriterienrasters zur Beurteilung von schriftlichen Schülertexten. Tübingen.

Ortner, Hanspeter (1992): Auf dem Weg zu einer realistischen Theorie des Schreibens. In: Herina, Philip (ed.): Methodenfragen der Geisteswissenschaften. Innsbruck, 15−65.

− (1995): Die Sprache als Produktivkraft. Das (epistemisch-heuristische) Schreiben aus der Sicht der Piagetschen Kognitionspsychologie. In: Baurmann, Jürgen/Weingarten, Rüdiger (eds.): Schreiben: Prozesse, Prozeduren und Produkte. Opladen, 320−342.

Ossner, Jakob (1995): Prozeßorientierte Schreibdidaktik in Lehrplänen. In: Baurmann, Jürgen/Weingarten, Rüdiger (eds.): Schreiben: Prozesse, Prozeduren und Produkte. Opladen, 29−50.

Quasthoff, Uta M. (1997): Kommunikative Normen im Entstehen: Beobachtungen zu Kontextualisierungsprozessen in elektronischer Kommunikation. In: Weingarten, Rüdiger (ed.): Sprachwandel durch Computer. Opladen, 23–50.

Reuschling, Gisela (1995): Textrevisionen durch Schreibkonferenzen. Wie kann das Überarbeitungsverhalten von Kindern in Schreibkonferenzen zielgerichtet gefördert werden? In: Ossner, Jakob (ed.): Schriftaneignung und Schreiben (= Osnabrücker Beiträge zur Sprachtheorie. Heft 51), 148–159.

Reusser, Kurt/Reusser-Weyeneth, Marianne (1994): Verstehen als psychologischer Prozess und als didaktische Aufgabe: Einführung und Überblick. In: Reusser, Kurt/Reusser-Weyeneth, Marianne (eds.): Verstehen – psychologischer Prozess und didaktische Aufgabe. Bern/Göttingen/Toronto/Seattle, 9–35.

Reuter, Yves (ed.) (1994): Les interactions lecture – écriture. Actes du colloque organisé par l'épique THÉODILE-CREL. Bern.

Ropé, Françoise (1994): Synthèse des recherches en didactique portant sur les interactio lecture – écriture. In: Reuter, Yves (ed.), 191–218.

Scherner, Maximilian (1989): Zur kognitionswissenschaftlichen Modellierung des Textverstehens. Anmerkungen, Fragen und Perspektiven aus sprachwissenschaftlicher Sicht. In: Zeitschrift für germanistische Linguistik 17, 94–102.

Schneuwly, Bernard (1995): Textarten – Lerngegenstände des Deutschunterrichts. In: Ossner, Jakob (ed.): Schriftaneignung und Schreiben (= Osnabrücker Beiträge zur Sprachtheorie. Heft 51), 116–132.

Schoenke, Eva (1991): Didaktik sprachlichen Handelns. Überlegungen zum Sprachunterricht in der Sekundarstufe I. Tübingen.

Sieber, Peter (ed.) (1994): Sprachfähigkeiten – Besser als ihr Ruf und nötiger denn je! Ergebnisse und Folgerungen aus einem Forschungsprojekt. Aarau/Frankfurt/Salzburg.

Sitta, Horst (1995): Vom Wort und Satz zum Text – ein Ausblick. In: Drosdowski, Günther et al. (eds.): DUDEN – Grammatik der deutschen Gegenwartssprache. 5. Aufl. Mannheim, 802–826.

Spinner, Kaspar H. (1989): Textanalyse im Unterricht. Basisartikel. In: Praxis Deutsch 16/98, 19–23.

– (1993): Literaturdidaktik der 90er Jahre. In: Bremerich-Vos, Albert (ed.): Handlungsfeld Deutschunterricht im Kontext. Festschrift für Hubert Ivo. Frankfurt/M., 23–36.

Spitta, Gudrun (ed.) (1998): Freies Schreiben – eigene Wege gehen. Lengwil.

Steenblock, Volker (1997): Von der Notwendigkeit Literarischer Bildung. Zur Aktualität von 'Klassikern'. In: Didaktik Deutsch 2/2, 53–68.

Weingarten, Rüdiger (1997): Textstrukturen in neuen Medien: Clustering und Aggregation. In: Weingarten, Rüdiger (ed.): Sprachwandel durch Computer. Opladen, 215–237.

Weinrich, Harald/unter Mitarbeit von Maria Thurmair/Eva Breindl/Eva-Maria Willkop (1993): Textgrammatik der deutschen Sprache. Mannheim.

Wichert, Adalbert (1997): Hypertext im Deutschunterricht. Überlegungen zur Rhetorik und Didaktik des Hypertexts. In: Berndt, Elin-Birgit/Schmitz, Ulrich (eds.): Neue Medien im Deutschunterricht (= Osnabrücker Beiträge zur Sprachtheorie. Heft 55), 118–131.

Wrobel, Arne (1995): Schreiben als Handlung. Überlegungen und Unterstützungen zur Theorie der Textproduktion. Tübingen.

Ziesenis, Werner (1994): Textlinguistik und Didaktik. In: Lange, Günter/Neumann, Karl/Ziesenis, Werner (eds.): Taschenbuch des Deutschunterrichts. Grundfragen und Praxis der Sprach- und Literaturdidaktik. Band 1: Grundlagen – Sprachdidaktik – Mediendidaktik. 5. Aufl. Hohengehren, 3–39.

Jürgen Baurmann, Wuppertal
(Deutschland)

74. Der Einfluss der Textlinguistik auf die Fremdsprachendidaktik

1. Einleitung
2. Didaktische Perspektiven auf Texte und Textlinguistik
3. Textgesichtspunkte im Unterricht
4. Weiterführende Gesichtspunkte
5. Ausblick
6. Literatur (in Auswahl)

1. Einleitung

Im Gefolge der pragmatischen Wende der Linguistik seit Ende der sechziger Jahre sind zunächst jene Begriffe für die Konstitution einer neuen, kommunikativen Fremdsprachendidaktik wichtig geworden, die eine am Mündlichen orientierte Beschreibung sprachlicher Praxis erlauben. Die sich zur gleichen Zeit entwickelnde Textlinguistik machte zwar ebenfalls einen gewissen Einfluss geltend, auf breiter Ebene wirksam wurde sie aber erst seit den achtziger Jahren, als die Arbeit mit Texten, seit je ein wichtiges Thema im Fremdsprachenunterricht, unter neuen Perspektiven wahrgenommen wurde. Wegweisend für diese Neubewertung waren der Aufbau von Theorien der Schriftlichkeit in Linguistik, Schreib- und Leseforschung, die Fragestellungen der Sprachverarbeitungs- und Spracherwerbsforschung und natürlich Neuansätze in der Textlinguistik, darunter vor allem die Herausbildung der Fachtextlinguistik.

Diese neu verfügbaren Erkenntnisse sind unverzichtbar geworden für einen Bereich, der seit einiger Zeit zusehends die Aufmerksamkeit auf sich zieht: für Kurse auf der Fortgeschrittenenstufe, vor allem solche für Lernende, die professionell mit native speakers zusammenarbeiten und in definierten Bereichen eine zielsprachnahe Kompetenz aufbauen wollen. Die fachwissenschaftlichen Angebote treffen hier auf eine unterrichtliche Situation, in der schriftsprachlich und textuell geprägte Kompetenzen zum Thema werden und wo der Ausbau der Sprachkenntnisse ohne Berücksichtigung dieser Faktoren kaum mehr möglich erscheint (vgl. Möhle 1990, 47 ff). Aber auch über diesen engen Bereich hinaus veränderte sich im Gefolge des bezugswissenschaftlichen Perspektivenwechsels das Denken über Texte und ihre Rolle im Sprachlernprozess grundsätzlich. Lesen und v. a. Schreiben gelten nicht länger als Aktivitäten, die von den 'eigentlichen' Aufgaben des Unterrichts wegführen; man entdeckt schriftsprachliche Verfahren und textuelle Schemata auch in der anspruchsvollen mündlichen Kommunikation, und nicht zuletzt findet die Tatsache erneut Beachtung, dass der Unterricht aufgrund seiner institutionellen und pragmatischen Bedingungen in seinem ganzen Format textuell geprägt ist, dass die Bewegung des Lernprozesses „vom Text zum Text" geht (Krause 1996, 59). Entsprechend ließe sich anhand der Frage nach Texten ein guter Teil der Problematik des Fremdsprachenunterrichts darstellen.

Im Folgenden wird in Abschnitt 2. das Grundverhältnis von Unterricht, Text und Textlinguistik kurz skizziert. In Abschnitt 3. geht es um klassische Bereiche der linguistischen Textbeschreibung und ihre Thematisierung durch die Didaktik, in Abschnitt 4. werden diese strukturellen und funktionalen Gesichtspunkte erweitert im Hinblick auf Aspekte der Textverarbeitung, des Textwissens und der unterrichtlichen Bedingungen des Textgebrauchs. Durchwegs wird nur auf schriftliche Texte Bezug genommen; entsprechend gilt nicht jede denkbare Äußerung als Text, sondern die den Bedingungen des Mediums entsprechend konstituierte Schriftäußerung. – Im Folgenden werden 'Unterricht' wie 'Didaktik' benützt, um das gesamte Gebiet des Lehrens und Lernens von Fremdsprachen zu bezeichnen. Werden die Termini differenzierend gebraucht, meint 'Unterricht' das Praxisfeld, 'Didaktik' die Theorie über das Handeln in diesem Praxisfeld.

2. Didaktische Perspektiven auf Texte und Textlinguistik

Textlinguistische Konzepte beeinflussen den Unterricht nicht in einsinniger Weise, vielmehr macht sich im Umgang der Didaktik mit der Textlinguistik auch der Eigensinn des unterrichtlichen Handlungsfeldes unmissverständlich bemerkbar. Dessen Bedingungen definieren weitgehend die Fragen, die von didaktischer Seite an die Textlinguistik gestellt werden.

Lernende gehen an das Lesen oder Schreiben fremdsprachlicher Texte unter Voraussetzungen heran, die die Aufgabe (im Verhältnis zu analogen muttersprachlichen) 'schwierig' machen, vorab aufgrund mangelnder Vertrautheit mit Sprache und textuellen Mustern. Aufgabe der Forschung ist es, die Mechanismen zu ergründen, die diesen Schwierigkeiten zugrundeliegen, Aufgabe des Unterrichts, aufgrund der Kenntnis dieser Mechanismen die Schwierigkeiten zum Anlass für zielgerichtete Lehr- und Lernprozesse zu machen. Diese Zielbezogenheit verändert die unterrichtliche Perspektive auf Texte gegenüber der neutral-deskriptiven der Textlinguistik (auch gegenüber der alltäglich gewohnten) in mehrfacher Hinsicht. Texte werden in der unterrichtlichen Situation selten nur nach Maßgabe des ihnen eingeschriebenen Handlungssinns benützt und verstanden. Dieser 'kanonische' Zugang wird überlagert durch zusätzliche, nach lerntheoretischen Vorstellungen modellierte Aktivitäten mit lernfunktionalem Handlungssinn. Auch wenn dabei Elemente und Eigenschaften von Texten häufig im Zentrum der Textarbeit stehen, sind sie Mittel zum eigentlichen Zweck: zur Erweiterung der Kompetenz der Lernenden. Texte fungieren dabei stets als Lernmedien. Bestehende Textkompetenz als Fähigkeit zu selbstgesteuertem Umgang mit strukturell und informationell komplexen Mitteilungen wird als Instrument vorab des Sprachlernens eingesetzt (vgl. Nuttall 1996, 30). Texte werden darüber hinaus zu Lerngegenständen, wenn die Beschäftigung mit ihnen gezielt der Erweiterung der Textkompetenz der Lernenden dient; in diesem Falle werden textuelle Phänomene explizit thematisiert. Dies ist der Kernbereich der Textdidaktik. Textarbeit ist schließlich immer gerichtet; sie ist rezeptiv oder produktiv. Im Unterricht sind die damit verbundenen unterschiedlichen Ansprüche an die Sprach-, Kommunikations- und Textkenntnisse der Lernenden unübersehbar, Rücksicht auf Prozessgesichtspunkte ist deshalb fundamental.

Damit sind die leitenden didaktischen Gesichtspunkte angesprochen, die die Anlage von textbezogenen Aktivitäten und den ihnen zugeschriebenen Stellenwert unmittelbar betreffen. Der Umgang mit dem Textmaterial wird demnach nicht allein durch dessen inhärente Eigenschaften bestimmt, sondern ebenso durch Bedingungen der unterrichtlichen Aufgabenstellung, vorab durch Annahmen über die kognitiven Anforderungen und die erhofften Resultate der Textarbeit. (Weitere textlinguistisch interessante Gesichtspunkte betreffen v. a. im Vorfeld des Unterrichts zu diskutierende Kriterien, nach denen die Qualität von Texten und ihre Eignung für den Unterricht bestimmt wird. Vgl. dazu 3.1. und 4.3.) Das Problem mit dieser didaktischen Sicht ist die Vielfalt und die Komplexität der Fragen, die der Versuch, Arbeit mit Texten zielgerichtet zu steuern, nach sich zieht. Idealerweise müsste für eine optimale Ausgestaltung von Unterrichtsverfahren geklärt sein, welche textuellen Fakten in den Vordergrund gestellt werden müssen, damit Kenntnisse über Vertextungsregularitäten effizient aufgebaut werden können, welches die Zusammenhänge zwischen Textstrukturen und Verarbeitungsprozessen beim Lesen und Schreiben sind und wie unterschiedliche Aktivitäten im Hinblick auf sprachliche und textuelle Lerneffekte zu bewerten sind. Davon sind wir noch weit entfernt. Wir verfügen zwar über eine Vielzahl von textbezogenen Unterrichtsverfahren und dazu gehörigen Legitimationsansätzen, die Didaktik hat aber noch kein ausreichendes Konzept der Textarbeit entwickelt, das die wichtigsten Fragen in diesem Bereich konsistent zu explizieren erlaubte (vgl. Rosandic 1991, 266). — Auf der Seite der Bezugswissenschaften zeigt sich ein ähnliches Bild. Textlinguistische Theorien, seien sie strukturell, kommunikativ-funktional oder kognitiv ausgerichtet, geben kaum Hinweise auf Themen, die im Unterricht von vordringlichem Interesse sind. Prozesse der Sprach- und Textverarbeitung werden höchstens in kognitiv ausgerichteten Beiträgen angesprochen, solche des textbezogenen Lernens auch dort kaum. Diesbezügliche Erkenntnisse liefert vor allem die Lese- und Schreibforschung, deren Verbindung zur Textlinguistik aber eher schwach ausgebaut ist. Eine relevante, noch wenig theoretisierte Verbindung besteht auch zwischen Textverarbeitung und Spracherwerb. Es gibt Versuche, verschiedene dieser Theorien zu integrieren (z. B. Rickheit/Strohner 1993). Ansätze zu einer umfassenden Text(verarbeitungs)theorie, die auch Lernaspekte integrieren könnte, sind jedoch noch kaum abzusehen.

Wenn trotzdem Bezugnahmen auf die Textlinguistik, vor allem auf Modelle, die strukturelle und funktionale Gesichtspunkte miteinander zu verbinden erlauben, sich wachsender Beliebtheit erfreuen (Bhatia 1993; McCarthy/Carter 1994; vgl. Göpferich 1995), so hat dies damit zu tun, dass hier eine unbestrittene Basis von Daten und Begriffen aufgearbeitet ist, auf die jede Textarbeit sich beziehen muss, unabhängig davon, wie ihre Bearbeitung didaktisch inszeniert und legitimiert wird. In diesem Sinne bezeichnen textlinguistische Erkenntnisse fruchtbare, sogar notwendige Ausgangspunkte für den Unterricht, von denen ausgehend allerdings — dies zeigen die obigen Hinweise — sich fast zwangsläufig erweiternde Fragestellungen aufdrängen.

Eine charakteristische Eigenart didaktischer Bezugnahme auf Modelle der Textlinguistik (und im weiteren auf die jeder Bezugsdisziplin) ist ihr opportunistischer Charakter. Im Unterricht geht es nicht um Finessen der Theorie, es geht nie darum, Texte bzw. textuelle Regularitäten vollständig zu beschreiben oder Begriffe wie Kohäsion und Kohärenz in alle ihre Manifestationen hinein zu verfolgen. Obwohl textlinguistisches Wissen unverzichtbar ist, zunächst für die Lehrenden (Herwig 1984, 36 ff), dann auch für die Lernenden, erfolgen die Zugriffe darauf strategisch, fallzentriert und problembezogen.

3. Textgesichtspunkte im Unterricht

In jedem Unterricht mit Texten drängen sich Fragen auf, die die Konstitution von Texten und die Funktion textueller Phänomene betreffen. Viele dieser Gesichtspunkte sind erst mit den Modellen der Textlinguistik begrifflich erfasst und in ihrer Differenziertheit wahrgenommen worden. Die Darstellung in diesem Abschnitt beschränkt sich auf vier Themenbereiche, die im Unterricht besonders viel Beachtung finden. Vorwiegend theoretisch relevante Aspekte wie der Textbegriff, Textualitätskriterien usw. stehen im Unterricht eher am Rande und werden hier nicht diskutiert. Die für den Unterricht primäre Rezeptionsperspektive wird in den Vordergrund gestellt; einige Hinweise zur Produktion in Abgrenzung von der Rezeption sind in Abschnitt 4.1. zu finden.

3.1. Textsorten

Die wohl erste Anleihe der Didaktik bei der Textlinguistik betrifft das Konzept der Textsorte. Es erlaubt, Strukturen, kommunikative Funktionen und die konkrete Situiertheit von Texten in ihrer gegenseitigen Vermitteltheit und in ihrer Typisiertheit zu erfassen (vgl. die Textsortendefinition in Brinker 1988, 118). Mit einer solchen pragmatischen Basierung ist der Begriff problemlos anschließbar an die sprechakt- bzw. interaktionstheoretischen Grundlagen der kommunikativen Didaktik und erleichtert ihre Erweiterung in den Bereich schriftbasierter Texte hinein. Mit dieser textlinguistischen Fundierung verändert sich der Ausblick auf Texte im Unterricht radikal, und zwar in Bezug auf die Textauswahl, die Textpräsentation wie die Lektüreeinstellung:

a) Textsorten sind Muster kommunikativer Praxis in einer Sprachgemeinschaft. Wenn Sprachlernen Kommunikation zum Ziel hat, gehören solche Muster, nicht nur Wörter und syntaktische Strukturen, zum Thema des Unterrichts, ihre Erkennung zur Basis der Lesefertigkeit (Grabe 1988, 64; Swales 1990, 72). In der kommunikativen Didaktik hat sich — aus oft eher summarisch dargestellten Gründen — relativ früh die Ansicht durchgesetzt, dass nur authentische Texte zielsprachliche, kommunikative und landeskundliche Gegebenheiten unverfälscht in den Unterricht einzubringen vermögen (vgl. Bhatia 1993, 196; zu einigen Kriterien für Authentizität und die didaktische Charakterisierung von Textsorten s. Edelhoff 1985, 24 ff).

b) Aufmachung, Publikationsort (Zeitung, Zeitschrift, ...), Titel und ev. weitere Kontextinformationen sind integrale Komponenten des Textes. Sie erlauben es, vor jedem weiteren Zugang hierarchisch hochstehende Verständnisschemata und darauf basierend Erwartungen zu mobilisieren, die den darauf folgenden Sinnaufbau beim Lesen stützen (Möhle 1990, 52; Swales 1990, 88 f); sie sind deshalb wichtige Mittel und Themen auch der unterrichtlichen Textarbeit (Hartl 1985, 328).

c) Ist in Textsorten ein gewisser Handlungssinn quasi fest kodiert, müssen ihre Funktionen zumindest ansatzweise auch im Unterricht ernstgenommen werden. In kommunikativ-didaktischer Perspektive ist die lernfunktionale Überformung des Textzugangs problematisch, besteht doch die Möglichkeit, dass in der Folge die unterrichtliche Arbeit mit Texten kaum mehr mit den gewohnten Lese- und Texterschließungsstrategien in Verbindung gebracht werden kann (s. Piepho 1985, 32 f). Gesucht werden darum zugleich textadäquate und lerneffiziente Lektüreverfahren (Piepho 1985, 36 f; Grellet 1991, 6 f).

Insgesamt begründen diese Überlegungen ein Konzept der Rolle von Texten und der Auseinandersetzung mit ihnen im Unterricht, das sich als extrem folgenreich herausgestellt hat. Grundlegend ist die auf textlinguistische Einsichten bezogene Orientierung, in der die kontextualisierenden und sinnstiftenden Leistungen von Textformaten einen hohen Stellenwert zugesprochen erhalten. Bei der weiteren Entwicklung einer so fundierten Didaktik stellen sich allerdings eine ganze Reihe von

Problemen. Gefordert ist zunächst eine Vertiefung des Textsortenbegriffs. Soweit Lernen nicht allein auf der Grundlage von Mustern und Gewöhnung erfolgt, sondern durch explizite Instruktion unterstützt werden kann, sind vor allem in Bezug auf professionelle Textsorten detaillierte und explizite Beschreibungen nötig. Die neuere Textsortenanalyse ('genre analysis') hat Modelle für eine umfassende und konsistente Beschreibung von Textsorten entwickelt, die sprachliche und strukturelle Eigenschaften mit funktionalen, kognitiven und soziokulturellen Aspekten zu verbinden versuchen und letztlich sogar eine explanative Klärung der Frage anstreben, „Why are specific discourse-genres written and used by the specialist communities the way they are?" (Bhatia 1993, 11; vgl. Harnisch/Michel 1986, 398 f). Ziel ist, die steuernden Form-Funktions-Korrelationen zu benennen, die sowohl der genauen Erkennung wie der sicheren produktiven Beherrschung von Textsorten zugrundeliegen. Wortschatz- und Strukturregularitäten, die in den folgenden Abschnitten isoliert besprochen werden, müssten in eine solche Textsortenbeschreibung integriert und unter funktionalen Gesichtspunkten wie 'Adressat/Diskursgemeinschaft' und 'Intention/Kommunikationsaufgabe' als Resultate bestimmter Strategien und konventionalisierter Ansprüche gedeutet werden (Swales 1990, 8 ff; vgl. Göpferich 1995, 201 ff).

Nun gibt es sogar in eingeschränkten Praxisbereichen viele Textsorten, und es stellt sich die Frage, in welchem Sinne sie alle gelernt werden müssen bzw. können. Es ist anzunehmen, dass unterschiedlichen Textsorten teilweise gleiche oder ähnliche Teilmuster zugrundeliegen. Es wäre dann u. U. sinnvoll, wenn diese als solche dargestellt und erarbeitet werden könnten. Ungewiss ist, unter welchen Bedingungen solche Isolierungen fruchtbar möglich sind. Können z. B. die von Brinker genannten „Grundformen der thematischen Entfaltung" (*deskriptiv, narrativ, explikativ, argumentativ*, vgl. Brinker 1988, 56) als eine Art Basistextsorten verstanden werden? Bei McCarthy/Carter figurieren analoge Formen wie *reporting, narrating, persuading, arguing* etc. als „genre prototypes" (1994, 35). Aber lässt sich so etwas wie 'Argumentieren' oder gar 'Überzeugen' aus allen konkreten Textsortenbezügen herausheben, und ist es dann noch etwas, das überhaupt ermittelt und gelernt werden muss? Sind es nicht eher konkrete Textsorten mit ihren konkreten sprachlichen Anforderungen, die den Hintergrund für unterrichtliche Textaufgaben abgeben auch dann, wenn bestimmte Aspekte besonders in Betrachtung genommen werden? Die didaktischen Konsequenzen sind je nach Antwort ziemlich unterschiedlich; vorausgesetzt ist jedenfalls eine klare Bestimmung des Stellenwerts von Merkmalen für Textsorten (vgl. 4.2.).

3.2. Lexis im Text

In Bezug auf die Lexis ist in einer Fremdsprache zunächst fast alles unübersehbar: die Zahl der Wörter, die Nuancierungen von Wortbedeutungen im Kontext, die Vielfalt (teil)idiomatischer Ausdrucksweisen, die Feinheiten der Normierungen im Mündlichen und im Schriftlichen bzw. in den Registerbereichen. Fragen bezüglich des Wortschatzes sind denn auch die häufigsten beim Lesen gestellten.

Authentische Texte lassen die traditionell übliche rigide Kontrolle von Wortschatz und Syntax im Vorfeld des Lesens kaum zu, sie konfrontieren die Lernenden immer wieder mit dem Problem einer nicht voll zu bewältigenden Vielfalt. Die Didaktik hat gegen diese Schwierigkeiten vorab zwei auf natürlichen Lesestrategien beruhende Maßnahmen mobilisiert: selektive und kursorische Leseweisen, die die Ansprüche an die Lektüre und ihren Ertrag zu entspannen erlauben, und das kontextbasierte Erschließen von Wortbedeutungen. Die erste muss sich fragen lassen, was sie als Lernverfahren taugt (vgl. Krenn 1997), die zweite trifft auf die Schwierigkeit, dass häufig nicht nur einzelne Wörter unverständlich sind, sondern gleichzeitig auch die strukturellen bzw. lexikalischen Kontextdaten, welche die Bedeutungserschließung steuern sollten, nur bruchstückhaft deutbar sind (vgl. Nagy 1988, 7 f; Eskey/Grabe 1988, 225). Der Verfeinerung und vor allem der Verallgemeinerbarkeit dieses Verfahrens sind somit Grenzen gesetzt.

Didaktisch interessanter sind daher textlinguistisch informierte Zugänge, die die Leistungen bestimmter Gruppen von Wörtern und Phrasen (d. h. von mehr oder weniger idiomatischen Wendungen und syntaktischen Konstruktionstypen) für die Signalisierung von Aufbau und Struktur von Texten zum Thema haben. Hoey (1991, 76 f) hat gezeigt, wie allein aufgrund der Kookkurrenz von Wörtern in Sätzen Schwerpunkte der thematischen Organisation auch in längeren Fachtexten zuverlässig identifiziert werden können. Wörter und Phrasen liefern zudem Hinweise auf andere Aspekte wie Textsorte, Textgliederung, die Struktur von Abschnitten bzw. ihre Funktion (siehe Abschnitt 3.4.), das Gewicht oder die Gewissheit von Aussagen, die Einstellungen und Bewertungen von Autoren, schließlich die epistemischen und sachlichen Zusammenhänge zwischen Textaussagen (vgl. McCarthy/Carter 1994, 75 ff, 105 ff; Nuttall 1996, 94 f; Nattinger/DeCarrico 1992, 90 ff).

Vielfach sind es relativ kleine bzw. relativ leicht charakterisierbare Gruppen von Wörtern und Phrasen, die für die Indizierung bestimmter Verhältnisse in Texten besonders wichtig sind und die, im Zusammenhang gesehen statt einzeln interpretiert, Einblick in die Machart von Texten geben und damit Verständnis zu erleichtern oder zu sichern erlauben. Lewis (1993, 37) spricht in dieser Hinsicht von der 'generativen Potenz' von Wörtern im Text und plädiert für eine Didaktik, welche Wörter, ihre Bedeutungen und ihre Ordnungen ins Zentrum stellt auf Kosten 'abstrakter' Gesichtspunkte, wie sie textlinguistisch unter Begriffen wie Kohäsion und Kohärenz diskutiert worden sind (Lewis 1993, 3 ff). Aus den Analysen Hoeys wird allerdings klar, dass lexikalische Relationen nicht einfach gegeben sind. Vielmehr werden diese oft erst aufgrund der Erkennung von Kohärenzen erkannt (vgl. Hoey 1991, 56 ff; Eikmeyer 1988, 216). Trotzdem ist das Beharren auf den konkreten Textelementen gerade auch im Hinblick auf den Unterricht relevant. Wörter und Phrasen haben gewisse textuelle Affiliationen und Bindungen, sie verhalten sich je nach Kontext in höchst unterschiedlichem Maße idiomatisch (Lewis 1993, 98). Innerhalb von Texten sind Paraphrasemöglichkeiten bzw. der freie Austausch ansonsten synonymer Wörter deshalb eingeschränkt. Die Sprache, die innerhalb gewisser Textsorten verwendet wird, ist keineswegs neutral, sondern verschieden von anderen Sprachformen des Alltags (Bhatia 1993, 161). Werden solche Einschränkungen missachtet, entstehen Sätze mit abweichender Textsortencharakteristik oder verändertem Aussagemodus (vgl. McCarthy/Carter 1994, 29). Es geht hier um noch recht wenig beschriebene Regularitäten, die gerade im fachsprachlichen Bereich höchst differenziert ausgebaut sind (Nattinger/DeCarrico 1992, 164 ff) und zwischen verschiedenen Sprachgemeinschaften stark schwanken können.

3.3. Textgrammatik und Kohäsion

An der Textoberfläche signalisierte und damit relativ leicht zugängliche Hinweise auf Beziehungen zwischen Textelementen gehören zu den klassischen Gegenständen der Textlinguistik. Sie gehören auch, nicht zuletzt dank ihrer Wichtigkeit und leichten Operationalisierbarkeit, zu den im Unterricht mit Vorliebe thematisierten Textphänomenen. An der Basis stehen hier die satzinternen grammatischen Beziehungen (Nuttall 1996, 78 ff). Textlinguistisch interessant sind vorab spezialisierte Muster und Strategien syntaktischer Gliederung, in wissenschaftlichen Texten etwa die Tendenz zu komplexen nominalen Fügungen, die dann als Argumente eines Prädikats auftreten (Bhatia 1993, 153). Hier ergeben sich sinnvolle Erweiterungen des Grammatikunterrichts auf der Fortgeschrittenenstufe. Die Stellung der Satzgrammatik an der Schwelle zum Text ist auch das Thema der in den letzten Jahren erschienenen allgemeine Lese- oder Textgrammatiken (z. B. Weinrich 1993, 17).

Die satzübergreifenden und damit eigentlich textuellen Beziehungen sind höchst vielfältig. Eikmeyer (1988, 216) führt in einer tentativen Liste auf: *lexical recurrences, word order, coreference and proforms, names and descriptions, time and aspect, actant roles, topic-comment-structure, connectives, lexical relations between sentences, contiguity relations between sentences, causal relations between sentences, time and place relations between sentences, presuppositions.* Starke kohäsive Kraft zeigen auch grammatische Parallelismen. In der Lektüre werden diese Hinweise auf der Textoberfläche in der direktest möglichen Weise als Indizien einer thematischen, logischen, temporalen etc. Ordnung gelesen, als miteinander koordinierte Resultate eines Strebens nach kohärenter Darstellung. Dies dürfte ein universaler Zug an Texten sein; es gibt denn auch in der Fremdsprache kaum prinzipielle Schwierigkeiten im Umgang mit den entsprechenden Indizien. Ihre Vielfalt führt allerdings dazu, dass in jeder Lektüre einzelne fraglich werden. Viele von ihnen werden im Grammatik- oder Leseunterricht in der einen oder anderen Form systematisch behandelt: Tempusaspekte, Regeln der Pronominalisierung, die Leistung definiter und indefiniter Nominalphrasen usw. Häufig zu beobachtende Probleme in diesen Bereichen (etwa mit der Beachtung der Tempora beim Lesen und Schreiben oder mit der adäquaten Variation bei Rekurrenzen im Schreiben, s.

Herwig 1984, 36) haben wohl kaum mit mangelnder Vertrautheit mit kohäsiven Zwängen, sondern eher mit wenig gefestigten Sprachkenntnissen zu tun. Dies sowie die häufige Uneindeutigkeit der Signale in diesem Bereich und ihr komplexes Zusammenspiel führen dazu, dass trotz prinzipieller Vertrautheit mit den einzelnen Phänomenen individuelle Textpassagen immer wieder als unaufschließbar erscheinen. Ein Versuch, dieses Zusammenspiel in bezug auf einige Faktoren textlinguistisch zu modellieren und mit strukturellen Gesichtspunkten in Verbindung zu bringen, ist das Konzept der 'referentiellen Bewegung' von Klein/von Stutterheim (1992, 77 f). Hilfreich sind auch Analysen bezüglich textsortenspezifischer Präferenzen und Prägungen beim Gebrauch von Kohäsionsmitteln (s. etwa Kohlmann 1992, 103 ff zu Objekteinführungen in Instruktionen und Beschreibungen). Nötig wäre genaueres Wissen darüber, wie solche Signale von den Lernenden erkannt (oder verkannt) und für den Aufbau des Textverständnisses ausgenützt werden.

3.4. Kohärenz

Thematische, semantische und pragmatische Zusammenhänge zwischen den Textaussagen sind seit den siebziger Jahren zusehends ins Zentrum der textlinguistischen Diskussion gerückt, häufig unter dem Gesichtspunkt, dass Kohäsionssignale nicht immer und nicht immer ausreichend explizite Hinweise auf die Struktur des Textes liefern. Einiges von dieser Diskussion spiegelt sich in der Textdidaktik. Es geht hier nicht um globale Orientierungen, um Rahmenschemata wie im Abschnitt über Textsorten, sondern um die innere Architektur von Texten, vor allem um die kleinräumigen Verbindungen von Satz zu Satz und von Abschnitt zu Abschnitt — um jene Dimension also, die sowohl im entspannten Durchlesen wie in der konzentrierten Einstellung des intensiven Lesens im Zentrum der Aufmerksamkeit steht. Im Durchgang durch den Text sollte sich Zug um Zug ein thematisch, logisch und pragmatisch konsistentes Verständnis ausbilden können (Lemke 1991, 25; Hengst 1991, 143 f). Dies ist gerade in der Fremdsprache nicht immer problemlos möglich. Hier soll auf einige Fragen eingegangen werden, die direkt an textuellen Elementen festzumachen sind; zu einigen prozessbezogenen Aspekten s. Abschnitt 4.1.

Kohärenz ist immer erschlossene Kohärenz. In der Lektüre schreiben Lesende den Elementen des Textes vor dem Hintergrund als passend erkannter kognitiver Schemata einen Sinn zu. Dabei werden die Textelemente einerseits thematisch bzw. funktional vereindeutigt und definiert, andererseits werden sie mit zusätzlichen Bedeutungen aufgeladen. Vereindeutigungen sind erforderlich darum, weil Wörter, Sätze und Abschnitte im Rahmen von Texten keine wohldefinierten Grundbausteine sind, sondern selbst kontextuell funktionieren. Erweiternde Interpretationen sind nötig, weil Texte semantisch und pragmatisch nicht explizit sind und erst aufgrund schemabasierter Operationen (z. B. Erkennen von Präsuppositionen und Implikationen) in einen verstehbaren thematischen und kommunikativen Gesamtzusammenhang eingebettet werden können (vgl. Rickheit/ Strohner 1993, 80; Nuttall 1996, 115). Die für diese Sinnzuschreibungen erforderlichen 'Kontextualisierungshinweise' werden in schriftlichen Texten nur zum kleinen Teil situativ geliefert (durch Layout, Bilder usw., vgl. Lewis 1993, vii, 81 ff), ansonsten sind sie weitgehend im Text selbst gegeben, häufig allerdings recht sparsam oder nur implizit. Im unterrichtlichen Kontext ist dies immer wieder als spezifische Leseschwierigkeit vermerkt worden, auffällig etwa dann, wenn in einem Lesestück alle Einzelinformationen verstanden zu sein scheinen, aber kein Textzusammenhang erkannt wird (Jahr 1990, 238 f). Die Frage ist, wie die Bedeutung von Textaussagen und ihre Beziehungen zueinander erkannt werden und wie dies besprechbar gemacht werden kann. Es fehlt in diesem Zusammenhang nicht an textlinguistischen Analyseansätzen und didaktischen Versuchen. Am besten untersucht sind wohl, zumindest im angelsächsischen Bereich, die Verhältnisse im Bereich des Absatzes in Sach- und Fachtexten. Es gibt typische, immer wieder auftretende thematische bzw. funktionelle Konfigurationen von 'topic sentence' und weiterer Information: *Problem — Lösung, These — Beispiel, Ursache — Folge, Behauptung — Begründung* usw., die dann weiter auf ihre Rolle in der Kommunikation des Autors mit dem Leser hin interpretiert werden können (McCarthy/Carter 1994, 55 f). Auch dann, wenn diese Verhältnisse nicht explizit markiert werden, sind sie (in korrekt formulierten Texten) rekonstruierbar aufgrund von Hinweisen im Vokabular, in der Formulierung, die den Aussagen ein gewisses Gewicht zuweist (vgl. etwa Grellet 1991, 97 f zu 'degrees of generality'), in den semantischen/funktionalen Perspektiven, die eine Aussage eröffnet usw.; fehlen auch diese Hinweise, so ist die Funktion von Sätzen als These oder als Beleg, als Beispiel oder als Begründung allein aufgrund der Bedeutung des näheren Kontextes zu bestimmen. Von Zuschreibungen dieser Art hängt aber die Möglichkeit ab, das Verhältnis der einzelnen Textinformationen zueinander auf einen Nenner zu bringen.

Ähnlich verhält es sich in bezug auf die Struktur von Gesamttexten oder größeren Textausschnitten. Auch hier hängt zureichendes Verstehen an der Identifikation des Beitrags der einzelnen Abschnitte und Textblöcke zur Gesamtbedeutung. Während dafür in normierten Textsorten Schemata existieren (vgl. Bhatia 1993, 165 ff für den englischen Leitartikel bzw. die Zeitungsnachricht), muss in vielen Fällen ein Bild der Textstruktur im Lesen entwickelt werden. Hinweise geben auch hier lexikalische Elemente, Allgemeinheit und Geltungsanspruch von Formulierungen, der Wechsel des Darstellungsmodus (deskriptiv, narrativ, explikativ, …) von einem Abschnitt zum anderen sowie natürlich illokutionäre, semantische und referentielle Zusammenhänge (vgl. Grellet 1991, 93; McCarthy/Carter 1994, 34 f).

Ein großes Problem hier wie in anderen Bereichen der Textlinguistik ist, dass zwar Strukturierungsprinzipien benannt und teilweise auch sehr eingehend beschrieben worden sind, dass es aber kaum Einigkeit darüber zu geben scheint, wie viele solcher Prinzipien anzusetzen sind, auf welche textuellen Einheiten sie sich beziehen und wie sie zusammenwirken. So unterscheidet etwa Hengst (1991, 144 ff) für Fachtexte thematisch-propositionale Struktur, intentional-pragmatische Struktur, Sprechakt-Struktur und Textorganisation, grammatisch-lexikalische Struktur sowie graphische und typographische Struktur; anderswo findet man andere Analysen (Meyer 1996, 35 f; für einen Überblick s. Nussbaumer 1991, 183 ff). In Bezug auf den Unterricht wünschbar wären hier natürlich handhabbare Kriterien für klare Unterscheidungen, viel wichtiger aber und letztlich entscheidend eine Vorstellung darüber, wie Kenntnisse über solche Strukturen aufgebaut und in Rezeption und Produktion eingesetzt werden (vgl. 4.2.).

3.5. Kulturspezifisches in Texten

Texte selbst wie auch der Umgang mit ihnen zeigen distinktiv sprach- und kulturspezifische Züge, ein Sachverhalt, dem seit einiger Zeit sowohl in der Textlinguistik wie im Unterricht vermehrt Aufmerksamkeit geschenkt wird. Vor allem gewisse Textsorten „are core cultural activities and shape the ways we see the world and organize our language within it" (McCarter/Carthy 1994, 37; Hufeisen 1997). Entsprechend lässt sich Kultur nicht ausgliedern in separate Beschäftigungen mit Landeskunde etc., sie macht sich vielmehr bemerkbar in jedem sprachlichen Ausdrucksverhalten (Kramsch 1996, 7). Einschlägige textlinguistische Beschreibungen sind vor allem dann leichter fruchtbar zu machen, wenn sie kontrastiv erfolgen und die wesentlichen Unterschiede namhaft zu machen erlauben (Gnutzmann/Oldenburg 1991, 104). Bei allem Gewicht, das zielsprachlichen Standards und ihrer Kenntnis zugeschrieben wird, ist aber einzugestehen, dass eine volle zielsprachliche Textkompetenz nicht immer erreichbar und vielleicht auch nicht immer erwünscht ist. Fremdsprachige sind potentielle Agenten in einem einzelsprachliche Normen überschreitenden Bereich interkultureller Schriftkundigkeit (Kramsch 1996, 8; Bhatia 1993, 200 ff).

4. Weiterführende Gesichtspunkte

Die Textlinguistik liefert strukturelle und funktionale Beschreibungen von Texten, die als Grundlagen für die unterrichtliche Thematisierung im Hinblick auf eine Förderung der Lernerkompetenz unverzichtbar sind. Es ist nicht die Aufgabe der Textlinguistik, die Frage zu beantworten, wie Texte und Textregularitäten auf möglichst optimale Weise zum Gegenstand didaktischen Handelns gemacht werden können. Wohl aber können textlinguistische Überlegungen über ihren deskriptiven Beitrag hinaus für die Didaktik von Bedeutung werden, wenn sie relevante Einsichten bezüglich der Textverarbeitung, des Textwissens und des situativen Textgebrauchs zu formulieren erlauben, die bei der Entwicklung und Beurteilung didaktischer Entwürfe als Kriterien herbeigezogen werden können. Um solche textlinguistischen bzw. textlinguistiknahen Gesichtspunkte soll es in diesem Abschnitt gehen. Hier kein Thema sind die Konsequenzen, die daraus konkret für den Lese- oder Schreibunterricht zu ziehen sind.

4.1. Textkompetenz: Verarbeitungsprozesse

Prozesse vermitteln zwischen Vorwissen, Absichten und Text. Ihre Qualität hat wesentlichen Anteil am Resultat, dem Verständnis beim Lesen bzw. dem hervorgebrachten Text beim Schreiben (vgl. Möhle 1990, 49 f). Kenntnis der Gesetzmäßigkeiten und darauf basierende Unterstützung von Prozessfertigkeiten gehören deshalb zu den Desiderata der Textdidaktik; wichtigster Faktor ist der Einfluss, den die Gegebenheiten der Fremdsprachlichkeit auf die Ausübung der Fertigkeiten und auf ihre Entwicklung haben. Die hauptsächlichsten Erkenntnisse in diesem Bereich stammen aus der Lese- und Schreibforschung und aus der Lernersprachforschung.

Das Hauptproblem im fremdsprachlichen Lesen scheint darin zu bestehen, dass die Balance zwischen bottom-up und top-down-Prozessen, wie sie in der Muttersprache zumindest in den alltäglichen Lesebereichen vorausgesetzt werden kann, in der Fremdsprache aufgrund der nicht optimalen Sprachbeherrschung ständig bedroht ist. Am meisten betroffen sind Faktoren 'guten Lesens', nämlich Schnelligkeit, Präzision und Flexibilität der Erkennung und Bedeutungszuweisung beim 'Auflesen' der sprachlichen Daten (Grabe 1988, 60). Die oft reflexartig vorgenommene Verstärkung der top-down-Komponenten auf Kosten von Operationen auf niedriger Ebene führt leicht zu unkontrollierten Interpretationen, die Alternative des betont datenorientierten Zugangs, d. h. des Lesens von Wort zu Wort, bewirkt eine starke Verlangsamung oder den zeitweisen Abbruch des Leseprozesses und hat nicht selten den Verlust des verständnisleitenden Überblicks zur Folge (Eskey/Grabe 1988, 235; Gremmo 1985, 83 f). Expertenwissen im Bereich des Textthemas kann hier ausgleichend wirken, v. a. weil es die top-down-Verarbeitung, damit die Identifikation von Kohärenzen und die Erkennung von textorganisierenden 'Makropropositionen' stützt, während gleichzeitig den 'niedrigen' Ebenen genügend Aufmerksamkeit geschenkt werden kann (Bhatia 1993, 197 f). Dieser Effekt des Vorwissens ist für den Leseunterricht generell von Bedeutung, er hat zur Herausbildung einer ganzen Reihe von Verfahren der 'Vorentlastung', der Thematisierung von textbezogenen Erwartungen usw. geführt, die inzwischen zum Kanon jeder Lesedidaktik gehören. Allerdings bleibt der sprachliche Variationsreichtum, v. a. der Wortschatz, einer der streng limitierenden Faktoren für die Lektüre fremdsprachlicher Texte (Nagy 1988, 23).

Einen Text produzieren heißt demgegenüber, zu einer Intention eine ausreichend explizite und womöglich den einschlägigen Standards genügend angenäherte sprachliche Äußerung zu konstruieren. Die Hauptprobleme hier sind die Beschränktheit der verfügbaren Sprachmittel bei potentiell unbeschränkten Ausdrucksbedürfnissen und die mangelnde Genauigkeit der Sprachkenntnis bei erhöhten Normansprüchen im schriftlichen Bereich. Entsprechend stehen Probleme mit der Konstruktion von Formulierungen (Wortfindung, Strukturbildung) und mit ihrer Bewertung (in bezug auf Korrektheit, Idiomatik, Register, Kohärenz usw.) im Vordergrund. Inhaltlich werden oft Abstriche an erwünschter Ausführlichkeit bzw. Differenziertheit der Mitteilungen nötig; soll trotz begrenzter Ausdrucksmittel möglichst unverkürzte Kommunikation möglich werden, müssen die mitzuteilenden Konzepte so weit durchgearbeitet sein, dass eine adäquate Strategie der sprachlichen Einfachheit bei gleichzeitiger Erhaltung inhaltlicher Komplexität möglich wird (vgl. Börner 1991, 35). Für eine nachvollziehbare Darstellung v. a. innerhalb von Fachtexten dürfen bestimmte Schwellen der Komplexität jedoch nicht unterschritten werden, gewisse Darstellungstechniken sind unverzichtbar (als Voraussetzung für thematische und strukturelle Klarheit etwa der Ausdruck begrifflicher Beziehungen und Operationen). Insgesamt ist auch beim Schreiben eine merkbare Verlangsamung der Prozesse gegenüber äquivalenten Aufgaben in der Muttersprache zu beobachten, ebenso die damit verbundene verstärkte Schwierigkeit, Übersicht über das Ganze zu bewahren und den Text durchgreifend zu strukturieren. Auch hier sind eine Vielzahl von Verfahren eingeführt worden, die das Erfassen der Aufgabe, die Generierung von Inhaltselementen oder Textplänen, die Strukturierung von Schreibprozessen, die Kontrolle des Resultats (etwa durch Vorlage von Mustertexten) usw. durchsichtiger zu machen gestatten und so die eigentliche Arbeit am Text, bislang meist eine eher solitäre Angelegenheit, zu einem in reichen Kontexten situierten und kooperativen Unterfangen zu machen erlauben (Portmann 1991, 492 f).

Rezeption und Produktion verlangen aufgrund ihrer unterschiedlichen Profilierung je spezifische Formen der didaktischen Unterstützung, auch im Hinblick darauf, dass Fremdsprachige rezeptiv meist mit einer breiten Palette an Texten konfrontiert sind, produktiv, wenn überhaupt, eher in einzelnen Bereichen gefordert werden, dort aber mit tendenziell hohen Ansprüchen gerecht zu werden haben (Börner 1991, 30). Trotzdem gibt es relevante Fragestellungen, die beide gleicherweise betreffen. Die Lernenden werden in der Fremdsprache immer wieder mit ihren Grenzen konfrontiert; v. a. im schriftlichen Bereich erlaubt und erfordert dies ein erhöhtes Maß an metakognitiver Bewusstheit in der Wahrnehmung sprachlicher und textueller Schwierigkeiten und in der Steuerung der darauf bezogenen (häufig kompensatorischen) Prozesse (vgl. Wolff 1995, 221). Insbesondere Sprachfindungsprobleme sowie Kontrollprozeduren auf jeder Ebene, die in der Muttersprache vorwiegend automatisiert ablaufen, werden in der Fremdsprache immer wieder zu bewusst wahrgenommenen Schwierigkeiten, für die unmittelbar zugängliche Lösungen fehlen. In der Lernersprachforschung sind die in solchen Situationen zustandekommenden Bewältigungsversuche v. a. unter dem Begriff der Strategie diskutiert worden. Im Anschluss daran sind für die Textverarbeitung Konzepte wie die des aufgabenorientierten Lernens, der didaktischen Unterstützung der Wissensnutzung und der Prozesskontrolle sowie des Strategietrainings stark in den Vordergrund getreten, die Behandlung von Fehlern und der Stellenwert von Übungen haben sich dabei grundlegend verändert (Lewis 1993, vii; vgl. Krumm 1991, 101 f; Gremmo 1985, 82). Man geht hier von der Überlegung aus, dass gerade Momente der Unsicherheit und daran anschließender metakognitiver Steuerung Ausgangspunkte nicht nur für sprach- und textbezogenes Weiterlernen sind, sondern auch Anstöße für eine Anpassung der Verarbeitungsprozeduren an die Situation der Fremdsprachigkeit liefern (vgl. Wolff 1995, 220).

4.2. Textkompetenz: textuelles Wissen

Kenntnisse über Texte und Textsorten sind wesentliche Bezugspunkte für Verarbeitungsprozesse und ihre Steuerung. Sollen diese zielgerichtet ablaufen, müssen sie sich an den relevanten textuellen Merkmalen und Kriterien orientieren können. Zwei für den Unterricht wichtige Fragen bezüglich dieser Kenntnisse und ihrer Verwendung in konkreten Situationen sollen hier kurz angesprochen werden.

Meist wird davon ausgegangen, dass fremdsprachige Texte vor dem Hintergrund muttersprachlich erworbener Kenntnisse rezipiert werden und dass bestehendes Textwissen relativ leicht auf die Verhältnisse in der Fremdsprache zu übertragen ist (O'Malley/Chamot 1990, 192; McCarthy/Carter 1994, xi). Diese Vorstellung des Transfers ist suggestiv, deckt jedoch einige besonders interessante Bereiche fremdsprachlicher Textkompetenz nicht ab. Einerseits kann große sprachliche bzw. inhaltliche Überforderung dazu führen, dass Texthinweise nicht richtig erkannt und für das Verstehen nicht fruchtbar gemacht werden können, mithin der vorausgesetzte Kenntnistransfer behindert ist (Eskey/Grabe 1988, 226). Das Erkennen der entsprechenden Hinweise und der angepasste Einsatz dieses Wissens muss dann neu gelernt werden. Gleiches gilt für kulturspezifische Ausformung grundsätzlich bekannter Muster. Andererseits ist fremdsprachliche Textkompetenz nicht immer nur eine Ergänzung der erstsprachlichen. Bei einem Erststudium in der Fremdsprache etwa werden grundständige Textkompetenzen im akademischen Bereich aufgebaut, für die es in der Muttersprache keine direkten Entsprechungen gibt, die aber dort unter Anlehnung an die fremdsprachlichen Muster zumindest probeweise rekonstruiert werden können. Ähnliches gilt für die Kinder von Immigranten, die in der Zweitsprache eingeschult werden. Fast stets bilden Fragen bezüglich der schriftsprachlichen und textuellen Standards einen der Kernpunkte in den Diskussionen in diesem Bereich; offenbar handelt es sich hier um eine Lernsituation, die unter bestimmten Rahmenbedingungen recht problematische Implikationen aufweist (Butzkamm 1989, 20). Eine realistische Theorie der Textkompetenz muss allen diesen Möglichkeiten gerecht werden und sowohl dem Einfluss der Muttersprache, der kulturspezifischen Prägung der einzelnen Textmuster wie der Übertragbarkeit (auch fremdsprachlich) erworbener Kompetenzen Rechnung tragen. In dieser Sicht erweitert Textarbeit in fremden Sprachen die Gesamtkompetenz in Sachen Texte, sie trägt dazu bei, diese Kompetenz sprachunabhängiger und gleichzeitig differenzierter und flexibler im Hinblick auf sprachliche Einzelfestlegungen zu machen (vgl. Kramsch 1996, 8). Dieses Konzept erlaubt es, die besondere, durch Sprachnähe und Bewusstheit gekennzeichnete Qualität fremdsprachlicher Textarbeit in größerem Rahmen zu sehen und über die instrumentellen Ziele hinaus ihren Stellenwert für die Entwicklung der Textkompetenz generell zu betonen.

Ein Text ist das Resultat von sprachlichen Wahlen in einem Feld von Bestimmungsfaktoren; einige von diesen (etwa die konkreten Formulierungen in einem begonnenen Text, durch welche alle weiteren Aussagemöglichkeiten präjudiziert werden) werden erst im Schreibprozess selbst geschaffen (Lemke 1991, 27 f). Wie ist ein Wissen beschaffen, das es erlaubt, in einem solchen von unvorhersehbaren Emergenzen gekennzeichneten Handlungsraum konforme textuelle Ordnungen herzustellen? Und was ist eine konforme Textordnung? Hoey stellt in diesem Zusammenhang fest, Texte seien nicht strukturiert (wie etwa Sätze dies sind); was an ihnen auszumachen ist, sei eine viel weichere Form innerer Ordnung: Organisiertheit (Hoey 1991, 193 f; Lemke 1991, 32 ff). Dem ist zumindest so weit zu folgen, als zwar Formulierungen und Texte optimierbar sind, nicht aber Sätze; die sind korrekt oder nicht. Ebenso sind für kaum eine Textart strikte Regeln anzugeben, aus denen konforme Texte beliebig ableitbar wären. Offenbar sind die einschlägigen Muster mehrdimensional, abstrakt und flexibel. Sie geben bestimmte obligatorische Funktionen bzw. thematisch/strukturelle Positionen vor; die Ausformung des Textes und die Realisierung einer sprachlichen Oberflächentypik geschieht jedoch sach- und kontextbezogen und im Prozess der Formulierung. Die dabei wirksamen Muster lassen sich so am ehesten als Prototypen beschreiben (vgl. McCarthy/ Carter 1994, 31 f, 172 ff; Harnisch/Michel 1986, 397). Dabei können textsortentypische Merkmale sprachlicher Art mehr oder weniger dicht und mehr oder weniger geschickt platziert, untypische mehr oder weniger konsequent vermieden werden. Solche lokalen Entscheidungen fordern zusätzlich zur generellen Musterkenntnis ein klares Wissen um die spezifischen sprachlichen Regularitäten, insbesondere um idiomatische Eigenheiten von Wörtern und Phrasen (vgl. 3.2.). Es ist anzunehmen, dass innerhalb von Mustern die textsortentypischen Merkmale gewichtet sind, etwa nach Dimensionen wie Distinktivität, Dominanz und Notwendigkeit, und dass diese Gewichtung für eine strategisch geschickte Musterrealisierung relevant ist (vgl. dazu Nussbaumer 1991, 259; für Fachtexte Göpferich 1995, 123 ff); vielleicht sind gewisse Eigenschaften direkt abhängig von anderen und benötigen kaum separate Beachtung. Treffen diese Annahmen zu, so haben wir hier einen Bereich, der didaktisch von vordringlicher Bedeutung ist. Je höher Textmusterwissen intern strukturiert ist, desto wahrscheinlicher ist es, dass es unterschiedlich ertragreiche Wege gibt, Textregularitäten sichtbar und lernbar zu machen. Während sich dieses Wissen in der Muttersprache wohl weitgehend durch Teilhabe an einer Sprachgemeinschaft ergibt, scheint dies in Fremdsprachen weniger der Fall zu sein. Beispiele sind die englischen Texte deutscher Wissenschaftler, die oft nur näherungsweise dem angelsächsischen Muster entsprechen, obwohl solche Texte sicher zur Genüge gelesen worden sind (vgl. Clyne 1991, 65; vgl. Gnutzmann/Oldenburg 1991, 107 f). Eine explizite Vermittlung textbezogenen Wissens scheint daher unumgänglich vorab in Fällen, wo vorhersehbar ist, dass hohe normative Standards an die Rezeption und v. a. an die Produktion angelegt werden. Dabei muss es darum gehen, die innere Logik textsortenspezifischer Darstellung so weit durchsichtig zu machen, dass die metakognitive Steuerung und Kontrolle die tatsächlich relevanten Parameter betrifft, so dass trotz eventueller sprachlicher Mängel Texte mit erkennbarer Charakteristik zustande kommen (Swales 1990, 89) und die Basis für eine spätere Integration weiterer Aspekte geschaffen werden kann. Dabei spielen natürlich Fragen der sprachlichen Realisation textueller Ordnungen eine hervorragende Rolle; sie sind in der Fremdsprache unausweichliche Lerngegenstände. Voraussetzung für sinnvoll gesteuerte Lernsequenzen ist aber eine klare Erfassung der inneren Struktur des Textwissens.

4.3. Texte in der Situation des Unterrichts

Didaktik beruht auf Auswahl: Nicht jeder beliebige Text kommt als Gegenstand des Unterrichts in Frage, nicht jede denkbare Beschäftigung damit als Lernverfahren. Kriterien für beides ergeben sich nicht nur aus der Kenntnis von Texten, Prozessbedingungen und Wissensstrukturen, sondern auch aus einer näheren Analyse des Textgebrauchs im Unterricht selbst.

Was die Textauswahl betrifft, geht die Grundsatzdiskussion um die Frage der Authentizität (vgl. 3.1.); daran schließen sich sofort solche nach substantielleren Kriterien an. Drei relevante Aspekte werden hier immer wieder in den Vordergrund gestellt: Texte sollen das richtige Maß an sprachlicher und inhaltlicher Schwierigkeit und Stimulanz bieten (Groeben/Christmann 1996, 74), sie sollen für die Lesenden interessant und an ihre Situation anschließbar sein (Piepho 1985, 32 ff) und sie sollen exemplarisch „das kommunikativ Wesentliche eines Aufgabenlösungsprozesses in der jeweiligen Textsorte transparent machen", um die angezielten

Lernresultate besser erreichbar zu machen (Blei 1991, 21 f; vgl. Krumm 1991, 98). Diese Kriterien sind einleuchtend und unverzichtbar, sie sind jedoch nicht abschließend operationalisierbar. Jede Textwahl ist im Hinblick auf den Unterricht mit vielen Annahmen behaftet und daher mit einem didaktischen Risiko verbunden. V. a. das dritte ist darüber hinaus umstritten. Es stammt erkennbar aus dem textlinguistisch geprägten Unterricht, der sich an Zielsituationen, an erkennbaren Sprach- und Textstrukturen als Realisationen wiederholbarer Muster und an entsprechenden Lernerfordernissen orientiert. Aber es schließt die traditionell wichtige Gattung der literarischen Texte weitgehend aus, die für eine wichtige Strömung im Rahmen der Didaktik zu den zentralen Gegenständen des Unterrichts gehören. Literarische Texte werden im Unterricht unter ganz anderen Voraussetzungen gelesen als 'Sachtexte'. Sie gelten als Kodifikationen von kulturell geprägten, Einsicht vermittelnden Sehweisen, strukturell sind sie Objekte für singuläre, stark kontextualisierte Sinnzuschreibungen. In der Verteidigung literarischer Texte dominieren entsprechend kulturkundliche, pädagogische und v. a. ästhetische Argumente (Bredella 1996, 133); ihnen stehen kritische Fragen aus didaktischer und sprachlerntheoretischer Perspektive gegenüber (Edmondson 1991, 54 f). Weniger in der Praxis als in der Reflexion darauf sind die beiden Positionen schwer zu vermitteln; die unterschiedliche Herkunft der Konzepte zeigt sich in Diskursen, die wenig gemeinsamen Grund und vor allem kaum vereinbare Begriffe des Texts bzw. der Textarbeit und ihrer Ziele erkennen lassen.

Was Unterrichtsverfahren anbelangt, so hat sich im Anschluss an die Diskussion um die Authentizität von Texten eine um die Authentizität unterrichtlicher Lesesituationen und Lesehaltungen entwickelt (vgl. 3.1.; Bathia 1993, 194 f). Dabei wurde dem Lesen als „getting for meaning" zu Recht ein großes Gewicht beigemessen. Allerdings darf nicht vergessen werden, dass die 'natürliche' Lese- bzw. Schreibhaltung im Unterricht nicht am Modell von Alltagssituationen zu messen ist, sondern an ihrer Angemessenheit für den Unterricht und seine Ziele. In diesem Sinne, wenn auch kaum je so deklariert, hat die kommunikative Didaktik seit ihrem Beginn die Situation des Unterrichts für die Schaffung dichter, strategisch angelegter intertextueller Bezüge ausgenützt, die im Alltag so kaum je zu haben sind. Ausgangspunkt dafür ist die kommunikativ-didaktische Tendenz, Unterrichtsaktivitäten um Themen herum zu organisieren. Angezielt sind Arrangements, welche die (der Möglichkeit nach explizite, sehr oft aber eher implizit bleibende) Konfrontationen unterschiedlicher Modi des Sich-Äußerns und unterschiedlicher Formen textueller Darstellung in zahlreichen Varianten, schriftlich wie mündlich und in der Perspektive sowohl der Rezeption wie der Produktion erlaubt, dabei werden Ideen, Texte und Sprachmittel vielfach wiederholt, erweitert und neu kontextualisiert (zu Formen der Intertextualität s. Krause 1996, 50 ff). Solche weiten Kontexte und ihr didaktisches 'Management' sind die entscheidenden Faktoren für das Profil, das der Unterricht den Lehrenden wie den Lernenden gegenüber gewinnt, sie sind es auch für die innere Logik und die Intensität unterrichtlicher Textarbeit. Lehrbücher und noch mehr projektartige Unterrichtsvorschläge nützen bewusst dieses intertextuelle Format aus. In didaktischen Reflexionen auf Unterricht wie in Unterrichtshinweisen dominieren allerdings nach wie vor Überlegungen zu Einzeltexten. – Eine Weiterentwicklung dieses Zugangs, der die Eigenheiten der Unterrichtssituation resolut ausnützt, zeigt sich in den letzten Jahren in einer Tendenz, komplexe, kunstvoll komponierte Kontexte der Text- und Spracharbeit zu definieren, die ganz unterschiedliche kommunikative und sprachliche Aktivitäten zu integrieren erlauben. Dabei werden die Spezifik der fremdsprachlichen Lernbedürfnisse und der unterrichtlichen Lernbedingungen auf ganz neue Art berücksichtigt und ausgenützt. Im Dicto-Comp und anderen Formen der Textarbeit beispielsweise wird in Gruppen an der Herstellung oder Wiederherstellung von Texten gearbeitet, über welche einzelne Lernende nur ungenügendes Wissen haben, die aber mit der gesamten in einer Gruppe verfügbaren Information weitgehend korrekt rekonstruiert werden können. In dieser Arbeit werden Rezeption und Produktion, inhalts-, text- und sprachgerichtete Aufmerksamkeit, Schreiben von Texten und Gespräche darüber in überaus enge Verbindung miteinander gebracht (Krenn 1997). Dadurch wird eine enge Integration verschiedener erwerbstheoretisch interessanter Aspekte des Sprachhandelns ermöglicht, allerdings um den Preis des weitgehenden Verzichts auf 'Abbildung' gängiger Lese- und Schreibweisen im Unterricht. – Für die Didaktik wichtig ist die Einsicht, dass der Unterricht, welche Form der

Textarbeit man immer in den Mittelpunkt stellt, ein Ort der bewusst lernbezogenen Auseinandersetzung mit Texten, Sprache und Kommunikation in einer Gruppe von Lernenden ist. Diese Charakteristika des Unterrichts sind eine überaus wichtige Ressource für die Gestaltung der Auseinandersetzung mit seinen Gegenständen.

5. Ausblick

Textlinguistik stellt Wissen zur Verfügung, auf das informierte Textarbeit angewiesen ist. Wie die Darstellung gezeigt hat, erzeugt die Arbeit im Unterricht auch Fragen, die Anstöße für eine genauere Erforschung von Texten und Textgebrauchsweisen unter didaktisch interessierenden Perspektiven sind. Untersuchungen dieser Art gehören heute zum wissenschaftlichen Alltag, sei dies im Rahmen der Textlinguistik, der Lernersprach-, Lese- oder Schreibforschung. Es bildet sich hier ein Bereich heraus, in dem die Grenzen zwischen theoretischer und angewandter Forschung und die zwischen strukturell-kommunikativer und kognitiver Perspektive zwar kaum aufgehoben, aber zunehmend durchlässig werden. Dies mag bedeuten, dass wir auf dem Weg zu einer Text(verarbeitungs)theorie sind, die vielleicht einmal Verbindungen zwischen den bisher getrennten Ansätzen herzustellen vermag. In bezug auf den Unterricht hat die bisherige Entwicklung Erträge gebracht, die sich sehen lassen können: Die didaktischen Konzepte von Textarbeit sind lerner-, kommunikations- und prozessbezogener geworden, als sie je waren, gleichzeitig sind sie konkreter und relevanter geworden in Bezug auf die Analyse von Texten, ihren Strukturen und ihren sprachlichen Eigenheiten. Damit sind wichtige Schritte gemacht zu einem adäquateren Begriff der Textarbeit und zu neuen Formen der Auseinandersetzung mit Texten im Unterricht.

6. Literatur (in Auswahl)

Bausch, Karl-Richard/Christ, Herbert/Krumm, Hans-Jürgen (eds.) (1991): Texte im Fremdsprachenunterricht als Forschungsgegenstand. Bochum.

Bhatia, Vijay K. (1993): Analysing genre. Language use in professional settings. London.

Blei, Dagmar (1991): Zur Funktion von Textsorten in der Lehrerfortbildung. In: Bausch, Karl-Richard/Christ, Herbert/Krumm, Hans-Jürgen (eds.), 21−27.

Börner, Wolfgang (1991): Die Rolle von Texten in der Textproduktion. In: Bausch, Karl-Richard/Christ, Herbert/Krumm, Hans-Jürgen (eds.), 29−36.

Bredella, Lothar (1996): Warum literarische Texte im Fremdsprachenunterricht? In: Börner, Wolfgang/Vogel, Klaus (eds.): Texte im Fremdsprachenerwerb. Tübingen, 128−151.

Brinker, Klaus (1988): Linguistische Textanalyse. 2., durchgesehene und ergänzte Auflage. Berlin.

Butzkamm, Wolfgang (1989): Psycholinguistik des Fremdsprachenunterrichts. Tübingen.

Clyne, Michael (1991): The sociocultural dimension: the dilemma of the German-speaking scholar. In: Schröder, Hartmut (ed.): Subject-oriented texts. Berlin, 49−67.

Edelhoff, Christoph (1985): Authentizität im Fremdsprachenunterricht. In: Edelhoff, Christoph (ed.): Authentische Texte im Deutschunterricht. München, 7−30.

Edmondson, Willis J. (1991): Sind literarische Texte für den fremdsprachlichen Lehr-/Lernprozeß besonders geeignet? In: Bausch, Karl-Richard/Christ, Herbert/Krumm, Hans-Jürgen (eds.), 53−60.

Eikmeyer, Hans-Jürgen (1988): Word, sentence, and text meaning. In: Petöfi, János S. (ed.): Text and discourse constitution. Berlin, 215−268.

Eskey, David E./Grabe, William (1988): Interactive models for second language reading. In: Carrell, Patricia L. et al. (eds.): Interactive approaches to second language reading. Cambridge, 223−238.

Gnutzmann, Claus/Oldenburg, Hermann (1991): Contrastive text linguistics in LSP-research. In: Schröder, Hartmut (ed.): Subject-oriented texts. Berlin, 103−136.

Göpferich, Susanne (1995): Textsorten in Naturwissenschaft und Technik. Tübingen.

Grabe, William (1988): Reassessing the term 'interactive'. In: Carrell, Patricia L. et al. (eds.): Interactive approaches to second language reading. Cambridge, 56−70.

Grellet, Francoise (1991): Developing reading skills. A practical guide to reading comprehension exercises. Cambridge (1. Aufl. 1981).

Gremmo, M.-J. (1985): Learning a language − or learning to read? In: Riley, Philip (ed.): Discourse and learning. London, 74−90.

Groeben, Norbert/Christmann, Ursula (1996): Textverstehen und Textverständlichkeit aus sprach-/denkpsychologischer Sicht. In: Börner, Wolfgang/Vogel, Klaus (eds.): Texte im Fremdsprachenerwerb. Tübingen, 67−89.

Harnisch, Hanna/Michel, Georg (1986): Textanalyse aus funktional-kommunikativer Sicht. In: Zeitschrift für Germanistik 7/4, 389–401.

Hartl, Barbara (1985): Schemageleitete Strukturierung bei der fremdsprachlichen Textproduktion. In: Deutsch als Fremdsprache 22, 327–332.

Hengst, Karlheinz (1991): Functional macroanalysis of specialist text forms – a research method derived from foreign language teaching. In: Schröder, Hartmut (ed.): Subject-oriented texts. Berlin, 137–157.

Herwig, Rolf (1984): 'Kohärenz' in Textlinguistik und Fremdsprachenmethodik. In: Deutsch als Fremdsprache 21, 36–41.

Hoey, Michael (1991): Patterns of Lexis in text. Oxford University Press.

Hufeisen, Britta (1997): Zur Kulturspezifik von Textsorten und ihre didaktische Berücksichtigung im fremdsprachlichen Deutschunterricht. In: Theorie und Praxis. Österreichische Beiträge zu Deutsch als Fremdsprache. Jahrbuch 1997, 205–227.

Jahr, Silke (1990): Zur Kohärenz von Fachtexten – Erfahrungen aus dem fachsprachlichen Unterricht für Ausländer. In: Deutsch als Fremdsprache 27, 236–240.

Klein, Wolfgang/von Stutterheim, Christiane (1992): Textstruktur und referentielle Bewegung. In: Zeitschrift für Literaturwissenschaft und Linguistik 86, 67–92.

Kohlmann, Ute (1992): Objektreferenzen in Instruktionen und Beschreibungen. In: Zeitschrift für Literaturwissenschaft und Linguistik 86, 93–115.

Kramsch, Claire (1996): The cultural component of language teaching. Zeitschrift für interkulturellen Fremdsprachenunterricht [Online], 1(2), 1–13. Available: http://www.ualberta.ca/~german/ejournal/kramsch2.htm.

Krause, Wolf-Dieter (1996): Literarische, linguistische und didaktische Aspekte von Intertextualität. In: Börner, Wolfgang/Vogel, Klaus (eds.): Texte im Fremdsprachenerwerb. Tübingen, 45–64.

Krenn, Wilfried (1997): Lesen als Strategietraining – Ist das alles? In: Theorie und Praxis. Österreichische Beiträge zu Deutsch als Fremdsprache. Jahrbuch 1997, 228–252.

Krumm, Hans-Jürgen (1991): Die Funktion von Texten beim Lehren und Lernen von Fremdsprachen. In: Bausch, Karl-Richard/Christ, Herbert/Krumm, Hans-Jürgen (eds.), 97–103.

Lemke, Jay L. (1991): Text production and dynamic text semantics. In: Ventola, Eija (ed.): Functional and systemic linguistics. Berlin, 23–38.

Lewis, Michael (1993): The lexical approach. The state of ELT and a way forward. Hove.

McCarthy, Michael/Carter, Ronald (1994): Language as discourse. Perspectives for language teaching. London.

Meyer, Paul Georg (1996): Textfunktion – Textstruktur – Textanalyse: Zur Linguistik des Sachtextes. In: Börner, Wolfgang/Vogel, Klaus (ed.): Texte im Fremdsprachenerwerb. Tübingen, 21–44.

Möhle, Dorothea (1990): Textarbeit im Fremdsprachenunterricht als fächerübergreifende Komponente sprachlicher Bildung. In: Hellwig, Karlheinz (ed.): Textdidaktik für den Fremdsprachenunterricht – isoliert oder integrativ? Tübingen, 45–59.

Nagy, William E. (1988): Teaching vocabulary to improve reading comprehension. Urbana.

Nattinger, James R./DeCarrico, Jeanette S. (1992): Lexical phrases and language teaching. Oxford.

Nussbaumer, Markus (1991): Was Texte sind und wie sie sein sollen. Tübingen.

Nuttall, Christine (1996): Teaching reading skill in a foreign language. Oxford.

O'Malley, J. M./Chamot, A. U. (1990): Learning strategies in second language acquisition. Cambridge.

Piepho, Hans-Eberhard (1985): Didaktische Anmerkungen und Empfehlungen zum Lesen im Fremdsprachenunterricht. In: Edelhoff, Christoph (ed.): Authentische Texte im Fremdsprachenunterricht. München, 31–42.

Portmann, Paul R. (1991): Schreiben und Lernen. Grundlagen der fremdsprachlichen Schreibdidaktik. Tübingen.

Rickheit, Gert/Strohner, Hans (1993): Grundlagen der kognitiven Sprachverarbeitung. Modelle, Methoden, Ergebnisse. Tübingen.

Rosandic, Irena (1991): Der textlinguistische Ansatz im Fremdsprachenunterricht. In: Informationen Deutsch als Fremdsprache 18/3, 266–276.

Swales, John M. (1990): Genre analysis. English in academic and research settings. Cambridge.

Weinrich, Harald (1993): Textgrammatik der deutschen Sprache. Mannheim.

Wolff, Dieter (1995): Zur Rolle des Sprachwissens beim Spracherwerb. In: Gnutzmann, Claus/Königs, Frank G. (eds.): Perspektiven des Grammatikunterrichts. Tübingen, 201–224.

Paul R. Portmann-Tselikas, Graz (Österreich)

75. Der Einfluss der Textlinguistik auf Kontrastive Linguistik und Übersetzungswissenschaft

1. Einleitung
2. Kontrastive Linguistik und Übersetzungswissenschaft
3. Kontrastive Linguistik
4. Übersetzungswissenschaft
5. Literatur (in Auswahl)

1. Einleitung

Der Einfluss der Textlinguistik auf die kontrastive Linguistik und die Übersetzungswissenschaft ist nicht so selbstverständlich und eindeutig, wie man möglicherweise annehmen würde, was u. a. mit den unterschiedlichen Zielen und Entwicklungen der beiden letzteren Disziplinen zusammenhängt, wie auch mit der schnellen Entwicklung der Sprachwissenschaft überhaupt. Auch die „Überlappungen" zwischen der Textlinguistik einerseits und etwa der Pragmatik, Stilistik und Rhetorik andererseits machen eine zusammenfassende Darstellung der Einflüsse problematisch. Es wird deshalb hier auf eine detaillierte Übersicht der Entwicklung verzichtet, und statt dessen versucht, bestimmte interessante Schwerpunkte anzuführen.

2. Kontrastive Linguistik und Übersetzungswissenschaft

Die Beziehung zwischen der kontrastiven Linguistik und der Übersetzungswissenschaft ist problematisch. In den Anfängen der kontrastiven Linguistik und der Übersetzungswissenschaft war es ganz natürlich, die beiden Disziplinen als verwandt anzusehen. In beiden Fällen ging es ja um eine Beziehung zwischen wenigstens zwei Sprachen, die in der praktischen Wirklichkeit zu Schwierigkeiten führen könnte, etwa im Fremdsprachenunterricht bzw. beim Übersetzen aus einer Sprache in eine andere. Diese „traditionelle" oder „philologische" Richtung in der Übersetzungswissenschaft, die die Nützlichkeit der Ergebnisse der kontrastiven Linguistik für die Übersetzungstheorie und -praxis als selbstverständlich ansieht, wird immer noch besonders stark unter den theoretisch-linguistisch orientierten Sprachwissenschaftlern vertreten, was zum Beispiel durch gemeinsame kontrastiv-linguistische und übersetzungswissenschaftliche Konferenzen und Sammelbände zum Ausdruck kommt.

Eine andere Richtung der Übersetzungstheorie, die ihren Ursprung vor allem in der Übersetzerausbildung hat, möchte die Eigenständigkeit der Übersetzungswissenschaft gegenüber der Linguistik, und somit auch gegenüber der kontrastiven Linguistik, sehr stark betonen; vgl. etwa Holz-Mänttäri (1984), Reiss/Vermeer (1984) und Vermeer (1986). Es wird u. a. hervorgehoben, dass nicht Sprachen, sondern Texte im Gebrauch übersetzt werden, wobei vor allem die Stellung des Zieltextes stark betont wird. Dabei seien kontrastive Vergleiche auf der Systemebene von weniger oder gar keiner Relevanz. Es kann aber notiert werden, dass Probleme der Übersetzung von Realienbezeichnungen, Eigennamen, Modalpartikeln, Interjektionen, Phraseologismen, Metaphern, Termini usw. immer noch beliebte Themen innerhalb der Übersetzungswissenschaft darstellen, wobei es also um Erscheinungen geht, die zum Teil intensiv durch die kontrastive Linguistik untersucht worden sind, und die auch zum Teil eher den Satz oder das Lexikon als unmittelbar den Text betreffen. Auch kann bemerkt werden, dass sehr häufig Ausgangstexte und ihre Übersetzungen (Zieltexte), als Material für kontrastive Untersuchungen dienen, wobei man in der Tat von einer Übersetzungsanalyse ausgeht, was an sich durchaus nicht unproblematisch ist.

3. Kontrastive Linguistik

Die wichtigsten Ergebnisse der kontrastiven Linguistik stammen immer noch vor allem aus Bereichen wie Phonetik, Phonologie, Morphologie, Syntax, Semantik und dem Lexikon, d. h. aus Bereichen unterhalb der Textebene. Es gibt hier eine beinahe unüberschaubare Anzahl von Veröffentlichungen von kontrastiven Analysen zwischen den verschiedenen Sprachen. Wenigstens indirekt werden dabei natürlich auch textlinguistisch relevante Erscheinungen behandelt, und auch gibt es schon relativ viele kontrastive Arbeiten, die sich explizit mit textlinguistischen Fragen beschäftigen. In der Tat scheint die Entwicklung der kontrastiven Textlinguistik parallel mit der der Textlinguistik überhaupt zu verlaufen, und somit ungefähr um 1970 angefangen zu haben, wobei aber offensichtlich alle Themen der allgemeinen Textlinguistik nicht in derselben Weise als kontrastiv interessant betrachtet worden sind. Es ist auch deutlich, dass die Möglichkeit der Erstellung maschinenlesbarer Parallelkorpora die Entwicklung der kontrastiven Textlinguistik stark vorantreiben wird; vgl. etwa Fabricius-Hansen (1995), Johansson (1998). Die Frage der Äquivalenz bzw. des *tertium comparationis* wird dabei neu aktualisiert, und zwar in verschiedener Weise und auch davon abhängig, ob es um Vergleiche von Originaltexten oder von Originaltexten und deren Übersetzungen geht; vgl. Johansson (1998).

Innerhalb der kontrastiven Linguistik hatte man schon früh eingesehen, dass eine im engeren Sinne „rein linguistische" Perspektive nicht ausreiche, sondern dass die Sprache ein Teil der Kultur ist, und dass es somit letzten Endes um einen kontrastiven Kulturvergleich gehen muss, vgl. etwa die bekannte Arbeit *Linguistic Across Cultures* (1957) von Robert Lado. Wenn die (Sprach-)Kultur im Blickpunkt steht, wird auch die Textebene zwangsläufig aktualisiert. Aber auch wenn man vielleicht heute im Rahmen der interkulturellen Kommunikationsforschung von einem „regelrechten Boom" sprechen kann, vgl. Tiittula (1997, 153), ist die Zahl der Veröffentlichungen auf dem Gebiet der kontrastiven Textlinguistik im engeren Sinne recht bescheiden, was sicher zum Teil darauf zurückzuführen ist, dass die Textlinguistik immer noch eine relativ junge Wissenschaft ist, und dass methodische Probleme verschiedener Art vorliegen; vgl. etwa Engberg (1997, 53 ff), Gnutzmann/Oldenburg (1991), Hartmann (1980; 1981), Sachtleber (1993, 30 ff), Tiittula (1997). Was einige bestimmte Bereiche betrifft, kann man aber trotzdem eine recht starke Aktivität spüren, und zwar vor allem im Rahmen der Fachsprachenforschung.

Die Frage der Texttypen und -sorten ist bei weitem noch nicht gelöst, und stellt deshalb eine Herausforderung für die Textlinguistik dar. Für die Fachtextlinguistik ist das Problem zentral, weshalb ein großer Teil der Arbeiten zur kontrastiven Fachtextlinguistik die Textsortenkonventionen zweier Sprachen analysieren, vgl. etwa die Monographie von Engberg (1997). „Traditionelle" textlinguistische Aspekte, die dabei thematisiert werden, sind u. a. die Anaphorisierung, Kohäsions- und Kohärenzphänomene, die Themenentfaltung, Isotopien, Thema-Rhema-Beziehungen, Illokutionsstrukturen usw.; vgl. etwa Arntz (1992), Gnutzmann/Lange (1990), Engberg (1997), Oldenburg (1992b), Sachtleber (1993). Häufig steht der wissenschaftliche und akademische Text im Zentrum, wie in Clyne (1987), Mauranen (1993), Oldenburg (1992a; 1992b) und Sachtleber (1993), wobei die Verwendung von Heckenausdrücken (*hedges*, *hedging*) wie auch verschiedene Stilmerkmale relativ ausführlich untersuchte Themen darstellen; vgl. Kreutz/Harres (1997), Markkanen/Schröder (1997), Vassileva (1997). Die Vergleichbarkeit von Textsortenkonventionen bzw. das *tertium comparationis* ist bei diesen Untersuchungen ein interessantes und schwieriges Problem; vgl. Arntz (1992), Engberg (1997, 58 ff).

Die Analyse von Texten ist häufig sehr aufwendig und zeitraubend, und die kontrastiven Analysen sind zwangsläufig noch aufwendiger. Es ist deshalb nicht überraschend, dass man gern Texte untersucht, die typischerweise kurz sind, wie etwa Todesanzeigen, Einleitungen, Zusammenfassungen, *abstracts*, Leitartikel, Stellenanzeigen usw.; vgl. Arntz (1992, 113 ff), Gnutzmann/Lange (1990), Melander/Swales/Fredrickson (1997), Oldenburg (1992a u. b), Piitulainen (1993; 1995), Reiss (1977; 1978), Tiittula (1994).

Vor allem im Rahmen der Fachtextlinguistik scheint die Beschäftigung mit kontrastiven Problemen heute recht intensiv zu sein, weshalb die Lage sich schnell verändert und sich schon deutlich von der Situation um 1990 unterscheidet, wo Gnutzmann und Lange Folgendes feststellen mussten:

„Es gibt zwar seit einiger Zeit gewisse Ansätze für eine im weiteren Sinne kontrastive Textlinguistik [...], aber insgesamt ist die Literaturlage nicht befriedigend, was angesichts der theoretischen und methodischen Probleme bezüglich des zugrundelegenden Textmodells und der Frage der dazugehörenden Analyseeinheit wie auch wegen der konkret anfallenden empirischen Probleme bei der Textanalyse letztlich nicht überrascht" (Gnutzmann/Lange 1990, 86).

4. Übersetzungswissenschaft

Auch wenn man sich natürlich immer dessen bewusst war, dass Texte beim Übersetzen übersetzt werden, wird der Text als linguistischer Begriff in der Übersetzungswissenschaft erst etwa um 1970 erkannt. Dies wird deutlich, wenn man z. B. Klassiker wie Catford (1965) oder Nida/Taber (1969) betrachtet. Hier wird der Text (*text* oder *discourse*) nicht als *linguistische* Größe thematisiert. Vor allem in Catford (1965) geht es eher darum, dass Sprachen übersetzt werden, nicht Texte. „*Translation [...] is always performed [...] 'from' a Source Language 'into' a Target Language*" (Catford 1965, 20). Schon früh wurde aber in der Übersetzungswissenschaft auf die Bedeutung der Textlinguistik, und zwar auch der kontrastiven, aufmerksam gemacht; vgl. etwa Barchudarov (1977), Enkvist (1978), Hartmann (1981), Kade (1981), Koller (1981), Poulsen (1981), Reiss (1976), Spillner (1981), Wills (1977, 145 ff). Dies scheint sehr natürlich, wenn man davon ausgeht, dass als Ergebnis des Übersetzungsprozesses eine Relation zwischen einem Ausgangs- und einem Zieltext vorliegt. Dass die Textlinguistik die Übersetzungstheorie beeinflusst hat, dürfte unumstritten sein, d. h. wenn man sich in dieser Weise pauschal ausdrückt. In der Praxis gibt es aber viele Richtungen und Theorien innerhalb der Übersetzungswissenschaft, wobei einige anwendungs- und praxisorientierte Richtungen sich eher skeptisch zum Nutzen der Linguistik überhaupt für das Übersetzen verhalten. Aber auch in solchen Fällen ist wenigstens ein indirekter Einfluss unvermeidlich zu spüren. Jedenfalls steht der Text selbst als größte Übersetzungseinheit im Zentrum aller neueren Richtungen der Übersetzungswissenschaft.

Der Einfluss der Textlinguistik hat nicht zur Folge gehabt, dass das Interesse für Probleme unterhalb der Satzebene wesentlich geringer geworden ist, aber die Perspektive hat sich verschoben, d. h. grammatische und lexikalische Erscheinungen werden explizit ausgehend von ihren Funktionen als Elemente des Textes betrachtet: „Die Grammatik wie auch die Lexik sind für die Übersetzung nicht unmittelbar, sondern über ihre Funktion in Texten relevant" (Neubert 1995, 109). Genau wie im Falle der kontrastiven Textlinguistik scheint vor allem das Problem der Texttypen und -sorten von Bedeutung zu sein, und zwar unabhängig vom theoretischen Hintergrund. Eine frühe textlinguistisch orientierte übersetzungstheoretische und für die spätere Entwicklung der Übersetzungstheorie wichtige Arbeit stellt *Texttyp und Übersetzungsmethode. Der operative Text* von Katharina Reiss (1976) dar, wo sie ausgehend von dem Bühlerschen Organon-Modell drei grundlegende Texttypen definiert, d. h. den informativen, den expressiven und den operativen Typ. Jeder Texttyp besteht wiederum aus verschiedenen „konkreten" Textsorten. Das Modell von Reiss ist in der Übersetzungswissenschaft sehr viel diskutiert und auch kritisiert worden, u. a. weil die drei primären Texttypen oder -funktionen offenbar eine in der Realität zu starke Vereinfachung darstellen. – In seiner Einführung in die Textlinguistik führt Werner Koller eine ganz andere Einteilung der Texttypen and -sorten ein, indem er u. a. ausgehend von den verschiedenen Rezeptionserwartungen eine grundlegende Einteilung in zwei „Haupt-Textkategorien" vornimmt, d. h. in „Fiktivtexte" und „Sachtexte" (Koller 1992, 272 ff). Es ist deutlich, dass der Text grundsätzlich einen ganz anderen Stellenwert beim Übersetzen von Fiktivtexten (literarischen Texten) als von Sachtexten hat. Ein Problem dabei ist, dass die Textlinguistik immer noch kein befriedigendes linguistisches Modell zur Unterscheidung zwischen literarischen und nicht-literarischen Texten bieten kann, vgl. Nikula (1997).

Ganz allgemein kann beobachtet werden, dass textlinguistisch gesehen im Großen und Ganzen dieselben Themen in der Übersetzungswissenschaft aufgegriffen werden wie in der kontrastiven Linguistik, auch wenn natürlich aus einer etwas anderen Perspektive. Und genau wie im Falle der kontrastiven Linguistik scheint die textlinguistisch orientierte theoretische Entwicklung in der Übersetzungswissenschaft vor allem auf dem Gebiet der Fachtextlinguistik schnell vorwärts zu gehen, auch wenn z. B. die Zahl der empirischen Untersuchungen von Übersetzungen literarischer Texte auch sehr schnell im Wachsen zu sein scheint.

5. Literatur (in Auswahl)

Arntz, R. (1990): Überlegungen zur Methodik einer 'Kontrastiven Textologie'. In: Arntz, R./ Thome, G. (eds.): Übersetzungswissenschaft. Ergebnisse und Methoden. Wolfram Wills zum 65. Geburtstag. Tübingen, 393–404.

– (1992): Interlinguale Vergleiche von Terminologien und Fachtexten. In: Baumann, K. D./Kalverkämper, H. (eds.): Kontrastive Fachsprachenforschung. Tübingen, 108–122.

Barchudarov, L. S. (1977): Übersetzungstheorie als vergleichende Textlinguistik. In: Kade, O. (ed.): Vermittelte Kommunikation, Sprachmittlung, Translation. Übersetzungswissenschaftliche Beiträge 1. Leipzig, 7–13.

Catford, J. C. (1965): A Linguistic Theory of Translation. An Essay in Applied Linguistics. Oxford.

Clyne, M. (1984): Wissenschaftliche Texte Englisch- und Deutschsprachiger: Textstrukturelle Vergleiche. In: Studium Linguistik 15, 92–97.

– (1987): Cultural differences in the organization of academic texts. In: Journal of Pragmatics 11, 211–247.

Dressler, W. U. (1987): Die Bedeutung der Textlinguistik für Übersetzung und Umkodierung. In: Atti del Convegno Internazionale Tradurre: teoria ed esperienze. Educazione Bilingue, Vol. XIV. Bozen, 21–34.

Engberg, J. (1997): Konventionen von Fachtextsorten. Kontrastive Analysen zu deutschen und dänischen Gerichtsurteilen. Tübingen.

Enkvist, N. E. (1978): Contrastive Text Linguistics and Translation. In: Grähs, L./Korlén, G./Malmberg, B. (eds.): Theory and Practise of Translation. Bern/Frankfurt am Main/Las Vegas, 169–188.

– (1984): Contrastive Linguistics and Text Linguistics. In: Fisiak, J. (ed.): Contrastive Linguistics and Text Linguistics: Prospects and Problems. Berlin, 45–67.

Fabricius-Hansen, C. (1995): Kontrastive Stilistik am Beispiel Deutsch-Norwegisch. Ein Parallelkorpusprojekt. In: Jahrbuch Deutsch als Fremdsprache 21, 137–148.

Gnutzmann, C./Lange, R. (1990): Kontrastive Textlinguistik und Fachsprachenanalyse. In: Gnutzmann, C. (ed.): Kontrastive Linguistik. Frankfurt am Main/Bern/New York/Paris, 85–116.

Gnutzmann, C./Oldenburg, H. (1991): Contrastive Text Linguistics in LSP-Research: Theoretical Considerations and some Preliminary Findings. In: Schröder, H. (ed.): Subject-oriented Texts. Languages for Special Purposes and Text Theory. Berlin/New York, 103–136.

Hartmann, R. R. K. (1980): Contrastive Textology: Comparative Discourse Analysis in Applied Linguistics. Heidelberg.

– (1981): Contrastive Textology and Translation. In: Kühlwein, W./Thome, G./Wilss, W. (eds.), 200–208.

Holz-Mänttäri, J. (1984): Translatorisches Handeln. Theorie und Methode. Helsinki.

House, J./Bluhm-Kulka, S. (eds.) (1986): Interlingual and Intercultural Communication. Discourse and Cognition in Translation and Language Acquisition Studies. Tübingen.

Johansson, S. (1998): On Computer Corpora in Contrastive Linguistics. In: Cooper, W. R. (ed.): Compare or Contrast? Current Issues in Cross-Language Research. Tampere, 269–289.

Kade, O. (ed.) (1981): Probleme des Übersetzungswissenschaftlichen Textvergleichs. Leipzig.

Koller, W. (1981): Textgattungen und Übersetzungsäquivalenz. In: Kühlwein, W./Thome, G./Wilss, W. (eds.), 272–279.

– (1992): Einführung in die Übersetzungswissenschaft. Heidelberg, Wiesbaden.

Koenitz, B. (1987): Thema-Rhema-Gliederung und Translation. Übersetzungswissenschaftliche Beiträge 10. Leipzig.

Kreutz, H./Harres, A. (1997): Some observations on the distribution and function of hedging in German and English academic writing. In: Duszak, A. (ed.): Culture and Styles of Academic Discourse. Berlin/New York, 181–201.

Kühlwein, W./Thome, G./Wilss, W. (eds.) (1981): Kontrastive Linguistik und Übersetzungswissenschaft. München.

Lado, R. (1957): Linguistic Across Cultures. Applied Linguistics for Language Teachers. Ann Arbor.

Markkanen, R./Schröder, H. (1989): Hedging as a Translation Problem in Scientific Texts. In: Laurén, C./Nordman, M. (eds.): Special Language: From Humans Thinking to Thinking Machines. Clevedon/Philadelphia, 171–179.

– (eds.) (1997): Hedging and Discourse. Approaches to the Analysis of a Pragmatic Phenomenon in Academic Texts. Berlin/New York.

Mauranen, A. (1993): Cultural Differences in Academic Rhetoric. A Textlinguistic Study. Frankfurt am Main.

Melander, B./Swales, J. M./Fredrickson, K. M. (1997): Journal abstracts from three academic fields in the United States and Sweden. In: Duszak, A. (ed.): Culture and Styles of Academic Discourse. Berlin/New York, 251–272.

Neubert, A. (1995): Kann man Grammatik übersetzen? In: Popp, H. (ed.): Deutsch als Fremdsprache. An den Quellen eines Faches. Gerhard Helbig zum 65. Geburtstag. München, 609–620.

Nida, E. A./Taber, C. (1969): The Theory and Practice of Translation. Leiden.

Nikula, H. (1997): Das Ästhetische als Begriff der Linguistik. In: Andersson, B./Müller, G. (eds.): Kleine Beiträge zur Germanistik. Festschrift für John Evert Härd. Uppsala, 211–221.

Nord, C. (1988): Textanalyse und Übersetzen. Theoretische Grundlagen, Methode und didaktische Anwendung einer übersetzungsrelevanten Textanalyse. Heidelberg.

Oldenburg, H. (1992a): Zusammenfassung und Conclusions im Vergleich: Empirische Ergebnisse und praktische Perspektiven. In: Baumann, K. D./Kalverkämper, H. (eds.): Kontrastive Fachsprachenforschung. Tübingen, 123–133.

– (1992b): Angewandte Fachtextlinguistik: Conclusions und Zusammenfassungen. Tübingen.

– (1995): Methodische Grundlagen der kontrastiven Fachtextlinguistik. In: Fachsprache 17/3–4, 107–116.

Pause, P. E. (1988): Pronomina, Textinterpretation und Übersetzen. In: Stechow, A./Schepping, M.-T.

(eds.): Fortschritte in der Semantik. Weinheim, 113–137.

Piitulainen, M.-L. (1993): Die Textstruktur der finnischen und deutschsprachigen Todesanzeigen. In: Schröder, H. (ed.): Fachtextpragmatik. Tübingen, 141–186.

– (1995): Aspekte der kontrastiven Textanalyse. In: Finlance XV, 35–53.

Poulsen, S. O. (1981): Textlinguistik und Übersetzungskritik. In: Kühlwein, W./Thome, G./Wilss, W. (eds.), 300–310.

Pütz, H. (1997): Referat und Textstruktur als Übersetzungsproblem norwegisch-deutsch. In: Germanistische Linguistik 136, 103–117.

Reiss, K. (1976): Texttyp und Übersetzungsmethode. Der operative Text. Kronberg/Ts.

– (1977/1978): Textsortenkonventionen. Vergleichende Untersuchungen zur Todesanzeige. In: Le langage et l'homme 35, 46–54; 36, 60–68.

Reiss, K./Vermeer, H. J. (1984): Grundlegung einer allgemeinen Translationstheorie. Tübingen.

Sachtleber, S. (1993): Die Organisation wissenschaftlicher Texte. Eine kontrastive Analyse. Frankfurt am Main/Berlin/New York/Paris/Wien.

Schäffner, C. (1995): Textsorten in der Übersetzung – Analyse eines Übersetzungsbeispiels. In: Busch-Lauer, I.-A./Fiedler, S./Ruge, M. (eds.): Texte als Gegenstand linguistischer Forschung. Festschrift für Rosemarie Gläser. Frankfurt am Main, 47–56.

Spillner, B. (1981): Textsorten im Sprachvergleich. Ansätze zu einer kontrastiven Textologie. In: Kühlwein, W./Thome, G./Wilss, W. (eds.), 239–250.

Tiittula, L. (1994): Implizites Bewerten in deutschen und finnischen Leitartikeln. In: Moilanen, M./Tiittula, L. (eds.): Überredung in der Presse. Texte, Strategien, Analysen. Berlin/New York, 225–239.

– (1997): Kontrastive Diskursforschung. In: Der Ginkgo-Baum Germanistisches Jahrbuch für Nordeuropa 15, 153–166.

Vassileva, I. (1997): Hedging in English and Bulgarian academic writing. In: Duszak, A. (ed.): Culture and Styles of Academic Discourse. Berlin/New York, 203–221.

Vermeer, H. (1986): Übersetzen als kultureller Transfer. In: Snell-Hornby, M. (ed.): Übersetzungswissenschaft – eine Neuorientierung. Zur Integrierung von Theorie und Praxis. Tübingen, 30–53.

Wilss, W. (1977): Übersetzungswissenschaft. Probleme und Methoden. Stuttgart.

Henrik Nikula, Vaasa
(Finnland)

76. Der Einfluß der Textlinguistik auf die Informatik

1. Zum Thema
2. Textverstehen
3. Textgenerierung
4. Dialogmodellierung
5. Literatur (in Auswahl)

1. Zum Thema

Berichtet wird über spezifische Umgangsweisen mit dem Gegenstand Text im Rahmen der sprachorientierten KI (Künstliche-Intelligenz-Forschung), die in der Disziplin Informatik angesiedelt ist bzw. in computerlinguistischen Ansätzen, die linguistisch und/oder informatisch ausgerichtet sind. Von einem Einfluß in dem Sinne, daß etwa 30 Jahre moderne Textlinguistik in der Informatik beobachtet, rezipiert und verarbeitet worden wäre, kann nicht die Rede sein. Dies schließt nicht aus, dass in einzelnen Punkten eine Wirkung der Textlinguistik stattgefunden hat und umgekehrt. Je nach Ausgangslage – mehr Informatik oder mehr Linguistik – zeigen und mischen sich zwei Perspektiven. Zum einen gelten Texte als eine Art Vehikel zum Transport von Information und Wissen, das in Datenbanken repräsentiert und organisiert und in Expertensystemen mit natürlich-sprachlicher Schnittstelle für die Nutzung zur Verfügung gestellt wird. Zum anderen gelten Texte als sprachliche Gebilde mit eigener, konventionell bestimmter Struktur und Dynamik, die als solche Gegenstand der Computermodellierung sind. Im Hinblick auf die Umsetzung durch Computerprogramme ergeben sich dennoch grundsätzliche Gemeinsamkeiten. Neben deskriptiven Aspekten der textlinguistischen Phänomene spielen vor allem solche ihrer Repräsentation sowie ihrer Einbindung in die Konstruktion eines Systems eine Rolle. Mit Repräsentation ist gemeint, daß ein Text in Form seiner Beschreibungseinheiten und deren Relationen untereinander eine metasprachliche Paraphrase erhält, die in der

Konstruktion eines umfassenden Systems algorithmisch verarbeitet wird. Das Verständnis vom Text als Gegenstand ist dementsprechend struktur- und prozeßorientiert ausgerichtet. Dies bedeutet u. a., daß die konstruierten Repräsentationen einerseits den Text als Ganzheit erfassen, andererseits auf die einzelnen Sätze Bezug nehmen, die den sprachlichen Zugang garantieren. Dies gilt sowohl für schriftlich konzipierte Texte, die unter den Etiketten Textverstehen und Textgenerierung thematisiert werden, als auch für Dialogmodellierungen, die als natürlich-sprachliche Schnittstellen in der Mensch-Maschine-Kommunikation eine Rolle spielen.

2. Textverstehen

Texte gehören mit zu den wichtigsten Quellen zusammenhängenden Wissens sowie punktueller Information. Folgerichtig entwickelt die KI Systeme, um Wissen bzw. Einzelinformation aus Texten zu erschließen bzw. solche Texteigenschaften im Computermodell zu erfassen. So z. B. im Bereich der Informationserschließung, in Frage-Antwort-Systemen (z. B. zur Bereitstellung von Wegauskünften, zur Analyse von Betriebs- und Bedienungsanleitungen usw.), aber auch in Ansätzen zur Maschinellen Übersetzung, in denen Textverstehen als Voraussetzung für die zielsprachliche Produktion gilt (Laffling 1991). Von den Textphänomenen her lassen sich drei Schwerpunkte erkennen: Behandlung von Welt- bzw. Domänenwissen, Analyse von Kohäsions- bzw. Kohärenzeigenschaften und Erfassung der kommunikativen Funktion. Gemeinsam ist ihnen, daß die Analyse nicht ohne weiteres an den Wörtern, wie sie im laufenden Text erscheinen, festgemacht werden kann. Es muß auf Theorien zurückgegriffen werden, die die genannten Phänomene an Strukturen anbinden, die dem Text zugrunde liegen und zugleich eine Verbindung zur Textoberfläche gestatten.

Hinsichtlich des im Text thematisierten Wissens (Alltags- oder Fachwissen) bezieht man sich in der Regel auf Schemata, insbesondere auf Frames, die mit dem lexikalischen Material verbindbar sind. Die leitende Idee ist, daß Ein- und Unterteilungen von Objekten und Sachverhalten vorgeprägt sind, insofern als sie auf typischen, immer wiederkehrenden Erfahrungen beruhen und daß solche Schemata für das Textverstehen relevant sind. Framebasierte Ansätze sind nicht nur in KI-orientierten Wissensorganisationen für Datenbanken erfolgreich angewendet worden, sondern auch in der Textlinguistik. Ihre Bedeutung in der Computermodellierung des Textverstehens beruht vor allem darauf, daß damit Kohärenz innerhalb einer Textpassage, aber auch zwischen mehreren Textpassagen nachvollziehbar gemacht wird (Metzing 1980; Joshi et al. 1981), daß semantische Mehrdeutigkeiten aufgelöst und Metaphern identifiziert werden (Tonfoni 1990) und schließlich daß — wie bei semantischen Netzen — Inferenzen nicht nur auf logischen, sondern auch auf der Basis von Erfahrungsstandards automatisierbar sind. Die ebenfalls auf Gedächtnismodellen aufgebauten „story understanding-systems" (Schank/Abelson 1977), die auf Scripts als Schemata mit eingebauter Reihenfolge basieren, gestatten unterschiedlich ausführliche Antworten zu Fragen über einen Textinhalt. So reagiert z. B. das System SAM (Script Applier Mechanism) mit drei Vollständigkeitsstufen, vom einfachen Ja/Nein bis zu Angaben von Alternativen (Lehnert 1981). In einer neueren Sichtweise steht der Leser im Vordergrund (Corriveau 1995). Sein möglicherweise mehrfaches und unterschiedliches Verständnis des Textes wird variabel modelliert. Dieser Ansatz versucht, wenn auch in der Implementierung bescheiden, dem Stand der textorientierten kognitiven Psychologie Rechnung zu tragen.

Frames oder Skripts können im weiteren als Organisationsformen für sach- oder fachbezogene Domänen dienen. Denkbar ist ebenfalls, daß die Modellierung einer Domäne die linguistische Analyse des Texts unterstützt (so mit PROTEUS, Prototype Text Understanding System, Grishman 1990). Möglich ist dabei die Bestimmung impliziter temporaler und kausaler Verknüpfung von Ereignissen, hier am Beispiel der Beschreibung von Betriebsstörungen. Auch die Analyse schriftsprachlicher Texte in KIT (kognitive Verfahren zur Informationsextraktion und Zusammenfassung von Texten) verbindet Sachwissen mit Textstrukturierungsprinzipien (Rollinger 1984). Deskriptionseinheiten können auch semantische Rollen im weitesten Sinne sein. Als logische Sorten dienen sie der Aufdeckung anaphorischer Beziehungen (CON^{3}TRA: Constance Concept of Context-Oriented Translation, Hauenschild 1984) oder der Bildung von Inferenzen (Reiseführer in LILOG, Herzog/Rollinger 1991). In der Zuordnung zu Leerstellen fachbezogener Frames erscheinen sie als themenbestimmende Textrollen (Rothkegel 1993) oder zeigen in ihrer Vernetzung die Kohärenz des Textes auf (Leinfellner 1992). Eine andere Darstellung von Hintergrundwissen ist die über Netze mit semantischen Relationen wie Ober-/Unterbegriff, Teil-Ganzes und Eigenschaft-von. Sie beziehen sich auf konzeptuell-begriffliche Einteilungen und werden genutzt zum Aufbau von Ontologien, die in Netzen repräsentiert werden (Schütz 1994). Die Einheiten dieser Ontologien verstehen sich als Konzepte, die im Text unterschiedlich lexikalisiert sein können.

Während es in den genannten Ansätzen um Kohärenz, d. h. Zusammenhang aufgrund einer gemeinsamen Wissensebene geht, wird beim Textphänomen der Koreferenz die Identifikation gleicher Referenten im Textverlauf thematisiert. In der DRT (discourse representation theory) geschieht dies auf der Basis einer semantisch-logischen Bestimmung (Kamp/Reyle 1994). Ebenfalls logikbasiert ist die Identifikation von Phänomenen im Bereich der Thema-Rhema-Progression in Hajicova et al. 1995. Für die Computermodellierung des Textes in seiner kommunikativen Funktion ist der Ansatz von Grosz/Sidner (1986) grundlegend. Sie ordnen schriftlichen Texten wie auch Dialogen eine intentionale Struktur zu, die den Gesamttext in einer hierarchisch geordneten Struktur segmentiert (ausführlich in 4.).

3. Textgenerierung

Ähnlich wie in der textlinguistischen Forschung die Perspektive der Produktion gegenüber Verstehen und Analyse in einem späteren Schritt erfolgte, so auch in der KI/Computerlinguistik. Hier kommen zwei Gründe hinzu. Zum einen sind die Ansprüche an Expertensysteme in der Weise gewachsen, daß Auskünfte in Form von Texten als wünschenswert erschienen. Die aus Datenbanken vermittelten Informationen sollten im größeren Zusammenhang und sprachlich ausformuliert geliefert werden. Zum anderen dürfte eine Rolle spielen, daß man bei der Textgenerierung auf Ergebnissen von (intellektuellen) Textanalysen aufbaut. Man benötigt eine Eingabe, auf der ein Text materiell aufgebaut werden kann, so z. B. eine Textstruktur oder eine Textrepräsentation. Meteer (1992) argumentiert für eine linguistisch bestimmte Textstruktur als Voraussetzung dafür, daß sprachliche Einheiten für die Generierung eines Textes ausgewählt und entsprechend der Struktur kombiniert werden. Die Beschäftigung mit vollständigen Texten führte schließlich auch zur Einsicht von der Existenz genuiner Textstrukturen, die wegen ihrer Komplexität eine modulare Generierung eines Textes über mehrere Ebenen hinweg als günstig erscheinen lassen. In prozeduraler Sichtweise entspricht dies der Textplanung (text planning), die in Systemen der automatischen Textgenerierung eine zentrale Rolle spielt (Dale et al. 1992). Hierbei hat sich eine Unterscheidung nach WAS (Inhalte, Funktionen) und WIE (sprachliche Realisierung) durchgesetzt. Hinsichtlich des WAS bezieht man sich hauptsächlich auf die Inhalte von Wissensorganisationen in Datenbanken, für das WIE stützt man sich auf Komponenten, die aus den eher traditionellen satzbezogenen Verarbeitungsmodellen bekannt sind und/oder bereits zur Verfügung stehen. Hinsichtlich hierarchischer und sequentieller Textstrukturen spielen Unterscheidungen wie global (Gesamttext) und lokal (Satzverknüpfungen) eine Rolle. Wenn auf Ansätze aus Linguistik/Textlinguistik zurückgegriffen wird, sind es vor allem solche, die aus der klassischen bzw. modernen Rhetorik stammen. Aufgabenorientierung bestimmt die Textplanung im Rahmen von Expertensystemen, in denen Texte als Antworten auf (bereits vorgeplante) Fragen an Wissensbasen erwünscht sind. So unterscheidet das System TEXT (McKeown 1985) drei sprachliche Aufgaben: *beschreiben, definieren, vergleichen*. Sie steuern die Auswahl der relevanten Informationen aus der Datenbank und bilden als Typen verschiedener Kombinationen entsprechende Repräsentationen für den zu erzeugenden Text. Wie im framebasierten Ansatz von Danlos (1987) dienen solche Schemata als Übergang von der kommunikativ neutralen Wissensorganisation zum kommunikativ bestimmten Text. Differenzierungen solcher Situationsabhängigkeiten finden sich z. B. in PAULINE als rhetorische Parameter (Hovy 1988). Hierzu gehören u. a. sozialer Status, Wissensstand, Höflichkeit, insgesamt also Kategorien, die den Text als Bestandteil einer Kommunikation zwischen Partnern einordnen. Dies wiederum ermöglicht eine situationsadäquate Selektion der sprachlichen Mittel.

Unter problemorientierten linguistischen Aspekten erscheint Textgenerierung als „a way of studying text" (Matthiessen 1987, 1). In dieser Sichtweise sind prinzipiell alle Möglichkeiten offen. So wird u. a. die Schematheorie, die bereits fürs Textverstehen eingesetzt worden ist, auch zum Geschichtenerzählen verwendet (Turner 1994). Der allerdings am stärksten diskutierte Ansatz zum Textgenieren ist die Rhetorical Structure Theory (RST, Mann/Thompson 1987). In Anlehnung an die klassische Rhetorik werden Kohärenzrelationen als asymmetrische Nukleus-Satellit-Relationen eingeführt, die jeweils zwei Textelemente verbinden. Prinzip ist, daß der Satellit den Nukleus unterstützt (argumentative Basis der Relationsbestimmung). Beispiele sind u. a. 'elaboration', 'background', 'contrast', 'evaluation', 'condition' usw. Obgleich es sich um lokale Beziehungen handelt, können solche Nukleus-Satellit-Verbindungen schrittweise zu zusammengesetzten Einheiten aufgebaut werden und so eine Gesamttextstruktur abbilden. Von praktischem Interesse sind Anwendungen einzelner Relationstypen auf bestimmte Textsorten, so z. B. die der Zweck-Relation auf Bedienungsanleitungen (Linden/Martin 1995). Auf dieser Ebene ist es auch eher möglich, die Zuordnung von Textstruktur und sprachlicher Realisierung zu organisieren. Dennoch bleibt es in der Regel ein Problem, wie man top-down von der Textstruktur oder dem Textplan zur Ebene der Wörter und Satzsyntax kommt. Ansatzweise wird eine Integration in Rothkegel (1993) versucht. Dies geschieht über eine auf mehreren Hierarchieebenen operierende Texthandlungsstruktur, in die die propositionalen Einheiten eingebunden sind, wobei beide zusammen die Selektion der sprachlichen Mittel steuern. Eine andere Möglichkeit besteht darin, die Generierung auf Einzeltextsorten zu beschränken (etwa Kochrezepte, Handbücher, Wegauskünfte, Objektbeschreibungen, vgl. Paris et al. 1991). Eventuelle Elaborationen solcher Ansätze konzentrieren sich aber eher auf die Nutzung neuerer technischer Möglichkeiten wie z. B. von Multimedia (Horacek/Zock 1993; → Art. 53) als auf den Ausbau der linguistischen Komponente.

4. Dialogmodellierung

Es werden drei Ansätze diskutiert, die jeweils eine wesentliche Eigenschaft dialogischer Sprachstruktur in den Vordergrund rücken. Gemeinsam ist ihnen die dialogische Organisation von Information durch sprachliche Handlungen, die in wechselnden Turns von BenutzerInnen und System (Expertensystem) ausgeführt werden. Die hier ausgewählten Ansätze sind zwar ca. 10 Jahre alt, enthalten aber die grundlegenden Ideen, die auch gegenwärtig noch in Dialogmodellierungen eine Rolle spielen, in klar ausgeprägter Form. Linguistische Basis ist die Sprechakttheorie. Zusätzlich zur Strukturierung des Inhalts als solchem kommen seine Einbindung in kommunikative Ziele sowie die Organisation der Interaktion im Dialog hinzu. Allen (1987) stellt ein semantisches Dialogmodell vor, in dem die Frage- und Antworthandlungen als Informationstransfer ausgeführt werden. Semantisch an diesem Ansatz ist die Repräsentation der sprachlichen Äußerungen als Teilschritte eines umfassenden Handlungsplans. Die Vorstellung eines Gesamtplans kann auch benutzt werden, um einen Dialog insgesamt als Text zu betrachten. Grosz/Sidner (1987) modellieren eine komplexe Handlungsstruktur, in der die Repräsentation physikalischer Handlungen in eine dialogische Struktur integriert wird. Während in Allens Modell sprachliche Handlungen als Transportmittel fungieren, sind sie im Ansatz von Grosz/Sidner auch Strukturierungsmittel. Anders als dort betreffen sie nicht nur einzelne Informationsstücke sondern eine kohärente Struktur, die im Verlauf des Dialogs durch die Kommunikationspartner aufgebaut wird. Der Dialog wird als Ganzheit gesehen, der wie ein Text in Portionen zerlegbar ist. Die Repräsentation erfolgt in drei Ebenen: intentional, propositional und sprachlich. Die übergeordnete Ebene der Intention umfaßt einen Zweck bzw. eine Aufgabe. Der Inhalt bzw. die Propositionen erscheinen mit Bezug zum jeweiligen Fokus der Aufmerksamkeit. Segmentierung und Sequenzierung ist von der Intention bestimmt. Die repräsentierenden Sprechakte sind nach zwei Relationen geordnet: Dominanz und vorausgegangene Erfüllung. Die Dominanzrelation führt zu hierarchischen Strukturen, wobei die einzelnen „Diskurssegmentzwecke" den Gesamtzweck unterstützen. Die zweite Relation regelt die Sequenzierung. Des weiteren gibt es noch eine lexiko-grammatische Ebene, auf der Schlüsselwörter als Anzeiger für die Textstruktur erscheinen. Ansonsten spielt eine direkte Zuordnung von sprachlicher Realisierung und Intention keine Rolle. Dies entspricht einem typischen KI-Ansatz, wo Fragen der Handhabung von Information im Vordergrund stehen und solche des Sprachgebrauchs nur dann von Interesse sind, wenn sie den Informationstransfer deutlich machen. Insofern kann ein Modell ohne Sprechhandlungstypologie im Sinne der KI erfolgreich sein, während unter linguistischen Gesichtspunkten eine solche Typologie unverzichtbar ist, wenn der Sprachgebrauch im Vordergrund steht. Eine dritte Möglichkeit, sprachliche Handlungen zu interpretieren, ist die der Interaktion der Kommunikationsbeteiligten in spezifischen Aktions-Reaktions-Sequenzen. Winograd/Flores (1986) verknüpfen zwei Aspekte: die Interpretation der sprachlichen Handlung als Zustandsveränderung und zugleich als Element der Interaktion. Dabei stellt eine Sprachhandlung einen Übergang von einem Zustand-1 in einen Zustand-2 dar. Im weiteren wird angenommen, daß die Art des Übergangs durch bestimmbare Optionen festgelegt ist und daß der jeweils neu erreichte Zustand wiederum nur ganz bestimmte Fortsetzungsmöglichkeiten bietet. Solche Sequenzmuster mit 2, 3, 4 oder mehr Zügen sind im Bereich der Konversationsanalyse und der Dialoggrammatik ausführlich untersucht worden. Winograd/Flores bringen sie im Computermodell in die Form eines Übergangsnetzwerkes. Dort repräsentieren die Knoten die jeweils erreichten Zustände des Dialogs, während die Kanten als Übergänge den eigentlichen Interaktionen entsprechen. Eine Weiterführung in diesem Sinne liefert Stein (1995). Interaktion stellt sich nun als kooperative Verhandlung dar, in deren Verlauf Benutzer und System über eine multimodale Schnittstelle gemeinsam Pläne, Ziele und Lösungsstrategien entwickeln.

In neueren Ansätzen zeigt sich die Tendenz, Dialogmodellierung und Textgenerierung zusammenzubringen. Dies ist vor allem durch das gemeinsame Interesse begründet, Inhalte in ihrem kommunikativen Gebrauch zu erfassen, unabhängig davon ob sie schriftlich oder mündlich geäußert werden. In diesem Sinne werden in Moore/Paris (1993) das rhetorische Modell der RST und die von Grosz/Sidner (1986) entwickelte intentionale Globalstruktur von Dialogen als gleich bzw. kompatibel aufgezeigt (vgl. 3.). Moser/Moore (1996) weisen nach, daß die asymmetrische Nukleus-Satellit-Relation der RST der Dominanzrelation bei Grosz/Sidner entspricht. Dies bedeutet, daß die Intention des Sprechers/Schreibers als bestimmend für die globale Struktur des Textes/Dialoges angesehen wird, in der die Textsegmente untereinander verknüpft sind. Auf der lokalen und propositionalen Ebene, d. h. bei der Satz-zu-Satz-Verknüpfung werden thematische Zentren angenommen, von denen die Fortsetzung von einem Satz zum nächsten gesteuert wird (zu „centering" vgl. Grosz/Joshi/Weinstein 1995).

5. Literatur (in Auswahl)

Allen, John F. (1987): Natural Language Understanding. Menlo Park.

Brady, Michael/Berwick, Robert C. (1983): Computational Models of Discourse. Cambridge (MA).

Corriveau, Jean-Pierre (1995): Time-constrained memory: a reader-based approach to text. Mahwah (NJ).

Dale, Robert/Hovy, Eduard/Rösner, Dietmar/Stock, Oliviero (eds.) (1992): Aspects of automated natural language generation. Berlin.

Danlos, Laurence (1987): The linguistic basis of text generation. Cambridge.

Grishman, Ralph (1990): Domain Modeling for Language Analysis. In: Schmitz, Ulrich/Schütz, Rüdiger/Kunz, Andreas (eds.): Linguistic Approaches to Artificial Intelligence. Frankfurt, 41–57.

Grosz, Barbara J./Joshi, Aravind, K./Weinstein, Scott (1995): Centering: A Framework for Modeling the local coherence of discourse. In: Computational Linguistics 21, 202–225.

Grosz, Barbara, J./Sidner, Candance L. (1986): Attention, intentions, and the structure of discourse. In: Computational Linguistics 12, 175–204.

Hajicova, Eva/Skoumalova, Hana/Sgall, Petr (1995): An Automatic Procedure for Topic-Focus Identification. In: Computational Linguistics 21, 81–94.

Hauenschild, Christa (1984): Anaphorische Relationen in CONTRA. In: Rothkegel, Annely/Sandig, Barbara (eds.): Text – Textsorten – Semantik. Hamburg, 131–148.

Herzog, Otthein/Rollinger, Claus-Rainer (eds.) (1991): Text understanding in LILOG. Berlin.

Horacek, Helmut/Zock, Michael (eds.) (1993): New concepts in natural language generation. London.

Hovy, Eduard H. (1988): Generating natural language under pragmatic constraints. Hillsdale.

Joshi, Aravind K./Webber, Bonnie L./Sag, Ivan A. (1981): Elements of discourse understanding. Cambridge.

Kamp, Hans/Reyle, Uwe (1994): From Discourse to Logic. Boston.

Laffling, John (1991): Towards High-Precision Machine Translation. Based on Contrastive Textology. Berlin/New York.

Lehnert, Wendy G. (1981): A computational theory of human question answering. In: Joshi/Webber/Sag (eds.), 145–176.

Leinfellner, Elisabeth (1992): Semantische Netze und Textzusammenhang. Frankfurt.

Linden, Keith V./Martin, James H. (1995): Expressing rhetorical relations in instructional text: a case study of the purpose relation. In: Computational Linguistics 21, 29–58.

Mann, William C./Thompson, Sandra A. (1987): Rhetorical Structure Theory: description and construction of text structures. In: Kempen, Gerard (ed.): Natural language Generation. Dordrecht, 85–95.

Matthiessen, Christian M./Bateman, John A. (1991): Text generation and systemic-functional linguistics. Experience from English and Japanese. London.

McKeown, Kathleen (1985): Text generation. Using discourse strategies and focus constraints to generate natural language text. Cambridge.

Meteer, Marie (1992): Expressibility and the problem of efficient text planning. London.

Metzing, Dieter (ed.) (1980): Frame conceptions and text understanding. Berlin.

Moore, Joan D./Paris, Cecile L. (1993): Planning Text for Advisory Dialogues: Capturing Intentional and Rhetorical Information. In: Computational Linguistics 19, 651–694.

Moser, Megan/Moore, Johanna (1996): Toward a synthesis of two accounts of discourse structure. In: Computational Linguistics 22, 409–419.

Paris, Cecile/Swartout, William/Mann, William (eds.) (1991): Natural Language Generation in Artificial Intelligence and Computational Linguistics. Boston.

Rollinger, Claus-Rainer (ed.) (1984): Probleme des (Text-)Verstehens. Ansätze der Künstlichen Intelligenz. Tübingen.

Rothkegel, Annely (1993): Text Knowledge and Object Knowledge. London.

Schank, Robert C./Abelson, Robert P. (1977): Scripts, Plans, Goals and Understanding: An Inquiry Into Human Knowledge Structures. Hillsdale.

Schütz, Jörg (1994): Terminological knowledge in multilingual processing. Luxembourg.

Stein, Adelheit (1995): Dialogstrategien für kooperative Informationssysteme: Ein komplexes Modell multimodaler Interaktion. In: Sprache und Datenverarbeitung 1/1995, 19–31.

Tonfoni, Graziella (ed.) (1990): Text Representation Systems. Helsinki.

Turner, Scott R. (1994): The creative process: a computer model of storytelling and creativity. Hillsdale, N.J.

Winograd, Terry/Flores, Fernando (1986): Understanding Computers and Cognition. Norwood, N.J.

*Annely Rothkegel, Hannover
(Deutschland)*

77. Der Einfluß der Textlinguistik auf Bibliothekswissenschaft und Informationswesen

1. Text- und Diskursstrukturen
2. Textverarbeitungsprozesse
3. Informationssuche
4. Design und Verfügbarmachen digitaler Information
5. Literatur (in Auswahl)

1973 monierten Sparck Jones und Kay (Sparck Jones/Kay 1976) den damaligen Stand der Linguistik:

„Kaum eine Arbeit auf dem Gebiet der Linguistik hat sich mit Texteinheiten beschäftigt, die größer als der Satz sind. ... Aber Dokumentare müssen sich in erster Linie mit vollständigen Texten befassen, und ihre Hauptprobleme sind Probleme des Umfangs, weniger solche des Details. ... dann wird eine Theorie von Sprache gebraucht, mit der es möglich ist, über große Texteinheiten relativ grobe Aussagen zu machen. Und eben zu dieser Aufgabe haben Linguisten bislang sehr wenig zu sagen."

Dem textlinguistischen Defizit wurde in der Zwischenzeit mit einigem Erfolg abgeholfen. Die Aufgabe dieses Artikels ist zu zeigen, wie textlinguistische Erkenntnisse in der Informationswissenschaft adaptiert worden sind. Vermittelt hat dabei oft ein gemeinsamer Bezug zu kognitionswissenschaftlichen Konzepten und Theorien. Die wichtigsten Pfade der Übermittlung werden verfolgt:

- Theorien über Diskurs- bzw. Textbedeutungsstrukturen füllen das informationswissenschaftliche Erfahrungswissen über Dokumenteigenschaften auf.
- Theorien der menschlichen Textverarbeitung werden benutzt, um spezialisierte Textverarbeitungsprozesse im Bibliotheks-

und Informationswesen zu beschreiben, insbesondere klassische Aufgaben wie das Klassifizieren, Indexieren und Referieren von Dokumenten.
- Methoden der Konversationsanalyse werden bei der Modellierung der Informationssuche benutzt, so daß sich die Interaktion zwischen Menschen und Informationssystemen an der natürlichen menschlichen Interaktion orientiert.
- Da Computermedien und -netze die Realisierung und Rezeption von (multimedialen) Diskursen bzw. Texten auf eine neue Grundlage stellen, wendet sich die Forschung der digitalisierten Speicherung und Verteilung multimedialer Informationen zu. Dazu werden erweiterte Theorien diskursartiger Informationsaggregate und ihrer Verarbeitung benötigt.

1. Text- und Diskursstrukturen

Die informationswissenschaftliche Relevanz der Thema-Rhema-Organisation (Daneš 1974), von Makro- und Superstrukturen (van Dijk 1980; 1988; Kintsch/van Dijk 1983) wurde schnell erkannt (besonders von Hutchins 1977). Die Makro- und Superstruktur wurde fruchtbar gemacht, um das Verhältnis von typischen Textpaaren wie Quelldokument und Abstract zu klären. Quelldokument und Abstract haben eine gemeinsame texttypspezifische Superstruktur. Das Abstract entspricht der Makrostruktur des Gesamtdokuments, soweit sie in dem verkürzten Abstractumfang unterzubringen ist — es umfaßt also nur die obersten Makropropositionen. Es gelang, für geläufige Dokument- und Abstracttypen diese Superstrukturen empirisch nachzuweisen (Liddy 1991; Francis/Liddy 1991). Die Superstruktur für Nachrichtentexte wurde auch zum Gebrauch in der automatischen Texterschließung operationalisiert (Liddy 1993).

Mit dem Aufkommen von Volltextdatenbanken z. B. in der technischen Dokumentation geriet die traditionelle dokumentarische Repräsentation von Dokumenten durch eine Titelaufnahme mit Abstract und Indexierung in Schwierigkeiten: Was nutzt sie, wenn der Text, etwa die Dokumentation eines Flugzeugs, Tausende von Seiten umfaßt? Volltext-

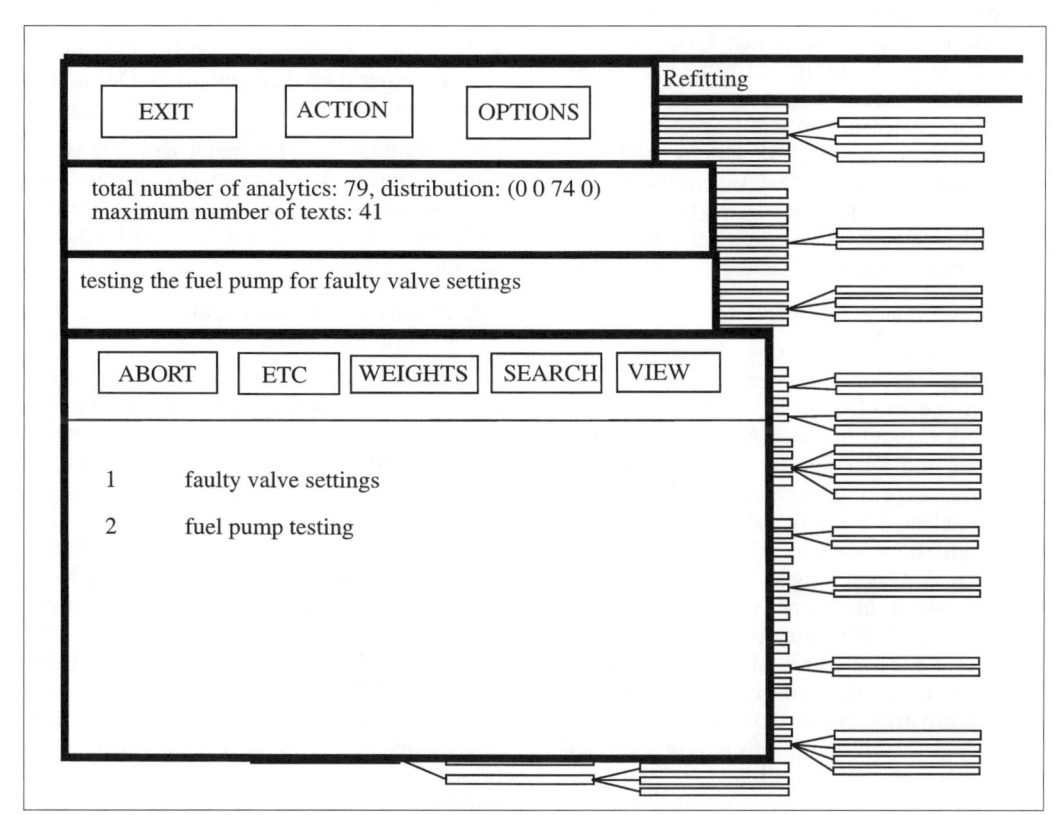

Abb. 77.1: SIMPR-Retrievalbildschirm (nach CRI 1992)

Retrievalsysteme repräsentieren die Textkomponenten gesondert und ermöglichen eine Suche auch über die Dokumentstruktur. Abb. 77.1 zeigt als Beispiel den Retrievalbildschirm des SIMPR-Systems (Gibbs 1993). Während im Vordergrund nach Phrasen gesucht wird, präsentiert sich im Hintergrund eine Baumstruktur. Sie stellt die Gliederung des Dokumentes in Teiltexte zur Verfügung. Durch Anklicken läßt sie sich partienweise vergrößern und zur Navigation im Dokument benutzen.

Eine Textkondensierung, die sich vor allem auf die Thema-Rhema-Organisation stützt, schlägt das TOPIC-System (Hahn 1990) vor. Das Verfahren geht von Nominalkonzepten aus. Es soll indikative Abstracts erzeugen. Auch aus theoretischer Sicht interessant ist der textorientierte Wortexpertenparser des Systems.

2. Textverarbeitungsprozesse

Informationssysteme und Bibliotheken kennen spezielle Textverarbeitungsprozesse. Insbesondere werden Dokumente im klassischen Informationsbetrieb zwecks Inhaltsrepräsentation abstrahiert, indexiert und klassiert. Das Modell der menschlichen Diskursverarbeitung, wie es Kintsch und van Dijk (1983) beschrieben haben, hat sich mehrfach als fruchtbar erwiesen, um die kognitiven Prozesse des Abstrahierens, Indexierens und Klassierens besser zu klären. Die Ansätze variieren. Aus der Literatur konfigurierte Denkmodelle stellen den einen Pol dar, empirische und computerisierte Ansätze den anderen.

2.1. Konzeptuelle Modelle

Farrow (1991) adaptiert das Modell des Diskursverstehens und -zusammenfassens von Kintsch und van Dijk (1983) zunächst zur integrierten Darstellung des Abstrahierens, Indexierens und Klassierens. Für alle drei Prozesse gibt es ein gemeinsames Modell des Textverstehens, während drei verschiedene Textproduktionsmodelle Abstracts, Indexierungen und Klassierungen erzeugen. Das Situationsmodell im Sinne von Kintsch und van Dijk ergibt sich beim Abstrahieren, Indexieren und Klassieren als Modell der „aboutness", also der thematischen Kernstruktur oder Makrostruktur des Dokumentes. Zu Beginn der Bearbeitung umfaßt es den Titel. Es wird nach und nach ausgebaut.

Das Abstract-Produktionsmodell liefert eine Prosa-Aussage über das Dokumentthema, über die Methoden und Schlußfolgerungen aus dem Originaldokument. Dazu ist eine tiefere semantische Verarbeitung erforderlich als zur Indexierung oder Klassierung. Das Indexierungsmodell erzeugt Indexierungsterme, die Themen des Dokuments anzeigen. Beim Indexieren ist das kontrollierte Zielvokabular einzuhalten, ebenso die vorgesehene Indexierungstiefe (Zahl der Terme). Potentielle Indexterme werden mit dem Zielvokabular verglichen und bei Bedarf geändert. Das Klassierungsmodell produziert eine Darstellung des Dokumentthemas. Es wird mit den Codes des Klassifikationssystems ausgedrückt.

Während Farrow (1991) den Akzent seiner Untersuchung auf den Indexierungsprozeß legt, betrachtet Beghtol (1986) das Klassieren als kognitiven Akt im Sinne der texttheoretischen Annahmen von van Dijk (1980) und Kintsch/van Dijk (1978). Sie thematisiert vor allem die Interaktion zweier Texte, nämlich des Dokumentes und des Klassifikationssystems. Indem das Dokument klassiert wird, entstehen zwei Typen intertextueller Beziehungen:

- Beziehungen zwischen dem Dokument und dem Klassifikationssystem
- Beziehungen zwischen dem Dokument und semantisch benachbarten Dokumenten, die in dieselbe Systemklasse fallen.

Pinto Molina (1995) arbeitet den interdisziplinären wissenschaftlichen Hintergrund der dokumentarischen Zusammenfassungsprozesse Abstrahieren, Indexieren und Klassieren umfassend auf.

2.2. Empirische Modelle und Computermodelle

In Endres-Niggemeyer/Waumans/Yamashita (1991) sowie Endres-Niggemeyer (1998) wird das Diskursverarbeitungsmodell von Kintsch/van Dijk (1983) auf empirischer Grundlage operationalisiert, und zwar für das Zusammenfassen akademisch gebildeter Laien und das professionelle Zusammenfassen (Abstrahieren, Indexieren und Klassieren) im Kontext von Informationssystemen. Durch lautes Denken (Ericsson/Simon 1984) werden bei sechs ExpertInnen aus Deutschland und den USA 552 Strategien zutage gefördert. Sie werden nach Funktionen geordnet in einem intellektuellen Werkzeugkasten abgelegt. Dort finden sich Strategien, welche ExpertInnen mit Sprachbenutzern im Alltag teilen, aber auch Spezialstrategien, etwa professionelle

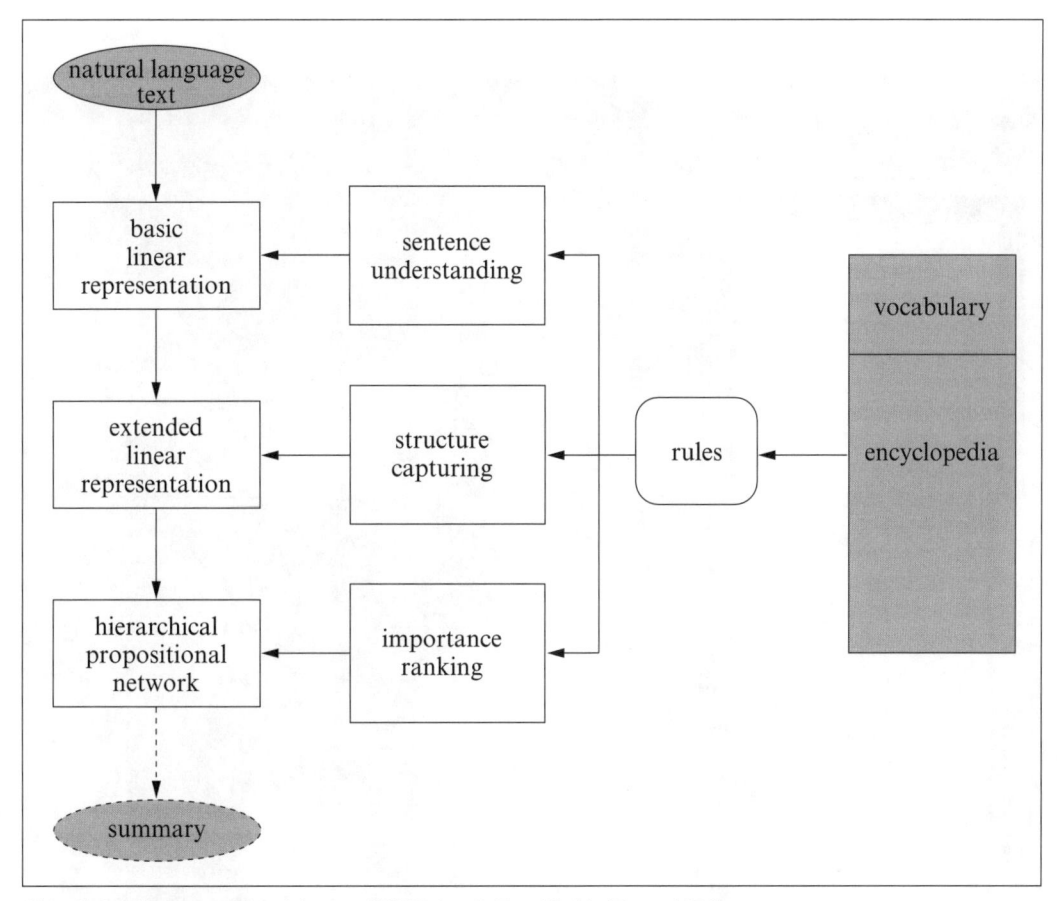

Abb. 77.2: Die Systemübersicht von SUSY (nach Fum/Guida/Tasso 1984)

Strategien der Dokumentauswertung („dynamisches Lesen") und der Relevanzbewertung.

Der erste Ansatz zu einer Systemrealisierung nach der Diskurstheorie von van Dijk und Kintsch ist das SUSY-System von Fum/Guida/Tasso (seit 1982). SUSY wurde zum Zusammenfassen wissenschaftlicher Texte konzipiert. Abb. 77.2 zeigt eine Systemübersicht. In der Phase des Satzverstehens leitet der SUSY-Parser aus dem Eingabetext eine propositionale Repräsentation ab. Das Ergebnis ist die „basic linear representation", eine Repräsentation der Bedeutung aller Eingabesätze. Es folgt die Textstrukturanalyse, welche der „basic linear representation" die logische Struktur des Textes und seine rhetorische Struktur beifügt. So entsteht die „extended linear representation". Nun ordnet die Bewertungskomponente die Elemente der „extended linear representation" hierarchisch und ordnet ihnen entsprechend ihrer Bedeutung ein Gewicht zu. Das eigentliche Zusammenfassen ergibt sich als Tilgung aller Teile der Repräsentation, die unwichtige Informationen enthalten.

Im SimSum-System (Endres-Niggemeyer/Neugebauer 1998, CD in Endres-Niggemeyer 1998), einer Implementierung des oben beschriebenen empirischen Modells, wurden die Strategien der Diskursverarbeitung in objektorientierte Agenten umgesetzt, die in Kooperation miteinander die einzelnen Arbeitsschritte (abgegrenzte Phasen kognitiver Aktivität) beim professionellen Zusammenfassen erledigen. Die Agenten sind als Lisp-Objekte realisiert. Sie kommunizieren über aufgabenorientierte Blackboards (für die Rezeption, die Relevanzbewertung, die Speicherung des Dokumentwissens usw.). Jeder Agent hat einen Oberflächenakteur (ein kleines Tier), der auf der Benutzerschnittstelle seine kognitive Tätigkeit sichtbar macht (vgl. Abb. 77.3).

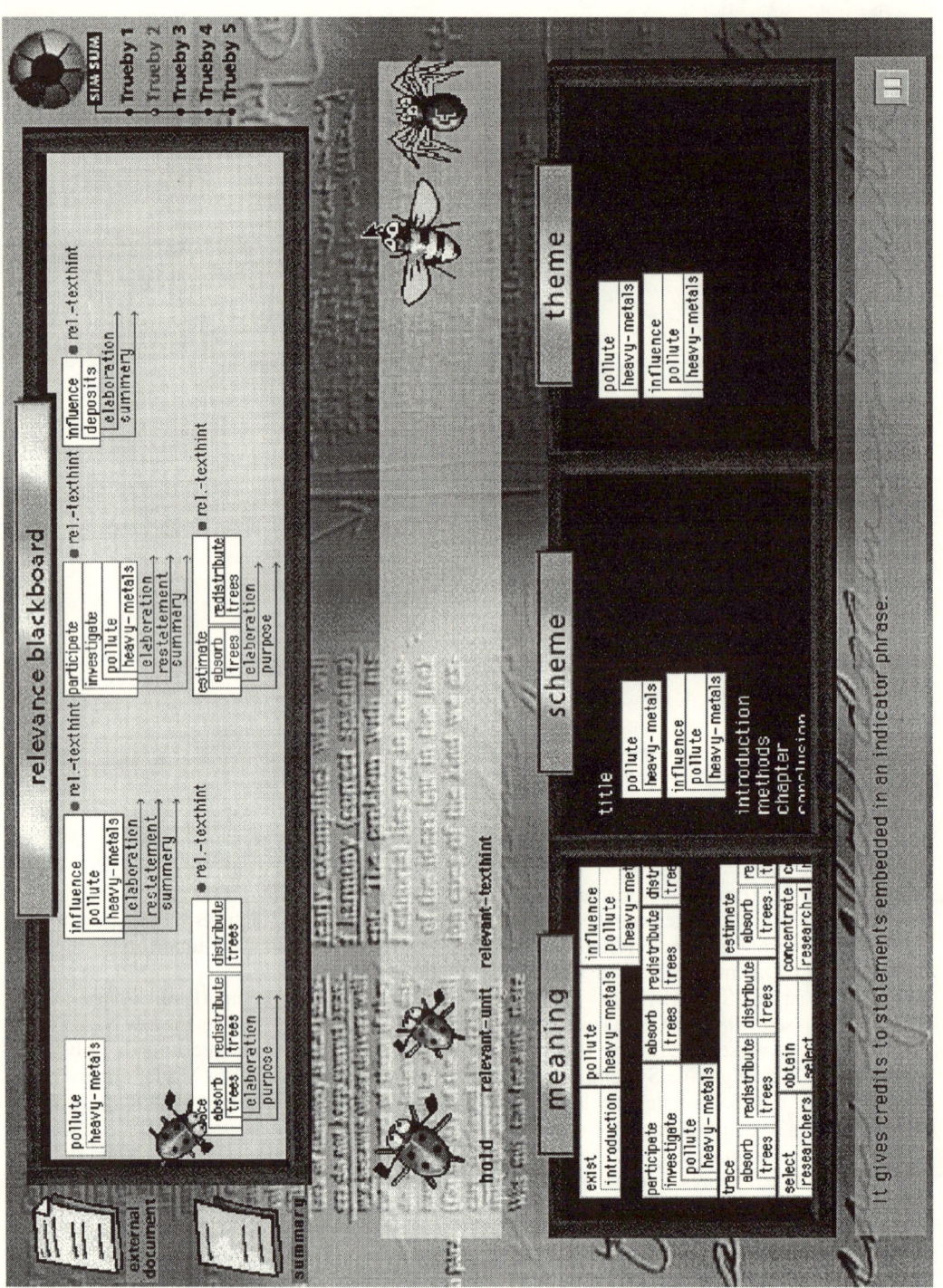

Abb. 77.3: Ein Blick auf die Benutzeroberfläche des SimSum-Systems

3. Informationssuche

Methoden der Konversationsanalyse sind vor allem auf die Informationssuche angewendet worden (Überblick bei Ingwersen 1996). Nach dem Vorbild von Informationsdialogen (Bunt 1989) wird die Informationssuche als kooperative Interaktion verstanden, während derer ein Partner Informationen sucht, welche der andere (eventuell ein System) hat. Anstelle von Sprech- oder Textakten bestimmen Informationsakte das Bild.

Wie weit sich die interaktiv-dialogische Informationssuche von älteren systemzentrierten Vorstellungen vom Information Retrieval entfernt, läßt sich an Grundmodellen der Informationssuche deutlich machen. Abb. 77.4 zeigt ein Modell des klassischen Information Retrieval (Robertson 1977). Eine Informationssuche ist in diesem Modell erfolgreich, wenn eine Dokumentrepräsentation (Indexierung) zu einer Fragerepräsentation paßt. Im Zentrum steht also der Abgleich („match") zwischen Frage und Dokument, wobei beide in der Systemsprache auszudrücken sind.

Im Gegensatz dazu ist die Suche nach dem Modell des Beerensammelns (Abb. 77.5 – Bates 1989) eine Abfolge von Interaktionen zwischen einem denkenden Menschen, der Informationen sucht, und Dokumenten, welche Informationen enthalten. Während der Interaktion lernt der oder die Informationssuchende. Die Fragestellung entwickelt sich weiter. An die Stelle der klassischen inhaltsbezogenen Retrievalfragen (queries) treten variable Suchtechniken, beispielsweise werden Assoziationen verfolgt oder Literaturangaben nach dem Schneeballsystem ausgewertet.

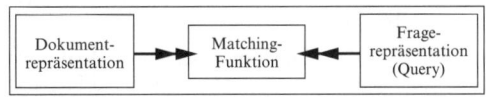

Abb. 77.4: Ein Modell des klassischen Information Retrieval (nach Robertson 1977)

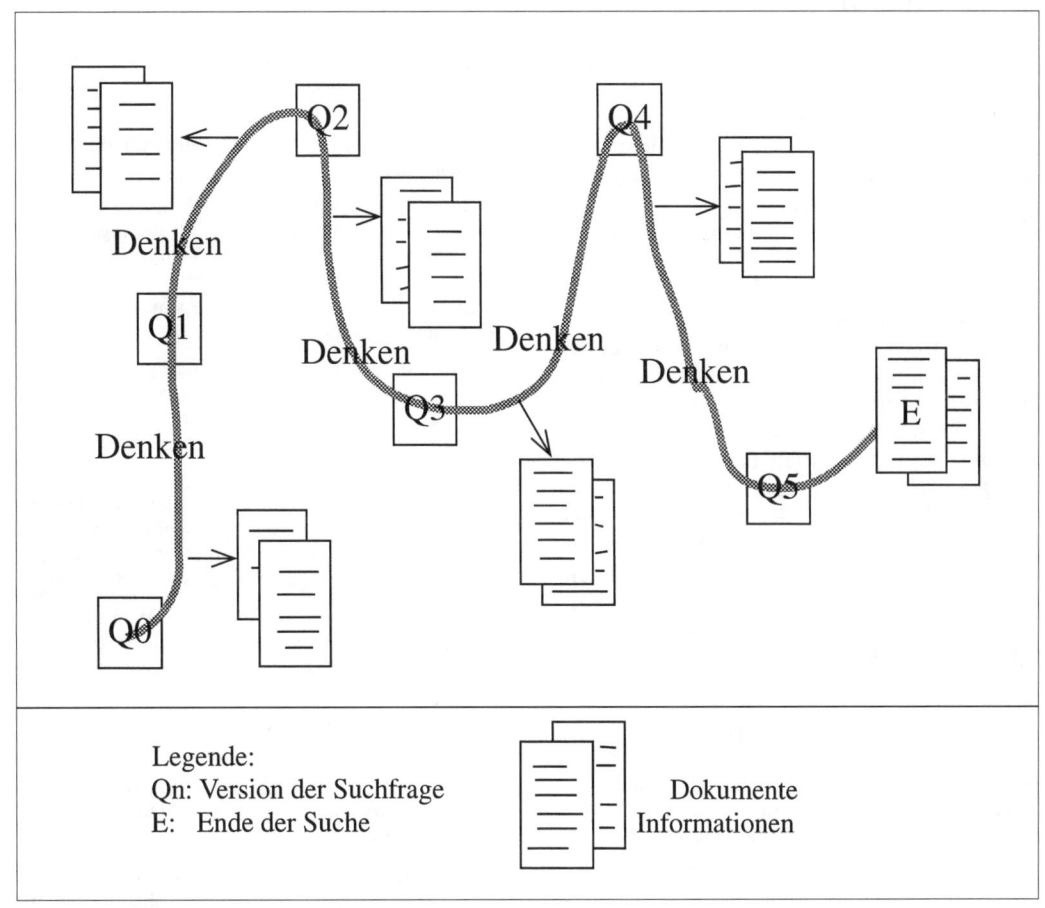

Abb. 77.5: Interaktion bei der Informationssuche nach dem „berrypicking"-Modell (Bates 1989)

Benutzeroberflächen neuerer Retrievalsysteme unterstützen natürliche Suchstrategien, die oft im Gespräch mit Informationsvermittlern beobachtet worden sind. Ein instruktives Beispiel gibt das BookHouse (Pejtersen 1989). Hier ist der methodische Hintergrund eine „means-ends-analysis" (Rasmussen/Pejtersen/Goodstein 1994). In anderen Entwicklungen wird direkter aus der sprachlichen Interaktion in Informationsdialogen eine Dialogstruktur für die Interaktion von Informationssuchenden und Informationssystem abgeleitet (so Sitter/Stein 1992).

4. Design und Verfügbarmachen digitaler Information

Mit der Produktion wissenschaftlicher und anderer Texte hatte die Bibliothek klassischer Observanz nichts zu tun. Sie verwahrte fertige Texte und machte sie zugänglich. Mit fortschreitender Computerisierung strukturieren Informationsbetriebe sich grundlegend um. Die digitale Bibliothek ist auf dem Weg zur Realisierung. Für digitale Bibliotheken, die Videos, Standbilder, Tonstreifen, geschriebenen und gesprochenen Text über die Grenzen von Fachgebieten hinaus integrieren, werden neue Verfahren gebraucht, um die Inhalte suchbar zu machen (eindrucksvoll geschildert von Schatz et al. 1996; Wactlar et al. 1996; Wilensky 1996 in einem Themenheft des *Computer*). Auch die Produktion von Medien bedarf der wissenschaftlichen Unterstützung. Spätestens seitdem elektronische Trägermedien (CDs, Datenbanken, Internet-Sites) die Printmedien ablösen, sind zur Herstellung guter Information nicht-triviale informationstechnische und gestalterische Fähigkeiten erforderlich. Sie bedürfen der wissenschaftlichen Entwicklung und Absicherung.

Angesichts der von der technischen Entwicklung induzierten neuen Sachlage werden die Diskurs- und Texttheorien der nächsten Generation erwartet, welche das Handeln in multimedialen Kontexten computerisierter Information anleiten können.

5. Literatur (in Auswahl)

Bates, M. J. (1989): The design of browsing and berrypicking techniques for the online search interface. In: Online-Review 13.5, 407–424.

Beghtol, C. (1986): Bibliographic classification theory and text linguistics. Aboutness analysis, intertextuality and the cognitive act of classifying documents. In: Journal of Documentation 42.2, 84–113.

Belkin, N. J./Brooks, H. M. (1987): Knowledge elicitation using discourse analysis. In: International Journal of Man-Machine Studies 27, 127–144.

Belkin, N./Marchetti, P. B./Cool, C. (1993): BRAQUE. Design of an interface to support user interaction in Information Retrieval. In: Information Processing & Management 29.3, 325–344.

Bunt, H. C. (1989): Information dialogues as communicative action. In: Taylor, M. M./Néel, F./Bouwhius, D. G. (eds.): The structure of multimodal dialogue. Amsterdam, 47–73.

COLING-82: Proceedings of the 9th International Conference on Computational Linguistics. Prague.

CRI (1992): SIMPR at the SIGIR 1992 conference exhibition.

Daneš, F. (1974): Functional sentence perspective and the organisation of text. In: Daneš, F. (ed.): Papers in functional sentence perspective. Den Haag, 106–128.

van Dijk, T. (1980): Macrostructures. An interdisciplinary study of global structures in discourse, Interaction, and cognition. Hillsdale, N.J.

– (1988): New analysis. Case studies of international and national news in the press. Hillsdale, NJ.

Endres-Niggemeyer, B. (1998): Summarizing information. Berlin.

Endres-Niggemeyer, B./Hobbs, J./Sparck Jones K. (eds.) (1995): Summarizing text for intelligent communication. Dagstuhl Seminar Report 79, 13. 12.–17. 12. 93 (9350). http://www.ik.fh-hannover.de/ik/projekte/Dagstuhl/Abstract/.

Endres-Niggemeyer, B./Maier, E./Sigel, A. (1995): How to implement a naturalistic model of abstracting. Four core working steps of an expert abstractor. In: Information Processing & Management 31.5, 631–674.

Endres-Niggemeyer, B./Neugebauer, E. (1998): Professional summarizing. No cognitive simulation without observation. In: Journal of the American Society for Information Science 49.6, 486–506.

Endres-Niggemeyer, B./Waumans, W./Yamashita, H. (1991): Modelling summary writing by introspection: A small-scale demonstrative study. In: Text 11.4, 523–552.

Ericsson, K. A./Simon, H. A. (1984): Protocol analysis. Verbal reports as data. Cambridge, MA.

Farrow, J. F. (1991): A cognitive process model for document indexing. In: Journal of Documentation 47.2, 149–166.

Fum, D./Guida, G./Tasso, C. (1982): Forward and backward reasoning in automatic abstracting. In: COLING-82, 83–88.

Fum, D./Guida, G./Tasso, C. (1984): A propositional language for text representation. In: Bara, B. G./Guida, G. (eds.): Computational models of natural language processing. Amsterdam, 121–150.

Gibbs, F. (1993): Knowledge-based indexing in SIMPR. Integration of natural language processing and principles of subject analysis in an automated indexing system. In: Journal of Document and Text Management 1.2, 131–153.

Hahn, U. (1990): TOPIC parsing. Accounting for text macro structures in full-text analysis. In: Information Processing & Management 26.1, 135–170.

Hutchins, W. J. (1977): On the problem of aboutness in document analysis. In: Journal of Informatics 1.1, 17–35.

Ingwersen, P. (1996): Cognitive perspectives of Information Retrieval interaction. Elements of a cognitive IR theory. In: Journal of Documentation 52.1, 3–50.

Kintsch, W./van Dijk, T. A. (1978): Toward a model of text comprehension. In: Psychological Review 85, 363–394.

– (1983): Strategies of discourse comprehension. Orlando, FL.

Liddy, E. D. (1991): The discourse-level structure of empirical abstracts. An exploratory study. In: Information Processing & Management 27.1, 55–81.

– (1993): Development and implementation of a discourse model for news paper texts. In: Endres-Niggemeyer, B./Hobbs, J./Sparck Jones, K. (eds.) (1995), 94–99.

Pejtersen, A. M. (1989): The BookHouse. Modelling users's needs and search strategies as a basis for system design. Risoe National Laboratory, Report Risoe-M-2794.

Pinto Molina, M. (1995): Documentary abstracting. Toward a methodological model. In: Journal of the American Society for Information Science 46.3, 225–234.

Rasmussen, J./Pejtersen, A. M./Goodstein, L. P. (1994): Cognitive systems engineering. Wiley.

Robertson, S. E. (1977): Theories and models in Information Retrieval. In: Journal of Documentation 33.2, 126–148.

Schatz, B./Mischo, W. H./Cole, T. W. et al. (1996): Federating diverse collections of scientific literature. In: Computer 5, 28–36.

Sitter, S./Stein, A. (1992): Modeling the illocutionary aspects of information-seeking dialogues. In: Information Processing & Management 28.2, 165–180.

Sparck Jones, K./Kay, M. (1976): Linguistik und Informationswissenschaft. München.

Wactlar, H. D./Kanade, T./Smith, M. A./Stevens, S. M. (1996): Intelligent access to digital video. Informedia Project. In: Computer 5, 46–52.

Wilensky, R. (1996): Toward work-centered digital information services. In: Computer 5, 47–44.

Brigitte Endres-Niggemeyer, Hannover (Deutschland)

78. Der Einfluss der Textlinguistik auf die praktische Verständlichkeitsforschung

1. Verständlichkeitsforschung und Textlinguistik
2. Textkonstitution und Verständlichkeit
3. Intertextuelle Strategien des Verständlichmachens
4. Textklassifikation und Verständlichkeit
5. Literatur (in Auswahl)

1. Verständlichkeitsforschung und Textlinguistik

Betrachtet man die Entwicklung der Verständlichkeitsforschung auf der einen und die der Textlinguistik auf der anderen Seite, so verlaufen die Entwicklungslinien zwar zeitlich nicht parallel, weisen aber doch gewisse gemeinsame Tendenzen auf, die beide Forschungsrichtungen im Laufe der 80er Jahre näher aneinanderrücken und aufeinander beziehbar werden lassen. Dabei werden in beiden Forschungsrichtungen einmal stärker theoretische Fundierungsinteressen, ein anderes Mal mehr anwendungsbezogene Interessen und Fragestellungen betont.

„Praktische" Verständlichkeitsforschung ist gekennzeichnet durch die bereits in der frühen Verständlichkeitsforschung der 30er Jahre (Lesbarkeitsforschung) in den USA formulierte Ausgangsfrage "What makes a text readable?" Eine theoretische Rückbesinnung auf die viel ältere philosophisch-hermeneutische bzw. philologische Frage, "what it means to comprehend" (Bransford/McCarell 1974), finden wir dagegen erst rund 40 Jahre später im

Zuge der „kognitiven Wende" und der daraus resultierenden Konstituierung einer interdisziplinär verstandenen Kognitionswissenschaft. Allerdings ist die Fragestellung nunmehr so grundlegend theoretisch, dass sie zunächst kaum noch einen Bezug aufweist zu der ursprünglich verstehenspraktischen Frage nach der „Lesbarkeit" (readability) von Texten oder einer daraus als ableitbar postulierten Schreibstrategie, "the art of readable writing" (Flesch 1949). Trotz ihres zweifellos praktischen Anliegens, das die Lesbarkeitsforschung nicht nur mit dem späteren Modell der Verständlichkeitsdimensionen, sondern ebenso mit textlinguistischen Ansätzen verbinden könnte, lässt sich eine textlinguistische Argumentationsweise hier kaum erkennen. Texte werden nicht als Texte im textlinguistischen Sinn betrachtet, sondern als Ansammlung von aufgrund ihrer Länge als mehr oder weniger schwierig klassifizierten Wörtern und Sätzen. In den in quantitativen Parametern operationalisierten Begriff der Schwierigkeit können textgrammatische oder textfunktionale Aspekte natürlich schlicht deshalb nicht eingehen, weil entwickelte textlinguistische Konzeptionen zu dieser Zeit noch gar nicht vorliegen. Aber auch in den 70er Jahren finden sich in der Weiterentwicklung von Lesbarkeitskonzepten keine genuin textlinguistischen, allenfalls korpuslinguistische Einflüsse.

Die ebenfalls unter verständlichkeitspraktischen Zielsetzungen entwickelte Konzeption der sog. Verständlichkeitsdimensionen (Langer/Schulz von Thun/Tausch 1993; zuerst 1974) setzt bei einer kritischen Rezeption des Lesbarkeitskonzepts an. Im Gegensatz zur „objektiven" Erfassung verständlichkeitsrelevanter Textmerkmale schlägt die Hamburger Psychologengruppe ein „subjektives" Rating-Verfahren vor, bei dem „Verständlichkeitsexperten" den Ausprägungsgrad eines Textes in jeweils vier Dimensionen („sprachliche Einfachheit", „Gliederung – Ordnung", „Kürze – Prägnanz", „zusätzliche Stimulanz") einschätzen.

In der Dimension „sprachliche Einfachheit" stehen wie in der Lesbarkeitsforschung der Wort- und der Satzfaktor im Vordergrund. Textmerkmale wie 'geläufige Wörter', 'kurze, einfache Sätze' werden auch hier als wichtigste Faktoren für die Verständlichkeit eines Textes angesehen. Ein Bezug auf (text)-linguistische Theorien wird dabei allerdings auch hier ebenso wenig sichtbar wie in der Lesbarkeitsforschung. Wort- und Satzbegriff, der Begriff der Komplexität oder der Geläufigkeit werden hier zwar nicht auf quantifizierbare Größen reduziert, jedoch als intuitiv verfügbares sprachliches bzw. sprachreflexives Wissen der Rater, somit als theorieunabhängige Größen, vorausgesetzt. Dieser Befund gilt gleichermaßen für die ebenfalls nur theorieabhängig, also textanalytisch explizierbare Dimension „Gliederung – Ordnung", die auf satzübergreifende Merkmale der Textstrukturierung abzielt. Während mit „Gliederung" die äußere Gliederung eines Textes (Abschnitte, Überschriften, Hervorhebungen usw.) angesprochen ist, bezieht sich „Ordnung" auf die „innere", d. h. strukturelle und semantische Ordnung eines Textes (Langer/Schulz von Thun/Tausch 1993, 18). Mit welchen textkonstitutiven Mitteln der Zusammenhang zwischen den Sätzen eines Textes jedoch hergestellt werden kann, z. B. mit bestimmten formalen und/oder inhaltlichen Kohäsions- bzw. Kohärenzmitteln, oder was eine „sinnvolle" Reihenfolge sein könnte, wird in der Praxis der Textoptimierung zwar exemplarisch vorgeführt, jedoch weder theoretisch expliziert noch in konkreten Schreibanweisungen operationalisiert. Immerhin lässt sich feststellen, dass hier, wenn auch auf rudimentäre Weise, auf zwei genuin textlinguistische Merkmale und deren Bedeutung für die Textoptimierung hingewiesen wird: Kohäsion/Kohärenz auf der einen und thematische Entfaltung auf der anderen Seite, auch wenn deren textlinguistische Herleitung ebenso wenig geleistet wird wie ihre textanalytische Operationalisierung.

Des Weiteren zeigen die in Langer/Schulz von Thun/Tausch (1993) vorgestellten „Beispielsammlungen leicht und schwer verständlicher Texte" sowie die angeführten Übungsbeispiele, dass hier auch das Textsortenproblem ins Spiel kommt, wenngleich auch dieses wiederum nicht explizit reflektiert wird. Als „Texte für die Allgemeinheit" werden beispielsweise angeführt: „Zeitungen, Fernsehkommentare, allgemeine Bekanntmachungen, Gebrauchsanweisungen, Flugblätter, Antragsformulare" (ebd., 33) oder nach Domänen geordnet: „Texte aus der Finanzbehörde", „Vertragstexte", „Texte von Versicherungen", „Texte aus dem Schulunterricht", „wissenschaftliche Texte" (ebd., 81–120). Aus textlinguistischer Sicht erscheinen solche Beispielsammlungen inhomogen und nach keinen erkennbaren textsortenspezifischen Kriterien zusammengestellt. Weder werden die vorgestellten Originaltexte und deren optimierte Versionen hinsichtlich ihrer Textsortenzugehörigkeit eingeordnet, noch werden sie auf textsortenspezifische Formulierungsmuster (s. dazu Kap. 4.) hin befragt. Dies führt z. T. zu fragwürdigen Ergebnissen, wenn etwa unterstellt zu werden scheint, ein Text, mit dem 14-jährigen Schülern der Unterschied verschiedener Arten von Straftaten erläutert wird, sei auch als Optimierungsvorschlag für entsprechende Gesetzestexte zu verstehen.

Dass die Möglichkeiten einer textlinguistischen Fundierung der Dimension „Gliederung — Ordnung" ebenso wenig genutzt werden wie die Möglichkeiten einer der Textsortenspezifik Rechnung tragenden Textoptimierung, mag als Indiz für eine noch fehlende interdisziplinäre Öffnung gelten. So hat die Textlinguistik auf die bis in die 70er Jahre ausschließlich als Domäne der Psychologie geltende Verständlichkeitsforschung zunächst wohl insgesamt kaum einen nennenswerten Einfluss gehabt, wiewohl die seinerzeit entwickelten Modelle durchaus Ansatzpunkte für eine textlinguistische Reflexion geboten hätten.

Auch das gegenüber dem „empirisch-induktiven" Ansatz der Hamburger Gruppe als „theoretisch-deduktiv" zu charakterisierende Konzept Groebens (1982) weist insgesamt nur wenig explizite Bezüge zur Textlinguistik auf. Im Ergebnis weitgehend mit dem Hamburger Dimensionsmodell übereinstimmend, sieht Groeben (1982) allerdings in der kognitiven Gliederung eines Textes das wichtigste verständlichkeitsfördernde Gestaltungsmerkmal. In der Konkretisierung einzelner Techniken hebt er besonders die sog. Vorstrukturierung (advanced organizer; Ausubel 1963) und das „sequentielle Arrangieren" hervor. Wie auch bei „Zusammenfassungen", „Überschriften und Randbemerkungen" handelt es sich hier durchweg um Techniken, die nicht nur prinzipiell textlinguistischer Reflexion zugänglich sind, sondern ihrer auch dringend bedürften.

Deutlicher werden textlinguistische Bezüge bzw. offensichtlich parallel verlaufende Entwicklungen in Psychologie und Textlinguistik bzw. Textwissenschaft dort, wo eine verstehenstheoretische Fundierung der Verständlichkeitsforschung in einer konstruktiv-kognitivistischen Rahmentheorie angestrebt wird. So scheint sich in den 80er Jahren ein interdisziplinär weitgehend konsensuelles Grundverständnis in Psychologie und Textwissenschaft herauszubilden, soweit es um die theoretische Konzeptualisierung von Verstehensprozessen geht. Auch der theoretisch-deduktive Ansatz Groebens bleibt allerdings insofern praktisch orientiert, als er immer auch an Textoptimierungsstrategien interessiert ist. Dies bedeutet, dass die Reflexion verständlichkeitsrelevanter Texteigenschaften immer auch auf den Schreibprozess projiziert wird, indem dem Schreiber explizit oder implizit angeraten wird, seine Textproduktion möglichst an verständlichkeitsrelevanten Text- und Lesermerkmalen zu orientieren, um so einen möglichst optimalen Text zu erzeugen.

Erst gegen Ende der 70er Jahre reklamiert Heringer (1979) 'Verständlichkeit' dezidiert als „genuin linguistischen Forschungsbereich". Gegen Ende der 80er Jahre scheint ein eher theoretisches Fundierungsinteresse allerdings auch in einer sich etablierenden linguistischen Verständlichkeitsforschung verständlichkeitspraktische Fragen zunächst in den Hintergrund zu drängen. Neben dem Versuch, das Problem der Verständlichkeit in die philologisch-hermeneutische Tradition einzurücken (Biere 1989), finden sich verschiedene interdisziplinär ausgerichtete Versuche, einen kognitivistisch wie textwissenschaftlich profilierten Begriff des Textverstehens bzw. der Textverarbeitung zu entwickeln (Strohner 1990; van Dijk 1980). Dabei rückt insbesondere die Frage nach der Bedeutung kohärenzbildender inferentieller Prozesse in den Vordergrund (s. Rickheit/Strohner 1985; vgl. Biere 1989, 101—115, der das Konzept der Inferenz sprach- und zeichentheoretisch zu begründen versucht).

Verständlichkeitspraktische Fragestellungen finden sich in der Linguistik allerdings bereits Anfang der 70er Jahre im Zusammenhang der Untersuchung massenmedialer Kommunikations- bzw. Informationsprozesse, in der Fachsprachenforschung sowie im Bereich institutionell geprägter fachexterner Kommunikation (z. B. Bürger-Verwaltungs-Kommunikation). In der Fachsprachenforschung sind es — analog zu dem bis in die 70er Jahre vorherrschenden Interesse an Fachwortschätzen — in der Regel die (nicht erklärten) Fachwörter, die für Verständlichkeitsprobleme bzw. Verständigungsprobleme in der Kommunikation zwischen Experten und Laien verantwortlich gemacht werden. Auch fachsprachlich bedingte Verständigungsprobleme lassen sich allerdings nicht nur ex post durch den Leser (etwa durch Benutzung von Fachwörterbüchern) bearbeiten, sondern auch durch den Autor antizipieren. So kann dieser die Erklärungsfunktion mit relativ einfachen

Mitteln in die fortlaufende syntaktische Kette integrieren, etwa nach dem Muster 'X, d. h. + Erklärung' oder 'X (Erklärung)' (s. Oksaar 1983, 131). Anders als bei den gängigen Verfahren der Textoptimierung, die den Fachausdruck einfach zu substituieren (d. h. zu eliminieren) vorschlagen, ist durch das syntagmatische Erklärungsverfahren für den Leser die Möglichkeit gegeben, die Verwendung des Fachausdrucks zu erlernen, sich also schrittweise eine fachsprachliche Teilkompetenz anzueignen. Versteht man solche „kommunikativen Paraphrasen" (Rath 1975) als Teiltexte im Text oder als eine Art integrierter Metatexte, so ist hier durchaus eine textlinguistische, funktional orientierte Analyse nutzbringend, die solche paraphrasierenden Erklärungstexte im Rahmen eines Intertextualitätskonzepts zu beschreiben versuchen könnte (s. Kap. 3.).

In den Untersuchungen zur Mediensprache steht im Bereich der massenmedialen Wissens- bzw. Wissenschaftsvermittlung neben Fragen der syntaktischen Komplexität zunächst ebenfalls das Problem der „Fachbegriffe und Fremdwörter" im Vordergrund, deren Gebrauch „von vornherein die Unverständlichkeit der damit ausgedrückten Sachverhalte bei einer breiten Rezipientenschaft in Kauf" zu nehmen scheint (Straßner 1975, 98). Gleichermaßen wird in Bezug auf Wissenschaftssendungen im Fernsehen ein „massives Beharren in der fachinternen Kommunikation" (Henning/Möhn 1983, 82) konstatiert, wiewohl hier verständlichkeitsfördernde Visualisierungsmöglichkeiten (Grafik, Film) kompensierend genutzt werden können. Textlinguistische Aspekte i. e. S. finden erst dort Berücksichtigung, wo die Ebene der Textorganisation (hier: des Fachtextes, des Medientextes oder des Fachinformationen vermittelnden Textes) angesprochen wird. So beschreiben etwa Möhn/Pelka (1984) bestimmte Fachtextsorten im Hinblick auf ihre jeweils dominante Textfunktion und argumentieren damit im Sinn einer kommunikationsorientierten Textlinguistik gleichermaßen funktionsbezogen wie textsortenspezifisch. In ähnlicher Weise orientiert sich Hoffmann (1983) an textlinguistischen Analysekriterien, wenn er Medikamentenbeipackzettel (als Beispiel für mehrfachadressierte Texte) hinsichtlich der in verschiedenen Textbausteinen realisierten kommunikativen bzw. illokutiven Funktionen untersucht. In der Berücksichtigung derartiger textfunktionaler Eigenschaften grenzt sich eine textlinguistische Orientierung in der Verständlichkeitsforschung grundsätzlich von der psychologischen Verständlichkeitsforschung ab, die durchweg propositionsorientiert argumentiert. Auch wenn man die illokutive Funktion dort möglicherweise deshalb vernachlässigen zu können glaubt, weil es sich bei den in verständlichkeitstheoretischer wie verständlichkeitspraktischer Hinsicht relevanten Texten in der Regel um Texte mit einer einzigen dominanten Funktion, der Informationsfunktion, zu handeln scheint, so zeigen beispielsweise die Analysen von Medikamentenbeipackzetteln, dass auch sog. Informationstexte eine Vielzahl unterschiedlicher kommunikativer Funktionen realisieren. Diese Einsicht allerdings scheint nur dann gewonnen werden zu können, wenn man sich auf eine textlinguistische Argumentationsebene begibt.

In einem weiteren verständlichkeitspraktisch orientierten linguistischen Forschungsbereich, in der Untersuchung der Bürger-Verwaltungs-Kommunikation, ist eine kommunikations- bzw. verständlichkeitspraktische Perspektive fast schon programmatisch. Dabei findet neben Fragen des Textaufbaus auch die Ebene der mündlichen Kommunikation verstärkt Beachtung (s. Wenzel 1984), was die Frage aufwirft, ob nicht gerade in verständlichkeitspraktischer Hinsicht der Zusammenhang von mündlicher und schriftlicher Kommunikation von besonderem Interesse sein könnte, wenn wir z. B. der mündlichen Kommunikation eine verständlichmachende Funktion im Hinblick auf vorgängige (schwer verständliche) Schrifttextstellen zuschreiben (vgl. Biere 1989, 260−266). Textlinguistisch könnten derartige Zusammenhänge zwischen Mündlichkeit und Schriftlichkeit ebenfalls als Intertextualitätsphänomene angesprochen werden, wenn wir von einer text- und gesprächsanalytische Verfahren integrierenden Konzeption von Textlinguistik ausgehen (vgl. Heinemann/Viehweger 1991, 84).

2. Textkonstitution und Verständlichkeit

Während wir im ersten Kapitel, ausgehend von verschiedenen Phasen in der Entwicklung der Verständlichkeitsforschung, nach potentiellen Bezügen der Verständlichkeitsforschung zur Textlinguistik gefragt haben, dabei aber auch die weitgehende Vernachlässigung einschlägiger textlinguistischer Konzeptionen in der psychologischen Verständlichkeitsforschung konstatieren mussten, gehen wir in den folgenden Kapiteln umgekehrt von einer textlinguistischen Begrifflichkeit aus, um deren Einfluss auf verständlichkeitspraktische wie -theoretische Fragestellungen zu eruieren.

2.1. Kohärenz und inferentielle Prozesse

Der für die Textlinguistik zentrale Begriff der Textkonstitution ist akt-objekt-ambig, d. h. er bezieht sich zum einen auf den Akt bzw. den Prozess der Textherstellung, zum anderen auf das in diesem Prozess konstituierte Textprodukt und seine Struktur. Die Struktur eines Textes kann aufgefasst werden „als Gefüge von Relationen, die zwischen den Sätzen bzw. den Propositionen als unmittelbaren Strukturelementen des Textes bestehen und die den inneren Zusammenhang, die Kohärenz des Textes bewirken" (Brinker 1992, 21). Während auf der grammatischen Ebene „die für den Textzusammenhang relevanten syntaktisch-semantischen Beziehungen zwischen aufeinanderfolgenden Sätzen eines Textes" untersucht werden, geht es „auf der thematischen Ebene [...] um die Analyse des kognitiven Zusammenhangs, den der Text zwischen den in den Sätzen ausgedrückten Sachverhalten (Satzinhalten, Propositionen) herstellt" (ebd.). 'Kohärenz' im Sinne von grammatischer Kohärenz (= Kohäsion) und/oder thematischer Kohärenz (verschiedene Formen der thematischen Entfaltung eines inhaltlichen Kerns bzw. „Themas"; thematische Progression) wird in der textlinguistischen Forschung i. Allg. als zentrales Textualitätskriterium angesehen (vgl. de Beaugrande/ Dressler 1981; Fritz 1982). Neuere Arbeiten betonen allerdings die Herstellung von Kohärenz durch den Leser als Inferenzleistung (s. Rickheit/Strohner 1985) in einem als kognitiv-aktiv verstandenen Rezeptions- bzw. Textverarbeitungsprozess. In diesem Sinn ist Kohärenz und somit auch Textualität letztlich nicht als Textmerkmal zu verstehen. Grammatische wie thematische Kohärenz liefern weder ein notwendiges noch ein hinreichendes Kriterium für Textualität. Textualität ist demnach letztlich „keine linguistische, sondern eine hermeneutische Angelegenheit, [...] etwas, was sprachlichen Gebilden von Sprachbenutzern zuerkannt wird" (Nussbaumer 1991, 133).

Sowohl in der solchen Argumentationen zugrunde liegenden Auffassung von Textverstehen als kognitiv-aktivem, inferentiellem Prozess der Textverarbeitung wie auch hinsichtlich der der thematischen Kohärenz beigemessenen grundlegenden Bedeutung für das Textverstehen bzw. die Textverständlichkeit stimmen textlinguistische und verstehens- bzw. verständlichkeitstheoretische Ansätze inzwischen weitgehend überein (vgl. z. B. Groeben 1982 auf der Seite der Verständlichkeitsforschung; van Dijk 1980 auf der Seite der Textlinguistik bzw. Textwissenschaft).

Obwohl der von Groeben (1982) eingeführte Begriff der Leser-Text-Interaktion somit verständlichkeitstheoretisch wie textwissenschaftlich gut begründet und interdisziplinär konsensfähig erscheint, wirft er im Hinblick auf verständlichkeitspraktische Fragen insofern Probleme auf, als es dann den optimalen, d. h. einen für alle potentiellen Leser gleichermaßen verständlichen Text natürlich nicht geben kann. Da die Verständlichkeitsforschung aber allgemeine Aussagen über die Verständlichkeit von Texten anstrebt, ergibt sich aus dem Konzept der Leser-Text-Interaktion das gleiche Dilemma wie in einer Textlinguistik, die mit der Vorstellung einer vom Leser erst herzustellenden Kohärenz ihr vorrangiges Textualitätskriterium relativieren muss. Als verständlichkeitspraktische Konsequenz ergibt sich daraus das Postulat, „daß der einzelne Leser selbst die Texte verändern, für sich aufarbeiten muß" (Groeben 1982, 151).

Auf der anderen Seite entbindet die Vorstellung eines in die hermeneutische Pflicht genommenen Lesers, der Kohärenz und Verständlichkeit im Rezeptionsprozess selbst erst herstellt, den Autor nicht von seiner rhetorischen, verständlichmachenden Aufgabe. Einerseits können wir, wenn auch nur sehr generelle, Annahmen über die Wissensvoraussetzungen auch größerer, relativ inhomogener Adressatengruppen machen, andererseits ist kaum zu bestreiten, dass der Autor in vielen Fällen auch generelle verständlichkeitsfördernde Texteigenschaften zu berücksichtigen versuchen kann, um seinen Text besser lesbar, verständlicher zu machen. Dies gilt allerdings nur unter dem Vorbehalt, dass selbst als generell verständlichkeitsfördernd eingeschätzte Textmerkmale bzw. Verfahren des Verständlichmachens (der Textoptimierung) bei bestimmten Gruppen von Lesern gleichwohl kontraproduktiv sein können. So zeigt etwa Ehlich (1994) in einer textlinguistisch-pragmatischen Analyse der Textsorte 'Bedienungsanleitung', dass hier „gerade die Systematizität des Textes [...] weitgehend unfunktional (wird)" (ebd., 121), da der Leser von Bedienungsanleitungen ein „ungeduldiger" Leser sei, der eher unsystematisch vorgeht.

2.2. Thematische Entfaltung

Während der Leser unter Aktivierung inferentieller Prozesse von Satz zu Satz fortschreitend lokale Kohärenz herstellt, indem er sich weitgehend an formalen Wiederaufnahmerelationen orientiert, wird der Textzusammenhang insgesamt, die Makrostruktur eines Textes, in erster Linie aufgrund eines durchlaufenden Themas rekonstruierbar. Makrostrukturell oder thematisch ausgerichtete Textoptimierungsstrategien müssen demnach den Text als ganzen ins Auge fassen und darauf reflektieren, in welchen Formen ein thematischer Kern sinnvoll textuell zu entfalten ist. Auch hier hat die Textlinguistik wiederum ein größeres Analysepotential vorzuweisen, als es in der psychologischen Verständlichkeitsforschung durchscheint.

Dass auch in der neueren psychologischen Verständlichkeitsforschung trotz theoretischer Konvergenzen eine explizit textlinguistische Begrifflichkeit weitgehend fehlt, mag auch daran liegen, dass die neuere Verständlichkeitsforschung unter der Anwendungsperspektive der Textoptimierung den Text nicht mehr als statisches Gebilde im Hinblick auf seine textkonstitutiven Merkmale (wie Texte konstituiert *sind*) betrachtet, sondern im Hinblick auf den Prozess der Textkonstitution durch den Autor (wie Texte konstituiert *werden*) auf der einen und im Hinblick auf den Prozess der Textrezeption durch den Leser auf der anderen Seite. Über Prozesse der Textkonstitution bzw. der Textverarbeitung sagt die grammatisch-strukturell orientierte Textlinguistik zunächst nichts aus. Ihre Begrifflichkeit ist eher statisch bzw. klassifikatorisch (Struktur, Kohärenz, Textsorte, Textmuster etc.). Obwohl eine kommunikationsorientierte Textlinguistik demgegenüber auf den „Text-in-Funktion" bzw. auf Texte in Situationen abhebt, führt auch dies nicht zwangsläufig zu einer durchgängigen Produktions- und Rezeptionsorientierung. Gleichwohl kann der in diesem Abschnitt zu diskutierende Begriff der thematischen Entfaltung insofern prozessorientiert verstanden werden, als es der textproduzierende Autor ist, der einen thematischen Kern im Schreibprozess sukzessive entfaltet und dabei einen entsprechenden thematisch orientierten Rezeptionsprozess zu antizipieren versucht. Trotzdem finden wir auch das Konzept der thematischen Entfaltung in der Verständlichkeitsforschung nur bedingt bzw. terminologisch transformiert wieder. Auf die sukzessive Entfaltung des Themas abzielende Handlungsanweisungen für die Textoptimierung finden sich im Kontext von Fragen nach der kognitiven Gliederung eines Textes, etwa unter dem Stichwort „sequentielles Arrangieren": „das ist eine sinnorientierte Reihenfolge in der Darstellung der Informationen, die auf die Lernziele sowie das Leser-Vorwissen ausgerichtet ist: z. B. ein hierarchisch absteigendes Verfahren von den inklusivsten Konzepten zu den konkretesten Fachtextinformationen" (Groeben 1982, 273). Eine explizit hergestellte hierarchische Textstruktur führt zwar in entsprechenden Experimenten zu besseren Behaltens- bzw. Reproduktionsleistungen, scheint jedoch eher auf der Ebene logischer als auf der Ebene thematischer Struktur zu liegen. Ob allerdings eine Annäherung der thematischen Struktur an die logische eine hinreichend begründete generelle Strategie der Textoptimierung darstellt, ist durchaus in Frage zu stellen. Textlinguistische Analysen von spezifischen Textsorten oder von bestimmten Kommunikationsdomänen zuzuordnenden Texten zeigen jedenfalls, dass logische und thematische Struktur nicht zwangsläufig kongruent sein müssen (s. Brinker 1992, 61 f). Offensichtlich gibt es textsortenspezifische Sequenzierungsmuster, die von Lesern aufgrund ihres Textmusterwissens erwartet und insofern auch relativ problemlos verstanden werden, selbst wenn die thematische Struktur von der logisch-hierarchischen abweicht (z. B. bei bestimmten journalistischen Textsorten).

Zudem werden in der Textlinguistik inzwischen weitaus differenziertere Wissenskonzepte als in der psychologischen Verständlichkeitsforschung zu Grunde gelegt. Diese verweisen nicht nur auf enzyklopädisches Wissen, sondern auch auf die Bedeutung anderer für Textproduktion und Textverstehen relevanter Kenntnissysteme, wie z. B. auf sprachliches Wissen und Interaktionswissen (Illokutionswissen, Wissen über kommunikative Normen, metakommunikatives Wissen und Wissen über globale Textstrukturen bzw. Textsorten) (s. Heinemann/Viehweger 1991, 111). Insbesondere metakommunikatives Wissen kann in Textplanung und Textproduktion als spezifisches Wissen über Verfahren der Verständnissicherung in verständlichkeitspraktischer Ansicht instrumentalisiert werden. Metakommunikative Verfahren wie Wiederholen, Paraphrasieren, Explizieren, Präzisieren, Verallgemeinern, Zusammenfassen, Hervorheben usw. (s. Heinemann/Viehweger 1991, 108 f) entsprechen größtenteils den in der Verständlichkeitsforschung explizierten Strategien der Textoptimierung. In der Verständlichkeitsforschung erscheinen solche Verfahren allerdings wie Ad-hoc-Postulate, die insofern nicht sprachtheoretisch fundiert werden, als sie ohne Bezug zur Ebene natürlichen metakommunikativen Wissens angesetzt werden. Außerdem bezieht die Verständlichkeitsforschung das Konzept des Wissens in der Regel ausschließlich auf das beim Rezipienten vorhandene bzw. vorausgesetzte Wissen, nicht aber auf ein Wissen des Sprechers/Schreibers, das diesem prinzipiell die Reflexion auf den (interaktiven) Prozess der Verständnissicherung ermöglicht. Dies gilt auch für das psychologische Konzept der Metakognition, das nur als Strategie selbstgesteuerten Lernens, also auf der Ebene der Textrezeption, diskutiert wird (vgl. Groeben 1982, 297–301). Ebenso wird im Hinblick auf die Argumentationsstruktur eines Textes nicht eine vom Autor zu verwendende verständnissichernde Strategie der argumentativen thematischen Entfaltung diskutiert, sondern nur eine leserseitige Strategie zur Aufdeckung von Argumentationsfehlern.

Aus den Grundformen thematischer Entfaltung – deskriptiv, explikativ, argumentativ und ggf. narrativ – lassen sich demgegenüber eine Reihe verständlichkeitspraktischer Hinweise ableiten, die durchaus auch in eine abstraktere kognitionstheoretische Argumentation zu integrieren sind, gleichwohl aber nicht nur als Instanzen kritischen Lesens gedeutet werden müssen. Geht es etwa bei der deskriptiven Themenentfaltung darum, wie „ein Thema in seinen Komponenten (Teilthemen) dargestellt wird und in Raum und Zeit eingeordnet" wird (Brinker 1992, 63), so kann hier die Kategorie 'Spezifizierung' durchaus als ein autorseitiges Verfahren sequentiellen Arrangierens betrachtet werden, während 'Einordnung' eine gewisse Ähnlichkeit mit den sog. Vorstrukturierungen aufweist. Bei Textsorten, die eine informative und eine appellative Grundfunktion realisieren (wie z. B. Rezensionen und wissenschaftliche Abhandlungen) steht dementsprechend in der Regel die argumentative Themenentfaltung im Vordergrund.

In genuin textlinguistischen Termen und unter Bezug auf die Grice'schen Kommunikationsmaximen ist in der Verständlichkeitsforschung ein spezifischer Aspekt des sequentiellen Arrangierens von Clark/Haviland (1977) behandelt worden: die Thema-Rhema-Struktur bzw. die thematische Progression in einem Text. Die Annahme, dass wir offensichtlich das am leichtesten verstehen, was uns schon bekannt ist, führt zu der Konsequenz, dass derjenige Text der verständlichste ist, in dem uns nichts Neues mitgeteilt wird. Ein solcher Text verstieße allerdings gegen die Relevanz- oder Informativitätsmaxime. Wenn es also das Ziel von Informationstexten ist, etwas Neues mitzuteilen, so fragt sich, wie wir in und mit unserem Text dieses Neue einführen und somit vermitteln können.

In der Linguistik finden wir das Thema-Rhema-Konzept zunächst innerhalb der Prager Schule im Konzept der funktionalen Satzperspektive entwickelt. In diesem Zusammenhang wird die Thema-Rhema-Gliederung allerdings konsequenterweise als syntaktisches Strukturierungsprinzip verstanden, das dazu verwendet wird, eine bestimmte Perspektive auf den in einem Satz ausgedrückten Sachverhalt zu erzeugen. Das Thema stellt die dem Leser bekannte bzw. vom Autor als bekannt vorausgesetzte Information dar, "the given", während das Rhema die für den Leser neue Information, "the new", einführt. Daneš (1970) hat aus diesem Ansatz verschiedene Typen thematischer Progression abgeleitet und betont, dass „die eigentliche thematische Struktur des Textes [...] in der Verkettung und Konnexität der Themen, in ihren Wechselbeziehungen und in ihrer Hierarchie, in den Beziehungen zu den Textabschnitten und zum Textganzen sowie zur Situation" besteht (Daneš 1970, 74). Clark/Haviland (1977) beziehen das Thema-Rhema-Prinzip nun zusätzlich auf die Grice'schen Kommunikationsmaximen und leiten daraus die Vorstellung eines "given-new contract" zwischen Sprecher und Hörer ab, fallen jedoch in ihrer Argumentation wiederum weitgehend auf die Satzebene und damit im Grunde hinter die von Daneš (1970) eröffnete Perspektive auf den Text und dessen thematische Progression zurück. Das textbezogene Prinzip der thematischen Progression führt im Hinblick auf die Textoptimierung insofern weiter, als es einen dynamischen Aspekt der Textkonstitution wie auch der Textrezeption sichtbar werden lässt. Mit jeder neu vermittelten Information, jedem gelesenen Satz, ändern sich die Bedingungen für die nachfolgenden Rezeptionsprozesse. Dies antizipiert der Textproduzent, wenn er seinen Text thematisch entsprechend zu strukturieren versucht. Da die thematische Progression jedoch ein sich ständig verkomplizierendes Verfahren ist, sind die Progressions-Grundtypen aus umfangreicheren Texten allerdings oft nur schwer rekonstruierbar (s. Heinemann/Viehweger 1991, 34). Gleichwohl erscheint die Einsicht in die grundlegenden sprachlichen Mittel zur Einführung neuer Konzepte bzw. zur Vermittlung neuer Informationen, also in Möglichkeiten der Thema-Rhema-Gliederung von Texten, in verständlichkeitspraktischer Hinsicht durchaus relevant. Dabei bietet das Konzept der thematischen Entfaltung (s. Brinker 1992) bzw. die Auffassung des Textthemas als „Makroproposition auf einem bestimmten Abstraktionsniveau" (van Dijk 1980, 50) die Möglichkeit, auch längere und komplexere Texte als thematisch konstituierte Einheiten zu betrachten und die Bedeutung der jeweiligen funktions- und textsortenspezifischen Formen der Entfaltung des Textthemas auch als verständlichkeitsrelevantes Gestaltungsmerkmal herauszuarbeiten.

Thematische Kohärenz, nicht im lokalen, sondern im globaleren makrostrukturellen Sinn, der thematische Progressionstyp oder die jeweils dominante Grundform der Entfaltung eines thematischen Kerns implizieren allesamt Textstrukturierungsverfahren, die im Zusammenwirken mit eher formalen oder grammatischen Verfahren die Organisationsstruktur eines Textes sichtbar und somit leichter durchschaubar machen. Somit können sie als textlinguistisch fundierte Verfahren des Verständlich(er)machens von Texten verstanden werden. Sie verweisen auf einen auch in der neueren Verständlichkeitsforschung für wesentlich erachteten Merkmalskomplex, den der kognitiven Ordnung/Gliederung, weisen aber auch deutlich über das hinaus, was mit Begriffen wie 'hierarchisch-sequentielle Gliederung' oder 'sequentielles Arrangieren' angesprochen ist.

3. Intertextuelle Strategien des Verständlichmachens

Standen im vorangegangenen Abschnitt der innere Zusammenhang und die innere Abfolge von integralen Teilen eines Textes im Vordergrund, die auf einer globaleren Ebene den Text zu einer verstehbaren und verständlichen Einheit machen, so haben wir doch auch lokal wirksame reflexive Verfahren des Verständlichmachens angedeutet. Diese erzeugen Textteile, die sich in verständlichmachender Absicht auf andere Textteile beziehen, diese paraphrasieren, erläutern, spezifizieren usw. Überschreiten solche reflexiven oder metakommunikativen Einheiten eine bestimmte Größenordnung, lassen sie sich nicht mehr syntagmatisch integrieren, ohne die Kohärenz des Textes zu gefährden. Demzufolge müssen sie aus dem Text herausgelöst, gleichzeitig aber in Relation zu ihm gesetzt werden, um als intertextuelle Elemente funktional zu bleiben für die Verständlichkeit des Textes bzw. der Textteile, auf die sie sich beziehen und zu deren besserem Verständnis sie beitragen sollen.

Das Herauslösen von Textteilen aus der syntagmatischen Kette ist ein im Prinzip bekanntes Didaktisierungsverfahren, das in der Tat intertextuelle Relationen etabliert. Bei solchen Verfahren werden — oft aus Gründen der optischen Gliederung, des Layouts, aber auch aus lernpsychologisch-didaktischen Erwägungen — Textelemente aus der linearen Kette „ausgelagert". Diese stellen in der Regel Strukturierungshilfen, Erklärungen oder auch optionale Erweiterungen des Lernstoffs dar, die je nach Leservoraussetzungen genutzt werden können. Betrachten wir die beiden grundsätzlichen Verfahrensmöglichkeiten — syntagmatisch eingebundene Erklärung vs. herausgelöster Erklärungstext — historisch, so sind hier im Grunde zwei frühe, im Dienst der praktischen Verständnissicherung stehende Traditionen der Übersetzung weitergeführt: Interlinearglossen auf der einen, Randglossen oder Marginalien auf der anderen Seite versuchten schon früh, mit einfachsten didaktischen Mitteln, mit „Hilfstexten" (Wörter, Phrasen, Sätze) die Funktion des Verständlichmachens einzulösen. Blicken wir andererseits darauf, wie sich in der Gegenwart unter dem Einfluss von Hypertextformaten in den elektronischen Medien die Linearität des Textes auch in den traditionellen Printmedien tendenziell aufzulösen beginnt (s. Bucher 1998), zumindest eine tendenzielle Modularisierung von Texten einsetzt, so finden wir auch hier verständlichkeitsorientierte Verfahren, bei denen aufeinander beziehbare Informations- bzw. Textmodule in eine Intertextualitätsrelation treten. Anders als in echten Hypertextformaten, die ihre hinter den Links liegenden Strukturen eher verbergen, sind modular gestaltete Informationsangebote im Printformat in der Regel in ihrer modularen Struktur durchschaubarer. Während innerhalb eines Moduls ein linearer Text rezipiert werden kann, kann an einer erklärungsbedürftigen Textstelle ggf. in ein anderes Modul „gesprungen" werden, das jedoch in der näheren Umgebung der betreffenden Textstelle gleichermaßen sichtbar ist. In diesem Sinn betrifft der Begriff der Nicht-Linearität allerdings eher den Rezeptionsprozess, der ohnehin nicht als linear zu begreifen ist.

Von textlinguistischem wie von verständlichkeitspraktischem Interesse ist hier die grundsätzliche Frage, inwieweit ein- bzw. ausgelagerte Subtexte überhaupt als probate Mittel der Textoptimierung fungieren können. In der Verständlichkeitsforschung sind besonders im Hinblick auf Lerntexte entsprechende Gestaltungsmöglichkeiten vorgeschlagen worden, wie Marginalien, fakultative didaktische Schleifen, Angabe von Lernzielen, Zwischenüberschriften, eingestreute Fragen, Zusammenfassungen, Glossare. All diese Gestaltungsmöglichkeiten – wie übrigens die Vorstrukturierungen auch – lassen den Originaltext weitgehend unangetastet, sind also keine Textoptimierungen in dem Sinn, dass sie den Originaltext durch einen anderen Text substituieren. Es handelt sich hier zum einen um in den Text integrierte Strukturierungs- bzw. Rezeptions- oder Lernhilfen (Zwischenfragen, Lernzielangaben u. ä.), zum anderen aber um „herausgerückte" Teil-, Sub- oder Sekundärtexte unterschiedlicher Größenordnung, die im Hinblick auf den Text bzw. Textteil, auf den sie bezogen sind, eine erläuternde, kommentierende, perspektivierende, fokussierende oder eben verständlichmachende Funktion haben. Diese Art von (gewissermaßen sekundären) Texten erhält ihre Funktionalität also gerade dadurch, dass sie in ihrem Bezug auf andere Texte, mithin intertextuell, verstanden werden muss (durchaus vergleichbar der erläuternden, kommentierenden, interpretierenden literaturwissenschaftlichen „Sekundärliteratur", deren praktische Zielsetzung letztlich auch eine Spielart des Verständlichmachens sein dürfte). Umgekehrt erhält der Bezugstext durch derartige verständlichmachende Textelemente für bestimmte Lesergruppen allererst einen erschließbaren Sinn, d. h. seine prinzipielle Verstehbarkeit wird durch den Textzusatz tendenziell auf ein sich aus der „Interaktion" beider Texte ergebendes Verständnis hin konkretisiert. Dies wiederum vermag freilich nicht das bloße Vorhandensein zweier vom Autor intentional aufeinander bezogener Texte zu leisten. So wie das Verständnis eines isolierten Textes – als Konkretisation seines Bedeutungspotentials bzw. seines Sinns – eine kognitiv-aktive Leistung des Lesers ist, muss natürlich auch der Sinn des jeweiligen intertextuellen Bezugs durch den Leser realisiert, also in seiner spezifischen verständlichmachenden Funktion erkannt werden.

Wenn die hier angesprochenen Sub- oder Sekundärtexte nicht in die Linearität des Textflusses integriert sind, können sie vom Leser wohl relativ problemlos als optionale Textmodule erkannt werden. Wann er zu welchem Zweck welches Modul nutzt, liegt in der Verantwortung des Lesers, der sich so seinen je eigenen Rezeptionstext (im Sinne einer selbstgesteuerten Textaufbereitung) schafft. Andererseits ergeben sich aus der Verwendung adressatenspezifischer Sets von Subtexten auch Möglichkeiten zu einer relativ ökonomischen Anpassung von Texten an unterschiedliche Adressatenvoraussetzungen: Einige Typen von Subtexten verweisen dabei wiederum auf mündliche Verständigungssituationen, indem sie genuin mündliche Erklärungsfunktionen auf die Ebene von Schrift transponieren. Dies legt den Gedanken nahe, dass die schriftlich gewissermaßen antizipativ realisierten verständlichmachenden Funktionen von Subtexten umgekehrt auch wieder in die Mündlichkeit „zurückgeholt" werden könnten, dass also der Prozess des Verständlichmachens letztlich wieder kommunikativ, d. h. in einer tatsächlichen Leser-Text-Interaktion, abgesichert werden könnte. Die Überlegung, dass das Verständlichmachen von Texten auch als eingebettet in praktische Handlungszusammenhänge und dementsprechend mündliche Erklärungs- und Instruktionssituationen für die text- wie gesprächslinguistische Forschung von Interesse sein könnte, deutet sich auch in neueren empirischen Arbeiten an (s. etwa Becker-Mrotzek/Fickermann 1992). Die in solchen Untersuchungskontexten notwendige Verbindung von textlinguistischen und gesprächsanalytischen Verfahren unterstützt eine Auffassung von Intertextualität, die auch schriftkonstituierte und mündlich erzeugte Texte aufeinander beziehbar macht und somit auch Intermedialität einschließt. Für die praktische Verständlichkeitsforschung ist ein solcher integrierter Ansatz insofern von Interesse, als daraus eine theoretische Begründung dafür abgeleitet werden kann, dass ein Modell des Verständlichmachens (im Sinne eines erweiterten Modells der Textoptimierung) als dialogisches Modell auszubuchstabieren ist, das seinen Bezugspunkt auch in der Mündlichkeit zu suchen hat (vgl. Kalverkämper 1996, 12–16). Hieraus ergeben sich mindestens zwei verständlichkeitspraktische Konsequenzen: (i) sollte der Autor seine textgestalterischen Entscheidungen auch daraufhin reflektieren, in welchen praktischen Verwendungszusammenhängen der Text rezipiert wird, ob also vielleicht nicht die „einsame" Interaktion eines Lesers mit dem Text, sondern eine Interaktion zwischen Lesern der für die betreffende Textsorte typische Rezeptionskontext sein könnte; (ii) können auch auf der Ebene des schriftlichen Textes verständlichmachende Mittel eingesetzt werden, die aus der dialogischen Struktur mündlicher Verständigungssituationen abgeleitet sind.

4. Textklassifikation und Verständlichkeit

Während die Berücksichtigung intertextueller Phänomene für die Linguistik relativ neu ist (s. Klein/Fix 1997) und auch die hier vorgeschlagene intertextuelle Betrachtungsweise von erklärenden, erläuternden, verständlichmachenden Teiltexten (die auch mündliche Texte sein können) kaum in der gängigen Verständlichkeitsforschung zu finden ist, steht das Bemühen um eine Klassifikation von Texten bereits am Anfang der Entwicklung einer Textlinguistik, die zunächst in großen Bereichen faktisch vor allem eine Textsortenlinguistik war. Umso mehr verwundert es, dass die nahe liegende Frage nach einer je textsortenspezifischen bzw. textfunktionalen Textgestaltung zumindest in der Verständlichkeitsforschung psychologischer Provenienz bis heute kaum aufgegriffen worden ist. Und dies, obwohl die Verständlichkeitsfrage praktisch natürlich stets im Hinblick auf bestimmte Textsorten gestellt worden ist. Gerade weil die Textsortenfrage nicht reflektiert worden ist, blieb auch die faktische Verengung der Fragestellung auf lern- und instruktionspsychologisch relevante Texte weitgehend unreflektiert, so dass weder textfunktionale noch textklassifikatorische Begründungen herangezogen wurden, um weitergehende textsorten- oder funktionsspezifische Textoptimierungsstrategien zu entwickeln. Damit blieb auch eines der Grundprobleme der Textoptimierung weitgehend unreflektiert, nämlich das der prinzipiellen Spannung zwischen den Erfordernissen der jeweiligen Textfunktion bzw. Textsorte und den Erfordernissen einer adressatenorientierten Textgestaltung, wie sie sich in bestimmten Fällen durchaus als Dilemma darstellen kann (z. B. als Dilemma der Sachorientierung auf der einen und der Adressatenorientierung auf der anderen Seite, etwa im Fall von wissenschaftsvermittelnden Texten).

Mit dem Ausklammern textfunktionaler und textklassifkatorischer Begründungsstrategien scheint ein weitgehendes Ausklammern der illokutiven Dimension von Texten einherzugehen, was allerdings auch durch das Vorherrschen propositional-repräsentationistischer Modelle begünstigt worden zu sein scheint. Aus textlinguistischer Sicht erscheint dies insbesondere deshalb als reduktionistische Betrachtungsweise, weil textsortenspezifische bzw. textfunktionale Eigenschaften von Texten in hohem Maße verständlichkeitsrelevant sein können. Gerade wenn man primär Instruktionstexte als Gegenstand von Textoptimierungen ins Auge fasst, ist es offensichtlich, dass diese neben einer (dominanten) Informationsfunktion natürlich auch eine appellative Funktion realisieren müssen, die ebenfalls unter verständlichkeitspraktischen Gesichtspunkten auszugestalten ist.

In der linguistischen verständlichkeitspraktisch orientierten Forschung hat dagegen die Analyse spezifscher Textsorten – insbesondere auch die Analyse spezifischer Arten von „Instruktionstexten", wie etwa Bedienungs- und Gebrauchsanleitungen, Medikamentenbeipackzetteln u. ä. – zu Einsichten geführt, die m. E. über die aus der psychologischen Verständlichkeitsforschung bekannten Empfehlungen hinausgehen und diese z. T. auch in Frage stellen. So stellt etwa Ehlich (1994) das nicht hinterfragte Kriterium der Folgerichtigkeit im Fall von Bedienungsanleitungen in Frage (s. Kap. 2.). Hoffmann (1983) zeigt in der Untersuchung von Medikamentenbeipackzetteln das Phänomen der Mehrfachadressierung von Texten auf, das sich wiederum als ein textsortenspezifisches Charakteristikum erweist. Auch innerhalb der Fachsprachenforschung wird deutlich, in welchem Maß bestimmte Formen der Textgestaltung abhängig sind von einem für die jeweilige Textsorte bzw. -funktion mehr oder weniger konventionell vorgegebenen Gestaltungsrahmen, der seine Legitimation allerdings nicht zuletzt in verständlichkeitspraktischen Erfordernissen findet (s. Kap. 1.).

Die Fachsprachenforschung ist auch der Ort, an dem mögliche Konflikte im Bemühen um die verständliche Gestaltung von Texten vielleicht am deutlichsten herauszuarbeiten sind, nämlich als grundsätzliches Problem fachexterner Kommunikation, in der der Anspruch an sachlich-fachliche Korrektheit mit dem Anspruch an je adressatengerecht verständliche Textgestaltung tendenziell konfligiert. Textsortenspezifisch zeigt sich diese Problematik etwa in der Medienberichterstattung, wo bestimmte Medientextsorten ausgebildet worden sind zur Vermittlung fachbezogenen Wissens an ein breiteres (Laien)publikum. Die Experten-Laien-Kommunikation wird hier bereits dadurch zu optimieren versucht, dass ein professionell vermittelnder Autor zwischengeschaltet wird, dessen spezifische Aufgabe es ist, einen möglichst beiden beteiligten Gruppen und deren unterschiedlichen Ansprüchen gerecht werdenden Text hervorzubringen. Gerade bei dieser Art der Produktion vermittelnder Texte zeigt sich, dass die vom vermittelnden Autor erstellten Texte in der Regel zwar inhaltlich auf entsprechende Fachtexte, in denen sich das zu vermittelnde Fachwissen ausdrückt, bezogen sind, dass es sich aber keineswegs nur um eine einfache Textbearbeitung handelt, bei der durch Substitution oder Erklärung von Fachausdrücken, durch Reduktion syntaktischer Komplexität oder durch Verbesserung der Systematizität (die ja gerade ein Merkmal des Fachtextes ist) ein optimierter Text erzeugt wird. Der Vermittlungstext folgt vielmehr gerade im Bereich der Textorganisation völlig anderen Regeln als der Fachtext und dies auch deshalb, weil der neu erzeugte Vermittlungstext schlicht einer anderen Textsorte zuzurechnen ist. Entsprechende Merkmale der Textsorte sind hier bereits als verständlichkeitsfördernde, am Erwartungshorizont, an den Wissensvoraussetzungen und an medienspezifischen Rezeptionsweisen der Leser orientierte Gestaltungsprinzipien zu deuten (etwa 'eine Geschichte erzählen' anstatt 'einen Forschungsbericht verfassen', 'Climax-first-Prinzip' u. a.).

Dies bedeutet, dass die Textlinguistik im Konzept textsorten- und funktionsspezifischer Formulierungsweisen eine „mittlere Ebene" verständlichkeitspraktischer, größtenteils konventionalisierter Formulierungsmuster zu explizieren in der Lage ist; eine mittlere Ebene deshalb, weil textsortenspezifische Möglichkeiten der Textgestaltung und -optimierung zwischen den als allgemeingültig angesehenen textsorten- und adressatenunspezifischen Gestaltungsmerkmalen – es

sei dahingestellt, wie allgemeingültig diese tatsächlich sind – und den je adressatenspezifischen, wenn auch in der Regel nur mit Einschränkungen praktikablen Möglichkeiten der Textgestaltung anzusiedeln sind.

In diesem Sinn wären dann auch textklassifikatorische Ansätze in der Textlinguistik für die praktische Verständlichkeitsforschung von ebenso großem Interesse wie textlinguistische Überlegungen zu Fragen der Textkonstitution und zum Aspekt der Intertextualität. Deren tatsächlicher Einfluss auf die praktische Verständlichkeitsforschung bzw. die Praxis des Verständlich(er)machens zeigt sich allerdings insgesamt eher in einer linguistisch akzentuierten Verständlichkeitsforschung als in psychologischen kognitivistisch-repräsentationistischen Ansätzen.

5. Literatur (in Auswahl)

Ausubel, David P. (1963): The Psychology of Meaningful Verbal Learning. New York.

de Beaugrande, Robert/Dressler, Wolfgang (1981): Einführung in die Textlinguistik. Tübingen.

Becker-Mrotzek, Michael/Fickermann, Ingeborg (1992): Das Verhältnis von Mündlichkeit und Schriftlichkeit in kommunikationsintensiven Berufen. In: Antos, Gerd/Augst, Gerhard (eds.): Textoptimierung. Das Verständlichermachen von Texten als linguistisches, psychologisches und praktisches Problem. 2. Aufl. Frankfurt, 83–124.

Biere, Bernd Ulrich (1989): Verständlichmachen. Hermeneutische Tradition – historische Praxis – sprachtheoretische Begründung. Tübingen.

– (1996): Textgestaltung zwischen Sachangemessenheit und Adressatenorientierung. In: Krings, Hans Peter (ed.): Wissenschaftliche Grundlagen der Technischen Kommunikation. Tübingen, 291–305.

Bransford, J. D./McCarell, N. S. (1974): A Sketch of a Cognitive Approach to Comprehension. Some Thoughts About Understanding. What it means to Comprehend. In: Weimer, W. B./Palermo, D. S. (eds.): Cognition and the Symbolic Processes. Hillsdale, 188–229.

Brinker, Klaus (1992): Linguistische Textanalyse. Eine Einführung in Grundbegriffe und Methoden. 2., durchges. u. erw. Aufl. Berlin.

Bucher, Hans-Jürgen (1998): Vom Textdesign zum Hypertext. Gedruckte und elektronische Zeitungen als nicht-lineare Medien. In: Holly, Werner/Biere, Bernd Ulrich (eds.): Medien im Wandel. Opladen.

Clark, Herbert H./Haviland, S. E. (1977): Comprehension and the Given-new Contract. In: Freedle, R. O. (ed.): Discourse Production and Comprehension. Norwood, N.J., 1–40.

Daneš, František (1970): Zur linguistischen Analyse der Textstruktur. In: Folia Linguistica 4, 72—78.

van Dijk, Teun A. (1980): Textwissenschaft. Eine interdisziplinäre Einführung. München.

Ehlich, Konrad (1994): Verweisungen und Kohärenz in Bedienungsanleitungen. Einige Aspekte der Verständlichkeit von Texten. In: Ehlich, Konrad/Noack, Claus/Scheiter, Susanne (eds.): Instruktion durch Text und Diskurs. Zur Linguistik 'Technischer Texte'. Opladen, 116—143.

Flesch, R. F. (1949): The Art of Readable Writing. New York.

Fritz, Gerd (1982): Kohärenz. Grundfragen der linguistischen Kommunikationsanalyse. Tübingen.

Groeben, Norbert (1982): Leserpsychologie. Textverständnis — Textverständlichkeit. Münster.

Heinemann, Wolfgang/Viehweger, Dieter (1991): Textlinguistik. Eine Einführung. Tübingen.

Hennig, Jörg/Möhn, Dieter (1983): Wissenschaftsmagazine im Fernsehen. Zur Rekonstruktion massenmedialer Kommunikation. In: LiLi. Zeitschrift für Literaturwissenschaft und Linguistik 51/52, 74—90.

Heringer, Hans Jürgen (1979): Verständlichkeit. Ein genuiner Forschungsbereich der Linguistik? In: Zeitschrift für germanistische Linguistik 7, 225—278.

Hoffmann, Ludger (1983): Arzneimittel-Gebrauchsinformationen. Struktur, kommunikative Funktion und Verständlichkeit. In: Deutsche Sprache 11, 138—159.

Kalverkämper, Hartwig (1996): Die Fachsprachen und ihre Erforschung. Eine Bilanz für die Zukunft. In: Budin, Gerhard (ed.): Mehrsprachigkeit in der Fachkommunikation. Proceedings of the 10th European LSP Symposium Vienna, 29 Aug.—1 Sept., 1995. Vol. 1. Wien, 1—25.

Klein, Josef/Fix, Ulla (eds.) (1997): Textbeziehungen. Linguistische und literaturwissenschaftliche Beiträge zur Intertextualität. Tübingen.

Langer, Inghard/Schulz von Thun, Friedemann/Tausch, Reinhard (1993): Sich verständlich ausdrücken. 5., verb. Aufl. München.

Möhn, Dieter/Pelka, Roland (1984): Fachsprachen. Eine Einführung. Tübingen.

Nussbaumer, Markus (1991): Was Texte sind und wie sie sein sollen. Ansätze zu einer sprachwissenschaftlichen Begründung eines Kriterienrasters zur Beurteilung von schriftlichen Schülertexten. Tübingen.

Oksaar, Els (1983): Verständigungsprobleme im Sprachbereich 'Politik'. Schwere Wörter in den Nachrichten und Kommentaren. In: Henne, Helmut/Mentrup, Wolfgang (eds.): Wortschatz und Verständigungsprobleme. Was sind „schwere Wörter" im Deutschen? Jahrbuch des Instituts für deutsche Sprache 1982. Düsseldorf, 119—133.

Rath, Rainer (1975): Kommunikative Paraphrasen. In: Linguistik und Didaktik 22, 103—118.

Rickheit, Gerd/Strohner, Hans (eds.) (1985): Inferences in Text Processing. Amsterdam/New York/Oxford.

Straßner, Erich (1975): Produktions- und Rezeptionsprobleme bei Nachrichtentexten. In: Straßner, Erich (ed.): Nachrichten. Entwicklung — Analysen — Erfahrungen. München, 83—111.

Strohner, Hans (1990): Textverstehen. Kognitive und kommunikative Grundlagen der Sprachverarbeitung. Opladen.

Wenzel, Angelika (1984): Verstehen und Verständigung in Gesprächen am Sozialamt. Eine empirische Untersuchung. Tübingen.

Bernd Ulrich Biere, Koblenz (Deutschland)

79. Der Einfluss der Textlinguistik auf den Journalismus

1. Begriffsklärung
2. Allgemeine Handbücher
3. Ressorts
4. Darstellungsformen
5. Einzelthemen und Medienspezifik
6. Sprachkritische Werke
7. Ausblick und Forschungslage
8. Literatur (in Auswahl)

1. Begriffsklärung

Was ist mit 'Journalismus' gemeint? Nimmt man das Gemeinsame der Erklärungen in verschiedenen Konversationslexika und lässt die meist abwertend gemeinte Übersetzung „Tagesschriftstellerei" weg, so erhält man ungefähr folgendes: Publizistische Tätigkeit bei Zeitungen, Zeitschriften, Hörfunk, Film und Fernsehen und deren Hervorbringungen.

Auf beides könnte die Textlinguistik Einfluss haben, auf die Tätigkeit der Journalisten und damit auch auf die Ergebnisse dieser Tätigkeit, auf die Texte und Sendungen der Massenmedien. Um einen Einfluss der Textlinguistik auf die massenmedialen Produkte

aufzuzeigen, könnte man sich die älteren Produkte, also die vor dem Aufkommen der Textlinguistik entstandenen, ansehen und im Vergleich die aus der Gegenwart, um zu erkennen, ob sich an den Produkten etwas geändert hat, das möglicherweise auf den Einfluss der Textlinguistik zurückzuführen ist. Das aber hat mehrere methodische Schwierigkeiten:
– Natürlich haben sich z. B. die Texte der Zeitungen seit der ersten Hälfte des 17. Jhs. bis heute verändert. Wie aber sollte man zeigen können, welche Veränderungen der letzten Jahre auf den Einfluss der Textlinguistik zurückgehen?
– Welche Produkte der Massenmedien sollte man überhaupt in eine solche Prüfung einbeziehen? Schon eine Beschränkung auf die Printmedien ist nicht unproblematisch, liegen doch den allermeisten Hörfunk- und Fernsehsendungen schriftlich ausformulierte Texte zugrunde. Aber auch bei den Texten, die uns in gedruckter Form als Endprodukt entgegentreten, ist nicht viel Gemeinsames auszumachen. Der Leitartikel der *Frankfurter Allgemeinen Zeitung* hat mit der Konzertkritik der lokalen Szenezeitschrift im Textaufbau nur wenig gemeinsam, ebenso wie das Interview mit dem Vorstandsvorsitzenden von Daimler Benz im *Handelsblatt* mit den Sex- and Crime-Meldungen in der *Bildzeitung*. Die Gemeinsamkeiten liegen nicht in den jeweiligen Textgestalten, sondern in den Bedingungen ihres Entstehens.

Dem möglichen Einfluss der Textlinguistik soll deshalb bei der oben aufgeführten anderen Bedeutung von Journalismus nachgespürt werden, der Tätigkeit der Journalisten. Da diese Tätigkeit direkter Beobachtung nicht zugänglich ist, sollen die Werke untersucht werden, in denen die journalistische Tätigkeit beschrieben wird: die einschlägigen Handbücher. Streng genommen heißt das allerdings, dass der Journalismus in dem direkt der beruflichen Praxis zugewandten Teil des inzwischen akademischen Faches 'Journalistik' aufgesucht wird.

Die Bezeichnung „Handbuch" ist sicher etwas willkürlich. Gemeint sind damit jene Werke, die das fachliche Wissen über relevante Gebiete des Journalismus darbieten. Sie enthalten die Maßstäbe des professionellen Handelns. Eine Reihe von ihnen ist geschrieben, um die fachlichen Standards an den Nachwuchs weiterzugeben; sie sind Lehrbücher.

Drei weitere Einschränkungen sind zu machen:
– Es kann nur eine kleine Auswahl der inzwischen sehr zahlreichen journalistischen Handbücher behandelt werden.
– Entsprechend der Vorgabe der Herausgeber soll es nur um schriftlich konstituierte Texte gehen.
– Unter 'Journalismus' wird die Tätigkeit in den traditionellen Massenmedien verstanden; nicht behandelt werden sog. moderne Medien, also z. B. Online-Zeitungen und Internet-Texte.

2. Allgemeine Handbücher

Als allgemeine Handbücher sollen hier die Werke verstanden werden, die journalistische Tätigkeit in der größten denkbaren Breite beschreiben, also ohne medien- und ressortspezifische Einschränkung.

Zur Zeit der Gründung der ersten Journalistik-Studiengänge an Hochschulen in der Bundesrepublik Deutschland erschien das Handbuch von Walther von La Roche in der ersten Auflage (1974). Es hat einen umfangreichen Serviceteil, der die denkbaren Ausbildungswege des Journalismus beschreibt und die notwendigen Adressen liefert. – Der Hauptteil ist den journalistischen Darstellungsformen gewidmet, deren Beschreibung jeweils in praktische Ratschläge mündet. Den breitesten Raum nehmen die informierenden Darstellungsformen ein. Fragen des Textes werden in dem Kapitel „Aufbau" abgehandelt, wo das bekannte Modell der umgekehrten Pyramide („Nach abnehmender Wichtigkeit gliedern") dargestellt wird.

Welches Neuland Detlef Brendel und Bernd E. Grobe mit ihrem Buch betraten, das nur wenig später als das von La Roche erschien, zeigt eine Bemerkung im Vorwort von Kurt Koszyk: Er postuliert als von Journalisten zu erlernende Qualifikationen: „1. die Fähigkeit, sich klar auszudrücken und einen Vorgang zu schildern, wie er ablief; 2. die Fähigkeit, Nachrichten auf ihre Quellen und Mängel zu überprüfen und angemessen zu interpretieren". Koszyk schließt daran seine Beschreibung der Ausgangslage an: „Es gibt bisher so gut wie keine geeigneten Lehrbücher für den Journalismus, die diesen Anforderungen genügen" (Brendel/Grobe 1976, 6).

Dieses Lehrbuch hat in Anlage und Aufbau alles, was auch die sehr viel umfangreicheren späteren Handbücher bieten. Zwar wird auch hier nirgendwo sprachwissenschaftliche Forschung erkennbar verarbeitet, immerhin halten die Verfasser so etwas aber für denkbar. Unter der Überschrift „Probleme sprachlicher Vermittlung" findet sich folgende Aussage: „Wenngleich die Überschrift den Abriß einer allgemeinen Kommunikationstheorie, sofern vorhanden, oder das Eingehen auf linguistische Theorien vermuten läßt, so soll lediglich der Versuch gemacht werden, relevante Grundzüge der Kommunikation kurz aufzuzeigen" (Brendel/Grobe 1976, 45). In der Tat folgen dann teils sehr allgemeine, teils zeitgemäß ideologiekritische Bemerkungen zu sprachlicher Kommunikation. Übergangslos schließt sich daran die Abhandlung von neun journalistischen Darstellungsformen an; die quantitativen Schwerpunkte liegen auf der Nachricht und dem Interview.

Das umfangreichste und auch umfassendste Handbuch ist das „ABC des Journalismus", das 13 Jahre nach seinem ersten Erscheinen bei seiner siebten Auflage (Mast 1994) einer grundlegenden Neubearbeitung unterzogen worden ist. Der Charakter des Handbuchs für den Redaktionsalltag ist dabei noch mehr betont worden. Das mit „Sprache" überschriebene Kapitel, in dem in sehr traditioneller Weise Sprachkritik nach Art eines Redaktionsleitfadens betrieben wurde, ist dabei weggefallen.

Die Beschreibungen der gängigen Darstellungsformen, die den Charakter von Ratschlägen haben, werden durch einige systematische Bemerkungen eingeleitet. Danach ist die Wahl der jeweiligen Darstellungsform durch die folgenden Merkmale bestimmt: das Medium, das Thema, den öffentlichen Auftrag des Journalisten und seine Wirkungsabsicht, die mit der Leseerwartung des Publikums korreliert werden muss. Haller, der hier zitiert wird, nennt dieses eine funktionale Auswahl des Darstellungsmittels: „[Der Journalist] soll die Darstellungsform als Brückenschlag zwischen dem Thema, dem Medium, seinen persönlichen Intentionen bzw. Fertigkeiten und den Leseerwartungen verstehen" (Haller 1987, 71).

Trotz der Fülle von Ratgeberbüchern, die sich an journalistische Berufsanfänger wenden, lässt sich offenbar noch eine Marktlücke finden. Wolf Schneider und Paul-Josef Raue wenden sich ersichtlich an Schüler, wie nicht nur die Anrede zeigt: „Da die meisten Chefredakteure Akademiker bevorzugen, müßt ihr wohl studieren. Aber dann studiert erstens zügig und zweitens etwas Handfestes, worüber Bescheid zu wissen dem Journalisten und seinen Lesern nützt – also nicht Germanistik, Literaturwissenschaft, Kommunikationswissenschaft, Psychologie, Soziologie!" (Schneider/Raue 1996, 20). – Die Autoren haben keinen zusammenfassenden Begriff für die Darstellungsformen. Sie geben Anweisungen zum Verfassen von Nachrichtenmeldung, Bericht, Interview, Feature, Reportage, Porträt, Kommentare und Satire. Dabei kommen die Texte als ganze nur selten in den Blick, allenfalls wenn es um die Gliederung von Nachrichtentexten („hierarchisch") oder den Einstieg in einen Reportagetext („szenisch") geht. Die immer wieder variierte und mit Beispielen illustrierte Forderung richtet sich auf die beiden sprachlichen Ebenen unterhalb des Textes, „verständlicher Wörter" und „durchsichtige Sätze". Auch im Kapitel „Redigieren" findet sich nichts zu Textaufbau und -struktur.

3. Ressorts

Zu allen klassischen Zeitungsressorts gibt es inzwischen eine Reihe von Handbüchern. Die Bände der Reihe „Journalistische Praxis" aus dem List Verlag tragen alle den Untertitel „Ein Handbuch für Ausbildung und Praxis", wenden sich aber doch in erster Linie an Leserinnen und Leser, die eine Überblicksinformation über das jeweilige Ressort suchen. Sie sind „vor allem als Orientierungshilfen für Abiturienten, Studenten und Volontäre gedacht" (Ruß-Mohl/Stuckmann 1991, 9).

Ressorts in den Massenmedien konstituieren sich über den Darstellungsgegenstand: Politik, Wirtschaft, Sport, Kultur. Damit könnte das textlinguistisch relevante Problem des Themas und seiner Entfaltung für diese Art von Handbüchern wichtig werden.

Das Handbuch „Wirtschaftsjournalismus" ist ein Sammelband, in dem zahlreiche Autoren in überwiegend kurzen Beiträgen sehr unterschiedliche Themen abhandeln. Nur in dem Beitrag „Schreiben und Redigieren" von Reinhold Böhmer (Böhmer 1991, 111–126) geht es um die Größe Text. Zum Verfassen äußert sich der Autor nur beiläufig mit den üblichen Tips. Das Redigieren („einen Text in die gewünschte Form bringen", 115) wird ausführlicher beschrieben. Er unterscheidet das „einfache Bearbeiten von Texten", das „Straffen", das „Kürzen" und das „Umarbeiten oder Umschreiben von Texten". Dass dabei das Problem der Erhaltung oder Wiederherstellung von *Kohärenz* auftreten könnte, wird nirgendwo erwähnt. Vom *Thema* ist nur in einer sehr allgemeinen Form die Rede: „Vor allem sollten alle Informationen herausfallen, die vom Thema wegführen" (Böhmer 1991, 116).

In ähnlicher Weise ist der Sammelband Wissenschaftsjournalismus aufgebaut. Allerdings gibt es hier auch in dem Kapitel „Auswahl und Darstellung" nichts, was sich mit den sprachlichen Problemen der Texte des Wissenschaftsjournalismus mehr als in allgemeinen Wendungen beschäftigte.

„Ressort: Feuilleton. Kulturjournalismus für Massenmedien" heißt das Handbuch zum Kultur-Ressort. Das Stichwort „Thema" wird hier ausführlich abgehandelt, da der Autor den Kulturbegriff in Einzelaspekte, die er Themen nennt, aufsplittet und diese dann in ihrer Summe auf ihre Publikumsadäquatheit überprüft. Als „Themen" des Feuilletons, die am häufigsten vorkommen, ermittelt er in einer Stichprobe für vier Zeitungen „Theater, Belletristik, Bildende Kunst, Musik, und sonstige Künste" (Reus 1995, 24); in geringerer Quantität werden die Themen Film und Medien in den untersuchten Zeitungen genannt.

Was hier „Thema" genannt wird, hat nur sehr entfernt etwas mit dem Themenbegriff zu tun, wie er in der Textlinguistik verwendet wird. Thema bezeichnet eher eine inhaltsanalytische Kategorie, wodurch ja auch erst die quantitative Auswertung möglich wird.

Unter dem Stichwort „Sprache" wird auch in diesem Buch hauptsächlich Sprachkritik betrieben. Deren leitendes Prinzip wird „Verständlichkeit" genannt, ohne dass erläutert wird, was damit gemeint ist. Es wird gegen Fachwörter und unpassende Metaphern polemisiert; unter „Stil" wird vor allem Syntax verstanden. Sonst findet sich nichts, was in textlinguistischem Sinn einschlägig wäre.

Das Zeitungsressort, das noch vor der Politik am stärksten im Visier der Sprachkritiker steht, ist der Sport. Offenbar ist das Selbstverständnis der Sportjournalisten aber kaum davon erfasst worden, denn im „ABC des Sportjournalismus" (Hackforth/Fischer 1994) gibt es nur einen Aufsatz zur Sportsprache.

Der Autor erzählt unter dem Titel „Zur Sprache der Sportberichterstattung" eine Geschichte der Sportberichterstattung seit dem Ende des 19. Jhs. mit vielen Beispielen. Es werden immer wieder einzelne Texte in den Blick genommen und deren inhaltliche Schwerpunkte herausgehoben. Das Schwanken der Sporttexte im Lauf der Geschichte zwischen 'informieren' und 'werten' wird an einigen Stellen angedeutet.

4. Darstellungsformen

Fast in der gesamten textlinguistischen Fachliteratur werden die klassischen journalistischen Darstellungsformen als Beispiele für Textsorten abgehandelt; insbesondere Nachrichten/Meldungen und Kommentare werden immer wieder herangezogen, um an ihnen die Unterscheidungsmöglichkeiten von Textsorten zu zeigen.

Wichtige journalistische Darstellungsformen sind von der linguistischen Forschung als Textsorten beschrieben worden: Nachrichten (u. a. Harweg 1968), Kommentare (u. a. Wiesemann 1987), Reportagen (Müller 1989), Interviews (u. a. Große 1974). Schwitalla (1993) hat alle journalistischen Darstellungsformen als linguistische Textsorten vereinnahmt. Die Textlinguistik ist hier verfahren wie sonst auch: Man hat gebräuchliche, alltagssprachliche Bezeichnungen für Textmuster übernommen und deren Exemplare auf textlinguistische Gemeinsamkeiten untersucht und ist so zu einer linguistischen Textsortenbeschreibung gekommen. Doch anders als bei Briefen, Kochrezepten usw. hat es im Journalismus nicht nur lange vor der Textlinguistik die Bezeichnungen und die zugehörigen Textmuster als quasi naturwüchsige Gebilde gegeben, sondern in der journalistischen Berufspraxis bestanden schon sehr früh mehr oder weniger genaue Vorstellungen über die Bestandteile eines Textes, der einer bestimmten Darstellungsform zugeordnet werden sollte.

Die Terminologie ist in der journalistischen Literatur uneinheitlich: Außer von „Journalistischen Darstellungsformen" (Reumann 1994 im Fischer Lexikon Publizistik und La Roche 1992) und „Journalistischen Formen" (ABC des Journalismus bis zur 5. Auflage 1991) wird auch von „Journalistischen Textgattungen" (Roloff 1982) gesprochen; in der DDR war die Bezeichnung „Genre" üblich.

Auch die Zahl der Darstellungsformen und ihre Hauptunterscheidungsmerkmale differieren. Roloff (1982) hat 19 Formen, die er in „Referierende, Interpretierende und Kommentierende Textgattungen" unterscheidet. Bei Reumann im Fischer Lexikon Publizistik (1994) ist die Zahl höher, weil er neben „tatsachenbetonte und meinungsbetonte Formen" auch „phantasiebetonte Formen" stellt, zu denen er u. a. den Zeitungsroman, Comics und Witzzeichnungen rechnet. Walther von La Roche (1992) hat nur zwei Gruppen, die „informierenden Darstellungsformen" und die „meinungsäußernden Darstellungsformen".

Die grundsätzlichen Unterscheidungsmerkmale haben Ähnlichkeit mit den Bezeichnungen für die Arten der Themenentfaltung in der Textlinguistik. Sie sind aber davon ganz unbeeinflusst und in ihren Ursprüngen auch viel älter. Die Unterscheidung in „Nachrichtenstilform, Meinungsstilform und Unterhaltungsstilform" findet sich schon in der ersten Auflage von Emil Dovifats „Zeitungslehre" von 1937.

Was unterscheidet journalistische Darstellungsformen kategorial von linguistischen Textsorten? Wenn linguistische Textsorten deskriptiv konstituiert werden, so sind journalistische Darstellungsformen normativ und evaluativ. An den Merkmalen journalistischer Darstellungsformen werden deren Qualitäten gemessen. Sie dienen als Orientierung für die Produktion von Texten, die der jeweiligen Darstellungsform zuzuordnen sind. Die recht groben Unterscheidungsmerkmale führen in einzelnen Fällen zu uneindeutigen Zuordnungen und inneren Widersprüchen. Der Subsumierung z. B. der Reportage unter die „informierenden Darstellungsformen" widerspricht die professionell-journalistische Forderung, dass die Reportage aus der Sicht des Beobachters schildern solle; damit ist sie natürlich auch subjektiv und wertend.

Wie stark die Einteilung in Darstellungsformen in der journalistischen Praxis wurzelt, zeigt nicht nur die Beobachtung, dass berufliches Ansehen auch daran gemessen wird, in welchen Formen sich jemand äußern darf. Bei großen Zeitungen trennen den Leitartikler und den Schreiber von Nachrichtenmeldungen mehrere Hierarchieebenen. Die Zuordnung zu den Darstellungsformen hat auch direkte materielle Folgen: „Nach den für freie Mitarbeiter bei Rundfunk und Presse vereinbarten Richtlinien sind z. B. Feuilletons und Features besser zu bezahlen als Berichte" (Roloff 1982, 6).

Nachrichten stehen fast immer im Mittelpunkt der Darstellungen in den Handbüchern. Siegfried Weischenberg hat dem Nachrichtenschreiben ein ganz an der Praxis ausgerichtetes Lehrbuch gewidmet, wobei er verschiedene Darstellungsformen (Meldung/Bericht, Glosse/Kommentar, Reportage/Feature) einbezieht. 'Nachricht' ist dabei für ihn ein Oberbegriff, der „formal" in verschiedene „Nachrichtendarstellungsformen" unterschieden wird (Weischenberg 1988, 24). Daneben treten die Glosse und der Kommentar als „Meinungsdarstellungsformen" und unter dem Oberbegriff „Feature" die Reportage und das Porträt als „Unterhaltungsdarstellungsformen" auf.

Weischenberg stellt ausführlich den Textaufbau der verschiedenen Darstellungsformen vor. Dabei geht es ihm z. B. auch um die Tempus-Verteilung in den verschiedenen Textteilen. („Wenn über vergangene Ereignisse berichtet wird, steht der Einstiegssatz gewöhnlich im Perfekt" (Weischenberg 1988, 106)). — Bei der Diskussion der Funktion von „Bindewörtern", die sowohl zur Präzisierung wie zur Schaffung von Textzusammenhängen verwendet werden, bedient er sich des Wortes „Kohärenzjoker", um vor der „künstlichen" Herstellung von Zusammenhängen (Weischenberg 1988, 118) zu warnen. — Unter dem Stichwort „Sprache und Stil" geht es nur um Wortwahl und Satzbau.

5. Einzelthemen und Medienspezifik

Eine Reihe von Handbüchern beschäftigt sich nicht mit der Tätigkeit in den Massenmedien allgemein, sondern konzentriert sich auf einzelne Medien. Als ein Beispiel soll hier ein Lehrbuch zum Radiojournalismus erwähnt werden (La Roche/Buchholz 1993). Mit der Medienspezifik kommt ein wichtiges Merkmal zumindest der Textsortenunterscheidung ins Spiel, die Kommunikationsform.

Die Vorgabe, sich auf schriftlich konstituierte Texte zu beschränken, könnte zu dem Ausschluss aller Werke führen, die sich mit dem Hörfunk beschäftigen. Die Überschrift eines richtungweisenden Beitrags von Walther von La Roche zeigt aber, dass es hier durchaus um einschlägige Probleme geht: „Fürs Hören Schreiben".

La Roche geht von der Annahme aus, dass auch im Hörfunk vorgetragene Texte zunächst schriftlich niedergelegt sind. (Das Zwischengeplauder von stets gut gelaunten Moderatoren in Musikprogrammen von Radiosendern bleibt unberücksichtigt.) Er nimmt zunächst die Rolle des Hörers ein und stellt in zehn Punkten die Unterschiede zwischen Lesen und Hören zusammen (La Roche/Buchholz 1993, 148 f).

Die wichtigsten textexternen Merkmale des Radiohörens sind: „Radiohören ist in der Regel Nebenbeschäftigung." und „Der Hörer ist abhängig von der Sendezeit." Als textinterne Besonderheit hebt er die Ersetzung aller schriftlichen Gliederungs- und Strukturierungsmerkmale durch Betonung und akustische Mittel hervor.

La Roches wichtigste Folgerung für die Textorganisation ist die „lineare Information, ohne Vorwegnahmen, Rückbezüge und Einschiebsel" (La Roche/Buchholz 1993, 151). Wegen der nicht wiederholbaren Rezeption beim Radiohören fordert er Redundanz in den Formulierungen. Statt lexikalischer Varianz plädiert er für direkte Wiederaufnahme einmal eingeführter Wörter oder Wendungen.

Dem auffälligsten Teil journalistischer Texte ist ein Buch von Wolf Schneider und Detlef Esslinger gewidmet, der Überschrift. Die Überschrift wird hier zunächst ganz eigenständig behandelt, so als sei sie ein eigener Text. „Die Überschrift sollte eine Aussage enthalten" (Schneider/Esslinger 1993, 15). Zwar geht es dann auch um die Frage, wie Überschrift und Haupttext zueinander passen („Kommentar in der Nachrichten-Überschrift?" – ebd., 20), insgesamt folgt das Buch aber der üblichen journalistischen Berufspraxis, in der Überschriften den Texten nachträglich aufgesetzt werden, oft von jemand anderem als dem Autor des Textes. In welcher Beziehung die Überschrift beispielsweise zum Thema des Textes steht, wird formal abgehandelt („Auf eine wie späte Stelle darf sich die Hauptzeile beziehen?" – ebd., 99 – „Es ziert die Reportage, wenn auch bei ihr die Überschrift dem ersten Viertel entnommen ist" – ebd., 102).

6. Sprachkritische Werke

Obwohl sie nicht als Handbücher im strengen Wortsinn bezeichnet werden können, soll hier doch auch auf die sprachkritischen Bücher von Wolf Schneider eingegangen werden. Der Grund liegt in der großen Wertschätzung, die der Autor bei Journalisten genießt und die ihn zu einem sprachlichen Lehrmeister in deutschen Redaktionen gemacht hat.

Wolf Schneider ist der in der journalistischen Berufspraxis am meisten beachtete Sprachkritiker. Das Werk „Deutsch für Profis" heißt im Untertitel, zumindest auf dem Umschlag, „Handbuch der Journalistensprache" (Schneider 1982). Die traditionell von der Sprachkritik mit Ajektiven wie 'verständlich', 'korrekt' und 'elegant' geforderten Eigenschaften der Sprache sind auch Schneiders Kriterien (ebd., 11). Und wie die über 100jährige Sprachkritik in der Nachfolge von Wustmann findet er die Anstößigkeiten auf der Wort- und auf der Satzebene. Der Text als sprachliche Größe kommt in der Systematik nicht vor. Selbst dort, wo es Schneider um unangemessene Wertungen geht, die Textlinguistik also die Realisationsform des Themas diskutieren würde, moniert er nur den Wortgebrauch, beispielsweise den Einsatz des Wörtchens „nur". In dem Kapitel „Vorsicht bei Synonymen", in dem es um lexikalische Varianz unter Gesichtspunkten der Verständlichkeit geht, kommen an sich zwangsläufig Kohärenzprobleme ins Spiel, die aber von Schneider nicht erwähnt werden. Er bleibt auch hier auf der Ebene der paradigmatischen Wortersetzungen.

In späteren Werken (z. B. „Deutsch fürs Leben" 1994) hat sich Schneider den in seinem journalistischen Handbuch nur gestreiften Fragen des Textes etwas ausführlicher gewidmet. Es geht ihm um einen übersichtlichen Textaufbau und um zusätzliche Stimulans, z. B. durch Aha-Erlebnisse, Humor und Provokation.

7. Ausblick und Forschungslage

Der Befund ist offensichtlich: Selbst wenn man sagen muss, dass Fragen, die auch die Textlinguistik beschäftigen, nicht im Vordergrund der fachinternen Diskussion stehen, werden auch im Journalismus diese Probleme thematisiert: Aufbau und Gliederung, Textzusammenhänge, Thema, Unterscheidungsmerkmale der verschiedenen Textformen. Aber Einflüsse der Textlinguistik auf den Journalismus sind nicht nachzuweisen, jedenfalls nicht auf den Journalismus in der oben beschriebenen Ausprägung. Das könnte man für erstaunlich halten, ist der Journalismus doch die Profession, die mit Problemen von Texten so unablässig zu tun hat, wie nur wenige andere Berufe.

Allerdings kommt der Befund auch nicht überraschend, ist doch auch der Einfluss der Linguistik insgesamt auf den Journalismus eher marginal. Das mag auch mit einer gewissen Wissenschaftsabstinenz in der journalistischen Ausbildung in Deutschland zusammenhängen. Eine hochschulgebundene Journalistenausbildung gibt es in diesem Land erst seit der Mitte der siebziger Jahre, und erst seit der Mitte der neunziger Jahre geht die Generation der Journalisten und Journalistenausbilder in den Ruhestand, die eine kommunikationswissenschaftliche oder gar sprachwissenschaftliche Ausbildung für geradezu schädlich für journalistische Berufstätigkeit hielt. Wolf Schneider, der langjährige Leiter der Journalistenschule des Verlages Gruner und Jahr, ist hierfür eines der prominentesten Beispiele.

Inzwischen haben wissenschaftliche Fragestellungen und Erkenntnisse Eingang in alle journalistischen Ausbildungskonzepte gefunden. Allerdings scheint es, als hätten hier die Sozialwissenschaften (im engeren Sinn) ein Monopol. Ökonomische, politikwissenschaftliche, vor allem aber Ergebnisse der empirischen Sozialwissenschaft, insbesondere aus dem Bereich der Medienwirkungsforschung, werden in der einschlägigen Fachliteratur verarbeitet. Die Linguistik kommt hier fast nicht vor. In dem erwähnten Hörfunk-Buch aus dem Jahr 1996 von Wolfgang Zehrt, einem keineswegs wissenschaftsfeindlichen Journalisten, findet sich im Literaturverzeichnis als einziges Werk, das auch sprachwissenschaftliche Arbeiten enthält, der von Erich Straßner herausgegebene Sammelband „Nachrichten" aus dem Jahr 1975.

Vermutlich ist dieses Phänomen nicht nur auf eine defizitäre Öffentlichkeitsarbeit der Linguistik in der journalistischen Berufspraxis zurückzuführen. Man darf unterstellen, dass Journalisten in der linguistischen und auch in der textlinguistischen Literatur nichts finden, das sie für ihre tägliche Arbeit verwerten können. Die Umsetzung der Erkenntnisse einer deskriptiven Textlinguistik in Handlungsanweisungen oder zumindest Handlungsmaximen ist offenbar von Wissenschaftslaien nicht zu leisten. Von den Linguisten selber ist sie bisher nicht geleistet worden.

8. Literatur (in Auswahl)

Böhmer, Reinhold (1991): Schreiben und Redigieren. In: Ruß-Mohl/Stuckmann (eds.), 111–126.

Brendel, Detlef/Grobe, Bernd E. (1996): Journalistisches Grundwissen. Darstellung der Formen und Mittel journalistischer Arbeit und Einführung in die Anwendung empirischer Daten in den Massenmedien. München.

Dovifat, Emil (1937): Zeitungslehre I. 2 Bde. Berlin/Leipzig.

Große, Ernst Ulrich (1974): Texttypen. Linguistik gegenwärtiger Kommunikationsakte. Theorie und Deskription. Preprint. Stuttgart etc.

Hackforth, Josef/Fischer, Christoph (eds.) (1994): ABC des Sportjournalismus. München.

Haller, Michael (1987): Die Reportage. Ein Handbuch für Journalisten. München.

Harweg, Roland (1968): Die Rundfunknachrichten. Versuch einer texttypologischen Einordnung. In: Poetica 2, 1–14.

Heijnk, Stefan (1997): Textoptimierung für Printmedien. Theorie und Praxis journalistischer Textproduktion. Opladen.

La Roche, Walther von (1992): Einführung in den praktischen Journalismus. Mit genauer Beschreibung aller Ausbildungswege Deutschland, Österreich, Schweiz. 13., bearb. Aufl. München.

La Roche, Walther von/Buchholz, Axel (eds.) (1993): Radio-Journalismus. Ein Handbuch für Ausbildung und Praxis im Hörfunk. 6., aktual. Aufl. München.

Mast, Claudia (ed.) (1994): ABC des Journalismus. Ein Leitfaden für die Redaktionsarbeit. 7., völlig neue Ausgabe. Konstanz.

Müller, Marlise (1989): Schweizer Pressereportagen. Eine linguistische Textsortenanalyse. Aarau/Frankfurt, M./Salzburg.

Pürer, Heinz/Johannes Raabe (1994): Medien in Deutschland. Bd. 1: Presse. München.

Reumann, Kurt (1994): Journalistische Darstellungsformen. In: Noelle-Neumann, Elisabeth/Schulz, Winfried/Wilke, Jürgen (eds.): Das Fischer-Lexikon Publizistik Massenkommunikation. Aktual., vollst. überarb. Neuausg. Frankfurt/M., 91–116.

Reus, Gunter (1995): Ressort: Feuilleton. Kulturjournalismus für Massenmedien. Konstanz.

Roloff, Eckart Klaus (1982): Journalistische Textgattungen. München.

Ruß-Mohl, Stephan (ed.) (1987): Wissenschaftsjournalismus. Ein Handbuch für Ausbildung und Praxis. 2., aktualisierte Auflage. München.

Ruß-Mohl, Stephan/Stuckmann, Heinz D. (eds.) (1991): Wirtschaftsjournalismus. Ein Handbuch für Ausbildung und Praxis. München/Leipzig.

Schneider, Wolf (1982): Deutsch für Profis. Handbuch der Journalistensprache – wie sie ist und wie sie sein könnte. 3. Aufl. Hamburg.

– (1994): Deutsch fürs Leben. Was die Schule zu lehren vergaß. Hamburg.

Schneider, Wolf/Esslinger, Dieter (1993): Die Überschrift. Sachzwänge, Fallstricke, Versuchungen, Rezepte. München.

Schneider, Wolf/Raue, Paul-Josef (1996): Handbuch des Journalismus. Reinbek.

Schwitalla, Johannes (1993): Textsortenwandel in den Medien nach 1945 in der Bundesrepublik Deutschland. Ein Überblick. In: Biere, Bernd Ulrich/Henne, Helmut (eds.): Sprache in den Medien. Tübingen, 1−29.

Straßner, Erich (ed.) (1975): Nachrichten. Entwicklungen − Analysen − Erfahrungen. München.

Weischenberg, Siegfried (1988): Nachrichtenschreiben. Journalistische Praxis zum Studium und Selbststudium. Opladen.

Wiesemann, Uwe (1987): Variante der Textsorte Leitartikel in der britischen Presse. In: Hansen, Klaus (ed.): Studien zur Sprachvariation. Unter besonderer Berücksichtigung des Englischen. Berlin: Humboldt-Univ., Sektion Anglistik/Amerikanistik, 216−224.

Zehrt, Wolfgang (1996): Hörfunknachrichten. Konstanz.

Jörg Hennig, Hamburg
(Deutschland)

80. Der Einfluss der Textlinguistik auf die Ratgeberliteratur

1. Textsorten, Lehrmethoden, Schreiben als Problem
2. Ratschläge in lexikalischer, satzsyntaktischer und textueller Hinsicht
3. Lokale Formulierungsprobleme
4. Über Einleitungen und Schlüsse
5. Schriftliche Korrespondenz und „Psychologie" bzw. historische Anthropologie
6. Eine Textsorte näher beleuchtet: Das qualifizierte Arbeitszeugnis
7. Ausblick
8. Literatur (in Auswahl)

1. Textsorten, Lehrmethoden, Schreiben als Problem

„Schreiben wie ein Profi", „Professionell schreiben", „Briefe gut und richtig schreiben", „Die überzeugende schriftliche Bewerbung", „Arbeitszeugnisse", „Der große Ideenbringer für Geschäftsbriefe und Reden": Unter solchen Titeln firmieren Ratgeber zum Verfassen von Gebrauchstexten, die oft mit einer imponierenden Zahl von Schreibanlässen und „Textsorten" aufwarten: Es geht um Geburts-, Heirats- und Todesanzeigen, um Glückwünsche, Kondolenzen und um Repliken darauf, um Beschwerden, Referenzen und Entschuldigungsschreiben, um Mietgesuche, Kaufanfragen und Bestellungen, Mahnungen bei Lieferungsverzug und Mängelrügen, Schadensanzeigen, Zahlungserinnerungen und Mahnbescheide, Stellenangebote, Kündigungsschreiben, Abmahnungen und Gratifikationen, Protokolle, Berichte, Spendenbescheinigungen, oft auch um primär schulische Textsorten wie die Erörterung und schließlich um Anleitungen zum wissenschaftlichen Schreiben. (Die beiden zuletzt genannten Ratgebertypen bleiben hier außer Betracht.)

Die Fülle der Textsorten ordnet man in der Regel nach Rubriken wie „privat", „halbprivat" (oder auch „öffentlich") und „geschäftlich". Dabei spielt neben der Thematik vor allem eine Rolle, ob und wie Schreiber und Leser miteinander bekannt sind, in welcher Rolle bzw. in welchem Status sie schreiben bzw. lesen und in welchem Grad die Textsorte normiert ist. Weil die Klassifikation nicht distinktiv ist, besteht zwar über die Textsorten im jeweiligen „Zentrum" Übereinstimmung, an der „Peripherie" kommt es aber zu Divergenzen: So ist für den einen die Partnersuche via Heiratsanzeige „privat", für den anderen „halbprivat", und auch der Brief der Chefin, die dem Mitarbeiter zum Dienstjubiläum gratuliert, scheint nicht recht klassifizierbar zu sein, agiert sie doch weder als Privatperson noch „bloß" geschäftlich. Deshalb erwägt man z. B. eine Einordnung als „halbgeschäftlich" (Lang-Kleefeld o. J., 226).

Zuweilen handelt es sich um weitgehend unkommentierte Sammlungen von Musterbriefen (vgl. Kirst o. J.), zuweilen wird die Textsorte Schreibratgeber aber auch in reflexiver Einstellung thematisch: Musterbriefe seien nicht mehr als Schablonen. Insofern es beim Schreiben aber um situative Angemessenheit gehe und Situationen je individuell seien, verbiete sich ein einfaches Kopieren der Muster. Die Schablone sei „der Tod des guten Geschmacks" (Mackensen 1985, 213). Es gelte deshalb, nicht nur Mustertexte vorzustellen, sondern auch zu begründen, warum sie sich als Lernmuster eigneten. Auf diese Weise könne der Rezipient zu Transferleistungen kommen, die Muster kreativ abwandeln und so durch Übung ein − keineswegs bloß auf „Begabung" beruhendes − „Sprachgefühl" entwickeln.

Die vorherrschende Methode ist die Konfrontation negativer und positiver Exempel. Man präsentiert zu Beginn einer Lektion „Grundregeln" bzw. „Tipps" oder am Ende „Checklisten", rechtfertigt sie und nimmt ein konstruiertes oder aus einem Korpus faktischer Schreibweisen stammendes Beispiel als Illustration für „Verstöße", dem dann ein „gutes" Beispiel gegenübergestellt wird.

„Das gute Beispiel bildet unseren Geschmack, das schlechte Beispiel schärft unseren Verstand" (Mackensen 1985, 159).

Manchmal verfährt man aber auch nach der „Positiv-Methode", gibt nur Exempel „guten" Schreibens vor. Schließlich kommt es vor, dass man auf Muster überhaupt verzichtet − und damit die Funktionalität der Textsorte „Briefsteller" paradox in Frage stellt. So weigert sich Mackensen, für den „Kern" der privaten Korrespondenz − „Familien- und Liebesbriefe" − positive oder negative Beispiele vorzustellen. Sie seien entbehrlich, fände sich doch, so das bildungsbürgerliche Argument, in der Literatur „eine Fülle echter Briefe, die uns tiefer anrühren, als es ein erfundener Brief kann" (Mackensen 1985, 141). Und sei es, gerade im Hinblick auf private Briefe, „nicht eine Mißachtung des Empfängers, wenn wir ihm die Abschrift aus einem fremden Buch als unsere eigenen Gedanken zumuten?" (Mackensen 1985, 214).

Der Differenz von Mündlichkeit und Schriftlichkeit hat, so die vorherrschende Auskunft, am wenigsten Rechnung zu tragen, wer einen Text schreibt, der zum Kern der Privatkorrespondenz zählt. Der Brief an einen Verwandten oder Bekannten möge „lebendig" sein. Zwar hat man sich auch hier in den abwesenden Anderen zu versetzen und zu bedenken, dass Schreiben u. a. deshalb ein Mehr an Planung bedeutet, weil man das Gemeinte nicht gestisch, mimisch und vokal unterstreichen kann. Planen soll man aber eher nach Maximen der Mündlichkeit, die − z. B. angesichts ihrer „defekten" Syntax − selbstverständlich nicht zu kopieren, sondern eben in ihrer „Lebendigkeit" zu gestalten ist. Warum erscheint bereits das als schwierig, und warum wird erst recht im Rahmen von halbprivater und geschäftlicher Korrespondenz (bloßes) „Papierdeutsch" geschrieben, wie immer wieder beklagt wird? Gerade für wenig geübte Schreiber dürfte der Ratschlag, „kolloquial" zu schreiben, problematisch sein. Um Interferenzen zu entgehen, „wählen" sie − kontrastverschärfend − einen vom Mündlichen weit entfernten Stil. „Lieber unter Inkaufnahme von Schwerverständlichkeit stilistische Kontraste verstärken, als durch Interferenzen eine mangelnde schriftsprachliche Kompetenz verraten!" (Antos 1996, 59; vgl. auch die dort untersuchten Schreibratgeber).

2. Ratschläge in lexikalischer, satzsyntaktischer und textueller Hinsicht

Was die Supernorm der Verständlichkeit angeht, so berufen sich die Autoren der Ratgeber (besonders ausführlich Hoster 1985) vor allem auf das sogenannte Hamburger Verständlichkeitskonzept (vgl. Langer/Schulz von Thun/Tausch 1974), wonach es auf vier Dimensionen ankommt: Einfachheit, Gliederung−Ordnung, Kürze−Prägnanz und Zusätzliche Stimulanz (vgl. Bremerich-Vos 1991, 150 ff). Vor allem im Verein mit „Sachlichkeit" und „Klarheit" fungiert Verständlichkeit als eine Supernorm, die eine Reihe von weitgehend textsortenunabhängigen Stilnormen fundiert.

Im lexikalischen Bereich möge man eine „mittlere" Stilebene wählen, d. h. weder „vulgär" noch „gespreizt" schreiben. Verpönt sind „Modewörter" und Archaismen, Fachwörter dann, wenn nicht gewiss ist, dass sie der einzelne Rezipient oder auch nur ein Einzelner unter zahlreichen Empfängern nicht auf Anhieb versteht. Für Fremdwörter, die in synchronischer Perspektive noch als solche empfunden werden, möge man Äquivalente suchen. Mehrheitlich votiert man gegen „Flick-" und „Füllwörter" bzw. gegen „Füllsel". Gegen dieses Plädoyer wendet sich aber z. B. Hallwass. Mit Recht würden einige dieser Wörter − im Wesentlichen Partikeln − heutzutage als „Gesprächswörter" bezeichnet. Insofern sollten sie Verfechter eines kolloquialen Stils gerade empfehlen, zumal Frauen:

„Umgänglichen, kontaktfreudigen Schreiberinnen fließen die kleinen Wörter wie von selbst aus der Feder. Bedeutende alte Männer streichen eher alles Überflüssige aus ihren Texten; darum wirkt ihr Stil so klar, aber oft auch so schroff" (Hallwass 1986, 191).

Was die (Morpho-) Syntax angeht, so wendet man sich vor allem gegen den „Nominalstil", gegen die Häufung von Substantiven und substantivierten Ausdrücken. Wenn irgend möglich, sollten Verben bevorzugt werden, wobei man immer wieder – unter Rekurs auf aktionalen, „lebendigen" Stil – auf Handlungsverben, nicht aber auf Vorgangs- und Zustandsverben verweist. Dabei wird zuweilen aber zugestanden, dass Nominalisierungen im Namen des Stilideals der Kürze durchaus sinnvoll sein können, zumal dann, wenn sie als Haupt- bzw. Nebensatzäquivalente fungieren. Front macht man mehrheitlich auch gegen „gedehnte Ausdrücke" und „Streckformen", womit u. a. Funktionsverbgefüge wie bei *Unser Gerät sollte Ihre Beachtung finden* gemeint sind. Es gibt aber auch Stimmen, denen zufolge die Attacken gegen „Substantivitis" und „Hauptwörterseuche" sich einem obsoleten Stilideal literarischer Konversation verdanken. Angesichts eines neuen Epochenstils der „Sachlichkeit" seien sie nicht mehr zeitgemäß (Briese-Neumann 1993, 84). „Bandwurm-" und „Schachtelsätze" sind durchgängig verpönt. Man konzediert zwar, dass Satzlänge allein kein hinreichender Indikator für Verständlichkeit ist, hält aber dafür, dass Satzreihen und Satzgefüge in der Regel nur aus zwei Teilsätzen bestehen sollten. Schachtelsätze, d. h. Konstruktionen mit mehrfach eingebetteten Nebensätzen, erscheinen in jedem Fall als schwer verständlich. Diese Konstruktionen gelten überdies als erste Kandidaten, wenn es um Verstöße gegen ein – immer wieder formuliertes – semantisch-rhetorisches Prinzip geht, wonach „Hauptsachen" in Hauptsätze und „Nebensachen" in Nebensätze gehören. Die Gültigkeit dieses Prinzips wird – z. B. angesichts von Sätzen wie *Hunde, die bellen, beißen nicht* – nicht in Frage gestellt. Texte als Abfolge einfacher Sätze stoßen auf Ablehnung. Zustimmung findet eine „ausgewogene" Mischung von einfachen Sätzen und möglichst zweigliedrigen Satzreihen bzw. Satzgefügen. So entgehe man nicht nur einem „Hackstil", der auf Dauer langweilig wirke. Indem man semantische Relationen zwischen Teilsätzen expliziere, werde überdies das Verständnis erleichtert.

Im Hinblick auf die Dimension „Gliederung–Ordnung" fallen die Auskünfte recht spärlich aus. Unterschieden werden Einleitung, Hauptteil, Schluss oder auch Textbeginn, Textkern und Gruß. Manchmal bemüht man die perlokutionäre „AIDA"-Formel, wonach es insbesondere bei geschäftlicher Korrespondenz zunächst um die Stimulierung von Aufmerksamkeit (attention) und Interesse (interest), dann um die Evokation eines Kaufwunsches (desire) und schließlich um die „Einladung" zu einer Kaufhandlung (action) geht. Zuweilen werden Batterien von W-Fragen als Gliederungshilfe empfohlen, und neben allgemeinen Hinweisen darauf, dass die „Textlogik" zu beachten sei, gibt es ab und an Hinweise zum Argumentieren.

„Eine gute Argumentation ist sachlich, logisch aufgebaut und anschaulich. Dies erreicht man in vier Schritten: Behauptung–Begründung–Beispiel–Schlußfolgerung" (Lang-Kleefeld o. J., 323).

Strittig ist, ob die „stärksten" Argumente am Anfang oder am Ende präsentiert werden sollen. Mehrheitlich votiert man für ein eher deduktives Schreiben („vom Allgemeinen" zum „Besonderen", „erst Ober-, dann Unterbegriffe").

Dass die Ratschläge zur Textorganisation karg geraten, ist durch zwei gleichsam gegenläufige Sachverhalte bedingt. Auf der einen Seite erscheinen die thematischen Kerne bzw. die Hauptteile vieler Texte als so variabel, dass man „formale", die Einheit in der Vielfalt betonende Hinweise nicht für *möglich* hält. Auf der anderen Seite betrachtet man sie nicht als *nötig*, weil für eine Reihe von Textsorten die Ordnung der Teilthemen als bereits vorgegeben erscheint und der Schreiberin insofern keine oder nur geringe Spielräume für autonomes Handeln im Bereich der Dimension „Gliederung–Ordnung" zugestanden werden. Dabei sind die Festlegungen teilweise juristischer Natur wie beim Warenangebot und beim Kündigungsschreiben, teilweise der „Natur" des Gegenstands geschuldet wie beim Protokoll.

3. Lokale Formulierungsprobleme

Dies hat zur Folge, dass primär lokale Formulierungsprobleme fokussiert werden. Verstöße gegen Grammatik und Stil handelt man auf der Folie des einzelnen Satzes bzw. allenfalls von Satzpaaren ab. Aspekte von Thema und Rhema kommen in der Regel nicht vor (vgl. aber Mackensen 1985, 131). Was die Topologie des (einfachen) Satzes angeht, so weist man ab und an auf „Eindrucksstellen" im Vorfeld und auf Topikalisierung hin; zuweilen hält man dafür, dass sich „das Zielwort [...] im deutschen Satz im allgemeinen ans Ende (drängt)" (Mackensen 1985, 130). Dass Fragen der Topologie – zumal im Kontext geschäftlicher Kommunikation – kaum eine Rolle spielen, hat mit der Überzeugung zu tun, dass hier „die Satzgliedstellung – abgesehen von der Hervorhebung durch Plazierung in Spitzenstellung – kaum Möglichkeiten der Varianz (bietet)" (Briese-Neumann 1993, 265).

Stilistisch verpönt sind u. a. präpositionale „Verschachtelungen" (*Die Feuerwehr brachte die Schwerverletzten in die in der Universität gelegene Chirurgische Klinik*) und „Genitivtreppen" (*Der Anstrich des Zaunes des Gartens Eures Nachbarn gefällt mir nicht*).

In grammatisch-syntaktischer Hinsicht moniert man u. a. Kongruenzfehler, und zwar bei Subjekt und finitem Verb (*Wir hoffen, daß die Arbeit unserer Abteilung anerkannt und die Kunden sofort unterrichtet werden*) und bei Apposition und Bezugsausdruck. Man wendet sich gegen falsche Rektion bei Präpositionalphrasen (*laut Ihres Schreibens*) und attackiert Pleonasmen wie *Neuanfänger*. Die „schrecklichen Folgen falscher Beziehungen" (Böttcher 1981, 91) sind greifbar
– in Bildungen mit Komposita als Kernen und adjektivischen Attributen wie *hauptsächlicher Mitarbeiterstamm* und *mittlerer Einkommensbezieher*,
– in falsch plazierten Adverbialen (*Die Straße ist gesperrt wegen Bergung eines Lastzuges in beiden Richtungen*),
– in der Verwechslung attributiver und adverbialer Konstruktionen (*Der Brand wurde aus noch ungeklärter Ursache kurz nach Mitternacht entdeckt*),
– im Gebrauch von Adverbialen mit „Fernwirkung" (*In seiner Hosentasche fanden die Beamten einen Autoschlüssel und nach kurzem Suchen auch den dazu passenden Wagen*),
– in Sätzen, in denen Partizipien, Partizip- und Finalsätze mit falscher Referenz vorkommen (*Beiliegend sende ich Ihnen folgenden Brief, Von einem Nagel aufgeschlitzt, wechselte Karl den linken Hinterreifen aus, Um sie dennoch zu bedienen, erhalten Sie das attraktive Modell*).

Weiterhin geht es um falschen bzw. nicht intentionsgerechten Skopus (*Die Ernährungslage ist schwierig, weil neun Prozent des Bodens nur für die Feldbestellung geeignet sind*), oft auch im Kontext der Negation, die überdies in der „Dopplung" Probleme aufwirft: *Ich werde den Kaufpreis nicht unterschreiben, bevor ich (nicht) weiß, wann Sie liefern können*. Zuweilen erscheint auch die pronominale Wiederaufnahme als problematisch (*Mein Vater könnte ja auch Deinen Onkel anrufen, er hat doch jetzt Telefonanschluß*). Dass hier der Kontext vereindeutigend wirken könnte, wird nicht in Betracht gezogen. Die Fixierung der Ratgeberautoren auf das lokale, satzbezogene Formulierungsmanagement wird besonders deutlich, wenn semantisch-syntaktische Ambiguitäten in Exempeln wie *Jahr für Jahr werden Tausende von Kindern mißhandelt* oder *Die krisenbedrohte Werftindustrie will die EG auch in diesem Jahr unterstützen* erörtert werden. Mehrdeutigkeiten sollen Satz für Satz repariert werden, selbst dann, wenn sie textuell unbedenklich sind.

4. Über Einleitungen und Schlüsse

Im Hinblick auf die Einleitung diskutiert man vor allem drei Themen: die Anrede, die sogenannten Vorreiter und die Referenz auf den Schreiber.

Ist im Rahmen halbprivater und geschäftlicher Korrespondenz der Adressat nicht namentlich bekannt, dann votiert man in der Regel für die Formel *Sehr geehrte Damen und Herren*, und zwar selbst dann, wie es bei Hoster (1985, 167) heißt, „wenn man etwa an ein Ingenieurbüro schreibt, in dem man keine Mitarbeiterinnen kennt oder vermutet". Die Rede von den „Vorreitern" verdankt sich einer historischen Reminiszenz: Wie Reiter an der Spitze eines Zuges die Ankunft hochmögender Personen ankündigten, so macht man vor allem in Geschäftsbriefen von einleitenden „Floskeln" Gebrauch, die von den Ratgeberautoren mit Verve bekämpft werden. Gemeint sind Formeln wie *Unter Bezugnahme auf Ihr Schreiben möchten wir Ihnen hiermit mitteilen, Wir haben Ihr letztes Schreiben dankend erhalten und nehmen dazu wie folgt Stellung, Wir dürfen Sie darauf hinweisen, Wir müssen Ihnen leider die Mitteilung machen, Wir machen Sie darauf aufmerksam*. Solche und vergleichbare Formeln seien überflüssig, und zwar vor allem aus zwei Gründen. Zum einen sei klar, dass man Briefe nur beantworten könne, wenn man sie auch erhalten hat. Schon in der Bezugszeichenzeile sei nach DIN-Norm 5008 auf den initialen Brief zu verweisen, und insofern handle es sich hier – linguistisch formuliert – um einen Verstoß gegen die Relevanz-Maxime. Zum anderen werde gegen den semantisch-rhetorischen Grundsatz verstoßen, „Hauptsachen" in Hauptsätzen und „Nebensachen" in Nebensätzen zu formulieren. Diesem –

problematischen − Grundsatz zufolge ist bei Formulierungen wie *Wir machen Sie darauf aufmerksam, dass ...* die Proposition, die durch den Konjunktionalsatz ausgedrückt wird, die „Hauptsache". Soll sie zu ihrem Recht kommen, dann − so die Lehrmeinung − sind die „nichtssagenden" performativen Formeln und Hinweise auf die Kommunikationsgeschichte (*unter Bezug auf*) zu tilgen (vgl. dazu kritisch Antos 1996, 63 f). Es genüge, dem Anderen für seine Mitteilung kurz zu danken; dann solle man gleich zur Sache kommen.

Wer ist das Subjekt des Dankes, und wie soll − allgemeiner formuliert − überhaupt auf den Schreiber referiert werden? Ein Plädoyer geht dahin, auf eine solche Referenz überhaupt zu verzichten und Passivkonstruktionen zu wählen. So komme die Stiltugend der „Sachlichkeit" zur Geltung, und außerdem sei dem Bedürfnis Rechnung getragen, „sich bescheiden zurückzuhalten" (Lobentanzer 1989, 225). Andererseits: „Die alte Regel, ein Brief dürfe nicht mit 'Ich' oder 'Wir' beginnen, ist längst außer Kraft: Man hat die falsche Bescheidenheit, die sie einst veranlaßte, als fade Heuchelei durchschaut" (Mackensen 1985, 154). Mehrheitlich hält man den „maßvollen" Gebrauch der Pronomina für sinnvoll. Ob Singular oder Plural zu wählen ist, hängt für einige Ratgeberautoren primär von der Rechtsform des Unternehmens ab, als dessen Mitglied der Schreibende wahrgenommen wird. Handelt es sich um eine Einzelunternehmung, dann soll in der Ich-Form geschrieben werden. Wer auch immer schreibt: Das „Ich" verweist auf den Unternehmer. Geht es um Gesellschaften und Behörden, dann soll − sparsam − das „Wir" Platz haben.

Im Hinblick auf den Briefschluss interessieren vor allem die finalen Floskeln und die Grußformeln. Im Visier der Ratgeberautoren sind stereotype Formulierungen, die man als „Nachreiter" bezeichnen könnte: *Wir hoffen, Ihnen hiermit gedient zu haben, Wir erwarten Ihre geschätzte Rückäußerung, Wir sehen Ihrer Antwort gern entgegen, Für heute verbleiben wir* usw. Solche Formulierungen − so das einhellige Votum − sollten getilgt und z. B. durch Schlusssätze mit Aufforderungscharakter bzw. mit Zusatzinformationen ersetzt werden: *Bitte schreiben Sie uns, wenn Sie weitere Fragen haben, Bitte bestellen Sie bald, denn noch können wir Ihnen die Lieferung zu Weihnachten zusichern.* Die Grußformeln *Hochachtungsvoll* und erst recht *Mit vorzüglicher Hochachtung* gelten einigen als veraltet; andere gehen davon aus, dass zumindest *Hochachtungsvoll* gerade als „Worthülse" weiter gebraucht werden sollte. Der Rezipient spüre nämlich, dass diese Formel kühler sei als das gängige *Mit freundlichen Grüßen*, Distanz, womöglich Verärgerung ausdrücke. „Kein Zahlungsunwilliger wird *Hochachtungsvoll* als Ausdruck der Hochachtung mißverstehen. Jeder weiß: Wenn jetzt nicht gezahlt wird, kommen die 'gerichtlichen Schritte'" (Hallwass 1986, 187). Erster Kandidat für die Grußformel sind die „freundlichen Grüße". Man gesteht zu, dass sie − qua Formel − „viel von ihrer ursprünglichen Frische und Bedeutung verloren" haben (Hoster 1985, 170). Die „herzlichen Grüße" reserviert man mehrheitlich für die eher private Korrespondenz.

5. Schriftliche Korrespondenz und „Psychologie" bzw. historische Anthropologie

Wer schreibt, betreibt Imagearbeit. Oft, so manche Verfasser der Ratgeber, schlössen die Rezipienten vom Briefstil auf Persönlichkeitsmerkmale und Verhalten der Schreiberin. Diese Schlüsse sollten günstig ausfallen, nicht zuletzt deshalb, weil im geschäftlichen Kontext auch vom Briefstil abhänge, ob man konkurrenzfähig bleibe. Kurz: „Wir wollen uns selbst günstig darstellen" (Schmedemann 1990, 14). Die Eigenschaften, die über *Sachlichkeit* hinaus immer wieder angemahnt werden, sind *Freundlichkeit* und *Höflichkeit*. Sie erscheinen nicht nur per se als erstrebenswert, sondern gelten auch als wirksame Größen im Nutzenkalkül des Schreibers. Vor allem, wenn es sich um einen primär appellativen Text handelt, mögen demonstrierte Freundlichkeit und Höflichkeit positive Wirkungen zeitigen. Dabei konzediert man, dass die Arbeit am Image zuweilen auf eine Maskierung der „primären", noch nicht gebändigten Emotionen und Kognitionen hinausläuft. So mag, wer einen Beschwerdebrief zu schreiben hat, zunächst formulieren wollen: *Sie sollten Außendienstmitarbeiter schicken, die wirklich imstande sind, die Fehler endgültig zu beheben.* Hat man sich aber selbst diszipliniert, dann schreibt man ratgeberkonform: *Wir sind überzeugt, daß Sie alles tun werden, um so schnell wie möglich Abhilfe zu schaffen* (Hoster 1985, 175).

Soll Imagearbeit erfolgreich sein, dann ist vor allem die probeweise Übernahme der

Perspektive der Adressaten nötig. Soziale Kognition, sei es im Hinblick auf bekannte einzelne, sei es angesichts unbekannter Rezipienten, fällt – so Mackensen – vielen schwer, seien sie doch „eingekapselt in ihrem 'Ich'" (Mackensen 1985, 144). Gefragt ist die Fähigkeit, den „eigenen Brief in Gedanken selbst zu empfangen" (ebd.). Als Schreiberin soll ich nicht nur Empathie für mir bekannte Adressaten aufbringen, sondern mich auf die Bedürfnisse von Adressaten im Allgemeinen einstellen können. Es geht also um Aspekte einer „historischen Anthropologie in Ratgeber-Absicht".

So könne man damit rechnen, dass „der" Adressat nicht belehrt werden wolle, dass ihm Drohungen und Vorwürfe nicht behagten, dass er von Imperativen verschont sein wolle, Fragen, Danken und Entschuldigungen aber gutheiße. Dementsprechend fallen die Schreibempfehlungen aus. Von illokutiven und perlokutiven Akten wie Befehlen, Vorwerfen und Drohen sei Abstand zu nehmen, Aufforderungen sollten in höflicher Frageform praktiziert werden. So wird im Rahmen der Methodik des Vergleichs von positivem und negativem Modell dem „autoritären" Imperativ *Sie haben die Zahlung der dritten Rate bis zum 31. März zu tätigen* gegenübergestellt, wie „heute" zu schreiben sei: *Zahlen Sie bitte die dritte Rate bis zum 31. März* (Hallwass 1986, 184 f). Weil jeder gern lese, was ihn interessiert, solle der Werbebrief für eine neue Fachzeitschrift nicht mit *Unsere neue Fachzeitschrift*, sondern mit *Ihre Zeit ist kostbar* beginnen, und weil jeder Angenehmes Unangenehmem vorzieht, solle das Unangenehme wenigstens angenehm gesagt bzw. geschrieben werden. Konsequenzen für das Formulieren: Statt *Wir können Ihnen die Platten leider erst in der 31. Woche liefern* solle es besser heißen *Wir liefern Ihnen die Platten spätestens in der 31. Woche*, und der Äußerung *Wir können die alten Muster nicht mehr liefern* sei die Version *Wir senden Ihnen im August unseren neuen und erweiterten Musterkatalog* vorzuziehen.

6. Eine Textsorte näher beleuchtet: Das qualifizierte Arbeitszeugnis

Sachlichkeit, Freundlichkeit, Höflichkeit: Den Schreiberinnen werden solche Tugenden zwar nahegelegt; letztlich ist es ihnen beim Gros der Textsorten aber freigestellt, ob sie ihnen Rechnung tragen oder nicht. Anders verhält es sich bei einer Textsorte wie dem qualifizierten Arbeitszeugnis. Hier ist nicht nur die Textorganisation – d. h. Titel, Zahl und Platz der Teilthemen – weitgehend normiert, sondern auch juristisch fixiert, in welcher Einstellung zu schreiben ist. Die Zeugnisschreiberin hat sich einerseits um „Wahrheit" zu bemühen, d. h. nur auf „Tatsachen" zu berufen, andererseits soll sie „wohlwollend" formulieren, dem beurteilten Arbeitnehmer das berufliche Fortkommen nicht „ungerechtfertigt" erschweren. So die einschlägige Rechtsprechung von Bundesarbeitsgericht und Bundesgerichtshof (vgl. Hesse/Schrader 1995, 16). Wohlwollen („Freundlichkeit") wird zum Gebot, ebenso Wahrheit („Sachlichkeit"). Man mag fragen, ob das Wahrheitspostulat nicht unangemessen ist, ob billigerweise nicht allenfalls Wahrhaftigkeit gefordert werden darf. Damit wäre der Irrtum zugestanden. Nicht darum soll es hier aber gehen, sondern um die in der Ratgeberliteratur vielfach variierte Einsicht, dass es beim Zeugnisschreiben in vielen Fällen zu Maximenkonflikten kommen kann. In einen solchen Konflikt gerät vor allem, wer – der Wahrheitsmaxime folgend – eigentlich ein schlechtes Zeugnis auszustellen hätte. Pointiert:

„Wie kann man wohlwollend schildern, daß der Zeugnisempfänger die Portokasse geklaut hat oder mehrfach unerlaubt nicht zur Arbeit erschien. [...] Man hilft sich gern, so ist überall zu hören, mit dem 'Zeugniskode'. Das heißt, es werden Standardformulierungen benutzt, die etwas anderes sagen, als sie bedeuten" (Schmedemann 1990, 286).

Das „Chiffrieren" ist zwar verboten, und es ist ein paradoxes Unternehmen, wenn der Dechiffrierschlüssel nicht nur den berufenen Eingeweihten, sondern allen zugänglich ist – z. B. über die Ratgeberliteratur. Deshalb wird ab und an empfohlen, von den einschlägigen Kodierungen Abschied zu nehmen (vgl. Dudenredaktion 1989, 236) und sich als Zeugnisschreiber vor allem um einen Fundus wertender Adjektive zu bemühen, die man in „wörtlicher" Bedeutung verwenden möge. Wer aber „unverschlüsselt" schreibt, was er meint, hat damit zu rechnen, dass das Zeugnis vom kundigen Arbeitnehmer bzw. vom nächsten potenziellen Arbeitgeber als verschlüsselt gedeutet wird, dass „hinter" der manifesten Textoberfläche latente Botschaften gesucht werden. Hat man als Arbeitnehmer der Chefin auf ihre Bitte hin oder aus eigenem Antrieb das schwierige Geschäft des Zeugnisschreibens abgenommen, hat man sich als Chiffrierunkundiger eben darum vielleicht nachhaltig geschadet, obwohl man „im guten Glauben war, ein hervorragendes Zeugnis zu schreiben" (Hesse/Schrader 1995, 25).

Als obligatorische Teilthemen eines qualifizierten Zeugnisses gelten vor allem
– die Beschreibung der Aufgabengebiete,
– die eigentliche Leistungsbeurteilung im Hinblick auf Motivation, Belastbarkeit, intellektuelle Fähigkeiten, Fachkenntnisse, Arbeitsweise und -erfolg, gegebenenfalls Führungskompetenz,
– die Beurteilung des Verhaltens gegenüber Vorgesetzten, Kollegen, Dritten, insbesondere Kunden,
– die Darstellung der Gründe für die Beendigung des Arbeitsverhältnisses,
– eine „Dankes-, Bedauerns- und Zukunftsformel".

Die Formulierungen sollen auf das von der Schule her vertraute System der Ziffernnoten abgebildet werden. Demnach sei z. B. wie folgt zu kodieren: *Er hat die ihm übertragenen Aufgaben stets zu unserer vollsten Zufriedenheit* (entspricht einem „Sehr gut"), *stets zu unserer vollen Zufriedenheit* („Gut"), *zu unserer vollen Zufriedenheit* („Befriedigend"), *zu unserer Zufriedenheit* („Ausreichend"), *im Großen und Ganzen zu unserer Zufriedenheit* („Mangelhaft") *erledigt*. Der Satz *Er hat sich bemüht, die ihm übertragenen Aufgaben zu unserer Zufriedenheit zu erledigen* schließlich sei als Chiffre für die Bescheinigung ungenügender Leistungen zu lesen (vgl. z. B. Jäger/Laudel 1991, 96; Hesse/Schrader 1995, 36 f).

Die Teilthemen – und deren Subthemen – gelten in einem Maß als obligatorisch, dass der kundige Leser Auslassungen und Abweichungen von der Standard-Serialisierung als informativ verstehen soll. Fehlen z. B. Hinweise zum Verhalten gegenüber Vorgesetzten, Kollegen und Dritten gänzlich oder sind nur die Kollegen, nicht aber die Vorgesetzten und die Dritten genannt, so soll man auf eine „Strategie des beredten Schweigens" bzw. eine „Technik des Auslassens" schließen können. Das Verhalten gilt dann als defizitär, es handelt sich um einen „schwierigen" Mitarbeiter. Sind zuerst die Dritten, z. B. die Kunden, und an letzter Stelle die Vorgesetzten genannt, dann soll man inferieren, dass hier die „Reihenfolgetechnik" praktiziert wurde. Es handelt sich wohl um einen „aufsässigen" Mitarbeiter. Zu bedenken ist auch, ob wertende Adjektive und Aufgabenbeschreibung kommensurabel sind. Wenn es sich z. B. um eine Führungskraft handelt, dann erscheinen Zuschreibungen wie „ehrlich", „fleißig" und „pünktlich", die auf Sekundärtugenden zielen, als unangemessen, erwartet man von einer solchen Kraft doch primär Selbständigkeit, Initiative, divergentes Denken usw. Was zunächst als Ausdruck von „Wohlwollen" erscheint, entpuppt sich als chiffrierte Version der „Wahrheit", dass die Führungskraft ihren eigentlichen Aufgaben nicht gewachsen ist. Wie verhält es sich aber, wenn dem Kassierer im Arbeitszeugnis Ehrlichkeit bescheinigt wird? Wird hier nicht thematisch, was eigentlich selbstverständlich ist, und erzeugt man damit nicht gerade Verdacht? Andererseits: Unterlässt man den Hinweis auf die Ehrlichkeit, kann dann nicht die Strategie des „beredten Schweigens" unterstellt, vom chiffrierkundigen Leser also angenommen werden, der Kassierer sei *nicht ehrlich*? Hier divergieren die Lehrmeinungen.

Besondere Bedeutung kommt der abschließenden Dankes-Bedauerns-Zukunfts-Formel zu. Hieraus ist u. a. – wieder nur via Chiffre – ersichtlich, ob der Arbeitnehmer selbst gekündigt hat oder ob ihm gekündigt wurde, und wieder kommt es vor allem auf die „Auslassungstechnik" an: Wird nicht bedauert, dass der Mitarbeiter das Unternehmen verlässt, dann gelten die im Rahmen der anderen Teilthemen präsentierten positiven, „wohlwollenden" Prädikate als weitgehend entwertet. Insofern kann im Hinblick auf das qualifizierte Arbeitszeugnis von einer Hierarchie der Teilthemen gesprochen werden, wobei die Abschlussformel an der Spitze steht. Zwei Formulierungen, die für ein „Sehr gut" und ein „Mangelhaft" stehen: *XY verläßt uns auf eigenen Wunsch, um sich einer neuen Aufgabe zu stellen. Wir bedauern dies sehr und danken ihm für die engagierte Mitarbeit. Für seine berufliche und private Zukunft wünschen wir ihm weiterhin viel Erfolg und alles Gute.* – *Das Arbeitsverhältnis zwischen XY und unserer Firma endet zum 5. 5. XX. Wir können ihm unseren Dank für die immer vorhandene Arbeitsbereitschaft hier nicht versagen und wünschen ihm zukünftig alles nur erdenklich Gute* (Hesse/Schrader 1995, 47). Es liegt auf der Hand, dass für die Textsorte „Zeugnis", die – folgt man der Ratgeberliteratur – in höherem Grad normiert ist als jede andere, zahlreiche Sammlungen von Textbausteinen im Umlauf sind. Wer diese Bausteine miteinander zu kombinieren hat, muss u. a. mit Kohärenzproblemen rechnen, deren Beschreibung ein für die Textlinguistik lohnendes Unternehmen wäre.

7. Ausblick

In der Ratgeberliteratur werden nicht nur rekurrente Verstöße gegen mehr oder weniger eng aufgefaßte grammatische Normen dargestellt und stilistische Empfehlungen vor allem im Namen von Klarheit und Verständlichkeit gerechtfertigt und exemplifiziert. Hier wird auch deutlich, inwiefern die Schreibenden ihre inneren Zustände disziplinieren und die in der Korrespondenz gleichsam materialisierten Sozialbeziehungen kultivieren sollten. Zum Ausdruck zu bringen sind „Sachlichkeit", „Freundlichkeit" und „Höflichkeit". „Starke" Affekte sind verpönt, in der geschäftlichen und „halbprivaten" Korrespondenz allemal, aber auch in der privaten, nämlich dann, wenn sie dem Rezipienten als nicht zuträglich erscheinen. Insofern wird in der Ratgeberliteratur eine soziale Ordnung beschrieben und zugleich idealisiert (vgl. Antos 1996, 69), die man als „partnerschaftlich" und „pathosfern" bezeichnen könnte. Dass hier Idealisierungen im Spiel sind, ist unschwer zu erkennen und muss nicht erst unter Aufbietung des Arsenals der Ideologiekritik nachgewiesen werden. Ein Beispiel möge genügen: *Meistens sind es die Mütter, die unermüdlich durch ihre Briefe den abwesenden Kindern berichten, was sich zu Haus verändert hat, was die Eltern getan haben, was sie für sich und ihre Kinder planen. Die Briefe der Mütter halten die Familie zusammen* (Mackensen 1985, 224). Für eine kulturwissenschaftlich interessierte Textlinguistik tut sich hier ein weites Feld auf, das bislang noch kaum bearbeitet ist.

8. Literatur (in Auswahl)

Antos, Gerd (1996): Laien-Linguistik. Studien zu Sprach- und Kommunikationsproblemen im Alltag. Am Beispiel von Sprachratgebern und Kommunikationstrainings. Tübingen.

Böttcher, Joachim (1981): Gutes Deutsch kann jeder lernen. Bad Wörishofen.

Bremerich-Vos, Albert (1991): Populäre rhetorische Ratgeber. Historisch-systematische Untersuchungen. Tübingen.

Briese-Neumann, Gisa (1993): Professionell schreiben. Stilsicherheit und Spracheffizienz im Beruf. Wiesbaden.

Dudenredaktion (1989): Briefe gut und richtig schreiben. Mannheim/Wien/Zürich.

Franck, Norbert (1995): Schreiben wie ein Profi. 2. Aufl. Köln.

Gassmann, Alain H. (1991): Bessere Sprache — erfolgreichere Geschäftsbriefe. Der Weg zum guten Briefstil. Stuttgart.

Glunk, Fritz R. (1994): Schreib-Art. München.

Hallwass, Edith (1986): Deutsch müßte man können. Bad Wörishofen.

— (1992): So testen Sie Ihr Sprachgefühl. München.

Hesse, Jürgen/Schrader, Hans Christian (1994): Die überzeugende schriftliche Bewerbung. Frankfurt.

— (1995): Arbeitszeugnisse professionell erstellen, interpretieren, verhandeln. Frankfurt.

Hoster, Gertrud (1985): Wirksam formulieren. Beispiele, Tips und Übungen aus der Praxis. Stuttgart.

Jäger, Gudrun/Laudel, Heinz (1991): Brillante Briefe. Prägnante Reden. Verlässliche Verträge. Hamburg.

Kirst, Hans (o. J.): Der richtige Brief zu jedem Anlaß. Das moderne Handbuch mit 400 Musterbriefen für Privat- und Geschäftsleben. Gütersloh.

Kruse, Otto (1993): Keine Angst vor dem leeren Blatt. Ohne Schreibblockaden durchs Studium. Frankfurt/New York.

Lang-Kleefeld, Antonia (o. J.): Gutes Deutsch. München.

Langer, Inghard/Schulz von Thun, Friedemann/Tausch, Reinhard (1974): Verständlichkeit in Schule, Verwaltung, Politik und Wissenschaft. München/Basel.

Lobentanzer, Hans (1989): Jeder sein eigener Deutschlehrer. Rechtschreibung, Wort, Satz, Satzzeichen, Ausdruck und Stil. 8. Aufl. München.

Lucas, Manfred (1996): So bewerbe ich mich schriftlich. Das neue Bewerbungswissen. 2. Aufl. Düsseldorf/München.

Lütten-Gödecke, Jutta (ed.) (1994): „Mit freundlichen Grüßen". Linguistische Untersuchungen zu Problemen des Briefe-Schreibens. Münster.

Mackensen, Lutz (1985): Gutes Deutsch in Schrift und Rede. Reinbek.

Manekeller, Wolfgang (1984): Der Textberater. Ratgeber für die Textarbeit. Formulierungshilfen und Mustertexte für die Rede- und Schreibpraxis. Freiburg.

— (1988): Moderne Geschäftskorrespondenz. Die wichtigsten Regeln für den Erfolg. Düsseldorf.

Schmedemann, Henry (1990): Der große Ideenbringer für Geschäftsbriefe und Reden. Im Berufsalltag überzeugend korrespondieren und wirkungsvoll reden. Bad Wörishofen.

von Werder, Lutz (1993): Lehrbuch des wissenschaftlichen Schreibens. Ein Übungsbuch für die Praxis. Berlin.

Zacker, Christina (1996): Arbeitszeugnisse richtig lesen und verstehen. München.

Albert Bremerich-Vos, Ludwigsburg
(Deutschland)